Hartung/Römermann

Marketing- und Management-Handbuch für Rechtsanwälte

Marketing- und Management-Handbuch für Rechtsanwälte

Herausgegeben von

Dr. Wolfgang Hartung,
Rechtsanwalt und Fachanwalt
für Familienrecht in Mönchengladbach

Dr. Volker Römermann,
Rechtsanwalt in Hannover
Lehrbeauftragter der Universität Hannover

C. H. BECK'SCHE VERLAGSBUCHHANDLUNG
MÜNCHEN 1999

CIP-Titelaufnahme der Deutschen Bibliothek

Marketing- und Managementhdb.
für Rechtsanwälte / hrsg. von Wolfgang Hartung und
Volker Römermann
München : Beck, 1999
ISBN 3 406 45022 9

ISBN 3 406 45022 9

Satz: Fotosatz Otto Gutfreund GmbH, Darmstadt
Druck der C. H. Beck'schen Buchdruckerei, Nördlingen
Gedruckt auf säurefreiem, alterungsbeständigem Papier
(hergestellt aus chlorfrei gebleichtem Zellstoff).

Verzeichnis der Autorinnen und Autoren

Paul-Werner Beckmann
Rechtsanwalt und Notar in Herford:
Besonderheiten des Anwaltsnotariats (§ 7)

Dr. Brigitte Borgmann
Rechtsanwältin in München:
Fristenmanagement (§ 34)

Prof. Dr. Manfred Bruhn
Universität Basel:
Besonderheiten des Dienstleistungsmarketing (§ 19)
Internes Marketing für Anwaltskanzleien (§ 23)

Prof. Dr. habil. Hans Corsten
Universität Kaiserslautern:
Kapazitätsmanagement (§ 29, gemeinsam mit *Stuhlmann*)

Prof. Dr. Georg Disterer
Universität Hannover:
DV-Einsatz in der Anwaltskanzlei (§ 32)
Marketing im Internet (§ 43)

Dr. Christian Duve
Rechtsanwalt in Frankfurt/Main:
Der Rechtsanwalt als Verhandlungs- und Konfliktmanager (§ 6, gemeinsam mit Prof. *Haft*)
Informations- und Wissensmanagement (§ 31, gemeinsam mit Prof. *Haft*)

Dr. Frank Ebbing
Rechtsanwalt und wissenschaftlicher Assistent, Universität Bayreuth:
Die Virtuelle Anwaltskanzlei (§ 15)

Horst Eylmann
Rechtsanwalt und Notar in Stade:
Der rechtliche Rahmen anwaltlicher Werbung (§ 40)

Dipl.-Kffr. Brigitte Fiala
wissenschaftliche Assistentin, Universität München:
Kommunikationspolitik bei anwaltlichen Dienstleistungen (§ 38, gemeinsam mit Prof. *Meyer*)

Gerlinde Fischedick
Rechtsanwältin in Celle und Hauptgeschäftsführerin der Rechtsanwaltskammer Celle:
Kanzleigründung (§ 9, gemeinsam mit *R. Römermann*)

Dr. Markus Gotzens
Rechtsanwalt in München:
Interprofessionelle Zusammenarbeit (§ 14)

Dr. Dr. Joachim Häcker
Dipl.-Kfm. in Köln:
Zeitmanagement (§ 33)

Prof. Dr. Fritjof Haft
Universität Tübingen:
Der Rechtsanwalt als Verhandlungs- und Konfliktmanager (§ 6, gemeinsam mit *Dr. Duve*)
Informations- und Wissensmanagement (§ 31, gemeinsam mit *Dr. Duve*)

Dr. Wolfgang Hartung
Rechtsanwalt und Fachanwalt für Familienrecht in Mönchengladbach:
Einführung und Übersicht zum 2. Kapitel (§ 8)
Spezialisierungshinweise und Fachanwaltsbezeichnungen (§ 39)

Dr. h. c. Ludwig Koch
Rechtsanwalt in Köln:
Einleitung

Dr. Andreas Krämer
Consultant, Frankfurt/Main:
ISO 9000 und Zertifizierung (§ 26, gemeinsam mit *Dr. Mauer*)
Honorarpolitik (§ 36)

Rüdiger Ludwig
Rechtsanwalt in Hamburg:
Personalmanagement (§ 28, gemeinsam mit *Weinel*)

Dr. Siegfried Maser
Vorsitzender Richter am LG Mönchengladbach:
Anwaltliche Etikette vor Gericht – auch eine Marketing-Strategie? (§ 45)

Dr. Reinhold Mauer
Rechtsanwalt und Fachanwalt für Arbeitsrecht in Bonn:
ISO 9000 und Zertifizierung (§ 26, gemeinsam mit *Dr. Krämer*)

Prof. Dr. Anton Meyer
Universität München:
Kommunikationspolitik bei anwaltlichen Dienstleistungen (§ 38, gemeinsam mit *Fiala*)
Mandantenorientierung (§ 22, gemeinsam mit *Oppermann*)

Verzeichnis der Autorinnen und Autoren

Jürgen W. Netzband
Rechtsanwalt und Notar in Frankfurt/Main:
Institutionelle Anwaltssuche (§ 42)

Dr. Peter Neumann
wissenschaftlicher Assistent, Universität München:
Psychologische Grundlagen anwaltlicher Dienstleistung (§ 20, gemeinsam mit Prof. *v. Rosenstiel*)

Dr. Wolfgang Oehme
ehemaliger Geschäftsführer, Pinneberg:
Unternehmensziele (§ 3)
Der Standort einer Anwaltskanzlei als Marketingfaktor (§ 21)
Wege des Leistungstransfers (§ 37)

Dipl.-Kfm. Kerstin Oppermann
wissenschaftliche Assistentin, Universität München:
Mandantenorientierung (§ 22, gemeinsam mit Prof. *Meyer*)

Prof. Werner Pepels
Fachhochschule Gelsenkirchen:
Werbe- und Direktmarketingmaßnahmen (§ 41)

Dipl.-Ökonom Dr. Martin Reckenfelderbäumer
wissenschaftlicher Assistent, Universität Bochum:
Kostenmanagement (§ 30)

Dr. Volker Römermann
Rechtsanwalt in Hannover und Lehrbeauftragter der Universität Hannover:
Überblick über mögliche Gesellschaftsformen (§ 11)
Einführung und Übersicht zum 3. Kapitel (§ 18)
Einführung und Übersicht zum 4. Kapitel (§ 24)

Dipl.-Betriebswirtin Rachelle Römermann
Kanzlei-Managerin, Hannover:
Einführung und Übersicht zum 1. Kapitel (§ 1)
Das Produkt der anwaltlichen Dienstleistung (§ 5)
Kanzleigründung (§ 9, gemeinsam mit *Fischedick*)
Einführung und Übersicht zum 5. Kapitel (§ 35)

Prof. Dr. Fritz Scheuch
Universität Wien:
Strategische Analyse (§ 2)

Prof. Dr. Roman Seer
Universität Bochum:
Steuerliche Aspekte einer Anwaltskanzlei (§ 17)

Dr. Michael Sommer
Rechtsanwalt und Steuerberater in München:
Öffentlichkeitsarbeit (§ 44, gemeinsam mit *Vorwerk*)

Prof. Dr. Bernd Stauss
katholische Universität Eichstädt:
Physisches Umfeld der Kanzlei (§ 46)
Beschwerdemanagement (§ 47)

Dipl.-Kfm. Stephan Stuhlmann
wissenschaftlicher Mitarbeiter, Universität Kaiserslautern:
Kapazitätsmanagement (§ 29, gemeinsam mit Prof. *Corsten*)

Prof. Dr. Lutz von Rosenstiel
Universität München:
Psychologische Grundlagen anwaltlicher Dienstleistung (§ 20, gemeinsam mit *Dr. Neumann*)

Klaus Vorwerk
Rechtsanwalt in Hamburg:
Öffentlichkeitsarbeit (§ 44, gemeinsam mit *Dr. Sommer*)

Dr. Karl J. T. Wach
Rechtsanwalt in München:
Internationale Sozietäten und Kooperationen (§ 13)

Holger Weinel
Büroleiter, Hamburg:
Personalmanagement (§ 28, gemeinsam mit *Ludwig*)

Dr. Paul Wollny
Richter am BFH a. D.:
Erwerb einer Anwaltskanzlei (§ 10)
Der Sozietätsvertrag (§ 12)
Bewertung einer Anwaltskanzlei (§ 16)

Prof. Dr. Herbert Woratschek
Universität Bayreuth:
Differenzierung undPositionierung (§ 4)
Qualitätsmeßansätze (§ 27)

Vorwort

Ein Marketing- und Managementhandbuch für Rechtsanwälte hätte noch vor wenigen Jahren kaum Interesse gefunden, bestenfalls hätte es Kopfschütteln ausgelöst. Noch im Jahre 1987, als die berühmt gewordene Entscheidung des Bundesverfassungsgerichts zum ehemaligen Werbeverbot erging, waren der Anwaltschaft Begriffe wie Marketing und Management für den eigenen Berufsstand weitgehend unbekannt. Heute beschäftigen sich Rechtsanwälte damit immer häufiger. Doch die Mehrzahl der Rechtsanwälte lebt unverändert in der überholten Vorstellung, der Rechtsanwalt brauche sich für seine Kanzlei um Marketing und Management nicht zu kümmern.

Am Ende des zweiten Jahrtausends moderner Zeitrechnung steht die Anwaltschaft in ihrer mindestens ebenso langen Geschichte an einem Wendepunkt. Das Berufsbild des Rechtsanwalts ist im Begriff, sich grundlegend zu verändern. Dieser Prozeß hat viele Ursachen, ist aber maßgeblich auch von dem Wegfall des anwaltlichen Werbeverbots ausgelöst worden. Mehr und mehr setzt sich in der Anwaltschaft die Erkenntnis durch, daß sie ihre Dienstleistung mit Mitteln des Marketings besser anbieten kann.

Das frühere Klischee des Rechtsanwalts, der hinter seinem Schreibtisch thront und Mandanten zu Audienzen vorladen läßt, wird im Zeitalter der Dienstleistung abgelöst durch den Rechtsanwalt als einen von vielen Anbietern auf dem Rechtsberatungsmarkt, der sein Produkt, die Rechtsberatung und rechtliche Vertretung, auf den Nachfrager, den Mandanten, ausrichtet und hierdurch wesentlich eher in der Lage ist, Marktanteile zu gewinnen und auszubauen. Dies dient sowohl dem Mandanten, dessen Bedürfnissen in erheblich größerem Maße nachgekommen werden kann als vorher, als auch dem Anwalt, der verstanden hat, daß es nicht allein auf eine fachlich qualifizierte Leistung, sondern auch auf deren Vermittlung gegenüber dem Rechtsuchenden ankommt.

Um ihre neuen Möglichkeiten konsequent nutzen zu können, benötigen Rechtsanwälte nicht mehr nur die durch ihr Studium und ihr Referendariat erworbenen fachlichen Kenntnisse, sondern sie müssen ein betriebswirtschaftliches Instrumentarium zu beherrschen lernen, das ihnen zunächst fremd erscheinen wird. Hierzu gehören Erkenntnisse aus der Marketinglehre, aber auch beispielsweise aus der Psychologie. Der Rechtsanwalt muß die Gedanken und Reaktionen des (potentiellen) Mandanten im Hinblick auf seine Kanzlei kennenlernen und das eigene Verhalten daran orientieren.

Der Autorenkreis setzt sich interdisziplinär aus Betriebswirtschaftswissenschaftlern, Psychologen und Juristen zusammen, um der Anwaltschaft ein möglichst vollständiges Bild über anwaltliches Marketing und Management aus der Sicht der einzelnen Disziplinen zu vermitteln und dem einzelnen Rechtsanwalt – sowohl dem Berufsanfänger als auch der alteingesessenen Kanzlei – einen umfassenden Überblick über die verschiedenen nichtjuristischen Teilbereiche seiner Berufstätigkeit zu geben.

Das Handbuch ist in fünf Kapitel unterteilt, die jeweils aufeinander aufbauen. Jedem Kapitel wurde eine Einführung vorangestellt, die den roten Faden des Werkes aufnimmt und den Zusammenhang aufzeigt. Die Herausgeber empfehlen für den leichteren Zugang die Lektüre dieser einleitenden Beiträge (§§ 1, 9, 18, 24 und 35).

Herausgeber, Autoren und Verlag wünschen sich, daß das Handbuch dazu beitragen möge, der Anwaltschaft für den Wettbewerb nützliche Hilfen zu geben. Der Tag ist nicht mehr fern, an dem die Anwaltschaft erkennen wird, daß eine Anwaltskanzlei, ob klein oder groß, nur überleben kann, wenn Marketing und Management professionell betrieben werden. Dazu soll dieses Handbuch einen Beitrag leisten.

Mönchengladbach und Hannover, im Mai 1999

Dr. Wolfgang Hartung — Dr. Volker Römermann

Inhaltsübersicht

5. Kapitel. Auftreten der Anwaltskanzlei nach außen

Inhaltsverzeichnis

2. Kapitel. Gründung und Unternehmensstruktur

Abkürzungsverzeichnis

a. A. . . . . andere(r) Ansicht
a.a.O. . . . . am angegebenen Ort
ABA . . . . Arbeit, Beruf und Arbeitslosenhilfe
abgedr.. . . . . abgedruckt
abl.. . . . . ablehnend
ABl. . . . . Amtsblatt
ABlEG. . . . . . . Amtsblatt der Europäischen Gemeinschaften; vor 1958: Amtsblatt der EGKS
Abs. . . . . Absatz
AG. . . . . Amtsgericht, Aktiengesellschaft (auch Zeitschrift), Ausführungsgesetz
AGH. . . . . Anwaltsgerichtshof
AMR . . . . Academy of Management Review
Anh.. . . . . Anhang
Anm. . . . . Anmerkung
AnwBl. . . . . . . Anwaltsblatt
AnwGH . . . . . . Anwaltsgerichtshof
AO . . . . Abgabenordnung
AöR . . . . Archiv des öffentlichen Rechts
ArbG . . . . Arbeitsgericht
ArbR. . . . . Arbeitsrecht
Art. . . . . Artikel
Aufl.. . . . . Auflage
ausf. . . . . ausführlich
AV. . . . . Allgemeine Verfügung
AVNot. . . . . . . AV betr. Angelegenheiten der Notare v. 30. 3. 1961 (NdsRpfl. S. 70)
AVF . . . . Absatz- und Verbrauchsforschung

BAG . . . . Bundesarbeitsgericht
BayObLG . . . . . Bayerisches Oberstes Landesgericht
BB . . . . Betriebs-Berater
Bd.. . . . . Band
BdF . . . . Bundesminister der Finanzen
Begr.. . . . . Begründung
BerufsO . . . . . . Anwaltliche Berufsordnung
Beschl.. . . . . Beschluß
bestr.. . . . . bestritten
BetrVG . . . . . . Betriebsverfassungsgesetz
BFH . . . . Bundesfinanzhof
BFH/NV . . . . . Sammlung amtlich nicht veröffentlichter Entscheidungen des BFH
BFH GrS. . . . . . Bundesfinanzgerichtshof Großer Senat
BGB . . . . Bürgerliches Gesetzbuch
BGBl . . . . Bundesgesetzblatt
BGH. . . . . Bundesgerichtshof
BGHSt(Z) . . . . . Amtliche Sammlung der Entscheidungen des BGH in Strafsachen (Zivilsachen)
BGH EGE . . . . . Bundesgerichtshof

BMF	Bundesminister der Finanzen
BNotO	Bundesnotarordnung
BPatGE	Blatt für Patent-, Muster- und Zeichenwesen
BRAGO	Bundesrechtsanwaltsgebührenordnung
BRAK-Mitt.	Mitteilungen der Bundesrechtsanwaltskammer
BRAO	Bundesrechtsanwaltsordnung
BSG	Bundessozialgericht
BStBl	Bundessteuerblatt
BT	Besonderer Teil; Bundestag
BT-Drucks.	Bundestagsdrucksache
BVerfG	Bundesverfassungsgericht
BVerfGE	Entscheidungen des BVerfG, amtl. Sammlung
BVerwG	Bundesverwaltungsgericht
CACM	Communications of the ACM
CCBE	Standesregeln der Rechtsanwälte der Europäischen Gemeinschaft
cic	culpa in contrahendo
DAR	Deutsches Autorecht
DAV	Deutscher Anwaltverein
DB	Der Betrieb
ders.	derselbe
dies.	dieselbe
Diss.	Dissertation
DNotZ	Deutsche Notar-Zeitschrift
DRiZ	Deutsche Richter-Zeitung
DStJG	Deutsche Steuerjuristische Gesellschaft e. V.
DStR	Deutsches Steuerrecht
DStRE	Deutsches Steuerrecht Entscheidungsdienst
DStZ	Deutsche Steuer-Zeitung
DSWR	Datenverarbeitung in Steuer, Wirtschaft und Recht
dt.	deutsch
ebda.	ebenda
EFG	Entscheidungen der Finanzgerichte
EFQM	European Foundation for Quality Management
EG	Einführungsgesetz, Europäische Gemeinschaften/Ehrengericht
EGH	Ehrengerichtshof der Rechtsanwaltskammer
EGV	EG-Vertrag
Einf.	Einführung
Einl.	Einleitung
EStG	Einkommensteuergesetz
EStH	Einkommensteuer-Hinweise
EStR	Einkommensteuer-Richtlinien
etc.	und
EuGH	Gerichtshof der Europäischen Gemeinschaften
EuGHE	Sammlung der Rechtsprechung des Gerichtshofs der Europäischen Gemeinschaften
e. V.	eingetragener Verein
EW	Europäische Wirtschaftsgemeinschaft
EWiR	Entscheidungen zum Wirtschaftsrecht
EWIV	Europäische wirtschaftliche Interessenvereinigung
EWIV-VO	EWG Verordnung des Rates über die Schaffung einer Europäischen wirtschaftlichen Interessenvereinigung

f.	folgende(r)
ff.	fortfolgende(r)
FAO	Fachanwaltsordnung
FamRZ.	Zeitschrift für das gesamte Familienrecht
FAZ	Frankfurter Allgemeine Zeitung
FG	Finanzgericht
FR	Finanzrundschau; Frankfurter Rundschau
FS	Festschrift
Fußn./Fn.	Fußnote
GbRmbHOQ. . . .	Gesellschaft bürgerlichen Rechts mit beschränkter Haftung
GewStG	Gewerbesteuergesetz
GewStR	Gewerbesteuer-Richtlinien
GmbH	Gesellschaft mit beschränkter Haftung
GmbHR	GmbH-Rundschau
GoB	Grundsätze ordnungsmäßiger Buchführung
Grs.	grundsätzlich
GRUR	Gewerblicher Rechtsschutz und Urheberrecht (m. Zusatz Int.: Internationaler Teil)
HFR	Höchstrichterliche Finanzrechtsprechung
HGB.	Handelsgesetzbuch
h. M..	herrschende Meinung
i. d. F.	in der Fassung
i. H. v.	in Höhe von
Inf./INF	Die Information über Steuer und Wirtschaft (Zeitschrift)
InsO	Insolvenzordnung
i. S. des (von) . . .	im Sinne des (von)
iStR	Internationales Steuerrecht
IWB	Internationale Wirtschaftsbriefe
Jg.	Jahrgang
Jb.	Jahrbuch
JMBl.	Justizministerialblatt
JR	Juristische Rundschau
JuS	Juristische Schulung
JW	Juristische Wochenschrift
JZ	Juristenzeitung
KG.	Kammergericht
KÖSDI	Kölner Steuerdialog
krit.	kritisch
Kst.	Körperschaftsteuer
KStG.	Körperschaftsteuergesetz
LAG	Landesarbeitsgericht; Lastenausgleichsgesetz
LG	Landgericht
lit.	Buchstabe
MDR	Monatsschrift für Deutsches Recht
m. E..	meines Erachtens
MünchKomm . . .	Münchener Kommentar zum BGB

m. w. Hinw./ Nachw.	mit weiteren Hinweisen/Nachweisen
Mitt.	Mitteilungen
Nachw.	Nachweis(e, en)
NdsRpfl	Niedersächsische Rechtspflege
NJ	Neue Justiz
NJW	Neue Juristische Wochenschrift
NJW-CoR	NJW-Computerreport
NJW-MietR	NJW Entscheidungsdienst Miet- und Wohnungsrecht
NJW-RR	NJW-Rechtsprechungs-Report Zivilrecht
nrkr.	nicht rechtskräftig
NVwZ	Neue Zeitschrift für Verwaltungsrecht
NW/NRW	Nordrhein-Westfalen, nordrheinwestfälisch(e)
NWB	Neue Wirtschaftsbriefe für Steuer- und Wirtschaftsrecht
NZG	Neue Zeitschrift für Gesellschaft
OFD	Oberfinanzdirektion
OLG	Oberlandesgericht
o. V.	ohne Verfasser
PartGG	Gesetz zur Schaffung von Partnerschaftsgesellschaften
PAO/PatAO/ PatAnwO	Patentanwaltsordnung
PR	Verordnung auf dem Gebiete des Preisrechts
pVv	positive Vertragsverletzung
RA	Rechtsanwalt
Rdn.	Randnummer(n)
RegE	Regierungsentwurf
RFH	Reichsfinanzhof
RGSt (Z)	Amtliche Sammlung der Entscheidungen des RG in Strafsachen (Zivilsachen)
RiStA	Richter und Staatsanwalt (Zeitschrift)
RIW	Recht der internationalen Wirtschaft
Rpfleger	Der Deutsche Rechtspfleger
Rspr.	Rechtsprechung
RStBl.	Reichssteuerblatt
Rz.	Randziffer
s.	siehe
S.	Seite, Satz (bei Rechtsnormen)
SchlHA	Schleswig-Holsteinische Anzeigen
s. o.	siehe oben
sog.	sogenannte(r)
SolZG	Solidaritätszuschlaggesetz
StBerG	Steuerberatungsgesetz
Stbg	Die Steuerberatung
StbJb	Steuerberater-Jahrbuch
std.	ständige
StGB	Strafgesetzbuch
str.	streitig
StuW	Steuer und Wirtschaft

Tz. . . . . Textziffer, Textzeichen

u. a. . . . . unter anderem
u. a. m.. . . . . . . und anderes mehr
UmwStG . . . . . Umwandlungssteuergesetz
unveröff.. . . . . . unveröffentlicht
UR. . . . . Umsatzsteuer-Rundschau (Zeitschrift)
Urt. . . . . Urteil
UStG . . . . Unmsatzsteuergesetz
UVR. . . . . Umsatzsteuer- und Verkehrssteuerrecht
UWG . . . . Gesetz gegen den unlauteren Wettbewerb

vgl. . . . . vergleiche
Verf. . . . . Verfasser, Verfassung
VersR . . . . Versicherungsrecht
VGH. . . . . Verwaltungsgerichtshof
VO . . . . Verordnung
VOF . . . . Verdingungsordnung für freiberufliche Leistungen
VOL. . . . . Verdingungsordnung für Leistungen, ausgenommen Bauleistungen. – Ausgabe 1960 (BAnz. Nr. 105 Beil.)
Vorb. . . . . Vorbemerkung
VwZG. . . . . . . Verwaltungszustellungsgesetz

WIB, WiB . . . . . Wirtschaftsrechtliche Beratung
WISU . . . . Wirtschaftsstudium (Zeitschrift)
WiSt . . . . Wirtschaftswissenschaftliches Studium
WRP. . . . . Wettbewerb in Recht und Praxis
WV . . . . Wiedervorlegen, Wiedervorlage am

z. B. . . . . zum Beispiel
ZAP . . . . Zeitschrift für die Anwaltspraxis
ZfB . . . . Zeitschrift für Bergrecht
Zfbf . . . . Zeitschrift für betriebswirtschaftliche Forschung
ZfP/ZFP. . . . . . Zeitschrift für Politik
ZIP . . . . Zeitschrift für Wirtschaftsrecht
zit. . . . . zitiert
ZNotP. . . . . . . Zeitschrift für die notarielle Praxis
ZRP . . . . Zeitschrift für Rechtspolitik
ZUM . . . . Zeitschrift für Urheber- und Medienrecht/Film und Recht
zust. . . . . zustimmend
zutr. . . . . zutreffend

Einleitung

Dr. h. c. Ludwig Koch★

Übersicht

Schrifttum: *Ahlers*, Die Anwalts-GmbH nach geltendem Recht, AnwBl. 1991, 226; *Adolf Arndt*, Gesammelte juristische Schriften, 1956; *Busse*, Anwaltsethik unter der Geltung des neuen Berufsrechts, AnwBl. 1998, 231; *ders.*, Zum Jahreswechsel 1996/97, AnwBl. 1997, 1; *Gneist*, Freie Advocatur, Die erste Forderung aller Justizreform in Preußen, 1867; *Gablers* Wirtschaftslexikon, 13. Aufl. 1994; *Garke*, Die moderne Anwaltskanzlei, 2. Aufl., Bonn 1997; *Hamacher*, Satzungsversammlung 1996, AnwBl. 1997, 34; *Hartung/Holl*, Anwaltliche Berufsordnung, Komm., 1997; *Henssler*, Die Rechtsanwalts-GmbH, NJW 1992, 697; *ders.*, Partnerschaftsgesellschaftsgesetz, Komm., 1997; *ders.*, Die gesetzliche Regelung der Anwalts-GmbH, NJW 1999, 241; *ders.*, 10. Tätigkeitsbericht aus dem Institut für Anwaltsrecht an der Universität zu Köln, AnwBl. 1999, 61; *ders.*, Anwaltschaft im Wettbewerb, AnwBl. 1993, 541; *Henssler/Prütting*, BRAO-Komm., 1997; *Heimerich*, Die neue Bundesrechtsanwaltsordnung und die soziale Stellung der Rechtsanwälte, BB 1957, 785; *Heussen*, Anwalt und Mandant, ein Insider Report, 1999; *ders.*, Stärken und Schwächen der Anwaltschaft, AnwBl. 1998, 551; *Hommerich*, Die strategische Ausrichtung der Anwaltskanzlei, demnächst Beilage zum AnwBl. 1999; *Hommerich/Prütting*, Das Berufsbild des Syndikus-Anwalts, 1998; *Huff*, Kanzlei im Mittelstandsformat, FAZ vom 23. 1. 1999; *Kilger*, Der Anwalt verändert die Gesellschaft, demnächst Beilage zum AnwBl. 1999; *Koch*, Anwaltswerbung mit dem Honorar, AnwBl. 1996, 264; *Kleine-Cosack*, Berufs- und Fachanwaltsordnung für Rechtsanwälte, NJW 1997, 1257; *Krämer/Mauer/Braun*, Erfolgreiche Anwaltswerbung, Köln 1999; *Kötz/Paul/Redomon- Zander*, Anwaltsberuf im Wandel, Darmstadt 1985; *Lachenmaier*, Das Marketingkonzept einer Anwaltskanzlei, AnwBl. 1998, 236; *Löwe*, Werbung im künftigen Berufsrecht der Rechtsanwälte, AnwBl. 1988, 545; *Maunz/Dürig*, GG, Komm; *Meyer*, Freie Berufe und Werbung, AnwBl. 1992, 242; *ders.*, Anwaltswerbung und Öffentlichkeitsarbeit in Deutschland – Möglichkeiten und Grenzen im Rahmen des Marketing für Rechtsanwälte, AnwBl. 1988, 347; *Prütting*, Ethos anwaltlicher Berufsausübung, AnwBl. 1994, 315; *ders.*, Zulässigkeit der überörtlichen Anwaltssozietät nach geltendem Recht, JZ 1989, 705; *Redeker*, Freiheit der Advokatur – heute, NJW 1987, 2611; *ders.*, Anwaltschaft zwischen Freiheit und Bindung, AnwBl. 1988, 19; *Rick*, Die verfassungsrechtliche Stellung des Rechtsanwalts, Bonn 1998; *Ring*, Anwaltliche Werbung von A–Z, 3. Aufl., Bonn 1998; *Schardey*, Anwalt im Unternehmen, AnwBl. 1987, 401; *Strobel*, Der Markt anwaltlicher Dienstleistungen, AnwBl. 1988, 307; *Tilmann*, Besprechung von Hartstang, Anwaltsrecht, Köln 1991, BRAK-Mitt. 1991, 98; *Wasileswki*, Streitverhütung

★ Rechtsanwalt in Köln; ehemaliger Präsident des Deutschen Anwaltvereins (DAV).

durch Rechtsanwälte, Bonn 1990; *Wasilewski-Reith*, Qualitätssicherung in freien Berufen, Köln 1988; *Winters*, Der Rechtsanwaltsmarkt, Köln 1990; *Zuck*, Formen anwaltlicher Zusammenarbeit, AnwBl. 1988, 6; *ders.*, Welche gesetzlichen Regelungen empfehlen sich für das Recht der rechtsberatenden Berufe insbesondere im Hinblick auf die Entwicklung in der europäischen Gemeinschaft, AnwBl. 1990, 581.

A. Der Rechtsberatungsmarkt

I. Die tatsächliche Situation

1. Zulassungszahlen

1 1955 waren im geteilten Deutschland 17149 Rechtsanwältinnen und Rechtsanwälte in der damaligen Bundesrepublik und etwa 500 in der damaligen DDR zugelassen. 1989 betrugen die entsprechenden Zahlen 54108 in der Bundesrepublik und 620 in der DDR.[1] In dieser Situation prophezeite *Strobel* eine Zunahme der Anwaltschaft bis zum Ende des 2. Jahrtausends auf mindestens 100000.[2] Er sah eine ökonomische Überlebenschance der Anwaltschaft nur in der Konzentration auf den Beratungs- und Vertretungsbedarf der Wirtschaft und in der Ausweitung ihres Dienstleistungsangebotes über nationale Grenzen hinaus.[3]

2 Die Prognose *Strobels* ist – sieht man davon ab, daß er damals wie alle anderen die Wiedervereinigung Deutschlands nicht vorhergesehen hat – eingetreten: Am 1. 1. 1999 waren in Deutschland 98295 Rechtsanwältinnen und Rechtsanwälte zugelassen, davon sind 23139, also knapp 24%, Rechtsanwältinnen. Außerdem übten als Mitglieder der Rechtsanwaltskammern 419 Rechtsbeistände ihren Beruf in Konkurrenz zu den Rechtsanwälten aus.[4] Damit steht fest: Die Anwaltschaft geht mit mindestens, wahrscheinlich mit mehr als 100000 Mitgliedern[5] **quantitativ** gut gerüstet in das nächste Jahrtausend. Wer heute den Beruf des Rechtsanwaltes ergreift, muß sich nicht nur den Anforderungen des Rechtsanwaltsmarktes stellen.[6] Jeder **Berufsanfänger** nimmt die Berufstätigkeit vielmehr auf in der Erkenntnis, daß er ein weiteres **Mitglied eines überfüllten Berufes** ist. Auf den vorhandenen Wettbewerbsdruck ist er durch seine Ausbildung durch nichts vorbereitet. Unternehmerische Fähigkeiten hat er möglicherweise. Bewußt sind sie ihm im Zweifel nicht. Dies unabhängig davon, in welcher anwaltlichen Struktur die Berufstätigkeit aufgenommen wird, sei es als Einzelanwalt, als Angestellter, als freier Mitarbeiter, als arbeitnehmerähnliche Person, in Sozietät, welche örtlich oder überörtlich, interprofessionell oder international ausgeübt wird, oder in einer Kapitalgesellschaft.

2. Binnenstruktur

3 Welche Binnenstruktur findet man heute im anwaltlichen Leistungsspektrum, im **Dienstleistungsangebot der Rechtsanwaltschaft** am Rechtsanwaltsmarkt vor?

4 Den Anforderungen und Veränderungen des Rechtsberatungsmarktes folgend, sich nationalen und internationalen Nachfragebedürfnissen sowie der nationalen Beratungskonkurrenz am Rechtsberatungsmarkt und der internationalen und nationalen anwaltlichen und außeranwaltlichen Konkurrenz anpassend, hat die Anwaltschaft sich entsprechend organisiert. Sich Nachfragebedürfnissen anzupassen heißt, unverändertem anwaltlichen Selbstverständnis durch die Zeitenwende zu folgen. Bereits 1867 stellte *Rudolf von*

---

[1] *Winters*, Rechtsanwaltsmarkt, S. 10, 11.
[2] AnwBl. 1988, 307 (312).
[3] AnwBl. 1988, 313.
[4] BRAK-Mitt. 1998, 86.
[5] *Huff*, FAZ vom 23. 1. 1999, Blick in die Wirtschaft.
[6] BVerfG, AnwBl. 1993, 120.

Gneist fest: „Das Bedürfnis des rechtsuchenden Publikums muß an erster Stelle über die Gestaltung der Anwaltschaft entscheiden".[7]

a) Istzustand 1995. Nach dem Stand von 1995 übten ihren Beruf als **Einzelanwälte** noch 38% aller zugelassenen Rechtsanwältinnen und Rechtsanwälte aus.[8] Weil 1995 6% aller Rechtsanwältinnen und Rechtsanwälte Syndikusanwälte waren und diese immer Einzelanwälte sind,[9] ist die Schlußfolgerung richtig, daß 1995 nur 32% aller Rechtsanwälte als Einzelanwälte tätig waren. Die Prognose ist nicht falsch – neuere Statistiken sind nicht bekannt –, daß der Konkurrenzdruck, der Kostendruck und der Druck zur Spezialisierung die Organisationsform des Einzelanwalts, auch wenn es ihn immer geben wird, weiter zurückgehen und sich bei einer 2stelligen Zahl einpendeln lassen wird. Rechtsanwältinnen und Rechtsanwälte, die ihren Beruf einzeln ausüben, müssen sich besonders in ihren jeweiligen Berufsausübungsnischen den Anforderungen des Rechtsanwaltsmarktes widmen und in besonderer Art und Weise auf sich aufmerksam machen. 5

b) Überörtliche Sozietäten. Der rasante Wandel anwaltlicher Organisationsformen und damit gleichzeitig der Beweis, daß die deutsche Anwaltschaft endlich begriffen hat, unter allen Beratungsberufen nicht länger derjenige sein zu dürfen, der die Anforderungen der Dienstleistungsgesellschaft am wenigsten begriffen hat,[10] begann mit der wissenschaftlichen Untersuchung, daß die **überörtliche Sozietät** nach geltendem Recht zulässig sei[11] und ihrer richterlichen Bestätigung durch die Instanz-[12] und Obergerichte.[13] Schon 1995 waren 79% aller Anwaltssozietäten nur noch örtlich, 21% mithin überörtlich, zum Teil auch international und interprofessionell organisiert.[14] 6

Die in überörtliche Sozietäten führende und den Notwendigkeiten des Marktes folgende **Organisationsinitiative** der Anwaltschaft wurde 1994 durch Einfügung von § 59a BRAO legalisiert. In knapp 10 Jahren führte dies dazu, daß die heute größte deutsche überörtliche, auch interprofessionell und international zusammenarbeitende Anwaltssozietät 300 Rechtsanwälte, Steuerberater und Wirtschaftsprüfer zählt und deshalb als europäische Kanzlei bezeichnet werden kann. In solcher Größenordnung können Anwaltssozietäten durchaus als mittelständische Betriebe bezeichnet werden,[15] die sich ganz selbstverständlich den „Absatzmöglichkeiten" ihres Dienstleistungsangebotes, ausgerichtet am Nachfragebedürfnis, anpassen müssen. 7

c) Anwaltsgesellschaften. Der Organisationsschub durch die Liberalisierung des anwaltlichen Berufsrechts durch die auf anwaltliche Initiative zurückzuführenden Beschlüsse des Bundesverfassungsgerichts vom 14. 7. 1987[16] führte schon bald zur durch die Anwaltschaft[17] und die Rechtswissenschaft[18] aufgeworfenen Frage, ob der Anwaltschaft anders als bei Steuerberatern und Wirtschaftsprüfern nur die Rechtsform der BGB-Gesellschaft oder nicht auch die **Gesellschaft mit beschränkter Haftung** als Organisationsform zur Verfügung stehe. Nachdem dies nach geltendem Recht in der Literatur bejaht wurde[19] und sich dem die Rechtsprechung anschloß,[20] ist nun nach einigem Zögern des Gesetzgebers in den §§ 59c bis 59l BRAO die Anwalts-GmbH als Organisationsform für die Anwaltschaft legalisiert. 8

[7] *Gneist*, S. 13.
[8] *Huff*, wie Fn. 3.
[9] *Hommerich* in Hommerich/Prütting, S. 97.
[10] Prognos-Infratestbericht, Beilage zu Anwaltsblatt Heft 3, 1987.
[11] *Prütting*, JZ 1989, 705.
[12] LG Köln, NJW 1989, 2894.
[13] BGH, NJW 1989, 2890.
[14] *Hommerich* in Hommerich/Prütting, S. 102.
[15] *Huff*, wie Fn. 5.
[16] AnwBl. 1987, 595.
[17] *Ahlers*, AnwBl. 1991, 226.
[18] *Henssler*, JZ 1992, 697.
[19] *Henssler*, NJW 1999, 241 mit umfangreichen Literaturnachweisen.
[20] BayObLG, NJW 1996, 583; OLG Bamberg, MDR 1996, 423.

9 Ohne auf den Gesetzgeber zu warten, hatten sich bis 1. 1. 1998 bereits 49 Anwalts-GmbHs gegründet.[21] Nach Auskunft der Geschäftsstelle der Bundesrechtsanwaltskammer im Februar 1999 sind per 31. 12. 1998 rd. 90 Anwalts-GmbHs bundesweit handelsregisterlich registriert. Die endgültige Auswertung der Statistik ist noch nicht vorgenommen.

10 Nachdem durch das Gesetz zur Änderung des Umwandlungsgesetzes, des Partnerschaftsgesellschaftsgesetzes und anderer Gesetze vom 22. 7. 1998[22] durch Änderung der Haftungsbeschränkung die **Partnerschaftsgesellschaft** haftungsrechtlich der Anwalts-GmbH genähert worden ist,[23] wird auch diese Rechtsform von der Anwaltschaft mehr und mehr angenommen mit dem Ergebnis, daß am 1. 1. 1998 immerhin 288 Partnerschaftsgesellschaften eingetragen waren und mit weiterer Steigerung zu rechnen ist.

3. Organisationsformen

11 Die höchst differenzierten Organisationsformen anwaltlicher Berufsausübung sind auch eine Konsequenz aus der grundlegenden Veränderung und **Erweiterung anwaltlicher Dienstleistungen** über die ursprünglich nur forensisch ausgeübte Rechtsanwaltstätigkeit hinaus. Das Berufsbild vom Einzelanwalt als Prozeßanwalt, das schon durch die bis hierhin geschilderten unterschiedlichen Organisationsstrukturen widerlegt ist, lag noch der BRAO von 1959 zugrunde,[24] war aber schon damals falsch. *Heimerich* attestierte einen erheblichen Fortschritt, den das Gesetz 1959 gebracht habe. Das Gesetz trage aber einen konservativen Charakter und gleite über die Veränderungen hinweg, die sich insbesondere durch die Grundlagen der wirtschaftlichen Verhältnisse im industriellen Massenstaat auch für den Beruf des Rechtsanwalts ergeben hätten. Von einer Erkenntnis dieser Wandlungen zeige das Gesetz keine Spur, es halte an dem Bild eines Anwalts fest, den es leider kaum noch gäbe.[25]

12 Ersetzt man in dieser zutreffenden Diagnose von 1959, übertragen auf 1987, die Worte industrieller Massenstaat in Dienstleistungs-, Informations- und Freizeitgesellschaft, ergänzt man dies durch Hinweise auf das immer enger zusammenwachsende Europa und die Internationalisierung und Globalisierung anwaltlicher Berufsausübung, ist der Schluß nicht falsch, daß die Anwaltschaft bis 1987 sich ergebende Wandlungen wiederum kaum beachtet hat, war sie doch noch 1987 unter allen Dienstleistungsberufen derjenige, der die Anforderungen eben dieser Dienstleistungsgesellschaft am wenigstens erkannt und nicht begriffen hatte, daß für Leistungen bei denjenigen, denen sie angeboten werden, auch geworben werden und daß daher **Werbung** für die Leistungen der Anwaltschaft zulässig sein muß.[26]

13 Trotz aller Hinweise stellte *Wasilewski* noch 1990 fest, daß der erforderliche **Funktionswandel des Rechtsanwaltsberufs** sich in der Anwaltschaft bislang noch zu wenig durchgesetzt habe und daß das Selbstbild eines größeren Teils der Anwaltschaft wohl noch immer eher vom forensischen Streitanwalt denn vom Beratungsfachmann in allen Rechtsfragen geprägt sei.[27] Festgestellt wurde aber auch, daß die Anwaltschaft schon 1985, bezogen auf die westdeutschen Bundesländer, 70% aller Zivilrechtsfälle außergerichtlich erledigte und daß nur bei 30% aller von den Anwälten behandelten Zivilsachen der Rechtsweg beschritten wurde.[28] Diese Tendenz ist heute mindestens aufrechterhalten, wenn nicht verstärkt. Die Konsequenz dieser Betrachtung ist, daß gegenwärtig erst recht in bezug auf das **Beratungsbedürfnis außerhalb des Gerichts** im Bereich der Vertragsgestaltung, der Streitvermeidung und der Konfliktlösung – auch mit dem Mittel der Mediation – anwaltliche Beratung und Vertretung wirksam sein muß. Denn richtig bleibt:

---

[21] BRAK-Mitt. 1998, 86.
[22] BGBl. 1998 I, S. 1878.
[23] *Henssler*, wie Fn 18.
[24] *Koch* in Henssler/Prütting, BRAO, § 1 Rdn. 48.
[25] *Heimerich*, BB 1957, 785, 786.
[26] Prognos-Infrateststudie, AnwBl., März-Heft 1987, Beihefter, S. 15.
[27] *Wasilewski*, S. 95.
[28] *Wasilewski*, S. 92.

Im forensischen und außerforensischen Bereich ist für die Rechtsuchenden rechtliches Gehör im Sinne von Art. 103 Abs. 1 Satz 2 GG als kompetenter, unabhängiger, rechtskundiger und verschwiegener Beratung und Vertretung nur durch die Anwaltschaft gewährleistet.[29] Dies bewußt zu halten und noch immer bewußter zu machen, ist Inhalt richtig verstandenen **anwaltlichen Marketings** im Sinne von anwaltlicher Werbung, anwaltlichen public relations sowie der konkreten anwaltlichen Dienstleistungspalette. 14

4. Berufsbildbestimmung

§ 1 BRAO bezeichnet den Rechtsanwalt als **unabhängiges Organ der Rechtspflege,** § 3 BRAO bezeichnet den Rechtsanwalt und meint die Rechtsanwaltschaft als berufene Beraterin und Vertreterin der Bevölkerung in allen Rechtsangelegenheiten. Dies wird inzwischen mit Blick auf die Komplexität des Rechts und angesichts der stetig ansteigenden Normenflut dahin interpretiert, daß der rechtsunkundige Bürger selbst in Fällen einfach gelagerter Natur anwaltlicher Hilfe bedarf.[30] Das bedeutet, daß der rechtsuchende Bürger einen **verfassungsrechtlichen Anspruch** auf anwaltlichen Beistand, gestützt auf Art. 103 Abs. 1 GG, hat.[31] 15

Weil der Rechtsanwalt das Recht als erster anwendet, die Rechtsordnung zum Leben weckt und deshalb **Garant** für die Existenz und die Funktionsfähigkeit des Rechtes ist, hat *Zuck* gefordert,[32] in Ergänzung von Art. 20 GG die verfassungsrechtliche Bedeutung der Anwaltschaft wie folgt zu normieren: „Die rechtliche Beratung und Vertretung des Bürgers ist Recht und Pflicht unabhängiger Rechtsanwälte". 16

Weil Rechtsanwältinnen und Rechtsanwälte, vertieft in ihre Berufsausübung, zu dem Fehler neigen, sich über ihre eigene Stellung und ihre Rechte und Pflichten zu wenig Gedanken zu machen[33] und sich hauptsächlich durch ein schier unglaubliches **Beharrungsvermögen** und ein **unbeeindruckbares Selbstverständnis** auszeichnen, ist diese zutreffende Kennzeichnung rechtsstaatlicher Stellung und Bedeutung der Anwaltschaft zur Aufrechterhaltung, Überwachung und Einhaltung rechtsstaatlicher Rechtspflege ihr selbst, der Anwaltschaft, nicht ausreichend bewußt. Das bedingt es, daß die Anwaltschaft in ihrer Gesamtheit die **Bedeutung anwaltlichen Marketings** als des Mittels zur Verdeutlichung ihrer rechtsstaatlichen Aufgabe noch nicht ausreichend erkannt hat und folglich in ihrer Gesamtheit auch noch nicht ausreichend umsetzt. Dabei hat das Bundesverfassungsgericht schon 1992 judiziert: 17

„Wer den Beruf des Rechtsanwalts ergreifen will, muß sich den besonderen Bedingungen des Anwaltsmarktes stellen. Auf diesem besteht eine äußerst angespannte Wettbewerbssituation, die sich durch eine wachsende Zahl von Berufsanfängern, die Niederlassungsfreiheit im Rahmen der Europäischen Gemeinschaft und die rechtsberatende Tätigkeit anderer Berufsgruppen (vor allem der Steuerberater und Wirtschaftsprüfer) zunehmend verschärft".[34]

Im **Anwaltsmarkt** besteht eine angespannte Wettbewerbssituation zwischen dem Dienstleistungsangebot der Anwaltschaft und der mit ihr am Rechtsberatungsmarkt konkurrierenden anderen freien Berufe. Deshalb muß sich das Dienstleistungsangebot der Anwaltschaft auf die **Nachfragerseite** konzentrieren. Als Erfolgsfaktor für eine Anwaltskanzlei wird eine stärkere Kunden(Mandanten)orientierung immer wichtiger.[35] 18

5. Konkurrenten der Anwaltschaft

§ 3 Abs. 3 BRAO bestimmt, daß jedermann das Recht hat, sich in Rechtsangelegenheiten aller Art durch einen Rechtsanwalt seiner Wahl vertreten zu lassen. Auch in Verbin- 19

[29] Maunz/Dürig-*Schmitt-Aßmann*, Art. 103 Rdn. 107.
[30] *Rick*, S. 87.
[31] *Rick*, S. 87.
[32] *Zuck*, AnwBl. 1990, 591.
[33] *Tilmann*, BRAK-Mitt. 1991, 98.
[34] BVerfG, AnwBl. 1993, 120.
[35] *Meyer*, AnwBl. 1992, 242.

dung mit den Bestimmungen des Rechtsberatungsgesetzes sagt das aber nicht aus, daß der Rechtsanwaltschaft dadurch ein **Rechtsberatungsmonopol** zugewiesen worden ist.[36] Zum einen schränkt z. B. in §§ 45, 46, 114a Abs. 1, 155 BRAO das Berufsgesetz der Anwaltschaft selbst ihr Beratungs- und Vertretungsmonopol ein. Zum anderen existiert nur ein **gerichtliches Vertretungsmonopol** der Anwaltschaft in § 78 ZPO, keineswegs aber in allen Instanzen und in allen Gerichtsbarkeiten.[37]

20 Abgesehen davon, daß Steuerberater, Wirtschaftsprüfer, Rentenberater, Frachtführer, Insolvenzverwalter oder genossenschaftliche Prüfungsverbände im Rahmen ihres Aufgabengebietes gesetzlich zur Rechtsberatung ausdrücklich befugt sind, teilt sich der gesamte **Rechtsberatungsmarkt** auf in **Teilmärkte**, in denen Unternehmensberater, Vermögensverwalter, Immobilienmakler, Versicherungsmakler, Versicherungen, Architekten und Ingenieure, Banken, Verbrauchervereinigungen, Berufsverbände, Gewerkschaften, Arbeitgeberverbände, Industrie- und Handelskammern, Handwerkskammern und Genossenschaften mehr oder weniger legal gegenüber Mitgliedern und darüber hinaus, offen oder verdeckt, neuerdings auch zunehmend Fernsehsender, rechtsberatend und rechtsbesorgend tätig sind.[38] Diese nationale Konkurrenz der Anwaltschaft wird ergänzt durch die internationale, sowohl aus Europa als auch darüber hinaus. Englische und amerikanische, weltweit arbeitende Anwaltsbüros gründen Niederlassungen in der Bundesrepublik, Wirtschaftsprüfergesellschaften ebenso.[39]

21 Diesen Konkurrenten gegenüber kann sich die Anwaltschaft nur behaupten, indem sie ihre Kompetenz weiter stärkt und dies auch nach außen kundtut. Sie muß insgesamt und in jeder Kanzlei ein Konzept erarbeiten, das ihr Angebot und ihre Leistungspalette auf die Bedürfnisse und Wünsche ihrer potentiellen vorhandenen, rechtliche Beratung und rechtliche Vertretung nachfragenden Klienten ausrichtet. In der Konkurrenz am Rechtsberatungsmarkt kann die Anwaltschaft sich nur behaupten, indem sie in diesem Umfang ihr **Dienstleistungsmarketing** einrichtet.

22 Nachdem dies eine Forderung der Wissenschaft ist,[40] kann hierüber Streit nicht bestehen. Die Anwaltschaft befindet sich – nicht erst seit heute – in einem **scharfen Wettbewerb** mit den Angehörigen anderer freier Berufe. Die Gefahr ist groß, daß insbesondere der finanziell so interessante Beratungs- und Vertretungsbereich der mittelständischen und industriellen Wirtschaft der Anwaltschaft entgleitet. In dieser Situation muß der Anwaltschaft bewußt sein: Zu wenig Marketing der Anwaltschaft nutzt den konkurrierenden Berufen.[41]

23 Weil die Anwaltschaft nach ihrem gesetzlichen Auftrag in § 3 Abs. 1 BRAO die berufene Beraterin und Vertreterin in allen Rechtsangelegenheiten nicht abstrakt, sondern in den gesellschaftlichen Verhältnissen ist, in denen sie arbeitet, muß sie sich den **Bedingungen des freien Leistungswettbewerbs** stellen.[42] Sie muß an sich selbst die Forderung nach mehr Sensibilität und mehr Offenheit gegenüber den Marktmechanismen und Marktzwängen stellen[43] und durch eine kreative und einfallsreiche Strategie alle Nachfrager am Rechtsberatungsmarkt davon überzeugen, daß sie den gesetzlichen Beratungs- und Vertretungsauftrag des § 3 Abs. 1 BRAO erfüllt.

---

[36] *Koch* in Henssler/Prütting, BRAO, § 3 Rdn. 12.
[37] *Koch* aaO.
[38] *Winters*, Rechtsberatungsmarkt, S. 49 bis 57.
[39] *Henssler*, AnwBl. 1999, 47.
[40] *Henssler*, AnwBl. 1993, 541 ff.
[41] *Henssler*, AnwBl. 1993, 544.
[42] *Henssler*, AnwBl. 1993, 546.
[43] *Henssler*, AnwBl. 1993, 546.

II. Rechtliche Rahmenbedingungen

1. Berufsbildbestimmung (§§ 1–3 BRAO)

Bis hierhin wurde aufgezeigt: Rechtsanwältinnen und Rechtsanwälte arbeiten – in immer größerer Zahl – in höchst unterschiedlichen Organisationsstrukturen in allen rechtlichen Bereichen. Die Anwaltschaft ist noch immer im Wandel[44] und höchst bunt strukturiert, nicht homogen.[45] Gleichwohl gilt für jede anwaltliche Berufsausübung die Berufsbildbestimmung der §§ 1–3 BRAO. Aus diesen Normen ergeben sich die Grundlinien anwaltlicher Berufsausübung und der Status der Anwaltschaft als eine Art Programm,[46] das nicht statisch verstanden werden darf. Zu Recht stellt das Bundesverfassungsgericht fest, daß die Berufsbildbestimmung der §§ 1–3 BRAO veränderte soziale und ökonomische Bedingungen sowie internationale Zusammenhänge ebenso berücksichtigen muß wie die Tatsache, daß auf dem Anwaltsmarkt eine äußerst angespannte **Wettbewerbssituation** besteht, die sich durch eine wachsende Schar von Berufsanfängern, durch die Niederlassungsfreiheit im Rahmen der Europäischen Gemeinschaft und durch die rechtsbesorgende Tätigkeit anderer Berufsgruppen, vor allem der Steuerberater und Wirtschaftsprüfer, zunehmend verschärft.[47] 24

Will die Anwaltschaft ihren gesetzlichen Auftrag gem. § 3 Abs. 1 BRAO, der berufene Berater und Vertreter in allen Rechtsangelegenheiten zu sein, erfüllen, muß sie auf sich aufmerksam machen. Dabei muß zweierlei bewußt sein: 25

Zum einen die Überzeugung, daß die Behauptung der Anwaltschaft am Rechtsberatungsmarkt abhängig ist von ihrer **Kompetenz**, die den Wettbewerb innerhalb und außerhalb des Berufs nicht scheut,[48] sondern mit diesem Selbstverständnis und diesem Selbstbewußtsein den Anspruch erhebt, daß rechtliches Gehör im Sinne kompetenter, unabhängiger, rechtskundiger Beratung und Vertretung nur durch die Anwaltschaft gewährleistet ist.[49] 26

Zum anderen das Bewußtsein, daß bei aller Vielfalt der Berufsausübung der **gemeinsame Kern anwaltlicher Berufsausübung**, die gekennzeichnet ist durch das Berufsbild der §§ 1–3 BRAO und die in § 43a BRAO normierten Grundpflichten, für jede Rechtsanwältin und jeden Rechtsanwalt verbindlich skizziert ist. Unabhängigkeit, Verschwiegenheit, das Verbot der Interessenkollision und die Sorgfaltspflicht in Vermögensangelegenheiten kennzeichnen und umschreiben den gemeinsamen Kern anwaltlicher Berufsausübung bei aller bunten Organisationsstrukturierung.[50] Noch immer hat die Anwaltschaft nicht erkannt, daß z. B. die anwaltliche Unabhängigkeit ein Werbemittel ist, das sie unter allen freien Berufen besonders kennzeichnet. 27

> Die Unabhängigkeit der Rechtsanwälte, ihr zentraler Marktvorteil am Beratermarkt, wird strategisch nicht genutzt.[51]

2. Berufliche Stellung des Rechtsanwalts (§ 1 BerufsO)

Nicht zufällig, sondern sehr bewußt hat gerade unter dieser Betrachtung die Satzungsversammlung der Anwaltschaft am 26. 11. 1996 in § 1 Abs. 3 BerufsO den Gesetzeswort- 28

---

[44] *Paul*, Anwaltsberuf im Wandel, S. 11.

[45] *Schardey*, AnwBl. 1987, 401.

[46] *Redeker*, NJW 1987, 2611.

[47] BVerfG, AnwBl. 1993, 126.

[48] *Koch* in Henssler/Prütting, § 3 BRAO Rdn. 19.

[49] Maunz/Dürig-*Schmidt-Aßmann*, Art. 103 Rdn. 107.

[50] *Von Falkenhausen*, „Bei aller Vielfalt – der gemeinsame Kern anwaltlicher Berufsausübung", Vortrag anläßlich des Forums „Zukunft der Anwaltschaft" des DAV am 4. 10. 1998, Mainz, noch nicht veröffentlicht.

[51] *Hommerich* in Mauer/Krämer, S. 77.

laut wiederholt, wonach der Rechtsanwalt als unabhängiger Berater und Vertreter in allen Rechtsangelegenheiten seine Mandanten vor Rechtsverlusten zu schützen hat, rechtsgestaltend, konfliktvermeidend und streitschlichtend zu begleiten und vor Fehlentscheidungen durch Gerichte und Behörden zu bewahren und gegen verfassungswidrige Beeinträchtigung und staatliche Machtüberschreitung zu sichern hat. Es ist ein Fehler, daß, soweit bekannt, die Anwaltschaft in ihren Werbemaßnahmen diese Gesichtspunkte, die sie von allen anderen Beratungs- und freien Berufen unterscheidet, nicht deutlich herausstellt.

3. Verfassungsrechtliche Stellung des Rechtsanwalts

29 Die verfassungsrechtliche Stellung des Rechtsanwalts verstand *Adolf Arndt* unter der Geltung von Art. 103 Abs. 1 GG dahin, daß diese Grundrechtsnorm die institutionelle Garantie der unabhängigen Rechtsanwaltschaft und die Freiheit in der Wahl des Rechtsanwalts durch jeden Bürger enthalte.[52] Das Bundesverfassungsgericht hat sich dem in seiner bisherigen Rechtsprechung ausdrücklich nicht angeschlossen.[53] Weil Art. 103 Abs. 1 Satz 2 GG auf eine **wirksame** Form der Rechtsausübung zielt, ist *Schmidt-Aßmann* der Überzeugung, daß Normenflut und Übernormierung und die psychische Situation des rechtsuchenden Bürgers bei seinem Gang zu Gericht es gebieten, von verfassungsrechtlicher Gewährleistung rechtsanwaltlicher Vertretung auszugehen.[54]

30 *Zuck* hat vorgeschlagen, in Ergänzung zu Art. 20 GG den Verfassungsrang anwaltlicher Berufsausübung wie folgt grundgesetzlich zu verankern: „Die rechtliche Beratung und Vertretung des Bürgers ist Recht und Pflicht unabhängiger Rechtsanwälte".[55] Dem ist der Gesetzgeber, wie man weiß, bis heute nicht gefolgt (s. bereits Rdn. 16).

31 Die Forderung *Zucks* ist zu Recht vereinzelt geblieben. Die Erwähnung der Rechtsanwaltschaft in Art. 74 Abs. 1 Nr. 1 GG als dem Bereich der konkurrierenden Gesetzgebung zugehörig bringt keine irgendwie geartete verfassungsrechtliche Zuordnung der Anwaltschaft.[56] Die Meinung ist herrschend, daß im Grundgesetz eine spezifisch verfassungsrechtliche Zeichnung des anwaltlichen Berufsbildes nicht enthalten ist.[57] Verfassungsgerichtlich garantiert ist allerdings nach herrschender Auffassung, abgeleitet aus Art. 103 GG, daß der Bürger **verfassungsrechtlichen Anspruch auf anwaltlichen Beistand** hat.[58]

32 Insgesamt ist die Rolle des Rechtsanwalts in der Rechtspflege verfassungsrechtlich wie folgt zu kennzeichnen:

> Aus dem Rechtsstaatsprinzip ergibt sich eine unmittelbare verfassungsrechtliche Institutionalisierung. Sie erfolgt um der Grundrechte der Mandanten willen und gewährleistet die Anwaltschaft in Gestalt des historisch gewachsenen Prinzips der freien Advokatur.[59]

33 Dieser eigenen, bedeutenden Rolle ist sich die Anwaltschaft in ihrer Gesamtheit noch immer viel zu wenig bewußt. Die Anwaltschaft erkennt zu wenig, daß sie – gerade im Blick auf ihre berufsimmanenten Grundpflichten gemäß § 43a BRAO – der **Garant** für das verfassungsrechtlich garantierte **Recht des Bürgers** auf rechtliches Gehör im Sinne von Art. 103 Abs. 1 GG ist, und zwar sie allein. Anders als bei mit der Anwaltschaft am Rechtsberatungsmarkt konkurrierenden anderen freien Berufen sind die Grundpflichten der Anwaltschaft in § 43a BRAO ein Beleg dafür, daß allein die Anwaltschaft Garant für die Gewährleistung rechtlichen Gehörs für den rechtsuchenden Bürger ist. Diesen **Verfassungsauftrag** muß die Anwaltschaft nach außen deutlich machen und insgesamt die

---

52 *A. Arndt*, S. 362.
53 BVerfG E 38, 105 (188).
54 Maunz/Dürig-*Schmidt-Aßmann*, Art. 103 Rdn. 107.
55 *Zuck*, AnwBl. 1990, 591.
56 *Rick*, S. 57.
57 *Rick*, S. 72.
58 *Rick*, S. 87; Maunz/Dürig-*Schmidt-Aßmann*, Art. 103 Rdn. 103.
59 *Rick*, S. 91.

Erkenntnis aufnehmen, die Inhalt einer 1998 veröffentlichten Dissertation zum Thema „Die verfassungsrechtliche Stellung des Rechtsanwalts“ ist, wenn unbefangen formuliert wird: Auf ein professionelles Marketing etwa kann ein Rechtsanwalt heute nicht mehr verzichten.[60]

B. Anwaltliches Marketing

I. Begriffsbestimmung, Abgrenzung von Werbung

1. Begriffsbestimmung

Marketing umfaßt **alle** Maßnahmen einer ziel- und wettbewerbsorientierten Ausrichtung der marktrelevanten Aktivitäten der Unternehmung an ausgewählten Problemfeldern gegenwärtiger und zukünftiger Kundenpotentiale unter Einsatz planender, steuernder, koordinierender und kontrollierender sowie marketingpolitischer Instrumente.[61] 34

Anwaltliches Marketing umfaßt alle Entscheidungen und Maßnahmen, die in irgendeiner Form auf die Gestaltung von Beziehungen zu Klienten und zu anderen Interessengruppen wirken.[62] Marketing hat also die Aufgabe, Beziehungen zu gestalten.[63] Von daher ist die Schlußfolgerung nicht zu gewagt, daß **Marketing**, in den unternehmerischen Bereich übertragen, eine **typische anwaltliche Aufgabe** aus dem rechtlichen Bereich ist. Denn Beziehungen zu gestalten ist das tägliche anwaltliche Brot bei allen Vertragsgestaltungen des Gesellschaftsrechts, des Arbeitsrechts, des Familienrechts und in anderen Rechtsgebieten. 35

Definitorische Bemühungen zum Begriff des anwaltlichen Marketing, in dem anwaltliche Werbung nur ein Teilbereich ist, und ebenso die gesamten Kommunikationsbemühungen des Anwalts nach außen (Public relations)[64] sollte man aufgeben, nachdem man bei *Heussen* unter der Überschrift „Akquisitionsstrategien“ folgende begriffliche Einordnung liest: 36

Werbung: Ich sage, was ich kann.
Marketing: Meine Arbeit sagt, was ich kann.
Public relations: Andere sagen, was ich kann.[65]

Die Empfehlung ist nicht, dem zu folgen. Die Nähe der obigen Formulierung des Begriffs **Marketing** zu dem falschen Satz: „Der Anwalt wirbt durch seine Leistung“ ist zu groß. Es genügt aber, definitorisch sich zu bescheiden mit den Hinweisen, daß Marketing sowohl die systematische Planung der Kanzleiorganisation und der Kanzleiführung ist, als auch alle Entscheidungen und Maßnahmen umfaßt, die in irgendeiner Form auf die Gestaltung von Beziehungen zu Klienten und anderen Interessenkreisen wirken.[66]

2. Werbung als Marketing-Segment

Werbung als ein Teilaspekt des anwaltlichen Marketing bedeutet für den Anwalt in der Definition von *Heussen*: „Ich sage, was ich kann“. Das ist auch ausreichend, ergänzt man dies dadurch, daß dies, wie alles, was der Rechtsanwalt sagt, sachlich gemäß § 43a Abs. 3 BRAO zu geschehen hat. 37

---

[60] *Rick*, S. 68.
[61] *Gablers* Wirtschaftslexikon, S. 2190.
[62] *Schiefer-Hocke*, S. 15.
[63] *Schiefer-Hocke*, wie Fn. 58.
[64] *Schiefer-Hocke*, S. 98.
[65] *Heussen*, S. 105, 106.
[66] *Winters*, S. 215; *Mauer/Krämer*, S. 3, Rdn. 4; *Schiefer-Hocke*, S. 17.

38 Der BGH versteht unter Werbung ein Verhalten, das darauf angelegt ist, die Leistung desjenigen, für den geworben wird, in Anspruch zu nehmen.[67]

39 **Anwaltliche Werbung** ist da, um:
- dem Informationsstand der Rechtsuchenden in der Nachfrage nach qualifiziertem Rechtsrat nachzukommen;
- vorhandene und potentielle Mandanten über das gesamte Tätigkeitsfeld des Anwalts laufend und besser zu unterrichten;
- die Anwaltschaft gegenüber konkurrierender rechtlicher Beratung und Vertretung durch andere Berufe und Organisationen wettbewerbsfähiger zu machen.[68]

Deshalb ist anwaltliche Werbung als Teil des anwaltlichen Marketings auch **berufspolitisch** erwünscht. Anwaltliche Werbung, die den rechtlichen Rahmen der §§ 43b BRAO, 6–10 BerufsO, 1–3 UWG einhält, füllt § 3 Abs. 1 BRAO aus, macht nämlich deutlich, daß die Anwaltschaft die berufene Beraterin und Vertreterin in allen Rechtsangelegenheiten ist.

II. Die rechtlichen Rahmenbedingungen

1. Berufsrechtliche Grundnorm (§ 43b BRAO)

40 Weil mehrere hundert Definitionen zum Begriff des Marketing gezählt werden können,[69] verwundert es nicht, daß diese anwaltliche Tätigkeit weder in der BRAO noch in der BerufsO zu finden ist. In den Kommentaren zur BRAO von *Henssler/Prütting* und auch in der 4. Auflage von *Feuerich-Braun* (1999) ist im Stichwortverzeichnis der Begriff „Marketing" nicht aufzufinden. Bei *Hartung/Holl* allerdings findet sich in der Kommentierung von *Römermann* eine kurze Begriffsbestimmung sowie der eindringliche Hinweis, daß Marketing als Bestandteil die Werbung und – nicht zuletzt – die Mittel der Öffentlichkeitsarbeit umfaßt und Marketing für das moderne Anwaltsbüro heute unverzichtbar ist.[70] Bis zu dieser eher beiläufigen, eine Selbstverständlichkeit ausdrückenden Kommentierung unverzichtbaren anwaltlichen Marketings war ein weiter Weg.

41 Jesus wußte, wie man wirbt.[71] Rechtsanwälte haben das nicht beherzigt, sondern verdrängt und vergessen. In der **Fuldischen Advokatenordnung** von 1795 liest man in § 49:

> „Keiner soll sich unterstehen, auf dem Lande herumzuziehen, Prozesse zu werben, die Bauern aufzutreiben und bei ihnen zu zechen. Ein jeder Beamter, der in seinem anvertrauten Gebiete einen solchen antrifft und in derlei unerlaubten Beginnen betritt, soll den Advocaten kurzum arretieren, dessen Unfug kurz und summarisch untersuchen und selbigen mit Bericht ad Regimen anher zur Hauptwache einsenden, wonach dann gegen ihn als einen gefährlichen Aufwiegler procediert, und er nach seinen Verdiensten, Umständen cassiert oder noch gar am Leibe bestraft werden soll".[72]

42 Im Verständnis anwaltlicher Werbung war die **Reichsrechtsanwaltsordnung**, sieht man von drakonischen Leibesstrafen ab, am 1. 7. 1878 nicht weiter fortgeschritten, denn sie wurde von den Vorständen der bayerischen Anwaltskammern wie folgt kommentiert:

> „Will man nicht die Tätigkeit des Anwalts auf das Niveau des gewöhnlichen Werbebetriebes herabsinken lassen, so wird man auch nicht gestatten dürfen, daß der Rechtsanwalt das Publikum mit förmlichen Reklamen an sich zu ziehen suche, welche für den Geschäftsmann als erlaubte Mittel einer durch keine Standesrücksicht eingeschränkten Konkurrenz gelten dürfen, dem Anwaltsstande aber fremd bleiben müssen".[73]

---

[67] NJW 1992, 45.
[68] *Schiefer-Hocke*, S. 102.
[69] *Mauer/Krämer*, S. 3
[70] *Römermann* in Hartung/Holl, Vor § 6 Rdn. 2–8.
[71] *Meyer*, AnwBl. 1987, 347.
[72] Zitiert nach *Meyer*, AnwBl. 1992, 242.
[73] *Meyer*, aaO. (Fn. 72).

An dieser Bewußtseinshaltung gegenüber anwaltlicher Werbung hatte sich bis zur letzten Neufassung der durch die 33. Hauptversammlung der Bundesrechtsanwaltskammer am 21. Juni 1973 verabschiedeten **Grundsätze des anwaltlichen Standesrechtes** nichts geändert, denn § 2 Abs. 1 dieser Richtlinien lautete: „Der Rechtsanwalt handelt standeswidrig, wenn er um Praxis wirbt". 43

Dieser anwaltlichen Bewußtseinshaltung gegenüber jeglicher anwaltlichen Werbung lag zum einen zugrunde, daß für eine überschaubare Zahl von Berufsangehörigen das Rechtsberatungsgesetz noch einen einigermaßen haltbaren Schutzzaun baute, die Einkommensverhältnisse der Anwaltschaft befriedigend und die außeranwaltliche Konkurrenz noch nicht weiter bedrückend war. Diese Bewußtseinshaltung war auch geprägt durch das deutsche Sprichwort: „Der Teufel ist der Vater der Lüge. Die Reklame ist seine Tochter".[74] 44

Daß dies eine falsche Aussage ist, war die **Erkenntnis des Bundesverfassungsgerichts** in seinen Beschlüssen vom 14. 7. 1987, durch die die Richtlinien des anwaltlichen Standesrechtes insgesamt einschließlich dieses rigiden Werbeverbotes für obsolet erklärt wurden. Daß diese Aussage falsch ist, war auch dem **Rechtsausschuß des Deutschen Bundestages** bewußt. Im Regierungsentwurf zu § 43b BRAO war noch formuliert worden, daß Werbung dem Rechtsanwalt erlaubt sein soll, soweit sie über die berufliche Tätigkeit sachlich unterrichte, nicht **reklamehaft** und nicht auf die Erteilung eines Auftrags im Einzelfall gerichtet sei. Der Rechtsausschuß strich das Adjektiv **reklamehaft** als zu ungenau und ergänzte den Gesetzestext dahin, daß die Unterrichtung über die eigene berufliche Tätigkeit in Form und Inhalt sachlich sein müsse. Es ist nötig, festzuhalten: 45

„Da die Bundesregierung mit dem Verbot reklamehafter Werbung die Nutzung bestimmter, allerdings nicht näher bezeichneter Werbeträger ausschließen und verhindern wollte, daß ‚der Wettbewerb um Mandate mit den Mitteln des Kapitaleinsatzes für Reklame ausgetragen wird', ist aus der Streichung dieses Begriffs zu schließen, daß dem Anwalt für eine Informationswerbung alle Werbeträger gestattet sein sollen. Die Auffassung, eine sachliche Änderung gegenüber dem Entwurf sei damit nicht verbunden, wird dem im Gesetzeswortlaut eindeutig zum Ausdruck gekommenen Willen des Gesetzgebers nicht gerecht und läßt sich unterschwellig immer noch von der überkommenen Vorstellung leiten, **Werbung sei dem Anwalt nur ausnahmsweise in engen Grenzen gestattet.**"[75] 46

Vom oben zitierten Sprichwort, wonach die Reklame die Tochter des Teufels ist, vermögen sich allem Anschein nach auch gegenwärtig die Richter nicht zu lösen. So hat z. B. das OLG Köln im Urteil vom 29. 7. 1998[76] aus der Begründung des Gesetzentwurfes zu § 43b BRAO (BT-Dr 12/4993, S. 28) zitiert, daß mit der Stellung des Rechtsanwalts als Organ der Rechtspflege eine Werbung nicht vereinbar sei, die ein **reklamehaftes** Anpreisen in den Vordergrund stelle, ohne zu beachten, daß genau dies aus dem Gesetzesentwurf vom Rechtsausschuß des Deutschen Bundestages entfernt worden ist. Derselbe Fehler ist enthalten in den Entscheidungen des OLG Nürnberg vom 26. 8. 1997[77] und des OLG Dresden vom 9. 6. 1998.[78] 47

Wenn in der vorerwähnten Entscheidung das OLG Nürnberg tatsächlich entscheidet, die von einem Steuerberater vorgenommene Werbung sei berufswidrig, weil sie von einem **professionellen Werbegrafiker** entworfen ist, dann scheint der Weg noch weit, anwaltliche Werbung als einen Teil des anwaltlichen Marketing und als berufspolitisch erwünschtes Mittel in der Information gegenüber den Mandanten zu verstehen, die 48

---

[74] Zitiert nach *Mauer/Krämer/Braun*, S. 24.

[75] Henssler/Prütting-*Eylmann*, § 43b Rdn. 5 BRAO. Der Kommentator, *Horst Eylmann*, war 1994 der Vorsitzende des Rechtsausschusses des Deutschen Bundestages.

[76] NJW 1999, 63.

[77] AnwBl. 1998, 534.

[78] NJW 1999, 145.

erfahren wollen, wo ihre Interessen am besten aufgehoben sind und was das kostet,[79] weil damit verdeutlicht wird, daß der Rechtsanwalt, niemand sonst, der berufene Berater und Vertreter in allen Rechtsangelegenheiten (§ 3 Abs. 1 BRAO) ist.

49 Die Lockerung des Werbeverbotes in § 43b BRAO, in Kraft seit 1994, und die anschließende berufsrechtliche und wettbewerbsrechtliche Rechtsprechung bestätigen die resignative Feststellung von *Ring*, die er als **Warnhinweis** bezeichnet:

„Dies schließt es jedoch nicht aus, daß die berufs- bzw. wettbewerbsrechtliche Judikatur entgegen der Intention von Gesetz- und Satzungsgeber hinter den hier dargestellten Werbemöglichkeiten letztlich auch künftig zurückbleibt und tendenziell eine restriktivere Haltung zum Werberecht der Anwälte weiter beibehält. Insoweit bleibt auch in der Zukunft noch ein gewisses Maß an Vorsicht geboten. Jede Marketingmaßnahme muß vom Werbenden selbst verantwortet werden“.[80]

2. Satzungsrechtliche Konkretisierung (§§ 6–10 BerufsO)

50 Die nach Maßgabe der §§ 191 a bis 191 e BRAO zusammengetretene Satzungsversammlung der Anwaltschaft hat aufgrund der Ermächtigungsnorm des § 59b BRAO die Berufsordnung am 26. 11. 1996 verabschiedet, sie ist am 10. 12. 1996 vom Vorsitzenden der Satzungsversammlung ausgefertigt worden und am 11. 3. 1997 in Kraft getreten.[81]

51 Mag dieses Regelwerk nun überhaupt keinen legislatorischen Atem haben, ein biederbürokratisches Regelwerk frei vom Geist einer freien und unabhängigen Anwaltschaft darstellen[82] oder sich sehen lassen als eine Berufsordnung, die die Zukunft nicht verbaut,[83] inhaltlich dem Grundsatz „in dubio pro libertate“ folgt und kleinliche und oft auch als lächerlich empfundene Reglementierungen vermeidet,[84] ihre §§ 6–10, die sich mit anwaltlicher Werbung beschäftigen, sind richtig wie folgt kommentiert worden:

„Die Regelungen zur Angabe von Interessen- und Tätigkeitsschwerpunkten sowie zur informationsorientierten Werbung bedeuten einen großen Schritt nach vorn. Sie bieten dem Rechtsuchenden bessere Orientierungsmöglichkeiten und größere Transparenz. Sie bieten dem Anwalt bessere Möglichkeiten, Spezialisierungen zu verdeutlichen und mit ihnen auf sich aufmerksam zu machen. Die Satzungsversammlung hat sich dazu bekannt und dies einleitend in der Berufsordnung auch festgehalten, daß ein freier Beruf auf freie Berufsausübung angelegt ist“.[85]

52 Die Satzungsversammlung der Anwaltschaft hat beherzigt, daß das Bundesverfassungsgericht in ständiger Rechtsprechung als Grundsatz der anwaltlichen Berufsausübung skizziert hat, daß nämlich unter der Herrschaft des Grundgesetzes die durch den Grundsatz der freien Advokatur gekennzeichnete anwaltliche Berufsausübung der freien und **unreglementierten Selbstbestimmung des Einzelnen** unterliegt. Eine Einschränkung der anwaltlichen Berufsfreiheit durch Gesetz oder, soweit nicht statusbildend, durch Berufsordnungsregeln, muß durch vernünftige Gründe des Gemeinwohls gerechtfertigt sein und muß die vom Grundsatz der Verhältnismäßigkeit gezogenen Grenzen einhalten.[86]

53 Diese so auszuübende berufliche anwaltliche Tätigkeit, ausgerichtet an den Verfassungsnormen Art. 3, 12, 103 GG, bildet bei aller Vielfalt der anwaltlichen Berufsausübung in den unterschiedlichsten rechtlichen Bereichen und in den unterschiedlichsten Organisationsstrukturen den Kern der anwaltlichen Berufsausübung. Dieser Kern anwaltlicher Berufsausübung ist auch bei anwaltlicher Werbung, ausgerichtet an den §§ 43b BRAO, 6–10 BerufsO, 1–3 UWG, zugrunde gelegt. Sie soll beherzigen, was in bisher unübertroffener, klarer Diktion das Landgericht München in einer nicht veröffentlichten Entscheidung vom 12. 2. 1998 (4 HKO 2483/98) formuliert hat:

---

[79] Regierungsentwurf zur Berufsrechtsnovelle vom 19. 5. 1993, BT-Drucks. 12/4993.
[80] *Ring*, S. 21.
[81] AGH NRW AnwBl. 1999, 52.
[82] *Zuck*, MDR 1997, 327.
[83] *Hamacher*, AnwBl. 1997, 46.
[84] Hartung/Holl-*Hartung*, Einf. Rdn. 54.
[85] *Busse*, AnwBl. 1997, 1.
[86] BVerfG in ständiger Rechtsprechung, NJW 1979, 1160; NJW 1983, 1536; AnwBl. 1987, 598; AnwBl. 1993, 120.

„Es mag heute (noch) grundsätzlich befremdend wirken, wenn ein Rechtsanwalt zum Mittel der Werbung greift. Dieser (noch) fremde Eindruck darf eine gegenständliche Entscheidung nicht beherrschen. Daß ein Organ der Rechtspflege seinen Erwartungen dann optimal gerecht werden kann, wenn es auch über eine wirtschaftliche Funktionalität verfügt, dürfte letztlich einer der Gründe sein, weshalb sich heute das Bild des umworbenen zum werbenden Rechtsanwalt kehren darf – jedoch innerhalb der Schranken, die *§ 43b BRAO zieht*". (S. 7 des vorerwähnten Urteils).

In einem Kurzkommentar zu diesem Urteil[87] stimmt dieser Entscheidung *Henssler* uneingeschränkt zu. Er sieht in dieser Entscheidung ein Indiz, daß auch die ordentliche Gerichtsbarkeit die Liberalisierung des anwaltlichen Berufsrechts umsetzt und konstatiert, daß die Bedeutung des Marketings der anwaltlichen Dienstleistung zunehmend akzeptiert werde. Der Optimismus des Wissenschaftlers ist von der Rechtsprechung nicht bestätigt worden. Das vorgenannte Urteil des Landgerichts München ist vom Oberlandesgericht München im Urteil vom 23. 4. 1998 aufgehoben worden.[88] 54

Es überrascht nicht, wenn in den Entscheidungsgründen ausgeführt wird, daß **Rundfunkwerbung**, wie im zugrundeliegenden Fall geschehen, zwar nicht grundsätzlich gegen § 43b BRAO verstoße. Weil aber nach § 43b BRAO alle Maßnahmen unzulässig seien, die Ausdruck eines am Gewinn orientierten Verhaltens seien sowie alle **reklamehaften** Werbemethoden, dürften in der anwaltlichen Rundfunkwerbung crash-Geräusche und Musikuntermalungen nicht vorkommen. Eine solche, mit crash-Geräuschen und Musikuntermalung vorgenommene Werbung „enthalte Merkmale **reklamehafter** Anpreisung, die mit dem Berufsbild des Rechtsanwalts als Organ der Rechtspflege nicht vereinbar sei und ihm von § 43b BRAO nicht gestattet ist".[89] 55

Gegen das Urteil ist Verfassungsbeschwerde eingelegt worden. Sie ist vom Bundesverfassungsgericht aber nicht angenommen worden. Das Stereotyp, dem Rechtsanwalt als Organ der Rechtspflege verbiete § 43b BRAO eine Werbung, die auch Ausdruck eines am Gewinnstreben orientierten Verhaltens sei, obwohl es doch glatter Unsinn ist, anwaltliche Berufsausübung nicht auch als am Gewinnstreben ausgerichtet zu begreifen,[90] ist also noch im April 1998 durch ein Obergericht rechtskräftig festgestellt worden. Dies bestätigt leider den Warnhinweis von *Ring*, daß noch immer jede Marketingmaßnahme vom werbenden Rechtsanwalt selbst verantwortet werden muß.[91] 56

Anwaltliche Werbung, die effizient und originell sein will und nicht in „puritanischer Neutralität"[92] verhaftet bleibt, muß auch 1999 bedenken: Vorstände von Rechtsanwaltskammern, Vorstände von Anwaltvereinen, Kolleginnen und Kollegen betrachten sorgfältig anwaltliche Werbung in ihrer Nachbarschaft. Es kann sich ereignen, daß berufsrechtliche Ahndung und wettbewerbsrechtliche Unterlassungsaufforderung dem werbenden Rechtsanwalt ins Haus steht. Deshalb ist es empfehlenswert, nicht nur die Kosten der konkreten Werbemaßnahme zu kalkulieren, sondern gleichzeitig **eine kleine Rücklage**[93] für mögliche streitige Auseinandersetzungen zu bilden. 57

3. Wettbewerbsrecht (§§ 1–3 UWG)

Es geht kein Weg daran vorbei: Rechtsanwälte sind wie alle freien Berufe mit Gewinnerzielungsabsicht berufstätig und unterfallen somit den Bestimmungen des UWG.[94] Dabei muß jedoch klar sein, daß nicht jeder Verstoß gegen die berufsrechtlichen Bestimmungen der §§ 43b BRAO, 6–10 BerufsO auch ein Wettbewerbsverstoß gegen § 1 UWG ist. 58

[87] EWiR 1998, 3361.
[88] AnwBl. 1998, 478.
[89] AnwBl. 1998, 478.
[90] *Löwe*, AnwBl. 1988, 547.
[91] *Ring*, S. 21.
[92] LG München, 4 HKO 2438/98, nicht veröffentlicht, S. 7.
[93] Ständige, mündliche Empfehlung von RA Dr. *M. Kleine-Cosack* in den Foren für Junge Rechtsanwältinnen und Rechtsanwälte „Erfolg im Anwaltsberuf".
[94] Hartung/Holl-*Römermann*, Vor § 6 BerufsO Rdn. 133.

Gleichwohl ist es selbstverständlich, daß sich jede anwaltliche Werbung als Bestandteil des anwaltlichen Marketing im Rahmen auch des § 3 UWG halten muß. Dies wird für die anwaltliche Werbung insbesondere dann relevant, wenn zwar mit wahrheitsgemäßen Informationen berufsrechtskonform geworben wird, solche Informationen aber geeignet sind, irrige Vorstellung hervorzurufen, insbesondere dann, wenn mit Wertungen geworben wird.[95]

III. Marketing als Bestandteil der Unternehmensführung

59 *Rudolf von Gneist* stellte 1867 fest: „Das Bedürfnis des rechtsuchenden Publikums muß an erster Stelle über die Gestaltung der Anwaltschaft entscheiden."[96] Auf anwaltliches Marketing bezogen wird diese nach wie vor zutreffende Feststellung modern wie folgt umschrieben: „Die Orientierung am Mandantennutzen ist der Ausgangspunkt für die Erarbeitung eines Marketingkonzepts."[97]

60 Genauso wie der Rechtsanwalt unter der Herrschaft des Grundgesetzes seinen Beruf ausübt, nämlich frei, unreglementiert, selbstbestimmt und unabhängig, muß er das auf die jeweilige Kanzleisituation konkret bezogene **Marketingkonzept** ausarbeiten. Es existiert nicht das allgemeingültige Marketingkonzept für die Anwaltskanzlei, auch wenn es noch so schön wäre, schlicht ein ausgearbeitetes Konzept zu adaptieren.

61 Weil Marketing bedeutet, sich von anderen zu unterscheiden, benötigt jedes Anwaltsbüro sein höchst eigenes, **individuelles** Marketingkonzept.[98] *Lachenmaier* formuliert seine These 7 wie folgt: „Der Anwalt, der sich von seinem Selbstverständnis her als Dienstleistungsunternehmer begreift, der stets den Nutzen seiner Mandanten im Auge behält und der ein schlüssiges Marketingkonzept nicht nur erarbeitet, sondern in der Praxis auch umsetzt, wird trotz der viel beklagten Juristenschwemme eine erfolgreiche Zukunft vor sich haben".[99]

62 Vom 1. bis 3. Oktober 1998 führte der Deutsche Anwaltverein in Mainz das **Forum „Zukunft der Anwaltschaft"** durch. Im Arbeitskreis 2 lautete die verabschiedete These 3: „Anwaltliche Tätigkeit muß sich am Bedarf des Mandanten orientieren. Dazu erforderliche interdisziplinäre Zusammenarbeit darf berufsrechtlich nicht behindert werden". Die These 4 lautete: „Erfolg erfordert eine zielgerichtete und marktorientierte anwaltliche Tätigkeit". Im Arbeitskreis 3 lautete die These 2: „Der Anwalt muß aktiver als bisher den Mandanten über seine Kompetenzbereiche informieren und zusätzlichen Beratungsbedarf auch im Rahmen des bestehenden Mandatsverhältnisses erkennen".[100]

63 Das Forum des Deutschen Anwaltvereins „Zukunft der Anwaltschaft" wurde eingeleitet mit dem Referat zum Thema „Stärken und Schwächen der Anwaltschaft – Analyse – Kritik – Prognosen". Es referierte Rechtsanwalt *Dr. Benno Heussen*, München.[101] Es genügt in dieser Einleitung, einige Kernsätze aus diesem Referat plakativ hervorzuheben:

64 Der Markt für rechtliche Dienstleistungen ist nahezu unbegrenzt groß. Wenn wir über den Tellerrand hinaus den riesigen Markt rechtlicher Dienstleistungen sehen, der nur darauf wartet, erschlossen zu werden, können wir uns vor Arbeit nicht mehr retten. Wir müssen dazu nur unseren Mandanten ein Gefühl dafür vermitteln, worin der Unterschied zwischen einer gewerblichen Beratung und der anwaltlichen Interessenvertretung besteht.[102]

---

[95] Zum Ganzen Hartung/Holl-*Römermann*, Vor § 6 BerufsO Rdn. 134–162.

[96] *Gneist*, S. 13.

[97] *Lachenmaier*, AnwBl. 1998, 236.

[98] *Lachenmaier*, AnwBl. 1998, 236.

[99] *Lachenmaier*, AnwBl. 1998, 240.

[100] *Streck*, AnwBl. 1998, 545, insbesondere 549, 550.

[101] AnwBl. 1998, 551.

[102] *Heussen*, AnwBl. 1998, 554.

Wenn Rechtsanwältinnen und Rechtsanwälte aufhören, sich gegenseitig zu bekämpfen, so die Empfehlung des Referenten, und statt dessen sich darauf konzentrieren, den Markt rechtlicher Dienstleistungen **gemeinsam** zu erobern, wird der Anwaltsberuf nach der Überzeugung des Referenten an Ansehen noch gewinnen.[103] 65

Die Prognose ist, daß Bedeutung und Arbeit von Rechtsanwältinnen und Rechtsanwälten im Bewußtsein der Öffentlichkeit stärker verankert sein wird als heute, wenn die Anwaltschaft ihre Chance begreift und umsetzt, ihre Tätigkeit im Wettbewerb zu anderen Dienstleistern herauszustellen und nicht übersieht, gleichzeitig die Bedeutung ihrer Arbeit durch ein **individuelles Marketing** bekanntzumachen, weil es dabei bleibt: 66

Der Rechtsanwalt ist der berufene Berater und Vertreter in allen Rechtangelegenheiten, im ausdifferenzierten Rechtsstaat ist ohne den Rechtsanwalt rechtliches Gehör für den Bürger nicht zu vermitteln.[104]

IV. Marketing und Berufsethos

„Die Unabhängigkeit der Rechtsanwälte, ihr zentraler Marktvorteil am Beratermarkt, wird strategisch nicht genutzt."[105] Versteht man die in § 1 BRAO erwähnte anwaltliche Unabhängigkeit, die in § 43a Abs. 1 BRAO dahin konkretisiert wird, daß der Rechtsanwalt keine Bindungen eingehen darf, die seine Unabhängigkeit gefährden, im Sinne einer ethischen Verpflichtung des Rechtsanwalts gegenüber seinem Mandanten, ist damit die hohe Verantwortung des Anwalts als eines hoch qualifizierten Rechtsberatungsfachmanns angesprochen. Denn der Rechtsanwalt macht für den Bürger das Recht erreichbar.[106] Umgekehrt bedeutet dies, daß der Rechtsuchende von der Leistung und Leistungsbereitschaft des Rechtsanwaltes **abhängig** ist. Die **Unabhängigkeit** des Rechtsanwalts korrespondiert mit der **Abhängigkeit** seines Klienten.[107] Weil der Mandant in diesem Umfang **abhängig** ist, Leistungsvermögen nicht beurteilen kann, muß er **vertrauen.** 67

Auf den Rechtsanwalt bezogen wiederum bedeutet diese vertrauensvolle Abhängigkeit des Mandanten ein hohes Maß an **Verantwortung** und **Verantwortlichkeit.**[108] Weil Ethos heute im Sinne einer allgemeinen sittlichen Grundhaltung, einer moralischen Gesamthaltung einer Person zu verstehen ist,[109] ist diese Verantwortung und Verantwortlichkeit des Rechtsanwalts gegenüber seinem Mandanten, die Vertrauen nicht enttäuschen darf, **ethische anwaltliche Verpflichtung** jeglicher anwaltlichen Berufsausübung. Da, wie wir gesehen haben, im Mittelpunkt anwaltlicher Marketingüberlegungen der Nutzen für den Kunden steht,[110] anwaltliches Marketing also kundenorientiert und kundenbezogen ist, und das Interesse des Mandanten, wie bei jeder anwaltlichen Tätigkeit, im Mittelpunkt aller Leistungsbereitschaft des Rechtsanwaltes steht, darf anwaltliches Marketing die ethische Verpflichtung zur Ausübung anwaltlicher Tätigkeit niemals übersehen. 68

C. Management im Unternehmen Anwaltskanzlei

I. Aufriß

Im Sachverzeichnis des „Beck'schen Rechtsanwaltshandbuchs, 5. Aufl. 1997/1998, findet man das Stichwort „Management" oder „Manager" nicht. Der „Ratgeber" des Deutschen Anwaltvereins „Praktische Hinweise für junge Rechtsanwältinnen und Rechts- 69

[103] *Heussen*, AnwBl. 1998, 560.
[104] *Heussen*, AnwBl. 1998, 559, Maunz/Dürig-*Schmidt-Aßmann*, Art. 103 Rdn. 107.
[105] *Hommerich*, wie Fn. 51.
[106] *Busse*, AnwBl. 1998, 233.
[107] *Busse*, aaO. (Fn. 106).
[108] *Busse*, aaO. (Fn. 106).
[109] *Prütting*, AnwBl. 1994, 315.
[110] *Lachenmaier*, AnwBl. 1998, 236.

anwälte", 7. Aufl., Bonn 1997, handelt in einem 8. Abschnitt das Thema „Unternehmen Anwaltsbüro" mit 8 Unterabschnitten ab, der Begriff „Management" kommt nicht vor.[111] Auch „Die moderne Anwaltskanzlei", 2. Aufl., Bonn 1997, gibt im Stichwortverzeichnis zum Begriff „Management" oder „Manager" keine Hilfe.[112] Im Buch selbst spielen Hinweise zum Qualitätsmanagement eine entscheidende Rolle.[113]

70 Ist das jedenfalls noch nicht überall ausreichend vorhandene anwaltliche Verhältnis zu Fragen des **Kanzleimanagements** verursacht durch die anwaltliche Ausbildung, in der mit Fragen der Unternehmensorganisation und Unternehmensführung Jurastudenten und Referendare im Vorbereitungsdienst nicht beschäftigt worden sind? Beim Start in den Beruf wird jedem Anwalt zwar sofort das „Fristenmanagement" als wesentliche Organisationsaufgabe bewußt. Noch immer scheint nicht selbstverständlich zu sein, auch wenn *Krämer* das in seinem Beitrag im Handelsblatt vom 14./15. 8. 1998 als selbstverständlich voraussetzt, daß eine Anwaltspraxis auch ein Unternehmen ist. Es überrascht also nicht, daß Rechtsanwältinnen und Rechtsanwälte in der Praxis oft auf Probleme stoßen, wie *Krämer* bemerkt, die dem Kanzlei-Management zuzuordnen sind. Nach einem Bericht von *Huff* in der FAZ vom 30. 10. 1997 wurde während einer Informationsveranstaltung den anwesenden Rechtsanwältinnen und Rechtsanwälten von einem Personalberater vorgehalten, „daß sie viel zuwenig Wert auf ein vernünftiges Personalmanagement legten".

II. Management-Dezifite

71 Was ist Management? Zunächst ein eingedeutschtes Fremdwort. Langenscheidt's Wörterbuch klärt auf: Die deutsche Übersetzung ist sowohl „Verwaltung" als auch „Unternehmensführung".

72 Sicherlich sind glänzend organisierte Anwaltskanzleien vorhanden. Sicherlich ist in vielen Anwaltskanzleien die Unternehmensführung als Essentialie für den Erfolg im Beruf erkannt und durchgesetzt, zumal einige Anwaltskanzleien inzwischen nach DIN ISO 9001 ff. zertifiziert sind.[114] Gleichwohl ist die Feststellung von *Werner* nach wie vor richtig,[115] wonach die tägliche Arbeit in vielen Rechtsanwaltskanzleien immer noch von Aktensuche, Fristproblemen und anderen organisatorischen Schwierigkeiten geprägt ist. Literatur und Publikationen zur guten **Organisation einer Rechtsanwaltskanzlei**, so wird ausdrücklich betont, gibt es sehr wenig.[116]

73 *Hommerich* formuliert nachdrücklich und unmißverständlich unter der Überschrift Managementdefizite in Anwaltskanzleien: „Die in Anwaltskanzleien angesiedelten Managementdefizite sind auf unterschiedlichen Ebenen angesiedelt. Die Anwaltsberater *Hildebrandt* und *Kaufman* kommen ihrer Situationsbeschreibung der amerikanischen Anwaltschaft zu dem Ergebnis, nur wenige Anwälte verstünden etwas von gutem Management. Soweit sie etwas von Management verstünden, seien sie häufig unfähig, nicht willens oder gar nicht mit der Einsicht ausgestattet, ihre Managementkenntnisse **in der eigenen Kanzlei** anzuwenden.

74 Befaßt man sich mit einzelnen **Lücken in der Managementpraxis** von Anwälten, so wird man schnell fündig: Anwälte reservieren zunächst einmal viel **zuwenig Zeit** für Managementaufgaben. Zeit für Management wird in der Regel als unproduktive, weil nicht im engeren Sinne juristische Tätigkeit, gesehen. Schon deswegen werden Managementaufgaben lediglich als Beiwerk der Tätigkeit betrachtet, welches leider nicht zu vermeiden sei. Welch starke Antipathie Anwälte gegenüber Mangementfunktionen haben,

---

[111] Inhaltsverzeichnis, S. 9 u. 10.

[112] *Garke*, Stichwortverzeichnis, S. 635.

[113] *Garke-Dolch-Werner*, S. 605.

[114] Einzelheiten in § 26.

[115] *Garke-Dolch-Werner*, S. 605.

[116] *Garke-Dolch-Werner*, S. 605.

wird leicht daran sichtbar, daß sie insbesondere in mittleren und größeren Sozietäten immer wieder die Absicht hegen oder auch realisieren, alle Managementaufgaben auf einen **Verwaltungsleiter** oder **Büroleiter zu übertragen**, um sie abschließend loszuwerden. Häufig werden sie allerdings die Erfahrung machen, daß diese erhoffte Entlastung nicht eintritt, weil der Verwaltungsleiter schon bald strukturell überfordert ist. Hinsichtlich der Optimierung von Organisationsprozessen wird er schnell scheitern, wenn die Anwälte sich nicht aktiv an solcher Optimierung beteiligen."[117]

III. Die Managementfelder

Die Unternehmensführung der Anwaltskanzlei, das **Kanzleimanagement**, umfaßt (im 75
einzelnen dargestellt in § 24) alle zu organisierenden Unternehmensbereiche der Anwalskanzlei, denen die Aufmerksamkeit des Kanzleiinhabers oder eines beauftragten Sozius zu gelten hat. Immer und unverzichtbar ist dies **anwaltliche Aufgabe**, keineswegs[118] darf dies volljuristischen oder gar nicht juristischen Mitarbeitern überlassen bleiben. Zu den in diesem Handbuch unter dem Oberbegriff des Managements einer Anwaltskanzlei, nachfolgend § 24, abgehandelten Managementfeldern gehören das Qualitätsmanagement (§ 25), das Personalmanagement (§ 28), das Kapazitätsmanagement (§ 29), das Kostenmanagement (§ 30), das Informationsmanagement (§ 31), das Zeitmanagement (§ 33), das Fristenmanagement (§ 34) und schließlich das Beschwerdemanagement (§ 47).

Unter diesen Managementfeldern findet sich zu Recht nicht der **Begriff des** „Marketing- 76
management". Da anwaltliches Marketing alle Entscheidungen und Maßnahmen umfaßt, die in irgendeiner Form auf die Gestaltung von Beziehungen zu Klienten und anderen Interessentengruppen einwirken,[119] wozu auch die nachfolgend in § 46 abgehandelte räumliche Gestaltung der Rechtsanwaltskanzlei gehört, ist die Schlußfolgerung zwingend: Anwaltliches Marketing ist ein Teil des Managements der Anwaltskanzlei.

D. Fazit und Prognose

Schlägt man das Programmheft der Deutschen Anwaltakademie, der Fortbildungsein- 77
richtung des Deutschen Anwaltvereins, auf, so findet man im Inhaltsverzeichnis unter der Überschrift: „Der Anwalt in eigener Sache"[120] die Seminare „Qualitätsmanagement in der Anwaltskanzlei", „Werbung für den Anwalt", „Kanzleierfolg durch strategische Planung", „Die Ein-Mann-Kanzlei". Die Studie **„Qualitätssicherung in freien Berufen"** kommt zu dem Ergebnis:

„Die Ergebnisse der Studie haben gezeigt, daß bei allen hier betrachteten freien Berufen, wenn auch in mehr oder weniger starkem Ausmaß, **Defizite hinsichtlich der Qualität der Berufsausübung** bestehen bzw. durch die sich verschärfende Konkurrenzsituation für die Zukunft zu erwarten sind. ... Es wird deutlich, daß Qualitätssicherung in freien Berufen vor allem auch ein **Akzeptanzproblem** ist: Traditionelle Berufsideologien verhindern weitgehend eine sachliche Auseinandersetzung sowohl mit den Notwendigkeiten als auch mit den Möglichkeiten einer Beurteilung und Messung der Leistungsqualität. **Qualitätsanalyse** ... wird vielfach mit Kontrolle gleichgesetzt und provoziert damit fast automatisch Widerstand nicht nur bei einzelnen Freiberuflern, sondern auch bei Berufsvertretungen. ... Auch die freien Berufe sollten sich jedoch klarmachen, daß Qualitätssicherung in der Zukunft sowohl in Konkurrenz mit externen Berufsgruppen als auch

---

[117] *Hommerich*, Strategische Ausrichtung der Anwaltskanzlei, Manuskript S. 10, noch nicht veröffentlicht (demnächst Beilage zu Anwaltsblatt 1999).

[118] *Hommerich*, wie Fn. 118.

[119] *Schiefer-Hocke*, S. 15.

[120] Seminarverzeichnis 1. Halbjahr 1999, S. 8.

gegenüber staatlichem Druck z. B. im Rahmen der Kostendämpfungspolitik zu einem wesentlichen Wettbewerbs- bzw. Argumentationsfaktor werden kann."[121]

78 Es ist der **Sinn dieses Handbuchs** und die Hoffnung der Autoren, daß mit ihrer Hilfe Defizite hinsichtlich der Qualität anwaltlicher Berufsausübung im speziellen Bereich des Marketing und des Management des Rechtsanwalts abgebaut werden. Es ist meine **persönliche Analyse**, daß mit der am 11. 3. 1997 in Kraft getretenen Berufsordnung die Anwaltschaft es durch ihre in die Satzungsversammlung frei gewählten Vertreterinnen und Vertreter geschafft hat, traditionelle Berufsideologien[122] abzubauen.

79 Das in §§ 1–3 BRAO, § 1 BerufsO gezeichnete Berufsbild der Anwaltschaft ist auch unter Zugrundelegung moderner, zukunftsgerichteter Anforderungen weiterhin zutreffend. Die Anwaltschaft wird entsprechend § 3 Abs. 1 BRAO die berufene Beraterin und Vertreterin in allen Rechtsangelegenheiten bleiben, dies notwendigerweise auch ausbauen, wenn sie bedenkt:

80 Nicht nur in der Ausbildung und in der fortwährenden Fortbildung praktisch durch learning by doing wie im theoretischen Bereich im Anforderungsprofil des § 43a Abs. 6 BRAO, sondern auch und gerade im Bereich des höchst individuellen, auf die jeweilige Kanzlei bezogenen Marketing und Management des eigenen Unternehmens muß die Anwaltschaft Kompetenz beweisen. Die Entwicklung der weiterhin im Umbruch befindlichen Anwaltschaft seit der Novellierung der Bundesrechtsanwaltsordnung 1994 und 1997 (Anwalts-GmbH) und seit der Verabschiedung der Berufsordnung zeigt den richtigen Weg vor, wenn in allen anwaltlichen Berufsausübungsbereichen der Grundsatz bedacht wird: **„in dubio pro libertate"**.[123]

---

[121] *Wasilewski-Reith*, S. 469.
[122] *Wasilewski-Reith*, S. 469.
[123] Hartung/Holl-*Hartung*, Einf. Rdn. 54.

1. Kapitel. Strategische Ausrichtung einer Anwaltskanzlei

§ 1 Einführung und Übersicht

*Rachelle Römermann**

Übersicht

Schrifttum: *Brockhaus* Enzyklopädie, 20. Aufl. 1998; *Gabler* Wirtschaftslexikon, 12. Aufl. 1988; *Johnson/Scholes*, Exploring Corporate Strategy, 3rd Edition, 1993; *Kirsch* u. a., in: Riekhof (Hrsg.), Strategieentwicklung, 1989, S. 6ff.; *Kotler u. a.*, Grundlagen des Marketing, 2. Aufl. 1999; *Laib*, in: Meyer, A. (Hrsg.), Handbuch Dienstleistungs-Marketing; *Mauer/Krämer/Becker*, Unternehmensführung für rechts- und wirtschaftsberatende Berufe, 1997; *Meffert/Bruhn*, Dienstleistungsmarketing, 1995; *Römermann*, Entwicklungen und Tendenzen bei Anwaltsgesellschaften, 1995; *Ulrich/Fluri*, Management, 7. Auflage, 1995.

A. Entwicklung und Grundsatz des strategischen Denkens

I. Wurzeln des strategischen Denkens und Aufnahme in die Betriebswirtschaftslehre

1 Die Frage nach den etymologischen Wurzeln des Begriffs „Strategie“ führt zu dem aus „stratos“ und „igo“ zusammengesetzten altgriechischen Wort „strataegeo“.[1] Im ursprünglichen Sinn wurde die Strategie als **Kunst der Kriegsführung** verstanden. Sie sollte einen entscheidenden Einfluß auf den Ablauf des Krieges haben.

2 Ab der Mitte der 50er Jahre wurde in dem Kontext eines immer turbulenter und komplexer werdenden wirtschaftlichen Umfeldes auf eine strategisch orientierte Planungsmentalität zurückgegriffen. Die Zukunft wurde als generell weniger planbar angesehen.[2] Der Grundsatz, daß die Strategie einen entscheidenden **Einfluß auf das Ganze** haben sollte, wurde bei der Übernahme des strategischen Denkens in die Unternehmenspraxis beibehalten.

3 Die seit Beginn der 70er Jahre veränderten schwierigen Wirtschaftsbedingungen haben dazu geführt, daß das langfristige Überleben am Markt für viele Unternehmen im Gegensatz zu den Zeiten ungehinderten wirtschaftlichen Wachstums keine Selbstverständlichkeit mehr ist. Vielmehr wird es seitdem als primäre Aufgabe der Unternehmensleitung verstanden, die Existenzsicherung des Unternehmens mit Hilfe der strategischen Planung zu gewährleisten.[3] Der Sinn der Strategie bzw. der strategischen Planung wird dement-

---

* Diplom-Betriebswirtin, leitet das Kanzleimanagement der Anwaltskanzlei Dr. Römermann, Schwab & Coll. in Hannover.

[1] *Laib*, in: Meyer, A. (Hrsg.), Handbuch Dienstleistungs-Marketing, 1998, S. 511.
[2] *Gabler* Wirtschaftslexikon, 12. Aufl. 1988, Band 5, S. 1785.
[3] Vgl. *Ulrich/Fluri*, Management, 7. A. 1997, S. 115.

sprechend darin gesehen, die Voraussetzungen für den **dauerhaften zukünftigen Erfolg** des Unternehmens im Wettbewerb zu schaffen.

II. Begriffsbestimmung: Die Strategie im Rahmen der Unternehmensführung

4 Die Enzyklopädie *Brockhaus* gibt folgende Definition der Strategie im betriebswirtschaftlichen Bereich: Strategie ist „ein rational geplantes, in sich stimmiges, komplexes Maßnahmenbündel, das von der **Unternehmensführung** festgelegt wird und zur Erreichung der grundsätzlichen Unternehmensziele beitragen soll. Entscheidungen über die Strategie stellen somit **Grundsatzentscheidungen** dar, welche die **prinzipielle Richtung** des von Unternehmen eingeschlagenen Weges bestimmen."[4]

5 Daraus folgt, daß die Strategie im Unternehmen bzw. das strategische Management als umfassende Führungsphilosophie betrachtet werden kann, die einen Blick in die Zukunft und eine **Orientierung an Erfolgspotentialen** erfordert. Im Mittelpunkt stehen nicht operative Größen wie Gewinn, Deckungsbeitrag, Rentabilität, Liquidität usw., sondern **Vorsteuergrößen**, die die Voraussetzung für den Erfolg des Unternehmens sind. So spricht man von der „relativen Wettbewerbsposition" oder von „Ressourcen", „Stärken", „Schwächen", „Gefahren", „Gelegenheiten", d. h. von Begriffen, die die Umwelt des Unternehmens und dessen relative Position in der Umwelt beschreiben.[5]

6 Die im Rahmen der strategischen Planung festgelegten Ziele sind ihrer Natur nach eher **qualitativer Art** und zumeist **langfristig** angelegt.[6] Deswegen zählt zu den Leitsätzen des strategischen Denkens die Lenkung der Zukunft eines Unternehmens anhand im Regelfall langfristiger Handlungsmöglichkeiten, wobei es von der Dynamik jeder Branche abhängt, was als „langfristig" gelten soll.

III. Strategie in der allgemeinen Unternehmenspraxis, insbesondere in der Anwaltskanzlei

7 In der Unternehmenspraxis wird strategischen Überlegungen allzuoft zu wenig Beachtung geschenkt. Insbesondere wird die langfristige Zukunft – wenn überhaupt – nicht hinreichend geplant. Im übrigen werden die internen und externen Faktoren, die diese langfristige Zukunft beeinflussen können (Unternehmensressourcen, Stärken, Schwächen sowie Bedrohungen und Chancen), häufig nicht analysiert, um anschließend in der Planung berücksichtigt werden zu können. Die allgemeine Tendenz der **Vernachlässigung strategischer Überlegungen** in der Unternehmenspraxis ist in kleinen und mittleren Strukturen besonders ausgeprägt. Diese Beobachtung läßt sich für Rechtsanwaltskanzleien, die in der überwiegenden Mehrheit unter diese Kategorie von Unternehmen fallen, eindeutig bestätigen.

8 Die Vernachlässigung strategischer Überlegungen ist darauf zurückzuführen, daß es sich wegen einer **geringen Personalbesetzung** in kleineren und mittleren Strukturen als schwierig oder gar unmöglich erweist, eine oder mehrere Personen damit zu beauftragen, sich ausschließlich mit der Planung der langfristigen Zukunft des Unternehmens zu beschäftigen. Die bereits tätigen Führungskräfte sind durch die Bewältigung des Alltagsgeschäfts ausgelastet und demzufolge aus zeitlichen Gründen nicht in der Lage, sich der langfristigen Planung zu widmen. Zudem werden langfristige Planungstätigkeiten aufgrund ihres **geringeren Dringlichkeitsgrades** erfahrungsgemäß in der Tendenz auf einen späteren Zeitpunkt verschoben.

9 In der großen Mehrheit der Rechtsanwaltskanzleien übernimmt der **Bürovorsteher** neben seinen rechtstechnischen Tätigkeiten (Mahnwesen, Zwangsvollstreckung, Notariat) in einigen Bereichen (wie etwa Kanzleiorganisation, Personalverwaltung, Ausbil-

[4] *Brockhaus* Enzyklopädie, 20. Aufl. 1998, S. 237.
[5] Vgl. *Kirsch u. a.,* in: Riekhof (Hrsg.), Strategieentwicklung, 1989, S. 7.
[6] Vgl. *Ulrich/Fluri*, S. 114.

dung und Weiterbildung von Angestellten, Beschaffung und Sachmittelverwaltung) das „Management" des Alltags, während andere Bereiche ebenso nebenbei in einer mehr oder weniger organisierten Art durch den **Kanzleiinhaber** bzw. die Partner geführt werden (finanzielle Planung, Personalentwicklung, Öffentlichkeitsarbeit, Kanzleientwicklung usw.).

Selten – mit Ausnahme großer Wirtschaftskanzleien – gibt es ein selbständiges Referat, 10
das sämtliche Management-Tätigkeiten umfaßt (also u. a. Personal, Marketing, Organisation, Finanzen, Beschaffung, Sachmittelverwaltung, EDV). Noch begrenzter ist – zumindest in Deutschland – die Anzahl der Kanzleien, die ihre Struktur mit einem gesonderten **Referat für die strategische Planung** versehen haben. In großen Kanzleien widmet sich zumeist ein Ausschuß (sog. Strategieausschuß) strategischen Überlegungen. Denn häufig wird für Managementtätigkeiten das Ausschuß-System bevorzugt. Danach werden Managementbereiche definiert und jeweils einem Sozietätsausschuß zur weitgehend eigenverantwortlichen Betreuung übertragen.[7] In solchen Kanzleien werden die entscheidenden Leistungsfunktionen – und dazu gehört die Bestimmung der langfristigen Strategie der Kanzlei – nicht selten aus eher historisch begründetem Recht durch die **Gründungspartner** wahrgenommen.[8]

Im Ergebnis bleibt hierzulande in der Regel die strategische Planung in Rechtsanwalts- 11
kanzleien ein Fremdwort. Diese **mangelnde strategische Ausrichtung** kann sich als ein folgenschwerer Fehler erweisen. Auf diesem Weg wird die Entwicklung der Kanzlei dem Zufall überlassen, was zu unkontrollierten Resultaten führen kann, während eine strategische Planung ein effizientes Wachstum und einen häufig größeren Erfolg ermöglicht hätte.

Beispielsweise finden strategisch relevante Entscheidungen wie Neueinstellungen oder 12
Umstrukturierungen ihre Begründung zuweilen lediglich in einem akuten Bedarf. Neue Büros („Niederlassungen") werden eröffnet, nur weil einigen wichtigen Mandanten die Nähe der Anwaltskanzlei angeboten werden soll. Die Situation der meisten am Markt etablierten Anwaltskanzleien ist die Folge eines **historischen Wachstums** und äußerst selten das Ergebnis einer systematisch geplanten Kanzleistrategie. Nicht (oder nicht richtig) geplante Entscheidungen sind allerdings nicht immer die erfolgreichsten. Notwendige Rückschritte (Personalentlassung wegen zu hoher Kosten oder Überkapazität, Aufgabe von Standorten) sind manchmal die – im Grunde vermeidbare – Konsequenz.

B. Strategie, ein umfassender Bereich der Unternehmensführung

I. Das strategische Management zwischen Unternehmenspolitik und operativem Management

Die strategische Ausrichtung eines Unternehmens findet ihren Ausdruck in dem 13
Bereich des **strategischen Managements**. Letzteres folgt aus der Unternehmenspolitik und ist seinerseits Grundlage für die Handlungen im Bereich des operativen Managements. In der Abbildung 1 (s. u. Rdn. 24) und den folgenden Ausführungen geht es darum, diese zentrale Rolle zu verdeutlichen und das Aufgabenspektrum des strategischen Managements zu beleuchten.

1. Unternehmenspolitik

Im Rahmen der Unternehmenspolitik wird Klarheit über die gesellschaftliche Rolle des 14
Unternehmens (**Unternehmenszweck** – gesprochen wird auch von Unternehmensmission) geschaffen. In diesem Zusammenhang werden die für das Gelingen der Unternehmung zu beobachtenden Grundprinzipien definiert. Grundprinzipien zu definieren heißt,

---

[7] *Römermann*, Entwicklung und Tendenzen, 1995, S. 43.
[8] Ebda., S. 44.

einen Konsens über Verhaltensgrundsätze und gemeinsame Werte zu finden (**Unternehmensphilosophie**).

15 **Oberste Unternehmensziele** werden ebenfalls im Rahmen der Unternehmenspolitik festgelegt. Dabei wird eine Aussage darüber getroffen, welche Größen angestrebt werden sollen, zum Beispiel Marktleistungsziele (Produktqualität, Kundenservice, Sortiment usw.), Marktstellungsziele (Umsatz, Marktanteil, neue Märkte etc.), Rentabilitätsziele (Gewinn, Umsatzrentabilität) oder finanzwirtschaftliche Ziele (Kreditwürdigkeit, Liquidität, Selbstfinanzierung).[9] Da mehrere Ziele nur mit unterschiedlicher Intensität gleichzeitig verfolgt werden können, darf es bei der Festlegung der obersten Unternehmensziele nicht bei einem bloßen Zielkatalog bleiben, sondern es muß eine grundsätzliche **Gewichtung der Ziele** vorgenommen werden: Die prinzipielle Prioritätsordnung erfolgt in Form eines Zielsystems.

16 Die Unternehmenspolitik übernimmt somit die Funktion eines obersten handlungsorientierenden **Wertsystems** für das Unternehmen. Sie ist das Ergebnis einer Auseinandersetzung mit den Wertvorstellungen und Interessen aller an der Unternehmung beteiligten oder von ihren Handlungen betroffenen Gruppen und soll zur permanenten Pflege tragfähiger Beziehungen zu diesen Gruppen beitragen.[10] Sie ist die **Grundlage** für die – ihr untergeordneten – strategischen und operativen Planungen (s. Abbildung 1 auf S. 23). Die Unternehmenspolitik dient in diesem Zusammenhang als **Orientierungspunkt** für laufende Entscheidungen und Handlungen. Damit soll es u. a. vermieden werden, in Krisensituationen lediglich „aus dem Bauch heraus“ zu reagieren und zu entscheiden.[11]

2. Strategisches Management

17 Die strategische Planung erfolgt unter dem Leitbild der Unternehmenspolitik durch die systematische Bestimmung der zu realisierenden Strategien. Die eigentliche Planungstätigkeit (das Treffen von **strategischen Entscheidungen**) setzt eine **strategische Analyse** voraus, die insbesondere eine interne Analyse (Unternehmensressourcen, -stärken, -schwächen) und eine Analyse des externen Umfeldes (Marktanalyse, d. h. Analyse des Wettbewerbs und der Nachfrage) umfaßt. Während die Unternehmenspolitik als Rahmen den Zweck der Unternehmung sowie die wesentlichen Ziele und Verhaltensgrundsätze bestimmt, ist es Aufgabe der strategischen Planung, innerhalb dieses Rahmens die zukünftige Entwicklung der Unternehmung konkret festzulegen.[12]

18 Eine systematisch vorgenommene Umsetzung der Strategie (sog. **Implementierung**) ist die weitere Voraussetzung, um den Erfolg der Planung zu gewährleisten. Darüber hinaus ist schon auf der strategischen Ebene einer Überwachung und Kontrolle der Zielerreichung sowie einer Planung weiterer korrektiver Maßnahmen besondere Beachtung zu schenken (Aufgabe des **strategischen Controlling**).

19 Im Ergebnis umfaßt der gesamte **Prozeß des strategischen Managements** folgende Bereiche:

- Die strategische Analyse
- Die Strategieentwicklung (eigentliche strategische Planung)
- Die Strategieumsetzung (Implementierung)
- Die strategische Kontrolle und Steuerung (Controlling)

20 In einem immer komplexer und vor allem härter werdenden Wettbewerbsumfeld ist das strategische Management als konzeptionelle Integration von Planung, Durchführung und Kontrolle von Strategien eine **Notwendigkeit** geworden. Dies gilt auch für das Dienstleistungsunternehmen Anwaltskanzlei. Da bei Anwaltskanzleien in der Praxis die strategische Ausrichtung jedoch kaum vorhanden ist (dazu s. o. Rdn. 7 ff.), kann eine durchdachte

---

[9] Ausführlich *Ulrich/Fluri*, S. 97 f.

[10] *Ulrich/Fluri*, S. 77.

[11] Vgl. *Mauer/Krämer/Becker*, Unternehmensführung für rechts- und wirtschaftsberatende Berufe, 1997, Rdn. 175 ff.

[12] *Ulrich/Fluri*, S. 114.

strategische Planung zum **Wettbewerbsvorteil** (d. h. zu einem Vorsprung im Vergleich zu den Mitbewerbern) werden.

3. Operatives Management

Das operative Management kann nach der Unternehmenspolitik (normatives Management) und dem strategischen Management als die **dritte Handlungsebene** der Unternehmensführung bzw. des Managements betrachtet werden. 21

Der Bereich des operativen Managements ist erfahrungsgemäß derjenige, dem in der Unternehmenspraxis die größte Beachtung geschenkt wird, da er die Handlungen des **Alltagsgeschäfts** und die kurzfristigen Entscheidungen betrifft. Er entspricht auch in der wissenschaftlichen Forschung der am frühesten analysierten Ebene des Managements.[13] 22

Im operativen Bereich, in dessen Rahmen konkrete Maßnahmen und Aktionen für Einzelgebiete (wie etwa Marketing, Personal, Beschaffung) entschieden werden, orientiert sich die Planung an einem festen **Zeitraum**. Im Regelfall wird das Jahr als Periode für den operativen Planungszyklus gewählt (sog. Jahresplanung). Die Orientierung an **zahlenmäßigen Größen** ist das zweite Merkmal der operativen Planung. Es werden insbesondere Budgets für jeden Bereich festgelegt (Budgetierung). Auch die Jahresziele kommen in konkreten Zahlen zum Ausdruck. Die konkreten Fragestellungen des operativen Bereichs sind im wesentlichen Gegenstand des **4. Kapitels** (Interne Kanzleiorganisation) und des **5. Kapitels** (Auftreten der Anwaltskanzlei nach außen). 23

Die nachstehende Abbildung gibt eine bildliche Darstellung der Rolle des strategischen Managements im Rahmen der Unternehmensführung. 24

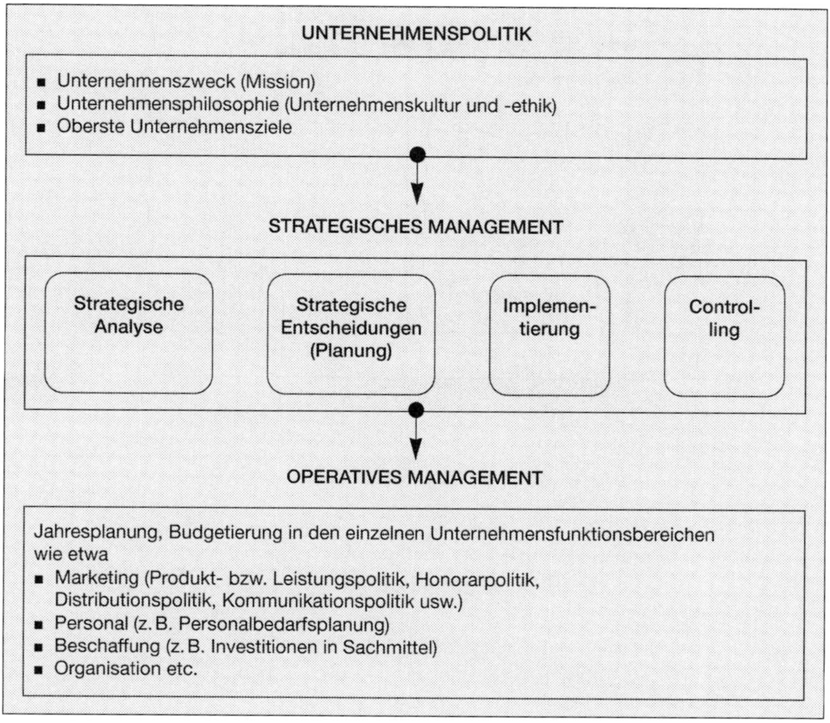

Abbildung 1: Strategisches Management zwischen Unternehmenspolitik und operativem Management

[13] *Ulrich/Fluri*, S. 20.

II. Einleitung zu den Beiträgen des 1. Kapitels

25 Die bisherigen Ausführungen zeigen die Bedeutung der strategischen Ausrichtung hinsichtlich ihrer Auswirkungen für die **Entwicklung** eines Unternehmens. Sie steht in einem deutlichen Kontrast zu der fehlenden Beachtung strategischer Aspekte in der Unternehmenspraxis auch – bzw. insbesondere – bei der Führung von Anwaltskanzleien. Es wurde zudem verdeutlicht, wie komplex und umfassend das strategische Management als zentrale Ebene der Unternehmensführung ist.

26 In diesem Handbuch werden wichtige Themen des strategischen Managements im Hinblick auf ihre Anwendung in der Anwaltskanzlei besprochen. Insbesondere im Rahmen des 1. Kapitels werden die **Grundlagen** des **strategischen Managements** wiedergegeben. Von entscheidender Bedeutung bei der Berücksichtigung strategischer Aspekte sind die strategische Analyse (§ 2), die Bestimmung der (strategischen) Unternehmensziele (§ 3), die Positionierung und Differenzierung (§ 4) und das Produkt der anwaltlichen Dienstleistung (§ 5). Über die Grundlagen der Betriebswirtschaftslehre hinaus stehen zahlreiche weitere Themen im Zusammenhang mit strategischen Aspekten. Vor diesem Hintergrund bereichern zwei für die Anwaltschaft heute und in Zukunft wichtige **Spezialthemen** das 1. Kapitel: Der Rechtsanwalt als Verhandlungs- und Konfliktmanager (§ 6) und das Anwaltsnotariat (§ 7).

27 In welchen Beziehungen die oben benannten Themen zueinander stehen und welche Rolle sie im Rahmen des strategischen Managements spielen, ergibt sich andeutungsweise aus der folgenden Abbildung. Anschließend werden die einzelnen Beiträge des Kapitels kurz dargestellt.

28

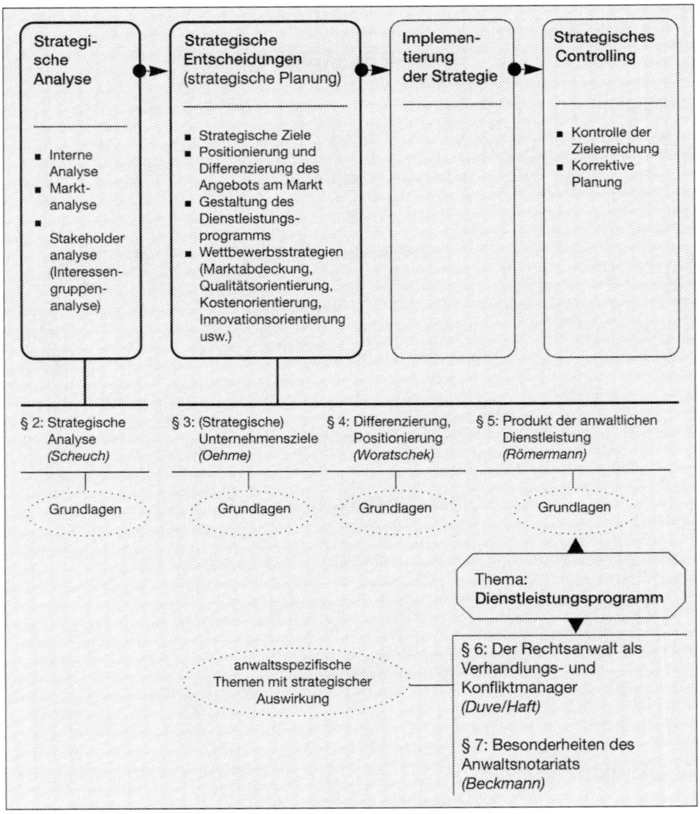

Abbildung 2: Überblick über die Beiträge des 1. Kapitels

Nur wer sein Handwerkszeug beherrscht, kann es erfolgreich anwenden. Die Methoden und Instrumente der strategischen Analyse stellen das Handwerkzeug des Strategen dar. Vor diesem Hintergrund werden in dem ersten Beitrag dieses Kapitels (**§ 2**) klassische **Analyseinstrumente** wie etwa die Stärken-Schwächen-Analyse oder Portofolio-Analysen beschrieben. Im Vorfeld bietet *Scheuch* eine Darstellung der Dimensionen und Formen **strategischer Entscheidungen**. Anschließend geht der Autor auf die Spezifizitäten von Dienstleistungen ein und befaßt sich u. a. mit deren Immaterialität und mit dem Verhalten der Abnehmer bei der Inanspruchnahme von Dienstleistungen. Zudem weist er auf die Konsequenzen dieser Spezifizitäten für die operative Ebene, insbesondere für die Produktpolitik, die Distributionspolitik, die Preis- und Konditionenpolitik sowie die Kommunikationspolitik hin. Am Ende von § 2 findet sich ein **Katalog von Maßnahmen,** die dazu dienen, die Inanspruchnahme der durch die Kanzlei am Markt angebotenen Dienstleistung zu fördern. 29

Anliegen der Ausführungen in dem anschließenden Beitrag (**§ 3**) ist es, die Methoden und den Nutzen der **Zielsetzung** darzustellen. Nach einer kurzen Einleitung über das Instrument der Zielsetzung beschreibt *Oehme* die **Methoden** der Zielsetzung. Behandelt werden u. a. die in ihrer Natur liegende Zukunftsorientierung von Zielen, die Untergliederung der Arten von Zielen, die möglichen Beziehungen zwischen Zielen, die Unterteilung von Oberzielen in Teilziele (Zielsysteme). Besonderes Augenmerk richtet der Autor auf eine **Kontrolle**, inwieweit festgelegte Ziele sowohl quantitativer als auch qualitativer Art erreicht werden konnten. Eine solche Kontrolle sollte anhand eines Soll-Ist-Vergleichs durchgeführt werden. Darüber hinaus schildert *Oehme* Voraussetzungen, die für die Formulierung von **realistischen Zielen** entscheidend sind. Dazu gehören die Erhebung von Marktdaten hinsichtlich der Nachfrageseite und der Wettbewerbssituation sowie die Durchführung von kanzleiinternen und kanzleiübergreifenden Vergleichen. Zum Schluß werden unter dem Titel „**Nutzen** der Zielsetzung" Vorteile der Zielsetzung für die Kanzleipraxis herausgestellt. 30

Der dritte Beitrag dieses Kapitels (**§ 4**) befaßt sich aus betriebswirtschaftlicher Sicht mit den **Konzepten** der **Differenzierung** und der **Positionierung** auf einem Markt und untersucht gleichzeitig ihre Anwendungsmöglichkeiten für die Anwaltskanzlei. Um die Positionierungsmodelle, die die Marketingwissenschaft der Anwaltschaft zur Verfügung stellt, besser beleuchten zu können, verdeutlicht *Woratschek* im Vorfeld den Unterschied zwischen den Begriffen der Differenzierung und der Positionierung und weist auf den wichtigen Schritt der **Abgrenzung des relevanten Markts** hin. Kernstück des Beitrages ist eine eingehende und differenzierte Darstellung von konzeptionellen **Positionierungsmodellen** unter Berücksichtigung der Spezifizitäten der anwaltlichen Dienstleistung. Diese strategischen Positionierungsmodelle führen zwar zu der Ableitung optimaler Maßnahmen, erweisen sich aber im Hinblick auf ihre **praktische Umsetzung** als problematisch. Vor diesem Hintergrund empfiehlt der Autor zum Schluß eine pragmatischere Vorgehensweise, die in der Praxis des Dienstleistungsbereiches zur Verbesserung der Positionierung angewendet wird: das sog. „**House of Quality**". Dieses Modell bietet den Vorteil, die Ableitung konkreter und praktikabler Maßnahmen zu ermöglichen. 31

Im folgenden Beitrag von *R. Römermann* (**§ 5**) handelt es sich um eine weitere Darstellung von betriebswirtschaftlichen Grundlagen. Gegenstand des Beitrages, der unter der Überschrift „Das Produkt der anwaltlichen Dienstleistung" steht, ist die Gestaltung des **Dienstleistungsangebots der Anwaltskanzlei** auf dem Rechtsberatungsmarkt. Die in § 5 dargebotenen Grundlagen sollen helfen, ein fundiertes und wettbewerbsfähiges Dienstleistungsprogramm für die Anwaltskanzlei zusammenzustellen. Zunächst werden die klassischen sowie die ergänzenden Komponenten der anwaltlichen Leistung untersucht. Da die berufsrechtliche Gesetzgebung keine ausreichende Definition der anwaltlichen Leistung bietet, wird eine praxisorientierte Definition ihres **klassischen Kernbereichs** vorgeschlagen. Eine Vielfalt von Anlässen kann es allerdings als sinnvoll erscheinen lassen, das Dienstleistungsangebot der Kanzlei über die traditionelle anwaltliche Kernleistung 32 hinaus **zu erweitern**. Allerdings sind im Einzelfall im Vorfeld eventuelle Hindernisse berufsrechtlicher Natur und/oder steuerliche Nachteile sorgfältig zu prüfen. Der Leser findet anschließend einen Überblick über mögliche wichtige ergänzende Leistungen, die für den Rechtsanwalt in Betracht kommen, von **traditionellen Zusatzleistungen** wie das Notariat oder die Steuerberatung bis hin zu **neuen Tätigkeitsfeldern**, die aktuellen Diskussionsthemen der Anwaltschaft entsprechen, wie etwa die Mediation oder die Insolvenzverwaltung. Angesichts der zunehmenden Wettbewerbsintensität auf dem Rechtsberatungsmarkt und der immer höheren Ansprüche des rechtsuchenden Publikums darf die Entwicklung des Dienstleistungsangebots der Anwaltskanzlei nicht dem reinen Zufall überlassen werden, wie es in der Praxis zu oft der Fall ist. **Unkontrollierte Entwicklungen** bringen etwa die Gefahr mit sich, zu unschlüssigen Zusammenstellungen von Rechtsbereichen und folglich im Laufe der Jahre zu einem nicht überzeugenden Dienstleistungsangebot zu führen. Bewußte Entscheidungen über das Leistungsangebot der Kanzlei durch die Leitungsebene (Kanzleiinhaber, Sozien oder Partner) sind daher mehr als wünschenswert. Diese Entscheidungen bewegen sich zunächst im **strategischen Bereich**, sind aber entsprechend im **operativen Bereich** fortzuentwickeln. Zum Schluß wird dargelegt, welche Entwicklungen der anwaltlichen Leistung sich für die Zukunft tendenziell abzeichnen bzw. in welchen Entwicklungen eine erfolgreiche Zukunft der anwaltlichen Leistung liegen wird.

33 In **§ 6** betrachten *Duve* und *Haft* die Konfliktvorbeugung und -hilfe nicht nur als äußerst **attraktiven Markt** für die Anwaltschaft, sondern auch als wachsendes Betätigungsfeld, für das Rechtsanwälte durch ihr Know-how und ihre Erfahrung im Umgang mit Konflikten gut gerüstet sind. Dieser Markt wird gleichzeitig durch andere Berufe, also Nicht-Juristen wie etwa Psychologen oder Unternehmensberater, umkämpft. Rechtsanwälte sollten sich ihre Marktchancen nicht entgehen lassen, indem sie sich auf ihre Kautelarpraxis oder die forensische Tätigkeit beschränken. Während die **Konfliktvorbeugung** darin besteht, möglichst vor der Entstehung eines Konflikts – beispielsweise durch einen Vertrag – Vorsorge zu treffen, liegt die Aufgabe der **Konflikthilfe** in der Unterstützung der Parteien im Falle eines eingetreten Konflikts. Der Rechtsanwalt kann sich in dem Betätigungsfeld der Konflikthilfe nach traditionellem Verständnis in die Rolle des **Parteivertreters** begeben (seine Funktion sollte in diesem Fall derjenigen eines Verhandlungsberaters entsprechen) oder aber als Konfliktmanager in der Rolle eines **neutralen Dritten** tätig sein: Hier werden die Funktionen des Schiedrichters, des Schlichters und nicht zuletzt des Mediators eingenommen. Ihr besonderes Augenmerk richten die Autoren auf das aktuelle Thema der Mediation: Sie stellen zur Verdeutlichung die groben **Phasen** eines solchen Verfahrens dar und beleuchten die unterschiedlichen **Rollen**, die Rechtsanwälte in diesem Zusammenhang übernehmen können, nämlich entweder selbst als Mediator oder als Parteivertreter in der Mediation. In beiden Fällen sind für einen erfolgreichen Ausgang des Mediationsverfahrens Spielregeln zu beachten, die u. a. eine gewisse **Umstellung** des Verhaltens und des Verhandlungsstils des Rechtsanwalts im Vergleich zu seiner klassischen Tätigkeit als Parteivertreter erfordern. Die Überlegungen der Autoren führen zu einem Appell für einen Wandel des Berufsbildes des Rechtsanwalts von dem traditionellen Parteivertreter und juristischen Berater zu einem **Verhandlungs- und Konfliktmanager mit hoher juristischer Fachkompetenz.** Darin liegt gerade ein ausbaufähiger Wettbewerbsvorteil von Rechtsanwälten gegenüber Vertretern anderer Berufsgruppen.

34 In dem letzten Beitrag dieses Kapitels (**§ 7**) befaßt sich *Beckmann* mit dem **Anwaltsnotariat**, einem für den überwiegenden Teil der Anwaltschaft bedeutenden Thema, zumal das Anwaltsnotariat mit ca. 9000 Berufsträgern in der Bundesrepublik weitaus stärker vertreten ist als das Nur-Notariat mit ca. 1700 Berufsträgern. Die **Aufnahme** des Notariats in das Dienstleistungsangebot der Kanzlei gehört zum Themenkomplex der **strategischen Ausrichtung** der Kanzlei. Für Berufsträger, die in Bundesländern mit Anwaltsnotariat tätig sind, ist es durchaus sinnvoll, sich zumindest mit dieser Möglichkeit auseinanderzusetzen. Dafür sprechen interessante **Chancen und Vorteile** des Anwaltsnotariats, unter

34 **§ 1**

denen die Möglichkeiten der interprofessionellen Zusammenarbeit sowie einer attraktiven Einnahmequelle durch den Autor hervorgehoben werden. Im Hinblick auf die strategische Entscheidung für oder gegen das Anwaltsnotariat stehen diesen Chancen und Vorteilen einige **Nachteile und Risiken** des Anwaltsnotariats gegenüber. Dazu zählen zusätzliche finanzielle Belastungen in mehrerlei Hinsicht und nicht zuletzt zahlreiche zu beachtende Pflichten des (Anwalts-)Notars, die sich aus der Bundesnotarordnung (BNotO) und der BRAO ergeben (z. B. Mitwirkungs- und Tätigkeitsverbote). Die Aufnahme des Notariats in das Dienstleistungsangebot kann allerdings als „Entscheidung" dafür oder dagegen nur dann betrachtet werden, wenn sich der an einem Notariat interessierte Rechtsanwalt tatsächlich in der Lage befindet, wählen zu dürfen. Denn es genügt nicht (mehr), in einem Bundesland ansässig zu sein, das das Anwaltsnotariat zuläßt, um ein Anwaltsnotariat in die strategische Planung der Kanzlei einzubeziehen. Durch die im Jahre 1991 eingefügten Änderungen der Bundesnotarordnung überläßt der Gesetzgeber dem Rechtsanwalt nur begrenzt die Entscheidung für oder gegen das Notariat als zusätzliche Leistung zu der Anwaltstätigkeit. Der interessierte Berufsträger muß sich einem **Auswahlverfahren** unterwerfen. Nach wie vor kommt der Zugang zum Anwaltsnotariat für ihn nur in Betracht, wenn er bestimmte **allgemeine Voraussetzungen** erfüllt. Darüber hinaus hat er aber nunmehr eine überdurchschnittlich gute juristische Ausbildung sowie eine ausreichende Vorbereitung auf den Notarberuf vorzuweisen (**Leistungsorientierung** des für das Wahlverfahren geltenden Punktsystems). Diese leistungsorientierten Voraussetzungen für den Zugang zum Anwaltsnotariat sollten durch – ggfs. sogar noch relativ junge, aber – überdurchschnittlich qualifizierte Juristen als Chance zur Optimierung des Leistungsangebots ihrer Anwaltskanzlei betrachtet werden.

§ 2 Strategische Analyse

*Prof. Dr. Fritz Scheuch**

Übersicht

Schrifttum: *Becker,* Marketing-Konzeption, 6. Auflage, 1998; *Maleri,* Grundlagen der Dienstleistungsproduktion, 4. Auflage, 1997; *Meyer,* Dienstleistungs-Marketing, 2. Auflage, 1986; *Meyer,* Hrsg., Handbuch Dienstleistungsmarketing, 1998; *Meffert/Bruhn,* Dienstleistungsmarketing: Grundlagen, Konzepte, Methoden, 1995; *Pluta,* Marketing für Rechtsanwälte, in: *Meyer,* Hrsg., Handbuch Dienstleistungsmarketing, 1998; *Scheuch,* Marketing, 5. Auflage, 1996; *Schiefer/Hocke,* Marketing für Rechtsanwälte, 1990.

A. Strategische Entscheidungen

I. Begriff und Grundkonzepte

Aus der Sicht eines planenden Unternehmens kann unterschieden werden zwischen 1
Aufgaben, die **strategischen** Charakter haben, d. h. Grundsatz- oder Rahmenentscheidungen umfassen, und solchen, die in der Folge **operativ** innerhalb eines strategischen Rahmenkonzepts zu planen sind. Die Entscheidung über die Auswahl anzusprechender Kundengruppen, d. h. die Marktsegmentierung für einen Reiseveranstalter, der geführte Kunst- und Kulturreisen oder Festspielbesuchsarrangements anbieten möchte, hat für das Unternehmen strategischen Charakter, die konkrete Auswahl des Reiseziels, die Hotelwahl, die Bestimmung der Reisebegleiter etc. operativen Charakter. Das folgende Kapitel befaßt sich mit Formen strategischer Entscheidungen, Entscheidungsgrundlagen für die Vorbereitung strategischer Entscheidungen und Besonderheiten strategischer Entscheidungen für Dienstleistungsbetriebe. Anwendungshintergrund ist die freiberufliche Tätigkeit von Anwälten und Anwaltskanzleien, im weiteren Sinn von spezialisierten oder fachübergreifenden Beratungsfirmen.

* Inhaber des Lehrstuhls für Marketing am Institut für Absatzwirtschaft der Wirtschaftsuniversität Wien.

2 Unter strategischen Entscheidungen werden vereinfacht häufig langfristig gültige Entscheidungen verstanden. Die **Langfristigkeit** ist aber nur unter Berücksichtigung des jeweiligen Wettbewerbsumfelds als gutes Kriterium zur Unterscheidung zwischen strategischen und operativen Entscheidungen brauchbar. Sind die Rahmenbedingungen relativ stabil, ist die Gleichsetzung mit langfristigen Entscheidungen zulässig. In dynamischen Wettbewerbssituationen, wie beispielsweise in der Telekommunikationsbranche, oder bei erheblichen wettbewerbsrechtlichen Veränderungen werden auch grundsätzliche Vorgangsweisen oder auf strategische Entscheidungen aufbauende Aktionsmuster keinen langfristigen Bestand haben. Bei anwaltlicher Tätigkeit, die in einem weitgehend stabilen Tätigkeitsfeld mit normierten Regeln beispielsweise für den Berufszugang, für Aktionsweisen von Anwälten in der forensischen Tätigkeit oder als Notar stattfindet, ist davon auszugehen, daß am Beginn der Tätigkeit eines Anwalts oder einer Anwaltssozietät strategische Entscheidungen mit langfristigen Auswirkungen getroffen werden. In gleicher Form gilt dies auch für geschäftspolitische Zäsuren wie beispielsweise entscheidende Vergrößerung durch Kooperationsformen, Internationalisierung des Tätigkeitsbereichs u. ä.

3 Strategien sind in ihrer Auswirkung als **Handlungsregeln** zu verstehen, die operative Folge- und Detailentscheidungen an ranghöchsten „strategischen" Zielen ausrichten. Es geht daher um die Frage, wieweit strategische Ziele und Entscheidungen in der Lage sind, die Vorgangsweise zur Bearbeitung abgeleiteter Probleme zu lenken, d. h. ein Kriterium zur Unterscheidung zwischen strategisch gewünschten und strategisch nicht zu verfolgenden Maßnahmen zu bilden. Beispielsweise kann die strategische Grundsatzentscheidung über die gleichgewichtige Bearbeitung von Inlands- und Auslandsmärkten in einem zu bestimmenden Aufteilungsverhältnis als Entscheidungsregel für nachgelagerte Verkaufs- und Marktanteilsziele, die realisierbaren finanziellen Ergebnisse, die Investitionen in lokale Distributionsorgane etc. dienen. Die Grundsatzentscheidung über Spezialisierung oder Fachanwaltseigenschaft beispielsweise dominiert darauf aufbauende **Kommunikationsarbeit**, die Kundensegmentierung oder Klientenstruktur, Weiterbildungsinvestitionen, Schwerpunkte in der Selbstdarstellung, Suche nach geeigneten Partnern, Wachstumspfade in der weiteren Vertiefung der Spezialisierung. Im Falle anderer strategischer Grundsatzentscheidungen, z. B. Positionierung als nicht spezialisierte Sozietät, führt dies zur Abrundung von Qualifikationen und Erfahrungen der tätigen Anwälte einer Sozietät oder einer entsprechenden Mischung der Partner als Folgemaßnahmen.

4 Strategische Entscheidungen werden getroffen, um bestimmte Unternehmensziele zu erreichen. Gewinnziele, langfristige Sicherungsziele des Unternehmensbestands, Wachstumsziele etc. können über verschiedene Wege verfolgt werden. Strategien als Grundsatzentscheidungen definieren den Weg, einen „Strategiekanal" oder **„Strategiepfad"**. Damit ist ganz allgemein die Art und Weise gemeint, in der das Unternehmen vorgeht, um die strategischen Unternehmensziele zu erreichen. Wachstum kann durch Kapazitätsausbau an einem Kanzleistandort erfolgen oder Ergebnis überregionaler Tätigkeit für den Beratungs- und Betreuungsbedarf internationaler Unternehmen sein. Darüber ist eine grundsätzliche Entscheidung zu treffen, d. h. eine „Strategie" zu formulieren. Ist dies nicht der Fall, leidet die Planmäßigkeit, es werden durch eine Kette situativer Entscheidungen Zustände und Fakten geschaffen, die möglicherweise nicht gewollte Bindungen für weitere Entwicklungen bedeuten. Dies schließt nicht aus, daß auch ein zufälliger Weg zu finanziellen und unternehmerischen Erfolgen führen kann. Planmäßiges Vorgehen beinhaltet anderseits nicht eine automatische Garantie für Erfolg. Strategische Entscheidungen, die durch entsprechende Situationsanalysen gestützt werden, schaffen in erster Linie Orientierung, konsequente Handlungsweisen und häufig aufgrund des konsequent eingehaltenen Musters eine Beeinflussungswirkung auf Umweltbereiche wie Kunden- und Mitbewerber. Erfolgreiche Strategien sind daher häufig durch das Merkmal **„proaktive" Wirkung** gekennzeichnet, d. h. sie sind so stark marktgestaltend, daß die Wahrscheinlichkeit einer erfolgreichen Unternehmensentwicklung steigt.

II. Unternehmens-, Bereichs- und funktionale Strategien

Strategische Entscheidungen können für den gesamten betrachteten Betrieb getroffen werden (z. B. die Standortentscheidungen), verschiedene Unternehmensbereiche betreffen (z. B. die Spezialisierung und Weiterschulung von Kanzleikollegen), oder als grundsätzliche Vorgangsweise für einzelne funktionale Aufgabenbereiche (wie Honorarpolitik, Stil der Kanzleieinrichtung etc.) gelten, um ein strategisch gewolltes Erscheinungsbild zu bieten. 5

Strategische Entscheidungen erfassen daher nicht immer die Gesamtorganisation als oberste Führungsentscheidungen, sondern können auch Teilbereiche, die getrennt betrieben werden, betreffen. Für diese Teilbereiche oder Aufgabenbereiche stellen sie dann aber wieder die obersten Grundsatzentscheidungen dar, die den Rahmen für operative Maßnahmen bilden. Aus diesem Zusammenhang resultiert eine weitere Aufgabe der **strategischen Planung**. Bereichsstrategien, Regionalstrategien oder funktionale Strategien sind aufeinander abzustimmen und im Rahmen der Gesamtunternehmensstrategie zu sehen. Mit zunehmender Größe einer Organisation oder Anzahl betroffener Personen können strategische Grundsatzentscheidungen auch nicht in der Form einsamer Entschlüsse von Einzelpersonen erfolgen, sondern sind Ergebnis eines partizipativen Entwicklungsprozesses der gemeinsamen Einigung auf strategische Grundsatzentscheidungen. 6

III. Inhalte strategischer Entscheidungen

1. Strategische Zielfelder

Gegenstand der strategischen Grundsatzentscheidungen können auf einen oder wenige Schwerpunkte reduziert sein, auf die man zur Gestaltung zukünftiger Entwicklung besonderes Gewicht legen möchte, oder ein System strategischer Zielentscheidungen umfassen, um durch eine Mehrzahl von Grundsatzentscheidungen den strategischen Entwicklungspfad möglichst genau zu bestimmen. Generell können sich **strategische Entscheidungen** beziehen auf 7

- Tätigkeitsbereich bzw. Unternehmenszweck,
- Unternehmenspolitik, beispielsweise unterschiedliche Formen des Wachstums,
- Unternehmensgrundsätze gegenüber internen und externen Personen und Interessentengruppen,
- marktbezogene Vorgangsweisen wie Leistungsprogramm, Konditionenpolitik etc.

a) Tätigkeitsbereich und Unternehmenszweck. Dabei geht es um die nach unterschiedlichen Kriterien vorzunehmende Beschreibung der gewählten Tätigkeitsfelder, z. B. 8

- Wirtschaftsbereich (anwaltliche Tätigkeit im engeren Sinn oder wirtschaftsberatender Beruf)
- Leistungsbereich (Anwaltskanzlei mit/ohne Notariatsfunktion)
- Leistungsumfang (Rechtshilfe, Liegenschaftsverwaltung, Immobiliendevelopment etc.)

b) Unternehmenspolitik. Unternehmenspolitische Grundsatzentscheidungen haben Überlegungen zum Unternehmensrisiko und wettbewerbswirksame Vorgangsweisen zum Gegenstand, z. B. 9

- Unabhängigkeit oder Kooperation in Sozietäten, Beteiligungen etc.,
- Risikostreuung durch bewußte Pflege unterschiedlicher Tätigkeitsfelder,
- Risikoausgleich oder Sicherung der Unabhängigkeit durch Streuung der Klienten bzw. Vermeidung einseitiger Honorarumsatzabhängigkeit von einem oder von wenigen Klienten.

10 **c) Unternehmensgrundsätze gegenüber internen und externen Interessentengruppen.** Damit sind Grundsätze und Regeln gemeint, die formuliert werden, um Modelle der Zusammenarbeit festzulegen, z. B. gegenüber

- Mitarbeitern (Weiterbildung und Entwicklung, Führungsstil etc.),
- Partnern (Regeln für Akquisition und Durchführung von Aufträgen, Kostenbeteiligungsmodelle, Honorarverteilung etc.),
- Klienten (z. B. Vermeidung der Betreuung konkurrierender Firmen),
- Mitbewerbern (z. B. in der Form von Leitsätzen wie „wir sprechen über unsere Erfahrungen, nicht über unsere Konkurrenten“),
- Berufsorganisationen,
- Ministerien,
- Mitgliedern gesetzgebender Körperschaften etc.

11 **d) Marktbezogene Vorgangsweisen.** Entscheidungen, die den Einsatz von absatzpolitischen Maßnahmen oder die Auswahl von Kundengruppen zum Gegenstand haben, können den Rang strategischer Entscheidungen erhalten, wenn sie zu den obersten Maximen des unternehmerischen Vorgehens werden und den „Gesamtauftritt“ der Kanzlei, der Sozietät oder des Unternehmens bestimmen. Dies umfaßt:

- Segmentfixierung (Jugendanwalt, Scheidungsspezialist, arbeitsrechtliche Auseinandersetzungen etc.),
- Produktfestlegung bzw. Leistungsspezialisierung (Fachanwaltschaft),
- Distribution (z. B. Ein- oder Mehrstandortmodelle),
- Preispolitik (starr, flexibel, Niveaufestlegung bei Honorarspielräumen, Pauschalhonorare, Anzahlungs- und Zwischenzahlungskonditionen etc.),
- Kommunikationsstrategie (z. B. Vereinheitlichung des Auftritts durch Gestaltung von Drucksachen, abgestimmte Kanzleieinrichtung, Themenschwerpunkte bei Fachpublikationen der Angehörigen einer Kanzlei etc.).

2. Unternehmensleitbild

12 Unternehmensleitbilder, häufig auch als **Unternehmensphilosophie** oder **„Mission Statement“** bezeichnet, können als komprimierte Zusammenfassung der wichtigsten strategischen Zielentscheidungen verstanden werden. Diese sind darüber hinaus meist schriftlich fixiert und so formuliert, das sie gegenüber internen und externen Adressaten kommunikativ eingesetzt werden können (Firmenbroschüre, interne Mitarbeiterinformation, Grundlage für die Verarbeitung durch Werbeberater etc.). Inhaltlich geht es um die Gesamtausrichtung der Organisation an in sich stimmigen Grundsatzentscheidungen und Positionierungen.

13 Eine Hilfe für die Formulierung von Leitbildern kann ein Fragenkatalog sein, auf den Antworten im Rahmen der strategischen Grundsatzentscheidungen zu geben sind:

- Wer sind wir?
- Wofür sind wir da, was leisten wir?
- Welche Werte beachten wir?
- Wohin wollen wir uns entwickeln?
- Wie können wir unsere Existenz oder unser Wachstum sichern?
- Wie sollen sich unsere Mitarbeiter untereinander und gegenüber Klienten verhalten?

B. Formen der marktbezogenen Strategieformulierung

Zur Festlegung der unternehmerischen Vorgangsweisen, d. h. der Kanalisierung der betrieblichen Aktivitäten auf strategische Ziele mit strategisch gewünschten Mitteln, haben sich unterschiedliche praktische Formen der Strategieformulierung herausgebildet. Diese stellen vor allem praktisches Erfahrungswissen über Marktsituationen und mögliche Vorgangsweisen dar. Nach genauer Analyse der Unternehmens- und Marktsituation und ohne damit eine Erfolgsgarantie verbinden zu können, legt man die zentralen strategiebestimmenden Elemente der marktbezogenen Handlungen fest. 14

I. Geschäftsbereichsentscheidungen

Durch diese strategische Entscheidung wird bestimmt, in welchem grobumrissenen Produkt-, Leistungs- oder Know-how-Bereich die Unternehmenstätigkeit stattfinden soll. Dies ist für die Investitionspolitik, die Weiterbildungsmaßnahmen, die Auswahl von Kundensegmenten etc. von entscheidender Bedeutung. Solche Bereiche können sein: 15

- Sektoren und Branchen (Dienstleistungen für Banken, Versicherungen, Immobiliendienstleister, Privatkunden etc.),
- der eigene Leistungsschwerpunkt (Spezialisierung oder Generalist),
- die Art der Leistungserstellung (traditionelle Tätigkeit, elektronische Kommunikation und virtuelle Anwaltskanzlei etc.).

II. Marktsegmentierung

Die **Konzentration** auf bestimmte Kunden bzw. Klientengruppen, in denen man sich einen besonderen Erfolg seiner Tätigkeit erwartet und auf die man seine Maßnahmen und Instrumente ausrichtet, bedeutet eine wesentliche Vorentscheidung für das Leistungsprogramm, die Kommunikation, die Honorarpolitik, notwendige Kooperationsformen etc. Eine **Segmentierungsstrategie** wird nur zweckmäßig sein, wenn es für das Unternehmen zielentsprechend oder ertragsversprechender ist, eine Auswahl von Kundengruppen konzentriert zu bearbeiten. Die Kosten der segmentorientierten Anpassung müssen durch einen entsprechend höheren Erfolg mindestens ausgeglichen werden. 16

Andernfalls wird man sich für eine **undifferenzierte Bearbeitung** entscheiden, d. h., daß die unterschiedlichsten Klienten und Klientengruppen durch ein einheitliches Angebot bzw. nicht durch in der Angebotsphase erkennbare Spezialisierungen oder Segmentorientierungen angesprochen werden. Oft ergibt sich aus der Analyse der Märkte, daß Kunden zwar unterschiedliche Wünsche haben, diese jedoch nicht stark genug und marktsegmentbildend sind, um eine konzentrierte oder selektive Marktbearbeitung vernünftig erscheinen zu lassen. Damit kann ein einheitliches Leistungsangebot für einen größeren Kreis potentieller Klienten zu relativ geringeren Fixkosten oder Anpassungskosten angeboten werden. 17

Segmentierungsstrategien setzen auch voraus, daß sich eine ausreichende Anzahl von Klienten über einen längeren Zeitraum hinweg gleichartig verhält oder die Geschäfts- und Problemfälle ähnlich gelagert sind. Andernfalls entsteht ein variabler Bedarf, der die dauerhafte Bearbeitung von Kundengruppen mit auf diese angepaßten Spezialangeboten nicht zuläßt. 18

III. Marktfeldentscheidungen

Die Kombination von Leistungsbereichen des Anbieters einerseits und ausgewählten Klientensegmenten anderseits kann ebenfalls Gegenstand grundsätzlicher Entscheidungen sein. Aus dieser Sicht lassen sich folgende Marktfeldstrategien ableiten: 19

- bestehende Leistungsbereiche gegenüber schon bisher bearbeiteten Klientensegmenten: **Marktdurchdringungsstrategie** (zusätzliche Klienten sollen für unsere Angebote gewonnen werden, Verwendungsintensitäten und Auftragsgrößen sollen erhöht werden);
- bestehende Leistungsbereiche gegenüber bisher nicht bearbeiteten Klientensegmenten: **Marktentwicklungsstrategie** (neue Klientengruppen sollen für unser Leistungsprogramm gewonnen werden);
- neue Leistungsbereiche gegenüber bisher schon bearbeiteten Klientensegmenten: **Programmentwicklungsstrategie** (schon bearbeiteten, Klienten oder Klientensegmenten können aufgrund bestehender Kundenbeziehungen zusätzliche Leistungen angeboten werden, Klienten müssen über den Leistungsumfang und gewonnene Erfahrungen informiert werden);
- neue Leistungsbereiche gegenüber bisher nicht bearbeiteten Klientensegmenten: **Diversifikationsstrategie** (das Unternehmen erweitert die Tätigkeitsfelder in neue Geschäftsbereiche, die gleichzeitig neue Kundengruppen bzw. Klienten ansprechen; beispielsweise kann die Anwaltskanzlei den Grundsatzentschluß fassen, in den Bereich Steuerberatung, Wirtschaftsprüfung und Treuhandwesen einzutreten)

20 In der Folge der Festlegung von Marktfeldstrategien ist die kreative Umsetzung in konkrete Maßnahmen erforderlich, die beispielsweise bestehende Klienten auf erweiterte Leistungs- und Betreuungsmöglichkeiten aufmerksam machen. Dies kann durch Klientenbesuche, Sonderveranstaltungen oder Firmenseminare erfolgen. Die Erschließung neuer Klienten oder Klientensegmente erfordert geeignete Kommunikationsmaßnahmen über Medien, Veranstaltungen etc..

IV. Portfolioentscheidungen

21 Gegenstand von „Portfolioentscheidungen“ ist die Widmung von Unternehmensanstrengungen und Geld bzw. die Limitierung oder Reduktion von Investitionen und Bemühungen in Leistungsbereichen. Als Entscheidungsgrundlage für solche Investitions- oder Desinvestitionsentscheidungen sind die Tätigkeitsbereiche bzw. **„strategischen Geschäftsfelder“** nach unterschiedlichen, marktrelevanten Kriterien zu beurteilen. Als strategisches Geschäftsfeld werden Bereiche verstanden, die eine selbständige Führung ermöglichen und nicht in direkter Koppelung mit anderen Leistungsbereichen gesehen werden müssen, wodurch wechselseitige interne Konkurrenz entstehen könnte. Derartige strategische Geschäftsfelder unterliegen mehrdimensionalen Beurteilungen z. B. nach Marktwachstum, relativem Marktanteil im Vergleich zum wichtigsten Mitbewerber, Marktattraktivität und relativem Wettbewerbsvorteil.

22 Diese Beurteilungskriterien können weiter zerlegt werden und durch ein Gewichtungsverfahren zu einer Gesamtbeurteilung zusammengefaßt werden. Diese Beurteilungskriterien sind auf die Unternehmens- und Branchensituation anzupassen und verstehen sich nur als Anregung. **„Marktattraktivität“** kann daher zum Beispiel durch folgende Detailkriterien beurteilt werden:

- Marktgröße
- Marktwachstumsrate
- Gewinnerwartung
- Wettbewerbsintensität
- Saisonabhängigkeit
- zu erwartende Degressionseffekte
- Markteintritts- und Austrittsbarrieren (notwendige Startinvestitionen, formelle Zugangsbeschränkungen oder Konzessionspflichtigkeit etc.)
- Stabilität der Rahmenbedingungen (politische, verwaltungsabhängige, rechtliche etc.)

23 **„Relative Wettbewerbsstärke“** kann beispielsweise durch folgende Merkmale beurteilt werden:

- relativer Marktanteil
- preis- und konditionenpolitische Wettbewerbsfähigkeit
- Leistungsqualität
- Markt- und Klientenkenntnisse
- Erfahrung mit lokalen Behörden und Institutionen
- Fähigkeit zur regionalen Marktabdeckung

etc.

Die Einschätzung nach diesen markt- und unternehmensbeschreibenden Dimensionen ergibt die Möglichkeit, Ist-Zustände festzustellen, die Konkurrenz im Vergleich zu analysieren, soweit darüber Informationen erlangbar sind, oder Soll-Zustände zu definieren. Diese können als **„Portfolio-Ziele"** formuliert werden und dienen als Rahmenentscheidung für die Konzentration auf Geschäftsfelder, die zum Beispiel eine hohe Marktattraktivität und Gewinnerwartung aufweisen, die gegenwärtig jedoch nur zu einem relativ kleinen Teil vom eigenen Unternehmen realisiert werden. **„Portfolio-Management"** soll immer eine strategisch vernünftige, ausgeglichene Mischung von Leistungsbereichen, die Erträge abwerfen, und solchen, in die man zukunftsorientiert investiert, ergeben. Portfolio-Management kann auf unterschiedlichen Entscheidungs- bzw. Unternehmensebenen eingesetzt werden: Entscheidungen auf der „Marketing-Ebene" und Entscheidungen auf unternehmenspolitischer Ebene. 24

Aus Marketingperspektive dienen Portfolios der Leistungsprogrammentscheidung. Die Überlegung der Einführung oder Förderung neuer Leistungsprogramme bedeutet die Definition unterschiedlicher Verantwortungsbereiche, Investitionsentscheidungen und sonstige absatzpolitische Maßnahmenentscheidungen, um die Portfolio-Ziele zu realisieren. Auf unternehmenspolitischer Ebene stellen strategische Geschäftsfelder und gewünschte Soll-Situationen im Portfolio Vorentscheidungen für die Diversifikation des Unternehmens, Beteiligungsentscheidungen, Kauf passender Unternehmen etc. dar. 25

Der Portfolio-Ansatz und die daraus ableitbaren strategischen Vorgangsweisen sind immer unter „ceteris paribus"-Bedingungen zu sehen. Ein Portfolio ist nur bei Stabilität der Marktbedingungen auf Dauer des gedachten Planungszeitraums als Entscheidungsgrundlage geeignet. Probleme können sich ergeben bei neuen Konkurrenten, spontan geänderten Branchen- und Umfeldbedingungen, neuen Geschäftsbereichen mit Verbundwirkungen zu bestehenden Geschäftsfeldern etc. Die Analyse von Situationen hinsichtlich eigener Wettbewerbsstärken und der damit verbundene Vergleich mit wichtigen Mitbewerbern kann im Sinne eines „benchmarketing"-Konzepts beträchtliches Kreativitätspotential entwickeln und zu neuen Markt- und Klientenbearbeitungsformen führen. Da die Beurteilung von „Wettbewerbsstärken" immer im Vergleich mit dem wichtigsten Mitbewerber erfolgt, liefert auch dieser Vergleich Ansatzpunkte für wettbewerbswirksame Maßnahmen. 26

V. Regionalstrategien

Es zählt zu den Grundsatzentscheidungen, in welchen regionalen Märkten ein Unternehmen tätig sein will. Diese Entscheidung kann einerseits innerhalb eines Landes getroffen werden: Beispielsweise kann man sich auf eine Stadt oder ein Gemeindegebiet konzentrieren oder überregional im Bundesgebiet oder an mehreren zentralen Orten tätig werden. Dies hat Konsequenzen für die ansprechbaren Klientensegmente, die Kommunikationspolitik, überregionale Kooperationen oder Filialgründungen etc. 27

Entscheidungen über Marktgebiete sind darüber hinaus international zu sehen. In diesem Fall geht es darum, ob ein Unternehmen Niederlassungen oder Kooperationen in einem oder mehreren Auslandsmärkten errichten will. Damit verbunden ist auch die strategische Entscheidung über den Entwicklungspfad bzw. die zweckmäßige Reihenfolge der Markterschließung. Dies kann einerseits durch Sprachräume beeinflußt werden, anderseits durch die internationale Struktur von Unternehmenskunden. Aus der Sicht des Strategiestils kann internationales Wachstum adaptives Mitwachsen mit Schlüsselkunden 28 sein oder bewußte Internationalisierungsstrategie zur Akquisition neuer Unternehmensgrößenklassen oder Klientenschichten.

VI. Kombinierte Strategien

29 Strategische Entscheidungen können durch eine Grundsatzentscheidung dominiert werden oder mehrere strategische Teilentscheidungen kombinieren. Die Kombination aus marktfeldbezogenen Strategien, Leistungsprogramm und preispolitischer Positionierung, Segmentierungsstrategien und Regionalstrategien ergibt ein Strategiemuster, das eine stimmige, realisierbare und wettbewerbswirksame Ausrichtung ergeben sollte. Beispielsweise kann eine solche Strategiekombination umfassen: Hohe Konzentration auf ein Spezialisierungsfeld wie beispielsweise Versicherungsfälle mit Personenschaden, weitere Durchdringung des Klientenpotentials auf Firmenseite, Betonung der Wettbewerbsstärke durch einschlägige Publikationstätigkeit und standardisierte Festhonorarvereinbarung, Konzentration auf ein regionales Einzugsgebiet zur raschen und einfachen Kooperationsmöglichkeit.

C. Strategische Analyseinstrumente

I. Marktvolumen

30 Unter Marktvolumen ist das von der betrachteten Branche realisierte mengen- oder wertmäßige Umsatzergebnis bzw. die Honorarsumme zu verstehen. Marktanteil ist der daraus selbst realisierte Umsatzanteil. Umsatzzuwächse können erzielt werden durch Marktanteilsverschiebungen zu Lasten der Konkurrenz, durch Akquisition zusätzlicher Kunden und Umsatzträger, d. h. aus dem Marktpotential, oder durch Verschaffung notwendiger Kaufkraft für bisher nicht relevante Kundengruppen (z. B. durch den Ausbau von Rechtsschutzversicherungssystemen).

31 Zur Bestimmung des eigenen Absatzpotentials, möglichen Marktanteils oder des aktuellen Ausschöpfungsgrades sind die Zahl der Bedarfsträger, die Bedarfshäufigkeit und der durchschnittliche Honorarumfang nach Betreuungstypus zu bestimmen. Schwierigkeiten ergeben sich bei stark variablem Honoraraufkommen pro Betreuungstyp oder Klientensegment einerseits und bei variablem Leistungsprogramm, etwa bei der Kombination von anwaltlicher Tätigkeit und Buchprüfung, anderseits.

32 Potentialschätzungen können dann nur über Indikatorgrößen (Bevölkerungszahl, Kaufkraftniveau, Anzahl von Betrieben oder Betriebstypen etc.) erfolgen oder bei angenommenem freien Potential und Branchenkennzahlen über im Durchschnitt erreichbare Prokopfumsätze errechnet werden.

33 Von strategischer Bedeutung sind Potential- und Volumsschätzungen im Zusammenhang mit der Bestimmung der Größe bzw. Mitarbeiterzahl, bei variablem Leistungsbereich für die Grundsatzentscheidung über die mögliche Spezialisierung oder für die Bestimmung der Chancen in kombinierten und verwandten Tätigkeitsfeldern (Notariat, Buchprüfung, Immobilienberatung etc.).

II. Stärken- und Schwächenanalyse

34 Die Einschätzung der strategisch relevanten Ausgangsposition unter Berücksichtigung der eigenen Eigenschaftsprofile und möglicher Entwicklungen des Branchenumfeldes, d. h. Mitbewerber, rechtliche Rahmenbedingungen etc., kann in der Form einfacher Skalierung über Selbsteinschätzung oder durch Dokumentation und Zusammenfassung von Gruppendiskussionsergebnissen vorgenommen werden. Die resultierenden Profile über Stärken und Schwächen in wichtigen Leistungsbestandteilen oder Potentialfaktoren, immer im Vergleich zu wichtigen Mitbewerbern, ergeben die „Stärken-/Schwächen-Analyse“. Wird diese mit der Einschätzung von Chancen und Risiken in der Entwicklung des Umfeldes verknüpft, entsteht das strategische Analyseverfahren der **„SWOT-Ana-**

lyse" (Strength, Weaknesses, Opportunities, Threats). Die Verknüpfung von Stärken bzw. Schwächen mit günstigen oder gefährlichen Umweltentwicklungen zeigen besonders erfolgversprechende und besonders gefährliche Situationskombinationen. Trifft z. B. eine Unternehmensstärke auf eine chancenreiche Umweltentwicklung, kann darauf ein strategischer Schwerpunkt gelegt werden. Trifft eine deutliche Schwäche des Unternehmens auf eine risikoreich einzuschätzende Umweltkonstellation (z. B. wenn EU-Recht und wettbewerbsrechtliche Fragen an Bedeutung gewinnen, anderseits dafür das notwendige Know-how bei der derzeit vorhandenen Mitarbeiterstruktur nicht vorhanden ist), ist strategisch gegenzusteuern. Aus der Analyse resultieren daher sofort Entscheidungshinweise für zukünftige Entwicklungen und Schwerpunktsetzungen.

III. Portfolio-Analysen

Sofern in einem Unternehmen Tätigkeitsfelder weitgehend unabhängig voneinander 35
geführt werden können, ergibt sich das strategische Entscheidungsproblem der zweckmäßigen Verteilung von Unternehmensanstrengungen. Ergebnis ist die Förderung, Veränderung oder Eliminierung von Geschäftsfeldern oder Tätigkeitsbereichen. Ergebnis sollte ein risiko- und/oder ertragspolitisch gutes Mischungsverhältnis sein, das den weiteren Bestand und die Entwicklung sichert.

Portfolio-Analysen setzen Marktkenntnisse oder systematische Marktforschungsdaten 36
voraus. Dies ist einerseits notwendig, um die Position zum wichtigsten Mitbewerber in der Feststellung der eigenen Wettbewerbsstärke berücksichtigen zu können, anderseits um die Marktattraktivität und relevante marktsituationsbeeinflussende Faktoren zu erfassen und meßbar zu machen. Sollte sich bei der Feststellung der eigenen Wettbewerbsstärke herausstellen, daß das Summenergebnis durch kompensierende Effekte von Stärken und Schwächen zustande kommt, ist eine Portfolio-Analyse ohne ergänzende Stärken/Schwächen- und Chancen/Risiken-Analyse unvollständig, weil unter Umständen bei einer deutlichen Stärke zwar ein guter Wert für die Portfolio-Analyse zustande kommt, anderseits aber gefährliche Schwächen nicht erkannt werden.

IV. Marktszenarien

Szenariotechnik ist der Versuch, zukünftige Entwicklungen und Marktsituationen 37
einzuschätzen, wenn quantitative Prognoseverfahren wie beispielsweise eine Trendextrapolation nicht möglich sind oder die wesentlichen Situationsmerkmale und deren Beziehungen untereinander durch hohe Komplexität gekennzeichnet werden. Einzelne Datenbestände können gute Prognostizierbarkeit im engeren Sinn aufweisen (z. B. die Veränderung von Alterspyramiden und die Zusammensetzung der demographischen Segmente aufgrund der Bevölkerungsstatistik). Andere Tatbestände sind oft nur in alternativen Möglichkeiten abschätzbar, weil zukünftige Ereignisse zwar nicht vorhersehbar sind, mögliche Auswirkungen unterschiedlicher zukünftiger Gegebenheiten auf das Marktsystem jedoch schon. Beispielsweise kann nach einer Wahl die Besteuerung geändert werden, Sponsoring oder Spenden können gefördert oder restriktiv behandelt werden. Was der Fall sein wird, ist nicht „prognostizierbar", jedoch können aus der Sicht eines Kulturbetriebs oder eines Steuerberaters die Auswirkungen im optimistischen und im pessimistischen Fall auf das Volumen des Spendenmarktes, die Sinnhaftigkeit des Engagements für Unternehmen und die Konkurrenz um knappe Fördermittel sehr gut abgeschätzt werden. Durch die Berücksichtigung unterschiedlicher, vernetzt wirksamer Beeinflussungsfaktoren in wesentlichen Bereichen entstehen dabei unterschiedliche Vorstellungen über die Zukunft oder „alternative Zukunftsbilder bzw. Szenarien".

Wahrscheinliche Situationen werden als **„Trendszenarien"** bezeichnet. Zukünftige Si- 38
tuationen, die aus der Sicht des Beurteilenden positiv oder negativ eingeschätzt werden, können als **„optimistische"** bzw. **„pessimistische"** Szenarien bezeichnet werden.

39 Zweck der Szenariotechnik sind die Einschätzung möglicher zukünftiger Situationen und die strategische Ausrichtung durch vorbeugende Entscheidungen, die bewirken sollen, daß auch unter unterschiedlichen Rahmenbedingungen zukunftssicher oder anpassungsfähig agiert werden kann. Eine weitere Hilfe entsteht aus dem systematischen Durchdenken möglicher Konsequenzen von sogenannten **„Störereignissen"** (weitreichende Gesetzesänderungen, Konjunktureinbrüche, politischer Wechsel etc.). Auch dadurch kann man sich rechtzeitig auf möglicherweise notwendige Strategieschwenkungen einstellen und vorbereiten, um einerseits die Reaktionszeit im Einzelfall zu verkürzen, anderseits den Bestand des Unternehmens abzusichern. Szenarien eignen sich weniger für die Einschätzung spezifischer Kunden- und Unternehmensrelationen, sondern vor allem für die Analyse von Branchenfeldern, deren alternativ vorstellbare Zukunftszustände Orientierung für zweckmäßiges Handeln des planenden Unternehmens bieten sollen.

D. Der Dienstleistungscharakter anwaltlicher Tätigkeiten als Einflußfaktor auf strategische Entscheidungen

I. Grundlagen

40 Als Dienstleistung werden, im Gegensatz zu materiellen, gegenständlichen Produkten, **immaterielle** Güter, genauer Verrichtungen bzw. **Handlungen** von Personen, mit oder ohne Unterstützung durch Sachausstattungen, die einem Markt angeboten werden, bezeichnet. Unter Berücksichtigung allgemeiner Kriterien zur Bildung von Dienstleistungsarten bzw. -branchen wie Wirtschaftsstufe des Empfängers, Dauerhaftigkeit der Wirkung, branchenmäßiger Anwendungsbereich, Objekte der Leistung im engeren Sinn (personenbezogenen oder an Sachen vollzogenen Leistungen), Qualifikation des Diensteanbieters und notwendige Einsatzfaktoren, können die **Leistungen des Anwalts** klassifiziert werden:

1. Konsumdienstleistungen bei Privatpersonen als Klienten oder Investitions- bzw. Produktivdienstleistungen im Falle von Unternehmen
2. Aufgrund der auch nach Abschluß der anwaltlichen Tätigkeit wirksamen Folgen (Streitprävention, erwirktes Gerichtsurteil, erstellter Vertrag, erfolgte Unternehmensgründung etc.) liegen Dienstleistungen mit dauerhaften Wirkungen vor
3. In unterschiedlichen Problem- bzw. Anwendungssituationen besteht die Anwaltsleistung in Informationsbeschaffung, -interpretation und Beratung auf dispositiver Ebene und in Durchführungsleistungen, z. B. Handlungen in Vertretung des Mandanten
4. Objekt der Dienstleistung ist der Klient, jedoch unter Berücksichtigung der Gegenstände, auf die sich die Leistung bezieht (z. B. treuhändige Abwicklungen, Verwahrungsleistungen etc.)
5. Anwaltdienste stellen professionelle Leistungen dar, die an eine entsprechende berufliche Qualifikation gebunden sind
6. Dominierender Einsatzfaktor ist die Person des Anwalts im Zusammenwirken mit Anwaltskollegen, Kanzleimitarbeitern, anderen professionellen Beratern, technischer Ausstattung wie Textverarbeitung, Datenspeichermedien, Telekommunikation etc.

41 Betriebswirtschaftliche Probleme von Dienstleistungsbetrieben lassen sich nach den Dimensionen **„Potential"**, **„Prozeß"** und **„Ergebnis"** analysieren. Potentialbezogene Überlegungen beschäftigen sich mit Personen, Know-how, Sachmitteln und organisatorischen Regelungen, die einen Dienstleistungsbetrieb in die Lage versetzen, im Falle der Inanspruchnahme die geplanten Dienstleistungen zu vollziehen. Die Betrachtung der Prozeßdimension beschäftigt sich insbesondere mit den Kontaktphasen mit Kunden oder Personen auf Klientenseite, genauso wie alle Kontakte mit wesentlichen Dritten wie Gerichte, andere Anwälte etc. Die Gestaltung dieses Prozesses ist wesentlicher Teil der Leistungspolitik und zentraler Bestandteil der Beurteilung von Qualitätsfaktoren. Schließ-

lich geht es bei vielen Dienstleistungen wie auch bei anwaltlicher Tätigkeit um das Ergebnis, das erzielt wurde. Dieses kann simple Übereinkunft in der Form eines zweckmäßigen Vertragswerkes sein, Ergebnis einer rechtlichen Auseinandersetzung, Gerichtsurteil etc. Im Falle wirtschaftlicher Tätigkeiten können auch materielle Ergebnisse und andere Wirtschaftsgutkategorien Ergebnis sein, z. B. Unternehmenszusammenführungen, Immobilienerrichtung und -verwertung etc. In allen Dimensionen kann es um Grundsatzfragen gehen, über die strategische Entscheidungen getroffen werden können. Die **Potentialdimensionierung** hinsichtlich Know-how und Kapazität kann von strategischer Bedeutung sein, **Richtlinien für die Abwicklung** von bestimmten Dienstleistungen im Kontakt mit dem Klienten können das Tätigkeitsprofil beeinflussen usw.

2. Probleme des Konsumentenverhaltens bei der Entscheidung über die Inanspruchnahme von Dienstleistungen

Aufgrund der Eigenschaft als Tätigkeit, die den direkten Kontakt zwischen Anbieter- 42
und Nachfragepersonen und -einrichtungen erfordert, ergeben sich Besonderheiten für den Einsatz und die Gestaltung von Marketing-Maßnahmen.

Aus den Merkmalen des **Direktkontakts** und der Besonderheit, daß bei der Entschei- 43
dung über die Inanspruchnahme einer Dienstleistung das fertige Produkt bzw. Leistungsergebnis noch nicht feststeht, leitet sich ein symptomatischer Problemkatalog ab, der insbesondere durch Risiko-, Bewertungs- und Organisationsprobleme gekennzeichnet ist:

- kundenpräsenzabhängige Verrichtungen, Erstellungen und Verwertung erfolgen simultan,
- keine Vorratsproduktion,
- Probleme der Kapazitätsauslastung und Kapazitätsanpassung,
- der Empfänger ist aktiv an der Erstellung des Dienstes beteiligt,
- als Produkt kann nur ein Leistungsziel (Zustand nach erfolgter Verrichtung) versprochen werden,
- angeboten wird die Bereitschaft der Faktorkombination zur Abgabe von Verrichtungen,
- geringer Grad möglicher Standardisierung im Fall wesentlicher Anteile menschlicher Arbeit in der Diensterstellung,
- die Ausführung des Dienstes unterliegt aufgrund der direkten, persönlichen Betroffenheit des Dienstenachfragers bzw. Diensteobjektes rasch wirksamen, subjektiven Bewertungen,
- Nutzen und Verrichtungsablauf sind häufig erklärungsbedürftig, falls Endprodukte nicht vorgezeigt werden können,
- die Erklärungsbedürftigkeit bezieht sich auch auf die notwendige Beteiligung an der Verrichtung in einer adäquaten Form (Aufnahmebereitschaft, Know-how, Mitwirkung),
- häufig Standortbindungen,
- Dienstangebote sind häufig auf die Nachfrage nach komplementären Leistungen auszurichten (Anwalt, Notar, Grundbuchführer).

Die daraus ableitbaren **Folgen** umfassen: 44

- Probleme für den potentiellen Kunden (Risiko) bzw. den Kunden bei Vollzug der Dienste (Kundenverhalten, nicht planbare Entwicklungen der Zusammenarbeit zwischen Anwalt und Klienten etc.),
- Probleme der Organisation des Zusammentreffens zwischen Anwalt und Klienten bzw. Kundenorganisation und Diensteobjekt,
- Probleme des Anbieters in Vorbereitung und Vollzug von Verrichtungen im direkten Kundenkontakt: in Analogie zur Aufnahmefähigkeit und -willigkeit bei raumzeitlicher Präsenz für die Dienstempfänger kann auch von einer notwendigen Fähigkeit und Willigkeit des Dienstepotentials, erwartete Verrichtungen zu erbringen, ausgegangen werden. Das Dienstepotential ist dann leistungsbereit, wenn die Willigkeit und Fähig-

keit gegeben ist, Verrichtungen in konstanter Abgabequalität zu vollziehen oder bedarfsentsprechend anzupassen,
- Probleme der Anpassung an unterschiedliche Verrichtungsobjekte (Sachen und Personen),
- Einsatzbereitschaft unter variablen räumlichen und zeitlichen Bedingungen,
- Einhaltung von Verrichtungsgüte unter unterschiedlichen Arbeitsbedingungen.

45 Strategische Entscheidungen in diesem Zusammenhang betreffen u. a. den **Standardisierungs- bzw. Individualisierungsgrad**, die Entscheidung über die **Marktregion** und die **Personalpolitik** (Auswahl, Schulung, Motivationsmaßnahmen).

II. Konsequenzen für die Produktpolitik

46 Aufgrund des Verrichtungscharakters besteht die Produktgestaltung für Dienstleistungen in der Entwicklung, Veränderung und Liquidation von Dienstpotentialen, d. h. der Kombination und der Eigenschaften von Personen, Fähigkeiten, Ausstattung und Verrichtungsprogrammen bzw. Leistungsabläufen.

47 Aufgrund des Handlungscharakters erfolgt die Definition von **„Produkten"** über Leistungsinhalte, Kontaktform, räumliche und zeitliche Merkmale. Es geht darum, welche anwaltliche Leistung, in welcher Form, durch wen, unter Nutzung welcher Hilfsmittel, wo, wann und wie lange erbracht werden kann. Im Gegensatz zu materiellen Gütern kann das fertige Produkt nur im Fall extremer Standardisierung Markenträger sein. Im Normalfall ist das Unternehmen bzw. die Kanzlei oder Sozietät Markenträger. Merkmale des Umfelds der Anbieterorganisation wirken ebenfalls auf Produkt- und Qualitätseinschätzung (Kanzleieinrichtung, Standortqualität, Branchenumfeld etc.).

48 Die Vermarktung von zukünftigen Handlungen bzw. „Leistungsversprechen" schafft typische Probleme:
- Argumentations- und Beweisprobleme
- hohe Bedeutung des Images des Leistungsträgers
- Planungsprobleme bei vorerst nicht konkretem Kundenbedarf
- Kapazitätsplanungsprobleme bei schwankender oder situativer Inanspruchnahme
- Kombinationsbedürftigkeit mit anderen Beratungsleistungen
- Standardisierungsprobleme aufgrund hoher Individualität und Mitwirken des Kunden
- Qualitätsfestlegungsprobleme, da die Qualität von Dienstleistungen aus der Sicht des Klienten aus der Wahrnehmung eines komplexen Beurteilungsgegenstandes resultiert.

49 **Qualitätseindrücke** über Dienstleistungen resultieren aus:
- Merkmalen des Anbieters wie Anpassungsfähigkeit und -bereitschaft, Kontaktqualität der Personen und Sachmittel als Ersatz für die Beurteilung des oft nicht transparenten und schwierig einzuschätzenden Leistungsergebnisses,
- Einstellungen der Nachfrager zu Anbieter und Leistung und davon abhängige Bereitschaft zur Mitwirkung an der Leistung,
- Merkmale der Durchführung der Anwaltsleistung, d. h. tatsächlich beobachtetes Verhalten und Atmosphäre des Leistungsumfeldes (Kanzlei, Gericht, Amtsstuben etc.),
- Ergebnismerkmale, die direkt oder sofort merkbar sind (Schriftsatz, Pünktlichkeit), im Gegensatz zu Dauerqualität bzw. langfristiger Wirkung („guter", vorausschauender Vertragstext).

III. Konsequenzen für die Distributionspolitik

50 Distributionspolitische Maßnahmen betreffen für Dienstleistungen nicht Transport- und Lageraufgaben für fertige Produkte, sondern akquisitorische Tätigkeiten. Aus dieser Sicht ist zu unterscheiden zwischen dem Gesamtunternehmen und einem **Kontaktbereich**, d. h. jenem Ausschnitt der Anbieterorganisation, der im Kundenkontakt wirksam wird.

Marketingpolitische Aufgaben betreffen daher: 51
- Gestaltung der Kontaktorganisation, d. h. Merkmale, Verhalten und ausgelöste Wirkungen der im Klientenkontakt eingesetzten Personen, Sachmittel und Umfeldmerkmale **(Profilmarketing),**
- Formen der Kontaktanbahnung außerhalb der Kanzlei,
- **Filialisierung** entweder als Akquisitionsorgan („Verkaufsbüro") oder als voll funktionsfähige Filiale, wobei die Bindung bzw. Abhängigkeit von konkreten Einzelpersonen zu berücksichtigen ist (jeder will vom Chef beraten werden oder von einer Person, zu der er bereits Vertrauen gewonnen hat oder die ihm empfohlen wurde),
- Filialisierung, **Partnerschaften** oder überregionale **Allianzen** selbständiger Kanzleien oder Anwaltfirmen als strategische Grundsatzüberlegungen.

IV. Konsequenzen für die Preis- und Konditionenpolitik

Da der Dienstvollzug einen interaktiven Prozeß zwischen Diensteanbieter und Diensteobjekt darstellt, ist über die Abstimmung des Gegenleistungsprozesses mit dem Leistungsprozeß zu entscheiden: Vorauszahlung, Teilzahlungen für einzelne Phasen, Zahlung im nachhinein. Bei den **Zahlungskonditionen** für Voraus-, Zwischen-, End-, Nachzahlungen etc. ist auf Branchenspezifika Bedacht zu nehmen: Mit zunehmender Standardisierbarkeit und Planbarkeit des Verrichtungsumfangs und der Verrichtungsgüte können Preis- bzw. Honorarverhandlungen konkret geführt und die Liefer- und Zahlungskonditionen geklärt werden (z. B. Unternehmensberatung mit Zwischenphasen, innerhalb eines Rahmenbudgets werden auf der Basis gelieferter Zwischenberichte oder Zwischenstadien Zug um Zug Teilzahlungen vereinbart). Die exakte Bestimmung der Gegenleistung ist oft erst mit Ablauf eines längeren Dienstevollzugsprozesses im Einzelfall feststellbar. Dies ist insbesondere unter dem Blickwinkel der empfundenen Risikosituation im Zusammenhang mit der erwarteten Güte der Verrichtung zu sehen. 52

Daraus resultieren folgende **Möglichkeiten für die Preis- und Konditionenpolitik** von Diensteanbietern: 53
- Endgültige Festsetzung der Gegenleistung ist häufig erst mit Abschluß des Dienstevollzugs möglich; das damit zusammenhängende Problem der Bewertung bzw. Abschätzung von Leistung und Gegenleistung bei gleichzeitlicher Erstreckung des Dienstevollzugs bedingt häufig die Aufteilung in Teilzahlungen und deren Terminisierung.
- Rahmenregelungen, Überschreitungsrahmen etc. sind aufgrund der fallspezifischen Individualisierung, deren Ausmaß sich erst während des Dienstevollzugs ergibt, vorzusehen.
- Bei starren Honorarrichtlinien, gleichzeitig aber inhaltlich starker Individualisierung entsteht eine indirekte Preisdifferenzierung. Dadurch können Argumentationsprobleme auftreten.
- Das Ausmaß der Mitwirkung des Diensteempfängers und daraus resultierende Kostenwirkungen sind zu berücksichtigen.
- Für möglichst viele Leistungen sollte nach Möglichkeiten der eindeutigen Bewertbarkeit von Auswirkungen der Leistung bzw. Zustandsänderungen gesucht werden.
- Im Falle kooperativer Diensteanbieter ist die Preis- und Konditionenpolitik abzustimmen und die Abrechnung von Leistungen zu akkordieren (gemeinsame Kalkulation, Budget- bzw. Honorarteilungen etc.).

V. Konsequenzen für die Kommunikationspolitik

Für die Werbegestaltung ergibt sich die Frage, ob auf die Kernverrichtung des Diensteangebots Bezug genommen werden soll oder nicht. Häufig sind dauerhafte Komponenten der Faktorkombination, d. h. Personen, Ausstattung und Umfeld, da diese leichter visualisiert werden können, Gegenstand der Kommunikationsinhalte. 54

55 Davon abgesehen kann eine von unmittelbaren Verrichtungsangeboten losgelöste Imagekampagne eine Lösung des Argumentationsproblems darstellen, die z. B. auf die Reduktion von Unsicherheit abgestellt werden kann.

56 Der immaterielle Charakter von Verrichtungen führt auch dazu, daß die Verrichtung selbst nicht Werbeträger ist. Allerdings können spezifische **Werbeträger** im Direktkontakt auftreten (Beschilderung, Symbolwirkung des Kontaktbereichs durch die Raumgestaltung, Farbwirkung etc., kommunikative Wirkung des Kontaktpersonals etc.). Maßnahmen im Sinne eines **Corporate-Identity-Konzepts** gewinnen besondere Bedeutung, da diese aufgrund der auch innerorganisatorisch wirksamen Gleichschaltung kommunikativer Inhalte und Symbolwirkungen unmittelbar absatzpolitisch wirksam werden (z. B. Schulung, Kleidung, Verhalten des Bordpersonals einer Fluglinie). Aufgrund des identifizierbaren Publikums, da bei Anwaltsdiensten Direktkontakte gegeben sind und diese nicht flüchtigen oder anonymen Charakter haben, besteht die Möglichkeit für Nacharbeit z. B. in der Form von Mailing-Maßnahmen.

57 Für die Kommunikationspolitik der Anwälte bedeuten diese Besonderheiten, daß häufig nicht die Verrichtung selbst (Beratung, Vertragskonzipierung, Prozeßführung etc.), sondern Merkmale der Angebotsorganisation kommunikativ wirksam sind und eingesetzt werden könnten:

- Fähigkeiten und Leistungsschwerpunkte
- besondere Qualifikationen über entsprechende Ausbildung, Doppelqualifikation, spezielle Erfahrung und Tätigkeitsschwerpunkte, publizistische Tätigkeit, Internationalität etc.
- Beschilderung, Raumgestaltung, Portalwirkung, architektonischer Rahmen etc.
- alle Personen, die Klientenkontakt haben können (Kanzleipersonal, Telefondienst etc.).

58 Gerade Dienstleistungsbetrieben, die mit ihrer gesamten Einrichtung und ihrem Personal werblich wirksam und stellvertretend für das Produkt Beurteilungsgegenstand sind, eröffnet sich ein großes Spektrum an kommunikativen Maßnahmen, die weit über klassische Medienwerbung hinausgehen.

59 Seriosität und Vertrauen stehen im Widerspruch zu mangelnder Markttransparenz bezüglich besonderer Leistungsschwerpunkte, Erfolge, Preis-Leistungs-Relationen und Referenzhinweise. Dies ist ein dienstleistungsspezifisches Problem, das insbesondere bei den klassischen anlaß- bzw. bedarfsauslösenden Situationen hinsichtlich der Inanspruchnahme von Anwaltsleistungen wirksam wird. Kommunikationspolitische Maßnahmenkonzepte können gegensteuern, Orientierung bieten und helfen Vertrauen aufzubauen.

VI. Individuelle und kooperative Maßnahmen

60 Die dargestellten dienstleistungsspezifischen Formen der Risiko- und Bewertungsproblematik bedeuten grundsätzlich ein großes Spektrum inhibitiver Faktoren für die Inanspruchnahme von Dienstleistungen bzw. die Bedarfssteigerung. Die Immaterialität von Leistungen und die Tatsache, daß vor Beginn der Dienstleistung lediglich Leistungsversprechen gegeben werden können, bedeuten grundsätzlich Risikoempfindungen. Daraus folgt die hohe Bedeutung von positiven Unternehmens- und Branchenimages.

61 Im Falle von Berufsgruppen mit hoher Homogenität des Ausbildungsweges und der potentiellen Leistungsbereiche sind Maßnahmen zu unterscheiden, die auf individueller Ebene infolge der Initiative des einzelnen Unternehmers möglich sind, und solchen, die kooperativ für den gesamten Berufsstand oder Teilorganisationen davon einzusetzen sind. Auch Mischformen, wo im Einzelfall, z. B. im Falle der Neugründung einer Kanzlei, individuelle Maßnahmen zusammen mit Unterstützungen durch die Berufsorganisation gesetzt werden, sind denkbar. Daraus resultiert ein möglicher Katalog von Maßnahmenbereichen, der verständlicherweise ohne Anspruch auf Vollständigkeit ist und hinsichtlich der geltenden und änderbaren Richtlinien gesehen werden muß.

62 • **Individuelle Maßnahmenbereiche:**

- Kooperation von Experten unterschiedlicher Beratungsberufe

- Ausbau individueller Fähigkeitspotentiale, beispielsweise in Schnittstellenbereichen zu Wirtschaftssektoren, neuen Technologien, Umweltfragen, Medien- und Urheberrechtsproblemen etc.
- Steigerung der Problem- und Klientenspezialisierung gegenüber einer „Fachgebietsspezialisierung"; die Wirklichkeit richtet sich nicht nach tradierten Fachgebieten
- Gestaltung des Kontaktbereiches in allen personellen und materiellen Elementen
- Gestaltung des Leistungsumfeldes der Kanzlei (Architektur, Parkmöglichkeit, regionales Ambiente etc.)
- Schulung im Kontaktverhalten und in der Gesprächsführung
- Transparenz der Honorarrichtlinien, Honorarberechnung und Konditionen
- Flexibilisierung der Leistung in zeitlicher und räumlicher Hinsicht (Hausbesuch, Internationalisierung etc.)
- Suche nach neuen Kooperations- und Unternehmensmodellen wie Franchising, Filialisierung und dazugehörigen Unternehmensbezeichnungen, Marken, Hinweisen auf Spezialisierungen etc.
- aktive Angebotspolitik (Muster- und Probedienste, Schnellserviceangebote über moderne Kommunikationsmedien wie Computernetze, Belegübertragungsmedien, Call Centers. Hot Lines etc.)
- Gestaltung einer dienstleistungsspezifischen Aufbauorganisation in Analogie zu Agenturen, Unternehmensberatern etc. (Akquisiteure, Kontakter, durchführende Berater, Administration und Management)
- Im Falle entsprechend umfangreicher und komplexer Anwaltsleistungen Einsatz professioneller Managementtechniken (Projektmanagementinstrumente wie Projektstrukturpläne, Netzpläne, Kostenplanungs- und Verfolgungsmethoden etc.).

• **Kooperative Maßnahmen:** 63

- Gemeinschaftsaktionen und Öffentlichkeitsarbeit
- Schaffung von Anwaltssymbolen
- Entwicklung einer Identität des Berufsbildes und damit zusammenhängende Kommunikation
- Nutzung des kumulativen Werbeeffektes der großen Anzahl von Kanzleien und Anwälten für den gesamten Berufsstand und die Verbreitung gewünschter Informationen zur Aufklärung und Imagegestaltung: jede Kanzlei und jeder Anwalt ist Werbeträger für den Berufsstand
- Aufgreifen allgemein interessanter Themen unter Hinweis auf die zur Lösung einzusetzende anwaltliche Dienstleistung
- Identifikation von zukünftigen Aufgabenfeldern (z. B. Unternehmensnachfolgeprobleme aufgrund der demographischen Struktur)
- kostenlose Erstberatung als kooperatives Angebot

• **Kombinierte Maßnahmenbereiche:** 64

- Standortpolitik und Entwicklung geeigneter Organisationsformen: fachspezifisch (in Analogie z.B. Arzt, andere Fachärzte, Laboratorium, Apotheke) oder frequenzorientiert (Einkaufszentrum, Verkehrsknotenpunkt, Branchen-Agglomeration potentieller Klienten)
- Marktforschung hinsichtlich der Einstellung und des Bedarfs gegenüber eigenen Angeboten und Angeboten der Konkurrenz
- laufende Leistungsüberprüfung und Einschätzungen durch Klienten und Öffentlichkeit, Kundenzufriedenheitsmessungen
- kombinierte individuelle und gemeinschaftliche Öffentlichkeitsarbeit über Publikationen, Veranstaltungen etc.
- Einsatz auch individuell nutzbarer Berufssymbolträger (Aufkleber, Aktenmappen, Studienbehelfe etc.)
- einheitliche Anzeigensujets, die standespolitisch akkordiert sind, aber standort- bzw. kanzleiindividuell ergänzt werden können.

VII. Zentrale strategische Ansatzpunkte

65 Dienstleistungsbetriebe haben aufgrund der Nichtlagerfähigkeit von Verrichtungen grundsätzlich mit Auslastungsschwankungen zu rechnen. Daraus resultiert die Aufgabe der **Kapazitätsplanung** und strategischen Festlegung der Kapazität. Überkapazitäten bewirken entweder Fixkosten oder bedingen besondere Kooperationsformen und dienstvertragliche Regelungen bei Variabilisierungsversuchen. **Wachstumsentscheidungen** führen immer zu sprungfixen Kosten und sind darüber hinaus auch inhaltlich als strategische Entscheidungen zu sehen. Wachstum kann hinsichtlich der quantitativen Kapazität gesehen werden, hinsichtlich der Qualifikation bei zunehmender Mitarbeiterzahl, hinsichtlich der Adäquanz zur Kundenstruktur, Größe und Bedarfssituation.

66 Die strategische Entscheidung über **Tätigkeitsfelder** oder Leistungsbereiche bei personengebundenen Dienstleistungen bedingt notwendigerweise die Auseinandersetzung mit Know-how-Potentialen und Kompetenz, Kooperationsmöglichkeiten mit branchengleichen und komplementären Dienstleistern. Dienstleistungsbetriebe bereiten ihr Potential für gedachte **Plansegmente** vor oder müssen die strategische Entscheidung für maximale Anpassungsfähigkeit treffen. Die Strategie kann einerseits vom verfügbaren Potential ausgehen, um die Entscheidung zwischen Spezialisierung und Generalisierung anzudenken, oder aus der Sicht angestrebter Kundensegmente zur Spezialisierung oder Generalisierung führen. **Personalentscheidungen** und **Kooperationsformen** sind die Konsequenzen aus strategischen Festlegungen.

67 Die **Marktregion** für Dienstleistungsbetriebe bedeutet entweder ein Einzugsgebiet, aus dem Kunden an den Standort des Dienstleistungsanbieters kommen, oder die Beweglichkeit von Personen des Dienstleistungsanbieters innerhalb einer definierten Region. Darüber hinausgehende Tätigkeiten erfordern **Kooperationsvereinbarungen,** Allianzen oder Filialisierung. Die Form der regionalen Abdeckung im Rahmen strategischer Grundsatzentscheidungen kann unterschiedlich sein, ist jedoch aufgrund des hohen Anteils personengebundener Tätigkeiten auch bei Einsatz von Telekommunikation und elektronischem Datenaustausch eine weitreichende Entscheidung.

§ 3 Unternehmensziele

Dr. Wolfgang Oehme★

Übersicht

Schrifttum: *Correl,* Motivation und Überzeugung in Führung und Verkauf, 9. Aufl., 1997; *Dichtl,* Der Weg zum Käufer, 1987; *Oehme,* Handels-Marketing, 2. Aufl., 1992; *Oehme/Oehme,* Marketing für niedergelassene Ärzte, 1995; *Scheuch,* Dienstleistungsmarketing, 1992.

A. Die Aufgabe – die Idee der Zielsetzung

Die Zielsetzung, in der Sprache der Betriebswirtschaft als **„Management by objectives" (Mbo)** bezeichnet, ist ein zentraler Bestandteil jeder „marktorientierten Unternehmensführung". Mit ihrer Hilfe kann ein Unternehmen so gesteuert werden, daß das Unternehmenspotential – die Leistungskapazität – in etwa gleich dem Marktpotential – dem erreichbaren Marktanteil – ist. 1

Das **Marktpotential** ist im Falle einer Anwaltskanzlei der Anteil am Honorarvolumen – Marktvolumen – in einem begrenzten Einzugsgebiet, den eine Anwaltskanzlei an sich zu ziehen vermag. Das Marktpotential ist also ein Teil des Marktvolumens. Es ist der **Marktanteil einer Kanzlei.** 2

Das **Unternehmenspotential** einer Anwaltskanzlei wird bestimmt durch die Größe der Bürofläche, die Anzahl der Mitarbeiter und die Ausstattung mit Möbeln und Büromaschinen. Diese Betriebsfaktoren verursachen Kosten, zu einem beträchtlichen Teil „fixe" – umsatzunabhängige – Kosten. 3

Ist das **Marktpotential größer** als das Unternehmenspotential, so entsteht am Markt ein Vakuum. Es wird Umsatz verschenkt. Und, was auf lange Sicht viel gefährlicher ist, die Wettbewerber werden ermuntert, ihr Unternehmenspotential zu vergrößern. Oder es werden neue Wettbewerber regelrecht angesogen. Marktvakua haben bei Industrie und Handel kein langes Leben. Überläßt man Marktanteile anderen oder neuen Wettbewerbern, so kann das die eigene Marktstellung gefährden. 4

★ Dozent im Handelsmarketing bei Industrie- und Handelskammern sowie Akademien; langjährige Geschäftsführertätigkeit im Handel.

5 Ist das **Marktpotential kleiner** als das Unternehmenspotential – die vorgehaltene Kapazität an Dienstleistungen –, so drücken die Kosten das Unternehmen zu Boden. Eine kurzfristige Verkleinerung des Unternehmenspotentials ist meist nur sehr schwer vorzunehmen. Vor allem die fixen Kosten kann man nicht kurzfristig senken.

6 Die Zielsetzung ist das Instrument, mit dem die Unternehmensführung erreicht, daß Unternehmenspotential und Marktpotential annähernd **deckungsgleich** und fortlaufend abgestimmt werden. Die Zielsetzung ist die Brücke zwischen Markt und Unternehmen. Ohne Zielsetzung ist eine marktorientierte Unternehmensführung nicht möglich.

B. Die Methode der Zielsetzung – die handwerklichen Fertigkeiten

7 So bestechend einfach und überzeugend die der Zielsetzung zugrunde liegende Idee auch ist, sie kann nur erfolgreich angewendet werden, wenn das Handwerkszeug der Zielsetzung beherrscht wird.

I. Der Begriff „Ziel"

8 Ziele sind in der Zukunft liegende Zustände oder Ergebnisse, die jemand erreichen will. **Zielsetzung** ist immer **„zukunftsorientiert"**. Die eng mit ihr verbundene **Kontrolle – Management by results (Mbr)** – ist dagegen **„vergangenheitsorientiert"**. Ziele zu formulieren, indem man Ergebnisse fortschreibt, kann in die Irre führen. Man ist eines Tages meilenweit von den tatsächlich am Markt herrschenden Verhältnissen entfernt. Alle in die Zukunft weisenden Entscheidungen sind mit **Risiken** verbunden. Und Ziele sind Entscheidungen über in der Zukunft liegende Ergebnisse. Um die nicht zu vermeidenden unternehmerischen Risiken zu minimieren, müssen Ziele am Markt und dessen zukünftiger Entwicklung orientiert sein. Ziele müssen von **Marktdaten** – gegenwärtigen und soweit erkennbar auch zukünftigen Daten – abgeleitet werden.

9 Aus diesem Charakter des Begriffes Ziel ergibt sich fast zwingend, daß Zielsetzung eine Art des unternehmerischen Denkens, ein zentraler Bestandteil einer markt-, zukunfts- und kundenorientierten **Unternehmensphilosophie** ist. Diese Philosopohie ist nicht statisch, behäbig und selbstzufrieden, sondern dynamisch, unruhig und immer auf der Suche nach dem Neuen und Besseren.

II. Arten von Zielen

10 Es gibt sehr unterschiedliche Arten von Zielen. Nicht alle Arten eignen sich für die Anwendung der Methode der Zielsetzung. Die Ziele müssen deshalb nach Arten gegliedert werden.

1. Private Ziele

11 Jeder Mensch hat private Ziele. Sie können zum Beispiel Hobbies oder die Familie betreffen. Meist werden diese Ziele sehr vage formuliert. Und oft sind es Wunschziele und Träume. Diese privaten Ziele sind nicht Gegenstand der Methode der Zielsetzung. Es ist natürlich nicht auszuschließen, daß eine ehrgeizige junge Führungskraft den Arbeitsmarkt sehr aufmerksam verfolgt und anhand der gewonnenen Erkenntnisse einen exakten **Karriereplan** entwirft, der auch sehr detaillierte Vorstellungen über die Einkommensentwicklung enthält. Aber das ist die Ausnahme. Wenn das Glück mitspielt, werden die Ziele auch erreicht. Oft kommt es aber anders als geplant. Dann ist die Enttäuschung groß.

2. Wirtschaftliche Ziele

12 Die wirtschaftlichen Ziele kann man in zwei Kategorien gliedern.

13 **a) Qualitative Ziele.** Zu dieser Kategorie von Zielen zählen das Image der Kanzlei, das Kanzleiklima (Betriebsklima), die Mandantenzufriedenheit und die Mandantenbin-

dung. Diese Ziele sind nicht exakt in Zahlen faßbar und deshalb der Methode der Zielsetzung schwer zugänglich. Man bezeichnet sie auch als **„nicht operationalisierbare"** Ziele. Gleichwohl sind sie für eine Anwaltskanzlei wichtig und sollten nicht vernachlässigt werden. Man muß aber wissen, daß sie sehr schwer zu kontrollieren sind und daß die Kontrolle einigen Aufwand verursacht. Daten über die genannten Faktoren und ihre Entwicklung müssen „verbal" erhoben werden. Zunächst muß man sich überlegen, welche einzelnen **Merkmale** zum Beispiel das Image einer Anwaltskanzlei bestimmen: Das Auftreten des Anwalts und seiner Mitarbeiter, die Art der Gesprächsführung, die Möblierung und Sauberkeit der Kanzlei, die Erreichbarkeit, das Vorhandensein von Parkplätzen, die Anzahl der gewonnenen oder verlorenen Prozesse oder die Honorarforderungen können solche Merkmale sein. Das sind einige Beispiele, deren Aufzählung keinen Anspruch auf Vollständigkeit erhebt. Diese Merkmale werden dann durch die **Marktforschung** abgefragt. Der Befragte kann jedes Merkmal mit Noten von 1 bis 5 oder 1 bis 100 bewerten. Mit Hilfe dieser Noten kann man qualitative Daten in Grenzen meßbar und vergleichbar machen. Die angewandte statistische Methode heißt **„Skalierung"**. Man kann zum einen eine Mandantenbefragung durchführen, die zwar relativ preiswert, deren Aussagewert aber gering ist. Denn viel wichtiger als das Urteil der eigenen Mandanten, das wahrscheinlich zu positiv ausfällt, ist das Urteil all derer, die bei konkurrierenden Anwaltskanzleien Mandanten oder potentielle Mandanten sind. Eine solche breit angelegte **Imagestudie** muß dann professionell von einem Marktforschungsinstitut durchgeführt werden. Die Kosten sind erheblich, die Ergebnisse können aber außerordentlich interessant sein. Das zeigt das Deutsche Kundenbarometer, das überwiegend qualitative Daten untersucht und deshalb die Methode der Skalierung anwenden muß.

b) Quantitative Ziele. Sie lassen sich exakt in Zahlen formulieren, sind also operationalisierbar. Zu diesen Zielen gehören der **Honorarumsatz** einer Kanzlei und die **Kosten**, untergliedert nach Kostenarten. Ein **operationalisiertes Ziel** muß die folgenden Merkmale aufweisen: 14

- Es muß eindeutig in einer **Zahl** ausgedrückt werden. Der als Ziel vorgegebene Honorarumsatz muß also in DM oder in einer Steigerungsrate in Prozent oder in einem Marktanteil ebenfalls in Prozent ausgedrückt werden.
- Es muß ein **Termin** genannt werden, bis zu dem das vorgegebene Ziel zu erreichen ist. Je kürzer die bei der Zielsetzung angewandten Zeiträume sind, desto schneller können Fehlentwicklungen festgestellt und desto wirksamer kann gegengesteuert werden. Kürzere Zeiträume erleichtern auch das Finden von Ursachen für Fehlentwicklungen.
- Es muß der **Unternehmensbereich** angegeben werden, für den das Ziel festgelegt wurde. Es können Honorarumsatzziele für die gesamte Anwaltskanzlei oder aber für einzelne Leistungsbereiche formuliert werden. Das Festlegen von Teilzielen macht ein Unternehmen transparent.

Fehlt ein Merkmal, dann kann ein Ziel nicht mehr kontrolliert werden. Es ist nicht mehr operationalisiert. 15

3. Ziele einer Anwaltskanzlei

Für Anwaltskanzleien können, wie für alle Unternehmen, quantitative und qualitative Ziele formuliert werden. 16

a) Quantitative Ziele. Für die Beurteilung und Steuerung einer Anwaltskanzlei sind drei Zahlen von Bedeutung. 17

- **Der Honorarumsatz** 18

Er gibt Auskunft darüber, in welchem Umfang bei einer Kanzlei juristische Dienstleistungen nachgefragt wurden und von der Kanzlei produziert und schließlich auch abgesetzt werden konnten. Der Honorarumsatz wird sehr stark vom Markt beeinflußt, von den Wettbewerbsverhältnissen – Anzahl und Größe der vorhandenen Kanzleien –, von der

Mandantenzufriedenheit und der aus ihr folgenden **Mundpropaganda**. Da die nach § 6 BerufsO zulässige Werbung nur über die Person und die Dienstleistung informieren darf, das Honorar als Marketing-Instrument nicht erwähnt wird, scheidet der Einsatz der Honorarhöhe als Absatzinstrument aus. Es ist somit nur sehr begrenzt möglich, den Honorarumsatz wirksam zu steuern. Sehr problematisch ist es weiterhin, Ziele für den Honorarumsatz vom Markt für juristische Dienstleistungen abzuleiten.[1]

19 Ein weiteres Problem für die Umsatzzielsetzung ergibt sich daraus, daß man nicht im voraus planen kann, welchen Streitwert die zukünftigen Aufträge haben werden. Der nicht leistungs- und kostenorientierte Streitwert beeinflußt den Honorarumsatz nachhaltig.

20 • **Die Kosten**

Die Kosten zeigen an, ob mit den eingesetzten Betriebsfaktoren – Mitarbeiter, Bürofläche, Ausstattung mit Sachkapital – **sparsam** umgegangen wurde. Die Kosten werden vom Honorarumsatz vorgegeben. Reicht der Honorarumsatz nicht aus, um die Kosten und einen angemessenen Gewinn zu decken, müssen die Kostenziele nach unten korrigiert werden. Die Kosten sind beeinflußbar, auch wenn es bei den fixen Kosten Probleme gibt und eine Anpassung oft nur mit zeitlicher Verzögerung möglich ist.

21 Das **Verhältnis Honorarumsatz** zu **Kosten** bestimmt die Rentabilität einer Kanzlei. Bei einer gutgehenden Kanzlei mit hoher Kapazitätsauslastung und einem hohen Honorarumsatz kann es durchaus sein, daß eine blendende Rentabilität den Blick dafür verstellt, daß mit den Betriebsfaktoren nicht sparsam umgegangen wird. Im Grunde ist eine solche Kanzlei wenig produktiv. Ihre starke Stellung am Markt verdeckt diesen Mangel.

22 • **Die Produktivität**

Denkbar sind auch für eine Anwaltskanzlei **Produktivitätskennziffern**. Wenn man die Anzahl der im Quartal oder Jahr geleisteten Arbeitsstunden durch die Zahl der bearbeiteten Fälle teilt, erhält man die im Durchschnitt pro Fall aufgewandte Arbeitszeit in Stunden. Das ist eine Produktivitätskennziffer, die nur mit **Mengen** – Arbeitsstunden und Fälle –, nicht mit Geld rechnet. Diese Kennziffern haben auch keine Verbindung zu Umsatz und Kosten, sagen also nichts über die **Rentabilität einer Kanzlei** aus. Eine hochrentable Kanzlei, wie oben erwähnt, kann also durchaus unproduktiv arbeiten – also Betriebsfaktoren in zu großer Menge einsetzen –, und eine unrentable Kanzlei kann durchaus produktiv sein – mit den Betriebsfaktoren sehr sparsam umgehen. Das sind die beiden Extremfälle. Produktivitätsziffern bekommen erst dann eine **Aussagekraft**, wenn sie für eine größere Anzahl von Zeiträumen ermittelt wurden und dann ihre Entwicklung beurteilt werden kann. Noch wertvoller werden sie, wenn ein **externer Betriebsvergleich** existiert, die eigene Zahlen mit den Zahlen einer größeren Anzahl von anderen vergleichbaren Kanzleien verglichen werden können. Das Ermitteln und Kontrollieren von Produktivitätskennziffern ist in Handel und Industrie schon seit langem eine Selbstverständlichkeit. Auch für Produktivitätskennziffern können Ziele formuliert werden, die eine Verbesserung der Produktivität anstreben. In der Regel wird eine gute Produktivität bei ausreichender Kapazitätsauslastung einer Kanzlei auch die Grundlage für eine gute Rentabilität sein.

23 **b) Qualitative Ziele.** Solche Ziele lassen sich sehr gut für eine Anwaltskanzlei festlegen. Zu diesen Zielen – das wurde bereits erwähnt – gehören das Image einer Kanzlei, das Betriebsklima und die Mandantenzufriedenheit. Ihre Ableitung vom Markt erfordert aber ebenso wie die Kontrolle aufwendige Mandanten- und Verbraucherbefragungen. Diese Ziele können nicht von Vierteljahr zu Vierteljahr, wahrscheinlich auch nicht von Jahr zu Jahr festgelegt werden. Aber nach Ablauf etwas längerer Zeiträume sollten die Kosten der für eine Kontrolle erforderlichen Befragungen nicht gescheut werden.[2]

---

[1] Siehe dazu unter § 21.

[2] Vgl. dazu *Mauer/Krämer,* AnwBl. 1998, 113. Die Autoren beschäftigen sich nur mit qualitativen Zielen, was angesichts der Probleme der Ableitung quantitativer Ziele vom Markt und daran anschließend deren Formulierung verständlich ist.

Aus der Eigenart der qualitativen Ziele ergibt sich, daß ihre Formulierung oft nur eine **Absichtserklärung** ist. Man legt sehr anspruchsvolle qualitative Ziele fest, weil man weiß, wie schwierig eine exakte Kontrolle ist. Und weil man wahrscheinlich oft auch weiß, daß man sie nicht kontrollieren wird. Trotzdem soll aber nicht bestritten werden, daß anspruchsvolle qualitative Ziele, glaubwürdig formuliert, auch ohne Kontrolle eine gewisse **psychologische Wirkung** entfalten. 24

III. Zielkonflikte und ihre Minimierung

Zwischen den Zielen, die sich für eine Anwaltskanzlei formulieren lassen, bestehen Beziehungen unterschiedlicher Art. 25

1. Gegensätzliche Ziele

Sie verursachen einen **Zielkonflikt**. So kann eine gewünschte Senkung der Kosten zu einer Verschlechterung der Dienstleistungen, somit zu Mandantenunzufriedenheit und sinkenden Honorarumsätzen führen. Oder eine Investition in eine neue EDV-Anlage verbessert zwar die Leistungen einer Kanzlei, erhöht aber die Kosten und vermindert den Reingewinn. 26

2. Ergänzende Ziele

Sie widersprechen sich nicht und verursachen keinen Zielkonflikt. Vielmehr verstärken sie sich gegenseitig. Es gibt einen **Synergieeffekt**. Eine durch intensive Mitarbeiterführung erreichte Verbesserung des Betriebsklimas kann zu einer Steigerung der Mandantenzufriedenheit und Mandantenbindung führen. In diesem Falle ergänzen sich zwei qualitative Ziele. Wenn eine gewollte Steigerung der Personalkosten – durch Einstellung hochqualifizierter Mitarbeiter – zu einer Steigerung der Weiterempfehlung der Kanzlei durch zufriedene Mandanten und letztendlich zu einer Steigerung der Honorarumsätze führt, so ergänzen sich in diesem Falle zwei quantitative Ziele. 27

3. Neutrale Ziele

Zwischen ihnen bestehen keine Beziehungen. Sie verursachen weder Zielkonflikte noch führen sie zu Synergieeffekten. Die Senkung der Heizungskosten durch den Einbau einer modernen Heizungsanlage hat weder Auswirkungen auf andere Kostenarten noch auf den Honorarumsatz. Neutrale Ziele sind in der Praxis sehr selten. 28

Das Problem, das eine Entscheidung herausfordert, ist der Zielkonflikt. In den meisten Fällen können Zielkonflikte nicht vermieden und auch nicht beseitigt werden. Aber ihre negativen Auswirkungen können reduziert werden, wenn eine **Zielhierarchie** geschaffen wird. Es müssen Mußziele und Wunschziele festgelegt werden. **Mußziele** sind unter allen Umständen zu erreichen, **Wunschziele** sollten erreicht werden, können aber im Interesse des Mußzieles auch verfehlt werden. Im oben aufgeführten Fall muß entschieden werden, ob die Kostensenkung wichtiger ist als die Entwicklung des Honorarumsatzes oder umgekehrt. Besonders wenn die Zielsetzung als Führungsinstrument eingesetzt wird, ist es wichtig, Zielkonflikte zu beachten und durch eine Zielhierarchie zu entschärfen. 29

IV. Zielsysteme

Es können für eine Anwaltskanzlei nur ein einziges Umsatzziel und ein einziges Kostenziel festgelegt werden. Die Zielsetzung könnte dann lauten, im nächsten Quartal ist der Honorarumsatz der gesamten Kanzlei um 5 % zu steigern, die gesamten Kosten – in DM ausgedrückt – bleiben unverändert. Man wird sehr schnell feststellen, daß diese pauschale Zielsetzung schon Schwierigkeiten macht, wenn man überlegt, mit welchen Maßnahmen man wo ansetzen soll, um die Ziele zu erreichen. Und nach Ablauf des 30

Quartals wird man, werden die Ziele nicht erreicht, viel Mühe aufwenden müssen, um die Ursachen für die Abweichungen der Ist-Werte von den Zielen zu finden. Es genügt also nicht, für die gesamte Kanzlei ein einziges Honorarziel und ein einziges Kostenziel festzulegen. Die Methode der Zielsetzung zwingt förmlich dazu, die beiden Oberziele Umsatz und Kosten in Teilziele aufzugliedern, also ein **Zielsystem** aufzubauen. Nur ein Zielsystem macht eine Kanzlei transparent, macht sie zuverlässig betriebswirtschaftlich steuerbar und erleichtert das Auffinden von Schwachstellen.

1. Gliederung des Umsatzes in Teilziele

31 Bei der Festlegung von Teilzielen kann man einmal bei der Zeit ansetzen. Man kann ein Jahresziel in Quartalsziele oder gar Monatsziele aufteilen. Die Zeiträume für die Zielerreichung sollten nicht zu lang sein. In kritischen Situationen sollten sie möglichst kurz sein – **Monatsziele** –, in Zeiten eines störungsfreien und konsolidierten Ablaufs des Leistungsprozesses können sie verlängert werden – **Quartalsziele** –. Diese zeitliche Gliederung von Oberzielen verursacht keine Schwierigkeiten und auch keinen großen Aufwand. Sie ist in der Praxis auch weit verbreitet. Sie läßt beim Ziel für den Honorarumsatz z. B. erkennen, ob die Nachfrage nach juristischen Dienstleistungen saisonale Schwankungen aufweist. Diese Schwankungen können jahreszeitlich bedingt sein oder von Ferienterminen und Urlaubszeiten abhängen. Die Kenntnis solcher Schwankungen kann für die Zukunft den Personaleinsatz und damit die Kostenziele beeinflussen.

32 Ein Zielsystem kann aber auch auf einer **Aufgliederung des Leistungsangebotes** beruhen. Gesichtspunkte für eine solche Gliederung können sein: Beratungen/Prozesse, Zivilsachen/Strafsachen, private Mandanten/Firmenmandanten. Es könnte auch nach Fachbereichen gegliedert werden, sofern eine Kanzlei mehrere Bereiche abdeckt, also Kauf- und Vertragsrecht, Familienrecht, Arbeitsrecht, Erbrecht und Miet- und Immobilienrecht.

33 Die zeitliche Gliederung des Honorarumsatzes und die Gliederung nach Leistungsbereichen können – und sollten – parallel erfolgen. Das Zielsystem enthält dann also Teilziele für die einzelnen Leistungsbereiche und für jeden Leistungsbereich Teilziele für bestimmte Zeiträume.

34 Durch eine Aufgliederung des Honorarumsatzes wird eine Kanzlei transparent. Es ergeben sich Aussagen über die Honorar- und die Ertragsstruktur. Die Schwerpunkte im Leistungsangebot werden sichtbar und können u. U. auch bewußt verändert werden. Diese Erkenntnisse können noch vertieft werden, wenn ein **externer überbetrieblicher Betriebsvergleich** existiert. Dann muß aber auch für die Gliederung nach Teilzielen ein einheitliches System festgelegt werden, an das sich alle am Betriebsvergleich teilnehmenden Kanzleien zu halten haben. Sonst kann es keine Vergleichbarkeit geben.

2. Gliederung der Kostenziele

35 Eine Gliederung der Kosten nach **Kostenarten** fordert das Finanzamt. Sie liegt also bereits vor und dürfte in der Mehrzahl der Fälle auch für die Kostenzielsetzung ausreichen. Will man den Leistungsbereichen die Kosten zurechnen, die sie verursachen, dann muß die Kostenartenrechnung durch eine **Kostenstellenrechnung** ergänzt werden. Man kann dann nicht nur Umsatzziele, sondern auch Kostenziele für die einzelnen Leistungsbereiche festlegen. Ein so weit gefächertes Zielsystem, dessen Handhabung auch einigen organisatorischen Aufwand verursacht, dürfte nur für sehr große Anwaltskanzleien und Sozietäten in Frage kommen.

3. Gliederung der Produktivitätsziele

36 Es dürfte ausreichen, wenn man die Ziele für Produktivitätskennziffern für die gesamte Kanzlei festlegt. Arbeitet eine Kanzlei an mehreren Standorten – hat sie „filialisiert" –, dann müßten natürlich die Produktivitätsziele für die einzelnen Betriebsteile festgelegt werden. Dann wäre auch ein zugleich unternehmensinterner und betriebsübergreifender Vergleich dieser Ziffern möglich.

4. Gliederung der qualitativen Ziele

Sie lassen sich nicht untergliedern und gelten immer für die gesamte Kanzlei. Mit einer Ausnahme: Wenn eine große Kanzlei mehrere Betriebsteile unterhält, also an mehreren Standorten tätig ist, dann können für jeden Betriebsteil qualitative Ziele festgelegt werden. 37

V. Ziele und ihre Kontrolle

Ziele müssen kontrolliert werden. Zielsetzung – Mbo – und Kontrolle – Mbr – gehören untrennbar zusammen. Wer die Einhaltung von Zielen nicht kontrolliert, kann getrost auf die Anwendung der Zielsetzung verzichten. Es gibt für die Zielsetzung so etwas wie ein „betriebswirtschaftliches Gesetz": 38

Ohne Zielsetzung kann man Ergebnisse lediglich „feststellen", mit Hilfe der Zielsetzung kann man Ergebnisse „beurteilen". 39

Hinzufügen muß man, die Beurteilung erfolgt mit Blick auf den Markt, nicht nach eigenem Gutdünken. 40

Voraussetzung für die Anwendung der Zielsetzung ist, daß man nicht nur Ziele formuliert und in Teilziele gliedert, sondern daß man für jedes Teilziel die Ist-Werte für den festgelegten Zeitraum oder die festgelegten Zeiträume ermittelt. Die Ist-Werte werden dann den Zielen als Soll-Werte gegenübergestellt. Der **Soll-Ist-Vergleich** ist die **Krönung der Zielsetzung**, gibt ihr ihren Sinn. 41

Für das **Ergebnis des Soll-Ist-Vergleichs** gibt es vier Varianten:

1. Ein Ziel wurde zwar **erreicht**, neue Daten vom Markt zeigen aber, daß dieses Ziel für den nächsten Zeitraum höher angesetzt werden kann.
2. Ein Ziel wird erreicht und kann aufgrund der Kenntnisse vom Markt für den nächsten Zeitraum fortgeschrieben werden.
3. Ein Ziel wird **nicht erreicht**. Dann muß durch eine Abweichungsanalyse nach den Ursachen dafür gesucht werden. Entweder hat man bei der Festlegung des Ziels die Marktdaten zu optimistisch bewertet, oder der Markt hat sich geändert, es sind z. B. neue Wettbewerber hinzugekommen. Es kann aber auch sein, daß bei der Unternehmensführung Fehler begangen wurden.
4. Ein Ziel wird **übertroffen**. Das ist ebenso wie das Nichterreichen eines Zieles eine Soll-Ist-Abweichung, der eine Abweichungsanalyse zum Ermitteln der Ursache folgen muß. In der Praxis werden Zielüberschreitungen meist nur mit Befriedigung zur Kenntnis genommen, die Suche nach der Ursache des erfreulichen Ergebnisses wird unterlassen. Durch ein solches Verhalten kann man den Kontakt zum Markt verlieren und in diesem Fall Honorarumsätze verschenken oder Platz für neue Wettbewerber schaffen.

Es sei noch einmal darauf hingewiesen, daß natürlich auch qualitative Ziele kontrolliert werden müssen. Das verursacht, wie bereits erwähnt, einen großen Aufwand, weil die erforderlichen Daten – die Ist-Werte – am Markt verbal erhoben werden müssen. Wer nicht gewillt ist, die qualitativen Ziele, die oft mit großem Pathos gegenüber den Mitarbeitern verkündet werden, zu kontrollieren, der kann auf das Festlegen qualitativer Ziele getrost verzichten. Solche Ziele sind ohne den Willen zur Kontrolle lediglich Absichtserklärungen, die der Beruhigung des eigenen unternehmerischen Gewissens dienen. 42

C. Die Datenbasis für die Zielsetzung – Voraussetzung für realistische Ziele

43 Die Zielsetzung ist die Brücke vom Markt zum Unternehmen, hier zur Anwaltskanzlei. Alle Daten vom Markt, das gilt für die quantitativen ebenso wie für die qualitativen Daten, müssen über diese Brücke gehen. Beim Passieren der Brücke werden sie sorgfältig ausgewertet und beurteilt. Und dann wird entschieden, wie hoch – Umsatz und Ertrag – oder wie niedrig – Kosten – die Ziele festgelegt werden können. Bei den qualitativen Zielen wird über die Maßnahmen entschieden, die zur Verbesserung von Image, Betriebsklima oder Mandantenzufriedenheit führen können und wie sie zu finanzieren sind. Nur auf diese Art und Weise formulierte Ziele sind „realistische" Ziele. Ziele müssen realistisch sein, wenn sie zur Steuerung einer Kanzlei taugen sollen. Mit Wunsch- oder Traumzielen kann man kein Unternehmen führen. Unrealistische Ziele ziehen, wenn sich herausstellt, daß sie unerreichbar sind, nur Frustrationen nach sich. Hier pervertiert die Zielsetzung. Ihre Wirkung ist negativ.

44 Für die Festlegung realistischer Ziele werden Daten von folgenden Marktfeldern gebraucht.

I. Der Absatzmarkt für juristische Dienstleistungen

45 Für die Festlegung der Ziele sind folgende **Daten** erforderlich:

- Die **Größe des Einzugsgebietes** einer Anwaltskanzlei, die oft von den Bezirken der Gerichte abhängt, an denen der Anwalt oder die Anwälte einer Sozietät zugelassen sind.
- Die **Zahl der Einwohner**, die in dem Einzugsgebiet wohnen, die Anzahl der wirtschaftlichen Unternehmen und ihre Größenstruktur, die in dem Einzugsgebiet ihren Firmensitz haben, und eventuell ansässige Verbände.
- Die **durchschnittlichen Ausgaben pro Kopf und Jahr** für juristische Dienstleistungen. Multipliziert man diesen Ausgabenbetrag mit der Einwohnerzahl, erhielte man das in dem Einzugsgebiet vorhandene jährliche Honorarvolumen.

46 Die Größe des Einzugsgebietes abzugrenzen, ist sicher kein Problem. Und die Einwohnerzahl kann auch zuverlässig ermittelt werden. Die Schwierigkeiten beginnen bei dem Ausgabenbetrag pro Kopf und Jahr für juristische Dienstleistungen. Zu diesem Ausgabenbetrag liegen keine Zahlen vor, aus denen man die Höhe dieses Betrages ablesen oder ableiten könnte. Es finden sich auch nirgendwo Zahlen darüber, wie viele private Mandanten jährlich einen Anwalt aufsuchen und wie viele Firmen die Dienstes eines Anwalts in Anspruch nehmen. Es finden sich auch keine Angaben darüber, wie hoch im Durchschnitt das Honorar pro bearbeitetem Fall ist. Es ist zur Zeit unmöglich, das Honorarvolumen, das in einem Einzugsgebiet steckt, auch nur annähernd zutreffend zu ermitteln. Die **Absatzmärkte** der Anwaltskanzleien stecken im **dichten Nebel**. Wirft man einen Blick auf andere Wirtschaftsbereiche, so kann man bei Industrie und Handel feststellen, daß sich diese Bereiche durch intensive Marktforschung so transparente Absatzmärkte geschaffen haben, daß man von „gläsernen Märkten" sprechen kann.[3]

47 Daten über die qualitativen Ziele Image und Mandantenzufriedenheit müssen ebenfalls im Einzugsgebiet durch professionell arbeitende Marktforschungsinstitute erhoben werden. Die Gewinnung dieser Daten übersteigt in der Regel die Möglichkeiten einer Anwaltskanzlei, auch wenn sie zu den größeren Kanzleien zählt. Die Marktforschung auf diesem Felde zu fördern wäre **Aufgabe der Anwaltskammern**.

[3] Siehe dazu auch unter § 21, wo der Versuch unternommen wird, etwas Licht in das Dunkel des Marktes für juristische Dienstleistungen zu bringen.

II. Die Wettbewerbssituation

Die Anzahl der in einem Einzugsgebiet tätigen Anwaltskanzleien muß bekannt sein. Es muß auch ermittelt werden, wie viele von den Wettbewerbern Einzelanwälte und wie viele Sozietäten sind und welche Größe die Sozietäten haben. Wissen muß man auch, wo im Einzugsgebiet die Wettbewerber ansässig sind – an welchen Standorten –, welche Fachrichtungen sie vertreten und welches Alter die Kanzleiinhaber haben und ob die Nachfolgefrage geregelt ist. 48

Von der Anzahl der in einem Einzugsgebiet tätigen Anwälte hängt der mögliche Marktanteil ab. Und die Kenntnis über die Leistungsstärke der konkurrierenden Kanzleien vermittelt einen ersten Eindruck von der Wettbewerbsintensität und ist für die Entscheidung erforderlich, ob man sich unter Umständen auf einen **Verdrängungswettbewerb** einläßt. Sofern, muß man hinzufügen, auf dem Markt für juristische Dienstleistungen bei Fehlen des Honorars als Marketinginstrument überhaupt ein Verdrängungswettbewerb möglich ist. Die Kanzlei eines in den Ruhestand gehenden Kollegen kann man unter Umständen übernehmen, sofern sie nicht völlig heruntergewirtschaftet ist. Durch eine Übernahme erwirbt man einen unter Umständen guten Mandantenstamm und hat für die Zukunft einen Konkurrenten weniger. 49

Die Ermittlung dieser Daten birgt keine Schwierigkeiten in sich und kann von jeder Kanzlei, auch einer kleinen und besonders von einer neugegründeten Kanzlei durchgeführt werden. 50

III. Die ansässigen Gerichte

Etablierte Kanzleien wissen natürlich, welche Gerichte mit welchen Fachrichtungen und welchen Instanzen in ihrem Einzugsgebiet existieren und wo sie ihren Standort haben. Für Anfänger, die sich selbständig machen oder eine Kanzlei übernehmen wollen, sind diese Kenntnisse nicht in jedem Fall selbstverständlich. Sie werden sich also einen Überblick über die Gerichte verschaffen müssen, die in dem von ihnen vorgesehenen Gebiet arbeiten. Von Vorteil könnte es auch sein, sich eine Vorstellung von den an den Gerichten arbeitenden Richtern und Staatsanwälten zu verschaffen. Es kann für die Zusammenarbeit mit ihnen von Bedeutung sein, ihre Mentalität und ihre fachlichen Schwerpunkte und Vorlieben zu kennen. 51

IV. Das eigene Leistungsangebot

Es ist für die Umsatzzielsetzung von entscheidender Bedeutung, ob eine Kanzlei sich **spezialisiert** hat oder nicht und **welche Fachrichtungen** sie vertritt, wenn sie sich spezialisiert hat. Über das in einem Einzugsgebiet vorhandene Honorarvolumen für eine bestimmte Fachrichtung Zahlen zu ermitteln, ist genau so unmöglich, wie Zahlen über das gesamte Honorarvolumen zu bekommen. Man kann nur soviel vermuten, daß Kanzleien, die sich spezialisiert haben, sehr große Einzugsgebiete – unter Umständen mehrere Gerichtsbezirke umfassend – brauchen oder sich in Ballungsgebieten niederlassen müssen, um auf einen ausreichend großen Honorarumsatz zu kommen. Was ausreichend ist, hängt mit davon ab, welche Mindestbetriebsgröße eine leistungsfähige Anwaltskanzlei heute haben muß. 52

V. Das eigene Unternehmen und externe Betriebsvergleiche

Daten aus diesen Quellen werden für die Kostenzielsetzung gebraucht. Eine Anwaltskanzlei muß einmal die eigenen Kosten fortlaufend kontrollieren und einen Zeitvergleich durchführen. Es werden z. B. die Kosten eines Monats mit dem Vormonat und den gleichen Monaten der Vorjahre verglichen. Zusätzlich, und das ist fast noch wichtiger als der **kanzleiinterne Vergleich**, werden die eigenen Kosten mit dem **Betriebsvergleich**, 53 also einer größeren Zahl anderer vergleichbarer Kanzleien, verglichen. Zumindest in Ansätzen existiert ein solcher Betriebsvergleich. Die Bundesrechtsanwaltskammer läßt vom Institut für freie Berufe an der Universität Erlangen-Nürnberg entsprechende Untersuchungen durchführen und veröffentlicht sie in ihren Mitteilungen.[4] Ein Blick auf diese Zahlen zeigt z. B., daß die Sozietäten erheblich niedrigere Sachkosten – 17 % vom Umsatz – haben als die Einzelkanzleien – 24 % vom Umsatz – und damit beträchtlich höhere Überschüsse – 49 % gegenüber 39 % vom Umsatz – bei den Einzelkanzleien. Das muß für die Einzelkanzleien ein Anlaß sein, die Sachkosten unter die Lupe zu nehmen und für diesen Kostenbereich entsprechend niedrigere Ziele festzulegen.

D. Der Nutzen der Zielsetzung

54 Zielsetzung ist mehr als das Handwerkszeug einer Methode der Unternehmensführung unter vielen. Zielsetzung ist eine Philosophie, eine Form marktorientierten unternehmerischen Denkens. Ihr Nutzen für ein Unternehmen, auch für eine Anwaltskanzlei, überwiegt zweifellos den Aufwand, den sie erfordert. In vierfacher Hinsicht ist die Zielsetzung von Nutzen.

I. Beobachtung des Absatzmarktes

55 **Zielsetzung** zwingt dazu, sich ständig mit dem Absatzmarkt zu beschäftigen. Dieser Zwang wird begründet durch die Forderung, realistische Ziele festzulegen. Werden nicht vom Markt abgeleitete Ziele tatsächlich erreicht, ist dies reiner Zufall. Die Beschaffung von quantitativen Daten vom Markt für juristische Dienstleistungen für die Zielsetzung stellt die Kanzleien heute noch vor **fast unlösbare Probleme**. Das darf kein Grund sein, die Methode der Zielsetzung als unpraktikabel zu bezeichnen und zu den Akten zu legen. Vielmehr kann die Zielsetzung und der feste Wille, in Zukunft mit Zielen zu arbeiten, Anlaß dazu sein, den Markt durch systematische Marktforschung transparent zu machen. Eine Aufgabe, die die einzelnen Kanzleien und die Anwaltskammern gemeinsam lösen müssen.

II. Ziele als Kontrollstandards

56 Die Zielsetzung ist die unverzichtbare **Voraussetzung** für eine **effektive Kontrolle**. Es sei noch einmal darauf hingewiesen, daß die Kontrolle Ergebnisse nur **feststellen** kann, wenn ohne Zielsetzung gearbeitet wird. Erst vom Markt abgeleitete Ziele als Kontrollmaßstab ermöglichen es der Kontrolle, Ergebnisse auch zu **beurteilen**. Zielsetzung – Mbo – und Ergebniskontrolle – Mbr – gehören also untrennbar zusammen. Sie sind der „harte Kern" einer marktorientierten Unternehmensführung. Nur der Vergleich von Ist- und Soll-Werten, Ergebnissen und Zielen, läßt erkennen, ob Ziele unter- oder überschritten wurden. In beiden Fällen muß an die **Ergebniskontrolle** eine Abweichungsanalyse anschließen, die die Ursachen für die Abweichungen herauszufinden und zu untersuchen hat. Eine **Abweichungsanalyse** ist ohne Zielsetzung nicht möglich.

III. Beschaffung der Betriebsfaktoren

57 Die Zielsetzung für den **Umsatz** – detailliert gegliedert nach Leistungsbereichen – ist die Grundlage für die Planung der Betriebsfaktoren. Erst wenn man annähernd genau weiß, welches Leistungsvolumen am Markt absetzbar ist – welcher Marktanteil erreichbar ist –, kann man festlegen, wie viele Mitarbeiter, wie viele Quadratmeter Bürofläche und wieviel Sachkapital man braucht, um diese Leistung produzieren zu können. Und man kann ausrechnen, welche Kosten entstehen. Es können **Kostenziele** festgelegt werden. Stellt

[4] Vgl. dazu *Passenberger*, BRAK-Mitt. 1996, 178.

man den erreichbaren Honorarumsatz den Kostenzielen gegenüber, sieht man, wie es um die zukünftige Rentabilität einer Kanzlei steht. Kommen im ersten Planungslauf rote Zahlen heraus, ist dies noch kein Unglück. Man muß noch einmal rechnen, muß Umsatzziele auf ihren Realismus und die Kostenziele auf Möglichkeiten der Kostensenkung hin untersuchen. Im zweiten, spätestens dritten Anlauf wird man schwarze Zahlen schreiben. Und die werden sich auch einstellen, wenn man konsequent an den festgelegten Zielen festhält. Ohne Zielsetzung ist die exakte betriebswirtschaftliche Planung und Steuerung einer Kanzlei gar nicht möglich.

IV. Mitarbeiterführung

Größere Kanzleien werden, vor allem wenn sie Filialen betreiben, nicht umhinkommen, **Aufgaben der Kanzleiführung** an Mitarbeiter, an eine mittlere Ebene von Führungskräften, zu **delegieren.** Die Delegation von Führungsaufgaben wirft sofort die Frage der **Kontrolle** auf. Mit Hilfe der Zielsetzung kann mit einem niedrigen Kontrollaufwand sehr effektiv kontrolliert werden. Wenn man mit dem Leiter einer Filiale Umsatzziele und vor allem Kostenziele vereinbart – Ziele sollten nicht diktiert werden –, dann kann man diese Filiale monatlich oder vierteljährlich anhand weniger Zahlen kontrollieren. Und bei Abweichungen kann man mit dieser Führungskraft über die Ursachen der Abweichungen diskutieren. Die Zielsetzung kann also auch als sehr gut motivierendes Führungsinstrument genutzt werden. **Vier Voraussetzungen** müssen gegeben sein, damit dieses **Führungsinstrument** funktioniert. 58

1. Die Ziele müssen **gemeinsam mit der Führungskraft** festgelegt werden. Sie dürfen nicht diktiert werden. Eine repressive Führung macht die Möglichkeiten der Zielsetzung als Führungsinstrument zunichte.
2. Es müssen **realistische Ziele** festgelegt werden. Einwände und Vorschläge der Führungskraft sind zu beachten. Oft kennt die mittlere Führungsebene den Markt besser als das Top-Management.
3. Die **Führungskraft** muß über die erforderliche **betriebswirtschaftliche Qualifikation** verfügen. Sie muß marktorientiert, mandantenorientiert und unternehmerisch denken können. Und sie muß die zur Erreichung der Ziele erforderlichen Entscheidungskompetenzen erhalten.
4. Das **Zielsystem** muß mit der Organisation der Kanzlei abgestimmt werden. Für jeden Verantwortungsbereich muß ein Teilziel festgelegt und dann auch kontrolliert werden. Zielsystem, Gestaltung der Verantwortungsbereiche – Organisationsstruktur – und Kontrollsystem müssen **deckungsgleich** sein.

Das Ergebnis ist eine betriebswirtschaftlich transparente Kanzlei. Und die Grundlage dieses Ergebnisses ist die vom Markt abgeleitete Zielsetzung.

§ 4 Differenzierung und Positionierung

Prof. Dr. Herbert Woratschek★

Übersicht

Schrifttum: *Abell,* (1980), Defining the Business – The Starting Point of Strategic Planning, Englewood Cliffs, 1980; *Albach,* (1991), Strategische Allianzen, strategische Gruppen und strategische Familien, in: ZfB, 1991, S. 663–670; *Backhaus,* (1994), Multivariate Analysemethoden, 7. A., 1994; *Bauer/Herrmann,* (1992), Eine Methode zur Abgrenzung von Märkten, in: ZfB, 1992, S. 1341–1360; *Böhler,* (1979), Beachtete Produktalternativen und ihre relevanten Eigenschaften im Kaufentscheidungsprozeß von Konsumenten, in: Konsumentenverhalten und Information, hrsg. v. H. Meffert/H. Steffenhagen/H. Freter, 1979, S. 261–289; *Böhler,* Marktforschung, 1992, S. 86–88; *Creutz,* Anwaltswerbung, hrsg. v. Anwalt-Suchservice, 1998; *Endrös/Waltl,* Qualitätsmanagement in der Anwaltspraxis, NJW 1996, S. 1030–1033; *Engelhardt/Kleinaltenkamp/Reckenfelderbäumer,* (1993), Leistungsbündel als Absatzobjekte, in: ZfbF, 1993, S. 395–426; *Esch/Levermann,* Positionierung als Grundlage des strategischen Kundenmanagements, in: Thexis 3/1995, S. 8–16; *Gaul/Aust/Baier,* (1995), Gewinnorientierte Produktliniengestaltung unter Berücksichtigung des Kundennutzens, in: ZfB, 1995, S. 835–855; *Green/Srinivasan,* (1990), Conjoint Analysis in Marketing: New Developments with Implications for Research and Practice, in: Journal of Marketing, 1990, S. 3–19; *Gümbel/Woratschek* 1995, in: Handwörterbuch des Marketing, Sp. 1008–1019; *Hartung/Holl,* Anwaltliche Berufsordnung, 1997; *Hauser/Shugan,* (1983), Defensive Marketing Strategies, in: Marketing Science, 1983, S. 319–360; *Kaas,* (1987), Nachfragemodelle im Marketing: Ein kritischer Vergleich, in: Marketing ZfP, 1987, S. 229–236; *Kotler/Bliemel,* (1995), Marketing-Management, 8. A., 1995; *Kroeber-Riel,* (1984), Konsumentenverhalten, 3. A., 1984; *Marks,* (1994), Neuproduktpositionierung in Wettbewerbsmärkten, 1994; *Mauer/Krämer,* Marketing-Strategien für Rechtsanwälte, 1996; *McFadden,* (1974), Conditional Logit Analysis of Qualitative Choice Behaviour, in: Frontiers of Econometrics, hrsg. v. P. Zarembka, New York 1974, S. 105–142; *Meyer/Blümelhuber,* Leistungsziele – Orientierungsgröße, Effektivitäts- und Effizienzmaßstab für Management und Mitarbeiter, in: Anton Meyer (Hrsg.): Handbuch Dienstleistungsmarketing, Stuttgart 1998, S. 174–199; *Meyer/Westerbarkey,* (1995), Die Bedeutung der Kundenbeteiligung für die Qualitätspolitik von Dienstleistungsunternehmen, in: Dienstleistungsqualität, hrsg. v. M. Bruhn/B. Stauss, 2. A., 1995, S. 81–103; *Monopolkommission* (1984), Ökonomische Kriterien für die Rechtsanwendung, Hauptgutachten V (1982/83), 1984; *Müller-Hagedorn/Vornberger,* (1979), Die Eignung der Grid-Methode für die Suche nach einstellungsrelevanten Dimensionen, in: Konsumentenverhalten und Information, hrsg. v. H. Meffert/ H. Steffenhagen/H. Freter, 1979, S. 185–208; *Oellers,* Der Anwalt als Dienstleister im Wettbewerb, NJW 1998, S. 1289–1290; *Ring,* Anwaltliche Werbung, 3. Aufl. 1998; *Rudolf/Dautzenberg,* (1996), Die Positionierung von Betriebstypen in Verbundgruppen, in: Handelsforschung 1996/97, hrsg. v. V. Trommsdorff, 1996, S. 109–123; *Schiefer,* Anwalt im Zeitalter der Dienstleistung – Herausforderung zum Wandel, NJW 1987, S. 1969–1978; *Schneider,* (1985), Allgemeine Betriebswirtschaftslehre, 2. A. der „Geschichte betriebswirtschaftlicher Theorie“, 1985; *Schnelle,* Neue Wege der Kommunikation, 1992, S. 9–12; *Stauss,* (1991), „Augenblicke der Wahrheit“ in

★ Lehrstuhl für Betriebswirtschaftslehre VIII (Dienstleistungsmanagement) an der Universität Bayreuth.

der Dienstleistungserstellung: ihre Relevanz und ihre Messung mit Hilfe der Kontaktpunktanalyse, in: Dienstleistungsqualität, hrsg. v. M. Bruhn/B. Stauss, 1991, S. 345–365; *Stauss/Hentschel,* (1990), Verfahren der Problementdeckung, in: Absatz- und Verbrauchsforschung 1990, S. 232–259; *Steinbrück,* Zertifizierung von Anwaltskanzleien deckung und -analyse im Qualitätsmanagement von Dienstleistungsunternehmen, in: Jahrbuch der nach DIN EN ISO 9000 ff., in: NJW 1997, S. 1266–1270; *Strobel,* Der Markt anwaltlicher Dienstleistungen – Die ökonomische Zukunft der Rechtsberatung, AnwBl. 1988, S. 307–313; *Triffin,* (1940), Monopolistic Competition and General Equilibrium Theory, Cambridge 1940; *Trommsdorff,* (1995), Positionierung, in: Handwörterbuch des Marketing, 2. A., 1995, Sp. 2055–2068; *Weinhold,* (1963), Distributionsleistungen und Distributionsformen, in: Neuzeitliche Distributionsformen, hrsg. v. Forschungsstelle für den Handel an der Hochschule St. Gallen, 1963, S. 9–33; *Wettmann/Jungjohann,* Inanspruchnahme anwaltlicher Leistungen – Zugangsschwellen, Beratungsbedarf und Anwaltsimage, in AnwBl 1987, Sonderheft: Zukunft der Anwaltschaft; *Woratschek,* (1996a), Die Positionierung von Handelsbetrieben: Ein Modell zur Unterstützung der Positionierungsentscheidung, in: Handelsforschung 1996/97, Positionierung des Handels, 1996a, S. 3–24; *ders.,* (1996b), Die Typologisierung von Dienstleistungen aus informationsökonomischer Sicht, in: der markt, Zeitschrift für Absatzwirtschaft und Marketing; *ders.,* Positionierung – Analysemethoden, Entscheidungen, Umsetzung, in Anton Meyer (Hrsg.): Handbuch Dienstleistungs-Marketing, 1998, S. 693–710.

A. Wettbewerb anwaltlicher Leistungen

1 Der Wettbewerb unter den Rechtsanwälten wird in der Zukunft zunehmen. Dies ist zum einen auf die **steigende Anzahl** der Rechtsanwälte und zum anderen auf die **zunehmende Konkurrenz** aus dem nichtanwaltlichen Bereich (Wirtschaftsprüfer, Steuerberater, Verbraucherschutzverbände) zurückzuführen. Die Internationalisierung erzwingt auch auf diesem Markt mehr Wettbewerb, verbunden mit zunehmenden Möglichkeiten und Notwendigkeiten, die eigene Leistung durch kommunikationspolitische Maßnahmen (Internet, Werbung) zu signalisieren.

2 Auch wenn die seit dem 11. 3. 1997 in Deutschland gültige neue Berufsordnung BerufsO neue Werbevorschriften enthält, ist das Werberecht keineswegs mit den Möglichkeiten gewerblicher Werbung vergleichbar:[1] „Werbung ist dem Rechtsanwalt nur erlaubt, soweit sie über die berufliche Tätigkeit in Form und Inhalt sachlich unterrichtet und nicht auf die Erteilung eines Auftrages im Einzelfall gerichtet ist."[2] Dennoch zeigt die Entwicklung, daß auch für das anwaltliche Betätigungsfeld die Notwendigkeit erkannt wird, die Spezialisierungen zu kommunizieren, damit die Leistungsfähigkeiten einzelner Kanzleien und Rechtsanwälte von potentiellen Klienten wahrgenommen werden können.

3 Die **Wahrnehmung spezieller Leistungsfähigkeiten** durch den Klienten ist für das Auffinden eines für das jeweilige Rechtsproblem kompetenten Anwaltes unumgänglich. Voraussetzung für die Inanspruchnahme anwaltlicher Leistungen durch die Klienten und damit für den ökonomischen Erfolg ist, daß der Klient die wahrgenommenen Leistungsfähigkeiten der Kanzlei bewertet und Vertrauen in die anwaltliche Leistung hat. Die Persönlichkeit und die Qualifikation des Anwaltes als Grundlage einer psychosozialen Vertrauensbeziehung werden in der Literatur als wesentlicher Faktor für die Inanspruchnahme eines bestimmten Rechtsanwaltes genannt.[3]

4 Der Aufbau von **Vertrauen** ist nicht nur für den ökonomischen Erfolg von Rechtsanwälten ausschlaggebend. Dies ist für alle individuellen und hoch integrativen Dienstleistungen der Fall, bei denen die anfänglich hohen Unsicherheiten über das zukünftige Verhalten in der Kooperation abgebaut werden müssen (Dienstleistungen sind heterogen und lassen sich nach diesen ökonomisch relevanten Kriterien typologisieren).[4] Daher ist

[1] Vgl. z. B. *Creutz* 1998 oder *Ring* 1998; zum Inkrafttreten *Hartung,* AnwBl. 1997, 65; *Hartung/Holl,* § BerufsO Rdn. 9 ff.
[2] § 43 b BRAO (Internet: http//www.brak.de).
[3] Vgl. *Endrös/Waltl* 1996, S. 1030.
[4] Vgl. *Woratschek* 1996, in: der markt, S. 59–71.

Vertrauen durchaus einer allgemeinen ökonomischen Betrachtungsweise zugänglich, die auch auf den Bereich der Rechtsanwälte angewendet werden kann.

Der **Aufbau von Vertrauen** ist aus betriebswirtschaftlicher Sicht ein **Marketing-Problem.**[5] Daher ist es für Rechtsanwälte sinnvoll, sich mit dem Marketing ihrer Dienstleistung auseinanderzusetzen, auch wenn sie zunächst Schwierigkeiten hatten, sich mit diesem Begriff anzufreunden. Diese Schwierigkeiten haben existiert und mögen zum Teil noch existieren. Sie lassen sich durch folgende Zitate dokumentieren: „Zunächst habe ich etwas Hemmungen, einen Begriff wie das ‚Marketing', der nicht einfach durch ein deutsches Wort ersetzbar ist, vor den ehrwürdigen Vertretern unseres Standes überhaupt zu benennen."[6] „So ist das am häufigsten genannte Argument gegen die Anwendung von Marketing auf das Unternehmen Anwaltskanzlei die angebliche Unvereinbarkeit von marktorientiertem Handeln mit dem Vertrauensverhältnis zwischen Anwalt und Klient."[7] Aus **betriebswirtschaftlicher Sicht** müssen derartige Argumente verwundern, da ein bedeutender Teil der ökonomischen Theorien und Marketing-Bemühungen auf den Abbau von Informationsdefiziten der Marktteilnehmer und den Aufbau von Vertrauen abzielt.[8] 5

Warum sollte eine Kanzlei unter den gegebenen standesrechtlichen Bedingungen nicht darauf bedacht sein, sich zu „vermarkten"? „Anwälte leben vom Verkauf ihrer Dienstleistungen. Sie unterliegen insoweit kaufmännischen Gesetzen."[9] Dies bedeutet, daß auch die Rechtsanwälte zunehmend betriebswirtschaftliche Kenntnisse benötigen, die bis auf wenige Ausnahmen, wie z. B. durch die **wirtschaftswissenschaftliche Zusatzausbildung für Juristen an der Universität Bayreuth**, nicht vermittelt werden. Kein Wunder also, daß es der Anwaltschaft noch schwerfällt, die anwaltliche Tätigkeit unter betriebswirtschaftlichen Gesichtspunkten zu betrachten. Angesichts der Tatsache, daß heute internationale Großkanzleien bis zu 1300 Anwälte beschäftigen,[10] benötigen Anwälte zunehmend Kenntnisse im betriebswirtschaftlichen Bereich. Die ökonomische Notwendigkeit des Aufbaus von Vertrauen und Reputation erfordert insbesonders spezifische **Kenntnisse im Marketing.** Vertrauen entsteht durch Kundenorientierung und -zufriedenheit. Letztere bewirkt Kundenbindung, die eine Voraussetzung für den dauerhaften ökonomischen Erfolg darstellt. 6

Die **betriebswirtschaftliche Konzeption**, welche eine Wahrnehmung und Bewertung spezifischer Leistungsfähigkeiten bei den Klienten bewirkt, wird im Marketing **Positionierung** genannt. Daher wird im folgenden das Konzept der Positionierung aus betriebswirtschaftlicher Sicht erläutert, um abschließend die Möglichkeiten und Grenzen der Positionierungsmodelle für eine Anwaltskanzlei zu diskutieren. 7

B. Definition: Positionierung und Differenzierung

Während im allgemeinen Sprachgebrauch der Begriff „Positionierung" bedeutet, daß etwas in eine bestimmte Stellung gebracht wird, hat er im Marketing eine spezifischere Bedeutung. Zu positionierende Objekte können im Marketing Produkte, Marken, Geschäftsfelder oder Firmen sein.[11] Dabei sind auch Dienstleistungen, Dienstleistungsmarken und Dienstleistungsbetriebe eingeschlossen.[12] Um ein Objekt zu positionieren, muß es **unterscheidbar** von anderen sein. Daher ist die Positionierung eng mit dem Begriff der Differenzierung verbunden. 8

[5] Vgl. *Kaas* 1987, in: Marketing ZfP, S. 229–236.
[6] Vgl. *Schiefer* 1987, S. 1969–1978.
[7] Vgl. *Mauer/Krämer* 1996, S. 11, Rdn. 20.
[8] Vgl. *Gümbel/Woratschek* 1995, in: Handwörterbuch des Marketing, Sp. 1008–1019.
[9] Vgl. *Schiefer* 1987, S. 1969–1978.
[10] Vgl. *Endrös* 1990, S. 1562.
[11] Vgl. *Trommsdorff* 1995, Sp. 2056.
[12] Vgl. *Woratschek* 1998, S. 694.

9 Differenzierung bedeutet, daß sich ein Anbieter durch herausragende oder einzigartige **Merkmale** von der Konkurrenz **abhebt**. Dies kann damit verbunden sein, daß die Unternehmung

- innovative Produkte anbietet, die dem Wettbewerb überlegen sind **(Produktführerschaft)**
- kundenspezifische Bedürfnisse erfüllt **(gründliche Kundenkenntnis)** oder
- zuverlässige Produkte mit begleitenden Dienstleistungen versieht **(operative Spitzenleistungen)**.

10 Im anwaltlichen Bereich existieren Parallelen. Dort wird zwischen Fachgebietsspezialisierung, Problembereichsspezialisierung und Klientenspezialisierung unterschieden.[13] Eine erfolgreiche **Fachgebietsspezialisierung** ist im betriebswirtschaftlichen Sinne eine Produktführerschaft. Gründliche Kundenkenntnisse ermöglichen die Erfüllung kundenspezifischer Bedürfnisse und können zur **Klientenspezialisierung** führen. Wenn ein Anwalt in der Lage ist, fachgebietsübergreifend einen Mandanten rechtlich zu betreuen, kann er sich auf **Problembereiche spezialisieren** und vollbringt aus betriebswirtschaftlicher Sicht operative Spitzenleistungen. Dies ist z. B. der Fall, wenn ein Anwalt die Kompetenz besitzt, auf dem Gebiet des Baurechts von der Baugenehmigung über die Finanzierung bis zum Abschluß des Bauvertrages und der Gewährleistung seinen Mandanten rechtlich zu unterstützen.[14]

11 Differenzierung kann daher als eine sinnvolle Unterscheidung von der Konkurrenz definiert werden. Für eine Positionierung muß darüber hinaus die Erwünschtheit der Kunden hinzukommen. Der Posititionierungsbegriff umfaßt somit nicht nur die Wahrnehmbarkeit unterscheidbarer Merkmale, sondern auch deren Bewertung. *Kotler/Bliemel* definieren den Begriff: „Positionierung ist das Bestreben des Unternehmens, sein Angebot so zu gestalten, daß es im Bewußtsein einen besonderen und geschätzten Platz einnimmt."[15]

12 Je nach Problemstellung wird der **Positionierungsbegriff** unterschiedlich präzisiert. Zum Teil wird unter Positionierung der gesamte Prozeß verstanden, das Angebot im Bewußtsein der Konsumenten zu verankern.[16] Eine weite Begriffsauslegung versteht darunter den folgenden gesamten Prozeß:[17]

1. Auswahl und Abgrenzung des relevanten Marktes
2. Bestimmung kaufrelevanter Eigenschaften sowie Einordnung der konkurrierenden Leistungsangebote
3. Modellierung des Kaufverhaltens
4. Optimierung des Leistungsangebotes
5. Umsetzung der festgelegten Positionierung

13 Der Kern der Positionierung besteht jedoch in Phase 2. Zu beachten ist, daß die Positionierung immer auf die **Wahrnehmung** und **Bewertung** durch die Kunden abzielt. Daher sind die kaufrelevanten Merkmale und deren Bewertung im Vergleich zu konkurrierenden Angeboten immer aus Sicht der Kunden zu erheben. Diese Sichtweise (Fremdbild) kann sich erheblich von der Sichtweise der Manager einer Unternehmung unterscheiden (Selbstbild). Das **Selbst- und Fremdbild** von Kanzleien unterscheidet sich bei Rechtsanwälten erheblich. Empirische Untersuchungen bei verschiedenen Anwälten haben ergeben, daß Anwälte ihre Leistung positiver einschätzen als ihre Mandanten.[18] Da der Klient darüber entscheidet, ob er eine bestimmte anwaltliche Leistung in Anspruch

13 Vgl. *Schiefer* 1987, S. 1976 und die dort zitierte Literatur: *Rüschemeyer* 1976, S. 41 ff.
14 Vgl. *Schiefer* 1987, S. 1976 f.
15 Vgl. *Kotler/Bliemel* 1995.
16 Vgl. *Esch/Levermann* 1995, S. 8–9.
17 Vgl. *Marks* 1994, S. 3–6 und die dort angegebene Literatur sowie *Woratschek* 1998.
18 Vgl. *Oellers* 1998, S. 1289.

nimmt, ist dessen Bewertung für den ökonomischen Erfolg ausschlaggebend, ungeachtet dessen, wie der Sachverhalt sich aus vermeintlich objektiver Sicht darstellt.

Darüber hinaus ist für die Bewertung des Klienten nicht nur die **Kernleistung** „Rechtsberatung- und -beistand" ausschlaggebend, sondern auch die bei der Differenzierung genannten operativen Spitzenleistungen bzw. **Zusatzservices**. Fachkompetenz reicht nicht aus. Zusätzlich gehen Zuverlässigkeit, Flexibilität, Kommunikationsfähigkeit, Engagement, Pünktlichkeit, Einfühlungsvermögen usw. in die Bewertung der gesamten anwaltlichen Leistung ein. Dabei ist zu beachten, daß Klienten auf unterschiedliche Merkmale Wert legen. Daher werden im Marketing ähnlich bewertende Individuen zu einem Segment zusammengefaßt. 14

Zusammenfassend kann Positionierung als die Bemühung definiert werden, das Angebot und das Image aus Kundensicht so zu differenzieren, daß es den Präferenzen des zu bearbeitenden Kundensegments entspricht. 15

C. Der relevante Markt

Um die Einordnung der konkurrierenden Leistungsangebote vornehmen zu können, ist die Abgrenzung des relevanten Marktes notwendig. Hier stellt sich die Frage, wer als Konkurrenz betrachtet werden kann. Die Beantwortung ist keineswegs trivial, wenn man daran denkt, daß letztendlich alle Unternehmen in unterschiedlichen Branchen um das Budget der Konsumenten konkurrieren. Auch wenn in der betrieblichen Praxis diesen Fragen nicht immer die nötige Aufmerksamkeit gewidmet wird,[19] ist die **kundensegmentspezifische Ansprache** und die **Analyse der Wettbewerbsbeziehungen** für ein erfolgreiches Marketing zentral.[20] Auf dem Markt für Rechtsberatung muß man sich folgende Fragen stellen: 16

- ☐ Welche Produkte sollen angeboten werden (Steuer-, Verwaltungs, Arbeits-, Sozialrecht)?
- ☐ Welche Klienten sollen beraten werden (Privatpersonen, Mittelstand, Großunternehmen)?[21]
- ☐ Wer sind die relevanten Konkurrenten (Juristische Anbieter, außerjuristische Anbieter, wie z. B. Steuerberater, Wirtschaftsprüfer, berufsständische Vereinigungen, Gewerkschaften, Kammern, staatliche Behörden, Medien)?

Eine grobe Vorauswahl des Betätigungsfeldes (welche Produkte? welche Kunden?)kann mit Methoden des strategischen Marketing erfolgen. So kann z. B. mit einer Produkt-Markt-Matrix der sogenannte Zielmarkt abgesteckt werden.[22] Dies ist in **Abbildung 1** auf Seite 62 veranschaulicht. 17

Die theoretisch fundierte Bestimmung der relevanten Konkurrenten bzw. die Abgrenzung des relevanten Marktes gestaltet sich schwierig. So liegt z. B. den Abgrenzungsüberlegungen der **Monopolkommission**[23] das Konzept der Kreuzpreiselastizitäten zugrunde.[24] Für die empirische Umsetzung ist dieses Konzept unbrauchbar.[25] Alleine die Anzahl der zu messenden Elastizitäten läßt diese Idee scheitern.[26] Die Monopolkommission empfiehlt daher, qualitative Überlegungen in diese Richtung anzustellen und diese anhand punktueller Messungen zu überprüfen. 18

Für den Markt der Rechtsanwälte sind derartige Überlegungen jedoch nicht brauchbar, da zum einen die Preise (Gebühren, Honorare) nicht transparent genug sind und zum 19

[19] Vgl. *Bauer/Herrmann* 1992, S. 1342.
[20] Vgl. *Albach* 1991.
[21] Vgl. *Strobel,* S. 309.
[22] Vgl. *Abell* 1980; *Kotler/Bliemel* 1995, S. 449.
[23] Vgl. Monopolkommission 1984, S. 210.
[24] Vgl. *Triffin* 1940, S. 98–108.
[25] Vgl. *Schneider* 1985, S. 278–282.
[26] Vgl. *Woratschek* 1998, S. 695.

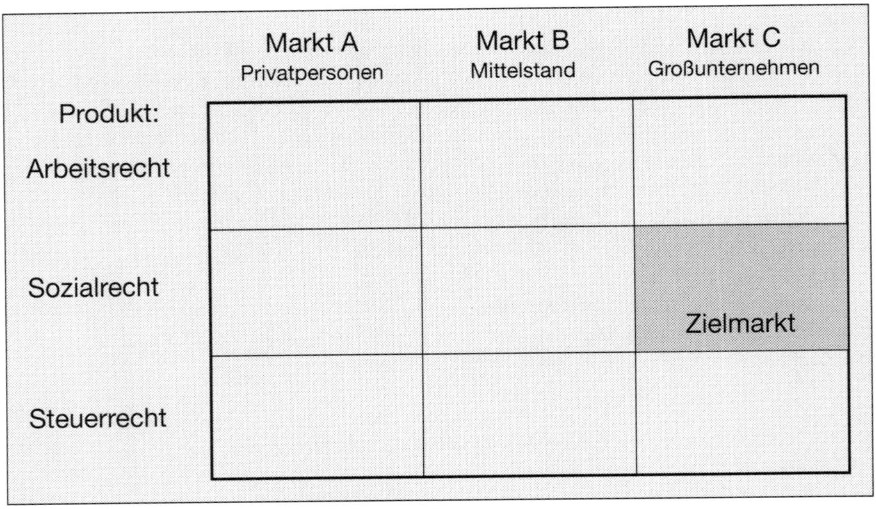

Abbildung 1: Produkt-Markt-Matrix

anderen für eine Messung nicht genügend variieren. Die mangelnde Transparenz geht u. a. auf die Heterogenität der Rechtsberatungen zurück, die einen Preis-Leistungsvergleich der konkurrierenden Angebote aus Sicht der Mandanten erschweren, wenn nicht sogar unmöglich machen. Daher empfiehlt sich eine **pragmatische Abgrenzung** der relevanten Konkurrenten durch Experten des betrachteten Marktes.

20 Generell kann der relevante Markt in zeitlicher (saisonal), räumlicher (regional, national), persönlicher (institutional) und sachlicher (problembezogen) Hinsicht abgegrenzt werden.[27] Die Abgrenzungen können durch multivariate Verfahren, wie z. B. die Clusteranalyse, die Multidimensionale Skalierung oder die Faktorenanalyse unterstützt werden.[28] Wichtig dabei ist, daß aus Sicht der Klienten möglichst alle Entscheidungsalternativen für ihren Rechtsberatungsbedarf enthalten sind.

D. Positionierungsmodelle im Marketing

I. Ermittlung der relevanten Merkmale einer Kanzlei

21 Für die Zufriedenheit der Mandanten mit dem Angebot einer Kanzlei ist nicht nur die **innere Qualität** (z. B. juristische Qualifikation, Spezialisierung, qualifizierte Schriftsätze) ausschlaggebend, sondern auch die **äußere Qualität** (z. B. Engagement, Zuverlässigkeit, Kommunikationsfähigkeit).[29] Daher sind für die Bestimmung der Merkmale, die für die Inanspruchnahme einer Rechtsberatung relevant sind (kaufrelevante Merkmale), Merkmale der äußeren Qualität einzubeziehen. Im Marketing würde man die Merkmale der äußeren Qualität eher als **Merkmale des Zusatznutzens** bezeichnen. Auch wenn das Selbstverständnis der Rechtsanwälte sich nicht prinzipiell an den Merkmalen der äußeren Qualität ausrichtet, determinieren sie zusammen mit der inneren Qualität die **Auswahlentscheidung der Mandanten**. Da die Mandanten häufig die inneren Qualitätsmerkmale nicht beurteilen können, dienen äußere Qualitätsmerkmale als Ersatzkriterien zur Beurteilung der anwaltlichen Leistung.

[27] Vgl. *Woratschek* 1998, S. 696 und *Woratschek* 1996b, S. 4–6.
[28] Vgl. *Trommsdorff* 1995, Sp. 2063–2066.
[29] Vgl. z. B. *Steinbrück* 1997, S. 1269.

22 Wie bereits erwähnt, existieren Differenzen zwischen der Wahrnehmung der anwaltlichen Leistung durch die Mitarbeiter der Kanzlei und den Klienten. Da eine ökonomisch sinnvolle Positionierung im Bewußtsein der Klienten vorgenommen werden soll, müssen die subjektiv wahrgenommenen Ausprägungen der relevanten Merkmale ermittelt werden. Dies ist ein **empirisch** zu lösendes Problem. Hierzu ist es zunächst erforderlich festzustellen, welche Merkmale überhaupt die Entscheidung über die Inanspruchnahme einer Kanzlei determinieren bzw. für die Auswahl einer Kanzlei relevant sind. Hierzu existieren in der Konsumentenforschung verschiedene Techniken, wie z. B. das Repetory Grid,[30] die Elicitation Technik,[31] Tiefeninterviews,[32] die Metaplan-Technik,[33] oder die ereignisorientierte Analyse.[34] Letztere ist gleichzeitig den Verfahren zur Messung der Dienstleistungsqualität zuzuordnen und wird daher in § 27 (Qualitätsmeßansätze) erläutert.

23 Beim **Repetory Grid** würde man drei bekannte Kanzleien auswählen, von denen der Proband sich ein Paar auswählt, das sich von der dritten weitgehend unterscheidet. Danach sollen die unterscheidenden Merkmale benannt werden, bis dem Probanden keine unterscheidenden Merkmale mehr einfallen. Dieser Vorgang wird mit anderen Paaren wiederholt, bis keine Unterscheidungsmerkmale mehr genannt werden können. Die am häufigsten genannten Merkmale werden als relevant erachtet.

24 Die **Elicitation Technik** beruht auf der Hypothese, daß spontan genannte Merkmale für die Inanspruchnahme einer Dienstleistung, hier einer Kanzlei, relevant sind. Daher werden die Probanden aufgefordert, spontan entscheidungsrelevante Merkmale zu nennen. Die am häufigsten genannten Eigenschaften werden in die Analyse einbezogen.

25 Beim Untersuchungsdesign des **Tiefeninterviews** wird dem Interviewer nur ein Rahmenthema vorgegeben, und er hat somit die Möglichkeit, individuell auf den Probanden einzugehen und „in die Tiefe zu fragen". Durch den Aufbau eines Vertrauensverhältnisses besteht die Möglichkeit, an Informationen zu gelangen, die die Auskunftsperson in einem standardisierten Interview vermutlich nicht preisgegeben hätte.

26 Im Rahmen eines Gruppeninterviews kann die Technik des **Metaplans**, ursprünglich eine interaktionelle Planungsmethode, angewendet werden. Bei diesem moderierten Gruppeninterview leitet ein Moderator die Diskussion und schreibt die zu einer Fragestellung geäußerten Beiträge der Gruppenmitglieder auf Karten. Diese sortiert er auf Anweisung der Gruppe an einer Tafel und unterstützt die Gruppe lediglich durch die Visualisierung ihrer Beiträge. Als Ergebnis liegen Oberbegriffe mit entsprechenden Unterbegriffen vor, beispielsweise zur Fragestellung „Was zeichnet einen guten Anwalt aus?".

27 Die Erfahrung zeigt, daß bei diesen **‚Meta'-Studien** sehr viele relevante Merkmale ermittelt werden können. So könnten aus Sicht des Mandanten einer Kanzlei z. B. Anzahl der Rechtsanwälte, Wartezeit, Ansprechbarkeit, Pünktlichkeit, Atmosphäre im Warteraum oder im Büro, Freundlichkeit, Höflichkeit, Kompetenz und Fähigkeiten, komplexe Sachverhalte zu erklären, wichtige Kriterien sein.[35]

28 Die **empirische Ableitung** der relevanten Merkmale ist besonders wichtig, da der Markt für anwaltliche Leistungen sich von vielen anderen Märkten unterscheidet. So ist z. B. zu erwarten, daß insbesondere Privatkunden nicht in der Lage sind, relevante Merkmale für eine Anwaltskanzlei zu benennen, da sie die unterschiedlichen Kanzleien in ihrer Existenz gar nicht wahrnehmen. Dies ist zwar, wenn man an den anwaltlichen Markt für Großkunden denkt, sicherlich nicht generell zu erwarten, aber dennoch ist in den Fällen einer fehlenden Wahrnehmungsfähigkeit der Mandanten bezüglich der qualitätsrelevanten Merkmale keine Darstellung der momentanen Positionierung möglich. In diesen (vermutlich seltenen) Fällen ist der Einsatz der folgenden Positionierungsmodelle

---

[30] Vgl. z. B. *Müller-Hagedorn/Vornberger* 1979, S. 185–207.
[31] Vgl. z. B. *Böhler* 1979, S. 270.
[32] Vgl. *Böhler,* 1992, S. 86–88.
[33] Vgl. *Schnelle,* 1992, S. 9–12.
[34] Vgl. unter § 27.
[35] Vgl. z. B. zu weiteren relevanten Merkmalen einer Kanzlei *Endrös/Waltl* 1996, S. 1030.

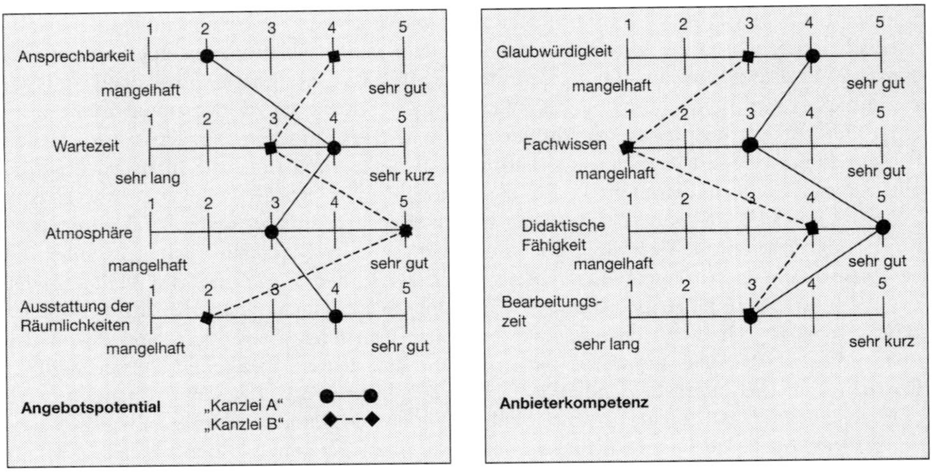

Abbildung 2: Profildarstellung

nur begrenzt oder nicht möglich. Da z. B. für den in Abbildung 1 enthaltenen Zielmarkt für Großkunden eine gewisse Professionalität der Mandanten unterstellt werden kann, ist die Erwägung des Einsatzes von Positionierungsmodellen für Kanzleien erfolgversprechend. Dies bedeutet, daß man bei einer Positionierungsstudie die Märkte deutlich voneinander abgrenzen muß und im Rahmen einer Vorstudie klärt, inwieweit die Kanzleien durch die entsprechenden Mandanten des Zielmarktes überhaupt wahrgenommen werden. Die Wahrnehmung der Existenz unterschiedlicher Kanzleien ist eine notwendige Voraussetzung für Positionierungsstudien, nicht notwendig hingegen ist eine differenzierte Wahrnehmung der einzelnen Leistungen dieser Kanzleien. Inwieweit der Mandant eine Kanzlei differenziert wahrnehmen und bewerten kann, soll u. a. ein Ergebnis der Positionierungsstudie sein.

II. Wahrnehmungsraum

29 Zu den relevanten Merkmalen wird ein Teil der Klienten (Probanden) befragt. Die befragten Probanden sollen anhand von **Rating-Skalen** (vgl. Abbildung 2) angeben, welche Merkmalsausprägungen die einzelnen Kanzlein aus ihrer Sicht aufweisen. Die subjektiv wahrgenommenen Ausprägungen der Merkmale können für konkurrierende Kanzleien übersichtlich als Profile, wie in **Abbildung 2** gezeigt, dargestellt werden. Dabei werden die Merkmalsausprägungen der einzelnen Objekte (Kanzleien) durch Linien miteinander verbunden.[36] Die Punktewerte der Ratings stehen für die Ausprägungen der Eigenschaften einer Kanzlei, z. B. der Wert 1 für eine sehr lange Wartezeit und 5 für eine sehr kurze Wartezeit.

30 Um die Komplexität zu reduzieren, empfiehlt sich eine **Verdichtung der Informationen**. Da viele Merkmale voneinander abhängig sind und entweder zu Sammelbegriffen zusammengefaßt oder auf eine gemeinsame Ursache zurückgeführt werden können, empfiehlt sich eine Verdichtung der voneinander abhängigen Eigenschaften auf übergeordnete Dimensionen. Dies kann z. B. mit einer **Faktorenanalyse** geschehen.[37] Ergebnisdimensionen einer solchen Analyse könnten wie in Abbildung 2 das Angebotspotential und die Kompetenz einer Kanzlei sein. Weitere Merkmalsdimensionen für eine Kanzlei könnten z. B. Fachkompetenz, Engagement und Effizienz sein.

[36] Vgl. *Weinhold* 1963, S. 27–28.
[37] Vgl. *Backhaus* et al 1994, S. 188–259.

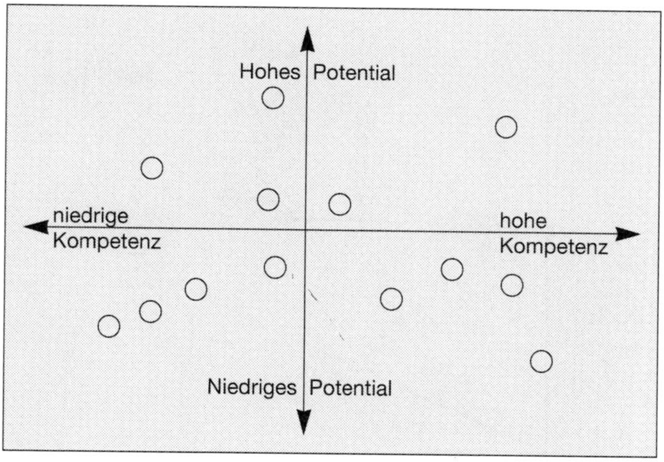

Abbildung 3: Positionierung im Wahrnehmungsraum

Befinden sich relativ viele konkurrierende Anbieter auf einem relevanten Markt für Rechtsberatung, so wird die Profildarstellung unübersichtlich. Zudem wird die Positionierung im Wahrnehmungsraum der Mandanten nicht deutlich genug herausgestellt. Hierzu ist die Vorstellung einer **„psychographischen Landkarte"** besser geeignet. Dabei legen die festgestellten Merkmalsdimensionen die Koordinaten für diesen Wahrnehmungsraum fest. Diese Darstellung ist in **Abbildung 3** gezeigt. In ihr die Dimensionen „Fachkompetenz" und „Effizienz" als Beispiel für ein empirisches Ergebnis gewählt. 31

Sind die relevanten **Merkmalsdimensionen** bestimmt, werden für eine Positionierung im Wahrnehmungsraum die jeweiligen Ausprägungen der konkurrierenden Angebote ermittelt. Wurde die Faktorenanalyse zur Verdichtung eingesetzt, werden die entsprechenden Faktorwerte (Ausprägungen der Merkmalsdimensionen) entsprechend errechnet. Der Wahrnehmungsraum wird demzufolge konstruiert, indem die Ausprägungen der relevanten Merkmale abgefragt und anschließend zu Dimensionen aggregiert werden (kompositionelle Vorgehensweise). Als Ergebnis erhält man einen Wahrnehmungsraum, bei dem der Gedanke einer geographischen Positionierung auf die Psyche des Menschen übertragen wird. Ähnliche Kanzleien liegen in diesem Wahrnehmungsraum nahe beisammen und unähnliche weit auseinander. 32

Eine andere Möglichkeit besteht darin, die Positionierung im Wahrnehmungsraum durch **indirekte Befragung** zu ermitteln. Dabei wird nicht nach den Ausprägungen der einzelnen Merkmale gefragt, sondern es werden die Kanzleien eines relevanten Marktes gesamtheitlich durch die Probanden bewertet. So könnten die Probanden z. B. die Kanzleien nach ihrer Vorziehenswürdigkeit ordnen, so daß der Forscher eine empirisch ermittelte Reihenfolge der Präferenzen erhält. Aus dieser Reihenfolge bzw. dem Gesamturteil werden dann die Positionierungen der einzelnen Kanzleien im Wahrnehmungsraum geschätzt (dekompositionelle Vorgehensweise). Die Schätzung erfolgt i. d. R. mit Hilfe der **Multidimensionalen Skalierung**.[38] 33

Durch die **dekompositionelle Vorgehensweise** der Multidimensionalen Skalierung werden die Nachteile der direkten Befragung vermieden, wie z. B. den Zentralitätseffekt (Tendenz zum Ankreuzen der Skala in der Mitte). Dieser Vorteil wird aber durch den Nachteil erkauft, daß die Anzahl der Dimensionen festgelegt werden muß und sich die Anzahl der Dimensionen nicht aus dem empirischen Datenmaterial ergibt. 34

[38] Vgl. *Backhaus* et al 1994, S. 433–497.

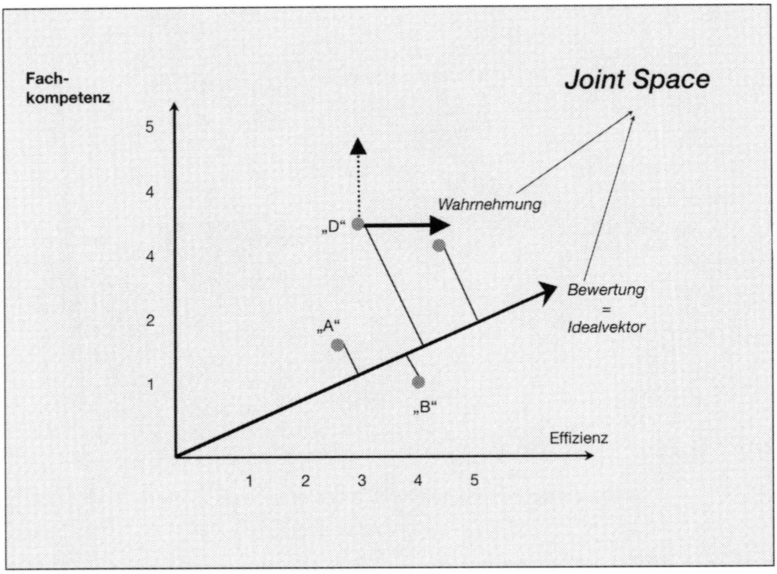

Abbildung 4: Idealvektormodell

III. Joint-Space-Modelle

35 Bislang haben sich die Darstellungen auf die subjektive Wahrnehmung der Kanzleien durch die Mandanten beschränkt. Um jedoch strategische Positionierungsentscheidungen treffen zu können, muß man wissen, welche Positionen besser sind als andere. Da die Auswahlentscheidung des Mandanten für den ökonomischen Erfolg einer Kanzlei ausschlaggebend ist, muß man dessen latente oder bereits vorhandene Wünsche erforschen. Daher ist es sinnvoll, die Bewertung der Angebote bzw. die **Präferenzen der Mandanten** in die Analyse einzubeziehen.

36 Fügt man die Bewertungen der Konsumenten (Mandanten) in der Darstellung von Abbildung 3 hinzu, entsteht ein gemeinsamer Raum von Wahrnehmungen und Bewertungen, der Joint Space genannt wird. Joint-Space-Modelle sind die am meisten gebräuchlichen Positionierungsmodelle in der betrieblichen Praxis. Sie sind aus der **sozialpsychologischen Einstellungsforschung** entstanden.[39] Die Bewertungen der Mandanten können in Form von Idealvektoren oder Idealpunkten modelliert werden.

37 Im **Idealvektormodell** präferieren die Mandanten eine Kanzlei, die möglichst weit außerhalb in Richtung des Pfeils liegt. Dies ist in **Abbildung 4** gezeigt. Für den Rangwert einer Kanzlei ist jedoch nicht die Nähe zum Idealvektor entscheidend, sondern nur die Richtung. Senkrechte Linien auf den Pfeil zum Objekt, wie in Abbildung 4 dargestellt, sind für die Bestimmung des Präferenzwertes hilfreich. Diese Linien können auch als Höhenlinien bezeichnet werden und entsprechen in der ökonomischen Theorie linearen Nutzenindifferenzkurven (Kurve aller Punkte, die den gleichen Nutzen stiften bzw. den gleichen Präferenzwert besitzen).[40]

38 Idealvektormodelle unterstellen, daß es kein **„Überangebot"** in bezug auf ein Merkmal gibt. Im Marketing geht man häufig davon aus, daß es ein „Zuviel" geben kann. So kann z. B. die Beratungsintensität manchen Klienten aufgrund der Komplexität überfordern. Eine übermäßige Freundlichkeit kann unter Umständen dem Mandanten „auf die

---

[39] Vgl. *Kroeber-Riel* 1984, S. 158 ff.
[40] Vgl. *Kaas* 1987, S. 233.

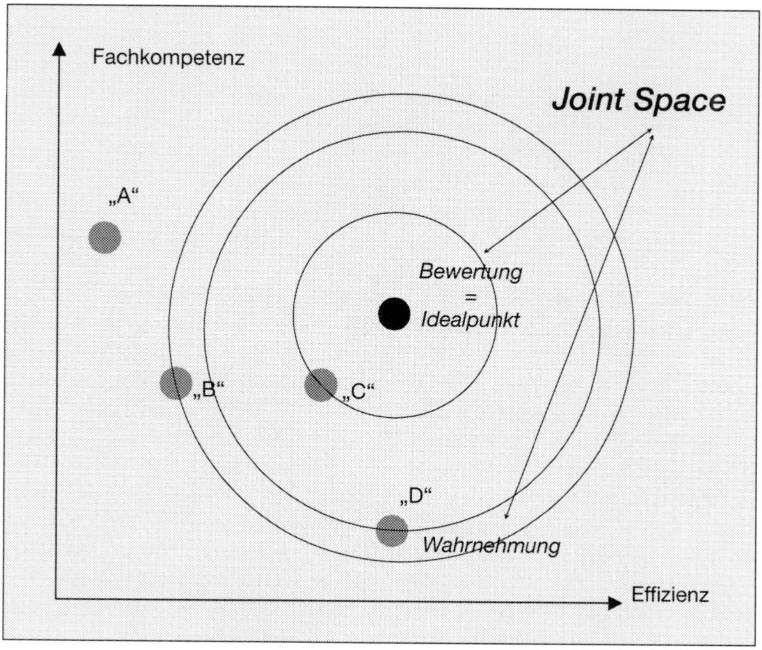

Abbildung 5: Idealpunktmodell

Nerven“ gehen. In solchen Fällen ist das Idealvektormodell keine adäquate Darstellung der Bewertung durch den Mandanten.

Dieser Mangel wird im **Idealpunktmodell** beseitigt. Im Idealpunktmodell wird eine fiktive, ideale Kanzlei als Idealpunkt abgebildet, wie dies in **Abbildung 5** gezeigt ist. Die Darstellung erfolgt somit analog zu den wahrgenommenen Objekten (Kanzleien). Es wird unterstellt, daß der Präferenzwert einer Kanzlei umso höher ist, je näher diese am Idealpunkt liegt. Ökonomisch ausgedrückt werden kreisförmige Nutzenindifferenzkurven unterstellt. 39

Sowohl im Idealvektor- als auch im Idealpunktmodell dürfen die Präferenzen nur in aggregierter Form dargestellt werden, wenn die Bewertungen der Mandanten weitgehend homogen sind. Sind die Bewertungen heterogen, sind mehrere Idealvektoren- oder Idealpunkte für jedes Segment zu ermitteln. Ein Segment faßt dabei Mandanten zusammen, deren Bewertungen möglichst ähnlich sind. 40

IV. Preis-Leistungs-Verhältnis in der Positionierung

Joint-Space-Modelle haben den Vorteil, daß die sich ergebende Darstellung einfach aufgebaut ist, auch wenn die vorangegangene, statistisch gestützte Analyse sicherlich nicht von einem Laien kompetent durchgeführt werden kann. Auch wenn sie schwierig in der Erstellung sind, erleichtert die einfache Darstellung die Interpretation. 41

Allerdings sind sie nicht geeignet, die **preispolitische Positionierung** darzustellen. Prinzipiell ist es zwar vorstellbar, daß das Preisniveau als eine Merkmalsdimension modelliert wird, aber eine solche Modellierung würde dem Dualcharakter von Preisen nicht gerecht. Einerseits können Preise Qualitätseigenschaften signalisieren,[41] andererseits stellen Preise eine Opferkomponente dar. Wenn die Wahrnehmungen der Merkmalsausprägungen mit der Preiswahrnehmung korrelieren, ist die für ein Joint-Space-Modell notwendige Unabhängigkeitsannahme der Merkmalsdimensionen streng genommen ver- 42

[41] Vgl. *Kroeber-Riel* 1984, S. 360ff.

letzt. Insbesondere wenn die dekompositionelle Vorgehensweise mit Hilfe der Multidimensionalen Skalierung gewählt wird, ist der Preiseinfluß auf die Positionierung kaum nachzuvollziehen.[42]

43 Vordergründig könnte man die Meinung vertreten, daß für den Markt der Rechtsberatung aufgrund der Gebührenordnung die Preise und damit das Preis-Leistungs-Verhältnis eine untergeordnete Rolle spielt und damit auf eine adäquate Darstellung der Preispositionierung generell verzichtet werden kann. Bedenkt man aber, daß auf dem Markt für Rechtsberatung die Rechtsanwälte mit außerjuristischen Konkurrenten im Wettbewerb stehen, gewinnt die Frage nach dem besseren Preis-Leistungs-Verhältnis eine höhere Relevanz.

44 So bieten z. B. **Verbände** in der Rechtsberatung erhebliche Kostenvorteile für den Mandanten, verglichen mit den Beratungsgebühren und Honoraren der Rechtsanwälte. Dies liegt wohl daran, daß kürzere Rechtsauskünfte bei Verbänden ohne gesonderte Rechnungsstellung gegeben werden. Auch wenn die Rechtsberatung der außerjuristischen Konkurrenz teilweise unzulässig ist, spielt sie im wirtschaftlichen Leben eine nicht zu vernachlässigende Rolle: „Eine (wohl unzulässige) Pachtvertragsberatung ist beim Steuerberater für 100,– DM, beim Anwalt wegen der Streitwertregel für 800,– DM zu haben."[43] Die empirischen Untersuchungen der *Prognos AG*[44] belegen, daß die Kostenschwelle ein Argument für die Nichtinanspruchnahme von Rechtsanwälten ist. Verstärkt wird dieser Effekt durch die hohe Intransparenz des Gebührensystems aus Sicht der Mandanten.

45 In der Literatur werden als emprisch begründbare Wettbewerbsvorteile für die **außerjuristischen Konkurrenten** niedrige Kostenschwellen, ausgeprägte Beratungsorientierung (prophylaktische Beratung, sofortige Beratung, gut aufbereitete Informationen) und die Spezialisierung genannt.[45] Die Kostenschwellen können sich dabei aber nur auf den Bereich der Rechtsberatung beschränken. Im Falle der Rechtsvertretung dürfte u. a. aufgrund der Gebührenordnung die Kostenschwelle irrelevant sein, wenn man davon ausgeht, daß ein Rechtsanwalt bei einem für unvermeidbar gehaltenen Prozeß hinzugezogen wird.[46] Die Relevanz des Preis-Leistungs-Verhältnisses aus Sicht der Mandanten ist somit differenziert zu beurteilen. Für den Markt der Rechtsberatung wäre eine Modellierung der Positionierung bezüglich des Preis-Leistungs-Verhältnisses wünschenswert.

46 In den ökonomischen Theorien wirken Preise restriktiv auf die **Kaufentscheidung**. Auch wenn die Präferenz für ein Produkt oder eine Dienstleistung hoch ist, kommt der Kauf nicht zustande, wenn das **Budget der Konsumenten** nicht ausreicht. Eine Möglichkeit, den Preiseinfluß bei der Positionierung zu berücksichtigen, bietet das **Defender-Modell**.[47] Das Defender-Modell ähnelt von der Darstellung den Joint Space-Modellen. Der Raum wird nicht durch die Merkmalsausprägungen (Faktorwerte) aufgespannt, sondern durch die Merkmalsausprägungen pro Geldeinheit. „Das Defender-Modell setzt entweder voraus, daß der Konsument imstande ist, Quotienten aus Eigenschaftsmenge und Preis wahrzunehmen[48] oder daß die Kaufentscheidung nach der Rechenregel ‚Eigenschaft geteilt durch den Preis' getroffen wird".[49]

47 Für den **Markt der Rechtsanwälte** sind beide Annahmen unzutreffend. Dies läßt sich empirisch belegen. „38 % der Bevölkerung sind sich völlig unsicher, welche Kosten auf sie zukommen, wenn sie einen Anwalt aufsuchen."[50] **Abbildung 6** demonstriert, daß die **Unsicherheit über die Kosten** eines Anwaltes sehr stark ausgeprägt ist und von der

42 Vgl. *Kaas* 1987, S. 233.
43 Vgl. *Wettmann/Jungjohann,* S. 18.
44 Vgl. AnwBl., Sonderheft März 1987.
45 Vgl. *Wettmann/Jungjohann* 1987, S. 27–28.
46 Vgl. *Wettmann/Jungjohann* 1987, S. 19.
47 Vgl. *Hauser/Shugan* 1983.
48 Vgl. *Kaas* 1987, S. 234.
49 *Woratschek* 1998, S. 700.
50 *Wettmann/Jungjohann* 1987, S. 19.

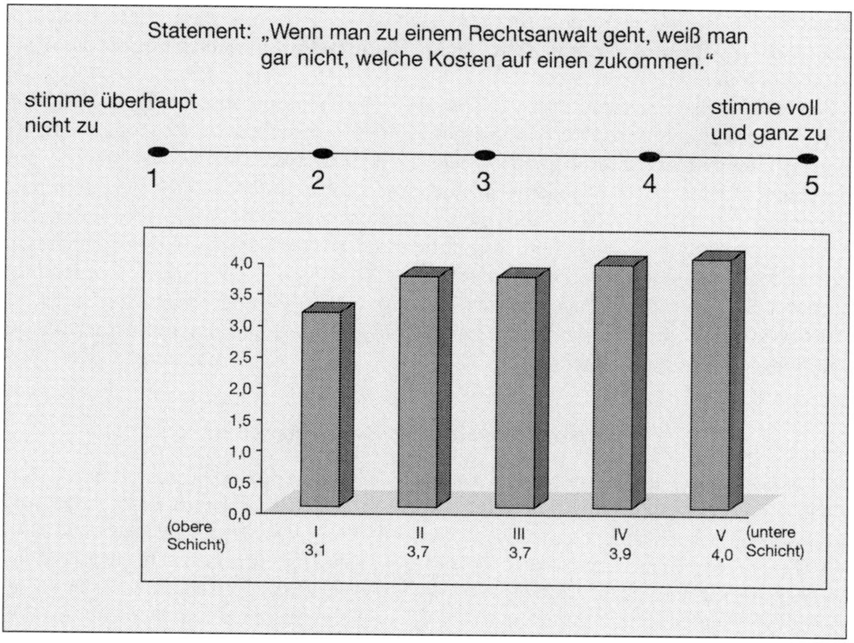

Abbildung 6: Ergebnisse einer Bevölkerungsumfrage[51]

gegeben sind. Auf dem Markt für Rechtsvertretung ist vermutlich davon auszugehen, daß Zugehörigkeit einer sozialen Schicht abhängt. Bei unteren sozialen Schichten ist das subjektiv wahrgenommene Preisrisiko stärker ausgeprägt.

Ein Positionierungsmodell, das in der Lage ist, Preis-Leistungsverhältnisse adäquat 48
abzubilden, ist das **strategische Vektormodell**.[52] Es ist zudem noch in der Lage, Allokationsentscheidungen abzubilden, d. h. wie sich die Leistungsinanspruchnahme auf die unterschiedlichen Anbieter verteilt. Dies ist ein wichtiger Aspekt, wenn man bedenkt, daß die außerjuristischen Rechtshilfen häufig in Kombination mit dem Rechtsanwalt in Anspruch genommen werden (Wirkung als Anwaltskatalysator, wenn der Mandant zum Anwalt weitergeleitet wird), aber auch als Anwaltskonkurrenz (wenn Aufgaben wahrgenommen werden, die der Anwalt übernehmen könnte) auftreten.[53]

Allerdings setzt das strategische Vektormodell voraus, daß vor der Kaufentscheidung 49
das Preisniveau eines Anbieters subjektiv wahrgenommen werden kann. Solange aber auf dem Markt für Rechtsanwälte die empirischen Untersuchungen ergeben, daß die potentiellen Mandanten nicht wissen, welche Kosten auf sie zukommen könnten, ist das strategische Vektormodell für diesen Zweck **nicht sinnvoll** einsetzbar. Die Verwendung objektiver Preise im Modell würde der Zielsetzung widersprechen, den Wahrnehmungsraum der Konsumenten abzubilden. Daher sei für die Darstellung des Strategischen Vektormodells auf die Literatur verwiesen,[54] falls sich der Markt für anwaltliche Leistungen bezüglich der Intransparenz des Gebührensystems einmal ändern sollte.

Die **Modellierung** der Positionierung in bezug auf das Preis-Leistungs-Verhältnis 50
anwaltlicher Leistungen gestaltet sich aufgrund der extremen Unsicherheit über die Preise, Gebühren und Honorare seitens der Mandanten äußerst schwierig. Eine Positionierung setzt Wahrnehmungen voraus, die auf dem Markt für Rechtsberatung nur bedingt

[51] Vgl. *Wettmann/Jungjohann* 1987, S. 19.
[52] Vgl. *Woratschek* 1995 und *Woratschek* 1998, S. 700–701.
[53] Vgl. *Wettmann/Jungjohann* 1987, S. 11.
[54] Vgl. *Woratschek* 1995 und *Woratschek* 1998, S. 700–701.

die Kosten der Rechtsvertretung für den Mandanten eine untergeordnete Rolle spielt. Insbesondere dürfte dies der Fall sein, wenn **Rechtsschutzversicherungen** das Prozeßrisiko übernehmen.

51 In den Fällen, in denen das Preis-Leistungsverhältnis keine ausschlaggebende Bestimmungsgröße für das Auswahlverhalten eines Anbieters anwaltlicher Leistungen ist, treten **nichtpreisliche Differenzierungsmerkmale** als Erfolgsfaktoren im Wettbewerb in den Vordergrund. Daher ist es in jedem Fall für eine Kanzlei sinnvoll, sich zu differenzieren und gemäß der Präferenzen der Mandanten zu positionieren. Dies gilt insbesondere für die oben erwähnten äußeren Qualitäten, wenn die inneren Qualitäten von den Mandanten als weitgehend homogen wahrgenommen werden. Daher ist die empirische Ermittlung der Ist- und der Soll-Positionierung auch bei mangelnder Abbildung preislicher Faktoren für den **ökonomischen Erfolg** wichtig. Hierzu sind die dargestellten Joint-Space-Modelle (Abbildungen 4 und 5) gut geeignet.

V. Mehrdimensionales Benchmarking

52 Die Positionierung im Wettbewerb ist zwar anschaulich durch die Joint-Space-Modelle möglich, aber die graphische Darstellungsweise in Abbildung 4 und 5 ist leider auf 2–3 Dimensionen beschränkt. Die empirische Untersuchung kann ergeben, daß viele Dimensionen (Faktoren) die Positionierung bestimmen. Dies ist zu erwarten, wenn man bedenkt, welche Vielzahl an Merkmalen für die äußeren Qualitäten einer Kanzlei entscheidungsrelevant sein können. Mathematisch ist es kein Problem, einen n-dimensionalen Raum darzustellen. Allerdings ist die **mathematische Darstellungsweise** für Laien schwer interpretierbar.

53 In diesem Fall könnte man eine andere graphische Darstellung, die der Profildarstellung ähnlich ist, verwenden. Diese ist in **Abbildung 7** auf Seite 71 für den Fall einer kompositionellen Vorgehensweise gezeigt, bei der die Merkmale zu übergeordeneten Faktoren aggregiert wurden. Ähnlich wie bei der Profildarstellung in Abbildung 2 werden die Merkmalsausprägungen einer bestimmten Kanzlei durch eine Linie verbunden.

54 Die Kanzleien A und B können somit gut in Bezug auf die Faktorwerte verglichen werden. Aus diesen Faktorwerten können die relativen Stärken und Schwächen eines Anbieters festgestellt werden. Legt man eine Soll-Positionierung fest, erhält man über die Faktorladungen Hinweise, welche Merkmale geändert werden müssen, um eine Verbesserung im 8-dimensionalen Wahrnehmungsraum in Abbildung 7 zu erwirken.

55 Die Darstellung eines Idealvektors ist in Abbildung 7 allerdings nicht sinnvoll möglich. Denkbar wäre die Abbildung eines Idealpunktes, der aber bei einer kompositionellen Vorgehensweise generell in Frage zu stellen ist. Werden die Probanden direkt nach ihren Idealvorstellungen gefragt, ist von einer **Anspruchsinflation** auszugehen, d. h. es dürfte vermutlich eine Tendenz bestehen, möglichst positive Werte bei vielen Merkmalen anzukreuzen, auch wenn diese für die reale Auswahlentscheidung nicht relevant sind. Es empfiehlt sich daher in diesem Fall, sich auf den Vergleich mit den Wettbewerbern zu beschränken. Allenfalls kann eine vorstellbare bestmögliche Alternative eingezeichnet werden, indem man für jeden Faktor den besten Faktorwert über alle Anbieter als Vergleichsmaßstab (Benchmark) heranzieht. Dieser **Benchmark** ist in Abbildung 7 ebenfalls eingezeichnet. Der Benchmark gibt Hinweise auf eine exzellente Leistung im Wettbewerb und kann als anzustrebende Soll-Positionierung herangezogen werden. Für eine weniger anspruchsvollere Orientierung könnte als Benchmark auch der Durchschnitt eines jeden Faktorwertes eingezeichnet werden.

56 Die Integration eines **Idealpunktes** in diesem spinnwebenartigen Positionierungsmodell wäre nur sinnvoll, wenn der ideale Benchmark dekompositionell ermittelt wird. Allerdings geht die übersichtliche Darstellung des Präferenzwertes über die Entfernung der realen Objekte zum Idealpunkt verloren. Zudem erfordert der ideale Benchmark die Annahme weitgehend unabhängiger Merkmalsdimensionen.

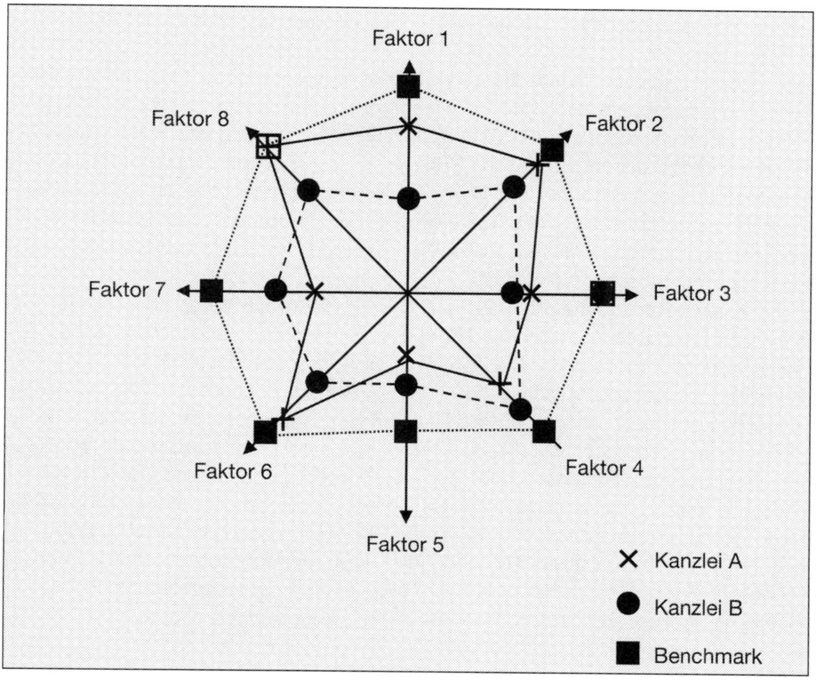

Abbildung 7: Mehrdimensionales Benchmarking

Prinzipiell ist es vorstellbar, die abgefragten Merkmale ohne eine Aggregation über die Faktorenanalyse oder die Multidimensionale Skalierung als **Profil** darzustellen. Allerdings sprechen sowohl formale als auch inhaltliche Gründe gegen eine solche Vorgehensweise. Formal spricht dagegen, daß normalerweise wesentlich mehr als acht Merkmale abgefragt werden. Dadurch wird selbst die spinnwebenartige Darstellung unübersichtlich. Inhaltlich sollte man sich bei der Ableitung einer Positionierungsstrategie aufgrund der Komplexität auf die wesentlichen Elemente beschränken. Dies erfordert die Aggregation einer Vielzahl von Merkmalen auf „übergeordnete" Faktoren (Merkmalsdimensionen). Auch wenn die Darstellung der Positionierung sehr einfach ist, erfordert doch die Ableitung dieser Modelle viel Erfahrung und entsprechende Kenntnisse in der empirischen Sozialforschung. 57

E. Optimierung des Leistungsangebotes

Um das Leistungsangebot optimal zu gestalten, ist es notwendig, das **Entscheidungsverhalten der Mandanten** zu kennen. Zwar erfolgt nicht in allen Positionierungstudien eine explizite Modellierung des Kaufverhaltens, aber für die Bestimmung einer optimalen Postionierung ist diese unbedingt erforderlich. Begnügt man sich mit guten oder zufriedenstellenden Lösungen, genügen grobe Annahmen über das Auswahlverhalten einer anwaltlichen Leistung. 58

Im einfachsten Fall wird angenommen, daß sich jeder Mandant für die Leistung entscheidet, die ihm den meisten Nutzen verspricht. Diese Annahme über das Auswahlverhalten wird auch als **First-Choice-Regel** bezeichnet. Für den Markt der Rechtsberatung ist diese Annahme nicht sehr realitätsnah, da der Nutzen aus einer anwaltlichen Leistung nur unter Unsicherheit formuliert werden kann. Das subjektiv wahrgenom- 59 mene Risiko vor Inanspruchnahme einer anwaltlichen Leistung ist als hoch einzustufen.[55]

60 Besser geeignet scheint daher die **Attraktionsregel**, da diese einen probabilistischen Zusammenhang zwischen den geäußerten Präferenzen und dem Auswahlverhalten unterstellt. Die empirisch ermittelten Präferenzwerte werden dazu genutzt, **Auswahlwahrscheinlichkeiten** abzuleiten, indem die Präferenzwerte für eine Kanzlei in Relation zu der Summe der Präferenzwerte über alle Anbieter gesetzt werden. Die Attraktionsregel wird auch als **BTL** bezeichnet.[56] Durch Anpassungen der Parameter einer erweiterten Attraktionsregel an beobachtetes Auswahlverhalten können die Auswahlwahrscheinlichkeiten relativ gut empirisch bestimmt werden.[57]

61 Sind die Auswahlwahrscheinlichkeiten ermittelt, läßt sich zwar im Modell eine optimale Positionierung ableiten, aber die Modellergebnisse sind stets kritisch bezüglich ihres **Realitätsgehalts** zu hinterfragen. Die Interpretation muß im Hinblick auf die unterstellten Präferenzfunktionen und Entscheidungsregeln erfolgen. Daher ist Vorsicht angeraten, wenn modelloptimale Positionierungen zur Umsetzung angestrebt werden. Die zumeist restriktiven Annahmen über das Auswahlverhalten sind nicht immer eine gute Annäherung an die Realität. Bedenkt man den Aufwand, der mit der Bestimmung einer optimalen Positionierung verbunden ist, dürfte für praktische Anwendungsfälle eine Beschränkung auf das Auffinden einer „guten" Positionierung (Heuristik) genügen. Dies kann mit Hilfe der Joint-Space-Modelle oder dem hier erläuterten mehrdimensionalen Benchmarking geschehen. Eine pragmatische, einsetzbare Vorgehensweise wird unter dem Stichwort **„House of Quality"** im folgenden aufgezeigt.

F. Umsetzung der Strategieziele

I. Probleme bei der Ableitung optimaler Maßnahmen

62 Hat man sich für eine Positionierung im subjektiven Wahrnehmungsraum entschieden, stellt sich die Frage nach der **praktischen Umsetzung**. Es sind Maßnahmen festzulegen, die eine Erreichung der Neupositionierung sicherstellen. Nicht alle Autoren haben ein Begriffsverständnis, das die Umsetzungsphase miteinbezieht. Häufig wird unter Positionierung nur die strategische Ebene verstanden und die operative Ebene der Umsetzung mit **Profilierung** bezeichnet.[58] Für die Praxis ist ein solches Verständnis wenig hilfreich, da der Aufwand für die Ermittlung einer strategischen Positionierung nur betrieben wird, wenn auch Maßnahmen zur Verfolgung der strategischen Ziele abgeleitet werden können.

63 Prinzipiell können die notwendigen **Marketing-Maßnahmen** auf die Veränderung der physischen Qualitätsmerkmale abzielen. Des weiteren könnten auch rein kommunikationspolitische Maßnahmen auf die psychische Veränderung des Wahrnehmungsraums abzielen. Zwar ist inzwischen Werbung für Rechtsanwälte erlaubt, doch sind die erlaubten Werbemaßnahmen im Vergleich zu anderen Branchen sehr restriktiv. Daher kommen im wesentlichen für Rechtsanwälte Veränderungen der physischen Qualitätsmerkmale in Frage.

64 Allerdings ist hierbei zu beachten, daß die **reale Umgestaltung** eines Dienstleistungsangebotes wirkungslos im Bewußtsein der Mandanten verpuffen kann, wenn sie nicht durch geeignete kommunikationspolitische Maßnahmen begleitet werden kann. Inwieweit die momentan existierenden Werbemöglichkeiten von Rechtsanwälten hierzu ausreichen, kann an dieser Stelle nicht beurteilt werden und bedarf einer näheren Analyse und Diskussion.

---

[55] Vgl. *Wettmann/Jungjohann* 1987, S. 12.
[56] Vgl. *Green/Srinivasan* 1990, S. 14.
[57] Vgl. *Gaul/Aust/Baier* 1995, S. 840–842.
[58] Vgl. *Rudolph/Dautzenberg* 1995, S. 11.

Positionierungsstudien liefern anzustrebende Merkmalsausprägungen, geben aber keine konkreten Hinweise, wie diese erreicht werden sollen. Vorstellbar ist die Erforschung von Wirkungsfunktionen der physischen Eigenschaften auf die subjektiv wahrgenommenen psychischen Eigenschaften. Derartige Funktionen könnten mit Hilfe **kausalanalytischer Verfahren** geschätzt werden.[59] Eine Darstellung der kausalanalytischen Verfahren würde den Rahmen dieser Ausführungen sprengen. Daher wird eine pragmatischere Vorgehensweise erläutert, die zwar wiederum nicht die Ableitung optimaler Maßnahmen aus einem Modell ermöglicht, aber in der betriebswirtschaftlichen Praxis im Dienstleistungsbereich häufig angewendet wird, weil sie zu relativ guten und praktikablen Lösungen führt. 65

II. Ableitung konkreter Maßnahmen

Bei der Ableitung von praktikablen Maßnahmen zur Verbesserung der Positionierung hat sich eine **stufenweise Vorgehensweise** bewährt, die als **Quality Function Deployment** oder als **House of Quality** bezeichnet wird.[60] Ausgangspunkt sind die Erwartungen und Wünsche der Kunden, wie sie in Form von Präferenzen bei Positionierungsstudien erhoben werden. Der Grundgedanke besteht darin, daß die Wünsche des Kunden in allen Teilbereichen des Dienstleistungsprozesses ihren Niederschlag finden sollen. Das House of Quality besteht aus einer Kette von Tabellen und Diagrammen, wie dies in **Abbildung 8** auf Seite 74 veranschaulicht ist. 66

Ausgangspunkt ist die Ermittlung von Merkmalen, die der Mandant für wichtig erachtet. Diese sollten, wie bereits beschrieben, zu übergeordneten Merkmalen (Faktoren) gebündelt werden. Anschließend werden die relativen Wichtigkeiten der Merkmale aus Sicht der Mandanten erhoben. Hierzu kann kompositionell durch direkte Befragung oder dekompositionell auf Basis von Rangdaten vorgegangen werden. Eine dekompositionelle Schätzung der Wichtigkeiten kann unter bestimmten Bedingungen, z. B. mit Hilfe des **Conjoint Measurement**,[61] erfolgen. 67

Ob das jeweilige Kriterium (Merkmal) einen Wettbewerbsvorteil bringen kann, wird anhand eines **Vergleichs** mit den Wettbewerbern vorgenommen. Dies sollte ebenfalls aus Sicht der Mandanten geschehen, so daß die bereits diskutierten Positionierungsmodelle zur Anwendung gelangen. Dies gilt insbesondere für die bereits diskutierte Profilmethode und das mehrdimensionale Benchmarking. 68

Wenn diese **empirischen Erhebungen** durchgeführt werden, definieren Experten Aufgabenbereiche bzw. physische Merkmale, welche die psychischen Merkmale aus Kundensicht beeinflussen. Die psychischen Merkmale aus Kundensicht sind in den Zeilen der ersten Spalte in Abbildung 8 eingetragen. Als Beispiele für wichtige Merkmale aus Kundensicht sind die **Wartezeit**, das **Fachwissen** und die **Bearbeitungszeit** genannt. Für reale Anwendungsfälle ergeben sich selbstverständlich eine Reihe weiterer relevanter Eigenschaften für den Mandanten. 69

Die relativen Wichtigkeiten dieser Merkmale aus Kundensicht sind in der zweiten Spalte enthalten. Im Beispiel der Abbildung 8 ist für den Kunden das Fachwissen am wichtigsten. Neben dem House of Quality ist das Benchmarking in Form eines Profils eingezeichnet. Daraus ist ersichtlich, daß für die Kanzlei A im Vergleich zum Wettbewerb kein Defizit besteht. Das zweitwichtigste Qualitätsmerkmal ist die Bearbeitungszeit. Hier schneidet die Kanzlei A im Vergleich relativ schlecht ab, so daß hier Handlungsbedarf entsteht. 70

Die weiteren Spalten der Matrix beinhalten die physischen Merkmale, die auch **Designmerkmale** genannt werden.[62] Die Experten geben in den Elementen dieser Matrix an, in welche Richtung und wie stark eine Veränderung der Designmerkmale vermutlich auf 71

[59] Vgl. *Backhaus* et al 1994, S. 322–432.
[60] Vgl. *Meyer/Blümelhuber* 1998, S. 930–931; *Stauss* 1991.
[61] Vgl. *Backhaus* et al 1994, 498–554.
[62] Vgl. *Meyer/Blümelhuber* 1998, S. 930.

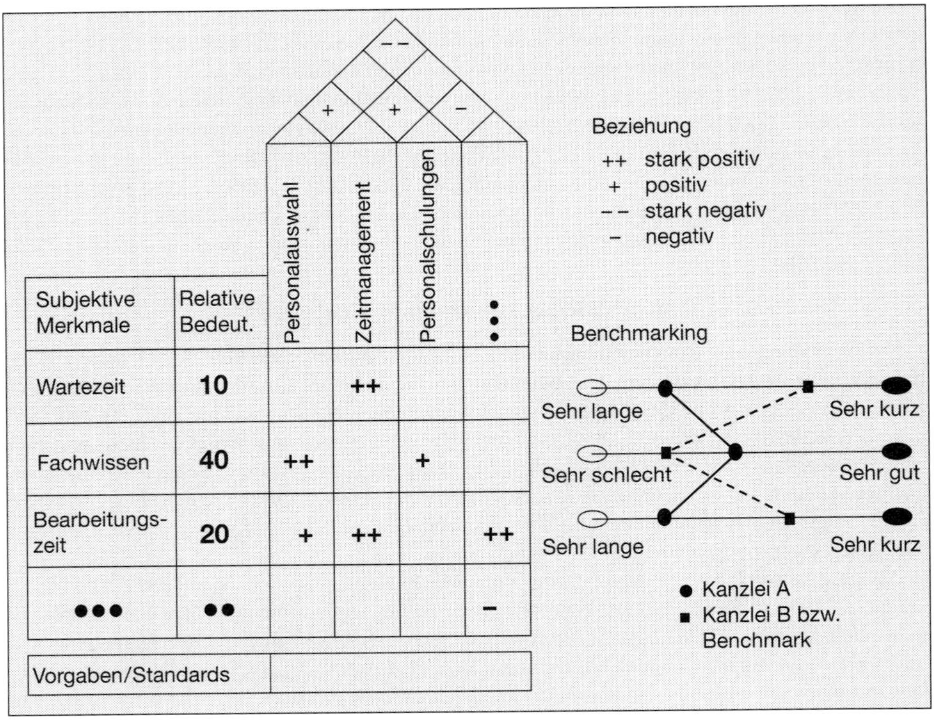

Abbildung 8: House of Quality einer Kanzlei

die subjektiv wahrgenommenen Merkmale der Mandanten wirkt. Das **Expertenurteil** ersetzt somit die aufwendige Erforschung von Wirkungsfunktionen. Als Beispiele für Designmerkmale sind die **Personalauswahl**, das **Zeitmanagement** und **Personalschulungen** aufgeführt. Der festgestellte Wettbewerbsnachteil in Bezug auf die Bearbeitungszeit kann z. B. durch die Personalauswahl oder durch die Einführung eines **Zeitmanagementsystems** behoben werden. Durch Einführung eines Zeitmanagementsystems kann dieses Manko effektiver behoben werden. Dies ist aus der in die Zelle eingezeichneten Beziehungsstärke ersichtlich.

72 Die **Übersichtlichkeit der Darstellung** erleichtert die Ableitung von Maßnahmen. Der Analytiker erkennt nun leicht, welche Merkmale aus Mandantensicht wünschenswert sind und wie hoch die relative Bedeutung der einzelnen Merkmale ist. Anhand der Richtung und Stärke der Beziehung ist ersichtlich, welche Designmerkmale vorrangig geändert werden müssen, um den Wünschen der Mandanten besser zu entsprechen. Die Veränderung bestimmter Designmerkmale kann Auswirkungen auf die Ausprägung anderer Designmerkmale haben. Daher sind im Dach des House of Quality die Beziehungen zwischen den Designmerkmalen vermerkt. So wird z. B. die Effektivität des Zeitmanagement durch begleitende Personalschulungen unterstützt.

73 Aus den Überlegungen heraus können verschiedene Standards, Vorgaben oder Richtgrößen für die einzelnen Designmerkmale abgeleitet werden, die unterhalb des House of Quality eingetragen werden. Durch die **Art der Notation** ist der Anwender gezwungen, Überlegungen bezüglich der komplexen Beziehungen der Positionierung im Wettbewerb, den Wünschen der Mandanten und den Auswirkungen auf die Designmerkmale sowie deren Interdependenzen anzustellen. Auf diese Weise soll sichergestellt werden, daß

- die Wünsche der Mandanten in allen Phasen der Leistungserstellung Berücksichtigung finden,

- die Stärken im Vergleich zur Konkurrenz beibehalten und die Schwächen beseitigt werden,
- interne Koordinationsprobleme erkannt und reduziert werden,
- die Umsetzung der Positionierung bzw. Qualitätsplanung nachvollziehbar und transparent ist,
- ein strategisches Positionierungsziel mandantengerecht in konkrete Maßnahmenbündel überführt werden kann.

Es ist offensichtlich, daß in diesem Zusammenhang nicht von einer optimalen Positionierung gesprochen werden kann. Aber mit der **Strukturierungshilfe** eines House of Quality lassen sich angestrebte strategische Positionierungsziele in konkrete Maßnahmenbündel überführen. Auf diese Weise werden gute Positionierungen im Wettbewerb erreicht, die den ökonomischen Erfolg einer Kanzlei sicherstellen. 74

Die **erfolgreiche Positionierung** erfordert eine laufende Kontrolle, d. h. die Positionierungsanalyse sollte in regelmäßigen Abständen erfolgen.[63] Dabei sind die getroffenen Modellannahmen bei der Verwendung von Positionierungsmodellen und der Anwendung statistischer Verfahren kritisch zu hinterfragen sowie an die gegebenen Verhältnisse des untersuchten Marktes anzupassen. Trotz der unbezweifelbaren Besonderheiten des Marktes für anwaltliche Dienstleistungen lassen sich eine Vielzahl der in Positionierungsstudien eingesetzten Verfahren des Dienstleistungsmarketing übertragen, anpassen und sinnvoll einsetzen. 75

G. Möglichkeiten und Grenzen von Positionierungsmodellen für Anwaltskanzleien

Eine Besonderheit des Marktes für anwaltliche Leistungen ist sicherlich der **Prozeßcharakter**, der vielen Dienstleistungsmärkten inhärent ist. Der Mandant wird in erheblichem Ausmaß in den **Erstellungsprozeß** der Leistung einbezogen. Ohne die Mitwirkung des Mandanten ist die Erstellung einer anwaltlichen Leistung nicht möglich, d. h. die anwaltliche Leistung kommt nicht ohne die Mitwirkung **externer Produktionsfaktoren** zustande. Externe Produktionsfaktoren entziehen sich der autonomen Verfügungsgewalt des Anbieters, was besondere Risiken, z. B. in der Kapazitätsplanung, mit sich bringt.[64] Das Ausmaß der Integration externer Faktoren wird im Dienstleistungsmarketing mit dem Begriff **„Integrativität"** belegt.[65] Die besonderen Risiken, die sich aus der zwangsweise notwendigen Zusammenarbeit ergeben, sind als **Verhaltensunsicherheiten** klassifizierbar.[66] Ein weiteres ökonomisch relevantes Kriterium ist die Individualität von Dienstleistungen, die auch auf dem Markt für anwaltliche Leistungen gegeben ist. 76

Dienstleistungen mit hoher Individualität, hoher Integrativität und hoher Verhaltensunsicherheit unterscheiden sich von Produkten, für welche die meisten ökonomischen Modelle, auch die Positionierungsmodelle, im Ursprung konzipiert wurden.[67] Daher sind die dargestellten Positionierungsmodelle zwar hilfreich, aber nicht ausreichend, um die Positionierung derartiger Dienstleistungen sicherzustellen. Wenn der Kunde bzw. der Mandant an verschiedenen Stufen der Leistungserstellung integriert wird, stellt sich die Frage nach der **Gewichtung** der unterschiedlichen Wahrnehmungen an den verschiedenen Kontaktpunkten von Mitarbeitern des Anbieters und den Nachfragern im Erstellungsprozeß.[68] Wie wird sich z. B. die empfundene Freundlichkeit am Empfang einer Kanzlei mit dem reservierten, weniger freundlichen Umgangston eines Anwaltes in der globalen 77

[63] Vgl. *Trommsdorff* 1995, Sp. 2067.
[64] Vgl. *Meyer/Westerbarkey* 1995.
[65] Vgl. *Engelhardt/Kleinaltenkamp/Reckenfelderbäumer* 1993.
[66] Vgl. *Woratschek* 1996b.
[67] Vgl. *Woratschek* 1996b.
[68] Vgl. *Stauss* 1991 und unter § 27.

Modellierung eines Positionierungsmodells niederschlagen? Welche Auswirkungen haben die subjektiv wahrgenommenen Risiken vor Inanspruchnahme (Verhaltensunsicherheiten) einer Rechtsberatung auf die Bewertung und die Auswahlentscheidung? Die **Integrativität des Mandanten** führt dazu, daß er zum Teil selbst für das Ergebnis einer Rechtsberatung oder der Rechtsvertretung verantwortlich ist. Inwieweit führt der Mandant empfundene Mängel auf sich selbst zurück und inwieweit auf den Rechtsanwalt? Für das Management und die erfolgreiche Positionierung ist die Beantwortung dieser Fragen wichtig. Allerdings reicht die Formulierung eines merkmalsorientierten Positionierungsmodells nicht aus, da die Messung global über alle Stufen des Erstellungsprozesses erfolgt.

78 Der fehlende Konkretisierungsgrad der Positionierungsmodelle kann nur durch **ergänzende Methoden** korrigiert werden. Ereignisorientierte Messungen setzen an diesem Schwachpunkt an. Sie vermeiden ein allzu hohes Aggregationsniveau und zielen auf die Erfassung konkreter Stärken und Schwächen während des Erstellungsprozesses einer Dienstleistung ab. Daher sind sie auch als Ergänzung für den Bereich anwaltlicher Leistungen unentbehrlich. Die ereignisorientierten Verfahren sind in § 27 erläutert, so daß an dieser Stelle auf eine detaillierte Darstellung verzichtet werden kann. Ergänzt wird die Positionierung einer Kanzlei durch die Ausgestaltung des physischen Umfeldes (§ 46) und durch ein institutionalisiertes Beschwerdemanagement (§ 47).

79 Die hohen **Verhaltensunsicherheiten** anwaltlicher Leistungen werden durch ereignisorientierte Verfahren teilweise aufgedeckt. Durch die Analyse von aufgetretenen Problemen in der Kanzlei können die Auswirkungen auf zukünftige Auswahlentscheidungen grob abgeschätzt werden (vgl. § 27).

80 Die ereignisorientierten Verfahren tragen zwar dem Prozeßcharakter von Dienstleistungen Rechnung, reichen alleine nicht für die Positionierungsentscheidung aus. Da sie nur für eine spezielle Kanzlei eingesetzt werden können, ist der **Wettbewerbsvergleich** nicht möglich, so daß auf den Einsatz der dargestellten Positionierungsmodelle nicht verzichtet werden kann.

81 Der **Vergleich im Wettbewerb** ist die Voraussetzung dafür, daß Marktnischen entdeckt und kompetent besetzt werden. Zudem „spornt" es die Kanzlei an, in allen Bereichen bessere Leistungen für den Mandanten zu erbringen. Damit der Mandant Spitzenleistungen wahrnimmt, bewertet und auf dieser Basis einen Auswahlentscheidung trifft, muß eine Positionierung der angebotenen Leistungen im Bewußtsein der Mandanten erfolgen. Zur Ableitung konkreter Maßnahmen sind daher empirische Positionierungsstudien eine notwendige Voraussetzung für den ökonomischen Erfolg einer Kanzlei.

§ 5 Das Produkt der anwaltlichen Dienstleistung

*Rachelle Römermann**

Übersicht

* Diplom-Betriebswirtin, leitet das Kanzleimanagement der Anwaltskanzlei Dr. Römermann, Schwab & Coll. in Hannover.

Schrifttum: *Benölken/Greipel*, Dienstleistungsmanagement – Service als strategische Erfolgsposition, 1990; *Bieberstein*, Dienstleistungs-Marketing, 1995; *Bruhn*, Qualitätsmanagement für Dienstleistungen, 2. Aufl. 1997; *DAV* (Hrsg.), TQM – Qualitätsmanagement in der Anwaltskanzlei, 1997; *Clement*, Deutschland auf dem Weg in die Dienstleistungsgesellschaft, AnwBl. 1995, 442; *Dehr/Biermann*, Marketing-Management, 1999; *Ehlers*, Die Insolvenzverwaltung – Ein wachsender Markt für Rechtsanwälte?, AnwBl. 1998, 4499; *Ewig*, Verwirklichung der Niederlassungsfreiheit für Rechtsanwälte in der EU und im EWR, NJW 1999, 248; *Feuerich/Braun*, BRAO, 4. Aufl. 1999; *Freitag u.a.*, Qualität in der Anwaltskanzlei, 1999; *Hartung*, Die anwaltliche Berufsordnung im Überblick, ZAP 1998, Fach 23, S. 311; *ders.*, Die Fachanwaltsordnung im Überblick, ZAP 1998, Fach 23, S. 351; *ders.*, Inkrafttreten der Berufsordnung gefährdet?, AnwBl. 1997, 65; *ders.*, Der Anwaltsnotar im neuen anwaltlichen Berufsrecht, ZNotP 1998, 107; *ders.*, in: Hartung/Holl, BerufsO, Einführung u. § 3; *ders.*, in: Henssler/Prütting, BRAO, 1997, § 59a; *Hartung/Holl*, Anwaltliche Berufsordnung, 1997; *Henssler*, in: Henssler/Prütting, BRAO 1997, § 7; *Heussen*, Umgang mit Rechtsanwälten, 1996; *Hoeren*, Der Anwalt als Datenschutzbeauftragter, ZAP F. 23, S. 163; *Kotler u. a.*, Grundlagen des Marketing, 2. Aufl. 1999; *Kleinaltenkamp/Ginter*, Dienstleistungsprogrammpolitische Entscheidungen, in: Meyer (Hrsg.), Handbuch Dienstleistungsmarketing, 1998, S. 751; *Kleine-Cosack*, BRAO, 3. Aufl. 1997; *ders.*, Neuordnung des anwaltlichen Berufsrechts, NJW 1994, 2249; *ders.*, Vom Universalanwalt zum Spezialanwalt, NJW 1992, 785; *Koch*, in: Henssler/Prütting, BRAO, 1997, Vorb. § 1 u. § 3; *Lörcher*, in: Hartung/Holl (Hrsg.), Anwaltliche BerufsO, 1997, Vor § 34; *dies.*, EG-Niederlassungsrichtlinie für Rechtsanwälte endlich verabschiedet, BRAK-Mitt. 1998, 9; *Lutz*, Marketing für Steuerkanzleien, 1995; *Lutz/App*, Beratungsfelder des Rechtsanwalts bei der Betreuung von Steuermandanten, ZAP F. 23, S. 221; *Mauer/Krämer*, Marketingstrategien für Rechtsanwälte, 1996; *dies.*, Braucht eine Kanzlei Ziele – Ein Beitrag zu TQM in der Anwaltskanzlei, AnwBl. 1998, 113 ff.; *Mauer/Krämer/Becker*, Unternehmensführung für rechts- und wirtschaftsberatende Berufe, 1997; *Meffert*, Marketingmanagement, 1995; *Meffert/Bruhn*, Dienstleistungsmarketing, 1995; *Meyer, A.* (Hrsg.), Handbuch Dienstleistungs-Marketing, 1998; *Nerlich*, in: Hartung/Holl (Hrsg.), Anwaltliche BerufsO, 1997, Berufsrechts-ABC (Stichwort: „Treuhänderische Tätigkeit"); *Proksch*, Mediation in Deutschland – Stand und Perspektiven außergerichtlicher Konfliktregelung durch Mediation, Konsens, 1998, 7; *Prütting*, in: Henssler/Prütting, BRAO 1997, § 28; *Redeker*, Bild und Selbstverständnis des Anwalts heute, AnwBl. 1996, 503; *Römermann*, Anwaltliche Berufsordnung – Ende oder Neuanfang?, NJW 1998, 2249; *ders.*, Interprofessionelle Zusammenarbeit von Rechtsanwälten, NJW 1996, 3233; *Schiefer/Hocke*, Marketing für Rechtsanwälte, 1996; *Unger/Wolf*, Erfolgreiches Anwaltsmarketing, 1993; *Vallendar*, Erste gerichtliche Erfahrungen mit dem Verbraucherinsolvenzverfahren, ZIP 1999, 125; *Weimar*, Grundfragen der anwaltlichen Rechtsberatung, MDR 1998, 1008; *Winters*, Die Zukunft der Rechtsberatung, NJW 1988, 521; *Winters*, Der Rechtsanwaltsmarkt. Chancen, Risiken und zukünftige Entwicklung, 1990.

A. Einleitung

I. Begriffsbestimmung

1 Mit dem Begriff „Produkt" ist grundsätzlich ein materieller Gegenstand gemeint, so daß einige Autoren von dem Gebrauch dieses Begriffs im Dienstleistungsbereich abraten, um Irreführungen zu vermeiden.[1] Produkte sind jedoch nicht zwingend materiell, sondern sie können auch abstrakter Natur sein. Denn im allgemeinen Sinne ist ein Produkt ein Erzeugnis[2] bzw. das Ergebnis menschlicher Arbeit.[3] Das trifft auch bei Dienstleistungen zu.[4] Dementsprechend wird der Begriff von manchen Autoren[5] auch im Dienstleistungsbereich gebraucht oder es wird gar aktiv für seine Anwendung plädiert; so ist beispiels-

[1] *Kleinaltenkamp/Ginter*, in: Meyer (Hrsg.), Handbuch Dienstleistungsmarketing, 1998, S. 751, 752 f.; *Biberstein*, 1995, S. 167.

[2] Vgl. Brockhaus, Die Enzyklopädie, 20. Aufl. 1996, 17. Band, S. 507.

[3] Vgl. Duden, Deutsches Universal Wörterbuch, 2. Aufl. 1989, S. 1183.

[4] Gabler, Wirtschaftslexikon, 12. Aufl. 1988, Band 4, S. 1006. *Kotler* u. a. ordnen die Produkte in drei Klassen: Gebrauchsgüter (langlebige Wirtschaftsgüter), Verbrauchsgüter (nicht dauerhafte Wirtschaftsgüter) und Dienstleistungen. Siehe *Kotler u.a.*, Grundlagen des Marketing, 2. Aufl. 1999, S. 570.

[5] Z. B. *Lutz*, 1995, S. 63 ff.

weise für *Unger/Wolf* auch die anwaltliche Dienstleistung ein Produkt im Sinne des Marketing.[6]

Über diese etwas dogmatische Diskussion hinaus entspricht der Oberbegriff Produkt dem, was der Rechtsanwalt am Markt anbietet, nämlich seiner **Leistung** bzw. seiner Dienstleistung. Im strategischen Bereich, also bei der langfristigen Planung der Kanzlei, wird die Bezeichnung **Dienstleistungsprogramm** bevorzugt; im operativen Bereich, also bei der Umsetzung der Kanzleistrategie, spricht man in der Fachliteratur von **Angebots-** oder **Leistungspolitik**. 2

Unter Marketinggesichtspunkten ist das Produkt als **Antwort auf Bedürfnisse des Marktes** zu verstehen. Dies gilt auch für das Produkt der anwaltlichen Dienstleistung. Dieses Produkt entspricht aber nicht nur der Antwort auf die ausdrücklich erklärten Bedürfnisse der Mandanten (die Klärung einer bestimmten Rechtsfrage, die Lösung eines Rechtsstreits). 3

Es gehört darüber hinaus zum Produkt der anwaltlichen Leistung, auf die **nicht ausdrücklich erklärten** Erwartungen des Mandanten einzugehen: Das Erzielen von wirtschaftlichen Vorteilen, die Verstärkung der Machtposition, die Sicherheit usw. So sucht etwa der Mandant, der sich scheiden lassen möchte, in seinem Anwalt häufig eine **Vertrauensperson**, der er von seinen Problemen erzählen kann. Nicht selten versucht der Arbeitnehmer, der Klage gegen eine „ungerechte und überraschende" Kündigung erheben will, auf diesem Weg eine höhere Abfindungssumme zu erreichen, da die Atmosphäre im Betrieb für ihn mittlerweile unerträglich geworden ist. 4

Daraus wird bereits ersichtlich, wie **komplex** die anwaltliche Leistung, insbesondere die erfolgreiche anwaltliche Leistung, ist. Mit einer erfolgreichen anwaltlichen Leistung im Sinne der Marketing-Philosophie ist die Leistung gemeint, die zur vollen **Zufriedenheit** des Mandanten führt. Dieses Ergebnis erfordert eine Antwort, die über das Eingehen auf die rein rechtliche Problematik hinaus psychologische, gesellschaftliche und/oder wirtschaftliche Überlegungen einbezieht. Der Begriff „Produkt" entspricht somit (auch) in bezug auf die anwaltliche Leistung einem komplexen Konzept, das gewissenhaft (neu) definiert werden sollte. 5

II. Notwendigkeit einer (neuen) Definition

Seit einigen Jahren wird in der Anwaltschaft zunehmend bedauert, daß viele Gebiete, die eigentlich per Definition der anwaltlichen Leistung zugeordnet werden bzw. werden könnten, von nicht-anwaltlichen Anbietern erobert wurden. Die in der Tat erheblich gewachsene Konkurrenz durch andere freie Berufe (beispielsweise Steuerberater, Wirtschaftsprüfer) sowie Organisationen und Institutionen (Banken, Versicherungen, Verbände)[7] führt zu nachvollziehbaren Befürchtungen bei vielen Rechtsanwälten. 6

Vor diesem Hintergrund ist es notwendig, nicht nur aus der Perspektive der einzelnen Anwaltskanzlei, sondern auch im Interesse der gesamten Anwaltschaft eine kritische Diskussion einzuleiten, die den Entwicklungen des Rechtsberatungsmarktes folgend eine neue Definition des Produkts der anwaltlichen Leistung anstreben sollte. Damit sind sowohl der **Umfang** der anwaltlichen Leistung (zur Entwicklung neuer Tätigkeitsfelder der Anwaltschaft siehe unten Rdn. 52) als auch die vom Markt gestellten Anforderungen im Hinblick auf **Qualität** und **Mandantenorientierung** gemeint. 7

Dabei gilt es folgende Tendenzen zu berücksichtigen: Die **Rechtsuchenden sind kritischer** geworden. Sie sind sich ihrer Rechte und Möglichkeiten (z. B. Anwaltsregresse) – nicht zuletzt unter dem Einfluß der Medien[8] – bewußter geworden, was an sich zu 8

---

[6] *Unger/Wolf*, 1993, S. 105.

[7] *Winters*, 1990, S. 46ff.

[8] Vgl. beispielsweise die derzeit laufenden TV-Serien: „Wie würden Sie entscheiden" und „Ehen vor Gericht" sowie zahlreiche Zeitschriften-Berichte und Reportagen, unter anderem die Serie der Zeitschrift „Focus" („Die besten 500 Anwälte") im Jahre 1997. Die Information des Publikums erfolgt auch in Taschenbüchern (z. B. *Heussen*, Umgang mit Rechtsanwälten, 1996).

begrüßen ist. Genausowenig wie ihre Bank oder ihren Arzt betrachten sie mittlerweile ihren Anwalt als ihren lebenslangen Berater und sind bereit, zu einem anderen zu wechseln, sobald ihr bisheriger Anwalt den Anforderungen nicht (mehr) gerecht wird. Diese Beobachtung mag vielen Anwälten zunächst schmerzhaft erscheinen, da der Weg zum wirtschaftlichen Erfolg eindeutig schwieriger geworden ist. Sie stellt allerdings eine **Herausforderung** für die Anwaltschaft und eine Chance für dynamische Berufsträger dar, die ihre Kanzleistrategie und ihre Leistungspalette marktgerecht zu gestalten suchen.

B. Elemente der anwaltlichen Dienstleistung

9 Um den Kernbereich der anwaltlichen Berufsausübung herum haben sich im Laufe der Jahre zusätzliche Tätigkeitsfelder entwickelt, die von (zumindest teilweise) spezialisierten Rechtsanwälten wahrgenommen werden. Hierzu zählen seit langem traditionelle Zusatzleistungen wie das Notariat und die Insolvenzverwaltung (bis 31. 12. 1998: Konkursverwaltung). Andere Rechtsbereiche wie das Steuerrecht sind der Anwaltschaft weitgehend verlorengegangen und wurden von dem eigenen Berufsstand der Steuerberater übernommen. Durch Veränderungen in der Gesetzgebung kamen neue Arbeitsgebiete wie etwa die Auslandstätigkeit, die durch europäische Richtlinien wesentlich erleichtert wurde, oder das Treuhänderamt in der (z. B. Verbraucher-) Insolvenz hinzu. Wiederum andere Tätigkeitsschwerpunkte wie vor allem die Mediation entspringen einem veränderten Rechtsbewußtsein auch in der Anwaltschaft, wonach der Prozeß nicht mehr als die beste Lösung zur Beilegung von Konflikten angesehen wird.

10 Schematisch lassen sich die in der Praxis bedeutsamsten Schwerpunkte anwaltlicher Tätigkeit vereinfacht wie folgt untergliedern:

11

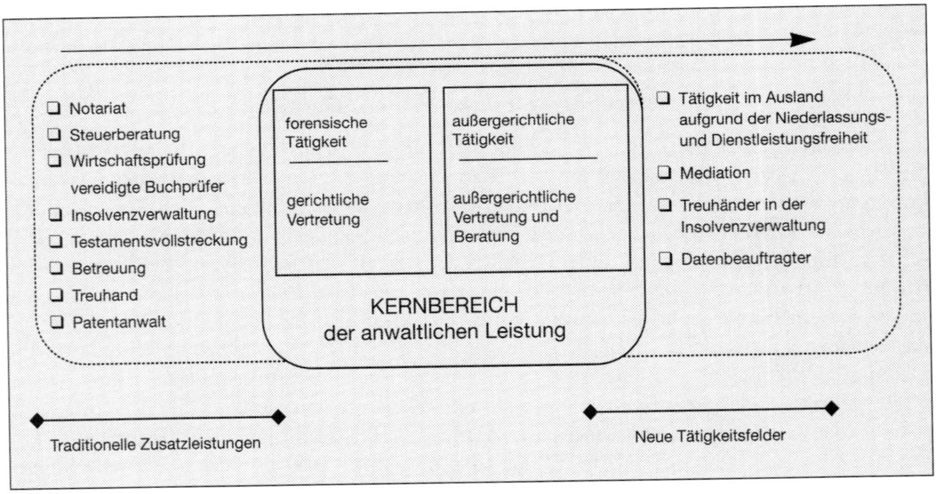

Abbildung 1: Elemente der anwaltlichen Dienstleistung

I. Kernbereich der anwaltlichen Leistung

1. Definition der anwaltlichen Tätigkeit nach den gesetzlichen Vorschriften

12 Aus den gesetzlichen Vorschriften ergibt sich keine genaue bzw. ausreichende Definition der anwaltlichen Leistung. Weder die maßgebliche Bundesrechtsanwaltsordnung

(BRAO) von 1959 noch die 1998 in Kraft getretene Berufsordnung (BerufsO)[9] liefern eine Beschreibung der in der anwaltlichen Tätigkeit enthaltenen Leistungen oder Tätigkeitsbereiche.

- **Die §§ 1 bis 3 BRAO** legen das Berufsbild des Rechtsanwalts (bzw. der Rechtsanwaltschaft) fest.[10] Dabei wird der Rechtsanwalt als ein unabhängiges Organ der Rechtspflege (§ 1) und als unabhängiger, berufener Berater und Vertreter der Rechtsuchenden in allen Rechtsangelegenheiten (§ 3) dargestellt. Ergänzend definiert **§ 1 Abs. 3 BerufsO** den Rechtsanwalt als unabhängigen Berater und Vertreter in allen Rechtsangelegenheiten, der „seine Mandanten vor Rechtsverlusten zu schützen, rechtsgestaltend, konfliktvermeidend und streitschlichtend zu begleiten" hat. 13

  Im Ergebnis sind hinsichtlich der anwaltlichen Leistung in der BerufsO ebenso wie in der BRAO zumindest folgende **Informationselemente** zu finden: die Vertretung und die Beratung in allen Rechtsangelegenheiten. 14
- Die **Bundesrechtsanwaltsgebührenordnung (BRAGO)** definiert nicht ausdrücklich die anwaltliche Leistung, für deren Vergütung ihre Vorschriften gelten. Die in § 1 Abs. 2 BRAGO aufgeführten Tätigkeiten, für die die BRAGO nicht gilt, helfen für eine Abgrenzung der anwaltlichen Tätigkeit kaum weiter. 15
- Das **Rechtsberatungsgesetz (RBerG)** stellt in seinem § 3 Abs. 2 den Rechtsanwalt – wie auch den Notar – von der ansonsten geltenden Erlaubnispflicht frei, bietet aber darüber hinaus keinen Ansatzpunkt für eine Definition oder Abgrenzung der Anwaltsleistung. 16

2. Praxisorientierte Definition der anwaltlichen Leistung

Eine kurze und zugleich weit formulierte Definition sieht die anwaltliche Dienstleistung als „Rechtsberatung und Rechtsbesorgung".[11] Eine andere – etwas präziser gefaßte – Definition betrachtet das Kernprodukt der anwaltlichen Leistung in Anlehnung an die Definition in der BRAO als „Rechtsberatung und -vertretung in einem konkreten Fall".[12] 17

Ausgehend von der zuletzt genannten Begriffsbestimmung ist es für eine zeitgemäße Definition des Produkts der anwaltlichen Leistung wünschenswert, zusätzlich die unternehmerische Komponente zu berücksichtigen: Der Anwalt ist ein **Unternehmer** auf dem Gebiet des Dienstleistungs- und Informationsmarktes. 18

Das **Spektrum der anwaltlichen Leistung** auf diesem Markt umfaßt folgende Bereiche:[13] 19

- Die **Prozeßvertretung** auf den Gebieten des Zivil- und des Strafrechts und im übrigen vor Arbeits-, Verwaltungs-, Sozial- und Finanzgerichten; dieses Tätigkeitsgebiet wird auch als forensische Tätigkeit bezeichnet;
- die **außergerichtliche Vertretung** (zum Beispiel die Beilegung von Streitigkeiten mittels Vergleichs in Zivil- und Arbeitsrechtssachen); heutzutage bildet dieser zweite Bereich zumeist den größten Teil der Tätigkeit des Anwalts;
- die **Rechtsberatung**, wobei dieses Tätigkeitsgebiet häufig – aber nicht unbedingt – im Zusammenhang mit dem zweiten Bereich der außergerichtlichen Vertretung ausgeübt wird. Die Rechtsberatung bildet dennoch einen selbständigen Tätigkeitsbereich der anwaltlichen Leistung: Nicht selten findet eine Rechtsberatung statt, die nicht in eine Vertretung gegenüber Dritten mündet. Dies ist zum Beispiel der Fall, wenn laufende Beratungsverträge mit Unternehmen abgeschlossen werden.

---

[9] Daß die BerufsO in Kraft getreten ist, wird allerdings in der Literatur bestritten: *Römermann*, NJW 1998, 2249; *Hartung*, AnwBl. 1997, 65.

[10] *Henssler/Prütting-Koch*, BRAO, Vorb. § 1 Rdn. 4.

[11] *Winters*, Die Zukunft der Rechtsberatung, NJW 1988, 521, 522.

[12] *Unger/Wolf*, 1993, S. 105.

[13] *Unger/Wolf*, 1993, S. 13.

II. Anlässe zur Erweiterung der anwaltlichen Leistung auf andere Tätigkeiten

20 Zwar besteht das Tätigkeitsfeld des Rechtsanwalts im engeren Sinne aus der Rechtsberatung und -vertretung bzw. aus den drei oben genannten Tätigkeitsbereichen gerichtliche Vertretung, außergerichtliche Vertretung und rechtsberatende Tätigkeit. Es gibt aber zahlreiche Gründe, die den Rechtsanwalt zur Erweiterung seines Tätigkeitsfeldes veranlassen können. Davon seien genannt:

1. Nebentätigkeit als „Zubrot"

21 Heutzutage ist die Ausübung eines Zweitberufes oder einer zusätzlichen Beschäftigung keine Rarität mehr. Auch in der Anwaltschaft suchen mittlerweile viele Berufsträger in der Ausübung erwerbswirtschaftlicher Tätigkeiten die Möglichkeit, **Nebeneinkünfte** zu erzielen. Angesichts der angespannten Wettbewerbssituation betrifft dies zunehmend Rechtsanwälte, die nicht unbedingt aus Neigung, sondern aus der finanziellen Notlage heraus einen Zweitberuf ausüben müssen; also insbesondere – aber nicht nur – Berufsanfänger.

2. Kontaktfördernde Tätigkeiten

22 Für die Kanzlei bestehen zahlreiche Gelegenheiten, wertvolle Kontakte zu knüpfen, unter anderem mittels **ehrenamtlicher Tätigkeiten**. Zu diesem Zweck sind bei Rechtsanwälten traditionell politische Betätigungen, ferner die Tätigkeit als Verbandsjurist oder als Vorstand, Geschäftsführer usw. beliebt.

3. Vertrauensbildende Zusatztätigkeiten

23 Ein Weg, das Vertrauen der vorhandenen und potentiellen Mandanten zu verstärken, besteht darin, besondere Kompetenzen oder Erfahrungen aufzuzeigen. **Wissenschaftliche Tätigkeiten** werden beispielsweise häufig von anspruchsvollen Mandanten, die sich an einen spezialisierten Anwalt wenden, als Zeichen einer herausragenden Qualifikation verstanden. Die Veröffentlichung von Büchern und Aufsätzen in Fachzeitschriften oder Referententätigkeiten in wissenschaftlichen Kreisen (Lehrbeauftragter oder Privatdozent an der Universität) sind Tätigkeiten, die zur Erhöhung der Qualität der anwaltlichen Leistung beitragen – vor allem, wenn sie mit einem praktischen Ansatz verfolgt werden. Hinzu kommt, daß sie für den Mandanten ein Indiz für vertiefte Arbeit in dem Spezialgebiet darstellen. Die größte Wirkung erzielen Veröffentlichungen und Referententätigkeiten, wenn sie in die Tätigkeit der Anwaltskanzlei integriert werden, das heißt, wenn sie zu Stil, Spezialisierungen und Klientel (zumindest Zielklientel) passen.

24 Regelmäßige **Fachvorträge** in der Wirtschaft stellen unter den Nebentätigkeiten, die ein Anwalt betreiben kann, eine der hinsichtlich der Unternehmerklientel im höchsten Maße akquisitorischen Tätigkeiten dar. Hinzu kommt, daß sie nicht nur zum Ruf des Anwalts und möglicherweise der Anwaltskanzlei beitragen, sondern auch zu einer eigenen Erwerbsquelle werden können.[14]

4. Zusatzleistungen als Service für die Mandanten

25 Die drei oben genannten Gründe für die Erweiterung der anwaltlichen Leistung führen zu Tätigkeitsarten, die nicht unbedingt das Leistungsangebot an die Mandanten erweitern. An anderen Zielen orientiert sich der Weg, das eigentliche anwaltliche Dienstleistungsangebot um weitere Tätigkeitsbereiche zu ergänzen, um es für den potentiellen und den vorhandenen Mandanten attraktiver zu machen.

26 Die Auswahl der ergänzenden Leistungen sollte sich maßgeblich nach der Zielklientel (die nicht unbedingt der bestehenden Klientel entspricht) richten. Eine erfolgreiche Erweiterung der Kerntätigkeit der Anwaltskanzlei um Zusatzleistungen setzt daher voraus, daß man sich im Vorfeld eine genaue Vorstellung davon bildet, welcher Bedarf bei den **Zielmandanten** noch gedeckt und/oder geweckt werden kann.[15]

---

[14] *Unger/Wolf*, 1993, S. 162.

[15] Vgl. *Schiefer/Hocke*, 1996, S. 79.

Die unten (Rdn. 35ff. und 52ff.) dargestellten traditionell ergänzenden Leistungen und neuen Tätigkeitsfelder der Anwaltschaft entsprechen dieser Erweiterung der Kernleistung um Service-Leistungen. Zuerst bietet es sich aber an, das **Spektrum der möglichen Zusatzleistungen** einzugrenzen. Bevor man die Erweiterung seiner anwaltlichen Tätigkeit auf andere ergänzende Bereiche plant bzw. vielleicht unkontrolliert hineingerät, ist es erforderlich, berufsrechtliche Restriktionen und die steuerlichen Auswirkungen im Vorfeld sorgfältig zu prüfen. Dazu sollen im Folgenden einige Hinweise gegeben werden. 27

III. Grenzen der Erweiterung der anwaltlichen Tätigkeit auf Zusatzleistungen

1. Inkompatibilitäten

Bei der Erweiterung der rein anwaltlichen Tätigkeit auf andere Aktivitäten müssen zunächst **berufsrechtliche** Beschränkungen bedacht werden. Die von Art. 12 Abs. 1 GG gewährleistete Freiheit der Berufswahl umfaßt das Recht, mehrere Berufe zu wählen und auszuüben. Das Grundrecht der **Berufsfreiheit** ist allerdings nicht schrankenlos garantiert. So darf der Rechtsanwalt sein Tätigkeitsspektrum nicht unbegrenzt auf jede denkbare zusätzliche Tätigkeit ausdehnen. Berufsausübungsbeschränkungen können jedoch nur durch Gesetz oder aufgrund eines Gesetzes erfolgen.[16] 28

Zum Schutz der Anwaltschaft und der Öffentlichkeit verbietet die BRAO die gleichzeitige Ausübung der Anwaltstätigkeit mit sogenannten **unvereinbaren Tätigkeiten**. Nach den §§ 7 Nr. 8 und 14 Nr. 9 BRAO ist es dem Anwalt untersagt, eine Tätigkeit auszuüben, die mit dem Beruf des Rechtsanwalts, insbesondere seiner Stellung als unabhängiges Organ der Rechtspflege, nicht vereinbar ist oder das Vertrauen in seine **Unabhängigkeit** gefährden kann.[17] 29

Unter den denkbaren Serviceleistungen gilt in der Rechtsprechung insbesondere die **Maklertätigkeit** als mit dem Anwaltsberuf unvereinbar, weil sie in besonderer Weise die Möglichkeit bietet, aus der rechtsberatenden Tätigkeit stammende Informationen zu mißbrauchen, so daß das Vertrauen in die anwaltliche Unabhängigkeit gefährdet würde.[18] Auch aus der **Unternehmensberatung** können sich Gefahren für die Unabhängigkeit ergeben, wobei sich hierzu keine generellen Aussagen treffen lassen.[19] 30

Nicht als Zusatzleistung der Anwaltskanzlei, aber unter anderem als kontaktfördernde Tätigkeit könnte die Geschäftsführung einer öffentlich-rechtlichen Körperschaft, zum Beispiel einer Handwerkskammer, ins Auge gefaßt werden. Solche Betätigungen werden allerdings in der Regel als mit der anwaltlichen Tätigkeit unvereinbar qualifiziert. Einige Tätigkeiten als **Geschäftsführer oder Gesellschafter** werden hingegen als zulässig angesehen.[20] 31

2. Tätigkeitsverbote zur Vermeidung von Interessenkollisionen

Darüber hinaus sind zeitlich begrenzte Tätigkeitsverbote zu beachten, die in erster Linie **Interessenkollisionen** verhindern sollen. Das sind die Tätigkeitsverbote der §§ 43a, 45 (Versagen der Berufstätigkeit), 46 (Rechtsanwälte in ständigen Dienstverhältnissen) und 47 BRAO (Rechtsanwälte im öffentlichen Dienst), ergänzt durch § 3 BerufsO. 32

Das Verbot der **Vertretung widerstreitender Interessen** untersagt eine berufliche Betätigung auch dann, wenn nicht der betroffene Rechtsanwalt selbst, sondern beispiels- 33

---

[16] *Henssler/Prütting-Henssler*, BRAO, § 7 Rdn. 73.

[17] Zum Thema Unabhängigkeitsgebot des Anwalts als Grenze wirtschaftlicher Betätigung vgl. *Mauer/Krämer*, 1996, Rdn. 34ff.

[18] *Henssler/Prütting-Henssler*, BRAO, § 7 Rdn. 92. Vgl. auch BGHZ 72, 282; BGH EGE XIII, 67; BGH NJW 1976, 628. Für die Tätigkeit als Versicherungsmakler BRAK-Mitt. 1994, 43, 49; *Kleine-Cosack* NJW 1994, 2249, 2250.

[19] *Henssler/Prütting-Henssler*, BRAO, § 7 Rdn. 92.

[20] Einzelheiten bei *Henssler/Prütting-Henssler*, BRAO, § 7 Rdn. 92 und 93; hierzu auch *Mauer/Krämer*, 1996, Rdn. 36.

weise sein (Außen-) Sozius in derselben Angelegenheit bereits in irgendeiner Form für die Gegenpartei tätig war. Dies soll das Vertrauen der Mandantschaft in die Unabhängigkeit und Geradlinigkeit der anwaltlichen Berufsausübung stärken.[21] § 46 Abs. 1 BRAO verbietet es dem **Syndikusanwalt**, für einen Auftraggeber, dem er aufgrund eines ständigen Dienst- oder Beschäftigungsverhältnisses seine Arbeitszeit und -kraft zur Verfügung stellen muß, vor Gerichten oder Schiedsgerichten in seiner Eigenschaft als Rechtsanwalt tätig zu werden. In den Fällen des § 47 beläßt die BRAO dem Rechtsanwalt seine Zulassung während der Tätigkeit im **öffentlichen Dienst** (als Richter, Beamter usw.), verbietet ihm aber in dieser Zeit die Berufsausübung als Rechtsanwalt.[22]

3. Steuerliche Nachteile

34 Derjenige Rechtsanwalt, der neben seiner freiberuflichen Tätigkeit im Sinne des § 18 Abs. 1 Nr. 1 EStG einer – wenn auch nur geringfügigen – gewerblichen Betätigung nachgeht, hat nach der ständigen Rechtsprechung des BFH zu § 15 Abs. 3 Nr. 1 EStG („Abfärbetheorie" bzw. „Infektionstheorie")[23] seine gesamten Einnahmen wie ein Gewerbetreibender zu versteuern, also auch Gewerbesteuer zu zahlen. Eine Ausnahme wird nur für den Fall zugelassen, daß sich beide Tätigkeitsbereiche klar trennen lassen. Vor diesem Hintergrund sollte § 31 Abs. 2 BerufsO in der Fassung vom 6. November 1998[24] die Mitgliedschaft in zwei personenidentischen Gesellschaften, beispielsweise einer Rechtsanwaltssozietät und einer Gesellschaft mit dem Zweck der Insolvenzverwaltung, soweit darin gewerbliche Bereiche eingeschlossen sind, gestatten. Diese Bestimmung wurde allerdings durch das Bundesjustizministerium aufgehoben und ist daher nicht in Kraft getreten. Zu den steuerlichen Folgen einer (teilweise) gewerblichen Betätigung näher § 17 Rdn. 201 ff.

IV. Traditionelle Zusatzleistungen

1. Notariat[25]

35 Die Erweiterung der Leistungspalette einer Anwaltskanzlei auf das Notariat beruht auf der Möglichkeit der Amtsausübung als Notar im Nebenberuf gem. § 3 BNotO. Das **Anwaltsnotariat** gilt allerdings nur in folgenden Bundesländern: Berlin, Bremen, Hessen, Niedersachsen, Nordrhein-Westfalen mit Ausnahme der Gebiete des rheinischen Notariats und in Schleswig-Holstein.[26] In diesen Ländern werden Rechtsanwälte für die Dauer ihrer Zulassung bei einem bestimmten Gericht als Notare zu gleichzeitiger Amtsausübung neben dem Beruf des Rechtsanwalts bestellt (§ 3 Abs. 2 BNotO). Seit Anfang der neunziger Jahre gilt in den Gebieten mit Anwaltsnotariat anstelle der früher ausschließlichen Orientierung an den Dienstjahren anwaltlicher Tätigkeit ein leistungsbezogenes System, das qualifizierten Bewerbern die vorzeitige Erlangung einer Notarstelle ermöglicht.[27]

2. Steuerberater, Wirtschaftsprüfer, vereidigter Buchprüfer

36 Die Vereinbarkeit dieser Tätigkeiten mit der anwaltlichen Berufsausübung folgt schon aus deren **Sozietätsfähigkeit** gem. § 59a BRAO. Die Kombination des Anwaltsberufs

---

[21] Näher *Hartung/Holl-Hartung*, § 3 Rdn. 3.

[22] Näher dazu *Kleine-Cosack*, BRAO, §§ 45 bis 47, sowie die Kommentierungen der §§ 45 bis 47 in *Henssler/Prütting*, BRAO, durch *Eylmann* (§ 45), *Henssler* (§ 46) und *Schaich* (§ 47). Vgl. hinsichtlich § 47 BRAO *Hartung/Holl-Hartung*, BerufsO, Anh. § 3 Rdn. 110 ff.

[23] BFH, BStBl. II 1989, 797.

[24] Bekanntmachung in AnwBl. 1999, 40.

[25] Einzelheiten zu berufsrechtlichen Aspekten des Anwaltsnotars unter § 7; ferner *Hartung*, ZNotP 1998, 107 ff.

[26] Vgl. *Henssler/Prütting-Hartung*, BRAO, § 59a Rdn. 21.

[27] Näher *Hartung*, ZNotP 1998, 107 ff.

mit einem dieser Berufe gehört zu den am weitesten verbreiteten Zweitberufen und ist besonders sinnvoll für die Beratung von Unternehmen, also insbesondere für Wirtschaftsanwälte.

Für den Anwalt, der eine größere Zahl von **Steuermandaten** betreut, sehen *Lutz* und *App* in den Bereichen der Durchsetzungs- und Gestaltungsberatung vielversprechende Beratungsfelder.[28] Aber auch für die Rechtsberatung in Bereichen wie dem Erbrecht und dem Familienrecht bieten besondere Qualifikationen und Kenntnisse im Steuerrecht erhebliche Wettbewerbsvorteile. Die Erlangung der Steuerberaterbezeichnung ist zeitaufwendig. Als Alternative kommt der Erwerb der Fachanwaltsbezeichnung im Steuerrecht in Betracht.[29] An der Befugnis zur Steuerberatung kann es bei Rechtsanwälten auf keinen Fall fehlen, da Steuerberatung nichts anderes als Rechtsanwendung auf dem Gebiet des Steuerrechts darstellt. Sollte aufgrund fehlender Qualifikation zur Steuerberatung eine umfassende Beratung aus einer Hand zunächst nicht möglich sein, so kann die Zusammenarbeit mit Steuerberatern oder Wirtschaftsprüfern in erster Linie für die Beratung im Wirtschaftsrecht bzw. Gesellschaftsrecht – aber auch z. B. im Erbrecht oder Familienrecht – angestrebt werden. 37

3. Insolvenzverwaltung

Der Rechtsanwalt kann als Insolvenzverwalter im Sinne des § 56 InsO bestellt werden. 38
Hierbei handelt es sich um eine nicht nur rechtlich, sondern in hohem Maße **betriebswirtschaftlich** ausgerichtete Aktivität. Dies gilt seit Inkrafttreten der InsO am 1. 1. 1999 besonders aufgrund der nunmehr gegenüber dem früheren Rechtszustand betonten Zielrichtung der **Unternehmenssanierung** anstelle der vormals häufig anzutreffenden Zerschlagung vorhandener Werte. Der Rechtsanwalt als Insolvenzverwalter hat daher nicht nur die rechtlichen Beziehungen des insolventen Unternehmens zu prüfen. Seine Aufgabe besteht darüber hinaus in einer **wirtschaftlichen Unternehmensfortführung**, zumindest über einen gewissen Zeitraum. Diese Tätigkeit erweist sich in der Praxis als zeitintensiv und erfordert zudem geschultes, nichtjuristisches Personal. Die Insolvenzordnung wird durch die Vorverlagerung der Insolvenztatbestände zu einer wesentlichen Ausweitung der Unternehmensfortführungen und damit der Insolvenzverwaltungen führen. Vor dem Hintergrund der damit gewachsenen Betätigungsmöglichkeiten hat die Satzungsversammlung der Rechtsanwälte am 6. 11. 1998 die Einführung der neuen Fachanwaltschaft für Insolvenzrecht beschlossen.

Die **Vergütung des Insolvenzverwalters** richtet sich nach der Insolvenzrechtlichen Vergütungsverordnung (InsVV). Als Berechnungsgrundlage für die Insolvenzverwaltervergütung wird die Insolvenzmasse zur Zeit der Beendigung des Insolvenzverfahrens genommen, unter Berücksichtigung von diversen möglichen Zuschlägen und Abschlägen.[30] 39

4. Schiedsrichter

Zu den klassischen anwaltlichen Tätigkeiten gehört die außergerichtliche Schlichtung. 40
Das Schiedsgerichtsverfahren ist in den §§ 1025 ff. ZPO geregelt. Nicht selten ordnen Vertragsparteien etwa in Gesellschaftsverträgen im Falle von Streitigkeiten die Anrufung eines Schiedsgerichts an und legen die Besetzung unter anderem mit einem Vorsitzenden fest, der über die Befähigung zum Richteramt verfügt. Darüber hinaus gibt es zuweilen ständige Schiedseinrichtungen bei öffentlich-rechtlichen Körperschaften. Häufig werden Schlichtungsausschüsse beispielsweise der Industrie- und Handelskammern mit Rechtsanwälten besetzt, die durch ihre Rechtskenntnisse einen formal ordnungsmäßigen Verfahrensablauf garantieren, während die übrigen Schiedsrichter der relevanten Branche entstammen und somit ihr fachliches Know-how beisteuern können. Die Vorteile des

[28] *Lutz/App*, ZAP F. 23, S. 221.
[29] Vgl. dazu unter § 39.
[30] Näheres zur Vergütung der Insolvenzverwaltertätigkeit: *Ehlers*, AnwBl. 1998, 499 f.

Schiedsverfahrens werden dabei im Vergleich zur ordentlichen Gerichtsbarkeit in einer sachnäheren, schnelleren und kostengünstigeren Entscheidung gesehen. In den letzten Jahren ist der Mediator neben die Funktion des Schiedsrichters getreten. Beide Tätigkeiten sind jedoch strikt zu trennen und unterscheiden sich im Kern dadurch, daß der Mediator die Parteien selbst eine einvernehmliche Lösung ihres Konflikts erarbeiten läßt, während der Schiedsrichter – ähnlich dem ordentlichen Gericht – eine eigene Entscheidung zu treffen hat.

5. Nachlaßverwaltung

41 Dem Nachlaßverwalter obliegt die Nachlaßverwaltung im Sinne der §§ 1975 ff. BGB. Sie wird vom Nachlaßgericht gemäß § 1981 BGB entweder auf Antrag des **Erben** oder eines Nachlaßgläubigers angeordnet und dient der Befriedigung der Nachlaßgläubiger mit der Folge, daß sich die Haftung des Erben für Nachlaßverbindlichkeiten auf den Nachlaß beschränkt. Mit dieser Anordnung verliert der Erbe die **Verfügungsbefugnis**. Die Rechte gehen auf den Nachlaßverwalter über, der die Nachlaßverbindlichkeiten zu berichtigen hat.

42 Der Nachlaßverwalter ist nach herrschender Meinung[31] **amtliches Organ** zur Verwaltung einer Vermögensmasse. Er erhält entsprechend § 1791 BGB eine Bestallung. Seine Rechte und Pflichten richten sich gemäß § 1985 Abs. 2 BGB ergänzend nach den Vorschriften über die Pflegschaft. Hierzu gehören insbesondere die Pflichen der Aufstellung eines Nachlaßverzeichnisses und der Rechnungslegung. Der Nachlaßverwalter hat den gesamten Nachlaß in Besitz zu nehmen, um ihn gegebenenfalls zum Zweck der Gläubigerbefriedigung zu verwerten.

43 Für seine Tätigkeit kann der Nachlaßverwalter gemäß § 1987 BGB eine angemessene **Vergütung** verlangen. Es hat sich die Regel entwickelt, bei kleineren Nachlässen drei bis fünf, bei größeren ein bis zwei Prozent des Aktivvermögens ohne Abzug der Verbindlichkeiten anzusetzen.[32] Hierbei sind im Einzelfall der Umfang der Verwaltergeschäfte, die Dauer und das Haftungsrisiko zu berücksichtigen. Daneben kann der Ersatz von Aufwendungen verlangt werden. Hierzu zählen auch die anteiligen Bürokosten des zum Verwalter bestellten Rechtsanwalts.[33]

6. Testamentsvollstreckung

44 Die Ernennung zum Testamentsvollstrecker erfolgt gemäß den §§ 2197 bis 2200 BGB. Nicht selten wird der Rechtsanwalt durch einen langjährigen Mandanten darum gebeten, sich zur Übernahme des Amtes zur Verfügung zu stellen. Dies gilt besonders, wenn der Rechtsanwalt im Erbrecht berät und zum Beispiel das Testament entworfen hat.

45 Das **Amt** des Testamentsvollstreckers beginnt gemäß § 2202 BGB mit dessen Annahme durch den Ernannten gegenüber dem Nachlaßgericht. Es besteht in der Ausführung der letztwilligen Verfügungen des Erblassers, beispielsweise durch die Auseinandersetzung unter mehreren Miterben. Im übrigen hat der Testamentsvollstrecker den Nachlaß in Besitz zu nehmen und ihn zu verwalten. Dem Erben kommt insoweit keine Verfügungsbefugnis zu. Rechte können nur vom Testamentsvollstrecker gerichtlich geltend gemacht werden. Über seine Verwaltung des Nachlasses hat der Testamentsvollstrecker Rechenschaft abzulegen.

46 Für seine Amtsführung kann der Testamentsvollstrecker gemäß § 2221 BGB eine angemessene **Vergütung** verlangen, soweit nicht der Erblasser etwas anderes bestimmt hat. Hierfür wird noch immer auf die Rheinische Tabelle des Notariatsvereins für Rheinpreußen von 1925 zurückgegriffen.[34] Sie sieht für den Regelfall eine Staffelung zwischen einem und vier Prozent des Verkehrswertes des Aktivnachlasses ohne Abzug von Verbindlichkeiten vor. Im Einzelfall sind die Dauer der Verwaltung, ihre Schwierig-

[31] RGZ 135, 307.
[32] BayObLG, FamRZ 1991, 861.
[33] BayObLG, Rpfleger 1985, 402.
[34] Die Rheinische Tabelle ist abgedruckt bei OLG Köln, FamRZ 1994, 328.

keit und das damit verbundene Haftungsrisiko zu berücksichtigen. Auch die Verwertung besonderer Kenntnisse und Erfahrungen, wie sie bei Rechtsanwälten häufig vorliegen wird, kann bei der Bemessung der Vergütung eine Rolle spielen.

7. Betreuung

Das am 1. 1. 1992 in Kraft getretene Betreuungsgesetz brachte durch die neu geschaffenen §§ 1896ff. BGB eine tiefgreifende Veränderung des Rechts der menschlichen Person mit sich. Die Entmündigung und die Möglichkeit des beschränkt geschäftsfähigen Volljährigen wurden abgeschafft. An die Stelle der früheren Entmündigung trat die Betreuung für den Fall, daß ein Volljähriger aufgrund einer psychischen Krankheit oder Behinderung nicht mehr zur ordnungsgemäßen Besorgung seiner Angelegenheiten in der Lage ist. 47

Der Betreuer wird gemäß § 1896 Abs. 1 BGB auf Antrag oder von Amts wegen bestellt. Diese Bestellung erfolgt ausschließlich für **Aufgabenkreise**, in denen die Betreuung erforderlich ist, zum Beispiel die Gesundheitsfürsorge, Vermögenssorge, Postkontrolle oder Rechtsangelegenheiten. Das Vormundschaftsgericht bestellt gemäß § 1897 BGB eine natürliche Person zum Betreuer, die geeignet ist, in dem gerichtlich bestimmten Aufgabenkreis die Angelegenheiten des Betreuten zu besorgen. Der Ausgewählte ist grundsätzlich zur Übernahme des Amtes verpflichtet, wenn ihm dies zugemutet werden kann. Hierbei sind auch die beruflichen Verhältnisse, insbesondere eine anderweitige Arbeitsbelastung, zu berücksichtigen. Zu den Aufgaben des Betreuers gehört es gemäß § 1901 BGB, die Angelegenheiten des Betreuten so zu besorgen, wie es dessen Wohl entspricht. Er muß den Wünschen des Betreuten im Rahmen des Zumutbaren entsprechen, soweit sie dessen Wohlergehen nicht zuwiderlaufen. Die außergerichtliche und gerichtliche Vertretung des Betreuten obliegt innerhalb seines Aufgabenkreises dem Betreuer. 48

Die **Vergütung** und der Aufwendungsersatz richten sich gemäß § 1908 i Abs. 1 BGB nach den §§ 1835 bis 1836a BGB. Grundsätzlich sieht § 1836 Abs. 1 Satz 1 BGB die unentgeltliche Übernahme dieser Tätigkeit als staatsbürgerliches Ehrenamt vor. Eine Ausnahme besteht für Berufsbetreuer, also diejenigen Rechtsanwälte oder anderen Berufsangehörigen, die so viele Betreuungen übernommen haben, daß die damit verbundene Arbeitsbelastung einer üblichen Erwerbstätigkeit entspricht. Sie können gemäß § 1836 Abs. 2 BGB eine an der Zeugenentschädigung orientierte Vergütung, zumeist nach Stundensätzen, verlangen. Besondere juristische Fachkenntnisse können bei einer Gesamtbetrachtung zu einer Erhöhung dieser Vergütung führen. Der Nettovergütung ist die Umsatzsteuer hinzuzusetzen. 49

8. Treuhand

Einem Treuhänder werden aufgrund eines Treuhandvertrages Sachen oder Rechte mit der Maßgabe übertragen, darüber nur im Rahmen der eingeräumten Rechtsmacht und nach Weisung des Treugebers zu verfügen. Derartige Treuhandverhältnisse gehören zur regelmäßigen Berufstätigkeit von Notaren und Wirtschaftsprüfern, in geringerem Umfang auch von Rechtsanwälten. Häufig geht es um die Verwahrung von Geldbeträgen auf einem **Treuhandkonto** (Anderkonto) und um deren Auszahlung bei Vorliegen der vom Treugeber angeordneten Voraussetzungen.[35] Vorsicht ist geboten, wenn der Rechtsanwalt den Verdacht hegt, daß der auf seinem Konto hinterlegte Betrag im Zusammenhang mit einer Straftat stehen könnte; insoweit wird auf § 261 StGB sowie die Vorschriften des Geldwäschegesetzes (GwG)[36] hingewiesen. Hierfür erhält der Treuhänder ein angemessenes **Honorar**, dessen Höhe sich bei Rechtsanwälten aus der Geschäftsgebühr nach § 118 Abs. 1 Nr. 1 BRAGO ergibt, und den Ersatz seiner Auslagen. 50

[35] Hierzu unter berufsrechtlichen Aspekten *Hartung/Holl-Nerlich*, Berufsrechts-ABC zum Stichwort „Treuhänderische Tätigkeit".

[36] Gesetz über das Aufspüren von Gewinnen aus schweren Straftaten vom 25. 10. 1993, BGBl. I, S. 1770.

9. Patentanwalt

51 Patentanwälte beraten gemäß § 3 der Patentanwaltsordnung auf den Gebieten des Patent-, Gebrauchs-, Muster-, Geschmacksmuster-, Warenzeichen- und Sortenschutzrechts. Sie sind zur Vertretung vor dem Patentamt, dem Bundespatentgericht, dem Bundesgerichtshof in Patentsachen, dem Amtsgericht bei der Anmeldung und Verlängerung von Geschmacksmustern, dem Bundessortenamt, den Schiedsgerichten und Verwaltungsbehörden in Fragen des gewerblichen Rechtsschutzes befugt. Patentanwälte können daher das Dienstleistungsangebot wirtschaftsrechtlich ausgerichteter Anwaltskanzleien komplementär ergänzen.

V. Neue Tätigkeitsfelder der Anwaltschaft

1. Tätigkeit im Ausland aufgrund der Niederlassungs- und Dienstleistungsfreiheit

52 Art. 52 und 59 EGV gewähren Rechtsanwälten die Niederlassungs- und Dienstleistungsfreiheit innerhalb der Europäischen Union. Ein deutscher Rechtsanwalt darf demnach grundsätzlich länderübergreifend seine Leistungen auch vor den Gerichten der anderen Staaten (zum Teil unter Mitwirkung eines vor Ort zugelassenen Anwalts) anbieten und dort sogar eine **eigene Kanzlei** unterhalten. Die Vorschrift des § 29a BRAO sieht insoweit eine Ausnahme von dem gemäß § 28 BRAO ansonsten geltenden Zweigstellenverbot[37] vor. Soweit der Tätigkeit nur ein „vorübergehender Charakter" zukommt, wird dies noch von der **Dienstleistungsfreiheit** gedeckt. Sie hat durch die sog. Dienstleistungsrichtlinie[38] im Jahre 1977 und ihre Umsetzung in die nationalen Rechtsordnungen ihre Konkretisierung erfahren.[39]

53 Eine dauerhafte **Niederlassung** in einem anderen Mitgliedstaat ist im Rahmen der Niederlassungsrichtlinie[40] zulässig, die allerdings bis zum 14. 3. 2000 erst noch in das jeweilige Recht der Mitgliedstaaten umgesetzt werden muß. Danach werden Rechtsanwälte zukünftig unter ihrer Herkunftsbezeichnung (also nicht etwa in der jeweiligen Übersetzung) im Ausland auch langfristig tätig sein dürfen, um auf diese Weise praktische Kenntnisse des dortigen Rechts und auf dieser Grundlage die Anwaltsbezeichnung des Landes (z. B. avocat, solicitor etc.) zu erlangen. Die Einzelheiten bleiben der anstehenden Umsetzung der Richtlinie in die nationalen Rechtsordnungen vorbehalten.

54 Bei einer länderübergreifenden Tätigkeit ist nicht nur das deutsche, sondern darüber hinaus das **Berufsrecht** des jeweiligen Aufnahmestaates zu beachten. Auf europäischer Ebene wird vom Rat der Anwaltschaften der Europäischen Gemeinschaft (CCBE) versucht, einheitliche Standesregeln zu schaffen. Derzeit haben diese Standesregeln vom 28. 10. 1988[41] allerdings nur den Charakter rechtlich unverbindlicher Empfehlungen.

---

[37] Zur verfassungsrechtlichen Fragwürdigkeit dieses Verbotes näher *Henssler/Prütting-Prütting*, § 28 Rdn. 4; *Kleine-Cosack*, BRAO, § 28 Rdn. 2; das Verbot noch verteidigend hingegen *Feuerich/Braun*, BRAO, § 28 Rdn. 2.

[38] Richtlinie zur Erleichterung der tatsächlichen Ausübung des freien Dienstleistungsverkehrs der Rechtsanwälte (77/249/EWG), ABl. EG vom 26. 3. 1977 Nr. L 78 S. 17, abgedruckt bei *Hartung/Holl*, BerufsO, Anhang 3.

[39] Näher *Hartung/Holl-Lörcher*, Vor § 34 Rdn. 31 ff.

[40] Richtlinie 98/5/EG des europäischen Parlaments und des Rates vom 16. 2. 1998 zur Erleichterung der ständigen Ausübung des Rechtsanwaltsberufs in einem anderen Mitgliedstaat als dem, in dem die Qualifikation erworben wurde, ABl. L 77/36 vom 14. 3. 1998 (abgedruckt in der NJW 1999, 268); hierzu *Ewig*, NJW 1999, 248; *Lörcher*, BRAK-Mitt. 1998, 9; *Hartung/Holl-Lörcher*, Vor § 34 Rdn. 68 ff.

[41] Standesregeln der Rechtsanwälte der Europäischen Gemeinschaft (CCBE) vom 28. 10. 1988, abgedruckt und kommentiert bei *Hartung/Holl-Lörcher*, S. 885 ff.

2. Mediation

Seit Ende der 80er Jahre gewinnt die Mediation als Alternative zur gerichtlichen und schiedsgerichtlichen Entscheidung zunehmend an Bedeutung. Sie stellt ein Verfahren zur **eigenverantwortlichen und selbständigen** Konfliktregelung durch die Konfliktparteien selbst dar. Der **Mediator** – wörtlich übersetzt „Vermittler" – initiiert und fördert den Dialog unter den Beteiligten. Er unterstützt die Parteien bei einer einvernehmlichen und zufriedenstellenden Konfliktregelung. Diese Vorgehensweise beruht auf der Erfahrung, daß eigene Konfliktregelungen besser akzeptiert werden als Fremdentscheidungen. Ziel ist eine „Win-Win"-Situation für alle Beteiligten, also eine Situation, bei der beide Seiten „gewinnen". Jeder der Beteiligten gewinnt am meisten, wenn alle gewinnen. Darüber hinaus beruht die Mediation auf dem Prinzip der **Freiwilligkeit** der Beteiligung aller Konfliktparteien an der Erarbeitung eines Interessen- und Konfliktausgleichs.[42] 55

Die deutschen Gerichte sind in vielen Bereichen hoffnungslos überlastet. Dieses Phänomen führt dazu, daß Rechtsuchende oft jahrelang auf eine Entscheidung warten müssen. Bei einer gerichtlichen Entscheidung gibt es zudem mindestens einen Verlierer. Gerichtliche Entscheidungen sind in ihrem Grundsatz eine Sieg-Verlust-Lösung. Diese Überlegungen zeigen, daß die Mediation als eine für alle Beteiligten annehmbare sowie schnelle (die Dauer von Mediationsverfahren berechnet sich im Regelfall in Tagen) und relativ kostengünstige Lösung ein erhebliches Marktpotential darstellt.[43] 56

3. Treuhänder in der Insolvenzverwaltung

Die am 1. 1. 1999 in Kraft getretene Insolvenzordnung sieht an mehreren Stellen die Funktion eines Treuhänders vor. Der Treuhänder übernimmt gemäß § 313 InsO im wesentlichen Aufgaben, die ansonsten einem Insolvenzverwalter zufallen würden. Hierzu zählen insbesondere die **Verwaltung** der vorhandenen Insolvenzmasse, ihre **Verwertung** und die Auskehrung des erlangten Überschusses an die Gläubiger. Eine besondere praktische Bedeutung kommt seit Inkrafttreten der Insolvenzordnung den Treuhändern in den neu geschaffenen Verfahren der Verbraucherinsolvenz und der Restschuldbefreiung zu. 57

Das **Verbraucherinsolvenzverfahren** und die sonstigen Kleinverfahren im Rahmen der §§ 304 ff. InsO werden seitdem in erheblichem Maße von Schuldnern in Anspruch genommen, so daß ein großes Beratungs- und Vertretungspotential besteht. Bei einer Verbraucherinsolvenz sieht das Gesetz wegen der regelmäßig nur geringen verteilungsfähigen Masse ein weniger aufwendiges vereinfachtes Insolvenzverfahren vor, in dem gemäß § 313 Abs. 1 Satz 1 InsO der Treuhänder an die Stelle des Insolvenzverwalters tritt. Auf den Treuhänder finden gemäß § 313 Abs. 1 Satz 3 InsO die Vorschriften der §§ 56 bis 66 InsO über den Insolvenzverwalter entsprechende Anwendung. Anders als der Insolvenzverwalter ist ein Treuhänder nicht zur Anfechtung von Rechtshandlungen nach den §§ 129 bis 147 InsO befugt. Dieses Recht kommt im vereinfachten Insolvenzverfahren den Gläubigern zu, die grundsätzlich auf eigenes Risiko handeln. Auch die Verwertung von Gegenständen, an denen Pfandrechte oder andere Absonderungsrechte bestehen, obliegt den Gläubigern. 58

In der Regel beantragt ein Schuldner gleichzeitig mit dem Insolvenzantrag gemäß § 305 Abs. 1 Nr. 2 InsO die **Restschuldbefreiung**. In dem Beschluß, durch den die Restschuldbefreiung angekündigt wird, bestimmt das Insolvenzgericht gemäß § 291 Abs. 2 InsO den Treuhänder. Auf ihn gehen die Bezüge des Schuldners aufgrund Abtretung gemäß § 287 Abs. 2 InsO über. Er zahlt den nach Abzug seiner Vergütung und eines Selbstbehalts zugunsten des Schuldners gemäß § 292 Abs. 1 InsO verbleibenden Überschuß einmal jährlich anteilig an die Gläubiger aus. Zusätzlich kann die Gläubigerversammlung dem 59

[42] *Proksch*, Konsens 1998, 7 ff.
[43] Zur Mediation vgl. eingehend unter § 6.

Treuhänder die Aufgabe übertragen, die Einhaltung der Schuldnerobliegenheiten zu überwachen. Am Schluß des Verfahrens hat der Treuhänder Rechenschaft über seine Tätigkeit abzulegen.

60 Dem Schuldner und den Gläubigern steht gemäß § 288 InsO ein Vorschlagsrecht hinsichtlich der **Person des Treuhänders** zu. Als geeignet werden insbesondere die Angehörigen der rechts- und wirtschaftsberatenden Berufe angesehen. In einem gewissen Widerspruch hierzu steht die in den Gesetzesmaterialien nachzulesende Auffassung des Gesetzgebers, daß eine unentgeltliche Übernahme dieser Tätigkeit wünschenswert sei. Die Qualität anwaltlicher Wahrnehmung des Treuhänderamtes läßt sich auf diese Weise kaum erreichen. Falls die Praxis dem Hinweis des Gesetzgebers Folge leistet, werden voraussichtlich vor allem Schuldnerberatungsstellen versuchen, diesen neuen Markt zu besetzen. Bei Inkrafttreten der Insolvenzordnung ließ sich allerdings bei den Insolvenzgerichten zum Teil eine Tendenz spüren, nur solche Personen zukünftig als Insolvenzverwalter einzusetzen, die sich auch bereit finden, das weniger lukrative Gebiet der Treuhändertätigkeit – gegebenenfalls als „Zuschußgeschäft" – ebenfalls anzubieten.

61 Die **Vergütung** des Treuhänders richtet sich gemäß den §§ 293, 64, 65 InsO nach der Insolvenzrechtlichen Vergütungsverordnung (InsVV). Ob die dort festgelegten Vergütungssätze für Rechtsanwälte kostendeckend sein können, hängt vom Einzelfall ab. Von einem Stundensatz für Überwachungstätigkeit in Höhe von 30,00 DM läßt sich jedenfalls kaum ein ordnungsgemäßer Kanzleibetrieb finanzieren.

62 Neben dem Treuhänderamt kommt die anwaltliche **Beratung** und **Vertretung** von Schuldnern und Gläubigern als erweiterungsfähiges Tätigkeitsfeld in Betracht. Durch Art. 31 EGInsO wurden die §§ 72 bis 77 BRAGO neu gefaßt, um eine nach Auffassung des Gesetzgebers (des Jahres 1994, eine Erhöhung hat es seitdem nicht mehr gegeben) adäquate Vergütung sicherzustellen. Als Mindestgegenstandswert für die Tätigkeit im Verfahren über einen Antrag auf Restschuldbefreiung und im Verfahren über einen Insolvenzplan sind in § 77 Abs. 1 BRAGO 6000 DM vorgesehen. In Rechtsprechung und Literatur ist die Frage umstritten, ob für das Restschuldbefreiungsverfahren Prozeßkostenhilfe gewährt werden kann.[44]

4. Datenschutzbeauftragter

63 Für Rechtsanwälte hat sich seit 1991 ein neues Tätigkeitsfeld eröffnet. Das in diesem Jahr in Kraft getretene neue **Bundesdatenschutzgesetz** (BDSG) sieht für die Verarbeitung personenbezogener Daten in der Privatwirtschaft (bei allen nichtöffentlichen Stellen) ein Aufsichtssystem vor, das den Datenschutzbeauftragten zur zentralen Kontrollinstanz macht.[45] Zunächst wird die Einhaltung des Datenschutzrechts im Unternehmen durch einen betrieblichen Datenschutzbeauftragten kontrolliert, der von der verarbeitenden Stelle selbst zu bestimmen ist (§§ 36 bis 37 BDSG). Die Tätigkeit des betrieblichen Datenschutzbeauftragten wird wiederum von einer staatlichen Aufsichtsbehörde überwacht (§ 38 BDSG).

64 Der **Aufgabenbereich** des Datenschutzbeauftragten wird generalklauselartig im § 37 BDSG geregelt. Zu den zahlreichen Aufgaben, die dem Datenschutzbeauftragten zugewiesen werden, zählen **die Sicherstellung des Datenschutzes** (der Datenschutzbeauftragte ist für die Überwachung jeder Erhebung, Verarbeitung und Nutzung personenbezogener Daten im Betrieb verantwortlich) und die **Überwachung der Software** (der Datenschutzbeauftragte hat die ordnungsgemäße Anwendung der Datenverarbeitungsprogramme, mit deren Hilfe personenbezogene Daten verarbeitet werden sollen, zu überwachen).

65 Für unternehmensexterne Rechtsanwälte kann die Stellung eines betrieblichen Datenschutzbeauftragten zu einem interessanten weiteren Tätigkeitsfeld gemacht werden. Denn

---

[44] Aktuelle Zusammenfassung bei *Vallendar,* ZIP 1999, 125, 126f.

[45] *Hoeren,* ZAP F. 23, S. 163.

die Auswirkung des Inkrafttretens des BDSG besteht darin, daß viele Unternehmen in Deutschland **verpflichtet** sind, einen betrieblichen Datenschutzbeauftragten zu bestellen. Allerdings wissen viele Unternehmen nichts von dieser Pflicht. Die mangelnde Bestellung eines betrieblichen Datenschutzbeauftragten ist gem. § 44 Abs. 1 Nr. 5 BDSG eine Ordnungswidrigkeit. Folglich empfiehlt es sich bei Interesse an einer Entwicklung dieses Tätigkeitsfeldes, betroffene Unternehmen zunächst auf diese Pflicht hinzuweisen.

Nach § 36 Abs. 2 BDSG sind **Fachkunde** und **Zuverlässigkeit** für die Beauftragung erforderlich. In der Praxis bedeutet dies u. a., daß der an dem Bereich interessierte Rechtsanwalt Kenntnisse in drei Bereichen braucht: Betriebswirtschaftliche Kenntnisse, Kenntnisse der Datenverarbeitung/EDV sowie gute Kenntnisse im Datenschutz- und Datensicherheitsrecht. 66

C. Entscheidungen über das Produkt

Zentrale Bedeutung des Produkts. In dem von einem Unternehmen am Markt angebotenen Produkt (materieller Gegenstand oder immaterielle Leistung wie z. B. die anwaltliche Leistung) liegt die **Existenzberechtigung** des Unternehmens. Denn ohne ein Produkt zu vermarkten, hat das Unternehmen keinen Grund dafür, auf dem Markt zu existieren. Diese Aussage zeigt, wie wichtig das Produkt und somit alle Entscheidungen über das Produkt für das Unternehmen sind. 67

Sämtliche Managementbereiche (beispielsweise Organisation, Personal und nicht zuletzt Marketing) betreffen – unmittelbar oder mittelbar – das Produkt. Daraus folgt eine **zentrale Rolle** des Produkts für die Planung eines Unternehmens. Auf die Anwaltskanzlei übertragen heißt dies, daß eine sorgfältige Gestaltung der am Markt angebotenen anwaltlichen Leistung erfolgen muß, bevor etwa Entscheidungen in Bereichen wie Werbung oder Honorar getroffen werden. 68

Strategische und operative Planung. Nach dem klassischen Ansatz der Marketingwissenschaft werden die Entscheidungen über die Gestaltung der Leistung zunächst im strategischen und dann im operativen Bereich getroffen. Im Rahmen der **strategischen Planung** wird die Entwicklung festgelegt, die die Kanzlei **langfristig** anstrebt. Langfristig bedeutet einen Zeithorizont zwischen fünf und zehn Jahren. Die strategische Planung beschreibt unter anderem, wie sich die Kanzlei bei einer sich ständig verändernden Umwelt den neuen Marktanforderungen anpassen und wie sie die neu entstehenden Gelegenheiten nutzen kann. Sie setzt die Vorgaben für die operative Planung.[46] Die **operative Planung** entspricht einer **kurzfristigen Steuerung**, die der Umsetzung der strategischen Richtlinien dient. Zum operativen Bereich gehört zum Beispiel die Jahresplanung, in deren Rahmen Aktionen und Handlungsanweisungen sowie Budgets für das laufende Jahr vorgesehen werden. 69

Produktentscheidungen im strategischen und operativen Bereich. Im Rahmen der strategischen Planung werden Grundsatzentscheidungen über das Dienstleistungsprogramm getroffen. Dies betrifft Fragenkomplexe wie etwa: Soll eine Spezialisierung angestrebt werden, und falls für den Weg der Spezialisierung optiert wird, in welcher Fachrichtung soll dies geschehen? 70

Daraufhin beschäftigt sich die operative Planung mit der konkreten Gestaltung und Darstellung des Leistungsprogramms. Dies geschieht im Rahmen der sog. Leistungspolitik (s. u. Rdn. 118 ff.). 71

---

[46] Vgl. auch *Kotler u. a.*, Grundlagen des Marketing, S. 105; *Schiefer/Hocke*, Marketing für Rechtsanwälte, S. 49.

72

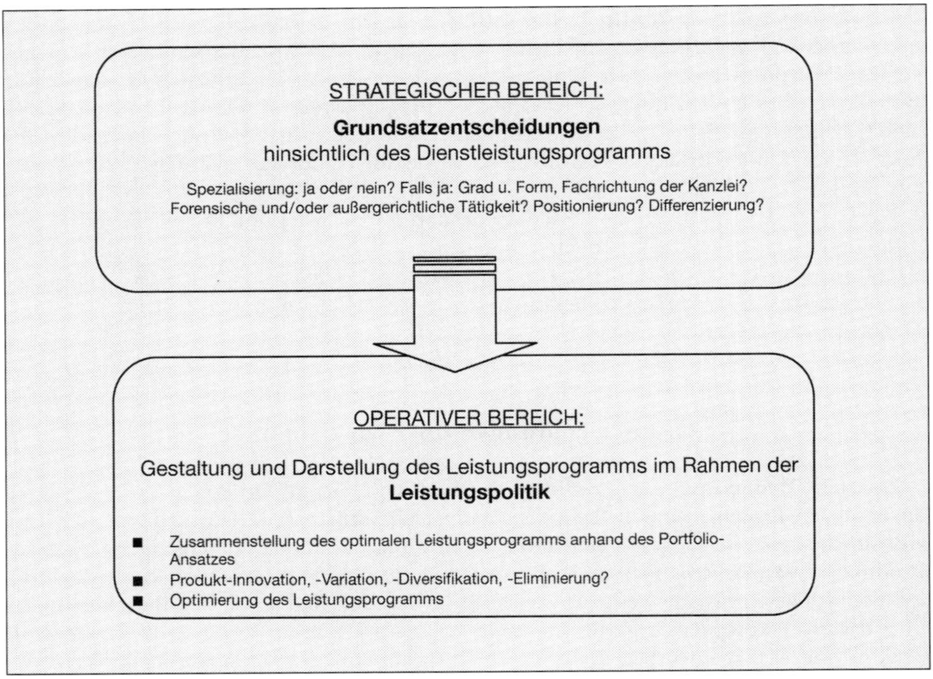

Abbildung 2: Produktentscheidungen im strategischen und operativen Bereich

I. Produktentscheidungen im strategischen Bereich

73 Im Rahmen der strategischen Planung ist hinsichtlich des Dienstleistungsprogramms die Frage zu beantworten, welche Leistungen in welcher Form am Rechtsberatungsmarkt angeboten werden sollen.[47] Auf welchem Weg diese Frage gelöst werden kann, wird unten (Rdn. 82ff.) noch näher erläutert. Bevor hierzu nähere Überlegungen angestellt werden, ist es erforderlich, sich im Vorfeld eine klare Vorstellung von den Voraussetzungen für die Gestaltung des Dienstleistungsprogramms zu machen.

1. Voraussetzungen für die Gestaltung des Dienstleistungsprogramms

74 Eine professionelle und erfolgversprechende Gestaltung des Dienstleistungsprogramms setzt die Durchführung einer **strategischen Analyse** voraus, die sowohl eine Selbstbilanz als auch die Untersuchung des externen Umfeldes (Markt) umfaßt. Einzelheiten hinsichtlich der strategischen Analyse werden bei § 2 (*Scheuch*) behandelt. An dieser Stelle wird zunächst zur Verdeutlichung kurz auf den Gegenstand und den Zweck der sog. Selbstanalyse (a) und der Marktanalyse (b) hingewiesen.

75 **a) Selbstanalyse (Stärken-Schwächen-Profil).** Anhand der Selbstanalyse soll ein wahrheitsgetreues Bild von der Kanzlei, insbesondere von der Person des Rechtsanwalts, gewonnen werden. Diese **kritische Betrachtung** bedeutet einen Blick nach innen auf der Suche von Stärken und Schwächen im Sinne eines wettbewerbsfähigeren Dienstleistungsprogramms.

76 Für den Rechtsanwalt, der bei sich anhand der Selbstanalyse feststellt, er habe relativ viele Kenntnisse im Strafrecht gesammelt und dazu positive Erfahrungen bei der gericht-

[47] Nach *Meffert/Bruhn*, Dienstleistungsmarketing, 1995, S. 194.

lichen Vertretung gemacht, liegt es nahe, zumindest in Erwägung zu ziehen, die Strafverteidigung in sein Dienstleistungsprogramm einzubinden bzw. verstärkt weiterzuentwickeln. In diesem Rechtsbereich kann er nämlich **Wettbewerbsvorteile** im Vergleich zur direkten Konkurrenz aufbauen.[48] Umgekehrt liegt es für den Rechtsanwalt, der über „zwei linke Hände" verfügt und zu technischen Aspekten weder einen Zugang hat noch haben möchte, im Grundsatz nahe, Bereiche wie das Baurecht aus seinem Dienstleistungsprogramm herauszunehmen. (Das bedeutet eine konsequente Ablehnung dieser Fälle – am besten mit Empfehlung eines Kollegen und Kooperationspartners, der sich auf diesen Bereich spezialisiert hat.) Im Grunde genommen geht es dabei um die Anwendung des einfachen Prinzips, nur das zu tun, was man gut – bzw. besonders gut – kann.

Bei der Zusammenstellung der Stärken-Schwächen-Profils geht es somit darum, diejenigen Eigenschaften der Kanzlei oder des Kanzleiinhabers, die sich für den Erfolg oder Nichterfolg als bestimmend erweisen, zu identifizieren. Diese Eigenschaften sind stets **im Vergleich zu dem Marktumfeld** zu sehen. Was nutzt es dem Rechtsanwalt, gut im Arbeitsrecht zu sein, wenn die fünf Hauptkonkurrenten am Ort eindeutig besser sind und über die werbungsträchtige Fachanwaltsbezeichnung verfügen?[49] 77

b) Marktanalyse (Nachfrage und Wettbewerb). Während die Zusammenstellung eines Stärken-Schwächen-Profils einen Blick nach innen erfordert, entspricht die Marktanalyse dem Blick nach außen. Dies deutet schon die Notwendigkeit einer Wettbewerbsanalyse an. Die **Wettbewerbsanalyse** bietet die Möglichkeit, die Hauptkonkurrenten näher kennenzulernen und einzuschätzen (sowohl hinsichtlich ihrer Stärken bzw. Wettbewerbsvorteile als auch in bezug auf ihre Schwächen). Die **Analyse der Nachfrage** liefert wertvolle Informationen über die Bedürfnisse und Erwartungen der Abnehmer der anwaltlichen Dienstleistung, also des rechtsuchenden Publikums. Beispielsweise ist es nicht sinnvoll, den Schwerpunkt der Kanzlei auf das gewerbliche Mietrecht zu setzen, wenn sich im Einzugsgebiet weit und breit kaum an dieser Leistung interessierte potentielle Mandanten finden lassen (so gut wie keine in der Region ansässigen Industrieunternehmen, kein Gewerbegebiet usw.). 78

Insgesamt soll die Marktanalyse eine möglichst genaue Einschätzung der **Attraktivität** von Teilmärkten (hinsichtlich der Nachfrage und der Wettbewerbssituation) ermöglichen. Im Idealfall können durch die Marktanalyse **Marktlücken** (besonders große oder zunehmende Nachfrage hinsichtlich einer bestimmten Leistung und insoweit – noch – wenige oder gar keine Anbieter) aufgedeckt werden. 79

An der Schnittstelle der Selbst- und der Marktanalyse sind Kombinationen nach dem Modell „attraktiver Teilmarkt + Vorhandensein von Wettbewerbsvorteilen" von zentraler Bedeutung für die Bestimmung der Zielgruppen der Kanzlei und anschließend für die Zusammenstellung eines erfolgreichen Dienstleistungsprogramms. 80

c) Bestimmung der Zielgruppen. Die Identifizierung der Zielgruppe(n) erfolgt durch die Beantwortung der Frage: Welche Rechtsuchenden wollen wir ansprechen? Eine konkrete und klare Abgrenzung der Zielgruppe(n) ist das oberste Gebot, da das Dienstleistungsprogramm auf die Erwartungen und Bedürfnisse dieser Zielgruppe(n) einzurichten ist. 81

2. Grundsatzentscheidungen über die Gestaltung des Dienstleistungsprogramms

a) Spezialisierungsgrad: Generalist oder Spezialist?

• Notwendigkeit der Spezialisierung 82

Viele seit Jahren etablierte Anwaltskanzleien sind in der Tradition des Rechtsanwalts als

---

[48] Über den Aufbau von sog. Wettbewerbsvorteilen siehe § 9 Rdn. 55 ff.

[49] Vgl. *Kotler u.a.*, Grundlagen des Marketing, S. 118.

„Berater und Vertreter in allen Rechtsangelegenheiten“[50] gewachsen und finden sich heute eher aus historischen Gründen als aufgrund einer bewußten Wahl der damaligen Gründer mit einem breiten und vielfältigen Leistungsspektrum wieder. Dieser noch sehr verbreiteten Kategorie von Anwaltskanzleien entspricht die sogenannte **„Feld-, Wald- und Wiesen-Kanzlei“**, in der eine allgemeine Beratung und Vertretung in allen anfallenden Rechtsfragen stattfindet.

83 Auf der individuellen Ebene stellt sich für allgemein beratende Rechtsanwälte die Frage, ob sie als Generalisten am Markt weiterhin bestehen möchten oder ob sie sich nicht an die neuen Bedingungen des Rechtsberatungsmarktes anpassen sollten, und zwar durch die Entwicklung von vertieften Fachkenntnissen und Erfahrungen in Spezialisierungsbereichen.

84 Etablierte Rechtsanwälte, die de facto heute noch als allgemeine Rechtsberater tätig sind, aber auch Berufsanfänger, die sich zu Beginn ihrer Karriere über die Berufsentscheidung „Generalist oder Spezialist“ Gedanken machen müssen, sollten sich darüber im klaren sein, daß eine mehr oder weniger ausgeprägte Spezialisierung heutzutage für jeden Rechtsanwalt **unvermeidbar** ist, und zwar aus mindestens zwei Gründen:

85 – Der allgemein tätige Rechtsanwalt ist nicht mehr in der Lage, die **Informationsflut** der Judikatur und der Literatur in ihrer Gesamtheit zu beherrschen. Gerichtliche Entscheidungen und ständig novellierte und sich national und international überlagernde gesetzliche Regelungen spiegeln sich in ihrem Umfang und ihrer zunehmenden Komplexität in zahlreichen Zeitschriften, Datenbanken u.ä. wider. Die gleichmäßige Beherrschung aller Rechtsgebiete durch den einzelnen Rechtsanwalt ist folglich undenkbar geworden.[51]

86 – Die **Erwartungen** und die schon erwähnten **gewachsenen Ansprüche** des rechtsuchenden Publikums machen dem allgemein beratenden Rechtsanwalt das Leben bzw. das langfristige Überleben schwer. Es ist nicht mehr zu übersehen, daß die Abnehmer der anwaltlichen Dienstleistung – nicht nur Geschäftsleute, sondern auch Privatpersonen – zunehmend nach „Spezialisten“ bzw. nach Spezialisierungen fragen. Diese Entwicklung bedeutet auf lange Sicht gesehen das Todesurteil der Generalisten auf dem Rechtsberatungsmarkt. Auch der überzeugte „Feld-, Wald- und Wiesen-Anwalt“ wird demzufolge diesen deutlichen Trend nicht umgehen können.

87 Daraus ergibt sich, daß sich die Frage „Generalist oder Spezialist“ auf der Ebene des einzelnen Rechtsanwalts für die Zukunft nicht mehr in der bisherigen Form stellt. Wer sich nicht mit Überzeugung für den Weg der Spezialisierung entscheiden kann,[52] muß ihn zumindest als Schicksal hinnehmen. Auf der Ebene der Kanzlei können größere und mittlere Strukturen nach wie vor die Option „Generalist“ wahrnehmen, indem sich Spezialisten mit verschiedenen Fachrichtungen ergänzen.

88 • **Auswirkungen des Spezialisierungsgrades auf die Breite und die Tiefe der Dienstleistungspalette**

Steht die Notwendigkeit einer Spezialisierung fest, so bleibt zu entscheiden, inwieweit man sich spezialisieren möchte. Die entsprechende Auswahl des Spezialisierungsgrades spiegelt sich in der **Breite der Dienstleistungspalette** des Rechtsanwalts (wie viele Rechtsgebiete von dem Anwalt abgedeckt werden) wider. Der Spezialisierungsgrad beeinflußt im übrigen zwingend – zumindest auf der individuellen Ebene – die **Tiefe der Dienstleistungspalette**, das heißt die Tiefe der Kenntnisse des Anwalts in einem bestimmten Rechtsgebiet und seine Fähigkeit bzw. Bereitschaft, in diesem Rechtsgebiet sämtliche

---

[50] So § 3 Abs. 1 BRAO, der allerdings heute realistischerweise nur noch für die Anwaltschaft in ihrer Gesamtheit und nicht für den einzelnen Anwalt gelten kann. So zutreffend: *Henssler/Prütting-Koch*, BRAO, § 3 Rdn. 14; *Schiefer/Hocke*, Marketing für Rechtsanwälte, 1996, S. 44.

[51] *Schiefer/Hocke*, Marketing für Rechtsanwälte, 1996, S. 44. *Redeker*, AnwBl. 1996, 503, 504.

[52] Zu einigen Vorteilen der Spezialisierung § 9 Rdn. 129ff.

oder nur einen Teil der anfallenden Rechtsfragen zu bedienen. Wer sich konsequent auf lediglich ein Rechtsgebiet konzentriert (z. B. das Gesellschaftsrecht), wird auf diesem Gebiet grundsätzlich mehr Leistungen anbieten – und sich vor allem umfassendere Kenntnisse aneignen – können als derjenige, der sich auf drei weit gefaßten Rechtsgebieten (Arbeitsrecht, Verwaltungsrecht, Strafrecht) „spezialisiert", wenn in diesem Stadium überhaupt schon von Spezialisierung die Rede sein kann.

Die Entscheidung über den Spezialisierungsgrad ist im Zusammenhang mit der Wahl einer Spezialisierungsform zu treffen. Mehrere Varianten der Spezialisierung stehen insoweit zur Wahl. 89

b) Alternative Formen der Spezialisierung. Unter den zahlreichen Alternativen, die hinsichtlich der Spezialisierung in Frage kommen, können drei Grundmodelle beobachtet werden: die Spezialisierung auf Rechtsbereiche (Fachgebietsspezialisierung), auf wirtschaftliche Tatbestände (Problembereichsspezialisierung) und auf einzelne Klientenkategorien (Mandanten-/branchenorientierte Spezialisierung).[53] 90

- **Fachgebietsspezialisierung** 91

Wer sich beispielsweise besonders für das Arbeitsrecht interessiert, kann darüber nachdenken, seine Leistungspalette konsequent um das Arbeitsrecht herum zu gestalten. Die Versuchung liegt nahe, sich dann die oben erwähnte schwierige Frage nach der Identifizierung der eigenen Zielgruppe (s. Rdn. 81) durch eine Konzentration auf einzelne Rechtsgebiete zu ersparen. Allerdings ist auch bei dieser Spezialisierungsart eine gleichzeitige, klare Abgrenzung der Zielmandanten notwendig.

Die Spezialisierung auf Fachgebiete und die **Abgrenzung der Zielgruppe** stehen in einem engen Zusammenhang. Eine Konzentration der Tätigkeit auf – ausschließlich – das Arbeitsrecht macht es möglich, ein breiteres Publikum anzusprechen, hier beispielsweise sowohl die Arbeitnehmer (Privatmandanten) als auch die Arbeitgeber (Unternehmen). Wer allerdings die ganze Breite des Wirtschaftsrechts anbieten möchte – was eigentlich (wenn überhaupt) nur in einem Team von mehreren Juristen denkbar ist –, sieht sich dazu veranlaßt, eine Zielgruppe **enger** zu bestimmen: Handwerker, kleine und mittlere Unternehmen, Existenzgründer, freie Berufe? 92

Bei der Entscheidung zugunsten einer Spezialisierung in einem der Rechtsgebiete: Arbeitsrecht, Sozialrecht, Verwaltungsrecht, Steuerrecht, Familienrecht oder Strafrecht, spricht viel dafür, eine **Fachanwaltsbezeichnung** anzustreben. Welche Voraussetzungen dafür erfüllt werden müssen, ergibt sich aus der Fachanwaltsordnung (FAO).[54] Bereits beschlossen ist darüber hinaus die Einführung der Fachanwaltschaft für Insolvenzrecht.[55] 93

- **Problembereichsspezialisierung** 94

Eine interessante Alternative bei der Überlegung, welche Spezialisierung angestrebt werden soll, ist die Orientierung an den Rechtsproblemen der Zielgruppe der Kanzlei. Viele Probleme, die sich im Privat- oder Wirtschaftsleben ergeben, erfordern **Kenntnisse in mehreren Rechtsgebieten**. Wenn es zum Beispiel um den Problembereich „Unternehmensnachfolge" geht, sind Kenntnisse im Erbrecht, Gesellschaftsrecht und Steuerrecht angebracht und von großem Nutzen – damit auch von besonderer Attraktivität – für den Rechtsuchenden. Ähnliches gilt für den Problemkreis „Erwerb, Bebauung und Nutzung von Grundstücken". Hier besteht der Rechtsberatungsbedarf beispielsweise auf folgenden Gebieten: Sachenrecht, Grundbuchrecht, Recht der Kreditsicherung, öffentliches und privates Baurecht, Grunderwerbsteuerrecht, Architektenrecht, Mietrecht u. a.[56]

---

[53] In Anlehnung an *Schiefer/Hocke*, Marketing für Rechtsanwälte, S. 62ff. Vgl. auch *Clement*, AnwBl. 1995, 442, 444.

[54] Fachanwaltsordnung vom 29. November 1996 (kommentiert in *Hartung/Holl*, Anwaltliche Berufsordnung, 1997); hierzu näher *Hartung*, ZAP F. 23, S. 351 (= ZAP 1998, 519) und unter § 39.

[55] Protokoll der 6. Satzungsversammlung am 5./6. November 1998, unveröff.

[56] Beispiel nach *Schiefer/Hocke*, Marketing für Rechtsanwälte, S. 64.

95 Was der Rechtsuchende „gut" kennt, ist sein Problem bzw. der zugrundeliegende Sachverhalt. Ob er es in ein Rechtsproblem umformulieren kann und ob er dazu in der Lage ist, es den richtigen rechtlichen Fachgebieten zuzuordnen, ist eine ganz andere Frage. Deswegen ist es sinnvoll, potentielle Mandanten mit einem fächerübergreifenden Dienstleistungsangebot, das sich an der **Lösung** seiner Probleme orientiert, anzusprechen. Die Angabe konkreter Problembereiche oder Problemlösungen erleichtert also dem potentiellen Mandanten, der seinen Lebenssachverhalt und keine abstrakten Rechtsgebiete im Auge hat, die Suche nach dem „richtigen" Anwalt.

96 Besonders attraktiv (für beide Seiten: die Anwaltskanzlei und den Rechtsuchenden) wird die Problembereichsspezialisierung allerdings erst, wenn das rechtsuchende Publikum über ein solches Angebot informiert werden kann.

97 Das Angebot an Problemlösungen durch fächerübergreifende Beratung im Sachzusammenhang wird leider zuweilen durch eine an traditionellen Vorstellungen verhaftete **Rechtsprechung** behindert, die die Information der Rechtsuchenden über eine solche Problembereichsspezialisierung (noch) untersagt. So hat der BGH[57] in einer Entscheidung aus dem Jahre 1997 die „erbrechtliche und erbschaftsteuerliche Beratung aus einer Hand" bzw. „im Verbund" als unzulässige Selbstanpreisung eingestuft. Das AG Düsseldorf[58] hat noch im Sommer 1998 die Werbungsanzeige „Juristische Beratung in allen Nachlaßfragen" mit einer graphischen Darstellung und den Aufschriften „Erbschaft, Pflichtteil, Testament" beanstandet.

98 Als Zwischenergebnis hinsichtlich der Problembereichsspezialisierung ist somit festzuhalten: Diese Spezialisierungsform bietet dem Rechtsanwalt, der sich für die Konzentration seiner Tätigkeit auf eine sinnvolle Kombination von Rechtsgebieten entscheidet, die Möglichkeit, sich Wettbewerbsvorteile zu verschaffen. Sie kann im übrigen nur im Sinne der potentiellen Mandanten sein, schon weil sie ihnen die Wahl des für ihre Bedürfnisse geeigneten Rechtsanwalts erleichtert. Zur Zeit bestehen aber berufsrechtliche Hindernisse, potentielle Mandanten über vorhandene fachgebietsübergreifende Kompetenz zu informieren.

99 • **Mandanten-/branchenorientierte Spezialisierung**

Anstatt sich an Fachgebieten oder Rechtsproblemen zu orientieren, kann schließlich die Alternative gewählt werden, die Leistungspalette der Kanzlei an **Kategorien von Rechtsuchenden** auszurichten. Diese Kategorien können bestimmte Bevölkerungsgruppen (z. B. Ausländer, Rentner, Frauen), Berufe (z. B. Ärzte, Architekten, Makler), Berufsgruppen (z. B. freie Berufe) oder Wirtschaftsbranchen (Textilbranche, EDV-Branche) sein. Der Rechtsanwalt, der aus früheren Tätigkeiten oder eigenem Interesse mit den Problemen einer bestimmten Kategorie von Rechtsuchenden vertraut ist, sollte darüber nachdenken, ob nicht eine **Mandantenspezialisierung** das richtige für ihn ist. Überdurchschnittliche Kenntnisse können hierdurch zum Wettbewerbsvorteil gemacht werden.

100 Die Mandantenspezialisierung kann zur Übernahme der Rolle als Hausanwalt oder Firmenanwalt bestimmter Klientengruppen führen. Diese Spezialisierungsform kann z. B. für mittelständische Unternehmer, die für alle ihre Rechtsangelegenheiten einen Ansprechpartner haben möchten, besonders attraktiv sein. Einerseits kann die Mandantenspezialisierung sehr anspruchsvoll sein, da sie aktuelle und genaue Sach- und Branchenkenntnisse, die über Rechtsfragen hinausgehen, erfordert, anderseits bietet sie erhebliche Vorteile durch eine stärkere **Mandantenbindung** und somit für den Aufbau oder die Weiterentwicklung eines stabilen Mandantenstammes.

101 **c) Fachrichtung der Kanzlei: Wahl der Rechtsgebiete.** Neben den Entscheidungen über Grad und Form der Spezialisierung ist die Frage zu beantworten, welche Rechtsge-

---

[57] BGH, NJW 1997, 2522, 2524; dem BGH folgend OLG Düsseldorf, MDR 1999, 258 m. abl. Anm. *Römermann*.

[58] AG Düsseldorf – 29 C 4116/98, n. v.

biete konkret abgedeckt werden sollen. Der manchmal (aus zeitlichen und wirtschaftlichen Gründen) von etablierten Rechtsanwälten gewählte Weg „Fachanwalt für hohe Streitwerte" – unter Verzicht auf eine bekanntgegebene Spezialisierung – ist auf lange Sicht keine sinnvolle Lösung. Der Anspruch der Rechtsuchenden auf Qualität und hohe Kompetenz ist nicht (mehr) zu unterschätzen. Wird eine Sache mit hohem Gegenstandswert – wegen mangelnder Kompetenz – nicht zufriedenstellend bearbeitet, so ist der Weg zum nächsten (spezialisierten) Rechtsanwalt nicht weit.

Die Notwendigkeit einer **konsequenten und glaubwürdigen Zusammenstellung von** 102 **Spezialgebieten**, an die sich die Rechtsanwälte in der Praxis möglichst streng halten, kann nicht genug betont werden. Dabei stellt die wirtschaftliche Attraktivität mancher Rechtsgebiete nur ein Element dar, das zu einem finanziellen Erfolg führen könnte. Viel wichtiger ist aber die Glaubwürdigkeit der Kompetenz auf den gewählten Gebieten. Daraus folgt, daß auch eine im Vorfeld zusammengestellte Kombination, die ausschließlich aus Rechtsgebieten besteht, in denen hohe Streitwerte zu erwarten sind, aber die nicht zueinander passen, nicht die besten Erfolgsaussichten bietet.

Die Wahl der Rechtsgebiete, die in das Dienstleistungsprogramm aufgenommen wer- 103 den, sollte natürlich stets im Einklang mit den definierten Zielgruppen erfolgen. Darüber hinaus müssen die am Markt anzubietenden Rechtsgebiete unter Berücksichtigung der Ergebnisse der **Selbstanalyse** und der **Marktanalyse** zusammengestellt werden. Eine erfolgversprechende Kombination von Rechtsgebieten ist vorhanden, wenn:
- die anzubietenden Rechtsgebiete in Bereichen gewählt werden, in denen der Rechtsanwalt **überdurchschnittliche Stärken** (u. a. Erfahrung und Rechtskenntnisse) im Vergleich zu den direkten Konkurrenten hat, das heißt, wenn er in den Rechtsgebieten über erkennbare **Wettbewerbsvorteile** verfügt,
- eine **ausreichende Nachfrage** nach den anzubietenden Rechtsgebieten im Einzugsgebiet vorhanden ist (Ergebnisse der Nachfrageanalyse) und
- die **Wettbewerbssituation** in den anzubietenden Rechtsgebieten nicht zu sehr angespannt ist bzw. das Angebot durch andere Kollegen auf diesen Rechtsgebieten im Einzugsgebiet noch nicht allzu groß ist (Ergebnisse der Wettbewerbsanalyse).

d) Art der Leistung: forensisch und/oder außergerichtlich? Es bedarf keiner näheren 104 Erläuterungen, daß die Kombination „forensische und außergerichtliche Tätigkeit" die übliche und am meisten verbreitete Konstellation darstellt. Trotzdem sollte die gemischte Lösung bei der Art der anwaltlichen Leistung nicht als Dogma oder gar als Schicksal behandelt werden. Die Entscheidung zugunsten ausschließlich (oder verstärkt) einer dieser zwei Tätigkeitsarten kann durchaus für den einzelnen Anwalt sinnvoll sein. Dies ist insbesondere der Fall, wenn eine eindeutige **Begabung** oder umgekehrt große **Hemmungen** in einer der Tätigkeitsarten vorhanden ist. Nicht selten wird vergessen, daß der Rechtsanwaltsberuf ein Kommunikationsberuf ist. Um als Rechtsanwalt überzeugend und somit erfolgreich zu sein, dürfen die eigene Überzeugung und nicht zuletzt der Spaß an der Tätigkeit nicht fehlen.

Für mittlere bis große Kanzleien, in denen eine ausreichende Belegschaft von Rechtsan- 105 wälten und sonstigen juristischen Mitarbeitern vorhanden ist, ist es nicht abwegig, eine bessere **Aufteilung** nach der Trennung „forensische/außergerichtliche Tätigkeit" vorzunehmen. So können einige Rechtsanwälte, die gute Kompetenzen in der Prozeßführung und Spaß an dieser Tätigkeit haben, für die forensische Tätigkeit der Kanzlei eingesetzt werden, während andere Kollegen sich außergerichtlichen Tätigkeiten (Beratung von Mandanten, Erstellung von Rechtsgutachten, Berufungen, Vertragsgestaltung usw.) widmen. Sachbearbeiterkenntnisse sind übrigens nicht für jeden gerichtlichen Termin notwendig. Diese interne Aufteilung der Tätigkeiten wird in großen Kanzleien in den USA praktiziert. Dort übernimmt die Litigation-Abteilung die Prozeßführung, sobald es zum gerichtlichen Verfahren kommt. Auch die traditionelle Aufteilung der Aufgaben zwischen *Solicitor* und *Barrister* in England basiert im Prinzip auf einer (mehr oder weniger ausgeprägten) „Spezialisierung“ des Solicitor auf die außergerichtliche Tätigkeit und des Barrister auf die Prozeßführung.

106 Zwar lassen einige Rechtsgebiete kaum Spielraum für die Wahl zwischen gerichtlicher und außergerichtlicher Betätigung (der Strafverteidiger kann es nicht vermeiden, den größten Teil seiner Zeit vor Gericht zu verbringen). Aber in zahlreichen Rechtsgebieten ist eine Tätigkeit ausschließlich etwa im außergerichtlichem Bereich möglich. Nicht selten sind die sog. Wirtschaftsanwälte nahezu nur noch im außergerichtlichen Bereich aktiv. Durch sinnvolle Kooperationen mit anderen Kollegen ist auch für den Einzelkämpfer eine aktive Entscheidung zugunsten einer der zwei Bereiche möglich.

e) Positionierung, Neupositionierung

107 • **Bestimmung der Positionierung am Markt**

Die Grundsatzentscheidung hinsichtlich der Positionierung kann anhand folgender Fragen vorbereitet werden: „Welches Bild soll unsere Kanzlei in der Öffentlichkeit, d. h. aus der Perspektive des rechtsuchenden Publikums haben? Wie definieren wir die von uns gewünschte Position auf dem Markt?“ Das Thema Positionierung wird im einzelnen bei § 4 behandelt. An dieser Stelle sei zunächst nur auf die Verbindung der Positionierung mit den anderen Grundsatzentscheidungen bei der Gestaltung des Dienstleistungsprogramms hingewiesen.

108 • **Einflußfaktoren der Positionierung**

Die Position, die eine Anwaltskanzlei auf dem Markt hat bzw. vermitteln möchte, steht in enger Verbindung insbesondere mit der Wahl der **Zielgruppen**, dem **Grad der Spezialisierung** und der **Fachrichtung der Kanzlei**. Diese Faktoren beeinflussen die Art und Weise, wie die Kanzlei von den Rechtsuchenden wahrgenommen wird: Teuere und elitäre Kanzlei? Etablierte Kanzlei? Konservative Kanzlei? Innovative Kanzlei? Hochspezialisierte Kanzlei? Usw.[59]

109 • **Neupositionierung für etablierte Kanzleien**

Während neu eröffnete Kanzleien große Einflußmöglichkeiten auf ihre Positionierung haben (das Image der Kanzlei wird erst aufgebaut), könnte sich bei etablierten Kanzleien, die schon einen Ruf aufgebaut haben, eine **Neupositionierung** als sinnvoll erweisen. Dies wird zum Beispiel für manche etablierte Kanzlei der Fall sein, die sich aus historischen Gründen zur Feld-, Wald- und Wiesen-Kanzlei entwickelt hat.

110 Abgesehen von der Tatsache, daß angesichts der Erwartungen der Rechtsuchenden diese Position nicht mehr zeitgemäß ist, liegt das entscheidende Problem darin, daß auf einem Markt, auf dem eine verschärfte Wettbewerbssituation herrscht, keine Möglichkeit für die Feld-, Wald- und Wiesen-Kanzlei besteht, sich durch die angebotene anwaltliche Leistung gegenüber anderen Mitbewerbern hervorzuheben. Gerade dieses Problem soll durch das Anstreben einer besseren (neu zu definierenden) Positionierung gelöst werden.

111 Eine **vorteilhaftere Positionierung** wird durch eine klare Abgrenzung der anzusprechenden Zielmandanten und eine sorgfältige Neugestaltung des Dienstleistungsprogramms erreicht. Das bedeutet, daß die bisher erläuterten einzelnen Grundentscheidungen des Dienstleistungsprogramms (Spezialisierungsgrad, Spezialisierungsform, Fachrichtung der Kanzlei etc.) so zu treffen sind, daß daraus ein einheitliches und am Markt durchsetzbares Konzept – und somit ein glaubwürdiges Bild in der Öffentlichkeit – entsteht.

112 **f) Differenzierung.** Ziel der Differenzierung ist die Schaffung von Wettbewerbsvorteilen, um das eigene Angebot gegenüber der Konkurrenz herauszustellen. Es geht bei der Differenzierung nicht einfach darum, anders zu sein, sondern vielmehr darum, etwas anderes anzubieten, worauf die Rechtsuchenden und insbesondere die Zielmandanten der Kanzlei Wert legen.

---

[59] Vgl. *Schiefer/Hocke*, Marketing für Rechtsanwälte, S. 48.

Für die Differenzierung stehen zunächst zwei Alternativen zur Wahl: der Preis und die Qualität. Eine Differenzierung des eigenen Angebots über den **Preis**, wie sie üblicherweise im Konsumgüterbereich betrieben wird (kostengünstige Marke), ist bei der anwaltlichen Leistung nur begrenzt – im außergerichtlichen Bereich unter den Voraussetzungen des § 3 Abs. 5 BRAGO durch Honorarvereinbarungen – möglich und nicht unbedingt sinnvoll. 113

Dagegen ist eine Differenzierung über die **Qualität** ein Weg, der für jeden Rechtsanwalt (eigentlich) selbstverständlich sein dürfte. Die Differenzierung über die Qualität setzt eine ständige Verbesserung der Organisation und eine Qualitätskontrolle voraus. Kollisionsprüfungen, Rechtschreibung und äußere Darstellung der Korrespondenz, Fristenverwaltung sind Beispiele für Bereiche, die zwar theoretisch in einer Anwaltskanzlei fehlerfrei funktionieren sollten, in denen aber – da es sich in der Praxis als nicht so selbstverständlich erweist, wie es zunächst erscheint – eine Möglichkeit der **Differenzierung durch bessere Qualität** besteht.[60] 114

Zusatzleistungen sind ebenfalls ein zu Recht beliebtes Mittel der Differenzierung. Sie werden zu diesem Zweck als Ergänzung der anwaltlichen Kernleistung und als Service für die Mandanten dargestellt. Traditionelle Zusatzleistungen der Anwaltskanzlei, wie sie oben (s. Rdn. 35ff.) beschrieben worden sind, dienen der Differenzierung des eigenen Angebots und sind unter Marketing-Gesichtspunkten besonders sinnvoll, wenn sie Service-Leistungen entsprechen, die für die Zielmandanten von großem Nutzen und Wert sind. Notariat, Steuerberatung und Wirtschaftsprüfung stellen eine sinnvolle Differenzierungsmöglichkeit für Kanzleien dar, die im Wirtschaftsrecht aktiv sind bzw. die gewerbliche Mandanten zu ihrer Zielgruppe zählen. Auch die neuen Tätigkeitsfelder der Anwaltschaft (z. B. die Tätigkeit in europäischen Ländern oder die Mediation, s. o. ab Rdn. 52ff.) sind erfolgversprechende Wege der Differenzierung. Die Differenzierung durch Service-Leistungen kann mittels **Kooperationen** mit anderen Kollegen oder – soweit berufsrechtlich zulässig (vgl. § 59a BRAO) – anderen Berufen erreicht werden. 115

Darüber hinaus läßt sich das Angebot einer Anwaltskanzlei über die Ausübung von **Tugenden** bei der Leistungserstellung wie Zuverlässigkeit, Schnelligkeit, Eingehen auf den Mandanten, Höflichkeit, freundlicher Telefonempfang usw. differenzieren. Schließlich kann die Differenzierung der eigenen Kanzlei gegenüber den Wettbewerbern mittels der **Positionierung** (das heißt anhand des Image in der Öffentlichkeit) angestrebt werden. Differenzierung und Positionierung sind somit stets in einem engen Zusammenhang zu betrachten. 116

II. Produktentscheidungen im operativen Bereich

Wie schon angedeutet, dienen die Maßnahmen im operativen Bereich der **Umsetzung** der im strategischen Bereich getroffenen Entscheidungen. Produktentscheidungen der operativen Planung werden im Rahmen der sogenannten Leistungspolitik getroffen. 117

1. Die Leistungspolitik im Rahmen des Marketing-Plans

a) Leistungspolitik als Element des Marketing-Mix. Die Leistungspolitik im Dienstleistungsbereich entspricht der Sortimentspolitik oder einfach Produktpolitik im Konsumgüterbereich. Die Leistungspolitik ist eines der „vier P" des klassischen Marketing-Mix. Gemäß dem aus dem englischen Sprachraum stammenden Konzept der „vier P" wird der operative **Marketingplan** aus vier Instrumenten zusammengestellt: 118

[60] Vgl. dazu eingehend unter § 25.

119

Product:	Produktpolitik für die Produktgestaltung; im Dienstleistungsbereich: Leistungspolitik
Price:	Preis- oder Kontrahierungspolitik; für die anwaltliche Dienstleistung: Honorarpolitik[61]
Place:	Distributionspolitik für die Absatzwegegestaltung[62]
Promotion:	Kommunikationspolitik, d. h. insbesondere Werbung und Öffentlichkeitsarbeit[63]

120 **b) Ziele der Leistungspolitik.** Als erstes Instrument des Marketing-Mix strebt die Leistungspolitik eine **marktgerechte Gestaltung und Darstellung** des Leistungsprogramms an. Marktgerechte Gestaltung und Darstellung heißt:

- eine an den **Marktbedürfnissen** orientierte Gestaltung; insbesondere soll sich die Leistungspolitik auf die Erwartungen und Ansprüche der Zielgruppe ausrichten;
- eine **verständliche** Darstellung, was eine konsequente und somit vertrauenserweckende Zusammenstellung des Leistungsprogramms voraussetzt;
- eine **zutreffende** Darstellung: Es darf kein Leistungsversprechen im Leistungsprogramm enthalten sein, das in Wirklichkeit nicht eingehalten werden kann.

2. Leistungsprogrammentscheidungen

121 **a) Kriterien für die Leistungsprogrammentscheidungen, Lösung von Zielkonflikten.** Die Zusammenstellung der Leistungspalette soll stets gewährleisten, daß **marktorientierten Zielen** (Bedürfnissen und Erwartungen der Zielmandanten) und **Ertragszielen** (Rentabilität der Leistungen) Rechnung getragen wird. Darüber hinaus gilt es, den strategischen **Grundsatzentscheidungen** treu zu bleiben (insbesondere Fachrichtung und Positionierung der Kanzlei) und im Regelfall die Mandanten möglichst an die Kanzlei zu **binden**, um aus einem stabilen Mandantenstamm für die Zukunft regelmäßige Einkünfte abzusichern.

122 **Zielkonflikte** können zwischen diesen verschiedenen Polen in der praktischen Umsetzung entstehen: Manche Erwartungen von Mandanten hinsichtlich einzelner Leistungen können sich als unrentabel (Zuschußgeschäfte) erweisen. Oder es sind Bedürfnisse zu bestimmten Rechtsfragen aufgetreten, die nicht zur Fachrichtung (Spezialgebiete) der Kanzlei gehören. Oder aber es werden Leistungen von den Mandanten nachgefragt, die nicht im Einklang mit der am Markt angestrebten Positionierung stehen (Image-Frage). Es gilt, die Mandanten zu behalten, allerdings nicht um jeden Preis.

123 Um diese Konflikte für die Kanzlei auf eine schonende Art zu lösen, müssen Prioritäten gesetzt und gegebenenfalls Kompromisse eingegangen werden:

124 – Zunächst sind in erster Linie diejenigen Mandanten möglichst an die Kanzlei zu binden, die eindeutig zur Zielgruppe gehören. Unbedingt zu behalten sind vor allem **VIP-Mandanten** (Very Important Persons), die nicht nur zur Zielgruppe gehören, sondern auch regelmäßig ertragreiche Mandate in die Kanzlei einbringen und/oder bedeutende Multiplikatoren (Weiterempfehlung) sind.

125 – Im übrigen muß die Tätigkeit der Kanzlei stets **insgesamt rentabel** bleiben. Als Unternehmen trägt die Anwaltskanzlei Verantwortung nicht nur gegenüber den Mandanten, sondern auch hinsichtlich des beschäftigten Personals. Eine unrentable Tätigkeit bringt schnell finanzielle Schwierigkeiten mit sich. Die Zulassung des Rechtsanwalts droht zurückgenommen zu werden, sobald er in Vermögensverfall gerät (§ 14 Abs. 8 BRAO). Insgesamt rentabel heißt, daß einzelne Leistungen, die finanziell nicht sehr attraktiv sind, aber von VIP-Mandanten erwartet werden, im Leistungsprogramm

[61] Näher unter § 36.
[62] Näher unter § 37.
[63] Näher unter §§ 38, 40, 41, 42, 43, 44.

eventuell beibehalten werden können, soweit sie in der Minderheit bleiben und die gesamte Rentabilität der Kanzlei nicht gefährden.

- Die Beibehaltung der bei den Grundsatzentscheidungen gewählten **Fachrichtung** und **Positionierung** der Kanzlei ist als oberstes Gebot zu betrachten, denn sowohl die Fachrichtung als auch die Positionierung gewährleisten auf lange Sicht die Durchsetzung der Kanzlei am Markt (mittelfristig Aufbau eines bestimmten Rufs). Eine Kursänderung oder eine Neupositionierung kommen erst in Betracht, wenn das wirtschaftliche Überleben der Kanzlei am Markt gefährdet ist, und sollten auf der strategischen Ebene (d. h. langfristig) entschieden werden. 126

b) Ansätze zur Steuerung des Diensleistungsprogramms. Um die Beibehaltung einer optimalen Zusammenstellung des Dienstleistungsprogramms zu gewährleisten, können produktbezogene Steuerungsinstrumente eingesetzt werden. Die im Konsumgütermarketing entwickelten Ansätze der Produktvariation, Produktinnovation und Produkteliminierung können auch im Dienstleistungsbereich, insbesondere auf die anwaltliche Dienstleistung, erfolgreich angewandt werden. 127

- **Variation des Dienstleistungsprogramms** 128

Programmvariationen werden hinsichtlich **bereits am Markt angebotener Leistungen** vorgenommen, um:[64]

- diese Leistungen in den Augen der Mandanten attraktiver erscheinen zu lassen (**Leistungsverbesserungen**); 129
  Beispiel: Abwicklung von laufenden Rechtsfragen im Rahmen von Beratungsverträgen für monatliche Pauschalbeträge anstatt förmliche Aktenanlage und einzelne Abrechnung für jede Frage, unabhängig von ihrem Umfang. Die Attraktivität dieser Verbesserung liegt für den Mandanten in überschaubaren und kalkulierbaren Kosten verbunden mit dem Abbau der Hemmschwelle, den Anwalt mit kleineren Rechtsprüfungen zu beauftragen.
- die Leistungen der Kanzlei einem veränderten Nachfrageverhalten anzupassen (**Leistungsmodifikationen);** 130
  Beispiel: Mitteilung des Tenors an den Mandanten am gleichen Tag des Verkündungstermins per E-Mail oder Telefax anstatt im Laufe der darauffolgenden Woche auf dem Postweg, da die Mandanten zunehmend Wert auf schnelle Leistungen legen.
- dem Bedarf bestimmter Mandantenzielgruppen besser zu entsprechen (**Leistungsdifferenzierungen**). 131
  Beispiel: Systematisches Angebot an gewerbliche Mandanten, ein eingehendes Rechtsgutachten über einzelne Fragen und Erfolgsaussichten zu erstellen, bevor Berufungen eingelegt werden. Der Bedarf von gewerblichen Mandanten liegt in der Minimierung der finanziellen Risiken angesichts der hohe Summen, die häufig im Spiel sind.

- **Innovationen im Dienstleistungsprogramm** 132

Unter (Produkt-) Innovation wird die **Erweiterung** eines bestehenden Leistungsprogramms um eine neue Leistung verstanden.[65]
Beispiel: Die im Arbeitsrecht spezialisierte Kanzlei führt in ihr Leistungsprogramm die Mediation – kooperative Verhandlungsführung, s. o. Rdn. 55 – als Alternative zur gerichtlichen Auseinandersetzung ein.

- **Eliminierung von Dienstleistungen** 133

Durch die Eliminierung von einzelnen Leistungen erfolgt eine **Leistungsprogrammreduzierung** mit dem üblichen Zweck, sich von unrentablen oder veralteten Leitungsarten zu trennen. Eliminierungen können auf der Grundlage von **quantitativen Kriterien** (etwa

---

[64] Siehe *Meffert/Bruhn*, Dienstleistungsmarketing 1995, S. 254 ff.
[65] *Mauer/Krämer*, Marketing-Strategien für Rechtsanwälte, 1996, Rdn. 296.

sinkender Deckungsbeitrag, sinkender Umsatz), aber auch von **qualitativen Kriterien** (z. B. negativer Einfluß auf das Kanzleiimage, Änderung gesetzlicher Vorschriften) beschlossen werden.[66]

Beispiele:

134 1. Auf der Grundlage **quantitativer** Kriterien: In einer allgemein beratenden Kanzlei, Eliminierung der Leistungen hinsichtlich Nachbarschaftsstreitigkeiten im Mietrecht (unrentable Leistung aufgrund eines unzureichenden Deckungsbeitrages).

135 2. Auf der Grundlage **qualitativer** Kriterien: Eliminierung der Leistungen im Bereich Konkursverwaltung aufgrund der Abschaffung der Konkursordnung (und Inkrafttreten der Insolvenzordnung) ab dem 1. Januar 1999.

3. Instrumente zur Optimierung des Leistungsprogramms

136 Um die richtigen Entscheidungen über das Leistungsprogramm zu treffen, empfiehlt es sich, auf einen organisierten Einsatz von Instrumenten zur Gewinnung der notwendigen Informationen zurückzugreifen. Als Anregung werden im Folgenden einige der für diesen Zweck in Frage kommenden Instrumente aufgelistet.[67]

137 a) **Mandantenzufriedenheitsbefragungen.** Durch die ständige Untersuchung des Zufriedenheitsgrades bei den Mandanten, u. a. durch Versendung von Mandanten-Fragebögen, können Defizite im organisatorischen oder im Personal-Bereich ermittelt werden. Zahlreiche Anregungen können im übrigen während eines spontanen oder geplanten mündlichen Informationsaustausches mit Mandanten gewonnen werden.

138 b) **Controlling.** Durch den Einsatz von Überwachungsinstrumenten im Rahmen des kanzleiinternen Controlling können wertvolle Informationen gewonnen werden, die beispielsweise die Notwendigkeit der Eliminierung einzelner Leistungen (wegen mangelnder Rentabilität) aus dem Dienstleistungsprogramm der Kanzlei zeigen.

139 c) **Mitarbeiter-Feedback.** Mitarbeiter sind grundsätzlich eine wichtige Quelle von Anregungen, beispielsweise im organisatorischen Bereich, da sie täglich mit Kanzleiabläufen und damit verbundenen möglichen Reibungen in Berührung sind. Darüber hinaus ist ein regelmäßiges Feedback seitens der unmittelbar mit Mandanten in Kontakt stehenden Mitarbeiter (Sekretärin bzw. Telefonistin/Empfangsdame) von Bedeutung, um detaillierte Angaben über Mandantenwünsche und den gegenwärtigen Grad der Bedürfnisbefriedigung zu erhalten.

140 d) **Beschwerdemanagement.** Zu Beginn der 90er Jahre wurde entdeckt, daß die Auseinandersetzung mit Klientenbeschwerden nicht als lästige Pflichtübung, sondern als Chance zu betrachten ist.[68] Nach dem in der Anwaltschaft – und im allgemeinen bei freien Berufen – bislang noch kaum verbreiteten Konzept des Beschwerdemanagements sind Mandantenbeschwerden die ideale Gelegenheit, um die Kanzleileistung zu verbessern. Das Thema Beschwerdemanagement wird bei § 45 ausführlich behandelt.

141 e) **Qualitätsmanagement.** Zentrale Aufgabe des Qualitätsmanagements ist die ständige Sicherstellung der durch die Erwartungen der Mandanten definierten Dienstleistungsqualität.[69] Das Qualitätsmanagement in der Anwaltskanzlei umfaßt folglich insbesondere alles, was zu Planung, Durchführung, Überprüfung und Verbesserung der Kanzleiorganisation gehört.[70] Das Qualitätsmanagement ist Gegenstand des § 25.

---

66 *Meffert/Bruhn*, Dienstleistungsmarketing, 1995, S. 274 f.
67 Vgl. *Meffert/Bruhn*, Dienstleistungsmarketing, 1995, S. 256.
68 *Dehr/Biermann*, Marketing-Management, 1998, S. 57 f.
69 Vgl. *Bruhn*, 2. Aufl. 1997, S. 131.
70 *Freitag u.a.*, Qualität in der Anwaltskanzlei, 1999, S. 18.

D. Zukunftsperspektive

142

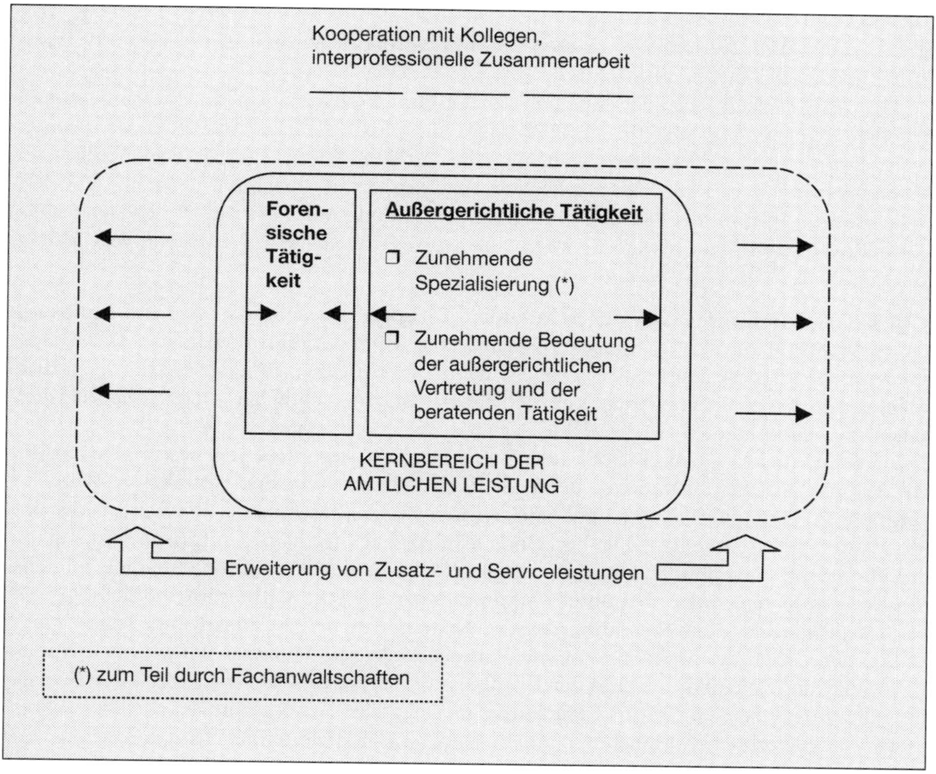

Abbildung 3: Zukunftsperspektiven der anwaltlichen Leistung

I. Tendenzen der anwaltlichen Leistung

Zu Beginn des 21. Jahrhunderts kann man von einer **Anwaltschaft im Wandel** sprechen. Die raschen Änderungen im gesetzlichen (Gesetzgebung im allgemeinen und auch spezifisch im berufsrechtlichen Bereich) und im wirtschaftlichen Umfeld (Globalisierung der Wirtschaft, Europäische Union) spiegeln sich in der Entwicklung der anwaltlichen Dienstleistung wider. Mehrere Tendenzen sind festzustellen: von der gerichtlichen zur außergerichtlichen Streitauseinandersetzung bzw. vom traditionellen Prozeßanwalt zum modernen beratenden Anwalt sowie „vom Universalanwalt zum Spezialanwalt“.[71] 143

1. Zunehmende Bedeutung der außergerichtlichen Tätigkeit

a) Von der forensischen zur außergerichtlichen Tätigkeit. Die außergerichtliche Tätigkeit weist bei der Anwaltschaft in Zukunft eine **steigende Tendenz** auf. Dies gilt sowohl für die außergerichtliche Vertretung als auch für die beratende Tätigkeit. Das wachsende Interesse der Anwaltschaft an Mediation als Alternative zur gerichtlichen Auseinandersetzung ist ein Ausdruck der wachsenden Bedeutung des außergerichtlichen Bereichs der anwaltlichen Leistung. 144

Betrachtet man die Entwicklung der Tätigkeit und den Alltag eines großen Teils der Rechtsanwälte heute in Deutschland, so ist die außergerichtliche Tätigkeit schon zur am 145

[71] *Kleine-Cosack*, NJW 1992, 785 ff.

meisten verbreiteten Komponente der anwaltlichen Kernleistung geworden. Sie entwickelt sich als Zukunftsbereich der anwaltlichen Leistung, während die traditionelle Tätigkeit der Prozeßvertretung tendenziell an Bedeutung verliert. Dies ist zum Teil darauf zurückzuführen, daß die Gerichte chronisch überlastet sind und sich eine Lösung von Streitigkeiten vor Gerichten wegen der damit verbundenen zeitlichen Verzögerungen häufig als unbefriedigend erweist.

146 „Der Anwalt sieht seine Aufgabe nicht mehr, mindestens nicht mehr in erster Linie in der Prozeßvertretung, also in der Führung eines Rechtsstreites mit dem Ziele eines obsiegenden Urteils. Er sieht sie weit mehr in der Vermeidung eines solchen Streites, in der Gestaltung von Interessenausgleichen, die den Streit überflüssig macht. Vor der Prozeßführung bemüht er sich um vorbeugende Beratung und Lösung. Der Prozeß ist zur Ultima ratio geworden", erkannte *Redeker* in seiner Rede auf dem Deutschen Anwaltstag im Jahre 1996.[72]

147 **b) Entwicklungspotential der beratenden Tätigkeit.** In Zukunft wird der **Beratung** als rechtsgestaltender und konfliktvermeidender Tätigkeit eine besondere Bedeutung zukommen. Dies ist deutlich bei großen, häufig international tätigen Kanzleien und im allgemeinen bei Rechtsanwälten, die sich im wirtschaftsrechtlichen Bereich spezialisiert haben, zu beobachten.

148 Die beratende Tätigkeit eröffnet neue Perspektiven in bezug auf eine bessere **Rentabilität** der anwaltlichen Tätigkeit, denn sie wird anhand finanziell attraktiver Modelle vergütet, die sich gleichzeitig sowohl aus der Perspektive des Anwalts als auch aus der des Mandanten fairer darstellen. Die beratende Tätigkeit erfolgt häufig aufgrund von laufenden **Beratungsverträgen** (Beratungsvertäge bieten den Vorteil, eine regelmäßige Einnahmequelle zu bieten), oder aber unter Vereinbarung eines **Stundenhonorars** (abhängig von der Qualifikation, dem Spezialisierungsgrad, dem Ruf des Rechtsanwalts sowie nicht zuletzt der Größe der Stadt) bzw. eines **Pauschalbetrages**. Letzterer wird unter Berücksichtigung des Zeitaufwands und der Komplexität der Sache sowie ergänzend der Bedeutung der Angelegenheit für den Mandanten festgelegt. Erfahrungsgemäß trägt die Akquisition von gewerblichen Mandanten zur Entwicklung der beratenden Tätigkeit bei.

149 Auch für Allgemeinkanzleien, die Privatpersonen zur ihren Zielmandanten zählen, ist die beratende Tätigkeit ein vielversprechender Tätigkeitsbereich. Die Entwicklung dieses Gebiets setzt allerdings voraus, daß der Rechtsanwalt den Status eines **Hausanwalts** gewinnt. Voraussetzung dafür ist es, den Mandanten aufmerksam zuzuhören, um ihre Beratungsbedürfnisse aufzudecken und zu thematisieren. Auf diesem Weg kann den Mandanten aktiv ein Angebot hinsichtlich einer Beratungsleistung zur Lösung einzelner Rechtsprobleme vorgeschlagen werden.

150 Dies alles macht aus der reinen Rechtsberatung für eine Vielzahl von Rechtsanwälten (spezialisiert oder allgemein beratend) einen Tätigkeitsbereich der Zukunft, den es aktiv zu entwickeln gilt, schon um die von konkurrierenden Anbietern (Steuerberatern, Wirtschaftsprüfer, Arbeitgeber- und Verbraucherverbände, Banken, Versicherungen usw.) zum Teil eroberten Marktanteile **zurückzugewinnen**. Die reine Rechtsberatung ist aber auch ein Weg, um das Wachstum eines Marktes, der in einer angespannten Wettbewerbssituation zu klein geworden ist (im Vergleich zu der Anzahl von Rechtsanwälten und nichtjuristischen Anbietern), zu fördern, indem latente Rechtsprobleme erkannt und thematisiert werden.

2. Zunehmende Bedeutung der Spezialisierung

151 Nach jahrzehntelanger streitiger Diskussion macht sich seit Ende der 80er Jahre in der deutschen Anwaltschaft zunehmend eine tiefe Veränderung des anwaltlichen Berufsbildes bemerkbar: Der traditionelle unabhängige Berater und Vertreter in allen Rechtsangelegen-

---

[72] *Redeker*, AnwBl. 1996, 503, 504.

heiten (Idealbild des § 3 Abs. 1 BRAO) wird zunehmend zum spezialisierten Dienstleistungsanbieter. Auch wenn sich diese revolutionäre Entwicklung in der Mentalität zahlreicher Berufsträger noch nicht durchgesetzt hat, so hat sich das Spektrum der anwaltlichen Leistung insgesamt eindeutig zugunsten der Spezialisierung umstrukturiert.

Die zunehmende Bedeutung der Spezialisierung in der Anwaltschaft ist das Ergebnis mehrerer **Änderungen**: 152

- Zunächst wurden mehrere berufsrechtliche Regelungen auf Bundesebene entwickelt, die die Durchsetzung des Konzepts der **Fachanwaltschaft** ermöglicht haben. Entscheidend waren die Einführung des § 43c BRAO (Fachanwaltschaften; Erwerb und Führung von Fachanwaltsbezeichnungen) und neuerdings die Fachanwaltsordnung vom 29. 11. 1996 (Einzelheiten zu diesem Thema bei § 39). 153
- Auch die **Liberalisierung des Werberechts**, in die Wege geleitet durch die Entscheidungen des Bundesverfassungsgerichts von 1987, haben zur Verstärkung des Spezialisierungstrends beigetragen. Durch die Lockerung des Werbeverbots wurde die Veröffentlichung von Spezialisierungshinweisen (Fachanwaltsbezeichnungen und darüber hinaus Interessen- und Tätigkeitsschwerpunkte gem. § 7 BerufsO) erlaubt (Näher bei § 39). 154
- Vor dem Hintergrund der in den letzten Jahren eingetretenen **Juristenschwemme** haben viele Berufsträger die Notwendigkeit einer Profilierung ihres Dienstleistungsangebots im Konkurrenzkampf wahrgenommen und sich der Intensivierung des Wettbewerbs durch die Spezialisierung angepaßt. 155
- Unverkennbar ist schließlich das wachsende Interesse der **Medien** an den freien Berufen, u. a. an der Anwaltschaft, sowie an rechtlichen Fragen und das daraus resultierende wachsende Bewußtsein der Rechtsuchenden für die Durchsetzung ihrer Rechte und die Suche nach einem qualifizierten Rechtsanwalt. 156

Die zunehmende Spezialisierung erleichtert nicht nur dem rechtsuchenden Publikum die Suche nach einem qualifizierten Rechtsanwalt, sondern sie bietet zusätzlich einen Anreiz zur Erhöhung der Qualität anwaltlicher Leistung und somit die Grundlage für eine Stärkung der Stellung der Anwaltschaft gegenüber anderen Berufen und Organisationen auf dem Rechtsberatungsmarkt.[73] 157

II. Zukunft der anwaltlichen Leistung

Auf einem umkämpften Rechtsberatungsmarkt, der zudem von zahlreichen konkurrierenden freien Berufen und Institutionen begehrt wird, liegt die Zukunft der Anwaltschaft in der **Differenzierung** ihrer Dienstleistung. Unter der Vielfalt der Möglichkeiten zur Differenzierung sind mindestens zwei um so erfolgversprechender, da sie vom Markt schlicht gefordert werden: Die Erweiterung um Zusatzleistungen sowie um Serviceleistungen und eine Qualitätssteigerung der anwaltlichen Tätigkeit. 158

1. Aufnahme von Zusatz- und Serviceleistungen in das anwaltliche Dienstleistungsprogramm

Das bloße Angebot der Kernleistung der anwaltlichen Tätigkeit, wie sie bei § 3 Abs. 1 BRAO definiert wird, als Leistungsprogramm bietet für eine Anwaltskanzlei in Zukunft keine Perspektive mehr. Über die Notwendigkeit der Festlegung zumindest einer Fachrichtung für die Kanzlei (**Spezialisierung**) hinaus ist für jede Kanzlei eine Erweiterung des Leistungsprogramms um die Kernleistung herum erforderlich. 159

a) Zusatzleistungen. Zusatzleistungen wie beispielsweise das Notariat, die Steuerberatung, die Mediation (weitere Beispiele siehe oben Rdnr. 35ff. und 52ff.) führen, wenn sie richtig ausgewählt sind, zu einem erhöhten **Nutzen** für die (Ziel-) Mandanten und werden von ihnen dementsprechend dankbar angenommen und gewürdigt. Zusatzleistungen sind richtig ausgewählt, wenn sie die Kernleistung, die sich an definierten Zielgruppen und 160

[73] *Kleine-Cosack*, NJW 1992, 785.

einer Fachrichtung zu orientieren hat, **sinnvoll ergänzen**. Das Dienstleistungsprogramm wird für die (potentiellen) Mandanten durch Zusatzleistungen attraktiver gestaltet, wenn dadurch insgesamt ein zusammenhängendes Angebot, das sich an die individuellen bzw. typischen **Bedürfnisse** der (Ziel-) Mandanten richtet, entsteht.

161 – So ergänzt das **Notariat** sinnvoll die anwaltliche Kernleistung im Wirtschaftsrecht (insbesondere Gesellschaftsrecht, Bankrecht), da im Geschäftsleben häufig Beurkundungen notwendig sind. Aus ähnlichen Gründen ist die Ergänzung der Kernleistung um das Notariat im Erbrecht (Testamente), Familienrecht (Eheverträge), Maklerrecht (Grundstücksverkäufe) für die Mandanten wie für die Kanzlei sinnvoll. Allerdings ist bei dem Notariat zu beachten, daß ein Anwaltsnotar – oder gar eine Sozietät – nicht in derselben Angelegenheit gleichzeitig in der Funktion von Notar und von Rechtsanwalt tätig werden darf.[74] Es empfiehlt sich vor diesem Hintergrund, eine auf gegenseitigen Empfehlungen beruhende **Kooperation** mit Kollegen, die das Notariat ebenfalls in ihrer Leistungspalette anbieten, einzugehen.

162 – Die **Steuerberatung** ergänzt vorteilhaft viele Rechtsgebiete wie z. B. das Familienrecht, das Erbrecht, das Gesellschaftsrecht oder das Arbeitsrecht. Die Steuerberatung, die eigentlich zur Rechtsberatung gehört, d. h. – zumindest ursprünglich – einem anwaltlichen Tätigkeitsfeld entspricht, parallel zu der (reinen) anwaltlichen Tätigkeit begegnet keinen berufsrechtlichen Beschränkungen. Sie bietet den Wettbewerbsvorteil, daß den Mandanten eine „Beratung aus einer Hand" angeboten werden kann. Die Steuerberatung stellt darüber hinaus nicht nur ein gutes Instrument der **Mandantenbindung** dar, da eine laufende Betreuung der Mandanten stattfindet (es handelt sich im Regelfall um Dauermandate). Sie ist auch ein wertvolles Instrument zur **Förderung der anwaltlichen Tätigkeit**, weil durch die Beratung im steuerlichen Bereich ein Beratungsbedarf im Anwaltsbereich aufgedeckt werden kann und Rechtsprobleme in einem offenen Dialog mit den Mandanten leicht unverbindlich thematisiert werden können.

163 – Als letztes Beispiel ist das neue Tätigkeitsfeld der **Mediation** eine sinnvolle Ergänzung der – traditionellen – anwaltlichen Tätigkeit etwa im Arbeitsrecht, Wirtschaftsrecht, Familienrecht oder Verwaltungsrecht. Da der Rechtsanwalt im Rahmen der Mediation als (neutraler) Vermittler (Mediator) tätig wird, ist es erforderlich, in einem konkreten Rechtsfall die für eine kooperative Konfliktlösung günstige Situation **früh** genug zu erkennen – d. h. im Grunde genommen im ersten Gespräch bzw. vor einer anwaltlichen Vertretungstätigkeit. Die Möglichkeit der Mediation als **Alternative** zu der gerichtlichen und außergerichtlichen Auseinandersetzung wird dem Mandanten also von Anfang an geboten, unter Erläuterung des Konzepts der Mediation und Unterrichtung über ihre Vorteile. Insgesamt stellt zwar die Mediation im Einzelfall eine Alternative zur traditionellen anwaltlichen Leistung dar, auf Ebene des Leistungsprogramms der Kanzlei bedeutet sie eine **Ergänzung** und Bereicherung des Leistungsspektrums der Kanzlei.

164 **b) Service-Leistungen.** Durch Nebenleistungen, die nicht gesondert vergütet werden, aber in den Augen der Mandanten viel wert sind (z. B. regelmäßiger Versand von Informationsrundschreiben, Vermittlung von Kontakten, telefonischer Empfang oder Besprechungen in späteren Stunden der Wochentage oder am Wochenende usw.), hat der Rechtsanwalt nach wie vor die Möglichkeit, sich vom Wettbewerb abzuheben und Mandanten an sich zu binden. Service-Leistungen zeigen Mandantenorientierung und Verständnis für die Dienstleistungskultur und erhöhen erheblich den subjektiven (durch den Mandanten wahrgenommenen) Wert der Leistung. Wie im allgemeinen im Konsumgüterbereich und in der Dienstleistungsbranche werden Service-Leistungen in Anwaltskanzleien verstärkt zum Zweck der Differenzierung der Leistung auf dem Markt entwickelt (werden müssen).

---

[74] Vgl. dazu eingehend unter § 7.

2. Ständige Verbesserung der Qualität anwaltlicher Leistung

Für eine so komplexe und verantwortungsvolle Tätigkeit wie die des Rechtsanwalts sollten ein Mindeststandard und eine ständige Verbesserung der Qualität der Leistung eine Selbstverständlichkeit sein. In der Praxis trifft diese Aussage leider nicht zu. Das zeigen die hohen Zahlen von Anwaltsregressen und die regelmäßigen Beschwerden von Rechtsuchenden bei Rechtsanwaltskammern. Deswegen kann nicht genug betont werden, wie wichtig eine sorgfältige **Organisation der Kanzleiabläufe** und in erster Linie der Fristenverwaltung ist.[75] 165

Die ständige Verbesserung der Qualität der Leistung ist die Kernidee des **Total Quality Management** (TQM). Dieses Konzept wird im Hinblick auf seine Bedeutung für den Dienstleistungsbereich zunehmend von der Praxis anerkannt und wissenschaftlich unterlegt.[76] Auch für die Anwaltschaft werden in den kommenden Jahren die Unternehmensführungskonzepte Qualitätsmanagement und TQM zu den wichtigsten Managementthemen zählen. 166

Im Kampf um die Verteilung des Rechtsberatungsmarktes wird die Qualität der erbrachten Leistung zum großen Teil darüber entscheiden, ob die Anwaltschaft am Ende als Verlierer oder aber Gewinner vor anderen Dienstleistern dasteht. Im Sinne einer positiven Entwicklung der Position des Berufsstandes auf dem Markt ist die Diskussion auf anspruchsvollem (wissenschaftlichen) Niveau notwendig, aber nicht ausreichend. Eine aktive und erfolgreiche Auseinandersetzung mit dem Thema Qualität, und zwar – wie es dem Grundsatz des TQM zu entnehmen ist – aus der Perspektive der Abnehmer der Leistung (der Mandanten), beginnt im **Alltag** der Kanzlei. 167

---

[75] Vgl. dazu unter §§ 25, 30.

[76] Zum Beispiel für den Dienstleistungsbereich: *Bruhn,* 1997; *Meffert/Bruhn,* 1995; *Benölken/Greipel,* 1990; für rechts- und wirtschaftsberatende Berufe: *Mauer/Krämer/Becker,* 1997; für Rechtsanwälte: *Freitag u. a.,* 1999; DAV, 1997.

§ 6 Der Rechtsanwalt als Verhandlungs- und Konfliktmanager

*Dr. Christian Duve**/*Prof. Dr. Fritjof Haft***

Übersicht

Schrifttum: *Aksen,* Ad Hoc Versus Institutional Arbitration, 2 (1) The ICC International Court of Arbitration Bulletin, 1991; *Bercovitch,* International Mediation and Dispute Settlement: Evaluating the Conditions for Successful Mediation, NEGOTIATION J. 17ff. (1991); *Breidenbach/Henssler,* Mediation für Juristen, 1997; *Bühring-Uhle,* Arbitration and Mediation in International Business, 1996; *Busse,* Die obligatorische Streitschlichtung – Eine Herausforderung für die Anwaltschaft, AnwBl. 97, 522; *Duve,* Kontroverse um Frankfurter Flughafen ist nicht aussichtslos, Frankfurter Allgemeine Sonntagszeitung, 9. August 1998, S. 4; *ders.,* Alternative Dispute Resolution (ADR) – Die außergerichtliche Streitbeilegung in den USA, BB Beilage 10 (Mediation & Recht), 9ff., Heft 40/1998; *ders.,* Mediation und Vergleich im Prozeß, 1999; *Eidenmüller,* Ökonomische und spieltheoretische Grundlagen, in: *Breidenbach/Henssler,* Mediation für Juristen, 1997, S. 31ff.; *Fisher/Ury,* Getting to Yes, 2. Aufl. 1991; *Gottwald/Haft (Hrsg.),* Verhandeln und Vergleichen als juristische Fertigkeiten, 2. Aufl. 1992; *Goldberg/Sander/Rogers,* Dispute Resolution, 1992; *Grilli,* Vom Anwalt zum Schlichter, AnwBl. 1997, 533ff.; *Haft,* Verhandeln – Die Alternative zum Rechtsstreit, 1992; *ders.,* Intuitives und rationales Verhandeln, BB Beilage 10 (Mediation & Recht), 15ff., Heft 40/1998; *ders.,* Mediation – „Palaver" oder Paradigmenwechsel, in: Festschrift für Schütze, 1999; *ders.,* Juristische Rhetorik, 6. Aufl. 1999; *ders.,* Haft, Strukturdenken, 1987; *Henssler/Schwackenberg,* Der Rechtsanwalt als Mediator, MDR 97, 409; *Heussen (Hrsg.),* Handbuch Vertragsverhandlung und Vertragsmanagement, 1997; *v. Hoyningen-Huene,* Mediation – Eine Alternative zum gerichtlichen Verfahren, JuS 1997, 352; *Kirckhoff,* Mind Mapping, 11. Aufl. 1995; *Knieß,* Kreatives Arbeiten, 1995; *Mnookin/Kornhauser,* Bargaining in the Shadow of the Law, 88 YALE LAW JOURNAL 1979, 950; *Mnookin/Ross,* Introduction, S. 3–24, in: *Arrow/Mnookin/Ross,* Barriers to Conflict Resolution, New York 1995; *Moore,* The Mediation Process, 1996; *Murray/Rau/Sherman,* The Processes of Dispute Resolution, 1996; *Ponschab,* Wege zur anwaltlichen Schlichtung, AnwBl. 97, 145; *ders.,* Streitschlichtung – Anwaltssache, AnwBl. 97, 520; *ders.,* Fördern statt fordern – Ein Paradigmenwechsel der anwaltlichen Konfliktbehandlung, MDR 97, 413; *Pruitt/Carnevale,* Negotiation in Social Conflict, 1993; *Raiffa,* The Art and Science of Negotiation, Cambridge, Massachusetts, 1982; *Ramm,* Schiedsgerichtsbarkeit, Schlichtung und Rechtsprechungslehre, ZRP 1989, 136; *Ropers/Debiel,* Friedliche Konfliktbearbeitung in der Staaten- und Gesellschaftswelt, 1995; *Rubin/Pruitt/Kim,* Social Conflict, 2. Aufl. 1994; *Sander/Duve,* Das Multi-Door Courthouse, in: *Gottwald/Strempel/Beckedorff/Linke,* Außergerichtliche Konfliktregelung für Rechtsanwälte und Notare (AKR-Handbuch), Loseblattsammlung, 2. Ergänzungslieferung Oktober 1998, 3.3.3.1.; *Schulz von Thun,* Miteinander Reden 1 – Störungen und Klärungen, 1991; *Schwackenberg,* Einführung einer obligatorischen Streitschlichtung, AnwBl. 97, 524; *Ury/Brett/Goldberg,* Getting Disputes Resolved – Designing Systems to Cut the Costs of Conflict, 1993.

* Rechtsanwalt in Frankfurt/Main, Anwaltskanzlei Bruckhaus, Westrick, Heller, Löber.
** Inhaber des Lehrstuhls für Strafrecht, Strafprozeßrecht, Rechtsphilosophie und Rechtsinformatik der Universität Tübingen.

A. Der Markt für Konfliktbeilegung

1 Der Rechtsanwalt wird traditionell als der Interessenvertreter einer Partei betrachtet, deren Interessen in Konflikt mit den Interessen oder Prinzipien eines anderen geraten sind. Tatsächlich bildet in der Praxis jedoch auch die Beratung im Hinblick auf die Vermeidung derartiger Kollisionen einen Schwerpunkt anwaltlicher Tätigkeit. Als Interessenvertreter kann der Rechtsanwalt sich demnach im Wege der **Konfliktvorbeugung** und im Wege der **Konflikthilfe** betätigen. Im Rahmen der Konfliktvorbeugung wie im Rahmen der Konflikthilfe unterstützt der Rechtsanwalt den Mandanten regelmäßig auch in der Verhandlungsführung.

2 Obgleich die Verhandlungsunterstützung, die Konfliktvorbeugung und die Konflikthilfe zu den ureigenen Tätigkeitsbereichen des Rechtsanwalts gehören, werden diese Aktivitäten selten als Aspekte der anwaltlichen Tätigkeit hervorgehoben oder gar in ihrem Marktpotential erkannt.[1] Erst seit der Diskussion über die Einführung der obligatorischen Schlichtung und die anschließende Diskussion auf dem Anwaltstag im Jahr 1997 zum Thema „Schlichtung-Anwaltssache“[2] hat sich diese Situation zumindest insofern verändert, als diese Themen verstärkte Aufmerksamkeit finden. Wir sind der Meinung, daß das Feld der Verhandlungsunterstützung sowie Konfliktvorbeugung und -hilfe einen **attraktiven Markt** für Anwälte darstellen könnte und wollen im folgenden darstellen, wie dieser genutzt werden könnte.

I. Konfliktvorbeugung

3 Konfliktvorbeugung heißt, Vorsorge zu treffen, um schon die Entstehung eines Konflikts möglichst zu vermeiden oder, soweit dieses nicht gelingt, sich zumindest auch eine günstige Ausgangslage für den Konfliktfall zu schaffen. Das **klassische Instrument** der Konfliktvorbeugung ist der **Vertrag**. Der Anwalt ist denn auch in der Kautelarpraxis beratend, unterstützend und stellvertretend tätig. Gelegentlich wird schon in der Vertragsgestaltung die Vorsorge für den Konfliktfall vernachlässigt, wenn zum Standardvertrag oder zu Allgemeinen Geschäftsbedingungen gegriffen wird, ohne den Besonderheiten des konkreten Falles gerecht zu werden. Daß Verträge individuell gestaltet werden sollten, versteht sich jedoch von selbst.[3]

4 Uns geht es hier um die **Vorsorge für den Konfliktfall** in prozeduraler Hinsicht. Die Parteien treffen diesbezüglich häufig gar keine Vorsorge oder fügen in letzter Minute eine Schiedsabrede in den Vertrag ein. Daß zwischen der *Ad-hoc*-Schiedsgerichtsbarkeit und der institutionellen Schiedsgerichtsbarkeit ebenso große Unterschiede bestehen können[4] wie zwischen den Regeln einzelner Schiedsinstitutionen,[5] wird dabei häufig übersehen. Noch seltener wird von den Parteien und ihren Interessenvertretern überlegt, ob im Vertrag statt bzw. neben einer Schiedsabrede nicht noch andere Wege zur Beilegung von Streitigkeiten vorgesehen werden könnten, wie insbesondere die

---

[1] Auf die Bedeutung der Anwälte als Konfliktmanager verweist allerdings zu Recht *Ponschab,* AnwBl. 97, 145. Siehe auch *ders.,* MDR 97, 413.

[2] Vgl. dazu die Beiträge von *Ponschab,* AnwBl. 97, 520; *Busse,* AnwBl. 97, 522; *Schwackenberg,* AnwBl. 97, 524.

[3] Was alles in der Planung, Verhandlung, Anlage und Durchführung von Verträgen zu beachten ist, läßt sich umfassend nachlesen bei *Heussen (Hrsg.),* Handbuch Vertragsverhandlung und Vertragsmanagement, 1997.

[4] Für eine Übersicht über die Argumente siehe *Aksen,* Ad Hoc Versus Institutional Arbitration, 2 (1) The ICC International Court of Arbitration Bulletin, 1991.

[5] So unterscheiden sich beispielsweise die American Arbitration Association (AAA) und die International Chamber of Commerce (ICC) grundsätzlich im Hinblick auf ihre Kostenregelungen.

Mediation.[6] In Betracht kommen jedoch auch andere Formen der nichtbindenden Streitbeilegung wie z. B. das **Minitrial**[7] oder die Einrichtung eines **Dispute Review Board**.[8]

II. Konflikthilfe

Neben der Konfliktvorbeugung bietet sich dem Rechtsanwalt ein großes Betätigungsfeld in der Konflikthilfe. Nach traditionellem Verständnis heißt Konflikthilfe, im Falle eines eingetretenen Konflikts als Vertreter einer Partei tätig zu werden, um deren Interessen gegenüber der anderen Partei durchzusetzen. Leider wird der Anwalt häufig erst eingeschaltet, wenn es (zu) spät ist. So kommt es beispielsweise gelegentlich vor, daß fristlose Kündigungen ausgesprochen werden, bevor ein Rechtsanwalt kontaktiert wurde. Das ist zum einen von Nachteil, weil die Gefahr besteht, daß die fristlose Kündigung in diesem Fall nicht den rechtlichen Voraussetzungen entspricht und somit die Erfolgsaussichten des Mandanten in einer streitigen Auseinandersetzung beeinträchtigt werden. Eine verspätete Kontaktaufnahme kann sich jedoch auch insofern nachteilig auswirken, als sich Positionen verhärtet und Verhandlungsmöglichkeiten reduziert haben könnten.[9] Dieser Nachteil könnte ausgeglichen werden, wenn es den Rechtsanwälten gelingen würde, von ihren Mandanten als **Verhandlungsberater** betrachtet zu werden. In vielen persönlich gewachsenen Mandantenbeziehungen mag diese Sichtweise faktisch bereits existieren. Auch dürfte eine enge Abstimmung zwischen Rechtsanwalt und Mandant häufig den Normalfall darstellen. Dennoch werden nur wenige Mandanten ihre Rechtsanwälte als Verhandlungsberater bezeichnen. Der Grund dafür könnte zum einen darin liegen, daß sich jedermann in Verhandlungsfragen für kompetent hält, zum anderen jedoch auch darin, daß Rechtsanwälte dieses Tätigkeitsfeld kaum in den Vordergrund gerückt haben. Es ist durchaus denkbar, daß sich mittelfristig daraus **neue Aufgaben** entwickeln könnten. 5

Neben der Konflikthilfe in der Rolle als Parteivertreter kann der Rechtsanwalt noch Konflikthilfe in der **Rolle des neutralen Dritten** leisten. Hier kommt die Rolle des Rechtsanwalts als Konfliktmanager zum Tragen. Der Rechtsanwalt kann Parteien in einem Konflikt beispielsweise als **Schiedsrichter**, **Schlichter** oder **Mediator**[10] unterstützen. Würde ein Rechtsanwalt als Verhandlungs- und Konfliktmanager wahrgenommen, erhielte er unter Umständen neue Mandate, da das Spektrum seiner Aktivitäten breiter wäre. 6

Im folgenden soll kurz angerissen werden, über welche Verhandlungsfertigkeiten der Rechtsanwalt verfügen und welche Verhandlungskenntnisse er darstellen können sollte, um als **Verhandlungsmanager** aktiv zu werden.[11] Zu diesem Zweck sollte er vor allem imstande sein, Komplexität zu bewältigen. Er sollte die Psychologie des Verhandelns beherrschen. Schließlich muß er mit der Phasenstruktur der Verhandlung arbeiten können. Im einzelnen: 7

Bewältigung von Komplexität: Der Verhandler muß über die Fähigkeit verfügen, komplexe Gegenstände in der verbalen Sprache zu beherrschen, soweit das irgend möglich ist. Denn jeder Rechtsfall ist komplex. Das klassische juristische Positionsdenken 8

[6] Umfassend zu Schiedsgerichtsbarkeit und Mediation im internationalen Wirtschaftsverkehr, *Bühring-Uhle,* Arbitration and Mediation in International Business, 1996.

[7] Zu diesem Verfahren und anderen nichtbindenden Streitbeilegungsmechanismen siehe *Duve,* Alternative Dispute Resolution (ADR) – Die außergerichtliche Streitbeilegung in den USA, BB Beilage 10 (Mediation & Recht), 9ff., Heft 40/1998.

[8] Zusammenfassend dazu *Bühring-Uhle,* Arbitration and Mediation in International Business, 1996, S. 323, 326.

[9] Siehe *Haft,* Verhandeln, 1992, insbesondere S. 59ff.

[10] Der Unterschied zwischen dem Schlichter und dem Mediator besteht, kurz gesagt, darin, daß der Schlichter wie der Schiedsrichter in das Paradigma des „Entscheiders" fällt, der einen zwar nicht rechtlich, aber kraft seiner Autorität faktisch bindenden „Spruch" fällt, während der Mediator ein Dienstleister ist, der den Parteien hilft, selbst zu einer Lösung ihres Konfliktes zu finden.

[11] Ausführlich zum folgenden *Haft,* Verhandeln, 1992.

in Ansprüchen und Forderungen kann als Vereinfachungsstrategie zur Bewältigung von Komplexität begriffen werden. In Verhandlungen ist es jedoch häufig als alleiniges Instrument nicht sachgerecht. Hier müssen andere Strategien zur Bewältigung von Komplexität befolgt werden. Bei seinen Bemühungen um solche Strategien kann der Anwalt auf die juristischen Erfahrungen beim Umgang mit Komplexität zurückgreifen, die gewonnen wurden, seit in der Antike die ersten Rechtssysteme – komplexe Gebilde zur Bewältigung einer komplexen Realität – geschaffen wurden. Der Verhandler muß sein Verhandlungs-Know-how dazu nutzen können, den Konflikt zu strukturieren. Dazu muß er die **Methode des Strukturdenkens** beherrschen.[12] Er muß imstande sein, einen großen Konflikt in Teilkonflikte mit unterschiedlichen Konfliktpotentialen aufzulösen. Er muß fähig sein, auf diese Weise den Boden für Teillösungen vorzubereiten, aus denen sich dann die Gesamtlösung des Konfliktes ableiten läßt.

9 **Psychologie des Verhandelns:** Der Verhandler muß die Psychologie des Verhandelns beherrschen. Konkret bedeutet dies, daß er wissen muß, wann er sich **kooperativ** (so beim Umgang mit den Sachproblemen) und wann **kompetitiv** (so bei der Abwehr ungeeigneter Spielregeln für die Verhandlungen) verhalten muß. Er muß Gemeinsames groß, Trennendes klein schreiben können. Er muß Manipulationen (sog. Machiavellismus) ebenso abwehren können wie Unfairneß. Er muß den Umgang mit (negativen und positiven) Emotionen beherrschen und imstande sein, die Kommunikation sinnvoll zu steuern. Er muß zwischen der Sache und der Person trennen können. Er muß Verstrikkungsgefahren begegnen können. Er muß wissen, wie er mit (fremder wie eigener) Verhandlungsmacht umzugehen hat. Und er muß – last but not least – die Spielregeln des Basars kennen und beherrschen. Zwar hat das „Feilschen" einen schlechten Ruf und verfehlt hin und wieder sein Ziel, aber die **Basartechnik** ist die einzige etablierte Methode, mit der sich auseinanderliegende Positionen in rein distributiven Situationen einander nähern.[13] Also muß der Verhandler sie beherrschen.

10 **Phasenstruktur der Verhandlung:** Der Verhandler muß schließlich wissen, in welche Phasen eine Verhandlung zerfällt. Ihm muß klar sein, daß es bei Verhandlungen ein „Zu früh" ebenso gibt wie ein „Zu spät". Er muß imstande sein, das Richtige zur richtigen Zeit zu tun. Er muß die Technik beherrschen, Fahrpläne aufzustellen und Verhandlungsverträge abzuschließen, durch welche die Parteien sich an bestimmte Verfahrensregeln binden. Er muß imstande sein, Verhandlungen zu strukturieren, damit das schrittweise Abarbeiten von Detailproblemen an die Stelle fruchtloser gegenseitiger Plädoyers treten kann.

III. Marktchancen durch Verhandlungs- und Konfliktmanagement

11 Bislang wurde die Konfliktbehandlung dort, wo aus wirtschaftlichen Gründen systemoptimierende Lösungen gefunden werden müssen, durchweg nicht in die Hände von Juristen gelegt. So bemühen sich beispielsweise gegenwärtig nicht Juristen oder gar Anwälte, sondern **Psychologen** und **Sozialpädagogen** um die Probleme des „Mobbing". Zur Moderation von Entwicklungsprozessen in Unternehmen werden **Unternehmensberater** hinzugezogen. Selbst Mechanismen zur Streitbeilegung werden im Rahmen von Unternehmenskäufen von Unternehmensberatern vorgeschlagen.

12 Indem Rechtsanwälte sich auf die Kautelarpraxis oder auf die forensische Tätigkeit beschränken, engen sie ihren Markt ein, obgleich sie unbestritten im Umgang mit Konflikten über ein außergewöhnliches Know-how verfügen. Durch die **Beschränkung auf die juristische Methode** verliert der Rechtsanwalt jedoch möglicherweise interessante Gestaltungsmöglichkeiten, die nunmehr durch andere Berufsstände wahrgenommen werden. Jenseits der strategischen Bedeutung kann sich die Beschränkung auch im Einzelfall nachteilig auswirken: So verfehlt der Anwalt im konkreten Konflikt vielleicht jene

[12] Näher dazu *Haft,* Strukturdenken, 1987.

[13] Ausführlich, auch zu den psychologischen Grundlagen des Basars, *Haft,* Verhandeln, 1992; aus spieltheoretischer Sicht dazu *Raiffa,* The Art and Science of Negotiation, 1988.

Interessen, die nicht klagbar sind, die den Parteien mitunter aber wichtiger sind als ihre vor Gericht durchsetzbaren Ansprüche. Beispiele bieten immaterielle Interessen, wie z. B. das Interesse einer Partei an einer Entschuldigung, oder aber materielle Interessen, wie z. B. das Interesse an der Ausweitung einer Geschäftsbeziehung.

Im folgenden wollen wir näher untersuchen, wie die Rolle des Rechtsanwalts als Verhandlungs- und Konfliktmanager aussehen könnte. Angesichts ihrer wachsenden praktischen Bedeutung sollen zunächst die Rollen des Rechtsanwalts als Parteivertreter in der Mediation und als Mediator, anschließend die Rolle des Rechtsanwalts als Verhandlungs- und Konfliktmanager behandelt werden. 13

B. Der Rechtsanwalt in der Mediation

Die Darstellung des **Markts der Mediation** soll in zwei Teile unterteilt werden. In einem ersten Teil soll dargestellt werden, welche Rollen Rechtsanwälte in den genannten Funktionen in der Mediation wahrnehmen. In einem zweiten Teil soll die Frage erörtert werden, wie die Rahmenbedingungen gestaltet werden sollten, damit die Mediation auch in der Praxis tatsächlich Anwaltssache sein wird. 14

I. Die Rolle von Rechtsanwälten in der Mediation

Zunächst also zur Rolle von Rechtsanwälten in der Mediation.[14] In einer Mediation kann ein Rechtsanwalt entweder selbst als **Mediator** oder als **Parteivertreter** tätig werden. In beiden Funktionen unterscheidet sich seine Rolle von der Interessenvertretung im streitigen Verfahren oder in direkten Verhandlungen mit der anderen Seite. In diesem ersten Teil sollen zunächst die Besonderheiten der Rolle des Mediators angesprochen und anschließend die Eigenheiten der Rolle des Rechtsanwalts als Parteivertreter in der Mediation behandelt werden. 15

Die Unterschiede zwischen den Funktionen des Rechtsanwalts in der Mediation und außerhalb der Mediation ergeben sich aus den **Charakteristika der Mediation:** 16

Bei der Mediation handelt es sich im Grundsatz um ein flexibles Streitbeilegungsverfahren, in dem ein Dritter – der Mediator – eine Verhandlung zwischen Parteien unterstützt.[15] Im Gegensatz zu einem Schiedsrichter oder Richter ist ein Mediator nicht dazu berechtigt, den Parteien eine Entscheidung aufzuerlegen. Der Ausgang des Verfahrens wird durch die Parteien bestimmt. Das heißt, die Parteien handeln eigenverantwortlich und, zumindest was die Einigung anbelangt, freiwillig.[16] Das Verfahren ist nicht förmlich. Der nicht förmliche Charakter erklärt sich daraus, daß es sich bei der Mediation um eine Verhandlung zwischen den Parteien handelt. Sie können frei über die Gestaltung der Verhandlung entscheiden.[17] 17

Für diese Art der Verhandlung wird gelegentlich auch der Begriff der **conciliation** benutzt, insbesondere bei der Beauftragung unparteiischer Dritter in Auseinandersetzun- 18

---

[14] Für eine Einführung zur Mediation siehe *Breidenbach,* Mediation, 1996, für einen kurzen Überblick siehe z. B. *v. Hoyningen-Huene,* Mediation – Eine Alternative zum gerichtlichen Verfahren, JuS 1997, 352ff.; *Grilli,* AnwBl. 1997, 533ff.

[15] *Goldberg/Sander/Rogers,* Dispute Resolution, 1992, S. 103: „Mediation is negotiation carried out with the assistance of a third party."

[16] Die Einleitung einer Mediation erfolgt nicht immer freiwillig. In manchen Court-ADR-Programmen ist die Teilnahme an einer Mediation bzw. zumindest an einer ersten Sitzung obligatorisch. Die obligatorische Teilnahme ändert allerdings nicht an der Freiwilligkeit der Verhandlungen und der Einigung, vgl. *Sander/Duve,* Das Multi-Door Courthouse, in: *Gottwald/Strempel/Beckedorff/Linke,* Außergerichtliche Konfliktregelung für Rechtsanwälte und Notare (AKR-Handbuch), Loseblattsammlung, 2. Ergänzungslieferung Oktober 1998, 3.3.3.1., S. 14ff.

[17] Daß sich die Mediation aus der Verhandlungsforschung entwickelt hat, zeigt sich an den Bezeichnungen einschlägiger Universitätsprojekte (z. B. Harvard **Negotiation** Project, Stanford Center on Conflict and **Negotiation,** Tübinger **Verhandlungs**seminar).

gen zwischen Gewerkschaften und Unternehmen.[18] In der deutschen Sprache wird von manchen der Begriff der Schlichtung verwendet, doch sollte dieser Begriff vermieden werden, zumal der Schlichtungsgedanke – von Einzelfällen abgesehen – insgesamt keine Erfolgsgeschichte in der deutschen Rechtskultur aufweist.[19]

19 Es ist nicht leicht, über die gegebene Definition hinaus die Mediation näher zu charakterisieren. Das liegt daran, daß angesichts der Flexibilität der Mediation fast ebenso viele Formen und Stile existieren, wie es Mediatoren gibt. So gehört es beispielsweise zur Praxis mancher Mediatoren, daß sie eine Bewertung, *Evaluation*, der Tatsachen- oder Rechtsfragen aus ihrer Sicht abgeben, während andere sich auf die Rolle des moderierenden Verhandlungsführers beschränken.[20] Zudem wird die Mediation in den unterschiedlichsten Lebensbereichen, die vom Mietrecht über das Familienrecht bis in das Wirtschaftsrecht reichen, in verschiedenen Ausprägungen praktiziert.

20 Angesichts des nicht förmlichen Charakters gibt es auch keinen festen Ablauf der Mediation. Jedoch können ganz grob **fünf Phasen** wie folgt unterschieden werden.[21]

21 In **Phase I** wird die Verhandlung durch ein **gemeinsames Gespräch** des Mediators mit den Parteien und den Abschluß eines Mediationsvertrages eröffnet. Die Parteien bekommen die Gelegenheit, Fragen zu stellen und die Vorgehensweise zu besprechen, sofern noch keine Vorgespräche stattgefunden haben. Von der stärkeren Konzentration auf den Verhandlungsprozeß einmal abgesehen, läßt sich diese Phase mit einem frühen ersten Termin im Prozeß oder, vielleicht passender, mit einem vorbereitenden Termin im Schiedsverfahren vergleichen.

22 **Phase II** ist der gemeinsamen **Klärung der Sach- und Rechtslage** gewidmet. Auch diese Phase wird sich nicht wesentlich vom Schiedsverfahren unterscheiden. Beide Parteien stellen in diesem Abschnitt ihre Sichtweise des Sachverhalts und der Rechtslage dar. Von besonderer Bedeutung ist, daß die Parteien in dieser Phase der Mediation selbst das Wort bekommen. Ihre stärkere Einbeziehung in der Mediation soll sicherstellen, daß die rechtlichen wie die wirtschaftlichen Aspekte hinreichende Berücksichtigung finden.

23 Anschließend, **in Phase III**, versucht der Mediator die hinter den rechtlichen Positionen verborgenen persönlichen oder wirtschaftlichen **Interessen der Parteien** zu erforschen und die entscheidenden Probleme einzugrenzen. Von diesem Zeitpunkt an verläuft die Mediation anders als ein streitiges Verfahren. Im streitigenVerfahren scheuen die Parteien nicht selten davor zurück, alle Interessen offenzulegen und Informationen den Dritten gegenüber preiszugeben, weil sie fürchten, daß diese zu ihrem Nachteil verwendet werden könnten. Da ihnen ein solcher Nachteil in der Mediation nicht entstehen kann, sind die Parteien in der Regel dem Mediator gegenüber offener. Wenn Parteien ihren Kontrahenten keine Informationen zukommen lassen wollen, trifft der Mediator manchmal in Einzelgesprächen mit den Parteien zusammen. Dabei wird er sorgfältig darauf achten, daß er jeweils ungefähr denselben Zeitraum mit beiden Parteien verbringt und die gewonnene Information vertraulich behandelt.

---

[18] *Murray/Rau/Sherman,* The Processes of Dispute Resolution, 1996, S. 293–294.

[19] Dem Begriff Mediation ist demgegenüber der Vorzug zu geben. Etymologisch ist bei dieser Wortwahl ersichtlich, daß es um eine Vermittlungsaufgabe geht. Dennoch vermeidet der Begriff vielleicht irreführende Assoziationen, wie sie hervorgerufen werden könnten, wenn der eigentlich passende Begriff der Vermittlung benutzt würde, der möglicherweise an Vermittlungsverträge von Maklern und Eheanbahnungsinstituten erinnert. Der Begriff der Mediation ist auch gegenüber dem der Schlichtung vorzuziehen. Angesichts der verschwimmenden Grenzen zwischen der Rolle des Schlichters und der des Schiedsrichters in Tarifkonflikten könnte der Begriff der Schlichtung eine Entscheidungsgewalt implizieren, die dem Mediator grundsätzlich nicht zur Verfügung steht. Schließlich genießt der Begriff der Mediation den Vorteil, im Einklang mit dem internationalen Sprachgebrauch zu stehen. Zu der streitigen Abgrenzung zwischen Tarifschiedsgerichtsbarkeit und Tarifschlichtung siehe *Ramm,* ZRP 1989, 136, 137.

[20] Siehe näher dazu *Duve,* Mediation und Vergleich im Prozeß, 1999, S. 225 ff.

[21] Die Darstellung des Ablaufs orientiert sich an den Schritten des Harvard-Konzepts, vgl. *Fisher/Ury,* Getting to Yes, 1991.

In **Phase IV** beginnt der Prozeß der **Problemlösung,** der weit über das hinausgehen kann, was gewöhnlich in streitigen Verfahren geschieht. In dieser Phase versucht der Mediator die Parteien dazu anzuhalten, das Problem als gemeinsames Problem zu betrachten, das in einer gemeinsamen Anstrengung gelöst werden muß. In einer Art Brainstorming-Sitzung werden die Ideen der Parteien zur Lösung des Problems zunächst unverbindlich gesammelt. Die Parteien werden eingeladen, so viele vorstellbare Lösungen wie möglich vorzuschlagen. Selbst die entferntesten Ideen sind willkommen. Keine dieser Ideen wird während des Sammlungsprozesses bewertet. Während Rechtsanwälte zu diesem **Sammlungsprozeß** beitragen sollen, sind sie aufgefordert, ihre Bewertungen zunächst zurückzustellen. 24

Erst wenn alle Ideen gesammelt worden sind, werden sie in einem folgenden Schritt bewertet. Die klare Unterscheidung zwischen Sammlung und **Bewertung** von Ideen soll die Parteien daran hindern, frühzeitig Ideen auszuschließen, die auf den ersten Blick unmöglich zu sein scheinen. Manchmal stellen die Parteien selbst mit Überraschung fest, wie viele Lösungsmöglichkeiten ihnen einfallen können.[22] 25

Im Erfolgsfall wird die Mediation in **Phase V** durch eine **Einigung** und deren rechtliche Gestaltung abgeschlossen. Insofern ergeben sich keine Unterschiede zu Vergleichsverhandlungen in anderem Kontext. Daran zeigt sich auch, daß die Rechtsanwälte ihre Funktion als diejenigen, die die rechtliche Zuverlässigkeit und Vollstreckbarkeit des Vergleichs gewährleisten, behalten. 26

1. Der Rechtsanwalt als Mediator

Aus diesen Charakteristika und dem soeben geschilderten Ablauf der Mediation ergeben sich **vier grundsätzliche Unterschiede** zwischen der klassischen Rolle des Rechtsanwalts als Parteivertreter und der Rolle des Rechtsanwalts als Mediator. 27

a) Neutralität statt Parteilichkeit. Der erste Unterschied zwischen der klassischen Rolle des Rechtsanwalts und derjenigen des Mediators besteht darin, daß der Mediator zur Unparteilichkeit verpflichtet ist, während der Rechtsanwalt Parteiinteressen vertritt. 28

Wenn man an politische Vermittler wie *Richard Holbrooke* in der Kosovo-Krise denkt, wird allerdings klar, daß die Neutralität des Mediators keineswegs selbstverständlich ist.[23] Geht man davon aus, daß die Parteien in einer Mediation von ihrer Privatautonomie Gebrauch machen, könnten sie theoretisch also auch jemanden hinzuziehen, der nicht neutral ist. Im Regelfall wird die Parteierwartung aber gerade dahingehen, daß der Mediator neutral, unparteiisch und ausgewogen agieren soll. Anderenfalls werden sie kein Vertrauen zu ihm entwickeln. 29

[22] In einem Fall, den einer der Verfasser häufig in Mediationtrainings benutzt, neigen ein paar Teilnehmer zum Beginn der Übung regelmäßig dazu, sich darüber zu beklagen, die Aufgabe sei zu einfach. Sie gehen davon aus, daß die Aufgabe gelöst ist, sobald eine finanzielle Einigung erzielt ist. In einem gemeinsamen Brainstorming ergeben sich häufig jedoch ungeahnte Wertschöpfungsmöglichkeiten. Erst wenn die Seminarteilnehmer sehen, daß andere Gruppen diese Wertschöpfungsmöglichkeiten erkannt haben, akzeptieren sie, daß der Sammlungsprozeß sich lohnt.

[23] Die Mediation hat traditionell außerhalb der juristischen Praxis bei Friedensbemühungen im Rahmen der internationalen Beziehungen eine besondere Rolle gespielt. In diesem Kontext muß die Definition der Mediation gegenüber derjenigen im juristischen Umfeld noch weiter gefaßt werden. Entsprechend breit definiert *Moore,* The Mediation Process, 1996, S. 15, die Mediation als: „... eine Intervention in eine Verhandlung oder einen Konflikt durch eine akzeptable dritte Partei, die keine oder nur begrenzte Entscheidungsgewalt hat, aber die Parteien in ihren freiwilligen Bestrebungen darum, einen gegenseitig akzeptablen Vergleich zu erreichen, unterstützt." Es ist nicht ungewöhnlich, daß ein Mediator wie Dennis Ross, der von der amerikanischen Regierung mit der Leitung der Verhandlungen zwischen Israelis und Palästinensern beauftragt worden ist, eine Partei in den Verhandlungen in die eine oder andere Richtung zu beeinflussen versucht. Weitere Belege für ein solches Verhalten gibt *Bercovitch,* International Mediation and Dispute Settlement: Evaluating the Conditions for Successful Mediation, NEGOTIATION J. 17ff. (1991). Zum ganzen siehe *Ropers/Debiel,* Friedliche Konfliktbearbeitung in der Staaten- und Gesellschaftswelt, Bonn 1995.

30 Es versteht sich von selbst, daß die **Rolle des Unparteiischen** eine andere Vorgehensweise verlangt als die des Parteivertreters. Der Mediator muß dafür sorgen, daß **beide Seiten gleichbehandelt** werden, also beispielsweise in demselben Maß zu Wort kommen, ihre eigenen Interessen und Bedürfnisse ebenso verstehen wie diejenigen der anderen Seite. Unparteilichkeit verlangt jedoch auch, daß der Mediator sich mit seiner eigenen **Bewertung zurückhält**. Die Gleichbehandlung der Parteien wie die Zurückhaltung in der Sache fallen Rechtsanwälten nicht immer leicht.

31 Während zwischen dem Rechtsanwalt als Parteivertreter und seinem Mandanten ein besonderes Vertrauensverhältnis besteht bzw. bestehen sollte, ist der Mediator weder Interessenvertreter einer der Parteien noch darf er es in derselben Sache zuvor gewesen sein. Es ist von zentraler Bedeutung, daß der Mediator in der Lage dazu ist, das **Vertrauen beider Parteien** zu erwerben, um die Verhandlungen erfolgreich leiten zu können. So selbstverständlich diese Zielsetzung klingen mag, so schwierig kann ihre Umsezung in der Praxis sein, da der Neutrale kein Vertrauen durch Sympathiebekundungen aufbauen kann, sondern darauf angewiesen ist, daß die Parteien ihn für fair halten. Dazu muß er fair sein. Eine **faire Verhandlungsführung** erfordert eine **Gleichbehandlung der Parteien** ebenso wie Zurückhaltung in der Sache.

32 **b) Interessenerforschung statt Interessenvertretung.** Während es dem Rechtsanwalt als Parteivertreter darum gehen muß, die Interessen seines Mandanten möglichst optimal zu vertreten, muß der Mediator versuchen, die Parteien in einer Weise in ihren Verhandlungen zu unterstützen, die es ihnen erlaubt, eine Lösung zu finden, die ihre jeweiligen Interessen möglichst weitgehend befriedigt.[24] Zu diesem Zweck kann ein Mediator sowohl nach gemeinsamen Interessen als auch nach unterschiedlichen Interessen, die für eine Lösung nutzbar gemacht werden, Ausschau halten.[25]

33 Empirische Untersuchungen in den USA haben gezeigt, daß die Parteien regelmäßig in direkten Verhandlungen nicht zu optimalen Ergebnissen gelangen. Einer der Hauptgründe dafür, daß die Parteien hinter optimalen Ergebnissen zurückbleiben, liegt darin, daß ihre Interessen nicht umfassend genug erforscht werden, und daß insbesondere nicht nach unterschiedlichen Interessen gesucht wird.[26] In streitigen Verfahren werden optimale Ergebnisse deswegen nicht erzielt, weil die Parteien gewinnen wollen. Sie bemühen sich, den Richter von der Richtigkeit ihres Standpunkts, von der Stärke ihrer Argumente und von der Schwäche der Argumente der Gegenseite zu überzeugen. Das führt zu einer Konfrontation, die eine eloquente Debatte juristischer Argumente befördern mag. In der Mediation kann der Versuch die Parteien jedoch von der Frage ablenken, welche Lösung ihren Interessen am besten dient. Was nützt der gewonnene Nachbarstreit, wenn die Nachbarn weiterhin nebeneinander wohnen müssen? Durch Mediation kann demgegenüber versucht werden, das **Sieg-Niederlage-Denken** durch das Angebot zusätzlichen Nutzens zu überwinden.

34 Da der Mediator keine Entscheidung trifft, *müssen* die Parteien ihn *nicht* davon überzeugen, daß sie Recht haben. Das schließt nicht aus, daß die Parteien den Mediator von der Richtigkeit ihres Standpunkts überzeugen *wollen*. Möglich ist auch, daß die Parteien den Mediator darum ersuchen, die Rechtslage zu beurteilen. Sie wissen allerdings auch, daß der Ausgang des Verfahrens von einer derartigen Stellungnahme nur in dem Maße abhängt, wie sie eine solche wünschen. Dieses Wissen läßt genug Freiraum, um Lösungsvorschläge jenseits der rechtlichen Aspekte zu erörtern.

---

[24] Dieser Gedanke mag, für sich genommen, nicht neu sein, ist aber von der sogenannten integrativen Verhandlungslehre ins Zentrum der Aufmerksamkeit gerückt worden. Zur Entwicklung von Optionen in Verhandlungen, die für die Parteien von gegenseitigem Nutzen sind, siehe *Fisher/Ury*, Getting to Yes, 1991, S. 56–80.

[25] Zu den verschiedenen Möglichkeiten, Wertsteigerungen zu erzielen, siehe *Eidenmüller*, Ökonomische und spieltheoretische Grundlagen, in: *Breidenbach/Henssler*, Mediation für Juristen, S. 31, 40ff.

[26] Siehe dazu *Eidenmüller*, Ökonomische und spieltheoretische Grundlagen, in: *Breidenbach/Henssler*, Mediation für Juristen, S. 31, 40ff.

Anders als im streitigen Verfahren sind die Parteien in der Mediation nicht gezwungen, den Sachverhalt aufzuklären. Dieser Umstand erleichtert es den Parteien, nach einer Erörterung der Sach- und Rechtslage zu überlegen, welche Interessen mit Blick auf die Zukunft sachgerecht wären. Zusätzliche Konfrontationen, wie sie nicht selten durch Zeugenvernehmungen oder sonstige Formen der Beweisaufnahme entstehen, können dadurch vermieden werden. 35

Häufig wird eingewandt, die Fälle, in denen sich derartige Interessen finden ließen, bildeten die Ausnahme. Die Erfahrung zeigt allerdings, daß sie in vielen Fällen vorhanden sind, aber nicht entdeckt werden, weil die Parteien – ebenso wie Richter oder Schiedsrichter – davon ausgehen, daß es sich in dem von ihnen zu behandelnden Konflikt um ein Nullsummenspiel handelt.[27] 36

c) Prozeßverantwortung statt Ergebnisverantwortung. Ein dritter Unterschied zwischen der klassischen Rolle des Rechtsanwalts als Parteivertreter und der Rolle des Rechtsanwalts als Mediator ergibt sich daraus, daß das Augenmerk des Rechtsanwalts als Parteivertreter in besonderer Weise dem **Verhandlungsergebnis** gelten wird. Dagegen trägt der Mediator die Verantwortung für den Verlauf der Verhandlungen. Wird ein Rechtsanwalt als Mediator tätig, so übernimmt er also eine sehr viel stärkere Prozeßverantwortung. Die Unterschiede zwischen der Prozeßverantwortung des Mediators und der Ergebnisverantwortung des Rechtsanwalts wirken sich in mehrfacher Hinsicht auf die Verhaltensweisen aus. Während der Rechtsanwalt als Parteivertreter gewohnt ist, seine Mandanten zu beraten und ihnen konkrete Vorschläge zu unterbreiten, sollte und wird sich ein Mediator in dieser Hinsicht zurückhalten. Konkreten Rechtsrat wird er nur dann erteilen, wenn die Parteien nicht durch Anwälte vertreten sind oder wenn diese ihn ausdrücklich um eine rechtliche Bewertung bitten. Die **Hauptaufgaben des Mediators** bestehen vielmehr darin, die Kommunikation und das gegenseitige Verständnis der Parteien zu verbessern und sie in der Erforschung ihrer Interessen zu unterstützen. Schließlich liegt eine der Hauptursachen für eine Eskalation häufig in einem Rückgang, gelegentlich in einem Abbruch der Kommunikation. Das Vertrauen, so es jemals zwischen den Parteien bestanden hat, ist erschüttert. Informationen werden zurückgehalten, um keine Angriffsflächen zu bieten. Mißtrauen tritt an die Stelle offener Kommunikation. In vielen Fällen scheitern Verhandlungen, weil die Parteien emotional nicht in der Lage sind, mit der anderen Seite zu kommunizieren.[28] Diese Schwierigkeiten zu überwinden, stellt eine der Hauptaufgaben des Mediators dar. Die Moderation von Verhandlungen durch einen Dritten eröffnet denn auch die Chance, in einer Situation, in der die Parteien nicht mehr oder nur noch eingeschränkt miteinander kommunizieren, das Gespräch wieder aufzunehmen. Die Anwesenheit des Mediators kann auch eine Eskalation vermeiden, die anderenfalls leicht entstehen könnte, wenn die Parteien ihren Gefühlen ungehinderten Lauf lassen. 37

d) Kreativität statt Anspruchsdenken. Häufig denken die Parteien, es gebe nur eine Lösung für ihren Konflikt. Rechtsanwälte können weiterblicken und verschiedene Lösungsmöglichkeiten erkennen. So wird der Rechtsanwalt, wenn es beispielsweise um die Auseinandersetzung einer Gesellschaft geht, über verschiedene rechtliche Gestaltungsmöglichkeiten nachdenken. Er wird sich jedoch gewöhnlich im Rahmen der ihm vertrauten juristischen Gestaltungsmöglichkeiten bewegen. 38

Als Mediator sollte der Rechtsanwalt zum einen versuchen, sich nicht aufgrund seiner eigenen Erfahrungen und Einschätzungen vorschnell – und sei es nur innerlich – auf eine Lösung festzulegen. Zum anderen sollte der Rechtsanwalt als Mediator das Blickfeld erheblich weiter fassen und die Kreativität der Parteien anregen. Zu diesem Zweck kann 39

---

[27] Für ein Fallbeispiel (Mich Fish Fall) siehe *Duve,* Mediation und Vergleich im Prozeß, S. 252 ff.

[28] Zur allgemeinen Psychologie der Kommunikation vgl. *Schulz von Thun,* Miteinander Reden 1 – Störungen und Klärungen, 1991. Zu Kommunikationsstörungen als Einigungshindernis siehe *Duve,* Mediation und Vergleich im Prozeß, S. 160 ff.

der Mediator beispielsweise Flipcharts, Metaplan-Karten[29] oder Techniken wie Mind-Mapping[30] nutzen, um das Brainstorming der Parteien zu unterstützen,[31] Computer und Software (z. B. Tabellenkalkulationsprogramme) nutzen, um etwa für die Auseinandersetzung einer Gesellschaft Vergleichsrechnungen aufzustellen. Als hilfreich hat es sich auch erwiesen, zu verteilende Gegenstände mit Punkten zu bewerten, um Verteilungsergebnisse durch Berücksichtigung der Präferenzen der Parteien zu optimieren.[32] Auch durch die Gestaltung des räumlichen Umfeldes kann der Mediator dafür sorgen, daß die Voraussetzungen für einen offenen Austausch geschaffen werden.

40 Zusammenfassend läßt sich folgendes festhalten: Die Rolle des Mediators erfordert ein **großes Maß an Umstellung** vom Rechtsanwalt. Dieser muß unparteiisch agieren, nicht Interessen vertreten, sondern Interessen erforschen, nicht strategisch handeln, sondern Kreativität fördern. Als Mediator trägt der Rechtsanwalt die Verantwortung für den Verlauf der Verhandlungen (Prozeßverantwortung).

2. Der Rechtsanwalt als Parteivertreter

41 Wie eben bereits dargestellt, tragen die Parteivertreter eine Verantwortung für die rechtliche Zuverlässigkeit der Einigung, da sie ihren Mandanten als Berater zur Verfügung stehen. Der Parteivertreter muß sicherstellen, daß ein zwischen den Parteien ausgehandeltes Ergebnis tatsächlich den Interessen des eigenen Mandanten entspricht und rechtlich zuverlässig ist. Insoweit entspricht die Funktion des Parteivertreters in der Mediation seiner klassischen Aufgabe in streitigen oder außergerichtlichen Verhandlungen. Angesichts der andersartigen Ausrichtung des streitigen Verfahrens muß der Rechtsanwalt sich jedoch nicht nur dann umstellen, wenn er als Mediator tätig wird, sondern auch dann, wenn er als Rechtsanwalt Parteiinteressen in einer Mediation wahrnimmt.

42 **a) Zurückhaltung statt Kontrolle.** Während der Parteivertreter von Anfang an in Verhandlungen versuchen wird, das insgesamt für seinen Mandanten rechtlich vorteilhafteste Ergebnis zu erzielen, kann es in der Mediation geschehen, daß der Mediator den Parteivertreter bittet, die rechtliche Gestaltung eines Ergebnisses bis zum Ende der Verhandlungen zurückzustellen. Damit soll nicht gesagt werden, daß der Parteivertreter seinen Rechtsstandpunkt weniger nachdrücklich vertreten sollte. Eine solche Forderung nach Zurückhaltung kann allerdings bedeuten, daß der Rechtsanwalt als Parteivertreter akzeptiert, daß er gerade in der Phase der Interessenerforschung weniger weit als bei „normalen" Verhandlungen im Vordergrund des Geschehens steht. Diese Zurückhaltung wird dem Rechtsanwalt, der gewohnt ist, seinen Mandanten in Verhandlungen im wahrsten Sinne des Wortes zu vertreten, nicht immer leicht fallen. Vom Parteivertreter kann hier also Zurückhaltung in der Verhandlung statt Kontrolle der Verhandlung verlangt sein.

43 **b) Rationales Verhandeln statt juristischer Rhetorik.** Wenn es um Obsiegen oder Unterliegen geht, liegt es in der Natur der Sache, daß der Rechtsanwalt versucht, den Gegner oder einen streitentscheidenden Dritten von der Richtigkeit seiner Rechtsauffassung zu überzeugen. Der erfolgreiche Anwalt bedient sich zu diesem Zweck der juristischen Rhetorik.[33] Diese kann auch in der Mediation hilfreich sein. Nutzt der Rechtsanwalt die juristische Rhetorik jedoch als alleiniges Handwerkszeug, so dürfte die umfassende Konfliktregelung dadurch nicht erleichtert werden. Werden geschäftliche, psychologische, moralische oder politische Interessen und Bedürfnisse erörtert, so bedarf es eines anderen Verhandlungsstils. Der Parteivertreter muß sich auf die geäußerten Bedürfnisse

---

[29] Siehe dazu *Knieß,* Kreatives Arbeiten, 1995, S. 80ff.

[30] Einführend siehe *Kirckhoff,* Mind Mapping, 11. Aufl. 1995.

[31] Zu den verschiedenen Brainstormingtechniken siehe *Knieß,* Kreatives Arbeiten, 1995, S. 54ff.

[32] Zum sogenannten *additive scoring system* siehe Raiffa, The Art and Science of Negotiation, 1982, S. 150ff.

[33] Näher dazu *Haft,* Juristische Rhetorik, 6. Aufl. 1999.

und Interessen einstellen und mit seinem Mandanten sowie der anderen Seite und dem Mediator überlegen, wie diesen möglichst weitgehend entsprochen werden kann.

Manche Leser mögen einer derartigen Aussage entgegenhalten, genau dieses täten sie tagtäglich. Das dürfte insoweit zutreffen, als die Mehrheit der Juristen **intuitiv verhandelt**.[34] Das ist nicht verwunderlich, da Verhandlungsfähigkeiten bislang weder im juristischen Studium noch in der Referendarausbildung vermittelt wurden.[35] Wenn es um persönliche Beziehungen zwischen Parteien geht, um Kommunikationsstörungen, emotionale Spannungen oder Eskalation, so neigen viele Rechtsanwältinnen und Rechtsanwälte konsequent dazu, sich für nicht kompetent zu halten. Schließlich hat kaum ein Rechtsanwalt im juristischen Studium etwas über psychologische Konzepte wie Konflikt,[36] Verlustangst,[37] selektive Wahrnehmung,[38] Eskalation[39] oder ähnliches gelernt. 44

Hätten wir Juristen uns allerdings in unserer Ausbildung mit Erkenntnissen der **Kommunikationstheorie** und der **Verhandlungsforschung** auseinandergesetzt, so wüßten wir mehr über kognitive, strukturelle und strategische Einigungshindernisse.[40] Wir wären uns ihrer Existenz dort bewußt, wo wir häufig gerade einmal feststellen, daß es ein Problem gibt, und hätten uns vor allem intensiv damit beschäftigt, wie sich diese Hindernisse entweder von vorneherein vermeiden oder jedenfalls überwinden lassen. Würden wir auf der Basis derartiger Erkenntnisse verhandeln, so fiele uns zwar sicherlich nicht zur Überwindung jeder Kluft eine Brücke ein, doch sicherlich in mehr Fällen als wir zunächst erwarten würden. Wir könnten in Kenntnis dieser Umstände und mit ein wenig Übung nicht nur intuitiv, sondern auch **rational** verhandeln.[41] 45

Eine Klarstellung ist an dieser Stelle vielleicht angebracht. Der eine oder andere Leser mag denken: Was soll dann der Anwalt in der Mediation überhaupt noch leisten? Rational verhandeln können die Parteien doch auch selbst. Wir möchten darauf zwei Antworten geben. 46

Zum einen bedeutet das **Plädoyer für rationales Verhandeln** keineswegs, daß es besser wäre, wenn die Parteien ohne Rechtsanwälte an einer Mediation teilnehmen würden. Viele Parteien fühlen sich sicherer und selbstbewußter, wenn sie rechtlich vertreten werden. Zum anderen sollte sowohl in der universitären wie in der praktischen Ausbildung dem Verhandlungsprozeß mehr Aufmerksamkeit geschenkt werden, damit Rechtsanwälte ihren Mandanten nicht nur indirekt Verhandlungshilfe leisten, sondern von diesen auch in Fragen der Verhandlungsführung als Experten angesehen werden. 47

---

[34] Ausführlich dazu *Haft,* Verhandeln, 1992; *ders.*, Intuitives und rationales Verhandeln, BB Beilage 10 (Mediation & Recht), 15ff., Heft 40/1998.

[35] In den USA ist das anders. Dort werden „Negotiation“ und „Mediation“ im Rahmen von „Alternative Dispute Resolution (ADR)“ an allen Law Schools intensiv gelehrt. Zahlreiche Forschungseinrichtungen befassen sich mit dieser Thematik. Inzwischen zeichnet sich auch in Deutschland ein Wandel ab. So wurde an der Fernuniversität Hagen am Lehrstuhl von Prof. Dr. *Gräfin Schlieffen* ein Fernkurs eingerichtet, der zu einem universitären Abschluß in „Mediation“ führt. In Verbindung mit dem Universitätsinstitut *Kurt Bösch* in Sion (Schweiz) und weiteren europäischen Partneruniversitäten besteht die Möglichkeit, einen „European Master in Mediation“ zu erwerben.

[36] *Rubin/Pruitt/Kim,* Social Conflict, 2. Aufl. 1994, S. 11ff.

[37] Dazu *Pruitt/Carnevale,* Negotiation in Social Conflict, 1993, S. 96ff.

[38] Sobald sich Menschen ein Bild von der Welt gemacht haben, neigen sie dazu, dieses aufrechtzuhalten. Psychologisch fällt es ihnen schwer, Informationen aufzunehmen, die sich mit ihren Vorstellungen nicht vereinbaren lassen. Dieser Effekt wird als *kognitive Dissonanz* bezeichnet und führt zu selektiver Wahrnehmung, *Rubin/Pruitt/Kim,* Social Conflict, 2. Aufl. 1994, S. 102–105.

[39] *Rubin/Pruitt/Kim,* Social Conflict, 2. Aufl. 1994, S. 69ff.

[40] Diese Einteilung folgt *Mnookin/Ross,* Introduction, S. 3–24, in: *Arrow/Mnookin/Ross,* Barriers to Conflict Resolution, New York 1995. Siehe dazu auch *Duve,* Mediation und Vergleich im Prozeß, S. 142ff.

[41] *Haft,* Intuitives und rationales Verhandeln, BB Beilage 10 (Mediation & Recht), 15ff., Heft 40/1998.

3. Der Rechtsanwalt als Verhandlungs- und Konfliktmanager

48 Kein Berufsstand verfügt über so viel Erfahrung mit Konflikten und der Beilegung von Konflikten wie derjenige der Anwaltschaft. Diese Behauptung wird in der Regel nicht einmal von Vertretern anderer Berufsgruppen bezweifelt. Dennoch werden Rechtsanwälte nicht unbedingt als erste Adresse in Fragen des Verhandlungs- und Konfliktmanagements angesehen.

49 Wenn wir als Rechtsanwältinnen und Rechtsanwälte unsere Mandanten in Konflikten umfassend unterstützen wollen, so müssen wir mehr sein als **Sachwalter des Rechts**. Unser Berufsbild müßte sich von dem des juristischen Beraters zu dem des Verhandlungs- und Konfliktmanagers mit hoher juristischer Fachkompetenz wandeln. Ein Verhandlungs- und Konfliktmanager, wie wir ihn uns vorstellen, sollte dazu in der Lage sein, die Mandanten bzw. Parteien nicht nur mit Rechtsrat und intuitiven Verhandlungsratschlägen zu unterstützen, sondern auf Grundlage von Kenntnissen der Kommunikations- und Verhandlungslehre **kompetent zu begleiten.**[42] Diese Begleitung beginnt im Bereich des Wirtschaftsrechts mit der Aufnahme neuer Geschäftsverbindungen des Mandanten und erstreckt sich auch auf interne organisatorische Maßnahmen. Wie ein Unternehmensberater wird der wirtschaftsrechtliche Anwalt dieser Prägung umfassend tätig.

50 Bei einem derart umfassend verstandenen Aufgabenfeld, kann der Rechtsanwalt für seine Mandanten auch als **Beschwerdemanager** tätig werden.[43] Nehmen wir an, ein Anwalt berät ein Unternehmen, welches feststellt, daß es sehr häufig verkaufte Produkte zurücknimmt. Hier kommen mehrere Erklärungen in Betracht. Zum einen ist es denkbar, daß die Qualität der Produkte zu wünschen übrig läßt. Zum anderen ist es aber auch vorstellbar, daß die Außendienstmitarbeiter mit den Abgrenzungen zwischen Gewährleistungs- und Garantierecht und der Kulanzpolitik des Hauses nicht vertraut sind. Ein Rechtsanwalt, der sich als Verhandlungs- und Konfliktmanager umfassend versteht, könnte in dieser Konstellation mit seinem Mandanten ein Beschwerdemanagementsystem erarbeiten. Zu diesem Zweck würde er mit den Unternehmensvertretern eine Bestandsaufnahme der Rückgabefälle durchführen und diese darauf untersuchen, welche Ursachen für diese ausschlaggebend waren. Stellt sich heraus, daß es Verständnisschwierigkeiten bei den Außendienstmitarbeitern gab, könnte der Rechtsanwalt z. B. im Rahmen eines In House-Seminars oder durch die Erstellung eines Kriterienkataloges für entsprechende Aufklärung sorgen.

II. Rahmenbedingungen für die Tätigkeit von Rechtsanwälten als Verhandlungs- und Konfliktmanager

51 In diesem zweiten Teil wollen wir untersuchen, wie sich die Rahmenbedingungen ändern müssen, damit der Wandel des Rechtsanwalts zum Verhandlungs- und Konfliktmanager gelingt. In diesem Teil sollen zwei Punkte angesprochen werden, die in besonderer Weise nach Klärung verlangen. Zunächst stellt sich die Frage der Ausbildung, anschließend die Frage der Einordnung der Tätigkeit des Verhandlungs- und Konfliktmanagers.

1. Ausbildung der Mediatoren

52 An erster Stelle steht hier das insbesondere unter Mediatoren viel diskutierte Thema der Ausbildung. Um als Verhandlungs- und Konfliktmanager tätig werden zu können, ist einer adäquaten Ausbildung ein **hoher Stellenwert** beizumessen. In Ausbildungsseminaren ist immer wieder zu beobachten, daß die Umstellung vom Vertreter rechtlicher Positionen zum Erforscher von Parteiinteressen einer gewissen Übung und Routine

---

[42] *Haft,* Verhandeln, 1992.

[43] Vgl. dazu *Ury/Brett/Goldberg,* Getting Disputes Resolved – Designing Systems to Cut the Costs of Conflict, 1993; Siehe in diesem Handbuch auch den Beitrag von *Stauss,* Beschwerdemanagement, § 47.

bedarf. Sie läßt sich am besten durch eigene praktische Erfahrungen und vorbereitende Rollenspiele gewinnen. Darüber hinaus ist die Ausbildung auch für die weitere Entwicklung des Markts für Streitbeilegung von Bedeutung, da der Rechtsanwalt als Verhandlungs- und Konfliktmanager nur dann allgemeine Akzeptanz finden wird, wenn eine möglichst große Zahl von Praktikern in eigener Anschauung einen Eindruck von Verhandlungsfähigkeiten und Konfliktbeilegungsmechanismen gewinnt.

Eine andere Frage ist, ob die Anwaltschaft oder gar der Gesetzgeber eine Ausbildung 53
vorschreiben sollte. Eine solche **Ausbildungspflicht,** wie sie für Mediatoren diskutiert wird, lehnen wir entschieden ab. Von den Befürwortern einer Ausbildungspflicht wird in diesem Zusammenhang gerne mit dem Schutzbedürfnis der Rechtsuchenden argumentiert. Da die Parteien in der Mediation autonome Verhandlungen führen, benötigen sie allerdings nur so viel Schutz, wie sie sich selbst wünschen. Wollte man nur ausgewiesenen Mediatoren die Tätigkeit als Mediator gestatten, so würde man das der Entscheidung für die Mediation zugrundeliegende Prinzip der Privatautonomie in nicht vertretbarer Weise einschränken.

Im Rahmen ihrer Privatautonomie sollte es den Parteien vielmehr erlaubt sein, als 54
Verhandlungshelfer jede Person hinzuzuziehen, die sie ihrer Meinung nach unterstützen kann. Diese Auffassung soll mit nachfolgendem Beispiel begründet werden: Nehmen wir an, daß zwischen den Geschäftsführungen zweier Unternehmen ein Konflikt entstanden ist. Die beiden Geschäftsführer verständigen sich darauf, einen Rechtsanwalt, der in beiden Unternehmen als Aufsichtsrat tätig ist, als Vermittler zu berufen. Der Aufsichtsrat ist ein in der Branche erfahrener Mann, der sich selbst zurücknehmen kann und von beiden Parteien hochgeschätzt wird. Wäre den Parteien geholfen, wenn dieser Aufsichtsrat daran gehindert wäre, als Vermittler tätig zu werden, weil er keine Mediationsausbildung genossen hat? Nein! Wäre jemand, der eine Mediationsausbildung genossen hat, ein besserer Mediator gewesen? Vielleicht, insbesondere, wenn er über außergewöhnliche Verhandlungsfähigkeiten verfügt. Es ist aber auch möglich, daß das Ansehen des Aufsichtsrats und ein einfühlsames Verhalten der mit beiden Unternehmen vertrauten Person genügt hätten, um den Weg für die Suche nach einer Lösung zu ebnen. Eine formelle Hürde wäre hier kontraproduktiv gewesen.

Die Forderung danach, daß eine Ausbildung vorgeschrieben werden müßte, überrascht 55
noch aus anderen Gründen. Auch in den USA ist der Abschluß einer zumeist 40stündigen Ausbildung nur erforderlich, um in einem gerichtsverbundenen Programm als Mediator tätig werden zu können. Außerhalb des Gerichtssystems kann jedermann als Mediator tätig werden. Die **Qualitätsselektion** erfolgt insoweit über den Markt.

Schließlich wird selbst von Schiedsrichtern, Personen also, die eine abschließende 56
Entscheidung in einem privaten Verfahren treffen, gemeinhin nicht verlangt, daß sie eine Ausbildung nachweisen könnten. Das heißt jedoch wiederum nicht, daß keine Ausbildungsveranstaltungen durchgeführt würden. So werden denn auch zahlreiche Ausbildungsseminare und Veranstaltungen mit Titeln wie „Ihr Mandat als Schiedsrichter" angeboten. Nun könnte man einwenden, daß das Schiedsverfahren stärker auf der klassischen juristischen Methode beruht und das ist im Grundsatz richtig. Richtig ist aber auch, daß die Parteien kraft ihrer Privatautonomie zum Schiedsrichter bestellen können, wen immer sie wollen, obwohl dieser – anders als der Mediator – abschließend sogar eine im Instanzenzug nicht angreifbare Entscheidung trifft.

Die Konsequenz lautet daher: Es sollte ein **möglichst breites Ausbildungsangebot** 57
geschaffen werden. Weder der Gesetzgeber noch die Anwaltschaft sollten jedoch die Wahlfreiheit der Parteien beschränken. Das schließt nicht aus, daß Teilnehmer von Ausbildungsgängen darauf hinweisen können, daß sie beispielsweise durch die Arbeitsgemeinschaft Mediation im Deutschen Anwaltverein ausgebildet wurden.

2. Bedeutung des Rechts in der Mediation

58 Eine andere Frage, in der wir vor vorschnellen Bewertungen warnen möchten, betrifft die Bedeutung des Rechts im Verhandlungs- und Konfliktmanagement und insbesondere in der Mediation. Nach **§ 18 der Berufsordnung** ist die Tätigkeit als Mediator anwaltliche Tätigkeit. Fraglich ist jedoch, ob ein Rechtsanwalt, der auf dem Gebiet der Mediation tätig wird, stets Rechtsberatung ausübt.[44] Das muß nicht immer der Fall sein.

59 Während es richtig ist, daß die Mediation häufig zur Neubegründung und Neuformulierung der wechselseitigen Rechte und Verantwortlichkeiten der Parteien für die Zukunft führen kann, so muß dieses doch nicht immer der Fall sein. Entscheidend ist erstens, um welche Probleme es in einem Konflikt geht und zweitens, wie der Mediator seine Rolle definiert.[45]

60 Mit Blick auf die Problemdefinition ist es möglich, daß ein Konflikt außerhalb des Rechts liegende Ursachen hat *und* eventuell zwischen den Parteien bestehende Rechtsbeziehungen nicht berührt werden. Nehmen wir das **Beispiel eines Konflikts,** wie er klassischerweise zwischen der Abteilung für Forschung und Entwicklung und der Vertriebs- und Marketingabteilung eines Unternehmens auftritt. Die Forschungsabteilung kämpft um jeden zusätzlichen Monat Entwicklungszeit, während die Vertriebsabteilung am liebsten jeden Monat ein neues Produkt auf den Markt bringen würde. Offensichtlich handelt es sich um einen unternehmensinternen Konflikt, in dem rechtliche Beziehungen nicht berührt werden. Es mag unwahrscheinlich sein, daß ein Rechtsanwalt in dieser Konstellation als Mediator betraut wird. Aber stellen wir uns vor, daß ein Anwalt das betroffene Unternehmen regelmäßig berät und der Geschäftsführer an diesen herantritt, weil er erfahren hat, daß dieser als Mediator aktiv ist. Wenn dieser Anwalt nunmehr zwischen den Abteilungen vermittelt, wird er aller Wahrscheinlichkeit nach eine reine Interessenmediation durchführen. Rechtsberatung liegt in diesem Fall nicht vor.

61 Um ein anderes Beispiel zu nennen: Zur Zeit findet in Frankfurt eine sogenannte **Flughafenmediation** statt.[46] Dabei geht es darum festzustellen, ob im Hinblick auf das erwartete Wachstum des Flugverkehrs eine Erweiterung des Flughafengeländes, z. B. in der Form des Baus einer zusätzlichen Landebahn, nötig und für die Umwelt verträglich ist. Es geht hier um eine reine Fakten- und Interessenanalyse. Wenn hier ein als Verhandlungs- und Konfliktmanager ausgewiesener Rechtsanwalt einen der dort ernannten drei Mediatoren ersetzen würde, so würde ebenfalls keine Rechtsberatung vorliegen.

62 Eine Rechtsberatung liegt auch dann nicht vor, wenn zwar eine Rechtsfrage für die Parteien von Bedeutung ist, sich der Rechtsanwalt allerdings auf die bloße Rolle eines Moderators beschränkt, also selbst in der Sache weder Stellung nimmt noch Rat erteilt und lediglich Fragen stellt. Auch in dieser Konstellation findet eine Rechtsberatung nicht statt. Aus unserer Sicht ist es nicht ausreichend festzustellen, daß ein Anwalt tätig wurde, um eine Rechtsberatung anzunehmen. Vielmehr ist zu untersuchen, wie der Anwalt seine Rolle als Verhandlungs- und Konfliktmanager und die Probleme des Konflikts definiert hat.

63 Wenn es also Konstellationen gibt, in denen Verhandlungs- und Konfliktmanagement keine Rechtsberatung darstellt, warum ist diese Aktivität dann überhaupt Anwaltssache? *Mnookin* und *Kornhauser* haben es am treffendsten formuliert, als sie davon sprachen, daß Verhandlungen regelmäßig im Schatten des Rechts – „in the shadow of the law"[47] – stattfinden. Sobald eine rechtliche Auseinandersetzung oder eine Neubegründung oder Neuformulierung wechselseitiger Rechte und Verantwortlichkeiten der Parteien eine auch

[44] *Henssler/Schwackenberg,* MDR 1997, 409, 410.

[45] Dazu ausführlich *Duve,* Mediation und Vergleich im Prozeß, 1999, S. 221 ff.

[46] Die Mediation begann im Herbst 1998. Man kann unterschiedliche Auffassung darüber vertreten, ob es sich tatsächlich um eine Mediation handelt, *Duve,* Kontroverse um Frankfurter Flughafen ist nicht aussichtslos, Frankfurter Allgemeine Sonntagszeitung, 9. August 1998, S. 4.

[47] *Mnookin/Kornhauser,* Bargaining in the Shadow of the Law, 88 Yale Law Journal 1979, 950.

nur denkbare Alternative zu einer Einigung darstellt, läßt sich das Recht in der Verhandlung nicht ignorieren. In diesem Fall ist es notwendig, daß der Verhandlungs- und Konfliktmanager in der Lage ist, mit den Parteien die Alternativen zu erörtern.

Der im Zusammenhang mit dem Schatten des Rechts bereits genannte amerikanische Rechtswissenschaftler *Robert Mnookin* benutzt in diesem Zusammenhang gerne eine Metapher, die wir zur Verdeutlichung ebenfalls verwenden möchten. Er spricht davon, daß Verhandlungen an zwei Tischen stattfinden, an einem Interessentisch und an einem Rechtstisch. In Verhandlungen wandern wir regelmäßig zwischen diesen beiden Tischen hin und her. Wenn ein Verhandlungs- und Konfliktmanager die Parteien in ihren Verhandlungen fortwährend unterstützen will, muß er sich mit ihnen auch an den Rechtstisch begeben können. Selbst wenn also der Rechtsanwalt als Verhandlungs- und Konfliktmanager nicht notwendig stets Rechtsberatung betreibt, so wird er diese doch häufig leisten (müssen). 64

3. Überwindung der Kluft zwischen Angebot und Nachfrage

Schließlich bleibt die Frage zu beantworten, wie der **Markt für das Verhandlungs- und Konfliktmanagement** erschlossen werden kann. Auf der einen Seite gibt es bereits zahlreiche Mediatoren unterschiedlicher Provenienz. Die Anwälte konkurrieren hier – vor allem bei der Familienmediation – mit den Angehörigen der psychosozialen Berufe. Auf der anderen Seite ist die Mediation bei den betroffenen Parteien noch viel zu wenig bekannt. Hinzu kommt, daß der Ausdruck Mediation oftmals mißverstanden wird. Um diesen Markt zu erschließen, müssen die Anwälte verstärkte Anstrengungen unternehmen. 65

Langfristig sollten Fächer wie Verhandeln, Mediation und Konfliktmanagement in der Ausbildung an der Universität oder in einer wie auch immer gearteten Ausbildung zum Rechtsanwalt aufgenommen werden, damit diese allen Praktikern wie selbstverständlich als eine Option zur Konfliktbeilegung in den Sinn kommen und durch die entsprechende Weitergabe auch von den Mandanten wahrgenommen werden. 66

Mittelfristig sollten Rechtsanwälte in ihren Verträgen verstärkt gestufte Streitbeilegungsklauseln aufnehmen, welche nach Ablauf einer Frist für direkte Verhandlungen die Durchführung einer Mediation vorsehen, diese aber auch auf eine bestimmte Frist begrenzen, um Verschleppungstaktiken vor dem Gang vor ein Gericht oder Schiedsgericht verhindern. 67

Schließlich sollten Rechtsanwälte **kurzfristig** selbst initiativ werden. Die Mediation bietet dazu gegenwärtig wohl den vielversprechendsten Ansatzpunkt, um einen Wandel einzuleiten. Es dürfte kaum einen Rechtsanwalt geben, der nicht derzeit einige Fälle auf dem Schreibtisch hat, die sich in einer Mediation beilegen ließen. Wie würde sich die Zahl der „war stories" mit einem Schlag vervielfachen lassen, wenn es jedem Rechtsanwalt nur in einem einzigen Fall gelingen würde, den eigenen Mandanten und die andere Seite davon zu überzeugen, daß die Mediation den Versuch wert sein könnte? 68

D. Fazit

Dem Rechtsanwalt bieten sich neue Tätigkeitsfelder, wenn er seine Tätigkeit umfassend als die eines Verhandlungs- und Konfliktmanagers versteht. Eine derartige Ausweitung des Tätigkeitsfeldes erfordert allerdings vom Mediator auch ein gewisses Maß an Umstellung. Der Rechtsanwalt wird sich in seiner Funktion als Mediator oder als Parteivertreter in der Mediation umstellen müssen. In seiner Rolle als Mediator muß der Rechtsanwalt neutral sein, Interessen erforschen, Kreativität fördern und die Verantwortung für den der Rechtsanwalt seinem Mandanten weiterhin als Ratgeber zur Verfügung. Er muß sich jedoch möglicherweise etwas zurückhalten und seinen Verhandlungsstil umstellen. 69

70 Der Vergleich der Rollen des Rechtsanwalts als Mediator bzw. des Parteivertreters in der Mediation mit den klassischen Rollen des Rechtsanwalts hat gezeigt, daß eine intensivere Beschäftigung mit dem Verhandlungsprozeß nützlich wäre. Die Tätigkeit des Anwalts als Verhandlungs- und Konfliktmanager erfordert zusätzliche Qualifikationen im Bereich der Verhandlungsführung und Kommunikation. Die Anwälte sollten diese Zusatzqualifikation auf freiwilliger Basis erwerben. Die Verbände und Organisationen sollten keine überzogenen Anforderungen an den Erwerb dieser Zusatzqualifikation stellen.

§ 7 Besonderheiten des Anwaltsnotariats

Paul Werner Beckmann★

Übersicht

Schrifttum: *Arndt/Lerch/Sandkühler*, Bundesnotarordnung, 3. Auflage 1996; *Bohrer*, Das Berufsrecht der Notare, 1991; *Henssler/Prütting*, Bundesrechtsanwaltsordnung, 1997; *Hartung/Holl*, Anwaltliche Berufsordnung 1997; *Mecke/Lerch*, Beurkundungsgesetz, 2. Auflage 1991; Notarkammer Hamm, Anmerkungen zur Novelle des notariellen Berufsrechts 1998; *Seybold/Schippel*, Bundesnotarordnung, 6. Auflage 1995; Statistisches Bundesamt, Unternehmen und Arbeitsstätten, Fachserie 2, Reihe 1.6.2, Kostenstruktur bei Rechtsanwälten und Anwaltsnotaren 1995, 1998.

A. Notariat als zusätzliche juristische Dienstleistung

I. Vorbemerkung

Nach § 1 Bundesnotarordnung[1] werden für die Beurkundung von Rechtsvorgängen und andere Aufgaben auf dem Gebiet der vorsorgenden Rechtspflege „in den Ländern“ Notare bestellt. Als „unabhängige Träger eines öffentlichen Amtes“ üben sie öffentliche Gewalt des Bestellungslandes aus.[2] 1

★ Rechtsanwalt und Notar in Herford.

[1] Zuletzt geändert durch das dritte Gesetz zur Änderung der Bundesnotarordnung und anderer Gesetze vom 31. 8. 1998, BGBl. I 2585.

[2] *Bohrer*, Rdn. 5.

2 Einer der Vorzüge der in der Bundesrepublik geltenden vertikalen Gewaltenteilung zwischen dem Bund und den Ländern ist die föderative Gestaltung mit der sich daraus ergebenden Vielfalt und dem Wettbewerb unter den Ländern.

3 Historisch bedingt gibt es in Deutschland **verschiedene Notariatsformen:**

- Mit ca. 9000 Berufsträgern am stärksten vertreten ist das **Anwaltsnotariat**, und zwar in den Bundesländern Berlin, Bremen, Hessen, Niedersachsen, Schleswig-Holstein und dem größten Teil Nordrhein-Westfalens, insbesondere Westfalen.
- Das **Nur-Notariat** mit ca. 1700 Berufsträgern ist in Bayern, Brandenburg, Hamburg, Mecklenburg-Vorpommern, Rheinland-Pfalz, dem Saarland, Sachsen, Sachsen-Anhalt, Thüringen und in dem linksrheinischen Teil Nordrhein-Westfalens eingerichtet.
- In Baden-Württemberg gibt es ca. 630 **beamtete Notare**, wobei zu unterscheiden ist zwischen dem OLG-Bezirk Stuttgart und dem OLG-Bezirk Karlsruhe: Im OLG Bezirk Stuttgart findet man nebeneinander Nur-Notare, Anwaltsnotare und Landesbeamte des gehobenen Dienstes als sogenannte **Bezirksnotare**, im OLG-Bezirk Karlsruhe verwalten Richter als **Notare im Landesdienst** die staatlichen Notariate.[3]

4 Moderne Verkehrsmittel und Kommunikationsmöglichkeiten führen in der Praxis zu dem oben als Vorzug des Föderalismus herausgestellten gesunden **Wettbewerb** auch unter den Notariatsformen. So wird z. B. in Baden-Württemberg der sogenannte Notartourismus aus den Bereichen des Amtsnotariats in die angrenzenden Bundesländer beklagt; gleichzeitig werden im politischen Raum Überlegungen über das langsame Auslaufen des Amtsnotariats und die Einführung des Anwalts- oder Nur-Notariats angestellt.[4]

5 Die Vielfalt der Erscheinungsformen des Notariats ist verfassungsrechtlich unbedenklich. Zuletzt in der Wirtschaftsprüferentscheidung vom 8. 4. 1998[5] hat das Bundesverfassungsgericht klargestellt:

> „Die Bundesnotarordnung läßt unterschiedliche Ausgestaltungen des Notarberufs zu. Nach § 3 BNotO stehen das Nur-Notariat und das Anwaltsnotariat als gleichberechtigte Notariatsformen nebeneinander."

6 Erstaunlich ist, daß das höchste deutsche Gericht diese Klarstellung überhaupt vornehmen mußte, sind doch alle deutschen Notare (mit Ausnahme der nichtsdestotrotz hochqualifizierten württembergischen Bezirksnotare) Volljuristen mit der Befähigung zum Richteramt; ferner haben sie alle eine – zum Teil unterschiedliche – notarspezifische Zusatzausbildung und praktische Erfahrungen, gewonnen als Rechtsanwälte oder Notarassessoren.

II. Chancen und Vorteile des Notariats

1. Notwendigkeit interprofessioneller Zusammenarbeit

7 Schon der Gesetzentwurf der Bundesregierung zur Neuordnung des Berufsrechts der Rechtsanwälte und der Patentanwälte aus dem Jahr 1993 hob die **Vorteile interprofessioneller Zusammenarbeit hervor:**

> „Die Sozietät zwischen Rechtsanwälten, Patentanwälten, Wirtschaftsprüfern, vereidigten Buchprüfern und Steuerberatern entspricht der bestehenden Praxis, die sich bewährt hat. Der rechtsuchende Bürger kann fachübergreifend betreut werden."[6]

8 Auch für die Berufstätigkeit des Notars ist die Notwendigkeit der Hinzuziehung eines Steuerberaters oder Wirtschaftsprüfers in vielen Fällen unstrittig; während einige Notare

---

[3] Näheres siehe *Arndt/Lerch/Sandkühler,* § 3 Rdn. 15 ff.

[4] Vgl. den Abschlußbericht der Arbeitsgruppe „Strukturreform im Amtsnotariat" vom 12. 9. 1996 und die Anhörung zum Thema „Reform des Notariatswesens in Baden-Württemberg" der CDU-Landtagsfraktion am 29. 1. 1998 in Stuttgart; s. auch AnwBl. 1997, 402.

[5] NJW 1998, 2269 = BB 1998, 1068 mit Anm. *Hartung.*

[6] Drucksache 12/4993 des Deutschen Bundestages vom 19. 5. 1993, Seite 33.

die Konsultation eines weiteren Fachmanns in komplizierten Einzelfällen vorziehen, wollen andere mit Steuerberatern und Wirtschaftsprüfern dauerhaft zusammenarbeiten und deshalb eine Sozietät eingehen. Der heftige berufspolitische Streit über die Zulässigkeit einer solchen interprofessionellen Zusammenarbeit ist durch die Novellierung der Bundesnotarordnung im Jahr 1998 beendet.

Nach § 8 Abs. 2 BNotO darf der Anwaltsnotar nicht nur zugleich den Beruf des 9
Patentanwalts, Steuerberaters, Wirtschaftsprüfers und vereidigten Buchprüfers ausüben, sondern nach § 9 Abs. 2 auch eine **Sozietät** mit diesen Berufen eingehen, und zwar auch überörtlich.[7] Für immer mehr Rechtsanwälte, Notare, Steuerberater und Wirtschaftsprüfer dürfte in Zukunft kein Weg an intensiver Zusammenarbeit vorbeiführen., wollen diese Berufe nicht den großen Unternehmensberatungsgesellschaften auch das Feld der Rechts- und Steuerberatung überlassen.

Die **notarielle Amtsausübung** selbst ist nicht sozietätsfähig.[8] Sie bleibt beim Notar und 10
damit „außen vor". Jedoch erlaubt § 9 Abs. 2 BNotO dem Anwaltsnotar ausdrücklich die „gemeinsame Berufsausübung" oder die Bürogemeinschaft mit den dort aufgeführten Berufen, was auch beinhalten kann, daß die Einnahmen des Notars in die gemeinsame Sozietätskasse fließen.

2. Formen der Zusammenarbeit

Mit der Zulässigkeit interprofessioneller wie überörtlicher Zusammenschlüsse unter 11
Beteiligung von Anwaltsnotaren ist noch nichts darüber gesagt, in welcher Rechtsform dies geschehen darf. In Betracht kommen

- die BGB-Gesellschaft
- die Partnerschaftsgesellschaft
- die Anwalts-GmbH
- die Anwalts-AG.

a) BGB-Gesellschaft und Partnerschaftsgesellschaft. Die Zulässigkeit der Beteiligung 12
des Anwaltsnotars an einer BGB-Gesellschaft wie an einer Partnerschaftsgesellschaft wird soweit ersichtlich nicht in Zweifel gezogen.

b) Rechtsanwalts-GmbH. Für die durch Gesetz zur Änderung der Bundesrechtsan- 13
waltsordnung, der Patentanwaltsordnung und anderer Gesetze vom 31. 8. 1998 (BGBl. I 2600) geschaffene Rechtsanwalts-GmbH kann nichts anderes gelten.[9] Trotz entsprechender Forderungen im Gesetzgebungsverfahren, z. B. des Bundesrates, ist das Verbot der Beteiligung des Anwaltsnotars an einer solchen GmbH nicht in das Gesetz aufgenommen worden. Umstritten ist wohl nur, ob der Anwaltsnotar als Rechtsanwalt **Geschäftsführer einer Anwalts-GmbH** sein darf oder nicht.[10] Einige Bundesländer haben in ihre Allgemein-Verfügungen über Angelegenheiten der Notarinnen und Notare aufgenommen, daß nur zum Notar bestellt werden kann, wer nicht in einem ständigen Dienst- oder ähnlichen Beschäftigungsverhältnis – auch nicht zu anderen Rechtsanwältinnen oder Rechtsanwälten – steht. Daraus wird vereinzelt geschlossen,[11] daß der Beteiligung des Anwaltsnotars an Berufsausübungs-Kapitalgesellschaften „in der Praxis" Grenzen gesetzt seien. Dies ist nicht nachzuvollziehen.

[7] § 29 Abs. 3 BNotO (scherzhaft auch „Gesetz zur Gestaltung von Briefpapieren überörtlicher Sozietäten" genannt).

[8] *Bohrer*, Rdn. 312

[9] *Henssler*, NJW 1999, 241/247.

[10] Gegen die Zulässigkeit Notarkammer Hamm, Seite 14; dafür *Eylmann*, NJW 1998, 2929/2931, der dem Anwaltsnotar sogar erlaubt, als Steuerberater oder Wirtschaftsprüfer einer Steuerberatungs- oder Wirtschaftsprüfungsgesellschaft anzugehören und dort die Funktion als Geschäftsführer auszuüben.

[11] *Vaasen/Starke*, DNotZ 1998, 661/667 unter Hinweis auf *Seybold/Schippel*, § 14 Rdn. 34.

14 Wenn der Gesetzgeber dem Verlangen nach Aufnahme eines ausdrücklichen Verbots der Beteiligung eines Anwaltsnotars an einer Rechtsanwalts-GmbH nicht entspricht (beredtes Schweigen), kann daraus sicherlich der Schluß gezogen werden, daß der Anwaltsnotar sich nicht nur an einer solchen Gesellschaft beteiligen, sondern auch ihr Geschäftsführer werden darf. Er tut dies ja in seiner Eigenschaft als Rechtsanwalt und nicht als Notar, so daß ihm hinsichtlich der notariellen Tätigkeiten genausowenig Weisungen erteilt werden können wie bisher in der unzweifelhaft zulässigen BGB-Gesellschaft. Es wäre bedauerlich, wenn auch in dieser Streitfrage wieder das Bundesverfassungsgericht der Notaraufsicht oder den Kammern „die Leviten lesen müßte", wie dies leider schon viel zu oft geschehen ist.

15 **c) Rechtsanwalts-AG.** Nicht weniger Spannung verspricht die Auseinandersetzung um die Frage, ob der Anwaltsnotar sich an einer **Rechtsanwalts-AG** beteiligen darf. Nach einem Bericht der Frankfurter Allgemeinen Zeitung vom 24. 12. 1998 kämpft zur Zeit die – soweit ersichtlich – erste Anwaltskanzlei, die in der Rechtsform der Aktiengesellschaft arbeiten will, um die Eintragung in das Handelsregister. Es bleibt abzuwarten, ob das auch hier zuständige Bayerische Oberste Landesgericht wie schon 1994 der Anwalts-GmbH[12] nun auch der Anwalts-AG den Weg ebnen wird.[13]

3. Erweiterung der Aufgabengebiete der Notare

16 **a) Ausweitung der notariellen Tätigkeitsgebiete.** Ängstliche Kollegen mögen angesichts der Vielzahl der noch nicht geklärten Rechtsfragen nach der jüngsten Novellierung der Bundesnotarordnung und der Schwierigkeiten bei der Erlangung der Notarzulassung auf das Notariat verzichten und sich ganz auf die Anwaltstätigkeit konzentrieren wollen. Sie verzichten damit aber auf einen bedeutenden Teil juristischer Dienstleistungsmöglichkeiten und schließlich auch auf durchaus interessante Einnahmequellen.

17 Die durch die **Masterpat-Entscheidung** des Bundesverfassungsgerichts[14] deutlich gewordene Gefährdung des Rechtsberatungsmonopols der Anwaltschaft und die zu erwartenden weiteren Veränderungen des Rechtsberatungsmarktes, z. B. durch schnelle Informationsberatung (nicht unbedingt von Anwälten organisiert),[15] stehen in auffälligem Widerspruch zu der „großen Befriedigung", mit der die Notare die Übertragung weiterer und zum Teil neuer Zuständigkeiten auf sie, so z. B. im Bereich des Umwandlungs- und Sachenrechtsbereinigungsgesetzes, empfinden.[16] Gleichzeitig betonen die Notare unter Hinweis auf die **„Dienstleistungsbereitschaft der freiberuflichen Struktur"** des Notariats die Bereitschaft zur Übernahme weiterer Aufgaben.[17] Der Eröffnungsvortrag zum 25. Notartag im Juni 1998 stand folgerichtig unter dem Thema „Entlastung der Rechtspflege durch notarielle Tätigkeit – Bestandsaufnahme und Perspektiven".[18]

18 Einem von vielen nicht-anwaltlichen Anbietern und auch immer mehr Anwälten („Anwaltsschwemme") umkämpften Rechtsberatungsmarkt steht damit das ohnehin **gesunde Notariat** gegenüber, welches einerseits durch Zulassungsbeschränkungen und Zwangsausscheiden älterer Notare immer mehr monopolistisch strukturiert ist und sinkende Zahlen der Berufsträger aufweist, andererseits aber auch neue Aufgaben erhalten hat und weiter anstrebt. Scheinbar geschützt durch den allgemeinen Vorbehalt des Artikels 55 EWG-Vertrag, wonach mit der Ausübung öffentlicher Gewalt verbundene Tätigkeiten

12 WiB 1995, 115.

13 Für die Zulässigkeit der Anwalts-AG auch *Römermann/Spönemann*, NZG 1998, 15/18 und *Stabreit*, NZG 1998, 452; s. auch *Henssler*, NJW 1999, 241/246.

14 NJW 1998, 3481.

15 *Streck*, AnwBl. 1998, 353.

16 *Vaasen*, Ansprache zur Eröffnung des 25. Deutschen Notartages, DNotZ-Sonderheft in DNotZ 1998, 7/13.

17 *Vaasen*, a.a.O., Seite 14.

18 *Wagner*, DNotZ-Sonderheft in DNotZ 1998, 34.

von der Niederlassungs- und Dienstleistungsfreiheit ausgenommen sind, steht das Monopol der Notare auf Beurkundung von Grundstückskaufverträgen, Ehe- und Erbverträgen, Testamenten und Gesellschaftsverträgen wie ein Fels in der aufgewühlten Brandung des Rechtsberatungsmarktes.

b) Einkommenssteigerung der Rechtsanwaltspraxen mit Notariat. Unbeeindruckt 19
von den um ihn herum tobenden Gewalten wird dieser Fels von der Sonne verwöhnt, liegen doch die **Einnahmen der Anwaltsnotare** (ganz besonders natürlich die der Nur-Notare) statistisch deutlich über den Einkünften von „Nur"-Rechtsanwälten. Gab es beispielsweise 1995 von 1301 von der statistischen Erhebung erfaßten Rechtsanwaltspraxen **ohne** Notariat im früheren Bundesgebiet nur 202 (gleich ca. 15,5%) mit Einnahmen von 1 Mio. DM pro Jahr, waren es bei den 316 Rechtsanwaltspraxen **mit** Notariat 132 Praxen (gleich 42%).[19] Das Notariat erschließt somit – woran praktizierende Anwaltsnotare ohnehin nicht zweifeln – eine zusätzliche Einnahmequelle.

III. Risiken und Nachteile des Notariats

1. Zusatzkosten

Jeder Notar ist gemäß § 19a BNotO verpflichtet, eine **Berufshaftpflichtversicherung** 20
zu unterhalten mit einer Mindestversicherungssumme von 1 Mio. DM für jeden Versicherungsfall. Dafür sind pro Jahr ca. 2000,00 DM aufzuwenden.

Darüber hinaus ist ein **Beitrag zur Notarkammer** zu entrichten, der z. B. im Bereich 21
der Notarkammer Hamm für 1999 2360,00 DM beträgt. Darin sind allerdings auch enthalten die Beiträge für eine Gruppenanschlußversicherung zur Deckung des Risikos durch Übersteigen der vereinbarten (in der Regel Mindest-)Deckungssumme gemäß § 19a Abs. 3 BNotO sowie zur Vertrauensschadenversicherung, welche die Notarkammern gemäß § 67 Abs. Nr. 3 BNotO zur Vorsorge gegen das individuell nicht versicherbare Risiko vorsätzlicher Amtspflichtverletzungen abschließen müssen, ferner die Beiträge zum Deutschen Notarinstitut und zu einer Arbeitsgemeinschaft der Anwaltsnotarkammern. Schließlich haben die regionalen Notarkammern auf freiwilliger Basis einen erweiterten **Vertrauensschadenfonds** gegründet, der durch Versicherungsverträge nicht gedeckte Schäden absichern soll. Dafür muß jeder neu bestellte Notar 1500,00 DM einzahlen.[20]

2. Sachkosten

Die nach § 32 BNotO zu haltenden Gesetzesblätter dürften ohnehin in jeder Anwaltsbü- 22
cherei stehen; die darüber hinaus zu haltenden Fachzeitschriften, Kommentare und Lehrbücher zum Notarrecht und zur notariellen Vertragsgestaltung fallen finanziell nicht in erwähnenswertem Umfang ins Gewicht.

3. Personalkosten

Die notarielle Tätigkeit ist **personalintensiv**. Jeder Notar benötigt mindestens eine 23
besonders ausgebildete und zuverlässige Notariatsfachangestellte für die Abwicklung der beurkundeten Verträge und Beglaubigungen. Der Bearbeitungsaufwand ist sicherlich höher als bei normalen anwaltlichen Tätigkeiten.

Jedenfalls in größeren Praxen mit zwei oder mehr Notaren ist die Beschäftigung eines 24
Notariats-Bürovorstehers üblich und auch wohl erforderlich. Notariats-Bürovorsteher/innen sind rar und werden deshalb gut bezahlt.

[19] So die vom Statistischen Bundesamt für 1995 ermittelte „Kostenstruktur bei Rechtsanwälten und Anwaltsnotaren".

[20] Kammerreport Hamm 1998, 35.

4. Bürokratischer Aufwand

25 Der Notar hat eine **Urkundenrolle**, ein **Verwahrungsbuch** und ein **Massebuch** zu führen. In diesen Büchern (auch über EDV möglich) sind peinlich genau alle notariellen Tätigkeiten zu verzeichnen, insbesondere bei der Verwahrung von Geld und Wertgegenständen. Da der Notar regelmäßig und neuerdings unregelmäßig durch Stichproben überprüft wird, ist der ordnungsgemäßen und zeitnahen Führung der Bücher und Akten große Aufmerksamkeit zu schenken, wofür wie gesagt gut ausgebildetes und zuverlässiges Personal unbedingt benötigt wird.

5. Besondere Pflichten des Notars

26 **a) Öffnungszeiten der Geschäftsstelle des Notars.** Der Notar übt gemäß § 1 BNotO ein öffentliches Amt aus. Da nach § 4 BNotO nur so viele Notare bestellt werden, wie es den Erfordernissen einer geordneten Rechtspflege entspricht, sind die Notare gehalten, ihre Geschäftsstellen „während der üblichen Geschäftsstunden" offenzuhalten, § 10 Abs. 3 BNotO. Der Notar kann seine Praxis somit nicht einfach für ein paar Urlaubswochen schließen; schon eine Abwesenheit oder Verhinderung von mehr als einer Woche führt zur Anzeigepflicht gegenüber der Aufsichtsbehörde und ggf. zur Bestellung eines Notarvertreters, §§ 38 und 39 BNotO.

27 **b) Überwachung des Notars durch die Aufsichtsbehörde.** Während der Rechtsanwalt seine Tätigkeit frei, selbstbestimmt und unüberprüft ausüben kann (soweit es keine Beschwerden gegen ihn gibt), unterliegt der Notar der ständigen Überwachung durch die Aufsichtsbehörde, also die Justiz, §§ 92ff. BNotO. Die Vorschriften über das Disziplinarverfahren sind durch die BNotO-Novelle des Jahres 1998 erheblich verschärft worden.

28 Nach § 93 BNotO sind nunmehr die regelmäßige Prüfung und Überwachung der Amtsführung der Notare sowie Zwischenprüfungen und Stichproben ohne besondere Anlässe vorgeschrieben.

29 Der Notar ist verpflichtet, den Aufsichtsbehörden oder den von diesen mit der Prüfung Beauftragten Akten, Verzeichnisse und Bücher sowie die in seiner Verwahrung befindlichen Urkunden zur Einsicht vorzulegen und auszuhändigen, Zugang zu den Anlagen zu gewähren mit denen personenbezogene Daten automatisiert verarbeitet werden, sowie die notwendigen Aufschlüsse zu geben.

30 Personen, mit denen sich der Notar zur gemeinsamen Berufsausübung verbunden oder mit denen er gemeinsame Geschäftsräume hat oder hatte, sind verpflichtet, den Aufsichtsbehörden Auskünfte zu erteilen und Akten vorzulegen, soweit dies für die Prüfung der **Einhaltung der Mitwirkungsverbote** erforderlich ist (§ 93 Abs. 4 BNotO). Wer sich mit einem Notar zur gemeinsamen Berufsausübung verbinden will, muß einkalkulieren, daß er selbst zum Teil „gläsern" wird. Unterhält z. B. ein Münchener Steuerberater eine überörtliche Sozietät mit einem Kieler Anwaltsnotar, muß auch er der Aufsichtsbehörde Auskünfte erteilen und Akten vorlegen, soweit dies für die Prüfung der Einhaltung der Mitwirkungsverbote des Beurkundungsgesetzes erforderlich ist. Zu beachten ist, daß die Pflicht nicht mit Beendigung der beruflichen Zusammenarbeit endet, wie § 93 Abs. 4 Satz 2 ausdrücklich vorschreibt („... zur gemeinsamen Berufsausübung verbunden oder mit denen er gemeinsame Geschäftsräume hat **oder hatte** ...").

6. Mitwirkungsverbote

31 Die nach dem Beurkundungsgesetz zu beachtenden **Mitwirkungsverbote für den Notar** haben entscheidende Bedeutung für die Frage, ob und wie mit einem Anwaltsnotar zusammengearbeitet werden sollte. Die Frage stellt sich für den Anwaltsnotar genauso wie für die als Sozien in Betracht kommenden Rechtsanwälte, Steuerberater, Wirtschaftsprüfer, vereidigten Buchprüfer und Patentanwälte. Wie wichtig die **Einhaltung der Mitwir-**

kungsverbote für den Gesetzgeber war, wird an mehreren Stellen der neuen BNotO und des mit ihm neu gefaßten Beurkundungsgesetzes[21] deutlich, nämlich in den §§ 9 Abs. 3, 14 Abs. 5 und 50 Abs. 1 Ziff. 9 (Amtsenthebung bei wiederholtem groben Verstoß gegen Mitwirkungsverbote).

Wegen dieser existentiellen Bedeutung für den Notar (und seine Sozien) verdienen die wichtigsten Mitwirkungsverbote des § 3 BeurkG Beachtung und Untersuchung. 32

a) In Angelegenheiten eines Sozius. § 3 Abs. 1 Nr. 4 BeurkG verbietet ein Tätigwerden des Notars in Angelegenheiten eines Sozius oder Bürogemeinschafters,[22] so daß z. B. der Kauf einer Eigentumswohnung durch einen Rechtsanwalt oder Steuerberater, mit dem der Notar gemeinsame Büroräume oder eine Sozietät hat, nicht mehr beurkundet werden darf; nicht einmal die Beglaubigung der Unterschrift des Sozius unter einer Grundschuldbestellung ist noch zulässig. 33

Diese Fälle der persönlichen und privaten Beteiligung des Sozius mögen noch verkraftbar sein, doch gilt das Mitwirkungsverbot auch dann, wenn der Sozius persönlich gar nicht beteiligt ist, sondern nur beruflich z. B. als Testamentsvollstrecker oder Insolvenzverwalter eine Beurkundung wünscht.[23] Gerade als Insolvenzverwalter tätige Rechtsanwälte oder Steuerberater müssen sich deshalb fragen, ob eine Sozietät mit einem Anwaltsnotar sinnvoll ist, wenn dieser Notar ohnehin keine Beurkundungen in Angelegenheiten der Insolvenzmasse vornehmen darf. 34

Erfreulicherweise ist es im Gesetzgebungsverfahren gelungen, den Gesetzgeber von seinem Plan abzubringen, dieses Mitwirkungsverbot auf **ehemalige** Sozien, Bürogemeinschafter und angestellte Rechtsanwälte zu erstrecken, was ja z. B. bedeutet hätte, daß der heute vielbeschäftigte Insolvenzverwalter, der vor 15 Jahren einmal eine 6 Monate dauernde Anfangsstellung bei einem Anwaltsnotar hatte, diesen Notar nie mehr hätte beauftragen dürfen. 35

b) Bei gesetzlicher Vertretung oder Organangehörigkeit. Nach § 3 Abs. 1 Nr. 5 und 6 BeurkG darf der Notar – insoweit mit dem bisherigen Recht übereinstimmend – nicht tätig werden in Angelegenheiten einer Person, deren gesetzlicher Vertreter er ist oder deren vertretungsberechtigtem Organ er angehört. **Neu** ist, daß dies auch gilt, wenn nicht der Notar, sondern „eine Person im Sinne der Nummer 4", also ein Sozius oder Bürogemeinschafter, gesetzlicher Vertreter oder Organmitglied ist. 36

Dem **Aufsichtsrat** oder einem **Beirat** dürfen der Notar und seine Sozien allerdings weiterhin angehören, obwohl der Gesetzgeber auch dies zunächst ausschließen wollte.[24] 37

c) Vorbefassung in derselben Angelegenheit. Entscheidende Bedeutung bei der strategischen Frage, ob die Zusammenarbeit mit einem Anwaltsnotar sinnvoll ist oder nicht, kommt § 3 Abs. 1 Nr. 7 BeurkG zu. 38

Diese Vorschrift verbietet die Mitwirkung des Notars bei einer Vorbefassung des Notars oder seines Sozius bzw. Bürogemeinschafters „außerhalb ihrer Amtstätigkeit" (also als Notar), aber „in derselben Angelegenheit", es sei denn, „diese Tätigkeit wurde im Auftrag aller Personen ausgeübt, die an der Beurkundung beteiligt sein sollen", so der Gesetzeswortlaut. 39

---

[21] 1998 BGBl. I 2585, 2594.

[22] Auch Angestellte oder freie Mitarbeiter, *Vaasen/Starke*, DNotZ 1998, 670.

[23] Notarkammer Hamm, Seite 10.

[24] Gesetzentwurf der Bundesregierung Bundestagsdrucksache 13/4184 vom 21. 3. 1996, Seite 36.

40

> Im einzelnen ist zu prüfen:
>
> ☐ Liegt eine die Mitwirkung des Notars ausschließende Vorbefassung „außerhalb der Amtstätigkeit" vor, z. B. als Rechtsanwalt oder Steuerberater, oder ist die befaßte Person von Anfang an als Notar tätig geworden? Diese Frage kann sich z. B. stellen, wenn erbrechtliche Probleme Gegenstand des Mandats sind.
>
> ☐ Soll der Anwaltsnotar als parteilicher Interessenvertreter und damit als Rechtsanwalt tätig werden oder will der Mandant mit dem Notar die zweckmäßige Abfassung eines Testaments (ggf. unter Enterbung des bösen Sohnes) erörtern, so daß vorsorgende Rechtsbetreuung und damit notarielle Tätigkeit gegeben ist?

41 In der Praxis dürfte die **Abgrenzung** dem verantwortungsbewußten Rechtsberater keine großen Probleme bereiten, da in einer gemischten Sozietät unter Einschluß eines Notars eben rechtzeitig geklärt werden muß, ob notarielle oder anwaltliche Tätigkeit in Betracht kommt, allerdings mit den gebühren- bzw. kostenrechtlichen Konsequenzen. § 24 Abs. 2 BNotO enthält bereits Abgrenzungskriterien.

42 Der mandatierte Nur-Anwalt, Steuerberater oder Wirtschaftsprüfer ist immer „außerhalb der Amtstätigkeit" (eines Notars) tätig geworden, so daß der Notar vor der Amtstätigkeit klären muß, ob der Sozius „in **derselben Angelegenheit** bereits tätig war oder ist".

43 Aus dieser Gesetzesvorschrift wird vereinzelt geschlossen, daß bei „**dauernden Beratungsverhältnissen**, wie sie vor allem in Berufsverbindungen unter Beteiligung von Steuerberatern oder Wirtschaftsprüfern vorkommen, aus dem mandatsbezogenen Mitwirkungsverbot des § 3 Abs. 1 Satz 1 Nr. 7 BeurkG häufig ein mandantenbezogenes Verbot wird".[25]

44 Dem kann in dieser Strenge nicht gefolgt werden. Zunächst ist darauf hinzuweisen, daß auch Steuerberater und Wirtschaftsprüfer grundsätzlich Einzelaufträge haben, z. B. zur Erstellung einer Einkommensteuererklärung oder Wirtschaftsprüfer zur Durchführung von Prüfungen, § 2 WPO. Befugnis zur unbeschränkter Hilfeleistung in Steuersachen haben neben Steuerberatern und Wirtschaftsprüfern auch Rechtsanwälte, § 3 StBerG. Für alle diese drei Berufe ist die **Honorierung der Einzelmandate** der Normfall. Allerdings kommen sowohl bei der Steuer- wie bei der Rechtsberatung Dauermandate (Beratungsverträge) durchaus vor, bei Steuerberatern zusätzlich auch die laufende Buchführung für Mandanten. Dies **allein** rechtfertigt jedoch ein Mitwirkungsverbot für den Notar-Sozius nicht, wie nachfolgende Überlegung zeigt:

45 Das alte wie das neue Beurkundungsgesetz verbietet die Mitwirkung als Notar, wenn der Notar in Angelegenheiten einer Person tätig wird, zu der er „in einem **ständigen Dienst- oder ähnlichen ständigen Geschäftsverhältnis** steht", § 3 Abs. 1 Nr. 8 BeurkG. Es ist aber ganz überwiegende Meinung, daß z. B. ein Dauerberatungsverhältnis zwischen dem Anwaltsnotar und einem Mandanten nicht als „ständiges Dienst- oder ähnliches ständiges Geschäftsverhältnis" im Sinne der erwähnten Vorschrift anzusehen ist.[26] Es kommt vielmehr auf die **Weisungsgebundenheit** des Notars an, die z. B. bei dem bei einem Unternehmen als Syndikus oder Justitiar tätigen Anwaltsnotar gegeben sein dürfte.[27] Dann kann aber auch ein dauerndes Beratungsverhältnis zwischen einem Steuerberater oder Wirtschaftsprüfer und einem Mandanten nicht automatisch zu einem Mitwirkungsverbot des Notars in Angelegenheiten dieses Dauermandanten führen.

46 Entscheidend ist nach dem Gesetzeswortlaut, ob der Notar oder sein Sozius „**in derselben Angelegenheit** bereits tätig war oder ist". Es ist nicht einzusehen, daß z. B. die dauernde Buchführung für einen Mandanten dazu führt, daß dieser Mandant sein Testa-

---

[25] *Vaasen/Starke,* DNotZ 1998, 671; ähnlich *Eylmann,* NJW 1998, 2931.

[26] Notarkammer Hamm, Anmerkungen Seite 12.

[27] *Mecke/Lerch,* § 3 Rdn. 27.

ment nicht von dem dem Steuerberater in einer Sozietät verbundenen Notar beurkunden lassen darf. Der Steuerberater war im Rahmen der „Führung von Büchern und Aufzeichnungen" (§ 1 Abs. 2 Nr. 2 StBerG) tätig, was kaum als „dieselbe Angelegenheit" wie die Testmentsbeurkundung angesehen werden kann. Das dürfte eindeutig sein.

Schwieriger wird es, wenn z. B. bei der Abschlußbesprechung einer Bilanz dem Gesellschafter-Geschäftsführer einer Mehrpersonen-GmbH vom Steuerberater empfohlen wird, aus steuerlichen Gründen eine Kapitalerhöhung vorzunehmen oder einen weiteren Gesellschafter aufzunehmen. Kann der Notar-Sozius dann die Beurkundung vornehmen oder muß man sagen, daß der Steuerberater in dieser Angelegenheit bereits tätig war? 47

Als **„Angelegenheit"** ist das erfaßte wirtschaftliche und rechtliche Verhältnis anzusehen, wobei es entscheidend auf die zumindest teilweise Identität des Sachverhalts mit den sich daraus ergebenden materiellen Rechtsverhältnissen ankommt; ferner auf den Schutzzweck der Norm, nämlich die Gewährleistung der **Unabhängigkeit und Unparteilichkeit** des Notars.[28] Sie erscheint jedenfalls dann nicht gefährdet, wenn Interessengegensätze zwischen den Beteiligten der späteren Beurkundung ausgeschlossen sind und zuvor natürlich eine Prüfung zu dem Ergebnis geführt hat, daß Steuerberater und Notarsozius nicht in derselben Angelegenheit in dem dargestellten Sinne tätig gewesen sind. 48

Die Abgrenzung im Einzelfall kann schwierig sein. Da die Bundesnotarordnung und das Beurkundungsgesetz in der seit September 1998 geltenden Fassung noch jung sind und noch keine Rechtsprechung dazu vorliegt, muß jedem das Risiko einer möglicherweise falschen Entscheidung klar sein, auch wenn bei unbeabsichtigten Verstößen gegen Mitwirkungsverbote in Unkenntnis der Tragweite der neuen Bestimmung wohl kein „grober" Verstoß gegen Mitwirkungsverbote im Sinne von § 50 Abs. 1 Ziff. 9 BNotO vorliegen dürfte (sonst Amtsenthebung). 49

In der Praxis wenig Bedeutung dürfte die **Ausnahmevorschrift** für dieses Mitwirkungsverbot erlangen, die besagt, daß das Mitwirkungsverbot entfällt, wenn die außernotarielle Tätigkeit im Auftrage aller Personen ausgeübt wurde, die an der Beurkundung beteiligt sein sollen. Hat z. B. der Steuerberater seinem Mandanten, einem Einzelkaufmann, geraten, aus steuerlichen Gründen eine GmbH zu gründen, besteht kein Mitwirkungsverbot für den Notar-Sozius, wenn der Einzelkaufmann die Gründung der Ein-Mann-GmbH beurkundet.[29] 50

7. Tätigkeitsverbote für Rechtsanwälte nach § 45 BRAO

§ 45 BRAO verbietet dem **Rechtsanwalt** ein Tätigwerden, wenn er in derselben Rechtssache bereits als Notar tätig gewesen ist, ferner wenn er in derselben Angelegenheit außerhalb seiner Amtstätigkeit bereits beruflich tätig war. Mit diesen Vertretungsverboten nach außeranwaltlicher Vorbefassung sollen Interessenkollisionen verhindert werden.[30] 51

Dieses Tätigkeitsverbot bedeutet in der Praxis, daß jede **Notartätigkeit** eine damit irgendwie zusammenhängende **spätere Anwaltstätigkeit** ausschließt. Dies gilt nach § 45 Abs. 3 auch für die in Sozietät oder in sonstiger Weise zur gemeinschaftlichen Berufsausübung verbundenen oder verbunden gewesenen Rechtsanwälte und Angehörigen anderer Berufe. 52

Kurz gefaßt kann gesagt werden: Eine frühere Notartätigkeit schließt jede Vertretung der Beteiligten durch Rechtsanwalts- oder Steuerberater-Sozien des Notars aus. Auch dies muß bei der Entscheidung über die Zusammenarbeit mit Notaren berücksichtigt werden. 53

---

[28] *Mecke/Lerch,* § 3 Rdn. 5; *Henssler/Prütting-Eylmann,* § 45, Rdn. 25; ebenso der Gesetzentwurf der Bundesregierung Bundestagsdrucksache 13/4184, Seite 36.

[29] So zutreffend *Eylmann,* NJW 1998, 2931.

[30] *Henssler/Prütting-Eylmann,* § 45 Rdn. 13; *Hartung/Holl,* Anh § 3 BerufsO Rdn. 52.

8. Altersgrenze für Notare

54 All die geschilderten Sorgen und Probleme entfallen für den Notar, wenn er die Altersgrenze erreicht hat, die nach § 48 a BNotO auf das Ende des Monats, in dem der Notar das 70. Lebensjahr vollendet, gelegt ist. Diese Regelung ist 1991 in das Gesetz eingefügt worden, um im Interesse der Rechtspflege eine geordnete Altersstruktur zu erreichen. Die Übergangsregelung für ältere Notare endet im Jahr 2003, so daß von diesem Zeitpunkt an kein Notar über 70 Jahre alt sein wird. Ob dies dazu führt, daß interessierte Rechtsanwälte einen größere Chance auf Zugang zum Notariat haben, darf bezweifelt werden, wie die nachfolgenden Ausführungen zeigen werden.

B. Voraussetzungen für den Zugang zum Anwaltsnotariat

I. Allgemeine Voraussetzungen[31]

1. Höchstalter bei der Bewerbung

55 Nach § 6 Abs. 1 Satz 2 BNotO können Bewerber nicht erstmals zu Notaren bestellt werden, wenn sie bei Ablauf der Bewerbungsfrist das **60. Lebensjahr** vollendet haben. Pensionierte Beamte können wohl noch Rechtsanwalt werden, in der Praxis aber kaum noch Notar.

2. Vorherige Zulassung zur Rechtsanwaltschaft

56 Nach § 6 Abs. 2 BNotO sollen Rechtsanwälte in der Regel als Notar nur bestellt werden, wenn sie bei Ablauf der Bewerbungsfrist
a) mindestens **fünf Jahre** zur Rechtsanwaltschaft zugelassen waren und
b) seit mindestens **drei Jahren** ohne Unterbrechung in dem in Aussicht genommenen Amtsbereich hauptberuflich als Rechtsanwalt tätig waren.

Mußte der Bewerber früher sogar mindestens drei Jahre an dem vorgesehenen Amtssitz hauptberuflich als Rechtsanwalt tätig gewesen sein, genügt jetzt eine Tätigkeit im Amtsbereich, also dem Bezirk des Amtsgerichts. Alle Rechtsanwälte eines Amtsgerichtsbezirks können sich somit um freie Stellen in diesem Bezirk bewerben.

3. Persönliche Eignung

57 § 6 Abs. 1 verlangt für die Notarbestellung eine „geeignete Persönlichkeit". Hier werden strafrechtliche Ermittlungsverfahren, Vorstrafen, anwaltsgerichtliche Maßnahmen, aber auch Bedenken gegen geordnete Vermögensverhältnisse geprüft. Vermögensverfall kann ja auch für den Rechtsanwalt ein Grund für den Widerruf der Zulassung zur Rechtsanwaltschaft sein, vgl. § 14 Abs. 2 Nr. 9 BRAO.

4. Fachliche Eignung

58 Neben der persönlichen ist auch die fachliche Eignung Voraussetzung für die Bestellung zum Notar. Bestehen daran keine sonstigen Zweifel, muß jedenfalls eine Bescheinigung über die erfolgreiche Teilnahme an einem **Grundkurs für angehende Anwaltsnotare** vorgelegt werden. Dies kann ersetzt werden durch eine umfangreiche Beurkundungstätigkeit als Notarvertreter oder -Verweser. Diese Tätigkeit muß sich allerdings über lange Zeit erstreckt haben. Es ist riskant, nur auf solche Vertretungstätigkeiten zu setzen. Jedem Bewerber kann nur geraten werden, einen Grundkurs z. B. bei der Deutschen Anwaltakademie oder dem Deutschen Anwaltsinstitut zu absolvieren, auch wenn dies mehrere Wochen bzw. Wochenenden dauert und allein an Teilnahmegebühren mehrere tausend DM verschlingt.

---

[31] Wegen der Einzelheiten wird verwiesen auf die Information der Bundesnotarkammer über den Zugang zum Anwaltsnotariat DNotZ 1997, 833.

II. Auswahlverfahren unter mehreren geeigneten Bewerbern

1. Bewerbung um eine freie Notarstelle

Bestehen an der persönlichen und fachlichen Eignung keine Bedenken, kann eine Bewerbung um eine freie, von der Landesjustizverwaltung ausgeschriebene Notarstelle bereits erfolgreich sein. Dafür sind allerdings wieder saftige Gebühren zu zahlen, in Berlin z. B. 1500,00 DM.[32] 59

2. Auswahlverfahren

In der Praxis gibt es aber fast immer mehrere Bewerber, so daß nach § 6 Abs. 3 BNotO die Auswahl unter mehreren (nach § 6 Abs. 1 geeigneten) Bewerbern sich nach der persönlichen und fachlichen Eignung unter Berücksichtigung der die juristische Ausbildung abschließenden Staatsprüfung und der bei der Vorbereitung auf den Notarberuf gezeigten Leistungen richtet. 60

a) Note des zweiten juristischen Staatsexamens. Entscheidende und oft allein entscheidende Bedeutung kommt der Note des zweiten juristischen Staatsexamens zu, da die übrigen Kriterien häufig von allen Bewerbern in höchstmöglichem Umfang erfüllt werden und es letztlich Unterschiede nur noch in der Examensnote gibt. Sicherlich ist es begrüßenswert, gute Examensleistungen anzuerkennen; ob es jedoch richtig ist, heutigen Bewerbern die vor 1991, als diese Regelung eingeführt wurde, erhaltene Examensnote zum Nachteil vorzuhalten, darf bezweifelt werden. Heutige Studenten und Referendare müssen aber wissen, daß sie mit der Note ihres zweiten Staatsexamens die Weichen auch Richtung Notariat stellen können. 61

b) 5jährige Zulassung zur Rechtsanwaltschaft. Eine 5jährige Zulassung zur Rechtsanwaltschaft ist ja Zulassungsvoraussetzung; da die meisten Bewerber schon länger zugelassen sind, kommt es auf die Dauer der hauptberuflichen Tätigkeit als Rechtsanwalt durchaus an. Hier können eine Menge Punkte erreicht werden (zum Punkteschema siehe unten 3.). Die Bundesländer haben durch **Anrechnungsverordnungen** bestimmt, daß auf die Dauer der hauptberuflichen Anwaltstätigkeit Ersatzzeiten (z. B. Wehrdienst, Erziehungsurlaub) angerechnet werden können, falls dadurch tatsächlich eine Verzögerung bei der Ausübung oder Aufnahme des Anwaltsberufs eingetreten ist. 62

c) In den Notarberuf einführende Tätigkeiten. Nach § 6 Abs. 3 Satz 2 BNotO können insbesondere in den Notarberuf einführende Tätigkeiten in die Bewertung einbezogen werden. Von den Bewerbern entfaltete notarielle (z. B. Vertretungs-) Tätigkeiten werden punktemäßig berücksichtigt. 63

d) Teilnahme an freiwilligen Vorbereitungskursen. Ebenso wird die erfolgreiche Teilnahme an freiwilligen Vorbereitungskursen, die von den beruflichen Organisationen der Notare veranstaltet werden, in die Bewertung einbezogen. Durch solche mit **Erfolgskontrolle versehene notarspezifische Fortbildungskurse** können wichtige Punkte gesammelt werden. 64

e) Zusatzpunkte. Die Länder haben in ihren Verwaltungsvorschriften die **Vergabe von Zusatzpunkten** vorgesehen, die in Ausnahmefällen gewährt werden können. Allerdings muß ein Bezug zum Notariat stehen, um einen Anlaß für Zusatzpunkte zu haben. Notarvertretungen können solche Sonderpunkte allerdings nicht bringen.[33] 65

3. Punkteschema

Die Punkte werden nach einem **Punkteschema** ermittelt, und zwar wie folgt: 66
– Die Note des zweiten juristischen Staatsexamens wird mit dem Faktor 5 multipliziert.

[32] Berliner AnwBl. 1998, 585.
[33] BGH Berliner AnwBl. 1998, 608.

- Die Dauer der hauptberuflichen Tätigkeit als Rechtsanwalt wird mit 0,25 Punkten je angefangenen Monaten bewertet; maximal kann es hier 45 Punkte geben.
- Je halbem Fortbildungstag werden 0,5 Punkte gutgeschrieben, maximal wiederum 45 Punkte.
- Beurkundungen bringen jeweils 0,1 Punkte, maximal 20 Punkte. Allerdings können Fortbildungs- und Beurkundungspunkte zusammen nur mit 45 Punkten berücksichtigt werden.
- Zusätzlich kann es maximal 10 bzw. 15 Zusatzpunkte geben.

III. Besonderheiten in den einzelnen Ländern des Anwaltsnotariats

1. Meßzahlen

67 Die Bundesländer haben **Ausführungsbestimmungen** über die Bestellung zur Anwaltsnotarin und zum Anwaltsnotar erlassen (sogenannte AVNot), die auch festlegen, wann ein Bedürfnis für die Bestellung einer Notarin oder eines Notars gegeben ist, und zwar in der Regel dann, wenn in einem Amtsgerichtsbezirk, in dem der Jahresdurchschnitt der Urkundsgeschäfte der Notarinnen und Notare unter Mitberücksichtigung einer weiteren Notarstelle eine bestimmte Meßzahl erreicht bzw. überschritten wird. In den einzelnen Bundesländern gelten folgende Zahlen:[34]

Baden-Württemberg: Keine Meßzahlregelung		Niedersachsen:	400
Berlin:	350	Nordrhein-Westfalen:	400
Bremen:	300	Schleswig-Holstein:	400
Hessen:	450		

Außerdem sehen die Länder die Einrichtung weiterer Notarstellen „zur Wahrung einer geordneten Altersstruktur" vor.

2. Bewerbungsverfahren

68 Zu beachten sind die Ländervorschriften über das bei der Bewerbung zu beachtende Verfahren. Es müssen Erklärungen abgegeben werden über Straf- und Disziplinarverfahren, Nebenbeschäftigungen und berufliche Verbindungen. Die Bewerbungen sind an das zuständige Gericht (LG bzw. OLG) zu richten, welches die Rechtsanwalts- und die Notarkammer um Äußerung bittet.

69 Die Bewerbungen werden mit einer eingehenden Stellungnahme dem Justizministerium vorgelegt. Nach der vorläufigen Auswahlentscheidung wird den Bewerberinnen und Bewerbern, die bei der Besetzung einer ausgeschriebenen Notarstelle nicht berücksichtigt werden sollen, mitgeteilt, daß beabsichtigt sei, die Stelle einem anderen Bewerber zu übertragen. Binnen einer Frist von in der Regel zwei Wochen kann der übergangene Bewerber entscheiden, ob er aktiv wird, ggf. auch gerichtlich. Solche **Konkurrentenprozesse** gibt es leider. Sie zeigen, daß der Zugang zum Anwaltsnotariat refomierungsbedürftig ist.[35] Dem Gesetzgeber bleibt auch in der laufenden Legislaturperiode somit genügend Arbeit.

---

[34] **Baden-Württemberg:** AV v. 20. 10. 1994 (Justiz, S. 459); **Berlin:** Allgemeine Verfügung über Angelegenheiten der Notare (AVNot) v. 22. 4. 1996 (ABl., S. 1741); **Bremen:** Allgemeine Verfügung des Senats für Justiz und Verfassung betreffend Angelegenheiten der Notare v. 1. 11. 1967 (Brem. ABl., S. 355), zuletzt geändert durch AV v. 18. 9. 1991 (Brem. ABl., S. 657) und AV v. 4. 7. 1994 (Brem. ABl., S. 351); **Hessen:** Ausführung der Bundesnotarordnung, Runderlaß v. 27. 6. 1991 (JMBl., S. 305), geändert durch Runderlaß vom 8. 6. 1994 (JMBl., S. 243); **Niedersachsen:** Angelegenheit der Notare (AVNot), AV v. 10. 12. 1981 (NdsRpfl., S. 265) i. d. F. der AV v. 22. 11. 1994 (NdsRpfl., S. 349); **Nordhein-Westfalen:** Angelegenheiten der Notarinnen und Notare (AVNot), AV v. 24. 6. 1991 (JMBl. NW, S. 157), geändert durch AV v. 12. 7. 1994 (JMBl. NW, S. 185); **Schleswig-Holstein:** Allgemeine Verfügung über die Angelegenheiten der Notarinnen und Notare (AVNot) v. 15. 8. 1991 (SchlHA, S. 141), geändert durch AV v. 7. 4. 1994 (SchlHA, S. 115).

[35] Vgl. Stellungnahme des Deutschen Anwaltvereins AnwBl. 1997, 392.

2. Kapitel. Gründung und Unternehmensstruktur

§ 8 Einführung und Übersicht

*Dr. Wolfgang Hartung**

Übersicht

Schrifttum: *Blümel/Diem/Hocke*, Qualitätsmanagement und Zertifizierung, 1998; DAV-Leitfaden, TQM-Qualitätsmanagement in der Anwaltskanzlei, 1997; *Friese,* Die freie Advokatur in Deutschland im Lichte des Grundgesetzes und des EWG-Vertrages, AnwBl. 1987, 3; *ders.*, Die Freiheit der Advokatur in Deutschland, 1989; *Fuhrmann*, Rechtstellung des angestellten Rechtsanwalts, 1989; *von Gneist*, Freie Advokatur. Die erste Forderung aller Justizreform in Preußen, 1867; *Großfeld-Edelkötter*, Der Rechtsanwalt als „unabhängiges Organ der Rechtspflege", FS Henckel, S. 311; *Habscheid*, Die Unabhängigkeit des Rechtsanwalts, NJW 1962, 1865; *Hartung/Holl*, Anwaltliche Berufsordnung, 1997; *Henssler*, Der Rechtsanwalt als arbeitnehmerähnliche Person, AP 1995, 210; *ders.*, Anwaltschaft im Wettbewerb, AnwBl. 1993, 541; *Huffmann*, Kampf um eine freie Advokatur, 1967; *Kilger*, Freie Mitarbeiter 1999, AnwBl. 1999, 39; *Krämer*, Der Rechtsanwalt – ein staatlich gebundener Vertrauensberuf?, NJW 1975, 849; *Laufhütte*, Die freie Advokatur in der Rechtsprechung des BGH, FS Pfeiffer, S. 959ff.; *Mauer/Krämer*, Marketing-Strategien für Rechtsanwälte, 1996; *Mauer/Krämer/Becker*, Unternehmensführung für rechts- und wirtschaftsberatende Berufe, 1997; *Ostler*, Die deutschen Rechtsanwälte 1871 bis 1971, 1982; *Paul*, Fakten und Überlegungen zur empirischen Verdeutlichung des Verhältnisses von Anwaltschaft und Gesellschaft, in: Anwaltsberuf im Wandel (Hrsg. *Kübler*), 1982; *Prinz*, Anwaltswerbung 1986; *Prütting*, Ethos anwaltlicher Berufsausübung, AnwBl. 1994, 315; *Quack*, Sinn und Grenzen anwaltlicher Unabhängigkeit heute, NJW 1975, 1337; *Redeker*, Anwaltschaft zwischen Freiheit und Bindung, AnwBl. 1988, 16; *ders.*, Freiheit der Advokatur – heute, NJW 1987, 2610; *Schiefer*, Anwalt im Zeitalter der Dienstleistung – Herausforderung zum Wandel, AnwBl. 1987, 360; *Schiefer-Hocke*, Marketing für Rechtsanwälte, 1990; *Schneider*, Der Rechtsanwalt, ein unabhängiges Organ der Rechtspflege, 1976; *Stehmann*, Beschäftigungsverhältnisse unter Rechtsanwälten, 1989; *Strobel*, Der Markt anwaltlicher Dienstleistungen – die ökonomische Zukunft der Rechtsberatung, AnwBl. 1988, 307; *Wettlaufer*, Angestellter oder freier Mitarbeiter, AnwBl. 1989, 195; *Winters*, Der Rechtsanwaltsmarkt, 1990; *Zuck*, Berufs- und standesrechtliche Rahmenbedingungen der künftigen Formen anwaltlicher Zusammenarbeit und anwaltlicher Werbung, AnwBl. 1988, 351.

A. Die Zukunftsaussichten junger Rechtsanwälte

I. Beschreibung des Istzustandes

Im Bundesland Nordrhein-Westfalen – hier nur als Beispielsfall zitiert – erhielten im 1
Kalenderjahr 1997 rund 38% aller Kandidaten in der zweiten juristischen Staatsprüfung die Note ausreichend. Das waren ca. 42% aller Kandidaten, die diese Prüfung bestanden. In den anderen Bundesländern sieht es nicht viel anders aus. Allenfalls gibt es graduelle Unterschiede. Angesichts der ständig zunehmenden **Juristenschwemme** – es werden viel mehr Juristen ausgebildet, als der Arbeitsmarkt unterbringen kann – bedeutet die Note

* Rechtsanwalt und Fachanwalt für Familienrecht in Mönchengladbach, Sozietät Gerats, Hartung & Partner; Vizepräsident der Rechtsanwaltskammer Düsseldorf.

ausreichend, auch wenn sie die Befähigung zum Richteramt vermittelt, das **berufliche Aus**, noch bevor der Berufsweg überhaupt begonnen hat. Selbst die Note befriedigend läßt viele Berufswünsche unerfüllbar werden. Wer als **Richter, Staatsanwalt** oder **Verwaltungsbeamter** in den Staatsdienst will, braucht hierfür mindestens ein mittleres vollbefriedigend. Und selbst diese Note gibt keine Garantie. So scheitert mancher zu Beginn des Studiums gefaßter **Berufswunsch** nach einer etwa sieben bis zehn Jahre dauernden Ausbildung an einem einzigen fehlenden Punkt, so etwa, wenn für den richterlichen Dienst 10 Punkte (= mittleres vollbefriedigend) verlangt werden, die Examensnote jedoch nur 9,5 Punkte beträgt.

2 Nicht anders sieht es für eine Anstellung in der **Wirtschaft** oder in einer **Anwaltspraxis** aus. Wer die Stellenangebote studiert, findet durchgängig Anforderungsprofile, die einer Bewerbung mit einem ausreichenden Examen keine Chance lassen. So ist es nicht verwunderlich, daß den meisten Juristen mit einem ausreichenden und auch mit einem befriedigenden zweiten Staatsexamen nur die **„Flucht"** in die Anwaltschaft bleibt, Diese wird mehr und mehr zum Sammelbecken aller nicht unterzubringenden Juristen. Die Folge ist eine kaum noch erträgliche **Überfüllung** dieses Berufsstandes. Damit einher gehen seit 1994 von Jahr zu Jahr sinkende Umsätze und Gewinne. Zur Zeit sind annähernd 100000 Rechtsanwälte zugelassen. Was das bedeutet, wird nachvollziehbar, wenn man die zahlenmäßige Entwicklung der Anwaltschaft verfolgt:

1880 gab es 4091 Rechtsanwälte, d. h. einen Rechtsanwalt auf 11057 Einwohner,
1900 gab es 6814 Rechtsanwälte, d. h. einen Rechtsanwalt auf 8218 Einwohner,
1961 gab es 19801 Rechtsanwälte, d. h. einen Rechtsanwalt auf 2998 Einwohner,
1985 entfielen auf einen Rechtsanwalt nur noch 1545 Einwohner,
1990 waren es noch 1330 Einwohner und

heute bzw. spätestens am Anfang des Jahres 2000 sind es (bei 80 Mio. Einwohnern und rd. 100000 Rechtsanwälten) nur noch 800 Einwohner pro Rechtsanwalt. Sicherlich ist mit der Zahl der Rechtsanwälte auch der Beratungsmarkt gewachsen, gleichwohl vermag er die Anwaltschaft im Verhältnis zur Dauer und zu den Kosten juristischer Ausbildung nicht mehr angemessen zu ernähren.

II. Vor- und Nachteile anwaltlicher Tätigkeit

3 Wer sich dennoch entschließt, den Beruf des Rechtsanwalts zu ergreifen, sieht sich einem **hohen Konkurrenzdruck** ausgesetzt. Die Prozeßtätigkeit wird abnehmen, da bei den Bürgern eine zunehmende Kostenscheu vor Gerichts- und Anwaltskosten zu beobachten ist und zudem die sich immer noch verlängernde durchschnittliche Prozeßdauer zu einer außergerichtlichen Konfliktlösung drängt.[1] Hinzu kommt, daß zunehmend Banken, Versicherungen, Unternehmensberater etc. den Beratungsmarkt umwerben. Unvermeidbare Konsequenz ist ein radikaler **Verdrängungswettbewerb**, der mit einem ebenso **radikalen Preiskampf** innerhalb der außergerichtlich beratenden Anwaltschaft im Beratungssektor einhergeht.[2] Das gilt vor allem für die Großsozietäten im internationalen Rechtsberatungsmarkt. Aber auch kleine und mittlere Kanzleien geraten mehr und mehr in einen **überproportionalen Anpassungs- und Wettbewerbsdruck**, dem sie nur durch Zusammenschlüsse und progressive Spezialisierungsmaßnahmen gegensteuern können.[3] Der Einzelanwalt dürfte kaum noch eine Überlebenschance haben.

4 Die vorstehende Schilderung des derzeitigen Zustands der Anwaltschaft gleicht einem Schreckensszenario. Sie darf aber nicht darüber hinwegtäuschen, daß der Anwaltsberuf auch überaus **erfreuliche Seiten** hat. Wer mit Kompetenz und auch mit Leidenschaft den Anwaltsberuf ausübt, wird sich durchsetzen und beruflichen und damit auch wirtschaftlichen Erfolg haben. Der von seinem Beruf überzeugte und nicht nur aus Verlegenheit in die

---

[1] Vgl. hierzu *Mauer/Krämer*, Rdn. 122ff.
[2] Ausführlich *Mauer/Krämer*, Rdn. 124f.
[3] *Mauer/Krämer*, Rdn. 126.

Anwaltschaft „geflüchtete" Rechtsanwalt wird auch von der Art anwaltlicher Tätigkeit begeistert sein. Anders als der Richter, der in der Vergangenheit abgeschlossene Tatbestände zu beurteilen hat, ist der Blick des Rechtsanwalts oft in die Zukunft gerichtet und seine Tätigkeit häufig rechtsgestaltender Natur. Wenn der Mandant zur selbständigen und eigenen kritischen Beurteilung seiner Situation nicht in der Lage ist, vertraut er sich einem Rechtsanwalt an und läßt sich von ihm nicht selten sogar in Fragen von existentieller Bedeutung beraten. So lebt das Verhältnis des Mandanten zu seinem Rechtsanwalt von dem **Vertrauen**, daß dieser ihn sachlich richtig und seriös berät und vertritt. Einem von seinem Beruf überzeugten Rechtsanwalt wird dieses Vertrauen innere Befriedigung verschaffen. Er wird es unabhängig von dem wirtschaftlichen Erfolg auch als persönliches Erfolgserlebnis werten.

Ein Vorzug des Anwaltsberufs gegenüber anderen juristischen Berufen liegt auch in der 5
Unabhängigkeit des Rechtsanwalts, die ihm als Organ der Rechtspflege (§ 1 BRAO) und als der berufene Berater und Vertreter in allen Rechtsangelegenheiten (§ 3 Abs. 1 BRAO) gesetzlich garantiert ist. Diese Unabhängigkeit hat im wesentlichen zwei Aspekte. Sie bedeutet in erster Linie **Unabhängigkeit vom Staat** und Freiheit von staatlichen Weisungen.[4] Die auch als **Freiheit der Advokatur** umschriebene Unabhängigkeit besagt konkret, daß der Rechtsanwalt seinen Beruf frei, selbstbestimmt und unreglementiert ausüben kann.[5] Die anwaltliche Unabhängigkeit ist aber auch dem **eigenen Mandanten** gegenüber zu wahren (§ 43a Abs. 1 BRAO). Diese Unabhängigkeit ist gerade in der Hand jüngerer Rechtsanwälte gefährdet, wenn sie aus wirtschaftlicher Not in eine tatsächliche und finanzielle Abhängigkeit eines Mandanten geraten.

Wer trotz der Nachteile und Schwierigkeiten, die wegen der Überfüllung des anwaltli- 6
chen Berufsstandes mit der Ausübung des Anwaltsberufs verbunden sind, oder gerade wegen der Vorzüge, die den Anwaltsberuf auszeichnen, seine Zulassung zur Anwaltschaft beantragen will, sollte den Einstieg in den Anwaltsberuf optimal vorbereiten. Hierbei **Hilfestellungen** zu geben, ist die Aufgabe des 2. Kapitels dieses Handbuchs.

Der junge Rechtsanwalt hat nach seiner Zulassung die Wahl, eine eigene Kanzlei zu 7
gründen, eine bereits bestehende Kanzlei oder einen Anteil daran käuflich zu erwerben oder sich der Kanzlei anderer Rechtsanwälte als freier Mitarbeiter, als angestellter Rechtsanwalt oder als Sozius (§ 59a BRAO) bzw. Partner nach dem PartGG oder als Gesellschafter gemäß §§ 59c ff. BRAO anzuschließen.

B. Gründung einer Anwaltskanzlei

Der sicherlich **schwierigste Start** in den Anwaltsberuf ist jedem beschieden, der sich 8
entschließt, eine gänzlich neue Anwaltskanzlei zu gründen, also wirklich bei Null zu beginnen. Dieser Schritt muß gut überlegt werden, soll er nicht in einer herben Enttäuschung enden. Deshalb wird der Kanzleigründung in § 9 dieses Handbuchs ganz besondere Aufmerksamkeit gewidmet. Das zeigt schon der Umfang des Beitrags. Er ist notwendig, um dem Berufsanfänger die gesamte Bandbreite der Überlegungen an die Hand zu geben, die er anstellen muß, um seiner beruflichen Zukunft gut gerüstet entgegensehen zu können. Inhaltlich orientiert sich die Darstellung an den Gedankengängen eines jungen Menschen, der gerade die Große juristische Staatsprüfung (Assessorexamen) bestanden hat und nun – notgedrungen oder seinen Neigungen folgend – überlegt, ob er den Beruf des Rechtsanwalts ergreifen soll oder nicht. Sie verlangt ihm eine **selbstkritische Prüfung** und Analyse seiner Fähigkeiten ab und gibt ihm, falls dieser erste Schritt getan ist, auf alle Fragen eine Antwort, die zur strategischen und operativen Planung einer Kanzleigründung gehören sollten. Wen der Mut nach Durchsicht des

[4] Vgl. *Hartung/Holl-Hartung* Vor § 2 BerufsO Rdn. 34.
[5] BVerfG NJW 1983, 1535; NJW 1993, 317.

Beitrags nicht verlassen hat oder sich sogar bestätigt fühlt, auf dem richtigen Weg zu sein, tut gut daran, die vermittelten theoretischen Überlegungen anschließend in die Tat umzusetzen und seinen Weg auf der Leiter des Erfolgs ständig zu kontrollieren.

9 Neuland betritt, wer sich zur Gründung einer sog. **virtuellen Anwaltskanzlei** entschließt. In der Praxis werden es (noch) wenige sein, die auf diesem Wege für den Einstieg in den Anwaltsberuf sorgen, zumal die Arbeitsweise in einer solchen Kanzlei sich ganz grundlegend von der herkömmlichen Arbeitsweise unterscheidet. Die Hemmschwelle dürfte deshalb sehr hoch sein. Gleichwohl gehört auch die Darstellung einer virtuellen Anwaltskanzlei in ein Marketing- und Management-Handbuch für Rechtsanwälte, weil sie, wenn auch erst in den Anfängen, schon praktiziert und sicherlich in der Zukunft nicht mehr wegzudenken sein wird, sich vielleicht zusammen mit der Arbeitsweise der herkömmlichen Anwaltskanzlei eines Tages zu einer neuen Form entwickelt, die überlieferte und neue Arbeitsmethoden in sich vereint.

C. Erwerb einer Anwaltskanzlei

10 Wer es sich leisten kann und vor allem, wem sich Vor allem die Bewertung ist meist ein schwieriges Unterfangen. Ohne Kenntnis der hierzu von den Rechtsanwaltskammern und der Betriebswirtschaftslehre entwickelten Grundsätze und Kriterien läßt sich diese Aufgabe überhaupt nicht lösen.

D. Eintritt in eine bestehende Anwaltskanzlei

11 Weniger riskant gestaltet sich der Einstieg in den Anwaltsberuf, wenn es gelingt, in einer bereits bestehenden Anwaltskanzlei unterzukommen. Am Anfang wird meist eine **freie Mitarbeit** oder die Übernahme in ein **Anstellungsverhältnis** stehen. Ausführungen hierzu finden sich in § 28 und nicht im Kapitel über Gründung und Unternehmensstruktur, weil sie von der tatsächlichen Ausgestaltung her nicht zur Gründung einer eigenen Kanzlei, sondern zur völligen **Eingliederung in eine fremde Kanzlei** führen. Das gilt auch für den sog. freien Mitarbeiter, der bei richtiger Betrachtung in den meisten Fällen ein verkappter angestellter Rechtsanwalt ist. *Nerlich*[6] hatte schon früher vor einem solchen **„Formenmißbrauch"** gewarnt. Nunmehr hat ihm der Gesetzgeber durch die Artikel 3 und 5 des Gesetzes zu Korrekturen in Sozialversicherung und zur Sicherung von Arbeitnehmerrechten[7] einen Riegel vorgeschoben. Zentrale Vorschrift ist der neue Absatz 4 des § 7 SGB IV. Er statuiert eine **gesetzliche Vermutung**. Danach gelten Personen als „gegen Arbeitsentgelt beschäftigt", die erwerbsmäßig tätig sind und

- im Zusammenhang mit ihrer Tätigkeit mit Ausnahme von Familienangehörigen keinen versicherungspflichtigen Arbeitnehmer beschäftigen,
- regelmäßig für einen Arbeitgeber tätig sind,
- für Beschäftigte typische Arbeitsleistungen erbringen oder
- nicht aufgrund unternehmerischer Tätigkeit am Markt auftreten,

wenn mindestens zwei der genannten Merkmale vorliegen.[8] Diese gesetzliche Neuregelung wird viele Anwaltskanzleien zwingen, ihre Vertragsverhältnisse mit freien Mitarbeitern zu überdenken. Wer das unterläßt, nimmt kaum übersehbare **Risiken** auf sich. Sie bestehen in der Nachzahlung von Gesamtsozialversicherungsbeiträgen oder zumindest von Teilen davon und in einer Stornierung der Vorsteuerbeträge für die an den freien Mitarbeiter gezahlte Umsatzsteuer. Eine Abwälzung dieser Risiken auf den freien Mitarbeiter oder auch eine Verteilung auf beide Seiten dürfte unzulässig sein.

---

[6] *Hartung/Holl-Nerlich*, § 26 BerufsO Rdn. 18.

[7] BGBl. I 3843.

[8] Vgl. *Kilger* AnwBl. 1999, 39.

Der im Kapitel über die Gründung und Unternehmensstruktur einer Anwaltskanzlei behandelte Eintritt in eine bestehende Anwaltspraxis meint die Aufnahme in eine Sozietät, in eine Partnerschaftsgesellschaft oder in eine Anwalts-GmbH. Einen Überblick über die möglichen Gesellschaftsformen gibt § 11. Speziell für die Aufnahme in eine Sozietät bzw. für deren Gründung durch zwei oder mehr Einzelanwälte werden in § 12 die rechtlichen Möglichkeiten der Ausgestaltung eines Sozietätsvertrages erörtert. Schließlich wird in § 14 die interprofessionelle Zusammenarbeit in die Betrachtung einbezogen. 12

E. Großsozietäten

Besonders qualifizierten jungen Juristen, die nicht nur über ein Prädikatsexamen verfügen, sondern auch den akademischen Grad eines Doktors der Rechte erworben haben und über Zusatzqualifikationen (z. B. Sprachkenntnisse) verfügen, bietet sich die **Möglichkeit zur Mitarbeit** in einer Großsozietät. Sie unterscheidet sich für den Berufsanfänger – bis auf die Vergütung – kaum von der Mitarbeit bei einem Einzelanwalt oder in einer kleinen bis mittelgroßen Sozietät. Allerdings wird jeder, der sofort nach dem Assessorexamen in einer echten Großsozietät in den Anwaltsberuf starten kann, Schwierigkeiten haben, die **Strukturen** einer solchen Großsozietät zu erkennen. Deshalb erschien es wichtig, in das Handbuch mit § 13 auch einen Beitrag über Großsozietäten aufzunehmen. Dabei wurde nicht verkannt, daß ein solcher Beitrag nicht mehr als einen ersten Einblick vermitteln kann, zumal die genauen Strukturen einer Großsozietät zu den bestgehüteten Betriebsgeheimnissen gehören, die man der Konkurrenz nicht offenbaren möchte. Gerade deshalb ist dem Autor des § 13 und der hinter ihm stehenden Sozietät für seinen Beitrag besonders zu danken. 13

F. Steuerliche Aspekte

Steuern begegnen dem Berufsanfänger von der ersten Stunde seines Berufslebens an. Zumindest die eigene **Einkommensteuer**, sofern schon Gewinne erwirtschaftet werden, sowie die von den Mandanten zu erhebende **Umsatzsteuer** und die damit zu verrechnende **Vorsteuer** müssen geläufig sein. Im weiteren Verlauf der anwaltlichen Tätigkeit nehmen steuerliche Fragen einen immer größeren Platz ein. Deshalb erschien ein ausführlicher und von einem besonders kompetenten Autor verfaßter Beitrag über steuerliche Aspekte unverzichtbar. Zugleich bietet er auch dem erfahrenen Rechtsanwalt wertvolle Hilfe bei der Lösung steuerlicher Probleme. 14

§ 9 Kanzleigründung

Rachelle Römermann / Gerlinde Fischedick***

Übersicht

* Diplom-Betriebswirtin, leitet das Kanzleimanagement der Anwaltskanzlei Dr. Römermann, Schwab & Coll. in Hannover.

** Rechtsanwältin am OLG Celle und Hauptgeschäftsführerin der Rechtsanwaltskammer Celle.

Schrifttum: *Abels,* Effizienter Einkauf, in: Die moderne Anwaltskanzlei, 1994, S. 505–525; *Beckmann,* Das Personal des Rechtsanwalts – Auszubildende, RENO-Fachangestellte und Bürovorsteher/-innen, in: Deutscher AnwaltVerein Ratgeber, 7. Auflage 1997, S. 417–424; *Benölken/Greipel,* Dienstleistungsmanagement – Service als strategische Erfolgsposition, 1990; *Bieberstein,* Dienstleistungsmarketing, 1995; *Brieske,* Die Berufshaftpflichtversicherung – Risikomanagement des Rechtsanwalts, in: Deutscher AnwaltVerein Ratgeber, 7. Auflage 1997, S. 449–474; *Bruhn,* Qualitätsmanagement für Dienstleistungen, 2. Aufl. 1997; *Burhoff/Obermeier,* Besteuerung der Rechtsanwälte und Notare, 2. Aufl. 1998; *Büttner,* Anwaltswerbung zwischen Berufsrecht und Wettbewerbsrecht, in: Festschrift für Vieregge, S. 99, 116; *Creutz,* Anwaltswerbung, 1998; *DAV* (Hrsg.), TQM – Qualitätsmanagement in der Anwaltskanzlei, 1997; *Dehr/Biermann,* Marketing-Management, 1999; *Depré/Irion/Brandt,* Tagesablauf und Organisationsmittel, in: Die moderne Anwaltskanzlei, 1994, S. 257–329; *Deutsche Krankenversicherung AG,* Die Krankenversicherung und die Pflegeversicherung des Anwalts, in: Deutscher AnwaltVerein Ratgeber, 7. Auflage 1997, S. 483–488; *Ecker,* Fördermittel für die Gründung oder Erweiterung einer Anwaltspraxis in den neuen Bundesländern, in: Deutscher AnwaltVerein Ratgeber, 7. Auflage 1997, S. 286–294; *Fedtke,* Wirtschaftsunternehmen Anwalts- und Notarkanzlei, 1993; *Felser/Philipp,* Die erfolgreiche Kanzleigründung, 1997; *Feuerich/Braun,* BRAO, 4. Aufl. 1999; *Fischedick,* Fördermittel für die Gründung oder Erweiterung einer Anwaltspraxis in den neuen Bundesländern, in: Deutscher AnwaltVerein Ratgeber, 7. Auflage 1997, S. 274–285; *Flore,* Die Buchführung, in: Deutscher AnwaltVerein Ratgeber, 7. Auflage 1997, S. 405–410; *ders.,* Praxis der Kanzleibuchführung, 1998; *Forsyth,* Erfolgreiches Zeitmanagement, 1997; *Garke,* Buchhaltung, Steuern und Controlling im Anwaltsbüro, in: Die moderne Anwaltskanzlei, 1994, S. 397–424; *Haft,* Informationsbeschaffung in der Anwaltskanzlei und im Jurastudium – Ergebnisse der bundesweiten Studie, 1998; *Hartung/Holl,* Anwaltliche Berufsordnung, 1. Aufl. 1997; *Hartung,* Die anwaltliche Berufsordnung im Überblick, ZAP 1998, Fach 23, S. 311; *Hartung,* in: Hartung/Holl, BerufsO, Einführung; *Hartung,* in: Henssler/Prütting BRAO, 1997, § 59a; *Heininger,* Berufsunfähigkeit und Sicherheit, in: Deutscher AnwaltVerein Ratgeber, 7. Auflage 1997, S. 480–482; *Henssler/Prütting,* Bundesrechtsanwaltsordnung, 1. Aufl. 1997; *Hommerich,* Die Anwaltschaft unter Expansionsdruck – eine Analyse der Berufssituation junger Rechtsanwältinnen und Rechtsanwälte, 1988; *Hommerich/Riebe,* Personalführung in der Anwaltskanzlei, in: Die moderne Anwaltskanzlei, 1994, S. 173–255; *Institut für Freie Berufe,* STAR Statistisches Berichtssystem für Rechtsanwälte für das Wirtschaftsjahr

1996, 1998; *Institut für Rechtinformatik der Universität Hannover,* Juristischer Musterarbeitsplatz – Abschlußbericht über die Einschätzung führender Computerprogramme für Rechtsanwälte, 1996; *Johnson/Scholes,* Exploring Corporate Strategy, 3. Aufl. 1993; *Kilger,* Die Rechtsanwaltsversorgungswerke, in: Deutscher AnwaltVerein Ratgeber, 7. Auflage 1997, S. 338–354; *Kleine-Cosack,* BRAO 3. Aufl. 1997; *Kotler u. a.,* Grundlagen des Marketing, 2. Aufl. 1999; *Krämer,* Akzeptanz unterschiedlicher Honorargestaltungen bei Rechtsanwälten, AnwBl. 1998, 371; *Krämer/Kohn-Lehnhof,* Pricing für Rechtsanwälte, AnwBl. 1997, 306; *Krämer/Mauer/Braun,* Erfolgreiche Anwaltswerbung, 1999; *Lettau,* Grundwissen Marketing, 1989; *Lutz,* Marketing für Steuerkanzleien, 1995; *Maleri,* Grundlagen der Dienstleistungsproduktion, 4. Aufl. 1997; *Martin,* Berufsunfallversicherung, in: Deutscher AnwaltVerein Ratgeber, 7. Auflage 1997, S. 489–490; *Mauer/Krämer,* Marketingstrategien für Rechtsanwälte, 1996; *Mauer/Krämer,* Braucht eine Kanzlei Ziele – Ein Beitrag zu TQM in der Anwaltskanzlei, AnwBl. 1998, 113 ff.; *Mauer/Krämer/Becker,* Unternehmensführung für rechts- und wirtschaftsberatende Berufe, 1997; *Meffert,* Marketingmanagement, 1995; *Meffert/Bruhn,* Dienstleistungsmarketing, 1995; *Meyer, A.* (Hrsg.), Handbuch Dienstleistungs-Marketing, 1998; *Meyer H.,* Die Besteuerung der Anwaltskanzlei, 1996; *Michalski,* Das Gesellschafts- und Kartellrecht der berufsrechtlich gebundenen freien Berufe, 1989; *Möller,* Buchführung, Steuern und Personal, 2. Aufl. 1996; *Mönning,* in: Nerlich/Römermann (Hrsg.), InsO 1999, § 17; *Neumann,* Zeitmanagement im Beruf, 1997; *Oehme/Oehme,* Marketing für niedergelassene Ärzte, 1995; *Pape,* in: Kübler/Prütting (Hrsg.), InsO 1998, § 17; *Pepels,* Einführung in das Dienstleistungsmarketing, 1995; *Pillen,* Die Qual der Wahl, NJW-CoR 1998, 417; *Porter,* Wettbewerbsstrategien, 1992; *Porter,* The Contributions of Industrial Organization to Strategic Management, in: Academy of Management Review, Nr. 4, 1981, S. 609; *Pott,* Die Versicherung des Rechtsanwalts, der Kanzlei und der Mitarbeiter, in: Die moderne Anwaltskanzlei, 1994, S. 469–488; *ders.,* Die Berufshaftpflichtversicherung – Hinweise und Überblick für den Einstieg, in: Deutscher AnwaltVerein Ratgeber, 7. Auflage 1997, S. 475–479; *Prütting,* in: Henssler/Prütting, BRAO 1997; *Ring,* Anwaltliche Werbung von A–Z, 2. Aufl. 1997; *Remer,* Organisationslehre, 2. Aufl. 1994; *Römermann,* in: Hartung/Holl (Hrsg.), Anwaltliche BerufsO, 1997, §§ 6-Anhang § 10 (Werbe-ABC); *Römermann,* Entwicklungen und Tendenzen bei Anwaltsgesellschaften – Eine vergleichende Studie zu EWIV, Sozietät und Kapitalgesellschaft, 1995; *ders.,* Anwaltliche Berufsordnung – Ende oder Neuanfang?, NJW 1998, 2249; *ders.,* Interprofessionelle Zusammenarbeit von Rechtsanwälten, NJW 1996, 3233; *ders.,* Anwalts-AG, MDR 1998, Heft 20 R1, Blickwinkel; *ders.,* Anwalts-GmbH im Wettbewerb, GmbHR 1998, 966; *Römermann/Spönemann,* Gesellschaftsformen für Rechtsanwälte, NZG 1998, 15; *Seidel,* Planungs- und Organisationshandbuch, 6. Aufl. 1991; *Seiwert/Buschbell,* Zeitmanagement für Rechtsanwälte, 2. Aufl. 1996; *Schiefer,* Marketing-Überlegungen für junge Rechtsanwälte, in: Deutscher AnwaltVerein Ratgeber, 7. Auflage 1997, S. 197–202; *Schiefer,* Marketing und Kanzleiimage, in: Die moderne Anwaltskanzlei, 1994, S. 155–172; *Schiefer/Hocke,* Marketing für Rechtsanwälte, 1996; *Schumann,* Die Befreiung der Rechtsanwaltschaft von obrigkeitlichen Schranken, NJW 1990, 2080, 2094; *Stobbe/Hommerich,* Junge Rechtsanwältinnen und Rechtsanwälte im Wettbewerb – Ergebnisse der Anwaltsforschung, in: Deutscher AnwaltVerein Ratgeber, 7. Auflage 1997, S. 189–196; *Streitz,* Tips für die Anschaffung eines Anwaltsprogramms, NJW-CoR 1998, 94; *Ullrich,* Die Gründung einer Anwaltskanzlei – einmalige Investitionen und laufende Betriebskosten, in: Deutscher AnwaltVerein Ratgeber, 7. Auflage 1997, S. 363–372; *ders.,* Aufbau und Einrichtung einer Anwaltskanzlei, in: Die moderne Anwaltskanzlei, 1994, S. 25–120; *Ulrich/Fluri,* Management, 7. Auflage 1995; *Unger/Wolf,* Erfolgreiches Anwaltsmarketing, 1993; *Wettmann/Jungjohann,* Inanspruchnahme anwaltlicher Leistungen – Zugangsschwellen, Beratungsbedarf und Anwaltsimage, 1989; *Wittsiepe,* Marketing-Praxis für den Steuerberater – Ziele und Strategien, 1996; *Wolf,* Erfolg im Anwaltsberuf, 1994; *Wolf,* Anwaltsspezifische EDV in der Kanzlei, in: Deutscher AnwaltVerein Ratgeber, 7. Auflage 1997, S. 394–404.

A. Einleitung

I. Lohnt es sich noch, eine Anwaltskanzlei zu gründen?

Die Frage, die von Existenzgründern immer wieder gestellt wird, lautet: „Lohnt es sich heutzutage noch, eine Anwaltskanzlei zu gründen?" Diese Frage wird nicht ohne Grund gestellt. Denn bekanntlich ist die Wettbewerbssituation auf dem **Rechtsberatungsmarkt zunehmend angespannt**. Am 1. Januar 1998 waren in Deutschland 91952 Rechtsanwälte zugelassen. Mit einem derzeitigen Nettozuwachs von über 5000 Anwälten jährlich wird 1 voraussichtlich vor dem Jahr 2000 die Zahl der Rechtsanwälte in der Bundesrepublik Deutschland die 100000er-Grenze überschreiten.[1] Nach einer Mitteilung der Bundesrechtsanwaltskammer im März 1997 (damals 85105 Rechtsanwälte am 1. Januar 1997) äußerte sich schon deren Präsident *Eberhard Haas* pessimistisch: Die Zahlen seien für den Berufsstand kaum noch zu verkraften. „Die Chancen von Berufsanfängern, eine finanziell solide Kanzlei einzurichten, sinken."[2]

2 So lautet auf den ersten Blick die Antwort auf die berechtigte Frage vieler junger Juristen eindeutig „nein". Und dies nicht nur aufgrund des Überangebots an Rechtsanwälten und der daraus resultierenden Sättigung des Marktes. Erschwerend kommt für Existenzgründer das **defensive Verhalten** der etablierten Kollegen hinzu. „Das Gros der Anwälte hat selbst Probleme und macht jedem Neueinsteiger den Zugang zum umkämpften Dienstleistungsmarkt so schwer wie möglich", heißt es in einem Artikel des Manager Magazins.[3]

3 Trotz der erschwerten Marktsituation zeigen in den letzten Jahren gegründete und heute florierende Kanzleien, daß die Anwort auf die Frage gleichwohl nicht klar „nein" lauten kann. In mittelgroßen bis Großstädten oder in ländlichen Orten findet man entgegen vermehrter pessimistischer Aussagen über die Erfolgsaussichten von Kanzleigründungen immer wieder Beispiele von erfolgreichen Existenzgründern, die nach wenigen Jahren lokal oder regional – manchmal sogar bundesweit – tätig sind und die sich heute eher mit einem zu schnellen Wachstum als mit dem Problem des Überlebens auf dem Markt auseinandersetzen müssen.

4 Wie konnten diese – zuweilen – jungen Rechtsanwälte eine solche positive Entwicklung ihrer neu gegründeten Kanzlei bewirken? Sicherlich gibt es kein magisches Rezept, das die Garantie für eine gelungene Kanzleigründung liefern kann. Allerdings haben heute erfolgreiche Gründer von Rechtsanwaltskanzleien häufig vieles gemeinsam. Zuerst haben sie einen **Bedarf auf dem Markt** aufgedeckt und richtig eingeschätzt. Sie wußten darüber hinaus die ihnen durch die technischen Entwicklungen und durch die Liberalisierung der berufsrechtlichen Regelungen eröffneten **Opportunitäten** (neue Werbemöglichkeiten, Spezialisierungshinweise, Internet etc.) zu nutzen.

II. Erfolgsfaktoren für die Gründung einer Rechtsanwaltskanzlei

5 Die erfolgreichen Kanzleigründer werden nicht selten die nachfolgenden Überlegungen angestellt haben, die allein jedoch keine erfolgreiche Kanzleigründung garantieren.

1. Selbständiger Rechtsanwalt aus Überzeugung, nicht aus Not

6 Zwar sehen die Chancen für neue Anbieter auf dem Rechtsberatungsmarkt nicht mehr so gut aus wie noch vor dreißig Jahren. Dennoch gründen ca. 50% der Berufsanfänger eine Praxis als Einzelanwalt oder Sozius in einem eigenen Büro oder im Rahmen einer Bürogemeinschaft.[4] Leider geraten viele davon sehr schnell in finanzielle Schwierigkeiten und werden im Extremfall, wenn sie nicht von dem Einkommen ihrer Lebenspartner oder eines Zweitjobs überleben können, zu Sozialfällen. Kein Wunder, denn auf einem engen, gesättigten Markt gelten strenge Regeln.

7 Bevor man die Frage „Lohnt es sich noch, eine Anwaltskanzlei zu gründen?" beantwortet, sollte man sich fragen: „Ist der Anwaltsberuf mein Traumberuf oder ergreife ich ihn aus Verlegenheit?"

---

[1] Nähere Angaben zur aktuellen Situation des Rechtsberatungsmarktes vgl. unter Einleitung Rdn. 1ff.

[2] *Haas*, zit. n. Frankfurter Rundschau vom 5. 3. 1997.

[3] Manager Magazin, Heft Februar 1997, S. 128 (132): „Auszug aus dem Olymp".

[4] Nach Ergebnissen der Anwaltsforschung, vgl. *Stobbe/Hommerich*, Junge Rechtsanwältinnen und Rechtsanwälte im Wettbewerb, AnwBl. 1997, 611 (612) = DAV-Ratgeber, 7. Auflage 1997, S. 189–196.

Der Anwaltsberuf ist – insbesondere als selbständige Tätigkeit – **keine sinnvolle Verlegenheitslösung**. Die Entscheidung, den Anwaltsberuf als selbständiger Unternehmer auszuüben, ist eine folgenschwere Entscheidung. Man muß sich vorstellen können, diesen Beruf (mindestens) bis zu seinem 65. Lebensjahr auszuüben, da die Versorgungswerke der Länder vorher keine Rente zahlen, außer wenn eine Berufsunfähigkeit vorliegt. Wird die selbständige Tätigkeit als Rechtsanwalt als Verlegenheitslösung „gewählt", weil man für die Wunschtätigkeit (z. B. Richter) aufgrund der mangelnden Qualifikation (Examensnote) keine Stelle bekommen hat, wird die Ausübung des Berufes auf einem heute umkämpften Markt zum Dauerüberlebenskampf. Deswegen ist es wichtig, zuerst zu prüfen, ob man zum einem den **Anwaltsberuf** wirklich ergreifen will, zum anderen, ob man sich bereit fühlt, diesen Beruf **als selbständige Tätigkeit** über Jahrzehnte bzw. ein Leben lang auszuüben. Unter den gegebenen verschärften Konkurrenzbedingungen sollte sich der Jurist, der sich die Frage einer Kanzleigründung stellt, darüber im klaren sein, daß sowohl der Anwaltsberuf als auch die Selbständigkeit neben **hoher Kompetenz** auch einen überdurchschnittlich **hohen persönlichen Einsatz** verlangen. 8

2. Idealprofil des Unternehmers „Rechtsanwalt"

Gute Voraussetzungen für eine erfolgreiche Kanzleigründung schafft der – ggfs. angehende – Rechtsanwalt zweifellos schon, wenn er auf dem Markt überdurchschnittliche **juristische Kompetenzen** anbieten kann. Allerdings muß er für die Selbständigkeit auch Fähigkeiten und Eigenschaften besitzen, die einen Unternehmer ausmachen. 9

a) Allgemeine persönliche Fähigkeiten und Eigenschaften. Anders als es vor dreißig Jahre gesehen wurde, muß der Rechtsanwalt, der heutzutage eine Kanzlei gründen möchte, sich im klaren darüber sein – oder werden –, daß eine Rechtsanwaltskanzlei ein **Dienstleistungsunternehmen**, der Anwalt dementsprechend ein Dienstleister und ein **Unternehmer** ist. Für eine erfolgreiche Kanzleigründung, wie übrigens für die Gründung jedes Unternehmens, spielen unternehmerische Fähigkeiten und nicht zuletzt ein **unternehmerischer Geist** eine wichtige Rolle. In diesem Sinne wird der Kanzleigründer wahrscheinlich leichter verstehen, was die Führung eines Unternehmens bedeutet, wenn er selbst aus einer Familie von „Unternehmern" bzw. Selbständigen stammt und somit die Facetten des Lebens eines Unternehmers erfahren und vor allem erleben durfte. 10

Was macht den unternehmerischen Geist aus? 11

- **Sie wissen, Risiken mit Distanz zu betrachten und mit ihnen zu leben**

Der Anwalt als Unternehmer hat kein gesichertes – geschweige denn regelmäßiges – Einkommen. Vor ihm stehen nur Chancen, die er optimal nutzen sollte.

- **Sie können und wollen akquisitorisch tätig sein**

Bekanntlich sind die Zeiten, in denen das bloße Anbringen eines Kanzleischildes an der Tür und der Eintritt in einen Verein ausreichende „Bemühungen" darstellten, um seine Existenz als Rechtsanwalt aufzubauen, seit langem vorüber.

- **Sie sind kreativ und planen gern**

Die Gründung einer Kanzlei erfordert ein wettbewerbsfähiges, individuelles Konzept und keine Kopie von am Markt bereits vorhandenen Beratungsangeboten.

b) Juristische Fähigkeiten. Wie schon angedeutet, erfordert die Gründung der eigenen Kanzlei **hohe Kompetenz**, um erfolgversprechend zu sein. An erster Stelle geht es für eine Rechtsanwaltskanzlei natürlich um Kompetenzen **als Rechtsanwalt und als Jurist.** Was spricht für das Vorhandensein einer anwaltlichen und juristischen hohen Kompetenz? 12

- **Sie haben bereits vor dem Berufsstart Erfahrungen in der anwaltlichen Tätigkeit gesammelt.** 13

Das typische Manko des Berufsanfängers besteht darin, daß er während seiner Ausbildung eher auf die richterliche Tätigkeit vorbereitet wurde als auf die anderen Rechtsberufe, obwohl nur noch verhältnismäßig wenige Juristen nach ihrer Ausbildung die Richterlaufbahn einschlagen (können). Zwar bescheinigt das Zeugnis über das Bestehen des zweiten Staatsexamens die Befähigung zur Ausübung aller juristischen Berufe, die Praxis zeigt aber, daß die jungen Juristen trotz langer Ausbildung auf keinen juristischen Beruf hinreichend vorbereitet sind. Vor allem sind die in den Anwaltsberuf drängenden Juristen meist nicht befähigt, den Anwaltsberuf selbständig auszuüben.[5] Viele von ihnen müssen am Anfang ihrer anwaltlichen Karriere mit Schrecken feststellen, daß sie rechtlich korrekte Urteile schreiben können, aber kaum in der Lage sind, Schriftsätze aus Sicht einer Prozeßpartei zu fertigen.

14 Bessere Aussichten für den Start in die selbständige Tätigkeit als Rechtsanwalt bestehen zweifellos für den Assessor, der während seiner Referendartätigkeit (Pflicht- und Wahlstationen in Anwaltskanzleien) und darüber hinaus als juristische Hilfskraft oder freier Mitarbeiter – schon während des Studiums und/oder Referendariats – einen breiteren Einblick in die anwaltliche Tätigkeit gewinnen konnte.

15 • **Sie haben in den ersten Berufsjahren Erfahrungen in der anwaltlichen Tätigkeit gesammelt.**

Eine von vielen Anwälten gewählte Alternative, oder besser: ein ergänzender Weg besteht darin, in den ersten Jahren den Beruf als **angestellter Rechtsanwalt** auszuüben. Sicherlich kann man auf diesem Weg viele Kenntnisse und Erfahrungen in der Berufspraxis sammeln und gleichzeitig die Sicherheit eines regelmäßigen Einkommens genießen.

16 Häufig als Lösung in der Not, aber u. E. noch sinnvoller als die vorherige Tätigkeit als angestellter Rechtsanwalt, ist das Erlernen und Ausüben des Anwaltsberufs als **freier Mitarbeiter**. Auf diese Weise werden nicht nur praktische Erfahrungen für die rein **anwaltliche Tätigkeit** erworben, sondern der freie Mitarbeiter befindet sich in einer beruflichen Position, in der er selbst **Unternehmer** ist. Seit dem Inkrafttreten des sog. Gesetzes zur Bekämpfung der Scheinselbständigkeit, das sich in Wirklichkeit häufig als „Gesetz zur Bekämpfung der Selbständigen" darstellen dürfte, am 1. 1. 1999 ist eine echte freie Mitarbeit allerdings nur noch in Ausnahmefällen möglich.

17 Der freie Mitarbeiter ist weisungsungebunden. Er ist selbständiger Anwalt, der Mandate unter Erstellung eigener Rechnungen bearbeitet. Für die ihn beschäftigenden Anwälte fertigt er Gutachten auf Honorarbasis oder übernimmt die Bearbeitung von Akten auf der Grundlage einer Beteiligung am eigenen (d. h. selbst erwirtschafteten) Umsatz. So stellt der freie Mitarbeiter den beschäftigenden Anwälten seine Tätigkeit netto zuzüglich Umsatzsteuer in Rechnung. Er muß seine Tätigkeit beim Finanzamt anmelden, ist vorsteuerabzugsberechtigt und muß eine eigene Einnahme-/Überschußrechnung erstellen. Entscheidet er sich später für eine Kanzleigründung, gilt im Grundsatz in betriebswirtschaftlicher und steuerlicher Hinsicht nichts anderes. Er war vorher als selbständiger Anwalt tätig und ist jetzt ebenfalls selbständig. Neu ist nur, daß er diese Selbständigkeit nunmehr im Rahmen eines eigenen Büros ausübt. Es kommen freilich bei der Führung einer eigenen Anwaltskanzlei weitere – vorher vielleicht nicht in vollem Umfang ausgeübte – bedeutsame Aspekte hinzu, wie beispielsweise die Personalführung und -verwaltung oder die Investitionsplanungen. Der Wechsel ist jedoch weniger problematisch als der Schritt von der unselbständigen Beschäftigung in die Kanzleigründung.

18 • **Sie haben Interesse und vertiefte Kenntnisse speziell in einigen Fachgebieten entwikkeln können.**

Es genügt nicht (mehr), als Allgemeinanwalt alles ein bißchen und nichts richtig zu können, wenn man eine Kanzlei gründen möchte. Allein „Rechtsanwalt" zu sein, ist kein profiliertes Dienstleistungsangebot, durch das sich ein junger Anwalt von der Konkurrenz

[5] *Stobbe/Hommerich*, in: DAV-Ratgeber, S. 189, 191.

abheben könnte. Sie sollten daher schon frühzeitig Interessenschwerpunkte und dementsprechend auch Rechtskenntnisse entwickelt haben, die es Ihnen ab der Gründung erlauben, dem rechtsuchenden Publikum ein **besonderes und charakteristisches Dienstleistungsangebot** zu machen.

3. Keine Gründung ohne Konzept

Bei noch so guten juristischen und unternehmerischen Fähigkeiten kann sich der Kanzleigründer mit seiner neuen Kanzlei am Markt nur durchsetzen, wenn er sich bei der Vorbereitung auf die Kanzleieröffnung der Mühe unterzogen hat, u. a. die Marktbedürfnisse zu identifizieren, und wenn er anschließend ein Konzept für sein Vorhaben zu Papier gebracht hat. 19

So ist der Rechtsanwalt in der Phase der Neugründung seines Anwaltsbüros erfahrungsgemäß mit mindestens **drei Grundproblemen** konfrontiert:[6] 20

- Problem einer rationalen Standortwahl und der hiermit verbundenen Investitionsentscheidungen.
- Problem des Aufbaus eines Mandantenstammes.
- Problem der Überwindung einer wirtschaftlichen Durststrecke in den ersten Jahren der Selbständigkeit.

Allein diese unvermeidbaren Schwierigkeiten der Kanzleigründung müßten den gründungsbereiten Anwalt von der Notwendigkeit eines Konzepts, das eine **kurzfristige, mittelfristige und langfristige Planung** der Kanzlei enthält, überzeugen. Die Planung der Kanzlei liefert in ihren Ergebnissen Entscheidungen und Lösungsansätze unter anderem hinsichtlich der angesprochenen zentralen Fragen **Standortwahl, Aufbau eines Mandantenstammes** und **Finanzierung** (siehe unten Rn. 152, 167 und 234). Das für die Gründung einer Kanzlei erforderliche **Konzept** kann nur anhand eines systematischen Vorgehens entstehen. 21

III. Erstellung eines Konzepts für die Kanzleigründung

1. Analogie zur Seefahrt

Der Gründer einer Rechtsanwaltskanzlei hat mindestens eines mit dem Schiffskapitän gemeinsam: Beide haben – verständlicherweise – den Wunsch, das Abenteuer der vor ihnen liegenden Reise möglichst risikoarm zu halten. 22

Um die Risiken bei der Reise zu minimieren, gilt es für den Kapitän: 23

- Vor der Abfahrt die **Schiffsinspektion** durchzuführen und die **See- und Wetterlage** zu checken,
- dann – anhand der gewonnenen Informationen – den **Kurs festzulegen und zu steuern**,
- anschließend den richtigen **Kurs zu halten**.

Die Gründung einer Anwaltskanzlei erfordert eine ähnliche Vorgehensweise. Für den Kanzleigründer sind drei Grundschritte geboten: 24

- Eine **Analyse** des Ist-Zustandes,
- dann die eigentliche **Planung** der Kanzlei,
- anschließend das sogenannte **Controlling**.

Die Ähnlichkeit der abstrakten Schritte der Kanzleigründung mit der Lebenserfahrung des Kapitäns soll anhand der folgenden Abbildung und der anschließenden Erläuterungen (s. u. Rdn. 26ff.) verständlich gemacht werden. 25

[6] *Stobbe/Hommerich*, in: DAV-Ratgeber, S. 189, 193f.

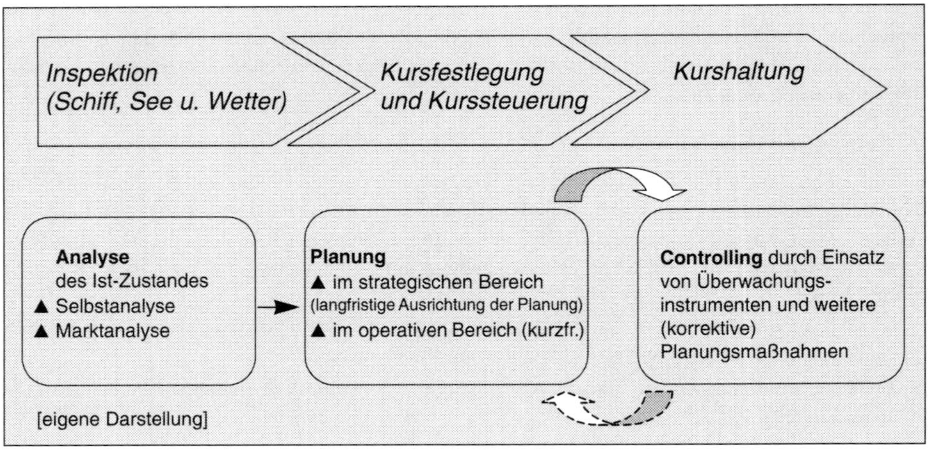

Abbildung 1: Die wichtigsten Schritte bei der Kanzleigründung

2. Gang der Darstellung

26 Die folgenden Ausführungen bieten durch die Analogie mit der Seewelt einen Überblick über den weiteren Gang der Darstellung. Die Abbildung 2, auf die im Folgenden zum besseren Verständnis ständig verwiesen wird, ist bei Rn. 36 abgedruckt.

27 **a) Schiffsinspektion, Wetter- und Seelage.** Zur Vorbereitung der Gründung gilt es, zunächst eine **Analyse** des Ist-Zustandes durchzuführen. Die bei der Kanzleigründung entscheidende Etappe der Analyse erfordert einen „Blick nach innen" und einen „Blick nach außen".

28 – Der „Blick nach innen" erfolgt durch eine möglichst **kritische** Betrachtung der persönlichen Fähigkeiten, die ein wirklichkeitsgetreues Bild der eigenen Stärken und Schwächen liefern soll. Ziele dieser **Selbstanalyse** sind
  - die Wahrnehmung von **Schwächen**, um sie beseitigen oder ausgleichen zu können;
  - das Entdecken derjenigen Stärken, die einer **überdurchschnittlichen Leistung** entsprechen und die zukünftige Kanzlei für das rechtsuchende Publikum attraktiv – bzw. attraktiver als die direkte Konkurrenz – machen können (Ausarbeitung von sogenannten **Wettbewerbsvorteilen**).

29 – Der „Blick nach außen" führt zu einer sorgfältigen und gezielten Analyse des Marktes mit zwei Hauptzielen:
  - Hinsichtlich des anvisierten (Teil-)Marktes ein möglichst genaues Bild der **Nachfrage** und des **direkten Wettbewerbsumfeldes** zu liefern;
  - ergänzend die Ermittlung und Einschätzung der allgemeinen Trends, die den Markt (also die Nachfrage, die Wettbewerbssituation und die Leistung der eigenen Kanzlei) beeinflussen oder in Zukunft beeinflussen könnten (**erweiterte Analyse des Marktes**).

30 Über die Kenntnis des Marktes hinaus gehört zum Endziel der Marktanalyse das Einschätzen von **Marktbedürfnissen** und möglichst das Aufdecken von **Marktlücken.**

b) Kursfestlegung und -steuerung. Mit dem Begriff **Planung** ist ein gestaltendes Denken für die Zukunft gemeint.[7] Die Planung der Kanzlei gibt einerseits die Richtung vor, die die Kanzlei anstrebt (Kursfestlegung oder sog. „strategische Planung"), andererseits bestimmt sie in ihren Einzelheiten die Handlungsweise, die dem Erreichen der Ziele dienen soll (Kurssteuerung oder sog. „operative Planung"). 31

Zuerst geht es bei der Planung einer Kanzleigründung um **strategische** Aspekte, also um die Bestimmung der persönlichen Ziele des Gründers sowie der **obersten Kanzleiziele** und Charakteristika der Kanzlei (**Kanzleiprofil, Standortwahl**). Strategische Entscheidungen bedeuten eine **langfristige Planung** der Kanzlei (Zeitraum über fünf Jahre). Sie stellt einen entscheidenden Aspekt der Unternehmensführung dar. Dieser Aspekt wird erfahrungsgemäß in vielen Rechtsanwaltskanzleien – wahrscheinlich aus Tradition im freiberuflichen Bereich – gar nicht thematisiert, womit allerdings auf längere Sicht erhebliche Risiken verbunden sind. Bei einem sich schnell verändernden Markt wird sie sogar für das langfristige Überleben am Markt unabdingbar. Diese bittere Erfahrung muß z. B. eine zunehmende Zahl von „Feld-Wald-und-Wiesen"-Rechtsanwälten und Einzelkämpfern zugleich machen, die sich unversehens nach zwanzig Jahren der Selbständigkeit mit existentiellen Liquiditätsproblemen konfrontiert sehen. 32

Auf der Grundlage der strategischen Entscheidungen wird im Rahmen der **operativen** Planung ein detaillierter Aktionsplan erstellt. Gegenstand der operativen Planung ist folglich die Umsetzung der strategischen Ziele **durch Maßnahmen und Handlungsanweisungen**. Während die Zielsetzungen der strategischen Planung die angestrebte Entwicklungsrichtung liefern und dementsprechend relativ abstrakt gehalten werden (müssen), werden die operativen Maßnahmen konkret formuliert. Eine entscheidende Bedeutung bei der Kanzleigründung kommt zum einen der Planung der **Marketing-Aspekte** (Mandantenakquisition, Instrumente des Marketing-Mix sowie das sogenannte interne Marketing), zum anderen **betriebswirtschaftlichen** Aspekten (einmalige Investitionen, laufende Kosten, Umsatz, Gewinn usw.) zu. Darüber hinaus sind weitere Bereiche des Kanzleimanagements – beispielsweise das Personal und die Organisation – zu planen. Abschließend muß im Rahmen der operativen Planung noch die Umsetzung anhand eines **Zeit- und Aktionsplanes** vorbereitet werden. 33

c) Kurshaltung. Schließlich muß eine Kontrolle erfolgen, ob der richtige Kurs tatsächlich gehalten wird und ob (und inwieweit) die Vorgaben erreicht werden konnten, damit ggfs. notwendige Anpassungsmaßnahmen unternommen werden. Dies ist Aufgabe des **Controlling**. Die Kontrolle setzt die umfangreiche Planungstätigkeit bei der Kanzleigründung in einer regelmäßigen **Überwachungstätigkeit** fort, die selbst Anlaß für eine kontinuierliche Planung zur ständigen Verbesserung der Leistung ist. 34

Das im Folgenden abgebildete Modell gibt Anregungen dafür, wie das Vorhaben einer Kanzleigründung in den einzelnen Schritten in Angriff genommen werden kann. 35

[7] *Meffert*, Marketing-Management, 1997, S. 36.

36

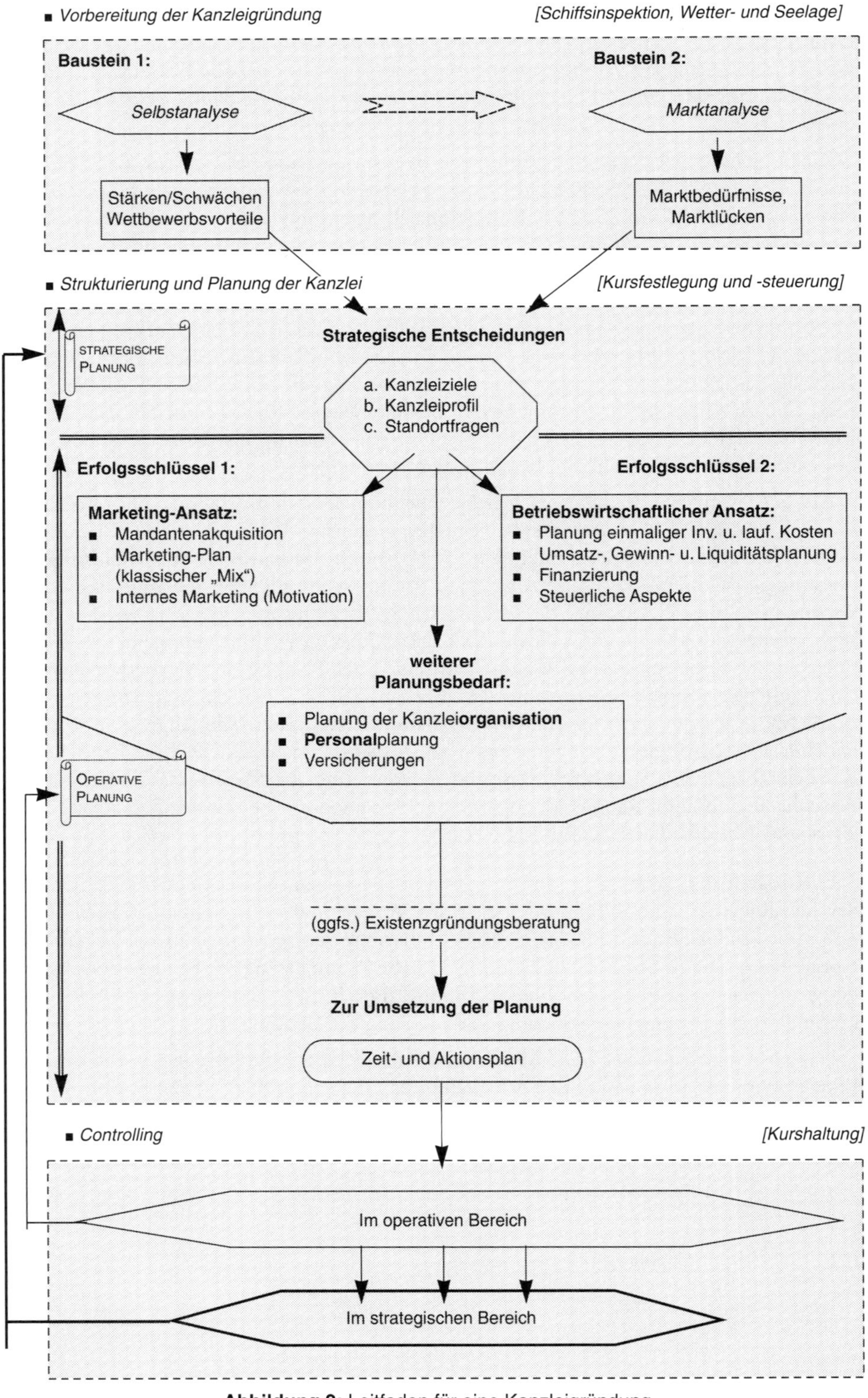

Abbildung 2: Leitfaden für eine Kanzleigründung

B. Vorbereitung der Kanzleigründung

I. Baustein 1: Analyse der eigenen Ressourcen (Selbstanalyse)

Wenn Sie eine Anwaltskanzlei eröffnen wollen, stehen Sie zunächst einmal vor der Aufgabe, eine Analyse Ihrer eigenen Ressourcen durchzuführen. Dabei empfiehlt es sich, entscheidende Aspekte zu überprüfen, wie: Ihre **unternehmerischen und menschlichen** Fähigkeiten, sowie Ihre Neigung einerseits zum **Anwaltsberuf**, andererseits zur **Selbständigkeit.** Weitere Aspekte wie zum Beispiel **finanzielle und zeitliche Ressourcen** können ebenfalls entscheidende Auswirkungen auf den Erfolg Ihrer Unternehmung haben und dürfen daher in der Selbstanalyse nicht fehlen. 37

Eine solche Selbstanalyse können Sie anhand der für Sie im Folgenden erstellten Check-Listen vornehmen. Sind Sie in der Lage, Ihre persönlichen **Stärken und Schwächen** aufzulisten? Um Ihr eigenes Profil zu ermitteln, sollten Sie dabei anfangen, unbefangen Ihre Ihnen bekannten drei Hauptstärken sowie -schwächen aufzuschreiben. Darüber hinaus lohnt es sich, eine systematische Überprüfung Ihrer Fähigkeiten und Ressourcen vorzunehmen. 38

1. Unternehmerisches Profil, persönliche Fähigkeiten und Eigenschaften

39

- ☐ Bin ich kreativ?
- ☐ Kann ich selbständig arbeiten?
- ☐ Kann ich selbständig entscheiden?
- ☐ Verfüge ich über Organisationstalent?
- ☐ Kann ich Menschen begeistern?
- ☐ Bin ich optimistisch und ausdauernd?
- ☐ Habe ich die Kraft und die Nerven, mich dem harten Wettbewerbsdruck in der freien Wirtschaft zu stellen?
- ☐ Bin ich eigentlich der Typ, der sich anderen gegenüber durchsetzen kann?
- ☐ Wie groß ist mein Sicherheitsbedürfnis, oder umgekehrt formuliert, wie hoch ist meine Risikobereitschaft?
- ☐ Verfüge ich über betriebswirtschaftliche Grundkenntnisse (z. B. Buchführung, Steuern, Personalwesen, Marketing...), die für die Führung einer Anwaltskanzlei notwendig sind?
- ☐ Habe ich die Fähigkeit, Chancen zu sehen und für mich zu nutzen?

Wenn Sie einige der Fragen und insbesondere die zuletzt genannte positiv beantworten konnten, ist das für Sie als Unternehmensgründer schon sehr viel wert. Selbständig sein bedeutet auch kämpfen! Um jedes Mandat werden Sie sich als Selbständiger bemühen müssen. Das bedeutet nicht nur, Werbemaßnahmen sinnvoll auszuwählen und zu planen. Hierzu gehört vielmehr auch – entsprechend Ihren definierten Zielgruppen und Tätigkeitsgebieten –, in vielen Situationen des Lebens und insbesondere im geschäftlichen Alltag geschickt und wirksam **akquisitorisch tätig** zu sein. 40

Für Sie als Kanzleigründer geht es darum, ständig Opportunitäten als solche zu erkennen und zu ergreifen: neue Markttendenzen, Kooperationsangebote, Marktlücken, Ausschreibungen, individuelle Beziehungen, die – nicht immer offensichtliche – große Potentiale beinhalten und/oder zu interessanten Mandaten entwickelt werden können. 41

Zeitungen und Fachzeitschriften sind für diesen Zweck gute Informationsquellen. Auch nach Kanzleieröffnung muß die Zeit für eine regelmäßige „Revue de Presse“ vorhanden sein, und zwar nicht nur zur fachlichen Fortbildung: Ein trainierter Blick in die Tageszeitung verrät schon viel über den Markt (Stellenmarkt, Bedarf der Rechtsuchenden, Präsenz der Mitbewerber durch Werbemaßnahmen, Pressearbeit usw.). Zudem kann er für den 42 kreativen Selbständigen zu einer reichen **Quelle für neue Ideen** werden: Von neuen Technologien bis hin zur Ansammlung von Erfahrungen und Erfolgskonzepten in anderen Branchen (Stichwort: Benchmarking).

43 Nicht nur betriebswirtschaftliche Grundkenntnisse, sondern auch eine sinnvolle und effiziente **Informationsbeschaffung** zu Zwecken der Marktbeobachtung und der Anregung der eigenen Kreativität können somit für den Aufbau einer erfolgreichen Kanzlei von großem Nutzen sein.

2. Persönliche und fachliche Eignung zum Anwaltsberuf

a) Machen Sie sich ein Bild von Ihren Fähigkeiten, den Anwaltsberuf erfolgreich auszuüben

44
- ☐ Wie gut kann ich zuhören?
- ☐ Wie offen kann ich auf Leute zugehen? Oder bin ich eher ein zurückhaltender Typ?
- ☐ Wie gut kann ich Vertrauen erwecken? Verfüge ich in der Regel über ein (selbst-)sicheres und vertrauenerweckendes Auftreten?
- ☐ Wie gut kann ich Gedanken klar (und auch für Laien verständlich) in Wort und Schrift umsetzen?
- ☐ Wie schätze ich meine Durchsetzungsfähigkeit ein?
- ☐ Wie gut kann ich mich für die Interessen eines anderen einsetzen?
- ☐ Wie groß ist mein Verhandlungsgeschick?

b) Wie beurteilen Sie Ihre juristischen Fähigkeiten?

45
- ☐ Habe ich in bestimmten Rechtsgebieten (aus der Referendarzeit oder aus ersten Berufserfahrungen) **praktische Erfahrungen** und/oder
- ☐ habe ich in bestimmten Rechtsgebieten **überdurchschnittliche Kenntnisse** sammeln können?

46 Unter den Einflußfaktoren, die für den wirtschaftlichen Erfolg neu gegründeter Anwaltskanzleien in empirischen Studien als entscheidend bewertet wurden, kommt der **individuellen Qualifikation der Gründer** eine besondere Bedeutung zu. Insbesondere wurde festgestellt, daß das Examensergebnis (gegebenenfalls mit anschließender Promotion), Auslandserfahrungen oder Berufserfahrungen vor Gründung des eigenen Büros die Umsatzhöhe eindeutig und signifikant positiv beeinflussen.[8] Derartige Untersuchungsergebnisse sind nicht in jedem Einzelfall aussagekräftig. Sie können jedoch als Orientierungsmaßstab dienen.

3. Finanzielle Ressourcen

47 Fragen, die Sie sich in diesem Zusammenhang stellen sollten:

- ☐ Über welche Summe verfüge ich persönlich für die Kanzleigründung (eigene finanzielle Mittel)?
- ☐ Sind ausreichende Geldmittel vorhanden, um einige Zeit (z. B. mindestens zwölf Monate) davon leben zu können?
- ☐ Bin ich von Anfang an auf die Einkünfte aus der Kanzleitätigkeit angewiesen?
- ☐ Wie hoch sind meine monatlichen privaten Ausgaben?
- ☐ Läßt sich daran etwas einsparen oder kürzen?
- ☐ Wie lange kann ich nach den geplanten Investitionen und angesichts der monatlichen Betriebskosten und Kosten meines Privatlebens ohne Einnahmen durchhalten?
- ☐ Sind Zuschüsse und/oder Darlehn von seiten der Familie zu erwarten?

[8] *Stobbe/Hommerich*, DAV-Ratgeber, S. 196.

Das Problem der Überwindung einer **wirtschaftlichen Durststrecke** wurde bereits (oben Rdn. 21) als eines der Grundprobleme bezeichnet, mit denen Rechtsanwälte in der Phase der Neugründung ihres Anwaltsbüros konfrontiert werden. In der Tat dürfte der Aufbau einer Anwaltskanzlei im Durchschnitt drei bis sechs Jahre dauern. *Stobbe/Hommerich*[9] berichten über im Durchschnitt kontinuierliche Umsatzsteigerungen während der ersten fünf Jahre. Nach diesem Zeitraum konnten die befragten Kanzleigründer im Regelfall ihre Existenz aus der anwaltlichen Tätigkeit sichern. Das heißt: Spätestens nach diesem Zeitraum ist davon auszugehen, daß die Kanzlei in die Gewinnzone kommt. **48**

Die Durchschnittsangabe von drei bis sechs Jahren ist allerdings aus zwei Gründen nicht als Naturgesetz zu verstehen: Einerseits weil sie empirischen Untersuchungsergebnissen entspricht, die bereits über zehn Jahre zurückliegen, andererseits weil es sich um eine Durchschnittsangabe handelt. Schnellere Berufserfolge sind insbesondere bei gefragter Spezialisierung oder bei einschlägigen beruflichen Vorerfahrungen nicht auszuschließen.[10] **49**

Sollte – wie im Regelfall – eine **Fremdfinanzierung** erforderlich sein, gibt es für junge Unternehmer mehrere Möglichkeiten, Darlehen und Finanzierungshilfen zu erhalten (Überblick und weitere Hinweise unten zu Rdn. 309). Aber auch bei dem Weg der Fremdfinanzierung ist eine gewisse Menge an „Eigenkapital" oder Sicherheiten nicht nur wünschenswert, sondern schlichtweg notwendig, um Kredite zu bekommen. So bleibt die Frage offen, über welche eigenen finanziellen Mittel man selbst verfügt oder sich (z. B. aus dem Kreis der Familie) beschaffen kann. **50**

4. Zeitliche Ressourcen, Einstellung der Familie

51

- ☐ Bin ich bereit, Arbeit zu Lasten meiner Freizeit zu erbringen, ohne daß ein Mehrverdienst gesichert ist?
- ☐ Wie steht mein(e) (Ehe-)Partner(-in)/meine Familie zu der Absicht, mich selbständig zu machen?

Als Unternehmer werden Sie mit hoher Wahrscheinlichkeit weniger Freizeit als ein angestellter Rechtsanwalt haben. Dies betrifft zunächst Ihre Bereitschaft, auf **Freizeit** zu verzichten, es betrifft aber in vergleichbarer Weise die Personen aus Ihrer direkten Umgebung. Wollen Sie sich als Junggeselle für die Selbständigkeit entscheiden, erübrigt sich die Frage der Einstellung der Familie weitgehend. Sie können über die Frage Ihrer zeitlichen Ressourcen selbst und allein entscheiden. Haben Sie aber eine Familie, müssen Sie bedenken, daß auch sie unter der Arbeitsbelastung und der verkürzten Freizeit leiden wird. Vieles wird nach der Kanzleieröffnung hinter den geschäftlichen Aktivitäten zurückstehen, oft eben gerade die Familie. **52**

5. Gesundheitliche Ressourcen

Schließlich sollten Sie sich ein ehrliches Bild von Ihrer **Widerstandskraft** machen. Denn eine Selbständigkeit aufzubauen, bedeutet unvermeidlich viel persönlichen Einsatz und nicht selten Streß. **53**

---

[9] *Stobbe/Hommerich*, DAV-Ratgeber, S. 189, 195; Einzelheiten über Umsätze bei *Hommerich*, Die Anwaltschaft unter Expansionsdruck, S. 96ff.

[10] Siehe auch *Stobbe/Hommerich*, in: DAV-Ratgeber, S. 193f.

Insbesondere folgende Fragen sollten sorgfältig bedacht werden:

54
- ☐ Verfüge ich über eine solide Gesundheit?
- ☐ Wie belastbar bin ich? Bin ich seelisch, geistig und körperlich in der Lage, erhebliche zusätzliche Belastungen auf mich zu nehmen?

6. Zum Abschluß der Selbstanalyse: Von der Identifikation persönlicher Stärken zur Ausarbeitung von Wettbewerbsvorteilen

55 Die oben zu 1 bis 5 aufgeführten Fragenkataloge sind keineswegs vollständig und können selbstverständlich beliebig erweitert werden. Wichtig ist, daß Sie Ihre **Stärken und Schwächen identifizieren** und insbesondere Ihr unternehmerisches Potential ermitteln. Eine systematische und ehrliche Selbstanalyse in diesem Stadium soll es Ihnen ermöglichen, Ihre Fähigkeiten und Ihren Willen, eine Anwaltskanzlei zu gründen und zu führen, zu testen, bevor Sie Ihre Zeit und Ihre Energie in weitere Planungsaktivitäten investieren.

56 Die Entscheidung für oder gegen die Selbständigkeit mag für einige aus den unterschiedlichsten Gründen (z. B. Sicherheitsbedarf, Familie, finanzielle Ressourcen) schwerfallen. Deshalb ist ein erster wichtiger Schritt getan, wenn man sich mit Überzeugung für den Anwaltsberuf und die Selbständigkeit entschieden hat. Damit Sie mit dem zweiten Schritt der Planung der Kanzlei – von der Grundidee bis zu den Einzelheiten – anfangen können, müssen Sie aus der Analyse Ihrer Stärken **Wettbewerbsvorteile** ableiten.

57 Diese seit langer Zeit erprobte Erkenntnis der Marketingwissenschaft[11] gilt auch für den Rechtsanwalt, zumal die Wettbewerbsintensität auf dem Rechtsberatungsmarkt eine steigende Tendenz aufweist. Wenn Sie anhand der Ergebnisse Ihrer Selbstanalyse in der Lage sind, einige Ihrer Stärken zu nennen, von denen Sie behaupten können, sie ermöglichen eine überdurchschnittliche Leistung, dann sind Sie auf dem richtigen Weg. Denn als Wettbewerbsvorteil gilt eine Leistung, der ein höherer Wert beigemessen wird als derjenigen der Mitbewerber.[12]

58 In der heutigen Marktsituation muß die neu eröffnete Kanzlei ein Dienstleistungsangebot machen, das sich im Vergleich zu der Leistung der schon etablierten Kanzleien deutlich von dem Durchschnitt abhebt, um einen Teil des Marktes zu erobern. Bekanntlich wird das Wort **Vertrauen** von dem potentiellen Mandanten, der einen Rechtsanwalt sucht, groß geschrieben. Daraus folgt, daß die Erfahrung und der Ruf des Rechtsanwalts in seinen Augen eine entscheidende Rolle spielen. Etablierte Kanzleien, die über Jahre ihren Ruf aufbauen konnten, genießen aus diesem Grund im Vergleich zu der neu eröffneten Kanzlei einen nicht zu unterschätzenden Wettbewerbsvorteil.

59 Also: Warum sollte der Rechtsuchende gerade zu Ihnen kommen? Weil Sie überdurchschnittliche Kompetenzen besitzen, wie beispielsweise:

- Sie haben Branchen- oder Sprachkenntnisse, die Sie möglicherweise für eine bestimmte Klientel interessant machen.
- Sie kommen aus einer Familie, die in der Region bekannt ist („Anwalts- oder sonstige Unternehmerdynastie“).
- Sie haben juristische Spezialkenntnisse/Sie haben sich vertieft mit einem Rechtsgebiet vertraut gemacht.
- Sie haben Zusatzqualifikationen erworben (z. B. Fachanwaltschaft, Doktortitel, LLM, Zulassung als Attorney at law, avocat usw.).
- Sie sind wissenschaftlich tätig und konnten in ihrem Veröffentlichungsgebiet einen Ruf aufbauen.

---

11 Vgl. z. B. *Meffert*, Marketing-Management, S. 20.

12 *Meffert*, Marketing-Management, S. 51.

60 Können Sie in Ihren Fähigkeiten und gesammelten Erfahrungen überdurchschnittliche Kompetenzen erkennen, so verfügen Sie über Wettbewerbsvorteile, die ein großes Potential für Ihre Unternehmung darstellen. Allerdings garantiert das bloße **Potential** keinen Erfolg; es muß damit geworben werden. Entscheidend können überdurchschnittliche Kompetenzen nur sein, wenn das rechtsuchende Publikum – und insbesondere Ihre Zielmandanten – davon erfahren. Bei Titeln, die Sie bei Ihrem Namen führen (Doktor, LLM usw.), geht dies von allein. Haben Sie aber besondere Sprach-, Branchenkenntnisse oder haben Sie schon Veröffentlichungen vorzuweisen, dann müssen Sie dafür sorgen, daß Ihre potentiellen Mandanten davon Kenntnis erhalten. Unter anderem PR- und Werbemaßnahmen bieten hierfür Möglichkeiten (zum Thema Werbe- und PR-Maßnahmen als Bestandteile des Marketingplans unten Rn. 187).

II. Baustein 2: Marktanalyse

1. Eingrenzung des Analysebereichs auf ein Marktsegment

61 Nach der Selbstanalyse haben Sie eine konkrete Vorstellung von Ihren persönlichen Fähigkeiten und können jetzt den Markt analysieren. Drei Schlüsselfragen sind zu beantworten, um den Bereich Ihrer Untersuchung einzugrenzen, und zwar:

- **Stadt/Region**, in der Sie beabsichtigen, sich niederzulassen (geographische Abgrenzung)?
- **Rechtsgebiet(e)**, in dem/denen Sie tätig werden möchten?
- **Mandanten-Zielgruppe(n)**, die Sie ansprechen möchten?

Durch diese Abgrenzungen definieren Sie ein **Marktsegment**, von dem Sie meinen, daß es sich lohnt, es näher zu untersuchen.

62 Zu einer breit und allgemein gehaltenen Marktanalyse kann man für die Gründung einer Rechtsanwaltskanzlei aus zwei Gründen kaum raten:

- Erstens, weil der Rechtsberatungsmarkt (sowohl seitens der Anbieter – insbesondere der Rechtsanwälte, aber zum Teil auch anderer beratender Berufe – als auch seitens der Nachfrager – der Rechtsuchenden –) zu **uneinheitlich** ist. Dies ist darauf zurückzuführen, daß sich die Vielschichtigkeit der Lebensbereiche und -bedürfnisse in rechtlichen Problemen widerspiegelt. Dementsprechend fällt der Rechtsberatungsbedarf der Nachfrager anwaltlicher Dienstleistungen in hohem Maße unterschiedlich aus.[13] Daraus folgt, daß eine umfassende Analyse des gesamten Marktes auf der individuellen Ebene (also z. B. für einen Rechtsanwalt) zu kosten- und zeitaufwendig wäre.
- Zweitens, weil es Sie viel weiter bringt, wenn Sie **gezielt** und eingehend nur einen **Teil** des Marktes untersuchen. Wenn Sie abschließend zu dem Ergebnis kommen sollten, daß der bisher anvisierte Teilmarkt keine ausreichenden Eintritts- und Erfolgschancen bietet, dann können Sie sich einem anderen Teilmarkt zuwenden.

2. Inhalt der Marktanalyse

63 Die **Marktanalyse** ist nichts anderes als die Beschaffung und Aufbereitung von Informationen, die die Struktur des anvisierten Marktes zu einem bestimmten Zeitpunkt transparenter machen sollen. Sie dient der Feststellung des tatsächlich vorhandenen und potentiellen Bedarfs – hier – der Abnehmer anwaltlicher Dienstleistung.[14]

[13] Siehe *Schiefer/Hocke*, Marketing für Rechtsanwälte, 1996, S. 43 f.

[14] Zum Thema Marktanalyse: *Lettau*, Grundwissen Marketing, 1989, S. 42 ff.; *Schiefer/Hocke*, Marketing für Rechtsanwälte, 1996, S. 35.

64 Bei der Marktanalyse sind die **Nachfrager** (Ihre potentiellen Mandanten) und die **Anbieter** am Markt der von Ihnen geplanten Leistung (Tätigkeitsgebiete) zu untersuchen. Dies können Sie beispielsweise anhand folgender Indikatoren vornehmen:[15]

65 **a) Nachfrage.** Zuerst gilt es, die Bedürfnisse der Rechtsuchenden auf dem von Ihnen anvisierten Teilmarkt zu untersuchen.

66 • **Indikatoren zum Marktpotential**

- ☐ Wie ist das **Nachfragepotential** hinsichtlich der von Ihnen anvisierten Tätigkeitsgebiete?
- ☐ Wie ist der **gegenwärtige** Rechtsberatungsbedarf?
- ☐ Wie groß ist der erwartete **zukünftige** Rechtsberatungsbedarf?
- ☐ Ist der Bedarf auf dem von Ihnen anvisierten Marktsegment stabil oder starken **Schwankungen** ausgesetzt?

67 • **Indikatoren zum „Kaufverhalten" der potentiellen Mandanten bei der Inanspruchnahme Ihrer anvisierten Leistung**

- ☐ **Welche Kriterien** berücksichtigen die Mandanten für die **Wahl ihres Anwalts**?
- ☐ Variation: Was ist den potentiellen Mandanten wichtig bei der Inanspruchnahme Ihrer beabsichtigten Leistung?
- ☐ Welche **Motive** bringen den potentiellen Mandanten dazu, einen Anwalt in den Rechtsgebieten zu beauftragen, die Sie anvisieren?
- ☐ **Welche Informationsquellen** benutzen die potentiellen Mandanten?

Die Beantwortung der zuletzt genannten Frage wird Ihnen auch später helfen, für Sie erfolgversprechende Medien zur Plazierung Ihrer Werbung zu finden.

68 • **Wenn Sie eher eine private Klientel anvisieren** (z. B. wenn Sie im Familienrecht tätig werden möchten):

Bevölkerungsstruktur in dem Einzugsgebiet, insbesondere:
- ☐ Bevölkerungsdichte
- ☐ Altersstruktur
- ☐ Staatsangehörigkeiten
- ☐ Soziale Schicht und Einkommensniveau

69 • **Wenn Sie Unternehmen ansprechen wollen** (Sie interessieren sich beispielsweise für das Wettbewerbsrecht):

Wirtschaftsstruktur der am Ort und in der Region ansässigen Unternehmen, insbesondere:
- ☐ Anzahl ortsansässiger Unternehmen
- ☐ vertretene Wirtschaftsbranchen in der Region; Schwerpunkte der Region (Landwirtschaft, Industrie, Dienstleistungen)
- ☐ Wirtschaftsstruktur (Einzelhändler, Mittelstand, Großunternehmen, Handwerksbetriebe usw.)
- ☐ Größe bzw. Umsätze der ortsansässigen Unternehmen

[15] Ergänzend *Unger/Wolf*, Erfolgreiches Anwaltsmarketing, 1993, S. 45ff.; *Lettau*, Grundwissen Marketing, S. 44ff.

Entscheidend für den Erfolg Ihrer Unternehmung wird sein, daß es Ihnen gelingt, Ihr Konzept **nachfrageorientiert** aufzubauen. Was nutzt Ihnen zum Beispiel eine Spezialisierung auf einem bestimmten Rechtsgebiet, wenn sich für dieses Spezialgebiet in der vorgesehenen Region/Stadt kaum Rechtsuchende finden, denen Sie mit Ihren Fachkenntnissen dienen können?[16] Im Gegensatz zu etablierten Kanzleien sind Sie auf neue Mandanten angewiesen, die Sie nur gewinnen können, wenn Sie deren gegenwärtige und gegebenenfalls zukünftige **Bedürfnisse erkennen** und sich daran ausrichten. 70

b) Angebot (Wettbewerbsanalyse). Nach der Analyse der Nachfrage folgt die mindestens genauso wichtige Analyse des direkten Wettbewerbsumfeldes. 71

- **Zur Anwaltsdichte auf dem (anvisierten) Markt** 72

☐ **Wie viele Anwälte** sind in Ihrem Kammerbezirk und/oder an dem Ort, an dem Sie sich niederlassen möchten, tätig?

☐ Wie viele Anwaltskanzleien/Rechtsanwälte sind **auf dem beabsichtigten Teilmarkt** (auf den relevanten Rechtsgebieten und in dem Ort/in der Region) tätig?

- **Zum Kennenlernen Ihrer Hauptkonkurrenten** 73

☐ Wer sind Ihre **direkten Mitbewerber**? Alteingesessene Kanzleien, junge Rechtsanwälte? Ggfs. in welchem Verhältnis?

☐ Handelt es sich in der Regel um Einzelkämpfer, um größere Kanzleien, um interprofessionelle Sozietäten?

☐ Sind einige Kanzleien besonders gut auf dem von Ihnen angestrebten Tätigkeitsfeld und in der Region etabliert (und sollten dementsprechend besonders gut im Auge behalten werden)?

☐ Wie gehen sie am Markt vor? (Defensiv oder offensiv?)

☐ Sind offensichtliche Schwächen oder Stärken Ihrer Hauptbewerber zu erkennen?

3. Informationsquellen für die Marktanalyse

a) Quantitative Marktdaten. Bei der Durchführung der Marktanalyse werden Sie es nicht leicht haben, insbesondere an **quantitative Marktdaten** (Zahlenmaterial) zu kommen. Mögliche Quellen für Datenerhebungen sind: 74

- Veröffentlichungen der statistischen Ämter (auf Bundes- bzw. Landesebene). 75
- Veröffentlichungen der Bundesrechtsanwaltskammer (z. B. in den BRAK-Mitteilungen), der Rechtsanwaltskammern und des Deutschen Anwaltvereins.
- Verbandsinformationen (Handbuch der Verbände), Informationen von Behörden.
- Broschüren von Anwaltskanzleien (gedruckt oder im Internet).
- Medien.
- Persönliche Kontakte.

b) Qualitative Marktdaten. Qualitative Marktdaten sind in der Regel leichter zugänglich und haben ebenfalls einen hohen Informationswert. Zum Beispiel erhalten Sie aus Branchenbüchern (Gelbe Seiten, Verzeichnisse) und Zeitungen (Anzeigen, Interviews etc.) wertvolle Informationen über die **Strategie** Ihrer direkten Mitbewerber (am Markt angebotene Tätigkeitsgebiete, Breite der Angebotspalette bzw. Grad der Spezialisierung) sowie über deren **Verhalten am Markt** (aktiv/passiv?). 76

[16] Vgl. auch *Schiefer/Hocke*, Marketing für Rechtsanwälte, S. 45.

4. Analyse Ihrer zukünftigen Wettbewerbsposition

77 **a) Weiterführende Analyse der Wettbewerbsintensität und der treibenden Kräfte der Teilnehmer am Markt.**[17] Zum Schluß der Marktanalyse wird für Sie entscheidend sein, **wie attraktiv** der von Ihnen vorgesehene Teilmarkt ist. Für Sie als „Einsteiger" hängt die Attraktivität dieses Teilmarktes davon ab, wie gut Ihre Chancen sind, in dem Gebiet erfolgreich zu sein. Dies wiederum wird dadurch bedingt, **wie intensiv** der Wettbewerb auf diesem Teilmarkt ist. Die folgende Skizze in Anlehnung an *Porter* sollte Ihnen bei dieser Fragestellung helfen. Anhand dieses Leitfadens können Sie sich einen Überblick über die Akteure auf dem Markt verschaffen.

78 Sie müssen sich mit den Spielregeln, die auf dem von Ihnen anvisierten Teilmarkt gelten, vertraut machen. Ihr zukünftiges Verhalten am Markt sollten Sie nicht nur auf die etablierten konkurrierenden Anwaltskanzleien einstellen, sondern auch auf die (vorhandenen und potentiellen) weiteren Wettbewerber, die auf dem gleichen Teilmarkt aktiv sind, sowie auf die Verhandlungsmacht der Abnehmer Ihrer Dienstleistung (das rechtsuchende Publikum).

79

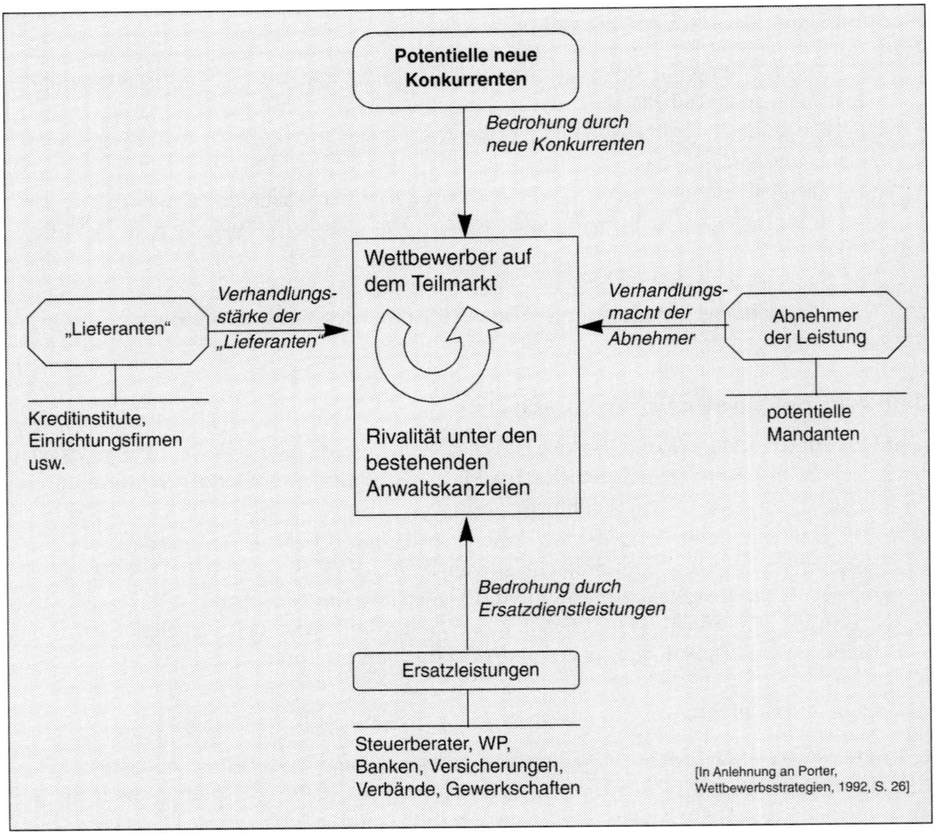

Abbildung 3: Analyse der Wettbewerbsintensität

[17] Zweck dieses Ansatzes, der seine Wurzeln in der Forschungstradition der *Industrial Organization* findet, ist es, die strukturellen Merkmale des Wettbewerbs zu analysieren. Theoretische Ausführungen bei *Porter*, The Contributions of Industrial Organization to Strategic Management, in: Academy of Management Review, Nr. 4, 1981, S. 609 ff.

• **Potentielle neue Konkurrenten** 80
Zu dieser Kategorie gehören unter anderem Sie. Sie stellen angesichts der weitgehenden Marktsättigung mit Ihrem zusätzlichen Dienstleistungsangebot für die ansässigen Kanzleien eine Bedrohung dar.

• **Rivalität unter den bestehenden Anwaltskanzleien** 81

☐ Wie viele Kollegen sind schon auf dem Gebiet tätig? Im Vergleich dazu: Wie groß ist die Nachfrage nach dieser Leistung?

• **Ersatzdienstleistungen** 82

☐ Gibt es beratende Berufe (z. B. Unternehmensberater, Steuerberater, Wirtschaftsprüfer), Verbände (Verbrauchervereine, Gewerkschaften, Arbeitgeberverband) oder Institutionen (Banken, Versicherungen), die den potentiellen Mandanten in Ihrem Spezialgebiet Ersatzleistungen zu der Beratung durch einen Rechtsanwalt anbieten?

• **Abnehmer der Dienstleistung** 83
Das sind Ihre **potentiellen Mandanten**. Je nach dem Gebiet, auf dem Sie tätig sein wollen, haben Sie verschiedene Ansprechpartner, die unterschiedliche Ansprüche und Einstellungen (z. B. zur Frage der Honorierung) haben. Der Markt hat sich geändert. Heutzutage sind Sie als Rechtsanwalt nicht mehr derjenige, der hinter seinem großen Schreibtisch Mandanten empfängt. Sie sind **Dienstleister**. Sie dürfen deswegen nicht vergessen, daß sich die Mandanten nicht mehr lebenslang an ihren Rechtsanwalt gebunden fühlen. Alternatives Beratungsangebot gibt es im Übermaß.

Das **Preis-Leistungs-Verhältnis** Ihrer Dienstleistung muß stimmen. Einige Mandanten (beispielsweise Gewerbetreibende, wenn Sie etwas im Unternehmensrecht planen) werden den Wunsch äußern, wenn Sie es nicht schon von sich aus vorschlagen, die Vergütung Ihrer Dienstleistung in Form einer Honorarvereinbarung (beispielsweise Pauschalhonorar, Zeithonorar) zu regeln (zu Honorarfragen unten Rdn. 181). Dies gilt natürlich vor allem bei Angelegenheiten mit einem hohen Streitwert, bei denen die strikte Anwendung der BRAGO zu hohen Gebühren (z. T. in einem gewissen Kontrast zu dem damit verbundenen Zeitaufwand) führen würde. Sie müssen bei derartigen „Honorarverhandlungen" allerdings die Vorschrift des § 3 Abs. 5 BRAGO beachten, wonach nur in außergerichtlichen Angelegenheiten in Form einer Pauschal- oder Zeitvergütung eine niedrigere Vergütung als die gesetzlichen Gebühren vereinbart werden darf. 84

• **„Lieferanten"** 85

Lieferanten sind diejenigen, die „Stoffe" für die Erbringung Ihrer Dienstleistung zur Verfügung stellen.

Banken. In der Phase der Existenzgründung ist der „Geldgeber" der wichtigste Lieferant. Denn bei einer Kanzleigründung – es sei denn, Sie haben vorher genug Eigenkapital sammeln können – geht es primär um Finanzierungsfragen. 86

☐ Wie schätzen Sie Ihre Verhandlungsposition gegenüber Banken und in der Regel gegenüber Ihren potentiellen Kreditgebern ein?

Allein Ihr Rechtsanwaltstitel stellt unter den heutigen Marktverhältnissen keine Sicherheit mehr für die Banken dar. Haben Sie Sicherheiten oder sonstige Argumente in der Hand, die Ihre Verhandlungsposition verbessern könnten?

Einrichtungsfirmen, Lieferanten von Bürobedarf. Bei Freiberuflern, insbesondere in Rechtsanwaltskanzleien, dürfte das Gewicht der klassischen Lieferanten eher marginal sein, denn was sie verkaufen, ist eine immaterielle Leistung, für die Sie als wichtigste 87

Ressourcen an erster Stelle Kompetenz und gute Mitarbeiter brauchen. Bürowaren und technische Ausstattung stellen keinen „Rohstoff" für Ihre Leistung dar, ermöglichen und unterstützen aber Ihre tägliche Arbeit. Vor diesem Hintergrund werden Sie angesichts des starken Wettbewerbs und der ohnehin geringen Gewinnspanne in diesen Branchen in der Regel eine gute Verhandlungsmacht gegenüber den Lieferanten genießen können. Diese Verhandlungsposition können Sie für die Ausstattung Ihrer Kanzleiräume nutzen (z. B. „Händlerrabatte" bei Möbelstücken und manchen technischen Geräten).

88 **b) Ergänzende Betrachtung der Markteintrittsbarrieren**

- **Ruf** der Rechtsanwälte, die in dem Rechtsgebiet schon tätig sind.
- Erforderliches **Investitionsvolumen**, um mit Ihrem persönlichen Vorhaben wettbewerbsfähig an den Markt heranzutreten; das heißt Einschätzung der notwendigen Kosten für Kanzleiräume, Einrichtung, Werbemaßnahmen, Literatur, technische Ausstattung, Software unter Berücksichtigung der von Ihnen anvisierten Rechtsgebiete, des Niederlassungsortes, der Zielmandanten usw.
- **Wettbewerbsverhalten und -mentalität** der etablierten Rechtsanwälte/Ihrer Hauptmitbewerber (Kollegiales Verhalten oder im Gegenteil unkollegiales, aggressives Verhalten, Furcht vor Wettbewerb, „Kartell etablierter Kanzleien" gegen Neuankömmlinge, Konkurrenzneid, Streitlust?).

89 Die Beantwortung der letzen Frage ist gerade für Sie als Einsteiger auf einem Markt, der bekanntlich jedes Jahr enger wird,[18] wichtig. Sie wird es Ihnen ermöglichen, Ihre Hauptbewerber und deren Verhalten besser kennenzulernen, damit Sie sich darauf einstellen können. Denn als neuer Anbieter, der die Ambition hat, ein „Stück des (immer kleiner werdenden) Kuchens" für sich zu gewinnen, werden Sie – nicht unbedingt, aber mit hoher Wahrscheinlichkeit – auf eine defensive Einstellung bereits etablierter Rechtsanwälte stoßen, weil sie ihre Marktposition zunehmend gefährdet sehen.

90 Wenn Sie „plötzlich" auf dem Markt mit – wie es sich versteht – gut geplanten und kreativen Maßnahmen zur Mandantenakquisition erscheinen (Stichwort: Internet, Rundschreiben, Anzeigen usw.), werden Sie sich dem Neid insbesondere alteingesessener Kollegen ausgesetzt sehen. Bedauerlicherweise häufen sich in einem Berufsstand, in dem man das Wort „Kollegialität" gerne verwendet, in den letzten Zeiten die Wettbewerbsklagen unter Kollegen (zum Teil unter aktiver Beteiligung einzelner Rechtsanwaltskammern) mit dem Zweck, den sich vorwagenden Mitbewerber zu bestrafen und ihm wirtschaftlich zu schaden.[19]

91 Wettbewerbsprozesse dieser Art werden in der Regel mit einem Streitwert von nicht unter 20000 DM angesetzt, so daß ein Prozeßverlust mit erheblichen Kosten verbunden sein kann.

Beispiel: Eine Anwaltskanzlei hatte ein Rundschreiben versandt. Eine konkurrierende Sozietät ging dagegen (1.) im Wege der einstweiligen Verfügung, (2.) mit der Hauptsacheklage vor und bekam in zwei Instanzen Recht (LG Duisburg, MDR 1998, 802; OLG Düsseldorf, MDR 1999, 260; die Revision gegen das Urteil in der Hauptsache ist beim BGH anhängig).

[Fortsetzung nächste Seite]

[18] Vgl. eingehend unter Einleitung Rdn. 1ff.

[19] Die Kammern gehen dabei über das ihnen durch die BRAO zur Verfügung gestellte Instrumentarium (Rüge etc.) hinaus und nutzen die Möglichkeiten des UWG. Der BGH billigt dies in st. Rspr., zuletzt näher begründet in BGH, Urt. v. 2. 4. 1998 – I ZR 4/96, AnwBl. 1998, 604. Krit. hingegen z. B. *Büttner*, in: Festschrift für Vieregge, S. 99, 116ff.

Kosten für die unterlegene Kanzlei aufgrund der gerichtlich festgesetzten Streitwerte:

(1) Einstweilige Verfügung

Wert: 45000 DM

– Gegnerischer Rechtsanwalt I. Instanz erhält (brutto):	3166,80 DM.
– Eigener Rechtsanwalt I. Instanz (soweit erforderlich):	3166,80 DM.
– Gerichtskosten I. Instanz:	1830,00 DM.
– Gegnerischer Rechtsanwalt II. Instanz:	3634,86 DM.
– Eigener Rechtsanwalt II. Instanz:	3634,86 DM.
– Gerichtskosten II. Instanz:	1372,50 DM.
Kosten für die einstweilige Verfügung:	16805,82 DM.

(2) Hauptsacheverfahren

Wert: 75000 DM

– Gegnerischer Rechtsanwalt I. Instanz erhält (brutto):	4236,80 DM.
– Eigener Rechtsanwalt I. Instanz (soweit erforderlich):	4236,80 DM.
– Gerichtskosten I. Instanz:	2505,00 DM.
– Gegnerischer Rechtsanwalt II. Instanz:	4968,90 DM.
– Eigener Rechtsanwalt II. Instanz:	4968,90 DM.
– Gerichtskosten II. Instanz:	3757,50 DM.
Kosten für das Hauptsacheverfahren:	24673,90 DM.
Gesamtkosten anläßlich der Wettbewerbsklage:	**41479,72 DM.**

Die Rechtsprechung ist noch von deutlichen Unsicherheiten gekennzeichnet.[20] Also gilt Folgendes: Lassen Sie sich nicht durch dieses Verhalten abschrecken, aber stellen Sie sich auf mögliche Wettbewerbsklagen Ihrer Mitbewerber ein (nicht nur hinsichtlich der ortsansässigen Kollegen, sondern auch überregional). Wenn Sie im Internet aktiv werden wollen, ist besondere Vorsicht angezeigt, weil Abmahnungen aus dem gesamten Bundesgebiet möglich sind.[21] Vermeiden Sie es grundsätzlich, an den Markt mit Werbemaßnahmen heranzutreten, die berufsrechtlich (und daher über § 1 UWG automatisch auch wettbewerbsrechtlich) sicher unzulässig sind und ein zu hohes Prozeßrisiko in sich bergen. 92

c) Weitere Fragen zur Attraktivität des Marktes

- **Zu der zu erwartenden Rentabilität Ihrer zukünftigen Tätigkeit** 93

- ☐ Wie wird in den Rechtsgebieten, in denen Sie aktiv werden möchten, üblicherweise **abgerechnet**? (BRAGO, Honorarvereinbarung)
- ☐ Wer soll in diesen Rechtsgebieten **Empfänger Ihrer Rechnungen** sein? (Rechtsschutzversicherungen, Mandanten selbst als Privatpersonen, Firmen, staatliche Institutionen)
- ☐ Wie **lukrativ** sind die vorgesehenen Rechtsgebiete im allgemeinen? Sind die durchschnittlichen Honorare oder die zu erwartenden Einnahmen so hoch, daß Sie langfristig rentabel arbeiten können?

[20] Einige aktuelle Themen der Rechtsprechung: Rundschreiben: LG Duisburg, MDR 1998, 802 m. Anm. *V. Römermann*; OLG Düsseldorf, MDR 1999, 260 m. Anm. *V. Römermann*; OLG Dresden, BRAK-Mitt. 1998, 239; Werbung auf einem Taxi: LG Nürnberg-Fürth, BRAK-Mitt. 1998, 246; Internet: LG Nürnberg-Fürth, AnwBl. 1998, 534; Rechtsberatung per Anwalts-Hotline: OLG München, K & R 1998, 459 m. Anm. *V. Römermann*; Zeitungsanzeigen: AnwG Hamburg, MDR 1998, 1506 m. Anm. *V. Römermann*; Hörfunk-Werbung: OLG München, BRAK-Mitt. 1998, 206. Im übrigen wird auf § 40 verwiesen.

[21] Siehe etwa Anwaltsreport 5/97 („Zum Abmahnterror des RA Dr. B. aus Berlin!“).

- **Zur Optimierung Ihres eigenen Angebots**

94 Auch seitens des Wettbewerbsumfeldes kann die Marktanalyse dem Aufdecken von Marktpotentialen bzw. Chancen dienen.

☐ Konnten Sie bei der Konkurrentenanalyse Wettbewerber identifizieren, mit den Sie **kooperieren** könnten?

95 Dies könnten entweder andere Rechtsanwälte sein oder Angehörige anderer beratender Berufe, z. B. Steuerberater oder Patentanwälte, die aktiv an den Markt herantreten und eine Leistung am Markt anbieten, die Ihr beabsichtigtes Angebot sinnvoll **ergänzen** könnte. Aber Vorsicht: Die Zulässigkeit einer Kooperation mit anderen als den in § 59a BRAO aufgeführten sozietätsfähigen Personen ist heftig umstritten.[22]

5. Erweiterte Analyse des Marktes (sog. PEST-Analyse)

96 Ihre zukünftige Anwaltskanzlei stellt ein offenes System dar, das unter Einfluß nicht nur der Marktentwicklungen, sondern auch der Gesellschaft als Ganzes liegt. Es reicht deswegen nicht aus, daß Sie sich lediglich ein Bild von Ihren potentiellen Mandanten und Ihren Wettbewerbern machen und sich darauf einstellen. Eine erweiterte Analyse des Marktes soll es ergänzend zu der Nachfrage- und Wettbewerbsanalyse ermöglichen, die **weiteren externen Faktoren**, die den Markt beeinflussen, zu ermitteln und einzuschätzen.

97 Wichtige Anhaltspunkte für die Gestaltung und die Anpassung Ihres Dienstleistungsangebotes bietet die Beobachtung von **politischen und gesetzlichen** sowie **wirtschaftlichen, soziokulturellen und technologischen Entwicklungen.**[23] In der englischen Marketing-Terminologie wird diese Analyse abgekürzt als PEST-Analysis bezeichnet: P für „Political/legal", E für „Economic", S für „Socio-cultural" und T für „Technological".[24]

98 Die anhand der PEST-Analyse aufgelisteten Trends und Faktoren sind unter dem Aspekt zu qualifizieren, ob sie **eine Chance oder eine Bedrohung** für die eigene Praxis darstellen. Aus dieser erweiterten Analyse könnten sich zum Beispiel in Verbindung mit Ihren Kompetenzen wichtige Erkenntnisse für Ihre zukünftige Kanzlei ergeben. Vielleicht schaffen neue Gesetze neue Bedürfnisse und öffnen somit Perspektiven für neue Tätigkeitsfelder für Sie als Rechtsanwalt (Stichworte: Insolvenzordnung, Umwelt-Audit etc.).[25]

a) Politische/gesetzliche Entwicklungen (P)

99

☐ Welche behördlichen **Maßnahmen oder politischen Einflüsse** könnten sich kurzfristig und mittelfristig auf Ihre Praxis auswirken?

☐ Welche Auswirkungen hat die neue **Gesetzgebung** auf Ihr Vorhaben bzw. Ihre zukünftige Praxis? (z. B. hinsichtlich steuerlicher oder arbeitsrechtlicher Rahmenbedingungen)

☐ Können Ihnen **regionalpolitische Entwicklungen** helfen? (z. B. eine wachsende internationale Messe in der Region)

b) Wirtschaftliche Entwicklungen (E)

100

☐ Wie sind die gegenwärtigen **wirtschaftlichen Aussichten** für die Unternehmensbranchen, denen Sie Ihre Leistungen anbieten möchten?

☐ Wie wird sich der **europäische Binnenmarkt** auf Ihre zukünftige Praxis auswirken?

---

[22] Nur sozietätsfähige Personen: *Feuerich/Braun*, BRAO, § 59a Rdn. 34; *Henssler/Prütting-Hartung*, § 59a Rdn. 106; auch andere Berufe: *Hartung/Holl-Römermann*, Vor § 30 Rdn. 272; differenzierend: *Zuck*, Vertragsgestaltung bei Anwaltskooperationen, Rdn. 11.

[23] Vgl. auch *Schiefer/Hocke*, Marketing für Rechtsanwälte, S. 35f.

[24] *Johnson/Scholes*, Exploring Corporate Strategy, 1993, S. 82.

[25] Im Hinblick auf neue Tätigkeitsfelder und Gestaltungsmöglichkeiten des anwaltliche Dienstleistungsangebot wird auf § 5 verwiesen.

c) Soziodemographische Entwicklungen (S)

☐ Werden die Absatzchancen in Ihrem Spezialgebiet durch **gesellschaftliche Entwicklungen** gefährdet? Oder im Gegenteil gefördert? 101

Wertvolle Informationen über die Entwicklungsmöglichkeiten können zum Beispiel für den im Verkehrsrecht tätigen Rechtsanwalt die Entwicklung der Zahl der Kraftfahrzeuge pro Haushalt sowie der durchschnittlichen Schadenshöhe sein. Für den Familienrechtler hingegen ist die Entwicklung der Eheschließungen und Ehescheidungen von Relevanz.[26] So können Sie sich durch die Beobachtung der für Sie relevanten Datensätze einen Eindruck von der absehbaren Umsatzentwicklung in dem Marktbereich, in dem Sie tätig sein möchten, verschaffen. 102

d) Technologische Entwicklungen (T)

☐ Welche **technologischen Veränderungen** finden statt, die sich auf Ihre Tätigkeit auswirken? 103

☐ Wie können Ihnen moderne – inzwischen erschwingliche – Technologien einen **leichteren Markteinstieg** ermöglichen?

Denken Sie beispielsweise an den wahrscheinlichen Nutzwert folgender Techniken für Ihre zukünftige Kanzlei: 104

- Spracherkennungssysteme (Einsparung bei Personalkosten?)
- Handy (Erreichbarkeit, Flexibilität)
- Notebook (Flexibilität, Beratung vor Ort)
- Internet (Werbemöglichkeiten, Marktbeobachtung)
- E-Mail (Schnelligkeit, Austauschmöglichkeiten)

Denken Sie auch an die Möglichkeiten, die Ihnen eröffnet werden durch die Telearbeit, die Bürozentren und das Konzept des Outsourcing. 105

- **Telearbeit** 106

Telearbeit wird definiert als: „Kommunikationstechnisch gestützte Heimarbeit bei Büroaufgaben, d. h. Büroarbeit, die zu Hause an Bildschirmgeräten geleistet wird; diese sind über ein Netz mit allen für die einzelnen Tätigkeiten benötigten Kommunikationspartnern verbunden".[27] Eine der attraktivsten Vorteile der Telearbeit – oder Heimarbeit – besteht in der Kostenersparnis, da die sonst notwendige Anmietung weiterer Büroflächen entfällt.

- **Bürozentren** 107

Bürozentren, in denen personelle und sachliche Dienstleistungen gemietet werden können, ermöglichen kleineren Strukturen Kostenersparnisse hinsichtlich Personalkosten und in der Konsequenz auch unter anderem Mietkosten. Dazu bieten sie insbesondere dem Alleinunternehmer (z. B. dem Kanzleigründer als „Einzelkämpfer") zwei Vorteile: Die Möglichkeit der erhöhten Erreichbarkeit durch Übernahme der eingehenden Telefonate – grundsätzlich oder bei Bedarf – über Anrufweiterschaltung und nicht zuletzt ein professioneller Telefonempfang durch ein für diese Tätigkeit ausgebildetes Personal.

- **Outsourcing** 108

Outsourcing stellt ein Modell der Arbeitsorganisation dar, nach dem bisher im Unternehmen selbst erledigte Aufgaben (oder erstellte Leistungen) nunmehr gegen Bezahlung durch externe Unternehmen übernommen werden. Nach diesem Konzept werden von der Anwaltskanzlei etwa Buchhaltungsaufgaben an Buchhaltungszentren und Steuerbera-

[26] Beispiele nach *Unger/Wolf*, Erfolgreiches Anwaltsmarketing, 1993, S. 91.
[27] Gabler Wirtschaftslexikon, 12. Aufl. 1988, S. 1917.

ter, Schreibarbeiten an Schreibbüros oder selbständige Sekretärinnen übertragen. Auch die bereits erwähnten Bürozentren sind eine Umsetzung des Konzepts des Outsourcing.[28]

109 Diese drei Formen der Arbeitsorganisation gewinnen heutzutage dank technischer Entwicklungen, die insbesondere **schnellere Kommunikationswege** über Netz- und Online-Übermittlungen ermöglichen, an Attraktivität und Bedeutung.

110 Zusammenfassend soll die erweiterte Analyse des Marktes oder **PEST-Analyse** dazu beitragen, Einflüsse des weiteren Umfeldes auf Ihren anvisierten Teilmarkt zu antizipieren und – aus der Perspektive Ihrer zukünftigen Kanzlei – Chancen oder Bedrohungen als solche zu erkennen.

6. Zum Abschluß der Marktanalyse: Nutzungswert der Marktanalyse

111 Alles in allem wird Ihnen die Marktanalyse zeigen, ob es sinnvoll ist, weitere konkrete Planungsaktionen in bezug auf den von Ihnen anvisierten Teilmarkt (bzw. die vorgesehenen Rechtsgebiete in der Region/dem Einzugsgebiet) vorzunehmen. Noch können Sie sich für einen anderen Ort (größere oder kleinere Stadt, andere Region etc.) entscheiden oder sich zu anderen Rechtsgebieten – wo Sie ebenfalls Stärken haben – umorientieren, sollte der von Ihnen bisher anvisierte Teilmarkt nicht oder nicht in ausreichendem Maße erfolgversprechend sein. Konnten Sie jedoch durch die Marktanalyse **Marktlücken** entdecken, steht vor Ihnen jetzt die Aufgabe und die Herausforderung, der betroffenen Gruppe von Rechtsuchenden ein überzeugendes **Dienstleistungsangebot** zu unterbreiten.

C. Strukturierung und Planung der Kanzlei

I. Grundsatzentscheidungen bei der Kanzleigründung (strategische Planung)

112 Grundsatzentscheidungen gehören zur **strategischen Planung** der Kanzlei. Gegenstand der strategischen Planung ist die Planung langfristiger Handlungsmöglichkeiten – im Gegensatz zur **operativen Planung**, bei der eine kurz- bis mittelfristige Marschroute für sämtliche Funktionsbereiche der Kanzlei (Marketing, Finanzen und Steuern, Organisation, Personal usw.) festgelegt wird.[29] Die operative Planung wird unten (Rdn. 167–334) näher erläutert. Zuerst gilt es, die strategischen Aspekte der Kanzlei zu planen. Dies kann aus der Perspektive der Kanzleigründung in drei Schritten geschehen: Die Formulierung der obersten Kanzleiziele (Rdn. 115ff.), die Positionierung der Kanzlei auf dem Markt, d. h. die Bestimmung des Kanzleiprofils (Rdn. 121ff.) und die Standortwahl (Rdn. 152).

Aber zunächst einige **Grundfragen**:

113
- ☐ Möchten Sie als Rechtsanwalt einen Spezialisten- oder Generalistenstatus erreichen?
- ☐ Möchten Sie den Anwaltsberuf allein oder mit mehreren ausüben?
- ☐ Welche Rechtsuchenden möchten Sie gerne ansprechen? Privatmandanten, mittelständische Unternehmen, Konzerne, Institutionen?
- ☐ Wo wollen Sie sich niederlassen und warum gerade dort?

114 Sie werden sich vielleicht schon – intuitiv oder bewußt – diese Fragen gestellt haben. Sie sind entsprechend Ihrer **Wunschvorstellung vom Anwaltsberuf** zu beantworten. Diese im Grunde einfachen Fragen sind von **strategischer** Relevanz für Ihre zu gründende Kanzlei.

---

[28] Über die Rolle des Outsourcing im Rahmen der Dienstleistungsproduktion: *Maleri*, Grundlagen des Dienstleistungsproduktion, 1997, S. 40. Des weiteren *Mauer/Krämer/Becker*, Unternehmensführung für rechts- und wirtschaftsberatende Berufe, 1997, Rdn. 308.

[29] Vgl. *Mauer/Krämer/Becker*, Unternehmensführung für rechts- und wirtschaftsberatende Berufe, 1997, Rdn. 206.

1. Oberziele (Oberste Kanzleiziele)[30]

Die obersten Kanzleiziele stellen Orientierungs- bzw. Richtgrößen dar. Sie sind eine Formulierung der Zustände, die auf lange Sicht erreicht werden sollen.[31] 115

- **Checkliste für die Formulierung der obersten Kanzleiziele** 116

Was soll Ihre zukünftige Kanzlei **in zehn Jahren** darstellen...

- ☐ (1) hinsichtlich des **Rufes**? (z. B. die Kanzlei soll an dem Ort/an den Orten zu den bekanntesten fünf in den Bereichen „Rechtsgebiet X" und „Rechtsgebiet Y" gehören).
- ☐ (2) hinsichtlich der **Fachrichtung** der Kanzlei?
- ☐ (3) hinsichtlich der **geographischen Präsenz?**
- ☐ (4) hinsichtlich der Zahl der tätigen Rechtsanwälte? (Dienstleistungsangebot der Kanzlei)
- ☐ (5) evtl. hinsichtlich der Zahl der tätigen Angehörigen anderer sozietätsfähiger Berufe (Steuerberater, Wirtschaftsprüfer etc.)?
- ☐ (6) hinsichtlich der **Zahl der beschäftigten Personen** (gesamtes Personal)?
- ☐ (7) ggfs. hinsichtlich der Rolle der Kanzlei als **Ausbilder**? (z. B. die Kanzlei soll jedes Jahr eine neue Ausbildungsstelle anbieten)
- ☐ (8) hinsichtlich des **Umsatzes**? (Größenordnung des Tätigkeitsvolumens)
- ☐ (9) hinsichtlich der Kostenstruktur bzw. der **Rentabilität**? (z. B. sollen die Kosten langfristig nicht 50 % des Umsatzes übersteigen)

Aus dieser Auswahl an Fragen, die als Anregung für die Formulierung von Oberzielen dienen sollen, wird erkennbar, daß Oberziele mehrere Bereiche umfassen können. Die oben als Beispiele aufgelisteten Fragen bzw. die dadurch formulierten Oberziele können **drei Kategorien** zugeordnet werden:[32] 117

- **marktorientierte Ziele** [s. o. (1) bis (5)]. Was wird hinsichtlich der Stellung der Kanzlei auf dem Markt angestrebt? (Dies kann an Merkmalen wie dem Ruf, der geographischen Präsenz, den abgedeckten Rechtsgebieten, der Größe der Kanzlei – im Sinne z. B. der Anzahl der in der Kanzlei tätigen Anwälte – gemessen werden.) 118
- **soziale Ziele** [s. o. (6) und (7)]. Beispielsweise die Beschäftigung von Personal, Ausbildung.
- **wirtschaftliche Ziele** [s. o. (8) und (9)]. Umsatz, Rentabilität usw.

- **Zielsystem, Zielgewichtung** 119

Auch wenn sie verschiedenen Bereichen zugeordnet werden können, stehen die Oberziele in einer gegenseitigen Abhängigkeit. So wird davon auszugehen sein, daß wirtschaftliche Ziele (z. B. eine Umsatzgröße) erst erreicht werden können, wenn marktorientierte Ziele (die Kanzlei soll zu den fünf bekanntesten Kanzleien der Stadt zählen) und soziale Ziele (die Kanzlei soll mindestens drei Anwälte und vier ausgebildete Kräfte beschäftigen) erreicht sind. In diesem Sinne spricht man von einem **Zielsystem**.

---

[30] Zur Verdeutlichung des in der Marketinglehre klassischen Fachbegriffs „Oberziele" (vgl. *Meffert*, Marketing-Management, S. 79) wird auch auf den Begriff „oberste (Unternehmens-/Kanzlei-) Ziele" zurückgegriffen (vgl. *Mauer/Krämer/Becker*, Unternehmensführung für rechts- und wirtschaftsberatende Berufe, Rdn. 180).

[31] *Meffert*, Marketing-Management, S. 88. Weiterführend zur Formulierung von Zielen § 3.

[32] Zur Vereinfachung wird die Unterteilung in drei Kategorien vorgeschlagen. Eine detaillierte Aufgliederung in sechs Kategorien ist ebenfalls möglich: „1. Marktstellungsziele, 2. Rentabilitätsziele, 3. Finanzielle Ziele, 4. Soziale Ziele, 5. Markt- und Prestigeziele, 6. Umweltschutzziele. Vgl. *Meffert*, Marketing-Management, S. 90.

120 In diesem System können naturgemäß nicht alle Ziele das gleiche Gewicht haben. Eine **Zielgewichtung** ist daher erforderlich.[33] Dabei werden Prioritäten anhand folgender Frage festgelegt: Welche Ziele sollen im Vergleich den Vorrang vor den anderen erhalten, welche sind eher nachrangig?

2. Kanzleiprofil (Positionierung der Kanzlei am Markt)

121 Die Positionierung beschäftigt sich mit der Wahrnehmung der eigenen anwaltlichen Leistung auf dem Markt. In diesem Stadium sollen Sie sich als Kanzleigründer überlegen, welche **Position** Ihre Kanzlei in der Vorstellung der Rechtsuchenden bzw. der potentiellen Mandanten einnehmen soll.[34] Dafür ist es erforderlich, das **Profil** der zukünftigen Kanzlei zu bestimmen. Im Folgendem wird auf die Bestimmung des Kanzleiprofils aus Sicht der Kanzleigründung eingegangen. Näheres über das Thema Positionierung erfahren Sie bei § 7 (*Woratschek*).

a) Check-Liste zur Bestimmung des Kanzlei-Profils

122
- ☐ Bestimmung der **Zielgruppe**(n) (Zielmandanten) [s. unten]
- ☐ Gestaltung Ihrer **Angebotspalette**
  - Breite des Angebots (Frage der Spezialisierung) [s. unten]
  - Inhalt des Angebots: In welchen Rechtsgebieten wollen Sie diesen Zielmandanten Ihre anwaltliche Leistung anbieten? [s. unten]
- ☐ **Art** der Leistung (forensisch, beratend, gemischt)? [s. unten]
- ☐ **Marktpräsenz** [s. unten]
- ☐ **Belegschaft der Kanzlei** [s. unten]
- ☐ **Rechtsform** [s. unten]
- ☐ **Kanzleistil, Kanzleiimage** [s. unten]

123 **b) Zielmandanten.** Sie müssen eine Zielgruppe für Ihre Kanzlei bestimmen, das heißt: Diese Gruppe(n) sind so **klar abzugrenzen**, daß Sie in der Lage sind, sie mit ihren Merkmalen zu beschreiben.

124 • **Wenn Sie Unternehmen ansprechen wollen:**

- ☐ Handelt es sich dabei um kaufmännische Handelsunternehmen? Handwerksbetriebe? Produktionsunternehmen? Dienstleistungsunternehmen? Freie Berufe?
- ☐ Zu welchen Wirtschaftsbranchen gehören diese Unternehmen?

125 • **Wenn Sie öffentliche Anstalten und Institutionen akquirieren wollen:**

- ☐ Wer wird Ihr Ansprechpartner sein?
- ☐ Wer ist Entscheidungsträger?

126 • **Wenn Sie Privatmandanten ansprechen wollen:**

- ☐ Welche Merkmale hat diese Klientel: Alter? Geschlecht? Familienstand? Nationalität?

127 Erst wenn Sie Ihre **Zielgruppen definiert** haben, werden Sie in der Lage sein:
- Ihr Dienstleistungsangebot so aufzubauen, daß es auf deren **Bedarf** abgestimmt ist.
- Ihre Maßnahmen zur Mandantenakquisition (also unter anderem Ihre Werbemaßnahmen) **zielgruppenspezifisch** und somit erfolgversprechend auszurichten.

---

33 *Meffert*, Marketing-Management, S. 91; *Mauer/Krämer/Becker*, Unternehmensführung für rechts- und wirtschaftsberatende Berufe, Rdn. 181.

34 *Kotler u. a.*, 1999, S. 390.

Bei den drei nächsten Fragen geht es darum, zu entscheiden, **was** Sie Ihrer Zielgruppe anbieten möchten.

c) Vollständige Rechtsbereichsabdeckung oder Spezialisierung? Der Rechtsanwalt, der am Markt teilnehmen will, muß sich in gewissem Maße (im Einzelfall mehr oder weniger prononciert) spezialisieren. Diese Erkenntnis wird nicht mehr kontrovers diskutiert. Denn kein Rechtsanwalt kann heutzutage noch behaupten, er könne sich in allen Rechtsfragen auf dem Laufenden halten, d. h. die gesamte Rechtsprechung und Literatur verfolgen. Falls Sie aber noch überzeugt werden möchten, im Folgenden noch einige zusätzliche Vorteile der Spezialisierung: 128

- **Vorteile der Spezialisierung** 129

Spezialisierung bringt dem Rechtsanwalt Zeit- und Rationalisierungsvorteile: Weil Sie in Ihrer Arbeit häufiger auf ähnliche Probleme stoßen, brauchen Sie geringere Einarbeitungszeiten. Sie können darüber hinaus Vertragsmuster, Formulare oder Check-Listen entwerfen, die Ihnen die Arbeit erleichtern und schnellere Handlungsmöglichkeiten eröffnen.

Spezialisierung ermöglicht es, eine qualitativ bessere Leistung zu erbringen: Wenn Sie sich konsequent auf einige Rechtsgebiete konzentrieren, werden Sie es zeitlich leichter einrichten können, regelmäßig an Fortbildungsveranstaltungen teilzunehmen. Im übrigen können Sie mittels einer überschaubaren Zahl an Fachzeitschriften auf dem aktuellen Stand der Rechtsprechung und der juristischen Diskussion in Ihren Spezialgebieten bleiben. 130

Dabei dürfen Sie nicht vergessen, daß die Rechtsuchenden, die Sie ansprechen wollen – privat oder gewerblich –, anspruchsvoller geworden sind. Nur wenn Sie eine qualitativ gute – als „Einsteiger" sogar „bessere" – Leistung anbieten, können Sie Ihre Mandanten an sich binden oder sie dazu bringen, Sie weiterzuempfehlen, und sich auf diese Weise langfristig am Markt halten. 131

Spezialisierung schafft Glaubwürdigkeit und Vertrauen: Auch die Rechtsuchenden wissen inzwischen, daß Sie heute die ganze Spannbreite der Rechtsfragen seriöserweise (zumindest als Einzelanwalt oder kleine Kanzlei) nicht abdecken können. Wenn Sie sich auf ein (oder einige) Rechtsgebiet(e) spezialisieren und an den Markt mit besonderen Fachkenntnissen herantreten, werden Sie schon aus diesem Grund leichter mit der Prüfung von Rechtsfragen oder mit einer Vertretung beauftragt. Denn für die Mandanten ist ihre Sache immer komplex und wichtig, sonst wären sie nicht zum Anwalt gegangen. Deswegen suchen sie zunehmend nach einem „Spezialisten" („Fachanwalt" im untechnischen Sinne der Mandanten), der ihre Sache optimal bearbeiten kann. 132

- **Alternativen der Spezialisierung** 133

Anhand der Ergebnisse Ihrer Marktanalyse und unter Berücksichtigung Ihrer Stärken und Neigungen können Sie mehrere Formen der Spezialisierung in Betracht ziehen: die Spezialisierung auf Rechtsbereiche (**Fachgebietsspezialisierung**), auf wirtschaftliche Tatbestände (**Problembereichsspezialisierung**) und auf einzelne Klientenkategorien (**Mandanten-/branchenorientierte Spezialisierung**). Näheres zu diesen Alternativen bei § 5 Rdn. 90 ff.

d) Auswahl der Rechtsgebiete der Kanzlei. Anhand der Stärken und Kompetenzen, die Sie bei der Selbstanalyse Ihrer Person feststellen konnten, und unter Berücksichtigung der Bedürfnisse der Zielgruppe(n), die Sie ansprechen möchten, bleibt zu entscheiden, auf **welchen Rechtsgebieten** Sie speziell tätig werden möchten. 134

e) Art der anwaltlichen Leistung (forensisch/beratend). Vielleicht lassen die Rechtsgebiete, auf den Sie tätig werden möchten, hinsichtlich dieser Frage keinen Spielraum zu. Das wird aber eher selten der Fall sein. Sie sind etwa als zukünftiger Strafverteidiger 135 naturgemäß eher forensisch tätig; wenn Sie sich im Gesellschaftsrecht spezialisieren wollen, mehr beratend als forensisch.

136 Sie schaffen für sich selbst Klarheit, wenn Sie sich mit der Frage beschäftigen, welche Art der Tätigkeit – forensisch oder beratend – Ihnen am meisten liegt. Sehen Sie Ihre Stärke eher in der streitigen Prozeßführung oder in der Beratung, der außergerichtlichen Verhandlung und/oder Vertretung? Falls Sie mit beiden ausreichende Erfahrung sammeln konnten, sollten Sie es nicht nur bei der Frage des Könnens lassen. Woran haben Sie am meisten Spaß? Denn nur wenn Sie Spaß an der Tätigkeit haben, können Sie überzeugend sein. Und nur wenn Sie (überzeugt und) überzeugend sind, können Sie langfristig erfolgreich sein.

f) Geographische Präsenz

137 • **Ausdehnung** des Einzugsgebiets:

- ☐ Welchen Radius soll das Einzugsgebiet Ihrer Kanzlei erreichen?
- ☐ Oder: Welche Orte, welche Regionen soll es umfassen?

138 • **Struktur**, die Ihre geographische Präsenz ermöglichen soll (wenn Sie ein weiter gestecktes Einzugsgebiet anvisieren):

- ☐ Möchten Sie auf lange Sicht durch mehrere Büros auf dem Markt aktiv sein?
- ☐ Wenn ja, wie? Eröffnung von „Filialen",[35] Schaffung einer überörtlichen (ggfs. Schein-) Sozietät, Fusion mit anderen Kanzleien?
- ☐ Oder bevorzugen Sie eine lockere Präsenz mittels Kooperationspartnern innerhalb des Einzugsgebietes?

g) Belegschaft der Kanzlei

139

- ☐ Möchten Sie sich in der ersten Zeit allein niederlassen oder von Anfang an gemeinsam mit einigen Partnern an den Markt herantreten?[36]
- ☐ Wie viele Rechtsanwälte sollen in der für Sie idealen Kanzlei insgesamt tätig sein? Wie viele Mitarbeiter insgesamt stellen Sie sich auf lange Sicht vor?
- ☐ Falls Sie planen, sich zunächst allein niederzulassen, möchten Sie auch in Zukunft Einzelkämpfer bleiben?

140 Bedenken Sie bei der zuletzt genannten Alternative, daß sich die Zeiten geändert haben. Der Trend geht heute deutlich – entsprechend den Erwartungen des Publikums – in Richtung Sozietät (von mindestens zwei oder drei Rechtsanwälten). Nur anhand eines gründlich durchdachten Konzepts und unter bestimmten Umständen können Sie heutzutage am Markt als **Einzelkämpfer** erfolgreich werden und bleiben. Zum Beispiel: Hoher Spezialisierungsgrad oder Tätigkeit in einem kleinen ländlichen Ort, in dem noch keine Konkurrenz durch mittelgroße Sozietäten besteht.

---

[35] Bei „Filialen" ist allerdings auf das berufsrechtliche Verbot hinzuweisen. Gemäß § 28 Abs. 1 Satz 1 BRAO darf der Rechtsanwalt weder eine Zweigstelle einrichten noch auswärtige Sprechtage abhalten. Dies gilt auch für eine Sozietät. Bei einer überörtlichen Sozietät muß daher gemäß § 59a Abs. 2 BRAO an jedem Ort ein Partner ansässig sein. Die Sozietät darf also nicht etwa eine „Filiale" lediglich mit Hilfe von Angestellten unterhalten. In der Praxis wird gegen dieses Verbot häufig verstoßen, zumal die Außendarstellung als Scheinsozietät regelmäßig nicht erkennen läßt, ob es sich bei dem Anwalt vor Ort tatsächlich um einen Sozius oder „nur" um einen Angestellten handelt. Allerdings ist das Zweigstellenverbot des § 28 BRAO ganz erheblichen verfassungsrechtlichen Bedenken ausgesetzt, vgl. nur *Henssler/Prütting-Prütting*, § 28 Rdn. 4; *Kleine-Cosack*, § 28 Rdn. 2; *Michalski*, Das Gesellschafts- und Kartellrecht der berufsrechtlich gebundenen freien Berufe, 1989, S. 250; *Schumann*, NJW 1990, 2089, 2094.

[36] Zur geeigneten Rechtsformwahl siehe unter § 11.

Liegt Ihnen allerdings die Ausübung des Anwaltsberufs eher als Einzelkämpfer, so werden Sie früher oder später doch um eine irgendwie geartete **Zusammenarbeit** (de facto oder mittels offiziell verfestigter Kooperationen) nicht umhinkommen. Wenn Sie nämlich als Einzelkämpfer und zugleich Allgemeinanwalt versuchen wollen, sämtliche Rechtsgebiete abzudecken, dann werden Sie bei komplexen Rechtsfragen (z. B. steuerrechtlicher Natur) Spezialisten hinzuziehen müssen, um nicht unüberschaubare Haftungsrisiken einzugehen. Sind Sie hingegen auf bestimmte Gebiete spezialisiert, dann brauchen Sie für die übrigen Rechtsbereiche Kooperationspartner, an die Sie Ihre Mandanten gegebenenfalls verweisen können. Häufig bilden sich in der Praxis Formen der Zusammenarbeit etwa mit Notaren oder Steuerberatern heraus. 141

h) Rechtsform. Die Wahl der Rechtsform gehört zu den ersten Fragen, an die man bei jeder Unternehmensgründung denkt. Obwohl die Rechtsformwahl aus Marketinggesichtspunkten in ihrer Auswirkung auf den Erfolg der Unternehmung nicht so entscheidend ist wie die Bestimmung der Zielgruppe oder die Gestaltung der Angebotspalette, kann die Rechtsform einen nicht zu unterschätzenden Einfluß darauf haben, wie die Kanzlei von den Rechtsuchenden am Markt wahrgenommen wird. Somit ist die Rechtsform ein wichtiges Thema für die **Positionierung** der Kanzlei. Die Entscheidung hinsichtlich der Rechtsform ist folglich ebenso bei der Gestaltung des Kanzleiprofils zu treffen. 142

Die klassische und zugleich in der Anwaltschaft (noch) am meisten verbreitete Rechtsform ist die **BGB-Gesellschaft**. Alternative Gesellschaftsformen können aber in Betracht gezogen werden. Insbesondere die **Partnerschaftsgesellschaft** (seit dem Inkrafttreten des PartGG am 1. 7. 1995) und die **GmbH** (gesetzlich geregelt in den §§ 59c ff. BRAO seit dem 1. 3. 1999)[37] gehören zu den Rechtsformen, die hinsichtlich ihrer Zulässigkeit heute nicht mehr Gegenstand von streitigen Diskussionen sind. Anders sieht es derzeit noch bei der **Anwalts-AG** aus, bei der eine gesetzliche Regelung bislang fehlt. Bei dem Entscheidungsprozeß ist aus Marketinggesichtspunkten darauf zu achten, daß die gewählte Rechtsform im Einklang mit den weiteren Merkmalen des Kanzleiprofils ausgesucht wird. Besondere Betrachtung verdienen dabei die definierten **Zielmandanten** und die angestrebte **Größe der Kanzlei** (in bezug auf die Belegschaft und die geographische Präsenz). Bei § 11 (*V. Römermann*) finden Sie einen Überblick über die oben genannten Rechtsformen sowie weitere rechtliche Möglichkeiten für eine Anwaltskanzlei. 143

i) Kanzleiimage, Kanzleistil

144

- ☐ Welches Bild von Ihrer zukünftigen Kanzlei möchten Sie Ihren (potentiellen) Mandanten vermitteln?
- ☐ Wie soll Ihre Kanzlei vom Publikum auf dem Markt eingeschätzt werden?

Wichtig ist, daß Sie ein **bestimmtes Image** für Ihre Kanzlei aufbauen. 145

- ☐ Wollen Sie als Spezialist in hochkomplexen Fragen gesehen werden oder als Anwalt für „alle“ Rechtsfragen?
- ☐ Werden Sie der Anwalt des Vertrauens für den normalen Bürger sein oder soll Ihre Kanzlei einen elitären Touch haben?
- ☐ Sind Sie der kämpferische Vertreter Ihrer Mandanten oder der ausgleichende, Harmonie und Kompromisse suchende Rechtsanwalt?

Weil Sie Ihre Kanzlei erst neu gründen, ist das Image, das Sie für Ihre Kanzlei definieren, nahezu **als Ziel** in sich zu betrachten. Alle nachfolgenden Marketinganstrengungen, die Sie bei Ihrem Marketingplan (unten Rdn. 172) machen werden, sollten darauf ausgerichtet 146

[37] Inkrafttreten des Gesetzes zur Änderung der Bundesrechtsanwaltsordnung, der Patentordnung und anderer Gesetze, BGBl. 1998 I, S. 2600.

werden, die für Ihre Kanzlei gewählte Positionierung so gut wie möglich zum Ausdruck zu bringen und zu unterstützen.[38]

147 **j) Zwischenbilanz.** Nachdem Sie sich mit den Fragen des Kanzleiprofils bzw. der Positionierung Ihrer Kanzlei auf dem Markt beschäftigt haben, sollten Sie soweit sein, daß Sie eine transparente Darstellung Ihrer Dienstleistungsstrategie zu Papier bringen:

148

Zielmandanten	**Ihr Dienstleistungsangebot** (Ihre Spezialgebiete):
Zielgruppe I	Spezialgebiet A, Spezialgebiet B
Zielgruppe II	Spezialgebiet A, Spezialgebiet C, Spezialgebiet D
Zielgruppe III	Spezialgebiet A, Spezialgebiet E

Abbildung 4: Markt- bzw. zielgruppenorientiertes Dienstleistungsangebot

149 Ihr Dienstleistungsangebot besteht aus den Spezialgebieten, mit denen Sie Ihre Zielmandanten **ansprechen** und auf die Sie sich auf lange Sicht konzentrieren wollen. Dabei sollte das Dienstleistungsangebot auf die Bedürfnisse der (ggfs. jeweiligen) Zielgruppe ausgerichtet sein.

150 Ihre Spezialgebiete sollten Sie für sich so **konkret** wie möglich definieren. Also zum Beispiel nicht „Verwaltungsrecht“, sondern: „Beamtenrecht, öffentliches Baurecht und Umweltrecht“. Wenn es geht, sogar: „Personalvertretungsrecht, Bauplanungsrecht, Abfallrecht, Wasserrecht, Immissionsschutzrecht“.

151 Alle Überlegungen zur Positionierung der Kanzlei dienen dazu, die eigene Kanzlei von den direkten Wettbewerbern zu **unterscheiden** (d. h. dem Rechtsuchenden Argumente geben, warum er gerade zu Ihnen kommen soll). Ziel der Positionierung ist es auch, zu bestimmen, welche **Marktposition** die Kanzlei langfristig anstrebt.

3. Standortplanung

152 Das Problem der Standortwahl stellt bekanntlich eine der zentralen Grundsatzentscheidungen bei der Gründung eines Anwaltsbüros dar und trägt sicherlich zum Teil zu der üblichen **Entscheidungsunsicherheit**, die die Gründungsphase von Anwaltskanzleien kennzeichnet, bei. Eine systematische Vorgehensweise wird hierdurch bei komplexen Fragen wie etwa derjenigen der Standortplanung um so wichtiger.

153 Dabei darf eine sorgfältige **Standortanalyse** nicht fehlen. Sie trägt zur Vorbereitung der Standortentscheidung bei und minimiert die Risiken, die mit dieser Entscheidung verbunden sind.[39] Entscheidend wird für Sie als Existenzgründer insbesondere die anschließende Frage der **Standortbeurteilung**. Hierfür gibt es zahlreiche **Entscheidungskriterien**. Es empfiehlt sich, anhand der Fachliteratur zu diesem Thema eine individuelle Liste von Kriterien, die an das eigene Konzept angepaßt sind, zusammenzustellen.[40] Von der Vielzahl denkbarer Kriterien haben zumindest einige allgemeine Gültigkeit. Sie werden als Denkanstoß unten in Form von Check-Listen, die es im Einzelfall zu ergänzen gilt, ausgeführt.

154 Die Standortwahl vollzieht sich durch die immer weiter fortschreitende Eingrenzung ähnlich wie bei einem Trichter anhand der drei Schritte: Auswahl des **Ortes** im Sinne einer politischen Gemeinde, Auswahl der **Lage** und schließlich Auswahl der **Kanzleiräume**.

---

[38] *Schiefer/Hocke*, Marketing für Rechtsanwälte, S. 48.

[39] Nähere Einzelheiten zu methodischen Aspekten der Standortanalyse finden sich unter § 21.

[40] Empfohlen wird zu diesem Zweck insbesondere die Lektüre von: *Wolf*, Erfolg im Anwaltsberuf, 1994, S. 59f., sowie *Unger/Wolf*, Erfolgreiches Anwaltsmarketing, S. 126ff.; *Ullrich*, in: Die moderne Anwaltskanzlei, 1994, S. 29ff. Ergänzend zum Thema Beurteilung des Standortes interessante Anregungen bei *Mauer/Krämer*, Marketingstrategien für Rechtsanwälte, 1996, Rdn. 352–354.

a) **Auswahl der Ortes**

- ☐ Einschätzung des Bedarfs an anwaltlicher Dienstleistung in dem Ort 155
- ☐ Anwaltsdichte im direkten und erweiterten Einzugsgebiet
- ☐ (gegebenenfalls) Bevölkerungsstruktur an dem Ort und in der Region (z. B. Altersaufbau, Anzahl der Eheschließungen, Arbeitslosenquote)
- ☐ (und/oder) Wirtschafts- und Infrastruktur des Ortes und der Region (z. B. Branchenschwerpunkte, Verkehrsanbindungen, Anziehungspunkte)
- ☐ Generelles Angebot an Büro- und Wohnräumen
- ☐ Persönliche Rahmenbedingungen (Freizeitwert, kulturelles Angebot, Klima etc.) auch hinsichtlich der Attraktivität für qualifizierte Mitarbeiter
- ☐ Zukunftsperspektive des Ortes/der Region

b) Auswahl der Lage innerhalb der politischen Gemeinde. Ist die Entscheidung 156 hinsichtlich des Standortes getroffen, so stellt sich die Frage, wo sich die Kanzlei innerhalb des Ortes konkret befinden soll (also z. B. in welchem Stadtviertel). Bei der Frage der Kanzleilage sind die getroffenen Grundsatzentscheidungen über die gewünschte **Positionierung** am Markt (oben Rdn. 121) von besonderer Bedeutung. **Finanzielle Aspekte** spielen natürlich auch eine Rolle. Allerdings ist in Verbindung mit der gewünschten Kanzleipositionierung darauf zu achten, daß nicht am falschen Platz gespart wird!

Insbesondere ist davon abzuraten, der Versuchung nachzugeben, eine Anwaltskanzlei in 157 den eigenen vier Wänden zu eröffnen, um die Anfangsinvestitionen möglichst gering zu halten. Die Alternative einer **Wohnzimmerkanzlei** kann allenfalls in einigen sehr speziellen Fällen bzw. unter besonderen Umständen ernsthaft ins Auge gefaßt werden.

Dies ist insbesondere der Fall, wenn die Anwaltstätigkeit als **vorübergehende Tätigkeit** 158 und/oder Zweittätigkeit betrachtet wird. Beispiele:

(1) Der promovierte Jurist und zukünftige Hochschullehrer, der seine Zulassung beantragen will, um 159 – während der Habilitationszeit bis zum erfolgten Ruf auf einen Lehrstuhl – Freunde und Bekannte in Rechtsstreitigkeiten vertreten zu dürfen oder um eine praktische Tätigkeit als Anwalt ausüben zu können. Von „Kanzleigründung" im Sinne des Aufbaus eines Dienstleistungsunternehmens kann aber in diesem Fall kaum die Rede sein.

(2) Die Rechtsanwältin und erziehende Mutter, die langsam wieder in die berufliche Tätigkeit 160 einsteigen und private Mandanten/-innen als Fachanwältin für Familienrecht ansprechen möchte.

Bis auf diese besonderen – oder ähnliche – Fälle werden Sie in Ihrer neu eröffneten 161 Kanzlei Rechtsuchende als Mandanten in nennenswertem Maße erst dann gewinnen können, wenn Sie ihnen den Eindruck eines **etablierten Anwalts** vermitteln. Das wird, wenn Sie als Wohnzimmeranwalt am Markt teilnehmen wollen, nicht selbstverständlich sein. Dafür sind vielmehr repräsentative und professionell eingerichtete Räume erforderlich. Die private und die berufliche Sphäre müssen klar abgetrennt werden, das heißt, daß die Kanzleiräume ausschließlich beruflich genutzt werden dürfen.

Für Sie geht es darum, eine Lage auszusuchen, die dem von Ihnen gewünschten 162 **Kanzleiimage** gerecht wird, die aber gleichzeitig ein vernünftiges Kosten-Nutzen-Verhältnis aufweist. Die Fortsetzung der Bewertung durch die Vorauswahl einer in Betracht kommenden Lage dürfte Ihnen aus folgendem Grund eine effizientere Suche ermöglichen: Wenn Sie anfangen werden, etwa die seitenlangen Immobilienanzeigen in Zeitungen zu lesen, werden Sie – gegebenenfalls mit Hilfe eines Stadtplans – besser beurteilen können, welche Anzeigen Sie bedenkenlos ignorieren können und welche zumindest einen Anruf wert sind.

Check-Liste für die Bewertung und Auswahl der Lage 163

- ☐ Möchten Sie Ihre Kanzlei lieber im Zentrum oder am Stadtrand eröffnen?
- ☐ Welche(s) Stadtviertel kommt/kommen für Sie in Betracht?
- ☐ Welche Geschäftsviertel, Gewerbegebiete, Wohnviertel gibt es in dem Ort und um den Ort herum und welche kommen Ihren Vorstellungen am nächsten?

164 Konnten Sie mehrere Alternativen hinsichtlich der Lage ins Auge fassen, empfiehlt es sich, sie näher zu prüfen und gegebenenfalls eine **Prioritätsliste** zusammenzustellen. Für die Bewertung sind mindestens folgende Kriterien relevant:

- ☐ Geeignetheit hinsichtlich des Kanzleiimages
- ☐ Geeignetheit hinsichtlich der Spezialgebiete
- ☐ Geeignetheit hinsichtlich der Zielmandanten
- ☐ allgemeines Mietpreisniveau in der Lage

c) Auswahl der Kanzleiräume

165 **Check-Liste für die Auswahl der Kanzleiräume**

- ☐ Baulicher Zustand des Gebäudes
- ☐ Repräsentativität der Adresse und des Gebäudes
- ☐ Zustand der sanitären und technischen Einrichtungen
- ☐ Notwendigkeit einer Renovierung. Falls ja, Kosten und Zeitaufwand
- ☐ Funktionalität der Räume (Aufteilung der Räume, Raumreserven, Gesamtfläche)
- ☐ Möglichkeiten der Verkabelung (EDV, Telefon)
- ☐ Gegebenenfalls Ausbau nach Mieterwunsch?
- ☐ (Netto-)Kaltmiete pro Monat
- ☐ Höhe der Nebenkosten
- ☐ Regelungen hinsichtlich etwaiger Mieterhöhungen
- ☐ Bezugszeitpunkt (möglichst früh/spät)
- ☐ Dauer des Mietvertrages (möglichst kurze/lange Bindung, ggfs. Option)
- ☐ Kündigungsmöglichkeiten
- ☐ Kaution
- ☐ sonstige Kosten (Makler o. ä.)
- ☐ Verkehrsmäßige Erreichbarkeit für die Zielmandanten (öffentlicher Personennahverkehr, Nähe des Bahnhofs und des Flughafens, Straßenverkehr, Fernverkehr)
- ☐ Parkmöglichkeiten
- ☐ Fahrstuhl vorhanden? (bei höhergelegenen Räumen)
- ☐ Entfernung von Gerichten, Banken, Post usw.
- ☐ Erweiterungsmöglichkeiten im gleichen Objekt/ggfs. in der Nachbarschaft?

166 Die logisch folgende Frage, die über die Standortplanung hinausgeht, ist diejenige der **Einrichtung der Kanzleiräume**. Diese Frage gehört zu der Phase der eingehenden Planung der Kanzlei und wird – unter finanziellen Gesichtspunkten – bei „Planung der einmaligen Investitionen" kurz behandelt (Rdn. 211).

II. Erfolgsschlüssel der Planung (operative Planung, 1.)

1. Marketing-Ansatz: Aktive Mandantengewinnung und Marketingplan

167 **a) Die Mandantenakquisition in der Gründungsphase.** Es gibt mehrere Arten der Mandantengewinnung. Im Dienstleistungsbereich, insbesondere im Bereich der Rechtsberatung, einem Bereich, in dem das Vertrauen und die persönliche Beziehung zum Dienstleister eine wichtige Rolle spielen, ist die Gewinnung von neuen Mandaten und Mandanten durch **Weiterempfehlung** bekanntlich sehr verbreitet.

168 Allerdings bringt Sie der Weg der Weiterempfehlung kaum weiter, wenn Sie sich in der Phase der Kanzleigründung befinden und solange der Ruf Ihrer Kanzlei noch nicht

etabliert ist. Sie sind noch wesentlich stärker als die alteingesessenen konkurrierenden Kanzleien auf **Werbemaßnahmen** zur Gewinnung von neuen Mandanten angewiesen. Selbstverständlich werden Sie für die Zukunft Ihrer Kanzlei schon von der ersten Zeit an daran arbeiten müssen, durch Weiterempfehlung von zufriedenen Mandanten – und möglichst auch von Kooperationspartnern – zusätzliche Mandanten für sich zu gewinnen. Vor diesem Hintergrund sind beispielsweise **Öffentlichkeitsarbeit** (§ 44 in diesem Handbuch) – als Teil der Kommunikationspolitik – und **Qualitätsmanagement** (§ 25 in diesem Handbuch) von besonderer Bedeutung.

Um möglichst schnell eine wirtschaftliche Mandantenstruktur zu erreichen, müssen Sie **169** sich daher der Möglichkeiten der Werbung bedienen. Dies hat unter Berücksichtigung der berufsrechtlichen Regelungen zu erfolgen. Glücklicherweise kommt Ihnen die seit 1987[41] zunehmende **Lockerung des anwaltlichen Werberechts** als Neueinsteiger zugute.[42]

Aus der Perspektive der Rechtsuchenden betrachtet hat ein potentieller Mandant ein **170** Recht auf Information darüber, ob Sie angesichts Ihrer fachlichen Ausrichtung voraussichtlich in der Lage sind, sein Rechtsproblem zufriedenstellend – oder gar besser als andere – zu lösen. Als Anwort darauf ist es Ihre Aufgabe, eine **aktive Informationspolitik** zu betreiben. Nur aus Ihrer Perspektive gesehen, müssen Sie, wenn Sie den Erfolg Ihrer Kanzleigründung sicherstellen wollen, die Möglichkeiten der Werbung nutzen und das rechtsuchende Publikum – und dabei an erster Stelle Ihre Zielmandanten – über Ihre „Tätigkeitsschwerpunkte",[43] Ihre Kenntnisse, Ihre Erfahrungen, mit einem Wort über Ihr Dienstleistungsangebot informieren.

Die für Ihren Erfolg entscheidende Frage des Aufbaus eines Mandantenstamms müssen **171** Sie anhand einer systematischen Planung der Vermarktung Ihres Dienstleistungsangebots (Marketingplan) angehen. Dazu gehört unter anderem die Planung von Akquisitionsmaßnahmen (Werbepolitik).

b) Zusammenstellung des Marketing-Plans. Solange Sie sich mit Grundentscheidun- **172** gen wie Kanzleiprofil und Standortwahl beschäftigen, sind Sie bei der strategischen Unternehmens- und Marketingplanung. Die Aufgabe der **operativen** Marketingplanung besteht darin, Ihre Kanzleistrategie anhand konsequent ausgewählter Maßnahmen umzusetzen.[44]

Im Rahmen des operativen Marketings haben Sie einen **Marketingplan** mit dem Ziel **173** zusammenzustellen, Ihre anwaltliche Dienstleistung am Markt (also für Ihre Zielmandanten) attraktiv zu gestalten. Der Plan besteht in Anlehnung an das klassische Marketing-Konzept aus einem Mix von Instrumenten (Marketing-Mix), der sich in der englischen Marketingsprache aus vier „P" zusammensetzt:

- Die Leistungspolitik (**P**roduct) **174**
- Die Distributionspolitik (**P**lace)
- Die Honorarpolitik (**P**rice)
- Die Kommunikationspolitik (**P**romotion)

---

[41] Der Liberalisierungsprozeß wurde ausgelöst durch die Entscheidungen des BVerfG vom 14. 7. 1987, NJW 1988, 191 und 194; dazu *Hartung/Holl-Hartung*, BerufsO, Einf. Rdn. 7ff.

[42] Näher zur Zulässigkeit oder Unzulässigkeit von Werbemaßnahmen bei § 40.

[43] Das Wort ist seit Verabschiedung der Berufsordnung normativ festgelegt (Unterscheidung zwischen „Interessenschwerpunkt" und „Tätigkeitsschwerpunkt" in § 7 BerufsO). Hier sind allerdings lediglich die von Ihnen ausgewählten Schwerpunkte für Ihre anwaltliche Tätigkeit gemeint.

[44] Zum Gegenstand der strategischen Unternehmensplanung sowie der strategischen und operativen Marketingplanung aus Sicht der Marketingwissenschaft *Meffert*, Marketing-Management, S. 26f.

- **Leistungspolitik**

175 Gegenstand der Leistungspolitik (im Konsumgüterbereich „Produktpolitik" genannt) ist die marktgerechte (das heißt auf den Bedarf der Abnehmer zugeschnittene) Gestaltung und die verständliche Darstellung der Dienstleistungspalette.[45]

- **Distributionspolitik**

176 Die Distributionspolitik[46] befaßt sich mit der Frage, auf welchen Wegen (im Konsumgüterbereich spricht man von „Absatzwegen") die Leistungen an den Abnehmer dieser Leistung herangetragen werden. Daraus folgt, daß es der Aufgabe der Distributionspolitik entspricht, für die Erreichbarkeit der Kanzlei und des Anwalts für die Mandanten zu sorgen. In dieser Hinsicht spielt das bereits behandelte Thema der Standortwahl im Rahmen der Distributionspolitik eine erhebliche Rolle (s. o. Rdn. 176). Es geht zum Beispiel um die Frage, wie nahe der Standort am Aufenthaltsort des Mandanten gelegen sein soll.

177 Darüber hinaus geht es auch darum, ob die Dienstleistung – der „Tradition" entsprechend – **ausschließlich in den Kanzleiräumen** stattfinden soll (der Mandant wird zur Besprechung in die Kanzlei eingeladen) oder ob eine **flexible Distribution** der Leistung in einigen Rechtsgebieten bzw. bei einigen Zielgruppen nicht angemessener und zeitgemäßer ist (moderner Ansatz im Einklang mit der Einstellung: der „Rechtsanwalt als Dienstleister").

178 In manchen Rechtsgebieten bzw. bei manchen Rechtsuchenden ist eine Distribution vor Ort der Leistung willkommen. Dies ist z. B. in Rechtsgebieten wie Wirtschaftsrecht (Besuch bei Firmen) oder Arzthaftungsrecht (Besuch im Krankenhaus) der Fall. Diese Art „Vor-Ort-Service" zeigt Flexibilität und Mobilität und kann gerade von dem dynamischen Anfänger auf dem Markt zum **Wettbewerbsvorteil** aufgebaut werden. Eine physische Vor-Ort-Präsenz könnte Ihnen als Berater nicht nur ein besseres Verständnis (des Umfeldes) ermöglichen (Firmenbesuch, Hausbesuch), sondern Sie bieten hierdurch Ihren Mandanten den „Service", in den ihnen vertrauten Räumlichkeiten beraten werden zu können.

179 Auch die **technische Ausstattung** (Telekommunikationseinrichtungen und EDV-Anlagen) kann eine flexible und schnelle Distribution der anwaltlichen Leistung gewährleisten, zumal der Faktor Zeit zunehmend eine zentrale Rolle in unserer Gesellschaft – und dementsprechend auch im Wettbewerb – gewinnt.[47] Beispiele hierfür sind: Erreichbarkeit des Anwalts über Handy, Informationsaustausch über E-Mails, Korrespondenz per Telefax, ggfs. als PC-Fax.

180 Das Konzept der **Nutzung der Telekommunikation** als einziger Distributionsweg dringt in der letzten Zeit (importiert aus den USA) in die Anwaltschaft. So basiert das Konzept der „virtuellen Anwaltskanzlei" auf der Nutzung des Internets für die Distribution der anwaltlichen Leistung und ermöglicht den Verzicht auf Kanzleiräume.[48] Ähnliches gilt bei den anwaltlichen „Hotlines", wo die Distribution der anwaltlichen Leistung ausschließlich per Telefon erfolgt.

- **Honorarpolitik**

181 Bei der Honorarpolitik[49] (im klassischen Marketing „Preispolitik", im Dienstleistungsbereich auch „Kontrahierungspolitik" genannt) geht es im anwaltlichen Bereich um die Festlegung des Entgelts für die erbrachte Leistung.

182 Zwar regelt die Bundesgebührenordnung für Rechtsanwälte (BRAGO) die Vergütung des Rechtsanwalts und stellt bei der anwaltlichen Dienstleistung die noch am meisten ange-

---

[45] *Schiefer/Hocke*, S. 54. Zum Thema Leistungspolitik vgl. unter § 5 Rdn. 117 ff.

[46] Zum Thema Distributionspolitik vgl. § 37.

[47] *Mauer/Krämer*, Marketingstrategien für Rechtsanwälte, Rdn. 365.

[48] Vgl. eingehend unter § 15.

[49] Das Thema „Honorarpolitik" wird in diesem Werk ausführlich in § 36 behandelt; des weiteren *Krämer/Kohn-Lehnhof,* Pricing für Rechtsanwälte, AnwBl. 1997, 306; *Krämer,* Akzeptanz unterschiedlicher Honorargestaltungen bei Rechtsanwälten, AnwBl. 1998, 371.

wandte Abrechnungsmethode dar. Die **BRAGO** basiert aber auf der traditionellen Tätigkeit des Prozeßanwalts. Durch ihre Orientierung an Streit- bzw. Gegenstandswerten ist sie im Bereich der Beratung häufig unangemessen. Hier kann vielmehr eine Abrechnung der Leistung nach **Stundensatz** oder zu einem festen **Pauschalhonorar** angebracht sein. Hinzu kommt, daß das Gebührensystem der BRAGO für die meisten Rechtsuchenden nicht transparent ist, was Hemmungen hinsichtlich der Beauftragung eines Anwalts auslöst.

Die alternative Abrechnungsmethode nach – schriftlicher (§ 3 Abs. 1 BRAGO) – **Honorarvereinbarung** (Stundensatz oder Pauschalhonorar) bietet vom Grundsatz her den Vorteil, **fairer** zu sein, und zwar sowohl für den Mandanten (keine unangemessen hohe Gebühr bei wenig Arbeit des Anwalts und/oder wenig Nutzen für den Mandanten) als auch in anderen Fällen für den Rechtsanwalt (keine unangemessen geringe Vergütung bei großem Zeitaufwand, großer Kompetenz und/oder großen Haftungsrisiken). 183

Mehrere Aspekte müssen Sie allerdings bei der Honorargestaltung parallel im Auge behalten. Aus der Perspektive Ihrer Mandanten soll das **Preis-Leistungs-Verhältnis** stimmen (nur so erreichen Sie, daß er zufrieden ist und zurückkommt bzw. Sie weiterempfiehlt). Gleichzeitig soll – nun aus Ihrer Perspektive betrachtet – Ihre Tätigkeit ausreichend vergütet werden, damit sie schnell genug **rentabel** wird. 184

Die Vereinbarung muß auch **zulässig** und damit wirksam sein. Bei einer gerichtlichen Tätigkeit dürfen die gesetzlichen Gebühren nicht unterschritten werden, vgl. § 3 Abs. 5 BRAGO. Auch im außergerichtlichen Bereich können derartige „Dumping-Preise" berufsrechtlich problematisch sein. Diese Frage wird in jüngster Zeit im Zusammenhang mit einer Zeitvergütung (3,63 DM pro Minute) bei rein telefonischer Rechtsberatung (Anwalts-Hotline) diskutiert.[50] 185

Vor allem junge Rechtsanwälte neigen dazu, den Wert ihrer Zeit und ihrer Leistung aus Unsicherheit zu unterschätzen und sich „unter dem Marktpreis zu verkaufen". Neben den **betriebswirtschaftlichen** Folgen dieses Verhaltens muß auf mögliche Auswirkungen auf das **Image** der Kanzlei – bzw. die Beurteilung der Leistung – geachtet werden. Die Beobachtung der psychologischen Auswirkung des Preises, die schon im Konsumgüterbereich festgestellt wird („teuer muß besser sein"), gilt aufgrund der Immaterialität von Dienstleistungen verstärkt im Dienstleistungsbereich, insbesondere bei der komplexen anwaltlichen Dienstleistung. Da die Rechtsuchenden im Regelfall keine ausreichenden Kenntnisse besitzen, um die Qualität der Leistung ihres Anwalts zu beurteilen, kann der Preis – zusammen mit anderen „Ersatzindikatoren" – zum Indiz für die Qualität werden („billig muß schlechter sein"). 186

- **Kommunikationspolitik**

Die Aufgabe der Kommunikationspolitik[51] einer Rechtsanwaltskanzlei besteht in der Information und der Überzeugung des rechtsuchenden Publikums von der Qualität der am Markt angebotenen Dienstleistung. Weil es im Dienstleistungsbereich um immaterielle Leistungen geht, die der Abnehmer der Leistung vor Auftragserteilung nicht sehen kann, ist es ein wichtiges Ziel der Kommunikationspolitik, eine **Vertrauensbeziehung** herzustellen. Diese Funktion der Kommunikationspolitik ist im Bereich der anwaltlichen Leistung um so wichtiger, als häufig eine Hemmschwelle seitens des Rechtsuchenden festzustellen ist. Der Rechtsuchende soll durch die **Informations- und Überzeugungsleistung** der Kommunikationspolitik dazu bewegt werden, den Rechtsanwalt oder die Rechtsanwaltskanzlei zu mandatieren. 187

In der Phase der Kanzleigründung werden im Rahmen der Kommunikationspolitik zunächst folgende Fragen zu klären sein: 188

- Verwendung eines Logos
- Gestaltung der Briefbögen und Visitenkarten
- Gestaltung des Kanzleischildes
- Darstellung der Kanzlei im Internet, Kanzleibroschüre

[50] Für Unzulässigkeit einer solchen Zeitvergütung das OLG Frankfurt a. M., AnwBl. 1999, 661.
[51] Vgl. zum Thema Kommunikationspolitik unter §§ 38, 40, 41 und 43.

189 Wichtig – auch wenn Sie sich gegen die Verwendung eines Logos im engeren Sinne (Graphik) entscheiden – ist die Erreichung eines **Wiedererkennungseffektes**. Dies gelingt durch die Verwendung eines einheitlichen visuellen Erscheinungsbildes (**Corporate Design**). Überall, wo es möglich ist, sollte dieses Design in die Gestaltung einbezogen werden: Briefbögen, Visitenkarten, Kanzleischild, Freistempler, Zeitungsanzeige usw.

190 Praktische Bedeutung für die Anwaltskanzlei haben innerhalb der Kommunikationspolitik insbesondere die Werbung (engl. „Advertising") und die Öffentlichkeitsarbeit (aus dem Englischen „Public Relations" oder kurz „PR" genannt).

191 Die **Werbung**[52] umfaßt die Information des Publikums durch den Einsatz von (bezahlten) Medien. Beispiele von mittlerweile üblichen Werbemaßnahmen für Anwaltskanzleien sind die Plazierung einer **Anzeige** in der Zeitung oder in Verzeichnissen, Branchenbüchern usw. sowie die Eintragung in **Suchservices**.[53]

192 Die **Werbestrategie** beantwortet drei wichtige Fragen:

– **Definition der Zielgruppe**: Wer soll durch die Werbung angesprochen werden? Hier kommt die Bedeutung einer klaren Definition der Zielmandanten (siehe Kanzleiprofil, Rdn. 121) besonders zur Geltung.
– **Botschaft**: Welche Botschaft soll übermittelt werden?
– **Medien**: Welche Medien kommen hierfür in Betracht? (Zeitungen, Zeitschriften, TV, Rundfunk, Plakatwand, Branchenbücher usw.)

193 Die neu gegründete Anwaltskanzlei hat durch den Einsatz von Werbemedien die Möglichkeit, einen schnelleren Zuwachs des Mandantenstammes zu erreichen, da durch den Einsatz von Massenmedien ein **breiteres Publikum** von der Existenz der Kanzlei erfahren kann. Allerdings bedeuten Werbemaßnahmen – z. T. erhebliche – Investitionen, die das Budget in der Anfangsphase schwer belasten können. Schon deswegen ist es nicht sinnvoll, alle theoretisch möglichen Medien in Anspruch zu nehmen. Der Wahl des richtigen Mediums, um die definierte Zielgruppe zu erreichen, kommt aus diesem Grunde eine besondere Bedeutung zu.

194 Neben einer **Werbebudgetierung** (Festlegung eines Budgets für die Werbemaßnahmen über einen bestimmten Zeitraum) ist ständig auf die Rentabilität der einzelnen Werbemaßnahmen zu achten (Kosten/Nutzen-Verhältnis). Zum Teil kann dieser Aspekt nur durch eigene Erfahrung erkannt werden, da viele individuelle Kriterien den Erfolg einer Werbemaßnahme beeinflussen, u. a. die Zielgruppe, die durch die Kanzlei angesprochen wird. Daraus ergibt sich die Bedeutung einer regelmäßigen **Rentabilitätskontrolle** (s. u. Rdn. 339).

195 Während Werbemaßnahmen tendenziell kurzfristig ausgerichtet sind, streben Maßnahmen der **Öffentlichkeitsarbeit** den langfristigen Aufbau eines positiven Images der Kanzlei in der Öffentlichkeit an. Maßnahmen der Öffentlichkeitsarbeit sind: Pressearbeit, Vortrags- und Referententätigkeiten, Informationsbriefe, Vernissage.[54]

196 Eine wichtige Rolle spielt im anwaltlichen Bereich die **Mund-zu-Mund-Kommunikation**. Der Dienstleister (also z. B. Sie als Kanzleiinhaber) kann sie kaum steuern. Dennoch sollten Sie stets daran arbeiten, die Mund-zu-Mund-Propaganda positiv zu beeinflussen, indem Sie einen hohen Zufriedenheitsgrad bei Ihren Mandanten erreichen.

197 **c) Internes Marketing.** Das Interne Marketing wird im Dienstleistungsbereich häufig als weiteres **Instrument des Marketingmix** neben der Leistungspolitik, Distributionspolitik, Honorarpolitik und Kommunikationspolitik betrachtet.[55] Im Folgenden wird lediglich eine Beschreibung der Kernidee des internen Marketing wiedergegeben, um danach auf seinen Einsatz in der Kanzlei während der Aufbauphase einzugehen. Die Lektüre des

[52] Näher zu einzelnen Werbemaßnahmen, auch hinsichtlich deren Zulässigkeit: *V. Römermann,* in: Hartung/Holl, BerufsO, 1997, §§ 6–10 sowie Anhang § 10 (Werbe-ABC).

[53] Siehe dazu unter § 42.

[54] Näher unter § 44.

[55] Vgl. *Mauer/Krämer*, Marketingstrategien für Rechtsanwälte, Rdn. 477 u. 490.

§ 23 (*Bruhn*), der dieses wichtige Thema im einzelnen behandelt, wird an dieser Stelle empfohlen.

• **Kernidee des internen Marketing** 198

Die Kanzleimitarbeiter spielen eine ausschlaggebende Rolle hinsichtlich des **Erscheinungsbildes** einer Kanzlei. Dies gilt um so mehr für diejenigen, die in direkten Kontakt mit den Mandanten treten, z. B. die Sekretärin oder die Telefonistin (der Telefonempfang gilt als „Visitenkarte der Kanzlei"). Grundsatz des internen Marketing ist es, das Personal ebenso wie die (Ziel-)Mandanten als Zielgruppe zu betrachten (Mitarbeiter sind „interne Mandanten"). Den Mitarbeitern soll hierdurch ein positives Image von der Kanzlei vermittelt, sie sollen von der Kanzlei überzeugt oder gar für die Kanzlei begeistert werden.

Das Konzept des internen Marketing strebt also eine höhere **Zufriedenheit** der Mitarbei- 199
ter als Ergänzung zur Mandantenzufriedenheit an und beschäftigt sich im wesentlichen mit der **Mitarbeitermotivation**. Es wird unterstellt, daß die Qualität der Leistung und die daraus resultierende Mandantenzufriedenheit in erheblichem Maße von der Motivation und Zufriedenheit der Mitarbeiter abhängen (internes Marketing als Voraussetzung für externes Marketing).[56] Das interne Marketing befindet sich somit an der Schnittstelle von **Marketing- und Personalmanagement** und wird in Verbindung mit Managementinstrumenten wie etwa der internen Kommunikation, der Fort- und Weiterbildung oder der Delegation betrieben.

• **Einsatz des internen Marketing in der neu gegründeten Kanzlei** 200

Zwei Erkenntnisse sollten im Zusammenhang mit dem Einsatz des internen Marketing während der Aufbauphase erwähnt werden:

In der Anfangszeit ist die Kanzlei verstärkt auf motivierte und engagierte Mitarbeiter 201
angewiesen. Ein höherer Einsatz der Mitarbeiter ist in der Aufbauphase erforderlich, um noch nicht geregelte **organisatorische Aspekte** besser bzw. effizienter zu lösen, aber auch um an einer **mandantengerechten Gestaltung** der Leistung zu arbeiten (Mitarbeiter, die in unmittelbarem Kontakt mit den Mandanten stehen, erhalten nicht selten mehr feed back, Wünsche und Anregungen als der unter Termindruck stehende Rechtsanwalt). Ferner spielt das Verhalten der Mitarbeiter in dieser Phase eine bedeutsame Rolle für den **Aufbau des Rufes** der Kanzlei.

Motivation und Vergütung dürfen nicht verwechselt werden. Es sollte selbstverständlich 202
sein, daß gute Arbeit auch gut – das heißt ausreichend und leistungsgerecht – bezahlt wird. Am besten sollte die Vergütung **leistungsorientiert** erfolgen, soweit es sich einrichten läßt. Materielle Anreize allein sind allerdings für die Motivation nicht ausreichend, zumal gut ausgewählte Mitarbeiter häufig Verständnis für die finanzielle Situation zu Beginn der Existenzgründung haben werden. Viel wichtiger sind **immaterielle Anreize**.[57] In diesem Zusammenhang spielen ein angenehmes Betriebsklima und gute Arbeitsbedingungen eine ausschlaggebende Rolle.

Insbesondere ist auf folgende Aspekte früh genug Wert zu legen:

203

- ☐ **Schönes und modernes Arbeitsumfeld** (auf diesen Aspekt haben Sie in der Aufbauphase die besten Einflußmöglichkeiten; denken Sie bei der Einrichtung und Gestaltung der Büroräume daran)
- ☐ **Festlegung einer Fortbildungspolitik** (Zusammenstellung eines Weiterbildungskonzepts, interne Schulung, Fortbildungsveranstaltungen als Auszeichnung für besondere Leistungen)

---

[56] *Lutz*, Marketing für Steuerkanzleien, 1995, S. 37.

[57] Vgl. auch *Lutz*, Marketing für Steuerkanzleien, S. 38; *Schiefer/Hocke*, Marketing für Rechtsanwälte, 1996, *Mauer/Krämer/Becker*, Unternehmensführung für rechts- und wirtschaftsberatende Berufe, Rdn. 482.

- ☐ **Übertragung von interessanten und wichtigen Aufgaben** (Definition von Verantwortungsbereichen, Delegation)
- ☐ **Gute Berufsperspektiven** (durch gute Ausbildung, Förderung innerhalb der Kanzlei)
- ☐ **Gelegenheiten für die Mitarbeiter, sich untereinander kennenzulernen** (Einrichtung eines Sozialraums, in dem sich die Mitarbeiter während der Kaffee- und Mittagspausen unterhalten können, Organisation von externen Treffen, gemeinsame Unternehmungen: Abendessen, Ausflüge und sonstige Begegnungsmöglichkeiten)
- ☐ **Transparente Informationspolitik** gegenüber den Mitarbeitern (Unterrichtung der Mitarbeiter über den Stand der bearbeiteten Angelegenheiten, Mitteilung von laufenden Erfolgserlebnissen, Erläuterung der Hintergründe wichtiger Unternehmensentscheidungen, Einrichtung von regelmäßigen internen Besprechungen)
- ☐ Nicht zuletzt ständige **Bewertung der Leistungen, Anerkennung und Lob**

204 Es kommt folglich darauf an, von Anfang an die Entstehung eines Gefühls von **Zusammengehörigkeit** (Teamgeist) zu fördern und eine **positive Atmosphäre** in der Kanzlei zu schaffen. **Begeisterung** ist ansteckend und Voraussetzung für herausragende Leistungen.[58] Der Kanzleiinhaber kann im Sinne des internen Marketing nichts Besseres tun als seine Mitarbeiter durch die Kraft seiner eigenen Begeisterung zum freiwilligen Handeln anzuregen, um die Leistung der Kanzlei ständig zu verbessern. Entsteht mit der Zeit bei den Mitarbeitern das Gefühl, zu einer Siegermannschaft zu gehören (Identifikation mit der Kanzlei, Stolz auf die Kanzlei), wird sich die entsprechende Motivation der Mitarbeiter in der Leistung der Kanzlei und in der Zufriedenheit der Mandanten widerspiegeln. Dadurch wird die Mitarbeitermotivation für die Kanzlei zum **Erfolgsfaktor**.

2. Betriebswirtschaftlicher Ansatz: Finanzplanung der Kanzlei

205 Die Planung finanzieller Aspekte – insbesondere die Frage der Finanzierung des Gründungsvorhabens – stellt ein nicht nur zentrales, sondern auch entscheidendes Thema der Kanzleigründung dar. *Wolf* macht zutreffend darauf aufmerksam, daß das Scheitern von Existenzgründungen häufig auf den Umstand zurückzuführen ist, daß einer genauen Finanzierungsplanung nicht die nötige Aufmerksamkeit geschenkt wurde. Hinzu kommt, daß bei der Finanzierungsplanung viele Erkenntnisse für die spätere Kanzleiführung gewonnen werden können.[59]

206 **a) Planung der einmaligen Investitionen und der laufenden Kosten.** Bei dem zu kalkulierenden Budget für die Kanzleigründung ist zu unterscheiden zwischen den **einmaligen Investitionen** und den **laufenden Kosten**. Beide Komponenten hängen im wesentlichen von dem bei der strategischen Planung gewählten **Kanzleiprofil** (insbesondere von der Zielgruppe, den Spezialgebieten, dem Kanzleiimage) und dem entsprechenden **Standort** ab, und zwar sowohl hinsichtlich der Höhe des Gesamtbudgets als auch hinsichtlich der einzelnen Budgetposten (Inhalt). Eine gehobene Klientel als Zielgruppe und/oder die Ausrichtung der Kanzlei im wirtschaftsrechtlichen Bereich setzen eine andere Größenordnung des Budgets voraus als Privatpersonen mit einem durchschnittlichen Lebensstandard als Zielgruppe und/oder die Ausrichtung der Kanzlei z. B. im strafrechtlichen Bereich.

207 • **Einmalige Investitionen**

Die einmaligen Investitionen umfassen die Investitionen in Sachmittel zur Erstausstattung der Kanzleiräume, also u. a. die **Möblierung** (Arbeitstische, Stühle, Schränke etc.), die **technische Ausstattung** der Kanzlei (Diktiergerät, Kopierer, Computer usw.), die **Dekoration** der Räume (Pflanzen, Bilder) und ein Teil des **Bürobedarfs** wie z. B. die Anwaltsrobe oder Stempel (Einzelheiten zur Erstausstattung unten bei Rdn. 267).

[58] *Lutz*, Marketing für Steuerkanzleien, S. 39.
[59] *Wolf*, Erfolg im Anwaltsberuf, S. 225.

Eine allgemeine Aussage, in welcher Größenordnung sich das **Investitionsbudget** hinsichtlich der einmaligen Investitionen bewegen wird, ist nicht möglich. Dieses Budget ist von zahlreichen **individuellen Kriterien** abhängig: Nicht nur von der Kanzleipositionierung (s. o. Rdn. 121), sondern auch vom Geschmack des Kanzleigründers, von der Stadt oder Region, in der die Kanzlei eröffnet wird, gegebenenfalls auch von der Inanspruchnahme aktueller Angebote oder Gelegenheiten (z. B. Erwerb von gebrauchten Geräten oder Möbelstücken). **208**

Nach den Ergebnissen der sog. „*Hommerich*-Studie“ in bezug auf die Startbedingungen junger Anwälte (die Erhebungen liegen allerdings mehr als zehn Jahre zurück) beginnen 75 % der Einzelanwälte ihre berufliche Tätigkeit im eigenen Büro mit einem Investitionsvolumen bis zu 50000 DM.[60] Dieses Investitionsbudget dürfte heute eher den unteren Randbereich bei einer preisgünstig eingerichteten Einzelkanzlei darstellen. **209**

Eine vollständige Liste der Erstausstattung der Kanzlei bei der Gründung kann nicht gegeben werden, da dies von der Individualität jedes Konzepts abhängt. Als Hilfestellung für die Zusammenstellung einer individuellen Liste wird jedoch im Folgenden eine Check-Liste angeboten. **210**

Check-Liste für die Planung der einmaligen Investitionen (Erstausstattung der Kanzlei):[61] **211**

- ☐ Renovierung/Kaution/Umzug
- ☐ Möblierung der Räume (Arbeitsplätze inkl. Stühle/Besucherstühle, (Akten-) Schränke)
- ☐ Raumdekoration und -belichtung (Pflanzen, Bilder, Teppich, Lampen, Jalousien oder Gardinen etc.)
- ☐ Computer (Computereinzelplätze, ggfs. Vernetzungskosten oder zentraler Server)
- ☐ Software (Windows, Buchhaltungsprogramm und/oder ggfs. Anwaltssoftware, Spracherkennungssystem usw.)
- ☐ Drucker
- ☐ Fotokopierer
- ☐ Diktiergeräte, Abspielgeräte (und Zubehör)
- ☐ Telefonanlage und weitere Telekommunikationseinrichtungen (Telefax, Anrufbeantworter, Telefongeräte, Modem oder ISDN-Karte usw.)
- ☐ Mobilfunk (Handy und/oder Autotelefon)
- ☐ Briefwaage, ggfs. Frankiermaschine
- ☐ Grundausstattung der Bibliothek (Bücher und Zeitschriften), Literatur in Papier- und/oder elektronischer Form [CD-ROMs]
- ☐ Telefon-, Anwalts- und Gerichtsverzeichnisse
- ☐ Praxisschild, Stempel sowie Erstausstattung mit Drucksachen (Visitenkarten, Briefbögen usw.)
- ☐ Registratur und Aktengrundausstattung
- ☐ Büromaterial (Papier, Stifte, Briefumschläge, Bürolocher und -hefter etc.)
- ☐ sonstiger anwaltsspezifischer und allgemeiner Bürobedarf (Anwaltsrobe, Termin- und Fristenkalender, Aktenvernichter, Ablagekörbe, Papierkörbe, Unterschriftsmappen etc.)
- ☐ Zulassungskosten (insbesondere Zulassungsgebühr)
- ☐ Unvorhergesehenes (Dieser Posten ist vorsichtshalber großzügig zu planen!)

[60] *Hommerich*, Die Anwaltschaft unter Expansionsdruck, S. 70 f.

[61] Für weitere Anregungen: *Ullrich*, in: Die moderne Anwaltskanzlei, 1994, S. 37–118; *ders.*, in: DAV-Ratgeber 1997, S. 364–372; *Wolf*, Erfolg im Anwaltsberuf, S. 226 ff. und 239 ff. („Modellrechnung“); *Felser/Philipp*, Die erfolgreiche Kanzleigründung, 1997, S. 49–51. Des weiteren werden von Einrichtungsfirmen für Anwaltsbüros und von Fachanbietern Spezialkataloge herausgegeben. Bei der Hans Soldan GmbH (Bocholderstr. 259, 45356 Essen) ist ein „Kostenvoranschlag für die Erstausstattung und Einrichtung eine Anwaltspraxis“ erhältlich.

212 Hinzu kommen eventuell Kosten für den Erwerb eines Geschäftsfahrzeuges sowie für eine Kanzleieröffnungsfeier, Zeitungsinserate und sonstige geplante Werbungsaktionen zur Kanzleieröffnung.

213 • **Laufende Kosten**

Unter laufenden Kosten sind die jährlich und monatlich anfallenden Betriebskosten zu verstehen. Sie sind u. E. auf einen **Zeitraum** von mindestens zwölf Monaten zu planen.

214 In ihrer **Höhe** sind die laufenden Kosten wiederum von individuellen Kriterien abhängig, hier insbesondere dem Standort (für die Miet- und Nebenkosten) und dem tatsächlichen Wachstum des Tätigkeitsvolumens der Kanzlei. Dies betrifft zahlreiche Posten: Porto, Telefon, Personal usw. Anhand der folgenden Check-Liste wird eine Auswahl von in Anwaltskanzleien üblicherweise anfallenden Betriebskosten wiedergegeben.[62]

215 **Checkliste für die Planung der laufenden Betriebskosten**

- ☐ Miete/Mietnebenkosten (Strom, Wasser, Heizung)
- ☐ Personalkosten
- ☐ Telefongebühren
- ☐ Portokosten
- ☐ EDV-Kosten (Software)
- ☐ Wartung für die weitere Bürotechnik (z. B. Fotokopierer)
- ☐ monatlicher Büromaterialbedarf
- ☐ PR und Werbung (Infoblätter, Broschüre, Suchservices, Anzeigen)
- ☐ Steuerberatungs- und ggfs. Buchführungskosten
- ☐ Versicherungen (näher unten Rdn. 293)
(Berufshaftpflichtversicherung und sonstige Büroversicherungen)
- ☐ Beiträge bei beruflichen Organisationen:
Rechtsanwaltskammer (Pflichtbeitrag),
Anwaltverein und sonstige Vereine (freiwillig)
- ☐ Beitrag zur Verwaltungsberufsgenossenschaft (Pflichtbeitrag)
- ☐ Fortbildungskosten
(diverse Seminare z. B. für den Erwerb einer Fachanwaltschaftsbezeichnung)
- ☐ Laufende Literaturkosten, Zeitschriftsabonnements und Ergänzungslieferungen bei Loseblattsammlungen
- ☐ Kosten des Geschäftsfahrzeugs (Benzin, Reparaturen usw.)
- ☐ Kontoführungsgebühren
- ☐ Aufwand für die Finanzierung (Zinsen, Agios)
- ☐ Unvorhergesehenes

216 Unter den laufenden Betriebskosten sind bei der Planung auch eventuelle **Leasingkosten** zu berücksichtigen, falls diesem Weg der Vorzug vor dem Erwerb einzelner Geräte (z. B. Kopierer) oder eines Geschäftsfahrzeuges gegeben wurde.[63]

[62] Vgl. auch *Wolf*, Erfolg im Anwaltsberuf, 1994, S. 239 ff. (Kapitel „Modellrechnung"); *Felser/Philipp*, Die erfolgreiche Kanzleigründung, S. 52–53.

[63] Zu Vorteilen und Nachteilen des Leasing als im Vergleich zum Kauf alternative Anschaffungs- bzw. Nutzungsform sowie zu den möglichen Vertragstypen beim Leasing vgl. *Wolf*, Erfolg im Anwaltsberuf, S. 184–185.

b) Umsatz- und Gewinnplanung

- **Umsatz und Gewinn** 217

Für diejenigen, die sich bereits mit den Grundlagen der Betriebswirtschaft beschäftigt haben, wird die folgende Aussage als Selbstverständlichkeit erscheinen. Leider wird sie in ihren Auswirkungen von vielen, zum Teil sogar seit Jahren tätigen, selbständigen Rechtsanwälten unterschätzt: Der **Umsatz** der Kanzlei – also die auf dem Konto eingehenden Honorare – ist nicht mit dem **Gewinn** zu verwechseln.

Das Geld, das auf dem Geschäftskonto eingeht, ist bei dem selbständigen und im Regelfall 218
umsatzsteuerpflichtigen Rechtsanwalt der Bruttoumsatz; abgesehen selbstverständlich von Fremdgeldern und der Auslagenerstattung an die Kanzlei. Die Umsatzsteuer ist für die Kanzlei wirtschaftlich neutral und daher einem durchlaufenden Posten ähnlich.[64] Der nach Abführung der Umsatzsteuer verbleibende Nettoumsatz steht aber noch längst nicht vollständig dem Anwalt für sein Privatleben zur Verfügung. Zunächst sind zahlreiche laufende Kosten zu bezahlen (s. o. Rdn. 213).

Falls nach Ablauf eines Geschäftsjahres Gewinn vorhanden ist, also Überschuß der 219
Betriebseinnahmen über die Betriebsausgaben (bei Wahl der Einnahme-/Überschußrechnung als Gewinnermittlungsart, vgl. unten Rdn. 245), ist dieser noch zu versteuern (Einkommensteuer).

- **Umsatzplanung** 220

Bei der Umsatz- und Gewinnplanung geht es darum, sich konkretere Gedanken über die Entwicklung der zwei Rechengrößen „(Netto-) Umsatz" und „Gewinn" zu machen. Die Schwierigkeiten fangen schon bei der notwendigen Einschätzung der zu erwartenden Umsätze an. Es besteht zwar die Möglichkeit, für die Umsatzplanung auf **Erfahrungswerte** zurückzugreifen. Diese Erfahrungswerte können entweder durch Gespräche mit Kollegen und/oder Beratern (s. u. Rdn. 309 zum Thema Existenzgründungsberatung) oder in statistischen Erhebungen und in der Literatur gewonnen werden. Es wird zum Beispiel zur Orientierung vorgeschlagen, von einem Honorarvolumen im ersten Jahr von ca. 54000 DM, im zweiten Jahr von 72000 DM, im dritten Jahr von 90000 DM auszugehen.[65] Betrachtet man aber das Vorhaben einer bestimmten Kanzleigründung im Einzelfall, so können die zu erwartenden Umsätze in erheblichem Maße oberhalb oder unterhalb dieser Werte liegen, zumal die Umsatzentwicklung erheblich von **individuellen Aspekten** abhängt.

Hierzu zählen insbesondere folgende Kriterien:[66] 221

- ☐ Ist eine **Spezialisierung** oder zumindest eine grobe **Fachrichtung** für die zukünftige Kanzlei beabsichtigt? Oder ist eine allgemein beratende anwaltliche Tätigkeit geplant?
- ☐ Welche **Rechtsbereiche** werden im einzelnen als Spezialgebiete gewählt?
- ☐ Wie hoch sind die **fachliche Qualifikation** und der **persönliche Einsatz** des Kanzleigründers/der Kanzleigründer?
- ☐ Welche **Mandantenstruktur** wird angestrebt? (Insbesondere in bezug auf Kriterien wie: private/gewerbliche Mandanten, soziale Schicht der Mandanten)

---

[64] *Möller*, Buchführung, Steuern und Personal, 1996, S. 70.

[65] *Ullrich* zit. n. *Wolf*, Erfolg im Anwaltsberuf, S. 229. Weitere Erfahrungswerte – allerdings aus den Jahren 1980 bis 1985 – bei *Hommerich*, Die Anwaltschaft unter Expansionsdruck, S. 98–100.

[66] Bei der Untersuchung der Determinanten des wirtschaftlichen Erfolges junger Anwälte unterscheidet *Hommerich* zwischen Merkmalen in bezug auf die individuelle Kompetenz des Anwalts (u. a. Noten des ersten und zweiten Staatsexamens, Promotion, Auslandserfahrung, Berufserfahrung) einerseits und marktbezogenen Merkmalen (Mandantenstruktur, fachlicher Schwerpunkt der Kanzlei) andererseits: *Hommerich*, Die Anwaltschaft unter Expansionsdruck, S. 101–107.

- ☐ Im Hinblick auf die geplante Honorarpolitik (s. o. Rdn. 181):
  Welche **Abrechnungsmethoden** werden angewandt (BRAGO, Honorarvereinbarungen)?
  Welcher Anteil der gesamten Tätigkeit der zukünftigen Kanzlei ist hinsichtlich der aufgrund **Beratungs- bzw. Prozeßkostenhilfe** abgerechneten Mandate zu erwarten? (In Verbindung mit den ausgeübten Rechtsgebieten und der sozialen Schicht der (Ziel-)Mandanten)
  Welcher Umsatzanteil wird voraussichtlich über **Rechtsschutzversicherungen** abgewikkelt?
- ☐ Handelt es sich bei der zu gründenden Kanzlei um eine **Einzelanwaltskanzlei** oder eine **Sozietät**?
- ☐ Wird die anwaltliche Tätigkeit in Gemeinschaft oder in Kooperation mit **Steuerberatern/ Wirtschaftsprüfern** ausgeübt?
- ☐ In welcher **Stadt/Region** wird die Kanzlei gegründet, insbesondere in bezug auf:
  Anwaltsdichte
  Nachfrage nach den angebotenen Rechtsbereichen
  Größe des Ortes?

222 Die Vielfältigkeit der Kriterien läßt deutlich erkennen, wie stark sich verallgemeinerte Erfahrungswerte und statistische Durchschnittsangaben bei jedem individuellen Fall der Kanzleigründung relativieren. Dem Kanzleigründer bleibt es angesichts dieser Beobachtung nur übrig, sich mit einer relativ großen Unsicherheit hinsichtlich der zukünftigen Umsätze zurechtzufinden. Da eine Umsatzplanung bei der Kanzleigründung unverzichtbar ist, empfiehlt es sich, anhand der oben angegebenen Kriterien und ggfs. auf der Grundlage von Erfahrungswerten eine – naturgemäß zum Teil auch intuitive – individuelle Schätzung der Umsatzentwicklung vorzunehmen.

223 • **Gewinnplanung**

Während der Umsatz einen Informationswert hinsichtlich des **Tätigkeitsvolumens** der Kanzlei bietet, liefert der Gewinn Informationen über den **wirtschaftlichen Erfolg** der Kanzlei. Anstatt von Gewinnplanung kann man dementsprechend auch von Erfolgsplanung sprechen.[67]

224 Im Rahmen der Gewinnplanung wird der Kostenaspekt in die Kalkulation einbezogen. Voraussetzung für die Erstellung einer Gewinnplanung ist also eine Vorstellung hinsichtlich der **Entwicklung der Ausgaben** der Kanzlei über den gewünschten Zeitraum. Die Kanzleiausgaben setzen sich aus den einmaligen Investitionen (s. o. Rdn. 207) und den laufenden Betriebskosten (s. o. Rdn. 213) zusammen. Die Zahlen hinsichtlich der Ausgaben sind nach Berechnung der **Höhe des Budgets** für einmalige Investitionen und laufende Kosten – zumindest schätzungsweise – bekannt. Eine Gewinnplanung über den Zeitraum von etwa einem Jahr wird vorgenommen, indem man die Umsatzplanung für diesen Zeitraum und die Kostenentwicklung (einmalige Investitionen zuzüglich laufender Kosten über das Jahr) gegenüberstellt.

225 Bei den **einmaligen Investitionen** muß allerdings auf Folgendes geachtet werden: Auch nach der Gewinnermittlung durch Einnahme-/Überschuß-Rechnung – in gleicher Weise wie bei der Gewinnermittlung durch Betriebsvermögensvergleich (Bilanzierung) – [68] dürfen die Anschaffungskosten für den Erwerb von Anlagevermögen im Jahre des Erwerbs nicht vollständig als Betriebsausgaben gewinnmindernd berücksichtigt werden – auch wenn sie vollständig bezahlt wurden. Dies ergibt sich aus § 7 Abs. 1 EStG (**Absetzung für Abnutzung**).[69] Eine Ausnahme besteht insoweit bei den sogenannten gering-

[67] So *Wolf*, Erfolg im Anwaltsberuf, S. 229.

[68] Näher zu diesen zwei alternativen Gewinnermittlungsarten (Einnahme-/Überschußrechnung und Betriebsvermögensvergleich) siehe unten Rdn. 244 ff.

[69] Zur Absetzung für Abnutzung (AfA) *Möller*, Buchführung, Steuern und Personal, 1996, S. 25 ff.; *Flore*, Praxis der Kanzleibuchführung, 1998, S. 48 ff.; *Burhoff/Obermeier*, Besteuerung der Rechtsanwälte und Notare, 1998, Rdn. 273–286.

wertigen Wirtschaftsgütern (abgekürzt GwG), deren Anschaffungswert den Betrag von 800,00 DM netto nicht übersteigt, § 6 Abs. 2 Satz 1 EStG. Sie dürfen im Jahre der Anschaffung vollständig abgeschrieben, d. h. in voller Höhe als Ausgaben geltend gemacht werden.

Vereinfacht dargestellt, entspricht der Differenzbetrag [Umsatz minus Kosten] über den Zeitraum von einem Jahr dem geplanten Jahresergebnis. Der Kanzleigründer wird sich darüber im klaren sein, daß aufgrund der erheblichen Anfangsinvestitionen und der Anlaufphase (geringere Umsätze am Anfang) mindestens im ersten Jahr – wenn nicht länger – mit einem **Verlust** zu rechnen ist. 226

Das **wirtschaftliche Ziel** der Anwaltskanzlei besteht gleichwohl darin, einen Gewinn zu erzielen (Der Kanzleiinhaber muß schließlich – zumindest im Regelfall – davon leben können!).[70] Deswegen bildet die Gewinnplanung ein kritisches Thema für die Absicherung der wirtschaftlichen Existenz des Kanzleigründers. Um Klarheit über diesen wichtigen Aspekt zu schaffen, empfiehlt es sich, die Gewinnplanung über einen möglichst **langen Zeitraum** zu erstellen. Dieser Zeitraum sollte mindestens den Zeitpunkt einschließen, ab dem mit einem Gewinn gerechnet wird. 227

c) **Liquiditätsplanung.** Anhand einer Liquiditätsplanung wird dafür gesorgt, daß die Kanzlei **zahlungsfähig** wird und bleibt, ein kritisches Thema zumindest in den ersten zwei bis drei Jahren. Zahlungsfähigkeit – oder Liquidität – ist vorhanden, solange die zur Verfügung stehenden finanziellen Mittel, sei es aufgrund der Einnahmen, des eigenen Kapitals oder des fremdfinanzierten Kapitals, zum Ausgleich der Ausgaben ausreichen.[71] Dies muß **jederzeit** der Fall sein. Ein wichtiges Element der Liquiditätsplanung ist also die zeitliche Komponente. 228

Um die Zahlungsfähigkeit zu erhalten, ist man im Regelfall in der ersten Zeit auf Fremdfinanzierung angewiesen, bis ausreichende Einnahmen erreicht werden können. Diese Fremdfinanzierung wird aber von potentiellen Kreditgebern (z. B. der Hausbank) nur gewährt, wenn die Liquiditätsplanung hinsichtlich der Zahlungsfähigkeit des Kreditnehmers während des Rückzahlungszeitraums überzeugt. Schon aus diesem Grunde ist also eine Liquiditätsplanung erforderlich. 229

Unabhängig von der Aufnahme von Krediten ist die Liquiditätsplanung in erster Linie im Rahmen der **Unternehmensplanung** notwendig. Denn sie beantwortet die Frage, zu welchem Zeitpunkt voraussichtlich eine zusätzliche Finanzierung gebraucht wird. Das notwendige Kapital – für Investitionen und Ausgaben über einen bestimmten Zeitraum, z. B. zunächst zwölf Monate – muß nicht am Tag der Kanzleieröffnung komplett vorhanden sein. Vielmehr wird es so sein, daß das gesamte für ein Jahr benötigte Kapital zum Teil durch zwischenzeitliche Honorareinnahmen aufgebracht wird. Folglich hat die Fremdfinanzierung aufgrund des geplanten Liquiditätsbedarfs gestaffelt zu erfolgen. Bei den Verhandlungen mit der Bank über einen Gesamtkreditrahmen können auf Grundlage 230

[70] Dies ist durchaus nicht so selbstverständlich, wie es zunächst erscheinen mag. Im Fall des BFH-Urteils vom 22. 4. 1998 – XI R 10/97, NJW 1998, 2471 hatte die Finanzverwaltung bei einem Rechtsanwalt, der über 20 Jahre praktisch nur Verluste, insgesamt in Höhe von ca. einer Million DM, erzielt hatte, die Gewinnabsicht abgelehnt und die Berufstätigkeit steuerlich als „Liebhaberei" charakterisiert, so daß die Verluste nicht von den sonstigen Einnahmen hätten abgezogen werden dürfen. Erst der BFH hat festgestellt, daß ein Unternehmen Anwaltskanzlei regelmäßig nicht dazu bestimmt und geeignet sei, nur der Befriedigung persönlicher Neigungen zu dienen.

[71] Die Legaldefinition in § 17 Abs. 2 InsO lautet: „Der Schuldner ist zahlungsunfähig, wenn er nicht in der Lage ist, die fälligen Zahlungspflichten zu erfüllen." Zu dieser Definition näher *Kübler/Prütting-Pape*, InsO, § 17 Rdn. 5 ff.; *Nerlich/Römermann-Mönning*, InsO, § 17 Rdn. 12 ff. Die Zahlungsunfähigkeit ist gemäß § 17 Abs. 1 InsO Insolvenzgrund. Darüber hinaus sieht § 18 Abs. 1 InsO bei einem Antrag des Schuldners erstmals seit dem 1. 1. 1999 auch die drohende Zahlungsunfähigkeit als Eröffnungsgrund vor (zur Definition siehe etwa *Nerlich/Römermann-Mönning*, InsO, § 18 Rdn. 19 ff.).

der Liquiditätsplanung Optionen hinsichtlich der Inanspruchnahme einzelner Kreditleistungen erst bei Bedarf vereinbart werden.[72]

231 Deswegen liegt die größte Herausforderung bei der Liquiditätsplanung in einer realistischen **Einschätzung**

- einerseits der einmaligen Investitionen und der laufenden Kosten (siehe oben a) sowie der Lebenshaltungskosten,
- anderseits des vorhandenen Kapitals und der zu erwartenden Einnahmen (siehe oben b).

Beide Seiten – Ausgaben und Geldreserven bzw. Einnahmen – sind Monat für Monat gegenüberzustellen, um voraussichtlich erforderliche Finanzierungsbedürfnisse vorherzusehen.

232 **d) Finanzierung der Kanzleigründung.** Der Erfolg einer Kanzleigründung hängt u. a. von der richtigen Finanzierung ab. Aber bevor an konkrete Finanzierungsalternativen gedacht wird, ist der gesamte Finanzbedarf möglichst genau einzuschätzen.

233 • **Einschätzung des Finanzbedarfs**

Der bei der Planung der Kanzleigründung zu schätzende gesamte Finanzbedarf besteht aus drei Grundkomponenten:

- Einmalige Kosten (s. o. Rdn. 207)
- Laufende Kosten (s. o. Rdn. 213)
- Persönliche Lebenshaltungskosten (s. o. Rdn. 47)

234 • **Finanzierungsmöglichkeiten**

234 Für die Finanzierung der Kanzleigründung kann an mehrere Alternativen gedacht werden, wobei – soweit eine Fremdfinanzierung erforderlich ist – eine Kombination von verschiedenen Finanzierungsquellen häufig eine sinnvolle Lösung ist, insbesondere wegen der damit verbundenen Risikostreuung und der geringeren Abhängigkeit von einem Kreditgeber.

235 Anhand der unten wiedergegebenen **Check-Liste** – die allerdings keinen Anspruch auf Vollständigkeit erhebt – können Sie über die für Sie in Frage kommenden Finanzierungswege nachdenken.[73]

- ☐ **Eigene Mittel** (privat vorhandene Rücklagen sowie evtl. fortlaufende Nebeneinnahmen zumindest für die persönlichen Lebenshaltungskosten)
- ☐ **Familiendarlehen** (Finanzierung durch Verwandte mit oder ohne Berechnung von Zinsen)
- ☐ **Bankkredite** (Investitions- und Betriebsmittelkredite, Kontokorrentkredite usw.)
- ☐ **Überbrückungsgeld**[74] oder sonstige finanzielle Hilfen durch das Arbeitsamt (zur Finanzierung der Lebenshaltungskosten)
- ☐ **Fördermittel für Existenzgründer** (z. B. Eigenkapitalhilfe-Programm und Existenzgründungsprogramm der DtA, Zinssubventionsprogramme)

236 Falls Sie Interesse an einer öffentlich geförderten Finanzierung haben, wofür allerdings u. a. ein erheblicher bürokratischer Aufwand in Kauf zu nehmen ist, sollten Sie zunächst bei der **Deutschen Ausgleichsbank** (DtA) in Bonn (Programme für Freiberufler) und/ oder bei der **Kreditanstalt für den Wiederaufbau** (KfW) in Frankfurt a. M. (Mittelstands-

[72] Siehe *Wolf*, Erfolg im Anwaltsberuf, S. 228.

[73] Vgl. *Ullrich*, in: Die moderne Anwaltskanzlei, S. 118ff. sowie *Wolf*, Erfolg im Anwaltsberuf, Kapitel „Finanzierung der Kanzleigründung", S. 233–237.

[74] Das sog. Überbrückungsgeld nach § 57 SGB III wird zur Finanzierung des täglichen Lebensunterhalts mit dem Ziel gewährt, die Aufnahme einer selbständigen Tätigkeit durch Arbeitslose zu fördern. Der Bewilligungszeitraum beträgt grundsätzlich sechs Monate. Zum Thema Überbrückungsgeld *Fischedick*, Fördermittel für die Gründung oder Erweiterung einer Anwaltspraxis in den alten Bundesländern, in: DAV-Ratgeber, 279f. Siehe zur möglichen finanziellen Unterstützung durch das Arbeitsamt (Überbrückungsgeld sowie Arbeitslosengeld und Arbeitslosenhilfe) ferner *Felser/ Philipp*, Die erfolgreiche Kanzleigründung, S. 28–36.

programm) Informationen und Angaben über die aktuellen Konditionen anfordern.[75] Dieser Finanzierungsweg betrifft allerdings im wesentlichen die einmaligen Investitionskosten.

Deutsche Ausgleichsbank
Wielandstraße 4
53170 Bonn
Tel: (02 28) 8 31–24 00
Fax: (02 28) 8 31–22 55

Kreditanstalt für den Wiederaufbau 237
Palmengartenstr. 5–9
60325 Frankfurt am Main
Tel: (0 69) 74 31–0
Fax: (0 69) 74 31 29 44

- **Erstellung eines Finanzierungsplans (Finanzmittelplanung)** 238

Nach der Einschätzung Ihres Finanzbedarfs und der Betrachtung der für Sie in Frage kommenden Finanzierungswege sollten Sie in der Lage sein, einen auf Ihren Bedarf und Ihr Konzept ausgerichteten Finanzierungsplan zu erstellen. Dabei ist die Frage zu klären, welche Komponenten auf welche Weise finanziert werden.

Um einen Überblick zu ermöglichen, kann der Finanzierungsplan wie folgt dargestellt werden: 239

Art des Finanzbedarfs	**Im einzelnen zu finanzieren** *(möglichst vollständige Beschreibung)*	**Höhe des Finanzbedarfs** *(möglichst genaue Einschätzung in DM/EUR)*	**Zusammensetzung der Finanzierung**		
			Quelle 1: **Eigene Mittel**	Quelle 2: **z. B. Bankkredit**	Quelle 3: **...**
Einmalige Kosten (sämtliche Sachmittel inkl. der Erstausstattung mit Bürobedarf)	--- --- --- --- . . .	--- --- --- --- . . .			
Laufende Kosten (monatliche Betriebskosten über beispielsweise 12 Monate)	--- --- --- --- . . .	--- --- --- --- . . .			
Lebens-haltungs-kosten (beispielsweise über zwölf Monate)	--- --- --- . .	--- --- --- . .			
	Summen:	Gesamter Finanzbedarf	Gesamtes Eigenkapital	Bankkredite über...	...

Abbildung 5: Finanzplan (Muster)

e) Steuerliche Aspekte bei der Kanzleigründung[76]

- **Überblick über Steuerarten und Steuerpflichten in der Rechtsanwaltskanzlei**

Unter den bei Rechtsanwaltskanzleien am häufigsten anzutreffenden Steuerarten (Einkommensteuer, Umsatzsteuer, Kfz-Steuer, Grundsteuer) werden Sie sich als Kanzleigrün- 240

[75] Nähere Informationen über die Finanzierungsprogramme der DtA und der KfW auch *Fischedick,* in: DAV-Ratgeber, 1997, 274 ff.; *Ecker,* ebda., S. 286 ff.: „Fördermittel für die Gründung oder Erweiterung einer Anwaltspraxis in den neuen Bundesländern"; *Felser/Philipp,* Die erfolgreiche Kanzleigründung, 1997, S. 37–48.

[76] Hier wird nur kurz auf spezifische Aspekte im Rahmen der Kanzleigründung hingewiesen. Vgl. eingehend unter § 17.

der mindestens mit zwei Steuerarten beschäftigen müssen: Der **Einkommensteuer** und der **Umsatzsteuer** (s. u. Rdn. 247). Der **Kfz-Steuer** unterliegt jeder, der über ein Privatfahrzeug verfügt. Schließlich ist bei vorhandenen Grundstücken die **Grundsteuer** fällig, was allerdings in der Gründungsphase eine seltene Fragestellung darstellt.

241 Die **Lohnsteuer** ist keine eigene Steuerart, sondern lediglich eine Erhebungsform der Einkommensteuer für Arbeitnehmer. Sie werden sich damit (erst) beschäftigen müssen, wenn Sie Angestellte beschäftigen, denn der Arbeitgeber unterliegt der Pflicht, die Lohnsteuer vom Arbeitslohn einzubehalten, beim Finanzamt anzumelden und an dieses abzuführen (§§ 38 Abs. 3 Satz 1, 41a EStG).[77]

242 Grundsätzlich unterliegt die anwaltliche Tätigkeit keiner **Gewerbesteuer**pflicht, es sei denn, es wird eine Kapitalgesellschaft gegründet, was insbesondere seit der Regelung der Anwalts-GmbH durch Einfügung der neuen §§ 59cff. BRAO n. F. zum 1. 3. 1999 durchaus in Betracht gezogen werden kann.[78] Die Gewerbesteuer kann insbesondere durch (angemessene) Geschäftsführergehälter für die beteiligten Rechtsanwälte vermindert werden.

- **Anmeldungen beim Finanzamt**

243 Mit der Aufnahme der selbständigen anwaltlichen Tätigkeit beginnen die ersten Pflichten des Rechtsanwalts als Unternehmer gegenüber dem Finanzamt: Der Kanzleigründer hat zunächst das Finanzamt über die Kanzleieröffnung zu informieren, dann einen **Betriebseröffnungsbogen** auszufüllen und darin u. a. Fragen zu künftigen Umsätzen und Gewinnen zu beantworten. Bei deren Beantwortung ist für den Kanzleigründer Zurückhaltung geboten, da diese Angaben die Höhe der Einkommensteuervorauszahlung bestimmen und damit die Liquidität beeinflussen![79] **Zuständig** für die Einkommensteuer ist das **Finanzamt** des Wohnsitzes (§ 19 Abs. 1 Satz 1 AO); für die Umsatzsteuer das Finanzamt des Kanzleisitzes (§ 21 Abs. 1 Satz 1 AO).

- **Einnahme-/Überschuß-Rechnung oder Betriebsvermögensvergleich?**[80]

244 Hinsichtlich der Art der Gewinnermittlung haben Sie als Angehöriger eines freien Berufs im Sinne des § 18 Abs. 1 Satz 1 Nr. 1 EStG die Wahl zwischen der **Einnahme-/Überschußrechnung** nach § 4 Abs. 3 EStG und dem **Betriebsvermögensvergleich (sog. Bilanzierung)** nach § 4 Abs. 1 EStG (bei anwaltlichen Kapitalgesellschaften ist allerdings der Betriebsvermögensvergleich Pflicht).

245 Bei der Einnahme-/Überschußrechnung werden lediglich die tatsächlichen, d. h. zugeflossenen Einnahmen und tatsächlich geleisteten Ausgaben erfaßt (**Zufluß- und Abflußprinzip**, § 11 EStG), beim Betriebsvermögensvergleich (Bilanz) dagegen beeinflussen alle Veränderungen des Betriebsvermögens den Gewinn. So erhöhen beim Vermögensvergleich Honorarforderungen das Betriebsvermögen und somit den Gewinn, während bei der Einnahme-/Überschußrechnung grundsätzlich nicht die Forderungen, sondern lediglich die Zahlungseingänge erfaßt werden.[81]

246 Die Einnahme-/Überschußrechnung bietet den Vorteil, wesentlich einfacher als der Betriebsvermögensvergleich zu sein, so daß sie üblicherweise von Angehörigen der freien Berufe gewählt wird. Bei der komplexeren – und durch Rechtsanwälte selten gewählten – Gewinnermittlung durch Betriebsvermögensvergleich sind eine Bilanz und eine Gewinn- und Verlustrechnung (Jahresabschluß) zu erstellen.

---

[77] *Wolf*, Erfolg im Anwaltsberuf, S. 44.

[78] Zu den inzwischen möglichen Gesellschaftsformen für Rechtsanwälte siehe unter § 11; ferner *Römermann/Spönemann*, NZG 1998, 15ff.; *Römermann*, GmbHR, 1998, 966ff.; *ders.*, GmbHR 1997, 530ff.; *ders.*, MDR 1998, Heft 20, R 1 (Blickwinkel).

[79] *Wolf*, Erfolg im Anwaltsberuf, S. 42.

[80] Näher zu den Gewinnermittlungsarten: *Flore*, Praxis der Kanzleibuchführung, 1998, S. 32–47; *Burhoff/Obermeier*, Besteuerung der Rechtsanwälte und Notare, 1998, Rdn. 201–226.

[81] *Burhoff/Obermeier*, Besteuerung der Rechtsanwälte und Notare, Rdn. 204.

• **Umsatzsteuer**

Der freiberuflich selbständig tätige Rechtsanwalt übt eine unternehmerische Tätigkeit im Sinne des § 2 Abs. 1 UStG aus, so daß die Umsätze daraus grundsätzlich der Umsatzsteuer unterliegen. Das Honorar wird zuzüglich der Umsatzsteuer in Rechnung gestellt; die erhobene Umsatzsteuer ist dann an das Finanzamt abzuführen. Dafür kann die **Vorsteuer** (so wird die in den Eingangsrechnungen enthaltene Umsatzsteuer genannt) von der abzuführenden Umsatzsteuer abgezogen werden. Aus der Differenz ergibt sich die **Umsatzsteuerschuld**, also die Summe, die der Rechtsanwalt an das Finanzamt abzuführen hat. **247**

Sie haben zwar die Möglichkeit, insbesondere in der Anfangszeit nach der Kanzleigründung von der **Kleinunternehmerregelung** des § 19 UStG Gebrauch zu machen. Danach wird von einem sog. Kleinunternehmer keine Umsatzsteuer erhoben, allerdings kann auch keine Vorsteuer abgezogen werden. Angesichts der erheblichen Ausgaben, die gerade in der Phase der Kanzleigründung zu erwarten sind, empfiehlt es sich eher, die Möglichkeit der Vorsteuerabzugsberechtigung zu nutzen und auf die Anwendung der Ausnahmeregelung für Kleinunternehmer zu verzichten.[82] Auf diese Weise werden Sie in der Anfangszeit voraussichtlich eher Geld vom Finanzamt erstattet bekommen (die Vorsteuer übersteigt die erhobene Umsatzsteuer). **248**

Hinsichtlich des **Voranmeldungszeitraums** wird sich die Frage stellen, ob Sie die **Umsatzsteuervoranmeldung** vierteljährlich oder monatlich bei dem Finanzamt abgeben (§ 18 Abs. 1 und 2 UStG). Nach dem 1996 neu geregelten Verfahren der Umsatzsteuervoranmeldung kann die Berechnung und Abführung der Umsatzsteuer jeweils für ein Kalendervierteljahr erfolgen, wenn die Umsatzsteuer für das vorangegangene Kalenderjahr nicht mehr als 12000 DM betrug. Falls sie darüber lag, ist dagegen die Umsatzsteuervoranmeldung zwingend monatlich abzugeben. Als Unternehmer haben Sie die Umsatzsteuerschuld selbst zu berechnen. Es kann daher von Vorteil sein, zunächst und so lange es geht, die Möglichkeit zu nutzen, die Umsatzsteuervoranmeldung **vierteljährlich** abzugeben. So werden Sie dieser – vielleicht für Sie neuen – Aufgabe gelassener entgegensehen können. **249**

III. Weiterer Planungsbedarf bei der Kanzleigründung (operative Planung, 2.)

1. Planung der Kanzleiorganisation

a) Aufbau- und Ablauforganisation in der Anwaltskanzlei. Im Rahmen der Organisationsplanung werden in der Betriebswirtschaftslehre zwei Teilbereiche gegenübergestellt: Die Aufbauorganisation und die Ablauforganisation.[83] Diese Unterscheidung gibt besonders viel Sinn für die Kanzleigründung, indem sie ein systematisches Vorgehen bei der Fülle der zu organisierenden Einzelheiten nahelegt. **250**

• **Aufbauorganisation** **251**

Bei der Organisationsplanung geht es zunächst um die Strukturierung der Kanzleiorganisation, das heißt um die Bildung und Verteilung der in der Kanzlei anfallenden Einzelaufgaben auf die Mitarbeiter. Diesen Bereich bezeichnet man als **Aufbauorganisation.** Zur Planung der Aufbauorganisation, also der Kanzleistruktur, gehören folglich die Festlegung einer **Aufgabengliederung** (Beschreibung der Aufgaben) und einer **Stellengliederung** (Verteilung der Aufgaben) sowie die Regelung von **Kompetenzen** und **Verantwortungsbereichen**.

• **Ablauforganisation** **252**

Ein zweiter Teilbereich der Organisationslehre befaßt sich mit den zeitlichen und räumlichen Aspekten der Organisation eines Unternehmens, hier also einer Rechtsanwaltskanz-

[82] Vgl. auch *Wolf*, Erfolg im Anwaltsberuf, S. 44.

[83] Gabler Wirtschaftslexikon, Band 1, S. 26 (Ablauforganisation) und 364f.; *Remer*, Organisationslehre, 2. Aufl. 1994, S. 1, 304.

lei. Während die Planung der Aufbauorganisation einer Strukturplanung entspricht, handelt es sich bei der Planung der **Ablauforganisation** um eine **Prozeßplanung.**

253 Die Aufgabe der Planung der Ablauforganisation besteht darin, die **Arbeitsgänge** in der Kanzlei zu gestalten und lückenlos aufeinander abzustimmen.[84] Insbesondere regelmäßig wiederholte Vorgänge werden in ihrem Ablauf generell festgelegt (**Standardisierung**).

254 Beispiele für **regelmäßige Arbeitsabläufe** in der Anwaltskanzlei sind:[85]

- die Bearbeitung der Eingangspost
- die Vorbereitung der Ausgangspost
- die Vergabe von Besprechungsterminen
- die Verwaltung von Wiedervorlagen
- die Fristenverwaltung und -kontrolle[86]
- die Anlage von neuen Akten
- die Erstellung von Honorarrechnungen.

255 • **Ziele der (Aufbau- und Ablauf-) Organisationsplanung**

Bei der Planung der Organisation Ihrer Kanzlei geht es – insbesondere in der Phase der Kanzleigründung – darum, von vornherein **ineffizienten Arbeitsabläufen** und/oder doppelten Arbeiten aufgrund schlechter Aufgabenverteilung vorzubeugen. Diese Mängel im organisatorischen Bereich werden in zahlreichen – auch etablierten – Rechtsanwaltskanzleien u. a. von Rechtsuchenden immer wieder beklagt.[87] In der Phase der Kanzleigründung, wo alles noch zu organisieren ist, haben Sie die Chance, Strukturen und Abläufe so festzulegen, daß sie einer optimalen – und im Vergleich zu Ihren Mitbewerbern überdurchschnittlichen – Kanzleiorganisation entsprechen. Sollten Sie dieses Ziel erreichen, tragen Sie dadurch zu einer höheren Mandantenzufriedenheit bei – und dementsprechend zu vermehrten Weiterempfehlungen und einem schnelleren Aufbau Ihres Mandantenstammes.

256 Ziele bei der Planung der Kanzleiorganisation sind somit eine sinnvolle Festlegung der **Kanzleistruktur** (Gegenstand der Aufbauorganisation) und der **Arbeitsabläufe** (Gegenstand der Ablauforganisation). Ein Instrument dabei ist die Delegation.

b) Optimale Kanzleiorganisation durch Delegation[88]

• **Definition der Delegation**

257 Die Delegation kann man kurz und prägnant als Kompetenzenübertragung von oben nach unten[89] definieren.

258 • **Ziele und Stellenwert der Delegation**

Zu den wichtigsten Zielen – und gleichzeitig Vorteilen – der Delegation in der Anwaltskanzlei zählen:

- Die Arbeitsentlastung des Rechtsanwalts bzw. (allgemein betrachtet) der übergeordneten Stelle
- Eine optimale – oder zumindest bessere – Nutzung der Mitarbeiterkenntnisse und -fähigkeiten
- Die Förderung der Mitarbeiter und damit erreichte Erhöhung ihrer Motivation, ihres Einsatzes und der Effizienz ihrer Arbeit.[90]

---

[84] Gabler Wirtschaftslexikon, Band 1, S. 26.

[85] Weitere Beispiele in: *Mauer/Krämer/Becker*, Unternehmensführung für rechts- und wirtschaftsberatende Berufe, Rdn. 263.

[86] Vgl. eingehend unter § 34.

[87] Vgl. auch *Wolf*, Erfolg im Anwaltsberuf, S. 200.

[88] Allgemeines dazu unter § 28.

[89] *Ulrich/Fluri*, Management, 7. Aufl. 1995, S. 190.

[90] *Wolf*, Erfolg im Anwaltsberuf, S. 206.

- **Wann lohnt es sich, eine Aufgabe zu delegieren?** 259

Grundsätzlich ist die Delegation einer Aufgabe sinnvoll, sobald sie von einem nachgeordneten Mitarbeiter ebensogut – oder sogar besser – durchgeführt werden kann.[91]
Eine Delegation kann bzw. sollte insbesondere bei folgenden **Aufgabentypen** in Erwägung gezogen werden:[92]
- Routinearbeiten
- Spezialistentätigkeiten
- Detailfragen
- Vorbereitende und nachbereitende Tätigkeiten

Routineaufgaben eignen sich besonders gut für die Delegation, da es sich bei einer immer 260
wiederkehrenden Aufgabe anbietet, sich einmal die Zeit zu nehmen, um den Mitarbeiter einzuweisen, wenn er dann auf Dauer diese Aufgabe ausführen und somit wertvolle Zeitersparnis ermöglichen kann. Dies betrifft eine Vielzahl von Aufgaben in einer Anwaltskanzlei von der Vorbereitung der Eingangs- und Ausgangspost bis zur Beschaffung von Büromaterial.
Darüber hinaus erweist sich bei ausreichend qualifizierten Mitarbeitern die Delegation von 261
anspruchsvolleren Aufgaben als sinnvolle Maßnahme, die sogar zu einer besseren Ausführung der Aufgabe führen kann. Dies ist zum Beispiel der Fall bei einem Gebiet, mit dem sich einige Rechtsanwälte „lieber" selbst beschäftigen: der Buchführung. Diese für die Kanzlei (insbesondere im Rahmen des Controlling, dazu unten Rdn. 339) wertvolle Tätigkeit ist mit Sorgfalt und Regelmäßigkeit (Grundsatz der zeitnahen Erfassung) zu erledigen. Nicht selten wird dem Rechtsanwalt – sogar oder gerade dem Kanzleigründer – die ausreichende Zeit und Ruhe, aber auch die notwendige Qualifikation zur kompetenten Erfüllung dieser Aufgabe fehlen. Auch in der Aufbauphase ist es zumindest eine Überlegung wert, ob diese Aufgabe nicht auf der Basis einer freien Mitarbeit oder einer 630 DM-Vergütung einer dafür ausgebildeten Kraft übertragen werden sollte.

- **Check-Liste für ein erfolgreiches Delegieren**[93] 262

Wenn Sie eine effektive Arbeitsgestaltung anstreben und aus der Delegation in Ihrer neu gegründeten Kanzlei eine gelungene Organisationsmaßnahme machen möchten, sollten Sie auf Folgendes achten:

- ☐ Ihre Bereitschaft zur Delegation (d. h. Ihre eigene Bereitschaft, die in Frage kommende Aufgabe tatsächlich zu delegieren!)[94]
- ☐ Die Bereitschaft und die Qualifikation des betroffenen Mitarbeiters, die Verantwortung für die neue Aufgabe zu übernehmen
- ☐ Die Möglichkeit der Rückfrage für den Mitarbeiter
- ☐ Eine eindeutige Bestimmung der Aufgabe (Beschreibung und Abgrenzung)
- ☐ Klare Zielsetzungen (d. h. klare Beschreibung der zu erreichenden Ziele bzw. Ergebnisse)
- ☐ Klare Anweisungen und ausreichende Informationen für die Erfüllung der Aufgabe
- ☐ Ausreichende Befugnisse
- ☐ Verpflichtung des Mitarbeiters, das Ziel zu erreichen (Ergebnisverantwortung)

Zur Steigerung der Erfolgschancen einer Delegation empfiehlt es sich darüber hinaus, 263
(zumindest am Anfang) **Ergebniskontrollen** durchzuführen und/oder durch den Mitarbeiter eine Erledigungsliste (in der die Erledigung der einzelnen Aufgaben vermerkt wird) führen zu lassen. Die Ergebniskontrollen können sich nach einiger Zeit auf Stichproben beschränken.

---

[91] *Ulrich/Fluri*, Management, S. 191.
[92] Vgl. *Hommerich/Riebe*, in: Die moderne Anwaltskanzlei, 1994, S. 221.
[93] Nach *Wolf*, Erfolg im Anwaltsberuf, S. 206 f.
[94] Zu den in Anwaltskanzleien am meisten anzutreffenden Schwachstellen zählt die hohe Belastung der Anwälte durch Routineangelegenheiten; dazu *Ullrich*, in: Die moderne Anwaltskanzlei, S. 529.

264 • **Möglichst frühzeitig möglichst viel delegieren**

Selbstverständlich können Sie in den Anfangszeiten Ihrer Kanzlei viele delegationsfähige Aufgaben selbst erledigen. Zudem werden Sie in der Aufbauphase der Kanzlei wahrscheinlich über ein begrenztes (qualifiziertes) Personal und dementsprechend begrenzte Möglichkeiten der Delegation verfügen. Sie sollten aber daran arbeiten, möglichst frühzeitig und möglichst viele Aufgaben zu delegieren. Auf diesem Weg werden Sie wertvolle Zeit für die Ausführung Ihrer reinen anwaltlichen Tätigkeit, nämlich die Bearbeitung der Akten und die Betreuung Ihrer Mandanten (Erreichbarkeit) gewinnen und somit eine höhere Zufriedenheit Ihrer Mandanten bewirken.

265 **c) Reibungsloser Kanzleiablauf durch Information und Kommunikation.** Schon bei der konkreten Planung der Kanzleigründung kann für einen reibungslosen Kanzleiablauf gesorgt werden. Zu diesem Zweck sollten ausreichende organisatorische Maßnahmen und technische Vorkehrungen ins Auge gefaßt werden.

266 Die Organisation der **internen Kommunikation** (Informationsaustausch innerhalb der Kanzlei) setzt eine ständige und regelmäßige Kommunikation zwischen dem Anwalt und seinen Mitarbeitern voraus. Über den informellen und spontanen Informationsaustausch hinaus, der für eine gesunde Arbeitsatmosphäre notwendig ist, empfehlen sich **regelmäßige Gespräche** mit den einzelnen Mitarbeitern und/oder interne Besprechungen mit dem gesamten Kanzleiteam.

267 Hinsichtlich der **externen Kommunikation** (Informationsaustausch mit Mandanten, Kollegen, Gerichten, Kammern, Behörden usw.) gilt es vor allem, auf eine ausreichende **Erreichbarkeit** zu achten und moderne **Bürotechnologie** zugunsten der Schnelligkeit der Leistung der Kanzlei einzusetzen:

- Mobiltelefon (Handy, Autotelefon) und Weiterleitung von Anrufen (ISDN) sorgen ebenfalls für eine erhöhte Erreichbarkeit
- Telefax, Computerfax, E-Mails für schriftlichen und effizienten Informationsaustausch
- Telefonanlage mit ausreichenden Amtsleitungen
- Juristische Datenbanken auf CD-Roms und Online-Recherchen (anstelle einer mühsamen externen Beschaffung der gewünschten Information)[95]
- EDV-Datenverwaltung, insbesondere Adressen und sonstige Stammdaten (zur Vermeidung von ineffizienten sich wiederholenden Schreibtätigkeiten und möglichen Tippfehlern)

268 Sowohl hinsichtlich der **Erreichbarkeit** als auch des Einsatzes von moderner Bürotechnologie haben Sie als Kanzleigründer gute Karten: Sie sind (noch) nicht durch eine unkontrollierte Menge von Anrufen zeitlich überfordert und können Ihre (zukünftigen) Mandanten relativ schmerzlos durch organisatorische Vorkehrungen (Organisation Ihres Tagesablaufs, Investitionen in die modernste Kommunikationstechnik) beeindrucken.

269 Mit einer ausreichenden Planungstätigkeit – unter anderem der Investitionsplanung (s. o. Rdn. 206) – können Sie einen reibungslosen Kanzleiablauf zu einem deutlichen Wettbewerbsvorteil machen, denn gerade die damit zusammenhängenden Themen gelten als typische Schwachstellen von Anwaltskanzleien.[96] Hierzu gehören beispielsweise Tugenden wie gute Erreichbarkeit und Schnelligkeit.

270 **d) Einsatz von EDV in der Kanzlei.** Die Frage, ob überhaupt EDV in der neu eröffneten Kanzlei eingesetzt werden sollte, bedarf heutzutage keiner weiteren Ausführungen mehr und läßt sich nur mit einem klaren „ja" beantworten. Der Nutzwert der EDV wurde im übrigen schon angedeutet (Rdn. 267). An dieser Stelle sei zur Ergänzung lediglich kurz

---

[95] Vgl. eingehend unter § 31.

[96] Dies ergibt sich aus übereinstimmenden Analysen von Anwaltskanzleien, die durch die Deutsche Telekom AG und die EDV- und Unternehmensberatung Kothes, Sauter & Partner durchgeführt wurden. Zit. n. *Wolf*, Erfolg im Anwaltsberuf, S. 201.

auf das bei der Planung der Kanzleigründung wichtige Thema der **Anschaffung von Software** und ihrer Anwendung zum Zweck einer effizienteren Kanzleiorganisation eingegangen.[97]

Die Frage der Anschaffung von Software stellt sich in der neu zu gründenden Kanzlei hinsichtlich mehrerer **Bereiche**, die es zu organisieren bzw. zu rationalisieren gilt: Zunächst die Textverarbeitung, aber auch die Stammdatenverwaltung einschließlich der Kollisionsprüfungen und Suchvorgänge (bei gezielten Fragen), das Mahnwesen und die Zwangsvollstreckung, die Gebührenabrechnungen, die Wiedervorlagen- und Fristenverwaltung und nicht zuletzt die Buchführung. 271

Ob für die Bewältigung dieser zahlreichen Aufgabenbereiche zwangsläufig auf **anwaltspezifische Lösungen** zurückzugreifen ist, hängt von der gewählten Fachrichtung (also den Schwerpunkten) der Kanzlei ab, ist aber u. E. nicht so selbstverständlich, wie es zuweilen erscheint, zumal in den Anfangszeiten eine begrenzte Menge an Daten zu verwalten ist und dafür das Leasing oder der Erwerb von sog. Anwaltssoftware – zumindest als Komplettlösungen – eine relativ hohe Investition bedeutet. 272

Liegt der Schwerpunkt der Kanzlei eindeutig im Forderungsrecht und wird dementsprechend voraussichtlich viel Arbeit im Bereich Mahnwesen und Zwangsvollstreckung anfallen, dürfte sich der Erwerb einer spezifischen Software auch schon in den Anfangszeiten lohnen, wobei – insbesondere in der Gründungsphase – aus Kostengesichtspunkten an den Erwerb von Teillösungen gedacht werden könnte.[98] Diese kleineren Programme eignen sich gut als **Einstiegslösung**. Darüber hinaus findet man auf dem Markt für nicht spezifisch anwaltliche Bereiche wie die Buchführung ein relativ großes Angebot an **Buchhaltungsprogrammen** für freie Berufe.[99] 273

Möchten Sie nun – aus welchen Gründen auch immer – ein **komplettes Anwaltsprogramm** anschaffen, dann haben Sie die Qual der Wahl: Das Angebot an anwaltspezifischen Komplettlösungen ist inzwischen sehr groß. Die wohl am meisten bekannten und verbreiteten Pakete mit Anwaltssoftware dürften AnNoText, Phantasy, RA-Micro und Renoflex sein.[100] Die Zeitschrift NJW-CoR veröffentlicht regelmäßig Marktübersichten mit weiterführenden Beurteilungen über das aktuelle Angebot am Markt.[101] 274

e) Zeitmanagement auch bei der Kanzleigründung. Zeit ist das, was Rechtsanwälte am meisten vermissen. Daher sollten Sie den Elan der Anfangszeit nutzen, um sich rechtzeitig Gedanken über eine optimale **Gestaltung Ihres Tagesablaufes** – für Ihre zukünftige Tätigkeit als Kanzleiinhaber (Unternehmer) und gleichzeitig Rechtsanwalt – zu machen. Denn eigentlich sollten Sie nicht nur für Ihre Mitarbeiter (d. h. für die **Führung** Ihrer Kanzlei) ausreichend Zeit finden. Dem Kanzleiinhaber kommt auch im übrigen idealerweise die Funktion eines **Vorbildes** zu (was allerdings hinsichtlich des Zeitmanagements erfahrungsgemäß bei Rechtsanwälten äußerst selten der Fall ist!). Nur wer in der Lage ist, sich selbst zu organisieren, ist auch in der Lage, andere zu organisieren.[102] Ein gelungenes Zeitmanagement bietet zudem eine Chance für den **beruflichen Erfolg** und nicht zuletzt Vorteile in bezug auf die **Lebensqualität**. 275

---

[97] Weiterführend über den DV-Einsatz in der Anwaltskanzlei § 32; des weiteren *Wolf,* in: DAV-Ratgeber, S. 394–404; *Ullrich,* in: Die moderne Anwaltskanzlei, S. 68–102.

[98] Der Verlag Dr. Otto Schmidt KG bietet beispielsweise in einer kostengünstigen Reihe (Advo Line) Programm-Module, die sich ergänzen, aber unabhängig voneinander erworben werden können: AdvoAkte, AdvoWord, AdvoMahn etc.

[99] Z. B. Lexware Buchhalter vom Haufe Verlag und PC-Freiberufler von der Firma KHK Software.

[100] Ausführliche Studien: *Haft* (Hrsg.), Informationsbeschaffung in der Anwaltskanzlei und im Jurastudium – Ergebnisse der bundesweiten Studie 1998; *Institut für Rechtinformatik der Universität Hannover*, Juristischer Musterarbeitsplatz – Abschlußbericht über die Einschätzung führender Computerprogramme für Rechtsanwälte, 1996.

[101] Siehe z. B. *Streitz*, Tips für die Anschaffung eines Anwaltsprogramms, NJW-CoR 1998, 94 ff.

[102] Vgl. *Depré/Irion/Brandt,* in: Die moderne Anwaltskanzlei, S. 271.

Schon in der hektischen Phase der Kanzleigründung sollten Sie sich dementsprechend mit dem Thema „Zeitmanagement" intensiv beschäftigen. In dieser Hinsicht verweisen wir für weitere Informationen auf § 33 (*Häcker*) in diesem Handbuch.[103]

276 **f) Qualitätsmanagement als Erfolgsfaktor der Kanzleigründung.** Bei einer härteren Wettbewerbssituation auf dem Rechtsberatungsmarkt wird es um so wichtiger, ein **Qualitätsbewußtsein** in die Kanzleiphilosophie (des ganzen Kanzleiteams: Kanzleiinhaber und seine Mitarbeiter) zu integrieren. Schon oder gerade in der Phase der Kanzleigründung sollten Sie daran arbeiten, ständig kritisch die Qualität der durch Ihre Kanzlei erbrachten Leistung zu beurteilen.

277 Diese Betrachtung sollte stets vorrangig aus der **Mandanten-Perspektive** erfolgen („user-based" Qualitätsbetrachtung).[104] Denn Ihre (zukünftigen) Mandanten sind diejenigen, die entsprechend ihrer Wahrnehmung der gelieferten Qualität über eine erneute Mandatierung oder eine Weiterempfehlung entscheiden (wichtig für den **Aufbau eines – stabilen – Mandantenstammes**). Als Dienstleister sollten Sie sich darüber im klaren sein (oder werden), daß Ihre eigene Meinung über die Qualität Ihrer Leistung genauso wenig relevant ist wie deren objektive Qualität (sog. absoluter Qualitätsbegriff).[105]

278 Daher kann die Bedeutung des Themas „Qualitätsmanagement" insbesondere für die neu zu gründende Anwaltskanzlei nicht genug betont werden. Sie können aus dem Thema „Qualität" einen wichtigen Wettbewerbsvorteil und somit einen entscheidenden Erfolgsfaktor für Ihre zukünftige Kanzlei machen. In dieser Hinsicht ist die Einführung eines **Total Quality Management** (TQM), bei dem versucht wird, alle Qualitätsdimensionen gleichermaßen in einem **kontinuierlichen** Prozeß zu verbessern,[106] mehr als nur eine Überlegung wert. Zumindest darf das Verständnis für diesen Ansatz in dem modernen Dienstleistungsunternehmen „Anwaltskanzlei" nicht fehlen.[107]

2. Personalplanung

279 **a) Personalbesetzung und Kanzleiimage in der Aufbauphase.** Die Problematik der Erreichbarkeit des Rechtsanwalts wurde oben unter dem Aspekt ihrer häufig anzutreffenden Vernachlässigung in – u. a. etablierten – Rechtsanwaltskanzleien angesprochen. Aus anderen Gründen erweist sich das Thema Erreichbarkeit schon in der Phase der Kanzleigründung als mindestens genauso problematisch.

280 Sie könnten bei dem Vorhaben einer Kanzleigründung verständlicherweise daran denken, Ihr Glück in den Anfangszeiten aus Kostengründen zunächst als Einzelkämpfer ohne jegliche Bürokraft zu versuchen. Durch den Einsatz moderner Technik, nämlich Anrufweiterschaltung mittels eines ISDN-Anschlusses, Mobiltelefon und Anrufbeantworter, ist zweifellos eine erhöhte, vielleicht – zeitlich gesehen – ausreichende Erreichbarkeit gewährleistet. Durch diese **Telekommunikationstechnik** ist zumindest theoretisch sogar eine Erreichbarkeit „rund um die Uhr" möglich.

281 Die **Grenze** dieser zeitgemäßen und kostengünstigen Lösung sollten Sie aber schnell erkennen. Das gelingt am besten durch ein **Beispiel**. Stellen Sie sich folgende Szene vor: Sie sitzen mit einem wichtigen Mandanten zusammen, den Sie vor zehn Minuten – selbst – an der Tür empfangen und in Ihr Zimmer geführt haben. Kaum hat er angefangen, Ihnen sein Problem zu schildern, klingelt das Telefon. Welch ein Glück: Ein – weiteres – neues Mandat, das Sie unmittelbar telefonisch entgegennehmen. Nun, da er Sie schon am Telefon hat und sein Problem äußert dringend und wichtig ist, besteht der Anrufer offensichtlich darauf, Ihnen (fast?) sämtliche Zusammenhänge seines Anliegens zu erläutern. Weil es sich um ein neues Mandat handelt, zeigen Sie sich zuvorkommend und

---

[103] Siehe auch *Seiwert/Buschbell*, Zeitmanagement für Rechtsanwälte, 1996.
[104] *Bruhn*, Qualitätsmanagement für Dienstleistungen, 1997, S. 24.
[105] *Bruhn*, Qualitätsmanagement für Dienstleistungen, S. 25.
[106] *Mauer/Krämer/Becker*, Unternehmensführung, 1997, Rdn. 81.
[107] Ausführlich zur „Qualität" §§ 25–27.

höflich und versuchen nur sehr zurückhaltend, den Anrufer zu bremsen und ihn auf eine passendere Gelegenheit zu verweisen. Bis Sie mit ihm einen Besprechungstermin vereinbaren können und endlich auflegen dürfen, sind fünfzehn Minuten vergangen. Ihr erster Mandant sitzt natürlich weiterhin vor Ihnen und wartet darauf, daß er weiter über den Grund seines Besuches erzählen darf.

Abgesehen von möglichen berufsrechtlichen Bedenken in bezug auf die Schweigepflicht ist nach dieser Unterbrechung vermutlich bei beiden Mandanten der Eindruck entstanden, daß Sie sich nicht vollständig auf jeden von ihnen konzentriert haben und für ihn da waren; wahrscheinlich ist auch ein äußerst **unprofessioneller Eindruck** vermittelt worden. Dies ist nur ein vereinfachtes Beispiel, denn mehrere Störereignisse sind in dieser Situation denkbar, auch gleichzeitig: Der Briefträger klingelt, zahlreiche Photokopien aus den Unterlagen des Mandanten müssen auf der Stelle – also noch in seiner Anwesenheit – angefertigt werden (währenddessen lassen Sie Ihren Mandanten allein) usw. 282

Das Hinauszögern der **Einstellung von Personal** kann keine Dauerlösung für eine professionell organisierte Anwaltskanzlei sein. Es ist auch – ähnlich wie die Einrichtung der Kanzlei im Wohnzimmer anstelle der Anmietung zweckmäßiger Büroräume (siehe oben Rdn. 165) – eine Einsparung am falschen Ort, die keineswegs die Mandantenakquisition und den Aufbau eines Mandantenstammes fördert. 283

Die professionelle Lösung des Problems „Erreichbarkeit und Verfügbarkeit für die Mandanten" liegt – nach wie vor – in dem **Managementbereich Personal**. Daher gilt es, sich auch schon in der Gründungsphase mit diesem Thema zu beschäftigen, und zwar mit dem Ziel, möglichst früh ein ausreichend – mit freundlichen und motivierten Mitarbeitern – besetztes Sekretariat zur Verfügung zu haben. 284

b) Wichtige Aspekte der Personalplanung in der Aufbauphase. Bei der Planung des Personals gilt es im wesentlichen, den Mitarbeiterbedarf richtig zu planen (**Bedarfsplanung**) und anschließend die Mitarbeiter sorgfältig auszuwählen (**Personalbeschaffung**). Ein weiterer wichtiger Aspekt der Personalplanung ist die Erstellung des Budgets für die Personalkosten (**Personalkostenplanung**). Das Personalmanagement umfaßt natürlich weitere Aspekte über die Personalplanung hinaus wie z. B. die Fortbildung. Die Personalplanung spielt eine kritische Rolle für den Aufbau und die Entwicklung einer Kanzlei. In den Anfangszeiten sollte man sich daher zunächst mit den drei Bereichen Bedarfsplanung, Personalbeschaffung und Budgetierung beschäftigen. Die Grundzüge und weiteren Ansätze des Personalmanagements werden bei § 28 (*Ludwig/Weinel*) eingehend behandelt. 285

- **Bedarfsplanung, optimale Mitarbeiterstruktur**

Die Bedarfsplanung (wie viele und welche Mitarbeiter sollen eingestellt werden?) wird sich naturgemäß in der Anfangszeit hauptsächlich an der Anforderung der **Erreichbarkeit** orientieren (müssen): Wie aus dem oben beschriebenen Beispiel ersichtlich, ist der Kanzleigründer für einen professionellen Empfang seiner Mandanten auf die Unterstützung durch weiteres Personal angewiesen. Ausreichendes Personal sollte so früh wie möglich vorhanden sein, um die Erreichbarkeit des Rechtsanwalts/der Rechtsanwälte in vollem Umfang während der **Öffnungszeiten** der Kanzlei zu gewährleisten. 286

In der Anwaltskanzlei kommt die Einstellung **juristischer und nicht-juristischer Mitarbeiter** in verschiedenen Formen in Betracht. Wichtige Kriterien sind die **Fachrichtung** der Kanzlei und natürlich auch das für Personal vorhandene **Budget**. Bei der konkreten Einschätzung des Personalbedarfs sollte bedacht werden, daß mögliche Erfahrungsdefizite des Kanzleigründers durch erfahrene Mitarbeiter teilweise ausgeglichen werden können.[108] 287

288

☐ Auszubildende	☐ Rechtsanwaltsfachangestellte
☐ Empfangsdame/Telefonistin	☐ Buchhaltungskraft
☐ Schreibkraft	☐ Bürovorsteher
☐ studentische Aushilfskräfte	☐ Rechtsanwälte
☐ Rechtsreferendare	☐ Kanzlei-Management

[108] Dazu *Beckmann,* in: DAV-Ratgeber, S. 417.

289 Für eine effizientere Arbeit im Sekretariatsbereich sollte, sobald ausreichend Personal zur Verfügung steht, eine Trennung der Schreibarbeit, die eine hohe Konzentration erfordert, vom Telefonempfang einerseits und den anderen Büroarbeiten andererseits erfolgen.

290 • **Personalbeschaffung, richtige Auswahl des Personals**

Bei der Personalauswahl kann die Intuition hilfreich sein. Sie ist aber nicht ausreichend, da wichtige Aspekte mangels Vorbereitung des Vorstellungsgesprächs vergessen werden könnten. Ein **systematisches** Vorgehen bei der Personalbeschaffung ist das oberste Gebot. Dies setzt insbesondere die Erstellung von Stellenbeschreibungen und Anforderungsprofilen voraus.

291 Eine **Stellenbeschreibung** ist eine personenunabhängige schriftliche Darstellung aller wesentlichen Merkmale einer Stelle (z. B. Bürovorsteher); dabei werden insbesondere die Ziele, die Aufgaben, die Kompetenzen und die Pflichten der Stelle festgelegt. Bei dem **Anforderungsprofil** wird die erforderliche Qualifikation für eine Stelle beschrieben. Stellenbeschreibungen und Anforderungsprofile gelten nicht nur für höhere Stellen. Auch die Einstellung beispielsweise eines Auszubildenden sollte anhand dieser zwei wichtigen Instrumente vorgenommen werden.

292 • **Personalkostenplanung**

Neben den an die Angestellten ausgezahlten Löhnen (Direktlöhnen) gehören zu den Personalkosten die sog. Personalnebenkosten wie beispielsweise die Sozialversicherungsbeiträge (Rentenversicherung, Krankenversicherung, Arbeitslosenversicherung usw.) und die Beiträge zur Berufsgenossenschaft. Freie Mitarbeiter stellen der Kanzlei Ihre Tätigkeit je nach dem Einzelfall mit oder ohne Umsatzsteuer in Rechnung. Personalkosten entsprechen laufenden Kosten und sind dementsprechend in das Budget der laufenden Betriebskosten einzubeziehen.

3. Versicherungen

293 Zwar läßt die konkrete Planung der Kanzleigründung im Hinblick auf Marketing-, finanzielle, organisatorische und Personalfragen dem Kanzleigründer kaum noch Zeit, um sich mit dem umfangreichen Thema „Versicherungen“ hinreichend zu beschäftigen. Gerade in der Phase der Existenzgründung sollte der Rechtsanwalt aber genügend – und die richtigen – Vorkehrungen treffen, damit der Traum von einer eigenen Kanzlei nicht zum Alptraum wird.

294 Nicht für jede denkbare Gefahr muß eine Versicherung abgeschlossen werden. Dies ist schließlich auch – kritisches Thema in der Gründungsphase – eine Kostenfrage! Also gilt es, sich weder zu viel noch zu wenig zu versichern. Durch die Planung der abzuschließenden Versicherungen soll der Rechtsanwalt und Kanzleigründer eine geeignete Risikovorsorge für seine individuellen Bedürfnisse erreichen, sich also **optimal absichern**.

295 **a) Welche Risiken sind zu versichern?** Der Rechtsanwalt ist im Rahmen seiner Tätigkeit einer Reihe von Risiken ausgesetzt. Einige sind pflichtgemäß zu versichern, andere können freiwillig versichert werden. Für den kostenbewußten Existenzgründer stellt sich bei den freiwilligen Versicherungen insbesondere die Frage, welche davon wünschenswert und welche für ihn (im Moment) weniger relevant sind. Diese Frage wird sich erst nach einer individuellen Beratung durch einen Versicherungsfachmann und ein Selbststudium der Versicherungsunterlagen abschließend beantworten lassen. Im Folgenden wird zur Orientierung ein Überblick über die wichtigsten in Frage kommenden Versicherungen gegeben.

296 • **Berufsbezogene Versicherungen**

Berufsversicherungen bieten für den Kanzleiinhaber den Vorteil, im Regelfall als **Betriebsausgabe** behandelt zu werden. Aus diesem Grund sollten sie bei der Planung der laufenden Betriebskosten (s. o. Rdn. 213) berücksichtigt werden.

Versicherung	Pflicht oder freiwillig
☐ **Berufshaftpflichtversicherung** (Vermögensschaden-Haftpflichtversicherung)	Gesetzliche Verpflichtung (seit dem 9. 9. 1994) gem. § 51 BRAO
☐ **Betriebshaftpflichtversicherung** (Personen- und Sachschäden-Versicherung)	Freiwillige Versicherung
☐ **Sachversicherungen** • Geschäftsversicherung (Feuer/Einbruch/Diebstahl/Vandalismus/ Leitungswasser/Sturm usw.) • Betriebsunterbrechungsversicherung • Elektronikversicherung (Spezialversicherungsschutz für die EDV)	Freiwillige Versicherungen

Abbildung 6: Überblick über wichtige berufsbezogene Versicherungen

Unter den berufsbezogenen Versicherungen kann die **Berufshaftpflichtversicherung** als die für den Rechtsanwalt wichtigste betrachtet werden. Aus diesem Grund werden zur Ergänzung der oben dargestellten Tabelle einige Informationen über diese Pflichtversicherung gegeben.[109] 297

Die Berufshaftpflichtversicherung deckt im wesentlichen Vermögensschäden ab, die durch Berufsversehen des Rechtsanwalts entstehen.[110] Sie ist daher eine **Vermögensschaden-Haftpflichtversicherung**. Die Bedeutung der Berufshaftpflichtversicherung im Rahmen der Planung der Kanzleigründung ergibt sich daraus, daß sie die **Voraussetzung für die Zulassung** und ihre Beibehaltung ist.[111] Die Zulassungsurkunde wird erst ausgehändigt, wenn nachgewiesen wurde, daß eine abgeschlossene Berufshaftpflichtversicherung oder zumindest eine vorläufige Deckungszusage vorliegt (§ 12 Abs. 2 i. V. mit § 51 BRAO). 298

Zur Gewährleistung eines ausreichenden Mandantenschutzes schreibt § 51 Abs. 4 BRAO eine **Mindestversicherungssumme** in Höhe von 500000 DM für jeden Versicherungsfall vor, wobei die Leistungen des Versicherers für alle innerhalb eines Versicherungsjahres verursachten Schäden auf den vierfachen Betrag der Mindestversicherungssumme begrenzt werden dürfen, was in der Praxis in den Allgemeinen Vertragsbedingungen der Versicherungsunternehmen auch geschieht. Das heißt, daß die **Jahreshöchstleistung** des Versicherers bei einer Versicherungssumme von 500000 DM zwei Millionen DM beträgt. 299

Diese gesetzliche Mindestversicherung wird in vielen Fällen für unzureichend gehalten bzw. sie wird es spätestens nach wenigen Jahren Berufstätigkeit.[112] In der Tat muß auch hier darauf geachtet werden, daß nicht am falschen Platz gespart wird. Die Wahl der **richtigen Versicherungssumme** soll es dem Rechtsanwalt ermöglichen, seinen Beruf mit der notwendigen Ruhe und Sicherheit auszuüben, ohne seine berufliche und persönliche bzw. familiäre Situation zu gefährden.[113] Zur Orientierung für die Wahl der richtigen Versicherungssumme empfiehlt es sich, einen Blick auf die (jährlich und umgerechnet auf den Monat) in Frage kommenden Mehrkosten im Vergleich zu der Mindestversicherungssumme zu werfen (s. u. Rdn. 302). Darüber hinaus sollte über die Jahre die Höhe der Versicherungssumme regelmäßig überprüft und der Entwicklung der Aktivität der Kanzlei angepaßt werden – ggfs. auch rückwirkend. 300

[109] Für Einzelheiten zu Fragen der Berufshaftpflichtversicherung *Brieske,* in: DAV-Ratgeber, S. 449–479; *Pott,* in: Die moderne Anwaltskanzlei, S. 472–478. Hinsichtlich der Betriebshaftpflichtversicherung siehe: *Pott,* ebda., S. 478f. Informationen über Sachversicherungen ebenfalls bei *Pott,* S. 479ff., sowie *Wolf,* Erfolg im Anwaltsberuf, S. 188ff.

[110] *Wolf,* Erfolg im Anwaltsberuf, S. 187.

[111] *Pott,* in: Die moderne Anwaltskanzlei, S. 473.

[112] *Pott,* in: Die moderne Anwaltskanzlei, S. 473; so auch *Brieske,* in: DAV-Ratgeber, S. 449, 464 („eine absolut unzureichende Versicherungssumme").

[113] *Pott,* in: Die moderne Anwaltskanzlei, S. 473.

301 Für den neu zugelassenen Existenzgründer besteht eine finanzielle Erleichterung: Im ersten Jahr der Zulassung gewähren die Versicherungsgesellschaften eine Beitragsreduzierung um 50% (sog. „**Anfängerrabatt**"). Im übrigen wird in der Regel bei Abschluß einer Versicherung für einen Zeitraum von fünf Jahren ein **Dauernachlaß** von 10% eingeräumt. Hinsichtlich der Höhe der zu planenden Kosten für ein Versicherungsjahr wird nachstehend eine Größenordnung der Versicherungsprämien für den Bereich des anwaltlichen Risikos dargestellt. Die angegebenen Beträge verstehen sich zuzüglich 15% (Januar 1999) Versicherungsteuer.

302

Versicherungssumme	500000 DM (Mindestversicherungssumme)	1000000 DM	2000000 DM
1. Berufsjahr	750 DM	1080 DM	1400 DM
Ab dem 2. Berufsjahr	1500 DM	2200 DM	2800 DM
Mehrkosten ab 2. Berufsjahr (Prämiendifferenz zu der Mindestversicherung)	—	700 DM/Jahr d.h. 85 DM/Mon.	1300 DM/Jahr d.h. 110 DM/Mon.

[nach *Brieske,* in: DAV-Ratgeber 1997, S. 464]

Abbildung 7: Kostenbeispiel bei der Berufshaftpflichtversicherung

303 • **Personenbezogene Versicherungen**[114]

Im Folgenden eine Auswahl der wichtigsten personenbezogenen Versicherungen:

Versicherung	Versicherer	Pflicht oder freiwillig
Krankenversicherung	Privat/gesetzlich	Freiwillig für Selbständige
Berufsunfähigkeitsversicherung	Rechtsanwaltsversorgungswerke (auf Länderebene)	Pflicht
Altersversorgung	I. d. R. gesetzlich (Rechtsanwaltsversorgungswerke) mit Ausnahme von Hamburg	Pflicht (mit Ausnahme von Hamburg)
Kapitallebensversicherung	Privat	freiwillig (sinnvoll für Rechtsanwälte aus Hamburg)
Pflegeversicherung	Privat/gesetzlich	Pflicht seit Inkrafttreten des Pflegeversicherungsgesetzes (1995/96) = SGB XII
Berufsunfallversicherung	Gesetzlich (Verwaltungsberufsgenossenschaft, VBG) oder privat	Freiwillig für den selbständigen RA, Pflicht für sein Personal

Abbildung 8: Überblick über wichtige personenbezogene Versicherungen

304 Unter den personenbezogenen Versicherungen gehört die **Krankenversicherung** für den Rechtsanwalt zu den wichtigsten. Dies gilt um so mehr für den selbständigen Rechtsanwalt – im Vergleich zu einem angestellten Rechtsanwalt – und noch mehr für den

114 Weiterführende Literatur hinsichtlich personenbezogener Versicherungen: Krankenversicherung: *DKV,* in: DAV-Ratgeber 1997, S. 483ff.; *Wolf,* Erfolg im Anwaltsberuf, S. 190ff. Rechtsanwaltsversorgungswerke: *Kilger,* in: DAV-Ratgeber, 1997, S. 338ff. Berufsunfähigkeitsversicherung: *Heininger,* in: DAV-Ratgeber 1997, S. 480ff.; Altersversorgung: *Wolf,* Erfolg im Anwaltsberuf, S. 193ff. Pflegeversicherung: *DKV,* in: DAV-Ratgeber 1997, S. 483ff. Berufsunfallversicherung: *Martin,* in: DAV-Ratgeber 1997, S. 489ff.; *Felser/Philipp,* Die erfolgreiche Kanzleigründung, 1997, S. 161ff.; *Pott,* in: Die moderne Anwaltskanzlei, S. 487.

Existenzgründer, da in diesem Fall ein längerer krankheitsbedingter Arbeitsausfall besonders leicht zur Existenzfrage werden kann (insbesondere für den „Einzelkämpfer“).

Für den selbständigen Rechtsanwalt kommt eine Mitgliedschaft in der gesetzlichen Krankenversicherung lediglich unter den Voraussetzungen des § 9 SGB V in Frage (freiwillige Versicherung). Die **private Krankenversicherung** stellt allerdings für den selbständig tätigen Rechtsanwalt die übliche Versicherungsform dar.[115] 305

Versorgungswerke beschränken sich auf einen Kernbestand des Versorgungsauftrags. Sie bieten eine Versorgung für Alter, Hinterbliebene und Berufsunfähigkeit (allerdings nur, wenn die Anwaltszulassung ganz aufgegeben wird). Mit Ausnahme von Rechtsanwälten in Hamburg wird jeder Rechtsanwalt mit seiner Zulassung bei der für ihn zuständigen Kammer automatisch (nämlich kraft Gesetzes) im zuständigen Rechtsanwaltsversorgungswerk Pflichtmitglied.[116] 306

b) Wahl des Versicherers. Ist die komplexe Frage geklärt, welches Risiko versichert werden soll, dann bleibt die mindestens genauso wichtige und schwierige Frage nach dem richtigen Versicherer. Dabei sollte nicht allein die Prämienhöhe als ausschlaggebend berücksichtigt werden, sondern auch weitere Kriterien zur Beurteilung des Versicherungsanbieters. Derartige **Kriterien** sind beispielsweise:[117] 307

- Erfahrung und Kontinuität 308
- Wirtschaftliche Potenz
- Präsenz vor Ort.

IV. Hilfe für die Planung durch Existenzgründungsberatung[118]

Entscheidungsunsicherheit kennzeichnet die erste Gründungsphase. Nach Befragungen bejahen 80% der Gründer die Notwendigkeit einer **Gründungsberatung**, allerdings nehmen nur 50% diese Möglichkeit in Anspruch.[119] Falls auch Sie bei der Planung Schwierigkeiten haben, Entscheidungen zu fällen oder sich Klarheit in finanziellen Aspekten zu verschaffen, sollten Sie Hilfestellung bei kompetenten Beratungsstellen suchen. 309

1. Auf Bundesebene

Auf Bundesebene führt der Deutsche Anwaltverein über seine angeschlossenen Einrichtungen (Deutscher Anwaltverlag, Deutsche Anwaltakademie) **Seminarveranstaltungen** für Existenzgründer durch, ebenso das Deutsche Anwaltsinstitut in Bochum. Die Hans Soldan Advo Consult GmbH in Essen organisiert neuerdings durch staatliche Kredite geförderte individuelle **Existenzgründungsberatungen**. 310

Es versteht sich von selbst, daß eine Beratung durch diese Stellen – soweit überhaupt notwendig – noch während der Phase der Planung bzw. zumindest vor der Umsetzung des Vorhabens in Anspruch genommen werden sollte. Um die Hilfestellung, die Sie dabei erhalten werden, effizienter zu gestalten, sollten Sie sich allerdings durch die Beschreibung Ihres Vorhabens und die Formulierung konkreter Fragen **vorbereitet** haben, zumal die individuelle Beratung im Regelfall – trotz einiger Zuschüsse des Bundesministeriums für Wirtschaft – nicht ganz kostenlos erfolgen wird. 311

Ihnen kann beispielsweise bei der Zusammenstellung der Unterlagen für die **Finanzierung** durch die Programme der Deutschen Ausgleichsbank (einschließlich Finanzierungs- und Liquiditätsanalyse sowie Gesamtbewertung des Vorhabens) geholfen werden. 312

---

[115] *Wolf*, Erfolg im Anwaltsberuf, S. 191.

[116] *Kilger*, in: DAV-Ratgeber, 1997, S. 338, 339f.

[117] *Pott*, in: Die moderne Anwaltskanzlei, S. 471.

[118] Ergänzend: *Wolf*, Erfolg im Anwaltsberuf, S. 49ff.; *Felser/Philipp*, Die erfolgreiche Kanzleigründung, S. 227ff.; *Ullrich*, in: Die moderne Anwaltskanzlei, S. 118ff.

[119] Vgl. *Stobbe/Hommerich*, AnwBl. 1997, 611, 613.

313 *Deutscher Anwaltverein*
Adenauer-Allee 106
53113 Bonn
Tel.: (0228) 26 07–0
Fax: (0228) 26 07–66

Deutsche Anwaltakademie
Ellerstr. 48
53119 Bonn
Tel.: (02 28) 9 83 66 77
Fax: (02 28) 9 83 66 66

Hans Soldan Advo Consult GmbH
Bochholder Str. 257 a
45356 Essen
Tel.: (02 01) 86 18 13 60
Fax: (02 01) 86 11 81 11

Deutsches Anwaltsinstitut e. V.
Postfach 52 02 80
44740 Bochum
Tel.: (02 34) 97 06 40
Fax: (02 34) 70 35 07

2. In Ihrer Region

314 Denken Sie auch an die Beratungsmöglichkeiten, die Ihnen in Ihrer Region zur Verfügung stehen: Sie sollten sich insbesondere bei der für Sie zuständigen **Rechtsanwaltskammer** erkundigen, ob Existenzgründungsberatungen durchgeführt werden. Darüber hinaus bieten viele Rechtsanwaltskammern Informationsveranstaltungen und **Seminare** für „junge Rechtsanwälte" an, in denen Grundkenntnisse im Berufs- und Gebührenrecht sowie in anderen praxisrelevanten Bereichen (z. B. steuerliche Aspekte) vermittelt werden.[120] Auch bei der Rechtsanwaltskammer haben Sie die Möglichkeit, einige **Informationen** für die Vorbereitung und Durchführung Ihres Gründungsvorhabens zu erhalten (z. B. Material über die aktuellen Zulassungszahlen in Ihrem Kammerbezirk).

V. Zum Abschluß der Kanzleiplanung: Zeit- und Aktionsplan

315 Sie haben Ihr Vorhaben vollständig geplant, von den Grundentscheidungen (oberste Kanzleiziele, Kanzleiprofil, Standortfragen) bis zur Planung der einzelnen Bereiche (Mandantenakquisition bzw. Marketingplan, finanzielle Aspekte sowie Organisations-, Personal- und Versicherungsfragen), gegebenenfalls abgerundet durch eine Existenzgründungsberatung (siehe Abbildung 2). Nun sind Sie soweit und möchten – endlich – handeln. Angesichts der Menge und der Vielfalt der zu organisierenden Bereiche bedarf allerdings dieser letzte Schritt einer ebenso sorgfältigen Vorbereitung und eines systematischen Vorgehens: Der Zeit- und Aktionsplan.

1. Zeitfaktor und effiziente Nutzung der Zeit bei der Kanzleigründung

316 **a) Bedeutung des Zeitfaktors bei der Kanzleigründung.** Sie stellen sich vermutlich – wie es häufig von Kanzleigründern zu hören ist – die Anfangszeiten so vor, daß Sie aufgrund des zu erwartenden geringeren Arbeitsanfalls über viel, vielleicht sogar (Ihre Befürchtung) zu viel freie Zeit verfügen werden. Zumindest bei einer professionell vorbereiteten Kanzleigründung werden Sie aber bald erkennen, daß dies eine Illusion ist.

317 Neben zahlreichen obligatorischen Schritten (z. B. Vorbereitung von Unterlagen für die Inanspruchnahme von Existenzgründungsprogrammen, Bankgespräche über die Eröffnung von Geschäftskonten und gegebenenfalls auch über Finanzierungsfragen, Antrag auf Zulassung zur Anwaltschaft, diverse Anmeldungen usw.) ist zusätzlich noch einiges zu unternehmen: Die Beschaffung von Möbeln und Technik für die Einrichtung der Kanzleiräume, die Bestellung des Kanzleischildes und der Drucksachen, die konkrete Organisation der Abläufe für die Tätigkeit innerhalb der Kanzlei, nicht zuletzt die Umsetzung der ausgewählten Werbe- und Akquisitionsmaßnahmen. Diese Aktivitäten erweisen sich insgesamt als sehr **zeitaufwendig**, zumal häufig persönliche Gespräche oder Besuche vor Ort erforderlich bzw. wünschenswert sind.

318 Später werden Sie Bereiche wie etwa die Beschaffung, wenn sie schon in Gang gesetzt sind, durch Delegation effizienter organisieren können (zur Delegation als Instrument der Kanzleiorganisation siehe Rdn. 257). Aber bis zur Kanzleieröffnung steht der Kanzlei-

[120] Vgl. *Wolf*, Erfolg im Anwaltsberuf, S. 49.

gründer nicht selten allein vor einer Fülle von Aufgaben. Eine Gründung mit mehreren Kollegen fällt leichter bzw. sollte leichter fallen. Schließen sich Berufsangehörige für die Gründung einer gemeinsamen Kanzlei zusammen, können zumindest die zahlreichen erforderlichen Aktivitäten unter die Partner aufgeteilt werden. Das notwendige Zeitkapital zur Erledigung der **letzten Aktivitäten kurz vor der Kanzleieröffnung** darf aber auch dann nicht unterschätzt werden.

Hinzu kommen die zu Beginn der anwaltlichen Tätigkeit naturgemäß größere Zeit der **Einarbeitung** in die verschiedenen Rechtsmaterien und die konkreten Rechtsfälle sowie die Organisation eines effizienten Tagesablaufs in der neuen Umgebung. In dieser Hinsicht bleiben besondere Zeitinvestitionen in den ersten Monaten nicht aus, bis eine gewisse Routine eingetreten ist. 319

Der Zeitfaktor spielt bei der Kanzleigründung eine wichtige Rolle und sollte realistisch eingeschätzt und organisiert werden. Wie wichtig ein gutes **Zeitmanagement** (auch) in der Gründungsphase ist, wurde schon bei der Planung der Kanzleiorganisation angesprochen (s. Rdn. 275). Darüber hinaus sollten genügend **Spielräume** bei der Zeitplanung einkalkuliert werden. 320

b) Effiziente Nutzung der Zeit in der Gründungsphase. Sollten Sie in der Anfangszeit – zum Beispiel durch rechtzeitige und effiziente Planung – trotz der Menge der zu organisierenden Bereiche noch freie Zeit haben bzw. finden, bedenken Sie, daß Sie nunmehr selbständig sind. Das heißt, daß Sie **aktiv** für einen ausreichenden und ständigen Zufluß an Mandaten sorgen müssen. 321

Es empfiehlt sich, die nach der Planung bzw. Umsetzung der Kanzleigründung eventuell verbleibende Zeit sinnvoll zu nutzen, um beispielsweise: 322

- Die Ergebnisse Ihrer Marktanalyse zu vertiefen und daraufhin ein **Informationssystem** aufzubauen, das durch eine laufende Marktbeobachtung versorgt wird: Beobachtung des Wettbewerbs und der Lieferanten (Bürotechnik, Bürobedarf) zugunsten einer besseren und kostengünstigeren Ausstattung der Kanzlei;[121]
- **persönliche Kontakte** durch Teilnahme an gesellschaftlichen Aktivitäten zu knüpfen oder zu pflegen und dadurch ein solides Beziehungsnetz aufzubauen; gesellschaftliche Kontakte können zur Kanzleientwicklung eingesetzt werden;[122]
- **Referenten- und Autorentätigkeiten** zu betreiben, und zwar über Themen in den von Ihnen angebotenen Rechtsgebieten, insbesondere wenn Sie während Ihres Studiums Interesse an wissenschaftlicher Arbeit entwickeln konnten;
- sich in Ihren Rechtsgebieten durch die **regelmäßige Lektüre** von Fachzeitschriften und für Ihre anwaltliche Tätigkeit wichtigen Büchern auf dem laufendem zu halten und Ihre Kenntnisse zu erweitern;
- ergänzend an **Fortbildungsveranstaltungen** teilzunehmen. Ein Vorteil der Teilnahme an Fortbildungsveranstaltungen in der Gründungsphase liegt auf der Hand: Sie erhöhen dadurch die Qualität Ihrer Leistung und Ihren „Wert am Markt". Am sinnvollsten ist es natürlich, wenn dies werbungsträchtig erfolgt, das heißt mit sichtbaren Ergebnissen. Zum Beispiel: Teilnahme an Fachanwaltslehrgängen[123] für den Erwerb der Fachanwaltsbezeichnung (dies geht auf die schon erwähnte Frage zurück: Warum soll der Mandant gerade zu Ihnen kommen; und die Anwort darauf: Aufbau von Wettbewerbsvorteilen; dazu oben Rdn. 56).

Ein weiterer Nutzen von Fortbildungsveranstaltungen liegt darin, daß Sie Kollegen mit gleichen Interessen kennenlernen und hierdurch **Kontakte** z. B. für eine Zusammenarbeit bei Mandaten knüpfen können. Auch die von Kollegen übermittelten Korrespondenzmandate tragen zum Aufbau Ihres Mandantenstammes bei. 323

---

[121] Dazu *Abels,* in: Die moderne Anwaltskanzlei, S. 505 ff. (Effizienter Einkauf).
[122] Siehe auch: *Schiefer/Hocke*, Marketing für Rechtsanwälte, S. 122 ff.
[123] Zum Thema Fachanwaltschaften bzw. Fachanwaltbezeichnungen vgl. eingehend unter § 39.

324 Hilfreich sind ferner **Lehrgänge zur Vorbereitung auf die anwaltliche Tätigkeit**. Diese könnten sich für diejenigen als sinnvolle Nutzung von eventuell – z. B. in der Wartezeit während des Zulassungsverfahrens – freier Zeit erweisen, die sich eines Nachholbedarfs an praktischen Kenntnissen im anwaltlichen Bereich bewußt sind. Lehrgänge und Seminare können u. E. nicht eine durch vorherige aktive Berufstätigkeit (studentische Aushilfe in Kanzleien, Referendariat, freie Mitarbeit usw.) gewonnene Erfahrung ersetzen. Sie vermitteln aber im wesentlichen die vor der Gründung einer eigenen Kanzlei notwendigen Fachkenntnisse.

325 Bekannt sind für die Vorbereitung auf die Tätigkeit als Anwalt der **Kompaktkurs in Bielefeld** und der Studienkurs „Einführung in den Anwaltsberuf" an der **Fernuniversität Hagen**. Der sog. Bielefelder Kompaktkurs[124] beschäftigt sich mit typischen anwaltlichen Fragestellungen, beginnend mit der Existenzgründung. Eine Teilnahmemöglichkeit an diesem Kurs besteht übrigens bereits während der Wahlstation im Rahmen des Referendariats.[125] Das Fernstudium „Einführung in den Anwaltsberuf" der Fernuniversität Hagen umfaßt schriftliche Kurseinheiten für das Selbststudium, Materialbände mit Gesetzesbestimmungen, ergänzt durch audiovisuelle Medien und Präsenzveranstaltungen. Überdies bieten **Rechtsanwaltskammern** Einführungsveranstaltungen für junge Anwälte an.

2. Zeit- und Aktionsplan bis zur Kanzleieröffnung

326 Bei der Fülle von Ausgaben, die bis zur Kanzleieröffnung zu erledigen sind, hilft nur eine systematische **Auflistung der Aktionen**, die nach Prioritäten zu ordnen sind. Um zu gewährleisten, daß sämtliche Aktionen rechtzeitig ausgeführt sind, muß der zeitliche Rahmen festgelegt werden. Voraussetzung für einen realistischen – und damit erfolgreichen – Zeit- und Aktionsplan ist, daß Sie im Vorfeld wichtige zeitliche **Orientierungspunkte** festhalten.

327

- ☐ **Terminwunsch:** Zu welchem Termin wünschen Sie sich die Eröffnung Ihrer Kanzlei?
- ☐ **Zeitliche Vorgaben:** Ergeben sich aus der durchgeführten Planung Terminvorgaben, die für die Umsetzung des Vorhabens eingehalten werden müssen?
  Z. B. bei der Inanspruchnahme von Existenzgründungsprogrammen
  Z. B. Redaktionsschluß bei Verzeichnissen, Branchenbüchern usw.
- ☐ Welche **Kontakte** müssen Sie bis zur Kanzleieröffnung unbedingt aufnehmen, welche sind wünschenswert? (Die Antwort darauf folgt aus der Planung)

328 Darüber hinaus sollten die wichtigen Entscheidungen schon getroffen sein, dies betrifft in erster Linie:

- ☐ Wahl des **Standortes** sowie Alternativen hinsichtlich der in Frage kommenden **Lage**
- ☐ **Finanzierung:** notwendiges Budget; Eigenfinanzierung/Fremdfinanzierung
- ☐ **Vorbereitung auf die anwaltliche Tätigkeit/Fortbildung:** An welchen Seminarveranstaltungen soll noch teilgenommen werden?
- ☐ **Personalbeschaffung:** Wie viele und welche Mitarbeiter sind zu suchen?
- ☐ **Mandantenakquisition:** Durch welche Maßnahmen wird der Mandantenstamm aufgebaut?

329 In einer einfachen Version könnte der Zeit- und Aktionsplan anhand des folgenden Musters erfolgen:

---

[124] Der Bielefelder Kompaktkurs wird durch das Institut für Rechtsgestaltung, Steuern und Recht der rechts- und wirtschaftsberatenden Berufe der Universität Bielefeld organisiert.

[125] *Felser/Philipp,* Die erfolgreiche Kanzleigründung, S. 63.

	Kurzbeschreibung der Aktion	Ansprechpartner (falls vorhanden)	Erledigung bis	Datum der Erledigung
1	Antrag auf Zulassung	Fr. Müller, ...	xx.xx.xx	
2	Eröffnungsbogen (Finanzamt)		yy.yy.yy	
3	Eintragung im Telefonbuch	Herr Schulz, ...	zz.zz.zz	
...				

Abbildung 9: Aktionsplan (Muster)

Nach Erstellung des Zeit- und Aktionsplans ist bis zur Kanzleieröffnung angesichts des Umfangs der Auflistung zumindest eine kritische Prüfung von dessen **Durchführbarkeit** notwendig. 330

☐ Werden Sie in der Lage sein, den bisher ins Auge gefaßten Wunschtermin (s. o. Rdn. 327) einzuhalten?

Die letzte Spalte des vorgeschlagenen Musters enthält einen möglichst genauen Erledigungsvermerk (am besten das Datum der Erledigung), der einem **Soll/Ist-Vergleich** entspricht (der tatsächliche Erledigungszeitpunkt wird dem geplanten Erledigungszeitpunkt gegenübergestellt). Ziel ist eine regelmäßige Kontrolle der **Einhaltung des Zeitplans**. Zudem kann dadurch jederzeit ein Überblick darüber gewonnen werden, was noch zu erledigen ist. 331

3. Planung des ersten Jahres ab der Kanzleieröffnung

Um eine effiziente Umsetzung der getroffenen Entscheidungen im operativen Bereich (Marketing, Organisation, Personal) zu gewährleisten, gilt es eine Planung für das erste Jahr ab Eröffnung der Kanzlei zu erstellen, und zwar Monat für Monat. Wichtig ist, daß – soweit ein Spielraum vorhanden ist – die Aktionen über die Monate **realistisch** geplant werden. Dabei ist als Ziel eine optimale **Verteilung** der geplanten Aktionen über das ganze Jahr ins Auge zu fassen. 332

Unterstellt, daß die Kanzleieröffnung für den 1. Juni geplant ist, kann die Planung beispielsweise wie folgt erstellt werden (siehe Abbildung 10). 333

Zeitraum: 1 Jahr

Bereich	*Aktionen*	*Juni*	*Juli*	*Aug.*	*(...)*	*Mai*
Marketing (PR + Werbung)	Maßnahmen zur Erhöhung des Bekanntheitsgrades und zur Akquisition:					
	☐ Eröffnungsfeier	X				
	☐ Kanzleibroschüre		X			
	☐ Kanzlei-Homepage		X			
	☐ Mailing-Aktion			X		
	☐					
Personal	Zusammenstellung eines Teams:					
	☐ Einstellung einer Bürokraft (Telefonistin + Schreibkraft)	X				
	☐ Einstellung eines Auszubildenden			X		
	☐ ...					
Beschaffung	Ergänzung der Ausstattung entsprechend dem Bedarf:					
	☐ Einrichtung von zwei Computer-Arbeitsplätzen	X				
	☐ Einrichtung des dritten Computer-Arbeitsplatzes			X		
...	...					

Abbildung 10: Jahresplanung (Muster)

334 Diese **operative Jahresplanung**, die zunächst für das erste Jahr zu erstellen ist, wird jedes Jahr wiederholt. Sie ist ein wichtiges Instrument bei der Umsetzung der geplanten Maßnahmen, das in jedem Bereich eingesetzt werden sollte. Im Rahmen der Jahresplanung ist im übrigen das zur Verfügung stehende Gesamtbudget zuerst den einzelnen Bereichen, dann den einzelnen Aktionen jeden Bereiches zuzuteilen (**Budgetierung** im Kosten- und Investitionsbereich).

D. Controlling in der gegründeten Kanzlei

335 Ähnlich wie bei der Seefahrt ist eine ständige **Kontrolle und Steuerung** der Tätigkeit der Kanzlei erforderlich, um den Erfolg der Unternehmung „Kanzleigründung" abzusichern. Diesen beiden Komponenten des sogenannten Controlling kommt in der Aufbauphase der Kanzlei eine ausschlaggebende Bedeutung zu.

I. Aufgabenspektrum und Ziel des Controlling

336 Controlling ist nicht mit Kontrolle gleichzusetzen. Während noch in den 50er und 60er Jahren das Controlling als buchhaltungsorientierte Kontrolle gesehen wurde, wird heutzutage unter Controlling eine Form der **ergebnisorientierten Unternehmensführung** verstanden. Das Controlling-Konzept umfaßt ein breites Aufgabenspektrum. Dazu zählen Informationsversorgungs-, Budgetierungs-, Planungs- und Koordinationsaufgaben.[126] Der Begriff Controlling bedeutet folglich nicht nur Kontrolle, sondern auch Steuerung, Lenkung.

337 Zu den Zielen des Controlling gehört es, **Soll-Ist-Abweichungen** festzustellen, die Ursache der Abweichungen zu analysieren und somit **Korrekturmaßnahmen** rechtzeitig in die Wege zu leiten. Darüber hinaus übernimmt das Controlling die Funktion eines **Frühwarnsystems.**[127] Beim Controlling geht es also darum, sowohl ex post Korrekturmaßnahmen einzuleiten als auch ex ante **Abweichungen zu antizipieren** und deren Eintreten zu verhindern (Zukunftsausrichtung des Controlling).

II. Einsatz des Controlling in der Kanzlei

338 Das Controlling kann in der Kanzlei zur Überprüfung der Zielverwirklichung nicht nur im operativen, sondern auch im strategischen Bereich eingesetzt werden.

1. Controlling im operativen Bereich

339 Zahlreiche Größen (Kennzahlen) sind in der Kanzlei zu überwachen. Bei einigen reicht die jährliche Bestandsaufnahme, andere müssen möglichst laufend im Auge behalten werden. Im Bereich des Controlling (hinsichtlich quantitativer Daten) bietet die **Buchhaltung** vielfältige Möglichkeiten. Sie ist deswegen nicht als Pflichtübung, sondern als Instrument für Unternehmensentscheidungen zu verstehen und einzusetzen. Zu den unbedingt **zu berücksichtigenden Größen** zählen:

[126] *Meffert*, Marketing-Management, S. 402.
[127] *Ulrich/Fluri*, Management, S. 130.

- ☐ Offene Rechnungen anhand der Offene-Posten-Verwaltung (laufend);
- ☐ Liquidität (laufend);
- ☐ Umsatzentwicklung (laufend, spätestens jährlich);
- ☐ Umsatzverteilung und Rentabilität pro Rechtsbereich (laufend, spätestens jährlich);
- ☐ Kostenstruktur, d. h. Anteil der Kosten am Netto-Umsatz (laufend, spätestens jährlich);
- ☐ Entwicklung der Kosten; Überwachung insbesondere der Kosten von Telefon, Porto, Personal (laufend, spätestens jährlich);
- ☐ Personalbedarf (jährlich);
- ☐ Versicherungen, z. B. Versicherungssumme bei der Berufshaftpflichtversicherung (jährlich);
- ☐ Rentabilität (Kosten/Nutzen-Verhältnis) der Akquisitionsmaßnahmen, insbesondere Werbung (jährlich);
- ☐ Break-even-point: Ab wann wird die Gewinnzone erreicht? (jährlich);
- ☐ Mandantenzufriedenheit, z. B. durch spontane Befragung der Mandanten oder anhand regelmäßiger Fragebogenaktionen (laufend, spätestens jährlich).

Sind Abweichungen zwischen Soll- und Ist-Größen anhand der Kontrollaktionen 340
festzustellen oder ist es vorherzusehen, daß die Sollgrößen nicht erreicht werden, so müssen **korrektive Maßnahmen** unternommen werden, um das Erreichen der Sollgrößen zu gewährleisten. Am Jahresende hat eine Bestandsaufnahme sämtlicher Kennzahlen zu erfolgen, die die **Einnahme-/Überschußrechnung** ergänzt. Die Einnahme-/Überschußrechnung umfaßt Daten, die für den wirtschaftlichen Erfolg und die Rentabilität der Kanzlei nicht aussagekräftig sind, wie etwa die Umsatzsteuer. In diesem Sinne empfiehlt es sich, zusätzlich mit der sog. **betriebswirtschaftlichen Auswertung** (BWA) zu arbeiten.

Nach Abschluß des ersten Jahres ist eine **Umsatz- und Gewinnplanung** für das 341
folgende Geschäftsjahr zu erstellen. Auch wenn sie nur schätzungsweise erfolgt, stellt sie einen Ansatzpunkt für zahlreiche Unternehmensentscheidungen dar, beispielsweise in der Aufbauphase für weitere Investitionen. Entwickelt sich die Kanzlei positiv, dann wird es notwendig sein, die **Planung der zweiten Investitionsphase** vorzunehmen.

2. Controlling im strategischen Bereich

Eine periodische Kontrolle der Struktur und der Entwicklung der Kanzlei stellt sicher, 342
daß die langfristigen Kanzleiziele erreicht werden, und gewährleistet die Wettbewerbsfähigkeit der Kanzlei in einer sich ständig verändernden Umwelt. Die Überwachung hat in einem Abstand von **drei bis fünf Jahren** zu erfolgen.

Indikatorwerte für das strategische Controlling sind beispielsweise: 343

- ☐ Erreichen von langfristigen Zielen z. B. wirtschaftlicher oder sozialer Natur, die bei den Grundsatzentscheidungen definiert worden sind (Rdn. 122 ff.);
- ☐ Entwicklung der Kanzleistruktur hinsichtlich des Personals;
- ☐ Entwicklung der Kanzleikultur und -philosophie;
- ☐ Entwicklung der Fachrichtung der Kanzlei (tatsächlich wahrgenommene Schwerpunkte);
- ☐ Entwicklung des Images der Kanzlei in der Öffentlichkeit und Vergleich mit der in der strategischen Planung angestrebten Positionierung (oben Rdn. 121);
- ☐ Notwendigkeit einer räumlichen Erweiterung oder eines Standortwechsels.

Im strategischen Bereich kann sich eine **Anpassung** – im Extremfall eine Umorientie- 344
rung – als zweckmäßig oder gar erforderlich erweisen. Gegebenenfalls sind etwa das Kanzleiprofil oder die angestrebte Positionierung zu überarbeiten oder neu zu definieren, um den Veränderungen der Kanzlei bzw. des wirtschaftlichen, gesellschaftlichen und rechtlichen Umfeldes Rechnung zu tragen. Die Notwendigkeit einer regelmäßigen Anpassung liegt darin begründet, daß ein Unternehmen – also hier die Anwaltskanzlei – ein

lebender Organismus ist, der sich ständig an die Gegebenheiten interner und externer Einflüsse anpaßt.[127]

345 Da die **Grundsatzentscheidungen** der strategischen Planung als stabile Orientierungspunkte dienen sollten, liegt es auf der Hand, daß radikale Kursänderungen nur in Ausnahmefällen vorzunehmen sind, z.B. falls das wirtschaftliche Überleben der Kanzlei am Markt gefährdet ist. Generell sind alle strategischen Entscheidungen mit äußerster Vorsicht neu zu definieren; dies gilt in zunehmendem Maße für den Standort, die Positionierung am Markt und die obersten Kanzleiziele.

346 So kann die Kanzlei umziehen (**Wechsel der Kanzleiräume**), wobei dies bereits mit einem erheblichen Organisations- und Informationsaufwand verbunden ist. Ein **Ortswechsel** (andere politische Gemeinde) bereitet Schwierigkeiten, u. a. häufig Verluste hinsichtlich des bis dahin aufgebauten Mandantenstamms. Bei dem **Kanzleiprofil** können nach reiflicher Überlegung Anpassungen vorgenommen werden (etwa Änderung der Gesellschaftsform), eine völlig neue Definition der Zielmandanten oder des angestrebten Kanzleiimage in der Öffentlichkeit wird allerdings nicht leicht umzusetzen sein. Schließlich sind die **obersten Kanzleiziele** dem Reiseziel vergleichbar. Radikale und wiederholte Änderungen in diesem Bereich bringen die Gefahr mit sich, zur Verwirrung und Orientierungslosigkeit zu führen. Vor diesem Hintergrund zeigt sich, wie wichtig eine sorgfältige Vorbereitung der strategischen Entscheidungen in der Gründungsphase ist.

E. Zusammenfassung und Schlußfolgerungen

I. Systematische Planung der Kanzleigründung

347 Eine gelungene Kanzleigründung erfordert eine **systematische Vorgehensweise** mit drei Hauptetappen:[128]

- **Die Analyse des Ist-Zustandes**: Selbstanalyse (u. a. die Ermittlung der eigenen Stärken und Schwächen) und Marktanalyse (Nachfrage, Wettbewerber, erweiterte Analyse des Marktes).
- **Die Planung der Kanzlei** als solche, wobei strategische Aspekte der Planung (die Formulierung der obersten Kanzleiziele, die Ausarbeitung des Kanzleiprofils und die Entscheidung hinsichtlich des Standortes der Kanzleigründung) mindestens so wichtig sind wie die Planung der operativen Maßnahmen und deren Umsetzung (Fragen der Kanzleiausstattung, der Finanzierung, Werbemaßnahmen, Aufbau- und Ablauforganisation, Personal usw.).
- Anschließend eine Überwachungstätigkeit, die regelmäßige Kontrolle von wichtigen Indikatoren erfordert und zu weiterer Planung mit korrektiven Maßnahmen führt (**Controlling**).

II. Was wird über Ihren Erfolg entscheiden?

348 Mitentscheidend für einen schnellen und langfristigen Erfolg werden – und darauf sollten Sie Ihr abgeschlossenes Konzept kritisch überprüfen – folgende Fragen sein:

349 – Ob Sie **Marktlücken** aufdecken konnten (nicht ausreichend oder nicht zufriedenstellend befriedigte Bedürfnisse der Rechtsuchenden in dem von Ihnen ausgewählten Einzugsgebiet; oder besser: von den Wettbewerbern noch nicht angebotene Leistungen oder Leistungskombinationen in Ihrem Einzugsgebiet).

---

[127] *Mauer/Krämer*, AnwBl. 1998, 113, 119.

[128] Siehe auch: *Wolf*, Erfolg im Anwaltsberuf, S. 55f.

In einem grundsätzlich gesättigten Markt ist die sorgfältige Beobachtung der **Bedürfnisse und des Verhaltens der Rechtsuchenden** hinsichtlich ihrer Auswirkungen für den Erfolg oder Mißerfolg Ihrer ganzen Unternehmung nicht zu unterschätzen. Im übrigen ist, wie schon erörtert, das Marktverständnis und an erster Stelle die Kenntnis des **Wettbewerbsumfeldes** – sowie das Anpassen des eigenen Verhaltens daran – von herausragender Bedeutung. Auf einem Segment oder Teilmarkt, der offensichtlich eine angespannte Situation aufweist (starke **Wettbewerbsintensität** und/oder ungesunde **Wettbewerbsmentalität**) werden Sie es zweifellos schwerer haben, sich durchzusetzen, als in einem Teilmarkt mit gesundem Wettbewerb. Mit einem Wort, sparen Sie nicht an Bemühungen bei der Marktanalyse und behalten Sie dabei als Ziel im Auge, daß die Marktanalyse Ihnen im Ergebnis die Identifizierung von Marktnischen ermöglichen soll. 350

- Ob Sie ein **schlüssiges und am heutigen Markt durchsetzbares Konzept** haben. An dieser Stelle hilft ein Blick auf die statistischen Ermittlungen, die sich auch in der Praxis bestätigen: Wenn Sie sich mit einem oder mehreren Kollegen im Rahmen einer **Sozietät** zusammenschließen oder wenn Sie zumindest nach außen hin nicht allein, sondern zu mehreren (als Team mit komplementären Schwerpunkttätigkeiten) auftreten, schaffen Sie bessere Voraussetzungen für einen schnelleren und gleichzeitig langfristigeren Erfolg. 351

  Ergänzend (gegebenenfalls anstelle einer Sozietätsbildung) wird es wichtig sein, daß Sie sich **Kooperationspartner** suchen oder daß Sie in eine bestehende Kooperationsstruktur eintreten. Der Hinweis auf Ihre Kooperationspartner – auf Ihren Drucksachen oder in Ihren Werbemaßnahmen –, wenn sie geschickt ausgewählt wurden, wird Ihnen die Mandatsakquisition erleichtern und es Ihnen ermöglichen, Ihren Mandanten einen besseren und umfassenderen Service anzubieten. Kooperationspartner können vom Publikum auch als Referenz für Seriosität und Kompetenz gewertet werden, wenn sie einen entsprechenden Ruf genießen (z. B. ein bekannter Wirtschaftsprüfer oder eine renommierte Kanzlei von Patentanwälten). 352
- Ob Sie in der Lage gewesen sind, die richtigen Maßnahmen zur Mandantenakquisition auszuwählen: **Werbemaßnahmen**, die auf Ihre Zielgruppen und auf Ihr Dienstleistungsangebot zugeschnitten sind, aber auch der Aufbau eines **Beziehungsnetzes** und weiterer Bemühungen der **Öffentlichkeitsarbeit** (Vorträge, Veröffentlichungen, Pressearbeit, Kanzleibroschüre usw.). 353
- Ob Sie insgesamt eine konsequente **Marketingpolitik** haben, d. h., ob Ihr **Marketing-Mix** stimmt. Die vier operativen Bereiche: Leistungspolitik, Distributionspolitik, Honorarpolitik und Kommunikationspolitik gehen Hand in Hand und spiegeln nicht nur Ihr Kanzleiprofil wider, sondern unterstützen und fördern auch Ihre Kanzleipositionierung auf dem Markt. 354

Eine wichtige Rolle spielen natürlich auch:

- Die **finanziellen Ressourcen**, über die Sie verfügen können: Eigenkapital, ergänzende Finanzierung durch Fremdkapital, Geldreserven oder zusätzliche Einnahmen (durch eigene Nebentätigkeiten oder Einkommen des Lebenspartners), die es ermöglichen, eine gewisse Durststrecke zu überbrücken. 355
- Ihre **Ausdauer** und Ihre **Belastbarkeit**, denn Enttäuschungen und Rückschläge im Geschäftsalltag wird es ab und zu auch geben. Insoweit kann die **Einstellung Ihres Lebenspartners oder Ihrer Familie** besonders wichtig sein: Entweder werden Sie unter Druck gesetzt und kritisiert (mangelnde Zeit für die Familie aufgrund verkürzter Freizeit, mangelnde Einnahmen und damit geringerer Lebensstandard als erhofft u.ä.), oder Sie bekommen die Unterstützung von zu Hause, die Sie in den schwierigen Momenten benötigen, und werden dadurch in Ihrer Unternehmung gefördert. Sprechen Sie daher offen und konkret mit Ihrem Lebenspartner über Ihr Vorhaben. 356

357 – Schließlich Ihre ganze **Persönlichkeit**, denn der Anwaltsberuf ist und bleibt in Zukunft – egal ob er als Einzelkämpfer oder in Sozietät ausgeübt wird – eine auf Kommunikation und persönliche Beziehungen (zwischen Anwalt und Mandant) gerichtete Tätigkeit. Es handelt sich um eine Beziehung zwischen Mensch und Mensch, auf deren Grundlage sich das Vertrauen des Mandanten in seinen Anwalt entwickelt. Dieses Vertrauen ist wiederum die Basis für den Aufbau eines stabilen Mandantenstammes und eines guten Rufs.

358 Richten Sie Ihre Tätigkeit vor diesem Hintergrund auf **Zielgruppen** aus, mit denen Sie entweder gemeinsame Werte haben (starkes Identifikationspotential) oder zumindest zu deren typischen Rechtsproblemen und Einstellungen Sie einen Zugang haben. Sie müssen sich schließlich für die Interessen Ihrer Mandanten mit Ihrer ganzen Persönlichkeit einsetzen (können) sowie über Jahre Spaß an dem Beruf haben!

359 Entscheidend ist Ihre Persönlichkeit, vor allem weil sie – wie bei jeder Geschäftsgründung – die **Kanzleikultur** unvermeidbar prägen wird. Ihr Einsatz und Ihre **Ausstrahlung** werden große Auswirkungen auf Ihre Partner und Ihre Mitarbeiter haben. Hinzu kommt, daß Sie als Gründer eine **Vision** für Ihre Kanzlei haben – oder entwickeln – müssen. Vision bedeutet unter den heutigen Marktverhältnissen: Ein Ideal und eine Ambition für das eigene Unternehmen haben und angesichts dessen die richtigen Opportunitäten zum richtigen Zeitpunkt ergreifen. Dies hängt von Ihrer Persönlichkeit – und deren Entwicklung – in erheblichem Maße ab.

III. Ihre Chance

360 Ihre große Chance als Gründer einer Anwaltskanzlei ist, daß Sie – nach einer systematisch geführten Analyse – „alles" von vornherein richtig (richtiger) und marktgerecht gestalten können: von Ihrer Angebotspalette bis hin zu Ihrem Logo bzw. Ihrer Außendarstellung.

361 Sie brauchen nicht gegen die typischen Probleme einer am Markt etablierten „Feld-Wald-und-Wiesen"-Kanzlei (wie sie sich aus der Tradition des Berufsstandes ergibt) zu kämpfen:

– Konservatives (gegebenenfalls sogar staubiges) **Image.**
– Bestehender Ruf in **Rechtsgebieten**, die nicht rentabel oder nicht vereinbar sind mit dem gewünschten Profil der Kanzlei.
– Vorhandene **Mandanten**, die nicht von der definierten Zielgruppe umfaßt werden.
– Veraltete **Kanzleiausstattung** – z. B. technische Ausstattung –, die nur mittels hoher Investitionen modernisiert werden kann.
– Insgesamt bestehende **Kostenstruktur** (inkl. Personalkosten), die sich ungünstig entwickelt hat und die nicht schnell und flexibel korrigiert werden kann.

362 Für Sie ist alles neu zu schaffen, nichts zu reparieren. Die Kunst liegt allerdings darin, Chancen als solche zu erkennen. Voraussetzung ist dafür eine klare Entscheidung hinsichtlich der Positionierung der zukünftigen Kanzlei auf dem Markt (angefangen bei der Festlegung der Fachrichtung und der Zielmandanten).

363 Mindestens **drei Chancen** sind allerdings von individuellen Merkmalen des Gründungskonzeptes unabhängig:

– Die neu geschaffenen Werbemöglichkeiten (Information der Rechtsuchenden über Ihre Schwerpunkte, Auswahl der Werbemedien)
– die zunehmende Nachfrage des Publikums nach „Spezialisten"
– die neuen Möglichkeiten der Telekommunikation und Bürotechnik zugunsten einer wettbewerbsfähigen Kanzleistruktur (beispielsweise hinsichtlich Personal und Kosten).

Für eine erfolgreiche Kanzleigründung liegt alles – oder fast – in Ihrer Hand. Insbesondere kommt es Ihnen zu, das Reiseziel geschickt zu bestimmen, die Routenkarte sorgfältig zu zeichnen und u. a. eine motivierte Mannschaft zu zusammenzustellen. Nehmen Sie diese Aufgabe als Herausforderung, nutzen Sie die Chancen, die sich bei der Vorbereitung und später während der Reise auf Ihrem Weg finden werden, und bemühen Sie sich, regelmäßig zu kontrollieren, ob Sie den richtigen Kurs halten. Zu diesem Zweck steht Ihnen das moderne Konzept des Controlling als Kompaß zur Verfügung. Wir wünschen Ihnen immer eine Handbreit Wasser unter dem Kiel! 364

§ 10 Erwerb einer Anwaltskanzlei

Dr. Paul Wollny★

Übersicht

Schrifttum: *Borgmann/Haug,* Anwaltshaftung, 1996; *Fiala,* Die Handakte des Steuerberaters, Wirtschaftsprüfers und Rechtsanwalts, DStR 1998, 694, 736; *Hartung/Holl,* Anwaltliche Berufsordnung, Kommentar und Berufsrechts-ABC, 1997; Institut der Wirtschaftsprüfer, Steuerliche Probleme bei Praxisübertragungen von Angehörigen der wirtschaftsprüfenden und steuerberatenden Berufe, 2. Aufl. 1995; *Kaiser/Wollny,* Kauf und Bewertung einer Anwaltspraxis, 2. Aufl., Herne/Berlin 1996; *Krabbe,* Abgrenzung der Besteuerungsrechte bei international tätigen Sozietäten, FR 1995, 692; *Krause,* Abgabe einer freiberuflichen Praxis, 6. Aufl. 1990; *Wehmeier,* Praxisübertragung, 2. Aufl., Bonn 1993; *Möller,* Kauf, Verkauf und Fusion von Anwaltskanzleien, 1998; *Wollny,* Unternehmens- und Praxisübertragungen, 4. Aufl. 1996.

★ Richter a. D. am Bundesfinanzhof.

A. Überlegungen des Berufsanfängers vor dem Erwerb einer Anwaltskanzlei

I. Alternativen zum Kanzleierwerb

1 Wer als Rechtsanwalt tätig werden will, wird prüfen, ob er
- eine Rechtsanwaltskanzlei **aufbauen,**
- statt dessen eine bestehende Kanzlei **erwerben,**
- sich an einer bestehenden Kanzlei als Sozius **beteiligen,**
- zwar eine Kanzlei gründen, aber mit anderen Rechtsanwälten eine **Bürogemeinschaft** eingehen oder
- nur die **Einrichtungsgegenstände** einer Anwaltskanzlei **erwerben** soll.

2 Der Erwerb einer Kanzlei **entlastet** den Erwerber von einem Teil der Probleme, denen sich ein Kanzleigründer gegenübersieht. Der Erwerber einer Kanzlei wird in der Regel
- in den Mietvertrag über die Kanzleiräume eintreten können,
- eine Kanzleieinrichtung vorfinden,
- die Hoffnung hegen, die Mandanten des Veräußerers künftig als seine Mandanten beraten zu können,
- eingearbeitete Mitarbeiter vorfinden.

II. Spezialisierung auf ein Fachgebiet

3 Der die künftige Berufsausübung anstrebende Rechtsanwalt muß sich entscheiden, ob er sich auf bestimmte Rechtsgebiete spezialisieren will. Diese Entscheidung ist maßgebend sowohl für die Frage, ob und ggf. welche Kanzlei er erwerben wird, wie auch für seine Standortwahl.

III. Beurteilungsfaktoren bei der Entscheidung zum Kanzleierwerb

4 Der Berufsanfänger wird bei der Entscheidung, ob er als Einzelanwalt oder als Sozius tätig sein will, ob er eine Kanzlei erwerben oder eine Bürogemeinschaft eingehen soll, eine Reihe von Gesichtspunkten berücksichtigen.

Beurteilungsfaktoren werden dabei z. B. sein:
- eine starke oder eine geringe **Anwaltsdichte** in einem bestimmten, von ihm ausgewählten Tätigkeitsraum,
- die Art der angestrebten Kanzlei (Kanzlei mit Mandanten in der Art von Laufkundschaft; Kanzlei, in der vorwiegend Angehörige bestimmter Berufsgruppen beraten werden sollen usw.) wird die **Standortwahl** für die Kanzlei beeinflussen.

5 Das Bestreben, einer **Sozietät** angehören zu wollen, kann die Ursache darin haben,
- durch Spezialisierung besser beraten zu können,
- sich bei Krankheit oder Urlaub oder bei der Wahrnehmung von Terminen wechselseitig mit den Partnern vertreten zu können usw.

6 Bei der **Bürogemeinschaft** können Kanzleiräume, Kanzleieinrichtungen oder Teile davon und das Hilfspersonal (z. B. der Empfang und der Telefondienst) oder einige Hilfskräfte vergemeinschaftet werden. Dabei muß aber darauf geachtet werden, daß nicht der Anschein erweckt wird, es liege eine Sozietät vor, denn dadurch kann leicht eine **gesamtschuldnerische Anscheinshaftung** ausgelöst werden.

7 Die Bürogemeinschaft erfordert **eingehendere vertragliche Abmachungen**, als der Berufsanfänger erwartet. Denn bei Vereinbarung einer Bürogemeinschaft sind **streitanfällig**
- die Kostenverteilung,

- die Befugnis, wer über die Durchführung von Reparaturen, die Vornahme von Ersatzinvestitionen,
- die Kündigung von Verträgen usw.

entscheiden darf.

Können die Gemeinschafter nur gemeinsam einvernehmlich entscheiden, entsteht ein **unvorhergesehenes Vetorecht** jedes einzelnen Partners. Bei **gemeinsamen Schreibkräften** muß z. B. zur Vermeidung von Streit die Reihenfolge des Schreibens von Schriftsätzen und deren Korrektur durch die Gemeinschaftskraft geregelt werden. 8

IV. Mögliche Veräußerer

Als Veräußerer einer Anwaltskanzlei kommen in Betracht 9

- ein Rechtsanwalt, der altershalber oder aus sonstigen Gründen seine Zulassung zurückgeben will,
- ein Rechtsanwalt, der seine Kanzlei aufgeben und an einem anderen Ort eine neue Kanzlei betreiben will,
- der Erbe oder die Erben eines verstorbenen Rechtsanwalts.

V. Sonstiges

Die Übernahme von Mandanten verstorbener oder arbeitsunfähig gewordener Kollegen ohne Abfindung kann berufswidrig sein. 10

VI. Rechtsanwaltskanzlei/Anwaltskanzlei

1. Ausdruck Rechtsanwaltskanzlei/Anwaltskanzlei

Der Ausdruck Rechtsanwaltskanzlei – kurz auch nur Kanzlei – wird gebraucht 11
sowohl für den Rechtsanwalt und die von ihm in den Kanzleiräumen ausgeübte freiberufliche beratende Tätigkeit, als auch im engeren Sinn entweder nur für die Gesamtheit der der Kanzlei dienenden sachlichen Mittel oder auch für diese Gesamtheit der der Kanzlei dienenden sachlichen Mittel und die Gesamtheit der von dem Anwalt betreuten Mandanten und schließlich auch zur Bezeichnung des örtlichen Mittelpunkts der selbständigen Tätigkeit des Anwalts.

Wenn im Zusammenhang mit der Übertragung oder dem Verkauf einer Rechtsanwaltskanzlei die Rede ist, wird unter Kanzlei die **Gesamtheit** der der Kanzlei dienenden **sachlichen Mittel** und die **Summe** der **Beziehungen**, **Aussichten** und **Möglichkeiten** verstanden, die in weitem Umfang auf dem Vertrauen der Mandanten zu dem Rechtsanwalt beruhen und deshalb in ihrem Fortbestand mit der Person des Kanzleiinhabers verknüpft sind. 12

2. Tätigkeit als Rechtsanwalt

Die Tätigkeit des Rechtsanwalts ist **kein Gewerbe.** Er übt zwar die Tätigkeit ebenso wie ein Gewerbetreibender mit **Erwerbsabsicht** aus, also dem Willen, Einkünfte und Gewinn zu erzielen. Er erbringt aber Dienstleistungen auf der Grundlage wissenschaftlicher Kenntnisse, die sich nach der Verkehrsauffassung von denen gewerblich Tätiger unterscheidet. 13

Der Anwalt unterliegt den Regeln seines **Berufsrechts.** So ist z. B. die Verpachtung der Praxis unzulässig.[1] Auch die Verpachtung des Mandantenstammes ist nicht zulässig. Die gegenteilige Auffassung[2] hat sich bisher **nicht** durchgesetzt.[3] 14

---

[1] S. dazu *Zuck,* NJW 1993, 3118.

[2] *Feuerich/Braun,* BRAO, § 27 Rdn. 14; *Kaiser/Wollny,* Rdn. 4.

[3] *Wollny,* 4. Aufl., S. 468 Rdn. 2072 unter Hinweis auf das Gutachten von *Domke* an die Bayerische Staatsregierung, Fn. 2.

3. Übertragbarkeit der Anwaltskanzlei

15 Die Anwaltskanzlei ist übertragbar. Sie kann veräußert werden. Der Erwerber der Kanzlei muß allerdings die fachlichen Voraussetzungen erfüllen, den Beruf ausüben zu dürfen.

Der Kanzleierwerb ist zugleich die Kehrseite der Kanzleiveräußerung.

VII. Sachverhalte des Übergangs einer Anwaltskanzlei

16 Eine Kanzlei kann auf einen anderen übergehen
- durch Verkauf,
- im Wege der Schenkung,
- im Wege der Erbschaft,
- durch Übertragung im Wege der vorweggenommenen Erbschaft.

B. Erwerb einer Anwaltskanzlei

I. Kanzleiveräußerung

17 Unter Kanzleiveräußerung wird im allgemeinen verstanden die Übertragung
- des der selbständigen Berufsausübung dienenden Vermögens,
- des Mandantenstamms und
- der Summe von Möglichkeiten, Beziehungen und Chancen, die Tätigkeit des früheren Kanzleiinhabers in der bisherigen Form erfolgreich fortsetzen zu können,
- und zwar unter Aufrechterhaltung des Organismus der Kanzlei
- in einem einheitlichen Vorgang
- auf einen Erwerber.

18 Von der Kanzleiveräußerung zu unterscheiden ist der **Verkauf** nur **der Einrichtungsgegenstände** der Kanzlei.

Der Erwerb allein der Einrichtungsgegenstände (u. U. einschließlich des Abschlusses eines Mietvertrages über die Kanzleiräume mit dem Vermieter) kann für den erwerbenden Rechtsanwalt von Interesse sein, wenn er davon ausgeht,
- die Mandantschaft **nicht** zu übernehmen,
- nicht in die laufenden Verträge (vgl. Rdn. 47) eintreten zu wollen, insbesondere nicht in die Arbeitsverträge (vgl. Rdn. 55).

19 Der **einkommensteuerrechtliche Begriff** der Veräußerung unterscheidet sich vom zivilrechtlichen dadurch, daß der **bürgerlich-rechtliche Begriff** nur die Übertragung des rechtlichen Eigentums umfaßt, gleichgültig, ob es sich um eine entgeltliche oder unentgeltliche Rechtsübertragung handelt, während der einkommensteuerrechtliche Begriff der Veräußerung grundsätzlich nur die entgeltliche Übertragung umfaßt, und zwar sowohl die des bürgerlich-rechtlichen als auch die des „wirtschaftlichen Eigentums".

20 Veräußerung im letzteren Sinne ist nicht das schuldrechtliche **Verpflichtungsgeschäft,** sondern das dingliche **Erfüllungsgeschäft.** Die Veräußerung ist mit der Rechts- oder Sachübertragung vollendet. Die Veräußerung einer Kanzlei liegt also nicht schon dann vor, wenn der zur Veräußerung verpflichtende schuldrechtliche Vertrag geschlossen worden ist, sondern erst dann, wenn die Kanzlei in Erfüllung des Verpflichtungsgeschäfts tatsächlich übertragen worden ist.

21 Von einer Kanzleiveräußerung oder -übertragung wird allerdings nur dann gesprochen, wenn die **wesentlichen Grundlagen der Kanzlei** Gegenstand des Übertragungsvertrages sind. Die Beziehungen zur Mandantschaft gehören bei einem Rechtsanwalt grundsätzlich zu den wesentlichen Grundlagen der Kanzlei. Das **Sachvermögen** wird in der Regel gegenüber den **immateriellen Wirtschaftsgütern** von untergeordneter Bedeutung sein. Regelmäßig werden die Kanzleieinrichtung und eine etwaige Fachbücherei zu den wesent-

lichen Grundlagen gehören, nicht dagegen die Barmittel, Honoraransprüche aus Leistungen in der Vergangenheit oder Grundstücke und Grundstücksteile.

Die Veräußerung einer **„Teilkanzlei"** wird kaum vorkommen. Sie wird aber denkbar werden mit dem Vordringen überörtlicher Sozietäten. 22

Wird eine Kanzlei von einer **Sozietät** betrieben, kann sie ebenfalls verkauft werden; es können aber auch die Beteiligungsrechte an der Sozietät übertragen und demgemäß erworben werden. Der **Kanzleikauf** ist **Sachkauf,** der **Anteilserwerb** dagegen **Rechtskauf.** Beim Anteilskauf geht die Beteiligung insgesamt vom Veräußerer auf den Erwerber über, u. a. also auch die Forderungen und die Verbindlichkeiten. Es bedarf nicht der Übertragungsakte für die einzelnen Vermögensgegenstände wie beim Sachkauf. 23

Die **Abgrenzung** von Sach- und Rechtskauf (Kanzleikauf und Anteilserwerb) hat u. a. folgende Bedeutung: 24

Der Kanzleiverkäufer haftet für die Mängel der Kanzlei innerhalb der **kurzen Verjährungsfrist** des § 477 BGB, also ohne Verschulden. Der Verkäufer von Sozietätsanteilen hat nur für den Bestand des Anteils oder der Anteile einzustehen, nicht aber für Mängel der Kanzlei. Er leistet also für deren Zustand keinerlei Sachgewähr. Er haftet jedoch **30 Jahre** lang, wenn er dem Anteilskäufer schuldhaft falsche Daten über die Kanzlei mitgeteilt hat, auf die es dem Erwerber für den Vertragsabschluß oder auch nur für die Kaufpreisbildung angekommen ist. Der Anteilserwerber kann über die Gewährleistung keinen Ausgleich für ein etwa enttäuschtes Vertrauen erlangen, das er in die Kanzlei gesetzt hat.

Die Kanzlei kann nach dem **Tode des Kanzleiinhabers** von den **Erben** veräußert werden. In einem solchen Fall muß sich der Erwerber den Erbschein und Vollmachten der sich aus dem **Erbschein** ergebenden Miterben vorlegen lassen. Die Befugnis zur Veräußerung steht nur allen Erben gemeinsam zu. Ist noch kein Erbschein ausgestellt, wird sich der Erwerber von demjenigen, der als Veräußerer auftritt, die Befugnis zur Vertretung durch **Vollmachten** der Angehörigen der Erbengemeinschaft nachweisen lassen, ggf. wird er verlangen, daß die als Vertreter der Erben auftretende Person Gewähr dafür leistet, von allen Miterben wirksam bevollmächtigt zu sein. Die Wirkungen eines etwaigen Vertragsabschlusses sollten bis zum Vorliegen des Erbscheins und der Beibringung aller hiernach erforderlichen Vollmachten aller Miterben hinausgeschoben werden; die Wirksamkeit des ganzen Vertrages sollte von dem Nachweis der Verfügungsberechtigung abhängig gemacht werden, insbesondere sollte der Kaufpreis erst nach diesem Nachweis fällig sein. 25

Regelmäßig werden Veräußerer und Erwerber zugelassene **Rechtsanwälte** sein. Der Umstand, daß der Veräußerer seine Zulassung aufgegeben hat, steht der Wirksamkeit des Kaufvertrages nicht entgegen. Für den Erwerber aber ist es bedeutsam, daß er die Kanzlei nahtlos oder zumindest zeitnah fortführen kann. Denn die Personenbezogenheit der Mandanten zum Kanzleiinhaber ist der entscheidende Wert der Kanzlei. 26

Als Erwerber einer Anwaltskanzlei kommt – wie bereits gesagt – regelmäßig nur ein zugelassener Rechtsanwalt in Betracht, der die Kanzlei fortführt. Der Kauf einer Anwaltskanzlei zum Zwecke der **Weiterveräußerung** wird als unzulässig beurteilt, denn eine Anwaltskanzlei ist nicht ein beliebig veräußerbares Wirtschaftsgut. Anders ist die Sachlage, wenn der Erwerber zwar die fachliche Qualifikation besitzt (also das 2. Staatsexamen bestanden hat) und seine Zulassung beantragt hat oder in unmittelbar nächster Zeit beantragen wird. 27

Erwirbt ein **noch nicht zugelassener Rechtsanwalt** eine Anwaltskanzlei, ist es ratsam, die Wirksamkeit des Kaufvertrages von seiner Zulassung als Rechtsanwalt im Anwaltsbezirk abhängig zu machen (vgl. dazu §§ 27 Abs. 2 und 29 BRAO). Erst recht gilt das, wenn der Erwerber das Ergebnis der zweiten Staatsprüfung noch abwarten muß (z. B. die mündliche Prüfung noch ablegen muß). 28

Unangemessene Bedingungen im Kaufvertrag setzen den Vertrag insgesamt der Gefahr der Nichtigkeit aus (§ 138 Abs. 1 BGB). Das gilt z. B. dann, wenn 29

- die Entgeltsvereinbarung den Erwerber zwingt, die Kanzlei unter Hintanstellung seiner Berufspflichten, vorwiegend unter dem Gesichtspunkt des Geldverdienens betreiben zu müssen oder
- ein auffälliges Mißverhältnis zwischen Leistung und Gegenleistung besteht.

30 Empfehlenswert ist es, den **Kanzleikaufvertrag** dem **Vorstand der zuständigen Rechtsanwaltskammer** zur Prüfung vorzulegen. Der Kammervorstand ist verpflichtet, dem Antrag alsbald zu entsprechen und das Ergebnis mitzuteilen. Die Prüfung ist unentgeltlich; der Kammervorstand ist hinsichtlich der bei seiner Prüfung erlangten Erkenntnisse zur Verschwiegenheit verpflichtet (§§ 73 Abs. 2 Nrn. 1 und 2, 75 Satz 1, 76 BRAO).

II. Kaufvertrag

31 Der Vertrag über die Veräußerung der Kanzlei unterliegt den Kaufvertragsvorschriften des BGB (§§ 433 ff. BGB). Er bedarf keiner **Form,** es sei denn, daß mit der Kanzlei

- ein Grundstück veräußert wird (notarielle Beurkundung, § 313 BGB),
- der Verkauf die Verpflichtung zur Übertragung des gesamten Vermögens beinhaltet (§ 311 BGB) oder
- der einzige Vermögenswert des verstorbenen Anwalts war (§ 2371 BGB),
- der Kaufpreis verrentet wird (§ 761 BGB),
- ein veräußernder Erbe minderjährig ist und der Vertrag daher der vormundschaftlichen Genehmigung bedarf (§§ 1643 Abs. 1, 1822 Nr. 1 BGB)
- oder sonstige Sonderregelungen eingreifen.[4]

III. Bestimmung des Kaufgegenstandes

1. Allgemeines

32 Den Kaufgegenstand im einzelnen zu bestimmen ist Sache der Parteien des Kaufvertrages. Beim Erwerb einer Kanzlei will der Käufer regelmäßig

- den Mandantenstamm und
- die für die Fortführung der Kanzlei erforderlichen Wirtschaftsgüter erwerben.

Mandantenstamm und die zu den wesentlichen Grundlagen der Kanzlei gehörenden Wirtschaftsgüter stellen einen Vermögenswert dar, dessen Hingabe ein Entgelt rechtfertigt.

33 **a) Bewegliche Wirtschaftsgüter.** Die beweglichen Einrichtungsgegenstände, die übertragen werden sollen, sollten einzeln aufgelistet und ggf. näher bezeichnet werden, um Mißverständnissen vorzubeugen. Eine solche Aufstellung wird insbesondere betreffen

- Mobiliar,
- Bürogeräte,
- Büromaschinen,
- Fachliteratur,
- Vorräte an Papier, Formularen, Aktenordnern, Weisern usw.
- sonstige Bürobedarfsgegenstände.

Aus Vereinfachungsgründen wird es sich anbieten, Sachgesamtheiten zusammenzufassen. Es muß dafür gesorgt werden, daß die Aufstellung Teil des Kaufvertrages wird, sei es, daß sie unmittelbar in den Vertrag aufgenommen wird – was sich nicht empfiehlt –, sei es, daß der Vertragstext auf die von beiden Parteien unterschriebene Anlage Bezug nimmt oder eine sonstige den Text in den Vertrag aufnehmende Form.

[4] Vgl. *Wollny,* 4. Aufl., Rdn. 746 ff.

b) Prüfung von Unterlagen. Der Erwerber wird sich vorlegen lassen und prüfen 34

- die **Umsatzsteuererklärungen** der letzten 3 (oder 4) Jahre und die Umsatzsteuer-Voranmeldungen des laufenden Kalenderjahres,
- die **Jahresabschlüsse** der letzten 3 (oder 4) Kalenderjahre einschließlich der Aufstellungen der Betriebseinnahmen und Betriebsausgaben, aufgeschlüsselt nach den einzelnen Kostenarten,
- die **Buchführung** für das laufende Kalenderjahr,
- die **Mietverträge** über Büroräume und Geräte,
- die **Arbeitsverträge** mit den Mitarbeitern (einschließlich etwaiger Sondervereinbarungen),
- etwaige **Beratungsverträge** oder sonstige Verpflichtungen, die der Veräußerer eingegangen ist,
- **Kundendienstverträge** und
- **alle sonstigen** für die Fortführung der Kanzlei bedeutsamen Abmachungen.

Stellt die Prüfung der Unterlagen den Erwerber zufrieden, gilt es, die Einzelheiten des Kaufvertrages auszuarbeiten und niederzulegen.

In aller Regel ist es empfehlenswert, daß beide Vertragspartner – zumindest ein junger, 35
noch unerfahrener Erwerber, aber auch die Erben eines verstorbenen Anwalts – sich von **einem erfahrenen Anwalt beraten** oder ihn am Vertragsabschluß mitwirken lassen. Besonders glücklich ist es, wenn der Berater die zu übergebende Kanzlei und die örtlichen Verhältnisse kennt. Unstimmigkeiten oder Unausgewogenheiten des Vertrages können meist auf diese Weise vermieden werden. Entweder ziehen beide Vertragspartner je einen Berater ihres Vertrauens zur Vertragsausarbeitung hinzu, oder sie einigen sich auf eine Vertrauensperson, z. B. ein Mitglied des Kammervorstands. Die Vertragspartner müssen sich der Vertrauensperson oder dem jeweiligen Berater **vollständig offenbaren;** nur unter dieser Voraussetzung können ein Berater oder eine Vertrauensperson ihre Aufgabe sachgerecht erfüllen. Die Aufwendungen für die Einschaltung Dritter sind preiswert gegenüber dem Gesamtaufwand bei einem Rechtsstreit.

c) Kanzleiname. Soll wegen des durch den Kanzleinamen bezeichneten Wirkungsfel- 36
des des bisherigen Kanzleiinhabers der **Name** des Veräußerers **fortgeführt** werden, muß das vereinbart und dafür eine Regelung getroffen werden. Außerdem ist eine Kennzeichnung erforderlich, aus der hervorgeht, daß der Veräußerer nicht mehr tätig ist und daß auch keine Sozietät besteht. Das kann z. B. durch den Zusatz „Vormals Kanzlei des Rechtsanwalts (Vor- und Zuname)“ geschehen.

Das Namensproblem kann auch dadurch gelöst werden, daß der Veräußerer mit dem 37
Erwerber für eine bestimmte Zeit eine Sozietät begründet. Scheidet der Veräußerer nach dem Ablauf der vereinbarten Zeit aus der Sozietät aus, kann deren Name, wenn der Veräußerer einverstanden ist, unverändert fortgeführt werden. Die zeitlichen Beschränkungen der Namensfortführung (5 Jahre) in § 71 der Grundsätze des anwaltlichen Standesrechts gelten nicht mehr.[5] Im Einverständnis mit dem aus der Kanzlei ausscheidenden Anwalt oder seinen Erben kann dessen Name nunmehr **zeitlich unbeschränkt** weitergeführt werden.

d) Veräußerer als Inhaber einer weiteren Kanzlei oder eines Anwaltsnotariats. 38
Betreibt der Veräußerer eine weitere Kanzlei, muß bestimmt werden, ob auch diese Kanzlei veräußert wird oder nicht Gegenstand des Kaufvertrages ist. Ist der Rechtsanwalt zugleich Anwaltsnotar, sollte aus Gründen der Klarheit vertraglich ausgesprochen werden, daß der Kaufvertrag sich nicht auch auf das Notariat bezieht.

---

[5] BGH NJW 1982, 1866; vgl. neuerdings § 9 BerufsO und dazu *Hartung/Holl,* Anwaltliche Berufsordnung, 1997.

2. Übertragung der Kanzlei

39 **a) Mitteilung des Kanzleiübergangs an die Mandanten.** Die Mandantschaft ist ein auf die Person des veräußernden Anwalts bezogener persönlicher **Vertrauens-** und insoweit **Wertfaktor.** Es muß vereinbart werden, daß und wie im einzelnen den Mandanten die Kanzleiübertragung mitgeteilt wird. Die Unterrichtung sollte durch den veräußernden und den erwerbenden Rechtsanwalt gemeinsam geschehen.

40 Es können vorgesehen werden

- persönliche **Besuche** der Mandanten,
- persönlich abgefaßte **individuelle Schreiben** an die Mandanten oder
- **Rundschreiben;** diese wirken auf die Mandanten regelmäßig unpersönlich und vermitteln den Eindruck, nicht genügend gewürdigt zu werden.

Die Vereinbarung muß das Recht des Erwerbers umfassen, daß er – vorbehaltlich der Zustimmung der Mandanten – in alle laufenden Aufträge eintritt. Denn in dem vorhandenen Bestand an Mandanten des Vorgängers wird der Erwerber die Grundlage für den weiteren Ausbau der Kanzlei sehen. Das vom Veräußerer erworbene Vertrauen der Mandantschaft bildet für ihn die Chance, daß dieses Vertrauen auch auf ihn übertragen werden kann.

41 Es ist denkbar, daß Mandanten froh sind, künftig von einem jungen Anwalt beraten zu werden; es ist aber auch häufig der Fall, daß die Kanzleiübertragung ein willkommener Anlaß ist, den Berater zu wechseln. Es ist mithin für Veräußerer und Erwerber ungewiß, in welchem Umfang die Mandatsübertragung durchgeführt werden kann.

42 **b) Verschaffung des Kanzleivermögens.** Der Veräußerer muß dem Erwerber das gesamte Kanzleivermögen vollständig verschaffen, soweit im Vertrag nicht ausdrücklich etwas anderes vereinbart ist. Bei den **beweglichen Einrichtungsgegenständen** wird es sich handeln um

- das Mobiliar (Schreibtische, Sessel, Schränke, Sicherheitsschränke usw.),
- Schreibmaschinen, Computer und Programme zur elektronischen Datenverarbeitung, Kopiergeräte, Telefone, Faxgeräte usw.,
- Fachliteratur,
- Papier- und Formularvorräte,
- sonstige Bürobedarfsgegenstände.

43 Der Erwerber wird z. B. die festzuhaltende **Zusicherung** des Veräußerers erwarten, daß

- Loseblattsammlungen vollständig und auf dem laufenden gehalten und alle Nachlieferungen bis zum Übergabezeitpunkt eingeordnet worden und
- Fachzeitschriften gebunden sind.

44 Sollen einzelne Wirtschaftsgüter vom Kauf **ausgenommen** werden, sollten sie aufgelistet und festgehalten werden, daß sie nicht übertragen werden. Der Wert der Kanzleieinrichtung sollte nicht überschätzt werden. Der Wert der Kanzleieinrichtung sollte nicht überschätzt werden. Der Erwerber muß sich überlegen, ob die Einrichtung die Bedürfnisse moderner Anforderungen erfüllt, wie z. B. die Ausstattung mit Computern, von Spezialliteratur usw., die der Erwerber benötigt.

45 Der Veräußerer muß die **Gewähr** dafür übernehmen, daß die zu übertragenden Gegenstände in seinem Alleineigentum stehen und frei von Rechten Dritter sind oder daß er über sie unbeschränkt **verfügungsberechtigt** ist. Es empfiehlt sich die Vereinbarung, daß das Eigentum an den veräußerten Einrichtungsgegenständen erst nach Zahlung des gesamten Kaufpreises auf den Erwerber übergehen soll. **Teilzahlungen** sollten zuerst auf den Kanzleiwert angerechnet werden.

46 **c) Zeitpunkt des Kanzleiübergangs.** Es muß der Zeitpunkt des Übergangs der Kanzlei vom Veräußerer auf den Erwerber bestimmt werden. Vorgesehen werden sollte, daß alle Maßnahmen und Vorkommnisse vor diesem Zeitpunkt in den Haftungs- und Verantwortungsbereich des Veräußerers fallen und alle Maßnahmen danach vom Erwerber zu vertreten sind.

3. Weiterer Regelungsbedarf

Die Veräußerung wird Regelungen enthalten, ob und inwieweit der Erwerber in bestehende **Vertragsverhältnisse eintreten** wird, also in Verträge, die Sachverhalte betreffen wie z. B. 47

- die Belieferung mit Gas, Wasser, Elektrizität, Fernwärme usw.
- den Bezug periodisch erscheinender Zeitungen und Zeitschriften, Loseblattsammlungen und sonstiger Fachliteratur,
- von Versicherungen, die die Kanzlei betreffen,
- die Fortführung
  - – einer Fernbuchhaltung,
  - – von Fernsprech-, Fax- und anderen Kommunikationsanschlüssen,
  - – der Mietverträge, die übernommene Geräte betreffen, oder den Eintritt in die entsprechenden Leasingverträge,
  - – der Nutzung von EDV-Programmen.

a) Bestehende Vertragsverhältnisse. Wie der Veräußerer dem Erwerber die Kontakte zu Mandanten, zu Kollegen und sonstigen Partnern verschafft, hängt von den Umständen des Einzelfalles ab, insbesondere, ob eine persönliche Einführung des Erwerbers durch den Übertragenden möglich ist. Vor Vertragsabschluß muß z. B. dafür gesorgt werden, daß Programme zur elektronischen Datenverarbeitung vom Erwerber benutzt werden dürfen. Bestehen z. B. bei Energie- und Wasserlieferungsverträgen Sonderabnehmerverträge, kann der Erwerber regelmäßig mit Zustimmung des Versorgungsunternehmens in die laufenden Sonderabnehmerverträge eintreten. 48

b) Forderungen und Verbindlichkeiten. Soweit der Veräußerer die Forderungen – ggf. auch die künftigen – **abtreten** kann, ist es möglich, daß er alle Ansprüche aus einem Vertrag auf den Erwerber überträgt. Der Erwerber kann auch die **Verbindlichkeiten** des Veräußerers aus Verträgen **übernehmen.** Dazu ist jedoch die Genehmigung des jeweiligen Gläubigers erforderlich, wenn der Veräußerer durch die Schuldübernahme von seiner Schuld befreit werden soll. 49

aa) Honoraransprüche. Geregelt werden muß, wer die noch dem Veräußerer zustehenden Honorare abrechnen und ggf. einziehen muß. Das gilt insbesondere für vom Erwerber fortzusetzende Beratungen, Prozesse usw. Zu regeln ist auch, ob Vorschüsse auf noch nicht entstandene Vergütungsansprüche dem Veräußerer verbleiben oder ob sie vom Kaufpreis abgezogen werden und welche Folgen eintreten sollen, wenn die Ansprüche nicht eingehen. 50

bb) Verbindlichkeiten. Entsprechendes wie für die Honoraransprüche gilt für die noch vom Veräußerer zu leistenden Verbindlichkeiten. Im Verhältnis zu den Gläubigern müssen sich die Parteien darüber schlüssig werden, ob der Kanzleierwerber für die **Altverbindlichkeiten** kumulativ (durch Schuldbeitritt) oder durch bloße Erfüllungsübernahme haften soll – soweit sie die Haftung überhaupt steuern können. Im **Innenverhältnis** müssen die Parteien bestimmen, wem welche Altverbindlichkeiten zugerechnet werden sollen. Diese Regelung der Zurechnung ist auch beim Kanzleierwerb durch Anteilserwerb an der Sozietät erforderlich. 51

Unabhängig von der Haftung im Außenverhältnis muß geregelt werden, von wem die wirtschaftlichen Folgen der Verbindlichkeiten getragen werden sollen. Dabei treten vornehmlich folgende Fragen auf: 52

- Welcher Vertragspartei sollen welche **bekannten Verbindlichkeiten** angelastet werden?
- Welcher Partei sollen welche – sei es dem Grunde, dem Zeitpunkt oder der Höhe nach – **ungewissen Verbindlichkeiten** zugeordnet werden?
- Von wem sollen bislang **unbekannte Verbindlichkeiten** getragen werden?
- Welche **Folgen** sollen eintreten, wenn
  - – sich später herausstellt, daß eine zugeteilte Verbindlichkeit nicht oder nicht im angenommenen Umfang besteht,

– – die zunächst bestehende Ungewißheit im nachhinein wegfällt oder
– – wenn nachträglich verdeckte Verbindlichkeiten offenbar werden?

53 c) **Mietverträge.** Sind die Kanzleiräume gemietet, ist die **Abtretung** des Anspruchs auf Gebrauchsüberlassung nur mit Zustimmung des Vermieters möglich. Der **Eintritt** eines neuen Mieters in den alten Mietvertrag anstelle des alten Mieters erfordert einen Vertrag zwischen dem Vermieter und dem Kanzleiübernehmer oder einen Vertrag zwischen den Mietern und der Zustimmung des Vermieters oder eines Vertrages des Vermieters mit dem neuen Mieter und der Zustimmung des alten Mieters. Es handelt sich dabei um einen **dreiseitigen Vertrag** eigener Art. In einem solchen Fall ist der neue Mieter Rechtsnachfolger des alten Mieters, und es gelten die Bestimmungen des alten Vertrages auch für und gegen den neuen Mieter. Wichtig ist es zu erfahren, ob es sich um einen kurz- oder langfristigen Vertrag handelt und welche Bedingungen für Veränderungen der Höhe des Mietzinses maßgebend sind und welche Nebenkosten anfallen.

54 d) **Versicherungsverträge.** Wenn nichts anderes vereinbart ist, tritt der Erwerber gemäß den Vorschriften des Versicherungsvertragsgesetzes in die Rechte und Pflichten aus den für die Kanzlei bestehenden Versicherungsverträgen über Sachversicherung und Haftpflichtversicherung ein.

55 e) **Arbeitsverträge.** Geht eine Kanzlei durch Rechtsgeschäft auf einen anderen Inhaber über, so tritt dieser – wie auch sonst beim **Betriebsübergang** – in die Rechte und Pflichten der im Zeitpunkt des Übergangs bestehenden Arbeitsverhältnisse ein. Diese Folge ist nicht abdingbar. Der Übergang gemäß § 613a Abs. 1 BGB erfaßt **sämtliche Arbeitsverhältnisse,** auch die der Auszubildenden, der Mutterschutz genießenden Frauen, der Schwerbehinderten und von „Arbeitnehmern" aufgrund faktischer Arbeitsverhältnisse.

56 Nach § 613a BGB setzt der Eintritt des Kanzleierwerbers in die Rechte und Pflichten aus den zum Zeitpunkt des Betriebsübergangs bestehenden Arbeitsverhältnissen nicht die Einwilligung des Arbeitnehmers voraus. Der Arbeitnehmer kann allerdings dieser Rechtsfolge widersprechen.

57 Der Ruf und der Wert einer Kanzlei hängt auch von der Tüchtigkeit und Einsatzbereitschaft der Arbeitnehmer ab. Der Erwerber sollte mit den zu übernehmenden Arbeitnehmern ihre Bereitschaft klären, das Arbeitsverhältnis mit ihm fortzusetzen. Der Kanzleiübergang sollte mit möglichst wenigen personellen Veränderungen beim eingearbeiteten Personal vonstatten gehen. Auch sollte er die Altersstruktur der Arbeitnehmer beachten, die ein weiterer Beurteilungsfaktor für den Erwerb der Kanzlei sein kann.

58 Der Erwerber wird auch Berechtigter aus **Wettbewerbsverboten,** die der Veräußerer mit Arbeitnehmern für die Zeit nach deren Ausscheiden aus dem Arbeitsverhältnis vereinbart hatte.

59 Regelungsbedürftig ist auch, wer wirtschaftlich die Verpflichtung tragen soll, daß **vermögenswirksame Leistungen** oder solche für deren **Altersversorgung** weiter zu leisten sind (vgl. dazu auch § 613a BGB).

60 **„Freie Mitarbeiter"** können arbeitsrechtlich Arbeitnehmer sein, auch wenn vom Veräußerer für sie keine Lohnsteuer und keine Sozialversicherungsbeiträge abgeführt worden sind.[6]

61 f) **Handakten.** Der Rechtsanwalt ist verpflichtet, Handakten anzulegen (§ 50 BRAO). Die Handakte dient dazu, alle wesentlichen Vorgänge eines Beratungsauftrags (Mandats) wiederzugeben. Bei der Veräußerung einer Anwaltskanzlei kann der Erwerber die Mandanten nur dann sachgemäß und ohne Verzögerung vertreten und beraten, wenn ihm alle einschlägigen Handakten und Unterlagen übergeben worden sind.

62 Die Handakten gehören nicht zu den Einrichtungsgegenständen der Kanzlei, verkörpern aber vielfach den Kanzleiwert. Sie dürfen nur mit ausdrücklicher **Zustimmung des**

[6] Vgl. dazu *Hartung/Holl-Nerlich,* § 26 BerufsO.

Mandanten übergeben werden. Der Mandant wird seine Zustimmung regelmäßig nur erteilen, wenn er künftig von dem Erwerber der Kanzlei vertreten und beraten werden will.

Eine Übergabe der Handakten ohne die schriftliche Zustimmung des Mandanten ist ein Verstoß gegen die Berufsgrundsätze und außerdem eine Verletzung des Berufsgeheimnisses (vgl. § 203 StGB). Ist der Auftraggeber damit einverstanden, daß der Erwerber das Mandat fortführt, liegt darin zugleich die Zustimmung zur Übergabe der Handakten und sonstigen Informationen durch den Veräußerer. 63

Weigert sich der Mandant, sein Mandat durch den Erwerber fortführen zu lassen, müssen der Veräußerer oder ggf. dessen Erben die Akten vor unbefugter Einsicht sicher bewahren und dürfen sie jedenfalls nicht dem Erwerber übergeben. Eine Vereinbarung in einem Kanzleiübertragungsvertrag, die den Veräußerer auch **ohne Einwilligung** der betroffenen Mandanten verpflichtet, seine Akten dem Erwerber zu überlassen, ist nichtig. 64

g) Wettbewerbsbeschränkungen. Auch zwischen Rechtsanwälten können grundsätzlich Wettbewerbsbeschränkungen rechtswirksam vereinbart werden. Wettbewerbsverbote müssen nach Zeit, Ort und Gegenstand so begrenzt sein, daß sie nicht zu einer übermäßigen **Beschränkung der Bewegungsfreiheit,** insbesondere nicht zu einer **wirtschaftlichen Vernichtung** des Verpflichteten führen. Im Einzelfall kann ein örtlich oder zeitlich unbeschränktes Verbot gegenständlich derart begrenzt sein, daß die Beschränkung der Bewegungsfreiheit nicht unbillig erscheint. Auch zeitlich beschränkte **Rückkehrverbote** und sonstige Wettbewerbsbeschränkungen sind nicht uneingeschränkt wirksam, denn Freiberufler sind vom Gesetz gegen Wettbewerbsbeschränkungen nicht schlechthin ausgenommen. 65

Wurde während des **Bestehens eines Arbeitsverhältnisses** ein Wettbewerbsverbot vereinbart, wonach für eine bestimmte Anzahl von Jahren nach dem Ausscheiden aus dem Arbeitsverhältnis die Beratung von Mandanten ausgeschlossen sein soll, ist das Wettbewerbsverbot nur dann verbindlich, wenn sich der frühere Arbeitgeber verpflichtet, für die Dauer des Verbots eine **Entschädigung** zu zahlen. Bei Konkurrenzklauseln mit angestellten Anwälten sind zusätzlich die entsprechend geltenden Regeln in §§ 74 ff. HGB zu beachten. 66

Scheidet ein Anwalt aus einer **fortbestehenden Sozietät** aus, sollte im Sozietätsvertrag vorgesehen sein, daß der Ausscheidende keine Mandate mitnehmen darf, es sei denn, der Ausscheidende wird durch die „Mitnahme" bestimmter Mandate einvernehmlich abgefunden. Ein Wettbewerbsverbot ist jedoch auch in diesem Fall sittenwidrig und damit nichtig, wenn es für einen unangemessen langen Zeitraum gelten soll. Zulässig ist es z. B., einem Sozius oder Gesellschafter **ohne jegliche Entschädigung** zu versagen, auf die Dauer von 2 Jahren nach Beendigung des Dienstverhältnisses Mandate von solchen Auftraggebern zu übernehmen, die während der letzten 3 Jahre vor seinem Ausscheiden zur Mandantschaft der Sozietät oder Gesellschaft gehört haben. Für den Fall des Verstoßes gegen die Mandatsschutzvereinbarung sollte eine **Vertragsstrafe** vereinbart werden, deren Höhe sich an den der Sozietät oder Gesellschaft entgehenden Gebühren bemessen sollte. 67

h) Regelungen, die eine spätere Betriebsprüfung betreffen. Es sollte zwischen Veräußerer und Erwerber geregelt werden, inwieweit der Erwerber bei einer **Außenprüfung der Betriebsprüfung,** die die Verhältnisse des Veräußerers betrifft, mitwirken muß oder mitwirken darf. 68

Die Vertragspartner müssen die Folgen regeln, die eintreten sollen, wenn Ereignisse materiell-rechtlich auf den Zeitpunkt der Veräußerung zurückwirken. 69

Solche Ereignisse können z. B. sein:

– Der Veräußerer wird nachträglich für Betriebsschulden in Anspruch genommen, die der Erwerber übernommen hat und die bei der Ermittlung des Kaufpreises in anderer Höhe angesetzt worden waren,
– als sie nunmehr geltend gemacht werden;

- die Veräußerungskosten erhöhen oder mindern sich nachträglich;
- Forderungen gehen mit einem geringeren oder höheren Betrag ein, als sie bei dem Errechnen des Kaufpreises angesetzt waren; entsprechendes gilt für die Tilgung von Schulden.

70 Keine rückwirkenden Änderungen in diesem Sinne sind z. B. der nachträgliche Erlaß von Forderungen oder Schulden.

Geregelt werden muß, wem die Zinsen auf gestundete Forderungen zuzurechnen sind.

- Wen sollen wirtschaftlich die Ergebnisse schwebender Geschäfte treffen?
- Wer soll im wirtschaftlichen Ergebnis die Folgen der Nachforderung von Lohnsteuer für Arbeitnehmer tragen?

71 **i) Nachträgliche Gewinne und Verluste.** Nachträgliche Gewinne oder Verluste können aus der früheren Tätigkeit auf verschiedene Weise entstehen. **Aufwendungen** können aus bei Vertragsabschluß nicht vorhergesehenen Schadensersatzansprüchen entstehen, **Einnahmen** aus Gebühren anfallen, die als uneinbringlich angesehen worden waren. Sind bei der **Kanzleiveräußerung** solche Ansprüche im Kaufpreis unberücksichtigt geblieben, sollte im Kaufvertrag vorgesehen werden, die Kaufpreisforderung entsprechend zu berichtigen.

72 **j) Schiedsvereinbarung.** Unstimmigkeiten zwischen den Vertragsparteien können auch bei gutem Willen zur Vertragstreue auftreten, insbesondere hinsichtlich nicht vorhergesehener Umstände. Zur Vermeidung gerichtlicher Auseinandersetzungen kann vorgesehen werden, daß sich die Parteien verpflichten, bei Auftreten eines Streits zunächst den Vorstand der zuständigen Rechtsanwaltskammer um **Vermittlung** zu bitten. Um den Streit zeitlich schnell zu beenden, können die Parteien vereinbaren, sich dem **Vorschlag der Anwaltskammer** zu beugen.

73 Die Parteien können mit dem Kaufvertrag über die Kanzlei **in gesonderter Urkunde** (§ 1027 Abs. 1 ZPO) einen **Schiedsvertrag** abschließen. In das Schiedsgericht kann jede Partei einen Schiedsrichter berufen, beide Schiedsrichter wählen dann einen Dritten als Obmann. Das Schiedsgericht kann aber auch mit nur einem Schiedsrichter oder mit mehr als 3 Schiedsrichtern besetzt werden. Es kann vorgesehen werden, daß alle Schiedsrichter zugelassene Rechtsanwälte oder daß sie Volljuristen sein müssen.

74 **k) Mitteilungspflichten im Zusammenhang mit der Kanzleiübertragung.** Die Veräußerung und Übernahme einer Kanzlei muß bzw. sollte mitgeteilt werden

- der Rechtsanwaltskammer, der der bisherige Kanzleiinhaber angehört hat (§ 24 Abs. 1 Nr. 4 BerufsO);
- dem örtlichen Anwaltsverein, auch wenn der veräußernde und/oder der erwerbende Rechtsanwalt dort nicht Mitglied sind, wegen der Aufnahme in die örtliche Anwaltsliste,
- dem Präsidenten des Landgerichts und den Verwaltungen aller örtlichen Gerichte wegen der Verteilung der Gerichtspost,
- den örtlichen Kollegen,
- den auswärtigen Kollegen, mit denen der bisherige Kanzleiinhaber ständig zusammengearbeitet hat.

IV. Preisvereinbarung und Preisgestaltung

75 Zentraler Teil des Vertrages über den Kauf einer Anwaltskanzlei ist die Vereinbarung des Kaufpreises.

1. Bewertung der Kanzlei

76 Die Gesichtspunkte für die Bewertung einer Rechtsanwaltskanzlei sind in § 16 dargestellt. Der Preis muß nach Gegenstand, Höhe, Zahlungsart und Zahlungsweise bestimmt werden. Haben Verkäufer und Käufer zu einzelnen Gegenständen, die übertragen werden sollen, **übereinstimmende** Wertvorstellungen entwickelt, empfiehlt es sich, die Gegenstände und die ihnen zugemessenen Werte festzuhalten. Das kann sich vorteilhaft auswirken,

- wenn sich nachträglich Mängel an einem Gegenstand herausstellen und der Kaufpreis in solchen Fällen abredegemäß korrigiert werden soll,
- wenn der Kaufpreis für verschiedene Teile der Kanzlei zu unterschiedlichen Zeiten zu entrichten ist,
- wenn der Erwerber die Anschaffungskosten dokumentieren will, um sie steuerlich vom Kanzleiwert abzugrenzen,
- um ggf. die Angemessenheit des Kaufpreises leichter prüfen zu können.

2. Preis für die Kanzlei

Der Preis für die Anwaltskanzlei ergibt sich wie jeder Kaufpreis aus **Angebot und** 77
Nachfrage. Im einzelnen entsteht er oft genug in schwer erklärbarer Weise, und zwar insbesondere deshalb, weil es in der Regel kein ausreichendes Angebot und/oder eine entsprechende Nachfrage gibt. Die Preisvorstellungen sollten im Ergebnis plausibel (einsehbar) sein.

3. Zahlungsarten

Das **Veräußerungsentgelt** für die Kanzleiübertragung kann bestehen in 78

- einem festen Kaufpreis,
- Kaufpreisraten,
- einer Veräußerungsleibrente,
- anderen laufenden Bezügen (wiederkehrenden Leistungen) oder
- in Mischformen der vorgenannten Entgelte
- oder der Vereinbarung anderer Bedingungen.

a) Barzahlung. Der Kaufpreis kann **vor** oder **nach** Übergabe der Kanzlei in einer 79
Summe zu zahlen sein, und zwar an einem vereinbarten Datum oder an einem vereinbarten Stichtag nach einem bestimmten Ereignis (z. B. 2 Wochen nach dem Übernahmezeitpunkt). Statt der sofortigen Barzahlung des Gesamtpreises kann die sofortige Zahlung eines Teils des Preises (z. B. zur Abgeltung des Inventars) und die Zahlung des restlichen Preises zu einem späteren Zeitpunkt vereinbart werden. Wird der Kaufpreis aus irgendwelchen Gründen **gestundet,** muß vereinbart werden, ob **Zinsen** zu zahlen sind und ggf. in welcher Höhe, ferner, welche Folgen eintreten sollen, wenn die Zahlung nach dem Ablauf der Stundungsfrist nicht eingeht.

b) Ratenzahlung. Raten können in betragsmäßig bezifferten gleich hohen Beträgen an 80
jedem Monatsletzten oder an einem anders bestimmten Tag zu leisten sein. Es können steigende Raten oder fallende Raten vereinbart werden. Die Interessenlage beider Vertragspartner wird die Vereinbarungsmodalitäten bestimmen.

c) Leistung in wiederkehrenden Bezügen (Verrentung). Als wiederkehrende Bezüge 81
kommen in Betracht Kaufpreisrenten, Leibrenten und andere wiederkehrende Bezüge.

aa) Kaufpreisrente. Als Entgelt für den Erwerb einer Kanzlei auf eine bestimmte Zeit 82
gewährte laufende Zahlungen sind regelmäßig als ratenweise erbrachte Leistungen zu beurteilen. Das gilt jedenfalls dann, wenn sich Leistung und Gegenleistung nach den Vorstellungen der Parteien gleichwertig gegenüberstehen. Eine **Veräußerungsrente** liegt vor, wenn sich bei Begründung des Rentenverhältnisses und bei der Bemessung der Rentenhöhe die Beteiligten übereinstimmend – mindestens jedoch der Rentenverpflichtete – überwiegend von dem Gedanken eines angemessenen Entgelts für den Erwerb der Kanzlei leiten ließen und die Zahlungen wagnisbehaftet sind.

bb) Leibrente. Als Leibrenten gelten gleichmäßige Leistungen, die von der Lebensdauer 83
eines Menschen abhängen. Die „wirtschaftliche" Gleichmäßigkeit der Leistungen gilt als entscheidendes Kriterium. Die Gleichmäßigkeit bleibt gewahrt bei Bezugnahmen auf Bezugsgrößen wie z. B. die Bemessungsgrundlagen der Sozialversicherungsrenten, die also den Charakter von Wertsicherungsklauseln haben, nicht dagegen bei Bezugnahmen

auf den Umsatz oder Gewinn der Kanzlei. Die Gleichmäßigkeit der Rentenleistungen **entfällt,** wenn eine **Abänderbarkeit** der Rentenhöhe bei Veränderbarkeit der Bedürftigkeit des Rentenberechtigten oder der Leistungsfähigkeit des Rentenverpflichteten entsprechend dem Rechtsgedanken des § 323 ZPO vorgesehen ist. Bei Veränderung der Rentenhöhe infolge **Wegfalls der Geschäftsgrundlage** (§ 242 BGB) entfällt das Merkmal der Gleichmäßigkeit der Rentenleistungen nicht. Bürgerlich-rechtlich dürfen die Einzelleistungen nicht von Bedingungen abhängen. Sie müssen in gleichmäßigen Abständen und in Geld oder vertretbaren Sachen geleistet werden.

84 **Abgekürzte Leibrenten** sind Renten, die mit Ablauf einer bestimmten Höchstzeit erlöschen. **Mindestzeitrenten** sind Renten, die erst nach einer Mindestzeit erlöschen. **Verbindungsrenten** sind Renten, die von vornherein zugleich so lange mehreren Rentenberechtigten gemeinsam zustehen oder von mehreren Personen gemeinsam zugesagt werden, als alle diese Personen, eine bestimmte Mindestzahl von ihnen oder mindestens bestimmte Personen am Leben sind.

85 Es sollte stets festgelegt werden, in welchen **Zeitabständen** die einzelnen Rentenbeträge zu zahlen sind, und ob sie vor- oder nachschüssig zu leisten sind.

86 **Rentenvereinbarungen** beim Verkauf/Kauf einer Kanzlei sind in der Regel **nicht ratsam.** Sie erscheinen nur vertretbar, wenn sie einerseits erst nach einer Mindestzeit und andererseits mit Ablauf einer bestimmten Höchstzeit erlöschen, also das Wagnis für beide Vertragspartner begrenzen. Entsprechendes gilt für Verbindungsrenten.

87 **Stirbt** der Veräußerer alsbald nach dem Verkauf der Kanzlei, kommt der Erwerber in den Genuß eines Vermögensvorteils auf Kosten der Erben. Das ist vertretbar, wenn keine nahen Erben vorhanden sind. Wird der Veräußerer **sehr alt,** erreicht die Gegenleistung für den Erwerber eine Höhe, die gegenüber der Leistung des Veräußerers unverhältnismäßig hoch ist. Die Vereinbarung von Renten mit **Mindest- und Höchstlaufzeit** vermag solchen Ergebnissen entgegenzuwirken.

d) Sonstige Zahlungsbedingungen für das Veräußerungsentgelt

88 *aa) Umsatzbeteiligung.* Wird der Kaufpreis statt als Zahlung eines bestimmten Betrages als Umsatzbeteiligung vereinbart, müssen die **Bezugsgrößen** festgelegt werden. Es muß bestimmt werden,

- wie die Bezugsgrößen zu ermitteln sind, z. B. nur die eingegangenen Gebühren oder auch die vereinbarten Honorare,
- wann abzurechnen ist, z. B. monatlich, vierteljährlich, zum Halbjahresende oder zum Jahresende, und
- wann die Zahlungen zu leisten sind.
- Sollen bestimmte Umsätze nicht in die Beteiligung einbezogen werden, müssen diese definiert werden.

89 Der Veräußerer wird ein Interesse haben, die Einhaltung der Vereinbarung zu **kontrollieren.** Der Erwerber kann z. B. verpflichtet werden, dem Veräußerer Kopien seiner Umsatzsteuer-Voranmeldungen zu übergeben, oder dem Veräußerer das Recht einzuräumen, vom zuständigen **Finanzamt Auskünfte** über die Höhe der Umsätze zu verlangen oder in die Umsatzsteuerakten des Finanzamts einzusehen. Sollte der Erwerber die Kanzlei vor Tilgung einer bestimmten Summe aufgeben oder veräußern, empfiehlt es sich, die Höhe und Fälligkeit einer **Schlußzahlung** zu vereinbaren, zu deren Sicherung ein künftiger Kaufpreisanspruch des Erwerbers gegen den Dritterwerber an den Veräußerer abgetreten werden kann.

90 *bb) Gewinnbeteiligung.* Bei Vereinbarung einer Gewinnbeteiligung am Gewinn des Erwerbers statt eines festen Kaufpreises für die Kanzlei muß bestimmt werden, wie abzurechnen ist. Es kann z. B. eine Abschlagzahlung aufgrund eines vorläufigen Jahresabschlusses (z. B. zum 31. März) vorgesehen werden, dem dann eine Schlußabrechnung (z. B. auf der Grundlage des Einkommensteuerbescheides) folgt, sobald der Steuerbe-

scheid erteilt ist. Zur Kontrolle wird sich der Veräußerer zusichern lassen, daß er statt der Umsatzsteuer-Voranmeldungen die Abrechnung aufgrund des Einkommensteuerbescheides überprüfen darf.

cc) Umsatz- oder Gewinnbeteiligung als Zahlungsmodalitäten. Umsatz und Gewinnbeteiligungen sind als Kaufpreisarten **nicht zu empfehlen.** Unbedenklich ist es dagegen, wenn ein **fester Kaufpreis** vereinbart worden ist und die Modalitäten seiner Begleichung umsatz- oder gewinnabhängig gestaltet werden. 91

e) Zusätzliche Bemerkungen zu Zahlungsart und Zahlungsweise. Die Vereinbarung eines **festen Kaufpreises** ist am einfachsten, entspricht aber den Bedürfnissen der Praxis am wenigsten. Dem Erwerber wird es häufig schwerfallen, den Kaufpreis auf einmal zu entrichten, weil er nicht über die erforderlichen Mittel verfügt. Aber auch dem Veräußerer ist häufig an längere Zeit gleichbleibenden Leistungen für seine Versorgung gelegen. Die **Aufteilung des Kaufpreises** in Raten reicht manchmal nicht aus, um die besonderen Verhältnisse bei der Kanzleiveräußerung ausreichend zu berücksichtigen. Es kann sich unter diesen Umständen anbieten, die Bezahlung – wie bereits ausgeführt – umsatz- oder gewinnabhängig zu bemessen. Bei einer vom **Umsatz oder Gewinn abhängigen Zahlungsweise** wird für die ersten Jahre meist ein höherer Vom-Hundert-Satz als für die Folgejahre gewählt. Es kann schließlich die Beteiligung auf die übernommenen Mandanten beschränkt werden, oder es können die neu gewonnenen Mandanten von der Quotierung ausgenommen werden. 92

4. Sicherung für den Zahlungseingang des Kaufpreises

Der Veräußerer wird sich dagegen sichern wollen, daß der Erwerber während der Laufzeit der vereinbarten Leistung stirbt oder die Kanzlei weiterveräußert. Eine Sicherheit kann z. B. durch Abschluß einer **Todesfallrisikoversicherung** erreicht werden, wenn der Erwerber dem Veräußerer die Police übergibt, die Versicherungsprämien stets pünktlich bezahlt und seinen künftigen Anspruch auf Auszahlung der Versicherungssumme an den Veräußerer **sicherungshalber abtritt.** Der Veräußerer wird zudem verlangen, daß ihm der Erwerber jeweils die ordnungsgemäße Zahlung der Versicherungsprämien nachweist. Ein Anliegen des Veräußerers wird es auch sein, daß der Erwerber sich verpflichtet, die Kanzlei nur mit Zustimmung des Veräußerers weiterzuveräußern und daß in einem solchen Fall der Erwerber den **Dritterwerber** verpflichtet, die Ansprüche des Veräußerers vorrangig zu erfüllen und beide die gesamtschuldnerische Haftung übernehmen. 93

5. Sicherung gegen Gewährleistungsansprüche

Die Gewährleistungsansprüche des Kaufvertragsrechts in bezug auf die Kanzlei insgesamt und in bezug auf die einzelnen Wirtschaftsgüter stehen dem Erwerber nebeneinander zu. 94

Bei der **Errechnung des Kaufpreises** für die Kanzlei werden regelmäßig der bisher vom Veräußerer erzielte Umsatz, die laufenden Aufwendungen für die Kanzlei und der jährlich erzielte Gewinn zugrunde gelegt worden sein. Der Veräußerer kann aber nicht dafür einstehen, daß die in der Vergangenheit erzielten Beträge, die die Umsätze, Gewinne und die Betriebsausgaben betreffen, auch in Zukunft gleich bleiben werden. 95

Umsätze und Erträge der dem Kauf vorangegangenen Wirtschaftsjahre sind grundsätzlich **keine Eigenschaften** der Kanzlei im Sinne des Gewährleistungsrechts. Sie sind daher regelmäßig nicht Gegenstand einer Zusicherung im Sinne von § 459 Abs. 2 BGB. Gleichwohl wird der Veräußerer Wert auf die schriftliche Festlegung im Vertrag legen, er habe keine Gewähr dafür übernommen, daß 96

- die Mandanten ihre Aufträge auf den Erwerber übertragen und weiter seine Mandanten bleiben werden,
- Umsätze und Gewinne auch in Zukunft erzielt werden und
- die Aufwendungen für die Kanzlei unverändert bleiben werden.

97 **Gewährleistungsansprüche** des Erwerbers werden sich in der Regel darauf beschränken, daß die für die Fortführung der Kanzlei erforderlichen Wirtschaftsgüter keine Fehler i. S. v. § 459 Abs. 1 BGB aufweisen. Die Mängel dieser Wirtschaftsgüter werden in der Regel nicht dazu führen, daß die Gewährleistungsansprüche wegen Sachmängeln, die einzelne Wirtschaftsgüter betreffen, einen Mangel der Kanzlei insgesamt ergeben.

98 Die Vertragspartner sollten das Gewährleistungsrecht des BGB insgesamt durch ein **geschlossenes System vertraglicher Garantie- und Gewährleistungsvereinbarungen** ersetzen. Das kann dadurch geschehen, daß die Gewährleistungsansprüche insgesamt ausgeschlossen werden, soweit sie nicht im Vertrag ausdrücklich vorgesehen sind. Ein solches Vorgehen wird auch den Erwerber davor bewahren, sich unzutreffenden Hoffnungen hinzugeben.

6. Wertsicherungsklauseln

99 Mit der Ablösung der DM durch den Euro greifen die Regelungen des Währungsgesetzes nicht mehr. Damit sind auch die Beschränkungen für Wertsicherungsklauseln nicht mehr wirksam. Es ist z. Z. nicht absehbar, ob und ggf. inwieweit zur Sicherung der europäischen Währung gegen **inflationäre Entwicklungen** in der Zukunft wieder Bestimmungen eingeführt werden, die sich mit Wertsicherungsklauseln befassen werden. Auf jeden Fall sollte, wenn die Leistung des Kaufpreises in wiederkehrenden Bezügen oder in über längere Zeit zu erbringenden Raten vorgesehen wird, vereinbart werden, daß bei Änderung einer bestimmten **Vergleichsgröße** (z. B. des Lebenshaltungskostenindexes) eine **Neufestsetzung** der Rente oder der Raten verlangt werden kann. Für den Fall, daß sich Veräußerer und Erwerber nicht einigen, sollten die Vertragspartner vereinbaren, daß ein Dritter angerufen wird, dessen Entscheidung sie sich unterwerfen, z. B. dem **Schiedsspruch** des Vorstands der örtlich zuständigen Rechtsanwaltskammer.

V. Anschaffungskosten des Erwerbers

100 Anschaffungskosten des Erwerbers sind die Aufwendungen, die geleistet werden, um einen Vermögensgegenstand zu erwerben und ihn in einen betriebsbereiten Zustand zu versetzen, soweit die Aufwendungen dem Vermögensgegenstand einzeln zugeordnet werden können (§ 255 Abs. 1 Satz 1 HGB, der insoweit über das Handelsrecht hinaus gilt). **„Erwerben"** bedeutet dabei das Erlangen der wirtschaftlichen Verfügungsmacht, also das Überführen von der fremden in die eigene Verfügungsmacht. Zu den **Anschaffungskosten** gehören auch die Anschaffungs**nebenkosten. Spätere Minderungen** oder **Erhöhungen** des Kaufpreises verändern die Anschaffungskosten entsprechend. **Angeschafft** ist ein Wirtschaftsgut in dem Zeitpunkt, in dem der Erwerber die **wirtschaftliche Verfügungsmacht** erlangt. Ein Gesamtpreis ist auf die einzelnen erworbenen Wirtschaftsgüter entsprechend den Teilwerten aufzuteilen.

101 Als **Kanzleiwert** ist der Unterschiedsbetrag anzusetzen, um den die für die Übernahme der Kanzlei bewirkte Gegenleistung den Wert der einzelnen Vermögensgegenstände der Kanzlei abzüglich der Schulden im Zeitpunkt der Übernahme übersteigt. Der Kanzleiwert ist in der Folgezeit vom Erwerber durch **Abschreibungen** zu tilgen.

102 Für die Bewertung der Wirtschaftsgüter sind grundsätzlich deren Anschaffungskosten maßgebend. Wurde der Übernahmepreis für die Kanzlei durch Einzelbewertung aller Wirtschaftsgüter ermittelt, entsprechen die jeweiligen Anschaffungskosten den Veräußerungspreisansätzen. Ist der Gesamtkaufpreis ohne Einzelwertermittlung vereinbart worden, müssen die Anschaffungskosten der einzelnen Wirtschaftsgüter geschätzt werden. In Zweifelsfällen ist der Erwerbspreis nach dem Verhältnis der Teilwerte der einzelnen Wirtschaftsgüter aufzuteilen.

103 Wird bei der Veräußerung der Kanzlei oder eines Sozietätsanteils als Veräußerungspreis eine Leibrente vereinbart, ist steuerrechtlich als Veräußerungspreis i. S. v. § 16 Abs. 2 EStG der versicherungsmathematische Barwert der Rente im Veräußerungszeitpunkt anzusetzen.

C. Anteilserwerb an einer Anwaltskanzlei

I. Anteilskauf – Rechtskauf

Der Kauf des Anteils an einer Sozietät ist Rechtskauf (vgl. Rdn. 23 und 24). Der 104
Erwerber muß klären, ob der Erwerb des Sozietätsanteils der **Zustimmung der übrigen Sozietätspartner** bedarf; das wird regelmäßig der Fall sein und sich aus dem Sozietätsvertrag ergeben. In diesem Fall muß die Zustimmung der übrigen Partner zum Anteilserwerb eingeholt und die Wirksamkeit des Kaufvertrags von der Zustimmung abhängig gemacht werden. Ist die Zustimmung der übrigen Gesellschafter der Sozietät nicht erforderlich, sollte sich der Erwerber diesen Umstand vom Veräußerer garantieren lassen.

II. Kauf zum Buchwert des Anteils

Entspricht der Kaufpreis des Sozietätsanteils dem **Buchwert** der Beteiligung, ersetzt in 105
der Sozietät der eintretende Sozius den ausscheidenden Sozius.

III. Kauf zu einem Preis über dem Buchwert des Anteils

Übersteigt der Kaufpreis den **Buchwert** der Beteiligung, müssen die Anschaffungs- 106
kosten des Erwerbers auf die einzelnen Wirtschaftsgüter aufgeteilt werden. Soweit der Mehrbetrag den Anteil des ausscheidenden Sozius an den stillen Reserven abgilt, muß der Betrag auf die Bilanzposten verteilt werden, die **stille Reserven** enthalten. Das sind die Bilanzposten, bei denen der Buchwert unter dem Teilwert liegt. Ein etwa verbleibender Betrag ist ein vom Käufer entgeltlich erworbener (derivativer) Kanzleiwert.

D. Erwerb einer Anwaltskanzlei oder eines Sozietätsanteils von Angehörigen

I. Kanzlei- oder Anteilserwerb bei Übertragung unter Lebenden

Beim Erwerb einer Kanzlei von einem **Elternteil** und insbesondere beim Erwerb im 107
Wege der **vorweggenommenen Erbfolge** sind die Pflichtteilsvorschriften in die Überlegungen einzubeziehen. Sie können beim unentgeltlichen oder teilentgeltlichen Erwerb zur Folge haben, daß der Erwerber Ausgleichsleistungen erbringen muß. Beim Kanzleiübergang kraft **Erbschaft** erwirbt der Erbe die Kanzlei im Wege der Gesamtrechtsnachfolge unter Gesamthandsberechtigung und Gesamthandsbindung. Beim Kanzleiübergang im Wege der vorweggenommenen Erbfolge handelt es sich um Einzelrechtsnachfolgen in die überlassenen Gegenstände.

Bei Vermögensübertragungen von **Eltern auf Kinder** besteht **steuerrechtlich** die 108
Vermutung, daß die Veräußerung auf familiären oder erbrechtlichen Erwägungen beruht und daher einen unentgeltlichen Rechtserwerb darstellt. Ob im Einzelfall ein entgeltlicher oder ein unentgeltlicher Vorgang vorliegt, richtet sich nach dem Verhältnis von Leistung und Gegenleistung der Beteiligten. Auch bei Vermögensübertragungen im Rahmen einer vorweggenommenen Erbfolge können Leistung und Gegenleistung wie unter Fremden nach kaufmännischen Gesichtspunkten abgewogen werden. Ist dies der Fall, liegt auch steuerrechtlich ein entgeltlicher Erwerb vor.

Die **Steuerbelastung** beim übertragenden Anwalt wird trotz Tarifbegünstigung des 109
Veräußerungsgewinns regelmäßig einen zusätzlichen Liquiditätsbedarf hervorrufen. Beim Erwerber führen die Anschaffungskosten zu höheren Absetzungen für Abnutzung, als sie beim Veräußerer zu berücksichtigen sind.

Wird eine Kanzlei im Wege der **vorweggenommenen Erbfolge** von einem Elternteil 110
auf eines der **Kinder** mit der Verpflichtung übertragen, den Geschwistern ein nach dem

Verkehrswert der Kanzlei bemessenes **Gleichstellungsgeld** zu zahlen, so ist dieser Sachverhalt eine Schenkung unter Auflage. **Steuerrechtlich** wird er als entgeltlicher Tatbestand behandelt. Das Kind erwirbt in einem solchen Fall die Kanzlei teils **unentgeltlich** vom Elternteil und muß dessen **Buchwerte** fortführen und teils **entgeltlich** mit der Befugnis zur **Buchwertaufstockung.**

111 Auf das gesetzliche Erbrecht, den Pflichtteilsanspruch und den Erbersatzanspruch kann verzichtet werden (§ 2346 BGB; notarielle Beurkundung erforderlich, § 2348 BGB). Für den Erbverzicht kann eine Abfindung vereinbart werden. Die Abfindung unterliegt der Erbschaftsteuer (§ 7 Abs. 1 Nr. 5 ErbStG).

112 Wird eine Anwaltskanzlei im Wege der vorweggenommenen Erbfolge u. a. gegen eine **lebenslängliche Geldrente** übertragen, ist deren Höhe auch dann, wenn eine ausdrückliche Abänderungsklausel fehlt, regelmäßig abänderbar (zu den Folgen vgl. Rdn. 83).

II. Kanzlei- oder Anteilserwerb durch Erbschaft

113 Entsprechendes wie für den Erwerb der Kanzlei von einem Angehörigen oder im Wege der vorweggenommenen Erbfolge gilt beim Erwerb einer Kanzlei oder eines Sozietätsanteils im Wege der Erbschaft, sofern die Möglichkeit zum Anteilserwerb im Gesellschaftsvertrag vorgesehen ist.

§ 11 Überblick über mögliche Gesellschaftsformen

*Dr. Volker Römermann**

Übersicht

Schrifttum: *Autenrieth*, Die Europäische wirtschaftliche Interessenvereinigung (EWIV), 1990; *ders.*, Die inländische Europäische Wirtschaftliche Interessenvereinigung (EWIV) als Gestaltungsmittel, BB 1989, 305 ff.; *Bayer/Imberger*, Die Rechtsformen freiberuflicher Tätigkeit, DZWir 1993, 309; *dies.*, Nochmals: Die Rechtsformen freiberuflicher Tätigkeit, DZWir 1995, 177; *Boele*, Die Organisation von Rechtsanwaltssozietäten Heute und Morgen, 1992, S. 215 f.; *Boin*, Die Partnerschaftsgesellschaft für Rechtsanwälte, 1996; *Borchert*, Die Anwalts-GmbH, INF 1998, 658; *Borggreve*, Die partnerschaftliche gemeinschaftliche Ausübung freier rechts- und wirtschaftsberatender Berufe, Diss. Bielefeld 1982; *Bösert*, Das Gesetz über Partnerschaftsgesellschaften Angehöriger Freier Berufe, ZAP F. 15, S. 137; *ders.*, Der Regierungsentwurf eines Gesetzes zur Schaffung von Partnerschaftsgesellschaften, DStR 1993, 1332; *Bösert/Braun/Jochem*, Leitfaden zur Partnerschaftsgesellschaft, 1996; *Burret*, Das Partnerschaftsgesellschaftsgesetz, WPK-Mitt. 1994, 201; *Donath*, Rechtsberatungsgesellschaften, ZHR 156 (1992), 134; *Droste*, Gemeinschaftliche Berufsausübung von Rechtsanwälten mit Angehörigen anderer steuer- und wirtschaftsberatender Berufe, 1998, Diss. Köln 1998; *Eggesiecker (Hrsg.)*, Die Partnerschaftsgesellschaft für Freie Berufe, Loseblattsammlung, Stand: Grundwerk 1996; *Eggesiecker/Keuenhof*, Normale Partnerschaften auch für Wirtschaftsprüfer und Steuerberater zulässig, BB 1995, 2049; *Feddersen/Meyer-Landrut*, Partnerschaftsgesellschaftsgesetz, 1995; *Feuerich/Braun*, BRAO, 4. Aufl. 1999; *Gail/Overlack*, Anwaltsgesellschaften, 2. Aufl. 1996; *Grüninger*, Aspekte, Strategien und Möglichkeiten einer EWIV von Rechtsanwälten, AnwBl. 1992, 111; *ders.*, Die Europäische wirtschaftliche Interessenvereinigung beratender Freiberufler – steuerliche Vor- und Nachteile, BB 1990, 2161; *Gummert*, Haftung und Haftungsbeschränkung bei der BGB-Außengesellschaft, Diss. Bonn 1991; *ders.*, Die Zulässigkeit einseitiger Haftungsbeschränkung auf das Vermögen der BGB-Außengesellschaft, ZIP 1993, 1063; *Hartard*, Die Europäische wirtschaftliche Interessenvereinigung im deutschen, englischen und französischen Recht, 1991; *Hartung*, Sozietät oder Kooperation – Zwei

* Rechtsanwalt in Hannover, Anwaltskanzlei Römermann, Schwab & Coll.; Lehrbeauftragter der Universität Hannover.

unterschiedliche Formen beruflicher Zusammenarbeit, AnwBl. 1995, 333; *Hartung/Holl (Hrsg.)*, Anwaltliche Berufsordnung, 1997; *Hasselbach*, Die Gesellschaft bürgerlichen Rechts mit beschränkter Haftung, MDR 1998, 1200; *Heermann*, Haftungsbeschränkungen in der BGB-Außengesellschaft, BB 1994, 2421; *Heintzen*, Die überörtliche Rechtsanwaltssozietät, 1990; *Henssler*, Anwaltsgesellschaften, NJW 1993, 2137; *ders.*, Die Haftung der Partnerschaft und ihrer Gesellschafter, in Festschrift für Vieregge, 1995, S. 361; *ders.*, Neue Formen anwaltlicher Zusammenarbeit, DB 1995, 1549; *Henssler/Prütting (Hrsg.)*, BRAO, 1996; *Heussen/Tiling*, Partnerschaftsgesellschaften, in: Büchting/Heussen (Hrsg.), Beck'sches Rechtsanwalts-Handbuch 1995/96, 1995, H II Rdn. 44 = S. 1357; *Hornung*, Partnerschaftsgesellschaft für Freiberufler, Rpfleger 1995, 481 (Teil 1); 1996, 1 (Teil 2); *Kaiser/Bellstedt*, Die Anwaltssozietät, 2. Aufl. 1995; *Kleine-Cosack*, Überörtliche Anwaltssozietäten, AnwBl. 1991, 118; *Knoll/Schüppen*, Die Europäische wirtschaftliche Interessenvereinigung (EWIV) – Teil I: Gesellschaftsrechtliche Grundlagen, WiB 1994, 889; *dies.*, Die Europäische wirtschaftliche Interessenvereinigung (EWIV) – Teil II: Steuerrechtliche Grundlagen, WiB 1994, 936; *dies.*, Die Partnerschaftsgesellschaft – Handlungszwang, Handlungsalternative oder Schubladenmodell?, DStR 1995, 608 (Teil I), 646 (Teil II); *Koch*, Nationale und transnationale Organisations- und Kooperationsformen anwaltlicher Tätigkeit, in: Gilles (Hrsg.), Anwaltsberuf und Richterberuf in der heutigen Gesellschaft, 1991, S. 153; *Kupfer*, Freiberufler-Gesellschaften: Partnerschaft, Anwalts- und Ärzte-GmbH, KÖSDI 1995, 10130; *Lenz*, Die Partnerschaft – alternative Gesellschaftsform für Freiberufler?, MDR 1994, 741; *Mahnke*, Das Partnerschaftsgesellschaftsgesetz, WM 1996, 1029; *Meilicke/Graf v. Westphalen/Hoffmann/Lenz*, PartGG, 1995; *Meyer-Landrut*, Die Europäische wirtschaftliche Interessenvereinigung, 1988; *Michalski*, Das Gesellschafts- und Kartellrecht der berufsrechtlich gebundenen freien Berufe, 1989; *ders.*, Die freiberufliche Zusammenarbeit im Spannungsfeld von Gesellschafts- und Berufsrecht, AnwBl. 1989, 65; *ders.*, Zulässigkeit und „Firmierung" überörtlicher Anwaltssozietäten, ZIP 1991, 1551; *ders.*, Zum Regierungsentwurf eines Partnerschaftsgesellschaftsgesetzes, ZIP 1993, 1210; *Michalski/Römermann*, PartGG, 2. Aufl. 1999; *dies.*, Vertrag der Partnerschaftsgesellschaft, 1997; *Mittelsteiner*, Kommentierung zum PartGG, DStR 1994, Beihefter zu Heft 37, S. 37; *Müller-Gugenberger/Schotthöfer (Hrsg.)*, Die EWIV in Europa, Texte und Erläuterungen aus rechtsvergleichender Sicht, 1995; *Nerlich*, Anwaltssozietäten in Europa, AnwBl. 1994, 529; *ders.*, Internationale Kooperationsmöglichkeiten für europäische Rechtsanwälte, 1994; *ders.*, Multinationale und transnationale Anwaltssozietäten in Europa, in: Henssler/Nerlich (Hrsg.), Anwaltliche Tätigkeit in Europa, 1994, S. 37; *Neye*, Die Europäische wirtschaftliche Interessenvereinigung – eine Zwischenbilanz, DB 1997, 861; *ders.*, Partnerschaft und Umwandlung, ZIP 1997, 722; *Odersky*, Anwaltliches Berufsrecht und höchstrichterliche Rechtsprechung, AnwBl. 1991, 238; *ders.*, Die überörtliche Anwaltssozietät, in: Festschrift für Merz, 1992, 439; *Oppenhoff*, Anwaltsgemeinschaften, ihr Sinn und Zweck, AnwBl. 1967, 267; *ders.*, Sozietätsverträge und Partnerschaftsverträge, AnwBl. 1977, 357; *Prohaska*, Berufspflichten und persönliche Haftung des Anwalts als Geschäftsführer der Anwalts-GmbH, 1997, Diss. Heidelberg 1997; *Ring*, Die Partnerschaftsgesellschaft, 1997; *Römermann*, Entwicklungen und Tendenzen bei Anwaltsgesellschaften, 1995; *ders.*, Anwalts-GmbH als theoretische Variante zur Partnerschaft?, GmbHR 1997, 530; *ders.*, Der neue Regierungsentwurf zum Anwalts-GmbH-Gesetz, NZG 1998, 81; *Salger/Neye*, Die Europäische wirtschaftliche Interessenvereinigung, in: Riegger/Weipert (Hrsg.), Münchener Handbuch des Gesellschaftsrechts, Band 1995, S. 1497 ff.; *Schmidt, Karsten*, Die Freiberufliche Partnerschaft, NJW 1995, 1; *Schumann*, Die überörtliche Anwaltssozietät, 1990; *Schurr*, Anwaltsgesellschaften in Deutschland und den Vereinigten Staaten von Amerika – Ein gesellschaftsrechtlicher Vergleich, 1997, Diss. Erlangen-Nürnberg 1997; *Scriba*, Die Europäische wirtschaftliche Interessenvereinigung, 1988; *Seibert*, Zum neuen Entwurf eines Partnerschaftsgesellschaftsgesetzes, AnwBl. 1993, 155; *ders.*, Das neue Partnerschaftsgesellschaftsgesetz, BuW 1995, 100; *ders.*, Die Partnerschaft für die Freien Berufe, DB 1994, 2381; *ders.*, Die Partnerschaft, 1994; *ders.*; Ein Jahr Partnerschaftsgesellschafts-Gesetz, GmbHR 1996, R 15; *ders.*, Gemeinsame Berufsausübung von Freiberuflern: neue Perspektiven durch die Partnerschaftsgesellschaft, Mitt. der deutschen Patentanwälte 1996, 107; *Seibert/Salger*, Die Partnerschaftsgesellschaft, in: Riegger/Weipert (Hrsg.), Münchener Handbuch des Gesellschaftsrechts, Band 1, 1995, §§ 30–39 = S. 709; *Steindorff*, Die Anwaltssozietät, in: Festschrift für Fischer, 1979, S. 747; *Streck*, Steuerprobleme örtlicher, überörtlicher und internationaler Anwaltssozietäten, AnwBl. 1991, 449; *Ulmer/Habersack*, Die Haftungsverfassung der Partnerschaftsgesellschaft, in: Festschrift für Brandner, 1996, S. 151; *v. d. Heydt/v. Rechenberg*, Die Europäische wirtschaftliche Interessenvereinigung unter besonderer Berücksichtigung gesellschafts-, steuer- und kartellrechtlicher Aspekte, 1991; *Vogels*, Haftung von Rechtsanwälten in der Sozietät, 1995; *Vorbrugg/Salzmann*, Überregionale Anwaltskooperationen, AnwBl. 1996, 129; *Zilles*, Zum Sozietätsvertrag – Vertragsgestaltung, Substanz- und Gewinnverteilung bei Partnerschaftsverträgen – „Reifeprüfung" mit einem 300-Punkte-Schlüssel?, AnwBl. 1992, 179; *Zuck*, in: Lingenberg/Hummel/

Zuck/Eich (Hrsg.), Kommentar zu den Grundsätzen des anwaltlichen Standesrechts, § 28; *ders.*, Die Anwalts-GmbH nach §§ 59 c ff. BRAO, MDR 1998, 1317; *ders.*, Die Europäische Wirtschaftliche Interessenvereinigung als Instrument anwaltlicher Zusammenarbeit, NJW 1990, 954; *ders.*, Vertragsgestaltung bei Anwaltskooperationen, 1995.

A. Entwicklung

Die berufliche Zusammenarbeit von Rechtsanwälten in Form einer Sozietät stieß noch zu Beginn des 20. Jahrhunderts auf Skepsis und Mißtrauen gegenüber einem derartigen „kaufmännischen" Betrieb.[1] Die Vorteile, die sich durch eine Sozietät für die beteiligten Rechtsanwälte und ihre Mandanten ergeben, ließen solche Hemmnisse rasch überwinden und führten zu einer sich fortlaufend verstärkenden Tendenz zu Zusammenschlüssen. Beschränkten sich diese Sozietäten zunächst auf wenige Rechtsanwälte, so läßt sich seit dem Auftreten der überörtlichen Sozietät Ende der 80er Jahre eine Welle nationaler und internationaler **Fusionen** feststellen, durch die immer größere Strukturen bis hin zu weltumspannenden Netzwerken entstehen. Das Serviceangebot an den Mandanten wird inhaltlich aufgefächert und es erstreckt sich auch auf komplementäre, insbesondere wirtschaftsberatende Berufe wie etwa Steuerberater und Wirtschaftsprüfer. 1

Lange Zeit hindurch ging die einhellige Auffassung in der Anwaltschaft davon aus, daß sie durch Gesetz und – damals noch – „Standesrecht" auf die Gesellschaftsform der **BGB-Gesellschaft** beschränkt wäre. Die von der Rechtsprechung entwickelte gesamtschuldnerische Haftung sämtlicher Sozien (und dazu der sonstigen auf dem Briefbogen aufgeführten Anwälte, der sog. Außensozien) wurde um so schwerer erträglich, je größer die betroffene Sozietät geworden war. Die ersten Überlegungen für eine **alternative Gesellschaftsform** mit einer vorgesehenen Haftungsbeschränkung reichen bis in die 50er Jahre zurück. Sie mündeten in das 1994 verabschiedete und am 1. 7. 1995 in Kraft getretene PartGG, das den Freiberuflern die spezielle Form der Partnerschaft zur Verfügung stellte. 2

In § 8 Abs. 2 PartGG a. F. fand sich die Möglichkeit, durch allgemeine Geschäftsbedingungen – die aber jeweils in den Mandatsvertrag ausdrücklich einbezogen werden mußten – die Haftung neben der Partnerschaft auf den Partner zu begrenzen, der die Leistungen selbst erbringen oder verantwortlich leiten sollte (sog. **Haftungskonzentration**). Neben einer Vielzahl von Auslegungsfragen im Detail ergab sich für die Praxis die hauptsächliche Problematik, daß der Mandant bei jedem neuen Abschluß eines Mandatsvertrages mit dem Wunsch nach Haftungsbegrenzung konfrontiert werden mußte. Die Praxis nahm das PartGG nicht zuletzt aufgrund dieser Schwierigkeiten nicht in dem vom Gesetzgeber vorhergesehenen Ausmaße an. Hinzu kam für die Anwaltschaft die Überlegung, daß ihr in dem 1994 ebenfalls neu eingefügten § 51 a BRAO eine rechtsformunabhängige **Haftungsbegrenzungsmöglichkeit** zur Verfügung stand, deren Verhältnis zu § 8 Abs. 2 PartGG noch dazu höchst umstritten war.[2] 3

Nur wenige Zeit vor dem Inkrafttreten des PartGG entschied das BayObLG mit Beschluß vom 24. 11. 1994,[3] daß sich Rechtsanwälte in der Form einer **GmbH** organisieren dürften. Die grundsätzliche Zulässigkeit leitete das Gericht unmittelbar aus Art. 12 Abs. 1 GG ab, die Modalitäten legte es als eine Art „Ersatzgesetzgeber" im Anschluß an vorherige – vorrangig rechtspolitische – Überlegungen in der Literatur fest. Im März 1995 wurde in Köln die erste Anwalts-GmbH im Handelsregister eingetragen. 4

Die Diskussion über mögliche Gesellschaftstypen, über Haftung und Haftungsbeschränkung erlebte in der Folgezeit ab 1995 einen neuen Höhepunkt. Der Gesetzgeber sah sich in der Pflicht, zumindest die Anwalts-GmbH normativ zu erfassen und insoweit 5

---

[1] Vgl. *Weißler*, Geschichte der Rechtsanwaltschaft, 1905, S. 540.

[2] Zuletzt mit umfassenden Nachweisen *Michalski/Römermann*, Vertrag der Partnerschaftsgesellschaft, 1997, Rdn. 343f.

[3] BayObLG, NJW 1995, 199.

Rechtssicherheit herzustellen. Er hatte hierbei den Widerstand einzelner Rechtsanwaltskammern zu überwinden, die sich für ein Verbot der **Anwalts-GmbH** aussprachen, ohne daß dies aber verfassungsrechtlich noch durchsetzbar gewesen wäre.[4] Als dieses Begehren gescheitert war, versuchten die Gegner der Anwalts-GmbH die Einführung einer persönlichen unbeschränkten Haftung der für die GmbH tätigen Rechtsanwälte **(Handelndenhaftung)** zu erreichen. Dies hätte die Gesellschaft mit beschränkter Haftung zu einer solchen ohne Haftungsbeschränkung gemacht und damit für die Praxis ad absurdum geführt. Die Literatur lehnte auch dieses systemwidrige Vorhaben von Anfang an nahezu einhellig ab[5] und konnte sich damit schließlich durchsetzen. Die ursprüngliche Abneigung des Gesetzgebers gegen die Anwalts-GmbH ist in dem schließlich verabschiedeten Gesetz vom 31. 8. 1998[6] nur noch in einigen Details zu spüren, etwa bei der abschreckend hohen Versicherungspflicht. Das Gesetz ist am 1. 3. 1999 in Kraft getreten.

6 Bereits zum 1. 8. 1998 wurden wesentliche Veränderungen im Recht der **Partnerschaft** vorgenommen.[7] Die frühere Haftungskonzentrationsmöglichkeit durch jeweilige schuldrechtliche Verträge wurde durch eine gesetzliche Haftung des handelnden Partners neben der Gesellschaft ersetzt. Diese gesellschaftsrechtliche Lösung bietet nunmehr seit dem 1. 8. 1998 eine praxisgerechte Beschränkung der persönlichen Haftung auf die Fälle, in denen der betroffene Partner den Auftrag bearbeitet oder bearbeiten läßt und daher zumindest über eine Kontrollmöglichkeit verfügt. Die persönliche Einstandspflicht bezieht sich also nicht mehr auf fremdes, dem eigenen Tätigkeitsbereich häufig entzogenes Verschulden, sondern auf die Verantwortlichkeitssphäre des Partners selbst. Die früher heftige rechtspolitische Debatte über den damaligen verfehlten Ansatz in der Haftungsfrage ist seit dem „Befreiungsschlag" des Gesetzgebers erledigt.

7 Während auf diese Weise bei der Partnerschaft eine Lösung gefunden worden ist, die den Bedürfnissen der Anwaltschaft im wesentlichen gerecht wird, dauert die Kontroverse über die Ausgestaltung der anwaltlichen Kapitalgesellschaften an. Seit der gesetzlichen Regelung der Anwalts-GmbH verlagert sich die Diskussion insoweit zunehmend auf die **Aktiengesellschaft,** die insbesondere unter dem Gesichtspunkt der Mitarbeiterbeteiligung für einige Sozietäten von großem Interesse ist. Da der Gesetzgeber es ausdrücklich abgelehnt hat, im Zuge der Anwalts-GmbH gleichzeitig die Anwalts-AG zu normieren, besteht insoweit der „rechtsfreie Raum" fort und es bleibt Aufgabe der Registergerichte, Voraussetzungen für die Eintragung im Handelsregister aufzustellen.

8 Völlig ungeregelt und in der Literatur kaum beachtet sind die weiteren Zusammenschlußmöglichkeiten in einer KGaA oder einer Genossenschaft, die bislang keine praktische Bedeutung erlangt haben. Sie werden in der folgenden Darstellung daher nur in den Grundzügen behandelt.

B. BGB-Gesellschaft

I. Die „klassische" Sozietät

9 Die Gesellschaft bürgerlichen Rechts ist die „klassische" Anwaltssozietät. Der **Begriff der Sozietät** wird vom Gesetzgeber insbesondere in § 59a BRAO verwandt, ohne ihn eindeutig zu definieren. Im Jahre 1997 wurde ein Anlauf durch das Bundesjustizministerium unternommen, durch einen Klammerzusatz in § 59a BRAO als Sozietät (nur) die BGB-Gesellschaft und die Partnerschaft festzulegen.[8] Dieses Vorhaben wurde später

[4] A. A. immer noch – von der Praxis längst überholt – *Feuerich/Braun,* § 59a Rdn. 19.
[5] Näher *Römermann,* GmbHR 1997, 530, 533f. zum Referentenentwurf des AnwaltsGmbH-Gesetzes.
[6] Gesetz zur Änderung der BRAO, der PatAO und anderer Gesetze, BGBl. 1998 I, S. 2600.
[7] Ausführlich *Römermann,* Neues im Recht der Partnerschaft, NZG 1998, 675ff.
[8] Näher *Römermann,* GmbHR 1997, 530, 531.

aufgegeben. Es steht aber im Einklang mit entsprechenden Überlegungen in der Literatur,[9] die ebenfalls nur Personengesellschaften unter den Begriff der Sozietät fassen und Kapitalgesellschaften hiervon ausnehmen wollen.

II. Gründung

Die BGB-Gesellschaft wird gegründet, indem sich mehrere Rechtsanwälte – gegebenenfalls mit Angehörigen der sozietätsfähigen Berufe – im Sinne des § 59a BRAO zur gemeinschaftlichen Berufsausübung zusammenfinden.[10] Der gesellschaftsbezogene **Beitrag** eines jeden Partners gemäß den §§ 705, 706 BGB besteht regelmäßig vor allem in der eingebrachten Arbeitskraft. Hinzu kommen häufig Kapitalleistungen zur Anschaffung einer Praxisausstattung oder von Werbungsmaßnahmen. Weitere Beiträge sind möglich, etwa wenn sich ein renommierter Anwalt verpflichtet, seinen Namen zur Bildung der Sozietätsbezeichnung – gegebenenfalls über sein Ausscheiden hinaus – zur Verfügung zu stellen. 10

Durch § 59a Abs. 1 BRAO wird als **Zweck der Gesellschaft** die gemeinschaftliche Berufsausübung vorgegeben. Die Sozien müssen also grundsätzlich in der Lage sein und beabsichtigen, ihren Beruf im Rahmen der Sozietät – zumindest zeitweise – auszuüben. Dies bedingt insbesondere eine Zulassung zur Anwaltschaft oder zu einem anderen sozietätsfähigen Beruf. Wenn die anwaltliche Tätigkeit später aus irgendwelchen Gründen nicht praktiziert wird, führt dies aber nicht zum automatischen Ausscheiden des betroffenen Partners aus der Gesellschaft, da dem Gesetz eine solche Rechtsfolge nicht zu entnehmen ist. Es gibt also keine Notwendigkeit einer fortdauernden **aktiven Berufsausübung.** Diese Problematik wird bislang praktisch nur im Anwendungsbereich des § 1 Abs. 1 Satz 1 PartGG diskutiert, der insoweit aber eine identische Formulierung wie in § 59a Abs. 1 BRAO enthält. Zu § 1 PartGG vertritt eine – verfehlte – herrschende Literatur die Auffassung, daß nur der beruflich aktive Anwalt Partner einer Partnerschaft sein könne. Wegen der gleichen Problemlage wird auf die Darstellung unten zu Rdn. 53 verwiesen. 11

Die Gründung einer BGB-Gesellschaft ist **nicht formbedürftig.** Sie folgt kraft Gesetzes aus dem Zusammenschluß zur gemeinsamen Berufsausübung. Diese Leichtigkeit der Gründung führt im Einzelfall zu Abgrenzungsschwierigkeiten im Vergleich zu bloßen **Kooperationsformen** wie insbesondere der Bürogemeinschaft. Derartige Verbindungen dürfen gemäß § 8 Satz 1 BerufsO nach außen hin gemeinschaftlich in Erscheinung treten. Nur die Führung einer Kurzbezeichnung wird durch § 9 Abs. 1 Satz 1 BerufsO untersagt.[11] 12

Die **Unterscheidung** zwischen der BGB-Gesellschaft und den eher lockeren Formen der Zusammenarbeit ist vor allem anhand der folgenden drei **Kriterien** durch eine Betrachtung des Gesamtbildes vorzunehmen: 13

(1.) Die Sozietät nimmt **Mandate** grundsätzlich gemeinsam an.[12] Ein Einzelmandat wird nur bei besonderer Absprache begründet, etwa im Bereich der Strafverteidigung.

(2.) Die Sozietät tritt zumeist unter einer **Kurzbezeichnung** auf, die bloßen Kooperationsformen durch § 9 Abs. 1 Satz 1 BerufsO versagt wird. In der Praxis sind allerdings häufig Kooperationen als sog. Außensozietäten anzutreffen, die sich über dieses Verbot hinwegsetzen.

(3.) In der Sozietät werden die **Honorare** gemeinschaftlich entgegengenommen.[13]

---

[9] *Michalski/Römermann*, NJW 1996, 3233, 3237; *Hartung/Holl-Römermann*, Vor § 30 Rdn. 10f.

[10] Ausführlich *Henssler/Prütting-Hartung*, § 59a Rdn. 18ff.

[11] Krit. *Hartung/Holl-Römermann*, § 9 Rdn. 23.

[12] *Henssler/Prütting-Hartung*, § 59a Rdn. 26ff.

[13] *Kleine-Cosack*, § 59a Rdn. 5; *Henssler/Prütting-Hartung*, § 59a Rdn. 25.

III. Organisation

14 Durch § 709 Abs. 1 BGB wird der Grundsatz der **gemeinschaftlichen Geschäftsführung** statuiert. Alle Partner müssen also jeder einzelnen Geschäftsführungsmaßnahme zustimmen. Diese Regelung macht die Entscheidungsfindung in größeren Sozietäten besonders schwerfällig, was dazu geführt hat, daß die große Mehrheit der Kanzleien andere, praktikablere Strukturen eingeführt hat. Die im wesentlichen abdingbaren Normen der §§ 705 ff. BGB erlauben eine solche individuelle Kanzleiorganisation, die auf die konkreten Bedürfnisse der Gesellschaft zugeschnitten ist.

15 In der Praxis wird hierbei die gesetzliche Regelung der Geschäftsführung zumeist durch ein ausdifferenziertes **System von Zuständigkeiten** einzelner Sozien abgelöst.[14] Häufig entscheiden **Sozietätsausschüsse,** die für bestimmte Aufgabenbereiche eingerichtet werden, etwa für die Strategie, das Marketing, Personalwesen, Bibliothek etc. Das Tagesgeschäft wird durch einen oder mehrere **Managing Partner** wahrgenommen, die die Arbeiten koordinieren und auch für den Zusammenhalt größerer, insbesondere überörtlicher Strukturen Sorge tragen. Zunehmend greift in Anwaltskanzleien die Erkenntnis um sich, daß die juristische Ausbildung nicht ausreichend auf die Aufgaben im Management vorbereitet. Der fachlich qualifizierte Rechtsanwalt muß kein guter Kanzleimanager sein. Vor diesem Hintergrund gehen vor allem größere Strukturen dazu über, Betriebswirte als Kanzleimanager einzustellen. Dies führt regelmäßig zu einer wesentlich höheren Effizienz und Professionalität. Gefahren bestehen dort, wo die anwaltlichen Partner nach wie vor alles selbst bestimmen wollen und dem Manager keinen eigenen Entscheidungsspielraum einräumen. Gesellschaftsrechtlich steht einer flexiblen Organisation insoweit nichts im Wege. Berufsrechtliche Grenzen sind dort anzutreffen, wo die **anwaltliche Unabhängigkeit** beeinträchtigt zu werden droht. Wenn sich die Anwälte auf die eigenverantwortliche Mandatsbearbeitung konzentrieren und dem Kanzleimanagement die nicht unmittelbar mandatsbezogenen Aufgaben überlassen, ergeben sich in der Praxis kaum Schwierigkeiten.

16 Auch die **Kanzleihierarchie** obliegt allein der Regelung im Sozietätsvertrag, zumal das Gesetz hierzu keine Vorgaben macht. Die größeren Sozietäten haben für die Beteiligung des einzelnen Rechtsanwalts am Gewinn oder an den Stimmrechten innerhalb der Gesellschaft sorgsam ausbalancierte Systeme entwickelt, die gleichzeitig den Weg neu eintretender Rechtsanwälte bis an die Spitze der Kanzleihierarchie vorzeichnen. Nur der sog. **Vollpartner** verfügt über sämtliche Mitgliedschaftsrechte uneingeschränkt. Die **Juniorpartner** hingegen können nur eingeschränkte Gewinnanteile und Stimmrechte geltend machen.

17 Hinsichtlich der verschiedenen Ebenen innerhalb der Gruppe der Partner sind zwei grundlegend unterschiedliche Richtungen anzutreffen. Das sog. **lockstep-System** stellt nahezu ausschließlich auf das Dienstalter des Rechtsanwalts ab. Bei seinem Eintritt als Partner erhält dieser eine gewisse Zahl von Punkten als Ausgangsbasis zugeteilt. Sie wird in das Verhältnis zur Gesamtpunktzahl aller Partner gesetzt. Nach dem gleichen Verhältnis zum Gesamtgewinn der Sozietät errechnet sich dann der Gewinnanteil des jeweiligen Anwalts. Jährlich erhält jeder Partner eine im voraus festgelegte – von seiner konkreten Leistung unabhängige – Zahl von Punkten zu seiner Vorjahreszahl, bis die maximal erreichbare Punktzahl, das sog. Plateau, erreicht ist. An diesem System wird vor allem kritisiert, daß es ähnlich einer Beamtenlaufbahn das bloße Fortbestehen der Mitgliedschaft belohnt, ohne jedoch Sanktionen für besonders schlechte oder Anreize für außergewöhnlich gute Leistungen vorzusehen. Soweit im Einzelfall Eingriffe in die Entwicklung der Punktezahl notwendig sind, führt dies zu einem Systembruch. Andererseits fördert das lockstep-System die Zusammenarbeit im Team und die Weitergabe von Mandaten an den spezialisierten Sachbearbeiter, da dies für den abgebenden Sozius nicht mit finanziellen Einbußen verbunden ist.

---

[14] Einzelheiten bei *Römermann*, Entwicklungen und Tendenzen bei Anwaltsgesellschaften, S. 38 ff.

Die **produktivitätsorientierten Systeme** verteilen den Gesamtgewinn nach dem Verhältnis der jeweiligen Leistung eines Partners in der relevanten Periode. Maßstab für die gerechte Beteiligung ist hier also nicht das Dienstalter, sondern allein das Resultat der anwaltlichen Tätigkeit. Das Hauptproblem besteht darin, für dieses Resultat objektiv nachvollziehbare Kriterien zu finden, da sich anwaltliche Wertschöpfung zumeist kaum in konkreten Zahlen ausdrücken läßt. Einige Kanzleien nehmen den persönlichen Umsatz zum Ausgangspunkt und sehen sich hierdurch mit der Schwierigkeit konfrontiert, Mandate den einzelnen Sozien zuzuordnen. Zuweilen wird ein bestimmtes Mandat durch einen Partner akquiriert und dann später durch einen oder unter Umständen mehrere, gleichzeitig oder nacheinander tätige Sozien bearbeitet. Bei besonders gebührenintensiven Aufträgen besteht die Gefahr, daß eine notwendige Gewichtung der Beiträge der einzelnen Partner zu sozietätsinternen Konflikten führt. Andererseits sehen gerade die leistungsstarken Partner ihre Arbeit durch das produktivitätsorientierte Modell belohnt, ohne daß sie erst eine Reihe von Dienstjahren absolviert haben müßten. Hierdurch werden die jüngeren Gesellschafter besonders motiviert. 18

Beide Systeme haben ihre spezifischen Vor- und Nachteile, so daß sich kein abstraktes **Idealmodell** konzipieren läßt. Anstelle der reinen Form sind **gemischte Systeme** denkbar und häufig angemessen, die grundsätzlich vom lockstep-Modell ausgehen, aber komplementär leistungsbezogene Elemente enthalten. 19

IV. Auftreten nach außen

Die Gesellschafter treten im Rechtsverkehr gemeinschaftlich auf. Sie können sich eine Sozietätsbezeichnung zulegen, müssen es aber nicht. Auch eine **Rechtsformangabe** ist grundsätzlich nicht erforderlich. 20

Die **Sozietätsbezeichnung** richtet sich zivilrechtlich nach § 12 BGB, berufsrechtlich nach § 9 BerufsO. Der Vorschrift des § 12 BGB lassen sich keine einschränkenden Voraussetzungen entnehmen. Das Berufsrecht geht in § 9 Abs. 2 und 3 BerufsO davon aus, daß die Bezeichnung aus dem oder den Namen aktueller oder ausgeschiedener Gesellschafter oder Mitarbeiter, ggf. mit einem Zusatz, gebildet wird. In der Sozietätsbezeichnung dürfen demnach die Namen des früheren Alleininhabers der Kanzlei, der gegenwärtigen oder früheren Gesellschafter, Angestellten oder sogar freien Mitarbeiter fortgeführt werden. Unter dem „Namen" in diesem Sinne ist der Familienname des Rechtsanwalts zu verstehen, der mit einem akademischen Grad sowie – häufig zu Unterscheidungszwecken – dem Vornamen (so die Gepflogenheit in Süddeutschland) oder einer römischen Ziffer (so eher die norddeutsche Gewohnheit) versehen werden kann. Beispiele: „Müller und Kollegen", „Müller & Meier", „Müller I & Kollegen", „Gerhard Müller und Partner GbR". Die Fortführung des Namens **ausgeschiedener Partner** ist ohne jede zeitliche Begrenzung möglich. In der Sozietätsbezeichnung muß das Ausscheiden nicht kenntlich gemacht werden, da dieses Erfordernis nur für die Weiterführung eines Namens an anderer Stelle auf dem Briefbogen gilt. 21

Der früher beliebteste Zusatz in Sozietätsbezeichnungen lautete **„und Partner"**. Dieser Zusatz ist für neu gegründete Anwaltsgesellschaften seit dem 1. Juli 1995 für eingetragene Partnerschaften monopolisiert. Gemäß § 11 PartGG dürfen die zu diesem Zeitpunkt bereits gebrauchten Bezeichnungen mit Partnerzusätzen seit dem 1. Juli 1997 nur noch mit einem Rechtsformzusatz fortgeführt werden. Dies gilt für die beiden in § 2 Abs. 1 PartGG aufgeführten Alternativen „und Partner" sowie „Partnerschaft". 22

Vor allem seit Inkrafttreten des PartGG am 1. Juli 1995 sind zunehmend Zusätze wie **„und Kollegen"** oder „und Sozien" anzutreffen, die bei BGB-Gesellschaften das frühere „und Partner" ablösen. Das Wort „und" wird häufig durch Zeichen wie insbesondere „&" oder „+" ersetzt. 23

Die BGB-Gesellschaft muß grundsätzlich keinen Hinweis auf ihre **Rechtsform** in der Bezeichnung führen. Etwas anderes gilt, wenn Gesellschaften, die bereits vor dem 1. Juli 24

1995 mit dem Zusatz „und Partner“ oder „Partnerschaft“ firmiert hatten, ihre Bezeichnung über den 1. Juli 1997 hinaus beibehalten haben. In diesem Fall sind sie gemäß § 11 PartGG verpflichtet, auf ihre Rechtsform hinzuweisen. Dies geschieht üblicherweise durch die Angabe „GbR“ oder „BGB-Gesellschaft“ bzw. „Gesellschaft bürgerlichen Rechts“. Der Hinweis „Sozietät“ reicht nicht, da darunter auch die Partnerschaft fällt.

25 Durch § 59k Abs. 2 BRAO wurde zum 1. März 1999 ein weiteres Bezeichnungsmonopol für die **„Rechtsanwaltsgesellschaft“** eingeführt. Danach darf diese Bezeichnung nur durch eine zugelassene Rechtsanwaltsgesellschaft im Sinne der §§ 59c ff. verwendet werden.

V. Haftung und Haftungsbeschränkung

26 Die herrschende **Theorie der Doppelverpflichtung**[15] geht davon aus, daß ein handelnder Gesellschafter nicht nur die Gesamthand (hier also die Sozietät), sondern ebenso die Gesellschafter persönlich verpflichtet. Sämtliche Gesellschafter haften demnach unbegrenzt persönlich für die Verbindlichkeiten der Sozietät, insbesondere Schadensersatzansprüche wegen fehlerhafter Berufsausübung.

27 Aus der Theorie der Doppelverpflichtung wurde im Umkehrschluß abgeleitet, daß die Gesellschafter im Sozietätsvertrag gegenseitig ihre Vertretungsmacht ausdrücklich auf das Gesamthandsvermögen beschränken und die übrigen Partner hierdurch aus der persönlichen Haftung herausnehmen könnten.[16] Da der Rechtsverkehr bislang typischerweise die Haftung sämtlicher Gesellschafter annimmt, muß bei dieser Konstruktion einer **„Gesellschaft bürgerlichen Rechts mit beschränkter Haftung“** noch hinzutreten, daß die begrenzte Haftung für den Geschäftspartner (Mandanten) erkennbar bzw. offenkundig ist. Der BGH[17] hat diese Erkennbarkeit in einem Fall, bei dem es um eine Anwaltssozietät ging, aufgrund der konkreten Ausgestaltung des Briefbogens abgelehnt. War die Diskussion früher vor allem mit der Frage der Voraussetzungen, die an eine solche Offenkundigkeit zu stellen sind, belastet, so verlagert sich der Meinungsstreit seit einigen neueren Entscheidungen des OLG Jena[18] und des BayObLG[19] auf firmenrechtliche Fragen. In dem Fall des BayObLG hatte eine Sozietät von Steuerberatern, Rechtsanwälten und Wirtschaftsprüfern als „SWR Gesellschaft bürgerlichen Rechts mit beschränkter Haftung“ firmiert. Das Gericht hielt dies für irreführend im Sinne des § 3 UWG, da das Publikum bei einer solchen Bezeichnung davon ausgehe, es handele sich um einen normierten Gesellschaftstypus, bei dem die Haftungsbeschränkung eine gesetzliche Folge der Errichtung nach dem GmbH-Gesetz darstelle.

28 Seit das BayObLG[20] im Jahre 1994 die Anwalts-GmbH für zulässig erklärt hat, besteht für eine „GbRmbH“ kein besonderes **praktisches Bedürfnis** mehr. Der argumentative Aufwand zur Begründung dieser speziellen Ausgestaltung einer BGB-Gesellschaft dürfte höher sein als ihr praktischer Nutzen. Jeder Rechtsanwalt, der sich für die „GbRmbH“ entscheidet, begibt sich damit in die Gefahr, daß die von ihm beabsichtigte Haftungsbegrenzung im Konfliktfall einer gerichtlichen Prüfung nicht standhält.

---

[15] Näher MünchKomm-*Ulmer*, § 714 BGB Rdn. 26 m. w. N.

[16] Einzelheiten bei MünchKomm-*Ulmer*, § 714 Rdn. 34 ff.

[17] BGH, NJW 1992, 3037, 3039; näher zur Anwalts-GbRmbH *Gummert*, ZIP 1993, 1063 ff.; *Hasselbach*, MDR 1998, 1200; *Schurr*, S. 163 ff.

[18] OLG Jena, Urt. v. 28. 4. 1998 – 3 U 580/97, NJW-RR 1998, 1493 = NZG 1998, 900 = ZIP 1998, 1797 m. Anm. *Mutter*.

[19] BayObLG, Beschl. vom 24. 9. 1998 – 3 Z BR 58/98, ZIP 1998, 1959.

[20] BayObLG, NJW 1995, 199.

VI. Auflösung und Ausscheiden von Gesellschaftern

1. Auflösungsgründe

Nach dem Gesetz wird eine BGB-Gesellschaft in folgenden Fällen aufgelöst: 29

- **Ablauf der Zeit**, für die die Gesellschaft eingegangen wurde (bei Sozietäten selten);
- **Erledigung des Gesellschaftszwecks** gemäß § 726 BGB (bei Sozietäten selten);
- Vertrag oder Beschluß der Gesellschafter;
- **Tod** eines Gesellschafters gemäß § 727 Abs. 1 BGB;
- Eröffnung des **Insolvenzverfahrens** über das Vermögen eines Gesellschafters gemäß § 728 Satz 1 BGB (dieser Umstand wird in aller Regel gleichzeitig zum Verlust der Anwaltszulassung und damit der Sozietätsfähigkeit führen, vgl. § 14 Abs. 2 Nr. 8 BRAO);
- **Kündigung** durch einen Gesellschafter gemäß den §§ 723f. BGB;
- Kündigung durch den Pfandgläubiger eines Gesellschafters gemäß § 725 Abs. 1 BGB.

2. Abweichende Vertragsgestaltungen

Die Auflösung der Sozietät bringt zumeist die Vernichtung der gemeinsam geschaffenen Werte mit sich. Der Sozietätsname ändert sich und der damit verbundene gute Ruf wird in Mitleidenschaft gezogen. Das Inventar wird zum geringen Verkehrswert verteilt oder verkauft. Häufig sind mit der Auflösung Auseinandersetzungen über die Weiterführung der (lukrativen) Mandate verbunden. 30

Zumeist finden sich in den Sozietätsverträgen daher **Fortsetzungsklauseln,** die in gesetzlichen Auflösungsfällen statt dessen den Fortbestand der Gesellschaft bei Ausscheiden des betroffenen Partners vorsehen. Dies gilt insbesondere für den Fall der Kündigung der Gesellschaft. Der Kündigung durch einen Pfandgläubiger wird bereits im Vorfeld begegnet, indem die Pfändung eines Geschäftsanteils als wichtiger Grund für die Ausschließung des betroffenen Sozius ausdrücklich festgeschrieben wird. 31

Besonders variantenreich sind die Gestaltungsmöglichkeiten für den Fall des Ausscheidens bei dem **Ableben eines Gesellschafters**. Hier kann nur ein kurzer Überblick über die in der Praxis häufigsten Vertragsklauseln gegeben werden:[21] 32

- **Einfache Nachfolgeklausel**: Der Geschäftsanteil wird generell vererblich gestellt, so daß jeder Sozius durch letztwillige Verfügung einen oder mehrere Nachfolger bestimmen oder die gesetzliche Erbfolge eintreten lassen kann. Da dies die Gefahr begründet, daß nichtsozietätsfähige Personen die Nachfolge antreten könnten, sollte der Gesellschaftsvertrag die Sozietätsfähigkeit zur Voraussetzung für eine Nachfolge machen.[22] Bei einer möglichen Nachfolge mehrerer Erben sollte der Vertrag ebenfalls Vorsorge treffen, damit nicht die Sozietät aufgrund der Vielzahl von Gesellschaftern zersplittert und entscheidungsunfähig wird. Insbesondere kann angeordnet werden, daß sich mehrere Erben stets durch einen von ihnen vertreten lassen müssen **(Vertreterklausel)**.[23] 33
- **Qualifizierte Nachfolgeklausel**: Der Geschäftsanteil wird nicht generell, sondern nur für bestimmte Personen vererblich gestellt. Der als Nachfolger eingesetzte Erbe übernimmt den Geschäftsanteil insgesamt und nicht etwa nur in Höhe seiner Erbquote.[24] 34
- **Rechtsgeschäftliche Nachfolgeklausel**: Der betroffene Sozius überträgt seinen Geschäftsanteil unter Lebenden unter der aufschiebenden Bedingung seines Todes. Der 35

---

[21] Ausführlich *Michalski*, Gesellschaftsrechtliche Gestaltungsmöglichkeiten zur Perpetuierung von Unternehmen, 1980, S. 187ff.; *ders.*, Nachfolgeregelungen in Personengesellschaften, DB-Beilage 5/1980.

[22] Vgl. Baumbach-*Hopt*, HGB, § 139 Rdn. 11.

[23] Die Einzelheiten sind umstritten. Näher *Michalski*, Gesellschaftsrechtliche Gestaltungsmöglichkeiten, S. 171ff.

[24] BGHZ 68, 225, 229.

vorgesehene Nachfolger muß dieser Regelung zustimmen, damit sie wirksam werden kann. Es handelt sich hier nicht um eine erbrechtliche Gestaltung, da der Erbfall von der lebzeitigen Übertragung des Geschäftsanteils nicht berührt wird. Der Nachfolger muß weder Erbe noch Vermächtnisnehmer sein.

36 – **Erbrechtliche Eintrittsklausel**: Der verstorbene Sozius scheidet aus der Gesellschaft aus und seine Beteiligung wächst den Mitgesellschaftern zu, während die Erben einen Abfindungsanspruch haben. Dem oder den Erben ist aber das Recht eingeräumt, einseitig ihren Eintritt in die Gesellschaft zu erklären. Mit der Ausübung dieser Optionsrechts entfällt der Abfindungsanspruch, statt dessen erhält der Erbe einen Geschäftsanteil eingeräumt. Voraussetzung ist auch bei dieser Gestaltung die Sozietätsfähigkeit des Erben im Sinne des § 59a BRAO.

37 – **Gesellschaftsrechtliche Eintrittsklausel**: Der Sozius darf einseitig eine Person benennen, die ein Eintrittsrecht nach dem Tode des Sozius hat und die nicht Erbe sein muß.

3. Folgen der Auflösung

38 Nach der Auflösung beginnt das **Stadium der Abwicklung** nach den §§ 730 bis 735 BGB. Im Zweifel gilt jetzt **Gesamtgeschäftsführung**. Die Sozien können auch außenstehende Personen zu Liquidatoren einsetzen. Es ist allerdings darauf zu achten, daß sie gegebenenfalls über die zur Abwicklung von Mandaten erforderliche Berufsqualifikation verfügen. Nach der Beendigung der laufenden Mandate und sonstigen Geschäfte werden die von den Sozien leihweise überlassenen Gegenstände zurückgegeben, die gemeinschaftlichen Schulden bereinigt, die geleisteten Einlagen zurückerstattet und vorhandene Überschüsse verteilt.

39 Bei der mit einer Auflösung verbundenen Trennung stellt sich häufig die Frage, welcher Sozius ein **Mandat weiterführen** soll. Die Berufsordnung trifft in ihrem § 32 eine in den Einzelheiten mißglückte[25] Regelung für den Fall, daß der Sozietätsvertrag keine Vorschriften enthält. Danach soll grundsätzlich eine Befragung der Mandanten erfolgen. Wenn sich die Sozien nicht über eine andere Art der Befragung einigen, soll sie durch ein gemeinsames **Rundschreiben** vorgenommen werden. Falls – wie in der Praxis häufig – die Gesellschafter über den Inhalt eines solchen Rundschreibens kein Einverständnis herstellen können, darf jeder der Sozien allein die Entscheidung der Mandanten einholen. Hierbei ist als vertragliche Nebenpflicht jeweils eine Erläuterung des Hintergrundes und der Rechtsfolgen erforderlich, insbesondere die Belehrung darüber, welche Rechtsanwälte nach Auflösung der Sozietät in welcher personellen Konstellation zur Fortführung des Mandats bereit wären. Wenn der Mandant keine Entscheidung trifft, sondern sich gar nicht oder nur unklar äußert, muß die Bearbeitung durch die Abwicklungsgesellschaft wahrgenommen werden.[26] Die Entlassung einzelner Sozien aus dem Mandatsvertrag wäre nämlich zivilrechtlich nur mit Einverständnis des Mandanten zulässig, das aber gerade nicht vorliegt.

40 Derjenige Sozius, der aus den bisherigen Kanzleiräumen auszieht, darf dort gemäß § 32 Abs. 1 Satz 4 BerufsO noch für ein Jahr einen **Hinweis auf seinen Umzug** anbringen. Dies kann beispielsweise durch das Überkleben des Namens mit der neuen Anschrift oder aber durch ein gesondertes Schild geschehen. Hinsichtlich der Gestaltung müssen die bisherigen Gesellschafter einen Kompromiß finden, damit der Hinweis einerseits für die Mandantschaft erkennbar ist, gleichzeitig aber das Kanzleischild der im Gebäude weiterhin tätigen Rechtsanwälte nicht überlagert oder in sonstiger Weise beeinträchtigt wird. In der Praxis ist dies häufig ein Gegenstand lang andauernder Streitigkeiten. Über den berufsrechtlichen Aspekt hinaus ist zu berücksichtigen, daß der Mietvertrag mit dem Vermieter zumeist einen Rahmen für mögliche Gestaltungsvarianten vorgibt.

---

[25] Näher *Hartung/Holl-Römermann*, § 32 Rdn. 9ff.

[26] OLG Hamm, Urt. v. 24. 6. 1998, NZG 1999 (im Druck).

VII. Überörtliche Sozietät

41 Seit einer Entscheidung des BGH[27] aus dem Jahre 1989 steht die Zulässigkeit überörtlicher Sozietäten fest.[28] Berufsrechtlich ist vor allem § 59a Abs. 2 BRAO zu beachten, wonach an jedem **Kanzleistandort** zumindest ein Mitglied der Sozietät verantwortlich tätig sein muß, für das diese Kanzlei den Mittelpunkt seiner beruflichen Aktivität bildet.[29]

42 Die Berufsordnung enthält einige Vorschriften über das Auftreten der überörtlichen Sozietät nach außen. Nach § 9 Abs. 1 Satz 2 BerufsO muß eine **Kurzbezeichnung** an allen Standorten der Sozietät einheitlich geführt werden. Gegen dieses Gebot wird noch immer relativ häufig verstoßen. Das liegt daran, daß sich Rechtsanwälte zuweilen zu Außen- bzw. Scheinsozietäten zusammenfinden, ohne aber ihre jeweilige Selbständigkeit aufgeben und sich dem Namen eines Scheinsozius „unterordnen" zu wollen.

43 Gemäß § 10 Abs. 1 Satz 1 BerufsO müssen die **Briefbögen** die Namen sämtlicher Gesellschafter enthalten. Bei den sog. Mega Law Firms führt dies zuweilen zu drucktechnischen Problemen, so daß einige Sozietäten ihre umfangreichen Namenlisten auf der Rückseite ihres Briefbogens abdrucken. Für das **Kanzleischild** ist die Aufnahme sämtlicher Partner hingegen nicht vorgeschrieben. Insoweit genügt die Angabe der Sozietätsbezeichnung, ohne daß noch zusätzlich die Namen der einzelnen Anwälte zu nennen wären.

44 Bei überörtlichen Sozietäten spielt eine sorgfältige Abstimmung der Mandate eine große Rolle, um der **Gefahr von Interessenkollisionen** vorzubeugen. Im Grunde ergeben sich insoweit allerdings gegenüber einer mitgliederstarken Sozietät an nur einem Ort keine Besonderheiten. Die Angabe gesonderter **Konten** für jeden Kanzleiort ist zulässig und unproblematisch, wenn sichergestellt ist, daß der Mandant in jedem Fall schuldbefreiend auf das benannte Konto leisten kann.

45 Eine zulässige[30] Erscheinungsform der überörtlichen Sozietät ist die sog. **intraurbane Sozietät**, bei der die verschiedenen Kanzleistandorte innerhalb derselben Stadt liegen. Besonders im Stadtgebiet von Berlin gibt es inzwischen derartige Sozietäten.

46 Bei Standorten in verschiedenen Ländern handelt es sich um eine **internationale Sozietät**. Zuweilen versuchen nationale Kanzleien, sich durch eine Zusammenarbeit mit ausländischen Anwälten einen internationalen Anstrich zu verleihen. In diesen Fällen muß besonders sorgfältig geprüft werden, ob eine Sozietät gegründet wurde oder ob in Wirklichkeit nur eine Kooperation besteht. Wenn eine Kooperation sich nach außen hin als Sozietät darstellt, liegt darin eine durch § 3 UWG untersagte Irreführung des Rechtsverkehrs.[31] Über das deutsche Recht hinaus ist bei der internationalen Sozietät auch das Berufsrecht der übrigen Staaten, in denen Niederlassungen bestehen, zu beachten.[32]

47 Zum Teil organisieren sich Rechtsanwälte in der Form, daß einzelne Partner einer örtlichen nationalen Sozietät – zum Beispiel in Düsseldorf oder Frankfurt – gleichzeitig Gesellschafter einer internationalen Sozietät mit Sitz im Ausland, etwa in New York, sind. Durch die gleichzeitige Zugehörigkeit zu zwei Sozietäten verstoßen die betroffenen Rechtsanwälte durch das von der h. M.[33] aus § 59a Abs. 1 Satz 1 BRAO entnommene **Verbot der Sternsozietät**. Nach zutreffender Ansicht[34] gibt es ein derartiges Verbot jedoch nicht. Darüber hinaus wäre ein Verbot auch unter europarechtlichem Aspekt wegen der Beeinträchtigung der Dienstleistungsfreiheit unwirksam.

---

[27] BGHZ 108, 290 = NJW 1989, 2890.

[28] Näher *Henssler/Prütting-Hartung,* § 59a Rdn. 4f., 45ff.

[29] Krit. *Hartung/Holl-Römermann*, Vor § 30 Rdn. 51f.

[30] BGH, NJW 1994, 2288 = AnwBl. 1994, 415.

[31] BGH, ZIP 1996, 1314.

[32] Ausführlich *Nerlich*, Internationale Kooperationsmöglichkeiten für europäische Rechtsanwälte, 1994, insbesondere S. 60ff.; *ders.*, AnwBl. 1994, 529; *ders.*, in: Henssler/Nerlich (Hrsg.), Anwaltliche Tätigkeit in Europa, 1994, S. 37ff.

[33] Z. B. *Henssler/Prütting-Hartung*, § 59a Rdn. 20.

[34] *Hartung/Holl-Römermann*, § 31 Rdn. 30ff.; vgl. AGH Nordrhein-Westfalen, NJW 1999, 66.

C. Partnerschaft

I. Wesensmerkmale

48 Der Gesetzgeber schuf mit einem 1994 verabschiedeten Gesetz zum 1. 7. 1995 die neue Gesellschaftsform der Partnerschaft, die speziell auf die Bedürfnisse der Angehörigen freier Berufe zugeschnitten sein sollte. Eines der Hauptanliegen des Gesetzgebers war es, die Freiberufler – insbesondere die Anwaltschaft – von ihren Versuchen abzubringen, durch die Öffnung der Kapitalgesellschaften als zulässige Organisationsformen in den Genuß effizienter Möglichkeiten der Haftungsbeschränkung zu gelangen.[35] Dieses Ziel war gescheitert, als das BayObLG[36] in einem aufsehenerregenden Beschluß vom 24. 11. 1994 nicht lange nach Verabschiedung des PartGG die Anwalts-GmbH für zulässig erklärte. Die Partnerschaft sah sich nun von Beginn an dem **Wettbewerb** mit der haftungsrechtlich attraktiven **GmbH** ausgesetzt. Mit ihrer ursprünglich halbherzigen Lösung der Haftungsfrage konnte sich die Partnerschaft nicht bei einer breiten Masse der Anwaltschaft durchsetzen. Der Gesetzgeber sah sich aufgrund der anhaltenden Kritik[37] an der Ausgestaltung der Partnerschaft genötigt, im Jahre 1998 nachzubessern und die Partnerschaft insbesondere durch eine völlig **neue Haftungsstruktur** erheblich aufzuwerten.[38]

49 Seit dem 1. 8. 1998 haftet neben der Partnerschaft nur noch der jeweils verantwortliche Partner persönlich und unbeschränkt. Ein weiterer grundlegender Unterschied zur BGB-Gesellschaft liegt in der **Rechtsfähigkeit** der Partnerschaft: Die Gesellschaft hat eigenes Vermögen, sie ist grundbuchfähig, namensfähig und im Prozeß – etwa zur Durchsetzung anwaltlicher Gebührenforderungen – parteifähig. Die Gesellschaft bedarf zu ihrer Entstehung der Eintragung im **Partnerschaftsregister**, so daß sich der Rechtsverkehr über einige wesentliche Umstände informieren kann.

II. Gründung

50 Nur **natürliche Personen**, die einen der in § 1 Abs. 2 PartGG genannten Berufe gemeinsam ausüben wollen, können eine Partnerschaft gründen. Seit 1998 enthält das Gesetz in § 1 Abs. 2 Satz 1 PartGG eine politisch motivierte, rechtlich irrelevante Legaldefinition des **Begriffs der freien Berufe**. Für Rechtsanwälte spielt dieser Programmsatz auch deswegen keine Rolle, weil ihr Beruf wie auch die sozietätsfähigen Berufe in § 1 Abs. 2 Satz 2 PartGG ausdrücklich aufgezählt sind.

51 Trotz des umfangreichen Kataloges weiterer freier Berufe in § 1 Abs. 2 Satz 2 PartGG werden die Möglichkeiten **interprofessioneller Zusammenschlüsse** durch das PartGG nicht erweitert, da § 1 Abs. 3 PartGG einen allgemeinen Vorbehalt zugunsten spezieller berufsrechtlicher Beschränkungen enthält. Probleme hatten sich seit Inkrafttreten des PartGG vor allem mit Wirtschaftsprüfern und Steuerberatern ergeben, da die jeweiligen Berufskammern die notwendige **Anerkennung** als Steuerberatungs- bzw. Wirtschaftsprüfungsgesellschaft forderten und die sogenannte einfache – nicht zusätzlich berufsrechtlich anerkannte – Partnerschaft nicht als zulässig ansahen. Besondere Schwierigkeiten warf diese Auffassung für die interprofessionellen Partnerschaften von Rechtsanwälten mit Steuerberatern bzw. Wirtschaftsprüfern auf, da deren Berufsrechte die Mehrheit ihrer Berufsangehörigen in anerkannten Steuerberatungs- bzw. Wirtschaftsprüfungsgesellschaften vorschreiben.

---

35 Vgl. *v. Falkenhausen*, AnwBl. 1993, 479.
36 BayObLG, NJW 1995, 199.
37 Ausführlich *Michalski/Römermann*, PartGG, 1. Aufl. 1995, § 8 Rdn. 7ff.
38 Zu den Neuerungen eingehend *Römermann*, NZG 1998, 675ff.

Nach einer heftigen Kontroverse in der Literatur[39] sah sich der Gesetzgeber im Jahre 1998 veranlaßt, hinsichtlich der Wirtschaftsprüfer in § 44b Abs. 1 WPO die Klarstellung[40] einzufügen, daß sie sich auch in einer einfachen Partnerschaft zusammenschließen dürfen. Das Berufsrecht der **Steuerberater** hatte schon vorher in § 35 Nr. 6 der Berufsordnung die einfache Partnerschaft normativ anerkannt. Dennoch hat der BFH[41] – ohne Berücksichtigung der Berufsordnung – am 23. 7. 1998 entschieden, daß Steuerberater im Rahmen einer einfachen Partnerschaft keine Steuerberatung betreiben dürften, da die Gesellschaft hierzu gemäß § 3 StBerG nicht befugt sei. Der Gesetzgeber ist nun wiederum aufgerufen, frühere gesetzgebungstechnische Fehler zu korrigieren und die Zulässigkeit einer einfachen Partnerschaft mit Steuerberatern ausdrücklich klarzustellen. 52

Aus § 1 Abs. 1 Satz 1 PartGG ist abzuleiten, daß die Partner bei Gründung der Gesellschaft oder Eintritt eines neuen Gesellschafters die Absicht verfolgen müssen, gemeinsam beruflich tätig zu werden. Wenn es dazu aus irgendwelchen Gründen – beispielsweise wegen einer Erkrankung des betroffenen Partners – nicht kommt, führt dies nicht ohne weiteres zum Ausscheiden des beruflich nicht **aktiven Gesellschafters**, da das Gesetz einen derartigen Automatismus nicht vorsieht. Auch nach Beendigung der aktiven Mitarbeit kann der Berufsangehörige daher grundsätzlich in der Partnerschaft verbleiben. Dies ist der Kern eines umfangreichen Literaturstreits,[42] der seit Verabschiedung des PartGG über die Bedeutung einer notwendigen beruflichen Aktivität geführt wird. 53

Der **Partnerschaftsvertrag** bedarf gemäß § 3 Abs. 1 PartGG der **Schriftform**. Falls diese Form nicht beachtet wird, kommt vor der Eintragung in das Partnerschaftsregister regelmäßig eine Umdeutung in eine BGB-Gesellschaft in Betracht. Umstritten ist insoweit die Rechtslage nach erfolgter Eintragung.[43] Hierzu kann es kommen, weil der Vertrag dem Registergericht grundsätzlich nicht vorgelegt werden muß. Nach der zutreffenden Ansicht tritt gemäß § 125 Satz 1 BGB die gesetzliche Rechtsfolge der Nichtigkeit des Vertrages ein. Soweit die Partnerschaft bereits in Vollzug gesetzt wurde, ist sie nach der Lehre von der fehlerhaften Gesellschaft als bestehend anzusehen und der Formmangel kann nur noch durch die Auflösungsklage aus wichtigem Grunde (der stets in der Nichtigkeit liegt) geltend gemacht werden. 54

Im Außenverhältnis wird die Partnerschaft gemäß § 7 Abs. 1 PartGG erst mit der Eintragung im Partnerschaftsregister wirksam. Vorher handelt es sich um eine sog. **Vor-Partnerschaft**, auf die nach zutreffender – allerdings umstrittener – Auffassung[44] weitgehend die Normen über die Partnerschaft anzuwenden sind mit Ausnahme insbesondere der Haftungskonzentration nach § 8 Abs. 2 PartGG, da dieses Privileg nur der eingetragenen Partnerschaft zuteil werden soll. 55

Das **Registerverfahren** wurde vom Gesetzgeber besonders einfach gestaltet, um möglichst jeden Aufwand für die Registergerichte zu vermeiden. So darf das Gericht gemäß § 4 Abs. 2 Satz 2 PartGG grundsätzlich von den Angaben der Partner ausgehen und hat nur eine Prüfung der Schlüssigkeit im Hinblick auf die Einhaltung der berufs-[45] und gesellschaftsrechtlichen Vorschriften vorzunehmen. Nach § 3 Abs. 1 Satz 2 der Partnerschaftsregisterverordnung (PRV) sollen die Partner ihre jeweiligen beruflichen Zulassungsurkun- 56

---

[39] Zuletzt *Michalski/Römermann*, Vertrag der Partnerschaftsgesellschaft, 1. Aufl. 1997, Rdn. 32f., 35ff.

[40] Rechtsausschuß des Deutschen Bundestages, BT-Drucks. 13/11034, S. 62.

[41] BFH, NZG 1998, 900.

[42] Näher etwa Meilicke-*Lenz*, § 1 Rdn. 87ff.; *Eggesiecker*, PartGG, Fach D Rdn. 1827ff.; *Michalski/Römermann*, § 1 Rdn. 5ff.

[43] Näher Meilicke-*Meilicke*, § 3 Rdn. 10, 31ff.; *Gail/Overlack*, Rdn. 112ff.; *Eggesiecker*, PartGG, Fach D Rdn. 3400ff.; *Michalski/Römermann*, § 3 Rdn. 12; *Schurr*, S. 94ff.

[44] Näher *Gail/Overlack*, Rdn. 126; *Michalski/Römermann*, § 7 Rdn. 4ff.

[45] Str., vgl. nur *Michalski/Römermann*, § 4 Rdn. 27; a. A. *Lenz*, in: Münchener Handbuch des Gesellschaftsrechts, Bd. 1, § 4 Rdn. 31.

den vorlegen. Das Registergericht kann im Einzelfall hiervon absehen, wenn keine Zweifel an dieser Zulassung bestehen, beispielsweise bei in die Liste der Rechtsanwälte eingetragenen Berufsangehörigen. In Zweifelsfällen, die bei Anwälten aber nur selten vorliegen dürften, hört das Registergericht gemäß § 4 Satz 1 PRV die zuständige Anwaltskammer vor seiner Entscheidung an.

III. Organisation

57 Grundsätzlich sind sämtliche Partner **Geschäftsführer** und allein zur Vertretung der Gesellschaft befugt. Der Partnerschaftsvertrag kann jedoch eine abweichende Regelung treffen.

58 Nach § 6 Abs. 2 PartGG können einzelne Partner von der **Führung sonstiger Geschäfte** ausgeschlossen werden. Dies betrifft die Geschäfte, die nicht unmittelbar der eigenen Berufsausübung – etwa als Rechtsanwalt – zugehören, beispielsweise der Einkauf von Büromaterial, die Einstellung oder Entlassung von Mitarbeitern, die Anmietung oder Kündigung von Büroräumen.

59 Auch von der **Vertretungsbefugnis** können einzelne Partner gemäß § 7 Abs. 3 PartGG i. V. mit § 125 Abs. 1 HGB ausgeschlossen werden. Grenzen ergeben sich aus dem Gebot anwaltlicher Unabhängigkeit, soweit der Partner zur ordnungsgemäßen Wahrnehmung eines Mandats im Außenverhältnis auf ein Mindestmaß an Vertretungsmacht angewiesen ist.

60 Hinsichtlich der internen Organisation im übrigen kann auf die Darstellung bei der BGB-Gesellschaft verwiesen werden, da sich insoweit keine Besonderheiten ergeben, zumal auch das PartGG keine zwingenden Vorgaben über die Ausgestaltung des Innenverhältnisses enthält.

IV. Auftreten nach außen

61 Die Partnerschaftsgesellschaft muß gemäß § 2 Abs. 1 PartGG in ihrer Bezeichnung den Namen mindestens eines Partners führen, verbunden mit den Zusätzen „und Partner" oder „Partnerschaft". Zeichenhafte Entsprechungen des Wortes „und" wie etwa „&" oder ein Plus-Zeichen sind zulässig.[46] Die **Partnerzusätze** wurden durch § 11 Satz 1 PartGG zugunsten eingetragener Partnerschaften **monopolisiert**. Nach der Bestandschutzregelung dürfen Altgesellschaften bürgerlichen Rechts, die bereits vor dem 1. 7. 1995 mit einem derartigen Zusatz firmierten, ihre bisherige Bezeichnung seit dem 1. 7. 1997 nur noch unter Hinzufügung eines Rechtsformzusatzes fortführen.

62 Wenn die Partnerschaft aus einer bestehenden **BGB-Gesellschaft umgewandelt** wird, darf sie nach § 2 Abs. 2, 2. Halbsatz PartGG ihren bisherigen Namen behalten, auch wenn der namensgebende Partner bei Gründung der Partnerschaft schon aus der BGB-Gesellschaft ausgeschieden war und somit persönlich nie Mitglied der Partnerschaft geworden ist.

63 Nach § 9 Abs. 1 Satz 1 BerufsO ist Rechtsanwälten die Bildung einer **Kurzbezeichnung** unter Verwendung der Namen von Angestellten und freien Mitarbeitern gestattet. Das PartGG stellt in der im Jahre 1998 neu eingefügten Vorschrift des § 2 Abs. 1 Satz 3 PartGG engere Voraussetzungen auf. Danach dürfen die Namen anderer Personen als der Partner selbst nicht im Partnerschaftsnamen erscheinen. Nach dem „Prinzip des kleinsten gemeinsamen Nenners"[47] gilt das strengere Recht der Partnerschaft, so daß die zuweilen geübte Praxis, **Mitarbeiter** in den Namen der Sozietät aufzunehmen, im Rahmen der Partnerschaft nicht mehr zulässig ist.

64 Hinsichtlich der **Briefbögengestaltung** ist vor allem § 10 BerufsO zu beachten. Darüber hinaus schreibt § 7 Abs. 4 PartGG ähnlich wie bei Handelsgesellschaften einige

[46] BGH, WiB 1997, 752 m. Anm. *Römermann.*

[47] Näher *Michalski/Römermann*, § 1 Rdn. 100.

Pflichtangaben vor. Danach müssen auf einem Brief, der an einen bestimmten Empfänger gerichtet ist (also nicht auf Vordrucken und Bestellscheinen), folgende Elemente aufgeführt werden: Die Rechtsform (Partnerschaft bzw. Partnerschaftsgesellschaft, ggf. abgekürzt, z. B. PartG[48]), der Sitz, das Partnerschaftsregistergericht und die Nummer, unter der die Gesellschaft in das Partnerschaftsregister eingetragen wurde. Bei einem Verstoß gegen die Pflicht zu diesen Angaben kann das Registergericht ein Zwangsgeld festsetzen, § 7 Abs. 4 PartGG i. V. mit den §§ 125a Abs. 2, 37a Abs. 4 HGB.

V. Haftung und Haftungsbeschränkung

Seit der Neufassung des § 8 Abs. 2 PartGG haften neben der Partnerschaft nur noch diejenigen Partner unbeschränkt persönlich, die mit der Bearbeitung des relevanten Mandats befaßt waren. Bearbeitungsbeiträge von untergeordneter Bedeutung sind ausgenommen. Diese **institutionelle Handelndenhaftung** konzentriert die persönliche Haftung auf den jeweiligen Sachbearbeiter innerhalb der Partnerschaft. Sie wird hierdurch insbesondere dem Anliegen vieler überörtlicher Partnerschaften gerecht, zumal dort häufig keine reale Möglichkeit der gegenseitigen Qualitätskontrolle besteht und die umfassende Einstandspflicht füreinander daher im Einzelfall zu unangemessenen Konsequenzen führen kann. 65

Die **persönliche Befassung** setzt voraus, daß der jeweilige Partner tatsächlich an der Bearbeitung des Auftrags persönlich teilgenommen hat.[49] Eine bloße Verpflichtung, tätig zu werden, reicht nicht. Die Haftung würde sich sonst nämlich nicht aus dem Gesetz, sondern aus einem Verstoß gegen einen internen Geschäftsverteilungsplan ergeben. Weitere Auslegungsprobleme resultieren aus dem Ausschluß der persönlichen Haftung für Bearbeitungsbeiträge von **untergeordneter Bedeutung**.[50] Der Anwendungsbereich dieser Ausnahmevorschrift ist sehr beschränkt, zumal die Haftungskonzentration nur in den Fällen Bedeutung gewinnt, bei denen die relevante Handlung zu einem Schaden geführt hat. Ein Anwendungsfall ist die nur sozietätsinterne Hinzuziehung eines beratenden Partners. Dessen Beitrag ist regelmäßig untergeordnet, da im Außenverhältnis der sachbearbeitende Partner allein verantwortlich auftritt. Wenn sich der sachbearbeitende Partner nicht ermitteln läßt, lebt die gesamtschuldnerische Haftung sämtlicher Partner neben der Gesellschaft wieder auf. 66

VI. Auflösung und Ausscheiden von Partnern

Anders als bei einer BGB-Gesellschaft führen bestimmte Umstände wie etwa der Tod eines Partners nicht zur Auflösung der Partnerschaft, sondern nur zum Ausscheiden des betroffenen Gesellschafters, § 9 Abs. 1 PartGG i. V. mit § 131 HGB. In der Praxis wurde dies bei Gesellschaften bürgerlichen Rechts bislang regelmäßig vertraglich in gleicher Weise geregelt, insoweit wird auf die Darstellung oben zu Rdn. 30 ff. verwiesen. 67

Der endgültige, also rechts- bzw. bestandskräftige Verlust der Berufszulassung zieht gemäß § 9 Abs. 3 PartGG das automatische Ausscheiden des jeweiligen Partners nach sich. 68

VII. Überörtliche Partnerschaft

Es gibt im Vergleich zur überörtlichen Sozietät in Form der BGB-Gesellschaft grundsätzlich keine Besonderheiten, so daß auf die dortige Darstellung verwiesen werden kann. **Zweigniederlassungen** sind zur Eintragung im jeweiligen Partnerschaftsregister anzumelden. 69

[48] A. A. *Feuerich/Braun,* § 59a Rdn. 24, wonach eine Abkürzung mangels gesetzlicher Zulassung nicht möglich sein soll. Nicht die Erlaubnis, sondern das Verbot bedürfte allerdings einer eindeutigen gesetzlichen Festlegung.

[49] Näher *Römermann,* NZG 1998, 675, 676; a. A. die Begründung des Regierungsentwurfs, BT-Drucks. 13/9820, S. 1.

[50] Näher *Römermann,* NZG 1998, 675, 676 m. w. N.

D. Anwalts-GmbH

I. Wesensmerkmale

70 Die Anwalts-GmbH wurde erstmals im Jahre 1994 durch das BayObLG[51] für zulässig erklärt. Es folgte eine längere, äußerst kontrovers geführte Diskussion, bis der Gesetzgeber am 31. 8. 1998 das am 1. 3. 1999 in Kraft getretene Gesetz zur Änderung der BRAO verabschiedete.[52] Besonders heftig umstritten war die **Haftungsfrage**, da von seiten konservativer Standesvertreter über längere Zeit an der Forderung nach einer unbedingten persönlichen Haftung des verantwortlichen Rechtsanwalts auch im Rahmen der Gesellschaft mit beschränkter Haftung festgehalten wurde. Erst in dem Regierungsentwurf wurde diese systemwidrige Handelndenhaftung endgültig aufgegeben.

71 Neben der Haftungsbeschränkung wird die Anwalts-GmbH durch die Notwendigkeit einer eigenen **Zulassung**, Berufshaftpflichtversicherung und durch die Monopolisierung der Bezeichnung „Rechtsanwaltsgesellschaft" gekennzeichnet. Der **Mandatsvertrag** kommt unmittelbar mit der Gesellschaft zustande.

II. Gründung

1. Gesellschafter

72 Als Gesellschafter kommen gemäß § 59e Abs. 1 BRAO nur Rechtsanwälte und Angehörige eines sozietätsfähigen Berufs in Betracht. Die **Mehrheit** der Geschäftsanteile und der Stimmrechte muß gemäß § 59 e Abs. 3 Satz 1 BRAO den Rechtsanwälten zustehen. Es dürfen keine Geschäftsanteile für Rechnung Dritter gehalten und Dritte dürfen auch nicht in anderer Weise am Gewinn der Gesellschaft beteiligt werden.

73 Umstritten ist die Frage, ob eine **BGB-Gesellschaft als solche Alleingesellschafterin** der Anwalts-GmbH sein kann. Diese Konstruktion wird in der freien Wirtschaft häufig gewählt, um die Übertragung von Geschäftsanteilen zu vereinfachen. Der Anteil an einer BGB-Gesellschaft kann nämlich formlos übertragen werden, während die Abtretung eines GmbH-Anteils stets der notariellen Form bedarf. Die Bundesregierung wollte ein Verbot dieser Konstruktion im Bereich der Anwalts-GmbH erreichen. In der Literatur[53] wird diese Absicht heftig kritisiert, und es wird insbesondere auf die Ungleichbehandlung gegenüber Steuerberatungs- und Wirtschaftsprüfungsgesellschaften hingewiesen, bei denen eine BGB-Gesellschaft ohne weiteres sämtliche Geschäftsanteile halten kann.

74 Die eigene Stellungnahme hat vom Wortlaut des § 59e Abs. 1 BRAO auszugehen. Dort ist geregelt, daß nur bestimmte Berufsangehörige Gesellschafter sein dürfen. Es wird nichts darüber ausgesagt, ob sich die Gesellschafter gesamthänderisch zu einer BGB-Gesellschaft verbinden können. Ein solcher Zusammenschluß muß aufgrund des fehlenden Verbotes erlaubt sein.

75 Die Mehrheitserfordernisse zugunsten der Rechtsanwälte im Rahmen einer **interprofessionellen Gesellschaft** stoßen auf erhebliche berufspolitische, aber auch verfassungsrechtliche Bedenken.[54] Die fächerübergreifende Zusammenarbeit insbesondere mit Wirtschaftsprüfern und Steuerberatern wird wesentlich erschwert, wenn die anwaltliche

[51] BayObLG, NJW 1995, 199.

[52] Gesetz zur Änderung der Bundesrechtsanwaltsordnung, der Patentanwaltsordnung und anderer Gesetze, BGBl. 1998 I, S. 2600.

[53] *Sommer*, Mitt. dt. Patentanwälte 1998, 41, 43; DAV-Stellungnahme zum Regierungsentwurf, April 1998, S. 2f.; *Gerlt*, MDR 1998, 259, 260f.; *Henssler*, ZAP F. 23, 285, 295; *Zuck*, MDR 1998, 1317, 1319.

[54] Kritisch auch *Zuck*, MDR 1998, 1317, 1319.

Mehrheit zur unabdingbaren Voraussetzung erhoben wird.[55] Dies gilt um so mehr, wenn – wie es derzeit der Fall ist – die Berufsrechte der Wirtschaftsprüfer und Steuerberater ihrerseits die Mehrheit der eigenen Berufsangehörigen bei Steuerberatungs- und Wirtschaftsprüfungsgesellschaften vorschreiben. Die gleichberechtigte Zusammenarbeit der wirtschaftsberatenden Berufe ist somit im Rahmen einer GmbH – anders als bei einer BGB-Gesellschaft, bei der es keine entsprechenden Beschränkungen gibt – nicht möglich.

Anwaltsnotare dürfen Gesellschafter sein, wobei allerdings die Amtsausübung als Notar nicht im Rahmen der GmbH erfolgen kann. Die Tätigkeit als Notar kann im Innenverhältnis – wie bei Gesellschaften bürgerlichen Rechts – einbezogen werden.[56] 76

2. Gegenstand

Den Unternehmensgegenstand der Anwalts-GmbH bilden die Beratung und Vertretung in Rechtsangelegenheiten, § 59c Abs. 1 BRAO. Diese Aufzählung ist **nicht enumerativ**,[57] da der Wortlaut der Norm insoweit keinen Ausschließlichkeitszusatz enthält. Soweit die Mehrheitserfordernisse erfüllt sind, kann daher auch die Berufsausübung anderer sozietätsfähiger Berufe Teil des Gesellschaftszwecks sein. 77

3. Zulassung

Die Anwalts-GmbH bedarf der Zulassung durch die zuständige Behörde, aufgrund der Ermächtigung in § 224a BRAO demnächst regelmäßig die jeweilige **Rechtsanwaltskammer** anstelle der Landesjustizverwaltung. Das **Zulassungsverfahren** ist in § 59g BRAO geregelt. Dem Zulassungsantrag ist eine öffentlich beglaubigte Abschrift der Satzung beizufügen. Sodann hört die zuständige Behörde den Vorstand der Rechtsanwaltskammer an. Wenn die Gesellschaft die in § 59d BRAO genannten Zulassungsvoraussetzungen erfüllt, besteht ein Rechtsanspruch auf die Zulassung. Diese Voraussetzungen sind die Einhaltung der Vorschriften der §§ 59c, 59e und 59f BRAO, geordnete Vermögensverhältnisse und der Nachweis einer Berufshaftpflichtversicherung. 78

Eine besondere Problematik stellt sich dadurch, daß anders als bei der Anerkennung von Wirtschaftsprüfungs- und Steuerberatungsgesellschaften die Zulassung einer Rechtsanwaltsgesellschaft notwendig vor der Eintragung in das **Handelsregister** erfolgen muß. Zu diesem Zeitpunkt existiert eine GmbH aber rechtlich noch gar nicht, da sie erst mit der Eintragung als solche wirksam wird. In der Praxis wird das Problem über eine **Unbedenklichkeitsbescheinigung** der Behörde gelöst, die eine Eintragung in das Handelsregister ermöglicht. Erst danach wird die endgültige Zulassung vorgenommen. Nach der Eintragung kann auch der Vertrag über die notwendige Berufshaftpflichtversicherung mit der GmbH geschlossen werden. Im Vorfeld erteilt die Versicherung insoweit eine vorläufige Deckungszusage, die die Grundlage für die Zulassung darstellt. 79

III. Organisation

Die verantwortliche **Geschäftsführung** muß gemäß § 59f Abs. 1 BRAO bei den Rechtsanwälten liegen, die die Mehrheit der Geschäftsführer stellen. Nur Rechtsanwälte und Angehörige der gemäß § 59a BRAO sozietätsfähigen Berufe können Geschäftsführer sein. Für die GmbH dürfen – bei Rechtsanwälten ein Novum – **Prokuristen** und Handlungsbevollmächtigte zum gesamten Geschäftsbetrieb bestellt werden, an die dieselben persönlichen Voraussetzungen zu stellen sind wie bei Geschäftsführern. 80

Die **Unabhängigkeit** der anwaltlichen Geschäftsführer und Bevollmächtigten bei der Ausübung ihres Anwaltsberufes muß gewährleistet werden. Insbesondere sind Einflußnahmen der Gesellschafter durch **Weisungen** oder vertragliche Bindungen unzulässig. 81

---

[55] Eingehend *Droste*, Gemeinschaftliche Berufsausübung von Rechtsanwälten mit Angehörigen anderer steuer- und wirtschaftsberatender Berufe, 1998, Diss. Köln 1998, S. 245 ff.

[56] Vgl. *Ahlers*, in: Festschrift für Rowedder, 1994, S. 1, 16 f.

[57] A. A. offenbar *Zuck*, MDR 1998, 1317, 1318.

Dieses Verbot ist insoweit problematisch, als es auch Anweisungen genereller Natur zu untersagen scheint, z. B. keine Strafsachen anzunehmen. Derartige Regelungen sind in Sozietäten und Partnerschaften bislang als zulässig anerkannt worden. Sie dürften von dem Weisungsverbot nicht erfaßt sein, zumal kein Grund erkennbar wäre, eine solche von den legitimen Gesellschaftsinteressen gedeckte generelle Selbstbindung auszuschließen.

82 Für die **Entscheidungsbefugnisse** in der Anwalts-GmbH und die Aufteilung der Kompetenzen der verschiedenen Organe gelten grundsätzlich die allgemeinen Vorschriften des GmbH-Gesetzes. Im Hinblick auf die Ausübung der Gesellschafterrechte enthält § 59e Abs. 5 BRAO die Sonderregel, daß die Gesellschafter hierzu nur stimmberechtigte Mitgesellschafter bevollmächtigen dürfen, die Angehörige desselben Berufs oder Rechtsanwälte sind. Eine **Vertretung** durch Nichtgesellschafter ist also unzulässig. Das überrascht, zumal sich in nichtanwaltlichen GmbHs die Gesellschafter häufig durch Rechtsanwälte vertreten lassen, die nicht Mitgesellschafter sind. Es ist nicht ersichtlich, daß sich durch eine entsprechende Handhabung bei einer Anwalts-GmbH irgendwelche Gefahren ergeben würden.

83 Die **interne Organisation** im übrigen unterliegt im wesentlichen der Vertragsgestaltung durch die Gesellschafter. Veränderungen in den Gesellschafterrechten, insbesondere eine Erhöhung des Gewinnanteils sind im Rahmen einer GmbH schwieriger zu bewirken als bei der flexibleren BGB-Gesellschaft, zumal Geschäftsanteile einer GmbH nur bei notarieller Beurkundung wirksam übertragen werden können.

IV. Auftreten nach außen

84 Die Firma der GmbH wird gemäß § 59k BRAO aus dem Namen wenigstens eines anwaltlichen Gesellschafters und der Bezeichnung „Rechtsanwaltsgesellschaft“ gebildet.

85 Neben diesen Mindestbestandteilen, zu denen noch der Rechtsformzusatz mit dem Hinweis auf die Haftungsbeschränkung hinzutritt, können weitere Elemente gewählt werden, beispielsweise ein Kanzleilogo oder der **Zusatz** „und Kollegen“. Die Vorschrift des § 59k Abs. 1 Satz 3 BRAO scheint dies zu untersagen, da demnach sonstige Firmenbestandteile nur zulässig sein sollen, soweit sie gesetzlich vorgeschrieben sind. Allerdings ist kein Grund dafür ersichtlich, warum nicht ein Zusatz, der auf das Vorhandensein weiterer Gesellschafter über den namentlich aufgeführten Rechtsanwalt hinaus hindeutet, möglich sein sollte. Es ist nicht erkennbar, daß ein derart weitgehendes und in der Sache unbegründetes Verbot eingeführt werden sollte. § 59k Abs. 1 Satz 3 BRAO ist daher so auszulegen, daß – selbstverständlich – die gesetzlich vorgeschriebenen Firmenbestandteile in die Firmierung aufgenommen werden müssen, andere Zusätze hingegen wie bislang auch bei einer Neugründung geführt werden können.

86 Gemäß § 59k Abs. 2 BRAO dürfen andere als zugelassene Anwalts-GmbHs die Bezeichnung **„Rechtsanwaltsgesellschaft“** nicht führen. Neben den Zusätzen „und Partner“ bzw. „Partnerschaft“ nach § 11 PartGG wurde hier durch den Gesetzgeber also ein weiteres Namensmonopol für eine bestimmte Gesellschaftsform geschaffen. Ähnlich wie § 11 PartGG bestimmt die **Übergangsvorschrift** in Art. 8 des BRAO-Änderungsgesetzes vom 31. 8. 1998, daß sonstige berufliche Zusammenschlüsse, die am 1. 3. 1999 die Bezeichnung „Rechtsanwaltsgesellschaft“ in ihrem Namen geführt haben, ab dem 1. 3. 2000 auf diesen Zusatz verzichten oder einen Hinweis auf die abweichende Rechtsform aufnehmen müssen.

V. Haftung und Haftungsbeschränkung

87 Die Anwalts-GmbH schließt im eigenen Namen die Mandatsverträge und übernimmt die Prozeßvertretung, vgl. § 59l BRAO. Sie haftet demnach bei beruflichen Fehlleistungen als Unternehmen. Eine persönliche Haftung der verantwortlichen Rechtsanwälte nach dem Modell einer gesetzlichen **Handelndenhaftung** ist nicht eingeführt worden.

Hinsichtlich der unmittelbaren persönlichen Haftung verbleibt es daher bei den Grundsätzen des allgemeinen GmbH-Rechts. Danach kann der handelnde **Geschäftsführer** nur in Ausnahmefällen persönlich in Anspruch genommen werden, falls er ein wirtschaftliches **Eigeninteresse** an dem Geschäft hat und ein besonderes persönliches **Vertrauen** des Kunden (Mandanten) erweckt. Bei der Übertragung dieser Rechtsprechung auf die Anwalts-GmbH ist zu beachten, daß die übliche Vertrauensbeziehung zwischen Anwalt und Mandant für die Begründung eines *besonderen* Vertrauens in diesem Sinne keineswegs ausreicht. Vielmehr muß der Rechtsanwalt bei dem Mandanten den Eindruck hervorgerufen haben, gerade in diesem Einzelfall für die etwaige Schadensersatzforderung des Mandanten über das normale Maß hinaus persönlich einstehen zu wollen. Bei näherer Betrachtung der genannten Voraussetzungen kommt eine persönliche Haftung des handelnden Rechtsanwalts daher nur in extrem gelagerten Fallkonstellationen in Frage.[58] 88

Die Gesellschaft muß gemäß § 59j BRAO eine eigene **Berufshaftpflichtversicherung** unterhalten. Die Mindestversicherungssumme beträgt fünf Millionen DM pro Versicherungsfall, die Jahreshöchstleistung muß bei mindestens zwanzig Millionen DM liegen. Die Leistungen des Versicherers für alle in einem Versicherungsjahr eintretenden Haftungsfälle können grundsätzlich auf fünf Millionen DM, multipliziert mit der Zahl der Gesellschafter und der Fremdgeschäftsführer, begrenzt werden. Diese Regelung der Versicherungspflicht ist in der Literatur[59] auf Kritik gestoßen, da sie über das notwendige Maß hinausgeht und damit zu erheblichen überflüssigen Belastungen der Anwalts-GmbH mit Versicherungsprämien führt. Dies gilt besonders vor dem Hintergrund der fortbestehenden individuellen Versicherungspflicht jedes Rechtsanwalts, auch wenn er ausschließlich im Rahmen der GmbH tätig wird und daher keine eigenen Mandatsverträge abschließt. 89

VI. Auflösung und Ausscheiden von Gesellschaftern

Das Ausscheiden von Gesellschaftern erfolgt nach allgemeinem GmbH-Recht durch Übertragung oder Einziehung des Geschäftsanteils. Bei der Gestaltung der GmbH-Satzung ist darauf zu achten, daß die Übertragung nur auf andere Rechtsanwälte oder **sozietätsfähige Personen** vorgenommen werden darf. Die Nachfolge im **Erbfall** kann im wesentlichen mit denselben Vertragsklauseln gestaltet werden wie bei einer BGB-Gesellschaft, so daß auf die dortige Darstellung verwiesen wird (oben Rdn. 32ff.). 90

Die **Auflösung** richtet sich ebenfalls nach allgemeinem GmbH-Recht. Durch die Auflösung erlischt gemäß § 59h Abs. 1 BRAO die Zulassung. 91

Die Rücknahme und der Widerruf der Zulassung führen zur Beendigung der Befugnis zur anwaltlichen Tätigkeit. Der **Widerruf** erfolgt, wenn die Voraussetzungen insbesondere im Hinblick auf den Kreis der Gesellschafter und Geschäftsführer nicht mehr erfüllt werden und die Gesellschaft den gesetzmäßigen Zustand nicht binnen einer von der Behörde gesetzten Frist wiederherstellt. 92

Nach dem Verlust der Zulassung kann gemäß § 59h Abs. 6 BRAO ein **Abwickler** bestellt werden. 93

VII. Überörtliche Anwalts-GmbH

Die Anwalts-GmbH darf mehrere Kanzleistandorte unterhalten. In diesem Fall muß gemäß § 59i BRAO an jedem Ort mindestens ein Rechtsanwalt als verantwortlicher Geschäftsführer niedergelassen sein, für den die jeweilige Kanzlei den Mittelpunkt seiner beruflichen Tätigkeit bildet. 94

---

[58] Ausführlich *Prohaska*, Berufspflichten und persönliche Haftung des Anwalts als Geschäftsführer der Anwalts-GmbH, 1997, Diss. Heidelberg 1997, S. 112ff.; *Schurr*, S. 201ff.

[59] *Gerlt*, MDR 1998, 259, 263.

E. Anwalts-AG

I. Wesensmerkmale

95 Die Anwalts-AG ist gesetzlich bislang nicht geregelt. In der Begründung des Gesetzentwurfs zum Anwalts-GmbH-Gesetz heißt es, daß zur Frage der Zulassung einer Anwalts-AG keine Aussage getroffen werden solle.[60] Die Vorschriften des § 59a Abs. 1 BRAO wie des § 33 BerufsO beinhalten kein Verbot der AG als Form eines Zusammenschlusses von Rechtsanwälten. Aufgrund der allgemeinen Berufsfreiheit nach Art. 12 GG muß diese Organisationsform **zulässig** sein, da sie nicht verboten ist. Entsprechend der früheren Handhabung bei der Anwalts-GmbH[61] vor Inkrafttreten der neuen §§ 59c ff. BRAO liegt kein Verstoß gegen das Rechtsberatungsgesetz vor, wenn die Gesellschaft ein Mandat annimmt und dessen konkrete Bearbeitung einem für sie tätigen zugelassenen Rechtsanwalt überträgt. Die Anwalts-AG ist somit derzeit unzweifelhaft zulässig.

96 Mangels einer gesetzlichen Regelung werden wieder – wie bei der Anwalts-GmbH – die **Registergerichte** die Voraussetzungen festlegen, unter denen eine Eintragung im Handelsregister zulässig ist. Im folgenden werden einige Grundzüge dargestellt.

II. Gründung

97 Der Kreis der möglichen **Aktionäre, Vorstands- und Aufsichtsratsmitglieder** ist gesetzlich nicht festgelegt. Die Vorschrift des § 59a BRAO bezieht sich nur auf Sozietäten, also BGB-Gesellschaften oder Partnerschaften, jedoch nicht auf anwaltliche Kapitalgesellschaften.[62] Diese Auffassung wird durch die zum 1. 3. 1999 in Kraft getretene Vorschrift des § 59e Abs. 1 BRAO bestätigt, die – nur – für die Anwalts-GmbH eine *entsprechende* Anwendung von § 59a BRAO explizit anordnet; ferner durch § 59i BRAO. Eine analoge Anwendung von § 59a BRAO auf die Anwalts-AG scheidet aus, da der Gesetzgeber die Frage der Anwalts-AG durchaus – wie sich aus den Materialien[63] ergibt – erkannt, gleichzeitig aber bislang bewußt von einer Normierung abgesehen hat. Von einer unbewußten Gesetzeslücke kann vor diesem Hintergrund keine Rede sein. Im Grunde besteht somit nach geltendem Recht keine Beschränkung des Aktionärskreises auf Rechtsanwälte und sozietätsfähige Berufe. Es ist allerdings anzunehmen, daß die Registergerichte trotz allem § 59a BRAO analog anwenden werden, wobei man dies mit herkömmlichen Auslegungsmethoden kaum begründen kann.

98 Eine **Zulassung** der Anwalts-AG ist nicht erforderlich.

III. Organisation

99 Die Organisation richtet sich nach den allgemeinen aktienrechtlichen Bestimmungen und wird vor allem durch die Organe Vorstand, Aufsichtsrat und Aktionäre geprägt. Die Struktur ist durch das AktG in wesentlich stärkerem Maße vorgegeben als etwa bei der recht flexiblen Form der BGB-Gesellschaft. Bei der Vertragsgestaltung ist vor allem die **Unabhängigkeit** bei der anwaltlichen Berufsausübung zu berücksichtigen.

100 Gegenüber den von den Personengesellschaften bekannten Aufstiegssystemen wie etwa dem lockstep-System bietet das Aktienrecht eine ebenfalls relativ unkomplizierte Art der Aufnahme und des Aufstiegs von Rechtsanwälten durch die **Übertragung von Aktien**. Falls man den Aktionärskreis auf die in § 59a BRAO genannten Berufe beschränken will, müssen die Aktien allerdings vinkuliert werden. Ein Vorteil für die Gründungspartner

---

[60] Begr. des RegE, BT-Drucks. 13/9820, S 11.

[61] Vgl. BGHZ 124, 224 zur Zahnärzte-GmbH; BayObLG, NJW 1995, 199 zur Anwalts-GmbH; *Hartung/Holl-Römermann*, Vor § 30 Rdn. 150 ff.

[62] *Michalski/Römermann*, NJW 1996, 3233 ff.

[63] Begr. des RegE, BT-Drucks. 13/9820, S. 11.

liegt darin, daß sie als Vorstand die Geschicke der Gesellschaft weitgehend unbeeinflußt von etwaigen Veränderungen im Aktienbestand leiten können. Sie werden insoweit lediglich durch den Aufsichtsrat überwacht, dem gewisse Eingriffsrechte zustehen.

IV. Auftreten nach außen

Grundsätzlich ist das allgemeine Aktienrecht anzuwenden. Die Bezeichnungen „Rechtsanwaltsgesellschaft“ (vgl. § 59 k Abs. 2 BRAO) sowie „und Partner“ (vgl. § 11 PartGG) sind für andere Gesellschaftsformen monopolisiert und dürfen daher in der **Firma** einer AG nicht verwandt werden. **101**

Eine weitere Vorschrift über die Firmenbildung findet sich in § 9 BerufsO, der gemäß § 33 Abs. 1 BerufsO auch auf die Anwalts-AG anzuwenden ist. Für die Einzelheiten wird auf die Darstellung bei der BGB-Gesellschaft (Rdn. 21 ff.) verwiesen. **102**

V. Haftung und Haftungsbeschränkung

Der **Mandatsvertrag** wird mit der AG geschlossen, die die anwaltlichen Leistungen durch einen für sie tätigen Rechtsanwalt erbringen läßt. Die Haftung für berufliche Fehler trifft also die AG, die nach allgemeinen Grundsätzen des Aktienrechts mit ihrem Vermögen haftet. **103**

Eine **persönliche Haftung** des handelnden Rechtsanwalts ist gesetzlich nicht vorgesehen und kommt daher allenfalls in Ausnahmefällen in Betracht, in denen ein *besonderes* Vertrauen in Anspruch genommen wurde (näher zur entsprechenden Problematik bei der Anwalts-GmbH oben Rdn. 88). **104**

Eine **Berufshaftpflichtversicherung** der AG ist nicht vorgeschrieben, obgleich dies unbedingt erforderlich wäre, zumal gegenüber dem Mandanten nur die Gesellschaft haftet. Die Registergerichte werden voraussichtlich den Nachweis einer eigenen Versicherung analog § 59j BRAO verlangen. **105**

VI. Auflösung und Ausscheiden

Es gelten die allgemeinen Bestimmungen des Aktienrechts. **106**

VII. Überörtliche Anwalts-AG

Die Anwalts-AG kann über mehrere Niederlassungen verfügen. Da weder § 59 a BRAO noch § 59 i BRAO unmittelbar oder analog gelten, sind **Zweigstellen** zulässig, in denen kein verantwortliches Vorstandsmitglied seinen Beruf ausübt. **107**

F. Anwalts-KGaA

Ebenso wie die AG muß auch die Kommanditgesellschaft auf Aktien (KGaA) als Gesellschaftsform für Rechtsanwälte zulässig sein,[64] da es keine gesetzliche Verbotsvorschrift gibt und gemäß § 278 AktG die §§ 278 ff. AktG und sekundär das übrige AktG anwendbar sind. Die KGaA steht nicht nur Gewerbetreibenden, sondern auch Freiberuflern offen. **108**

Die **Komplementäre** der KGaA sind hinsichtlich der Geschäftsführung und Vertretung der Gesellschaft vergleichbar mit den persönlich haftenden Gesellschaftern einer KG bzw. OHG, § 278 Abs. 2 AktG. Dies entspricht der Rechtslage bei einer BGB-Gesellschaft oder Partnerschaft, so daß § 59 a BRAO analog anzuwenden sein könnte. Es ist nicht ersichtlich, ob der Gesetzgeber die Problematik der KGaG erkannt und bewußt von einer Regelung abgesehen hat. **109**

[64] Näher *Hartung/Holl-Römermann,* Vor § 30 Rdn. 221 ff.; vgl. auch *Feuerich/Braun,* § 59 a Rdn. 30 und 17.

110 **Kommanditaktionäre** sind hingegen gemäß § 285 Abs. 2 Satz 1 AktG grundsätzlich an die Zustimmung der Komplementäre gebunden und üben ihren Einfluß lediglich im Rahmen von Beschlüssen der Hauptversammlung aus. Ihre Stellung ist der eines Personengesellschafters nicht vergleichbar. § 59a BRAO findet keine analoge Anwendung, und der Kreis der Kommanditaktionäre kann sich auch aus Angehörigen anderer Berufe zusammensetzen.

G. Genossenschaft

111 Die Form der Genossenschaft steht sowohl Gewerbetreibenden als auch Angehörigen sonstiger, insbesondere freier Berufe zur Verfügung. Eine gesetzliche Regelung im Hinblick auf Rechtsanwälte existiert nicht. Die Genossenschaft ist daher eine **zulässige** Gesellschaftsform für Rechtsanwälte.[65]

112 Die Genossenschaft ist keine Gesellschaft unmittelbar zur gemeinsamen Berufsausübung. Sie bezweckt gemäß § 1 Abs. 1 GenG die Förderung des Erwerbs oder der Wirtschaft ihrer Mitglieder durch einen gemeinschaftlichen Geschäftsbetrieb. Denkbar ist beispielsweise eine **Dienstleistungsgenossenschaft** als eine Art **Dachverband**, der die Aufträge an die jeweiligen Rechtsanwälte weiterleitet. Möglich ist auch eine **Produktivgenossenschaft**, bei der die Rechtsberatung gemeinschaftlich bei fortdauernder Unabhängigkeit der Mitglieder erbracht wird.

113 Gemäß § 3 Abs. 1 GenG muß die **Firma** dem Unternehmensgegenstand entlehnt sein und darf keinen Namen einzelner Genossen enthalten. Ein Rechtsformzusatz ist aufzunehmen. Eine zulässige Bezeichnung wäre demnach beispielsweise „Rechtsanwaltsgenossenschaft eG". Der Widerspruch zu § 9 BerufsO, der über § 33 Abs. 1 BerufsO grundsätzlich auch auf die Genossenschaft Anwendung findet, ist zugunsten des § 3 Abs. 1 GenG aufzulösen, da die gesetzliche Regelung der Satzung vorgeht.

114 Die Mitglieder **haften** nicht persönlich, sondern gemäß § 2 GenG haftet ausschließlich das Genossenschaftsvermögen. Für die Gründung einer Genossenschaft bedarf es eines schriftlichen **Statuts** und mindestens sieben Gründungsgesellschafter.

H. EWIV

115 Die Europäische wirtschaftliche Interessenvereinigung (EWIV) ist keine Berufsausübungsgesellschaft, sondern sie dient der **Unterstützung** der beruflichen Aktivität ihrer Mitglieder, also der einzelnen Anwaltskanzleien. Bei Rechtsanwälten erfreut sich die EWIV großer Beliebtheit. Dies hatte ursprünglich den Hauptgrund, daß Werbung mit sonstigen Kooperationshinweisen als verboten angesehen wurde, so daß die Sozietäten auf das Hilfsmittel der EWIV zurückgegriffen haben, um ihre **internationale Ausrichtung** nach außen hin demonstrieren zu können.[66]

116 Die EWIV wird durch mindestens zwei Mitglieder in verschiedenen Staaten der Europäischen Union gegründet. **Sozietäten** (BGB-Gesellschaften) können als solche Mitglieder einer EWIV sein.[67] Der Kreis der möglichen **Mitglieder** beschränkt sich nicht auf die sozietätsfähigen Berufe im Sinne des § 59a BRAO, da diese Vorschrift weder unmittelbar noch analog anwendbar ist.[68]

---

[65] *Boin*, Die Partnerschaftsgesellschaft, S. 123 ff.; vgl. *Feuerich/Braun*, § 59a Rdn. 30, 17.

[66] *Henssler/Prütting-Hartung*, § 59a Rdn. 113.

[67] *Grüninger*, DB 1990, 1449, 1451 ff.; *Nerlich*, S. 99 ff.

[68] *Zuck*, NJW 1990, 954, 957; *ders.*, Vertragsgestaltung bei Anwaltskooperationen, S. 120; *Hartung/Holl-Römermann*, Vor § 30 Rdn. 240; *Feuerich/Braun*, § 59a Rdn. 32.

Die **Firma** der EWIV muß einen Hinweis auf diese Rechtsform enthalten. Zulässig sind sowohl eine Personenfirma mit Namen der Mitglieder als auch eine Sachfirma.[69] 117

Die **Geschäftsführung** kann durch einzelne Mitglieder oder durch dritte Personen wahrgenommen werden.[70] 118

Die EWIV darf nur Hilfstätigkeiten für die Berufsausübung ihrer Mitglieder verrichten und sie keinesfalls ersetzen (sog. **Ersetzungsverbot**). Diese Fördertätigkeit kann insbesondere in einem intensiven fachlichen Austausch im Rahmen gemeinsamer Seminare als auch in der Mandatsvermittlung oder der Einrichtung von Datenbanken und EDV-Systemen liegen. Von besonderer Bedeutung ist der Werbeeffekt der deutlich zur Schau gestellten Internationalität. 119

I. Bürogemeinschaft

Bei einer Bürogemeinschaft üben die Rechtsanwälte ihren Beruf nicht gemeinschaftlich aus, sondern sie nutzen lediglich bestimmte Betriebsmittel gemeinsam und teilen sich die Kosten. Jeder der beteiligten Rechtsanwälte führt seine Kanzlei und seine Mandate **selbständig und unabhängig** von den übrigen Mitgliedern der Bürogemeinschaft fort. Die Bürogemeinschaft ist rechtlich als BGB-Gesellschaft mit dem Zweck der gemeinschaftlichen Nutzung der jeweils festgelegten Mittel und der Kostenteilung einzustufen.[71] 120

Nur Rechtsanwälte und Angehörige eines **sozietätsfähigen Berufs** dürfen sich gemäß § 59a Abs. 4 BRAO zu einer Bürogemeinschaft zusammenschließen. 121

Eine **gemeinsame Außendarstellung** durch gemeinsame Drucksachen, Praxisschilder, Stempel etc. wurde früher als unzulässig angesehen und erst durch die §§ 8 Satz 1, 9 Abs. 1 Satz 1 BerufsO gestattet. Eine Irreführung des Publikums ist darin grundsätzlich nicht zu sehen. 122

Soweit für den Mandanten klar erkennbar ist, daß es sich um eine Bürogemeinschaft handelt, besteht kein Zweifel an dem Abschluß des Mandatsvertrages nur mit dem jeweils betroffenen Rechtsanwalt. Nur dieser Anwalt haftet für berufliche Fehler. Bei einem gemeinschaftlichen Auftreten als Scheinsozietät tritt hingegen nach allgemeinen Rechtsscheinsgrundsätzen eine gesamtschuldnerische Haftung aller Mitglieder ein.[72] 123

Bei einer Bürogemeinschaft ist die Frage, ob die Tätigkeitsverbote der §§ 45 und 46 BRAO anwendbar sind, höchst umstritten.[73] § 3 Abs. 1 und 2 BerufsO nimmt eine Klärung dahingehend vor, daß ein Rechtsanwalt nicht tätig werden darf, wenn ein Berufskollege, mit dem er in einer Bürogemeinschaft verbunden ist, mit derselben Rechtssache bereits beruflich befaßt ist oder war. 124

Ein weiteres berufsrechtliches Problem besteht in der Wahrung der anwaltlichen **Verschwiegenheitspflicht**, da der Mandatsvertrag immer nur mit dem einen Rechtsanwalt geschlossen wird und die anderen Anwälte aber aufgrund der gemeinsamen Büronutzung häufig Kenntnis von Umständen des Falles erlangen (können).[74] Die Praxis neigt dazu, die Verschwiegenheitspflicht insoweit zu mißachten. 125

J. Kooperation

Kooperationen zwischen Rechtsanwälten können sich in Einzelfällen oder in einer dauerhaften und organisierten Form der Zusammenarbeit entwickeln. Nur die durch 126

[69] *Feuerich/Braun,* § 59a Rdn. 33.
[70] *Henssler/Prütting-Hartung,* § 59a Rdn. 118.
[71] *Henssler/Prütting-Hartung,* § 59a Rdn. 92.
[72] *Henssler/Prütting-Hartung,* § 59a Rdn. 92.
[73] Näher *Hartung/Holl-Römermann*, Vor § 30 Rdn. 262 m. w. N.
[74] Näher *Hartung/Holl-Römermann*, Vor § 30 Rdn. 263.

tatsächliche Ausübung verfestigte Kooperation soll gemäß § 8 Satz 1 BerufsO nach **außen hin** zum Ausdruck gebracht werden dürfen. Dies betrifft nur die Außendarstellung und grenzt nicht den Kreis zulässiger Kooperationen ein. Einzelfall- und ad-hoc-Kooperationen dürfen selbstverständlich ohne das Erfordernis der Verfestigung gebildet werden.

127 Die Kooperationspartner unterstützen sich gegenseitig, ohne aber den Beruf gemeinschaftlich wie in einer Sozietät auszuüben. Die gemeinsame **Haftung** findet nicht statt. Die Tätigkeitsverbote der §§ 45, 46 BRAO sind nicht anwendbar.

§ 12 Der Sozietätsvertrag

*Dr. Paul Wollny**

Übersicht

Schrifttum: *Anker,* Checkliste zur Einführung eines Qualitätsmanagements für Anwaltssozietäten, WiB 1997, 724; *Arnold,* Die Tragweite des § 8 Abs. 2 PartGG vor dem Hintergrund der Haftungsverfassung der Gesellschaft bürgerlichen Rechts, BB 1996, 597; *Borggreve,* Soziierungsgrundsätze der freien Beraterberufe, Stbg 1982, 278; *Borgmann/Haug,* Anwaltshaftung, 1996; *Carlé,* Sinnvolle Abfindungsklauseln in Gesellschaftsverträgen, KÖSDI 1994, 9696; *Carlé/Korn,* Praxiserfahrungen und Hinweise zur Gründung und Auflösung freiberuflicher Sozietäten, KÖSDI 1993, 4927; *Creutz,* Anwaltswerbung, 1998; *Disterer,* Rechner am Arbeitsplatz des Anwalts – Empirische Befunde, BRAK-Mitt. 1997, 182;

* Richter a. D. am Bundesfinanzhof.

ders., Wie Anwälte Computer nutzen, Infrastrukturen zur Informationsverarbeitung in Anwaltssozietäten, NJW-CoR 1997, 423; *ders.*, Elektronische Post in Anwaltssozietäten, BRAK-Mitt. 1997, 226; *ders.*, Internet-Nutzung von Anwaltssozietäten, AnwBl. 1997, 634; *Enders/Mümmler/Bund,* Kostenpraxis, JurBüro 1996, 574; *Endlich/Kolarsch,* Der Gesellschaftsvertrag der Steuerberater, Wirtschaftsprüfer, Rechtsanwälte, 1984; *Feddersen/Meyer-Landrut,* Partnerschaftsgesellschaftsgesetz, 1995; *Hartung/Holl,* Anwaltliche Berufsordnung, Kommentar und Berufsrechts-ABC, 1997; *Henssler,* Zur Frage des Anspruchs auf Honorarforderungen eines Sozietätsanwalts, JR 1997, 287; *Henssler/Prütting,* Kommentar zur Bundesrechtsanwaltsordnung, 1997; *Jungk,* die Rechtsanwaltssozietät als Haftungsgemeinschaft, AnwBl. 1996, 297; *Kellermann,* Buchwertklauseln, in Freundesgabe für Haas, 1996; *ders.*, Die Buchwertklauseln zur Abfindung ausscheidender Gesellschafter, StbJb 1986/87; *Knobbe-Keuk,* Aktuelle Rechts- und Steuerprobleme der mittelständischen Unternehmen, StbJb 1985/86; *Korn,* Ausgleich für stille Reserven bei Gesellschafteraufnahme und Fusion ohne steuerliche Gewinnrealisierung, KÖSDI 1987, 6841; *Kornblum,* Die Haftung assoziierter Rechtsanwälte, BB 1973, 218; *Lörcher,* EG-Niederlassungsrichtlinie für Rechtsanwälte endlich verabschiedet, BRAK-Mitt. 1998, 9; *Maner/Krämer,* Braucht eine Kanzlei Ziele? – Ein Beitrag zu TQM in der Anwaltskanzlei, AnwBl. 1998, 113; *Meilicke/Graf von Westphalen/Hoffmann/Lenz,* Partnerschaftsgesellschaftgesetz, 1995; *Michalski/Römermann,* Kommentar zum Partnerschaftsgesellschaftsgesetz, 1995; *Oellers,* Sonderheiten der Sozietäten, BRAK-Mitt. 1981, 3; *Piltz,* Rechtspraktische Überlegungen zu Abfindungsklauseln in Gesellschaftsverträgen, BB 1994, 1021; *Redeker,* Spezialisierung und Team-Arbeit in der anwaltlichen Praxis, ZRP 1969, 268; *Riegger/Weipert* (Hrsg.), Münchener Handbuch des Gesellschaftsrechts, Bd. 1, BGB-Gesellschaft, Offene Handelgesellschaft, Partnerschaftsgesellschaft, Partenreederei, EWIV, 1995; Sozietätsausschuß des Deutschen Anwaltsvereins, Entwurf eines Partnerschaftsvertrages, AnwBl. 1977, 193; *Schmidt,* Rechtsprechungsübersicht, Anwaltssozietät als Vertragspartner der Mandanten, JuS 1996, 1130; *Slota,* Gewinnverteilung in Anwaltssozietäten, MDR 1997, 908; *Steindorff,* Die BGB-Gesellschaft im Risikobereich, DB 1979, 747; *Streck,* Steuerprobleme bei Sozietäten, Der Steueranwalt 97, 1997; *Trinkner,* Sozietätsverträge, 4. Aufl. 1994; *Ulmer,* Vertretung und Haftung bei der Gesellschaft bürgerlichen Rechts, in Festschrift Fischer, 1979, 783; *Westerwelle,* Rechtsanwaltssozietäten und das Verbot der Vertretung widerstreitender Interessen, 1997; *Wollny,* Unternehmens- und Praxisübertragungen, 4. Aufl. 1996; *Zilles,* Zum Sozietätsvertrag, AnwBl. 1992, 179; *Zuck,* Der ausscheidende Sozius – Die 7 Todsünden, AnwBl. 1987, 524; *ders.*, Formen anwaltlicher Zusammenarbeit, AnwBl. 1988, 19.

A. Motive für die Gründung einer Sozietät und Abgrenzung von anderen Erscheinungsformen der Zusammenarbeit

I. Motive für die Gründung einer Sozietät

1 Die Motive für die Gründung einer Sozietät sind vielfältig. Sie können darauf beruhen,
- einen langjährigen Mitarbeiter an die Kanzlei zu binden,
- einen Junior-Sozius oder
- einen Sozius mit Spezialkenntnissen zu gewinnen, um durch Spezialisierung die Mandantschaft besser beraten zu können,
- für wechselseitige Vertretung bei Urlaub und Krankheit gerüstet zu sein
- und dergleichen mehr.
- Es kann eine Kapazitätsvergrößerung oder eine Erweiterung des Dienstleistungsangebots angestrebt werden usw.

II. Abgrenzung der Sozietät von anderen Erscheinungsformen der Zusammenarbeit

1. Bürogemeinschaft

2 Die Bürogemeinschaft unterscheidet sich von der Sozietät dadurch,
- daß jeder an der Büro- oder Kanzleigemeinschaft Beteiligte weiter seine eigene Kanzlei selbständig und auf eigene Rechnung betreibt und
- daß sich die Gemeinschaft auf die gemeinsame Nutzung von Räumen, Einrichtungsge-

genständen, Anlagen (z. B. Rechner, EDV-Anlagen, Geräte), sonstige Sachmittel (z. B. Spezialbücherei)
– und die Beschäftigung gemeinsamen Personals beschränkt.[1]

2. Beschäftigung eines angestellten Rechtsanwalts oder mehrerer Rechtsanwälte

Die Beschäftigung eines angestellten Rechtsanwalts läßt selbst dann noch keine Sozietät entstehen, wenn der angestellte Anwalt am Gewinn beteiligt wird oder ihm Mitspracherechte in umrissenem Umfang eingeräumt werden. 3

3. Vereinbarung zeitlich begrenzter Rechte mit einem Anwalt

Abgrenzungsschwierigkeiten können entstehen, wenn für eine zeitlich begrenzte Probezeit zwischen dem Kanzleiinhaber und dem als künftigen Sozius vorgesehenen Anwalt ein Rechtsverhältnis vereinbart wird, das dem Kanzleiinhaber ein einseitiges Kündigungsrecht einräumt und für diesen Fall dem aufzunehmenden Anwalt ein zeitlich und räumlich begrenztes Wettbewerbsverbot auferlegt, ansonsten aber während der Probezeit weitgehend die Regelungen der vorgesehenen Sozietät eintreten läßt. 4

4. Scheinsozietät

Wie bei der „Vereinbarung zeitlich begrenzter Rechte" entstehen auch bei der Scheinsozietät leicht Abgrenzungsschwierigkeiten zur Sozietät.[2] 5

B. Rechtsformen für eine Sozietät und unterschiedliche Sachverhalte für ihr Entstehen oder das einer Beteiligung

Die Sozietät erfordert eine gemeinschaftliche Kanzlei oder mehrere Kanzleien, in denen verantwortlich zumindest ein Mitglied der Gesellschaft tätig ist, für den die Kanzlei den Mittelpunkt seiner beruflichen Tätigkeit bildet (§ 59a Abs. 1 Satz BRAO). Als Rechtsformen kommen insbesondere in Betracht die Gesellschaft bürgerlichen Rechts und die Partnerschaftsgesellschaft. 6

I. Gesellschaft bürgerlichen Rechts

Die Rechtsanwälte, die sich gesellschaftsrechtlich in der Rechtsform der Gesellschaft bürgerlichen Rechts (GbR) verbinden, sind deren Gesellschafter. Der Vertrag bedarf zwar keiner **Form,** um wirksam zu werden. Die Regelungen des BGB (§§ 705 ff. BGB) entsprechen aber regelmäßig nicht den Interessen, die Anwälte mit einem gesellschaftsrechtlichen Zusammenschluß anstreben. Der Sozietätsvertrag erfordert daher abweichende Vereinbarungen. Diese werden nicht nur die **Gesamtgeschäftsführung** und die **Gesamtvertretung** betreffen. Schon aus diesem Grund, aber auch aus Gründen der Klarheit und des Nachweises der Vereinbarungen wird er in allseitigem Interesse der Gesellschafter schriftlich niedergelegt werden. 7

Eine GbR tritt im Geschäftsverkehr unter Aufführung aller Gesellschafter auf. Bei größeren Kanzleien haben sich **Kurzbezeichnungen** eingebürgert (vgl. hierzu § 9 BerufsO). Regelmäßig werden auf den Briefbögen sämtliche Sozien mit Namen angegeben, und sei es nur in einer Rand- oder Fußspalte. 8

[1] Vgl. zur Bürogemeinschaft § 10 Rdn. 6 bis 9.

[2] Vgl. den Sachverhalt, der dem BAG-Urteil vom 6. 2. 1997 – 2 AZR 128/96, WiB 1997, 1154, zugrunde liegt.

II. Partnerschaftsgesellschaft

9 Die Partnerschaftsgesellschaft ist ein Zusammenschluß von Angehörigen freier Berufe. An ihr können sich nur **natürliche** Personen beteiligen, die Angehörige freier Berufe sind. Eine BGB-Gesellschaft kann daher nicht Gesellschafterin einer Partnerschaftsgesellschaft sein. Die Bestimmungen des Partnerschaftsgesellschaftsgesetzes werden ergänzt durch die Vorschriften des HGB (vgl. § 6 Abs. 3 PartGG) und des BGB über die GbR (§§ 705 ff. BGB; vgl. § 1 Abs. 4 PartGG).

10 Der Partnerschaftsgesellschaftsvertrag bedarf der **Schriftform.** Er muß Angaben enthalten über

- den Namen der Partnerschaft,
- deren Sitz,
- den Namen und Vornamen jedes Partners,
- den in der Partnerschaft ausgeübten Beruf,
- den Wohnort jedes Partners und
- den Gegenstand der Partnerschaft.

Für die Partnerschaften werden bei den Registergerichten **Partnerschaftsregister** geführt. Im Verhältnis zu Dritten wird die Partnerschaft erst mit der Eintragung im Register wirksam.

11 Die Partnerschaftsgesellschaft ist eine **Gesamthandsgemeinschaft.** An ihr ist keine bloße Kapitalbeteiligung vorgesehen. Sie ist verfahrensrechtlich **parteifähig,** kann also auch Partei in einem Rechtsstreit mit einem einzelnen Partner sein. Sie ist **namensfähig** und kann ihren Namen auch dann unverändert fortführen, wenn ein oder mehrere Partner ausscheiden. Sie kann ins **Grundbuch eingetragen** werden.

12 Für die Verbindlichkeiten der Partnerschaftr **haften** den Gläubigern außer dem Vermögen der Partnerschaft auch die Partner als Gesamtschuldner (§ 8 Abs. 1 Satz 1 PartGG). Die Partner können ihre gesamtschuldnerische **Haftung** für Schäden wegen fehlerhafter Berufsausübung auf denjenigen Partner **beschränken,** der innerhalb der Partnerschaft die berufliche Leistung zu erbringen oder verantwortlich zu leiten oder zu überwachen hat. Es kann also z. B. bei Abschluß eines Mandantenvertrages in den Allgemeinen Geschäftsbedingungen vereinbart werden, daß nur die Partner der betroffenen örtlichen Kanzlei haften **(Haftungskonzentration).**

13 Die **Geschäftsbücher** müssen bis zum Ablauf der üblichen Aufbewahrungsfrist durch einen der Partner aufbewahrt werden.

14 Die Partnerschaft ist **Unternehmer** im Sinne des Umsatzsteuerrechts.

III. Europäische wirtschaftliche Interessenvereinigung (EWIV)

15 Natürliche Personen aus verschiedenen Staaten, die eine freiberufliche Tätigkeit ausüben, können sich in der **supranationalen Rechtsform der EWIV** zusammenschließen. Sie ist eine Personengesellschaft, die der Förderung der wirtschaftlichen Belange ihrer Mitglieder dient. Sie ermöglicht **Kooperation,** ist aber keine Gesellschaft, die selbst für die Berufsausübung vorgesehen ist. Die EWIV wird von einem oder mehreren **Geschäftsführern** geleitet.

16 Wer sich zwecks **Mandatserteilung** an die EWIV wendet, bekommt von deren Geschäftsführer ein EWIV-Mitglied als Berater benannt. Die EWIV selbst wird nicht Vertragspartner des Auftraggebers und berät auch nicht. Der von ihr benannte Rechtsanwalt oder die von ihr benannte Sozietät wird Berater des Auftraggebers. Die EWIV selbst ist also keine Rechtsform für eine Sozietät.

IV. Sozietät auf Probe

17 Die Sozietät auf Probe ist in der Zeit ihres Bestehens eine Sozietät, auf die die allgemeinen Grundsätze anzuwenden sind.

V. Rechtsanwaltskanzlei und Kapitalgesellschaft

Während die **Rechtsanwalts-GmbH** inzwischen gesetzlich erlaubt ist (§§ 59c ff. BRAO), gilt dies nicht für die **AG** – auch nicht für die kleine AG. Dennoch wird man die Anwalts-AG de lege lata als zulässig ansehen müssen[3] 18

VI. Unterschiedliche Sachverhalte des Entstehens einer Sozietät oder einer Beteiligung an ihr

Eine Sozietät kann dadurch entstehen, daß 19

- zwei oder mehr Anwälte eine Gesellschaft neu gründen,
- zwei oder mehr Kanzleien von ihren Inhabern zusammengeschlossen werden,
- ein Kanzleiinhaber mit einem anderen Anwalt für eine begrenzte Zeit eine Sozietät gründet, um nach einer vereinbarten Zeit aus der Kanzlei auszuscheiden und sie auf diese Weise auf den aufgenommenen Anwalt zu übertragen,
- eine Sozietät in verschiedene Sozietäten gespalten wird,
- in eine bestehende Sozietät ein weiterer Anwalt aufgenommen wird oder mehrere weitere Anwälte aufgenommen werden.

Da die Beiträge der einzelnen Sozien regelmäßig rechnerisch nicht gleich hoch sein werden, muß bestimmt werden, ob ein Spitzenausgleich zu leisten und wie er zu berechnen ist.

C. Die Verfassung der Sozietät – Organisation und Mitgliedschaft (Sozietätsvertrag oder Satzung der Sozietät)

I. Allgemeines

Die **Problemfelder** einer Sozietät werden je nach ihrer Größe (Zweipersonensozietät, hochspezialisierte Kanzlei mit einer Vielzahl von Sozien) einen unterschiedlichen Regelungsbedarf auslösen. Vorab muß Einigkeit erzielt werden über den Gesellschaftsvertrag, soweit er die Organisation der Gesellschaft und die Mitgliedschaft in ihr betrifft. Die Sozien regeln Fragen der Gesellschaft durch **Gesellschafterbeschlüsse.** Es müssen also Regelungen vereinbart werden über 20

- die Gesellschafterversammlung,
- das Gesellschafterstimmrecht,
- das Zustandekommen rechtswirksamer Gesellschafterbeschlüsse,
- Beginn und Ende der Gesellschaft,
- über die Veränderungen der Zugehörigkeit von Gesellschaftern zur Gesellschaft, also die Aufnahme neuer Gesellschafter und das Ausscheiden alter Gesellschafter.

Für alle Vereinbarungen gilt: **Klare Formulierungen sind zu erstreben.**

II. Gesellschafterversammlung

Gesellschafterversammlungen werden von dem (hauptgeschäftsführenden) Gesellschafter einberufen, der mit dieser Aufgabe betraut ist und auch den Vorsitz in der Gesellschafterversammlung führt. An seine Stelle tritt bei seiner Verhinderung der an Jahren älteste Gesellschafter. Es kann vorgesehen werden, daß jeder Gesellschafter unter bestimmten Voraussetzungen zur Einberufung einer Gesellschafterversammlung befugt ist. Die Einberufung sollte **schriftlich** mit einer Frist von zwei Wochen unter Angabe der Tagesordnung vorgenommen werden müssen. Eine **ordentliche Gesellschafterversammlung** sollte mindestens einmal monatlich (alle 2 Monate, vierteljährlich) einberufen werden. 21

Die Gesellschafterversammlung sollte **beschlußfähig** sein, sofern eine bestimmte Anzahl von Gesellschaftern vertreten ist. Fehlt es an dieser Voraussetzung, so sollte innerhalb 22

[3] Vgl. eingehend unter § 11 Rdn. 95 ff.

von zwei Wochen mit einer Frist von wiederum zwei Wochen eine neue Gesellschafterversammlung mit gleicher Tagesordnung einzuberufen sein, die unabhängig von der Zahl der Anwesenden beschlußfähig ist. Erforderlich ist eine Regelung,

- ob ein verhinderter Gesellschafter sich durch einen anderen Gesellschafter vertreten lassen kann,
- ob es zur Vertretung durch Dritte der einstimmigen Zustimmung aller übrigen Gesellschafter bedarf und
- unter welchen Voraussetzungen ein Gesellschafter einen Beistand hinzuziehen darf.

Sollte ein Gesellschafter erkranken, muß geregelt werden, ob sich Folgen für die Gesellschafterversammlung und das Stimmrecht – ggf. welche – ergeben.

23 Über jede Gesellschafterversammlung sollte **Protokoll** geführt werden. Seine Führung kann einem bestimmten Gesellschafter oder jährlich wechselnd einem Gesellschafter übertragen werden.

III. Gesellschafterstimmrecht

24 Das Stimmrecht ist **rechtsformabhängig.** Bestimmt der Sozietätsvertrag, daß die Mehrheit der Stimmen zur Beschlußfassung ausreicht, bedeutet dies bei der Gesellschaft bürgerlichen Rechts, daß nach Köpfen abgestimmt wird (§ 709 Abs. 2 BGB). Sieht der Sozietätsvertrag Einstimmigkeit vor oder bleiben die Folgen bei Stimmengleichheit ungeregelt, kann dies zur Entscheidungsunfähigkeit der Gesellschaft führen.

25 Jeder Gesellschafter sollte **eine Stimme** haben. **Nicht abgegebene Stimmen** sollten bei der Auszählung unberücksichtigt bleiben. Dasselbe sollte für **Stimmenthaltungen** gelten. Bei **Stimmengleichheit** sollte vorgesehen werden, daß die Stimme des hauptgeschäftsführenden Gesellschafters den Ausschlag gibt. Auf die Notwendigkeit von Regelungen bei Erkrankung oder sonstiger Verhinderung von Gesellschaftern wurde schon bei den Darlegungen zur Gesellschafterversammlung hingewiesen.

26 Wenn für die Gründer der Gesellschaft **Sonderrechte** vorgesehen sein sollen, müssen diese in ihrem Umfang bestimmt werden. Soll ein Vetorecht bestehen und wenn ja, in welchen Fragen? In welchen Fragen sollen die Gründer nicht überstimmt werden dürfen usw.?

IV. Beschlußfassung

27 Gesellschafterbeschlüsse sollten **formlos** gefaßt werden können, sofern alle Gesellschafter mit diesem Verfahren einverstanden sind. Die **Unwirksamkeit** eines Gesellschafterbeschlusses sollte nur innerhalb bestimmter Fristen geltend gemacht werden können. Die Gesellschafterversammlung sollte in der Regel mit **einfacher Mehrheit** beschließen können.

Die **Änderung des Gesellschaftsvertrages** sollte der Zustimmung **aller** Gesellschafter – zumindest einer ihr nahe kommenden qualifizierten Mehrheit – bedürfen. Einstimmig sollte auch ein Beschluß gefaßt werden müssen, der für die Gesellschaft von **existentieller Bedeutung** ist. Der Vertrag sollte Anhaltspunkte aufführen, was unter „existentieller Bedeutung" verstanden werden soll.

Werden in größeren Kanzleien für die Regelung bestimmter, als besonders wichtig angesehener Sachverhalte unterschiedliche qualifizierte Mehrheiten vorgesehen, kann der Gesellschaftsvertrag an Flexibilität gewinnen. Es sollte ferner vorgesehen werden, daß **Gesellschafterbeschlüsse** ab einem bestimmten Zeitpunkt nach der Beschlußfassung **wirksam** werden, wenn die Beschlußfassung keine andere Regelung enthält.

V. Aufnahme neuer Gesellschafter

28 Hinsichtlich der Aufnahme neuer Gesellschafter muß geregelt werden, ob für die Aufnahme

– Einstimmigkeit bestehen muß,
– eine qualifizierte Mehrheit erforderlich sein oder
– die einfache Mehrheit genügen soll.

Bei größeren Sozietäten wird ein **Aufnahmeausschuß** eingerichtet werden, der der Gesellschafterversammlung eine gutachtliche Äußerung und einen Vorschlag unterbreiten wird.

VI. Ausscheiden eines Gesellschafters

Im Sozietätsvertrag kann vorgesehen werden, daß beim **Tod** eines Sozius, seiner **Kündigung** des Vertrages, bei **Eröffnung des Konkurses** über sein Vermögen oder einem **Vergleichsverfahren,** beim **Verlust der Berufsausübungsbefugnis** und dergleichen mehr die Sozietät unter den übrigen Gesellschaftern fortbestehen soll (vgl. § 736 BGB). Die Rechtsfolgen des Ausscheidens bestimmen sich, wenn im Sozietätsvertrag keine besonderen Vereinbarungen getroffen worden sind, nach §§ 738 bis 740 BGB. Die Gesellschafter können auch weitere Ausscheidensgründe vorsehen, wie z. B. das Erreichen einer bestimmten Altersgrenze, das Einsetzen der Berufs- oder Erwerbsunfähigkeit usw. Wird die **Berufs- oder Erwerbsunfähigkeit** als Ausscheidensgrund bestimmt, sollte festgelegt werden, aufgrund welcher Umstände die dauernde Berufs- oder Erwerbsunfähigkeit als festgestellt gelten soll (z. B., wenn der Betroffene eine diesbezügliche Rente bezieht usw.). Statt eines fristlosen Kündigungsrechts (s. Rdn. 44) sollte ein außerordentliches Austrittsrecht geregelt werden. 29

Der Sozietätsvertrag sollte die **nachvertraglichen Risiken** berücksichtigen.[4] Finanzamt und Sozialversicherungsträger prüfen die Sozietät oft erst Jahre nach dem Ausscheiden und belasten sie für Zeiträume, in denen der Ausgeschiedene der Sozietät angehört hat. Vergleichbares gilt für Haftungsansprüche von Mandanten aus dieser Zeit. Geregelt werden sollte auch, wie die Beteiligung des Ausscheidenden am Vermögen der Sozietät, den stillen Reserven und dem Kanzleiwert abgegolten werden soll. Der Anteil des Ausscheidenden sollte den übrigen Gesellschaftern zuwachsen (§ 738 BGB). 30

Für **neu eintretende Sozien** sollte während eines Zeitraums von zwei bis drei Jahren eine für beide Seiten geltende **erleichterte Kündigungsmöglichkeit** vereinbart werden. 31

Der aus der Sozietät ausgeschiedene Rechtsanwalt haftet neuen Mandanten nach den **Grundsätzen der Anscheinsvollmacht,** wenn sein Name weiterhin auf den Briefbögen der Kanzlei, dem Kanzleischild oder anderweitig erscheint, und der Ausgeschiedene nicht alle ihm zur Beseitigung des Rechtsscheins zumutbaren Maßnahmen ergriffen hat. Kann oder muß ein Gesellschafter bei **Erreichen einer Altersgrenze** ausscheiden, muß bestimmt werden, ob dies zu Beginn oder am Ende des maßgeblichen Monats oder Jahres zu geschehen hat. 32

Ist die **Kündigung** innerhalb eines bestimmten Zeitraumes **ausgeschlossen,** muß klargestellt sein, ob der Ablauf der Ausschlußfrist oder der Ablauf der danach für eine Kündigung vorgesehenen Kündigungsfrist maßgebend ist.

VII. Ausschließung eines Gesellschafters

Wird die Zusammenarbeit mit einem Sozius für die anderen Gesellschafter unzumutbar, kann eine Trennung von ihm erforderlich werden. **Ausschließungsklauseln** ohne das Vorliegen wichtiger Gründe sind unzulässig. Die Befugnis der Gesellschafter, einen Mitgesellschafter auszuschließen, sollte an konkrete, sachliche Voraussetzungen geknüpft werden. Als **Ausschließungsgründe** können in Betracht kommen 33

– der Entzug der Zulassung als Rechtsanwalt,
– länger andauernde Erwerbsunfähigkeit,
– schwerwiegende Verstöße gegen Pflichten aus dem Sozietätsvertrag,

---

[4] Zu Wettbewerbsverboten siehe § 10 Rdn. 65 ff. Entsprechendes gilt für Mandantenschutzklauseln und Abwerbeverbote.

- die Pfändung des Gesellschaftsanteils,
- die Zwangsvollstreckung in das Vermögen des Gesellschafters, wenn sie nicht innerhalb von ... Wochen abgewendet wird,
- ein wichtiger Grund, der von dem Auszuschließenden zu vertreten ist (und zum Verlust des Vertrauensverhältnisses führt).

34 Die **Rechtsprechung** unterscheidet zwischen dem **nichtigen** Kündigungsrecht nach freiem Ermessen und dem an ein festes Tatbestandsmerkmal anknüpfenden Kündigungsrecht. Geregelt werden kann auch, ob z. B. die Wahl zum Abgeordneten die übrigen Gesellschafter zur Kündigung befugen soll.

VIII. Auflösung der Sozietät

35 Ist eine Gesellschaft bürgerlichen Rechts auf unbestimmte Zeit abgeschlossen worden, so besteht für jeden Sozius gemäß § 723 BGB ein **jederzeitiges fristloses Kündigungsrecht.** Diese Möglichkeit sollte auf jeden Fall vertraglich ausgeschlossen werden. Bei der Gesellschaft bürgerlichen Rechts führen Kündigung, Tod eines Gesellschafters oder die Eröffnung des Konkursverfahrens zur sofortigen **Auflösung** der Gesellschaft. Statt dessen kann vereinbart werden, daß die Gesellschaft von den übrigen Gesellschaftern **fortgesetzt** wird oder – im Falle der Zweipersonensozietät – daß das Gesellschaftsvermögen dem verbleibenden Sozius **anwächst.**

36 Wird die Sozietät **aufgelöst,** muß bestimmt sein, wie das der Gesellschaft dienende **Vermögen** zu verteilen ist. Es kann **Realteilung** oder **Veräußerung der Einzelwirtschaftsgüter** vorgesehen werden.

37 **Kündigungsklauseln** müssen am Vertragszweck ausgerichtet werden. Eine zu kurz bemessene Kündigungsbefugnis birgt die Gefahr der Überraschung in sich. Sind Vertragslaufzeiten vorgesehen, muß bedacht werden, ob sie nach Ablauf bestimmer Zeitabschnitte wieder auf den vollen Zeitraum verlängert werden sollen.

38 Bei **Auflösung** einer Sozietät müssen die Sozien mangels anderer vertraglicher Regelung jeden **Mandanten darüber befragen,** welcher Anwalt künftig seine laufenden Sachen bearbeiten soll (§ 32 BerufsO).[5]

IX. Anteilsübertragung

39 Ein Gesellschaftsanteil sollte nur mit **Zustimmung aller Gesellschafter** übertragbar sein. Die Bestimmungen über die Aufnahme neuer Gesellschafter (Aufnahme bei Einstimmigkeit, qualifizierter oder einfacher Mehrheit) und die über die Übertragbarkeit des Sozietätsanteils müssen aufeinander abgestimmt sein. Schließt die Sozietät mit dem aufzunehmenden Anwalt einen gesonderten Vertrag über die Aufnahme, darf sein Inhalt keinen Bestimmungen des Sozietätsvertrages widersprechen. Es muß zudem geprüft werden, ob der Aufnahmevertrag dazu führt, daß der Gesellschaftsvertrag abgeändert oder ergänzt wird. Schon aus diesen Gründen empfiehlt es sich, daß der Tatbestand der **Aufnahme eines neuen Sozius** im Sozietätsvertrag eingehend geregelt wird. Dabei sollte bedacht werden, daß sich in der Regel die Aufnahme in einem gleitenden Übergang vollzieht, bis der neu Eintretende uneingeschränktes Vollmitglied ist.

X. Tod eines Gesellschafters

40 Es sollte klargestellt werden, daß im Falle des Todes eines Gesellschafters

- dessen Erben kein Eintrittsrecht in die Sozietät haben (soll der Angehörige eines Gesellschafters an seine Stelle treten, kann eine Ausnahmeregelung veranlaßt sein),
- die Gesellschaft von den verbleibenden Gesellschaftern fortgesetzt wird und diesen der Anteil des Verstorbenen zuwächst,
- in welcher Höhe und aufgrund welcher Bemessungsmaßstäbe der etwaige Abfindungs-

[5] Dazu *Hartung/Holl-Römermann,* § 32 Rdn. 37–43.

anspruch der Erben zu berechnen ist; der Anspruch könnte dem Anspruch entsprechen, der dem Gesellschafter bei seinem Ausscheiden aufgrund von Kündigung zustehen würde.

XI. Abfindung und Abfindungsklauseln

Ein Gesellschafter kann aus einer Sozietät ausscheiden, weil er 41
- eine befristete Mitgliedschaft eingegangen war,
- kündigt, wenn die Kündigung im Gesellschaftsvertrag vorgesehen ist,
- mit den verbleibenden Gesellschaftern seinen Austritt vereinbart,
- ausgeschlossen wird.

Eine gesellschaftsrechtliche Regelung, die der Gesellschaftermehrheit, einer bestimmten Gesellschaftergruppe oder einem einzelnen Gesellschafter das Recht einräumt, einen Mitgesellschafter **ohne Vorliegen eines sachlichen Grundes** aus der Gesellschaft auszuschließen, geht nach gefestigter Rechtsprechung über den Rahmen des rechtlich und sittlich Erlaubten hinaus (§ 138 Abs. 1 BGB). 42

Scheidet ein Gesellschafter aus einer Gesellschaft bürgerlichen Rechts aus, sieht das Gesetz vor, daß ihn die verbleibenden Gesellschafter so stellen, als wäre die Gesellschaft aufgelöst und ihr Vermögen liquidiert worden (§ 738 Abs. 1 Satz 2 BGB). Der **Abfindungsanspruch** bemißt sich nach der Höhe des dem ausscheidenden Gesellschafter im Falle der Liquidation zustehenden Auseinandersetzungsguthabens. Zu seiner Berechnung kann der Ausscheidende von den verbleibenden Gesellschaftern die Aufstellung einer **Abfindungsbilanz** auf den Stichtag des Ausscheidens verlangen. Ist ein Gesellschafter durch Klage aus der Gesellschaft ausgeschlossen worden, ist für die Auseinandersetzung die Vermögenslage im Zeitpunkt der Klageerhebung maßgebend (§ 140 Abs. 2 HGB). 43

Die Schwierigkeit, das **Abfindungsguthaben** zu beziffern, liegt in der Feststellung des Kanzleiwertes und der Teilhabe am Ergebnis der schwebenden Geschäfte (§ 740 BGB, § 105 Abs. 2 HGB).[6] Hinzu kommt folgendes: In der Regel scheiden aus einer Sozietät wiederholt Gesellschafter aus und neue treten ein. Unter diesen Umständen läßt sich nicht ermessen, zu welchem Anteil an der Steigerung des Kanzleiwertes der einzelne Sozius während seiner Mitgliedschaft in der Sozietät beigetragen hat. Es empfiehlt sich deshalb, bereits im Sozietäts- oder im Eintrittsvertrag festzulegen, ob und mit welcher Quote der Eintretende am Praxiswert beteiligt wird und wie im Falle seines Ausscheidens die Auseinandersetzung durchzuführen ist. 44

Zur Vermeidung von Streitigkeiten und aufwendigen Gutachten enthalten Gesellschaftsverträge **Abfindungsklauseln.**[7] Sie sind als Ausfluß der Privatautonomie zulässig. Die Rechtsprechung sieht jedoch keine Vereinbarungen als gerechtfertigt an, durch die im Regelfall ein **Abfindungsausschluß** eintritt. Dadurch sind die Wirkungen der üblichen Buchwertklauseln erheblich eingeschränkt, wenn nicht ausgeschlossen worden. 45

Für zulässig wird der Ausschluß der Abfindung oder eine Abfindung nach einer Abfindungsklausel erachtet für den Fall des **Todes** eines Gesellschafters. 46

- **Unwirksam** sind Abfindungsklauseln 47
- wegen Sittenwidrigkeit,
- wenn sie die Entschließungsfreiheit des Gesellschafters zu kündigen wirtschaftlich einschränken,
- wenn sie den Gläubiger des Gesellschafters benachteiligen,
- wegen Rechtsmißbrauch,
- wegen Wegfalls der Geschäftsgrundlage gegenüber den im Zeitpunkt ihrer Vereinbarung bestehenden Verhältnissen,
- oder wegen Verstoßes gegen eine sachgerechte Interessenabwägung bei Gesellschaftern mit „Beteiligungen minderen Rechts".

---

[6] Vgl. dazu § 16 Rdn. 63.

[7] Vgl. dazu auch *Carlé,* KÖSDI 1994, 9696; *Kellermann,* StbJb 1986/87, 403; *Kellermann,* Buchwertklauseln, in Freundesgabe für Haas, 1996, S. 187; *Knobbe-Keuk,* StbJb 1985/86, 157; *Piltz,* BB 1994, 1021.

48 • Die gesetzlichen Ansprüche auf
- Zugewinnausgleich,
- Pflichtteil und
- Erbersatz

haben **Vorrang vor Abfindungsklauseln,** die eine Abfindung nach dem Verkehrswert ausschließen.

49 • Als **Ersatz für Buchwertklauseln** bieten sich Abreden an,
- die das Bewertungsverfahren betreffen oder
- bei denen die Abfindung in einer Weise über dem Buchwert liegend festgelegt wird, daß sie entweder dem Verkehrswert nahekommt oder jedenfalls so hoch ist, daß die Begrenzungen vertraglicher Abfindungsklauseln nicht eingreifen,[8]
- das Ausscheiden unter Mitnahme von Mandanten.

50 • **Zulässig** sind Abfindungsklauseln, die die Auszahlung des Abfindungsanspruchs betreffen, also
- die Fälligkeit des Anspruchs,
- die Verzinsung des Anspruchs,
- die Modalitäten der Zahlung.

XII. Schiedsgericht

51 Für Streitigkeiten der Gesellschafter untereinander oder zwischen ihnen und der Sozietät sollte der ordentliche Rechtsweg ausgeschlossen werden. Das erfordert, die Zusammensetzung des Schiedsgerichts und die Berufung seiner Mitglieder zu regeln. Die Gestaltung des Schiedsvertrages, der zwischen den späteren Parteien des Verfahrens abzuschließen ist, hängt von den Umständen des zu entscheidenden Sachverhalts ab. Je mehr im Sozietätsvertrag bereits vorab geregelt ist, um so weniger Streit kann in der umstrittenen Situation entstehen. Das Schiedsgericht sollte **nicht** auf die Vorschriften der ZPO verwiesen werden.

D. Name der Sozietät

52 Der Name der Sozietät richtet sich nach den für die Rechtsform der Sozietät maßgebenden Vorschriften. Soll wegen des durch den Kanzleinamen bezeichneten Wirkungsfeldes des bisherigen Inhabers der Name des Veräußerers fortgeführt werden (§ 9 Abs. 2 BerufsO) und ist dies nach der Rechtsform zulässig, muß das mit dem Veräußerer vereinbart werden. Es ist jedoch eine Kennzeichnung erforderlich, aus der hervorgeht, daß der ursprüngliche Inhaber nicht mehr tätig ist und daß insoweit auch keine Sozietät besteht (vgl. dazu auch unter Stichwort „Erwerb einer Anwaltskanzlei“ Rdn. 35 und 36).

53 Die **Partnerschaftsgesellschaft** ist namensfähig und kann – wie bereits ausgeführt wurde (vgl. Rdn. 11) – ihren Namen unverändert fortführen, auch wenn ein oder mehrere Partner ausscheiden. Der Name kann z. B. beibehalten werden, wenn sich der Name des namensgebenden Partners durch Eheschließung oder Scheidung ändert.

54 Scheidet ein namensgebender Partner aus (z. B. aus Altersgründen, wegen Verlusts der Berufszulassung oder wegen Tod), kann der Name beibehalten werden, wenn der Partner oder dessen Erben zustimmen. Wird ein neuer Partner in eine Partnerschaftsgesellschaft aufgenommen und erscheint sein Name nunmehr im Briefkopf, verändert sich nur die Zusammensetzung der Partner. Umsatzsteuerrechtlich ist die Partnerschaft aber nach wie vor Unternehmer; der Partnerschaft geht also nicht durch die Änderung im Mitgliederbestand der Vorsteuerabzug verloren.

[8] Vgl. *Wollny,* Unternehmens- und Praxisübertragungen, Rdn. 1341 ff.

E. Außenbeziehungen der Sozietät

I. Geschäftsführung

Die Geschäftsführung richtet sich nach der Rechtsform der Sozietät und ggf. nach dem Gesellschaftsvertrag. 55

Bei der **Gesellschaft bürgerlichen Rechts** steht die Führung der Geschäfte der Gesellschaft den Gesellschaftern gemeinschaftlich zu (§ 709 Abs. 1 BGB). Je größer eine Sozietät ist, um so sinnvoller ist es, bestimmte Gesellschafter als Geschäftsführer für einzelne Tätigkeitsbereiche zu bestellen. Zu regeln ist, ob ein Widerspruchsrecht (§ 711 BGB) bestehen und ggf. in welcher Weise es durchgreifen soll. In bezug auf die Berufsausübung gibt es kein Widerspruchsrecht des einzelnen Gesellschafters. 56

Die Partner einer **Partnerschaftsgesellschaft** können die Gesellschaft jeweils einzeln nach außen wirksam vertreten, sofern der Gesellschaftsvertrag keine abweichende Regelung getroffen hat. Beschränkungen der Vertretungsbefugnis müssen im Partnerschaftsregister eingetragen werden. Die Vertretungsmacht erstreckt sich auf sämtliche gerichtlichen und außergerichtlichen Geschäfte. 57

II. Verträge mit den Mandanten

Die Annahme eines Mandats durch einen Sozius führt bei der Gesellschaft bürgerlichen Rechts zu einem Vertragsabschluß mit **allen Anwälten** der Sozietät.[9] Denn sowohl der Mandant wie auch der Anwalt wollen das Mandat mit allen Sozien begründen. Ein der Sozietät erteiltes Mandat wirkt auch für die nach der Mandatserteilung eintretenden neuen Sozietätsmitglieder. Mit der Mandatserteilung an einen Sozius werden mit anderen Worten sowohl die Sozietät wie auch alle Sozietätsmitglieder Vertragspartner des Auftraggebers. Auf den Wortlaut einer Prozeßvollmacht kommt es nicht an. 58

Bei der **Partnerschaftsgesellschaft** begründet die Mandatserteilung eine Gesellschaftsverbindlichkeit, so daß die Partner die Mandate im Verhältnis zu Dritten als Vertreter der Partnerschaft ausführen. Das schließt nicht aus, daß sowohl bei der Gesellschaft bürgerlichen Rechts wie auch bei der Partnerschaftsgesellschaft im Einzelfall ein Vertragsverhältnis allein zwischen dem Auftraggeber und einem einzelnen Sozius begründet werden kann. Nur **ein** Sozius wird verpflichtet, wenn ein Gericht einen Anwalt der Sozietät dem Mandanten beiordnet. Das gilt z. B. in Fällen der freiwilligen Gerichtsbarkeit (Vormundschafts- und Pflegschaftssachen, Betreuungsfällen). 59

Umstritten ist, ob die Wirkung, daß die Mandatserteilung an einen Sozius zur Beauftragung aller Sozien führt, auch bei **überörtlichen Sozietäten** gilt oder insoweit von einer örtlichen Begrenzung auszugehen ist. Beauftragt ein Mandant eine **Rechtsanwalts-GmbH,** kommt das Mandat regelmäßig zwischen dem Mandanten und der GmbH zustande. Die Prozeßvollmacht wird jedoch regelmäßig den der GmbH angehörigen Anwälten erteilt werden. 60

III. Bearbeitung des Mandats

Die Sozietät wird **Regeln** aufzustellen haben, wer das vom Mandanten erteilte Mandat zu bearbeiten hat. Die Mandatsbearbeitung kann z. B. sachbezogen geregelt werden, wenn nicht der Mandant nur einen bestimmten Partner beauftragt hat. Die **Mandatsaufteilung** sollte berücksichtigen, daß nicht ein Partner nur arbeitsintensive, aber honorarmäßig uninteressante Mandate zugeteilt bekommt, und zwar selbst dann, wenn die Gewinnverteilung keine Umsatzkomponente aufweist. Sichergestellt werden muß von Anfang an, daß ein Partner in Krankheitsfällen, im Urlaub, bei berufsbedingter Abwesenheit und sonstigen von den Partnern vereinbarten Gründen von einem anderen Partner vertreten wird. 61

[9] *Schmidt,* JuS 1996, 1130.

IV. Haftung

62 Die Haftung des einzelnen Mitglieds einer Sozietät ergibt sich aus den Bestimmungen, die für die Rechtsform der Sozietät gelten.[10] Darüber hinaus kann sie aus den Vorschriften des Steuerrechts – §§ 69 ff. AO sowie den Bestimmungen in Einzelsteuergesetzen – wegen Vermögensübernahme, dem SGB usw. folgen.

63 Die Möglichkeiten der **Begrenzung der Haftung** sind den Vorschriften der jeweiligen Rechtsform der Sozietät zu entnehmen. Eine Haftungsbeschränkung kann durch Vereinbarung mit den Mandanten erreicht werden (§ 51 b BRAO).

64 Tritt ein Rechtsanwalt in die Kanzlei eines anderen Rechtsanwalts oder in eine Sozietät als Angestellter oder freier Mitarbeiter ein, ohne Sozius zu werden, und erscheint er gleichwohl auf dem Kanzleischild und den Briefbögen der Kanzlei, haftet er als **Außensozius** nach den Grundsätzen der Anscheinsvollmacht für alle in der Kanzlei begründeten Ansprüche Dritter.[11]

V. Honorarforderungen

65 Gläubiger der Honorarforderungen ist bei Sozietäten grundsätzlich die Gesellschaft.[12] Erforderlich ist, daß Richtlinien für die Abrechnung von Honoraren festgelegt werden. Den Honoraren kann die **Gebührenordnung** zugrunde gelegt werden; es können mit den Mandanten aber auch **Zeithonorare** vereinbart oder **Pauschalhonorare** erhoben werden.

F. Das Vermögen der Sozietät

I. Allgemeines

66 Mit dem Zusammenschluß der Sozien zu einer Gesellschaft wird Gemeinschaftsvermögen gebildet (vgl. zum Gesamthandsvermögen § 718 BGB), sei es, daß einer der Gesellschafter seine Kanzlei einbringt oder mehrere Gesellschafter das tun, sei es, daß Wirtschaftsgüter eingelegt oder der Gesellschaft zur Nutzung überlassen werden.

II. Einbringung einer Kanzlei oder von Wirtschaftsgütern in die Sozietät

67 Das der Sozietät dienende Vermögen kann zu seinem **Verkehrswert,** wenn es bisher schon Betriebsvermögen war, zum **Buchwert** oder zu **Zwischenwerten** eingelegt werden. In der Praxis richtet sich die Beteiligung am Gesellschaftsvermögen vielfach nach den steuerlichen Buchwerten. Zu überlegen ist, ob statt dessen eine Gestaltung gewählt werden sollte, bei der das Gesamthandsvermögen bezeichnet und bestimmt wird, mit welchen Anteilen die einzelnen Gesellschafter daran, an den stillen Reserven und am Kanzleiwert beteiligt sind.

68 Werden Wirtschaftsgüter der Sozietät nur zur **Nutzung** überlassen, bleiben sie Sonderbetriebsvermögen des überlassenden Sozius. Beim Ausscheiden dieses Gesellschafters aus der Sozietät oder deren Auflösung nehmen die zur Nutzung überlassenen Wirtschaftsgüter nicht an der Auseinandersetzung teil.

69 Es sollte vereinbart werden, daß beim Ausscheiden eines Gesellschafters das Gesamthandsvermögen den verbleibenden Gesellschaftern anwachsen soll.

70 Bei der **Einbringung einer Kanzlei** in die Sozietät kann auch vereinbart werden, daß die Forderungen Gesamthandsvermögen werden sollen. Bestehen Mandanten darauf, nur mit dem einbringenden Anwalt in Rechtsbeziehungen zu bleiben, und wollen die Mitglie-

[10] Vgl. *Arnold,* BB 1996, 597; *Jungk,* AnwBl. 1996, 297.

[11] BGH NJW 1991, 1225.

[12] Vgl. dazu auch *Henssler,* JR 1997, 287; *Enders/Mümmler/Bund,* Kostenpraxis, Juristisches Büro 1996, 574.

der der Sozietät dessen ungeachtet in den Genuß der aus diesen Rechtsbeziehungen erwachsenden Erträge (und Verluste) kommen, können sie vereinbaren, daß diese Rechtsbeziehungen im **Innenverhältnis** so behandelt werden, als ob die entsprechenden Mandanten solche der Sozietät wären. Es muß allerdings darauf geachtet werden, daß die übrigen Sozien keinen Zugriff zu den Daten des betreffenden Mandanten haben (§ 2 BerufsO).

Soll der eine Kanzlei einbringende Anwalt Gläubiger der **Althonorare** bleiben und demzufolge auch allein für Regreßansprüche aus der Zeit vor Gründung der Sozietät haften, sollte diese Regelung im Gründungs- oder Beitrittsvertrag zur Klarstellung festgehalten werden. **71**

Der Ansatz der gemeinen Werte eingebrachter Wirtschaftsgüter führt beim Einbringenden zur Gewinnverwirklichung der stillen Reserven, bei der Sozietät zur Erhöhung der Abschreibungsmasse. Die Fortführung der Buchwerte des einbringenden Gesellschafters löst mangels Gewinnverwirklichung keine gegenwärtigen einkommensteuerlichen Folgen aus. Der Einbringende muß sich überlegen, ob er die stillen Reserven seinen künftigen Mitgesellschaftern zuwenden will oder welcher Ausgleich gefunden werden soll. **72**

Der Ansatz von **Zwischenwerten** führt in Höhe der Aufdeckung der stillen Reserven zu steuerpflichtigem, nicht begünstigtem Gewinn. **73**

Bei der Einbringung einer Kanzlei durch einen Inhaber, der den Gewinn durch Einnahmen-Ausgaben-Überschußrechnung ermittelt hat, muß der Einbringende eine **Schlußbilanz** erstellen. Darüber hinaus kann eine Einbringungsbilanz erforderlich werden. **74**

Auf die Einbringung einer Kanzlei in eine Sozietät ist § 24 UmwStG anwendbar. **75**

III. Beteiligung neuer Gesellschafter an einer Sozietät

Bei Aufnahme neuer Sozien muß geregelt werden, ob und in welchem Umfang der neue Sozius am Gesamthandsvermögen, den stillen Reserven und dem Kanzleiwert beteiligt wird. Ansonsten gelten die vorstehenden Ausführungen entsprechend (vgl. Rn. 67 ff.). **76**

IV. Entnahmen

Der Gesellschaftsvertrag sollte die Befugnis zur Entnahme regeln. Festgelegt werden sollte **77**
- die Höhe des monatlich zulässigen Entnahmebetrages,
- die Zulässigkeit der Entnahme für anfallende private Steuern,
- eine besondere Entnahmeregelung in Fällen der Erkrankung oder hinsichtlich besonderer Ausgaben.

Jeder Gesellschafter sollte verpflichtet sein, ein **positives Kapitalkonto** in Höhe eines bestimmten Betrages zu unterhalten und beizubehalten. Durch das Mindestguthaben sollte die Sozietät in der Lage sein, die monatlich anfallenden Betriebsausgaben einige Monate lang unabhängig vom schwankenden Eingang der Betriebseinnahmen zu leisten. Soweit das Kapitalkonto des einzelnen Gesellschafters den Mindestbetrag übersteigt, sollte die Entnahmebefugnis gleichwohl auf einen monatlichen Höchstbetrag begrenzt werden. Bedacht werden sollte auch das Zusammentreffen des Entnahmerechts mit der Verlustverteilung. **78**

V. Alters- und Witwenversorgung

Die Alters- und Witwenversorgung sollte außerhalb des Gesellschafterverhältnisses gesichert werden. **79**

VI. Ausscheiden eines Gesellschafters aus der Sozietät

80 Der Sozietätsvertrag sollte vorsehen, daß beim Ausscheiden eines Gesellschafters aus der Sozietät (Kündigung, Konkurs, Tod usw.) die Gesellschaft unter den übrigen Teilnehmern fortbestehen und der Anteil des Ausscheidenden am Gesamthandsvermögen den verbleibenden Gesellschaftern zuwachsen soll.

81 Berücksichtigt werden müssen die nach dem Ausscheiden bekannt werdenden Verpflichtungen. Finanzamt und Sozialversicherungsträger prüfen vielfach erst geraume Zeit nach dem Ausscheiden. Die Beteiligung des Ausscheidenden an **Nachforderungen,** seine etwaige Befugnis, an der Prüfung oder Teilen von ihr teilzunehmen, und/oder sein Nachprüfungsrecht sollten im Gesellschaftsvertrag oder zumindest im Vertrag über das Ausscheiden geregelt werden. Entsprechendes gilt für die **Haftungsrisiken** gegenüber den Mandanten.

82 Der aus einer Sozietät ausgeschiedene Anwalt haftet neuen Mandanten nach den Grundsätzen der Anscheinsvollmacht, wenn sein Name weiterhin auf den Briefbögen und dem Kanzleischild aufgeführt ist und er nicht alle ihm zumutbaren Maßnahmen zur Beseitigung des Rechtsscheins ergriffen hat.

VII. Auflösung der Sozietät

83 Die vermögensrechtlichen Folgen der Auflösung der Sozietät sollten im Gesellschaftsvertrag geregelt sein (vgl. Rdn. 35ff.). Darauf, daß die der Sozietät zur Nutzung überlassenen Wirtschaftsgüter an der Auseinandersetzung nicht teilnehmen, wurde bereits hingewiesen (Rdn. 68).

G. Gewinn- und Verlustverteilung in der Anwaltssozietät

I. Allgemeines

84 Jegliche Tätigkeit eines Gesellschafters im Zusammenhang mit seiner Berufsausübung sollte für die Gesellschaft erbracht werden. Geschieht dies nicht, entwickelt sich die Sozietät hin zur Bürogemeinschaft.

85 **Ausnahmen** von diesem Grundsatz kommen in Betracht für

- Einnahmen aus Publikationen,
- Einnahmen aus Vorträgen, da sie häufig auch im Interesse der Sozietät liegen, z. B. für die Sozietät werben und der Aufwand von der Sozietät getragen wird,
- Ausgaben für die eigene Fortbildung (s. aber auch die vorstehenden Überlegungen zu Vorträgen),
- Einnahmen aus persönlichen Ämtern als Testamentsvollstrecker, Beiratsmitglied, Konkursverwalter.

86 Sollen die letztgenannten Betätigungsfelder und die daraus herrührenden Einnahmen der Sozietät zugeordnet werden, muß allen Gesellschaftern die Folge klar sein, nämlich, daß auch die Aufwendungen, die aus Fehlleistungen entstehen, von der Sozietät zu tragen sind.

87 Es muß festgelegt werden, ob die Gewinne und Verluste durch Einnahme-Überschuß-Rechnung oder durch Bilanzierung ermittelt werden sollen. Ggf. muß klargestellt werden, wie und von wem der Jahresabschluß festgestellt wird.

88 Der Gewinn einer Sozietät kann entsprechend den Regelungen bei den Handelsgesellschaften verteilt werden; es kann eine Ergebnisverteilung nach Leistung vereinbart werden oder eine solche nach einem gemischten System.[13]

[13] Vgl. unter betriebswirtschaftlichen Gesichtspunkten *Slota,* MDR 1997, 908.

II. Gewinn- und Verlustverteilung nach dem handelsrechtlichen Modell

Das handelsrechtliche Modell hat den **Vorteil,** daß die Gewinnbeteiligung eines jeden Sozius in der Regel für einen längeren Zeitraum festliegt und daher weitgehend für alle Beteiligten kalkulierbar ist. **Nachteilig** ist, daß das Ergebnis der persönlichen Leistung und Tüchtigkeit der jeweiligen Partner unberücksichtigt zu bleiben scheinen. Die Ergebnisverteilung selbst ist kaum streitanfällig. 89

III. Gewinn- und Verlustverteilung nach Leistungsgesichtspunkten

Als **Anknüpfungspunkte** kommen in Betracht 90
- die Umsätze der einzelnen Sozien oder bestimmte modifizierte Umsatzgrößen,
- die Leistung, Mandanten gewonnen zu haben,
- der Zeitaufwand für die bearbeiteten Fälle,
- die Arbeitsbelastung einzelner Sozien für oder durch die Organisation für die Sozietät.

Die Ergebnisverteilung wird vielfach durch die Errechnung von „Gewinneinheiten" erreicht (meist **Punktesysteme**). Es werden die vorgenannten und weitere Anknüpfungspunkte mit Punkten versehen, deren Summe mit dem Jahresgewinn gleichgesetzt wird. Jeder Punkt entspricht mit anderen Worten einem Vom-Hundert-Satz des Jahresgewinns. Beim Ansatz von Punkten können die Punktzahlen der Altgesellschafter bei Aufnahme neuer Gesellschafter beibehalten werden. Dadurch wird die psychologisch nachteilige Wirkung vermieden, daß die Vom-Hundert-Sätze der älteren Partner vermindert werden. Das Ergebnis ändert sich dadurch nicht. 91

Der **Nachteil** einer auf diese Weise ermittelten Ergebnisbeteiligung besteht darin, daß es schwierig ist, die Leistung der einzelnen Sozien richtig abzuwägen und objektiv zu bewerten. Der qualitative Arbeitsaufwand und die Umsatzhöhe oder andere Bezugsgrößen sind unterschiedliche und zumeist unvergleichbare Daten. 92

IV. Gewinnverteilung nach Zeitsystemen

Eine Sozietät kann mit den Mandanten vereinbaren, daß die Beratung nach dem Zeitaufwand **(Zeitgebühren)** abgerechnet wird. In einem solchen Fall zeichnen die Partner ihren Zeitaufwand auf. Dadurch steht die Gesamtstundenzahl aller Sozietätspartner nach abgerechneten Honoraren als Verteilungsgröße für den Gewinnverteilungsschlüssel fest. 93

Die Sozietät wird in die Berechnung der Zeitgebühren die gesamten **allgemeinen Kosten** der Sozietät einbeziehen. Diese werden auch die Belastung einzelner Sozietätspartner für Leistungen umfassen, die diese zur Erledigung von Organisationsaufgaben für die Sozietät erbringen. Der Gewinnverteilungsschlüssel kann auf diese Weise von den allgemeinen Unkosten entlastet werden. Ob das System zu einer wirtschaftlichen Gestaltung der Sozietät anhält, darüber lassen sich nur Mutmaßungen anstellen. Bei einer rein zeitanteiligen Gewinnverteilung bleibt z. B. auch unberücksichtigt, ob und wie viele Mandanten ein Sozius neu hinzugewonnen hat. 94

V. Weitere Gesichtspunkte und Besonderheiten im Zusammenhang mit der Gewinn- und Verlustverteilung

Erhalten die Gründer einer Sozietät vorab einen Vom-Hundert-Satz des Gewinns, ist der verbleibende Betrag der zu **verteilende Gewinn.** 95

Der **Schlüssel** für den zu verteilenden Gewinn kann aus der Summierung einzelner Rechengrößen gebildet werden. Es kann z. B. ein Vom-Hundert-Satz oder eine Schlüsselzahl angesetzt werden 96
- vorab für den oder die Gründer,
- ein Anteil, der von der Dauer der Zugehörigkeit zur Sozietät abhängig ist,
- die durch die Umsätze der einzelnen Partner bestimmt ist,
- die das Gewinnen neuer Mandanten abgilt.

Dadurch läßt sich eine gewisse Elastizität gegenüber den laufenden Veränderungen erreichen und der Gefahr vorbeugen, daß von Zeit zu Zeit Verteilungskämpfe entstehen oder das Bestreben auftaucht, den Schlüssel grundlegend zu ändern.

97 Außer der Gewinnverteilung sollte auch der Schlüssel der **Verlustverteilung** ausdrücklich festgelegt werden, auch wenn er dem der Gewinnverteilung rechnerisch entsprechen und von ihm nicht abweichen sollte. Je einfacher und einsichtiger ein Gewinn- und Verlustverteilungsschlüssel ist, um so weniger störanfällig ist er.

98 Entwickeln sich **hohe Beteiligungsunterschiede** (der höchstverdienende Partner erhält den 5- bis 10fachen Gewinnanteil des geringstverdienenden), führt das zwangsläufig zu Spannungen unter den Partnern. Es sollte vorgesehen werden, daß die Quoten in bestimmten Zeitabständen (z. B. alle 3 Jahre) neu ausgehandelt werden müssen.

99 Für einen **einfachen Punktekatalog** kann eine **Mischung von persönlichen Kriterien** (z. B. Grundbeteiligung, Alter, Zugehörigkeitsdauer zur Sozietät) und **sachlichen Kriterien** (z. B. Fachanwaltsbefähigung, Zuständigkeit für Organisationsfragen usw.) für eine Differenzierung der Gewinnanteile sorgen. Eine Differenzierung sollte bei dem am besten verdienenden Sozius zu nicht mehr als dem dreifachen Gewinnanteil des geringstverdienenden Partners führen. Wird dieses Verhältnis überschritten, muß befürchtet werden, daß die **Streitanfälligkeit** einer solchen Regelung wächst; das gilt um so mehr, je größer das Verhältnis auseinanderklafft.

100 Eine einfache Aufteilung des Gewinns kann z. B. auch in der Weise vorgenommen werden, daß 50 v. H. des Gewinns nach Köpfen, 50 v. H. des Gewinns nach Umsätzen verteilt werden.

101 Gewinnt ein Sozius neue Mandanten, kann ihm z. B. für 2 bis 3 Jahre ein Anteil von 20 v. H. des Umsatzes, den der betreuende Berater mit dem gewonnenen Mandanten erzielt, zugeteilt werden.

H. Organisatorische Regelungen

I. Geschäftsführung im Inneren

102 Bei der Darstellung der Verfassung der Sozietät wurde bereits darauf hingewiesen, daß Organe vorhanden sein müssen, die die Sozietät handlungsfähig machen, z. B. dadurch, daß ein Gesellschafter die Gesellschafterversammlung einberuft (vgl. Rn. 23). Es muß festgelegt werden, wer für die Durchführung von Beschlüssen, die Überwachung der Organisation und dafür verantwortlich ist, daß die Kanzlei reibungslos läuft.

II. Zuständigkeitsregelungen

103 Es muß geregelt werden, wer zuständig ist für
- die Büroorganisation[14],
- die Büroausstattung,
- das Erstellen von Honorarrechnungen,
- die Überwachung und Prüfung des Honorareingangs,
- die Überwachung der Fremdgelder auf Anderkonten,
- die Begleichung der Betriebsausgaben (Mieten, betrieblich veranlaßte Steuern, betriebliche Versicherungen),
- die Anschaffung, Unterhaltung und Bereithaltung eines Betriebs-Pkw, ansonsten sollten Pkws Sonderbetriebsvermögen des den Pkw nutzenden Gesellschafters sein, wobei die Anschaffung Probleme beim Vorsteuerabzug auslösen kann,
- die Renovierung der Büroräume,

[14] *Mauer/Krämer*, AnwBl. 1998, 113; *Anker*, WiB 1997, 724.

- Ausstattung der Arbeitsplätze (mit Rechnern usw.)[15],
- die Organisation der Infrastruktur der Kanzlei[16],
- die Bearbeitung steuerlicher Fragen der Sozietät[17],
- die zulässige Werbung[18] (also eine Werbung, um die anwaltlichen Fähigkeiten der Sozietät angemessen in Werbung umzusetzen: Anzeigentexte, Bekanntgabe von Fach-, Interessen- und Tätigkeitsschwerpunkten, Kanzlei-Broschüren, der Gestaltung von Briefbögen, Presseartikeln, Mandanten-Informationen, Werbung mit Erfolgsziffern, Umsatzzahlen, Seminaren, Vorträgen, Publikationen, Einträge in Branchen-, Telefonbüchern und sonstigen Verzeichnissen oder im Internet[19]),
- die Information der Partner über die Sozietätsangelegenheiten,
- die Kontrolle (insbesondere die Leistungskontrolle)[20] usw.

III. Sozietätsfremde Geschäfte

Sozietätsfremde Geschäfte können zu Einkünften aus Gewerbebetrieb führen, standes- 104
widrig sein oder zu Haftungsfällen führen. Das gilt z. B. für die Vermittlung von Kapitalanlagen gegen Provision. Im Gesellschaftsvertrag muß deshalb vereinbart werden, daß es den Gesellschaftern verwehrt ist, sozietätsfremde Tätigkeiten im Namen und/oder für Rechnung der Sozietät auszuführen, und daß sie unter kostenanteiliger Belastung von vornherein als für Rechnung des ausführenden Gesellschafters vorgenommen gelten. Sind sozietätsfremde Geschäfte vertraglich ausgeschlossen, sollten für den Fall eines Verstoßes Schadensersatzpflichten vereinbart und möglichst auch der Höhe nach bestimmt werden (u. U. genügt es, den Rahmen festzulegen).

IV. Strafen, berufsrechtliche Bußgelder usw.

Der Sozietätsvertrag sollte auch vorsehen, daß berufsrechtlich gegen einen Sozius 105
verhängte Strafen von diesem persönlich zu tragen sind. Entsprechendes gilt für Strafen, Buß- und Ordnungsgelder.

V. Verbot der Vertretung widerstreitender Interessen

Ein Rechtsanwalt darf nicht tätig werden, wenn er, gleichviel in welcher Funktion, eine 106
andere Partei **in derselben Rechtssache** im widerstreitenden Interesse bereits beraten oder vertreten hat oder mit dieser Rechtssache in sonstiger Weise im Sinne der §§ 45, 46 BRAO beruflich befaßt war (§ 3 Abs. 1 BerufsO). Das berufsrechtliche Verbot der Vertretung widerstreitender Interessen erfaßt grundsätzlich sämtliche Rechtsanwälte der Sozietät, und zwar unabhängig von deren Rechtsform (§§ 3 Abs. 2, 30, 33 BerufsO). Die Sozietät darf also kein Mandat annehmen, das sie in Konflikt mit diesem Verbot bringt. Geschieht dies dennoch, muß sie beide Mandate niederlegen (§ 3 Abs. 3 BerufsO). Dies gilt auch, wenn der Tatbestand der widerstreitenden Interessen dadurch entsteht, daß eine Sozietät neu gegründet oder verschiedene Sozietäten zusammengeschlossen werden. Sämtliche Mandate, die vom Verbot betrofen sind, müssen niedergelegt werden.

Dem **unbeabsichtigten Verstoß** gegen das Verbot der Vertretung widerstreitender 107
Interessen muß die Sozietät **organisatorisch** entgegenwirken. Das geschieht dadurch, daß **Mandantenlisten** (regelmäßig in Karteiform) und **Gegnerlisten** geführt werden. Interlokale und überörtliche Sozietäten müssen die Daten für alle Büros gemeinsam führen. Sicher gehen Kanzleien nur, wenn die Mandanten sowohl unter ihren Namen wie auch

---

15 *Disterer,* BRAK-Mitt. 1997, 182; *ders.,* NJW-CoR 1997, 423.
16 *Disterer,* BRAK-Mitt. 1997, 226; *ders.,* NJW-CoR 1997, 423.
17 *Streck,* Steuerprobleme bei Sozietäten, Der Steueranwalt 97, 1997, 24. S. auch § 17.
18 *Creutz,* Anwaltswerbung, Köln 1998.
19 *Disterer,* AnwBl. 1997, 634.
20 Vgl. § 716 BGB.

unter Firmennamen und dergl. in das Register aufgenommen werden. Erforderlich ist ferner, daß ständig mit dem Listenregister gearbeitet wird.

VI. Vertretungs- und Abwesenheitsregelungen

108 Außer der Regelung, wer jeweils wen zu vertreten hat und unter welchen Umständen und in welchem Umfang, müssen bestimmt werden

- die Dauer des Urlaubs,
- die Häufigkeit der Teilnahme an Fortbildungsveranstaltungen,
- die Behandlung der Abwesenheit wegen Lehr- oder Vortragstätigkeit usw.

Haben die Gesellschafter für eine bestimmte Dauer von Erkrankungen (z. B. 15 Arbeitstage, 3 Wochen, 1 Monat) eine gegenseitige **unentgeltliche Vertretung** vereinbart, sollte auch der Betrag bestimmt werden, den der Erkrankte (oder derjenige, dessen Arbeitsleistung entfällt) bei Ausfällen über diesen Zeitraum hinaus der Gesellschaft je Kalendertag zur Verfügung zu stellen hat, damit ein Vertreter bezahlt werden kann.

109 Um die Lasten der Kanzlei für die **Beschäftigung einer Ersatzkraft** für den Erkrankten zu mindern, kann die Gewinnbeteiligung nach Ablauf einer bestimmten Frist um einen bestimmten Vom-Hundert-Satz herabgesetzt oder in anderer Weise berücksichtigt werden. Sehen die Gesellschafter bei Erkrankung eines Sozius über längere Zeit davon ab, einen Vertreter zu bestellen, kann vorgesehen werden, daß die Aufwendungen, die für einen Vertreter erforderlich gewesen wären, ab einem bestimmten Zeitpunkt als angefallen fingiert werden und zu Lasten der Tätigkeitsvergütung des erkrankten Gesellschafters gehen.

110 Geregelt werden sollte, welchen Betrag eine Gesellschafterin, die schwanger wird, während der Dauer der gesetzlichen Schutzfristen (6 Wochen vor und 8 Wochen nach der Entbindung und 12 Wochen bei Mehrlingsgeburten) der Gesellschaft je Kalendertag zur Verfügung zu stellen hat und ob der zeitliche Ausfall durch eine Schwangerschaft auf die Dauer von Erkrankungen und die dafür vorgesehenen Regelungen anzurechnen ist.

I. Überörtliche und intraurbane sowie international tätige Sozietäten

I. Überörtliche und intraurbane Sozietäten

111 Als **überörtliche** Sozietät[21] wird eine Sozietät bezeichnet, deren Gesellschafter an Landgerichten und/oder Oberlandesgerichten verschiedener Gerichtsorte zugelassen sind, von denen aber jeder am Gerichtsort seiner Zulassung seine Kanzlei hat. Sie kann aber auch durch den Zusammenschluß von an verschiedenen Gerichtsorten bestehenden Sozietäten gebildet werden, wobei die Mitglieder oder Gesellschafter der örtlichen Sozietäten zu Mitgliedern der überörtlichen Sozietät werden.

112 Als **intraurbane** Sozietät wird eine Sozietät bezeichnet, bei der Rechtsanwälte, die bei demselben Landgericht zugelassen sind, sich unter Beibehaltung ihrer jeweiligen Kanzleien zusammengeschlossen haben.

113 Überörtliche und intraurbane Sozietäten treten nach außen in gleicher Weise auf. Für beide Arten von Sozietäten kann auf die vorangegangenen Ausführungen verwiesen werden. Sorgfältiger Regelungen bedarf es insbesondere bezüglich des Zustellungswesens und der Beachtung des Verbots der Vertretung widerstreitender Interessen.

II. International tätige Sozietäten

114 Auch für international tätige Sozietäten gilt das Verbot der Vertretung widerstreitender Interessen. Der einzelne Rechtsanwalt darf also nicht mehr als einen Mandanten in der gleichen Sache beraten, vertreten oder verteidigen.

[21] Vgl. dazu *Henssler/Prütting-Hartung*, § 59a Rdn. 45ff.

J. Interdisziplinäre Sozietäten

Beim Zusammenschluß von Angehörigen verschiedener Berufsgruppen ist § 59a BRAO zu beachten. Sind an einer Sozietät, die eine Rechtsanwaltskanzlei betreibt, nicht nur Angehörige sozietätsfähiger Berufe im Sinne des § 59a BRAO, sondern auch berufsfremde Personen als **Mitunternehmer** beteiligt, so erzielt die Gesellschaft Einkünfte aus Gewerbebetrieb. Eine berufsfremde Person ist Mitunternehmer im steuerlichen Sinne, wenn sie am laufenden Gewinn und Verlust, im Falle ihres Ausscheidens aus der Mitunternehmerschaft an den stillen Reserven der vorhandenen Wirtschaftsgüter und am Sozietätswert beteiligt ist (Mitunternehmerrisiko) und wenn sie Informations- und Kontrollrechte nach Art des § 716 BGB eingeräumt erhalten hat (Mitunternehmerinitiative). **115**

Wird gleichwohl eine enge Zusammenführung angestrebt, müssen z. B. für beide Betätigungen getrennte Gesellschaften gegründet werden; sie müssen getrenntes Gesellschaftsvermögen besitzen, Gewinn und Verlust getrennt ermitteln und unterschiedliche Bezeichnungen (Namen) führen, so daß Außenstehende sie nicht als Einheit auffassen. **116**

§ 13 Internationale Sozietäten und Kooperationen

Dr. Karl J. T. Wach★

Übersicht

A. Einleitung

Die nachfolgenden Ausführungen zu Internationalen Sozietäten und Kooperationen konzentrieren sich auf die Besonderheiten, die diese Organisationsformen gegenüber anderen, insbesondere kleineren anwaltlichen Dienstleistungseinheiten auszeichnen. Dabei ist jedoch davon auszugehen, daß die **Grundaufgabenstellung** für die anwaltliche, in multidisziplinären Organisationen auch steuerliche und wirtschaftsprüfende Tätigkeit, nämlich die Beratung und/oder Vertretung der Mandanten in rechtlichen, steuerlichen und betriebswirtschaftlichen Fragen nicht von der Größe der Organisation abhängt. Dementsprechend stellen sich auch im Kern ähnliche Managementaufgaben, die sich allerdings in sehr unterschiedlichen Strukturen ausprägen können. 1

Im Mittelpunkt der Darstellung soll die Thematik **„Großsozietäten" aus deutscher Sicht** stehen. Diese umfaßt gleichermaßen die „Internationalen Sozietäten" wie die „Kooperationen". Denn sowohl die originär deutschen wie auch die zunehmend am deutschen Markt tätigen ausländischen Großsozietäten sind – jedenfalls zu einem nennenswerten Teil – international tätig und in ihrer Mehrheit auch in irgendeiner Form der Kooperation mit anderen Marktteilnehmern verbunden. 2

★ Rechtsanwalt in München, Sozietät Oppenhoff & Rädler.

B. Großsozietäten

I. Charakteristika

3 Natürlich unterscheiden sich die Großsozietäten von den kleineren Einheiten durch ihre Größe. Diese bringt Vor- wie Nachteile, die die Tätigkeit in einer Großsozietät prägen und auf die die Struktur einer solchen Sozietät reagieren muß.

1. Auffächerung der unternehmerischen Funktionen

4 Ausgangspunkt der Betrachtung ist dabei eine Besonderheit, die die anwaltliche Tätigkeit in ihrer **freiberuflichen Ausprägung** – zunächst unabhängig von der Größe der Kanzlei – grundsätzlich von einer **industriellen Unternehmeraktivität** unterscheidet:

5 Bei einer industriellen Unternehmeraktivität werden die drei Grundfunktionen

- Inhaberschaft
- Management und
- Arbeit

grundsätzlich von unterschiedlichen Personen wahrgenommen. Besonders deutlich ist dies bei Industrieaktiengesellschaften, bei denen die Personengruppen

- Aktionäre
- Vorstand und sonstiges Management und
- Belegschaft

sich im Regelfall kaum überschneiden. Für anwaltliche – wie auch andere freiberufliche – Unternehmen ist dagegen typisch, daß die Anwälte (Freiberufler) **gleichzeitig** Inhaber, Manager und Arbeiter sind.

6 Dies ist zunächst grundsätzlich **unabhängig von der Größe** der Kanzlei. Gleichwohl ergeben sich hier fundamentale Unterschiede:

7 Talent, Interesse und Erfahrung des Anwalts für jede dieser drei Grundaufgaben prägen bei der **Einzelkanzlei** den Charakter der Kanzlei. Eine Aufteilung dieser Aufgaben ist weder möglich noch nötig.

8 In einer **Sozietät** ist der Einzelne mit zunehmender Größe und schwindender Übersichtlichkeit weniger in der Lage, diese Aufgaben in einer Person zu bewältigen. Deshalb ist **Aufgabenteilung** geboten und in einer Großsozietät unerläßlich.

9 Wegen der größeren Auswirkung getroffener Dispositionen und geringerer Korrekturmöglichkeiten ist eine vertiefte Auseinandersetzung mit den einzelnen Aufgaben erforderlich. Die Sozietät bietet wegen der Mehrzahl der Partner und der wirtschaftlichen Basis für den **Einsatz spezialisierter Fachmitarbeiter** dabei die Chance, Aufgaben nach Befähigung und Ausbildung zuzuordnen und so grundsätzlich eine Erledigung der verschiedenartigen Aufgabenstellungen auf einem gleichmäßigen und prinzipiell höheren Niveau sicherzustellen. Auf der anderen Seite sind der Neigung einzelner Anwälte, unternehmerische Funktionen auszuüben, durch die notwendige Aufgabenverteilung recht enge Grenzen gesetzt.

2. Auffächerung der Administrationsbereiche

10 Neben die stärkere Separierung der Grundfunktionen Inhaberschaft, Management und Arbeit tritt bei größeren Sozietäten im **Managementsektor** die Auffächerung der Administrationsbereiche. Wesentliche Funktionen sind hier

- Finanz- und Rechnungswesen
- Personalwesen
- Aufbau- und Ablauforganisation
- Allgemeine Verwaltung
- Marketing
- Technik, insb. EDV.

3. Prägung und Auffächerung der anwaltlichen Tätigkeitsschwerpunkte

Einen maßgeblichen Einfluß hat die Größe der Internationalen Sozietäten auch auf die Prägung und Auffächerung der anwaltlichen Tätigkeitsschwerpunkte. Während sich auch ein Einzelkämpfer und eine kleine Sozietät durchaus fachlich und sprachlich spezialisieren und national wie international kooperieren können, liegt der klare Vorteil der Großsozietät in der Möglichkeit 11

- eine Mehrzahl von Spezialisierungen zu entwickeln
- in mehreren Rechtsordnungen und Sprachen ständig und übergreifend zu arbeiten
- Teams aus Experten mehrerer Spezialgebiete und Rechtsordnungen zu bilden
- Teams für umfangreiche Aufgaben zu stellen
- branchenbezogene Gruppen zu bilden
- Redundanz sicherzustellen
- lokale und regionale Schwerpunkte zu bilden,

um nur einige der Vorteile zu nennen. Daraus ergibt sich zwangsläufig, daß die Tätigkeit in einer Großsozietät geprägt ist von

- Spezialisierung
- Teamarbeit
- intensiver Kommunikation
- und gemeinsamer Nutzung mächtiger Informations- und Kontaktbasen.

4. Lokale und regionale Auffächerung

Typisch, jedenfalls für deutsche Großsozietäten, ist ferner die lokale und regionale Auffächerung, die der Gliederung der deutschen Wirtschaft in eine ganze Reihe von Zentren mit unterschiedlichen Schwerpunkten entspricht. 12

5. Internationale Orientierung

Einen weiteren Vorteil bietet die Größe bei international geprägten Aufgabenstellungen. Koordiniertes Vorgehen in grenzüberschreitenden Transaktionen oder Strukturierungen erfordert eine etablierte, permanente Zusammenarbeit von Experten mehrerer Rechtsordnungen und mehrerer Spezialgebiete. 13

6. Kostenintensität

Die Aufrechterhaltung der Infrastruktur für die geschilderten Aufgabenstellungen, erst recht aber die Bereitstellung der Spezialisten, ist mit hohen Kosten verbunden. 14

7. Notwendigkeit effizienten Managements

Es ist evident, daß die Vorteile der Größe, die vor allem in der Möglichkeit der Teambildung liegen, nur genutzt werden können, wenn Führung und Administration effizient arbeiten. Wegen der Abhängigkeit der einzelnen operativ tätigen Spezialisten voneinander und von administrativen Dienstleistungen können Defizite an dieser Stelle zu einer faktischen Lähmung der einzelnen Spezialisten führen. 15

II. Managementprinzipien

1. Fokussierung der Aktivitäten

Großsozietäten sind damit mit **zwei wesentlichen Anforderungen** konfrontiert, die sie in Übereinstimmung bringen müssen: Die **Mandanten** erwarten eine kompetente und ökonomische Lösung ihrer oft komplexen Sachprobleme. Die in der Sozietät **tätigen Personen** erwarten eine anspruchsvolle Tätigkeit bei adäquaten Arbeitsbedingungen einschließlich einer der Qualifikation und dem Einsatz entsprechenden Kompensation. Die **Kombination** dieser fraglos berechtigten Anforderungen gibt den Großsozietäten vor, sich auf Geschäftsfelder zu konzentrieren, die beide Bedingungen erfüllen. Dabei werden naturgemäß Geschäftsfelder im Vordergrund stehen, in denen die kleineren 16

Anwaltspraxen mit ihren geringeren Kosten nicht konkurrieren können, also solche, die typischerweise u. a. eine Mehrzahl von Experten, die Bildung von Teams, eine hochentwickelte Infrastruktur (u. a. Kommunikationsmittel, Informationstechnologie, Bibliotheken), sprachlich und fachlich gut ausgebildete, hoch motivierte Sekretariatskräfte und nicht zuletzt die Bereitstellung von gemischten nationalen oder internationalen Expertengruppen erfordern.

17 **a) Qualität der Arbeit.** Um die oben beschriebenen Anforderungen der Mandanten der Sozietät befriedigen zu können, muß eine durchgängig hohe Qualität der Arbeit in den von der Sozietät und den lokalen operativen Einheiten angebotenen, klar umrissenen Arbeitsgebieten geleistet und dadurch eine erstklassige Reputation erworben bzw. ausgebaut und sichergestellt werden.

18 Dazu gilt es, die Sachkompetenz der einzelnen Partner und Mitarbeiter in spezialisierten und integrierten Beratungsprodukten auszubauen bzw. zu entwickeln. Ein wesentliches Qualitätsmerkmal der Arbeit ist dabei der dem Mandanten gebotene **Service der Dienstleistung**. Das Management kann dazu die erforderliche Infrastruktur zur Verfügung stellen und die notwendigen organisatorischen Vorkehrungen treffen, um die vom Mandanten gewünschte kurzfristige Verfügbarkeit der Dienstleistung, kurze Antwortzeiten etc. zu ermöglichen. Bedeutsam ist dabei insbesondere, den operativen Einheiten eine **innovative Technik** (z. B. zur Schriftgutgestaltung, Datenbank-Nutzung, etc.) zur Verfügung zu stellen.

19 **b) Qualität der Mandate.** Um die oben beschriebenen Anforderungen der Partner und Mitarbeiter der Sozietät befriedigen zu können, bedarf es andererseits eines hohen Standards bei der Qualität der Mandate. Dazu müssen die bestehenden Mandate permanent unter Qualitätsgesichtspunkten, also auch nach wirtschaftlichen Aspekten, überprüft werden. Als Ergebnis müssen, wo dies notwendig erscheint, konkrete **Strategien zur Verbesserung der Mandantenqualität** entwickelt werden. Negativ beurteilte Mandate müssen abgebaut und bessere gezielt gewonnen und ausgebaut werden. Dabei fragt sich, wie dies zu bewerkstelligen ist.

20 Die Beurteilung der Mandate kann nach Festlegung der Beurteilungskriterien computergestützt erfolgen. So können bezogen auf bestimmte Zeitperioden die **Profitabilität** der einzelnen Mandate und Mandanten berechnet und die Ansätze zu ggf. erforderlichen Verbesserungen geliefert werden. Wichtig ist zudem die laufende Erstellung und Bereitstellung der betriebswirtschaftlich relevanten Daten über das Geschäft der operativen Einheiten. Zu nennen sind z. B.:

- **Monatliche Erfolgskontrolle** mit den wesentlichen Eckdaten (Umsatz, Vermögensbilanz und Entwicklung, Erlös pro Stunde, etc.)
- **Nachkalkulation** von Projekten und Projektgruppen (z. B. Projekte aus bestimmten Tätigkeitsfeldern oder mit bestimmten Abrechnungsmodalitäten). Es lassen sich je nach Struktur des Geschäfts noch eine ganze Reihe weiterer wichtiger Kennzahlen definieren und überwachen.

2. Erfolgsfaktor Unternehmensführung

21 Anders als Administrationsaufgaben können Aufgaben im unmittelbaren Bereich der Unternehmensführung in aller Regel nur in sehr beschränktem Umfang auf **Nichtpartner** delegiert werden. Insbesondere die Gesamt-Koordination der Tätigkeiten der einzelnen operativen Einheiten untereinander und mit den Verwaltungseinheiten kann bei der derzeitigen Struktur und dem Selbstverständnis der deutschen Großsozietäten verantwortlich wohl nur von einem (oder mehreren) Partner(n) wahrgenommen werden, ggf. unterstützt durch einen **kaufmännischen Geschäftsführer**.

22 **a) Koordinierung der operativen und administrativen Einheiten.** Kernaufgabe der Führung der Sozietät wie jedes Unternehmens ist die Unterstützung und Koordinierung der einzelnen operativen und administrativen Einheiten mit dem Ziel, jeder zur Optimierung ihrer Ergebnisse im Rahmen der Gesamtstrategie des Unternehmens zu verhelfen.

b) Führung als interne Dienstleistung. Die Optimierung der individuellen Zielerreichung ihrer Mitglieder durch eine Sozietät setzt voraus, daß die Partner bis zu einem gewissen Grad homogen sind in Anspruch, Leistungsfähigkeit und Leistungsbereitschaft. Ferner setzt sie aber voraus, daß die Anstrengungen der Partner jedenfalls in groben Zügen aufeinander abgestimmt sind, und daß insbesondere sich stellende strategische Fragen für die Sozietät beantwortet werden. 23

Weder die Koordination noch die Beantwortung strategischer Fragen kann bei der notwendigen Besetzung der Großsozietäten mit hochkalibrigen Beratern **hierarchisch** erfolgen. Vielmehr ist diese Aufgabe prinzipiell auf **gleicher Ebene** und unter Einbeziehung der Mitarbeiter zu lösen. Die **Führungsaufgabe** besteht zunächst darin, eine umfassende Kenntnis von den einzelnen operativen und administrativen Einheiten aufzubauen und **ständige Kommunikation** mit diesen zu pflegen. Aus dieser Position heraus sind dann unter Einbeziehung und Mitarbeit aller Betroffenen übergreifende Aktivitäten zu koordinieren. 24

Im **strategischen Bereich** bestehen die gleichen Voraussetzungen. Hier muß vor allem ein Diskussionsprozeß angestoßen bzw. unterhalten und koordiniert werden. Es gilt durch entsprechende Sachverhaltsrecherchen und Vorüberlegungen den Status Quo zu ermitteln. In diesen Prozeß müssen alle Beteiligten einbezogen werden. Die Ergebnisse des daran anschließenden Diskussionsprozesses müssen dann umgesetzt werden. 25

Die notwendige Koordination und Führung darf nicht den Charakter einer Bevormundung der Partner und Mitarbeiter annehmen. Diese würde deren notwendiges Engagement für das gemeinsame Unternehmen dämpfen. Allerdings kommt der Führung auch die Aufgabe zu, beschlossene Maßnahmen ggf. gegen Widerstände durchzusetzen. 26

Führung in einem Unternehmen, und da machen Anwaltssozietäten keine Ausnahme, ist eine **besonders geartete Dienstleistung**. Die mit Ämtern und Führungsaufgaben verbundene Autorität darf nur zu Zwecken dieser Dienstleistung eingesetzt werden. **Partner mit Führungsaufgaben** erfüllen ihre Beitragspflicht mit dieser Dienstleistung. Dabei sind wie im operativen Geschäft hohe professionelle Qualität und ausgeprägtes Verantwortungsbewußtsein geschuldet. 27

Die Anerkennung der hohen Bedeutung der fachlichen und organisatorischen Kompetenz des jeweiligen Partners in seinem operativen Bereich ist dabei wesentliche Grundlage für erfolgreiches Management. 28

Typisch für Sozietäten ab mittlerer Größe ist die Möglichkeit der Zusammenarbeit von Berufsträgern aus verschiedenen Einheiten und mit verschiedenen Expertise-Schwerpunkten. Die Führung muß hier die erforderliche Kommunikation erzeugen bzw. aufrechterhalten und die Scharnierfunktion zwischen den einzelnen operativen und administrativen Einheiten wahrnehmen. 29

Die hohen Leistungserwartungen des angepeilten oberen Marktsegments können nur durch motivierte, kompetente und rationell arbeitende **Beraterpersönlichkeiten** erfüllt werden. Diese haben in der Regel einerseits – auch intern – einen hohen **Achtungsanspruch** und verfügen andererseits in bezug auf die von ihnen bearbeiteten Märkte und das von ihnen geleitete Personal die **größte Sachnähe** und damit auch **Beurteilungskompetenz**. Die Sozietät muß ihnen deshalb einen angemessenen Gestaltungsspielraum bei der Organisation ihres operativen Geschäfts einräumen und darf sie nicht sachlich nicht erforderlichen Hierarchien unterordnen. Andererseits muß sichergestellt werden, daß die Mitglieder der Sozietät ein Verständnis für Zweck und Notwendigkeit eines Managements und der Entwicklung und Einhaltung von Spielregeln für die Zusammenarbeit innerhalb der Sozietät zur Förderung ihrer Ziele entwickeln. 30

3. Erfolgsfaktor Unternehmenskultur

Ein wesentlicher Faktor für den Erfolg eines jeden Unternehmens bildet das Vorhandensein und die konkrete Ausprägung einer Unternehmenskultur. Sie bildet eine Art **magna charta** des Unternehmens und besteht bei einer Anwaltssozietät aus gemeinsamen Grund- 31 sätzen und Zielen der Zusammenarbeit der Partner untereinander sowie der Zusammenarbeit mit den Mitarbeitern und Mandanten. Besteht über solche Grundsätze und Ziele im wesentlichen Konsens zwischen Partnern und Mitarbeitern und werden diese in der praktischen Arbeit umgesetzt, erhöht dies **Arbeitsfreude und Effizienz** und wirkt sich damit positiv auf das Arbeitsergebnis auf allen Ebenen aus. Dies ist die Basis für nachhaltige Mandantenzufriedenheit und damit wirtschaftlichen Erfolg.

4. Administration

32 **a) Subsidiarität.** Die Administration muß möglichst sachnah, d. h. weitgehend **dezentral in den operativen Einheiten** erfolgen. Zentrale Aufgabenerledigung ist nur dort angezeigt,
- wo die Konzentration der Aufgaben höhere Sachkompetenz erschließt
- oder wo sie, wie z. B. bei der Bereitstellung der gemeinsam zu nutzenden Infrastruktur (insb. interne und externe Kommunikationsmedien), aus der Sache heraus zwingend ist.

33 In bestimmten Bereichen kann es auch angezeigt sein, nicht die Aufgabenerledigung selbst, aber eine erhöhte Sachkompetenz zu Beratungszwecken zentral vorzuhalten. So können z. B. die in ihren Planungen weitgehend autonomen operativen Einheiten durch zentral angebotene betriebwirtschaftliche Beratung unterstützt werden.

34 **b) Professionalität.** Die zentrale Administration muß in den ihr übertragenen Aufgaben die Chance der Konzentration der Ressourcen nutzen, d. h. professionell arbeiten, wo die operativen Einheiten dies nicht könnten.

35 **Merkmale professioneller Arbeit** sind u. a.:
- konsequente Planung
- Einsatz von Fachkräften
- Delegation
- ständige Kommunikation mit den operativen Einheiten
- Erfolgskontrolle (z. B. routinemäßige Rechenschaftslegung über den Einsatz von Ressourcen und erzielte Ergebnisse durch Quartals- und Jahresberichte).

36 Es liegt auf der Hand, daß der Einsatz hochkarätiger Berater für Verwaltungaufgaben einen erheblichen **Umsatzverzicht** bedeutet (sog. Opportunitätskosten). Der Einsatz einer **Verwaltungsfachkraft** mit entsprechender fachlicher Qualifikation ist deshalb in aller Regel kostengünstiger und aus verschiedenen Gründen auch besser. Denn diese ist entsprechend ausgebildet, kann sich auf die Verwaltungsarbeit konzentrieren und ist schon deshalb regelmäßig effizienter. Umgekehrt erhöht sich der **Wirkungsgrad**, also das Verhältnis von Mandantenzeiten zu nicht abrechenbaren Tätigkeiten der Anwälte, wenn fachfremder Einsatz weitgehend vermieden wird.

37 Eine wirksame Erfolgskontrolle setzt auch hier eine zeitnahe und effiziente Erfassung und Auswertung der Ressourcen, in diesem Fall insbesondere der aufgewendeten (Verwaltungs-)zeiten voraus.

38 **c) Verwaltungsressorts.** Als klassische Verwaltungsressorts in Anwaltskanzleien haben sich herausgebildet:
- Personalwesen
- Allgemeine Verwaltung, EDV und Technik
- Finanz- und Rechnungswesen und inzwischen auch
- Marketing/Akquisition.

39 Wegen des oben dargestellten Prinzips der Subsidiarität werden die anwaltstypischen Verwaltungsaufgaben nicht allein von der Administration, sondern in engem Zusammenwirken im Sinne einer Aufgabenteilung mit den operativen Einheiten erledigt. Deshalb werden die einzelnen Verwaltungsaufgaben auch nicht unter „Administration“, sondern unter „Gestaltung des operativen Geschäfts“ abgehandelt.

Wichtig ist, daß die Verwaltung für ihre Aufgaben qualitativ und quantitativ ebenso gut ausgestattet ist wie die operativen Bereiche. Dies betrifft in erster Linie das Personal, aber auch die Sachmittel. 40

5. Ressourcen

a) Humanressourcen. Zur Darstellung hochqualifizierter Beratung ist hochqualifiziertes und motiviertes Personal unabdingbar, und zwar auf allen Ebenen. 41

Die Sozietät muß **attraktiv** sein für qualifizierten **juristischen und wirtschaftswissenschaftlichen** Nachwuchs. Hierzu erscheinen erforderlich: 42

- selektive Einstellungspolitik
- systematische und kontinuierliche Aus- und Fortbildung (intern und extern)
- aktive Mitarbeiterführung und -entwicklung
- Auslandsaufenthalte
- internationale Zusammenarbeit
- Förderung wissenschaftlicher Betätigung
- berechenbare Wege zur Partnerschaft in klar umrissener Zeit
- frühe Einbeziehung in Verantwortung im operativen Geschäft wie in der Verwaltung
- adäquate Honorierung.

Die Sozietät muß auch attraktiv sein für **qualifizierte Anwaltsgehilfen** und **Sekretärinnen**. Hierzu erscheinen erforderlich: 43

- Gelegenheit zur selbständigen Sachbearbeitung
- überschaubare, kalkulierbare Arbeitszeiten
- ansprechende Räumlichkeiten
- Selbstverantwortlichkeit.

b) Technik. Entscheidende Bedeutung für den Erfolg von Beratungsunternehmen hat auch die konsequente Nutzung ausgereifter Techniken. Bei der Informationsgewinnung und -verarbeitung sowie der Gestaltung des Schriftguts verhilft eine moderne EDV (Hard- und Software) zu mehr Effizienz und besseren Arbeitsergebnissen. Gleiches gilt bei der Vorbereitung und Durchführung von Präsentationen. Wesentlich für den Erfolg gerade großer Sozietäten und Kooperationen ist die Bereitstellung der technischen Mittel für eine einfache, reibungslose und kostengünstige interne und externe Kommunikation. Auch hier muß die Administration die erforderliche Aufbauleistung bringen und den nötigen Support liefern. 44

6. Planung und Erfolgskontrolle

Das zielgerichtete Zusammenwirken einer größeren Gruppe von Individualisten in einer sehr flachen Hierarchie erfordert einen auf weitgehendem Konsens beruhenden konkreten Handlungsplan, der jedem seine konkrete Aufgabe zuweist, an dem er sich orientieren kann und an dem sein Beitrag sich messen läßt. Die **Realisierung dieses Plans** muß laufend verfolgt, aus Abweichungen müssen Konsequenzen gezogen werden. Solche Konsequenzen können auch Aktualisierungen der Planung sein. Bei den einzelnen Teammitgliedern müssen **Lernprozesse** in Gang gesetzt werden. Eine wesentliche Rolle spielt in diesem Kontext die **Kontrolle**, ob die Zeit zielführend eingesetzt wurde bzw. wird. Hierzu ist eine zeitnahe Erfassung und Auswertung der geleisteten Zeiten unabhängig von der konkret angewandten Abrechnungsmethode erforderlich. 45

Zur Umsetzung der abstrakten Ziele müssen für die einzelnen operativen Einheiten und für die Sozietät insgesamt **konkrete Planungen und Strategien** erarbeitet werden. Diese Strategien können bei den einzelnen operativen Einheiten unterschiedliche sein. Die Einzelstrategien müssen jedoch für die Sozietät als Ganzes einen Sinn ergeben. 46

III. Organisationsmodelle

47 Die Organisationsaufgabe besteht bei der Großsozietät wie auch sonst vor allem darin, **drei wesentliche Unternehmenskomponenten** zu organisieren und aufeinander abzustimmen, nämlich
- das operative Geschäft
- die Administration und
- die Unternehmensführung.

Mit sehr unterschiedlichen Schwerpunkten ist fast jeder Partner und Mitarbeiter in alle drei Komponenten involviert. Dem ist Rechnung zu tragen.

48 Die Organisation muß sich an den wahrzunehmenden Aufgaben orientieren und versuchen, sie jeweils optimal zu allokieren. Wie beschrieben, sind in der Regel eine lokale bzw. regionale sowie eine geschäftliche **Diversifizierung** vorgegeben. Diese Vorgaben sind zu beachten. Ferner sind in jedem Einzelfall der Status Quo als Ausgangsgröße sowie Besonderheiten in den Personen und in dem aktuell betriebenen bzw. künftig zu betreibenden Geschäft zu berücksichtigen. Ohne Einbeziehung dieser Aspekte ist eine im konkreten Fall brauchbare Struktur nicht zu erreichen. Für die an dieser Stelle anzustellenden allgemeinen Erwägungen können solche Spezifika aber naturgemäß keine Bedeutung haben.

49 Die Organisation des operativen Geschäfts sollte bestmöglich an den obigen (oder zu definierenden anderen) Zielen ausgerichtet sein. In diesem Rahmen ist sie an der vom Markt abzuleitenden jeweiligen Aufgabenstellung auszurichten. Danach bestimmt sich in erster Linie die Notwendigkeit der Bildung und Strukturierung von Arbeitsgruppen (Größe, Verhältnis Partner/anwaltliche Mitarbeiter, Zahl und Qualifikation nicht-anwaltlicher Mitarbeiter).

50 Insbesondere ist darauf zu achten, daß **größtmögliche Redundanz** in allen Bereichen hergestellt wird und daß die operativen Einheiten eine Größe erreichen, die sie in ihrem Bestand von einzelnen Personen weitgehend unabhängig machen. Nur dann ist langfristige Stabilität gewährleistet und nur dann kann die Partnerschaft ohne Schaden für das operative Geschäft aus den Reihen der Partner **Führungspersonal auf Zeit** rekrutieren.

1. Unternehmensführung

51 In der Unternehmensführung sind Grundsatzentscheidungen ebenso gefordert wie eine Vielzahl von alltäglichen Einzelentscheidungen. Ferner sind Entscheidungen vorzubereiten, zu beraten, zu treffen und umzusetzen. Je nachdem ist einmal mehr die Inhaberfunktion, ein anderes mal mehr die Managementfunktion angesprochen. Dementsprechend werden in der Praxis großer Sozietäten verschiedene Institutionen in die Unternehmensführung involviert. Zumeist gibt es eine Gesellschafterversammlung, die ein oder mehrere Male im Jahr tagt, dazu eine mehr für politische und strategische Themen und eine auch für das tägliche Management zuständige Institution. Dazu gibt es Organisationseinheiten für operative und lokale Aufgaben. Die Variationsbreiten in der Gestaltung der einzelnen Institutionen sind derzeit noch groß. Es wird sich zeigen, ob sich ähnlich wie in der angelsächsischen Welt **Grundmuster** herausbilden. Nachfolgend soll versucht werden, einige gängige Modelle vorzustellen.

52 **a) Gesellschafterversammlung.** Das **oberste Organ** der zumeist als BGB-Gesellschaft oder Partnerschaftsgesellschaft organisierten Sozietäten ist in der Regel die Versammlung aller Gesellschafter, oft Partner- oder Sozienversammlung genannt. Diese Versammlung hat meist u. a. die folgenden Aufgaben:
- Beschlußfassung über wesentliche Sach- und Personalfragen wie
  - – Strategie
  - – Budget
  - – Businessplan
  - – Jahresabschluß
  - – Partneraufnahme

– – Gewinnverteilung
– – Satzungsänderungen
– – Kooperationen, neue Büros, etc.
– Wahrnehmung der Kompetenz-Kompetenz
– Wahl der wichtigsten Management-Organe wie z. B. eines Managing Partners.

Sie tagt in der Regel mehrmals im Jahr und hat idealiter eine **Geschäftsordnung** und ein festes **Standardprogramm** für die jeweilige Versammlung (z. B. Wahlen, Verabschiedung Jahresabschluß, Budget, Partnerbestellung). Sie wird regelmäßig vorbereitet durch das zentrale Management-Organ. **53**

b) Zentrales Management-Organ. Die praktische Unternehmensführung ist in der Regel Aufgabe eines zentralen Management-Organs, nämlich eines kleinen Gremiums von Partnern oder eines sog. Managing Partners, Senior Partners oder einer ähnlichen Institution. Manchmal sind auch Nichtpartner Mitglied einer (ggf. erweiterten) Geschäftsführung. **54**

Soweit es sich um ein **Gremium** handelt, zeichnen die einzelnen Mitglieder oft für bestimmte Ressorts verantwortlich, die wiederum einen Unterbau von zumeist Nichtpartnern, in der Regel Verwaltungsfachleuten, haben. Soweit es sich um eine **Einzelperson** handelt, sind dieser entweder ebenfalls Verwaltungsfachleute als Ressortleiter zur Seite gestellt oder es nehmen Partner eine ähnliche Funktion wahr. Darunter ist dann jeweils die Ebene der administrativen Sachbearbeiter angesiedelt. Oft hat die Verwaltung neben der zentralen eine lokale, manchmal dazu noch eine Fachbereichskomponente. **55**

Beim Vergleich der Modelle erscheint das Modell „Managing Partner" effizienter und kostengünstiger als das **Gremien-Modell**. Daß es oft nicht bzw. noch nicht gewählt wird, hat verschiedene Gründe. Zunächst muß ein Managing Partner bereit sein, sein operatives Geschäft auf Zeit bis auf einen eher kleinen Rest aufzugeben. Hierzu sind Anwälte und andere Freiberufler, die bewußt nicht das Management, sondern die Beratung zu ihrem Beruf gemacht haben, oft nicht bereit. In der Regel gibt es, wohl aus dem gleichen Grunde, in Freiberufler-Sozietäten nur eine sehr limitierte Zahl geeigneter Kandidaten. Die nach Beendigung des Mandats erforderliche Reintegration gestaltet sich oft schwierig, da der Mandantenkontakt während der Amtszeit idR. stark eingeschränkt ist. Eine gute Organisation trifft hier Vorkehrungen, die sicherstellen, daß sich geeignete Kandidaten für Managementaufgaben auch zur Verfügung stellen. Hierzu gehören neben Reintegrationsverfahren auch die Schaffung einer Struktur mit ausreichend großen Arbeits- bzw. Fachbereichen, die die Abstellung eines Partners für Managementaufgaben auf Zeit und dessen spätere Reintegration ermöglicht. **56**

Typische Aufgaben des zentralen Management-Organs, sei es ein Managing Partner oder ein geschäftsführendes Gremium, sind: **57**
– die Vorbereitung von
Budget,
Strategie und
Businessplan
für die Sozietät in enger Kooperation mit den lokalen und geschäftlichen Untergliederungen
– die Vorbereitung der Gesellschafterversammlungen und deren Beschlüsse
– die Durchführung dieser Beschlüsse
– die Stellungnahme zu Partnervorschlägen
– die Repräsentanz nach außen und innen.

Eine **Modellvariante** ist die Aufteilung der zentralen Management-Funktion in eine Doppelspitze mit einem Managing-Partner und einem sog. Senior-Partner. Dabei hat ersterer neben den strategischen Aspekten primär die Aufgabe der Leitung der Administration, während letzterer primär die Partner in deren Inhaberfunktion betreut und zusätzlich die Sozietät nach außen repräsentiert. Diese Variante gibt mehr Spielraum bei der Auswahl geeigneter Kandidaten, da die beiden Aufgabenstellungen z. T. unterschiedliche Begabungen und Persönlichkeitsmerkmale erfordern. **58**

59 **c) Partnerrat.** In manchen Sozietäten wird die Funktion eines Senior-Partners oder eine artverwandte Funktion durch ein Gremium wahrgenommen, das häufiger Praxis folgend hier Partnerrat genannt werden soll. Diesem Gremium steht manchmal außerdem ein spezieller Funktionsträger vor, z. B. ein Vorsitzender, ein Sprecher oder ein Senior-Partner. Die Aufgaben dieses Gremiums können sein:

- Stellungnahme zu Partnervorschlägen der Partner oder Arbeitsbereiche
- eigene Partnervorschläge
- Beratung und Unterstützung des Managing Partners – so vorhanden – bei der Erstellung von Budget, Strategie und Businessplan
- strategische Überlegungen
- Partnerangelegenheiten
- Vertretung der Sozietät gegenüber dem Managing Partner / Senior Partner
- Sonderaufgaben

Ein Gremium dieser Art hat oft auch die Funktion eines Integrationsforums. Deshalb wird es meist aus Vertretern der lokalen oder geschäftlichen Untergliederungen der Sozietät gebildet.

60 **d) Tendenzen.** Ein **Nebeneinander** eines vielköpfigen Partner-Gremiums wie des hier beschriebenen Partnerrats und eines mehrköpfigen Management-Gremiums, ebenfalls zusammengesetzt aus Partnern, wie es oft angetroffen wird, ist meist Ausdruck eines noch nicht abgeschlossenen Prozesses der Integration mehrerer Sozietätswurzeln aus Fusionen und einer noch nicht abgeschlossenen Professionalisierung des Managements. Der hiermit verbundene enorme **Aufwand an Partnerkapazität** für die Führung einer Sozietät ist in einer solchen durch intensive Integrationsbemühungen geprägten – investiven – Phase durchaus vertretbar, auf Dauer aber problematisch. Dies liegt nicht nur an den hohen Kosten, sondern nicht zuletzt am bekannten Trend größerer Gremien zur Ineffizienz.

61 Die Tendenz dürfte zu Modellen gehen, in denen ein zentrales Gremium aus wenigen Partnern die Sozietät führt. Diesem Gremium gehören dann entweder Vertreter wichtiger lokaler oder geschäftlicher Untergliederungen oder statt dessen „frei“ gewählte Mitglieder sowie der Managing Partner und – so vorhanden – der Senior-Partner als Repräsentant nach außen und innen an.

2. Operatives Geschäft

62 Für den Erfolg einer Großsozietät wesentlich ist auch die Gliederung ihrer operativen Aktivitäten. Diese muß einerseits Marktnähe und Flexibilität gewährleisten, andererseits Teambildung und Teamarbeit unterstützen. Je nach Größe und regionaler Struktur einer Sozietät werden hierzu unterschiedliche Modelle angewendet.

63 **a) Department-Struktur.** Teilweise werden große Departments gebildet, die organisatorisch einer Fragmentarisierung sehr großer Sozietäten dienen und etwas wie Sozietäten innerhalb der Sozietät darstellen. Diese Departments bilden dann wesentliche zentrale Managementfunktionen in sich ab und sind in sich nach lokalen oder geschäftlichen Kriterien gegliedert.

64 **b) Fachbereichs- oder Branchengruppen-Struktur.** Als Untergliederung von Departments oder als direkte Untergliederung der Sozietät lassen sich unmittelbar am Geschäft orientierte Gliederungen beobachten, die im wesentlichen zwei unterschiedlichen Ansätzen folgen. Der eine Ansatz ist die fachliche Ausrichtung im Sinne einer Spezialisierung auf bestimmte Rechtsmaterien. Hier sind Spezialisten derselben „Fakultät“ zu einem „Fachbereich“ zusammengefaßt, die für Mandanten unterschiedlicher Industrien tätig sind oder sein können. Der andere Ansatz ist die Ausrichtung an bestimmten zu betreuenden Industriezweigen, so z. B. der Automobilindustrie, der Versicherungswirtschaft, der Kreditwirtschaft, etc., und die Bildung von „Branchen“- oder „Industrie-Gruppen“ aus Spezialisten unterschiedlicher Fraktionen, die Mandanten aus derselben Industrie bedienen.

Der scheinbare Gegensatz beider Ansätze wird in der Praxis stark dadurch relativiert, daß zu einer hochklassigen Beratung sowohl die rechtliche Fachexpertise (nach dem „Fachbereichs-Ansatz“) als auch die Sachverhaltsnähe (nach dem „Branchen-Gruppen-Ansatz“) gehört. Tatsächlich verfügen die großen Sozietäten typischerweise stets über Gruppen, die beide Expertisen in sich abbilden. Dann ist die Wahl eines der beiden Ansätze eher eine Frage der inneren Organisation oder auch des Marketing. Das tägliche Geschäft wird in jedem Fall durch Untergruppen abgewickelt, die idealiter die Schnittmenge aus beiden Expertisen darstellen sollten. 65

aa) *Fachbereiche.* Bei einer Untergliederung in Fachbereiche setzen sich diese aus Partnern und fachlichen Mitarbeitern mehrerer Arbeitsbereiche oder Arbeitsgruppen zusammen, die ähnliche oder angrenzende fachliche Ausrichtungen, z. B. das Steuerrecht, das Bankrecht oder das Verwaltungsrecht, haben. Sie sind regelmäßig **standortübergreifend** besetzt. Damit ist gewährleistet, daß Synergieeffekte in dem jeweiligen Aufgabenfeld genutzt werden und eine interne Integration geschaffen wird. Ferner kann die angebotene Dienstleistung nach außen hin integriert und einheitlich erbracht werden. 66

Bei einer Fachbereichs-Struktur bietet es sich an, den einzelnen Fachbereichen als organisatorischen Einheiten der Spezialisten eines bestimmten Fachgebietes im Sinne des oben beschriebenen Subsidiaritätsprinzips **Verantwortung** für die den jeweiligen Fachbereich betreffenden Fragen zu übertragen. Die Spezialisten der jeweiligen Fachbereiche verfügen am besten über die erforderliche Sachnähe und (Fach-) Kompetenz, um insbesondere folgende Aufgaben mit dem besten Erfolg für den Fachbereich und damit für das Gesamtunternehmen wahrzunehmen: 67

- Personalentwicklung und Ausbildung
- Produktentwicklung
- Know-how-Management
- Marketing
- Strategie
- Stellungnahme zu Partnervorschlägen
- Budgetentwicklung und Geschäftsplan auf der Ebene des Fachbereichs
- Mitwirkung bei der Entwicklung der Sozietätsstrategie.

Die Fachbereiche organisieren sich selbst. Insbesondere können in den Fachbereichen Arbeitsgruppen für bestimmte Aufgabenbereiche, wie Strategie-Entwicklung, Marketing, Know-how und Recruiting gebildet werden. Jedenfalls verfügen die Fachbereiche über einen **Sprecher/Ansprechpartner** für die Kommunikation nach außen, der von den Fachbereichsmitgliedern gewählt oder rotierend mit einem der Partner des Bereichs besetzt wird. Je nach Größe des Fachbereichs ist es erforderlich, eine **Stabsstelle/Sekretariat** für die in dem Bereich anfallenden Verwaltungsaufgaben einzurichten. 68

Die Fachbereiche sind für Partner und Mitarbeiter meist sehr attraktiv, da sie überschaubare Kommunikations- und Service-Zentren bilden, die zugleich auch Willensbildungsforen darstellen. 69

Defizite dieses Modells liegen darin, daß die Pflege des Know-hows betreffend die einzelnen zu betreuenden Industriezweige schwer darzustellen ist. Ferner kann das Marketing weniger mandantenbezogen ausfallen, da die Branchen, für die dieselbe Rechtsmaterie relevant ist, oft sehr unterschiedlich sind. 70

bb) *Branchengruppen.* Dem Fachbereichskonzept steht das Branchengruppenkonzept gegenüber. Bei diesem werden die Partner und Mitarbeiter unabhängig von ihren fachlichen Spezialisierungen nach den Industrien, für die sie jeweils arbeiten, in Gruppen zusammengefaßt. Mit diesem Modell werden Schwächen des Fachbereichsmodells vermieden. Probleme bestehen hier aber auf der Ausbildungsseite. Die eher kleinen Gruppen von Spezialisten einer fachlichen Fakultät in der jeweiligen Branchengruppe haben Schwierigkeiten, allein die nötigen Aus- und Fortbildungsmaßnahmen zu organisieren. 71

72 **cc)** *Mischformen/Praxis.* Aus den genannten Gründen kommen beide Modelle in der Praxis selten in ihrer Reinform vor. Vielmehr wird die Fachbereichsstruktur durch Bildung von Untergruppen ergänzt, die fachbereichsübergreifend bestimmte Aufgabenstellungen für bestimmte Branchen bearbeiten. Die Branchengruppenstruktur wird ihrerseits ergänzt durch fachlich ausgerichtete Aus- und Fortbildungsbildungsmaßnahmen sowie Kommunikationseinrichtungen.

73 In der Praxis konzentriert sich die Aktivität einer Sozietät für eine bestimmte Branche auch oft auf eine bestimmte fachliche Materie, so daß die Wahl eines der beiden Grundmodelle theoretisch bleibt. Wichtig ist in jedem Fall, daß die Notwendigkeit einer mehr auf das Geschäft und weniger auf den Standort bezogenen Untergliederung einer sehr großen und damit unpersönlich wirkenden Gesamtsozietät nicht verkannt wird. Wichtig ist ferner, daß bei der Gestaltung der Fragmentierung sehr stark auf die Besonderheiten der jeweiligen Sozietät und ihres bestehenden Geschäfts wie auch ihrer strategischen Ausrichtung geachtet wird.

74 **c) Arbeitsbereiche als kleinste organisatorische Einheit im operativen Geschäft.** Unabhängig von der Wahl des Modells im oben beschriebenen Sinne wird das alltägliche operative Geschäft in der Praxis in aller Regel in kleineren Gruppen erledigt als in Fachbereichen oder Branchengruppen. Diese kleineren Gruppen seien hier Arbeitsbereiche genannt. Arbeitsbereiche sind operative Einheiten aus möglichst mehr als zwei Partnern und den diesen zugeordneten Mitarbeitern, die am Markt für ein **erkennbares Angebot** stehen, als Gruppe permanent zusammenarbeiten und die kleinste und marktnächste Einheit bilden. Sie bestehen regelmäßig, aber keineswegs zwingend lokal an einem Standort. Sie sind in fachlicher oder branchenmäßiger Hinsicht homogen besetzt, wobei je nach dem bearbeiteten Marktsegment oft die **Bildung interdisziplinärer Arbeitsbereiche** zweckmäßig ist. Für eine flexible und marktnahe Mandatsbearbeitung ist die erforderliche Redundanz zu schaffen, um gegebenenfalls auch komplexere Mandate mit der erforderlichen Qualität bearbeiten zu können.

75 Die Arbeitsbereiche verwalten sich im Rahmen ihres Aufgabenfeldes ebenfalls selbst. Sie geben sich einen Geschäftsplan und entwickeln eine **Strategie** und ein **Budget**, die sodann „von unten nach oben" in die Fachbereiche bzw. Branchengruppen hineingetragen werden.

76 Für die **Kommunikation nach außen** haben sie ebenfalls einen Ansprechpartner, der durch Wahl bestimmt wird oder dessen Funktion rotierend wahrgenommen wird. Größenabhängig haben die Arbeitsbereiche ebenfalls eine Stabsstelle für die anfallenden Verwaltungsaufgaben (z. B. für Personalfragen, Budgetverfolgung, Abrechnung und offene Posten).

77 Die Arbeitsbereiche sind ferner zuständig für die **Ausbildung „on the job"**. Sie sollen Redundanz mit Marktnähe und Flexibilität verbinden. Sie sollten, wenn dies in ihrem Geschäftsbereich erforderlich ist, von ihrer Größe her in der Lage sein, auch komplexe Mandate zu bearbeiten. Sie bieten den Mitarbeitern eine Überschaubarkeit ohne Isolation.

78 **d) Standortversammlung.** Dem interdisziplinären Austausch sowie der Abstimmung der gemeinsamen Ausrichtung am jeweiligen lokalen Markt, also operativen Zielsetzungen, können auch Institutionen wie regelmäßige Versammlungen der Partner der jeweiligen Standorte dienen, die ansonsten eher einen administrativen Charakter haben.

3. Administration

79 Wie im operativen Geschäft ist auch in der Administration die flache Hierarchie zu beachten, die für Beratersozietäten aus guten Gründen typisch ist. Dieser Anforderung steht allerdings als weitere Anforderung gegenüber, am Markt als einheitliches Unternehmen wahrgenommen zu werden.

a) Subsidiarität und „One Firm Approach". Dieser Situation versuchen große Sozietäten mit einer möglichst ausgewogenen Mischung aus zentralen und dezentralen Organisationselementen zu begegnen. Dabei versucht man, sich am Grundsatz der Subsidiarität zu orientieren. Denn Sach- und Ortsnähe erhöhen regelmäßig die Flexibilität, Qualität und Akzeptanz des Verwaltungshandelns. Unterschiedliche Kulturen müssen Raum haben, zusammenzuwachsen. 80

Gleichwohl gibt es eine Reihe von Abläufen, Systemen, etc., die aus funktionalen Gründen oder aus Gründen der Außendarstellung zwingend einheitlich sein müssen. Hierzu dürften gehören: 81

- die EDV-Netzwerk-Architektur
- die Kommunikationsstruktur
- wesentliche Teile des Rechnungswesens
- Teile der Ausbildungsstruktur
- Marketing und Branding
- Corporate Design
- Außenbeziehungen

b) Zentrales Management-Organ. Leiter der zentralen Administration sollte ein zentrales Management-Organ, z. B. ein Managing Partner sein. Die zweite Ebene bilden Bereichsleiter oder ein Zentralverwaltungsleiter, die bzw. der unmittelbare(r) Vorgesetzte(r) der Verwaltungsmitarbeiter sind (ist). 82

Partner als lokale Funktionsträger sollten dem zentralen Management-Organ als Beirat zur Seite stehen, die bei wichtigen Entscheidungen oder bei der Entwicklung oder Vorbereitung von entsprechenden Vorlagen zu konsultieren sind und mit denen die praktische Zusammenarbeit der lokalen und zentralen Verwaltungsmitarbeiter abzustimmen ist. 83

c) Arbeitsbereiche. Viele unmittelbar mit dem operativen Geschäft verknüpfte Verwaltungsaufgaben können und sollen dezentral in den Arbeitsbereichen erledigt werden. Zentrale Systeme und Funktionen (EDV, Rechnungswesen) sollten dies unterstützen. 84

d) Fachbereiche / Branchengruppen. Auch die Fachbereiche haben natürliche Verwaltungsaufgaben, wie z. B. im Sektor Ausbildung und auch Marketing (Beispiel: Organisation von Mandanten-Seminaren, Betreuung von Veröffentlichungen). 85

e) Lokale Organe. Zahlreiche Aufgaben der Büroorganisation (z. B. Abendsekretariat, Erstellung von Abrechnungen, lokale Veranstaltungen, lokale Bibliothek, Reinigungsdienst, Schulung und Support) lassen sich zumindest teilweise effizienter lokal als zentral erledigen. Diese Aufgaben sollten lokalen Organen zugeordnet werden. Solche könnten sein: 86

- Standortversammlung der Partner
- lokale Verantwortliche für die Verwaltung
- lokale Verwaltungsmitarbeiter

Je nach den Gegebenheiten der jeweiligen Sozietät werden lokale Verwaltungseinheiten stärker in den Gesamtverbund der zentralen Verwaltung eingebunden oder eher autonom sein. In jedem Fall wird es aber eine zentrale Koordinierungs- und Richtlinienkompetenz geben müssen, um ein einheitliches Auftreten der Sozietät nach außen sicherstellen zu können. 87

f) Geschäftsordnung. Aufbau und Abläufe der Verwaltung (und Führung) werden zweckmäßigerweise in einer Geschäftsordnung festgehalten, die die aus der Satzung abgeleiteten Aufgaben, Kompetenzen und Berichtspflichten der einzelnen zentralen und lokalen Organe sowie der Stabsmitarbeiter und die Berichtspflichten regelt. 88

C. Internationale Kooperationen

89 Internationale Kooperationen deutscher Großsozietäten, soweit solche überhaupt bestanden, beschränkten sich bis in die 80er Jahre in den meisten Fällen auf lose **Referral-Beziehungen** und sog. **Best Friends Relationships**. Diese beruhten zumeist auf persönlichen Beziehungen von Partnern und waren nur selten formalisiert. Im Zuge der internationalen Öffnung des deutschen Rechtsmarktes setzte ein Trend hin zu mehr formalisierten **Referral-Netzwerken** ein, die teilweise auch exklusiven Charakter annahmen. Daneben gab und gibt es **franchise-ähnliche Modelle**. In jüngster Zeit bilden sich auch **teilintegrierte Kooperationen**, bei denen selbständig bleibende Sozietäten Teile ihrer Aktivitäten gemeinsam betreiben und dabei unter einem gemeinsamen Namen auftreten.

Zuletzt haben auch schon grenzüberschreitende Fusionen stattgefunden, an denen deutsche Sozietäten beteiligt sind. Es bleibt abzuwarten, ob die Entwicklung in Richtung auf große multinationale Sozietäten geht. Hier ergeben sich für deutsche Sozietäten, die interdisziplinär zusammengesetzt sind, Probleme mit Sozietätsverboten ihrer ausländischen Kollegen mit (deutschen) Nichtanwälten wie Steuerberatern oder Wirtschaftsprüfern.

§ 14 Interprofessionelle Zusammenarbeit

Dr. Markus Gotzens★

Übersicht

Schrifttum: *Bohrer*, Das Berufsrecht der Notare, 1991; *Borggreve*, Die partnerschaftliche gemeinschaftliche Ausübung freier rechts- und wirtschaftsberatender Berufe, 1982; *Droste*, Gemeinschaftliche Berufsausübung von Rechtsanwälten mit Angehörigen anderer steuer- und wirtschaftsberatender Berufe, 1998; *Feuerich/Braun*, Bundesrechtsanwaltsordnung, 1995; *Gehre*, Steuerberatungsgesetz, 1995; *Gotzens*, Die interprofessionelle Zusammenarbeit von Rechtsanwälten mit Angehörigen anderer freier Berufe, 1998; *Harte-Bavendamm*, Überörtliche Anwaltssozietäten – Wettbewerber und „rechtsuchendes" Publikum, AnwBl. 1989, 546; *Hartstang*, Anwaltsrecht, 1991; *Hartung/Holl*, Anwaltliche Berufsordnung, Kommentar und Berufsrechts-ABC, 1997; *Henssler/Prütting*, Bundesrechtsanwaltsordnung, 1997; *Hommerich*, Zukunftschancen junger Rechtsanwältinnen und Rechtsanwälte, AnwBl. 1994, 322; *Kleine-Cosack*, Bundesrechtsanwaltsordnung, 1996; *ders.*, Neuordnung des anwaltlichen Berufsrechts, NJW 1994, 2249; *Lingenberg/Hummel/Zuck/Eich*, Kommentar zu den Grundsätzen des anwaltlichen Standesrechts, 1988; *Michalski/Römermann*, Interprofessionelle Zusammenarbeit von Rechtsanwälten, NJW 1996, 3233; *Michalski*, Die freiberufliche Zusammenarbeit im Spannungsfeld von Gesellschafts- und Berufsrecht, AnwBl. 1989, 65; *ders.*, Zur Zulässigkeit von Mehrpersonensozietäten bei Nur-Notaren, ZIP 1996, 11; *Redeker*, Bild und Selbstverständnis des Anwalts heute, AnwBl. 1996, 503; *Schiefer*, Anwalt im Zeitalter der Dienstleistung, NJW 1987, 1969; *Schiffer/Peters*, Moderne berufliche Ansätze für den Zivilrechtsanwalt, AnwBl. 1996, 307; *Seybold/Schippel*, Bundesnotarordnung, 1995; *Stobbe/Hommerich* in DAV-Ratgeber „Praktische Hinweise für junge Anwälte" 1995; *Strobel*, Die ökonomische Zukunft der Rechtsberatung in Orientierung an der Steuerberatung/ Wirtschaftsprüfung, BB 1987, 699; *ders.*, Der Markt anwaltlicher Dienstleistungen – Die ökonomische Zukunft der Rechtsberatung, AnwBl. 1988, 307; *Taupitz*, Die Standesordnungen der freien Berufe, 1991; *Weißbrodt*, Aus der neueren Rechtsprechung des BGH zum Berufsrecht der Notare, DNotZ 1995, 825; *Winters*, Die Zukunft der Rechtsberatung, NJW 1988, 521; *Zuck*, Formen anwaltlicher Zusammenarbeit, AnwBl. 1988, 19.

★ Rechtsanwalt in München, Sozietät Wannemacher & Partner.

A. Einführung

1 Für Rechtsanwälte besteht im Rahmen einer interprofessionellen Zusammenarbeit mit Angehörigen anderer freier Berufe die Möglichkeit, sowohl ehemals verlorene „klassische" Tätigkeitsfelder wieder zurückzuerobern, die in den letzten Jahrzehnten von verschiedenen nicht-juristischen Berufen besetzt worden sind, als auch **neue Beratungsfelder** zu besetzen.[1] So könnte ein Rechtsanwalt im Rahmen einer solchen Zusammenarbeit z. B. Mandanten aus dem Unternehmensbereich nicht nur bei gesellschafts- und steuerrechtlichen Gestaltungen, sondern auch bei Fragen der Betriebsorganisation, des Controlling, des Marketing oder auch der Vermögensverwaltung seine Dienste zur Verfügung stellen.[2] Darüber hinaus ist im Rahmen einer interprofessionellen Zusammenarbeit auch an die verstärkte Tätigkeit von Rechtsanwälten im Zusammenhang mit der Durchführung und Leitung verschiedener Projekte innerhalb von Unternehmen zu denken, wie z. B. die Erarbeitung neuer rechtlicher Unternehmensstrukturen, einer verbesserten Unternehmensstrategie oder auch einer umfassenden und kompetenten Beratung bei Beteiligungen, Fusionen und Auslandsinvestitionen.[3] Die **Vernetzung der Beraterberufe** ist eine notwendige Konsequenz des Umstandes, daß Beratung zunehmend nur noch interdisziplinär, d. h. durch die Zusammenarbeit verschiedener Experten, sinnvoll betrieben werden kann. Die Mehrzahl der Unternehmen hat selten nur rechtliche, sondern in der Regel rechtliche, steuerliche und nicht zuletzt auch betriebswirtschaftliche Probleme, die besser durch **Beraterteams** adäquat gelöst werden können.[4] Gerade hier können Anwälte eine wichtige integrierende Rolle übernehmen, indem sie die rechtliche Analyse der Unternehmensprobleme als Ausgangspunkt einer interdisziplinären Beratung durchführen. Sie sind dann nicht nur Zuarbeiter der Wirtschaftsprüfer und Steuerberater, sondern Projektleiter der Gesamtberatung mit dem **Anspruch auf Marktführerschaft.**[5]

2 Alle Beteiligten profitieren von einer interprofessionellen Zusammenarbeit. Nicht nur der Rechtsanwalt braucht fremden Rat, auch die Nicht-Juristen unter den Freiberuflern sollten rechtliche Aufgaben durch Rechtsanwälte und nicht durch Rechtsdilletanten lösen lassen.[6] Für Einzelanwälte und kleinere Sozietäten eröffnen interprofessionelle Zusammenschlüsse mit Angehörigen anderer freier Berufe die Möglichkeit, ihr Dienstleistungsangebot zu erweitern und damit ihre Wettbewerbsfähigkeit zu steigern. Der Hinweis auf eine funktionierende Zusammenarbeit mit anderen Freiberuflern verspricht dem Mandanten kompetente Gesamtberatung und **Service „aus einer Hand".** Dies würde dem Anwalt ein deutlich höheres Ansehen verschaffen und dem Mandanten viel eher den für die benötigte Beratung erforderlichen Eindruck von Kompetenz vermitteln als unfundierte und wenig aussagekräftige Andeutungen auf fachfremden Gebieten. Auch einem juristischen Laien leuchtet es ein, daß es einem Rechtsanwalt schon allein aufgrund der Fülle des von ihm auf seinem eigenen Fachgebiet zu beherrschenden komplexen Wissens nur schwer möglich ist, mit der gleichen Kompetenz auch fachübergreifend sachlich fundierte Beratung zu erteilen.[7] Der unter Angehörigen desselben Berufes oder von Berufsgruppen mit sich teilweise überschneidenden Tätigkeitsbereichen jederzeit mögliche Gedankenaustausch gewährleistet in diesem Sinne eine sichere Entscheidung.[8] Die im Rahmen einer fachübergreifenden Zusammenarbeit einhergehenden **wirtschaftlichen**

[1] Siehe z. B. *Hommerich*, AnwBl. 1994, 322; *Schiefer*, NJW 1987, 1969 ff.; *Schiffer/Peters*, AnwBl. 1996, 307 ff.; *Strobel*, BB 1987, 699 ff.; *ders.*, AnwBl. 1988, 307 ff.; *Winters*, NJW 1988, 521 ff.

[2] *Schiffer/Peters*, AnwBl. 1996, 307 ff. (309).

[3] *Schiffer/Peters*, AnwBl. 1996, 307 ff. (310).

[4] *Hommerich*, AnwBl. 1994, 322 ff. (325).

[5] Siehe auch *Redeker*, AnwBl. 1996, 503 ff. (511).

[6] *Zuck*, AnwBl. 1988, 19 ff. (25).

[7] Ähnlich *Hommerich*, AnwBl. 1994, 322 ff. (325).

[8] So auch *Michalski*, AnwBl. 1989, 65 ff. (73).

Vorteile liegen auf der Hand. Ein Rechtsanwalt kann für sich besser werben, wenn er auf dem Beratungsmarkt ein Team von Spezialisten anbietet, welches eine umfassende und kompetente Beratung garantiert. Nicht zuletzt versprechen die sich aus allen Formen von Zusammenschlüssen ergebenden und von den Beteiligten angestrebten **Synergieeffekte** auch hier einen gesteigerten Bekanntheitsgrad sowie einen damit in der Regel einhergehenden gesteigerten Umsatz. Auf der anderen Seite könnten die für die Ausübung einer freiberuflichen Tätigkeit notwendigen technischen und personellen Aufwendungen im Rahmen einer interprofessionellen Zusammenarbeit deutlich verringert und damit **Kosten eingespart** werden, was die Wettbewerbsfähigkeit von Rechtsanwälten auf dem Beratungsmarkt verbessern würde.

B. Die de lege lata zulässige Zusammenarbeit mit anderen Freiberuflern

I. Die Regelung des § 59a BRAO

Die Zusammenarbeit von Rechtsanwälten mit Angehörigen anderer freier Berufe orientiert sich de lege lata an § 59a BRAO. Diese Vorschrift wurde mit dem Gesetz zur Neuordnung des Berufsrechts der Rechtsanwälte und der Patentanwälte vom 2. 9. 1994[9] in die BRAO eingefügt. Infolge der Beschlüsse des BVerfG vom 14. 7. 1987 bedurfte die bis dahin in den Grundsätzen des anwaltlichen Standesrechts (§ 30 RichtlRA) geregelte Zusammenarbeit einer gesetzlichen Grundlage.[10] Nach dem **Wortlaut** des § 59a Abs. 1 BRAO dürfen sich Rechtsanwälte mit Mitgliedern einer Rechtsanwaltskammer und Patentanwaltskammer, mit Steuerberatern, Steuerbevollmächtigten, Wirtschaftsprüfern und vereidigten Buchprüfern zu gemeinsamer Berufsausübung in einer Sozietät zusammenschließen. Der Wortlaut des § 30 RichtlRA ließ dagegen nur eine Zusammenarbeit von Rechtsanwälten mit Patentanwälten, Steuerberatern und Wirtschaftsprüfern, die nicht als Rechtsbeistand zugelassen waren, nicht aber mit Angehörigen sonstiger Berufe zu. Im Vergleich zu § 30 RichtlRA ist der Kreis der „sozietätsfähigen" Berufe demnach um den Steuerbevollmächtigten und den vereidigten Buchprüfer erweitert worden. Darüber hinaus wird in § 59a BRAO festgelegt, in welchen **Organisationsformen** sich Anwälte mit anderen Berufsangehörigen zusammenschließen können. Die bis dahin übliche und meist praktizierte Form des Zusammenschlusses, die Sozietät, war ebenso wie der Zusammenschluß in Form der Bürogemeinschaft auch schon in § 30 RichtlRA gestattet. Mit Einführung des § 59a BRAO wurden diese im anwaltlichen Berufsrecht legalisiert. 3

II. Die interprofessionelle Zusammenarbeit im einzelnen

1. Die Zusammenarbeit mit Rechtsanwälten

Die Zusammenarbeit mit anderen Anwälten ist für den Rechtsanwalt die **einfachste Möglichkeit,** seinen Wirkungskreis und damit auch sein Dienstleistungsangebot an die Mandantschaft zu erweitern und durch eine bessere Verteilung der Kosten wirtschaftlicher zu arbeiten. Der **Einzelanwalt**, der auf sämtlichen Gebieten des Rechts tätig sein will, ist in der heutigen Zeit angesichts der Fülle und der damit einhergehenden Unübersichtlichkeit der anwaltlichen Tätigkeitsfelder schnell überfordert und wird in der Regel erkennen, daß er sich auf einige wenige Gebiete **spezialisieren muß**, um eine fachgerechte Beratung des Mandanten zu gewährleisten. Um trotzdem ein möglichst umfangreiches Angebot an Rechtsberatung bereithalten zu können, bedarf es der Zusammenarbeit mit anderen Kollegen. In größeren Städten und Ballungsgebieten der Bundesrepublik Deutschland sind Anwälte überwiegend auf die Zusammenarbeit mit anderen Anwälten angewiesen. Auf den typischen Einzelanwalt trifft man in diesen Regionen nur noch selten. Besonders 4

[9] BGBl. I 2278.
[10] Siehe auch *Redeker*, AnwBl. 1996, 503ff. (511).

für **Berufsanfänger** bietet sich ein Zusammenschluß mit Kollegen an. Dadurch kann zum Beispiel die gerade bei einer **Kanzleineugründung** hohe Kostenlast besser verteilt werden, und der Junganwalt profitiert bei der Verbindung mit einem berufserfahreneren Kollegen oder dem Einstieg in eine bestehende Kanzlei von der Routine und vor allem von einem bereits bestehenden Mandantenstamm.[11] Zusammenschlüsse von Rechtsanwälten untereinander stellen somit in der Praxis den größten Teil gemeinsamer anwaltlicher Berufsausübung dar.

2. Die Zusammenarbeit mit Patentanwälten

5 **a) Der Beruf des Patentanwalts.** Der Beruf des Patentanwalts verbindet technische und naturwissenschaftliche Kenntnisse mit juristischen Kenntnissen.[12] Voraussetzungen für die Zulassung zum Patentanwalt sind ein technisches oder naturwissenschaftliches Hochschulstudium, ein Jahr praktische technische Tätigkeit sowie eine dreijährige Ausbildung auf dem Gebiet des gewerblichen Rechtsschutzes mit Absolvierung einer entsprechenden juristischen Prüfung. Gemäß § 1 PatAnwO ist der Patentanwalt „Organ der Rechtspflege", so daß er systematisch den Rechtsberatern zuzuordnen ist.[13]

6 **b) Tätigkeitsgebiet.** In den §§ 3, 4 PatAnwO ist das Tätigkeitsgebiet des Patentanwaltes festgelegt. Gemäß § 3 Abs. 1 PatAnwO ist er Berater und Vertreter in allen Angelegenheiten des gewerblichen Rechtsschutzes einschließlich der damit unmittelbar in Zusammenhang stehenden Rechtsfragen, § 3 Abs. 2, 3 PatAnwO. Er darf vor Behörden und Gerichten auftreten, die für Rechtsfragen des gewerblichen Rechtsschutzes und der Sortenschutzrechte zuständig sind. Vor allgemeinen Gerichten steht ihm gemäß § 4 Abs. 1–3 PatAnwO ein Anhörungsrecht zu. **Räumlich** erstreckt sich das Vertretungs- und Beratungsrecht des Patentanwaltes auf **alle Länder der Welt**. Die Anhörungs- und Mitwirkungsrechte nach § 4 PatAnwO sind jedoch auf das Gebiet der Bundesrepublik Deutschland beschränkt. Der Patentanwalt besitzt auf den genannten Gebieten kein Beratungs- oder Vertretungsmonopol, so daß die betreffende Tätigkeit grundsätzlich auch durch Rechtsanwälte ausgeübt werden kann.[14] Gemäß Art. 1 § 3 Nr. 2 RBerG wird die Berufstätigkeit des Patentanwaltes von den Beschränkungen des RBerG nicht berührt. Die detaillierte Regelung des § 3 PatAnwO schränkt allerdings die Möglichkeiten der Rechtsberatung für Patentanwälte deutlich ein. Art. 1 § 3 Nr. 2 RBerG ist somit keine Rechtsgrundlage für eine umfassende Rechtsberatung und -besorgung auf anderen Rechtsgebieten. Zwar dürfen gemäß § 3 Abs. 3 PatAnwO auch allgemeine Rechtsfragen, die mit den Materien des § 3 Abs. 2 PatAnwO zusammenhängen, von einem Patentanwalt behandelt werden. Dies gilt aber nur für allgemeine rechtliche Vorfragen des gewerblichen Rechtsschutzes.[15]

7 **c) Ansatzpunkte für eine Zusammenarbeit.** Ansatzpunkte für eine Zusammenarbeit zwischen Rechtsanwälten und Patentanwälten ergeben sich in erster Linie auf dem Gebiet des **gewerblichen Rechtsschutzes**. Dem Patentanwalt kommt dabei in Angelegenheiten der Erlangung, Aufrechterhaltung, Verteidigung und Anfechtung gewerblicher Schutzrechte eine besondere Bedeutung zu. Er kann die an solchen Verfahren beteiligten Mandanten dank seines technischen oder naturwissenschaftlichen Sachverstandes z. B. vor dem Patentamt, dem Patentgericht und – etwa in Berufungsverfahren wegen Nichtigerklärung eines Patentes – auch vor dem Bundesgerichtshof sehr viel besser vertreten als ein Rechtsanwalt. Eine Zusammenarbeit zwischen diesen beiden Berufsgruppen bietet sich auch deshalb an, weil beide Berufe **berufsrechtlich sehr ähnlich ausgestaltet** sind.[16] Eine

[11] *Stobbe/Hommerich* in DAV-Ratgeber „Praktische Hinweise für junge Anwälte" S. 147 ff.
[12] Amtliche Begründung für den Entwurf einer Patentanwaltsordnung, BlfPMZ 66, 335, 341.
[13] *Kelbel*, PatAnwO, §§ 3,4 Rdn. 16.
[14] *Taupitz*, Die Standesordnungen der freien Berufe, S. 392 ff. m. w. N.
[15] BPatGE 15, 155; *Kelbel*, PatAnwO, §§ 3, 4, Rdn. 28, 72.
[16] *Borggreve*, Diss., S. 135.

die berufliche Zusammenarbeit der Patentanwälte mit Angehörigen anderer Berufe regelnde Vorschrift findet sich in **§ 52a PatAnwO**, welche der Regelung in § 59a BRAO weitgehend entspricht. Die berufliche Zusammenarbeit dürfte jedoch über das genannte Rechtsgebiet nicht weit hinausgehen, so daß eine interprofessionelle Kooperation aus Sicht eines Rechtsanwaltes nur dann sinnvoll sein kann, wenn er sich fast ausschließlich mit dem gewerblichen Rechtsschutz befaßt hat oder in Zukunft befassen will.

3. Die Zusammenarbeit mit Steuerberatern

a) Der Beruf des Steuerberaters. Die Tätigkeit des Steuerberaters verbindet juristische und betriebswirtschaftliche Theorie auf der einen Seite mit der angewandten Praxis des Wirtschaftslebens auf der anderen Seite. Das Berufsbild des Steuerberaters hat sich im Laufe der Zeit zunächst überwiegend am Rechtsanwaltsberuf, später jedoch auch am Beruf des Wirtschaftsprüfers orientiert.[17] Durch die zunehmende Anzahl der steuerrechtlichen Vorschriften und deren materiellrechtliche Komplizierung ist es mittlerweile für Privatpersonen und Unternehmer sehr schwer, ihre steuerlichen Angelegenheiten selbst abzuwickeln. Infolgedessen droht ihnen die Gefahr, aufgrund mangelnder Kenntnisse des Steuerrechts zumindest fahrlässig eine Steuerstraftat zu begehen. Auch kann es vorkommen, daß steuerliche Vorteile in Unkenntnis ihrer Existenz nicht wahrgenommen werden. Beide Fälle sind für einen Steuerpflichtigen höchst unerfreulich, so daß immer häufiger die professionelle Hilfe eines Steuerberaters in Anspruch genommen wird. 8

b) Tätigkeitsgebiet. Der Steuerberater übt gemäß § 32 Abs. 2 StBerG einen freien Beruf aus; seine Tätigkeit ist kein Gewerbe. Gemäß §§ 1, 33 StBerG ist es Aufgabe des Steuerberaters, seine Auftraggeber in Steuersachen zu beraten und zu vertreten, sowie ihnen bei der Bearbeitung ihrer Steuerangelegenheiten und bei der Erfüllung ihrer steuerlichen Pflichten Hilfe zu leisten. Aufgrund dieser Gesetzesdefinition sind Steuerberater umfassend in Beratung, Vertretung und Hilfestellung in allen Steuerangelegenheiten tätig. Dieses Aufgabengebiet kann auch durch Rechtsanwälte, Wirtschaftsprüfer, Wirtschaftsprüfungsgesellschaften, vereidigte Buchprüfer und Buchprüfungsgesellschaften wahrgenommen werden, § 3 Nr. 2 StBerG. Daraus ergibt sich, daß der Rechtsanwalt wie auch der Wirtschaftsprüfer oder der vereidigte Buchprüfer umfassend die berufsbildprägende Aufgabe des steuerberatenden Berufes wahrzunehmen befugt sind. Die ausdrückliche Erwähnung der Hilfeleistung bei der Erfüllung der Buchführungspflichten erklärt sich aus der Bedeutung dieses Arbeitsgebietes. Unter dem Sammelbegriff **„Hilfeleistung in Steuersachen“** werden die eigentliche Steuerberatung als Rechtsberatung auf dem Gebiet des Steuerechts und die Hilfeleistung bei der Erfüllung der Buchführungspflichten zusammengefaßt.[18] § 57 Abs. 3 StBerG nennt darüber hinaus im Rahmen der allgemeinen Berufspflichten des Steuerberaters Tätigkeiten, welche ausdrücklich mit dem Beruf des Steuerberaters vereinbar sind. Unabhängig von der theoretischen Frage, ob der Steuerberater auch zur Rechtsberatung und Rechtsbesorgung befugt ist[19] sowie der sich daran anschließenden Frage, ob der Beruf des Steuerberaters eher den rechts- oder den wirtschaftsberatenden Berufen zuzuordnen ist,[20] hat sich die Tätigkeit des Steuerberaters in der Praxis ohnehin inzwischen in Richtung auf eine **umfassende Beratung sowohl in steuerlichen Fragen als auch in wirtschaftlichen und rechtlichen Belangen** hin entwickelt. Der Steuerberater stellt mittlerweile immer häufiger den alleinigen Ansprechpartner seines Auftraggebers in diesen Angelegenheiten dar. 9

c) Vorteile einer Zusammenarbeit. Der Steuerberater ist nicht immer in der Lage und berechtigt, alle auftretenden Fragen – insbesondere rechtlicher Art – umfassend zu beantworten. Die Zusammenarbeit eines Rechtsanwaltes mit einem Steuerberater drängt 10

[17] *Borggreve*, Diss., S. 45 ff.; *Taupitz*, Die Standesordnungen der freien Berufe, S. 407 ff. m. w. N.
[18] BVerGE 54, 301; *Gehre*, StBerG, § 33 Rdn. 8.
[19] Siehe dazu ausführlich *Borggreve*, Diss., S. 49 ff.
[20] BGH NJW 81, 397 ff. (398).

sich daher förmlich auf, wobei beide Seiten von einer solchen Verbindung profitieren. Für den Rechtsanwalt ist es von Vorteil, daß weitaus mehr Personen in ihrem alltäglichen Leben mit steuerlichen Problemen zu tun haben als mit rein rechtlichen, denn aufgrund der **Kompliziertheit der steuerlichen Materie** ist fast jeder, der zu versteuernde Einkünfte gleich welcher Art hat, auf die Dienste eines Steuerberaters angewiesen. Erst recht gilt dies bei der steuerlichen und rechtlichen Beratung von mittelständischen und größeren **Unternehmen**. Hier erstreckt sich der Aufgabenbereich des Rechtsanwaltes in Zusammenarbeit mit einem Steuerberater von der Vertragsgestaltung über Fragen des Unternehmenskaufs, der Unternehmensnachfolge und der Unternehmensbeteiligung bis hin zu arbeitsrechtlichen Problemen. Hinzu kommt, daß bei der Übernahme eines Mandates, vermittelt durch den mit einem Rechtsanwalt zusammenarbeitenden Steuerberater, in der Regel bereits eine **Vertrauensbasis** besteht, so daß sich der Rechtsanwalt dieses Vertrauen nicht erst schaffen muß. Die meisten genannten Aspekte gelten auch im umgekehrten Falle. So profitiert der Steuerberater auch von rechtsuchenden Mandanten, welche ihm ihre steuerlichen Probleme anvertrauen. Es läßt sich also festhalten, daß die Zusammenarbeit zwischen einem Rechtsanwalt und einem Steuerberater eine Reihe von Vorteilen für beide Seiten mit sich bringt, wobei insbesondere die Möglichkeit im Vordergrund steht, dem recht- und beratungsuchenden Publikum steuerliche, rechtliche und wirtschaftliche Beratung praktisch „aus einer Hand" anbieten zu können.

11 **d) Nachteile einer Zusammenarbeit.** Neben den überwiegenden Vorteilen einer Zusammenarbeit zwischen einem Rechtsanwalt und einem Steuerberater müssen auch die Nachteile bedacht werden, welche eine solche berufliche Verbindung mit sich bringt. Dazu zählt in erster Linie, daß sich das anwaltliche **Tätigkeitsgebiet** nach dem Zusammenschluß mit einem Steuerberater in der Regel sehr stark in den Bereich des reinen Wirtschafts- und Steuerrechts **verlagert**. Dies wird in den meisten Fällen wenn nicht sogar alleinige Motivation so doch in jedem Falle **gewollte Folge** eines Zusammenschlusses auf Anwaltsseite sein. Ein Anwalt jedoch, der traditionell in einem breiten juristischen Spektrum Rechtsberatung anbietet oder sich auf Bereiche spezialisiert hat, welche nur am Rande mit wirtschafts- und steuerrechtlichen Themen in Berührung kommen, wird sehr schnell feststellen, daß er infolge des Zusammenschlusses mit einem Steuerberater zwangsläufig von der rechtsuchenden Klientel auf das Bild eines Steuer- und Wirtschaftsanwaltes festgelegt werden wird und daß er zukünftig auch nur noch entsprechende Mandate erhält. Vergleichbar ist diese Entwicklung mit dem Erwerb einer **Fachanwaltsbezeichnung**, welche dazu führen kann, daß der betreffende Rechtsanwalt bald nur noch Fälle auf dem Gebiet bearbeitet, auf welchem ihn seine Zusatzqualifikation als Fachanwalt ausweist.

12 **e) Die Zusammenarbeit im Berufs- und Standesrecht.** In berufs- und standesrechtlicher Hinsicht wird die Zusammenarbeit eines Rechtsanwaltes mit einem Steuerberater von der höchstrichterlichen Rechtsprechung schon lange zugelassen. Sie ist seit 1970 in § 23 RichtlRA zunächst standesrechtlich, seit 1994 in § 59a BRAO auch im Berufsrecht der Rechtsanwälte sowie in **§ 56 StBerG** im Berufsrecht der Steuerberater verankert.[21] Gemäß §§ 59c ff. BRAO können Rechtsanwälte und Steuerberater sich nunmehr auch zur gemeinschaftlichen Berufsausübung in Form einer **GmbH** zusammenschließen.[22] Grundsätzlich zulässig ist auch die Zusammenarbeit eines Rechtsanwaltes mit einer Steuerberatungsgesellschaft.[23]

[21] Zur Gestaltung des Praxisschildes einer gemeinsamen Sozietät zwischen Steuerberatern und Rechtsanwälten siehe OLG Düsseldorf, DStR 1996, 807.

[22] Siehe dazu auch OLG Bamberg, MDR 1996, 423 mit dem zutreffenden Argument, die vom BayObLG angeführten Gründe für die Zulässigkeit einer Anwalts-GmbH träfen auch für eine durch Zusammenschluß von Anwälten und Steuerberatern gebildetet GmbH zu. Eine unterschiedliche Behandlung sei im Hinblick auf § 59a BRAO nicht erforderlich.

[23] BGHZ 94, 65 (= BRAK-Mitt. 1985, 167 = NJW 85, 1844 = MDR 1985, 760). Siehe dazu auch ausführlich *Borggreve*, Diss., S. 140 ff.; *Zuck* in *Lingenberg/Hummel/Zuck/Eich*, Grundsätze des anwaltlichen Standesrechts, § 30 Rdn. 12 ff.; *Gehre*, StBerG, § 50, Rdn. 9 ff.

4. Die Zusammenarbeit mit Wirtschaftsprüfern

a) Der Beruf des Wirtschaftsprüfers. Die Tätigkeit des Wirtschaftsprüfers gehört in den weiten Bereich des Revisionswesens und wird als klassischer wirtschaftsberatender Beruf angesehen.[24] Voraussetzung für die Zulassung als Wirtschaftsprüfer sind gemäß § 8 Abs. 1 WPO ein abgeschlossenes, in der Regel wirtschaftswissenschaftliches Hochschulstudium und eine sich daran anschließende fünfjährige Praxistätigkeit, wovon vier Jahre auf reine Prüfungstätigkeiten entfallen müssen. Der Zulassung als Wirtschaftsprüfer geht dann eine nochmalige Prüfung voraus, die Kenntnisse auf den Gebieten des wirtschaftlichen Prüfungswesens, der Betriebs- und Volkswirtschaftslehre sowie des Wirtschafts- und Steuerrechts voraussetzt. 13

b) Tätigkeitsgebiet. Zu den wichtigsten Aufgaben des Wirtschaftsprüfers zählt gemäß § 2 Abs. 1 WPO die Erstellung und Prüfung der gesetzlich vorgeschriebenen **Jahresabschlüsse** wirtschaftlicher Unternehmen und die Erteilung von **Bestätigungsvermerken** über die Vornahme und das Ergebnis solcher Prüfungen. Die Durchführung der Prüfung des Jahresabschlusses hat nicht nur Kontrollfunktion, z. B. hinsichtlich der Ordnungsmäßigkeit der Buchführung oder der Berichterstattung über die Lage des Unternehmens sowie der Übereinstimmung mit den gesetzlichen Vorschriften, sie ist auch formalrechtliche Voraussetzung für die Feststellung des Jahresabschlusses durch das zuständige Gesellschaftsorgan. Im Rahmen dieser Vorbehaltsaufgabe schützt der Wirtschaftsprüfer die Interessen der Anteilseigner, der Gläubiger, der Arbeitnehmer, der Kunden und Lieferanten sowie anderer Beteiligter, die auf die Richtigkeit der Rechnungslegung vertrauen. Der Wirtschaftsprüfer nimmt – vergleichbar mit dem Notar – eine **öffentliche Aufgabe** wahr. Dies kommt insbesondere in der **Siegelführungsbefugnis** und der damit zusammenhängenden **Siegelführungspflicht** gemäß § 48 Abs. 1 WPO i. V. m. der entsprechenden Rechtsverordnung gemäß § 48 Abs. 2 WPO und dem Berufseid gemäß § 17 WPO zum Ausdruck. Im Rahmen der Abschlußprüfung hat der Wirtschaftsprüfer zu prüfen, ob die Buchführung, der Jahresabschluß und gegebenenfalls der Lagebericht den für diese geltenden Normen entsprechen einschließlich der Feststellungen, die für die Berichterstattung über die Prüfung ergänzend benötigt werden. Die aus dieser Zielsetzung resultierenden Aufgaben charakterisieren die Jahresabschlußprüfung als eine umfassende Prüfung der Ordnungsmäßigkeit der Rechnungslegung. Die dabei von dem Wirtschaftsprüfer gemäß § 43 Abs. 1 Satz 1 WPO zu beachtenden Berufspflichten verlangen eine Urteilsbildung unter Einhaltung der Grundsätze der Unabhängigkeit, Gewissenhaftigkeit, Verschwiegenheit und Eigenverantwortlichkeit. Darüber hinaus ist der Wirtschaftprüfer gemäß § 43 Abs. 1 Satz 2 zu unparteiischer Prüfung verpflichtet. Neben der reinen Prüfungstätigkeit ist das Berufsbild des Wirtschaftsprüfers gemäß § 2 Abs. 2, 3 WPO weiterhin gekennzeichnet durch eine ausgeprägte **Beratungstätigkeit** in wirtschaftlichen und steuerlichen Angelegenheiten sowie der Betätigung als **Gutachter und Sachverständiger**. Der Wirtschaftsprüfer ist schließlich auch zur eingeschränkten Rechtsberatung gemäß Art. 1 § 5 Nr. 2 RBerG befugt. Er kann in Angelegenheiten, mit denen er beruflich befaßt ist, auch die rechtliche Bearbeitung übernehmen, soweit sie mit seinen Aufgaben in unmittelbarem Zusammenhang steht. Entscheidend für den Umfang und den Rahmen der dem Wirtschaftsprüfer erlaubten Rechtsberatung ist die Auslegung des Begriffs „berufliche Aufgaben" in Art. 1 § 5 Nr. 2 RBerG. Nach der Rechtsprechung ist der Begriff „berufliche Aufgaben" umfassend zu verstehen und nicht nur durch Vorbehaltsaufgaben, wie z. B. den Bereich der Pflichtprüfungen, gekennzeichnet.[25] 14

c) Ansatzpunkte für eine Zusammenarbeit. Das weite Aufgabengebiet des Wirtschaftsprüfers insbesondere hinsichtlich der rechts- und wirtschaftsberatenden Tätigkeiten bewirkt zwangsläufig Überschneidungen mit anderen freien Berufen, insbesondere denen 15

---

[24] *Taupitz*, Die Standesordnungen der freien Berufe, S. 418.

[25] BGHZ 102, 128; OLG Hamburg, WPK-Mitt. 1990, 44.

des Rechtsanwaltes und des Steuerberaters. Eine berufliche Zusammenarbeit mit Berufsangehörigen eines oder beider konkurrierenden Berufe bietet sich demnach an. Hinsichtlich der Vorteile einer solchen Zusammenarbeit kann auf die oben gemachten Ausführungen zur Zusammenarbeit zwischen Rechtsanwälten und Steuerberatern verwiesen werden. Gleiches gilt für die damit verbundenen Nachteile.

16 **d) Die Zusammenarbeit im Berufs- und Standesrecht.** Der Beruf des Rechtsanwaltes steht einer Zusammenarbeit mit einem Wirtschaftsprüfer seit langem besonders offen gegenüber. Bereits das anwaltliche Standesrecht gestattete Rechtsanwälten gemäß § 21 RichtlRA die Eingehung einer Bürogemeinschaft mit einem Wirtschaftsprüfer. An dieser Auffassung hat sich bis heute nichts geändert. Berufsrechtlich ist die Möglichkeit der Zusammenarbeit eines Rechtsanwaltes mit einem Wirtschaftsprüfer in § 59a Abs. 1 BRAO und in **§ 44b Abs. 1 WPO** verankert, wobei der Kreis der kompatiblen Berufe zur Assoziierung mit Wirtschaftsprüfern durch die **Verweisung** in § 44b Abs. 1 WPO **auf § 53 Abs. 1 Nr. 3 StPO** wesentlich größer gezogen ist als bei Rechtsanwälten und zum Beispiel auch Ärzte, Zahnärzte und Apotheker erfaßt.

5. Die Zusammenarbeit mit Notaren

17 **a) Der Beruf des Notars.** Aufgrund der geschichtlichen Entwicklung ist bei Notaren zu unterscheiden zwischen solchen, welche ausschließlich und hauptberuflich einer reinen Notarstätigkeit nachgehen **(Nur-Notare)**, und solchen, welche das Notariat neben dem Beruf des Rechtsanwaltes ausüben **(Anwaltsnotare)**.[26] Das Anwaltsnotariat besteht gemäß § 3 Abs. 2 BNotO im wesentlichen in den ehemals preußischen Gebieten der Bundesrepublik, in denen es bereits vor dem 1. 4. 1961 zulässig war, also in Berlin, Bremen, Hessen, Niedersachsen, den rechtsrheinischen Teilen Nordrhein-Westfalens ausschließlich der Städte Köln und Düsseldorf sowie in Schleswig-Holstein.[27] Die Bestellung zum Notar erfolgt durch die Landesjustizverwaltungen. Gemäß § 4 BNotO wird auf den Bedarf für die Aufrechterhaltung einer geordneten Rechtspflege abgestellt, wobei insbesondere das Bedürfnis nach einer angemessenen Versorgung der Rechtsuchenden mit notariellen Leistungen und die Wahrung einer geordneten Altersstruktur des Notarberufes zu berücksichtigen sind. Damit ist der Zugang zum Notarsberuf nicht frei, wie z. B. beim Rechtsanwaltsberuf, sondern **auf den jeweiligen Bedarf abgestimmt.**[28] Der Notar steht also regelmäßig nicht in einem solchen Konkurrenzverhältnis zu seinen Notarskollegen, wie der Rechtsanwalt zu seinen Anwaltskollegen, da sich die Anzahl seiner Mandate nach dem Bedarf der von ihm wahrzunehmenden Aufgaben richtet. Er genießt praktisch eine Art staatlich eingeräumter **Monopolstellung**, welche mit seiner Funktion als unabhängiger Träger eines öffentlichen Amtes zu rechtfertigen ist.[29]

18 **b) Tätigkeitsgebiet.** Das Tätigkeitsgebiet des Notars beinhaltet gemäß §§ 1, 20ff. BNotO die Beurkundung von Rechtsvorgängen und andere Aufgaben auf dem Gebiet der vorsorgenden Rechtspflege. Das Schwergewicht liegt auf der **Beurkundungstätigkeit** des Notars.[30] Diese übt er gemäß § 14 Abs. 1 Satz 2 BNotO nicht als Vertreter einer Partei, sondern als **unparteiischer Betreuer** der Beteiligten aus, welche gemäß § 17 Abs. 1 BeurkG dabei umfassend und objektiv zu belehren und zu beraten sind. Darüber hinaus gehört es auch zu dem Amt des Notars, die sonstige Betreuung der Beteiligten auf dem Gebiet der vorsorgenden Rechtspflege wahrzunehmen. Dazu zählt insbesondere die

[26] Siehe zur historischen Entwicklung *Borggreve*, Diss., S. 21ff; *Hartstang*, Anwaltsrecht S. 178ff.; *Taupitz*, Die Standesordnungen der freien Berufe, S. 398ff.; zu den allgemeinen Voraussetzungen siehe *Vetter* in *Seybold/Schippel*, BNotO, § 3 Rdn. 26ff. jeweils m. w. N.

[27] *Vetter* in *Seybold/Schippel*, BNotO, § 3 Rdn. 30f.

[28] Zur neueren Entwicklung hinsichtlich der Zugangsvoraussetzungen zum Notarberuf siehe ausführlich *Weißbrodt*, DNotZ 1995, 825ff.

[29] *Schippel* in *Seybold/Schippel*, BNotO, § 1 Rdn. 7ff.

[30] *Schippel* in *Seybold/Schippel*, BNotO, § 1 Rdn. 3f.

Anfertigung von Urkundenentwürfen und eine damit zusammenhängende umfassende Beratung der beteiligten Parteien.[31]

c) Die Zusammenarbeit mit Nur-Notaren. Gemäß § 9 Abs. 1 BNotO darf ein Nur-Notar, also ein Notar, der nicht auch als Rechtsanwalt zugelassen ist, eine berufliche Verbindung mit einem Rechtsanwalt nicht eingehen. Begründet wird dieses Verbot mit dem bereits erwähnten **Trennungsprinzip**, wonach in verschiedenen Gebieten der Bundesrepublik Deutschland der Notar- und der Anwaltsberuf streng voneinander zu unterscheiden sind.[32] Dieses Trennungsprinzip würde umgangen, wenn ein Rechtsanwalt mit einem Nur-Notar zusammenarbeiten würde Der Notar könnte auch anwaltlich tätig werden. Das würde den mit den §§ 1, 3 Abs. 1, 9 Abs. 1, 14 BNotO verfolgten Gesetzeszweck unterlaufen, der darin besteht, die Unabhängigkeit des Notaramtes soweit wie möglich zu sichern und jeder Beeinflussung der Unparteilichkeit durch wirtschaftliche Interessen zu entziehen.[33] Nur-Notare kommen also für eine interprofessionelle Zusammenarbeit mit Rechtsanwälten in der Regel[34] nicht in Betracht. 19

d) Die Zusammenarbeit mit Anwaltsnotaren. Der Anwaltsnotar ist gemäß § 59a Abs. 1 BRAO bezogen auf seine anwaltliche Berufsausübung sozietätsfähig. Dies gilt nach einem Beschluß des Bundesverfassungsgerichts vom 8. April 1998 nunmehr – entgegen der früheren Rechtsprechung – auch für die Zusammenarbeit von Anwaltsnotaren und Wirtschaftsprüfern.[35] Im Gegensatz zum Nur-Notar, der gemäß § 3 Abs. 1 BNotO auf Lebenszeit bestellt wird und sein Amt hauptberuflich ausübt, ist der Anwaltsnotar gemäß § 3 Abs. 2 BNotO **Notar im Nebenberuf**. Er ist zunächst Anwalt. Später kann er nach den jeweiligen Auswahlmaßstäben der Landesjustizverwaltungen als Notar bestellt werden. Gemäß § 6 Abs. 2 BNotO soll in der Regel als Notar neben dem Anwaltsberuf nur bestellt werden, wer mindestens fünf Jahre zur Rechtsanwaltschaft zugelassen war und seit mindestens drei Jahren ohne Unterbrechung an dem in Aussicht gestellten Amtssitz hauptberuflich als Rechtsanwalt tätig ist. Der Anwaltsnotar kann nach seiner Bestellung neben dem Anwaltsberuf auch als Notar tätig sein. Er übt praktisch **zwei Berufe nebeneinanderher** aus, welche jedoch **streng voneinander zu trennen** sind. Beide Berufe erfüllen verschiedene Aufgaben innerhalb der Rechtsordnung und können auch unterschiedlichen beruflichen Regelungen unterliegen.[36] 20

Für eine berufliche Zusammenarbeit zwischen einem Rechtsanwalt und einem Anwaltsnotar ergeben sich zahlreiche Ansatzpunkte. So könnte ein Anwalt z. B. bei einem immobiliarsachenrechtlichen Mandat von einer Kooperation profitieren, indem er die für diesen Bereich häufig vorgeschriebenen Beurkundungen von dem mit ihm in einer Kanzlei tätigen Anwaltsnotar vornehmen ließe, wobei ihm auch die dabei anfallenden Gebühren nach den kanzleiinternen Verteilungsmaßstäben zugute kommen könnten. Ebenfalls sind berufliche Überschneidungen im Bereich des **Erbrechts** vorhanden, welche die Zusammenarbeit eines Rechtsanwaltes mit einem Anwaltsnotar attraktiv erscheinen lassen. Schließlich könnte umgekehrt der Anwaltsnotar in seiner ihm ebenfalls obliegenden Beratungsfunktion aus dem Wissen und der Erfahrung des Rechtsanwaltes seinen Nutzen 21

---

31 *Schippel* in *Seybold/Schippel*, BNotO, § 1 Rdn. 5f. m. w. N.

32 BGH NJW 1975, 1414; *Schippel* in *Seybold/Schippel*, BNotO, § 9 Rdn. 6.

33 *Henssler/Prütting-Hartung*, BRAO, § 59a Rdn. 23.

34 Im Einzelfall kann gemäß § 9 Abs. 1 Satz 2 die Aufsichtsbehörde Ausnahmen zulassen, siehe dazu *Schippel* in *Seybold/Schippel*, BNotO, § 9 Rdn. 6; *Bohrer*, Berufsrecht der Notare, S. 99ff.; Zur Zulässigkeit von Mehrpersonensozietäten bei Nur-Notaren siehe *Michalski*, ZIP 1996, 11ff.; *Weißbrodt*, DNotZ 1995, 825ff. (841f.).

35 BVerfG NJW 1998, 2269; zur früheren Rechtsprechung siehe BVerGE 80, 269 = NJW 1989, 2611 sowie *Gotzens* Diss. S. 127ff.

36 BGHZ 64, 214 = NJW 1975, 1414; BGHZ 75, 296 = NJW 1980, 596; BVerfGE 17, 371 = NJW 1964, 1516 (1517); BVerfGE 54, 237 = NJW 1980, 2123ff. (2123).

ziehen.[37] Dieser Art der Zusammenarbeit steht jedoch die Besonderheit des Notarberufes entgegen, welche im Ergebnis eine Kooperation zwischen einem Rechtsanwalt und einem Anwaltsnotar bezogen auf dessen notarielle Berufsausübung berufsrechtlich unmöglich macht,[38] obwohl sie auch in diesem Bereich rechtlich und wirtschaftlich durchaus sinnvoll erscheint.

22 e) **Besonderheiten bei der Zusammenarbeit.** Die Besonderheit bei der interprofessionellen Zusammenarbeit mit einem Anwaltsnotar ergibt sich in erster Linie aus der Sonderstellung, welche der Anwaltsnotar unter den Freiberuflern einnimmt.[39] Wie bereits dargelegt, übt ein Anwaltsnotar zwei getrennte und jeweils eigenständige juristische Berufe aus. Die Frage nach den Möglichkeiten einer interprofessionellen Zusammenarbeit mit einem Anwaltsnotar bedarf also stets einer zweifachen Prüfung, zum einen nach dem anwaltlichen Berufsrecht, zum anderen aber auch aus der Sicht des Notarrechts.[40]

23 Da die Notartätigkeit des Anwaltsnotars nicht sozietätsfähig ist,[41] ist eine Sozietät zwischen einem Rechtsanwalt und einem Anwaltsnotar gemäß § 59a Abs. 1 BRAO **nur in bezug auf dessen anwaltliche Tätigkeit** zulässig. Durch diese ausdrückliche Klarstellung im Gesetz wird verhindert, daß der Anwaltsnotar zum Beispiel eine vor seiner Bestellung zum Notar eingegangene Anwaltssozietät nach seiner Bestellung wieder verlassen müßte.[42] Der Anwaltsnotar kann also seine notarielle Tätigkeit nur **höchstpersönlich** ausüben. Sie kann **nicht von den nur anwaltlichen Sozien** erbracht werden. Gemäß § 24 Abs. 2 BNotO ist im Zweifel anzunehmen, daß der Anwaltsnotar eine notarielle Tätigkeit ausübt, wenn er Handlungen vornimmt, welche in § 24 Abs. 1 BNotO oder in den §§ 20 bis 23 BNotO bezeichnet sind, wenn er also die oben beschriebenen typischen notariellen Tätigkeiten – wie Beurkundungen oder dementsprechende allgemeine Beratung – vornimmt. Im übrigen ist im Zweifel anzunehmen, daß der Anwaltsnotar als Rechtsanwalt tätig wird. In der Praxis stoßen eine genaue Abgrenzung der notariellen von der anwaltlichen Tätigkeit des Anwaltsnotars und die damit einhergehende Kollision der verschiedenen berufsrechtlichen Pflichten oft auf **Probleme**, welche vielfach ein **Tätigkeitsverbot** begründen.[43] Da die Mitglieder einer Sozietät beispielsweise die durch die Mandatsübernahme begründeten Anwaltspflichten gemeinsam schulden, muß der Anwaltsnotar zumindest im Außenverhältnis durch **organisatorische Maßnahmen** sicherstellen, daß die mit ihm in der Sozietät tätigen Anwälte kein Mandat übernehmen, dessen Erfüllung etwa gegen den in § 14 Abs. 1 Satz 2 BNotO verankerten Grundsatz der Unparteilichkeit verstößt.[44] Hat der Notar zum Beispiel einen Ehe- oder Erbvertrag beurkundet, kann der in der gleichen Sozietät tätige Rechtsanwalt gemäß § 45 Abs. 3 BRAO nicht ein Mandat in einem Ehescheidungsverfahren einer der an der Beurkundung beteiligten Parteien übernehmen.[45] Auch ist dem Anwaltsnotar gemäß § 3 Abs. 1 Nr. 5 BeurkG die Mitwirkung an einer Beurkundung in Angelegenheiten einer Person verboten, zu der er in einem ständigen Dienst- oder ähnlichen ständigen Geschäftsverhältnis

---

[37] Zur Zulässigkeit einer Sozietät zwischen Rechtsanwalt und Notar siehe BGH MDR 1992, 415. Zur Zulässigkeit einer überörtlichen Sozietät zwischen Rechtsanwälten und Anwaltsnotaren siehe BGH NJW 1990, 2137.

[38] Siehe hierzu eingehend *Hartstang*, Anwaltsrecht, S. 194ff.

[39] Siehe hierzu *Taupitz*, Die Berufsordnungen der freien Berufe, S. 88ff.; *Borggreve*, Diss., S. 23ff.; *Schippel* in *Seybold/Schippel*, BNotO, § 1 Rdn. 14; *Bohrer*, Berufsrecht der Notare, S. 6f. jeweils m. w. N.

[40] BGH AnwBl. 1996, 45ff. (46) = NJW 1996, 392; *Schippel* in *Seybold/Schippel*, BNotO, § 9 Rdn. 8ff.

[41] *Henssler/Prütting-Hartung*, BRAO, § 59a Rdn. 22.

[42] *Henssler/Prütting-Hartung*, BRAO, § 59a Rdn. 21.

[43] *Hartstang*, Der deutsche Rechtsanwalt, S. 206. Zu den Haftungs- und Kostenrechtlichen Folgen einer Zuordnung der verschiedenen Tätigkeiten des Anwaltsnotars und den damit einhergehenden Problemen siehe *Borggreve*, S. 120f. m. w. N.

[44] BGH, MDR 1192, 415.

[45] BGH, DNotZ 1992, 455.

steht. Dazu zählt auch ein anwaltliches Mandat, welches der Anwaltsnotar in seiner Eigenschaft als Rechtsanwalt für die Sozietät angenommen hat. Die Verweisung eines Mandanten durch einen Rechtsanwalt zur Beurkundung auf den mit ihm in einer Sozietät zusammenarbeitenden Notar ist daher nicht möglich.[46] Im umgekehrten Fall gilt nichts anderes. So ist gemäß § 45 Abs. 1 Nr. 1 und Nr. 2, Abs. 3 BRAO auch dem Rechtsanwalt anwaltliches Tätigwerden untersagt, wenn der mit ihm in einer Sozietät zusammenarbeitende Anwaltsnotar in derselben Angelegenheit bereits als Notar tätig geworden ist.[47] Im Innenverhältnis kann dagegen auch die notarielle Tätigkeit in das Sozietätsverhältnis mit einbezogen werden, so daß die Ausübung der notariellen und der anwaltlichen Tätigkeit auf gemeinsame Rechnung erfolgen kann.[48]

C. Weitere Möglichkeiten der Zusammenarbeit

Da Rechtsanwälte für eine sachgerechte Bearbeitung ihrer Mandate inzwischen immer 24
mehr auf das Fachwissen anderer Berufe angewiesen sind, stellt sich die Frage, ob über die bereits dargestellten **de lege lata zulässigen** Möglichkeiten von interprofessionellen Zusammenschlüssen hinaus nicht auch **weitere Zusammenschlüsse** von Rechtsanwälten mit Angehörigen anderer freier Berufe sinnvoll und rechtlich möglich sind. So sind beispielsweise umfangreiche wirtschaftsrechtliche Mandate nicht mehr ohne betriebswirtschaftliche und steuerliche Kenntnisse abzuwickeln. Im Arzthaftungsrecht kann ein Prozeß schon allein aufgrund des häufig fehlenden Verständnisses der medizinischen Fachgutachten kaum erfolgreich geführt werden. Gleiches gilt für die Betreuung eines Mandates aus dem Bereich des öffentlichen oder privaten Baurechts, die mit dem entsprechenden architektonischen oder ingenieurwissenschaftlichen Wissen den Zielen und Anforderungen des Mandanten viel eher gerecht werden kann. Auch im Strafrecht ist immer häufiger eine enge Zusammenarbeit des Verteidigers mit einem psychologischen oder psychiatrischen Sachverständigen zu beobachten. Diese beispielhafte Aufzählung ließe sich fortsetzen. Schon jetzt arbeiten viele Rechtsanwälte im Einzelfall oder – natürlich nur bei Bedarf – auch regelmäßig mit Angehörigen anderer freier Berufe, wie z. B. Steuerberatern, Wirtschaftsprüfern, Ingenieuren, Ärzten, Architekten oder Psychologen bzw. Psychiatern zusammen. Die Frage nach einer dauerhaften interprofessionellen Zusammenarbeit von Rechtsanwälten mit Angehörigen anderer freier Berufsgruppen drängt sich also förmlich auf.

In **rechtlicher** Hinsicht findet das durch die abschließende Aufzählung „sozietätsfähi- 25
ger" Berufe in § 59a BRAO normierte **Verbot der Zusammenarbeit** von Rechtsanwälten mit nicht ausdrücklich in dieser Vorschrift genannten Angehörigen anderer freier Berufe **keine Rechtfertigung**.[49] Einer Erweiterung des anwaltlichen Beratungsangebotes durch Zusammenschlüsse mit anderen, nicht unter den **numerus clausus des § 59a BRAO** fallenden Berufsangehörigen steht daher grundsätzlich nichts im Wege.[50] Insbesondere die **gesellschaftsrechtlichen Rahmenbedingungen** für eine solche Form der „Teamarbeit" stehen nach wie vor zur Verfügung.[51]

Anwaltliche Tätigkeit kann ihre Aufgabe als Dienstleistung jedoch nur erfüllen, wenn 26
das **Dienstleistungsangebot der Nachfrage entspricht**. Entscheidend muß daher immer das Interesse der Anwaltschaft an der jeweiligen Kombination, abgestimmt auf den tatsächlichen **Bedarf der Mandanten** und deren **praktische Durchführbarkeit im Einzelfall** sein. Bei der Frage nach den Möglichkeiten einer über den § 59a BRAO hinausgehen-

---

[46] *Feuerich/Braun*, BRAO, § 45, Rdn. 169.

[47] *Henssler/Prütting-Hartung*, BRAO, § 59a Rdn. 22; *Henssler/Prütting-Eylmann*, BRAO, § 45 Rdn. 13ff.

[48] *Schippel* in *Seybold/Schippel*, BNotO, § 9 Rdn. 7.

[49] *Michalski/Römermann*, NJW 1996, 3233; *Gotzens*, Diss., S. 157ff.

[50] *Gotzens*, Diss., S. 201ff.

[51] *Michalski/Römermann*, NJW 1996, 3233; *Gotzens*, Diss., S. 46ff.

den interprofessionellen Zusammenarbeit sind im wesentlichen die gleichen Argumente ausschlaggebend wie bei der Frage nach den Vorteilen eines Zusammenschlusses in einer überörtlichen Sozietät. Dazu zählen die **Verbesserung der Wettbewerbssituation** auf dem Dienstleistungsmarkt sowie eine **Verbesserung des Beratungsangebotes** für die Mandantschaft. Die Möglichkeit der Rückeroberung alter und Erschließung neuer Tätigkeitsfelder für den Rechtsanwalt wird ebenfalls durch die Aufnahme einer interprofessionellen Zusammenarbeit eröffnet.

27 Bei einer genaueren Untersuchung der Möglichkeiten der Zusammenarbeit von Rechtsanwälten mit anderen, nicht in § 59a BRAO genannten Freiberuflern zeigt sich jedoch, daß zwar verschiedene Ansatzpunkte für eine interprofessionelle berufliche Verbindung vorhanden sind.[52] Wesentliche Vorteile eines dauerhaften Zusammenschlusses, welche für alle beteiligten Freiberufler gelten, ergeben sich jedoch nicht. In der Regel wird eine Zusammenarbeit z. B. mit Architekten, Ingenieuren, Ärzten, Diplom-Psychologen und Sachverständigen auf den jeweiligen Einzelfall beschränkt bleiben. Die interprofessionelle Zusammenarbeit von Rechtsanwälten begrenzt sich daher aus praktischen und tatsächlichen Erwägungen auf die in § 59a BRAO genannten Berufe. Diese hat sich in der Vergangenheit bewährt und ist sowohl wirtschaftlich sinnvoll als auch in immer stärkeren Maße dem wachsenden Bedürfnis des Dienstleistungsmarktes im Beratungsbereich entsprechend.

---

[52] Siehe dazu *Michalski/Römermann*, NJW 1996, 3233; *Gotzens*, Diss., S. 136ff.

§ 15 Die Virtuelle Anwaltskanzlei

Dr. Frank Ebbing★

Übersicht

Schrifttum:★★ *Ahues,* Die eigene Homepage für die Anwältin und den Anwalt, BRAK-Mitt. 1998, 105 ff.; *Bürlimann,* Werbung im Internet, 1. Aufl. 1999; *Chapman,* Einrichten von Internet Firewalls, 1. Aufl. 1996; *Cheswick,* Firewalls und Sicherheit im Internet, 1. Aufl. 1995; *Deville/Kalthegener,* Wege zum Handelsverkehr mit elektronischer Unterschrift, NJW-CoR 1997, 168 ff.; *Disterer,* Das Internet als Marketinginstrument für Anwälte, Teil 1, BRAK-Mitt. 1998, 27 ff.; *ders.,* Marketingaktivitäten von Anwälten im Internet, Teil 2+3, BRAK-Mitt. 1998, 78 ff., 131 ff.; *Ebbing,* Virtuelle Rechtsberatung und das anwaltliche Werbeverbot, NJW-CoR 1996, 242 ff.; *ders.,* Schriftform und E-Mail, CR 1996, 271 ff.; *Edenhofer,* Internet für Anwaltskanzleien, CR 1997, 120 ff.; *Freitag,* Werbung im Internet von A-Z, 1. Aufl. 1999; *Fuchs/Möhrle/Schmidt-Marwede,* PR im Netz, 1. Aufl. 1998; *Gräve/Lukies,* Der Königsweg – Das gerichtliche Mahnverfahren per Datenfernübertragung, NJW-CoR 1998, 228 ff.; *Hitzfeld,* Das Internet für Juristen, Kommunikation und Firmennetz, AnwBl. 1997, 272 ff.; *Hoeren,* Rechtsfragen des Internet, 1. Aufl. 1998; *Hoppen,* Datenfernverbindung, NJW-CoR 1998, 340 ff.; *Kleine-Cosack,* Der Blick nach vorn, NJW-CoR 1998, 354 ff.; *Kröger* (Hrsg.), Internet für Rechtsanwälte und Notare, 1. Aufl. 1997; *Kröger/Göers/Hanken,* Internet für Juristen – Weltweiter Zugriff auf juristische Fachinformationen, 2 Aufl. 1998; *Krzeminski/Zerfaß,* Interaktive Unternehmenskommunikation, 1. Aufl. 1998; *Kuner,* Internet für Juristen, 2. Aufl. 1998; *Lamprecht,* Marketing im Internet, 1. Aufl. 1996; *Lange,* Die Virtuelle Fabrik – Neue Formen überbetrieblicher Unternehmeskooperation, BB 1998, 1165 ff.; *Riehm,* Die Brandschutzmauer – Einsatz von Firewalls in Behörden und Kanzleien, NJW-CoR 1997, 337 ff.; *Römermann,* Entwicklungen und Tendenzen bei Anwaltsgesellschaften, 1. Aufl. 1995; *Roll,* Marketing im Internet, 1. Aufl. 1996; *Rott,* Die Auswirkungen des Signaturgesetzes auf die rechtliche Behandlung von elektronischem Datenmanagment und Datenaustausch – eine Prognose, NJW-CoR 1998, 420 ff.; *Scherf,* ALexIS: Mit Siebenmeilenstiefeln zum Wettbewerbsvorteil: Schnelle Auskünfte und prägnante Informationen per Internet; BRAK-Mitt.

★ Rechtsanwalt in Bayreuth und Attorney-at-Law (New York), LL.M (Washington); wissenschaftlicher Assistent am Lehrstuhl für Bürgerliches Recht, Handels-, Gesellschafts- und Wirtschaftsrecht der Universität Bayreuth.

★★ Sämtliche nachfolgend in den Fußnoten als Beispiele genannten Internet-Adressen wurden im Januar 1999 überprüft und waren zu diesem Zeitpunkt aktiv.

1998, 108 ff.; *Scheuerl,* Anwaltswerbung im Internet, NJW 1997, 1291 ff.; *Schmittmann,* Werbung von Angehörigen der rechts- und steuerberatenden Berufe im Internet, MDR 1997, 601 ff.; *Schneider,* Beziehungskiste – Lokale Netzwerke: Technik und Organisation, NJW-CoR 1998, 277 ff.; *Schnelle/Bender,* Der elektronisch gestützte Zivilprozeß – Das „Neue Stuttgarter Modell", DRiZ 1993, 99 ff.; *Schopen/Gumpp/Schopen,* Präsenz einer deutschen Anwaltskanzlei im Internet – (K)ein Verstoß gegen § 43b BRAO?, NJW-CoR 1996, 112 ff.; *Schröder,* Wie man das „Netz" richtig nutzt – Strategien für eine Internetpräsenz von Juristen, NJW-CoR 1998, 40 ff.; *Siyan/Hare,* Internet Firewalls und Netzwerksicherheit, 1. Aufl. 1995; *Theerkorn,* Juristische Informationen aus dem Internet; BRAK-Mitt. 1998, 110 ff.; *Wagner/Lerch,* Mandatsgeheimnis im Internet?, NJW-CoR 1996, 380 ff.; *Weiss,* In der Welt zuhause – Webdesign für Juristen, NJW-CoR 1997, 467 ff.; *Westerwelle,* Werbemöglichkeiten für Anwälte im Internet, WiB 1997, 297 ff.; *Zimmermann,* Der heiße Draht – Anwaltlicher Rat per 0190-Hotline?, NJW-CoR 1998, 351 ff.

A. Einleitung

1 Die Struktur deutscher Anwaltskanzleien hat sich in den zurückliegenden Jahren ungeachtet der dramatischen Entwicklung in der Kommunikationstechnologie kaum geändert. Grundlage der Tätigkeit einer Sozietät ist die gemeinsame Präsenz aller Anwälte in den Kanzleiräumen und die Nähe der Kanzlei zu dem Gericht, bei dem die Anwälte zugelassen sind. Die Beratung des Mandanten erfolgt im persönlichen Gespräch in den Kanzleiräumen. Für den Mandanten ist die räumliche Nähe der Kanzlei zu seinem Wohnort daher ein wesentliches Kriterium bei der Auswahl seines Rechtsanwalts. Die Kanzleiräume selbst müssen repräsentatitv sein, da der Mandant die Professionalität der Kanzlei ganz weitgehend anhand des äußeren Eindrucks beurteilt, den die Kanzleiräume vermitteln. Gerade junge Rechtsanwälte und Kanzleigründer finden zu dieser Struktur kaum eine Alternative. Haben sich Kanzleien am Markt aber erst einmal etabliert, fehlt häufig der Wille, Strukturen, die sich zwangsläufig entwickelt haben, noch einmal zu ändern.

2 Diese herkömmliche Kanzleistruktur ist indes mit deutlichen **Nachteilen** für den Rechtsanwalt verbunden. Das Erfordernis physischer Präsenz in den Kanzleiräumen führt zu einer weitgehenden **Immobilität** des Rechtsanwalts. Hat er erst einmal einen Mandantenstamm aufgebaut, ist ein Ortswechsel für ihn nahezu ausgeschlossen. Mit dem lokal begrenzten Auftreten sind zugleich gravierende **Wettbewerbsnachteile** für Kanzleien in kleinen und mittelgroßen Städten verbunden. Solchen Kanzleien ist das Geschäftsfeld der Rechtsberatung auf Spezialgebieten oder im internationalen Recht weitgehend verschlossen. Das Mandatsaufkommen in kleinen und mittelgroßen Städten ist in diesen Geschäftsfeldern zu gering, um sich schwerpunktmäßig mit ihnen befassen und eine Kanzlei damit auslasten zu können. Wegen des geringen Mandatsaufkommens ist es auch nicht möglich, Expertise aufzubauen und dadurch überregional bekannt und tätig zu werden. Die Anwerbung bereits spezialisierter Rechtsanwälte zur Qualifizierung bestehender Kanzleien scheidet zumeist ebenso aus. Speziell qualifizierte Rechtsanwälte sind nur schwer dafür zu gewinnen, in kleine oder mittelgroße Städte umzuziehen, da Großkanzleien in den Ballungsgebieten eine attraktivere Arbeitsumgebung und höheres Einkommen versprechen. Kanzleien in kleinen und mittelgroßen Städten bleibt daher nur das weniger interessante und weniger lukrative Geschäft der allgemeinen Rechtsberatung. Durch das Vorhalten repräsentativer Kanzleiräume entstehen überdies hohe **finanzielle Aufwendungen**, die nicht nur junge Kanzleien erheblich belasten können.

3 Mit dem **Internet** ist die Möglichkeit geschaffen worden, anwaltliche Tätigkeit grundlegend neu zu organisieren und dabei die soeben aufgezeigten Defizite zu vermeiden. Im nachfolgenden Kapitel wird erläutert, in welcher Form die Organisation einer Anwaltskanzlei auf das Internet gestützt werden kann und welche Tätigkeitsfelder sich damit erschließen lassen. Internetgestützte Kanzleien können herkömmliche Kanzleien nicht ersetzen. In einigen Bereichen der Rechtsberatung sind sie herkömmlichen Kanzleien jedoch überlegen.

B. Die Nutzung des Internet für anwaltliche Dienstleistungen: Die „Virtuelle Anwaltskanzlei“

In absehbarer Zeit werden Anwaltskanzleien routinemäßig die Selbstdarstellungs-, 4
Kommunikations- und Informationsmöglichkeiten des Internet nutzen.[1] Keine Kanzlei wird bald mehr darauf verzichten können, sich selbst mit einer eigenen **Homepage** im Internet vorzustellen.[2] Die Referenzfunktion des Internet gewinnt mit der rapiden Zunahme privater wie beruflicher Internetanschlüsse ständig an Bedeutung.[3] Selbstdarstellung im Internet ist technisch so einfach und mit so geringen Kosten verbunden, daß es selbst kleinsten, lokal orientierten Unternehmen und Geschäften möglich ist, ihre Kunden im Internet umfassend über sich selbst und ihr Angebot zu informieren. Kunden werden sich deshalb bald gewohnheitsmäßig an diesen Informationen orientieren. Wer im Internet nicht präsent ist, kommt dann für eine Beauftragung nicht mehr in Betracht.[4] Dies gilt auch für Anwaltskanzleien. Mandanten werden schon sehr bald erwarten, im Internet Informationen über die verschiedenen Anwaltskanzleien, deren Leistungsangebot, die Anwälte und deren Qualifikation zu finden. Wer potentiellen Mandanten diese Informationen vorenthält, wirkt vertrauensunwürdig und verliert die Aussicht auf eine Mandatierung. Jede Kanzlei wird zudem in naher Zukunft mit gleicher Selbstverständlichkeit E-mails versenden wie Telefaxe und dadurch die eigenen Kommunikationsmöglichkeiten effektivieren. Darüber hinaus wird das Internet auch von Anwaltskanzleien ganz allgemein zur Informationsbeschaffung genutzt werden.[5]

Das alles erleichtert, ändert anwaltliche Tätigkeit jedoch nicht grundlegend. Organisa- 5
tion und Arbeitsweise einer Anwaltskanzlei werden durch eine solche Nutzung nur modifiziert. Es ist möglich und in vielen Fällen sicher auch gewollt, Anwaltskanzleien in der bisherigen Form weiterzuführen und das Internet nur in einigen Bereichen zu Werbemaßnahmen oder zur Vereinfachung und Beschleunigung der Kommunikation zu nutzen. Statt das Internet nur in einigen Bereichen zur Erleichterung anwaltlicher Tätigkeit einzusetzen, kann anwaltliche Tätigkeit aber auch ganz umfassend auf die Möglichkeiten des Internet ausgerichtet werden.[6] Geschieht dies unter Aufgabe herkömmlicher

---

[1] Zur Nutzung des Internet durch Anwaltskanzleien allgemein auch *Schröder,* NJW-CoR 1998, 40ff.; *Disterer,* BRAK-Mitt. 1998, 27ff., 78ff., 131ff.

[2] Eine Liste deutscher Anwaltskanzleien mit eigenen Homepages findet sich unter http://members.aol.com/WinGbR/radir1.htm. Beispiele gelungener Selbstdarstellung im Internet sind http://bbmw.de (Beiten Burkhardt Mittl & Wegener); http://www.andersonkill.com/home2.cgi (Anderson, Kill & Olick); http://www.arentfox.com/ (Arent Fox Kintner Plotkin & Kahn); http://www.bccb.com/ (Boult, Cummings, Conners & Berry); http://www.cooley.com/ (Cooley Godward); http://pillsburylaw.com/ (Pillsbury Madison & Sutro LLP); weitere Beispiele bei *Disterer,* BRAK-Mitt. 1998, 79. Zur Werbung im Internet allgemein *Bürlimann,* Werbung im Internet, 1. Aufl. 1999; *Freitag,* Werbung im Internet von A-Z, 1. Aufl. 1999.

[3] Nach konservativen Schätzungen verfügen heute allein in Deutschland 4,5 Millionen Haushalte über einen Internet-Anschluß, im Jahre 2003 werden es 12,1 Millionen sein, FAZ v. 21. 12. 1998, S. 24. Die Gruppe von Internetnutzern, die am Arbeitsplatz über einen Internetanschluß verfügen, kommt noch hinzu. Nach Angaben des Instituts der Deutschen Wirtschaft haben bereits 1997 80% aller Betriebe mit mehr als 1000 Mitarbeitern das Internet genutzt, Institut der Deutschen Wirtschaft (Hrsg.), Informationsdienst iwd Nr. 41 vom 9. 10. 1997, S. 8. Die Nutzung und Verbreitung des Internet weist jährlich dreistellige Wachstumsraten auf, *Disterer,* BRAK-Mitt. 1998, 27.

[4] Allgemein zur Bedeutung des Internet für die Führung und die Öffentlichkeitsarbeit von Unternehmen *Krzeminski/Zerfaß,* Interaktive Unternehmenskommunikation, 1998; *Fuchs/Möhrle/Schmidt-Marwede,* PR im Netz, 1. Aufl. 1998; *Lamprecht,* Marketing im Internet, 1. Aufl. 1996; *Roll,* Marketing im Internet, 1. Aufl. 1996.

[5] Dazu umfassend *Kuner,* Internet für Juristen, 2. Aufl. 1998. Zur Methodik der Informationsbeschaffung *Theerkorn,* BRAK-Mitt. 1998, 110ff.

[6] Zu den verschiedenen Stufen möglicher Internetpräsenz von Anwälten *Disterer,* BRAK-Mitt. 1998, 78f.

Strukturen, entsteht ein neues Organisationsmodell, das im weiteren als **„Virtuelle Anwaltskanzlei“** bezeichnet werden soll.

6 In Aufgabenstellung und Zielsetzung entsprechen Virtuelle Anwaltskanzleien ganz herkömmlichen Anwaltskanzleien. Sie bieten Rechtsberatung an und in ihnen sind Anwälte zum Zwecke gemeinsamer Berufsausübung zusammengeschlossen. Signifikant anders ist nur die Organisation der Zusammenarbeit der Anwälte innerhalb der Kanzlei und die Organisation des Kontakts zu den Mandanten. Die Anwälte einer Virtuellen Anwaltskanzlei teilen nicht ein gemeinsames Büro, sondern sind auf viele Standorte verteilt und über ein gemeinsames Computernetzwerk miteinander verbunden.[7] Ihre Kommmunikation und Kooperation erfolgt nicht im persönlichen Gepräch, sondern weitestmöglich über das kanzleieigene Computernetzwerk bzw. das Internet und mittels herkömmlicher Methoden moderner **Fernkommunikation**. Gleichwohl sind sie rechtlich wie die Anwälte einer herkömmlichen Kanzlei zu einer Sozietät, einer GmbH oder einer Partnerschaftsgesellschaft verbunden. Diese Einheit wird nach außen indes nicht über gemeinsame Kanzleiräume, sondern über eine **gemeinsame Homepage** zum Ausdruck gebracht. Die Homepage ist das virtuelle Gegenstück zu den Kanzleiräumen einer herkömmlichen Anwaltskanzlei. Sie ist die Schnittstelle, über die der Kontakt mit den Mandanten begründet wird, sie dient der Selbstdarstellung, der Werbung und über sie erfolgt der Abschluß des Mandatsvertrages.

7 Insgesamt sind diese Eigenarten von so großer praktischer Bedeutung, daß es gerechtfertigt erscheint, das Organisationsmodell internetgestütze Anwaltskanzlei durch den Namen „Virtuelle Anwaltskanzlei“ begrifflich von herkömmlichen Anwaltskanzleien abzugrenzen.[8] Dabei darf jedoch nicht übersehen werden, daß die Grenzen zwischen einer Virtuellen Anwaltskanzlei und einer herkömmlichen Anwaltskanzlei fließend sein können. Wie bereits angemerkt, werden auch herkömmliche Anwaltskanzleien das Internet in Zukunft für ihre Arbeit nutzbar machen müssen. Virtuelle Anwaltskanzleien auf der anderen Seite mögen sich dafür entscheiden, ihre rein virtuelle Existenz aufzugeben und beispielsweise Geschäftsräume für regelmäßigen Mandantenbesuch bereitzuhalten. Im Wege sinnvoller Modifikation der Grundmodelle können so Zwischenformen entstehen, die abhängig von der individuellen Geschäftspolitik einer Anwaltskanzlei in idealer Weise die Vorteile beider Grundmodelle miteinander verbinden. Die konkrete Kanzleigestaltung muß indes stets eingedenk der spezifichen Vor- und Nachteile beider Grundmodelle erfolgen.

8 Das Organisationsmodell Virtuelle Anwaltskanzlei eignet sich für Berufsanfänger, vor allem aber auch für etablierte kleine und mittlere Kanzleien, die sich neue Felder der Rechtsberatung erschließen wollen. Der **Grundgedanke**, auf dem das Prinzip der Virtuellen Anwaltskanzlei beruht, ist denkbar einfach. Rechtsberatung setzt nicht zwingend ein persönliches Gespräch voraus, sondern kann schriftlich oder fernmündlich erfolgen. Bereits heute liegt der Schwerpunkt anwaltlicher Tätigkeit nicht auf dem persönlichen Mandantengespräch. Schriftliche Stellungnahmen und fernmündliche Besprechungen stehen im Vordergrund.

---

[7] Zur technischen Realisierung eines solchen Netzwerks *Hoppen,* NJW-CoR 1998, 340ff. und *Schneider,* NJW-CoR 1998, 277ff.

[8] Die Homepage einer Virtuellen Anwaltskanzlei findet sich unter http://www.tvlf.com/ (Thierman Law Firm). Als Virtuelle Kanzlei bezeichnet sich auch die Organisation „Medienanwälte International (MAI), http://www.virtuelle-kanzlei.de/index33Münster.html, die aber allem Anschein nach nur auf einer Kooperationsvereinbarung beruht. Zur virtuellen Kooperation in anderen Unternehmensbereichen vgl. den Beitrag von *Lange,* BB 1998, 1165ff.

C. Einsatzmöglichkeiten Virtueller Anwaltskanzleien

Virtuelle Anwaltskanzleien erbringen ihre Dienstleistung „Rechtsberatung" ganz grundsätzlich nur über das Internet. Sie eignen sich deshalb nicht für alle Geschäftsfelder anwaltlicher Dienstleistung. Einschränkungen ergeben sich vor allem daraus, daß die Anwälte Virtueller Kanzleien nicht für persönliche Treffen mit ihren Mandanten verfügbar sind. Zwar werden auch sie zu einem persönlichen Gespräch bereit sein, soweit dies erforderlich und praktisch möglich ist. Solche persönlichen Mandantengespräche müssen nach dem Grundmodell der Virtuellen Anwaltskanzlei jedoch die Ausnahme sein. All die Segmente der Rechtsberatung, in denen auf das persönliche Mandantengespräch verzichtet werden kann, kommen dagegen als Tätigkeitsfelder Virtueller Anwaltskanzleien in Betracht. Virtuelle Kanzleien können in diesen Bereichen Rechtsberatung schneller, kostengünstiger und aufgrund ihrer besonderen Spezialisierungsmöglichkeiten auch fachkundiger anbieten als herkömmliche Kanzleien. Von Vorteil sind insbesondere die weltweite Präsenz der Virtuellen Anwaltskanzlei, ihre professionellen anwaltlichen Kooperationsmöglichkeiten und die erleichterte Kommunikation mit den Mandanten. 9

Im konkreten Fall ist die Eignung Virtueller Anwaltskanzleien für anwaltliche Dienstleistung abhängig von der **Person des Mandanten** und dem **Gegenstand der nachgefragten Dienstleistung**. 10

I. Klientel

Privatleute werden tendenziell weniger bereit sein, auf die physische Präsenz „ihres" Anwaltes und auf ein persönliches Gespräch mit diesem zu verzichten. Persönlich kommen daher als Auftraggeber eher Unternehmer, Mitarbeiter in Rechtsabteilungen und andere Anwälte in Betracht, die mit der unpersönlichen und sachbezogenen Arbeitsweise einer Virtuellen Anwaltskanzlei eher vertraut sind und diese zu schätzen wissen. 11

II. Gegenstand der anwaltlichen Dienstleistung

1. Forensische Tätigkeiten

Hinsichtlich des Gegenstands der Dienstleistung scheiden zunächst **Prozeßvertretungen** weitgehend aus. Zum einen setzt die Vertretung eines Mandanten im Gerichtsverfahren mehr als jede andere Art anwaltlicher Tätigkeit eine persönliche Einschätzung des Mandanten und seines tatsächlichen Vorbringens voraus. Ohne ein persönliches Gespräch ist eine solche Einschätzung kaum möglich. Darüber hinaus ist für den Mandanten im Falle eines Prozesses ein intaktes Vertrauensverhältnis zu seinem Anwalt von besonderer Bedeutung. Auch dies ist ohne persönliche Gespräche schwer zu etablieren. Der Anwalt muß im Falle einer gerichtlichen Auseinandersetzung zudem bei dem zuständigen Gericht präsent, im Falle von Zivilprozessen sogar zugelassen sein. Anwälte Virtueller Anwaltskanzleien erfüllen diese Voraussetzung nur ausnahmsweise. Schließlich kann die Kommunikation mit den Gerichten derzeit nicht mit modernen Kommunikationsmitteln geführt werden. Virtuelle Anwaltskanzleien sind damit für forensische Tätigkeiten weitgehend ungeeignet. 12

Allerdings könnte sich diese Beurteilung mittelfristig ändern, wenn in Zukunft zivilgerichtliche **Verhandlungen als Videokonferenzen** stattfinden. Entsprechende Versuche sind auf Betreiben der deutschen Justizministerkonferenz bereits durchgeführt worden.[9] Die elektronische Abwicklung des Schriftverkehrs mit Gerichten und Behörden scheitert zwar derzeit noch an deren fehlender technischer Ausstattung. Hat die moderne Kommunikationstechnologie jedoch erst Einzug in Gerichte und Behörden gehalten, wird auch die schriftliche Vorbereitung eines Zivilprozesses im Wege internetgestützter Kommunikation erfolgen können. Die Korrespondenz wird dann durch elektronische Schriftsätze, gesi- 13

[9] Vgl. den Bericht in DRiZ 1996, 289f.

chert durch elektronische Signaturen erfolgen. Prozeßformulare werden von den Gerichten auf deren Homepage vorgehalten und von den Prozeßvertretern online ausgefüllt werden können.[10] Der Erlaß des Signaturgesetzes vom 13. 6. 1997[11] und der Signaturverordnung vom 22. 10. 1997[12] waren wichtige Schritte auf dem Weg dorthin.[13] Das Mahnverfahren kann bei manchen Gerichten bereits heute online im Wege der datenträgerlosen Datenfernübertragung betrieben werden.[14] Auf dieser Erfahrung wird man bei der Entwicklung eines Konzepts zur Durchführung virtueller Zivilprozesse aufbauen können.

14 Wird dem folgend auch noch **die örtliche Beschränkung der Zulassung** von Anwälten beim Landgericht aufgehoben (so ab 1. 1. 2000 in den alten Bundesländern), sind Virtuelle Anwaltskanzleien für diese Art moderner Prozeßführung geradezu prädestiniert. Bis diese Voraussetzungen gegeben sind, wird auch die Nutzung des Internet zum Zwecke der Fernkommunikation noch gebräuchlicher geworden sein. Inwieweit Prozeßanwälte und Mandanten dann auch bereit sein werden, auf persönliche Beratungsgespräche zu verzichten, bleibt abzuwarten.

2. Rechtsberatung

15 Jede Form **beratender Tätigkeit** kann von Virtuellen Anwaltskanzleien ohne weiteres übernommen werden. Das Spektrum reicht von der telefonischen Beantwortung kurzer Anfragen bis zur Erstellung umfangreicher Gutachten. Virtuelle Anwaltskanzleien können Auskunft zu konkreten Rechtsfragen erteilen oder Regel- und Vertragswerke eigenständig rechtlich würdigen. Sie können im Einzelfall tätig werden oder Mandanten im Rahmen eines Beratungsvertrages dauerhaft betreuen.

16 In einigen Bereichen anwaltlicher Rechtsberatung sind Virtuelle Anwaltskanzleien sogar leistungsfähiger als herkömmliche Kanzleien, namentlich bei der Beantwortung einfacher Rechtsfragen (a), bei der Beratung in speziellen Rechtsgebieten (b) und in der internationalen Rechtsberatung (c). Als weiterer Geschäftsbereich kommt mittelfristig die virtuelle Schiedsgerichtsbarkeit hinzu (d).

17 **a) Einfache Rechtsfragen.** Virtuelle Anwaltskanzleien sind in der Lage, kostengünstig allgemeine Rechtsberatung mit dem Ziel anzubieten, einfache Rechtsfragen sofort zu klären.[15]

18 Zu denken ist hier vor allem an die **telefonische Rechtsberatung** unter Einsatz **gebührenpflichtiger Telefonnummern** („0190-Nummern").[16] Ist der Mandant in der

---

[10] Zur Möglichkeit eines elektronisch gestützten Zivilprozesses ausführlich *Schnelle/Bender,* DRiZ 1993, 99 ff.

[11] Erlassen als Art. 3 des Informations- und Kommunikationsdienste-Gesetzes, BGBl I, 1870.

[12] BGBl I, 2498.

[13] Ausführlich dazu *Rott,* NJW-CoR 1998, 420, 421 ff.

[14] Vgl. dazu *Gräve/Lukies,* NJW-CoR 1998, 228 ff.

[15] Die sofortige Beantwortung von Rechtsfragen bieten beispielsweise folgende Kanzleien an: Pfefferle Koch Hellberg & Partner, http://www.pfefferle.de/menu.html; RA Elmar Liese, http://www.gruendungs.com/recht.htm;Härting,http://www.snafu.de/080haerting/index2.html;„Berliner Kanzleien", http://www.berliner-kanzleien.de/bkgo.htm; RA Dr. P. Bluttner, http://www.rechtsanwalt.de/de/home.htm;RAFrankRose,http://home.t-online.de/home/rose.rechtsanwalt/fragen.htm.

[16] Telefonische Rechtsberatung wird derzeit soweit ersichtlich vor allem von zwei Unternehmen angeboten, die aber keine Rechtsanwaltskanzleien sind, sondern Betreiber von sog. „Service-Hotlines" und die die Telefonanschlüsse zum Zwecke der Rechtsberatung Anwälten zur Verfügung stellen: InfoGenie! GmbH, Berlin, Tel: (0190) 873240 und Anwaltshotline GmbH, München, Tel: (0190) 868686. Sehr instruktiv zu dieser Form der Rechtsberatung ist die Homepage der Anwaltshotline GmbH, http://www.anwaltshotline.de/. In einem vom OLG München entschiedenen Fall betrugen die Gebühren DM 3,63 je Gesprächsminute, die von der Telekom eingezogen und abzüglich eines Einbehalts von DM 1,15 pro Gesprächsminute weitergeleitet wurden, OLG München, Urt. v. 23. 7. 1998, INF 1998, 605 = NJ 1998, 560 = NJW-CoR 1998, 365; ebenso in einem vom OLG Frankfurt/M. entschiedenen Fall, OLG Frankfurt/M. WRP 1999, 110.

Lage, seine Frage klar zu formulieren, kann er über die Homepage den dafür qualifizierten Anwalt ermitteln und anrufen. Dieser ist aufgrund seines Sonderwissens ad hoc und ohne großen Aufwand zur Beantwortung in der Lage. Da die Anfrage bei dem Rechtsanwalt einer Virtuellen Anwaltskanzlei weder große Kommunikationskosten verursacht noch in nennenswertem Umfang Zeit in Anspruch nimmt, wird der Mandant die Antwort auf seine Frage dort schneller und billiger bekommen als in einer herkömmlichen Anwaltskanzlei. Der Anwalt der Virtuellen Anwaltskanzlei kann in gleicher Zeit erheblich mehr Anfragen beantworten als sein Kollege in der herkömmlichen Kanzlei. Die Abrechnung über eine gebührenpflichtige Telefonnummer minimiert den Verwaltungsaufwand. Daraus entstehen Kostenvorteile, die an den Mandanten weitergegeben werden können.

Für den Mandanten bietet die telefonische Rechtsberatung eine Reihe von Vorteilen. Er 19 erhält **schnell** und vergleichsweise **kostengünstig** Auskunft zu den ihn interessierenden Rechtsfragen. Im Einzelfall kann damit sein Rechtsproblem bereits gelöst sein. Häufig wird die telefonische Rechtsberatung aber nur die Entscheidung über das weitere Vorgehen vorbereiten. Auf der Grundlage der Auskunft kann der Rechtssuchende entscheiden, ob er eine umfassende Rechtsberatung in Anspruch nehmen will oder ob nicht. Die telefonische Anfrage ist **anonym**, auch das werden viele Mandanten als Vorteil empfinden. Bisherige Erfahrungen haben gezeigt, daß Mandanten die telefonische Rechtsberatung auch zur **Überprüfung** des Rechtsrats nutzen, den sie von ihrem Anwalt bereits erhalten haben. Es dürfte nicht fernliegend sein anzunehmen, daß Mandanten die telefonische Rechtsberatung einer Kanzlei zukünftig auch als eine Art **vorgeschalteter Qualitätskontrolle** nutzen. Nur wenn sie mit dem telefonisch erteilten Rat zufrieden sind, erhält die Kanzlei ein umfassendes Mandat.

Ist der Rechtsanwalt der Virtuellen Anwaltskanzlei auf telefonische Anfrage nicht sofort 20 in der Lage, die gestellte Frage zu beantworten, kann er zumindest das relevante Problem benennen und den Mandanten an einen in diesem Gebiet kompetenten Anwalt **weiterverweisen**. Der Rechtsanwalt nimmt quasi eine „Hausarztfunktion" wahr, er löst das Problem zwar nicht, weist aber den Weg zu dem fachkompetenten Kollegen. Allein dieser Rat dürfte die geringen Kosten einer telefonischen Anfrage wert sein.

Ob der Einsatz gebührenpflichtiger Telefonnummern zum Zwecke der Rechtsberatung 21 **zulässig** ist, ist allerdings derzeit noch nicht endgültig geklärt.[17] Probleme könnten sich vor allem aus § 49b Abs. 1 BRAO ergeben, nach denen Rechtsanwälte keine geringeren als die in der BRAGO vorgesehenen Gebühren verlangen dürfen. Das Verbot der Unterschreitung der gesetzlichen Gebühren gilt indes nur für gerichtliches Tätigwerden, für außergerichtliches Tätigwerden können die Anwaltsgebühren frei vereinbart werden, § 3 Abs. 5 BRAGO.[18] Die telefonische Rechtsberatung wird in aller Regel nicht in ein gerichtliches Tätigwerden für den Mandanten münden, sondern außergerichtlich bleiben. § 49b Abs. 1 BRAO steht dem Einsatz gebührenpflichtiger Telefonnummern zum Zwecke telefonischer Rechtsberatung daher nicht entgegen.[19] Gleiches gilt für das Schriftformerfordernis des § 3 Abs. 1 BRAGO. Zwar bedürfen Gebührenvereinbarungen der Schriftform. Die Nichteinhaltung dieser Form schließt jedoch lediglich die zwangsweise Durchsetzung des noch nicht erfüllten Anspruchs aus. Der Anspruch auf die gesetzlichen Gebühren bleibt ebenso unberührt,[20] wie eine alternative Form der Gebührenerhebung

[17] Für die Zulässigkeit OLG München, Urt. v. 23. 7. 1998, INF 1998, 605 = NJW-CoR 1998, 365 = NJ 1998, 560 mit zust. Anm. *Kleine-Cosack*; LG Berlin, Urt. v. 18. 8. 1998, Az. 16 O 121/98; LG Erfurt, Beschl. v. 16. 2. 1998, Az. 7 O 461/98. Gegen die Zulässigkeit OLG Frankfurt/M., Urt. v. 5. 11. 1998, WRP 1999, 110 = NJW-CoR 1998, 494.

[18] *Gerold/Schmidt/v. Eicken/Madert*, BRAGO, 13. Aufl. 1997, § 3 Rz. 2.

[19] A. A. OLG Frankfurt/M., Urt. v. 5. 11. 1998, WRP 1999, 111 = NJW-CoR 1998, 494. Nach Ansicht des OLG Frankfurt/M. ist die Abrechnung über gebührenpflichtige Telefonnummern unzulässig, weil die von § 3 Abs. 5 S. 4 BRAGO geforderte Angemessenheit der Gebühr bei dieser Art der Abrechnung nicht in jedem Fall sichergestellt werden kann.

[20] *Gerold/Schmidt/v. Eicken/Madert*, BRAGO, 13. Aufl. 1997, § 3 Rz. 6.

möglich bleibt.[21] Schließlich verstößt die Einziehung der Gebühren über eine Telefongesellschaft auch nicht gegen § 49b Abs. 4 BRAO. Nach dieser Vorschrift dürfen nicht titulierte Gebührenforderungen nur an Personen abgetreten werden, die einer Rechtsanwaltskammer angehören. Die Beschränkung der Abtretungsmöglichkeit soll sicherstellen, daß auch im Rahmen des Gebühreneinzugs Verschwiegenheitspflichten gewahrt bleiben.[22] Der automatische Gebühreneinzug durch eine Telefongesellschaft gefährdet die Einhaltung von Verschwiegenheitspflichten jedoch nicht. Im übrigen muß der Einziehung keine Abtretung der Gebührenforderung vorausgehen. Jedenfalls ist aber davon auszugehen, daß der Kunde durch das Anwählen der gebührenpflichtigen Telefonnummer sein Einverständnis mit dieser Form des Gebühreneinziehung erklärt.[23]

22 Statt die Anfrage telefonisch an den Anwalt zu richten, kann die Frage auch per E-Mail/Attachment[24] übermittelt und beantwortet werden.[25] Diese Kommunikationsalternative läßt dem Anwalt mehr Zeit für die Erarbeitung und Formulierung einer Antwort, da die Antwort anders als bei einer telefonischen Anfrage nicht adhoc gegeben werden muß. Die Abrechnung der Auskunftsleistung ist bei dieser Alternative zwar aufwendiger, da keine gebührenpflichtige Telefonnumer verwendet werden kann. Der Verwaltungsaufwand kann aber in Grenzen gehalten werden, wenn die Bezahlung statt dessen mittels **Kreditkarte** erfolgt.[26] Vorstellbar ist auch, die Abrechnung über das **Benutzerkonto** des Kunden bei dessen Online-Dienst vorzunehmen.[27]

23 **b) Spezielle Rechtsgebiete.** Die Rechtsberatung durch Virtuelle Anwaltskanzleien muß sich indes keineswegs auf die schnelle Klärung simpler Rechtsfragen beschränken. Virtuelle Anwaltskanzleien eignen sich gerade auch für anspruchsvolle Rechtsberatung in komplizierten Rechtsfragen.

24 Anwälte einer Virtuellen Anwaltskanzlei sind in der Lage, sich auf eng begrenzte Rechtsgebiete zu spezialisieren. Anders als herkömmliche Anwaltskanzleien sind Virtuelle Anwaltskanzleien nicht auf das örtliche Mandatsaufkommen verwiesen, da sie ihre **Rechtsberatung** bundes- bzw. weltweit anbieten. Der Anwalt einer Virtuellen Anwaltskanzlei kann sich daher unabhängig von seinem Wohnort und dem dortigen Mandatsaufkommen auf jedes erdenkliche, noch so enge Rechtsgebiet spezialisieren. Seine internetgestützte, räumlich unbegrenzte Präsenz gewährleistet den Zugang zu einer hinreichenden Zahl potentieller Mandanten.

25 Anwälte einer Virtuellen Anwaltskanzlei können zudem durch die dauerhafte Arbeit in Spezialgebieten Qualifikationen erwerben, die Anwälte herkömmlicher Anwaltskanzleien

[21] So zutreffend das LG Erfurt, das ausführt, § 3 Abs. 1 S. 1 BRAGO stelle kein Schutzgesetz i. S. v. § 823 Abs. 2 BGB dar, LG Erfurt, JZ 1998, 527. A. A. OLG Frankfurt/M., Urt. v. 5. 11. 1998, WRP 1999, 110 = NJW-CoR 1998, 494, mit der Begründung, die Überschreitung der gesetzlichen Gebühren werde von den Anrufern verkannt und daher nicht freiwillig akzeptiert.

[22] *Jessnitzer/Blumberg*, BRAO, 8. Aufl. 1998, § 49b Rz. 7.

[23] So zutreffend OLG München, Urt. v. 23. 7. 1998, INF 1998, 605 = NJW-CoR 1998, 365 = NJ 1998, 560 mit zust. Anm. *Kleine-Cosack*. Ausführlich zu diesen und weiteren rechtlichen Problemen der Rechtsberatung mittels gebührenpflichtiger Telefonnummern *Zimmermann,* NJW-CoR 1998, 351 ff.; *Kleine-Cosack*, NJW-CoR 1998, 354 ff.

[24] Attachments sind beliebige Dateien, die als solche zusammen mit einer E-Mail versandt werden können. Der Empfänger erhält die Datei als Text- oder Bilddatei etc (z. B. als Word-Dokument) und kann sie dementsprechend weiterverarbeiten.

[25] Rechtsberatung per E-Mail bieten z. B. die JUCOM Rechtsinformationssystem GmbH, http://www.rechtplus.de/rechtsrat/index.html, die Woschko Beteiligungen GmbH, http://www.recht-online.com/index.html, und die going concern ag, http://www.rechtpreiswert.de/, an.

[26] *Kopp* hält die Abrechnung per Kreditkarte allerdings für unzulässig, *Kopp,* BRAK-Mitt. 1998, 214 ff.

[27] Diese Alternative wird von dem Informationsdienst InfoGenie in Zusammenarbeit mit dem Online-Dienst Compuserve praktiziert. Kunden, die Anfragen an InfoGenie richten, übersenden mit dem E-Mail zugleich eine Kennummer, die den auskunftgebenden Anwalt autorisiert, eine Zahlung zugunsten von InfoGenie und zu Lasten des Compuserve-Kundenkontos zu veranlassen.

im Regelfall nicht aufweisen.[28] Zwar beschränken auch Anwälte in herkömmlichen Kanzleien ihre Tätigkeit im Rahmen kanzleiinterner Geschäftsverteilung regelmäßig auf einige Rechtsgebiete. Für eine wirkliche **Spezialisierung** fehlt jedoch in aller Regel das einschlägige Mandatsaufkommen am Ort der Kanzlei.

Zusätzliche Beratungskompetenz erlangen Virtuelle Anwaltskanzleien dadurch, daß sich in ihnen viele auf verschiedene Rechtsgebiete spezialisierte Anwälte und Anwälte verschiedener Nationalitäten zusammenschließen können. Der entscheidende praktische Vorteil Virtueller Anwaltskanzleien liegt darin, daß ein **Zusammenschluß ohne örtliche Bindung** möglich ist. Die Aufnahme der Tätigkeit für eine Virtuelle Anwaltskanzlei setzt nicht voraus, daß der betroffene Anwalt seinen Wohnsitz am Ort der Kanzlei nimmt. Eben darin liegt aber das zentrale Problem herkömmlicher Kanzleien. Herkömmlichen Kanzleien in kleinen und mittelgroßen Städten ist es kaum möglich, spezialisierte Anwälte für eine Mitarbeit zu gewinnen, da Kanzleien in Großstädten höheres Einkommen und ein attraktiveres Arbeitsumfeld versprechen. Ebenso ist die Anwerbung von Anwälten aus anderen Staaten für eine Tätigkeit vor Ort kaum möglich, da sie den Umzug des Anwalts in ein für ihn fremdes Land voraussetzen würde. Ein überörtlicher oder internationaler Zusammenschluß ist zwar auch bei herkömmlichen Kanzleien nicht ausgeschlossen. Er ist dort aber praktisch ungleich viel schwieriger und daher de facto einigen wenigen Großkanzleien vorbehalten. 26

Bei konsequenter Spezialisierung ist es Virtuellen Anwaltskanzleien möglich, gezielt Rechtsbereiche zu betreuen, die bisher kaum qualifiziert beraten werden konnten. Hier existieren Marktnischen, für deren Besetzung Virtuelle Anwaltskanzleien prädestiniert sind. Als **Auftraggeber** kommen durchaus auch andere Anwaltskanzleien in Betracht, die ein Mandat betreuen, das Fragen in speziellen Rechtsgebieten aufwirft. Fehlt es den verantwortlichen Anwälten an dem erforderlichen Sonderwissen, ist es für sie im Zweifel effektiver und sicherer, diese Fragen auszugliedern und durch eine Virtuelle Anwaltskanzlei klären zu lassen, als sich selbst in die Materie einzuarbeiten. 27

c) Internationale Rechtsberatung. Virtuelle Anwaltskanzleien sind aufgrund ihrer internetgestützten, weltweiten Präsenz insbesondere auch zur internationalen Rechtsberatung befähigt, ein Bereich, der bisher Großkanzleien, Universitäten und Instituten für internationales Recht vorbehalten gewesen ist. 28

Internationale Rechtsberatung beschränkt sich nicht auf die Betreuung komplexer internationaler Wirtschaftsbeziehungen. Bedarf für internationale Rechtsberatung besteht häufig auch bei relativ simplen Fallgestaltungen, die lediglich grenzüberschreitender Natur sind. Beispiele dafür sind einfache Handelsbeziehungen, Immobilienerwerb im Ausland, Vertragsschlüsse anläßlich eines Auslandsaufenthalts, Eheschließungen und Ehescheidungen zwischen Personen unterschiedlicher Nationalität und Erbfälle mit Auslandsbezug, um nur einige wenige zu nennen. Auf etwas anspruchsvollerer Ebene kommt die Betreuung geplanter Auslandsinvestitionen und die Gründung von Joint Ventures, von Zweigniederlassungen oder Auslandsgesellschaften hinzu. Mit der Schaffung eines gemeinsamen Marktes und der Einführung einer gemeinsamen Währung werden diese Sachverhalte insbesondere im europäischen Raum stark zunehmen. 29

In all diesen Fällen ist es für die Parteien, die beteiligten Behörden oder das entscheidende Gericht wichtig, über das anzuwendende **ausländische Recht** schnell, zuverlässig und kostengünstig Auskunft zu erhalten. Bisher wurden solche Fragen teuren inländischen Großkanzleien, Universitäten oder Instituten für internationales Recht zur Begutachtung vorgelegt, die zwar fachkundig sind, aber gleichwohl über für sie fremdes Recht Auskunft 30

[28] Online-Rechtsberatung in Spezialgebieten bieten beispielsweise folgende Kanzleien an: Fredericks & von der Horst (Medienrecht), http://www.virtuelle-kanzlei.de/index33Münster.html; Broglie Schade & Partner (Arztrecht), http://www.arztrecht.de/default.htm; Virginia Online Legal Research Company (Recht des Staates Virginia), http://www.vaonline.com/. Einen umfassenderen Ansatz verfolgt die National Legal Research Group (Recht der USA), http://www.nlrg.com/.

geben mit allen dadurch bedingten Unsicherheiten. In Zukunft werden solche Fragen von Virtuellen Anwaltskanzleien beantwortet werden. Virtuelle Anwaltskanzleien sind durch ihre Homepage weltweit präsent und jederzeit auffindbar. Entsteht im Ausland Rechtsberatungsbedarf, kann eine Virtuelle Anwaltskanzlei des Landes, dessen Recht in Frage steht, ohne Probleme, ohne Zeitverzögerung und nahezu kostenfrei kontaktiert werden. Der Anwalt der Virtuellen Anwaltskanzlei gibt über sein Heimatrecht Auskunft. Er kann dies zuverlässig, ohne großen Aufwand via E-mail/Attachment und damit schnell und kostengünstig tun. Korrespondenzsprache ist Englisch. Scheut sich der Mandant, direkt mit einer ausländischen Kanzlei Kontakt aufzunehmen, kann er sich an eine Virtuelle Anwaltskanzlei in Deutschland wenden, die eine Niederlassung im Ausland unterhält. Intern wird die Frage sodann an den zuständigen Anwalt weitergeleitet.

31 Die **Beratung ausländischer Mandanten** ist damit ein weiteres geeignetes Betätigungsfeld Virtueller Anwaltskanzleien. Im Vergleich zu ihren herkömmlichen Konkurrenten, Großkanzleien, Universitäten und Instituten für ausländisches Recht im Lande des Fragestellers, sind sie qualifizierter, kostengünstiger und schneller. Die internationale Rechtsberatung wird sich durch die Gründung Virtueller Anwaltskanzleien daher grundlegend verändern.

32 **d) Virtuelle Schiedsgerichtsbarkeit.** Aufgrund ihres professionellen Umgangs mit den Kommunikationsmöglichkeiten des Internet eignen sich Virtuelle Anwaltskanzleien schließlich in besonderem Maße für die Beilegung zivilrechtlicher Streitigkeiten im Wege virtueller Schiedsgerichtsverfahren. Auch damit eröffnet sich für sie ein weiterer, als solcher völlig neuer Geschäftsbereich anwaltlicher Tätigkeit. Virtuelle Anwaltskanzleien sollten sich dabei auf die **Vertretung** von Parteien in virtuellen Schiedsgerichtsverfahren beschränken. Die **Durchführung** der Schiedsgerichtsverfahren selbst sollte in den Händen virtueller Schiedsgerichtsinstitutionen liegen.

33 Die Internationalisierung der Wirtschaft durch das Internet wird in absehbarer Zeit einen Markt für virtuelle Schiedsgerichtsbarkeit entstehen lassen. Mit dem Internet steht heute auch kleinen und mittleren Unternehmen ein Medium zur weltweiten Werbung zur Verfügung. Die Vereinfachung der Kommunikation, des Vertragsschlusses und des Zahlungsverkehrs durch das Internet ermöglicht diesen Unternehmen ungeachtet eines evtl. geringen Auftragsvolumens den internationalen Handel mit Waren und Dienstleistungen. Problematisch bleibt allein die Rechtsverfolgung im Falle von Leistungsstörungen. Schon heute ist im internationalen Handelsverkehr staatlicher Rechtsschutz weitgehend durch die effizientere und praktikablere internationale Schiedsgerichtsbarkeit verdrängt worden.[29] Auch die Durchführung herkömmlicher internationaler Schiedsgerichtsverfahren ist jedoch mit so hohen Kosten verbunden, daß geringe Forderungen kaum justitiabel sind. Zur Verfolgung bestrittener Ansprüche und zur Beilegung von Streitigkeiten aus geringwertigen Handelsbeziehungen bedarf es deshalb der Entwicklung eines effizienteren Konfliktlösungssystems.

34 Virtuelle Schiedsgerichtsinstitutionen führen Schiedsgerichtsverfahren durch, verzichten dabei aber auf die physische Präsenz der Beteiligten und beschränken sich auf die Möglichkeit der Fernkommunikation. Wie Virtuelle Anwaltskanzleien nutzen virtuelle Schiedsgerichtsinstitutionen die Kommunikationsmöglichkeiten des Internet für ihre Tätigkeit. Video- und Telefonkonferenzen bieten einen Ersatz für die – ohnehin nicht zwingende – mündliche Verhandlung.[30] Eine Reisetätigkeit der Parteien, ihrer Vertreter und der Schiedsrichter entfällt. Der Zeit- und Kostenaufwand für die Streitbeilegung wird minimiert. Die Einhaltung zwingenden Verfahrensrechts durch virtuelle Schiedsgerichts-

---

[29] Vgl. dazu nur *Gottwald,* Internationale Schiedsgerichtsbarkeit, 1997, S. 1ff.

[30] Die Durchführung zivilgerichtlicher Verhandlungen mittels Videokonferenzen wird auf Betreiben der deutschen Justizministerkonferenz bereits erprobt, vgl. den Bericht in DRiZ 1996, 289f. Diesem Beispiel folgend könnten gerade auch internationale Schiedsverfahren unter Zuhilfenahme von Videokonferenzen durchgeführt werden.

institutionen kann dabei im Einzelfall zwar problematisch sein. Im Spannungsfeld zwischen Praktikabilität und rechtsstaatlichen Verfahrensgrundsätzen wird virtuellen Schiedsgerichtsinstitutionen in Zukunft gleichwohl große Bedeutung zukommen. Dies gilt um so mehr, als die Alternative in vielen Fällen de facto das Fehlen jeder Rechtsschutzmöglichkeit wäre.

e) Fazit. Gegenüber herkömmlichen Anwaltskanzleien weisen Virtuelle Anwaltskanzleien nach allem eine Reihe **spezifischer Vorteile** auf. 35

Die Gründung einer Virtuellen Anwaltskanzlei ist mit sehr **geringen Kosten** verbunden. Da die Virtuelle Anwaltskanzlei auf repräsentative Kanzleiräume verzichtet und nur ein Sekretariat unterhält, werden die damit verbundenen, regelmäßig sehr hohen Kosten eingespart. 36

Die Anwälte einer Virtuellen Anwaltskanzlei sind **keinen örtlichen** Bindungen unterworfen, sondern können ihren Wohnsitz frei wählen. In einer Virtuellen Anwaltskanzlei können sich deshalb Anwälte aus verschiedenen Regionen oder verschiedenen Staaten zusammenschließen. Im Falle eines privat bedingten Wohnsitzwechsels kann die Tätigkeit für die Virtuelle Anwaltskanzlei weitergeführt werden. 37

Die konsequent internetgestützte Organisation einer Virtuellen Anwaltskanzlei **umgeht Marktzutrittsschranken** und macht Marktsegmente zugänglich, die früher etablierten Großkanzleien vorbehalten gewesen sind. Gestützt auf ihre virtuelle Präsenz im Internet können sich Anwälte, aber auch kleine und mittlere Kanzleien unabhängig von ihrem realen geographischen Standort zusammenschließen und an einen unbegrenzten Kreis potentieller Mandanten wenden, um **Rechtsberatung auf Spezialgebieten** ebenso wie im **internationalen Recht** anzubieten. Erfolgt die Beratungsleistung im Wege der Fernkommunikation, ist auch in dieser Hinsicht der reale geographische Standort der Kanzlei ohne Bedeutung. Unter Marketing- und Kommunikationsgesichtspunkten führt das Internet daher zu einem Maß an Waffengleichheit zwischen Groß- und Kleinkanzleien, Großstadt- und Kleinstadtkanzleien, die vor der Einführung des Internet undenkbar gewesen wäre. 38

Zudem können weniger umfangreiche Anfragen **telefonisch** oder per **E-Mail/Attachment** mit geringerem Verwaltungsaufwand und deshalb kostengünstig beantwortet werden.[31] Mittelfristig kommt die Vertretung von Parteien in **virtuellen Gerichtsverfahren** und **virtuellen Schiedsgerichtsverfahren** als grundlegend neuer Geschäftsbereich hinzu. 39

Die Gründung einer Virtuellen Anwaltskanzlei bietet sich damit sowohl für Berufseinsteiger an als auch für etablierte Kanzleien, die ihre Geschäftsbereiche nachhaltig erweitern wollen. 40

D. Gründung, Struktur und Arbeitsweise einer Virtuellen Anwaltskanzlei

Das **Grundprinzip** Virtueller Anwaltskanzleien wurde bereits angesprochen. Virtuelle Anwaltskanzleien sind Anwaltskanzleien, deren Organisation nach innen wie nach außen konsequent auf die Nutzungsmöglichkeiten des Internet ausgerichtet ist. Sowohl die Zusammenarbeit der Anwälte innerhalb der Kanzlei als auch der Kontakt mit den Mandanten erfolgt weitestmöglich gestützt auf ein eigenes Computernetzwerk[32] bzw. das Internet und mittels herkömmlicher Methoden moderner Fernkommunikation. Praktische Folge dieser organisatorischen Besonderheit ist, daß in einer Virtuellen Anwaltskanz- 41

[31] Rechtsberatung per E-Mail bieten z. B. die JUCOM Rechtsinformationssystem GmbH, http://www.rechtplus.de/rechtsrat/index.html, die Woschko Beteiligungen GmbH, http://www.recht-online.com/index.html, und die going concern ag, http://www.rechtpreiswert.de/, an.

[32] Zur technischen Realisierung eines solchen Netzwerks *Hoppen,* NJW-CoR 1998, 340ff. und *Schneider,* NJW-CoR 1998, 277ff.

lei Rechtsanwälte unabhängig von ihrem realen Wohnsitz zusammenarbeiten und sich nach außen als Einheit darstellen können.

42 Im einzelnen sind für Virtuelle Anwaltskanzleien nachfolgend genannte Organisationsprinzipien kennzeichnend.

I. Kanzleiräume, Sekretariat und Arbeitsplätze

43 Kennzeichnend für Virtuelle Anwaltskanzleien ist vor allem der **Verzicht auf** gemeinsam genutzte **Kanzleiräume**. Zwar existiert ein zentrales Büro. Dies dient aber weder den Rechtsanwälten als Arbeitsplatz noch, von Ausnahmen abgesehen, dem Empfang von Mandanten. Es muß daher weder groß noch repräsentativ und damit teuer sein. Das Büro dient allein als **Sekretariat** der Virtuellen Anwaltskanzlei. Es ist Adressat für den virtuellen wie herkömmlichen Posteingang (E-mails und Briefe), in ihm werden Unterlagen aufbewahrt und dort wird der Zentralcomputer der Virtuellen Anwaltskanzlei unterhalten, auf den jeder Anwalt zum Zwecke der Dateneinsicht und – übertragung zugreifen kann.[33]

44 Die **Arbeitsplätze** der Anwälte einer Virtuellen Anwaltskanzlei werden dezentral in beliebiger Entfernung von dem Büro der Virtuellen Anwaltskanzlei eingerichtet. Die Beschaffung der Räume kann den betroffenen Anwälten überlassen werden, die also ihren Arbeitsplatz zu Hause einrichten oder selbst Geschäftsräume anmieten können. Die Mitarbeit in der Virtuellen Anwaltskanzlei setzt nicht voraus, daß der mitarbeitende Anwalt in der Stadt seinen Wohnsitz nimmt, in der sich das Sekretariat der Virtuellen Anwaltskanzlei befindet. Die beschäftigten Anwälte können mithin über die ganze Bundesrepublik verteilt oder auch in unterschiedlichen Staaten ansässig sein.

45 Vorstellbar ist auch, daß ein Anwalt an seinem Wohnsitz neben seiner Mitgliedschaft in der Virtuellen Anwaltskanzlei eine herkömmliche Kanzlei betreibt und eigene Kanzleiräume unterhält oder daß sich bestehende herkömmliche Kanzleien zu einer Virtuellen Anwaltskanzlei zusammenschließen.[34]

II. Kanzleiinterne Kommunikation

46 Da die in der Virtuellen Anwaltskanzlei zusammengeschlossenen Anwälte nicht gemeinsam an einem Ort präsent sind, muß eine regelmäßige und funktionierende **kanzleiinterne Kommunikation** auf anderem Wege als durch persönliche Gespräche sichergestellt werden.

47 In herkömmlichen Kanzleien ist die **Anwesenheit aller Anwälte** in einem gemeinsamen Büro in mehrfacher Hinsicht von Bedeutung. Zum einen können die dort beschäftigten Anwälte Fachfragen im Kollegengespräch klären. Die gegenseitige fachliche Unterstützung ist wesentlicher Garant für die Richtigkeit und Zuverlässigkeit der angebotenen Rechtsberatung. Jeder Anwalt behält zudem durch den persönlichen Kontakt einen ungefähren Überblick darüber, mit welchen Mandaten die übrigen Anwälte beschäftigt sind. Gleichzeitig wird durch den persönlichen Kontakt die gemeinsame Arbeit an einem konkreten Mandat erleichtert. Am vielleicht wichtigsten aber ist die psychologische Bedeutung gemeinsamer Präsenz an einem Ort. Der regelmäßige persönliche Kontakt begründet ein Vertrauensverhältnis, ohne daß die Zusammenarbeit in einer Sozietät schwer vorstellbar ist.

48 Das Funktionieren einer Virtuellen Anwaltskanzlei hängt maßgeblich davon ab, inwieweit es gelingt, die gemeinsame Präsenz aller Anwälte an einem Ort entbehrlich zu machen und einen hinreichenden Informationsfluß und die erforderliche Identifizierung der Anwälte miteinander durch die Möglichkeiten der Fernkommunikation sicherzustel-

---

[33] Zur technischen Realisierung des dafür erforderlichen Netzwerks *Hoppen*, NJW-CoR 1998, 340ff. und *Schneider*, NJW-CoR 1998, 277ff.

[34] Die Beteiligung einer Sozietät an einer anderen Sozietät ist als sog. doppelstöckige Sozietät zulässig, *Henssler/Prütting-Hartung*, BRAO, 1. Aufl. 1997, § 59a Rz. 51. Zum Problem der sog. Sternsozietät siehe unter Rdn. 89.

len. Probates Mittel dazu sind **Videokonferenzen**, die routinemäßig täglich abgehalten werden sollten und in denen die beschäftigten Anwälte kurz über ihre aktuelle Tätigkeit berichten. Bei großen Virtuellen Anwaltskanzleien bietet es sich an, den Teilnehmerkreis zu beschränken, etwa auf die Seniorpartner der Sozietät, und im übrigen Arbeitsgruppen zu bilden, die auf diesem Wege in Kontakt bleiben. Die Kommunikationspraxis würde damit in etwa derjenigen herkömmlicher überörtlicher Sozietäten entsprechen. Ergänzend zu diesen regelmäßigen Besprechungen können **individuelle Absprachen** per E-Mail oder, soweit erforderlich, telefonisch erfolgen. Wird von beiden Möglichkeiten aktiv Gebrauch gemacht, werden alle Anwälte über das Geschäftsaufkommen der Kanzlei hinreichend informiert. Ein solcher Kontakt dürfte darüber hinaus eng genug sein, um das für eine Sozietät erforderliche persönliche Vertrauensverhältnis zu begründen. Sind die Mitglieder der Kanzlei für die Bearbeitung eines konkreten Falles auf den fachlichen Rat eines ihrer Kollegen angewiesen, kann auch dieser per E-Mail oder telefonisch eingeholt werden.

Als Ergänzung zu dieser direkten Kommunikation sollte in Virtuellen Anwaltskanzleien 49
ein allgemeines, **kanzleiinternes Diskussionsforum** eingerichtet werden. Ein Diskussionsforum ist mit einem „schwarzen Brett" vergleichbar. Es besteht aus einer für jeden der beschäftigten Anwälte zugänglichen Datei, die in dem Zentralcomputer der Virtuellen Anwaltskanzlei gespeichert ist und die dem gegenseitigen Austausch von Informationen dient. Jeder Anwalt ist in der Lage, online Fragen in dieses Forum einzustellen. Gleichzeitig ist jeder Anwalt der Kanzlei aufgerufen, das Diskussionsforum regelmäßig einzusehen und Antworten und Arbeitshilfen für die aufgeworfenen Fragen zu geben, soweit er sich dazu in der Lage fühlt. Eine solche indirekte Fragestellung über das Diskussionsforum bietet mehrere Vorteile. Über das Diskussionsforum erreicht die Frage jeden der in der Kanzlei beschäftigten Anwälte. Dies ist gerade in großen Kanzleien von Vorteil, in denen der konkrete in Betracht kommende Ansprechpartner nicht immer gleich bekannt ist. Darüber hinaus ist eine Anfrage per E-mail oder über das Diskussionsforum weniger störend als eine telefonische Nachfrage. Der Angesprochene kann die Frage beantworten, wenn er Zeit dafür findet. Er kann die Antwort in Ruhe erarbeiten und formulieren. Für den Nachfragenden ist eine solche Antwort von größerem Wert, da sie abgesichert ist und ihm schriftlich vorliegt.

III. Informationsbeschaffung

Wie die kanzleiinterne Kommunikation, so muß auch die Informationsbeschaffung in 50
einer Virtuellen Anwaltskanzlei anders erfolgen als in herkömmlichen Anwaltskanzleien.

Anwälten einer herkömmlichen Anwaltskanzlei steht vor Ort die **kanzleiinterne** 51
Bibliothek zur gemeinsamen Nutzung zur Verfügung. Die Informationsbeschaffung in herkömmlichen Anwaltskanzleien beruht ganz wesentlich auf der Nutzung dieser Kanzleibibliothek. Anwälten einer Virtuellen Anwaltskanzlei ist diese Möglichkeit nur zum Teil gegeben. Die räumliche Trennung der Arbeitsplätze schließt es aus, eine gemeinsame Bibliothek zu nutzen, soweit diese aus Printmedien bestehen.

Anwälte einer Virtuellen Anwaltskanzlei können jedoch gemeinsame Informationens- 52
quellen nutzen, soweit diese online übertragbar sind. In dem Zentralcomputer der Virtuellen Anwaltskanzlei werden zu diesem Zweck **CD-Versionen einschlägiger Fachliteratur** vorgehalten, die jeder Anwalt von seinem Arbeitsplatz aus abrufen kann. Viele der gängigen Fachzeitschriften, Entscheidungssammlungen und Fachbücher sind bereits als CD erhältlich und können daher in die „Online-Bibliothek" einer Virtuellen Anwaltskanzlei aufgenommen werden. Ergänzend dazu finden sich im **Internet** selbst in rasch zunehmendem Umfang Rechtsquellen jeglicher Art.[35] Darüber hinaus können **Informa-**

[35] Einen Überblick über die im Internet zur Verfügung stehenden juristischen Informationen mit einer Vielzahl von Hyperlinks bieten http://www.uni-bayreuth.de/students/elsa/jura/jurweb-home.html (Universität Bayreuth); http://www.jura.uni-sb.de/internet/ (Universität Saarbrücken); http://io.mto.de/

tionssysteme wie JURIS und LEGALIS[36] jedem Anwalt von seinem Arbeitsplatz aus zugänglich gemacht werden. Seltene und kostenträchtige Publikationen von Allgemeininteresse können für das Sekretariat der Virtuellen Anwaltskanzlei beschafft werden. Von dort kann die Literatur im Bedarfsfall, eventuell in Auszügen, an einzelne Anwälte versendet werden. Nur die für sein Fachgebiet relevante **Spezialliteratur** muß jeder Anwalt an seinem Arbeitsplatz selbst vorhalten. Schließlich ist damit zu rechnen, daß die Fachbuchverlage ihre Literatur in absehbarer Zukunft auch als **Online-Versionen** zur Verfügung stellen werden, in die über das Internet gegen eine zeitabhängige Gebühr Einsicht genommen werden kann. Zusammengenommen stehen damit Rechtsanwälten einer Virtuellen Anwaltskanzlei Möglichkeiten der Informationsbeschaffung zur Verfügung, die mit denen herkömmlicher Kanzleien weitgehend vergleichbar sind.

IV. Netzwerk

53 Grundlage der Arbeit einer Virtuellen Anwaltskanzlei ist die überörtliche **Vernetzung der Arbeitsplätze**, die eine kanzleiinterne Kooperation und eine einheitliche Darstellung nach außen überhaupt erst möglicht macht.

54 Die Computer einer Virtuellen Anwaltskanzlei müssen zu diesem Zweck an jedem Standort zu einem sog. Local Area Network (LAN) zusammengeschlossen werden. Jedes LAN wird via ISDN über ein sog. Wide Area Network (WAN), in aller Regel dem Internet, mit den LANs der übrigen Standorte verbunden. Die miteinander verbundenen LANs der Virtuellen Anwaltskanzlei bilden das **Computernetzwerk der Virtuellen Anwaltskanzlei.**[37] Es kann zur direkten **Übertragung von Daten** (Texte, Tabellen, Bilder, Zeichnungen, elektronische Dokumente jeder Art) ebenso wie zur **kanzleiinternen Kommunikation** (Videokonferenzen, Telefonate, E-mails) verwendet werden. Daß keine unbefugten Personen in das Netzwerk der Virtuellen Anwaltskanzlei eindringen, wird durch die Vergabe von Benutzernamen, Passwörtern und durch die Installation von Sicherungssystemen, sog. „Firewalls", gewährleistet.[38] Die Anwälte ihrerseits sind in der Lage, aus dem Netzwerk der Virtuellen Anwaltskanzlei heraus oder auch direkt mit außenstehenden Dritten zu kommunizieren.

55 Die Errichtung eines solchen Computernetzwerks ist technisch aufwendig und wird in aller Regel nicht ohne professionelle Unterstützung möglich sein. Zur Kostenersparnis auf private Hilfe zu setzen ist schon deshalb nicht ratsam, weil die Arbeit mit der Erstinstallation nicht beendet ist. Technische Weiterentwicklungen, personelle Veränderungen innerhalb der Virtuellen Anwaltskanzlei und der Zukauf von zentral genutzter Software (Datenbanken) machen ebenso wie möglicherweise auftretende technische Schwierigkeiten eine ständige professionelle Betreuung des Netzwerks erforderlich. Der erforderliche Service wird von einer Vielzahl von Unternehmen mit oft erheblichen Preisunterschieden angeboten. Bei der Auswahl des Anbieters sollte neben dem Preis vor allem auf das

recht/forum/ (Forum Deutsches Recht); http://www.vrp.de/suche/jurbook/index.htm (Verlag Recht und Praxis), http://www.marktplatz-recht.de/ (Soldan Marktplatz Recht); http://www.law.indiana.edu/law/v-lib/lawindex.html (Indiana University); http://www.findlaw.com/ (FindLaw); http://ourworld.compuserve.com/homepages/jurStich/juraz.htm (J. Stich). In Buchform bieten *Kröger/Göers/Hanken*, Internet für Juristen, 2. Aufl. 1998, und *Kröger* (Hrsg.), Internet für Rechtsanwälte und Notare, 1. Aufl. 1997, einen Überblick, der aber wegen der raschen Weiterentwicklung des Informationsangebots im Internet notwendigerweise nicht aktuell sein kann. Allgemein dazu *Theerkorn*, BRAK-Mitt. 1998, 110ff. Auch Registerrecherchen sind in großem Umfang bereits online möglich, dazu *Scherf*, BRAK-Mitt. 1998, 108ff. (zu ALexIS, http://www.alexis.de/).

[36] Vgl. NJW-CoR 1998, 390.

[37] Zur technischen Realisierung eines solchen Netzwerks *Hoppen*, NJW-CoR 1998, 340ff. und *Schneider*, NJW-CoR 1998, 277ff. Instruktiv auch *Hitzfeld*, AnwBl. 1997, 272ff.

[38] Zu den Sicherungsmöglichkeiten im einzelnen *Riehm*, NJW-CoR 1997, 337ff.; *Siyan/Hare*, Internet Firewalls und Netzwerksicherheit, 1. Aufl. 1995; *Cheswick*, Firewalls und Sicherheit im Internet, 1. Aufl. 1995; *Chapman*, Einrichten von Internet Firewalls, 1. Aufl. 1996.

Angebot eines dauerhaften und schnellen Supports bei technischen Problemen geachtet werden, da ein Ausfall des Netzwerks die Arbeit der gesamten Virtuellen Anwaltskanzlei lahmlegen kann. Kleine Unternehmen sind in diesem Bereich oft ebenso leistungsfähig wie ihre etablierteren Konkurrenten.

V. Homepage

Herzstück jeder Virtuellen Anwaltskanzlei ist die Homepage. Durch sie tritt die Virtuelle Anwaltskanzlei nach außen in Erscheinung, über sie nehmen potentielle Mandanten Kontakt mit der Virtuellen Anwaltskanzlei auf. Der besonderen Bedeutung entsprechend soll die Homepage in einem eigenen, dem nachfolgenden Kapitel behandelt werden. 56

E. Werbung und Kundenkontakt: Die Homepage

Wie herkömmliche Kanzleien sind auch Virtuelle Anwaltskanzleien darauf angewiesen, potentielle Mandanten auf sich aufmerksam zu machen und zur Mandatserteilung zu bewegen. In der Vergangenheit sind Anwaltskanzleien dabei durch ein überkommenes Standesrecht massiv behindert worden. Mittlerweile können die ehemals bestehenden **Werbebeschränkungen** jedoch als weitgehend überwunden angesehen werden. In dem durch § 43b BRAO gezogenen Rahmen sind heute viele Arten der Öffentlichkeitsarbeit zulässig, die noch vor wenigen Jahren als standesrechtswidrig qualifiziert worden wären.[39] Herkömmlichen Anwaltskanzleien wie Virtuellen Anwaltskanzleien steht damit ein breites Spektrum von Werbe- und Selbstdarstellungsmöglichkeiten zur Verfügung. Für Virtuelle Anwaltskanzleien ist dieser Wandel von besonderer Bedeutung. Anders als herkömmliche Anwaltskanzleien können sie zum Aufbau eines Mandantenstamms nur schwer persönliche Bekanntschaften, Empfehlungen und Mundpropaganda nutzen, da die Virtuelle Anwaltskanzlei und ihre Mitglieder nicht an einem Ort in einer politischen Gemeinde präsent sind. Virtuelle Anwaltskanzleien bedürfen anderer Mittel der Selbstdarstellung, um Mandanten auf sich und ihre Dienstleistungsangebote aufmerksam zu machen. 57

Vorrangiges Mittel dazu ist die **Homepage** der Virtuellen Anwaltskanzlei.[40] Da die Virtuelle Anwaltskanzlei an keinem Ort mit hinreichend repräsentativen Räumlichkeiten präsent ist, kommt ihrer Homepage größte Bedeutung zu. Sie allein vermittelt den potentiellen Mandanten ein Bild von dem Angebot und der Leistungsfähigkeit der Virtuellen Anwaltskanzlei. Ihre Gestaltung muß daher mit größter Sorgfalt erfolgen.[41] 58

I. Inhalt der Homepage

Die Homepage einer Virtuellen Anwaltskanzlei besteht aus einer Begrüßungsseite und weiteren Informationsseiten, die der Mandant über die Begrüßungsseite aufruft. 59

Die **Begrüßungsseite** ist die erste Seite, die der Mandant zu sehen bekommt, wenn er die Homepage der Virtuellen Anwaltskanzlei aufruft. Sie vermittelt den ersten Eindruck von der Kanzlei und muß deshalb inhaltlich so gestaltet sein, daß der Mandant motiviert wird, 60

[39] Vgl. dazu *Jessnitzer/Blumberg*, BRAO, 8. Aufl. 1998, § 43b Rz. 4ff.; *Henssler/Prütting-Eylmann*, BRAO, 1. Aufl. 1997, § 43b Rz. 17ff.; vgl. insbesondere *Hartung/Holl-Römermann*, 1. Aufl. 1997, §§ 6–10.

[40] Zur Zulässigkeit einer Anwalts-Homepage vgl. *Ebbing*, NJW-CoR 1996, 242ff.; *Schopen/Gumpp/Schopen*, NJW-CoR 1996, 112ff.; *Scheuerl*, NJW 1997, 1291ff.; *Westerwelle*, WiB 1997, 297ff.; *Schmittmann*, MDR 1997, 601ff.; *Schröder*, NJW-CoR 1998, 41; LG Nürnberg/Fürth, Urt. v. 20. 5. 1998, NJW-CoR 1998, 431 (Unzulässigkeit eines „Gästebuchs" auf der Homepage).

[41] Zur Gestaltung einer Homepage vgl. auch *Disterer*, BRAK-Mitt. 1998, 131ff. Beispiele gelungener Homepages sind http://www.tvlf.com/ (Thierman Law Firm); http://www.andersonkill.com/home2.cgi (Anderson, Kill & Olick); http://www.arentfox.com/ (Arent Fox Kintner Plotkin & Kahn); http://www.bccb.com/ (Boult, Cummings, Conners & Berry); http://www.cooley.com/ (Cooley Godward); http://pillsburylaw.com/ (Pillsbury Madison & Sutro LLP).

sich weiter über die Kanzlei zu informieren. Zu diesem Zweck muß die Begrüßungsseite die Virtuelle Anwaltskanzlei deutlich von anderen Kanzleien abgrenzen. Sie muß den Namen der Kanzlei angeben und sollte möglichst ein Kanzleisymbol enthalten. Darüber hinaus muß der Tätigkeitsschwerpunkt der Kanzlei deutlich gemacht werden. Vertrauensfördernd wirkt es, wenn darüber hinaus bereits auf der Begrüßungsseite die Postanschrift und Telefon-/Faxnummer des Sekretariats angegeben sowie ein Foto des oder der Anwälte gezeigt wird. Zur Erleichterung der Kontaktaufnahme sollte auch die E-Mail-Adresse des Sekretariats auf der Begrüßungsseite plaziert werden. Schließlich sind nach leicht nachzuvollziehbaren Kategorien geordnete Hyperlinks zu den weiteren Informationsseiten der Virtuellen Anwaltskanzlei einzustellen.

61 Die Anzahl der **weiteren Informationsseiten** ist grundsätzlich unbegrenzt. Die gesamte Homepage muß jedoch nach Aufbau und Umfang so gestaltet sein, daß sie mit vertretbarem Zeitaufwand erfaßt werden kann. Inhaltlich sollte sich die Homepage daher auf relevante Informationen beschränken. Sprachlich müssen die Ausführungen klar formuliert und leicht verständlich sein. Gestalterisch ist für jede Informationsart eine eigene Informationsseite einzurichten.

1. Konzept

62 Eine erste Informationsseite muß das **Prinzip der Virtuellen Anwaltskanzlei** erläutern. Es ist davon auszugehen, daß Mandanten wie Anwälten das Prinzip einer rein internetgestützten Anwaltskanzlei derzeit wenig vertraut ist und auch noch mittelfristig wenig vertraut sein wird. Um irrationale Vorbehalte zu überwinden, sind deshalb das Konzept, die Funktionsfähigkeit und die Vertrauenswürdigkeit dieser besonderen Organisationsform anwaltlicher Tätigkeit darzulegen.

2. Serviceangebot

63 Eine weitere Informationsseite dient der klaren Beschreibung des **Serviceangebots** der Kanzlei. Wurden auf der Begrüßungsseite bereits die Tätigkeitsfelder der Kanzlei benannt, so müssen auf der Informationsseite diese Tätigkeitsfelder näher erläutert werden. Darzulegen sind einerseits die abgedeckten Rechtsgebiete und andererseits die Art und Weise, in der die Beratungstätigkeit erbracht werden soll.

64 Bei der Ausarbeitung des Serviceangebots sind die potentiellen **Einsatzfelder** einer Virtuellen Anwaltskanzlei zu berücksichtigen. Das Angebot allgemeiner Rechtsberatung oder eine undifferenzierte Gleichsetzung der Virtuellen Anwaltskanzlei mit herkömmlichen Anwaltskanzleien ist wenig hilfreich. Wie bereits ausgeführt, sind vor allem das Angebot der Rechtsberatung in speziellen Rechtsgebieten und das Angebot internationaler Rechtsberatung sinnvoll. Mittelfristig kommt die Vertretung von Mandanten in virtuellen Schiedsgerichtsverfahren hinzu. Für die Vertretung von Mandanten in gerichtlichen Auseinandersetzungen sind Virtuelle Anwaltskanzleien dagegen derzeit nur ausnahmsweise geeignet. Als Zielgruppe kommen nur solche Mandanten in Betracht, die bereit sind, auf persönlichen Kontakt mit „ihrem" Anwalt zu verzichten, vor allem also Unternehmen und andere Anwaltskanzleien. Privatleute kommen insbesondere insoweit als Zielgruppe in Betracht, als es um die telefonische oder E-Mail-gestützte Beantwortung einfacher Rechtsfragen geht.

3. Die Anwälte

65 Von besonderer Bedeutung ist die detaillierte Auflistung und Vorstellung sämtlicher Anwälte der Virtuellen Anwaltskanzlei auf weiteren Informationsseiten. Der Mandant, der auf ein persönliches Treffen mit seinem Anwalt verzichtet, wird um so größeres Interesse daran haben, umfassend über dessen Hintergrund und Qualifikation aufgeklärt zu werden. Eine Informationsseite muß zunächst die Anwälte der Virtuellen Anwaltskanzlei, geordnet nach Namen, Fachgebieten und Ort des Arbeitsplatzes, **auflisten**. Die Liste muß so gestaltet sein, daß der Mandant über ein Anklicken des Namens zu der

persönlichen Informationsseite eines jeden Anwalts gelangt, die umfassend über dessen Person Auskunft gibt. Die persönliche Informationsseite des Anwalts sollte zumindest ein Foto des Anwalts, dessen Lebenslauf, berufliche Qualifikationen, dessen Publikationen und Mitgliedschaften in Organisationen enthalten. Darüber hinaus sind seine Postanschrift, Telefonnummer und E-Mail-Adresse, möglichst versehen mit einem Hyperlink, anzugeben.

Die Informationsseiten über die Anwälte der Virtuellen Anwaltskanzlei müssen deshalb 66
so detailliert sein und sind deshalb von so großer Bedeutung, weil über sie für den Mandanten der Bezug zur „realen Welt„ hergestellt wird. Inwieweit er der Virtuellen Anwaltskanzlei vertraut, wird maßgeblich von dem Eindruck abhängen, den der Mandant von den beschäftigten Anwälten vermittelt bekommt.

4. Referenzen

In besonderem Maße vertrauensbildend wirkt es, wenn die Virtuelle Anwaltskanzlei auf 67
bestehende Mandatsverhältnisse mit renommierten Mandanten oder auf vorzeigbare **Beratungsprojekte der Vergangenheit** verweisen kann. Es versteht sich von selbst, daß dafür das Einverständnis des betroffenen Mandanten erforderlich ist. Kann die Virtuelle Anwaltskanzlei in dieser Form auf erfolgreiche Arbeit zurückblicken und sind die Mandanten mit einer Nennung ihres Namens einverstanden, sollte dies als Referenz in eine besondere Informationsseite aufgenommen werden. Die Virtuelle Anwaltskanzlei wird dadurch für den Mandanten zu einer zunehmend realen und vertrauenswürdigen Institution. Treten die Virtuelle Anwaltskanzlei oder deren Anwälte in der Öffentlichkeit in Erscheinung, kann auch darauf hingewiesen werden. In Betracht kommen **Vorträge**, die von den Anwälten gehalten werden, **Zeitungsberichte** über die Tätigkeit der Virtuellen Anwaltskanzlei oder aktuelle **Publikationen** der Anwälte.

5. Kosten

Auf einer weiteren Informationsseite sind die **Kosten** für die Tätigkeit der Virtuellen 68
Anwaltskanzlei zu benennen. Auch hier sind, um einem eventuellen Vertrauensdefizit Virtueller Anwaltskanzleien zu begegnen, dem Mandanten klare und eindeutige Informationen an die Hand zu geben. Keinesfalls ausreichend ist der Hinweis, die Kanzlei „erhebe die gesetzlichen Gebühren“ oder „berechne Gebühren nach der BRAGO“. Soll sich die Bemessung des Honorars aus der BRAGO ergeben, müssen neben einem entsprechenden Hinweis jedenfalls noch eine einfache Erläuterung dieses Gebührensystems nebst einem Hyperlink zum Gesetzestext und einem einfachen Berechnungsbeispiel gegeben werden.

Da die Tätigkeit einer Virtuellen Anwaltskanzlei ganz schwerpunktmäßig rechtsbera- 69
tender und nicht forensischer Natur sein wird, bietet es sich jedoch ohnedies an, **Zeithonorare** zu vereinbaren. Zeithonorare berücksichtigen, anders als die nach der BRAGO zu berechnenden gesetzlichen Gebühren, den konkreten Zeitaufwand und die Qualifikation des bearbeitenden Anwalts. Sie garantieren dem Mandanten eine dauerhaft motivierte Bearbeitung seines Falles und dem Anwalt eine verläßliche Kalkulationsgrundlage für sein Tätigwerden. Zudem ist die Aufteilung des Honorarsaufkommen innerhalb der Virtuellen Anwaltskanzlei im Falle eines Tätigwerdens mehrer Anwälte einfacher zu regeln, wenn auf Zeitbasis abgerechnet wird. Soll ein Zeithonorar vereinbart werden, muß die Informationsseite eindeutig die Berechnungsmodalitäten und die Berechnungssätze angeben. Gesondert abzurechnende Aufwendungen wie Kommunikations-, Reise- und sonstige Nebenkosten sind klar zu benennen.

Gebührenvereinbarungen bedürfen der **Schriftform**, § 3 Abs. 1 BRAGO. Inwieweit 70
elektronisch versandte Dokumente dem Schriftformerfordernis genügen können, ist derzeit noch ungeklärt. Im Hinblick auf die ständig steigende Bedeutung dieser Kommunikationsform und auf der Grundlage des am 13. 6. 1997 erlassenen Signaturgesetzes dürfte es nur noch eine Frage der Zeit sein, bis elektronisch versandten Dokumenten die

Schriftformqualität zuerkannt wird.[42] Bis dahin sollte die Homepage noch ein online auszufüllendes Formular über die Gebührenvereinbarung enthalten, das der Mandant ausdrucken und der Kanzlei zuschicken kann.

6. Sprache

71 Die Homepage muß in **deutscher** und **englischer** Sprache erstellt werden. Die Erstellung der Homepage in englischer Sprache ist erforderlich, weil Virtuelle Anwaltskanzleien sich auch an potentielle Mandanten im Ausland wenden und Englisch sich als Kommunikationssprache im internationalen Wirtschaftsverkehr und im Internet durchgesetzt hat. Zielt das Beratungsangebot der Virtuellen Anwaltskanzlei auf Mandanten in einem speziellen anderen Staat ab, muß die Homepage selbstverständlich auch in dieser Sprache erstellt werden.

7. Zusatzinformationen

72 Neben dem vorgenannten notwendigen Inhalt zum Zwecke der Kanzleidarstellung kann eine Homepage weitere, **zielgruppenrelevante Zusatzinformationen** enthalten. Ziel solcher Zusatzinformationen ist es, Aufmerksamkeit auf die Homepage zu lenken und einen Anreiz zu schaffen, die Homepage aufzurufen oder gar regelmäßig wieder aufzurufen. In Betracht kommen Gesetzestexte, Literatur- und Rechtsprechungsübersichten, Publikationen, Vertragsformulare und aktuelle Nachrichten. Dazu müssen diese Informationen nicht notwendigerweise selbst zusammengetragen werden. Ausreichend ist häufig schon ein Hyperlink, der auf die einschlägigen Seiten einer anderen Institution verweist, etwa diejenige einer Universität, eines Gerichts oder einer Behörde. Sinn hat das Angebot solcher Zusatzinformationen indes nur, wenn sie weitgehend **vollständig** und stets **aktuell** sind. Unvollständige oder überalterte Informationssammlungen sind schon deshalb nutzlos, weil sie mit einer Vielzahl ähnlicher, im Zweifel besserer Angebote im Internet nicht konkurrieren könnten. Sie wären für einen Mandanten nicht nur ohne Wert, sondern würden darüber hinaus einen negativen Eindruck von der Leistungsfähigkeit der Virtuellen Anwaltskanzlei vermitteln. Im Zweifel ist es daher besser, auf solche Zusatzinformationen zu verzichten und die Homepage allein auf eine möglichst professionelle und übersichtliche Darstellung der Kanzlei auszurichten.

8. Fazit

73 Wird die Homepage einer Virtuellen Anwaltskanzlei gestaltet wie vorstehend beschrieben, erhält der **Mandant detaillierte und umfassende Informationen** über die Virtuelle Anwaltskanzlei, deren Serviceangebot, die Anwälte und deren Qualifikationen, die Kosten und die Kontaktmöglichkeiten. Der Mandant erhält Informationen, die weit über das hinausgehen, was er über herkömmliche Anwaltskanzleien vor der Mandatserteilung zu erfahren in der Lage wäre. Die Virtuelle Anwaltskanzlei kann zwar vor Abschluß des Mandatsvertrages keinen persönlichen Kontakt zu einem Anwalt anbieten. Dafür legt sie aber über die Homepage ihren gesamten Hintergrund offen.

74 Die Selbstdarstellung der Kanzlei erfolgt dabei in ausgesprochen **unaufdringlicher Art und Weise**. Der potentielle Mandant wird lediglich auf die Homepage aufmerksam gemacht und kann diese anonym von seinem PC aus aufrufen. Er wird so für eine umfassende Selbstdarstellung der Kanzlei zugänglich, die er im Wege direkter Ansprache nicht tolerieren würde und die im Wege herkömmlicher Werbemaßnahmen mit hohen Kosten verbunden wäre. Die **Dauerhaftigkeit** dieser Selbstdarstellung im Internet macht

[42] Das Signaturgesetz wurde als Art. 3 des Informations- und Kommunikationsdienste-Gesetzes erlassen, BGBl I, 1870. Am 22. 10. 1997 folgte die Signaturverordnung nach, BGBl I, 2498. Ausführlich zur Problematik der Schriftform elektronischer Urkunden *Rott*, NJW-CoR 1998, 420, 422 ff.; *Deville/Kalthegener*, NJW-CoR 1997, 168 ff.; *Ebbing*, CR 1996, 271 ff. Das OLG Karlsruhe hält eine eingescannte und elektronisch übertragene Unterschrift zur Wahrung der Schriftform nicht für ausreichend, OLG Karlsruhe, NJW-CoR 1998, 366; ebenso der BGH für ein per Fax übertragenes Dokument, BGH NJW-CoR 1998, 180; a. A. BSG NJW 1997, 1254.

die Anwaltskanzlei für den potentiellen Mandanten transparent und baut Vertrauen auf, wodurch die Hemmschwelle für eine Kontaktaufnahme schließlich gesenkt wird.

II. Technische Realisierung der Homepage

Die technische Erstellung einer Homepage im einzelnen zu beschreiben, würde außer- 75
halb der Zielsetzung dieses Handbuchs liegen. Einige grundsätzliche Dinge seien jedoch angemerkt.[43]

Die **Eigenerstellung** einer Homepage wird bei durchschnittlichen PC-Kenntnissen 76
keine größeren Probleme bereiten. Homepages können mittels eines Texteditors als HTML-Dokument[44] geschrieben werden. Wem dieses Verfahren zu kompliziert ist, dem stehen eine Reihe von Programmen zur Verfügung, die die Erstellung einer Internet Homepage vereinfachen und das Erlernen von HTML-Befehlen weitgehend entbehrlich machen.[45] Jedenfalls mit diesen Hilfsmitteln ist es möglich, Homepages mit vertretbarem Zeitaufwand selbst zu erstellen. Eine solche Eigenerstellung hat neben der Kostenersparnis vor allem zwei Vorteile. Die Auseinandersetzung mit den technischen Anforderungen und Möglichkeiten einer Homepage versetzt den Ersteller oft erst in die Lage, sämtliche Anwendungs- und Selbstdarstellungsmöglichkeiten einer Hompage zu erfassen und zu realisieren. Zudem sind eine individuelle Gestaltung und eine kontinuierliche Aktualisierung der Homepage einfacher, wenn der Inhaber dazu technisch selbst in der Lage ist. Ob die Erstellung einer Homepage um dieser Vorteile willen kanzleiintern erfolgen soll, muß gleichwohl sorgfältig geprüft werden. Wie bereits angemerkt, ist die Homepage für eine Virtuelle Anwaltskanzlei von zentraler Bedeutung. Sie muß nicht nur technisch fehlerfrei geschrieben, sondern auch optisch und inhaltlich überzeugend gestaltet sein. Anwaltskanzleien werden in den wenigsten Fällen das Design ihrer Kanzleibroschüre einem der Anwälte überlassen, sondern die Gestaltung Marketingunternehmen anvertrauen, um ein professionelles Ergebnis sicherzustellen. Entsprechend wird es sich in aller Regel anbieten, die Homepage von einem darauf spezialisierten Unternehmen anfertigen zu lassen.[46] Zum Leistungsumfang solcher Unternehmen gehören neben der Gestaltung der Homepage auch deren technische Erstellung, die Plazierung[47] der Homepage bei einem Provider, die Anmeldung der Homepage bei Suchmaschinen und die Aktualisierung der Homepage nach Absprache mit dem Inhaber.

Die **Kosten** für die **Plazierung** einer Homepage sind abhängig von der Art der Nutzung 77
(gewerblich/privat), der Größe der Homepage und dem Provider. Einfache Homepages können unter Umständen kostenlos plaziert werden, keinesfalls sollten die Kosten aber wenige hundert DM pro Jahr nicht übersteigen. Die Kosten für die **Gestaltung** und **Erstellung** von Homepages variieren stark, abhängig von der Professionalität und Individualität des Angebots. Eine Vielzahl von Unternehmen bieten die Erstellung und Aufrechterhaltung einer Homepage sehr preisgünstig an. Die Homepage wird von solchen Unternehmen aber nach einem vorgegebenen Schema erstellt und ist vom Umfang her auf einige wenige Seiten beschränkt. Solche Angebote mögen für herkömmliche Kanzleien

[43] Sehr instruktiv dazu *Weiss*, NJW-CoR 1997, 467ff.

[44] HTML = HyperText Markup Language.

[45] Die derzeit wohl bekanntesten Programme für die Eigenerstellung von Homepages sind „Frontpage“ (Microsoft), „Dreamweaver“ (Macromedia), „PageMill“ (Adobe) und „HotMetal Pro“ (Softquad). Eine vereinfachte Version des Programms von Microsoft, „Frontpage Express“, ist Teil des „Internet Explorers“ von Microsoft. Vergleichbar damit ist der „Netscape Composer“, der im WWW-Browser von Netscape enthalten ist. Zu den technischen Grundlagen siehe auch *Ahues*, BRAK-Mitt. 1998, 106ff.

[46] So ausdrücklich *Weiss*, NJW-CoR 1997, 467ff.

[47] Mit „plazieren“ ist das Zugänglichmachen der Homepage für andere Internetnutzer gemeint. Dies geschieht dadurch, daß die Homepage auf den Computer eines Internet-Providers geladen wird („upload“), der dauerhaft mit dem Internet verbunden ist. Für die Bereitstellung der erforderlichen Speicherkapazität erhält der Provider vom Inhaber der Homepage eine Nutzungsgebühr.

ausreichend sein. Den Anforderungen, die an die Homepage einer Virtuelle Anwaltskanzlei zu stellen sind, werden sie aber nicht gerecht. Homepages von dieser Qualität sind im übrigen ohne Schwierigkeiten mit den vorgenannten Hilfsprogrammen selbst zu erstellen, so daß die Ausgaben für ein solches Unternehmen, seien sie auch noch so gering, leicht eingespart werden können.

III. Verbreitung der Homepage

78 Die Homepage einer Virtuellen Anwaltskanzlei ist Grundlage ihrer öffentlichen Selbstdarstellung und Werbung. Da die Homepage beliebig gestaltet werden und jede erforderliche Information enthalten kann, ist sie für diese Zwecke auch ideal geeignet. Es reicht jedoch nicht aus, die Homepage im Internet zu plazieren. Die Vielzahl und Unorganisiertheit der im Internet vorhandenen Informationen macht es unwahrscheinlich, daß potentielle Mandanten zufällig auf die Homepage einer konkreten Virtuellen Anwaltskanzlei stoßen. Potentielle Mandanten müssen daher aktiv auf die Homepage aufmerksam gemacht werden. **Vier Möglichkeiten** stehen dazu zur Verfügung.[48]

79 Die erste und derzeit noch wichtigste Möglichkeit zur Verbreitung einer Homepage besteht darin, im Wege **konventioneller Werbung** auf sie aufmerksam zu machen. Dies kann auf allen standesrechtlich zulässigen Wegen erfolgen, insbesondere durch Zeitungsanzeigen, Rundfunk- und Fernsehwerbung.[49] Als nach wie vor umstritten muß gelten, ob auch ein direktes Anschreiben potentieller Mandanten (Mailing-Aktionen) zulässig ist. Zu beachten ist, daß die Werbung nicht national begrenzt sein darf, wenn die Virtuelle Anwaltskanzlei auch international rechtsberatend tätig werden will.

80 Eine weitere konventionelle Methode zur Verbreitung einer Homepage besteht darin, diese auf **Visitenkarten** und den **Briefkopf** der Kanzlei aufzunehmen. Mandanten, die auf diesem Wege auf die Existenz der Homepage aufmerksam gemacht werden, finden so den Weg zu umfassenden Informationen über die Virtuelle Anwaltskanzlei.

81 Drittens muß dafür Sorge getragen werden, daß die Virtuelle Anwaltskanzlei mit ihrer Homepage in **Anwaltsverzeichnisse** und **Anwaltssuchservice**, herkömmlicher wie Internet-gestützter Art, aufgenommen wird.[50] Die Referenzfunktion dieser Einrichtungen wird mit einer Diversifizierung des Anwaltsmarktes zunehmen, gerade Virtuelle Anwaltskanzleien sollten daher auf sie nicht verzichten.

82 Schließlich sind Virtuelle Anwaltskanzleien mit ihrer Homepage bei den allgemeinen **Suchwerkzeugen** im Internet anzumelden.[51] Die Informationsvielfalt im Internet macht eine organisierte Suche nach Informationen erforderlich. Mittel dazu sind die Suchwerkzeuge, die vergleichbar Schlagwortkatalogen alle Informationen nachweisen, die im Internet zu einem bestimmten Stichwort vorhanden sind. Die Suchwerkzeuge weisen jedoch nur solche Seiten nach, die unter Angabe der relevanten Kategorie bei ihnen angemeldet worden sind. Soll die Homepage einer Virtuellen Anwaltskanzlei in der Informationsflut des Internet nicht untergehen, ist eine Anmeldung der Homepage bei diesen Suchwerkzeugen daher erstes Gebot.

---

[48] Ausführlich dazu *Disterer*, BRAK-Mitt. 1998, 79ff.

[49] Vgl. *Henssler/Prütting-Eylmann*, BRAO, 1. Aufl. 1997, § 43b Rz. 36ff., 44ff.; *Jessnitzer/Blumberg*, BRAO, 8. Aufl. 1998, § 43b Rz. 8.

[50] Anwaltsverzeichnisse bzw. -suchservice finden sich z. B. unter http://www.vrp.de/suche/jurbook/anwaltsv.htm (Verlag Recht und Praxis), http://www.anwaltssuche.de/, http://www.icclaw.com/ (International Centre for Commercial Law), http://www.martindale.com/ (Martindale Hubbel), http://www.wld.com/ (West Legal Directory). *Schröder* schlägt vor, die eigene Internetpräsenz durch eine Mitgliedschaft in sog. Foren, das sind kommerziell betreute online-Archive von Anwaltskanzleien, zu ergänzen, *Schröder*, NJW-CoR 1998, 42ff.

[51] Suchwerkzeuge sind etwa Yahoo und AltaVista, die mit vielen anderen Beispielen unter http://www.uni-bayreuth.de/unihome/links.htmlsearch zu finden sind.

F. Abschluß und Durchführung des Beratungsvertrages

Virtuelle Anwaltskanzleien nutzen das Internet nicht nur für das Zustandebringen des Kundenkontakts, sondern auch für die **Abwicklung des Mandatsverhältnisses.** 83

I. Abschluß des Beratungsvertrages

Entschließt sich der Mandant zur Beauftragung einer Virtuellen Anwaltskanzlei, kann der Abschluß des Mandatsvertrags ohne weiteres über das Internet erfolgen.[52] 84
Zu diesem Zweck muß die Homepage als eine weitere eigenständige Seite ein Auftragsformular enthalten, das der Mandant ausfüllt und sodann **per E-Mail** an die Virtuelle Anwaltskanzlei absenden kann. Das Formular sollte, soweit erforderlich, eine Vollmachtserteilung beinhalten und die AGB der Virtuellen Anwaltskanzlei umfassen. Zusätzlich sollte auf die Übertragungsrisiken im Internet hingewiesen werden, insbesondere auf die eingeschränkte Vertraulichkeit elektronisch versandter Nachrichten.[53] Sofern es die Ausführung des Auftrags erforderlich macht, daß der Rechtsanwalt seine Beauftragung und Bevollmächtigung Dritten gegenüber nachweist, muß das Auftragsformular von dem Mandanten zusätzlich ausgedruckt, unterschrieben und **per Post** zugeschickt werden. Gleiches gilt für eine Gebührenvereinbarung.[54] Elektronisch erstellte und unterschriebene Urkunden mögen in Zukunft zu diesem Zweck ausreichen, werden aber derzeit noch nicht akzeptiert. Wünscht der Mandant nur eine kurze Rechtsauskunft, kann der Vertragsschluß **telefonisch** in Zusammenhang mit der Fragestellung erfolgen.

II. Beratungsleistung

Nach Auftragserteilung erfolgt auch die Beratungsleistung über das Internet, gegebenenfalls ergänzt durch fernmündliche Besprechungen. Dem Prinzip einer Virtuellen Anwaltskanzlei gemäß müssen persönliche Besprechungen die Ausnahme bilden. Der Mandant unterbreitet seine Fragestellung per E-Mail/Attachment,[55] per Fax oder telefonisch. Auf gleichem Wege erfolgen Rückfragen und Zwischenabsprachen. Die Rechtsauskunft wird durch den Anwalt schriftlich erstellt und ebenfalls über das Internet als E-Mail/Attachment zugeleitet. Die Korrespondenz zwischen dem Mandanten und dem Anwalt sollte möglichst über das Sekretariat geleitet werden, damit die ein- und ausgehenden Schreiben und E-Mails dort zentral erfaßt werden können. 85

Die Erbringung der Beratungsleistung in der Virtuellen Anwaltskanzlei ist damit nicht grundlegend anders als in einer herkömmlichen Kanzlei. Sie weist aber folgende Besonderheiten auf. Es findet im Regelfall **kein persönliches Gespräch** mit dem Mandanten statt. Hält der Mandant fernmündliche und schriftliche Kommunikation nicht für ausreichend, kommt die Beauftragung einer Virtuellen Anwaltskanzlei grundsätzlich nicht in Betracht. Die schriftliche Kommunikation erfolgt soweit wie möglich per **E-Mail/Attachment**. Sie ist damit unkomplizierter, schneller und kostengünstiger als die heute übliche Art der Korrespondenz.[56] Im Zusammenwirken mit den übrigen Darstellungs- 86

---

[52] Der formularmäßige Abschluß des Mandatsvertrages über das Internet ist etwa auf der Homepage der Kanzlei Dr. Hök vorgehen, http://www.dr-hoek.de/hoekd.htm.

[53] Zum Problem der Wahrung des Mandatsgeheimnisses im Falle netzwerkgestützter Kommunikation *Wagner/Lerch*, NJW-CoR 1996, 380ff.

[54] Gebührenvereinbarungen bedürfen gem. § 3 Abs. 1 BRAGO der Schriftform, siehe dazu oben Rdn. 70.

[55] Attachments sind beliebige Dateien, die als solche zusammen mit einer E-Mail versandt werden können. Der Empfänger erhält die Datei als Text- oder Bilddatei etc. (z. B. als Word- Dokument) und kann sie dementsprechend weiterverarbeiten.

[56] Zu den besonderen Vorteilen elektronischer Kommunikation mittels E-Mail/Attachment *Hitzfeld*, AnwBl. 1997, 272f.; *Edenhofer*, CR 1997, 120f.

und Kommunikationsmöglichkeiten des Internet (**Homepage, FTP, Telnet**[57]) und der Nutzung von Videokonferenzen wird im Ergebnis eine erhebliche Praktikabilitätssteigerung erreicht.

III. Vergütung

87 Die Art der Vergütung anwaltlicher Tätigkeit unterliegt der **Parteivereinbarung**. Wie bereits angemerkt, wird sich regelmäßig die Vereinbarung eines **Zeithonorars** anbieten, da dies der Ausrichtung Virtueller Anwaltskanzleien auf rein beratende Tätigkeiten am ehesten entspricht. Technisch kann die Bezahlung wie bei herkömmlichen Kanzleien erfolgen, da auch hier Barzahlung längst unüblich geworden ist. Neben **Banküberweisungen** sollten Virtuelle Anwaltskanzleien aber auch **Kreditkarten** akzeptieren, um die Effektivierung der Mandatsabwicklung konsequent zu Ende zu führen.[58] Kurze, telefonische Rechtsauskünfte ohne weitergehende Beauftragung des Anwalts können darüber hinaus im Wege der Verwendung **gebührenpflichtiger Telefonnummern („0190-Nummern") abgerechnet werden.**[59] Wird der Rechtsrat mittels E-Mail erteilt, kann die Bezahlung im Wege einer Belastung des Benutzerkontos des Kunden bei dessen Online-Dienst erfolgen. Bei regelmäßig wiederkehrendem Beratungsbedarf bietet sich auch die Einrichtung eines **Kundenkontos** durch die Kanzlei an, das in Zeitabständen, nicht aber nach jeder Beratung abgerechnet wird.[60] In nicht allzu ferner Zukunft dürfte zudem die Bezahlung über das Internet mit **virtuellem Geld** möglich sein.

G. Rechtsgrundlage des Zusammenschlusses und Innenverhältnis

88 Die Rechtsbeziehungen der Anwälte einer Virtuellen Anwaltskanzlei müssen im Innenverhältnis nicht anders gestaltet sein als bei einer herkömmlichen überörtlichen oder internationalen Anwaltssozietät.[61] Aus deutschrechtlicher Sicht kommt der Zusammenschluß zu einer **Gesellschaft bürgerlichen Rechts**, zu einer **Partnerschaftsgesellschaft** oder die Gründung einer **GmbH** in Betracht. Entsprechend finden auf Virtuelle Anwaltskanzleien die §§ 705 ff. BGB, das PartGG oder die Regeln über die Anwalts-GmbH (§§ 59c ff. BRAO) Anwendung.[62] Selbstverständlich ist die Einbindung angestellter und freier Mitarbeiter möglich. Auch hinsichtlich Gewinnverwendung und Mitspracherechte kann der Sozietätsvertrag demjenigen einer herkömmlichen überörtlichen bzw. internationalen Sozietät entsprechen. Die Besonderheiten der Virtuellen Anwaltskanzlei

[57] Eine Erläuterung der Begriffe E-Mail, FTP, Telnet und weiterer technischer Möglichkeiten des Internet findet sich in jedem einführenden Werk zum Internet. Empfehlenswert sind insbesondere die vom Leibniz-Rechenzentrum der Bayerischen Akademie der Wissenschaften in München herausgegebenen Einführungen „Internet", 4. Aufl. 1996 und „Publizieren im World Wide Web", 2. Aufl. 1998; ebenso instruktiv *Lamprecht*, Marketing im Internet, 1. Aufl. 1996 und *Roll*, Marketing im Internet, 1. Aufl. 1996. Kurz und instruktiv *Hitzfeld*, AnwBl. 1997, 272 ff. Mehr rechtlich orientiert ist die Darstellung von *Hoeren*, Rechtsfragen des Internet, 1. Aufl. 1998.

[58] Kreditkarten werden beispielsweise von der Kanzlei JGS Rechtsanwaltsgesellschaft mbH Berlin akzeptiert, http://home.t-online.de/home/jgs.ra.gmbh/jgsrgmbh.htm. *Kopp* hält die Abrechnung per Kreditkarte allerdings für unzulässig, *Kopp*, BRAK-Mitt. 1998, 214 ff.

[59] Zur Frage der Zulässigkeit dieser Form der Rechtsberatung siehe oben Rdn. 17.

[60] Ein solches Kundenkonto bietet beispielsweise die Kanzlei Pfefferle Koch Hellberg & Partner an, http://www.pfefferle.de/menu.html.

[61] Die Zulässigkeit überörtlicher und internationaler Sozietäten ist mittlerweile gesetzlich anerkannt, § 59a BRAO, und unbestritten, dazu und zu den rechtlichen Voraussetzungen im einzelnen BGH NJW 1989, 2890; *Kleine-Cosack*, BRAO, 2. Aufl. 1996, § 59a Rz. 17 ff., 37 ff.; *Jessnitzer/Blumberg*, BRAO, 8. Aufl. 1998, § 59a Rz. 7 ff., 12 ff.; *Henssler/Prütting-Hartung*, BRAO, 1. Aufl. 1997, § 59a Rz. 45 ff., 57.

[62] Zu den Rechtsgestaltungsmöglichkeiten ausführlich *Römermann*, Entwicklungen und Tendenzen bei Anwaltsgesellschaften, 1. Aufl. 1995.

gegenüber herkömmlichen Anwaltssozietäten gebieten insoweit keine typischen vertragsgestalterischen Abweichungen.

Häufig werden Anwälte einer Virtuellen Anwaltskanzlei daran interessiert sein, neben ihrer Tätigkeit in der Virtuellen Anwaltskanzlei auch noch eine herkömmliche Anwaltskanzlei an ihrem Wohnsitz zu betreiben oder für eine solche zu arbeiten, ohne daß sich die örtliche Kanzlei als solche an der Virtuellen Anwaltskanzlei beteiligt. Gegebenenfalls ist darauf zu achten, daß eine Doppeltätigkeit sowohl mit den Verpflichtungen aus dem Sozietätsvertrag/dem Anstellungsvertrag der örtlichen Kanzlei wie auch der Virtuellen Anwaltskanzlei vereinbar ist. Darüberhinaus stellt sich das Problem des **Verbots der Sternsozietät**. Nach ebenso herrschender wie überkommener Ansicht ist die Mitgliedschaft eines Anwalts in mehr als einer Sozietät unzulässig.[63] Dem deutschen Anwalt wäre somit die gleichzeitige Doppelmitgliedschaft in einer Virtuellen Anwaltskanzlei und einer davon unabhängigen herkömmlichen Anwaltssozietät verwehrt. Gerade qualifizierte und spezialisierte Anwälte werden es indes als unbefriedigend empfinden, ausschließlich an einer Virtuellen Anwaltskanzlei gesellschafterlich beteiligt zu sein. Soll deutschen Anwälten die Möglichkeit der Gründung Virtueller Anwaltskanzleien nicht verwehrt sein, muß daher das Verbot der Sternsozietät zumindest insoweit gelockert werden. Nach einer zutreffenden Mindermeinung sind Sternsozietäten ohnedies bereits heute auf der Grundlage des geltenden Standesrechts zulässig.[64] 89

H. Abgrenzungen

Wie bereits angemerkt, ist nicht jede Anwaltskanzlei, die eine Homepage im Internet unterhält, als Virtuelle Anwaltskanzlei anzusehen. Virtuelle Anwaltskanzleien gehen über die einfache Nutzung des Internet zu Werbe- und Kommunikationszwecken hinaus. Sie sind der **rechtlich verbindliche Zusammenschluß** von Anwälten oder herkömmlichen Sozietäten mit **unterschiedlichem (Wohn-)Sitz** zu einer **zusätzlichen virtuellen Identität** und zum Zwecke **regelmäßiger, enger, internetgestützter Zusammenarbeit**. Virtuelle Anwaltskanzleien sind als Einzelkanzleien denkbar. Die besonderen Vorteile einer Virtuellen Anwaltskanzlei lassen sich aber nur im Falle des Zusammenschlusses mehrerer Anwälte zu einer virtuellen Sozietät voll realisieren. 90

Virtuelle Anwaltskanzleien sind klar abzugrenzen von einigen **Kooperationsmodellen**, die in den letzten Jahren von Anwaltskanzleien zum Zwecke eines losen Zusammenschlusses und gemeinsamer Selbstdarstellung entwickelt worden sind.[65] Diese Kooperationsmodelle erwecken zwar den Eindruck der Internationalität der beteiligten Kanzleien, zeichnen sich aber im Innenverhältnis durch eine möglichst weitgehende rechtliche Unverbindlichkeit aus. Auch tatsächlich findet eine wirkliche Zusammenarbeit offenbar nur selten statt. Der Sinn dieser Kooperationsmodelle scheint vor allem in der Aufwertung des Briefkopfes der beteiligten Kanzleien zu liegen. Im Gegensatz dazu zeichnen sich Virtuelle 91

[63] § 31 BerufsO. Das Verbot beschränkt sich nicht auf die Verbindung zu einer Sozietät, sondern umfasst jede Form gemeinschaftlicher Berufsausübung, soweit sie auf gesellschaftsrechtlicher Grundlage erfolgt, *Hartung/Holl*, Anwaltliche Berufsordnung, 1997, § 31 Rz. 36; a. A. *Henssler*, der jede Art der Zusammenarbeit unter § 31 BerufsO fassen will, *Henssler*, ZIP 1998, 2121. Für die h. M. statt aller vgl. *Hartung* in: *Henssler/Prütting*, BRAO, 1. Aufl. 1997, § 59a Rz. 20. Eine ausführliche Analyse des Problems bietet *Hartung/Holl-Römermann*, Anwaltliche Berufsordnung, 1997, § 31 Rz. 1 ff., der die Sternsozietät für zulässig hält.

[64] *Römermann* in: *Hartung/Holl*, Anwaltliche Berufsordnung, 1997, § 31 Rz. 30 ff. Eine Änderung des § 31 BerufsO fordert auch *Henssler*, ZIP 1998, 2121 ff.

[65] Beispiele für solche Kooperationsmodelle sind: e. i. euro ius http://home.t-online.de/home/Dr.Volze/euius.htm; Eurojuris, http://www.eurojuris.de/; EU-Lex, http://www.eu-lex.com/; European Law Firm, http://www.european-law-firm.com/members.htm; Ars Legis, http://www.arslegis.de/; Deutsche Anwalts Cooperation, http://www.dac.de/.

Anwaltskanzleien durch eine echte rechtliche Verbundenheit und durch enge und regelmäßige Kommunikation und Kooperation der Mitglieder aus. Virtuelle Anwaltskanzleien sind internetgestützte, nicht aber Scheinkanzleien.

§ 16 Bewertung einer Anwaltskanzlei

Dr. Paul Wollny★

Übersicht

Schrifttum: *Ballwieser,* Eine neue Lehre der Unternehmensbewertung? – Kritik an den Thesen von Barthel –, DB 1997, 85; *ders.,* Unternehmensbewertung und Komplexitätsreduktion, 1987; *Barthel,* Unternehmenswert: Der Markt bestimmt die Bewertungsmethode, DB 1990, 1145, 1152; *ders.,* Unternehmenswert: Die Grundkonzeption des Kölner Verfahrens, DStR 1993, 1492; *ders.,* Unternehmenswert: Zur entscheidungstheoretischen Fundierung des Kölner Verfahrens, DStR 1993, 1603; *ders.,* Unternehmenswert: Die nutzungsorientierten Bewertungsverfahren – Zur Fragwürdigkeit des sogenannten „Alleingültigkeitsanspruchs des Ertragswertverfahrens" –, DStR 1995, 343; *ders.,* Die einzelwirtschaftsgüterorientierten Bewertungsverfahren, DStR 1995, 1684; *ders.,* Unternehmenswert: Die vergleichsorientierten Bewertungsverfahren, DB 1996, 149; BRAK-Mitteilungen, 1986, 119; 1992, 22; *Brandi,* Bewertung einer Anwaltspraxis, AnwBl. 1973, 123; *Bressmer/Moser/Sertl,* Vorbereitung und Abwicklung der Übernahme von Unternehmen, 1989; *Bretzke,* Das Prognosenproblem bei der Unternehmensbewertung, Wirtschaftsprüfer-Handbuch 1981; *Eich,* Die Bewertung von Anwaltspraxen, 1995; *Grosser,* Unternehmensbewertung von Personengesellschaften in Deutschland und Österreich, RiW 1992, 207; *Hafner,* Unternehmensbewertung als Instrument zur Durchsetzung von Verhandlungspositionen, BFuP 1993, 78; HFA Unternehmensbewertung des IdW 2/1983, Wpg 1983, 473; *Helbling,* Unternehmensbewertung und Steuer, 5. Aufl. 1989; *Kaiser/Wollny,* Kauf und Bewertung von Anwaltspraxen, 2. Aufl. 1996; *Knief,* Neue Ansätze zur Bewertung von Anwaltspraxen, AnwBl. 1997, 21; *Lauterer,* Unternehmensbewertung zwischen Betriebswirtschaftslehre und Rechtsprechung, 1997 (zugleich Diss. 1996); *Lechner,* Die Unternehmenswertermittlung für Zwecke der Bestimmung von Auseinandersetzungsguthaben, in *Egger/Jud/Lechner/Wüsisch,* Unternehmensbewertung, 1981; *Möller,* Kauf, Verkauf und Fusion von Anwaltskanzleien, 1998; *Moxter,* Grundsätze ordnungsmäßiger Unternehmensbewertung, 2. Aufl. 1983; *Niehues,* Unternehmensbewertung bei Unternehmenstransaktionen im wesentlichen bei KMU Multiplikatormethoden, BB

★ Richter am Bundesfinanzhof a. D.

1993, 2241; *Piltz,* Die Unternehmensbewertung in der Rechtsprechung, 3. Aufl. 1994; *Schmidt-von Rhein,* Bewertung von Freiberuflerpraxen: Anwendung des Ertragswertverfahrens auf Einzelpraxen und Praxisanteile, 1997 (zugleich Diss. 1997); Statistisches Bundesamt, Unternehmen und Arbeitsstätten, Fachserie 2, Reihe 1.6.2 Kostenstruktur bei Rechtsanwälten und Anwaltsnotaren, bei Wirtschaftsprüfern ... 1991; *Tichy,* Unternehmensbewertung in Theorie und Praxis, 1994; *Weitekamp,* Der Wert der Anwaltskanzlei, AnwBl. 1994, 448; *Wollny,* Rechtsprechung zum „Streit um den Wert von Unternehmen", BB Beilage 17 zu Heft 25/1991; *ders.,* Unternehmens- und Praxisübertragungen, 4. Aufl. 1996.

A. Wert und Bewertung der Rechtsanwaltskanzlei

I. Allgemeines

1 Jede Rechtsanwaltskanzlei verkörpert einen Wert. Durch die Bewertung wird ihr ein auf einen bestimmten Zeitpunkt (Bewertungsstichtag) in Währungseinheiten ausgedrückter Gegenwert zugemessen.

2 Wie allgemein im Wirtschaftsleben bestimmen Angebot und Nachfrage den Wert einer Kanzlei. Die Wertzumessung ist zwar objektbezogen, aber von subjektiven Vorstellungen beherrscht.

3 Jede Bewertung hängt außerdem von dem mit ihr verfolgten **Zweck** ab. Das heißt, sie fällt unterschiedlich aus, je nachdem, ob sie vorgenommen wird, um ihr Ergebnis

- einer Bank für Kreditzwecke vorzulegen,
- einem möglichen Erwerber als Kaufpreis oder den Betrag als Verhandlungsbasis für den Kaufpreis zu nennen,
- bei der Gründung einer Sozietät den Einbringungs- oder Einlagewert zu beziffern,
- bei Auflösung einer Sozietät für die Berechnung der Auseinandersetzungsansprüche oder
- bei Ausscheiden eines Gesellschafters aus einer Sozietät für die Berechnung des Auseinandersetzungs- oder Abfindungsanspruchs des Ausscheidenden zu nutzen,
- anläßlich der Scheidung von Ehegatten der Berechnung des Zugewinnausgleichs zugrunde zu legen,
- als Vermögensaufstellung zu verwenden für
  - – die Kostenrechnung von Gebühren,
  - – die Erbschaftsteuer,
  - – steuerliche oder
  - – erbrechtliche Zwecke usw.

4 Der Zweck, der mit der Bewertung verfolgt wird, bestimmt auch die **Art und Weise** der Bewertung.

5 Der Preis, der für eine Kanzlei beim Verkauf im gewöhnlichen Geschäftsverkehr bezahlt werden würde – und zwar von einem „objektiven normalen Dritten", der die Kanzlei anstelle des Veräußerers fortführen würde –, ist der **Verkehrswert.** Aber auch er ist der Höhe nach von den Zwecken beeinflußt, die der Käufer mit dem Erwerb verfolgt.

6 Einen zweckfreien „objektiven Wert" gibt es nicht.

7 Kenntnisse über die **Substanzwerte** der zu erwerbenden Wirtschaftsgüter sind unerläßlich. Der Käufer muß die Gläubiger erfahren und die Schulden kennen, die er zu begleichen hat. Er muß wissen, wann die Schulden fällig sind. Er muß die Anschaffungskosten jedes einzelnen Wirtschaftsguts kennen, weil von ihnen die künftigen Absetzungen für Abnutzung abhängen.

8 Bei der Beratung von Käufer und Verkäufer werden vom Bewerter **Grenzpreise** ermittelt. Grenzpreise sind Werte,

- die der Verkäufer mindestens verlangen muß und
- die der Käufer höchstens aufwenden darf,

jeweils, um durch die Veräußerung oder durch den Erwerb keinen Nachteil zu erleiden **(Entscheidungswerte)**.

Als Vermittler errechnet ein Bewerter einen Kanzleiwert, der die gegensätzlichen Interessen der Beteiligten ausgleicht. Dieser Wert wird **Schiedswert** genannt. 9

Die Ermittlung des Kanzleiwerts ist für den Erwerber schwieriger als für den Veräußerer, der die Kanzlei kennt und ihre Zukunftsaussichten einzuschätzen vermag. Vor der Ausarbeitung der Einzelheiten des Kaufvertrages werden Verkäufer und Erwerber eine vorläufige Bewertung aus jeweils ihrer Sicht vornehmen. Der Käufer muß sich vom Veräußerer die Unterlagen geben lassen, die ihm eine zutreffende Wertermittlung ermöglichen. Er muß die Offenlegung aller Verhältnisse verlangen und die Rechnungslegung (die Buchführung) und die sonstigen Unterlagen einsehen. Aufschluß geben u. a. die Einkommen- und Umsatzsteuerbescheide, die dem Erwerber als Nachweis der in den letzten Jahren erzielten Umsätze und Gewinne dienen können, die Betriebsprüfungsberichte usw. 10

Die Berechnungsmethode des Wertes einer Kanzlei sollte – wie auch sonst bei Bewertungen – der möglichen Meßgenauigkeit angepaßt sein. 11

Die Kanzleibewertung erfordert auch die Entscheidung darüber, auf welchen Zeitpunkt die Bewertung vorzunehmen ist und bis zu welchem Zeitpunkt das Bewertungsergebnis vorliegen muß. 12

Der Erwerber muß darauf achten, daß von dem Teil des Gewinns, der als kapitalisierter Ertrag der Kanzlei anzusehen ist, die **leistungsgerechte Vergütung** für die Tätigkeit des derzeitigen Kanzleiinhabers **abgezogen** wird; denn dieses ertragswirksame Merkmal wird bei der Veräußerung **nicht** übertragen, ihm kommt aber bei der Bewertung eine überragende Bedeutung zu. Wird die Vergütung zu gering angesetzt, ergibt sich für die Kanzlei ein ungerechtfertigt hoher Preis. Wirtschaftlich zutreffend bewertbar ist nur eine von der Person des veräußernden Kanzleiinhabers unabhängige lebensfähige Kanzlei. 13

Beide Vertragspartner müssen ein Interesse daran haben, daß Fehler der Wertermittlung vermieden werden, damit der Kaufvertrag nicht angefochten werden kann. 14

Für die an der Vertragsabfassung beteiligten Berater (Fachanwälte für Steuerrecht, Steuerberater usw.) können Fehler der Wertermittlung Regreßansprüche auslösen. 15

Die Daten, die den Veröffentlichungen des statistischen Bundesamtes oder anderen Kennzahlensammlungen entnommen werden können, liegen regelmäßig um Jahre (meist um 4 Jahre) zurück. 1998 liegen z. B. in der Regel die Kennzahlen des Jahres 1991 vor. Gleichwohl empfiehlt es sich, diese Kennzahlen mit den Zahlen zu vergleichen, die der Bewerter im konkreten Fall aus der Kanzlei ermittelt hat. Möglicherweise haben sich die Strukturen weniger stark verändert, als gemeinhin angenommen wird. 16

II. Betriebswirtschaftslehre und Bewertung von Anwaltskanzleien

Die Vertreter der Betriebswirtschaftslehre in Deutschland sind der Auffassung, der Wert eines Unternehmens könne **allein** durch Methoden der **Ertragswertbestimmung** ermittelt werden.[1] 17

Bei der Diskussion, wie der Wert eines Unternehmens zu bemessen ist, müssen die Begriffe **„Wert des Unternehmens"** und **„Preis für das Unternehmen"** auseinandergehalten werden. Entsprechen im Zeitpunkt der Unternehmensübertragung Aktiva und Passiva (ohne Eigenkapital) einander, braucht es keinen Einfluß auf den **Wert** des Unternehmens zu haben, ob die Bilanz nur aus einer sofort fälligen, sicheren Forderung von 100 000 Währungseinheiten oder nur aus einer tilgbaren Schuld von 100 000 Währungseinheiten besteht; der Unterschied beeinflußt aber in jedem Fall den **Preis** für das Unternehmen. 18

Was für den Wert des Unternehmens ausgesagt wird, gilt nach Auffassung der Betriebswirtschaftslehre auch für Freiberuflerpraxen und auch für die Bewertung von Anwaltskanzleien. 19

In der **Schweiz** wird die Formel bevorzugt: 20

Unternehmenswert = (2 × Ertragswert + 1 × Substanzwert) : 3.[2]

[1] Vgl. *Moxter,* Grundsätze ordnungsmäßiger Unternehmensbewertung, 2. Aufl. 1983.

[2] *Helbling,* Unternehmensbewertung und Steuer, S. 146.

In **Österreich** werden trotz des Fachgutachtens des Berufsverbandes in der Praxis Substanzwertermittlungen angewendet.[3]

21 In den **USA** sind Unternehmensbewertungsverfahren gebräuchlich mit den Ausgangspunkten eines Substanzwertansatzes, eines Mittelwertansatzes und/oder eines Investitionswertansatzes.[4]

III. Auffassung der Rechtsanwaltskammern zur Bewertung von Anwaltskanzleien

Die Bundesrechtsanwaltskammer hat zur Bewertung von Anwaltskammern u. a. ausgeführt[5]:

1. Umsatz als Bemessungsgrundlage

22 Der geeignete Wertbestimmungsfaktor ist der **Umsatz,** da er am leichtesten und sichersten festzustellen ist. ... Die Bewertung erfordert ein Bild der Entwicklung der Kanzlei in den letzten 3 Kalenderjahren vor dem Kalenderjahr des Bewertungsfalles. Es hat sich bewährt, das letzte Kalenderjahr vor dem Stichtag doppelt zu gewichten, da sich so die positive oder negative Entwicklung der Kanzlei in jüngster Zeit ausdrückt. Regelmäßig sind daher die Umsätze der letzten 3 vollendeten Kalenderjahre zusammenzuzählen und der Umsatz des letzten vollendeten Kalenderjahres nochmals hinzuzuzählen und die Summe durch 4 zu teilen.

23 Die Umsatzentwicklung des laufenden Jahres kann für die Beurteilung der Entwicklung der Kanzlei im Vergleich mit den Umsätzen der 3 vergangenen Jahre hilfreich sein.

24 Unter **Umsatz** in diesem Sinne ist der Ist-Umsatz – also der Umsatz ohne Umsatzsteuer – zu verstehen.

25 Vom Umsatz sind sodann **personenbezogene,** nicht der anwaltlichen Tätigkeit zuzurechnende **Einnahmen** abzuziehen, wie z. B. Vergütungen für Tätigkeiten als Politiker, Mitglied eines Aufsichtsrats oder eines Beirats oder als Organ eines Verbandes oder einer Organisation, als Schriftsteller oder für Lehrtätigkeiten. Außerordentliche anwaltsbezogene Vergütungen sind ebenfalls abzuziehen, wenn nicht mit ihrer Wiederkehr gerechnet werden kann, wie z. B. Vergütungen für die Tätigkeit als Testamentsvollstrecker, Konkursverwalter, Vergleichs- oder Zwangsverwalter, Vormund, Pfleger, Vermögensverwalter, Treuhänder, Sachverständiger oder Mitglied eines Schiedsgerichts, einer Schiedsstelle oder eines Berufsgerichts.

26 Bei der Bewertung der Anwaltskanzlei bleiben auch die Einnahmen aus dem Anwaltsnotariat außer Betracht. Die Tätigkeit als Anwaltsnotar kann allerdings ein werterhöhender Umstand sein.

27 Der danach errechnete (bereinigte) Umsatz ist die **Bemessungsgrundlage** im Sinne der weiteren Berechnungen.

2. Berechnungsfaktor für den Einzelfall

28 Die Bemessungsgrundlage wird mit einem von den Umständen des Einzelfalles abhängigen **Berechnungsfaktor** multipliziert. Der Faktor liegt regelmäßig zwischen 0,5 und 1, in Ausnahmefällen bis zu 1,5. Die Multiplikation der Bemessungsgrundlage mit dem Faktor ergibt den **Zwischenwert.** Zum Berechnungsfaktor siehe nachstehend unter Rn. 29.

29 Befinden sich die Kanzleiräume im eigenen Haus des Kanzleiinhabers, muß ein Betrag für die **fiktive Miete** angesetzt werden, die der Kanzleiinhaber in Höhe der ortsüblichen

[3] *Lechner,* Die Unternehmenswertermittlung für Zwecke der Bestimmung von Auseinandersetzungsguthaben (Abschichtungsguthaben, Abfindungsguthaben), in *Egger/Jud/Lechner/Wünsch,* Unternehmensbewertung, S. 23 ff.; *Grosser,* Unternehmensbewertung von Personengesellschaften in Deutschland und Österreich, RiW 1992, 207; *Tichy,* Unternehmensbewertung in Theorie und Praxis, 1994.

[4] *Bressmer/Moser/Sertl,* Vorbereitung und Abwicklung der Übernahme von Unternehmen, S. 154.

[5] Vgl. dazu BRAK-Mitt. 1986, 119 und 1992, 24 ff.

Miete für Büroräume entrichten müßte, wenn er die Anwaltstätigkeit in gemieteten Räumen ausüben müßte.

3. Kalkulatorischer Anwaltslohn

Vom Zwischenwert wird ein fiktiv ermittelter kalkulatorischer **Anwaltslohn** für ein Jahr abgesetzt. Da es kaum vergleichbare angestellte Rechtsanwälte gibt, wird auf die Richterbesoldung zurückgegriffen. Die Beträge ergeben sich 30

- bei Rechtsanwälten unter 45 Jahren und einem Umsatz unter 250 000 DM aus der entsprechenden Altersstufe der Besoldungsstufe R 1 zuzüglich Ortszuschlag,
- bei Rechtsanwälten über 45 Jahren und einem Umsatz unter 250 000 DM aus der entsprechenden Altersstufe der Besoldungsstufe R 2 zuzüglich Ortszuschlag,
- bei Rechtsanwälten mit einem Jahresumsatz von mehr als 250 000 DM – ohne Altersgrenze – Besoldungsstufe R 3 zuzüglich Ortszuschlag.

Der Vergleichsbetrag der Richterbesoldung ist um einen Zuschlag von 40 v. H. zum Ausgleich der Altersversorgung und der Beihilfen eines Richters zu erhöhen.

Bei Rechtsanwälten mit Anwaltsnotariat wird der Anwaltslohn im Verhältnis der Umsätze aus Anwalts- und Notartätigkeit aufgeteilt und nur der Anwaltslohn aus der anwaltlichen Tätigkeit abgesetzt. Der so gewonnene Wert wird als **Kanzleiwert** bezeichnet.

4. Unterschiedliche Berechnungsfaktoren

Bei der Ermittlung des Berechnungsfaktors wird unterschieden zwischen den Ermittlungen des Fortführungswertes, des Übergabewertes und des Beteiligungswertes. 31

a) Fortführungswert. Der Wert einer Kanzlei verflüchtigt sich mit der Zeit. Dies geschieht schneller, wenn der fortführende Rechtsanwalt ein höheres Alters hat oder krank ist. Der Fortführungswert hängt in besonderem Maße von der Arbeitskraft und der Leistungsfähigkeit des fortführenden Rechtsanwalts ab, denn von diesen Merkmalen hängt der künftige Umsatz ab. Der Berechnungsfaktor muß die daraus herrührenden Unsicherheiten berücksichtigen. 32

In diesem Zusammenhang sind **wertsenkende Einzelpositionen** für die Ermittlung des Berechnungsfaktors 33

- das Bestehen der Kanzlei seit weniger als 10 Jahren,
- das Alter des Kanzleiinhabers über 60 Jahre,
- die schlechte Gesundheit des Kanzleiinhabers,
- Einnahmen von wenigen großen Mandanten,
- überdurchschnittliche kanzleibedingte Kosten,
- Aufwendungen für angestellte Rechtsanwälte.

Werterhöhende Einzelmerkmale sind dagegen
- das Bestehen der Kanzlei länger als 10 Jahre,
- ein breit gestreuter Mandantenkreis,
- überdurchschnittlich niedrige Kosten für die Kanzlei.

Von dem sich ergebenden Zwischenwert ist – wie gesagt – der kalkulatorische Anwaltslohn abzuziehen. Die Differenz ist der **Kanzleiwert.** 34

b) Übergabewert. Auszugehen ist von den gleichen Überlegungen wie zum Fortführungswert. Als weitere **wertsenkende Einzelmerkmale** werden berücksichtigt 35
- auslaufende Tätigkeitsarten der Kanzlei,
- Übergang der Kanzlei nach zeitweiliger Unterbrechung.

Als **werterhöhende Faktoren** kommen in Betracht:
- Alter des übergebenden Anwalts unter 60 Jahren,
- Bestehen der Kanzlei über 10 Jahre,
- Spezialisierung des Übergebers,
- breit gestreuter Mandantenkreis,

- Einführung des Übernehmers in die Klientel des Übergebers,
- besonderer Ruf der Kanzlei,
- günstiger, langfristiger Mietvertrag über die Kanzleiräume,
- moderne Ausstattung der Kanzlei.

36 Wiederum ist der **kalkulatorische Anwaltslohn** eines Jahres vom Zwischenwert abzuziehen. Beim Übergabewert wird im Einzelfall nur der **halbe Anwaltslohn** abgezogen, weil der Übergeber seine Kanzleiaufbauleistung dem Übernehmer überläßt und ihm damit eine Chance eröffnet, beruflich ohne Anlaufzeit tätig werden zu können. Denn der Übernehmer hätte zu diesem Zeitpunkt ohne die Übergabe nicht die Chance, einen Anwaltslohn in der Höhe zu verdienen, wie er bei der Berechnung des Kanzleiwertes als kalkulatorischer Anwaltslohn fiktiv zugrunde gelegt wird.

37 **c) Beteiligungswert.** Bei der Bestimmung des Beteiligungswertes werden unterschieden

- der Beteiligungswert bei bestehender Sozietät,
- der Beteiligungswert bei Gründung einer Sozietät oder Eintritt in eine Sozietät und
- der Beteiligungswert bei Auflösung einer Sozietät oder bei Ausscheiden aus einer Sozietät.

38 *aa) Beteiligungswert bei bestehender Sozietät.* Zur Bestimmung des Wertes der Kanzlei der Sozietät werden die Grundsätze zur Ermittlung des Fortführungswertes in der Weise angewendet, daß für jeden Sozius ein kalkulatorischer Anwaltslohn ermittelt wird.

Der Beteiligungswert des Anteils an der Sozietät ergibt sich aus dem entsprechenden Vom-Hundert-Satz, mit dem der einzelne Sozius an der Sozietät beteiligt ist.

39 *bb) Beteiligungswert bei Gründung einer oder Eintritt in eine Sozietät.* Tritt ein Anwalt in eine Sozietät ein, die von den bisherigen Inhabern fortgeführt wird, oder entsteht eine Sozietät, die vom Kanzleigründer fortgeführt wird, kann erwartet werden, daß die bisherigen Erträge der Kanzlei auch in Zukunft erzielt werden. Zusätzlich bringt der Eintretende seine **Arbeitskraft** ein. Wie beim Übergabewert wird berücksichtigt werden, daß demzufolge auch die Höhe des Berechnungsfaktors entsprechend hoch sein wird.

40 Bringt der Eintretende seine Kanzlei ein, so ist sein bisheriger Kanzleiwert nach den Grundsätzen für den Übergabewert zu bestimmen und dem Kanzleiwert der aufnehmenden Kanzlei zuzuschlagen. Der so entstehende **Gesamtkanzleiwert** ist auf die Sozien entsprechend ihren Anteilen zu verteilen.

41 *cc) Beteiligungswert bei Auflösung einer Sozietät oder bei Ausscheiden aus einer Sozietät.* Es sind zwei verschiedene Fallgruppen zu unterscheiden. Bei Auflösung der Sozietät unter Fortführung mehrerer Einzelkanzleien ist der Kanzleiwert aufzuteilen, und zwar entsprechend dem Verhältnis der Umsätze, die auf die jeweils zugeteilten Mandanten entfallen. Daraus kann sich ergeben, daß **Ausgleichszahlungen** erforderlich werden.

42 Bei Ausscheiden eines Sozius aus einer Sozietät ohne Fortführung einer Kanzlei (z. B. aus Altersgründen oder bei Tod) gelten die Überlegungen zum Übergabewert entsprechend.

IV. Unterschied von Geschäftswert und Kanzleiwert

43 Das Unternehmen ist begrifflich die vom Inhaber losgelöste Wirtschaftseinheit, die die Leistungsfähigkeit des sachlichen Substrats verkörpert.

44 Als **Geschäftswert** (synonym Firmenwert, goodwill) wird der Mehrwert bezeichnet, der einem gewerblichen Unternehmen über den Substanzwert der einzelnen materiellen und immateriellen Wirtschaftsgüter abzüglich Schulden hinaus innewohnt. Der Geschäftswert wird durch die **Gewinnaussichten** bestimmt, die losgelöst von der Person des Unternehmers, aufgrund besonderer dem Unternehmen eigener Vorteile bestehen (z. B. Ruf des Unternehmens, Kundenkreis, rationelle Organisation insbesondere des Absatzes, der Leistungsfähigkeit des Unternehmens, der Steuerbarkeit der Arbeitsabläufe entsprechend den Erfordernissen des Absatzes usw.) und die höher oder zumindest gesicherter

erscheinen als bei einem anderen Unternehmen mit sonst vergleichbaren Wirtschaftsgütern, bei dem diese Vorteile fehlen.

Die Anwaltskanzlei ist durch die Beziehungen des Rechtsanwalts zu seinen Mandanten und dem darauf beruhenden Vertrauen geprägt. Der Wert der Anwaltskanzlei liegt in den über die Kanzleieinrichtung hinausgehenden Möglichkeiten und Chancen aufgrund der Beziehungen des Rechtsanwalts zu seiner Mandantschaft, die Erträge der Vergangenheit, wenn nichts Unvorhergesehenes geschieht, zu wiederholen **(Kanzleiwert).** Der Kanzleiwert wird maßgebend durch den **Mandantenstamm** bestimmt. Es wird zwischen Kanzleiwert und Wert des Mandantenstamms unterschieden. 45

Die auf der Person des Inhabers einer Anwaltskanzlei beruhenden Erfolgskomponenten gehören nicht zum Kanzleiwert. 46

Zum Kanzleiwert gehören aber außer dem Mandantenstamm – also den Beziehungen des Anwalts zu seinen Mandanten – insbesondere 47

- der Wert qualifizierter Mitarbeiter,
- die Angebotspalette der Kanzlei.

Bei der **Veräußerung** einer Kanzlei hängt das Übergeben des Kanzleiwertes davon ab, ob es dem Erwerber gelingt, die Vertrauensbeziehung, die zwischen dem Mandanten und dem veräußernden Anwalt entstanden war, nunmehr für sich zu erwerben und durch die eigene persönliche Leistung fortzusetzen, den Mandanten also an sich zu binden. 48

Es läßt sich daher sagen, der Geschäftswert ist weitgehend **unternehmensbezogen,** der Kanzleiwert nahezu ausschließlich **personenbezogen.** Gemeinsam ist Geschäftswert und Kanzleiwert, daß sie für sich allein **nicht übertragbar** sind. 49

V. In der Praxis geübte Verfahren der Ermittlung des Wertes einer Rechtsanwaltskanzlei

1. Additionsmethode

Am häufigsten gehen die Vertragspartner so vor, daß sie den 50

- Wert der Kanzleieinrichtung (des Inventars) und
- den immateriellen Kanzleiwert – nach den unterschiedlichsten Methoden –

ermitteln und durch Addition beider Werte den Preis für die Kanzlei festlegen. In dieser Vorgehensweise wird aus anwaltlicher Sicht eine Art **modifiziertes Ertragswertverfahren** gesehen.

2. Umsatzorientierte Wertfindungen

Vielfach wählen die Vertragspartner den **Ist-Umsatz** (also den Umsatz ohne Umsatzsteuer) in den der Veräußerung voraufgegangenen Jahren als **Ausgangsfaktor** für die Bestimmung des Wertes der Anwaltskanzlei.[6] 51

Bei der Anwendung grober Wertermittlungsverfahren wird der Kanzleiwert in einem **Vom-Hundert-Satz** des durchschnittlichen Jahresumsatzes einer Reihe von Jahren ausgedrückt. Diese Art der Wertbestimmung geht davon aus, es bestehe ein gleichbleibendes **Umsatz-Kosten-Verhältnis,** das einen in einem Von-Hundert-Satz ausgedrückten Schluß vom Umsatz auf den Gewinn erlaube. Erfahrungssätze dieser Art gibt es nicht. Sie sind als Schätzungsverfahren zur Bestimmung des Kanzleiwertes ungeeignet; ihnen kann allenfalls eine **Kontrollfunktion** (Plausibilitätskontrolle) für andere Bewertungsverfahren zukommen. 52

Schmidt-von Rhein[7] zitiert für das Jahr 1991 folgende **Aufschlüsselung des Aufwands** von 58 v. H. der Kanzlei-Einnahmen für die zahlenmäßig größte Umsatzklasse für Einzelkanzleien (ohne Notariat): 53

[6] Vgl. Rdn. 22ff.

[7] *Schmidt-von Rhein,* Bewertung von Freiberuflerpraxen, S. 183, aus den Daten des Statistischen Bundesamtes, Unternehmen und Arbeitsstätten, Fachserie 2, Reihe 1.6.2 (1991).

Kostenart	v. H. der Kanzleieinnahmen
Personalkosten	25,8
a) allgemein	24,2
b) freie Mitarbeiter	1,6
Raumkosten	9,0
a) Gas, Wasser, Strom, Heizung	1,5
b) Miete	7,5
Miete für EDV-Anlagen und Büromaschinen	0,8
Beiträge für Berufsorganisation	0,6
Versicherungsprämien	1,2
Kosten für die Kfz-Haltung	4,7
Reisekosten/Spesen	0,8
Fachliteratur	1,7
Absetzungen für Abnutzung (einschließlich der Absetzungen für geringwertige Wirtschaftsgüter)	3,4
a) AfA	2,3
b) Geringwertige Wirtschaftsgüter	1,1
Fremdkapitalkosten	1,4
Berufsspezifische und sonstige Kosten	8,6
Gesamtkosten in v. H. der Kanzleieinnahmen	58,0

54 Bei anderen Verfahren, die den **Umsatz** als Ausgangswert für die Ermittlung des Kanzleiwertes wählen, wird der Umsatz um eine Reihe von Einnahmen gemindert, die außerordentliche Einnahmen oder Einnahmen sind, die sich nicht wiederholen. Der auf diese Weise ermittelte Betrag wird mit einem **einzelfallabhängigen Faktor** multipliziert und danach um einen Betrag für den **kalkulatorischen Arbeitslohn** für den veräußernden Anwalt gemindert. Vielfach wird auch noch ein **Risikoabschlag** von der vorgenannten Differenz abgezogen und z. B. bei Berechnung des Zugewinnanspruchs noch die latente Steuerlast.

3. Verfahren der Wertermittlung nach Erfahrungssätzen, die vom Umsatz oder vom Gewinn oder von beiden Größen abgeleitet sind

55 Es gibt Vertragspartner, die der Ermittlung des Kanzleiwertes regional und zwischen Stadt- und Landkreisen unterscheidende Erfahrungssätze zugrunde legen.[8] Die Erfahrungssätze werden zudem aufgegliedert in Mindest-, Höchst- und Mittelsätze. Außerdem wird berücksichtigt, ob ein Angebots- oder ein Nachfrageüberhang besteht, ob der eine oder andere Überhang besonders ausgeprägt ist oder ob Angebot und Nachfrage ausgeglichen sind.

4. Einzelwirtschaftsgüter- und überschußorientierte Gesamtbewertungsverfahren

56 Bei wiederum einer anderen Bewertungsmethode wird zwischen kleinen und großen Kanzleien unterschieden. Je kleiner eine Kanzlei ist, wird von der Einzelgüterbewertung ausgegangen, je größer sie ist, wird um so mehr der zeitraumbezogene überschußorientierte Anteil des Gesamtbewertungsverfahrens angesetzt.[9]

5. Verfahren nach dem Verhältnis von Umsatz und Gewinn zueinander

57 Wieder andere Vertragspartner setzen Ist-Umsatz und ertragsteuerlichen Gewinn (meist in modifizierter Form) in ein Verhältnis zueinander, das sie der Preisberechnung zugrunde legen.[10]

[8] *Barthel,* DB 1990, 1145, 1152 und DB 1996, 149.
[9] *Barthel,* DStR 1993, 1492 und 1603.
[10] Siehe dazu auch *Kaiser/Wollny,* S. 59 Fn. 78.

B. Wertermittlung einer Anwaltskanzlei nach Ertragswertgesichtspunkten

I. Allgemeines

Welchen **Preis** wird der potentielle Käufer einer Anwaltskanzlei zu zahlen bereit sein? Er wird sich fragen: 58

- Welchen Nutzen wird mir der Erwerb der Kanzlei in der Zukunft erbringen?
- Was darf ich demzufolge für den Erwerb der Kanzlei höchstens aufwenden?
- Was müßte ich aufwenden, wenn ich selbst eine Anwaltskanzlei aufbaue?
- Zu welchem Zeitpunkt werden die Aufwendungen für die Neugründung einer Kanzlei den Preis erreicht haben, den der Erwerb der Kanzlei erfordert?

II. Ertragswert

Der potentielle Käufer der Kanzlei wird den **Grenzpreis** für den Erwerb nach dem Ertrag bestimmen, den er sich aus dem Kanzleierwerb versprechen darf und sich deshalb verspricht. **Ertrag** in diesem Sinne ist die Summe aller Vorteile, die der Kanzleiinhaber aus der Kanzlei in Zukunft erwarten darf. 59

Grundsätzlich gelten – wie auch sonst bei der Bewertung von Unternehmen – die dabei zu beachtenden allgemeinen Grundsätze über Annahmen und Feststellungen des **Hauptfachausschusses Unternehmensbewertung des Instituts der Wirtschaftsprüfer** (HFA Unternehmensbewertung des IdW). Das sind die Grundsätze 60

- der Bewertung der wirtschaftlichen Unternehmenseinheit,
- der Bewertung der nachhaltig entziehbaren, verfügbaren Einnahmenüberschüsse,
- der Bewertung der vorhandenen Ertragskraft,
- der Bewertung des Eigenkapitals,
- der gesonderten Bewertung des nicht betriebsnotwendigen Vermögens,
- des Stichtagsprinzips,
- der Vergangenheitsanalyse,
- der Zukunftsbezogenheit der Bewertung,
- der erfolgsorientierten Substanzerhaltung,
- der Substanzbezogenheit des Erfolges,
- der Eindeutigkeit der Bewertungsansätze,
- der Berücksichtigung von Synergie-Effekten,
- der Bewertung des Management-Faktors,
- der Unbeachtlichkeit des Vorsichtsprinzips,
- der Verwertung gesicherter Bewertungsunterlagen.

Nicht alle Grundsätze werden bei der Ertragswertermittlung einer Anwaltskanzlei bedeutsam werden (z. B. selten die Grundsätze der Berücksichtigung von Synergie-Effekten oder der Bewertung des Managementfaktors).

Eine Kanzlei ist kein Unternehmen mit einer **unendlichen Lebensdauer.** Mag die Annahme einer unendlichen Lebensdauer bei Unternehmen schon zweifelhaft sein, sich aber als Annahme wegen der damit verbundenen rechnerischen Vereinfachungen anbieten, kann eine solche Annahme nicht für Rechtsanwaltskanzleien gelten. 61

III. Ermittlung des Ertragswertes

Der **Ertragswert** wird ermittelt durch die Kapitalisierung der **künftigen** Erträge der Kanzlei auf den für die Preisvereinbarung festgesetzten Stichtag. 62

63 **Problembehaftet**[11] für die Bezifferung der künftigen Erträge sind
- die Prognose der Höhe der erwarteten Erträge und
- die Höhe des Abzinsunsfaktors.

Die **Hauptaufgabe** bei der Prognose besteht darin, eine genügend große Zahl von Daten zusammenzutragen, die Rückschlüsse auf die wirtschaftliche Entwicklung der Kanzlei erlauben, und sie zu quantifizieren.

64 Die Ertragskraft der Kanzlei wird zweckmäßigerweise in **zwei Phasen** ermittelt. Die erst Phase wird die Erträge der dem Bewertungsstichtag folgenden 3 Jahre umfassen und die zweite Phase die weiteren 3 bis allenfalls 5 Jahre.[12] Die einzeln geschätzten Zukunftserträge werden mit den jeweiligen **Abzinsungsfaktoren der nachschüssigen Rente** auf den Bewertungsstichtag abgezinst. Die Summe der einzelnen Barwerte ergibt den Ertragswert.

IV. Einzelheiten bei der Ermittlung des Ertragswertes

1. Rückschau

65 Die **Vergangenheitserträge** können nützliche Bausteine zur Schätzung der künftigen Erträge sein.[13] Das heißt, es werden die in der Vergangenheit erzielten Erträge darauf untersucht, welche Teile auch in Zukunft als Ertragsanteile zu erwarten sein werden. Die Informationen der Vergangenheit sind zumeist gesichert. Aus der Rückschau muß versucht werden, die wichtigen Ertragsursachen – sowohl der Einnahmen wie auch des Aufwandes – zu erkennen und aus ihnen Informationen über mögliche Zukunftsentwicklungen abzuleiten. Das hängt davon ab, wie lange die Kanzlei besteht und wie viele der zurückliegenden Jahre in die Analyse einbezogen werden.

66 So sind z. B. von den Einnahmen ohne Umsatzsteuer abzusetzen:

1. Gehälter für angestellte Volljuristen,
2. Löhne und Gehälter für
   a) Referendare,
   b) Büropersonal,
   c) sonstige Beschäftigte,
   d) Auszubildende,
   e) ohne Entgelt mitarbeitende Angehörige,
3. Sozialkosten
4. Honorare für freie Mitarbeiter,
5. Miete für Praxisräume (ggf. fiktive Miete für die Büroräume im eigenen Haus)
6. Miete (oder Leasingraten) für
   a) EDV-Anlagen,
   b) Büro-Maschinen,
   c) Kopiergeräte,
   d) anderen Bürobedarf,
7. Aufwendungen für Strom, Gas, Wasser, Heizung,
8. Beiträge zu Berufsorganisationen,
9. Versicherungsprämien für Berufshaftpflicht und Praxisversicherung,
10. Fremdkapitalzinsen,
11. Kfz-Aufwand,
12. Reisekosten und Spesen,
13. Aufwand für Teilnahme an wissenschaftlichen Kongressen,

---

[11] Vgl. dazu *Bierle,* in Handwörterbuch des Steuerrechts, 2. Aufl. 1981, S. 441; *Bretzke,* Das Prognoseproblem bei der Unternehmensbewertung, Wirtschaftsprüfer-Handbuch 1981, 1294 f.; *Ballwieser,* Unternehmensbewertung und Komplexitätsreduktion, S. 175.

[12] *Moxter,* Grundsätze ordnungsmäßiger Unternehmensbewertung, S. 99.

[13] *Moxter,* Grundsätze ordnungsmäßiger Unternehmensbewertung, S. 97.

14. Aufwand für Fachliteratur,
15. Aufwand für Einrichtungsgegenstände unter 800 DM,
16. Absetzungen für Abnutzung,
17. Sonstige Kosten

1.–17. Aufwand insgesamt
Einnahmen ohne Umsatzsteuer ./. Aufwand 1.–17. = Ertrag

---

2. Vorschau

Nach dieser Analyse gilt es, die **künftigen Ertragsursachen** gedanklich vorwegzunehmen, also zu analysieren, welche Daten die künftige Entwicklung mit hoher Wahrscheinlichkeit bestimmen werden. 67

3. Verknüpfung von Rückschau und Vorschau

Erwerber wie Bewerter wissen, daß sie zweierlei bedenken müssen: Einmal ist ungewiß, inwieweit bei der Übertragung der Kanzlei der bisherige Mandantenstamm dem Erwerber künftig Aufträge erteilen wird. Zum anderen hat ein Rechtsanwalt anders als ein gewerblicher Unternehmer nicht in dem Maße Einfluß auf das Ausmaß, Beratungsaufträge zu erhalten. Überzeugend wird vielfach nur die Verknüpfung der Daten des Letztjahres mit den erwarteten Ertragsbedingungen des nächsten Jahres sein. Dieser Teil der Vorausschau wird vielfach das Schwergewicht der Prognose bilden. 68

4. Bandbreite der künftigen Erträge

Gleichwohl sollte es nicht unterlassen werden, die künftigen Erträge unter den Gesichtspunkten 69

- einer günstigen Entwicklung,
- einer ungünstigen Entwicklung und denen
- der größten Wahrscheinlichkeit

zu berechnen und auf diese Weise eine **Bandbreite der erwarteten Entwicklung** zu erarbeiten.

V. Vergleichswert

Als Vergleichswert sollte von dem Aufwand für den Aufbau einer Kanzlei durch den potentiellen Erwerber ausgegangen werden. Denn ein Markt für vergleichbare Kanzleien wird nicht bestehen. 70

1. Zinssatz

Als Zinssatz für die Alternativ-Investition wird der landesübliche Zinssatz für Bundesschatzbriefe, öffentliche Anleihen oder die Renditen langfristiger festverzinslicher Wertpapiere erster Adressen angesetzt. 71

2. Nicht betriebsnotwendiges Vermögen

Das das nicht betriebsnotwendige Vermögen aus der Ertragsprognose ausgeschaltet ist, muß es gesondert bewertet werden. Es ist mit dem Nettoveräußerungserlös dem Ertragswert zuzuschlagen. 72

VI. Liquidationswert

Der Veräußerer wird seinerseits den Liquidationswert der Kanzlei ermitteln, unter dem er die Kanzlei nicht dem potentiellen Erwerber abgeben wird. 73

VII. Kontrollfeststellungen

74 Auch wenn der Bewerter bei der Ermittlung des Ertragswertes von Ertragswertgesichtspunkten ausgegangen ist, sollte er das Ergebnis sowohl nach den Berechnungen anderer Methoden wie auch nach den statistisch von Ertragswerten abgeleiteten Erfahrungssätzen kontrollieren.

C. Verschiedene Einzelheiten

I. Gebäude

75 Es ist bereits darauf hingewiesen worden, daß bei der Ermittlung des Wertes von Anwaltskanzleien vom Ertrag ein Betrag für **fiktive Miete** in Höhe der ortsüblichen Miete für Büroräume abgesetzt werden muß, wenn die anwaltliche Tätigkeit in Räumen des eigenen Hauses ausgeübt wird (vgl. Rdn. 30). Würde die Absetzung unterlassen, wäre der dauerhaft erzielbare Ertrag der Kanzlei zu hoch ausgewiesen.

76 Für die Bewertung von Grundstücken und aufstehenden Gebäuden wird auf Sachverständigen-Gutachten, Vergleichspreise, Unterlagen von Gutachterausschüssen zurückgegriffen werden.

77 Im **Sachwertverfahren** werden „Grund und Boden“ und aufstehende „Gebäude“ getrennt bewertet.

78 Zur Ermittlung des Wertes des **Grund und Bodens** ist auf die örtlichen Kennzahlen-Sammlungen zurückzugreifen.

79 Bei der **Gebäudebewertung** werden der umbaute Raum, die Größe der Nutzflächen, Feuerversicherungstaxen Anhaltspunkte geben. Bei einem Gebäude wird davon ausgegangen werden, welche Baukosten zur Zeit des Erwerbs der Kanzlei aufgewendet werden müßten, um das Gebäude zu errichten (Wiederbeschaffungswert) und wieviel davon durch Nutzung in der Vergangenheit verbraucht worden ist. Maßgebend ist der für die **künftige Nutzung** noch zur Verfügung stehende, in der Vergangenheit noch nicht verbrauchte Teil der fiktiven Kosten für den Bau nach dem Baukostenindex zur Zeit der Kanzleiveräußerung. Es kommt also nicht darauf an, wie alt das Gebäude ist, sondern wie lange es nach seinem Zustand noch für die Kanzlei genutzt werden kann.

II. Ausstehende Honorare

80 Grundsätzlich wird sich der Kanzleierwerber bereit finden, ausstehende Honoraransprüche mit dem **Nennwert** abzugelten, und zwar auch dann, wenn die Ansprüche noch nicht fällig sind. Aufgrund des Datenschutzes dürfen persönliche Daten der Auftraggeber – also der Mandanten – nur mit deren Zustimmung weitergegeben werden. Hiervon macht § 49b Abs. 4 Satz 1 BRAO eine Ausnahme. Seit der Einfügung dieser Vorschrift steht fest, daß Honorarforderungen im Rahmen der Veräußerung einer Kanzlei auch ohne Zustimmung des Mandanten abgetreten werden dürfen.

III. Zahlungsart und Zahlungsweise

81 Hinsichtlich der Einzelheiten bei Zahlungsart und Zahlungsweise wird auf die Ausführungen in § 10 „Erwerb einer Anwaltskanzlei“ unter Rdn. 76–90 verwiesen.

IV. Abschreibung des Kanzleiwerts

82 Zum Betriebsvermögen der Kanzlei gehört auch der Kanzleiwert. Nur der **entgeltlich erworbene (derivative) Kanzleiwert** ist in der Bilanz mit den Anschaffungskosten anzusetzen. Er ist auf seine **Nutzungsdauer** abzuschreiben. Die Nutzungsdauer ist im Einzelfall zu schätzen. Sie beträgt **regelmäßig 2 bis 3 Jahre** für den derivativen **Einzelkanzleiwert** und **6 bis 10 Jahre** für den derivativen **Sozietätskanzleiwert.**

Ist der **Teilwert** eines erworbenen Kanzleiwertes **niedriger** als die um die jährlichen Absetzungen geminderten Anschaffungskosten, kann dieser angesetzt werden. **83**

Wird in eine Sozietät ein neuer Sozius aufgenommen, ohne daß die bisher an der Kanzlei beteiligten Partner ausscheiden, kann auf den von dem neuen Sozius erworbenen Kanzleianteil steuerlich keine laufende Abschreibung vorgenommen werden. **84**

V. Umsatzsteuer und Veräußerung

Die Kanzleiveräußerung im ganzen unterliegt seit 1. 1. 1994 **nicht** mehr **der Umsatzsteuer,** wenn der Erwerber Rechtsanwalt ist und er die Kanzlei fortführt (§ 1 Abs. 1a UStG). Gleichgültig ist, ob die Kanzlei entgeltlich oder unentgeltlich übertragen oder in eine Sozietät eingebracht wird. **85**

D. Preis für die Kanzlei

Der Preis für die Kanzlei wird von den vorerwähnten Überlegungen beeinflußt sein. **86** Seine Festlegung vollzieht sich zwar wie der Kauf jeder Ware nach Angebot und Nachfrage, in der Praxis allerdings mangels ausreichenden Angebots und entsprechender Nachfrage in schwer erklärlicher Weise. Der Preis muß nach Gegenstand, Höhe, Zahlungsart und Zahlungsweise bestimmt sein. Der Preis, der letztlich ausgehandelt wird, sollte für Verkäufer wie Käufer plausibel sein.[14]

---

[14] Vgl. dazu § 10 Rdn. 72ff.

§ 17 Steuerliche Aspekte einer Anwaltskanzlei[1]

Prof. Dr. Roman Seer★

Übersicht

★ Inhaber des Lehrstuhls für Steuerrecht und Direktor des Instituts für Steuerrecht der Universitat Bochum.

[1] Der Bearbeitung des folgenden Abschnitts liegt der Gesetzgebungsstand zum 31. 12. 1998 zugrunde. Das Steuerentlastungsgesetz 1999/2000/2002 vom 24. 3. 1999 ist inzwischen mit Wirkung zum 1. 1. 1999 bzw. 1. 4. 1999 in Kraft getreten (BGBl. I 1999, S. 402). Im Zeitpunkt der abschließenden Durchsicht der Korrekturfahnen befand sich der Gesetzentwurf noch nach sehr kontroversen Beratungen im Finanzausschuß noch in der Lesung des Deutschen Bundestages. Soweit der Gesetzentwurf für die Besteuerung von Anwaltspraxen von Bedeutung ist, ist er gleichwohl bereits in die nachfolgende Abhandlung eingearbeitet worden. Dabei wurden Modifikationen seitens des Finanzausschusses – soweit möglich – berücksichtigt.

Schrifttum: *Ahrend/Förster/Rößler,* Steuerrecht der betrieblichen Altersversorgung, 4. Aufl., Loseblatt; *Albert,* Die Vorschriften für Auswärtstätigkeiten ab 1996 in der betrieblichen Praxis (Zugleich Vorschlag für eine Neuerung), FR 1996, 437; *Bader,* Kontokorrentkredit – Anerkennung von Umschuldungsmodellen nach dem Beschluß des Großen Senats des BFH, FR 1998, 449; *Baetge,* Bilanzen, 3. Aufl. 1994; *Beater,* Absetzung für Abnutzung bei antiken Möbeln, BB 1990, 1869; *Becker,* Das gesellschaftsrechtliche Wettbewerbsverbot in der Einmann-GmbH, Diss., 1997; *Bellstedt,* Die Steuern der Personengesellschaft, NWB Fach 18, 3485 (48/1996); *Bellstedt,* Einkommensteuer der internationalen Sozietät, IStR 1995, 361; *Bilsdorfer,* Der BFH und der Abzug von Schuldzinsen, NJW 1998, 686; *ders.,* Der steuerliche Fremdvergleich bei Vereinbarungen unter nahestehenden Personen, 1996 (zugleich Saarbrückener Diss.); *Birkenfeld,* Das große Umsatzsteuer-Handbuch, Loseblatt; *ders.,* Rechtsprechung des Europäischen Gerichtshofs zu Umsatzsteuerfragen, UR 1997, 241; *ders.,* Der Einfluß des Gemeinschaftsrechts auf die Rechtsverwirklichung im Steuerrecht, StuW 1998, 55; *Brandmüller,* Betriebsaufspaltung heute – planmäßige Entsorgung?, DStZ 1998, 4; *Broudré,* Die steuerliche Behandlung von Bewirtungsaufwendungen, DStR 1995, 117; *ders.,* Bewirtungskosten als Betriebsausgaben, DB 1995, 1430; *Buchwald,* Zur Verfassungsmäßigkeit der Gefährdungshaftung gem. § 14 Abs. 3 S. 2 UStG 1980, UR 1996, 1; *Bunjes/Geist,* UStG, Kommentar, 5. Aufl. 1997; *Burhoff/Obermeier,* Besteuerung der Rechtsanwälte und Notare, 2. Aufl. 1998; *Buyer,* Verdeckte Gewinnausschüttung bei Verletzung der gesellschafter- und mitgliedschaftlichen Treuepflichten. Zugleich Besprechung des BFH-Urteils vom 30. 08. 1995 – I R 155/94, GmbHR 1996, 98; *Castan,* Die Partnerschaftsgesellschaft, 1997; *Dankmeyer/Löschke,* ABC der Überschußrechnung, 4. Aufl. 1998; *Dehmer,* UmwG/UmwStG, Kommentar, 2. Aufl. 1996; *Eckert,* Arbeitnehmer oder „freier Mitarbeiter" – Abgrenzung, Chancen, Risiken, DStR 1997, 705; *Ehlers,* Praxisveräußerungen und Sozietätsgründungen in ertragsteuerlicher Sicht, NWB Fach 3, 9499 (36/1995); *Eisendick,* Das Aufteilungs- und Abzugsverbot, 1995 (zugleich Bochumer Diss.); *Engelhardt,* Die Vermögensübergabe gegen private Versorgungsleistungen, 1996 (zugleich Passauer Diss.); *Fischer,* Zweikonten-Modell in Österreich abgelehnt (Anmerkung Österr. VGH v. 27. 10. 98–94/14/0017), FR 1998, 467; *Fischer,* Sachliche Verflechtung durch Vermietung eines Bürogebäudes, NWB Fach 3, 10201 (41/1997); *Förster/Heyeres,* Steuerliche Gefahren bei der Aufnahme neuer Gesellschafter in eine freiberufliche Einzelpraxis, DStR 1995, 1693; *Freier,* Der Tatbestand der freien Berufe als Anknüpfungspunkt für Steuerrechtsdifferenzierungen, 1996 (zugleich Heidelberger Diss.); *Frotscher,* Tendenzen im Recht der Verdeckten Gewinnausschüttung, GmbHR 1998, 23; *Giere,* Steuerlicher Rechtsformvergleich zwischen Personen- und Kapitalgesellschaft mit Hilfe der Teilsteuerrechnung, DB 1997, 1351; *Glanegger/Güroff,* Gewerbesteuergesetz, Kommentar, 3. Aufl. 1994; *Gosch,* Die Personengesellschaft und die Pensionszusage, DStZ 1994, 193; *Gosch,* Wettbewerbsverbot und vGA – Anmerkungen zur Änderung der BFH-Rechtsprechung durch das Urteil vom 30. 08. 1995, I R 155/94, DStR 1995, 1863; *Gosch,* Zum Umfang der Gewerblichkeit bei der Betriebsaufspaltung, StBp. 1998, 81; *ders.,* Einige aktuelle und zugleich grundsätzliche Bemerkungen zur Gewerbesteuer, DStZ 1998, 327; *Groh,* Trennungs- und Transparenzprinzip im Steuerrecht der Personengesellschaften, ZIP 1998, 89; *Grune,* Im Brennpunkt: Gemischte Tätigkeiten bei Einzelunternehmen und Personengesellschaften, BB 1998, 1081; *Gummert,* Umsatzsteuerliche Behandlung der klassischen Firmenwagengestellung – Ein Beispiel für das widersprüchliche Verhalten der Finanzverwaltung, UR 1997, 321; *Habscheidt,* Der IV. Senat des BFH auf Irrwegen, BB 1998, 1184; *Hartung/Holl,* Anwaltliche Berufsordnung, Kommentar, 1997; *Herrmann/Heuer/Raupach,* EStG/KStG, Kommentar (Loseblatt); *Herrmann,* Die Personengesellschaft als Rechtssubjekt im Zivil- und Steuerrecht, DStZ 1998, 87; *Herzig/Schiffers,* Wegfall der Vermögensteuer ab dem 1. 1. 1997 – Konsequenzen für die unternehmerischen Entscheidungen, DStR 1997, 341; *Hils-Seewöster,* Besteuerung des Einkommens aus wiederkehrenden Vermögensleistungen, 1998; *Hollatz,* Die Abgrenzung von Gesamthandsvermögen und Sonderbetriebsvermögen bei Kapitalüberlassung eines Personengesellschafters, DStR 1994, 1673; *Hübschmann/Hepp/Spitaler,* AO/FGO, Kommentar (Loseblatt); *Jacobs,* Internationale Unternehmensbesteuerung, 3. Aufl. 1995; *Jahndorf,* Die EWIV im Ertragssteuerrecht, 1995 (zugleich Münsteraner Diss.); *Jakob,* Umsatzsteuerrecht, 2. Aufl. 1998; *Kanzler,* Die steuerliche Gewinnermittlung zwischen Einheit und Vielfalt, FR 1998, 233; *ders.,* Der Rechtsanwalt als Konkursverwalter oder zu den Gefahren einer gemischten Tätigkeit, FR 1994, 114; *Karthaus,* Abschaffung der Gewerbekapitalsteuer ab 1. 1. 1998, DB 1997, 1887; *Kellersmann,* Die Abgrenzung der Einkünfte aus selbständiger Arbeit von den Einkünften aus Gewerbebetrieb, 1994 (zugleich Osnabrücker Diss.); *Kempermann,* Katalogberufler als Gewerbe, FR 1996, 514; *ders.,* Bürogebäude als wesentliche Betriebsgrundlage, DStR 1997, 1441; *Kessler,* Die Wahrheit über das Vorsichtsprinzip?!, DB 1997, 1; *Kirchhof/Söhn,* EStG, Kommentar (Loseblatt); *Klein,* Gerichtliche Durchsetzung des Anspruchs auf Rechnungsausstellung, BB 1996, 135; *ders,* AO, Kommentar, 6. Aufl. 1998; *Koller,* Zuzahlungen ins Privatvermögen bei Aufnahme eines Partners durch Freiberufler, DStR 1997, 233; *Korn*, Gelöste und ungelöste Einkommensteuerprobleme bei Praxisveräußerung, -einbringung und -verpachtung, DStR 1995, 961; *ders.*, Probleme bei der ertragsteuerrechtlichen Abgrenzung zwischen freier Berufstätigkeit und Gewerbe, DStR 1995, 1249; *ders.*, Allgemeine Besteuerungsprobleme im Freien Beruf, berufsspezifische Besteuerungsprobleme in den Freien Berufen, StbKongrRep. 1995, 143; *ders.*, Freiberufler-Personengesellschaften und -Kapitalgesellschaften, Steuerschwerpunkte und Gestaltungshinweise, 1998; *Krabbe*, Abgrenzung der Besteuerungsrechte bei international tätigen Sozietäten, FR 1995, 692; *Kühn*, Eine Analyse zur Neuregelung der Besteuerung privat genutzter Betriebs-Kraftfahrzeuge, BB 1997, 285; *Lademann*, EStG, Kommentar, Loseblatt; *Lammerding*, Besteht eine Pflicht zur Aufbewahrung von Steuerbelegen aus dem Privatbereich und bei Überschußrechnern, DB 1979, 2452; *Lang*, Zur Subjektfähigkeit von Personengesellschaften im Einkommensteuerrecht, in FS für L. Schmidt, 291, 1993; *ders.*, Die Einkünfte des Arbeitnehmers – Steuerrechtssystematische Grundlegung, DStJG Bd. 9 (1986), 15; *ders.*, Entwurf eines Steuergesetzbuches, BMF-Schriftenreihe Nr. 49, 1993; *Lange/Reiß*, Lehrbuch der Körperschaftsteuer, 8. Aufl. 1996; *Lawall*, Das ungeschriebene Wettbewerbsverbot des GmbH-Gesellschafters, 1996 (zugleich Diss. Bayreuth); *Lawall*, Wettbewerbsverbot des Einmann-GmbH-Gesellschafters, DStR 1996, 605; *ders.*, Verdeckte Gewinnausschüttung und Geschäftschancenlehre im GmbH-Recht, NJW 1997, 1742; *Lenski/Steinberg*, Gewerbesteuergesetz, Kommentar (Loseblattsammlung); *Lück*, Antiquitäten im Steuerrecht, DStZ 1990, 216; *Lück*, Nochmals: Antiquitäten im Steuerrecht und Möglichkeiten der Abschreibung, DStZ 1991, 322; *Meyer*, Die Besteuerung der Anwaltskanzlei, 2. Aufl. 1996; *Möckershoff* (Hrsg.), Handbuch Freie Berufe im Steuerrecht, 1998; *Nieskens*, Private PKW-Nutzung und das häusliche Arbeitszimmer: beachtenswerte und folgenschwere Fehlentscheidungen des Jahressteuergesetzes 1996, BB 1996, 2177; *Pezzer*, Anmerkung zum BFH-Urteil vom 30. 08. 1995 – I R 155/94, FR 1995, 906; *Pfalzgraf/Meyer*, Einbringung von Einzelunternehmen in eine Personengesellschaft. Neue Tendenzen zur Behandlung von Zuzahlungen ins Privatvermögen, FR 1995, 529; *Pickert*, Änderungen im Gesellschafterbestand von Personengesellschaften mit freiberuflich Tätigen und die Steuervergünstigung nach § 18 Abs. 3 EStG i. V. mit §§ 16, 34 EStG, DB 1995, 2390; *Portner/Bödefeld*, Besteuerung der Einkünfte aus selbständiger Arbeit bei grenzüberschreitender Tätigkeit überörtlicher Rechtsanwaltssozietäten, IWB Fach 3, Gruppe 3, 1037 (16/1993); *dies.*, Steuern der Internationalen Sozietät, AnwBl. 1994, 104; *Rademacher*, Grenzüberschreitende Leistungen von Anwälten und Steuerberatern im Umsatzsteuerrecht, INF 1997, 385 u. 424; *Rößler*, Zur gerichtlichen Durchsetzung des Anspruchs auf Rechnungserteilung, DStZ 1996, 301; *Rondorf*, Neue Verwaltungsregeln zur Umsatzbesteuerung der Privatnutzung betrieblicher Kraftfahrzeuge, DStR 1997, 1108; *Schaumburg*, Internationales Steuerrecht, 2. Aufl. 1998; *Scheich*, Das Abzugsgebot und -verbot gemischter Aufwendungen, 1996 (zugleich Diss. Augsburg); *Schmidt*, EStG, Kommentar, 17. Aufl. 1998; *ders.*, Vereinheitlicht, aber nicht vereinfacht, FR 1995, 853; *Schmitz*, § 14 Abs. 3 UStG unter besonderer Berücksichtigung der Verfassung, UR 1984, 203; *Schmitz*, Besteuerung wiederkehrender Bezüge, 1998 (zugleich Kölner Diss.); *Schneider*, Kritische Anmerkung zur Neuregelung der Besteuerung der privaten Kraftfahrzeug-Nutzung durch Unternehmer, DStR 1996, 93; *Schön*, Zum Stande der Lehre vom Sonderbetriebsvermögen, DStR 1993, 185; *ders.*, Die unentgeltliche Unternehmensübertragung – ein Eigenverbrauchstatbestand, UR 1993, 291; *ders.*, Der Große Senat des Bundesfinanzhofs und die Personengesellschaft, StuW 1996, 275; *Schulze zur Wiesche*, Die freiberufliche Praxis. Veräußerung, Aufnahme eines Juniorpartners, vorweggenommene Erbfolge, Erbfall, BB 1995, 593; *ders.*, Vereinbarungen unter Familienangehörigen und ihre steuerlichen Folgen, 8. Aufl. 1998; *Schulze-Osterloh*, Verfassungswidrigkeit der Kodifikation der Abfärbetheorie (§ 15 Abs. 3 Nr. 1 EStG), Gedächnisschrift für Knobbe-Keuk, 1997, 531; *Schwedhelm*, Zum Wertausgleich bei Aufnahme eines Gesellschafters in ein Einzelunternehmen, FR 1993, 423; *Schwendy*, Steuerberaterpraxis als Gewerbebetrieb, INF 1995, 75; *Schwendy*, Sind die Gewerbeertragsteuer und die „Abfärbe-Regelung" verfassungswidrig, INF 1998, 33; *Seer*, Die umsatzsteuerliche Behandlung der Umwandlung von Einzelunternehmen, Personen- und Kapitalgesellschaften, DStR 1988, 367; *ders.*, Schuldzinsenabzug, Das sog. Zwei-Konten-Modell auf dem Prüfstand, FR 1993, 453; *ders.*, Rechtsformabhängige Unternehmensbesteuerung – Kritische Bestandsaufnahme der derzeitigen Rechtslage, StuW 1993, 114; *ders.*, Die Besteuerung der Alterseinkünfte und das Gleichbehandlungsgebot (Art. 3 Abs. 1 GG), StuW 1996, 323; *ders.*, Großer Senat: Schuldzinsenabzug beim Zwei- oder Dreikontenmodell bestätigt – Anmerkung zu BFH, Beschl. vom 8. 12. 1997 – GrS 1–2/95, FR 1998, 152; *ders.*, Gewerbesteuer im Visier des Verfassungsrechts – Anmerkung zu dem Vorlagebeschluß des FG FG Niedersachsen vom 24. 6. 1998, FR 1998, 1022; *ders.*, Die steuerliche Behandlung sog. Übergabeverträge, NWB Fach 2, 6985 (27/1998); *Segebrecht*, Die Einnahme-Überschußrechnung nach § 4 Abs. 3 EStG, 9. Aufl. 1996; *Senger*, Notwendige Reform der verdeckten Gewinnausschüttung. Reformvorschläge aus der Sicht der Steuerberater, StbkongrRep 1997, 145; *Senger/Schulz*, Das Rechtsinstitut der verdeckten Gewinnausschüttung. Reformvorschläge aus der Sicht der Steuerberater, StbkongrRep 1997, 145; *Senger/Schulz,* Das Rechtsinstitut der verdeckten Gewinnausschüttung – Notwendigkeit einer grundlegenden Reform, DStR 1997, 1830; *Siegel,* Der Irrtum des großen Senats zu den Mehrkontenmodellen, DStR 1998, 621; *Siepmann,* Die Partnerschaftsgesellschaft im Zivil- und Steuerrecht, FR 1995, 601; *Söffing,* Der Schuldzinsenabzug und der Kontentrennungsbeschluß des Großen Senats des Bundesfinanzhofs (BB 1998, 298), BB 1998, 450; *ders.,* Die Scheidungsklausel im Steuerrecht, NWB Fach 3, 10647 (46/1998); *Söhn,* Zur Umsatzsteuer, StuW 1977, 352; *Söhn,* Fahrten zwischen Wohnung und Betriebsstätte. Zweifelsfragen zur Neufassung des § 4 Abs. 5 Satz 1 Nr. 6 EStG, FR 1997, 245; *ders.,* Eigenverbrauchsbesteuerung bei Fahrten zwischen Wohnung und Betriebsstätte, UR 1998, 89; *Stadie,* Das Recht des Vorsteuerabzugs, 1989; *Stobbe,* Neue Koordinaten des Steuerbilanzrechts?, FR 1997, 361; *Straub,* Die Sozialversicherung des GmbH-Geschäftsführers, DB 1992, 1087; *Strohner,* Neues Reisekostenrecht: Chaos und die Suche nach Ordnung, FR 1996, 447; *Tehler,* Der Gutschriftaussteller – Steuerschuldner im Sinne des § 14 Abs. 3 UStG?, UR 1985, 1; *Tiedtke,* Einkommensteuer- und Bilanzsteuerrecht, 2. Aufl. 1995; *Tipke/Kruse,* AO, Kommentar (Loseblatt); *Tipke/Lang,* Steuerrecht, 16. Aufl. 1998; *Töben,* Besteuerung international tätiger Anwaltssozietäten – System oder Chaos?, IWB Fach 10, Gruppe 2, 1253 (8/1997); *Toth,* Die Mindestbemessungsgrundlage des deutschen Umsatzsteuerrechts, 1992 (zugleich Diss. Passau); *Vogel,* DBA, Kommentar, 3. Aufl. 1996; *Völkel,* Aufteilung von Gegenständen für die Zugehörigkeit zum Unternehmen, UR 1996, 377; *Völlmeke,* Die Rechtsprechung des BFH zu § 12 EStG – Aufweichung des Aufteilungsverbots?, DStR 1995, 745; *Wagner,* Viel Aufwand mit den Repräsentationsaufwendungen, UR 1997, 380; *Wassermeyer,* Einige Grundsatzüberlegungen zur verdeckten Gewinnausschüttung, GmbHR 1998, 157; *ders.,* Die neuere BFH-Rechtsprechung zu Verstößen gegen ein Wettbewerbsverbot durch den Gesellschafter-Geschäftsführer einer GmbH, DStR 1997, 681; *Weber-Grellet,* Anmerkung BFH, Beschl. Vom 8. 12. 97 – GrS 1–2/95, DB 1998, 292; *ders.,* Steuerbilanzrecht, 1996; *ders.,* Maßgeblichkeitsschutz und eigenständige Zielsetzung der Steuerbilanz, DB 1994, 288; *ders.,* Maßgeblichkeitsgrundsatz in Gefahr, DB 1997, 385; *ders.,* Das häßliche Bilanzsteuerrecht, DB 1998, 2435; *Wendt,* Steuerreform durch Tarifbegrenzung für gewerbliche Einkünfte als Rechtsproblem, FR 1993, 1; *Wernsmann,* Die verfassungsrechtliche Rechtfertigung der Abzugsfähigkeit von Vorsorgeaufwendungen. Zugleich zum Unterschied zwischen existenznotwendigem und indisponiblem Einkommen, StuW 1998, 317; *Widmann,* Anmerkung BFH-Urteil vom 5. April 1984 – IV R 88/80, DStZ 1985, 387; *Widmann/Mayer,* Umwandlungsrecht, Kommentar (Loseblatt), Bonn/Berlin; *Wilhelm,* Zuzahlungen bei Gründung einer neuen und beim Beitritt in eine bestehende Personengesellschaft, BB 1996, 99; *Winter,* Private Dienstwagennutzung als entgeltlicher Leistungsaustausch, UR 1997, 169; *Wolff-Diepenbrock,* Die betriebliche Veranlassung von Kreditkosten und das sog. Zweikontenmodell, DStR 1998, 185; *Zacher,* Private Kfz-Nutzung – Ärgernis ohne Ende?, DStR 1997, 1185; *Zimmermann,* Die Einnahme-Überschuß-Rechnung gem. § 4 Abs. 3 EStG, NWB-Fach 17, 1379 (39/1995); *Zitzelsberger,* Grundlagen der Gewerbesteuer, 1990 (zugleich Regensburger Habil.).

A. Einkommensteuer

I. Besteuerung des Rechtsanwalts als Inhaber einer Einzelpraxis

1. Typus der freiberuflichen Tätigkeit im Sinne des § 18 Abs. 1 Nr. 1 EStG

Der Beruf eines Rechtsanwalts ist als freier Beruf (§ 2 Abs. 1 BRAO) im Katalog des § 18 Abs. 1 Nr. 1 Satz 2 EStG ausdrücklich genannt. Die Einkünfte aus der selbständigen Tätigkeit eines Rechtsanwalts gehören damit zu den Einkünften aus freiberuflicher Tätigkeit im Sinne des § 18 Abs. 1 Nr. 1 EStG. Dies bedeutet zugleich grundsätzlich den Ausschluß der Gewerbesteuerpflicht (dazu näher Rdnr. 199) und die Möglichkeit der Gewinnermittlung durch Einnahmen-Überschußrechnung nach § 4 Abs. 3 EStG (dazu Rdn. 5 ff.). 1

Der Begriff des freien Berufs ist ein **Typusbegriff**. Da der Beruf eines Rechtsanwalts nach §§ 4 ff. BRAO nur aufgrund einer Zulassung ausgeübt werden darf, gehört eine ohne Zulassung ausgeübte rechtsberatende Tätigkeit nicht zu dem Katalogberuf.[2] Sein Berufs- 2

[2] BFH BStBl. II 1990, 153.

bild wird dadurch geprägt, in Rechtsangelegenheiten eigenverantwortlich Rechtsrat zu erteilen und für Rechtsuchende deren Rechtsangelegenheiten zu besorgen.[3] Dies beinhaltet auch die Übernahme bestimmter **vermögensverwaltender Tätigkeiten** wie die Forderungseinziehung oder die Kreditvermittlung, wenn der Rechtsanwalt gerade in dieser Eigenschaft mit der Prüfung von rechtlichen Voraussetzungen für eine Kreditgewährung beauftragt wurde.[4] Nicht mehr zum Typus des freien Berufs gehört eine **kaufmännische Tätigkeit**, durch welche der Betreffende erwerbswirtschaftlich mit Gewinnerzielungsabsicht nach außen in Erscheinung tritt (z. B. als Kapitalanlageberater bzw. -vermittler, Treuhänder für Bauherrengemeinschaften).[5]

3 Der Einordnung als freiberufliche Tätigkeit steht es nach § 18 Abs. 1 Nr. 1 Satz 3 EStG nicht entgegen, daß sich der Rechtsanwalt der Mithilfe fachlich vorgebildeter Arbeitskräfte bedient (z. B. **angestellter Rechtsanwälte** oder sog. **freier Mitarbeiter**, dazu Rdn. 120 ff.). Voraussetzung ist aber, daß der Inhaber der Anwaltspraxis aufgrund seiner Fachkenntnisse leitend und eigenverantwortlich tätig bleibt.[6] Dazu ist es erforderlich, daß der Rechtsanwalt seine angestellten bzw. freien Mitarbeiter nicht nur überwacht und für ihr Handeln die Verantwortung nach außen hin übernimmt. Vielmehr müssen die Arbeitsergebnisse letztlich auf die eigenen Fachkenntnisse des Rechtsanwalts derart zurückführbar sein, daß sie noch den „Stempel seiner persönlichen Arbeit" tragen (sog. **Stempeltheorie**).[7] Daran fehlt es, wenn wegen der Vielzahl der Aufträge die Bearbeitung im wesentlichen Mitarbeiter erledigen müssen und der Berufsträger sich nur noch auf Plausibilitätskontrollen beschränken kann.[8] „Wächst" die Einzelpraxis in derartigen Fällen in die Gewerblichkeit (und damit in die Gewerbesteuerpflicht, s. Rdn. 201) hinein, sollten befähigte Mitarbeiter zu Sozien bzw. Partnern gemacht werden (zur freiberuflichen Mitunternehmerschaft s. Rdn. 70 ff.).

4 Übernimmt der Rechtsanwalt neben der Rechtsberatung und Prozeßführung die in § 18 Abs. 1 Nr. 3 EStG aufgeführten Tätigkeiten als **Aufsichtsratsmitglied**, **Testamentsvollstrecker** oder **Insolvenzverwalter**, so gehören die daraus fließenden Einkünfte grundsätzlich ebenfalls zu den Einkünften aus freiberuflicher Tätigkeit im Sinne des § 18 Abs. 1 Nr. 1 EStG.[9] § 18 Abs. 1 Nr. 3 EStG tritt an sich zurück. Diese Konsumtion schränkt der BFH aber nunmehr durch eine zusätzliche isolierende Betrachtung ein. Das Gericht fordert, daß die Tätigkeit zugleich (isoliert) die Voraussetzungen erfüllen muß, die an eine sonstige selbständige Tätigkeit im Sinne des § 18 Abs. 1 Nr. 3 EStG gestellt werden.[10] Zu diesen besonderen Voraussetzungen gehört insbesondere das **Verbot der Vervielfältigung der eigenen Arbeitskraft** durch entsprechend qualifizierte Hilfskräfte.[11] Während diese sog. **Vervielfältigungstheorie** im Bereich des § 18 Abs. 1 Nr. 1 EStG durch dessen Satz 3 (Rdn. 3) überholt ist, gilt sie im Bereich des § 18 Abs. 1 Nr. 3 EStG nach h. M. unverän-

---

3 BGHZ 68, 62; zum Wandel des Berufsbildes s. allerdings *Hartung/Holl-Römermann*, Anwaltliche Berufsordnung, Vor § 30 BerufsO, Rdn. 153 ff.

4 Vgl. BGHZ 18, 340; *Herrmann/Heuer/Raupach-Brandt*, EStG, § 18, Rdn.152 (Mai 1995).

5 Vgl. BFH BStBl. II 1990, 534; BFH/NV 1991, 435; BGH DB 1980, 1985.

6 Eine Vertretung im Fall vorübergehender Verhinderung steht dem nicht entgegen (s. § 18 Abs. 1 Nr. 1 Satz 4 EStG).

7 BFH BStBl. II 1976, 641; 1988, 17 u. 782.

8 Vgl. BFH BStBl. II 1990, 507; 1995, 732: Gewerblichkeit von Laborarztpraxen mit wenigen Laborärzten und 50–70 angestellten Mitarbeitern, die selbständig Routineuntersuchungen vornehmen; FG Düsseldorf EFG 1993, 512: Gewerblichkeit eines Steuerbevollmächtigten, der in 5 Städten 12 Beratungsstellen zur Bearbeitung von ca. 13000 ESt-Erklärungen, die 20 Steuerfachgehilfen bzw. Dipl.-Finanzwirte fertigten, unterhielt; zur Abgrenzung instruktiv *Korn*, DStR 1995, 1249; *Kempermann*, FR 1996, 514.

9 Vgl. RFH RStBl. 1932, 730, 731; 1935, 870; 1938, 809; BFH BStBl. II 1973, 729; 1990, 1028.

10 BFH BStBl. II 1994, 936.

11 RFH RStBl. 1939, 577; BFH BStBl. II 1971, 239; 1984, 823.

dert fort. Durch die isolierende Betrachtungsweise findet sie nun an der Schnittstelle beider Vorschriften wieder Anwendung.[12]

Beispiel: Rechtsanwalt R erbringt nicht nur Rechtsberatungen und Vertragsgestaltungen, sondern auch Insolvenzverwaltungen. Die Insolvenzverwaltungen haben mittlerweile einen größeren Umfang angenommen. Deshalb beschäftigt R drei Diplom-Kaufleute. Da die Insolvenzverwaltungen für sich betrachtet nicht den Anforderungen der für § 18 Abs. 1 Nr. 3 EStG geltenden sog. Vervielfältigungstheorie genügen, fallen sie nicht mehr unter die freiberufliche Tätigkeit des § 18 Abs. 1 Nr. 1 EStG, sondern bilden für sich einen Gewerbebetrieb (dazu noch Rdn. 201 f.).[13]

2. Eigenart der Gewinnermittlung durch Einnahmen-Überschußrechnung nach § 4 Abs. 3 EStG[14]

Rechtsanwälte sind als Freiberufler gesetzlich nicht verpflichtet, Bücher zu führen 5
und regelmäßig Abschlüsse zu machen. Sie können dies allerdings nach § 4 Abs. 3 Satz 1 EStG freiwillig tun. Es gelten dann die Vorschriften über den Betriebsvermögensvergleich entsprechend (s. § 4 Abs. 1 EStG). Bilanzieren sie nicht, sind die Einkünfte aus selbständiger Tätigkeit (§ 18 EStG) auf **vereinfachte Weise** nach § 4 Abs. 3 EStG zu ermitteln.

a) Zu- und Abflußprinzip des § 11 EStG als sog. Kassenrechnung. Nach § 4 Abs. 3 6
Satz 1 EStG ist als Gewinn (oder Verlust) der Überschuß der Betriebseinnahmen über die Betriebsausgaben anzusetzen. Es gilt das Zu- und Abflußprinzip. Nach § 11 Abs. 1 Satz 1 EStG sind die Betriebseinnahmen in dem Kalenderjahr anzusetzen, in dem sie dem Steuerpflichtigen zugeflossen sind. Umgekehrt sind die Betriebsausgaben in dem Kalenderjahr abzusetzen, in dem sie geleistet worden sind (§ 11 Abs. 2 Satz 1 EStG). Nach ihrem Modell ist die Einnahmen-Überschußrechnung eine **Geldrechnung**.[15] Der Zufluß von Einnahmen setzt neben einer objektiven Bereicherung des Steuerpflichtigen die Erlangung der wirtschaftlichen Verfügungsmacht voraus.[16] Der Zufluß wird durch tatsächliche Zahlung oder einen vergleichbaren wirtschaftlichen Vorgang bewirkt. Forderungen und Verbindlichkeiten bleiben daher zunächst unberücksichtigt. Sie schlagen sich erst in der Kassenrechnung zu Buche, wenn sie durch die Vereinnahmung oder Verausgabung von Geld ganz oder teilweise erfüllt werden.[17]

Bei **Banküberweisungen** ist die Betriebseinnahme im Zeitpunkt der Gutschrift auf dem 7
Bankkonto (= Zufluß nach § 11 Abs. 1 Satz 1 EStG) anzusetzen.[18] Demgegenüber wird der Abfluß (§ 11 Abs. 2 Satz 1 EStG) bereits im Zugang des Überweisungsauftrages bei der Bank gesehen, wenn der Steuerpflichtige für eine hinreichende Deckung auf dem Girokonto gesorgt hat.[19] Bei Zahlungen per **Scheck** gilt als Zu- bzw. Abflußzeitpunkt bereits die Scheckübergabe, sofern der Scheck sofort eingelöst werden kann.[20]

---

[12] Aus Gründen der Gleichbehandlung mit den sonstigen Selbständigen bereits gefordert von *Kanzler*, FR 1994, 114; *Herrmann/Heuer/Raupach-Brandt*, EStG, § 18, Rdn. 153 (Mai 1995).

[13] Vgl. auch *Lademann-Fitsch*, EStG, § 18 Anm. 174 (Oktober 1997).

[14] Zu Einzelheiten vgl. die umfangreiche Kommentierung von *Herrmann/Heuer/Raupach-Bergkämper*, EStG, § 4, Rdn. 500 ff. (Juli 1998); außerdem *Segebrecht*, Die Einnahme-Überschußrechnung nach § 4 Abs. 3 EStG, 9. Aufl., Herne/Berlin 1996; *Zimmermann*, Die Einnahme-Überschußrechnung gem. § 4 Abs. 3 EStG, NWB-Fach 17, 1379 (39/1995); *Dankmeyer/Löschke*, ABC der Überschußrechnung, 4. Aufl., Bonn 1998.

[15] Zur geschichtlichen Entwicklung s. *Kanzler*, FR 1998, 233, 235 ff.

[16] Dazu instruktiv *Hermann/Heuer/Raupach-Bergkemper*, EStG, § 4 EStG, Rdn. 559, m. w. N. (Juli 1998).

[17] Vgl. nur BFH BStBl. II 1975, 526.

[18] BFH BStBl. II 1971, 97.

[19] BFH BStBl. II 1986, 453; 1997, 509; a. A: *Kirchhof/Söhn-Trzaskalik*, EStG, § 11, Rdn. C 18 (April 1998).

[20] BFH BStBl. II 1969, 76 (für den Abfluß); BFH BStBl. II 1981, 305 (für den Zufluß).

8 **Vorschüsse** (Teil- oder Abschlagszahlungen) sind im Zeitpunkt des Geldeingangs (Erlangung der wirtschaftlichen Verfügungsmacht) nach § 11 Abs. 1 Satz 1 EStG zugeflossen. Dies gilt selbst dann, wenn bereits im Zeitpunkt der Vereinnahmung feststehen sollte, daß sie teilweise zurückzuzahlen sind.[21] Davon zu unterscheiden sind **durchlaufende Posten**, die im Namen und für Rechnung eines anderen vereinnahmt und verausgabt werden (z. B. Gerichtskostenvorschüsse, Zeugen-, Sachverständigengebühren[22]). § 4 Abs. 3 Satz 2 EStG klammert sie ausdrücklich aus dem Bereich der Betriebseinnahmen/-ausgaben aus, weil sie bei wirtschaftlicher Betrachtung gar nicht erst in die wirtschaftliche Verfügungsmacht des Steuerpflichtigen gelangen.[23] Durchlaufende Posten gehören dementsprechend auch bei der Umsatzsteuer nicht zum steuerpflichtigen Entgelt (§ 10 Abs. 1 Satz 5 UStG, s. Rdn. 249). Nicht unter durchlaufende Posten fallen allerdings Auslagen, welche der Rechtsanwalt in Erfüllung einer eigenen Verbindlichkeit auf seinen Mandanten abwälzt (z. B. Telefon-, Kopier-, Portokosten, Umsatzsteuer[24]). Die vereinnahmten **Umsatzsteuerbeträge** (auf den Mandanten überwälzte Umsatzsteuer ebenso wie vom Finanzamt erstattete Vorsteuer) gehören im Zeitpunkt ihrer Vereinnahmung zu den Betriebseinnahmen. Umgekehrt gehören die verausgabten Umsatzsteuerbeträge (von Unternehmern berechnete Vorsteuern ebenso wie an das Finanzamt abgeführte Umsatzsteuer) im Zeitpunkt ihrer Verausgabung zu den Betriebsausgaben (§ 4 Abs. 4 EStG).

9 Wie § 8 Abs. 2 EStG für die sog. Überschußeinkünfte im Sinne des § 2 Abs. 2 Nr. 2 EStG zeigt, sind auch Einnahmen, die nicht in Geld bestehen (sog. **Sachbezüge**: z. B. Honorarzahlung in Gestalt einer goldenen Uhr), im Rahmen der Einnahmen-Überschußrechnung zu erfassen.[25] Mangels einer ausdrücklichen einkommensteuerlichen Regelung sind sie nach § 9 Abs. 1 BewG mit dem gemeinen Wert (Marktwert, Verkehrswert) zu bewerten. Einen Anhalt für die Ermittlung des Verkehrswerts bietet § 8 Abs. 2 Satz 1 EStG, wonach im Bereich der Überschußeinkünfte der um die üblichen Preisnachlässe geminderte Endpreis am Abgabeort maßgebend ist.

10 Bei einer **Abtretung** hängt der Zufluß im Sinne des § 11 Abs. 1 EStG davon ab, ob sie an Erfüllungs Statt (§ 364 Abs. 1 BGB) oder lediglich erfüllungshalber (§ 364 Abs. 2 BGB) geschieht. Eine Abtretung erfüllungshalber verschafft dem Gläubiger lediglich eine zusätzliche Befriedigungsmöglichkeit, so daß eine Betriebseinnahme erst dann zugeflossen ist, wenn auf die Forderung auch geleistet wird.[26] Demgegenüber wird bei einer Abtretung an Erfüllungs Statt auf die Forderung durch Übertragung einer anderen Forderung geleistet. In diesem Fall nimmt der BFH einen Zufluß bereits mit der Abtretung an und bewertet ihn mit dem Wert, den die Forderung im Zeitpunkt der Zession besitzt.[27]

11 **Darlehensgeschäfte** bleiben im Rahmen der Einnahmen-Überschußrechnung grundsätzlich unberücksichtigt.[28] Darlehenszuflüsse sind keine Betriebseinnahmen; nur die Darlehenszinsen, nicht aber die Tilgung führen zu Betriebsausgaben, wenn es sich um eine betriebliche Verbindlichkeit handelt (dazu Rdn. 19). Dabei gelten **Kontokorrentzinsen** im Zeitpunkt der Buchung als abgeflossen, solange die Bank die weitere Kreditierung nicht verweigert.[29]

---

[21] BFH BStBl. II 1982, 593; 1990, 287.

[22] BFH BFH/NV 1986, 215; 1989, 744; 1997, 290.

[23] Vgl. BFH BFH/NV 1986, 215.

[24] Zur Umsatzsteuer s. BFH BStBl. II 1975, 441; BFH BFH/NV 1992, 291; FG Hamburg EFG 1990, 624; zu den Portokosten s. OFD Frankfurt a. M., DB 1997, 404; OFD Saarbrücken, DStR 1997, 246.

[25] Vgl. BFH BStBl. II 1986, 607; 1988, 995; 1993, 36; H 16 Abs. 2 EStH 1997.

[26] *Kirchhof/Söhn-Trzaskalik*, EStG, § 11, Rdn. B 39 (April 1998).

[27] Vgl. BFH BStBl. III 1966, 394; krit. zur Bewertung *Kirchhof/Söhn-Trzaskalik*, EStG, § 11 Rdn. B 40/41 (April 1998).

[28] BFH BStBl. II 1970, 40; H 16 Abs. 2 EStH 1997.

[29] BFH BStBl. II 1997, 509, wonach dies selbst dann gelten soll, wenn die gebuchten Zinsen tatsächlich nicht mehr bezahlt werden können.

b) Abweichungen vom Zu- und Abflußprinzip. Um eine übermäßige Verzerrung der Periodengewinne zu unterbinden, statuieren § 4 Abs. 3 Sätze 3—4 EStG Ausnahmen vom Prinzip der Kassenrechnung.[30] Nach § 4 Abs. 3 Satz 3 EStG sind die Vorschriften über die **Absetzung für Abnutzung (AfA)** zu befolgen. Die Anschaffungs- und Herstellungskosten für **abnutzbare Anlagegüter**, die sich länger als ein Jahr verwenden oder nutzen lassen, sind nicht schon im Zeitpunkt ihrer Verausgabung als Betriebsausgaben abzuziehen, sondern sie werden auf die Nutzungsdauer des jeweiligen Wirtschaftsguts verteilt. 12

Für **bewegliche Wirtschaftsgüter** des Anlagevermögens (z. B. Computer, Kopierer, Einrichtungsgegenstände, PKW) sehen § 7 Abs. 1 und 2 EStG ein Wahlrecht zwischen einer linearen AfA (in gleichen Jahresbeträgen) und einer degressiven AfA (in fallenden Jahresbeträgen) in Höhe von max. 30 % des jeweiligen Restwerts vor. Für **neue** bewegliche Wirtschaftsgüter dehnt § 7 g EStG die AfA durch zusätzliche **Sonder- und Ansparabschreibungen** auf bis zu 50 % der Anschaffungs- bzw. Herstellungskosten aus, wenn die Anwaltspraxis bestimmte Größenordnungen nicht überschreitet.[31] Nach dem modifizierten Entwurf des sog. **Steuerentlastungsgesetzes 1999** (Fn. 1) wird diese Ansparrücklage beibehalten und um eine zusätzliche Förderung für Existenzgründer (§ 6e EStG-E) ergänzt (s. FAZ v. 4. 3. 1999, S. 19).

Demgegenüber sind **Betriebsgebäude**, für die ein Bauantrag nach dem 31. 3. 1985 gestellt worden sind, nach § 7 Abs. 4 Nr. 1 EStG mit 4 v. H. p. a., ältere Gebäude dagegen nur mit 2 bzw. 2,5 v. H. p. a. abzuschreiben. Bei Neubauten kann auch eine höhere degressive AfA nach § 7 Abs. 5 EStG gewählt werden.[32] Abweichend von § 7 Abs. 1 Satz 3 EStG nutzt sich ein entgeltlich erworbener **Praxiswert** nicht erst innerhalb eines Zeitraums von 15 Jahren, sondern wegen des personengebundenen Vertrauensverhältnisses der Mandantschaft zum Freiberufler innerhalb des kurzen Zeitraums von 3 bis 5 Jahren ab.[33] Obwohl § 4 Abs. 3 Satz 3 EStG nicht auf die Vorschriften über die Bewertung verweist, sind **geringwertige Wirtschaftsgüter (GWG)**, deren Anschaffungs- oder Herstellungskosten 800 DM zzgl. Umsatzsteuer nicht übersteigen, nach § 6 Abs. 2 EStG auch im Rahmen einer Einnahmen-Überschußrechnung voll abzugsfähig (sog. Bewertungsfreiheit).[34] Von der Einschränkung des § 4 Abs. 3 Satz 3 EStG ebenfalls nicht betroffen sind die Anschaffungs- bzw. Herstellungskosten **kurzlebiger Wirtschaftsgüter** und **Wirtschaftsgüter des Umlaufvermögens**. 13

§ 4 Abs. 3 Satz 4 EStG ergänzt dies für die **nichtabnutzbaren Anlagegüter** (z. B. Grund und Boden, Beteiligungen). Deren Herstellungs- oder Anschaffungskosten sind ebenfalls nicht bereits bei Verausgabung, sondern erst im Zeitpunkt der Veräußerung oder der Entnahme des Anlageguts abzuziehen. § 4 Abs. 3 Satz 4 EStG will vermeiden, daß Gewinnverzerrungen dadurch auftreten, daß die Anschaffungs- oder Herstellungskosten sogleich als Betriebsausgaben wirksam werden, während die entsprechenden Betriebseinnahmen erst in ferner Zukunft anfallen.[35] 14

Eine weitere Ausnahme vom Zu- und Abflußprinzip enthalten § 11 Abs. 1 Satz 2, Abs. 2 Satz 2 EStG für **regelmäßig wiederkehrende Einnahmen** und **Ausgaben** (z. B. Mieten, Zinsen, Renten). Fließen diese kurze Zeit vor Beginn oder nach Beendigung des Kalenderjahres, zu dem sie wirtschaftlich gehören, zu oder ab, dann werden sie gleichwohl im Kalenderjahr ihrer wirtschaftlichen Zugehörigkeit erfaßt. Als „kurze Zeit" betrachtet die 15

---

[30] *Tipke/Lang*, Steuerrecht, 16. Aufl., Köln 1998, § 9 Rz. 460.

[31] Zu den Einzelheiten des § 7 g EStG s. R 83 EStR 1996 u. H 83 EStH 1997; außerdem die aktuellen Kommentierungen von *Herrmann/Heuer/Raupach-Meyer*, EStG, § 7 g (Oktober 1997) u. *Schmidt-Drenseck*, EStG, § 7 g.

[32] Zu den Einzelheiten s. *Schmidt-Drenseck*, EStG, § 7 Rdnr. 152 ff.

[33] BFH BStBl. II 1994, 590; BMF BStBl. I 1995, 14.

[34] BFH BStBl. II 1994, 232; R 16 Abs. 3 EStR 1996.

[35] BFH BStBl. II 1995, 635, wonach der Veräußerungserlös nicht im Zeitpunkt der Veräußerung des Anlageguts, sondern erst im Jahr des Zuflusses als Betriebseinnahme anzusetzen ist; krit. zu den sich daraus ergebenen Folgen *Herrmann/Heuer/Raupach-Bergkämper*, EStG, § 4, Rdnr. 633 (Juli 1998).

Rspr. einen Zeitraum von 10 Tagen, also vom 22. 12. – 10. 1., innerhalb dem die regelmäßig wiederkehrende Leistung auch fällig sein muß.[36]

16 Nicht ausdrücklich geregelt hat das EStG, wie **Entnahmen** und **Einlagen** im Rahmen einer Einnahmen-Überschußrechnung zu behandeln sind. Die Notwendigkeit, Entnahmen und Einlagen in die Berechnung miteinzubeziehen, ergibt sich aus dem **Grundsatz der Gesamtgewinngleichheit**. Danach muß über die Gesamtheit der Jahre hinweg die Gewinnermittlung nach § 4 Abs. 3 EStG – von den durch die technische Vereinfachung bedingten Periodenschwankungen abgesehen – zu demselben Ergebnis führen wie die Gewinnermittlung durch Bestandsvergleich nach § 4 Abs. 1 EStG.[37] Um dies zu erreichen, wird der Überschuß der Betriebseinnahmen über die Betriebsausgaben entsprechend § 4 Abs. 1 Satz 1 EStG um den Wert der Entnahmen erhöht und um den Wert der Einlagen vermindert. Im Ergebnis werden deshalb Entnahmen wie Betriebseinnahmen und Einlagen wie Betriebsausgaben behandelt.[38] Zu bewerten sind die Entnahmen und Einlagen analog § 6 Abs. 1 Nrn. 4, 5 EStG grundsätzlich mit dem Teilwert (§ 10 BewG, siehe dazu auch Rdn. 34 ff.).[39]

17 c) **Umfang des Betriebsvermögens.** Ein selbständiger Rechtsanwalt braucht zwar keine Bilanz aufzustellen (Rdn. 5). Gleichwohl gehören die Wirtschaftsgüter, die der freiberuflichen Praxis dienen, zu seinem **notwendigen Betriebsvermögen**. Das hat zur Folge, daß die entgeltliche Veräußerung eines solchen Wirtschaftsguts zu einer Betriebseinnahme führt. Dasselbe gilt im Fall der Entnahme (Rdn. 16). Soweit die Anschaffungs- oder Herstellungskosten für das Wirtschaftsgut nicht bereits im Wege der AfA berücksichtigt worden sind (Rdn. 12 f.), sind sie im Wirtschaftsjahr der Veräußerung oder Entnahme als Betriebsausgaben abzuziehen.[40]

18 Nach ständiger Rechtsprechung soll es bei einer Einnahmen-Überschußrechnung nach § 4 Abs. 3 EStG mangels Kontrolle durch ein Buchführungswerk **kein gewillkürtes Betriebsvermögen** geben.[41] Danach ist etwa ein **gemischt-genutztes Wirtschaftsgut** (z. B. ein PKW) nur dann zum Betriebsvermögen zu rechnen, wenn es zu mehr als 50% freiberuflichen Zwecken dient. Ein partieller (quotaler) Ansatz als Betriebsvermögen kommt nicht in Betracht.[42] Die unterschiedliche Behandlung von notwendigem und gewillkürtem Betriebsvermögen bei den einzelnen Gewinnermittlungsarten verstößt gegen das Gesetz, das in § 4 Abs. 3 EStG keinen von § 4 Abs. 1 EStG abweichenden Betriebsvermögensbegriff anordnet.[43] Gehört ein gemischt-genutztes Wirtschaftsgut danach zum Privatvermögen, so sind die anteiligen Aufwendungen aber wenigstens insoweit als Betriebsausgaben nach § 4 Abs. 4 EStG abzugsfähig, als sie auf die anteilige freiberufliche Nutzung entfallen (sog. Kosteneinlage s. Rdn. 37). Gehört das Wirtschaftsgut dagegen in vollem Umfang zum Betriebsvermögen, dann werden die auf die private Nutzung entfallenden anteiligen Aufwendungen durch eine Nutzungsentnahme (Rdn. 34 f.) dem Gewinn hinzugerechnet.

---

[36] BFH BStBl. II 1974, 547; 1987, 16.

[37] Siehe dazu BFH BStBl. II 1975, 526, 528; *Tipke/Lang*, Steuerrecht, § 9 Rz. 453; *Kanzler*, FR 1998, 233; *Herrmann/Heuer/Raupach-Bergkämper*, § 4 EStG, Rdn. 531 (Juli 1998).

[38] BFH BStBl. II 1986, 907; 1990, 742, sprechen von „fiktiven" Betriebseinnahmen bzw. -ausgaben.

[39] BFH BStBl. II 1979, 401; 1980, 244.

[40] H 16 Abs. 3 EStH 1997; für nichtabnutzbare Anlagegüter ausdrücklich § 4 Abs. 3 Satz 4 EStG (dazu Rdn. 14).

[41] BFH BStBl. III 1964, 455; BFH BStBl. II 1976, 663; 1983, 101; 1989, 27; ebenso H 16 Abs. 6 EStH 1997.

[42] Eine Ausnahme besteht nach R 13 Abs. 4 EStR 1996 für gemischt-genutzte Grundstücke: bei unterschiedlichen Nutzungen/Funktionen des Gebäudes gilt jeder unterschiedlich genutzte Gebäudeteil (sowie der dazu gehörende anteilige Grund und Boden) als eigenständiges Wirtschaftsgut.

[43] Die Rspr. wird von der h. L. mit überzeugenden Argumenten abgelehnt, s. *Tipke/Lang*, Steuerrecht, § 9 Rz. 360; *Herrmann/Heuer/Raupach-Bergkämper*, EStG, § 4, Rdn. 537, m. w. N. (Juli 1998); Zweifel an der Rspr. äußert nun auch BFH BStBl. II 1994, 172.

Zum (negativen) Betriebsvermögen einer freiberuflichen Praxis gehören auch **Darlehen**, wenn sie durch den Betrieb der Praxis veranlaßt sind. Maßgebend ist der tatsächliche Verwendungszweck.[44] Werden Darlehensmittel nur teilweise für betriebliche Aufwendungen, im übrigen aber für Kosten der Lebensführung eingesetzt, so ist das Darlehen nur anteilig eine Betriebsschuld; darauf entfallende Schuldzinsen sind dann auch nur anteilig als Betriebsausgaben abzugsfähig (zum Schuldzinsenabzug bei sog. Mehrkonten-Modellen s. aber Rdn. 27f.). 19

Verluste von Wirtschaftsgütern des Betriebsvermögens können auch bei einer Einnahmen-Überschußrechnung als Betriebsausgaben nach § 4 Abs. 4 EStG zu behandeln sein. So ist der Verlust von Geld und anderen Wertgegenständen nach einem Einbruch in die Praxisräume als Betriebsausgaben abzugsfähig.[45] 20

d) Aufzeichnungspflichten. Ein freiberuflicher Rechtsanwalt ist zwar nicht buchführungspflichtig (Rdn. 5). Er unterliegt aber Einzelaufzeichnungspflichten. Eine Verpflichtung zur Aufzeichnung der Betriebseinnahmen folgt aus § 22 UStG (Rdn. 281). Die Aufzeichnungen müssen so beschaffen sein, daß es einem sachverständigen Dritten innerhalb angemessener Zeit möglich ist, einen Überblick über die Umsätze (einschließlich des Eigenverbrauchs, dazu Rdn. 231ff.) zu erhalten (§ 63 Abs. 1 UStDV). Die Aufzeichnungen sind nach § 146 Abs. 1 Satz 1 AO vollständig, richtig, zeitgerecht (chronologisch) und geordnet zu führen. Hinsichtlich der Betriebsausgaben ergibt sich eine Aufzeichnungspflicht aus § 22 UStG nur insoweit, als sie für den Vorsteuerabzug (Rdn. 268ff.) relevant sind. Der Betriebsausgabenabzug setzt bei einer Einnahmen-Überschußrechnung daher grundsätzlich nur voraus, daß die Aufwendungen durch die Vorlage geordneter Belege nachgewiesen werden. 21

Darüber hinaus sind bestimmte **Verzeichnisse** nach Einzelvorschriften des EStG zu führen. § 4 Abs. 3 Satz 5 EStG verlangt, daß die nichtabzugsfähigen Anlagegüter (Rdn. 14) unter Angabe des Tages ihrer Anschaffung/Herstellung und der Anschaffungs-/Herstellungskosten oder des an deren Stelle getretenen Werts in ein besonderes, laufend zu führendes Verzeichnis aufgenommen werden. Dasselbe fordern § 6 Abs. 2 Satz 4 EStG für die sog. Bewertungsfreiheit bei geringwertigen Wirtschaftsgütern (GWG, s. Rdn. 13) und §§ 7 Abs. 2 Satz 3, 7a Abs. 8 EStG für die Inanspruchnahme einer degressiven AfA, einer erhöhten AfA oder einer Sonder-AfA.[46] Nichtabzugsfähige Betriebsausgaben im Sinne des § 4 Abs. 5 Nrn. 1–5, 6b, 7 EStG (Rdn. 28ff.) müssen gem. § 4 Abs. 7 EStG einzeln und getrennt von den übrigen Betriebsausgaben aufgezeichnet werden. 22

§ 147 Abs. 1, 3 AO verpflichtet den freiberuflichen Rechtsanwalt, die nach § 22 UStG zu führenden Aufzeichnungen 10 Jahre und die dazu gehörenden Belege 6 Jahre aufzubewahren.[47] Die **Aufbewahrungspflicht** endet jedoch nicht, bevor nicht die steuerliche Festsetzungsfrist abgelaufen ist (§ 147 Abs. 3 Satz 2 AO). 23

e) Übergang zur Gewinnermittlung durch Betriebsvermögensvergleich. Der Rechtsanwalt kann von der Einnahmen-Überschußrechnung (§ 4 Abs. 3 EStG) zum Betriebsvermögensvergleich (§ 4 Abs. 1 EStG) wechseln (**Wahlrecht**). Veräußert er seine freiberufliche Praxis oder gibt er sie auf, so ist der Veräußerungs- bzw. Aufgabegewinn (dazu Rdn. 49ff.) nach §§ 18 Abs. 3 Satz 2, 16 Abs. 2 Satz 2 EStG durch Betriebsvermögensvergleich zu ermitteln (**Mußvorschrift**). Beim Wechsel von der Kassenrechnung zum Betriebsvermögensvergleich muß eine **Übergangsrechnung** vorgenommen werden. Um 24

---

[44] Grundlegend BFH (GrS) BStBl. II 1990, 817; 1998, 193.

[45] Vgl. BFH BStBl. II 1992, 343; *Herrmann/Heuer/Raupach-Bergkämper*, EStG, § 4, Rdn. 576 (Juli 1998).

[46] Dazu ausf. *Herrmann/Heuer/Raupach-Fleischmann*, EStG/KStG-Kommentar, § 7a EStG, Rdn. 130ff.

[47] FG Hamburg EFG 1991, 636; *Klein-Brockmeyer*, AO, § 147, Rdn. 1; *Segebrecht*, Die Einnahme-Überschußrechnung, Rdn. 195ff.; a. A. *Lammerding*, DB 1979, 2452, 2454; *Hübschmann/Hepp/Spitaler-Trzaskalik*, AO, § 147, Rdn. 6 (März 1991): § 147 AO ist auf Einnahmen-Überschußrechner nicht anwendbar.

einerseits Doppelerfassungen zu vermeiden, andererseits aber auch die vollständige Besteuerung des Gesamtgewinns zu gewährleisten, ist der Gewinn des ersten Jahres nach dem Übergang um Ab- und Zuschläge zu korrigieren.[48]

Beispiel: Rechtsanwalt R wechselt zum 1. 1. 1999 von der Einnahmen-Überschußrechnung zum Betriebsvermögensvergleich. Zu diesem Stichtag stehen 50000 DM (netto) Honorarforderungen für bereits geleistete Arbeiten aus. Für in 1998 durchgeführte Renovierungsarbeiten in dem Büro schuldet R den Handwerkern noch einen Betrag in Höhe von netto 10000 DM. Die Geschäftsvorfälle gehören bei einer periodengerechten Gewinnabgrenzung durch Bestandsvergleich noch in das Jahr 1998. Da R in 1998 aber eine Einnahmen-Überschußrechnung durchgeführt hat, wurden sie mangels Zu- oder Abflusses bisher nicht erfaßt. Deshalb sind in 1999 die Erlöse in Höhe von 50000 DM dem durch Bestandsvergleich ermittelten Gewinn hinzuzurechnen, die Betriebsausgaben in Höhe von 10000 DM dagegen abzuziehen.

3. Umfang des Betriebsausgabenabzugs (§ 4 Abs. 4 EStG)

25 Als Betriebsausgaben werden die Aufwendungen eines Rechtsanwalts abgezogen, die durch seine freiberufliche Praxis veranlaßt sind (**Veranlassungsprinzip**). Nach der ständigen Rspr. sind Aufwendungen durch die Praxis veranlaßt, wenn sie objektiv mit ihr zusammenhängen und ihr subjektiv zu dienen bestimmt sind.[49]

26 **a) Abgrenzung von Privatausgaben (§ 12 EStG).** Nicht als Betriebsausgaben abzugsfähig sind Aufwendungen für die Lebensführung, welche die wirtschaftliche oder gesellschaftliche Stellung des Steuerpflichtigen mit sich bringt (§ 12 Nr. 1 Satz 2 EStG). Nicht unter die Betriebsausgaben fallen des weiteren Aufwendungen für den Haushalt, Unterhaltsleistungen (s. § 12 Nr. 1 Satz 1 EStG), Zuwendungen (§ 12 Nr. 2 EStG), Personensteuern (insb. Einkommen-, Kirchen-, Vermögen-, Erbschaft- und Schenkungsteuer, Solidaritätszuschlag, § 12 Nr. 3 EStG) sowie Geldstrafen (§ 12 Nr. 4 EStG, s. Rdn. 33). § 12 Nr. 1 Satz 2 EStG versagt darüber hinaus den Abzug sog. Repräsentationsaufwendungen, die zwar auch für den Beruf förderlich sind, jedoch wesentlich privat veranlaßt sind. Die ständ. Rspr. versteht diese Vorschrift als **konstitutives Abzugs- und Aufteilungsverbot** für alle gemischten Aufwendungen, bei denen die Interessen privater Lebensführung gegenüber der betrieblichen/beruflichen Veranlassung ins Gewicht fallen und die sich nicht leicht und einwandfrei in Privat- und Erwerbsaufwendungen aufteilen lassen.[50] So ist nicht einmal ein anteiliger Betriebsausgabenabzug möglich, wenn ein Rechtsanwalt aus Anlaß eines „runden" Geburtstages auch Mandanten, Kollegen und Mitarbeiter bewirtet.[51]

27 Soweit ein Darlehen sowohl betrieblichen als auch privaten Zwecken dient, sind die **Schuldzinsen** nach der sog. Zinsstaffelmethode **aufzuteilen**.[52] Dem Rechtsanwalt steht es jedoch frei, den Betrieb seiner Praxis anstatt mit Eigenmitteln mit Fremdmitteln zu finanzieren. Richtet er für seine Praxis nicht nur ein Praxiskonto, sondern mehrere Konten ein, so bietet sich die folgende Gestaltungsmöglichkeit (sog. **Mehrkonten-Modell**)[53] an: Der Steuerpflichtige leitet planmäßig betriebliche Einnahmen auf ein gesondertes Konto („Einnahmen-Konto"), um von diesem Ausgaben für private Investitionen (z. B. für den Bau eines privaten Einfamilienhauses) zu tätigen. Die laufenden Betriebsausgaben werden

[48] Statt aller BFH BStBl. II 1994, 852; *Segebrecht*, Die Einnahme-Überschußrechnung nach § 4 Abs. 3 EStG, Rz. 752ff.; Anlage 1 zu R 17 EStR 1996.

[49] Vgl. nur BFH GrS BStBl. II 1984, 160, 163; ausf. *Tipke/Lang*, Steuerrecht, § 9 Rz. 227ff.

[50] Seit BFH GrS BStBl. II 1971, 17 u. 21; 1979, 213; ausf. *Völlmeke*, DStR 1995, 745; mit Recht krit. zur Rspr.: *Eisendick*, Das Aufteilungs- und Abzugsverbot, Diss., Frankfurt a. M. u. a. 1995, 52ff.; *Scheich*, Das Abzugsgebot und -verbot gemischter Aufwendungen, Diss., München 1996, 81ff.

[51] BFH BStBl. II 1992, 524; zur umfangreichen, teilweise willkürlichen Kasuistik s. *Schmidt-Drenseck*, EStG, § 12 Rz. 11–13, 25 (ABC).

[52] Grundlegend zur Kontokorrentverbindlichkeit BFH GrS BStBl. II 1990, 817, 826ff.; s. auch BMF BStBl. I 1993, 930, Tz.14ff.

[53] Dazu *Seer*, FR 1993, 453.

demgegenüber von einem getrennten Kontokorrentkonto („Ausgaben-Konto") beglichen. Mangels Zuflüsse weist das Ausgaben-Konto einen (wachsenden) Negativsaldo aus. Die mit dem dafür von der Bank gewährten Betriebsmittelkredit im Zusammenhang stehenden Schuldzinsen sind bisher in vollem Umfang als Betriebsausgaben abzugsfähig.[54] Nach Beendigung der privaten Investitionsmaßnahme wird der Betriebsmittelkredit in einen langfristigen, zinsgünstigeren Betriebskredit umgewandelt. Im sog. **Steuerentlastungsgesetz 1999** (Fn. 1) will die Bundesregierung allerdings alle in die Abwicklung des betrieblichen Zahlungsverkehrs involvierten Konten zusammenfassen und den Schuldzinsenabzug insoweit ausschließen, als sich ein Negativbetrag ergibt (§ 4 Abs. 4a Nr. 2 EStG 1999-E).[55] Damit wäre das Gestaltungsmittel eines sog. Mehrkonten-Modells kaum mehr attraktiv.

b) Nichtabzugsfähige Aufwendungen nach § 4 Abs. 5 EStG. Einen Teil der gemischtveranlaßten Aufwendungen regelt der Katalog des § 4 Abs. 5 Nrn. 1–10 EStG in typisierender Weise. So sind aus betrieblichen Gründen gewährte **Geschenke** an Personen, die keine Arbeitnehmer sind, nach § 4 Abs. 5 Nr. 1 EStG nur dann als Betriebsausgaben abzugsfähig, wenn sie pro Empfänger im Kalenderjahr einen Betrag von 75 DM nicht übersteigen. 28

§ 4 Abs. 5 Nr. 2 EStG begrenzt den Betriebsausgabenabzug von aus geschäftlichem Anlaß angefallenen **Bewirtungsaufwendungen** auf 80% der angemessenen Aufwendungen.[56] Zum Nachweis der Höhe und der betrieblichen Veranlassung der Aufwendungen hat der Rechtsanwalt schriftlich Angaben über Ort, Tag, Teilnehmer und Anlaß der Bewirtung zu machen (s. § 4 Abs. 5 Nr. 2 Satz 2 EStG). R 21 Abs. 8 Satz 8 EStR 1996 fordert darüber hinaus bei einer Bewirtung in einer Gaststätte, daß die Rechnung maschinell erstellt und registriert worden ist.[57] Den Abzug von **Verpflegungsmehraufwendungen** bei Geschäftsreisen pauschaliert § 4 Abs. 5 Nr. 5 EStG seit dem 1. 1. 1996 auf bestimmte Beträge, ohne daß der Steuerpflichtige die Möglichkeit eines Einzelnachweises höherer Kosten besitzt. Für Inlandsreisen wird ein Pauschbetrag je nach der Dauer der Abwesenheit von 10–46 DM/Tag gewährt. Bei Auslandsreisen richtet sich der Pauschbetrag nach den höchsten Auslandstagegeldern lt. Bundesreisekostengesetz.[58] 29

§ 4 Abs. 5 Nr. 6 EStG begrenzt den Betriebsausgabenabzug der Kfz-Kosten (dazu noch Rdn. 34ff.) für **Fahrten zwischen Wohnung und Praxis** auf die Kilometerpauschale von 0.70 DM/Entfernungskilometer (§ 9 Abs. 1 Nr. 4 Satz 4 EStG). Der Differenzbetrag zwischen 0,03 v. H. des inländischen Neuwagenlistenpreises pro Monat und der Kilometerpauschale ist für jeden Entfernungskilometer nicht abzugsfähig (s. Beispiel in Rdnr. 34).[59] Ermittelt der Rechtsanwalt den privaten Kostenanteil aufgrund eines Fahrtenbuches anhand der tatsächlichen Kosten, so wird die Differenz zwischen den tatsächlichen Kosten und der Kilometerpauschale pro Entfernungskilometer vom Abzug ausgeschlossen. 30

---

[54] So nun ausdrücklich BFH GrS BStBl. II 1998, 193, 198; BFH BStBl. II 1998, 513, 514f., hält es sogar für unschädlich, wenn für die Berechnung der Schuldzinsen Guthaben und Schulden beider Konten saldiert werden.

[55] Ebenso nach französischem Vorbild Österr. VGH, FR 1998, 467, 469f.; zustimmend *Fischer*, FR 1998, 470f.; *Siegel*, DStR 1998, 621; ablehnend *Seer*, FR 1998, 152ff.; *Wolff-Diepenbrock*, DStR 1998, 185; *Weber-Grellet*, DB 1998, 292; *Bilsdorfer*, NJW 1998, 1686, *Bader*, FR 1998, 449; *Söffing*, BB 1998, 450.

[56] BFH BStBl. II 1990, 575, schließt die Aufwendungen für einen Nachtlokalbesuch als unangemessen aus, wenn dort Variete-, Striptease- und andere Darbietungen im Vordergrund stehen.

[57] Siehe näher BMF BStBl. I 1994, 855; *Broudré*, DB 1995, 1430; DStR 1995, 117.

[58] Zu den Auslandstagegeldern s. BMF BStBl. I 1997, 985; im übrigen *Albert*, FR 1996, 437; *Strohner*, FR 1996, 447.

[59] Zur technisch sehr komplizierten Regelung s. BMF BStBl. I 1997, 562; mit Recht krit. *Söhn*, FR 1997, 245.

31 Aufwendungen für ein **häusliches Arbeitszimmer** sowie deren Ausstattung[60] sind seit dem 1. 1. 1996 gem. § 4 Abs. 5 Nr. 6b EStG grundsätzlich überhaupt nicht mehr abziehbar. Allerdings ist der Betriebsausgabenabzug ausnahmsweise bis zu einer Höhe von 2400 DM möglich, wenn die freiberufliche Nutzung des Arbeitszimmers mehr als 50% der gesamten Tätigkeit des Rechtsanwalts ausmacht oder wenn ihm kein anderer Arbeitsplatz zur Verfügung steht. Bildet das Arbeitszimmer sogar den Mittelpunkt der gesamten Erwerbstätigkeit, dann ist der Abzug ohne eine Höchstbetragsbegrenzung vorzunehmen.[61] Nicht unter das Abzugsverbot des § 4 Abs. 5 Nr. 6b EStG fallen die Räumlichkeiten einer Anwaltspraxis, selbst wenn sie sich in demselben Gebäude wie die Privatwohnung befinden.[62]

32 Darüber hinaus unterzieht die Generalklausel des § 4 Abs. 5 Nr. 7 EStG alle Betriebsausgaben, die auch die private Lebensführung berühren, einer **Angemessenheitsprüfung**. Die Vorschrift will allerdings nicht den Mercedes vom Volkswagen abgrenzen, sondern ein übliches Betriebsfahrzeug vom Sportwagen oder -flugzeug.[63] Es kommt dabei auf die Umstände des Einzelfalls an, wobei neben der Größe der Praxis, der Höhe des Umsatzes und Gewinns vor allem auch die Bedeutung des Repräsentationsaufwandes für den Geschäftserfolg wichtig ist.[64] Einer Angemessensheitsprüfung unterfallen etwa die Kosten für den Erwerb oder die Anmietung eines Hubschraubers oder Flugzeuges, mit denen ein Rechtsanwalt zu Gerichts- oder Besprechungsterminen fliegt.[65] Dasselbe gilt für in der Praxis aufgestellte bzw. genutzte Kunstgegenstände, wertvolle Teppiche und Antiquitäten.[66] § 4 Abs. 5 Nr. 7 EStG statuiert jedoch kein umfassendes Abzugsverbot. Es ist vielmehr zu prüfen, in welchem Umfang die Betriebsausgaben noch angemessen sind. Dies bedeutet z. B. bei einem unangemessenen PKW (z. B. Ferrari, Lamborghini[67]), daß die abzugsfähige AfA und die abzugsfähigen Betriebskosten auf einen angemessenen Betrag limitiert werden.[68]

33 Einem Abzugsverbot unterfallen schließlich zum Schutz der Gesamtrechtsordnung alle von einem inländischen Gericht oder einer inländischen Behörde oder von EG-Organen festgesetzten **Geldbußen, Ordnungs-** und **Verwarnungsgelder** (§ 4 Abs. 5 Nr. 8 EStG). Dasselbe gilt seit dem 1. 1. 1996 für **Schmier- und Bestechungsgelder**, wenn die Tat nach dem StGB oder OWiG rechtskräftig geahndet oder die Strafverfolgung nach §§ 153–154e StPO eingestellt worden ist (§ 4 Abs. 5 Nr. 10 EStG).[69] § 12 Nr. 4 EStG (s. bereits Rdn. 26) stellt darüber hinaus klar, daß **Geldstrafen** und die **Erfüllung von Auflagen** und/oder Weisungen (z. B. nach § 153a StPO) der Privatsphäre zuzurechnen sind.

---

60 Nicht zur Ausstattung gehören Arbeitsmittel (auch nicht raumunabhängige Möbelstücke) s. BFH BStBl. II 1998, 351, 354f.

61 Zu der kaum verständlichen Regelung s. neugefaßten Erlaß des BMF BStBl. I 1998, 863.

62 So ausdrücklich BMF BStBl. I 1998, 863, 864, Rz. 7.

63 Zutreffend *Schmidt-Heinicke*, EStG, Kommentar, § 4 Rz. 602.

64 Demnach ist z. B. die Anschaffung eines Porsche nicht per se unangemessen, s. BFH BStBl. II 1987, 853.

65 Vgl. BFH BStBl. II 1985, 458; FG München EFG 1988, 463.

66 Zur AfA bei antiken Büromöbeln s. BFH BStBl. II 1986, 355; a. A. FG Niedersachsen EFG 1997, 953; zu dem Problem *Lück*, DStZ 1990, 216; 1991, 322; *Beater*, BB 1990, 1869. Nicht abschreibungsfähig sind jedenfalls Kunstwerke und historische Ausstellungsstücke, s. BFH BStBl. II 1990, 50.

67 Selbst die Anschaffung derartiger Sportwagen kann aber im Ausnahmefall noch als angemessen anzusehen sein, s. FG Hamburg EFG 1987, 543.

68 Siehe H 21 Abs. 12 EStH 1997 „Kraftfahrzeug".

69 Das Finanzamt hat nach § 4 Abs. 5 Nr. 10 Satz 2 EStG alle verdachtsrelevanten Tatsachen der Staatsanwaltschaft oder Ordnungsbehörde mitzuteilen. Kraft dieser Mitteilungspflicht dürfte das Abzugsverbot seine Wirkung auch unabhängig von einem Straf- oder Bußgeldverfahren erzielen. Der Entwurf des **Steuerentlastungsgesetzes 1999** sieht eine erhebliche Erweiterung des Abzugsverbots für sog. Schmiergelder vor.

c) Korrektiv der Nutzungsentnahmen und Kosteneinlagen. Gehört ein Wirtschaftsgut zum Betriebsvermögen der Anwaltspraxis (s. Rdn. 17ff.), so sind zunächst alle damit zusammenhängenden Aufwendungen als Betriebsausgaben nach § 4 Abs. 4 EStG abzugsfähig. Wird das Betriebsvermögen zugleich auch privat genutzt, so bedarf die Gewinnminderung der Korrektur durch eine Entnahme (§ 4 Abs. 1 Satz 2 EStG) entsprechend des Ausmaßes der privaten Nutzung. Zu bewerten ist die Entnahme nach § 6 Abs. 1 Nr. 4 Satz 1 EStG grundsätzlich mit dem sog. Teilwert. Davon macht § 6 Abs. 1 Nr. 4 Satz 2 EStG seit dem 1. 1. 1996 eine praktisch wichtige Ausnahme für **Kraftfahrzeuge** (sog. **1%-Regelung**). Danach ist die private Nutzung eines PKW pauschal pro Kalendermonat mit 1% des inländischen Listenpreises im Zeitpunkt der Erstzulassung zuzüglich der Kosten für Sonderausstattung einschließlich der Umsatzsteuer anzusetzen. Die private Nutzung kann davon abweichend anhand der tatsächlichen Kosten und Fahrten berechnet werden, wenn der Rechtsanwalt das Verhältnis von privaten und freiberuflichen Fahrten durch ein ordnungsgemäßes Fahrtenbuch nachweist (§ 6 Abs. 1 Nr. 4 Satz 3 EStG). Das Fahrtenbuch muß dabei mindestens die folgenden Angaben enthalten:[70] Datum und Kilometerstand zu Beginn und Ende jeder einzelnen freiberuflich veranlaßten Fahrt, Reiseziel, Reisezweck und aufgesuchter Gesprächspartner. Für Privatfahrten genügen jeweils Kilometerangaben; für Fahrten zwischen Wohnung und Praxis genügt jeweils ein kurzer Vermerk im Fahrtenbuch.[71] 34

Beispiel: Rechtsanwalt R nutzt einen Mittelklassen-PKW überwiegend für Zwecke seiner Anwaltspraxis (Neuwagenlistenpreis brutto 60000 DM, Anschaffungskosten netto = 50000 DM, AfA nach § 7 Abs. 1 EStG = 10000 DM p. a.). Die laufenden PKW-Kosten (Benzin, Inspektionen, Kfz-Steuer, Kfz-Versicherung, etc.) betragen 10000 DM p. a. Mit dem PKW fährt R an ca. 220 Tagen im Jahr von seinem Einfamilienhaus in die Praxis (Entfernung 10 km). Ein Fahrtenbuch führt R nicht.

Betriebsausgaben p. a. =		20000 DM
./. Nichtabzugsfähige Betriebsausgaben (Fahrten Wohnung/ Praxis, s. Rdn. 30)		
0,03% v. 60000 DM × 12 Monate × 10 km =	2160 DM	
./. 10 km × 220 Tage × 0,70 DM/km (Km-Pauschale) =	1540 DM	620 DM
./. Nutzungsentnahme = 12% v. 60000 DM (sog. 1%-Regel) =		7200 DM
Per Saldo als Betriebsausgaben abzugsfähig		12180 DM

Will R einen höheren Anteil seiner PKW-Kosten als Betriebsausgaben geltend machen, dann muß er diesen Anteil durch ein ordnungsgemäß geführtes Fahrtenbuch nachweisen. Zu den umsatzsteuerlichen Folgen siehe Rdn. 236.

Die Anwendung der sog. 1%-Regel ist unabhängig davon, wieviele Fahrzeuge der Steuerpflichtige besitzt. Sie wird also auch nicht durch das Argument ausgeschlossen, Privatfahrten würden ausschließlich mit Zweit- oder gar Drittfahrzeugen durchgeführt. Die 1%-Regel gilt auch für gemietete oder geleaste Kfz. Sie führt zu ungünstigen Ergebnissen, wenn es sich um gebrauchte oder bereits vollständig abgeschriebene Fahrzeuge handelt.[72] Zumindest in diesen Fällen sollte sich der Rechtsanwalt der Mühe eines Fahrtenbuches unterziehen. 35

Bei der steuerlichen Planung wird häufig vergessen, daß mit der späteren Veräußerung des PKW (z. B. durch Inzahlungnahme) wegen dessen Betriebsvermögenseigenschaft häufig ein steuerpflichtiger Veräußerungsgewinn erzielt wird. Veräußert in dem Beispiel (Rdn. 34) R seinen PKW nach vier Jahren zu einem Preis von netto 20000 DM, so realisiert er einen steuerpflichtigen Veräußerungsgewinn in Höhe von 10000 DM (20000 DM ./. Restbuchwert 36

[70] BMF BStBl. I 1997, 562, 564, Rdn. 17; dazu krit. *Zacher*, DStR 1997, 1185.
[71] BMF (Fn.70), Rdn. 22.
[72] Mit Recht krit. zur 1%-Methode *Schmidt*, FR 1995, 853; *Schneider*, DStR 1996, 93; *Kühn*, BB 1997, 285; *Zacher*, DStR 1997, 1185.

10000 DM). Dieser Veräußerungsgewinn schmälert somit im Ergebnis zusätzlich den Betriebsausgabenabzug.[73] Dieser Effekt bleibt beim Leasing naturgemäß aus.

37 Nutzt der Rechtsanwalt ein **Wirtschaftsgut des Privatvermögens** für betriebliche Zwecke, so bedeutet dies nicht etwa, daß keine Betriebsausgaben abzugsfähig wären. Vielmehr sind die betrieblich veranlaßten, anteiligen Kosten durch eine **Aufwandseinlage** (Kosteneinlage) zu berücksichtigen (s. § 4 Abs. 1 Satz 5 EStG).[74]

Beispiel: Wie oben Rdn. 34, lt. Fahrtenbuch nutzt R den PKW zu 40% für Mandantenbesuche, Gerichtstermine, etc. Durch eine Aufwandseinlage sind folgende Kfz-Kosten als Betriebsausgaben zu berücksichtigen:

Fahrten zwischen Wohnung/Praxis mit der Kilometerpauschale	1540 DM
40% der Kosten einschließlich AfA (20000 DM) =	8000 DM
Betriebsausgabenabzug	9540 DM

Da der PKW im Beispielsfall nicht zum Betriebsvermögen des R gehört (s. Rdn. 18), fällt bei einer späteren Veräußerung aber weder ein Veräußerungsgewinn noch ein -verlust an. Zur umsatzsteuerlichen Behandlung s. Rdn. 226f.

4. Steuergestaltung durch Leistungsbeziehungen mit Familienangehörigen

38 Ein wichtiges steuerliches Gestaltungsmittel bilden Rechtsgeschäfte zwischen dem Freiberufler und Familienangehörigen. Dadurch können Einkunftsquellen auf Angehörige (z. B. Kinder) übertragen werden, um das Progressionsgefälle und zusätzliche Freibeträge (z. B. mehrfacher Ansatz von Grund- und Sparer-Freibetrag) auszunutzen.[75] Ein weiterer Zweck kann darin bestehen, werthaltige Wirtschaftsgüter (z. B. die Praxisimmobilie) aus dem Betriebsvermögen herauszuhalten, um so die Bildung steuerverstrickter stiller Reserven zu vermeiden.

39 Nach Art. 3 Abs. 1, 6 Abs. 1 GG sind Verträge zwischen Familienangehörigen grundsätzlich auch steuerlich anzuerkennen. Vertragsbeziehungen zwischen Familienangehörigen dürfen nicht gegenüber Vertragsbeziehungen zwischen fremden Dritten diskriminiert werden. Allerdings muß gleichzeitig auch gewährleistet sein, daß durch solche Verträge keine Unterhaltszahlungen oder andere private Einkommensverwendungen (Rdn. 26) verdeckt werden.[76] Deshalb billigt das BVerfG grundsätzlich die ständige Rspr. des BFH,[77] wonach die Verträge unter nahen Angehörigen

- ernsthaft vereinbart und zivilrechtlich wirksam sein,
- den Vereinbarungen entsprechend tatsächlich durchgeführt werden und
- einem Fremdvergleich standhalten müssen, d. h. nach Inhalt und Ausführung dem entsprechen, was auch unter fremden Dritten üblich und angemessen ist.

40 Das BVerfG hat in jüngeren Entscheidungen betont, daß die Rspr. diese Voraussetzungen allerdings nicht wie Tatbestandsmerkmale, sondern sie lediglich als Beweisanzeichen im Rahmen einer Gesamtwürdigung verwenden darf. Deshalb darf der BFH einem Ehegatten-Arbeitsverhältnis (Rdn. 44ff.) nicht mehr allein deshalb die Anerkennung versagen, weil der Arbeitgeber-Ehegatte das laufende Gehalt auf ein sog. Oder-Konto überweist, über das er ebenfalls Verfügungsmacht besitzt.[78] Gleichwohl sollte bei der Gestaltung eines Arbeitsverhältnisses unter Familienangehörigen ein Oder-Konto weiterhin vermieden werden.

---

[73] Würde R den PKW (z. B. durch Schenkung an seine Ehefrau) aus dem Betriebsvermögen entnehmen, so träte an die Stelle des Veräußerungspreises gem. § 6 Abs. 1 Nr. 4 EStG der Teilwert.

[74] Vgl. BFH BStBl. II 1988, 348; 1995, 318; *Schmidt-Glanegger*, EStG, Kommentar, § 6 Rz. 440: „Aufwandseinlage"; *Tipke/Lang*, Steuerrecht, § 9 Rz. 372: „Kostenkorrektureinlage".

[75] Zu dem Problemkreis ausf. *Schulze zur Wiesche*, Vereinbarungen unter Familienangehörigen und ihre steuerlichen Folgen, 1998, passim.

[76] *Tipke/Lang*, Steuerrecht, § 9 Rz. 163.

[77] Vgl. etwa BFH GrS BStBl. II 1990, 160, 163f.; ausf. zur Judikatur des BFH *Bilsdorfer*, Der steuerliche Fremdvergleich, 42ff.

[78] BVerfG BStBl. II 1996, 34 = NJW 1996, 833; dem ist der BFH BStBl. II 1997, 196 u. 655, nun gefolgt.

a) Miet-, Pacht- und Darlehensverhältnisse. Eine latente Einkommensteuerbelastung kann daraus entstehen, daß die Anwaltspraxis in eigenen Räumlichkeiten betrieben wird. In diesem Fall gehören Grund und Boden sowie das Gebäude zumindest anteilig zum notwendigen Betriebsvermögen (Rdn. 17f.). Im Laufe der Zeit bilden sich insoweit regelmäßig sog. stille Reserven, wenn der Grundstückswert steigt, während das Gebäude steuerlich sogar abgeschrieben wird. Spätestens im Zeitpunkt der Praxisveräußerung oder -aufgabe (dazu Rdn. 49ff.) sind diese stillen Reserven aufzudecken und zu versteuern. Ist dagegen ein Familienangehöriger (z. B. Ehegatte) Eigentümer der Praxisimmobilie, die er an den Rechtsanwalt vermietet, so bleibt sie im Privatvermögen; die sich im Laufe der Zeit bildenden stillen Reserven sind nicht steuerverstrickt. Die vom Rechtsanwalt gezahlten Mieten werden als Betriebsausgaben bei den Einkünften aus der freiberuflichen Praxis abgezogen. Umgekehrt erzielt der Familienangehörige Einkünfte aus Vermietung und Verpachtung (§ 21 Abs. 1 Nr. 1 EStG), die um die von ihm getragenen Grundstücksaufwendungen als Werbungskosten nach § 9 Abs. 1 EStG gemindert werden. 41

Um einem möglichen Vorwurf des Gestaltungsmißbrauchs (§ 42 AO) entgegenzuwirken,[79] sollte der Ehegatte die laufenden Grundstücksaufwendungen aus den Mieten bezahlen können. Unschädlich ist es m. E., wenn der Rechtsanwalt seinem Ehegatten die Mittel zum Erwerb der Immobilie bzw. zur Herstellung des Gebäudes zuvor geschenkt hat.[80] Für den Rechtsanwalt ergibt sich außerdem regelmäßig das Bedürfnis, die Verfügbarkeit über die Praxisräume auch für den Konfliktfall einer Scheidung zu erhalten. Eine deshalb vereinbarte **Scheidungsklausel** begründet nach geläuterter Rspr. noch kein wirtschaftliches Eigentum (§ 39 Abs. 2 Nr. 1 AO) des anmietenden Praxisinhabers.[81] 42

Ein Mittel zur Verlagerung von Einkunftsquellen stellt die schenkweise Übertragung von Geld auf Kinder dar, das diese dem Rechtsanwalt für Praxisinvestitionen darlehensweise zurückgewähren. Die vom Rechtsanwalt auf das Darlehen an das Kind gezahlten Zinsen sind bei ihm Betriebsausgaben, während das Kind sie als Einkünfte aus Kapitalvermögen (§ 20 Abs. 1 Nr. 7 EStG) unter Inanspruchnahme eines eigenen Sparerfreibetrages (6000 DM p. a.)[82] und eigenen Grundfreibetrages (1999: 13067 DM) zu versteuern hat. Allerdings tendieren Rspr. und Finanzverwaltung zum Gestaltungsmißbrauch (§ 42 AO), wenn Schenkung und anschließendes Darlehen Ausdruck eines Gesamtplans ist, um Betriebsausgaben/Werbungskosten zu schaffen.[83] Deshalb sollten Schenkung und Darlehen sachlich und zeitlich unabhängig voneinander vorgenommen werden. Außerdem muß das Darlehensverhältnis einem Fremdvergleich standhalten, indem Laufzeit, Art und Rückzahlung des Darlehens, die Fälligkeit der Darlehenszinsen und eine hinreichende Besicherung des Darlehens geregelt werden.[84] 43

b) Arbeitsverhältnisse. Durch ein **Ehegatten-Arbeitsverhältnis** kann dem in der Praxis mitarbeitenden Ehegatten neben einem eigenen Einkommen vor allem (wenigstens teilweise) eine eigene Altersversorgung steuerwirksam aufgebaut werden. Beiträge zu einer 44

---

[79] Die Rspr. des BFH BStBl. II 1992, 541; 1993, 210; 1996, 252, betrifft den Vorsteuerabzug (§ 15 UStG) bei einer Vermietung an nicht zum Vorsteuerabzug berechtigte Heilberufler (Ärzte, Zahnärzte). Sie ist mangels Steuerumgehung auf die zum Vorsteuerabzug berechtigten Rechtsanwälte m. E. nicht anwendbar.

[80] Vgl. auch BFH BStBl. II 1996, 5, 6ff.; BFH BFH/NV 1995, 930.

[81] BFH BStBl. II 1998, 542: Verpflichtung zur unentgeltlichen Übertragung im Scheidungsfalle, verbunden mit der unwiderruflichen Vollmacht zur Auflassung des Grundstücks und Eintragung einer Vormerkung, ist unschädlich; enger noch BFH BStBl. II 1994, 645; zutr. Besprechung der beiden Urteile von *Söffing*, NWB Fach 3, 10647 (46/1998).

[82] Nach dem Entwurf des sog. Steuerentlastungsgesetzes 1999 (Fn. 1) soll der Sparer-Freibetrag mit Wirkung vom 1. 1. 2000 jedoch halbiert werden.

[83] Vgl. zu den Anforderungen an die Darlehensausgestaltung BMF BStBl. I 1992, 729; 1993, 410; zuletzt BFH BStBl. II 1996, 443.

[84] BMF (Fn. 83), Tz. 5f. u. 11; ausf. zu den Problemen *Bilsdorfer*, Der steuerliche Fremdvergleich, 79ff.

privaten Lebensversicherung sind aufgrund der niedrigen Höchstbeträge für Vorsorgeaufwendungen (§ 10 Abs. 3 EStG) praktisch nicht abzugsfähig (Rdn. 55) und damit aus bereits versteuertem Einkommen zu leisten. Demgegenüber mindern die im Rahmen eines Arbeitsverhältnisses geleisteten Beiträge zur Sozialversicherung als Gehaltsbestandteile in vollem Umfang den Gewinn der Praxis des Rechtsanwalts, sind bei dem Ehegatten aber nur mit dem Arbeitnehmer-Anteil als Einkünfte aus nichtselbständiger Arbeit (§ 19 Abs. 1 Nr. 1 EStG) zu erfassen. Der Arbeitgeber-Anteil bleibt dagegen nach § 3 Nr. 62 EStG steuerfrei. Des weiteren kann der Ehegatte den Arbeitnehmer-Pauschbetrag in Höhe von 2000 DM (§ 9a Nr. 1a EStG) abziehen.

45 Eine zusätzliche Versorgung läßt sich durch den Abschluß einer **Direktversicherung** als Gehaltsbestandteil zugunsten des Ehegatten steuermindernd erzielen.[85] Bis zu einem Jahresbeitrag von 3408 DM kann die Zukunftssicherungsleistung pauschal mit 20% Lohnsteuer unter bestimmten Voraussetzungen nach § 40b EStG abgegolten werden. Allerdings muß das Ehegatten-Arbeitsverhältnis auch insoweit dem Fremdvergleich entsprechen. Im Rahmen eines betriebsinternen Vergleichs ist deshalb zu prüfen, ob der Rechtsanwalt auch anderen Arbeitnehmern, die von ihrer Funktion in der Praxis mit dem Ehegatten vergleichbar sind, eine Direktversicherung gewährt oder wenigstens angeboten hat.[86]

46 Ein Ehegatten-Arbeitsverhältnis ist steuerlich selbst dann vorteilhaft, wenn es sich um ein **geringfügiges Beschäftigungsverhältnis** (sog. 630-DM-Job) handelt. Denn die Steuerentlastung durch den Betriebsausgabenabzug liegt beim Rechtsanwalt prozentual regelmäßig erheblich über der pauschalen Lohnsteuer in Höhe von 20% (§ 40a II EStG), zumal sie ihrerseits ebenfalls als Betriebsausgaben abzugsfähig ist. Daran wird sich wohl auch nichts ändern, wenn an die Stelle der pauschalen Lohnsteuer Pauschalbeiträge an die gesetzliche Rentenversicherung (12%) und an die gesetzliche Krankenversicherung (10%) treten **(Gesetz zur Neuregelung der geringfügigen Beschäftigungsverhältnisse**, s. BT-Drucks. 14/280 v. 19. 1. 1999). Dies gilt zumindest dann, wenn der Arbeitnehmer-Ehegatte keine weiteren eigenen Einkünfte erzielt. Denn in diesem Fall sollen die Einkünfte nach § 3 Nr. 39 EStG-Entwurf (BT-Drucks. 14/280, 7, 17ff.), der eine Fülle ungelöster Fragen aufwirft, steuerfrei sein.

47 **Arbeitsverhältnisse mit Kindern** kommen naturgemäß erst ab einem gewissen Lebensalter der Kinder (ca. 16 Jahre) in Betracht. Es muß sich um Leistungen der Kinder handeln, die auch üblicherweise im Rahmen eines Arbeitsverhältnisses und nicht bloß auf familienrechtlicher Grundlage (s. § 1619 BGB) erbracht werden.[87] Der steuerliche Vorteil besteht in der Ausnutzung des Progressionsgefälles, des Arbeitnehmer-Freibetrages (2000 DM) und des Grundfreibetrages (1999: 13067 DM).

5. Praxisveräußerung und Praxisaufgabe

48 Zu den Einkünften aus selbständiger Arbeit gehört nach § 18 Abs. 3 EStG auch der Gewinn aus der Veräußerung der Praxis oder eines selbständig lebensfähigen Teils davon (sog. Teilpraxis). Der Veräußerung steht die Aufgabe der Praxis gleich. Da es bei der Praxisveräußerung bzw. -aufgabe zu einer Aufdeckung stiller Reserven kommt, die sich nicht nur im laufenden Veranlagungszeitraum, sondern über Jahre hinweg angesammelt haben, sieht das EStG Sonderregelungen vor.

49 **a) Veräußerungsgewinn im Sinne der §§ 16, 18 Abs. 3 EStG.** § 18 Abs. 3 Satz 2 EStG verweist für die Berechnung und Behandlung des Veräußerungsgewinns auf die Vorschrift des § 16 Abs. 1 Nr. 1, Abs. 2–4 EStG. Nach § 16 Abs. 2 Satz 1 EStG berechnet sich der steuerpflichtige Veräußerungsgewinn wie folgt: Veräußerungspreis ./. Veräußerungsko-

---

[85] Siehe dazu *Ahrend/Förster/Rößler*, Steuerrecht der betrieblichen Altersversorgung, Bd. II, 4. Teil, Rdn. 34ff.

[86] Dazu eingehend *Bilsdorfer*, Der steuerliche Fremdvergleich, 62ff., m. w. N. aus der BFH-Rspr.

[87] Vgl. BFH BStBl. II 1994, 298: Telefondienst einer minderjährigen Tochter in den Mittagspausen, Abendstunden und an Wochenenden für ihren als niedergelassener Arzt tätigen Vater.

sten ./. Buchwerte des Betriebsvermögens = Veräußerungsgewinn. Um diese Berechnung durchführen zu können, hat der Steuerpflichtige zum Zeitpunkt des wirtschaftlichen Übergangs der Praxis eine Schlußbilanz aufzustellen. Ermittelte er bislang seinen Gewinn durch Einnahmen-Überschußrechnung, so bedingt dies eine Übergangsrechnung (Rdn. 24). Im Falle der Praxisaufgabe tritt an die Stelle des Veräußerungspreises der gemeine Wert (Verkehrswert, § 9 BewG) der im Betriebsvermögen befindlichen Wirtschaftsgüter (§ 16 Abs. 3 Satz 4 EStG), soweit diese nicht veräußert worden sind. Entsprechendes gilt, wenn der Rechtsanwalt im Zuge der Veräußerung einzelne Wirtschaftsgüter zurückbehält und in das Privatvermögen überführt.[88]

Dem Umstand, daß zusammengeballte stille Reserven durch die Veräußerung/Aufgabe **50**
auf einmal aufgedeckt werden, trägt § 34 EStG typisierend durch eine **Tarifbegünstigung** Rechnung. Für Veräußerungs- und Aufgabegewinne nach §§ 16, 18 Abs. 3, 34 Abs. 2 Nr. 1 EStG sieht § 34 Abs. 1 EStG eine Besteuerung zum **hälftigen Durchschnittssteuersatz** vor, soweit der Gewinn einen Betrag von 15 Millionen DM nicht übersteigt. Die Tarifbegünstigung flankiert § 16 Abs. 4 EStG um einen Freibetrag von 60000 DM, wenn der Rechtsanwalt das 55. Lebensjahr vollendet hat oder dauernd berufstätig ist. Der Freibetrag ermäßigt sich allerdings um den Teil des Veräußerungsgewinns, der 300000 DM übersteigt.

Voraussetzung für die Tarifbegünstigung soll es nach der Rspr. sein, daß der Freiberufler **51**
seine bisherige Tätigkeit innerhalb des bisherigen Wirkungskreises einstellt.[89] Nur so könne der Erwerber das Vertrauen der Mandantschaft mit der Folge auf sich überleiten, daß auch alle wesentlichen Geschäftsgrundlagen im Sinne einer Praxisveräußerung im Ganzen auf ihn übergehen.[90] Für unschädlich wird lediglich eine geringfügige Fortsetzung der freiberuflichen Tätigkeit in einem Umfang von weniger als 10% des durchschnittlichen Jahresumsatzes aus den letzten drei Jahren (**10%ige Bagatellgrenze)** gehalten.[91] Noch weitergehend hat der BFH jüngst die negativen Wirkungen seiner Rechtsprechung abgemildert: Setzt der Rechtsanwalt seine Berufstätigkeit als **Arbeitnehmer** oder **freier Mitarbeiter** (s. Rdn. 120ff.) für Rechnung seines Nachfolgers fort, dann werden Tarifbegünstigung und Freibetrag überhaupt nicht tangiert.[92] Dadurch läßt sich eine für die Kontinuität der Anwaltspraxis wichtige Überleitung ohne steuerliche Nachteile gestalten.

In dem Entwurf des sog. **Steuerentlastungsgesetzes 1999** (Fn. 1) ist geplant, mit **52**
Wirkung vom 1. 1. 1999 die **Tarifbegünstigung abzuschaffen**. Nach § 34 EStG 1999-E soll an deren Stelle die folgende Regelung treten: Die Steuer auf den Veräußerungs- bzw. Aufgabegewinn (sog. außerordentliche Einkünfte) beträgt das Fünffache der Differenz zwischen der Steuer auf das zu versteuernde Einkommen ohne außerordentliche Einkünfte und der Steuer auf das zu versteuernde Einkommen zuzüglich ⅕ der außerordentlichen Einkünfte. Nach dem inzwischen erneut revidierten Entwurf bleibt der **Freibetrag** (Rdn. 50) jedoch entgegen den ursprünglichen Plänen der Bundesregierung erhalten. Die Neuregelung wird dazu führen, daß Steuerpflichtige, die im Jahr der Veräußerung bereits hohe laufende Einkünfte erzielen, im Ergebnis nicht mehr in den Genuß einer Tarifbegünstigung kommen. Deshalb wird in Zukunft noch stärker darauf zu achten sein, daß der wirtschaftliche Übergang bzw. die Aufgabe der Praxis auf den Beginn des Kalenderjahres gelegt und möglichst keine weiteren Einkünfte in dem jeweiligen Jahr erzielt werden.

b) Folgen beim Erwerber. Der Erwerber der Anwaltskanzlei (dazu oben § 10 Rdn. **53**
100–103) hat in Höhe des Gesamtkaufpreises **Anschaffungskosten**. Da die Wirtschaftsgüter des Betriebsvermögens einzeln zu bewerten sind, muß der Gesamtkaufpreis auf die

---

[88] Vgl. *Schmidt*, EStG, § 16 Rz. 122–124, m. w. N.

[89] Zuletzt BFH BStBl. II 1997, 498.

[90] Kritisch gegenüber diesem Merkmal *Pickert*, DB 1995, 2390; *Schmidt-Seeger*, EStG, § 18 Rz. 229.

[91] BFH BStBl. II 1992, 457; 1993, 182; *Herrmann/Heuer/Raupach-Brandt*, § 18 EStG, Rdn. 324 m. w. N. (April 1995).

[92] BFH BStBl. II 1994, 925.

einzelnen Wirtschaftsgüter aufgeteilt werden.[93] Dies geschieht regelmäßig im Wege der Schätzung (§ 162 Abs. 1 AO). Der von den Beteiligten im Vertrag vorgenommenen Aufteilung ist im Ausgangspunkt zu folgen. Entspricht sie jedoch nicht den wirtschaftlichen Gegebenheiten, ist der Gesamtkaufpreis im Verhältnis der Teilwerte (§ 10 BewG) aufzuteilen.[94] Soweit der Gesamtkaufpreis einzelnen Wirtschaftsgütern nicht zurechenbar ist, wird er regelmäßig auf den immateriellen Praxiswert (dazu oben § 16) entfallen. Soweit die Anschaffungskosten abnutzbaren Wirtschaftsgütern entsprechen, mindert die dadurch entstehende AfA (dazu Rdn. 12f.) den laufenden Gewinn aus der Anwaltspraxis auf seiten des Erwerbers. Das auf den Praxiswert entfallende Abschreibungspotential ist auf einen kurzen Zeitraum von 3 bis 5 Jahren zu verteilen.[95] Finanziert der Erwerber den Kaufpreis durch ein Darlehen, so liegt eine Betriebsschuld vor; die darauf entfallenden Schuldzinsen sind als Betriebsausgaben abzugsfähig (vgl. Rdn. 19, 27).

54 **c) Sonderfall der unentgeltlichen Praxisübergabe.** Wird die Anwaltspraxis unentgeltlich auf den Nachfolger (z. B. einen Angehörigen) übertragen, so realisiert der abgebende Rechtsanwalt grundsätzlich keinen Veräußerungsgewinn. Vielmehr unterliegt das Rechtsgeschäft der Schenkungsteuer.[96] § 7 Abs. 1 EStDV ordnet **Buchwertverknüpfung** an, d. h. der Erwerber übernimmt die steuerlichen Werte des Rechtsvorgängers. Dies gilt auch für die Gewinnermittlung nach § 4 Abs. 3 EStG, so daß der Erwerber nur die AfA des Rechtsvorgängers geltend machen kann. Die vorgenannten Rechtsfolgen treten auch ein, wenn die Anwaltspraxis im Wege der vorweggenommenen Erbfolge gegen eine **Versorgungsrente** übertragen wird. Die Versorgungsrente ist beim Erwerber als dauernde Last nach § 10 Abs. 1 Nr. 1a EStG in vollem Umfang als Sonderausgaben abzugsfähig. Damit korrespondierend hat der übertragende Rechtsanwalt die dauernde Last nach § 22 Nr. 1 EStG als sonstige Einkünfte in vollem Umfang zu versteuern.[97]

6. Altersvorsorge und Altersbezüge

55 Ein wesentliches Standbein der Altersvorsorge eines Rechtsanwalts bilden Beiträge in das berufsständische Versorgungswerk. Zwar sind sie ebenso wie Beiträge in Lebens-, Kranken-, Pflege-, Unfall- und Haftpflichtversicherungen grundsätzlich als Sonderausgaben gem. § 10 Abs. 1 Nr. 2 EStG abzugsfähig. Aufgrund der realitätsfremd niedrigen Höchstbeträge des § 10 Abs. 3 EStG (bei Verheirateten max. insgesamt 19830 DM, bei Ledigen 9915 DM) wirken sich die Beiträge in das Versorgungswerk oder in eine Lebensversicherung jedoch nur zu einem geringen Bruchteil aus.[98] Kommt es später zur Auszahlung einer Rente aus dem Versorgungswerk, so ist sie nur mit dem sog. **Ertragsanteil** nach § 22 Nr. 1 Satz 3 lit. a) EStG anzusetzen.[99] Das Gesetz typisiert den Ertragsanteil als Differenz zwischen dem Jahresbetrag der Leibrente und ihrem auf die voraussichtliche Lebensdauer des Bezugsberechtigten gleichmäßig verteilten Kapitalwert auf der Basis eines Zinsfußes von 5,5%. Das Ergebnis dieses groben Pauschalierungsverfahrens weist eine Tabelle in Gestalt eines für die gesamte Bezugsdauer gleichbleibenden Prozentsatzes aus, dessen Höhe vom Renteneintrittsalter abhängt (z. B. bei Eintritt mit Beginn des

[93] Dazu ausführlich *Herrmann/Heuer/Raupach-Winkeljohann*, EStG, § 6 Rz. 304ff. (Oktober 1995).

[94] BFH BStBl. II 1988, 441; BFH BFH/NV 1990, 34; zur Bewertung einer Anwaltskanzlei s. oben § 16.

[95] Siehe oben Fn.33.

[96] Zur Schenkungsteuer s. *Tipke/Lang-Seer*, § 13 Rz. 120ff.

[97] Zu den Einzelheiten s. BMF BStBl. I 1996, 1508, Tz.35ff.; *Seer*, NWB Fach 2, 6985, 6993ff. (27/1998), m. w. N. aus der BFH-Rspr.; Monographien: *Engelhardt*, Die Vermögensübergabe gegen private Versorgungsleistungen, Frankfurt a. M. 1996; *Hils-Seewöster*, Besteuerung des Einkommens aus wiederkehrenden Vermögensleistungen, Wiesbaden 1998; *Schmitz*, Besteuerung wiederkehrender Bezüge, Berlin 1998.

[98] Dazu aus verfassungsrechtlicher Sicht *Seer*, StuW 1996, 323; *Wernsmann*, StuW 1998, 317; ohne Bedenken dagegen zwei Kammerentscheidungen des BVerfG HFR 1997, 937; 1998, 397.

[99] Vgl. R 167 Abs. 2 EStR 1997.

65. Lebensjahres: 27%).[100] Renten oder Rückzahlungen aus Kapitallebensversicherungen sind gem. § 20 Abs. 1 Nr. 6 Satz 2 EStG i. V. m. § 10 Abs. 1 Nr. 2b EStG sogar gänzlich steuerfrei, wenn die Kapitallebensversicherung eine Mindestlaufzeit von 12 Jahren besitzt.[101]

Einstweilen frei 56–69

II. Besteuerung des Rechtsanwalts als Sozius/Partner

1. Sozietät/Partnerschaft als freiberufliche Mitunternehmerschaft im Sinne der §§ 18 Abs. 4, 15 Abs. 1 Nr. 2 EStG

Sowohl eine BGB-Gesellschaft (§§ 705 ff. BGB) als auch eine Partnerschaft (§ 1 Abs. 1 PartGG)[102] sind Gesellschaften im Sinne des § 15 Abs. 1 Nr. 2 EStG.[103] Subjekt der Einkommensteuer ist aber nicht die Gesellschaft, sondern der Gesellschafter (§ 1 EStG). Deshalb wird der Gewinnanteil aus einer freiberuflich tätigen Mitunternehmerschaft dem Gesellschafter/Partner als Einkünfte aus freiberuflicher Tätigkeit nach §§ 18 Abs. 4, 15 Abs. 1 Nr. 2 EStG zugerechnet. Damit stellt das Gesetz den Gesellschafter/Partner einer freiberuflich tätigen Gesellschaft dem Rechtsanwalt, der eine Einzelpraxis betreibt, gleich. 70

Der Typus einer **Mitunternehmerschaft** im Sinne des § 15 Abs. 1 Nr. 2 EStG wird geprägt durch die beiden Merkmale der **Mitunternehmerinitiative** und des **Mitunternehmerrisikos.**[104] Beide Merkmale sind konstitutiv und müssen kumulativ in mehr oder weniger ausgeprägter Weise gegeben sein; entscheidend ist das Gesamtbild der Verhältnisse.[105] Die Mitunternehmerinitiative kommt am deutlichsten durch Teilnahme an den unternehmerischen Entscheidungen in Gestalt der Geschäftsführungsbefugnis und Vertretungsmacht zum Ausdruck; zumindest muß der Gesellschafter innerhalb der Gesellschaft Stimm- und Kontrollrechte besitzen, die einem Kommanditisten vergleichbar sind. Das Mitunternehmerrisiko zeigt sich in der Beteiligung am Erfolg oder Mißerfolg der Praxis. Merkmale des Mitunternehmerrisikos sind die Beteiligung am laufenden Gewinn und Verlust sowie an den stillen Reserven des Anlagevermögens (insbesondere am Praxiswert), der Auseinandersetzungsanspruch bei Ausscheiden oder Liquidation der Gesellschaft sowie die persönliche Haftung des Gesellschafters.[106] 71

Sind die Sozien/Partner gleichberechtigte Gesellschafter, so ist ihre Mitunternehmerstellung nicht zweifelhaft. Allerdings ist die volle Gesellschafterstellung keineswegs der Regelfall (vgl. § 11 Rdn. 16 ff.). In der Praxis werden nachrückende Gesellschafter (sog. „**Junior-Partner**“) häufig nicht oder nur in geringem Umfang am Sozietätsvermögen beteiligt. Nicht selten finden sich in größeren Anwaltssozietäten mehrere Gesellschaftergruppen mit abgestuften Rechten und Pflichten. Bei der Bestimmung, ob auch ein „Junior-Partner“ Mitunternehmer ist, darf aber nicht allein auf die Beteiligung am Gesellschaftsvermögen und an den stillen Reserven (z. B. am Praxiswert) abgestellt werden. Vielmehr ist im Rahmen der Gesamtwürdigung zu berücksichtigen, daß bei den Einkünften aus freiberuflicher Tätigkeit der persönliche Arbeitseinsatz im Vordergrund steht, während der Kapitaleinsatz zurücktritt.[107] Sind „Junior-Partner“ Gesellschafter, die am laufenden Gewinn und Verlust der Gesellschaft partizipieren und diese nach außen hin auch vertreten, so sind sie regelmäßig als Mitunternehmer zu behandeln. Dies gilt vor 72

---

[100] Zu den Friktionen der Ertragsanteilsbesteuerung *Seer*, StuW 1996, 323, 324 ff.

[101] Zu Einzelheiten s. *Herrmann/Heuer/Raupach-Harenberg*, EStG, § 20, Rdn. 720 ff., (Januar 1998).

[102] Zum Unterschied zwischen beiden Gesellschaftsformen s. oben § 11, Rdn. 9 ff. und 48 ff.

[103] Zur Partnerschaft s. *Siepmann*, FR 1995, 601, 602 f; *Bellstedt*, NWB Fach 18, 3485 ff. (48/1996).

[104] Ständ. Rspr., siehe vor allem BFH GrS BStBl. II 1984, 751, 768 f.

[105] Vgl. BFH BStBl. II 1994, 282 m. w. N.; *Herrmann/Heuer/Raupach-Brandt*, EStG/KStG-Kommentar, § 18 EStG, Rdn. 440 (Mai 1995).

[106] Vgl. nur *Tipke/Lang*, Steuerrecht, § 9 Rz. 507.

[107] Zutreffend *Korn*, Freiberufler-Personengesellschaften und -Kapitalgesellschaften, Rdn. 11.

allem dann, wenn ihre Rechtsstellung nach einem längerfristig angelegten Gesellschaftskonzept in Zukunft noch ausgebaut werden soll.[108]

73 Etwas anderes kann aber für bloße **„Briefkopf-Partner"** gelten. So kommt es in Anwaltspraxen häufig vor, daß ein Rechtsanwalt nach außen hin zwar als Sozius/Partner auf dem Briefkopf ausgewiesen, im Innenverhältnis aber nicht am Gewinn und Verlust beteiligt, sondern durch einen festen monatlichen Betrag vergütet wird. Da in diesen Fällen auch regelmäßig die Mitunternehmerinitiative des „Briefkopf-Partners" gesellschaftsvertraglich beschränkt ist, fehlt es zumeist an einer Mitunternehmerstellung. Der „Briefkopf-Partner" ist steuerrrechtlich dann entweder freier Mitarbeiter oder gar Arbeitnehmer der Anwaltspraxis (siehe Rdn. 120ff.).[109] Ebensowenig bildet eine „Briefbogen-Partnerschaft" (z. B. zwischen Rechtsanwälten und Steuerberatern) bereits eine Mitunternehmerschaft. Dies hängt vielmehr von der Ausgestaltung des Gesellschaftsverhältnisses im Innenverhältnis (s. auch § 12 Rdn. 5) ab.

2. Zweistufige Einkünfteermittlung und -zurechnung

74 Zwar ist eine Personengesellschaft kein einkommensteuerliches Rechtssubjekt. Jedoch berücksichtigt die jüngere Rspr. des BFH[110] die zivilrechtliche Rechtszuständigkeit der Gesellschaft (s. § 11 Rdn. 20ff.) auf einer Vorstufe der Gewinnermittlung. Danach ist auf der Ebene der Gesellschaft zu prüfen, welchen Gewinn sie erzielt hat und welcher Einkunftsart die gemeinsame Betätigung zuzurechnen ist **(1. Stufe).**[111] Gegenstand der ersten Stufe ist der **Gewinnanteil**, d. h. derjenige Anteil am Gewinn der Gesamthand, der nach Maßgabe der gesellschaftsrechtlichen Regeln (vor allem des Gesellschaftsvertrages) auf den Gesellschafter entfällt. Sodann wird auf der Ebene des Gesellschafters der Gewinnanteil um den außerhalb der Gesamthand erwirtschafteten Teil der Einkünfte des Mitunternehmers, insbesondere um die **Sondervergütungen** (§ 15 Abs. 1 Nr. 2 Satz 1 Halbsatz 2 EStG), ergänzt **(2. Stufe)**. Auf der zweiten Stufe können die Einkünfte des Gesellschafters aufgrund seiner persönlichen Umstände auch umzuqualifzieren sein.[112]

75 **a) Unterscheidung zwischen Gesamthands- und Sonderbetriebsvermögen.** Auf der ersten Stufe ist der gesamthänderische Gewinn zu ermitteln. BGB-Gesellschaft und Partnerschaft sind ebensowenig wie ein einzeln praktizierender Freiberufler bilanzierungspflichtig (vgl. Rdn. 5). Die Sozietät/Partnerschaft besitzt somit nach § 4 Abs. 3 EStG das Wahlrecht, ihren Gewinn durch Betriebsvermögensvergleich (§ 4 Abs. 1 EStG) oder durch Einnahmen-Überschußrechnung (dazu ausf. Rdn. 5ff.) zu ermitteln.[113] Zum Betriebsvermögen (Rdn. 17ff.) der Sozietät/Partnerschaft gehören alle freiberuflich genutzten Wirtschaftsgüter des Gesamthandsvermögens. Zum Betriebsvermögen der Mitunternehmerschaft zählt außerdem das im Eigentum eines oder mehrerer Gesellschafter befindliche sog. **Sonderbetriebsvermögen** (z. B. Grundstücke, PKW), soweit es der Personengesellschaft auf gesellschaftsrechtlicher, schuldrechtlicher (z. B. mietvertraglicher) oder dinglicher Grundlage (z. B. Nießbrauch) zur Nutzung überlassen wird.[114]

76 **b) Gewinn- und Verlustverteilung.** Der von der Sozietät/Partnerschaft erzielte Gewinn oder Verlust ist unter den Gesellschaftern nach Maßgabe des tatsächlich auch so durchge-

---

108 *Korn* (Fn.107). Rdn. 11.

109 Zu apodiktisch allerdings *Burhoff/Obermeier*, Rdn. 1306, wenn sie generell von einem Arbeitsverhältnis ausgehen; differenzierend dagegen *Korn* (Fn.107), Rdn. 32.

110 BFH GrS 1984, 751, 761f.; 1991, 691, 699ff.; zur Subjektfähigkeit der Personengesellschaft im Steuerrecht s. *Lang*, FS für L.Schmidt, München 1993, 291; *Schön*, StuW 1996, 275; *Herrmann*, DStZ 1998, 87; *Groh*, ZIP 1998, 89.

111 Deutlich BFH GrS BStBl. II 1995, 617, 621: „Die Personengesellschaft ist Steuerrechtssubjekt bei der Feststellung der Einkunftsart und der Einkünfteermittlung".

112 BFH GrS BStBl. II 1995, 617, 622.

113 *Herrmann/Heuer/Raupach-Brandt*, EStG, § 18, Rdn. 451 (Mai 1995).

114 BFH BStBl. II 1983, 215; *Herrmann/Heuer/Raupach-Brandt*, EStG, § 18, Rdn. 471 (Mai 1995); zur Unterscheidung zwischen Gesamthands- und Sondervermögen s. *Schön*, DStR 1993, 185; *Hollatz*, DStR 1994, 1673.

führten Gesellschaftsvertrages steuerlich zuzurechnen. Bei Familiengesellschaften unterliegt diese Verteilung jedoch im Rahmen des Fremdvergleichs einer Angemessenheitsprüfung (vgl. Rdn. 39).[115] Für die steuerliche Zurechnung ist es unerheblich, ob der Gewinn dem Gesellschafter (durch Entnahme) zugeflossen oder der Verlust (durch Einlage) ausgeglichen worden ist.[116] Allein entscheidend ist der Zu- und Abfluß (Rdn. 6ff.) von Einnahmen und Ausgaben auf der Ebene der Gesellschaft.

Erhält ein Gesellschafter vorab im Laufe des Jahres gesonderte **Tätigkeitsvergütungen**, so sind diese als ein Gewinnvorab auf seinen Gewinnanteil anzurechnen. Erzielt ein Gesellschafter als Ausfluß seiner Rechtsanwaltstätigkeit **gesonderte Einnahmen** (z. B. aus Vortrags-, Seminar-, Schriftsteller- oder Prüfungstätigkeit), hängt es vom Gesellschaftsvertrag ab, ob diese ihm allein verbleiben. Ist dies der Fall, so müssen sie ihm auch allein zugerechnet werden. Dasselbe gilt für Betriebsausgaben der Sozietät, die einem Gesellschafter allein zugute kommen und nach dem Gesellschaftsvertrag deshalb auch nur seinen Gewinnanteil schmälern sollen. 77

c) Sondervergütungen und Sonderbetriebsausgaben. Sind die vorab an Gesellschafter gezahlten Tätigkeitsvergütungen bei der Gewinnermittlung der Gesamthand (1. Stufe) als Betriebsausgaben berücksichtigt worden, so müssen sie als Sondervergütungen nach § 15 Abs. 1 Nr. 2 Satz 1 EStG beim Gesellschafter wieder hinzugerechnet werden (2. Stufe). Sondervergütungen sind aber auch Zinsen oder Mieten, welche die Gesellschaft an ihren Gesellschafter für die Gewährung eines Darlehens oder die Überlassung eines Wirtschaftsguts zahlt. 78

Beispiel: Rechtsanwalt A vermietet an die A & B-Partnerschaft die Praxisräume für 3000 DM monatlich. In der Einnahmen-Überschußrechnung der A & B-Partnerschaft werden 36000 DM Miete als Betriebsausgaben zur Ermittlung des aufzuteilenden Gesamthandsgewinns (1. Stufe) abgezogen. Auf der 2. Stufe sind dem A **Sonderbetriebseinnahmen** in Höhe von 36000 DM zuzurechnen.

Soweit der Mitunternehmer im Zusammenhang mit dem Sonderbetriebsvermögen Aufwendungen tätigt, sind diese als **Sonderbetriebsausgaben** auf der zweiten Stufe der Gewinnermittlung beim Gesellschafter abzuziehen. Trägt in dem Beispiel A die mit den Praxisräumen wirtschaftlich zusammenhängenden Grundstückskosten, so müssen sie bei A als Sonderbetriebsausgaben berücksichtigt werden. Das Sonderbetriebsvermögen ist allerdings als Betriebsvermögen steuerverstrickt (vgl. Rdn. 17ff.). Veräußert oder entnimmt der Gesellschafter das Sonderbetriebsvermögen, so sind die stillen Reserven grundsätzlich zu Lasten des Gesellschafters aufzudecken.[117] 79

Sonderbetriebsausgaben stellen auch betrieblich veranlaßte Aufwendungen dar, die ein Gesellschafter trägt, ohne daß er von der Gesellschaft in diesem Zusammenhang Vergütungen empfängt. So sind die von einem Sozius allein getragenen PKW-Kosten insoweit als Sonderbetriebsausgaben abzugsfähig, als er mit dem PKW für Zwecke der Anwaltstätigkeiten Fahrten unternimmt.[118] Dasselbe gilt für Schuldzinsen, die auf ein vom Gesellschafter aufgenommenes Darlehen entfallen, wenn die Darlehensmittel für betriebliche Zwecke verwendet, z. B. einem reinen Geschäftskonto der Sozietät/Partnerschaft zugeführt werden.[119] Daran ändert sich auch nichts durch den Umstand, daß der Gesellschafter in zeitlicher Nähe von einem Guthabenkonto der Gesellschaft gleich hohe Beträge entnimmt, um sein Einfamilienhaus zu finanzieren[120] (zur geplanten Einschränkung des sog. Zwei- oder Mehrkonten-Modells durch das sog. **Steuerentlastungsgesetz 1999** s. bereits Rdn. 27). 80

---

115 Vgl. BFH BStBl. II 1987, 54.

116 Siehe BFH GrS BStBl. II 1981, 164.

117 Zu Ausnahmen der Buchwertfortführung s. *Schmidt*, EStG, § 15 Rz. 682; BdF BStBl. I 1978, 8, Tz. 21 ff. (sog. Mitunternehmer-Erlaß).

118 Zu den umsatzsteuerlichen Problemen s. unten Rdn. 220, 226.

119 BFH BStBl. II 1991, 505.

120 BFH BStBl. II 1998, 511; zu anderen Gestaltungen bei einer Personengesellschaft s. *Seer*, FR 1993, 453f.

3. Gründung einer Sozietät/Partnerschaft

81 Deren zivilrechtliche Aspekte sind bereits in §§ 11 Rdn. 10ff., 50ff.; 12 Rdn. 7–8, 19 erläutert worden. Deshalb werden im folgenden nur die steuerlichen Fragen behandelt. Auf die Gründung einer freiberuflichen Personengesellschaft sind die Vorschriften des Umwandlungssteuergesetzes (UmwStG) anwendbar.[121] Es lassen sich im wesentlichen folgende Varianten unterscheiden:

82 **a) Bargründung.** Einkommensteuerlich unproblematisch ist der Fall der Bargründung. Beschließen zwei neu zugelassene Rechtsanwälte, ihre freiberufliche Tätigkeit gemeinsam in einer Sozietät/Partnerschaft auszuüben und legen sie Geld ein, um Betriebsvermögen anzuschaffen, dann löst dieser Vorgang keine Steuer aus.[122] Werden statt dessen andere Wirtschaftsgüter aus dem Privatvermögen eingebracht, so sind diese nach § 6 Abs. 1 Nr. 5 EStG grundsätzlich mit dem Teilwert zu bewerten und – falls abnutzbar – von diesem Wert abzuschreiben (zur AfA s. Rdn. 12f.). An die Stelle des Teilwerts treten allerdings die ursprünglichen Anschaffungs- oder Herstellungskosten, gekürzt um die zwischenzeitliche AfA, wenn das Wirtschaftsgut erst innerhalb der letzten drei Jahre vor der Einlage angeschafft oder hergestellt worden ist.

83 **b) Gründung durch Aufnahme eines Sozius/Partners.** Die Gründung einer Sozietät erfolgt in der Praxis jedoch sicher häufiger durch die Aufnahme eines weiteren Rechtsanwalts als durch Bargründung. Zivilrechtlich bedeutet die Aufnahme eines Gesellschafters in eine bisherige Einzelpraxis unter Gründung einer BGB-Gesellschaft oder Partnerschaftsgesellschaft eine Übertragung der bisher der Einzelpraxis dienenden Wirtschaftsgüter im Wege der Einzelrechtsnachfolge gegen Gewährung von Gesellschaftsrechten bzw. Übernahme der Schulden.[123] Es handelt sich damit für den **Einbringenden** – unabhängig welche Gegenleistung der neue Gesellschafter erbringt – um ein **entgeltliches Geschäft,**[124] das nach den allgemeinen Regeln des Einkommensteuerrechts zur Aufdeckung der stillen Reserven zwingen würde. Davon macht aber § 24 UmwStG zum Zweck der Erleichterung von Unternehmensumstrukturierungen eine praktisch sehr wichtige Ausnahme. § 24 Abs. 2 UmwStG statuiert für die Gesellschaft ein **Wahlrecht,** die **stillen Reserven aufzudecken**. Die Vorschrift gestattet es der Gesellschaft nämlich, das übernommene Betriebsvermögen zu Buchwerten, Teilwerten oder auch zu Zwischenwerten anzusetzen. Voraussetzung für die Anwendung des § 24 UmwStG ist jedoch, daß alle wesentlichen Geschäftsgrundlagen der bisherigen Einzelpraxis in die Gesellschaft eingebracht werden.[125]

84 Setzt die Gesellschaft alle Wirtschaftsgüter des Betriebsvermögens (auch den Praxiswert) mit **Teilwerten** an, so hat der einbringende Rechtsanwalt die stillen Reserven in vollem Umfang aufzudecken. Deshalb verweist § 24 Abs. 3 UmwStG für diesen Fall auf die **Tarifbegünstigung** der §§ 16, 34 EStG (dazu bereits Rdn. 50f.). Jedoch sehen §§ 16 Abs. 2 Satz 3 EStG, 24 Abs. 3 Satz 3 UmwStG seit dem 1. 1. 1994 eine gerade für die Aufnahme von neuen Gesellschaftern wichtige Einschränkung vor. Danach ist der Veräußerungsgewinn (Summe der Teilwerte ./. Buchwerte der eingebrachten Wirtschaftsgüter) insoweit nicht tarifbegünstigt, sondern ein laufender Gewinn, als der die Praxis Einbringende selbst an der Gesellschaft beteiligt bleibt. Im Hinblick auf diese Regelung wird die Aufdeckung der stillen Reserven nur noch selten vorteilhaft sein, weil den künftigen höheren Abschreibungen ein sofort zu besteuernder Gewinn gegenübersteht, der nur noch teilweise tarifbegünstigt ist.[126] Sollte das Steuerentlastungsgesetz 1999 mit dem genannten Inhalt (Rdn. 52) erlassen werden, dann wird es steuerlich überhaupt keinen Sinn mehr

[121] BFH BStBl. II 1980, 239; R 147 Abs. 2 EStR 1996.
[122] Vgl. *Burhoff/Obermeier*, Rdn. 1322.
[123] *Korn* (Fn. 107), Rdn. 103.
[124] Vgl. BFH BStBl. II 1998, 475, 477.
[125] BFH BStBl. II 1994, 458.
[126] Zutreffend *Korn* (Fn. 107), Rdn. 109, mit weiteren Erwägungen.

machen, bei Einbringung einer Einzelpraxis in eine Gesellschaft die stillen Reserven voll aufzudecken.

Der eigentliche Vorteil des § 24 UmwStG besteht also darin, eine **Buchwertverknüpfung** zu ermöglichen. Nach dem Wortlaut des § 24 Abs. 2 UmwStG übt die Personengesellschaft das Wahlrecht „in ihrer Bilanz" aus. Für die Anwendung der Tarifermäßigung der §§ 16, 34 EStG (Teilwertansatz, s. Rdn. 84) fordert die h. M., daß die Gesellschaft auf den Einbringungszeitpunkt eine Eröffnungsbilanz und der Einbringende eine Schlußbilanz aufstellt.[127] Fraglich ist, ob dies auch für den Fall der Buchwertfortführung gilt.[128] Da bei einer Buchwertverknüpfung kein Veräußerungsgewinn zu ermitteln ist, ist die Bilanzierung jedoch nicht zwingend.[129] Vorsorglich sollte in der Praxis gleichwohl auch bei Buchwertfortführung eine „Umwandlungsbilanz nach § 24 UmwStG" aufgestellt werden, selbst wenn die Sozietät die Einnahmen-Überschußrechnung der Einzelpraxis fortführt. Ein Wechsel der Gewinnermittlungsart und eine sog. Übergangsbesteuerung (Rdn. 24) ist damit nicht verbunden.[130] 85

Nach der Rechtsprechung des 4. Senats des BFH wird die Buchwertfortführung aber ausgeschlossen, wenn der neu aufgenommene Rechtsanwalt eine **Ausgleichszahlung** in das Privatvermögen des die Einzelpraxis einbringenden Rechtsanwalts leistet.[131] 86

Beispiel: Rechtsanwalt A bringt seine Praxis in eine zusammen mit B gegründete Partnerschaftsgesellschaft ein, welche die Praxis fortführen soll. A und B sind an der Gesellschaft zu 50% beteiligt. Die Praxis hat einen Buchwert von insgesamt 100000 DM. A und B gehen übereinstimmend von einem Verkehrswert der Praxis in Höhe von 300000 DM aus. A erhält deshalb von B eine Ausgleichszahlung in Höhe von 150000 DM.
Nach dem 4. Senat und der Verwaltungsauffassung erzielt A einen laufenden, nicht tarifbegünstigten Gewinn im Sinne des § 18 Abs. 1 Nr. 1 EStG in Höhe von 100000 DM (150000 DM ./. 50000 DM anteilige Buchwerte). B wendet spiegelbildlich dazu Anschaffungskosten auf, die bei ihm zu seinem zusätzlichen AfA-Potential in Höhe von 100000 DM führen.[132]

Diese Rspr. ist kaum einsichtig und daher auf erhebliche Kritik gestoßen.[133] Bei wirtschaftlicher Betrachtungsweise bleibt vor allem unverständlich, warum die entgeltliche Aufnahme eines Sozius nicht mit der Veräußerung eines Mitunternehmeranteils (dazu noch Rdn. 89) gleichgestellt werden kann. Dies sieht der XI. Senat des BFH mittlerweile ebenso und hat wegen der Divergenz zum IV. Senat dem Großen Senat die Frage vorgelegt, ob die entgeltliche Aufnahme eines Sozius in eine (bisherige) Einzelpraxis als tarifbegünstigter Veräußerungsvorgang im Sinne der §§ 18 Abs. 3, 34 Abs. 2 Nr. 1 EStG zu qualifizieren ist.[134] Solange der Große Senat nicht entschieden hat, muß für die Gestaltungspraxis aber von der restriktiven Rspr. und Verwaltungsmeinung ausgegangen und ggf. nach Alternativlösungen gesucht werden. 87

---

[127] BFH BStBl. II 1984, 518; H 147 EStH 1997 „Einbringungsgewinn"; statt vieler *Dehmer*, UmwStG, § 24, Rz. 165, m. w. N.

[128] So offenbar *Förster/Heyeres*, DStR 1995, 1693; *Wilhelm*, BB 1996, 99, 101; *Dehmer*, UmwStG, § 24, Rz. 166: zumindest bei Neugründung.

[129] M. E. daher richtig *Widmann*, DStZ 1985, 387; *Herrmann/Heuer/Raupach-Brandt*, EStG, § 18, Rdn. 377 (Mai 1995); *Korn*, DStR 1995, 961, 963; *Ehlers*, NWB Fach 3, 9499, 9510 (36/1995); FG Rheinland-Pfalz EFG 1993, 482, 483: Buchwerte lassen sich auch aus den von Einnahmen-Überschußrechnern zu führenden Vermögensverzeichnissen (Rdn. 22) entnehmen.

[130] Ebenso *Korn*, DStR 1995, 961, 963f.; *Ehlers*, NWB Fach 39499, 9510 (36/1995).

[131] BFH BStBl. II 1981, 568; 1984, 518; 1995, 599; durch Beschluß v. 19. 2. 1998 – IV ER-S-1/97 – hat der 4. Senat auf Anfrage des 11. Senats mitgeteilt, daß an dieser Rechtsauffassung festgehalten werde; ebenso BMF BStBl. I 1998, 268 (sog. Umwandlungssteuer-Erlaß), Rz. 24.09ff.

[132] Vgl. BMF BStBl. I 1998, 268, Rz. 24.11; ausführliches Beispiel bei *Korn* (Fn.107), Rdn. 118f.

[133] Vgl. *Kirchhof/Söhn-Reiß*, EStG, § 16, Rdn. B 71–73, C 66–68 (Mai/Dezember 1991); *Schmidt-Seeger*, EStG, § 18, Rz. 230ff.; *Koller*, DStR 1997, 233ff.; FG Münster, DStRE 1997, 805; FG Rheinland-Pfalz, EFG 1997, 342; a. A. aber FG Hamburg, EFG 1997, 542.

[134] BFH BStBl. II 1998, 475ff. (Vorlagebeschluß).

88 Eine von der Finanzverwaltung ausdrücklich zugelassene Lösung besteht in der **Aufpreiszahlung** des neu eintretenden Gesellschafters **in das Gesamthandsvermögen.**[135] Dazu müßte in dem genannten Beispiel (Rdn. 86) B eine Bareinlage in Höhe von 300000 DM in das Gesellschaftsvermögen leisten. Die Finanzverwaltung läßt in diesem Fall eine Buchwertfortführung zu, wenn in Höhe der durch die Bareinlage ausgeglichenen stillen Reserven (100000 DM) bei A eine sog. **negative Ergänzungsbilanz** aufgestellt wird, der spiegelbildlich bei B eine **positive Ergänzungsbilanz** gegenübersteht.[136] Dadurch verschieben sich die AfA-Beträge zwischen den Gesellschaftern von A auf B.[137] Fraglich ist auch hier, ob es der Buchwertfortführung schadet, wenn die Gesellschaft ihren Gewinn durch Einnahmen-Überschußrechnung ermittelt (siehe bereits Rdn. 85).[138]

89 Der Nachteil des „Aufpreis-Modells" besteht darin, daß es bei dem neu Eintretenden eine nicht unerhebliche Liquidität erfordert und zu einer ggf. betriebswirtschaftlich unnötigen Kapitalaufblähung (Überliquidität) auf der Gesellschaftsebene führt.[139] Deshalb hat sich in der Praxis vor allem das sog. **Zwei-Stufen-Modell** etabliert.[140] Danach räumt der einbringende A dem neu eintretenden B für eine Erprobungsphase (z. B. für zwei Jahre) lediglich eine Mini-Beteiligung (z. B. von 5%) ein. B leistet für den 5%igen Anteil eine angemessene Bareinlage in das Gesellschaftsvermögen (im Beispielsfall etwa 30000 DM). Die Buchwerte werden nach § 24 Abs. 2 UmwStG fortgeführt (Rdn. 85). Nach Ablauf der Probezeit veräußert A auf der zweiten Stufe einen 45%igen Anteil an der Partnerschaft zum angemessenen Preis an B. A realisiert durch die **Veräußerung seines Mitunternehmeranteils** einen nach §§ 16 Abs. 1 Nr. 2, 34 Abs. 2 Nr. 1 EStG tarifbegünstigten Veräußerungsgewinn.[141] § 16 Abs. 2 Satz 3 EStG steht dem nicht entgegen, weil der Anteil an eine andere Person (B) veräußert wird. Dazu spiegelbildlich tätigt der Erwerber (B) zusätzliche Anschaffungskosten und erhält damit ein zusätzliches AfA-Potential, das den laufenden Gewinn schmälert.

90 Die Attraktivität des sog. Zwei-Stufen-Modells leidet jedoch unter dem von der Bundesregierung geplanten sog. **Steuerentlastungsgesetz 1999** (Fn. 1), da danach bei hinzukommenden laufenden Einkünften die Tarifbegünstigung des Veräußerungsgewinns praktisch hinfällig wird (s. Rdn. 52). Neben dem „Aufpreis-Modell" (Rdn. 88) wird deshalb die sog. **„Gewinnvorab-Lösung"** favorisiert werden. Sie besteht darin, daß derjenige Gesellschafter, der mehr stille Reserven einbringt, den Ausgleich in Gestalt vorübergehend höherer Ergebnisanteile („Vorab-Gewinn") erhält. Dies führt nach h. M. dazu, daß weder Veräußerungsgewinne noch Anschaffungskosten entstehen.[142] Vielmehr besteuert der Gesellschafter, der den höheren Ergebnisanteil erhält, diesen jährlich als Gewinn. Der neu eingetretene Gesellschafter hat dementsprechend einen geringeren Gewinn zu versteuern. Der Vorteil dieser Lösung liegt in ihrer Praktikabilität.[143] Die Gesellschaft kann ohne weiteres eine Einnahmen-Überschußrechnung führen. Der neu

[135] So ausdrücklich BMF BStBl. I 1998, 268, Rz. 24.14.

[136] Instruktives Beispiel des BMF BStBl. I 1998, 268, Rz. 24.14.

[137] Vgl. zu dieser Wirkung BFH BStBl. II 1996, 68.

[138] *Korn* (Fn.107), Rdn. 122ff., hält es für ausreichend, wenn die Gesellschaft „Ergänzungsüberschußrechnungen" führt (dort mit einem Beispiel).

[139] Zumal BMF BStBl. I 1998, 268, Rz. 24.12, fordert, daß die Zuzahlung im Gesellschaftsvermögen verbleiben soll und nicht ohne weiteres an den Ausgleichsberechtigten „durchfließen" darf.

[140] Vgl. *Schwedhelm*, FR 1993, 423; *Pfalzgraf/Meyer*, FR 1995, 529, 533; *Korn*, DStR 1995, 961, 962; *Förster/Heyeres*, DStR 1995, 1693; *Ehlers*, NWB Fach 3, 9499, 9511f. (36/1995).

[141] Die Veräußerung eines Anteils an einem Mitunternehmeranteil ist ebenso wie die Veräußerung des ganzen Mitunternehmeranteils tarifbegünstigt. Es ist nicht mehr erforderlich, daß der Sozius, der einen Teilanteil veräußert, seine Tätigkeit im bisherigen Wirkungskreis für eine gewisse Zeit einstellt, s. BFH BStBl. II 1995, 407; anders aber bei Veräußerung des gesamten Mitunternehmeranteils, s. BFH BStBl. II 1997, 498.

[142] Vgl. *Herrmann/Heuer/Raupach-Brandt*, EStG, § 18, Rdn. 352 (Mai 1995); *Ehlers*, NWB Fach 3, 9499, 9511 (36/1995); *Dehmer*, UmwStG, § 24, Rdn. 234; *Korn* (Fn.107), Rdn.113ff.

[143] Ebenso *Korn* (Fn.107), Rdn.116.

eintretende Gesellschafter braucht keine besondere Liquidität zu erbringen. Barmittel zum Ausgleich stiller Reserven und zur Bezahlung von außerordentlichen Einkommensteuerforderungen sind nicht erforderlich. Ihr Nachteil liegt vor allem darin, daß der eintretende Gesellschafter sich über eine gewisse Zeit hinweg mit einem geringeren Gewinnanteil zufrieden geben muß. Deshalb eignet sich das „Gewinnvorab-Modell“ vor allem für die Aufnahme junger Sozien und bei Eintritt in bereits bestehende größere Gesellschaften (dazu noch Rdn. 93).

c) Praxisfusionen. Eine BGB-Gesellschaft bzw. Partnerschaft kann auch dadurch 91 gegründet werden, daß zwei Einzelpraxen miteinander verschmolzen werden. Die neuen Sozien/Partner bringen in diesem Fall ihre bisherigen Einzelpraxen in die neue Sozietät ein. Einkommensteuerlich ist der Vorgang ebenso wie die Aufnahme eines Sozius in die bisherige Praxis gegen Bareinlage (Rdn. 88) zu behandeln. § 24 UmwStG ist anwendbar, so daß auch eine Buchwertverknüpfung ohne Gewinnrealisierung möglich ist.[144] Dasselbe gilt für die Verschmelzung mehrerer Sozietäten. Steuerlich bringen in diesem Fall die Altgesellschafter ihre Mitunternehmeranteile in die neue Sozietät (Mitunternehmerschaft) ein.[145]

4. Veränderungen im Gesellschafterbestand

Besteht die Sozietät/Partnerschaft bereits, so kann sich ihr Gesellschafterbestand durch 92 einen Gesellschafterwechsel, durch Aufnahme eines neuen Gesellschafters sowie durch Ausscheiden eines Alt-Gesellschafters verändern.

a) Erweiterung der Gesellschaft. Einkommensteuerlich löst jede Aufnahme eines 93 Gesellschafters ebenso wie bei der Einbringung einer Einzelpraxis (Rdn. 83ff.) das gesamte Potential an Wahlrechten des § 24 UmwStG aus.[146] Anstelle des An- und Abwachsens von Gesellschaftsanteilen läßt sich die Erweiterung der Sozietät auch durch Veräußerung von Teilen der Gesellschaftsanteile der Alt-Gesellschafter an den Neugesellschafter gestalten (sog. **Teilanteilsveräußerung**). Nicht anders als im Falle der bereits unter Rdn. 86f. behandelten Ausgleichszahlung ist § 24 UmwStG nicht anwendbar; der Veräußerungsgewinn ist allerdings nach §§ 18 Abs. 3, 34 Abs. 2 Nr. 1 EStG tarifbegünstigt.[147]

b) Ausscheiden eines Gesellschafters. Scheidet ein Gesellschafter aus einer Sozietät/ 94 Partnerschaft aus, so entspricht dies einkommensteuerlich der Veräußerung oder Aufgabe einer Einzelpraxis (Rdn. 49ff.). Erhält der ausscheidende Gesellschafter eine Abfindung, so hat er gem. §§ 18 Abs. 3, 16 Abs. 1 Nr. 2, 34 Abs. 2 Nr. 1 EStG eine Veräußerungsgewinn (Abfindung ./. anteilige Buchwerte) zu versteuern. Ebenso wie bei dem Veräußerer einer einzelnen Anwaltspraxis hängt die Tarifbegünstigung davon ab, in welchem Umfang und für wessen Rechnung der Ausscheidende im örtlichen Tätigkeitsbereich der Praxis weiterhin praktiziert (siehe Rdn. 51). Durch die Zahlung einer Abfindung wenden die verbleibenden Gesellschafter Anschaffungskosten auf, die zu einem zusätzlichen AfA-Potential insoweit führen, als sie über den Buchwerten liegen (s. Rdn. 53).

Eine zusätzliche Gewinnrealisierung kann dadurch eintreten, daß aufgrund des Aus- 95 scheidens **Sonderbetriebsvermögen** (zwangsweise) in das Privatvermögen des bisherigen Gesellschafters überführt wird.

Beispiel: Partner A hat der A-, B-, C-Partnerschaftsgesellschaft Kanzleiräume vermietet. A scheidet gegen eine Abfindung aus und vermietet die Kanzleiräume auch weiterhin an die Partnerschaftsgesellschaft.
Mit dem Ausscheiden des A aus der Partnerschaftsgesellschaft verliert das Grundstück seine Eigenschaft als Sonderbetriebsvermögen und wird zum Privatvermögen des A.

---

[144] *Ehlers*, NWB Fach 3, 9499, 9513 (36/1995); *Burhoff/Obermeier*, Rdn. 1333.
[145] *Schulze zur Wiesche*, BB 1995, 593, 602.
[146] Vgl. BMF BStBl. I 1998, 268, Tz. 24.01 (UmwSt-Erlaß); *Korn* (Fn. 107), Rdn. 161.
[147] BFH BStBl. II 1995, 407; H 147 EStH 1997 „Veräußerung Personengesellschaften“; zur voraussichtlichen Rechtslage nach dem sog. **Steuerentlastungsgesetz 1999** s. Rdn. 52, 90.

Damit bewirkt A zwangsweise eine Entnahme und muß die stillen Reserven des Grundstücks aufdecken (zu den Folgen von Entnahmen s. Rdn. 16). Der dadurch bewirkte Entnahmegewinn gehört aber grundsätzlich zum tarifbegünstigten Veräußerungs- bzw. Aufgabegewinn.[148]

96 Ebenso wie bei der Veräußerung einer Einzelpraxis sind laufender Gewinn und Veräußerungsgewinn voneinander zu trennen. Hat die Gesellschaft ihren Gewinn nach § 4 Abs. 3 EStG durch Einnahmen-Überschußrechnung (Rdn. 5 ff.) ermittelt, so ist für den Ausscheidenden eine **Übergangsrechnung** (s. Rdn. 24) vorzunehmen. Dies bedeutet, daß die Abfindung (Veräußerungspreis) um solche Bestandteile zu korrigieren ist, die einen Ausgleich für die bei Ausscheiden noch offenen Honorarforderungen bzw. Schulden darstellen.[149]

5. Aufgabe/Realteilung einer Sozietät/Partnerschaft

97 Die Aufgabe der Anwaltspraxis einer BGB-Gesellschaft bzw. Partnerschaftsgesellschaft ist grundsätzlich nicht anders zu behandeln als die Aufgabe einer Einzelpraxis (dazu Rdn. 49). Werden die Wirtschaftsgüter in das Privatvermögen der Gesellschafter überführt, so entsteht in Höhe der stillen Reserven jeweils ein anteiliger Aufgabegewinn der einzelnen Mitunternehmer.

98 Weitaus häufiger als die schlichte Praxisaufgabe werden Sozietäten im Wege einer sog. **Realteilung** aufgelöst. Dabei verteilen die Gesellschafter die Mandate sowie das Anlagevermögen nach bestimmten Kriterien untereinander und führen sie im Rahmen einer Einzelpraxis oder in anderen Sozietäten fort. Die Realteilung ist praktisch die Umkehrung der Einbringung einer Einzelpraxis oder eines Mitunternehmeranteils in eine Personengesellschaft (= Ausbringung). In sinngemäßer Anwendung des Rechtsgedankens der §§ 24 UmwStG, 7 Abs. 1 EStDV haben die Realteiler nach ständiger Rspr. ein **Wahlrecht**, die Buchwerte fortzuführen oder die stillen Reserven aufzudecken und zu versteuern.[150] Zahlt bei der Realteilung mit Buchwertverknüpfung ein Realteiler dem anderen einen sog. Spitzenausgleich, so führt dies insoweit zur Realisation eines Veräußerungsgewinns.[151] Die stillen Reserven eines Sonderbetriebsvermögens (Rdn. 75) brauchen bei einer Realteilung nicht aufgedeckt zu werden, wenn das Sonderbetriebsvermögen in einem Betriebsvermögen fortgeführt wird.[152] Allerdings will der Entwurf des sog. **Steuerentlastungsgesetzes 1999** (Fn. 1) die Buchwertverknüpfung auf die **Realteilung in Teilbetriebe** beschränken (§ 16 Abs. 3 Satz 2 EStG 1999-E). Danach würde die Fortführung von bloßen Einzelwirtschaftsgütern in den Nachfolgepraxen zur Aufdeckung der stillen Reserven führen.

99 Ebenso wie bei der Einbringung stellt sich bei der Realteilung (= Ausbringung) die Frage, ob die BGB-Gesellschaft/Partnerschaftsgesellschaft eine Bilanz (Schlußbilanz) aufstellen muß. Die Finanzverwaltung fordert allgemein, daß das Wahlrecht einheitlich in einer Schlußbilanz der Personengesellschaft auszuüben ist.[153] Da bei Buchwertfortführung gerade kein Veräußerungsgewinn zu ermitteln ist, bedarf es im Falle einer Einnahmen-Überschußrechnung nach § 4 Abs. 3 EStG an sich keiner Bilanz oder einer Übergangsrechnung. Vorsorglich sollte allerdings eine Schlußbilanz erstellt werden (siehe bereits Rdn. 85).[154]

---

148 Vgl. *Korn* (Fn. 107), Rdn. 189.

149 BFH BFH/NV 1998, 532 = BB 1998, 409.

150 BFH BStBl. II 1982, 456; 1992, 385; 1994, 607; 1996, 70.

151 Nach BMF BStBl. I 1994, 601, ist der Veräußerungsgewinn nach §§ 16 Abs. 1, 34 Abs. 2 Nr. 1 EStG tarifbegünstigt, wenn der ausgleichende Realteiler einen (für sich lebensfähigen) Teilbetrieb übernimmt; a. A. BFH BStBl. II 1994, 607: laufender Gewinn.

152 BFH BStBl. II 1995, 700.

153 BMF BStBl. I 1994, 601; a. A. BFH BStBl. II 1994, 607: Wahlrecht kann von jedem Realteiler für sich ausgeübt werden.

154 Instruktiv zu den Einzelheiten der Realteilung von Sozietäten *Korn* (Fn. 107), Rdn. 193 ff.

6. Überörtliche Sozietät

Ihre einkommensteuerliche Behandlung hängt davon ab, ob und inwieweit die darin zusammengeschlossenen Rechtsanwälte Mitunternehmer sind (Rdn. 71 ff.). Nur wenn es sich um eine große „überörtliche Mitunternehmerschaft" handelt, wird das Ergebnis aller Zweigstellen zusammengefaßt, einheitlich und gesondert festgestellt (Rdn. 104 ff.) und steuerlich auf die einzelnen Rechtsanwälte verteilt. Dabei sind die (teilweise sehr komplizierten) Abrechnungs- und Gewinnverteilungssysteme auch steuerlich zu beachten. Tritt die überörtliche Sozietät nicht auf eigene Rechnung nach außen hin in Erscheinung, so sind lediglich Kostenumlagen den in der überörtlichen Sozietät zusammengefaßten Mitunternehmerschaften und Einzelpraxen (vergleichbar einer Bürogemeinschaft) zuzuordnen. **100**

7. Internationale Sozietät/Europäische Wirtschaftliche Interessenvereinigung (EWIV)

Mit zunehmender Tendenz gründen Sozietäten auch Niederlassungen im Ausland. **101**
Umgekehrt unterhalten ausländische Anwaltskanzleien Büros in Deutschland.

Beispiel: Eine deutsche Anwaltssozietät unterhält ein Auslandsbüro. In diesem Büro übt ein mit seiner Familie ansonsten in Deutschland wohnender, abgeordneter Partner für einen Großteil des Jahres seine freiberufliche Tätigkeit aus. Demgegenüber sind die übrigen Partner nur in ihren deutschen Heimatbüros tätig.

In dem Beispielsfall unterliegen alle Anwälte mit ihrem Welteinkommen in Deutschland der unbeschränkten Einkommensteuerpflicht (§ 1 Abs. 1 EStG). Zugleich wird der im Ausland praktizierende Anwalt aber auch in dem ausländischen Staat (mindestens beschränkt) einkommensteuerpflichtig. Es tritt insoweit eine **Doppelbesteuerung** ein, welche die zwischen den einzelnen Staaten abgeschlossenen (bilateralen) **Doppelbesteuerungsabkommen** auf völkerrechtlicher Vertragsebene zu vermeiden suchen.[155] In der internationalen Abkommenspraxis sind freiberufliche Einkünfte (s. Rdn. 1 ff.) grundsätzlich allein dem **Wohnsitzstaat** zur Besteuerung zugewiesen. Davon abweichend darf ein **Quellenstaat**, in dem der Rechtsanwalt seine Tätigkeit ausübt, ohne einen Wohnsitz zu begründen, die Einkünfte nur besteuern, wenn für die Tätigkeit dort gewöhnlich eine **feste Einrichtung** zur Verfügung steht (Art. 14 Abs. 1 OECD-Musterabkommen).[156]

Umstritten ist, wie die **Gewinne und Besteuerungsrechte** zwischen dem In- und Ausland **abzugrenzen** sind. Vertreter der Finanzverwaltung wollen den Gesamtgewinn zwischen den Inlandsbüros („Stammhäuser" im Heimatstaat) und den Auslandsbüros entsprechend Art. 7 OECD-Musterabkommen („Betriebsstätten") aufteilen und sämtlichen Anwälten zurechnen.[157] Diese Lösung hat indessen den Nachteil der Unpraktikabilität. Große Sozietäten (sog. „law firms") mit hundert und mehr Partnern unterhalten mittlerweile Büros in vielen Staaten. In all diesen Staaten müßte der anteilig abzugrenzende Gewinn unter Beachtung der dort geltenden (sehr unterschiedlichen) steuerlichen Regeln ermittelt (vermutlich mit jeweils anderen Ergebnissen!), festgestellt und allen Partner zugewiesen werden.[158] Deshalb rechnet die wohl h. L. den in einem Auslandsbüro (= feste Einrichtung) erzielten Gewinn nur dem Anwalt zu, der seine Tätigkeit dort auch tatsächlich verrichtet.[159] Der diesem Sozius nach dem Gesellschaftsvertrag zustehende Gewinnanteil ist danach in diesem Umfang (bei zeitweisem Auslandsaufenthalt nur zeitanteilig) im Ausland zu versteuern; eine gesonderte Gewinnabgrenzung zwischen „Stammhäusern" und „Auslandsbüros" entfällt somit. **102**

---

[155] Zum Doppelbesteuerungsrecht grundlegend *Schaumburg*, Internationales Steuerrecht, §§ 12–16.

[156] In der deutschen Abkommenspraxis ist neben dem „Betriebsstättenprinzip" teilweise auch das „Tätigkeitsortprinzip" (vor allem in den mit Entwicklungsländern abgeschlossenen DBA) verwirklicht, vgl. *Vogel*, Art. 14 DBA, Rdn. 44, 46, mit einer Aufzählung der einzelnen DBA.

[157] Vgl. *Krabbe*, FR 1995, 692, 693 f.

[158] Problem auf den Punkt gebracht von *Töben*, IWB Fach 10, Gruppe 2, 1253, 1259 f. (8/1997).

[159] *Vogel*, DBA-Kommentar, Art. 14, Rz. 27a; *Bellstedt*, IStR 1995, 361, 364; *Töben*, IWB Fach 10, Gruppe 2, 1253, 1256 ff. (8/1997); *Portner/Bödefeld*, IWB Fach 3, Gruppe 3, 1037 (16/93).

103 Von einer international tätigen Sozietät zu unterscheiden ist die **Europäische Wirtschaftliche Interessenvereinigung (EWIV)**, die in Europa zunehmend für größere Kooperationen von Freiberuflern eingesetzt wird (s. § 11 Rdn. 115ff.). Die EWIV verfolgt nach Art. 3 Abs. 1 EWIV-VO[160] nicht den Zweck, Gewinn für sich selbst zu erzielen. Sie besitzt lediglich eine Hilfsfunktion gegenüber der wirtschaftlichen Tätigkeit ihrer Mitglieder. Dementsprechend führt die EWIV regelmäßig keine Leistungen im eigenen Namen durch, sondern dient allein der Berufsunterstützung der Partner. Als sog. **Hilfsgesellschaft** werden ihre Kosten den Mitgliedern anteilig zugerechnet.[161] Erzielt die EWIV (z. B. im Rahmen eines internationalen Großprojekts) selbst eigene Einkünfte, so ist sie als eine internationale Mitunternehmerschaft (s. Rdn. 101f.) zu behandeln.[162]

8. Verfahrensrechtliche Besonderheit der Mitunternehmerschaft (Feststellungsverfahren)

104 Den Gewinn der Sozietät oder Partnerschaft sowie die Gewinnanteile der Gesellschafter stellt nach §§ 179 Abs. 1, 180 Abs. 1 Nr. 2a AO das sog. Betriebsstätten-Finanzamt, von dessen Bezirk aus die Anwaltstätigkeit vorwiegend ausgeübt wird (§ 18 Abs. 1 Nr. 3 AO), einheitlich und gesondert fest. Der **Feststellungsbescheid** ist ein sog. **Grundlagenbescheid**, der den Gewinnanteil mit Bindungswirkung für die **Einkommensteuerbescheide** (= **Folgebescheide**) feststellt. Die materielle Bestandskraft des Grundlagenbescheids bewirkt, daß die durch ihn geregelte Vorfrage bei dem Folgebescheid nicht mehr geprüft und entschieden wird.[163] Insoweit besitzt der Feststellungsbescheid **präjudizielle Wirkung**: Einwendungen, die sich inhaltlich gegen den Feststellungsbescheid richten, können gegenüber dem Einkommensteuerbescheid nicht mehr erhoben werden (§ 351 Abs. 2 AO). Ist der Feststellungsbescheid fehlerhaft, so müssen die Gesellschafter mithin innerhalb der Monatsfrist (§ 355 Abs. 1 AO) Einspruch einlegen.

105 In dem Feststellungsverfahren wird bindend festgestellt, ob es sich um freiberufliche oder gewerbliche Einkünfte handelt, wer an der Mitunternehmerschaft beteiligt ist und wie der Gewinn unter den Gesellschaftern verteilt wird. Hinzu kommen andere Besteuerungsgrundlagen (z. B. Spenden i. S. d. § 10b EStG), die mit der Sozietät bzw. Partnerschaft zusammenhängen. Die h. M. bezieht in das Feststellungsverfahren auch die **Sonderbetriebseinnahmen und -ausgaben** (Rdn. 78ff.) ein, obwohl diese Besteuerungsgrundlagen den persönlichen Bereich des Gesellschafters und damit die 2. Stufe der Gewinnermittlung (Rdn. 74) betreffen.[164]

106 Nach § 181 Abs. 2 Nr. 1 AO ist grundsätzlich jeder Gesellschafter verpflichtet, eine auf die gesamte Sozietät/Partnerschaft bezogene **Feststellungserklärung** abzugeben. Eine in diesem Umfang verstandene Steuererklärungspflicht ist aber nicht von allen Gesellschaftern erfüllbar (z. B. für einen nur gering beteiligten sog. Junior-Partner, s. Rdn. 72). Deshalb kann die Abgabe der Steuererklärung nur von den zur Außenvertretung der Gesellschaft in vermögensrechtlichen Angelegenheiten befugten Gesellschaftern verlangt werden (s. auch zur Einspruchsbefugnis § 352 Abs. 1 Nr. 1 AO).[165] Für Zwecke der Bekanntgabe sollte die Sozietät/Partnerschaft nach § 183 Abs. 1 Satz 1 AO dem Finanzamt einen Empfangsbevollmächtigten nennen, der den Feststellungsbescheid und andere Verwaltungsakte mit Wirkung für und gegen alle Gesellschafter in Empfang nehmen soll. Ansonsten kann das Finanzamt nach § 183 Abs. 1 Satz 2 AO einem der Rechtsan-

---

[160] VO Nr. 2137/85 v. 25. 7. 1985, ABl. EG Nr. L 1991.

[161] *Schmidt*, EStG, § 15 Rz. 333; *Korn* (Fn.107), Rdn.218.

[162] Zu den Steuerproblemen im einzelnen *Jahndorf*, Die EWIV im Ertragsteuerrecht, Diss., Köln 1995, 77ff.; *Jacobs*, Internationale Unternehmensbesteuerung, 514ff.

[163] Zum Verhältnis Grundlagen-/Folgebescheid als Ausdruck eines gestuften Verwaltungsverfahrens s. *Tipke/Lang-Seer*, § 22 Rz. 86.

[164] Vgl. etwa BFH BStBl. II 1992, 4; 1997, 690; *Tipke/Kruse-Brandis*, AO, § 180 Tz.60f. (August 1998), dort mit Recht kritisch, weil dabei das Geheimhaltungsinteresse des einzelnen Gesellschafters zu kurz kommt.

[165] Instruktiv und krit. *Tipke/Kruse-Brandis*, AO, § 181 Tz.13 (August 1998).

wälte den Feststellungsbescheid mit Wirkung für und gegen alle Gesellschafter bekanntgeben.[166]

Einstweilen frei 107–119

III. Besteuerung des Rechtsanwalts als sog. freier Mitarbeiter oder Arbeitnehmer einer Anwaltspraxis

1. Abgrenzung der selbständigen von der nichtselbständigen Tätigkeit

Rechtsanwälte können auch als sog. freie Mitarbeiter oder gar als Arbeitnehmer für 120
Berufskollegen arbeiten (zum sog. „Briefkopf-Partner" s. bereits Rdn. 73). Die Abgrenzung zwischen selbständiger (§ 18 Abs. 1 Nr. 1 EStG) und nichtselbständiger Tätigkeit (§ 19 Abs. 1 Nr. 1 EStG) entspricht im Grundsatz der zwischen Arbeitnehmer und Selbständigen im Arbeits- und Sozialrechts.[167] Der Arbeitnehmerbegriff ist ein **Typusbegriff** (vgl. § 1 Abs. 1 LStDV), für den die folgenden Merkmale charakteristisch sind: Schulden der Arbeitskraft; Eingliederung in den Betrieb eines anderen; nur ein Auftraggeber; Aufsichts- und Weisungsgebundenheit; Wahrnehmung fremder Interessen; geregelte Arbeits- und Urlaubszeit; kein Unternehmerrisiko, sondern gleichmäßige, erfolgsunabhängige Vergütung; Nutzung der Arbeitsmittel und der Büroräume des Arbeitgebers; Teilhabe an betrieblichen Sozialleistungen (Weihnachts-, Urlaubsgeld, Altersversorgung); Einbehaltung von Lohnsteuer und Sozialversicherungsabgaben, u. a.[168] Entscheidend für die Abgrenzung ist nicht die Bezeichnung des Vertrages („Arbeitsvertrag" oder „freier Mitarbeitervertrag"), sondern sind die tatsächlichen Verhältnisse.[169] Die konkrete Einordnung des Vertragsverhältnisses ist dabei jeweils eine Frage des Einzelfalls. Das BSozG hat bei einem Rechtsanwalt ein nichtselbständiges Arbeitsverhältnis bejaht, das durch eine feste Vergütung, Weisungsgebundenheit und Beschränkung in der freien Verfügung über Arbeitszeit und -ort gekennzeichnet war.[170] Demgegenüber hat das BAG einen Rechtsanwalt als Selbständigen eingeordnet, der selbst bestimmen konnte, wie lange, wo und wie er die Mandate (be-)arbeitete.[171] Für ein nichtselbständiges Arbeitsverhältnis spricht es, wenn der Rechtsanwalt zu den üblichen Bürozeiten in den Büroräumen des Auftraggebers ihm zugeteilte Fälle erledigt, eine feste Vergütung und die Vorteile eines Arbeitnehmers (z. B. 13. Monatsgehalt, bezahlten Urlaub, Urlaubsgeld, Fortzahlung der Vergütung im Krankheitsfall) erhält.[172] Allerdings können sog. freie Mitarbeiter aufgrund des Gesetzes „zu Korrekturen in der Sozialversicherung" v. 19. 12. 1998, BGBl. I 1998, 3843, seit dem 1. 1. 1999 auch dann unter die Sozialversicherungspflicht fallen, wenn sie steuerlich als Selbständige i.S.d. § 18 EStG zu qualifizieren sind (s. Rdn. 123).

2. Steuerliche Folgen der Einordnung

a) für den Rechtsanwalt als freier Mitarbeiter. Wird der Rechtsanwalt als freier 121
Mitarbeiter eingeordnet, so erzielt er Einkünfte aus selbständiger (freiberuflicher) Tätigkeit i. S. d. § 18 Abs. 1 EStG. Er ist steuerlich so zu behandeln wie ein Inhaber einer Einzelpraxis (dazu ausführlich oben Rdn. 1ff.). Die von ihm selbst getragenen, mit der selbständigen Tätigkeit wirtschaftlich zusammenhängenden Aufwendungen sind als Betriebsausgaben abzugsfähig (§ 4 Abs. 4 EStG, dazu oben Rdn. 25ff.).

---

166 BFH BStBl. II 1988, 979; BMF BStBl. I 1991, 398, Tz.2.5.2 (sog. Bekanntgabeerlaß).

167 Zu den Abweichungen des Steuerrechts vom Arbeits- und Sozialrecht ausf. *Lang*, DStJG Bd. 9 (1986), 15, 24ff.

168 *Tipke/Lang*, § 9 Rdn. 552; ausführlich nun die Kommentierung von *Herrmann/Heuer/Raupach-Pflüger*, EStG, § 19, Rdn. 70ff. (April 1998).

169 *Eckert*, DStR 1997, 705ff.

170 BSozG, BB 1969, 1481.

171 BAG NJW 1993, 2458.

172 Siehe im einzelnen zur freiberuflichen Praxis *Eckert*, DStR 1997, 705, 707ff.

122 **b) für den Rechtsanwalt als Arbeitnehmer.** Als Arbeitnehmer erzielt der Rechtsanwalt Einkünfte aus nichtselbständiger Arbeit (§ 19 Abs. 1 Nr. 1 EStG). Nach § 38 Abs. 1 EStG wird insoweit die Einkommensteuer durch Abzug vom Arbeitslohn (**Lohnsteuer**) erhoben. Im Rahmen der späteren Einkommensteuer-Veranlagung wird die Lohnsteuer als vorausgezahlte Quellensteuer auf die festgesetzte Einkommensteuer angerechnet (§ 36 Abs. 2 Satz 2 Nr. 2 EStG). Als Einnahmen sind alle Leistungen des Arbeitgebers zu erfassen, die in Geld oder Geldeswert bestehen (§ 8 Abs. 1 EStG). Überläßt die Anwaltspraxis, für die der angestellte Rechtsanwalt arbeitet, ihm etwa einen PKW, so wird dieser geldwerte Vorteil als Sachbezug nach § 8 Abs. 2 EStG angesetzt. Die Bewertung entspricht den Regeln der §§ 4 Abs. 5 Nr. 6, 6 Abs. 1 Nr. 4 EStG bei Selbständigen (s. Rdn. 30, 34). Mit der nichtselbständigen Anwaltstätigkeit zusammenhängende Aufwendungen sind abzugsfähige Werbungskosten (§ 9 EStG). Für die Ermittlung der Einkünfte gilt das Zu- und Abflußprinzip des § 11 EStG (dazu bereits Rdn. 6 ff.). Zur umsatzsteuerlichen Behandlung einer irrtümlichen Rechnungserteilung mit offenem Umsatzsteuerausweis s. Rdn. 262 ff.

123 **c) für die Anwaltspraxis.** Gravierende Folgen ergeben sich aus der Unterscheidung für den Auftraggeber (Einzelanwalt, Sozietät/Partnerschaft, Rechtsanwalts-GmbH). Ist der für dessen Anwaltspraxis arbeitende Rechtsanwalt ein sog. **freier Mitarbeiter**, so sind die als Entgelt gezahlten Vergütungen als Betriebsausgaben abzuziehen (§ 4 Abs. 4 EStG). Besondere steuerliche Pflichten treffen den Auftraggeber nicht. In Rechnungen des freien Mitarbeiters offen ausgewiesene Umsatzsteuer werden als Vorsteuern vergütet (s. Rdn. 268 ff.). Seit dem 1. 1. 1999 besteht für die Anwaltspraxis allerdings die **Gefahr**, hinsichtlich nicht abgeführter Sozialversicherungsbeiträge auch bei einem sog. freien Mitarbeiter **zu haften**. Der durch das „Gesetz zu Korrekturen in der Sozialversicherung" v. 19. 12. 1998, BGBl. I 1998, 3843, eingeführte § 7 IV SGB IV stellt nunmehr eine **gesetzliche Vermutung für ein sozialversicherungspflichtiges Beschäftigungsverhälnis** auf. Nach ihm gelten Personen „als gegen Arbeitsentgelt beschäftigt", die erwerbsmäßig tätig sind und von den folgenden Kriterien **mindestens zwei Kriterien erfüllen:**

1. Sie beschäftigen im Zusammenhang mit ihrer Tätigkeit mit Ausnahme von Familienangehörigen keinen versicherungspflichtigen Arbeitnehmer,
2. sind regelmäßig nur für einen Arbeitgeber tätig,
3. erbringen für Beschäftigte typische Arbeitsleistungen oder
4. treten nicht aufgund unternehmerischer Tätigkeit am Markt auf.

Zwar ist die Vermutung widerlegbar. Jedoch führt sie zunächst zu einer **Beweislastverteilung zuungunsten der Anwaltspraxis**. § 7 IV SGB IV enthält eine Fülle von Zweifelsfragen, die derzeit noch ungeklärt sind. Welche Auswirkungen die Neuregelung besitzt, läßt sich derzeit nur schwer einschätzen.[173] Für das Steuerrecht gilt § 7 IV, SGB IV nicht.

124 Die Situation wandelt sich grundlegend, wenn der Auftraggeber als **Arbeitgeber** qualifiziert werden muß. Ihn treffen die **Lohnsteuerabzugspflichten** der §§ 38 ff. EStG. Für nicht einbehaltene bzw. nicht abgeführte Lohnsteuer **haftet** er gem. § 42 d Abs. 1 Nr. 1 EStG. Hinzu kommen die Folgen der **Sozialversicherungspflicht**, so daß er sowohl Arbeitnehmer- als auch Arbeitgeberanteile zur Renten-,[174] Arbeitslosen-, Kranken- und Pflegeversicherung[175] abführen muß (zu sog. Scheinarbeitsverhältnissen s. Rdn. 123). Unterläßt der Arbeitgeber dies, so bleibt er Schuldner des Gesamtsozialversicherungsbeitrages und hat ihn nachzuentrichten (s. § 28 e SGB IV). Durch die Kumulation von Lohnsteuer und

---

173 *Buchner*, DB 1999, 146.

174 An deren Stelle treten regelmäßig Pflichtbeiträge an berufsständische Versorgungseinrichtungen (vgl. § 6 Abs. 1 Nr. 1 SGB VI).

175 An die Stelle von Beiträgen zur gesetzlichen Kranken- und Pflegeversicherung können Beiträge zu privaten Kranken- und Pflegeversicherungen treten, wenn das Jahresarbeitsentgelt des Arbeitnehmers die Beitragsbemessungsgrenze (1999: 76 500 DM alte Bundesländer/64 800 DM neue Bundesländer) übersteigt (vgl. §§ 6 Abs. 1 Nr. 1 SGB V, 20 Abs. 3 SGB XI).

Sozialversicherungsbeiträgen kann es zu ganz erheblichen Abgabennachforderungen kommen, wenn eine Lohnsteuer-Außenprüfung (§ 42f EStG) oder eine sozialversicherungsrechtliche Außenprüfung (vgl. § 28h SGB IV) die Arbeitnehmereigenschaft eines bisher als freier Mitarbeiter behandelten Rechtsanwalts bejaht. Hinsichtlich der Lohnsteuer und Arbeitnehmer-Anteile zur Sozialversicherung besitzt der Arbeitgeber einen **Rückgriffsanspruch**, der auf dem Zivilrechtsweg (ggf. vor den Arbeitsgerichten, § 2 Abs. 1 Nr. 3 ArbGG) zu verfolgen ist.[176] Verzichtet der Arbeitgeber auf die Geltendmachung des Rückforderungsanspruchs, so liegt darin ein weiterer lohnsteuerpflichtiger Vorteil.[177]

Einstweilen frei **125–129**

IV. Besteuerung des Rechtsanwalts als Gesellschafter einer Rechtsanwalts-GmbH

1. Trennungsprinzip

Spätestens seit ihrer gesetzlichen Verankerung in §§ 59c–m BRAO[178] stellt die Anwalts- **130**
GmbH (dazu näher § 11 Rdn. 70ff.) eine geeignete Gesellschaftsform dar, die anwaltliche Berufstätigkeit zu betreiben. Während bei der Personengesellschaft die Steuerpflicht im Wege des **Durchgriffs** die dahinter stehenden Gesellschafter trifft, gilt im Verhältnis zwischen der GmbH und ihren Gesellschaftern das Trennungsprinzip. Die Rechtsanwalts-GmbH ist als juristische Person im Unterschied zur Sozietät/Partnerschaft unabhängig von ihren Gesellschaftern ein selbständiges Körperschaftsteuersubjekt (dazu näher Rdn. 160f.). Die von ihr erwirtschafteten Gewinne unterliegen (zunächst) der Körperschaftsteuer. Erst bei deren **Ausschüttung** an die Gesellschafter werden sie insoweit als **Einkünfte aus Kapitalvermögen** (nicht aus freiberuflicher Tätigkeit!) nach § 20 Abs. 1 Nr. 1 EStG der Einkommensteuer unterworfen. Eine Doppelbelastung wird dann dadurch vermieden, daß bei unbeschränkt steuerpflichtigen Gesellschaftern die Körperschaftsteuer auf die individuelle Einkommensteuer nach § 36 Abs. 2 Satz 2 Nr. 3 EStG **anzurechnen** ist (zum Anrechnungsverfahren s. Rdn. 167).

Das Trennungsprinzip hat zur Folge, daß die schuldrechtlichen Beziehungen (z. B. **131**
Geschäftsführerverträge, Pensionszusagen, Miet-, Darlehensverhältnisse) zwischen der Rechtsanwalts-GmbH und den Gesellschaftern grundsätzlich auch steuerrechtlich relevant sind (dazu im folgenden Rdn. 132ff.). Lediglich bei **unangemessenen Gestaltungen** ist die steuerliche Anerkennung insoweit zu versagen, als das Schuldverhältnis zugunsten des Gesellschafters Vermögensvorteile beinhaltet, die einem fremden Nichtgesellschafter als Vertragspartner unter sonst gleichen Umständen nicht gewährt worden wären (sog. **verdeckte Gewinnausschüttung**, §§ 20 Abs. 1 Nr. 1 Satz 2 EStG, 8 Abs. 3 Satz 2 KStG, dazu Rdn. 168ff.).

2. Einkünfte aus nichtselbständiger Arbeit des Gesellschafters/Geschäftsführers

a) Geschäftsführergehalt und sonstige Vergütungen. Die Rechtsanwalts-GmbH han- **132**
delt regelmäßig durch die an ihr beteiligten Rechtsanwälte, die zugleich auch ihre Geschäftsführer (§ 6 GmbHG) sind (s. § 11 Rdn. 80ff.). Gesetzliche Vertreter von Kapitalgesellschaften üben steuerrechtlich eine nichtselbständige Tätigkeit aus.[179] Dies gilt auch für den Geschäftsführer einer Freiberufler-GmbH.[180] Dabei kommt es nicht darauf an, ob der Geschäftsführer zugleich auch (beherrschender) Gesellschafter ist. Selbst ein Alleingesellschafter einer Rechtsanwalts-GmbH wird mit seiner Geschäftsführertätigkeit als

[176] Siehe aber die Einschränkung des nachträglichen Abzugs von Sozialversicherungsbeiträgen in § 28g SGB IV.

[177] Vgl. BFH BStBl. II 1994, 197; *Schmidt-Drenseck*, EStG, § 39b, Rz. 14.

[178] Eingeführt durch das Gesetz zur Änderung der Bundesrechtsanwaltsordnung, der Patentanwaltsordnung und anderer Gesetze v. 7. 9. 1998, BGBl. I 1998, 2600ff.

[179] Vgl. *Schmidt-Drenseck*, EStG, § 19 Rz. 15; *Herrmann/Heuer/Raupach-Pflüger*, EStG, § 19 Rz. 600 (Juli 1998), jeweils Stichwort „gesetzlicher Vertreter einer Kapitalgesellschaft", m. w. N.

[180] BFH BStBl. II 1997, 255, für eine Steuerberatungs-GmbH.

nichtselbständig qualifiziert.[181] Die von der GmbH ihren Gesellschaftern/Geschäftsführern gezahlten Tätigkeitsvergütungen sind bei ihr als Betriebsausgaben nach § 4 Abs. 4 EStG abzugsfähig und mindern damit sowohl ihren körperschaft- als auch ihren gewerbesteuerpflichtigen Gewinn (dazu Rdn. 166, 191). Damit korrespondierend erzielt der an der GmbH beteiligte Rechtsanwalt Einkünfte aus nichtselbständiger Arbeit, die seiner individuellen Einkommensteuer unterliegen. Zu den Einkünften gehören nach § 19 Abs. 1 Nr. 1 EStG nicht nur ein Festgehalt, sondern alle sonstigen Bezüge (z. B. Tantieme) einschließlich geldwerter Vorteile (z. B. Gestellung eines Firmen-PKW, etc.).

133 **b) Vorteilhafte Gestaltung der Altersversorgung.** Die Rechtsform der Anwalts-GmbH bietet im Vergleich zur Sozietät/Partnerschaft im Hinblick auf die Altersversorgung des Gesellschafters/Geschäftsführers Vorteile. Ein **nichtbeherrschender** Gesellschafter/Geschäftsführer ist grundsätzlich sozialversicherungspflichtig.[182] In diesem Fall mindert der Arbeitgeber-Anteil zur Sozialversicherung (z. B. in das berufsständische Versorgungswerk) als Gehaltsnebenkosten nicht nur den körperschaft- und gewerbesteuerlichen Gewinn der GmbH, sondern ist darüber hinausgehend beim Gesellschafter nach § 3 Nr. 62 EStG einkommensteuerfrei.[183]

134 Daneben bietet die Rechtsanwalts-GmbH als Rechtsform die Möglichkeit, eine **betriebliche Altersversorgung** für den Gesellschafter/Geschäftsführer steuerwirksam aufzubauen. Aufgrund des Trennungsprinzips ist es steuerrechtlich zulässig, für den Gesellschafter/Geschäftsführer eine **Pensionsrückstellung** nach §§ 8 Abs. 1 KStG, 6a EStG zu bilden.[184] Die Zuführungen in die Pensionsrückstellung mindern als Betriebsausgaben sowohl die Körperschaft- als auch die Gewerbesteuer. Die unmittelbare Versorgungszusage trägt durch die Rückstellungsbildung zur Innenfinanzierung (sog. Cash-flow-Finanzierung) bei, da die finanziellen Mittel zunächst in der GmbH verbleiben. Der Vorteil vergrößert sich außerdem noch dadurch, daß erst im Rentenalter des Gesellschafters/Geschäftsführers die Pension mit ihrem Zufluß nach §§ 19 Abs. 1 Nr. 2, 11 Abs. 1 EStG zu erfassen ist und dann um den sog. Versorgungs-Freibetrag i. H. v. 40% der empfangenen Leistung, maximal 6000 DM p. a. gem. § 19 Abs. 2 EStG gemindert wird. Bei der Sozietät/Partnerschaft hingegen wird dagegen selbst dann, wenn sie bilanziert (s. Rdn. 75), bereits bei Bildung der Pensionsrückstellung der entstehende Aufwand durch die Annahme von Einkünften aus Gewerbebetrieb gem. § 15 Abs. 1 Satz 1 Nr. 2 Halbsatz 2 EStG neutralisiert. Pensionszusagen an Mitunternehmer sind danach bloße Gewinnverteilungsabreden.[185]

135 Eine Variante zur Bildung einer betrieblichen Altersversorgung besteht für den Gesellschafter/Geschäftsführer im Abschluß einer **Direktversicherung**. Die Direktversicherung ist eine Lebensversicherung (Kapital- oder Rentenversicherung) auf das Leben des Arbeitnehmers, die durch den Arbeitgeber abgeschlossen worden ist und bei der der Arbeitnehmer oder seine Hinterbliebenen hinsichtlich der Versicherungsleistungen bezugsberechtigt sind. Im Unterschied zur Pensionszusage besteht bei der Direktversicherung kein Versorgungsanspruch gegen den Arbeitgeber, sondern gegen den Versicherer. Die Beitragszahlungen der Kapitalgesellschaft sind als Gehaltsbestandteil Betriebsausgaben und mindern Körperschaft- und Gewerbesteuer. Gleichzeitig gehören sie bei dem Gesellschafter/Geschäftsführer aber als geldwerter Vorteil zu dessen Einkünften aus nichtselbständiger Arbeit nach § 19 I Nr. 1 EStG. Die Pensionszusage schont gegenüber der Direktversiche-

---

[181] *Korn* (Fn. 107), Rdn. 61.

[182] Zur Sozialversicherungspflicht des GmbH-Geschäftsführers instruktiv *Straub*, DB 1992, 1087.

[183] Vgl. OFD Köln, DB 1988, 1140; OFD Hannover, GmbHR 1991, 392; FG Rheinland-Pfalz, EFG 1992, 721; FG Düsseldorf, EFG 1994, 566.

[184] Vgl. dazu BMF BStBl. I 1982, 988.

[185] BFH BFH/NV 1998, 781 = BB 1998, 733; vgl. dazu *Gosch*, DStZ 1994, 193, *Schmidt-Seeger*, EStG, § 6a Rz. 30.

rung mithin die Liquidität und bietet den Vorteil, daß bei dem Gesellschafter erst im späten Zeitpunkt der Pensionszahlungen die Besteuerung greift.

3. Besteuerung von offenen und verdeckten Gewinnausschüttungen

Schüttet die Rechtsanwalts-GmbH Gewinn an die beteiligten Rechtsanwälte aus, so **136**
führt die Ausschüttung bei diesen zu Einkünften aus Kapitalvermögen nach § 20 Abs. 1 Nr. 1 EStG. Zu den danach steuerpflichtigen sonstigen Bezügen aus der GmbH-Beteiligung gehören gem. § 20 Abs. 1 Nr. 1 Satz 2 EStG auch sog. verdeckte Gewinnausschüttungen (dazu noch ausf. Rdn. 168 ff.). Um den ausgeschütteten Gewinn in vollem Umfang allein auf der Ebene des Gesellschafters zu besteuern, zählt § 20 Abs. 1 Nr. 3 EStG auch die anzurechnende Körperschaftsteuer (zum Anrechnungsverfahren s. Rdn. 167) zu den steuerpflichtigen Einkünften.

4. Überlassung von Wirtschaftsgütern an die Anwalts-GmbH

Anders als bei der Sozietät/Partnerschaft zählen zum Betriebsvermögen der Anwalts- **137**
GmbH nur die in ihrem zivilrechtlichen bzw. wirtschaftlichen Eigentum (§ 39 AO) stehenden Wirtschaftsgüter. Ein Sonderbetriebsvermögen (dazu Rdn. 75) existiert bei der GmbH nicht. Aufgrund ihrer im Verhältnis zum Gesellschafter selbständigen Rechtspersönlichkeit werden Verträge zwischen beiden Personen auch steuerrechtlich wie zwischen fremden Dritten behandelt. Vermietet etwa ein Rechtsanwalt an die Anwalts-GmbH die Büroräumlichkeiten, so erzielt er Einkünfte aus Vermietung und Verpachtung nach § 21 Abs. 1 Nr. 1 EStG (zum Ausnahmefall der sog. Betriebsaufspaltung s. Rdn. 139 ff.). Gewährt er „seiner" Anwalts-GmbH ein Darlehen, so sind die Darlehenszinsen bei ihm als Einkünfte aus Kapitalvermögen nach § 20 Abs. 1 Nr. 7 EStG anzusetzen. Auf der Ebene der GmbH mindern umgekehrt die Miet- und Darlehenszinsen den körperschaft- und gewerbesteuerpflichtigen Gewinn.[186]

Gehören die im Rahmen der schuldrechtlichen Beziehungen eingesetzten Wirtschafts- **138**
güter zum steuerlichen Privatvermögen des Rechtsanwalts, so liegt bei deren Veräußerung ein steuerlich irrelevanter Vorgang auf der privaten Vermögensebene vor. Steuerliche Konsequenzen werden nur gezogen, wenn ein Spekulationsgewinn im Sinne des § 23 EStG gegeben ist. Nach dem Entwurf des sog. **Steuerentlastungsgesetzes 1999** (Fn. 1) soll die Spekulationsfrist für Grundstücke allerdings von zwei auf zehn Jahre ausgedehnt werden (§ 23 Abs. 1 Nr. 1 EStG 1999-E).

5. Sonderfall der sog. Betriebsaufspaltung

Die Überlassung von Wirtschaftsgütern eines Rechtsanwalts an die GmbH kann **139**
ausnahmsweise einen Gewerbebetrieb begründen, wenn es sich um eine sog. Betriebsaufspaltung handelt. Eine Betriebsaufspaltung liegt vor, wenn in mehreren rechtlich und wirtschaftlich selbständigen Unternehmen ein einheitlicher geschäftlicher Betätigungswille der hinter den Unternehmen stehenden Personen verwirklicht wird. Der typische Fall einer Betriebsaufspaltung besteht darin, daß das Besitzunternehmen die wesentlichen Geschäftsgrundlagen dem Betriebsunternehmen (durch Miete, Pacht oder in anderer Weise) zur Nutzung überläßt (**sachliche Verflechtung**).[187] Dabei müssen die hinter dem Besitzunternehmen stehenden Personen in der Lage sein, auch im Betriebsunternehmen ihren Willen durchzusetzen (**persönliche Verflechtung**).[188]

[186] 50 % der Dauerschuldzinsen werden allerdings dem Gewinn zur Ermittlung des gewerbesteuerpflichtigen Ertrages nach § 8 Nr. 1 GewStG wieder hinzugerechnet. Dasselbe gilt nach § 8 Nr. 7 GewStG für Mietzinsen, die bewegliches Vermögen (also nicht Grundstücke) betreffen, s. Rdn. 192 f.

[187] Wesentliche Geschäftsgrundlagen einer Freiberufler-GmbH können auch immaterielle Wirtschaftsgüter, z. B. ein Mandantenstamm, sein, dazu *Korn* (Fn. 107), Rdn. 56 f.

[188] Zur Betriebsaufspaltung s. BFH GrS BStBl. II 1972, 63; BFH BStBl. II 1994, 466 m. w. N.; 1997, 569; H 137 Abs. 4–8 EStH 1997; *Schmidt*, EStG, § 15 Rz. 800 ff.

140 Häufigster Fall der Begründung sachlicher Verflechtung ist die Überlassung von Grundstücken. Umstritten ist, ob auch reine Büro- und Verwaltungsgebäude den wesentlichen Geschäftsgrundlagen zuzurechnen sind. Der BFH stellt auf die wirtschaftliche Bedeutung des Grundstücks für das Betriebsunternehmen (= Rechtsanwalts-GmbH) ab. Eine erhebliche wirtschaftliche Bedeutung nimmt die neuere Rspr. insbesondere dann an, wenn das Betriebsunternehmen in seiner Betriebsführung auf das ihm zur Nutzung überlassene Grundstück angewiesen ist, weil die Betriebsführung durch die Lage des Grundstücks bestimmt wird oder das Grundstück speziell auf die Bedürfnisse des Betriebs zugeschnitten ist. Letzteres bejaht der BFH, wenn die aufstehenden Baulichkeiten für die Zwecke des Betriebsunternehmens hergerichtet oder gestaltet worden sind, oder wenn das Betriebsunternehmen ohne ein Grundstück dieser Art den Betrieb nicht fortführen könnte.[189] Damit wird die sachliche Verflechtung im Sinne einer Betriebsaufspaltung nunmehr bereits dann begründet, wenn die von dem Gesellschafter an die Anwalts-GmbH vermieteten Praxisräumlichkeiten kein „Allerweltsbüro" darstellen.[190]

141 Die Betriebsaufspaltung erfordert zudem einen **einheitlichen Geschäfts- und Betätigungswillen**, der sowohl das Besitz- als auch das Betriebsunternehmen umfaßt (personelle Verflechtung). Dieser tritt am klarsten bei einer **Beteiligungsidentität** zutage, d. h. wenn an beiden Unternehmen dieselben Personen im gleichen Verhältnis beteiligt sind. Der einheitliche geschäftliche Betätigungswille ist aber auch dann vorhanden, wenn eine sog. **Beherrschungsidentität** auf gesellschaftsrechtlicher oder – in Ausnahmefällen – auf tatsächlicher Grundlage besteht. Sie hat die Rspr. insb. dann angenommen, wenn an beiden Gesellschaften Personen beteiligt sind, die eine durch gleichgerichtete Interessen geschlossene Personengruppe bilden.[191] Sind am Besitzunternehmen auch Personen beteiligt, die nicht zugleich Gesellschafter der Betriebsgesellschaft sind, ist für die Frage der Beherrschungsidentität auf gesellschaftsrechtlicher Grundlage das Mehrheitsprinzip maßgeblich.

142 Ist der Tatbestand einer Betriebsaufspaltung erfüllt, so betreibt nicht nur die Rechtsanwalts-GmbH (dazu Rdn. 160), sondern auch der Rechtsanwalt, der ihr wesentliche Geschäftsgrundlagen zur Nutzung überläßt, einen gewerbesteuerpflichtigen Gewerbebetrieb. Die Miet- bzw. Pachtzinsen sind bei ihm deshalb als Einkünfte aus Gewerbebetrieb (§ 15 EStG) zu erfassen; die überlassenen Wirtschaftsgüter bilden demgemäß notwendiges Betriebsvermögen und sind steuerverstrickt. Zum Betriebsvermögen gehören darüber hinaus aber auch die Anteile an der Betriebsgesellschaft (Rechtsanwalts-GmbH), so daß sowohl Gewinnausschüttungen als auch ein Gewinn aus der Veräußerung der Anteile zu Einkünften aus Gewerbebetrieb führen.[192] Demgegenüber bleiben die für die Geschäftsführung von der Rechtsanwalts-GmbH gezahlten Tätigkeitsvergütungen auch im Falle der Betriebsaufspaltung Einkünfte aus nichtselbständiger Arbeit.[193]

6. Umwandlung einer Einzelpraxis/Sozietät/Partnerschaft in eine Rechtsanwalts-GmbH

143 Die Einbringung einer Einzelpraxis oder Mitunternehmerschaft in eine GmbH führt nach § 20 UmwStG zu ähnlichen Rechtsfolgen wie bei einer Einbringung in eine Personengesellschaft (s. oben Rdn. 83 ff.). Die Rechtsanwalts-GmbH besitzt ein **Wahlrecht**,

[189] Siehe etwa BFH BStBl. II 1993, 718; 1997, 565: für Zwecke einer Werbeagentur-GmbH besonders gestaltetes Bürogebäude; BFH DStRE 1998, 521: von einer Steuerberatungs-GmbH genutztes Bürogebäude.

[190] Siehe im einzelnen *Kempermann*, DStR 1997, 1441; *Brandmüller*, DStZ 1998, 4; *Fischer*, NWB Fach 3, 10201 (41/1997); *Schmidt*, EStG, § 15 Rz. 813; außerdem OFD München, DB 1995, 118; OFD Cottbus, GmbHR 1995, 319, 398.

[191] Sog. Personengruppentheorie s. BFH BStBl. II 1972, 796; 1982, 662; 1987, 858; 1991, 801; 1997, 44.

[192] Vgl. BFH BStBl. II 1991, 713; *Schmidt*, EStG, § 15 Rz. 873.

[193] BFH BStBl. II 1970, 722; *Schmidt*, EStG, § 15 Rz. 873 a. E.

das eingebrachte Betriebsvermögen zu Buchwerten, Zwischenwerten oder zu Teilwerten anzusetzen (§ 20 Abs. 2 UmwStG). Damit korrespondierend realisiert der Einbringende nach § 20 Abs. 4 und 5 UmwStG insoweit einen Veräußerungsgewinn, als der Wertansatz über dem Buchwert liegt. Im Unterschied zur Einbringung in eine Personengesellschaft ist dieser Veräußerungsgewinn wegen des Trennungsprinzips (Rdn. 130) auch insoweit nach §§ 16, 34 EStG tarifbegünstigt, als der Einbringende Gesellschafter der GmbH wird. Des weiteren gilt die Tarifbegünstigung selbst dann, wenn die GmbH nicht alle stillen Reserven aufdeckt und das Betriebsvermögen zu Zwischenwerten fortführt.[194] Nach dem Entwurf des sog. **Steuerentlastungsgesetzes 1999** (Fn. 1) werden die sich daraus ergebenden Gestaltungsmöglichkeiten[195] erheblich an Attraktivität einbüßen, weil die Tarifbegünstigung nach § 34 Abs. 1 EStG 1999-E praktisch nur noch dann zum Tragen kommt, wenn der Steuerpflichtige keine nennenswerten weiteren Einkünfte erzielt (s. bereits Rdn. 52, 90).

Rechtsanwälte, die ihre Praxis oder ihren Mitunternehmeranteil an einer Sozietät/ Partnerschaft (= Sacheinlagen) gegen Gewährung von Gesellschaftsrechten in die GmbH einbringen, haben für die Einzelpraxis oder Sozietät/Partnerschaft eine Schlußbilanz zu erstellen. Wegen der steuerlichen Trennung von Rechtsanwalts-GmbH und Gesellschaftern gilt dies auch für den Fall, daß die GmbH nach § 20 Abs. 2 UmwStG das eingebrachte Betriebsvermögen zu Buchwerten fortführt. Wurde der Gewinn bisher durch Einnahmen-Überschußrechnung nach § 4 Abs. 3 EStG (dazu Rdn. 5ff.) ermittelt, so bedarf es auf der Ebene des oder der Einbringenden einer **Übergangsbesteuerung**, um Mehrfachbesteuerungen bzw. Besteuerungslücken auszuschließen (s. Rdn. 24). Kommt es im Zuge der Einbringung nicht zu einer Vollaufdeckung der stillen Reserven (= Ansatz zu Buch- oder Zwischenwerten), bleiben die GmbH-Anteile nach § 21 Abs. 1 UmwStG als sog. **einbringungsgeborene Anteile** unabhängig von der Beteiligungsgrenze des § 17 EStG (Rdn. 148f.) steuerverstrickt. Dies bedeutet, daß bei einer späteren Veräußerung des Anteiles an der Rechtsanwalts-GmbH ein etwaiger Veräußerungsgewinn nach §§ 21 Abs. 1 UmwStG, 16 EStG steuerpflichtig bleibt. 144

Werden im Zuge der Umwandlung in eine Rechtsanwalts-GmbH neue Gesellschafter aufgenommen, stellt sich ebenso wie bei der Aufnahme eines neuen Sozius (Rdn. 83f.) die Frage nach einem Ausgleich für die in die GmbH eingebrachten Vermögenswerte. Noch ungeklärt sind die Rechtsfolgen, wenn ein Mitgesellschafter eine **Ausgleichszahlung** unmittelbar in das Privatvermögen des Einbringenden leistet (zur Personengesellschaft s. Rdn. 86f.). Konsens besteht insoweit, daß der ausgleichende Gesellschafter Anschaffungskosten auf seine GmbH-Beteiligung aufwendet, die bei späterer Veräußerung des GmbH-Anteils (dazu Rdn. 148f.) den Veräußerungsgewinn schmälern. Fraglich ist, ob der einbringende Gesellschafter umgekehrt einen Veräußerungsgewinn zu versteuern hat. Einige Stimmen aus der Literatur wollen statt dessen § 20 Abs. 4 Satz 2 UmwStG analog anwenden.[196] Dann würde die Ausgleichszahlung die Anschaffungskosten der GmbH-Beteiligung bei dem Einbringenden mindern, so daß er erst bei Veräußerung der einbringungsgeborenen Anteile einen entsprechenden Veräußerungsgewinn zu versteuern hätte. Insoweit als die Ausgleichszahlung die Buchwerte der eingebrachten Wirtschaftsgüter übersteigt, hätte die die GmbH dann analog § 20 Abs. 2 Satz 5 UmwStG allerdings die Buchwerte aufzustocken und der Einbringende insoweit einen Veräußerungsgewinn (s. Rdn. 143) zu versteuern. 145

Der oben in Rdn. 90 für die Personengesellschaft dargestellten „Gewinnvorab-Lösung" entspricht es bei der Rechtsanwalts-GmbH, dem einbringenden Rechtsanwalt zum Ausgleich **Vorzugsdividenden** einzuräumen. Schüttet die GmbH die Vorzugsdividenden an den einbringenden Gesellschafter aus, so hat er sie nach § 20 Abs. 1 Nr. 1 EStG als 146

---

[194] Zu den Einzelheiten s. *Dehmer*, UmwStG, § 20, Rdn. 379ff.
[195] Zu den Vorteilen der Aufdeckung stiller Reserven s. *Korn* (Fn.107), Rdn. 127.
[196] *Burhoff/Obermeier*, Rdn.1430; *Korn* (Fn.107), Rdn.135.

Einkünfte aus Kapitalvermögen zu versteuern. Neben der Vorzugsdividende kann für den Fall des Ausscheidens auch ein erhöhter Abfindungsanspruch gewährt werden, der im Zeitpunkt des Ausscheidens nach § 17 EStG als Veräußerungsgewinn zu versteuern ist.[197] Der Nachteil dieser Lösung ist, daß die Vorzugsdividenden in vollem Umfang steuerpflichtig sind und den Zukunftsrisiken unterliegen.

147 Eine weitere Alternative besteht darin, **Zahlungen** nicht an den einbringenden Gesellschafter, sondern **in das Gesellschaftsvermögen** der Rechtsanwalts-GmbH zu erbringen. Die Ausgleichszahlungen hindern die GmbH nicht daran, nach § 20 Abs. 2 UmwStG die Buchwerte des eingebrachten Betriebsvermögens fortzuführen[198] und damit eine Versteuerung der stillen Reserven zu vermeiden. Ebenso wie bei der Personengesellschaft (Rdn. 88) besteht der Nachteil dieser Gestaltung jedoch darin, daß der einbringende Gesellschafter keinen Ausgleich erhält und Liquidität gebunden wird, ohne daß dem sinnvolle Praxisinvestitionen gegenüberstehen müssen.

7. Veräußerung der GmbH-Beteiligung durch den Rechtsanwalt

148 Handelt es sich bei dem GmbH-Anteil um eine sog. **wesentliche Beteiligung** im Sinne des § 17 EStG, so unterliegt ein späterer Veräußerungsgewinn auf der Ebene des veräußernden Rechtsanwalts der Einkommensteuer. Eine wesentliche Beteiligung ist gem. § 17 Abs. 1 Satz 4 EStG gegeben, wenn der Veräußerer innerhalb der letzten fünf Jahre an der Gesellschaft zu mehr als einem Viertel beteiligt war.[199] Nach dem Entwurf des sog. **Steuerentlastungsgesetzes 1999** (Fn. 1) soll ab dem 1. 1. 1999 an deren Stelle aber eine **Mindestgrenze von 10%** treten (§ 17 Abs. 1 Satz 4 EStG-E). Ohne Rücksicht auf die Beteiligungsquote sind die sog. einbringungsgeborenen Anteile steuerverstrickt (Rdn. 144).

149 Der Veräußerungsgewinn im Sinne des § 17 EStG ist zwar nach § 34 Abs. 2 Nr. 1 EStG tarifbegünstigt. Nach dem Entwurf des sog. **Steuerentlastungsgesetz 1999** (Fn. 1) wird sich die Tarifbegünstigung praktisch aber nur noch in solchen Fällen auswirken, in denen der Steuerpflichtige im Jahr der Veräußerung keine weiteren nennenswerten Einkünfte erzielt (§ 34 Abs. 1 EStG 1999-E, s. auch Rdn. 52, 90). Veräußerungsgewinn ist der Betrag, um den der Veräußerungspreis nach Abzug der Veräußerungskosten die Anschaffungskosten übersteigt (§ 17 Abs. 2 Satz 1 EStG). Im Falle der Einbringung entspricht der Wertansatz des Betriebsvermögens bei der GmbH (Buch-, Zwischen-, Teilwert) nach § 20 Abs. 4 Satz 1 UmwStG den Anschaffungskosten des einbringenden Gesellschafters (Rdn. 143).

150–159 *Einstweilen frei*

B. Körperschaftsteuer einer Rechtsanwalts-GmbH

I. Rechtsanwalts-GmbH als eigenständiges Steuerrechtssubjekt und Gewerbebetrieb kraft Rechtsform

160 Die Körperschaftsteuer knüpft an die Rechtsform an. Sie ist die **Einkommensteuer der juristischen Person** und in erster Linie auf die Kapitalgesellschaften bezogen, die ebenso wie natürliche Personen Steuerrechtssubjekte sind und Einkommen erzielen. Deshalb ist eine Rechtsanwalts-GmbH nach § 1 Abs. 1 Nr. 1 KStG unbeschränkt körperschaftsteuerpflichtig. Die Körperschaftsteuer beträgt grundsätzlich **45%** des zu versteuernden Ein-

[197] Vgl. dazu *Schmidt-Weber-Grellet*, EStG, § 17 Rz. 104–106.

[198] Technisch geschieht dies durch Passivierung eines sog. Ausgleichspostens nach § 20 Abs. 2 Satz 2 UmwStG in der Bilanz der GmbH, s. *Korn* (Fn. 107), Rdn. 137.

[199] Die Beteiligungsgröße richtet sich bei der GmbH auch dann nach den Geschäftsanteilen, wenn in der GmbH-Satzung Stimmrechte, Gewinnverteilung und Liquidationserlös abweichend von §§ 29, 72 GmbHG geregelt sind, s. BFH BStBl. II 1998, 257, 259.

kommens der Rechtsanwalts-GmbH (§ 23 Abs. 1 KStG).[200] Insoweit als der Gewinn ausgeschüttet wird, ermäßigt sich die Körperschaftsteuer auf eine **Ausschüttungsbelastung** i. H. v. **30%** (§ 27 Abs. 1 KStG), die auf die individuelle Einkommensteuerschuld des Gesellschafters angerechnet wird (§ 36 Abs. 2 Nr. 3 EStG, dazu noch Rdn. 167).[201] Die Gewinnausschüttung unterliegt außerdem noch einer Kapitalertragsteuer von 25% (§§ 43 Abs. 1 Nr. 1, 43a Abs. 1 Nr. 1 EStG), die ebenfalls anzurechnen ist (§ 36 Abs. 2 Nr. 2 EStG).

Unabhängig vom tatsächlichen Gesellschaftszweck gilt eine GmbH als Handelsgesellschaft (§ 13 Abs. 3 GmbHG). Demgemäß ist auch eine Rechtsanwalts-GmbH als fingierte Handelsgesellschaft buchführungspflichtig (§§ 6 Abs. 1, 238ff. HGB). Nach § 8 Abs. 2 KStG sind alle von der Rechtsanwalts-GmbH erzielten Einkünfte als Einkünfte aus Gewerbebetrieb zu behandeln. Die Rechtsanwalts-GmbH unterhält damit einen Gewerbebetrieb kraft Rechtsform auch dann, wenn sie tatsächlich freiberuflich tätig ist.[202] Dies entspricht der gewerbesteuerlichen Rechtslage des § 2 Abs. 2 GewStG (dazu noch Rdn. 190). 161

II. Gewinnermittlung durch Betriebsvermögensvergleich

Nach § 8 Abs. 1 KStG bestimmt sich das körperschaftsteuerpflichtige Einkommen grundsätzlich nach den Vorschriften des EStG. Für Zwecke der Gewinnermittlung knüpft § 5 Abs. 1 EStG an die Handelsbilanz an (**Maßgeblichkeitsprinzip**).[203] Die Rechtsanwalts-GmbH hat gem. §§ 6, 242 HGB für den Schluß eines jeden Geschäftsjahres einen **Jahresabschluß**, bestehend aus einer **Bilanz** (§ 242 Abs. 1 HGB) und einer **Gewinn- und Verlustrechnung** (§ 242 Abs. 2 HGB), zu erstellen. Es gelten die Grundsätze ordnungsgemäßer Buchführung (GoB, §§ 5 Abs. 1 EStG, 243 Abs. 1 HGB).[204] Diese handelsrechtlichen Pflichten transformieren §§ 140 AO, 5 Abs. 1 EStG in das Steuerrecht, wobei § 5 Abs. 1 Satz 1 EStG für die Gewinnermittlung auf § 4 Abs. 1 Satz 1 EStG verweist: 162

Betriebsvermögen am 31.12. ./. Betriebsvermögen am 1.1.
\+ Wert der Entnahmen ./. Wert der Einlagen = **Gewinn**.

§ 4 Abs. 1 Satz 1 EStG verlangt den Vergleich zweier Eigenkapitalgrößen (Betriebsvermögen = Besitzposten ./. Schulden = Eigenkapital). Deren Differenz muß um die Einlagen und Entnahmen (Rdn. 16) korrigiert werden, weil die Vermögensmehrung/-minderung durch Einlagen/Entnahmen keine durch den Betrieb verursachte (erwirtschaftete) Vermögensmehrung/-minderung ist.[205] Das Wesen des Bilanzvergleichs nach §§ 4 Abs. 1 Satz 1, 5 Abs. 1 EStG besteht vor allem in der **Periodisierung der Erfolgsrechnung**. Anders als die Einnahmen-Überschußrechnung (Rdn. 5ff.) weist der Bilanzvergleich keine Differenz zwischen Vermögenszu- und -abflüssen (Betriebseinnahmen/Betriebsausgaben) aus. Vielmehr wird der Gewinn/Verlust durch die Erträge und Aufwendungen bestimmt, die dem Wirtschaftsjahr „unabhängig von den Zeitpunkten der entsprechenden Zahlungen" (so § 252 Abs. 1 Nr. 5 HGB) zuzuordnen sind.[206] Diese genaue Ermittlung des Periodenerfolges bedingt eine recht komplizierte und aufwendige Rech- 163

[200] Nach § 1 SolZG wird darauf noch der sog. Solidaritätszuschlag i. H. v. 5,5% der KSt erhoben. Daraus ergibt sich ein kombinierter Steuerfaktor i. H. v. 47,475%, s. *Tipke/Lang-Montag*, § 17 Rz. 28.

[201] Die gegenüber dem normalen Steuertarif abgesenkte Ausschüttungsbelastung erklärt sich daraus, daß die KSt für nichtanrechnungsberechtigte Anteilseigner (z. B. ausländische Gesellschafter) definitiv ist und dadurch zu einer Barriere für Beteiligungen an inländischen Körperschaften werden kann, vgl. *Tipke/Lang-Pezzer*, § 11 Rz. 3.

[202] Vgl. BFH BStBl. II 1974, 511.

[203] Zur Maßgeblichkeit der Handelsbilanz für die Steuerbilanz s. *Tipke/Lang*, § 9 Rz. 307ff. m. w. N.

[204] Zu den Einzelheiten der GoB s. *Schmidt-Weber-Grellet*, EStG, § 5 Rz. 66ff.

[205] *Tipke/Lang*, § 9 Rz. 300.

[206] *Tipke/Lang*, § 9 Rz. 191.

nungslegung nach den GoB. Neben ihrer nicht zu unterschätzenden betriebswirtschaftlichen Funktion.[207] bewirkt die Periodisierung eine Gewinnglättung bei starken Einnahmen-/Ausgabenschwankungen, die im Falle der Einnahmen-Überschußrechnung zu einer überhöhten progressiven Steuerbelastung führen kann.

164 Da die Erträge Vermögensmehrungen, die Aufwendungen Vermögensminderungen sind, muß der Vergleich von Erträgen und Aufwendungen (Gewinn und Verlustrechnung) zu demselben Ergebnis führen wie der bilanzielle Vermögensvergleich. Technisch gewährleistet dies die sog. **doppelte Buchführung**. Mit ihr wird der Jahreserfolg (Gewinn/Verlust) zum einen in der Bilanz und zum anderen in der Gewinn- und Verlustrechnung ermittelt.[208]

165 Der Maßgeblichkeitsgrundsatz bedeutet für das Steuerrecht, daß grundsätzlich nur der nach Handelsrecht verteilungsfähige Gewinn der Besteuerung unterliegt. Diesen Ansatz hat das EStG in zahlreichen Vorschriften (z. B. §§ 4 Abs. 5, 6; 5 Abs. 2–6; 6–6d EStG) allerdings so häufig durchbrochen, daß die Ausnahmen praktisch zur Regel geworden sind.[209] Begründet werden diese Einschränkungen damit, daß die Steuerbilanz anders als die Handelsbilanz die Aufgabe besitze, den „vollen Gewinn" als Indikator wirtschaftlicher Leistungsfähigkeit eines Unternehmens mit dem Ziel einer gesetz- und gleichmäßigen Besteuerung periodengerecht zu ermitteln.[210] Der Entwurf des sog. **Steuerentlastungsgesetzes 1999** (Fn. 1) enthält weitere, eher fiskalisch motivierte Durchbrechungen des Maßgeblichkeitsgrundsatzes.[211] Sollten diese Gesetz werden, hat die Steuerbilanz mit der Handelsbilanz praktisch kaum mehr etwas zu tun.

III. Ermittlung des körperschaftsteuerpflichtigen Einkommens, Steuertarif

166 Da eine Rechtsanwalts-GmbH ausschließlich Einkünfte aus Gewerbebetrieb bezieht (Rdn. 161) und mangels Privatsphäre[212] keine abzugsfähigen Privataufwendungen (Sonderausgaben u.ä.) tätigt, entspricht das körperschaftsteuerpflichtige Einkommen im Grundsatz dem Steuerbilanzgewinn (Rdn. 162ff.). Allerdings enthält das KStG einige Sondervorschriften, die den Steuerbilanzgewinn zur Ermittlung des zu versteuernden Einkommens (§ 7 Abs. 2 KStG) modifizieren.[213] Auf das nach dem KStG durch Zu- und Abrechnungen korrigierte Ergebnis wird schließlich der **Körperschaftsteuertarif von 45 %** angewendet.

IV. Gewinnausschüttung, Anrechnungsverfahren

167 Für die Ermittlung des körperschaftsteuerpflichtigen Einkommens ist es ohne Bedeutung, ob das Einkommen (durch Gewinnausschüttung) verteilt wird (s. § 8 Abs. 3 Satz 1 KStG). Ebenso wie das Einkommensteuerrecht trennt das Körperschaftsteuerrecht den Bereich der Einkünfteerzielung von dem der Einkünfteverwendung. Schüttet die Rechtsanwalts-GmbH Gewinn an ihre Gesellschafter aus, so besteht die Gefahr einer Doppelbesteuerung (s. bereits Rdn. 130). Die Doppelbelastung vermeiden §§ 27ff. KStG 1977, 36 Abs. 2 Nr. 3 EStG seit dem 1. 1. 1977 dadurch, daß die Körperschaftsteuer auf eine **Ausschüttungsbelastung von 30 %** abgesenkt und auf die Einkommensteuer des Anteils-

[207] Siehe dazu etwa *Baetge*, Bilanzen, 525ff.

[208] Zu den Einzelheiten instruktiv *Tiedtke*, Einkommensteuer- und Bilanzsteuerrecht, 250ff. (zur doppelten Buchführung 273ff.).

[209] Vgl. im einzelnen *Weber-Grellet*, Steuerbilanzrecht, § 6 Rz. 4ff.

[210] So bereits BFH GrS BStBl. II 1969, 291, 293; aus der Literatur vor allem *Weber-Grellet*, Steuerbilanzrecht, § 2 Rz. 2ff.; *ders.*, DB 1994, 288; *ders.*, DB 1997, 385; *Schmidt-Weber-Grellet*, EStG, § 5 Rz. 21, 46ff.; dagegen mit Recht krit. *Kessler*, DB 1997, 1; *Stobbe*, FR 1997, 361.

[211] Dazu etwa *Weber-Grellet*, DB 1998, 2435.

[212] Siehe BFH BStBl. II 1997, 548; 1998, 161.

[213] Z. B. §§ 9, 10 KStG zum Abzug von Spenden, Geldstrafen, Personensteuern und Aufsichtsratsvergütungen; s. im einzelnen *Lange/Reiß*, Lehrbuch der Körperschaftsteuer, Rdn. 129ff.

eigners angerechnet wird (s. Rdn. 130). Die Anrechnung verläuft in einem zweistufigen Verfahren, dessen Technik das nachfolgende **Beispiel** verdeutlicht:

A/B-Rechtsanwalts-GmbH erwirtschaftet einen Gewinn von 200000 DM, den sie im vollen Umfang an ihre beiden Gesellschafter A und B ausschüttet.

Gewinn der GmbH vor Abzug der KStG	200000 DM
./. Körperschaftsteuer (Tarifbelastung 45 %, § 23 Abs. 1 KStG)	90000 DM
Zur Ausschüttung verwendbares Eigenkapital (sog. EK 45)	110000 DM
+ Erhöhung des ausschüttbaren Betrages durch die ausschüttungsbedingte Körperschaftsteuer-Minderung (§ 27 Abs. 1 KStG) von 45 % auf 30 % = 15/55 von 110000 DM =	30000 DM
Ausschüttbarer Betrag = **Bardividende**	140000 DM
./. Kapitalertragsteuer 25 % von 140000 DM =	35000 DM
Ausgezahlter Betrag = **Nettodividende**	105000 DM

Die Gesellschafter A und B erzielen mit dem Zufluß der Gewinnausschüttung Einnahmen aus Kapitalvermögen:

Ausgezahlter Betrag = **Nettodividende** je Gesellschafter	52500 DM
+ Anrechenbare Kapitalertragsteuer	17500 DM
= **Bardividende** (Einnahmen nach § 20 Abs. 1 Nr. 1 EStG)	70000 DM
+ Anrechenbare Körperschaftsteuer (§ 20 Abs. 1 Nr. 3 EStG) $^3/_7$ von 70000 DM (Bardividende) =	30000 DM
Einnahmen aus Kapitalvermögen pro Gesellschafter	100000 DM

Individueller Steuersatz	**Gesellschafter A**	**Gesellschafter B**
Einkommensteuer	**53 %**	**40 %**
ESt auf die Ausschüttung	53000 DM	40000 DM
Anrechnung auf die ESt		
./. Kapitalertragsteuer	17500 DM	17500 DM
./. KSt-Guthaben	30000 DM	30000 DM
Nachzahlung	5500 DM	
Erstattung		7500 DM

Von den Einnahmen aus Kapitalvermögen sind nach § 9 EStG die damit wirtschaftlich zusammenhängenden Aufwendungen als Werbungskosten abzugsfähig (mind. Pauschbetrag nach § 9a Abs. 1 Nr. 1b EStG i. H. v. 100 DM). Des weiteren mindert auch der Sparer-Freibetrag nach § 20 Abs. 4 EStG in Höhe von 6000 DM (Ledige)/12000 DM (Verheiratete) die Einkünfte aus Kapitalvermögen.

V. Verdeckte Gewinnausschüttung und verdeckte Einlagen

1. Verdeckte Gewinnausschüttung

a) Fremdvergleich. Schuldrechtliche Beziehungen zwischen der Rechtsanwalts-GmbH 168
und ihren Gesellschaftern sind prinzipiell der Besteuerung zugrunde zu legen (Rdn. 131). Allerdings ist in diesem Verhältnis sorgfältig zu prüfen, ob die schuldrechtliche Vereinbarung nicht bloß eine gesellschaftsrechtliche Beziehung verdeckt. Insoweit stellt § 8 Abs. 3 Satz 2 KStG klar, daß auch „verdeckte Gewinnausschüttungen" das Einkommen der GmbH nicht mindern dürfen. Flankierend dazu erklärt § 20 Abs. 1 Nr. 1 Satz 2 EStG den Bezug einer verdeckten Gewinnausschüttung auf der Ebene des Gesellschafters zu Einkünften aus Kapitalvermögen. Innerhalb der Leistungsbeziehungen zwischen der Kapitalgesellschaft und ihren Anteilseignern müssen demgemäß **angemessene Entgelte** (Preise, Gehälter, Mieten, Zinsen etc.) berechnet werden. Die Rechtsprechung bestimmt die Angemessenheit objektiviert nach dem Sorgfaltsmaßstab eines gewissenhaften und ordentlichen

Geschäftsleiters (vgl. § 93 I 1 AktG, 43 I GmbHG).[214] Maßgebend für die Angemessenheit ist i. d. R. der sog. **Fremdvergleich**, d. h. der Vergleich mit Geschäften, die bei gleicher Leistung mit Nichtgesellschaftern vereinbart werden.[215] Der BFH definiert die verdeckte Gewinnausschüttung als eine Vermögensminderung oder verhinderte Vermögensmehrung, die durch das Gesellschaftsverhältnis veranlaßt ist, sich auf das Einkommen der Körperschaft auswirkt und in keinem Zusammenhang zu einer offenen Ausschüttung steht.[216]

169 **b) Besonderheiten beim beherrschenden Gesellschafter.** Bei Leistungsbeziehungen einer Kapitalgesellschaft mit beherrschenden Gesellschaftern[217] verlangt die ständige Rechtsprechung **im voraus klare, eindeutige und durchgeführte Verträge.**[218] Allerdings hat der BFH in seiner jüngsten Rspr. seine formalistische Strenge gegenüber dem beherrschenden Gesellschafter deutlich abgeschwächt und entschieden, daß das Fehlen einer im voraus klaren Vereinbarung als solcher weder ein Tatbestandsmerkmal noch eine unwiderlegbare Vermutung zugunsten der verdeckten Gewinnausschüttung begründet.[219] Die Tatsache, daß der Gesellschafter beherrschend ist, besitzt danach nur noch eine indizielle Bedeutung.

170 **c) Gesellschafter-Geschäftsführervergütungen.** Eine Rechtsanwalts-GmbH wird regelmäßig durch die Tätigkeit ihrer Gesellschafter geprägt. Da die Tätigkeitsvergütungen anders als eine Gewinnausschüttung den gewerbesteuerpflichtigen Gewerbeertrag mindern (dazu Rdn. 191 ff.), ist es steuerlich insgesamt vorteilhaft, den angemessenen Vergütungsrahmen möglichst auch auszuschöpfen. Allerdings birgt dies naturgemäß ein nicht geringes Streitpotential mit der Finanzverwaltung. Eine verdeckte Gewinnausschüttung kommt insbesondere insoweit in Betracht, als ein Gesellschafter für seine Geschäftsführung eine **unangemessen hohe Vergütung** erhält.[220] Dies wird jedenfalls dann angenommen, wenn nach dem Betriebsausgabenabzug der Vergütung keine angemessene Rendite für die Kapitalgesellschaft übrig bleibt.[221] Umgekehrt bedeutet das Bestehen einer angemessenen Kapitalverzinsung für die Kapitalgesellschaft aber noch nicht, daß die Vergütung für den Gesellschafter/Geschäftsführer angemessen wäre. Vielmehr ist auf die Art und Höhe der Vergütungen abzustellen, welche gleichartige Betriebe ihrem Geschäftsführer für entsprechende Leistungen gewähren. Dies ist im Einzelfall zu entscheiden.

171 Als unangemessen sieht der BFH regelmäßig auch eine **Sondervergütung für Sonntags-, Feiertags- und Nachtarbeit** an.[222] Damit ist es praktisch nicht möglich, die Steuerbefreiung des § 3b EStG im Verhältnis der Rechtsanwalts-GmbH zu ihrem Gesellschafter/Geschäftsführer auszunutzen. Die Mehrarbeit muß deshalb als Teil der entsprechenden höheren Gesamtvergütung abgegolten werden.

172 Die Gehalts- und ggf. Tantiemevereinbarungen dürfen nicht dazu dienen, den Gewinn der Kapitalgesellschaft abzusaugen. Deshalb will die Rechtsprechung sog. **Umsatztantiemen** grundsätzlich **nicht** anerkennen.[223] Im Hinblick auf **Gewinntantiemen** hat der BFH zwei numerische Grenzen aufgestellt.[224] Danach spricht der Beweis des ersten Anscheins für eine verdeckte Gewinnausschüttung, wenn

---

[214] Vgl. BFH BStBl. II 1987, 733; 1988, 25; 301.

[215] Ausf. dazu *Wassermeyer*, GmbHR 1998, 157.

[216] Vgl. BFH BStBl. II 1994, 479; 1997, 577.

[217] Beherrschender Gesellschafter ist grundsätzlich derjenige, der die Mehrheit der Stimmrechte innehat, s. Abschnitt 31 Abs. 6 Satz 4 KStR 1995.

[218] Vgl. BFH BStBl. II 1972, 501; 1974, 719; 1982, 761, zum sog. Nachzahlungsverbot; zuletzt BFH BStBl. II 1998, 545, 547.

[219] BFH BStBl. II 1998, 545, 547 u. 573, 575.

[220] Vgl. BFH BStBl.II 1989, 854.

[221] BFH BStBl. III 1958, 229.

[222] BFH BStBl. II 1997, 577.

[223] BFH BStBl. II 1978, 234; 1989, 854.

[224] BFH-Urt. BStBl. II 1995, 549.

– die Gewinntantiemeversprechungen insgesamt 50% des handelsrechtlichen Jahresüberschusses (vor Gewinnsteuern) übersteigen oder
– das einzelne Geschäftsführergehalt zu mehr als 25% aus einem erfolgsabhängigen Bestandteil resultiert.

Die Finanzverwaltung hat diese quotalen Grenzen als „Regelaufteilungsmaßstab" nunmehr in ihre Verwaltungspraxis übernommen.[225] Im Einzelfall bleibt es allerdings schwierig, die Angemessenheit von Gesellschaftern/Geschäftsführervergütungen zu beurteilen. Eine gewisse Hilfestellung bieten eine auf Freiberufler-GmbH bezogene Verwaltungsanweisung der OFD Stuttgart[226] und von den Berufskammern durchgeführte Erhebungen.[227]

d) Tätigkeit des Rechtsanwalts neben der Rechtsanwalts-GmbH. Umstritten ist, ob eine verdeckte Gewinnausschüttung auch dann vorliegt, wenn der Gesellschafter neben dem Betrieb der GmbH auf eigene Rechnung freiberuflich tätig ist oder bleibt (Problem des sog. **Wettbewerbsverbots**). Der BFH hat seine zunächst sehr weitreichende Rechtsprechung zutreffend korrigiert.[228] Grundsätzlich kann auch ein GmbH-Gesellschafter mit steuerrechtlicher Wirkung neben oder anstelle der Gesellschaft tätig werden. Eine verdeckte Gewinnausschüttung liegt erst vor, wenn der GmbH aufgrund der Tätigkeit ihres Gesellschafters ein zivilrechtlicher Schadensersatzanspruch zusteht,[229] diesen aber nicht geltend macht, oder wenn der Gesellschafter eine Geschäftschance der GmbH für sich ausnutzt, für welche die GmbH von einem fremden Dritten ein Entgelt verlangen würde (sog. **Geschäftschancenlehre**).[230] 173

2. Verdeckte Einlage

Die verdeckte Einlage stellt systematisch das Spiegelbild der verdeckten Gewinnausschüttung dar. Sie liegt vor, wenn der Gesellschafter oder eine ihm nahestehende Person der Gesellschaft einen bilanzierungsfähigen Vermögensvorteil zuwendet und diese Zuwendung durch das Gesellschaftsverhältnis veranlaßt ist.[231] Es gilt auch hier der Fremdvergleichsmaßstab (Rdn. 168). Die Rechtsfolgen einer verdeckten Einlage entsprechen grundsätzlich in umgekehrter Richtung der verdeckten Gewinnausschüttung: Der durch die verdeckte Einlage zu hoch ausgewiesene Gewinn der GmbH ist zu korrigieren, indem die verdeckte Einlage außerhalb der Bilanz zur Ermittlung des zu versteuernden Einkommens abgezogen wird. Demgegenüber erhöhen sich auf der Ebene des Gesellschafters die (nachträglichen) Anschaffungskosten seiner Beteiligung um den Wert der verdeckten Einlage.[232] Allerdings entsprechen sich verdeckte Gewinnausschüttungen und Einlagen nicht vollständig. Nach Auffassung des BFH können Nutzungen (z. B. der wirtschaftliche Vorteil aus einem zinslosen/zinsverbilligten Darlehen oder einer verbilligten Miete) zwar Gegenstand einer verdeckten Gewinnausschüttung, mangels Bilanzierungsfähigkeit aber nicht umgekehrt Gegenstand einer verdeckten Einlage sein.[233] 174

---

[225] BMF BStBl. I 1998, 90.

[226] Veröffentlicht in BB 1997, 243, wo ausgehend von einer Nichtaufgriffsgrenze von 300000 DM p. a. Angemessenheitsfaustregeln gebildet werden.

[227] Für Steuerberater-GmbH siehe etwa die Untersuchung der Bundessteuerberaterkammer aus 1995, ausgeführt von *Senger*, StbKongrRep. 1997, 145, 198 u. 202.

[228] BFH DStR 1995, 1873; 1997, 918; 1997, 1360.

[229] Vgl. dazu die jüngsten Dissertationen von *Lawall*, Das ungeschriebene Wettbewerbsverbot des GmbH-Gesellschafters, Frankfurt a. M. u. a. 1996; *Becker*, Das gesellschaftsrechtliche Wettbewerbsverbot in der Einmann-GmbH, Frankfurt a. M. u. a. 1997.

[230] Im einzelnen ist dazu noch vieles umstritten s. *Pezzer*, FR 1995, 906; *Gosch*, DStR 1995, 1863; *Buyer*, GmbHR 1996, 98; *Lawall*, DStR 1996, 605; *ders.*, NJW 1997, 1742; *Wassermeyer*, DStR 1997, 681; *Frotscher*, GmbHR 1998, 23, 30f.

[231] Vgl. BFH IStR 1998, 148f.; *Tipke/Lang-Pezzer*, § 11 Rz. 67.

[232] Vgl. BFH GrS BStBl. II 1988, 348, 355; zuletzt BFH GrS DStR 1997, 1282.

[233] BFH GrS BStBl. II 1988, 348, 354.

VI. Gliederung des verwendbaren Eigenkapitals

175 Nach § 29 Abs. 2 KStG ist das Eigenkapital der GmbH zum Schluß jedes Wirtschaftsjahres in das für Ausschüttungen verwendbare Eigenkapital und in das übrige Eigenkapital aufzuteilen. Das verwendbare Eigenkapital ist der Teil des Eigenkapitals, der das Nennkapital (gezeichnete Kapital: Stammkapital der GmbH) übersteigt. Entsprechend dem Gliederungsschema des § 266 Abs. 3 HGB zählen damit zum verwendbaren Eigenkapital die Kapital- und Gewinnrücklagen, der Gewinn-/Verlustvortrag sowie der Jahresüberschuß/-fehlbetrag. Infolge nicht steuerbarer Vorgänge, Steuerbefreiungen und Steuerermäßigungen kann das für die Ausschüttung verwendbare Eigenkapital körperschaftsteuerlich unterschiedlich belastet sein. Um bei einer Ausschüttung zur einheitlichen Körperschaftsteuerbelastung von 30% zu kommen, sieht § 27 Abs. 1 KStG eine Minderung oder Erhöhung der Körperschaftsteuer vor, je nachdem aus welchen der steuerlich unterschiedlich vorbelasteten Eigenkapitalteilen die Ausschüttung gespeist wird. Dementsprechend schreibt § 30 Abs. 1 KStG vor, zum Schluß des jeweiligen Wirtschaftsjahres das Eigenkapital entsprechend seiner Tarifbelastung wie folgt zu gliedern:

EK 45	ungemildert (mit 45% belasteter) Eigenkapitalanteil
EK 30	mit 30% belasteter Eigenkapitalanteil
EK 0	(mit deutscher KSt) unbelasteter Eigenkapitalanteil.

176 Gewinnausschüttungen, die auf einem Gewinnverteilungsbeschluß für ein bereits abgelaufenes Wirtschaftsjahr beruhen, sind mit dem verwendbaren Eigenkapital zum Schluß des letzten vor dem Gewinnverteilungsbeschluß abgelaufenen Wirtschaftsjahrs zu verrechnen (§ 28 Abs. 2 Satz 1 KStG). Andere Gewinnausschüttungen (z. B. verdeckte Gewinnausschüttungen, s. Rdn. 168ff.) sind mit dem verwendbaren Eigenkapital zu verrechnen, das sich zum Schluß des Wirtschaftsjahres ergibt, in dem die Ausschüttung erfolgt (§ 28 Abs. 1 Satz 2 KStG). § 28 Abs. 3 KStG enthält darüber hinaus eine für die steuerpflichtige Körperschaft günstige Verwendungsfiktion: Zuerst gilt der am höchsten belastete Teilbetrag als verwendet, dann folgt der nächst niedriger belastete Teilbetrag und zuletzt der überhaupt nicht vorbelastete Teilbetrag.

177 Zu ungünstigen Steuerfolgen kann das (komplizierte) Anrechnungsverfahren für die Rechtsanwalts-GmbH vor allem bei **verdeckten Gewinnausschüttungen** (Rdn. 168ff.) führen. Die h. M. setzt den dem Anteilseigner („verdeckt") zugewandten Vorteil der **Bardividende** (Rdn. 167) gleich.[234] Demgemäß muß die Rechtsanwalts-GmbH im Falle einer verdeckten Gewinnausschüttung die KSt-Ausschüttungsbelastung in Höhe von 30% der Bruttodividende herstellen und $3/7$ = 42,86% der Bardividende zusätzlich als Körperschaftsteuer an das Finanzamt abführen, die der Empfänger auf seine eigene Einkommensteuer anrechnen kann (s. oben Rdn. 167). Eine effektive zusätzliche Steuerbelastung tritt darüber hinaus insoweit ein, als das sog. EK 45 (Rdn. 175) nicht ausreicht, um die verdeckte Gewinnausschüttung zu speisen. Die Aufdeckung einer verdeckten Gewinnausschüttung begünstigt im Ergebnis nochmals (nun steuerlich) deren Empfänger zu Lasten der Rechtsanwalts-GmbH, indem sie zu einer zwangsweisen Erhöhung der Ausschüttung in Form der Steuergutschrift führt. Auf gesellschaftsrechtlicher Ebene kann dem durch eine Rückgewährklausel in der GmbH-Satzung begegnet werden. Allerdings bezieht der BFH sie steuerlich nicht zurück, sondern läßt die verdeckte Gewinnausschüttung bestehen und nimmt im Zeitpunkt der Rückgewähr lediglich eine Einlage des zurückzahlenden Gesellschafters an.[235]

---

234 Zu dem Problem deutlich *Tipke/Lang-Pezzer*, § 11 Rz. 160.
235 BFH BStBl. II 1987, 733; 1989, 1029; 1997, 92.

VII. Steuerliche Vor- und Nachteile einer Rechtsanwalts-GmbH

Zwar liegt die Körperschaftsteuertarifbelastung von 45% um 8% unterhalb der Spitzenbelastung der Einkommensteuer (53%). Dieser sich für die thesaurierten Gewinne ergebende Vorteil wird jedoch durch die Gewerbesteuerpflicht der Rechtsanwalts-GmbH (Rdn. 190ff.) überkompensiert. Im Steuerbelastungsvergleich zu einer freiberuflichen Personengesellschaft (Sozietät/Partnerschaft) schneidet die Rechtsanwalts-GmbH deshalb tendenziell schlechter ab.[236] Hinzu kommt, daß eine Rechtsanwalts-GmbH ihre Gewinne nicht unbedingt thesaurieren, sondern auch an ihre Rechtsanwälte ausschütten will. Wird der Gewinn aber ausgeschüttet, so ist er letztlich auf der Ebene des Gesellschafters mit dessen individuellem Einkommensteuersatz steuerpflichtig (s. Rdn. 130, 167). Deshalb wird die Rechtsanwalts-GmbH regelmäßig selbst dann nicht zu einer insgesamt niedrigeren Steuerbelastung führen, wenn die Gewerbesteuer durch Tätigkeitsvergütungen minimieren und durch Pensionszusagen an die tätigen Gesellschafter ein Steuerstundungseffekt erzielen läßt.[237] Das Bestreben nach Gewinnabsaugung führt zur latenten Problematik von verdeckten Gewinnausschüttungen, die regelmäßig erst Jahre später in einer Betriebsprüfung festgestellt werden. Durch den kostenintensiven Zwang zur nachträglichen Herstellung der Ausschüttungsbelastung (s. Rdn. 177) kann es zu erheblichen Liquiditätsproblemen bei der Rechtsanwalts-GmbH kommen.[238] Ein weiterer Nachteil der Rechtsanwalts-GmbH ergibt sich daraus, daß die Anschaffungskosten für den GmbH-Anteil dem Erwerber anders als bei der Mitunternehmerschaft kein Abschreibungsvolumen vermitteln. Die Rechtsform der GmbH ist als Kooperationsform steuerlich nur dann zu empfehlen, wenn die Gewerbesteuerpflicht auch bei einer Sozietät/Partnerschaft eintreten würde (Rdn. 203ff.). Im übrigen beruht die Gründung einer (bzw. Umwandlung in eine) Rechtsanwalts-GmbH derzeit hauptsächlich auf außersteuerlichen Gründen (s. § 11 Rdn. 70ff.).[239] 178

Einstweilen frei 179–189

C. Gewerbesteuer

I. Rechtsanwalts-GmbH als Gewerbebetrieb kraft Rechtsform

1. Reichweite des Gewerbebetriebes

Nach § 2 Abs. 2 GewStG gilt stets und in vollem Umfang die Tätigkeit einer Kapitalgesellschaft als Gewerbebetrieb (s. bereits Rdn. 161). Die Rechtsanwalts-GmbH unterfällt daher mit ihrer gesamten Tätigkeit der Gewerbesteuerpflicht. § 2 Abs. 2 GewStG enthält eine gesetzliche Fiktion und ist nicht widerlegbar. Dies gilt auch für Freiberufler-Kapitalgesellschaften, die materiell betrachtet kein Gewerbe betreiben.[240] Verfassungsrechtliche Bedenken an dieser sehr weitgehenden Fiktion hat das BVerfG bisher nicht gehegt.[241] Eine sachliche Beschränkung der Gewerbesteuerpflicht statuiert § 2 Abs. 1 Sätze 1 und 3 GewStG, indem dort die Gewerbesteuerpflicht auf die im Inland unterhalte- 190

---

[236] Vgl. *Korn* (Fn. 107), Rdn. 5 mit einer Beispielsrechnung.

[237] Deshalb propagieren die Freiberufler-GmbH als steuergünstige Alternative etwa *Herzig/Schiffers*, DStR 1997, 341; *Giere*, DB 1997, 1351; *Castan*, Die Partnerschaftsgesellschaft, 196ff.

[238] *Senger/Schulz*, DStR 1997, 1830.

[239] Vgl. *Korn* (Fn. 107), Rdn. 5, 8, wo er auf die Tauglichkeit der Rechtsanwalts-GmbH in der internationalen Zusammenarbeit hinweist.

[240] BFH BStBl. II 1977, 10 u. 668; FG Schleswig-Holstein EFG 1975, 219; A 13 Abs. 1 GewStR 1998.

[241] BVerfG HFR 1977, 255; zustimmend *Lenski/Steinberg-Sarrazin*, GewStG, § 2, Anm. 1741–1743 (September 1998).

nen Betriebsstätten (§ 12 AO) beschränkt wird. Soweit die Rechtsanwalts-GmbH durch im Ausland belegene Niederlassungen Gewinn erwirtschaftet, unterliegt dieser damit keiner deutschen Gewerbesteuer.

2. Berechnung des Gewerbeertrages

191 **a) Begriff des Gewerbeetrages.** Die Ausgangsgröße für den Gewerbeertrag bildet gem. § 7 GewStG der nach den Vorschriften des KStG zu ermittelnde Gewinn der Rechtsanwalts-GmbH (Rdn. 162ff.). Jedoch will die Gewerbesteuer als Besteuerungsgut die **„objektivierte Ertragskraft“** des laufenden Gewerbebetriebes, abstrahiert vom jeweiligen Rechtsträger, erfassen.[242] Dementsprechend stellt sich der Gesetzgeber als Anknüpfungsobjekt einen im Gemeindegebiet belegenen Betrieb vor, der nur mit eigenen Wirtschaftsgütern und ohne Fremdkapital arbeitet. Um den konkreten Gewerbebetrieb diesem „objektivierten Betrieb“ gleichzustellen, wird der Gewerbeertrag durch Hinzurechnungen und Kürzungen nach §§ 8, 9 GewStG modifiziert.[243]

192 **b) Hinzurechnungen zum Gewinn (§ 8 GewStG).** Die Hinzurechnungsvorschriften des § 8 Nrn. 1–3 GewStG bezwecken die Gleichstellung von Erträgen aus eigen- und fremdfinanziertem Kapital. Der praktische Hauptanwendungsfall liegt in den sog. **Dauerschuldzinsen**, die zur Hälfte dem Gewerbeertrag wieder hinzugerechnet werden (§ 8 Nr. 1 GewStG).[244] Hinzugerechnet werden außerdem mit der Gründung oder dem Erwerb des Betriebes zusammenhängende Renten und dauernde Lasten (§ 8 Nr. 2 GewStG); des weiteren auch Gewinnanteile des typisch stillen Gesellschafters (§ 8 Nr. 3 GewStG). Seit dem 1. 1. 1990 umfaßt § 8 Nr. 1 GewStG auch Entgelte aus partiarischen Darlehensverhältnissen.

193 Von den übrigen Hinzurechnungsvorschriften hervorzuheben ist § 8 Nr. 7 GewStG.[245] Sein Zweck besteht in der Gleichstellung desjenigen, der fremde Vermögensgegenstände in seinem Betrieb nutzt mit demjenigen, der eigene Wirtschaftsgüter einsetzt. Hinzugerechnet wird die Hälfte der Miet- und Pachtzinsen für die Benutzung fremder Wirtschaftsgüter des Anlagevermögens, die nicht in Grundbesitz bestehen. Die Hinzurechnung entfällt aber nach § 8 Nr. 7 Satz 2 GewStG, wenn der Miet- oder Pachtzins beim Vermieter zur Gewerbesteuer heranzuziehen ist (dies hat besondere Bedeutung für Leasinggegenstände und die Betriebsaufspaltung). Hierdurch wird eine gewerbesteuerliche Doppelbesteuerung vermieden.

194 **c) Kürzungen des Gewinns (§ 9 GewStG).** Die praxisrelevanteste Kürzungsvorschrift ist § 9 Nr. 1 GewStG, der eine Kürzung des Gewerbeertrages um 1,2% des auf 140% erhöhten Einheitswertes der Betriebsgrundstücke vorsieht.[246] Der Zweck dieser Vorschrift besteht zum einen in der **Vermeidung der Doppelbelastung des Grundbesitzes mit Grundsteuer und Gewerbesteuer**. Zum anderen soll die Besteuerung der Betriebe mit eigenem Grundbesitz derjenigen der Betriebe mit fremden Grundbesitz angenähert werden (Abzug einer „fiktiven Miete“).

195 Der Vermeidung einer gewerbesteuerlichen Doppelerfassung dienen schließlich die Hinzurechnungs- und Kürzungsvorschriften der §§ 8 Nr. 8; 9 Nrn. 2, 2a GewStG. Die Vorschriften verhindern, daß Gewinne und Verluste aus Beteiligungen an Personengesellschaften und Gewinnanteile an Kapitalgesellschaften (bei Schachtelbeteiligungen von mindestens 10%) doppelt berücksichtigt werden.

---

242 Vgl. Gesetzesbegründung RStBl. 1937, 693, 695f.; ausf. *Zitzelsberger*, Grundlagen der Gewerbesteuer, Habil., Köln 1990, 115ff.

243 Zur berechtigten Kritik an den eher zufällig gewählten Hinzurechnungs- und Kürzungsvorschriften siehe nur *Tipke/Lang-Montag*, § 12 Rz. 22ff.

244 Zum Begriff der Dauerschulden ausf. A 45 GewStR 1998.

245 Dazu A 53 GewStR 1998.

246 Dazu A 59 GewStR 1998.

d) Anwendung von Steuermeßbetrag, Hebesatz. Die Gewerbesteuer ermittelt sich nach Abschaffung der Gewerbekapitalsteuer[247] wie folgt: 196

Gewinn aus Gewerbebetrieb (§ 7 GewStG)
+/./. Korrekturen aus dem „Wesen der Gewerbesteuer", A 39–41 GewStR 1998[248]
+/./. Hinzurechnungen/Kürzungen nach §§ 8, 9 GewStG
./. Gewerbeverlust aus Vorjahren (§ 10a GewStG)
= **maßgeblicher Gewerbeertrag**
× **Steuermeßzahl 5 %** (§ 11 Abs. 2 Nr. 2 GewStG)
= **Steuermeßbetrag**
× **Hebesatz** der Gemeinde (§ 16 GewStG)
= **Gewerbesteuer**.

Beispiel: Die in Köln ansässige Rechtsanwalts-GmbH A, B und C erwirtschaftet nach Abzug von angemessenen Gesellschafter-Geschäftsführer-Gehältern (3 × 250000 DM) einen Steuerbilanzgewinn in Höhe von 200000 DM. Für Praxisinvestitionen hat die Rechtsanwalts-GmbH ein langfristiges Darlehen über 1 Million DM aufgenommen, das zu 6% zu verzinsen ist. Der Gewerbesteuer ist deshalb ein Gewerbeertrag i. H. v. 200000 DM + 50% v. 60000 DM Dauerschuldzinsen (§ 8 Nr. 1 GewStG) = 230000 DM zu unterwerfen. Daraus ergibt sich ein Steuermeßbetrag i. H. v. 5% = 11500 DM. Dieser wird mit dem durch Satzung der Stadt Köln festgelegten Hebesatz (450%[249]) multipliziert = 51750 DM. Dabei ist aber noch unberücksichtigt geblieben, daß die Gewerbesteuer als Unternehmenssteuer den Gewinn der Rechtsanwalts-GmbH und damit zugleich ihre eigene Bemessungsgrundlage, den Gewerbeertrag, mindert. Dieser Umstand kann durch den Divisor 1 + Hebesatz/100 × Meßzahl/100 = 1 + 450/100 × 5/100 = 1,225 mathematisch ausgedrückt werden. Unter Berücksichtigung ihrer eigenen Abzugsfähigkeit beträgt die Gewerbesteuer der Rechtsanwalts-GmbH mithin 51750 DM : 1,225 = 42245 DM, bezogen auf den Steuerbilanzgewinn (200000 DM) = ca. 21%. Selbst wann man berücksichtigt, daß die Gewerbesteuer als Betriebsausgabe nach § 4 Abs. 4 EStG den körperschaftsteuerlichen Gewinn schmälert, verbleibt also noch eine Zusatzbelastung von ca. 12%.

3. Besonderheit des Gewerbesteuerverfahrens

Die Gewerbesteuer ist eine **Realsteuer** (§ 3 Abs. 2 AO), deren Aufkommen nach Art. 106 Abs. 6 Satz 1 GG den Gemeinden zusteht. Art. 106 Abs. 6 Satz 2 GG garantiert den Gemeinden das Hebesatzrecht, um so die kommunale Finanzautonomie im Sinne des Art. 28 Abs. 2 Satz 3 GG („mit Hebesatzrecht zustehende wirtschaftskraftbezogene Steuerquelle") zu gewährleisten. 197

Diese Vorgaben bedingen ein **zweistufiges Verfahren.**[250] Auf der ersten Stufe setzt das Finanzamt, in dessen Bezirk sich die Geschäftsleitung der Rechtsanwalts-GmbH befindet (§§ 22 Abs. 1, 18 Abs. 1 Nr. 2 AO), den Gewerbesteuermeßbetrag in ihrer Funktion als (staatliche) untere Landesfinanzbehörde (§ 2 Abs. 1 Nr. 3 FVG) nach den bundeseinheitlich geltenden Maßstäben des Gewerbesteuergesetzes fest. Der **Gewerbesteuermeßbescheid** ist nach § 184 Abs. 1 AO ein Grundlagenbescheid (Rdn. 104) und sowohl für die Rechtsanwalts-GmbH als Adressatin als auch für die Gemeinde verbindlich. Das Finanzamt teilt den Inhalt des Gewerbesteuermeßbescheides der (den) Gemeinde(n) gem. § 184 Abs. 3 AO mit. Unterhält die Rechtsanwalts-GmbH in mehreren Gemeinden Betriebsstätten (Niederlassungen), so muß das Finanzamt den einheitlichen Steuermeßbetrag nach Maßgabe der Arbeitslöhne (s. §§ 28–34 GewStG) zerlegen (sog. **Zerlegungsbescheid**, § 188 AO). Auf der zweiten Stufe wendet die Gemeinde auf den jeweiligen Steuermeßbetrag 198

---

[247] Die Gewerbekapitalsteuer ist mit Wirkung vom 1. 1. 1998 durch Art. 4 des Gesetzes zur Fortsetzung der Unternehmenssteuerreform v. 29. 10. 1997, BGBl. I 1997, 2590, abgeschafft worden, s. dazu *Karthaus*, DB 1997, 1887.

[248] Dazu instruktiv und krit. *Tipke/Lang-Montag*, § 12 Rz. 19f.

[249] In Köln betrug der Hebesatz 1998 450%.

[250] Zum Verfahren s. A 2–8, 71–80 GewStR 1998.

oder -anteil den in ihrem Gemeindegebiet geltenden Hebesatz an und setzt dementsprechend die Gewerbesteuer durch **Gewerbesteuerbescheid** fest.

II. Einzelpraxis/Sozietät/Partnerschaft als stehender Gewerbebetrieb

1. Grundsatz der Gewerbesteuerfreiheit

199 Anders als die Gewerbebetriebe kraft Rechtsform (Rdn. 190) unterliegen natürliche Personen gem. § 2 Abs. 1 Satz 2 GewStG nur dann der Gewerbesteuer, wenn sie auch tatsächlich einen Gewerbebetrieb im Sinne des § 15 Abs. 2 EStG unterhalten. Dies bedeutet, daß die von natürlichen Personen und Personengesellschaften betriebenen freiberuflichen Praxen nicht gewerbesteuerpflichtig sind. Die daraus resultierende Ungleichbehandlung von Gewerbetreibenden und freien Berufen hat das BVerfG bisher für verfassungsrechtlich unbedenklich gehalten.[251]. Allerdings mehren sich die Zweifel, ob in einer modernen Dienstleistungsgesellschaft die tradierte Unterscheidung zwischen Gewerbetreibenden und Freiberuflern steuerrechtlich aufrecht erhalten werden kann.[252] Die neue Bundesregierung hat im Dezember 1998 eine Sachverständigenkommission mit der Aufgabe einberufen, eine rechtsformunabhängige Unternehmenssteuer zu entwerfen. In einer breit gefaßten, einheitlichen Unternehmenssteuer könnten sowohl die Körperschaft- als auch die Gewerbesteuer aufgehen und die freien Berufe einbezogen werden.[253] Die weitere Entwicklung bleibt abzuwarten.

2. Problem des Erbfalls bei berufsfremden Erben

200 Das Erfordernis der Eigenverantwortlichkeit des Freiberuflers (Rdn. 3) schließt die Tätigkeit Berufsfremder als Unternehmer oder Mitunternehmer einer freiberuflichen Praxis im Sinne des § 18 EStG aus. Deshalb unterliegt eine Rechtsanwaltspraxis (auch eine Sozietät) der Gewerbesteuer, wenn sie durch einen nicht berufsqualifizierten Erben als (Mit-)Unternehmer fortgeführt wird.[254] Handelt es sich lediglich um eine kurze Interimphase von maximal 6 Monaten nach dem Erbfall, so läßt die Finanzverwaltung aber eine rückwirkend vereinbarte abweichende Zurechnung der Einkünfte unter den Miterben zu.[255] Vereinbaren die Miterben innerhalb des 6-Monatszeitraums untereinander, daß die seit dem Erbfall erzielten Einkünfte nur dem berufsqualifizierten Miterben zustehen sollen, so bleibt es bei freiberuflichen Einkünften aus § 18 Abs. 1 Nr. 1 EStG.

3. Steuerschädliche Aktivitäten einer Einzelpraxis

201 Ein an sich freiberuflich tätiger Rechtsanwalt kann in vielfältiger Weise einen Gewerbebetrieb begründen. So wandelt sich die Einzelpraxis sogar **insgesamt** in einen **Gewerbebetrieb**, wenn sie eine solche Dimension erreicht, daß der Rechtsanwalt sie nach Maßgabe der sog. **Stempeltheorie** nicht mehr leitend und eigenverantwortlich betreiben kann (s. Rdn. 3). Des weiteren können **Sektoren** des Tätigkeitsfeldes (für sich betrachtet) dem Typus einer gewerblichen Tätigkeit (z. B. eines Kaufmannes) entsprechen (s. Rdn. 2). Dies gilt insbesondere für die sonstigen selbständigen Tätigkeiten i. S. d. § 18 Abs. 1 Nr. 3

---

[251] Zuletzt BVerfGE 46, 224 ff.

[252] Vgl. *Gosch*, DStZ 1998, 327, 331; *Seer*, FR 1998, 1022; das BVerfG hat in einer Kammerentscheidung die ausführlich begründete Normenkontrollvorlage des FG Niedersachsen v. 24. 6. 1998, FR 1998, 1041 ff., am 17. 11. 1998–1 BvL 10/98, DStR 1999, S. 109 ff., mit dem wenig überzeugenden Argument, daß das FG Niedersachsen nach § 31 Abs. 1 BVerfGG an die früheren Entscheidungen des BVerfG (s. Fn. 251) gebunden sei, als unzulässig (!) abgewiesen. Zwischenzeitlich hat das FG Baden-Württemberg mit Beschluß v. 16. 10. 1998 – 9 K 208/92 – ebenfalls eine Normenkontrollvorlage wegen der Gewerbesteuer nach Art. 100 GG erhoben.

[253] Vgl. etwa den Entwurf eines Steuergesetzbuches von *Lang*, BMF-Schriftenreihe Nr. 49, Bonn 1993, Rdn. 640 ff.

[254] BFH BStBl. II 1977, 539; 1981, 665 (Verwaltung für eine Übergangszeit durch einen Treuhänder); 1993, 36 u. 716; 1994, 922; BMF BStBl. I 1993, 62, Tz. 5 (Erbauseinandersetzungs-Erlaß).

[255] BMF BStBl. I 1993, 62, Tz. 8.

EStG (z. B. als **Aufsichtsratsmitglied**, **Testamentsvollstrecker** oder **Insolvenzverwalter**), wenn der Rechtsanwalt die insoweit vom BFH postulierten Voraussetzungen der restriktiven sog. **Vervielfältigungstheorie** mißachtet, wonach der Freiberufler bereits dadurch zum Gewerbetreibenden werden soll, daß er seine berufliche Tätigkeit durch die Beschäftigung fachlich vorgebildeter Hilfskräfte „vervielfältigt" (s. Rdn. 4).

Übt ein Rechtsanwalt danach sowohl freiberufliche als auch gewerbliche (sog. **gemischte**) **Tätigkeiten** aus, so sind sie steuerlich je für sich zu behandeln, wenn beide Bereiche nicht derart sachlich und wirtschaftlich miteinander verflochten sind, daß eine Trennung nach der Verkehrsauffassung praktisch unmöglich erscheint. Ausreichend ist es, wenn die Ergebnisse aus beiden Tätigkeitsbereichen sich im Schätzungswege (§ 162 AO) trennen lassen.[256] Eine gesonderte Buchführung ist dazu nicht erforderlich, aber hilfreich. 202

4. Steuerschädliche Aktivitäten einer Sozietät/Partnerschaft

a) Bedeutung der Infektionsvorschrift des § 15 Abs. 3 Nr. 1 EStG. Die unter Rdn. 202 aufgeführten sog. gemischten Tätigkeiten können selbstverständlich auch von einer Sozietät oder Partnerschaft unternommen werden. Jedoch unterscheiden sich die Rechtsfolgen ganz erheblich voneinander, wenn anstelle eines einzelnen Rechtsanwalts eine **Personengesellschaft** sog. gemischte Tätigkeiten betreibt. Nach § 15 Abs. 3 Nr. 1 EStG gilt die Tätigkeit einer Personengesellschaft **in vollem Umfang** als **Gewerbebetrieb**, wenn eine ansonsten freiberufliche Personengesellschaft auch gewerbliche Einkünfte erzielt.[257] Unerheblich ist, ob der gewerblichen Tätigkeit im Rahmen des Gesamtunternehmens eine nur geringfügige Bedeutung zukommt.[258] Damit „infiziert" eine noch so geringe gewerbliche Betätigung den gesamten Sektor der Sozietät/Partnerschaft und macht daraus vollständig einen Gewerbebetrieb! Die Kodifikation der sog. **Abfärbetheorie** in § 15 Abs. 3 Nr. 1 EStG gilt allein für Personengesellschaften und bewirkt eine Ungleichbehandlung, die das Schrifttum überwiegend für verfassungswidrig hält.[259] 203

Es sollte deshalb versucht werden, die Anwendung des § 15 Abs. 3 Nr. 1 EStG durch geeignete Gestaltungen zu vermeiden. Ein von der Finanzverwaltung anerkanntes Mittel dazu bietet das sog. **Ausgliederungsmodell**.[260] Die Anwendung der sog. Abfärbevorschrift wird vermieden, wenn eine zweite Personengesellschaft, die mit der Sozietät/Partnerschaft durchaus personenidentisch sein darf, den gewerblichen Sektor betreibt.[261] Voraussetzung ist jedoch, daß die Schwestergesellschaft nach außen hin als eigenständige Rechtseinheit in Erscheinung tritt und deutlich wird, daß sie eine von der Sozietät/Partnerschaft abgrenzbare eigene Tätigkeit entfaltet.[262] Als Beweisanzeichen kommen dafür in Betracht, daß die Schwestergesellschaft durch eigenen Briefbogen, eigene Finanzkonten und Rechnungsformulare als unterschiedliches Einkünfteerzielungssubjekt (Rdn. 78) im Rechtsverkehr agiert.[263] Des weiteren muß ihr Gesellschaftsvertrag so gestaltet sein, daß sie wirtschaftlich, organisatorisch und finanziell von der Sozietät/Partnerschaft unabhängig ist. Dies sollte auch durch eine eigenständige Buchführung 204

---

[256] Vgl. BFH BStBl. II 1990, 534: Trennung möglich, wenn Rechtsanwalt als Treuhänder im Rahmen eines Bauherrenmodells fungiert; vgl. auch *Glanegger/Güroff*, GewStG, § 2 Rz. 99; *Lenski/Steinberg-Sarrazin*, GewStG, § 2 Anm. 452 (Sept. 1998).

[257] Vgl. BFH BStBl. II 1989, 797; statt vieler *Schmidt*, EStG, § 15 Rz. 185 ff.

[258] BFH BStBl. II 1995, 171; 1998, 603, 604.

[259] Vgl. *Korn*, DStR 1995, 1249; *Schwendy*, INF 1995, 75; *ders.*, INF 1998, 33; *Schulze-Osterloh*, Gedächtnisschrift Knobbe-Keuk, Köln 1997, 531; *Gosch*, StBp. 1998, 81; *Habscheidt*, BB 1998, 1184; vgl. auch FG Niedersachsen (Fn. 252), FR 1998, 1041, 1050 ff.

[260] Vgl. BMF BStBl. I 1997, 566.

[261] BFH BStBl. II 1996, 264; 1998, 603, 604; nach der Änderung des § 31 Abs. 2 der BerufsO der Rechtsanwälte ist diese Gestaltung auch bei einer Anwaltssozietät möglich.

[262] BFH BStBl. II 1997, 202; 1998, 603, 604; BFH/NV 1993, 684; 1998, 847.

[263] BMF BStBl. I 1997, 566, Tz. 4; Hinweis von BFH BStBl. II 1998, 603, 604.

dokumentiert werden.[264] Unschädlich ist es aber, wenn die Sozietät/Partnerschaft ihrer Schwestergesellschaft Personal und Räumlichkeiten gegen Aufwendungsersatz überläßt. Die Finanzverwaltung läßt es unbeanstandet, wenn die Höhe der entsprechenden Aufwendungen nach dem Verhältnis der Umsätze geschätzt und in dieser Höhe der freiberuflichen Sozietät/Partnerschaft ersetzt werden.[265]

205 **b) Beteiligung von Nichtfreiberuflern.** Auch die mitunternehmerische Beteiligung von Personen, die keine Freiberufler i. S. d. § 18 EStG sind, führt nach gefestigter Rspr. dazu, daß die Sozietät **insgesamt** zu einem **Gewerbebetrieb** wird (s. auch Rdn. 200).[266] Dies gilt auch bei der Beteilgung einer Rechtsanwalts-GmbH (zu deren Gewerblichkeit s. Rdn. 161).[267]

206 **c) Unterscheidung zwischen Aktivitäten der Sozietät/Partnerschaft und ihren Gesellschaftern.** Die Infektionswirkung des § 15 Abs. 3 Nr. 1 EStG wird jedoch nicht ausgelöst, wenn nicht die Sozietät/Partnerschaft, sondern ein Gesellschafter die gewerbliche Tätigkeit auf **eigenen Namen und eigene Rechnung** entfaltet. In diesem Fall erzielt nicht die Personengesellschaft, sondern lediglich ein Gesellschafter als Einzelunternehmer die gewerbliche Einkünfte. Allerdings muß der Gesellschafter nach außen hin unmißverständlich deutlich machen, daß er im eigenen Namen auf eigene Rechnung handelt und nicht als Gesellschafter der Sozietät/Partnerschaft.[268] Deshalb dürfen die Einnahmen aus der gewerblichen Tätigkeit auch nicht der Sozietät/Partnerschaft, sondern müssen allein dem Gesellschafter zufließen; umgekehrt sind die damit zusammenhängenden Betriebsausgaben auch allein vom Gesellschafter zu tragen.

5. Freibetrag und Staffeltarif nach § 11 Abs. 2 GewStG, Tarifbegrenzung nach § 32c EStG

207 Die Gewerbesteuer wird grundsätzlich ebenso wie bei einer Rechtsanwalts-GmbH berechnet (Rdn. 196) und verfahrensrechtlich festgesetzt (Rdn. 198). Zu berücksichtigen ist, daß Tätigkeitsvergütungen und Pensionszusagen zugunsten der Gesellschafter weder den Gewinn noch den Gewerbeertrag der Sozietät/Partnerschaft mindern können. Zum Ausgleich dafür sieht § 11 Abs. 2 Satz 3 Nr. 1 GewStG für **Einzelunternehmen** und **Personengesellschaften** einen Freibetrag i. H. v. 48 000 DM und für die Gewerbesteuer-Meßzahl (Rdn. 196) einen progressiven Staffeltarif von 1–5 % beim Gewerbeertrag in der Zone von 48 001–144 000 DM vor. Freibetrag und Staffeltarif entsprechen insgesamt einem Freibetrag i. H. v. 96 000 DM.[269]

208 Die Gewerbesteuerpflicht der Einzelpraxis/Sozietät/Partnerschaft führt nach § 32 c EStG bei der **Einkommensteuer** zu einer auf die gewerblichen Einkünfte beschränkten **Tarifbegrenzung von 47 %**. Dies gilt unabhängig davon, ob der Gewinn thesauriert oder entnommen wird. Die Tarifbegrenzung wirkt sich erst aus, wenn die (anteiligen) gewerblichen Einkünfte des Rechtsanwalts 100 278 DM (Ledige)/200 576 DM (Verheiratete) übersteigt. § 32c EStG bezweckt, die durch die Gewerbesteuer hervorgerufene Sonderbelastung bei der Einkommensteuer wieder auszugleichen.[270] Dies gelingt angesichts des maximalen Vorteils von 6 % (zu 53 % Spitzensteuersatz) jedoch nicht. Es verbleibt im Ergebnis bei einer deutlichen **Mehrbelastung durch die Gewerbesteuer** (vgl.

[264] Vgl. außerdem die Hinweise zum Ausgliederungsmodell bei *Korn* (Fn. 107), Rdn. 28.

[265] BMF BStBl. I 1997, 566, Tz.5; vgl. auch *Grune*, BB 1998, 1081, 1083; *Möckershoff-Schulz*, Handbuch Freie Berufe im Steuerrecht, Bielefeld 1998, 44.

[266] BFH BStBl. II 1979, 574; 1989, 797; 1994, 922.

[267] *Korn* (Fn. 107), Rdnr. 35.

[268] *Korn* (Fn.107), Rdn. 28 a. E., schlägt außerdem vor, im Gesellschaftsvertrag aufzunehmen, daß es den Gesellschaftern verwehrt ist, gewerbliche Tätigkeiten für Rechnung der Sozietät/Partnerschaft auszuführen.

[269] *Seer*, StuW 1993, 114, 118.

[270] Reg.Begr. zum Entwurf des sog. Standortsicherungsgesetzes, BT-Drucks. 12/4487, 25.

Rdn. 178).[271] Zudem fehlt es auch bei typisierender Betrachtung an der Konnexität zwischen gewerbesteuerlicher Belastung einerseits und einkommensteuerlicher Entlastung andererseits.[272] Wenn man eine Korrektur der gewerbesteuerlichen Sonderbelastung auf der Ebene der Einkommensteuer überhaupt für sachgerecht hält,[273] so ist die sowohl geeignetere als auch weniger belastende Maßnahme die Anrechnung der Gewerbesteuer auf die Einkommensteuer.[274] Der Entwurf eines sog. **Steuerentlastungsgesetzes 1999** (Fn. 1) enthält aber weder die verfassungsrechtlich gebotene Abschaffung der Gewerbesteuer (s. Rdn. 199) noch deren (ganz oder teilweise) Anrechnung auf die Einkommensteuer. Vielmehr soll die systemwidrige Tarifbegrenzung für den **Veranlagungszeitraum 1999** auf **45 %** und ab dem **Veranlagungszeitraum 2000** sogar auf **43 %** ausgedehnt werden (§ 32c EStG 1999-E).

Einstweilen frei **209–219**

D. Umsatzsteuer

I. Charakter der Steuer und Funktion des Unternehmers als Steuersubjekt

Die Umsatzsteuer ist eine **allgemeine Verbrauchsteuer**. Allerdings werden die Verbraucher aus Praktikabilitätsgründen nicht direkt besteuert. Vielmehr hält sich das Umsatzsteuergesetz steuertechnisch an die Unternehmer, die Lieferungen und sonstige Leistungen ausführen. Sie besitzen die Funktion von Steuereinsammlern. Die formalen Steuerschuldner (Unternehmer) sollen letztlich nicht mit der Umsatzsteuer belastet werden; Steuerträger sollen vielmehr die Verbraucher sein. Deshalb ist es vom UStG auch intendiert, daß die Unternehmer die von ihnen geschuldete Umsatzsteuer auf die Leistungsempfänger überwälzen (sog. **indirekte Steuer**).[275] Soweit die Umsatzsteuer auf einen Unternehmer abgewälzt wird, entlastet dieser sich seinerseits durch den **Vorsteuerabzug** (§ 15 UStG, s. Rdn. 268ff.). Um dies zu gewährleisten, ist die Umsatzsteuer seit dem 1. 1. 1968 als **Allphasen-Netto-Umsatzsteuer mit Vorsteuerabzug**[276] ausgestaltet. **220**

Das nationale Umsatzsteuerrecht wird in besonderem Maße durch das **Gemeinschaftsrecht der EU** beeinflußt. Für den Bereich der indirekten Verbrauchsteuern statuiert Art. 93 EGV n. F. (= Art. 99 EGV a. F.)[277] einen Harmonisierungsauftrag, um den Binnenmarkt zu verwirklichen. Diesen Harmonisierungsauftrag haben Rat und Kommission für die Umsatzsteuer durch mehrere Richtlinien (Art. 249 Abs. 3 EGV n. F. = Art. 189 Abs. 3 EGV a. F.) erfüllt. Von besonderer Bedeutung ist dabei die **6. Richtlinie zum gemeinsamen Mehrwehrtsteuersystem** vom 17. 5. 1977.[278] Diese Richtlinien sind im nationalen UStG umgesetzt worden. Dementsprechend ist die Bedeutung des EuGH für das Verständnis und die Auslegung des UStG ganz erheblich gewachsen.[279] **221**

Nach § 2 Abs. 1 Satz 1 UStG ist **Unternehmer**, wer eine gewerbliche oder berufliche Tätigkeit selbständig ausübt. § 2 Abs. 1 Satz 3 UStG ergänzt, daß gewerblich oder beruflich bereits jede nachhaltige Tätigkeit zur Erzielung von Einnahmen darstellt, selbst **222**

---

[271] Vgl. auch Berechnungsbeispiele bei *Korn* (Fn. 107), Rdn. 26.

[272] *R. Wendt*, FR 1993, 1, 8; *Seer*, StuW 1993, 114, 137.

[273] Die Tarifbegrenzung wird ganz überwiegend mit guten Gründen für verfassungswidrig angesehen, s. *Herrmann/Heuer/Raupach-M. Wendt*, EStG, § 32c, Rdn. 7 (November 1996); *Schmidt-Glanegger*, EStG, § 32c Rz. 2, m. w. N.

[274] *Seer*, FR 1998, 1022, 1023f.

[275] Zum Charakter der USt eingehend *Tipke/Lang-Reiß*, § 14 Rz. 1.

[276] Zur Funktionsweise s. *Tipke/Lang-Reiß*, § 14 Rz. 3.

[277] Mit dem Amsterdamer Vertrag v. 2. 10. 1997, Sonderbeilage zu NJW 11/1998, hat der EGV eine neue Numerierung erhalten.

[278] 77/388 EWG, ABl. EG 1977 Nr. L 145, 1ff.

[279] Einen instruktiven Überblick gibt *Birkenfeld*, UR 1997, 241ff.; *ders.*, StuW 1998, 55ff.

wenn eine Gewinnerzielungsabsicht fehlt. Der Unternehmerbegriff ist daher **weit** gefaßt und umschließt z. B. auch Vermietungstätigkeiten, die den Charakter bloßer Vermögensverwaltung (vgl. etwa Rdn. 137) besitzen.[280]

223 Der selbständige **Rechtsanwalt** ist damit ebenso Unternehmer und Steuerschuldner (§ 13 Abs. 2 Nr. 1 UStG) wie der **freie Mitarbeiter** (Rdn. 121). Dasselbe gilt für eine **Rechtsanwalts-GmbH** als juristische Person, aber auch für Sozietäten und Partnerschaften (**Personengesellschaften**) als Berufsausübungsgesellschaften. BGB-Gesellschaften und Partnerschaftsgesellschaften sind umsatzsteuerlich eigene Steuersubjekte, die von ihren Gesellschaftern deutlich unterschieden werden müssen (s. Rdn. 229f.). Demgegenüber ist eine **Bürogemeinschaft** als bloße Innengesellschaft kein Unternehmer, wenn sich ihre Beteiligten lediglich zur Verteilung von Kosten (z. B. durch Anmietung von Räumen, Beschäftigung von Personal) zusammenfinden. Führt sie allerdings darüber hinaus Leistungen gegenüber ihren Gesellschaftern (z. B. Erledigung von Verwaltungsaufgaben) gegen Entgelt aus, so wird auch die Bürogemeinschaft zum Unternehmer.[281] Dies hat den wichtigen Vorteil, daß sie vorsteuerabzugsberechtigt ist (Rdn. 268ff.).

II. Sachlich-gegenständlicher Umfang des Unternehmens

224 Der sachliche Umfang des Unternehmens erstreckt sich auf die gesamte gewerbliche und berufliche Tätigkeit des Unternehmers (§ 2 Abs. 1 Satz 2 UStG), also auf die Gesamtheit der Tätigkeitsbereiche, die der unternehmerischen Sphäre (Rdn. 222) zuzuordnen sind. Es lassen sich **Grund-**, **Neben-** und **Hilfsgeschäfte** unterscheiden.[282] Die Grundgeschäfte bilden die typischen anwaltlichen (forensischen, kautelarjuristischen, beratenden) Tätigkeiten. Die Nebengeschäfte stehen mit den Grundgeschäften im Zusammenhang, weil der Rechtsanwalt seine Kenntnisse und Erfahrungen aus diesem Bereich nutzt (z. B. als Testamentsvollstrecker, Aufsichtsratsmitglied, Insolvenzverwalter, Treuhänder, Schriftsteller, etc., vgl. auch Rdn. 4). Hilfsgeschäfte (Hilfsumsätze) sind demgegenüber regelmäßig einmalige Vorgänge, die das Unternehmen üblicherweise mit sich bringt (z. B. Veräußerung von Gegenständen des Unternehmensvermögens, dazu Rdn. 226f.). Grund-, Neben- und Hilfsgeschäfte machen zusammengenommen den sachlich-gegenständlichen Umfang des Unternehmens aus.

225 Davon zu unterscheiden ist der **nichtunternehmerische Bereich**. Tätigkeiten in der nichtunternehmerischen Sphäre sind umsatzsteuerrechtlich irrelevant (z. B. Verkauf eines persönlichen Schmuckstücks). Die Privatsphäre der natürlichen Person ist eine Endverbrauchersphäre. Deshalb führen Wertabgaben aus dem Unternehmen heraus in die Privatsphäre (z. B. Entnahmen, dazu Rdn. 16) zum steuerbaren Eigenverbrauch (Rdn. 232ff.). Dasselbe gilt nach § 1 Abs. 1 Nr. 3 UStG auch für Leistungen der Rechtsanwalts-GmbH an seine Gesellschafter, die eine verdeckte Gewinnausschüttung (Rdn. 168ff.) ausmachen (s. Rdn. 238).

III. Umfang des Unternehmensvermögen

226 Zum Unternehmensvermögen gehören zunächst alle Wirtschaftsgüter, die in vollem Umfang für die freiberufliche Tätigkeit genutzt werden (z. B. Praxisinventar, Computer-, Telefonanlage). Allerdings entspricht die Abgrenzung des Unternehmensvermögens nicht der ertragsteuerlichen Abgrenzung zwischen Betriebs- und Privatvermögen (dazu

[280] Die Vermietung eines körperlichen Gegenstandes erfüllt dann die Unternehmereigenschaft, wenn sie als Nutzung zur nachhaltigen Erzielung von Einnahmen vorgenommen wird, vgl. EuGH UVR 1996, 338, Rdn. 21f.; BFH BStBl. II 1997, 368, 370. Davon ist negativ die gelegentlich Vermietung von Freizeitgegenständen (z. B. Wohnmobil, Segelyacht) abzugrenzen (BFH, a.a.O.).

[281] BFH BStBl. II 1972, 656, 657; *Birkenfeld*, Umsatzsteuerhandbuch I, Rz. 189 (November 1995).

[282] So etwa *Jakob*, Umsatzsteuer, § 4 Rz. 57ff.

Rdn. 18). Bei **gemischt-genutzten Wirtschaftsgütern** (z. B. Grundstücken, PKW) besitzt der Unternehmer ein **Wahlrecht**, in welchem Umfang sie dem Unternehmensvermögen zugeordnet sein sollen.[283]

Beispiel: Rechtsanwalt R erwirbt einen PKW, den er zu ca. 50% freiberuflich, im übrigen für Privatfahrten nutzt. Er besitzt ein dreifaches Wahlrecht:

- R kann den PKW zu 100% seinem Unternehmensvermögen zuordnen. R besitzt den vollen Vorsteuerabzug (Rdn. 268ff.). Zum Ausgleich wird aber die spätere Veräußerung/Entnahme zu 100% als Hilfsgeschäft (Rdn. 224) bzw. Eigenverbrauch (Rdn. 232f.) steuerpflichtig.
- R kann den PKW zu 50% seinem Unternehmensvermögen zuordnen. R kann nur zu 50% den Vorsteuerabzug geltend machen, braucht die spätere Veräußerung/Entnahme aber auch nur zu 50% als Hilfsgeschäft bzw. Eigenverbrauch zu versteuern.
- R kann den PKW auch zu 100% in seinem Privatvermögen belassen. Dann hat er weder den Vorsteuerabzug noch braucht er später bei Veräußerung/Entnahme etwas zu versteuern.

Die Zuordnungsentscheidung trifft der Unternehmer durch die Inanspruchnahme der Vorsteuer (Rdn. 272).[284] Das umsatzsteuerliche Unternehmensvermögen verhält sich daher nicht kongruent mit dem ertragsteuerlichen Betriebsvermögen (Rdn. 18). Der Vorsteuerabzug (Rdn. 268ff.) ist nach § 15 UStG völlig unabhängig davon, ob das Wirtschaftsgut ertragsteuerlich zum Betriebsvermögen gehört oder nicht. 227

IV. Steuerbare Umsätze

1. Leistungsaustausch (§ 1 Abs. 1 Nr. 1 UStG)

Als Grundtatbestand unterliegen der Umsatzsteuer alle Lieferungen und Leistungen, die ein Unternehmer im Inland (Rdn. 240ff.) gegen Entgelt (Rdn. 248ff.) im Rahmen seines Unternehmens (Rdn. 224) ausführt. Freiberuflich tätige Rechtsanwälte erbringen regelmäßig keine Lieferungen, sondern sonstige Leistungen (§ 3 Abs. 9 UStG), deren Steuerbarkeit zumeist unzweifelhaft ist. 228

Durch die Rechtsbeziehungen zwischen Gesellschaft (Sozietät, Partnerschaft, Rechtsanwalts-GmbH) und ihren Gesellschaftern kann auch der **einzelne Gesellschafter** für sich zum **Unternehmer** werden und steuerpflichtige Umsätze mit der Gesellschaft tätigen. Dies trifft vor allem zu, wenn der Gesellschafter Wirtschaftsgüter, die in seinem Alleineigentum (z. B. als Sonderbetriebsvermögen, s. Rdn. 75) stehen, gegen Entgelt an die Gesellschaft vermietet.[285] Hier eröffnet die Ausgestaltung als **entgeltliches Mietverhältnis** für den einzelnen Gesellschafter die Möglichkeit des Vorsteuerabzuges (Rdn. 246f.), der bei einer nur unentgeltlichen Nutzungsüberlassung versagt ist.[286] Um den Vorsteuerabzug zu gewährleisten, ist dabei auf eine korrekte Rechnungserteilung (Rechnungsempfänger = vermietender Gesellschafter) zu achten (Rdn. 261). 229

In vergleichbarer Weise sind **Vermietungsleistungen naher Angehöriger** an den Rechtsanwalt (zur ESt s. Rdn. 41) oder an die Sozietät/Partnerschaft/Rechtsanwalts-GmbH zu qualifizieren. Auch hier wird bei einer entgeltlichen Ausgestaltung der nahe Angehörige zum Unternehmer. Damit das Mietverhältnis steuerlich Anerkennung findet, sind Leistung und Gegenleistung wie unter fremden Dritten auszugestalten (s. Rdn. 39f.).[287] 230

---

[283] EuGH EuGHE I 1995, 2775 = BStBl. II 1996, 392; so nunmehr auch BMF BStBl. I 1996, 702; dazu *Völkel*, UR 1996, 377; *Birkenfeld*, DStR 1996, 1709.

[284] BFH BStBl. II 1985, 176; 1987, 350; 1988, 649 u. 746; zu weiteren Indizien s. BFH BStBl. II 1995, 853.

[285] Siehe BFH BStBl. II 1992, 269; 1993, 562; BFH BFH/NV 1994, 205; 1995, 741.

[286] Vgl. BFH BStBl. II 1993, 529 u. 530; 1994, 56.

[287] Keine Anwendung finden m. E. allerdings die strengen Anforderungen, die der BFH für die Anerkennung des Mietverhältnisses über eine Praxisimmobilie zwischen einem freiberuflichen Arzt und dessen Ehegatten stellt, s. BFH BFH/NV 1996, 443 = NJW 1997, 824 = NJWE-MietR 1996, 261;

2. Eigenverbrauchstatbestände

231 **a) Eigenverbrauch als Vorsteuerberichtigungstatbestand.** Versorgt sich ein Unternehmer aus seinem Unternehmen als Endverbraucher, so soll er nicht besser gestellt werden als ein gewöhnlicher Endverbraucher. Deshalb wird der noch im Unternehmen erworbene Vorsteuerabzug (§ 15 Abs. 1 UStG, Rdn. 268ff.) durch die Besteuerung des Endverbrauchs als Eigenverbrauch ganz oder teilweise wieder rückgängig gemacht.[288] Im Entwurf eines sog. **Steuerentlastungsgesetzes 1999** (Fn. 1) ist geplant, die Eigenverbrauchstatbestände durch fiktive Lieferungs- bzw. Leistungstatbestände zu ersetzen und den Zusammenhang mit dem Vorsteuerabzug entsprechend den Anforderungen der 6. EG-Richtlinie zu verdeutlichen (§ 3 Abs. 1b und 9a UStG 1999-E).[289] Derzeit lassen sich im einzelnen noch folgende Eigenverbrauchstatbestände unterscheiden:

232 **b) Entnahmeeigenverbrauch (§ 1 Abs. 1 Nr. 2a UStG).** Er liegt vor, wenn der Unternehmer Gegenstände aus seinem Unternehmen für Zwecke entnimmt, die außerhalb des Unternehmens liegen.

Beispiel: Rechtsanwalt R erwirbt einen PKW, den er freiberuflich nutzt, zum Preis von 58000 DM brutto. Als Vorsteuer läßt R sich 8000 DM nach § 15 Abs. 1 Nr. 1 UStG vergüten. Nach drei Jahren verschenkt R den PKW an seinen volljährigen Sohn. Damit tätigt R einen Entnahmeeigenverbrauch. Bemessungsgrundlage für den Eigenverbrauch ist nach § 10 Abs. 4 Nr. 1 UStG der Netto-Einkaufspreis (dazu Rdn. 250), der im Zeitpunkt der Entnahme für einen vergleichbaren gebrauchten PKW zu zahlen wäre (z. B. 20000 DM, davon 16% = 3200 DM USt).

233 Entnimmt der Unternehmer Gegenstände, die er ohne Vorsteuerabzug (z. B. von einem Nichtunternehmer) erworben hat, so fällt bei richtlinienkonformer Auslegung des § 1 Abs. 1 Nr. 2a UStG keine Umsatzsteuer an.[290] Dies gilt m. E. auch, wenn der Unternehmer zwischenzeitlich z. B. bei einem PKW im Zusammenhang mit Reparatur- oder Inspektionsarbeiten Vorsteuer abgezogen hat.[291]

234 **c) Leistungseigenverbrauch (§ 1 Abs. 1 Nr. 2b UStG).** Während der Entnahmeeigenverbrauch die Wertabgabe im Sinne einer fiktiven Lieferung betrifft (Rdn. 232f.), erfaßt der Leistungseigenverbrauch alle sonstigen Leistungen (§ 3 Abs. 9 UStG), die der Unternehmer fiktiv an sich selbst oder (unentgeltlich) gegenüber Dritten erbringt.[292] Unter den Leistungseigenverbrauch fallen insbesondere Nutzungsentnahmen (sog. **Verwendungseigenverbrauch**, zur ESt s. Rdn. 34f.). Bei richtlinienkonformer Auslegung des Leistungseigenverbrauchs sind grundsätzlich nur solche Leistungen in die Bemessungsgrundlage einzubeziehen, für die Vorsteuern (Rdn. 268ff.) abgezogen worden sind.[293] Deshalb bleiben beim Verwendungseigenverbrauch eines PKW die Kostenbestandteile der Kfz-Steuer, Kfz-Versicherung und nicht vorsteuerbehafteten Garagenmiete

---

BFH BFH/NV 1993, 446 u. 447; 1994, 421. Da ein Rechtsanwalt anders als ein Arzt keine zum Vorsteuerausschluß führenden Umsätze tätigt, spielt die vom BFH behandelte Frage des Gestaltungsmißbrauchs (§ 42 AO) hier keine Rolle.

[288] Plastisch *Jakob*, Umsatzsteuer, § 8 Rdn. 5ff.

[289] Siehe im einzelnen BT-Drucks. 14/23, 195f.

[290] EuGH EuGHE 1989, 1925; EuGHE I 1993, 2615 = BStBl. II 1993, 812; so nunmehr auch BFH BStBl. II 1992, 267; 1994, 370; deutlich der Entwurf eines **Steuerentlastungsgesetzes 1999** (Fn. 1) in § 3 Abs. 1b UStG 1999-E: „Voraussetzung ist, daß der Gegenstand oder seine Bestandteile zum vollen oder teilweisen Vorsteuerabzug berechtigt haben".

[291] Dieser Umstand rechtfertigt nur einen sog. Leistungseigenverbrauch nach § 1 Abs. 1 Nr. 2b UStG (Rdn. 234); a. A. aber FG München, EFG 1997, 186, 187, nrkr.

[292] So auch der Entwurf eines **Steuerentlastungsgesetzes 1999** (Fn. 1) in § 3 Abs. 9a UStG 1999-E.

[293] EuGH EuGHE I 1993, 2615 = BStBl. II 1993, 812; so mittlerweile auch A 155 Abs. 2 Sätze 4 und 5 UStR 1996; ebenso der Entwurf eines **Steuerentlastungsgesetzes 1999** (Fn. 1) in § 3 Abs. 9a Nr. 1 UStG 1999-E: „... Verwendung eines dem Unternehmen zugeordneten Gegenstandes, der zum vollen oder teilweisen Vorsteuerabzug berechtigt hat, ..."

nach A 155 Abs. 3 UStR 1996 unberücksichtigt. Im übrigen will die Finanzverwaltung die sog. **1%-Regelung** (Rdn. 34) aus Vereinfachungsgründen nicht nur für die Einkommensteuer, sondern auch im Bereich der Umsatzsteuer anwenden.[294] Allerdings arbeitet die Finanzverwaltung mit zwei fragwürdigen Unterstellungen: Zum einen geht sie davon aus, daß der 1%-Wert, obwohl er aus einer Bruttobemessungsgrundlage (incl. USt) resultiert, ein typisierter Nettowert (ohne USt) ist![295] Des weiteren will sie die nicht mit Vorsteuer belasteten Kostenbestandteile durch einen pauschalen Abschlag von 20% abgelten.[296] Nach dem Entwurf des sog. **Steuerentlastungsgesetzes 1999** (Fn. 1) wird für die Anwendung der 1%-Regel im Umsatzsteuerrecht zukünftig jedoch kein Raum mehr bestehen.[297]

d) Repräsentationseigenverbrauch (§ 1 Abs. 1 Nr. 2c UStG). Privat veranlaßte Aufwendungen (§ 12 EStG, Rdn. 26) und nichtabzugsfähige Betriebsausgaben (§ 4 Abs. 5 EStG, Rdn. 28ff.) ordnet § 1 Abs. 1 Nr. 2c UStG – den einkommensteuerlichen Wertungen entsprechend – der nichtunternehmerischen Sphäre zu. Sie lösen deshalb als Wertabgabe an die Privatsphäre ebenfalls Eigenverbrauch aus. Allerdings dient der Repräsentationseigenverbrauch ebenfalls nur der Vorsteuerkorrektur (Rdn. 30), so daß er nur dann in Betracht kommt, wenn im Zusammenhang mit den Aufwendungen Vorsteuern vergütet worden sind.[298] Dem folgt auch der Entwurf des sog. **Steuerentlastungsgesetzes 1999** (Fn. 1), der den Repräsentationseigenverbrauch in § 15 Abs. 1a Nr. 1 UStG 1999-E durch einen Vorsteuerausschlußtatbestand (dazu Rdn. 274f.) ersetzen will. Für die praktisch sehr relevanten Fahrten zwischen Wohnung und Betriebsstätte wendet die Finanzverwaltung aber derzeit noch die in § 4 Abs. 5 Nr. 6 EStG beschriebene Methode (Rdn. 30) auch für die Umsatzsteuer an, wobei sie den nichtabzugsfähigen Betrag als Nettowert begreift, dem die USt zuzuschlagen ist.[299] 235

Beispiel (s. auch BMF, DStR 1999, 281; vgl. zur ESt bereits Rdn. 34): Rechtsanwalt R erwirbt einen Mittelklassen-PKW (Listenpreis brutto 60000 DM) zum Preis von 50000 DM zzgl. 8000 DM USt, die er als Vorsteuer geltend macht. Die laufenden PKW-Kosten betragen insgesamt 10000 DM netto (Vorsteuer ca. 1200 DM). Mit dem PKW fährt R an ca. 220 Tagen im Jahr von seinem Einfamilienhaus in die Praxis (Entfernung 10 km). Ein Fahrtenbuch führt R nicht. 236

Leistungseigenverbrauch (§ 1 Abs. 1 Nr. 2b UStG)		
1% von 60000 DM × 12 Monate =		7200 DM
Repräsentationseigenverbrauch (§ 1 Abs. 1 Nr. 2c UStG)		
0,03% v. 60000 DM × 12 Monate × 10 km	2160 DM	
./. 10 km × 220 Tage × 0,70 DM/km	1540 DM	620 DM
Verbleibende Bemessungsgrundlage		7820 DM
./. 20% pauschaler Abschlag für nicht vorsteuerbelastete Kosten		1564 DM
Bemessungsgrundlage		6256 DM
16% USt =	abgerundet	1000

Es werden also nicht nur ein erheblicher Teil der als Betriebsausgaben berücksichtigten PKW-Kosten, sondern ebenso ein erheblicher Teil der Vorsteuern durch Entnahme und Eigenverbrauch wieder korrigiert. Dies sollte ein Rechtsanwalt, der aus „betrieblichen 237

[294] BMF BStBl. I 1997, 324; dazu instruktiv *Rondorf*, DStR 1997, 1108ff.; gegen die Übernahme der 1%-Regel im Bereich der USt FG Münster, EFG 1998, 1094 (rkr.).

[295] So ausdrücklich BMF BStBl. I 1997, 324, unter I. Abs. 2 Satz 3; m. E. unhaltbar, ebenso *Nieskens*, BB 1996, 2177.

[296] BMF (Fn. 295), unter I. Abs. 2 Satz 2.

[297] § 3 Abs. 9a Satz 2 UStG 1999-E nimmt gemischt-genutzte Kraftfahrzeuge ausdrücklich von dem fiktiven Leistungstatbestand wieder aus.

[298] Vgl. EuGH, UVR 1997, 331 (für ein vergleichbares Problem im italienischen USt-Recht); nunmehr auch BFH, DStR 1998, 1552; *Jakob*, Umsatzsteuer, § 8 Rdn. 73; *Wagner*, UR 1997, 380, 382; *Birkenfeld*, USt-Handbuch, I, Rz. 1425 (November 1995); BMF, DStR 1999, 281; a. A., aber unrichtig noch BFH BStBl. II 1994, 468; A 155 Abs. 5 Satz 3 UStR 1996.

[299] BMF (Fn. 295), unter II.; mit Recht krit. *Söhn*, UR 1998, 89ff.

Gründen" einen PKW anschafft, bei seiner Kalkulation berücksichtigen. Der Vorsteuerkorrektur bedarf es auch im Falle des **Leasings**. Insoweit als ein Rechtsanwalt einen geleasten PKW für private Zwecke oder für Fahrten zur Praxis nutzt, verwirklicht er ebenfalls einen Leistungs- bzw. Repräsentationseigenverbrauch.

238 **e) Gesellschafterverbrauch (§ 1 Abs. 1 Nr. 3 UStG).** § 1 Abs. 1 Nr. 3 UStG erfaßt unentgeltliche oder verbilligte Leistungen, die eine Sozietät/Partnerschaft/Rechtsanwalts-GmbH an ihre Gesellschafter oder diesen nahestehenden Personen erbringt. Die Vorschrift beruht auf der mittlerweile überholten Vorstellung, daß Erwerbsgesellschaften keine nichtunternehmerische Sphäre besitzen könnten.[300] Nachdem der BFH sich die bereits früher in der Literatur vertretene Auffassung, daß auch Gesellschaften einen Eigenverbrauch verwirklichen können,[301] zu eigen gemacht hat,[302] läuft die Vorschrift praktisch leer.[303] Unentgeltliche Leistungen der Gesellschaft an ihre Gesellschafter werden bereits durch die Tatbestände des Entnahme- und Leistungseigenverbrauchs (Rdn. 232, 234) erfaßt. Überläßt die Gesellschaft ihrem Gesellschafter einen PKW kostenlos, so wird damit auch diese Wertabgabe an den Gesellschafter mit dem Eigenverbrauch des Einzelunternehmers auf eine Stufe gestellt.[304] Geschieht die Überlassung gegen ein verbilligtes Entgelt, so ist der Umsatz bereits nach § 1 Abs. 1 Nr. 1 UStG steuerbar. Unterschreitet das Entgelt den Einkaufspreis bzw. die entstandenen Kosten („verdeckte" Entnahme/Gewinnausschüttung, s. Rdn. 168 ff.), so ist die für den Eigenverbrauch geltende sog. Mindestbemessungsgrundlage (§ 10 Abs. 4 UStG) nach § 10 Abs. 5 Nr. 1 UStG anzusetzen (Rdn. 251).

3. Sachleistungen an Arbeitnehmer (§ 1 Abs. 1 Nr. 1 Satz 2 lit. b] UStG)

239 Sachleistungen (geldwerte Vorteile), die der Arbeitgeber seinen Arbeitnehmern gewährt, sind auch dann umsatzsteuerbar, wenn für sie kein besonderes Entgelt von den Arbeitnehmern gezahlt wird.[305] Dies gilt auch für geldwerte Vorteile, die eine Rechtsanwalts-GmbH ihrem Gesellschafter/Geschäftsführer zukommen läßt (s. Rdn. 170 ff.). Den Vorteil der Gestellung eines **Firmen-PKW** berechnet die Finanzverwaltung ebenfalls anhand der sog. **1%-Regelung**. Da es beim Leistungsaustausch des § 1 Abs. 1 Nr. 1 UStG nicht um eine Vorsteuer-Korrektur (Rdn. 231) geht, läßt sie aber keinen Abschlag von 20% (Rdn. 234) für nicht mit Vorsteuer belastete Kosten zu.[306] Andererseits versteht sie die typisierende Pauschale (1% bzw. 0,03%, s. Rdn. 236) hier aber immerhin nicht mehr als Netto- (s. Rdn. 234), sondern (zutreffend) als Bruttogröße, aus der die USt herauszurechnen ist.[307]

4. Ort der Leistung

240 **a) Grundsatz (§ 3a Abs. 1 UStG).** Ein Umsatz ist nur steuerpflichtig, wenn er im Inland erfolgt. Liegt der Ort der Leistung im Ausland, so ist das dort geltende Umsatzsteuerrecht maßgebend.[308] Im Grundsatz werden sonstige Leistungen (Leistungen, die

[300] Vgl. etwa noch BFH BStBl. II 1976, 443.

[301] Z. B. *Söhn*, StuW 1977, 352 f.

[302] BFH BStBl. II 1984, 169.

[303] Vgl. BFH BStBl. II 1993, 885; dementsprechend sieht der Entwurf des sog. **Steuerentlastungsgesetzes** (Fn. 1) auch vor, § 1 Abs. 1 Nr. 3 UStG ersatzlos zu streichen.

[304] *Jakob*, Umsatzsteuer, § 3 Rdn. 20.

[305] Daran hält auch der Entwurf des sog. **Steuerentlastungsgesetzes 1999** (Fn. 1) fest, indem er die unentgeltlichen Leistungen an das Personal zu steuerbaren Leistungen erklärt (§ 3 Abs. 1 b Nr. 2 u. Abs. 9 a Nr. 2 UStG 1999-E).

[306] BMF (Fn. 295), unter III., Abs. 4 Satz 6; dazu krit. *Winter*, UR 1997, 169; *Gummert*, UR 1997, 321.

[307] BMF (Fn. 295), unter III., Abs. 4 Satz 5; außerdem dort das Beispiel 1.

[308] In der Europäischen Union ist das Umsatzsteuerrecht wegen der 6. EG-Richtlinie (Rdn. 221) weitgehend harmonisiert worden. Es gelten allerdings unterschiedliche Regelsteuersätze (Spannweite 15–25%), s. Übersicht des BMF BB 1998, 203.

nicht Lieferungen sind, s. § 3 Abs. 9 UStG) nach § 3a Abs. 1 Satz 1 UStG an dem Ort erbracht, von dem aus der Unternehmer sein Unternehmen betreibt (s. auch § 21 Abs. 1 Satz 1 AO). Dies ist der Ort, an dem er seine unternehmerischen Leistungen ausführt, anbietet oder Aufträge dafür entgegennimmt.[309] Bei einem freiberuflichen Rechtsanwalt oder einer Sozietät/Partnerschaft/Rechtsanwalts-GmbH geschieht dies dort, wo sich die Praxis befindet (**Ort der Anwaltskanzlei**).[310] Wird die Leistung von einer **Betriebsstätte** (§ 12 AO: z. B. einer Niederlassung[311]) erbracht, so gilt die Betriebsstätte gem. § 3a Abs. 1 Satz 2 UStG als Leistungsort.

b) Ausnahmen für Anwaltsleistungen nach § 3a Abs. 3 und 4 Nr. 3 UStG. Die Grundregel des § 3a Abs. 1 UStG wird jedoch häufig durchbrochen. Sie läßt unberücksichtigt, wo sich der Leistungserfolg auswirkt. Daher sehen § 3a Abs. 2–4 UStG eine Vielzahl von Ausnahmen vor, die das gesetzliche Regel-Ausnahmeverhältnis praktisch umkehren. Deren Grundidee ist es, den Ort anhand von Merkmalen der sonstigen Leistung dorthin zu legen, wo vermutlich der **Verbrauch** stattfindet. Soweit dies jedoch dazu führen könnte, daß eine Erfassung des innerhalb der EU erfolgten Verbrauchs mangels Überprüfbarkeit de facto gefährdet ist, wird an den leicht feststellbaren Ort des Leistenden angeknüpft. 241

Für die **berufstypischen Leistungen von Rechtsanwälten** sieht § 3a Abs. 3 i. V. m. Abs. 4 Nr. 3 UStG eine komplizierte Regelung vor, die einige Tücken aufweist.[312] § 3a Abs. 3 UStG unterscheidet zwischen 242

- Leistungen an Unternehmer,
- Leistungen an Nichtunternehmer mit Wohnsitz (§ 8 AO) in einem EU-Staat und
- Leistungen an Nichtunternehmer mit Wohnsitz außerhalb der EU (im sog. Drittlandsgebiet).

Anwaltsleistungen an Unternehmer werden nach § 3a Abs. 3 Sätze 1 und 2 UStG in dem Land besteuert, wo der Unternehmer sein Unternehmen betreibt oder seine Betriebsstätte, für welche die Leistungen erbracht worden ist, liegt (**Ort des Auftraggebers**). Handelt es sich um einem innerhalb der EU ansässigen Nichtunternehmer, so bleibt der **Ort der Anwaltskanzlei** (Rdn. 240) nach § 3a Abs. 1 UStG maßgebend, da die Erfassung des Umsatzes durch den Mitgliedstaat des Nichtunternehmers nicht als gesichert erscheint. Dies gilt allerdings nicht für außerhalb der EU ansässige Nichtunternehmer (§ 3a Abs. 3 Satz 3 UStG). Erbringt ein Rechtsanwalt an solche Auftraggeber eine Beratungsleistung, so gilt entsprechend dem verbrauchsteuerkonformen Bestimmungslandprinzip[313] der **Ort des Auftraggebers** als Leistungsort. Ob seine Leistung durch eine Umsatzsteuer im Drittland erfaßt wird, spielt nach der Vorstellung des Gesetzgebers offenbar keine Rolle.[314]

Beispiel: Rechtsanwalt R führt im Inland für einen in den Niederlanden ansässigen Unternehmer N einen Zivilprozeß auf Zahlung des Kaufpreises für eine Lieferung. In einem weiteren Rechtsstreit wegen einer Privatschuld vertritt R im Inland zugleich die Ehefrau E des N. R berät des weiteren den in der Schweiz ansässigen S in verschiedenen Rechtsangelegenheiten.

Die Anwaltsleistung des R gegenüber dem niederländischen Unternehmer N ist nicht in Deutschland, sondern in den Niederlanden umsatzsteuerbar (USt-Satz dort 17,5 %). Nach Art. 21 Nr. 1b der 6. USt-Richtlinie schuldet N zwar grundsätzlich die niederländische USt im sog. Abzugsverfahren. Jedoch braucht N die USt nach der sog. Nullregelung

---

309 *Birkenfeld*, Umsatzsteuer-Handbuch, I, Rz. 1151 (September 1997).

310 *Tipke/Kruse*, AO, § 21 Tz. 2 (März 1996).

311 Zur Niederlassung als Betriebsstätte s. EuGH EuGHE 1985, 2251, Rz. 18 = UR 1985, 226.

312 Zu den grenzüberschreitenden Leistungen von Rechtsanwälten im Umsatzsteuerrecht s. *Rademacher*, INF 1997, 385 ff., 424 ff.

313 Dazu *Tipke/Lang-Reiß*, § 14 Rz. 12 ff.

314 Nicht zweifelsfrei erscheint es allerdings zu sein, ob in jedem Fall der Verbrauch auch tatsächlich außerhalb der EU stattfindet.

(Parallelvorschrift in Deutschland: § 52 Abs. 2 UStDV) aus Vereinfachungsgründen nicht einzubehalten und abzuführen, wenn er zum Vorsteuerabzug berechtigt ist.[315] Dagegen ist die an E erbrachte Anwaltsleistung in Deutschland umsatzsteuerbar, weil E eine innerhalb der EU ansässige Nichtunternehmerin ist. Davon abweichend sind die an den in der Schweiz ansässigen S erbrachten Anwaltsleistungen in Deutschland nicht umsatzsteuerbar, ohne daß es auf die Unternehmereigenschaft des S überhaupt ankäme.

243 Ist der innerhalb der EU ansässige Leistungsempfänger (im Beispielsfall N) zwar Unternehmer, hat er die Anwaltsleistung aber nicht für unternehmerische Zwecke empfangen, so ist § 3a Abs. 3 UStG nicht anwendbar.[316] Vielmehr verbleibt es bei der Grundregel des § 3a Abs. 1 UStG (Steuerbarkeit am Ort der Anwaltskanzlei, s. Rdnr. 240).[317] Der Rechtsanwalt steht als leistender Unternehmer vor dem praktischen Problem, nicht immer eruieren zu können, welchen umsatzsteuerlichen Status der in einem Mitgliedstaat der EU ansässige Leistungsempfänger besitzt. Weist er deshalb in einer Rechnung deutsche Umsatzsteuer aus, ohne daß der Umsatz im Inland steuerbar ist, so schuldet er die Umsatzsteuer nach § 14 Abs. 2 UStG mit der Möglichkeit, sie nach § 17 UStG noch berichtigen zu können (s. Rdnr. 263).[318]

244 Gegenüber der Regelung des § 3a Abs. 3 UStG vorrangig sind **Anwaltsleistungen**, die im Zusammenhang **mit einem Grundstück** stehen (§ 3a Abs. 3 Satz 4 UStG). Für sie bestimmt § 3a Abs. 2 Nr. 1 UStG, daß sie dort ausgeführt wird, wo das Grundstück liegt (**Belegenheitsort**).

Beispiel: Rechtsanwalt R führt im Inland für den in den Niederlanden ansässigen Unternehmer N einen Zivilprozeß auf Zahlung einer Werklohnforderung für Bauleistungen, die auf einem Grundstück in Berlin ausgeführt werden. Die Anwaltsleistung ist nach § 3a Abs. 2 Nr. 1 UStG in Deutschland (Belegenheitsort) umsatzsteuerbar.

5. Ausschluß der Steuerbarkeit bei Praxisveräußerungen (§ 1 Abs. 1a UStG)

245 Nach Auffassung des BFH begründeten Geschäftsveräußerungen im ganzen (ebenso wie Umwandlungen) einen Leistungsaustausch bzw. Eigenverbrauch und damit eine Umsatzsteuerpflicht.[319] Diese zu erheblichen Friktionen führende Rspr.[320] hat der Gesetzgeber mit Wirkung zum 1. 1. 1994 zum Anlaß genommen, entgeltliche und unentgeltliche Unternehmensübertragungen, Einbringungen und Umwandlungen von Unternehmen von der Umsatzsteuer auszunehmen.[321] Voraussetzung ist allerdings, daß die Geschäftsveräußerung an einen Unternehmer für dessen Unternehmen erbracht wird. Wegen § 1 Abs. 1a UStG braucht der Veräußerer dem Erwerber einer Anwaltspraxis (Rdn. 49 ff., 53) keine Rechnung mit offenem USt-Ausweis, in der die einzelnen Wirtschaftsgüter aufgelistet und bewertet sind, mehr zu erteilen, damit die Umsatzsteuerschuld durch einen Vorsteuerabzug (Rdn. 268 ff.) auf seiten des Erwerbers kompensiert wird. Vielmehr fällt USt von vornherein (sinnvollerweise) gar nicht erst an.

V. Steuerbefreiung von Vermietungsumsätzen und Option

246 § 4 Nr. 12a UStG befreit die Vermietung und Verpachtung von Grundstücken sowie die Überlassung grundstücksgleicher Rechte von der Umsatzsteuer. Die als soziale Wohltat gemeinte Steuerbefreiung[322] erweist sich wegen des damit verbundenen Ausschlusses des

---

315 Der USt-Abzugsschuld des N stünde bei entsprechender Rechnungserteilung ein deckungsgleicher Vorsteuervergütungsanspruch zugunsten des N gegenüber.

316 Im Beispielsfall hätte N die Leistung als Nichtunternehmer empfangen.

317 *Birkenfeld*, USt-Handbuch, I, Rz. 1140 (September 1997).

318 Vgl. BFH BStBl. II 1981, 547; 1993, 777; A 189 Abs. 1 UStR 1996.

319 Vgl. BFH BStBl. II 1987, 655 (zur vorweggenommenen Erbfolge); BFH BStBl. II 1976, 518; BFH/NV 1986, 500 (zu Umwandlungen nach dem UmwG).

320 Vgl. *Seer*, DStR 1988, 367; *Schön*, UR 1993, 291.

321 Vgl. dazu A 5 UStR 1996.

322 Sie soll die Verteuerung von Wohnungsmieten verhindern, vgl. *Tipke/Lang-Reiß*, § 14 Rz. 92.

Vorsteuerabzuges (§ 15 Abs. 2 Nr. 1 UStG, dazu Rdn. 274f.) nicht selten als Danaergeschenk. Um die dadurch entstehenden Nachteile zumindest innerhalb der Unternehmer-Leistungskette auszuschließen, eröffnet § 9 UStG die Möglichkeit der Option zur Umsatzsteuerpflicht. Um Gestaltungsmißbräuchen entgegenzuwirken, ist die Option seit dem 1. 1. 1994 nach § 9 Abs. 2 UStG aber auf solche Fälle beschränkt, in denen der Leistungsempfänger das Grundstück für Zwecke nutzt, die den Vorsteuerabzug eröffnen.

Die Option nach § 9 UStG spielt vor allem in den Fällen eine Rolle, in denen ein 247
Ehegatte die Praxisräumlichkeiten an den Rechtsanwalt oder die Sozietät/Partnerschaft/Rechtsanwalts-GmbH vermietet (s. Rdn. 230). Dasselbe gilt für Vermietungsleistungen der Gesellschafter an die Sozietät/Partnerschaft/Rechtsanwalts-GmbH (Rdn. 229). Nur durch die Option zur USt wird der Vorsteuerabzug für die Grundstücksaufwendungen gewährleistet. Die auf die Miete entfallende Umsatzsteuer kann sich der Leistungsempfänger als Vorsteuer (Rdn. 268ff.) vergüten lassen, so daß die USt letztlich zu einem durchlaufenden Posten wird. Um den Vorsteuerabzug sowohl beim Vermieter als auch beim Mieter zu gewährleisten, ist auf eine korrekte Rechnungsausstellung zu achten (Rdn. 261).

VI. Bemessungsgrundlage

1. Umfang des Entgelts (§ 10 Abs. 1 UStG)

Bei Lieferungen und sonstigen Leistungen wird der Umsatz nach dem Entgelt bemessen 248
(§ 10 Abs. 1 Satz 1 UStG). Entgelt ist nach § 10 Abs. 1 Satz 2 UStG alles, was der Leistungsempfänger aufwendet, um die Leistung zu erhalten, jedoch abzüglich der USt.[323] Dazu gehört auch, was ein anderer als der Leistungsempfänger (z. B. der Rechtsschutzversicherer, der Staat im Falle der Prozeßkostenhilfe) dem Rechtsanwalt für seine Leistung gewährt (s. § 10 Abs. 1 Satz 3 UStG).

Zum umsatzsteuerpflichtigen Entgelt gehört auch der **Auslagenersatz**. Das sind diejenigen Kosten, die der Rechtsanwalt in eigenem Namen, aber für Rechnung seines Mandanten aufgewendet hat.[324] Als Auslagenersatz kommen vor allem Fernsprech-, Postgebühren, Schreibauslagen, Fotokopier- und Reisekosten in Betracht (vgl. §§ 26–29 BRAGO, s. auch Rdn. 8 zur ESt).

Von den Auslagen zu unterscheiden sind die sog. **durchlaufenden Posten** (s. bereits 249
Rdn. 8). Dabei handelt es sich um Beträge, die der Rechtsanwalt im Namen und für Rechnung eines anderen vereinnahmt oder verausgabt. Sie gehören nach § 10 Abs. 1 Satz 5 UStG nicht zum umsatzsteuerpflichtigen Entgelt. Beispiele für durchlaufende Posten sind Gerichtskostenvorschüsse, Kosten für Mahn- und Vollstreckungsbescheide, Gerichtsvollzieher-, Zeugen- und Sachverständigengebühren, Inkassogelder. Im Bereich des Mahn- und Inkassowesens sind nur die Anwaltsgebühren, die für die geleistete Geschäftsbesorgung dem Mandanten berechnet werden, umsatzsteuerpflichtig.

2. Eigenverbrauch, Gesellschafterverbrauch, unentgeltliche Leistung an Arbeitnehmer

In den Fällen des Eigenverbrauchs (Rdn. 231ff.), des Gesellschafterverbrauchs 250
(Rdn. 238) und der Leistungen an Arbeitnehmer (Rdn. 239) fehlt es an einem Entgelt oder jedenfalls an einem fixierten Entgelt. Als Bemessungsgrundlage treten an die Stelle des Entgelts nach § 10 Abs. 4 UStG die folgenden **Ersatzwerte**:

- Entnahmeeigenverbrauch (Rdn. 232): der im Zeitpunkt der Entnahme für ein vergleichbares Wirtschaftsgut zu zahlende **Einkaufspreis** zzgl. Nebenkosten; bei selbstgeschaffenen Wirtschaftsgütern ersatzweise die Selbstkosten (§ 10 Abs. 4 Nr. 1 UStG);
- Leistungseigenverbrauch (Rdn. 234): die durch die Leistung entstandenen **Kosten** (§ 10 Abs. 4 Nr. 2 UStG);

[323] Die USt ist damit grundsätzlich keine „Steuer auf die Steuer".
[324] Vgl. *Burhoff/Obermeier*, Rdn. 981.

- Repräsentationseigenverbrauch (Rdn. 235): die damit verbundenen **Aufwendungen** (§ 10 Abs. 4 Nr. 3 UStG);
- Gesellschafterverbrauch (Rdn. 238), Leistungen an Arbeitnehmer (Rdn. 239): je nach dem Gegenstand der **Einkaufspreis** oder die entstandenen **Kosten**.

3. Mindestbemessungsgrundlage nach § 10 Abs. 5 UStG

251 Die Bemessungsgrundlage könnte für einen Gesellschafterverbrauch (Rdn. 238) dadurch abgesenkt werden, indem die Gesellschaft (Sozietät, Partnerschaft, Rechtsanwalts-GmbH) ihrem Gesellschafter ein niedriges Entgelt (z. B. 1,– DM) berechnet, das erheblich unter dem Eigenverbrauchswert (Rdn. 250) liegt. Um in den Fällen einer verbilligten Leistung gleichwohl die Bemessungsgrundlage für den Eigenverbrauch anwenden zu können, erklärt § 10 Abs. 5 Nr. 1 UStG diese für den Gesellschafterverbrauch zur sog. Mindestbemessungsgrundlage.[325] Dasselbe gilt nach § 10 Abs. 5 Nr. 2 UStG für verbilligte Leistungen an Arbeitnehmer.

VII. Steuersatz

252 Seit dem 1. 1. 1982 unterliegen die Umsätze aus freiberuflicher Tätigkeit grundsätzlich nicht mehr dem ermäßigten, sondern dem **Regelsteuersatz**,[326] der momentan **16%** beträgt (§ 12 Abs. 1 UStG).

253 **Ermäßigt** besteuert werden mit **7%** aber weiterhin Umsätze aus der Einräumung, Übertragung und Wahrnehmung von Rechten nach dem Urheberrechtsgesetz (§ 12 Abs. 2 Nr. 7c UStG). Erhalten Rechtsanwälte Entgelte für **Veröffentlichungen** (schriftstellerische Tätigkeit), so unterliegen sie daher nur dem ermäßigten Steuersatz von 7%. Darunter fallen aber nicht Rechtsgutachten, es sei denn, der Gutachtenauftrag ist auf eine Veröffentlichung ausgerichtet. Ebenso fallen Vorträge und Reden nur dann unter den ermäßigten Steuersatz, wenn sie von Rundfunk- oder Fernsehanstalten ausgestrahlt werden.[327]

VIII. Entstehung der Steuer

1. Sollversteuerung nach vereinbarten Entgelten (§ 13 Abs. 1 Nr. 1a UStG)

254 Die USt entsteht grundsätzlich bereits mit Ablauf des Voranmeldungszeitraums (regelmäßig Kalendermonat, Rdn. 278), in dem die Leistung ausgeführt worden ist. Auf den Zeitpunkt der Bezahlung des Entgelts oder eine Rechnungserstellung (Rdn. 259ff.) kommt es nicht an.[328]

255 Sonstige Leistungen (so auch Anwaltsleistungen) sind grundsätzlich ausgeführt, wenn sie vollendet worden sind.[329] Eine Ausnahme hiervon bilden sog. **Teilleistungen** (§ 13 Abs. 1 Nr. 1a Satz 2 UStG). Sie liegen vor, wenn eine Gesamtleistung (abstrakt) wirtschaftlich teilbar ist und (konkret) in Teilen geschuldet, abgerechnet und bewirkt wird. Hierzu zählen etwa vierteljährig abzurechnende Dauerberatungsleistungen oder eine Prozeßführung über mehrere Instanzen. Die USt entsteht für jede Teilleistung mit Ablauf des Voranmeldungszeitraums, in dem die Teilleistung ausgeführt worden ist.

---

325 Ausf. dazu *Toth*, Die Mindestbemessungsgrundlage des deutschen Umsatzsteuerrechts, Göttingen 1992.

326 Art. 36 Nr. 3 des 2. Haushaltsstrukturgesetzes v. 22. 12. 1981, BGBl. I 1981, 1523. Die Streichung des ermäßigten Steuersatzes für Rechtsanwälte/Notare hat das BVerfG, Beschl. v. 15. 6. 1983 – 1 BvR 1457/82 –, DStR 1983, 518, gebilligt.

327 *Burhoff/Obermeier*, Rdn. 990.

328 BFH BStBl. II 1984, 70; A 177 Abs. 1 UStR 1996.

329 A 177 Abs. 3 Satz 1 UStR 1996.

2. Istversteuerung nach vereinnahmten Entgelten (§ 13 Abs. 1 Nr. 1b UStG)

Rechtsanwälte bzw. Sozietäten/Partnerschaften, die Einkünfte aus freiberuflicher Tätigkeit i. S. d. § 18 Abs. 1 Nr. 1 EStG erzielen (s. Rdn. 1ff.), besitzen gem. § 20 Abs. 1 Satz 1 Nr. 3 UStG das **Wahlrecht**, die USt nicht nach vereinbarten Entgelten (§ 16 Abs. 1 Satz 1 UStG), sondern nach vereinnahmten Entgelten zu versteuern. Dies entspricht der Möglichkeit, den Gewinn nach § 4 Abs. 3 EStG durch eine Einnahmen-Überschußrechnung nach dem Zu- und Abflußprinzip zu ermitteln (dazu Rdn. 5ff.). Der Antrag auf Genehmigung der Besteuerung nach vereinnahmten Entgelten kann formlos gestellt werden und ist an keine Frist gebunden.[330] Berechnet der Unternehmer die USt nach vereinnahmten Entgelten, so entsteht sie grundsätzlich erst mit Ablauf des Voranmeldungszeitraums, in dem die Entgelte vereinnahmt worden sind. 256

Das Wahlrecht nach § 20 Abs. 1 UStG steht einer Rechtsanwalts-GmbH regelmäßig nicht zu, da sie gewerbliche Einkünfte erzielt (Rdn. 161) und ihr Jahresumsatz 250000 DM überschreiten wird.[331] 257

3. Istversteuerung bei Anzahlungen (§ 13 Abs. 1 Nr. 1a Satz 4 UStG)

Auch wenn der Unternehmer eine Sollversteuerung (Rdn. 254) vornimmt, entsteht die USt bei Anzahlungen (**Vorschüssen**) bereits mit Ablauf des Voranmeldungszeitraums, in dem die Anzahlung vereinnahmt worden ist. Zur Ausführung einer Rechtsanwaltsleistung muß es also noch nicht gekommen sein.[332] Der (potentielle) Leistungsempfänger hat aufgrund der Anzahlung (des Vorschusses) gegen den Anzahlungsempfänger (Rechtsanwalt) nach § 14 Abs. 1 Sätze 1 u. 5 UStG einen Anspruch auf Rechnungserteilung (Rdn. 260), wenn er die Leistung als Unternehmer für sein Unternehmen verwenden will. 258

IX. Rechnungserteilung (§ 14 UStG)

1. Dokumentationsfunktion der Rechnung für den Vorsteuerabzug

Die Abrechnung mit gesondertem Steuerausweis durch Rechnung ist nach h. M. **materiell-rechtliche Voraussetzung** für die Entstehung des Vorsteuervergütungsanspruchs (§ 15 Abs. 1 Nr. 1 Satz 1 UStG).[333] Rechnung ist jede Urkunde mit der ein Unternehmer oder in seinem Auftrag ein Dritter über eine Lieferung oder sonstige Leitung gegenüber dem Leistungsempfänger abrechnet (§ 14 Abs. 4 UStG). Nur der in der Rechnung ausgewiesene Steuerbetrag ist als Vorsteuer (Rdn. 269) abzugsfähig. Die Rechnung verwirklicht damit ein im System der sog. Allphasen-Netto-Umsatzsteuer mit Vorsteuerabzug (Rdn. 220) angelegtes Besteuerungsgleichgewicht.[334] Den dort gesondert ausgewiesenen Steuerbetrag schuldet der Unternehmer und der Leistungsempfänger kann sich diese Steuer – unter den weiteren Voraussetzungen des § 15 UStG – als Vorsteuer vergüten lassen. Der leistende Unternehmer hat dabei nicht zu überprüfen, ob der Leistungsempfänger die Voraussetzungen für den Vorsteuerabzug auch tatsächlich erfüllt. 259

Der vorsteuerabzugsberechtigte Leistungsempfänger besitzt nach § 14 Abs. 1 Satz 1 UStG einen **zivilrechtlichen Anspruch** gegen den leistenden Unternehmer auf Rechnungserteilung. Als Teil der zivilrechtlichen Preisberechnung umfaßt die Rechnungs- 260

---

330 *Bunjes/Geist-Zeuner*, UStG, § 20, Rdn. 3; A 254 UStR 1996.

331 Die Grenze des § 20 Abs. 1 Nr. 1 UStG beträgt in den neuen Bundesländern allerdings 1 Million DM (bis zum 31. 12. 2004 befristet, s. § 20 Abs. 2 UStG).

332 A 181 Abs. 1 UStR 1996.

333 BFH BStBl. II 1977, 273, 274; 1979, 345; 1986, 721, 723; dazu krit. *Tipke/Kruse-Seer*, AO, § 162 Tz. 27 (April 1998).

334 Vgl. *Birkenfeld*, USt-Handbuch, IV, Rz. 300 (August 1992).

erteilungspflicht den gesonderten Ausweis der USt.[335] Der Anspruch besteht nach § 14 Abs. 1 Satz 5 UStG auch im Falle einer Anzahlung (eines Vorschusses). Ein Streit zwischen den Parteien über die Rechnungserteilung ist vor den **Zivilgerichten** auszutragen.[336]

2. Inhalt einer Rechnung (§ 14 Abs. 1 UStG)

261 Den Inhalt einer ordnungsgemäßen Rechnung legt § 14 Abs. 1 Satz 2 UStG fest. Nach § 31 UStDV können die dort geforderten Angaben aber auch in anderen Urkunden (z. B. schriftlichen Verträgen) enthalten sein. Für den Vorsteuerabzug (Rdn. 268 ff.) reicht es aus, daß die Rechnung die Leistung unverwechselbar beschreibt.[337] Folgende Angaben muß eine Rechnung enthalten:

- Name und Anschrift des leistenden Unternehmers,
- Name und Anschrift des Leistungsempfängers,
- Bezeichnung (Individualisierung) der Leistung,
- Zeitpunkt der Leistung,
- Entgelt für die Leistung,[338]
- Angabe des Steuerbetrages.

3. Steuerschuldnerschaft bei unrichtigem Steuerausweis (§ 14 Abs. 2 u. 3 UStG)

262 Das im Leistungsverhältnis zwischen Unternehmern bestehende Besteuerungsgleichgewicht (Rdn. 259) wird gestört, wenn der Unternehmer in der Rechnung einen gesetzlich nicht geschuldeten, zu hohen Steuerbetrag ausweist. In diesem Fall besteht die Gefahr, daß der Rechnungsadressat einen gesetzlich gar nicht geschuldeten Steuerbetrag als Vorsteuer geltend macht. Dem begegnet § 14 Abs. 2 Satz 1 UStG, indem er **in Höhe der zu hoch berechneten Steuer** eine **Steuerschuld** begründet. Es werden von § 14 Abs. 2 UStG Rechnungen mit offenem Steuerausweis in den folgenden Fällen erfaßt:[339]

- Für eine steuerpflichtige Leistung wird eine höhere als die dafür geschuldete Steuer ausgewiesen. Dies trifft auch auf den **mehrfachen Steuerausweis** für eine Leistung in **mehreren Rechnungen** (z. B. Rechnung über Anzahlung und Endrechnung, s. Rdn. 266, Erteilung einer zweiten Rechnung an denselben Leistungsempfänger[340]) zu.
- Eine steuerfreie Leistung wird als steuerpflichtig behandelt, ohne daß die Voraussetzungen für eine Option nach § 9 UStG vorliegen (s. Rdn. 246 f.).
- Eine nicht steuerbare Leistung (z. B. Auslandsumsatz, s. Rdn. 240 ff.) wird als steuerpflichtig behandelt.

263 Der Unternehmer kann die Rechnung mit dem zu hoch ausgewiesenen Steuerbetrag **schriftlich** gegenüber dem Leistungsempfänger **berichtigen** (§§ 14 Abs. 2 Satz 2, 17 Abs. 1 UStG). Die Berichtigung ist in dem Voranmeldungszeitraum (Rdn. 278) zu erfas-

---

335 BFH BStBl. II 1982, 309, 311; 312, 314; 315, 316; BGH UR 1973, 168 u. 294; UR 1980, 250.

336 BGH NJW 1975, 310; BB 1980, 1444; BGHZ 103, 284, 286; zum Problem eines gespaltenen Rechtsweges, wenn die Steuerpflicht oder die Höhe der USt ungewiß ist, s. *Klein*, BB 1996, 135; *Rößler*, DStZ 1996, 301; *Tipke/Kruse-Seer*, FGO, § 33 Tz. 13 (August 1998).

337 BFH BStBl. II 1986, 581, 582.

338 Das in der BRAGO vorgesehene Honorar ist ein Nettoentgelt, da der Rechtsanwalt nach § 25 Abs. 2 BRAGO zusätzliche die dafür geschuldete USt als sog. Auslagenersatz vom Leistungsempfänger fordern kann.

339 Vgl. A 189 Abs. 1 UStR 1996.

340 Unternehmer muß die zweite Rechnung als „Durchschrift" oder „Zweitrechnung" kennzeichnen, um die Schuld nach § 14 Abs. 2 UStG zu vermeiden, s. *Birkenfeld*, USt-Handbuch, IV, Rz. 327 (August 1992).

sen, indem die berichtigte Rechnung erteilt wird.[341] Zu den Anforderungen an die Berichtigung s. im einzelnen A 189 Abs. 5 und 6 UStR 1996.

Die Berichtigungsmöglichkeit des § 17 UStG versagt § 14 Abs. 3 UStG in den folgenden Fällen:[342] 264

- Der Steuerpflichtige ist **persönlich** nicht zum gesonderten USt-Ausweis berechtigt, weil er gar kein Unternehmer (s. Rdn. 222) oder lediglich sog. Kleinunternehmer (s. § 19 UStG) ist.
- Der Unternehmer erteilt eine Rechnung mit offenem USt-Ausweis, obwohl er die Leistung gar nicht ausgeführt hat (z. B. Schein-, Gefälligkeitsrechnung). Dazu zählt auch der Fall, daß der Unternehmer eine Leistung durch zwei Rechnung gegenüber zwei verschiedenen Leistungsempfängern abrechnet.[343]
- Der Unternehmer erteilt eine Rechnung mit gesondertem USt-Ausweis, in der er statt der tatsächlich ausgeführten Leistung eine andere, von ihm gar nicht erbrachte Leistung angibt.[344] Unschädlich ist es allerdings, wenn die Rechnung die tatsächlich erbrachte Leistung lediglich ungenau beschreibt (s. A 190 Abs. 2 Nr. 3 Satz 3 UStR 1996).

Die Regelung des § 14 Abs. 3 UStG enthält **Gefährdungstatbestände**. § 14 Abs. 3 UStG begründete bereits mit der Rechnungserteilung aufgrund der abstrakten Gefährdung des Steueraufkommens eine **Steuerschuld**.[345] Die Steuerschuld besteht ohne Berichtigungsmöglichkeit selbst dann, wenn der Rechnungsempfänger von der Rechnung keinen Gebrauch und keine Vorsteuer geltend macht.[346] Dadurch erhält die Steuer Charakterzüge einer **Strafsteuer**.[347] 265

4. Erteilung einer sog. Endrechnung bei früheren Anzahlungen

Nach § 14 Abs. 1 Satz 6 UStG ist der Unternehmer nach Vollendung seiner Leistung zu einer Endrechnung verpflichtet, in der er die zuvor vereinnahmten Anzahlungen und die auf sie entfallenden, bereits offen ausgewiesenen Steuerbeträge absetzen muß. Unterläßt er dies, so schuldet er die mehrfach offen ausgewiesene USt nach § 14 Abs. 2 UStG (Rdn. 262). 266

Beispiel: Rechtsanwalt R hat in einem Mandat am 1. 6. und 1. 9. 1998 jeweils 20000 DM zzgl. 16% USt = 3200 DM als Vorschuß angefordert und in demselben Monat erhalten. Nach Erledigung des Auftrages stellt er am 1. 4. 1999 folgende Endrechnung:[348]

„Unternehmensumstrukturierung, Vertragsgestaltung Juni – Dez. 1998" lt. Vereinbarung vom 1. 6. 1998 nach § 3 BRAGO

	Entgelt	USt
Honorar	50000 DM	8000 DM
./. gezahlter Vorschuß lt. Rechnung v. 1. 6. 1998	20000 DM	3200 DM
./. gezahlter Vorschuß lt. Rechnung v. 1. 9. 1998	20000 DM	3200 DM
verbleibende Restforderung	10000 DM	1600 DM.

Der Leistungsempfänger kann nur den Teil des in der Endrechnung ausgewiesenen Steuerbetrages als Vorsteuer (Rdn. 269) abziehen, der auf das nach Ausführung der Leistung noch zu entrichtende Entgelt entfällt (im Beispielsfall 1600 DM USt). Umge- 267

---

341 BFH BStBl. II 1993, 251; A 223 Abs. 8 UStR 1996.

342 Vgl. A 190 Abs. 2 UStR 1996.

343 OFD Bremen, UR 1986, 134; *Birkenfeld*, USt-Handbuch, IV, Rz. 327 (August 1992). Erteilt der Unternehmer lediglich dem Leistungsempfänger zwei Rechnungen, so findet § 14 Abs. 2 UStG Anwendung (Rdn. 262).

344 BFH BStBl. II 1995, 32.

345 BFH BStBl. II 1980, 283, 286; 1981, 547, 549; 1988, 622, 625.

346 BFH BStBl. II 1982, 315, 317.

347 Mit Recht krit. *Buchwald*, UR 1996, 1; *Tipke/Lang-Reiß*, § 14 Rz. 130; BVerfG, INF 1992, 431, hat jedoch in der Literatur erhobenen verfassungsrechtlichen Bedenken (s. *Schmitz*, UR 1984, 203; *Tehler*, UR 1985, 1) nicht geteilt.

348 Zur Rechnungserteilung mit Beispielen im übrigen ausführlich A 187 UStR 1996.

kehrt hat der leistende Unternehmer auch nur noch diesen Betrag an das Finanzamt abzuführen.

X. Vorsteuerabzug (§ 15 UStG)

1. Voraussetzungen und Zeitpunkt des Vorsteuerabzugs

268 Im System der Allphasen-Netto-Umsatzsteuer soll der Unternehmer durch den Vorsteuerabzug vollständig von der im Rahmen seiner wirtschaftlichen Tätigkeit entrichteten Umsatzsteuer entlastet werden (s. bereits Rdn. 220). Zwischen Unternehmern gleichen sich deshalb die Umsatzsteuer des Leistenden und der Vorsteuerabzug des Leistungsempfängers regelmäßig aus.

269 Vorsteuerbeträge sind nach § 15 Abs. 1 Nr. 1 UStG die Umsatzsteuerbeträge, die einem Unternehmer für solche Leistungen, die von einem anderen Unternehmen für sein Unternehmen ausgeführt worden sind, in einer Rechnung i. S. d. § 14 UStG (Rdn. 261) gesondert berechnet werden. Die Vorsteuerbeträge sind nach § 16 Abs. 2 UStG von der nach § 16 Abs. 1 UStG berechneten Umsatzsteuer des Unternehmers abzusetzen. Dadurch ergibt sich eine geringere oder gar negative Umsatzsteuerzahlungsschuld.[349]

270 Der Vorsteuervergütungsanspruch entsteht unter den folgenden Voraussetzungen:
- Sowohl der Leistende als auch der Leistungsempfänger müssen im Zeitpunkt des Leistungsbezugs Unternehmer sein.
- Die Leistung muß für das Unternehmen des Leistungsempfängers ausgeführt werden.
- Der Unternehmer muß eine Rechnung (Rdn. 261) mit gesondertem Steuerausweis über die empfangene Leistung erhalten.
- Es dürfen nicht die anspruchsausschließenden Tatbestandsmerkmale des § 15 Abs. 2 UStG (Rdn. 274f.) vorliegen.

271 Es gilt das Prinzip des **Sofortabzugs**, d. h. der Vorsteuerabzug ist in dem Veranlagungszeitraum vorzunehmen, in dem die Leistung ausgeführt und die Rechnung mit offenem Steuerausweis dem Leistungsempfänger zugegangen ist.[350] Bei Anzahlungen (Vorschüssen) kann die in einer Rechnung offen ausgewiesene USt (Rdn. 258) nach § 15 Abs. 1 Nr. 1 Satz 2 UStG bereits vor Ausführung der Leistung abgezogen werden.

272 Bei gemischt-genutzten Wirtschaftsgütern besitzt der Unternehmer ein dreifaches Wahlrecht, in welchem Umfang sie dem Unternehmen zugeordnet werden. Von dieser Entscheidung hängt der Umfang des Vorsteuerabzugs ab (s. Rdn. 226 mit Beispielen). Der Entwurf des sog. **Steuerentlastungsgesetzes 1999** (Fn. 1) sieht vor, den Vorsteuerabzug für die Anschaffung, Miete und den Betrieb von **gemischt-genutzten Kraftfahrzeugen** ab dem 1. 1. 1999 auf **50%** der Vorsteuern zu begrenzen (§ 15 Abs. 1 Nr. 1 Satz 2 UStG-E 1999). Ausgenommen von der Begrenzung sind nur solche Fahrzeuge, die ausschließlich unternehmerischen Zwecken dienen.[351] Der Nachweis der Ausschließlichkeit wird einem freiberuflich tätigen Rechtsanwalt auch mittels Fahrtenbuchs wohl kaum gelingen. Einer zusätzlichen Korrektur des Vorsteuerüberhangs durch den Eigenverbrauch (s. Rdn. 231) bedarf es dann insoweit nicht mehr.

273 Erwirbt der Gesellschafter einer Sozietät/Partnerschaft/Rechtsanwalts-GmbH ein Wirtschaftsgut, so kann die Gesellschaft die gegenüber dem Gesellschafter ausgewiesene Umsatzsteuer nicht als Vorsteuer abziehen. Der Vorsteuerabzug wird nur dann gewahrt, wenn der Gesellschafter in seiner eigenen Person Unternehmer ist (Rdn. 222) und das Wirtschaftsgut für Zwecke seines Unternehmens verwendet. Soll die Gesellschaft das

---

[349] Obwohl der Vorsteueranspruch eine Steuervergütung darstellt, behandelt die Rspr. ihn lediglich als unselbständige Besteuerungsgrundlage (als Abzugsposten) im Rahmen der Umsatzsteuer, s. BFH BStBl. II 1977, 227, 229; 1983, 612f.; berechtigte Kritik bei *Stadie*, Das Recht des Vorsteuerabzugs, 261ff.

[350] *Jakob*, Umsatzsteuer, § 10 Rdn. 4.

[351] Vgl. Begründung zum Gesetzentwurf, BT-Drucks. 14/23, 198, zu § 15 UStG.

Wirtschaftsgut nicht selbst erwerben, so muß der Gesellschafter das Wirtschaftsgut daher an die Gesellschaft vermieten (s. bereits Rdn. 246f.).

2. Ausschluß des Vorsteuerabzuges (§ 15 Abs. 2 UStG)

Vom Vorsteuerabzug ausgeschlossen sind nach § 15 Abs. 2 Nr. 1 UStG die Vorsteuern auf Leistungen, die der Unternehmer zur Ausführung **steuerfreier Umsätze** (s. Rdn. 246f.) verwendet.[352] Dagegen lassen **nichtsteuerbare** Umsätze (vgl. Rdn. 240ff.) den Vorsteuerabzug grundsätzlich unberührt. Sie werden nur dann nach § 15 Abs. 2 Nrn. 2 u. 3 UStG steuerfreien Umsätzen gleichgestellt, wenn sie im Falle der Steuerbarkeit (Leistung im Inland gegen Entgelt) ebenfalls steuerfrei wären. **274**

Verwendet der Unternehmer einen für sein Unternehmen geliefertes Wirtschaftsgut nur teilweise zur Ausführung von Umsätzen, die den Vorsteuerabzug ausschließen, so sind die Vorsteuerbeträge auch nur teilweise nicht abzugsfähig (§ 15 Abs. 4 UStG). Der Unternehmer darf die nicht abzugsfähigen Teilbeträge sachgerecht schätzen. **275**

Beispiel: Die Ehefrau E des Rechtsanwalts R läßt ein Gebäude errichten. Es werden ihr in diesem Zusammenhang 100000 DM USt in Rechnung gestellt. Nach Fertigstellung des Gebäudes am 1. 7. 1998 vermietet E drei Etagen (300 qm) an ihren Ehemann R als Praxisräume. Zwei weitere Etagen (200 qm) vermietet E an den Internisten I für dessen Arztpraxis.

Zwar sind die Vermietungsleistungen der E grundsätzlich nach § 4 Nr. 12a UStG steuerfrei. Jedoch kann E hinsichtlich der Vermietung an R nach § 9 Abs. 1 UStG zur USt optieren, während dies § 9 Abs. 2 UStG für die Vermietung an I ausschließt, weil I seinerseits nach § 4 Nr. 14 UStG steuerfreie Umsätze tätigt (s. Rdn. 246). Macht E von der Option Gebrauch, steht ihr nach § 15 Abs. 4 UStG ein auf die Vermietung der Rechtsanwaltspraxis entfallender Vorsteueranteil in Höhe von 60% (300qm/500qm) = 60000 DM zu. Die restlichen 40000 DM werden für E dagegen zu einem echten Kostenfaktor.

3. Vorsteuerberichtigung (§ 15a UStG)

Vorsteuerberichtigungen vollziehen sich zum einen durch die Eigenverbrauchstatbestände (s. bereits Rdn. 231). Aufgrund der Ausschlußtatbestände des § 15 Abs. 2 UStG (Rdn. 274) können sich aber auch vorsteuerrelevante Änderungen ergeben, ohne daß sie durch den Eigenverbrauch erfaßt werden. Dem trägt § 15a UStG für Wirtschaftsgüter Rechnung, deren Nutzungsdauer sich auf mehrere Jahre erstreckt. Ändern sich im Laufe der Zeit die für den Vorsteuerabzug maßgebenden Verhältnisse, so sind für einen Berichtigungszeitraum von 5 Jahren (bei Grundstücken von 10 Jahren) zeitanteilig Korrekturen des Vorsteuerabzugs (zugunsten wie zuungunsten des Unternehmers) vorzunehmen. **276**

Beispiel: Im obigen Beispiel (Rdn. 275) expandiert die Rechtsanwaltspraxis des R so erheblich, daß R mit A und B einen Sozietät eingeht. Gleichzeitig verlagert I zum 30. 6. 2001 seine Arztpraxis in ein Nachbargebäude. Seit dem 1. 7. 2001 vermietet E deshalb das gesamte Gebäude an die Sozietät A, B & R und optiert nach § 9 UStG zur USt.
In dem Beispielsfall liegen ab dem 1. 7. 2001 die Voraussetzungen für den Vorsteuerabzug zu 100% vor. Deshalb kann E gem. § 15a Abs. 2 UStG vom 1. 7. 2001–30. 6. 2008 pro volles Jahr $\frac{1}{10}$ von 40000 DM = 4000 DM p. a. (in den Jahren 2001 bzw. 2008 nur je $\frac{1}{20}$ = 2000 DM p. a.) als zusätzliche (nachträgliche) Vorsteuern abziehen.[353]

XI. Zum Verfahren

1. Voranmeldungszeitraum, Veranlagungszeitraum

Die USt ist als eine sog. **Selbstberechnungssteuer** ausgestaltet. Der Unternehmer muß selbst ermitteln, welche Umsatzsteuer sich aus seinen Umsätzen ergibt und wie hoch die **277**

[352] Der Ausschluß des Vorsteuerabzugs führt jedoch zu systemwidrigen Mehrbelastungen vor allem dann, wenn er innerhalb der Unternehmerkette eintritt; dazu eingehend *Tipke/Lang-Reiß*, § 14 Rz. 132, m. w. N.

[353] Zur Vorsteuerberichtigung nach § 15a UStG s. ausf. A 214–219 UStR 1996.

davon abzuziehenden Vorsteuerbeträge sind. Dazu hat der Unternehmer bis zum 10. Tage nach Ablauf des Voranmeldungszeitraums eine **Steueranmeldung** abzugeben (§ 18 Abs. 1 Satz 1 UStG). Die abgegebene Steueranmeldung steht einem Steuerbescheid unter Vorbehalt der Nachprüfung gleich (§ 168 AO),[354] so daß sie noch jederzeit geändert werden kann. Kommt es wegen eines Vorsteuerüberhangs zu einer Steuervergütung, so tritt die Wirkung als Steuerfestsetzung erst mit Zustimmung des Finanzamts ein (§ 168 Satz 2 AO). Ein gesonderter Steuerbescheid ergeht nur, wenn das Finanzamt von der Steueranmeldung abweicht.

278 Die Voranmeldung setzt **USt-Vorauszahlungen** für den jeweiligen **Voranmeldungszeitraum** fest. Nach § 18 Abs. 2 Satz 1 UStG ist der Voranmeldungszeitraum zwar grundsätzlich das **Kalendervierteljahr**. Beträgt die USt für das vorangegangene Kalenderjahr aber mehr als 12000 DM,[355] so tritt an die Stelle des Kalendervierteljahrs der **Kalendermonat** (§ 18 Abs. 2 Satz 2 UStG). Die USt-Vorauszahlung wird auch am 10. Tag nach Ablauf des Voranmeldungszeitraums fällig (§ 18 Abs. 1 Satz 3 UStG). Fällt dieser auf einen Sonn- oder Feiertag, so tritt sie allerdings erst am nächstfolgenden Werktag ein (§ 108 Abs. 3 AO).[356]

279 Die USt ist aber nicht nur eine Selbstberechnungssteuer, sondern zugleich auch eine periodische **Jahressteuer (Veranlagungssteuer)**. Besteuerungszeitraum ist das Kalenderjahr (§ 16 Abs. 1 Satz 2 UStG). Dieser Besteuerungszeitraum wird lediglich für Vorauszahlungszwecke in kürzere Voranmeldungszeiträume zerlegt. Nach Ablauf des Kalenderjahres hat der Unternehmer eine USt-Jahreserklärung abzugeben (§ 18 Abs. 3 UStG).[357] Die Jahreserklärung besitzt ebenso wie die Voranmeldung den Charakter einer Steueranmeldung (Rdn. 277). Ergibt sich nach Abzug der Vorauszahlungen (Rdn. 278) eine Nachforderung, so wird diese einen Monat nach Eingang der Jahreserklärung fällig (§ 18 Abs. 4 Satz 1 UStG). Folgt aus der Jahreserklärung ein Überschuß zugunsten des Unternehmers, so ist er gem. § 37 Abs. 2 AO nach Zustimmung des Finanzamtes (§ 168 Satz 2 AO) zu erstatten oder mit anderen Steuerschulden zu verrechnen (§ 226 AO).

280 Voranmeldungsverfahren und Jahresverfahren laufen grundsätzlich parallel nebeneinander und werden mit voneinander selbständigen Entscheidungen abgeschlossen. Deshalb bleiben rückständige Vorauszahlungen auch nach Eingang der Jahreserklärung weiterhin fällig (§ 18 Abs. 4 Satz 3 UStG). Anders als bei der Einkommensteuer setzt die Voranmeldung eine tatsächlich bereits entstandene Steuer im Rahmen einer abschnittsweisen, während des Besteuerungszeitraums durchgeführten Veranlagung fest.[358] Allerdings erledigen sich die Voranmeldungen mit Eingang der Jahreserklärung, die sie für die zukünftige Beurteilung ersetzt, nach § 124 Abs. 2 AO „auf sonstige Weise".[359]

2. Aufzeichnungspflichten (§ 22 UStG)

281 Auch nicht buchführungspflichtige Freiberufler haben für umsatzsteuerliche Zwecke Aufzeichnungen zu machen (s. bereits Rdn. 21). § 22 Abs. 2 Nrn. 1–4 UStG verpflichten den Unternehmer, die Entgelte (Rdn. 248ff.) und die Bemessungsgrundlagen für den

---

354 Die Steueranmeldung ist eine Steuererklärung, in welcher der Steuerpflichtige die Steuer selbst berechnet und „gegen sich selbst festsetzt", s. *Tipke/Lang-Seer*, § 22 Rz. 185.

355 Hat sich der Unternehmer nur in einem Teil des Vorjahres unternehmerisch betätigt, so ist die tatsächliche Jahressteuer in eine fiktive Jahressteuer umzurechnen (§ 18 Abs. 2 Satz 4 UStG). Beginnt der Unternehmer seine Betätigung erst im laufenden Kalenderjahr, so ist auf die voraussichtliche Jahressteuer abzustellen (§ 18 Abs. 2 Satz 5 UStG).

356 Zur sog. Schonfrist von weiteren 5 Tagen, während der keine Säumniszuschläge erhoben werden (§ 240 Abs. 3 AO), s. *Tipke/Kruse*, AO, § 240 Tz. 20.

357 Die Steuerklärung ist nach § 149 Abs. 2 AO bis zum 31. 5. des Folgejahres abzugeben. Allerdings verlängert die Finanzverwaltung diese Frist für die Veranlagungssteuern regelmäßig nach § 109 Abs. 1 Satz 1 AO auf den 30. 9. bzw. 31. 12., s. etwa BStBl. I 1998, 97.

358 BFH UR 1991, 235; UR 1996, 25; *Birkenfeld*, USt-Handbuch, VI, Rz. 234 (April 1996).

359 BFH BStBl. II 1991, 465, 466; 1995, 916, 917; *Birkenfeld*, USt-Handbuch, VI, Rz. 235 (April 1996).

Eigenverbrauch (Rdn. 250) festzuhalten. Ebenso muß der Unternehmer für Zwecke des Vorsteuerabzugs (Rdn. 268 ff.) die Entgelte und die darauf entfallende USt aus den für sein Unternehmen verwendeten Lieferungen und Leistungen aufzeichnen (§ 22 Abs. 2 Nr. 5 UStG). Die Aufzeichnungen müssen die Besteuerungsgrundlagen inhaltlich richtig, damit vollständig und zeitgerecht wiedergeben. Eine bloße Belegsammlung reicht ohne die Aufzeichnungen nicht aus, weil die Ablage der Belege keine Aufschlüsse über die Entstehung der USt und der Vorsteuern zuläßt.[360]

---

[360] *Birkenfeld*, USt-Handbuch, VI, Rz. 597 (August 1992).

3. Kapitel. Grundlagen des Dienstleistungsmarketings

§ 18 Einführung und Übersicht

Dr. Volker Römermann★

Übersicht

A. Dienstleistungsmentalität als Wettbewerbsfaktor

1 Nachdem in Kapitel 2 die Gründung und Unternehmensstruktur der Kanzlei unter eher „technischen" Aspekten behandelt worden sind und bevor es im Kapitel 4 um die konkrete interne Organisation gehen wird, wollen wir in Kapitel 3 einen Moment lang innehalten und uns dem „Geist", der die Anwaltskanzlei prägen sollte, zuwenden. Die Einordnung anwaltlicher Tätigkeit in den Bereich der Dienstleistungen ist eindeutig und mag auf den ersten Blick daher banal erscheinen. Bei näherer Betrachtung erweist sie sich jedoch als außerordentlich folgenreich und **von entscheidender Bedeutung** für die Gestaltung der internen Organisation (Kapitel 4) und das Auftreten des Rechtsanwalts nach außen (Kapitel 5).

2 Die umfassende Implementierung einer **Dienstleistungsmentalität** ist der maßgebliche Erfolgsfaktor für die einzelne Kanzlei, aber auch für die Stellung der Anwaltschaft insgesamt. Nur durch die intensive Beschäftigung mit den nachfolgend angesprochenen Fragen des Dienstleistungsmarketings wird die einzelne Kanzlei eine hohe Zufriedenheit ihrer Mandanten erreichen können. Nur durch eine solche Mandantenzufriedenheit können bisherige Mandanten an die Kanzlei gebunden und neue Mandanten hinzugewonnen werden. Nur durch die Gewinnung und Bindung von Mandanten kann sich eine Kanzlei auf dem Markt inmitten zunehmender Konkurrenz behaupten. Über die einzelne Kanzlei hinaus betrifft dieses Phänomen die Anwaltschaft als solche, die sich dem Wettbewerb mit anderen Berufen wie etwa Steuerberatern oder Unternehmensberatern ausgesetzt sieht.

3 Dienstleistungsmentalität bedeutet, sich an den Bedürfnissen und Wünschen der Mandanten auszurichten. In der Vergangenheit und bis in die Gegenwart hinein lassen sich insoweit erhebliche **Defizite bei der Anwaltschaft** verzeichnen. Der juristische Ausbildungsgang beschränkt sich auf die Vermittlung rechtstechnischer Kenntnisse zum Lösen vorgegebener juristischer Fälle. Viele Rechtsanwälte leiten daraus die Überzeugung ab, daß sie ihrem Beruf durch überzeugende Subsumtionen von Tatbestandsmerkmalen unter eine Norm in idealer Weise gerecht werden. Mandanten, die sich dennoch unzufrieden zeigen, werden als „schwierig" und undankbar empfunden. Häufig beweist diese Situation jedoch nur das Unvermögen des Rechtsanwalts, zu erkennen, was der Mandant

★ Rechtsanwalt in Hannover, Anwaltskanzlei Dr. Römermann, Schwab & Coll.; Lehrbeauftragter an der Universität Hannover.

wirklich von ihm will und was für ihn wichtig ist. Die Beiträge dieses Kapitels werden aufzeigen, daß die Einnahme der Perspektive von Mandanten nicht nur durch den Rechtsanwalt selbst, sondern auch durch sämtliche Mitarbeiter eine unabdingbare Voraussetzung für die Ausrichtung der Kanzlei auf ihre Mandanten darstellt.

B. Besonderheiten des Dienstleistungsmarketing

4 Die anwaltliche Dienstleistung wird in diesem Kapitel unter ganz unterschiedlichen Aspekten betrachtet. Die Betriebswirtschaftslehre betont die Potential-, Prozeß- und Ergebnisorientierung von Dienstleistungen wie insbesondere der Rechtsberatung durch Anwälte (§ 19 Rdn. 7 – *Bruhn*). Für die Psychologie steht die sog. face-to-face-Interaktion im Mittelpunkt (§ 20 Rdn. 7, 14 – *v. Rosenstiel/Neumann*).

5 Allgemein wird auf die **Immaterialität** abgestellt, die das Dienstleistungsmarketing beispielsweise vom klassischen Marketing im Konsumgüterbereich grundlegend unterscheidet. Dienstleistungen sind nicht physisch greifbar, sie sind weder lager- noch transportfähig.

6 Die mangelnde Gegenständlichkeit von Dienstleistungen führt dazu, daß der Mandant ihre **Qualität** nicht zuverlässig messen oder auf andere Weise ermitteln kann. Dieser Umstand macht die Beschäftigung von Rechtsanwälten mit ihrer eigenen Dienstleistungsqualität aus der Sichtweise des Mandanten besonders wichtig. Die Analyse der Qualität liefert Anhaltspunkte für notwendige Veränderungen. Ziele sind eine systematische Dienstleistungsqualität und die damit hervorgerufene dauerhafte Mandantenzufriedenheit.

7 Neben die Erfassung der Qualität auf einer individuellen Ebene tritt die Erhebung von Daten über den Rechtsberatungsmarkt. Bislang sind Rechtsanwälte als Branche nicht im Deutschen Kundenbarometer vertreten. *Bruhn* (§ 19 Rdn. 53) weist völlig zu Recht auf diesen wohl nur historisch zu begründenden Mangel hin und schlägt vor, daß die Anwaltschaft sich entweder an diesem **nationalen Kundenbarometer** beteiligt oder ein eigenes Branchen-Barometer aufbaut. Auf diese Weise könnten entscheidungserhebliche Kennzahlen beispielsweise für die Erarbeitung von Wettbewerbsstrategien gewonnen werden.

8 Der Umsetzung der gefundenen Kanzlei- und Qualitätsstrategie dienen das externe und interne operative Marketing. Sie lassen sich hinsichtlich des externen Marketing herkömmlich in die Bereiche Leistungspolitik (Product), Kommunikationspolitik (Promotion), Preispolitik (Price) und Vertriebspolitik (Place) gliedern (die „4 P"). Hinzu kommt als Besonderheit des Dienstleistungsmarketing das **interne Marketing**, also die Personalpolitik und in diesem Rahmen insbesondere Maßnahmen zur Motivation der Mitarbeiter. Das Dienstleistungsmarketing lebt nämlich im wesentlichen von der Leistung der Mitarbeiter im Kunden- bzw. Mandantenkontakt und muß sich vor diesem Hintergrund in besonderer Weise der Beziehung zwischen dem Unternehmen und seinen Mitarbeitern widmen. Sämtliche Einzelbereiche werden in diesem Handbuch ausführlich behandelt: Leistungspolitik (§ 5 – *R. Römermann*), Kommunikationspolitik (§ 38 – *Meyer/Fiala*), Preispolitik (§ 36 – *Krämer*), Vertriebspolitik (§§ 21 und 37 – *Oehme*) und Personalpolitik (§ 28 – *Ludwig/Weinel*).

C. Psychologische Faktoren der Dienstleistung

9 Psychologische Faktoren spielen bei der Beziehung zwischen Rechtsanwalt und Mandant eine entscheidende Rolle. Ihr Einfluß wird besonders deutlich, wenn man mit *v. Rosenstiel/Neumann* (§ 20 Rdn. 14) die anwaltliche Dienstleistung als sog. **face-to-face-Interaktion** charakterisiert. Nicht die einsame Sachbearbeitung einer Akte, sondern die

Art und Weise der Kommunikation mit dem Mandanten prägt dessen Einschätzung der Arbeitsqualität und den Aufbau von Vertrauen. Der Sachbeitrag des Rechtsanwalts und die Beziehung Anwalt/Mandant verschmelzen hierbei zu einer „unauflösbaren Erlebnisganzheit" (§ 20 Rdn. 24).

Vielfach sind den Rechtsanwälten die Auswirkungen ihres Auftretens nicht ausreichend **10** bewußt. Sie konzentrieren sich auf die juristische Argumentation und verkennen zuweilen, daß dieselben Argumente eines korrekt gekleideten Anwalts in einer seriös gestalteten Umgebung von den Mandanten als qualifizierter wahrgenommen werden als bei veränderten Rahmenbedingungen. Neben sachlicher Belehrung erwartet der Mandant von seinem Rechtsanwalt Verständnis für seine persönliche Situation. Der Anwalt kann sich auf eine solche **Erwartungshaltung** einstellen und ihr durch „dramaturgisches Handeln" und „Gefühlsarbeit" entsprechen. Weder das Erlernen noch die Kontrolle[1] derartiger Techniken werden trotz ihrer erheblichen praktischen Bedeutung in der juristischen Ausbildung vermittelt.

Um so wichtiger sind die Ausführungen bei § 20 Rdn. 37 ff., durch die *v. Rosenstiel/* **11** *Neumann* dem Leser auf der Grundlage einer eigens für dieses Handbuch erstellten empirischen Studie konkrete Hinweise und Handreichungen für den Umgang mit Mandanten geben. Empfehlenswert ist insbesondere die **nondirektive**, also dem Mandanten zugewandte, seinem Vorbringen Beachtung schenkende Art der **Gesprächsführung**. Sie wird von Rechtsanwälten häufig vernachlässigt, die – nicht zuletzt unter dem Druck anderweitiger Termine – bei dem Mandanten lediglich Tatbestandsmerkmale abfragen und ihm keine Gelegenheit bieten, seinem Anliegen umfassend Ausdruck zu verleihen.

Über das eigentliche Gespräch hinaus wird der **Eindruck des Mandanten** von seinem **12** Rechtsanwalt wesentlich durch die **Umstände**, insbesondere Raum und Zeit, beeinflußt. Auch insoweit hat es der Rechtsanwalt in der Hand, den Eindruck des Mandanten zu steuern. So wird beispielsweise die objektiv gleich lange Wartezeit als unterschiedlich lang empfunden, wenn der Mandant sie aktiv erlebt, beispielsweise etwas zum Lesen oder zum Trinken angeboten wird. Der Beitrag über psychologische Grundlagen in § 20 dieses Handbuches lädt dazu ein, über Maßnahmen nachzudenken, wie derartige, häufig resignierend hingenommene Mißstände zwar nicht objektiv, aber doch in ihrer Wahrnehmung durch den Mandanten verändert werden können.

D. Standortwahl

Anwaltliche Dienstleistung kann auf unterschiedlichen Wegen erbracht werden. Im **13** Zentrum steht noch immer das persönliche Zusammentreffen des Anwalts mit seinem Mandanten, häufig in der anwaltlichen Kanzlei. Nicht nur bei der Gründung einer Kanzlei, sondern auch noch während ihres Wachstums stellt sich die Frage nach der Wahl eines geeigneten Standortes. In § 21 präsentiert *Oehme* die verschiedenen Varianten von **Standorten mit ihrer jeweiligen Ausrichtung**, beispielsweise zu dem Stadtzentrum oder zu den Gerichten. Die im Handelsmarketing entwickelten Methoden der Standortanalyse und -beurteilung sind auf den Ort der anwaltlichen Niederlassung nur bedingt übertragbar. Im Unterschied zu Handelsgeschäften läßt sich beispielsweise keine verläßliche Prognose der zu erwartenden Anwaltsgebühren aufstellen.

Wegen der mit einem festen Standort verbundenen praktischen Schwierigkeiten wie **14** etwa der begrenzten räumlichen Flexibilität oder der Raumkosten sind seit einiger Zeit Bestrebungen einzelner Rechtsanwälte festzustellen, sich aus diesen räumlichen Zwängen vollständig zu lösen. In den USA gibt es bereits eine Reihe **virtueller Anwaltskanzleien**, in der Bundesrepublik Deutschland steckt diese Entwicklung erst in den Anfängen

[1] *V. Rosenstiel/Neumann* (§ 20 Rdn. 33) erwähnen die Gefahr der Entfremdung von eigenen Emotionen durch übertriebene Gefühlsarbeit.

(ausführlich § 15 – *Ebbing*). Sie sind ausschließlich im Internet präsent und unterhalten im idealtypischen Fall keine gegenständliche Kanzlei mehr. Ähnlich stellt sich die Situation von Anwälten dar, die an einem Anwalts-Hotline-Telefonservice teilnehmen. Sie sind unter einer bundesweit einheitlichen Telefonnummer zu einem einheitlichen Tarif erreichbar, so daß die vorhandene räumliche Distanz keine Rolle mehr spielt. Sowohl die Rechtsberatung im Internet als auch die telefonischen Beratungsdienste werfen eine Reihe von berufsrechtlichen Fragen auf. Insbesondere die reine Telefonberatung ist schon hinsichtlich ihrer Zulässigkeit umstritten.

E. Mandantenorientierung

15 Die Bedeutung der Orientierung der anwaltlichen Leistung am Bedarf und an den Vorstellungen und Wünschen der Abnehmer, also der Mandanten, läßt sich gar nicht genug betonen. Die Zufriedenheit des Mandanten ist das Ergebnis eines Vergleichs seiner Erwartungen mit den von ihm wahrgenommenen anwaltlichen Leistungen. Um sie zu erfüllen, muß der Rechtsanwalt diese Erwartungen kennen und seine Tätigkeit an ihnen ausrichten. Die Einnahme der **Mandantenperspektive** darf sich aber nicht auf den Kanzleiinhaber allein beschränken, sondern sie muß ebenso allen Mitarbeitern geläufig sein. Die kritische Betrachtung des eigenen Dienstleistungsprodukts „mit den Augen des Mandanten" ist eine der schwierigsten Daueraufgaben für die gesamte Anwaltskanzlei und gleichzeitig der Schlüssel für ihren Erfolg. Zufriedene Mandanten sind nicht nur kooperationsbereiter, sondern sie akzeptieren auch leichter ein höheres Honorar und neigen dazu, die Kanzlei weiterzuempfehlen.

16 Die **Zufriedenheit der Mandanten** kann auf zwei Wegen beeinflußt werden. Zum einen kann der Rechtsanwalt die Erwartungshaltung der Mandanten im Vorfeld der Leistungserbringung in Richtung auf eine realistische und adäquate Zielsetzung lenken. Zum anderen kann die Art und Weise der Leistungserbringung im Hinblick auf die konkreten Ansprüche der Mandanten gestaltet werden. Mangelnde Zufriedenheit von Mandanten ist häufig das Resultat überhöhter Erwartungen, die nicht rechtzeitig korrigiert bzw. angepaßt worden sind, oder einer fehlenden Dienstleistungsfähigkeit oder -bereitschaft der Mitarbeiter im unmittelbaren Kontakt mit den Mandanten.

17 *Meyer/Oppermann* ziehen bei § 22 das Resümee, daß eine Mandantenorientierung **Wettbewerbsvorteile** mit sich bringen kann, aber nur dann, wenn man sie als zentrales Element der Kanzleiführung erkennt.

F. Internes Marketing

18 In § 23 richtet *Bruhn* den Blick auf einen besonders wichtigen Aspekt des Marketing innerhalb der Kanzlei, nämlich das Interne Marketing. Ziel des internen Marketing ist es, das Marketing als Denkhaltung innerhalb der Kanzlei durchzusetzen, um hierdurch die Ziele der Kanzlei zu fördern. Der Unternehmensführung obliegt eine gleichzeitige Orientierung an Mandanten und Mitarbeitern (sog. internen Mandanten). Dies geschieht hinsichtlich der internen Organisation mit den Mitteln des Marketing- und Personalmanagement.

19 Das Interne Marketing ist innerhalb der Marketinglehre ein junger Forschungsgegenstand und bei Anwaltskanzleien in der Regel völlig unbekannt. Die Auswirkungen der internen Kommunikation auf die Beziehungen der Kanzlei nach außen und die Zufriedenheit der Mandanten werden in ihrer Bedeutung weitgehend unterschätzt. Zu Beginn des § 23 erläutert *Bruhn* ausführlich die Umstände, die eine Beschäftigung mit Fragen des Internen Marketing als zwingend **notwendig** erscheinen lassen:

Die Leistungen der Anwaltskanzlei werden **im engen Kontakt** mit dem Mandanten erbracht (interaktiv); sie sind **individuell** auf den Fall zugeschnitten und kaum zu standardisieren; eine Begeisterung von Mandanten durch Mitarbeiter ist nur möglich, wenn das Unternehmen von ihnen positiv beurteilt wird. Bei einem gezielten Einsatz kann Internes Marketing zur Differenzierung der Kanzlei gegenüber Mitbewerbern dienen. 20

Zur Umsetzung der Planungen in die Praxis empfiehlt sich beispielsweise die konsequente Anwendung der vier **Prinzipien der Internen Kommunikation** (§ 23 Rdn. 44 ff.): Frühzeitigkeit und Vollständigkeit der Mitarbeiterinformation, gegenseitige Vertrauensbasis und Identität von Kommunikation und Verhalten. 21

Mit § 23 vervollständigt sich das Kapitel über das Dienstleistungsmarketing in der Kanzlei. Im Anschluß daran werden wir uns der organisatorischen Umsetzung widmen (Kapitel 4). 22

§ 19 Besonderheiten des Dienstleistungsmarketing

Prof. Dr. Manfred Bruhn★

Übersicht

Schrifttum: *Beaven/Scotti*, Service-Oriented Thinking and Its Implications for the Marketing Mix, Journal of Services Marketing 1990, Vol. 4, No. 4, 5–19; *Berekoven*, Der Dienstleistungsmarkt in der BRD, Bd. 1 und 2, 1983; *Bitner/Booms/Tetreault*, The Service Encounter. Diagnosing Favorable and Unfavorable Incidents, Journal of Marketing 1990, Vol. 54, No. 1, 71–84; *Bruhn*, Handbuch Markenartikel, 1994; *ders.*, Qualitätsmanagement für Dienstleistungen, 2. Aufl., 1997a; *ders.*, Kommunikationspolitik, 1997b; *ders.*, Wirtschaftlichkeit des Qualitätsmanagements. Qualitätscontrolling für Dienstleistungen, 1998; *ders.*, Kommunikationspolitik von Dienstleistungsunternehmen in: Bruhn/Meffert, 1998, 581–612; *Bruhn/Georgi*, Kosten und Nutzen des Qualitätsmanagements, 1999; *Bruhn/Meffert*, Handbuch Dienstleistungsmanagement. Von der strategischen Konzeption zur praktischen Umsetzung, 1998; *Bruhn/Murmann*, Nationale Kundenbarometer. Messung von Qualität und Zufriedenheit. Methodenvergleich und Entwurf eines Schweizer Kundenbarometers, 1998; *Bruhn/Stauss*, Dienstleistungsqualität. Konzepte, Methoden, Erfahrungen, 3. Aufl., 1999; *Bruhn/Stauss*, Dienstleistungsqualität. Konzepte, Methoden, Erfahrungen, 2. Aufl., 1995; *Corsten*, Dienstleistungsmanagement, 3. Aufl., 1997; *Donabedian*, The Definition of Quality and Approaches to its Assessment. Explorations in Quality, Assessment and Monitoring, Vol. I, 1980; *Donnelly/George*, Marketing of Services, 1981; *EFQM*, The „New" EFQM, Proposal Draft I, Rome, http://www.efqm.org (Zugriff: 26. 10. 1998); *Fourastié*, Die große Hoffnung des Zwanzigsten Jahrhunderts, 1954; *Garvin*, What Does „Product Quality" Really Mean?, Sloan Management Review, 1984, Vol. 25, No. 3, 25–43; *Grönroos*, Service Management and Marketing. Managing The Moments of Truth in Service Competition, 1990; *Grund*, Interaktionsbeziehungen im Dienstleistungsmarketing. Zusammenhänge zwischen Zufriedenheit und Bindung von Kunden und Mitarbeitern, 1998; *Hentschel*, Die Messung wahrgenommener Dienstleistungsqualität mit SERVQUAL. Eine kritische Auseinandersetzung, Marketing ZFP, 1990, 12. Jg., Nr. 4, 230–240; *ders.*, Dienstleistungsqualität aus Kundensicht. Vom merkmals- zum ereignisorientierten Ansatz, 1992; *ders.*, Multiattributive Messung von Dienstleistungsqualität in: Bruhn/Stauss, 1999; *Hilke*, Dienstleistungs-Marketing, 1984; *Levitt*, Marketing Intangible Products and Product Intangibles, Harvard Business Review, 1981, Vol. 59, No. 3, 94–102; *Lingenfelder/Schneider*, Die Zufriedenheit von Kunden. Ein Marketingziel?, Marktforschung & Management, 1991, 35. Jg., Nr. 1, 29–34; *Lovelock*, Services Marketing, 3. Aufl., 1996; *Magrath*, When Marketing Services, 4 Ps Are Not Enough, Business Horizons, 1986, Vol. 29, May/June, 44–50; *Maleri*, Grundlagen der Dienstleistungsproduktion, 4. Aufl., 1998; *Meffert/Bruhn*, Dienstleistungsmarketing, 3. Aufl., 1999; *Meyer*, Dienstleistungs-Marketing, 6. Aufl., 1994; *ders.*, Qualität anwaltlicher Dienstleistungen, AnwBl. 1997, S. 431–435; *ders.*, Handbuch Dienstleistungs-Marketing, Bände 1 und 2, 1998; *Meyer/Dornach*, Jahrbuch der Kundenzufriedenheit in Deutschland 1998. Das Deutsche Kundenbarometer 1998 – Qualität und Zufriedenheit, 1998; *dies.*, Nationale Barometer zur Messung

★ Inhaber des Lehrstuhls für Betriebswirtschaftslehre, insbesondere Marketing und Unternehmensführung, der Universität Basel; Vorstandsvorsitzender des Instituts für Marketing an der European Business School.

der Qualität und Kundenzufriedenheit bei Dienstleistungen in: Bruhn/Stauss, 1995; *Meyer/Mattmüller*, Qualität von Dienstleistungen. Entwurf eines praxisorientierten Qualitätsmodells, Marketing ZFP, 1987, 9. Jg., Nr. 3, 187–195; *Murmann*, Qualität mehrstufiger Dienstleistungsinteraktionen. Besonderheiten bei Dienstleistungsunternehmen mit direktem und indirektem Kundenkontakt, 1999; *N.N.*, Anwälten fehlt das richtige Gefühl für ihren Marketingauftritt, Frankfurter Allgemeine Zeitung, 1998, 50. Jg., Nr. 278 (30. 11. 1998), 31; *Parasuraman/Zeithaml/Berry*, SERVQUAL. A Multiple-Item Scale for Measuring Consumer Perceptions of Service Quality, Journal of Retailing, 1988, Vol. 64, No. 1, 12–40; *dies.*, A Conceptual Model of Service Quality and its Implications for Future Research, Journal of Marketing, 1985, Vol. 49, No. 1, 41–50; *Stauss*, Dienstleistungsmarken in: Bruhn, 1994, 79–103; *ders.*, Die Bedeutung von Qualitätspreisen für Dienstleistungsunternehmen in: Bruhn/Meffert, 1998, 483–512; *ders.*, „Augenblicke der Wahrheit" in der Dienstleistungserstellung. Ihre Relevanz und ihre Messung mit Hilfe der Kontaktpunkt-Analyse in: Bruhn/Stauss, 1999; *Stauss/Hentschel*, Dienstleistungsqualität, Wirtschaftswissenschaftliches Studium (WiSt), 1991, 20. Jg., Nr. 5, 238–244; *Uhl/Upah*, The Marketing of Services. Why and How is it different?, Faculty Working Papers, College of Commerce and Business Administration, University of Illinois at Urbana-Champaign, No. 584, 1979; *Unger/Wolf*, Erfolgreiches Anwaltsmarketing, 1993; *Zeithaml*, How Consumer Evaluation Processes Differ between Goods and Services in: Donnelly/George, 1981, 186–190; *Zeithaml/Parasuraman/Berry*, Qualitätsservice, 1992; *dies.*, Kommunikations- und Kontrollprozesse bei der Erstellung von Dienstleistungsqualität in: Bruhn/Stauss, 1999.

A. Bedeutung des Dienstleistungsmarketing

1 Bei einem Vergleich der Schwerpunkte wissenschaftlicher Forschung und Lehre auf der einen Seite sowie der Praxis auf der anderen Seite finden sich häufig Themenbereiche, für die eine Diskrepanz zwischen Praxisbedeutung und dem Ausmaß der theoretischen Durchdringung zu konstatieren ist. Eine derartige Diskrepanz existierte lange Zeit im Dienstleistungsbereich. In hochentwickelten Volkswirtschaften wird seit geraumer Zeit vom sogenannten **„Marsch in die Dienstleistungsgesellschaft"**[1] gesprochen. Bezogen auf die Bundesrepublik Deutschland kommt dem tertiären Sektor (Handel und Verkehr, Dienstleistungsunternehmen, Staat, private Haushalte, private Organisationen) ein Anteil von 66 Prozent (1997) an der Bruttowertschöpfung zu (1970: 45 Prozent; 1950: 39,6 Prozent). Im tertiären Sektor sind zwischenzeitlich 62,8 Prozent der Erwerbstätigen beschäftigt (1970: 42,6 Prozent; 1950: 32,5 Prozent). Konzentriert man sich auf die Entwicklung der Dienstleistungsunternehmen, dann macht alleine dieser Wirtschaftsbereich einen Anteil von 37,4 Prozent an der Bruttowertschöpfung und 39,9 Prozent bei den Erwerbstätigen aus.[2] Dabei sind nach wie vor Zuwachsraten zu verzeichnen.

2 Trotz dieser Entwicklung wurde der Dienstleistungsbereich in der Betriebswirtschaftslehre und insbesondere im Marketing zunächst vergleichsweise vernachlässigt. In den letzten fünfzehn bis zwanzig Jahren wird dem Dienstleistungsmarketing allerdings in der amerikanischen, aber auch in der deutschen Marketingwissenschaft eine größere Bedeutung beigemessen. Dies zeigt sich insbesondere in der zunehmenden Anzahl an eigenständigen Publikationen zum Thema Dienstleistungen und Dienstleistungsmarketing.[3]

3 Während die entwickelten Marketingkonzeptionen für Dienstleistungsunternehmen in zahlreichen Branchen (z. B. Finanzdienstleistungssektor, Tourismusbereich, Telekommunikationsbereich, Einzelhandel) umgesetzt werden, ist eine weitgehende **Vernachlässigung eines systematischen Marktauftritts von Anwälten** festzustellen.[4] Dieser Tatbestand wird beispielsweise durch eine mangelnde Positionierung im Wettbewerbsumfeld und eine fehlende Herausstellung von Spezialkenntnissen konkretisiert. Gerade die aktuellen Problemstellungen des „Marktes für Anwälte" machen jedoch die **Notwendigkeit eines systematischen Anwaltsmarketing** deutlich:

[1] *Fourastié*, 1954.
[2] Statistisches Bundesamt, 1998.
[3] *Berekoven*, 1983; *Grönroos*, 1990; *Meyer*, 1994; *ders.*, 1998; *Lovelock*, 1996; *Corsten*, 1997; *Bruhn/Meffert*, 1998; *Bruhn/Stauss*, 1999; *Meffert/Bruhn*, 1999.
[4] *N. N.*, Frankfurter Allgemeine Zeitung 1998.

- Im Jahre 1999 wird die Zahl der in Deutschland zugelassenen Anwälte 100000 überschreiten, so daß von einer zunehmenden Verschärfung des Wettbewerbs in diesem Markt ausgegangen werden kann.
- Aufgrund des jahrzehntelangen Verbotes der anwaltlichen Werbung fehlt es an kundenseitigem Wissen, über welche Kommunikationskanäle Informationen über Anwälte beschafft werden können.
- Bei der Anwalt-Kunde-Beziehung handelt es sich häufig um eine „Experten-Laien-Beziehung", die eine spezifische Problemstellung für den anwaltlichen Marktauftritt darstellt.
- Eine Auseinandersetzung mit anwaltlichen Angeboten durch den Kunden findet erst in Situationen statt, die der Kunde als negativ empfindet (z. B. Verkehrsunfall, Kündigung).

Hieraus ergeben sich als konkrete **Ziele eines Anwaltsmarketing** die Herstellung von Marktpräsenz, der Aufbau und die Pflege von Mandantenbindung sowie eine aktive Markterschließung.[5] Zur Realisierung dieser Ziele ist die Konzeption und Umsetzung eines systematischen Anwaltsmarketing erforderlich. Hierbei können die Erkenntnisse aus dem Bereich des Dienstleistungsmarketing eine wertvolle Basis repräsentieren. 4

Der vorliegende Beitrag behandelt daher – ausgehend von einer Darstellung des Begriffs und der Besonderheiten von Dienstleistungen – das Konzept des Relationship Marketing als strategische Grundausrichtung des Dienstleistungsmarketing sowie Konzepte und Maßnahmen des Qualitätsmanagements. Schließlich werden Maßnahmen des externen und internen operativen Marketing zur Umsetzung eines systematischen Marktauftritts aufgezeigt. 5

B. Begriff und Besonderheiten von Dienstleistungen

Im Hinblick auf die **Definition des Dienstleistungsbegriffs** können drei Definitionsansätze unterschieden werden, die auf den idealtypischen Phasen der Dienstleistungserstellung (Potential-, Prozeß- und Ergebnisphase) beruhen:[6] 6

(1) Beim **potentialorientierten Definitionsansatz** wird davon ausgegangen, daß Dienstleistungen durch das Vorhandensein entsprechender Dienstleistungspotentiale bestimmt werden.[7]

Die Dienstleistungspotentiale einer Anwaltskanzlei liegen beispielsweise in der Qualifikation der Mitarbeiter, der räumlichen Nähe zum Nachfrager sowie der Ausstattung der Kanzlei.

(2) Der **prozeßorientierte Definitionsansatz** stellt den Prozeßcharakter der Dienstleistungserstellung in den Vordergrund.[8] Dieser Prozeßcharakter impliziert generell den simultanen Charakter von Anbieter-Nachfrager-Interaktionen.

Typische Phasen im Leistungserstellungsprozeß eines Anwalts sind beispielsweise die Analyse der Kundensituation, die Erarbeitung von Problemlösungsstrategien sowie die Umsetzung der Problemlösungsstrategien. Bei allen drei Aktivitäten ist die physische oder geistige Beteiligung des Mandanten – zumindest teilweise – erforderlich.

(3) Schließlich stellt der **ergebnisorientierte Definitionsansatz** die Immaterialität des Ergebnisses des Leistungserstellungsprozesses in den Mittelpunkt.[9]

Die Lösung eines rechtlichen Problems (z. B. Schadenersatzzahlung, Schuldigsprechung, Freisprechung) ist physisch nicht greifbar und somit immateriell.

---

[5] *N. N.*, Frankfurter Allgemeine Zeitung 1998.
[6] *Hilke*, 1989.
[7] *Meyer/Mattmüller*, Marketing ZFP 1987, 187f.; *Hentschel*, 1992, 19f.
[8] *Berekoven*, 1983, 23.
[9] *Maleri*, 1998.

7 Die drei Ansätze haben sich zur Definition des Begriffs der Dienstleistung und zur Ableitung von Marketingimplikationen für Dienstleistungen bewährt, sie können jedoch nicht isoliert verwendet werden. Auf dieser Basis können Dienstleistungen folgendermaßen definiert werden:[10]

> Dienstleistungen sind selbständige, marktfähige Leistungen, die mit der Bereitstellung und/oder dem Einsatz von Leistungsfähigkeiten (zum Beispiel Rechtsberatung) verbunden sind (Potentialorientierung). Interne (zum Beispiel Geschäftsräume, Personal, Ausstattung) und externe Faktoren (also solche, die nicht im Einflußbereich des Anwalts liegen) werden im Rahmen des Erstellungsprozesses kombiniert (Prozeßorientierung). Die Faktorenkombination des Dienstleistungsanbieters wird mit dem Ziel eingesetzt, an den externen Faktoren, an Menschen (zum Beispiel Mandanten) oder deren Objekten (zum Beispiel Dokumente des Mandanten) nutzenstiftende Wirkungen zu erzielen (Ergebnisorientierung).

8 Ausgehend von der Potential-, Prozeß- und Ergebnisorientierung von Dienstleistungen lassen sich die Besonderheiten des Dienstleistungsmarketing ableiten. Hierzu zählen:

(1) Notwendigkeit der Leistungsfähigkeit des Anbieters,
(2) Integration des externen Faktors,
(3) Immaterialität des Leistungsergebnisses.

9 Die Potentialorientierung von Dienstleistungen impliziert **die Notwendigkeit der Leistungsfähigkeit des Dienstleistungsanbieters**. Da keine Dienstleistung ohne die Existenz spezifischer Leistungsfähigkeiten erstellt werden kann, stellen die Leistungspotentiale des Anbieters den Ausgangspunkt der Leistungserstellung dar. Im Hinblick auf die Leistungsfähigkeiten lassen sich menschliche und automatisierte Leistungsfähigkeiten differenzieren. Zu den **menschlichen Leistungsfähigkeiten** gehören:[11]

- Geistige Fähigkeiten (z. B. Problemlösungskompetenz).
- Sensorische Fähigkeiten (z. B. Einfühlungsvermögen bei der Darstellung eines rechtlichen Problems durch den Mandanten),
- Muskuläre Fähigkeiten (z. B. Durchhaltevermögen bei einer langen Verhandlung).

10 Den **automatisierten Leistungsfähigkeiten** lassen sich in vergleichbarer Weise energetische (z. B. automatische Registereintragung), sensorische (z. B. Einsatz von Technologien bei der Sammlung von Beweisen) und kommunikative (z. B. Telefonauskünfte) Fähigkeiten subsumieren.[12]

11 Aus der Notwendigkeit der Leistungsfähigkeit des Anbieters ergeben sich folgende **Implikationen für das Dienstleistungsmarketing** (vgl. die Abbildung 1 auf der folgenden Seite):[13]

- Dokumentation spezifischer Dienstleistungskompetenzen (z. B. Herausstellung von Kenntnissen eines Anwalts in bestimmten Branchen oder Prozeßarten),
- Differenzierter Einsatz von Herstellungskomponenten (z. B. Vorbereitung eines Standrdprozesses durch weniger qualifizierte Mitarbeiter vs. Vorbereitung eines Spezialprozesses durch Experten),
- Materialisierung des Fähigkeitenpotentials (z. B. Aufnahme von Spezialgebieten in den Firmennamen).

---

[10] In Anlehnung an *Meffert/Bruhn,* 1999.
[11] *Meyer,* 1994.
[12] *Meyer,* 1994.
[13] *Meffert/Bruhn,* 1999.

Die **Integration des externen Faktors** ergibt sich aus der Prozeßorientierung von Dienstleistungen. 12 Diese Besonderheit folgt aus der Notwendigkeit der Einbeziehung des Kunden bzw. seiner Verfügungsobjekte in die Dienstleistungserstellung, die als externe Faktoren (z. B. Mandant, Dokumente des Mandanten) bezeichnet werden.[14] Im Gegensatz

Besonderheiten von Dienstleistungen	Implikationen für das Dienstleistungsmarketing
Leistungsfähigkeit des Dienstleistungsanbieters	• Dokumentation spezifischer Dienstleistungskompetenzen • Differenzierter Einsatz von Herstellungskomponenten • Materialisierung des Fähigkeitenpotentials
Integration des externen Faktors	• Berücksichtigung von Transport- und Lagerproblemen des externen Faktors • Standardisierungsprobleme • Marketingorientierung im Dienstleistungsentstehungsprozeß • Probleme der asymmetrischen Informationsverteilung
Immaterialität	• Materialisierung von Dienstleistungen
- Nichtlagerfähigkeit	• Intensive Koordination zwischen Dienstleistungsproduktion und -nachfrage • Flexibilität bei der Planung von Dienstleistungskapazitäten • Management der kurzfristigen Nachfragesteuerung
- Nichttransportfähigkeit	• Hohe Distributionsdichte für Dienstleistungen des täglichen Bedarfs • Räumliche Distanz von Angebot und Nachfrage bei Dienstleistungen mit geringer Bedarfshäufigkeit

Abbildung 1: Besonderheiten von Dienstleistungen und Implikationen für das Dienstleistungsmarketing
(Quelle: *Meffert/Bruhn*, 1999)

zu internen (Produktions-)Faktoren ist dieser externe Faktor nicht frei am Markt disponierbar. Ferner bleibt der Faktor auch während der Leistungserstellung teilweise in der Verfügungsgewalt des Abnehmers. Schließlich ist der externe Faktor während der Leistungserstellung einer zweiseitigen Einwirkung ausgesetzt, da sowohl der Leistungsanbieter als auch der Leistungsnachfrager auf ihn einwirken.

[14] *Maleri*, 1998.

13 Aus der Integration des externen Faktors in den Dienstleistungserstellungsprozeß ergeben sich folgende **Implikationen für das Dienstleistungsmarketing** (vgl. Abbildung 1):[15]
- Transport- und Lagerproblem des externen Faktors (z. B. Wartezeit des Mandanten aufgrund der Verzögerung eines Termins mit dem Anwalt),
- Standardisierungsprobleme von Dienstleistungen (z. B. müssen aufgrund der unterschiedlichen Fallsituationen vielfach individuelle Lösungsansätze gesucht werden),
- Marketingorientierung im Dienstleistungserstellungsprozeß (z. B. angenehme Raumgestaltung, Eingehen auf den Mandanten im Gespräch),
- Probleme der asymmetrischen Informationsverteilung (z. B. Informationsvorsprung des Anwalts bezüglich eines generellen rechtlichen Problems vs. Informationsvorsprung des Mandanten bezüglich seiner spezifischen Situation).

14 Schließlich folgt aus sämtlichen drei Phasen der Dienstleistungserstellung die **Immaterialität von Dienstleistungen.**[16] Sowohl die Leistungspotentiale eines Dienstleistungsanbieters (z. B. Qualifikation der Mitarbeiter) als auch der Leistungserstellungsprozeß (z. B. Interaktion zwischen Anwalt und Mandant) sowie das Leistungsergebnis (z. B. Freisprechung) können zu einem großen Teil immateriellen Charakter aufweisen.

15 Aus der Immaterialität ergibt sich im Hinblick auf **Implikationen für das Dienstleistungsmarketing** die Forderung nach einer Materialisierung einzelner Leistungselemente (z. B. annehmliche Gestaltung des Anwaltsbüros zur Dokumentation von Seriosität) (vgl. Abbildung 1).

16 Der Immaterialität von Dienstleistungen werden darüber hinaus zwei **akzessorische Merkmale** zugeschrieben:[17]
(a) Nichtlagerfähigkeit,
(b) Nichttransportfähigkeit.

17 Die **Nichtlagerfähigkeit von Dienstleistungen** gibt an, daß diese in der Regel nur zum Zeitpunkt ihrer Erstellung konsumiert werden können (zeitliches „Uno-actu-Prinzip"). Vor allem die Potentiale eines Dienstleistungsanbieters verfallen bei Nichtnutzung (z. B. nicht durch Mandantenbesuche gefüllte Sprechstunden). Dahingegen lassen sich die Ergebnisse der Leistungserstellung teilweise über einen bestimmten Zeitraum „lagern" bzw. „speichern" (z. B. Freisprechung). Aus der Nichtlagerfähigkeit resultieren folgende **Implikationen für das Dienstleistungsmarketing** (vgl. Abbildung 1):[18]
- Koordination zwischen Produktion und Nachfrage (z. B. Implementierung von Rückgriffmöglichkeiten auf freie Mitarbeiter),
- Flexibilitätserfordernis bei der Kapazitätsplanung (z. B. mehrere Terminvereinbarungen mit unterschiedlichen Mandanten bei der Reise in eine entfernte Stadt),
- Management der kurzfristigen Nachfragesteuerung (z. B. durch die Kooperation mit anderen Kanzleien).

18 Weiterhin wird mit der **Nichttransportfähigkeit von Dienstleistungen** zum Ausdruck gebracht, daß Dienstleistungen am Ort ihrer Erstellung konsumiert werden müssen (räumliches „Uno-actu-Prinzip"). Auch wenn Dienstleistungspotentiale teilweise transportiert werden können, sind Dienstleistungsprozesse und -ergebnisse in der Regel nicht transportierbar. Aus der Nichttransportfähigkeit von Dienstleistungen resultieren folgende **Implikationen für das Dienstleistungsmarketing**:[19]
- Hohe Distributionsdichte bei Dienstleistungen des täglichen Bedarfs (z. B. Kanzleipräsenz nahe des Standortes eines Unternehmens, das häufig rechtliche Probleme zu lösen hat),

---

[15] *Meffert/Bruhn,* 1999.
[16] *Meffert/Bruhn,* 1999.
[17] *Meffert/Bruhn,* 1999.
[18] *Uhl/Upah,* 1979; *Levitt,* Harvard Business Review 1981; *Lovelock,* 1996; *Stauss* in: Bruhn, 1994; *Meffert/Bruhn,* 1999.
[19] *Meffert/Bruhn* 1999.

– Möglichkeit der räumlichen Distanz bei Dienstleistungen mit geringer Bedarfshäufigkeit (z. B. sind Kunden bei rechtlichen Spezialproblemen eher bereit, eine entfernte Kanzlei in Anspruch zu nehmen).

Zahlreiche Dienstleistungen – u. a. die Leistungen von Anwälten – sind durch einen hohen Grad an Individualität und Interaktion gekennzeichnet. Deshalb muß der **Fähigkeit des Anbieters zur Interaktionsorientierung** besonderes Augenmerk geschenkt werden. Dies ist u. a. eine Aufgabe des Relationship Marketing. 19

C. Relationship Marketing als strategische Grundausrichtung im Dienstleistungsmarketing

In den letzten Jahren zeigt sich in Marketingwissenschaft und -praxis eine vielfach als Paradigmenwechsel bezeichnete Entwicklung von einem eher transaktionalen zu einem relationalen oder Relationship Marketing. Ausgangspunkt für diese Entwicklung ist die Erkenntnis, daß eine Ausrichtung der Marketingaktivitäten auf Beziehungen zu bestimmten – profitablen – bestehenden Kunden eines Dienstleisters ökonomisch erfolgversprechender als das Denken in einzelnen Transaktionen ohne eine Verbindung zu vorherigen Transaktionen mit den entsprechenden Kunden ist. 20

Diese Überlegungen werden mit der Argumentation begründet, daß in zahlreichen Dienstleistungsbranchen Kunden erst nach einer gewissen Zeitdauer profitabel sind. Dies ist darauf zurückzuführen, daß zu Beginn einer Kundenbeziehung relativ hohe Investitionen in die entsprechende Beziehung erforderlich sind, während die Erträge mit Kunden im Zeitablauf zunehmen. In diesem Zusammenhang wird häufig angeführt, daß es für Dienstleister kostengünstiger ist, einen aktuellen Kunden zu binden, als einen neuen Kunden zu gewinnen. Dies bedeutet jedoch nicht, daß sich das Relationship Marketing ausschließlich auf die Bindung aktueller Kunden bezieht. Vielmehr werden dem Relationship Marketing sämtliche Marketingmaßnahmen subsumiert, die der Initiierung, Gestaltung, Erhaltung und Verstärkung von Kundenbeziehungen unter der Berücksichtigung von Profitabilitätsaspekten dienen. 21

Bei einem Vergleich des Transaktions- und Relationship Marketing können folgende zentrale **Unterschiede** herausgestellt werden (vgl. die Abbildung 2 auf der folgenden Seite): 22

- Im Hinblick auf die **Betrachtungsfristigkeit** hat das Transaktionsmarketing eher kurzfristigen, das Relationship Marketing eher langfristigen Charakter. Während sich das Transaktionsmarketing auf die kurzfristige Initiierung von Kundeninteraktionen bezieht,[20] steht beim Relationship Marketing die langfristige Gestaltung von Kundenbeziehungen im Vordergrund.
- Bezüglich des **Objektes der Marketingaktivitäten** steht die Leistung des Anbieters im Mittelpunkt von Maßnahmen des Transaktionsmarketing, während sich Relationship Marketing-Maßnahmen sowohl auf die Leistung als auch auf die Kunden beziehen.
- Hinsichtlich der **Marketingziele** sind Maßnahmen des Transaktionsmarketing auf die Gewinnung neuer Kunden ausgerichtet. Dahingegen konzentriert sich das Relationship Marketing nicht nur auf die Kundenakquisition, sondern darüber hinaus auf die Kundenbindung und Kundenrückgewinnung (vgl. die Abbildung 3 auf der folgenden Seite).
- Die **Marketingstrategie** vor dem Hintergrund eines Transaktionsmarketing bezieht sich auf die Information der Kunden über die Leistungen des Unternehmens. Beim Relationship Marketing wird ein Dialog mit dem Kunden angestrebt, um die Leistungen des Anbieters auf die individuellen Kundenbedürfnisse auszurichten.
- Schließlich treten beim Relationship Marketing neben die klassischen **ökonomischen**

[20] Vgl. zur Gestaltung von Kundeninteraktionen *Grund,* 1998.

Unterscheidungskriterien	Transaktionsmarketing	Relationship Marketing
Betrachtungsfristigkeit	Kurzfristig	Langfristig
Marketingobjekt	Leistung	Leistung und Kunde
Marketingziel	Kundenakquisition	Kundenakquisition, Kundenbindung, Kundenrückgewinnung
Marketingstrategie	Information	Dialog
Ökonomische Erfolgs- und Steuergrößen	Gewinn, Deckungsbeitrag, Umsatz, Kosten	zusätzlich: Kundendeckungsbeitrag, Kundenwert

Abbildung 2: Unterschiede zwischen Transaktionsmarketing und Relationship Marketing

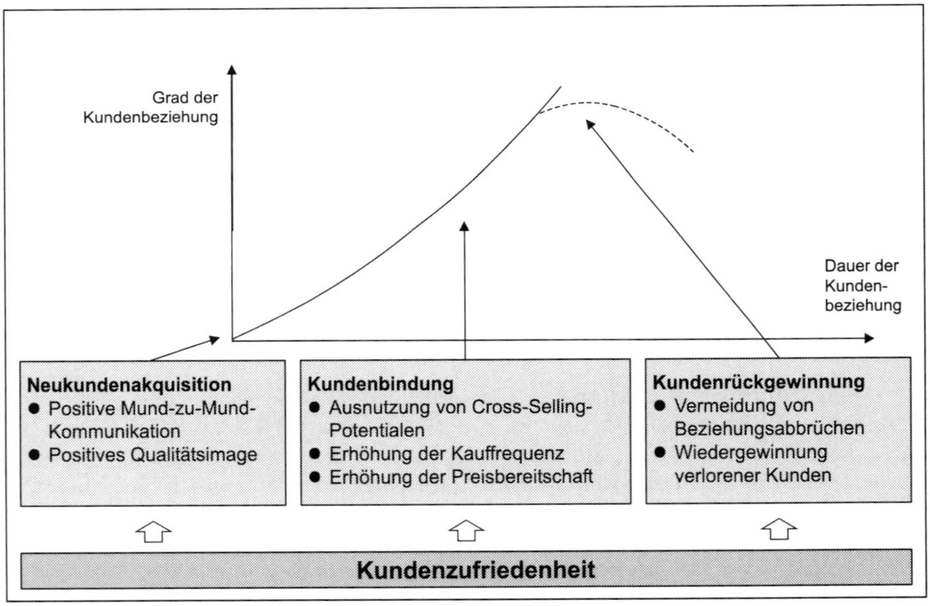

Abbildung 3: Kundenlebenszyklus im Rahmen des Relationship Marketing

Erfolgs- und Steuergrößen kundenindividuelle Kennziffern, wie der Kundendeckungsbeitrag oder der Kundenwert.

23 Die zentrale vorökonomische Steuergröße im Rahmen des Relationship Marketing ist die **Kundenzufriedenheit.**[21] Nur bei einer hohen Kundenzufriedenheit wird die Weiterführung bestehender Kundenbeziehungen ermöglicht. Weiterhin ist die Kundenzufriedenheit die Grundvoraussetzung für eine Verstärkung bestehender Kundenbeziehungen und somit zur Erhöhung der ökonomischen Erfolgsgrößen des Relationship Marketing. Unter

[21] *Lingenfelder/Schneider,* Marktforschung & Management 1991, 109; *Meyer/Dornach* in: Bruhn/Stauss, 1999.

Kundenzufriedenheit wird der psychologische Prozeß eines Kunden verstanden, durch den seine Erwartungen und Wahrnehmungen bezüglich einer Leistung des betrachteten Unternehmens abgeglichen werden. Somit muß zur Sicherstellung einer hohen Kundenzufriedenheit eine Leistungserstellung gemäß der Kundenerwartungen realisiert werden. Dies geschieht über ein systematisches Qualitätsmanagement für Dienstleistungen.

D. Qualitätsmanagement im Dienstleistungsbereich

I. Begriff und Dimensionen der Dienstleistungsqualität

Bei der Betrachtung des Begriffs der Dienstleistungsqualität kann auf die **Definitionsansätze des Qualitätsbegriffs** nach Garvin zurückgegriffen werden:[22] 24

(1) Beim **absoluten** Qualitätsbegriff wird Qualität als die generelle Güte einer Leistung definiert.
(2) Nach dem **produktbezogenen** Qualitätsbegriff ergibt sich die Qualität einer Leistung aus der Summe ihrer Eigenschaften.
(3) Der **kundenbezogene** Qualitätsbegriff stellt die Kundenperspektive bei der Qualitätsbeurteilung einer Leistung in den Mittelpunkt.
(4) Beim **herstellungsorientierten** Qualitätsbegriff stehen Standards für die Leistungserstellung im Vordergrund.
(5) Schließlich wird beim **wertorientierten** Qualitätsbegriff das Preis-Leistungs-Verhältnis aus Kundensicht als Qualitätsmaßstab angesehen.

Im Hinblick auf die Dienstleistungsqualität stehen der produkt- und der kundenbezogene Qualitätsbegriff im Vordergrund, da sich Dienstleistungsqualität aus der Wahrnehmung der Teilleistungen einer Dienstleistung durch den Kunden ergibt. Somit kann 25

Dienstleistungsqualität wie folgt definiert werden:[23]
Dienstleistungsqualität ist die Fähigkeit eines Anbieters, die Beschaffenheit einer primär intangiblen und der Kundenbeteiligung bedürfenden Leistung aufgrund von Kundenerwartungen auf einem bestimmten Anforderungsniveau zu erstellen.

Die verschiedenen Komponenten der Dienstleistungsqualität, die auf den produktbezogenen Qualitätsbegriff zurückzuführen sind, werden als **Dimensionen der Dienstleistungsqualität** bezeichnet. Hierbei existieren in der Literatur zahlreiche Kataloge von Dimensionen der Dienstleistungsqualität: 26

- Phasenbezogene Dimensionierung,
- Objektbezogene Dimensionierung,
- Erwartungsbezogene Dimensionierung,
- Wahrnehmungsbezogene Dimensionierung,
- Dimensionierung nach dem SERVQUAL-Ansatz.

Die **phasenbezogene Dimensionierung** bezieht sich auf die Phasen bzw. Orientierungen der Dienstleistungserstellung. Aus der Potential, Prozeß- und Ergebnisorientierung ergeben sich drei Dimensionen der Dienstleistungsqualität:[24] 27

(1) Die **Potentialdimension** betrifft die Potentialorientierung bei der Dienstleistungserstellung (z. B. fachliche Qualifikation).
(2) Der **Prozeßdimension** werden Merkmale einer Dienstleistung subsumiert, die den Erstellungsprozeß betreffen (z. B. Einfühlungsvermögen in der Anwalt-Mandanten-Interaktion).

[22] *Garvin,* Sloan Management Review 1984, 25 ff.
[23] *Bruhn,* 1997a.
[24] *Donabedian,* 1980.

(3) Zur **Ergebnisdimension** gehören Leistungselemente, die das Ergebnis des Leistungserstellungsprozesses betreffen (z. B. endgültige Lösung eines Mandantenproblems).

28 Bei der **objektbezogenen Dimensionierung** steht das Beurteilungsobjekt aus Kundensicht im Vordergrund. Hierbei lassen sich eine technische und eine funktionale Dimension der Dienstleistungsqualität definieren:[25]

(1) Die **technische Dimension** betrifft den Umfang des Leistungsprogramms eines Anbieters und fragt somit nach dem „Was" einer Dienstleistung (z. B. Kenntnisse eines Anwalts in bestimmten rechtlichen Bereichen).

(2) Die **funktionale Dimension** bezieht sich auf die Art und Weise, nach der eine Dienstleistung erstellt wird, und fragt nach dem „Wie" einer Dienstleistung (z. B. Anwendung der Kenntnisse auf die spezifische Kundensituation).

29 Nach der **erwartungsbezogenen Dimensionierung** werden Qualitätsdimensionen dahingehend unterschieden, ob sie vom Kunden zwingenderweise gefordert oder als Zusatznutzen interpretiert werden:[26]

(1) Der **Routinedimension** werden Leistungsmerkmale subsumiert, die normalerweise zu einer Dienstleistung gehören und daher vom Kunden zwingend vorausgesetzt werden (z. B. Vertreten des Mandanten vor Gericht). Ein Nichtvorhandensein dieser Eigenschaften wird ein Kunde negativ bewerten, während ihr Vorhandensein nicht zu einer besseren Beurteilung einer Leistung führt.

(2) Die **Ausnahmedimension** betrifft Leistungsmerkmale, die vom Kunden nicht zwingenderweise erwartet werden und dem Kunden somit einen Zusatznutzen stiften (z. B. ganzheitliche Betrachtung der rechtlichen Probleme des Kunden statt einer Fokussierung auf ein Einzelproblem). Die Existenz solcher Eigenschaften führt zu positiveren Einschätzungen des Kunden, während sich eine Nichtexistenz nicht negativ auswirkt.

30 Gemäß der **wahrnehmungsbezogenen Dimensionierung** werden Leistungsmerkmale in Abhängigkeit von ihrer Erfahrbarkeit durch den Kunden klassifiziert. Hierbei lassen sich eine Such-, eine Erfahrungs- und eine Vertrauensdimension unterscheiden:[27]

(1) Zur **Suchdimension** gehören Leistungsmerkmale, die der Kunde vor Inanspruchnahme und teilweise ohne direkten Kontakt zum Anbieter wahrnehmen kann (z. B. baulicher Auftritt einer Kanzlei).

(2) Der **Erfahrungsdimension** werden Eigenschaften zugerechnet, die der Kunde nur im Dienstleistungsprozeß wahrnehmen kann (z. B. Entgegenkommen des Anwalts).

(3) Die **Vertrauensdimension** umfaßt Merkmale, die der Kunde erst nach der Leistungserstellung oder selbst zu diesem Zeitpunkt nicht wahrnehmen kann (z. B. Erarbeitung der bestmöglichen Lösung für den Mandanten).

31 Während die vorhergehenden Dimensionierungsansätze das Ergebnis konzeptioneller Überlegungen sind, resultiert die **Dimensionierung nach dem SERVQUAL-Ansatz** aus grundlegenden explorativen sowie statistisch-empirischen Untersuchungen und umfaßt fünf Qualitätsdimensionen:[28]

(1) Die **Annehmlichkeit des tangiblen Umfeldes** betrifft das äußere Erscheinungsbild des Dienstleistungsortes und der Dienstleistungserbringer (z. B. Gestaltung des Eingangsbereichs einer Kanzlei, Kleidung des Anwalts).

(2) Bezüglich der **Zuverlässigkeit** wird die Fähigkeit des Anbieters beurteilt, die Dienstleistung gemäß den vereinbarten Standards zu erfüllen (z. B. Einhaltung von Terminen).

---

[25] *Grönroos,* 1990.

[26] *Berry,* 1986.

[27] *Zeithaml* in: Donnelly/George, 1981.

[28] *Parasuraman/Zeithaml/Berry,* Journal of Marketing 1985; *dies.,* Journal of Retailing 1988; *Zeithaml/Parasuraman/Berry,* 1992.

(3) Die **Reaktionsfähigkeit** beinhaltet die Reaktionsbereitschaft des Anbieters und seiner Mitarbeiter bei Anfragen und Problemen (z. B. Fähigkeit, dem Kunden eine verständliche Auskunft über den Stand eines Prozesses zu geben).
(4) Bei der **Leistungskompetenz** stehen die spezifischen fachlichen Fähigkeiten des Anbieters und seiner Mitarbeiter im Vordergrund (z. B. Gesetzes- und Fallkenntnisse).
(5) Das **Einfühlungsvermögen** umfaßt Bereitschaft und Fähigkeit des Anbieters, individuelle Kundenanforderungen zu berücksichtigen (z. B. Schenken individueller Aufmerksamkeit).

Während die Dimensionen der Dienstleistungsqualität aufzeigen, anhand welcher Merkmale Kunden eine Dienstleistung wahrnehmen, dienen Modelle der Dienstleistungsqualität der Erklärung dienstleistungsbezogener Wahrnehmungsprozesse der Kunden. 32

II. GAP-Modell der Dienstleistungsqualität

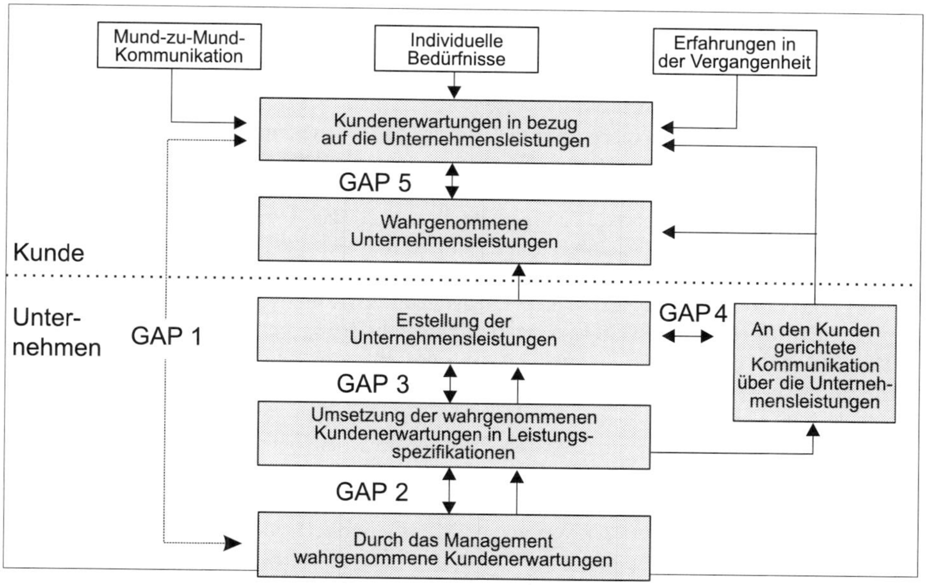

Abbildung 4: GAP-Modell der Dienstleistungsqualität
(Quelle: *Parasuraman/Zeithaml/Berry*, Journal of Marketing 1985)

Zur Erklärung der **Entstehung von Dienstleistungsqualität** wurden im Laufe der letzten zwanzig Jahre zahlreiche Modelle der Dienstleistungsqualität entwickelt. Hierbei kommt dem sog. GAP-Modell der Dienstleistungsqualität sowohl in theoretischer als auch in praktischer Hinsicht eine besondere Bedeutung zu. 33

Grundlegende Idee des GAP-Modells ist die Definition der Dienstleistungsqualität als Diskrepanz zwischen der erwarteten und der vom Kunden tatsächlich erhaltenen Dienstleistung.[29] Diese Diskrepanz wird als externes GAP 5 bezeichnet, dessen Entstehung auf vier interne GAPs zurückzuführen ist (vgl. Abbildung 4): 34

- GAP 1 als Diskrepanz zwischen den Kundenerwartungen und der Wahrnehmung der Kundenerwartungen durch das Management,
- GAP 2 als Diskrepanz zwischen der Wahrnehmung der Kundenerwartungen durch das Management und der Definition von Dienstleistungsspezifikationen,
- GAP 3 als die Diskrepanz zwischen den definierten Dienstleistungsspezifikationen und der tatsächlich erstellten Dienstleistung,

[29] Vgl. auch im folgenden *Zeithaml/Parasuraman/Berry*, 1992; *dies.* in: Bruhn/Stauss, 1999.

– GAP 4 als Diskrepanz zwischen der tatsächlich erstellten Leistung und der durch die Marktkommunikation dem Kunden kommunizierten Leistung.

35 Gemäß dem GAP-Modell kommt dem Qualitätsmanagement für Dienstleistungen die Aufgabe zu, zur Erzielung einer hohen Dienstleistungsqualität die vier internen GAPs zu minimieren. Hierbei lassen sich für jedes der vier GAPs **Ansatzpunkte zur Steuerung der Dienstleistungsqualität** ableiten (vgl. die Abbildung 5 auf Seite 423).

36 Im Hinblick auf **GAP 1** wird davon ausgegangen, daß Dienstleistungsunternehmen über ein unzureichendes Wissen bezüglich der Kundenerwartungen verfügen. Demnach sind im Unternehmen konkrete Maßnahmen zur Erfassung und (internen) Bekanntmachung der Kundenerwartungen zu ergreifen. Hierzu ist es zunächst erforderlich, eine Erfassung der Kundenerwartungen in bisherige Marktforschungsaktivitäten zu integrieren bzw. explizite Methoden zur Erwartungsgenerierung einzusetzen. Weiterhin spielen die Aufwärtskommunikation sowie die Schnittstellengestaltung zwischen den Hierarchiestufen eine wichtige Rolle. Bei der Dienstleistungserstellung treffen die Dienstleistungsnachfrager mit dem Dienstleistungskontaktpersonal zusammen, so daß dieses im Tagesgeschäft Informationen über die Kundenerwartungen erhält. Nur bei entsprechender Gestaltung der internen Kommunikationsabläufe wird es dem Management ermöglicht, diese Informationen zu erhalten und zu verarbeiten.

37 Bei **GAP 2** steht die Umsetzung der durch das Management wahrgenommenen Kundenerwartungen in konkrete Dienstleistungsspezifikationen im Vordergrund. Zur Minimierung von GAP 2 ist es daher erforderlich, die Kundenerwartungen bei der Definition von Vorgaben an die Leistungsersteller, d. h. das Kundenkontaktpersonal, zu berücksichtigen. Hierzu ist es zunächst unerläßlich, daß sich das Management gegenüber dem Prinzip der Serviceorientierung verpflichtet. Weiterhin ist es notwendig, konkrete Ziele im Hinblick auf die zu erstellende Dienstleistungsqualität auf Basis der Kundenerwartungen zu formulieren. Weiterhin ist die Standardisierung von Aufgaben hilfreich bei der Verringerung von GAP 2. Schließlich muß das Management die Realisierbarkeit der Spezifikationen bei deren Festlegung überprüfen.

38 Hinsichtlich **GAP 3** gilt es sicherzustellen, daß die Dienstleistung gemäß den Dienstleistungsspezifikationen erstellt wird. Demnach sind die arbeitsplatzbezogenen und organisatorischen Rahmenbedingungen für eine Umsetzung der Spezifikationen durch das Kundenkontaktpersonal zu schaffen. Bezüglich des Arbeitsplatzes sind daher Konzepte der Teamarbeit zu implementieren sowie eine Mitarbeiter-Arbeitsplatz- und eine Technologie-Arbeitsplatz-Entsprechung zu gewährleisten. Im Hinblick auf das Verhältnis der Mitarbeiter zu ihren Vorgesetzten ist eine zu hohe wahrgenommene Kontrolle zu vermeiden. Darüber hinaus sind bei der Gestaltung von beaufsichtigenden Kontrollsystemen auch die Anforderungen der Mitarbeiter zu berücksichtigen. Schließlich ist es erforderlich, den Mitarbeitern ihre Rolle als Leistungserbringer deutlich zu machen und somit Rollenkonflikte und ein unklares Rollenverständnis zu vermeiden.

39 Die Entstehung von **GAP 4** ist auf eine Diskrepanz der kommunizierten und der tatsächlich erstellten Dienstleistung zurückzuführen. Demnach ist es zur Minimierung von GAP 4 notwendig, Kommunikation und Leistungserstellung aneinander anzupassen. Ein diesbezüglicher Ansatzpunkt liegt in der Gestaltung der internen (horizontalen) Kommunikation, die einer Information über die externe Kommunikation gilt. Weiterhin ist eine Neigung zu übertriebenen Versprechungen zu vermeiden, die im Rahmen der Leistungserstellung nicht erfüllt werden können.

40 Eine Erklärung der Entstehung der Dienstleistungsqualität dient neben der Identifizierung von Ansatzpunkten der Qualitätssteuerung ebenso der Erfassung des Niveaus der Dienstleistungsqualität. Hierzu liegen verschiedene Meßansätze vor.

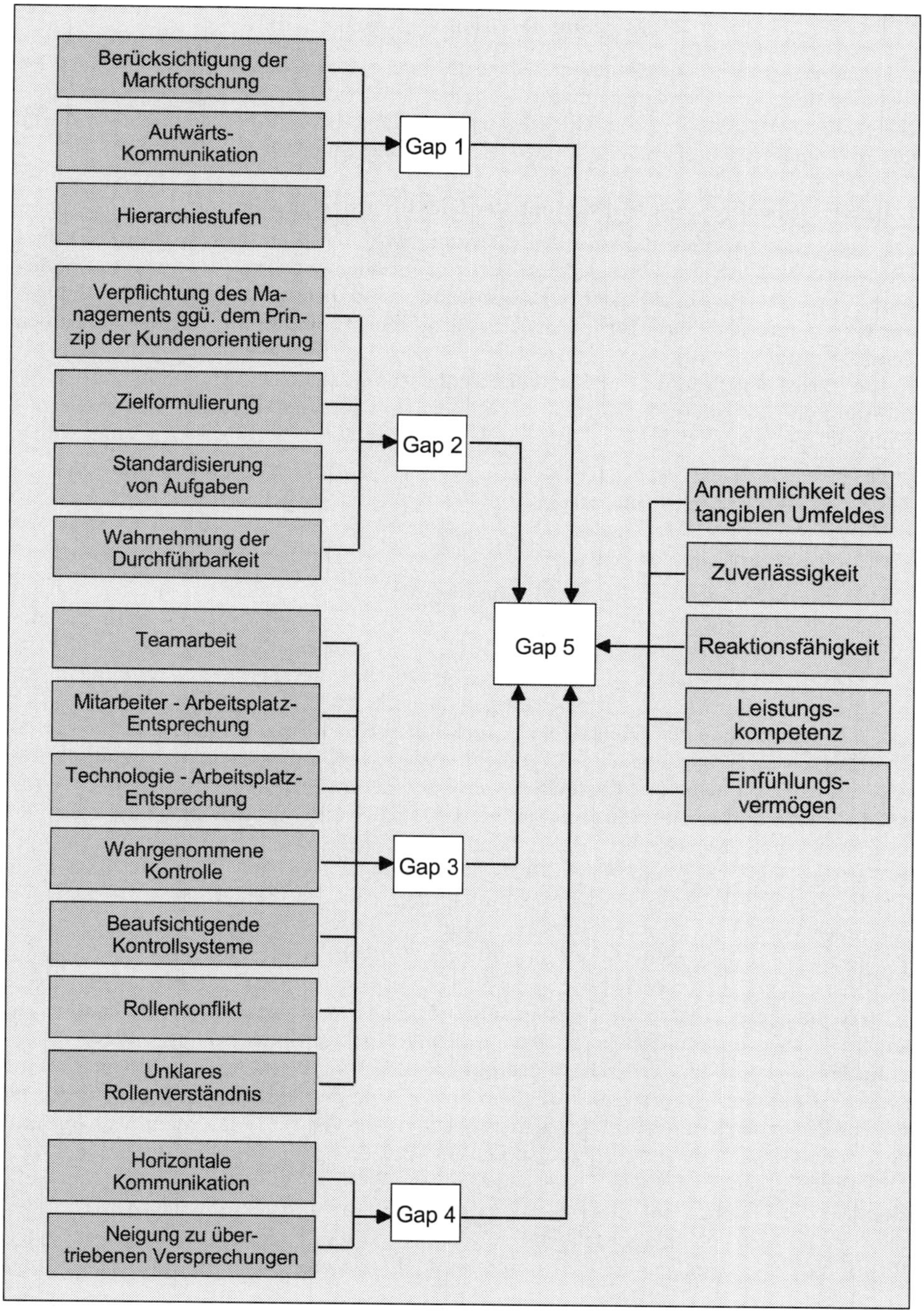

Abbildung 5: Einflußfaktoren der GAPs im Rahmen des GAP-Modells
(Quelle: *Zeithaml/Parasuraman/Berry* in: Bruhn/Stauss, 1999)

III. Messung der Dienstleistungsqualität

41 Ein zentraler Schwerpunkt in der Dienstleistungswissenschaft und -praxis stellt die Messung der Dienstleistungsqualität dar. Diesbezüglich existieren in der Literatur zahlreiche Ansätze zur Messung der Dienstleistungsqualität, die in unternehmensindividuelle und unternehmensübergreifende Ansätze eingeteilt werden können.

1. Unternehmensindividuelle Messung der Dienstleistungsqualität

42 Bei der unternehmensindividuellen Messung wird die Dienstleistungsqualität eines Dienstleisters durch das Unternehmen selbst bzw. eine durch das Unternehmen beauftragte Institution (z. B. Marktforschungsinstitut, Unternehmensberatung, Forschungsinstitut) untersucht (vgl. für einen Überblick die Abbildung 6 auf der folgenden Seite).

43 Auf Basis des produkt- und kundenbezogenen Qualitätsbegriffs steht hierbei die Messung der Dienstleistungsqualität aus Kundensicht im Vordergrund.[30] In diesem Zusammenhang lassen sich drei Gruppen von Meßansätzen der Dienstleistungsqualität unterscheiden:[31]

(1) Merkmalsorientierte Meßansätze,
(2) Ereignisorientierte Meßansätze,
(3) Problemorientierte Meßansätze.

44 Durch die **merkmalsorientierten Meßansätze** wird die Dienstleistungsqualität anhand bestimmter Leistungsmerkmale umfassend gemessen. Bei diesen Verfahren kommt dem – auf dem GAP-Modell basierenden – SERVQUAL-Ansatz eine besondere Bedeutung zu, der Dienstleistungsqualität als die Differenz zwischen der erwarteten und der vom Kunden wahrgenommenen Dienstleistung definiert.[32]

45 Zur **Bestimmung der Dienstleistungsqualität** werden anhand eines standardisierten Fragebogens die Erwartungen und Wahrnehmungen der Kunden bezüglich 22 Einzelkriterien erhoben, die den fünf Qualitätsdimensionen „Annehmlichkeit des tangiblen Umfelds", „Zuverlässigkeit", „Reaktionsfähigkeit", „Leistungskompetenz" und „Einfühlungsvermögen" zugeordnet werden können. Zur Erfassung von Wahrnehmung und Erwartung wird eine sog. Doppelskala verwendet, indem für jedes Einzelkriterium jeweils eine „IST"-Aussage (Wahrnehmung) und eine „SOLL"-Aussage (Erwartung) formuliert wird (vgl. die Abbildung 7 auf Seite 426). Diese Aussagen sind anhand einer 7-Punkt-Skala zu bewerten. Somit ergibt sich für jedes Kriterium ein Differenzwert zwischen −6 und +6, der das Niveau der Dienstleistungsqualität bezüglich des jeweiligen Kriteriums angibt. Durch die Aggregation der 22 Differenzwerte zu einem Gesamtwert kann das Gesamtniveau der Dienstleistungsqualität bestimmt werden.

46 Im Hinblick auf eine **kritische Würdigung** des SERVQUAL-Ansatzes können einige Nachteile angeführt werden, die vor allem die Validität des Ansatzes in Frage stellen.[33] In diesem Zusammenhang sind vor allem problematische Aspekte im Zusammenhang mit der Doppelskala, eine mögliche Anspruchsinflationierung und Fehlinterpretationen der Differenzbildung zu nennen. Daher wurde der SERVQUAL-Ansatz in Folgeuntersuchungen im Hinblick auf diese Aspekte modifiziert bzw. weiterentwickelt. Trotz der teilweise problembehafteten Kritikpunkte weist der SERVQUAL-Ansatz aufgrund seiner Plausibilität eine grundlegende Bedeutung für die Praxis auf.

---

[30] Vgl. zu einem Überblick über sämtliche Meßansätze *Bruhn*, 1997a; *Meffert/Bruhn*, 1999.
[31] *Bruhn*, 1997a, 61 ff.
[32] Vgl. auch im folgenden *Parasuraman/Zeithaml/Berry*, Journal of Marketing 1985; *dies.*, Journal of Retailing 1988.
[33] *Hentschel*, Marketing ZFP 1990.

46 **§ 19**

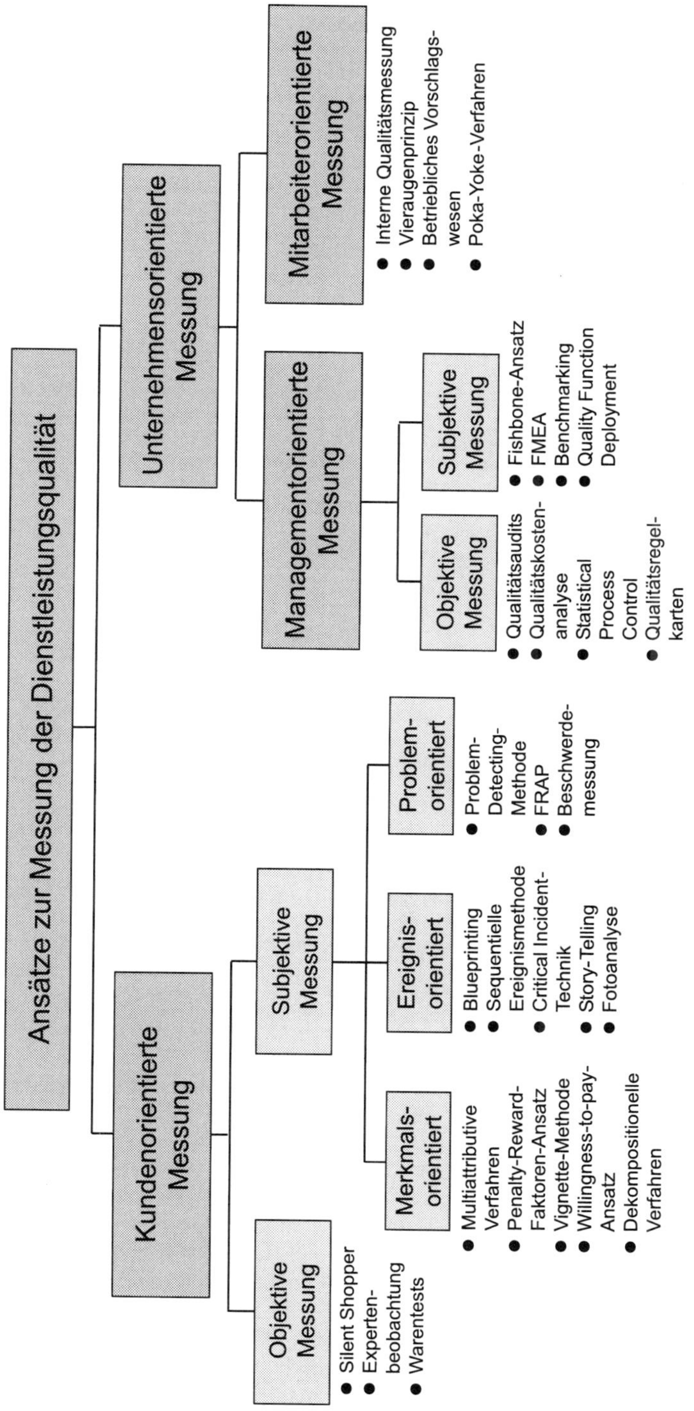

Abbildung 6: Meßansätze der Dienstleistungsqualität
(Quelle: *Meffert/Bruhn*, 1999)

Annehmlichkeit des tangiblen Umfeldes („tangibles")
1. Eine hervorragende Anwaltskanzlei verfügt über eine moderne technische Ausstattung.
2. Die Einrichtung einer Anwaltskanzlei sollte angenehm ins Auge fallen.
3. Die Mitarbeiter einer Anwaltskanzlei sollten ansprechend gekleidet sein.
4. Hervorragende Anwaltskanzleien sollten ihre Broschüren und Kundenpost angenehm gestalten.

Zuverlässigkeit („reliability")
5. Wenn hervorragende Anwaltskanzleien die Einhaltung eines Termins versprechen, wird der Termin mit Sicherheit eingehalten.
6. Bei hervorragenden Anwaltskanzleien sollte das Interesse erkennbar sein, ein Problem perfekt zu lösen.
7. Hervorragende Anwaltskanzleien sollten ihre Aufgaben gleich beim ersten Mal richtig erfüllen.
8. Hervorragende Anwaltskanzleien sollten ihre Leistungen zum versprochenen Zeitpunkt ausführen.
9. Hervorragende Anwaltskanzleien sollten bei Kundenmitteilungen keine Fehler machen.

Reaktionsfähigkeit („responsiveness")
10. Mitarbeiter hervorragender Anwaltskanzleien können über den Zeitpunkt einer Leistungsausführung immer Auskunft geben.
11. Mitarbeiter einer hervorragenden Anwaltskanzlei bedienen ihre Kunden immer prompt.
12. Hervorragende Anwaltskanzleien sollten stets bereit sein, ihren Kunden zu helfen.
13. Bei hervorragenden Anwaltskanzleien sind die Mitarbeiter nie zu beschäftigt, um auf Kundenanliegen einzugehen.

Leistungskompetenz („assurance")
14. Bei hervorragenden Anwaltskanzleien weckt das Verhalten der Mitarbeiter immer Vertrauen bei den Kunden.
15. Bei Transaktionen mit hervorragenden Anwaltskanzleien fühlt man sich immer sicher.
16. Mitarbeiter einer hervorragenden Anwaltskanzlei sind stets gleichbleibend höflich zu den Kunden.
17. Mitarbeiter hervorragender Anwaltskanzleien verfügen über das Fachwissen zur Beantwortung sämtlicher Kundenfragen.

Einfühlungsvermögen („empathy")
18. Hervorragende Anwaltskanzleien widmen jedem ihrer Kunden individuell ihre Aufmerksamkeit.
19. Hervorragende Anwaltskanzleien bieten ihre Dienste zu Zeiten an, die allen Kunden gerecht werden.
20. Hervorragende Anwaltskanzleien haben Mitarbeiter, die sich den Kunden persönlich widmen.
21. Hervorragenden Anwaltskanzleien liegen die Interessen der Kunden am Herzen.
22. Die Mitarbeiter hervorragender Anwaltskanzleien verstehen die spezifischen Servicebedürfnisse ihrer Kunden.

Abbildung 7: Erhebung der Erwartungen von Mandanten nach dem SERVQUAL-Ansatz
(Quelle: in Anlehnung an *Zeithaml/Parasuraman/Berry,* 1992, S. 202ff.)

47 Während mit merkmalsorientierten Verfahren die Dienstleistungsqualität möglichst umfassend erhoben werden soll, tragen die **ereignisorientierten Ansätze** dem prozessualen Charakter der Dienstleistungserstellung Rechnung, indem die vom Kunden wahrgenommenen Ereignisse im Rahmen des Dienstleistungsprozesses erfaßt werden.[34] Zwei zentrale Methoden dieser Kategorie sind die Sequentielle Ereignismethode und die Critical-Incident-Technik.[35]

48 Die **Sequentielle Ereignismethode** basiert auf einem sog. **Blueprint**, der den Ablauf des Dienstleistungserstellungsprozesses graphisch darstellt (vgl. die Abbildung 8 auf Seite 428). Im Mittelpunkt eines Blueprints steht die sog. „Line of Visibility", in der die Kontaktpunkte zwischen Anbieter und Nachfrager im Rahmen der Leistungserstel-

[34] *Stauss/Hentschel,* WiSt 1991; *Stauss* in: Bruhn/Stauss, 1999.
[35] Vgl. auch *Bruhn,* 1997a.

lung dargestellt sind. Zur **Bestimmung der Dienstleistungsqualität** wird das Blueprint den Probanden vorgelegt, damit sie anhand diesem die Erfahrungen, die sie im Rahmen der Leistungserbringung gemacht haben, anhand des Ablaufprozesses wiedergeben können. Im Hinblick auf die jeweiligen Kontaktpunkte wird nach dem wahrgenommenen Ablauf, den Empfindungen und den jeweiligen Bewertungen gefragt.

Ziel der **Critical-Incident-Technik** ist die Erhebung sog. kritischer Ereignisse aus 49
Kundensicht, die sowohl positiver als auch negativer Natur sein können. Insbesondere die negativen Ereignisse dienen der Identifizierung von Verbesserungspotentialen bezüglich der Dienstleistungserstellung. Eine **Bestimmung der Dienstleistungsqualität** erfolgt durch die Kategorisierung und Gegenüberstellung der identifizierten kritischen Ereignisse, die beispielsweise anhand folgender Fragen ermittelt werden:[36]

- „Erinnern Sie sich an einen besonders (nicht) zufriedenstellenden Kontakt mit einem Angestellten einer Anwaltskanzlei?
- Wann ereignete sich dies?
- Welche spezifischen Umstände führten zu dieser Situation?
- Was sagte oder machte der Angestellte genau?
- Was ereignete sich genau, so daß sie den Kontakt als (nicht) zufriedenstellend empfanden?"

Hinsichtlich einer **kritischen Würdigung** der ereignisorientierten Qualitätsmessung ist 50
hervorzuheben, daß diese im Gegensatz zur merkmalsorientierten Messung nicht vollständig erfolgen kann, da lediglich die aus Kundensicht besonders relevanten Aspekte analysiert werden. Dahingegen weisen die Resultate der ereignisorientierten Verfahren eine hohe Aktualität auf und ermöglichen die Ableitung konkreter Ansatzpunkte für eine Verbesserung der Dienstleistungsqualität.

2. Unternehmensübergreifende Messung der Dienstleistungsqualität

Bei der unternehmensübergreifenden Messung wird die Dienstleistungsqualität und vor 51
allem ihre Konsequenzen (z. B. Kundenzufriedenheit, Kundenbindung) für verschiedene Anbieter gemessen. In diesem Zusammenhang kommt den **Nationalen Kundenbarometern**[37] eine besondere Bedeutung zu, die anhand folgender Merkmale charakterisiert werden können:

- Branchenübergreifende Messung,
- Messung von Zufriedenheit sowie zentraler Erfolgsfaktoren,
- Beurteilung von Unternehmen und Institutionen,
- Bezug auf eine Nation/einen Wirtschaftsraum,
- Durchführung periodischer Erhebungen,
- Erhebung durch eine neutrale Institution.

Die zentralen **Ergebnisse Nationaler Kundenbarometer** stellen Branchen- und Unter- 52
nehmensrankings dar (vgl. die Abbildung 9 auf Seite 430). Um eine unternehmens- und branchenübergreifende Vergleichbarkeit der erhobenen Daten zu ermöglichen, werden die analysierten Größen (z. B. Kundenzufriedenheit, Kundenbindung) bei den meisten Kundenbarometern in Indexform dargestellt. Zur Ermittlung der Indizes wird das statistische Verfahren der Kausalanalyse – auf Basis von Kausalmodellen – verwendet (vgl. die Abbildung 10 auf Seite 431).[38]

Anwälte sind bisher nicht als Branche im Deutschen Kundenbarometer vertreten. In 53
diesem Zusammenhang sollte geprüft werden, ob eine Beteiligung möglich ist. Alternativ ist der Aufbau eines eigenen **„Branchen"-Barometers für Anwälte** denkbar. Auf jeden Fall sollte der Grundgedanke eines Kundenbarometers berücksichtigt werden, d. h. die

[36] *Bitner/Booms/Tetrault,* Journal of Marketing 1990, 71 ff.
[37] *Bruhn/Murmann,* 1998; *Meyer/Dornach* in: Bruhn/Stauss, 1999.
[38] *Bruhn/Murmann,* 1998.

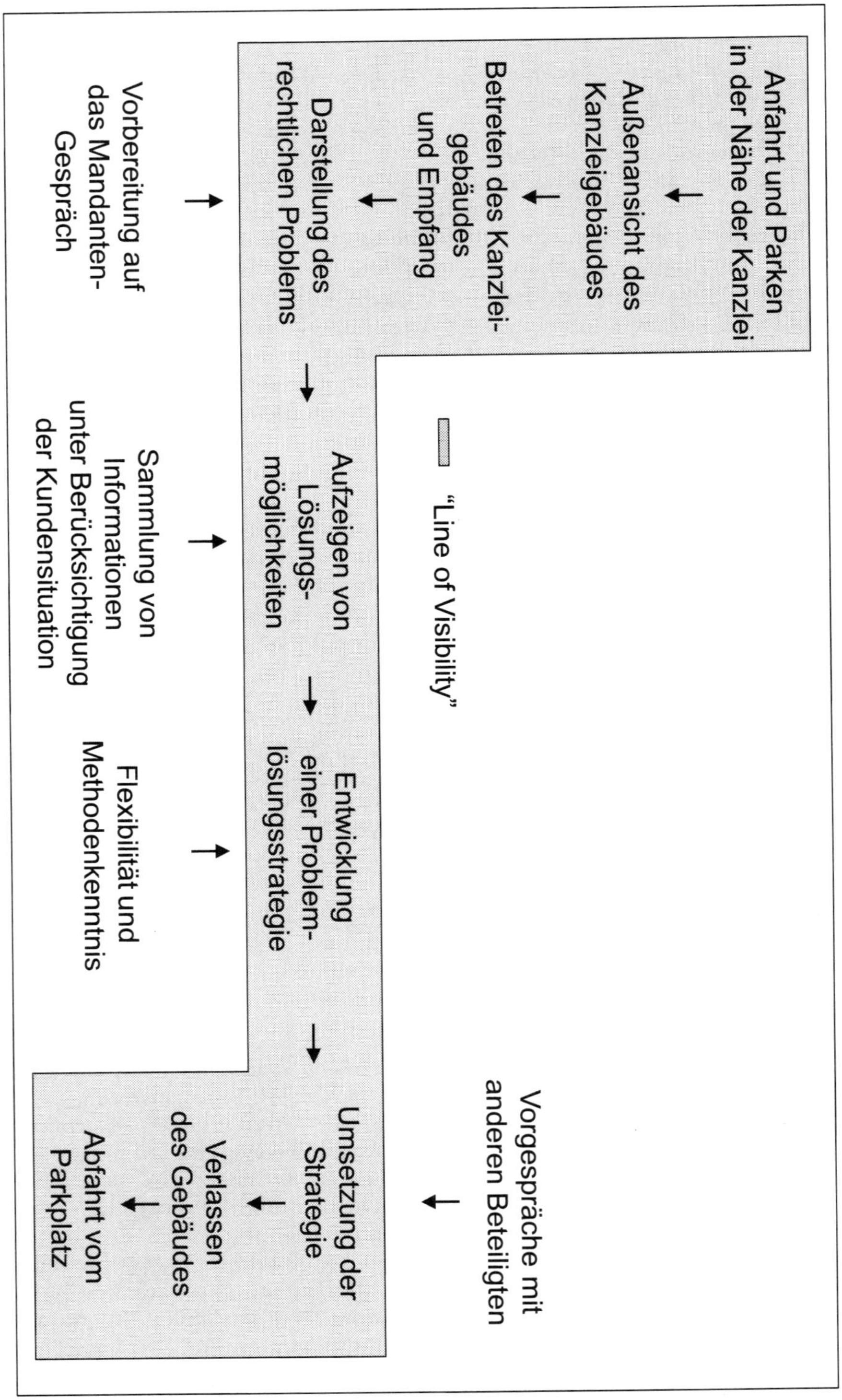

Abbildung 8: Exemplarischer Blueprint aus Sicht eines Mandanten

Zusammenhänge zwischen Qualitätsmerkmalen, Kundenzufriedenheit und Kundenbindung (sowie den einzelnen Indikatoren) sollten beachtet und regelmäßig empirisch erfaßt werden. Auf diese Weise lassen sich konkrete Ansatzpunkte zur Steuerung der Kundenbeziehungen kontinuierlich identifizieren.

Eine **Nutzung der Ergebnisse Nationaler Kundenbarometer** im Dienstleistungsunternehmen kann in vielfacher Hinsicht erfolgen: 54

- Auf Basis der Ergebnisse Nationaler Kundenbarometer läßt sich ein Benchmarking mit der Konkurrenz umsetzen.
- Die Resultate können weiterhin als Argumentationsgrundlage für interne Veränderungsmaßnahmen bezüglich der Dienstleistungsqualität dienen.
- Ferner stellen die Ergebnisse Anreize zur Mitarbeitermotivation dar.
- Durch Nationale Kundenbarometer wird die Erfassung der Kunden als Aktiva des Unternehmens ermöglicht.
- Im Rahmen Nationaler Kundenbarometer werden wettbewerbsrelevante Kennzahlen erhoben.
- Die Ergebnisse stellen eine vorökonomische Ergänzung einer zukunftsorientierten Unternehmensbewertung dar.
- Für die „Champions" läßt sich auf Basis der Resultate ein PR- und Werbenutzen generieren.
- Schließlich liefern die Ergebnisse Informationen für die Ableitung von Wettbewerbsstrategien.

IV. Instrumente des Qualitätsmanagements für Dienstleistungen

Zur Steuerung der Dienstleistungsqualität existieren zahlreiche Elemente, die nach verschiedenen Ansatzpunkten strukturiert werden können. Ein Strukturierungsansatz ist der sog. **Regelkreis des Qualitätsmanagements**, nach dem vier Phasen des Qualitätsmanagements differenziert werden:[39] 55

- Qualitätsplanung,
- Qualitätslenkung,
- Qualitätsprüfung,
- Qualitätsmanagementdarlegung.

Die **Qualitätsplanung** umfaßt die Planung und Weiterentwicklung der Qualitätsforderung an die Dienstleistung. Hierbei geht es somit weniger um die Planung der Qualität selbst, sondern um die der Qualitätsanforderungen. In dieser Phase lassen sich strategische und operative Instrumente unterscheiden. 56

Die **strategische Qualitätsplanung** dient der Festlegung des grundsätzlichen Handlungsrahmens des Qualitätsmanagements. Hierzu lassen sich folgende Instrumente einsetzen: 57

- Festlegung der strategischen Qualitätsposition des Dienstleisters,
- Qualitätsbezogene SWOT-Analyse (Strength, Weaknesses, Opportunities, Threats) zur Identifizierung von Stärken, Schwächen, Chancen und Risiken bezüglich des Qualitätsmanagements,
- Qualitätsportfolios zur Ableitung strategischer Stoßrichtungen des Qualitätsmanagements,
- Festlegung der Qualitätsstrategie des Dienstleisters auf Basis der SWOT-Analyse und der Qualitätsportfolios,
- Festlegung von Qualitätsgrundsätzen, -zielen und -standards zur Gewährleistung der Umsetzung der Qualitätsstrategie sowie der Realisierung der Qualitätsposition.

---

[39] Vgl. auch im folgenden *Bruhn*, 1997a; *Meffert/Bruhn*, 1999.

Abbildung 9: Ranking der Kundenzufriedenheit nach dem Deutschen Kundenbarometer

(Quelle: *Meyer/Dornach*, 1998)

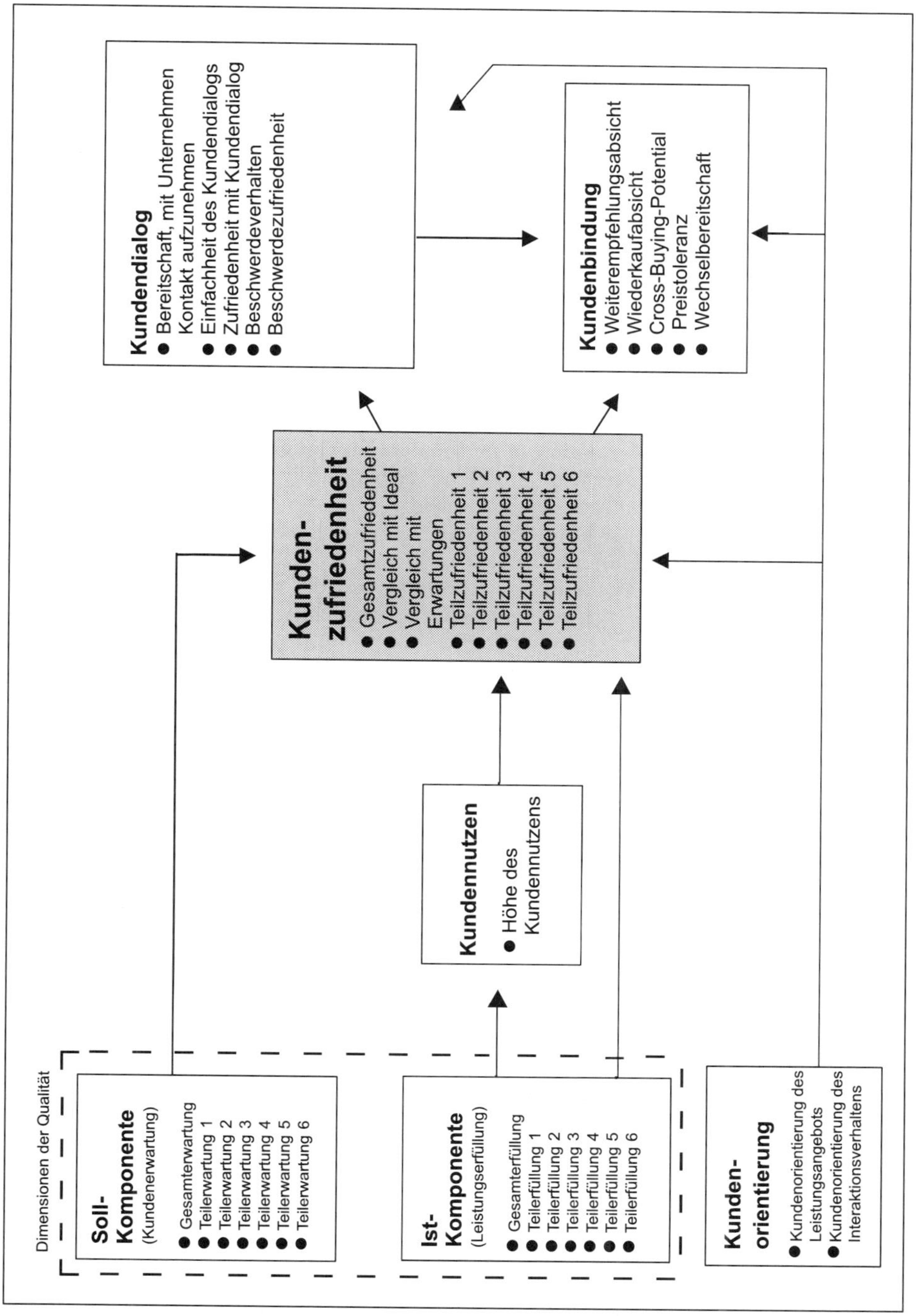

Abbildung 10: Kausalmodell des Schweizerischen Kundenbarometers SWICS als Grundlage eines Indexsystems

(Quelle: *Bruhn/Murmann*, 1998)

58 Im Rahmen der **operativen Qualitätsplanung** werden die konkreten Kundenanforderungen an die Dienstleistung erhoben. Hierzu werden die in § 27 angesprochenen Meßansätze der Dienstleistungsqualität eingesetzt. Beispielsweise lassen sich mit den ereignisorientierten Ansätzen die Leistungsbereiche und -elemente identifizieren, die aus Kundensicht eine hohe Relevanz aufweisen. Mit den merkmalsorientierten Ansätzen können hierauf aufbauend die Kundenerwartungen im Hinblick auf die entsprechenden Leistungsmerkmale ermittelt werden (z. B. in Form der Kundenerwartungen nach dem SERVQUAL-Ansatz).

59 In der Phase der **Qualitätslenkung** werden Maßnahmen zur Realisierung der Kundenanforderungen eingesetzt. Hierbei lassen sich mitarbeiterbezogene, organisationsbezogene und kulturbezogene Instrumente differenzieren. Im Rahmen der **mitarbeiterbezogenen Qualitätslenkung** stehen drei Instrumente im Vordergrund:

- Im Hinblick auf die **qualitätsorientierte Personalauswahl** sind Methoden heranzuziehen, mit denen bei der Einstellung neuer Mitarbeiter deren (potentielle) Servicementalität, Kontaktfreude und Einfühlungsvermögen beurteilt werden können.
- Im Rahmen der **qualitätsorientierten Personalentwicklung** sind die Fähigkeit und die Bereitschaft der Mitarbeiter zur Erstellung einer hohen Dienstleistungsqualität zu steuern. In diesem Zusammenhang sind Personalschulungen einzusetzen, die neben der Verbesserung der Fachkompetenz die Steigerung der Methoden-, der Sozial- sowie der psychologischen Kompetenz zum Ziel haben.
- Schließlich dienen **qualitätsorientierte Anreizsysteme** der Motivierung der Dienstleistungsmitarbeiter. Hierbei können materielle und immaterielle Anreize Berücksichtigung finden.

60 Die **organisationsbezogene Qualitätslenkung** betrifft die qualitätsbezogene Aufbau- und Ablauforganisation. Im Hinblick auf die qualitätsbezogene **Aufbauorganisation** können eine Primär- und eine Sekundärorganisation differenziert werden:

- Im Rahmen der **Primärorganisation** sind die Verantwortlichkeiten für das Qualitätsmanagement auf Basis der bestehenden Unternehmensorganisation festzulegen. Hierbei sind unterschiedliche organisatorische Einheiten (z. B. Qualitätsabteilung, Qualitätsstab, Qualitätsmanager) denkbar.
- Bei der **Sekundärorganisation** handelt es sich um Organisationsformen, die neben der bestehenden Unternehmensorganisation zur Sicherstellung einer hohen Dienstleistungsqualität geschaffen werden. Klassisches Instrument der Sekundärorganisation sind Qualitätszirkel. **Qualitätszirkel** sind auf Dauer angelegte Gesprächsgruppen, in denen Mitarbeiter aus verschiedenen organisatorischen Einheiten des Unternehmens über Aspekte der Dienstleistungsqualität diskutieren und Verbesserungsvorschläge für systematische Qualitätsmängel erarbeiten.

61 Bezüglich der **qualitätsbezogenen Ablauforganisation** ist die Bedeutung neuer Kommunikations- und Informationstechnologien hervorzuheben, die sowohl zur Steuerung unternehmensinterner Prozesse als auch zur Verbesserung von Kundenkontaktprozessen eingesetzt werden können.

62 Ziel der **kulturbezogenen Qualitätslenkung** ist die Entwicklung und Umsetzung einer qualitäts- und serviceorientierten Kultur im gesamten Dienstleistungsunternehmen. Neben der Festlegung einer Soll-Unternehmenskultur ist hierbei von zentraler Bedeutung, daß sich die Führungskräfte des Unternehmens ihrer Vorbildfunktion im Hinblick auf das Vorleben einer Qualitätskultur bewußt sind.

63 In der **Qualitätsprüfung** wird analysiert, inwiefern die in der Qualitätsplanung festgelegten Qualitätsanforderungen durch das Unternehmen realisiert werden konnten. Hierbei lassen sich eine externe und eine interne Qualitätsprüfung unterscheiden. Zur **externen Qualitätsprüfung**, bei der die Anforderungsrealisierung aus Sicht der Kunden getestet wird, sind die in § 27 angesprochenen Instrumente einzusetzen. Darüber hinaus wird im

Rahmen der **internen Qualitätsprüfung** die Anforderungsrealisierung aus Sicht von Unternehmensmitgliedern beurteilt. Hierbei lassen sich u. a. folgende Instrumente einsetzen:

- Das **Vieraugenprinzip** basiert auf der Forderung, daß sämtliche Mitarbeiter nicht nur auf ihr eigenes qualitätsorientiertes Verhalten, sondern auch auf dasjenige ihrer Kollegen und Mitarbeiter achten sollten.
- Bei der **Mitarbeiterbeobachtung** werden Kundenkontaktpersonen im Hinblick auf ihren Umgang mit den Kunden beobachtet und beurteilt.
- **Mitarbeiterbeurteilungen** bzw. Mitarbeitergespräche dienen der Erörterung von Qualitätsproblemen in der Leistungserstellung und der Erarbeitung von Verbesserungsmöglichkeiten.
- Bei der internen Qualitätsmessung werden vor allem **Mitarbeiterbefragungen** eingesetzt, um sowohl die dem Kunden gebotene Dienstleistungsqualität als auch die Qualität interner Kunden-Lieferanten-Beziehungen aus Mitarbeitersicht zu erheben.

Die letzte Phase des Regelkreises des Qualitätsmanagements ist die **Qualitätsmanagementdarlegung**, in der Vertrauen in die Qualitätsfähigkeit des Unternehmens nach innen und außen geschaffen werden soll. Hierbei werden klassischerweise Qualitätsmanagementhandbücher und Qualitätsstatistiken sowie eine Zertifizierung bezüglich der ISO-Normen 9000ff. eingesetzt. 64

V. Steuerung der Dienstleistungsqualität auf Basis von Qualitätspreis-Modellen

In engem Zusammenhang zur Qualitätsmanagementdarlegung stehen **Qualitätspreise** (European Quality Award als europäischer Qualitätspreis, Ludwig-Erhard-Preis als deutscher Qualitätspreis). Durch die Erlangung einer Qualitätsauszeichnung können Dienstleistungsunternehmen demonstrieren, daß sie im Vergleich zum Wettbewerb – bzw. streng genommen zu den übrigen Bewerbern um einen Qualitätspreis – ein besseres Qualitätsmanagement aufweisen.[40] 65

Da die den Qualitätspreisen zugrundeliegenden **Qualitätsmodelle** jedoch nicht nur zur Beurteilung von Unternehmen herangezogen werden, sondern darüber hinaus Ansatzpunkte für eine **Ausrichtung des Unternehmens an einer Qualitätsorientierung** dienen, weisen sie eine besondere strategische Relevanz auf. Diese Qualitätsmodelle haben den Charakter von **Geschäftsprozeßmodellen** und können somit zur umfassenden Unternehmenssteuerung eingesetzt werden. In Europa hat in diesem Zusammenhang das sog. **EFQM-Modell** (European Foundation for Quality Management), das die Basis des European Quality Award (EQA) darstellt (vgl. die Abbildung 11 auf der folgenden Seite), besondere Bedeutung erlangt. Im Rahmen des EFQM-Modell werden zwei Gruppen von Beurteilungskriterien von Unternehmen differenziert: Befähiger und Ergebnisse. In der überarbeiteten Version des Modells, die als Basis für ein „neues EFQM-Modell 1999" zu verstehen ist, werden fünf **Kategorien von Befähigern** differenziert:[41] 66

(1) Beispiele für Kriterien im Rahmen der **Führung**: Festlegung führungsrelevanter Prozesse, Entwicklung und Implementierung einer Unternehmenskultur.
(2) Beispiele für Kriterien im Rahmen von **Politik und Strategie**: Festlegung der Unternehmensmission, Strategieentwicklung.
(3) Beispiele für Kriterien im Rahmen des **Wissensmanagements**: Entwicklung von Weiterbildungsprogrammen, Anreizsysteme im Hinblick auf innovative Ideen der Mitarbeiter.
(4) Beispiele für Kriterien im Rahmen der **Ressourcen des Unternehmens**: Überprüfung der Effizienz des Ressourceneinsatzes, Analyse von Stärken und Schwächen des Dienstleisters.

---

[40] *Stauss* in: Bruhn/Meffert, 1998.
[41] Vgl. auch im folgenden *EFQM*, 1998.

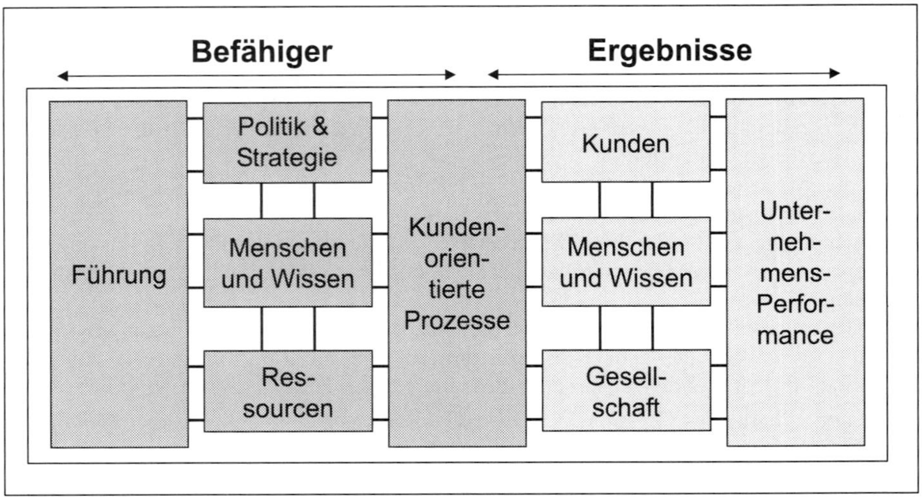

Abbildung 11: „Neues" EFQM-Modell
(Quelle: in Anlehnung an *EFQM*, 1998)

(5) Beispiele für Kriterien im Rahmen der **kundenorientierten Prozesse**: Schaffung einer kundennahen Unternehmensorganisation, Implementierung einer dialogorientierten Kundenkommunikation.

67 Durch die Steuerung der Befähiger werden letzten Endes indirekt die **finanziellen Ergebnisse** des Unternehmens („Organizational Performance") beeinflußt. Die Verbindung zwischen den Befähigern und den finanziellen Ergebnissen stellen **nicht-finanzielle Ergebnisse** dar:

(1) Beispiele für **kundenbezogene Ergebnisse**: Imageverbesserungen, Erhöhung der Kundenloyalität.
(2) Beispiele für **mitarbeiter- und wissensbezogene Ergebnisse**: Erhöhungen der Mitarbeitermotivation und Kommunikationszufriedenheit.
(3) Beispiele für **gesellschaftsbezogene Ergebnisse**: Verbesserungen im Hinblick auf das durch die Öffentlichkeit wahrgenommene Verantwortungs- und Umweltbewußtsein des Dienstleisters.

68 Das EFQM-Modell wird auch von zahlreichen Unternehmen, die sich nicht um den EQA bewerben, genutzt, indem es zur **Selbstbewertung** und zur Gestaltung von Strukturen und Prozessen im Dienstleistungsunternehmen eingesetzt wird.

VI. Wirtschaftlichkeit des Qualitätsmanagements für Dienstleistungen

69 Die ökonomische Erfolgswirksamkeit der Dienstleistungsqualität wird häufig über die sog. **Service-Erfolgskette** begründet. Ein konsequentes Qualitätsmanagement für Dienstleistungen führt zu einer Steigerung von Kundenzufriedenheit und Kundenbindung auf der Erlösseite sowie zu Kosteneinsparungen auf der Kostenseite. In Wissenschaft und Praxis besteht jedoch Einigkeit darüber, daß diese Erfolgswirkungen nicht zwingenderweise eintreffen müssen. Diese Argumentation wird gestärkt durch die Erfahrungen von Unternehmen mit einem konsequenten Qualitätsmanagement, das ihnen beispielsweise durch den Gewinn von Qualitätspreisen konstatiert wurde, die dennoch in finanzielle Schwierigkeiten gerieten bzw. sogar Konkurs anmelden mußten.[42]

[42] *Bruhn*, 1998; *Bruhn/Georgi*, 1999.

Diese Überlegungen bestärken die Forderungen nach Wirtschaftlichkeitsbetrachtungen des Qualitätsmanagements. Diese können durch eine **Wirtschaftlichkeitsanalyse des Qualitätsmanagements** umgesetzt werden.[43] Gegenstand der Wirtschaftlichkeitsanalyse ist die Untersuchung von Kosten und Nutzen des Qualitätsmanagements. Durch die Gegenüberstellung der Kosten und des Nutzens lassen sich Qualitätskennziffern errechnen, die Auskunft über die Profitabilität von Qualitätsaktivitäten eines Dienstleisters ermöglichen. 70

Die **Kosten des Qualitätsmanagements** sind auf Maßnahmen des Qualitätsmanagements zurückzuführen und können somit anhand des Regelkreises des Qualitätsmanagements strukturiert werden: 71

- Kosten der Qualitätsplanung entstehen beispielsweise durch die Festlegung von Qualitätsposition und -strategie sowie die Erfassung der Kundenanforderungen.
- Kosten der Qualitätslenkung entstehen durch sämtliche mitarbeiter-, organisations- und kulturbezogenen Maßnahmen zur Realisierung der Kundenanforderungen.
- Kosten der Qualitätsprüfung fallen beim Einsatz von Instrumenten zur Untersuchung der Erfüllung der Kundenanforderungen an.
- Kosten der Qualitätsmanagementdarlegung entstehen durch Maßnahmen zur Schaffung von internem und externem Vertrauen in die Qualitätsfähigkeit des Dienstleistungsanbieters.

Zur **Ermittlung** der Kosten des Qualitätsmanagements kann die qualitätsbezogene Prozeßkostenrechnung herangezogen werden, die der Isolierung der auf Qualitätsaktivitäten zurückführbaren Kosten von den übrigen Leistungserstellungskosten des Dienstleisters dient. Eine Voraussetzung zur Umsetzung der qualitätsbezogenen Prozeßkostenrechnung im Unternehmen ist die Existenz einer herkömmlichen Prozeßkostenrechnung. 72

Der **Nutzen des Qualitätsmanagements** wird durch die Erfolgswirkungen der Maßnahmen des Qualitätsmanagements generiert und kann in einen internen und einen externen Nutzen differenziert werden: 73

- Der interne Nutzen des Qualitätsmanagements ist auf Kosteneinsparungen aufgrund von Fehlervermeidungen und Prozeßverbesserungen zurückzuführen.
- Der externe Nutzen des Qualitätsmanagements wird durch die Steuerung des Kundenverhaltens und die Erstellung einer hohen Dienstleistungsqualität generiert. Hierbei können ein Kundenbindungs- und ein Kommunikationsnutzen differenziert werden. Der Kundenbindungsnutzen wird durch Erlöse mit zufriedenen Kunden realisiert, die aufgrund ihrer Zufriedenheit dem Anbieter treu bleiben. Der Kommunikationsnutzen basiert auf der Erhöhung der positiven Mund-zu-Mund-Kommunikation zufriedener Kunden und der Verringerung negativer Mund-zu-Mund-Kommunikation unzufriedener Kunden.

Zur **Ermittlung** des internen Nutzens können Fehleranalysen und – bei Vorhandensein – die Prozeßkostenrechnung eines Dienstleisters herangezogen werden. Auf diese Weise lassen sich im Zeitablauf die Kosteneinsparungen aufgrund von Fehlervermeidungen und Prozeßverbesserungen identifizieren. Im Rahmen der Erfassung des externen Nutzens sind Kundenzufriedenheit, Kaufverhalten (Kundenbindung) und Kommunikationsverhalten (Mund-zu-Mund-Kommunikation) der Kunden des Dienstleisters zu ermitteln. Hierfür werden vor allem Kundenbefragungen eingesetzt. Zur Monetarisierung der entsprechenden Größen sind Informationen des Rechnungswesens (z. B. Gewinn pro Kunde) heranzuziehen. 74

[43] Vgl. auch im folgenden *Bruhn*, 1998.

E. Externes und internes operatives Dienstleistungsmarketing

75 Das operative Marketing eines Dienstleistungsunternehmens dient der Umsetzung sowohl der Unternehmens- als auch der Qualitätsstrategie des Dienstleisters. Neben den klassischen „4 Ps“ (Product, Promotion, Price, Place) des operativen Marketing werden im Dienstleistungsmarketing aufgrund der besonderen Bedeutung des Kundenkontaktpersonals im Rahmen der Leistungserstellung „5 Ps“ – die vier externen Marketinginstrumente sowie das (interne) Instrument der Personalpolitik – unterschieden:[44]

(1) Leistungspolitik (Product),
(2) Kommunikationspolitik (Promotion),
(3) Preispolitik (Price),
(4) Vertriebspolitik (Place),
(5) Personalpolitik (People).

76 Beim Einsatz der Marketinginstrumente bestehen zahlreiche Parallelen zum klassischen operativen Marketing, das ursprünglich für Konsumgüter entwickelt wurde. Darüber hinaus führen jedoch die in Rdn. 6ff. aufgeführten Besonderheiten des Dienstleistungsmarketing zu Implikationen für den Einsatz der Marketinginstrumente.[45]

77 Im Hinblick auf die **Leistungspolitik** ergeben sich aus den Besonderheiten für Dienstleistungen Implikationen für die Gestaltung des Leistungsprogramms. So stellen die Elemente einer Dienstleistung Ansatzpunkte für Innovationen und Variationen im Leistungsprogramm des Dienstleisters dar (z. B. Erweiterung des Angebotes einer Kanzlei auf bisher nicht behandelte Rechtsfragen). Hervorzuheben sind weiterhin die Schwierigkeiten bei der Markierung von Dienstleistungen. Da eine Dienstleistung auf der einen Seite einen weitgehend immateriellen Charakter hat, auf der anderen Seite aus demselben Grund das Image des Dienstleisters eine besondere Bedeutung für den Markterfolg hat, kann die Markenpolitik einen kritischen Erfolgsfaktor im Rahmen der Leistungspolitik darstellen.

78 Zu den Aspekten der anwaltlichen Leistungspolitik zählen beispielsweise die Qualität der anwaltlichen Grundleistung, die Breite des Leistungsspektrums, über die Kernleistung hinausgehende Zusatzleistungen, Informationsdienste für den Mandanten, das Erscheinungsbild der Kanzlei.

79 Neben den klassischen Kommunikationszielen, die auch auf Konsumgüterhersteller zutreffen, ergeben sich aus den Besonderheiten von Dienstleistungen Implikationen für die **Kommunikationspolitik** von Dienstleistungsunternehmen.[46] Hierbei werden die Instrumente, die aus dem **klassischen Marketing** übernommen werden können, zur Realisierung spezifisch dienstleistungsbezogener Ziele eingesetzt. Beispielsweise wird im Sachgüterbereich die Werbung häufig dazu eingesetzt, die beworbene Sachleistung zu immaterialisieren (z. B. bei Zigaretten). Dahingegen geht es bei Dienstleistungen darum, die Leistung in der Kommunikation zu materialisieren.

80 Gegenstand der anwaltlichen Kommunikationspolitik sind beispielsweise Maßnahmen der Öffentlichkeitsarbeit, Kanzleibroschüren, die Gestaltung des Briefkopfes sowie des Kanzleischildes, die direkte Kommunikation im Mandantengespräch sowie der Internetauftritt einer Kanzlei.

81 Darüber hinaus kommt im Dienstleistungsmarketing **„neuen“ Instrumenten** der Kommunikationspolitik eine besondere Bedeutung zu. Vor dem Hintergrund des Relationship-Marketing-Gedankens wurden im Dienstleistungsbereich im Rahmen der externen Kommunikationspolitik zahlreiche Instrumente entwickelt, die in der Zwischenzeit auch von

[44] *Magrath,* Business Horizons 1986; *Beaven/Scotti,* Journal of Services Marketing 1990; *Meffert/Bruhn,* 1999; *Unger/Wolf,* 1993.
[45] Vgl. auch im folgenden *Meffert/Bruhn,* 1999; *Unger/Wolf,* 1993.
[46] *Bruhn,* 1997b; *Bruhn* in: Bruhn/Meffert, 1998.

Sachgüterunternehmen eingesetzt werden. Hierzu zählen beispielsweise das Beschwerdemanagement und Kundenclubs.

Bezüglich der **Preispolitik** von Dienstleistungsunternehmen sind Maßnahmen der 82 Preisdifferenzierung und der Preisbündelung hervorzuheben. Maßnahmen der Preisdifferenzierung werden zur kurzfristigen Nachfragesteuerung eingesetzt. Hierbei lassen sich eine räumliche, zeitliche, abnehmerorientierte und quantitative Preisdifferenzierung unterscheiden. Der Preisbündelung kommt im Rahmen der Realisierung von Cross-Selling-Potentialen besondere Bedeutung zu. Hierbei können Kunden sog. Servicepakete mit Preisvorteilen gegenüber der Inanspruchnahme einzelner Leistungen nutzen.

Aspekte der anwaltlichen Preispolitik sind Grundhonorare lt. Gebührenordnung, Pau- 83 schalhonorare, Vergütungen für nicht-anwaltliche Leistungen sowie Sonderregelungen für ein erstes Kontaktgespräch.

Im Rahmen der **Vertriebspolitik** von Dienstleistungsunternehmen stehen die Bedeu- 84 tung von Filial-/Franchisesystemen, die Bedeutung des Standortes eines Anbieters und die Möglichkeit der Online-Distribution im Mittelpunkt. Aufgrund der Immaterialität von Dienstleistungen und der hieraus folgenden Nichttransportfähigkeit ist es zur entsprechenden Marktabdeckung zahlreicher Dienstleistungen erforderlich, an mehr als einem Erstellungsort präsent zu sein. In diesem Zusammenhang kommen weiterhin Fragen der Standortwahl zum Tragen. Aufgrund der Integration des externen Faktors ist die Verteilungsdichte der Nachfrager bei der Wahl des Dienstleistungsstandortes zu berücksichtigen. Diese Besonderheiten der Vertriebspolitik können teilweise durch den Einsatz von Online-Vertriebs-Systemen – beispielsweise über das Internet – umgangen werden. Gerade aufgrund der Immaterialität ist bei vielen Dienstleistungen ein umfassender Online-Vertrieb möglich.

Im Rahmen der anwaltlichen Vertriebspolitik sind Entscheidungen über die Eigenak- 85 quisition, Akquisition durch Agenten, Standort und Öffnungszeiten, die Erreichbarkeit außerhalb der Öffnungszeiten, Auslandsaktivitäten und Zweigniederlassungen zu treffen.

Schließlich sind im Rahmen der **Personalpolitik** Maßnahmen zu ergreifen, die auf die 86 Qualitäts- und Serviceorientierung der Mitarbeiter des Dienstleisters abzielen. Diese Maßnahmen stehen in engem Zusammenhang mit den Instrumenten der mitarbeiterbezogenen Qualitätslenkung (vgl. Abschnitt 4.4) und den Instrumenten des Internen Marketing.[47]

F. Perspektiven des Dienstleistungsmarketing

Die auf zahlreichen Märkten der hochentwickelten Volkswirtschaften anzutreffenden 87 Entwicklungstendenzen (z. B. Globalisierung, technologische Entwicklung, Zusammenwachsen von Märkten) sprechen für eine weiterhin wachsende Bedeutung des Dienstleistungsmarketing. Da diese Entwicklungen auch vor dem Anwaltsmarkt nicht haltmachen, ist auch das Anwaltsmarketing von einer Dynamik unterworfen, die in folgenden **Thesen** zum Ausdruck gebracht werden kann:

- Das Wachstum von Dienstleistungsunternehmen vollzieht sich in der Zukunft zunehmend über eine Internationalisierung.
- Marketing von Dienstleistungen steht zunehmend unter der Leitidee eines „Total Quality Management", das eine Qualitätsorientierung auf sämtlichen Wertschöpfungsstufen impliziert.
- Die Herausforderung, Dienstleistungen als Vertrauensgut darzustellen, muß verstärkt durch eine gezielte Markenführung bewältigt werden.
- Die Integration des Nachfragers und Interaktionsprozesse zwischen Anbieter und Nachfrager erfolgen in Zukunft verstärkt über interaktive Medien (z. B. Internet).

[47] Siehe dazu eingehend unter § 23.

88 Zur langfristigen Sicherung ökonomischen Erfolgs ist es somit – wie für die Anbieter zahlreicher (Dienstleistungs-)Branchen – auch für Anbieter von Anwaltsleistungen unerläßlich, ihren Marktauftritt kontinuierlich zu professionalisieren. Es ist heute für Anwälte nicht mehr ausreichend, sich auf ihr Expertenwissen und auf anwaltliche und/oder ökonomische Erfolge der Vergangenheit zu verlassen. Vielmehr machen die marktlichen Entwicklungen eine konsequente Marketingausrichtung von Anwälten und Anwaltskanzleien erforderlich.

§ 20 Psychologische Grundlagen anwaltlicher Dienstleistung

Prof. Dr. Lutz von Rosenstiel/Dr. Peter Neumann***

Übersicht

Schrifttum: *Abelson,* (1976), Script processing in attitude, formation and decision making, in: Carroll/Payne (Hrsg.), Cognition and social behavior (S. 33–45); *Hillsdale/Bitner,* (1992), Servicescapes: the impact of physical surroundings on customers and employees, Journal of Marketing, 54, 69–82; *Enzmann/Kleiber,* (1989), Helfer-Leiden. Streß und Burnout in psychosozialen Berufen; *Flanagan,* (1954), The critical incident techniques, Psychological Bulletin, 51, 327–358; *Flick/v. Kardorff/Keupp/v. Rosenstiel/ Wolff* (Hrsg.), (1995), Handbuch Qualitative Sozialforschung. Grundlagen, Konzepte, Methoden und Anwendungen, 2. Aufl.; *Goffman,* (1969), Wir alle spielen Theater. Die Selbstdarstellung im Alltag; *Hochschild,* (1990), Das gekaufte Herz. Zur Kommerzialisierung der Gefühle; *Kotler,* (1982), Marketing-Management, Analyse, Planung und Kontrolle, 4. Aufl., Stuttgart; *Kroeber-Riel/Weinberg,* (1996), Konsumentenverhalten, 6. Aufl., München; *Maister,* (1985), The psychology of waiting lines, in: Czepiel/Solomon/Surprenant (Hrsg.), The service encounter. Managing employees/customer interaction in service business (S. 113–123); Lexington, Mass.; *Metzger,* (1963), Psychologie; *Meyer,* (1993), Dienstleistungs-Marketing; in: Meyer/Meyer (Hrsg.), Marketing-Systeme (S. 173–220), 2. Aufl.; *ders.* (1996), Dienstleistungsmarketing, 6. Aufl.; *Neumann,* 1999, Das Mitarbeitergespräch, in: v. Rosenstiel/Regnet/Domsch (Hrsg.), Führung von Mitarbeitern. Handbuch für erfolgreiches Personalmanagement (4. Aufl., S. 227–242); *Nerdinger* (1994), Zur Psychologie der Dienstleistung. Theoretische und empirische Studien zu einem wirtschaftpsychologischen Forschungsgebiet; *v. Rosenstiel/Neumann* (1991), Einführung in die Markt- und Werbepsychologie, 2. Aufl.; *Spiegel* (1970), Werbepsychologische Untersuchungsmethoden. Berlin.

Vorbemerkung

Die wissenschaftliche Auseinandersetzung mit dem Thema ‚Dienstleistung' steht in einem offensichtlichen Widerspruch zu ihrer wirtschaftlichen und praktischen Bedeutung. Der Rückgang der landwirtschaftlichen Produktion als einer primären Güterversorgung gilt in den Industrienationen als weitgehend abgeschlossen. Der Abbau von Arbeitsplätzen im sekundären Sektor der industriellen Produktion durch Rationalisierung und Verlagerung ins Ausland wird vielfach beklagt; dagegen entwickelt sich die Dienstleistung, der tertiäre Bereich, zusehends zum wichtigsten Arbeitgeber in der Bundesrepublik Deutschland (vgl. die Abbildung 1 auf der folgenden Seite). 1

Trotzdem konzentrieren sich jene Wissenschaften, die sich mit der Herstellung und dem Verkauf von Wirtschaftsgütern beschäftigen, fast ausschließlich auf die Produktion und den Absatz industrieller Waren und weisen auf Dienstleistungen bestenfalls nur in einem Nebensatz hin. 2

* Direktor des Instituts für Psychologie an der Universität München.

** Wissenschaftlicher Assistent ebenda.

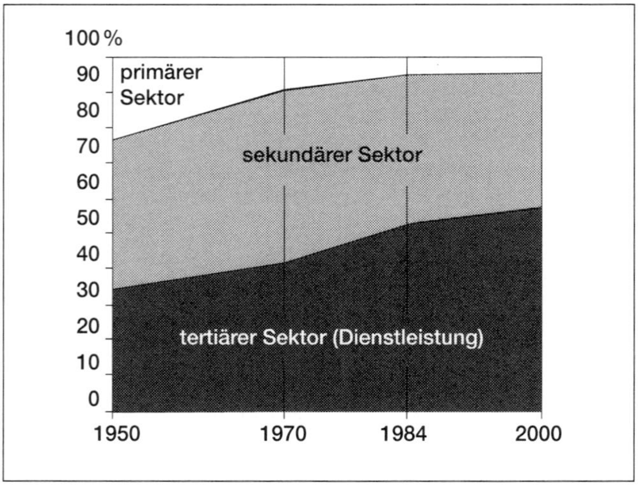

Abbildung 1: Entwicklung der Beschäftigten in den einzelnen Sektoren der Bundesrepublik Deutschland[1]

A. Der Weg zur Dienstleistung

3 Über eine lange Phase der Menschheitsgeschichte erfolgte die Befriedigung der Bedürfnisse durch materielle und immaterielle Güter in Primärgruppen in einer ganzheitlichen Weise. Arbeitsteilung war zunächst nur rudimentär in einer geschlechtsspezifischen Form ausgebildet. Der Austausch von Gütern erfolgte als Ausdruck emotionaler Beziehung und nicht auf der Grundlage von Geld oder Geldäquivalenten. Erst nach und nach entstand Spezialistentum, wobei die Spezialisten dann zunehmend auch fremden Menschen ihre Waren und Dienste im Tausch gegen Geld oder Geldwertes anboten. Die wissenschaftliche Analyse und wissenschaftlich fundierte Gestaltung dieser Prozesse führte zu neuen Fachdisziplinen, etwa zu einem ‚Dienstleistungsmarketing'[2] oder – bei Wahl der psychologischen Betrachtungsweise – zu einer ‚Psychologie der Dienstleistung'[3]. Worin eine ‚Psychologie der Dienstleistung für Anwälte' bestehen kann, soll im Abschnitt B dieses Beitrags ausgeführt werden.

I. Die Entwicklung der Wirtschaft

4 In der Frühgeschichte der Menschheit lebten die Menschen als Jäger und Sammler. Die Weitergabe der erjagten oder gesammelten Lebensmittel erfolgte zunächst als Ausdruck der bestehenden, emotional getönten Beziehungen innerhalb des familienähnlichen Sozialgeflechts. Dies änderte sich erst mit der Seßhaftigkeit.

5 Innerhalb der damit größer werdenden Gemeinschaften entwickelte sich ein Austausch von Gütern oder Diensten zwischen Fremden: Bauern, die über den eigenen Bedarf der Familie hinaus produzierten, tauschten Nahrung gegen Werkzeuge, Kleidungsstücke oder Dienstleistungen (z. B. in ärztlichen Fragen oder in solchen eines sich entwickelnden Rechtssystems), die von Spezialisten angeboten wurden. Dabei wurde der Austausch durch das bald geschaffene Geld flexibler und zugleich abstrakter. Güter, Dienstleistungen und später auch Ideen wurden nun nicht mehr allein den emotional Vertrauten als Ausdruck der bestehenden sozio-emotionalen Beziehung angeboten, sondern auch ande-

[1] Nach *Meyer* in: *Meyer/Meyer*, Dienstleistungen, 1990.
[2] *Meyer*, Dienstleistungsmarketing, 1996.
[3] *Nerdinger*, Psychologie der Dienstleistung, 1994.

ren Personen. Damit war der Kern zu einer arbeitsteiligen und auf ökonomischen Gewinn ausgerichteten Gesellschaft gelegt, wie wir sie heute kennen.

Dienstleistungen scheinen sich dabei aus der Differenzierung und Kommerzialisierung der Haushaltsführung entwickelt zu haben: Was die Frau in ihrer Rolle als Hausfrau für andere Familienmitglieder tat – das Bereiten und Auftischen von Speisen und Getränken, das Trösten und Beraten bei körperlichen und seelischen Schmerzen oder das Beilegen zwischenmenschlicher Konflikte –, wurde mehr und mehr aus der Primärgruppe herausgelagert und von Fremden als Leistung gegen Geld angeboten: von Gastwirten, Dienstboten, Ärzten oder Anwälten. 6

Damit deutet sich auch bereits an, was hier unter Dienstleistung verstanden sein soll. Wir orientieren uns dabei an *Nerdinger,*[4] der für besonders wichtig für Dienstleistungen folgendes erachtet: 7

- In face-to-face-Interaktion wird,
- gegen Geld oder Geldäquivalente,
- ein persönliches Problem des Bedienten gelöst,
- wobei der Dienstleister über die reine Dienstleistung hinaus gegenüber dem Bedienten keine weiteren Verpflichtungen eingeht.

Freilich reicht Dienstleistung vielfach über die hier genannten Merkmale hinaus, z. B. dann, wenn der Anwalt nach einer face-to-face-Anbahnung des Falles seinen Mandanten vor Gericht vertritt oder für ihn Schriftsätze formuliert. 8

II. Analyse und Veränderung wirtschaftlichen Verhaltens

Die Entwicklung von Arbeitsteilung und Kommerzialisierung im Zuge der Ausdifferenzierung menschlicher Gesellschaften ist ein Thema; die Entwicklung jener Wissenschaften, die sich damit auseinandersetzen, um dann wissenschaftlich begründete Gestaltungsempfehlungen abgeben zu können, ein anderes. Der Absatz von Gütern und Dienstleistungen fand erst relativ spät – etwa um die Jahrhundertwende – das Interesse der Forschung. 9

In Deutschland dauerte es dann noch einmal fast ein halbes Jahrhundert, bis sich die tradierte Absatzlehre in eine Wissenschaft vom Marketing wandelte, und dann noch einmal ca. 25 Jahre, bis man erste Grundsteine zum Aufbau eines Dienstleistungsmarketing legte. 10

Wenn man Marketing als „eine menschliche Tätigkeit, die darauf abzielt, durch Austauschprozesse Wünsche zu befriedigen bzw. zu erfüllen“[5] versteht, dann überrascht es, daß die Psychologie, die sich als Wissenschaft vom menschlichen Erleben und Verhalten definiert, kein Pionier einer Marketingwissenschaft war. Aufgabe der Psychologie ist es ja, menschliche Tätigkeiten, Bedürfnisse, Wünsche oder Befriedigungsphänomene zu beschreiben, zu erklären, zu prognostizieren und Wege zu deren Beeinflussung aufzuzeigen. Tatsächlich aber waren es in erster Linie Ökonomen – Betriebs- und Volkswirte – und in zweiter Linie Soziologen, die sich wissenschaftlich mit dem wirtschaftlichen Verhalten der Menschen im allgemeinen und mit den ökonomischen Austauschprozessen im besonderen auseinandersetzten. Dies führte zu Konzepten und Theorien, die der später auf den Plan tretenden Psychologie ein reiches Feld zur Ergänzung der Forschungsgegenstände und -methoden eröffnete. 11

Besondere Bedeutung gewinnt die **Marketingpsychologie** in der Wohlstandsgesellschaft: Wenn die Grundbedürfnisse der meisten Personen befriedigt sind und sich ein überreiches Waren- und Dienstleistungsangebot auf dem Markt findet, führt dies zur ‚Macht des Verbrauchers‘: Er hat nun die Möglichkeit, darüber zu entscheiden, ob und was er konsumiert. Für den Anbieter wird es nun wesentlich, die Wünsche, Erwartungen 12

[4] *Nerdinger,* Psychologie der Dienstleistung, 1994, S. 53.
[5] *Kotler,* Marketing-Management, 1982, S. 19.

und Entscheidungsprozesse sowie die daraus ableitbaren Verhaltensweisen der Verbraucher zu analysieren und diese entweder zu beeinflussen oder mit adäquaten Angeboten darauf zu reagieren. Soll dies geleistet werden, ist die Hilfe der Psychologie willkommen, deren Feld die Analyse und Beeinflussung menschlichen Erlebens und Verhaltens ist. Die Marketingpsychologie wird somit zu einem bedeutsamen und integralen Bestandteil einer Wissenschaft vom Marketing.[6]

III. Anwaltliches Handeln als Dienstleistung

13 Die Verrechtlichung immer weiterer Lebensbereiche führt dazu, daß vielen Personen die auf dem jeweiligen Handlungsfeld geltenden Rechtsvorschriften nicht bekannt sind. Wo z. B. früher ein Handschlag zwischen Käufer und Verkäufer das Geschäft verbindlich besiegelte, ist heute vielfach ein mehrseitiges Vertragswerk zu erstellen; wo früher resignativ die Willkür eines Prüfers an der Hochschule hingenommen werden mußte, sind heute Klagen der Geprüften vor dem Verwaltungsgericht möglich und auch zunehmend üblich. Für andere Felder lassen sich ähnliche Entwicklungen dokumentieren. Klagende und Beklagte benötigen dabei den Rat von Experten, der Anwälte.

14 Nimmt man eine Tätigkeitsanalyse von Anwälten vor, so zeigt sich, daß ihr Handeln stärker noch als das der Ärzte kommunikativ ist. Es erfüllt weitestgehend jene zuvor genannten **Definitionskriterien der Dienstleistung**, d. h.

– unmittelbare Interaktion,
– gegen Honorar,
– um ein persönliches Problem des Mandanten zu lösen,
– wobei der Anwalt über diese Dienstleistung hinaus dem Mandanten gegenüber keine weiteren Verpflichtungen eingeht.

15 Aufgrund ihrer Ausbildung sind Anwälte in modernen Gesellschaften befähigt, auf der Sachebene kompetent zur Lösung des Problems eine Mandanten beizutragen. Sie werden jedoch weder im Rahmen ihres Studiums noch in der Zeit als Referendar in der Regel dafür qualifiziert, eine face-to-face-Interaktion angemessen zu gestalten oder die Situation, in der sich diese Kommunikation vollzieht, adäquat zu strukturieren. Eine Psychologie der Dienstleistung für Anwälte muß also in erster Linie hier ansetzen.

B. Psychologische Aspekte anwaltlicher Dienstleistung

16 Klassische absatzwirtschaftliche Konzepte entsprechen dem Stimulus-Reaktions-Modell des frühen Behaviorismus: Stimuli, insbesondere die absatzpolitischen Instrumente (Merkmale des Angebots, Preis, Absatzwege und Werbung) determinieren die Reaktion, z. B. die Inanspruchnahme der Dienstleistung.

I. Psychologie der Dienstleistung

17 Schon die Hinwendung zum Kunden innerhalb des Marketing relativiert diesen Denkansatz. Die absatzpolitischen Instrumente können nicht in einer geradezu mechanistischen Weise die Reaktionen des Konsumenten determinieren, sondern werden je nach den Erfahrungen, Einstellungen, Motiven und Gefühlen des potentiellen Kunden in jeweils anderer Weise erlebt. Es gilt also vom Kunden auszugehen, z. B. seine Erwartungen und Wünsche in ihrer Differenziertheit und ihrer Dynamik zu erkennen, um dann die absatzpolitischen Maßnahmen daraufhin zu gestalten, den Kunden gewissermaßen dort „abzuholen", wo er steht, und ihn schließlich zielorientiert zu beeinflussen. Abbildung 2 zeigt ein solches **Stimulus-Organismus-Reaktions-Modell**:

---

[6] Vgl. *v. Rosenstiel/Neumann*, Markt- und Werbepsychologie, 1991.

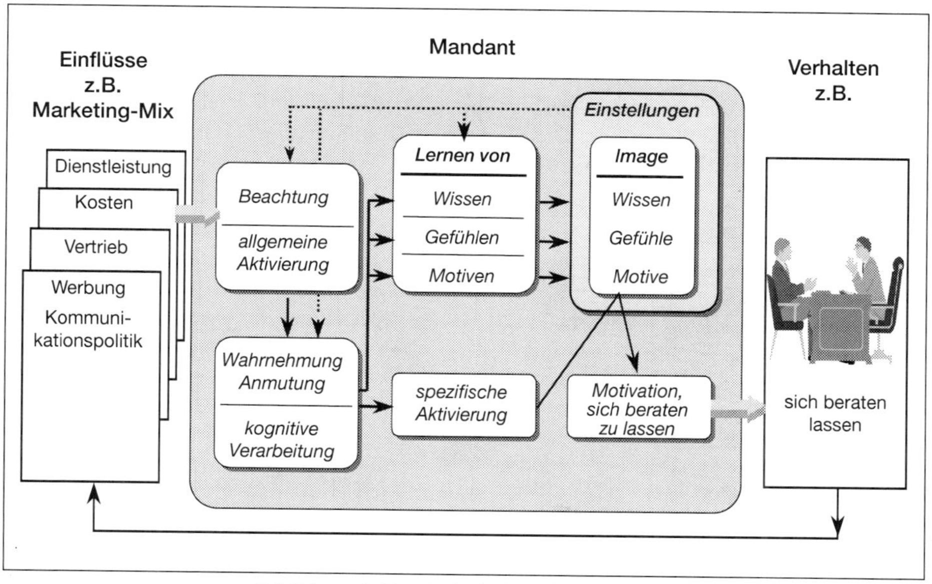

Abbildung 2: Psychologisches S-O-R-Modell

Was läßt diese Darstellung erkennen? Es sind vor allem zwei Aspekte: 18

– Die absatzpolitischen Maßnahmen des Marketing-Mix determinieren nicht unmittelbar das Verhalten (z. B. den Gang zu einem ganz bestimmten Anwalt), sondern wirken auf das, was sich *im* Menschen, im Erleben der Zielperson, abspielt. Die Beachtung der Außenreize, die dadurch ausgelöste allgemeine Aktivierung, die Wahrnehmung/Anmutung und kognitive Verarbeitung der Außenreize, die spezifische Aktivierung vorhandener Motive durch die Reize, aber auch die sich durch Lernen von Wissensinhalten, Gefühlen oder Motiven herausbildenden Einstellungen bzw. Images mit ihren kognitiven, emotionalen und motivationalen Komponenten sind hier die wichtigsten Stichworte.[7] Erst durch die Art und Weise der erlebnismäßigen Verarbeitung der aus dem Marketing-Mix kommenden Informationen läßt sich das Verhalten potentieller Mandanten erklären, so daß gleiche Maßnahmen bei verschiedenen Mandanten auch unterschiedliche Wirkungen haben können.
– Zum zweiten – und das ist nun die für das Marketing spezifische Sichtweise – sollten die absatzpolitischen Maßnahmen auf das Erleben und Verhalten des jeweiligen Mandanten zugeschnitten werden. Es gilt also, die Erlebnisprozesse in der Person mit angemessenen marktpsychologischen Methoden[8] zu untersuchen und an geeigneten Indikatoren festzumachen sowie das Verhalten reliabel und valide zu registrieren. Diese, aus einer psychologisch verstandenen Marktforschung gewonnenen Daten können dann als Grundlage dafür verwendet werden, die anwaltliche **Dienstleistung** (vgl. §§ 5, 6, 22, 25), die **Kosten** (vgl. §§ 36, 40), den **Vertrieb** (vgl. §§ 15, 37, 46) und die **Werbung/Kommunikationspolitik** (vgl. §§ 35, 40, 41, 43, 44) **mandantenspezifisch** zu gestalten. Dies wird im Abschnitt III, 2 am Beispiel einer Marktforschungsstudie für Anwaltskanzleien gezeigt werden. 19

Was bedeutet dieses allgemeine Modell nun mit Blick auf das Dienstleistungsmarketing von Anwälten? 20

[7] Vgl. z. B. *v. Rosenstiel/Neumann*, Markt- und Werbepsychologie, 1991; *Kroeber-Riel/Weinberg*, Konsumentenverhalten, 1996.
[8] *Kroeber-Riel/Weinberg*, Konsumentenverhalten, 1996.

Wir hatten festgestellt, daß im Zentrum der Dienstleistung die face-to-face-Interaktion zwischen dem Dienstleister und dem Bedienten steht, welche die Probleme des Bedienten gegen Geld lösen soll.

21 Bei einer Dienstleistungsbeziehung stehen sich also zwei oder mehr Menschen in verschiedenen Rollen gegenüber. Das Typische dieser Situation versucht das **Organismus-Stimulus/Reaktions-Organismus-Modell** von Abbildung 3 zu verdeutlichen:

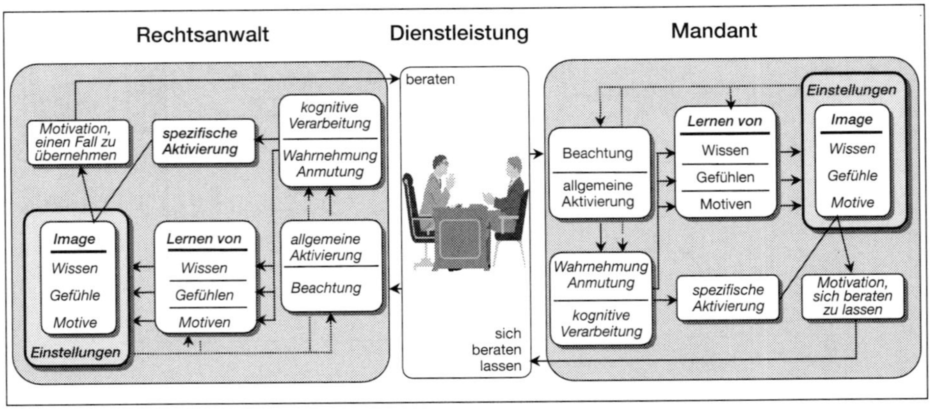

Abbildung 3: Psychologisches O-S/R-O-Modell des Dienstleistungsmarketing

22 Das bereits im Marketinggedanken liegende Konzept des Dialogs wird im Modell der Dienstleistung, wie es Abbildung 3 zeigt, noch deutlicher, denn hier ist es nicht ein vom Anbieter relativ unabhängiges Produkt, über das die Anbieter und Nachfrager in einen Dialog treten, sondern eine spezifische Form dieser Interaktion selbst. Es kann – um dies am Beispiel zu erläutern – ein Anwalt im Rahmen des Anbahnungsgespräches über seine Beratungsleistungen sprechen (Werbung), die Leistung selbst ist aber ein mitunter lange währendes kommunikatives Geschehen zwischen dem Anwalt und seinem Mandanten. Das juristische Fachwissen muß zu einem Bestandteil der kommunikativen Botschaft werden. Es kommt dabei – wie wir noch am Beispiel unserer Marktforschungsstudie zeigen werden – nicht nur auf das WAS, sondern ganz wesentlich auf das WIE dieser Botschaft an.

23 Über allgemeine Aspekte eines psychologisch orientierten Marketing hinaus ergeben sich daraus für eine Dienstleistung von Anwälten zwei spezifische Gesichtspunkte: die Gestaltung der **Beziehung** zwischen ihm und seinem Mandanten sowie die Gestaltung des **Kontextes**, innerhalb dessen sich diese Beziehung abspielt.

II. Grundsätzliches zur Beziehung zwischen Dienstleister und Bedienten

24 In der Fachliteratur hat man auf die fließenden Übergänge zwischen Gütern und Dienstleistungen dadurch aufmerksam gemacht, daß für die Beurteilung bestimmter Angebote – man denke etwa an Güter wie Kleidungsstücke oder Möbel – **Prüfqualitäten** dominierend sind, während bei anderen – wie z. B. Rechtsberatungen oder ärztlichen Diagnosen und Behandlungen – die **Vertrauensqualitäten** des Dienstleisters ausschlaggebend seien. Der Aufbau von Vertrauen ist also der kritische Erfolgsfaktor anspruchsvoller Dienstleistung. Vielfach sind die Ratsuchenden gar nicht kompetent, den sachlichen Beitrag zur Lösung ihres Problems – z. B. zur Scheidung – adäquat zu beurteilen. Für sie wird daher ihr Vertrauen in den Dienstleister zum entscheidenden Indikator der Qualität. Das Vertrauen und damit auch die Qualitätseinschätzung dürften stark von der Gestaltung der Interaktion abhängen. Dabei wird allerdings häufig der Sachbeitrag des Anwalts und

die zwischen Anwalt und Mandanten bestehende Beziehung zu einer unauflösbaren Erlebnisganzheit verschmelzen, bei der im Sinne einer Irradiation[9] das Erleben der Beziehung die Einschätzung der sachlichen Problemlösequalität beeinflußt und umgekehrt. Unter **Irradiation** versteht man die Tatsache, daß objektiv unveränderte Reize verändert wahrgenommen werden, wenn sich die Reizbedingungen im Umfeld ändern. So erscheinen z. B. fachliche Argumente einem Mandanten qualifizierter, wenn der Anwalt korrekt und nicht zu salopp gekleidet ist.

Der Doppelaspekt der Dienstleistung besteht also darin, daß einerseits auf der Sachebene zur Problemlösung des Bedienten beigetragen werden soll und andererseits diese Sachleistung in eine Interaktion eingebettet wird. Dies hat mehrere Konsequenzen: 25

Bezogen auf die **Sachleistung** ließe sich an dieser Stelle grundsätzlich alles wiederholen, was man zum Konsumgütermarketing[10] lesen kann: Die Sachleistung soll den Erwartungen des Bedienten entsprechen und demgemäß in ihrer objektiven Beschaffenheit, sowie – im Sinne einer Angebotsdifferenzierung – auch hinsichtlich ihres Preises, ihres Absatzweges und ihrer Werbung gestaltet werden. Dieser zuletzt genannte Aspekt verweist wiederum auf das Phänomen der Irradiation. Wegen der mangelnden Kompetenz der Mandanten, die von ihnen in Anspruch genommene Dienstleistung – etwa die Beratung durch den Anwalt – sachlich richtig beurteilen zu können, gewinnen die zusätzlichen absatzpolitischen Maßnahmen ein so hohes Gewicht, daß der Sachaspekt der Dienstleistung nur in Ausnahmefällen unabhängig davon beurteilt werden kann. Dies aber ist nichts grundsätzlich Neues und gilt z. B. auch bei Absatzstrategien für ein Parfum oder einen Champagner. 26

Das für die Dienstleistung Spezifische ist – wie bereits betont –, daß die gelegentlich ohnehin marginale Sachleistung mit der **Interaktion** zur eigentlichen Dienstleistung unauflösbar verschmilzt. Ein psychologisches Dienstleistungsmarketing wird folglich ganz wesentlich darin bestehen, die Erwartungen der Mandanten an diese Interaktion zu analysieren und dann diese Beziehung durch spezifische Maßnahmen entsprechend zu gestalten. 27

Was also erwartet der Bediente bei welchen Problemen von der Beziehung mit dem Dienstleister? Es ist offensichtlich, daß hier verschiedene Personen in verschiedenen Problemsituationen jeweils Unterschiedliches verlangen. So erscheint es unmittelbar plausibel, daß derjenige, der im Rahmen einer selbstbestimmten Weiterbildungsmaßnahme einen EDV-Kurs besucht, dort für sein Geld eine didaktisch perfektionierte und sachlich korrekte Information wünscht, was sich in einem entsprechenden Kommunikationsstil des Dienstleisters niederschlagen sollte; während derjenige, der nach dem Tode eines nahen Angehörigen die Dienstleistungen eines Bestattungsunternehmens in Anspruch nimmt, von dessen Mitarbeiter zwar auch sachlich korrekte Informationen über Behördengänge und Versicherungsleistungen erwartet, darüber hinaus aber auch häufig Empathie und Anteilnahme. 28

Die Reihe der Beispiele ließe sich nahezu beliebig fortsetzen und kann als vorläufige Hypothesensammlung verstanden werden, die es in der **psychologischen Marktforschung** zu falsifizieren bzw. zu stützen gilt. Zwar steht dabei das gesamte Arsenal aller Marktforschungsmethoden zur Verfügung, doch sind die qualitativen Verfahren der empirischen Sozialforschung[11] und hier wiederum die nicht oder nur schwer durchschaubaren Vorgehensweisen von besonderer Bedeutung: Die zu erwartenden starken Tendenzen zur sozialen Erwünschtheit dürften es häufig mit sich bringen, daß direkte, geschlossene Fragen nach dem erwünschten Interaktionsstil eines Dienstleisters kaum valide beantwortet werden. Nicht nur mangelndes *‚Wollen'*, sondern auch unzureichendes *‚Können'* der Befragten machen hier zutreffende Antworten unwahrscheinlich. Indirekte, qualitative Vorgehensweisen jedoch oder die Erhebung positiv und negativ kritischer 29

---

[9] *Spiegel*, Werbepsychologische Untersuchungsmethoden, 1970.
[10] *Kroeber-Riel/Weinberg*, Konsumentenverhalten, 1996.
[11] *Flick/Kardorff/Keupp/v. Rosenstiel/Wolff*, Qualitative Sozialforschung, 1995.

Ereignisse[12] unmittelbar nach Inanspruchnahme einer Dienstleistung dürften hier weiterführen.

30 Die soeben knapp skizzierte psychologische Marktforschung dient der Diagnostik und enthält erste Hinweise auf das ‚Soll', das auf der Grundlage adäquaten Veränderungswissens anzustreben ist. Konkret heißt dies, daß die Anwälte in die Lage versetzt werden, ihr verbales und nonverbales kommunikatives Verhalten flexibel zu kontrollieren und die Atmosphäre der Beziehung zwischen den Kommunikationspartnern bewußt zu gestalten. Die damit verbundenen Anforderungen an den Dienstleister sind offensichtlich: Im Rahmen eines gezielten Verhaltenstrainings muß er auf der kognitiven Ebene ein Modell des optimalen Vorgehens entwickeln,[13] wobei mit Blick auf die Dienstleistung ein solches Modell definiert werden kann als „eine kohärente Sequenz von Ereignissen, die ein Individuum erwartet und in der es als Teilnehmer oder Beobachter involviert ist".[14] Das darin liegende Wissen des Dienstleisters gilt es nun, in der entsprechenden Situation in konkretes Handeln umzusetzen, was nicht nur dann zum Problem werden kann, wenn kein entsprechendes Verhaltensrepertoire zur Verfügung steht, sondern insbesondere dann, wenn vom Dienstleister ein Verhalten gefordert wird, das seinem Wissen, seinen Einstellungen, seinen aktivierten Motiven oder seinen Emotionen in keiner Weise entspricht: Ein Anwalt sollte Freundlichkeit und Höflichkeit auch dort zeigen, wo er keine persönliche Sympathie empfindet, er sollte sich in die Sichtweise des Mandanten einfühlen können, obwohl er das Problem aus einer anderen Perspektive zu sehen geneigt ist, er sollte sich ausreichend Zeit für ein Gespräch nehmen, auch wenn er „auf Kohlen sitzt".

31 Gefordert wird also ein Verhalten, das als **‚dramaturgisches Handeln'** bezeichnet wird.[15] Dieser vom Theater entlehnte Begriff verweist auf die Spannweite: Es kann sein, daß ein „Darsteller ... vollständig von seinem eigenen Spiel gefangengenommen wird; er kann ehrlich davon überzeugt sein, daß der Eindruck von Realität, den er inszeniert, ‚wirkliche' Realität sei".[16] Auf der anderen Seite ist es denkbar, „daß der Darsteller nur mittelbar und zu anderen Zwecken daran interessiert ist, die Überzeugung seines Publikums zu beeinflussen",[17] was als *‚zynische Darstellung'* gekennzeichnet werden kann. Und eben diese zynische Darstellung wird letztlich häufig von Dienstleistern gefordert.

32 Wie soeben verdeutlicht, ist mit dem dramaturgischen Handeln sehr oft eine **‚Gefühlsarbeit'** verbunden, die in der Darstellung nicht vorhandener Emotionen besteht. Dazu schreibt *Hochschild:*[18] „Ich benutze den Begriff *Gefühlsarbeit* im Sinne eines Managements der Gefühle, das darauf bedacht ist, einen öffentlich sichtbaren Körper- und Gesichtsausdruck herzustellen; Gefühlsarbeit wird gegen Lohn verkauft und besitzt daher *Tauschwertcharakter.*" Derartige Gefühlsarbeit wird in den verschiedensten Bereichen der Dienstleistung vielfach gefordert und führt aus der Sicht der Bedienten fraglos zu einer Verbesserung der Dienstleistungsqualität. Gefühlsarbeit bleibt allerdings auch für die Dienstleister selbst nicht folgenlos, wobei diese Konsequenzen gelegentlich durchaus positiv sein können und z. B. in dem Kompetenzgefühl bestehen, schwierige soziale Beziehungen kontrollieren zu können.

33 Nicht selten sind die Konsequenzen der Gefühlsarbeit für den Dienstleister negativ, denn die Entkoppelung von Gefühlsdarstellungen kann die Entfremdung von den eigenen Emotionen zur Folge haben, die im Extremfall zu kaum noch reversiblen **Burnout-Symptomen**[19] führen können. Derartige Symptome sind:

---

[12] *Flanagan*, Critical incident techniques, 1954.
[13] *Nerdinger*, Psychologie der Dienstleistung, 1994, S. 109.
[14] *Abelson*, Script processing, 1976, S. 33.
[15] *Goffman*, Theater, 1969.
[16] *Goffman*, Theater, 1969, S. 19.
[17] *Goffman*, Theater, 1969, S. 19.
[18] *Hochschild*, Das gekaufte Herz, 1990, S. 30.
[19] *Enzmann/Kleiber*, Helfer-Leiden, 1989.

- emotionale Erschöpfung,
- Antriebsverlust oder reduzierte Leistungsfähigkeit sowie
- Depersonalisierung, was sich darin äußert, daß man dem anderen gegenüber gleichgültig wird.

Die Gestaltung der Beziehungsqualität innerhalb des Dienstleistungsmarketing wirft also ethische Fragen von erheblichem Gewicht auf.

III. Die Interaktion zwischen Anwalt und Mandanten

Der Aufbau einer Beziehung zwischen einem Anwalt und einem Mandanten ist eine asymmetrische Situation: In der Regel wird für einen Mandanten der Weg zum Anwalt ein außergewöhnliches, nicht selten sogar angstbesetztes Ereignis sein. Erhebliche Barrieren und Zweifel sind im Vorfeld häufig. Der Mandant hat normalerweise keine Verhaltensroutine, weiß also nicht, wie man sich in einer derartigen Situation verhält und ist entsprechend unsicher. Ganz anders ist die Situation des Anwalts, zumindest wenn dieser über einige Berufserfahrung verfügt. Für ihn ist es Routine, daß ein Mandant ihn aufsucht. Das von diesem als exzeptionell und einmalig geschilderte Problem ist für den Anwalt eines von vielen ganz ähnlicher Art. Der Anspruch des Mandanten an den Anwalt, sich Zeit zu nehmen und ihm aktiv zuzuhören, steht im Konflikt mit seiner Sicht, die ihm anderes dringlicher oder wichtiger erscheinen lassen. Für einen Mandanten, der dies wahrnimmt, kann das zu Enttäuschungserlebnissen führen, die eine sich dennoch anbahnende Beziehung langfristig belasten können. 34

1. Die Situation der Auftragsanbahnung

Das erste Telefongespräch, die Lage und das Aussehen der Kanzlei, die mehr oder minder höfliche Begrüßung durch die Sekretärin, das Warten in einem nüchtern gestalteten Gang, die ersten Worte des Anwalts, sein Aussehen, seine Kleidung, die Zigarette in seiner Hand oder gar die ihn umgebenden Alkoholfahne können darüber entscheiden, ob ein Auftrag ausgesprochen wird oder nicht. Die sozialpsychologische Forschung hat häufig gezeigt, daß ein **erster Eindruck**, eine scheinbar belanglose positive oder negative Vorinformation, zu einer selektiven Wahrnehmung und Bewertung späterer Ereignisse nachhaltig beiträgt. Dies könnte für einen Anwalt z. B. bedeuten, daß – im Sinne der Irradiation – sein fachlich noch so kompetenter Rat als oberflächlich erlebt wird, wenn der Mandant den Anwalt als wenig interessiert, an andere Dinge denkend oder zeitlich gehetzt erlebt. Die Qualität der Kommunikation bestimmt die Bewertung des Sachlichen wesentlich mit. Es gilt also, deutlich zwischen verschiedenen **Ebenen der Wirklichkeit**[20] zu differenzieren: Was fachkundige Experten als „wirklich" zutreffend oder relevant einstufen, muß von einer betroffenen Person keineswegs in gleicher Weise erlebt werden. Das Argument, dann irre sich diese Person eben, ist nicht sonderlich hilfreich, da ja das Verhalten jeder Person von ihren Erlebnisweisen bestimmt ist. Der in der Psychologie vielzitierte Satz „wirklich ist, was wirkt" sollte auch ein Anwalt im Bewußtsein haben, wenn er sich über die Reaktion seiner Mandanten Gedanken macht. 35

Was erwartet nun ein Ratsuchender ganz konkret von einem ersten Gespräch mit seinem Anwalt, was befürchtet er? Welche Erwartungen hat er ganz allgemein an einen Anwalt? Diesen Fragen sind wir in einer kleinen empirischen Untersuchung nachgegangen. 36

2. Eine Untersuchung: Wünsche und Befürchtungen potentieller Mandanten

Um zu erkunden, welche typischen Erwartungen an anwaltliche Dienstleistungen bestehen, welche positiven oder negativen Erfahrungen man erhofft bzw. befürchtet, befragten wir im Dezember 1998 mit geeigneten offenen Fragen 133 akademisch vorgebil- 37

[20] *Metzger*, Psychologie, 1963, S. 8 ff.

dete junge Menschen unterschiedlicher Fachrichtungen: 75 Frauen und 58 Männer. Das Durchschnittsalter lag bei 24,5 Jahren. 54 der 133 Personen hatten bereits die Dienste eines Anwalts in Anspruch genommen.

38 Für das Ziel unserer Untersuchung erscheint eine repräsentative Auswahl der Teilnehmer nicht erforderlich. Es geht ja hier nicht darum, daß etwa analysiert wird, wieviel Prozent einer ganz bestimmten Zielgruppe warum und wie häufig bei welchen Problemen einen Anwalt aufgesucht haben, sondern es geht um Anmutungen, Gefühle, Hoffnungen und Befürchtungen. Diese aber lassen sich nicht valide dadurch erfassen, daß man vorgegebene Aussagen ankreuzt, sondern weit besser durch Beantwortung möglichst breit formulierter offener Fragen. Dabei zeigt sich, daß bereits die Aussagen relativ weniger Personen zentrale Problemfelder deutlich werden lassen.

39 Aus diesen Gründen hat sich in der Marktforschung neben repräsentativen, quantitativen Befragungen (z. B. für Wahlprognosen) die qualitative Sozialforschung[21] an relativ wenigen Personen einen festen Platz erobert (z. B. wenn Ängste oder Hoffnungen in bestimmten Situationen erkundet werden sollen).

40 Bei unserer, eigens für unseren Beitrag in diesem Handbuch durchgeführten empirischen Studie baten wir unsere Befragungspartner, die **folgenden Fragen** zu beantworten:

1. Stellen Sie sich bitte vor, Sie benötigen den Beistand eines Rechtsanwalts. Sie haben gerade mit seiner Sekretärin einen 1. Gesprächstermin vereinbart und sind auf dem Weg in die Kanzlei.
   Bei diesem 1. Termin kann aus Ihrer Sicht
   a) einiges gut,
   b) aber einiges auch weniger gut laufen.
   Bitte versetzen Sie sich in eine solche Situation möglichst realistisch und schreiben Sie in die *linke* Spalte alles, was Sie als *positiv*, und in die *rechte* Spalte, alles, was Sie als *negativ* empfinden würden.
2. Jetzt einmal ganz allgemein betrachtet (und über den 1. Besuch hinausgehend): Was erwarten Sie sich alles von einem Rechtsanwalt?

41 Aus den frei formulierten Antworten der Befragten entwickelten wir ein spezifisches Kategoriensystem, wobei Grob- und nachgeordnete Feinkategorien die gegebenen Antworten klassifizieren sollten. Da die Antworten auf die Fragen 1a und 1b bei denjenigen, die noch nicht die Hilfe eines Anwalts in Anspruch genommen hatten, nicht besonders konkret waren, wurden ihre Antworten nicht in die Auswertung aufgenommen. Die Ergebnisse zu den Fragen 1a und 1b basieren somit auf insgesamt 565 Aussagen der 54 Personen, die bereits mit einem Anwalt zu tun hatten, die Ergebnisse zur Frage 2 auf 855 Aussagen aller 133 befragten Personen.

42 Aus Platzgründen können wir die Befunde nicht detailliert, sondern nur im groben Überblick in der nachfolgenden Tabelle darstellen. Sie informiert über die verwendeten Kategorien und die wichtigsten Ergebnisse. Die Zahlenwerte in den drei letzten Spalten geben dabei an, wieviel Prozent der Befragten eine Antwort gaben, die in die betreffende Kategorie fiel.

[21] *Flick/Kardorff/Keupp/v. Rosenstiel/Wolff*, Qualitative Sozialforschung, 1995.

Tabelle 1: Häufigkeit, mit der die einzelnen Kategorien auf die drei Fragen von den Befragten angesprochen wurden (in Prozent der befragten Personen) 43

Jede Kategorie hat einen positiven und negativen Pol. Mehrfachnennungen waren möglich.

Kategorien	typische positive – negative Antworten	Frage 1a	Frage 1b	Frage 2
Aspekte, die den Anwalt direkt betreffen				
Image, allgemein	*gute Reputation – Yuppie mit Handy und BMW*	6	2	9
fachlich-juristische Kompetenz				
allgemein (ohne Spezifizier.)	*Fachkompetenz – ist vom Problem überfordert*	41	15	56
Wissen um juristische Fakten	*auf neuestem Stand der Rechtsprechung*	–	–	13
Erfahrung (mit ähnl. Fällen)	*Erfahrungsschatz – hat keine Erfahrungswerte*	6	4	15
Richtigkeit der Beratung	*100%ig zutreffende Aussagen – Gelaber*	7	2	6
Ausführlichkeit der Beratung	*eingehende Beratung mit mehreren Lösungen*	37	19	28
Verständlichkeit	*gute Erklärungen – Fachchinesisch*	17	22	23
Eloquenz	*rhetorische Fähigkeiten; Sprachbeherrschung*	–	–	14
soziale bzw. kommunikative Kompetenz				
allgemein (ohne Spezifizier.)	*menschlich; angenehme Aura – unsympathisch*	9	2	20
Zuhören	*hört aufmerksam zu und redet nicht dazwischen*	26	7	7
Notizen	*macht sich Notizen bzw. nimmt mit Tonband auf*	9	2	1
Zeitaufwand	*nimmt sich Zeit für mich – Hektik und Zeitdruck*	37	43	17
Störungen	*(keine) Unterbrechungen d. Telefon/Sekretärin*	6	24	–
Einfühlungsvermögen	*versetzt sich in meine Lage – arrogant*	52	54	44
Vertrauenswürdigkeit	*Geborgenheit – sieht mich mißtrauisch an*	22	9	24
Kundenorientierung	*RA als Dienstleister mit allem, was dazugehört*	–	2	7
Optimismus	*beruhigt mich und strahlt Optimismus aus*	9	4	14
moralisch-ethische „Kompetenz“				
Ehrlichkeit, Seriosität	*ehrliche Darstellung der Risiken und Chancen*	31	15	47
Profitgier	*Absahnermentalität*	–	26	5
Diskretion	*absolute Vertraulichkeit des Gesprächs*	2	2	5
sonstige Kompetenzen				
Durchsetzungsfähigkeit	*„Biß“ vor Gericht; Durchsetzungsvermögen*	–	–	6
Selbstsicherheit	*sicheres Auftreten*	2	6	17
Motivation				
Motivation	*reißt sich sämtliche Beine aus – desinteressiert*	11	24	39
Erfolg (resultierend aus Kompetenzen und Motivation)				
erfolgreiche Interessenvertret.	*ich soll recht bekommen; RA löst mein Problem*	2	2	18
zeitliche Aspekte				
Erreichbarkeit	*ist jederzeit erreichbar; Tips auch telefonisch*	–	–	15
Schnelligkeit	*tut alles, um meinen Fall zügig zu bearbeiten*	4	–	7
Pünktlichkeit	*keine Wartezeiten – läßt Termin platzen*	26	37	8
Information des Mandanten ...				
... über nächste Schritte	*vorherige Absprache – Alleingänge*	–	–	4
... über Stand der Dinge	*ständige Updates über den Verlauf des Falles*	–	–	12
Äußerliches				
Kleidung, Erscheinung	*gepflegtes Auftreten – schmuddelige Kleidung*	9	11	11
Getränke	*bietet Getränk an (meist Kaffee)*	19	4	–
Kosten				
Angemessenheit	*transparente Kostenstruktur – überhöhter Preis*	30	17	16
rechtzeitige Information	*spricht erst nach 3 Sitzungen Honorarfrage an*	2	6	3
Aspekte, die den Kontext betreffen				
Mitarbeiter (meist Sekretärin)	*höfliche Sekretärin – aufgetakelte Mieze*	20	11	2
Räumlichkeiten	*seriöse, großzügige Räume – verraucht; steril*	35	31	10
Lage der Kanzlei	*Kanzlei in verdächtiger Gegend; lange Anfahrt*	–	4	2

Lesebeispiel: Das Thema ‚Image, allgemein‘ haben bei Frage 1a 6 %, bei Frage 1b 2 % und bei Frage 29 % der befragten Personen von sich aus angesprochen, etwa mit den Worten: „Der Anwalt sollte eine gute Reputation haben“ (Antwort auf Frage 1a) oder „Es sollte kein Yuppie mit Handy und BMW sein“ (Antwort auf Frage 1b).

44 Die Tabelle spricht weitgehend für sich selbst. Die Zahlen geben an, was im positiven Sinne erwartet (Fragen 1a und 2) und was befürchtet wird (Frage 1b). Interpretierend kann man bei den Antworten auf die Fragen 1a und 1b, bei denen nur solche Personen berücksichtigt wurden, die bereits einen Anwalt aufgesucht hatten, auf entsprechende, tatsächlich gemachte positive oder negative Erfahrungen schließen.

45 Um die Befunde angemessen einordnen zu können, sollte man bedenken, daß sie mit der Methode des *unaided recall* erhoben wurden: Den Befragten wurden also keine Antwortvorgaben vorgelegt, aus denen sie nur noch eine oder mehrere auszuwählen hatten. Vielmehr sollten sie drei weitgespannte offene Fragen ohne weitere Hilfen spontan und in eigenen Worten beantworten. Dabei thematisierten sie natürlich nur das, was so wichtig war, daß es ihnen bei der Beschäftigung mit dem Thema „aktiv“ eingefallen ist. Hätte man den Befragten unsere Haupt- und Unterkategorien mit der Bitte vorgelegt, diejenigen anzukreuzen, die sie für wichtig halten (was die Auswertung der Befunde sehr erleichtert hätte), dann wären vermutlich alle (oder zumindest die meisten) angekreuzt worden (was die Aussage- und Differenzierungskraft der Ergebnisse aber ebenso stark beeinträchtigt hätte).

46 Die oben geschilderten Befunde lassen sich als Grundlage für Gestaltungsempfehlungen nutzen. Dies soll im nächsten Abschnitt geschehen.

IV. Wie sollten Beziehung und Kontext gestaltet werden?

47 Auffallende Daten aus der soeben geschilderten, speziell auf anwaltliche Dienstleistungen bezogene Untersuchung, aber auch gesicherte Ergebnisse aus Forschungen zum Dienstleistungsmarketing ganz allgemein, sollen nun dafür verwendet werden, praxisorientierte Empfehlungen für die Frage zu entwickeln, wie ein Anwalt sich gegenüber seinen Mandanten verhalten sollte und wie er den Kontext der Beratung gestalten könnte.

1. Sozialverhalten und Fachkompetenz

48 Eine selbstverständliche Voraussetzung anwaltlichen Handelns muß **Fachkompetenz** sein, die allerdings in einer **angemessenen Form zu kommunizieren** ist. Der Anwalt soll sich Zeit nehmen, in einer verständlichen Sprache formulieren, aktiv zuhören, sich dabei in den Mandanten einfühlen und Vertrauen und Seriosität ausstrahlen. Wenn er dann handelt, soll er sich – sichtbar für den Mandanten – mit hoher Motivation für den Fall engagieren. Dies wird nicht allein im Verhalten des Anwalts während der Gespräche mit dem Mandanten deutlich, sondern auch

- im Einhalten von Terminen,
- in der auch äußerlich seriösen Erscheinung
  - des Anwalts (und hier insbesondere seiner Kleidung),
  - seiner Mitarbeiter oder
  - der Räumlichkeiten und Möblierung der Kanzlei,
- sowie in den Symbolen der Kundenorientierung, wie z. B. dem Anbieten von Getränken.

49 Langfristig wird die Bindung an den Anwalt aber nicht nur von der fachlichen Qualität und der sozialen Kompetenz geprägt, sondern auch von der Angemessenheit seiner Honorare und selbstverständlich von den Erfolgen, die er für den Mandanten errungen hat.

50 Männer und Frauen unterscheiden sich in ihren Erwartungen und Befürchtungen nicht nachhaltig voneinander. Es verdient jedoch Beachtung, daß **Frauen** noch größeren Wert auf das aktive Zuhören, auf Verständlichkeit und auf einen beruhigenden Optimismus legen und sich eher durch eine unhöfliche oder aufdringliche Sekretärin gestört fühlen als Männer. **Männer** dagegen sind besonders häufig durch die „Profitgier“ eines Anwalts irritierbar und legen daher mehr Wert auf transparente und angemessene Kostenstrukturen als Frauen.

51 Interessant ist auch, ob und ggf. wie sich Personen, die bereits die Dienste eines Anwalts in Anspruch genommenen haben, von denen unterscheiden, die noch keine einschlägigen Erfahrungen haben. Wer Anwälte in eigener Sache noch nicht kennengelernt hat, legt mehr Wert auf juristisches Wissen und Schnelligkeit, mit der ein Anwalt den Fall anpackt und vorantreibt. Die **Erfahrenen** thematisieren dies nicht, weil sie offensichtlich hier keine schlechten Erfahrungen gemacht haben. Sie sprechen dagegen die pünktliche Einhaltung von Terminen und die Information über die nächsten Schritte an, vermutlich deshalb, weil sie auf diesen Feldern Mängel erlebt haben, weil Termine verschoben worden oder gar geplatzt sind bzw. der Anwalt seine nächsten Schritte nicht ausreichend mit ihnen abgesprochen hat.

52 Will man sich als Anwalt in seinem Verhalten auf die Mandanten einstellen und dabei das berücksichtigen, was sich diese wünschen, und das vermeiden, was sie besonders stört, so geben die Tabellen 2 und 3 konkrete Auskunft. Sie zeigen die häufigsten positiven und negativen erfahrungsgestützen Erwartungen der Personen, die bereits ein- oder mehrmals bei einem Anwalt gewesen waren.

53 **Tabelle 2:** Die häufigsten Antworten zu Frage 1a (positive Aspekte des 1. Gesprächs)

	Kategorien	Häufigkeit
1.	Einfühlungsvermögen: nimmt mich, meinen Fall ernst; ist nicht arrogant	52 %
2.	fachlich-juristische Kompetenz (allgemein, ohne weitere Spezifizierung)	41 %
3.	ausführliche Beratung, Darstellung verschiedener Lösungsmöglichkeiten	37 %
4.	Zeitaufwand: nimmt sich Zeit für mich und mein Problem	37 %
5.	Räumlichkeiten: seriös; großzügig; nicht steril; nicht verraucht	35 %
6.	Ehrlichkeit, Seriosität	31 %
7.	angemessene Kosten	30 %
8.	Zuhören können	26 %
9.	Pünktlichkeit, keine Wartezeiten, Termine werden eingehalten	26 %
10.	Vertrauenswürdigkeit, vermittelt Geborgenheit	22 %
11.	freundliche Mitarbeiter (meist Sekretärin)	20 %
12.	Getränke (meist Kaffee) werden angeboten	19 %
13.	Verständlichkeit: juristische Sachverhalte werden verständlich dargestellt	17 %
14.	Motivation, Engagement	11 %

54 **Tabelle 3:** Die häufigsten Antworten zu Frage 1b (negative Aspekte des 1. Gesprächs)

	Kategorien	Häufigkeit
1.	kein Einfühlungsvermögen: unfreundlich, arrogant, überheblich	54 %
2.	Hektik, nimmt sich zuwenig Zeit für mich	43 %
3.	Unpünktlichkeit, lange Wartezeiten, läßt Termine platzen	37 %
4.	Räumlichkeiten ungepflegt, verraucht, zu steril	31 %
5.	Profitgier	26 %
6.	Störungen durch Telefon oder Sekretärin	24 %
7.	zu geringe Motivation	24 %
8.	unverständliches Fachchinesisch	22 %
9.	zu oberflächliche Beratung: zeigt keine Lösungsansätze auf	19 %
10.	überhöhte Kosten	17 %
11.	fachlich-juristische Inkompetenz (allgemein, ohne weitere Spezifizierung)	15 %
12.	Unehrlichkeit, unseriös	15 %
13.	schlechte Kleidung; ungepflegte Erscheinung	11 %
14.	unfreundliche Mitarbeiter (meist Sekretärin)	11 %

55 Es fällt auf, daß – vor allem in Tabelle 3 – **soziale Kompetenz** und **Kontextbedingungen** sehr viel häufiger als **Fachkompetenz** erwähnt werden. Zwar wird fachlich-juristische Kompetenz (selbstverständlich) vielfach positiv genannt, selten jedoch im negativen Sinne als Mangel. Erwartet aber werden Einfühlungsvermögen und die Bereitschaft des Anwalts, sich Zeit zu nehmen, was – unterstützt durch freundliche Mitarbeiter – in gepflegten Räumlichkeiten stattfinden soll, in einer Atmosphäre, die Vertrauenswürdigkeit ausstrahlt und Geborgenheit vermittelt. Entsprechend stören Unfreundlichkeit, Hektik, Unpünktlichkeit oder ständige Störungen durch Telefon oder Mitarbeiter während der Beratung, sowie ungepflegte oder zu sterile Räumlichkeiten. Erheblicher Wert wird auf ein angemessenes Preis-Leistungs-Verhältnis gelegt: Die Kosten sollten angemessen sein. Gefürchtet wird Profitgier von Anwälten, die einen Fall ohne Rücksicht auf die Interessen des Mandanten so lange auf dem Instanzenweg durchziehen, bis er „ausgebührt“ ist.

56 Die häufigsten allgemeinen Erwartungen unserer Befragten (incl. derer, die noch bei keinem Anwalt waren) gibt Tabelle 4 wieder. Was hier angesprochen wird, entspricht weitgehend dem bisher Gesagten.

57 **Tabelle 4:** Die häufigsten Antworten zu Frage 2 (generellen Anforderungen)

	Kategorien	Häufigkeit
1.	fachlich-juristische Kompetenz (allgemein, ohne weitere Spezifizierung)	56 %
2.	Ehrlichkeit, Seriosität	47 %
3.	Einfühlungsvermögen; keine Arroganz	44 %
4.	Motivation, Engagement	39 %
5.	ausführliche Beratung: Darstellung verschiedener Lösungsmöglichkeiten	28 %
6.	Vertrauenswürdigkeit	24 %
7.	Verständlichkeit: Anwalt spricht kein Fachchinesisch	23 %
8.	soziale bzw. kommunikative Kompetenz (allgemein, ohne Spezifizierung)	20 %
9.	erfolgreiche Interessenvertretung	18 %
10.	Zeitaufwand: nimmt sich Zeit für mich und mein Problem	17 %
11.	Selbstsicherheit	17 %
12.	angemessene Kosten	16 %
13.	Erfahrung (mit ähnlich gelagerten Fällen)	15 %
14.	Erreichbarkeit: RA ist (in Notfällen) ständig erreichbar	15 %
15.	Eloquenz, rhetorische Fähigkeiten	14 %
16.	Optimismus: strahlt Zuversicht aus	14 %
17.	Wissen um juristische Fakten	13 %
18.	Information des Mandanten über den Stand der Dinge	12 %
19.	gute Kleidung; gepflegte Erscheinung	11 %
20.	angenehme Räumlichkeiten	10 %

58 Vor allem aus den Tabellen 2 und 3 wird deutlich, was bei einem **ersten Gespräch** als positiv und was als negativ erlebt wird. Auf den in dieser Situation optimalen **Gesprächsstil** soll im folgenden etwas näher eingegangen werden.

59 Klassifiziert man Mandantengespräche zum einen danach, wie stark der Anwalt das Gespräch steuert, und zum anderen danach, wie sehr er dabei auf die persönlichen Wünsche, Vorstellungen und Sichtweisen seines Mandanten eingeht, dann kann man fünf Gesprächsstile voneinander unterscheiden[22] (wobei es zwischen den einzelnen Gesprächsstilen natürlich fließende Übergänge gibt).

[22] Vgl. *Neumann*, Mitarbeitergespräch, 1999, S. 229.

60

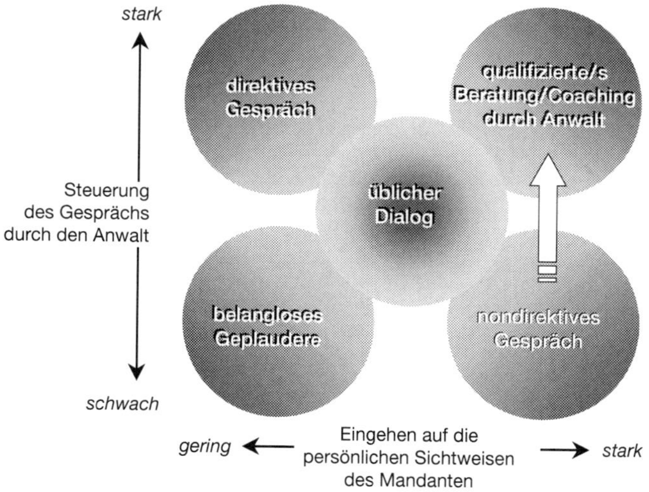

Abbildung 4: Klassifizierung von Mandantengesprächen

Oft wird man einen Gesprächsstil nicht vom Anfang bis zum Ende des Gesprächs durchziehen, sondern je nach individuellem Ablauf flexibel auf den momentan optimalen Stil umschalten. 61

Jeder Gesprächsstil ist allerdings nur so weit effizient, wie man ihn auch innerlich akzeptiert. Ein Rollenspiel ‚qualifizierte Beratung' oder eine ‚nondirektive Show' haben nicht den gewünschten Erfolg; ganz im Gegenteil: Bumerangeffekte sind wahrscheinlich. Glaubwürdigkeit ist gerade beim Gespräch mit dem Anwalt wichtiger als ein (scheinbar perfektes) Vorspielen falscher Tatsachen. 62

Nach den Ergebnissen unserer Studie ist es – vor allem für das erste Gespräch mit einem Mandanten – empfehlenswert, **zunächst einen nondirektiven Gesprächsstil** zu pflegen und **dann**, nachdem sich der Mandant ausgesprochen hat und man ausreichende Informationen über den Fall gewonnen hat, auf **eine qualifizierte Beratung** (die vor einem Gerichtstermin auch ein **Coaching** umfassen sollte) umzusteigen. Beide Gesprächsstile zeichnen sich dadurch aus, daß der Anwalt optimal auf seinen Mandanten eingeht, daß er sich also möglichst kundenorientiert verhält. 63

Was man bei einem nondirektiven Gespräch tun, und was man besser lassen sollte, wird aus der folgenden Auflistung[23] deutlich. 64

Tabelle 5: Gegenüberstellung direktiver und nondirektiver Gesprächsführung 65

Der **direktive** Anwalt...	Der **nondirektive** Anwalt...
• steuert das Gespräch allein – so, wie es ihm paßt;	• deutet zu Beginn nur global den Gesprächsrahmen an („Was kann ich für Sie tun?) und überläßt dann das Wort seinem Mandanten (= M);
• vernachlässigt die Ansichten und Wünsche des M;	• geht auf den M geduldig und freundlich ein; ist an dessen Problemen tatsächlich (nicht nur scheinbar) interessiert;

[23] Vgl. *Neumann*, Mitarbeitergespräch, 1999, S. 233.

• spricht viel.	• spricht wenig (und wird auch Pausen nur selten unterbrechen); • versucht, den M zum Sprechen zu bringen: – *nonverbal*, z. B. durch Kopfnicken, ein zustimmendes „Mhm", aufmerksames Zuhören oder freundliche Zuwendung, und – *verbal*, dadurch, daß er – die Äußerungen des M zunächst *akzeptiert* („Ja", „Verstehe", „Klar", „Sicher"), – *Fragen in W-Form formuliert* („Warum...?", „Weshalb...?", „Wie...?", W-Fragen sind nicht mit einem bloßen „Ja" bzw. „Nein" zu beantworten, sondern öffnen das Gespräch und leuchten das Thema breit aus), – das bisher vom M Gesagte *wiederholt*, *präzisiert* („Mit anderen Worten ...", „Sie finden ...", „Sie spüren ..."), – die Aussagen des M *interpretiert* (doch Vorsicht: die Interpretation des Anwalts kann falsch sein *oder* – wiewohl zutreffend – vom M nicht akzeptiert werden). • **hört aktiv zu**.

66 ‚Zuhören', die Voraussetzung einer jeden echten Kommunikation, wird also beim nondirektiven Gesprächsstil besonders gefordert. Weitere Empfehlungen runden diese Hauptforderung ab.

67 **Tabelle 6:** Weitere Unterschiede zwischen direktiver und nondirektiver Gesprächsführung

Der **direktive** Anwalt...	Der **nondirektive** Anwalt...
• unterbricht, wann er will;	• läßt seinen M unter allen Umständen ausreden;
• demonstriert Autorität;	• verzichtet auf übertriebenes Statusverhalten;
• bewertet die Antworten explizit, widerspricht und erteilt Ratschläge;	• gibt keine Werturteile über die Äußerungen seines M ab, erteilt keine Ratschläge und hält seine eigenen Meinungen und Einstellungen zurück (wenn er vom M nach seiner Meinung gefragt wird, kann er z. B. sagen: „Bevor ich mir darüber ein Urteil erlaube, möchte ich gerne von Ihnen alles erfahren, auch scheinbar Nebensächliches.");
• stellt präzise, meist geschlossene Fragen („Haben Sie..."), die mit einem bloßen „Ja" oder „Nein" zu beantworten sind. Geschlossene Fragen zielen auf einen bestimmten Punkt und können dann, wenn die Problemlage noch sehr unklar ist, leicht am Kern des Problems vorbeigehen.	• spricht oder fragt (wie: siehe oben) nur, – um Ängste und Befürchtungen des M abzubauen oder seine freimütige Meinungsäußerung anzuerkennen, – um den M zum Sprechen zu ermuntern (bei Pausen greift er nur Themen auf, die vom M bereits angeschnitten worden sind), – um bei einem Thema nachzuhaken, das für den M offensichtlich wichtig ist (auch wenn sich dies nur indirekt ausdrücken sollte). Dies sind Themen, bei denen der M, – eine unangemessene Emotion gezeigt bzw. eine normalerweise zu erwartende Emotion nicht gezeigt hat, – andeutet, daß hinter seiner ‚unauffälligen' Äußerung mehr steckt. Diese Andeutungen können nonverbal (z. B. Erröten) oder verbal (z. B. „eigentlich") erfolgen.

Solange das Gespräch nondirektiv geführt wird, gibt man also keine Werturteile ab und erteilt auch keine Ratschläge. Dies ändert sich natürlich, wenn man nach dieser Diagnosephase den Mandanten berät und ihn ggf. hinsichtlich seines künftigen Verhaltens coacht. 68

Wie einschlägige Veröffentlichungen und Berichte von Praktikern gleichermaßen belegen, können **nondirektive Gespräche** folgende **positive Effekte** haben: 69

- Soforthilfe durch „**Dampfablassen**"
  Schon allein dadurch, daß sich der Mandant aussprechen und alle ihm wichtigen Inhalte erörtern kann, wird er entspannter und ruhiger. Er fühlt sich mit seinem Problem vom Anwalt verstanden. Dies schafft die in unserer Studie vielfach geforderte Vertrauensbasis, auf der sich eine fruchtbare Zusammenarbeit zwischen Mandant und Anwalt entwickeln kann.
- Möglichkeit zur **Selbstdiagnose**
  Der Mandant äußert seine Sicht der Dinge, seine Gedanken, Vorstellungen und Gefühle vor einem aufmerksamen Zuhörer, der ihn durch entsprechende Fragen dazu bringt, weiter zu denken, als er es bisher vielleicht getan hat. Dadurch kann er sich über seine Situation klarwerden und sie besser in den Griff bekommen. Dies kann die Arbeit des Anwalts erleichtern: etwa dadurch, daß seine Ratschläge nach einer solchen Klärung vom Mandanten besser verstanden werden.
- Möglichkeit zur **Fremddiagnose**
  Der aktiv zuhörende Anwalt kann die Sachlage und das, was den Mandanten bewegt, adäquat erkennen. Er kann – auch zwischen den Zeilen hörend – Ungereimtheiten und Unklarheiten aufdecken und sich so eine fundierte Vorstellung von dem Fall bilden: eine wesentliche Voraussetzung für die sich anschließende qualifizierte Beratung. Aktives Zuhören erhöht nicht nur die tatsächliche Qualität der Beratung, sondern auch die subjektive Bereitschaft des Mandanten, die Vorschläge des Anwalts zu akzeptieren und in die Tat umzusetzen – hat er doch soeben erfahren, daß sich der Anwalt intensiv bemüht hat, sich in seine Situation hineinzuversetzen. *„Bevor ich dem Anwalt seinen Rat abkaufe, muß er sich erst einmal meinen Fall anhören, ohne mich ständig zu unterbrechen"* war die typische Äußerung einer von uns befragten Frau.

Mit einer nondirektiven Gesprächsführung können also einige wichtige, in unserer empirischen Studie geäußerten Wünsche an die anwaltliche Dienstleistung – insbesondere an das erste Gespräch zwischen Anwalt und Mandanten – erfüllt werden. 70

2. Kontext: Raum und Zeit

Eine logische Analyse erlaubt eine getrennte Kategorisierung des Verhaltens des Anwalts auf der einen und des Kontextes, den äußeren Rahmenbedingungen, auf der anderen Seite. Im Erleben des Mandanten hingegen verschmelzen diese beiden Bereiche aufgrund der genannten Irradiationsphänomene häufig zu einer ganzheitlichen Anmutung. Konkret bedeutet dies, daß die Wahrnehmung und Bewertung der Sozial- und Fachkompetenz eines Anwalts in der Regel auch davon abhängt, wie der Kontext gestaltet worden ist. 71

Woran ist dabei besonders zu denken? Orientieren wir uns am chronologischen Ablauf bei der Anbahnung einer Anwalt-Mandanten-Beziehung: Bei seinem ersten Anruf sollte der Mandant nicht lange auf das Abheben des Telefons warten müssen (oder gar von einem Anrufbeantworter „abgefertigt" werden), sondern von einem freundlichen Mitarbeiter einen baldigen Termin beim Anwalt erhalten. Sein Weg zum Anwalt sollte ihn in eine vertrauenswürdig erscheinende, aber nicht zu „mondäne" Straße führen, mit Parkmöglichkeiten oder einer guten Anbindung an den öffentlichen Nahverkehr. Vor dem Gebäude sollte als Dienstfahrzeug des Anwalts möglichst kein Porsche oder ein ähnlich teueres und extravagantes Fahrzeug stehen, sondern ein Golf oder ein anderes, vergleichsweise klassenloses Gefährt. In der Kanzlei betritt er helle, seriös gestaltete, d. h. gepflegte, aber nicht zu modisch gestylte Räume. Mobiliar und Ausstattung sollten zur Anmutung guter Qualität führen. Der Empfang ist höflich und freundlich, wobei die gepflegte Sekretärin keineswegs sehr jung und übertrieben modisch gekleidet sein muß. Die 72

Wartezeit sollte kurz sein, da der vereinbarte Termin präzise eingehalten wird. Für die Überbrückung einer möglicherweise doch erforderlichen Wartezeit sollte anregender, aktueller und niveauvoller Lesestoff (und kein Boulevardblatt von gestern) bereitliegen. Zudem empfiehlt sich bereits hier das Anbieten eines Getränks.

73 Zur Ergänzung unserer Studie dienen Befunde, die ganz allgemein in der Forschung zur Raumgestaltung bei Dienstleistungen vorliegen.

74 Bitner[24] verweist beim **Raum** auf drei Aspekte:

- das *Ambiente*, zu dem Merkmale wie Temperatur, Qualität der Luft, Lärmpegel, Gerüche, Musik etc. zählen;
- die *Raum-Funktion*, worunter die ‚Gebrauchsarchitektur' und die ‚Repräsentationsarchitektur' zu verstehen ist (die Gebrauchsarchitektur thematisiert die Nützlichkeit für die Dienstleister und Bedienten, die Repräsentationsarchitektur den Aspekt der Imageförderung), und
- *Zeichen, Symbole und Artefakte*, die der Orientierung dienen (wie z. B. Schilder und Hinweistafeln) und es dem Dienstleister erleichtern, die Interaktion zu kontrollieren.

75 In diesem Zusammenhang ist aus psychologischer Sicht für den Anwalt ein weiterer Punkt von großem Interesse: Entspricht die Gestaltung der Details des Kontextes den Erwartungen, so werden sie kaum bewußt registriert. Weichen sie dagegen von der Erwartung ab, so irritieren und stören sie – zum Teil erheblich. Durch die Gestaltung des Kontextes wird man also in erster Linie **Unzufriedenheit** vermeiden, dagegen kaum eine besondere **Zufriedenheit** oder Bindung der Mandanten an den Anwalt erreichen. Diese werden – wie bereits ausgeführt – geprägt von der Vertrauenswürdigkeit, dem Sozialverhalten und der fachlichen Kompetenz des Anwalts.

76 Auch für die **Zeitgestaltung** – insbesondere die als sehr unangenehm erlebten Wartezeiten – liegen interessante Befunde vor. Beim Warten auf die Dienstleistung erscheint die Zeit besonders lang; das Warten wird nicht selten als Kontrollverlust und gelegentlich gar als bewußte Mißachtung des Bedienten interpretiert, der häufig gar eine Entschuldigung dafür fordert.

77 Es läßt sich nicht nur zeigen, daß durch die Gestaltung der Ablauforganisation Wartezeiten *objektiv* veränderbar sind, sondern auch, daß bei objektiv gleicher Zeit das *subjektive Zeiterleben* sehr unterschiedlich ausfallen kann und dies durch Kontextgestaltung beeinflußbar ist. Die Wartezeit wird z. B. als weniger lang erlebt, wenn der Wartende dabei aktiv sein kann. *Nerdinger*[25] bringt dafür ein amüsantes Beispiel: „In einer Hotelkette ... häuften sich die Klagen über die exzessiven Wartezeiten vor den Aufzügen. Nachdem neben den Aufzügen Spiegel angebracht wurden, verringerten sich die Klagen drastisch – bei der interessanten Beschäftigung mit dem eigenen Äußeren vergeht die Zeit ‚wie im Flug'."

78 *Maister*[26] hat verschiedene Bedingungen aufgeführt, die die subjektive Länge der **Wartezeit** beeinflussen können und vom Anwalt bzw. seinen Mitarbeitern entsprechend gestaltet werden sollten:

- *Aktiv* verbrachte Zeit wird im Vergleich zur passiv verbrachten als kürzer empfunden.
- Wartezeiten *während* des Dienstleistungsgeschehens erscheinen kürzer als das Warten *auf* die Dienstleistung.
- Wartezeiten, die mit *Angst* verbunden sind, „dauern" länger.
- Weiß man, *wie lange* die Wartezeit dauern wird, dann erscheint sie kürzer.
- Weiß man, *warum* es so lange dauert, „verkürzt" dies die Wartezeit.
- Wartezeiten, die als *fair* empfunden werden, „dauern" weniger lang als unfaire.
- Wartezeiten auf *wertvolle* Dienstleistungen werden als kürzer erlebt.

---

24 *Bitner*, Servicescapes, 1992.
25 *Nerdinger*, Psychologie der Dienstleistung, 1994, S. 236.
26 *Maister*, Psychology of waiting lines, 1985.

C. Optimierung der Mandantenorientierung durch den Anwalt

Die Mandantenorientierung eines Anwalts sollte dynamisch verstanden werden. Sie ist durch die einmalige Modellierung des eigenen Verhaltens oder der Raumgestaltung nicht auf Dauer zu sichern, sondern bedarf der **ständigen Weiterentwicklung**. 79

Jeder Anwalt hat sehr individuelle Mandanten, deren Ansprüche sich im Zeitablauf verändern können. Auf dies hin gilt es, Fachkompetenz, Sozialverhalten und räumlichen und zeitlichen Kontext fortzuentwickeln, was sich zielorientiert nur auf der Grundlage gültiger diagnostischer Hinweise erreichen läßt. Wie gelangt man nun zu solchen Hinweisen? 80

Es ist sehr empfehlenswert, beim Abschluß eines Beratungsverhältnisses den Mandanten zu fragen, wie er die Zusammenarbeit erlebt hat, wobei die genannten Regeln der nondirektiven Gesprächsführung beachtet werden sollten. Was hat der Mandant positiv erlebt, was hat ihn besonders zufrieden gemacht? Was hat ihm Vertrauen vermittelt, was nicht? Was hat ihn zunächst und kurzfristig irritiert, was hat ihn langfristig gestört? Was hat ihn im Rückblick zufrieden, was hat ihn unzufrieden gemacht? Was sollte unbedingt so bleiben wie bisher, was sollte geändert werden? Welches konkrete Verbesserungspotential sieht er? 81

Der Anwalt sollte sich für die entsprechenden Aussagen der Mandanten – auch ausgesprochen kritische Bemerkungen – bedanken und sie als Chancen der Optimierung verstehen. Im Rahmen eines nützlichen Kategoriensystems, wie es z. B. durch Tabelle 1 nahegelegt ist, sollte er sich die Aussagen notieren, um dann in regelmäßigen Abständen daran zu gehen, vor diesem Hintergrund das eigene Verhalten zu überdenken und ggf. zu modifizieren bzw. eine Umorganisation und Umgestaltung der Kanzlei ins Auge zu fassen. Weitere Hinweise hierzu finden sich in den §§ 25, 27 und 47. 82

Wer heute schon an die Herausforderungen von morgen denkt, wird mit höherer Wahrscheinlichkeit morgen zahlreiche zufriedene Mandanten haben. 83

§ 21 Der Standort einer Anwaltskanzlei als Marketingfaktor

Dr. Wolfgang Oehme★

Übersicht

Schrifttum: *Correl,* Motivation und Überzeugung in Führung und Verkauf, 9. Aufl., 1997; *Dichtl,* Der Weg zum Käufer, 1987; *Oehme,* Handels-Marketing, 2. Aufl., 1992; *Oehme/Oehme,* Marketing für niedergelassene Ärzte, 1995; *Passenberger,* Einkommenssituation deutscher Rechtsanwälte, BRAK-Mitt. 1996, 176; *Scheuch,* Dienstleistungsmarketing, 1992.

A. Der Standort eines Dienstleistungsunternehmens und seine Beurteilung

I. Standort und Mandanten

Viele Dienstleistungsunternehmen, darunter auch Rechtsanwaltskanzleien und die Praxen niedergelassener Ärzte, sind darauf angewiesen, daß die Mandanten oder Patienten in der Regel zu ihnen kommen, wenn sie Dienstleistungen in Anspruch nehmen wollen. Dienstleistungen können zu einem großen Teil – nicht immer – erst dann erbracht werden, wenn der Mandant oder Patient präsent ist. Es gibt auch Dienstleistungsunternehmen – 1

★ Dozent im Handelsmarketing bei Industrie- und Handelskammern sowie Akademien; langjährige Geschäftsführertätigkeit im Handel.

die Provider im Mobilfunkbereich z. B. –, die ihre Dienstleistungen produzieren können, ohne daß der Kunde präsent ist. An die Stelle der Präsenz tritt der erteilte Auftrag. Für die Dienstleister, die vollständig oder teilweise auf die Präsenz ihrer Kunden oder im Falle der Anwaltskanzleien ihrer Mandanten angewiesen sind, bekommt der Standort eine zweite Dimension. Der Standort als **betriebswirtschaftlicher Kostenfaktor** verlagert sich in den Hintergrund, in den Vordergrund tritt der Standort als Marketingfaktor. Der im Vergleich zu den Konkurrenten bessere Standort verschafft **Wettbewerbsvorteile.** Der bessere Standort wird in der Regel der Standort sein, der leicht zu finden und mühelos zu erreichen ist. Bei der Auswahl eines Standortes im Falle der Neugründung oder des Standortwechsels einer Anwaltskanzlei muß sehr sorgfältig untersucht werden, ob der Standort mandanten- und damit absatzorientiert und somit für die Ansiedlung einer Kanzlei geeignet ist.

II. Standort und Investitionen

2 Eine sorgfältige Auswahl und Beurteilung eines neuen Standortes ist weiterhin auch deshalb zwingend erforderlich, weil der Entscheidung für ihn immer **Investitionen** folgen. Es werden Büroräume gebaut oder langfristig angemietet und Sachkapital angeschafft. Diese Investitionen sind, sollte sich ein Standort als nicht geeignet erweisen, nicht oder nur unter Hinnahme erheblicher finanzieller Verluste zu korrigieren oder rückgängig zu machen.

3 Das nicht zu vermeidende **unternehmerische Risiko,** das mit jeder Standort-Entscheidung verbunden ist, muß also soweit als möglich reduziert werden. Der Handel, der in den letzten Jahrzehnten sehr kapitalintensiv geworden ist, hat für die Auswahl und Beurteilung von Standorten des stationären Einzelhandels Methoden entwickelt, mit deren Hilfe Standorte sehr zutreffend beurteilt werden können. Diese Methoden können ganz oder teilweise auch im Bereich der Dienstleistungsunternehmen und damit auch bei der Auswahl und Beurteilung von Standorten für Anwaltskanzleien angewandt werden.

B. Standort-Kategorien

4 Ursprünglich strebten Handel und Dienstleister danach, Standorte zu besetzen, die möglichst nahe zu den Wohnungen und Wohngebieten ihrer Kunden lagen. Die gesamtwirtschaftliche Entwicklung besonders der letzten fünfzig Jahre ließ dann neue, bislang nicht bekannte oder nicht beachtete Standort-Kategorien entstehen. Heute können Handel und Dienstleister bei ihren Standortentscheidungen aus einer Vielzahl von Standort-Kategorien auswählen. Jede Kategorie hat ihre charakteristischen Eigenarten und ist u. U. für eine bestimmte Art von Handels- und Dienstleistungsunternehmen besonders geeignet. In vielen Fällen kann sich ein Unternehmen nur für eine ganz bestimmte Standortkategorie entscheiden. Die folgenden Standortkategorien können unterschieden werden:

I. Integrierte Standorte

5 Sie liegen unmitten von **Wohngebieten** oder in der **Mitte kleiner Gemeinden.** Man könnte sie als die Urform der Standort-Kategorien bezeichnen, die als erste Kategorie existierte. Die integrierten Standorte sind die Domäne des stationären Lebensmittel-Einzelhandels, dessen Geschäfte wöchentlich, u. U. sogar täglich aufgesucht werden und dessen Einzugsgebiete relativ klein sind. Je mehr Menschen im näheren Einzugsgebiet eines integrierten Standortes wohnen, desto besser ist dieser Standort. In manchen Fällen siedeln sich an einem integrierten Standort rund um einen Lebensmittelmarkt andere Dienstleister – Friseure, Reinigungen, Post- und Bankfilialen – an. Für Anwaltskanzleien sind integrierte Standorte **nicht die erste Wahl,** obwohl kleinere Kanzleien sicher an solchen Standorten gut arbeiten können, zumal die Kosten für Büroräume meist niedrig liegen.

II. City-Standorte

Sie befinden sich in den **Zentren größerer Städte** und mittlerer Großstädte und in den Zentren und Subzentren sehr großer Großstädte und Metropolen. Sie werden von den traditionellen Warenhäusern – Karstadt, Kaufhof, Horten und Hertie–, den branchenorientierten Kaufhäusern – P&C, C&A, Brinkmann und Goertz – und Fachgeschäften auf hohem Niveau besetzt. An solchen City-Standorten findet man häufig auch Anwaltskanzleien. Wenn die Nahverkehrs-Infrastruktur gut ausgebaut ist, sind sie leicht zu erreichen und profitieren sicher auch von der Anziehungskraft der an solchen Standorten ansässigen, meist großen und bekannten Handelsunternehmen. Ein City-Standort kann auch ein Statussymbol sein und das Image einer Kanzlei fördern. Die Kosten für Büroräume sind allerdings an City-Standorten in der Regel sehr hoch. 6

III. Verkehrsorientierte Standorte

Die Standorte dieser Kategorie werden auch als die **„Standorte auf der grünen Wiese"** bezeichnet. Diese Kategorie entstand mit dem Aufkommen der Selbstbedienungswarenhäuser, die diese Standorte als erste Vertriebsform des Einzelhandels besetzten. Später kamen Fachmärkte und Einkaufszentren hinzu. Zunächst und für längere Zeit wurden die verkehrsorientierten Standorte nur vom Konsumgüter-Einzelhandel besetzt. Später entdeckten aber auch andere Anbieter von Waren und Dienstleistungen – Apotheken, Optiker, Reinigungen und auch Ärzte – die Vorzüge dieser Standortkategorie. Die verkehrsorientierten Standorte sind leicht zu erreichen, es kann mühelos geparkt werden und die Passantenfrequenz ist entsprechend hoch. Diese Standorte entwickeln oft eine große Anziehungskraft – sie haben eine starke „Zentralität" – und strahlen in große Einzugsgebiete aus. Sicher sind die verkehrsorientierten Standorte **nicht die idealen Standorte** für Anwaltskanzleien. Man sollte sie aber bei der Suche nach einem geeigneten Standort für eine Kanzlei auch nicht links liegen lassen. 7

IV. Traditionsorientierte Standorte

Alteingesessene Kanzleien behalten oft aus Tradition den Standort bei, an dem sie gegründet wurden. Solche traditionsorientierten Standorte liegen in vielen Fällen in zentralen Lagen von Klein- und Mittelstädten und sind als gut zu bewerten. Voraussetzung ist allerdings, daß bei einer Expansion der Geschäftstätigkeit der Kanzlei die Büroräume erweitert werden können. Besteht diese Möglichkeit nicht, muß ein neuer Standort gesucht werden. 8

V. Gerichtsorientierte Standorte

Diese Kategorie ist eine **„anwaltstypische" Standortkategorie.** Der Anwalt muß einen Teil der Dienstleistung, die ein Mandant nachfragt, vor Gericht erbringen. Ein Anwalt führt einen „Zwei-Fronten-Krieg". Auf der einen Seite muß er seinen Mandanten beraten und von seinen Vorstellungen für ein erfolgversprechendes Vorgehen – die keineswegs immer mit den Vorstellungen des Mandanten übereinstimmen müssen – überzeugen. Auf der anderen Seite muß er, wenn es zum Prozeß kommt, die Interessen seines Mandanten vor Gericht vertreten. Die Beratung erfordert in der Regel die Präsenz des Mandanten beim Anwalt, der Prozeß erfordert immer die Präsenz des Anwalts vor Gericht. Ein Standort in der Nähe des Gerichtes oder mehrerer Gerichte ist deshalb – auch betriebswirtschaftlich gesehen – immer auch ein **guter Standort.** Die fachliche Spezialisierung von Anwalt und Gericht müssen natürlich übereinstimmen. 9

VI. Behördenorientierte Standorte

10 Besonders für fachlich spezialisierte Anwälte kann es sehr vorteilhaft sein, einen Standort nahe einer wichtigen Behörde – Kartellamt, Patentamt, Bundesumweltamt – zu besetzen. Es können dann ohne großen Kostenaufwand bei diesen Behörden Termine wahrgenommen werden. Behördenorientierte Standorte können sehr gut als **„Zweit-Standorte"** besetzt werden. Die Informations-Vernetzung zwischen „Filial-Kanzlei" und „Stamm-Kanzlei" ist heute dank der modernen Telekommunikation kein Problem mehr.

VII. Mandantenorientierte Standorte

11 Wenn mehrere große Mandanten mit gleichartigen Rechtsproblemen in bestimmten Regionen oder Weltstädten – wie Paris, London, New York oder Tokio – konzentriert ansässig sind, kann es sinnvoll sein, in ihrer Nähe eine Kanzlei oder zumindest eine Filialkanzlei zu errichten. Es ist heute keine Seltenheit, daß große Anwaltskanzleien zu den **„Global Players"** gehören. Eine bedeutende deutsche Kanzlei unterhält in London eine Filiale. Dort sind die Europazentralen bedeutender großer amerikanischer und japanischer Unternehmen ansässig, die immer wieder Beratung in Fragen des deutschen Rechts brauchen.

C. Die Methoden der Standortanalyse und Standortbeurteilung

12 Der Handel, der seit der Einführung der Selbstbedienung und Teilselbstbedienung Anfang der 60er Jahre des 20. Jahrhunderts sehr kapitalintensiv geworden ist und deshalb ein großes Interesse daran hat, die mit Standortentscheidungen verbundenen Risiken zu minimieren, geht bei der Standortanalyse und Standortbeurteilung in drei Schritten vor. Zum Teil ist dieses Vorgehen auch bei der Standortanalyse für eine Anwaltskanzlei anwendbar. Es gibt zwischen Einzelhandel und Anwaltskanzleien jedoch einen großen und **grundlegenden Unterschied.** Der Handel kann für jede Branche sehr genau in Zahlen ermitteln, welche Kaufkraft für das jeweilige Sortiment in einem abgegrenzten Einzugsgebiet vorhanden ist und welche Leistungskapazität der bereits ansässigen Handelsunternehmen diesem Kaufvolumen gegenübersteht. Ist das Kaufvolumen größer als die Leistungskapazität, was heute kaum noch vorkommt, kann man beruhigt einen Standort suchen und ein neues Geschäft errichten. Ist umgekehrt die Leistungskapazität größer als das Kaufvolumen, so herrscht intensiver Wettbewerb und man muß sich auf einen Verdrängungswettbewerb mit Anlaufverlusten einrichten. Man analysiert dann zusätzlich die Größenstruktur der vorhandenen Geschäfte. Finden sich in einem Einzugsgebiet viele kleine Geschäfte, hat man mit einer großen Verkaufsfläche die Chance, diese Geschäfte zum Teil vom Markt zu verdrängen und den Verdrängungswettbewerb zu gewinnen. Hinter den Methoden der Standortanalyse steht also ein auf Expansion gerichtetes aggressives Marketingdenken. Und der Standort ist ein wichtiger Marketingfaktor.

13 Für das **Einzugsgebiet** einer Anwaltskanzlei, für die ein Standort gesucht wird, kann man kein **Honorarvolumen** ermitteln. Es existieren kaum allgemein zugängliche Zahlen. Und selbst wenn Zahlen zu den Ausgaben für juristische Dienstleistungen für das Bundesgebiet und vielleicht sogar für die einzelnen Bundesländer vorlägen, wäre es gewagt, diese Durchschnittswerte auf bestimmte Einzugsgebiete für Anwaltskanzleien zu übertragen. Es kann nicht aufgrund von vergangenheitsbezogenen Durchschnittswerten vorhergesagt werden, welche im Einzugsgebiet einer Anwaltskanzlei ansässigen Privatpersonen, Wirtschaftsunternehmen oder sonstigen Institutionen in Zukunft in welchem Umfang juristische Dienstleistungen nachfragen werden. Und noch weniger kann vorhergesagt werden, welche Streitwerte den in Zukunft nachgefragten juristischen Dienstleistungen zugrunde liegen werden. Andererseits muß angenommen werden, daß es lang-

sam aber sicher zwischen Anwaltskanzleien zu einem **Verdrängungswettbewerb** kommt. Und hier liegt das Dilemma. Gerade jüngere Anwälte, die eine Kanzlei errichten wollen, stehen dem – übrigens für alle Anwälte – ungewohnten Phänomen des Verdrängungswettbewerbs hilflos gegenüber. Mangels Datenmaterial kann die Intensität des Verdrängungswettbewerbs und können Chancen und Risiken nicht genau beurteilt werden.

Trotz dieses grundlegenden Unterschieds zwischen Anwaltskanzleien und Einzelhandelsgeschäften ist es sinnvoll und nützlich, einen Blick auf die Methoden der Standortanalyse und Standortbeurteilung des Einzelhandels zu werfen. Interessant sind nicht nur die Methoden allein, sondern auch das auf die Sicherung der Marktstellung gerichtete **strategische Denken** des Standortmarketing. Es setzt voraus, daß der Markt, auf dem man aktiv werden will, wenigstens teilweise **transparent** ist. Und wenn dies nicht der Fall ist, dann muß man ihn durch Marktforschung transparent machen. Die Methoden der Standortanalyse sind angewandte Marktforschung und tragen dazu bei, Märkte transparent zu machen. 14

I. Die Marktstrukturanalyse

Sie verschafft einen ersten noch groben Überblick über ein Einzugsgebiet und geht wie folgt vor: 15

1. Einzugsgebiet

Das Einzugsgebiet wird abgegrenzt. Das kann man für eine Anwaltskanzlei auch tun. Je nach Größe und Spezialisierung einer Kanzlei wird das Einzugsgebiet sehr unterschiedlich groß sein. Das Einzugsgebiet kann das Gebiet einer Stadt oder Großstadt, eines Gerichtsbezirks, eines Bundeslandes oder die gesamte Bundesrepublik umfassen. Das Einzugsgebiet kann auch die gesamte Europäische Union sein, das dann mit einem Netz von Kanzleifilialen überzogen wird. 16

2. Marktvolumen

Es wird das in dem Einzugsgebiet steckende branchenspezifische Kaufvolumen ermittelt. Das ist, wie bereits erläutert wurde, für den Markt der juristischen Dienstleistungen nur sehr begrenzt möglich. 17

Mit den folgenden Zahlen soll versucht werden, einen ersten groben Überblick über den Markt für juristische Dienstleistungen zu bekommen. 18

Zahlen zum **Markt für juristische Dienstleistungen**[1] 19

Faktor	1991	1993	1995
Bevölkerung BRD	79,984 Mill. EW	81,179 Mill. EW	81,661 Mill. EW
Zahl der Anwälte und Notare	60460	68682	75919[2]
Anwälte pro 1000 EW	0,76	0,85	0,93
Einw. pro Anwalt	1323	1182	1076
Potentielle Mandanten pro Anwalt (ca. 10 %)	132	118	107

Einem nur sehr geringen Wachstum der Einwohnerzahl der Bundesrepublik Deutschland von 1993 bis 1995 – 2,1 % – steht eine Steigerung der Zahl der Anwälte im gleichen Zeitraum um 25,6 % gegenüber. Diese Zahlen könnten als Anzeichen eines drohenden, vielleicht schon beginnenden Verdrängungswettbewerbs gedeutet werden. Ehe man diese 20

[1] Statistisches Jahrbuch 1997 für die Bundesrepublik Deutschland, herausgegeben vom Statistischen Bundesamt, Wiesbaden 1997, S. 46 und S. 364; Deutsches Kundenbarometer 1992, herausgegeben von der Deutschen Marketing-Vereinigung e. V., Düsseldorf 1992, Stichwort „Rechtsanwälte"; *Passenberger,* BRAK-Mitt. 1996, 174ff.

[2] Schätzung für 1999: 100000 Anwälte, aus: o. V., Anwälten fehlt das richtige Gefühl für ihren Marketingauftritt, in: Frankfurter Allgemeine Zeitung vom 30. 11. 1998, Nr. 278, S. 31.

Zahlen zuverlässiger beurteilen kann, muß man jedoch einen Blick auf die Entwicklung der deutschen Gerichte werfen.

21 Zahlen zur **Geschäftsabwicklung deutscher Gerichte** 1993/1995[3]

Datum	1993	1995	Veränderung in %
Gesamtzahl der erledigten Verfahren	3 964 206	4 746 349	+ 19,7
Anzahl der Anwälte	68 682	75 919	+ 10,5
Durchschnittl. Verfahren pro Anwalt	57,7	62,5	+ 8,3

22 Der starke Anstieg der Zahl der Rechtsanwälte wird zum Teil kompensiert durch die stark gestiegene Zahl der Gerichtsverfahren. Prüft man die Anzahl der erledigten Verfahren etwas eingehender, so kann man feststellen, daß die Steigerungsrate von Gerichtsart zu Gerichtsart stark schwankt. In der ersten Instanz haben die Finanzgerichte mit 0,8 % die geringste Steigerungsrate, gefolgt von den Familiengerichten mit 6,2 %. An der Spitze stehen die Arbeitsgerichte mit 40,6 % vor den Sozialgerichten – 22,9 % – und den Verwaltungsgerichten – 27,6 % –. Die Nachfrage nach juristischen Dienstleistungen wird also auch vom Staat beeinflußt. In den Bereichen, in denen er gesetzgeberisch sehr aktiv ist, fallen auch viele Streitfälle und damit Arbeit für die Rechtsanwälte an.

23 Über die Umsätze der Rechtsanwälte geben die folgenden Zahlen Auskunft.

Honorarumsätze aller Rechtsanwälte in der Bundesrepublik Deutschland[4]

Umsatz	1993	1994	Veränderung
Durchschnittlicher Honorarumsatz pro Anwalt/Jahr	268 500,– DM	292 750,– DM	+ 9,03 %
Honorarumsatz aller Rechtsanwälte	18,441 Mrd. DM	21,142 Mrd. DM	+ 14,64 %
Ausgaben für jurist. Dienstl. pro Einw.	227,16 DM	259,65 DM	
Ausgaben pro potent. Mandant (10 % der EW)	2 271,60 DM	2 596,50 DM	+ 14,30 %

24 Die Angaben für den durchschnittlichen Honorarumsatz pro Anwalt sind das gewogene Mittel aus den Zahlen für die Anwälte der alten – 75 % – und der neuen – 25 % – Bundesländer.

25 Um auf ein Jahreshonorar von rund 300 000,– DM zu kommen, brauchte ein Rechtsanwalt 100 potentielle Mandanten mit rund 3000,– DM Ausgaben für juristische Dienstleistungen. In seinem Einzugsgebiet müßten 1000 Menschen wohnen. In einem Gebiet mit 20 Rechtsanwälten müßten 20 000 Einwohner leben. Jeder Anwalt hätte dann einen Marktanteil von 10 %. Diese für das gesamte Bundesgebiet ermittelten Durchschnittszahlen könnten mit starkem Vorbehalt vielleicht auch als für das gesamte Bundesgebiet zutreffend bewertet werden. Für Teilgebiete – Bundesländer oder Regierungsbezirke – oder kleinere Regionen treffen sie sicher nicht zu. Die Größe des erforderlichen Einzugsgebietes wird auch bei den Fachanwälten erheblich schwanken. Bei der Standort-Netzanalyse wird auf diese Frage noch einmal eingegangen.

3. Wettbewerbsanalyse

26 Es wird ermittelt, welche Wettbewerber wo ansässig und wie groß sie sind und welche Stärken und Schwächen sie haben. Wird diese Analyse für eine Anwaltskanzlei durchgeführt, so müßte ermittelt werden:

– Wo befinden sich im Einzugsgebiet Anwaltskanzleien. Sie sind auf einer Karte des Einzugsgebietes einzutragen.

[3] Statistisches Jahrbuch 1997 für die Bundesrepublik Deutschland, herausgegeben vom Statistischen Bundesamt, Wiesbaden 1997, S. 366 bis 369.

[4] *Passenberger,* BRAK-Mitt. 1996, 176/177.

- Wie groß sind diese Kanzleien (Anzahl der Anwälte und Mitarbeiter).
- Welche Art der Spezialisierung weisen sie auf, welche Fachrichtungen vertreten sie.
- An welchen Gerichten sind diese Kanzleien zugelassen.
- Wie alt ist der Inhaber der Kanzlei und wann wurde sie gegründet.
- Welche technische Ausstattung – EDV, Büromaschinen, Anschluß an Datenbanken – haben die Kanzleien.
- Wo befinden sich im Einzugsgebiet welche Gerichte. Auch sie sind in einer Karte des Einzugsgebietes einzutragen.
- Unter Umständen sollte man auch die im Einzugsgebiet ansässigen Wirtschaftsprüfer und Steuerberater ermitteln, die ja auch juristische Dienstleistungen anbieten.

Trotz des Fehlens exakter Zahlen zum Honorarvolumen dürften diese Daten bereits einen interessanten Einblick in die Kanzleistruktur eines bestimmten Einzugsgebietes geben. Die Marktstrukturanalyse gibt einen ersten Überblick über ein Einzugsgebiet und Hinweise darauf, ob es sinnvoll und unter Eingehen vertretbarer Risiken möglich ist, in einem bestimmten Einzugsgebiet eine Anwaltskanzlei – eine weitere Kanzlei – zu errichten. 27

II. Die Standort-Netzanalyse

Sie führt die Arbeit der Marktstrukturanalyse fort, geht aber mehr ins **Detail.** Die Marktstrukturanalyse interessierte nicht, wo in einem Einzugsgebiet Menschen wohnen und wo sich Dienstleister und Handel niedergelassen haben. Für sie ist das Einzugsgebiet gewissermaßen ein **„Punktmarkt“,** auf dem es für Dienstleister, auch Anwaltskanzleien, und Handel keine räumlichen Präferenzen gibt. Auf einem Punktmarkt, so es ihn denn gäbe, brauchte man nicht nach guten Standorten mit dem Ziel zu suchen, sich Wettbewerbsvorteile zu verschaffen. Grundlage für Standort-Entscheidungen wären allein Honorarvolumen, Wettbewerbssituation und mögliche Marktanteile. 28

Die Standort-Netzanalyse für Anwaltskanzleien untersucht **fünf** für einen Standort **wichtige Faktoren.** Sie überschreitet damit den Rahmen von Standort-Netzanalysen für Handelsunternehmen. 29

1. Struktur der Besiedlung des Einzugsgebiets

Die in einem Gebiet ansässigen Menschen wohnen nicht gleichmäßig über das gesamte Gebiet verstreut. Vielmehr ballen sie sich in Dörfern, Klein- und Mittelstädten und Großstädten zusammen. Die Standort-Netzanalyse ermittelt also, wo sich Ortschaften mit welcher Einwohnerzahl befinden. Dabei sollte die landesplanerische Klassifizierung nach Unter-, Mittel- und Oberzentren beachtet werden, die für den Sitz der Gerichte von Bedeutung ist. 30

2. Verkehrsinfrastruktur

Es werden das **Straßennetz** und der öffentliche Personen-Nahverkehr untersucht, und zwar der gegenwärtige Zustand und Planungen für den zukünftigen Ausbau. Es kann sein, daß sich hier Hinweise auf ausgeprägte Pendlerströme ergeben, die von der Wirtschaftsstruktur im Einzugsgebiet gelenkt werden. 31

3. Konzentration von Handel und Dienstleistern

Auch die Anbieter von Waren und Dienstleistungen sind nicht gleichmäßig über ein Einzugsgebiet verstreut. Sie konzentrieren sich innerhalb der bewohnten Gebiete in kleineren Regionen. Diese Regionen werden als **„Geschäftslagen“** oder **„Agglomerationen“** bezeichnet. Ein Standort in einer bestehenden Geschäftslage zieht Nutzen aus der Anziehungskraft der Lage, die eine mehr oder weniger hohe Passantenfrequenz zur Folge hat. Geschäftslagen verfügen, in der Sprache der Standort-Analytiker ausgedrückt, über eine eigene „Zentralität“. Wer in einer guten Geschäftslage ansässig ist, der kann eigentlich nicht übersehen werden. Es gibt zwei Varianten von Geschäftslagen: 32

33 a) **Branchenübergreifende Agglomerationen.** In ihnen sind Handelsunternehmen und Dienstleister verschiedenster Art vertreten. Im Dienstleistungsbereich finden sich Bankfiliale, Post, Ärzte unterschiedlicher Fachrichtung, Anwaltskanzlei, Versicherungs-Agentur, chemische Reinigung und Friseur. Je vielfältiger die ansässigen Unternehmen sind – je besser der **„Branchen-Mix"** ist–, desto qualitativ wertvoller ist die Geschäftslage. Im Handel ist die City einer Großstadt mit mehreren Waren- und Kaufhäusern und einer größeren Anzahl von Fachgeschäften eine branchenübergreifende Agglomeration höchster Qualität. Der Verbraucher hat auf engstem Raum eine hervorragende Auswahl zwischen Waren und Geschäften.

34 b) **Branchengleiche Agglomerationen.** In ihnen sind Handelsunternehmen der gleichen Branche oder Dienstleistungsanbieter der gleichen Art ansässig. Im Handel sind branchengleiche Agglomerationen sehr selten anzutreffen. Im Bereich der Dienstleistungen finden sie sich häufiger. Ein Ärztehaus kann durchaus als eine branchengleiche Agglomeration von Arztpraxen angesehen werden. Und in den Zentren großer Städte oder in der Nähe von Gerichten finden sich auch branchengleiche Agglomerationen von Anwaltskanzleien. Sie gewinnen an Wert, wenn sie über einen guten „Fachrichtungs-Mix" verfügen.

35 SB-Warenhäuser und Fachmärkte mit sehr großen Verkaufsflächen sind durchaus in der Lage, außerhalb von Wohngebieten – auf der „grünen Wiese" – eine Geschäftslage neu zu begründen, die nach und nach auch kleinere Fachgeschäfte – Apotheken und Optiker z. B. – und Dienstleister anzieht. In für die grüne Wiese neue Dimensionen sind die großen Einkaufszentren vorgestoßen, die wegen ihrer hohen Passantenfrequenz auch für Dienstleister interessante Standorte bieten.

4. Die ansässigen Gerichte

36 Die Standort-Netzanalyse für Anwaltskanzleien muß auch die im Einzugsgebiet tätigen Gerichte und ihre Standorte erfassen. Die Nähe zu einem Gericht kann für den Standort einer Anwaltskanzlei von Vorteil sein. Eine Konzentration von Gerichten kann dann durchaus zu einer branchengleichen Agglomeration von Anwaltskanzleien führen.

5. Die Wirtschaftsstruktur

37 Im Abschnitt „Marktstrukturanalyse" wurde festgestellt, daß es sehr fragwürdig ist, wenn man für das gesamte Bundesgebiet ermittelte Durchschnittszahlen über Anwaltshonorare pro Einwohner auf Teilgebiete oder kleinere Regionen übertragen will. Zur Überprüfung dieser Zahlen muß die Wirtschaftsstruktur des Einzugsgebietes gründlich analysiert werden. Denn Industrie-, Handels- und Dienstleistungsunternehmen dürften einen größeren Bedarf an juristischen Dienstleistungen haben als private Haushalte. Je größer die Unternehmen sind, desto größer wahrscheinlich der Bedarf an juristischen Dienstleistungen. Und wahrscheinlich fragen sie auch immer wieder und damit gleichmäßiger juristische Dienstleistungen nach als private Haushalte.

38 Eine gründlich durchgeführte Standort-Netzanalyse gibt sehr eindeutige Hinweise darauf, wo in einem bestimmten Einzugsgebiet Standorte zu suchen sind. Das gilt gleichermaßen für Handelsstandorte wie für Kanzleistandorte. Und sie gibt in der Regel Hinweise auf mehrere Standorte. Man kann dann entweder auswählen oder, wenn mehrere gute Standorte ausfindig gemacht wurden, über eine überörtliche Sozietät nachdenken.

III. Die punktuelle Standortanalyse

39 Sie untersucht einen konkreten Standort, auf den man sich den Zugriff unter dem Vorbehalt gesichert hat, daß die Ergebnisse der Analyse die Errichtung eines Handelsunternehmens oder einer Anwaltskanzlei empfehlen und auch betriebswirtschaftlich recht-

fertigen. Die punktuelle Standortanalyse baut auf Marktstrukturanalyse und Standort-Netzanalyse auf, kann auf die von beiden Methoden ermittelten Daten zurückgreifen und geht in folgenden Schritten vor:

1. Einzugsgebiet

Das Einzugsgebiet wird abgegrenzt. Im Gegensatz zum Handel können die Einzugsgebiete von Anwaltskanzleien in der Größe sehr unterschiedlich sein. Vom Gerichtsbezirk bis zu ganz Europa oder der ganzen Welt kann ein Einzugsgebiet reichen, je nach Größe und Fachrichtung der Kanzlei. 40

2. Honorarvolumen

Die Schwierigkeiten, auf die jeder Versuch stößt, ein Honorarvolumen zu ermitteln, wurden bereits im Abschnitt „Marktstrukturanalyse" ausführlich geschildert. Sie sollten jedoch nicht davon abhalten, über das Honorarvolumen einmal nachzudenken und unter Beachtung von Einwohnerzahl und Wirtschaftsstruktur eine grobe Schätzung zu versuchen. Helfen kann dabei vielleicht, wenn der Honorarumsatz der bereits ansässigen Rechtsanwälte – Anzahl der Anwälte mal durchschnittlicher Umsatz pro Anwalt und Jahr – ausgerechnet und mit den für das gesamte Bundesgebiet geltenden Durchschnittswerten verglichen wird. 41

3. Wettbewerbsanalyse

Der im Einzugsgebiet des untersuchten Kanzleistandorts arbeitende Wettbewerb muß untersucht werden. Hier kann auf die Daten von Marktstrukturanalyse und Standort-Netzanalyse zurückgegriffen werden. Es muß nur noch zusätzlich festgehalten werden, wo sich die konkurrierenden Kanzleien befinden und wie die Qualität ihrer Standorte zu beurteilen ist. 42

4. Analyse der Wirtschaftsstruktur

Mit Hilfe der von der Standort-Netzanalyse ermittelten Daten wird die Wirtschaftsstruktur im Einzugsgebiet des untersuchten Standorts untersucht. Es werden Art und Größe der ansässigen Unternehmen und wirtschaftlichen Institutionen ermittelt. 43

5. Honorarprognose

Am Ende einer punktuellen Standortanalyse sollte nach Auswertung aller ermittelten Daten eine Honorarprognose stehen. Sie ist angesichts der Schwierigkeiten, die die außerordentlich geringe Transparenz des Marktes für juristische Dienstleistungen und besonders die Ermittlung eines zutreffenden Honorarvolumens im Einzugsgebiet verursachen, **sehr problematisch.** Trotzdem sollte auf den Versuch einer Prognose nicht verzichtet werden. Schon die Beschäftigung mit den Daten, die einigermaßen zuverlässig zu ermitteln sind, wird manche Erkenntnis über das Einzugsgebiet bringen. Für jede Honorarprognose gilt der Grundsatz, **pessimistisch** zu sein. Eine von einem Optimisten schön gerechnete Honorarprognose kann zu Fehlentscheidungen, schwerwiegenden Enttäuschungen und ins Verderben führen. 44

Die punktuelle Standortanalyse ist die Basis für die Entscheidungen über die Größe der neu zu errichtenden Kanzlei und für die Menge und die Kosten der erforderlichen und zu beschaffenden Betriebsfaktoren. Sie soll das unternehmerische Risiko möglichst niedrig halten und sicherstellen, daß eine neue oder ihren Standort wechselnde alte Kanzlei von Anfang an rentabel arbeitet oder zumindest nur geringe Anlaufverluste hinnehmen muß. Wenn man bedenkt, für welche weitreichenden Entscheidungen die punktuelle Standortanalyse die Grundlage ist, dann muß man bedauern, daß bei Anwaltskanzleien zwei ihrer zentralen Aussagen, das **Honorarvolumen im Einzugsgebiet** und die **Honorarprognose,** 45 auf so schwankendem Boden stehen. Hier wird noch einmal deutlich erkennbar, wie wichtig es ist, angesichts eines zunehmenden Wettbewerbs zwischen den Anwälten den Markt für juristische Dienstleistungen transparent zu machen. Marktforschung ist, wenn es um Marketing geht, unverzichtbar. Der Aufwand für eine systematische Marktforschung übersteigt allerdings die finanziellen Möglichkeiten der meisten Anwaltskanzleien. Diese Aufgabe sollten sich die Anwaltskammern zu eigen machen.

IV. Die Beurteilung der Standortqualität

46 Die punktuelle Standortanalyse berücksichtigt bereits einige Faktoren, die die Qualität eines Standortes beeinflussen. Je besser die Qualität eines Standortes ist, desto höher kann die Honorarprognose ausfallen. Aber auch hier gilt, die Qualität ist sehr sorgfältig und vor allem sehr kritisch zu beurteilen. Unangebrachter Optimismus führt zu einer zu hohen Honorarprognose mit allen bereits erwähnten nachteiligen Folgen.

47 Es gibt zwei Kategorien von Beurteilungsfaktoren. Gerade bei der Beurteilung eines Standorts für eine Anwaltskanzlei ist es wichtig, diese beiden Kategorien getrennt zu betrachten.

1. Quantitative Beurteilungsfaktoren

48 Diese Faktoren lassen sich eindeutig in Zahlen formulieren und können zum Teil als Grundlage für quantitative Ziele dienen.[5] Die wichtigsten quantitativen Faktoren sind:

49 a) **Honorarprognose.** Wegen der großen Unsicherheit, mit der Honorarprognosen für Anwaltskanzleien belastet sind, verliert dieser Faktor einen großen Teil seiner Bedeutung. Für die Standorte von Einzelhandelsunternehmen ist die Umsatzprognose, wenn eine Überprüfung ergibt, daß sie zutreffend gestellt wurde, der zentrale Beurteilungsfaktor.

50 b) **Größe der Fläche.** Die zur Verfügung stehende Grundstücksgröße oder Bürofläche muß der Größe der geplanten oder einen neuen Standort suchenden Kanzlei entsprechen. Die erforderliche Fläche kann sehr unterschiedlich sein. Eine von einem einzelnen Anwalt geführte Kanzlei wird mit einer kleinen Fläche auskommen, eine Anwaltssozietät mit 10 oder mehr spezialisierten Anwälten wird eine große Fläche brauchen. Bei der Beurteilung der Flächengröße ist die Mindestkanzleigröße mit in die Überlegungen einzubeziehen. Die Mindestkanzleigröße wird von Kanzleityp zu Kanzleityp sehr stark schwanken.

51 c) **Zuschnitt des Grundstücks oder der Bürofläche.** Der Zuschnitt des Grundstücks oder der angebotenen Mietfläche muß einen reibungslosen Ablauf des Kanzleibetriebes erlauben. Meistens entspricht eine **rechteckige Fläche** dieser Forderung am besten. Zweckmäßig ist es auch, die Kanzlei auf einer Ebene zu betreiben. Mehrere Ebenen – Keller und Obergeschosse – können die Kosten erhöhen. U. U. ist dann der Einbau eines Fahrstuhls nicht zu vermeiden.

52 d) **Kosten der Bürofläche.** Der Grundstückspreis oder die Miethöhe sind sehr wichtige Beurteilungsfaktoren, die später die Rentabilität spürbar beeinflussen. Sie müssen aber im Zusammenhang mit den qualitativen Beurteilungsfaktoren gesehen und beurteilt werden.

53 e) **Laufzeit und Konditionen.** Bei Büroflächen, die angemietet werden sollen, sind diese Faktoren gründlich zu prüfen. Laufzeit, Kündigungsfristen oder baulicher Zustand der Bürofläche bei der Übergabe spielen eine große Rolle. Lange Vertragslaufzeiten bringen u. U. Vorteile bei der Höhe der Miete mit sich, machen aber unflexibel. Die spätere Verlegung der Kanzlei an einen besseren Standort stößt dann auf Schwierigkeiten. Umgekehrt können kürzere Laufzeiten zu höherer Mietbelastung führen, die Flexibilität ist aber größer.

[5] Vgl. dazu unter § 3.

2. Qualitative Beurteilungsfaktoren

Die Standortqualität ist für Dienstleistungsunternehmen, die darauf angewiesen sind, daß ihre Kunden, Mandanten oder Patienten – die von Natur aus bequem sind – sie aufsuchen, von sehr großer Bedeutung. Die gegenüber den Konkurrenten bessere Standortqualität verschafft Wettbewerbsvorteile. Die Standortqualität läßt sich nicht in Zahlen ausdrücken. Sie läßt sich nur beschreiben. Dieser Mangel an Eindeutigkeit verleitet oft dazu, die Standortqualität positiver einzuschätzen, als sie in Wirklichkeit ist. Dieser Gefahr darf man nicht erliegen. Die Standortqualität muß sehr kritisch untersucht und bewertet werden. 54

a) Qualität der Standortlage. Bei der Standort-Netzanalyse wurde bereits darauf hingewiesen, daß Standorte, die in einer Geschäftslage liegen, an Qualität gewinnen. Die Agglomeration von Handelsgeschäften und Dienstleistern verfügt über eine eigene Zentralität und zieht Menschen an. Die Passantenfrequenz wird gesteigert. Der Standort einer Anwaltskanzlei wird von der Zentralität einer Geschäftslage sicher nicht übermäßig stark profitieren. Es kann für Mandanten aber vorteilhaft sein, wenn sie den Gang zur Anwaltskanzlei mit anderen Besorgungen verbinden und diese Besorgungen in einer begrenzten Region erledigt werden können. Ganz außer acht sollte man bei der Beurteilung des Standorts einer Anwaltskanzlei die Lage nicht lassen. 55

Bei Anwaltskanzleien kann die Qualität des Standorts dagegen von der Lage in der Nähe von Gerichten positiv beeinflußt werden. Weiterhin kann die Nähe von wichtigen Bundes- und Landesbehörden, bei denen die Interessen der Mandanten vertreten werden müssen, die Standortqualität verbessern. 56

b) Qualität der wirtschaftlichen Struktur des Einzugsgebietes. Wenn angenommen werden kann, daß wirtschaftliche Unternehmen, Verbände und Vereine juristische Dienstleistungen öfter und in größerem Umfang in Anspruch nehmen als private Personen, dann hat die wirtschaftliche Struktur des Einzugsgebietes einen starken Einfluß auf die Qualität des Standortes einer Anwaltskanzlei. Die Bedeutung dieses Faktors dürfte bei Anwaltskanzleien, die auf bestimmte Fachrichtungen spezialisiert sind, noch zunehmen. 57

c) Verkehrsinfrastruktur des Einzugsgebiets. Je besser das Straßennetz und in Großstadt-Regionen die öffentlichen Verkehrsmittel ausgebaut sind, desto leichter sind Standorte zu erreichen. Sie gewinnen durch eine gute Infrastruktur an Qualität. 58

d) Zugang zur Kanzlei. Geschäftsräume aller Art, auch die Räume von Anwaltskanzleien, sollten einen **ebenerdigen** Zugang haben. Liegen sie in oberen Stockwerken eines Gebäudes, so sollte neben dem ebenerdigen Zugang ein Aufzug vorhanden sein. 59

Die Anwaltskanzlei sollte von der Straße her **gut sichtbar** sein. Dies ist im Falle einer Anwaltskanzlei um so wichtiger, als ja nur ein Schild auf ihre Existenz hinweisen darf. Es sollte sehr sorgfältig überlegt werden, wie man die Sichtbarkeit in den Grenzen der vorgegebenen Möglichkeiten verbessern kann. 60

Da mit Sicherheit viele Mandanten mit dem Auto zur Kanzlei fahren, ist für einen ausreichend großen und gut befahrbaren **Parkplatz** Sorge zu tragen. Viele Mandanten werden, wenn sie die Wahl zwischen einer Kanzlei mit und einer ohne Parkplatz haben, die Kanzlei mit dem Parkplatz aufsuchen. Für Kanzleien in an sich sehr guten und imagefördernden Citylagen kann der fehlende Parkplatz ein schwerwiegendes, die Standortqualität minderndes Problem sein. 61

V. Anlässe für Standort-Entscheidungen

Es gibt eine ganze Reihe von Anlässen, sich mit der Standortfrage zu beschäftigen und Standort-Entscheidungen zu treffen. Die wichtigsten Anlässe dürften sein: 62

1. Neugründung einer Anwaltskanzlei

63 Bei Neugründung einer Anwaltskanzlei haben für die Beurteilung des Standortes sowohl die quantitativen als auch die qualitativen Faktoren ein besonderes Gewicht. Denn es kann für eine solche neue Kanzlei lebenswichtig sein, ihre Arbeit ohne oder nur mit geringfügigen Anlaufverlusten beginnen zu können. Gerade in diesem Falle müssen die qualitativen Standortfaktoren gut sein und dazu beitragen, daß die Kanzlei schon nach kurzer Zeit wahrgenommen wird. Eine alte, gut eingeführte Kanzlei, die vielleicht einen traditionsorientierten Standort hat, kann bei den qualitativen Standortfaktoren manchen Mangel in Kauf nehmen. Bei einer neuzugründenden Kanzlei spielen Geschäftslage, Sichtbarkeit, Zugang und Parkplätze dagegen eine wichtige Rolle.

2. Verlegung einer Anwaltskanzlei

64 Standorte können im Laufe der Zeit an Qualität verlieren. Der Handel spricht dann von einem **Standortverschleiß.** Einem solchen Verschleiß kann auch der Standort einer Anwaltskanzlei unterliegen. Hauptsächlich drei Gründe können die Standortqualität vermindern.

65 **a) Grundlegende Veränderungen in der Wettbewerbssituation.** Dringt ein größerer und stärkerer Wettbewerber in das Einzugsgebiet ein, der zudem noch infolge seiner Spezialisierung Schwerpunkte in seinem Leistungsangebot setzt, gegen die nur schwer anzukommen ist, so kann das den Standort einer bestehenden Anwaltskanzlei, vor allem wenn sie wesentlich kleiner als der Wettbewerber ist, deutlich entwerten.

66 **b) Veränderungen in der Verkehrsinfrastruktur.** Durch neue Straßen, Verlegung alter Straßen oder Einrichtung von Fußgängerzonen kann die Standort-Qualität stark beeinträchtigt werden. Der Handel muß in solchen Fällen fürchten, daß viele Kunden, vor allem wenn Parkplätze in der Nähe fehlen, auf die „Grüne Wiese" abwandern.

67 **c) Veränderungen in der Wirtschaftsstruktur.** Wenn große Wirtschaftsunternehmen das Einzugsgebiet verlassen und ihren Standort verlagern, kann das die Nachfrage nach juristischen Dienstleistungen vermindern und den Standort einer Kanzlei entwerten.

3. Erweiterung der Bürofläche

68 Die Expansion der Geschäftstätigkeit einer gutgehenden Anwaltskanzlei kann es unausweichlich erfordern, daß die Bürofläche erweitert wird. Wenn dies am vorhandenen Standort aus baulichen Gegebenheiten nicht möglich ist, muß ein neuer Standort gesucht werden. Um den Mandanten keine allzu große Umstellung zumuten zu müssen, ist es zweckmäßig, den neuen Standort in der Nähe des alten Standorts zu suchen. Auf diese Weise kann vielleicht ein Teil der Qualität des alten Standorts auf den neuen Standort übertragen werden.

4. Auslaufen des Mietvertrages

69 Bei Auslaufen des Mietvertrages für eine Anwaltskanzlei kann es durchaus vorkommen, daß für die Verlängerung des Vertrages betriebswirtschaftlich nicht zu vertretende Mietforderungen gestellt werden. Auch in diesem Fall muß ein neuer Standort gesucht werden.

5. Filialisierung

70 Der auf dem Markt für juristische Dienstleistungen bereits in Gang gekommene Konzentrationsprozeß führt zu großen Anwaltskanzleien und Anwaltssozietäten, die naturgemäß auch über eine Filialisierung nachdenken. Besonders Kanzleien, die sich in mehreren Fachrichtungen spezialisiert haben, werden dazu neigen. Diese Entwicklung hat hauptsächlich zwei Gründe:

71 **a) Zwang zur Dezentralisierung.** Dienstleister wie auch Handel müssen die Nähe ihrer Mandanten oder Kunden suchen. Der maximalen Kanzleigröße sind daher mehr

oder weniger enge Grenzen gesetzt. Dienstleister wie auch Handel tendieren deshalb auf ihrer **Absatzseite zur Dezentralisation.** Wer wachsen will, muß früher oder später eine überörtliche Zusammenarbeit suchen. Für die Qualität des Standortes spielen dann, besonders im Falle der Spezialisierung, die Nähe zu Gerichten, zu großen Mandanten oder bedeutenden Mandantengruppen und zu wichtigen Behörden eine entscheidende Rolle.

b) Zentralisation der Verwaltung. Auf der Seite der Verwaltung ist auch bei großen 72
und überörtlichen Sozietäten eine Zentralisierung möglich, die **Synergieeffekte** mit sich bringt. Die zentrale Verwaltung von einer überörtlichen Sozietät mit zehn Kanzleien verursacht weniger Kosten als die Verwaltung von zehn einzelnen kleineren Kanzleien.

VI. Standortkontrolle

Die Standorte aller bestehenden, auch gut eingeführten Anwaltskanzleien sollten in 73
regelmäßigen Abständen überprüft werden. Bei dieser vorbeugenden Kontrolle sollte vor allem die Wettbewerbssituation genauer untersucht werden. Aber auch das übrige Umfeld einer Kanzlei ist zu betrachten. Wenn irgend möglich, sollte man sich Informationen über zukünftige Entwicklungen, von denen Gefahren für den Standort ausgehen könnten, beschaffen. Das können Informationen über Veränderungen in der Gerichtsstruktur, den zukünftigen Wettbewerb, die Wirtschaftsstruktur oder die Verkehrsinfrastruktur sein. Man wird dann nicht von unliebsamen Entwicklungen überrascht und kann unter Umständen die Verlegung einer Kanzlei oder einer Filiale rechtzeitig planen und vorbereiten.

§ 22 Mandantenorientierung

Prof. Dr. Anton Meyer/Dipl.-Kfm. Kerstin Oppermann***

Übersicht

Schrifttum: *Andreasen (1985),* Consumer Response to Dissatisfaction in Loose Monopolies, in: Journal of Consumer Research, Vol. 12, September 1985, S. 135–141; *Becker (1998),* Marketing-Konzeption. Grundlagen des strategischen und operativen Marketing-Managements, 6. Aufl., München 1998; *Darby/Karni (1973),* Free Competition and the Optimal Amount of Fraud, in: Journal of Law and Economics, Vol. 16, 1973, S. 67–88; *Dornach (1998),* Rigorose Kundenorientierung als kontinuierlicher Prozeß, in: Handbuch Dienstleistungs-Marketing, hrsg. v. Anton Meyer, 1998, S. 455–465; *Fantapié/Bouncken (1998),* Wertkettenanalyse von Dienstleistungs-Anbietern, in: Handbuch Dienstleistungs-Marketing, hrsg. v. Anton Meyer, 1998, S. 282–296; *Fornell (1992),* A National Customer Satisfaction Barometer – The Swedish Experience, in: Journal of Marketing Vol. 56, Januar 1992, S. 6–21; *Garvin (1988),* Managing Quality. The Strategic and Competitive Edge, 1988; *Heskett/Jones/Loveman/Sasser/Schlesinger (1994),* Putting the Service Profit Chain to Work, in: Harvard Business Review, March/April 1994, S. 164–174; *Heskett/Sasser/Schlesinger (1997),* The Service Profit Chain. How leading Companies Link Profit and Growth to Loyalty, Satisfaction and Value, 1997; *Homburg/Faßnacht (1998),* Kundennähe, Kundenzufriedenheit und Kundenbindung bei Dienstleistungsunternehmen, in: Handbuch Dienstleistungsmanagement, hrsg. v. Manfred Bruhn und Heribert Meffert, 1998, S. 405–428; *Homburg/Giering/ Hentschel,* Der Zusammenhang zwischen Kundenorientierung und Kundenbindung, in: Handbuch Kundenbindungsmanagement, hrsg. v. Manfred Bruhn und Christian Homburg, 1998, S. 81–112; *Kaplan/Norton (1997),* Balanced Score Card, Stuttgart 1997; *Kotler/Bliemel (1995),* Marketing Management. Analyse, Planung, Konzeption und Steuerung, 8. Aufl., 1995; *Kroeber-Riel/Weinberg (1996),* Konsumentenverhalten, 6. Auflage, 1996; *Meffert (1998),* Marketing. Grundlagen marktorientierter Unternehmensführung, 8. Auflage, 1998; *Meyer (1988),* Anwaltswerbung und Öffentlichkeitsarbeit in Deutschland – Möglichkeiten und Grenzen im Rahmen des Marketing von Anwälten, AnwBl. 1988; *ders. (1997),* Qualität anwaltlicher Dienstleistungen – Mandantensicht, Instrumentarien, AnwBl. 1997, S. 431–435; *Meyer/Dornach (1998a),* Branchenübergreifendes Benchmarking für Dienstleistungsanbieter aus Kundensicht – Das Beispiel „Das Deutsche Kundenbarometer – Qualität und Zufriedenheit", in: Handbuch Dienstleistungs-Marketing, hrsg. v. Anton Meyer, 1998, S. 247–262; *Meyer/Dornach (1998b),* Das Deutsche Kundenbarometer 1998 – Qualität und Zufriedenheit: Jahrbuch der Kundenzufriedenheit in Deutschland 1998, hrsg. v. Deutschen Marketing-Verband und der Deutschen Post AG, 1998; *Meyer/Ertl (1998),* Kundenorientierung als Wettbewerbsvorteil, in: Handbuch Privatkundengeschäft, hrsg. v. O. Betsch, E. van Hooven und G. Krupp, 1998, S. 171–188; *Meyer/Oevermann (1995),* Kundenbindung, in: Handwörterbuch des Marketing, hrsg. v. Bruno Tietz, Richard Köhler und Joachim Zentes, 2. Aufl., 1995, Sp. 1340–1351; *Meyer/Oppermann (1998),* Bedeutung und Gestaltung des

* Inhaber des Lehrstuhls für Betriebswirtschaftslehre und Marketing sowie Vorstand des Instituts für Marketing an der Universität München.
** Wissenschaftliche Assistentin ebenda.

Internen Marketing, in: Handbuch Dienstleistungs-Marketing, hrsg. v. Anton Meyer, 1998, S. 991–1009; *Nelson (1970)*, Information and Consumer Behaviour, in: Journal of Political Economy, Vol. 78, 1970, S. 311–329; *Neuhaus (1996)*, Interne Kunden-Lieferanten-Beziehungen, 1996; *Porter (1989)*, Wettbewerbsvorteile (Competitive Advantage) – Spitzenleistungen erreichen und behaupten, 1989; *Reichheld/Sasser (1991)*, Zero-Migration: Dienstleister im Sog der Qualitätsrevolution, in: Harvard Manager 4/1991, S. 108–116; *Rust/Zahorik/Keiningham (1994)*, Return on Quality, Measuring the Financial Impact of Your Companys Quest for Quality, 1994; *Schiefer/Hocke,* Marketing für Rechtsanwälte, 2. Auflage, 1996; *Simon (1998)*, Schaffung und Verteidigung von Wettbewerbsvorteilen, in: Simon, Hermann (Hrsg.): Wettbewerbsvorteile und Wettbewerbsfähigkeit, 1998, S. 1–17; *Stauss (1998)*, Kundenbindung durch Beschwerdemanagement, in: Handbuch Kundenbindungsmanagement, hrsg. v. Manfred Bruhn und Christian Homburg 1998, S. 213–235; *vom Holtz (1998)*, Der Zusammenhang zwischen Mitarbeiterzufriedenheit und Kundenzufriedenheit, 1998; *Wilkie* (1990), Consumer Behaviour, 1990.

A. Einleitung

I. Aktualität der Thematik

1 Die Zahl zugelassener Anwältinnen und Anwälte nimmt von Jahr zu Jahr zu, während gleichzeitig mehr und mehr andere freiberufliche und gewerbliche Anbieter in den Markt für Rechtsberatung drängen. Beispiele für solche neuen Marktteilnehmer, die Rechtsberatung als Kern- oder Zusatzleistung anbieten, sind z. B. Steuerberater, Wirtschaftsprüfer, Unternehmensberater, Verbraucherverbände, aber auch Banken und Versicherungen.[1] Zugleich bleibt aber die Nachfrage nach rechtsberatender und gerichtsbezogener Tätigkeit konstant.

2 Eine derartige Konstellation von steigendem Angebot bei stagnierender Nachfrage bezeichnet die Betriebswirtschaftslehre als sogenannte **„Käufermarktsituation“**. Ein Käufermarkt zeichnet sich, so die Theorie, durch eine hohe Nachfragemacht aus:[2] Die Kunden können aus dem (Über-) Angebot der vielen verschiedenen Anbieter das ihren Bedürfnissen am ehesten Entsprechende aussuchen. Mandanten werden damit anspruchsvoller, kritischer und treten zunehmend auch selbstbewußt auf. Die traditionellen Machtverhältnisse in der Beziehung von Anwalt und Mandant verschieben sich also zugunsten des Mandanten – und damit hat auch für den Stand der Anwälte die Zeit der **Kundenorientierung** begonnen, denn auch die freien Berufe können sich den Marktgesetzen nicht entziehen: ohne eine Ausrichtung der unternehmerischen Tätigkeit auf die Bedürfnisse des Marktes ist eine langfristige Sicherung der unternehmerischen Existenz nicht zu gewährleisten.

3 Ziel dieses Beitrages ist es daher, Bedeutung und Stand der kundenorientierten Qualität der anwaltlichen Leistung hervorzuheben, und darüber hinaus aufzuzeigen, auf welche Weise Kunden- resp. Mandantenorientierung[3] sich in der Kanzlei implementieren lassen.

II. Besonderheiten der anwaltlichen Leistung

4 Gemäß den §§ 1 und 3 Abs. 1 BRAO ist der Rechtsanwalt unabhängiges Organ der Rechtspflege und berufener unabhängiger Berater und Vertreter in allen Rechtsangelegenheiten. Der Vertrag zwischen Anwalt und Mandant ist ein Dienstvertrag zur Leistung von **Diensten höherer Art** – Aufgabe des Anwaltes ist es unter anderem, den Mandanten beratend in die Lage zu versetzen, die mit seiner spezifischen Problemstellung in Zusammenhang stehenden juristischen Aspekte zu verstehen.

5 Erste Besonderheit der anwaltlichen Leistung ist zunächst ihre **Immaterialität**: die anwaltliche Leistung ist in hohem Maße immateriell und hängt in ihrem Ergebnis zu weiten

[1] Vgl. *Schiefer/Hocke* 1996, S. 13 f.
[2] Vgl. exemplarisch *Becker* 1998, S. 1.
[3] Die Begriffe „Kunde“ und „Mandant“ werden im folgenden zumeist synonym verwendet.

Teilen sowohl von fachlichem Können (Wissen, Erfahrung) wie auch dem Wollen (Dienstleistungseinstellung und -bereitschaft) des Anwaltes ab.[4] Die meisten Leistungen eines Anwaltes oder einer Kanzlei sind weiterhin **individuell professionell**, d. h. in ihrem Ergebnis nicht oder nur schwer miteinander vergleichbar; eine Standardisierung der Leistungen ist meist ebenso schwer möglich wie eine Garantie auf Erfolg oder ein bestimmtes vom Mandanten angestrebtes Ergebnis. Abgesehen von der Tatsache, daß die verschiedenen Anwälte einer Kanzlei unterschiedliche Leistungen erbringen werden, kann selbst die Leistung eines einzelnen Anwaltes – abhängig etwa von der „Tagesform" – individuellen Schwankungen unterliegen.

Die anwaltliche Leistung zeichnet sich also durch eine hohe Individualität und Immate- 6
rialität im Ergebnis der Leistung aus. Aber nicht nur die letztlich vom Anwalt erbrachte Leistung selbst, sondern auch wesentliche Leistungsbestandteile im Vorfeld der anwaltlichen Leistung (Leistungsfähigkeits- und Bereitschaftskomponenten, z. B. Wissen, Erfahrung und Wollen des Anwalts) sind immateriell. Der Nachfrager ist aufgrund dieser **Individualität** und **Immaterialität**, aber auch aufgrund der besonderen **Spezialität** und **Komplexität** der Materie nur selten in der Lage, die Qualität der anwaltlichen Leistung ex ante einzuschätzen. Die anwaltliche Leistung ist damit für den (potentiellen) Mandanten sowohl physisch wie auch intellektuell nur schwer faßbar.

Hinzu kommt, daß die Leistung des Anwalts direkt an und in Zusammenarbeit mit dem 7
Mandanten erfolgt – der Mandant ist in den **Erstellungsprozeß der anwaltlichen Leistung** zumindest passiv, etwa im Sinne einer Versorgung des Anwaltes mit relevanten Informationen, integriert. Die Leistung des Anwaltes wiederum hat oft direkten Einfluß auf zukünftiges Wohlergehen – sei es nun körperlicher, seelischer oder finanzieller Art – des Mandanten. Mißverständnisse oder auch nur unzureichende Kommunikation zwischen Anwalt und Mandant können zu schwerwiegenden Fehleinschätzungen der rechtlichen Möglichkeiten führen. Weiterhin von Bedeutung für das Ergebnis der anwaltlichen Tätigkeit ist auch die Frage, ob es sich bei dem Mandanten als Auftraggeber um einen Erstkunden oder um einen „gelernten" Kunden handelt, der mit den Besonderheiten der anwaltlichen Tätigkeit bereits vertraut ist und somit weiß, welche Rolle ihm selbst im Erstellungsprozeß zukommt.

Die Leistung des Anwaltes unterliegt darüber hinaus einer nur **begrenzten Reversibili-** 8
tät. Fehlerhafte bzw. für den Mandanten unbefriedigende Leistungen können weder umgetauscht noch rückgängig (keine Rückgabe) gemacht werden; bestenfalls ist eine Nachbesserung möglich.

Aus den vorangegangenen Ausführungen ist bereits implizit deutlich geworden, daß 9
das Vertrauen zwischen Anwalt und Mandant eine erhebliche Rolle für die Qualität der Geschäftsbeziehung wie auch für die zustande kommende anwaltliche Leistung hat. Dieses Vertrauen kommt bereits im Vorfeld der eigentlichen Geschäftsbeziehung zum Tragen: der Mandant gewährt dem Anwalt bereits bei der Entscheidung, gerade ihm das Mandat zu übertragen, einen **Vertrauensvorschuß**. Das subjektive Vertrauen des Mandanten in die Leistungsfähigkeit und Leistungsbereitschaft des Anwaltes tritt hier an Stelle objektiver Beurteilungskriterien, denn eine objektive Beurteilung ist zu diesem Zeitpunkt – wie bereits erwähnt – aufgrund von Immaterialität und Individualität der Leistung nur schwerlich möglich. Aber auch während der Geschäftsbeziehung zwischen Anwalt und Mandant spielt **gegenseitiges Vertrauen** eine wichtige Rolle. Einerseits muß der Mandant dem Anwalt vertrauen können – schließlich gewährt er dem Anwalt tiefen Einblick in seine Lebensumstände –, auch darauf, daß der Anwalt über das Erfahrene Stillschweigen bewahrt und in derselben Sache auch *nur* den Mandanten vertritt, also keine Interessenkollision eintreten wird. Andererseits muß aber auch der Anwalt auf die Richtigkeit der ihm vom Mandanten übermittelten Informationen vertrauen können.

All diese Besonderheiten der anwaltlichen Leistung führen zu einem – im Vergleich zu 10
Sachgütern – wesentlich höheren wahrgenommenen **„Kaufrisiko"** und einer hohen

[4] Vgl. *Meyer* 1988, S. 347.

Unsicherheit des Kunden bei der Kaufentscheidung mit der Folge eines besonders hohen Informationsinteresses bei Suche, Bewertung und Auswahl eines Anwaltes bzw. einer Kanzlei.

11 Umgekehrt folgt aus diesen Besonderheiten aber auch, daß die Schwelle für den Wechsel zwischen alternativen Anbietern – Zufriedenheit des Kunden vorausgesetzt – relativ hoch ist. Ein zufriedener Kunde wird in einer Situation neuerlichen Bedarfs nach anwaltlicher Unterstützung mit hoher Wahrscheinlichkeit erneut den Anwalt aufsuchen, mit dem er bereits früher gute Erfahrungen gemacht hat.

B. Kundenzufriedenheit als Erfolgsfaktor

I. Zusammenhang von Kundenorientierung, Kundenzufriedenheit und Kundenbindung

12 Kundenzufriedenheit entsteht allgemein als Ergebnis eines individuellen **Abgleichprozesses** zwischen den Erwartungen des Nachfragers an bestimmte Leistungen und den tatsächlich erhaltenen Leistungen, wie der Kunde sie subjektiv wahrgenommen hat.[5] Der Kunde vergleicht also seine Erfahrungen nach der Nutzung eines Sachgutes oder der Inanspruchnahme einer Dienstleistung (Ist-Größe) mit einem vor der Nutzung oder Inanspruchnahme bereits existierenden Vergleichsstandard (Soll-Größe) der von ihm erwarteten Leistung.[6] Vereinfacht dargestellt, entsteht im Falle der Bestätigung oder der Über-Erfüllung der gehegten Erwartungen Zufriedenheit. Weicht die Ist-Leistung dagegen negativ von der Soll-Leistung ab, entsteht Unzufriedenheit. Dieser Erklärungsansatz wird in der Literatur auch als „Confirmation/Disconfirmation-Paradigm" bezeichnet.[7]

13 Sowohl die Erwartungen des Kunden wie auch die Wahrnehmung der Leistung können von einer ganzen Reihe von Faktoren beeinflußt werden. Die Erwartungen des Nachfragers etwa sind abhängig von seinem individuellen Erwartungs- bzw. Anspruchsniveau in seiner ganz speziellen Nachfragesituation. Art der Ansprüche und Anspruchsverhalten des Nachfragers sind dabei nicht zwangsläufig im Zeitablauf beständig. Sie können sich, beispielsweise durch eine Wiederholung der Nachfragesituation („Gelernter Kunde"), Serviceerfahrungen (auch in anderen Branchen), Änderungen in der Lebensphase, dem Familienstand, der Einkommenssituation, des wirtschaftlichen oder des gesellschaftlichen Umfelds, ändern. Auch die Wahrnehmung der Leistung kann durch situative Faktoren (momentane Stimmung, Zeitbudget des Kunden) sowie durch bereits vorliegende Erfahrungen und den Vergleich der aktuellen Leistung mit früher erhaltenen Leistungen desselben oder eines anderen Anbieters beeinflußt werden (vgl. hierzu auch die Abbildung 1 auf der folgenden Seite).

14 Zwischen der **Kundenorientierung** als grundsätzlicher Ausrichtung eines Anbieters, der **Kundenzufriedenheit** als Ergebnis des oben beschriebenen Abgleichprozesses und der **Kundenbindung** als Ausdruck einerseits bisherigen Kauf- und Weiterempfehlungsverhaltens, andererseits aber auch zukünftigen Wiederkauf-, Zusatzkauf- und Weiterempfehlungs-Absichten (Goodwill) des Kunden gegenüber diesem Anbieter oder dessen Leistungen,[8] kann nun ein kausaler Zusammenhang unterstellt werden.[9] Dieser Zusammenhang läßt sich auch durch empirische Untersuchungen stützen. So bestätigt z. B. „Das Deutsche

[5] Vgl. *Meyer/Dornach* 1998a, S. 249.
[6] Vgl. *Homburg/Faßnacht* 1998, S. 411.
[7] Vgl. etwa *Homburg/Giering/Hentschel* 1998, S. 84 und die dort zitierte Literatur.
[8] Vgl. *Meyer/Oevermann* 1995, Sp. 1341.
[9] Vgl. *Homburg/Faßnacht* 1998, S. 407f.

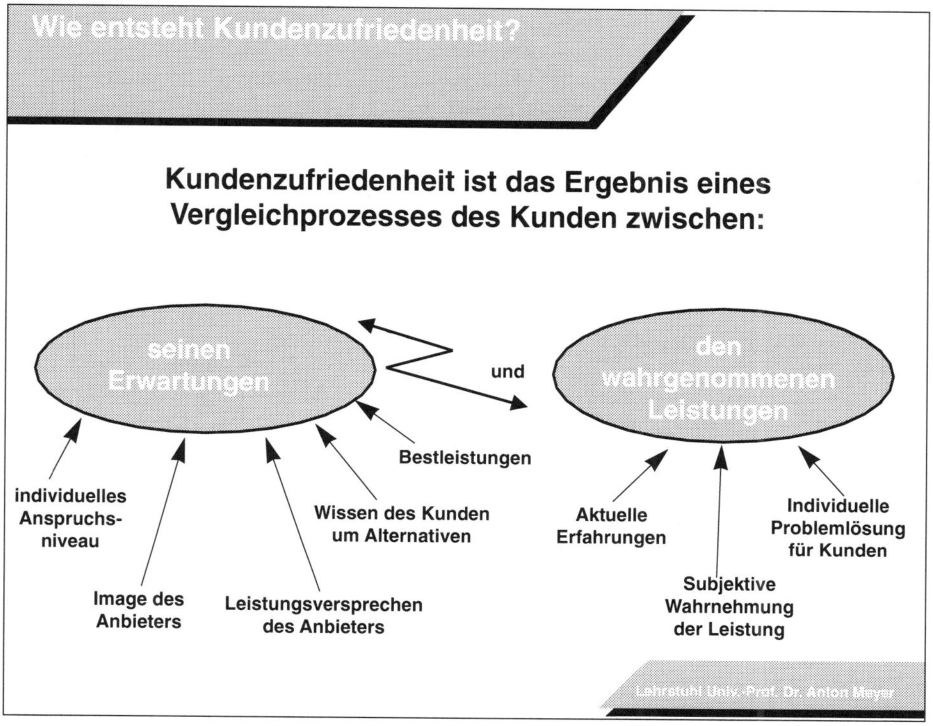

Abbildung 1: Entstehung von Kundenzufriedenheit

Kundenbarometer – Qualität und Zufriedenheit“, das jährlich die Kundenzufriedenheit in Deutschland untersucht, für 1998 die oben unterstellte Beziehung erneut.[10]

Als Ursachen für mangelnde Kundenzufriedenheit lassen sich meist verschiedene Fakto- 15
ren ausmachen: steigende Erwartungen der Kunden, mangelnde Dienstleistungsfähigkeit und Dienstleistungsbereitschaft von Mitarbeitern im Kundenkontakt sowie das Fehlen kundengerichteter Serviceleistungen.[11]

II. Beitrag von Kundenzufriedenheit und Kundenbindung zur Erfüllung der Unternehmensziele

Kundenorientierung, Kundenzufriedenheit und Kundenbindung werden als Schlag- 16
worte bereits seit geraumer Zeit intensiv diskutiert. Im Zeitraum zwischen 1975 und 1990 erschienen – allein in den USA – über 700 Veröffentlichungen zu diesem Themenkomplex.[12]

Aber auch die Praxis hat die Bedeutung der Kundenzufriedenheit längst erkannt. Vielfach verabschieden Unternehmen inzwischen auch Programme, die die Steigerung von Kundenzufriedenheit und Kundenbindung als zentrale Elemente beinhalten. Ein Erfolg dieser Konzepte bleibt jedoch oftmals aus. In der Praxis ist häufig zu beobachten, daß blindlings auf Qualitätsverbesserung ausgerichtete Konzepte schnell scheitern und wieder eingestellt werden, im schlimmsten Falle sogar zum Unternehmensuntergang führen. *Rust/Zahorik/Keiningham* nennen zahlreiche Beispiele von Unternehmen (darunter auch Gewinner von Qualitätspreisen), die aufgrund einseitig fokussierter Qualitätspro-

[10] Vgl. *Meyer/Dornach* 1998b.
[11] Vgl. *Dornach* 1998, S. 456.
[12] Vgl. *Wilkie* 1990, zitiert in *Homburg/Faßnacht* 1998, S. 411.

gramme schwerwiegende finanzielle Einbußen hinnehmen und teilweise sogar liquidiert werden mußten.[13] Diese Unternehmen begehen u. E. nach zwei Fehler.

17 Eine erster wichtige Voraussetzung für die Erreichung dauerhafter Kundenzufriedenheit ist die **Verinnerlichung der Kundenorientierung**, also die Einnahme der Kundenperspektive durch *alle* Mitarbeiter des Unternehmens. Leistungen müssen in allen Wertschöpfungsstufen in *aus Kundensicht* überzeugender Qualität erstellt werden. Bei übereilt eingeführten Qualitätsprogrammen, die zudem oftmals nicht strategisch in das Gesamtkonzept des Unternehmens eingebunden sind, wird dieser Aspekt häufig vernachlässigt. Unternehmerisches Handeln ist nur dann konsequent, wenn es zielgerichtet ist – vor der Implementierung kundengerichteter Maßnahmen muß daher die Festlegung und Operationalisierung der anzustrebenden Unternehmensziele (im Sinne von Richtgrößen, der Formulierung des „wo wollen wir hin?") stehen.[14]

18 Zum zweiten darf natürlich auch bei einer nachhaltigen Ausrichtung des Unternehmens auf eine hohe Kundenzufriedenheit hin auch die **Absicherung auf Produktivitäts-, Kosten- und Ertragsseite** nicht vernachlässigt werden.[15] Aus betriebswirtschaftlicher Sicht sind deshalb besonders die Zusammenhänge zwischen Kundenorientierung, Kundenzufriedenheit, ökonomischem Gewinn und damit auch langfristigem Unternehmenserhalt eine genauere Betrachtung wert. Die zentrale Erkenntnisse einer ganzen Reihe bekannter Studien[16] können knapp zu folgenden Aussagen zusammengefaßt werden:

- Überzeugte Kunden nehmen die Leistungen „ihres" Unternehmens bei Bedarf eher wieder in Anspruch.
- Überzeugte Kunden sind unempfindlicher gegenüber Preiserhöhungen als unzufriedene Kunden.
- Begeisterte Kunden verursachen vergleichsweise geringe Kosten, weil sie sich in Unternehmensabläufe, mit denen sie vertraut sind, vergleichsweise gut integrieren können und wollen.
- Hohe Kundenzufriedenheit hat positive Wirkungen auf das Unternehmensimage.
- Begeisterte Kunden empfehlen ihr Unternehmen häufig weiter.

19 Was bedeutet das nun für die Kanzlei? Ein Stamm von **überzeugten Mandanten**, die die Leistung des Anwaltes oder der Kanzlei – bei Bedarf – wieder in Anspruch nehmen und Anwalt oder Kanzlei auch weiterempfehlen werden, stellt einen ganz wesentlichen Erfolgsfaktor für die Kanzlei dar. Überzeugte Mandanten sind nachweislich eher bereit, auch für Zusatzleistungen des Anwalts Geld auszugeben, sie sind weniger preissensibel, d. h., sie sind grundsätzlich bereit, auch ein höheres Honorar zu akzeptieren, und sie garantieren der Kanzlei **Aktivreferenzen**, also positive Weiterempfehlung. Gerade letzterer Punkt ist für die in hohem Maße vertrauensempfindliche anwaltliche Leistung von besonderer Bedeutung. Daß überzeugte und wiederkehrende Mandanten darüber hinaus weniger Zeit für Betreuung und Verwaltung in Anspruch nehmen, kann neben den anderen bereits genannten Vorteilen, den ein überzeugter Mandant für die Kanzlei bietet, nur ein weiterer, angenehmer Nebeneffekt sein.[17]

20 Die **Ausrichtung** der gesamten anwaltlichen Leistung und vor allem der Prozeßabläufe in der Kanzlei auf die Wünsche, Bedürfnisse und Erwartungen der Mandanten kann der Ausgangspunkt für vielversprechende und langfristige Beziehungen zwischen Anwalt und Mandant, die Basis für einen treuen Mandantenstamm sein.

21 Das Verständnis der **Kausalität** dieser Zusammenhänge ist kritisch für den Erfolg der Implementierung von Kundenorientierung: Kundenorientierung ist kein Luxus, den man

---

[13] Vgl. *Rust/Zahorik/Keiningham* 1994, S. 1 ff.; *Meyer/Ertl* 1998, S. 173.
[14] Vgl. *Becker* 1998, S. 11 und S. 14 ff.
[15] *Meyer/Ertl* 1998, S. 173.
[16] Exemplarisch: *Reichheld/Sasser* 1991; *Fornell* 1992; *Garvin* 1988; *Meyer/Dornach* 1998 b.
[17] Vgl. *Meyer* 1997, S. 431.

sich leisten kann, *wenn* die Kanzlei oder Sozietät bereits Gewinn abwirft, sondern Kundenorientierung *führt zu* einer Erhöhung des Gewinns. Dieser Zusammenhang ist jedoch ein langfristiger; d.h., Maßnahmen zur Erhöhung der Kundenorientierung wirken meist verzögert mittel- bis langfristig. Zwar ist eine Steigerung der Kundenzufriedenheit auch durch taktische Maßnahmen kurzfristig relativ schnell zu erreichen, kurzfristige Gewinnerhöhungen sind jedoch unrealistisch – der ökonomische Vorteil des Unternehmens ergibt sich schließlich in erster Linie aus der Langfristigkeit der aus der Kundenzufriedenheit entstandenen vertrauensvollen Geschäftsbeziehung.

Selbstverständlich profitieren auch die Kunden von ihrer Loyalität zum Anbieter. Der 22 Nutzen für den Kunden besteht in einer **geringeren „Beschaffungsmühe“**, d.h. geringeren Informationskosten und geringerem Zeitaufwand bei der Planung und Inanspruchnahme der Leistung. Die langfristige und von hohen Transaktionskosten begleitete Suche nach einem kompetenten Anbieter entfällt, der Kunde weiß bereits, welche Art von Leistung und Betreuung er von „seinem“ Anwalt oder „seiner“ Kanzlei erwarten kann. Das subjektiv empfundene „Kaufrisiko“ des Kunden verringert sich, und die Diskrepanz zwischen den Erwartungen des Kunden und der erhaltenen Leistung nimmt ab.

Es dürfte deutlich geworden sein, daß Kundenorientierung hohe Relevanz für den 23 langfristigen Unternehmenserfolg besitzt. Im folgenden soll daher der Frage nachgegangen werden, wie Kundenorientierung tatsächlich zum strategischen Erfolgsfaktor der Kanzlei ausgebaut werden kann.

C. Kundenorientierung in der Kanzlei

I. Kundenorientierung als strategischer Wettbewerbsvorteil

Der Aufbau und die Absicherung von Wettbewerbsvorteilen erscheint – gerade in einem 24 Wettbewerbsfeld, das sich, wie einleitend bereits festgestellt, durch eine steigende Zahl von Anbietern bei stagnierender Nachfrage kennzeichnet – als außerordentlich bedeutsam. Ein strategischer Wettbewerbsvorteil liegt nach allgemeiner Auffassung dann vor, wenn ein Anbieter eine **dauerhafte Überlegenheit** gegenüber der Konkurrenz in einem für den Kunden **wichtigen** und auch **wahrnehmbaren Leistungsmerkmal** aufweisen kann.[18] Nur wenn diese drei Merkmale – *wichtig, wahrnehmbar, dauerhaft* – gleichzeitig erfüllt sind, kann man tatsächlich von einem strategischen Wettbewerbsvorteil sprechen.

Wenn sich also einige Kanzleien oder Sozietäten aus ihrer Sicht überlegen fühlen (z.B. 25 aufgrund besonders großer Erfahrung in einzelnen Fachgebieten, Spezialausbildungen o.ä.) und dies vielleicht auch objektiv sind, so generiert sich aus dieser Tatsache noch kein Wettbewerbsvorteil, denn entscheidend ist, ob der (potentielle) Mandant diese Überlegenheit auch wahrnimmt. Und selbst wenn der Mandant eine Überlegenheit eines Anbieters wahrnehmen kann, so bleibt doch fraglich, ob diese Überlegenheit bei der subjektiven Bewertung der Leistung des Anbieters durch den Kunden auch wirklich **wichtig** ist. Die Dauerhaftigkeit als drittes Merkmal stellt die Bedeutung der **langfristigen Einmaligkeit** der Überlegenheit gegenüber dem Wettbewerb heraus. Selbst ein für den Kunden wahrnehmbares und wichtiges Leistungsmerkmal, das aber leicht nachahmbar ist, kann nur schwerlich als tatsächlicher Wettbewerbsvorteil bezeichnet werden.

Wie aber kann nun ein Wettbewerbsvorteil erreicht und dauerhaft verteidigt werden? 26 Einseitig ausgerichtete Maßnahmen, kurzfristiges Denken und zu stark unternehmensfokussierte Ansätze sind wesentliche Hemmnisse bei der Erlangung strategischer Wettbewerbsvorteile. Diese Hemmnisse lassen sich jedoch überwinden, wenn man einige Prinzipien der Kundenorientierung beachtet.

[18] Siehe etwa *Meffert* 1998, S. 258 oder *Simon* 1998, S. 5.

II. Implementierung von Kundenorientierung

1. Durchgängigkeit in der Kundenorientierung

27 Kundenorientierung wird oftmals oberflächlich mit „Freundlichkeit im Kundenkontakt" gleichgesetzt. Dieser Faktor ist zweifellos auch für die meisten Unternehmen von hoher Relevanz. Ergebnisse verschiedener Studien, darunter auch *Das Deutsche Kundenbarometer*, zeigen jedoch, daß sich die anwaltliche Leistung aus Kunden- resp. Mandantensicht aus einer Vielzahl einzelner Leistungsmerkmale zusammensetzt; Freundlichkeit ist nur eines davon.

28 Für das Management des Wettbewerbsfaktors „Kundenorientierung" ist vor allem die integrative Betrachtung der gesamten Wertschöpfungsaktivitäten in der Beziehung zwischen Mandant und Rechtsanwalt nötig. Die in Abbildung 2 dargestellte Wertkette kann einen ersten Überblick über **wesentliche Wertschöpfungselemente** geben.

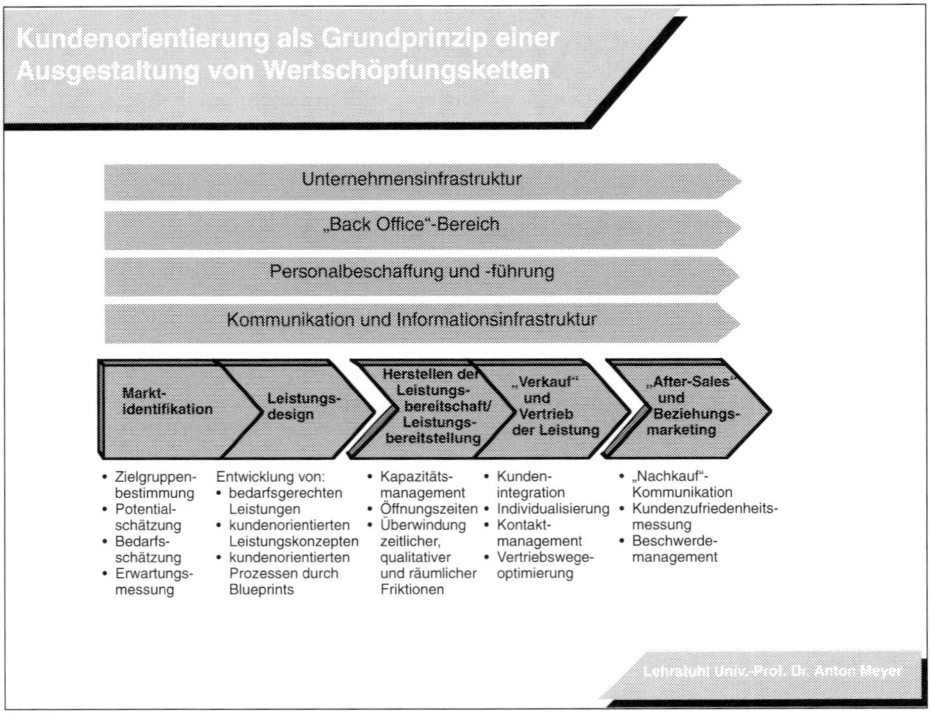

Abbildung 2: Wertkette[19]

29 Klassische Wertketten lassen sich in primäre und sekundäre Aktivitäten unterteilen.[20] Die primäre Aktivitäten beschäftigen sich mit der Herstellung und Vermarktung der Leistung, sekundäre Aktivitäten haben dagegen die Aufgabe der Sicherung und Unterstützung der primären Aktivitäten. Diese sekundären Aktivitäten stehen also nicht in direktem Bezug zur Leistungserstellung; dennoch tragen sie einen nicht unerheblichen Teil zur Umsetzung von Kundenorientierung bei.

30 Eine zentrale Rolle kommt dabei vor allem der **Unternehmensinfrastruktur**, also dem Zusammenspiel von Geschäftsführung, Planung und Organisation, zu.[21] Man darf nicht

[19] *Meyer/Ertl* 1998, S. 176, in Anlehnung an *Kaplan/Norton* 1997, S. 108.
[20] Vgl. *Porter* 1989, S. 66f.
[21] Vgl. *Fantapié Altobelli/Bouncken* 1998.

vergessen, daß auch das sogenannte *back-office* einen wesentlichen Erfolgsbeitrag zur Gesamtzufriedenheit der Mandanten beitragen kann, wenn auch hier Kundenorientierung gelebt wird. Auch ohne direkte Beteiligung an der eigentlichen Erstellung der anwaltlichen Leistung tragen diese organisatorischen Einheiten (also z. B. Sekretariat, Rechtsanwaltsgehilfen o.ä.) aufgrund der ausgeprägten Prozeßdominanz der anwaltlichen Leistung wesentlich zur Zufriedenheit der Mandaten bei, z. B. wenn es gelingt, die Rechnungsstellung ordnungsgemäß und zügig abzuwickeln, elektronische Zugänge zum Unternehmen zu ermöglichen und natürlich auch die anwaltliche Leistung durch schnelle und zuverlässige Informationsversorgung zu unterstützen.

Betrachtet man die **Wertkette aus Kundensicht**, so wird deutlich, daß die Basis für alle 31 weiteren Tätigkeiten die Identifikation und Erforschung der Bedürfnisse der Mandanten und potentiellen Mandanten sein muß. Ein Beispiel: Die gängige Auffassung von Kundenorientierung gibt vor, daß Kunden (hier: Mandanten) bestimmte Erwartungen an eine Leistung stellen, bei deren Übererfüllung Zufriedenheit und bei deren Untererfüllung Unzufriedenheit entsteht. Die Erforschung der Bedürfnisse und *Erwartungen* der Mandanten stellt somit einen wesentlichen Baustein zur Erreichung von Kundenzufriedenheit und Kundenbindung dar. Selbstverständlich kann und soll, auch unter Ertragsgesichtspunkten, nicht jeder Mandant völlig zufriedengestellt und an den Anbieter gebunden werden. Es bietet sich daher an, in einem vorgelagerten Schritt verschiedene Marktsegmente und Kundengruppen hinsichtlich ihrer (ökonomischen und außer-ökonomischen) Attraktivität zu beurteilen.

Eine möglichst genaue **Segmentierung des Marktes**, also die Unterteilung der (poten- 32 tiellen) Zielgruppen in hinsichtlich ihrer Erwartungen möglichst homogene und auch ökonomisch tragfähige Gruppen, ist also ein weiterer wichtiger Schritt in Richtung Erwartungserfüllung. Die so gefundenen Gruppen können mit unterschiedlicher Intensität bearbeitet werden, was zusätzliches Potential für eine kundenorientierte Marktbearbeitung und intensive Ausschöpfung verfügbarer Arbeitskraft bedeutet. Eine undifferenzierte Marktbearbeitung hingegen kann – gerade bei zu einseitiger Konzentration auf Kundenzufriedenheit – sich in einer erheblichen Fehlallokation von personellen, sachlichen und auch finanziellen Ressourcen niederschlagen.

Bei der **Entwicklung kundenorientierter Lösungen** sollte auf Informationen seitens 33 der Kunden keinesfalls verzichtet werden – eine kundenorientierte Planung von Leistungen umfaßt immer die Berücksichtigung der Leistungspotentiale von Anwalt *und* Kunde. Auch beeinflußt der Kunde das Ergebnis der anwaltlichen Leistung zumeist nicht unwesentlich durch seine Bereitschaft, zum einen seine Bedürfnisse und Erwartungen zu offenbaren, und zum anderen auch die zur Erbringung der anwaltlichen Leistung dringend benötigten Informationen zur Verfügung zu stellen.

Trotz der dadurch immensen Bedeutung der konkreten Interaktion zwischen Anwalt 34 und Mandant darf aber nicht vergessen werden, daß auch andere Leistungsbestandteile außerhalb dieses direkten Kontaktes die anwaltliche Leistung bestimmen (z. B. Pünktlichkeit, Zuverlässigkeit, Vertrauen) und entsprechend kundenorientierter Planung bedürfen.

Durchgängigkeit in der Kundenorientierung kann – dieser Punkt sollte aus den voran- 35 gegangenen Ausführungen klar hervorgegangen sein – nur erreicht werden, wenn alle Mitarbeiter der Kanzlei hinsichtlich der Zusammenhängen von Kundenorientierung, -zufriedenheit, -bindung und wirtschaftlichem Erfolg in ausreichendem Maße sensibilisiert sind. Damit also in primären wie in sekundären Prozessen kundenorientiert agiert werden kann, ist es unabdingbar, daß Kundenorientierung durch die Geschäftsführung vorgelebt, gefördert und durch geeignete organisatorische Maßnahmen auch unterstützt wird.

Die Durchsetzung der Kundenorientierung erfolgt in der Regel mit der Bestimmung 36 eines internen oder externen Promotors als Prozeßverantwortlichem, der sich für die Umsetzung der Kundenorientierung verwendet.[22] In kleineren Kanzleien wird dies meist der Inhaber selbst sein.

[22] Vgl. *Dornach* 1998, S. 459.

2. Einbeziehung interner Kunden

37 Bei der Suche nach Gründen für mangelnde Kundenzufriedenheit in verschiedensten Branchen fällt auf, daß diese nicht allein in der Beziehung zwischen Kunde und Anbieter zu finden sind. Häufig findet die Unzufriedenheit ihren Ursprung in einer **mangelnden *internen* Servicequalität** beim Anbieter. Der Zusammenhang zwischen interner und externer Kundenorientierung und deren Bedeutung bei der Realisierung strategischer Wettbewerbsvorteile wurde bereits in mehreren Studien auch empirisch belegt.[23]

38 Mitarbeiter, die mit ihren Arbeitsbedingungen und der internen Servicequalität zufrieden sind, können auch eher ein hohes Serviceniveau gegenüber dem externen Kunden gewährleisten. Weil die Qualität der am Kunden erbrachten Leistung darüber hinaus natürlich in hohem Maße von der Leistungsfähigkeit und der Leistungsbereitschaft der Mitarbeiter abhängt, müssen kundenorientierte Anbieter verstärkt Sorge für die Sicherstellung und Förderung dieser Faktoren tragen.

39 **Abbildung 3** soll den Zusammenhang zwischen interner und externer Kundenorientierung und deren Bedeutung für den Aufbau strategischer Wettbewerbsvorteile verdeutlichen. Der Zusammenhang zwischen interner und externer Kundenorientierung ist hier nicht nur einseitig wirksam zu verstehen:[24] Hohe externe Kundenzufriedenheit wirkt durchaus motivationssteigernd auf die Mitarbeiter und erhöht deren Zufriedenheit und Leistungsbereitschaft – vor allem, wenn die Kunden ihrer Zufriedenheit in Form eines Dankes oder Lobes Ausdruck verleihen, oder wenn an die Kundenzufriedenheit Incentives materieller oder immaterieller Art von seiten der Geschäftsführung gekoppelt sind.[25]

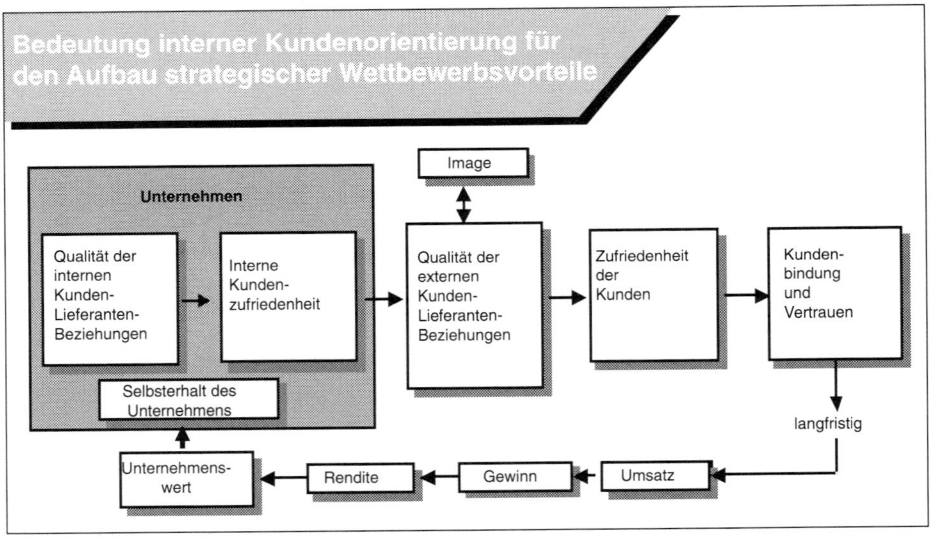

Abbildung 3: Bedeutung interner Kundenorientierung für den Aufbau strategischer Wettbewerbsvorteile[26]

3. Kundenorientierung als Daueraufgabe

40 Kundenorientierung stellt – wie bereits oben erwähnt – kein kurzfristig lösbares Problem dar, sondern ist eine Daueraufgabe. Eine Erhöhung von Kundenorientierung ist dementsprechend nicht durch einzelne Aktionen („Das Jahr des Kunden") oder isolierte Qualitätsverbesserungs- oder Kundenbindungsmaßnahmen zu erreichen. Solche Aktio-

23 Vgl. etwa *Heskett/Sasser/Schlesinger* 1997; *Neuhaus* 1996. Siehe hierzu auch: *Meyer/Oppermann* 1998.
24 Vgl. *vom Holtz* 1998.
25 Vgl. *Meyer/Oppermann* 1998, S. 1003 ff.
26 Abbildung in Anlehnung an: *Heskett et al.* 1994, S. 166; *Neuhaus* 1996, S. 160.

nen beeinflussen nur das Erwartungsniveau der Kunden, nicht jedoch die tatsächlich erbrachte Leistung, was die Diskrepanz zwischen erwarteter und wahrgenommener Leistung aus Sicht des Kunden oft nur noch vergrößert. Vielmehr scheint es angebracht, sich an der gesamten Kundenbeziehung – vom ersten Kontakt an – zu orientieren. Kundenorientierung bedeutet damit auch, sich in Gedächtnis zu rufen, in welcher Phase des Kundenlebenszyklus der Kunde sich befindet. In einer ersten groben Annäherung läßt sich die Beziehung zwischen Anwalt und Mandant in zwei Phasen einteilen: die Phase der Kundenakquisition und die Phase der Kundenbindung.

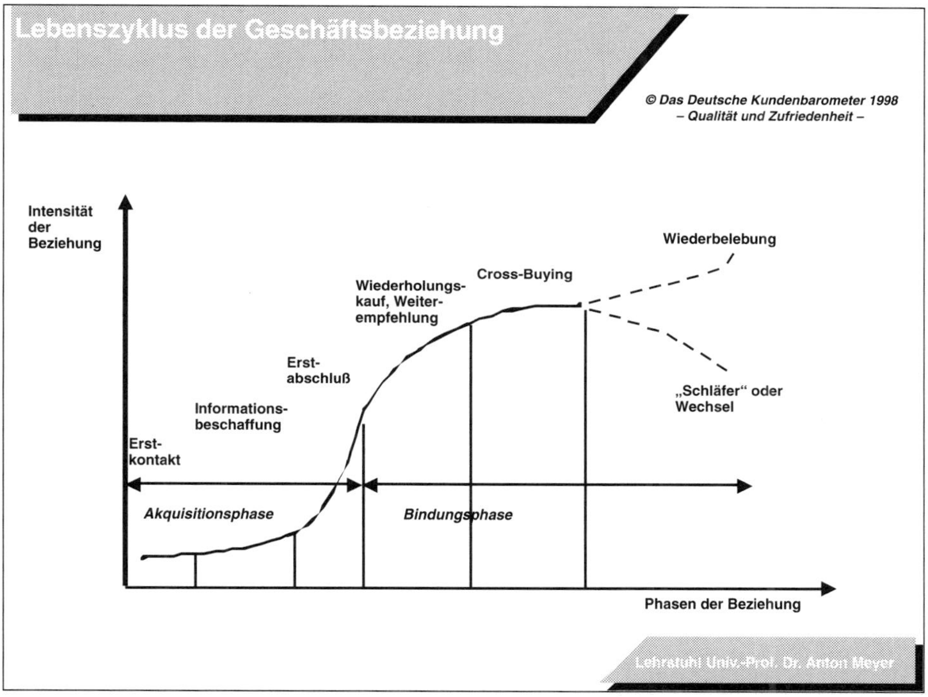

Abbildung 4: Lebenszyklus der Geschäftsbeziehung[27]

a) Kundenorientierung in der Akquisitionsphase. Um neue Kunden zu gewinnen, müssen die potentiellen Nachfrager der anwaltlichen Leistung zunächst von der Überlegenheit des Angebots erfahren. Aufgrund der Besonderheiten der anwaltlichen Leistung (z. B. Vertrauensempfindlichkeit, Immaterialität, Komplexität) scheint es hier besonders angebracht, die **persönliche Weiterempfehlung** durch bereits zufriedengestellte Kunden auch in der Akquisitionsphase zu nutzen.[28] 41

Die Entscheidung für einen Anwalt, eine Kanzlei oder eine Sozietät birgt – zumindest für Privatkunden – **hohes Involvement**, d. h., die Entscheidung ist von hoher subjektiver Wichtigkeit für den Kunden bei gleichzeitig hohem subjektiv wahrgenommenen Risiko finanzieller, sozialer, psychologischer oder gesundheitlicher Art.[29] Entsprechend unterscheidet sich das Informationsverhalten der Kunden im Vorfeld einer solchen Entscheidung stark vom Informationsverhalten bei „normalen", alltäglichen Kaufentscheidungen. Die Wahl eines Anwaltes ist aus Kundensicht vergleichbar etwa mit der Suche nach einem 42

[27] *Meyer/Dornach* 1998b, S. 27; *Meyer/Ertl* 1998, S. 181.
[28] Vgl. hierzu auch unter § 38.
[29] Vgl. *Kroeber-Riel/Weinberg* 1996, S. 92; *Meffert* 1998, S. 107.

neuen Facharzt oder der Tätigung einer größeren finanziellen Anschaffung (z. B. ein Neuwagenkauf). Problematisch scheint vor allem die bereits erwähnte nur begrenzte Reversibilität der anwaltlichen Leistung – d. h., die Entscheidung des Kunden für den – im nachhinein – „falschen" Anwalt kann erhebliche Folgen haben. Die Reputation eines Anwalts kann helfen, Informationsasymmetrien zwischen Mandant und Unternehmen abzubauen.

43 Es kann davon ausgegangen werden, daß in derartigen **Entscheidungssituationen** einer persönlichen Empfehlung von Freunden, Verwandten oder Bekannten mehr Gewicht zugemessen wird als einer „professionellen" Kommunikation. Die zur Entscheidung benötigten Informationen werden verstärkt aus dem persönlichen Umfeld bezogen. An dieser Stelle soll deshalb nochmals an den bereits aufgezeigten positiven Zusammenhang von Zufriedenheit und Bereitschaft zur Weiterempfehlung erinnert werden.

44 In der **Phase des Erstabschlusses**, also beim erstmaligen geschäftlichen Kontakt zwischen Mandant und Anwalt, sind in erster Linie kundenindividuelle Analysen notwendig. An erster Stelle steht hierbei selbstverständlich die individuelle Problemstellung beim Mandanten mit der Frage nach dem konkreten Ziel der anwaltlichen Leistung. Nur mit der Analyse von Lebenssituation, konkreter Problemstellung und Zielsetzung auf seiten des Mandanten ist eine individuelle Problemlösung möglich.

45 **b) Kundenorientierung in der Bindungsphase.** Schwerwiegende **Defizite in der Kundenorientierung** werden aber meist erst in der Phase der Kundenbindung deutlich. Hier zeigt es sich, ob ein Unternehmen absatzorientiert oder kundenorientiert denkt. Mit zunehmendem zeitlichen Abstand zum letzten Kontakt gewinnt der Beziehungsaufbau zwischen Mandant und Anwalt an Relevanz.

46 In jeder Branche existiert eine gewisse Anzahl unzufriedener Kunden; daher verdient das **Beschwerdemanagement**[30] auch im Bereich der freien Berufe ein besonderes Augenmerk. Beschwerden enthalten stets wichtige Informationen darüber, welche Probleme vom Kunden wahrgenommen werden – sie sollten daher als aktive und unverfälschte Verbesserungsvorschläge von seiten der Kunden aufgefaßt werden und nicht etwa als persönliche Beleidigung. Beschwerden, so sollte man sich vor Augen halten, beinhalten ein gewaltiges Potential für Verbesserungen und Leistungsinnovationen.[31]

47 Verbesserungen, die aufgrund von Anregungen der Mandanten vorgenommen wurden, können aktiv kommuniziert werden und verbessern die Beziehungszufriedenheit zusätzlich. So läßt sich etwa aus den Ergebnissen des *Deutschen Kundenbarometers* nachweisen, daß die **Globalzufriedenheit** von Beschwerdeführern, die mit der Reaktion auf ihre Beschwerde vollkommen zufrieden waren, höher ist als von solchen Kunden, die überhaupt keine Beschwerde hatten. Erfahrungsgemäß beschwert sich allerdings nur ein geringer Teil der unzufriedenen Kunden; der weit größere Teil unzufriedener Kunden wählt die passive Alternative des schweigenden Wechsels zu einem anderen Anbieter.[32] Um so wichtiger ist es, aus den Anregungen der Kunden zu lernen, die sich tatsächlich beschweren.

48 Darüber hinaus sind zur Aufdeckung und Vermeidung eines **„stillen Wechsels"** geeignete Frühindikatoren zu entwickeln, die es ermöglichen, abwanderungsgefährdete Mandanten frühzeitig zu erkennen und – bei ökonomischer Attraktivität des Mandanten und Bekanntheit der Ursache für die Wechselabsicht – durch geeignete Maßnahmen an die eigenen Kanzlei zu binden. Verläßt der Mandant die Kanzlei dennoch, so kann doch wenigstens versucht werden, durch entsprechende Kommunikationsmaßnahmen (etwa mittels eines sog. „regret letter") ein **negatives Weiterempfehlungsverhalten** des Mandanten zu vermeiden und den ausschlaggebenden Grund zum Anbieterwechsel als Ansatzpunkt zur Verbesserung der Servicequalität zu betrachten. Auf diese Weise läßt sich

[30] Vgl. dazu unter § 47.
[31] Vgl. etwa *Stauss* 1998, S. 216f.
[32] Vgl. *Andreasen* 1985, S. 140.

verhindern, daß noch weitere Mandanten aus den gleichen Gründen den Anbieter wechseln.[33]

4. Wechsel des Blickwinkels

Wie bereits mehrfach angedeutet, bedeutet Kundenorientierung nicht zuletzt, die Perspektive des Mandanten einzunehmen; den Anwalt oder die Kanzlei und die erbrachten Leistungen mit den Augen des Kunden zu sehen. Eine ganz zentrale Frage im Bereich der Kundenorientierung lautet deshalb: Wie nehmen Kunden Qualität wahr? 49

Die anwaltliche Leistung weist einige Charakteristika eines Kontraktgutes auf, z. B. ist der Anteil sogenannter **Sucheigenschaften**[34] – also Eigenschaften, die von vornherein eine Qualitätseinschätzung durch den Mandanten erlauben – relativ gering. **Ersatzindikatoren** wie die Reputation eines Anwaltes oder einer Kanzlei spielen somit eine große Rolle für die Qualitätswahrnehmung und Erwartungsbildung. Andererseits ist auch der Anteil an Erfahrungseigenschaften (z. B. Freundlichkeit, Erreichbarkeit) und Vertrauenseigenschaften (Motivation der Mitarbeiter, Wahrung des Stillschweigens) relativ hoch. 50

Die Entstehung von Zufriedenheit kann nun durch **zwei Steuergrößen** beeinflußt werden: einerseits durch die Beeinflussung der Erwartungen bereits im Vorfeld der Leistungserbringung, zum anderen aber auch durch die erbrachte Leistung selbst. 51

Aus Sicht der Anbieter herrschen oft Mißverständnisse darüber, welche Leistungsbestandteile für den Kunden wichtig sind und welche nicht. Häufig unterstellen Anbieter den Nachfragern eine Präferenz der eher „technischen" Merkmale wie Fachwissen und Kompetenz der Mitarbeiter, Ausstattung oder Erreichbarkeit der Kanzlei. Tatsache ist jedoch, daß den Mandanten häufig die Kompetenz (und auch die Vergleichsmöglichkeit) fehlt, eine solche technisch-fachliche Qualität der Kernleistung wirklich zu beurteilen.[35] 52

Ähnlich wie bei anderen Dienstleistungen auch nutzen die Mandanten oftmals sog. „weiche" Merkmale als „Ersatzindikatoren" für die per se schwer zu beurteilende anwaltliche Leistung. Alles Sichtbare, Hörbare, Fühlbare im Umfeld dieser Leistung wird mit zur Beurteilung herangezogen und geht in die Gesamtzufriedenheit der Kunden mit ein. Solche **Ersatzsignale** können sein:[36] 53

- Das Verhalten des Anwalt gegenüber dem Klienten.
- Eine vertrauensvolle Atmosphäre in der Beratung, Ungestörtheit im Beratungsgespräch.
- Freundliche und verbindliche Kommunikation, kooperatives und entgegenkommendes Verhalten der Mitarbeiter.
- Ein gut organisierter Kanzleiablauf.
- Eine verständliche und mandantengerechte mündliche und schriftliche Information.
- Eine ansprechende Gestaltung der Kanzlei – der Kunde soll sich willkommen und gut aufgehoben fühlen.
- Eine spannungsfreie Atmosphäre im Wartezimmer, keine langen Wartezeiten.

Der letztgenannte Punkt mag als **deutliches Beispiel** für die unterschiedliche subjektive Einschätzbarkeit objektiver Leistungsmerkmale, je nach eingenommenem Blickwinkel, dienen. Die Tatsache, daß anwaltliche Leistungen nicht auf Vorrat erstellt, also vorproduziert und gelagert werden können, sondern zu weiten Teilen im direkten Zusammenwirken mit dem Mandanten erbracht werden, führt – betriebswirtschaftlich folgenreich – zu **Über- oder Unterauslastungen** der Kanzlei. Im Zusammenhang mit der hier geführten Diskussion um die Möglichkeiten der Kundenorientierung sei die Anmerkung erlaubt, daß in der Frage der Über- oder Unterauslastung bei Kanzlei und Mandant gerade 54

[33] Vgl. hierzu auch *Reicheld/Sasser* 1991.

[34] Zur Unterscheidung sog. „search qualities", „experience qualities" und „credence qualities" siehe *Nelson* 1970 und *Darby/Karni* 1973.

[35] Vgl. *Meyer* 1988, S. 348.

[36] Vgl. ebenda.

gegensätzliche Interessenlagen aufeinandertreffen. Während ein volles Wartezimmer und hohe Arbeitsauslastung für die Kanzlei gerade optimal sein mögen, bedeuten sie für den Mandanten womöglich einen Verzicht auf sofortige Hilfe, lästige Wartezeiten und u. U. sogar eine kurze und unpersönliche Abfertigung bei der Beratung selbst.[37]

55 Anwalt und Mandant (als fachlicher Laie) beurteilen die Leistung eines Anwaltes oder einer Kanzlei also nach durchaus unterschiedlichen Maßstäben. Es ist nicht ungewöhnlich, daß bei der Beurteilung der Gesamtleistung durch die Kunden die „weichen" und oftmals subjektiven Faktoren, wie in den obigen Beispielen genannt, einen höheren Stellenwert einnehmen, als die „harten", technischen, objektiven Leistungsmerkmale. Abbildung 5 zeigt beispielhaft einige **Merkmale** der **Qualitätswahrnehmung** durch den Kunden.

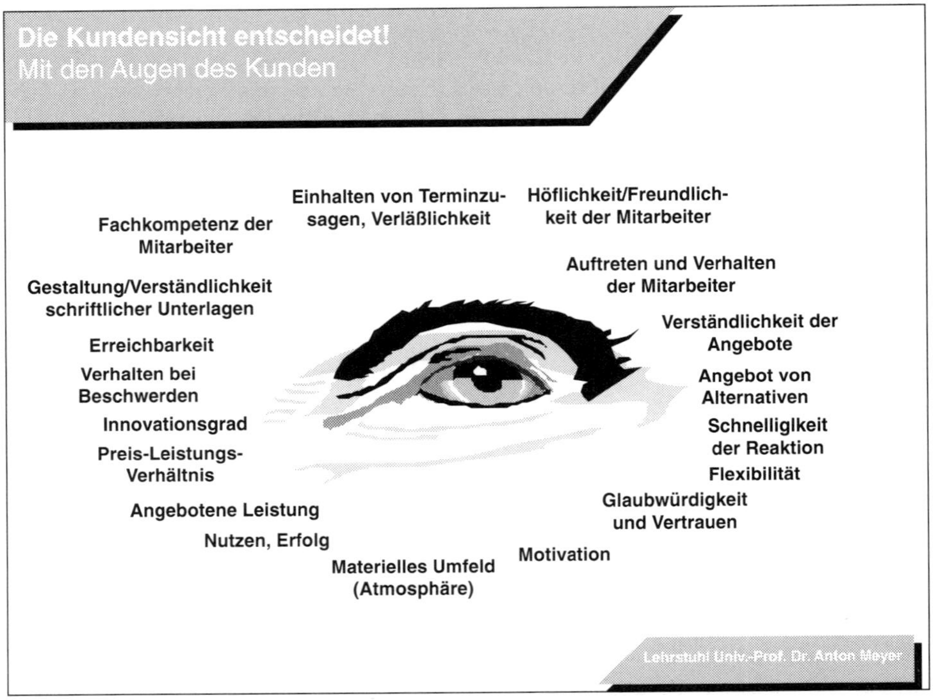

Abbildung 5: Ausgewählte Einflußfaktoren auf die Qualitätswahrnehmung des Kunden

56 Im Rahmen der Kontrolle der Kundenorientierung (vgl. Rdn. 57ff.) ist es daher unabdingbar, nicht nur die Zufriedenheit der Mandanten mit einzelnen Leistungsmerkmalen zu erfassen, sondern auch die Relevanz der einzelnen Leistungsmerkmale für den Mandanten. Daraus kann eine **Handlungsrelevanz-Matrix** erstellt werden, aus der nun strategische Ansatzpunkte für das Bemühen um eine Verbesserung der Kundenzufriedenheit ersichtlich werden.

III. Kontrolle der Kundenorientierung

57 Es liegt auf der Hand, daß eine abschließende objektive Beurteilung der Qualität oder der Kundenorientierung der vom Anwalt oder der Kanzlei erbrachten Leistung schwerlich möglich ist, denn die Wahrnehmung und Beurteilung der vom Anwalt erbrachten Leistung erfolgt durch den Mandanten.

[37] Vgl. ebenda.

Wie diese Beurteilung ausfällt, ist – wie bereits ausgeführt – von verschiedenen Faktoren abhängig: z. B. von den Erwartungen des Mandanten, früheren Erfahrungen des Mandanten mit dieser oder anderen Kanzleien, aber natürlich auch vom konkreten Problemlösungspotential der aktuell zu beurteilenden anwaltlichen Leistung – entsprechend subjektiv ist die Beurteilung gefärbt. 58

Anzumerken bleibt weiterhin, daß Kunden **Qualitätserlebnisse** tendenziell episodenhaft und ereignisorientiert verarbeiten. Es sind die besonders positiven oder negativen Ereignisse, die gut im Gedächtnis haften bleiben und das Gesamtbild des Anbieters beim Mandanten entscheidend prägen. Qualitative und offene Fragestellungen bei der Erfassung der Kundenzufriedenheit erlauben daher oft tiefere Einsichten in die Erlebenswelt als standardisierte Befragungsmethoden. 59

IV. Erfolgsfaktoren und -hemmnisse bei der Umsetzung

Probleme in der Qualität der erbrachten anwaltlichen Leistung haben aufgrund des hohen Anteils persönlicher erbrachter Leistungen andere Ursachen als etwa Probleme in der Produktqualität eines industriellen Herstellers – entsprechend müssen sie auch mit anderen Instrumenten angegangen werden. 60

Kundenorientierung kann vor allem **keine einmalige Aktion** bleiben. Sie erfordert einen ständigen Prozeß der Weiterentwicklung im Unternehmen. Aus diesem Grund beginnt die Umsetzung interner wie auch externer Kundenorientierung mit der Verpflichtung des Managements. Absolutes Commitment zur Kundenorientierung durch die Führungskräfte, aussagekräftige Analysen und klare Zielformulierungen, eine exakte Planung und Kontrolle der einzelnen Prozeßschritte sowie eine offene interne Kommunikation sind entscheidende Erfolgsfaktoren bei der erfolgreichen Umsetzung von Kundenorientierung. 61

Die Darstellung der komplexen Ursache-Wirkungs-Zusammenhänge im Bereich der Kundenzufriedenheit erfordert eine entsprechend ausgerichtete **Führungskultur** in der Kanzlei. 62

- Nur auf Basis einer hohen Mitarbeiterzufriedenheit und in einem angemessenen Arbeitsumfeld können die anwaltlichen Leistungen dauerhaft auf zufriedenstellend hohem Niveau erbracht werden.
- Den Führungskräften kommt hier eine hohe Bedeutung als Vorbild zu.
- Mitarbeiter müssen an der Entwicklung und Umsetzung kundenorientierter Maßnahmen aktiv beteiligt werden.
- Kundenorientierung, Kundenzufriedenheit und Kundenbindung sollten in Entlohnungs- und Anreizsysteme mit einbezogen werden.
- Kundenorientierung sollte in die Formulierung einer Unternehmensvision resp. des Geschäftszweckes mit einbezogen werden. Das hat den Vorteil, daß Kundenorientierung nicht als kurzfristige taktische Maßnahme betrachtet, sondern dauerhaft mit der Unternehmung als solche verwoben wird.

Zusammenfassend kann festgehalten werden, daß Kundenorientierung ein vielversprechender Wettbewerbsvorteil sein kann; aber nur, wenn man sie als zentrales Element der Unternehmensführung betrachtet; als roten Faden, der sich durch das ganze Unternehmen zieht. 63

Kundenorientierung heißt, im ganzen Unternehmen und auf allen Ebenen der Leistungserstellung die Perspektive des Mandanten einzunehmen und entsprechend zu handeln.

§ 23 Internes Marketing

Prof. Dr. Manfred Bruhn★

Übersicht

Schrifttum: *Ahmed/Rafiq*, The Role of Internal Marketing in the Implementation of Marketing Strategies, Journal of Marketing Practice. Applied Marketing Science 1995, Vol. 1, No. 4, 32–51; *Berry*, The Employee as Customer, Journal of Retail Banking 1981, Vol. 3, No. 1, 271–278; *Berry/Burke/Hensel*, Improving Retailer Capability for Effective Consumerism Response, Journal of Retailing 1976, Vol. 52, No. 3, 3–14 und 94; *Berry/Parasuraman/Zeithaml*, Dienstleistungsmarketing fängt beim Mitarbeiter an in: Bruhn 1999c, 87–110; *Berry/Zeithaml/Parasuraman*, Five Imperatives for Improving Service Quality, Sloan Management Review 1990, Vol. 31, No. 4, 29–38; *Bloch/Upah/Zeithaml*, Services Marketing in a Changing Environment, 1985; *Bruhn*, Kommunikationspolitik. Bedeutung, Strategien, Instrumente, 1997; *ders.*, Interne Kommunikation in: Meyer 1998, 1045–1062; *ders.*, Internes Marketing als Forschungsgebiet der Marketingwissenschaft. Eine Einführung in die theoretischen und praktischen Probleme in: Bruhn 1999c, 15–44; *ders.*, Verfahren zur Messung der Qualität interner Dienstleistungen. Ansätze für einen Methodentransfer aus dem (externen) Dienstleistungsmarketing in: Bruhn 1999c, 537–575; *ders.*, Internes Marketing. Integration der Kunden- und Mitarbeiterorientierung. Grundlagen, Implementierung, Praxisbeispiele, 2. Aufl., 1999c; *Bruhn/Stauss*, Dienstleistungsqualität. Konzepte, Methoden, Erfahrungen, 2. Aufl., 1995; *Cahill*, Internal Marketing. Your Company's Next Stage of Growth, 1996; *Collins/Payne*, Internal Marketing, European Management Journal 1991, Vol. 9, No. 3, 261–270; *Compton*, Internal Marketing of Marketing in: Czepiel/Congram/Shanahan 1987, 17–20; *Compton/George/Grönroos/Karvinen*, Internal Marketing in: Czepiel/Congram/Shanahan 1987, 7–12; *Congram/Friedman*, AMA Handbook of Marketing for the Service Industries, 1991; *Czepiel/Congram/Shanahan*, The Services Challenge. Integrating

★ Inhaber des Lehrstuhls für Betriebswirtschaftslehre, insbesondere Marketing und Unternehmensführung, der Universität Basel; Vorstandsvorsitzender des Instituts für Marketing an der European Business School.

for Competitive Advantage, 1987; *D'Aprix*, Communicating for Change. Connecting the Workplace with the Marketplace, 1996; *Donnelly/George*, Marketing of Services, 1981, 236–238; *Fleming*, The bottom line on internal communication. Is there one?, IABC Communication World 1993, No. 10, 16–19; *Geddie*, Leap over the barriers of internal communication, IABC Communication World 1994, No. 3, 12–15; *George*, The Retailing of Services. A Challenging Future, Journal of Retailing 1977, Vol. 53, No. 3, 85–98; *George/Grönroos*, Developing Customer-Conscious Employees at Every Level. Internal Marketing in: Congram/Friedman 1991, 85–100; *Giacalone/Rosenfeld*, Impression Management in the Organization, 1989; *Grönroos*, An Applied Service Marketing Theory, Arbeitspapier Nr. 57, Swedish School of Economics and Business Administration, 1980; *Grönroos*, Internal Marketing. An Integral Part of Marketing Theory in: Donnelly/George 1981, 236–238; *Grönroos*, Internal Marketing. Theory and Practice in: Bloch/Upah/Zeithaml 1985, 41–47; *Grove/Fisk*, Impression Management in Services Marketing. A Dramaturgical Perspective in: Giacalone/Rosenfeld 1989, 427–438; *Grund*, Interaktionsbeziehungen im Dienstleistungsmarketing. Zusammenhänge zwischen Zufriedenheit und Bindung von Kunden und Mitarbeitern, 1998; *Hentschel*, Dienstleistungsqualität aus Kundensicht. Vom merkmals- zum ereignisorientierten Ansatz, 1992; *Heskett/Jones/Loveman/Sasser/Schlesinger*, Putting the Service-Profit Chain to Work, Harvard Business Review 1994, Vol. 72, No. 2, 164–174; *Joseph*, Internal Marketing Builds Service Quality, Journal of Health Care Marketing 1996, Vol. 16, No. 1, 54–59; *Kolks*, Strategieimplementierung. Ein anwendungsorientiertes Konzept, 1990; *Liljander/Strandvik*, The Nature of Customer Relationships in Service in: Swartz/Bowen/Brown 1995, 141–167; *Meffert*, Marketing-Management. Analyse, Strategie, Implementierung, 1994; *Meffert/Bruhn*, Dienstleistungsmarketing. Grundlagen, Konzepte, Methoden, 2. Aufl., 1997; *Meyer*, Handbuch Dienstleistungs-Marketing, Stuttgart, 1998; *Parasuraman/Zeithaml/Berry*, A Conceptual Model of Service Quality and Its Implications for Future Research, Journal of Marketing 1985, Vol. 49, No. 3, 41–51; *Piercy/Morgan*, Internal Marketing. Making Marketing Happen, Marketing Intelligence and Planning 1990, Vol. 8, No. 1, 4–6; *Piercy/Morgan*, Internal Marketing. The Missing Half of the Marketing Programme, Long Range Planning 1991, Vol. 24, No. 2, 82–93; *Reynoso/Moores*, Towards the Measurement of Internal Service Quality, International Journal of Service Industry Management 1995, Vol. 6, No. 3, 64–83; *Richardson/Robinson*, The Impact of Internal Marketing on Consumer Service in a Retail Bank, International Journal of Bank Marketing 1986, Vol. 4, No. 5, 3–30; *Schiefer/Hocke*, Marketing für Rechtsanwälte. Leitfaden für die Praxis, 1990; *Schlesinger/Heskett*, Breaking the Cycle of Failure in Service, Sloan Management Review 1991, Vol. 32, No. 1, 17–28; *Sonnenberg*, Internal communication. Turning talk into action, Supervisory Management 1992, No. 9, 8–9; *Stauss*, Internes Marketing als personalorientierte Qualitätspolitik in: Bruhn/Stauss 1995, 257–276; *Stauss/Schulze*, Internes Marketing, Marketing ZFP 1990, 12. Jg., Nr. 3, 149–158; *Swartz/Bowen/Brown*, Advances in Services Marketing and Management. Research and Practice, Vol. 4, 1995; *Thomson/Whitwell*, Managing Your Internal Customers. The Key to Getting Better Results, 1993; *Unger/Wolf*, Erfolgreiches Anwaltsmarketing. Strategien für Rechtsanwälte, 1993; *Varey*, A Model of Internal Marketing for Building and Sustaining a Competitive Service Advantage, Journal of Marketing Management 1995, Vol. 11, No. 1, 41–54.

A. Internes Marketing als Schnittstelle zwischen Marketing- und Personalmanagement

I. Rahmenbedingungen des Internen Marketing im Anwaltsbereich

1 Die Auseinandersetzung mit Marketing- und Managementfragestellungen ist im Anwalts- oder Kanzleibereich noch vergleichsweise neu. So ist vielfach weder eine systematische (extern) marktorientierte Führung noch eine besondere Fokussierung interner Managementaspekte zu beobachten. Eine differenzierte Betrachtung der **Rahmenbedingungen** der Anwaltstätigkeit, bei der die Kanzlei als Dienstleistungsunternehmen im Wettbewerb mit einer großen Zahl konkurrierender Anbieter verstanden wird, macht jedoch deutlich, weshalb die Fokussierung von Fragestellungen eines Internen Marketing nicht nur fruchtbar sein kann, sondern zukünftig auch zwingend notwendig sein wird. Hierfür sprechen verschiedene Gründe:

- Unter Berücksichtigung des Stellenwerts des direkten Kontakts zwischen Mandant und Anwalt ist der Kontakt zu den weiteren Mitarbeitern von großer Bedeutung für die **Beurteilung der Gesamtleistung.** So sind Anwaltsleistungen auch außerhalb der direkten Konsultation des Anwalts hoch interaktive Leistungen mit einem engen Kontakt zwischen den Kunden bzw. Mandanten und den Mitarbeitern.
- Die Leistungen sind aufgrund der Verschiedenartigkeit der Sachverhalte und der Mandanten in großem Maße individuell (oder sollten dies zumindest sein). Diese **Individualität** ist für das Qualitätsmanagement eine große Herausforderung, da z. B. der direkte Kontakt zwischen den Mitarbeitern und den (potentiellen) Mandanten weder standardisiert sein kann noch standardisiert sein sollte. Die Qualität der Interaktionen muß daher immer wieder neu gewährleistet werden.
- Im Bereich von **Standard-Fällen** bzw. Standard-Problemen, für die grundsätzlich eine größere Zahl von konkurrierenden Anwälten in Betracht kommt, kann die Qualität der Interaktionen mit den Mitarbeitern den Ausschlag dafür geben, ob ein neuer Mandant gewonnen werden kann bzw. bisherige Mandanten gebunden werden können. Die Differenzierung gegenüber anderen Anwälten erfolgt hier also nicht über die eigentliche Kerndienstleistung, sondern über die Interaktionsprozesse und deren Qualität.
- Für die erfolgreiche Gestaltung dieser Interaktionsprozesse ist es von entscheidender Bedeutung, daß die **Mitarbeiter** selbst von den Leistungen der Kanzlei überzeugt sind. Die Begeisterung von Kunden, die im Dienstleistungsmarketing als Voraussetzung für Kundenbindung verstanden wird, erscheint nur dann möglich, wenn auch die Mitarbeiter die Leistungen des Unternehmens positiv beurteilen.
- Die Qualität der externen Leistung gegenüber den Mandanten hängt stark von der Qualität der **internen Leistungen** innerhalb der Kanzlei ab. Werden vermeidbare Fehler in den kanzleiinternen Aktivitäten bzw. Leistungsbeziehungen toleriert, so verschlechtert sich auch die Qualität der Leistungen gegenüber den Mandanten. Die Sicherstellung der Qualität „end-of-the-pipe" ist im Anwaltsbereich nur sehr begrenzt möglich.
- Anwaltsleistungen sind als Erfahrungs-/Vertrauensgut zu verstehen, dessen Qualität von den Mandanten oft erst nach Abschluß einer Beratung, eines Gerichtsprozesses usw. beurteilt werden kann. In einzelnen Fällen ist selbst dies nicht möglich. Demgegenüber kann die Qualität der Interaktionen mit den Mitarbeitern in jeder Kontaktphase und Situation direkt beurteilt werden, so daß den Interaktionen der Charakter eines **„Qualitätssurrogats"** zukommt.
- Nicht zuletzt stehen Anwälte bzw. Kanzleien ebenso wie andere Unternehmen in einem Wettbewerb um engagierte und motivierte Mitarbeiter, so daß auch der Thematik der **Mitarbeiterauswahl** und **Mitarbeiterbindung** in einer Kanzlei besondere Aufmerksamkeit gewidmet werden sollte. So belegen z. B. Untersuchungen aus anderen Dienstleistungsbranchen, daß ein enger Zusammenhang zwischen der Fluktuation von Mitarbeitern und der Zufriedenheit von Kunden besteht.[1]

Faßt man diese Rahmenbedingungen zusammen, so ist festzustellen, daß eine intensivere Auseinandersetzung mit den Fragen des internen Managements einer Kanzlei hilfreich ist, um die Effizienz des Marktauftritts zu verbessern. 2

II. Begriff und Programmschwerpunkte des Internen Marketing

Die ersten Diskussionen um Begriff und Inhalte des **Internen Marketing** datieren auf Ende der siebziger bis Mitte der achtziger Jahre in den USA. Im Zusammenhang mit der Untersuchung von Fragestellungen der Kundenorientierung und Servicequalität entstand zu dieser Zeit das Bewußtsein, daß zum einen die Qualität der von Unternehmen erstellten Leistungen – und hier insbesondere Dienstleistungen – von den eingesetzten 3

[1] *Heskett* et al., Harvard Business Review 1994.

Mitarbeitern abhängt und zum anderen, daß gerade die Auswahl und Entwicklung von kundenorientierten Mitarbeitern mit den herkömmlichen Methoden der Personalpolitik nicht in zufriedenstellendem Umfang bewältigt werden konnte. „Internal Marketing" wurde von Wissenschaftlern wie *Berry/Burke/Hensel*, *George*, *Grönroos* und *Stauss/Schulze* als Voraussetzung für ein erfolgreiches externes Marketing hervorgehoben.[2]

4 In Zuge der wissenschaftlichen Weiterentwicklung des Internen Marketing haben sich in der Zwischenzeit vier **Forschungs- und Programmschwerpunkte** entwickelt, die auch für das Marketing im Anwalts- und Kanzleibereich von Bedeutung sind:

- Optimierung der internen Austauschbeziehungen,
- Parallele Förderung der Kunden- und Mitarbeiterzufriedenheit,
- Interne Kommunikation,
- Implementierung von Marketingkonzepten.

1. Optimierung der internen Austauschbeziehungen

5 Gegenstand dieses Schwerpunktes sind vor allem Fragestellungen der internen Zusammenarbeit bzw. der Leistungsströme zwischen den leistungserstellenden Einheiten in einem Unternehmen oder einer Organisation. Fokussiert wird hierbei das gesamte Spektrum an möglichen Beziehungstypen, das vom direkten Kontakt zwischen Kollegen bis hin zum Leistungsaustausch zwischen einzelnen Unternehmensstandorten reicht. Im Mittelpunkt stehen die interne Kundenorientierung sowie die **Sicherstellung der internen Dienstleistungsqualität**.[3]

6 Die Problemstellungen in diesem Themenbereich präsentieren sich für eine Anwaltskanzlei in ähnlicher Weise. Zu nennen sind Leistungsbeziehungen innerhalb des Sekretariats oder zwischen Anwalt und Referendaren, die dem Charakter eines internen Kundenverhältnisses gerecht werden sollten. Verbunden sind hiermit erhöhte Anforderungen an die interne Kommunikation sowie an die Qualität der Leistungsprozesse (z. B. Prinzip des „first-time-right").

2. Parallele Förderung der Kunden- und Mitarbeiterzufriedenheit

7 Die Möglichkeiten der parallelen Förderung von Kunden- und Mitarbeiterzufriedenheit sind ebenfalls ein Kernthema des Internen Marketing, das darüber hinaus auch in Zusammenhang mit der Gestaltung der internen Austauschbeziehungen gesehen werden muß. **Mitarbeiterzufriedenheit** wird dabei als notwendige **Voraussetzung externer Leistungsqualität** und damit der Kundenzufriedenheit angesehen. Ebenfalls angesprochen werden mit diesem Programmschwerpunkt Fragestellungen der Mitarbeitermotivation, der Selbstverpflichtung der Mitarbeiter (Commitment) sowie der Mitarbeiterbindung und -loyalität.[4]

8 Aufgrund der Interaktionsintensität zwischen Kanzlei, Anwalt und Mandant ist der Aspekt der Mitarbeiterzufriedenheit für die **Kundenzufriedenheit** als besonders wichtig einzuordnen. Die zahlreichen Kontakte zwischen Mitarbeitern einer Kanzlei und den Mandanten erscheinen geeignet, die Mandantenzufriedenheit wesentlich zu beeinflussen – mit besonderer Relevanz für jenen Bereich der hohen Zufriedenheit, der in der Forschung zur Kundenzufriedenheit als „customer delight" bezeichnet wird.

3. Interne Kommunikation

9 Die kommunikative Einbindung der Mitarbeiter ist ein weiterer Programmschwerpunkt des Internen Marketing. Hierunter sind zum einen direkt tätigkeits- und aufgabenbezogene Kommunikationsprozesse zu verstehen, die als zwingend notwendig für die Leistungserstellung anzusehen sind. Zum anderen sind der Internen Kommunikation jene

---

[2] *Berry/Burke/Hensel*, Journal of Retailing 1976; *George*, Journal of Retailing 1977; *Grönroos* in: Donnelly/George 1981; *Stauss/Schulze*, Marketing ZFP 1990; *Stauss* 1995.

[3] *Bruhn* 1999 b.

[4] *Bruhn* 1999 a.

Aufgaben zuzuordnen, die eher den Bereichen Klima, Vertrauen und Einbindung im Unternehmen zuzuordnen sind.[5]

Beide Aspekte der Internen Kommunikation sind für Anwälte bzw. Kanzleien von Bedeutung. Eine leistungsfähige Interne Kommunikation zwischen den Mitarbeitern ist zum einen zwingend notwendig, um die Qualität der Kerndienstleistungen gegenüber den Mandanten zu gewährleisten (z. B. Einhaltung von Fristen, Informationen über Absprachen zwischen Anwalt und Mandant). Zum anderen kann die Interne Kommunikation zu Commitment und Zufriedenheit der Mitarbeiter beitragen, so daß die Mitarbeiter ihrerseits Vertrauen zum Anwalt bzw. der Kanzlei dokumentieren. 10

4. Implementierung von Marketingkonzepten

Den vierten Programmschwerpunkt des Internen Marketing bildet die Implementierung von Marketingkonzepten. Demnach reicht die Entwicklung von Marketingkonzepten allein noch nicht aus, um die marktorientierte Unternehmensführung zu gewährleisten. Notwendig ist vielmehr die **Verankerung der Marketingkonzeption** im gesamten Unternehmen bzw. bei allen Mitarbeitern. 11

Dem Internen Marketing kommt in diesem Zusammenhang die Aufgabe zu, das Marketingkonzept einer Kanzlei intern (1) umzusetzen (z. B. Ziele, Inhalte, Ausprägungen des Internen Marketing) und (2) durchzusetzen (z. B. Schaffung von Akzeptanz). Um die Unterstützung aller Kanzleimitarbeiter zu gewährleisten, ist dieser Programmschwerpunkt des Internen Marketing ebenfalls mit entsprechender Priorität zu verfolgen.[6] 12

Analysiert man die verschiedenen Programmschwerpunkte des Internen Marketing kritisch im Überblick, so bleibt festzuhalten, daß weder die schematische und unmodifizierte Übertragung des externen Marketinggedankenguts noch die ausschließliche Berücksichtigung der Mitarbeiterinteressen zielführend sein können. So soll Internes Marketing entsprechend der folgenden **Definition** als Ansatz verstanden werden, der den interdependenten Beziehungen zwischen dem Unternehmen (der Kanzlei), den Mitarbeitern und den externen Kunden (den Mandanten) ausgewogen Rechnung trägt und sich auf die Prozeßorientierung fokussiert: 13

> **Internes Marketing** ist die systematische Optimierung unternehmensinterner Prozesse mit Instrumenten des Marketing- und Personalmanagements, um durch eine konsequente und gleichzeitige Kunden- und Mitarbeiterorientierung das Marketing als interne Denkhaltung durchzusetzen, damit die marktgerichteten Unternehmensziele effizient erreicht werden.

Auf der Grundlage dieser Definition können folgende **Merkmale des Internen Marketing** hervorgehoben werden:[7] 14

- Internes Marketing ist mit **systematischen Planungs- und Entscheidungsprozessen** verbunden. Es muß als Managementprozeß geplant, implementiert und kontrolliert werden. In diesem Zusammenhang sind Ziele, Strategien und Einzelmaßnahmen zu konkretisieren.[8]
- Internes Marketing ist der Versuch, eine gleichzeitige und parallel verlaufende **Kunden- und Mitarbeiterorientierung** zu erreichen. Bei allen Ziel-, Strategie- und Maßnahmenplanungen müssen folglich die inhärenten Wechselbeziehungen zwischen externem und internem Bereich berücksichtigt werden.
- Internes Marketing geht davon aus, daß Marketing nicht nur eine klassische Unternehmensfunktion, sondern auch eine **interne Denkhaltung** darstellt. Marketing ist damit

[5] *Bruhn* 1997, 894ff.
[6] Vgl. auch Rdn. 56ff.
[7] *Bruhn* in: Bruhn 1999a.
[8] Vgl. Rdn. 15ff.

eine Unternehmensphilosophie, die von Partnern, Anwälten uns allen übrigen Mitarbeitern getragen und intern sowie extern gelebt werden muß.[9]

B. Verankerung des Internen Marketing im Dienstleistungsmarketing

I. Planungsprozeß des Internen Marketing

15 Die Programmschwerpunkte des Internen Marketing können weder in einem klassischen Unternehmen noch in einer Kanzlei in einem einzigen Schritt entwickelt und implementiert werden. Für den Erfolg des Konzeptes ist vielmehr ein **systematisches Vorgehen** unabdingbar.[10] Abbildung 1 zeigt einen idealtypischen Planungsprozeß, der aufgrund der innengerichteten Perspektive einige Besonderheiten aufweist.[11]

Abbildung 1: Planungsprozeß des Internen Marketing

[9] Zur marktorientierten Unternehmensführung und Marketing als Unternehmensphilosophie vgl. *Meffert* 1994.

[10] *George/Grönroos* in: Congram/Friedman 1991, 90ff.; *Collins/Payne,* European Management Journal 1991.

[11] *Piercy/Morgan,* Marketing Intelligence and Planning 1990, 6.

1. Interne und externe Situationsanalyse

Die gleichzeitige Fokussierung der Mitarbeiter- und Mandanteninteressen bildet den Ausgangspunkt des Planungsprozesses. Im Rahmen einer internen und externen Situationsanalyse müssen die kanzleiinternen Stärken und Schwächen ebenso ermittelt werden wie die externen Chancen und Risiken im Hinblick auf die Mandanten- und Mitarbeiterorientierung. 16

2. Zielbestimmung im Internen Marketing

Aufbauend auf der Situationsanalyse gilt es, zum einen die relevanten Programmschwerpunkte des Internen Marketing und zum anderen Ziele innerhalb dieser Programmschwerpunkte zu bestimmen. Diese Konkretisierungen bilden den Orientierungsrahmen für die weiteren Planungsaktivitäten. Neben einer angemessenen Konkretisierung der Ziele muß in dieser Phase der Planung vor allem gewährleistet werden, daß zu den übrigen Zielen der Kanzlei (z. B. Ertragsziele) komplementäre bzw. zumindest neutrale Zielbeziehungen bestehen. 17

3. Segmentierung der Mitarbeiter

Die Segmentierung der Mitarbeiter innerhalb des Internen Marketing unterscheidet sich wesentlich von der klassischen Marktsegmentierung bzw. externen Zielgruppenbildung. Segmentierung bedeutet demnach nicht, daß bestimmte Mitarbeiter von Maßnahmen des Internen Marketing ausgeschlossen werden, sondern daß vielmehr ein mitarbeiterspezifischer Instrumenteeinsatz erfolgen soll. 18

4. Strategiebestimmung

Innerhalb der Strategiebestimmung müssen vor allem Konkretisierungen zu Art, Umfang und Inhalt der eingesetzten Instrumente des Internen Marketing vorgenommen werden. Dabei ist es hilfreich, die Strategie des Internen Marketing schriftlich zu fixieren, um die Ernsthaftigkeit des Konzeptes sowie die Selbstverpflichtung der Partner bzw. der Anwälte zu dokumentieren. 19

5. Budgetbestimmung

Ausgehend von der Strategiebestimmung ist eine Budgetplanung für die Maßnahmen des Internen Marketing vorzunehmen. Die explizite Budgetbestimmung erscheint vor allem deshalb notwendig, um eine zufällige, nicht kontinuierliche und damit unsystematische Finanzierung von Maßnahmen aus Restmitteln zu vermeiden. 20

6. Maßnahmenplanung

Aufbauend auf der Strategiebestimmung muß die Planung der operativen Maßnahmen erfolgen. Hierbei gilt es, vor dem Hintergrund der konkreten Ausgangssituation der Kanzlei sowie der angestrebten Ziele des Internen Marketing jene Maßnahmen des Marketing- und Personalmanagements zu bestimmen, die die Integration der Kunden-/Mandanten- und Mitarbeiterorientierung effizient unterstützen.[12] 21

7. Implementierung

Mit der Maßnahmenplanung eng verbunden sind Fragen der konkreten Implementierung. Dabei steht sowohl die Implementierung des externen Marketingkonzepts als Programmschwerpunkt des Internen Marketing im Mittelpunkt als auch die Implementierung der Maßnahmen des Internen Marketing selbst. Ähnlich einem Theaterstück, das zur Aufführung gelangt,[13] müssen unter dem Leitgedanken „make the 22

[12] Zu Maßnahmen des Internen Marketing vgl. *Bruhn* in: Bruhn, 1999a; 1999b.
[13] *Grove/Fisk* in: Giacalone/Rosenfeld 1989; *Cahill* 1996.

strategy work" konkrete Handlungen initiiert werden. Die Umwandlung des Konzeptes in aktionsfähige Aufgaben ist somit der Schwerpunkt und das Ziel der Implementierungsphase.[14]

8. Erfolgskontrolle

23 Ein zentraler Bestandteil des Planungsprozesses ist schließlich auch die Erfolgskontrolle des Internen Marketing zur qualifizierten Beurteilung der Wirksamkeit von Strategien und Maßnahmen. Es muß überprüft werden, ob die Zielsetzungen des Konzeptes erreicht werden konnten und ob der hierfür getätigte Mitteleinsatz gerechtfertigt ist.[15]

II. Ziele des Internen Marketing

24 Bereits in den ersten Diskussionen um Begriff und Inhalte des Internen Marketing wurde erkannt, daß die Erreichung des externen Ziels hoher Kundenorientierung bzw. die Sicherstellung von Kundenzufriedenheit insbesondere in Dienstleistungsunternehmen eng verbunden ist mit der Notwendigkeit, hochmotivierte und kundenorientierte Mitarbeiter zu gewinnen, weiterzuentwickeln und an das Unternehmen zu binden.[16]

25 Neben dieser zentralen Zielsetzung des Internen Marketing müssen insbesondere im Hinblick auf die Operationalisierbarkeit Differenzierungen der Zielbereiche vorgenommen werden. Abbildung 2 zeigt entsprechend der Unterscheidung zwischen internen (mitarbeitergerichteten) und externen (mandantengerichteten) Zielen einen Überblick über affektive, kognitive und konative Ziele des Internen Marketing.

	Intern	**Extern**
Kognitiv	• Kenntnis der externen Marketingstrategie • Kenntnis der Mandanten-erwartungen	• Kenntnis des Leistungs-angebotes • Führende Position im „evoked set" (Präferenz)
Affektiv	• Mitarbeiterzufriedenheit • Vertrauen	• Mandantenzufriedenheit • Vertrauen
Konativ	• Commitment • Mitarbeiterbindung	• Mandantenbindung • Weiterempfehlung

Abbildung 2: Ausgewählte Ziele des Internen Marketing

26 Die erste Ebene erfaßt mit den **kognitiven Zielen** jene Zielbereiche des Internen Marketing, die mit gedanklichen Prozessen verbunden sind. Unternehmensintern ist es z. B. von Bedeutung, daß die Mitarbeiter die externe Marketingstrategie der Kanzlei ebenso kennen wie z. B. die Erwartungen der Mandanten. Unternehmensextern sind innerhalb der kognitiven Ziele z. B. die Kenntnis des Leistungsangebotes der Kanzlei durch die (potentiellen) Mandanten sowie die Generierung einer herausragenden Position im „evoked set" der Mandanten gegenüber konkurrierenden Kanzleien – im Sinne der „geistigen Präsenz" im Gedächtnis – wichtig für den angestrebten Markterfolg.

27 Auf der zweiten Ebene der **affektiven Ziele** ist z. B. die Entwicklung von Vertrauen von besonderer Bedeutung. Für die Mitarbeiter steht hier die Beziehung zur Kanzlei als Arbeitgeber, für die Kunden die Beziehung zu ihrem Anwalt im Mittelpunkt. Zufriedenheit ist dabei als wesentliche Voraussetzung des Vertrauens sowohl von Mitarbeitern als auch von Kunden anzusehen.

[14] *Kolks* 1990; *George/Grönroos* in: Congram/Friedman 1991.
[15] *Richardson/Robinson,* International Journal of Bank Marketing 1986, 16ff.
[16] *Grönroos* 1980, 16f.; *Grönroos* in: Donnelly/George 1981, 236f.

Die **konativen Ziele** beziehen sich schließlich auf Handlungen bzw. Handlungsabsichten bei Mitarbeitern und Kunden. Gegenüber den Mitarbeitern ist z. B. anzustreben, daß sie sich im Sinne von Commitment der Kanzlei verpflichtet fühlen und einen positiven Beitrag zur Erreichung der Kanzleiziele leisten wollen. Darüber hinaus stehen die verschiedenen Aspekte der Mitarbeiterbindung im Mittelpunkt, z. B. die Treue zur Kanzlei als Arbeitgeber. Für die Kundenseite sind ähnliche Ziele zu nennen. Wichtig erscheinen hier z. B. die Mandantenbindung, die etwa als Wiederwahlbereitschaft im Falle eines juristischen Problems erfaßt werden kann sowie eine positive Mund-zu-Mund-Kommunikation der bisherigen Mandanten (Weiterempfehlung). 28

C. Instrumente des Internen Marketing

I. Systematisierung der Instrumente

Entsprechend der Schnittstellenposition des Internen Marketing zwischen Marketing- und Personalmanagement sowie im Hinblick auf die angestrebte Steigerung der Effizienz der internen und externen Marktbearbeitung können zwei prinzipiell gleichgewichtige Perspektiven **des Internen Marketing** unterschieden werden:[17] 29

(1) Personalorientiertes Marketingmanagement,
(2) Marketingorientiertes Personalmanagement.

Das **personalorientierte Marketingmanagement** umfaßt jene – klassischerweise externen – Marketinginstrumente, durch deren systematischen, unternehmensinternen Einsatz hohe Mitarbeiterzufriedenheit und hohes Commitment gewährleistet werden sollen. Die Instrumente dieser Kategorie charakterisieren den **Outside-in-Ansatz** und werden traditionell ausschließlich mit unternehmensexternen Zielsetzungen genutzt (z. B. Interne Kommunikation). 30

Dem **marketingorientierten Personalmanagement** werden jene Instrumente subsumiert, die die markt- und kundengerichteten Marketingaktivitäten durch die Optimierung unternehmensinterner Strukturen und Prozesse unterstützen. Als **Inside-out-Ansatz** bezieht diese Perspektive insbesondere jene Instrumente mit ein, die klassischerweise unternehmensintern eingesetzt werden, aber traditionell nicht dem Fokus der Markt- bzw. Kundenorientierung zugeordnet werden (z. B. Mitarbeitergespräche). 31

II. Instrumente des personalorientierten Marketingmanagements

Innerhalb der intern eingesetzten Marketinginstrumente ist eine weitere Kategorisierung sinnvoll, die zum einen nach den Zielsetzungen und zum anderen nach dem Einsatzbereich der konkreten Aktivitäten unterscheidet (vgl. Abbildung 3). 32

Einsatzbereich / Zielsetzungen	Intern	Extern
Intern	Typ 1	Typ 2
Extern	Typ 3	Externes Marketing

Abbildung 3: Einsatz und Zielsetzungen von Instrumenten des personalorientierten Marketingmanagements

[17] *Bruhn* 1999a.

33 Der **ersten Kategorie** (Typ 1) sind jene internen Marketinginstrumente zuzurechnen, die zunächst interne Zielsetzungen fokussieren. Bei konsequenter Übertragung des externen Marketingmix auf unternehmensinterne Sachverhalte kann so z. B. die Arbeitsplatzgestaltung (z. B. Sekretariatsarbeitsplätze in einer Kanzlei) als Element der internen Produktpolitik verstanden werden. Zentrale Zielsetzung ist hierbei die positive Beeinflussung der Mitarbeiterzufriedenheit als internes Ziel.

34 Eine **zweite Gruppe** (Typ 2) bilden externe Marketinginstrumente mit internen Zielsetzungen. Hierzu gehören z. B. externe Maßnahmen der Kommunikation gegenüber Mandanten, die direkt auf die Mitarbeiter Bezug nehmen und Zielsetzungen hinsichtlich der Entwicklung von Mitarbeitercommitment verfolgen (z. B. Lob der Leistung der Mitarbeiter in Anwesenheit von Mandanten).

35 Die **dritte Kategorie** (Typ 3) umfaßt schließlich den Einsatz interner Marketinginstrumente mit primär externen Zielsetzungen. Hier seien z. B. Maßnahmen der Internen Kommunikation genannt, die aufgrund eines überwiegend informationsorientierten Charakters den Kenntnisstand der Mitarbeiter verbessern sollen, um damit eine bessere Leistung im Kontaktmanagement mit den Mandanten zu erreichen (z. B. Mitarbeiterhandbuch mit Kanzleileitbild und Marketingstrategien).

36 Die Auffassung, daß **Arbeitsplätze** interne Produkte sind, die mit den Mitteln des Marketing „vermarktet" werden müssen, ist nicht unproblematisch.[18] So können die im Kontext des Internen Marketing zunächst diskutierten Ansätze einer mehr oder weniger direkten Übertragung des Marketinginstrumentariums auf unternehmens- bzw. organisationsinterne Zusammenhänge vor allem aus zwei Gründen nicht wirklich überzeugen. Zum einen erscheinen die Möglichkeiten einer sinnvollen Übertragung z. B. der Preis- und Distributionspolitik aus sachlogischen Überlegungen heraus begrenzt (und damit teilweise recht konstruiert), zum anderen demonstrieren die aktuellen Entwicklungen im externen Marketing zunehmend die begrenzte Leistungsfähigkeit des klassischen Marketingmix.[19] So sind z. B. die klassischen 4 Ps (product, price, promotion, place) zwar geeignet, Kunden zu gewinnen; um Kunden oder Mandanten zu binden, reichen sie in ihrer traditionellen Strukturierung allerdings kaum aus.[20]

37 Versteht man dennoch aus pragmatischen Überlegungen die Arbeit von Menschen in einem Unternehmen zunächst als **„Produkt"**, so ist das Produkt des Internen Marketing umfangreicher als der bloße Arbeitsplatz. Gerade im Dienstleistungsbereich – und hier vor allem in interaktionsorientierten Branchen, wie z. B. der anwaltlichen Tätigkeit – sind es vor allem auch Werte, Einstellungen und Verhaltensweisen, die die Mitarbeiter internalisieren sollen, um einen erfolgreichen Auftritt gegenüber den externen Abnehmern der Leistungen – hier den Mandanten – zu gewährleisten.[21]

38 So erscheint auch die **interne Kommunikationspolitik** als besonders bedeutend für das Erreichen der Ziele des Internen Marketing.[22] Welche Defizite in diesem Bereich bestehen wird deutlich, wenn man die wenig systematische und kaum innovative Interne Kommunikation in vielen Unternehmen betrachtet. Eine solche interne Kommunikationspolitik ist Ausdruck eines verfehlten Verständnisses, das die internen Zielgruppen als weit weniger wichtig für den Unternehmenserfolg einstuft als die externen.

39 Um Mißverständnisse zu vermeiden, darf die Interne Kommunikation bzw. Mitarbeiterkommunikation nicht auf Einwegkommunikation im Sinne einseitiger Informationsprozesse reduziert werden. Um Internes Marketing bei allen Mitarbeitern einer Kanzlei zu verankern, müssen Partnern, Anwälten und allen weiteren Mitarbeitern z. B. das Selbstverständnis, die Werte, die Ziele und die Strategien vermittelt werden – und dies in einer möglichst interaktiven Form, um die Verpflichtung der Mitarbeiter zu erhöhen.

---

[18] Vgl. auch *Ahmed/Rafiq*, Journal of Marketing Practice 1995, 35 ff.

[19] Vgl. auch *Bruhn* in: Meyer 1998, 710 ff.; *Grund* 1998, 79.

[20] *Liljander/Strandvik* in: Swartz/Bowen/Brown 1995, 160; *Joseph*, Journal of Health Care Marketing 1996, 57.

[21] *Piercy/Morgan*, Long Range Planning 1991, 85.

[22] *Bruhn* 1997, 894 ff.

Es erscheint in diesem Zusammenhang von besonderer Bedeutung, daß auch der **nonverbalen Kommunikation** als weiterer Kommunikationsform neben den institutionalisierten Formen der schriftlichen und mündlichen Kommunikation Aufmerksamkeit gewidmet wird. Nonverbale Kommunikation manifestiert sich insbesondere im Verhalten der Vorgesetzten.[23] So kann Interne Kommunikation nur dann erfolgreich sein, wenn sich die proklamierten Ziele und Werte sowie das Verhalten des Managements entsprechen. 40

Werden z. B. interne Servicequalität und interne Kundenorientierung als Ziele bzw. Strategien einer Kanzlei nach innen kommuniziert, so müssen Partner und Anwälte für die übrigen Mitarbeiter auch tatsächlich zu sprechen sein und sich für ihre Probleme oder Vorschläge interessieren. 41

Von Bedeutung für das Interne Marketing ist auch die externe, primär an die Mandanten gerichtete Kommunikation. Im Mittelpunkt stehen dabei die impliziten Aussagen über das Verhalten der Mitarbeiter einer Kanzlei, die Partner oder Anwälte in der Kommunikation mit ihren Mandanten tätigen. Werden hier z. B. Leistungsversprechen gegeben, in welcher Weise sich die Kanzlei um die Probleme der Mandanten kümmert, so sind damit auch Leistungsversprechen hinsichtlich des Verhaltens der Mitarbeiter als Leistungserbringer verbunden. 42

Negative Wirkungen können hier insbesondere in jenen Konstellationen entstehen, in denen: 43

- für die Mitarbeiter relevante Sachverhalte zuerst gegenüber den Mandanten kommuniziert werden,
- sich die Inhalte der externen Kommunikation gegenüber den Mandanten und der internen Kommunikation gegenüber den Mitarbeitern widersprechen,
- die Inhalte der externen Kommunikation bei den Kunden Erwartungen erwecken, denen sich die Mitarbeiter nicht gewachsen sehen.

Empirische Untersuchungen zeigen, daß bereits einfache Prinzipien geeignet sind, die Wahrnehmung der Internen Kommunikation zu verbessern und damit Beiträge zur Verbesserung von Mitarbeiterzufriedenheit und Mitarbeiterbindung leisten können.[24] Exemplarisch seien hier **vier Prinzipien der Internen Kommunikation** genannt: 44

- **Prinzip der Frühzeitigkeit:** 45

Mitarbeiter müssen früher und umfassender über die für sie relevanten Aktivitäten der Kanzlei informiert und in diese eingebunden werden als die Mandanten als externe Zielgruppe. Erfahren die Mitarbeiter für sie wichtige Informationen zuerst auf dem Wege des Gerüchts oder durch die Mandanten, so dürfen Partner und Anwälte von den Mitarbeitern in anderen Fragen kein besonderes Commitment erwarten.

- **Prinzip der Vollständigkeit:** 46

Viele Unternehmen unterschätzen die Rolle der Mitarbeiter als Botschafter des Unternehmens bzw. deren Multiplikatorfunktion im Rahmen der Mund-zu-Mund-Kommunikation. Als „Insider" können sie dieser Rolle allerdings nur dann gerecht werden, wenn sie tatsächlich umfassend über die Kanzlei, deren Leistungsangebote und spezifische Kompetenzen informiert sind.

- **Prinzip des Vertrauens:** 47

Die Interaktionen innerhalb einer Kanzlei müssen grundsätzlich von Vertrauen geprägt sein. Haben Partner und/oder Anwälte Vorbehalte gegenüber einer weitreichenden Einbindung der Mitarbeiter, so beschäftigen sie – wenn die Bedenken gerechtfertigt sind – die

[23] Vgl. auch *Varey,* Journal of Marketing Management 1995. Nonverbale Kommunikation dokumentiert sich darüber hinaus z. B. auch in der Architektur eines Gebäudes, der Einrichtung der Kanzlei sowie dem Umgang der Mitarbeiter untereinander.

[24] Vgl. z. B. *Grund* 1998.

falschen Mitarbeiter, oder der Führungsstil des Managements weist entsprechenden Entwicklungsbedarf auf. Ohne entsprechendes Vertrauen des Managements in die Mitarbeiter (et vice versa) wird stets eine suboptimale Leistung generiert.[25]

48 • **Prinzip der Identität von Kommunikation und Verhalten:**
Aufgrund der Interaktionsdichte im Verhältnis zwischen Partnern, Anwälten und Mitarbeitern werden Lippenbekenntnisse in der Internen Kommunikation von den Mitarbeitern schnell erkannt. Vertrauen in die Kanzlei und Identifikation mit den Unternehmenszielsetzungen kann nur dann entstehen, wenn die Lücke zwischen Kommunikation und realem Handeln geschlossen wird.[26]

III. Instrumente des marketingorientierten Personalmanagements

49 Um ein aus Effizienzgesichtspunkten optimales Auftreten der Kanzlei und seiner Mitarbeiter nach innen und außen zu gewährleisten, müssen aus der **Inside-out-Perspektive** jene Instrumente eingesetzt werden, die klassischerweise als überwiegend innenorientiert eingestuft werden.

50 Wird seitens der Partner bzw. der Anwälte einer Kanzlei ein möglichst effizienter Marktauftritt angestrebt, so läßt sich dieses Ziel nur dann erreichen, wenn auch ein möglichst exakter **„Fit" zwischen Mitarbeitern und Kanzlei** bzw. den einzelnen Arbeitsplätzen gewährleistet wird. Vergleichbar mit dem verhältnismäßig geringen Aufwand, einen Fehler in einer frühen Phase eines industriellen Fertigungsprozesses zu erkennen und zu beseitigen, ist es für eine Anwaltskanzlei erheblich günstiger – wenn auch nicht kostenlos – die passenden Mitarbeiter für bestimmte Stellen zu finden, als nachlässig akquirierte, wenig qualifizierte und nicht motivierte Mitarbeiter nachträglich weiterzubilden.

51 Für ein erfolgreiches Marketing nach innen und außen ist demnach die Auswahl der „richtigen" Mitarbeiter entscheidend. Kanzleien, die eine führende Position in ihrem Markt bzw. Tätigkeitsfeld erreichen wollen, müssen dies ebenso wie Unternehmen, die die Markt- und Serviceführerschaft anstreben, bereits bei der **Personalansprache und -akquisition** dokumentieren. Die **Visionen der Kanzlei** sowie das Verständnis von Leistungsbereitschaft und -fähigkeit müssen den potentiellen Mitarbeitern in einer Weise nahegebracht werden, die sowohl die Erwartungen der Partner und Anwälte an die Mitarbeiter als auch die Leistungen der Kanzlei für die zukünftigen Mitarbeiter deutlich macht. Ziel muß es dabei sein, den Mitarbeitern Perspektiven bzw. Karrieren anzubieten und nicht allein Jobs zum Verdienen des Lebensunterhalts.[27] Auf diese Weise sollen jene leistungsbereiten Bewerber aktiviert werden, die sich den zu erwartenden Herausforderungen zu stellen bereit sind, und jene Interessenten von einer Bewerbung abgehalten werden, die die Erwartungen der Kanzlei voraussichtlich nicht erfüllen können oder wollen.

52 Vor diesem Hintergrund kommt der **Personalauswahl** für das Interne Marketing besondere Bedeutung zu. Mit der Einstellung ungeeigneter Mitarbeiter sind hohe Kosten verbunden, so daß es Zielsetzung sein muß, jene Bewerber auszuwählen, die sich durch Serviceorientierung, hohe Leistungsfähigkeit und -bereitschaft sowie eine entsprechende soziale Kompetenz auszeichnen. Für die erfolgreiche Gestaltung der mit der anwaltlichen Tätigkeit verbundenen Interaktionsbeziehungen zu den Mandanten sind insbesondere auch jene „Soft-Factors" eine wesentliche Voraussetzung für den Erfolg einer Kanzlei.

53 Der Anspruch, eine möglichst ideale **Entsprechung zwischen Stelle und Mitarbeiter** zu gewährleisten, läßt es notwendig erscheinen, das Spektrum der grundsätzlich zur

[25] Vgl. auch *Fleming,* IABC Communication World 1993, 19; *Geddie,* IABC Communication World 1994, 14.
[26] *Sonnenberg,* Supervisory Management 1992, 8; *D'Aprix* 1996, 39f.
[27] *Berry/Zeithaml/Parasuraman* in: Sloan Management Review 1990.

Mitarbeiterauswahl einsetzbaren Verfahren im Einzelfall unterschiedlich zusammenzustellen. Sollen die Mitarbeiter den konkreten Anforderungen des Arbeitsplatzes umfassend gerecht werden, so dürfen Beurteilungsverfahren, wie z. B. Einstellungstests und Assessmentcenter, nicht undifferenziert eingesetzt werden. Aufgrund der Bedeutung der sozialen Kompetenz muß dabei auch sichergestellt werden, daß in die Personalauswahl auch die übrigen Mitarbeiter der Kanzlei – als zukünftige Kollegen – eingebunden werden, z. B. auf dem Wege gemeinsamer Gespräche mit den Bewerbern.

Neben der Personalauswahl ist als zweiter Schwerpunkt des marketingorientierten 54
Personalmanagements auch die **Personalentwicklung** der aktuellen Mitarbeiter von Bedeutung für das externe und Interne Marketing. In Abhängigkeit von den individuellen Kompetenzen müssen für die einzelnen Mitarbeiter in engem Kontakt zu den Vorgesetzten **Karrierepfade** entwickelt werden, die sowohl dem aktuellen Leistungsstand als auch den Entwicklungsfähigkeiten der Mitarbeiter gerecht werden. Nur auf diese Weise erscheint es möglich, jene Mitarbeiter emotional und auch faktisch an die Kanzlei zu binden, die bereit sind, besondere Beiträge zur Leistungserstellung gegenüber den internen Kunden sowie den Mandanten zu leisten.

Auch hier erscheint es erforderlich, daß die einzelnen Instrumente der Personalentwick- 55
lung möglichst individuell eingesetzt werden. Der Instrumentekatalog reicht hier von breit angelegten Schulungs- und Seminarveranstaltungen bis hin zum individuellen Mitarbeitergespräch, in dem über Zielvereinbarungen persönliche Entwicklungslinien für die Zukunft abgesteckt werden.

D. Implementierung des Internen Marketing

I. Barrieren der Implementierung des Internen Marketing

Eine erfolgreiche Implementierung des Internen Marketing in einem Unternehmen 56
oder einer Anwaltskanzlei kann nur dann gelingen, wenn bei der Erarbeitung des individuellen Konzepts nicht nur dessen Vorzüge, sondern auch mögliche Barrieren der Umsetzung thematisiert und antizipiert werden. In diesem Zusammenhang können grundsätzlich drei Kategorien von **Barrieren** unterschieden werden, die in Abhängigkeit von der konkreten Situation des Unternehmens bzw. der Kanzlei unterschiedliche Bedeutung haben:[28]

- Inhaltlich-konzeptionelle Barrieren,
- Organisatorisch-strukturelle Barrieren,
- Personell-kulturelle Barrieren.

1. Inhaltlich-konzeptionelle Barrieren

Die Implementierung des Internen Marketing wird vielfach bereits durch ein grundsätz- 57
liches inhaltliches **Fehlverständnis** behindert. So wird entsprechend den frühen Auseinandersetzungen mit dem Begriff Internes Marketing ausschließlich mit der Vermarktung der vorhandenen Arbeitsplätze gegenüber den Mitarbeitern gleichgesetzt. Diese Perspektive greift aber zu kurz, und entsprechend können auch nur begrenzt positive Effekte erreicht werden, wenn dieser Fokus zugrundegelegt wird.

Darüber hinaus ist häufig zu beobachten, daß weder die Notwendigkeit der Kunden- 58
noch der Mitarbeiterorientierung in ihrer vollen Tragweite erkannt werden. Kann zumindest das Postulat der Kundenorientierung bei Unternehmen in einem wettbewerblichen Umfeld inzwischen als gemeinhin akzeptiert gelten, so wird – insbesondere in Zeiten eines angespannten Arbeitsmarktes – die Notwendigkeit einer stärkeren Mitarbeiterorientie-

[28] *Bruhn* in: Bruhn 1999 a.

rung nur sehr begrenzt aufgenommen. Aufgrund des Kostendrucks, dem sich jedes Unternehmen ausgesetzt sieht, sowie des vermeintlichen Überangebotes an potentiellen Mitarbeitern werden z. B. vielfach die Investitionen in den aktuellen Mitarbeiterstamm reduziert. Darüber hinaus wird auch die Sorge um den eigenen Arbeitsplatz in vielen Fällen zur falsch verstandenen „Motivation" der Mitarbeiter genutzt, ohne die langfristig negativen Konsequenzen dieses Verhaltens zu berücksichtigen, die sowohl nach innen als auch nach außen wirken.[29] Schließlich werden auch die grundsätzlich nicht direkt kostenwirksamen Maßnahmen einer intensiveren Face-to-face-Kommunikation zwischen Management und Mitarbeitern zu wenig genutzt.

59 **Implementierungsprobleme** können aber nicht nur aus einem grundsätzlichen Fehlverständnis des Internen Marketing bzw. dessen konkreter Nichtnutzung resultieren. Ineffizient ist vielmehr auch die nur partielle, nicht kontinuierliche und nicht vernetzte Nutzung von Instrumenten und Methoden. Die zum Teil bereits etablierten Instrumente des Personal- bzw. Marketingmanagements werden als ausreichend erachtet, womit mögliche Synergievorteile eines in sich geschlossenen und abgestimmten Konzeptes ungenutzt bleiben.

60 Diese grundsätzlich relevanten Problemkreise inhaltlich-konzeptioneller Natur gelten auch für das Management einer Kanzlei. Das Problem verstärkend kommt noch hinzu, daß hier in vielen Fällen weder ein umfassendes externes Marketingkonzept noch ein systematisches Personalmanagement als Plattform der Weiterentwicklung zum Internen Marketing genutzt werden kann.

2. Organisatorisch-strukturelle Barrieren

61 Organisatorisch-strukturelle Probleme resultieren vielfach aus der **Schnittstellenposition** des Internen Marketing zwischen Marketing- und Personalmanagement. Aufgrund des sowohl aus Instrumenten des Marketing- als auch des Personalmanagements bestehenden Instrumentekatalogs negieren viele Mitarbeiter die individuelle Verantwortung für den Erfolg der konkreten Maßnahmen, so daß letztlich die Implementierung durch Inaktivität des Einzelnen behindert wird.

62 Kontraproduktiv kann auch das Streben nach einer zu großen bzw. zu schnellen Lösung sein. So ist die Internalisierung des Marketinggedankenguts in einem Unternehmen zwar ein wünschenswerter Idealzustand, doch kann ein zu weitreichender Anspruch zu Beginn der Implementierung den Erfolg des gesamten Implementierungsprozesses in Frage stellen. Die notwendigen Bewußtseinsprozesse bei Management und Mitarbeitern sind – je nach Ausgangslage im Unternehmen – so umfangreich, daß die Implementierung des Internen Marketing als **kontinuierlicher Prozeß** der kleinen Schritte verstanden werden sollte.

63 Viele Kanzleien stehen hier vor denselben Problemen wie andere kleine und mittlere Unternehmen im Dienstleistungsbereich. Aufgrund der vermeintlichen Überschaubarkeit wird zum einen angenommen, daß ein systematisches Internes Marketing grundsätzlich nicht erforderlich sei, da die entsprechenden Problemstellungen nur bei großen Unternehmen zu beobachten seien. Dieses Gefühl der Nicht-Betroffenheit bezieht sich sowohl auf die Ebene der Partner und Anwälte als auch auf die individuelle Wahrnehmung bei den übrigen Mitarbeitern. Zum anderen können die einzelnen Programmschwerpunkte des Internen Marketing auch in einer entsprechend kleinen organisatorischen Einheit mit nur wenigen Mitarbeitern nicht auf einen bestimmten Stichtag hin etabliert werden.

3. Personell-kulturelle Barrieren

64 Die Grenzen eines erfolgreichen Internen Marketing sind schließlich auch in der Persönlichkeitsstruktur der einzelnen Mitarbeitern begründet. Weit schwieriger als z. B.

[29] *Bruhn* in: Bruhn 1999a.

der Abbau fachlicher Defizite, der in der Regel über Schulungs- und Trainingsmaßnahmen erreicht werden kann, erscheint der Abbau von Barrieren im emotional-psychologischen Bereich auf dem Wege der Personalentwicklung.

So bleibt für viele Mitarbeiter bei der Implementierung neuer Konzepte vielfach die **65** persönliche Betroffenheit lange im unklaren, so daß die Angst, sich in einer noch nicht näher bestimmten Weise anders verhalten zu müssen, eine große Barriere darstellt. Nicht unterschätzt werden dürfen schließlich auch emotionale Abneigungen gegenüber einer Übertragung des Marketingbegriffs auf den unternehmensinternen Bereich.

Auch diese Form von Implementierungsbarrieren ist für Anwaltskanzleien von Bedeu- **66** tung. So ist zum einen die Auseinandersetzung mit Marketingfragestellungen in diesem Bereich von Dienstleistungsangeboten noch recht neu, so daß bei allen Mitarbeitern von gewissen „Berührungsängsten" gegenüber dieser Thematik auszugehen ist. Zum anderen kann auch hier die Thematisierung von Internem Marketing zu der Sorge führen, daß nun neben der normalen Arbeit auch noch „Marketing gemacht" werden müsse.

Faßt man die möglichen Implementierungsbarrieren und deren Ausprägungen zusam- **67** men, so ist davon auszugehen, daß die erfolgreiche Implementierung des Marketinggedankenguts im Bereich der internen Kanzleiaktivitäten eine Aufgabe darstellt, die nur auf dem Wege eines systematischen Vorgehens bewältigt werden kann.

II. Schritte zur Implementierung

Die Berücksichtigung der vielfältigen (potentiellen) Implementierungshindernisse sollte **68** zum einen nicht als Argument genutzt werden, daß Internes Marketing für eine Anwaltskanzlei nicht erfolgreich implementiert werden könnte. Zum anderen dokumentieren sie allerdings auch, daß eine vordergründige Implementierung ohne greifbare Inhalte kontraproduktiv sein kann.

Internes Marketing erfolgreich zu implementieren heißt demnach, daß sich die Ausein- **69** andersetzung nicht auf die Formulierung unverbindlicher Lippenbekenntnisse beschränken darf. Auch reicht es nicht aus, daß sich Partner, Anwälte und die weiteren Mitarbeiter interner Kunden-Lieferanten-Beziehungen bewußt sind, dieses Bewußtsein allerdings nicht in entsprechende Aktivitäten umsetzen.

Ausgehend von einer umfassenden Situationsanalyse erfordert die **Implementierung** **70** von Programmen des Internen Marketing zwei grundsätzliche Schritte im Sinne der Spezifizierung von Zielen, Inhalten und Maßnahmen des Internen Marketing (Umsetzung) sowie im Sinne einer breit angelegten Akzeptanzschaffung im Unternehmen (Durchsetzung).[30]

Auf einer weiteren Konkretisierungsebene bietet sich hierzu ein Vorgehen an, das zum **71** einen den unterschiedlichen internen Anspruchsgruppen (z. B. Partner, Anwälte, übrige Mitarbeiter), zum anderen auch dem Erfordernis einer schrittweisen Einführung Rechnung trägt. Hierzu können **vier Phasen** unterschieden werden:

- Verpflichtung der Partner und Anwälte,
- Kommunikation mit den Mitarbeitern,
- Vermittlung des erforderlichen Know-hows und
- Verpflichtung der Mitarbeiter.

1. Verpflichtung der Partner und Anwälte

Der finale Erfolg des Internen Marketing ist in weiten Bereichen von dieser ersten **72** Implementierungsphase abhängig. Die Orientierung an den Bedürfnissen der Mitarbeiter und das Verständnis der internen Beziehungen als Kunden-Lieferanten-Beziehungen müssen von den Partnern und Anwälten unterstützt und durch entsprechendes Handeln unter Beweis gestellt werden.[31] Geeignete Instrumente sind hierbei vor allem **Kommuni-**

[30] Zur Unterscheidung von Umsetzung und Durchsetzung vgl. *Kolks* 1990, 78f.
[31] *Compton* et al. in: Czepiel/Congram/Shanahan 1987, 10.

kationsanlässe mit Dialogcharakter, die z. B. Diskussionen zwischen Partnern, Anwälten und weiteren Mitarbeitern ermöglichen (Seminare, Workshops usw.). Die Führungskräfte einer Kanzlei sollten dabei auch die Gelegenheit haben, die Konsequenzen interner Kunden-Lieferanten-Beziehungen selbst kennenzulernen bzw. das Verhalten in solchen Interaktionen zu trainieren (z. B. über Rollenspiele).

2. Kommunikation mit den Mitarbeitern

73 Die Umsetzung der Philosophie der internen Kundenorientierung innerhalb einer Kanzlei setzt in einem weiteren Schritt voraus, daß die Mitarbeiter das externe wie auch das Interne Marketing als Konzept der Führung einer Kanzlei verstehen und akzeptieren. Auch in dieser Phase kommt dem direkten Dialog besondere Bedeutung zu. Zum einen müssen Partner und Anwälte bereit sein, die Notwendigkeit des Marketing nach innen und außen zu begründen und zu diskutieren, zum anderen müssen sie als Gesprächspartner zur Verfügung stehen.

74 Um in dieser Phase Irritationen bei den Mitarbeitern zu vermeiden, ist es erforderlich, die Ziele des Internen Marketing und die hiermit verbundenen Erwartungen offen zu thematisieren. Dabei muß auch das Ausmaß der erforderlichen Veränderungen für den einzelnen Mitarbeiter deutlich werden. Erfahrungen in Dienstleistungsunternehmen anderer Branchen zeigen, daß nur ein offener Dialog die Aufgeschlossenheit gegenüber dem Konzept und die Mitwirkungsbereitschaft des Einzelnen sicherstellen kann.

3. Vermittlung des erforderlichen Know-hows

75 Die dritte Phase des Implementierungsprozesses ist auf die Vermittlung der Techniken und Methoden des Internen Marketing gegenüber Partnern, Anwälten und Mitarbeitern gerichtet. Wird z. B. die **Etablierung interner Kunden-Lieferanten-Beziehungen** in einer Kanzlei angestrebt, so sind verschiedene konkrete Aktivitäten erforderlich:[32]

- Identifikation der unternehmensinternen Kunden-Lieferanten-Beziehungen: In welcher Weise stehen die Mitarbeiter einer Kanzlei bei der Betreuung von Fällen miteinander in Kontakt? Welche internen Austauschbeziehungen gibt es? Welche dieser Beziehungen sind regelmäßig/unregelmäßig? Wie hoch ist die Intensität dieser Beziehungen?
- Identifikation der Erwartungen der internen Kunden: Welche Anforderungen stellen die internen Interaktionspartner an die Leistungserstellung (z. B. vollständige Dokumentation, Termintreue)? Welche Erwartungen sind von besonderer Bedeutung für die Leistung gegenüber den Mandanten?
- Dialog mit den internen Dienstleistern: Welche Barrieren behindern die internen Leistungsprozesse bzw. Interaktionsbeziehungen? In welchen Bereichen kann durch Maßnahmen eine gleichzeitige Förderung der Mitarbeiter- und Mandantenzufriedenheit erreicht werden?
- Initiierung notwendiger Veränderungsprozesse: Welche Maßnahmen können bzw. müssen in welcher Reihenfolge eingeleitet werden, um die Erwartungen der internen Kunden besser erfüllen zu können?
- Etablierung eines Feedbacksystems: Wie kann ein internes Leistungs-Audit aufgebaut werden, das die Identifikation kanzleiinterner Leistungsdefizite unterstützt? Wie muß dieses System gestaltet werden, um nicht als „Kontrollapparat" mißverstanden zu werden?

76 In diesem Zusammenhang ist zu berücksichtigen, daß die Mitarbeiter einer Kanzlei grundsätzlich mit zwei Perspektiven konfrontiert werden. Einerseits sind sie Kunde – innerhalb eines Führungs- und Leistungserstellungsprozesses sowohl gegenüber den Partnern und Anwälten als auch gegenüber anderen Mitarbeitern –, andererseits sind sie

[32] *Reynoso/Moores,* International Journal of Bank Marketing 1995, 68.

gegenüber anderen Mitarbeitern der Kanzlei selbst in der Position des Dienstleisters. Die Mitarbeiter sind somit gleichzeitig Subjekt und Objekt des Internen Marketing.

Weitere konkrete Elemente der Know-how-Vermittlung betreffen schließlich den Bereich der Internen Kommunikation. Auf der Ebene der Mitarbeiter sind hier z. B. Informationen über die Inhalte eines Kanzleileitbildes, die Kanzleikultur oder auch die (externen) Marketingstrategien (z. B. Markt, Zielgruppen) zu nennen. Für die Partner bzw. Anwälte stehen demgegenüber vor allem Qualitätstechniken im Mittelpunkt, wie z. B. Führungstechniken (Mitarbeitergespräche usw.) bzw. Techniken zur Bewältigung des externen und internen Kundenkontaktes (Leistungsvereinbarung, Umgang mit Beschwerden usw.). 77

4. Verpflichtung der Mitarbeiter

Die Internalisierung des Marketingverständnisses bei allen Mitarbeitern setzt schließlich voraus, daß zwischen den Wertpostulaten der Kanzleiführung und dem Handeln im Alltag keine zu großen Diskrepanzen auftreten. Interne Kundenorientierung muß täglich gelebt werden und bedarf einer entsprechenden Kontinuität der Maßnahmen. Um eine innere Verpflichtung der Mitarbeiter zu erreichen, muß die Etablierung eines Vertrauensklimas im Vordergrund stehen, das eine intrinsische Identifikation der Mitarbeiter mit den Zielen der Kanzlei gewährleisten kann. 78

Neben den inhaltlichen Aspekten der Implementierung des Internen Marketing muß auch den **organisatorischen Fragestellungen** Aufmerksamkeit gewidmet werden. Eine formale Lösung, die z. B. die Verantwortlichkeit für Internes Marketing bei einer Abteilung (z. B. Marketing- oder Personalabteilung) vorsieht, scheidet im Kanzleibereich in der Regel aus. Dies gilt zum einen aufgrund der Unternehmensgröße, zum anderen aufgrund des Fehlens entsprechender Abteilungen bzw. Verantwortlichkeiten in der Kanzlei. Aus diesem Grund erscheint als tragfähige Lösung vor allem eine Verankerung bei den Mitarbeitern mit Führungsaufgaben sinnvoll. Angesprochen sind demnach vor allem die Partner bzw. angestellte Anwälte, die in die Interaktionsbeziehungen mit den übrigen Kanzleimitarbeitern eingebunden sind. 79

Finale Zielsetzung der Implementierung muß es dabei sein, daß Internes Marketing den Charakter einer **Philosophie** erhält. Dies bedeutet, daß keine konkrete organisatorische Anbindung an bestimmte Personen mehr notwendig ist und daß alle Mitarbeiter einer Kanzlei das Gedankengut der internen und externen Kundenorientierung so weit internalisiert haben, daß die entsprechenden Aktivitäten keinen zusätzlichen gedanklichen Aufwand erfordern, sondern automatisch „gelebt" werden. 80

Zur Verankerung des Internen Marketing sollte somit ein Ansatz gefunden werden, der sowohl durch eine entsprechende **Verantwortung des Einzelnen** als auch durch eine eindeutige Verantwortlichkeit für die Prozeßsteuerung gekennzeichnet ist. Den Partnern und Anwälten einer Kanzlei kommt in ihrer Rolle als Führungskraft dabei die Aufgabe zu, die entsprechenden Aktivitäten zu initiieren, zu steuern und in ihrer Vorbildfunktion auch durch tägliches Handeln zu unterstützen. 81

E. Schlußbetrachtung

Es ist unbestritten, daß die Arbeit der Personalabteilung bzw. des Personalmanagements schon immer direkte Auswirkungen auf die Leistungsfähigkeit eines Unternehmens – insbesondere in Dienstleistungsbranchen – hatte, doch wurden diese Erkenntnisse in der Vergangenheit nur wenig systematisch genutzt. Mit dem Internen Marketing und seinen Programmschwerpunkten existiert nun ein Konzept, das die interne und externe Perspektive konsequent verbindet und dabei parallele Optimierungen der Kunden- und Mitarbeiterorientierung ermöglicht. 82

Ist zum einen festzustellen, daß innovative Dienstleistungsunternehmen die Vorteile des 83

Internen Marketing inzwischen erkannt haben und die entsprechenden Potentiale systematisch nutzen, so ist es zum anderen auch zutreffend, daß die Thematik im Dienstleistungsbereich noch längst nicht umfassend aufgegriffen wurde. Für den Bereich von Anwalts- und Kanzleileistungen ist schließlich zu konstatieren, daß sowohl die Thematik des Marketing insgesamt als auch des Internen Marketing im speziellen noch weitgehend unbeachtet bleiben.

84 Fokussiert man in diesem Zusammenhang die Marktseite in Form der Konkurrenzsituation im Bereich von Anwaltsleistungen, so ist zu erwarten, daß in den kommenden Jahren ein zunehmender Wettbewerbsdruck festzustellen sein wird. Internes Marketing im Bereich des Kanzleimanagements erscheint geeignet, eine nachhaltige Differenzierung von konkurrierenden Kanzleien zu ermöglichen und ist demnach für innovative Kanzleien als Chance zu verstehen.

4. Kapitel. Interne Kanzleiorganisation

§ 24 Einführung und Übersicht

*Dr. Volker Römermann**

Übersicht

A. Organisation und Management als Wettbewerbsvorteile

Im zweiten Kapitel dieses Handbuches wurden vor allem die **rechtlichen Rahmenbedingungen** für den Aufbau und die Struktur einer Anwaltskanzlei aufgezeigt. In Kapitel 3 ging es darum, diesem rechtlichen Gebilde den **Geist des Dienstleistungsmarketings** mit auf den Weg zu geben und die konsequente Ausrichtung an den Bedürfnissen und Erwartungen der Mandanten einzufordern. Das Kapitel 4 wird sich nun damit beschäftigen, diese Vorgaben innerhalb der einzelnen Bereiche der **Kanzleiführung** konkret umzusetzen. Der innere Aufbau der Kanzlei wird damit abgeschlossen, und wir werden uns im fünften Kapitel der Außendarstellung zuwenden. 1

Eine **„gute" Leistung der Kanzlei** ist kein Zufallsprodukt. Sie beruht zum einen auf der Kompetenz und Einsatzbereitschaft der im Rahmen der Kanzlei aktiven Rechtsanwälte. Zum anderen beruht sie auf einer zielgerichteten und durchdachten Organisation. Beide Bestandteile sind für den Erfolg einer Kanzlei unverzichtbar. Ein fachlich in höchstem Maße qualifizierter Anwalt wird sich nicht am Markt halten können, wenn er mangels einer adäquaten Organisation Fristen versäumt oder aufgrund eines fehlenden Kostenbewußtseins dauerhaft Verluste einfährt. Andererseits reicht es nicht aus, Fristen einzuhalten, sondern das fristgerechte Vorbringen muß zudem den fachlichen Anforderungen gerecht werden. 2

Das vorliegende Kapitel bietet eine Fülle von Anregungen zur Verbesserung der eigenen Kanzleiorganisation. Nur eine dauerhaft hohe Qualität der anwaltlichen Leistung garantiert den nachhaltigen Erfolg der Kanzlei. Derjenige, der ständig an der Qualität der eigenen Dienstleistung arbeitet und diesen Aspekt auch gegenüber seinen Mandanten deutlich zum Ausdruck bringt, wird hierdurch dauerhafte **Wettbewerbsvorteile** erzielen können. Ein weiteres Element, das ein erhebliches Potential beinhaltet, liegt auf dem Gebiet des **Informations- und Wissensmanagements**. Wissen ist das eigentliche Kapital einer Kanzlei. In einem eigentümlichen Kontrast zu dieser fast schon selbstverständlichen Aussage steht die äußerst mangelhafte Beschäftigung von Rechtsanwälten mit der Frage, wie sie diese Ressource, nämlich das in der Kanzlei angesammelte Know-how, in optimaler Weise nutzen können. In diesem Handbuch wird auf dieses Thema durch zwei sich ergänzende Beiträge in den §§ 31 und 32 ein weiterer Schwerpunkt gelegt. 3

Ein weitere „Neuentdeckung" wird für viele Rechtsanwälte die Möglichkeit eines professionellen **Kapazitätsmanagements** sein. Auch dies ist auf den ersten Blick verwunderlich, stellt doch die Anpassung insbesondere der anwaltlichen Arbeitskapazität an das ständig und unvorhersehbar schwankende Tätigkeitsvolumen eines der Hauptprobleme dar, mit 4

* Rechtsanwalt in Hannover, Anwaltskanzlei Dr. Römermann, Schwab & Coll.; Lehrbeauftragter an der Universität Hannover.

denen sich das Management von Anwaltskanzleien regelmäßig konfrontiert sieht. Zeiten hoffnungsloser Arbeitsüberlastung stehen Perioden des „Leerlaufs" gegenüber. Den sinnvollen Ausgleich schafft ein systematisches Management der Kapazitäten, insbesondere im personellen Bereich. In einem engen Zusammenhang mit dem Kapazitätsmanagement steht daher das **Personalmanagement**. Viele Kanzleien leiden heute unter veralteten, streng hierarchisch gegliederten Führungsstrukturen. Ziel des Beitrages in § 28 ist es, den Rechtsanwälten Alternativen aufzuzeigen und konkrete Hilfestellungen für einen effizienteren und erfolgreichen Einsatz des Personals an die Hand zu geben. Nicht nur die Arbeitszeit der Mitarbeiter, sondern auch die des Rechtsanwalts wird in der Praxis häufig nicht angemessen genutzt. Jeder Anwalt sollte daher versuchen, im Rahmen eines eigenen **Zeitmanagements** seine persönlichen Ressourcen auf die wesentlichen Aktivitäten zu konzentrieren.

5 Aus der besseren Nutzung der vorhandenen Kapazitäten resultiert eine **Senkung der Kosten** und eine **Optimierung des Kanzleiablaufs**. Nicht nur das Alltagsgeschäft der Kostenreduzierung, sondern die Erfassung und Umstrukturierung von Kosten als Instrument der Kanzleistrategie stehen im Mittelpunkt der Ausführungen bei § 30. Diese strategische Dimension der Kosten wird in Anwaltskanzleien nahezu durchweg völlig vernachlässigt.

6 Am Schluß dieses Kapitels bewegt sich der anwaltliche Leser wieder auf bekanntem Terrain. **Anwaltshaftung** ist eines der Themen, die ihn (leider) täglich beschäftigen, zumal die juristischen Fachzeitschriften eine Vielzahl immer strengerer höchstrichterlicher Entscheidungen enthalten, die nur noch dem idealtypischen, nicht mehr dem normal sterblichen Anwalt Haftungsfreiheit zuzubilligen scheinen. Insbesondere das **Fristenmanagement** ist zu einem unbedingten Bestandteil aller organisatorischen Überlegungen in einer Anwaltskanzlei geworden.

7 Die Beiträge in diesem Kapitel regen an, über die **Professionalisierung der eigenen Kanzleiführung** nachzudenken. Rechtsanwälte sind von ihrer Ausbildung her als Kanzleimanager regelmäßig ungeeignet. Der zweckmäßige Umgang mit Kosten, Kapazitäten, Personal, Datenverarbeitung und der Verbesserung von Qualität werden in wirtschaftswissenschaftlichen, nicht in juristischen Studiengängen vermittelt. Der Rückschluß von fachlicher Kompetenz eines Juristen auf dessen Fähigkeit zur optimalen Kanzleiorganisation wäre grundfalsch.

8 Besonders einige große Anwaltssozietäten sind daher in den letzten Jahren dazu übergegangen, sich der Hilfe professioneller **nichtanwaltlicher Kanzleimanager** zu bedienen. Diese Entwicklung könnte dazu beitragen, der finanziellen Misere vieler Kanzleien entgegenzuwirken, die trotz des unermüdlichen persönlichen Einsatzes der Kanzleiinhaber aufgrund eines fehlenden Kostenbewußtseins und fehlerhafter Managemententscheidungen zu konstatieren ist. Derzeit setzt das Berufsrecht einer solchen Professionalisierung durch die Einbeziehung anderer Berufsgruppen noch Schranken, indem es beispielsweise in § 59a BRAO die Gesellschaftertätigkeit auf einige wenige Berufe, die traditionell als gleichwertig oder gleichartig angesehen wurden, begrenzt. In dieser Situation obliegt es den Rechtsanwälten selbst, sich bei Entscheidungen über ihnen fremde Themen gegenüber der Fachkompetenz eines Kanzleimanagers freiwillig zurückzunehmen. Soweit dies gelingt, läßt sich in den Kanzleien, die bereits über ein solches Management verfügen, eine Professionalisierung verzeichnen, die zu einem wesentlichen Erfolgsfaktor werden kann.

9 Die Lektüre der nachfolgenden Beiträge relativiert auf diese Weise die Bedeutung des juristischen „Handwerkzeugs" für die Entwicklung der Kanzlei. Die rechtliche Fachkompetenz der beteiligten Anwälte verliert hierdurch nicht an Wert. Sie wird vielmehr eingeordnet in den Kontext des **Unternehmens Anwaltskanzlei** und kommt durch die Unterstützung durch ein professionelles Management erst richtig zur Geltung. Die im Ergebnis erreichte Qualität erweist sich für die insoweit aktive Kanzlei als entscheidender Vorteil im Wettbewerb der Anbieter rechtsberatender Dienstleistungen.

B. Qualität und Zertifizierung

Nur der gute Anwalt hat langfristig Erfolg. Was aber ist ein „guter" Anwalt? Wie erfaßt man seine Qualität und was kann der einzelne Rechtsanwalt unternehmen, um die Qualität, seiner Arbeit zu verbessern und die erreichte Qualität dem Mandanten zu kommunizieren? Mit diesen Fragen beschäftigen sich die Beiträge zu den §§ 25 bis 27. 10

Qualität kann nur im Hinblick auf die an das jeweilige Objekt gestellten **Anforderungen** beurteilt werden. Eine „objektiv gute" Prozeßführung gibt es – entgegen der Ansicht vieler Rechtsanwälte – nicht. In einem Ehescheidungsprozeß beispielsweise kann eine Rechtsanwältin für ihre Mandantin eine kurzfristige Scheidung erzwingen, wenn sie einen besonderen Härtefall darlegt. Die Mandantin ist dann vielleicht glücklich über die erreichte Scheidung, die Umstände der Prozeßführung waren ihr aber dermaßen unangenehm („Schlammschlacht"), daß sie es vorgezogen hätte, erst zu einem späteren Zeitpunkt, dafür aber in einer harmonischeren Weise geschieden zu werden. Ein anderes Beispiel: Im Kündigungsschutzprozeß geht es dem Arbeitnehmer in Wirklichkeit um das Heraushandeln einer möglichst hohen Abfindung. Sein Rechtsanwalt argumentiert jedoch so überzeugend, daß das Gericht der Klage stattgibt und die Kündigung für unwirksam erklärt, bevor es überhaupt zu ernsthaften Vergleichsverhandlungen gekommen wäre. Der juristisch brillant geführte Prozeß endet hier mit einem Ergebnis, das den Vorgaben das Mandanten nicht entspricht. 11

Anstelle der objektiven Eigenschaften, die bei der Beurteilung von Qualität im industriellen Sektor im Vordergrund stehen, treten bei der nicht in gleicher Weise erfaßbaren Dienstleistung die **subjektiven Eigenschaften**, also die Einschätzung am Maßstab der Anforderungen und **Erwartungen des Mandanten** (näher § 25 Rdn. 3 – *Mauer*). *Woratschek* weist bei § 27 ergänzend darauf hin, daß neben der Mandantenperspektive auch der Sichtweise des Kanzleimanagements und der Mitarbeiter einer erhebliche Rolle zukommt. Das Qualitätsbewußtsein von Anwälten darf sich nicht ausschließlich auf ihre fachliche Leistung konzentrieren, sondern es hat in gleicher Weise diese subjektiven Faktoren in Betracht zu ziehen. Der nachhaltige Erfolg einer Kanzlei läßt sich nur dadurch sichern, daß die fachlich gute Kanzlei auch in den Augen des Mandanten als gut erscheint (§ 25 Rdn. 8). 12

Das konsequenteste Qualitätsmanagementkonzept ist Gegenstand des sog. **Total Quality Management** (TQM). „Total" bedeutet hierbei die Einbeziehung aller internen (Mitarbeiter) und externen (Mandanten) Kunden. „Quality" wird durch die Ausrichtung der Leistungserstellung auf diese Kunden erzielt. „Management" bezeichnet die Verantwortung der höchsten Führungsebene. Insgesamt stellt sich TQM als umfassendes Unternehmensführungskonzept, als **Unternehmensphilosophie** dar, die über die Verbesserung der Qualität zu einer Stärkung des Wettbewerbsfähigkeit zu gelangen trachtet. 13

TQM umfaßt **sieben Elemente** (§ 25 Rdn. 28 ff.): „Mission" einer Kanzlei, Unternehmungsführung durch Abgrenzung von Kompetenzen, Mitarbeiterorientierung, kontrollierter Umgang mit (insbesondere zeitlichen) Ressourcen, Organisation der Verfahrensabläufe, Mandantenzufriedenheit und schließlich die volkswirtschaftliche Nutzenstiftung. Von der konkreten Umsetzung dieser Elemente handelt eine Reihe von Beiträgen, insbesondere § 1 über die strategische Ausrichtung („Mission"), § 28 über das Personalmanagement, § 29 über das Kapazitätsmanagement und die §§ 18, 19 und 22 über die Mandantenzufriedenheit im Rahmen des Dienstleitsungsmarketings. 14

Mauer gibt bei § 25 Rdn. 103 ff. nicht nur konkrete Hinweise zur **Umsetzung von TQM** in der Kanzlei, sondern er stellt darüber hinaus in seiner Übersicht 8 eine Checkliste zur Bewertung des eigenen Qualitätsmanagements zur Verfügung. Der anwaltliche Leser kann diese Checkliste verwenden, um Verbesserungsmöglichkeiten bei seiner Kanzlei aufzuspüren und zu nutzen. Neben der kritischen Selbstanalyse gibt es (im Rahmen der Schweigepflicht) die Möglichkeit, die Qualität der Leistungserstellung durch außenste- 15 hende Dritte untersuchen und beurteilen zu lassen. Falls die Kanzlei hierbei den näher zu definierenden Anforderungen genügt, so besteht seit einigen Jahren Gelegenheit, eine **Zertifizierung** auf Grundlage der Normenreihe ISO 9000 zu erlangen. Diese Normen entstammen ursprünglich dem Bereich industrieller Fertigung und dienen im Grundsatz dazu, den grenzüberschreitenden Handel durch den gegenseitigen Nachweis einer Qualitätskontrolle zu fördern. Im industriellen Sektor konnte die Zertifizierung eine erhebliche Bedeutung erlangen, wie die rapide gestiegenen Zahlen zertifizierter Unternehmen ausweisen (§ 26 Rdn. 1). Dieser Erfolg mag Anlaß dafür gewesen sein, die Normen auf den Dienstleistungsbereich auszudehnen. Inzwischen gibt es in Deutschland innerhalb von nur zwei Jahren etwa 40 zertifizierte Anwaltskanzleien (§ 26 Rdn. 4).

16 Zur Vorbereitung einer Zertifizierung wird nicht – wie man vermuten könnte – die Qualität der anwaltlichen Beratung oder Vertretung gemessen, sondern die Qualität des Leitungserstellungsprozesses. Insoweit gibt die **Normenreihe ISO 9000** keine eigenen Mindeststandards vor, sondern überläßt die Festlegung von **Maßstäben** dem Unternehmen. Die Prüfung erfolgt also nur dahingehend, ob die Kanzlei die von ihr selbst aufgestellten Anforderungen erfüllt.

17 Die Zertifizierung ist für die betroffene Kanzlei mit einem erheblichen zeitlichen und finanziellen **Aufwand** verbunden, da jeder Arbeitsablauf aufgrund einer entsprechenden Beratung durch ein Audit dokumentiert und in regelmäßigen Zeitabständen geprüft und überwacht werden muß.

18 Wenn einmal die Zertifizierung erreicht wurde, stellt sich die Frage, ob die Kanzlei diese Tatsachen im Rahmen ihrer Außendarstellung als **Werbungsargument** nutzen darf, um sich als qualitätsbewußte Kanzlei von den Konkurrenten abzuheben. *Krämer/Mauer* vertreten den in der Literatur[1] allerdings nicht unumstrittenen Standpunkt, daß es sich hierbei wegen der damit verbundenen Irreführungsgefahr um eine unzulässige Werbemaßnahme handeln würde.

19 *Krämer* und *Mauer* bekennen sich bei § 26 Rdn. 5 offen als Kritiker der Zertifizierung. Diese sei ein „Papiertiger" und „weder ein notwendiger noch ein ausreichender Schritt zur Verwirklichung eines Qualitätsmanagements für Anwaltskanzleien" (§ 26 Rdn. 47). Es ist bezeichnend für den derzeitigen Stand der äußerst **kontrovers geführten Diskussion**, daß *Woratschek* in dem sich anschließenden § 27 die ablehnende Haltung gegenüber der Zertifizierung durch Teile des juristischen Schrifttums als „aus betriebswirtschaftlicher Sicht nahezu unverständlich" bezeichnet. Es scheint nicht als Nachteil, sondern im Gegenteil sogar hilfreich, daß der Benutzer des Handbuches sich auf diese Weise mit den unterschiedlichen Beurteilungen desselben Phänomens vertraut machen und sich auf dieser Grundlage ein eigenständiges Urteil bilden kann.

20 Beide Sichtweisen erachten die Einhaltung der selbstgesetzten Normen und die darauf gestützte Zertifizierung nicht als ausreichend für die Erreichung einer möglichst hohen Qualität in der Kanzlei. Die Funktion des Zertifizierungsgedankens wird darin erkannt, einen **Bewußtseinsprozeß** in Gang zu setzen, der in einem Qualitätsmanagement und schließlich in TQM mündet. Die Befürworter einer Zertifizierung sehen darin ein großes Verdienst, da die Kanzlei hierdurch zur intensiven Beschäftigung mit Fragen der Qualität gezwungen wird. Die Zertifizierungsgegner betonten demgegenüber, daß der reinen Zertifizierung als solche kein eigener Wert zuzumessen sei und daß derjenige, der das Ziel des TQM erkannt habe, auf die Zertifizierung demgemäß verzichten könne. Entscheidend wird es m. E. sein, daß die Anwaltschaft sich kritisch mit der Qualität eigener Arbeit auseinandersetzt. Jeder Anstoß hierzu sollte grundsätzlich willkommen sein, auch der Normenkatalog ISO 9000. Unzureichend wäre es aber, wenn eine Kanzlei sich mit der Einhaltung selbstdefinierter Normen begnügt und meint, damit am Ziel zu sein. Die Zertifizierung sollte allenfalls als – nicht unbedingt erforderlicher – **Zwischenschritt** zu einem umfassenden Qualitätsmanagement verstanden werden.

[1] Vgl. etwa § 40 Rdn. 42; *Hartung/Holl-Römermann*, Anh. § 10 Stichwort „Zertifizierung".

Die Ausgangsposition und ständige Verbesserung der in der Kanzlei erbrachten Leistungen sollen systematisch erfaßt, also gemessen werden, um nicht der Gefahr subjektiver Fehleinschätzungen zu unterliegen. Die Betriebswirtschaftslehre hat zu diesem Zweck **Meßverfahren** entwickelt, die auch im Dienstleistungsbereich anwendbar sind. Diese gängigen Methoden der Marktforschung sind in der Anwaltschaft bislang weitgehend unbekannt. **21**

Man unterscheidet kunden-, anbieter- und wettbewerbsorientierte Verfahren. *Woratschek* stellt in § 27 die einzelnen Verfahren vor und erläutert ihre jeweiligen Vor- und Nachteile. Bei der **Befragung** nach einzelnen Merkmalen (z. B. Beurteilung der Länge der Wartezeit) kommt es darauf an, das Ergebnis in Relation zu anderen Merkmalen zu setzen (hier also: Wie wichtig ist die Länge der Wartezeit für den betroffenen Mandanten?). Die Schwierigkeiten einer solchen Befragung liegen zum einen darin, daß der Mandant hierbei dazu neigt, alle Merkmale als wichtig zu empfinden. Zum anderen hängt die Beurteilung häufig von den subjektiven Erwartungen des Mandanten ab. Erwartet er lange Wartezeiten und tritt dies auch ein, dann könnte die Befragungsmethode ihn als „zufrieden" einschätzen, was aber nicht unbedingt zutrifft. **22**

Eine andere Methode bezieht sich auf besonders positive oder negative Erlebnisse des Mandanten beim Kontakt mit der Kanzlei in den verschiedenen Phasen der Auftragsbearbeitung. Solche **„Augenblicke der Wahrheit"** im Rahmen des ereignisorientierten Verfahrens sind jedoch häufig subjektiv gefärbt und werden einer längeren, kontinuierlichen Leistungserbringung nicht in jedem Fall gerecht. Die negativen Erlebnisse stehen bei dem Problembewertungsverfahren im Vordergrund, das die Häufigkeit im Verhältnis zur Wichtigkeit aufgetretener Schwierigkeiten erfaßt. Eine **managementorientierte Methode** stellt auf statistische Daten wie etwa Länge der Wartezeiten, Besucherzahlen, Anzahl der Vorgänge etc. ab. Das **Benchmarking** schließlich ist der wettbewerbsorientierten Betrachtungsweise zuzuordnen und beruht im wesentlichen auf einer vergleichenden Analyse der Aktivitäten und Positionen von Wettbewerbern. Die Meßansätze werden abgerundet durch ein kanzleiinternes Vorschlagswesen, das ein Qualitätsbewußtsein bei allen Mitarbeitern weckt und auf deren Expertenwissen über den täglichen Ablauf abstellt. **23**

C. Personal-, Kapazitäts- und Kostenmanagement

Die §§ 28 bis 30 beschäftigen sich mit den Themen Personalmanagement, Kapazitätsmanagement und Kostenmanagement. Sie stehen in einem engen Zusammenhang. Die Anwaltskanzlei ist als **Dienstleistungsunternehmen** von Natur aus **personalintensiv**. Die Kernleistung, also die rechtliche Beratung und Vertretung, erfolgt durch anwaltliches Personal und ist nicht durch Maschinen zu substituieren. Qualifizierte anwaltliche Tätigkeit bedarf ab einem gewissen Arbeitsumfang notwendig der Unterstützung durch ein Sekretariat. Die Personalkosten stellen hierdurch insgesamt in der weit überwiegenden Mehrheit der Anwaltskanzleien den größten Kostenfaktor da. Ein adäquates Management des Personals und der daraus resultierenden Kosten entscheidet nicht selten über das wirtschaftliche Überleben einer Kanzlei. **24**

Ludwig/Weinel stellen bei § 28 Rdn. 5 den Grundsatz auf, daß **Personalmanagement** keine bloße Verwaltung von Personal und Kosten, sondern **Wertschöpfung im Betrieb** bedeute. Diese Erkenntnis führt zu einer veränderten Einschätzung der Bedeutung dieses Managementbereichs. **25**

Während die klassische Sozietät mit ihrem Bürovorsteher über eine Person verfügt, die sich auf die technischen Arbeitsabläufe und die Delegation und Verteilung der vorhandenen Arbeitsmenge beschränkt, gehen moderne Kanzleien dazu über, die Funktion eines Office-Managers einzurichten, der, mit betriebswirtschaftlichem Hintergrundwissen ausgestattet, im Kanzleigefüge eine selbständige Rolle spielt. *Ludwig/Weinel* sehen bei § 28 Rdn. 6 den **Bürovorsteher** durch den **Office-Manager** ersetzt. Dies ist allerdings nicht **26** zwingend, da beide Funktionen im anwaltlichen Unternehmen auf unterschiedlichen Ebenen liegen. Der Bürovorsteher steht an der Spitze des Sekretariatsbereiches. Der Office-Manager nimmt eine Position ein, die aus übergeordneter Sicht Strategien für die Kanzlei entwickelt, daraus Marketingkonzepte, Personalpläne und Budgets aufstellt usw. In Anwaltssozietäten werden die Aufgaben des Managementbereiches in aller Regel durch Rechtsanwälte übernommen, die aber hierfür nicht qualifiziert sind. Für das Office-Management kommt an erster Stelle ein Betriebswirt in Betracht, der von seinem Studium her Kenntnisse aus den verschiedenen Managementbereichen einbringt. Als Bürovorsteher hingegen dürfte nur ein ausgebildeter Rechtsanwalts- (ggfs. und Notar-) Fachangestellter geeignet sein, der die jeweiligen technischen Arbeitsabläufe einer Kanzlei wie beispielsweise das Mahn- und Vollstreckungswesen beherrscht.

27 Jedes Personalmanagement muß zunächst von einer **Analyse** des Soll- und Ist-Bestandes ausgehen. Diese erfolgt anhand einer **Stellenbeschreibung**, für die sich bei § 28 Rdn. 8ff. ein Muster finden läßt. Bei keiner vorzunehmenden Neueinstellung sollte eine derartige Stellenbeschreibung fehlen. Sie ermöglicht eine klare Feststellung des Personalbedarfs und der Eignung der jeweiligen Bewerber. In § 28 bildet die **Personaleinstellung** aufgrund ihrer herausragenden Bedeutung für die Kanzlei einen wesentlichen Schwerpunkt der Darstellung. Sie schließt bei Rdn. 55 eine Checkliste über häufige Fehler bei Einstellungsinterviews und bei Rdn. 66 einen Beurteilungsbogen für die Einschätzung der Persönlichkeitskriterien ein. Neben dem Fachwissen des Bewerbers sind diese Persönlichkeitskriterien besonders eingehend zu prüfen.

28 Die Beiträge in Kapitel 3 dieses Handbuches zeigen, wie wichtig **Dienstleistungsmentalität** und Mandantenorientierung des gesamten Personals für die Beurteilung der Kanzlei aus Sicht der Mandanten sind. Schulzeugnisse sagen darüber in der Regel nichts aus. Um so sorgfältiger müssen Einstellungsgespräche in Hinblick auf diese entscheidenden Kriterien geführt werden.

29 Nach der Personalentwicklung stellt sich die Frage, welcher **Führungsstil** durch die Kanzleiinhaber vorgegeben wird. Autoritäre oder patriarchalische Führungssysteme wurden in den letzten Jahrzehnten weitgehend durch demokratische oder kooperative Formen ersetzt. Zumeist ist eine Prägung durch die Persönlichkeit der anwaltlichen Partner festzustellen, die jedoch an Bedeutung verliert, je mehr man derartige Aufgaben einem professionellen Kanzleimanager überläßt. Die Entwicklung des Personals sollte in regelmäßigen Abständen durch Leistungsbeurteilungen überwacht werden (vgl. das Muster bei § 28 Rdn. 119).

30 Am Ende eines Anstellungsverhältnisses erweist sich das **Arbeitszeugnis** als besonders konfliktträchtig. Die Rechtsprechung der Arbeitsgerichte zwingt unabhängig von der tatsächlichen Beurteilung des Vorgesetzten zu positiven, „wohlwollenden“ Angaben. Um dennoch realistische Aussagen zu treffen, hat die Personalpraxis in den letzten Jahrzehnten Formulierungen entwickelt, bei denen (nur noch) ein Fachmann „zwischen den Zeilen“ lesen kann. Bei § 28 Rdn. 133 findet sich eine Übersicht über gängige Standardformulierungen und die damit verbundenen versteckten Nachrichten.

31 Spezifische Probleme wirft die Neueinstellung eines **anwaltlichen Mitarbeiters** auf. *Ludwig/Weinel* betonen die Notwendigkeit einer Einführung in die Praxis durch ein „Training on the job“ anhand vorgegebener Lernziele (§ 28 Rdn. 169ff., 188ff.).

32 Eines der Hauptprobleme des gezielten Personaleinsatzes in Anwaltskanzleien resultiert aus den permanenten **Auftragsschwankungen**. Phasen vollständiger Arbeitsüberlastung werden gefolgt von Zeiten des „Leerlaufs“. In den meisten Fällen werden Mandate nicht langfristig angekündigt, sondern überraschend übertragen und erfordern dann eine sofortige Bearbeitung. Diese Erfahrung gilt nicht nur für einfach abzuwickelnde Standardfälle beispielsweise im Verkehrsrecht, sondern in vergleichbarem Maße beispielsweise für höchst komplexe und zeitintensive Transaktionen von Unternehmen. Dem **Kapazitätsmanagement** kommt daher in einer Anwaltskanzlei eine Schlüsselrolle zu. Oberstes Ziel ist eine gewisse Flexibilisierung, die es erlaubt, im Bedarfsfall ausreichende Kapazitäten

für umfangreiche Angelegenheiten bereitzustellen, aber anderseits in Zeiten fehlender Auslastung den Kostenapparat soweit wie möglich den Mindereinnahmen anzupassen. Daß dieses Ziel häufig sogar von Großkanzleien verfehlt wird, zeigt sich daran, daß mehrere internationale Sozietäten ihre Niederlassungen in Brüssel (Sitz der EU-Kommission) oder Frankfurt a. M. wegen der damit verbundenen dauerhaften Verluste wieder schließen mußten.

Angesichts der überragenden Bedeutung des Kapazitätenmanagements in Anwaltskanzleien kann es nur verwundern, daß diesem Thema in der Anwaltschaft bislang keine Aufmerksamkeit geschenkt wurde. Auch in der allgemeinen Betriebswirtschaftslehre wurde die **Kapazitätsgestaltung im Dienstleistungsunternehmen** erst vor wenigen Jahren als Forschungsgegenstand entdeckt. Für die Anwaltschaft findet sich in § 29 erstmals eine eingehende Untersuchung durch *Corsten/Stuhlmann.* 33

Die Kapazitätsgestaltung ist abhängig von einer Vielzahl von **externen Faktoren**. Hierzu gehören etwa die „Sammeltermine“ für mündliche Verhandlungen bei Amts- und Landgerichten, die zu erheblichen und schwer zu kalkulierenden Wartezeiten und damit zu einem unnötigen Zeitverlust für betroffene Rechtsanwälte führen. *Corsten/Stuhlmann* bezeichnen diese Verschwendung von Anwaltszeit ohne sachliche Notwendigkeit völlig zu Recht als Beleg „für planerische Unbeschwertheit vieler Richter“. Die Anwaltschaft sollte diese Untersuchung zum Anlaß nehmen, bei den jeweiligen Gerichten auf die erforderlichen Veränderungen zu drängen. 34

Für die Kanzleipraxis besonders bedeutsam sind die Vorschläge für **Maßnahmen zum Ausgleich** von Kapazitätsschwankungen bei § 29 Rdn. 14 ff. Zu unterscheiden sind angebotsorientierte Maßnahmen, die zu hausinternen Erleichterungen durch verbesserte Organisation führen, und nachfrageorientierte Maßnahmen durch die Steuerung des zeitlichen Auftretens der Nachfrager, also der Mandanten. Den größten Einfluß hat die Kanzlei naturgemäß auf ihr eigenes Angebot. Insofern können die anfallenden Aufgaben nach Prioritäten geordnet, es können Arbeitsblöcke gebildet und es können flexible Arbeitszeiten insbesondere der Rechtsanwälte eingerichtet werden. *Corsten/Stuhlmann* haben für dieses Handbuch eine Kanzleibefragung durchgeführt, deren Ergebnisse bei § 29 Rdn. 31 ff. vorgestellt werden. Sie haben hierbei festgestellt, daß die Kanzleien in der Regel aufgrund einer aktuellen Mandatsentwicklung reagieren, wohingegen eine mittelfristig ausgerichtete Personalplanung fehlt. Fragen des Kapazitätsmanagements werden vernachlässigt, zumal sich die Anwälte schon des Problems selbst bislang nicht bewußt sind. Für die Zukunft resultiert daraus ein dementsprechend **großer Handlungsbedarf**. 35

Einen ähnlichen Nachholbedarf verzeichnet *Reckenfelderbäumer* in § 30 Rdn. 1 im Hinblick auf die Beschäftigung mit dem **Kostenmanagement** einer Anwaltskanzlei. Herkömmlich widmet sich der Anwalt diesem Thema allenfalls, wenn es um einzelne Anschaffungen oder den Verzicht darauf im Alltagsgeschäft geht. Kosten- und Wirtschaftlichkeitsdenken als komplementäre Ergänzung zu juristischer Fachkompetenz ist Rechtsanwälten häufig fremd. Sie sind dementsprechend nicht in der Lage, die Möglichkeiten des Kostenmanagements im Hinblick auf eine **Optimierung des Dienstleistungsangebots** auszuschöpfen. 36

Die Grundvoraussetzung für ein gezieltes Kostenmanagement ist die exakte **Erfassung der Kanzleikosten** getrennt nach Kostenarten. Hierbei sind Einzelkosten, die verursachungsgerecht zu einer Bezugsgröße zugerechnet werden können, von den Gemeinkosten mit mehreren Bezugsobjekten zu unterscheiden. Die sog. Kostenträgerrechnung leistet eine Verrechnung der Kosten auf einzelne Kostenträger. Die Prüfung und Bewertung von Kosten in Beziehung zu Leistungsarten, Aufträgen und Mandanten (Bezugsobjekten) erlaubt Rückschlüsse auf die Möglichkeiten oder gar die Möglichkeit der Kostensenkung. Die präzise Analyse wird allerdings durch den hohen Anteil an Fix- und Gemeinkosten erschwert, die die Anwaltskanzlei prägt und flexible Anpassungen an Beschäftigungsschwankungen häufig verhindert. Eine der Aufgaben des Kostenmanagements liegt daher in der **Senkung derartiger Fixkosten**. 37

38 Kostenmanagement beschränkt sich hierbei nicht auf die Reduzierung einzelner Kostenfaktoren im Detail. In den letzten Jahren wird in der betriebswirtschaftlichen Literatur darüber hinaus die **strategische Dimension** betont (§ 30 Rdn. 35f.). Das Nachdenken über mögliche Ansätze zur Optimierung erlaubt die Einführung angemessener Leistungsprogramme am Markt.

39 Die **Instrumente eines Kostenmanagements** für Anwaltskanzleien werden bei § 30 Rdn. 57ff. erörtert. Ausgangspunkt ist eine ablauforientierte Zerlegung der Leistungsprozesse, das sog. Blueprinting. Besonders wichtig ist die Kenntnis der Kontaktpunkte des Mandanten mit der Kanzlei (sog. Front-office-Bereich), die die Qualitätswahrnehmung durch den Mandanten prägen. Die sich anschließende Prozeßkostenrechnung ermittelt die Kosten für die unterschiedlichen betrieblichen Abläufe mit dem Ziel der Offenbarung von Effizienzreserven und Rationalisierungspotential.

D. Informations- und Wissensmanagement, Datenverarbeitung

40 Anwaltliche Tätigkeit wird von *Haft/Duve* als „pure **Informationsverarbeitung** mit dem Ziel der Gewinnung und Nutzen von Wissen" charakterisiert. Dem Informations- und Wissensmanagement (§ 31 – *Haft/Duve*) und seiner Unterstützung durch eine moderne Datenverarbeitung (§ 32 – *Disterer*) wird daher ein besonderer Schwerpunkt dieses Handbuches gewidmet.

41 Ausgangspunkt der Darstellung ist die Beobachtung, daß der rasante **technische Fortschritt** des Informations- und Wissensmanagements bislang nicht in das Bewußtsein der Anwaltschaft gedrungen ist. Im Vordergrund des Kanzleialltags steht nach wie vor der zeitintensive Umgang mit **Papier**, die Möglichkeiten computergestützter Datenverarbeitung werden vernachlässigt.

42 Dabei ist die Erkenntnis im Grunde nicht neu, daß die juristischen Bibliotheken und die unaufhaltsam wachsende Zahl von Büchern und Fachzeitschriften den Benutzer mit einer Unmenge an Texten überflutet und ihn hiermit zunächst hoffnungslos überfordert. Anstelle der bei Anwälten häufigen Passivität unter resignierenden Wehklagen über diese **Papiermengen** schlagen *Haft/Duve* Wege vor, durch eine systematische und rechnergestützte Ordnung den Schlüssel zu dem **darin enthaltenen Wissen** zu schaffen.

43 Während der Zugang zu juristischen Fachinformationen herkömmlich eher über Gesetzeskommentare gesucht wird, betonen *Haft/Duve* den Wert **elektronischer Medien**. Informationssammlungen auf einer CD-ROM werden dabei jedoch als ähnlich vergangenheitsorientiert wie gedruckte Kommentare und somit als „computertechnisches Zwischenstadium" eingeschätzt. Umfassende und aktuelle Informationen ließen sich vorrangig mit Hilfe des Internet abrufen, das aber in den meisten Anwaltskanzleien gegenwärtig noch ein Schattendasein friste.

44 Neben die rechtliche tritt bei der Bearbeitung konkreter Fälle die tatsächliche Information, also die **Arbeit am Sachverhalt**. Die klassische Ordnung in verschiedenen Akten bedarf der Ergänzung durch die Nutzung moderner Datenverarbeitung. Sie erleichtert beispielsweise die Suche nach Begriffen. Die **Visualisierung** von Sachverhalten trägt gegenüber einer rein verbalen Kommunikation zu einem besseren Verständnis bei. Synopsen (z. B. von Aussagen verschiedener Zeugen) und Zeitachsen schaffen **Transparenz** und einen raschen Zugriff auf entscheidende Daten.

45 Das bei der Bearbeitung rechtlicher Probleme gewonnene **Fachwissen**, also das „eigentliche Kapital der Kanzlei", sollte ständig erschlossen, verbessert und optimal präsentiert werden. Häufig beruht es in Anwaltskanzleien (jeder Größenordnung) auf Zufällen, ob auf früher erworbenes Fachwissen zurückgegriffen werden kann oder nicht. Der Einzelanwalt wird sich zuweilen an eigene Präzedenzfälle erinnern.

46 Sobald die Zahl der Fälle ein bestimmtes Volumen erreicht oder mehrere Partner zusammenarbeiten, ist dieser Weg des Vertrauens auf die eigene Erinnerung nicht mehr

gangbar. Das erarbeitete Wissen muß nun in Form von einzelnen **Modulen** bereitgestellt und für eine spätere Benutzung zugänglich gemacht werden. Dies stößt auf zwei Schwierigkeiten: Zum einen bedarf es der Mitwirkung sämtlicher Berufsträger, die ihr eigenes Wissen mit den anderen teilen müssen; zum anderen erweist sich die Erschließung der vorhandenen Module in der Praxis als schwierig. Ein Hauptgrund hierfür besteht darin, daß bislang alle Versuche gescheitert sind, sog. **Expertensysteme** aufzubauen, um im Rechner über bloße Einzelinformationen hinaus komplexes Wissen zu repräsentieren, das eine eigenständige Bearbeitung komplexer Fragestellungen durch den Computer erlauben würde.

Haft/Duve plädieren im Ergebnis dafür, das Informations- und Wissensmanagement fest **47** in der **Kanzleikultur** zu verankern und als wichtigen Bestandteil der Kanzlei zu betrachten. Das berufliche Schicksal jedes Rechtsanwalts wird nach Einschätzung der Autoren davon abhängen, ob er bereit ist, die technischen Möglichkeiten unserer Zeit umfassend zu nutzen.

Auch *Disterer* betont in § 32 Rdn. 3 die Bedeutung der Informationen als wettbewerbs- **48** relevante Unternehmensressource. Sie liege nicht mehr nur in der technischen Handhabung von Daten, sondern darüber hinaus in der **Unterstützung der Unternehmensziele**. Datenverarbeitung könne zu einer Steigerung der Leistungs- und Wettbewerbsfähigkeit von Kanzleien und zur Nutzung vorhandenen Rationalisierungspotentials führen.

Zu Beginn muß die Analyse des Soll- und Ist-Einsatzes von Datenverarbeitung stehen **49** (§ 32 Rdn. 19ff.). Der Mandatsbearbeitung werden einzelne **Funktionen** zugeordnet, um sodann zu entscheiden, ob und ggfs. wie eine Teilfunktion durch Datenverarbeitung unterstützt werden soll. Im Bereich der Kostenrechnung ist dies beispielsweise die für das Kostenmanagement (dazu § 30 – *Reckenfelderbäumer*) erforderliche Kostenträgerrechnung. Im Bereich der Kommunikation überwindet die elektronische Post (e-Mail) die bisherigen Nachteile schriftlicher asynchroner Kommunikationsformen. Im Bereich der Leistungserfassung und -bewertung werden nicht nur diejenigen Aktivitäten ermittelt, die einem Mandanten unmittelbar in Rechnung gestellt werden, sondern auch alle übrigen für die Beurteilung der Wirtschaftlichkeit entscheidenden Tätigkeiten. Im Bereich der Fakturierung werden die einzelnen Schritte zur Rechnungsstellung im Rechner durchgeführt. Für die notwendigen Daten müssen bei der Abwicklung sämtlicher Vorgänge detaillierte Datenfelder angelegt werden (näher § 32 Rdn. 89ff.).

Bei § 32 Rdn. 94ff. bietet *Disterer* einen aktuellen Überblick über den Stand der **50** **Datenverarbeitungstechnik** hinsichtlich Hardware und Software. Im Gegensatz zu Deutschland, wo erst etwa 65% aller Rechtsanwälte über einen Arbeitsplatz mit Computer verfügen, werden die Möglichkeiten der heutigen Technik in den USA bereits sehr viel häufiger genutzt. Gegen die dort verbreitete **elektronische Post** werden in Deutschland Bedenken wegen des Datenschutzes und der notwendigen Vertraulichkeit vorgebracht. Allerdings fordern die Mandanten zunehmend diese Art der Kommunikation, so daß der Einsatz von elektronischer Post in naher Zukunft einen nicht zu unterschätzenden Wettbewerbsfaktor darstellen wird.

Die Anschaffung spezieller **Anwaltssoftware** führt häufig zu erheblichen einmaligen **51** und laufenden Kosten und einer langfristigen Bindung an den Anbieter. Bei § 32 Rdn. 147, 148ff. und 154 finden sich ein umfangreicher Katalog entscheidungsrelevanter Kriterien, ein sog. Phasenmodell zum geeigneten Vorgehen bei der Auswahl von Standard-Software und schließlich eine Checkliste für den Erwerb einer solchen Software. Ebenfalls auf die praktischen Bedürfnisse des Lesers zugeschnitten ist eine Übersicht über neuere Entwicklungen in der Datenverarbeitung, insbesondere bei automatischen Diktiersystemen, die die Ausführungen bei § 32 abrundet.

E. Zeit- und Fristenmanagement

52 Die Zeit gehört zu den wichtigsten **Ressourcen** eines jeden Rechtsanwalts. Diese banal erscheinende Erkenntnis steht einer massenhaften **Zeitverschwendung** im anwaltlichen Alltag gegenüber. Übermäßiger Zeitaufwand bei Angelegenheiten, die den Zielen des Rechtsanwalts im Grunde nicht dienen, führt zu Zeitnot bei der Bearbeitung von Angelegenheiten mit besonderer Bedeutung. Der Beitrag über Zeitmanagement (§ 33 – *Häcker*) soll Anwälten helfen, den Einsatz ihrer Zeit besser zu steuern und dadurch den beruflichen Erfolg zu optimieren.

53 Der Prozeß des **Zeitmanagement** ist hierfür in die **drei Abschnitte** der Planung, der Durchführung und der Kontrolle zu unterteilen. Der Planung, der etwa 1% der hiervon umfaßten Zeit eingeräumt werden sollte, kommt eine besondere Bedeutung zu. Der Anwalt sollte sich bewußt **Ziele** setzen; zuerst das Lebensziel, darauf aufbauend Ziele für immer kürzere Zeiträume. Ziele sind stets in Verbindung mit einem bestimmten Zeitpunkt zu definieren.

54 Die zur Zielerreichung notwendigen Aktivitäten sind nach **Prioritäten** zu gliedern, die in drei Klassen A (besonders wichtig), B und C erfaßt werden können. Die Erfahrung hat die sog. **80/20-Regel** hervorgebracht. Danach können mit den ersten 20% der aufgewandten Zeit 80% der Leistungsergebnisse erbracht werden. Die restlichen 80% der Zeit tragen also nur noch zu 20% der Gesamtleistung bei. Wenn diese Regel in das System der A-, B- und C-Mandate umgesetzt wird, bedeutet dies, daß mit 35% der aufgewandten Zeit (für A- und B-Aktivitäten) 85% der Ziele erreicht werden können. Diese Grundregel sollte bei der Einteilung des persönlichen Zeitbudgets in jedem Fall beachtet werden.

55 Ein wichtiges Element der anwaltlichen Zeitplanung bildet die Bearbeitung fristgebundener Angelegenheiten. Aufgrund seiner herausragenden praktischen Bedeutung wird dem **Fristenmanagement** ein eigener Beitrag (§ 34 – *Borgmann*) gewidmet. Eine angemessene und rechtzeitige Fristenplanung erleichtert auch ein funktionierendes Zeitmanagement (§ 34 Rdn. 6).

56 Fristenmanagement kann als die Schaffung und Aufrechterhaltung eines Systems zur Erfassung und Wahrung von Fristen definiert werden (§ 34 Rdn. 1). Es handelt sich um eine **originär anwaltliche Aufgabe**. Der Rechtsanwalt muß also persönlich die notwendigen organisatorischen Vorkehrungen treffen und notfalls selbst eingreifen. Er kann sich nicht durch Delegation seiner Verantwortung entledigen.

57 Die einzelnen **Mittel der Büroorganisation** werden bei § 34 Rdn. 13ff. ausführlich erläutert. Häufiger Gegenstand der höchstrichterlichen Rechtsprechung sind insbesondere die ordnungsgemäße Führung eines Fristenkalenders sowie der Einsatz des Telefax als modernes Kommunikationsmittel. **Fristenkalender** wurden früher ausschließlich in gedruckter Form verwendet. Der zunehmende Einsatz von Datenverarbeitung in der Kanzlei (näher § 32 – *Disterer*) erfaßt allerdings seit einigen Jahren diesen Bereich. Bei dem heutigen Stand der Technik können PC-Fristenkalender jedoch nur unter Vorbehalten empfohlen werden (§ 34 Rdn. 31 f.). Auch der Einsatz des **Telefons** ist nicht immer unproblematisch. Falls Fehler bei einer telefonischen Beratung gemacht werden, kann sich der Rechtsanwalt nicht durch die noch immer erstaunlich häufig zu beobachtenden Hinweise wie etwa „telefonische Auskünfte sind unverbindlich" von der Haftung freizeichnen.

58 Für den **täglichen Büroablauf** finden sich bei § 34 Rdn. 136ff., 143 Muster, an denen sich die Organisation orientieren kann. Hierbei sollte nicht vergessen werden, jedem Aufgabenträger einen gewissen zeitlichen Freiraum für Unvorhergesehenes zuzubilligen.

59 **Delegation** bestimmter Aufgaben an die Mitarbeiter des Rechtsanwalts ist möglich, sofern die Aufgabenerfüllung regelmäßig kontrolliert wird. Als Formen der Delegation kommen mündliche und schriftliche, einzelfallbezogene und generelle Weisungen in Betracht. Bei schriftlichen generellen Anweisungen ist für eine ständige Anpassung und Verbesserung unter Berücksichtigung der Erkenntnisse aus der praktischen Anwendung zu sorgen. Dies entspricht dem Anliegen des Qualitätsmanagement. Qualitätsmanagement und mit seiner Hilfe eine qualitativ hervorragende Arbeit sind schließlich die obersten Ziele jeder internen Kanzleiorganisation.

§ 25 TQM und Qualitätsmanagement[1]

*Dr. Reinhold Mauer**

Übersicht

Schrifttum: *Benkenstein*, Dienstleistungsqualität – Ansätze zur Messung und Implikationen für die Steuerung, in: Corsten, H. (Hrsg.), Integratives Dienstleistungs-Management, Wiesbaden 1994, 447; *Blodgett*, Applying the Baldrige Criteria to Your Law Firm. Bottom Line Management for Law Firms, Vol. 1, May 1996, 8.; *Bohlen*, Dem Kunden genau zuhören. Harvard Business Manager, Heft 2/1997, S. 119; *Bruhn*, Qualitätsmanagement für Dienstleistungen – Grundlagen, Konzepte, Methoden. Berlin, Heidelberg, New York 1996, 27; DAV, TQM – Qualitätsmanagement in der Anwaltskanzlei, Bonn 1997; *Ellis*, Der European Quality Award, in: Stauss, B. (Hrsg.), Qualitätsmanagement und Zertifizierung – Von DIN ISO 9000 zum Total Quality Management. Wiesbaden, 1994, 277; European Foundation for Quality Management, Der European Quality Award 1996, Bewerberbroschüre, 9; *Geiger*, Die Entstehung, Erstellung und Weiterentwicklung der DIN ISO 9000-Familie, in: Stauss, B. (Hrsg.), Qualitätsmanagement und Zertifizierung – Von DIN ISO 9000 zum Total Quality Management. Wiesbaden, 1994, 27; *Grunwals*, Der Weg zurück zur Nummer eins, in: Mertins, K., Siebert, G., Kempf, S. (Hrsg.), Benchmarking – Praxis in deutschen Unternehmen, Berlin, Heidelberg, New York 1995, 143.; *Krämer/Mauer*, Die strategische Bedeutung der Kundenzufriedenheit für den Rechtsanwalt. BRAK-Mitt. 1996, 22; *dies.*, Fragebogen zur Mandantenfindung und -bindung – Ein Praxisbericht zur Marktforschung durch Anwaltskanzleien. BRAK-Mitt. 1996, 141; *Kriependorf*, Organisation und Qualität in der modernen Wertediskussion. AnwBl. 1996, 208; *Malorny*, Der Weg zur Business Excellence. Absatzwirtschaft, Heft 1/1997, 72; *Malorny*, TQM umsetzen, Stuttgart 1996; *Mauer/Krämer*, Braucht eine Kanzlei Ziele?, AnwBl. 1998, 113; *Mauer/Krämer/Becker*, Unternehmensführung für rechts- und wirtschaftsberatende Berufe, München 1997; *Neitlich*, Servicing the Needs of your Clients – A Client Satisfaction Survey Law Practice Management, May/June 1996, 41.; *Reichheld*, Lernen Sie von abtrünnigen Kunden, was Sie falsch machen.

* Rechtsanwalt und Fachanwalt für Arbeitsrecht in Bonn, Kanzlei Prof. Dr. Hümmerich & Partner.

[1] Der Beitrag basiert im wesentlichen auf Auszügen aus dem Buch „Unternehmensführung für rechts- und wirtschaftsberatende Berufe" von *Mauer/Krämer/Becker*, 1. Aufl. München 1997.

Harvard Business Manager, Heft 2/1997, 57; *Reiss/Zydromomyslaw*, Qualitätsmanagement: Übertragung eines Konzepts in soziale Dienstleistungsorganisationen. Der Betriebswirt, Heft 4/1994, 32; *Streck*, Der objektiv „gute" Rechtsanwalt. AnwBl. 1996, 63; *Töpfer/Mehdorn*, Total Quality Management – Anforderungen und Umsetzungen im Unternehmen, 1994; *Waadt*, Oft treiben die Chefs die Fehlzeiten in die Höhe. Bonner General Anzeiger v. 15./16. 31997, 5; *Wagner-Zinober*, Dos and Donts of Client Satisfaction Surveys. Law Practice Management, May/June 1996, S. 38.

A. Einleitung zum Begriff „Qualität anwaltlicher Tätigkeit"

1 Wenige Begriffe sind derzeit so in aller Munde wie der Begriff der **Qualität**. Qualität stammt vom lateinischen Wort qualis (wie beschaffen) ab und umschreibt im allgemeinen „**Beschaffenheit**, Güte oder Wert" eines Objektes. Dabei ist es um so erstaunlicher, daß dieser Begriff mit einer extremen Bandbreite ausgelegt ist. Bevor also im weiteren von der Qualität der anwaltlichen **Beratungsleistung** die Rede sein wird, gilt es in einem einführenden Schritt, den Qualitätsbegriff zu definieren. Hierbei ist auch zu berücksichtigen, daß die Bedeutung der Qualität auch im Zeitablauf eine Veränderung erfahren hat. Ausgangspunkt der nachfolgenden Betrachtung ist die Qualitätsdefinition gemäß DIN 9004, nach der die **Dienstleistungsqualität** bestimmt ist als „Gesamtheit von Eigenschaften und Merkmalen einer Dienstleistung, die sich auf deren Eignung zur Erfüllung festgelegter und vorausgesetzter Erfordernisse beziehen".

Bei dieser **Definition** bleiben jedoch zwei Punkte offen[2]:

2 Zunächst bleibt unklar, wer die Erfordernisse hinsichtlich der zu erbringenden Qualität festlegt und bei wem damit die **Qualitätsmessung** zu erfolgen hat. Grundsätzlich kommen in Betracht: 1. Der Rechtsanwalt selbst als Anbieter der Leistung. 2. Der Mandant als „Nachfrager" bzw. Kunde. 3. Dritte, z. B. der Gesetzgeber oder ein Gericht. Im Sinne einer marktorientierten Interpretation des Qualitätsbegriffes stellt der Mandant die relevante Institution dar. Kurz: Die Qualität wird durch den Mandanten bestimmt, nicht durch Dritte, wie z. B. Unternehmens-Berater oder Zertifizierungsgesellschaften. Dieser Ansatz stellt einen Übergang von einem produktbezogenen Qualitätsbegriff (die Einzeleigenschaften sind objektiv beurteilbar) zu einem **kundenbezogenen** Qualitätsbegriff dar (entscheidend ist, wie die objektiv vorhanden Qualitätsmerkmale vom Mandanten wahrgenommen werden).

3 Die Definition geht weiterhin von „der Gesamtheit von **Eigenschaften** und Merkmalen" aus, anhand derer eine Qualitätsmessung erfolgen kann. Zu unterscheiden sind dabei aber **objektive** (= technisch bestimmte bzw. wissenschaftlich meßbare) und subjektive Komponenten (= persönliche Anforderungen des Kunden z. B. im Hinblick auf die Person des Anwaltes) des Qualitätsbegriffs. Während der Grundgedanke der Qualitätsmessung aus dem industriellen Sektor entstammt, in dem die objektiven Komponenten dominieren, so treten im Dienstleistungssektor zunehmend **subjektive** Komponenten in den Vordergrund. Dies gilt insbesondere für die Beratungsqualität der anwaltlichen Dienstleistung. Denn der Mandant ist typischerweise nicht in der Lage, die objektive Richtigkeit oder Zweckmäßigkeit der Beratung zu bewerten. An deren Stelle tritt seine subjektive Einschätzung, die er an Hilfskriterien, wie: äußeres Auftreten, Freundlichkeit der Mitarbeiter, Fehlerfreiheit der Schriftsätze usw. festmacht.

4 Einen Überblick über Indikatoren anwaltlicher Dienstleistungsqualität gibt Übersicht 1. Zu unterscheiden sind dabei die **Teilqualitäten** der Potential-, Prozeß- und Ergebnisqualität, die jeweils wiederum in eine technologische (WAS) und funktionale Dimension (WIE) zu unterscheiden sind: Bei der Potentialdimension steht die Wahrnehmung der Strukturen und Potentiale des Dienstleistungsanbieters im Vordergrund. Unter der Prozeßdimension sind die Einschätzungen der Prozesse während der **Leistungserstellung** zu verstehen. Schließlich kann auch das Ergebnis der Beratung als Basis für eine Leistungsbeurteilung herangezogen werden.

---

[2] *Benkenstein*, 447.

Qualitäts-dimension Teilqualitäten	Tech-Dimension (WAS)	Touch-Dimension (WIE)
Potentialqualität	■ Leistungsspektrum	■ Bekanntheitsgrad/Erscheinungsbild
(erwartete Qualität)	■ Fachkompetenz (Ausbildung) ■ Technische Ausstattung ■ Gütezeichen (Zertifizierung) ■ Tech-Servicestandards (hard factors)	■ Kanzleiatmosphäre ■ Persönlichkeit u. Ansehen ■ Referenzen ■ Touch-Servicestandards (soft factors)
Prozeßqualität (erfahrene Qualität)	■ Formaler Leistungsablauf ■ Zeitdauer der Abwicklung der Rechtsberatung	■ Erreichbarkeit ■ Einstellung und Verhalten des Personals ■ Atmosphäre
Ergebnis- und Wirkungsqualität (erhaltene Qualität)	■ Funktion ■ Dauerhaftigkeit und Nachhaltigkeit ■ Folgen	■ Erklärung der Leistung ■ Kommunikative Betreuung ■ Beschwerdeverhalten

Abbildung 1: Indikatoren der anwaltlichen Dienstleistungsqualität für den Mandanten

Quelle: Eigene Darstellung in Anlehnung an *Meyer, A.*: Kommunikationspolitik für Dienstleistungsunternehmen. In: Corsten, H. (Hrsg.), Integratives Dienstleistungsmanagement, Wiesbaden 1994, S. 257–286.

5 Ausgehend von dieser allgemeinen Definition gilt für die Dienstleistungsqualität und damit auch für die Qualität der Rechtsberatung folgende **Umschreibung**[3]:

> „**Dienstleistungsqualität** ist die Fähigkeit eines Anbieters, die Beschaffenheit einer primär intangiblen und der Kundenbeteiligung bedürfenden Leistung aufgrund von Kundenerwartungen auf einem bestimmten Anforderungsniveau zu erstellen. Sie bestimmt sich aus der Summe der Eigenschaften bzw. Merkmale von Dienstleistungen, bestimmten Anforderungen gerecht zu werden."

6 In der Praxis stößt dieses Qualitätsverständnis leicht auf Widerspruch, insbesondere durch Anwälte, die insbesondere die **„Kernleistung"** Rechtsberatung als qualitätsbestimmend (und zwar ausschließlich) ansehen. Andere sehen die gegenwärtige Qualitätsdiskussion und die „heraufbeschworenen Qualitätsprobleme" durch veränderte **Ansprüche** der Mandanten bedingt. So führt *Kriependorf* dazu aus: „Dafür (den suggerierten Mangel an Qualität, Anm. d. V.) gilt es Gründe zu suchen. Und wenn ich unterstelle – was kaum ernsthaft in Zweifel zu ziehen ist –, daß nämlich die Qualifikation der Anwaltschaft nicht drastisch gesunken ist in den letzten 30 Jahren, dann müssen die Gründe für das Mißtrauen, für diese zunächst unerklärte **Angst** vor einer Enttäuschung der Qualitätserwartung, bei den Klienten zu suchen sein."[4] So leicht kann man es sich natürlich machen, die Frage ist nur, welche Konsequenzen man daraus zieht.

7 *Streck* hingegen vertritt einen progressiven Ansatz und stellt dar:[5] „Der objektiv gute Anwalt kann dem Mandanten aus seiner subjektiven Sicht ein schlechter Anwalt sein. Der objektiv schlechte Anwalt kann dem Mandanten ein subjektiv guter Anwalt sein."

8 Um nachhaltig erfolgreich durch qualitativ hochwertige Arbeit zu sein, müssen beide Sichtweisen miteinander verbunden werden. Die Arbeit muß sowohl in der Sache gut sein als auch in den Augen des Klienten gut erscheinen. Zur abschließenden Verdeutlichung

---

[3] *Bruhn*, 27.
[4] *Kriependorf*, AnwBl. 1996, 208.
[5] *Streck*, AnwBl. 1996, 63.

dieses Zusammenhangs zeigt **Abbildung 1** mögliche Kombinationen der Bewertung von objektiver und subjektiver Leistung. Welche Probleme mit der Bewertung einer objektiv herausragenden Rechtsberatung verbunden sind, hat in besonderer Weise das Magazin „Focus" erfahren, dessen Veröffentlichung der Serie: „Die 500 besten Rechtsanwälte" als **wettbewerbswidrig** eingestuft wurde. Erst im April 1997 wurde der seit 1993 bestehende Konflikt zwischen dem Magazin und der Bayerischen Berufskammer der Ärzte und Anwälte vom BGH negativ für den Focus entschieden.

9 Vorliegend wird der Blick primär auf die **Kernleistung** gerichtet:

- Ist die Beratung objektiv gut und wird diese vom Klienten so bewertet, liegt der **Idealfall** vor. Entscheidend ist aber die subjektive Einschätzung des Klienten.
- Bewertet der Klient aus seiner Sicht die Beratungsleistung als schlecht, obwohl aus rechtlicher („technischer") Sicht alles getan wurde, gibt es zumindest ein **Kommunikationsproblem**. Dem Kunden muß dann deutlich gemacht werden, wo der Wert der Beratung zu sehen ist.
- Hat man sich einen Fehler geleistet (objektiv schlechte Leistung), der allerdings vom Klienten nicht so gesehen wird, da dieser aus seiner subjektiven Sicht nichts zu bemängeln hat, dann handelt es sich um einen „**Zeitbomben-Fall**". Nichts kann garantieren, daß die mangelhafte Leistung dem Klienten nicht früher oder später auffällt.
- Ein **Desaster** ist die Kombination von sowohl objektiv als auch subjektiv schlechter Leistung. Wird dies zur Dauersituation, kann man sich aus dem Geschäft verabschieden.

10

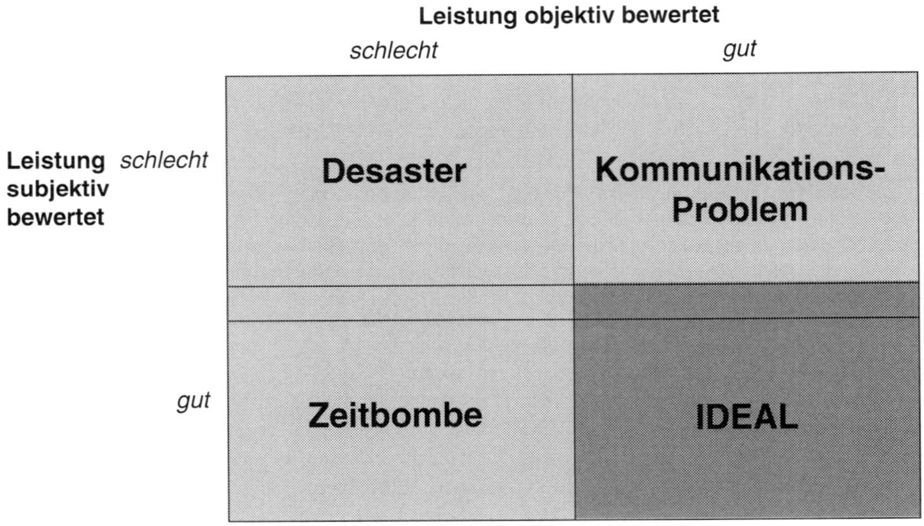

Abbildung 2: Bewertung einer Beraterleistung aus objektiver und subjektiver Sicht.
Quelle: Simon, Kucher & Partners (1997).

B. Was bedeutet TQM?

I. TQM als Management-Modell

11 Nach der Darstellung der Bedeutung der Dienstleistungsqualität für den anwaltlichen Beratungssektor stellt sich die Frage, wie sich der **Qualitätsgedanke** in der Praxis umsetzen läßt, wie Qualität Gegenstand des anwaltlichen Managements werden kann. Das Konzept lautet schlicht und ergreifend Total Quality Management oder kurz TQM. Kaum ein Begriff beherrscht derzeit die Managementliteratur in einem Ausmaß wie

TQM. Da es gerade im Bereich des Qualitätsmanagements nur so von **Begriffsverwirrungen** wimmelt, hier zunächst eine kurze Umschreibung, was TQM bedeutet.

TQM läßt sich, wie der Name schon sagt, als eine **Managementmethode** und **Philosophie** beschreiben, bei der versucht wird, alle Qualitätsdimensionen gleichermaßen in einem kontinuierlichen Prozeß zu verbessern. Nach *Töpfer/Mehdorn* ist TQM 12

- Qualitätsbewußtsein und **Qualitätssicherung**, und zwar in allen Phasen der Wertschöpfungskette sowie bei allen Führungskräften und Mitarbeitern
- ein umfassender Denk- und **Handlungsansatz**
- strategisches Reengineering und ganzheitliche **Restrukturierung**
- Unternehmensphilosophie und **Führungskonzept** für das ganze Unternehmen.

In einer Negativabgrenzung ist TQM von anderen Ansätzen zu unterscheiden, weil es sich dabei nicht um eine verfeinerte Qualitätssicherung oder um eine operative Detailoptimierung handelt.[6] Der **umfassende** Qualitätsbegriff nach TQM wird zur Verdeutlichung in Übersicht 2 einem traditionellen Qualitätsverständnis gegenübergestellt:[7] 13

14

Traditioneller Qualitätsbegriff	Total Quality Management
Eindimensionaler, herstellerorientierter Qualitätsbegriff („Wir bestimmen, was gut ist")	Erweiterter mehrdimensionaler, kundenorientierter Qualitätsbegriff („Der Kunde bestimmt, was gut ist")
Enger Kundenbegriff (extern)	Erweiterter Kundenbegriff (extern und intern)
Qualität als Aufgabe von wenigen	Alle Mitarbeiter sind für Qualität zuständig
Toleranzen sollen eingehalten werden	Systematische Qualitätsförderung mit dem Ziel einer Null-Kunden-Abwanderung
Qualität und Produktivität als (scheinbarer) Widerspruch	Produktivität durch Qualität
Qualität als sekundäres Unternehmensziel	Qualität als primäres Unternehmensziel

Abbildung 3: Traditioneller Qualitätsbegriff versus Total Quality Management

Folgende Prinzipien sind die Basis des Ansatzes: 15

- Jede nachgelagerte Phase in der **Wertschöpfungskette** ist ein interner Kunde. Dies bedeutet, es entsteht eine interne Kunden-Lieferanten-Beziehung. Jeder Mitarbeiter muß sich die Fragen stellen „Wer ist mein interner Mandant?", „Was erwartetet er von mir?" und „Was kann ich tun, um fehlerfrei zu arbeiten?".
- Die Qualität der eigenen Leistung wird nicht nur durch die eigenen Anforderungen bestimmt, sondern auch durch die Anforderungen der nachgelagerten Phasen innerhalb einer Wertschöpfungskette. Um bestens auf die Anforderungen des „**internen** Kunden" ausgerichtet zu sein, bedarf es einer innerbetrieblichen Marktforschung. Die Anforderungen der nachgelagerten Mitarbeiter müssen erforscht werden. Dies führt von vornherein zu einer **funktionsübergreifenden** Optimierung der zu erbringenden Teilleistungen.
- Die einzelnen Wertschöpfungsstufen sind für die Optimierung der eigenen Arbeitsabläufe in bezug auf Qualität, Kosten und **Zeit** verantwortlich. Damit ist die Vorausset-

[6] *Töpfer/Mehdorn*, 9.
[7] *Reiss/Zydromomyslaw*, Der Betriebswirt Heft 4/1994, 32.

zung für eine funktionsinterne Optimierung geschaffen. Im Endeffekt ist jeder für die Qualität der eigenen Arbeit selbst verantwortlich.

16 Aus diesen Prinzipien folgt konsequenterweise eine ganze Reihe von organisatorischen **Anpassungsreaktionen**. Die gesamte Wertschöpfungskette muß transparent gemacht werden. Die Anzahl beteiligter Gruppen im Prozeß ist auf ein Minimum herunterzufahren. Gleichzeitig vergrößert sich der **Handlungsspielraum** einer Stelle/Funktion. Die Zusammenarbeit beteiligter Gruppen in einem Beratungsprozeß erfolgt enger und mit höherer Frequenz. Um dies effizient zu gestalten, ist eine zusätzliche Qualifikation der Mitarbeiter erforderlich (Aufgabe der Personalentwicklung). Im Endeffekt wird die Ablauf- und **Aufbauorganisation** optimiert.

17 Zusammenfassend werden die Bausteine von TQM beschrieben als:

Total . . . d. h., alle Personengruppen müssen in den Qualitätsmanagementprozeß einbezogen werden (alle internen und externen Kunden)

Quality . . . d. h. die konsequente Ausrichtung der Leistungserstellung auf die internen und externen Kunden

Management d. h. die Verantwortung der höchsten Führungsebene des Beratungsunternehmens für eine systematische Qualitätsüberzeugung und -verbesserung.

II. Was hat TQM mit ISO 9000 zu tun?

18 ISO 9000 ist der Versuch, Unternehmen zu einem verbesserten Qualitätsmanagement zu verhelfen. Hatte die Qualitätsbewegung ursprünglich das Ziel der **Fehlervermeidung** im militärischen Bereich und der Raumfahrt[8] in den USA (seit den 50er-Jahren), so drängte sich der Qualitätsbegriff immer mehr in das Blickfeld der **Verbrauchsgüterindustrie** und schließlich auch in den Dienstleistungssektor. Die Qualität der jeweiligen Leistung bestimmt über Erfolg und Mißerfolg im Wettbewerb. Qualität ist jedoch weniger ein Produkt des Zufalls als vielmehr dasjenige eines gelungenen „Herstellungsprozesses" gleich welcher Leistung. Diesen **Herstellungsprozeß** konstruktiv und kreativ zu leiten, ist Aufgabe des sog. Qualitätsmanagements, begriffen als ein alle menschliche, technische und organisatorische Faktoren umfassendes strategisches Konzept.

19 Wie aber kann man ISO 9000 zu TQM in **Relation** setzen? TQM ist im Gegensatz zu ISO 9000 kein Zertifikat oder eine Auszeichnung, TQM ist ein umfassendes Unternehmensführungskonzept mit der Zielsetzung einer ständigen Qualitätsverbesserung. Letztendlich zielt TQM auf eine Verbesserung der Wettbewerbsfähigkeit ab. Demgegenüber steht bei ISO 9000 die Erleichterung internationaler und nationaler **Handelsbeziehungen** im Vordergrund; dies geschieht durch ein „gegenseitiges Erkennen und Anerkennen von Mindeststandards".

20 Ein Vergleich des Wesens von ISO 9000 in Relation zu TQM – operationalisiert durch international anerkannte **Qualitätspreise** wie den Malcom Baldridge National Award oder den European Quality Award – zeigt, daß das TQM-Konzept wesentlich umfangreichere und umfassendere **Anforderungen** an die Unternehmen stellt als ISO 9000.[9] Dies wird insbesondere an dem Fehlen folgender Inhalte im DIN ISO 9000-Normensystem deutlich:

- Einbeziehung des gesamten Unternehmens. Während TQM darauf aufbaut, daß sozusagen „alle Elemente eines Unternehmens an einem Strang ziehen", ist laut ISO auch eine Zertifizierung einzelner Unternehmensteilbereiche möglich.
- Verbesserung der Qualität über die Erfüllung der Anforderungen hinaus. Hierzu führt *Thomas Lee*, Präsident des Centers for Quality Management aus: „Das Problem von ISO besteht darin, daß nur **Minimalanforderungen** aufgestellt werden. Die Verbesserung der Wettbewerbsfähigkeit steht nicht im Vordergrund."[10]
- Festlegung der **Kundenzufriedenheit** als oberstes Ziel. Qualität ist kein Selbstzweck,

[8] Vgl. *Geiger*, 27.

[9] *Ellis*, 277

[10] Schriftliche Stellungnahme vom 28. 5. 1996 auf die Anfrage von *Krämer*.

sondern muß letztendlich in höherer Kundenzufriedenheit – oder besser noch – Kundenbindung münden.
- Einbeziehung des Qualitätsvergleichs unterschiedlicher Unternehmen. Während beim TQM-Konzept der direkte Vergleich mit **Konkurrenzunternehmen** stark fokussiert wird – vergessen wir nicht, daß die Erhöhung der Wettbewerbsfähigkeit eine zentrale Zielsetzung ist –, bleibt diese Sichtweise bei ISO nicht verankert.
- Schaffung einer Kultur ständiger Verbesserung. Nach dem Motto „derjenige, der stehenbleibt, verliert" wird TQM als permanter **Verbesserungsprozeß** verstanden (mit einem aus Japan stammenden Begriff auch **Kaizen** genannt). Demgegenüber sind die ISO-Normen ein statischer Ansatz.

C. Die Wurzeln des Qualitätsgedankens

Um die Entwicklung des umfassenden Qualitätsbegriffes in kurzen Zügen aufzuzeigen, sind nachfolgend die Grundgedanken der wichtigsten **Qualitätsvordenker** dargestellt. Die wesentlichen Schwerpunkte der jeweiligen theoretischen Ansätze werden in aller Kürze skizziert. 21

I. Deming

Deming gehört zu den Entwicklern der japanischen Qualitätstheorie, obwohl eigentlich Amerikaner. Ausgehend von einem **14-Punkte-Programm**, mit dem er sich insbesondere an Führungskräfte wandte, geht er seinem Ziel einer simultanen Verbesserung der Qualität und Produktivität nach. 22

23

1. Aufbau der Zielsetzung einer ständigen Verbesserung angebotener Produkte und Serviceleistungen	8. Förderung der Kommunikation und der Produktivität
2. Übernahme der Null-Fehler-Philosophie	9. Zusammenarbeit unterschiedlicher Abteilungen mit dem Ziel einer gemeinsamen Problemlösung
3. Abstandnahme von rein statistischen Kontrollen	10. Beseitigung von Botschaften, die keine genau festgelegten Verbesserungen betreffen
4. Verpflichtung der Lieferanten zum Qualitätsnachweis	11. Nutzung statistischer Verfahren, um Qualität und Produktivität zu bewerten
5. Permanente Verbesserung von Produktion und Service	12. Beseitigung von Hindernissen, hochwertige Leistungen zu erbringen
6. Ständige Weiterbildung der Mitarbeiter	13. Laufendes Angebot von Fortbildungsveranstaltungen, um mit den laufenden Marktveränderungen Schritt halten zu können
7. Bereitstellung geeigneter Instrumente zur korrekten Aufgabenerfüllung durch die Mitarbeiter	14. Eindeutige Verpflichtung des Managements zur Qualität

Abbildung 4: Das 14-Punkte-Programm von Deming

24 Grundgedanke ist, daß der überwiegende Teil von Qualitätsmängeln auf systembedingte Fehler zurückzuführen ist. Mit Hilfe statistischer Verfahren der **Prozeßsteuerung** und -regelung sollen diese verhindert werden. Die Neuheit von *Demings* Theorie besteht in der These, durch Qualitätsverbesserungen ließe sich der Unternehmenserfolg steigern. Dieser Zusammenhang wird häufig als sog. **Deming-Kette** dargestellt. Die einzelnen Elemente dieser Kette sind jeweils direkt mit dem folgenden verbunden:

Verbesserte Qualität → Verbesserte Produktivität → Sinkende Kosten → Wettbewerbsfähige Preise → Sichere Marktanteile → Festigung der Organisation → Sichere Arbeitsplätze → Mehr Arbeitsplätze → Return on Investment

II. Juran

25 Neben *Deming* zählt *Juran* zu den Mitbegründern der „**japanischen** Qualitätskultur". Bereits 1951 veröffentlichte er sein Konzept der Qualitätssicherung. *Juran* definiert sein Verständnis von Qualität als „fitness for use", eine wirklich prägnante Formel. Nach dieser Umschreibung bestimmt nicht die Mühe des Herstellers die Qualität, sondern die Gebrauchstauglichkeit einer erstellten Leistung in der **Wahrnehmung** der Kunden. Dies entspricht auch dem Ansatz dieses Beitrages. Neben dieser bemerkenswerten Definition wird *Juran* zugeschrieben, er habe als erster ein völlig neues Verständnis von Qualitätskontrolle entwickelt. In seinem Konzept spielt das Bemühen um eine permanente Verbesserung eine zentrale Rolle. Hinsichtlich der systematischen Qualitätsförderung werden zwei Fehlertypen unterschieden. Bei sporadischen Fehlern handelt es sich um Fehler, die auf der operativen Ebene, nämlich von den Mitarbeitern selbst, behoben werden können. Dies trifft bei chronischen Fehlern nicht mehr zu. Hier sind die **Führungskräfte** gefragt.

26 Einen gänzlich neuen Aspekt in die Debatte bringt er durch die Erweiterung der Qualitätsdebatte um den Begriff des internen Kunden. Der Qualitätsbegriff wird somit zur abteilungsübergreifenden Aufgabe. Vor diesem Hintergrund spricht *Juran* von einer „Quality Trilogy", die die Funktionen **Qualitätsplanung**, -regelung und -verbesserung umfaßt. Innerhalb dieses Ansatzes wird zwar die Notwendigkeit von **Fortbildungsmaßnahmen** der Mitarbeiter betont, dessen Beteiligung am Qualitätsprozeß bekommt aber insgesamt einen geringeren Stellenwert als beim Deming-Ansatz.

III. Crosby

27 *Crosby* zählt im deutschsprachigen Raum mit Sicherheit zu den bekanntesten Vertretern umfassender Qualitätskonzepte. Dies resultiert insbesondere aus seinen Beiträgen zum Thema **„Null-Fehler-Programm"**. Seine Kernthesen sind in vier Punkten zusammenzufassen:

- Qualität als Übereinstimmung mit Anforderungen. Um Qualität produzieren zu können, müssen die meist subjektiven Qualitätsstandards offengelegt werden.
- Vorbeugung als **Grundprinzip**. Um eine nachhaltig hohe Qualität aufrechtzuerhalten, sollte man weniger das Endprodukt im Auge behalten, als vielmehr den Prozeß der Leistungserstellung. Je früher im Prozeß der Wertschöpfung angesetzt wird, desto stärker der Effekt der Vorbeugung.
- Null Fehler als Standard. Diese These ist als **Grundphilosophie** zu verstehen, weil sie sich entschieden von irgendwelchen Toleranzschwellen abwendet, nach dem Motto „Solange nichts wirklich Schlimmes passiert, werden wir schon weiterkommen". Nur wer die Null-Fehler-Strategie wirklich verinnerlicht, ist auf der sicheren Seite.
- Kosten der Nichterfüllung von Anforderungen als Maßstab. *Crosby* wendet sich von technischen Meßgrößen zur Bewertung von Qualität ab und nutzt statt dessen den Begriff der **Qualitätskosten**. Nach neuerem Verständnis umfassen die Qualitätskosten zum einem die Kosten zur Erfüllung vorgegebener Qualitätsstandards, zum anderen

auch die Kosten der Nichtqualität. Man könnte letztere auch als qualitätsbezogene Opportunitätskosten bezeichnen.

D. Die sieben Elemente des TQM

TQM ist ein umfassendes Konzept, es geht weit über prozeßbezogene Qualitätssicherung hinaus. Von der Ausrichtung her umfaßt es sowohl die „Innenwelt" wie auch die „Außenwelt" einer Kanzlei. Thematisch umfaßt es alle Fach- und **Sachbereiche**, d. h. alle Aufgaben von der Unternehmensführung bis hin zur Buchhaltung, von der juristischen Sachbearbeitung bis hin zum sozialen Engagement. Um die verschiedenen Gebiete faßbarer zu machen, kann man sie allerdings systematisieren. Der im TQM-Leitfaden des DAV gewählte Ansatz mit einer Gliederung in sieben Teile wird hier wiedergegeben, da er durchaus zweckmäßig erscheint.[11] 28

I. Zielorientierung und Strategie der Anwaltskanzlei[12]

Es gibt schlechthin kein gutes Qualitätsmanagement in einer desorientierten Kanzlei oder sonstigen Unternehmen. Alle bekannten TQM-Modelle verlangen daher von den Anwendern des Modells, daß zunächst die Ziele des Unternehmens klar und schriftlich definiert werden. Es gilt also, den **Lebenszweck**, die „Mission" einer Kanzlei zu beschreiben. Dies ist keine Selbstverständlichkeit, denn Anwaltskanzleien unterscheiden sich durchaus voneinander. Der Sinn einer authentischen Definition der eigenen **Daseinsberechtigung** ist mehr als eine philosophische Übung, er verschafft Klarheit und Einigkeit. Dies gilt sowohl für den als Einzelanwalt tätigen wie auch für die gemeinschaftliche Tätigkeit mehrerer Anwälte, unabhängig von der Rechtsform der Kanzlei. 29

Die Kanzleiziele sollten von den „**Gesellschaftern**" gemeinsam erarbeitet werden, am besten unter Mitwirkung der übrigen Anwälte der Kanzlei, die keine – vollwertigen – Partner sind. 30

Nachfolgende **Elemente** sollten von den Kanzleizielen erfaßt werden: 31

A. Unternehmensfunktion

B. Oberste Unternehmensziele

- I. Marktleistungsziele
- II. Markstellungsziele
- III. Rentabilitätsziele
- IV. Finanzwirtschaftliche Ziele
- V. Markt- und Prestigeziele
- VI. Soziale Ziele in bezug auf Mitarbeiter
- VII. Gesellschaftsbezogene Ziele
- VIII. Vertikale Prioritätsordnung

C. Verhaltensgrundsätze (Ethikkodex gegenüber Stakeholders)

- I. Gegenüber Mitarbeitern
- II. Sozien untereinander
- III. Marktpartner
- IV. Kapitaleigner

D. Leistungskonzept

- I. Organisationskonzept
- II. Führungskonzept
- III. Planungs- und Kontrollsystem

[11] TQM-Qualitätsmanagement S. 45ff.

[12] Vgl. hierzu insbes.: *Mauer/Krämer/Becker*, Rdnr. 180ff.; *Mauer/Krämer*, AnwBl. 1998, S. 113ff.; TQM-Qualitätsmanagement, 45ff.

II. Unternehmensführung, Abgrenzen von Kompetenzen[13]

32 Die in der Kanzlei anfallenden Aufgaben und Arbeiten müssen definiert (zusammengestellt) werden. In einem zweiten Schritt sind sie dann den Anwälten und Mitarbeitern zuzuordnen und dabei die jeweiligen **Kompetenzen** festzulegen. Kompetenz bedeutet die Befugnis, etwas tun zu dürfen. Hiermit korrespondiert die Verantwortlichkeit des Aufgaben-„Inhabers" für die richtige Durchführung der Aufgabe.

33 Für die Mitarbeiter in einer Kanzlei kann dies z. B. in Tätigkeits- oder **Stellenbeschreibungen** geschehen. Aber auch die Befugnisse der Anwälte sollten zur Vermeidung von positiven oder negativen **Kompetenzkonflikten** klar abgegrenzt werden.

III. Mitarbeiterorientierung[14]

34 Die Bedeutung der Mitarbeiter einer Kanzlei aus TQM-Sicht wird dann deutlich, wenn man deren Berücksichtigung innerhalb der **Internationalen** Qualitätspreise betrachtet. So finden sich z. B. im Modell des European Quality Award zwei von insgesamt neun Elementen, die sich mit den Mitarbeitern eines Unternehmens befassen: Element 3 (Mitarbeiterorientierung) und Element 7 (**Mitarbeiterzufriedenheit**). Diese Elemente machen einen Anteil von 18% der Gesamtbewertung aus.

35 Hinsichtlich des „Umgang(s) der Organisation mit ihren Mitarbeitern" verlangt der European Quality Award, daß aufgezeigt wird:

- wie **Mitarbeiterressourcen** geplant und verbessert werden
- nach welchen Kriterien eingestellt wird oder auch ein Mitarbeiterverhältnis beendet wird
- wie Mitarbeiter und Teams Ziele vereinbaren und die Leistungen laufend überprüfen
- wie die Beteiligung aller Mitarbeiter am Prozeß der ständigen Verbesserung gefördert wird und wie Mitarbeiter autorisiert werden, selbst zu handeln
- wie eine effektive **Kommunikation** vertikal und horizontal erreicht wird
- wie die Kompetenzen und Fähigkeiten der Mitarbeiter durch Personalplanung, -auswahl und -fortbildung begründet und weiterentwickelt werden.

36 Zum Element „Mitarbeiterzufriedenheit" sagt der Untertitel: „Was die Organisation im Hinblick auf die Zufriedenheit ihrer Mitarbeiter leistet". Der European Quality Award verlangt unter anderem, die **Beurteilung** der Organisation durch die **Mitarbeiter** aufzuzeigen.

37 Insgesamt ist also ein geplantes Verhalten der **Kanzleiführung** gefordert, das nicht erst einsetzt, wenn die Mitarbeiter scharenweise davonlaufen oder andauernd krank sind. Im Mittelpunkt muß das Gespräch des Anwaltes mit seinen Mitarbeitern stehen. Deren persönliche Wünsche und Ziele sollte der Anwalt und damit die Kanzlei kennen. Andernfalls kann man nämlich nicht auf die Bedürfnisse der Mitarbeiter, gleich mit welchem Ergebnis, eingehen.

IV. Kontrollierter Umgang mit Ressourcen, Zeitmanagement[15]

38 Ein gezieltes und auf ein in jeder Hinsicht optimales Ergebnis ausgerichtetes Handeln beinhaltet stets den Einsatz bestmöglicher Mittel. Bestmöglich heißt nicht zwingend „Das Teuerste". In einer Kanzlei werden verschiedene **Sachmittel** (Bücher, Büromaterial, EDV, Raum (Büroflächen usw.)), **Geld** und Personen, sogenannte **„Human resources"**, eingesetzt. Nicht alle Ressourcen sind gleich wichtig und nicht alle sind gleich knapp. Die Knappheit einzelner Ressourcen führt zu Streß und Fehlern. Knappe Ressourcen bilden Engpässe. Eine auf Effektivität und Fehlervermeidung zielende Vorgehensweise zielt

[13] TQM-Qualitätsmanagement, 61 ff.
[14] TQM-Qualitätsmanagement, 81 ff.
[15] TQM-Qualitätsmanagement, 115 ff.

daher auf die Optimierung von Kapazitätsengpässen. Den Engpaß schlechthin bildet typischerweise die einsetzbare Arbeitszeit der Rechtsanwälte. Weil Anwälte oftmals objektiv oder subjektiv „zu wenig" Zeit haben und sich die eingesetzte Zeit nur unter unökonomischen **Grenzkosten** (Streß, Schlafdefizit, Familienkrisen usw.) erhöhen läßt, müssen andere intelligentere Wege zur Lösung des „Zeit-Syndroms" gefunden werden. Die Antworten können in sichtbaren Organisationsverbesserungen und/oder in Änderungen der Arbeitsinhalte (Abstoßen zeitaufwendiger, aber keinen **Deckungsbeitrag** erbringender Geschäftsfelder) liegen.

Es wird an dieser Stelle ausdrücklich darauf hingewiesen, daß ein effektives **Zeitmanagement**[16] nur möglich ist, wenn: 39

- der einzelne bereit ist, sich selbst zu disziplinieren
- es keine inhaltlichen **Tabus** gibt („Das kann ich nicht ändern, ... das habe ich immer schon so gemacht!")
- ein Mindestmaß an Zeiterfassung und Auswertung von **strategischen** Kennzahlen existiert (Kosten und Deckungsbeiträge sind bekannt, Akten- und Geschäftsfelderlöse werden ausgewertet, Vergleichszahlen anderer Kanzleien sind jedenfalls grob bekannt).

Hier in Kürze eine **Checkliste** der notwendigen Schritte für ein Management der Kanzlei-Ressourcen: 40

1. Festlegung von Verantwortung für bestimmte Ressourcen (Finanzen usw.) zu bestimmten Personen durch die Kanzleiführung.
2. Einrichtung eines **EDV**-gestützten Kennzahlensystems der finanziellen Ressourcen. Dieses sollte nachfolgende Kennzahlen umfassen:
   - Kostenplanung und Kostenkontrolle für Jahr, Quartal und Monat
   - Umsatzplan und Umsatzkontrolle für Jahr, Quartal und Monat
   - Offene-Posten-Liste, wöchentliche Kontrolle
   - Rechnungssummen-Liste, wöchentliche Kontrolle
   - **Liquiditätsplan**, wöchentliche Kontrolle
3. Einrichtung einer Deckungsbeitragskontrolle für alle laufenden Akten, selektiert nach den Kriterien: Rechtsgebiet und Anwalt (bzw. Dezernat).
4. Analyse und Anpassung des erzielten Gewinns. Hinzu kommt – fakultativ – auch die **Budgetierung** von Arbeitszeiten der Anwälte (Kapazitätsplanung). Die bewußte und kontinuierliche Auseinandersetzung mit dem Problem der Zeit führt regelmäßig bereits zu einer Streßreduzierung.
5. Einführung und ständige Verbesserung eines echten Zeitmanagements der einzelnen Rechtsanwälte.

V. Ordnung und Effektivität, Organisation der Verfahrensabläufe[17]

Wenn jede Akte in einer Kanzlei jederzeit ohne mündliche Erläuterung zu „den Besonderheiten" von Mandant oder Mandat von Anwalt zu Anwalt und von Sekretärin zu Sekretärin wechseln kann, liegt ein geordnetes Aktensystem vor. Das ist leider in der Realität nicht immer vorzufinden. Die Schaffung von **Zuständigkeiten** und Verantwortungen wurde oben bereits angesprochen, sie ist Bestandteil der Unternehmensführung. 41

Daneben zählt die Schaffung einer Aufbau- und Ablauforganisation, die ständig mit Hilfe der Mitarbeiter und Anwälte verbessert wird, zu den Qualitätselementen, die Fehler vermeiden sollen, ohne daß hierdurch eine Erfüllung der juristischen und sonstigen Erwartungen des Mandanten bereits gewährleistet würde. Die Sicherstellung von organisatorischen **Mindestvoraussetzungen** ist aus Sicht des Mandanten ein Indiz für die inhaltliche Qualität, obwohl hier objektiv bestenfalls ein mittelbarer Zusammenhang besteht. Dieser besteht in der Vermutung, daß eine Kanzlei mit einer perfekten Ablauf- 42

[16] Siehe auch unter § 33.
[17] TQM-Qualitätsmanagement, 135 ff.

organisation (alle Fristen werden eingehalten, kein Schriftsatz hat einen Fehler, jeder Anwalt ist erreichbar, nirgendwo liegen „herrenlose" Akten herum usw.) mit einer erhöhten Wahrscheinlichkeit auch eine sehr hohe juristische Sorgfalt in der **Sachbearbeitung** walten läßt als eine „chaotische" oder schlecht organisierte Kanzlei.

43 TQM setzt diesbezüglich voraus,[18] daß die Kanzlei und ihre Manager:

- sich über **Arbeitsprozesse** bewußt Gedanken machen und schriftlich niederlegen
- ausdrücklich die Optimierung aller Arbeitsabläufe besprechen und/oder beschreiben
- Verantwortlichkeiten und Kompetenzen festlegen
- Mißverständnisse über Zuständigkeiten durch eindeutige Regelungen vermeiden
- ständig selbst nach neuen **Verbesserungsmöglichkeiten** suchen und diese umsetzen
- Mitarbeiter zu Verbesserungsvorschlägen gegenüber der Führung motivieren.

VI. Mandantenzufriedenheit[19]

44 Eine Kanzlei tut dann das Notwendige für die Zufriedenheit ihrer Mandanten, wenn jeder Anwalt und jeder Mitarbeiter genau die Leistung erbringt, die der Mandant von der Kanzlei erwartet.

45 Dies ist leider eine Utopie, denn die individuellen Erwartungen der verschiedenen Mandanten sind nicht nur unterschiedlich, sie sind auch oft unbekannt oder nicht nachvollziehbar. Analog zur **Zufriedenheit** der Mitarbeiter muß sich jeder Anwalt darüber klar werden, daß er die Erwartungen seiner Mandanten nicht durch seine eigene Vorstellung über die Erwartung der Mandanten ersetzen darf. Sowohl der Berufsanfänger wie oftmals noch mehr der „gestandene Anwalt" liegt bei seinem vermuteten **Erwartungsbild** des Mandanten zum Teil oder ganz neben der Sache. Dies kann das Ziel der Rechtsberatung oder Rechtsvertretung selbst betreffen, wie auch andere, dem Mandanten unter Umständen entscheidend wichtige Aspekte. Hierzu zählen je nach Mandant z. B.:

- Die **Kosten** der Rechtsberatung, ihre Höhe und Zusammensetzung
- Die Person der Anwalts selbst, sein Auftreten, seine Ausstrahlung, seine Sprache
- Die Freundlichkeit der Mitarbeiter der Kanzlei
- Die **Atmosphäre** einer Kanzlei
- Die Erreichbarkeit und Termintreue des Anwaltes
- Die Verständlichkeit des Handelns der Kanzlei, insbesondere der geschriebenen **Sprache**.

46 Um es kurz zu machen: Man trifft unabhängig von der angebotenen Dienstleistung oder dem verkauften Produkt die Anforderungen der jeweiligen Kunden mit der größten **Wahrscheinlichkeit**, wenn man die Kunden unmittelbar nach ihren Anforderungen und deren Erfüllung durch die Kanzlei befragt. Dies liegt auf der Hand und kann gar nicht oft genug gesagt werden.[20] Es bieten sich sowohl mündliche wie auch schriftliche Befragungen an. Auch die internationalen Qualitätspreis-Modelle stellen diese Anforderung. Der European Quality Award verlangt z. B. folgendes:

- Die Beurteilung bezüglich der Produkte, Dienstleistungen und Kundenbeziehungen der Organisation durch die Kunden.
- Die Entwicklung zusätzlicher **Meßgrößen**, die die Zufriedenheit der Kunden der Organisation beschreiben.

VII. Volkswirtschaftliche Nutzenstiftung, Gutes Image[21]

47 Es mag erstaunen, aber auch ein auf den ersten Blick uneigennütziges Verhalten wird vom DAV sowie von den Modellen der internationalen Qualitätspreise vorausgesetzt. An dieser Stelle wird erwartet, daß ein Mindestmaß an **Gemeinnützigkeit** in jeder Kanzlei ver-

---

[18] TQM-Qualitätsmanagement, 149.
[19] TQM-Qualitätsmanagement, 151 ff.
[20] *Krämer/Mauer*, BRAK-Mitt. 1996, 22; *Krämer/Mauer*, BRAK-Mitt. 1996, 141.
[21] TQM-Qualitätsmanagement, 171 ff.

ankert ist. Diese Gemeinnützigkeit beginnt bei der Gesetzestreue jedes Anwalts, einschließlich der Steuerehrlichkeit, und setzt sich fort bis zur Wahrnehmung von Ehrenämtern.

Der positive Nebeneffekt jeder Guten Tat kann darin liegen, daß das Gute von Dritten erkannt wird. TQM setzt an dieser Stelle nur die Vorgabe, überhaupt eine diesbezügliche Tätigkeit nach außen zu entfalten. Eine Verbesserung des **Images** mag der Dank dieses Schaffens sein.

E. Benchmarking – Wie man von den besten Konkurrenten lernen kann

Benchmarking bedeutet die Nutzung von unternehmensexternem strategischen Zahlenmaterial zur Identifizierung der eigenen Leistungsreserven. Einen Benchmarking-Prozeß wollen wir anhand eines **beispielhaften** Problems darstellen. Ein Unternehmen lokalisiert für sich ein Kostenproblem. Man glaubt, die gesamte Kostenentwicklung laufe aus dem Ruder. Gleichzeitig ist sich die Führung nicht im klaren darüber, ob die Kostenexplosion ein marktbezogenes Problem darstellt – oder etwa – was natürlich viel schlimmer wäre – einzelbetriebliche Ursachen hat. Folgende Schritte sind zu berücksichtigen (Abbildung 5):[22] 48

49

Prozeßabschnitt	Arbeitsschritte
Planung	• Bestimmung der Unternehmensbereiche, die einem Benchmarking unterzogen werden sollen • Identifikation von vergleichbaren Unternehmen • Festlegung einer geeigneten Methode der Datenzusammenstellung und anschließende Datensammlung
Analyse	• Bestimmung der aktuellen Leistungslücke • Abschätzung der zukünftigen Leistungsfähigkeit
Integration	• Kommunikation der Benchmark-Studie und Akzeptanzgewinnung • Aufstellen von funktionalen Zielen
Aktion	• Entwicklung von Aktionsplänen • Durchführung von Maßnahmen und Ergebniskontrolle • Einsetzen von Anpassungsmaßnahmen

Abbildung 5: Benchmarking als strukturierter Prozeß

- Bestimmung der Unternehmensbereiche, die einem Benchmarking unterzogen werden sollen. Dies ist in unserem Beispielfall die gesamte Kostenrechnung. Neben der inhaltlichen Abstimmung müßte in diesem Schritt auch festgelegt werden, wer Projektverantwortlicher ist und in welchem Zeitrahmen die Untersuchung ablaufen soll. 50
- **Identifikation** von vergleichbaren Unternehmen. Als Vergleichsbasis sollten Unternehmen gesucht werden, bei denen in etwa gleiche Arbeitsabläufe auftreten oder gleiche Beratungen erfolgen. Sicherlich macht es keinen Sinn, wenn sich Beratungsunternehmen Vergleichsunternehmen aus der verarbeitenden Industrie suchen. 51
- Festlegung einer geeigneten Methode der **Datenzusammenstellung** und anschließende Datensammlung. Zunächst gilt es zu sichten, welche Daten überhaupt zur Verfügung stehen. Üblicherweise sind die eigenen Daten am einfachsten zusammenzustellen. Zu empfehlen ist, daß etwa 3–4 Vergleichsunternehmen herangezogen werden. Dabei soll es sich nicht um irgendwelche Unternehmen, sondern die führenden Anbieter, die sog. 52

[22] Darstellung in Anlehnung an *Grunwals*, 143.

„Best in Class" handeln. Die fehlende Transparenz im Beratungssektor erschwert sicherlich die Vorgehensweise, so daß Kreativität bei der Datenbeschaffung angesagt ist. Erste Anhaltspunkte können auch verfügbare Statistiken sein. Beispielsweise erhebt das Institut für Freie Berufe unter Anwaltskanzleien Kosten- und Erlösdaten. Teilnehmende Unternehmen haben die Möglichkeit, daß das Institut als Serviceleistung einen Vergleich der eigenen Unternehmensdaten mit dem Durchschnitt aller Kanzleien durchführt. Dies ist im eigentlichen Sinne dann kein Benchmarking, kann aber ein erster Schritt dorthin sein. Schließlich besteht die Zielsetzung ja nicht darin, sich an den **Durchschnitt** der Wettbewerber anzupassen, sondern durch einen Vergleich mit dem führenden Unternehmen den „Quantensprung" zu ermöglichen (schlagartige Verbesserung).

53 – Bestimmung der aktuellen Leistungslücke. Eine Leistungslücke ergibt sich dann, wenn die eigene Leistung schlechter als die beste Leistung von einem Vergleichsunternehmen ist (vgl. Abbildung 6). Je größer die aufgezeigte **Lücke**, desto größer das **Verbesserungspotential**. Die Gegenüberstellung zeigt insbesondere Probleme bei den Kriterien Umsatz/Mitarbeiter, Fehlzeiten und Billable hours. Offensichtlich bestehen im Unternehmen ernste Schwierigkeiten bez. der Erreichung eines adäquaten Produktivität. Ob hier ein Führungsproblem vorliegt (die hohen durchschnittlichen Fehlzeiten können darauf hindeuten), ist nicht definitiv zu sagen.[23] Auf den Zusammenhang zwischen Arbeitszufriedenheit am und den Fehlzeiten im Büro wird häufig hingewiesen. Das Münchener Unternehmensberatungsinstitut Geva lokalisierte als wesentliche Gründe für fehlende Zufriedenheit: Mangelnde Mitarbeiterförderung, mangelnde Teamfähigkeit der Vorgesetzten sowie die Unfähigkeit zur Motivation der Mitarbeiter.

54

Kriterium	Eigener Wert*	Wert V_{-1}	Wert V_{-2}	Wert V_{-3}	💣 Problem
Umsatz/Mitarbeiter in 1000 DM	250	270	290	310	💣
Kosten in % v. Umsatz	43	40	42	41	✔
Telefonkosten/Mitarbeiter in DM/Mo.	300	400	250	600	✔
Durchschnittliche Fehlzeiten (Tage/J.)	2,5	3,5	1,5	1,0	💣
Billable hours in % von ges. Stunden	45	50	55	57	💣
Stunden Overhead in % vom Gesamten	20	25	25	19	✔
Einkommen der festangestellten Mitarbeiter in DM/Monat (brutto)	4500	5000	6500	4400	✔

* V_{-1} bis V_{-3} entsprechen Vergleichsunternehmen

Abbildung 6: Beispiel einer Benchmark-Analyse für die Kostenrechnung

55 – Abschätzen der zukünftigen Leistungsfähigkeit. Die künftige bzw. potentielle Leistungsfähigkeit läßt sich abschätzen, indem die verschiedenen Bereiche, in denen die eigenen Werte hinter denen der Konkurrenz zurückbleiben, mit den Zielwerten verglichen werden. Die Zielwerte sollten sich an dem jeweils für den einzelnen Bereich besten Konkurrenten orientieren. Da alle genannten einzelnen Bereiche aus der vorgenannten Übersicht in Geld umrechenbar sind, ergibt sich hieraus die Möglichkeit, Kosteneinsparpotentiale und Gewinnerhöhungspotentiale zu erfassen. Für den ersten „Defizitbereich", nämlich den Umsatz je Mitarbeiter, ergibt sich eine potentielle Leistungssteigerung je Mitarbeiter von 60 000 DM pro Jahr. Bei 10 Mitarbeitern beläuft sich somit das Leistungssteigerungspotential auf 600 000 DM.

[23] Vgl. *Waadt*, 5.

– Kommunikation der Benchmark-Studie und Akzeptanzgewinnung. **Potentiale** aufzudecken und zu berechnen ist eine Sache, Ansätze zu finden, die berechneten Leistungsreserven auch praktisch zu nutzen, ein zweiter Schritt. Um diesen Schritt vorzubereiten, müssen die Ergebnisse den Mitarbeitern präsentiert werden, so daß diese **psychologisch** auf die erforderlichen Konzepte vorbereitet sind. 56
– Aufstellen von funktionalen Zielen und Entwicklung von **Aktionsplänen**. Zur Ausnutzung der Leistungsreserven müssen Ziele in Etappen vorgegeben werden, bei denen sich die Mitarbeiter nicht im vorhinein bereits überfordert fühlen. Fehlt hier die notwendige Akzeptanz, erübrigen sich alle folgenden Maßnahmen. Beispielsweise könnten sich die Mitarbeiter in einer Teamsitzung zur zukünftigen Entwicklung des Unternehmens hinsichtlich einer geplanten **Umsatzsteigerung** je Mitarbeiter von 10% p. a. verpflichten (committment). 57
– Durchführung von Maßnahmen und Ergebniskontrolle und Einsetzen von Anpassungsmaßnahmen. Zur Durchführung bedarf es eines konkreten Plans und konkreter Veränderungspunkte. Hier ist beispielsweise zu überprüfen, ob die geplante Personalaufstockung tatsächlich wie geplant einsetzen kann oder ob nicht angesichts der neuen **Zielvorgaben** Korrekturen notwendig sind. Werden die verabschiedeten Konzepte in die Praxis umgesetzt, so gilt es, in gewissen Zeitabständen einen Soll/Ist-Vergleich aufzustellen. Treten dann Abweichungen auf, d. h. ist man vom Zielpfad abgekommen, müssen entweder die Ziele nochmals hinterfragt oder aber neue Konzepte zur Zielerreichung erdacht werden. 58

Die Suche nach der **Best Practice** ist auf den ersten Blick eine feine Sache zur Situationsbestimmung. Werden Benchmarks gefunden und mit eigenen Leistungsmerkmalen oder Unternehmensdaten verglichen, sind leicht Defizite oder Wettbewerbsvorteile aufzudecken. Oft fängt die schwerste Arbeit dann erst an. Defizite festzustellen ist ein erster Schritt, die Ursachen zu ermitteln, eine darüber hinausgehende Aufgabe. Zu recht kritisiert *Reichheld* die überhöhten Erwartungen, die an die Best Practice Methode gerichtet werden, mit der Begründung[24]: „Sobald ein System gut funktioniert, hängt sein Erfolg von einer ganzen Kette subtiler **Wechselwirkungen** ab. Zu bestimmen, welche Glieder in dieser Kette die wichtigsten sind, ist nicht einfach. Falls sie tatsächlich identifizierbar sind, würde sich ihre relative Bedeutung in dem Maße verändern, wie sich die Systemumwelt verändert." 59

F. Marktforschung als Basis kontinuierlicher Verbesserung der gesamten Kanzlei

Kunden- und Mitarbeiterbefragungen sind heutzutage extrem „in". Nicht zu unrecht, denn TQM kann nur funktionieren, wenn verläßliche **Informationen** vorliegen, auf deren Grundlage man Handlungsanweisungen abzuleiten versucht. Da für den Beratungssektor in den meisten Fällen firmenspezifische Daten fehlen, ist man gezwungen, Informationen im Unternehmen oder bei den **Firmenkunden** zu erheben. 60

Um eine wirklich repräsentative Stichprobe für eine Klientenbefragung zu erhalten und gleichzeitig die Kosten der Erhebung in einem angemessenen Rahmen zu halten, bieten sich schriftliche Befragungen an. Man muß sich aber im klaren darüber sein, daß insgesamt eine ganze Fülle von **methodischen** Punkten mit zu berücksichtigen ist.[25] 61

Auf der anderen Seite sprechen auch einige Argumente für die Durchführung einer mehr **qualitativen** Mandantenbefragung im Anschluß an ein Beratungsgespräch. Hier ist 62

[24] *Reichheld*, 57.
[25] *Krämer/Mauer*, BRAK-Mitt. 1996, 147.; *Wagner-Zinober*, 38; *Neitlich*, 41.

im Vorfeld zunächst genau auszuloten, wie der Mandant dies bewertet. Ein solches Gespräch liegt schon deshalb nahe, weil der Geschäftskontakt ja ohnehin erfolgt, d. h. der Mandant muß nicht speziell aufgesucht werden.[26]

63 Nach einer kurzen Erläuterung, welchen Sinn die nachfolgende kurze „Diskussion" haben soll (hier muß eindeutig der Nutzen, den dieses Gespräch für den Klienten hat, aufgezeigt werden), sollten dann Fragen zur Beratungsleistung, zu eventuellen Auffälligkeiten, potentiellen Verbesserungsansätzen gestellt werden. Diese Stufen können in der **Praxis** in folgenden Fragen bestehen:

64

- ☐ „Frau/Herr ... darf ich Ihnen zum Abschluß unseres Gesprächs noch einige Fragen zu unserem Unternehmen stellen? Wie Sie wissen, sind wir immer bestrebt, noch besser zu werden. Wir brauchen da auch hin und wieder die Sicht von außen. Würden Sie mir noch kurz einige Einschätzungen geben?"
- ☐ „Wie zufrieden sind Sie denn insgesamt mit der Leistung unseres Hauses? Ist die Beratung denn so abgelaufen (auch vom Ergebnis), wie Sie sich das so vorgestellt hatten?"
- ☐ „Ist Ihnen während des Beratungsprojektes irgend etwas besonders negativ oder positiv aufgefallen, haben Sie beispielsweise bemerkt, daß wir eine neue Telefonanlage haben, die unnötige Wartezeiten der Anrufenden verhindern soll?"
- ☐ „Wenn Sie an unserer Stelle wären, was würden Sie anders machen? Wo sehen Sie überhaupt Potential für Verbesserungsmaßnahmen?"

65 Die Informationen, die der Klient während des Gesprächs übermittelt, können einerseits direkt niedergeschrieben werden (dies kreiert möglicherweise aber den Eindruck einer „Testsituation") oder sie werden nachträglich zusammengefaßt. In diesem Fall hat man eher die Möglichkeit, ein ungezwungenes **Gespräch** zu führen.

G. TQM-Bewertung in der Praxis durch Qualitätspreise und Qualitätsmodelle

I. Branchenübergreifende Qualitätspreise

1. Malcolm Baldrige National Quality Award

66 Das Konzept eines Total Quality Managements muß scheitern, wenn keine adäquaten Ansätze zur Implementierung vorliegen. Informationen darüber, welche Punkte zu beachten sind, um TQM in der Praxis umzusetzen, können aus dem Aufbau von sogenannten Qualitätspreisen gewonnen werden. International sind nur drei Preise nennenswert, die quasi den Grundstock für eine Vielzahl von abgeleiteten Awards bilden. Es handelt sich dabei um den Malcom Baldridge National Quality Award (MBNQA in den **USA**), den Deming Prize (Japan) und den European Quality Award, der wiederum sehr eng an den US-amerikanischen Preis angelehnt ist. Im folgenden wollen wir uns in Kürze näher mit dem MBNQA befassen.

67 Die Idee zur Auslobung eines Qualitätspreises entstand in den USA zu Beginn der **80er Jahre**, ausgelöst durch massive Probleme der Exportwirtschaft. Bei der Suche nach den Gründen für die verschlechterte Wettbewerbsstellung nahm man die Position der japanischen Konkurrenz unter die Lupe. Das Resultat: Die Amerikaner sahen sich insbesondere in puncto Qualitätsverständnis im Rückstand. Mit der klaren Zielsetzung, sich innerhalb

---

[26] Vgl. *Bohlen*, Harvard Business Manager, Heft 2/1997, S. 119.

möglichst kurzer Zeit ein TQM-bestimmtes Verständnis von Produkt- und Servicequalität anzueignen, wurde das Konzept aus der Taufe gehoben. Mit dem „Malcom Baldridge Quality Improvement Act" wurde am 20. August 1986 die gesetzliche Grundlage für den MBNQA geschaffen. Vergeben wird der Preis in drei verschiedenen Kategorien (kleine Unternehmen mit weniger als 500 Mitarbeitern sowie größere Industrie- und Dienstleistungsunternehmen). In jedem Jahr werden maximal zwei Preisträger in jeder Kategorie ermittelt.

Award-Gewinner haben die Möglichkeit, diesen Gewinn für Ihre Kommunikationsstrategie zu nutzen. Dies ist besonders lukrativ vor dem Hintergrund, daß längst nicht alle theoretisch möglichen Preise vergeben werden, der Preis demzufolge knapp und wertvoll bleibt. Auf der anderen Seite verpflichten sich die **Gewinner**, Informationen über ihre Anstrengungen auch anderen US-Unternehmen zur Verfügung zu stellen. Die einzelnen Bausteine des MBNQA sind in Abbildung 7 dargestellt. 68

69

Malcolm Baldrige National Quality Award (Stand 1994)

Bewertungs-/Kriteriengruppen	Kriterien	Punktzahl, max.
1 Führungsverantwortung	1,1...1,3	95
2 Information und Analyse	2,1...2,3	75
3 Strategische Qualitätsplanung	3,1...3,2	60
4 Entwicklung und Management des Humanpotentials	4,1...4,5	150
5 Management der Prozeßqualität	5,1...5,5	140
6 Qualitäts- und Geschäftsergebnis	6,1...6,4	180
7 Kundenorientierung und -zufriedenheit	7,1...7,6	300

European Quality Award (Stand 1993)

Bewertungs-/Kriteriengruppen: Befähiger	Bewertungs-/Kriteriengruppen: Ergebnisse	Kriterien	Punktzahl, max.
1 Führung		1a...1f	100
2 Politik und Strategie		2a...2e	80
3 Mitarbeiterführung		3a...3e	90
4 Ressourcen		4a...4d	90
5 Prozesse		5a...5e	140
	6 Kundenzufriedenheit	Auswahlkriterien	200
	7 Mitarbeiterzufriedenheit	Auswahlkriterien	90
	8 Auswirkung auf die Gesellschaft	Auswahlkriterien	60
	9 Geschäftsergebnisse	finanzielle/nicht-finanzielle	150

Abbildung 7: Die Entwicklungsstufen zu TQM – Grundhaltungen zur Qualität

Quelle: eigene Darstellung

70 Die Grundprinzipien des Malcom Baldridge National Quality Awards können in folgenden Punkten festgehalten werden:

71 – Die Kunden, und nicht das Unternehmen, bestimmen und definieren, was Qualität bedeutet. Folgt man diesem Grundsatz, so bedeutet dies die konsequente Ausrichtung der Leistungserbringung auf die **Kundenbedürfnisse**. Jedes Unternehmen muß sich die Frage stellen, welchen Kundennutzen es erbringt.

72 – Qualität ist in besonderem Maße Sache der Unternehmensführung. Das Management muß für die Mitarbeiter klare **Qualitätsstandards** festlegen, an die sich alle verbindlich halten können. Führung heißt in diesem Zusammenhang aber auch, den Mitarbeitern soviel Freiraum zu geben, daß sie unternehmerisch kreativ sein können.

73 – Aktives Qualitätsmanagement bedeutet niemals Stagnation. Da Qualität kein fester Begriff ist, sondern einer gewissen **Dynamik** unterworfen ist (veränderte Ansprüche der Klienten), erfordert konsequentes Qualitätsmanagement einen Prozeß ständiger Verbesserung. Das heißt nichts anderes, als daß eine permanente Überprüfung dahingehend erfolgen muß, ob „wir noch auf dem richtigen Weg sind" und „was besser gemacht werden kann".

74 – Jeder Mitarbeiter hat **Qualitätsverantwortung**. Alle Mitarbeiter tragen an ihrem Arbeitsplatz Qualitätsverantwortung. Daher müssen diese zielorientiert aus- und weitergebildet werden. Qualitativ hochwertige Arbeit setzt voraus, daß sich die Mitarbeiter mit ihrer Arbeit identifizieren und zufrieden sind. Dies ist natürlich kein Selbstzweck, sondern hat einen „knallharten", betriebswirtschaftlichen Hintergrund. Schließlich zweifelt niemand mehr daran, daß ein enger Zusammenhang zwischen Kunden- und Mitarbeiterzufriedenheit besteht. Erst wenn die **Mitarbeiterzufriedenheit** regelmäßig erfaßt wird – dies muß nicht im Rahmen von standardisierten schriftlichen Befragungen, sondern kann in einem kurzen Gespräch erfolgen –, kann von der Seite der Unternehmensführung richtig (gegen)gesteuert werden.

75 – Zeit als Wettbewerbsfaktor wird immer dominierender. Klienten erwarten heutzutage immer schnellere **Reaktionszeiten**. Deshalb müssen alle Wege gegangen werden, die zu einer Verkürzung der Bearbeitungszeiten beitragen. Schnelligkeit setzt aber auch voraus, daß die Mitarbeiter genügend Verantwortung haben, bei dringenden Anfragen auch eine Entscheidung zu treffen.

76 – Im vorhinein Fehler zu vermeiden ist sinnvoller, als nachher Fehler auszubügeln. Im Rahmen der **Fehlerprävention** fallen vergleichsweise niedrige Kosten an. Man muß sich in diesem Zusammenhang fragen, bei welchen einzelnen Stufen der Erbringung von Beratungsleistung Fehler auftauchen können und wie diese zu vermeiden sind.

77 – Qualität muß ein zentraler Bestandteil der Firmenphilosophie sein.

78 – Das Management muß sich an harten Fakten orientieren. Unternehmensführung „aus dem Bauch" führt nur zufällig zu einem Qualitätsmanagement. Strategien sollten auf der Grundlage von Fakten abgeleitet werden. Nur was tun, wenn kaum Daten vorliegen? Hier hilft nur eines. Auch Berater brauchen **Marktforschung**. Es müssen Daten beschafft werden, und zwar im Rahmen von Kunden- und Mitarbeiterbefragungen, Produktivitätsvergleichen, Auswertung von Kostenrechnungen usw.

2. European Quality Award, andere Preise

79 Der European Quality Award wird mit Unterstützung der europäischen Kommission von der European Foundation for Quality Management (**E. F. Q.M.**) verliehen. Die Teilnahme an diesen Qualitätswettbewerben ist jedoch in der Regel nur für große Unternehmen möglich. Die internationalen Qualitätspreis-Modelle sowie der Deutsche Ludwig-Erhard-Qualitätspreis sind auf deutsche Anwaltskanzleien aufgrund der organisatorischen Voraussetzungen für eine solche Teilnahme praktisch ausgeschlossen, da jedenfalls mehr als 500 Mitarbeiter vorhanden sein müssen. Als fremdüberprüfte TQM-

Modelle scheiden diese Qualitätspreise für deutsche Anwaltskanzleien somit aus. Brauchbar sind sie nur im Rahmen von **Selbsteinschätzungen**. Das heißt, man wendet die Kriterien in der eigenen Kanzlei an, ohne daß sie von der den Preis verleihenden Stelle überprüft werden. In diesem Fall geht allerdings die nicht zu unterschätzende Wirkung des „sportlichen Wettbewerbs" verloren. Dies trifft auch für den TQM-Leitfaden des DAV zu.

Die inhaltlichen Bewertungsverfahren sowohl des European Quality Awards wie auch des Malcolm Baldrige National Quality Awards umfassen über die Prüfung von Arbeitsprozessen hinaus andere **Unternehmensführungselemente**, die sich unmittelbar auf die Qualität der Leistung selbst auswirken. Hierunter fallen die Unternehmenspolitik und Strategie, Unternehmensführung, Mitarbeiterorientierung, die Verwaltung von Ressourcen, Mitarbeiterzufriedenheit, Kundenzufriedenheit, gesellschaftliche Verantwortung sowie die Geschäftsergebnisse des Unternehmens. 80

Die Grundlage der Beurteilung der Bewerber zum European Quality Award sind schriftliche Bewerbungsunterlagen. Grundlage des Bewerbungsschreibens ist hierbei die Selbsteinschätzung des Bewerbers, die sich auf alle neun **Hauptkriterien** des oben abgebildeten TQM-Modells beziehen muß. In der Qualitätsmanagement-Literatur ist heute weithin anerkannt, daß das Instrument der Selbsteinschätzung (sogenanntes self-assessment) anhand eines modellhaften Systems des Qualitätsmanagements dem Anwender relativ rasch und deutlich starke und verbesserungswürdige Bereiche eines Unternehmens aufzeigen kann.[27] 81

Für die **Bewerbung** um den European Quality Award ist die Selbsteinschätzung eine zwingende Grundvoraussetzung. Für sämtliche der neun Hauptkriterien muß der Bewerber den Nachweis der vollständigen Erfüllung sowie der kontinuierlichen Verbesserung erbringen. 82

Der European Quality Award unterscheidet zwischen zwei Bereichen, und zwar einmal dem Bereich **„Befähiger"** und einmal dem Bereich **„Ergebnisse"**. Für den Bereich Ergebnisse muß der Bewerber darlegen, wie sich finanzielle und qualitätsorientierte Schlüsselkennzahlen entwickelt haben. Dabei sollen Aussagen zu möglichen Trends im Vordergrund stehen. Zu unterscheiden sind hierbei schließlich interne und externe Kennzahlen. In dem Bereich „Befähiger" muß dargestellt werden, durch welche **Maßnahmen** das Unternehmen zu den Ergebnissen gekommen ist. Dabei wird zwischen dem Vorgehen und dem Grad der Umsetzung im Unternehmen unterschieden. Hierbei sollte darauf geachtet werden, daß eine Verknüpfung im Sinne einer Kausalität zwischen den beschriebenen Ansätzen und den zuvor ausgeführten Ergebnissen erkennbar wird.[28] 83

Die schließlich eingereichten Bewerbungsunterlagen des Unternehmens werden einem aus 4 bis 6 Gutachtern (sogenannten Assessoren) unter Führung eines leitenden Gutachters bestehenden Team vorgelegt und zunächst von den Gutachtern unabhängig voneinander bewertet. Schließlich wird eine Gesamtbeurteilung der Unternehmens vorgenommen, die in einer Vor-Ort-Prüfung die praktische Seite bewertet. Auch solche Unternehmen, deren Bewerbung für eine Prüfung aus Sicht der Auszeichnungs-Jury nicht ausreichend sind, erhalten einen umfassenden **Feedback**-Bericht, der die Stärken und Schwächen aus Sicht der Gutachter auflistet und beschreibt. 84

Trotz der fehlenden Teilnahmemöglichkeit für Anwälte ist die normative Gewichtung der Befähiger- und der Ergebnis-Kriterien interessant. Abbildung 8 zeigt die Bewertungsnormen der Befähigerkriterien:[29] 85

---

27 Vgl. statt aller: *Malorny,* 242.
28 TQM-Leitfaden, 29 ff.
29 Quelle: European Foundation for Quality Management, 18

86

Ergebnisse	Bewertung	Umfang
Anekdotisch.	0%	Ergebnisse betreffen wenige relevante Bereiche und Tätigkeiten.
Einige Ergebnisse weisen positive Trends und/oder zufriedenstellende Leistungen auf. In einigen Fällen Übereinstimmung mit den eigenen Zielen.	25%	Ergebnisse betreffen einige relevante Bereiche und Tätigkeiten.
Viele Ergebnisse weisen positive Trends und/oder anhaltend gute Leistungen seit mindestens drei Jahren auf. In vielen Bereichen Übereinstimmung mit den eigenen Zielen.		
Einige Vergleiche mit externen Organisationen. Einige Ergebnisse sind auf das TQM-Konzept zurückzuführen.	50%	Ergebnisse betreffen viele relevante Bereiche und Tätigkeiten.
Die meisten Ergebnisse weisen deutlich positive Trends und/oder anhaltend hervorragende Leistungen seit mindestens drei Jahren auf. Günstige Vergleiche mit den eigenen Zielen in vielen Bereichen. Günstige Vergleiche mit externen Organisationen in vielen Bereichen. Viele Ergebnisse sind auf das TQM-Konzept zurückzuführen.	75%	Ergebnisse betreffen die meisten relevanten Bereiche und Tätigkeiten.
Deutlich positive Trends und/oder anhaltend hervorragende Leistungen seit mindestens fünf Jahren in allen Bereichen. Ausgezeichnete Vergleiche mit eigenen Zielen und externen Organisationen in den meisten Bereichen.		
„Klassenbester" in vielen Tätigkeitsbereichen. Ergebnisse sind eindeutig auf das TQM-Konzept zurückzuführen. Positive Anzeichen, daß Spitzenposition beibehalten wird.	100%	Ergebnisse betreffen alle relevanten Bereiche und Tätigkeiten.

Abbildung 8: Bewertungsnormen der Befähigerkriterien

87 Die Prüfer bewerten jeden Unterpunkt der **Ergebniskriterien**, indem ebenfalls zwei Faktoren miteinander kombiniert werden, und zwar (1) die Güte der Ergebnisse und (2) der Umfang der Ergebnisse. Vergleiche Abbildung 9:[30]

[30] Quelle: European Foundation for Quality Management, 19.

Vorgehen	Bewertung	Umsetzung
Anekdotisch oder ohne Wertschöpfung.	0%	Wenig effektive Anwendung.
Einige Anzeichen für fundierte Ansätze und auf Prävention beruhende Systeme. Wird gelegentlich überprüft. Teilweise Integration in die tägliche Arbeit.	25%	Bei etwa einem Viertel des Potentials angewandt, wenn man alle relevanten Bereiche und Tätigkeiten berücksichtigt.
Nachweis für fundiertes systematisches Vorgehen und auf Prävention beruhende Systeme. Wird regelmäßig auf gesamte Effektivität überprüft. Gute Integration in die tägliche Arbeit und Planung.	50%	Etwa bei der Hälfte des Potentials angewandt, wenn man alle relevanten Bereiche und Tätigkeiten berücksichtigt
Klarer Nachweis für fundiertes systematisches Vorgehen und auf Prävention beruhende Systeme. Klarer Nachweis für Verfeinerung und verbesserte Gesamt-Effektivität durch Überprüfungszyklen. Gute Integration in die tägliche Arbeit und Planung.	75%	Bei etwa dreiviertel des Potentials angewandt, wenn man alle relevanten Bereiche und Tätigkeiten berücksichtigt.
Klarer Nachweis für fundiertes systematisches Vorgehen und auf Prävention beruhende Systeme. Klarer Nachweis für Verfeinerung und verbesserte Gesamt-Effektivität durch Überprüfungszyklen. Vorgehen ist vollkommen in die tägliche Arbeit integriert.	100%	Beim gesamten Potential in allen relevanten Bereichen und Tätigkeiten angewandt.
Könnte als Vorbild für andere Organisationen dienen.		

88

Abbildung 9: Ergebniskriterien

89 Bei der Gewichtung der neun Kriterien des European Quality Awards für das Gesamtergebnis gilt folgendes: **Wichtigstes Qualitätskriterium** ist die **Kundenzufriedenheit**. Bei einer Kanzlei entspricht dies der Zufriedenheit der Mandanten mit der anwaltlichen Leistung mit einem Gesamtgewicht von 20%. Es folgen die wirtschaftlichen Ergebnisse (15%), Arbeitsabläufe (= Prozesse, 14%), Führung (10%), die Ausrichtung und die Zufriedenheit der Mitarbeiter (jeweils 9%), der Umgang mit finanziellen, sachlichen und technischen Mitteln (= Ressourcen, 9%), die Fähigkeit zur Bestimmung der eigenen Ziele (= Politik und Strategie, 8%) und schließlich die Verantwortung gegenüber der Gesellschaft (6%).

II. Anwaltspezifische Qualitätspreise

90 Rein anwaltspezifische Qualitätspreise für Qualitäts- bzw. Kanzleimanagement existieren derzeit nicht oder sind jedenfalls nicht bekannt. Es ist jedoch denkbar – und selbstverständlich legitim – einen solchen Preis auszuloben und für Kanzleien ist es ebenso

zulässig, daran teilzunehmen. Daß die gesetzlichen Grenzen einzuhalten sind (Anwaltliche Verschwiegenheitspflicht usw.) ist selbstverständlich. Die Entwicklung bleibt abzuwarten.

III. Anwaltspezifische Qualitätsmodelle[31]

91 In einigen europäischen und außereuropäischen Ländern existieren anwaltspezifische Qualitätsmodelle **ausländischer** Anwaltsorganisationen. Hiervon sollen exemplarisch die englischen, das niederländische sowie das neuseeländisch/australische Modell vorgestellt werden:

1. England: Das PMS-Modell

92 In **England** gibt es verschiedene Qualitätsmodelle. Hierzu zählen neben dem ISO 9000-Modell unter anderem das staatliche IIP-Modell sowie die sogenannten Practice Management Standards (nachfolgend PMS) der englischen Law Society.

93 Praktisch bedeutsam ist für englische Kanzleien nur das sog. **PMS-Modell**. Es überschneidet sich teilweise mit den Anforderungen der DIN EN ISO 9001 ff. Es komplettiert jedoch die Qualitätsanforderungen auf die anwaltlichen Belange hin, die das generelle ISO-System nicht vorweisen kann und auch nicht will. Das PMS-Modell ist vom systematischen Ansatz Bestandteil des englischen „**legal aid systems**". Die Vergabe von „legal aid"-Mandaten in England hat die Erfüllung und den Nachweis der PMS-System-Elemente zur Voraussetzung. Allerdings ist das englische Gebührensystem nicht mit dem deutschen System nach der BRAGO oder dem deutschen Prozeßkostenhilfesystem vergleichbar. Dies hat dazu geführt, daß sich bis mitte 1996 ca. 1200 von etwa 11000 englischen Kanzleien freiwillig und teilweise parallel zu anderen Programmen den Regeln des PMS-Systems der **Law Society** unterwarfen.

94 Demgegenüber haben die konkurrierenden Modelle ISO 9000 (früher BS 5750) sowie IIP (Investors in People) nur eine geringe Resonanz mit ca. 50 bzw. 40 geprüften **Kanzleien** in England.

95 Die nationalen Besonderheiten des PMS-Modells stehen einer unmittelbaren Anwendung für deutsche Kanzleien entgegen. Auch beim vollständig prüfbaren PMS-System besteht Einigkeit darüber, daß der Kernbereich der anwaltlichen Leistung selbst keiner meßbaren Leistungskontrolle unterliegt, und zwar weder einer objektiven **Meßbarkeit** durch eine unabhängige Institution noch einer subjektiven Meßbarkeit durch die eigenen Mandanten.

2. Niederlande: Zertifizierungsmodell

96 Das vorläufige **niederländische Modell** des Nederlandse Orde van Advocaten hat einen eigenen Leitfaden für Qualitätsmanagement für seine Mitglieder herausgegeben. Dieser ist auf die Zertifizierung eines Qualitätsmanagementssystems ausgerichtet. Die **niederländische** Anwaltsvereinigung begreift dieses Modell als ersten Ansatz zum TQM.

97 Bei diesem Modell handelt es sich um ein an stark an die ISO-Zertifizierung in Form und Aufbau angelehntes Zertifizierungsmodell. Inhaltlich ist es durch eine starke Ausrichtung auf Büroprozesse zu Lasten sonstiger auf das Unternehmen „Rechtsanwalt" bezogener Qualitätselemente gekennzeichnet. Der Umfang des Leitfadens sowie der Aufgabenstellung weisen eine starke Tendenz zur **Bürokratisierung** und Pedanterie auf.

3. Andere Modelle

98 Einen ähnlichen Ansatz gibt es seit 1993 in **Neuseeland/Australien**. Dort haben sich Anwaltskanzleien sowie einige Justizbehörden (z. B. das Büro der Staatsanwaltschaft des Landes New South Wales) zu einem Verein, Quality in Law Inc., zusammengeschlossen. Der Verein entwickelte in Zusammenarbeit mit dem australischen Qualitätsrat ein eigenes, stark an die ISO-Normen angelehntes Normsystem für Anwaltskanzleien.

99 Das Modell weist eine starke Anlehnung an die ISO-Normen auf, so daß zum einen die aus TQM-Sicht wichtigsten Aspekte (Mandantenzufriedenheit, Mitarbeiterorientierung,

[31] TQM-Qualitätsmanagement, 40 ff.

Finanzpolitik, Allgemeine Kompetenzzuweisung durch die Kanzleiführung) insgesamt fehlen und andererseits eine zu große Betonung der **Dokumentation** des Qualitätssystems vorliegt.

IV. ISO-9000 als branchenübergreifendes Qualitätsmodell

Zu ISO-9000 siehe eingehend unter § 26. 100

V. Ausblick für die deutsche Anwaltschaft

Der Königweg zu einem umfassenden und nachprüfbaren Qualitätsmanagement in der deutschen Anwaltschaft ist noch nicht in Sicht. Die vorhandenen Modelle, insbesondere die Zertifizierung nach den DIN EN ISO 9001 ff., ist bisher auf weitgehende Ablehnung gestoßen. Das einer externen Überprüfung entzogene **Qualitätsmodell**, wie es dem DAV-Leitfaden zu Grunde liegt, ist zwar ein brauchbarer Ansatz, muß jedoch verfeinert und in einer Kanzlei aus eigener Kraft mit Leben gefüllt werden. 101

Leider neigen viele Kanzleien, wahrscheinlich aus der juristischen Mentalität des Bewahrenwollens und Festhaltens um des Festhalten willens, dazu, wenn überhaupt, nur „Insellösungen“ in der eigenen Kanzlei zuzulassen, umfassende **Konzepte** jedoch per se als „zu modern“ oder „zu wenig anwaltspezifisch“ abzulehnen. Solange hier keine externen Anstöße gegeben werden, z. B. durch einen nationalen Qualitätswettbewerb für Anwaltskanzleien, werden TQM-Modelle in Anwaltskanzleien eine seltene Ausnahme bleiben. 102

H. Umsetzung von TQM in der Anwaltskanzlei

I. Phasenweise Umsetzung von TQM

Bevor ein konkretes Programm im Rahmen von TQM eingeführt werden soll, ist es empfehlenswert, sich potentielle Problembereiche vor Augen zu führen, die ein erfolgreiches Einführen eines grundsätzlich **gutgemeinten** Ansatzes erschweren oder gar verhindern können. Folgende Problembereiche gilt es zu überwinden (vgl. Abbildung 10):[32]

104

Inhaltlich konzeptionelle Widerstände	• Es herrscht eine uneinheitliche Meinung darüber, was Beratungsqualität bedeutet und wie diese zu erzielen ist • Die Ziele des Qualitätsprogramms sind den Mitarbeitern nicht transparent, so daß die einzelnen Maßnahmen wenig Akzeptanz finden
Organisatorisch-strukurelle Widerstände	• Es fehlt eine zentrale Qualitätsverantwortung im Beratungsunternehmen • Die einzelnen Abteilungen arbeiten nicht genügend zusammen (Ressortdenken)
Personell-unternehmens-kulturelle Widerstände	• Bereichsdenken („Gute Beratung bedeutet bei mir...“) • Angst vor Kompetenzverlust und größerer Kontrolle • Mangelnde Einbindung der „einfachen“ Mitarbeiter, wie z. B. Sekretärinnen

Abbildung 10: Potentielle Barrieren bei der Umsetzung von TQM-Maßnahmen

Wer wirklich erstaunliche Verbesserungen in seiner Rechtsanwaltskanzlei erreichen will, aber noch nicht recht weiß, wie er damit beginnen soll, dem gibt *Nancy Bodgett* den Rat, die Kriterien des Malcom Baldridge National Quality Award als **Leitfaden** zu übernehmen.[33] 105

[32] Vereinfachte Darstellung in Anlehnung an *Bruhn*, 104.

[33] *Blodgett*, Bottom Line Management for Law Firms, Vol. 1, May 1996, 8.

106 Wer glaubt, daß die Kriterien für diesen Preis nur von Großunternehmen genutzt werden können, der täuscht sich. Dies zeigt bereits der enorme Informationsbedarf. Seit der Vergabe des ersten Preise 1987 haben sich in den USA mehr als 1 Mio. Personen beim National Institute of Standards and Technology gemeldet, um mehr über die Vergabekriterien zu erfahren.

107 Aus diesen Kriterien hat *Jenkens & Gilchrist*, eine in Texas ansässige Law Firm mit 260 Rechtsanwälten, einen einfachen **Bewertungsbogen** zur Selbstbeurteilung erstellt. In Abwandlung sei im folgenden eine Checkliste zur Selbstbewertung des eigenen Qualitätsmanagements angeführt (vgl. Abbildung 11).

109 Nachfolgend wollen wir einen praktischen Entwicklungspfad aufzeigen, den *Malorny* aufgestellt hat.[34] Er unterscheidet folgende Phasen, die nacheinander ablaufen sollen:

110 – **Sensibilisierungsphase**. Hier geht es darum, einen Bewußtseinswandel unter den Mitarbeitern einzuleiten. Es geht darum, TQM vorzubereiten, indem zunächst der Sinn und Zweck von TQM kommuniziert wird.
– **Realisierungsphase**. Infolge eines Bewußtseinswandels wird die Führungsart überdacht. Konkrete Instrumentarien sind in dieser Phase zu erarbeiten, um TQM sowohl vertikal (Ebenen) als auch horizontal (Abteilungen) zu implementieren.
– **Stabilisierungsphase**. Hier erfolgt eine Vernetzung von Einzelaufgaben. Kommt es zu ersten Erfolgserlebnissen, müssen diese auch kommuniziert werden. „Wir haben schon folgendes erreicht . . .“
– Phase der **Exzellenz**. Nach den ersten Erfolgen ist TQM zu verfeinern. Hier ist die Frage zu stellen, wo weiteres Verbesserungspotential besteht. Die gute Nachricht ist: „Wir sind besser geworden.“ Die schlechte Nachricht: „Es reicht noch nicht: um mittel- bis langfristig besser als die Konkurrenz zu sein, müssen wir uns kontinuierlich verbessern – kurz: Der Prozeß hört nie auf.“

II. Psychologische Hemmschwellen

111 Zu beachten ist, daß die stärksten Herausforderungen unserer Ansicht nach in der Überwindung bestehender Strukturen besteht. Es gilt insbesondere, interne Hemnisse abzubauen und das sogenannte **QWERTZ**-Phänomen zu überwinden. Was verbirgt sich dahinter?

112 Die Bezeichnung rührt daher, daß die obere Reihe der Schreibmaschinen- oder jetzt der Computer-Tastatur die Tastenfolge Q W E R T Z usw. ist. Heutzutage gibt es wenig Gründe, die Reihenfolge so beizubehalten. Die Gründe für die Anordnung sind rein historischer Natur. In den Anfängen der Schreibmaschinen-Konstruktion kam es häufig zu dem Problem, daß sich die Tasten gegeneinander verklemmten. Man versuchte diese Schwierigkeit dadurch zu minimieren, daß die am häufigsten gebrauchten Tasten voneinander entfernt angebracht wurden. Das Problem des Verklemmens wurde bereits einige Jahre, nachdem man sich über diese prinzipielle Anordnung geeinigt hatte, behoben, ohne daß das QWERTZ-System in Frage gestellt worden wäre. Selbst heute scheut man sich, dieses traditionelle System in ein zeitgerechteres zu überführen. **Generationen** von Schreibenden hatten sich daran gewöhnt!

113 Dieses abstrakte Beispiel läßt sich leicht auf andere Bereiche – so auch ein Unternehmen – übertragen. Es gibt Strukturen, die ehemals **Sinn** machten, aber heute längst hätten geändert werden können.

[34] *Malorny*, Absatzwirtschaft, Heft 1/1997, 72.

108

TQM-Beurteilungspunkt	Beschreibung der Fragestellung	Bewertung				
1. Unternehmensführung	• Das Thema Qualität ist integrativer Bestandteil der Unternehmensführung. Es besteht Einigkeit darüber, was Qualität der Beratungsleistung bedeutet.	①	②	③	④	⑤
2. Information und Analyse	• Jeder Mitarbeiter ist darüber informiert, wie er zur Qualität der Beratungsleistung beiträgt	①	②	③	④	⑤
3. Strategische Planung	• Es gibt festgelegte Pläne darüber, was in den nächsten Jahren erreicht werden soll. Die Organisation des Unternehmens ist so ausgerichtet, daß die Erbringung einer hochqualitativen Beratungsleistung möglich ist.	①	②	③	④	⑤
4. Human Ressource Management	• Es gibt eine genaue Personalplanung bezgl. der zu besetzenden Stellen und hinsichtlich der Fortbildung einzelner Mitarbeiter. Unsere Mitarbeiter arbeiten sehrmotiviert.	①	②	③	④	⑤
5. Prozeßmanagement	• Es gibt klare Anweisungen darüber, wie der Beratungsprozeß abläuft.Wir sind permanent auf der Suche nach Fehlerquellen.	①	②	③	④	⑤
6. Kundenzufriedenheit	• Kundenzufriedenheit spielt eine zentrale Rolle im Unternehmen und wird kontinuierlich gemessen.	①	②	③	④	⑤
7. Geschäftergebnisse	• Eine gute Beratung ist für uns wichtiger als die kurzfristige Gewinnoptimierung. Wir denken an ein langfristiges Beziehungsmanagement	①	②	③	④	⑤

Vergleichen Sie bitte Punkte von 1 = „bei uns nicht realisiert" bis 5 = „bei uns bereits der Fall". Falls Sie in der Summe zwischen 30 und 35 Punkten erreichen, haben Sie eine gute Ausgangsposition, bei weniger als 14 Gesamtpunkten besteht erhebliches Verbesserungspotential.

Abbildung 11: Checkliste zur Bewertung des eigenen Qualitätsmanagements

§ 26 ISO 9000 und Zertifizierung

Dr. Andreas Krämer/Dr. Reinhold Mauer***

Übersicht

Schrifttum: *Anker/Sinz*, Erste praktische Erfahrungen der Zertifizierung einer Anwaltskanzlei gemäß der Qualitätsnorm DIN EN ISO 9001, AnwBl. 1996, 372; *Barth/Ehl*, Qualität mit System – auf dem Weg zur Zertifizierung und TQM, in Management Zeitschrift, Jg. 64 (1995), Nr. 7/8, 41; *Baumbach/Hefermehl*, Wettbewerbsrecht, 20. Aufl. 1998; *Blümel/Diem/Hocke*, Qualitätsmanagent und Zertifizierung, 1998; *Böhmer/Schnitzler*, Gütesiegel – Der Etikettenschwindel, Wirtschaftswoche, Nr. 30/1996, 31; *Botschen/Webhofer*, Kritische Würdigung der ISO-Normenreihe – Mehr Bürokratie statt Wettbewerbsvorsprung, Absatzwirtschaft, Heft 2/1997, 70; Deutsche Gesellschaft zur Zertifizierung von Qualitätsmanagementsystemen mbH (DQS): 10 Jahre zu Ihrem Vorteil, 1995; *Diedrich*, Geradewegs Richtung Erfolg, Geldinstitute, Jg. 25 (1994), Heft 11/12, 20; *Fischer*, Praktischer Service statt formaler Zertifizierung, Blick durch die Wirtschaft v. 14. 8. 1997; Gutachterausschuß für Wettbewerbsfragen – Gutachten Nr. 2/1971, WRP 73, 56; *Iacobucci/Grayson/Ostrom*, Customer Satisfaction Fables, Sloan Management Review, Summer 1994, 93; *Kordupleski/Rust/Zahorik*, Qualitätsmanager vergessen zu oft den Kunden, Harvard Manager, Jg. 16 (1994), 65; *Krämer*, Dienstleister entdecken die Qualitätsmessung, Die Welt v. 17. 10. 1996, S. WV 4; *Lutz/Bürstner-Peter/Ritzenhoff*, Qualitätsmanagement in der Steuerkanzlei, DStR 1995, 1767; *Mauer/Krämer/Becker*, Unternehmensführung für rechts- und wirtschaftsberatende Berufe, 1997; *Mauer/Krämer*, ISO 9000 für Rechtsanwälte? AnwBl. 1996, 75; *Meier*, Ist die Zertifizierung nach ISO 9000 Unsinn?, in Management Zeitschrift, Jg. 64 (1995), Nr. 11, 22; N. N.: Die ISO-Stars. Focus, Heft 37/1995, 61; *Rieker*, Norm ohne Nutzen? manager-magazin, 12/95, 200; *Rössner*, Die Zertifizierung nach ISO 9001 – Ein Erfahrungsbericht, Anwalts-Report 7/98, 9; *Saatweber*, Inhalt und Zielsetzung der Qualitätsmanagementsysteme gemäß DIN ISO 9000 bis 9004, in.: *Stauss, B.* (Hrsg.), Qualitätsmanagement und Zertifizierung – Von DIN ISO 9000 zum Total Quality Management, 1994, 65; *Sprenger*, Der große Bluff, manager-magazin, 8/95, 128; *Streck/Kilger/Ehnert*, Die Anwendbarkeit der Normen ISO 9004 Teil 2 (Leitfaden) und ISO 9001 (Zertifizierungsmodell) auf die Dienstleistungen des Rechtsanwalts, AnwBl. 1997, 190; *Weisenfeld-Schenk*, Die Nutzung von Zertifikaten als Signal für Produktqualität – Eine informationsökonomische Betrachtung, Zeitschrift für Betriebswirtschaft, Jg. 67 (1997), Heft 1, 21.

A. ISO 9000 als Instrument zur Qualitätssicherung der anwaltlichen Beratungsleistung

1 Im Zusammenhang mit **Qualitätsmanagement** wird auch die Qualitätssicherung diskutiert, die durch **ISO 9000** angestrebt wird.[1] Spielte dieser Begriff früher hauptsächlich in der technischen Fertigung eine Rolle, so taucht der Zertifizierungsgedanke mittlerweile

* Consultant bei der Unternehmensberatung Roland Berger & Partner, Frankfurt/Main.
** Rechtsanwalt und Fachanwalt für Arbeitsrecht in Bonn, Kanzlei Prof. Dr. Hümmerich & Partner.

[1] Die Überlegungen dieses Kapitels sind eng angelehnt an unsere frühere Darstellung im Anwaltsblatt. Vgl. dazu *Mauer/Krämer*, ISO 9000 für Rechtsanwälte? AnwBl. 1996, 75 sowie die darauf aufbauende Darstellung in *Mauer/Krämer/Becker*, Unternehmensführung für rechts- und wirtschaftsberatende Berufe, München 1997, Rdn. 105 ff.

auch verstärkt im Dienstleistungssektor auf. Bis 1996 wurden in der Bundesrepublik insgesamt ca. **13000 Zertifikate** vergeben.[2] Offizielle Zahlen sind nicht zu erlangen, da es sie nicht gibt. Weder die Trägergemeinschaft für Akkreditierung GmbH (TGA) noch der Deutsche Akkreditierungsrat (DAR) noch sonstige private Stellen haben einen Gesamtüberblick. Lediglich jeder Zertifizierer kann über die von ihm selbst ausgestellten Zertifikate Zeugnis ablegen. Nach einer Untersuchung im Auftrag der Firma Mobil Oil stieg die Anzahl der zertifizierten Unternehmen von Januar 1993 bis Dezember 1996 in Deutschland von 790 auf ca. 13000. Weltweit beträgt die Zahl etwa 160000 Unternehmen.

2 Bezeichnend für die zur ISO-Zertifizierung vertretenen gegenteiligen **Standpunkte** seien nachfolgend zwei Zitate wiedergegeben:

„Die weltweite Zertifizierung von FedEx wird uns einen strategischen Wettbewerbsvorteil in einem globalen Markt verleihen, vor allem, wenn mehr Länder ISO-Standards akzeptieren."

Frederick W. Smith, CEO Federal Express

3 „Nach den drei ISO-Prinzipien ‚Dokumentation, Dokumentation, Dokumentation' macht sich die deutsche Industrie zum Stempelkissen für ein skandalös aufwendiges Beurkundungsritual, das lediglich die Qualität des Qualitätssicherungssystems zertifiziert, keinesfalls aber Qualität sichert."

Reinhard Sprenger, Unternehmensberater

4 Besondere Aktualität hat das Thema insbesondere dadurch erfahren, daß 1996 in München die erste **Anwaltskanzlei** zertifiziert wurde, in etwa zeitgleich mit den ersten Steuerberatungskanzleien.[3] Bis heute[4] sind nach Angaben verschiedener Zertifizierer und Unternehmensberater **ca. 40** Anwaltskanzleien in Deutschland **zertifiziert**, davon ca. 10 Einzelzertifizierungen und ca. 50 Kanzleien der **DIRO**[5] im Wege einer sogenannten **Matrixzertifizierung**. Die DIRO ist eine EWIV mit Sitz in Hamburg, der insbesondere Deutsche Anwaltskanzleien (derzeit ca. 80) und weitere Europäische Kanzleien (weitere ca. 40) angehören. Für Unternehmensberatungen war die Zertifizierung schon früher ein Thema. Insbesondere Personalberatungen nutzten anfänglich dieses System.

5 Obwohl der Begriff „ISO 9000" in aller Munde ist, fällt es schwer, sich einen Überblick und eine eigene Meinung über Sinn oder Unsinn der Zertifizierung einer Anwalts- oder Steuerberatungskanzlei zu bilden. Zwar sind dutzende Broschüren und Bücher über die ISO 9000-Zertifizierung auf dem Markt, die Autoren stammen jedoch fast überwiegend aus der Zertifizierer-Szene; fast alle Werke lassen – vorsichtig formuliert – die gebotene sachliche Distanz zum Thema vermissen. Indes häufen sich kritische Stimmen von Unternehmensberatern[6] und „ISO-Opfern"[7], die teilweise vernichtende Kritik üben. Selbst der inzwischen verstorbene Präsident der Deutschen Gesellschaft für Qualität,[8] *Karl Josef Ehrhart,* äußerte: „80 Prozent der Zertifikate sind nicht das Papier wert, auf dem sie gedruckt sind." Im folgenden soll ein – zugegebenermaßen kritischer – Überblick über die **Möglichkeiten und Grenzen** von ISO 9000 für Beratungsunternehmen gegeben werden.

I. Was ist ISO 9000?

6 ISO 9000 ist die Kurzbezeichnung für die „Normenreihe" der DIN EN ISO 9000 ff. Die ISO (Industrial Organization for Standardization, mit Sitz in Genf) hat als Konsens ihrer Mitglieder – darunter auch das **Deutsche Institut für Normung e. V. (DIN)** – eine Reihe

[2] *Böhmer/Schnitzler*, Gütesiegel – Der Etikettenschwindel. Wirtschaftswoche, Nr. 30/1996, 31.

[3] Vgl. dazu *Anker/Sinz*, AnwBl. 1996, 372; vgl. auch *Rössner*, AnwaltsReport 7/98, 9.

[4] Stand: 1. 12. 1998. Quelle u. a.: Hr. RA Vaagt, Advo Consult.

[5] Stand für alle Angaben: 2. 12. 1998, Auskunft Frau Rix, DIRO.

[6] Vgl. nur: *Sprenger*, Der große Bluff. manager-magazin, 8/95, 128.

[7] Vgl.: *Rieker*, Norm ohne Nutzen? manager-magazin, 12/95, 200.

[8] Die DGQ gründete im Jahr 1985 gemeinsam mit dem Deutschen Institut für Normung e. V. (DIN) die erste Zertifizierungsgesellschaft in Deutschland, die Deutsche Gesellschaft zur Zertifizierung von Qualitätsmanagementsystemen mbH (DQS) mit Sitz in Berlin und Frankfurt/M. nach der TÜV-CERT heute der zweitgrößte Zertifizierer für DIN EN ISO 9000ff.

von Empfehlungen zu zwanzig Themen rund ums Qualitätsmanagement zusammengestellt.[9] Auf knappen 1000 Seiten versammeln sich dort seit 1985 zertifizierbare **Qualitätsmanagement-Standards**, die für Industriegiganten ebenso anwendbar sind wie für öffentliche Unternehmen, Kleinunternehmen, Unternehmen von Freiberuflern und damit auch für Anwaltskanzleien. Speziell auf Dienstleister wie Beratungsgesellschaften zugeschnitten ist dabei nur eine – **nicht zertifizierbare** – Teilempfehlung: die **DIN ISO 9004 Teil 2**. Deshalb werden Rechtsanwaltskanzleien nach den gleichen Empfehlungen zertifiziert wie alle anderen Probanden: nach den DIN ISO 9001–9003.

Um trotz der **Emotionalisierung** des Themas eine ausgewogene und objektive Darstellung zu gewährleisten, sei ausdrücklich u. a. auf den sehr positiven Beitrag von *Lutz/Bürstner-Peter/Ritzenhoff* verwiesen.[10] Darin werden die einzelnen Elemente der ISO 9000ff. und der jeweilige **Nutzen** für eine Beratungsgesellschaft aufgelistet. 7

II. Wie erfolgt die Zertifizierung einer Beratungskanzlei?

Die Zertifizierung erfolgt durch Zertifizierungsgesellschaften (nachfolgend Rdn. 9ff.) in einem Zertifizierungsprozeß (nachfolgend Rdn. 12ff.). Neben den eigentlichen Zertifizierungskosten fallen dabei für die Kanzlei erhebliche zeitliche Aufwendungen und sonstige Kosten an, insbesondere für externe Berater, die für den Prozeß benötigt werden (nachfolgend Rdn. 21ff.). 8

III. Wer darf zertifizieren?

Eine der ersten **Überraschungen**, die ISO 9000 birgt, ist die Tatsache, daß praktisch jeder jeden zertifizieren darf. Eine staatliche Kontrolle oder gar Erlaubnispflicht für Zertifizierer existiert nicht. Die fakultative Ehrenerklärung vergibt die halböffentliche **TGA**. Diese nimmt – ganz Prüfgesellschaft – Zertifizierer bei Erfüllen der Voraussetzungen einer DIN-Vorschrift als akkreditiert in das Register des Deutschen Akkreditierungsrats (DAR) auf. Akkreditierung bedeutet die formelle Anerkennung der Kompetenz einer Zertifizierungsstelle durch einen unabhängigen Dritten. Der **DAR** vergibt durch die TGA diese Akkreditierung nach den DIN EN 45012. Diese Akkreditierung erfolgt jeweils für einzelne Branchen nach einem **39 Branchen** umfassenden Schlüssel. Insgesamt sind in Deutschland zur Zeit[11] **199** auf Qualitätsmanagement-Systeme ausgerichtete **Zertifizierungsgesellschaften** akkreditiert. Für Rechtsanwälte kommen allerdings nur solche Zertifizierungsgesellschaften in Betracht, die den **Branchenschlüssel Nr. 35** (Erbringung von Dienstleistungen für Unternehmen) oder **Nr. 39** (Erbringung von sonstigen öffentlichen und persönlichen Dienstleistungen) abdecken. Eine **Liste** der akkreditierten Zertifizierungsgesellschaften kann bei der TGA GmbH in Frankfurt angefordert werden.[12] 9

Bereits **1995** wurden von uns 27 Gesellschaften angeschrieben und um **Auskunft** zu folgenden Punkten gebeten: 10

- Möglichkeiten einer Zertifizierung von Anwaltskanzleien
- Erfahrungen mit Zertifizierungen von Anwaltskanzleien
- **Kosten einer Zertifizierung.**[13]

Von den 27 akkreditierten Gesellschaften – darunter **TÜV-CERT** als größter Zertifizierer mit ca. 10000 Zertifikaten allein in Deutschland[14] – antworteten immerhin 20 innerhalb der – großzügig – bemessenen Frist. Vier Gesellschaften erklärten, keine Anwaltskanzleien zu prüfen, 16 sahen sich hierzu bereit und in der Lage. Bis **heute** sind nach Angaben der 11

[9] Deutsche Gesellschaft zur Zertifizierung von Qualitätsmanagementsystemen mbH (DQS): 10 Jahre zu Ihrem Vorteil. Frankfurt und Berlin 1995.

[10] *Lutz/Bürstner-Peter/Ritzenhoff*, DStR, 1995, 1767.

[11] Stand: 1. 12. 1998. Quelle: DAR, Deutscher Akkreditierungsrat, Homepage.

[12] Vgl. auch deren Homepage mit weiteren Links: www.tga-gmbh.de.

[13] Vgl. dazu sogleich unter Rdn. 21ff.

[14] Alle Branchen, Stand 30. 10. 1998. Quelle: TÜV-CERT, Bonn.

Advo Consult[15] jedoch nur **sieben** Zertifizierungsgesellschaften aktiv für Rechtsanwälte tätig oder bereits tätig geworden. Nicht alle von Ihnen ziehen bei der Prüfung externe **Rechtsanwälte** als Prüfer oder Begleiter der Prüfer hinzu.

IV. Wie läuft der Zertifizierungsprozeß ab?

12 Kurz: Durch **Dokumentation** der Arbeitsabläufe und -anweisungen aus Unternehmersicht und „Überprüfung" dieser Dokumentation auf Übereinstimmung mit den DIN ISO 9001 oder 9002 durch die Zertifizierungsgesellschaften.

13 Dokumentiert wird dabei der **Prozeß der Leistungserstellung**, geprüft dessen Qualität – nicht jedoch die Qualität der Leistung selbst, beim Anwalt also der „Richtigkeit" oder besser „Vertretbarkeit" der Rechtsberatung und Rechtsdurchsetzung.[16] Dazu wären die Zertifizierer auch gar nicht in der Lage. Weil Objekt der Begutachtung stets das **Qualitätsmanagement** bzw. dessen Prozeß (Arbeitsabläufe, Handlungsanweisungen usw.) selbst ist, schicken die Zertifizierer oft Branchenfremdlinge zum Überprüfungstermin, dem sogenannten **Audit:** Da prüft also durchaus der Maler-Meister ein Auto-Zuliefererunternehmen oder ein Kreiskrankenhaus. Auch Anwälte werden z. B. von Elektroingenieuren auf die Tauglichkeit nach DIN ISO 9001 ff. geprüft; die Konsultation eines Anwalts als Begleiter ist fakultativ – und meist zusätzlich zu vergüten.

14 Diese Prozeßorientierung und **Abstraktheit** der ISO-Normen gewährleistet andererseits ihre universelle Anwendbarkeit „vom Kindergarten bis zum Raketenhersteller". Überraschung Nr. 2 ist das **Fehlen qualitativer Mindeststandards**. Überzeichnet heißt dies: Hat sich ein Unternehmen zum Ziel gesetzt, verbrannte und übel riechende Pizzen zu backen, steht dies der Zertifizierung des „Qualitätsmanagements" dieses Vorzeigeunternehmens nicht entgegen.

15 Auch Teilzertifizierungen der Probanden sind möglich und werden – aufgrund des verringerten Aufwandes – gerne in Anspruch genommen; oft „vergißt" das zertifizierte Unternehmen in der Werbung darauf hinzuweisen. **Teilzertifizierungen** können sich z. B. auf einzelne Standorte, aber auch auf Teilfunktionen (Poststelle, Kantine, Marketingabteilung, Dezernat; Raumfahrtrecht usw.) beziehen.

16 Der eigentliche **Zertifizierungsprozeß** startet nach der Wahl eines Zertifizierungsunternehmens mit einem sogenannten **Projektgespräch** in der Kanzlei. Der **Auditor** checkt den Zustand des Qualitätsmanagements ab: soweit noch keine schriftlichen „Spielregeln" vorliegen – und das dürfte der Regelfall sein –, wird deren Erstellung erläutert, denn die Dokumentation ist das „A und O" der ISO-Zertifizierung, deren Bibel das sogenannte Qualitätsmanagement-(kurz: **QM)Handbuch**.

17 Theoretisch folgt jetzt bereits Schritt 2: Das **Prüfen und Bewerten** des QM-Handbuchs auf Konformität mit der ISO-Norm. Praktisch liegt hier jedoch der größte psychische, zeitliche und kostenmäßige Aufwand für den Probanden. Ohne fremde Hilfe von Unternehmens- oder speziellen ISO-Beratern setzt die Umsetzung der Normanforderungen in das eigene QM-Handbuch – je nach Kanzleigröße – einen brachialen **Überwindungsakt** voraus: Die Dokumentation der eigenen Kanzlei[17] durch einen dafür „abgeordneten" Anwalt erfordert nach Schätzung der befragten Zertifizierer einen Vollzeit-Einsatz von drei bis sechs Monaten; für jeden ernsthaft tätigen Anwalt eine abschreckende Vorstellung. Die professionelle Erstellung eines QM-Handbuchs setzt fremde Hilfe voraus. Diese wird von den Zertifizierern selbst nicht geleistet.[18] Aber auch bei der Konsultation von Beratern fallen noch erhebliche **Opportunitätskosten** durch den Zeiteinsatz von Rechtsanwälten

---

15 Quelle: Hr. RA Vaagt, Advo Consult, 1. 12. 1998.

16 Vgl. entsprechend für den Bankensektor die Ausführungen von *Diedrich, A.*, Geradewegs Richtung Erfolg. Geldinstitute, Jg. 25 (1994), Heft 11/12, S. 20–27.

17 Mit ca. 20 Anwälten, zzgl. 40 Mitarbeiter, verteilt auf drei Standorte.

18 Vgl. die ausdrücklichen Hinweise der Zertifizierer, z. B. der DQS, a.a.O. Zu den Kosten vgl. nachfolgend unter Rdn. 21 ff.

innerhalb der Kanzlei an, denn ein Mindestmaß an Beschäftigung mit dem Thema ist schlichtweg Pflichtstoff für jeden „Manager". Die **externen Berater** leisten im besten Fall Hilfe zur Selbsthilfe.

Ist die aus QM-Handbuch, Verfahrens- und Arbeitsanweisungen bestehende QM-Dokumentation erstellt, folgt das **Zertifizierungsaudit** in der Kanzlei. Dabei wird geprüft, ob die Kanzlei die selbstdefinierten Voraussetzungen des proklamierten QM auch in der Praxis umzusetzen vermag. So könnte eine Verfahrensanweisung z. B. lauten: „Wir halten vom Gericht gesetzte Ausschlußfristen grundsätzlich ein. Um dies zu gewährleisten, werden die Fristen im elektronischen Fristenkalender eingetragen. Dafür ist unsere ZFKS (Zentrale Fristen-Kontroll-Stelle) zuständig. Diese ist wie folgt organisiert ... (usw.)." 18

Soweit die Auditoren die Voraussetzungen als gegeben befinden, werden die jährlichen **Überwachungsaudits** geplant. Diese – meist **stichprobenartigen** – Überprüfungen sichern die Kontinuität des Qualitätsmanagements und gleichzeitig die Einnahmen der Zertifizierer. Das Zertifikat selbst wird nach dem ersten Audit erstellt und in die Liste des jeweiligen Zertifizierers aufgenommen. Ein offizielles Register aller zertifizierten Unternehmen in der Bundesrepublik existiert nicht. Eine Kontrolle findet nicht statt. 19

Die **„Haltbarkeitsdauer"** eines Zertifikats ist auf **drei Jahre** begrenzt. Dann muß ein neues Zertifikat her. Es „empfiehlt sich", dies bei dem Vorprüfer in Auftrag zu geben. Denn der Wechsel zur Konkurrenz wird teuer. QM-Handbücher von Konkurrenten werden naserümpfend zurückgewiesen, neue sind mit ähnlichem Aufwand zu erstellen. 20

V. Kosten der Zertifizierung nach DIN ISO 9001 ff.?

Auf der Grundlage der oben genannten Befragung aus dem Jahr 1995 wurden insgesamt 14 Kostenvoranschläge für die Erstzertifizierung der eigenen Kanzlei ausgewertet. In Gesprächen mit den **Zertifizierungsunternehmen** wurde deutlich, daß eine Erstellung des QM-Handbuchs ohne fremde Hilfe, d. h. Unternehmens- oder **ISO-Berater**, nicht realistisch ist. Neben diesen beiden externen Kostenkomponenten fallen zusätzlich kalkulatorische Kosten für die von der Kanzlei selbst **eingesetzte Zeit** an. Unter Berücksichtigung aller Komponenten können sich die Kosten der Erstzertifizierung einer Anwaltskanzlei der Ausgangsgröße[19] auf über **100 000 DM** belaufen (vgl. Abbildung 1). 21

Abbildung 1: Gesamtkosten einer Erstzertifizierung nach DIN ISO 9001/Branchen 35/39 22

		Maximal	Minimal	∅
I	Zertifizierungskosten, netto, inkl. Spesen[1)]	40 000 DM	15 000 DM	24 000 DM
II	Zusätzliche Beraterkosten, netto, inkl. Spesen[2)]	60 000 DM (20 Mann-Tage)	20 000 DM (10 Mann-Tage)	40 000 DM
III	Interne Kosten, netto (Basis: Umsatzausfall für einen vollzeitig „abgestellten" Anwalt[3)]	60 000 DM (2 Monate)	30 000 DM (1 Monat)	45 000 DM
Insgesamt		Σ 160 000 DM	65 000 DM	109 000 DM

[1)] Berechnungsvorlage: 14 Kostenvorschläge der ISO-Zertifizierer; Zahlen gerundet.
[2)] Schätzung auf der Basis marktüblicher Beraterkosten von 2000 DM/Mann-Tag (Minimal) bzw. 3000 DM/Mann-Tag (Maximal).
[3)] Berechnungsgrundlage: ∅-Umsatz pro Monat: 30 000 DM (netto).

Quelle: Eigene Berechnung auf der Grundlage eigener Erhebung.

Auf der Grundlage von mehreren **Experteninterviews** im Herbst 1998 wurden die vorstehenden Zahlen nochmals bestätigt. Eine vereinfachte Darstellung gibt die Zahlen für verschiedene Kanzleigrößen wieder. Dabei ist nochmals auf die unabhängig voneinander entstehenden Zertifizierungskosten einerseits (vgl. Abbildung 2) sowie die – nicht 23

[19] Ca. 20 Rechtsanwälte, zzgl. 40 Mitarbeiter, drei Standorte.

zwingend entstehenden – Beraterkosten andererseits Bezug genommen (vgl. Abbildung 3). Zur Erläuterung sei erwähnt, daß es sich bei der ersten Tabelle um die **„Grundkosten"** der Zertifizierung handelt. Ausgewählt wurden drei Zertifizierungsgesellschaften, die jeweils bereits mindestens eine Anwaltskanzlei zertifiziert haben. Zu diesen Kosten, die sich auf ein auf drei Jahre beschränktes Zertifikat einschließlich der in diesem Zeitraum ggf. durchzuführenden Überwachungsaudits beziehen, kommen noch Spesen sowie die Mehrwertsteuer hinzu. Es empfiehlt sich nach wie vor, von verschiedenen Zertifizierungsgesellschaften Kostenvoranschläge einzuholen. Die zweite Tabelle bezieht sich auf die nicht zwingend anfallenden Kosten für eine **begleitende Beratung**, die jedoch von allen seriösen Zertifizierern empfohlen wird. Auch hier verstehen sich die Preise zuzüglich Mehrwertsteuer und Spesen.

24 **Abbildung 2:** Zertifizierungskosten nach Kanzleigrößen bei drei verschiedenen Anbietern

Zertifizierungs-gesellschaften/Größe der Anwaltskanzlei	Einzelkanzlei	5-Mann-Kanzlei	15-Mann-Kanzlei
Advo-Cert	13900 DM	17500 DM	ca. 22000 DM
TÜV-Cert	ca. 10000 DM	ca. 15000 DM	ca. 20000 DM
DQS	ca. 12500 DM	ca. 13600 DM	ca. 14500 DM

Alle Angaben ohne MWSt und ohne die hinzukommenden Spesen für Fahrtkosten und Übernachtungen.

Zertifizierungskosten verstehen sich für eine Zertifizierungsperiode (3 Jahre), inklusive 2 Überwachungsaudits.

Quelle: Eigene Erhebung (1998).

25 **Abbildung 3:** Beratungskosten für zertifizierungsbegleitende Beratung nach Kanzleigrößen bei drei verschiedenen Anbietern

Beratungs-gesellschaften/ Kanzleigröße	Einzelkanzlei	5-Mann-Kanzlei	15-Mann-Kanzlei
Advo-Consult	ca. 17000 DM	ca. 37500 DM	ca. 75000 DM
Kohtes, Sauter & Partner	Pauschal 5000 bis 15000 DM	Pauschal 10000 bis 250000 DM	Pauschal 15000 bis 35000 DM
Kienbaum Unternehmensberatung	wird als nicht sinnvoll eingestuft	ca. 14000 DM (3 bis 5 Beratertage à 3500 DM)	ca. 22750 DM (5 bis 8 Beratertage à 3500 DM)

Quelle: Eigene Erhebung (1998).

B. ISO 9000 als erster Schritt zur Implementierung eines Qualitätsmanagements

26 Die Auseinandersetzung der Anwälte und Mitarbeiter mit dem Zertifizierungsprozeß der eigenen Kanzlei schafft ein **Bewußtsein** für Prozeßabläufe im Zusammenhang mit der Leistungserstellung. Auch in Anwaltskanzleien existieren teilweise überflüssige oder **kontraproduktive Verfahren** und Einrichtungen, teilweise aus Tradition, teilweise aus Unüberlegtheit. Je schlechter die **Organisation** einer Kanzlei ist, desto mehr kann eine Zertifizierung zur Verbesserung der Arbeitsabläufe in der Kanzlei beitragen. Darüber

hinaus kann ISO 9000 die Chance und ein erster Schritt in Richtung **TQM** sein, indem z. B. die Kommunikation verbessert wird und eine Motivationssteigerung bei den Mitarbeitern eintritt.[20] Hierzu führen *Botschen* und *Webhofer* aus:[21]

„Nicht die Zertifizierung darf das Ziel sein, sondern die Gestaltung des Unternehmens zu einer ganzheitlich qualitätsorientierten Organisation führt langfristig zu meßbaren wirtschaftlichen Erfolgen durch die Verbesserung von Verfahren, Qualifikationen der Mitarbeiter, Produkten und Dienstleistungen. Begnügen sich hingegen Unternehmen mit diesen Mindeststandards oder wird nur der Erhalt des Zertifikats aus Imagegründen angestrebt, bewirkt die Norm keine erwähnenswerten Impulse." 27

I. ISO 9000 als Werbebotschaft für Anwälte?

Ginge es nach den Zertifizierern, wäre die Werbung mit dem Zertifikat kein Problem:[22] 28
„Der Halter des Zertifikats hat das Recht zu veröffentlichen, daß das Qualitätsmanagementsystem auditiert wurde und darf das entsprechende Zertifizierungszeichen mit dem Umfang der Registrierung auf Briefpapier und Werbematerial anbringen." Diese Aussage dürfte angesichts der eingeschränkten **Werbeverbote** für Freiberufler nicht des Rechtsrats letzter Schluß sein. **§ 43b BRAO** erlaubt nicht, was gefällt, sondern Werbung nur, soweit sie über die berufliche Tätigkeit in Form und Inhalt sachlich unterrichtet. Dies ist bezüglich des Verweises auf eine ISO-Zertifizierung zweifelhaft, insbesondere unter Zuhilfenahme der Gesetzesbegründung: „Gezielte Werbung um einzelne Mandate oder gar Irreführung sind mit dem Anwaltsberuf unvereinbar."[23] **§ 3 UWG** verbietet **irreführende Werbung** und konkretisiert damit auch die Grenzen des § 43b BRAO. Das Benutzen eines Werbezeichens, das durch seine Gestaltung oder die Art seiner Vergabe oder Anpreisung entgegen den bestehenden Tatsachen den Eindruck erweckt, die unter ihm gelieferte Ware oder bewirkte Leistung sei von einer dazu geeigneten oder hierfür zuständigen Stelle auf Qualität hin geprüft, verstößt gegen § 3 UWG.[24]

Was aber soll der Durchschnittsbürger von einem Qualitätssiegel mit **halbamtlicher Aura** halten, das ohne staatliche Kontrolle von jedermann verliehen oder – ganz dreist – einfach als verliehen behauptet werden kann? Bestenfalls eine Zulässigkeit bei nachgewiesener TGA-Zertifizierung ist diskutabel, aber selbst der DAR zog seinen amtlichen Schein in Form des Bundesadlers im DAR-Logo diskret zurück und sprach ein Verwendungsverbot durch die Zertifizierungsgesellschaften aus.[25] Unabhängig von der Frage der Zulässigkeit der Werbung mit der Zertifizierung sind daher zur Werbewirkung zwei Aspekte erwähnenswert. Erstens wird darauf hingewiesen, daß die positive Werbewirkung einer ISO-Zertifizierung auf den Kunden bisher nicht bestätigt wurde. Zweitens stellen auch die Zertifizierer heraus, eine Zertizierung als reines Werbemittel könne langfristig nicht wirkungsvoll sein.[26] 29

Die Gefahr eines **Etikettenschwindels** ist daher keineswegs aus der Luft gegriffen: Wenn sich das Sachlichkeitsgebot des § 43b BRAO in der Tatsache der Verleihung eines Zertifikats erschöpft, ist es redundant. Denn wer soll einen beliebigen honorablen Zirkel davon abhalten, anderen oder gleich sich selbst **Phantasie-Gütesiegel** zu verleihen? Dann kann sich RA X auf seinem Briefpapier mit elegantem Logo als Träger des „Ersten 30

[20] *Meier*, in Management Zeitschrift, Jg. 64 (1995), Nr. 11, 22; vgl. weiterhin *Barth/Ehl*, in Management Zeitschrift, Jg. 64 (1995), Nr. 7/8, 41.

[21] *Botschen/Webhofer*, Absatzwirtschaft, Heft 2/1997, 70.

[22] Informationsbroschüre der SGS-ICS Gesellschaft für Zertifizierung m. b. H., S. 9.

[23] BT-Drucks. 12/4993, S. 28.

[24] Gutachterausschuß für Wettbewerbsfragen – Gutachten Nr. 2/1971, WRP 73, S. 56; *Baumbach/Hefermehl*, Wettbewerbsrecht, § 3 UWG, Rdnr. 355.

[25] Der DAR sprach durch die TGA im August 1995 ein Verbot an die akkreditierten Zertifizierungsgesellschaften aus, wonach diese bei den Hinweisen auf die DAR-Akkreditierung (durch die TGA) künftig nicht mehr den Bundesadler im Logo des DAR verwenden dürfen. Quelle: TGA-Schreiben v. 8. 8. 1995 an die NIS-Zert.

[26] Vgl. N. N., Die ISO-Stars. Focus, Heft 37/1995, S. 61–62.

Deutschen Qualitätspreises der Anwaltschaft" rühmen, wenn er nur sieben Freunde findet, die den Preis erfinden.

31 Auch ISO 9000 birgt eine – wenngleich weniger klare – **Irreführungsgefahr**. Diese wird nicht nur durch die Möglichkeit der Zertifizierung durch nicht akkreditierte Zertifizierer, sondern auch durch einen fehlenden Qualitätsbezug des Prüfgegenstandes in Verbindung mit der Erwartung des Publikums begründet. In diesem Zusammenhang führt *Weisenfels-Schenk* aus:[27]

32 „Im Unterschied zu der Annahme, daß Information Sicherheit über das Ergebnis liefern kann, ist hier festzustellen, daß ein Zertifikat nur über den Prozeß und damit das Ergebnispotential informieren kann. Da nicht von einer deterministischen Beziehung zwischen Zertifikat und Prozeßzertifikat (1) sowie zwischen Prozeßqualität und Produktqualität (2) ausgegangen werden kann, liefert ein Zertifikat allenfalls eine erhöhte Wahrscheinlichkeit für Produktqualität."

Eine aktuell von uns durchgeführte **Umfrage** bei allen 26 **Rechtsanwaltskammern** (außer der des BGH) lautete wie folgt:

33 „Dürfen Ihrer Auffassung nach Rechtsanwälte bzw. Anwaltskanzleien auf ihrem Briefkopf oder in sonstiger Weise auf ein ihnen verliehenes Zertifikat nach den DIN EN ISO 9001 ff hinweisen? Mit anderen Worten: Ist dies eine nach § 43b BRAO i.V. mit der BerO zulässige Form von Werbung?"

34 Leider haben nur 13 Kammern unsere Anfrage beantwortet. Die eingegangenen Antworten ergeben ein **differenziertes Bild**, das von gänzlicher Ablehnung über „Kommt-darauf-an"-Antworten bis hin zur uneingeschränkten Zustimmung reicht. Im einzelnen ergibt sich folgendes Bild der Rechtsanwaltskammern zur Zulässigkeit der Werbung mit einem ISO-Zertifikat: Zwei Kammern halten die Werbung mit dem Zertifikat für uneingeschränkt **unzulässig** (RAK München, Schleswig-Holsteinische RAK), sieben Kammern halten sie für uneingeschränkt oder eingeschränkt **zulässig** (RAK Bamberg, RAK Berlin, RAK Freiburg, Hanseatische RAK Hamburg, RAK Köln, RAK Nürnberg, RAK Stuttgart) und fünf weitere verweigerten die Auskunft bzw. bezeichneten sich als **„unzuständig"** (RAK Frankfurt am Main, RAK Hamm, RAK Karlsruhe, RAK Koblenz, RAK Tübingen).

II. Wettbewerbsvorteile durch ISO-Zertifizierung

35 Eine ISO-Zertifizierung hat das Potential, eine Steigerung der **Wettbewerbsfähigkeit** einer Anwaltskanzlei zu erreichen. Dies ist insbesondere der Fall, wenn der Markt ein entsprechendes Qualitätsmanagement als nützlich bewertet. Die Zertifizierung kann sogar ein Ausschlußkriterium sein, wenn beispielsweise **Ausschreibungen** der EU dies voraussetzen. Abgesehen von diesem Fall muß die Frage beantwortet werden, wie die Mandanten ein solches Zertifikat bewerten. Sicherlich sind zeitlich beschränkte Vorteile im Wettbewerb möglich, wenn eine Kanzlei als einzige in der Region die ISO-Norm vorweisen kann, dies unter den Mandanten bekannt ist und diese darin einen **konkreten Nutzen** sehen. Was passiert aber, wenn die ISO-Zertifizierung zum Standard wird? Um einen wirklichen Wettbewerbsvorteil zu generieren, muß ein Unternehmen sich in einem wahrnehmbar wichtigen Leistungskriterium nachhaltig von der Konkurrenz unterscheiden können. Welche Rolle ISO 9000 ff hierbei spielen kann, sei am einem Beispiel aus einer technischen Branche dargestellt. Diese Analogie liegt sehr nahe, stammt das Regelwerk doch ursprünglich aus dem industriellen Sektor und hat dort die stärkste Verbreitung gefunden.

36 Bei einer **Marktanalyse** wurde die Wettbewerbsfähigkeit eines Maschinenbauunternehmens geprüft. In die Befragung wurden zwei Dimensionen einbezogen, zum einen ging es um die Anforderungen, die von seiten der Kunden an die Lieferanten gestellt werden, und zum zweiten ging es um die Beurteilung des Anbieters im Vergleich zu seinen wichtigsten Konkurrenten. Verdichtet werden beide Dimensionen im Rahmen einer **Wettbewerbsvorteilsmatrix**, die in Abbildung 4 dargestellt ist:

[27] *Weisenfeld-Schenk*, Die Nutzung von Zertifikaten als Signal für Produktqualität – Eine informationsökonomische Betrachtung. Zeitschrift für Betriebswirtschaft, Jg. 67 (1997), Heft 1, S. 21–39.

37

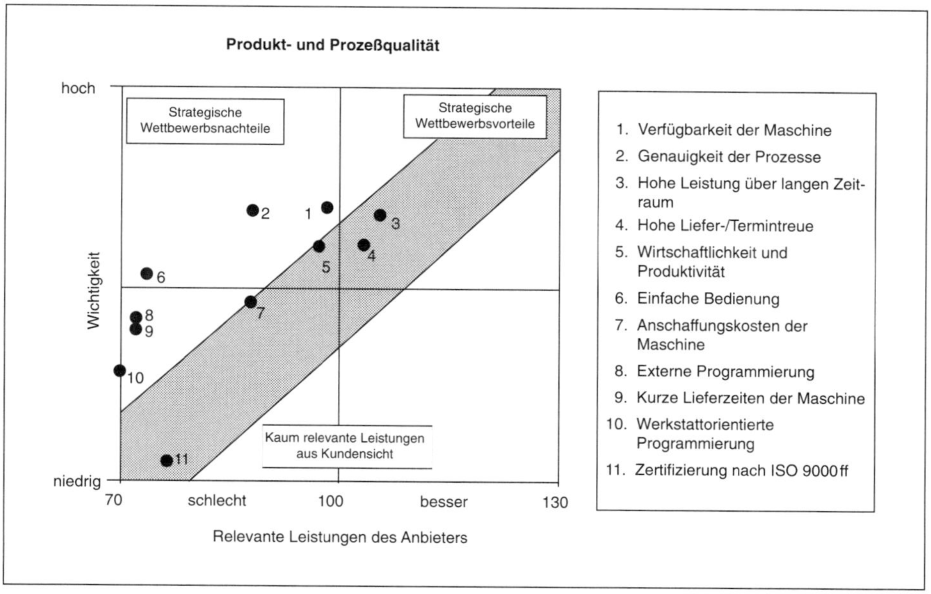

Abbildung 4: ISO-Zertifizierung als Wettbewerbsfaktor

Obwohl es sich bei dem untersuchten Unternehmen um eine zertifizierte Firma handelte, brachte das mit viel Mühe und hohen Kosten umgesetzte Prozeßmanagement nach ISO 9001 aus **Kundensicht** keinen Vorteil. Einerseits erreichte dieses Kriterium die bei weitem geringste Wichtigkeit, andererseits wurde man hier als relativ schlecht beurteilt. Ein Ergebnis, das den ISO-Beauftragten des Unternehmens nicht gerade zum Jubeln veranlaßte. Die Konsequenz für Anwaltskanzleien kann nur lauten, daß es möglicherweise bei einem verstärkten **Zertifizierungstrend** in der Anwaltschaft keine richtigen Gewinner geben wird. Was bleibt, sind im ungünstigsten Fall die Kosten. 38

III. Risiken und Nachteile einer Zertifizierung

Die Risiken und Nachteile einer ISO-Zertifizierung lassen sich wie folgt zusammen- 39
fassen:

– ISO 9000 bedeutet einen hohen **Zeit- und Kostenaufwand**. Rechtsanwalt *Rössner*, der selbst die Zertifizierung in der eigenen Kanzlei begleitet hat, führt hierzu aus: „Die Vorarbeiten bis zur Zertifizierung erwiesen sich als langwierig und belastend. Sie stellten einen erheblichen Eingriff in das Kanzleigeschehen dar. Anfangs mit maximal 12 Monaten geplant, zogen sich die Vorbereitungen insgesamt über 15 Monate.“[28] Unabhängig von der Kanzleigröße ist eine **QM-Dokumentation** zu erstellen. Selbst bei Inanspruchnahme externer Berater ist hierfür bei einer kleinen Sozietät (3–5 Anwälte) ein Anwalt ca. einen Monat lang ausschließlich beschäftigt. Bei einer mittleren bis großen Kanzlei (5–50 Anwälte) ist nach den Einschätzungen der Leiter der großen Zertifizierer ein Aufwand von 2–6 Monaten exklusiver Zertifizierungsarbeit anzusetzen. Hinzu kommen die eigentlichen Zertifizierungs- und Beraterkosten. Nach *Blümel/Diem/Hocke* kann als Fazit „festgehalten werden, daß die Zertifizierung von Anwaltskanzleien unter Beachtung der berufsrechtlichen Vorschriften, insbesondere der Verschwiegenheitspflicht möglich, aber auch mit einem **erheb-**

[28] *Rössner*, Anwalts-Report 7/98, 9.

lichen Aufwand sowohl an persönlichem Einsatz als auch an Kosten verbunden ist".[29]

40 – Die **Akzeptanz** einer Zertifizierung durch die Mandanten ist – selbst bei zur Zeit mehr als fraglicher Zulässigkeit der ISO-Werbung – **nicht abzuschätzen**. Der Eindruck, eine Standardberatung zu erhalten, kann jedoch durch ISO-Zertifikate, insbesondere wenn durch ein Unternehmen wie den TÜV erteilt, erweckt werden. Die anwaltliche Rechtsberatung innerhalb des Dienstleistungssektors ist sowohl durch einen hohen Individualisierungs- als auch durch einen hohen Interaktionsgrad charakterisiert. Damit verknüpft sind auch entsprechende Erwartungen der Mandanten.[30]

41 – Die Zertifizierungsmöglichkeit durch „Kurpfuscher" birgt eine hohe **Mißbrauchsgefahr**.[31]

42 – Die Zertifizierung weist weder einen Bezug zur Kernleistung **„Rechtsberatung"** noch zum Wettbewerbsparameter **„Mandantenzufriedenheit"** auf. Kritisiert wird in diesem Zusammenhang die Ausrichtung der ISO-Normen auf die technische Produktqualität und ihr Zustandekommen mit der Konsequenz einer überzogenen produkt- und systembezogenen Umsetzung und Prüfung.[32]

43 – Die **„Dokumentationslastigkeit"** des Zertifizierungsprozesses kann Ansätze von Bürokratismus begünstigen.

44 – Die **Auditierung** durch Branchenfremde spricht gegen die Tiefe der Managementprüfung.

45 – Auch in der (Fach-)Öffentlichkeit ist ISO 9000 einer zunehmenden **Kritik** ausgesetzt. Dies spricht gegen die – von den Zertifizierern behauptete – Werbewirksamkeit des Zertifikats. Eine tatsächliche **Werbewirkung** kann außerdem nur so lange wirksam sein, wie nur ein verhältnismäßig kleiner Teil der Marktteilnehmer über ein Zertifikat verfügt.

46 – Für den naheliegenden Fall, daß das Zertifikat von den Kunden und der zertifizierten Kanzlei selbst als Qualitätssiegel mißinterpretiert wird, kann ISO 9000 mehr **Schaden** anrichten, als man vielleicht ursprünglich erwartete. In der Außenwirkung werden unnötigerweise Erwartungen geschürt, die im nachhinein eventuell nicht zu erfüllen sind. Bei der Innenwirkung ist zu beachten, daß die Zertifizierung nicht automatisch eine verbesserte Wettbewerbsfähigkeit der Kanzlei zur Folge hat.[33] Vor diesem Hintergrund ist auch zu beachten, daß die Zufriedenheit der **Mitarbeiter** eine entscheidende Voraussetzung für eine höhere Kundenzufriedenheit darstellt. Zwar wird in Erfahrungsberichten von ISO-Zertifizierern häufig als besonders positiver Effekt auch die **Motivation** der Kanzleimitarbeiter betont, dies kann jedoch auch ins Gegenteil umschlagen, wenn aufgrund einer überzogenen Dokumentation die Identifikation der Angestellten mit der Kanzlei nachläßt.[34]

---

[29] *Blümel/Diem/Hocke*, Qualitätsmanagent und Zertifizierung, S. 62.

[30] Auf die Gefahr von Dienstleistungsunternehmen, TQM-Konzepte aus anderen Wirtschaftsbereichen zu übernehmen, weisen *Iacobucci, Grayson* und *Ostrom* wie folgt hin: „... in many services (e. g. personal, professional), a standardised service encounter tends to be less satisfying than a personalized service, but the former are easier to measure and control than the other." Vgl. *Iacobucci/Grayson/Ostrom*, Sloan Management Review, Summer 1994, 93.

[31] So die Wirtschaftswoche vom 28. 5. 1998: „Doch mit der Zertifizierungswelle, der Zahl der Prüfer und dem Preiswettbewerb unter ihnen wächst auch die Kritik an den Zertifizierern."

[32] Die Zielsetzung, die mit einer höheren Qualität verfolgt wird, ist eindeutig: Qualität bewirkt Kundenzufriedenheit und diese widerum Kundenbindung. Die Kundenbindung dient der nachhaltigen Marktanteilssicherung bzw. der existentiellen Absicherung des Unternehmens. ISO 9000 läuft Gefahr, durch Vernachlässigung der Kundenorietierung zum Selbstzweck zu werden. Vgl. hierzu *Kordupleski/Rust/Zahorik*, Harvard Manager, Jg. 16 (1994), 65: „Zudem verstehen Manager unter Total Quality Management sowieso meist, das Instrumentarium der Qualitätssicherung zu nutzen, um interne Arbeitsprozesse zu verbessern. Häufig zeigt sich später, daß in der Tat dank der Bemühungen um mehr Prozeßqualität vieles besser geworden ist, dem Kunden aber nur marginale Vorteile entstehen."

[33] Vgl. *Krämer*, Die Welt v. 17. 10. 1996, S. WV 4.

[34] Vgl. *Fischer*, Blick durch die Wirtschaft v. 14. 8. 1997.

C. Was bringt ISO 9000 für Rechtsanwälte?

Die ISO 9000-Zertifizierung erweist sich bei näherem Hinsehen als Papiertiger oder – je nach Opportunitätskosten – als Trojanisches Pferd. ISO 9000 ist weder ein notwendiger noch ein ausreichender **Schritt** zur Verwirklichung eines Qualitätsmanagements für Anwaltskanzleien. Den durch ISO 9000 in Gang gesetzten **Bewußtseinsprozeß** sollte der Beratungssektor gleichwohl aufnehmen. Bei näherer Betrachtung ist festzustellen, daß ISO 9000 – jedenfalls hinsichtlich der Zertifizierung von Beraterkanzleien – sehr schnell an seine Grenzen stößt. Dies ist durch den hohen Individualisierungs- und Interaktionsgrad bei der Erstellung der Beratungsleistung bedingt. Die für die Leistungserstellung spezifischen und entscheidenden Qualitäts- und Prozeßmerkmale sind weder durch die zertifizierbaren DIN ISO 9001–9003 noch durch die nicht zertifizierbaren Empfehlungen für Dienstleister in DIN ISO 9004 Teil 2 erfaßbar – und sollen dies auch nicht sein.[35] Auf der anderen Seite ist festzuhalten, daß insbesondere die **Ansätze**, die in der DIN ISO 9004 Teil 2 aufgegriffen werden, im Gegensatz zur Norm 9001 ein deutlicher Schritt in Richtung Qualitätsmanagement sind (vgl. Abbildung 5).[36] 47

Abbildung 5: Die Entwicklung der Normen DIN ISO 9000 ff am Beispiel der 9004 Teil 2 48

DIN ISO 9001 ..... ist zertifizierbar	DIN ISO 9004-2 ...... ist nicht zertifizierbar
• Prüfungen	• Fehler vermeiden....auch prüfen
• Korrekturmaßnahmen	• Ständige Verbesserung
• Dokumentenlenkung	• Kommunikation zwischen Kunden und/mit Mitarbeitern
• Schulung	• Motivation, Weiterentwicklung
• Kundendienst	• Dienst für den Kunden
.... insgesamt formalistisch-technokratisch	...insgesamt kundenorientiert/menschenbezogen
QUALITÄTSSICHERUNG ➡	QUALITÄTSMANAGEMENT

Wenn der Rechtsanwalt den Sinn bzw. den Nutzen einer ISO-Zertifizierung aus Sicht seiner Mandanten bewertet, wird er in der Regel auf die Zertifizierung verzichten. Denn diese garantiert dem Mandanten weder eine meßbare Verbesserung der Kernleistung noch sonstiger für ihn entscheidender Qualitätsmerkmale, die für den Mandanten an die Stelle einer für ihn qualitativ nicht bewertbaren Rechtsberatung treten. Diese substituierten Qualitätskriterien sind u. a. Freundlichkeit und Erreichbarkeit des Beraters, die Zeit, die er sich für den Klienten nimmt usw. Nicht hierhin gehören die durch ISO 9000 standardisierbaren **Prozeßabläufe**, interne Schulungen usw. Auf der anderen Seite kann ISO 9000 als erster Schritt in Richtung TQM verstanden werden. Hier ist allerdings die nicht von der Hand zu weisende Gefahr zu sehen, daß man auf dem Niveau der verbesserten Prozeßqualität verbleibt, d. h. sich nicht zu einem **Qualitätsmanagement** weiterentwickelt (nach dem Motto: „Jetzt haben wir nach Monaten die Zertifizierung endlich geschafft – das muß erst einmal reichen"). In der teilweise hitzigen Diskussion um die ISO Normen 49

[35] Zum Versuch, das Regelwerk der ISO-Normen auf den Anwaltsstand zu übertragen, vgl. *Streck/Kilger/Ehnert*, AnwBl. 1997, 190. Dem interessierten Leser sei dieser Beitrag empfohlen, weil in aufwendiger Weise Arbeitsabläufe systematisiert dargestellt werden.

[36] Vgl. *Saatweber* in *Stauss, B.* (Hrsg.), Qualitätsmanagement und Zertifizierung – Vom DIN ISO 9000 zum Total Quality Management, S. 65.

wird dies meist vergessen (vgl. Abbildung 6). Zuversichtlich, aber nicht unkritisch konstatiert Rechtsanwalt Dr. *Thomas Lapp* auf dem 49. Deutschen Anwaltstag (Mai 1997):

„Die Zertifizierung darf nicht das erste Ziel sein. Sie kann ein Zwischenziel sein. Man darf sich nicht darauf ausruhen, sonst wird es eine Fehlinvestition."

50

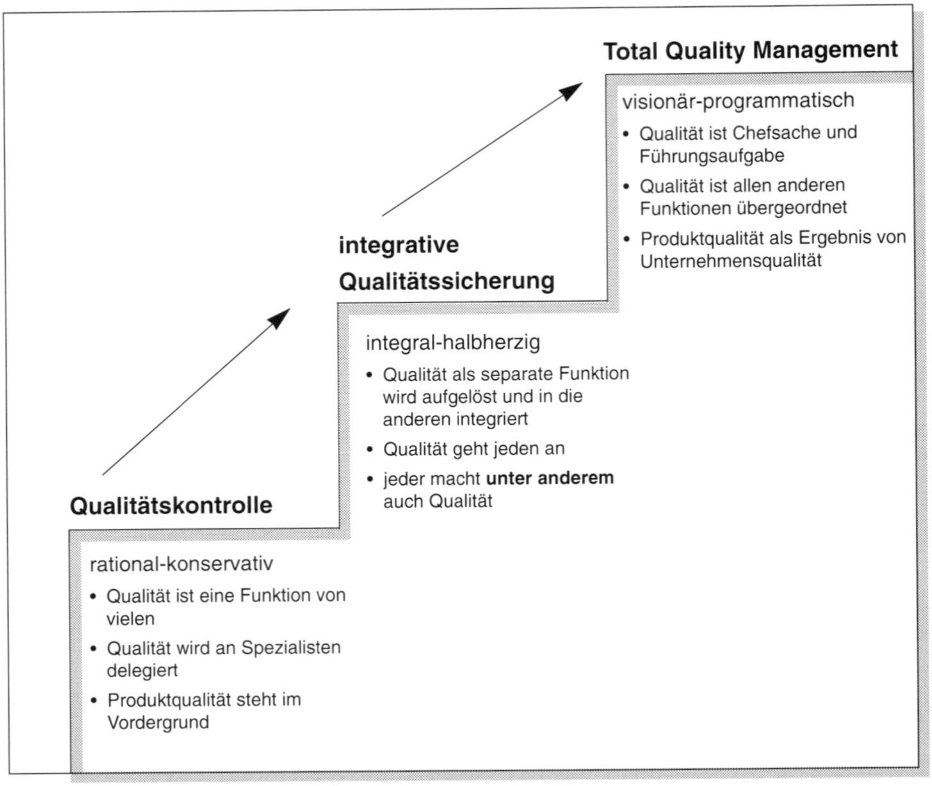

Abbildung 6: Die Entwicklungsstufen zu TQM – Grundhaltungen zur Qualität
Quelle: Eigene Darstellung

51 Selbst wenn durch den Berater mit einer ISO-Zertifizierung geworben werden darf, ist ein positiver Effekt für Einzelkanzleien nur so lange gegeben, wie der Kreis der zertifizierten Kanzleien klein bleibt und sich gleichzeitig das Führen des Zertifikats positiv auf die Nachfrage auswirkt. Da für den Mandanten kein meßbarer Nutzen existiert, wird ISO 9000 für Berater in den meisten Fällen kein taugliches strategisches Marketing-Instrument sein. Schließlich gilt: Je mehr Gewicht innerhalb der **Leistungserstellung** sogenannten „soft factors" zukommt, desto eher stößt eine Zertifizierung an ihre Grenzen.

Abgeschlossen werden soll das Kapitel kommentarlos mit einem Zitat von *Linda Deming Ratcliff*, Vice Chairman of the Board W. Edward Deming Institute. Auf unsere Frage, was ISO 9000 wirklich im **Anwaltssektor** bewirken kann, antwortete sie:

52 „Measuring something does not improve it. One can measure ones daily weight, but not see any improvement because nothing has been done to fundamentally change those activities that affect weight. (Therefore) the application of ISO 9000 criteria to legal services will do nothing but add cost to legal services. We are hopeful that the legal professions here in the US will not hear about ISO 9000."

§ 27 Qualitätsmeßansätze

*Prof. Dr. Herbert Woratschek**

Übersicht

Schrifttum: *Albrecht,* America's Service. How Corporations can Revolutionize the Way they Treat their Customers, 1988; *Backhaus,* Multivariate Analysemethoden. 7. Aufl., 1994; *Benkenstein,* Dienstleistungsqualität, Ansätze zur Messung und Implikationen für die Steuerung, in: Zeitschrift für Betriebswirtschaft, 1993, S. 1095–1116; *Bitner/Booms/Tetreault,* The Service Encounter: Diagnosting Favorable and Unfavorable Incidents, in: Journal of Markting, Vol. 54, 1990, S. 71–86; *Böhler,* Marktforschung, 2. Aufl., 1992; *Brandt/Reffet,* Focusing on Customer Problems to Improve Service Quality. In: Bitner, M. J., Crosby, L. A. (Hrsg.): Designing A Winning Service Strategy, Proceedings Series, 1989, S. 92–97; *Bruhn,* Qualitätsmanagement für Dienstleistungen. Grundlagen, Konzepte, Methoden. 2. Aufl., 1997; Deutsche Gesellschaft für Qualität e. V.: Begriffe zum Qualitätsmanagement, Berlin 1993; *Dichtl/Müller,* Anspruchsniveau und Nivellierungstendenz als meßtechnisches Problem in der Absatzforschung, in Marketing ZFP, 1986, S. 233–236; *Dichtl/Thomas,* Der Einsatz des Conjoint Measurement im Rahmen der Verpackungsmarktforschung, in: Marketing ZFP, Jg. 8, 1986, Heft 1, S. 27–33; *Diller,* Preispolitik, 1985; *Endrös/Waltl,* Qualitätsmanagement in der Anwaltspraxis, NJW 1996, S. 1030–1033; *Fishbein,* Einstellung und die Vorhersage des Verhaltens, in: Sozialpsychologie der Einstellungsänderung hrsg. v.: Hormuth, S., 1979, S. 148–173; *Flanagan,* The Critical Incident Technique, in: Psychological Bulletin, Band 95, 1954, S. 327–358; *Green/Srinivasan,* Conjoint Analysis in Consumer Research: Issues and Outlook, in: Journal of Consumers Research, Band 5, 1974, S. 61–68; *Green/Srinivasan,* Conjoint Analysis in Marketing: New Developments with Implications for Research and Practice, in: Journal of Marketing, Band 54, 1990, S. 3–19; *Haist/Fromm,* Qualität im Unternehmen. Prinzipien, Methoden, Techniken, 2. Aufl., 1991; *Haller,* Beurteilung von Dienstleistungsqualität, 1995; *Hentschel,* Multiattributive Messung von Dienstleistungsqualität, in: Dienstleistungsqualität, hrsg. v.: Bruhn, Manfred / Stauss, Bernd, 2. Aufl., 1995, S. 347–378; *Krämer,* Zum Qualitätsverständnis anwaltlicher Rechtsberatung, in: NJW 36/1996, S. 2354–2355; *Kroeber-Riel,* Konsumentenverhalten. 6. Aufl., 1996; *Kruskal,* Multidimensional Scaling by Optimizing Goodness of Fit to a Nonmetric Hypothesis, in: Psychometrika, Band 29, 1964, S. 1–27; *Luce,* Conjoint Measurement: A Brief Survey, in: Bell, D. E., Keeney, R. L., Raiffa, H.: Conflicting Objectives in Decisions, S. 148–171, 1977; *Normann,* Dienstleistungsunternehmen, 1987; *Parasuraman/Zeithaml/Berrry,* 'SERVQUAL, A Multiple Item Scale for Measuring Consumer Perceptions of Service Qualitäy, in: Journal of Retailing, 1988, Nr. 1, S. 12–40; *Rosenberg,* Cognitive Structure and Attitudi-

* Inhaber des Lehrstuhls für Betriebswirtschaftslehre VIII (Dienstleistungsmanagement) an der Universität Bayreuth.

nal Affect, in: Journal of Abnormal and Social Psychology, Vol. 53 (1956), S. 367–372; *Trommsdorff,* Konsumentenverhalten, 2. Aufl., 1993; *Schmalen,* Preispolitik. 2. Aufl., 1995; *Simon,* Preismanagement: Analyse, Strategie, Umsetzung, 2. Aufl., 1992; *Stauss/Hentschel,* Verfahren der Problementdekkung und -analyse im Qualitätsmanagement von Dienstleistungsunternehmen, in: Jahrbuch der Absatz- und Verbrauchsforschung, 1990, S. 232–259; *Stauss,* „Augenblicke der Wahrheit" in der Dienstleistungserstellung- Ihre Relevanz und ihre Messung mit Hilfe der Kontaktpunkt-Analyse, in: Dienstleistungsqualität, hrsg. v.: Bruhn, Manfred/Stauss, Bernd, 2. Aufl., 1995, S. 379–399; *Trommsdorf,* Die Messung von Produktimages für das Marketing – Grundlagen und Operationalisierung, 1975; *Werner,* Qualitätsmanagement, TQM und die Zertifizierung, in: NJW-CoR 6/97, S. 346–348; *Woratschek,* Betriebsform, Markt und Strategie, 1992; *Woratschek,* Dienstleistungsqualität im Sport, in: Tagungsband des 1. Kongresses für Sportmanagement in Köln 1997, hrsg. v.: Horch, Heinz-Dieter, erscheint 1999; *Zeithaml/Parasuraman/Berry,* Qualitätsservice, Was Ihre Kunden erwarten – was Sie leisten müssen, 1992.

A. Qualität als Erfolgsfaktor für die Anwaltskanzlei

1 In der betrieblichen Praxis wird ein **professionelles Qualitätsmanagement** als Erfolgsfaktor gesehen. Diese Erkenntnis scheint sich nun auch für das Betätigungsfeld von Rechtsanwälten durchzusetzen. In den letzten Jahren wird das Qualitätsmanagement in der Anwaltspraxis intensiv und teilweise kontrovers diskutiert.[1]

2 Unabhängig davon, wie man zu dem Thema „Qualitätsmanagement" eingestellt ist, zeigen diese Diskussionen, daß die ‚Welt der Anwälte' in Bewegung gerät und zunehmend auch die **Wichtigkeit betriebswirtschaftlicher Fähigkeiten** für Anwälte erkannt wird.[2] Bei der Diskussion um Total Quality Management und die Zertifizierung von Kanzleien gerät in den Hintergrund, daß für ein erfolgreiches Qualitätsmanagement die Qualitätsmessung eine Voraussetzung für die Planung und Kontrolle von Qualität ist. Zwar wird erkannt, daß die Kenntnis der Erwartungen von Mandanten über die zu erbringenden Leistungen einer Kanzlei den Ausgangspunkt einer zufriedenstellenden Rechtsberatung darstellt, die Wichtigkeit des Einsatzes von **Methoden der Marktforschung** wird in der juristischen Literatur allenfalls in der Fußnote angedeutet.[3]

3 Es ist sicherlich für einen Rechtsanwalt nicht erforderlich, sich intensive Marktforschungskenntnisse anzueignen, um ein erfolgreiches Qualitätsmanagement in der Kanzlei zu etablieren. Dennoch sollte er Vor- und Nachteile der **unterschiedlichen Meßverfahren** kennen, damit er beurteilen kann, welches Verfahren situativ in Abhängigkeit des zu lösenden Qualitätsproblems eingesetzt werden sollte. Die folgenden Ausführungen setzen sich das Ziel, einen Überblick über die Meßverfahren zur Dienstleistungsqualität zu geben sowie deren Möglichkeiten und Grenzen darzustellen.

B. Grundlagen des Qualitätsmanagement

4 In der **Alltagssprache** wird Qualität häufig mit der guten Beschaffenheit oder dem hohen Wert eines Objektes gleichgesetzt. Für den Bereich der Dienstleistungen im allgemeinen und den Bereich der anwaltlichen Leistungen im besonderen ist dieses Begriffsverständnis ungeeignet, da es gute und schlechte Leistungen nicht differenziert.

5 In der **Literatur** wird Qualität unterschiedlich in Abhängigkeit des jeweiligen Untersuchungsziels definiert. Für die betriebliche Praxis hat sich die Definition der Deutschen Gesellschaft für Qualität e. V. (1993) durchgesetzt. Danach ist Qualität die „Gesamtheit von Eigenschaften und Merkmalen eines Produktes oder einer Tätigkeit, die sich auf deren

[1] Vgl. *Endrös/Waltl* 1996 und 1997; *Krämer* 1996; *Werner* 1997.

[2] Vgl. unter § 4.

[3] Vgl. *Krämer* 1996, S. 2355.

Eignung zur Erfüllung gegenüber Erfordernissen bezieht".[4] Bei dieser Definition bleibt allerdings offen, wessen Erfordernisse erfüllt werden sollen.

Die **anwaltlichen Kernleistungen,** z. B. die Rechtsberatung, können vom Mandanten sicherlich nur unzureichend beurteilt werden, obwohl sie dessen Erfordernisse erfüllen sollen. Trotz mangelnder Informationen über die juristischen Qualifikationen eines Anwaltes entscheidet er darüber, welche rechtsberatende Stelle er aufsucht. Dabei spielen häufig **Qualitätsindikatoren** eine Rolle, die nicht in unmittelbarem Zusammenhang zur Kernleistung stehen müssen. Dazu gehören z. B. das Engagement des Anwaltes, seine Zuverlässigkeit, seine Kommunikationsfähigkeit und die pünktliche Einhaltung von Terminen. Daher sind auch diese über die Kernleistung hinausgehenden **„Zusatzleistungen"** ausschlaggebend für das Qualitätsurteil des Mandanten. 6

Die Kernleistungen, z. B. Rechtsberatung und Rechtsvertretung, sind aus ökonomischer Sicht Güter, die der Abnehmer vor der Inanspruchnahme nicht beurteilen kann. Selbst nach Inanspruchnahme entzieht sich die anwaltliche Leistung der Beurteilung durch den Mandanten, da ihm hierzu das juristische Fachwissen fehlt. Daher handelt es sich um ein **Vertrauensgut**. Die Kernleistung wird aus Sicht des Mandanten dann positiv beurteilt, wenn er Vertrauen zu seinem Anwalt gefaßt hat. Allerdings stellt sich hierbei die Frage: Welche Faktoren führen dazu, daß ein Mandant Vertrauen in die anwaltliche Leistung hat? 7

Die Frage kann nur empirisch beantwortet werden. *Endrös* und *Waltl* ist sicherlich Recht zu geben, wenn sie die Eignung der **Qualitäts-Zertifizierung**[5] zur Vertrauensbildung anzweifeln.[6] Allerdings ist deren ablehnende Haltung aus betriebswirtschaftlicher Sicht nahezu unverständlich. Die betriebliche Praxis hat gezeigt, daß die Zertifizierung (vgl. § 26) den Qualitätsgedanken ausgelöst und das Total Quality Management (vgl. § 25) in den Betrieben gefördert hat. Die der Zertifizierung innewohnende Ablauforganisation bietet die Voraussetzung dafür, daß der Anwalt seine Leistung den Mandanten signalisieren kann. Diese Signale sind eine notwendige, wenn auch nicht hinreichende Bedingung dafür, daß eine anwaltliche Leistung in Anspruch genommen wird. Daher ist die Zertifizierung für ein erfolgreiches Qualitätsmanagement zwar nicht unbedingt notwendig, aber dennoch hilfreich, und der Streit, ob ein Anwalt sich zertifizieren soll oder nicht, geht am Kernproblem vorbei. 8

Entscheidend für ein erfolgreiches Qualitätsmanagement ist, daß die **organisatorischen Voraussetzungen** geschaffen werden und sich eine Kanzlei im Bewußtsein der Mandanten sinnvoll positionieren kann (vgl. § 4). Dabei kommt es vor allem darauf an, daß man besonders darauf achtet, die Faktoren zu überprüfen, die letztendlich zu einem **positiven Qualitätsurteil** aus Sicht der Mandanten führen. Ausgangspunkt ist daher die **Erforschung der Faktoren**, die aus Sicht der Mandanten das Qualitätsurteil einer Kanzlei prägen. 9

In der Literatur wird zum Teil die Meinung vertreten, daß es „irrelevant" sei, „wie ein Anwalt seine Arbeitsabläufe organisiert".[7] *Endrös* und *Waltl* schließen dies aus empirischen Arbeiten, bei denen die Wichtigkeit der Qualität von Rechtsanwälten aus Mandantensicht gemessen wurde. Aus derartigen Messungen kann man jedoch nicht den Schluß der Irrelevanz interner Arbeitsprozesse für die Qualität aus Mandantensicht schließen. Es genügt nicht, wie *Endrös* und *Waltl* argumentieren: „Die Mandanten unterstellen dabei wohl, daß nicht Chaos die Organisationsgrundlage seiner Kanzlei ist".[8] Das Signalisieren von Kompetenz und der Aufbau von Vertrauen erfordern **ablauforganisatorische Spitzenleistungen** wie z. B. hervorragendes Zeitmanagement, ständige Erreichbarkeit, umfassende Betreuung, institutionalisiertes Beschwerdemanagement (vgl. § 47) sowie im Umgang mit Menschen geschultes Personal und Anwälte, die ein Bewußtsein für die 10

[4] Deutsche Gesellschaft für Qualität e. V. 1993.
[5] Vgl. unter § 26.
[6] *Endrös/Waltl* 1997, S. 289.
[7] *Endrös/Waltl* 1997, S. 289.
[8] *Endrös/Waltl* 1997, S. 289.

Wichtigkeit dieser Erfolgsfaktoren entwickelt haben und bereit für die Schaffung der organisatorischen Voraussetzungen für ein Qualitätsmanagement sind. Diese **Arbeitsprozesse**, die für den Mandanten völlig im Hintergrund ablaufen, sind notwendige, wenn auch nicht hinreichende Voraussetzungen für eine aus Mandantensicht hervorragend wahrgenommene Qualität. Dies bedeutet, daß die Qualität nicht nur aus Sicht der Mandanten zu messen ist, sondern auch aus der Sicht des Management einer Kanzlei.

11 Dabei ist zu beachten, daß ein Mandant bei der Auswahl einer Kanzlei alle ihm zur Verfügung stehenden Alternativen abwägt. Das bedeutet, daß eine Kanzlei bezüglich der Rechtsberatung nicht nur mit anderen Kanzleien konkurriert, sondern auch mit **nichtjuristischen Konkurrenten**, wie z. B. Verbänden oder Gewerkschaften (vgl. §4). Daher ist ein Vergleich in bezug auf die einzelnen Teilleistungen mit allen Konkurrenten (Benchmarking) sinnvoll, um aus Sicht der Mandanten zu Spitzenleistungen zu gelangen.

12 Für das **Qualitätsmanagement anwaltlicher Leistungen** ist es erforderlich,

- die Faktoren zu erforschen, die aus Sicht der Mandanten vertrauensbildend sind (**Kernleistung**),
- die Leistungen zu messen, die aus Sicht der Mandanten das gesamte Qualitätsurteil bilden (**Kern- und Zusatzleistungen**),
- die **Ablauforganisation** so zu gestalten, daß die notwendigen **Voraussetzungen** für ein positives Qualitätsurteil geschaffen werden,
- die **Qualität** der Ablauforganisation zu **messen** und zu **kontrollieren** und
- die **eigene Dienstleistungsqualität** auf allen Ebenen mit den Qualitäten der konkurrierenden Anbieter **zu vergleichen**.

13 Bei der Messung und Kontrolle der Ablauforganisation ist zu beachten, daß nicht nur die Managementsicht erforscht werden muß, sondern auch die **Qualität aus Mitarbeitersicht**. Die Rechtsberatung erfordert einige Vorarbeiten (z. B. Literaturrecherchen, Schreibarbeiten), mit denen der Mandant überhaupt nicht in Berührung kommt. Die internen Bezieher dieser Vorarbeiten sind auf die Qualität der internen Leistungsersteller angewiesen. Daher muß auch die Qualität aus Mitarbeitersicht gemessen werden. Insbesondere wenn man daran denkt, daß nur zufriedene Mitarbeiter die Mandanten auf Dauer zufriedenstellen, wird die Zufriedenheit der Mitarbeiter auf allen Ebenen zum Erfolgsfaktor einer Kanzlei. Zufriedene Mitarbeiter verhalten sich häufig kundenorientierter als unzufriedene. Oft hängt das Qualitätsniveau von der **Kreativität** und der **Flexibilität der Mitarbeiter** ab. Zudem muß qualitätsorientiertes Verhalten in einer Kanzlei erst geschaffen werden. Hier kann, wie bereits erwähnt, die Zertifizierung hilfreich sein. Die Qualitätsmessung aus unterschiedlichen Sichtweisen ist notwendig, wie empirisch festgestellte Diskrepanzen zwischen dem Qualitätsurteil von Rechtsanwälten und dem der Mandanten zeigen.[9]

C. Übersicht der Meßverfahren zur Dienstleistungsqualität

14 Eine Kanzlei ist auf den **ökonomischen Erfolg** angewiesen, auch wenn sie diesen nicht zum alleinigen Maßstab ihrer Tätigkeit macht. Die Qualität muß daher aus Management-, Mitarbeiter-, Mandanten- und Wettbewerbersicht gemessen werden. Die **Meßverfahren** lassen sich somit in **drei Kategorien** einteilen:[10]

- Kundenorientierte Meßverfahren,
- Anbieterorientierte Meßverfahren,
- Wettbewerbsorientierte Meßverfahren.

15 In der **betrieblichen Praxis** können die einzelnen Verfahren nicht immer eindeutig voneinander abgegrenzt werden, da auch Mischverfahren und Kombinationen zum Einsatz

---

[9] Vgl. *Oellers* 1998, S. 1289.
[10] Vgl. *Woratschek* 1998.

gelangen. Die wettbewerbsorientierte Sichtweise erfordert nicht nur den Vergleich intersubjektiv nachprüfbarer Leistungen der Wettbewerber aus Sicht der Anbieter (**Benchmarking**). Da für die Auswahlentscheidung einer Kanzlei die Sicht des Mandanten ausschlaggebend ist, ist ein Vergleich auch aus Sicht der Mandanten (Kundensicht) erforderlich. Der ökonomische Erfolg einer Kanzlei hängt u. a. davon ab, wie sie sich im Bewußtsein der Mandanten positioniert. Der Vergleich der Positionierung aus Sicht der Mandanten erfolgt mit Hilfe der Positionierungsmodelle. Bezüglich der wettbewerbsorientierten Meßverfahren sei daher auch auf die Ausführungen in § 4 (Positionierung) verwiesen.

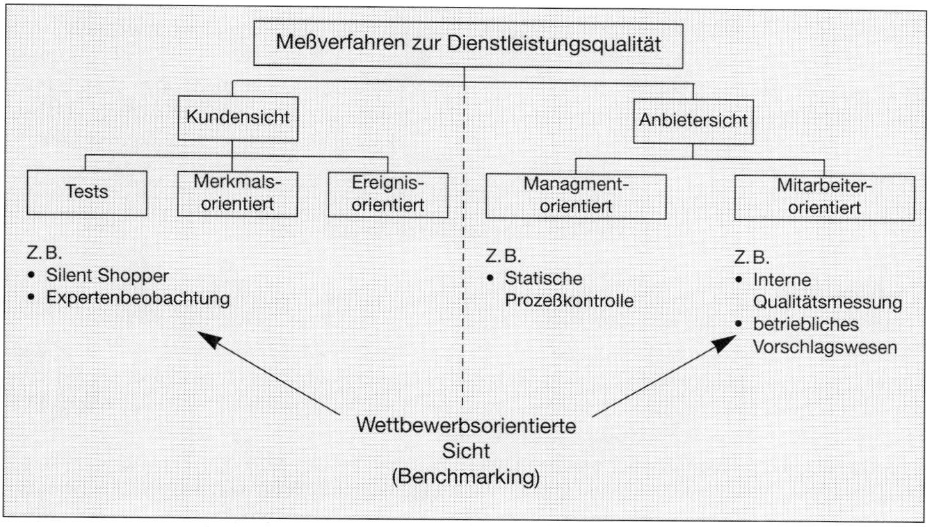

Abbildung 1: Meßverfahren der Dienstleistungsqualität[11]

D. Kundenorientierte Meßverfahren

Die kundenorientierten Meßverfahren zur Dienstleistungsqualität lassen sich in drei Kategorien einteilen. Die Einteilung ist in Abbildung 1 gezeigt. 16

I. Tests

Prinzipiell kommen in der **Marktforschung** außer **Befragungen** auch **Marktbeobachtung** als empirisches Erhebungsdesign in Frage.[12] Eine Form der Beobachtung sind Tests, die auch in der Qualitätsmessung eingesetzt werden. Die Erfassung der Dienstleistungsqualität kann z. B. dadurch erfolgen, daß geschulte Experten den Kontakt zwischen einem nichtjuristischen Mitarbeiter und dem Mandanten beobachten. Diese Form würde man als **Expertenbeobachtung** bezeichnen. Eine solche Beobachtung könnte offensichtliche Mängel im Umgang mit dem Mandanten aufdecken. 17

Allerdings ist das Verhalten der Mitarbeiter unnatürlich, wenn sie wissen, daß sie beobachtet werden. Dies führt zur Verfälschung der Ergebnisse, die noch dadurch verschärft werden kann, daß der Experte höhere Ansprüche an die Reaktionsweisen des Personals einer Kanzlei stellt als der Mandant. Die Anwendung der Expertenbeobachtung 18

[11] Entnommen aus: *Woratschek* 1999.

[12] Vgl. *Böhler* 1992, S. 80 f.; *Diller* 1985, S. 131–134; *Simon* 1992, S. 109–137; *Schmalen* 1995, S. 32–40.

kommt für den Kontakt zwischen Rechtsanwalt und Mandanten kaum in Frage, da hier deren grundlegende Vertrauensbeziehung beeinträchtigt würde.

19 Das in der Abbildung 1 aufgeführte **Silent Shopper-Verfahren** geht sogar noch einen Schritt weiter, indem die Mitarbeiter über die Beobachtung nicht informiert werden. Beim Silent Shopper-Verfahren werden Testkäufer damit beauftragt, die Dienstleistung in Anspruch zu nehmen. Die Testkäufer notieren anschließend die festgestellten Stärken und Schwächen des Anbieters. Aufgrund der aufgezeigten Kritikpunkte und auch aufgrund der ethischen Bedenken gegen den Einsatz dieser Verfahren in bestimmten Bereichen wird nicht näher darauf eingegangen.

20 In der **Literatur** werden die Tests manchmal als objektive Ansätze charakterisiert.[13] Dieser Einteilung kann hier nicht gefolgt werden, da die Testergebnisse in erheblichem Ausmaß von der subjektiven Wahrnehmung des Experten oder des Silent Shopper abhängen. Im übrigen widerspricht die Expertenwahrnehmung der ursprünglichen Intention, die subjektiven Wahrnehmungen der Mandanten (Kunden) zu erforschen. Daher sind die Tests nur bedingt geeignet, die Qualität aus Kundensicht bzw. Mandantensicht zu messen.

II. Merkmalsorientierte Verfahren

1. Grundlagen

21 Die merkmalsorientierten Verfahren setzen an der eingangs gewählten Definition von Qualität an. Es wird unterstellt, daß die Bewertung der Dienstleistungsqualität anhand verschiedener Merkmale erfolgt. Grundsätzlich können die merkmalsorientierten Verfahren in kompositionelle und dekompositionelle Verfahren unterschieden werden. Die Unterscheidung ist in Abbildung 2 ersichtlich.[14]

22 Bei den **kompositionellen Verfahren** werden zunächst die von den Probanden (Mandanten) wahrgenommenen Ausprägungen erfragt. Anschließend werden die Merkmalsausprägungen zu einem Gesamturteil verknüpft.[15] Gelegentlich wird auf die Verknüpfung zu einem Gesamtwert verzichtet und das Gesamturteil in seiner Mehrdimensionalität dargestellt (vgl. § 4). Bei den kompositionellen Verfahren unterscheidet man zwischen **Einstellungs- und Zufriedenheitsmessungen**.

23 Die **dekompositionellen Verfahren** sind durch die Abfrage eines Gesamturteils gekennzeichnet. Aus diesem Gesamturteil werden dann die Wichtigkeiten der einzelnen qualitätsrelevanten Merkmale statistisch geschätzt.

24 In einem Überblick kann nicht auf alle Varianten der Qualitätsmessung eingegangen werden. Daher werden aus jeder Verfahrensgruppe typische Beispiele herausgegriffen, die auch in der Praxis häufig angewendet werden.

2. Einstellungsmessung

25 Bei der Einstellungsmessung wird das aggregierte Gesamturteil als Einstellungswert bezeichnet. Auf die unterschiedlichen Varianten der Aggregation und Befragung kann nicht im einzelnen eingegangen werden. Hierzu sei auf die entsprechende Literatur verwiesen.[16] Stellvertretend für die einstellungsorientierten Meßverfahren sei das **Adequacy-Importance-Modell** genannt, das in der Praxis sehr häufig eingesetzt wird. Bei diesem Modell werden die Probanden anhand von Rating-Skalen gebeten, für bestimmte, als qualitätsrelevant erachtete Merkmale die wahrgenommenen Ausprägungen einer Kanzlei anzugeben, z. B.: „Wie beurteilen Sie die Wartezeiten in der Kanzlei x?" Darüber hinaus wird für jedes Merkmal die Wichtigkeit aus Sicht des Mandanten abgefragt, z. B.: „Wie wichtig ist für Sie eine kurze Wartezeit?" Für die Aggregation zu einem eindimensio-

---

[13] Vgl. *Bruhn* 1997, S. 61.
[14] Vgl. *Woratschek* 1999.
[15] Vgl. *Kroeber-Riel* 1996, S. 311.
[16] Vgl. *Rosenberg* 1956; *Fishbein* 1979; *Trommsdorff* 1975, S. 72–77; *Woratschek* 1992, S. 141–144.

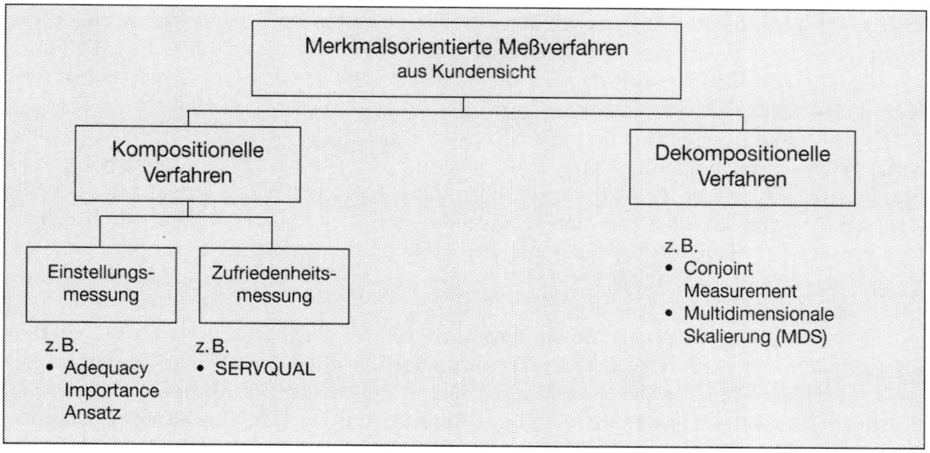

Abbildung 2: Merkmalsorientierte Meßverfahren aus Kundensicht

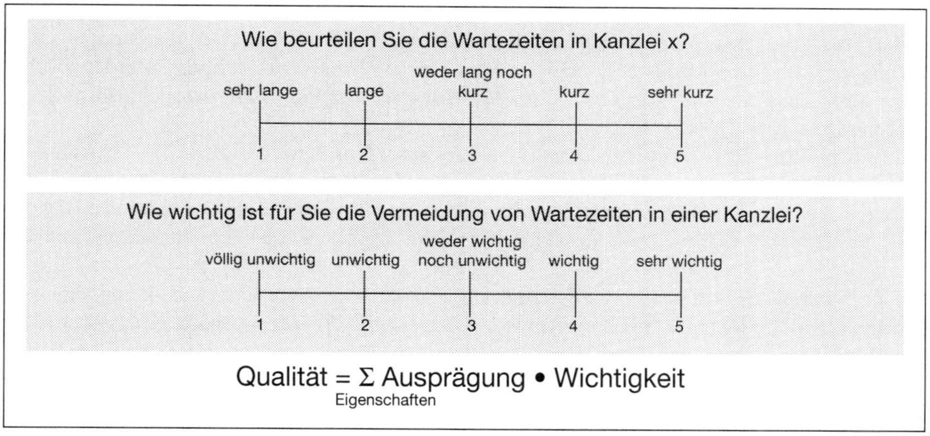

Abbildung 3: Kompositionelles Meßverfahren

nalen Qualitätsurteil wird im Adequacy-Importance-Ansatz die Ausprägung eines jeden Merkmals mit der entsprechenden Bedeutung gewichtet und über alle Merkmale aufsummiert.

Abbildung 3 gibt das kompositionelle Meßverfahren wieder. Der ermittelte **Einstellungswert** ist ein Indikator für das durch den Mandanten subjektiv wahrgenommene Qualitätsniveau einer Kanzlei. Zudem geben die empirischen Ergebnisse Hinweise darauf, welche Qualitätsmerkmale wichtiger für die Präferenzen der Mandanten sind. So könnte z. B. die **Wartezeit** in einer Kanzlei sehr lange und die Atmosphäre im Wartezimmer sehr schlecht sein. Gleichzeitig könnte aus Sicht der Mandanten die Vermeidung von Wartezeiten nicht wichtig sein, aber er könnte großen Wert auf eine **angenehme Atmosphäre im Wartezimmer** legen. In diesem Fall ist die Behebung des Mangels bezüglich langer Wartezeiten nicht unbedingt notwendig, da es einen relativ geringen Einfluß auf das Qualitätsurteil des Mandanten hat. Wichtiger wäre in diesem Fall, daß in der Kanzlei die Wartezeit durch die Schaffung einer angenehmeren Atmosphäre kompensiert wird. Dies könnte z. B. dadurch geschehen, daß nicht nur Zeitschriften ausgelegt werden, sondern ein Videogerät mit unterhaltenden und informierenden Filmen sowie ein Kaffeeautomat und Zimmerpflanzen aufgestellt werden. 26

27 In der **Praxis** treten meistens **mehrere Schwachstellen** auf, so daß man zuerst die wichtigeren Schwächen beseitigt. Analoges gilt natürlich für die Stärken, d. h. daß man vorrangig darauf bedacht sein muß, die aus Mandantensicht wichtigeren, positiv wahrgenommenen Merkmale beizubehalten.

28 Die Einstellungsmessung geht generell davon aus, daß der Proband eine relativ dauerhafte, gelernte, innere Haltung gegenüber dem zu beurteilenden Objekt (hier der Kanzlei) hat.[17] Demnach ist die Qualitätsbeurteilung des Mandanten ein **Lernprozeß**, der auf eigenen Erfahrungen oder auf der Kommunikation mit anderen Menschen beruht.[18] Daher muß der Mandant für die Befragung noch keine eigenen Erfahrungen mit einer Kanzlei gesammelt haben. Es kommt hier weniger darauf an, wie das Urteil zustande gekommen ist, sondern wie es ausfällt.

29 Die Qualität einer Kanzlei könnte aber auch im Vergleich zu einer fiktiven, idealen Kanzlei gemessen werden, wie dies im **Trommsdorff-Modell** der Fall ist.[19] In diesem Fall wird die Distanz einer Kanzlei von einem empirisch ermittelten Idealpunkt gemessen. Prinzipiell kommt als Distanzmaß die **City-Block-Metrik** oder die **Euklidsche Distanz** in Frage.[20] Unabhängig von der gewählten Metrik ist die Qualität um so besser zu beurteilen, je geringer die Distanz vom Idealpunkt ist. Bei der kompositionellen Variante des Idealpunktmodells wird statt nach der Wichtigkeit eines Merkmals nach seiner idealen Ausprägung gefragt. Hat man die Vermutung, daß der Proband durch die direkte Befragung nach der idealen Ausprägung überfordert ist, kann statt dessen das vom Befragten am meisten präferierte Objekt (Kanzlei) als Idealpunkt definiert werden.[21] Der Idealpunkt kann aber auch mit Hilfe der **Multidimensionalen Skalierung** dekompositionell ermittelt werden (vgl. § 4).

30 Die **empirischen Ergebnisse** einer Einstellungsmessung liefern Signale für Stärken und Schwächen aus Sicht des Mandanten. Inwieweit eventuelle Schwächen auf tatsächliche Mängel oder mangelnde Informationen bzw. mangelnde kommunikationspolitische Maßnahmen zurückzuführen sind, muß durch weitere Analysen oder Überlegungen geklärt werden.

31 Der **Vorteil** der Einstellungsmessung liegt darin, daß der Proband keine eigenen Erfahrungen mit dem Beurteilungsobjekt haben muß. Allerdings wird dies durch den **Nachteil** erkauft, daß aktuelle Defizite aus Sicht der bereits vorhandenen Kunden nicht deutlich genug hervortreten. Dieser Nachteil wird durch die zufriedenheitsorientierte Messung vermieden, da hier nur Probanden befragt werden, die bereits Erfahrung mit dem Beurteilungsobjekt sammeln konnten.

3. Zufriedenheitsmessung

32 Prinzipiell kann die Zufriedenheit **direkt** abgefragt werden, indem man den Probanden den Grad der Zufriedenheit auf einer Rating-Skala ankreuzen läßt, wie sie in Abbildung 3 gezeigt ist. Die Fragestellung lautet dann: „Wie zufrieden sind Sie mit den Wartezeiten der Kanzlei x?"

33 Eine Alternative besteht darin, die Zufriedenheit **indirekt** zu ermitteln, indem man die Erwartungen vor Inanspruchnahme der anwaltlichen Leistung abfragt und mit den Wahrnehmungen nach Inanspruchnahme vergleicht. Die Zufriedenheitsmessung beruht dann auf der Hypothese, daß das Urteil des Mandanten von seinen Erwartungen abhängt, die er vor Inanspruchnahme der anwaltlichen Leistung hat. Werden die Erwartungen erfüllt oder übertroffen, ist er zufrieden. Bleiben die Erfahrungen hinter seinen Erwartungen zurück, entsteht Unzufriedenheit. Die Zufriedenheit wird demzufolge als Diskrepanz zwischen den ex ante Erwartungen und den ex post Wahrnehmungen erfaßt.

---

17 Vgl. *Tommsdorff* 1993, S. 137.
18 Vgl. *Benkenstein* 1993, S. 1101.
19 Vgl. *Trommsdorff* 1975.
20 Vgl. *Böhler* 1992, S. 119–120.
21 Vgl. *Böhler* 1992, S. 120.

Problematisch ist dabei aber die **Unschärfe** in der Operationalisierung von Erwartungen. Ähnlich wie beim Adequacy-Importance-Ansatz wird jedes qualitätsrelevante Merkmal auf zwei Skalen gemessen. Zum einen könnte nach den Erwartungen gefragt werden: „Wie wahrscheinlich ist es, daß Sie in Kanzlei x auf das Gespräch mit dem Anwalt kaum warten müssen?" Zum anderen könnte die Frage nach den Erlebnissen lauten: „Wie lange mußten Sie in Kanzlei x auf das Gespräch mit dem Anwalt warten?" 34

Das Beispiel zeigt, daß derartige Ergebnisse mit Vorsicht zu interpretieren sind. Wenn z. B. ein Mandant mit einer sehr langen Wartezeit rechnet und diese lange Wartezeit tatsächlich eintritt, wird unterstellt, daß er zufrieden ist. Dies ist eine äußerst fragwürdige Hypothese, die auf die Unklarheit des Erwartungsbegriffes zurückzuführen ist. 35

Erwartungen können als 36

- minimal akzeptables,
- wahrscheinliches,
- in Relation zu den Kosten erwartetes,
- normalerweise vorhandenes,
- in Relation zur besten bekannten Alternative wünschenswertes oder
- ideales

Qualitätsniveau operationalisiert werden.[22] Die Fragen in obigem Beispiel haben die Erwartungen als wahrscheinliches Qualitätsniveau operationalisiert. In letzter Zeit hat sich die Operationalisierung als ideales Qualitätsniveau durchgesetzt, wie dies z. B. im **SERVQUAL-Ansatz**[23] geschieht. Im SERVQUAL-Ansatz wird die Dienstleistungsqualität auf 5 Dimensionen ermittelt, die jeweils über 4–5 Merkmale operationalisiert werden. 37

Die Dienstleistungsqualität wird im SERVQUAL-Ansatz auf folgende Dimensionen zurückgeführt:[24] 38

- Annehmlichkeit des tangiblen Umfeldes (tangibles)
- Zuverlässigkeit (reliability)
- Reagibilität (responsiveness)
- Leistungskompetenz (assurance)
- Einfühlungsvermögen (empathy)

Die Merkmale für die einzelnen Dimensionen sind in Abbildung 4 enthalten. Beim SERVQUAL-Ansatz werden die Merkmale mit Hilfe von jeweils zwei (7stufigen) Rating-Skalen erhoben. Dabei können die Probanden auf einer Skala Werte ankreuzen, die auf einem Kontinuum von vollkommener Ablehnung bis vollkommener Zustimmung verlaufen. Derartige Statements könnten z. B. sein: 39

- Die Mitarbeiter einer idealen (hervorragenden) Kanzlei sind stets gleichbleibend höflich zu den Mandanten.
- Die Mitarbeiter der Kanzlei x sind stets gleichbleibend höflich zu den Kunden.

Das Beispiel macht deutlich, daß die **Operationalisierung der Erwartungen** als ideales Qualitätsniveau den merkmalsorientierten Verfahren entspricht. Der SERVQUAL-Ansatz könnte auch als Kombination zwischen Einstellungs- und Zufriedenheitsmessung bezeichnet werden,[25] wenn man an das oben erwähnte Trommsdorff-Modell denkt. Es existieren jedoch **zwei wesentliche Unterschiede**: 40

- Beim Trommsdorff-Modell wird nach den Merkmalsausprägungen gefragt. Beim SERVQUAL-Ansatz wird der Grad der Zustimmung zu einer Merkmalsausprägung eingefordert.
- Die Differenz zwischen dem Ideal- und dem Realpunkt ist ein metrisches Qualitätsmaß (Trommsdorff-Modell). Die Differenz zwischen Erwartung einer Merkmalsausprägung und der erlebten Merkmalsausprägung ist ein Maß für die Zufriedenheit des Befragten (SERVQUAL).

---

[22] Vgl. *Meffert/Bruhn* 1997, S. 68–70 und *Hentschel* 1995, S. 363.
[23] Vgl. *Parasuraman/Zeithaml/Berrry* 1988.
[24] Vgl. *Zeithaml/Parasuraman/Berry* 1992, S. 202ff.
[25] Vgl. *Meffert/Bruhn* 1997, S. 71.

Dimension	Merkmale (Items)
Tangibles Umfeld	Technische Ausstattung, Einrichtung, Kleidung des Personals,Broschüren und Mitteilungen
Zuverlässigkeit	Einhaltung von Terminversprechen, Interesse an der Problemlösung, fehlerfreie Ausführung, Einhaltung versprochener Zeitpunkte der Leistungserbringung, Fehlerfreiheit der Belege
Reagibilität	Auskunftsfähigkeit des Personals über Zeitpunkte der Leistungserbringung, umgehende Bedienung, Hilfsbereitschaft, Zeit auf Kunden einzugehen
Leistungskompetenz	Vertrauen zu den Mitarbeitern, Gefühl der Sicherheit, Höflichkeit, Fachwissen der Mitarbeiter
Einfühlungsvermögen	Aufmerksamkeit, kundengerechte Zeiten der Leistungserstellung,individuelle Betreuung, Interesse an den Problemen der Kunden, Kenntnis der Kundenbedürfnisse

Abbildung 4: Dimensionen und Items im SERVQUAL-Ansatz

Letzteres kennzeichnet die Ansätze der Zufriedenheitsmessung, so daß SERVQUAL in diesen Ausführungen entsprechend zugeordnet wird.

41 Kritisch anzumerken ist, daß die zugrundeliegende **Hypothese des SERVQUAL-Ansatzes** zu zweifelhaften Interpretationen führen kann. Legt z. B. ein Mandant auf kurze Wartezeiten wert (Erwartung 7) und in der betrachteten Kanzlei entstehen äußerst geringe Wartezeiten (Wahrnehmung 7), so entsteht eine Differenz von 0. Wenn ein anderer Mandant keinen Wert auf kurze Wartezeiten legt (Erwartung 1), so entsteht eine Differenz von +6. Die Auswertungslogik legt nun nahe, daß der zweite Mandant der betrachteten Kanzlei in bezug auf die Wartezeit eine höhere Qualität zuschreibt, obwohl die erlebte Dienstleistungsqualität (Wahrnehmung) in beiden Fällen den gleichen Wert aufweist.[26] Dieses Ergebnis ist keineswegs einleuchtend.

42 Die Mitte der festgestellten Diskrepanz zwischen erlebter und erwarteter Dienstleistungsqualität sollte bei der Zufriedenheitsmessung eigentlich gute von schlechten Qualitäten trennen. Die Operationalisierung des Erwartungsbegriffs als ideales Qualitätsniveau im SERVQUAL-Ansatz führt somit zu einem **logischen Widerspruch**. Um eine hohe Zufriedenheit zu erreichen, müßte ein Dienstleister (eine Kanzlei) besser als ideal sein.[27]

43 Generell kann die direkte Befragung nach der Wichtigkeit von Merkmalen (Adequacy-Importance-Ansatz) oder nach den idealen Merkmalen (SERVQUAL) zur **Anspruchsinflation** bei den Befragten führen.[28] Die direkte Befragung lenkt die Aufmerksamkeit des Probanden auf jedes einzelne Merkmal, so daß bei der Einstellungsmessung die Neigung entstehen kann, alles wichtig zu finden. Beim SERVQUAL-Ansatz sollten dann alle positiven Merkmalsausprägungen idealerweise „voll zutreffen" (Antwort: ich stimme vollkommen zu). Das Problem der Anspruchsinflation wird bei den dekompositionellen Meßverfahren zur Dienstleistungsqualität vermieden.

4. Dekompositionelle Verfahren

44 Bei den dekompositionellen Meßverfahren vermeidet man direkte Fragen nach den Merkmalen oder Merkmalsausprägungen von Dienstleistungen. Im Bereich der mehrdimensionalen Einstellungsmessung hat sich die **Multidimensionale Skalierung**[29] zur Er-

[26] Vgl. *Hentschel* 1995, S. 369–370.
[27] Vgl. *Hentschel* 1995, S. 370.
[28] Vgl. *Dichtl/Müller* 1986, S. 233–236.
[29] Vgl. *Kruskal* 1964.

mittlung von Wahrnehmungen und Bewertungen der Qualität bewährt. Die Multidimensionale Skalierung hat folgende Vorteile:[30]

- Die qualitätsrelevanten Merkmale können unbekannt sein, d. h. sie müssen nicht im Rahmen einer Vorstudie erhoben werden.
- Die Nachteile der direkten Befragung, wie z. B. die Anspruchsinflation, werden vermieden.
- Die Ergebnisse werden nicht durch die Auswahl von Merkmalen und deren Verbalisierung beeinflußt.

Bei der Multidimensionalen Skalierung werden die Probanden gebeten, **Ähnlichkeitsurteile** über die Objekte abzugeben. Dies bedeutet für anwaltliche Leistungen, daß die konkurrierenden Kanzleien (sowie evtl. nichtjuristische Anbieter von Rechtsberatungen) von den Probanden hinsichtlich ihrer Ähnlichkeiten in eine Rangfolge gebracht werden. 45

Das **klassische Verfahren** hierzu ist die **Rangreihung,**[31] das hier beispielhaft beschrieben werden soll. Den Probanden werden Karten vorgelegt, auf denen jeweils ein Objektpaar (zwei verschiedene Kanzleien) verzeichnet sind. Bei 10 Kanzleien ergeben sich z. B. 45 mögliche Objektpaare. Da die Sortierungsaufgabe nach deren Ähnlichkeiten sehr aufwendig ist, kann der Proband gebeten werden, zunächst eine Gruppe „ähnlicher" und eine Gruppe „unähnlicher" Paare zu bilden. Die Bildung von Untergruppen kann jeweils fortgesetzt werden, bis für jede Gruppe leicht eine Rangfolge in bezug auf die Ähnlichkeit erstellt werden kann. 46

Es gibt auch für den Probanden einfacher gestaltete Aufgaben, wie z. B. die **Ankerpunktmethode** oder das **Rating-Verfahren**. Hierzu sei auf die entsprechende Literatur verwiesen.[32] 47

Wie immer das Untersuchungsdesign im Detail auch gestaltet sein mag, das Ergebnis ist eine **empirische Rangordnung** über die **Ähnlichkeit von Objektpaaren**. Aus dieser Reihenfolge wird die Anordnung der Objekte in einem Raum mit möglichst wenigen Dimensionen geschätzt. Dies bedeutet, daß in der Multidimensionalen Skalierung eine **psychographische Landkarte** angenommen wird, bei der in der Wahrnehmung der Mandanten die Kanzleien nahe beieinander liegen, die sich ähnlich sind. Unähnliche Kanzleien liegen weiter auseinander. In der gesuchten „Landkarte" sollte demzufolge die Rangfolge der Distanzen zwischen den Objekten der Rangfolge der Unähnlichkeiten entsprechen. 48

Um die Position der Objekte auf dieser Landkarte zu finden, geht man iterativ vor. Die Berechnung kann mit Hilfe von **Statistikprogrammen**, z. B. SPSS, erfolgen. Hierzu müssen lediglich die Ähnlichkeitsdaten eingegeben und die Anzahl der Dimensionen festgelegt werden. Bezüglich der **Schätzverfahren** sei auf die Literatur verwiesen[33]. Als Ergebnis erhält man die Ausprägungen der qualitätsrelevanten Merkmalsdimensionen. Die Multidimensionale Skalierung wird häufig zur Konstruktion von Wahrnehmungsräumen eingesetzt, welche die Grundlage von Positionierungsmodellen bildet (vgl. § 4). 49

Die Multidimensionale Skalierung ist auch in der Lage, einen **Idealpunkt** innerhalb dieser psychographischen Landkarte zu schätzen. Daher kann der Abstand von einem Realobjekt (Kanzlei) zum Idealpunkt (Referenzpunkt für eine ideale Kanzlei aus Sicht des Mandanten) als Qualitätsmessung herangezogen werden. Je näher ein Realobjekt am Idealpunkt ist, desto besser ist die vom Mandanten subjektiv wahrgenommene Qualität et vice versa. In diesem Fall erfolgt die Bewertung der Dienstleistungsqualität indirekt durch die Distanz zum Idealpunkt. 50

Problematisch ist jedoch die inhaltliche Benennung der Dimensionen, in denen die Objekte angeordnet sind. Die **inhaltliche Ausgestaltung** der Begriffe kann ein statisti- 51

[30] Vgl. *Backhaus* et al 1994, S. 435.
[31] Vgl. *Backhaus* et al 1994, S. 442.
[32] Vgl. *Backhaus* et al 1994, S. 442–445.
[33] Z. B. *Backhaus* et al 1994, S. 433–497.

sches Verfahren nicht leisten, es kann allenfalls eine unterstützende Funktion haben. Damit ist das Ergebnis der Analyse von subjektiven Kriterien abhängig. Es entsteht ein **Manipulationsspielraum** für den Analytiker, mit dem verantwortungsvoll umgegangen werden muß. Zudem können bei dekompositionellen Verfahren nur wenige Qualitätsdimensionen in die Analyse eingehen.

52 Ein weiteres dekompositionelles Verfahren ist die **Vignetten-Methode**,[34] die in der statistischen Literatur unter dem Stichwort **Conjoint Measurement** diskutiert wird.[35] Beim Conjoint Measurement werden den Versuchspersonen verschiedene Varianten einer Dienstleistung vorgegeben. So kann man z. B. unterschiedliche Kanzleien auf einer sogenannten Produktkarte (Vignette) anhand ihrer Merkmalsausprägungen beschreiben. Jede für möglich gehaltene Merkmalskombination ist dabei auf einer eigenen Karte verzeichnet. Die Vignetten der tatsächlich existierenden Kanzleien befinden sich darunter.

53 Der Proband wird dann gebeten, die Kanzleien, die anhand ihrer Merkmalsausprägungen auf den Karten beschrieben sind, in eine Reihenfolge zu bringen, die seinen Präferenzen entspricht. Die Frage könnte z. B. lauten: „Bitte bringen Sie die Karten in eine Reihenfolge, die Ihrer Präferenz entspricht. Legen Sie die Karte mit der Kanzlei, die ihrer Meinung nach am besten ist, nach vorne. Die schlechteste Kanzlei ordnen Sie ganz hinten ein". Das Ergebnis ist eine empirische Rangordnung der Kanzleien aus Sicht des Probanden.

54 Auf Basis der empirisch erhobenen Reihenfolge wird die **Präferenzfunktion** (Nutzenfunktion) des Probanden geschätzt. Zur Schätzung dieser Funktion wird häufig eine Struktur unterstellt, die formal dem bereits beschriebenen Adequacy-Importance-Ansatz ähnlich ist. Im Gegensatz zum Adequacy-Importance-Ansatz wird die Wichtigkeit der einzelnen Merkmale nicht direkt abgefragt, sondern diese werden aus der empirisch erhobenen **Präferenzreihenfolge** statistisch geschätzt. Die wahrgenommenen Ausprägungen der Merkmale sind auf den Karten beschrieben, so daß ein Wert für die Qualität (Nutzen) errechnet werden kann. Die der Berechnung zugrundeliegenden Algorithmen entsprechen denen der Multidimensionalen Skalierung.

55 Die **Vignetten-Methode** hat im Vergleich zur Multidimensionalen Skalierung den **Vorteil**, daß in der Auswertungsphase die inhaltliche Bezeichnung der qualitätsrelevanten Merkmalsdimensionen keinen subjektiven Spielräumen unterliegt. Die Multidimensionale Skalierung hat den Vorteil, daß auf die Erhebung qualitätsrelevanter Merkmale im Rahmen einer Vorstudie verzichtet werden kann.

56 Der **Vorteil der dekompositionellen Vorgehensweise** ist, daß die Aufmerksamkeit der befragten Personen nicht auf bestimmte Merkmale gelenkt wird. Der Proband beurteilt die anwaltlichen Leistungen gesamtheitlich. Unehrliche Angaben bei „sensiblen" Merkmalen und weitere Nachteile, wie z. B. die oben erwähnte Anspruchsinflation, werden dadurch vermieden.

III. Ereignisorientierte Verfahren

57 Für viele Untersuchungszwecke reicht die globale Beurteilung der Dienstleistungsqualität nicht aus. Wenn z. B. festgestellt wird, daß die Atmosphäre im Wartezimmer einer Kanzlei schlecht beurteilt wird, ist dies zwar ein **Signal** dafür, daß eine **relative Schwäche** vorliegt, aber man erhält keinen Hinweis darüber, wie man diese Schwäche beseitigen soll. Sollen Zimmerpflanzen aufgestellt werden? Fehlt eine Kaffeemaschine, um die Wartezeit psychisch zu verkürzen? Eine in der merkmalsorientierten Messung festgestellte mangelnde Freundlichkeit oder Höflichkeit kann auf das Personal am Empfang oder auf die Anwälte in der Beratung zurückzuführen sein. Je nachdem, was die Ursache für den festgestellten Mangel ist, sind unterschiedliche Maßnahmen zu ergreifen.

---

[34] Vgl. *Haller* 1995, S. 111; *Meffert/Bruhn* 1997, S. 74–75.

[35] Vgl. *Dichtl/Thomas* 1986, *Green* 1974, *Green* 1990, *Luce* 1977.

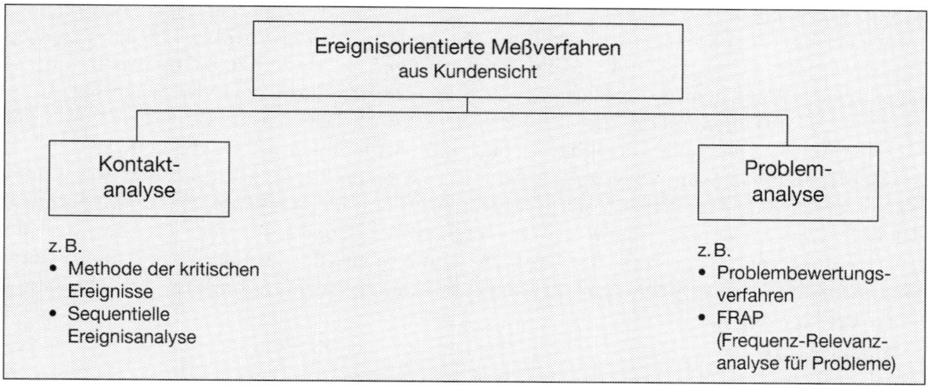

Abbildung 5: Ereignisorientierte Meßverfahren

1. Augenblicke der Wahrheit

Wünschenswert wäre daher eine **konkretere Messung** der Stärken und Schwächen einer Kanzlei, um direkt aus der Messung konkrete Maßnahmen ableiten zu können. Dieser Mangel kann durch den Einsatz ereignisorientierter Verfahren behoben werden. In **Abbildung 5** ist ein Überblick über die ereignisorientierten Verfahren aus Kundensicht gegeben. 58

Im **Zentrum** der ereignisorientierten Verfahren stehen die **Kontaktpunkte** zwischen den Mitarbeitern des Anbieters (Kanzlei) und den Kunden (Mandanten). An jedem dieser Kontaktpunkte wird die Dienstleistungsqualität durch den Mandanten wahrgenommen und bewertet. In der Literatur spricht man auch von den sogenannten „Augenblicken der Wahrheit".[36] Besonders negative oder besonders positive Erlebnisse in diesen Augenblicken der Wahrheit werden von den Mandanten weitererzählt und prägen das Image einer Kanzlei. Das **Image einer Kanzlei** hängt relativ stärker von der **Mund-zu-Mund-Propaganda** als das Image von Unternehmen in anderen Dienstleistungsbereichen ab. Dies liegt zum einen daran, daß die anwaltliche Kernleistung durch den Mandanten nur schwer zu beurteilen ist. Zum anderen sind die Werbemöglichkeiten für Kanzleien im Vergleich sehr beschränkt, so daß die Mandanten zur Beurteilung der Qualität verstärkt auf Erzählungen Dritter zurückgreifen. Daher ist diesen Kontaktpunkten besondere Aufmerksamkeit zu widmen. 59

2. Methode der kritischen Ereignisse

Die einfachste Art der Erhebung ist die Methode der kritischen Ereignisse bzw. das **Story Telling.**[37] Dabei werden die Befragten gebeten, über kritische Ereignisse im Dienstleistungsprozeß zu berichten. Kritische Ereignisse sind besonders positiv oder besonders negativ erlebte Ereignisse,[38] die der Mandant mit seiner Kanzlei gehabt hat. 60

Die kritischen Ereignisse werden mit standardisierten offenen Fragen erhoben, bei denen keine Antwortkategorien vorgegeben sind. Konstitutiv für die Methode der kritischen Ereignisse ist neben der Erhebung ein **mehrstufiges Auswertungsverfahren.** Die Basis hierzu bilden **Inhaltsanalysen**, bei denen typische Erlebniskategorien gebildet und kategoriebezogen die Häufigkeiten der Erlebnisse festgehalten werden.[39] 61

Dabei werden alle **Aspekte der Leistungserbringung** erfaßt, die für den Mandanten von Relevanz sind. Die Mandanten werden nicht durch vorgegebene Merkmale auf 62

[36] Vgl. *Normann* 1987, S. 21; *Albrecht* 1988, S. 26; *Stauss* 1995, S. 381–385.
[37] Vgl. *Flanagean* 1954, S. 327.
[38] Vgl. *Bitner/Nyquist/Booms* 1985, S. 73.
[39] Vgl. *Stauss* 1995, S. 390.

bestimmte Aspekte des Dienstleistungsprozesses fokussiert. Daher sind die gesammelten Informationen besonders aussagekräftig. Man erhält Auskünfte über unangemessenes Benehmen des Personals, über Mindesterwartungen an das Qualitätsniveau in unterschiedlichen Bereichen, Schwächen in der Ablauforganisation oder der Terminplanung etc. Da die Erlebnisse von den Probanden ausführlich geschildert werden, sind die Informationen konkret und detailliert genug, um Maßnahmen daraus abzuleiten.

63 Die **offene Befragung** bringt zwar erhebliche Probleme bezüglich des Auswertungsaufwands mit sich, hat aber den Vorteil, daß intensiv erlebte Ereignisse, die im Gedächtnis des Befragten sind, erzählt werden. Diese intensiven Erlebnisse dürften besonders verhaltensrelevant sein und dies nicht nur bezogen auf die Reputation, sondern auch in bezug auf die nochmalige Inanspruchnahme anwaltlicher Leistungen und damit auf den ökonomischen Erfolg einer Kanzlei.

3. Blueprinting

64 Kontaktpunkte, die Augenblicke der Wahrheit sein können, existieren in allen Phasen des Prozesses der Erstellung einer Dienstleistung. Die Darstellung der Phasen der Inanspruchnahme einer anwaltlichen Leistung kann mit Hilfe eines Blueprints geschehen. Ein Blueprint ist ein **graphisches Ablaufdiagramm**, auf dem alle wichtigen Kontaktpunkte verzeichnet sind. Dies sollte aus der Perspektive der Mandanten geschehen, da er über die Inanspruchnahme der Leistung entscheidet. In **Abbildung 6** ist ein vereinfachter Blueprint gezeigt, auf dem die Kontaktpunkte zwischen Kanzlei und Mandanten während des Leistungserstellungsprozesses vermerkt sind.

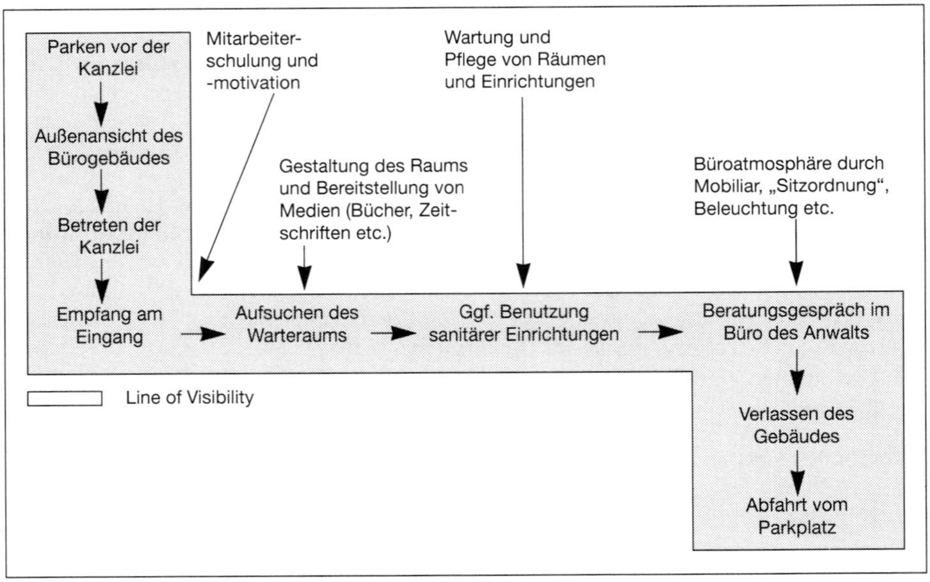

Abbildung 6: Blueprint

65 Die Kundenperspektive ist auf dem Blueprint durch die **Sichtbarkeitslinie** (Line of Visibility) von den Prozessen getrennt, die der Mandant nicht unmittelbar wahrnimmt. Die Prozesse außerhalb der Sichtbarkeitslinie sind jedoch wichtig, damit überhaupt ein positives Qualitätserleben am Kontaktpunkt entstehen kann. So stellen z. B. Schulungen des Personals im Umgang mit Mandanten sicher, daß der Mandant am Empfangsschalter einen positiven Eindruck von der Kanzlei erhält. Die Gestaltung des Warteraums (Zimmerpflanzen, Zeitschriften, Sessel, Videorecorder, Kaffeemaschine) ist ausschlaggebend für die erlebte Atmosphäre des Mandanten. Durch die Darstellung der außerhalb der Sichtbarkeitslinie liegenden Prozesse können im Falle von Problemen an den Kontaktpunkten unmittelbar Ansatzpunkte zu konkreten Maßnahmen abgeleitet werden.

Die Mandanten werden selbstverständlich nur zu den Prozessen innerhalb der Sichtbarkeitslinie befragt. Dabei sollte der Schwerpunkt der **Analyse auf Interaktionen** liegen, die sehr häufig vorkommen. Hinweise auf die quantitative Relevanz von Kontaktpunkten können interne Statistiken über Anrufe, Besuche von Mandanten, Bearbeitungsvorgänge, eingehende und ausgehende Briefe etc. geben. Auch die **Beschwerdeanalyse** kann Hinweise auf die Dringlichkeit von Problembereichen bringen. Für die Beschwerdeanalyse und das Beschwerdemanagement sei auf § 47 verwiesen. 66

4. Sequentielle Ereignisanalyse

Die **Kombination** aus dem Story Telling bzw. der Methode der kritischen Ereignisse und dem Blueprinting wird als Sequentielle Ereignisanalyse bezeichnet. 67

Anhand des Blueprints werden die interviewten Personen gebeten, den Ablauf ihrer Erlebnisse im Dienstleistungsprozeß noch einmal gedanklich durchzugehen und diese genau zu schildern. Durch offene, strukturierte Fragen werden zu jedem Kontaktpunkt der wahrgenommene Ablauf, die Empfindungen und Beurteilungen des Mandanten ermittelt und notiert. Dabei werden nicht nur die besonders kritischen Ereignisse positiver und negativer Art abgefragt, sondern auch gewöhnliche Ereignisse, die das Qualitätsurteil mitprägen.[40] Dies geschieht, um eine intensivere Analyse der konkreten Stärken und Schwächen einer Kanzlei zu bewirken. 68

Eine **Trennung** in gewöhnliche und kritische Ereignisse ist bei der Sequentiellen Ereignismethode anzuraten, da die Verhaltenskonsequenzen der Mandanten jeweils unterschiedlich ausfallen dürften. Darüber hinaus empfiehlt sich noch die Trennung in personalbezogene und nicht personalbezogene Kontaktpunkte.[41] 69

Die Sequentielle Ereignismethode bietet im Vergleich zur Methode der kritischen Ereignisse eine **umfassendere Analyse** konkreter Stärken und Schwächen einer Kanzlei. Daher sollte sie immer dann zum Einsatz gelangen, wenn die Dienstleistungsqualität **umfassend gemessen** werden soll. Geht es aber um die Erfassung besonders intensiv erlebter Ereignisse, genügt die Methode der kritischen Ereignisse. 70

Für die Messung der **Dienstleistungsqualität einer Kanzlei** wird daher die Sequentielle Ereignismethode empfohlen. Sie hat zudem den Vorteil, daß sie unmittelbar mit der internen Qualitätsmessung bzw. den Meßverfahren aus Anbietersicht verknüpft werden kann, da im Blueprint auch die Prozesse außerhalb der Sichtbarkeitslinie erhoben werden. 71

5. Problembewertungsverfahren

Die Qualitätsmessung erfolgt, weil auf dieser Basis konkrete Maßnahmen zur Qualitätssicherung und -verbesserung ergriffen werden sollen. Zur Qualitätsverbesserung kommt den **negativen** gegenüber den **positiven Erlebnissen** eine relativ größere Bedeutung zu. Dies hat folgende Gründe:[42] 72

- Ärgerliche Erlebnisse führen zu negativer Mund-zu-Mund-Propaganda und zu Abwanderung der Mandanten.
- Kunden haben häufig keine konkreten Erwartungen hinsichtlich der Merkmalsdimensionen einer Dienstleistung. Die Aufmerksamkeit wird erst im Problemfall geweckt.
- Vielen Befragten fällt es leichter, negative Erlebnisse zu nennen als positive und es ist zu vermuten, daß negative Erlebnisse besonders handlungsrelevant sind.

Da die **Problemanalysen** häufig auf den bereits diskutierten qualitativen Kontaktpunktanalysen beruhen, sind diese den ereignisorientierten Verfahren zugeordnet (vgl. die Abbildung 5 auf Seite 567). Ereignisorientierte Verfahren, die sich auf die Schwächen einer Dienstleistung konzentrieren, kann man als problemorientierte Verfahren oder Problemanalysen bezeichnen. 73

---

[40] Vgl. *Stauss* 1995, S. 382–383.
[41] Vgl. *Stauss* 1995, S. 383.
[42] Vgl. *Stauss* 1995, S. 392.

74 Eine Möglichkeit Probleme zu analysieren besteht darin, daß man zunächst eine **Liste** erarbeitet, die möglicherweise auftretende Probleme enthält. Hierzu werden Gespräche mit dem Management der Kanzlei und den Mandanten geführt. Mögliche Probleme, die in einer Kanzlei auftreten können, sind z. B., daß Mandanten häufig von besetzten Telefonleitungen genervt sind oder sich über häufige Terminverschiebungen beklagen.

75 Auf Basis dieser Problemliste wird ein **standardisierter Fragebogen** mit vorgegebenen Antwortmöglichkeiten entwickelt. Die Auswertung erfolgt in verschiedenen Varianten in Form von Indizes und Diagrammen (Problem Detecting Method oder Problem Evaluation[43]). Ähnlich wie bei den Einstellungsmodellen werden Indizes durch Multiplikation einzelner Komponenten gewonnen. So wird z. B. ein Problemindex durch Multiplikation von Problemhäufigkeit und Problemwichtigkeit errechnet. Die Probleme werden dann gemäß der Indizes in eine Reihenfolge gebracht, in der die Probleme angegangen werden sollten.

76 Kennzeichnend für alle Varianten der **Problembewertung** ist, daß sie wichtige von unwichtigen Problemen trennen. Bei einer Vielzahl an Problemen und einer gegebenen beschränkten Kapazität zur Problemlösung ist es aus ökonomischer Sicht sinnvoll, die Aufmerksamkeit zunächst nur auf die dringendsten Probleme zu lenken, um deren Lösung herbeizuführen.

6. Frequenz-Relevanz-Analyse für Probleme

77 Aus einer konstruktiven Kritik der bestehenden Varianten der Problembewertungsverfahren entstand die Frequenz-Relevanz-Analyse für Probleme (FRAP).[44] Bei FRAP wird ebenfalls angenommen, daß sich eine Kanzlei um so dringlicher mit einem konkreten Problem im Leistungserstellungsprozeß beschäftigen sollte, je häufiger es vorkommt und je bedeutsamer es aus Sicht des Mandanten ist. Die **Basis der Analyse** bildet ebenfalls eine **Liste** der Probleme, die möglicherweise auftreten.

78 Zunächst werden die Probanden zu jedem Problem auf der Liste befragt, ob es bei ihnen aufgetreten ist. Wenn die Frage mit ja beantwortet wird, wird nach dem Ausmaß der Verärgerung und dem geplanten oder bereits erfolgten **Reaktionsverhalten** gefragt. Mögliche Reaktionsverhaltensweisen können sein, daß der Kunde das Problem zwar wahrnimmt, aber keinerlei Reaktionen zeigt. Weitere Ausprägungen der Reaktionen könnten z. B. sein, daß der Mandant sich beschwert, eine negative Mundwerbung betreibt oder den Rechtsanwalt wechselt.

79 Da die Reaktionen unterschiedliche Auswirkungen auf den ökonomischen Erfolg einer Kanzlei haben, werden ihnen **Punktewerte** gemäß ihrer Bedeutung zugeordnet. Dieser Punktewert wird mit dem Grad der geäußerten Verärgerung multipliziert. Das Ergebnis der Multiplikation wird als **Relevanzwert eines Problems** bezeichnet (vgl. die Abbildung 7 auf S. 573). Um einen Anhaltspunkt über die Dringlichkeit der Problembeseitigung für das Management geben zu können, wird der durchschnittliche Relevanzwert als **Relevanzindex** gebildet. Wie bereits erwähnt, ist die Häufigkeit des Auftretens bestimmter Probleme ebenfalls ein Indikator für die Dringlichkeit der Problembeseitigung. Daher bilden beide Werte die Basis für die Einordnung der einzelnen Problemtypen in ein Diagramm, wie es in Abbildung 7 auf Seite 571 gezeigt ist.

80 Das Diagramm gibt einen guten Überblick über die vorkommenden Probleme. Darüber hinaus ist die **Dringlichkeit der Problembeseitigung** unmittelbar zu erkennen. Die Probleme, die im Diagramm rechts oben eingezeichnet sind, sollten zuerst angegangen und beseitigt werden.

---

43 Vgl. *Brand/Reffet* 1989, S. 93; *Stauss/Hentschel* 1990, S. 245.

44 Vgl. *Stauss/Hentschel* 1990, S. 253–254.

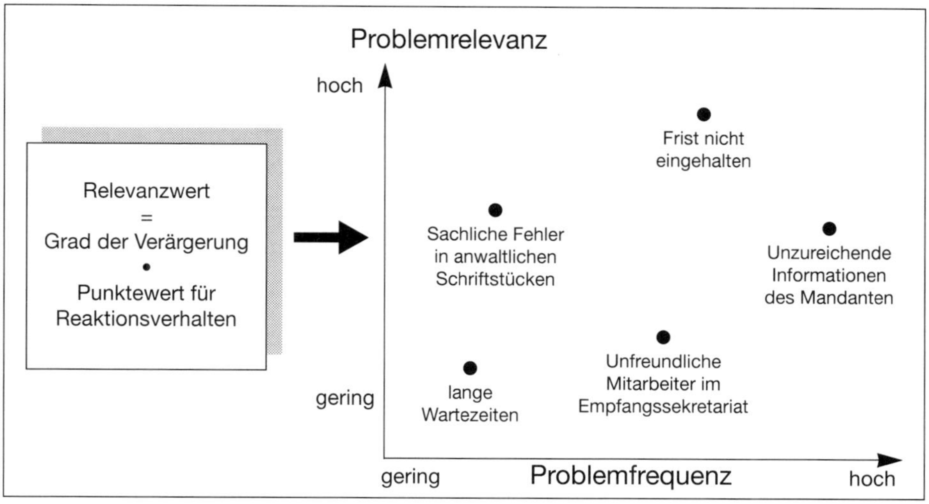

Abbildung 7: Frequenz-Relevanz-Analyse für Probleme

E. Anbieterorientierte Meßverfahren

Die Dienstleistungsqualität sollte nicht nur aus Mandantensicht gemessen werden, auch wenn diese Messungen Ausgangspunkt der Analyse sind. Die Ausführungen zum Blueprinting haben gezeigt, daß für die Qualitätssicherung und -verbesserung auch die Prozesse ausschlaggebend sind, die ein Mandant nicht wahrnimmt, weil sie für ihn „im Verborgenen" ablaufen. Daher muß die Qualität auch **aus Sicht der Kanzlei** gemessen und kontrolliert werden. 81

Die anbieterorientierten Meßverfahren lassen sich danach unterscheiden, ob die Qualität aus Sicht des Managements oder aus Sicht der Mitarbeiter beurteilt wird. Erstere Sichtweise fokussiert die Aufmerksamkeit eher auf die Planung, Steuerung und Kontrolle von Leistungserstellungsprozessen. Letztere betont den Aspekt der Koordination und der Zusammenarbeit der Mitarbeiter einer Kanzlei. 82

I. Mitarbeiterorientierte Ansätze

Die Dienstleistungsqualität wird wesentlich von den Mitarbeitern einer Kanzlei geprägt. Daher sollte man sicherstellen, daß ein grundsätzliches Qualitätsbewußtsein bei den Mitarbeitern vorhanden ist. 83

1. Merkmalsorientierte Messung des Selbstbildes der Mitarbeiter

Die Mitarbeiter sind die **„Experten"** einer Kanzlei hinsichtlich der internen Prozesse der Leistungserstellung. Demzufolge ist die Erforschung der Wahrnehmung der Qualität aus Sicht der Mitarbeiter zweckmäßig, um 84

- zu erfahren, welches Wissen die Mitarbeiter zum Thema „Qualität" haben,
- die Probleme zu kennen, die in der täglichen Arbeit existieren, um qualitativ hochwertige Leistungen zu erbringen,
- Vorschläge zur Qualitätsverbesserung zu erhalten.[45]

Die **interne Marktforschung** wird häufig unterschätzt und vernachlässigt. Dennoch ist es wichtig, die Qualitätswahrnehmungen der Mitarbeiter zu kennen, um die eingangs disku- 85

[45] Vgl. *Zeithaml/Parasuraman/Berry* 1992, S. 167 und *Haist/Fromm* 1991, S. 75ff.

tierte Lücke festzustellen, die zwischen der Qualitätswahrnehmung der Mitarbeiter einer Kanzlei und den Mandanten existiert. Nur wenn man um diese Diskrepanzen weiß, können Maßnahmen eingeleitet werden, sie abzustellen.

86 Die mitarbeiterorientierte Messung kann aber die Messung aus Mandantensicht nicht ersetzen. Wenn z. B. die Mitarbeiter einer Kanzlei im Gegensatz zu den Mandanten kein Problem in den Wartezeiten sehen, existiert eine Lücke in der Qualitätswahrnehmung, die den ökonomischen Erfolg gefährden kann.

87 Umgekehrt reicht aber auch die rein kundenorientierte Messung häufig nicht aus. So kann z. B. die Atmosphäre des Wartezimmers aus Mandantensicht, obwohl diese nur durchschnittlich ist, kein Problem darstellen, weil der Mandant es gar nicht anders gewohnt ist und in einer Kanzlei erwartet.

88 Für einen **innovativen Dienstleister** ist jedoch nicht nur die Anpassung an Kundenpräferenzen notwendig, sondern auch die **Schaffung von Kundenpräferenzen**. Übertragen auf die Kanzlei bedeutet dies, daß die Mitarbeiter im Gegensatz zum Mandanten die Atmosphäre des Wartezimmers schlecht bewerten, weil sie Erfahrungen aus anderen Bereichen auf die eigene Kanzlei übertragen. In diesem Fall ist die Kenntnis dieser Lücke wichtig. Es wäre geradezu innovationsfeindlich, die Qualitätswahrnehmungen und -bewertungen der Mitarbeiter nicht zu beachten.

89 Die Verbesserung der Atmosphäre der Wartezimmer in der betrachteten Kanzlei könnte einerseits zu einer höheren Zufriedenheit des Mandanten führen. Für die Zukunft könnte sie sogar zu einer Veränderung seines Referenzpunktes führen, so daß dieses Kriterium aus seiner Sicht sogar einen höheren Stellenwert für die Qualitätsbeurteilung einer Kanzlei einnimmt. Andererseits kann das Angebot einer Spitzenleistung zu einer höheren Identifikation der Mitarbeiter mit „ihrer" Kanzlei führen und die **Zufriedenheit der Mitarbeiter** erhöhen.

90 Die merkmalsorientierte Messung aus Mitarbeitersicht unterscheidet sich in methodischer Hinsicht nicht von der kundenorientierten Sichtweise. Es können demzufolge alle bereits diskutierten merkmalsorientierten Meßverfahren der Dienstleistungsqualität aus Kundensicht auf die Messung aus Mitarbeitersicht übertragen werden. Daher möge der Verweis auf die obigen Ausführungen genügen.

2. Interne Qualitätsmessung

91 Die Dienstleistungsqualität einzelner Mitarbeiter am Kontaktpunkt hängt in erheblichem Ausmaß davon ab, in welcher Qualität die Vorarbeiten erstellt werden, die nicht in unmittelbarem Kundenkontakt stehen. Dies wird besonders deutlich, wenn man sich den Blueprint in Abbildung 6 betrachtet. Es ist daher sinnvoll, gedanklich von einer **internen Kunden-Lieferantenbeziehung** auszugehen, bei der ein interner Lieferant seinen internen Kunden zufriedenstellen muß. Dabei können diese Beziehungen durchaus wechselseitig sein. So kann z. B. die Terminplanung nur funktionieren, wenn die Anwälte den Empfang und das Sekretariat ausreichend und rechtzeitig informieren. Der Rechtsanwalt kann dem Mandanten eine gute Atmosphäre während der Beratung bieten, wenn evtl. Störungen im Sekretariat kompetent abgefangen werden sollen.

92 Daher ist es sinnvoll, die Zufriedenheit der Mitarbeiter mit den Vorleistungen ihrer internen Lieferanten zu erforschen. Bei der Messung der Zufriedenheit kann ebenfalls das gesamte Instrumentarium, das bereits aus Kundensicht diskutiert wurde, zum Einsatz gelangen. Die **interne Dienstleistungsqualität** kann je nach Untersuchungszweck und geplantem Aufwand einstellungsorientiert, zufriedenheitsorientiert oder ereignisorientiert erfolgen.

93 Für die **Erfassung** der internen Dienstleistungsqualität in Routinesituationen empfiehlt sich eine merkmalsorientierte Messung. Diese Messungen eignen sich auch für ein Ranking der besten Abteilungen im Wettbewerb um eine hervorragende Qualität. Besonders wichtig erscheint auch die regelmäßige Ermittlung der Zufriedenheit der Mitarbeiter, die mit den zufriedenheitsorientierten Messungen erfolgen kann. Für die Feststellung

konkreter Stärken und Schwächen von Vorleistungen in einer Kanzlei empfiehlt sich die sequentielle Ereignisanalyse. Geht es darum, die Vielzahl von Problemen zu managen, kann eine Frequenz-Relevanz-Analyse für Probleme erfolgen. Da die Methoden bereits dargestellt wurden und die Übertragung auf die interne Kunden-Lieferanten-Beziehung einfach ist, wird an dieser Stelle auf eine wiederholte Diskussion der Methoden verzichtet.

3. Betriebliches Vorschlagswesen

Das betriebliche Vorschlagswesen nutzt das „Expertenwissen" der Mitarbeiter in der Leistungserstellung. Streng genommen handelt es sich dabei nicht um ein Meßverfahren im engeren Sinn, sondern um ein **Instrument zur Qualitätsverbesserung**. Die Anhörung von Vorschlägen der Mitarbeiter zur Verbesserung der Qualität ist eine relativ kostengünstige Methode und daher grundsätzlich für Dienstleistungsunternehmen zu empfehlen.[46] Auch in einer Kanzlei fällt eine Vielzahl von Tätigkeiten an, in die ein Rechtsanwalt nicht direkt involviert ist und deren effiziente Ausübung häufig von den ausführenden Mitarbeitern gesteigert werden kann. 94

Das betriebliche Vorschlagswesen sollte **institutionalisiert** sein, damit die Vorschläge nicht „im Sande verlaufen". Dies wäre für die Mitarbeiter äußerst demotivierend. Daher sollte die Beschreibung eines Verbesserungsvorschlages auf einem **Ideenblatt** eingereicht werden. Die Vorgesetzten verpflichten sich dazu, diese Ideenblätter zu prüfen und das Ergebnis der Prüfung den Mitarbeitern mitzuteilen. Wird eine Idee umgesetzt, sollte der Vorteil quantifiziert und in Abhängigkeit davon eine Prämie gewährt werden. Auf diese Weise werden die Mitarbeiter stets zum Nachdenken über Verbesserungspotentiale motiviert. 95

Gute Vorschläge sollten möglichst rasch realisiert werden, damit die Mitarbeiter das Gefühl erhalten, daß das betriebliche Vorschlagswesen ernst genommen wird. Der Erfolg eines betrieblichen Vorschlagswesens hängt u. a. von seiner Glaubwürdigkeit ab. 96

II. Managementorientierte Ansätze

Die managementorientierten Ansätze zur Messung der Dienstleistungsqualität dienen in erster Linie zur Planung, Kontrolle und Steuerung der Dienstleistungsqualität. 97

1. Qualitätskostenanalyse

Ein wichtiges Kriterium für die Planung der Dienstleistungsqualität ist die **Kenntnis der Qualitätskosten**. Qualitätskosten sind definiert als Kosten, die „durch alle Tätigkeiten der Fehlervermeidung, durch planmäßige Qualitätsprüfungen sowie durch intern oder extern festgestellte Fehler verursacht sind".[47] Allerdings ist in der betrieblichen Praxis die Zurechnung der Kosten auf das erbrachte Qualitätsniveau ein nichttriviales Problem. Hierauf einzugehen würde den Rahmen dieser Ausführungen sprengen. 98

Selbst wenn die Qualitätskosten valide gemessen werden, sind sie **kein ausreichender Indikator** für Qualität. Ein bestimmtes Qualitätsniveau kann zu unterschiedlichen Kosten erstellt werden. Aus ökonomischer Sicht ist die Kenntnis der Qualitätskosten äußerst wünschenswert, weil ein bestimmtes, angestrebtes Qualitätsniveau zu möglichst niedrigen Kosten hergestellt werden sollte (bzw. bei gegebenen Kosten eine höchst mögliche Qualität angestrebt wird). 99

Die Qualitätskostenanalyse ist zur **Beurteilung der Wirtschaftlichkeit** des Qualitätsmanagement von Kanzleien wünschenswert. Leider verfügen die Kanzleien i. d. R. bislang noch nicht über ein geeignetes **Kostenrechnungssystem**, um die Wirtschaftlichkeit eines Qualitätsmanagement zu beurteilen. 100

[46] Vgl. *Meffert/Bruhn* 1997, S. 112–113.
[47] Deutsche Gesellschaft für Qualität e. V. 1993, S. 44.

2. Statistische Prozeßkontrolle und Qualitätsaudits

101 Um den Prozeß der Leistungserstellung zu **planen** und zu **kontrollieren**, kommen in Unternehmen häufig Verfahren der statistischen Prozeßkontrolle zum Einsatz. Diese Verfahren können auch auf den Dienstleistungsbereich übertragen werden.[48] Die statistische Prozeßkontrolle bezieht sich auf intersubjektiv nachprüfbare Daten. Es werden z. B. Anzahl der Beschwerden, Anzahl der bearbeiteten Vorgänge, Anzahl der Telefonate, Wartezeiten der Kunden und Besucherzahlen erfaßt und statistisch ausgewertet.

102 Viele dieser Kennziffern können auch im Bereich anwaltlicher Leistungen eingesetzt werden. Sicherlich sind sie völlig ungeeignet, individuelle Beratungsleistungen oder die Ausarbeitung einer Verteidigungsstrategie zu erfassen. Aber für die Erfassung standardisierter Vorgänge in einer Kanzlei und damit zur Erfassung von Bestandteilen der Dienstleistungsqualität ist die statistische Prozeßkontrolle geeignet.

103 In erster Linie geht es bei der statistischen Prozeßkontrolle um die **Festlegung von Standards** zur Leistungserfüllung. Bei gravierenden Abweichungen von diesen Standards erhält das Management ein Signal für mögliche Qualitätsmängel. Allerdings muß dann noch **Ursachenforschung** betrieben werden. Entscheidungen alleine auf Basis der statistischen Prozeßdaten sind kaum möglich. Dies bedeutet, daß die statistische Prozeßkontrolle in jedem Fall durch qualitative Verfahren ergänzt werden muß. Hierzu haben sich in der Praxis Qualitätsaudits durchgesetzt, die auch in einer Kanzlei Anwendung finden können.

104 Im Rahmen von **Qualitätsaudits** werden die Dienstleistungsprozesse systematisch überprüft. Die Überprüfung erfolgt durch interne Mitarbeiter und externe Experten.[49] Da die Qualitätsaudits im Rahmen der Zertifizierung und des Total Quality Management behandelt werden, möge ein Verweis auf § 25 und § 26 in diesem Handbuch genügen.

3. Fishbone-Ansatz

105 Da die Wahrnehmung von Problemen bei der Dienstleistungsqualität bei den Mandanten stärkere Beachtung findet als positive Aspekte, ist auch das **Management** gezwungen, die Aufmerksamkeit stärker auf die negativen Qualitätsmerkmale und -ereignisse zu fokussieren. Die Identifikation von Problembereichen in einer Kanzlei kann mit Hilfe von **Management-Tools**, wie z. B. dem Fishbone-Ansatz,[50] erleichtert werden.

106 Im Rahmen von **Vorarbeiten** sind zunächst alle potentiellen Faktoren zu notieren, die Probleme bei der Erstellung einer Dienstleistung auslösen könnten. Die ermittelten Faktoren werden in ein Diagramm überführt, wie es in Abbildung 8 auf Seite 575 beispielhaft wiedergegeben wird.

107 Am Kopf dieses Fishbone (Fischgräte) in Abbildung 8 wird das zu lösende Problem eingetragen, wie z. B. eine mangelhafte Rechtsvertretung. An den Hauptgräten stehen die zentralen Einflußfaktoren bzw. Dimensionen für das Problem, wie z. B. Ablauforganisation, Personal, technische Ausstattung, Kommunikationsprozesse. Die gesammelten, potentiellen Faktoren, die zu Problemen bei der Dienstleistungsqualität führen können, sind den Dimensionen zugeordnet.

108 Der Fishbone-Ansatz strukturiert den Zusammenhang von qualitätsdeterminierenden Faktoren und möglicherweise auftretenden Problemen. Er ist somit streng genommen ein Instrument, das die Messung von Teilen der Dienstleistungsqualität vorbereitet. Für die **Mitarbeiter** einer Kanzlei stellt der Fishbone-Ansatz eine **geeignete Diskussionsgrundlage** dar, um die möglichen Gründe für einen Qualitätsmangel zu ermitteln. Für die Planung und Kontrolle ergeben sich Hinweise auf Kennzahlen, die im Rahmen einer statistischen Prozeßkontrolle erfaßt werden sollten. Darüber hinaus bietet er Ansatzpunkte für die Notwendigkeit partieller Qualitätsmessungen, bei der die Vielfalt der o. a. Varianten zum Einsatz kommen kann.

---

[48] Vgl. *Haller* 1995, S. 130 ff.

[49] Vgl. *Meffert/Bruhn* 1997, S. 93–94 und die dort angegebene Literatur.

[50] Vgl. *Meffert/Bruhn* 1997, S. 106–107 m. w. N.

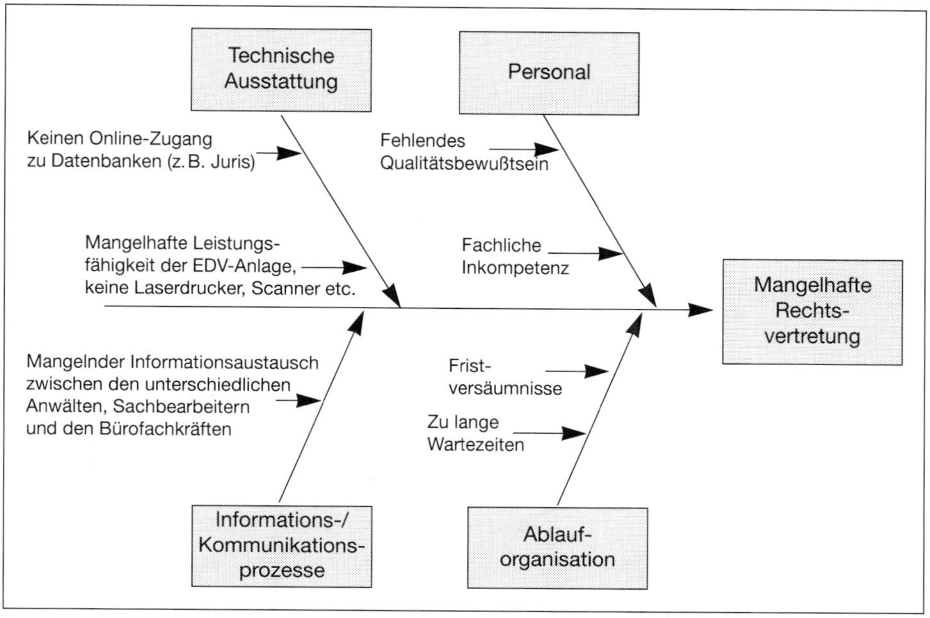

Abbildung 8: Fishbone-Ansatz

F. Wettbewerbsorientierte Meßverfahren

Die wettbewerbsorientierten Meßverfahren zur Dienstleistungsqualität kommen im **Benchmarking** zum Ausdruck. Der Benchmark ist ein **Vergleichsmaßstab**, an dem die eigenen Leistungen einer Unternehmung gemessen werden. Dabei kann man im wesentlichen drei Formen unterscheiden:[51] 109

– Internal Benchmarking,
– Competitive Benchmarking,
– Best-in-class-Benchmarking.

Beim **Internal Benchmarking** innerhalb einer Unternehmung werden gleichartige Leistungsprozesse verglichen. Die Kennzahlen einer Abteilung oder einer Filiale, z. B. Anzahl der erfolgreich bearbeiteten Beschwerden, werden untereinander verglichen. Ziel ist es, die Abteilungen oder Filialen durch den Vergleich zu besseren Leistungen zu motivieren. 110

Beim **Competitive Benchmarking** vergleichen sich Unternehmen einer Dienstleistungsbranche hinsichtlich gleichartiger Qualitätskriterien. Beispiele solcher Benchmarks sind Einstellungswerte der Mandanten, Zufriedenheitswerte der Mandanten, Treue der Mandanten zur Kanzlei, Produktivitätskennziffern und Daten aus der statistischen Prozeßkontrolle. Sobald jedoch auf interne, sensible Daten im Vergleich zurückgegriffen werden muß, ist der Vergleich erschwert, weil die konkurrierenden Anbieter zur Herausgabe der Daten motiviert werden müßten. Unproblematisch ist der Vergleich von Daten, die selbst erhoben werden können, z. B. Einstellungs- und Zufriedensheitswerte der Mandanten. Diese Daten können auch für konkurrierende Anbieter anwaltlicher Leistungen durch Befragungen ermittelt werden. Dieser Vergleich kommt auch in den Positionierungsmodellen zum Ausdruck, die Gegenstand der Ausführungen in § 4 dieses Handbuches sind. Daher müssen an dieser Stelle nicht explizit die unterschiedlichen Formen der wettbe- 111

[51] Vgl. *Meffert/Bruhn* 1997, S. 101–102.

werbsorientierten Meßverfahren (Positionierungsmodelle wie z. B. Profil-Methode, Einstellungsmodelle, Joint Space-Modelle oder mehrdimensionales Benchmarking) nochmals diskutiert werden.

112 Beim **Best-in-class-Benchmarking** bezieht sich der Vergleich auf Anbieter einer fremden Branche. Daher können auch nur einzelne, bestimmte Leistungen, wie z. B. die Abwicklung der Telefonate, miteinander verglichen werden. Aufgrund der Tatsache, daß die Unternehmen unterschiedlicher Branchen nicht miteinander konkurrieren, ist der Datenaustausch erleichtert, insbesondere bei für sensibel erachteten Daten. So könnte sich ein Rechtsanwalt durchaus mit einem beliebigen Dienstleister vergleichen, wenn es um die Abwicklung der Telefonate geht.

113 Generell kann der Vergleich an den **Durchschnittswerten** oder den **Spitzenleistungen** erfolgen. Allerdings wird zumeist der Vergleich mit Spitzenleistungen angestrebt, da bei diesem eine stärkere Motivation zur Leistungssteigerung vermutet werden kann. Die wettbewerbsorientierte Sicht baut methodisch auf den Verfahren zur Messung von Dienstleistungsqualität und den Positionierungsmodellen auf. Hinzu kommt die Einbeziehung des Niveaus der Dienstleistungsqualität der Konkurrenten. Allerdings beschränkt sich das Instrumentarium auf den Einsatz der merkmalsorientierten Verfahren zur Dienstleistungsqualität. Der Konkretisierungsgrad der ereignisorientierten Verfahren bringt es mit sich, daß sich die Messung der Dienstleistungsqualität auf die betrachtete Unternehmung beschränkt.

G. Fazit

114 Aus der Definition von Dienstleistungsqualität ergibt sich, daß die **Messung der Dienstleistungsqualität** aus verschiedenen Sichtweisen (wessen Erfordernisse?) erfolgen muß. Die Messung kann aus kunden-, anbieter-, und wettbewerbsorientierter Sicht erfolgen. Letztere findet im Benchmarking und in den Positionierungsansätzen ihren Niederschlag.

115 Die Messung aus **Anbieter- und Kundensicht** ist von außerordentlicher Bedeutung, weil sich der bestehende Unterschied zwischen Selbst- (Qualität aus Anbietersicht) und Fremdbild (Qualität aus Mandantensicht) einer Kanzlei erheblich unterscheiden kann, wie empirische Untersuchungen belegen.

116 Die Qualitätsvorstellungen können mit Hilfe des **House of Quality** in Qualitätsvorstellungen aus Anbietersicht überführt werden. Das House of Quality ist in den Ausführungen zur Positionierung in § 4 dieses Handbuchs enthalten. Es verbindet sozusagen die unterschiedlichen Perspektiven und kann den managementorientierten Meßverfahren zugeordnet werden.

117 Der **Ausgangspunkt** eines Qualitätsmanagement und einer Qualitätsmessung ist die **Kundensicht**. Hierfür kommen vor allem merkmals- und ereignisorientierte Meßverfahren in Frage.

118 **Merkmalsorientierte Verfahren** bewähren sich vor allem in **Routinesituationen**, da sie allgemeine Grundüberzeugungen abbilden. Dabei muß der Mandant keine eigenen Erfahrungen mit einer Kanzlei gesammelt haben. Allerdings haben sie den Nachteil, daß aktuelle Qualitätsmängel aus Sicht der bereits vorhandenen Mandanten nicht abbildbar sind. Dieser Nachteil wird durch die Zufriedenheitsmessung kompensiert, da hier nur Mandanten befragt werden können, die bereits Erfahrungen mit einer Kanzlei gesammelt haben.

119 Bei der **Zufriedenheitsmessung** ist, wenn man von der direkten Befragung nach der Zufriedenheit absieht, die Operationalisierung der Erwartungen problematisch. Die Zufriedenheit ergibt sich bei der indirekten Befragung nach der Zufriedenheit aus der Diskrepanz zwischen erlebter und erwarteter Dienstleistungsqualität. Erwartungen können z. B. als wahrscheinliches oder ideales Qualitätsniveau operationalisiert werden. Im

ersten Beispiel ist ein Mandant auch zufrieden, wenn seine Erwartungen bezüglich eines Dienstleistungsmerkmals schlecht waren und die als schlecht erlebte Qualität den Erwartungen entspricht. Im zweiten Beispiel wird eine hohe Zufriedenheit erreicht, wenn das Qualitätsmerkmal besser als ideal ist.

Generell führen **direkte Befragungen** nach den Merkmalen der Dienstleistungsqualität zu Problemen, wie z. B. der Anspruchsinflation bei den Befragten. Derartige Probleme werden bei den **dekompositionellen Meßverfahren** (Conjoint Measurement und Multidimensionale Skalierung) vermieden. Allerdings können nur wenige Merkmalsdimensionen abgebildet werden. Die Multidimensionale Skalierung hat gegenüber dem Conjoint Measurement den Vorteil, daß auf eine Vorstudie zur Ermittlung qualitätsrelevanter Merkmale verzichtet werden kann. Sie hat aber den Nachteil, daß in der Auswertungsphase die inhaltliche Interpretation der Merkmalsdimensionen subjektiven Spielräumen unterliegt. **120**

Ereignisorientierte Verfahren sind in der Lage, Stärken und Schwächen der Dienstleistungsqualität konkreter zu erfassen. Daher können aus diesen Messungen unmittelbar Maßnahmen zur Qualitätssicherung und -verbesserung abgeleitet werden. Für den Einsatz in **Kanzleien** ist der Einsatz der **Sequentiellen Ereignismethode** besonders empfehlenswert, da sie alle Aspekte der Kontaktanalyse umfaßt (Blueprinting, Story Telling, gewöhnliche und kritische Ereignisse). **121**

Das Qualitätsmanagement erfordert die Fokussierung der Aufmerksamkeit auf die wichtigsten Aspekte. Da negative Erlebnisse des Mandanten mit einem Rechtsanwalt und der Kanzlei häufiger weitererzählt werden als positive, ist eine Konzentration auf die Beseitigung von Problembereichen aus ökonomischer Sicht zu rechtfertigen. Hier ist vor allem die **Frequenz-Relevanz-Analyse** für Probleme für den Einsatz im anwaltlichen Bereich empfehlenswert, da sie aus einer konstruktiven Kritik an vorhandenen Problembewertungsverfahren entwickelt wurde. **122**

Für eine **detaillierte Analyse** der Dienstleistungsqualität sind daher die ereignisorientierten Verfahren zu **kombinieren** und nacheinander einzusetzen. Hierzu wird vorgeschlagen, die Kontaktpunkte in folgender Reihenfolge zu untersuchen:[52] **123**

- Kontaktpunkt-Identifikation (Blueprint)
- Qualitative Kontaktpunkt-Erlebnismessung
- Quantitative Kontaktpunkt-Problembewertung

Für eine **umfassende Beurteilung** der Dienstleistungsqualität ist auch die **anbieterorientierte Messung** notwendig, die in mitarbeiterorientierte und managementorientierte Meßverfahren unterschieden wird. **124**

Die **mitarbeiterorientierten Messungen** geben Aufschluß darüber, inwieweit ein Bewußtsein für Qualität bei den Mitarbeitern existiert und nutzen das „Expertenwissen" der Mitarbeiter zur Feststellung von Qualitätsmängeln und Stärken. Die **Messung des Selbstbildes** erfolgt merkmalsorientiert und bildet den Ausgangspunkt für innovative Qualitätsverbesserungen, ohne daß jedoch direkt aus den Messungen konkrete Maßnahmen abgeleitet werden können. **125**

Bei der **internen Qualitätsmessung** kommen sowohl merkmals- als auch ereignisorientierte Verfahren zum Einsatz. Die **Vor- und Nachteile** sind analog zu den Messungen aus Kundensicht festzuhalten. Merkmalsorientierte Verfahren eignen sich besser für den Wettbewerb von Abteilungen und Filialen im Wettbewerb um eine hervorragende Qualität, da aus diesen Messungen ein Ranking abgeleitet werden kann. Ergänzt wird die interne Qualitätsmessung um das **betriebliche Vorschlagswesen**. Hier wird das „Expertenwissen" der Mitarbeiter für Qualitätsverbesserungen genutzt. **126**

Die **managementorientierten Meßverfahren** dienen in erster Linie zur Planung, Kontrolle und Steuerung der Dienstleistungsqualität. Zur Beurteilung der Wirtschaftlichkeit müssen die **Qualitätskosten** ermittelt werden. Die Wirtschaftlichkeitsanalysen können **127**

[52] Vgl. *Stauss* 1995, S. 385.

durch die Kennzahlen einer statistischen Prozeßkontrolle unterstützt werden. Allerdings sind diese Kennzahlen nur für standardisierte Teilleistungen einer Kanzlei geeignet. Da auch die Wahrnehmung des Management vor allem auf die Problembereiche fokussiert werden sollte, ist der Einsatz unterstützender Techniken zur Analyse von Problembereichen, wie z. B. der **Fishbone-Ansatz**, sinnvoll.

128 Die Messung der Dienstleistungsqualität wird durch die **wettbewerbsorientierte Sichtweise** abgerundet. Wettbewerbsorientierte Messungen beschränken sich im wesentlichen auf merkmalsorientierte Meßverfahren und die statistische Prozeßkontrolle. Ereignisorientierte Verfahren sind hierfür nicht geeignet. Dies ist der Preis für den Vorteil, aus der Messung der Dienstleistungsqualität konkrete Maßnahmen zur Qualitätsverbesserung für die Kanzlei ableiten zu können.

129 Da alle Verfahren (vgl. zum Überblick die Abbildung 1 auf Seite 559) spezifische Vor- und Nachteile besitzen,[53] wird der **kombinative Einsatz** der Meßverfahren für den Bereich anwaltlicher Leistungen empfohlen.

[53] Vgl. hierzu insbesondere zu einem Vergleich anhand ökonomisch relevanter Kriterien *Woratschek* 1999.

§ 28 Personalmanagement

Rüdiger Ludwig/Holger Weinel***

Übersicht

Schrifttum: *Fedtke*, Wirtschaftsunternehmen Anwalts- und Notarkanzlei, Organisation – Kostenstruktur – Büromanagement, 1993; *Mehrmann/Wirtz*, Personalmanagement, 1992; *Sauter*, Personalmanagement in der Anwaltskanzlei, 1998; *TQM*, Qualitätsmanagement in der Anwaltskanzlei: DAV-Leitfaden, hrsg. vom Deutschen Anwaltverein, bearb. von den Mitgliedern des DAV-Ausschusses „Total Quality Management", 1997 (zitiert: DAV-Leitfaden)

A. Personalmanagement heute

1 Im folgenden Abschnitt geht es um das Management des nichtanwaltlichen Personals. Das Personal ist neben dem Mandantenstamm und dem Fachwissen das wichtigste immaterielle Gut im Anwaltsbüro. Sprach man vor einigen Jahren noch von Personal-

* Rechtsanwalt in Hamburg, Kanzlei Luther & Partner.
** Büroleiter, ebenda.

wesen oder von Personalwirtschaft, heißt die Bezeichnung heute: Personalmanagement.

2 Personalwesen und Personalwirtschaft bedeuteten früher lediglich das Verwalten der Angestellten und die Kontrolle der durch sie verursachten Kosten. Im Laufe der letzten Jahre hat sich diese Betrachtungsweise verändert; Personalmanagement bedeutet auch den flexiblen Umgang mit allen Einzelnen und ihren Besonderheiten.

3 Personalmanagement erfordert spezielles Wissen. Man denke an die technischen Entwicklungen in der Arbeitswelt. Die Aufgaben des Personals und damit auch dessen Führung werden schwieriger; die Aufgaben erfordern immer **qualifiziertere und immer spezialisiertere Angestellte**. Früher bearbeitete z. B. jede einzelne Rechtsanwaltsfachangestellte die Inkasso- und Zwangsvollstreckungsfälle. Heute verlagern sich diese Arbeiten auf eine hochspezialisierte Person oder Abteilung.

4 Das läßt sich auch beobachten bei Prozeßregister, Fristenkontrolle und Kostenberechnung, bei Buchhaltung und Forderungsabrechnung, beim Schreiben fremdsprachlicher Texte und bei Übersetzungen. Eine ähnliche Entwicklung gibt es bei Konkurs-, Haus-, Nachlaß-, Stiftungs- und Markenverwaltung. Diese Tendenz verstärkt sich dadurch, daß die Anwaltsbüros immer größer werden und sich damit zu Anwaltsunternehmen entwikkeln.

5 Personalmanagement ist **keine bloße Verwaltung** von Personal und Kosten, sondern bedeutet **Wertschöpfung** im Betrieb, z. B. durch Menschenkenntnis, Organisationstalent, EDV-Kenntnis, Erfahrung, Kreativität und Zuverlässigkeit. Sicher heißt „Personalmanagement“ einerseits „Verwalten“ des Personals, andererseits aber und vor allem dessen Führung.[1]

6 Daraus ergibt sich ein neues Berufsbild: Die klassische Bürovorsteherin und der klassische Bürovorsteher im Anwaltsbüro werden ersetzt durch die **Geschäftsleiterin** oder den **Officemanager** im Anwaltsbüro, also eine besondere Geschäftsleitung, die es früher als solche nicht gab. Deren Aufgabe im Anwaltsbüro ist es, die Stärken des Personals festzustellen, zu beurteilen und sie zu fördern und einzusetzen.[2]

B. Personalanalyse

7 Notwendig für eine effiziente Personalplanung ist eine tiefgehende Personalbestandsanalyse.[3] Dabei wird festgestellt, welche Angestellten mit welchen Qualifikationen und Fertigkeiten im Anwaltsbüro tätig sind. Eine Personalbestandsanalyse ist also eine Art Inventur des vorhandenen Personals und der Eigenschaften und Fähigkeiten aller Einzelnen. Diese Inventur benötigt man für eine Ermittlung des Personalbedarfs und für die Personalplanung.[4]

I. Stellenbeschreibung

8 Eine Stellenbeschreibung ist ein anerkannt wichtiges, aber selten vorhandenes **Werkzeug der Personalplanung**.[5] Die Stellenbeschreibung listet schriftlich Ziele, Aufgaben und Kompetenzen auf, die mit einer bestimmten Stelle im Anwaltsbüro verbunden sind.[6] Was läßt sich mit einer Stellenbeschreibung erreichen? Man kann Zuständigkeiten festlegen, also Abgrenzungen der Aufgaben und Tätigkeiten vornehmen. Man kann aufzeigen, welche Entscheidungsbefugnisse bestehen. So läßt sich das Personal durch Verant-

[1] *Mehrmann/Wirtz*, S. 12.
[2] *Sauter*, S. 17ff.
[3] *Fedtke*, S. 192ff.; *Sauter*, S. 29ff.
[4] *Mehrmann/Wirtz*, S. 15.
[5] DAV-Leitfaden, S. 64; *Mehrmann/Wirtz*, S. 16.
[6] DAV-Leitfaden, S. 78; *Sauter*, S. 49.

wortung binden und so wird klargestellt, wer wem mittelbar oder unmittelbar unterstellt ist. Daraus ergibt sich eine Transparenz der Organisation für alle Beschäftigten.

Zusammengefaßt dient eine Stellenbeschreibung[7] 9

- als Grundlage für eine sinnvolle Personalplanung,
- zur Formulierung von Anforderungsprofilen,
- zur Neueinstellung,
- zur Einarbeitung und Einführung,
- zur Ermittlung des Ausbildungsbedarfs,
- zur Motivation durch Delegation von Aufgaben und Verantwortung,
- zur Umstrukturierung des Betriebes,
- zur Entlassung.

Die Stellenbeschreibung hilft auch bei der Lohn- und Gehaltsfindung.

Im unten wiedergegebenen **Muster für eine Stellenbeschreibung** befindet sich eine 10
Rubrik „Beschreibung der Aufgaben". Auf Seite 582 folgt ein weiteres Muster mit einem Beispiel für eine **Aufgabenbeschreibung** für eine Geschäftsleiterin oder einen Officemanager im Anwaltsbüro.

II. Personalbedarf

Organisatorische Mängel verursachen kurzfristig vermeidbaren Streß und langfristig 11
vermeidbaren zusätzlichen Personalbedarf. Deshalb ist es wichtig, den Betrieb vor einer Personalbedarfsberechnung zumindest gedanklich optimal zu organisieren. In der Regel sind vor Durchführung einer Personalbedarfsberechnung also die bestehenden Verhältnisse im Hinblick auf das Gewollte zu überprüfen.[8]

Mit den daraus resultierenden Ergebnissen läßt sich feststellen, wie viele Personen, 12

- an welchen Stellen,
- zu welchen Zeitpunkten,
- mit welchen Qualifikationen

benötigt werden. Man hüte sich jedoch davor, allein mit diesen schematischen Daten zu arbeiten. Zunächst sind die organisatorischen Verhältnisse des Unternehmens unter die Lupe zu nehmen.[9] Das betrifft sowohl die Aufbauorganisation als auch die Ablauforganisation.

Muster für eine Stellenbeschreibung

Nachname, Vorname, Geburtsdatum — Firma

berichtet an:
....
....

erhält fachliche Weisung von:
....
....

Direkt unterstellte Personen (Name, Vorname, Funktion, Einstufung)
1. ....
....
2. ....
....

gibt fachliche Weisung an (Name, Funktion):
....
....

wird vertreten von:
....
....

vertritt:
....
....

Befugnisse, Vollmachten:
....
....

Zum Aufgabengebiet gehören folgende Arbeitsmittel (Maschinen, technische Anlagen):
....
....

---

[7] *Mehrmann/Wirtz*, S. 19.
[8] DAV-Leitfaden, S. 84ff.; *Fedtke*, S. 192; *Mehrmann/Wirtz*, S. 22; *Sauter*, S. 30.
[9] *Mehrmann/Wirtz*, S. 24.

Beispiel einer Aufgabenbeschreibung für eine Geschäftsleiterin oder einen Officemanager im Anwaltsbüro

1. Koordination

Koordination zwischen den einzelnen örtlichen Niederlassungen in den Bereichen
- Personal
- Organisation
- EDV

2. Personal
- Einstellungen und Entlassungen in den Bereichen Sekretariate, Telefonzentrale und Empfang, Buchhaltung, einschließlich Aufsetzen u. Unterzeichnen der Anstellungsverträge u. Kündigungsschreiben;
- Erstellung von Übersichten und Statistiken aus dem Personalbereich;
- Umsetzung und Durchführung der Personalentscheidungen sowie Gehaltserhöhungen, Wechsel im Sekretariatsbereich;
- Überwachung der Urlaubsplanung und des Krankenstandes;
- Einsatz, Führung und Koordination des nichtanwaltlichen Personals;
- Überwachung der Portokasse;
- Stellen- und Zielbeschreibungen in den Bereichen Sekretariate, Telefonzentrale und Empfang, Buchhaltung;
- Erstellung der innerbetrieblichen organisatorischen Arbeitsanweisungen und Richtlinien einschließlich deren Überwachung;
- Verantwortung für die Ausbildung der Auszubildenden und für die Fort- und Weiterbildung des Personals.

3. Organisation
- Allgemeine Ordnung im Büro;
- Vereinheitlichung und Kontrolle von Aktenordnung, Aktenführung und Aktenumlauf;
- Verantwortung für die Beschaffung und Verwaltung des Büromaterials;
- Kontrolle und Abzeichnung der Lieferantenrechnungen, Verfügung zum Bezahlen, Kontovollmacht;
- Kontakt zu den Lieferanten;
- Kontakt zur Hausverwaltung;
- Koordinierung sämtlicher werblicher Maßnahmen (Erstellung und Weiterentwicklung der Hausbroschüren, home pages, Stadtpläne der Büros, Weihnachtskarten, Visitenkarten, Briefpapier etc., Zusammenarbeit mit Agenturen und Grafikern);
- Vorbereitung von internen Seminaren, Betriebsausflügen, Feiern und innerbetrieblichen Sitzungen;
- Vorbereitung eines Haushaltsplanes.

4. EDV
- Sämtliche Aufgaben, die mit der EDV verbunden sind (Hard- und Softwarebeschaffung, Wartung, Pflege, Marktbeobachtung, Verhandlungen mit Anbietern etc.);
- Telekommunikation.

- **Aufbauorganisation**: Welche Stellen gibt es und wie sind die Über- und Unterordnungsverhältnisse? Das läßt sich schematisch darstellen und aufzeichnen. Aber Vorsicht: Eine Person kann verschiedene Stellen versehen und umgekehrt können sich verschiedene Personen eine Stelle teilen.
- **Ablauforganisation**: Wie sind die Arbeitsabläufe organisiert? Z. B. vom Posteingang über die Aktenorganisation bis zum Postausgang oder von der Anlage einer Akte bis zu ihrer Vernichtung. Auch das läßt sich schematisch und zeichnerisch darstellen.

Hilfreich zur Ermittlung des künftigen Personalbedarfs ist es, **Statistiken** zu führen, die über die Zusammensetzung des Personals Aufschluß geben, dessen Ferien, Fehlzeiten, Fluktuationen und dergleichen wiedergeben. Für die Planung des Einsatzes von sogenannten Springerpositionen im Betrieb ist eine Ferien- und Fehlzeitenplanung auf der Grundlage einer Ferien- und Fehlzeitenstatistik wichtig. Ganz besonders gilt dies für den **Telefon- und Empfangsbereich** des Büros, der ja wesentlich länger als acht Stunden besetzt sein muß und erhebliche Bedeutung für die (erste) Außendarstellung des Anwaltsbüros hat. 13

Beispiel: Die Telefonzentrale ist schwerpunktmäßig mit einer Dame besetzt. An einem Freitag, an dem womöglich alle Auszubildenden zur Berufsschule gehen, fällt diese Dame aus. Darüber hinaus sind die beiden Sekretärinnen, die die Dame im Telefonbereich ansonsten vertreten, urlaubs- oder teilzeitarbeitsbedingt abwesend. Das Telefonchaos wird ausbrechen, wenn niemand rechtzeitig daran gedacht hat, eine Springerposition für solche und andere außergewöhnliche Fälle einzurichten. Dieses Chaos wird für Mandanten des Anwaltsbüros nicht unbemerkt bleiben. 14

C. Personaleinstellung

Die Notwendigkeit, Personal einzustellen ergibt sich immer dann, wenn Arbeitskräfte gehen oder wenn Bereiche des Unternehmens expandieren. Beispiele: 15

- Eine Sekretärin teilt mit, daß sie zum nächstmöglichen Zeitpunkt das Beschäftigungsverhältnis beenden möchte. Nach dem erfolglosen Versuch, die Sekretärin doch im Büro zu halten, stellt sich die Frage, wo und wie denn nun geeigneter Ersatz zu beschaffen ist.
- Eine junge Anwältin entwickelt sich gut; sie braucht jetzt eine eigene Sekretärin, sonst geht sie.
- Eine Rechtsanwaltsfachangestellte heiratet jemanden aus München; sie kündigt, da sie in ihrer Heimatstadt nichts mehr hält.

In all diesen Fällen ist es notwendig, sich systematisch mit dem Stellenmarkt zu befassen.

I. Beschaffungswege

Grundsätzlich ist das Anwaltsbüro bei der Stellenbesetzung in der Wahl des Beschaffungsweges frei. Wenn jedoch ein **Betriebsrat** existiert, kann er eine innerbetriebliche Stellenausschreibung verlangen. 16

Die Personalentwicklung, wie Ausbildung, Fortbildung, Weiterbildung etc., gibt die Möglichkeit, Stellen intern neu zu besetzen. Darin liegt eine übliche und gängige Art der Personalbeschaffung; diese Art der Personalbeschaffung wird allerdings in kleineren Büros sehr schnell an ihre Grenzen stoßen.[10] 17

In größeren Anwaltsfirmen kann ein **Tausch des Arbeitsplatzes** sinnvoll sein. 18

Beispiel: Eine Sekretärin wird fachlich sehr gut beurteilt, sie hat aber möglicherweise im zwischenmenschlichen Bereich Probleme mit einem ihr zugeordneten Anwalt. Das ist ganz normal, denn nicht jede paßt zu jedem. Dafür sind die Menschen zu verschieden.

---

[10] *Mehrmann/Wirtz*, S. 53.

Sind diese Probleme nicht zu lösen, die Geschäftsleitung möchte die Sekretärin aber gern behalten, muß eine für alle Beteiligten sinnvolle Lösung gefunden werden. Diese Lösung kann darin liegen, daß die Sekretärin mit einer anderen Sekretärin, die ähnlich qualifiziert ist, den Arbeitsplatz tauscht. Oder die Sekretärin arbeitet künftig für den eben verwaisten Anwalt oder die junge Anwältin mit den guten Entwicklungschancen.

19 **Innerbetriebliche Personalbeschaffung** wird künftig eine größere Bedeutung im Anwaltsbüro gewinnen. Dies liegt sowohl daran, daß neue Bürotechniken sich nach wie vor rasant weiterentwickeln, als auch an den weiter zu erwartenden Veränderungen der Unternehmensstrukturen und des Stellenmarktes.

20 So könnte man einer gut qualifizierten Auszubildenden zum Ende des letzten Ausbildungsjahres eine frei gewordene Sekretariatsstelle unter Hilfestellung einer weiteren Sekretärin anvertrauen. Damit wird die Auszubildende motiviert, sich in den letzten Monaten der Ausbildungszeit noch einmal richtig anzustrengen, und man sorgt so schon früh für eine mögliche Festanstellung der angehenden Rechtsanwaltsfachangestellten. Damit wäre wahrscheinlich nicht nur der eingangs erwähnten jungen Anwältin geholfen, sondern auch der Organisation des Anwaltsbüros als Ganzem; Einarbeitungszeiten entfallen weitgehend und andere Auszubildende werden motiviert, da sie Möglichkeiten der Übernahme nach Beendigung der Ausbildung erkennen.

21 Ein weiterer Vorteil für das Anwaltsbüro: Eine Auszubildende im letzten Ausbildungsjahr ist kostengünstiger als eine gestandene Rechtsanwaltsfachangestellte; doch ist hier der sicherlich erforderliche Zeitaufwand zu bedenken, bis das Sekretariat harmoniert. In solchen Fällen kann es zu unzufriedenen Phasen bei der jungen Anwältin kommen.

22 In vielen Städten besteht eine gute Möglichkeit der Personalfindung über den **örtlichen Anwaltverein**. Hier kann man als suchendes Büro eine Liste abfordern, in der Rechtsanwaltsfachangestellte, Sekretärinnen, Phonotypistinnen, Telefonistinnen, Empfangsdamen, Buchhalterinnen und andere Bewerberinnen geführt werden, die sich anderweitig orientieren wollen. Der zuständige Anwaltverein stellt diese Listen meist gern und schnell zur Verfügung. Bedauerlicherweise haben in der Regel einige in den Listen genannte Bewerberinnen zwischenzeitlich schon eine Anstellung gefunden, ohne dies dem Anwaltverein mitzuteilen.

23 Die **eigene Stellenanzeige** ist der übliche externe Beschaffungsweg eines Anwaltsbüros auf Personalsuche. Hier hat man die Wahl zwischen regionalen und überregionalen Tages- und Wochenzeitungen sowie Fachzeitschriften. Jedoch beschränkt man sich meist auf die lokale Tageszeitung und vielfach auch auf Wochenblätter.

24 Dabei ist zu beachten, daß **Chiffreanzeigen** oft negativ beurteilt werden.[11] Denn der Markt für Arbeitsplätze im Anwaltsbüro ist lokal begrenzt. Es kann deshalb leicht vorkommen, daß eine Rechtsanwaltsfachangestellte sich auf eine Chiffreanzeige bei ihrem eigenen Arbeitgeber bewirbt. Außerdem ist die Gefahr groß, daß sich Arbeitssuchende bei einem Konkurrenzbüro oder einer Mandantenfirma bewerben, bei denen sie sich normalerweise nie beworben hätten. Die Möglichkeit eines Sperrvermerkes für die Anzeigenredaktion der Zeitung auf den Unterlagen ist begrenzt, z. B.: „Sollte Chiffreempfänger das Anwaltsbüro JUSTUS sein, geben Sie bitte meine Unterlagen zurück."

25 Die bessere Möglichkeit ist das Zwischenschalten von **Personalberatungsunternehmen**, die zwar Geld kosten, aber die Einhaltung der Sperrvermerke gewährleisten. In großen deutschen Städten gibt es bereits Personalberatungsunternehmen, die sich auf Anwaltsbüros spezialisiert haben.

26 Wer als Anwaltsbüro eine Stellenanzeige selbst formuliert, sollte nicht nur die Stelle beschreiben, sondern durch die Stellenanzeige auch das eigene Unternehmen in der Öffentlichkeit positionieren. Stellenanzeigen bieten immer die Möglichkeit einer guten Imagepflege neben dem eigentlichen Zweck der Personalbeschaffung, zumal Anwaltsmarketing immer noch beschränkt ist. Denn nicht nur Stellensuchende verfolgen den Anzeigen-

---

[11] *Mehrmann/Wirtz*, S. 56.

markt, sondern auch Interessierte, die sich einen Überblick über den Markt verschaffen wollen. Daraus kann sich eine neue Klientel ergeben. Die nachfolgende Liste soll hier über wesentliche **Merkmale einer Stellenanzeige** einen kleinen Überblick geben.

- Schalten Sie immer offene Anzeigen. Chiffre-Anzeigen vermitteln ein negatives Image (wer bewirbt sich schon gerne im eigenen Büro). 27
- Formulieren Sie eine aussagekräftige, aber sehr kurze Selbstdarstellung Ihres Anwaltsbüros (z. B. „Wir sind überörtlich im Bereich des Wirtschaftsrechts tätig").
- Beschreiben Sie die Stelle nicht nur vom Aufgabengebiet, sondern auch vom hierarchischen und sozialen Umfeld her. Zeigen Sie Handlungsspielräume auf („Sie sind verantwortlich für ...").
- Formulieren Sie realitätsnahe Anforderungen:
  Überhäufen Sie die gesuchte Person nicht mit einer Fülle von Eigenschaften, die völlig lebensfremd sind („Sie passen am besten zu uns, wenn Sie gerne Überstunden machen, Ihre Gehaltsansprüche niedrig sind, dabei jederzeit freundlich das Sekretariat von XY führen und darüber hinaus noch die Auszubildenden führen und anleiten ... ").
- Geben Sie die Gegenleistungen an:
  Anzahl der Gehälter, Fahrtkostenerstattung, freundliche Crew etc.).
- Geben Sie eine Telefonnummer und einen Namen an, damit sich Fragen auch telefonisch klären lassen.

Bewerbungsanzeigen in Zeitungen gibt es praktisch nicht. Mit anderen Worten: Bei 28 Rechtsanwaltsfachangestellten, Anwaltsgehilfinnen und Anwaltssekretärinnen gibt es keine Arbeitslosigkeit und es wird sie kaum jemals geben. Solches Personal bekommt man praktisch nur durch Abwerbung oder durch Eigenausbildung. Das gilt besonders deshalb, weil Rechtsanwaltsfachangestellte wegen ihrer umfassenden Ausbildung ständig gesucht werden von Banken, Versicherungen, Behörden, Verwaltungen und sonstigen Dienstleistern, die oftmals flexiblere Arbeitsbedingungen bieten als Anwaltsbüros.

Personalleasing und Zeitarbeit sind externe Beschaffungswege für Arbeitskräfte, die 29 kurzfristig und vorübergehend tätig werden sollen. In diesem Bereich verleihen Personalentsendungsunternehmen ihre Arbeitskräfte. Der Einsatz von Zeitarbeitspersonal im Anwaltsbüro ist nicht immer glücklich. Die Praxis verlangt den schnellen Einsatz von qualifizierten Rechtsanwaltsfachangestellten. Bei der Anforderung über ein Zeitarbeitsunternehmen besteht immer die Gefahr, daß sich die neue Arbeitskraft erst langsam einarbeiten muß, um dann nach kurzer Zeit die Anwaltsfirma wieder zu verlassen. Die Kosten sind erheblich und der Nutzen kann gering sein.

Personalberatungsunternehmen vermakeln Personal. Sie bieten sich für die Einstel- 30 lung in höheren und hohen Hierarchieebenen (z. B. bei der Geschäftsleitung im Anwaltsbüro) an. Das Schwergewicht liegt hierbei auf der Beratung des beauftragenden Anwaltsbüros. Personalberatungsunternehmen erarbeiten beispielsweise Stellenanforderungen, beschreiben die organisatorische Einordnung im Unternehmen, formulieren und gestalten Anzeigen, sichten die Bewerbungsunterlagen und führen Vorstellungsgespräche, holen Auskünfte ein und beraten beide Seiten bis zur Entscheidung. Der Einsatz der Personalberatungsfirmen im Anwaltsbereich wird immer eine wichtige, aber doch kleine Rolle spielen.

Über das **Arbeitsamt** ist es erfahrungsgemäß schwierig, die geeignete Besetzung für 31 eine ausgeschriebene Stelle zu erhalten. Das Arbeitsamt ist eine Behörde, und Behördenwege kosten in der Regel mehr Zeit, als zur Besetzung der freien Stelle zur Verfügung steht.

II. Personalauswahl

Wenn sich Personalbeschaffung mit der Frage befaßt: „Woher können die Arbeitskräfte 32 kommen?", stellt sich bei der Personalauswahl die Frage: „Wer ist die richtige Besetzung für diese Stelle?" Die richtige Antwort zu finden, gehört möglicherweise zur wichtigsten Aufgabe der Geschäftsleitung im Anwaltsbüro. Dabei kommt es darauf an, sich zunächst mit der Dokumentenanalyse, sodann mit der Analyse des persönlichen Vorstellungsgesprächs zu befassen und zum Schluß die Entscheidung zu fällen.[12]

1. Bewertung und Analyse von Bewerbungsunterlagen

33 Nachdem die Stellenanzeige erschienen und die Antworten da sind, sind die Bewerbungsunterlagen zu sichten. Diese enthalten üblicherweise Bewerbungsschreiben, Lebenslauf, Foto, Zeugnisse und möglicherweise Referenzen.

34 Erstes Gebot bei der Durchsicht der Bewerbungsunterlagen ist die Feststellung, ob der Lebenslauf lückenlos ist und ob die Zeugnisse vollständig sind. Einige Arbeitgeberfirmen legen Wert auf einen handschriftlichen Lebenslauf, auch um diesen zur graphologischen Beurteilung zu geben. Wer das beabsichtigt, muß die zu Beurteilenden vorher entsprechend informieren. Wir halten einen handschriftlichen Lebenslauf nicht für erforderlich und graphologische Gutachten für Hokuspokus.

35 Daß eine **Fotografie** Aussagen über die Qualifikation geben kann, ist auch zu bezweifeln. Das Fehlen eines Bildes kann aber das Unterbewußtsein negativ beeinflussen.

36 Stößt man bei Sichtung der Unterlagen auf **Ungereimtheiten**, sollte man dies sofort notieren, damit man sie bei einem späteren Vorstellungsgespräch klären kann. Fehlende Zeugnisse oder Ausbildungsbescheinigungen sollte man sofort nachfordern. Selbstverständlich müssen die Bewerbungsunterlagen sorgfältig behandelt und aufbewahrt werden. Wer beispielsweise auf seinem Schreibtisch Stempelfarbe nachfüllt, sollte den Berg Bewerbungsunterlagen zur Seite schieben.

37 Über den Inhalt der Bewerbungsunterlagen hat die Firma **Stillschweigen** zu bewahren. Das bedeutet selbstverständlich, daß im Büro nur diejenigen Einblick in die Bewerbungsunterlagen erhalten dürfen, die auch direkt mit der Stellenbesetzung zu tun haben. Es darf nicht sein, daß Bewerbungsunterlagen während einer gemeinsamen Mittagspause die Runde machen. Steht fest, daß jemand für die ausgeschriebene Stelle nicht in Betracht kommt, müssen die Unterlagen unverzüglich zurückgegeben werden.

38 Zuerst sollte man Bewerbungsunterlagen in passend und unpassend sortieren. Hierzu läßt sich eine **Liste mit Ausschlußkriterien** erstellen.[13]

Beispiel: Ein kleineres Anwaltsbüro möchte das Sekretariat des Seniorpartners neu besetzen, wobei gute Englischkenntnisse nötig sind. Es meldet sich u. a. eine Pädagogin für Englisch und Geschichte. Da die Lehrerin nicht über Kenntnisse im Anwaltsgeschäft verfügt und zudem eine Überqualifikation gegeben ist, wird diese Bewerbung aussortiert.

39 Die verbleibenden möglicherweise passenden Unterlagen müssen nun noch einmal gefiltert werden. Es empfiehlt sich, einen **Gewichtungsbogen** zu erarbeiten, der büroindividuell unterschiedlich sein wird. Ein solcher Katalog kann folgende Aspekte beinhalten:[14]

- formaler Zustand der Bewerbung (Gliederung, Übersichtlichkeit, Vollständigkeit, Sauberkeit);
- Durchschnittsnote des letzten Schulzeugnisses (Noten in Deutsch, Mathematik und Geschichte);
- herausragende Noten in Einzelfächern (z. B. Gruppensport oder Fremdsprachen);
- Berufsausbildung (Abschlußnote der Rechtsanwaltsfachangestelltenprüfung);
- Berufserfahrung (am Anfang oder fortgeschritten);
- weitergehende Berufszusatzqualifikationen (Kurse, sprachliche Weiterentwicklung);
- **Häufigkeit der Stellenwechsel!**
- Aussagen der Arbeitszeugnisse;
- Referenzen.

---

[12] *Mehrmann/Wirtz*, S. 65.
[13] *Mehrmann/Wirtz*, S. 67.
[14] Vgl. *Mehrmann/Wirtz*, S. 67.

Von Bedeutung ist, ob jemand einen beruflichen Aufstieg durch eine Beförderung oder durch Stellenwechsel erreicht hat. Gelang der Aufstieg durch Beförderung, kann man davon ausgehen, daß Leistung hierfür ausschlaggebend war (beispielsweise von der Junior-Sekretärin zur Referatsleiterin in der Markenabteilung). Wer den Aufstieg durch Stellenwechsel geschafft hat, kann es durch Leistung erreicht haben. Zwingend ist das nicht, es kann auch Glück gewesen sein. 40

Durch die **Gewichtung** aller Bewerbungsunterlagen ergibt sich eine vorläufige Rangfolge. Der nächste Schritt ist das **Vorstellungsgespräch**, auch Interview genannt. 41

Nach einer Aufforderung zum Vorstellungsgespräch sind gemäß § 670 BGB die Vorstellungskosten ohne Rücksicht darauf zu ersetzen, ob später ein Arbeitsverhältnis zustande kommt. Zu ersetzen sind nur die Fahrt-, Übernachtungs- und Verpflegungskosten. Die Firma ist nicht verpflichtet, darüber hinaus einen Ausgleich für einen Urlaubstag zu gewähren. Man kann, um den Verwaltungsaufwand zu minimieren, im Anschluß an das Gespräch einen Vordruck zur Reisekostenerstattung aushändigen. 42

2. Vorstellungsgespräch

Das Vorstellungsgespräch ist das wichtigste Personalauswahlverfahren.[15] Benötigt das Anwaltsbüro rasche Personalentscheidungen und die Sozietät traut ihrer Geschäftsleitung eine gute Auswahl zu, dann sollte die Geschäftsleitung die Gespräche führen und erst zum Schluß potentielle spätere Vorgesetzte, insbesondere die anwaltliche Bezugsperson, hinzuziehen. Das sollte aber nur dann geschehen, wenn eine Bewerbung überhaupt ernsthaft in Betracht kommt. 43

Leider gibt es beim Vorstellungsgespräch immer wieder schwere Fehler. Wer sich bewirbt, geht mit sehr hohen Erwartungen in das Vorstellungsgespräch. Das gilt aber für beide Seiten. Schließlich sucht das Anwaltsbüro zur Vervollständigung seines Unternehmens einen weiteren tragenden Baustein, und wer sich bewirbt sucht eine Beschäftigung, die dauerhaft zufriedenstellt. Die Arbeitgeberfirma ist deshalb verpflichtet, über die Anforderungen, die der Arbeitsplatz mit sich bringt, vollständig und richtig zu unterrichten. 44

Die genaue betriebswirtschaftliche Situation braucht dabei nicht diskutiert zu werden, es sei denn, die Gefahr besteht, daß die Firma die Gehälter nicht aufbringen kann oder wenn größere organisatorische Veränderungen ins Haus stehen, z. B. die Verlegung des Büros in einen anderen Stadtteil. 45

Die gründliche Vorbereitung des Vorstellungsgespräches ist ein absolutes Muß. Die meisten Interviews laufen immer noch planlos ab, was der Qualität Abbruch tut. Die Gespräche entwickeln sich dann spontan chaotisch, und das Ergebnis beruht auf Sympathien oder Antipathien. Die Entscheidung ist dementsprechend nicht rational nachvollziehbar. Oft trifft man auch Vorgesetzte, die während eines Gespräches nur ihr Unternehmen vorstellen. Diese Vorstellung sollte aber gerade sehr kurz gehalten werden. Wer sich geschickt bewirbt, könnte sonst am Ende des Interviews mehr von der Firma wissen, als dieser lieb ist. 46

Voraussetzung für ein erfolgreiches Gespräch ist die genaue Kenntnis der Bewerbungsunterlagen. Ebenso nötig ist die genaue Kenntnis der Anforderungen der zu besetzenden Stelle. Wichtig ist auch der Empfang und die Bewirtung. Wer einer Bewerberin in den Mantel hilft, zeigt damit nicht nur Umgangsformen, sondern auch Interesse. 47

Wer sich bewirbt, ist verpflichtet, Fragen wahrheitsgemäß zu beantworten, sofern es Fragen sind, die für die Begründung des Arbeitsverhältnisses von Bedeutung sind. Das gilt aber nicht für Fragen nach privaten Angelegenheiten, die mit der Besetzung der ausgeschriebenen Stelle nichts zu tun haben. 48

[15] *Mehrmann/Wirtz*, S. 73.

3. Zulässige und unzulässige Fragen

49 Fragen nach fachlichem und beruflichem Können, nach Kenntnissen und Erfahrungen sowie Fragen nach dem beruflichen Werdegang dürfen uneingeschränkt gestellt werden. Selbstverständlich zählen hierzu auch Prüfungs- und Zeugnisnoten sowie die Teilnahme an Fort- und Weiterbildungsmaßnahmen.

50 Die Frage, ob eine Bewerberin in absehbarer Zukunft heiraten will, ist unzulässig. Leider wird diese Frage oft gestellt, um über ein Hintertürchen von der Bewerberin zu erfahren, ob sie dann vielleicht unter das Mutterschaftsgesetz fällt. Die Frage nach einer bestehenden Schwangerschaft darf nach der Rechtsprechung des EuGH und jetzt auch des BAG nicht gestellt werden, weil dies eine geschlechtsbezogene Diskriminierung wäre.

51 Fragen nach bestehenden oder früheren Krankheiten sind nur insoweit zulässig, als sie das Arbeitsverhältnis unmittelbar berühren. Dies wiederum hängt stark von der Stellenbeschreibung ab und dürfte im Bereich des Anwaltsbüros eher die Ausnahme sein. Nach einer Schwerbehinderung darf man fragen, weil das Schwerbehindertengesetz der Arbeitgeberfirma besondere Verpflichtungen auferlegt.

52 Die Frage nach der Zugehörigkeit zu einer Gewerkschaft ist nicht erlaubt. Hier finden sich Regelungen sowohl im Grundgesetz als auch im Betriebsverfassungsgesetz. Ebenso wie die Frage nach der Gewerkschaftszugehörigkeit sind Fragen nach einer Religions- und Parteizugehörigkeit verboten.

53 Nach der Auffassung des Bundesarbeitsgerichtes sind die Einkünfte oder Einkommensverhältnisse Individualsphäre, d. h., die Frage nach der **bisherigen** Vergütung ist unzulässig, wenn dies für die ausgeschriebene Stelle keine Bedeutung hat. Allerdings sind Fragen nach aktuellen Lohn- und Gehaltspfändungen wahrheitsgemäß zu beantworten, da hierdurch ein beträchtlicher Verwaltungsaufwand für den zukünftigen Arbeitgeber entstehen kann. Fragen nach den Vermögensverhältnissen oder nach Vorstrafen sind nur dann zulässig, wenn dies für die Besetzung der Stelle von besonderer Bedeutung ist, z. B. in der Buchhaltung.

54 Fragen nach Einzelheiten des Privatlebens sind unzulässig. Dies gilt sogar für den Familienstand, weil das Privatleben für die Erbringung der Arbeitsleistung unerheblich ist. Schonen sollte man das Selbstwertgefühl. Dazu gehört, offene Fragen zu stellen, denn diese Fragetechnik bewirkt ein angenehmes Gesprächsklima. Sie sorgt für unverfälschten Informationsfluß. Wahrscheinlich bekommt man dadurch mehr Informationen.

55 Gerade für die Geschäftsleitung in kleinen oder mittelständischen Büros ist die Führung eines Bewerbungsgespräches keine tägliche Routinepraxis. Eine falsche Entscheidung kann einem Anwaltsbüro viel Schaden und hohe Kosten verursachen. Die häufigsten Fehler eines Einstellungsinterviews sind der auf Seite 589 wiedergegebenen **Checkliste** zu entnehmen.

4. Fragearten

56 Beim Bewerbungsgespräch kommt es darauf an, die richtigen Fragen zu stellen. Das Interview dient dazu, Informationsdefizite auf beiden Seiten auszugleichen. Deshalb sollten die Fragen zielgerichtet gestellt werden. Herkömmlich unterscheidet man fünf Fragearten:

57 Bei einer **Faktenfrage** werden Tatsachen erkundet, die man auch nachprüfen kann, z. B.:
„Wie viele Personen sind in Ihrem jetzigen Büro beschäftigt?“

58 Bei einer **Einschätzungsfrage** wird eine objektive Antwort erwartet, die die befragte Person nicht beantworten kann:
„Wie viele Personen sind nach Ihrer Einschätzung in unserem Anwaltsbüro tätig?“

59 Mit der **Bewertungsfrage** wird die befragte Person aufgefordert, ihre persönliche Meinung oder Einstellung zum Befragungsgegenstand deutlich zu machen:
„Wie, meinen Sie, ist das Ansehen unseres Büros bei den Bielefelder Anwaltskollegen? Sehr gut, gut, befriedigend, schlecht?“

Checkliste: Fehler bei Einstellungsinterviews

Sie
- sind unkonzentriert, zerstreut.
- haben sich nicht genügend vorbereitet.
- machen keine schriftlichen Notizen.
- stellen suggestive Fragen.
- dominieren das Gespräch.
- geben Ihrem Gegenüber keine Möglichkeit, etwas zu sagen.
- hören nicht zu.
- haben unbewußte Vorurteile (z. B. Beeinflussung durch das Äußere).
- lassen sich von persönlichen Antipathien leiten und bauen damit eine negative Gesprächsatmosphäre auf.
- stellen zu viele hypothetische Fragen („Was wäre, wenn ...“), anstatt auf typische Verhaltensweisen, Verantwortungsbereiche, Erfolge und Arbeitsmethoden einzugehen.
- betreiben Amateurpsychologie.
- scheuen sich, unbequeme Fragen zu stellen.
- stellen keine Anschlußfragen, übersehen Details, anstatt weiter auf den angesprochenen Aspekt einzugehen.
- neigen dazu, etwas nicht Gesagtes in die Antworten hineinzulegen, etwa um jemanden zu gewinnen oder loszuwerden.

Bei der **Handlungsfrage** fragt man nach einem konkreten Handeln in einer definierten 60
Situation:

„In Ihrem Büro ist Feuer ausgebrochen; Sie haben die Feuerwehr benachrichtigt. Was tun Sie als nächstes?“

Bei einer **suggestiven Frage** wird dem Befragten die Antwort in den Mund gelegt. 61
Diese Frageform verwendet man aus verschiedenen Gründen:
- Man sucht Bestätigung;
- man will bestätigen;
- man will Stabilität testen, mit der eine Meinung vertreten wird;
- man will eine bestimmte Gesprächsrichtung einschlagen oder beibehalten.

Suggestivfragen sind äußerst sparsam einzusetzen, weil sie in den Bereich der Rhetorik gehören und zu Recht meist als unsachlich empfunden werden.

Wichtig für ein Vorstellungsgespräch ist die **Sitzordnung**. Nicht zu empfehlen ist, sich 62
direkt gegenüberzusitzen;[16] vielmehr sollte die Konfrontationsatmosphäre durch eine gelockerte Sitzordnung entspannt werden, z. B. durch Übereckisitzen.

Wer das Interview führt, sollte während der ersten Phase des Gesprächs, der sogenann- 63
ten Informationsphase, äußerst konzentriert zuhören. Die Zuhörbereitschaft läßt sich durch Körpersprache verstärken, z. B. mit Blickkontakten, einer zugewandten Körperhaltung und Bestätigung, z. B. „Ja“, „mmh“. Man sollte für die Antwort unbedingt genügend Zeit geben und nur unterbrechen, wenn jemand von einer Frage zu weit abschweift oder zu langatmig über ein Thema referiert.

Zur Informationsphase gehören Fragen nach dem Grund für den beabsichtigten Ar- 64
beitsplatzwechsel. Hier kann man während des Gespräches die Ausbildungs- und Arbeitszeugnisse interpretieren und nach Einzelheiten der beruflichen Tätigkeit fragen. Am Ende sollte man sich für das Gespräch bedanken und partnerschaftlich auseinandergehen. Man sollte nicht vergessen, einer Dame in den Mantel zu helfen und die Besucher an die Tür zu begleiten.

[16] *Mehrmann/Wirtz*, S. 90.

5. Auswertung des Vorstellungsgesprächs

65 Das Vorstellungsgespräch kann eine Menge Informationen geliefert haben, die nun auszuwerten sind. Am einfachsten ist es, nach dem Gespräch einen Beurteilungsbogen auszufüllen, damit man bei der Häufigkeit der einzelnen Vorstellungsgespräche nicht den Überblick verliert. Ein Beurteilungsbogen sollte für alle gleich aufgebaut werden.

66 Es folgt ein **Beurteilungsbogen** für die Einschätzung nach Persönlichkeitskriterien:

Einschätzung nach Persönlichkeitskriterien

	schwach ausgeprägt				stark ausgeprägt		
	–3	–2	–1	0	+1	+2	+3
aggressiv							
aufgeschlossen							
ausgeglichen							
autoritär							
begeisterungsfähig							
belastbar							
ehrgeizig							
entschlossen							
geltungsbedürftig							
hilfsbereit							
impulsiv							
kompromißbereit							
kontaktfreudig							
kreativ							
kritikfähig							
lernbereit							
optimistisch							
sachlich-nüchtern							
schlagfertig							
selbstbewußt							
sensibel							
sympathisch							
teamfähig							
temperamentvoll							
tolerant							
ungeduldig							
unsicher							
vielseitig							
zielstrebig							
zuverlässig							

6. Referenzen

Die Referenz ist ein Hinweis (z. B. im Bewerbungsschreiben) auf eine Auskunftsperson. In der Regel ist es sinnvoll, bei der genannten Auskunftsperson Erkundigungen einzuziehen. Man stelle sich vor, eine Bewerberin hinterläßt während des Vorstellungsgespräches einen tadellosen Eindruck, die Papierform ist beeindruckend und man ist der felsenfesten Überzeugung: Das ist die Richtige. Nach einer Erkundigung stellt man aber fest, daß die Papierform doch nicht so aussagekräftig ist, das letzte Zeugnis geschönt war und die Bewerberin während des Vorstellungsgespräches nicht die ganze Wahrheit über frühere Tätigkeiten gesagt hat. 67

Auskünfte müssen sehr behutsam behandelt werden; als vertrauliche Informationen sind sie ein kostbares Gut und dürfen nicht durch Heimlichkeiten oder Unehrlichkeiten gefährdet werden. Man muß insbesondere mitteilen, wer die Auskunft einholen wird und vorher um Einwilligung bitten. Denkbar ungeeignet als Informationsgeber sind Bekannte und andere nahestehende Personen. Die Erfahrung lehrt, daß es sinnvoll ist, Erkundigungen bei der letzten Arbeitgeberfirma einzuholen.[17] 68

Man sollte sich auf ein Informationsgespräch mit einer Auskunftsperson gut vorbereiten, auch wenn man das Gespräch nur über das Telefon führt. Dazu gehört, sich für das Telefongespräch eine Stichwortliste zu erstellen, in der man sich die noch fehlenden und die zu überprüfenden Merkmale des Anforderungsprofils auflistet. Es ist sicherzustellen, daß man wirklich mit der Auskunftsperson spricht, und zu klären, ob sie ungestört reden kann. Man muß mitteilen, wie es zu dem Kontakt gekommen ist und daß man die Einwilligung dazu hat. Im Gespräch sollte man versuchen, sich Vertrauen zu erwerben, indem man kurz die Pläne für die Neubesetzung der ausgeschriebenen Stelle skizziert und wichtige Passagen aus den Bewerbungsunterlagen und dem Bewerbungsgespräch erwähnt. 69

7. Bewerbungsabsage

Nach dem Ausfiltern und der endgültigen Entscheidung müssen alle anderen eine Absage erhalten. Wie geschieht dies und welche Form ist zu wahren? Der letzte Eindruck, den man vom Unternehmen mitnimmt, bei dem man sich beworben hat, ist die Absage. Dieses Schreiben ist sachlich und knapp zu fassen. Ausführliche Begründungen für eine Absage sind zu vermeiden, zumal es in einem Entwurf zum **Arbeitsvertragsgesetz** heißt: „Bei der Einstellung von Arbeitnehmern darf der Arbeitgeber einen Bewerber nur aus sachbezogenen, den zu besetzenden Arbeitsplatz betreffenden Gründen abweisen . . ." 70

Oftmals ist der Stil einer Absage verletzend. Man sollte versuchen, die Bewerbungsunterlagen mit einem freundlichen Brief zurückzureichen. Formulierungen, wie „. . . haben wir uns anderweitig[18] entschieden . . ." verbunden mit „den besten Wünschen für Ihre berufliche Zukunft" sind unabhängig von der Persönlichkeit und vom Gang des Bewerbungsgesprächs immer angebracht. Im Prinzip ist eine Untersuchung aus dem kaufmännischen Bereich sehr wohl auf das Anwaltsbüro zu übertragen: Ein zufriedener Kunde spricht dreimal über ein Unternehmen; ein unzufriedener Kunde wird seine schlechten Erfahrungen 15mal Bekannten, Freunden und Kollegen übermitteln. Der Ruf einer Anwaltssozietät hängt auch davon ab, wie sie mit Bewerbern umgeht, besonders dann, wenn sie im Arbeitsrecht tätig ist. 71

[17] *Mehrmann/Wirtz*, S. 73.

[18] Nicht: für „einen anderen Bewerber", wegen einer möglichen Geschlechterdiskriminierung. Bemerkenswert ist, daß der Entwurf zum Arbeitsvertragsgesetz voller geschlechterbezogener Diskriminierungen ist: Arbeitnehmer, Arbeitgeber, Bewerber etc. spiegeln die tatsächlich Beteiligten recht unvollkommen wider; de facto herrscht also weiter nicht enden wollender Geschlechterkampf.

III. Anstellungsvertrag

72 Jedem Anstellungsverhältnis liegt ein Anstellungsvertrag zugrunde, der im wesentlichen die gleichen Begriffsmerkmale für alle Angestellten aufweist, nämlich persönliche Abhängigkeit und Weisungsgebundenheit. Im allgemeinen sind Anstellungsverträge um so detaillierter und umfassender, je höher die betreffenden Angestellten auf der Stufenleiter der betrieblichen Hierarchie stehen.

73 Inhalt des Anstellungsvertrages sind: Stellenbeschreibung, Arbeitszeit, Vergütung, Ferien, Kündigungsfristen (während und nach der Probezeit); eine Kündigung vor Beginn der Tätigkeit sollte ausgeschlossen werden.

1. Probezeit

74 Anstellungsverträge im Anwaltsbereich sind fast immer auf Dauer angelegt. Damit verpflichten sich beide Seiten zu bestimmten Leistungen und Gegenleistungen auf unbestimmte Zeit. Im Anstellungsvertrag wird in den meisten Fällen eine Probezeit vereinbart, über deren Dauer es keine gesetzlichen Regelungen gibt. Unternehmen wollen in der Probezeit die neu Eingestellten testen und bei Nichtgefallen jederzeit ohne Begründungszwang kurzfristig wieder entlassen können. Umgekehrt ist es genauso.

2. Personalintegration im Anwaltsbüro

75 Mit der Unterzeichnung des Anstellungsvertrages ist die Personalbeschaffung eigentlich beendet. Doch jetzt kommt es auf das Geschick der Geschäftsleitung an, die neu eingestellte Person in das Unternehmen zu integrieren. Die Geschäftsleitung hat dafür zu sorgen, daß die Integration der neuen Angestellten in die Gruppe funktioniert und sie sich im Büro frei entfalten können. Eine gezielte Einführung[19] ist angebracht, um Leerlaufzeiten zu vermeiden. Dabei geht es hier nicht um irgendwelche kreativen Maßnahmen, sondern um einen betriebswirtschaftlich notwendigen und komplexen Prozeß. Dieser Prozeß sollte nicht dem Zufall überlassen, sondern vielmehr detailgenau geplant werden. Vor allem sollte sich der Prozeß auf die einzelne **Person** beziehen, und nicht nur auf ihre **Funktion.**[20]

76 Wichtig ist dabei die Planung des ersten Tages, der Einarbeitungszeit und einer längeren Integrationsphase zu normalen Arbeitsbedingungen. Hilfreich ist hier ein Patenschaftssystem für die Vertrauensbildung. Für die Vertrauensbildung kommt es vor allem auf die zügige Beantwortung aller anstehenden praktischen Fragen an.

77 Für alle neu Eingestellten ist der erste Arbeitstag der wichtigste und er wird sich dauerhaft ihrem Bewußtsein einprägen. Man muß deshalb großen Wert darauf legen, daß der erste Tag für sie so harmonisch wie möglich verläuft. Man sollte z. B. nicht versäumen, einen Blumenstrauß auf den Tisch zu stellen. Die anwaltliche Bezugsperson ist davon zu überzeugen, daß sie sich möglichst für den ersten Tag keine Termine vornimmt, um viel Zeit freizuhalten, damit beide Seiten sich etwas näher kennenlernen können. Natürlich gehört dazu auch eine Vorstellung bei den anderen im Betrieb Beschäftigten.

78 Sehr wichtig ist es, daß die Geschäftsleitung in regelmäßigen Abständen Gespräche mit den Neuen führt, um zu erfahren, ob sie den Stallgeruch Ihres Anwaltsbüros schon angenommen haben und wie das Zusammenarbeiten in der täglichen Praxis abläuft. Die Geschäftsleitung sollte in fest terminierten Gesprächen den Fortgang des Einarbeitungsprozesses systematisch überprüfen und fördern.

---

19 *Fedtke*, S. 195f.; *Sauter*, S. 40f.

20 *Mehrmann/Wirtz*, S. 118.

D. Personalführungssysteme

Als Führungssystem bezeichnet man die Organisation der Beziehungen zwischen Vorgesetzten und Angestellten bei der Realisierung der Unternehmensziele im Betrieb. In größeren Unternehmen kann es durchaus sein, daß mehrere Ebenen gebildet werden; daraus ergeben sich Instanzen, also eine Über- und Unterordnung, eine Hierarchie. Dabei wird die oberste Instanz – etwa eine Sozietätsversammlung oder, eine Stufe darunter, ein geschäftsführender Sozietätsausschuß – Entscheidungen fällen, die das ganze Unternehmen betreffen. 79

Die Koordinations-, Leitungs- und Kontrolltätigkeit der darunter stehenden Geschäftsleitung betrifft ebenfalls das ganze Unternehmen. Sie sollte bei der Erfüllung ihrer Aufgaben die Grenzen ihres jeweiligen Aufgabenbereiches nicht überschreiten: 80

Rein rechtlich sind die Geschäftsleiterin oder der Geschäftsleiter im Anwaltsbüro natürlich die Vorgesetzten des nichtanwaltlichen Personals. Das heißt insbesondere, daß sie für die Einstellungen und Entlassungen zuständig sind. Und darauf sollten sie bei der Abfassung ihres eigenen Anstellungsvertrages auch Wert legen. Aber daneben gibt es ein besonderes Über- und Unterordnungsverhältnis zwischen den einzelnen anwaltlichen Bezugspersonen und ihren Rechtsanwaltsfachangestellten oder Anwaltssekretärinnen. In diese Sonderbeziehung kann die Geschäftsleitung nur in Abstimmung mit der anwaltlichen Bezugsperson hineinregieren. Sonst zieht sie auf die Dauer den kürzeren. 81

I. Führungsstile, Motivation

Der Führungsstil war früher stark hierarchisch geprägt. Dadurch bekamen die Vorgesetzten die Befehlsgewalt über das unterstellte Personal.[21] Diese alten Verhaltensmuster weichen nur sehr langsam auf. Die Mehrzahl der Angestellten erwartet heute aber von ihren Vorgesetzten Motivation und Hilfestellung. Oft ist es jedoch so, daß die Vorgesetzten kaum Motivation und wenig Hilfestellung, dafür um so mehr Kritik bieten. Das Ergebnis ist eine Zweiklassengesellschaft: Auf der einen Seite die Vorgesetzten, auf der anderen Seite die Angestellten, de facto also nicht enden wollender Klassenkampf. 82

Eine der Voraussetzungen für die Erreichung von Kanzleizielen ist es, auf die Bedürfnisse der Angestellten einzugehen. Die Bedeutung der Zufriedenheit der Kanzleiangehörigen wächst allgemein mit dem geistigen Anspruch der jeweiligen Aufgabe. Dabei hängt die Zufriedenheit aber speziell von der Motivation ab. 83

An dieser Stelle sei davor gewarnt, die Motivation einer ungelernten Kraft, beispielsweise der Telefonistin, zu unterschätzen. Sowohl unter dem Gesichtspunkt der Zufriedenheit, als auch unter dem Gesichtspunkt der optimalen Aufgabenerfüllung ist nicht nur die fachliche Kompetenz einer Telefonistin von Bedeutung, sondern auch ihre Motivation: Wie oft das Telefon klingelt, bevor sie abhebt, ist auch für den wirtschaftlichen Erfolg der Anwaltsfirma wichtig. 84

Warum ist die Zufriedenheit der Angestellten wichtig? 85

- Die Zufriedenheit der Angestellten kann – nicht muß – ein selbständiges Kanzleiziel sein. Wenn sich die Unternehmensführung sagt „Wir schulden unseren Angestellten nicht nur ihr Gehalt, sondern auch eine Arbeitsumwelt, in der sie sich wohlfühlen.", dann läßt sich dies als Kanzleiziel formulieren.
- Die Bedeutung der Zufriedenheit spiegelt sich in der Aussage wider „ohne zufriedene Angestellten keine zufriedene Klientel". Dabei sind Motivation und Zufriedenheit eng miteinander verknüpft: Wer motiviert ist, arbeitet besser, mehr und mit mehr Freude als unmotivierte und lustlose Leute. Hinzu kommt, daß es mehr Spaß bringt, mit zufriedenen anderen Angestellten zusammenzuarbeiten.

[21] DAV-Leitfaden, S. 98.

– Nur zufriedene Angestellte sind bereit, der Klientel ein positives Bild von der Kanzlei zu vermitteln und dadurch zu einem positiven Betriebsergebnis der Anwaltsfirma beizutragen.

86 Von der Geschäftsleitung im Anwaltsbüro werden andererseits Führungsqualitäten verlangt. Sie sollte in erster Linie Einfühlungsvermögen haben, jedoch nie das Ziel vergessen, die Wettbewerbsfähigkeit des Anwaltsbüros zu sichern. Das erfordert manchmal auch eine feste Hand, z. B. bei Intrigen, Denunziation, übler Nachrede, Mobbing, Aufsässigkeit, Querulantentum, Drückebergerei, Faulheit, Krankspielen, Lustlosigkeit.

87 Der Führungsstil gibt generell die Art und Weise wieder, in der die Geschäftsleitung ihre Angestellten führt. Wenn es in ein- und demselben Betrieb unterschiedliche Führungsstile gibt, kann dies zu erheblichen internen Spannungen führen.

88 Es folgt ein kleiner Überblick über die verschiedenen Führungsstile. Welche im Einzelfall am ehesten in Betracht kommen, muß jeder für sich persönlich und manchmal auch von Fall zu Fall entscheiden:

II. Autoritärer Führungsstil

89 Für den täglichen Gebrauch ist der autoritäre Führungsstil[22] als überholt anzusehen. Er ist dadurch geprägt, daß die Geschäftsleitung Entscheidungen trifft, ohne die Angestellten mit einzubeziehen. Vorgesetzte erwarten hier Gehorsam von ihren Untergebenen. Sie treffen alle Entscheidungen ohne eine Begründung zu geben. Meist kontrollieren sie die Ausführungen ihrer Anordnungen dann und haben in der Regel ein gespanntes und distanziertes Verhältnis zu ihren Untergebenen.

90 Wer diese Beschreibung auf sich wirken läßt, wird schnell feststellen, daß dieser Führungsstil an einen Kasernenhof erinnert. Ein modern geführtes Anwaltsbüro, welches auf kreative Angestellte angewiesen ist, ist mit diesem Führungsstil sicher nicht gut beraten. Ausnahmen gibt es allenfalls in außergewöhnlichen Situationen, wenn eine Anordnung und deren Durchführung keinen Zeitaufschub dulden, z. B. kurz vor Fristablauf.

III. Patriarchalischer Führungsstil

91 Der patriarchalische Führungsstil[23] ist dadurch geprägt, daß die Vorgesetzten, ähnlich wie beim autoritären Führungsstil, ihre Entscheidungen allein treffen. Allerdings versuchen die Vorgesetzten hier, ihre Angestellten von der Richtigkeit der getroffenen Entscheidungen zu überzeugen. Man kann davon ausgehen, daß die Vorgesetzten innerhalb dieses Führungsstils eine Art Mutter- oder Vater-Rolle übernehmen, die Angestellten die Kind-Rolle. Hier geben die Eltern ihre Weisungen an die Kinder weiter.

92 Wir meinen, daß auch dieser Führungsstil im Anwaltsbüro unangebracht ist, außer bei sehr großem Altersabstand (Großeltern-Enkel-Beziehung) und für sehr begrenzte Zeit, manchmal auch in besonderen Situationen bei Verunsicherung, Verängstigung oder Panik.

IV. Demokratischer Führungsstil

93 Genauso ungeeignet wie die zuvor genannten Führungsstile erweist sich der demokratische Führungsstil.[24] Hier haben die Vorgesetzten eigentlich nur noch eine Moderatorenfunktion. Die Führungsverantwortung im Sinne einer Entscheidungsverantwortung wird den Vorgesetzten genommen, da die Entscheidungen den Angestellten überlassen sind. Der Einsatz dieses Führungsstils ist im Anwaltsbüro nicht angemessen. Denn die Vorgesetzten müssen das unternehmerische Risiko allein tragen und deshalb haften sie auch allein und ohne Rückgriffsmöglichkeit für jeden Fehler, der im Betrieb vorkommt.

---

[22] Vgl. DAV-Leitfaden, S. 98; *Mehrmann/Wirtz*, S. 197f.

[23] *Mehrmann/Wirtz*, S. 198.

[24] *Mehrmann/Wirtz*, S. 199.

Ausnahmen sind angebracht bei der Organisation von Betriebsausflug und Weihnachtsfeier. Hier kann der demokratische Führungsstil zu einer deutlichen Verbesserung des Betriebsklimas beitragen, indem er für kurze Zeit die Verhältnisse gewissermaßen auf den Kopf stellt. 94

V. Kooperativer Führungsstil

Die heute zumeist empfohlene Form der Führung ist der kooperative Führungsstil.[25] 95
Die Angestellten werden hierbei in den Entscheidungsprozeß einbezogen. Den Grad der Einbeziehung bestimmen die Vorgesetzten selbst. Sie führen die Angestellten, indem sie wichtige Aufgaben delegieren und mit dieser so geschaffenen Verantwortung ihre Angestellten am Entscheidungsprozeß teilnehmen lassen. Bei diesem Führungsstil wird sich ein kooperatives und vertrauensvolles Zusammenspiel ergeben.

Der kooperative Führungsstil verlangt von den einzelnen Angestellten aber die Fähig- 96
keit und den Willen, Verantwortung zu tragen. Zu bedenken ist, daß Angestellte in manchen Situationen nicht gerne Verantwortung tragen bzw. eine Entscheidung in heiklen Situationen gerne den Vorgesetzten überlassen wollen. Man sollte also versuchen, die Angestellten richtig einzuschätzen und sie nach ihren Fähigkeiten einzusetzen. Gegebenenfalls muß man vorübergehend den Führungsstil wechseln.

E. Personaleinsatz

Der Personaleinsatz hängt nicht zuletzt vom organisatorischen Aufbau des Betriebes ab. 97

I. Bildung von Referaten und Sachgebieten

Die Bildung von Referaten im Anwaltsbüro ist nichts Besonderes. So wie beim 98
Amtsgericht und bei der Staatsanwaltschaft jede Amtsrichterin und jeder Staatsanwalt ihr Dezernat haben, so haben in der kleineren herkömmlichen Anwaltssozietät jeder Anwalt und jede Anwältin ihr Referat. Dazu gehört möglicherweise nur eine Anwaltssekretärin, manchmal mehr, z. B. eine Rechtsanwaltsfachangestellte, ein Referendar, eine Auszubildende, manchmal auch ein angestellter Anwalt und mehrere Anwaltssekretärinnen und Rechtsanwaltsfachangestellte und mehrere Auszubildende.

Das führt in größeren Anwaltsgemeinschaften regelrecht zu Abteilungen, die einzelnen 99
Anwälten zugeordnet sind, die gewissermaßen selbständig operieren, wachsen und schrumpfen. Teilweise gibt es eine getrennte Abrechnung, was leicht zu Streit führt. Das ist dann eine Bürogemeinschaft, bei der nur ganz wenige Funktionen gemeinschaftlich betrieben und gemeinschaftlich abgerechnet werden, z. B. Miete, Bibliothek, Datenbanken, Telefon, Fax, E-Mail, Fotokopierer, Empfang, Botendienst usw., aber ggf. auch die Kosten der Geschäftsleitung. In der Sozietät wird dagegen alles gemeinsam abgerechnet und der Gewinn wird nach einem Schlüssel verteilt.

Aber auch in der Sozietät wird es über kurz oder lang mit deren Wachsen über die 100
Referate hinaus zur Bildung von regelrechten Fachabteilungen kommen. Dabei geht es um eine Gliederung nach bestimmten Gesichtspunkten. Das können fachliche und regionale Gesichtspunkte sein.

Unter fachlichen Gesichtspunkten kann man z. B. eine Wettbewerbsabteilung und eine 101
Arbeitsrechtsabteilung bilden, aber auch eine Baurechtsabteilung, eine Grundstücksabteilung, eine Familienrechtsabteilung, eine Prozeßabteilung und eine Gesellschaftsrechtsabteilung. Man kann auch mehrere Fachgebiete in einer Abteilung zusammenfassen, z. B. öffentliches und privates Baurecht mit Umwelt- und Grundstücksrecht usw. Die Abteilungen haben dann in Grenzen ein gewisses Eigenleben, auch im Personalbereich. Das macht die Sache aber für die Geschäftsleitung nicht einfacher.

[25] Vgl. DAV-Leitfaden, S. 99; S. 199f.

102 Noch schwieriger wird es, wenn das Unternehmen verschiedene regionale Standorte hat. Zum einen ist es nicht leicht, den Überblick zu behalten, gewissermaßen überall gleichzeitig zu sein und zum anderen auch noch Personal je nach regionalem Bedarf von Zeit zu Zeit und von Ort zu Ort vorübergehend zu entsenden oder endgültig zu versetzen.

II. Vertretung bei Ferien, Krankheit, Teilzeit und Gleitzeit

103 Für eine Jahresferienplanung ist von Bedeutung, wie die Sekretariate im Büro organisiert sind. Sitzen sich zwei Angestellte in einem Zimmer gegenüber (wie bei den Geschäftsstellen der Amtsgerichte), erscheint es sinnvoll und in der Sache richtig, daß sich diese beiden gegenseitig bei Ferienabwesenheit vertreten. Es wird aber Zeiten geben, zu denen die Doppelarbeit nicht zu bewältigen ist. Hier muß die Geschäftsleitung eine Aushilfsperson einsetzen oder andere Angestellte zu Hilfe bitten, die zu diesem Zeitpunkt vielleicht weniger ausgelastet sind. Entsprechendes gilt bei Krankheit, Teilzeit und Gleitzeit.

104 In einem Sekretariat, in dem mehr als zwei Angestellte eingesetzt sind, sollte es machbar sein, daß sich die verbleibenden die Arbeit der jeweils vorübergehend abwesenden Person teilen.

105 Wieder anders sieht es aus, wenn in einem größeren Büro regelrechte Abteilungen gebildet sind, z. B. fünf Anwältinnen und Anwälte bearbeiten Wettbewerbsrecht und fünf andere Arbeitsrecht. Dann läßt sich das Vertretungssystem weitgehend abteilungsweise und abteilungsintern regeln.

III. Delegation

106 Das Thema Delegation hat nichts zu tun mit Vertretung; es geht vielmehr um Weitergabe von Arbeit. Das Thema steht also unter dem Motto „Der Herr, der schickt den Jockel aus . . .“ Beispiel: Der Anwalt bittet seine Sekretärin, ihm aus dem Archiv eine abgelegte Akte zu suchen (Delegation). Die Sekretärin hat keine Zeit und gibt den Auftrag an eine Auszubildende weiter (Delegation). Die kennt sich nicht im Keller aus und bittet einen Referendar, das doch mal eben für sie zu erledigen (Delegation). Der Referendar kommt kurz vor Fristablauf zum Anwalt und bittet, ihm zu erklären, wie die Ablage im Kellerarchiv organisiert ist (Rückdelegation). Der Anwalt bekommt einen Tobsuchtsanfall und wirft den völlig unschuldigen Referendar hinaus. Der Fehler liegt in der Nichtbeachtung eines Satzes aus dem römischen Recht „delegatus delegare non potest“. Auf deutsch: die Sekretärin durfte den Auftrag nicht an die Auszubildende weitergeben. Sie mußte sich schon selbst kümmern. Das Weitergeben von empfangenen Aufträgen ist im Anwaltsbüro verboten. Die Sekretärin hätte allerdings der Auszubildenden das Archivsystem erklären können, und sie hätte sich beim Suchen auch von der Auszubildenden helfen lassen dürfen. Aber sie hätte niemals die Verantwortung abgeben dürfen, um sich dann um nichts mehr zu kümmern.

107 Kurz gesagt: Wer einen Auftrag bekommt, hat ihn selbst auszuführen und darf ihn nicht weitergeben. Notfalls muß er ihn rechtzeitig zurückgeben. Wer sich – erlaubtermaßen – helfen läßt, behält die volle Verantwortung, ganz egal welche Fehler eine Hilfsperson auch immer begehen mag.

IV. Schreibpool: ja – nein

108 In jedem Anwaltsbüro werden aus organisatorischer Sicht immer wieder Überlegungen angestellt, wie das Personal am besten einzusetzen ist. Die Geschäftsleitung steht dann vor der Frage, ob es sinnvoller ist, die herkömmlichen Referate zu bilden oder das System eines oder mehrerer Schreibpools einzuführen. Die Vor- und Nachteile der Systeme sind angesichts des Organisationsablaufs im einzelnen Büro abzuwägen. So ist es denkbar, daß

eine ausgebildete Rechtsanwaltsfachangestellte im Notieren von Fristen, in der Aktenwiedervorlage, beim Empfang von Mandanten, beim Durchstellen von Telefongesprächen, im Organisieren von Geschäftsreisen etc. mehrere Anwälte versorgt. Diese qualifizierte Rechtsanwaltsfachangestellte könnte vielleicht auch gelegentlich fremdsprachliche Texte schreiben sowie Kostenrechnungen und evtl. Vollstreckungsmaßnahmen vorbereiten. Im Schreibpool brauchten dann nicht unbedingt qualifizierte Rechtsanwaltsfachangestellte zu sitzen; vielmehr könnte man kostenbewußt den Pool mit Phonotypistinnen besetzen.

Das hat jedoch viele Nachteile, weil dann die Phonotypistinnen nicht mehr exklusiv **109**
einzelnen Anwältinnen und Anwälten zugeordnet werden können. Denn sie würden nicht immer genug und manchmal zu viel zu tun haben. Wenn sie aber die Diktate der Reihe nach abarbeiten müssen, können sie weder die Klientel noch deren Akten und eigentlich noch nicht einmal die Anwältinnen und Anwälte richtig kennen. Sie können sich also nicht mit ihren Bezugspersonen und auch nicht mit ihren Fällen und ihren Akten identifizieren. Sie sind deshalb weder in der Lage noch bereit, Verantwortung für das zu tragen, was sie tun. Das Ergebnis im Anwaltsbüro ist meist katastrophal. Denn die Anwaltstätigkeit ist keine Industrie, wie ein Hotel, eine Bank oder eine Versicherung. Im Anwaltsbüro gibt es nur wenig Massenproduktion, das meiste ist Einzelfertigung. Ausnahmen gibt es eigentlich nur bei der Autoschadenabwicklung und beim Inkasso, begrenzt auch bei der Zwangsvollstreckung sowie beim Arbeits- und Familienrecht.

Problematisch und hektisch kann die Situation im Schreibpool auch werden, wenn an **110**
einem Tag gleichzeitig mehrere Fristabläufe zu bearbeiten sind. Wer entscheidet dann, welche Frist bevorzugt behandelt wird? Es ist höchst zweifelhaft, ob mit dem Poolsystem ein geordneter und harmonischer Arbeitsablauf im Anwaltsbüro möglich ist und ob damit überhaupt qualifizierte Arbeit geleistet werden kann.

Ein besonderer Schreibpool – bestehend aus einer oder mehreren Sekretärinnen – ist **111**
allerdings sinnvoll, wenn es darum geht, Spitzen aufzufangen, Riesentexte abzuarbeiten oder fremdsprachliche Texte zu schreiben. Wenn Riesentexte anfallen, kann man den Schreibpool auch ad hoc bilden und nach getaner Arbeit wieder auflösen, z. B. bei einer Due Diligence oder einem Unternehmenskauf, wenn mehrere oder viele Leute ein paar Tage und Nächte lang permanent an einer einzigen Akte gemeinsam arbeiten müssen.

V. Neue Diktiersysteme

Welchen Einfluß wird die EDV künftig auf den Personaleinsatz haben? Das ist ein sehr **112**
heikles Thema, das gerade im anwaltlichen Bereich eine große Bedeutung deshalb erhält, weil Anwälte im allgemeinen sehr viel Text produzieren. Mußte eine Schreibkraft vor 15 bis 20 Jahren nach dem Schreiben eines Textes und der darauf folgenden Korrektur den Text komplett noch einmal neu schreiben oder mit Tipp-Ex oder Klebestreifen nachbessern, ist im Zeitalter der EDV eine Änderung des gleichen Entwurfs in Windeseile erledigt.

Eine neue Technik, die in wenigen Jahren verstärkten Einzug im Anwaltsbüro halten **113**
wird, sind die verschiedenen Diktiersysteme, über die die Fachpresse ständig berichtet. Es geht hier um Systeme, mit welchen Sprache direkt über Mikrophon in die EDV und deren Textverarbeitung eingegeben wird, um dort in geschriebenen Text umgewandelt zu werden. Der Einsatz von Schreibkräften wird dann überflüssig. Diese Diktiersysteme haben noch den Nachteil, daß sie sich an die unzähligen Besonderheiten in der Sprache der Diktierenden gewöhnen, also deren sprachliche Eigenheiten erlernen müssen. Sie benötigen dafür viel Zeit. Doch kann man davon ausgehen, daß diese Schwierigkeit in den nächsten Jahren minimiert wird, genau wie bei den optischen Lesegeräten. Dies wird zur Folge haben, daß immer mehr direkt in den Computer diktiert wird und der Computer schreibt. Der Einsatz der teuren Angestellten wird reduziert.

114 Am Ende bedeutet das wohl keine weitere Personalreduzierung in Anwaltsbüros, obwohl dann eine qualifizierte Rechtsanwaltsfachangestellte mehrere Anwälte betreuen kann. Denn die Entwicklung wird aufgefangen durch die ständige Erweiterung der anwaltlichen Berufsfelder. Die Einführung der EDV hat ja auch nicht zur Arbeitslosigkeit bei den Rechtsanwaltsfachangestellten geführt. Die Entwicklung ist unvermeidbar und verursacht natürlich Schmerzen. Jedoch kann gerade die Geschäftsleitung sich dieser neuen Technik nicht verschließen. Sie ist für den optimalen EDV-Einsatz verantwortlich und dazu gehören auch neue Diktiersysteme. Problematisch kann die Entwicklung für Phonotypistinnen werden, die sich weder fort- noch weiterbilden lassen wollen.

F. Personalentwicklung

115 Innerhalb einer vernünftigen Personalentwicklung stehen sich zwei Zielvorstellungen gegenüber.[26] Zum einen möchte man die Ziele des Anwaltsbüros verfolgen. Auf der anderen Seite stehen die Angestellten mit eigenen Zielen, Fähigkeiten, Interessen, Bedürfnissen, Charaktereigenschaften und mit ihrer eigenen Bildung, aber auch mit Sorgen und Nöten, die nicht selten privater Natur sind.

116 Die Verbesserung von Qualifikation und Leistung der Angestellten liegt in beiderseitigem Interesse. Sie erfolgt durch sogenannte Personalentwicklungsmaßnahmen. Es ist dabei nicht damit getan, die Angestellten zu Seminaren, Kursen und sonstigen Weiterbildungsveranstaltungen zu schicken. Vielmehr sollten die Personalverantwortlichen Fortschritte anerkennen und fördern und neugewonnenes Wissen einsetzen.

I. Personalbeurteilung

117 Eine Maßnahme der Personalentwicklung ist die Personalbeurteilung. In der Wirtschaft werden seit längerer Zeit Personalbeurteilungssysteme angewandt; im Bereich der Anwaltsbüros, insbesondere bei größeren Sozietäten, ist neuerdings eine ähnliche Tendenz erkennbar.

118 Die Beurteilungen werden in regelmäßigen Abständen alle ein bis drei Jahre durchgeführt und dienen vielfältigen Zielen:

- Dem Rückblick auf die Arbeitsleistung im vergangenen Beurteilungszeitraum,
- der Verbesserung der Zusammenarbeit,
- der Weiterentwicklung und
- der Gehaltsentwicklung.

119 Wie ein Formular für eine Leistungsbeurteilung aussehen kann, zeigt das folgende Formular. Das Formular sollte in einem gemeinsamen Gespräch ausgefüllt und möglichst von beiden Seiten unterschrieben werden. Beide Seiten erhalten dann je ein Exemplar.

[26] DAV-Leitfaden, S. 46; *Mehrmann/Wirtz*, S. 125.

Leistungsbeurteilung (vertraulich)	Name	Funktion
Firma	Datum der letzten Beurteilung	Datum der Beurteilung
Hauptaufgaben und Ziele		

Beurteilungskriterien	(noch) nicht zu beurteilen	Bewertungsstufen				
		++	+	0	–	––
1. Arbeitsmenge/-tempo	[ ]	[ ]	[ ]	[ ]	[ ]	[ ]
2. Qualität der Arbeitsergebnisse	[ ]	[ ]	[ ]	[ ]	[ ]	[ ]
3. Zusammenarbeit	[ ]	[ ]	[ ]	[ ]	[ ]	[ ]
4. Verhalten bei Belastung	[ ]	[ ]	[ ]	[ ]	[ ]	[ ]
5. Verhalten bei Neuerungen und Lernverhalten	[ ]	[ ]	[ ]	[ ]	[ ]	[ ]
6. Problemlösungs- und Entscheidungsverhalten	[ ]	[ ]	[ ]	[ ]	[ ]	[ ]

Ziele des Beurteilungsverfahrens:

Das Beurteilungsverfahren soll helfen,
- die Zusammenarbeit durch klares Festlegen der Aufgaben und Ziele und den Vergleich der Leistungen mit den Aufgaben und Zielen zu verbessern;
- die Angestellten ihren Kenntnissen, Fähigkeiten und Leistungen entsprechend einzusetzen;
- die Leistung durch Anerkennung zu erhalten und ggfs. durch Beratung und konstruktive Kritik zu verbessern;
- Voraussetzungen für eine gezielte Entwicklung und Förderung im Rahmen der Möglichkeiten des Betriebes zu schaffen;
- eine leistungsgerechte Vergütung zu ermöglichen.

______________ , den ______________ ______________

(Unterschrift) (Unterschrift)

II. Abmahnung

120 Eine Maßnahme der Personalentwicklung ist die Abmahnung. Damit spricht die Arbeitgeberfirma gegenüber Angestellten ihr Mißfallen hinsichtlich einzelner Tätigkeiten oder Unterlassungen aus. Wer eine Abmahnung erhält, muß diese als letzte Chance ansehen; ein Wiederholungsfall kann zur Kündigung des Anstellungsverhältnisses führen. Abmahnungen enthalten regelmäßig drei Komponenten:

- Die Beschreibung der vertraglichen Pflichten;
- die konkrete und substantiierte Darstellung der Verletzung dieser Pflichten;
- den Hinweis, daß es sich insoweit um eine Verletzung der vertraglichen Pflichten handelt und daß die Arbeitgeberfirma diese zukünftig nicht hinnehmen wird und im Wiederholungsfall daher mit einer Kündigung zu rechnen ist.

Übrigens können auch Angestellte ihre Arbeitgeberfirma abmahnen.

121 Abmahnungen können wiederholt ausgesprochen werden. Eine Frist, innerhalb welcher die Abmahnung nach Kenntnis der Vertragsverletzung ausgesprochen sein muß, besteht nicht. Allerdings kann eine zu spät ausgesprochene Abmahnung verwirkt sein. Dies ist dann der Fall, wenn man mit einer Abmahnung nicht mehr ernsthaft zu rechnen braucht. Wie eine Abmahnung im einzelnen aussehen kann, erläutert das folgende Beispiel:

Beispiel einer Abmahnung, **nicht als Muster zu verwenden**

ABMAHNUNG

Frau/Herrn ...
im Hause

Sehr geehrte(r) Frau/Herr........

zu unserem Bedauern müssen wir feststellen, daß Sie am ..... ohne Angabe von Gründen gefehlt haben / am ..... verspätet den Dienst aufgenommen haben / wegen Ihrer Erkrankung vom ...... bis zum ..... die Arbeitsunfähigkeitsbescheinigung nicht innerhalb einer Frist von drei Tagen vorgelegt haben / am ..... die Pausenzeiten nicht eingehalten haben / am ..... sich während der Arbeitszeit vom Arbeitsplatz entfernt und private Einkäufe getätigt haben (möglichst genaue Sachverhaltsdarstellung).

Wir weisen darauf hin, daß Sie mit Ihrem Verhalten Ihre arbeitsvertraglichen Verpflichtungen verletzt und dem Unternehmen Schaden zugefügt haben. Denn nach Ihrem Vertrag in Verbindung mit der geltenden Arbeitsordnung ist die Dienstzeit von ..... bis ..... festgelegt / sind Sie verpflichtet, eine Arbeitsunfähigkeitsbescheinigung innerhalb von drei Tagen vorzulegen / die Pausenzeiten einzuhalten / sich nicht während der Arbeitszeit vom Arbeitsplatz ohne Genehmigung zu entfernen (genau zitieren).

Wir fordern Sie aus diesem Grunde ernsthaft auf, in Zukunft Ihren Verpflichtungen aus dem Anstellungsverhältnis zu genügen. Anderenfalls behalten wir uns vor, das Anstellungsverhältnis mit Ihnen zu beenden.

Eine Durchschrift dieses Schreibens werden wir zu Ihrer Personalakte nehmen.

Mit freundlichen Grüßen

III. Ausstellung des Zeugnisses

Der Ausstellung des Zeugnisses ist äußerste Sorgfalt zu widmen. Zeugnisse sind für alle Beteiligten von großer Bedeutung. Das Zeugnis soll an dieser Stelle im Rahmen der Personalentwicklung und vor der Fort- und Weiterbildung behandelt werden, weil das Zeugnis bei weitem nicht immer das Ende des Arbeitsverhältnisses bedeutet. 122

Zeugnisse spielen nicht nur bei der Kündigung durch die eine oder die andere Seite eine wichtige Rolle, sondern auch bei der Personaleinstellung und bei anderen wichtigen Schritten oder Zwischenschritten, z. B. Beförderungen, Versetzungen, Beurlaubungen. Zur Erläuterung: 123

1. Zwischenzeugnis

Oft ergibt sich der Wunsch nach einem Zwischenzeugnis. Dieses **muß** man jedoch nur ausstellen, wenn ein triftiger Grund vorliegt. Dies kann der Fall sein, wenn[27] 124

- jemand ein Zeugnis für Weiterbildungsmaßnahmen benötigt (z. B. Hochschulbesuch etc.);
- jemand innerhalb des Anwaltsbüros eine andere Art von Aufgaben übernimmt;
- jemand innerhalb des Anwaltsbüros in ein anderes Dezernat wechselt;
- sich die Struktur des Anwaltsbüros ändert (Änderung der Gesellschaftsform, Fusion mit anderen Büros, Sitzverlegung oder ähnliches).

2. Einfaches Zeugnis

Alle im Büro Beschäftigten haben bei Beendigung ihrer Tätigkeit einen gesetzlichen Anspruch auf Erteilung eines schriftlichen Zeugnisses. Die Arbeitgeberfirma ist auf jeden Fall zur Erteilung eines einfachen Zeugnisses verpflichtet, das als eine Art Arbeitsbescheinigung anzusehen ist. Anzuführen sind die Tätigkeitsart und der Zeitraum der Beschäftigung. 125

3. Qualifiziertes Zeugnis

In der Regel sind die Ausscheidenden jedoch nicht mit einem einfachen Zeugnis zufrieden. Vielmehr erwarten sie eine Ausdehnung des Zeugnisses auf die Beurteilung der Leistungen und der Führung. Dieses Zeugnis bezeichnet man als qualifiziertes Zeugnis, das heute nicht nur für die gehobenen Stellen selbstverständlich ist, soweit die Angestellten es wünschen. Die Geschäftsleitung im Anwaltsbüro wird deshalb bei Einstellungen sicherlich mißtrauisch, wenn jemand nur ein einfaches Zeugnis vorlegt. 126

Für die ausscheidenden Angestellten empfiehlt es sich, der Arbeitgeberfirma schon frühzeitig den Wunsch nach Erteilung eines qualifizierten Zeugnisses mitzuteilen. Eigentlich verjährt der Anspruch auf Erteilung eines Zeugnisses erst nach einem Zeitraum von 30 Jahren; die Gerichte sehen das Recht auf Zeugniserteilung allerdings in der Regel bereits nach einem Jahr als verwirkt an. 127

4. Form des Zeugnisses

Ein Zeugnis muß in äußerlich einwandfreiem Zustand erteilt werden, Radierungen und Schreibfehler dürfen nicht vorkommen. Auf Fettschrift, Anführungszeichen, Unterstreichungen und sonstige Hervorhebungen sollte man verzichten. 128

Innerhalb Deutschlands ist das Zeugnis, auch für ausländische Angestellte, in deutscher Sprache abzufassen, sofern das deutsche Recht auf den Vertrag Anwendung findet. Allerdings steht es dem Arbeitgeber frei, der deutschen Fassung eine Übersetzung beizufügen oder ein qualifiziertes Zeugnis durch ein einfaches Zeugnis in einer Fremdsprache zu ergänzen. 129

Sollte sich nach einer gewissen Zeit herausstellen, daß das Zeugnis einer Ergänzung oder Änderung bedarf, verbleibt es nach der Änderung bei dem ursprünglichen Datum der ersten Fassung. Sollte ein Zeugnis aufgrund eines Arbeitsgerichtsurteils geändert 130

[27] Vgl. *Mehrmann/Wirtz*, Personalmanagement, S. 139.

werden müssen, darf die Arbeitgeberfirma in der neuen Fassung nicht auf das Urteil verweisen. Auch in diesem Fall ist das Ursprungsdatum weiter zu verwenden. Ein Zeugnis braucht nicht von einer Anwältin oder einem Anwalt unterschrieben zu werden. Vielmehr reicht es aus, wenn dies durch eine vertretungsberechtigte Person erledigt wird, konkret durch die Geschäftsleiterin oder den Officemanager.

131 Wünschen Ausgeschiedene die Aufnahme des Beendigungsgrundes im Zeugnis, ist die Firma verpflichtet, diesem Wunsch nachzukommen. Manchmal heißt es: „Frau Victoria verläßt uns auf eigenen Wunsch", oder „Das Arbeitsverhältnis wurde im gegenseitigen Einvernehmen beendet". In der Regel werden jedoch die Gründe nicht näher erläutert. Auch sind in einem Zeugnis lediglich betriebliche Dinge zu beurteilen; wie sich Angestellte in ihrer privaten Zeit verhalten, kann nicht Gegenstand eines Zeugnisses sein.

5. Standardformulierungen in Zeugnissen, die versteckte Nachrichten enthalten

132 „Sehr fleißig und überaus höflich" könnte auch durch die Blume gesagt als dämlich und unterwürfig mißdeutet werden. „Fleißig und höflich" ist dagegen eindeutig. Über gewisse Standardformulierungen mit versteckten Nachrichten in Zeugnissen und deren Interpretation gibt es die unterschiedlichsten Gerüchte.

133 Die Tabelle auf Seite 603 gibt eine Übersicht der gängigsten Formulierungen.[28] Oft geht es darum, daß etwas, das positiv formuliert ist, negativ gemeint und negativ zu verstehen ist.

134 Selbstverständlich ist die Übersetzungstabelle kein Regelwerk. Es ist nicht gesagt, daß die Formulierungen immer so gemeint sind wie in der Tabelle angegeben. Sehr oft werden einige dieser Formulierungen in Unkenntnis ihrer gewissermaßen geheimen Bedeutung verwandt.[29] Weil man damit ungewollt Schaden zufügen kann, ist höchste Sorgfalt am Platz.

135 Sehr oft werden auch Fort- und Weiterbildungsnachweise verlangt. Das bedeutet für die Geschäftsleitung, daß sie die Maßnahmen im Zeugnis erwähnen und auf die einzelnen Teilnahmebestätigungen verweisen muß. Neuerdings werden am Ende des Zeugnisses auch Noten erteilt, z. B. „Zusammenfassend können wir ihr ein gutes Zeugnis erteilen." Das sagt mehr aus als die Standardformulierungen und ist deshalb vorzuziehen. Es zeigt auch deutlich, daß das Zeugnis nicht am Regelwerk der Standardformulierungen zu messen ist.

IV. Fort- und Weiterbildung

136 Personalentwicklung im Anwaltsbüro umfaßt die Aus-, Fort- und Weiterbildung. Auf Erläuterungen zum Bereich der Ausbildung von Auszubildenden soll hier verzichtet werden. Fort- und Weiterbildungsmaßnahmen sind Voraussetzung für die in den Personalgesprächen vereinbarten Personalentwicklungsmaßnahmen und sehr wichtig, um die teuren Arbeitskräfte optimal im Unternehmen einzusetzen.[30]

137 Man sollte sich vor jeder Maßnahme der Fort- oder Weiterbildung Gedanken darüber machen, ob die in Aussicht genommene Bildungsmaßnahme für bestimmte Angestellte genau das richtige ist.

1. Fortbildung

138 Unter Fortbildung verstehen wir Bildungsmaßnahmen, mit denen die Angestellten zusätzliches Wissen in ihrem Fachgebiet erhalten, um sich den sich ändernden Anforderungen anpassen zu können (beispielsweise Sprachkurse für Rechtsanwaltsfachangestellte, Kurse über neues aus dem Gebühren- und Kostenrecht, EDV-Kurse).

---

[28] Vgl. *Mehrmann/Wirtz*, S. 145 ff.
[29] *Mehrmann/Wirtz*, S. 145.
[30] *Fedtke*, S. 195; *Mehrmann/Wirtz*, S. 154.

Formulierungen in Zeugnissen und mögliche Interpretation

gemeint:	geschrieben:
Außergewöhnlich	Seine/ihre Leistungen haben in jeder Hinsicht unsere volle Anerkennung gefunden; wir waren mit seinen/ihren Leistungen in jeder Hinsicht zufrieden. Wir bedauern das Ausscheiden außerordentlich ...
Sehr gute Leistungen	Er/sie hat die ihm/ihr übertragenen Arbeiten stets zu unserer vollsten Zufriedenheit erledigt; seine/ihre Leistungen haben unsere volle Anerkennung gefunden; wir waren mit seinen/ihren Leistungen stets sehr zufrieden.
Sehr gut bis gut	Er/sie hat die ihm/ihr übertragenen Arbeiten stets zu unserer vollen Zufriedenheit erledigt; mit seinem/ihrem Fleiß, seinen/ihren Leistungen und seiner/ihrer Führung waren wir in jeder Hinsicht zufrieden.
Gut	Seine/ihre Leistungen waren gut; ... in jeder Hinsicht und in bester Weise entsprochen; er/sie hat die ihm/ihr übertragenen Arbeiten stets zu unserer vollen Zufriedenheit erledigt; mit seinem/ihrem Fleiß, seinen/ihren Leistungen sowie seiner/ihrer Führung waren wir sehr zufrieden.
Gut bis zufriedenstellend	... jederzeit/stets zu unserer Zufriedenheit ...; wir waren mit seinen/ihren Leistungen jederzeit/stets zufrieden; ... in bester Weise entsprochen.
Befriedigend	Er/sie hat die ihm/ihr übertragenen Arbeiten zu unserer vollen Zufriedenheit erledigt; ... in jeder Hinsicht entsprochen; mit seinen/ ihren Leistungen und seiner/ihrer Führung waren wir zufrieden.
Mangelhaft	Er/sie hat die ihm/ihr übertragenen Arbeiten im großen und ganzen zu unserer Zufriedenheit erledigt; er/sie hat sich mit großem Eifer an diese Aufgabe herangemacht und war erfolgreich; wir bestätigen Herrn/Frau ..., geboren am ..., daß er/sie vom ... bis ... bei uns als ... beschäftigt war.
Ungenügend	Er/sie hat sich bemüht, die ihm/ihr übertragenen Arbeiten zu unserer Zufriedenheit zu erledigen; er/sie hat sich stets bemüht ...; er/sie hat die ihm/ihr übertragenen Arbeiten zu unserer Zufriedenheit erledigt; mit seinen/ihren Leistungen waren wir zufrieden; er/sie erledigte die ihm/ihr übertragenen Arbeiten mit Fleiß und war stets bestrebt, sie termingerecht zu beenden; er/sie bemüht sich mit großem Fleiß, die ihm/ihr übertragenen Aufgaben zu unserer Zufriedenheit zu erfüllen.

2. Weiterbildung

139 Weiterbildungsmaßnahmen sind Bildungsmaßnahmen, mit denen Angestellte zusätzliches Wissen erhalten, welches nicht unbedingt mit dem gegenwärtigen Berufsbild zu tun hat. Typisches Beispiel hierfür ist ein Lehrgang zur Ausbildung als Geschäftsleiterin im Anwaltsbüro.

3. Maßnahmen

140 Sowohl bei Fort- als auch bei Weiterbildungsmaßnahmen stellen sich oftmals folgende Fragen:

- **Wer führt die Maßnahme durch?** Qualifizierte Angestellte der Anwaltsfirma oder ein externes Schulungsinstitut?
- **Wo wird die Maßnahme durchgeführt?** Intern oder im Haus des Schulungsinstituts?
- **Für wen wird die Maßnahme durchgeführt?** Nur für die eigenen Angestellten oder auch für Angestellte anderer Unternehmen?

141 Die Beantwortung dieser Fragen hängt von einigen Faktoren ab. Im Vordergrund steht dabei das Lernziel. Selbstverständlich ist es billiger, 30 Personen an einem Kurs teilnehmen zu lassen anstatt 15 bis 20. Der Erfolg einer solchen Bildungsmaßnahme ist dabei so gering, daß man sich die Durchführung des Kurses ganz sparen kann, was wiederum noch billiger wäre.

142 Betriebswirtschaftliche Aspekte, also das **Kosten-Nutzen-Verhältnis**, sind bei der Entscheidung für oder gegen eine Bildungsmaßnahme von entscheidender Bedeutung.[31]

143 In der Praxis sind häufig Mischformen anzutreffen, wie beispielsweise bei EDV-Schulungsmaßnahmen. Für Standardschulungen – z. B. Grundlagen der Textverarbeitung – kommt es darauf an, ob diese Schulungsmaßnahme bürospezifisch sein soll, z. B. weil verschiedene Textmakros nur für ein bestimmtes Büro erstellt wurden. Dann empfiehlt sich eine Schulung durch ein Softwareunternehmen im eigenen Haus und nur für die eigenen Angestellten. Andernfalls kann die Schulung auch extern und für die Angestellten verschiedener Betriebe stattfinden. Der Einsatz externer Schulungskräfte empfiehlt sich oft schon deshalb, weil sie nicht in die Unternehmenshierarchie eingebunden sind.

144 Der Vorteil eines externen Schulungsortes liegt darin, daß die Angestellten außerhalb der eigenen Büroräume losgelöst vom täglichen Geschäft ihrer Fort- oder Weiterbildung nachgehen können. Im Anwaltsbüro werden immer Störungen zu erwarten sein, insbesondere, wenn die Beteiligten unter einem besonderen Fristendruck stehen.

G. Personalvergütung

145 Ein für die Personalführung und Personalplanung sensibler Bereich und oft auch die Nagelprobe für eine erfolgreiche Personalführung ist die zutreffende Gehaltsbemessung. Die Kriterien für die Gehaltsbemessung müssen im voraus festgelegt und dann nach dem Anforderungsprofil gewichtet werden.[32] Als willkommene Hilfsmittel stehen dabei die Stellenbeschreibung und die Leistungsbeurteilung zur Verfügung.

146 Wie weit das Gesamtgefüge der **Gehaltsbemessung** im Betrieb für die einzelnen Angestellten transparent werden soll, hängt weitgehend vom Stil der Personalführung ab. Allerdings sprechen sich die Gehälter ziemlich schnell herum. Für die Zufriedenheit bleibt es jedoch entscheidend, daß die einzelnen Rechtsanwaltsfachangestellten und Anwaltssekretärinnen die Überzeugung gewinnen, auch durch die Gehaltsbemessung motiviert zu werden und gerecht eingestuft zu sein. Hierfür empfehlen sich Gespräche mit den Angestellten, ohne lange abzuwarten, bis sie Forderungen stellen.[33]

---

31 *Mehrmann/Wirtz*, S. 155; vgl. auch *Fedtke*, S. 164.

32 DAV-Leitfaden, S. 108f.

33 DAV-Leitfaden, S. 109.

Für die Gehaltsbemessung gibt es kein Patentrezept,[34] zumal der Beruf der Angestellten im Anwaltsbüro gewerkschaftlich nicht organisiert ist und deshalb kein Tarifvertrag besteht. 147

Es gibt viele Kanzleien, die einmal jährlich die **Gehälter anpassen**. Nach welchem Schema dies erfolgt, hängt von der Entscheidung der Geschäftsleitung ab. Denkbar sind pauschale Gehaltsanpassungen (also: z. B. 2% Erhöhung für alle) oder individuelle Erhöhungen. Man sollte den individuellen Erhöhungen den Vorzug geben, weil dieses System gegenüber den einzelnen Angestellten gerechter ist. Daß dabei natürlich die Tüchtigen besser abschneiden als die Faulen, versteht sich von selbst. 148

Bei der **individuellen Gehaltsanpassung** vermeidet man auch ein Dilemma, welches sich immer dann einstellt, wenn Angestellte schon sehr lange im Betrieb tätig sind. Wenn man allen Angestellten jedes Jahr die gleiche prozentuale Erhöhung gibt, dann erhalten die langjährig Beschäftigten oft für die gleiche Leistung ein sehr viel höheres Gehalt als die jungen. Dadurch wird eine leistungsgerechte Vergütung verhindert. Es entstehen Unzufriedenheiten und Generationskonflikte. Ein Anwaltsbüro ist keine Behörde. Es zählt die Leistung und nicht das Dienstalter. Im Anwaltsbüro wird außerdem die Leistung in Zukunft noch mehr zählen als bisher. Das schließt natürlich nicht aus, für Erfahrung einen Zuschlag zu zahlen. 149

Wenn man sich unsicher bei der Gehaltsfindung und Gehaltsbemessung ist, sollte man sich mit dem örtlichen Anwaltverein in Verbindung setzen. Viele Vereine untersuchen die Gehaltsstrukturen bei ihren Mitgliederbüros und können entsprechende Aufstellungen geben. Wie man diese Informationen für sein Büro anwendet und umsetzt, bleibt der eigenen Kunst überlassen. Entscheidend für die Vergütung sind allerdings Leistung und Einsatzbereitschaft. 150

H. Anwaltliche Mitarbeiter

Die in den vorstehenden Abschnitten A. bis G. herausgearbeiteten Richtlinien für das Management des nichtanwaltlichen Personals lassen sich in ihren Grundsätzen auch auf das Management der anwaltlichen Mitarbeiter übertragen; hierauf soll an dieser Stelle nicht noch einmal eingegangen werden. Selbstverständlich ist allerdings das Management in diesem Bereich grundlegend abhängig von der Organisation der Anwälte untereinander. Denn je nachdem, ob mit einem Anwalt „auf gleicher Stufe" zusammengearbeitet oder dieser angestellt werden soll, ist naturgemäß auf unterschiedliche Aspekte einzugehen. Bei der Übertragung der Grundsätze zum Personalmanagement ist somit jeweils den nachstehend dargestellten Berufsausübungsformen Rechnung zu tragen. 151

I. Formen der Berufsausübung

Ganz gleich in welcher Form sich Anwälte untereinander organisieren mögen, die Voraussetzungen für die Ausübung des Anwaltsberufes sind immer die gleichen: 152

Erforderlich für die Zulassung zum Berufsstand des Rechtsanwalts ist nach § 4 Satz 1 BRAO die Befähigung zum Richteramt nach dem Deutschen Richtergesetz oder die bestandene Eignungsprüfung nach dem Gesetz über die Eignungsprüfung für die Zulassung zur Rechtsanwaltschaft. Die Befähigung zum Richteramt besitzt nach § 5 Deutsches Richtergesetz derjenige, der ein rechtswissenschaftliches Studium mit Abschluß des ersten Staatsexamens und einen anschließenden Vorbereitungsdienst mit Abschluß des zweiten Staatsexamens vorweisen kann. Hat sich ein solcher sogenannter Volljurist sodann für den Anwaltsberuf entschieden, stellt sich für ihn als nächstes die Frage, in welcher Form er diesen Beruf ausüben soll. 153

---

[34] DAV-Leitfaden, S. 109.

1. Einzelanwalt

154 Der Einzelanwalt arbeitet – wie seine Bezeichnung verrät – auf der anwaltlichen Seite allein. Sein Vorteil ist sicherlich, daß er – wie kaum ein anderer – seine berufliche Unabhängigkeit nutzen kann. Innerhalb der ihm durch die Rechtsordnung gesetzten Grenzen ist er frei, sich nach seinem Belieben zu bewegen, da er weder staatlicher Kontrolle noch beamtenähnlichen Treuepflichten unterliegt. Er kann somit in völliger Eigenregie nach § 3 BRAO als berufener unabhängiger Berater und Vertreter in allen Rechtsangelegenheiten tätig werden.

155 Allerdings steckt gerade in dieser Definition der BRAO auch die Schwierigkeit, die sich im besonderen für den Einzelanwalt ergibt: Die zunehmende Komplexität der Rechtsordnung, die immer unüberschaubarer werdenden sozialen und wirtschaftlichen Gegebenheiten und die immer rascher voranschreitende Entwicklung der hochtechnisierten Gesellschaft machen es für einen Einzelanwalt schlicht unmöglich, tatsächlich Berater in allen Rechtsangelegenheiten zu sein. Der Einzelanwalt wird sich daher entweder auf spezielle Bereiche beschränken müssen oder in Kooperation mit anderen, in anderen Rechtsbereichen ausgerichteten Anwälten treten.

2. Bürogemeinschaft

156 Eine Bürogemeinschaft bilden mehrere unabhängige Anwälte, die zwar die Ressourcen einer Kanzlei, d. h. Sekretariat, Bibliothek, Kommunikationsmittel und dergleichen, gemeinschaftlich nutzen, jedoch sowohl hinsichtlich ihres Auftretens nach außen (Drucksachen) als auch ihrer Mandate völlig selbständig und unabhängig voneinander arbeiten. Es besteht zwischen ihnen auch keine wechselseitige Haftung.[35] Es handelt sich quasi um mehrere Einzelanwälte, die durch räumliche und personelle Nähe die Nachteile einer Einzelkanzlei auszugleichen suchen, ansonsten jedoch ihre Unabhängigkeit bewahren.

3. Sozietät

157 Die Sozietät ist nach § 59a Absatz 1 BRAO eine Verbindung mehrerer Rechtsanwälte (möglich ist auch die Verbindung mit Steuerberatern, Steuerprüfern, Steuerbevollmächtigten, Wirtschaftsprüfern und vereidigten Buchprüfern) zur gemeinschaftlichen Berufsausübung im Rahmen der jeweiligen eigenen beruflichen Befugnisse. Seit der BVerfG-Entscheidung vom 4. 8. 1998 gilt das Verbot einer Sozietät zwischen Anwaltsnotaren und Wirtschaftsprüfern wegen Verstoßes gegen Art. 3 Absatz 1 GG nicht mehr.[36] Weiter bestimmt die BRAO in § 59a Absatz 2 Satz 1 für die Sozietät das Erfordernis jedenfalls einer gemeinschaftlichen Kanzlei, in der verantwortlich zumindest ein Mitglied der Sozietät tätig ist, für das die Kanzlei den Mittelpunkt seiner beruflichen Tätigkeit bildet. Daraus ergibt sich zusammengenommen ein gemeinsamer Zweck und der Entschluß der Beteiligten, ihn durch koordiniertes Vorgehen zu erreichen.[37]

158 Rechtsform der Anwaltssozietät ist die Gesellschaft bürgerlichen Rechts nach den §§ 705 ff. BGB. Der Kanzleibetrieb wird somit von der Sozietät als Gesellschaft bürgerlichen Rechts geführt, die Beauftragung eines Sozius begründet ein Mandat der Sozietät als Ganzes. Der Einbuße der umfassenden Unabhängigkeit und Selbständigkeit des einzelnen Sozius steht die Gemeinschaftlichkeit der Berufsausübung gegenüber. Zum einen werden die Ressourcen der Kanzlei gemeinschaftlich in Anspruch genommen, zum anderen sind auch Honorare – gleich wie Mandate – solche der Sozietät, die nach einem bestimmten Schlüssel unter den Sozien verteilt werden. Allerdings unterliegen die Sozien aufgrund der Rechtsnatur der Sozietät als Gesellschaft bürgerlichen Rechts der gesamtschuldnerischen Haftung.

---

[35] *Hahndorf*, Formen der Berufsausübung, S. 162.
[36] BGH ZIP 1998, 1068–1073 = BB 1998, 1379–1382 mit Anm. *Hartung*.
[37] Vgl. grundlegend BGH NJW 1963, 1301, 1302.

4. Partnerschaft, Rechtsanwalts-GmbH

Die Partnerschaft ist ein besonderer Gesellschaftstyp für die freien Berufe. Ihre Rechtsgrundlage ist das Partnerschaftsgesellschaftsgesetz (PartGG), welches am 1. 7. 1995 in Kraft getreten ist. Mit der Änderung des PartnerschaftsgesellschaftsG vom 22. 7. 1998 wurde in § 1 Abs. 2 eine allgemeine Definition der „Freien Berufe“ aufgenommen (abgedr. in BGBl. 1998 I, S. 1881). Bei dieser Gesellschaftsform handelt es sich um eine Schwesterfigur zur OHG. Die Partnerschaft ist keine juristische Person, sie ist dieser jedoch angenähert, da sie rechts-, grundbuch- und parteifähig ist (§ 7 Abs. 2 PartGG iVm § 124 Abs. 1 HGB). **159**

Es gab jahrelange eine Diskussion darüber, ob auch Rechtsanwälte sich zu einer GmbH zusammenschließen können. Nunmehr ist die Zulässigkeit der Rechtsanwalts-GmbH endgültig mit der Einführung der neuen §§ 59c–m BRAO positiv entschieden worden.[38] Eine Rechtsanwalts-GmbH & Co. KG dürfte hingegen nicht zulässig sein.[39] Hiergegen spricht § 161 Abs. 1 HGB, wonach für die KG als Unternehmensgegenstand ein Handelsgewerbe voraussetzt wird. **160**

II. Angestellter Anwalt oder freier Mitarbeiter

Anerkanntermaßen kann heute ein Anwalt auch als Angestellter eines anderen Anwalts tätig sein. Keinesfalls selbstverständlich ist dies vor dem Hintergrund des § 1 BRAO, der bestimmt, daß der Anwalt seine Unabhängigkeit zu wahren hat. Überbrückt wird diese scheinbar gegebene Unvereinbarkeit des Unabhängigkeitsgebotes von der überwiegenden Auffassung in Rechtsprechung und Literatur zur Zulässigkeit der Arbeitnehmereigenschaft eines Rechtsanwaltes mittels der Überlegung, daß der bei einem anderen Anwalt angestellte Anwalt trotz fehlender Eigenverantwortlichkeit einem Geschäftsherrn Rechtsrat zu erteilen hat, der selbst anwaltlichen Standespflichten unterworfen ist und auch in einem Angestelltenverhältnis die spezifische Unabhängigkeit des Rechtsanwalts gewährleistet werden kann.[40] **161**

Der angestellte Anwalt büßt jedoch gleichwohl weitgehend seine Unabhängigkeit ein, da er den Weisungen des anstellenden Anwalts hinsichtlich seines Arbeitsgebietes, der Fallbearbeitung und Arbeitszeit unterworfen ist. Andererseits ist er jedoch am wirtschaftlichen Ergebnis seiner Arbeit nicht direkt beteiligt, da er vertraglich vereinbart einen festen Lohn bezieht. Diese Auswirkungen der Arbeitnehmerstellung des Anwalts korrelieren mit den üblichen gesetzlichen Vorschriften zugunsten eines Arbeitnehmers: Für den angestellten Anwalt gelten Lohnsteuer- und Versicherungspflicht in gesetzlicher Krankenversicherung, Rentenversicherung und Berufsgenossenschaft mit allen sich daraus für den anstellenden Anwalt ergebenden Pflichten. Dem angestellten Anwalt bzw. der angestellten Anwältin wird also der sozialrechtliche Schutz, wie Kündigungs- und Mutterschaftsschutz, Lohnfortzahlung im Krankheitsfall und dergleichen, gewährt. **162**

Nach der **Rechtsprechung des BAG** werden Beschäftigungsverhältnisse, die in Form freier Mitarbeit ausgestaltet sind, unabhängig von den vertraglichen Vereinbarungen entsprechend der tatsächlichen Handhabung als Angestelltenverhältnisse behandelt, sofern sie hinsichtlich der Weisungsgebundenheit, der Anwesenheitspflicht und der Eingliederung in die Organisation einem solchen entsprechen.[41] Das BAG stellt also entscheidend auf die tatsächliche Handhabung ab; dies tun auch die Untergerichte.[42] Demgegenüber geht das **BSG** davon aus, daß allein auf den Willen der Vertragsschließenden abzustellen ist, sofern die tatsächliche Ausgestaltung beide Deutungen hinsichtlich der Art des **163**

---

[38] BT-Drucks. 584/98, abgedr. in BGBl. I 1998, 2600.

[39] A. A. *Sproß*, AnwBl. 1996, 204ff.

[40] BGHZ 65, 238; BGH BRAK-Mitt. 1986, 106; *Feuerich/Braun*, BRAO, 4. Aufl. 1998, § 2 Rz. 23; a. A. OLG Celle NJW 1963, 1310, 1311.

[41] BAG NJW 1984, 1985; DB 1993, 1622.

[42] ArbG Frankfurt a. M. BB 1990, 2492; LAG Baden-Württemberg BB 1985, 1534.

Vertragsverhältnisses zuläßt.[43] Dies begründet das Gericht damit, daß das Kriterium der äußeren Weisungsgebundenheit hier nicht zur Abgrenzung geeignet ist, weil die Unabhängigkeit zwar spezifisch für den Beruf des Rechtsanwalts ist, Sachzwänge (Gerichtstermine, Büroorganisation und dergleichen) aber einen festgelegten Arbeitsablauf bedingen. Insbesondere wird zur Ermittlung des Parteiwillens auf die Art der vereinbarten Vergütung abgestellt. Allerdings sind die seit dem 1. 1. 1999 in Kraft getretenen Änderungen des SGB IV und SGB VI zu berücksichtigen.[44] Nach § 7 VI Nr. 1–4 SGB IV wird nunmehr von Personen, die erwerbsmäßig tätig sind und zwei der vier in der Vorschrift genannten Kriterien erfüllen (keine versicherungspflichtigen Arbeitnehmer mit Ausnahme von Familienangehörigen; Tätigkeit regelmäßig und im wesentlichen nur für einen Auftraggeber; Erbringung typischer Arbeitsleistungen, insbesondere Weisungsabhängigkeit und Eingliederung in die Arbeitsorganisation des Auftraggebers; kein Auftreten aufgrund unternehmerischer Tätigkeit am Markt) **vermutet**, daß sie gegen Arbeitsentgelt beschäftigt, also Arbeitnehmer sind. Anders als diese Vorschrift bringt § 2 Nr. 9 SGB VI eine **gesetzliche Fiktion** zum Ausdruck. Danach sind sogenannte arbeitnehmerähnliche Selbständige Personen, die im Zusammenhang mit ihrer selbständigen Tätigkeit mit Ausnahme von Familienangehörigen keine versicherungspflichtigen Arbeitnehmer beschäftigen sowie regelmäßig und im wesentlichen nur für einen Auftraggeber tätig sind. Die beiden Kriterien decken sich also mit denjenigen von § 7 IV Nr. 1 und 2 SGB IV, können aber nicht widerlegt werden. Arbeitnehmerähnliche Selbständige sind daher rentenversicherungspflichtig.

164 Die Auffassung zu den praktischen Folgen der vorstehend zitierten Vorschriften des vierten und des sechsten Sozialgesetzbuches sind gegenwärtig kontrovers; folgendes dürfte zutreffend sein: Der Vermutungstatbestand des § 7 IV Nr. 1.–4. SGB IV kann im Einzelfall widerlegt werden. Die Beweislast für die Selbständigkeit trägt der Betroffene. Die Widerlegbarkeit dürfte insbesondere bei **freien Mitarbeitern** gegeben sein, die bereits auf dem Briefkopf geführt werden und über eine mehrjährige Berufspraxis sowie einen eigenen Mandantenstamm verfügen. Solche freien Mitarbeiter sind in aller Regel in der Ausgestaltung ihrer Arbeit weitgehend frei. Dem dürfte auch nicht der Umstand entgegenstehen, daß sämtliche Mandate über die Kanzlei abgerechnet werden, für die der freie Mitarbeiter im wesentlichen tätig ist. Dies ist selbstverständlich und dient dem Ziel jedes freien Mitarbeiters zur Aufnahme in den Verband (Sozietät, Partnerschaft, Rechtsanwalts-GmbH). Etwas anderes dürfte für **Berufsanfänger** gelten, die weder auf dem Briefkopf stehen, noch in ihrer Arbeit in der vorstehend beschriebenen Weise frei sind, sondern delegierte Aufgaben erfüllen. Diese dürften als Arbeitnehmer anzusehen sein. Für beide gilt, daß sie aufgrund der Vorschrift von § 2 Nr. 9 SGB VI nunmehr als sogenannte arbeitnehmerähnliche Selbständige gelten und damit der Rentenversicherungspflicht unterliegen. Hieraus dürften aber keine Auswirkungen im Hinblick auf deren sozialversicherungsrechtlichen Status im übrigen und/oder die arbeitsrechtliche und steuerrechtliche Betrachtung resultieren. Zur Sicherheit sollte gegebenenfalls eine verbindliche Auskunft der Finanzverwaltung und der zuständigen Krankenkasse eingeholt werden. Wenn letztere wider Erwarten der Auffassung sein sollte, es läge ein Arbeitsverhältnis vor, kann nach den §§ 14 IV 2, 165 I 2 SGB VI für die ersten drei Kalenderjahre nach Aufnahme der (selbständigen) Tätigkeit beantragt werden, das relevante Arbeitseinkommen mit 50% der Bezugsgröße festzusetzen.[45]

165 Für den für einen oder mehrere andere Rechtsanwälte tätigen Rechtsanwalt oder die Rechtsanwältin, der/die bald selbständig tätig werden will, spricht vieles für eine freie Mitarbeit. Denn ein solches Beschäftigungsverhältnis ist dann meist nur ein Übergangs-

---

[43] BSG BB 1981, 1581.

[44] BGBl. I 1998, 3843; vgl. auch: AnwBl. 1999, 39f.; *Weimar/Goebel*, ZIP 1999, 217; *Olbing*, ZIP 1999, 226.

[45] ArbG Frankfurt a. M. BB 1990, 2492; LAG Baden-Württemberg BB 1985, 1534.

stadium. Wer selbständig tätig werden will, hat sich ohnehin von vornherein darauf eingestellt, für seine soziale Sicherheit selbst zu sorgen. Die freie Mitarbeit kann beiderseits ein deutliches Signal sein, wenn die Zusammenarbeit mit der Zielsetzung erfolgt, daß der freie Mitarbeiter später als Sozius oder als Partner aufgenommen wird. Aus Sicht des jungen Anwaltes sprechen für eine freie Mitarbeit, daß er die Vergütung zunächst ohne Abzüge erhält, ferner die Möglichkeit, eigene betriebliche Aufwendungen steuerlich geltend zu machen, die im Angestelltenverhältnis nur bedingt oder überhaupt nicht abzugsfähig sind. Außerdem kann er selbst festlegen, welche Maßnahmen er für seine Altersversorgung ergreifen will, soweit nicht ein berufsständisches Versorgungswerk mit Pflichtmitgliedschaft zu einer vorgeschriebenen Altersversorgung zwingt. Er kann auch seine Krankenversicherung und Krankentagegeldversicherung selbst regeln. Schließlich entspricht eine freie Mitarbeit meist mehr der in einer Sozietät oder Partnerschaft üblichen Arbeitsweise, zumal, wenn eine Sozietät oder Partnerschaft mit dem beschäftigten Anwalt angestrebt wird.

III. Karriereplanung

Eines der ersten Anliegen eines jeden Anwaltes, aber auch der ihn beschäftigenden Anwälte – unabhängig davon, wie diese organisiert sind und auf welcher rechtlichen Basis der Anwalt beschäftigt wird – muß die Karriereplanung sein. Es kann keinen ernsthaften Zweifel darüber geben, daß ein mit beiden Staatsexamen ausgestatteter sogenannter Volljurist nicht notwendig auch einen guten Anwalt abgibt; dies dürfte sogar weitgehend unabhängig von der Güte seiner Examen zu betrachten sein. Neben seiner fachlichen Qualifikation in materieller und verfahrensrechtlicher Hinsicht muß der Anwalt nämlich in der Lage sein, aus den meist weder von Sachlichkeit noch Vollständigkeit geprägten Sachverhaltsschilderungen seiner Mandanten das eigentliche Problem herauszuarbeiten und pragmatische Lösungsansätze aufzuzeigen. Hierzu bedarf es persönlicher Eigenschaften, die der einzelne Anwalt bereits mitbringt oder nicht, die aber auch trainiert werden können. 166

Zu diesen Eigenschaften gehören die in § 3 Abs. 1 BRAO geforderte **Unabhängigkeit** und die in § 43 Satz 1 BRAO genannte **Gewissenhaftigkeit**. Letztere ist von großer Bedeutung, und zwar insbesondere im Hinblick auf die Erfassung des zu beurteilenden Sachverhaltes, da der vollständige und richtige Sachverhalt meist die Lösung des anstehenden Problems schon weitgehend mit sich bringt. Von wesentlicher Bedeutung ist aber auch die Herausbildung einer eigenen **Anwaltspersönlichkeit**, die durch verschiedene Eigenschaften zum Ausdruck kommt, wie Selbstbewußtsein, Selbstdiziplin, Selbstkritik, Verantwortungsbewußtsein, Belastbarkeit, Ehrlichkeit und insbesondere Loyalität seinen Mandanten, aber auch seinen Mitarbeitern und Partnern gegenüber. Daneben darf der Anwalt eines nicht vergessen: Er ist **Dienstleister**, er muß daher ein Servicebewußtsein entwickeln und eine Wertschätzung für seine Kunden, auch wenn dies im Einzelfall gelegentlich schwerfallen mag. 167

Es stellt sich nunmehr die Frage, wie der junge Anwalt befähigt wird, seine eigene Anwaltspersönlichkeit zu entwickeln. Hier wird er auf die Hilfe seiner älteren Kollegen angewiesen sein. Deren Anliegen muß es sein, den jungen Anwalt so auszubilden, zu unterstützen und zu fördern, daß er in der Lage ist, deren bisherigen Erfolg möglichst zu übertreffen. Diese **Zielsetzung** wird nur in kontinuierlicher Arbeit zu erreichen sein, beispielsweise einem Training on the job, worauf im nachstehenden Abschnitt eingegangen werden soll. 168

IV. Training on the job

1. Zielsetzung

Die vorgenannte Zielsetzung erfordert auf der Seite des Ausbilders das Vorhandensein und die Vermittlung 169

- fachlichen Wissens und Könnens (fachliche Kompetenz),
- persönlicher Glaubwürdigkeit und Überzeugungskraft (personale Kompetenz),
- der Bereitschaft zur Kommunikation und Zusammenarbeit mit Kolleginnen und Kollegen (horizontale soziale Kompetenz),
- der Fähigkeit, Mitarbeiter zu führen (vertikale soziale Kompetenz) sowie
- der Fähigkeit, unternehmerisch zu denken und zu handeln (unternehmerische Kompetenz)

an den auszubildenden jüngeren Anwalt.

2. Qualifikation

170 Um diese Qualifikation zu erreichen, stehen uns als Instrumente zur Verfügung:
- organisiertes sachorientiertes Lernen (Work-Shops, Seminare, Referate);
- organisiertes personenorientiertes Lernen (Auslandsaufenthalte, Projekte);
- natürliches Lernen (Training on the job, Modellernen).

171 Das Problem der praktischen Umsetzung des Training on the job besteht darin, den Arbeitsplatz als Lernort so aufzuschließen, daß die Lernziele tatsächlich erreicht werden können. Arbeitsplätze sind nicht ohne weiteres auch tragfähige Lernorte, sondern sie müssen erst dazu gemacht werden, und zwar ohne daß sie ihren primären Charakter als Arbeitsplatz verlieren. Bei der Bewältigung dieses Problems sollen die folgenden Anregungen helfen.

3. Übergabe und Bearbeitung der Aufgaben

172 Der anwaltliche Alltag dient stets zur ersten Orientierung des jüngeren Anwaltes nach einem allenfalls kurzen Einführungsgespräch. Am Anfang und später begleitend sollten solche Aufgaben stehen, die einen möglichst allgemeinen Überblick über die Tätigkeit des Ausbilders zulassen, z. B. die Durchsicht der täglichen Post- und Telefaxeingänge durch den jüngeren Anwalt sowie die anschließende (kurze) Postbesprechung zwischen Ausbilder und jüngerem Anwalt. In solchen Besprechungen können Schritt für Schritt die Eigenarten, Anforderungen und Hintergründe der Mandatsbeziehungen des Ausbilders erläutert und verständlich gemacht werden. Dem gleichen Ziel dient die möglichst häufige Beiziehung des jüngeren Anwaltes zu Telefongesprächen des Ausbilders. Der jüngere Anwalt erlebt die Eigenart und den Erwartungshorizont des Mandanten sowie die Reaktion des Ausbilders unmittelbar, im Ernstfall und ohne großen Erklärungs- und Zeitaufwand.

4. Die richtige Aufgabenstellung

173 Beim Training on the job werden Arbeiten und Lernen zu einer Einheit. Sie ist mit Abstand die effektivste Lernform (Ich höre und ich vergesse, ich sehe und ich erinnere, ich tue und ich weiß). Training on the job ist natürliches Lernen, also entdeckendes Lernen am Arbeitsplatz. Entdeckendes Lernen findet an realen Aufgabenstellungen statt.

174 „Real" sind alle diejenigen größeren und kleineren Aufgaben, die tatsächlich und tagtäglich anfallen und getan werden müssen. Real sind damit alle Aufgaben, die der Ausbilder ausführen müßte, wenn der jüngere Anwalt nicht da wäre. Dies schließt auch solche Arbeiten ein, zu denen der Ausbilder mit der wünschenswerten Gründlichkeit nicht kommt.

175 Auszuschließen sind demgegenüber alle „Beschäftigungen", die ausschließlich dem Lerneffekt dienen, aber auch lange liegengebliebene Aufgaben, die dem Ausbilder unangenehm geworden sind. Der ausbildungswidrige Methodenverstoß liegt bei letzterem Beispiel darin, daß für den jüngeren Anwalt eine wenig motivierende Sondersituation geschaffen wird, die gerade vermieden werden soll. Die Grundregel für die Auswahl der Aufgabenstellung lautet damit:

176 An der Aufgabenstellung darf nichts künstlich oder unter irgendeinem speziellen Ausbildungsgesichtspunkt verändert oder manipuliert werden, sondern es soll möglichst alles genau so sein, wie es auch ohne den jüngeren Anwalt getan werden müßte.

Die Aufgabenstellung soll aber nicht nur „real“, sondern auch eine „Aufgabe“ darstellen. 177

„Aufgabe“ ist keine „Verrichtung“. Kennzeichen einer Verrichtung ist, daß sie für sich allein unvollständig und eigentlich sinnlos ist und ihren Sinn erst in einem übergreifenden (Aufgaben-)Kontext bekommt. „Aufgaben“-Stellungen entstehen demgegenüber um eine aus sich heraus verstehbare, relativ eigenständige Sachproblematik, deren Lösung unbestimmt ist. Nur so kann der jüngere Anwalt selbst Lösungswege und Problemlösungsverhalten entwickeln. Hierdurch gewinnt er allmählich die angestrebte Sicherheit im Umgang mit offenen Situationen. 178

Reale Aufgabenstellungen finden wir, indem der Ausbilder die anstehenden realen Aufgaben kurz darauf „durchcheckt“, welchen der nachstehend aufgeführten Lernzielen ihre Bearbeitung den jüngeren Anwalt näherzubringen vermag („Anforderungsanalyse“). Dabei kann und soll es in den Randbereichen stets zu Wiederholungen und Überschneidungen kommen. Wichtig ist nur, daß der Anforderungskern (das primäre Lernziel) von Aufgabe zu Aufgabe variiert. 179

2. Lernziele

Lernziele können z. B. sein: 180

a) Fachliche Kompetenz. Fachliche Kompetenz bedeutet anwaltliches Wissen und Können, wie: 181

(1) Arbeitsorganisation
- Aktenführung und -verwaltung
- Organisation des Arbeitsplatzes und der Zeit
- Ökonomie beim Telefonieren (jüngere, manchmal auch ältere Anwälte, neigen zu endlosen Telefongesprächen)
- Termineinhaltung
- Zuverlässigkeit
- Korrekte Zeiterfassung

(2) Sorgfalt
- Erlangung lückenloser und vollständiger Kenntnis des Sachverhaltes
- Durchführung fehlerfreier rechtlicher Würdigung
- Genauigkeit

(3) Auffassungsgabe
- Konzentrationsfähigkeit
- Richtiges und erschöpfendes Fragen
- Trennung von Wichtigem und Unwichtigem
- Probleme voraussehen
- Logisches und analytisches Denken
- Zusammenhänge erkennen und verwerten
- Überblick bewahren
- Systematisieren
- Merkfähigkeit

(4) Arbeitseinsatz/Belastbarkeit
- Wille zum Erfolg
- Konzentration auf das Ziel
- Gewöhnung an (maßvolle) Überforderung
- Durchhaltevermögen
- Konfliktfähigkeit
- Lernbereitschaft

(5) Selbständigkeit/Eigeninitiative
- Entwicklung von Selbstbewußtsein und Selbstvertrauen
- Gewöhnung an das „Allein-gelassen-Werden“
- Urlaubsvertretungen

- Entwicklung von Entscheidungsfähigkeit und -bereitschaft
- Urteilsvermögen

(6) Verhandlungsgeschick
- Fragetechniken, Antwortverhalten, Angriff- und Abwehrstrategien, Abschluß und Abbruch von Verhandlungen
- Vor- und Nachbereitung von Verhandlungen
- Taktisches Denken

(7) Verwertbarkeit der schriftlichen Arbeitsergebnisse (Sprache)
- Briefe an Mandanten und Gegner schreiben
- Schriftsätze fertigen
- Verträge fertigen
- Gutachten verfassen
- Verhandlungen vor- und nachbereiten, ggf. selbst führen
- Diktatsicher werden durch Diktieren von Briefen, Vermerken und Verträgen

(8) Fremdsprachen
- Selbstverantwortliche Weiterbildung des jüngeren Anwaltes
- Auslandsaufenthalte
- Mitarbeit in fremdsprachig geführten Mandaten
- Benutzen der Fremdsprache auch dort, wo der Mandant die deutsche Sprache versteht

182 **b) Personale Kompetenz.** Personale Kompetenz setzt sich zusammen aus persönlicher Glaubwürdigkeit und Überzeugungskraft, also:

(1) Akzeptanz und Auftreten bei Mandanten, Gerichten und Behörden
- Takt, Zurückhaltung, Umgangsformen
- Angemessenes äußeres Erscheinungsbild (Sprache, Gestik, Kleidung)
- Schnelles und richtiges Erkennen des Gegenüber
- Einfühlungsvermögen und Sensibilität
- Mut
- Zuhören können
- Initiative, Arbeit und damit Führung übernehmen
- Überzeugungskraft
- Durchsetzungsvermögen
- Flexibilität
- Sich verkaufen können
- Persönlichkeit, Ausstrahlung

(2) Ausdrucksfähigkeit
- Kompliziertes einfach und verständlich darstellen
- Kurze Sätze mit wenigen Informationen
- Verständnis- und Denkpausen ermöglichen
- Rhetorik

183 **c) Horizontale soziale Kompetenz.** Horizontale soziale Kompetenz setzt Bereitschaft zur Kommunikation und zur Zusammenarbeit mit Kolleginnen und Kollegen voraus, also:
- Gesprächsbereitschaft (Rat geben/Rat nehmen)
- Durchsetzungsvermögen
- Engagement für das Ganze
- Ehrlichkeit und Verläßlichkeit
- Kompromißfähigkeit
- Hilfsbereitschaft, im Notfall „Nein-sagen-Können“
- Aufmerksamkeit, Glaubwürdigkeit
- Aktive und passive Kritikfähigkeit
- Toleranz, Freundlichkeit

d) Vertikale soziale Kompetenz. Vertikale soziale Kompetenz ist die Fähigkeit, Mitarbeiter zu führen, und besteht in: 184
- Einsatz und Motivation der Mitarbeiter(-innen)
- Geduld, Objektivität, Hilfsbereitschaft
- Aufmerksamkeit, Glaubwürdigkeit, Zurückhaltung
- Durchsetzungsfähigkeit
- Passiver und aktiver Kritikfähigkeit
- Der Fähigkeit, delegieren zu können
- Der Fähigkeit, auszubilden
- Toleranz, Freundlichkeit, Gerechtigkeitsgefühl

e) Unternehmerische Kompetenz. Unternehmerische Kompetenz ist die Fähigkeit, unternehmerisch zu denken und zu handeln, also: 185
- Wille und die Fähigkeit, neue Mandate zu akquirieren und mit größtmöglichem Nutzen zu erhalten und auszubauen
- Erfassung und Umsetzung der betriebswirtschaftlichen Grundzüge anwaltlicher Tätigkeit
- Anwaltliches Marketing
- Kostenbewußtsein
- Verantwortungsgefühl und Wille zur Förderung des Ganzen
- Initiative („Unternehmer unternehmen etwas“)
- Unternehmerische Phantasie und Kreativität

6. Das Ausbilden

a) Übergabe der Aufgabe. Die Übergabe einer Aufgabe an den jüngeren Anwalt erfolgt kurz, knapp und präzise. Leitlinie ist es dabei, den jüngeren Anwalt soweit wie irgend möglich selbst die Lösungswege suchen und ausprobieren zu lassen. Gleichwohl muß die Aufgabe mit klarer Aufgabenstellung, Kompetenzabgrenzung und klarem Ziel vergeben werden. Der jüngere Anwalt muß exakt wissen, worum es geht und was von ihm verlangt wird. 186

Der Hauptfehler ist, daß der Ausbilder in diesem Stadium zuviel sagt und mitgibt und dadurch das „entdeckende Lernen“ unnötig einschränkt. Der richtige Ort für längere Erklärungen des Ausbilders ist nicht die Übergabe der Aufgabe, sondern allenfalls das abschließende Auswertungsgespräch. Lösungshinweise sollten nur dann gegeben werden, wenn der jüngere Anwalt sonst völlig überfordert wäre. Der jüngere Anwalt soll selbst suchen, also entdeckend lernen. 187

b) Durchdenken der Aufgabe. Das Durchdenken der übergebenen Aufgabe ist allein Sache des jüngeren Anwaltes. Der Ausbilder macht seine eigene Arbeit und kümmert sich nicht um den jüngeren Anwalt. Bei Nachfragen steht er zwar prinzipiell zur Verfügung, unterscheidet aber scharf nach solchen Fragen, die sich der jüngere Anwalt eigentlich selbst beantworten können müßte, solchen Fragen, bei denen er sich durch etwas Mühe die nötigen Informationen beschaffen könnte, Fragen, bei denen der Ausbilder durch geschicktes Zurückfragen den jüngeren Anwalt selbst auf die richtige Antwort kommen lassen kann, und schließlich solchen Fragen, die entweder ihrem Inhalt nach oder weil andere Vorgehensweisen mit unangemessen viel Zeitaufwand verbunden wären direkt beantwortet werden müssen. 188

Lernhilfen und/oder Lernmaterialien übergibt der Ausbilder – wenn überhaupt – nie von vornherein (sie werden nicht zielgerichtet ausgewertet), sondern erst dann, wenn die Frage des jüngeren Anwalt deutlich macht, daß er sie jetzt wirklich benötigt. 189

c) Gespräch am Kontrollpunkt. Der erste Kontrollpunkt liegt frühestens nach der Erarbeitung des fertigen Lösungsvorschlages durch den jüngeren Anwalt. Der jüngere Anwalt trägt seine Lösung kurz, knapp und präzise vor oder übergibt sein schriftliches Ergebnis. Der Ausbilder hört (möglichst in Ruhe) zu und prüft (möglichst schnell) das 190 vorgelegte schriftliche Ergebnis. Stellt der Ausbilder Fehler fest, so geht er nicht sogleich auf diese los, sondern stellt Fragen, die es dem jüngeren Anwalt ermöglichen, seinen Fehler selbst zu finden („Sokratische Methode"). Möglich ist auch, daß der Ausbilder den Fehler nicht konkret bezeichnet, sondern den jüngeren Anwalt auffordert, in einem Teilbereich der Aufgabe allgemein „noch einmal nachzudenken".

191 Zielsetzung des Gespräches am Kontrollpunkt ist es, einerseits zu verhindern, daß Fehler des jüngeren Anwaltes umgesetzt werden und Schaden anrichten, andererseits aber auch zu erreichen, daß der jüngere Anwalt die aus seinem Fehler im weiteren Ablauf entstehenden Schwierigkeiten und Widerstände selbst „entdeckt" und nicht vorweggenommen vom Ausbilder erfährt.

192 Der Fehler ist der Kern des entdeckenden Lernens, wenn er nicht als Versagen, sondern als notwendiger Schritt auf dem Weg zum Richtigen gesehen und aufgearbeitet wird. Von Gesprächen am Kontrollpunkt oder anderen Kontrollmöglichkeiten sollte der Ausbilder daher so wenig wie irgend möglich Gebrauch machen. Er sollte den jüngeren Anwalt statt dessen so selbständig wie möglich losarbeiten lassen, bis dieser entweder selbst um Rat fragt oder sich festgefahren hat. Voraussetzung hierfür ist das Vertrauens des Ausbilder in den Leistungswillen und die Leistungsfähigkeit des jüngeren Anwaltes.

193 **d) Begleitung der Aufgabenausführung.** Auch während der Aufgabenausführung nach dem Gespräch am Kontrollpunkt gilt für den Ausbilder die Regel, sich möglichst herauszuhalten und den jüngeren Anwalt sich selbst zu überlassen. Der jüngere Anwalt muß sich durchbeißen und seinen Weg finden, und zwar auch und gerade dann, wenn er jetzt selbst erkennt, daß er die ihm übergebene Aufgabe vorher nicht ausreichend durchdacht hatte.

194 Dieses „Sich-Heraushalten" des Ausbilders bedeutet jedoch nicht Passivität. In diesem Stadium beobachtet der Ausbilder den jüngeren Anwalt und den fortschreitenden Arbeitsprozeß intensiv, jedoch ausschließlich aus dem Hintergrund. Je mehr der Ausbilder dabei wahrnimmt, desto wirkungsvoller wird später das Auswertungsgespräch.

195 Der Ausbilder wird in diesem Stadium allenfalls als Berater, also dann tätig, wenn der jüngere Anwalt eine berechtigte Frage mit der dringenden Bitte um Hilfe stellt. Der Ausbilder bleibt auch dann noch im Hintergrund, wenn er entstehende Probleme zwar schon erkennen kann, aber mangels Frage des jüngeren Anwalt noch nicht „eingeladen" wurde, seine Meinung zu äußern.

196 **e) Auswertungsgespräch.** Nach der Durchführung der Aufgabe durch den jüngeren Anwalt führen Ausbilder und jüngerer Anwalt ein ebenfalls nur kurzes Auswertungsgespräch.

197 Das Auswertungsgespräch ist das für den jüngeren Anwalt wichtige „feedback". Es beginnt mit einer Bestandaufnahme der Aufgabenausführung (Welches war das primäre Lernziel, worauf kam es an, wie ist der jüngere Anwalt vorgegangen, welche Entscheidungen mußten getroffen werden, was war dabei neu, wo traten welche Schwierigkeiten auf?). Ergeben sich Fehler oder unbefriedigende Lösungen, benennt der Ausbilder diese möglichst exakt.

198 In dem abschließenden Dialog zwischen Ausbilder und jüngerem Anwalt zu den Fragen, was und wie der jüngere Anwalt etwas anders oder besser machen könnte, übernimmt der jüngere Anwalt die Führung. Der jüngere Anwalt fragt, entwickelt Ideen und Vorschläge. Der Ausbilder hält sich zurück. Er präsentiert keine „fertigen Lösungen". Zweifelhafte Korrekturideen des jüngeren Anwaltes redet der Ausbilder dem jüngeren Anwalt nicht einfach aus, sondern läßt sie den jüngeren Anwalt (nach Möglichkeit) ausprobieren. Auf diese Weise lernt der jüngere Anwalt wiederum nicht durch die Worte des Ausbilders, sondern nach dem Gespräch „entdeckend" durch die Realität.

199 Im letzten Schritt des Auswertungsgespräches nehmen sich Ausbilder und jüngerer Anwalt das nächste primäre Lernziel aus dem vorstehenden Katalog vor. Dabei kann der Ausbilder sogleich die nächste reale Aufgabe übergeben.

7. Zusammenarbeit zwischen Ausbilder und jüngerem Anwalt

Die Zusammenarbeit zwischen Ausbilder und jüngerem Anwalt erfolgt partnerschaftlich, getragen von gegenseitigem Vertrauen, gegenseitigem Respekt und dem beiderseitigen Willen zur bestmöglichen Leistung. Zielsetzung der Zusammenarbeit ist die möglichst umfassende Einbeziehung des jüngere Anwaltes in den positiven wie negativen Arbeitsalltag des Ausbilders sowie die zunehmende Übertragung von Verantwortung auf den jüngeren Anwalt. 200

Im Rahmen großer und arbeitsaufwendiger Mandate ist das kritikfreie „Brainstorming" ebenso erwünscht wie die durchgehende „Vier-Augen-Bearbeitung" im Team Ausbilder/jüngerer Anwalt. 201

Offene wechselseitige Kritik ist selbstverständlich und notwendig. Gleiches gilt für den wechselseitigen, unverzüglichen und vollständigen Informationsfluß zwischen Ausbilder und jüngerem Anwalt (nur wenig ist gegenüber dem Mandanten peinlicher als eine Frage des nicht informierten Ausbilders oder des jüngeren Anwaltes, die der Mandant zuvor bereits beantwortet hatte). Ausbilder und jüngerer Anwalt gehen pfleglich miteinander um. Es gibt ebensowenig gute Ausbilder wie gute auszubildende jüngere Anwälte. 202

8. Rolle des Ausbilders

Der Ausbilder ist kein Problemlöser oder Unterweiser, nicht einmal ein Experte. Er ist Resonanzboden, Förderer, Ratgeber, Reisebegleiter auf Zeit. Er läßt das Bewußtsein seines jüngeren Anwaltes wachsen. Er ist geduldig, objektiv, unterstützend, interessiert, ein guter Zuhörer, scharfsichtig, erkennend, selbstreflektierend, aufmerksam, zurückhaltend und glaubwürdig. Er hält sich mit seinem „Expertenwissen" zurück. Denn durch dessen Preisgabe reduziert er die Selbstverantwortung des jüngeren Anwaltes. 203

Der Ausbilder unterbreitet dem jüngeren Anwalt Vorschläge, anstatt zu versuchen, ihn durch lenkende Fragen in eine bestimmte Richtung zu manipulieren. Der Ausbilder folgt soweit wie möglich den Ideen des jüngeren Anwaltes. Er vertraut darauf, daß dieser eine etwaige Sackgasse selbst schnell herausfindet und zunehmend in der Lage ist, sich auch wieder herauszuarbeiten. 204

Der Ausbilder achtet stets genau auf die Antworten des jüngeren Anwaltes; er hört zu. Der Ausbilder ist lebhaft, authentisch, situativ und engagiert. Er vermeidet Monotonie und Langeweile. Er bereitet ein Klima, in welchem neue Ideen erwachen können. Der Ausbilder bestärkt den jüngeren Anwalt darin, sich eigene Ziele zu setzen und diese Ziele zu realisieren; er unterstützt seine Eigeninitiative. Der Ausbilder kommandiert und überredet nicht, sondern weckt die Erkenntnis des jüngeren Anwaltes, für sich selbst verantwortlich zu sein. 205

Der Ausbilder versucht, den jüngeren Anwalt umfassend und genau zu verstehen, dessen Sichtweise nachzuvollziehen und ihm dies auch zu zeigen. Der Ausbilder akzeptiert den jüngeren Anwalt auch dann, wenn dieser Meinungen oder Bedürfnisse äußert, die ihm mißfallen oder fremd sind. Gleichwohl bleibt er aber „echt". 206

Der Ausbilder nimmt Anteil an den Schwierigkeiten und Problemen des jüngeren Anwaltes. Nur so findet authentische Rückkopplung statt. Der Ausbilder führt den jüngeren Anwalt so rasch wie möglich als zweiten vollwertigen Ansprechpartner für seine Mandanten in bestehende Mandatsbeziehungen ein. Er läßt den jüngeren Anwalt an Mandantengesprächen mit dem Ziel teilnehmen, daß dieser weitere Gespräche möglichst allein führen kann. Der Ausbilder wirbt bei seinen Mandanten für die Akzeptanz des jüngeren Anwaltes. 207

Der Ausbilder rechtfertigt das vom jüngeren Anwalt in ihn gesetzte Vertrauen. Nach außen durchgeschlagene Fehler des jüngeren Anwaltes nimmt der Ausbilder sofort, ausnahmslos und ohne Wenn und Aber „auf seine Kappe", insbesondere gegenüber Mandanten. Der Ausbilder „führt" entsprechend dem Reifegrad des jüngeren Anwaltes zunächst durch Unterweisung, dann durch Anleitung, dann durch Unterstützung und schließlich durch Delegation. 208

§ 29 Kapazitätsmanagement

*Prof. Dr. habil. Hans Corsten**/*Stephan Stuhlmann***

Übersicht

Schrifttum: *Abel,* Informationsbeschaffung, in: Die moderne Anwaltskanzlei: Gründung, Einrichtung und rationelle Organisation, hrsg. v. Ausschuß für Büroorganisation und -technik des Deutschen Anwaltvereins, 2. Aufl. 1997, S. 357–387; *Altenburger,* Ansätze zu einer Produktions- und Kostentheorie der Dienstleistungen, 1980; *Borgmann,* Qualitätsmanagement aus Sicht des Versicherers, AnwBl. 1997, S. 441–445; *Corsten,* Zum Problem der Mehrstufigkeit in der Dienstleistungsproduktion, in: Jahrbuch der Absatz- und Verbrauchsforschung, 1984, S. 253–272; *ders.,* Die Produktion von Dienstleistungen. Grundzüge einer Produktionswirtschaftslehre des tertiären Sektors, 1985; *ders.,* Kapazitätsplanung in Dienstleistungsunternehmungen, in: Kapazitätsmessung, Kapazitätsgestaltung, Kapazitätsoptimierung – eine betriebswirtschaftliche Kernfrage, Festschrift für W. Kern, hrsg. v. H. Corsten u. a., 1992, S. 229–254; *ders.,* Dienstleistungsmanagement, 3. Aufl. 1997; *Corsten/Stuhlmann,* Das GAP-Modell als Orientierungsrahmen für ein Kapazitätsmanagement in Dienstleistungsunternehmungen, in: Kapazitätsmanagement in Dienstleistungsunternehmungen, Grundlagen und Gestaltungsmöglichkeiten, hrsg. v. H. Corsten und S. Stuhlmann, 1997, S. 3–54; *dies.,* Zur Mehrstufigkeit in der Dienstleistungsproduktion, in: Dienstleistungsmanagement – Von der strategischen Konzeption zur praktischen Umsetzung, hrsg. v. M. Bruhn und H. Meffert, 1998, S. 143–164; *Darby/Karni,* Free Competition and the Optimal Amount of Fraud, in: Journal of Law and Economics, 1973, S. 67–88; *Depré/Irion/ Brandt,* Tagesablauf und Organisationsmittel, in: Die moderne Anwaltskanzlei: Gründung, Einrichtung und rationelle Organisation, hrsg. v. Ausschuß für Büroorganisation und -technik des Deutschen Anwaltvereins, 2. Aufl. 1997, S. 281–355; *Faßnacht,* Preisdifferenzierung bei Dienstleistungen. Implementationsformen und Determinanten, 1996; *Fedtke,* Wirtschaftsunternehmen Anwalts- und Notarkanzlei. Organisation – Kostenstruktur – Büromanagement, 1993; *Frank,* Kapazität und Kapazitätsmessung im Einzelhandel, in: Zeitschrift für Betriebswirtschaft 1970, S. 621–632; *Günther,* Die Kapazitätsbestimmung bei Kreditbanken, in: Zeitschrift für Betriebswirtschaft, 1959, S. 542–555; *Hedderich,* Die Kapazität bei Einzelhandelsbetrieben, in: Zeitschrift für Betriebswirtschaft, 1972, S. 361–372; *Hentschel,* Beziehungsmarketing, in: Das Wirtschaftsstudium, 1991, S. 25–28; *Hommerich/Riebe,* Personalführung in der Anwaltskanzlei, in: Die moderne Anwaltskanzlei: Gründung, Einrichtung und rationelle Organisation, hrsg. v. Ausschuß für Büroorganisation und -technik des Deutschen Anwaltvereins, 2. Aufl. 1997, S. 197–279; *Kern,* Die Messung industrieller Fertigungskapazitäten und ihrer Ausnutzung. Grundlagen und Verfahren, 1962; *ders.,* Aufgaben und Dimensionen von Kapazitätsrechnungen, in: Finanz- und Rechnungswesen als Führungsinstrument, hrsg. v. D. Ahlert, K.-P. Franz und H. Göppl, 1990, S. 221–235; *Kleine-Cosack,* Berufs- und Fachanwaltsordnung für Rechtsanwälte. Satzungsförmiges Berufsrecht in Ergänzung der BRAO, NJW 1997, S. 1257–1262; *Koch,* Konkrete Beispiele für zulässige Anwaltswerbung – Thesen und Bilder, AnwBl. 1995, S. 474–476; *Krämer/Kohn-Lehnhof,* Pricing für Rechtsanwälte, AnwBl. 1997, S. 306–313; *Lachenmaier,* Das Marketingkonzept einer Anwaltskanzlei, AnwBl. 1998, S. 236–240; *Meyer,* Freie Berufe und Betriebswirtschaft. Probleme, Lösungsansätze, empirische Ergebnisse, 1989; *ders.,* Qualität anwaltlicher Dienstleistungen – Mandantensicht, Instrumentarien –, AnwBl. 1997, S. 431–435; *Michalski/Römermann,* Preiswettbewerb unter Anwälten, AnwBl. 1996, S. 241–246; *Mills u. a.,* Flexiform: A model of professional service organizations, in: Academy of

* Inhaber des Lehrstuhls für Produktionswirtschaft an der Universität Kaiserslautern.
** Wissenschaftlicher Assistent ebenda.

Management Review, 1983, S. 118–131; *Nestel,* Die Möglichkeiten einer Kapazitäts- und Beschäftigungsbestimmung bei Kreditinstituten und ihre Bedeutung für die bankbetriebliche Kostentheorie, 1965; *o. V.*, Berichte und Informationen, BRAK-Mitt. 1997, S. 71–72; *Passenberger,* STAR: Wirtschaftliche Folgen anwaltlicher Spezialisierung, BRAK-Mitt., 27. Jg. (1996 a), S. 98–100; *ders.*, STAR: Kennzahlen zur Berufssituation angestellter Anwälte und freier Mitarbeiter in Anwaltskanzleien in den alten Bundesländern 1994, in: BRAK-Mitt., 27. Jg. (1996 b), S. 225–226; *Ring,* Anwaltswerbung – Werbung mit Interessen- und Tätigkeitsschwerpunkten sowie mit Fachanwaltsbezeichnungen nach der neuen Berufs- und Fachanwaltsordnung der Rechtsanwälte, AnwBl. 1998, S. 57–63; *Salewski/Bartsch/Pesch,* Auftragsterminierung für die taktisch-operative Personaleinsatzplanung in Wirtschaftsprüfungsgesellschaften, in: Zeitschrift für Betriebswirtschaft, 1996, S. 327–351; *Scheuch,* Dienstleistungsmarketing, München 1982; *Schiefer,* Marketing und Kanzleiimage, in: Die moderne Anwaltskanzlei: Gründung, Einrichtung und rationelle Organisation, hrsg. v. Ausschuß für Büroorganisation und -technik des Deutschen Anwaltvereins, 2. Aufl. 1997, S. 179–199; *Schiefer/Hocke,* Marketing für Rechtsanwälte, 2. Aufl. 1996; *Schnittka,* Kapazitätsmanagement im Einzelhandel – Eine kundenorientierte Analyse, in: Kapazitätsmanagement in Dienstleistungsunternehmungen. Grundlagen und Gestaltungsmöglichkeiten, hrsg. v. H. Corsten und S. Stuhlmann, 1997, S. 235–261; *Schuster/Wagner,* Kapazitätsmanagement in Banken, in: Kapazitätsmanagement in Dienstleistungsunternehmungen. Grundlagen und Gestaltungsmöglichkeiten, hrsg. v. H. Corsten und S. Stuhlmann, 1997, S. 171–198; *Seelos,* Kapazitätsmanagement im Krankenhaus, in: Kapazitätsmanagement in Dienstleistungsunternehmungen. Grundlagen und Gestaltungsmöglichkeiten, hrsg. v. H. Corsten und S. Stuhlmann, 1997, S. 221–234; *Streck,* Der objektiv „gute" Rechtsanwalt – Eine Hinführung zu einem anwaltlichen Qualitätsmanagement und zu ISO 9000 ff. und TQM, AnwBl. 1996, S. 57–73; *Streck/Kilger/Ehnert,* Die Anwendbarkeit der Normen ISO 9004 Teil 2 (Leitfaden) und ISO 9001 (Zertifizierungsmodell) auf die Dienstleistung des Rechtsanwalts, AnwBl. 1997, S. 190–212; *Stuhlmann,* Die Genese des externen Faktors in der Dienstleistungsproduktion, Nr. 22 der Schriften zum Produktionsmanagement der Universität Kaiserslautern, hrsg. v. H. Corsten, 1998; *Winters,* Der Rechtsanwaltsmarkt. Chancen, Risiken und zukünftige Entwicklungen, 1990; *Zäpfel,* Fertigungswirtschaftliche Instrumente zur Anpassung der Produktionsmengen bei schwankendem Absatz, in: Wirtschaftswissenschaftliches Studium, 1977, S. 523–529; *Zelewski,* Kapazitätsmanagement in der Energiewirtschaft, in: Kapazitätsmanagement in Dienstleistungsunternehmungen. Grundlagen und Gestaltungsmöglichkeiten, hrsg. v. H. Corsten und S. Stuhlmann, 1997, S. 281–310.

A. Aspekte des Kapazitätsmanagement in Dienstleistungsunternehmungen

1 Fragen der Kapazität, verstanden als das **generelle Leistungsvermögen** einer wirtschaftlichen oder technischen Einheit in einem Zeitabschnitt,[1] haben in der Betriebswirtschaftslehre und insbesondere in der Industriebetriebslehre eine lange Tradition. Während im Rahmen der industriellen Produktionsplanung und -steuerung die Bedeutung der Kapazitäten und ihre Nutzung zugunsten der Durchlaufzeitreduzierung bei gleichzeitiger hoher Termintreue abzunehmen scheint,[2] ist die Kapazitätsgestaltung in Dienstleistungsunternehmungen als eine der schwierigsten und gleichzeitig wesentlichen Managementaufgaben anzusehen. Abgesehen von einzelnen Aufsätzen, die sich auf bestimmte Dienstleistungsbranchen beziehen,[3] wird die Bedeutung der Kapazitätsgestaltung in Dienstleistungsunternehmungen erst in jüngster Zeit in der betriebswirtschaftlichen Literatur intensiver diskutiert.[4] Dabei lassen sich die beiden folgenden Veröffentlichungsschwerpunkte herausarbeiten:

– Arbeiten, die sich in **genereller Weise,** d. h. unabhängig von konkreten Erscheinungsformen von Dienstleistungsunternehmungen, mit Fragen des Kapazitätsmanagement

[1] *Kern,* 1962, S. 27.

[2] *Kern,* 1990, S. 228.

[3] *Frank,* ZfB 1970, S. 621 ff.; *Günther,* ZfB 1959, S. 542 ff.; *Hedderich,* ZfB 1972, S. 361 ff.; *Nestel,* 1965.

[4] Zum Beispiel *Corsten,* 1985, S. 145 ff.

auseinandersetzen und versuchen, generelle Gestaltungsempfehlungen zu formulieren,[5] und

– Arbeiten, die Kapazitätsfragen für **konkrete Dienstleistungsbranchen** wie Banken,[6] Krankenhäuser,[7] Handel,[8] Energiewirtschaft[9] etc. thematisieren.

Insofern scheint die Bedeutung des Kapazitätsproblems auch im Dienstleistungsbereich erkannt worden zu sein. In diesem Zusammenhang fällt jedoch auf, daß sich das Erfahrungsobjekt „Anwaltskanzleien" eher durch eine Abstinenz betriebswirtschaftlicher Betrachtungen auszeichnet und daß auch Kapazitätsfragen zumindest in der Literatur keine Bedeutung erlangen. 2

Zentral für das Kapazitätsmanagement im Dienstleistungsbereich ist die durch den externen Faktor hervorgerufene Untergliederung in Vor- und Endkombination,[10] wie sie in Abbildung 1 dargestellt ist. Die **Vorkombination,** in der eine Kombination der internen Produktionsfaktoren vollzogen wird, kann durch den Leistungsgeber autonom geplant und realisiert werden. Erst im Rahmen der **Endkombination** erfolgt die Integration des externen Faktors, d. h., es liegt eine **partielle Simultaneität** von Produktion und Absatz vor. Durch die **Integration des Nachfragers** (Kunde, Mandant etc.) als **externer Faktor** in den Leistungserstellungsprozeß wird die Kapazität zum unmittelbaren Gegenstand der Bewertung durch den Nachfrager, die damit zu einem Erfolgsfaktor der Kapazitätsgestaltung wird. 3

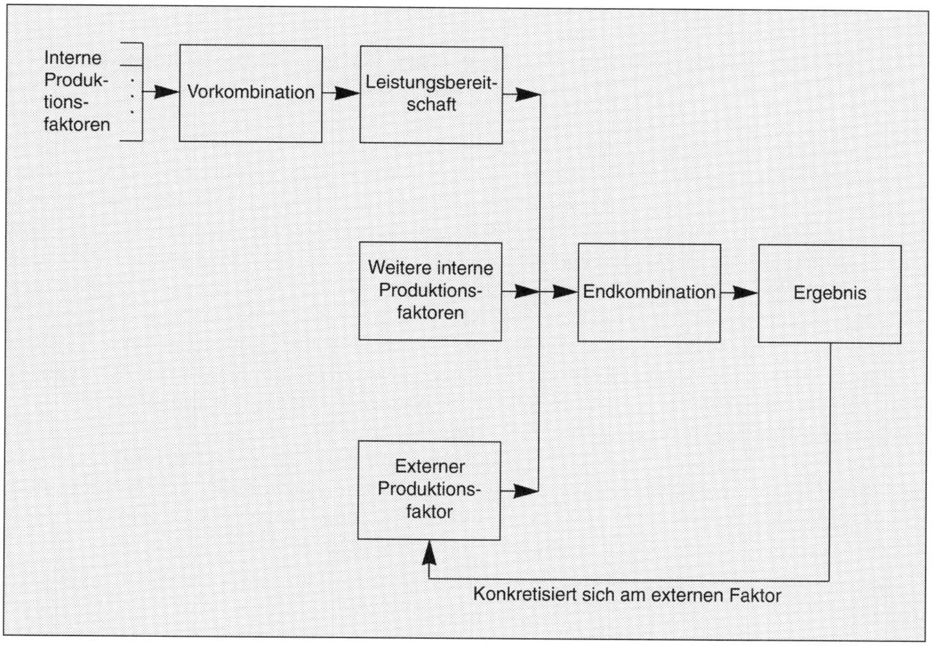

Abbildung 1: Grundstruktur der Dienstleistungsproduktion

Ein Charakteristikum des Dienstleistungsbereiches ist darin zu sehen, daß die **Leistungsbereitschaft,** als Ergebnis der Vorkombination, unabhängig von auftretenden 4

[5] *Corsten/Stuhlmann* in: *Corsten/Stuhlmann,* 1997, S. 3ff.
[6] *Schuster/Wagner* in: *Corsten/Stuhlmann,* 1997, S. 171ff.
[7] *Seelos* in: *Corsten/Stuhlmann,* 1997, S. 221ff.
[8] *Schnittka* in: *Corsten/Stuhlmann,* 1997, S. 235ff.
[9] *Zelewski* in: *Corsten/Stuhlmann,* 1997, S. 281ff.
[10] *Altenburger,* 1980, S. 105ff.; *Corsten,* Jb. AVF 1984, S. 253ff.; *Stuhlmann,* 1998.

Nachfrageschwankungen aufrechterhalten werden muß. Es stellt sich damit die Aufgabe, die Kapazität als generelles Leistungsvermögen und die Leistungsbereitschaft als situativ verfügbares Leistungspotential unter Beachtung der zukünftigen Beschäftigung zu gestalten, d. h. aufgrund der Erwartungen über Art und Umfang der durchzuführenden Endkombination.[11] Die **Auslastungsschwankungen** werden somit insbesondere durch den externen Faktor hervorgerufen.

5 Vor diesem Hintergrund der generellen Problematik eines Kapazitätsmanagement in Dienstleistungsunternehmungen möchte der vorliegende Beitrag folgenden **Fragestellungen** nachgehen:

- Welches sind die Besonderheiten und speziellen Probleme des Kapazitätsmanagement in Anwaltskanzleien?
- Welche Gestaltungsmaßnahmen bieten sich einem Kapazitätsmanagement in Anwaltskanzleien?

6 Auf der Basis einer empirischen Untersuchung, die beim heutigen Erkenntnisstand nur einen explorativen Charakter aufweisen kann, soll daher folgenden Problemen nachgegangen werden:

- Welche Gestaltungsmaßnahmen des Kapazitätsmanagement sind in Anwaltskanzleien überhaupt bekannt?
- Welche dieser Maßnahmen gelangen zum Einsatz und welche nicht?

B. Besonderheiten und Probleme des Kapazitätsmanagement in Anwaltskanzleien

7 Der wesentliche Faktor für das Kapazitätsmanagement in Anwaltskanzleien ist in der **Klientenorientierung** zu sehen.[12] Dabei ist zu beachten, daß bei juristischen Dienstleistungen der Mandant, als externer Faktor, aufgrund der Komplexität der Materie und einer häufig vorliegenden emotionalen Belastung teilweise Schwierigkeiten hat, seine Lage und Erwartungen zu artikulieren[13] (Fähigkeitskomponente des externen Faktors), und zu einer **Quelle der Indeterminiertheit** wird.[14] Darüber hinaus ist der Nachfrager auch häufig nicht in der Lage, die erbrachte Leistung qualitativ zu beurteilen, so daß es sich um sogenannte „credence goods"[15] (Glaubens- oder Vertrauensgüter) handelt. Als Produktionsort kommt dabei nicht nur die Anwaltskanzlei, sondern auch ein für den Anwalt externer Ort, wie etwa die Wohnung oder die Unternehmung eines Mandanten, in Frage, wodurch für den Anwalt zusätzliche Rüstzeiten anfallen.

8 In einem nächsten Schritt ist nun zu überprüfen, ob das „klassische" **Produktionsmodell** mit Vor- und Endkombination für die Dienstleistungserstellung auch auf Anwaltskanzleien übertragbar ist. Hierzu ist es notwendig, sich das Leistungsspektrum (Produktionsprogramm) eines Anwalts vor Augen zu führen.[16] Dieses reicht

- von einer einfachen juristischen Beratung, die im Rahmen eines persönlichen Gespräches erfolgt,
- bis hin zur anwaltlichen Tätigkeit, die letztlich in eine Gerichtsverhandlung mündet, d. h., es handelt sich um forensisch tätige Anwälte.

9 Im zuerst genannten Fall einer „normalen" bilateralen personenbezogenen Dienstleistung in der Form einer Beratung, die rein formal auch in Banken, Versicherungen etc.

---

[11] *Corsten* in: FS Kern, 1992, S. 232.

[12] *Schiefer/Hocke,* 1996, S. 24, betonen, daß die Klientenorientierung auch den Ausgangspunkt für ein Anwaltsmarketing darstellt.

[13] *Lachenmaier,* AnwBl. 1998, 236.

[14] *Corsten/Stuhlmann* in: *Bruhn/Meffert,* 1998, S. 143 ff.

[15] *Darby/Karni,* Journal of Law and Economics 1973, S. 68 f.

[16] *Lachenmaier,* AnwBl. 1998, 236, unterscheidet dabei zwischen Prozeßanwalt und Beratungsanwalt.

vorkommt, ist das angesprochene Produktionsmodell für Dienstleistungen anwendbar. Dabei ist jedoch hervorzuheben, daß es sich bei der Endkombination bei Rechtsanwälten häufig um eine **Sequenz von Transaktionen** handelt, die zeitlich zum Teil erhebliche Unterbrechungen aufweisen können, die zudem weitgehend exogen sind (z. B. Warten auf eine Reaktion des Rechtsanwaltes der Gegenpartei). Dieser Sachverhalt ändert aber ebenso wie die häufig hervorgehobene Heterogenität der anwaltlichen Tätigkeit, die oftmals durch eine beispielhafte Aufzählung (z. B. Strafverteidiger, Scheidungsanwalt, Insolvenzverwalter, Wirtschaftsanwalt)[17] belegt wird, nichts an der generellen Gültigkeit des skizzierten Produktionsmodells, da es sich um eine abstrakte Erfassung der Dienstleistungserstellung handelt, ohne auf die dahinterliegenden „Inhalte“ einzugehen. Die von *Streck*[18] auf der Basis von ISO 9004-2 dargestellte Grundstruktur versucht, diese Inhalte zu erfassen, vernachlässigt jedoch die Integration des externen Faktors, die für die Dienstleistungsproduktion grundlegend ist. In einer differenzierenden Betrachtung ist darüber hinaus zwischen **„Front-office-“** und **„Back-office-Faktoren“** zu unterscheiden, die durch eine **„line of visibility aus Kundensicht“** getrennt sind und in Abbildung 2 dargestellt werden.[19]

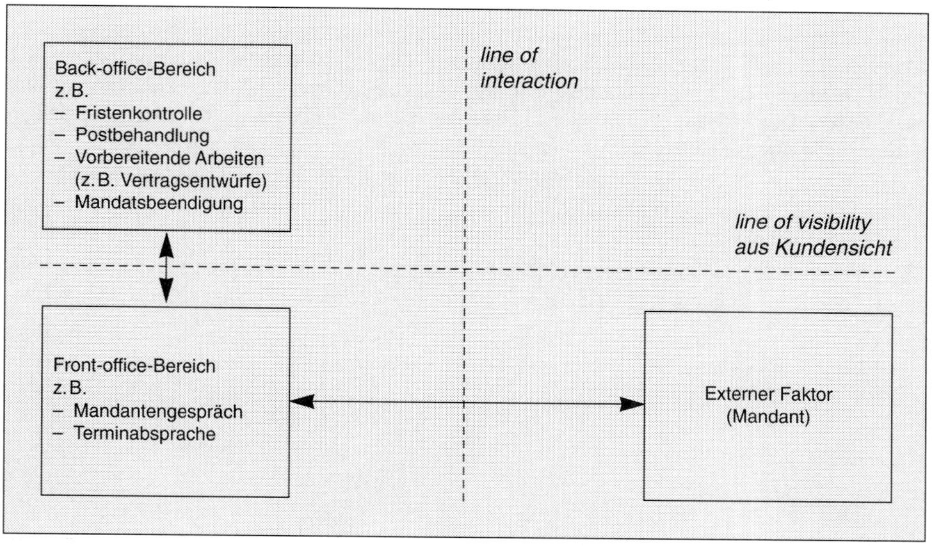

Abbildung 2: Back- und Front-office-Bereich

Demgegenüber erscheint der zuletzt genannte Fall etwas komplexer. Dies liegt darin begründet, daß der Anwalt und sein Mandant im Rahmen einer Gerichtsverhandlung wiederum zu einem externen Faktor dieses Prozesses werden, auf dessen zeitliche Dimension der Anwalt nur begrenzt Einfluß nehmen kann. Hieraus resultiert eine **Mehrstufigkeit der Dienstleistungserstellung,** die mit der Vor- und Endkombination des „klassischen“ Produktionsmodells nicht vollständig erfaßbar ist. Ebenfalls ist das siebenstufige Modell von *Altenburger*[20] hierzu nicht geeignet, weil es sich bei den sechs Stufen, die der Endkombination vorgelagert sind, um die Schaffung der Leistungsbereitschaft und deren Variation handelt. Es ergibt sich damit die in Abbildung 3 auf S. 624 skizzierte komplexere Struktur dieses Produktionsprozesses. 10

Diese Abbildung zeigt, daß der anwaltliche Leistungsprozeß in der Anwaltskanzlei als Dienstleistungsprozeß die gleiche Struktur aufweist wie andere Dienstleistungen. Bedingt 11

[17] *Winters,* 1990, S. 94f.
[18] *Streck,* AnwBl. 1996, 68.
[19] *Corsten/Stuhlmann* in: *Corsten/Stuhlmann,* 1997, S. 25.
[20] *Altenburger,* 1980, S. 105ff.

durch den Sachverhalt, daß der Anwalt und sein Mandant im Rahmen einer Gerichtsverhandlung (insbesondere einer mündlichen Verhandlung), die ebenfalls als ein Dienstleistungserstellungsprozeß zu sehen ist, wiederum als externer Faktor einbezogen wird, wird die ursprüngliche Endkombination des „klassischen“ Dienstleistungserstellungsprozesses zu einer Vorbereitung auf die Gerichtsverhandlung und somit zu einer erweiterten **Vorkombination II.** So betonen dann auch *Schiefer/Hocke,*[21] daß die reine Prozeßarbeit ein Spiegelbild der Gerichtskapazität sei, und bringen damit den restringierenden Charakter für die Kapazitätsgestaltung der Anwaltskanzlei zum Ausdruck. Erschwerend kommt hinzu, daß sowohl an Amts- als auch an Landgerichten sogenannte „Sammeltermine“ üblich sind, d. h., es werden mehrere Parteien zur selben Zeit zitiert, wodurch für den Anwalt unnötige und teilweise schwierig zu kalkulierende Wartezeiten auftreten,[22] eine Vorgehensweise, die aus ökonomischer Sicht eine erhebliche Fehlallokation des Faktors „Anwaltszeit“ bedeutet. Hierfür besteht selbstverständlich keine unabdingbare Notwendigkeit, sondern hierin ist eher ein Beleg für die planerische Unbeschwertheit vieler Richter zu sehen.

12 Nach Abschluß der Gerichtsverhandlung können darüber hinaus noch nachgerichtliche Tätigkeiten auftreten. Handelt es sich hierbei um Besprechungen und Beratungen von Mandanten, dann kann dieser Sachverhalt mit dem „klassischen“ Produktionsmodell erfaßt werden; liegt hingegen eine Berufung gegen das Urteil an, dann kann erneut das erweiterte Produktionsmodell als Grundlage dienen. Es bleibt damit festzustellen, daß je nach zu erbringender anwaltlicher Leistung

– das klassische Modell der Dienstleistungserstellung gültig ist und darüber hinaus,
– bedingt durch die spezifische Dienstleistung „Gerichtsverhandlung“, dieses Modell zu erweitern ist.

13 Die Erweiterung der Struktur der Dienstleistungserstellung stellt damit zugleich eine zusätzliche Restriktion dar, die eine Kapazitätsplanung in der Anwaltskanzlei erschwert.

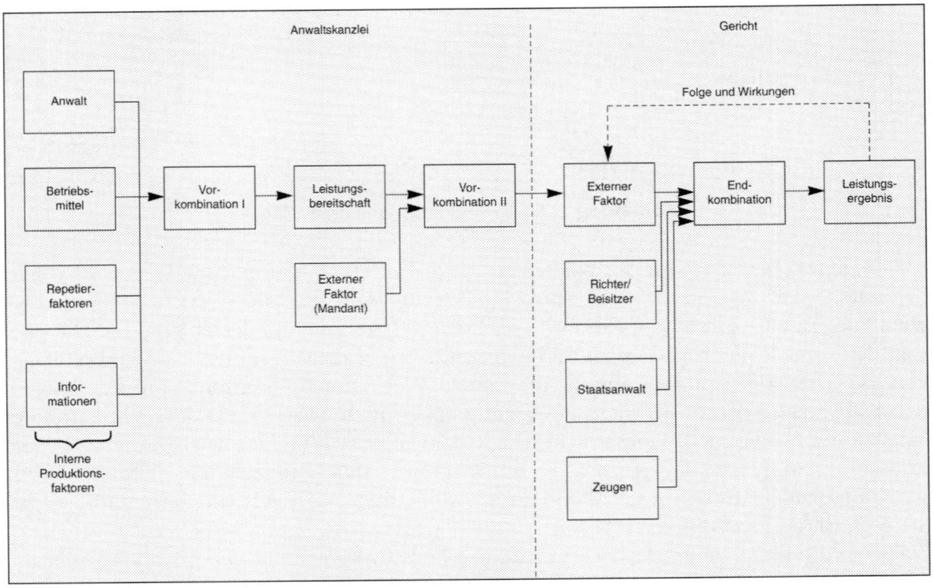

Abbildung 3: Erweiterte Struktur der Dienstleistung

[21] *Schiefer/Hocke,* 1996, S. 13.
[22] *Fedtke,* 1993, S. 181.

C. Gestaltungsmaßnahmen des Kapazitätsmanagement in Anwaltskanzleien

14 Die betriebswirtschaftliche Literatur bietet umfangreiche Maßnahmenkataloge zum Ausgleich von Kapazitätsschwankungen in Dienstleistungsunternehmungen an, wobei diese in der Regel auf Systematisierungen aus der Industriebetriebslehre und der Produktionswirtschaftslehre zurückgreifen.[23] Dabei wird grundsätzlich zwischen **angebotsorientierten** und **nachfrageorientierten Maßnahmen** unterschieden.[24] Eine Diskussion sämtlicher Maßnahmen würde den Rahmen dieser Ausarbeitung sprengen, so daß eine Beschränkung auf einige ausgewählte Maßnahmen erfolgen muß. Dabei ist zusätzlich zu beachten, daß einige Instrumente der Kapazitätsgestaltung, die in anderen Industrie- und Dienstleistungsunternehmungen eingesetzt werden, für Anwaltskanzleien nicht relevant sind, da sie durch rechtliche und standesrechtliche Normen ausgeschlossen sind.[25] So ist etwa das in Dienstleistungsunternehmungen häufig zum Einsatz gelangende Instrument der Preisdifferenzierung[26] für Anwälte nicht in vollem Umfang einsetzbar, da für sie die BRAGO (Bundesrechtsanwalts-Gebührenordnung) die Abrechnungsgrundlage bildet, in der eine weitgehende Preisnormierung fixiert ist.[27] Die hierin festgelegten Gebühren haben dabei den Charakter von Mindestpreisen.[28] Je nach Rechtsgebiet (Zivil-, Strafrechtssachen etc.) sind aber auch Honorarvereinbarungen auf Stundenbasis und monatliche Beratungspauschale möglich.[29] So ist etwa im Strafrecht über eine als Intervall fixierte Rahmengebühr bei der Honorarfestsetzung auch die Einkommenssituation des Mandanten (besondere Umstände auch in der Person des Mandanten, insbesondere dessen Bedürftigkeit) zu berücksichtigen. Als Stundensatz, der letztlich eine inputbezogene Größe darstellt und damit aus ökonomischer Sicht äußerst problematisch erscheint, ist als Minimum 200,– DM zu nennen, wobei in der Literatur[30] Werte zwischen 300,– DM bis 400,– DM angegeben werden. Eine dritte Möglichkeit bieten sogenannte **Pauschalhonorare,** die zwar nicht weniger problematisch sind, aber für den Nachfrager vor Beginn einer Rechtsberatung zumindest eine Transparenz bieten, die bei Stundensätzen nicht gegeben ist. Auch wenn sich somit dem Anwalt gewisse Spielräume im Rahmen der Gebührenfestlegung eröffnen, kann dieser Sachverhalt nicht mit der klassischen Preisdifferenzierung in der Betriebswirtschaftslehre gleichgesetzt werden.

15 **Produktpolitische Maßnahmen,** etwa in der Form einer **Produktdifferenzierung,** sind in Anwaltskanzleien ebenfalls nicht einsetzbar, woraus jedoch nicht der Schluß gezogen werden darf, daß sie für Anwaltskanzleien gänzlich ohne Bedeutung sind. Die Produktpolitik, die auch bei Anwälten eine Fixierung der Zielgruppen voraussetzt, um dann hierauf aufbauend die erforderlichen Rechtsgebiete herzuleiten, zeigt sich insbesondere in der Unterscheidung zwischen

- Spezialanwälten und
- Allgemeinanwälten.[31]

---

[23] *Zäpfel,* WiSt 1977, S. 523ff.

[24] *Corsten,* 1985, S. 149ff.

[25] *Meyer,* 1989, S. 220ff.; *Ring,* AnwBl. 1998, 57ff.; BRAO, BO und FAO. Hierzu z. B. *Kleine-Cosack,* NJW 1997, S. 1257ff.

[26] *Faßnacht,* 1996.

[27] *Schiefer,* 1997, S. 189ff. Zu einer kritischen Analyse *Michalski/Römermann,* AnwBl. 1996, 242ff.

[28] Demgegenüber dürfen im außergerichtlichen Bereich Vergütungen vereinbart werden, die niedriger sind als die gesetzlichen Gebühren (§ 3 Abs. 5 Satz 1 BRAGO). Für öffentliche Aufträge gilt seit 1997 die VOF. *Krämer/Kohn-Lehnhof,* AnwBl. 1997, 306.

[29] *Schiefer/Hocke,* 1996, S. 88. Hierin ist letztlich eine Form des Kontraktmarketing zu sehen, mit dem das Ziel verfolgt wird, Geschäftsbeziehungen vertraglich zu institutionalisieren.

[30] *Lachenmaier,* AnwBl. 1998, 238f.

[31] *Lachenmaier,* AnwBl. 1998, 238.

16 In einer ökonomischen Sichtweise geht diese **Spezialisierung** Hand in Hand mit einer **Marktsegmentierung,** die nachfrageorientiert erfolgen muß.[32] Aus dieser Spezialisierung resultiert allerdings auf der anderen Seite eine stärkere Komplementarität der zentralen Produktionsfaktoren „Anwälte" und somit eine starke Kooperationsbedürftigkeit mit anderen Anwälten aus der eigenen Kanzlei (z. B. in größeren Anwaltssozietäten), aber auch kanzleiübergreifend.[33] Ein Blick in die Literatur zeigt, daß sich etwa 40% der Anwälte in der Bundesrepublik Deutschland spezialisiert haben. Dieser Trend zur Spezialisierung[34] wird durch die Einführung neuer Fachanwaltsbezeichnungen (z. B. für Familien- und Strafrecht) weiter verstärkt.[35] Dabei zeigt sich, daß stark spezialisierte Kanzleien die höchsten Gewinne pro Inhaberstunde, die höchste Umsatzrentabilität und die höchste Delegationsintensität aufweisen,[36] d. h., die Spezialisierung scheint ein Erfolgsfaktor zu sein.

I. Angebotsorientierte Maßnahmen

17 In Anwaltskanzleien stellt der Faktor **„menschliche Arbeitsleistung",** d. h. die Mitarbeiter, den zentralen Faktor für ein Kapazitätsmanagement dar. Er wird dabei auch als Schlüsselfaktor[37] bezeichnet, weil letztlich die Leistung eines Rechtsanwaltes, wie für Freiberufler charakteristisch, durch sein **Wissen** und **Können** geprägt ist, d. h., der Freiberufler kann als ein **adjunktiver Produktionsfaktor**[38] gesehen werden, so daß der Produktionsprozeß durch die persönliche Interaktion zwischen Leistungserbringer und Nachfrager geprägt wird. Damit erlangt die **Personaleinsatzplanung,** d. h. die Zuordnung von Mandanten zu Anwälten und die Terminierung der Mandate sowie deren Bearbeitung, zentrale Bedeutung.[39] Es liegt damit ein klassisches Problem der Ablaufplanung vor, in dem festgelegt wird, was, wann und durch wen zu erledigen ist.[40] Generell erlangt in Rechtsanwaltskanzleien die **Ablauforganisation** eine größere Bedeutung als die **Aufbauorganisation**[41] (Kanzleimodell), bei der einfache Strukturen[42] vorherrschen. *Mills* u. a.[43] schlagen in diesem Zusammenhang das Flexiformmodell vor, dessen Ausgangspunkt die „Ganzheitlichkeit der Freiberufler – Kundeninteraktion" ist, d. h., die Unteilbarkeit wird zum organisatorischen Prinzip. Diese Sichtweise wird unterstützt durch die bereits betonte partielle Simultaneität von Produktion und Absatz. Ablaufplanung und -organisation werden dabei durch die **Zeitoptimierung**[44] geprägt, d. h., der Anwalt versucht, die Zeit der Beratung zu minimieren, ein Ziel, das durch den Einsatz von **IuK-Technologien** unterstützt wird. Technische Ausstattungen haben dabei den Charakter eines Hilfsmittels, das den Anwalt unterstützt und von einzelnen zeitaufwendigen Tätig-

---

[32] *Schiefer/Hocke,* 1996, S. 43ff.

[33] *Meyer,* 1989, S. 158.

[34] Zu unterschiedlichen Spezialisierungsformen (Fachgebiets-, Problembereichs- und Klientenspezialisierung), *Schiefer/Hocke,* 1996, S. 63ff.

[35] BRAK-Mitt. 1997, 71.

[36] *Passenberger,* BRAK-Mitt. 1996a, 98ff.

[37] *Meyer,* 1989, S. 144.

[38] *Meyer,* 1989, S. 145ff.; *Scheuch,* 1982, S. 66.

[39] Dieses Problem wurde für Wirtschaftsprüfungsgesellschaften modelliert; *Salewski/Bartsch/Pesch,* ZfB 1996, S. 328ff.

[40] Zur Visualisierung können auch bei Rechtsanwälten sogenannte Gantt-Charts eingesetzt werden.

[41] *Meyer,* 1989, S. 222. Als Kriterien können dabei, wie auch in anderen Unternehmungen, „Funktionen/Verrichtungen" (z. B. Juristische Abteilung, Verwaltung), „Objekte/Sachgebiete" (z. B. Arbeitsrecht, Steuerrecht, Verwaltungsrecht), oder „Personen" (z. B. Dr. Müller: Öffentliches Recht und Strafrecht; Dr. Meier: Familienrecht und Arbeitsrecht etc.) herangezogen werden.

[42] Hierzu zählen z. B. Adhocratie, Expertokratie.

[43] *Mills* u. a., AMR 1983, S. 118ff.

[44] *Meyer,* 1989, S. 213. Dabei ist auch zu beachten, daß der Wartezeit auf Termine eine hohe Bedeutung für die Zufriedenheit der Mandanten zukommt, *Meyer,* AnwBl. 1997, 431.

keiten entlastet. Hierzu zählt auch der Einsatz von Offline- und Online-Datenbanken sowie von Anwaltssoftwaresystemen.[45] Etwas pointiert charakterisiert *Fedtke* den Anwalt als einen **„Verkäufer von Zeit",**[46] der letztlich seine Zeitverwendung zu optimieren sucht. Dieses Ziel der zeitlichen Reduzierung wird zusätzlich dadurch unterstützt, daß bei juristischen Dienstleistungen i. d. R. nur eine geringe fachliche Mitsprachemöglichkeit des Nachfragers gegeben ist, wodurch dem Anwalt eine höhere Autonomie in der Steuerung des Produktionsprozesses erwächst. Um diese Autonomie auch nutzen zu können, erscheint eine Zeitplanung (Tagesplanung) unbedingt erforderlich. Dabei ist zu beachten, daß sogenannte Pufferzeiten für spontane und unerwartete Aktivitäten reserviert werden. Werden diese Zeiten von der verfügbaren Tagesarbeit subtrahiert, dann ergibt sich die sogenannte verplanbare Zeit (z. B. 10 Stunden Arbeitszeit = 6 Stunden verplanbare Zeit und 4 Stunden Pufferzeit).[47]

Ein Hilfsmittel, die verplanbare Zeit weiter zu gestalten, stellt die aus der Industriebetriebslehre bekannte **ABC-Analyse** dar, die sich von der Idee her auch auf Anwaltskanzleien übertragen läßt. Sie hilft dem Anwalt letztlich, auf einfache Weise Prioritäten zu setzen:[48] 18

- **A-Mandate:** z. B. neue Mandate mit sehr hohem Streitwert; Mandate mit interessantem Umsatz-Zeitaufwand-Verhältnis; zu erledigende Fristsachen; Mandate für wichtige Multiplikatoren: Diese Mandate sollte der Anwalt zuerst und selbst bearbeiten.
- **B-Mandate:** Entwurf eines Gutachtens (z. B. Delegation an einen juristischen Mitarbeiter).
- **C-Mandate:** z. B. Vorbereitung von Verkehrsunfallmandaten; Vorbereitung der Beitreibungssachen (auf jeden Fall delegieren).

In diese Struktur fließen damit die Kriterien „Wichtigkeit" und „Dringlichkeit" ein. Darüber hinaus sollte der Anwalt diesen Klassen Zeitbedarfe (Schätzbedarfe) zuordnen, z. B.: 19

- A-Mandate: = 70 % der verplanbaren Zeit,
- B-Mandate: = 20 % der verplanbaren Zeit,
- C-Mandate: = 10 % der verplanbaren Zeit.

Um eine weitere Zeitstrukturierung zu erreichen, erscheint eine Blockbildung von Interesse. Dabei werden **Arbeitsblöcke** gebildet, in denen bestimmte Arbeiten zusammengefaßt werden, wie etwa 20

- Besprechungen mit Mitarbeitern,
- Telefonate,
- einfache Korrespondenz,
- Sperrzeit für schwierige Fälle.

Eine wichtige Maßnahme des Kapazitätsmanagement ist in der **zeitlichen Anpassung** mit und ohne Zeitveränderung zu sehen. Während bei einer zeitlichen Anpassung mit Zeitveränderung die Möglichkeiten der Kurzarbeit (bei Arbeitsmangel) und der Überstunden zu nennen sind, handelt es sich im zweiten Fall um zeitlich begrenzte **innerbetriebliche Personalverschiebungen,** um so z. B. Spitzenbelastungen in einem Bereich mit gegebenem Personalbestand zu bewältigen. Diese Vorgehensweise setzt in Anwaltskanzleien jedoch voraus, daß die einzelnen Anwälte nicht zu stark auf einzelne Rechtsgebiete spezialisiert sind. Dieser Aspekt ist damit mit der Strategie der **Arbeitsbündelung** zu vergleichen, die voraussetzt, daß die Mitarbeiter eine breite qualitative Basis aufweisen, damit sie den unterschiedlichen Anforderungen gewachsen sind. Diese Maßnahme stellt bei Einzelkanzleien keinen Gestaltungsparameter dar, sondern ist in diesen Fällen eher als eine idealtypische Kernvorstellung[49] zu interpretieren. Die gleiche Situation ist bei der 21

[45] *Abel,* 1997, S. 370 ff.
[46] *Fedtke,* 1993, S. 30 f.
[47] *Depré/Irion/Brandt,* 1997, S. 283 ff.
[48] *Depré/Irion/Brandt,* 1997, S. 285 ff.
[49] *Meyer,* 1989, S. 175 ff. Etwa 40 % der Kanzleien sind Einzelkanzleien.

Schaffung eines Personalpools gegeben, der zusätzlich eine gewisse Mindestgröße der Unternehmung voraussetzt. Der bereits empirisch belegte Trend zur Spezialisierung dürfte aber diesem Instrument entgegenstehen. Dabei ist aber auch der Schwierigkeitsgrad der übertragenen Fälle eine entscheidende Determinante.

22 Ein weiteres Instrument ist in der **flexiblen Arbeitszeitregelung** zu sehen, die Aspekte wie Teilzeitarbeit, Gleitzeit, variable Arbeitszeit (z. B. Jahresarbeitszeitkonzepte) und kapazitätsorientierte, variable Arbeitszeit (Abrufsysteme) umfaßt. Ziel dieser Maßnahmen ist es, die Arbeitszeit so zu gestalten, daß die Mitarbeiter in Zeiten schwacher Nachfrage weniger Arbeitszeit erbringen, um diese dann während der Spitzenzeiten abzuleisten. In explorativen Vorgesprächen stellte sich heraus, daß Rechtsanwälte insbesondere ihre Arbeitszeit als entscheidenden Anpassungsparameter betrachten. Ebenfalls gelangt *Passenberger* in seinen statistischen Erhebungen zu dem Ergebnis, daß Anwälte durchschnittlich etwa 53 Stunden pro Woche arbeiten.[50]

23 Die **intensitätsmäßige Anpassung** stellt im Mitarbeiterbereich eine Maßnahme dar, die nur über kurze Zeitspannen anwendbar ist, weil sie

- einerseits mit der Gefahr einhergeht, daß beim Mitarbeiter gesundheitliche Schäden auftreten können, und
- anderseits die Fehlerhäufigkeit zunimmt.

24 Diese Maßnahme sollte, wenn überhaupt, nur im Rahmen von Tätigkeiten gewählt werden, bei denen der Anwalt keinen Mandantenkontakt hat, da empirische Analysen zeigen, daß die Zeit für ein Rechtsberatungsgespräch einen hohen Einfluß auf die Zufriedenheit des Mandanten hat,[51] d. h., es ergeben sich hieraus negative Auswirkungen auf die **Dienstleistungsqualität** (Verrichtungsqualität), wenn die Verweildauer (z. B. Beratungszeit) durch den Nachfrager als zu kurz beurteilt wird.[52]

25 Als drittes Instrument ist die **quantitative Anpassung** zu nennen, die entweder in einem Kapazitätsabbau oder in der Schaffung weiterer Kapazitäten (Erweiterung) besteht, wozu auch der Einsatz freier Mitarbeiter zu zählen ist. Dabei ist bei vielen Dienstleistungsunternehmungen, und dies trifft insbesondere für Anwaltskanzleien zu, die Kapazitätserweiterung eine Frage qualifizierten Personals. In diesem Zusammenhang weisen *Hommerich/Riebe* darauf hin, daß in Anwaltskanzleien häufig eine **reaktive Personalbedarfsplanung** anzutreffen sei, die sich an der Mandatsentwicklung orientiere.[53] Damit fehlt es an einer mittelfristig ausgerichteten Personalbedarfsplanung. Unter diesen Bedingungen erfolgt eine quantitative Anpassung immer dann, wenn der Überlastungszustand als inakzeptabel erachtet wird.

26 Darüber hinaus ist es möglich, bei geringer Auslastung externe Arbeiten zu übernehmen oder im umgekehrten Fall andere Unternehmungen um Mithilfe zu bitten (z. B. Übernahme einzelner Mandate). Diese **Form der kooperativen Arbeit** mit selbständigen Anwälten mit anderen fachlichen Schwerpunkten eröffnet darüber hinaus auch neue akquisitorische Chancen.[54] Dabei erscheint es durchaus praktikabel, **Kooperationsnetzwerke** aufzubauen, um dieses Problem beherrschbar zu machen. Auf dieser Grundlage lassen sich Verbundangebote in Form des „systems selling“ bilden, die einerseits über eine Zusammenarbeit mit Spezialisten auf einzelnen Rechtsgebieten und anderseits mit anderen freien Berufen (z. B. Wirtschaftsprüfern) erreicht werden können.[55] Dieser Gedankengang ist auch dann relevant, wenn berücksichtigt wird, daß eine Kanzlei mit drei bis vier Anwälten etwa 90 % des Beratungsbedarfs abzudecken vermag, so daß die restlichen 10 % über derartige Kooperationsnetzwerke bearbeitet werden können.[56]

---

50 *Passenberger,* BRAK-Mitt. 1996b, S. 225.
51 *Meyer,* AnwBl. 1997, 431.
52 *Winters,* 1990, S. 102f.
53 *Hommerich/Riebe,* 1997, S. 210f.
54 *Schiefer/Hocke,* 1996, S. 91; *Streck/Kilger/Ehnert,* AnwBl. 1997, 194.
55 *Winters,* 1990, S. 219.
56 *Lachenmaier,* AnwBl. 1998, 238.

27 Ein weiteres Instrument, das auch in Dienstleistungsunternehmungen einsetzbar ist, ist in der **Auftragsmanipulation** zu sehen, d. h., die zu bearbeitenden Aufträge werden zeitlich verschoben. Einem derartigen Vorgehen sind jedoch in Anwaltskanzleien engere Grenzen gesetzt, und zwar bedingt durch rechtliche Restriktionen (z. B. Fristenwahrung).[57]

II. Nachfrageorientierte Maßnahmen

28 Als zentraler Ansatzpunkt sind Maßnahmen zu nennen, die darauf abzielen, das **zeitliche Auftreten der Nachfrager** zu steuern. Dabei ist insbesondere auf die **Terminabsprache** mit Kunden (Mandanten) zu verweisen, von der im Rahmen der Erbringung unterschiedlicher Dienstleistungen Gebrauch gemacht wird. Beispiele hierfür bieten Mediziner und Rechtsanwälte, die mit ihren Patienten und Mandanten eine vorherige Terminabsprache durchführen. Diese Maßnahme eröffnet nicht nur dem Produzenten die Möglichkeit zur Planung einer gleichmäßigen Inanspruchnahme, sondern bietet für den Dienstleistungsnehmer auch den Vorteil, unnötige Wartezeiten zu vermeiden.

29 Eine Anwaltskanzlei kann ferner im Rahmen ihrer **Produkt-** und **Programmpolitik** (Gesamtheit der zu erbringenden Dienstleistungen nach Art, Menge und Zeitraum) einzelne Dienstleistungen, die nicht in das Leistungsgefüge einer Kanzlei passen oder die sich in ökonomischer Hinsicht als nicht erfolgversprechend herausstellen, abbauen und sich von einzelnen Mandanten trennen. Daß dies nur im Rahmen des berufsrechtlich Zulässigen geschehen darf, erscheint selbstverständlich: „Daneben ist es für Freiberufler aufgrund der Berufsordnungen auch nicht ganz einfach, unwirtschaftliche Kunden (bzw. Leistungen oder Fälle) abzuweisen. Dies bedeutet, daß eine gezielte Kundenselektion erschwert wird."[58] Umgekehrt kann eine Kanzlei auch neue Leistungen in ihr Programm aufnehmen.[59] Ein weiterer Aspekt der Produkt- und Programmpolitik ist in der Spezialisierung von Anwälten zu sehen.[60]

30 Als generelle auf die Nachfrage bezogene Marktaktivitäten sind **kommunikationspolitische Maßnahmen** wie Werbung und Public Relations zu nennen, die jedoch für Anwaltskanzleien aufgrund rechtlicher Restriktionen nur äußerst begrenzt einsetzbar sind: „Nach der Entscheidungspraxis des Bundesverfassungsgerichts ist zwischen grundsätzlich unzulässiger Mandatswerbung und grundsätzlich zulässiger Informationswerbung zu unterscheiden. Im wesentlichen bleibt es dem Anwalt untersagt, an Nichtmandanten per Direktwerbung oder Anzeigenwerbung heranzutreten."[61] Damit wird deutlich, daß auch Anwaltskanzleien nicht gänzlich auf das Marketing verzichten müssen, sondern dessen Einsatz lediglich restringiert wird.[62] Da es sich bei Anwaltskanzleien häufig um langanhaltende Anbieter-Nachfrager-Beziehungen handelt, erscheint das sogenannte Beziehungsmarketing von besonderem Interesse, das durch eine historisch-ganzheitliche Betrachtung der Beziehungen von Anbieter und Nachfrager charakterisiert und damit dynamisch ist.[63]

---

[57] Fristenversäumnisse durch Anwälte stellen den häufigst gemeldeten Fehler (44 %) dar, *Borgmann,* AnwBl. 1997, 442. Dies liegt jedoch nicht in der Unkenntnis der Anwälte begründet, sondern es handelt sich um eine Konsequenz einer fehlerhaften Büroorganisation.

[58] *Meyer,* 1989, S. 211; §§ 48 bis 49a BRAO zur Verpflichtung der Annahme eines Mandates.

[59] *Schiefer/Hocke,* 1996, S. 33.

[60] *Winters,* 1990, S. 160ff.

[61] *Lachenmaier,* AnwBl. 1998, 239; auch *Ring,* AnwBl. 1998, 58. „Werbung ist dem Rechtsanwalt nur erlaubt, soweit sie über die berufliche Tätigkeit in Form und Inhalt sachlich unterrichtet und nicht auf die Erteilung eines Auftrages im Einzelfall gerichtet ist. (§ 43b BRAO)".

[62] Zu einer Liste möglicher werblicher und PR-Maßnahmen, *Meyer,* 1989, S. 244ff. Zu konkreten Beispielen *Koch,* AnwBl. 1995, 475f.

[63] *Hentschel,* WISU 1991, S. 25ff. In einer umfassenden Sicht des Beziehungsmanagement bezieht dieses nicht nur die Nachfrageseite ein, sondern sämtliche Geschäftsbeziehungen. Für die Anwaltskanzlei gehört damit auch die Pflege der Kooperation mit anderen Kanzleien bis hin zur Kontaktpflege mit Behörden und Gerichten hierzu.

Diese Überlegung findet letztlich auch in § 43 Richtl RA eine Unterstützung, in dem auf das besondere Vertrauensverhältnis, das die anwaltliche Arbeit prägt, hingewiesen wird.

D. Empirische Befunde

31 Nach diesen theoretischen Überlegungen zum Kapazitätsmanagement soll nun in einem nächsten Schritt auf der Grundlage einer schriftlichen Befragung geklärt werden, welche Instrumente des Kapazitätsmanagement in Anwaltskanzleien zum Einsatz gelangen.

I. Generelles Untersuchungsdesign

32 Der zum Einsatz gelangende Fragebogen weist eine Zweiteilung auf. Während im ersten Teil allgemeine Fragen zur Kanzlei (z. B. Kanzleiform, Kanzleialter, Mitarbeiter) gestellt werden, konzentriert sich der zweite Teil auf Probleme des Kapazitätsmanagement. Der Fragebogen besteht dabei aus geschlossenen und offenen Fragen. Um den Fragebogen auch für den nichtökonomisch gebildeten Juristen verständlich zu gestalten, wurden

- einerseits **explorative Vorgespräche** mit einigen Rechtsanwälten und
- anderseits ein **Pretest**

durchgeführt. Dieser Pretest führte dazu, daß einige Fragen in einer anderen Weise formuliert oder gestrichen wurden und weitere Fragen neu in den Fragebogen aufgenommen werden mußten. Der Fragebogen wurde so gestaltet, daß er in etwa 10–15 Minuten ausgefüllt werden kann.

33 Da davon auszugehen ist, daß der Einsatz von Kapazitätsgestaltungsmaßnahmen auch von der Kanzleigröße beeinflußt wird, wurde folgende Vorgehensweise gewählt:

- Aus dem Verzeichnis der Anwälte wurde eine Zufallsstichprobe von 300 Kanzleien gezogen.
- Um sicherzustellen, daß auch eine angemessene Anzahl großer Kanzleien in die Befragung gelangten, wurden zehn weitere Fragebögen an Kanzleien versandt, die mindestens 100 Anwälte beschäftigen.

34 Da es sich bei der vorliegenden **Untersuchung** nicht um eine repräsentative Studie handelt, sondern ihr, wie bereits hervorgehoben, ein **explorativer Charakter** zugesprochen wird, erscheint diese Vorgehensweise angebracht, um in einem ersten Schritt auch Hinweise auf eventuell größenspezifische Unterschiede zu erhalten.

35 Von den insgesamt 310 Fragebögen, die zusammen mit einem Begleitschreiben und einem frankierten Rückumschlag Anfang November 1998 versandt wurden, konnten 308 zugestellt werden. Zurückgesandt wurden 48, was einer auswertbaren **Rücklaufquote von 15,6 %** entspricht. Diese sicherlich nicht zufriedenstellende Rücklaufquote läßt sich zumindest teilweise damit begründen, daß für das Kapazitätsmanagement in den Anwaltskanzleien nur ein geringes Problembewußtsein gegeben ist[64] und, falls überhaupt seine Bedeutung erkannt wird, dies allzu häufig auf ein reines Zeitmanagement reduziert wird, eine Einschätzung, die aus den geführten Vorgesprächen mit einigen Anwälten resultiert. Fragen des Kapazitätsmanagement scheinen in diesem Bereich tendenziell eher nebensächlich zu sein. Auf der anderen Seite zeigt sich aber auch, daß einzelne Kanzleien sich mit diesem Problemkomplex bereits aktiv auseinandersetzen, was in einem über die Beantwortung des Fragebogens hinausgehenden Briefwechsel mitgeteilt wurde.

---

[64] Einzelne Kanzleien teilten uns mit, daß die erwünschten Informationen in ihren Kanzleien nicht verfügbar seien und sie deshalb nicht oder nur mit einem erheblichen zeitlichen Vorlauf an der Befragung teilnehmen könnten.

II. Ergebnisse

Um zu differenzierenden Aussagen zu gelangen, erscheint es notwendig, **Größenklassen** für die Anwaltskanzleien zu bilden. Grundlage hierfür sind die in einer Kanzlei tätigen Mitarbeiter, wobei nicht auf eine allgemeine Größenklassifikation aus der Literatur zurückgegriffen werden kann.[65] Die Autoren sind sich der Tatsache bewußt, daß letztlich jede Größenklassifikation willkürliche Züge aufweist und damit angreifbar ist.[66] Abbildung 1 gibt einen Überblick über die gewählten Größenklassen und die Anzahl der Kanzleien, die in den einzelnen Klassen auswertbare Fragebögen zurückgesandt haben.[67] 36

Größenklassen	≤ 5 Mitarbeiter	6–20 Mitarbeiter	21–50 Mitarbeiter	> 50 Mitarbeiter
Anzahl				
absolut	21	19	5	3
i.v.H.	43,75	39,58	10,42	6,25

Abbildung 1: Größenklassen der Anwaltskanzleien

Der erste Problemkomplex des Fragebogens befaßt sich mit der **Personalbedarfsplanung.** Die Auswertung zeigt, daß etwa die Hälfte (53 %) aller Anwaltskanzleien eine Personalbedarfsplanung vornimmt, wobei deren Bedeutung offenkundig mit steigender Kanzleigröße zunimmt. Die in diesem Kontext zusätzlich erfragte Fristigkeit der Personalbedarfsplanung zeigt eine eher mittelfristige als kurzfristige (reaktive) Ausrichtung, und zwar unabhängig von der Kanzleigröße. Die in der Literatur häufig kritisierte ausschließlich reaktive Orientierung der Personalbedarfsplanung, die lediglich kurzfristig und damit an konkreten Mandatsentwicklungen ausgerichtet sei, wird damit nicht bestätigt. 37

Ein weiterer Problemkomplex ist darin zu sehen, mit welchen **Maßnahmen** die Kanzleien versuchen, **Auslastungsschwankungen** entgegenzuwirken. Abbildung 2 auf Seite 630 gibt einen Überblick über die zum Einsatz gelangenden Instrumente und deren Bedeutung aus der Sicht der Kanzleien. Um die Bedeutung der alternativen Maßnahmen in einer „kompakten“ Form zu erfassen, wird der folgende Index (I) gebildet, der Werte zwischen „0“ und „1“ annehmen kann: 38

$$I = \frac{\sum_i \alpha_i \cdot n_i}{\sum_i n_i}$$

mit:

n_i = Anzahl der Nennungen der Bewertung „i“

α_i = Gewichtungsfaktor der Bewertung „i“ und

$$\alpha_i = \begin{Bmatrix} 0 \\ 1/4 \\ 2/4 \\ 3/4 \\ 1 \end{Bmatrix} \text{ für } \begin{cases} \text{keine Bedeutung} \\ \text{niedrige Bedeutung} \\ \text{mittlere Bedeutung} \\ \text{hohe Bedeutung} \\ \text{sehr hohe Bedeutung} \end{cases}$$

---

[65] Auch das Institut für Freie Berufe in Nürnberg war auf Anfrage nicht in der Lage, eine entsprechende Einteilung zu empfehlen, obwohl dort umfangreiche Befragungen im Rahmen von „STAR“ durchgeführt werden.

[66] Die ursprünglich intendierte Einteilung der Kanzleiformen „Einzelkanzlei“ und „Sozietät“ nach dem jeweiligen Jahresumsatz erwies sich aufgrund der zu starken Schwankungen der Angaben bei Einzelkanzleien (zwischen 30 000 DM und 1 000 000 DM Jahresumsatz) und der unterlassenen Angaben der sehr großen Kanzleien mit zum Teil über 300 Mitarbeitern als zu wenig aussagekräftig und damit als ungeeignet für eine Größenklassifikation.

[67] Wenn im folgenden von „den Kanzleien“ die Rede ist, dann ist diese Bezeichnung mit den damit verbundenen Aussagen auf diese 48 Kanzleien zu beziehen, die an der Befragung teilnahmen.

Frage: Welche Maßnahmen sind aus Ihrer Sicht relevant, um Auslastungsschwankungen zu managen?

Maßnahme / Kanzleigröße	≤ 5 Mitarbeiter	6–20 Mitarbeiter	21–50 Mitarbeiter	> 50 Mitarbeiter	gesamt
Überstunden	0,53	0,68	0,90	0,75	0,66
Teilzeitkräfte	0,43	0,30	0,25	0,42	0,35
Auslagerung auf freie Mitarbeiter	0,33	0,20	0,13	0,08	0,23
Personalverschiebung zwischen unterschiedlichen Kanzleibereichen					
– Anwalt	0,31	0,45	0,40	0,42	0,40
– Nichtjuristisches Personal	0,22	0,40	0,38	0,33	0,33
„Reservehaltung" für Krankheit/Urlaub	0,27	0,31	0,15	0,00	0,25
Vergabe von Arbeiten an Schreibbüros	0,15	0,16	0,05	0,00	0,13
Aufteilung in					
– allgemeiner Schreibdienst	0,50	0,37	0,35	0,00	0,37
– spezielle Sekretariatsarbeiten	0,50	0,42	0,58	0,00	0,41

Abbildung 2: Maßnahmen zum Management von Auslastungsschwankungen

39 Damit lassen sich für die **Personalbedarfsplanung** die folgenden Aussagen formulieren:
- Einer Auslagerung auf freie Mitarbeiter, die eine Kapazitätserweiterung im Hinblick auf qualifiziertes Personal bedeutet, wird eine deutlich geringere Bedeutung zugeschrieben als häufig behauptet.
- Ein Einsatz freier Mitarbeiter findet nur in äußerst beschränktem Umfang statt. Dabei zeigt sich, daß dem Einsatz dieser Mitarbeiter in kleineren Kanzleien eine höhere Bedeutung zukommt, als dies in großen und sehr großen Kanzleien der Fall ist.
- Ebenso kann die oftmals postulierte Vergabe von Arbeiten an externe Schreibbüros nicht bestätigt werden. Dies gilt insbesondere für große und sehr große Kanzleien, die derartige Aufgaben offenkundig vollständig intern abwickeln. Lediglich bei einigen wenigen kleinen Kanzleien gelangt diese Maßnahme zum Einsatz.

Insgesamt zeigen diese Ergebnisse, daß eine quantitative Anpassung bei Überlastungszuständen von den befragten Kanzleien nicht als geeignetes Mittel angesehen oder gar eingesetzt wird.

40 39 % der Kanzleien führen eine **Personaleinsatzplanung** durch, wobei sich eine stark zunehmende Tendenz von kleinen (22 %) über mittlere (50 %) bis hin zu großen Kanzleien (80 %) zeigt.[68] Die offenkundig nur geringe Verbreitung einer Personaleinsatzplanung führt dazu, daß den Antworten auf die Fragen nach der die Personaleinsatzplanung durchführenden Person, den zum Einsatz gelangenden Hilfsmitteln und dem Zeitraum

[68] Irritierend erscheint jedoch der Sachverhalt, daß bei den sehr großen Kanzleien keine der Befragten eine Personaleinsatzplanung durchführt.

nur ein geringer Aussagegehalt zukommt. Tendenziell zeigt sich aber, daß mit zunehmender Kanzleigröße ein Bürovorsteher mit diesen Aufgaben betraut wird, wohingegen in kleinen und mittleren Kanzleien diese Planung von einer Sekretärin vorgenommen wird. Bei den diesen Planungen zugrundeliegenden Zeiträumen ergibt sich keine eindeutige Tendenz, sondern die Angaben schwanken über Tag, Woche, Monat, Quartal bis hin zu einem Jahr.

Aussagefähigere Ergebnisse liefert dagegen die ebenfalls zum Bereich der Personaleinsatzplanung gehörige Frage nach der **Zuordnung der Mandate** auf die einzelnen Anwälte, für die wiederum der bereits beschriebene Index gebildet wird.[69] Die Werte in Abbildung 3 zeigen deutlich, daß die **fachliche Qualifikation** und die **Spezialisierung** eines Anwaltes die entscheidenden Kriterien für die interne Mandatszuordnung auf einen Anwalt bilden, und zwar über alle Größenklassen, wobei dieses Problem bei Einzelkanzleien oder Kanzleien mit maximal drei Anwälten irrelevant erscheint. Eine deutlich geringere Bedeutung wird dagegen dem **aktuellen Auslastungsgrad** zugeschrieben, und zwar unabhängig von der Größenklasse. Es zeigt sich zwar, daß dem aktuellen Auslastungsgrad mit einem Indexwert von 0,54 eine gewisse Bedeutung zuerkannt wird, dieser aber deutlich hinter den genannten Kriterien zurücktritt. Damit kann die bereits erwähnte zunehmende Bedeutung des Kapazitätsmanagement für Dienstleistungsunternehmungen vor dem Hintergrund dieser Daten aus der Perspektive der befragten Anwaltskanzleien zunächst tendenziell als bestätigt erachtet werden. 41

Frage: Welche Kriterien fließen bei der Zuordnung der Mandate auf die Anwälte ein?

Kriterium / Kanzleigröße	≤ 5 Mitarbeiter	6–20 Mitarbeiter	21–50 Mitarbeiter	> 50 Mitarbeiter	gesamt
Fachliche Qualifikation	0,78	0,73	0,88	1,00	0,79
Spezialisierung	0,93	0,78	0,88	1,00	0,86
Aktueller Auslastungsgrad	0,53	0,56	0,44	0,58	0,54
Bedeutung des Mandanten	0,83	0,59	0,75	0,67	0,69
Schwierigkeitsgrad des Falles	0,59	0,47	0,69	0,67	0,55

Abbildung 3: Kriterien für die Zuordnung eines Mandates auf einen Anwalt

Für die **Tagesplanung** einer Anwaltskanzlei stellt sich die Frage, inwieweit ein Arbeitstag am Abend vorher geplant wird. Nahezu 80 % der betrachteten Kanzleien vollziehen eine solche Planung. Dabei scheint diese Maßnahme insbesondere für kleine (90 %) und für mittlere Kanzleien (74 %) von Interesse zu sein, wogegen nur etwa zwei Drittel der großen und sehr großen Kanzleien dieses Vorgehen gezielt einsetzen. Eine ähnliche Tendenz zeigt sich bei der Bildung sogenannter **„Arbeitsblöcke“.** Mehr als zwei Drittel der kleinen und mittleren Kanzleien fassen ihre Tätigkeiten zu Blöcken zusammen, während nur die Hälfte der großen und ein Drittel der sehr großen Kanzleien diese Form der Zeitstrukturierung wählt. Darüber hinaus zeigt sich bei der Frage nach der Art der Tätigkeiten, für die eine Blockbildung vorgenommen wird, eine hohe Bedeutung der sogenannten „Sperrzeit“ für wichtige Fälle und Probleme. 42

Im Rahmen der Tagesplanung ist neben der intendierten Blockbildung die tatsächliche **Aufteilung der täglichen Arbeitszeit** auf die unterschiedlichen Tätigkeiten wie Mandantengespräche, Telefonate, Aktenarbeit, auswärtige Termine (z. B. Gerichtstermine) oder Literaturstudium von Interesse. Dabei zeigt sich, daß die Zeit, die für das Literaturstu- 43

[69] Bei allen Indizes liegt der gleiche Berechnungsmodus zugrunde.

dium verwendet wird, mit durchschnittlich 7,72 % die geringste Bedeutung aufweist, und zwar unabhängig von der Größenklasse. Den größten Anteil weist mit durchschnittlich 34,75 % die Aktenarbeit auf, während „Telefonate“ (13,48 %), „Auswärtstermine“ (17,%) und Mandantengespräche (18,57 %) relativ dicht zusammenliegen.

44 Wird die **Arbeitszeit** der in den Anwaltskanzleien tätigen Mitarbeiter betrachtet, dann zeigt sich das folgende Bild:

– Das nichtjuristische Personal arbeitet unabhängig von der Größenklasse durchschnittlich zwischen 38 und 41 Stunden pro Woche.
– Die wöchentliche Arbeitszeit des juristischen Personals liegt deutlich darüber und zeigt im einzelnen folgendes Bild:
  – – Angestellte Anwälte in kleinen und mittleren Kanzleien arbeiten etwa 43 Stunden pro Woche, Sozien dagegen um die 46 Stunden.
  – – Angestellte Anwälte in großen Kanzleien weisen eine durchschnittliche Arbeitszeit pro Woche von 50 Stunden und Sozien von 55 Stunden auf.
  – – Bei sehr großen Kanzleien arbeiten angestellte Anwälte durchschnittlich 57 Stunden und Sozien 59 Stunden pro Woche.
– Der Inhaber einer Kanzlei ist durchschnittlich 54 Stunden pro Woche tätig, wobei auffällt, daß dieser Wert für kleine Kanzleien mit 50 Stunden deutlich unter dem für mittlere und große Kanzleien (58 Stunden) liegt, während die Gruppe der sehr großen Kanzleien hierzu keine Angaben machen.

45 Insgesamt ist damit festzustellen, daß diese Ergebnisse den in anderen Erhebungen[70] ermittelten Wert mit einer durchschnittlichen Wochenarbeitszeit von 53 Stunden für Rechtsanwälte tendenziell bestätigen. Ferner erscheint es in diesem Zusammenhang von Interesse, daß in keiner der antwortenden Kanzleien (in diesem Fall 35 Antworten) eine explizit vorgegebene **Obergrenze für Überstunden** existiert. Dieses Ergebnis spiegelt sich auch in den Werten von Tabelle 2 „Maßnahmen zum Management von Auslastungsschwankungen“ wider, wenn die Spalten der Überstunden betrachtet werden. Dabei ist nicht nur bei den großen und sehr großen Kanzleien ein verstärkter Einsatz dieser Anpassungsmaßnahme festzustellen, sondern insbesondere fällt auf, daß Überstunden vor allem bei großen und sehr großen Kanzleien nicht nur in ihrer Bedeutung als Anpassungsmaßnahme erkannt, sondern auch in gleichem Maße eingesetzt werden, wie die Antworten auf die Frage nach ihrer gegenwärtigen Berücksichtigung zeigen. Diese Aussage liefert dann auch einen Erklärungsbeitrag zu den wöchentlichen Arbeitszeiten der angestellten Anwälte einer Kanzlei, die zum Teil an die der Sozien oder Inhaber heranreichen. Offenkundig ist die **Arbeitszeit** für Anwaltskanzleien der **entscheidende Anpassungsparameter** im Fall von Auslastungsschwankungen. Wenn über diese Maßnahmen der zeitlichen Anpassung mit Zeitveränderungen hinaus solche ohne zeitliche Veränderungen betrachtet werden, dann fällt auf, daß Personalverschiebungen zwischen Anwälten (vgl. hierzu Tabelle 2) nur bei kleinen Kanzleien die gleiche Bedeutung zugemessen wird wie z. B. der Auslagerung auf freie Mitarbeiter. Während allerdings die Bedeutung des Einsatzes freier Mitarbeiter mit steigender Kanzleigröße deutlich abnimmt, wird in mittleren, großen und sehr großen Kanzleien eher eine **interne Personalverschiebung** in die Überlegungen aufgenommen. Zu fragen wäre dann allerdings, ob dieser Absicht nicht eine starke **Spezialisierung** der Anwälte entgegensteht. Bei der Auswertung dieses Aspektes offenbart sich allerdings das folgende Problem: Während einige Kanzleien diese Frage auf alle Sozien/Partner und angestellte Vollzeitanwälte beziehen, geben andere Kanzleien nur die Spezialisierungen der angestellten Vollzeitanwälte an. Trotz dieses Sachverhaltes lassen sich die folgenden Tendenzaussagen formulieren:

– Sehr große Kanzleien weisen eindeutig einen sehr hohen Spezialisierungsgrad auf, der sich für große Kanzleien in dieser eindeutigen Form bereits nicht mehr formulieren läßt, da in dieser Klasse offenkundig ein deutlich höherer Anteil an „Generalisten“ tätig ist.

[70] *Passenberger,* BRAK-Mitt. 1996b, 225, und Rdn. 17ff.

– Demgegenüber lassen sich für die Klassen kleiner und mittlerer Kanzleien keine eindeutigen Aussagen bezüglich der Spezialisierung formulieren.

Zur weiteren Untermauerung der für die Arbeitszeit und die Tagesplanung in Anwaltskanzleien getroffenen Aussagen lassen sich die in Abbildung 4 dargestellten Ergebnisse zu den **Zielsetzungen der Planung** der Kanzleien heranziehen. **46**

Frage: Welche Ziele halten Sie für wichtig und verfolgen Sie gegenwärtig bei Ihrer Planung?

Ziel / Kanzleigröße	≤ 5 Mitarbeiter	6–20 Mitarbeiter	21–50 Mitarbeiter	> 50 Mitarbeiter	gesamt
Eilbedürftigkeit	0,88	0,85	1,00	1,00	0,89
Fristeneinhaltung	0,99	0,97	1,00	1,00	0,98
Einhaltung der vertraglichen Wochenarbeitszeit	0,35	0,24	0,10	0,33	0,27
Einhaltung der Obergrenze für die Zahl der Überstunden	0,18	0,18	0,05	0,13	0,16
Ausschließliche Einplanung des für ein Mandat besonders gut geeigneten Anwaltes	0,25	0,41	0,55	0,50	0,40
Gleicher Auslastungsgrad der Anwälte	0,22	0,40	0,30	0,42	0,34

Abbildung 4: Zielsetzungen der Planung

Die in Tabelle 4 errechneten Indizes zeigen, daß sowohl der Einhaltung der vertraglichen Wochenarbeitszeit als auch der Einhaltung einer Obergrenze für Überstunden eine weitaus geringere Bedeutung zugeschrieben wird als der Eilbedürftigkeit und der Fristeneinhaltung. Für letztere Ziele ergibt sich der bemerkenswerte Fall, daß alle Kanzleien diese von ihnen als wichtig ausgewiesenen Ziele auch tatsächlich berücksichtigen. **47**

IuK-Technologien dienen in Anwaltskanzleien primär als ein Hilfsmittel zur Zeitgestaltung. Die auf den ersten Blick hohen Werte bezüglich des Einsatzes von EDV-Systemen scheinen diese Aussage zu bestätigen. Wird jedoch berücksichtigt, daß lediglich drei Viertel der befragten Kanzleien **Textverarbeitungssysteme** einsetzen, liegt ein Ergebnis vor, das bei dem heutzutage beinahe alltäglich erscheinenden Einsatz solcher Systeme, auch im privaten Bereich, nur schwerlich zu erklären ist.[71] Ähnlich verhält es sich mit dem Einsatz **anwaltsspezifischer Software,** wobei mit steigender Kanzleigröße ein zunehmender Einsatz zu konstatieren ist. Neben den am häufigsten verwendeten Systemen „Renoflex" und „RA Micro" werden in einigen Fällen auch selbsterstellte Systeme angegeben. Etwa 60 % aller Kanzleien geben an, mit **Datenbanken** zu arbeiten, wobei eine eindeutige Zunahme des Einsatzes mit wachsender Kanzleigröße festzustellen ist und nahezu alle großen und mittleren Kanzleien dieses Hilfsmittel einsetzen. Während alle sehr großen Kanzleien Online-Datenbanken nutzen, trifft dies nur etwa für die Hälfte aller mittleren und großen und lediglich für 10 % der kleinen Kanzleien zu. Der Einsatz von Offline-Datenbanken dagegen läßt kaum nennenswerte Unterschiede in der Anwendung erkennen und liegt über alle Kanzleigrößen bei etwa 86 %. Alle sehr großen und großen Kanzleien und immerhin drei Viertel der mittleren Kanzleien haben in ihrer Kanzlei ein **48**

[71] Es erscheint kaum vorstellbar, daß eine Kanzlei mit 20 und mehr Mitarbeitern ohne ein solches System effizient zu arbeiten vermag.

Netzwerk aufgebaut, wogegen dieser Maßnahme bei kleinen Kanzleien eine geringe Bedeutung zuzukommen scheint. Eine überörtliche Vernetzung ist offenkundig lediglich für die betrachteten Großkanzleien von Interesse. Dabei fällt jedoch auf, daß als Basis für eine Vernetzung „EDV", „E-mail" oder „Standverbindung" angegeben wird, ein Sachverhalt, der nicht auf eine besonders gestaltete EDV-Landschaft schließen läßt.

49 Insgesamt scheint der Erfolg des EDV-Einsatzes aus Sicht der befragten Kanzleien dann unbestritten zu sein, wenn als Beurteilungskriterium die **zeitliche Flexibilität** herangezogen wird. So geben etwa 90 % aller Kanzleien an, daß die zeitliche Flexibilität durch den EDV-Einsatz gesteigert worden sei, wobei hiervon wiederum 40 % angaben, hierdurch auch Mitarbeiter eingespart zu haben. Den äußerst dürftigen Antworten auf die Frage nach der Anzahl und der Art der „eingesparten" Mitarbeiter ist lediglich eine Dominanz von Schreibkräften zu entnehmen. Drei Viertel aller Kanzleien geben darüber hinaus an, durch den Einsatz von EDV-Systemen die Bearbeitungszeit eines Mandates verringert zu haben. Dabei schwanken die Aussagen hinsichtlich des Umfanges der zeitlichen Einsparung sehr stark um einen Mittelwert von etwa 20 % für alle Kanzleien. Interessanterweise können kleine Kanzleien offenbar mehr Zeit einsparen als große und sehr große, deren Angaben zum einen niedriger ausfallen und zum anderen weniger stark schwanken.

50 Die nachfrageorientierten Maßnahmen eines Kapazitätsmanagement in Anwaltskanzleien zielen primär auf die **Steuerung des zeitlichen Anfalls der Nachfrage** ab. Auf die Frage, wieviel Prozent der Mandantengespräche nach **Terminabsprache** erfolgen, ergibt sich ein Mittelwert von 92 %, der für alle Größenklassen ohne größere Abweichungen zutrifft. Nur weniger als 10 % der Mandantengespräche erfolgen demgemäß ohne vorherige Vereinbarung. Mit unangemeldeten Mandanten wird in nahezu drei Viertel der Fälle ein Gespräch geführt, ein Wert, der für kleine und mittlere Kanzleien gilt und bei großen und sehr großen Kanzleien noch höher ausfällt. Insgesamt ist bei der Behandlung unangemeldeter Besucher allerdings zu beachten, daß über ein Drittel der Kanzleien sowohl ein sofortiges Gespräch als auch eine Terminvereinbarung als Optionen bereithalten. Dieses Vorgehen wird dann in besonderer Weise relevant, wenn zusätzlich die Frage nach der Einteilung unangemeldeter Mandanten nach ihrer Wichtigkeit in die Betrachtung einbezogen wird. Dabei zeigt sich, daß alle mittleren, großen und sehr großen Kanzleien, die beide Optionen bereithalten, auch eine Einteilung der unangemeldeten Mandanten nach deren Bedeutung vornehmen. Bei den kleineren Kanzleien liegt dieser Wert bei ca. zwei Drittel.

51 Die **Produkt-** und **Programmpolitik** der befragten Kanzleien läßt eine eindeutige Erweiterungstendenz des Produktprogramms in den fünf letzten Jahren erkennen, die sich in einem Durchschnittswert von 58 % über alle Größenklassen widerspiegelt, wobei die Werte mit zunehmender Größe steigen. Eine Reduktion ihres Leistungsumfanges nahmen dagegen lediglich 10 % aller Kanzleien vor, ein Wert, der aber nur für kleine und mittlere Kanzleien zutrifft, wogegen die anderen Größenklassen dieser Strategie nicht folgen. Für die großen Kanzleien kann diese Entwicklung auch anhand der erfragten Spezialisierung der Anwälte nachvollzogen werden.

52 Im Rahmen der **Preispolitik** wird insbesondere die Frage nach den **Stundensätzen** thematisiert, wobei in der Literatur Werte zwischen 200,– DM und 400,– DM angegeben werden. Während bei den kleineren und mittleren Kanzleien lediglich in 10 % der Fälle mit Stundensätzen gearbeitet wird, steigt dieser Wert mit zunehmender Größe auf 22 % an. Dabei ist jedoch zu beachten, daß diese Durchschnittswerte erhebliche Streuungen, gemessen an der Standardabweichung, aufweisen. So gibt etwa eine mittelgroße Kanzlei an, in 85 % aller Fälle mit Stundensätzen zu arbeiten, während andere diese in keinem Fall anwenden. Auch bei den großen und sehr großen Kanzleien streuen die Angaben zwischen 0 % und 90 %. Der in der Literatur als Minimum angegebene Stundensatz von 200,– DM kann zwar durch die durchschnittliche Untergrenze des Stundensatzes der kleinen (209,– DM) und mittleren Kanzleien (230,– DM) in etwa als bestätigt gelten, jedoch gibt es auch Kanzleien dieser Größenklassen, die Werte zwischen 80,– DM und

150,– DM angeben. Die Spannweite der zugrunde gelegten Stundensätze wird daran deutlich, daß diese Werte bis zu 950,– DM steigen. Abbildung 5 gibt die relevanten Einflußfaktoren für die Festlegung der Stundensätze wieder, wobei wiederum mit dem bereits erwähnten Index gearbeitet wird.

Frage: Welche Faktoren bestimmen die Höhe des jeweiligen Stundensatzes?					
Kanzleigröße / Faktor	≤ 5 Mitarbeiter	6–20 Mitarbeiter	21–50 Mitarbeiter	> 50 Mitarbeiter	gesamt
Schwierigkeitsgrad	0,80	0,82	0,92	0,50	0,79
Erfahrung des Anwaltes	0,66	0,73	0,75	0,92	0,73
Aktueller Auslastungsgrad	0,25	0,25	0,00	0,17	0,21
Streitwert	0,67	0,65	0,92	0,33	0,65

Abbildung 5: Einflußfaktoren der Höhe der Stundensätze

Aus der Abbildung ist ersichtlich, daß der Schwierigkeitsgrad und der Streitwert sowie die Erfahrung des tätig werdenden Anwaltes einen deutlich höheren Einfluß auf die Stundensatzhöhe erlangen als der aktuelle Auslastungsgrad, ein Ergebnis, das darüber hinaus unabhängig von den jeweiligen Größenklassen ist. 53

E. Fazit

Die vorliegende Untersuchung hat die einleitend postulierte weitgehende Abstinenz betriebswirtschaftlichen Gedankengutes im „Erfahrungsobjekt" Anwaltskanzleien zumindest für den Bereich des Kapazitätsmanagement im wesentlichen bestätigt. Abgesehen von den empirischen Befunden dokumentiert bereits die sehr geringe Rücklaufquote der Fragebögen ein nur geringes Interesse an diesen Fragestellungen. Insofern muß der Fokus zukünftiger Veröffentlichungen zunächst an der Ausbildung eines Problembewußtseins für ein Kapazitätsmanagement in Anwaltskanzleien orientiert sein. 54

Wenn auch der Faktor „menschliche Arbeitsleistung" als Ausgangspunkt des Kapazitätsmanagement in Anwaltskanzleien anzusehen ist, so ist eine einseitige Ausrichtung auf die Arbeitszeit als wesentlicher Anpassungsparameter nicht zu rechtfertigen. Allerdings bestätigen die vorliegenden Ergebnisse die in explorativen Vorgesprächen identifizierte Ansicht, die Arbeitszeit der in einer Anwaltskanzlei tätigen Mitarbeiter sei als entscheidender Anpassungsparameter an Auslastungsschwankungen anzusehen. Dagegen wird dem aktuellen Auslastungsgrad sowohl als grundsätzlicher Zielsetzung als auch bei der konkreten Zuordnung der Mandate auf die Anwälte eine weitaus geringere Bedeutung zugeschrieben, eine Ansicht, die vor dem Hintergrund der wachsenden Bedeutung des Kapazitätsmanagement in Dienstleistungsunternehmungen nicht zu rechtfertigen ist. Abschließend ist damit festzustellen, daß in Anwaltskanzleien zum heutigen Zeitpunkt Fragen des Kapazitätsmanagement eher rudimentär behandelt werden und für die Zukunft ein entsprechend großer Handlungsbedarf besteht. 55

§ 30 Kostenmanagement

Dr. Martin Reckenfelderbäumer★

Übersicht

Schrifttum: *Adam*, Kosten, fixe und variable, in: *Busse von Colbe/Pellens* (Hrsg.): Lexikon des Rechnungswesens, 4. Aufl., 1998, S. 438ff.; *Bea*, Kosten- und Erlösträgerrechnung, in: *Chmielewicz/Schweitzer* (Hrsg.): Handwörterbuch des Rechnungswesens, 3. Aufl., 1993, Sp. 1272ff.; *Becker*, Entwicklungslinien der betriebswirtschaftlichen Kostenlehre, Kostenrechnungspraxis 1993, 5ff.; *Beischel*, Improving Production with Process Value Analysis, Journal of Accountancy 1990, 53ff.; *Brink*, Einzel- und Gemeinkosten, in: *Chmielewicz/Schweitzer* (Hrsg.): Handwörterbuch des Rechnungswesens, 3. Aufl., 1993, Sp. 499ff.; *Buggert/Wielpütz*, Target Costing, 1995; *Coenenberg*, Kostenrechnung und Kostenanalyse, 3. Aufl., 1997; *Corsten*, Dienstleistungsmanagement, 3. Aufl., 1997; *Corsten*, Ansatzpunkte für ein Rationalisierungsmanagement von Dienstleistungs-Anbietern, in: *Meyer* (Hrsg.): Handbuch Dienstleistungs-Marketing, 1998, S. 607ff.; *Fedtke*, Kostenfalle High-Tech – ökonomische Kanzleiführung mit EDV, AnwBl. 1995, 501ff.; *Fischer*, Kostenmanagement strategischer Erfolgsfaktoren, 1993; *Franz*, Kalkulatorische Kosten, in: *Chmielewicz/Schweitzer* (Hrsg.): Handwörterbuch des Rechnungswesens, 3. Aufl., 1993, Sp. 1043ff.; *Gälweiler*, Steuerung der Kostenhöhe und Kostenstruktur durch strategische Planung, Die Betriebswirtschaft 1977, 67ff.; *Haberstock*, Einzel- und Gemeinkosten, in: *Busse von Colbe/Pellens* (Hrsg.): Lexikon des Rechnungswesens, 4. Aufl., 1998, S. 211f; *Hardt*, Kostenmanagement, 1998; *Horváth & Partner*, Prozeßkostenmanagement, 2. Aufl., 1998; *Horváth/Herter*, Benchmarking – Vergleich mit den Besten der Besten, Controlling 1992, 4ff.; *Hummel*, Kostenrechnungssysteme, in: *Busse von Colbe/Pellens* (Hrsg.): Lexikon des Rechnungswesens, 4. Aufl., 1998, S. 453ff.; *Jehle*, Gemeinkostenmanagement, in: *Männel* (Hrsg.): Handbuch Kostenrechnung, 1992, S. 1506ff.; *Kajüter*, Kostenmanagement, in: *Busse von Colbe/Pellens*

★ Wissenschaftlicher Assistent am Lehrstuhl für Angewandte Betriebswirtschaftslehre, Universität Bochum.

(Hrsg.): Lexikon des Rechnungswesens, 4. Aufl., 1998, S. 447 ff.; *Karlöf/Östblom*, Das Benchmarking-Konzept, 1994; *Kingman-Brundage*, The ABCs of Service System Blueprinting, in: *Lovelock* (Hrsg.): Managing Services, 2. Aufl., 1992, S. 196 ff.; *Krämer/Kohn-Lehnhof*, Pricing für Rechtsanwälte, AnwBl. 1997, 306 ff.; *Kunesch*, Grundlagen des Prozeßmanagements, 1993; *Küpper*, Fixe und variable Kosten, in: *Chmielewicz/Schweitzer* (Hrsg.): Handwörterbuch des Rechnungswesens, 3. Aufl., 1993, Sp. 647 ff.; *Küting/Lorson*, Benchmarking von Geschäftsprozessen als Instrument der Geschäftsprozeßanalyse, in: *Berkau/Hirschmann* (Hrsg.): Kostenorientiertes Geschäftsprozeßmanagement, 1996, 121 ff.; *Lohoff/Lohoff*, Verwaltung im Visier, Zeitschrift Führung + Organisation 1993, 248 ff.; *Macha*, Grundlagen der Kosten- und Leistungsrechnung, 1998; *Männel*, Prozeßkostenrechnung, 1995; *Mauer/Krämer*, Braucht eine Kanzlei Ziele?, AnwBl. 1995, 113 ff.; *Meyer-Piening*, Zero Base Planning als analytische Personalplanungsmethode im Gemeinkostenbereich, 1994; *Michalski/Römermann*, Preiswettbewerb unter Rechtsanwälten?, AnwBl. 1996, 241 ff.; *Milling*, Kostenstellenrechnung, in: *Chmielewicz/Schweitzer* (Hrsg.): Handwörterbuch des Rechnungswesens, 3. Aufl., 1993, Sp. 1249 ff.; *Newell*, Comparative Testing, TQM-Magazine 1992, 145 ff.; *Niethammer*, Grundsätze und Beispiele zur Systematisierung von Kostenarten und Kostenstellen, in: *Männel* (Hrsg.): Handbuch Kostenrechnung, 1992, S. 399 ff.; *Oecking*, Strategisches und operatives Fixkostenmanagement, 1994; *Ostrenga/Probst*, Process Value Analysis, Journal of Cost Management 1992, H. 3, 4 ff.; *Plaut*, Grenzplankosten- und Deckungsbeitragsrechnung als modernes Kostenrechnungssystem, in: *Männel* (Hrsg.): Handbuch Kostenrechnung, 1992, S. 203 ff.; *Porter*, Competitive Strategy, 1980; *Reckenfelderbäumer*, Marketing-Accounting im Dienstleistungsbereich, 1995; *Reckenfelderbäumer*, Entwicklungsstand und Perspektiven der Prozeßkostenrechnung, 2. Aufl., 1998; *Reiß/Corsten*, Gestaltungsdomänen des Kostenmanagements, in: *Männel* (Hrsg.): Handbuch Kostenrechnung, 1992, S. 1478 ff.; *Remer*, Einführen der Prozeßkostenrechnung, 1997; *Riebel*, Einzelerlös-, Einzelkosten- und Deckungsbeitragsrechnung als Kern einer ganzheitlichen Führungsrechnung, in: *Männel* (Hrsg.): Handbuch Kostenrechnung, 1992, S. 247 ff.; *Schmidt*, Kostenrechnung, 2. Aufl., 1998; *Schweitzer*, Systematik von Konzepten der Kosten- und Leistungsrechnung, in: *Männel* (Hrsg.): Handbuch Kostenrechnung, 1992, S. 185 ff.; *Seidenschwarz*, Target Costing, 1993; *Shostack*, Planung effizienter Dienstleistungen, Harvard Manager 1984, 93 ff.; *Streitferdt*, Kostenmanagement, in: *Chmielewicz/Schweitzer* (Hrsg.): Handwörterbuch des Rechnungswesens, 3. Aufl., 1993, Sp. 1216 ff.; *Thomas/Vorbrugg*, Total Quality Management, AnwBl. 1995, 273 ff.; *Troßmann*, Flexible Plankostenrechnung nach Kilger, in: *Männel* (Hrsg.): Handbuch Kostenrechnung, 1992, S. 226 ff.; *Vodrazka*, Pagatorischer und wertmäßiger Kostenbegriff, in: *Männel* (Hrsg.): Handbuch Kostenrechnung, 1992, S. 19 ff.; *Vormbaum/Ornau*, Kalkulationsverfahren im Überblick, in: *Männel* (Hrsg.): Handbuch Kostenrechnung, 1992, S. 533 ff.

A. Kostenmanagement als Herausforderung für die moderne Anwaltskanzlei – eine Einführung in die Thematik

1 Das Thema „Kostenmanagement" ist für die meisten Anwaltskanzleien vergleichsweise neu, wenn nicht sogar bisher im Rahmen der Kanzleiführung gar nicht existent. Schließlich ist die Anwaltskanzlei keine Industrieunternehmung, in der es traditionell darauf ankommt, Rationalisierungspotentiale aufzudecken und auszunutzen, um im Wettbewerb bestehen zu können, sondern ein beratungsintensiver Geschäftsbetrieb, in dem vor allem die fachliche Kompetenz über Erfolg oder Mißerfolg entscheidet. Nicht selten findet sich daher auch heute noch die Auffassung, daß Kosten- und Wirtschaftlichkeitsdenken strikt von der juristischen Fachkompetenz zu trennen seien.[1] Dies ist aus mehreren Gründen ein gefährlicher Trugschluß. Die wichtigsten Argumente zur Stützung dieser Aussage seien zu Beginn des vorliegenden Beitrags kurz angeführt.

2 Für jede Unternehmung – und damit auch für jede Anwaltskanzlei – ergibt sich der **Gewinn aus der Differenz von Umsatz und Kosten**. Daraus wird unmittelbar deutlich, daß dem Rechtsanwalt grundsätzlich zwei Stellschrauben zur Verbesserung seines wirtschaftlichen Erfolges zur Verfügung stehen: Er kann zum einen an der Erhöhung seiner Umsätze arbeiten, indem er die Menge der erbrachten Leistungen erhöht (sei es durch die Multiplikation bestehender, sei es durch die Hinzunahme neuer Angebote) und/oder das Honorar für die einzelne Leistung steigert. Entsprechende Bemühungen haben im anwaltlichen

[1] Vgl. *Thomas/Vorbrugg*, AnwBl. 1995, 274.

Bereich seit jeher große Bedeutung. Zum anderen aber kann eine Verbesserung der Gewinnsituation auch auf der Kostenseite ansetzen. Diese Option jedoch wurde in der Vergangenheit eher zufällig und oft nur sehr punktuell genutzt, da die Einsicht in die Notwendigkeit einer systematischen Kostenanalyse für die gesamte Kanzlei vielfach nicht gegeben war und ist.[2] Dabei ist es offenkundig, daß sich vielfältige Kostensenkungsüberlegungen aus anderen Branchen ohne Probleme auch auf die Anwaltskanzlei übertragen lassen, ohne die Qualität der juristischen Beratung zu schmälern. Hier sei nur auf die zahlreichen Möglichkeiten verwiesen, die sich auf Verwaltungstätigkeiten beziehen,[3] ohne die auch die anwaltliche Leistungserstellung nicht möglich ist. Zudem sind auch Erkenntnisse aus anderen Dienstleistungsbranchen durchaus nutzbar.[4]

Unabhängig von ihrer Bedeutung als ökonomische Rechengröße stellen die Kosten **3**
neben der Qualität den zweiten zentralen **Wettbewerbsfaktor** für jede Unternehmung dar. Dies wird nicht zuletzt aus der auf *Porter* zurückgehenden Grundsystematik der **Wettbewerbsstrategien** deutlich: Neben der auf Qualitätsaspekte abzielenden Differenzierungsstrategie steht die Strategie der Kostenführerschaft.[5] Während allerdings Überlegungen zum Qualitätsmanagement langsam Einzug in das juristische Schrifttum halten,[6] ist ähnliches im Hinblick auf den zweiten zentralen Wettbewerbsfaktor, die Kosten, nicht zu beobachten. Dieses Versäumnis wird zukünftig sicherlich dann verstärkt zu Problemen führen, wenn sich die gesetzlichen Reglementierungen der anwaltlichen Gebühren- und Honorargestaltung auch in Deutschland weiter lockern, so daß **Preiswettbewerb** unter Rechtsanwälten nicht mehr die Ausnahme sein wird.[7] Der zunehmende internationale Wettbewerb trägt hierzu ein übriges bei. Der resultierende Druck auf die Preise wird aber unweigerlich auch einen **Kostendruck** mit sich bringen, der die Rechtsanwälte, die die Wirtschaftlichkeit ihrer Kanzleiführung sicherstellen wollen, gleichsam zwingen wird, Kostenanalysen und -gestaltungsmaßnahmen mehr und mehr zu ihren Aufgaben zu zählen.[8] Diejenigen Anbieter anwaltlicher Dienstleistungen werden dann im Vorteil sein, die sich dieser Herausforderung möglichst früh und systematisch gestellt haben.

Schließlich ist unübersehbar, daß die Kosten auch heute für viele Kanzleien vielleicht **4**
schon der entscheidende Wettbewerbsfaktor sind: für diejenigen nämlich, die – bewußt oder unbewußt – im Wettbewerb mit den Rechtsabteilungen von Großunternehmungen stehen. Letztere sind im Zuge von Reorganisationsmaßnahmen gegenwärtig häufig Gegenstand von Auslagerungsüberlegungen (Stichwort **„Outsourcing“**). Offenbar ist die Einsicht in die Bedeutung der Kosten beim Wettbewerb um diese oft sehr lukrativen Mandanten bisher nur bedingt vorhanden. Eine Beobachtung des Marktes für unternehmensbezogene Anwaltsleistungen sowie seiner kaufentscheidenden Faktoren sollte Klarheit über die Bedeutung der Kosten in diesem Kontext schaffen.

Die Anwaltskanzleien befinden sich mit ihrer bisher eher geringen Aufmerksamkeit **5**
gegenüber einem systematischen Kostenmanagement in guter Gesellschaft vieler anderer Dienstleistungsbranchen, insbesondere im Bereich der Freien Berufe. Dies entbindet allerdings nicht von der Notwendigkeit, sich entsprechenden Fragestellungen angesichts der aktuellen Marktentwicklungen zunehmend zu öffnen. Kostenmanagement muß als Chance im Wettbewerb verstanden werden, die um so erfolgversprechender ist, je früher und intensiver sich der einzelne Rechtsanwalt mit ihr auseinandersetzt – auch wenn dafür zunächst manche Hemmschwelle in mentaler und fachlicher Hinsicht überwunden werden muß.

Unzweifelhaft ist es für Rechtsanwaltskanzleien nicht angebracht, ein Kostenrech- **6**
nungssystem industrieller Prägung einzuführen. Dies ist schon durch den klein- und

---

[2] Vgl. *Krämer/Kohn-Lehnhof*, AnwBl. 1997, 308.
[3] Vgl. stellvertretend *Lohoff/Lohoff*, Zeitschrift Führung + Organisation 1993, 248 ff.
[4] Vgl. zu Übersichtszwecken *Corsten* in: *Meyer*, 1998, S. 607 ff.
[5] Vgl. erstmals *Porter*, 1980.
[6] Vgl. z. B. *Mauer/Krämer*, AnwBl. 1998, 113 ff.; *Thomas/Vorbrugg*, AnwBl. 1995, 273 ff.
[7] Vgl. *Michalski/Römermann*, AnwBl. 1996, 246.
[8] Vgl. *Krämer/Kohn-Lehnhof*, AnwBl. 1997, 312.

mittelständischen Charakter der meisten Kanzleien bedingt. Mit zunehmender Größe jedoch wird eine über die traditionelle Buchhaltung, die primär externen Informationszwecken dient (z. B. der Ermittlung von steuerlichen Verpflichtungen), hinausgehende, innerbetrieblich ausgerichtete Kosten-(und Leistungs-)Rechnung sinnvoll. Zumindest aber ist ein **Basisverständnis kostenrechnerischer Grundbegriffe** erforderlich, um ein gezieltes Kostenmanagement betreiben zu können. Daher werden im Rahmen des vorliegenden Beitrags in B I in aller Kürze einige kostenrechnerische Kernaspekte erörtert, die für das Verständnis der weiteren Ausführungen unabdingbar erscheinen. In B II werden dann Grundzüge des anwaltlichen Kostenmanagement dargelegt, bevor in C konkrete Instrumente des Kostenmanagement vorzustellen sind. Auf diese Weise wird ein Überblick über die wesentlichen Möglichkeiten dieses wichtigen Bereiches der Unternehmensführung angestrebt, die im Kanzleibetrieb bisher viel zu wenig ausgeschöpft werden.

B. Kostenmanagement als Element der Unternehmensführung – begriffliche und inhaltliche Grundlagen

I. Die Kostenrechnung und ihre Informations- und Dokumentationsfunktion im Zusammenspiel mit dem Kostenmanagement

1. Der Kostenbegriff

7 Unter Kosten soll im folgenden der bewertete, betriebszweckbezogene (leistungsbezogene) Güterverzehr verstanden werden.[9] Dieser sogenannte **wertmäßige Kostenbegriff** geht im wesentlichen auf *Schmalenbach* zurück[10] und ist zu unterscheiden von einem **pagatorischen Kostenbegriff**, der das Vorliegen von Kosten an das Fließen von Zahlungsströmen knüpft.[11] Der wertmäßige Kostenbegriff erlaubt demgegenüber die Berücksichtigung **kalkulatorischer Kosten**, denen keine Auszahlungen gegenüberstehen, z. B. kalkulatorische(r) Unternehmerlohn, Miete und Eigenkapitalzinsen.[12]

8 Die pagatorische, an Zahlungsströmen orientierte Sichtweise ist ausschlaggebend für die Aufwandsbestimmung in der Buchhaltung. Die wertmäßige Betrachtung sieht aufgrund ihrer Innenorientierung neben aufwandsgleichen **Grundkosten** die Einbeziehung von Anderskosten und Zusatzkosten als Ausprägungen kalkulatorischer Kosten vor. **Anderskosten** sind Kosten, die dem Wesen nach auch in die Finanzbuchhaltung einfließen, jedoch mit anderen Wert- oder Mengenansätzen sowie in anderer zeitlicher Verteilung. **Zusatzkosten** dagegen haben kein Gegenstück in der Finanzbuchhaltung, z. B. weil ein entsprechender Ansatz gesetzlich nicht zulässig wäre.[13] Das Wesen dieser kalkulatorischen Kostenarten sei am Beispiel der Raumkosten einer Anwaltskanzlei verdeutlicht. So kann die als Sozietät geführte Kanzlei, die in den Räumlichkeiten eines der Partner arbeitet, kalkulatorische Mieten als Zusatzkosten in Höhe derjenigen ortsüblichen Mietaufwendungen ansetzen, die im Falle der Anmietung von Dritten angefallen wären. Kalkulatorische Raumkosten als Anderskosten liegen dagegen dann vor, wenn die tatsächlich anfallenden Kosten für Räumlichkeiten in der Kostenrechnung durch ortsübliche Raumkosten ersetzt werden. Die Beispiele zeigen, daß der wertmäßige Kostenbegriff im Vergleich zum pagatorischen eine größere Flexibilität bei den Wertansätzen erlaubt.

---

[9] Nicht betriebszweckbezogen wären im Falle einer Anwaltskanzlei z. B. die Instandhaltungsaufwendungen für vermietete Gebäude, da diese Art der Tätigkeit nicht dem Wesen der anwaltlichen Leistung entspricht.

[10] Vgl. dazu etwa *Becker*, Kostenrechnungspraxis 1993, 6.

[11] Zum Vergleich von wertmäßigem und pagatorischem Kostenbegriff vgl. etwa *Vodrazka* in: *Männel*, 1992, S. 19 ff.

[12] Vgl. *Macha*, 1998, S. 37; grundlegend auch *Franz* in: *Chmielewicz/Schweitzer*, 1993, Sp. 1043 ff.

[13] Vgl. *Coenenberg*, 1997, S. 59.

2. Das Verhältnis von Kostenrechnung und Kostenmanagement

9 Die Kostenrechnung bildet neben der Kostentheorie und dem Kostenmanagement eines der drei Module der **Kostenlehre**.[14] Abbildung 1 zeigt den Zusammenhang der drei Bereiche.[15]

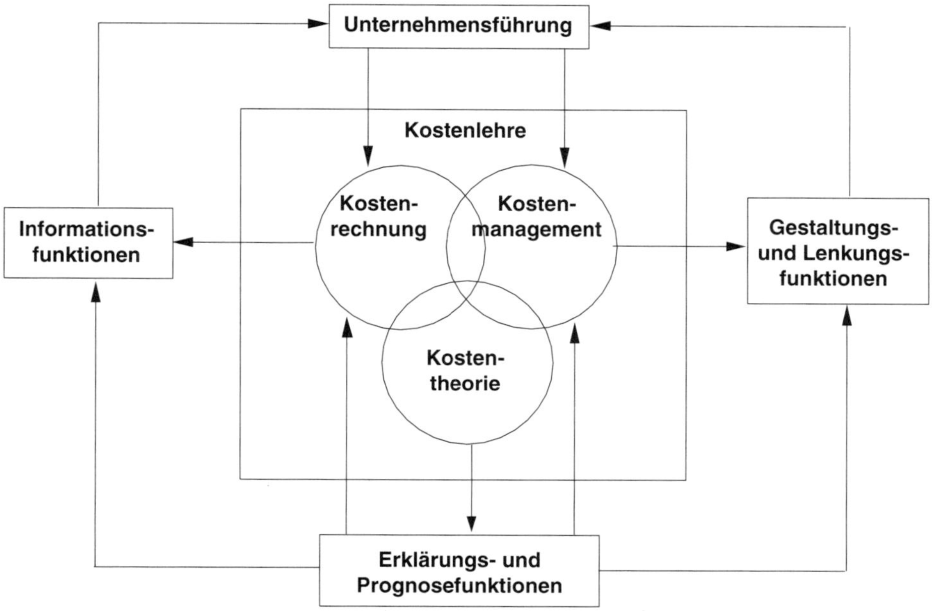

Abbildung 1: Module der Kostenlehre und deren funktionale Stellung zur Unternehmensführung

(Quelle: in Anlehnung an Becker, Kostenrechnungspraxis 1993, 11)

10 Die gesamte Kostenlehre stellt insofern keinen Selbstzweck dar, sondern soll mit ihren unterschiedlichen Elementen eine Servicefunktion für die Unternehmensführung ausüben. Sieht man von der im vorliegenden Beitrag nicht weiter interessierenden Kostentheorie einmal ab, so läßt sich gemäß Abbildung 1 der Unterschied zwischen Kostenrechnung und Kostenmanagement folgendermaßen kennzeichnen: Die **Kostenrechnung** dient primär **Informationszwecken**, da sie auf eine wertmäßige Abbildung der in einer Unternehmung ablaufenden Aktivitäten abzielt, verbunden mit der Zurechnung der Kosten auf relevante Bezugsobjekte (vor allem auf die Bestandteile des Leistungsprogramms). Im Unterschied dazu kommt dem **Kostenmanagement** eine **Gestaltungs- und Lenkungsfunktion** zu, da es auf die aktive Beeinflussung der Kosten in der Unternehmung ausgerichtet ist.[16] Wichtig ist in diesem Zusammenhang, daß zwischen allen Bereichen der Kostenlehre zahlreiche Interdependenzen bestehen. So bedarf etwa das Kostenmanagement umfassender Informationen aus der Kostenrechnung hinsichtlich der verschiedenen Kostenblöcke, die es zu beeinflussen gilt (z. B. Personalkosten, Kosten für EDV-Ausstattung), der Kostenstrukturen oder auch der Kostenentwicklungen im Zeitab-

[14] Vgl. *Becker*, Kostenrechnungspraxis 1993, 11. Er verwendet jedoch anstelle von Kostenmanagement den Terminus „Kostenpolitik“, der ihm besser geeignet erscheint, ohne in der Sache von dem im Rahmen dieses Beitrags vorliegenden Kostenmanagementverständnis abzuweichen.

[15] Dabei sei an dieser Stelle erwähnt, daß die Beziehung zwischen Kostenrechnung und Kostenmanagement in der Literatur zum Teil auch abweichend von Abb. 1 gesehen wird; entsprechende Hinweise bei *Hardt*, 1998, S. 5.

[16] Siehe in diesem Sinne z. B. *Hardt*, 1998, S. 8.

lauf. Umgekehrt finden die Maßnahmen des Kostenmanagement ihren Niederschlag in der Kostenrechnung: So läßt sich etwa der Erfolg von Kostensenkungsbemühungen mit entsprechender zeitlicher Verzögerung aus der Kostenrechnung ablesen. Daher kann im vorliegenden Beitrag das Kostenmanagement auch nicht völlig losgelöst von der Kostenrechnung betrachtet werden.

3. Das Grundmodell der Kostenrechnung

11 **a) Überblick.** Den grundlegenden Aufbau der Kostenrechnung in einer sehr einfachen Form zeigt Abbildung 2.

12

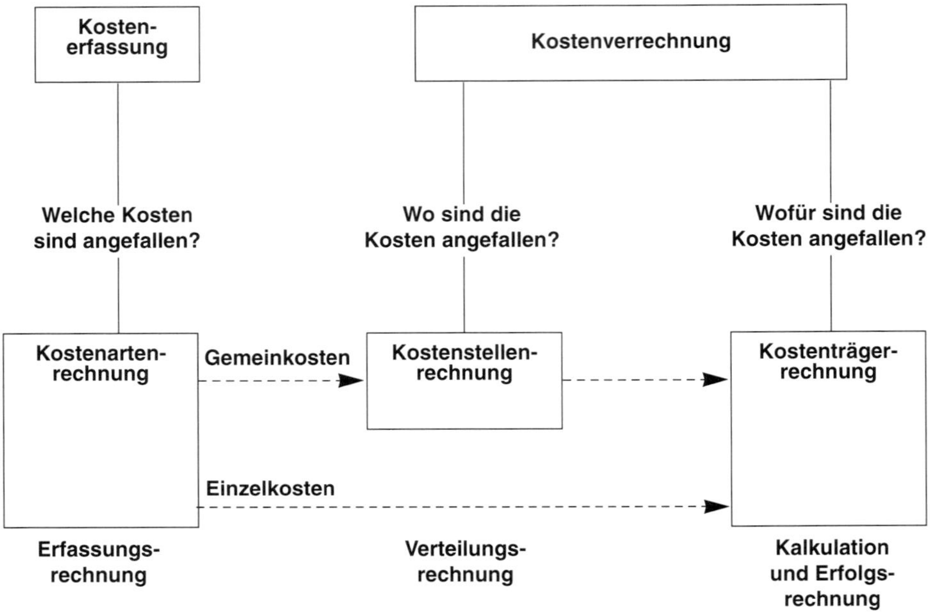

Abbildung 2: Systematik der Kostenrechnung
(Quelle: Coenenberg, 1997, S. 48)

Die einzelnen Bestandteile seien im folgenden kurz erläutert.

13 **b) Kostenartenrechnung.** Den Ausgangspunkt der Kostenrechnung bildet die Kostenartenrechnung, die die Aufgabe der systematischen Erfassung, Bewertung und Klassifikation der entstandenen Kosten zu erfüllen hat. Dabei sind im Kontext des anwaltlichen Kostenmanagement insbesondere drei Differenzierungen der Kostenarten von Bedeutung:[17]

14 Die wohl grundlegendste Klassifikation der Kostenarten ist diejenige nach der **Art der verbrauchten Güter und Leistungen**. Dabei werden im wesentlichen die folgenden Kostenarten unterschieden, wobei sich branchen- und unternehmensspezifisch durchaus Abweichungen ergeben können:

- Personalkosten und Sozialkosten (z. B. Gehälter, Sozialabgaben, kalkulatorischer Unternehmerlohn);
- Sachkosten (z. B. Betriebs- und Geschäftsausstattung, Energiekosten, Kosten für Grundstücke und Gebäude, Büromaterial);
- Kapitalkosten (z. B. kalkulatorische Zinsen und Abschreibungen);
- Kosten für bezogene Dienstleistungen (z. B. Reparaturen, Beratung, Post);

[17] Vgl. zum folgenden etwa *Coenenberg*, 1997, S. 49 ff.; *Niethammer* in: *Männel*, 1992, S. 399 ff.

- Kosten für Fremdrechte (z. B. Lizenzen, Leasing);
- Öffentliche Abgaben und Steuern (z. B. Besitz-, Verbrauch- und Verkehrsteuern, Gebühren und Beiträge);
- Versicherungskosten und kalkulatorische Wagniskosten.

Die Beispiele zeigen, daß auch für die Anwaltskanzlei ein breites Spektrum derartiger Kostenarten bedeutsam ist, wenn auch die Personalkosten regelmäßig dominieren. Viele dieser Kostenblöcke lassen sich mehr oder weniger direkt aus der Buchhaltung ablesen, so daß ihre Bestimmung keine großen Probleme bereiten dürfte. Eine Ausnahme bilden dabei die bereits früher angesprochenen kalkulatorischen Kosten, die einen zusätzlichen Bewertungsprozeß erfordern. Ohne Zweifel jedoch ist eine Erfassung der Kanzleikosten getrennt nach den genannten Kostenarten unabdingbare Voraussetzung für ein gezieltes, über reine „Zufallsmaßnahmen" hinausgehendes Kostenmanagement. 15

Nach der Zurechenbarkeit auf eine Bezugsgröße lassen sich **Einzel- und Gemeinkosten** 16 unterscheiden. Einzelkosten lassen sich einer Bezugsgröße eindeutig verursachungsgerecht zuordnen, während Gemeinkosten für mehrere Bezugsobjekte anfallen und daher nur über Schlüsselungen auf die Bezugsobjekte verrechenbar sind.[18] Traditionell die wichtigste Bezugsgröße ist in diesem Zusammenhang die einzelne betriebliche Leistung, im Falle der Anwaltskanzlei also etwa eine bestimmte Beratungsleistung. So stellen z. B. Portokosten oder Telefonkosten, die im Zusammenhang mit dieser Leistung anfallen, Einzelkosten dar, das Gehalt der Bürokraft, die die Korrespondenz mit dem betreffenden Mandanten erledigt, hat dagegen Gemeinkostencharakter, da die entsprechende Mitarbeiterin für eine Vielzahl weiterer Einzelleistungen eingesetzt wird. Wichtige Gemeinkostenblöcke in der Anwaltskanzlei sind neben den Personalkosten regelmäßig die Raum-/Gebäudekosten sowie die Kosten für die EDV- und sonstige maschinelle Ausstattung. Dabei darf nicht übersehen werden, daß Kosten, die im Hinblick auf ein bestimmtes Bezugsobjekt Gemeinkosten darstellen, im Hinblick auf ein anderes zu Einzelkosten werden können. Dies wird deutlich, wenn weitere wichtige potentielle Bezugsobjekte neben den betrieblichen Leistungen Berücksichtigung finden, z. B. Mandanten, Kostenstellen, Perioden. So ist das angesprochene Gehalt der Bürokraft bei einer Analyse z. B. der Periodenkosten für einen bestimmten Monat den Einzelkosten zuzurechnen, da es exakt für die Dienste in diesem Monat zu zahlen ist. Insofern wird klar, daß es sich bei der Unterscheidung in Einzel- und Gemeinkosten um eine **relative Klassifikation** handelt, die unmittelbar von der Wahl der Bezugsobjekte abhängt. Dennoch kann konstatiert werden, daß in der Anwaltskanzlei – vor allem bedingt durch die Personalintensität der Leistungserstellung – für die meisten wichtigen Bezugsobjekte (insbesondere für Leistungen und Mandanten) ein sehr hoher Gemeinkostenanteil an den Gesamtkosten zu beobachten ist.

Unter Beachtung der Abhängigkeit der Kosten von bestimmten Kosteneinflußgrößen 17 bzw. Entscheidungen lassen sich **fixe und variable Kosten** unterscheiden.[19] Die am häufigsten betrachtete Kosteneinflußgröße ist in diesem Zusammenhang die Beschäftigung, zu verstehen als Grad der Auslastung der in einer Unternehmung vorhandenen Kapazität und mithin bestimmbar über die Menge der erbrachten Leistungen bzw. Leistungseinheiten. Kosten, die von der Leistungsmenge unabhängig sind (z. B. Festgehälter), sind demgemäß als fix, leistungsmengenabhängige Kosten (z. B. Kosten für Büromaterial) dagegen als variabel einzuordnen. Das Problem der fixen Kosten ist, daß sie zumindest kurzfristig nicht reduziert werden können, wenn die Leistungsmenge – z. B. infolge eines plötzlichen Rückgangs der Nachfrage – sinkt. Da die Kosten einer Anwaltskanzlei in hohem Maße Fixkostencharakter haben, liegt hierin eine große Herausforderung für das anwaltliche Kostenmanagement.

---

[18] Vgl. z. B. *Brink* in: *Chmielewicz/Schweitzer*, 1993, Sp. 499ff; *Haberstock* in: *Busse von Colbe/Pellens*, 1998, S. 211.

[19] Vgl. z. B. *Adam* in: *Busse von Colbe/Pellens*, 1998, S. 438; *Küpper* in: *Chmielewicz/Schweitzer*, 1993, Sp. 647ff.

18 **c) Kostenstellenrechnung.** Die Kostenstellenrechnung[20] hat den Charakter eines **Bindegliedes** zwischen Kostenarten- und Kostenträgerrechnung, weil sie der Weiterverrechnung der erfaßten Gemeinkosten auf die Kostenträger dient, wobei letztere wiederum vor allem die betrieblichen Leistungen umfassen.[21] In der Industrie werden Kostenstellen vor allem nach funktionalen (z. B. Beschaffung, Produktion, Absatz) und/oder räumlichen (z. B. Verkaufsgebiete) Kriterien gebildet. Für die Anwaltskanzlei kommt eine Unterscheidung nach Tätigkeitsbereichen (z. B. Beratung i. e. S., Schreibbüro, EDV-Abwicklung) in Betracht. Gerade in kleineren Kanzleien werden viele Aufgaben allerdings in Personalunion wahrgenommen, so daß eine Bildung von Kostenstellen ihren Sinn verlieren kann. Für die Weiterverrechnung der Kosten kann dann nicht an der Frage angesetzt werden, in welchem Maße die Leistungen einer Kostenstelle für einen bestimmten Kostenträger angefallen sind, sondern es muß direkt im Hinblick auf die verschiedenen Kostenarten – ohne den Umweg über die Kostenstellenrechnung – untersucht werden, ob und wie diese sinnvollerweise auf die Kostenträger weiterzuverrechnen sind. Sofern die Bildung von Kostenstellen möglich ist, können sich daraus allerdings verbesserte Ansatzpunkte der Wirtschaftlichkeitskontrolle und -verbesserung einzelner Verantwortungsbereiche ergeben. Gerade für größere Kanzleien mit einer relativ klaren Aufgabenteilung ist also durchaus auch die Kostenstellenrechnung ein sinnvolles Element der Kostenrechnung.

19 **d) Kostenträgerrechnung.** Die Kostenträgerrechnung[22] stellt den letzten Schritt der Kostenrechnung dar. Sie dient der Verrechnung der betrieblichen Kosten auf die Kostenträger, vor allem auf Leistungen bzw. Leistungseinheiten.[23] Dabei können verschiedene **Kalkulationsverfahren** zum Einsatz kommen, auf die hier allerdings zunächst nicht weiter einzugehen ist.[24] Die Kostenträgerrechnung kann als **Kostenträgerstückrechnung** zur Ermittlung der Kosten einer einzelnen Einheit eines Kostenträgers oder als **Kostenträgerzeitrechnung** zur Ermittlung der Periodenkosten einer bestimmten Kostenträgerart durchgeführt werden. Damit besitzt sie große Bedeutung sowohl für die Beurteilung der Erfolgsträchtigkeit einzelner Leistungsangebote (oder auch des einzelnen Auftrags) als auch für die Kontrolle des Periodenerfolges. In der Anwaltskanzlei wird die Kostenträgerrechnung durch den hohen Anteil von Fix- und Gemeinkosten erschwert, da große Kostenblöcke den Kostenträgern nur indirekt über Schlüsselungen, die stets subjektive Komponenten enthalten, zugerechnet werden können. Diesem Sachverhalt ist bei der Auswahl des Kostenrechnungssystems Rechnung zu tragen.

4. Wichtige Kostenrechnungssysteme im Überblick

20 Kostenrechnungssysteme als spezifische Ausgestaltungsformen von Kostenrechnungen gibt es in reicher Zahl.[25] Besonders bedeutsam ist in diesem Zusammenhang die sehr grundlegende Unterteilung in Systeme der **Voll-** und solche der **Teilkostenrechnung**. Sie unterscheiden sich – allgemein gesprochen – nach dem Umfang der auf die Kostenträger verrechneten Kosten.

21 Bei der **Vollkostenrechnung** werden sämtliche Kosten auf die Kostenträger verrechnet. Hierbei entsteht das bereits angedeutete Problem der Gemeinkostenschlüsselung, da viele Kosten den Kostenträgern nicht unmittelbar als Einzelkosten zurechenbar sind. Die Kostenträgerkosten enthalten demgemäß stets Kosten, die nicht streng verursachungsgerecht, sondern lediglich mehr oder weniger subjektiv-willkürlich dem einzelnen Kostenträger zugerechnet worden sind. Wird dies nicht beachtet, sind Fehlinterpretationen

---

20 Vgl. zum Überblick z. B. *Milling* in: *Chmielewicz/Schweitzer*, 1993, Sp. 1249ff.

21 Vgl. *Coenenberg*, 1997, S. 74.

22 Zum Überblick vgl. z. B. *Bea* in: *Chmielewicz/Schweitzer*, 1993, Sp. 1272ff.

23 Vgl. z. B. *Schmidt*, 1998, S. 110.

24 Zum Überblick vgl. *Vormbaum/Ornau* in: *Männel*, 1992, S. 533ff. Einige grundsätzliche Fragen werden unter Rdn. 20ff. erörtert.

25 Zu einem knappen Überblick siehe *Hummel* in: *Busse von Colbe/Pellens*, 1998, S. 453ff.; *Schweitzer* in: *Männel*, 1992, S. 185ff.

möglich. Deshalb wird an der Vollkostenrechnung vielfach Kritik geübt, die zur Entstehung weiterer Kostenrechnungssysteme geführt hat.

Dies sind im wesentlichen die Verfahren der **Teilkostenrechnung**. Sie sollen die Probleme der Vollkostenrechnung überwinden, indem nur bestimmte Kostenkategorien auf die Kostenträger verrechnet werden. Dabei werden zwei Grundformen unterschieden: 22

- Die eine Grundform orientiert sich an der Trennung in beschäftigungsfixe und beschäftigungsvariable Kosten und rechnet nur die variablen Kosten auf die Kostenträger zu. Entsprechende Ansätze gehen im wesentlichen auf *Kilger* und *Plaut* zurück[26] und sind unter den Begriffen **Grenzplankostenrechnung** bzw. **Flexible Plankostenrechnung** bekanntgeworden.
- Die zweite Grundform beruht auf der Trennung in Einzel- und Gemeinkosten und geht als **Relative Einzelkostenrechnung** auf *Riebel* zurück.[27] Den verschiedenen Kalkulationsobjekten (z. B. Leistungen, Leistungsgruppen, Perioden, Aufträgen, Mandanten) werden jeweils nur die Einzelkosten zugerechnet, wobei auf Basis einer allgemeinen Grundrechnung Einzelkosten für sehr unterschiedliche Kalkulationsobjekte ermittelt werden können.

Beide Grundformen der Teilkostenrechnung haben den Vorteil einer gegenüber der Vollkostenrechnung größeren Verursachungsgerechtigkeit. In Unternehmungen mit großen Fix- und/oder Gemeinkostenblöcken ergibt sich allerdings das Problem, daß nur ein vergleichsweise geringer Anteil der Gesamtkosten dann tatsächlich auf die Kostenträger weiterverrechnet werden kann. Zudem ergibt sich in der Ergebnisrechnung bei Gegenüberstellung der Kosten und der den jeweiligen Kostenträgern zuzurechnenden Erlöse bzw. Umsätze keine Gewinngröße, sondern lediglich ein **Deckungsbeitrag**. Ein Gewinn läßt sich dann oft erst auf der Gesamtunternehmungsebene bestimmen, wenn alle Kosten und Erlöse als Blöcke einander gegenübergestellt werden. Derart aggregierte Größen liefern allerdings kaum Detailinformationen für das Kosten- und auch für das Leistungsmanagement. Nicht selten findet man daher heute in der Praxis integrierte Ansätze oder **Parallelrechnungen**, die sowohl Voll- als auch Teilkosteninformationen bereitzustellen vermögen. 23

5. Problemfelder und Optionen einer anwaltlichen Kostenrechnung

Faßt man die bisherigen Ausführungen gedanklich zusammen und überprüft sie hinsichtlich ihrer Konsequenzen für eine anwaltliche Kostenrechnung, so bleiben folgende Aspekte festzuhalten: 24

- Die Kostensituation in Anwaltskanzleien ist geprägt durch **hohe Anteile von Fix- und Gemeinkosten**. Dieser Sachverhalt erschwert die flexible kostenseitige Anpassung an Beschäftigungsschwankungen ebenso wie die präzise kostenmäßige Beurteilung von Leistungen, Aufträgen und Mandanten. 25
- Mindestvoraussetzung für ein wirkungsvolles Kostenmanagement ist die **systematische Erfassung der Kostenarten**, denn nur so wird eine Analyse der Kostensituation in der Anwaltskanzlei möglich. Größere Kanzleien sollten zudem die Bildung von Kostenstellen vor dem Hintergrund der Wirtschaftlichkeitskontrolle zumindest in Erwägung ziehen, sofern sie sie noch nicht vorgenommen haben. 26
- Die betrieblichen Kosten sollten gewissenhaft im Hinblick auf ihre Beziehung zu bestimmten anwaltlichen Leistungsarten, bestimmten Aufträgen und einzelnen Mandanten überprüft werden, um diese **Bezugsobjekte** einer möglichst exakten Kostenbewertung unterziehen zu können. Nur so ergeben sich Rückschlüsse auf Kostensenkungsnotwendigkeiten und -möglichkeiten. 27
- Viele der erforderlichen Kosteninformationen lassen sich relativ problemlos aus den bestehenden **Buchhaltungssystemen** ableiten. Eine darüber hinausgehende Berücksichtigung kalkulatorischer Kosten sollte im Interesse jeder Kanzlei liegen, wenn sie ihren betrieblichen Erfolg vollständig abbilden und beurteilen will. 28

---

[26] Vgl. zum Überblick *Plaut* in: *Männel*, 1992, S. 203 ff.; *Troßmann* in: *Männel*, 1992, S. 226 ff.

[27] Ein zusammenfassender Überblick findet sich bei *Riebel* in: *Männel*, 1992, S. 247 ff.

29 – Ein Kostenmanagement, wie es in den folgenden Abschnitten beschrieben wird, „hängt in der Luft", wenn nicht zumindest bestimmte Grundanforderungen bezüglich der **Informationsbereitstellung durch die Kostenrechnung** erfüllt sind. Eine Schaffung dieser Voraussetzungen ist angesichts der zunehmenden Bedeutung des Wettbewerbsfaktors „Kosten" auch in Anwaltskanzleien nicht nur sinnvoll, sondern notwendig.

30 – Es ist nicht zuletzt eine Aufgabe der **Zusammenarbeit zwischen Wissenschaft und Praxis**, die bestehende Lücke im Bereich der Kostenrechnungssysteme für Anwaltskanzleien zu schließen. Dabei können andere Dienstleistungsbereiche als Vorbild dienen.

II. Das Kostenmanagement und seine Gestaltungs- und Lenkungsfunktionen in der Anwaltskanzlei

1. Einordnung und Gestaltungsfelder des Kostenmanagement im Überblick

31 Unter Berücksichtigung der bisherigen Ausführungen läßt sich Kostenmanagement definieren als „die bewußte Beeinflussung der Kosten mit dem Ziel, den Unternehmenserfolg zu erhöhen und die Wettbewerbsfähigkeit des Unternehmens zu verbessern"[28] oder – vom Inhalt her entsprechend – als „die Gesamtheit aller Maßnahmen, die in einem Betrieb mit der Absicht ergriffen werden, die Kosten unter Berücksichtigung der gesamtbetrieblichen Zielsetzung vorteilhaft zu gestalten".[29] Diese Definitionen machen noch einmal die Gestaltungs- und Lenkungsfunktion des Kostenmanagement deutlich: Es geht um die gezielte Beeinflussung der Kosten, ausgerichtet an dem Ziel der Erreichung einer im Wettbewerbsvergleich günstigen Kostenposition. In diesem Kontext agiert das Kostenmanagement mit seinen Gestaltungs- bzw. Aktivitätsfeldern in einem dreidimensionalen Zusammenhang, der in Abbildung 3 dargestellt ist.[30]

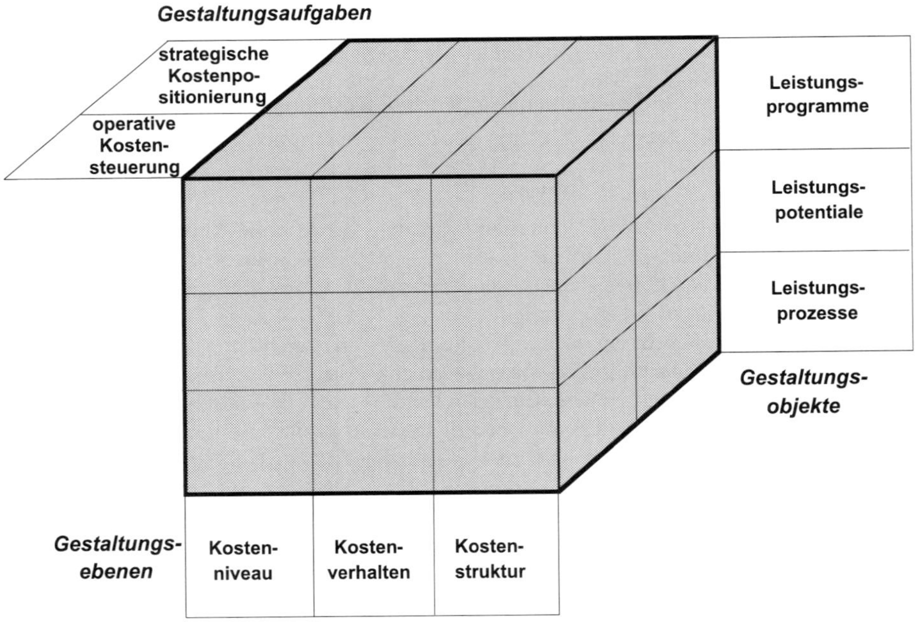

Abbildung 3: Dimensionen des Kostenmanagement
(Quelle: in Anlehnung an Becker, Kostenrechnungspraxis 1993, 14)

[28] *Kajüter* in: *Busse von Colbe/Pellens*, 1998, S. 447.
[29] *Streitferdt* in: *Chmielewicz/Schweitzer*, 1993, Sp. 1216f.
[30] *Corsten*, 1997, S. 265, betont für das Dienstleistungsmanagement vor allem die Bedeutung der Gestaltungsebenen und der Gestaltungsobjekte.

An dieser Stelle sei ausdrücklich betont, daß es sich bei der Bildung der Dimensionen um eine **künstlich-modellhafte Trennung** handelt, die aus Gründen der Übersichtlichkeit vorgenommen wird:[31] In der Praxis sind die einzelnen Gestaltungsfelder miteinander verflochten und beeinflussen sich gegenseitig. 32

Um einem Mißverständnis vorzubeugen, sei noch einmal die Kopplung des Kostenmanagement an die unternehmerische Zielsetzung der Verbesserung der Wettbewerbsfähigkeit erwähnt: In diesem Sinne kann das Kostenmanagement nicht einseitig auf Kostensenkungen abzielen, sondern muß – wenn dies die Wettbewerbssituation erforderlich macht – auch die mit z. B. Qualitätsverbesserungen teilweise einhergehenden Kostenerhöhungen zu seinem Gestaltungsbereich zählen. Insofern dient das Kostenmanagement der **Optimierung der Kosten-/Nutzen-Verhältnisse** in der Unternehmung und ist damit zwingend auch eng mit dem Leistungsmanagement verbunden.[32] Dies wird auch bei der Behandlung der Instrumente des Kostenmanagement noch einmal sehr deutlich werden (vgl. Rdn. 57ff.). 33

2. Die Gestaltungsaufgaben

Das Betätigungsfeld des Kostenmanagement wurde traditionell eher im **operativen** Bereich gesehen: als Beeinflussung (speziell Senkung) der Kosten im Rahmen gegebener Kapazitäten, d. h. einer gegebenen Ausstattung mit Personal, technischem Equipment etc.[33] Damit liegen die Aufgaben des operativen Kostenmanagement vor allem im laufenden Tagesgeschäft, ohne daß es grundlegende Weichenstellungen für die Wettbewerbsfähigkeit der Unternehmung vornehmen könnte. 34

In den letzten Jahren hat sich allerdings eine Entwicklung eingestellt, die die Notwendigkeit der Verzahnung des Kostenmanagement mit der strategischen Planung und damit der Ergänzung des operativen um ein **strategisches Kostenmanagement** hervorhebt. Dabei gehen die Überlegungen nicht zuletzt auf *Gälweiler* zurück, der konstatierte, daß die Kostensituation in der Unternehmung „in ihren Gestaltungsspielräumen letztlich vor allem durch die strategischen Entscheidungen über Art und Ausmaß der Unternehmensaktivitäten vorbestimmt“[34] ist. Insofern hat im Kostenmanagement inzwischen eine Schwerpunktverlagerung hin zur strategischen Seite stattgefunden, was nicht zuletzt durch eine Vielzahl von Veröffentlichungen in diesem Bereich deutlich wird.[35] 35

Die Unterscheidung in operative und strategische, auf die Veränderung der Kapazitäten und Strukturen gerichtete Aufgaben des Kostenmanagement macht deutlich, daß Kostenmanagement eben nicht nur das Suchen nach Kostensenkungsmöglichkeiten im Detail betrifft, sondern daß sich auch für die Anwaltskanzlei die Notwendigkeit ergibt, über grundlegende Veränderungs- bzw. Optimierungsmöglichkeiten intensiv nachzudenken: Strategisches Kostenmanagement stellt die Weichen für die Möglichkeiten der Unternehmung, sich im Markt zu bewegen, angemessene Leistungsprogramme anzubieten und die betreffenden Leistungen auf wirtschaftlich und qualitativ adäquate Weise abzuwickeln. Genauere Ansatzpunkte liefern die beiden weiteren Dimensionen des Kostenmanagement. 36

3. Die Gestaltungsobjekte

Die Gestaltungs-(oder auch Bezugs-)Objekte des Kostenmanagement sind in der Leistungssphäre der Unternehmung angesiedelt. Im einzelnen handelt es sich um Leistungsprogramme, Leistungspotentiale und Leistungsprozesse.[36] 37

Beim **leistungsprogrammbezogenen Kostenmanagement** sind in der Anwaltskanzlei zunächst die direkt gegenüber den Mandanten erbrachten anwaltlichen Leistungen zu beachten: Gerade bei einem sehr breiten und tiefen Leistungsprogramm ist es denkbar, daß 38

---

[31] Vgl. *Reiß/Corsten* in: *Männel*, 1992, S. 1479.
[32] Vgl. stellvertretend *Hardt*, 1998, S. 9.
[33] Vgl. *Becker*, Kostenrechnungspraxis 1993, 14.
[34] *Gälweiler*, Die Betriebswirtschaft 1977, 70.
[35] Vgl. u. a. *Fischer*, 1993; *Oecking*, 1994.
[36] Vgl. *Becker*, Kostenrechnungspraxis 1993, 14; *Corsten*, 1997, S. 264.

„exotische", nur selten nachgefragte Spezialleistungen Kosten in einem Maße verursachen (z. B. bedingt durch die Beschaffung zusätzlicher Informationen oder überproportionalen Personaleinsatz), die durch das erzielbare Honorar auch nicht ansatzweise gedeckt werden können. Insofern wird mit der Festlegung des Leistungsprogrammes eine wichtige Weichenstellung für die Kostensituation vorgenommen. Neben den externen bedürfen aber auch die internen Leistungen einer sorgfältigen Analyse seitens des Kostenmanagement: Unterstützende interne Dienstleistungen wie das Erstellen von Honorarabrechnungen oder das Erledigen der Korrespondenz müssen gleichfalls bezüglich ihrer Kostenwirtschaftlichkeit überprüft werden: Nicht selten wird es sich dann anbieten, bestimmte Leistungen fallweise von außerhalb der Kanzlei angesiedelten Dienstleistern zu beziehen, da diese kostengünstiger sind als die kanzleiinterne Leistungserstellung.

39 Die zweite wichtige Gruppe von Gestaltungsobjekten stellen die **Leistungspotentiale** dar. In diesem Zusammenhang ist vor allem die Festlegung der personellen und sachlichen Kapazitäten (Gebäude, maschinelle Ausstattung) in quantitativer und qualitativer Hinsicht betroffen. Die Tatsache, daß die Kosten für Personal, aber auch z. B. für eine EDV-Ausstattung, zumindest kurzfristig fix sind, zieht die Notwendigkeit einer sorgfältigen Planung der Potentialgestaltung nach sich, da mit der einmal getroffenen Entscheidung die Arbeitsmöglichkeiten für die nächste Zeitphase determiniert sind. In der Anwaltskanzlei ist – wie bei vielen anderen Dienstleistern auch – ein Großteil der Kosten den Potential- oder auch Bereitstellungskosten zuzurechnen, die Prozesse der Leistungserstellung selbst verursachen demgegenüber eher geringe zusätzliche Kosten. Dies macht die Notwendigkeit der Beachtung der Potentiale durch das Kostenmanagement deutlich. Neben die bereits aufgeführten internen treten aber auch externe Potentiale (Lieferanten- und Kundenpotentiale), deren Erschließung und Bindung gleichfalls mit Kosten verbunden ist.[37]

40 Schließlich muß sich das Kostenmanagement auf die **Leistungsprozesse** selbst richten, d. h. auf die gesamten betrieblichen Aktivitäten. Dabei ist zu unterscheiden zwischen Prozessen, die unmittelbar geeignet sind, einen Nutzen für den Mandanten zu stiften (z. B. Beratungsgespräch), und solchen, die keinen direkten Kundenwert schaffen (z. B. Beschaffung von Büromaterialien).[38] Tendenziell überwiegt bei letzteren das Streben nach Kostenreduzierung (z. B. durch Streichung oder Vereinfachung von Aktivitäten), bei ersteren dagegen die flexible Kostengestaltung unter strikter Berücksichtigung des Kundennutzens. Bedeutsam ist in diesem Zusammenhang die Tatsache, daß gerade die anwaltlichen Beratungsleistungen sehr stark durch die **Mitwirkung des Kunden** geprägt sind: Er steuert Informationen bei, stellt Rückfragen, fordert zusätzliche Erklärungen etc. Damit nimmt er maßgeblichen Einfluß auf die Kosten der Abläufe in der Anwaltskanzlei, was wiederum besondere Anforderungen an das Kostenmanagement stellt.[39] Konkrete Vorgehensweisen zu einem prozeßbezogenen Kostenmanagement werden in Abschnitt C vorgestellt.

4. Die Gestaltungsebenen

41 Die letzte der anzusprechenden Gestaltunsgdimensionen des Kostenmanagement kann als diejenige angesehen werden, die dem Verständnis von Kostenmanagement in der Praxis wohl am nächsten kommt bzw. die die größte Verbreitung gefunden hat: Als Gestaltungsebenen sind das Kostenniveau, das Kostenverhalten und die Kostenstruktur zu betrachten,[40] womit – im Unterschied zur unter Rdn. 37ff. angesprochenen Leistungssphäre – nunmehr die Kostensphäre der Unternehmung unmittelbar und direkt betroffen ist.[41]

42 **a) Kostenniveau.** Das Kostenniveaumanagement zielt auf die absolute Höhe der Kosten ab. Im Vordergrund steht dabei die Kostenreduzierung. Insofern sind Rationalisierungs-

---

[37] Vgl. *Becker*, Kostenrechnungspraxis 1993, 15.
[38] Vgl. *Kajüter* in: *Busse von Colbe/Pellens*, 1998, S. 448.
[39] Vgl. dazu grundlegend *Reckenfelderbäumer*, 1995, S. 39ff.
[40] Vgl. ergänzend *Hardt*, 1998, S. 9ff.; *Reiß/Corsten* in: *Männel*, 1992, S. 1480ff.
[41] Vgl. *Becker*, Kostenrechnungspraxis 1993, 15.

überlegungen ein zentrales Element des Kostenniveaumanagement. Ziel der Bemühungen können dabei die Kosten der Gesamtunternehmung, aber auch die Kosten bestimmter Teilbereiche (z. B. Vertrieb) sein. Zu unterscheiden ist in diesem Zusammenhang in eine Mengen- und eine Wertkomponente des Kostenniveaumanagement.

Bei der **Mengenkomponente** geht es darum, die Quantität der eingesetzten Produk- **43** tionsfaktoren zu reduzieren. Dies kann auf personellem Gebiet im Hinblick auf die eingesetzte Arbeitszeit etwa durch die Vermeidung überflüssiger Doppelarbeiten geschehen, durch eine gezieltere Abstimmung von Teilaufgaben oder auch durch eine Steigerung der Bearbeitungsgeschwindigkeit. In diesen und anderen Bereichen finden sich in vielen Anwaltskanzleien zahlreiche Ansatzpunkte. Aber auch bei den übrigen Produktionsfaktoren können Kostensenkungspotentiale bestehen, z. B. durch eine effiziente Ausnutzung und gegebenenfalls Reduzierung der Büroflächen, durch Sparsamkeit im Umgang mit Büromaterial oder Energie. Häufig bietet es sich an, die Mitarbeiter zu kostensparenden Verbesserungen anzuregen, da sie die Arbeitsabläufe „von innen" kennen.

Die zweite Seite des Kostenniveaumanagement bildet die **Wertkomponente**. Das **44** Kostenniveau kann auch gesenkt werden, wenn es gelingt, bestimmte Produktionsfaktoren durch qualitativ gleichwertige, aber kostengünstigere Angebote zu substituieren. Dies kann z. B. auf dem Wege erfolgen, daß neue Bezugsquellen erschlossen werden (z. B. für Büroausstattung, Telekommunikationsdienstleistungen oder Brief- und Dokumententransport). Aber auch der Ersatz bisher selbsterstellter Teilleistungen durch Zukauf (z. B. die Vergabe von Schreibarbeiten nach außen) setzt an der Wertkomponente des Kostenniveaus an. Der sorgfältige Kostenvergleich potentieller interner und externer Bezugsquellen für benötigte Produktionsfaktoren ist insofern auch für Anwaltskanzleien ein Muß, denn die hierin liegenden Kostensenkungspotentiale werden im Trott des Alltagsgeschäfts zu oft übersehen oder allenfalls unvollständig untersucht.

b) Kostenverhalten. Gegenstand des Kostenverhaltensmanagement ist die zielorien- **45** tierte Beeinflussung des Kostenverhaltens (des Kostenverlaufs) in Abhängigkeit von der Beschäftigungs- bzw. Ausbringungsmenge.[42] Anstelle von Kostenverhalten wird auch oft der Begriff der **„Kostenreagibilität"** verwendet.[43]

Das Kostenverhaltensmanagement ist stark durch die industrielle Sichtweise geprägt **46** und betrachtet den Verlauf der **Stückkosten** der erstellten Leistungen. Die Stückkosten ergeben sich aus der Division der Gesamtkosten durch die Ausbringungsmenge. Sieht man von dem sehr seltenen Fall, daß die Gesamtkosten bei steigender Ausbringungsmenge auch sinken können, einmal ab, so lassen sich drei grundsätzliche Konstellationen für die Entwicklung der Stückkosten herausarbeiten, die für das Kostenmanagement maßgeblich sind:

- Die Gesamtkosten entwickeln sich **proportional** bzw. linear zur Ausbringungsmenge. Das Kostenmanagement hat dann vor allem die Aufgabe, ein gleichmäßiges und nicht nur punktuell niedriges Niveau der Stückkosten sicherzustellen.[44]
- Die Gesamtkosten steigen **progressiv**, damit erhöhen sich die Stückkosten mit zunehmender Ausbringungsmenge, z. B. durch fehlerbedingte Mehrarbeit infolge von Überlastung, kostenintensive Überstunden o.ä. Hier ist das kostenorientierte **Risikomanagement** gefragt, das sicherstellen muß, daß die durch die erhöhte Ausbringung hervorgerufenen Nutzeneffekte (z. B. zusätzliche Umsätze) nicht durch Mehrkosten überkompensiert werden.
- Schließlich kann ein **degressiver** Gesamtkostenverlauf vorliegen, der zu sinkenden Stückkosten bei steigenden Ausbringungsmengen führt, z. B. durch die bessere Auslastung vorhandener Kapazitäten oder Lerneffekte bei der Abwicklung sich wieder-

---

[42] Vgl. *Hardt*, 1998, S. 13.
[43] Vgl. *Reiß/Corsten* in: *Männel*, 1992, S. 1481.
[44] Vgl. *Reiß/Corsten* in: *Männel*, 1992, S. 1481.

holender Aufgaben und Tätigkeiten. Die Aufdeckung und Ausnutzung derartiger Maßnahmen wird im Rahmen der Kostenbeeinflussung auch als **Chancenmanagement** interpretiert.[45]

47 Diese ursprünglich industriell geprägten Überlegungen lassen sich zumindest in ihren Grundzügen auch auf Anwaltskanzleien und ihr Kostenmanagement übertragen. Zwar fällt es aufgrund der Individualität der gegenüber den Mandanten erbrachten Dienstleistungen schwer, so etwas wie eine „Ausbringungsmenge" zu definieren – dies würde die Festlegung eines weitgehend standardisierten Leistungsbündels erfordern. Wohl aber können bestimmte Teilleistungen identifiziert werden, die gleichsam als Bausteine in die unterschiedlichsten Leistungsbündel einfließen (z. B. Erstellung von Honorarabrechnungen, Anfertigung von Schriftstücken und viele weitere Tätigkeiten vornehmlich solcher Art, daß sie nicht im direkten Kontakt mit dem Mandanten abgewickelt werden). Zwei Beispiele mögen daher die **Relevanz eines Kostenverhaltensmanagement für Anwaltskanzleien** verdeutlichen:

- Eine Kanzlei plant die Anschaffung einer neuen EDV-Anlage zum Zwecke des Ersatzes eines bestehenden Systems. Die neue, leistungsfähigere Anlage kann z. B. für die Terminplanung, die Umsatzerfassung, das Abrechnungswesen und für die Finanzbuchhaltung eingesetzt werden. Je intensiver die Anlage für diese – relativ routinisierbaren – Teilleistungen eingesetzt wird, desto stärker können die „Stückkosten" je Teilleistung gesenkt werden, wenn allein die reinen Anschaffungskosten der Anlage berücksichtigt werden. Bedenkt man aber, daß mit der Anschaffung einer neuen EDV-Anlage oft auch Finanzierungskosten (z. B. Kreditzinsen), Schulungskosten und nur bedingt vorhersehbare Wartungs- und Reparaturkosten verbunden sind, können die Gesamtstückkosten dennoch höher liegen als bei der alten Anlage – und das, obwohl nun sogar eine größere Menge von Teilleistungen abgewickelt werden kann.[46]
- Vor einem ähnlichen Problem steht eine Kanzlei, die zusätzliches Personal einstellen will: Die hinzukommenden Gehaltskosten erhöhen bei gegebenem Leistungsumfang der Kanzlei zunächst die „Stückkosten" je Leistung. Erst ab einem gewissen Umfang zusätzlich abgewickelter Leistungen wird das alte (Stück-)Kostenniveau wieder erreicht oder sogar unterschritten.

48 Diese einfachen Beispiele zeigen, daß die Zusammenhänge zwischen Kapazität, Leistungsumfang und Kostenverlauf durchaus auch im anwaltlichen Kostenmanagement der Beachtung bedürfen. Gerade weil die Sachverhalte auf den ersten Blick nicht so offenkundig sind wie in der Industrie, beinhalten sie große Risiken, aber auch Chancen, die es zu erkennen gilt.

49 **c) Kostenstruktur.** Das Kostenstrukturmanagement setzt an der Zusammensetzung der Gesamtkosten an, indem es unerwünschte **Relationen (Mißverhältnisse) zwischen verschiedenen Kostenkategorien** identifiziert und zu korrigieren anstrebt.[47] Im Mittelpunkt steht dabei das Verhältnis von fixen und variablen Kosten zum einen sowie von Einzel- und Gemeinkosten zum anderen. Allerdings können auch sämtliche anderen Kostenkategorien untersucht und zum Gegenstand des Kostenstrukturmanagement gemacht werden.[48] Insofern knüpft das Kostenstrukturmanagement unmittelbar an den **Kostenarten** an.

50 Die Fix- und Gemeinkostenlastigkeit von Anwaltskanzleien macht es erforderlich, daß dem Kostenstrukturmanagement eine vergleichsweise große Bedeutung zugemessen wird. Allerdings sind ihm durch die Natur der anwaltlichen Leistungserstellung vergleichsweise enge Grenzen gesteckt. Einige Optionen sollten dennoch in Betracht gezogen werden, wie die folgenden Beispiele zeigen:

---

[45] Vgl. *Reiß/Corsten* in: *Männel*, 1992, S. 1481.
[46] Zum Thema EDV-Kosten in der Kanzlei siehe auch *Fedtke*, AnwBl. 1995, 501 ff.
[47] Vgl. z. B. *Becker*, Kostenrechnungspraxis 1993, 15.
[48] Vgl. etwa *Hardt*, 1998, S. 10 ff.

- Aus Flexibilitätsgründen ist eine **Reduzierung des Fixkostenanteils** wünschenswert, ohne daß die Fixkosten völlig abgebaut werden könnten. Allerdings ist z. B. zu überdenken, ob – gerade in größeren Kanzleien – für bestimmte unterstützende Dienstleistungen, z. B. im Verwaltungs- und Bürobereich, die eigenen Kapazitäten tatsächlich in vollem Umfang erforderlich sind. Oft ist es – wie schon erwähnt – eben günstiger, benötigte Leistungen fallweise von außen zu beziehen und die damit verbundenen Kosten auf diese Weise zu variabilisieren: Die Gefahr unterausgelasteter interner Kapazitäten (Personal, Geräte), die Fixkosten verursachen, wäre damit reduzierbar.
- Umfaßt eine Kanzlei mehrere auch in organisatorischer Hinsicht getrennte Arbeitsfelder, so ist die Kostenstrukturanalyse nicht nur für die Kanzlei insgesamt, sondern auch für die **einzelnen Arbeitsfelder** durchzuführen. Möglicherweise ergeben sich im Zeitablauf Verschiebungen im Hinblick auf den Auslastungsgrad der einzelnen Bereiche, so daß Kapazitäten von einem in einen anderen Tätigkeitsbereich zu verlagern, also z. B. Mitarbeiter einem anderen Arbeitsfeld zuzuweisen sind, wodurch die Fixkostenbelastung des weniger ausgelasteten Bereichs reduziert werden kann.
- Ein hoher Gemeinkostenanteil erschwert die gezielte Beurteilung einzelner Leistungen und Leistungsbereiche der Kanzlei. Gemeinkosten lassen sich im anwaltlichen Bereich kaum in Einzelkosten umwandeln. Insofern geht es vor allem darum, Möglichkeiten einer weitgehend **verursachungsgerechten Zurechnung** der Kosten von durch alle Leistungsbereiche gemeinsam genutzten Ressourcen (z. B. Empfang, Schreibbüro, EDV) zu finden. Dies kann dadurch erfolgen, daß dem Nutzer je Inanspruchnahme ein interner Preis zu Verrechnungszwecken in Rechnung gestellt wird. Da dieser **interne Verrechnungspreis** das Ergebnis des betreffenden Bereiches innerhalb der Kanzlei belastet, besteht gleichzeitig ein Anreiz zum sorgsamen Umgang mit den entsprechenden Ressourcen.

Viele Möglichkeiten im Rahmen des Kostenstrukturmanagement kommen – darauf sei 51
ausdrücklich hingewiesen – erst ab einer bestimmten **Kanzleigröße** in Frage. Dennoch kann gerade für kleine Kanzleien die generelle Empfehlung abgeleitet werden, eine zu hohe Fixkostenbelastung zu vermeiden. Gerade in frühen Phasen des Bestehens einer Kanzlei ist es nicht zwingend erforderlich, alles selbst zu machen, sondern oftmals ist die flexible Zusammenarbeit mit selbständigen Dienstleistern, die es speziell im Bereich der Büro- und Kommunikationsdienstleistungen inzwischen in reicher Zahl gibt, der erfolgversprechendere Weg.

5. Zusammenfassender Überblick

Manch einer der bisher behandelten Aspekte mag aus Sicht vieler Anwaltskanzleien vom 52
täglichen Geschäft (noch) relativ weit entfernt liegend erscheinen. Dennoch: Der Erfolg einer Kanzlei ist letztlich ein ökonomisches Phänomen, dessen eine Hälfte allein durch die Kosten bestimmt wird. Insofern erscheint es unumgänglich, im anwaltlichen Bereich – wie in den meisten anderen Freien Berufen auch – dem Kostenmanagement größere Aufmerksamkeit zu schenken und gewisse Investitionen in die entsprechenden Maßnahmen zu tätigen, ohne daß es dabei zu einem aufgeblähten Aktionismus kommen darf, der selbst schon wieder unwirtschaftlich ist.[49] Das gesunde Mittelmaß muß gefunden werden. Vor diesem Hintergrund seien einige **entscheidende Punkte** noch einmal kurz hervorgehoben:

- Anwaltliches Kostenmanagement muß sich auf die Dimensionen Gestaltungsaufgaben, 53
  Gestaltungsobjekte und Gestaltungsebenen beziehen, wobei die Interdependenzen der verschiedenen Aktivitätsfelder der Beachtung bedürfen.
- Ein zielgerichtetes Kostenmanagement ist auf eine Vielzahl unterschiedlicher Kosten- 54
  informationen angewiesen. Der Bedarf kann dabei im Einzelfall und in Abhängigkeit von den kanzleispezifischen Rahmenbedingungen (Größe, Leistungsangebote etc.) sehr unterschiedlich sein.

---

[49] Vgl. *Reiß/Corsten* in: *Männel*, 1992, S. 1488.

55 – Zur Bereitstellung der entsprechenden Kosteninformationen bedarf es zwar nicht zwingend eines ausgebauten Kostenrechnungssystems industrieller Prägung; wohl aber müssen bestimmte Mindestinformationen verfügbar sein, auf die bereits in Abschnitt B I hingewiesen wurde.

56 – Das anwaltliche Kostenmanagement kann sich verschiedener Instrumente bedienen, die schon in anderen Dienstleistungsbranchen erfolgreich eingesetzt werden. Einige davon werden nachfolgend skizziert. Dabei sind sie zunächst im Hinblick auf ihre Bedeutung für die Gestaltungsebenen des Kostenmanagement hin zu analysieren.

C. Instrumente des Kostenmanagement für die Anwaltskanzlei

I. Überblick: Ausgewählte Instrumente und ihre Bedeutung für die Gestaltungsebenen des Kostenmanagement

57 Dem Kostenmanagement steht inzwischen eine Vielzahl älterer und neuerer Instrumente zur Verfügung, die im Rahmen des vorliegenden Beitrags weder vollständig noch jedes für sich gesehen erschöpfend behandelt werden können.[50] Daher werden einige besonders wichtig erscheinende Ansätze herausgegriffen und in ihren Grundzügen skizziert. Zur Vertiefung sei auf die jeweils angegebene Literatur verwiesen.

58 Abbildung 4 gibt einen ersten Überblick bezüglich der zu behandelnden Instrumente und ihrer **Einsatzmöglichkeiten** zur Beeinflussung von Kostenniveau, -verhalten und -struktur, wobei die Einstufung der Nutzbarkeit der einzelnen Konzepte lediglich eine Tendenzaussage darstellen kann und vermutlich auf teilweise abweichende Meinungen stoßen wird. Ergänzend sei angemerkt, daß die genannten Instrumente sich zum Teil ergänzen, zum Teil aber auch Überschneidungen aufweisen, was im Rahmen der folgenden Ausführungen noch deutlicher werden wird.

		Gestaltungsebenen		
		Kostenniveau	Kostenverhalten	Kostenstruktur
Instrumente	Blueprinting	○	–	○
	Prozeßkosten-management	○	+	+
	Budgetierungs-verfahren	+	–	○
	Wertanalyse-verfahren	+	–	+
	Benchmarking	++	○	+
	Target Costing	++	○	++

++ = sehr gut geeignet
+ = gut geeignet
○ = bedingt geeignet
– = weniger geeignet

Abbildung 4: Managementinstrumente und ihre Nutzbarkeit zur Kostenbeeinflussung auf den Gestaltungsebenen des Kostenmanagement

[50] Zu einer Übersicht vgl. z. B. *Hardt*, 1998, S. 17.

Für das Kostenmanagement in Anwaltskanzleien steht insbesondere das im Rahmen des allgemeinen **Dienstleistungsmanagement** entwickelte Spektrum an Instrumenten zur Verfügung. Insbesondere Verfahren, die für beratungs- bzw. interaktionsintensive Leistungen und für die Optimierung von Büro- und Verwaltungsabläufen heute schon eingesetzt werden, sollten für Rechtsanwaltskanzleien von Interesse sein. 59

II. Die Basis des Kostenmanagement: Erstellung von Blueprints der anwaltlichen Leistungserstellung

Bevor im Rahmen des Kostenmanagement konkrete Beeinflussungsmaßnahmen ergriffen werden können, muß Klarheit darüber geschaffen werden, wo die entsprechenden Maßnahmen im Einzelfall ansetzen sollen, in welchen Bereichen der betrieblichen Abläufe also überhaupt Handlungsbedarf gesehen wird. Dafür ist es zwingende Voraussetzung, sich von diesen Abläufen und den daran beteiligten Personen und sonstigen Potentialen zunächst einmal ein Bild zu machen. Regelmäßig ist es so, daß eine systematische Betrachtung der Abläufe nicht erfolgt, daß es somit an Transparenz bezüglich der Stolpersteine fehlt, die das Streben nach Wirtschaftlichkeit und auch Qualität behindern können. Diese Transparenz kann mit Hilfe des **Service-Blueprinting** geschaffen werden. 60

Das Blueprinting ist grundsätzlich ein dienstleistungsspezifisches Hilfsmittel, das zur effizienten und kundenorientierten Planung neuer und Verbesserung vorhandener Leistungen beitragen soll. Im Kern stellt es eine Übertragung der aus dem industriellen Bereich bekannten **Netzplantechnik** auf Dienstleistungen dar. Ursprünglich für den Finanzdienstleistungsbereich konzipiert, hat es inzwischen Anwendung in vielen weiteren Dienstleistungsbranchen gefunden.[51] Das Blueprinting soll ein nachvollziehbares Bild der Abhängigkeiten der täglichen Arbeitsabläufe schaffen. Durch eine **ablauforientierte Zerlegung der Leistungsprozesse** werden die einzelnen Leistungsschritte und deren Abfolge visualisiert. So lassen sich mögliche Fehlerquellen besser herausarbeiten. Beispielsweise können aber auch zeitliche Standards (gegebenenfalls unter Berücksichtigung entsprechender Toleranzen) für die Teilschritte festgelegt werden, um die Effizienz des Ineinandergreifens der einzelnen Arbeitsabschnitte zu verbessern. Zur Verdeutlichung zeigt Abbildung 4 auf Seite 652 ein einfaches Beispiel für ein Blueprint: Hier wurde ein anwaltliches Beratungsgespräch als in sich abgeschlossene, keine weiteren Dienste (z. B. Vertretung vor Gericht) nach sich ziehende Leistung in ihre Teilelemente zerlegt. 61

Der Detaillierungsgrad der Zerlegung ist eine Frage der Einzelfallentscheidung, abhängig davon, wie differenziert die anstehende Analyse durchgeführt werden soll. Wichtiges Element der Anfertigung von Blueprints ist die Berücksichtigung einer **„Line of Visibility“**, die den für den Mandanten sichtbaren „Front-Office-Bereich“ vom für ihn nicht direkt beobachtbaren „Back-Office-Bereich“ trennt. Auf diese Weise wird verdeutlicht, an welchen Stellen direkter Kontakt zwischen Mandant und Kanzlei besteht, wo der Mandant damit in die Prozesse der Kanzelei einbezogen werden muß. Die Kenntnis dieser **Kontaktpunkte** ist insofern wichtig, als sie prägend für die Qualitätswahrnehmung durch den Mandanten sind (z. B. Freundlichkeit des Personals, Terminzuverlässigkeit als wichtige Faktoren). Die Kontaktpunkte sind aber auch für das Kostenmanagement bedeutsam, da jede Einflußnahme des Mandanten mit Kostenwirkungen verbunden sein kann, z. B. wenn sich aufgrund zahlreicher Rückfragen die geplante Dauer des Beratungsgesprächs verlängert. Ansatzpunkte für das Kostenmanagement bestehen häufig nicht nur, aber ganz besonders im für den Mandanten nicht einsehbaren Back-Office-Bereich. Die entsprechenden Prozesse werden durch das Blueprinting transparent, und die Kanzleiführung erhält die Möglichkeit, Wirtschaftlichkeit, Dauer und auch Qualität jedes Ablaufschrittes zu überprüfen. Oft führt schon allein das Nachdenken über die Struktur der Arbeits- 62

[51] Vgl. grundlegend *Shostack*, Harvard Manager 1984, 93ff.

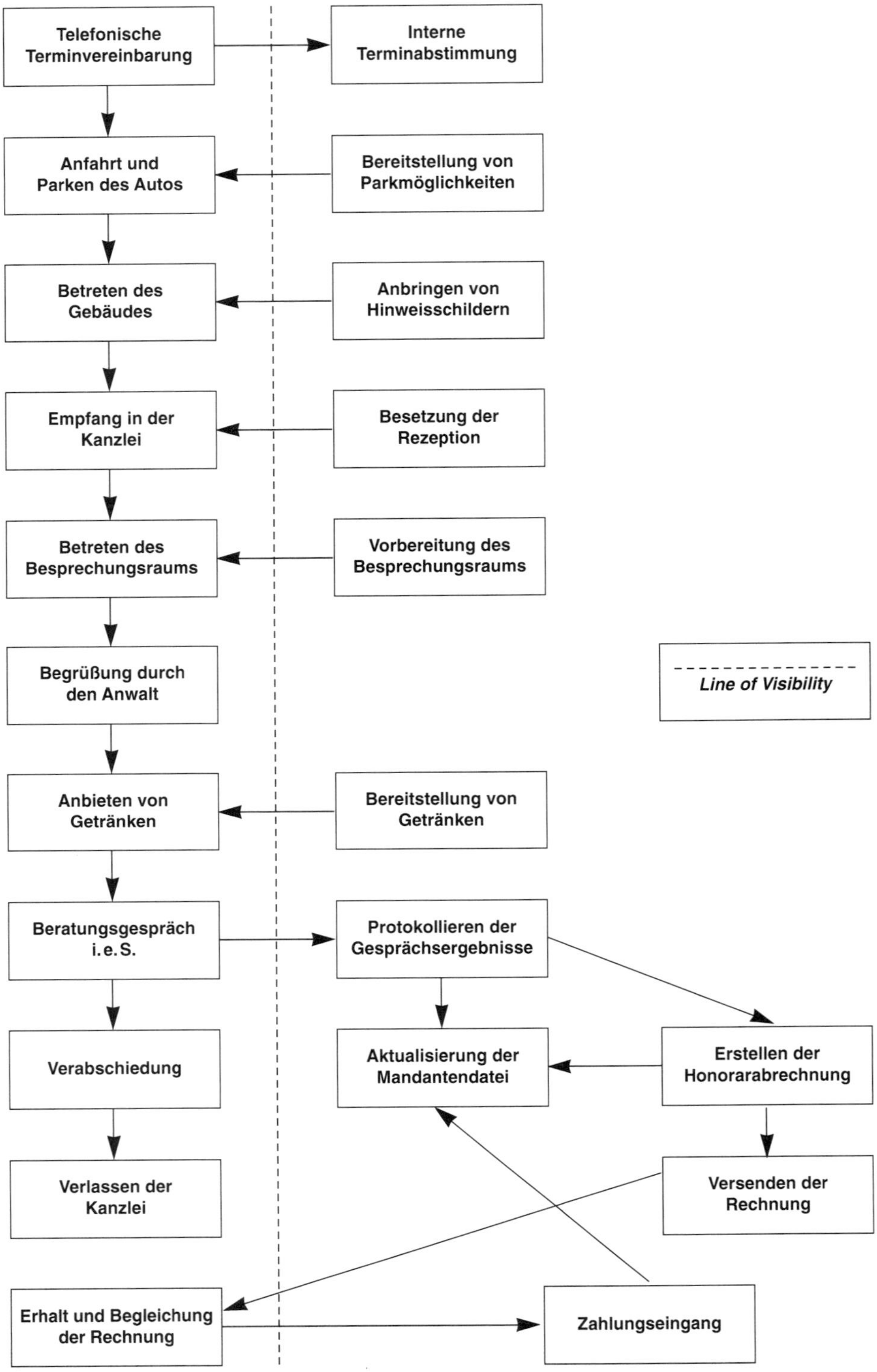

Abbildung 5: Blueprint einer anwaltlichen Beratung

abläufe zu ersten Optimierungshinweisen. Bei der Einleitung von Kostenmanagementmaßnahmen bedarf es dann der Berücksichtigung weiterer Instrumente. Das Blueprinting im hier verstandenen Sinne schafft zunächst die Grundvoraussetzung: Es wird erkennbar, wie die Abläufe in der Kanzlei überhaupt beschaffen sind.[52]

III. Die prozeßorientierte Erfassung der Kosten: eine vielfältig nutzbare Informationsbasis

Auf Basis des Blueprinting gilt es im nächsten Schritt, die Kosten für die unterschiedlichen betrieblichen Abläufe zu ermitteln. Dafür kann auf Erkenntnisse der **Prozeßkostenrechnung** zurückgegriffen werden, die in den letzten Jahren als Kostenrechnungsverfahren vor allem aufgrund ihrer Einsatzmöglichkeiten in gemeinkostenintensiven Bereichen in Industrieunternehmungen (speziell in fertigungsfernen Bereichen wie Verwaltung, Beschaffung, Vertrieb) und im Dienstleistungssektor große Verbreitung gefunden hat.[53] Die dort gemachten Erfahrungen lassen es naheliegend erscheinen, daß die Prozeßkostenrechnung auch für Anwaltskanzleien gute Möglichkeiten bietet, sofern diese am Aufbau eines Kostenrechnungssystems interessiert sind. Daß dies vielfach zumindest in gewissen Grenzen sinnvoll sein dürfte, wurde bereits erwähnt. Daher sei die Prozeßkostenrechnung in ihren Grundzügen kurz charakterisiert. 63

Die Prozeßkostenrechnung hat die monetäre **Bewertung** der betrieblichen Abläufe und das Offenlegen von **Effizienzreserven** und Rationalisierungspotentialen zum Inhalt.[54] Dabei zielt sie vor allem auf Unternehmungen und Unternehmensteilbereiche ab, die durch ein hohes Gemeinkostenaufkommen geprägt sind, wie es auch für Anwaltskanzleien typisch ist. Auf Basis einer ablauforientierten Darstellung des betrieblichen Geschehens wird eine mengenorientierte Gemeinkostenplanung und Gemeinkostenverrechnung über die Gesamtunternehmung hinweg angestrebt. 64

Ausgangspunkt der Prozeßkostenrechnung ist eine sorgfältige Tätigkeitsanalyse in der gesamten Unternehmung, die etwa in Form des Blueprinting durchgeführt werden kann. Zusammengehörige **Tätigkeiten** können zu einzelnen **Prozessen** zusammengefaßt werden (z. B. Honorarabrechnungen erstellen, Büromaterial beschaffen). Es ist dann zu prüfen, in welchem Umfang die verschiedenen Produktionsfaktoren (Personal, maschinelle Ausstattung etc.) zur Erbringung der jeweiligen Prozesse beitragen, d. h. welcher Anteil an ihrer Gesamtkapazität auf die einzelnen Prozesse entfällt. Dementsprechend können die Kosten der Produktionsfaktoren (z. B. Gehälter) auf die einzelnen Prozesse zugerechnet werden, so daß ein Maßstab dafür entsteht, was die einmalige Durchführung eines bestimmten Prozesses kostet: Man erhält sogenannte **Prozeßkostensätze**. Im weiteren besteht dann die Möglichkeit zu überprüfen, in welchem Maße diese Prozesse für verschiedene Leistungsangebote oder auch Kunden in Anspruch genommen werden, so daß diesen als Kalkulationsobjekten auch die entsprechenden Kosten der Prozesse zugerechnet werden können. Damit bietet die Prozeßkostenrechnung Anhaltspunkte sowohl für die kostenseitige Beurteilung und Kontrolle einzelner Prozesse als auch für die weitergehende Bewertung einzelner Leistungen oder Abnehmer. 65

Angemerkt sei, daß die Anwendung der Prozeßkostenrechnung einen gewissen Routinisierungsgrad in den betrachteten Abläufen erfordert, da sonst keine eindeutigen Prozeßdefinitionen und vor allem -bewertungen möglich sind. Es hat sich aber im Laufe der ersten Jahre der Anwendung des Verfahrens herausgestellt, daß diese **Repetitivität** der Prozesse selbst bei auf den ersten Blick eher individuellen Leistungen, die personal- und interaktionsintensiv sind, in hohem Maße auftritt, wenn eine entsprechend sorgfältige 66

[52] Vertiefend zum Blueprinting siehe auch *Kingman-Brundage* in: *Lovelock*, 1992, S. 196ff.; *Reckenfelderbäumer*, 1995, S. 146ff.

[53] Zur Prozeßkostenrechnung allgemein vgl. *Reckenfelderbäumer*, 1998; speziell zum Dienstleistungsbereich siehe dort S. 149ff.

[54] Vgl. *Kunesch*, 1993, S. 47.

Zerlegung der Abläufe im Rahmen der Tätigkeitsanalyse durchgeführt wird. Insofern sollten Grundgedanken der Prozeßkostenrechnung, die an dieser Stelle nur in äußerst groben Zügen angedeutet werden konnten, auch für Anwaltskanzleien als Dienstleistungsunternehmungen durchaus von Interesse sein.[55]

IV. Budgetierung: ein traditionell wichtiges Instrument

67 Ein besonders für das Kostenmanagement bedeutsames Instrument aus dem Bereich der Budgetierungstechniken stellt das **Zero-Base-Budgeting** dar.[56] Auch bei diesem Instrument steht die Betrachtung der Gemeinkosten im Zentrum des Interesses. Ausgehend von der Basis „Null" sind sämtliche Gemeinkostenbereiche (bei Dienstleistern kann das durchaus die ganze Unternehmung sein) auf ihre Notwendigkeit, Art und Umfang ihrer Leistungen und auf die Wirtschaftlichkeit ihrer Leistungserstellung hin zu analysieren.[57]

68 Das Zero-Base-Budgeting entspringt dem Grundgedanken, daß sämtliche Aktivitäten im Prinzip **„auf der grünen Wiese"** neu geplant werden können. Ein Projektteam erhält den Auftrag zu durchdenken, ob bestimmte Leistungen überhaupt und – wenn ja – in welchem Umfang erforderlich sind, ob sie auf andere Weise wirtschaftlicher durchgeführt werden können, aber auch, ob neue Leistungen hinzukommen sollten. Vereinfacht ausgedrückt geht es dann im folgenden um die Festlegung alternativer Leistungsniveaus nach Menge und Qualität für die verschiedenen Aktivitäten. Schließlich ist dann festzulegen, welche **Prioritätenrangfolge** zwischen den verschiedenen Aktivitäten (unter Berücksichtigung der alternativen Leistungsniveaus) gelten soll. Anhand dieser Rangfolge werden Aktivitäten bewilligt, bis die Grenze der Ressourcenausstattung bzw. des vorgesehenen Mitteleinsatzes erreicht ist. Verbleibende Aktivitäten müssen eingespart werden. Dabei ist sowohl über interne (z. B. Verwaltungsaktivitäten) als auch über externe Leistungen für die Kunden bzw. Mandanten nachzudenken.

69 Das **grundlegende Hinterfragen jedweder Aktivität** vor dem Hintergrund der gegebenen Ressourcenausstattung macht das Zero-Base-Budgeting auch für Anwaltskanzleien zu einem nützlichen Instrument des Kostenmanagement. Es darf allerdings nicht übersehen werden, daß die Festlegung von Prioritäten, welche Aktivitäten in welchem Umfang wichtiger oder unwichtiger sind als andere, keinesfalls unproblematisch ist, da dort regelmäßig unterschiedliche Sichtweisen und persönliche Präferenzen aufeinandertreffen. Es ist die Aufgabe der Kanzleiführung, hier die Fäden in der Hand zu halten.

V. Wertanalytische Verfahren: Basis für ein kundenorientiertes Kostenmanagement

70 Als wertanalytisch angelegte Verfahren haben die Wertanalyse und die Gemeinkostenwertanalyse in der Industrie große Verbreitung gefunden.[58] Speziell für den Dienstleistungsbereich sei jedoch ein weiteres Instrument in den Vordergrund gerückt: die **Prozeßwertanalyse**.[59] Ihre Verwandtschaft mit dem Blueprinting ist unübersehbar, sie geht jedoch in einigen entscheidenden Punkten darüber hinaus und trägt insbesondere zu einer zusätzlichen **Kundenorientierung** im Rahmen des Kostenmanagement bei.

71 Bei der Prozeßwertanalyse werden die Tätigkeiten, die zur Erstellung einer Leistung erforderlich sind, zunächst detailliert in einem **Ablaufdiagramm** erfaßt. Ziel ist die Darstellung aller Aktivitäten und Arbeitsabläufe während des Leistungserstellungsprozesses. Gerade dabei kann an die Ergebnisse des Blueprinting angeknüpft werden.

---

55 Vertiefend zur Prozeßkostenrechnung vgl. auch *Remer*, 1997, sowie mit vielen praktischen Beispielen *Horváth & Partner*, 1998, und *Männel*, 1995.

56 Vgl. ausführlich *Meyer-Piening*, 1994.

57 Vgl. *Hardt*, 1998, S. 77.

58 Vgl. z. B. *Jehle* in: *Männel*, 1992, S. 1506 ff.

59 Vgl. zum folgenden *Beischel*, Journal of Accountancy 1990, 53 ff.; *Ostrenga/Probst*, Journal of Cost Management 1992, 4 ff.

Der Kern der Prozeßwertanalyse besteht in der Beurteilung der Teilprozesse im Hinblick auf ihre aus Kundensicht wertsteigernde Wirkung. **Wertsteigernd** (value added) sind Prozesse in einer Anwaltskanzlei demnach, wenn sie die Fähigkeit besitzen, aus Sicht des Mandanten einen zusätzlichen Nutzen zu stiften. Als **nicht-werterhöhend** (non value added) werden dagegen Prozesse eingestuft, die diese Fähigkeit nicht besitzen und „nur" Kosten verursachen. Diese sollten im Rahmen des Kostenmanagement eliminiert oder zumindest auf ein notwendiges Mindestmaß reduziert werden, da sie Rationalisierungspotentiale in sich bergen. Allerdings ist zuvor zu prüfen, ob durch den Wegfall bestimmter nicht-werterhöhender Aktivitäten nicht als Nebenwirkung die Erstellung anderer Prozesse be- oder verhindert wird, die werterhöhender Natur sind. So stellt in der Anwaltskanzlei beispielsweise die Wartung der EDV-Einrichtungen keinen direkten Nutzen für die Mandanten dar, sie sorgt aber dafür, daß z. B. Mandantendaten gepflegt oder Termine koordiniert werden können, und trägt so „auf Umwegen" doch wiederum zu einer aus Mandantensicht angemessenen Leistungsgestaltung bei. 72

Bei der Einteilung in werterhöhende und nicht-werterhöhende Tätigkeiten ist stets die Mandantensicht einzunehmen. Insofern ist zu beachten, daß es sich immer um eine **subjektive** Zuordnung handelt, die von Mandant zu Mandant schwanken kann. Wo es möglich ist, sollte daher die Prozeßwertanalyse in Zusammenarbeit mit ausgewählten und auskunftsbereiten Kunden durchgeführt werden. 73

Einen Anknüpfungspunkt zur Prozeßkostenrechnung beinhaltet die Prozeßwertanalyse insofern, als sie den einzelnen Aktivitäten wiederum die mit ihnen in Zusammenhang stehenden Kosten zurechnet und somit die kundenorientierte mit der kostenorientierten Sichtweise kombiniert. Dadurch stellt die Prozeßwertanalyse ein geschlossenes Konzept dar, das aufbauend auf einer grundlegenden Überprüfung des Status quo in den Folgeschritten die Ableitung konkreter Verbesserungsmaßnahmen vorsieht: Kosten sind vor allem dort zu reduzieren, wo kein Nutzen für den Kunden entsteht, bei werterhöhenden Aktivitäten sind dagegen prinzipiell auch Kostenerhöhungen in Erwägung zu ziehen, um z. B. die Qualität weiter zu verbessern. 74

VI. Benchmarking: Das Lernen von anderen

Das Benchmarking ist ein praxisbewährtes Instrument zur Unterstützung der Unternehmungsanalyse und zur Leistungsmessung. Es beinhaltet den Vergleich der eigenen Potentiale, Prozesse und Leistungen mit denen von Benchmarking-Partnern, die über eine **„Superior Performance"** verfügen sollten, um von ihnen lernen zu können.[60] Dabei können Untersuchungen im Hinblick auf Qualität, Zeit und Kosten angestellt werden, wobei naheliegenderweise das **Cost Benchmarking** die für das Kostenmanagement relevante Ausprägung darstellt. 75

Das Benchmarking hilft, die grundlegenden Arbeitsabläufe der Unternehmung zu erkennen und zu verstehen, warum vergleichbare Prozesse beim Benchmarking-Partner besser bzw. kostengünstiger ablaufen. Zur Verbesserung der eigenen Wettbewerbsposition genügt es allerdings nicht, funktionierende Prozesse ungeprüft zu kopieren, sondern die interessantesten Teilaspekte sind aus den verschiedenen praktizierten Lösungen herauszufiltern und zu einer **optimalen Lösung** zu kombinieren. Verbesserungspotentiale können sowohl im Front-Office-Bereich als auch im internen Back-Office-Bereich bestehen. 76

Das Benchmarking muß sich an bestimmten **Kennzahlen** orientieren, die es zu vergleichen gilt. Diese müssen zum einen auf der Kostenseite ansetzen (z. B. Prozeßkosten), es müssen aber auch Daten der Leistungsseite berücksichtigt werden (z. B. Verfügbarkeit, Beratungsqualität, Zuverlässigkeit, Wartezeit), um **Kosten-/Leistungs-Vergleiche** anstellen zu können. Es ist in jedem Fall darauf zu achten, daß die ausgewählten Kennzahlen problemadäquat und für die zu analysierende Problemstellung repräsentativ sind.[61] 77

---

[60] Vgl. *Newell*, TQM-Magazine 1992, 146.
[61] Vgl. *Karlöf/Östblom*, 1994, S. 117.

78 Als Vergleichsmaßstäbe kommen bei großen Kanzleien entsprechende Prozesse im eigenen Hause in Frage (z. B. Verwaltungsprozesse in verschiedenen Fachbereichen), vor allem aber Prozesse von anderen Kanzleien, aber auch von Rechtsabteilungen in größeren Unternehmungen. Zudem können branchenfremde Maßstäbe herangezogen werden, denn viele Back-Office-Prozesse z. B. finden sich der Art nach auch in ganz anderen Branchen.[62] Neben der persönlichen Kontaktaufnahme zu möglichen Benchmarking-Partnern im Kollegenkreis stehen inzwischen auch Benchmarking-Datenbanken zur Verfügung, die bei der Durchführung entsprechender Projekte in Anspruch genommen werden können.[63]

79 Der Hauptnutzen des Benchmarking für das Kostenmanagement kann damit zusammenfassend in der Schaffung von **Vergleichsmaßstäben** und der Konkretisierung von Hinweisen für die eigenen Verbesserungsmaßnahmen gesehen werden.

VII. Target Costing: Ansatzpunkte eines marktorientierten Kostenmanagement

80 Mit der Prozeßwertanalyse wurden erste Möglichkeiten der Einbeziehung markt- und kundenorientierter Informationen in die Kostenplanung und -kontrolle aufgezeigt. Mit Hilfe des **Target Costing** wird dieser Gedanke weitergeführt. Auch wenn sein Einsatz für die meisten Anwaltskanzleien – nicht zuletzt aufgrund der nach wie vor eingeschränkten Preisgestaltungsfreiheit – heute noch „Zukunftsmusik" sein dürfte, sei das Verfahren zumindest in seiner Grundintention kurz beleuchtet.[64]

81 Das Target Costing oder **Zielkostenmanagement** ist ein ganzheitlicher Ansatz des Kostenmanagement, der alle wertbildenden Aktivitäten des gesamten Wertschöpfungsprozesses integriert, d. h. eine Steuerung der Kosten über die gesamte Lebensdauer eines Leistungsangebotes gewährleisten soll. Dabei kann das Target Costing an neuen oder schon bestehenden Leistungen ansetzen. Es handelt sich insofern um ein geschlossenes Konzept der markt- bzw. kundenorientierten Kostenplanung, -steuerung und -kontrolle. Die traditionelle Frage „Was *wird* eine Leistung kosten?" wird durch die Frage „Was *soll* bzw. *darf* eine Leistung unter Berücksichtigung der Marktgegebenheiten kosten?" ersetzt. In Anlehnung an den am Markt erzielbaren Preis werden retrograd Rückschlüsse auf die internen Kostenstrukturen gezogen und Kostenziele definiert, die zur Analyse von Kostenreduktionspotentialen einzelner Prozesse beitragen.

82 Die Anwendung des Target Costing verlangt schon vor Beginn des Lebenszyklus der betreffenden Leistungen die Abschätzung eines Marktpreises für die zu analysierende Dienstleistung, aus dem dann die **Zielkosten** für die Gesamtleistung abgeleitet werden. Bei stark individualisierten Dienstleistungen – so auch bei vielen anwaltlichen Leistungen – ist ein derartiger Marktpreis für die Gesamtleistung kaum ermittelbar, da Umfang und Inhalt der Leistung im vorhinein nicht abschätzbar sind. Bestenfalls ist ein Preis für bestimmte (standardisierte) Leistungsmodule festzulegen. Je nach Repetitivitätsgrad der Dienstleistungsprozesse erfolgt eine Dekomposition der Gesamtleistung in Bausteine, für die sich dann **Modulpreise** ableiten lassen (z. B. Preis für eine Beratungsstunde). Auf Basis dieser Absatzpreise lassen sich die entsprechenden Zielkosten je Leistungsbaustein berechnen. Liegen die tatsächlichen anfallenden Kosten, die gleichfalls zu ermitteln sind, über den Zielkosten, so sind in Abhängigkeit von der gewünschten Prozeßqualität der Kostenreduktionsbedarf festzulegen und Maßnahmen zur Zielkostenerreichung durchzuführen. Zur Absicherung der errechneten Preise können Zielkostenvergleichsbasen, die im Rahmen des Benchmarking ermittelt werden, als Anhaltspunkte dienen.

---

[62] Vgl. *Horváth/Herter*, Controlling 1992, 8.

[63] Vgl. *Küting/Lorson* in: *Berkau/Hirschmann*, 1996, S. 135.

[64] Vgl. zum folgenden die grundlegende Arbeit von *Seidenschwarz*, 1991, aber auch *Buggert/Wielpütz*, 1995.

Kann eine Bewertung der Gesamtleistung durch kumulierte Modulpreise nicht erfolgen, da die einzelnen Bausteine beispielsweise so individuell sind, daß keinerlei standardisierte Anhaltspunkte zur Preisbildung vorliegen, muß der Anbieter ausgehend von seinen eigenen Potentialen und seiner eigenen Wertschöpfung versuchen, einen Marktpreis zu ermitteln. Er konfrontiert den Abnehmer mit seinen Einschätzungen und erhofft sich mit dessen Reaktionen eine Annäherung an die vom Markt „erlaubten" Kosten.[65] 83

Es steht zu erwarten, daß ein stärkerer Preiswettbewerb auf den Märkten für anwaltliche Dienstleistungen zukünftig dafür sorgen wird, daß auch dem Target Costing zunehmend Beachtung geschenkt wird. 84

D. Fazit und Ausblick: Entwicklungsperspektiven eines anwaltlichen Kostenmanagement – mit System zum dauerhaften wirtschaftlichen Erfolg

Das anwaltliche Kostenmanagement steckt in der Praxis noch in den Kinderschuhen und ist von wissenschaftlicher Seite bisher so gut wie gar nicht untersucht worden. Auch der vorliegende Beitrag konnte nur einen sehr knappen Abriß bieten und eher relevante Problemstellungen aufzeigen als die resultierenden Fragen erschöpfend beantworten. Auch die aufgezeigten Instrumente bedürfen für den anwaltlichen Bereich einer **spezifischen Vertiefung**, die an dieser Stelle nicht geleistet werden konnte und sollte. 85

Eines aber dürfte feststehen: Die **Kosten** werden für Anwaltskanzleien als **Wettbewerbsfaktor** zukünftig entscheidend an Bedeutung gewinnen. Viele Überlegungen zu den Bereichen Kostenrechnung und vor allem Kostenmanagement, die gegenwärtig noch weit entfernt scheinen, werden schneller als erwartet an Relevanz gewinnen. Diejenigen Kanzleien werden dann im Vorteil sein, die sich schon heute mit den entsprechenden Fragestellungen intensiv auseinandersetzen. Anstöße zur Diskussion und Hinweise zur Bewältigung der Probleme zu geben, das war das Anliegen des vorliegenden Beitrags. 86

[65] Zu den verschiedenen Vorgehensweisen der Zielkostenfestlegung vgl. in diesem Zusammenhang *Seidenschwarz*, 1993, S. 116ff.

§ 31 Informations- und Wissensmanagement

Prof. Dr. Fritjof Haft / Dr. Christian Duve***

Übersicht

Schrifttum: *Altenkrüger,* Wissensdarstellung für Expertensysteme, 1987; *Bergmann,* Entscheidungstabellen in Juristischen Expertensystemen, in: GI – 16.Jahrestagung, Proceedings, Trends und Perspektiven, Informatik Fachberichte 127, Berlin (6.–10. 10. 1986), 1986, II., S. 448; *Coing,* Juristische Methodenlehre, 1972; *Diepold,* Handbuch Hochschullehrer Dez. 1996, B.1.7; *Duve,* Nutzung des Internet in US-amerikanischen Anwaltskanzleien, 1998; *Duve/von der Groeben,* Informationsbeschaffung in den USA, in: Haft, Informationsbeschaffung in der Anwaltskanzlei und im Jurastudium, 1998, S. 53ff. (Berichtsband); *Enser et al.*, Der Einsatz von Expertensystemen zur Unterstützung der Arbeit mit Rechtsinformationssystemen in: Paul (Hrsg.), GI – 19.Jahrestagung II, Proceedings, Computergestützter Arbeitsplatz, Informatik Fachberichte 223, München (18.–20. 10. 1989), 1989, S. 125; *Erdmann/Fiedler/Haft/Traunmüller (Hrsg.),* Computergestützte juristische Expertensysteme, 1986; *Frankfurter Allgemeine Zeitung,* Das Ausmaß der Informationsrevolution wird immer noch unterschätzt, 7. Dezember 1998; *ebenda,* Wissen wird nur selten geteilt, 7. Dezember 1998; *ebenda,* CD-ROM ergänzt das juristische Fachbuch, 10. Oktober 1998; *ebenda,* 20. Oktober 1997, S. 28; *Fiedler/Haft/Traunmüller (Hrsg.),* Expert Systems in Law – Impacts on Legal Theory and Computer Law, 1988; *Fiedler,* Orientierung über juristische Expertensysteme, Computer und Recht 1987; *ders.,*

* Inhaber des Lehrstuhls für Strafrecht, Strafprozeßrecht, Rechtsphilosophie und Rechtsinformatik der Universität Tübingen.

** Rechtsanwalt in Frankfurt/Main, Anwaltskanzlei Bruckhaus, Westrick, Heller, Löber.

Grundlagen und Anwendungsmöglichkeiten von Expertensystemen für die Justiz, iur 1987; *Fiedler/Oppenhorst,* Computer in der Juristenausbildung, 1989; *Geathewohl,* Erschließung unbestimmter Rechtsbegriffe mit Hilfe des Computers – Ein Versuch am Beispiel der „angemessenen Wartezeit" bei § 142 StGB, Diss. Tübingen 1987; *Habel,* Repräsentation von Wissen, Informatik Spektrum 3/1990, S. 126–136; *Haft,* Elektronische Datenverarbeitung im Recht, 1970; *Haft/Lehmann (Hrsg.),* Das LEX-Projekt – Entwicklung eines Expertensystems, 1989; *Haft et al.,* Untersuchungen der Möglichkeit des Einsatzes von Expertensystemen zur Unterstützung von Richtern, Staatsanwälten und Rechtspflegern, in: Fiedler/Haft (Hrsg.), Informationstechnische Unterstützung von Richtern, Staatsanwälten und Rechtspflegern – Beiträge zur Strukturanalyse der Rechtspflege, 1992; *ders.,* Juristische Rhetorik, 5. Aufl. 1995; *ders.,* Einführung in das juristische Lernen – Unternehmen Jurastudium, 6. Aufl. 1997; *ders.,* Informationsbeschaffung in der Anwaltskanzlei und im Jurastudium, Ergebnisse der bundesweiten Studie, 1998 (Berichtsband); *Hill,* Wissensmanagement, Bd. 5 der Reihe Staatskommunikation, 1997; *Hoeren,* Internet und Recht – Neue Paradigmen des Informationsrechts, NJW 98, S. 2849 ff.; *Kredel,* Künstliche Intelligenz und Expertensysteme leicht gemacht, 1989; *Mayer,* Recht und Cyberspace, NJW 96, S. 1782–1791; *von Petersdorff,* Nur Personalmangel begrenzt das Wachstum, Frankfurter Allgemeine Sonntagszeitung, 12. April 1998; *Probst/Raub/Romhardt,* Wissensmanagement – Wie Unternehmen ihre wertvollste Ressource optimal nutzen, 2. Aufl. 1998; *Puppe,* Einführung in Expertensysteme, 1988; *Savory,* Grundlagen von Expertensystemen, 1990; *Schwertfeger,* Internationale Programme, maßgeschneidert für den Konzern, Handelsblatt, 25. Juni 1998; *Seagle,* Weltgeschichte des Rechts, Ausgabe 1969; *Simitis,* Informationskrise des Rechts und Datenverarbeitung, 1970; *Stender,* Wissenserhebung- und strukturierung in Expertensystemen, 1989; *Strempel (Hrsg.),* Juristenausbildung zwischen Internationalität und Individualität, 1998; *Sveiby,* Wissenskapital – Das unentdeckte Vermögen, 1998; *Tauss/Kollbeck/Mönikes (Hrsg.),* Deutschlands Weg in die Informationsgesellschaft. Herausforderungen und Perspektiven für Wirtschaft, Wissenschaft, Recht und Politik, 1996; *Winkelhage,* Dienstleister, die beim Denken helfen, Frankfurter Allgemeine Zeitung, 28. März 1998.

A. Einleitung

I. Herausforderung Informations- und Wissensmanagement

1 Es ist unübersehbar, daß sich Deutschland wie andere Industrieländer längst auf dem Weg in die **Informations- und Wissensgesellschaft** befindet.[1] Information und Wissen sind die Rohstoffe des dritten Jahrtausends. Bei den Unternehmen spricht man heute vom Wissensmanagement und erkennt zusehends, daß das Wissensmanagement – im Unterschied zum Management klassischer Produktionsfaktoren – seine Zukunft noch vor sich hat.

„Wissen ist die einzige Ressource, welche sich durch Gebrauch vermehrt ... Wissensexplosion, verkürzte Wissenshalbwertzeiten und die zunehmende Wissensintensität aller Managementbereiche stellen ungeheure Herausforderungen für professionelle Wissensmanager dar".[2]

2 Für Juristen und besonders für Anwälte ist das ein besonders interessanter Befund. Denn seit alters her betreiben sie pure **Informationsverarbeitung** mit dem Ziel der Gewinnung und Nutzung von Wissen. Anwälte gehen ständig mit Informationen um, mit Sachverhalten, Gesetzen, Büchern, Schriftsätzen, Protokollen, Gutachten. Sie empfangen, suchen, verarbeiten, produzieren und transportieren Informationen, und sie erzeugen dabei juristisches Wissen, mit dessen Hilfe sie ihre volkswirtschaftliche Aufgabe – die Linderung und Beilegung sozialer Konflikte – erfüllen. Auf allen Stufen dieses Prozesses kann die moderne Informationstechnik unterstützend eingesetzt werden. Doch klafft zwischen dem, was heute schon an leistungsfähiger Technik in den meisten Anwaltskanzleien vorhanden ist, und dem, was mit dieser Technik tatsächlich gemacht wird, meist eine

[1] Siehe *Tauss/Kollbeck/Mönikes (Hrsg.),* Deutschlands Weg in die Informationsgesellschaft. Herausforderungen und Perspektiven für Wirtschaft, Wissenschaft, Recht und Politik, Baden-Baden 1996; „Das Ausmaß der Informationsrevolution wird immer noch unterschätzt", F. A. Z. vom 7. 12. 1998.

[2] *Probst/Raub/Romhardt,* Wissensmanagement – Wie Unternehmen ihre wertvollste Ressource optimal nutzen, 2. Aufl. 1998, S. 15.

große Lücke. Die Computer werden oftmals nur als Schreibmaschine benutzt und damit klar unterfordert. Das „Informations- und Wissensmanagement" der meisten Kanzleien stützt sich technisch wie schon vor Jahrzehnten auf Leitzordner, Klebezettel, Karteikarten, Notizbücher ... Das sollte geändert werden.

Der **Umgang mit Papier** in jedweder Form kostet Zeit. Zeit aber ist das Gut, das der Anwalt verkauft. Anders als die Produzenten gewerblicher Güter kann er dieses Gut nicht beliebig vermehren. Auch ist die Qualität des Informations- und Wissensmanagements beim Umgang mit Papier notwendig begrenzt. Der Anwaltsschriftsatz, in dem früher schon gebrachte Ausführungen in anderen Worten wiederholt werden, weil die Neuproduktion dieser Informationen weniger aufwendig erscheint als es die Suche nach bereits vorhandenen Formulierungen wäre, steht symptomatisch für diesen Qualitätsmangel. Die moderne Technik bietet demgegenüber die Chance, sowohl Zeit zu gewinnen als auch die Qualität juristischer Informationen zu verbessern. Diese Chance sollte bewußt genutzt werden. 3

Erstaunlicherweise ist dies jedoch bislang kaum in das **Bewußtsein der Anwälte** gedrungen. Betrachtet man die aktuellen Entwicklungen auf dem Gebiet des Informations- und Wissensmanagements, so sieht man kaum juristische Aktivitäten.[3] Der Fortschritt auf diesem Sektor ging bislang im wesentlichen an den Juristen vorbei. Symptomatisch dafür ist eine Ringvorlesung, die im WS 1998/99 an der Ludwig Maximilians-Universität München in Zusammenarbeit mit dem Humanwissenschaftlichen Zentrum und BR alpha durchgeführt wurde. An ihr nahmen Professoren aus den Fakultäten für Betriebswirtschaft, Psychologie, Informatik, Soziologie, Philosophie und Physik – jedoch nicht aus der juristischen Fakultät – teil.[4] Es ist dringlich zu wünschen, daß sich die deutsche Rechtsinformatik nicht (nur) mit den Rechtsfragen der Informationstechnik, sondern (auch) auch mit den methodischen Möglichkeiten des Computers befaßt und den Anschluß an eine Entwicklung gewinnt, die weltweit interdisziplinär vorangetrieben wird. 4

II. Basisüberlegungen für die Konzeption eines Informations- und Wissensmanagementsystems

1. Information und Wissen

Vorab erscheint eine **Klarstellung der Begriffe** Information und Wissen hilfreich. Diese oft synonym verwendeten Begriffe sind nicht identisch, aber nahe verwandt. Man kann zur Klärung dieser Beziehung ein Stufenmodell verwenden, bei dem die **Information als Vorstufe des Wissens** erscheint. An einem strafrechtlichen Beispiel sei dies verdeutlicht: 5

[3] In Heft 45 der NJW 1998 findet sich unter der Spalte NJW-Informationen „Internet und Juristen – Deutsche Anwälte im Internet" lediglich ein einziger Hinweis auf ein von einem Anwalt entwickeltes Individual Wissensmanagement System (http://home.t-online.de/home/dinglreiter). An der Deutschen Hochschule für Verwaltungswissenschaften Speyer wurde im April 1997 unter Leitung von Prof. Dr. *Hermann Hill* eine Fachtagung „Wissensmanagement – Vorsprung gewinnen durch Kommunikation" durchgeführt, s. *Hill*, Wissensmanagement, Bd. 5 der Reihe Staatskommunikation, Speyer/Köln/Berlin u. a. 1997.

[4] Die TU Berlin hat 1998 gemeinsam mit der Siemens AG ein Center für Wandel und Wissensmanagement gegründet. Das Institut für angewandte Informatik und formale Beschreibungsverfahren (AIFB) der TU Karlsruhe bot im SS 1998 eine Vorlesung „Informations- und Wissensmanagement" an. Im Umfeld der Universität Dortmund wurde 1987 die Nexus GmbH Gesellschaft für wissensverarbeitende Systeme gegründet. Das Fraunhofer Institut Arbeitswirtschaft und Organisation veranstaltet zahlreiche Seminare, in denen über Wissensmanagement in Unternehmen berichtet wird. Etliche betriebswirtschaftliche Lehrstühle sind auf dem Gebiet des Wissensmanagements aktiv, so (ohne Anspruch auf Vollständigkeit) an den Universitäten Dresden (Prof. Dr. *Eric Schoop*), Erlangen – Nürnberg (Prof. Dr. *Freimut Bodendorf*), Frankfurt/Main (Prof. Dr. *Andreas Oberweis*), Halle – Wittenberg (Prof. Dr. *Reinhard Schmitt*), Konstanz (Prof. Dr. *Rüdiger Klimecki*), München (Prof. Dr. *Picot*), St. Gallen (Prof. Dr. *Georg von Krogh*) u. a. m.

Eine *Information* ist hier die Mitteilung, daß der Große Senat des Bundesgerichtshofes in Strafsachen den Anwendungsbereich der fortgesetzten Handlung im Strafrecht auf Ausnahmebereiche beschränkt hat (BGHSt 40, 38). Daraus leitet ein Strafverteidiger dann für bestimmte Handlungsfelder *Wissen* ab, mit dessen Hilfe er etwa im Falle eines Serienbetrügers erkennen kann, daß diejenigen Teilakte der Serie, die längere Zeit zurückliegen, nunmehr – entgegen der früheren Rechtsprechung – verjährt sind. Dieses Wissen befähigt ihn also, seine Verteidigung sachgerecht zu gestalten. Hätte er die genannte Information nicht, könnte er sein Wissen nicht entsprechend erweitern und würde in diesem Punkte im Gerichtssaal fehlerhaft agieren. Wie das Beispiel zeigt, besteht die **Besonderheit juristischen Wissens** darin, daß es **Handlungswissen** (Anwendungswissen, Regelwissen, Know-How) ist. Der Anwalt liest eine Entscheidung wie BGHSt 40,38 nicht um ihrer selbst willen, sondern um sich für alle möglichen Anwendungsfälle (die er noch nicht kennt) mit juristischem Know-How zu rüsten.

6 Man kann also sagen, daß „Information" die Basis ist, auf der (juristisches Handlungs-) „Wissen" entsteht.[5] Diese elementare Überlegung wurde in der Vergangenheit bei der **Konzeption juristischer Informationssysteme** zu wenig beachtet. Man hat damals computergestützte juristische Informationssysteme entwickelt, die sich auf die Vermittlung von Informationen beschränkten. Die Wissenskomponente, die all das umfaßt, was der Anwalt mit den gefundenen Informationen dann auch tatsächlich anfängt, wurde darüber vernachlässigt. Bei der Konzeption eines modernen Informations- und Wissensmanagements gilt es, dieses Versäumnis auszugleichen.

7 Um im folgenden die Lektüre zu erleichtern, soll für den **umständlichen Begriff** eines juristischen Informations- und Wissensmanagementsystems die **Abkürzung IWMS** verwendet werden.

2. Externes und internes IWMS

8 Bei der Konzeption eines IWMS sind zwei große Bereiche zu unterscheiden: Externes IWMS und internes IWMS. Bei ersterem geht es darum, kanzleifremde Informationen – etwa Publikationen – zu erschließen. Bei letzterem geht es um die Erschließung des in der Kanzlei erarbeiteten Wissens.

3. Sachverhaltsinformationen und Rechtsinformationen

9 Weiter ist zwischen Sachverhaltsinformationen (z. B. Parteivorträgen, Zeugenaussagen, Sachverständigengutachten) und Rechtsinformationen (z. B. Normen, Entscheidungen, Literatur) zu unterscheiden. Bei ersterem geht es darum, die Komplexität konkreter Fälle zu bewältigen (und jeder Rechtsfall – auch der scheinbar einfache Fall – ist komplex). Bei letzterem geht es um die Bewältigung der vieldiskutierten **„Informationslawine"** im Recht.

4. „Traditionelle" Lösungsansätze

10 **a) Übersicht.** Jahrhundertelang existierte nur die **klassische juristische Bibliothek.** Erst in den sechziger Jahren eröffnete die moderne informationsverarbeitende Technik neue Möglichkeiten. Trotz der Kürze der seitdem verstrichenen Zeit kann man inzwischen bereits zwei abgeschlossene Phasen unterscheiden: die siebziger Jahre, in denen **juristische Datenbanken** geschaffen wurden, und die achtziger Jahre, in denen man sich um **juristische Expertensysteme** mühte und damit den Übergang von der bloßen Informationserschließung zum Wissensmanagement schaffen wollte. Gemeinsam war beiden Entwicklungsphasen, daß man sich auf den Bereich des externen IWMS konzentrierte,

---

[5] Der Starnberger Wissensmanagementberater *Albrecht von Müller* formuliert wie folgt: „Denken ist der Vorgang, bei dem Informationen systemisch verknüpft werden und daraus Wissen entsteht. ... Die eigentliche Wertschöpfung liegt heute in dieser Erzeugung von interaktiv zugänglichem Wissen", *Winkelhage,* Dienstleister, die beim Denken helfen, Frankfurter Allgemeine Zeitung, 28. 03. 1998.

und sich dort wiederum, wie schon erwähnt, auf den Bereich der Rechtsinformationen. Über interne IWMS wurde nur in den Rechtsabteilungen einiger Unternehmen, insbesondere solcher aus der Computerbranche, nachgedacht. Auch hier beschränkte man sich überwiegend auf Rechtsinformationen.

b) Die klassische juristische Bibliothek. Die Entstehung des Juristenstandes in der Antike stand in engem Zusammenhang mit der Einführung eines schriftlichen Verfahrens in den Prozeß. „Der Jurist hat eine Vorliebe für das geschriebene Wort. In den Zeiten allgemeinen Analphabetentums gab es ihm eine unschätzbare Überlegenheit über den Laien, und bis auf den heutigen Tag hilft es ihm, aus dem Recht ein Geschäftsgeheimnis zu machen".[6] Die klassische römische Jurisprudenz entwickelte sich unter einer Rechtsordnung, die in den Anfängen nicht mehr als einen Rahmen bot, der zunächst durch Geschworene – also Laien – ausgefüllt wurde.[7] Diese begründeten ihre Entscheidungen nicht. Erst mit der Entwicklung des kaiserlichen Consiliums zur obersten Gerichtsinstanz entstanden Gerichte, die mit Berufsrichtern besetzt waren, und bildete sich ein Juristenstand. Eine Partei, die einen Streit führte, konnte eine schriftlich erteilte Auskunft über eine bestimmte Rechtsfrage – ein „Responsum" – einholen. Es kam zu einer Flut von „Responsa", der juristische Abhandlungen und Kommentare folgten, in denen praktische wie hypothetische Fälle erörtert wurden. 11

„Schließlich kam der moderne und schreckliche Brauch auf, die Gerichtsentscheidungen tagtäglich niederzuschreiben, eine Übung, die heutzutage die juristischen Bibliotheken überschwemmen läßt und die Rechtsanwälte dem Bankrott nahebringt".[8]

Zwischen den handgeschriebenen Rollen einer römischen Bibliothek und der Bibliothek eines Anwalts unserer Zeit bestehen nur graduelle, nicht prinzipielle Unterschiede. Beide überfluten den Benutzer mit Unmengen an Texten, ohne ihm wirklich brauchbare Hilfen bei der Erschließung des darin enthaltenen Wissens zu bieten. Erst das Bemühen um **systematische Ordnung** des in den Texten enthaltenen Wissens, durch das bereits in der Antike die Jurisprudenz als Grundlage der modernen Rechtswissenschaft unserer Zeit entstand, schuf einen Schlüssel zu dem in Textinformationen enthaltenen juristischen Wissen. Dieser Schlüssel bietet auch heute noch den einzigen nutzbaren Zugang zu diesem Wissen (dazu unten). 12

c) Computergestützte juristische Informationssysteme der siebziger Jahre. Bereits in den sechziger Jahren wurden in Deutschland wie in anderen Ländern die Möglichkeiten des Computereinsatzes zur Bewältigung der „Informationslawine im Recht" erkannt.[9] Seitdem wurden große juristische Datenbanken wie **juris** und **Lexinform** geschaffen. Diese können heute entweder offline mittels CD-ROM[10] oder online via Internet (dazu unten) genutzt werden. Sie bieten einen Zugang zu juristischen Informationen. Von Wissensmanagement kann bei ihnen freilich noch keine Rede sein. 13

d) Computergestützte juristische Expertensysteme der achtziger Jahre. Der erste ernsthafte Ansatz, über bloße Informationen hinaus juristisches Wissen im Computer formal zu repräsentieren, fand in den achtziger Jahren statt. Damals ging man daran, sog. Expertensysteme zu entwickeln. Das sind Systeme, welche Fachleute bestimmter Gebiete – eben Experten – bei ihrer Tätigkeit durch Bereitstellung von Fachwissen unterstützen sollen. Sie benutzen neben Fakten- und Regelwissen meist auch Heuristiken und vages Wissen und sind imstande, aus vorgegebenen Daten selbständig Schlüsse zu ziehen.[11] Ihre 14

---

[6] *Seagle,* Weltgeschichte des Rechts, Ausgabe 1969, S. 211.

[7] Zum folgenden näher *Coing,* Juristische Methodenlehre, Berlin/New York, 1972, S. 11 ff.

[8] Weltgeschichte des Rechts, S. 212.

[9] Vgl. zur damaligen Situation *Haft,* Elektronische Datenverarbeitung im Recht, Berlin 1970; *Simitis,* Informationskrise des Rechts und Datenverarveitung, Karlsruhe 1970.

[10] Dieser Begriff wurde gebildet aus „Compact Disc – Read Only Memory".

[11] *Savory,* Grundlagen von Expertensystemen, Oldenburg/München, 1990, S. 4.

Erforschung gehört in der Informatik zum umfassenderen Bereich der Künstlichen Intelligenz (KI).[12] Dieser leicht mißzuverstehende Begriff ist eine zu enge Übersetzung des englischen Begriffes „Artificial Intelligence", wobei das englische Wort „Intelligence" nicht ausschließlich für „Intelligenz" steht. Vielmehr hat es auch die Bedeutung von „Suchen" und „Ermitteln".[13]

15 „Expertensysteme" sind sog. **wissensbasierte Systeme,** bei deren Entwicklung moderne Programmiersprachen benutzt werden. Während in den Anfangsjahren der Informatik sog. prozedurale Programmiersprachen wie Fortran oder Cobol verwendet wurden und die jeweils zu lösende Aufgabe von Anfang bis Ende – prozedural –, unter Berücksichtigung aller dabei möglicherweise auftretenden Verzweigungen durchprogrammiert werden mußte, eröffnete die Entwicklung nichtprozeduraler Sprachen wie LISP (List Processing Language), PROLOG (Programming in Logic) oder SMALLTALK (engl. „Plauderei") die Möglichkeit, einzelne Programmteile, insbesondere Regeln, zu formulieren und in das System einzugeben.

16 Die Verwendung dieser sog. **„KI-Sprachen"** führte zu der besonderen Architektur eines Expertensystems. Es besteht aus fünf Komponenten, nämlich der Wissensbasis, der Problemlösungskomponente (Inferenzmaschine), der Erklärungskomponente, der Wissensakquisitionskomponente und der Dialogkomponente.[14]

17 In der **Wissensbasis** sind meist zwei Arten von Wissen vorhanden, nämlich Faktenwissen und Regelwissen. Die Realisierungsmöglichkeiten sind hier sehr vielfältig. Für die Person, die die Eingabe des Wissens in das Expertensystem vornimmt, hat sich eine neue Berufsbezeichnung, die des „Knowledge Engineers", herausgebildet.[15]

18 Die **Problemlösungskomponente** bearbeitet die vom Benutzer gestellte Aufgabe anhand der Wissensbasis mit Hilfe der Regeln. Hierbei wird im Lösungsverlauf aufgrund der Aufgabenstellung versucht, eine passende Regel zu finden. Aus dieser Regel wird eine logische Schlußfolgerung gezogen, bis das vorgegebene Ziel erreicht wird. Dies kann über den Mechanismus der Vorwärts-Verkettung (forward-chaining) oder der Rückwärts-Verkettung (backward-chaining) erreicht werden.[16]

19 Mit der **Erklärungskomponente** wird es dem Benutzer ermöglicht, die Arbeit des Expertensystems zu verfolgen und zu verstehen. Das Expertensystem rechtfertigt Schlußfolgerungen und Aktionen und stellt diese dem Benutzer dar. **Wissensakquisitionskomponente** und **Dialogkomponente** ermöglichen schließlich die ständige Weiterentwicklung des Systems.[17]

20 Bei einem juristischen Expertensystem geht es um die formale **Repräsentation juristischen Expertenwissens** oder -könnens.[18] In der juristischen Literatur wird der Begriff des „juristischen Expertensystems" freilich ungenau verwendet. Manche Autoren bezeichnen bereits Computerprogramme, die sie zur Bearbeitung juristischer Probleme entwickelt

---

[12] *Kredel,* Künstliche Intelligenz und Expertensysteme leicht gemacht, München, 1989, S. 13.

[13] *Stender,* Wissenserhebung und -strukturierung in Expertensystemen, Haar bei München, 1989, S. 11.

[14] *Altenkrüger,* Wissensdarstellung für Expertensysteme, Mannheim 1987, S. 3; *Kredel,* Künstliche Intelligenz und Expertensysteme leicht gemacht, München 1989, S. 33f.; *Puppe,* Einführung in Expertensysteme, Berlin/Heidelberg 1988, S. 13; *Stender,* Wissenserhebung und -strukturierung in Expertensystemen, Haar bei München 1989, S. 15.

[15] Vgl. *Puppe,* Expertensysteme, S. 15–72 oder: *Habel,* Repräsentation von Wissen, Informatik Spektrum 3/1990, S. 126–136.

[16] Vgl. *Savory,* Grundlagen von Expertensystemen, S. 110–114.

[17] Vgl. *Savory,* Grundlagen von Expertensystemen, S. 128–131.

[18] *Erdmann/Fiedler/Haft/Traunmüller (Hrsg.),* Computergestützte juristische Expertensysteme, Tübingen 1986; *Fiedler/Haft/Traunmüller (Hrsg.),* Expert Systems in Law – Impacts on Legal Theory and Computer Law, Tübingen 1988; *Fiedler,* Orientierung über juristische Expertensysteme, Computer und Recht 1987, S. 327; *Fiedler,* Grundlagen und Anwendungsmöglichkeiten von Expertensystemen für die Justiz, iur 1987, S. 103; *Fiedler/Oppenhorst,* Computer in der Juristenausbildung, München 1989, S. 193.

haben, als Expertensystem. Dies gilt etwa für Literaturrecherchesysteme, Subsumtionshilfesysteme, Autorensysteme, Lernhilfesysteme, Deduktionshilfesysteme, prozedurale Programmierungen bestimmter Rechtsgebiete und Entscheidungstabellenverfahren.[19] Demgegenüber sollte, im Einklang mit der Informatik, an den genannten Anforderungen für ein Expertensystem auch im Rechtswesen festgehalten werden.

Eine im Jahre 1992 im Auftrag des Bundesministeriums der Justiz durchgeführte 21
Untersuchung ergab, daß damals weltweit nur wenige juristische Expertensysteme bekannt waren. Die Beurteilung dieser Systeme war sehr zurückhaltend.[20] Wohl am deutlichsten wurden die hier auftretenden Schwierigkeiten sichtbar, als in den achtziger Jahren das **LEX-Projekt** durchgeführt wurde. Es handelte sich dabei um ein gemeinsam von IBM Deutschland und der Universität Tübingen unternommenen Forschungsprojektes zur Entwicklung eines natürlichsprachlichen juristischen Expertensystems.[21] Im Rahmen dieses Projektes wurde beispielsweise ein Expertensystem zum Rechtsbegriff der „angemessenen" Wartezeit im Straftatbestand des unerlaubten Entfernens vom Unfallort, § 142 StGB, entwickelt. Dabei wurde gezeigt, daß auch bei einem hochabstrakten Rechtsbegriff, der nicht mehr definitorisch erklärt werden, sondern nur typologisch durch Beispiele verdeutlicht werden kann, der Einsatz der Computertechnik prinzipiell möglich erscheint.[22] Freilich liegt die Entwicklung praktikabler Systeme im Hinblick auf die zahlreichen ungelösten Grundlagenprobleme noch in weiter Ferne. Gleiches gilt für andere Ansätze, etwa das Bemühen, neuronale Netze für den Umgang mit „weichem" juristischem Wissen zu verwenden.

5. Fazit

Der große technische **Durchbruch** ist bislang ausgeblieben. Vom Justizautomaten *Max* 22
Weberscher Prägung, in den man oben die Akten samt Gebühr hineinwirft, worauf dieser unten das Urteil samt Gründen ausspeit, sind wir unverändert weit entfernt. Bei der Entwicklung eines modernen IWMS kann es daher nur darum gehen, altbewährte Methoden und moderne Technik auf überlegte und ökonomische Weise optimal miteinander zu verbinden.

Im Jahre 1997 wurde erstmals in Deutschland eine repräsentative Studie zur Erfor- 23
schung des Informationsverhaltens der deutschen Anwälte und darüber hinaus der Jurastudenten durchgeführt.[23] Die Befragung von etwa 20000 Anwaltskanzleien und ca. 4500 Jurastudenten ergab einen hohen Grad an Aufgeschlossenheit (und auch einen bemerkenswert hohen Stand an moderner Ausstattung) in bezug auf die neuen Techniken und Medien, ohne daß deswegen den traditionellen Printmedien sowie Administrations- und Kommunikationstechniken eine Absage erteilt worden wäre.

---

[19] Vgl. etwa *Enser et al.*, Der Einsatz von Expertensystemen zur Unterstützung der Arbeit mit Rechtsinformationssystemen in: Paul (Hrsg.), GI – 19.Jahrestagung II, Proceedings, Computergestützter Arbeitsplatz, Informatik Fachberichte 223, München (18.–20. 10. 1989), Berlin/Heidelberg 1989, S. 125; *Bergmann,* Entscheidungstabellen in Juristischen Expertensystemen, in: Gl – 16. Jahrestagung, Proceedings, Trends und Perspektiven, Informatik Fachberichte 127, Berlin (6.–10. 10. 1986), Berlin/Heidelberg 1986, II., S. 448.

[20] *Haft et al.,* Untersuchungen der Möglichkeit des Einsatzes von Expertensystemen zur Unterstützung von Richtern, Staatsanwälten und Rechtspflegern, in: Fiedler/Haft (Hrsg.), Informationstechnische Unterstützung von Richtern, Staatsanwälten und Rechtspflegern – Beiträge zur Strukturanalyse der Rechtspflege, Bonn 1992, S. 83ff.

[21] Näher dazu *Haft/Lehmann (Hrsg.),* Das LEX-Projekt – Entwicklung eines Expertensystems, Tübingen 1989.

[22] Vgl. näher *Gerathewohl,* Erschließung unbestimmter Rechtsbegriffe mit Hilfe des Computers – Ein Versuch am Beispiel der „angemessenen Wartezeit" bei § 142 StGB, Diss. Tübingen 1987.

[23] Informationsbeschaffung in der Anwaltskanzlei und im Jurastudium, Ergebnisse der bundesweiten Studie, wissenschaftliche Leitung Prof. *Dr. Haft,* Kissing 1998.

B. Beschaffung externer Informationen

I. Printmedien

1. Vorbemerkung

24 Printmedien spielen nach wie vor eine große Rolle. Daran wird auch der Einsatz elektronischer Medien nichts ändern. Die „Gefahr" droht hier eher von einer anderen Seite. Es ist unverkennbar, daß sich vor allem die heutige Studentengeneration das Lesen mehr und mehr abgewöhnt. Das führt dann zu einer **Jurisprudenz „vom Hörensagen"** oder „aus zweiter Hand", bei der mündliche Auskünfte oder leicht faßliche Sekundärquellen – mitunter von fragwürdiger Provenienz – an die Stelle selbst nachgelesener Informationen treten.[24] Die erwähnte Informationsflut wirkt hier zusätzlich abschreckend. Diese Hindernisse sollten bei der Gestaltung eines IWMS gesehen und überwunden werden. Das System sollte so angelegt werden, daß es überschaubar und beherrschbar bleibt – und es sollte dann auch wirklich genutzt werden.

25 Der Anwalt, der heute eine **Handbibliothek** anschaffen oder eine vorhandene Bücherei pflegen will, muß sich darüber im klaren sein, daß er selbst auf eng umgrenzten Spezialgebieten immer nur einen fragmentarischen, rückwärts orientierten und mehr oder weniger rasch veraltenden Informationsbestand zu beträchtlichen, sowohl einmaligen als auch laufenden Kosten erwerben kann. Er muß darüber hinaus sehen, daß die Benutzung einer solchen Bibliothek zusätzliche Kosten verursacht. Hier ist zum einen die Zeit zu nennen, die für die Suche nach relevanter Literatur aufgewendet werden muß. Zum anderen ist der Aufwand zu nennen, der erforderlich ist, um gefundene relevante Literatur für eine gerade anstehende Aufgabe durch Abruf, Verarbeitung, Neuformulierung und schriftliche Fixierung auch nutzbar zu machen.

26 Bereits in den fünfziger Jahren hat man in den Naturwissenschaften versucht, **Kosten-Nutzen-Analysen** bei der Erschließung von Informationen durchzuführen.[25] Heute spielt in der Betriebswirtschaft die Bewertung von Wissen im Unternehmen eine zentrale Rolle bei der Entwicklung von Systemen zum Wissensmanagement.[26] Bereits im Jahre 1970 wurden entsprechende Forderungen auch für das juristische Bibliothekswesen erhoben.[27] Eine Umsetzung derartiger Forderungen wurde allerdings weder durch rechtsinformatische Forschung gefördert noch von der Praxis in eigener Initiative vollzogen.

27 Die erwähnte Studie zur Erforschung des Informationsverhaltens der deutschen Anwälte ergab, daß im statistischen Mittel die befragten Anwälte jährlich 2370,– DM für Fachzeitschriften und 3158,– DM für gebundene Medien ausgaben.[28]

2. Einschätzung der Printmedien durch die Anwaltschaft im Vergleich zu den elektronischen Medien

28 In der erwähnten Studie wurden die Anwälte u. a. nach der Bewertung der wesentlichen Eigenschaften juristischer Informationsquellen gefragt. Es ergab sich folgende Reihenfolge (die Prozentzahlen stehen für die Einschätzung „sehr wichtig"): An erster Stelle steht Verläßlichkeit (79,8%), gefolgt von Aktualität (69,8%), Vollständigkeit (55,9%) und Wirtschaftlichkeit (49,2%).

---

[24] Kennzeichnend hierfür ist die bereits im Jurastudium beobachtbare Neigung, Repetitorskripten mit Titeln wie „Jura light" zu benutzen. Wohin die Entwicklung geht, kann man in der Steuerberatung sehen. Dort wird oftmals angesichts eines Falles primär in den konkreteren und daher leichter verständlich erscheinenden Richtlinien statt im Gesetz nachgesehen, ungeachtet der Tatsache, daß die Richtlinien unverbindliche Empfehlungen der Finanzverwaltung und damit der Gegenseite sind.

[25] Dazu *Haft,* EDV im Recht, S. 108ff.

[26] Siehe *Probst et al.,* Wissen managen, S. 317ff; *Sveiby,* Wissenskapital – Das unentdeckte Vermögen, Landsberg/Lech 1998.

[27] *Haft,* EDV im Recht, S. 110.

[28] Studie, S. 35 (Fn. 23).

Bei den Antworten auf die Frage, bei welchem Medium die genannten Eigenschaften am ehesten verwirklicht seien, rangierte der **traditionelle juristische Kommentar** gleich in drei Kategorien deutlich vor CD-ROM und Online-Datenbanken (die Vergleichszahlen für CD-ROM und Online-Datenbanken sind jeweils in Klammern angegeben), nämlich in den Kategorien **Verläßlichkeit** mit 51,9% (9,8% bezw. 6,4%), **Vollständigkeit** mit 56,8% (13,8% bezw. 13,8%) und **Wirtschaftlichkeit** mit 52,2% (23,0% bezw. 7,2%). Lediglich in der Kategorie **Aktualität** steht die Online- Datenbank mit 55,5% an der Spitze, während der Kommentar hier weit abgeschlagen nur 3,1% erreicht. Auffallend ist die geringe Einschätzung der **Fachzeitschrift.** Diese erreicht in allen Kategorien nur geringe Werte, nämlich bei der Verläßlichkeit 32,0%, bei der Aktualität 33,9%, bei der Vollständigkeit 15,7% und bei der Wirtschaftlichkeit 17,6%.[29] 29

3. Kommentare

Die genannten hohen Werte für die Kommentare (mit Ausnahme der Aktualität) bringen ein eher unreflektiertes, an der Tradition orientiertes Verhältnis zu diesem Medium zum Ausdruck. Kommentare sind natürlich traditionell die primäre und unverzichtbare Informationsquelle des Anwaltes. Von Vollständigkeit bezüglich der Nachweise von Rechtsprechung und Literatur sind aber selbst Großkommentare weit entfernt. Alle Kommentare sind **vergangenheitsorientiert.** Die Wirtschaftlichkeit von Kommentaren kann ebenfalls bezweifelt werden, wenn man bedenkt, daß der Käufer bei jeder Neuauflage mehr als **90% „Altbestand“** erwirbt und weniger als **10% Neukommentierung** erwirbt, für die er gleichwohl (erneut) 100% bezahlen muß. Hinzu kommt, daß in größeren Kanzleien – und vor allem auch in den Rechtsabteilungen der Unternehmen – die Kommentare gelegentlich nicht nach Bedarf, sondern nach „Rang“ vergeben werden: Der Seniorpartner oder Leiter der Rechtsabteilung besitzt die neueste Auflage, während der Junganwalt, der die praktische Arbeit leisten muß, sich mit einer älteren Auflage begnügen muß. 30

Trotz dieser Mängel wird auch in der elektronischen Zukunft kein Anwalt auf Kommentare verzichten können. Die Auswahl, Anschaffung und Nutzung von Kommentaren sollte jedoch bewußt geplant und gestaltet werden. Daraus, daß in Kommentaren Rechtsprechung und Literatur immer nur unvollständig und vergangenheitsorientiert nachgewiesen werden können, ergibt sich, daß Kommentare nur als **Ausgangsbasis** genutzt werden sollten, um Fundstellennachweise zu erlangen. Darüber hinaus sollte sich der Nutzer der Tatsache bewußt sein, daß Kommentare als solche auch nur begrenzt geeignet sind, Rechtsprobleme zu lösen. Vielmehr liegt ihr **primärer Nutzen** darin, rasch und präzise Überblicksinformationen zu bestimmten Rechtsfragen zu bieten. Hier sind Kommentare konkurrenzlos, denn die Autoren von Kommentaren sind – anders als die Autoren von sonstiger Literatur – zur Knappheit gezwungen. Manche Darstellungen in Kommentaren sind geradezu Kabinettstücke juristischer Literatur. 31

Als Konsequenz dieser Überlegungen mag es sich für einen ökonomisch denkenden Praktiker empfehlen, den (richtigen – dies kann natürlich nur individuell entschieden werden) **Kurzkommentar** anstelle des Großkommentars zu erwerben und lediglich einen statt mehrerer Kommentare zum selben Gesetz zu erwerben. 32

Diese Vorgehensweise setzt freilich zweierlei voraus: Zum einen muß jederzeit auf rasche Weise zuverlässig überprüfbar sein, ob Gesetzesänderungen vorgekommen sind und/oder ob der Kommentar auch sonst im Hinblick auf eine gerade anstehende Aufgabe noch aktuell ist; zum anderen müssen Recherchemöglichkeiten vorhanden sein, um die jeweils relevante Rechtsprechung und Literatur rasch und vollständig finden zu können. Da heute – anders als noch vor wenigen Jahrzehnten – elektronische Medien diese Möglichkeit bieten (dazu unten), ist die geschilderte Vorgehensweise möglich.[30] Zudem 33

---

[29] Studie S. 24ff. (Fn. 23).

[30] Der ideale Kommentar des elektronischen Zeitalters wird vermutlich ein Normalfallkommentar sein, der weder Probleme behandelt noch Fundstellennachweise enthält und zum Ausgleich für diese

gibt es kommerzielle Anbieter, welche Rechtsrecherchen für Einzelfragen auch in elektronisch (noch) nicht verfügbarer Literatur durchführen. Die Inanspruchnahme solcher Dienste kann die Nachteile der Beschränkung auf Kernliteratur im Einzelfall ausgleichen.

4. Fachzeitschriften

34 Die geringen Werte für die Fachzeitschriften ausweislich der genannten Studie geben ebenfalls zu einigen Überlegungen bezüglich der Gestaltung eines IWMS Anlaß. Die **Crux aller Fachzeitschriften** liegt darin, daß sie umfangreiche Informationen zu einem Zeitpunkt anbieten, zu dem diese nicht benötigt werden. Später dann, wenn ein relevanter Fall vorkommt, erinnert man sich vielleicht daran, etwas (möglicherweise) Einschlägiges gelesen zu haben. Man weiß aber nicht mehr, was es war und wo es stand. Hinzu kommt die (ständig wachsende) Fülle an Fachzeitschriften. Rund 500 große und kleine Fachzeitschriften versuchen gegenwärtig, sich an die immer spezialisierter arbeitenden Juristen zu wenden[31]. Selbst bei eng begrenzten Fachgebieten kann es vorkommen, daß sich am Freitag zehn oder zwanzig Fachzeitschriften auf dem Schreibtisch zur Lektüre am Wochenende stapeln. Diese Lektüre findet ungeachtet der Tatsache statt, daß hinsichtlich der meisten aufgenommenen Informationen ein „Merken“ vollkommen ausgeschlossen ist. Das menschliche Gedächtnis ist kein Datenspeicher.[32] Die „klassischen“ Auswege aus diesem Dilemma bieten Klebezettel, Notizbücher, Karteikarten u. ä. m. Daß all dies nur begrenzt hilfreich ist, liegt auf der Hand.

35 Zur Überwindung der genannten Schwierigkeiten bietet sich zunächst eine **bewußt gestaltete Lesetechnik** an, bei der erstens sorgfältig geprüft und entschieden wird, welche Fachzeitschriften überhaupt genutzt werden (dies ist natürlich eine individuelle Entscheidung, bei der weniger eher mehr ist), bei der zweitens bewußt ausgewählt wird, was **nicht** gelesen wird, und bei der drittens die Technik des aktiven schnellen Lesens erworben und praktiziert wird.[33] Dabei sollte gesehen werden, daß es – von wenigen Punkten abgesehen – nicht möglich ist, sich das Gelesene langfristig zu merken. Statt dessen sollte ein **individuelles Recherchesystem** geschaffen werden, bei dem die Lektüre im Hinblick auf die spätere Anwendung gedacht wird. Dies sollte nicht nur informations-, sondern wissensbezogen geschehen, was ebenfalls den Gebrauch elektronischer Hilfen voraussetzt (siehe unten).

5. Sonstige Printmedien

36 Die Bedeutung der sonstigen juristischen Literatur (**Lehrbücher, Monografien** usw.) für die tägliche Arbeit dürfte – von Sonderfällen, etwa dem Fall der häufigen Erstellung von Gutachten, abgesehen – in der Praxis häufig geringer sein. Angesichts der ungebremsten Publizierfreudigkeit vieler Autoren und der wachsenden Informationsflut aus den juristischen Verlagen muß hier der Aufbau einer Handbibliothek selbst auf eng umgrenzten Spezialgebieten sorgfältig abgewogen werden. Sogar die öffentlichen Bibliotheken haben große Schwierigkeiten, die Literatur umfassend abzudecken.

37 Eine Ausnahme gilt nur für **Vertrags- und Formularbücher,** die bereits weitgehend mit begleitenden Schreibvorlagen auf Diskette oder CD-ROM versehen sind. Diese Vorlagen bieten eine erhebliche Arbeitserleichterung und gewährleisten zugleich eine Qualitätskontrolle, die noch gesteigert werden kann, wenn die Vorlagen individuellen Bedürfnissen angepaßt werden (dazu unten).

Abstinenz mit elektronischen Datenbanken gekoppelt ist. Im Rahmen des durch den Mitverfasser *Haft* an der Universität Tübingen entwickelten Normfall-Projektes wurde das Konzept eines solchen „Normalfallkommentares“ bereits exemplarisch realisiert. Nähere Informationen hierzu sind abrufbar im Internet unter http://www.normfall.de.

[31] Frankfurter Allgemeine Zeitung, 20. 10. 1997, S. 28.

[32] Hierzu ausführlich *Haft,* Einführung in das juristische Lernen – Unternehmen Jurastudium, 6. Aufl. Bielefeld 1997, S. 116 ff.

[33] Näher zu dieser Technik *Haft,* Juristische Rhetorik, 5. Aufl. Freiburg/München 1995, S. 57 ff.

6. Scanner

Bedeutung gewinnen könnten dagegen auf mittlere Sicht die heute bereits zu günstigen Preisen erhältlichen Scanner. Über Scanner lassen sich Texte aller Art problemlos einlesen. So könnten Informationen, die Anwälte von Tagungen oder anderen Informationsveranstaltungen mitbringen, mit diesem Hilfsmittel in einen gemeinsamen Informationspool aufgenommen werden, der über eine Datenbank zugänglich gemacht werden kann. **38**

7. Audiokassetten

Der Vollständigkeit halber seien noch die von einigen Verlagen angebotenen Audiokassetten erwähnt. Sie dienen als eine Art akustische Zeitschrift beim Autofahren. Bei der Gestaltung eines IWSM düften sie kaum eine Rolle spielen. **39**

II. Elektronische Medien

1. Übersicht

Der Begriff „elektronische Medien“ umfaßt eine Vielzahl von technischen Systemen und Lösungen, wobei die Entwicklung in raschem Wandel befindlich ist. Den einfachsten Zugang hierzu bietet eine historische Betrachtung: In den siebziger Jahren, zur Zeit der Großrechner, wurden in den meisten Industrieländern große juristische Datenbanken – genauer: elektronisch erschließbare Textsammlungen – geschaffen. Da diese heute via Internet allgemein vom Schreibtisch aus „online“ zugänglich sind, sollen sie als **„Online-Dienste“** bezeichnet werden. In den achtziger Jahren wurden die Personal Computers (PCs) entwickelt, die als Externspeicher Disketten und CD-ROMS verwenden. Während Disketten wegen ihrer begrenzten Speicherkapazität im Zusammenhang mit IWSM-Überlegungen nur eine geringe Rolle spielen, sind die auch anderswo verbreiteten CD-ROMs im Recht heute ebenfalls ein weit verbreitetes Medium. Da diese Medien „offline“ benutzt werden, sollen sie als **„Offline-Dienste“** bezeichnet werden. In den neunziger Jahren wurde dann das **„Internet“** geschaffen, zu dem eine Vielzahl von Internet-Diensten wie World Wide Web (WWW) und E-Mail gehören. Die Benutzung des World Wide Web ermöglicht nicht nur eine Verbindung von Online-Diensten und Offline-Diensten, sondern bietet auch neuartige Kommunikationsmöglichkeiten. **40**

2. Online-Dienste

In den siebziger Jahren wurden teils von privater, teils von öffentlicher Seite große juristische Datenbanken geschaffen. In den USA begann die „era of legal online research“ mit der Schaffung von **Lexis-Nexis** und **Westlaw**. Diese beiden Unternehmen beherrschen heute den Markt. Bei einer Umfrage, die im Jahre 1993 durchgeführt wurde, verfügten sämtliche befragten US-Kanzleien über einen Zugang zu mindestens einem der beiden Anbieter.[34] **41**

In Deutschland entstand schon in den sechziger Jahren auf Initiative der Datev e. G. in Nürnberg, eines genossenschaftlichen Rechenzentrums für Angehörige der steuerberatenden Berufe, eine steuerrechtliche Datenbank namens **Lexinform**. In den siebziger Jahren wurde auf Initiative der Bundesregierung die **juris GmbH in Saarbrücken** gegründet. In der Gegenwart haben mehrere Verlage juristische Datenbanken geschaffen oder sind mit deren Planung befaßt. Über Internet (dazu unten) ist deren Nutzung möglich, wobei entweder die einzelne Recherche abgerechnet wird oder ein Pauschalvertrag über ein bestimmtes Recherchevolumen geschlossen wird. **42**

Der praktische Nutzen dieser Online-Dienste ist – vor allem im Hinblick auf die Faktoren Zeitersparnis, Aktualität und Vollständigkeit – groß. Die verwendeten **Suchtechniken** über Begriffe und Begriffsverknüpfungen sind freilich durch und durch unjuristisch. Sie stammen von Informatikern, nicht von Juristen. In den Datenbanken sind Texte **43**

[34] Vgl. *Duve/Gräfin von der Groeben,* in: Haft, Informationsbeschaffung, S. 53.

gespeichert, die nur begrenzt, nämlich nach Gerichten, Fundstellen, Aktenzeichen, Entscheidungsdaten usw. strukturiert sind. Wenn der Anwalt diese Informationen nicht kennt (und im Regelfall wird er sie natürlich nicht kennen – er sucht ja danach), muß er relevante Entscheidungen und Literatur über Begriffe und Begriffsverknüpfungen suchen, die in den Texten enthalten sind. Dabei kann er **Begriffsverknüpfungen** nach den Regeln der Booleschen Algebra („Und“, „Oder“, „Nicht“ usw.) vornehmen. Das ist so, wie wenn der einzige Zugang zum Schönfelder über das Register führen würde. Auf diese Weise können nur Informationen über die verwendeten Begriffe, nicht aber kann das in den Dokumenten enthaltene juristische Wissen erschlossen werden.

44 Die **Treffsicherheit** ist auch unterschiedlich groß. Läßt sich das gewünschte Dokument durch seltene Begriffe wie „Drittschadensliquidation“ oder „Ehegatten-Arbeitsverhältnis“ kennzeichnen, können gute Ergebnisse erzielt werden. Anders verhält es sich, wenn der gesuchte Text nur in allgemeinen Worten beschrieben werden kann. Dann wird das System zwangsläufig derart viele Dokumente anbieten, daß die Recherche unergiebig bleibt.

45 Wegen dieser beiden Beschränkungen wird der Nutzen von Online-Diensten solange begrenzt bleiben, wie nicht individuelle Recherchestrategien entwickelt und eingesetzt werden. Dazu müssen nach jeder erfolgreichen Recherche die erprobten Fragestrukturen gespeichert werden, um für künftige Suchen zur Verfügung zu stehen. Es muß mit anderen Worten für solche Teilgebiete, bei denen häufiger Recherchen notwendig werden, ein individuelles lernendes Recherchesystem geschaffen werden, an dessen Verbesserung laufend gearbeitet wird.[35]

3. Offline-Dienste

46 Die großen Speicherkapazitäten von **CD-ROMs** haben dazu geführt, daß Dokumentensammlungen, die früher nur in Großrechnern gespeichert werden konnten, inzwischen auf CD-ROM verfügbar sind. Solche CD-ROMs bieten zum einen die Betreiber von juristischen Datenbanken, zum anderen juristische Verlage an. Alle diese CD-ROMs teilen mit den klassischen Printmedien den **Nachteil**, vergangenheitsorientiert zu sein und vom Tag der Produktion an zu veralten. Deshalb werden in regelmäßigen Abständen **Updates** angeboten, bei denen der Kunde freilich, wie beim Kommentar (siehe oben), dieselben Informationen in aktualisierter Form neu erwerben muß. Als „Hardware“ müssen CD-ROMs produziert, gelagert und physisch (über den Handel) zum Kunden transportiert werden. Das entspricht nicht dem, was technisch schon heute problemlos möglich ist. Für spezielle, weniger aktualitätsbezogene Einsatzzwecke, wie z. B. zum Ersatz oder zur Ergänzung von Formularbüchern mögen CD-ROMs sinnvoll zur Informationsbeschaffung in der Kanzlei genutzt werden können.[36] Auf längere Sicht gesehen dürften die CD-ROMs jedoch lediglich ein **computertechnisches Zwischenstadium** darstellen, an dessen Stelle künftig der Abruf der relevanten Informationen über das Internet treten wird.

---

[35] Manche Anbieter bieten die Möglichkeit, bestimmte Frageprofile zu speichern, die es dann ermöglichen, in regelmäßigen Abständen überprüfen zu lassen, ob zu bestimmten Spezialgebiet neue Dokumente in die Datenbank aufgenommen wurden. Es gibt ferner Anbieter, die komplette Recherchen in verschiedenen Datenbanken durchführen und dabei mathematische Methoden zur Lösung des Problems der sinngleichen verschiedenen Wörter (z. B. „Kamin“ – „Schornstein“) und vor allem auch der Begriffsassoziationen (z. B. „Treu“ ist assoziiert mit „Glauben“). Linguistische Ansätze zur automatischen „Übersetzung“ von Suchanfragen in die gespeicherten Textformulierungen, die in den siebziger Jahren verfolgt wurden, haben sich dagegen (bislang) nicht als realisierbar erwiesen.

[36] So bietet der Beck Verlag z. B. begleitend zum *Küttner* „Personalbuch 1998“ eine CD-ROM an, die über den Inhalt des Handbuchs hinaus einen unmittelbaren Zugriff auf die meisten zitierten Aufsätze und Entscheidungen enthält. Dazu sowie zu Bestrebungen anderer Verlage, Loseblattsammlungen durch CD-ROM zu ersetzen, siehe „CD-ROM ergänzt das juristische Fachbuch“, F. A. Z., 10. 10. 1998.

4. Das Internet

a) Entstehungsgeschichte. Internet, das „Netz der Netze", „the Net",[37] ist die Abkürzung für „International Network". Es verdankt seine Entstehung dem Militär der USA. Im Jahre 1957 wurde dort im Verteidigungsministerium die Advanced Research Projects Agency (ARPA) gegründet, eine Forschungseinrichtung, welche zur Sicherung der Führungsposition der USA gegenüber der damaligen Sowjetunion beitragen sollte. Im Auftrag der ARPA wurden im Jahre 1969 erstmals die Computer von vier kalifornischen Universitäten miteinander verbunden. Es entstand das ARPA-NET, mit dem man einerseits Großrechner überregional nutzen, andererseits ein Netz schaffen wollte, das auch bei Ausfällen einzelner Knoten durch Bombenangriffe funktionstüchtig blieb. Das letztere Ziel wurde durch das sog. Dynamic Routing erreicht, ein Verfahren, welches sicherstellte, daß beim Ausfall einer Verbindung zwischen zwei Knoten die Datenübertragung automatisch über andere Leitungen erfolgte. Im Jahre 1977, auf dem Höhepunkt des Kalten Krieges, bestand dieses Netz seinen ersten Test, als „kriegsbedingte tote Stellen" simuliert wurden. Kein einziges Bit der gespeicherten Daten ging damals verloren. 47

Um 1980 begann die Ablösung der Großrechner durch sog. Workstations. Zu jener Zeit entdeckten Wissenschaftler die Vorteile des ARPA-Net. Zahlreiche US-Hochschulen schlossen sich dem Netz an und entwickelten vor allem die Möglichkeit der Kommunikation durch Electronic Mail (E-Mail). Zu jener Zeit entstand der Begriff Internet. Er kennzeichnete den Zusammenschluß zahlreicher Netzwerke, die durch ein sog. Transmission Control Protocol (TCP) und ein sog. Internet Protocol (IP) gesteuert und organisiert werden. Das militärische ARPA-Net wurde im Jahre 1983 als Military Net von der zivilen Nutzung des Internet getrennt. 48

Auf die militärische und wissenschaftliche Nutzung folgte die kommerzielle Nutzung. Im Jahre 1989 entdeckten Wirtschaftsunternehmen die Marktchancen des Internet, zunächst in den USA, dann weltweit. Das Internet entwickelte sich seitdem exponentiell. Hatte 1987 die Zahl der Datenbankanbieter im Internet, der sog. Hosts, noch bei 6000 gelegen, wurde 1992 die Millionengrenze überschritten und gab es 1997 etwa 16 Millionen Hosts. Heute verbindet das Internet schätzungsweise 100 Millionen Computer in mehr als 160 Ländern der Erde. Ein Ende dieser Entwicklung ist nicht abzusehen. 49

b) Grundprinzipien. Das Internet basiert auf der **Kombination einiger einfacher Prinzipien**, die in ihrem Zusammenwirken ein äußerst vielseitiges und robustes System ergeben:[38] 50

- **Sicherung der Unversehrtheit der Daten:** Die zu übertragenden Daten (Texte, Bilder, Tondateien) werden in kleine „Pakete" zerlegt, numeriert, mit Absender- und Empfängeradresse versehen und einzeln verschickt. Der empfangende Computer setzt die „Pakete" wieder zusammen und fordert gegebenenfalls fehlende oder beschädigte Pakete nochmals an.
- **Sicherung des Datentransports:** Die Einzelrechner oder die lokalen Netzwerke (Intranets) sind über viele Knoten miteinander vernetzt („vermascht"). Es existiert keine Zentrale für den Datentransport. Vielmehr erfolgt der Transport dezentral auf dem jeweils schnellstmöglichen Wege. Der Ausfall einzelner Knoten (das „Reißen" einzelner „Maschen") wird durch andere Knoten ausgeglichen.
- **Sicherung der Kommunikation verschiedener Computer:** Computer verschiedener Hersteller, die mit verschiedenen Betriebssystemen (DOS/Windows, OS/2, Apple, Unix...) arbeiten, können miteinander kommunizieren. Dies ermöglicht das Internet-Protokoll, eine Software, die inzwischen zur Standardausrüstung aller modernen Betriebssysteme gehört.

Anders als sonstige Massenmedien wie Printmedien, Radio oder Fernsehen ist das Internet

[37] Die Betonung von „the" ist dabei wichtig. Es gibt nicht „ein" Internet, sondern „das" Internet.
[38] Vgl. *Diepold,* Handbuch Hochschullehrer Dez. 1996, B.1.7.

ein **interaktives Medium.** Jeder Teilnehmer kann mit jedem Teilnehmer kommunizieren und dabei Sender und Empfänger sein.

51 **c) Internet-Dienste.** *aa) World Wide Web (WWW).* Der wichtigste Internet-Dienst ist das World-Wide-Web (WWW), auch „Web" genannt.[39] Der Vorschlag zur Entwicklung dieses Dienstes wurde 1989 am europäischen Forschungszentrum für Kernphysik (CERN) in Genf von *Tim Berners-Lee* und *Robert Cailliau* gemacht. Er ging dahin, ein vernetztes Hypertext-Projekt für die internationale Zusammenarbeit im Bereich der Hochenergie-Physik zu entwickeln. Das 1954 gegründete CERN ist die größte Forschungsgemeinschaft der Welt. 2850 Mitarbeiter, darunter 100 Forschungsphysiker, betreiben dort Grundlagenforschung in Zusammenarbeit mit 6000 Wissenschaftlern anderer Forschungseinrichtungen, die sich regelmäßig beim CERN aufhalten. Die Hochenergie-Physik Gruppe (HEP) bildet eine weltweite Informationsgesellschaft im Kleinformat. Gewohnt, mit Computern umzugehen, schufen die Bedürfnisse von HEP die Grundlage, die für die Erfindung des Web nötig war.

52 Beim Web hat der Nutzer mittels eines sog. **Browsers,** eines Navigationsprogrammes, die Möglichkeit, über Querverweise auf sämtliche Dokumente zuzugreifen, die auf weltweit verteilten Servern gespeichert sind. Diese Browser werden kostenlos oder als Beigabe zu Betriebssystemen zur Verfügung gestellt. Die **Hypermedia-Dokumente** werden in einer Sprache namens **Hypertext Markup Language** (HTML) verfaßt. Hinter eigens gekennzeichneten Begriffen befinden sich weitere Informationen, die per Mausklick in einem weiteren Fenster dargestellt werden können. Damit ist die Nutzung des Internet kinderleicht möglich. Das Web ist dabei hypermedial. Es ermöglicht die Übertragung von Text, Bild und Ton.

53 Der Erfolg des Web läßt sich daran ersehen, daß 1993 die Zahl der Web-Server von 50 im Jahre 1992 über 250 im Jahre 1993, 2500 im Jahre 1994, 50000 im Jahre 1995, 400000 im Jahre 1996 auf 650000 im Jahre 1997 stieg.

54 Der Internet-Zugang erfolgt über einen **Zugangsanbieter (Provider).**[40] Die Kosten hierfür betragen monatlich höchstens 50 DM. Hinzu kommen Telefongebühren für Verbindungen, in der Regel zum Ortstarif.

55 *bb) E-Mail.* E-Mail leitet sich von Electronic Mail ab. Dieser Dienst eröffnet die Möglichkeit der elektronischen Kommunikation durch die Versendung und den Empfang von Mitteilungen in Form von Text, Grafik und digitalisierter Sprache. Vorausgesetzt ist ein Anschluß an E-Mail und eine sog. **E-Mailadresse.**[41] Neben der Schnelligkeit, den geringen Kosten und der einfachen Benutzung bietet E-Mail den Vorzug, Nachrichten empfangen und eingeben zu können, ohne – wie bei Telefonanrufen – aus der Arbeit gerissen zu werden. Fällt dem Benutzer während des Diktates oder der Lektüre eines Schriftsatzes eine Mitteilung ein, die er einem anderen übermitteln möchte – etwa eine Information oder eine Frage – kann er diese rasch in den Computer eintippen und sich wieder seiner Arbeit zuwenden.[42] Einmal am Tag kann er dann die gesammelten Mails senden und gespeicherte Mails empfangen. Auch besteht die Möglichkeit, eine E-Mail an mehrere Empfänger zu senden und bestimmte Benutzergruppen – etwa mehrere Anwälte, die gemeinsam an einem Fall arbeiten – mit einer gemeinsamen Adresse zu definieren.[43]

---

[39] Die folgenden Angaben beruhen auf einem Vortrag, den *Robert Cailliau* am 30. 1. 1998 auf der 1. Tübinger Konferenz „Internet für Juristen" an der Universität Tübingen hielt.

[40] Zu nennen sind etwa Compuserve, T-Online, AOL, WIN-Shuttle u. a. m.

[41] E-Mail-Adressen enthalten immer das Zeichen @ (lies: at), den sog. Klammeraffen. So bedeutet z. B. die Adresse haft@uni-tuebingen.de, daß der Benutzer „Haft" über den Computer der Universität Tübingen in Deutschland erreichbar ist und Mails dort im elektronischen Briefkasten von „Haft" abgelegt werden.

[42] Dies setzt voraus, daß der Anwalt selbst den Computer bedient.

[43] Natürlich begründet E-Mail auch die Gefahr, mit einer Vielzahl unwichtiger Emails überflutet zu werden. Hiergegen schützen geeignete Filterprogramme.

Ein weiterer Nutzen von E-Mail besteht darin, Nachrichten zu beantworten, indem der empfangene Text mit Anmerkungen versehen und an den Absender zurückgeschickt wird. 56

Schließlich ist es möglich, Mails mit Anlagen zu verschicken, also etwa einen längeren Schriftsatz mit einer begleitenden Mail zu verschicken. Der Empfänger kann die Anlagen (ebenso wie die Mails) in sein Textverarbeitungssystem kopieren und dort bearbeiten. 57

cc) Weitere Dienste. Das Internet bietet zahlreiche weitere Dienste, für die sich insgesamt der Begriff **Cyberspace** eingebürgert hat.[44] Zu nennen sind etwa Newsgroups auf dem **Usenet**, einem elektronischen schwarzen Brett, auf dem Nachrichten angeheftet werden können, **Telnet**, ein Programm, welches von jedem beliebigen Computer aus den Zugang zum Internet ermöglicht, **Chat**, ein Programm, welches den Echtzeitdialog zwischen verschiedenen Benutzern zu aktuellen Themen ermöglicht u. a. m. Natürlich wirft das Internet auch zahlreiche Rechtsfragen auf, über die in den juristischen Fachzeitschriften lebhaft diskutiert wird.[45] 58

d) Nutzungsmöglichkeiten des Internet durch Anwälte. Das Internet fristet in den meisten deutschen Rechtsanwaltskanzleien gegenwärtig noch ein **Schattendasein**. Nur wenige Anwälte nutzen es überhaupt. Noch weniger Anwälte begeben sich zum Zwecke rechtlicher Recherchen auf das Internet, wenngleich die Zahl der Nutzer mittlerweile, insbesondere in der jungen Generation, täglich steigt. Ausweislich der genannten Studie zur Informationsbeschaffung wurde das Internet sehr unterschiedlich beurteilt.[46] 50,4% der befragten Anwälte sah sich mangels eigener Erfahrung zu einer Beurteilung des Nutzens des Internet nicht imstande. Bei den Jurastudenten betrug dieser Prozentsatz lediglich 19,8%. Soweit eine Beurteilung möglich war, bejahten 51,9% der befragten Anwälte einen Nutzen des Internet für ihre Berufstätigkeit. Bei den Studenten gaben demgegenüber 94,4% an, sich einen Nutzen des Internet für ihre spätere Berufstätigkeit vorstellen zu können. In den USA gehört das Internet dagegen bereits heute zu den von der Anwaltschaft selbstverständlich genutzten Informationsquellen.[47] 59

Es ist damit zu rechnen, daß diese Feststellung schon bald auch für deutsche Kanzleien zutreffen wird. Jedenfalls wächst die Nutzung des Internet so rasch, daß jede Kanzlei diese Präsentationsmöglichkeit ernsthaft in Betracht ziehen sollte. Es gibt für den rechtssuchenden Bürger keinen vergleichbar schnellen und kostengünstigen Weg, um sich über das Angebot von Anwälten zu informieren. Wenn die Entscheidung für das Internet getroffen wird, sollte zunächst der **Domainname der Kanzlei** – die Adresse im Internet – bestimmt und geschützt werden. Hier ist u. U. mit Schwierigkeiten zu rechnen. In der jüngsten Vergangenheit wurden bereits zahlreiche potentiell attraktive Domainnamen von Privatpersonen in der Hoffnung reserviert, diese lukrativ verwerten zu können. Auch allgemeine Domainnamen wie z. B. „Kanzlei" wurden bereits geschützt.[48] 60

Sodann sollte darauf geachtet werden, daß die **Homepage** professionell gestaltet wird. Werden diese Voraussetzungen beachtet, so bietet das Internet für anwaltliche Dienstleistungen vielfache Nutzungsmöglichkeiten.[49] Das Internet wird sich im Rahmen des Informationsmanagement als sehr geeignetes Hilfsmittel zur Informationsverbreitung, zum Informationsaustausch und zur Informationsbeschaffung einsetzen lassen. 61

---

[44] Einen guten Überblick bietet *Mayer*, NJW 96, S. 1782ff. Der Begriff Cyberspace geht auf die Novelle „Neuromancer" von *William Gibson* zurück und steht als Sammelbegriff für die Netzwerke untereinander verbundener Computer und den daraus entstandenen Kommunikationsraum.

[45] S. etwa *Hoeren*, Internet und Recht – Neue Paradigmen des Informationsrechts, NJW 98, S. 2849ff.

[46] Studie, S. 40ff. (Fn. 23).

[47] Siehe dazu *Duve*, Nutzung des Internet in US-amerikanischen Anwaltskanzleien, K&R 1998, S. 388ff.

[48] Die juristische Diskussion dieser Problematik hat soeben erst begonnen.

[49] Vgl. dazu unter § 15.

62 Zu Zwecken der **Informationsbeschaffung** bietet das Internet ein breites Angebot. So unterhalten beispielsweise eine Vielzahl von Universitäten und anderer akademischer Einrichtungen eigene Homepages mit detaillierten Angaben über ihre Lehrangebote und ihre Forschungsprojekte und -ergebnisse. Gleiches gilt für zahlreiche Unternehmen, Freiberufler, Behörden usw. bis hin zu Privatpersonen.[50] Daneben findet sich im Internet eine Vielzahl kommerzieller Angebote, wobei besonders solche Produkte, die wie Computerprogramme oder Daten (Schriftstücke) über das Internet auch vertrieben werden können, attraktive – da praktisch kostenlos vermehrbare – Angebote sind (Electronic Commerce).[51] Eigene „Suchmaschinen" helfen im Internet auf dem Weg durch die Vielfalt der Angebote.

63 Im Rahmen der **Informationsverbreitung** ist sowohl an die Präsentation allgemeiner Rechts- und Kanzleiinformationen, aber auch an Mandanteninformationen und Nachwuchswerbung zu denken.[52]

64 Für Zwecke des **Informationsaustauschs** kann das Internet insbesondere die Korrespondenz erleichtern, das Textmanagement vereinfachen und Daten in einem Intranet zentral zugreifbar verfügbar machen. Schließlich erlaubt das Internet die Zusammenarbeit zwischen Kanzleien oder Kanzleien und Mandanten über das Extranet.

C. Beschaffung und Nutzung interner Informationen

I. Die Kanzlei als lernende Organisation

65 Jeder Anwalt produziert bei seiner Arbeit unentwegt juristisches Wissen und speichert dieses in erheblichem Umfang in Dokumenten (Schriftsätzen, Gutachten, Briefen, Notizen usw.) ab. Dabei entstehen regelmäßig Schwerpunkte bis hin zum Spezialistentum in großen Kanzleien. Bislang ist nur wenig darüber nachgedacht worden, wie dieses Wissen für künftige Anwendungsfälle sowohl durch den jeweiligen Produzenten als auch durch andere Anwälte der Kanzlei nutzbar gemacht werden kann. Während es bei der externen Informationserschließung darum geht, vorhandene Angebote optimal zu nutzen, geht es bei der **internen Nutzung** darum, ein solches Angebot erst einmal zu schaffen. Diese Aufgabe ist schwieriger als die bloße Nutzung existierender Angebote, kann aber auch ertragreicher sein. Denn hier besteht die Chance, das individuelle Wissensprofil der Kanzlei zu entwickeln und zu schärfen. Diese Aufgabe kann ein externer Anbieter naturgemäß nicht erfüllen. Der Nutzen kann dabei ein doppelter sein: Zum einen können **Rationalisierungseffekte** erzielt werden. Zum anderen sind **Qualitätssteigerungen** durch Wissensoptimierung möglich.

66 Auf intuitive Weise geschieht dies bereits. Jeder Anwalt ist auf seinen Arbeitsgebieten zugleich Wissensmanager, der aus jedem neuen Fall auf intuitive Weise Erfahrung für die Zukunft schöpft. Neu ist bei der Entwicklung eines kanzleiinternen IWMS die Bewußtmachung der zugrundeliegenden Vorgänge, der Einsatz moderner Technik und die intersubjektive Erschließung des so aufbereiteten Wissens. Es ist dann nicht mehr der einzelne Anwalt, der individuell seine eigene Erfahrung schöpft, sondern die Kanzlei als „lernende Organisation", die durch jeden Beitrag eines ihrer Mitglieder insgesamt „wissender" wird.

---

[50] Das Internet entzieht sich seinem Wesen nach nationalstaatlicher Regulierung. Das lädt natürlich auch zum Mißbrauch ein, wie etwa die Verbreitung von harter Kinderpornographie oder von NS-Propaganda im Internet zeigt. Die Bemühungen um eine juristische Aufarbeitung dieser Problematik haben soeben erst begonnen.

[51] Der sagenhafte Reichtum etlicher Softwareunternehmer beruht auf der erstmals in der Industriegeschichte gegebenen Möglichkeit, Produkte praktisch ohne Kosten beliebig vervielfältigen zu können. Das Internet fügt dem die Möglichkeit hinzu, auch den Vertrieb und das Inkasso praktisch ohne Kosten organisieren zu können.

[52] Zur Werbung im Internet siehe unter § 43.

II. Grundsätze für die Entwicklung eines internen Informations- und Wissens-Management-Systems

1. Übersicht

Bei der Entwicklung eines internen IWMS sind zwei Bereiche zu unterscheiden. Zum einen die Arbeit am Sachverhalt. Zum anderen die Arbeit am Recht. 67

2. Arbeit am Sachverhalt

a) Übersicht. Hier geht es darum, technische Hilfen für die Erschließung des Sachverhalts zu verwenden. Dabei sollte gesehen werden, daß es „den" Sachverhalt nicht gibt. Zwar wird in Examensklausuren und Gerichtsentscheidungen so getan, als existierte der Sachverhalt. Das ist jedoch ein Irrtum. Es existiert lediglich eine **komplexe Gemengelage** verschiedener Darstellungen und Beweismittel, aus der sich jeder Beteiligte „seine" Realität herausdestilliert.[53] Traditionell steckt diese Komplexität in verschiedenen Dokumenten (Klagen, Erwiderungen, Repliken, Dupliken, sonstigen Schriftsätzen, Protokollen, Gutachten usw.), zwischen deren Erstellung jeweils längere Pausen liegen, in denen die Beteiligten viele Details wieder vergessen haben. 68

Der **Einsatz der Computertechnik** kann die Arbeit am Sachverhalt erleichtern. Vorausgesetzt ist, daß alle Schriftstücke – auch die anderer Beteiligter – elektronisch abgespeichert sind.[54] Hier sind vor allem **fünf Möglichkeiten** zu nennen: die Visualisierung von Sachverhalten, die Suche nach Begriffen, die Erstellung von Synopsen, die Erstellung von Zeitachsen und der sog. „One-Text-Approach".[55] 69

b) Visualisierung von Sachverhalten. Jedes Textverarbeitungsprogramm bietet die Möglichkeit, grafische Übersichten wie Organigramme und Beziehungen zwischen Personen und Gegenständen zu erstellen. Diese Möglichkeit sollte genutzt werden. Freilich setzt dies eine entsprechende Schulung voraus.[56] Dies bietet nicht nur den Vorzug, selbst den Sachverhalt richtig zu verstehen und ihn den Partnern auf leichte Weise verständlich machen zu können.[57] Es bietet auch eine hervorragende Präsentationsmöglichkeit für die Kanzlei.[58] Grafiken können auf Overheadfolie ausgedruckt und beispielsweise in Besprechungen verwendet werden. Die traditionelle verbale Orientierung der Juristen ist keineswegs sachnotwendig und sollte zugunsten besserer Möglichkeiten aufgegeben werden.[59] 70

c) Suche nach Begriffen. Jedes Textverarbeitungsprogramm bietet die Möglichkeit, sämtliche Dateien einzelner Verzeichnisse (Ordner) nach bestimmten Begriffen zu durch- 71

[53] Das hier angesprochene Problem wird in der Wissenschaftstheorie unter der Bezeichnung „Konstruktivismus" diskutiert.

[54] Es empfiehlt sich, den Austausch von Textdateien zu organisieren, am einfachsten via E-Mail. Ansonsten können fremde Texte auch ohne großen Aufwand mittels eines Scanners eingelesen werden.

[55] Die Darstellung beschränkt sich auf gängige, leicht zu realisierende Möglichkeiten. Sie ist natürlich nicht vollständig. So kann in bestimmten Fällen auch der Einsatz eines Tabellenkalkulationsprogramms sinnvoll sein.

[56] Die Hilfen der Textverarbeitungsprogramme, insbesondere des derzeit marktführenden Systems, sind leider unbrauchbar. Gleiches gilt für die Erläuterungsbücher.

[57] Manche Rechtsgebiete, etwa das Erbrecht oder das Recht der Real- und Personalsicherheiten, sind ohne Grafiken überhaupt nicht zu verstehen. Es gehört zu den Wundern des BGB, das Erbrecht ausschließlich in Worten geregelt zu haben.

[58] Erfolgreiche Unternehmensberater haben dies längst erkannt. Ihre Mitarbeiter setzen Notebooks ein, um in kurzer Zeit eindrucksvolle Grafiken erstellen und via Overheadprojektor präsentieren zu können. Diese wissen auch, daß die Erstellung einer guten Grafik keine leichte Aufgabe ist. Jeder Mitarbeiter von McKinsey muß beispielsweise ein internes Buch durcharbeiten, welches den Titel trägt: „Say It With Charts".

[59] Auch im Gerichtssaal werden diese Techniken in naher Zukunft Einzug halten.

suchen. Dies kann mühevolles Blättern in Leitzordnern ersparen. Durch bewußte Verwendung ausdrucksstarker, seltener Begriffe für bestimmte Punkte kann die Suche zusätzlich erleichtert werden.

72 **d) Synopsen.** Jedes Textverarbeitungsprogramm bietet die Möglichkeit, Tabellen anzulegen. Diese können für Synopsen genutzt werden. So können beispielsweise mehrere Zeugenaussagen zum selben Punkt aus verschiedenen Protokollen kopiert und in einer Synopse nebeneinandergestellt werden. Gemeinsamkeiten und Widersprüche werden so rasch erkennbar. Derartige Synopsen werden von der Gegenseite auch eher akzeptiert als verbale Ausführungen zu dem fraglichen Punkt. Jene bieten eine Hilfe, während diese ein zusätzliches Problem sind.

73 **e) Zeitachsen.** Die genannten Tabellen können auch dazu verwendet werden, um Zeitachsen anzulegen. Dies kann auch mit Hilfe eines Grafikprogramms geschehen. Solche Zeitachsen können beispielsweise zu verschiedenen Ereignissen oder Personen – etwa Zeugen – (von oben nach unten) gezeichnet werden. Auch dies erleichtert die Erfassung von komplexen Sachverhalten.

74 **f) Der sog. „One-Text-Approach".** Herkömmlich werden juristische Schriftsätze nach dem Muster von Angriff und Verteidigung gestaltet. Dahinter steht ein methodisches Konzept, das in der modernen Mediations- und Verhandlungsforschung als Konzept des „Positional Bargaining" kritisiert wird.[60] Es ist aber keineswegs naturnotwendig. Vielmehr kann die juristische Arbeit auch als gemeinsame Arbeit an einem Text gestaltet werden. Auch diese Vorgehensweise wäre ohne Computer nicht zu realisieren.

3. Arbeit am Recht

75 **a) Übersicht.** Hier geht es darum, das in der Kanzlei erarbeitete und ständig neu zu erarbeitende juristische Fachwissen – das eigentliche **Kapital der Kanzlei** – zu erschließen, zu verbessern und optimal zu präsentieren. Dabei empfiehlt es sich, fünf Grundsätze zu beachten. Erstens sollte bereits bei der Gewinnung und Anwendung von neuem Wissen auch dessen spätere Erschließung bedacht und aktiv vorbereitet werden (Wissensvorbereitung). Zweitens sollte Wissen in Modulen bereitgestellt werden (modulare Wissensbereitstellung). Drittens sollte vorhandenes Wissen ständig überarbeitet, aktualisiert und verbessert werden (lernende Wissensverbesserung). Viertens sollte Wissen hierarchisch verwaltet werden (hierarchische Wissensverwaltung). Fünftens sollten die Möglichkeiten der Computertechnik in einer Weise genutzt werden, die von dem juristischen Bedarf – und nicht von den Gegebenheiten der Technik – bestimmt ist (dienender Computereinsatz).

76 Anwaltskanzleien, denen es gelingt, nicht nur externe Informationen, sondern auch **internes Wissen** optimal zu nutzen, könnten einen erheblichen **Wettbewerbsvorteil** erzielen. Eine wesentliche Voraussetzung dafür ist allerdings, daß das tagtäglich entstehende Wissen systematisch genutzt werden kann. Daß eine solche Zielvorstellung umsetzbar ist, demonstrieren bereits seit einiger Zeit alle jene Unternehmensberatungen, die ihr Wissen und ihre Erfahrung als ihr wichtigstes Kapital betrachten. Bei *Andersen Consulting,* zum Beispiel, ist man sich der Tatsache bewußt, daß Wissen und Erfahrungen alleine nichts nutzen, wenn sie nicht dort verfügbar sind, wo sie gebraucht werden.[61] Daher hat das Unternehmen ein System eingeführt, in welchem jeder der mehr als 50000 Berater Ergebnisse seiner Arbeit dokumentieren muß, welches jeder Berater aber auch für seine eigenen Recherchen nutzen kann.

---

[60] Siehe hierzu unter § 6.

[61] *Von Petersdorff,* Nur Personalmangel begrenzt das Wachstum, Frankfurter Allgemeine Sonntagszeitung, 12. 4. 1998.

Die meisten Anwaltskanzleien sind von einer derartigen Erfassung und Verteilung ihres Wissens noch weit entfernt. Die Kanzleien befinden sich dabei in guter Gesellschaft vieler Unternehmen, die sich noch nicht näher mit einem unternehmensweiten Wissensmanagement beschäftigt haben.[62] Natürlich gibt es auch Unternehmen, die dem Thema Wissensmanagement besondere Aufmerksamkeit schenken.[63] 77

Anwaltskanzleien als klassische Wissensunternehmen sollten dem Wissensmanagement ebenfalls **strategische Bedeutung** beimessen. Das gilt umso mehr, je größer die Kanzlei ist. Gerade in größeren Einheiten gewinnt die Frage der Verfügbarkeit des Wissens an Bedeutung. In überörtlichen Sozietäten ist es ohne ein umfassendes System häufig schwierig, auf die gesuchte Information zuzugreifen oder an früher gesammelten Erfahrungen eines Kollegen zu partizipieren. Über ein IWMS wäre dieses Wissen dagegen zugreifbar und nutzbar. 78

b) Wissensvorbereitung. Bereits bei der **Produktion juristischen Wissens** sollte auch dessen spätere Erschließung bedacht und vorbereitet werden. Jeder juristische Schriftsatz enthält an verschiedenen Stellen allgemeine Ausführungen zur Anwendung von Rechtsnormen und rechtsdogmatischen Sätzen, die über den konkreten Fall hinaus Bedeutung haben. Diese sollten in einer Weise gekennzeichnet werden, welche es ermöglicht, sie später auch für andere Fälle zu nutzen. In Betracht kommt hier – am einfachsten – mit Hilfe der auf dem Markt gängigen Textverarbeitungsprogramme die Erfassung der für das betreffende Dokument wesentlichen Stichwörter. Sucht man allerdings ein gesamtes Netzwerk nach Dokumenten ab, in denen bestimmte Stichworte auftauchen, so kostet eine derartige Suche heute noch viel Zeit. Zudem hängt ihre Effektivität von der Disziplin der Rechtsanwälte bei der Eingabe ab. Schon heute gibt es allerdings auch auf juristische Dokumente **spezialisierte Software**, die Informationen mit Hilfe sogenannter Dokumenten-Management Tools auffindet.[64] 79

Wenn beispielsweise angesichts eines gesellschaftsrechtlichen Konfliktes die Frage entsteht, ob ein Geschäftsführer einer GmbH seine Treuepflicht gegenüber der Gesellschaft, deren Organ er ist, verletzt hat, so müssen zur Thematik dieser gesellschaftsrechtlichen Treupflicht allgemeine Ausführungen gemacht werden, in denen die hierzu ergangene Rechtsprechung und die einschlägige Literatur verarbeitet werden müssen. Die so gewonnenen Darstellungen sollten dann auch für künftige Anwendungsfälle bereitgestellt werden. Dies kann technisch sehr einfach durch elektronische Erstellung und Abspeicherung von Kopien der jeweils relevanten Auszüge aus dem Dokument geschehen. 80

c) Grundsatz der modularen Wissensbereitstellung. Wissen sollte in **Modulen** bereitgestellt werden. Nur dann kann es für neue Fälle mit jeweils neuen Sachverhalten und jeweils anders gesetzten Schwerpunkten nutzbar gemacht werden. Dabei mag es sich denn auch ergeben, daß Module zur selben Grundthematik mit unterschiedlichen Schwerpunkten und Ausprägungen gebildet werden. In größeren Kanzleien sollten derartige Wissens- 81

---

[62] Nach einer Studie des Internationalen Instituts für Lernende Organisation und Innovation (ILOI) in München meinen 66% der befragten Betriebe, keinen umfassenden Überblick über das im Unternehmen vorhandene Wissen zu haben. Über 80% gehen davon aus, daß ihnen ein mittlerer bis hoher Nutzen durch brachliegendes Wissen entgeht, und 86% der Befragten sehen einen Bedarf an Wissensmanagement in ihrem Unternehmen, *Winkelhage*, Dienstleister, die beim Denken helfen, Frankfurter Allgemeine Zeitung, 28. 3. 1998.

[63] So hat *Bertelsmann* eine unternehmenseigene Universität mit dem erklärten Ziel gegründet, der zunehmenden Bedeutung von Lernen, Wissen und Informationsmanagement gerecht zu werden, *Schwertfeger,* Internationale Programme, maßgeschneidert für den Konzern, Handelsblatt, 25. 6. 1998.

[64] So ist das nordamerikanische Unternehmen ISYS in den USA im Bereich des Information Retrieval und Management tätig. Zu den Kunden von ISYS zählen nach eigenem Bekunden neben Anwaltskanzleien auch der U. S. Court of Appeals (Fifth Circuit) sowie die Mississippi Trial Lawyers Association.

module durch Praxisgruppen geschaffen werden. Ihre Aktivitäten könnten den Beginn eines **Filing System** darstellen.

82 Zu dem erwähnten Beispiel der Treuepflicht des Geschäftsführers mag sich so das eine Modul mit der eigennützigen Ausnutzung der Organstellung des Geschäftsführers befassen, während das andere diese Frage im Zusammenhang mit Wettbewerbshandlungen des Geschäftsführers untersucht, und ein drittes die aus dem US-amerikanischen Recht stammende Geschäftschancenlehre behandelt. Auf diese Weise entstehen sehr präzise geschärfte Module, die dann den Besonderheiten eines neuen Falles optimal angepaßt werden können.

83 **d) Lernende Wissensverbesserung.** Vorhandenes Wissen sollte ständig überarbeitet, aktualisiert und verbessert werden. Jede juristische Ausarbeitung veraltet ab dem Tag ihrer Entstehung. Es kann daher nicht darum gehen, ein für alle Zukunft gültiges Texthandbuch zu erstellen. Vielmehr muß jedes Wissensmodul als Entwurf verstanden werden, der wieder und wieder überprüft, aktualisiert und auch verbessert werden muß.

84 In Kanzleien mit mehreren Anwälten ist es dabei unumgänglich, die Zuständigkeiten für die lernende Wissensverbesserung zu regeln und durch geeignete EDV-technische Vorkehrungen (z. B. durch Paßwörter) zu sichern. Dabei sollte von dem Grundsatz ausgegangen werden, daß nur der jeweilige Autor zur Korrektur eines Wissensmoduls befugt ist.

85 Da Schriftstücke das wesentliche Präsentationsmedium jeder Kanzlei sind, gehört in diesen Zusammenhang auch die **Erarbeitung eines einheitlichen Dokumentendesigns** der Kanzlei bezüglich Stil und Form aller Schriftstücke der Kanzlei. Das beginnt bei der Wahl von Schriftart und -größe und reicht über ein bewußt gestaltetes Gliederungs- und Zitiersystem bis hin zu den juristischen Inhaltsfragen. So wirkt ein Schriftsatz, der vollständig aus sich heraus verständlich ist, und der Leser durch „Wegweiser" ständig verdeutlicht, an welcher Stelle er sich gerade befindet, nicht nur formal, sondern auch inhaltlich überzeugender als sein unstrukturiertes Pendant.[65] Juristen „verkaufen" wie andere Dienstleister – etwa Unternehmensberater oder Versicherer – unsichtbare Dienstleistungen und sollten alles tun, um ihre Produkte „sichtbar" zu machen. Die Mühe, die in anderen Lebensbereichen auf die Präsentation verwendet, unterstreicht deren Bedeutung.

86 **e) Hierarchische Wissensverwaltung.** Die Hauptschwierigkeit bei der Entwicklung eines internen IWMS besteht darin, die einzelnen Wissensmodule so zu verwalten, daß deren Erschließung angesichts eines neuen Falles jederzeit problemlos möglich ist. Dieses Problem besteht seit der Antike, als in Rom eine Vielzahl von Responsa entstanden war und verwaltet werden mußte. Die damals geschaffene Methode ist bis in die Gegenwart wegweisend geblieben. Die Römer knüpften an die **griechische Wissenschaftstheorie** an. Dort hatte man die Methode der Aufstellung von sogenannten Begriffsbäumen entwikkelt. Man hatte erkannt, daß Begriffe einen Inhalt und einen Umfang haben. Zwischen beiden besteht ein reziprokes Verhältnis. Viel Inhalt bedeutet wenig Umfang und umgekehrt. Der Begriff „Sokrates" hat beispielsweise viel Inhalt und wenig Umfang. Er steht für alle Weisheit, die ein Mensch nur haben kann, aber er bezeichnet lediglich einen einzigen Menschen. Der Begriff „Mensch" hat dagegen wenig Inhalt und viel Umfang. Er läßt die spezifischen Eigenheiten aller Menschen unbeachtet und umfaßt die ganze Menschheit. Von dieser Erkenntnis ausgehend errichteten die griechischen Wissenschaftstheoretiker Begriffsbäume, mit denen sie das Wesen der Dinge erfassen wollten. Die Römer machten etwas Praktisches daraus und schufen die **juristische Dogmatik**. Bis heute ist den Juristen nichts besseres eingefallen.[66]

---

[65] Ausführlich zu diesen Fragen *Haft,* Einführung in das juristische Lernen – Unternehmen Jurastudium, 6. Aufl. 1997, S. 371 ff.

[66] Näher hierzu *Haft,* Einführung in das juristische Lernen, S. 135 ff.

Auch in der außerjuristischen Welt wird Komplexität hierarchisch verwaltet. Jeder Bibliothekskatalog, jedes Inhaltsverzeichnis, jede Aktensammlung ist hierarchisch geordnet. Man benötigt dazu lediglich einen Ausgangspunkt. Diesen findet man als Jurist natürlich im Gesetz. So ist die oben beispielhaft erwähnte Problematik der Treuepflicht des GmbH-Geschäftsführers bei § 43 Abs. 1 GmbH-Gesetz festzumachen. Die dort genannte Treuepflicht ist sehr weit gefaßt und bedarf der hierarchischen Strukturierung. Nicht anders macht es der juristische Kommentator. Denn selbstverständlich sind auch alle juristischen Kommentare hierarchisch gegliedert. Nur wird im vorliegenden Fall kein Kommentar geschrieben, sondern das interne IWMS der Kanzlei erstellt. 87

f) Dienender Computereinsatz. Die hierarchische Wissensverwaltung setzt natürlich wiederum den Einsatz des Computers voraus. Jedes Textverarbeitungssystem enthält ein Ablagesystem, das mit Hierarchien von Ordnern (Verzeichnissen, Containern ...) arbeitet. Man kann unmittelbar damit ein IWMS erstellen, erhält dann freilich ein recht unhandliches System, mit dem nur mühsam gearbeitet werden kann, dies vor allem dann, wenn eine größere Zahl von Modulen entsteht. 88

Die Möglichkeiten der Computertechnik sollten jedoch in einer Weise genutzt werden, die von dem juristischen Bedarf – und nicht von den Gegebenheiten der Technik – bestimmt ist. Von dieser Überlegung ausgehend wurde an der Universität Tübingen das Normfall-Projekt entwickelt. Es enthält unter anderem einen **„Strukturmanager"**, der es erlaubt, hierarchische Baumstrukturen auf bequeme Weise anzulegen und mit einzukopierenden Erläuterungstexten zu versehen.[67] 89

In entsprechender Weise kann innerhalb einer Kanzlei ein internes Netz, ein sogenanntes **Intranet**, genutzt werden, um die verschiedenen Wissensmodule allen Nutzern zur Verfügung zu stellen. Über das Intranet können die gesuchten Angaben abgerufen werden. In größeren Kanzleien wäre es denkbar, daß einzelne Praxisgruppen interne Web-Pages unterhalten, die über Browser aufgesucht werden können, wie es gegenwärtig vereinzelt bereits in Unternehmensberatungen der Fall ist. 90

91 **g) Wissensgenerierung und -verteilung.** Schließlich ist sicherzustellen, daß nicht nur die beschriebenen Möglichkeiten geschaffen werden, sondern daß das Wissen auch auf die beschriebene Weise gewonnen und später adäquat verteilt wird. Das Resultat eines Forschungsprojektes der Fakultät für Soziologie der **Forschungsgruppe Wissensmanagement** an der Universität Bielefeld hat nämlich inbesondere gezeigt, daß sich – bei aller Euphorie für das Thema Wissensmanagement – schnell Ernüchterung breitmachen kann, wenn das gewonnene Wissen nicht geteilt wird.[68] Wie *Oliver Vopel* und *Thomas Hermsen* von der Forschungsgruppe Wissensmanagement nach einer Analyse namhafter Unternehmen festgestellt haben, konzentrierten sich viele Unternehmen zu sehr auf die technische Dimension des Wissensmanagement. Obgleich beispielsweise Unternehmensberatungen ihre Mitarbeiter dadurch zur Weitergabe ihres Wissens animiert hätten, daß Projektberichte, die von Wissensdatenbanken besonders häufig abgerufen würden, mit einem Bonus ausgezeichnet werden, erschien vielen ihre Zeit zu kostbar und der Nutzen zu gering, um ihr Wissen einzubringen. Ein ähnliches Problem könnte sich auch in Kanzleien ergeben, wenn ein IWMS nicht fest in der Kanzleikultur verankert und als ein wichtiger Bestandteil betrachtet wird. 91

---

[67] Das System wurde ursprünglich als Lernsystem entwickelt. Im „Strukturtrainer" werden Fälle mit gespeicherten Lösungswegen durch die juristischen Strukturen verbunden. Auf diese Weise kann erstmals juristisches Regelwissen (Know-How) trainiert werden. S. näher im Internet http://www.normfall.de; ferner *Haft,* Das Internet in der Juristenausbildung, in Strempel (Hrsg.), Juristenausbildung zwischen Internationalität und Individualität, Baden-Baden 1998, S. 123 ff.

[68] Wissen wird nur selten geteilt, Frankfurter Allgemeine Zeitung, 7. 12. 1998.

D. Schlußbemerkung

92 Die moderne Informationstechnik bietet die Möglichkeit, die juristische Informationslandschaft in der Kanzlei aktiv mitzugestalten und dadurch laufend an der Verbesserung der eigenen Dienstleistung mitzuarbeiten. Diese Chance sollte genutzt werden. Dabei geht es heute nicht mehr um die Frage des Ob, sondern des Wie. Auf die Nutzung des Computers kann heute schon kein Anwalt mehr verzichten. Die Frage ist lediglich die, ob er sich mit der Nutzung des Computers als Schreibmaschine begnügen will, oder ob er die technischen Möglichkeiten unserer Zeit voll ausloten will. Von der Antwort auf diese Frage wird das berufliche Schicksal jedes Anwalts abhängen.

§ 32 DV-Einsatz in der Anwaltskanzlei

*Prof. Dr. Georg Disterer**

Übersicht

Schrifttum: *ABA* (Hrsg.), Large Law Firm Technology Survey 1997, in: American Bar Association – Legal Technology Resource Center (Hrsg.), Chicago, 1997a; *ders.*, Small Law Firm Technology Survey 1997, in: American Bar Association – Legal Technology Resource Center (Hrsg.), Chicago, 1997b; *Abts/Mülder,* Grundkurs Wirtschaftsinformatik, 2. Aufl. 1996; *Alpar,* Kommerzielle Nutzung des Internet, 1996; *Altmann,* Das Intranet bei Siemens Nixdorf, in: Personalführung, 1997, Nr. 6, S. 494–502; *Badura,* Neue Spracherkennungs-Software für Juristen, in: BRAK-Mitt. 1998, S. 113–115; *Becker,* Aktuelle Trends in der EDV für Anwälte, in: BRAK-Mitt. 1998, S. 102–104; *Benten,* Vergleichende Betrachtungen zu den marktgängigsten Anwaltsprogrammen, aus: Internet www.benten.de/index53.html; Zugriff am 27. 12. 1998, 1997; *Berghel,* Email – The Good, The Bad, and The Ugly, in: Communications of the ACM, Bd. 40, 1997, Nr. 4, S. 11–15; *Bichler,* Aufbau unternehmensweiter WWW-Informationssysteme, 1997; *Biethahn/Mucksch/Ruf,* Ganzheitliches Informationsmanagement – Band I Grundlagen, 3. Aufl. 1994; *Blacksberg,* Technology Investment in Today's Rapidly Changing Legal Market, in: The New York Law Journal, 1996, Nr. vom 20. 02. 1996; *Comer,* Computernetzwerke und Internet, 1998; *Disterer,* Multimediale Kommunikation am Beispiel von Video-Services, in: Wirtschaftsinformatik, Bd. 37, 1995, Nr. 3, S. 259–272; *ders.*, Elektronische Post in Anwaltssozietäten, in: BRAK-Mitt. 1997, S. 226–230; *ders.*, Internet-Nutzung durch beratende Berufe am Beispiel von Anwaltssozietäten, in: Wirtschaftsprüferkammer-Mitteilungen, 1997, S. 293–302; *ders.*, Informationstechnologien für die Anwaltskanzlei, 1998; *ders.*, Telearbeit bei Anwälten, in: Der Betriebswirt, Bd. 39, 1998, Nr. 1, S. 19–26; *Emery,* Internet im Unternehmen – Praxis und Strategien, 1996; *Hallfell/Stammwitz,* Intranets: Offene Informationssysteme im Unternehmen, in: Management und Computer, Bd. 5, 1997, Nr. 1, S. 11–18; *Hermann,* Intranets halten Einzug in die Landwirtschaftsverwaltung, in: Computer Zeitung, 1997, Nr. vom 22. 05. 1997, S. 22; *Höller/Pils/Zlabinger* (Hrsg.), Internet und Intranet – Betriebliche Anwendungen und Auswirkungen, AnwBl. 1998; *Hoppe/Kracke,* Internet und Intranet: Anwendungsperspektiven für Unternehmen, in: Zeitschrift für betriebswirtschaftliche Forschung Zfbf, Bd. 50, 1998, Nr. 4, S. 390–404; *Homer,* Telekommunikationseinrichtungen in Kanzleien – Technisch-funktionale und wirtschaftliche Überlegungen, 1997, S. 19–26; *Janssen,* Intranet-Trends, in: IT Management, 1998, Nr. 8, S. 32–33; *Jaros-Sturhahn/Hießl,* Betriebswirtschaftliches Anwendungspotential des Intranet, in: Information Management & Consulting, Bd. 13, 1998, Nr. 1, S. 84–91; *Kilian/Funkat,* Einschätzung führender Computer-

* Professor für Wirtschaftsinformatik im Fachbereich Wirtschaft der Fachhochschule Hannover; ehemaliger Office-Manager einer großen Anwaltskanzlei in Frankfurt/Main.

programme für Rechtsanwälte, BRAK-Mitt. 1996, S. 179–181; *Kirchmer,* Geschäftsprozeßorientierte Einführung von Standardsoftware, 1996; *Lapp,* Sichere e-mail vom Anwalt, in: BRAK-Mitt. 1998, S. 134–135; *Latzer,* Mediamatik – Die Konvergenz von Telekommunikation, Computer und Rundfunk, 1997; *Leibowitz,* Poll: Outlays on Tech Pay big Rewards, in: The National Law Journal, 1996, Nr. vom 16. 12. 1996, S. B 09 u. B 12; *ders.,* Clients Force Tech on Firm, in: The National Law Journal, 14. 04. 1997, S. A 01; aus: Internet www.ljx.com/firms/force.html; Zugriff am 7. 11. 1997, 1997; *Litsey/Weinstein,* The Internet as a Valuable Tool for Lawyers, aus: Internet www.faegre.com/areas/areaip23.html; Zugriff am 26. 8. 1997, 1996; *Luckenbach/Messer,* ISDN – Entwicklung und Perspektiven, in: H.-J. Bullinger (Hrsg.), Handbuch des Informationsmanagement im Unternehmen, Band I, S. 635–679; *Mense,* Sichere Kommunikation per E-Mail – Überlegungen aus Sicht der steuerberatenden Praxis, in: Der Betrieb, 1998, Nr. 11, S. 532–536; *Mertens/Bodendorf/König/Picot/Schumann,* Grundzüge der Wirtschaftsinformatik, 5. Aufl. 1998; *Mertens/Knolmayer,* Organisation der Informationsverarbeitung, 3. Aufl. 1998; *Meyer,* The New Lawering, in: ABA Journal, 1993, Nr. 8, S. 56–60; *Mocker/Mocker,* Intranet – Internet im betrieblichen Einsatz, Datakontext: Frechen, 1997; *N. N.,* In Großunternehmen wird zunehmend elektronisch gesprochen, in: FAZ, 1998, Nr. 23. 3. 1998, S. 30; *Neske/Veth,* Drum prüfe, wer sich bindet, NJW-CoR, 1996, S. 26–37; *Picot/Reichwald/Wigand,* Die grenzenlose Unternehmung: Information, Organisation und Management, 1996; *Pribilla/Reichwald/Goecke,* Telekommunikation im Management, 1996; *Rein/McCue/Slein,* A Case for Document Management Functions on the WEB, in: Communications of the ACM, Bd. 40, 1997, Nr. 9, S. 81–89; *Rensmann/Gröpler,* Telearbeit, 1998; *Rose,* Mein Computer versteht mich: Theorie und Praxis der automatischen Spracherkennung, in: FAZ, 1998, Nr. 17. 3. 1998, S. B 23; *Ross,* Keeping the Ethical Balance: Your Practice, The Internet, and Ethics, Proc. 12th ABA Techshow '98, 1998, o. S.; aus: Internet www.abanet.org/techshow/feature3.html; Zugriff am 26. 3. 1998, 1998; *Schäfer/Muth,* Telearbeitsplätze, in: Datenverarbeitung Steuern Wirtschaft Recht DSWR, 1996, Nr. 12, S. 323–324; *Scheer,* Architektur integrierter Informationssysteme, 1991; *ders.,* Wirtschaftsinformatik – Referenzmodelle für industrielle Geschäftsprozesse, 6. Aufl. 1995; *Schneier,* E-Mail Security – How to Keep Your Electronic Messages Private, 1995; *Schuster,* His Master's Voice: Entwicklungsstand der Spracherkennung mit Computern, in: Computertechnik ct, 1993, Nr. 11, S. 167–176; *Seimert,* Telearbeit, 1997; *Shiels,* Chicago-Kent Large Firm Survey 1995, in: Chicago-Kent College of Law: Illinois Institute of Technology (Hrsg.), 1996; *Stahlknecht/Hasenkamp,* Einführung in die Wirtschaftsinformatik, 8. Aufl. 1997; *Staudt/Shiels,* Chicago-Kent Large Firm Survey 1992, in: Chicago-Kent College of Law: Illinois Institute of Technology (Hrsg.), 1993; *Storm,* Geduldige Zuhörer: Spracherkennungsprodukte auf PC-Basis, in: Computertechnik ct, 1993, Nr. 11, S. 178–184; *Streitz,* Tips für die Anschaffung eines Anwaltsprogramms, NJW-CoR, 1998, Nr. 2, S. 94–101; *Tillack,* Das Firmennetz soll sich bald sogar für die Kunden öffnen, in: Computer Zeitung, 1997, Nr. vom 22. 05. 1997, S. 22; *Waesche/Guntrum,* Realisation einer Intranet Kultur – am Beispiel des Hoechst Wide Web, in: Industrie Management, Bd. 12, 1996, Nr. 6, S. 39–42; *Weiss,* IBM-Spracherkenner deutlich billiger, NJW-CoR, 1997, Nr. 5, S. 273; *ders./Riehm,* Speech-o-Text-Diktiersysteme im Vergleich: Die Textmacher, NJW-CoR, 1998, Nr. 4, S. 210–217; *Werner/Stephan,* Marketing-Instrument Internet, 1997.

A. Einführung

I. Überblick

1 Wie im gesamten Wirtschaftsleben hat der Einsatz von Anlagen und Systemen zur Datenverarbeitung (DV-Einsatz) für Anwälte erhebliche Bedeutung erlangt. Dies gilt insbesondere seit Mitte der 80er Jahre **Personal Computer** (PC) bekannt wurden, die mit einigen bahnbrechenden Eigenschaften eine neue Ära des betrieblichen DV-Einsatzes einläuteten:

- Preiskategorie: Die Beschaffungskosten liegen in einer wesentlich niedrigeren Kategorie, als sie aus der Großrechnerwelt bekannt waren. Die ersten Geräte waren bei einfacher Ausstattung für ca. TDM 20, heute für ca. TDM 5 pro Arbeitsplatz erhältlich.
- Preis-/Leistungsverhältnis: Auch das Preis-/Leistungsverhältnis von PCs, also die verfügbare Leistung an Datenverarbeitung pro Geldeinheit, ist bei diesen Geräten deutlich besser als bei größeren Rechnern.
- Gerätegröße: Die Gerätegröße ermöglicht den Einsatz als „Arbeitsplatzrechner", aufwendige Maßnahmen der Kühlung und Sicherung von Rechnerräumen sind meist obsolet.

- Benutzungskomfort: Die Leichtigkeit beim Erlernen der Handhabung und der Bedienung der Geräte ist groß, so daß nicht mehr nur „Programmierer" oder „DV-Experten" mit diesen Geräten umgehen können.
- Kompatibilität der Endgeräte: Eine Vielzahl von Endgeräten (wie Monitor, Tastatur, Drucker, Scanner, Maus, Stift, Lautsprecher, Laufwerke etc.) sind relativ leicht an PCs anzuschließen und erlauben einen sehr flexiblen Einsatz.

Diese Entwicklung hat mittlerweile dazu geführt, daß sich der Einsatz von PCs im Wirtschaftsleben durchgesetzt hat; insbesondere profitieren eher klein- und mittelständisch geprägte Branchen wie die der Anwälte davon, da die skizzierte Entwicklung den Einsatz von Datenverarbeitungsanlagen und -systemen in diesen Branchen überhaupt erst ermöglichte. 2

Sprachlich soll hier nicht zwischen **ADV (Automatisierter Datenverarbeitung)**, **EDV (Elektronischer Datenverarbeitung)** und **DV (Datenverarbeitung)** unterschieden werden. Alle drei Begriffe werden heute weitgehend synonym verwendet, die beiden erstgenannten gelten allerdings als veraltet. In den vergangenen Jahren ist neben eher technischen DV-Aspekten ein anderer, aus wirtschaftlicher und organisatorischer Betrachtung stammender Aspekt in den Vordergrund geraten. Danach ist der DV-Einsatz eben nicht nur technisch zu beschreiben und bewerten, sondern weist darüber hinaus weitere Dimensionen auf. So wird heute **Information als Unternehmensressource** angesehen, deren Kenntnis und Nutzung im Wettbewerb erfolgskritisch sein kann. Nicht die technokratische Handhabung von Daten, sondern die Nutzung des Wertes von Informationen und die Unterstützung der Unternehmensziele mit geeigneten Systemen der Informationsverarbeitung werden hierbei betont. Sprachlich werden alle genannten Aspekte heute meist unter dem übergeordneten Begriff der **Informationsverarbeitung** (IV) subsumiert. 3

Durch die allgemeine wirtschaftliche Situation, wegen zunehmendem nationalen und internationalen **Wettbewerb** und infolge steigender **Erwartungshaltungen** der Mandanten sind auch Anwälte gezwungen, ihr Handeln im Markt für Rechtsberatung zu analysieren, Erfolgsfaktoren zu identifizieren sowie Wettbewerbsvorteile zu erkennen und auszubauen. Dabei gilt es auch, die anwaltliche Leistungserstellung, die interne Bearbeitung der Mandate sowie die Organisation der Leistungserstellung, zu durchleuchten und Potentiale zur Steigerung von Leistungs- und Wettbewerbsfähigkeit zu entdecken. Dazu kann der Einsatz von Anlagen und Systemen zur Datenverarbeitung speziell bei Anwälten erheblichen Beitrag leisten.[1] 4

Im weiteren Wortsinn sind Anwälte bei ihrer Berufstätigkeit per definitionem **Informationsverarbeiter**, da sie während ihrer Tätigkeit Fachwissen, Methodenkompetenz und Erfahrung verknüpfen mit Informationen über die durch Rechtsrat zu klärende Situation. Diese Informationen stammen zum Teil vom Mandanten und müssen im übrigen erhoben werden. Die Informationen müssen beschafft und erfaßt, gespeichert, geändert, gesucht, wiedergegeben und übermittelt werden. Bei diesen **Elementartätigkeiten** der Informationsverarbeitung können Informationstechnologien beitragen zur[2] 5

- schnelleren Versorgung mit Informationen, z. B. durch schnelle und sichere Übermittlung, Verteilung, Übertragung;
- vollständigere Versorgung mit Informationen, z. B. durch die Bereitstellung von Datensammlungen zum gezielten Zugriff;
- besseren Aufbereitung von Informationen, z. B. mit Text- und Grafikprogrammen;
- sicheren Speicherung von Informationen, z. B. durch Plattenspeicher, Datenbanksysteme;
- höheren Verfügbarkeit von Informationen, z. B. durch unterschiedliche Wege des Zugriffs auf gespeicherte Informationen.

---

[1] Vgl. *Disterer* 1998, 1.
[2] Vgl. *Disterer* 1998, 4.

6 DV-Einsatz kann mit diesen Elementartätigkeiten den Prozeß der Leistungserstellung bei Anwälten wesentlich unterstützen. Dabei umfaßt der Begriff „Anlagen und Systeme zur Datenverarbeitung" oder heute meist „**Informationstechnik**" inhaltlich eher allgemein und breit alle Methoden und technischen Werkzeuge zur Verarbeitung (Erfassung, Speicherung, Aufbereitung, Wiedergabe und Übermittlung) von Daten und Informationen. Eingeschlossen sind damit alle Vorgehensweisen und Geräte der Datenverarbeitung (Computer, Speicher, Programme, Ein-/Ausgabegeräte u. a.), aber auch Übertragungsnetze (BTX, Datex, ISDN, Internet u. a.) und Geräte zur Übertragung (Telefon, Fax, Telefonanlage, Modem u. a.). Einsatzziele sind die Verbesserung der Ertragsposition durch Nutzung von Rationalisierungsvorteilen und die Verbesserung der Wettbewerbsposition gegenüber den Wettbewerbern.

7 Dabei sind in Anwaltskanzleien sowohl mandatsbezogene, fachliche, juristische Informationen betroffen, als auch interne Informationen zur Administration und zur Planung, Steuerung und Kontrolle der geschäftlichen Tätigkeit der Kanzlei. Mehrere Trends im Geschäft von Anwälten führen zu einer **steigenden Komplexität der Informationsverarbeitung** bei fachlichen und internen Informationen. Die Bedeutung des Einsatzes von Informationstechnik bei Anwälten wird tendenziell durch umfangreichere Mandate und Verknüpfungen zwischen Mandanten und Mandaten zunehmen. Kosten- und Konkurrenzdruck nehmen zu. International auftretende Mandanten suchen Rechtsrat nach, der nicht auf nationale Situationen beschränkt bleibt, sondern juristische Situationen und Implikationen in verschiedenen Ländern berücksichtigen muß. Die Umwelt von Mandanten und Anwälten ist durch zunehmende Komplexität und Dynamik gekennzeichnet. Viele Phänomene sind durch intensive Beschäftigung mit Details nicht mehr zu verstehen und zu beeinflussen, sondern nur im Zusammenhang mit vielen anderen Komponenten begreifbar. Erst durch das Erkennen und Berücksichtigen dieser Zusammenhänge können Situationen verstanden und zielgerecht beeinflußt werden.[3]

8 Beispielsweise werden Mandate, die vormals in nationalen Zusammenhängen und Regelmechanismen zu verstehen und zu erledigen waren, zunehmend im Kontext des **Wirtschaftsraumes der Europäischen Gemeinschaft** zu bearbeiten sein. Damit sind eine Reihe von Verflechtungen zu berücksichtigen, wie Ein- und Ausfuhren, Zoll- und Steuerbestimmungen, Wechselkurse, multinationale Unternehmen, europäische Legislative und Exekutive, kulturelle Harmonien und Disharmonien. Im engeren Sinn der Rechtsberatung sorgen zudem nationale und internationale Legislativen für eine immer unübersichtlicher werdende Anzahl von Regeln und Gesetzen.

9 Umfang und Komplexität der **internen Informationen** zur Administration und zur Planung, Steuerung und Kontrolle des geschäftlichen Tätigkeit von Kanzleien nehmen zu, wenn Zusammenschlüsse zu größeren und/oder überörtlichen Sozietäten führen oder zunehmend große und multinationale Mandanten und Mandate zu betreuen sind. Interne Informationen bei Aktenverwaltung, Mandatssteuerung, Mandantenbetreuung, allgemeiner Verwaltung, Rechnungswesen, Koordination und Kommunikation werden dabei tendenziell umfangreicher und komplexer. Zunehmender nationaler und internationaler **Wettbewerb** unter Anwälten führt auch dazu, daß Rationalisierungspotentiale der Informationstechnologie zunehmend nachgefragt werden. Zugleich ist zu beobachten, daß die Umwelt von Mandanten und Anwälten durch eine zunehmende Dynamik gekennzeichnet ist: Die Geschwindigkeit des Wandels in Politik, Wirtschaft, Justiz, Ökologie, Technologie, Wettbewerb, usw. hat stark zugenommen und Diskontinuitäten kommen häufiger vor. Dadurch werden „alte" Informationen also zunehmend schneller wertlos, immer wieder müssen „neue" Informationen erhoben und verarbeitet werden. Zusammenfassend kann aus diesen Argumenten geschlossen werden, daß der DV-Einsatz für Anwälte schon heute von hoher Bedeutung ist und in Zukunft mit höherer Bedeutung gerechnet werden muß.

[3] Vgl. *Disterer* 1998, 6.

II. Beschreibungsmethode

10 In den folgenden Abschnitten des Beitrags sollen relevante Komponenten des **Gesamtsystems der Informationsverarbeitung** in einer Kanzlei beschrieben werden. Die Komponenten können dabei so unterschiedliche Dinge sein wie z. B. betriebliche Funktionen, die von DV unterstützt werden sollen (Rechnungsschreibung, Mahnwesen etc.), DV-Programme, die Aufgaben und Funktionen unterstützen oder übernehmen (wie Programme zur Textverarbeitung und Buchhaltung), oder DV-Geräte, die für die Funktionsfähigkeit der Programme notwendig sind (wie Rechner, Terminal, Drucker).

11 Wegen der **Heterogenität** der Beschreibungsobjekte ist es angebracht, eine systematische Beschreibungsmethode einzusetzen, die unterschiedliche Zusammenhänge, Voraussetzungen und Folgen abzubilden vermag. *Scheer* hat dafür 1991 die mittlerweile weit verbreitete **Architektur integrierter Informationssysteme (ARIS)** vorgelegt,[4] die eine umfassende und ganzheitliche Beschreibung von Informationssystemen anstrebt. ARIS basiert auf der Unterstützung von Geschäftsprozessen und umfaßt mehrere miteinander verbundene Sichten, die verschiedene Aspekte eines Informationssystems abbilden können.[5] Die Sichten und ihr Zusammenhang ist der Abbildung zu entnehmen.

12 **Ausgangspunkt** der Betrachtung ist eine **betriebswirtschaftliche Problemstellung** wie z. B. die sinnvolle Unterstützung einer Anwaltskanzlei mit Anlagen und Systemen der Datenverarbeitung. In einer prozessorientierten Sicht werden Vorgänge oder **Funktionen** in einer Kanzlei ausgelöst durch gewisse Ereignisse wie „Mandat erteilt" und erzeugen Ergebnisse oder Zustände wie „Akte angelegt". Diese Ereignisse und Zustände werden durch gewisse **Daten** beschrieben. Zusammenfassend wird daraus eine **Datensicht** abgeleitet, in der Ereignisse und Zustände repräsentiert werden. Die **Funktionssicht** enthält die auszuführenden Funktionen, ihre Beziehungen (z. B. Anordnungen) untereinander sowie eine Aufzählung aller Teilfunktionen.

13 Die Mitarbeiter/innen, die bei den Funktionen aktiv werden, sind Organisationseinheiten zugeordnet. Die Beziehungen der Mitarbeiter/innen und Organisationseinheiten werden in der **Organisationssicht** abgebildet. Eigentlich wäre zusätzlich eine **Ressourcensicht** naheliegend, die alle Anlagen und Systeme der Datenverarbeitung aufnimmt und beschreibt (Rechner, Netze, Programme etc.). Diese Betriebsmittel sind jedoch bei einem betriebswirtschaftlich getriebenen Absatz von geringerer Bedeutung, da sie die aktuellen und schnell veränderlichen Rahmenbedingungen der anderen Sichten bildet. Die informationstechnischen Ressourcen werden daher in einem **Phasenmodell** aus Fachkonzept, DV-Konzept und Implementierung berücksichtigt. Durch diese schrittweise Berücksichtigung der technischen Möglichkeiten werden die Schritte der Implementierung zwar durch aktuelle Entwicklungen beeinflußt, Fach- und DV-Konzept jedoch in gewissen Umfang gegen diese Einflüsse gekapselt. Zur Planung und Realisierung der DV-Unterstützung eines Prozesses wird also zuerst ein Fachkonzept erstellt, für das anschließend im DV-Konzept die einzusetzende Informationstechnik detaillierter beschrieben wird. Das DV-Konzept wird dann im Rahmen der Implementierung umgesetzt.[6]

---

[4] Vgl. *Scheer* 1991.
[5] Vgl. *Scheer* 1995, 10.
[6] Vgl. *Kirchner* 1996, 67.

Abbildung 1: Architektur integrierter Informationssysteme ARIS
Quelle: Scheer 1991, 18.

14 Durch diese Zerlegung in verschiedene Sichten wird die Komplexität der Detailbeschreibung reduziert. Um die Zusammenhänge zwischen den Sichten aufrecht erhalten zu können, werden diese in der **Steuerungssicht** aufgenommen und beschrieben; die Steuerungssicht stellt somit die Verbindung zwischen den Komponenten der Gesamtbeschreibung dar.

15 Die Beschreibungen im **Fachkonzept** umfassen jeweils Tatbestände, die nahe an den fachlichen Zielen orientiert sind, und bedienen sich der jeweiligen betrieblichen oder betriebswirtschaftlichen Fachsprache. Die Mängel im Detallierungsgrad und in der technischen Präzision des Ausdrucks lassen vor der Implementierung ein **DV-Konzept** notwendig werden, das die Begriffe des Fachkonzepts in die Kategorien der DV-Umsetzung überträgt. Hierbei wird die fachliche Beschreibung des Fachkonzepts angepaßt an die Konzepte der Informationstechnik. Während der Festlegung der technischen **Implementierung** wird das DV-Konzept auf konkrete hardware- und softwaretechnische Komponenten übertragen.[7]

16 Insgesamt dient die Architektur **ARIS** als **Beschreibungsmethode** der Informationsverarbeitung in Unternehmen. Demzufolge soll sie hier eingesetzt werden, um die Informationsverarbeitung in Anwaltskanzleien zu beschreiben. Besonderes Augenmerk gilt dabei den **Fachkonzepten** der **Funktionssicht** (Rdn. 38ff.) und der **Datensicht** (Rdn. 89ff.), da diese die größte Nähe zu den relevanten betriebswirtschaftlichen Frage- und Problemstellungen aufweisen. Zudem sind Funktions- und Datensicht weitestgehend unabhängig von der rasanten Entwicklung der technischen Möglichkeiten, die im DV-Konzept und bei der Implementierung berücksichtigt werden müssen. Insofern stellen Funktions- und

[7] Vgl. *Scheer* 1995, 14.

Datensichten stabilere Beschreibungen sicher, DV-Konzept und Implementierung dagegen müssen regelmäßig an den jeweiligen Stand der Technik angepaßt werden.

Fragen des DV-Konzepts und der Implementierung werden in den Rdn. 94ff., 175ff. behandelt, um den State-of-the-Art der Informationstechnik und des DV-Einsatzes zu kennzeichnen und abzubilden. 17

Beim Einsatz von **Standardsoftware** (Rdn. 142ff.) wird in einer Kanzlei im wesentlichen lediglich ein Fachkonzept erstellt. Wenn dieses betriebliche Fachkonzept in Übereinstimmung zu bringen ist mit dem Fachkonzept einer Standardsoftware, so kann beim DV-Konzept und insbesondere bei der Implementierung auf die Vorarbeiten des Softwareanbieters aufgebaut werden.[8] DV-Konzept und Vorstellungen zur Implementierung des Softwareanbieters sind dann weitestgehend zu übernehmen. Zum Beispiel wird die Art der Datenhaltung, der Typ der einzusetzenden Datenbank und oft auch das einzusetzende Datenbankprodukt konkret im DV-Konzept der Standardsoftware vorgegeben, „die Standardsoftware läuft (nur) zusammen mit dem Datenbankprodukt xyz" heißt es dann. Die im folgenden weitestgehend durchgehaltene Konzentration auf die Fachkonzepte von Funktions- und Datensicht wird auch dadurch nochmals gerechtfertigt, daß in den meisten Bereichen von Anwaltskanzleien Standardsoftware eingesetzt wird. 18

B. Planung und Entscheidung des DV-Einsatzes

Nicht nur beim Aufbau einer Kanzlei, sondern in einem fortwährenden **Planungs- und Entscheidungsprozeß** ist Art und Umfang der DV-Unterstützung in der Anwaltskanzlei festzulegen und umzusetzen. Dafür muß die (jeweilige) Ausgangssituation der Planungs- und Entscheidungsrunde erhoben und beschrieben werden. In Form einer Analyse von aktueller **Ist-Situation** und angestrebter **Soll-Situation** werden also etwa folgende Fragen zum DV-Einsatz beantwortet: 19

- **Status Quo:** Welche Funktionen und Teilfunktionen werden heute durch DV-Einsatz unterstützt? Hierbei können die in Rdn. 38ff. genannten Funktionsbäume helfen. 20
- **Ist-Analyse:** Wie ist die Qualität dieser Unterstützung einzuschätzen? In das Urteil hierzu sollten vor allem die Einschätzungen der Benutzer, der unmittelbaren Nutzer der jeweiligen DV-Unterstützung, einbezogen werden, also z. B. der Mitarbeiter/innen der Buchhaltung, wenn es um Buchhaltungssoftware geht, oder der Mitarbeiter/innen der Sekretariate, wenn es um Textverarbeitung geht. Darüber hinaus sollten Vergleiche mit der Situation bei Fachkollegen, Informationen aus der Fachpresse oder aus einschlägigen Weiterbildungsveranstaltungen in diese Beurteilung des Status quo eingehen. 21
- **Soll-Konzept:** Bei welcher der Funktionen besteht dringender Bedarf nach umfangreicherer, besserer oder anderer DV-Unterstützung? Wo sind heute im Arbeitsablauf in der Kanzlei Schwächen erkennbar, die mit DV-Unterstützung gemindert oder abgestellt werden können? Dies können Praxisgebiete sein, die über die Zeit einen immer größeren Umfang angenommen haben, so daß jetzt DV-Unterstützung dringend erforderlich erscheint. Auch Funktionen, bei denen noch veraltete Systeme und Anlagen der Datenverarbeitung zum Einsatz kommen oder die aus anderen Gründen ausgetauscht werden müssen, sind Kandidaten für den **Handlungsbedarf**. Aber auch neue technische Möglichkeiten können Handlungsbedarf bei Funktionen auslösen, deren DV-Unterstützung vorher noch als befriedigend eingestuft wurde, im Vergleich zu neuen DV-Möglichkeiten jedoch als schwach angesehen werden. 22
- **Soll-Konzept:** Welche Zielvorstellungen bestehen für die zukünftigen DV-Unterstützung? Was ist aktuell technisch möglich, was ist von den Beteiligten gewollt? Welche Alternativen der Realisierung sind bekannt? Welche Kosten und sonstigen Aufwendun- 23

[8] Vgl. *Kirchmer* 1996, 67.

gen werden die verschiedenen Realisierungsmöglichkeiten voraussichtlich auslösen? Als Quelle für Lösungsansätze zu diesen Fragen stehen u. a. zur Verfügung: Erfahrungen der Mitarbeiter/innen mit anderen Vorgehensweisen bei der DV-Unterstützung, Informationen über die Vorgehensweisen von Fachkollegen, Informationen aus der Fachpresse oder einschlägigen Weiterbildungsveranstaltungen.

24 Diese fortlaufenden planerischen Überlegungen ergeben eine priorisierte Liste von Funktionen, deren DV-Unterstützung verändert, verbessert bzw. intensiviert werden soll. Aus dieser Liste werden einzelne Projekte so isoliert, daß innerhalb der Projekte möglichst großer inhaltlicher Zusammenhang herrscht und die Projekte im Umfang und in der Reihenfolge finanziell wie organisatorisch beherrschbar bleiben.

25 Dabei gehen in die Planungen und Entscheidungen zum DV-Einsatz in der Anwaltskanzlei noch verschiedene **Kontextvariablen** ein, die wichtige Merkmale der Kanzlei und deren Umfeld beschreiben; die wichtigsten dieser Merkmale sind in der Tabelle angegeben. Der DV-Einsatz in der Anwaltskanzlei ist in Abhängigkeit dieser Kontextvariablen zu gestalten, denn sicherlich werden z. B. in einer großen Kanzlei die Anforderungen an DV-Unterstützung verschieden sein von denen in einer kleinen Kanzlei.

26

Merkmal der Kanzlei/ Kontextvariable	mögliche Maßzehl
Größe	Anzahl Mitarbeiter/innen, Umsatz
geographische Streuung	lokale oder überörtliche Kanzlei, Anzahl der Büros
Grad der Zentralisierung	zentrale Steuerung oder weitgehend selbständige Dezernate, Bereiche, Büros
Grad der Spezialisierung in der Kanzleiverwaltung	Grad der Professionalisierung und Aufgabenteilung
Rechtsgebiete	Familienrecht, Wirtschaftsrecht, Full Service ...
Informationstechnik	Historie des DV-Einsatzes, Entwicklungsstand gemessen am State-of-the-Art
Koordinationsbedarf	Grad der notwendigen Kommunikation zwischen Anwälten, Dezernaten, Bereichen, Büros
Internationalität	national oder international; in länderübergreifendem Kanzleiverbund; Anteil ausländischer Mandanten; Anteil Umsatz in Fremdwährung

27 Demzufolge kann es – wenn man dem programmatischen Titel dieses Beitrags folgen möchte – **den** DV-Einsatz in der Anwaltskanzlei nicht geben. Der DV-Einsatz muß situativ, z. B. entlang der Dimensionen der genannten Kontextvariablen, an die jeweilige Kanzlei angepaßt werden. Diese **Anpassungsprozesse** geschehen vor allem in den eher strategisch orientierten Planungs- und Entscheidungsprozessen zum DV-Einsatz.

28 **Strategische** Überlegungen und Entscheidungen dienen dabei Ausrichtung des DV-Einsatzes an den Geschäftszielen einer Anwaltskanzlei. Anhand einiger Beispiele: Wenn für eine lokale Kanzlei das strategische Ziel gilt, innerhalb einer gewissen Planungsperiode in einem oder mehreren anderen Standorten Büros zu eröffnen, dann sollten die Entscheidungen zum DV-Einsatz dieses Ziel berücksichtigen. Die Erweiterbarkeit der DV-Unterstützung auf überörtliche Belange ist dann eine wichtige Nebenbedingung der DV-Planung. Oder wenn zukünftig damit gerechnet werden muß, daß Mandanten den elektronischen Austausch von Dokumenten als Nutzen empfinden – oder ihn gar verlangen[9] – dann resultieren daraus einige Implikationen für den DV-Einsatz: bei der Textbear-

[9] Vgl. *Leibowitz* 1997.

beitung und -verwaltung gewinnt **weitreichende Kompatibilität** und somit der **Einsatz von Standards** große Bedeutung. Die Gleichheit oder möglichst hohe Ähnlichkeit der DV-Ausstattung aller Arbeitsplätze kann dem Geschäftsziel dienen, zwischen Berufsträgern möglichst wenig Unterschiede der Behandlung etwa zur Vermeidung von Statussymbolen o.ä. aufkommen zu lassen, oder es mag dem Ziel dienen, internen Umzügen und Umsetzungen durch hohe Flexibilität entgegenzukommen.

Strategische Ziele einer Anwaltskanzlei können dabei in beträchtlichem Ausmaß auf 29
die Art der DV-Unterstützung einwirken. In überörtlichen Sozietäten sprechen einige Argumente für eine **zentrale Verantwortung** in allen Fragen der Datenverarbeitung: die DV-Unterstützung wird damit leichter übertragbar (skalierbar) auf unterschiedlich große Büros, das Poolen von Know-How an einem zentralen Standort erhöht die Professionalität des Systembetriebs sowie die Ausfallsicherheit des Gesamtsystems (Vertretung bei Krankheit, Urlaub, Fluktuation) und erleichtert Einarbeitung sowie Aus- und Weiterbildung des DV-Personals. Zentrale Systeme etwa im Rechnungswesen oder bei der Aktenverwaltung erfordern geradezu zentrale DV-Ressourcen. Bei zentralen Verantwortlichkeiten sind zudem Standards zu Vorgehensweisen, Methoden und Techniken wesentlich einfacher durchzusetzen.

Dagegen ermöglicht die **dezentrale Wahrnehmung** von Verantwortung für die DV- 30
Unterstützung in den Büros einer überörtlichen Kanzlei die Möglichkeit, daß die DV-Systeme der Büros nahezu unabhängig voneinander funktionsfähig sind und Störungen nicht von einem Standort auf andere wirken. Kommunikation zwischen den Büros und die Funktionsfähigkeit zentraler Systeme mag ggf. an einer Zersplitterung der DV-Ressourcen leiden. So wirkt die strategische Antwort auf die Frage nach eher zentraler oder eher dezentraler Organisation in einem überörtlichen Unternehmen zwangsläufig auf die Ausrichtung der DV-Unterstützung in diesem Unternehmen.

Oder: wenn der Wettbewerb um hochqualifizierten juristischen Nachwuchs dazu führt, 31
daß flexiblere Arbeitszeiten und Arbeiten am häuslichen Arbeitsplatz anstatt im Büro notwendig werden, dann wird diese Strategie des Wettbewerbs um Personal eine Antwort in der DV-Unterstützung finden müssen. So werden die DV-Systeme etwa darauf ausgerichtet werden müssen, daß ein Zugriff auch vom heimischen Arbeitsplatz – oder bei anderer Stoßrichtung vom Büro des Mandanten oder vom Hotel aus – schnell und sicher erfolgen kann. Damit werden dann durch DV-Unterstützung alternative Arbeitsformen wie Telearbeit ermöglicht.[10]

So entscheiden in diesen Beispielen ganz wesentliche Fragen der **Geschäftsstrategie** 32
einer Kanzlei über die Ausrichtung der DV-Unterstützung. Allgemeiner und normativ formuliert: die **Geschäftsstrategie** einer Kanzlei sollte deren **DV-Strategie** beeinflussen.

In den nachgelagerten dispositiven und operativen Prozessen der Auswahl, Beschaffung 33
und Einführung von Anlagen und Systemen der Datenverarbeitung geht es derzeit vornehmlich um die Auswahl für die jeweilige Funktion geeigneter Standardsoftware sowie um die Beschaffung geeigneter Hardwarekomponenten. Details dazu sind in Rdn. 94ff. beschrieben.

Aus einer **prozeßorientierten** Perspektive wird in einer Anwaltskanzlei die Bearbeitung 34
von Mandaten ohne Zweifel höchste Bedeutung zugeschrieben werden. Diese allgemeine Benennung „Mandatsbearbeitung" schließt dann auch Prozesse in speziellen Rechtsgebieten ein wie etwa das Arbeiten in Notariaten oder in Angelegenheiten von Warenzeichen, Muster, Patenten. Der DV-Einsatz in Anwaltskanzleien ist heute und auf absehbare Zeit dadurch geprägt, daß vornehmlich dieser **Hauptprozeß der Mandatsbearbeitung** durch Anlagen und Systeme der Datenverarbeitung unterstützt werden. In einer Anwaltskanzlei hängen Effektivität und Effizienz dieses Prozesses entscheidend vom gewählten Einsatz von Anlagen und Systemen der Datenverarbeitung ab.

---

[10] Vgl. zur Telearbeit etwa *Disterer*, Der Betriebswirt 1998; *Schäfer/Muth*, DSWR 1996; *Picot/Reichwald/Wigand* 1996; *Seimert* 1997; *Rensmann/Gröpler* 1998.

35 In den Hintergrund der Betrachtung werden dabei andere Prozesse gedrängt, z. B. der Prozeß der Akquisition von Mandanten, dem zweifellos hohe Bedeutung zukommt, dessen Effektivität und Effizienz heute jedoch nur im geringen Umfang vom DV-Einsatz abhängt. Durch die hier vorgenommene Fokussierung auf die Mandatsbearbeitung sind ebenso von minderer Bedeutung z. B. Funktionen der Informationsbeschaffung. Diese können zwar auch bei der Bearbeitung von Mandaten eine Rolle spielen, sind aber auch im Rahmen der allgemeinen Aus- und Weiterbildung von Bedeutung; diese Funktionen werden daher hier nicht vertieft.

36 Der Prozeß der **Mandatsbearbeitung** ist wiederum zu differenzieren nach verschiedenen Funktionen, die für eine erfolgreiche Mandatsbearbeitung wahrzunehmen sind. Die Abbildung zeigt die drei Funktionen der Aktenbearbeitung und -verwaltung, der Leistungserfassung/-bewertung und des Finanz- und Rechnungswesens, die das Hauptfeld der DV-Unterstützung in einer Anwaltskanzlei aufspannt. Andere notwendige Funktionen der Mandatsbearbeitung, z. B. Coaching von Mandanten und Mitarbeitern, treten in den Hintergrund bei der Analyse der DV-Unterstützung. Die Abbildung signalisiert auch die klare Orientierung aller Tätigkeiten und Vorgänge – und so auch der DV-Unterstützung – auf die jeweilig bearbeitete Akte. Die Akte steht im Zentrum aller Bemühungen, das drückt sich bis in Kleinigkeiten aus, wenn z. B.

- die physische Akte – der Ordner oder Hängeregister – zur Bearbeitung durch die Kanzlei transportiert wird;
- in Terminkalendern die betroffene Aktennummer als Referenz notiert wird;
- Rechnungen pro Akte erstellt werden;
- die meisten Auswertungen des Finanz- und Rechnungswesens Bezug auf Akten nehmen, wie z. B. die Offene-Posten-Liste jene Akten ausweist, zu denen Rechnungen gestellt, aber noch nicht bezahlt sind.

Abbildung 2: Aktenorientierter DV-Einsatz

Die Abbildung soll im folgenden im Sinne einer **Problemlandkarte** zum DV-Einsatz in Anwaltskanzleien eingesetzt werden, um Orientierung zu geben und Bezugspunkte und Schwerpunkte hervorzuheben. Die fachlichen und technischen Aspekte des DV-Einsatzes werden anhand der Darstellung diskutiert und verdeutlicht. 37

C. Funktionssicht: Detaillierung der Funktionen

Im folgenden soll die Funktionssicht einer Anwaltskanzlei auf Basis der Beschreibungsmethode ARIS skizziert werden. Dafür werden dem Gesamtprozeß **Mandatsbearbeitung Funktionen** und **Teilfunktionen** zugeordnet. Im ersten Schritt werden die Funktionen im Fachkonzept in der betriebswirtschaftlich geprägten Fachsprache beschrieben. Anschließend werden die Funktionen dann in der DV-Sicht und Implementierung weiter bearbeitet. Entsprechend zeigt die Abbildung, welche Teilfunktionen den in Rdn. 19ff. identifizierten Funktionen zuzuordnen sind. Dieses sind die möglichen Einsatzbereiche zur DV-Unterstützung des Prozesses Mandatsbearbeitung. 38

In den folgenden Abschnitten werden die **Teilfunktionen** detaillierter aufgezählt und beschrieben. Letztendlich muß situativ für jede Kanzlei entschieden werden, ob, in welchem Umfang und auf welche Art die jeweilige Teilfunktion mit DV-Anlagen und -Systemen unterstützt werden soll. 39

I. Funktionen im Finanz- und Rechnungswesen

Die Kernaufgabe im **Finanzwesen** besteht in der laufenden ordnungsgemäßen (systematischen, chronologischen, regelgerechten) Erfassung und Verbuchung der Geschäftsvorfälle und in der periodischen Ermittlung des Geschäftserfolges sowie der Vermögenslage (Jahresabschluß). Neben dem nach Sachkonten geschlüsselten Hauptbuch sind mehrere Nebenbücher zu führen. Darüber hinaus gehört zu den Aufgaben die systematische und sichere Abwicklung und Dokumentation des Zahlungsverkehrs (Ein- und Ausgangszahlungen) sowie der Geschäftsunterlagen, die Zahlungsverkehr auslösen (Ein- und Ausgangsrechnungen), und des Mahnwesens. 40

Abbildung 3: Fachfunktionen beim Aktenorientierten DV-Einsatz

Damit Ein- und Ausgangszahlungen betreffenden Akten zugeordnet werden können, sind automatische oder manuelle Schnittstellen zur Aktenverwaltung vorzusehen. Als Referenz zwischen Zahlungen und Akten wird meist eine eindeutige Aktennummer genutzt. 41

42 Als Besonderheit ist im Finanzwesen die Führung von Rechtsanwaltsanderkonten (und/oder Notaranderkonten) zu nennen, deren Handhabung strengen gesetzlichen Regelungen unterliegt.

43

Funktion	Teilfunktionen
Finanzwesen	– Finanzbuchhaltung (Buchungen bzgl. Kreditoren, Debitoren, Sachkonten) – Nebenbuchhaltungen (Anlagen, Lager, Kasse, Kontokorrent, Lohn- und Gehalt) – Jahresabschluß, Bilanz/GuV – Bearbeitung Ein- und Ausgangszahlungen – Bearbeitung Ein- und Ausgangsrechnungen – Mahnwesen – Führen von Rechtsanwaltsanderkonten – Schnittstelle zur Aktenverwaltung, damit Ausgangsrechnungen mit den zugehörigen Akten gekennzeichnet sind und Eingangszahlungen den Akten zugeordnet werden können – Schnittstelle zur Lohn- und Gehaltsabrechnung, damit die Aufwendungen für Löhne und Gehälter übernommen werden können

44 Die Basisanforderungen an eine DV-Unterstützung im Finanzwesen sind durch die Nennung der enthaltenen Teilfunktionen beschrieben. Diese Anforderungen werden in Kanzleien heute i. d. R. durch **Standardsoftware** erfüllt; niemand wird heute mit Bedacht daran gehen, dafür eine eigene Individualsoftware zu programmieren. Nur in sehr kleinen Kanzleien sind die buchhalterischen Aufgaben manuell zu leisten, die Vergabe aller Arbeiten im Finanzwesen außer Haus (Outsourcing) ist nicht unüblich.

45 Einige Besonderheiten wie etwa die Notwendigkeit der Schnittstellen zur Aktenverwaltung, aber auch Möglichkeiten zur Nutzung vereinfachter Abrechnungsverfahren (**Einnahmenüberschußrechnung** nach § 4 Abs. 3 EStG, **Istversteuerung** der Umsatzerlöse nach § 20 Abs. 1 UStG) erschweren jedoch erheblich den Einsatz von Standardsoftware im Bereich Finanzwesen, die nicht speziell für Anwaltskanzleien entwickelt sind. So sind **durchlaufende Posten** oder **Auslagen** (z. B. Gerichtsgebühren) weder nach Einkommensteuergesetz noch nach Umsatzsteuergesetz von Belang und müssen daher im gesamten Finanzwesen separat geführt werden.

46 Zudem können spezielle funktionale Anforderungen deutlich höheren Aufwand bei der DV-Unterstützung verursachen. Einige Beispiele für derartige Forderungen sind:

- Mehrwährungsfähigkeit;
- Konsolidierung über mehrere einzeln bilanzierende Unternehmen;
- Automatische Abstimmung von Fremdwährungskonten
- Datenträgeraustausch mit Banken im Zahlungsverkehr;
- Mandantenfähigkeit (Buchung in mehreren verschiedenen rechtlich unabhängigen Unternehmen, so daß mehrere Gesellschaften (RA, STB, WP) nebeneinander geführt werden können mit gleichen Stammsätzen (Mandanten, Beteiligte, Termine, ...)
- Ausgangsrechnungen müssen auch bei dezentraler Erstellung (z. B. in verschiedenen Büros der Kanzlei) automatisch im Finanzwesen erfaßt werden;
- Eine Eingangszahlung muß mehreren Akten zugeordnet werden können;
- Automatische Berücksichtigung von Vorschußrechnungen und Gutschriften bei Debitorenkonten und im Mahnwesen;
- Verrechnung von Vorschüssen bei Schlußrechnungen; im Mahnverfahren müssen ggf. geleistete Anzahlungen/Vorschüsse berücksichtigt werden;
- Ausgabemöglichkeiten für Kontoauszüge, Saldenbestätigungen, Zahlungsverwendungsnachrichten, Fremdgeldmitteilungen.

47 Als **Auswertungen** im Finanzwesen sind einige Standardberichte zu fordern wie:

- Saldenlisten
- Einzelpostenjournal
- Debitorenliste, Kreditorenliste
- Offene-Posten-Liste (OPOS; aktuell, nach Altersstufen der Forderungen)

- Mahnstatistik
- Liste Fremdwährungsforderungen
- Liste Stornos
- Liste fälliger Zahlungen
- Umsatzsteuervoranmeldung, Umsatzsteuerverprobung
- Anlagenbestandsliste, Abschreibungsliste
- Anlagen-Zugangs-/Abgangsliste
- Vermögensliste
- Anlagenhistorie
- Abschreibungsprognose

II. Kostenrechnung

Die Kostenrechnung hat den Zweck, die **Leistungserstellung** und die **Leistungsverwertung** mengen- und wertmäßig abzubilden. Dabei hat die Kostenrechnung folgende drei Hauptaufgaben. Vergangenheitsbezogen sollen die kostenmäßigen Konsequenzen des betrieblichen Geschehens und der betriebswirtschaftlichen Entscheidungen ermittelt und den Kostenursachen (Verursachungsprinzip) zugeordnet werden (Abbildungs- und Dokumentationsfunktion der Kostenrechnung, Ermittlungsfunktion). Bei der Planung unterstützt die Kostenrechnung die Darstellung der betriebswirtschaftlichen Konsequenzen verschiedener Entscheidungsalternativen und fördert so Entscheidungen nach Kostengesichtspunkten (Dispositionsfunktion der Kostenrechnung). Differenzen zwischen geplanten und tatsächlich angefallenen Kosten sind aufzuzeigen und zu analysieren (Kontrollfunktion der Kostenrechnung). Teilfunktionen der Kostenrechnung sind in der Tabelle aufgelistet. 48

49

Funktion	Teilfunktionen
Kostenrechnung	– Kostenartenrechnung Welche Kosten sind angefallen? Erfassung der Aufwendungen aus dem Finanzwesen; Zuordnung der Kosten zu Kostenarten; Beispiele für Kostenarten: Löhne- und Gehälter, Raumkosten, Reisekosten, Versicherungen, DV-Kosten, Abschreibungen, . . . – Kostenstellenrechnung Wo sind die Kosten angefallen? Ermittlung von Kostenverteilschlüsseln, Zuordnung der Kosten zu Kostenstellen, Kostenstellenumlagen, Zuschlagssätze; Beispiele für Kostenstellen: Büros einer Sozietät, Rechtsbereiche einer Sozietät, . . . – Kostenträgerrechnung Wofür sind die Kosten angefallen? Ermittlung der Kosten je Leitungseinheit (hier: Akte) und Periode; Beispiel für Kostenträger: Akten, Mandate, . . . – Leistungsrechnung Welche Leistungen (Wert, Menge) sind erstellt worden? – Interne Leitungsverrechnung von Leistungen, die für andere Büros, Rechtsbereiche, Abteilungen einer Kanzlei erbracht werden – Kalkulation Zu welchen Preisen dürfen die Leistungen abgegeben werden, unter Beachtung von Zielen der Wirtschaftlichkeit und Rentabilität? Auftragserfolgsrechnung mit vor-, mit- und nachlaufender Kalkulation

Als **Auswertungen** stellt die Kostenrechnung zuvorderst Soll-/Ist-Vergleiche für die Kostenarten, Leistungsarten, Kostenstellen und Kostenträger zur Verfügung. 50

III. Controlling

Das Controlling stellt umfangreiche **Berechnungs- und Berichtsfunktionen** zur Verfügung, mit denen flexibel und mehrdimensional betriebswirtschaftliche Analysen durchgeführt werden können. 51

52

Funktion	Teilfunktionen
Controlling	– Periodenerfolgsrechnung – Periodenvergleichsrechnung – Prognoserechnungen – Auswertungen der Kosten-/Leistungsrechnung – Liquiditätsübersicht – Kennzahlen

53 Einige mögliche **Auswertungen** seien beispielhaft genannt:

– Vergleich der berechenbaren und nicht-berechenbaren Leistungen pro Periode, Büro, Bereich, Mitarbeiter, Akte etc.
– Vergleich der fakturierbaren, fakturierten und ausgebuchten Leistungen pro Periode, Büro, Bereich, Mitarbeiter, Akte etc.
– Soll-/Ist-Vergleich bei berechenbaren, nicht-berechenbaren, ausgebuchten Leistungen pro Periode, Büro, Bereich, Mitarbeiter, Akte etc.
– durchschnittliche Kosten pro Leistungseinheit, durchschnittliche Erlöse pro Leistungseinheit.

IV. Personalwesen

54 Der Bereich des Personalwesens ist von Besonderheiten der Branche der Anwälte am wenigsten betroffen. Die fachlichen Anforderungen sind hier von denen anderer Dienstleistungsunternehmen nicht zu unterscheiden. In kleinerer Kanzleien werden diese Aufgaben häufig an spezialisierte Dienstleistungsunternehmen abgegeben.

55

Funktion	Teilfunktionen
Personalwesen	– Lohn- und Gehaltsabrechnung – Lohn- und Gehaltszahlungen – Reisekostenabrechnung – Arbeits- und Urlaubsplanung, Vertretungsplanung – Handhabung Sozialversicherungen – Weiterbildungscontrolling

V. Steuerung der Bearbeitung

56 In diesem Bereich treten sicherlich die meisten Spezifika der Arbeit von Anwälten gegenüber anderen Branchen, aber auch die meisten Unterschiede der Arbeit von Anwälten untereinander auf. Die Ablauforganisation ist hochgradig individuell geprägt von Entscheidungsträgern einer Kanzlei und zumeist auch historisch und somit ein Stück Tradition. Wesentliche Teilfunktionen sind in der Tabelle wiedergegeben.

57

Funktion	Teilfunktionen
Steuerung der Bearbeitung	– Aufstellen, Pflegen, Bekanntgeben von Zuständigkeiten und Vertretungen für Akten/Mandate/Mandanten, – Kollisionskontrolle – Wiedervorlagen – Verwaltung von Fristen und Terminen – Reservierung Besprechungsräume u.ä.

58 Bei der Entscheidung zur DV-Unterstützung dieser Funktionen sind die Gegebenheiten einer Kanzlei genau zu untersuchen und zu bewerten (s. Rdn. 148ff.). So erschließen sich zum Beispiel im Immobilienrecht bei der Kollisionsprüfung manche Mitwirkungsverbote nicht einfach, so daß das Führen spezieller Grundstückslisten notwendig ist.

Für einige spezielle anwaltliche Betätigungsfelder gibt es mittlerweile ein stattliches Angebot an **Standardsoftware**, das die jeweiligen Gegebenheiten weitgehend berücksichtigt; z. B. für Notare (mit Handhabung von Urkundenrolle, Beurkundungs- und Verwahrungsgeschäfte, Anderkonten, Massenbuch) und für Mandate im Bereich des Gewerblichen Rechtsschutzes (Marken, Patente, etc.). 59

VI. Dokumentation

Dem Charakter der anwaltlichen Dienstleistung entsprechend müssen alle Tätigkeiten schriftlich dokumentiert werden. Dies gilt zum einen gegenüber dem Mandanten, dem wesentliche Ergebnisse der anwaltlichen Tätigkeit schriftlich mitgeteilt werden, gegenüber Beteiligten, wenn etwa Einigungen in Vertragsform abgeschlossen werden, und gegenüber Instanzen wie Gerichten u.ä., wenn Anträge und Eingaben eingereicht werden. Derzeit wird Schriftliches überwiegend mit dem Trägermedium Papier übermittelt – und die Dominanz der Papierform wird trotz aller Technisierung in den nächsten Jahren nur wenig gemildert werden. Diese Form sichert einzigartig die **Dauerhaftigkeit**, **Verbindlichkeit** und **Originalität** der jeweiligen Stellungnahme. Damit handelt es sich aber in Anwaltskanzleien in überwiegend Maß um die Verarbeitung von **unstrukturierten Daten**, die in Text- und anderer Form vorliegen. Diese unstrukturiert vorliegenden Daten sollen möglichst – wie etwa die aus Finanz- und Rechnungswesen bekannten strukturierten Daten – systematisch und effizient verarbeitet werden. Hierin liegt eine der zukünftigen Herausforderungen der DV-Unterstützung von Anwaltskanzleien, die aus verschiedenen Perspektiven in Angriff genommen und unter Schlagworten wie „Dokumentenmanagement“ und „Wissensmanagement“ u. a. diskutiert wird. 60

Funktionen der Textverarbeitung, -handhabung und -archivierung werden auf absehbare Zeit noch überragende Bedeutung in Anwaltskanzleien spielen;[11] die DV-Unterstützung dieser Funktionen hat in den letzten Jahren eine beachtliche Reife und Stabilität erlangt. In nachfolgender Tabelle sind wesentliche Teilfunktionen der Dokumentationsfunktion genannt; einige der Untergliederungen bei Teilfunktionen der Textverarbeitung sind mit Blick auf später diskutierte Möglichkeiten der DV-Unterstützung vorgenommen. 61

62

Funktion	Teilfunktionen
Dokumentation	– Eingabe von Texten (via Tastatur, Mikrofon, Scanner, digitale Medien, ...) – Aufbereitung von Texten, Einbindung von Grafik, Bild, ... in Texte – Ausgabe von Texten (nach Anspruch an Geschwindigkeit, Geräusch, Schriftqualität, ...) – Speichern von Texten – Weitergabe/Weiterleitung von Texten an andere – Weiterverarbeitung fremder Texte – Verarbeitung und Verwaltung von Mustertexten – Erschließen von Texten und Textsammlungen nach inhaltlichen Kriterien – Verwaltung von Texten, Zuordnung von Texten zu Akten – Aktenverwaltung: Anlegen, Ablegen, Finden, Bearbeiten, Archivieren, Passivieren von Akten – Finden von Akten: nach Namen oder Namensfragmenten von Beteiligten, nach Ordnungsmitteln wie Aktennummer, nach Schlagworten

[11] Vgl. *Disterer* 1998, 38.

VII. Kommunikation

63 Von ähnlich hoher Bedeutung wie die Dokumentationsfunktionen sind in Anwaltskanzleien die Kommunikationsfunktionen. Mit Mitarbeitern und Fachkollegen, Mandanten, Beteiligten muß in großem Umfang und in vielerlei Form kommuniziert werden. Mit Blick auf die zu diskutierende Form der DV-Unterstützung sind zu unterscheiden: **schriftliche vs. mündliche** Kommunikation und **synchrone vs. asynchrone** Kommunikation. Bei synchroner Kommunikation sind zwei (oder mehr) Kommunikationspartner zur gleichen Zeit (zeitsynchron) in Kontakt, bei asynchroner Kommunikation kann zwischen den Interaktionen der Kommunikationspartner (viel) Zeit vergehen. Die Zusammenhänge zwischen den Kommunikationsformen verdeutlicht die Tabelle durch Nennung einiger Kommunikationsmittel.

64

	schriftlich	**mündlich**
asynchron	Briefpost, Telefax, Elektronische Post	Voice Mail
synchron	Groupware, Joint Editing	Gespräch, Diskussion, Telefonat, Telefonkonferenz, Videokonferenz

65 Deutlich wird, daß Schwerpunkte der traditionellen Kommunikationsformen und der DV-Unterstützung in den Quadranten schriftlich/asynchron und mündlich/synchron liegen – und vermutlich auf absehbare Zeit auch liegen bleiben werden. Die jeweiligen Vor- und Nachteile der Kommunikationsformen sind bekannt, daher seien einige nur schlagwortartig aufgeführt.

66 **Eigenschaften klassischer Kommunikationsformen**

mündlich/synchron	unmittelbar, persönlich, direkt; Möglichkeiten der Mimik und Gestik; Möglichkeiten zu Gesprächsgruppen; gemeinsamer Termin notwendig
schriftlich/asynchron	verbindlich; distanziert; keine Reiseaufwendungen; kein Warten weil Kommunikationspartner nicht da oder anderweitig beschäftigt; insbes. Elektronische Post kann Nachteil der Langsamkeit ausgleichen

67 Derzeit steigt vor allem der Einsatz von **Elektronischer Post**, da mit dem Internet ein einfaches und günstig zugängliches Übertragungsmedium verfügbar ist und der Nachteil der Langsamkeit anderer schriftlichen und asynchronen Kommunikationsformen weitgehend ausgeglichen werden kann. Elektronische Post gelangt sekundenschnell beim Adressaten in den Eingangskorb und kann von ihm gelesen werden, sobald Gelegenheit ist. Diese Kommunikationsform funktioniert über lokale Grenzen und Zeitzonen hinweg. Daher steht zu erwarten, daß einige Kommunikation, die derzeit noch mit Telefon durchgeführt werden, zukünftig verstärkt mit Elektronischer Post abgewickelt werden wird. Die dabei versandten Texte und Anlagen bieten zudem den Vorteil, daß sie als elektronische Dokument weiter verwendet werden können, also z. B. in Textverarbeitungssystemen nicht neu erfaßt werden müssen.

68 Die Isolierung von Teilfunktionen der Kommunikation ist nicht so eingängig wie in den anderen Fällen der Zerlegung von Funktionen in Teilfunktionen: Dies ist wohl auch darin begründet, daß bei der Kommunikation zwischen Personen der jeweilige Rahmen und Kontext stark dominant wirken, so daß die „dahinterstehende" Kommunikationsfunktion meist kaum wahrgenommen wird. Auch ist bei den meisten Kommunikationsformen eine Mischung aus fachlichen und sozialen Aspekten beobachtbar.

Funktion	**Teilfunktionen**
Kommunikation	– Gespräch/Verhandlungen mit einem oder mehreren Gesprächspartnern von Angesicht zu Angesicht – Bindende Absprache mit dokumentiertem Ergebnis zwischen Parteien – Einholen von Meinungen und Stellungnahmen von verschiedenen Personen – Austausch (kurzer) Nachrichten zwischen zwei oder mehreren Personen – Abstimmen von Meinungen/Einschätzungen/Vorgehensweisen verschiedener Personen – Anweisen von Handlungen

69

VIII. Leistungserfassung und -bewertung

In der betriebswirtschaftlichen **Kosten- und Leistungsrechnung** ist der Leistungsbegriff das **Gegenstück zum Kostenbegriff**. Als Leistungen werden die Ergebnisse der betrieblichen Tätigkeit bezeichnet, die eine Wertentstehung (oder Güterentstehung) verursachen. Leistungen sind danach bewertete Ergebnisse des Prozesses der Wertschöpfung. Die Leistungen am Ende der innerbetrieblichen Wertschöpfungskette sollen letztlich – nach der Bewertung mit Preisen – zu Erlösen führen. 70

Insofern ergänzt die Leistungsrechnung die Kostenrechnung und stellt den verursachten Kosten die geschaffenen Werte entgegen. Ein Vergleich der Kosten und Leistungen ist notwendig zur Beurteilung der Wirtschaftlichkeit, für Zwecke der Kalkulation und zur Signalisierung von starken und/oder unerwarteten Abweichungen, die wichtiger Hinweis sein können auf Unregelmäßigkeiten innerhalb der betrieblichen Wertschöpfungskette. 71

Bei Anwälten sind Leistungen zuvorderst die Ergebnisse der anwaltlichen oder juristischen Tätigkeit. Neben diesen **Fachleistungen** sind in der Leistungsrechnung jedoch noch andere Leistungsarten zu berücksichtigen. So sind etwa Auslagen, die in Mandaten für den Mandanten geleistet wurden, als Leistungen anzusehen. Und auch Leistungen der kanzleiinternen Organisation und Verwaltung u.ä. sind Leistungen, gleichwohl sie nicht Mandanten (direkt) in Rechnung gestellt werden können. 72

Die **einfachste Form der Leistungserfassung** liegt vor, wenn ausschließlich die Leistungen notiert werden, die dem Mandanten auch in Rechnung gestellt werden. Diese Leistungserfassung ist unvollständig, da nur fakturierte Leistungen erfaßt werden. Zudem liegt methodisch ein Erfassungsfehler vor, da zum Zeitpunkt der Erfassung noch nicht feststeht, ob eine Leistung auch tatsächlich in Rechnung gestellt wird. Genau genommen werden also abrechenbare Leistungen erfaßt, bei der Rechnungsstellung können davon noch welche als nicht-fakturierbar erkannt werden. 73

Diese Form der Leistungserfassung mag bei kleinen Kanzleien durchaus angemessen sein, wenn der Überblick über das betriebliche Geschehen in der Kanzlei noch so detailliert ist, daß die Ziele der Kosten- und Leistungsrechnung (Beurteilung der Wirtschaftlichkeit, Kalkulationszweck und Signalisierung von Abweichungen) auch ohne vollständiges Datenmaterial verfolgt werden können. 74

Bei größeren Kanzleien kann dies ohne vollständige Erfassung aller Leistungen sicher nicht erreicht werden. Im folgenden wird daher davon ausgegangen, daß zumindest die Leistungen aller Berufsträger (Anwälte, Notare, Steuerberater, Wirtschaftsprüfer) vollständig erfaßt werden. Diese Leistungen haben eine herausgehobene Bedeutung, da bei nicht-abrechenbaren Tätigkeiten von Berufsträgern (z. B. kanzleiinterne Verwaltung) immer eine Opportunitätsbetrachtung angestellt werden muß, welcher Erlös der Kanzlei durch die nicht-abrechenbaren Tätigkeiten von Berufsträgern entgangen ist. 75

Zur Bestimmung der Leistungen werden die Tätigkeiten meist kanzleiintern mit einem **Stundensatz** bewertet. Die Stundensätze entsprechen kalkulatorischen Kostensätzen und sollen alle Kosten sowie nicht-abrechenbaren Leistungen der Kanzlei abdecken. Die 76 resultierenden Leistungen (in DM) sind zu unterscheiden nach **abrechenbaren** und **nicht-abrechenbaren** Leistungen (Reisezeiten, Leerzeiten, Weiterbildung, Akquisitionszeiten, Zeiten für Kanzleimanagement, ...). Die abrechenbaren Leistungen wiederum können Leistungen enthalten, die dem Mandanten **nicht fakturiert** werden können. Ein Grund kann etwa darin liegen, daß gesetzliche Gebührenordnungen (BRAGO, KostO) eine geringere Rechnungsstellung vorschreiben; die Differenz zu den intern ermittelten abrechenbaren Leistungen ist dann auszubuchen als Leistung, die zwar **abrechenbar**, aber nicht **fakturierbar** ist. Ein anderer Grund für eine Ausbuchung mögen ineffiziente Arbeiten in einem Mandat sein, deren Fakturierung dem Mandanten nicht in vollem Umfang zugemutet werden kann.

77 **Auslagen** sind zu unterscheiden (nach UStG) nach steuerpflichtigen Auslagen (z. B. Kosten für Kopien, Telefon, Reisen, Kurier) und nicht-steuerpflichtigen Auslagen (z. B. Gerichtsgebühren). Zusätzlich sind die Unterscheidungen nach abrechenbar/nicht-abrechenbar und fakturierbar/auszubuchen auch für Auslagen vorzunehmen.

78 Abrechenbare Leistungen und Auslagen sind bei der Erfassung einer Akte zuzuordnen, da sonst der Zusammenhang zum **Kostenträger** verlorengeht und entsprechend eine Rechnungsstellung nicht erfolgen kann. Üblicherweise werden abrechenbare Leistungen bei der Erfassung differenziert nach Art der Leistung wie z. B. Besprechung, Diktat, Aktenstudium, Telefonat.

79 Zur Sicherung der Qualität der erfaßten Leistungsdaten sind eine Anzahl von Kontrollen und Prüfungen vorzunehmen, um auszuschließen, daß

- unautorisierte Personen Leistungserfassung oder -änderungen vornehmen
- abrechenbare Leistungen ohne Zuordnung zu einer Akte erfaßt werden
- nicht-abrechenbare Leistungen ohne Zuordnung zu einer Kostenstelle erfaßt werden
- Leistungen zu passivierten Akten erfaßt werden
- Leistungen ohne Bestimmung der Leistungsart erfaßt werden
- Leistungen in nicht nachvollziehbarem Umfang erfaßt werden
- Leistungen in unvollständigem Umfang erfaßt werden.

80 Die notwendigen Teilfunktionen der Leistungserfassung sind der Tabelle zu entnehmen. Entscheidend für **eine systematische und ordnungsgemäße Leistungserfassung** sind organisatorische Festlegung, die vor allem die Verantwortlichkeiten der Leistungserfassung klären. So wird die Erfassung der Fachleistungen der Berufsträger – zumal bei überörtlichen Kanzleien – ausschließlich an zentraler Stelle nicht möglich sein. Dagegen werden manche der berechenbaren Auslagen nicht unmittelbar und dezentral den Berufsträgern vorliegen, sondern z. B. bei der Bearbeitung der Eingangsrechnungen der Buchhaltung vorliegen.

81

Funktion	**Teilfunktionen**
Leistungserfassung u. -bewertung	– Vollständige oder teilweise Erfassung und Zuordnung von Leistungen der Berufsträger (oder aller Mitarbeiter) – Kontrolle und Prüfung der erfaßten Leistungen auf Zulässigkeit, Vollständigkeit, Plausibilität – Auswertungen zu Kontrollen und Prüfungen (pro Periode, Mitarbeiter, Akte, ...) – Änderung/Korrektur erfaßter Leistungen und Auslagen – Mahnwesen bzgl. nicht erfaßter Leistungen – Verwalten (erfassen, korrigieren, ändern) der Stundensätze, die zur Leistungsbewertung herangezogen werden – Identifizierung, Erfassung und Zuordnung von steuerfreien und steuerpflichtigen Auslagen (Gebühren, Telefon, Kopierer, Porto) – Differenzierung von Leistungsarten für abrechenbare (Besprechung, Diktat, Aktenstudium, Telefonat etc.) und nicht-abrechenbare Leistungen (Fortbildung, Akquisition, Verwaltung, Urlaub, Krank etc.)

IX. Fakturierung

Bei der Fakturierung von Anwaltsleistungen sind mehrere aufeinanderfolgende Schritte oder Phasen zu unterscheiden, die in der Tabelle wiedergegeben sind. Dabei besteht (wiederum) für kleinere, übersichtliche Kanzleien die Möglichkeit, die Verfahren der Fakturierung wesentlich zu vereinfachen. Bei größeren Einheiten und insbesondere wenn eine differenzierte Kosten- und Leistungsrechnung betrieben werden soll, ist jedoch zur Sicherstellung der **Vollständigkeit** und der **Konsistenz** des zugrunde gelegten Datenmaterials eine systematische und in der gesamten Kanzlei abgestimmte Vorgehensweise notwendig. Die vollständige und konsistente Differenzierung aller Leistungen nach abrechenbar/nicht-abrechenbar, fakturierbar/auszubuchen ist essentiell für eine durchgängige Kosten- und Leistungsrechnung. 82

Für die Abrechnung der anwaltlichen Tätigkeit stehen im Grundsatz **drei Abrechnungsarten** zur Wahl: Entweder geschieht die Abrechnung nach gesetzlichen **Gebührenordnungen** wie BRAGO und KostO, die Rechnungsaufbau und -höhe als gesetzliche Vorgaben im wesentlichen festlegen. Oder die Abrechnung wird aufgrund eines **Zeithonorars** erstellt, wobei die geleisteten Arbeitsstunden mit einem Stundensatz bewertet und periodisch in Rechnung gestellt werden. Die dritte Möglichkeit basiert auf einer Vereinbarung mit dem Mandanten über ein **Pauschalhonorar**, das dann unabhängig vom tatsächlich geleisteten Einsatz in Rechnung gestellt wird. 83

Für die Fakturierung von Auslagen sind alternative Vorgehensweisen und Varianten bekannt, die etwa vorsehen, Auslagen pauschal in Höhe eines prozentualen Anteils des Gesamthonorars in Rechnung zu stellen. Auch sind gegebenenfalls gesetzliche Vorgaben wie das Gerichtskostengesetz zu beachten. 84

Schritte zur Rechnungsstellung 85

Festlegung des Abrechnungsumfangs	Festzulegen ist, für welche Akte(n) und für welchen Abrechnungszeitraum abzurechnen ist. Bei Abrechnung mehrerer Akten über eine Rechnung sind alle relevanten Werte der Einzelakten geeignet zu kumulieren.
Festlegung der Abrechnungsart für Fachleistungen	Dabei stehen folgende in Deutschland bekannten **Abrechnungsarten** zur Wahl: – Abrechnung nach gesetzlichen Gebührenordnungen wie BRAGO, KostO, bei der Rechnungsinhalt und -höhe im wesentlichen durch die gesetzlichen Vorgaben festgelegt werden. – Abrechnung nach Zeithonorar, bei der im wesentlichen die erfaßten und mit einem Stundensatz bewerteten Fachleistungen periodisch in Rechnung gestellt werden – Abrechnung nach Pauschalhonorar, bei der ein pauschales Honorar unabhängig von der Höhe der erfaßten Fachleistungen in Rechnung gestellt wird.
Fakturierung der Fachleistungen	Festlegung, welche der erfaßten und bewerteten Leistungen der Berufsträger mit der Abrechnung abgegolten sein sollen; alle betroffenen Leistungsdaten werden differenziert nach „fakturiert“ und „ausgebucht“.
Storno und Gutschriften	Storno und Gutschriften sind bei der Berechnung der Rechnungssumme zu beachten.
Fakturierung der Auslagen	Auslagen, differenziert nach steuerfreien und steuerpflichtigen Auslagen, sind zu fakturieren; sofern sie als „nicht-fakturierbar“ eingestuft werden, sind sie auszubuchen.
Vorschußzahlungen	Geleistete Vorschußzahlungen (und ggf. darauf geleistete Umsatzsteuer) sind bei der Berechnung der Rechnungssumme zu berücksichtigen

Erstellung der Rechnung	Erstellung der Rechnung einschl. Ausweis Umsatzsteuer und Anlagen
Schlußprüfung und Freigabe der Rechnung	Prüfung der erstellten Rechnung auf Korrektheit, Vollständigkeit, Angemessenheit; ggf. Iterationen zur Korrektur der Rechnung
Buchung der Rechnung	Buchung der Ausgangsrechnung auf Erlöskonto, Debitorenkonto und in basierenden Akten

86 Bei der Buchung von **Ausgangsrechnungen** auf Erlös- und Debitorenkonto müssen ebenso Buchungen auf die basierenden Akten (als Kostenträger) durchgeführt werden, um dort die betroffenen Leistungen als „fakturiert" zu kennzeichnen und die nicht in Rechnung gestellten Leistungen auszubuchen. Der Zusammenhang zwischen einer Rechnung, die gewisse abrechenbare Leistungen fakturiert, und den auf der dazugehörigen Akte erfaßten Leistungen darf nicht verlorengehen.

87

Funktion	Teilfunktionen
Fakturierung	– Auswertung der erfaßten Leistungen pro Akte nach Leistungsperiode, Leistungsart, Berufsträger etc. – Unterstützung der Abrechnungsarten: nach BRAGO oder KostO, nach Zeithonorar, nach Pauschalhonorar – Kontrolle und Prüfung der Faktura auf Zulässigkeit, Vollständigkeit, Plausibilität – Berücksichtigung von Storno, Gutschriften und Vorschüssen – Buchung der Ausgangsrechnung auf Erlöskonto, Debitoren und betroffene Akte(n) – Erstellung frei gestaltbarer Rechnungen und Anlagen – Verwaltung von Rechnungsmustern – Kumulation von Akten zur gemeinsamen Rechnungsstellung (Sammelakten) – Periodische Auswertung auf abzurechnende Akten (nach Fristen, Terminen, Höhe aufgelaufenen Leistungen) – Automatische Erstellung von Rechnungsvorschlägen – Aktualisierung der gesetzlichen Vorgaben zu Gebührenordnungen wie nach BRAGO oder KostO

88 Bei der Planung der DV-Unterstützung der Rechnungsstellung sind darüber hinaus einige Geschäftsvorfälle und Vorgehensweisen zu beachten, die eine **Rechnungsstellung** wesentlich komplizieren können. Daher muß nach Häufigkeit des tatsächlichen Vorkommens in einer Anwaltskanzlei entschieden werden, ob und in welchem Umfang für diese Sonderfälle DV-Unterstützung vorzusehen ist. Einige dieser Sonderfälle bei der Rechnungsstellung sind:

- Berücksichtigung von Vorschußzahlungen und Gutschriften;
- Bei Zeithonoraren werden umfangreiche Rechnungsanlagen erstellt, die Details der Tätigkeit (beteiligte Anwälte, Daten der Arbeitstage, genaue Tätigkeitsumfänge) enthalten;
- Abrechnungen in einer Akte müssen parallel und anteilig für mehrere Debitoren erstellt (z. B. Erbengemeinschaft) werden;
- Abrechnungen werden zugleich über mehrere Akten (Sammelakten) erstellt.

D. Datensicht: Detaillierung der Daten

89 In der Datensicht werden die notwendigen Daten für die Abwicklung in einer Anwaltskanzlei und somit für deren DV-Unterstützung detailliert beschrieben. Die nachfolgenden Beschreibungen zählen für die wichtigsten Objekte Akte, Mitarbeiter, Mandant/Gegner/Beteiligter jene **Datenfelder** und deren **Struktur** auf, die für die beschriebenen Objekte

bearbeitet und gespeichert werden müssen. Vereinfachungen sind dabei möglich, gehen jedoch zu Lasten der Vollständigkeit und beeinflussen die Aussagekraft von Auswertungen.

Dabei werden hier nur die Daten aufgeführt, die aufgrund von Spezifika von Anwaltskanzleien betrachtet werden müssen. Eine Reihe von Daten sind darüber hinaus standardmäßig zu führen, so etwa für die Mitarbeiter Daten über die Verhältnisse zur Sozialversicherung oder im Finanz- und Rechnungswesen Daten zu Kontenrahmen, Buchungskreisen, Bankverbindungen etc. 90

Akte 91

Aktennummer
Mandant
Gegner
andere Beteiligte
Bezeichnung der Sache/Betreff
Rubrum
Datum der Aktenanlage
betreuender Anwalt (Zuständigkeiten, Vertretungen)
Akquisitionshinweise (wer, wann)
vereinbarte Konditionen
Art der Fakturierung (Zeit- oder Pauschalhonorar, BRAGO, KostO)
Periode der Fakturierung (monatlich, quartalsweise, . . .)
Kostenstelle
Rechtsgebiet/Referat
Zugehörigkeit zu Sammelakte
Streitwert
Status der Akte (aktiv, passiv)
Standort der Akte
Steuerungsdaten (Termine, Fristen, Wiedervorlagen, Archivierung . . .)
Leistungsdaten (Zeiten, bewertete Zeiten, Auslagen, . . .)
Abrechnungsdaten (Rechnungen, Fristen, Beträge, Zeiträume, . . .)
Zahlungsdaten (Rechnungen, Zahlungsdatum, -beträge, . . .)

Mitarbeiter 92

Name (Vorname, Zuname, Namenszusätze, Titel)
Diktatzeichen, Kurzzeichen, Mitarbeiternummer
Eintritts-/Austrittsdatum
Berufsbezeichnungen, Anrede
Rechtsgebiete, Spezialgebiete, Tätigkeitsschwerpunkte
Zuordnung zu Kostenstelle
Zugehörigkeit zu Mitarbeitergruppe (Junior o.ä.)
Zugehörigkeit zu Organisationseinheit (Abteilung, Büro)
Vorgesetzter
Umfang der Beschäftigung (Vollzeit, Teilzeit)
Funktionsbezeichnung
Stundensatz
Arbeitsdaten (Arbeits-, Urlaubs, Krankheitszeiten, . . .)
Leistungsdaten (berechenbare Leistungen, . . .)

93 **Mandant/Gegner/Beteiligte**

Mandant-Nummer (bzw. Gegner-, Beteiligten-Nummer
Name
Ansprechpartner
Anrede
Adresse
Rechtsform
Kommunikation (Telefon, Fax, Email)
Branche
betreuender Anwalt
Betreuungshistorie
Bankverbindung (Bank, Konto, BLZ)
VIP-Kennzeichen

E. DV-Konzept: Möglichkeiten der DV-Unterstützung

I. Überblick zu Stand der Technik und Stand des Einsatzes

94 Bekanntlich ist die Entwicklungsgeschwindigkeit im Bereich der **Informationstechnik** so ungeheuer groß, daß im Rahmen eines Handbuchs nur schwer mit hoher Aktualität Stellung bezogen werden kann. Jedes Wort zu technischen Details des **State-of-the-Art** ist schon bei Drucklegung veraltet. Für den neuesten Stand der Technik muß daher auf aktuelle Beiträge verwiesen werden, die unregelmäßig dazu berichten.[12]

95 Generell gültige Hinweise sind auch zur **aktuellen Hardware-Ausstattung bei PCs** nicht möglich, da die rasante technische Entwicklung die Leistungsgrenzen neuer Rechner mehrfach im Jahr verschiebt. Auch ist die Ausstattung eines Rechners an seinen speziellen Einsatz anzupassen. Um trotz dieser Einschränkungen zur allgemeinen Orientierung aktuelle Angaben zu geben, seien die typischen technischen Kennzeichen für einen neuen, normal ausgestatteten Rechner in einer Büroumgebung genannt (Stand 2/1999): Prozessor Intel Pentium II, 300 MHz Taktfrequenz, Bildschirm 17 oder 19 Zoll, Betriebssystem Windows95, 64 MB Arbeitsspeicher, 5 GB Plattenspeicher, CD-Laufwerk. Für spezielle Aufgaben werden durchaus Rechner mit erheblichen höheren Leistungsdaten eingesetzt.

96 Von größerer Bedeutung für die DV-Unterstützung als die Rechner sind jedoch die **Softwareprogramme** und Zusatzgeräte, die eingesetzt werden. Anhand der oben eingeführten Problemlandkarte sind in nachfolgender Abbildung im äußeren Ring Komponenten moderner Informationstechnik positioniert, die besondere zur DV-Unterstützung der jeweils benachbart angeordneten Fachfunktionen zum Einsatz kommen können. Einige der bekannteren Komponenten werden anschließend diskutiert, einige neuere Komponenten werden bei Rdn. 175 ff. vorgestellt.

[12] Vgl. z. B. *Disterer* 1998; *Becker*, BRAK-Mitt. 1998, 102; *Streitz*, NJW-CoR 1998.

97

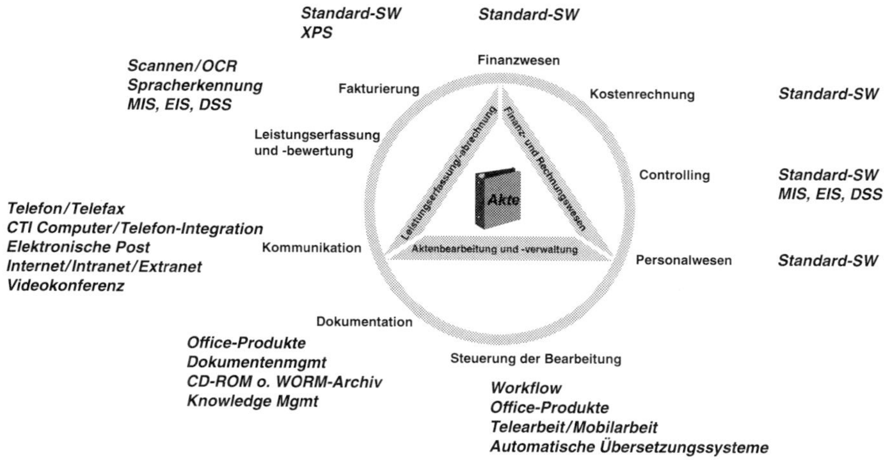

Abbildung 4: Einsatz moderner Informationstechnik beim Aktenorientierten DV-Einsatz

Im oberen Bereich der Abbildung fällt auf, daß für die Funktionsbereiche Fakturierung, Finanzwesen, Kostenrechnung, Controlling und Personalwesen vorwiegend der Einsatz von **Standardsoftware** notiert ist. Dies liegt an einer Reihe von Gründen: 98

- Durch gesetzliche Vorgaben im Bereich der Geschäftsbuchhaltung und zusätzliche betriebswirtschaftliche Regeln, Axiome und Traditionen sind die grundlegenden Abläufe in diesen und benachbarten Funktionsbereichen soweit normiert und standardisiert, daß Anwaltskanzleien keine großen Abweichungen davon aufweisen können. Daher kann (und sollte) hier auf Standardlösungen zurückgegriffen werden, um Skaleneffekte der Anwendungsentwicklung zu nutzen.
- Software im Bereich Finanz- und Rechnungswesen ist wegen der Anforderungen an die Sicherheit und Stabilität der Systeme von erheblichem Umfang und großer Komplexität. Eine Individualentwicklung dieser Systeme für den Einsatz in einer speziellen Kanzlei löst daher erheblichen Aufwand aus und unterliegt großen Entwicklungsrisiken.
- Für Anwaltskanzleien scheint das Erringen von Wettbewerbsvorteilen gegenüber anderen Kanzleien in den genannten Fachfunktionen eher unwahrscheinlich. Daher schwächt der Einsatz von Standardsoftware in diesen Gebieten nicht die Wettbewerbsposition einer Anwaltskanzlei.

Daher wird in diesen Bereichen von Fakturierung, Finanzwesen, Kostenrechnung, Controlling und Personalwesen heute bevorzugt **Standardsoftware** eingesetzt. Die Vorgehensweise bei der Auswahl und Beschaffung sowie beim Einsatz von Standardsoftware gewinnt dadurch besondere Bedeutung und wird daher eingehend in nachfolgenden Abschnitten besprochen (siehe Rdn. 142ff.). 99

In welchem Umfang und mit welchen Zielen wird nun aber derzeit in deutschen Anwaltskanzleien Datenverarbeitung eingesetzt? Trotz des schnellen technischen Wandels kann ein aktueller Überblick über den Stand des aktuellen DV-Einsatzes in Kanzleien sinnvoll sein. Ein empirisch gesichertes Bild des derzeitigen Einsatzes kann Anwälten bei anstehenden Entscheidungen über die zukünftige Nutzung von Informationstechnik konkrete Hilfe geben. Diese Hilfe resultiert dabei allerdings nicht daraus, daß nach dem Prinzip der Lemminge das Betreten eingetretener Pfade empfohlen wird. Vielmehr gestattet dieses Vorgehen, Zusammenhänge zwischen der Situation eines Unternehmens und den sinnvollen oder weniger sinnvollen Möglichkeiten der Gestaltung des DV-Einsatzes zu erkennen. Der jeweilige Sinn kann sich dann etwa im Erfolg oder in der Zufriedenheit mit dem Einsatz von Informationstechnik ausdrücken, wie er bei anderen zu beobachten ist. Konkret können dabei auch Listen mit häufig benutzter Software erste und hilfreiche Hinweise geben, an welche Anbieter sich Anwälte mit ihren Aufgaben- und Problemstellungen wenden können, und welche Anbieter ihre Kompetenz bei Berufskol- 100 legen schon einmal bewiesen haben. In diesem Sinne dienen die empirischen Hinweise auch als erste Referenz, die Aufschluß über den Einsatz von Informationstechnik bei anderen Anwälten geben kann. Diese Referenzen können zwar noch keine qualitative Aussage im Sinne eines „peer referrals" zwischen Anwälten sein, da sie nichts Konkretes über die Zufriedenheit und den Erfolg beim Einsatz einer bestimmten Software aussagen können. Sie weisen aber zumindest auf Anbieter, die den Ausleseprozeß während der Kauf- und Einsatzentscheidung bei Berufskollegen schon einmal erfolgreich bestanden haben.[13] Beim DV-Einsatz ist auch mehr und mehr auf die Kompatibilität standardisierter Systeme zu achten, da dem innerbetrieblichen und überbetrieblichen Datenaustausch zunehmende Bedeutung zukommt. Häufig eingesetzte Software kann hier sogenannte „Quasi-Standards" setzen und damit Sicherheit bieten, daß andere Anbieter mit ihren Systemen darauf zukünftig Rücksicht nehmen müssen.

101 Einige Kennzeichen und Trends zum DV-Einsatz in deutschen Kanzleien zeigt eine **empirische Studie,**[14] in der große überörtliche Sozietäten befragt wurden, welche DV-Komponenten sie für die Informationsverarbeitung einsetzen, und welche Software sie für Textverarbeitung, Finanz- und Rechnungswesen und Akten-/Stammdatenverwaltung nutzen. Im Rahmen der Untersuchung wurden große Sozietäten befragt, da für sie eine besondere Bedeutung des DV-Einsatzes durch umfangreichere interne Kommunikation und komplexere Administration erwartet werden kann. Dies gilt insbesondere für überörtliche Sozietäten, da dort Fragen der Koordination und Kooperation nicht nur überbetrieblich in Zusammenarbeit mit den Mandanten, sondern auch innerbetrieblich zwischen den Büros der Sozietät gelöst werden müssen. Im Sinne der Untersuchung galten Sozietäten als „groß", wenn sie überörtliche Sozietäten und drei oder mehr Büros betrieben.

1. Architektur der Datenverarbeitung

102 Bis vor etwa 10 bis 15 Jahren war im Bereich der Datenverarbeitung ein **monolithischer** Ansatz zur **Architektur von Rechnernetzen** dominant. Nach diesem Ansatz waren Rechner (ob Großrechner oder Personal Computer) alleinstehend – quasi autark – funktionsfähig. Die Rechner umfaßten alle für ihre jeweiligen Aufgaben notwendigen Programme (Betriebssystem, Systemprogramme, Anwendungsprogramme) und Daten und waren unmittelbar verbunden mit notwendigen Endgeräten wie Terminals oder Druckern. Dieses Konzept wird mit **zentralen Großrechnern** derart umgesetzt, daß an diese Zentralrechner alle Endgeräte wie Speicher, Drucker u. a. angeschlossen waren und Benutzer auf diese mit Terminals als Endgeräten auf zugegriffen haben. Mit PCs wird dieses Konzept umgesetzt, in dem gleich ausgestattete PCs untereinander vernetzt werden, an die aber jeweils lokal alle notwendigen Endgeräte angeschlossen sind. Ebenso werden alle notwendigen Anwendungen und Daten auf jedem PC vorgehalten, so daß durch das Netzwerk kein Arbeitsteilung oder gemeinsame Nutzung von Ressourcen ermöglicht, sondern lediglich der Austausch von Nachrichten ermöglicht wird.

103 Mit dem Ansatz der Kopplung von Rechnern in heterogenen **Rechnernetzen** ist die Möglichkeit eröffnet, mehrere selbständige Rechner miteinander zu verbinden, die verschiedenen Typs sind, deren Betriebssysteme unterschiedlich sind und/oder die räumlich voneinander getrennt aufgestellt sind. Rechnernetze eröffnen mehrere Vorteile beim DV-Einsatz:

- **Datenverbund**: Datenbestände verschiedener Rechner können gemeinsam genutzt werden; z. B. die Kopplung von Rechnern verschiedener Bibliotheken können zur Literaturrecherche gemeinsam ausgewertet werden.
- **Betriebsmittelverbund**: Hardware- oder Software-Komponenten, die nicht auf jedem Rechner zur Verfügung stehen (z. B. Drucker, zentrale Datenbanken) können allen Rechnern im Netz zur Verfügung gestellt werden.

---

[13] Vgl. *Disterer* 1998, 9.

[14] Für eine detaillierte und vollständige Darstellung der Untersuchung und ihrer Ergebnisse siehe *Disterer* 1998; für Vergleiche etwa mit USA siehe *ABA* 1997a und *ABA* 1997b; *Leibowitz*, National Law Journal 1996; *Shiels* 1996.

- **Lastverbund**: Die Beanspruchung der Rechner im Netz kann gleichmäßig auf mehrere Rechner verteilt werden (Kapazitätsverbund) oder bei Betriebsausfall ganz auf andere Rechner umgestellt werden. (Sicherheitsverbund).
- **Kommunikationsverbund**: Die Rechner innerhalb des Rechnernetzes können Informationen austauschen (Nachrichtenverbund).

Ein wesentlicher Vorteil derartiger Rechnernetze ist die Speicherung **zentraler Datenbestände** im Rechnernetz. Datenbestände wie z. B. Textsammlungen, Daten der Buchhaltung und des Rechnungswesen, Literatursammlungen etc. werden auf einem dezidierten Rechner im Rechnernetz gespeichert und können von allen anderen Rechner im Netz genutzt werden. Durch diese einmalige, redundanzfreie Speicherung der Daten ist sichergestellt, daß alle Benutzer immer mit aktuellen und identischen Daten arbeiten. 104

Ein weiterer entscheidender Vorteil von diesen **Rechnernetzen** ist die Einführung der Spezialisierung oder Arbeitsteilung im Rechnerverbund. Nicht jeder Rechner muß eine Aufgabe vollständig erfüllen, sondern er kann sich dazu Ressourcen bedienen, die andere Rechner im Netz zur Verfügung stellen. Als Beispiel einer einfachen Form der Arbeitsteilung mag ein Drucker gelten, der als Netzdrucker an einen Rechner im Netz angeschlossen ist, jedoch über das Netz allen Rechnern in einem Rechnernetz zur Verfügung steht. Damit benötigt nicht (mehr) jeder der Rechner im Netz einen Drucker, sondern alle Rechner im Netz können den einen Netzdrucker benutzen. 105

Damit können Rechner verschiedenen Typs verbunden werden und Rechner für spezielle Zwecke eingesetzt werden, es können heterogene Rechnernetze aufgebaut werden. So können z. B. mehrere PCs an Arbeitsplätzen eingesetzt werden und ein spezieller, zentraler Rechner für die Anwendungssysteme der Buchhaltung und des Rechnungswesens. Diese Programme können dann allen Arbeitsplatzrechnern über das Netz zur Verfügung gestellt werden. Diese Art der Vernetzung der Rechner hat unter der **Bezeichnung Client/Server-Architektur** große Bedeutung errungen. Die Benutzer bedienen die Rechner (häufig PCs), die eine Client-Rolle in einem derartigen Rechnernetz übernehmen. Für besondere Zwecke (Drucken, Anwendungen wie Buchhaltung o. a. . . .) werden von den Clients Aufträge an Server weitergegeben. Dies sind spezialisierte Rechner, die Aufträge der Clients entgegennehmen, ausführen und Ergebnisse an die Clients zurückgeben (s. Abbildung 5). 106

In der Abbildung ist beispielhaft ein **heterogenes Rechnernetz** in Client/Server-Architektur dargestellt. Rechner verschiedenen Typs (verschiedener Leistungsklassen, verschiedener Hersteller, verschiedener Betriebssysteme etc.) sind durch das Netzwerk verbunden. Die dezentralen Rechner (meist PCs) am Arbeitsplatz der Mitarbeiter/innen können einige Anwendungsprogramme lokal von ihrer Speicherplatte aus starten und ausführen. Ebenso haben manche der Clients zusätzliche Endgeräte (hier: lokale Arbeitsplatzdrukker), andere müssen zum Drucken auf zentrale Druckressourcen zurückgreifen, die vom zentralen Druckserver bereitgestellt werden. 107

108

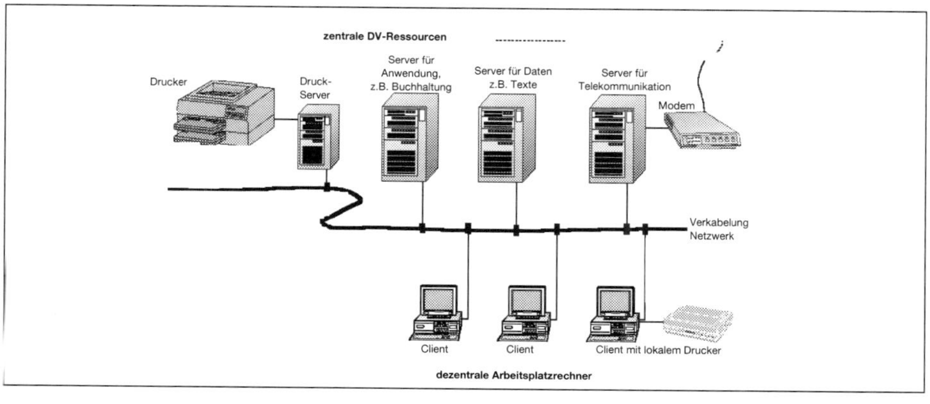

Abbildung 5: Rechnernetz in Client/Server-Architektur

109 In dem abgebildeten Beispiel werden die Texte auf einem **zentralen Server** gespeichert, etwa um sie anderen Mitarbeiter/innen zur Verfügung zu stellten oder um sie nachts auf ein Sicherungsmedium zu überspielen. Die Anwendungsprogramme und Daten der Buchhaltung liegen auf einem **zentralen Anwendungsserver**, so daß alle Mitarbeiter/innen über ihren Arbeitsplatzrechner auf diese Anwendungen zugreifen können. Die speziellen Ressourcen zum Drucken und zur Telekommunikation sind im Beispiel nur einmal zentral vorhanden, können aber von allen **dezentralen Arbeitsplatzrechnern** benutzt werden. Die dargestellten Server stellen so ihre Dienste den Clients zur Verfügung.

110 Bei der Planung einer DV-Konfiguration Ausstattung in Client/Server-Architektur ist damit die zentrale Aufgabe ein **Verteilungsproblem**:

- Welche Anwendungen (im Beispiel Buchhaltung und Textverarbeitung) sollen zentral auf Servern oder welche dezentral auf Clients vorgehalten werden?
- Welche Daten (im Beispiel Texte und Buchhaltungsdaten) sollen zentral auf Servern und welche dezentral auf den lokalen Plattenspeichern der Arbeitsplatzrechner abgelegt werden?
- Welche Endgeräte (im Beispiel Drucker, Modem) sollen zentral für den Zugriff von allen Arbeitsplatzrechnern aus und welche dezentral an jedem Arbeitsplatzrechner bereitstehen?

111 Die Beantwortung keiner dieser Verteilungsfragen ist trivial. So stehen **zentral** vorgehaltene Anwendungen allen Benutzer in identischer Version zur Verfügung und sind leichter zu administrieren. Allerdings wird durch die Übertragung erheblicher Datenmengen über das Netzwerk mit Einbußen bei der Verarbeitungsgeschwindigkeit gerechnet werden müssen. Zudem kann die Anwendung bei Ausfall des Netzwerks von keinem der Benutzer eingesetzt werden. **Dezentral** vorgehaltene Anwendungen dagegen stehen dem jeweiligen lokalen Benutzer jederzeit zur Verfügung, sind jedoch außergewöhnlich schwierig zu verwalten, da für die meisten Verwaltungstätigkeiten der Rechner vor Ort aufgesucht werden muß.

112 Ebenso sind die anderen Fragen der Verteilung nur nach eingehender Analyse der angestrebten Nutzung eines Rechnernetzes zu beantworten. Nach herrschender Meinung ist heute die **Verteilungsfrage** nur für einfachste Komponenten standardmäßig zu beantworten: an den dezentralen Arbeitsplätzen werden Bildschirme, Bedienungsgeräte wie Tastatur und Maus sowie ein Prozessor zur Generierung der grafischen Benutzeroberfläche vorgehalten.

113 Doch schon die für einen normalen PC zur Standardausrüstung gehörenden Plattenspeichern sind bei der Verteilungsfrage zur Disposition zu stellen: unter dem Schlagwort „**thin clients**" werden Arbeitsplatzrechner diskutiert, die lokal keinen Plattenspeicher vorhalten. Anwendungen und Daten werden für diese Clients von zentralen Servern zur Verfügung gestellt. Damit wird nicht nur die Möglichkeit geschaffen, mit weniger Komponenten ausgerüstete Arbeitsplatzrechner günstiger zu beschaffen, sondern es wird auch auf einige Probleme der dezentralen (lokalen) Datenhaltung reagiert:

- Dezentral gespeicherte Daten stehen nicht allen Benutzern im Rechnernetz zur Verfügung.
- Dezentral gespeicherte Daten sind schwieriger gegen unbefugten Zugriff und Ausspähung zu sichern.
- Von dezentral gespeicherte Daten sind schwieriger regelmäßig Sicherungskopien zu erstellen.

114 Ebenso steht das Vorhalten von Diskettenlaufwerken an allen Arbeitsplatzrechnern bei der Verteilungsfrage zur Disposition. Diese **lokalen** Diskettenlaufwerke bergen die Gefahr, daß Unternehmensdaten auf Diskette kopiert und an Unbefugte weitergeleitet werden. Genauso können infizierte Daten von Diskette über das Diskettenlaufwerk in das Rechnernetz des Unternehmens gelangen. Ebenso können vom Unternehmen nicht autorisierte Programme (z. B. Spiele) via Diskette und Diskettenlaufwerk auf den Arbeitsplatzrechner und somit in der Rechnernetz des Unternehmens gelangen. Die eigentlich gewünschte Funktion der Diskettenlaufwerke, via Diskette relativ einfach Daten einzuspielen, kann auch von einem **zentral** vorgehaltenen Diskettenlauf („Disketten-Server") erfüllt werden, das leichter mit professionellen Sicherungsmechanismen zu schützen ist.

Insgesamt ist die **Client/Server-Architektur** derzeit der beherrschende Ansatz zur Konfiguration von mehreren Rechnern in einem Rechnernetz. Bei der Planung und Realisierung von **Rechnernetzen** in Client/Server-Architektur sind Verteilungsfragen bezüglich der lokalen bzw. zentralen Bereitstellung von Anwendungen, Daten und Endgeräte entscheidend. 115

In der Praxis werden derzeit nach der zitierten empirischen Untersuchung von der überwiegenden Mehrheit der Kanzleien Rechnernetze in Client/Server-Architektur eingesetzt.[15] 78% der Kanzleien arbeiten mit einem Rechnernetz nach diesem Konzept, bei denen dezentrale PCs oder Workstations (Clients) an den Arbeitsplätzen eingesetzt werden, die untereinander vernetzt und an zentrale Computer (Server) angeschlossen sind. Diese Server stellen Dienste wie Datei- bzw. Dokumentenablage und Anwendungssoftware zur Nutzung bereit. Lediglich in 8% der Kanzeien sind zwar die PCs untereinander vernetzt, aber keine zentralen Komponenten im Einsatz. Bei 5% der Kanzleien sind PCs ohne Vernetzung im Einsatz, bei 8% der Kanzleien sind Terminals im Einsatz, die an einen zentralen Großrechner angeschlossen sind. 116

2. Betriebssystem

Bei den **Betriebssystemen** für PCs hat sich nach einer Vielfalt in den 80er Jahren mittlerweile die Produktfamilie des Herstellers Microsoft vollständig durchgesetzt. Der Marktanteil der Betriebssysteme von Microsoft im PC-Bereich wird auf über 90% geschätzt. Auch ehemalig favorisierte Mitbewerber wie Macintosh (vom Anbieter Apple) und OS/2 (von IBM) spielen nur noch in Nischenmärkten eine Rolle. Die Entwicklungslinie der Betriebssysteme von **Microsoft** ist durch die Abfolge der Produkte gekennzeichnet „von MS-DOS ... über Windows 3.x ... und Windows95 ... und Windows98 ... nach WindowsNT“. Bei **Neuinstallationen** war in den 80er Jahren MS-DOS das herausragende Produkt, in der ersten Hälfte der 90er Jahre dann das auf einer 16-Bit Adressierung basierende Windows3.x, in der zweiten Hälfte der 90er Jahre die auf einer 32-Bit-Adressierung basierenden Betriebssysteme **Windows95** und Windows98.[16] 117

Neben dieser Linie wird seit Mitte der 90er Jahre **WindowsNT** als Hochleistungssystem angeboten. Dieses Betriebssystem steht in Konkurrenz zum Betriebssystem **Unix** und mehreren Unix-Derivaten, die für leistungsstärkere Rechner – etwa Server in einer Client/Server-Architektur – eine wesentliche Rolle am Markt spielen. Eine gemischte Konfiguration aus Clients unter Windows95 und Servern unter WindowsNT und/oder Unix ist möglich. 118

Bei Markteinführung eines neuen Betriebssystems besteht unmittelbar keine Notwendigkeit, bestehende Rechnerkonfigurationen sofort auf dieses neue Betriebssystem umzustellen. So wird auch heute manchmal das Betriebssystem DOS eingesetzt. Solange die Rechnerkonfiguration – bestehend aus Hardware, Betriebssystem und Anwendungssoftware – ausreichende Dienste leistet, besteht kein Grund, das Betriebssystem zu wechseln. Erst wenn der Wechsel eines der Komponenten ansteht, muß meist ein **Betriebssystemwechsel** auf den aktuellen Stand vollzogen werden, da Komponenten für ältere Betriebssysteme nicht mehr erhältlich sind. 119

Heute werden in deutschen Großkanzleien als **Betriebssystem** überwiegend MS-DOS, Windows 3.x und Windows95 eingesetzt. 23,6% der Sozietäten setzen MS-DOS ein, 30,6% Windows 3.x und 29,2% Windows95, MS-DOS eher in kleineren Sozietäten eingesetzt wird.[17] Im Vergleich mit den USA ist eine „technologische Lücke“ zu verzeichnen: Für dortige Anwaltsbüros hat die Fachzeitschrift „National Law Journal“ in 120

[15] Vgl. *Disterer* 1998, 36.

[16] Obwohl im Jahre 1998 an den Markt gebracht, vermag sich Windows98 wegen gewisser Instabilitäten im Betrieb im Jahr 1998 nur zögernd durchzusetzen. Allgemein wird dies als Symptom der Schwierigkeiten gewertet, die von neuen Betriebssystemen von Microsoft in den ersten Jahren nach ihrer Markteinführung bekannt sind.

[17] Vgl. *Disterer* 1998, 36.

einer Untersuchung[18] in 1996 gezeigt, daß die Konzentration auf den Einsatz von Windows 3.x in amerikanischen Großkanzleien deutlich stärker ausgeprägt ist. Dort wird in knapp 60% aller großen Sozietäten Windows 3.x eingesetzt. Die Systeme von Microsoft (MS-DOS, Windows 3.x, Windows95, WindowsNT) haben in beiden Ländern einen Marktanteil in dieser Branche von rund 85%. Die Wanderungsbewegung entlang des von Microsoft vorgezeichneten Entwicklungspfads „von MS-DOS ... über Windows 3.x ... und Windows95 ... nach Windows98 ... nach WindowsNT" wird auch in Deutschland anhalten: ein Drittel der Kanzleien wird das Betriebssystem in den kommenden 2 Jahren wechseln und statt der bisher genutzten Systeme dann Windows95 oder WindowsNT einsetzen. Die Produkthistorie des marktbeherrschenden Anbieters **Microsoft** beherrscht hier also deutlich die Szene, Alternativen dazu scheinen nicht in Sicht.

3. Textverarbeitung

121 **Textverarbeitungssysteme** besitzen wegen der hohen Bedeutung der Handhabung von Texten und Dokumenten in Anwaltsbüros besonderes Gewicht. Derzeit sind bei deutschen Kanzleien mit 16 Textverarbeitungssystemen relativ viele verschiedene Anbieter im Markt vertreten.[19] Davon kommen allerdings nur drei Systeme auf signifikante Installationszahlen: **MS-Word** (56%), **Wordperfect** (8%) und **RA-Micro** (13%). Eine weitere Besonderheit: RA-Micro wird vom Hersteller Jurasoft als integriertes System für Anwälte beschrieben, das alle Bereiche eines Anwaltsbüros unterstützt. 13% der Sozietäten setzen RA-Micro als proprietäres System zur Textverarbeitung ein.

122 Der Vergleich mit entsprechenden Studien aus USA zeigt krasse Unterschiede. Nach der Studie der Fachzeitschrift „National Law Journal"[20] weist MS-Word dort lediglich einen Marktanteil von 25% aus, während das Konkurrenzprodukt WordPerfect mit 68% klarer Marktführer ist; andere Studien[21] zeigen eine noch deutlichere Übermacht für das System WordPerfect. Allerdings scheint der Trend zu kippen, da aus USA vermehrt von Umstellungen von WordPerfect nach MS-Word berichtet wird.

4. Verwaltungssysteme

123 Im Verwaltungsbereich – also neben den Textverarbeitungssystemen zur Dokumentenerstellung und -bearbeitung – können Systeme mit zwei unterschiedlichen Aufgabenschwerpunkten unterschieden werden. Abgegrenzt werden kann die Unterstützung der anwaltlichen **Mandatsbearbeitung** (Stammdatenverwaltung für Mandanten, Beteiligte, Gegner; Aktenverwaltung incl. WV, Fristen, Termine; Honorar-/Kostenabrechnung, Registratur, Archiv, Mahnverfahren/Zwangsvollstreckung, Notariat u.ä.). Demgegenüber stehen Systeme für das Finanz- und Rechnungswesen, die Finanzbuchhaltung, Zahlungsverkehr, Debitoren/Kreditoren, Offene Posten, Jahresabschluß, Budget, Soll-Ist-Vergleich u. a. unterstützen.

124 Nach dieser Differenzierung kommen im Bereich der Unterstützung der **Mandatsbearbeitung** drei Anbieter von Standardsoftware auf einen nennenswerten Marktanteil bei großen Sozietäten:[22] **RA-Micro** (25%), **ReNoFlex** (22%) und **AnNotext** (11%). Der beachtliche Anteil von 8% Individualsoftware ist allerdings als Hinweis zu lesen, daß die Funktionalitäten der Standardsoftware nicht immer zu überzeugen wissen.

125 Im Bereich Finanz- und Rechnungswesen ergibt sich für den derzeitigen Einsatz: Nennenswerten Marktanteil weisen die Systeme von RA-Micro (24%), ReNoFlex (18%) und von der Datev (12%) auf.

---

[18] Vgl. *Leibowitz*, National Law Journal 1996.
[19] Vgl. *Disterer* 1998, 38.
[20] Vgl. *Leibowitz*, National Law Journal 1996.
[21] Vgl. *Shiels* 1996, 133.
[22] Vgl. *Disterer* 1998, 41.

5. Ausstattung der Arbeitsplätze

Von hoher Bedeutung für den DV-Einsatz ist die Frage nach dem Arbeitsplatz, an dem die DV-Komponenten stehen, und nach dem **Benutzer**, der sie bedient. Die erwähnte starke Verbreitung der Personalcomputer hat bei Anwälten zuerst einmal in den Sekretariaten und Verwaltungsbereichen dazu geführt, daß mittlerweile nahezu 100% der Arbeitsplätze mit Arbeitsplatzrechnern ausgestattet sind. Dort werden mit den Arbeitsplatzrechnern seit langem vor allem Aufgaben der Dokumentenbearbeitung und -verwaltung erledigt, aber auch Funktionen von Aktenverwaltung, Notariat, Buchhaltung und Rechnungswesen unterstützt. 126

Darüber hinaus zeigt sich in den vergangenen Jahren zunehmend, daß auch Anwälte (und allgemeine „Berufsträger" wie Anwälte, Notare, Steuerberater, Wirtschaftsprüfer) unmittelbar an ihrem Arbeitsplatz mit Arbeitsplatzrechnern umgehen können und wollen. Ein Grund hierfür mag auch sein, daß jüngere Anwälte während ihrer juristischen Ausbildung die Nutzung von PCs kennengelernt und als so hilfreich erfahren haben, daß sie während ihrer beruflichen Tätigkeit nicht darauf verzichten wollen. Die schon zitierte Studie[23] zeigt (siehe Abbildung 6), daß in nur 3% der Sozietäten so gut wie keiner der Berufsträger (weniger als 2% der Berufsträger) einen Arbeitsplatzrechner[24] zur Verfügung haben. In 44% der Sozietäten haben weniger als 50% aller dortigen Berufsträger einen Arbeitsplatzrechner. Entsprechend haben in 57% der Sozietäten mehr als die Hälfte der Berufsträger einen **Arbeitsplatzrechner** zu ihrer Verfügung. Immerhin in 26% der Sozietäten verfügen nahezu alle Berufsträger über einen Arbeitsplatzrechner. 127

128

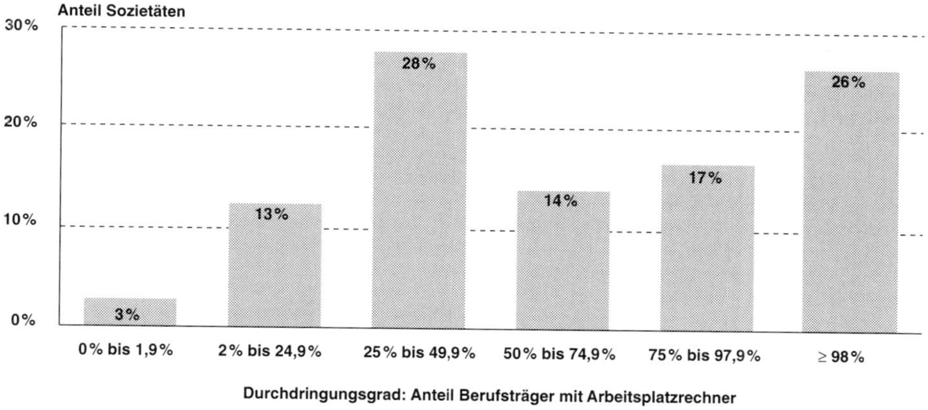

Abbildung 6: Anteil Berufsträger mit Arbeitsplatzrechner

Die Betrachtung aller in der Stichprobe enthaltenen Anwälte zeigt, daß 65% über einen Arbeitsplatzrechner verfügen. Damit gehört ein Arbeitsplatzrechner in **Deutschland** für die Mehrheit der Berufsträger in großen Sozietäten zum „Handwerkszeug".[25] 129

Zum Vergleich mit den **USA** kann eine Studie des Center for Law and Computers, Chicago-Kent College of Law (Illinois Institute of Technology)[26] herangezogen werden. Die Ergebnisse zeigen, daß dort mit 83% deutlich alle Berufsträger über einen Arbeitsplatzrechner verfügen (siehe Abbildung 7). 130

[23] Vgl. *Disterer* 1998, 31.

[24] Zur Zusammenfassung und Vereinfachung wird der Sammelbegriff „Arbeitsplatzrechner" genutzt für Terminals, Personal Computer, Notebooks, Workstations und ähnliche Geräte, die Mitarbeitern unmittelbar am Arbeitsplatz und i. d. R. zur alleinigen Nutzung zur Verfügung stehen. Damit wird die DV-technische Ausstattung der Arbeitsplätze unabhängig von der DV-Architektur erfaßt.

[25] Vgl. *Disterer* 1998, 33.

[26] Vgl. *Shiels* 1996.

131

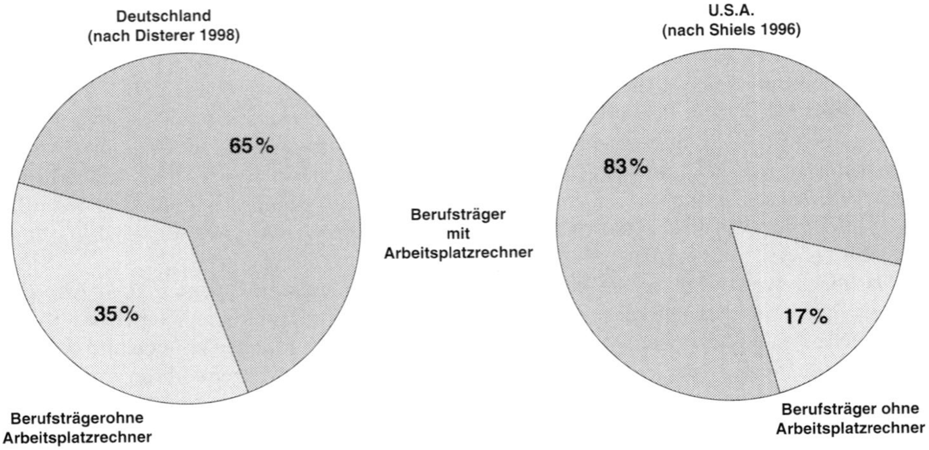

Abbildung 7: Vergleich: Anteil Berufsträger mit Arbeitsplatzrechner
Quelle: Disterer 1998

132 Mit Arbeitsplatzrechnern, die von Anwälten benutzt werden, wird jedoch die traditionelle **Arbeitsteilung** von **Anwalt** und **Sekretariat** in Frage gestellt. Die Arbeitsorganisation wird wesentlich beeinflußt von der Art der Tätigkeiten, die Berufsträger mit den Rechnern an ihren Arbeitsplätzen durchführen. Die Auswertung der betreffenden Angaben zeigt, daß von Berufsträgern überwiegend Informationsbedarfe gedeckt werden, indem am Arbeitsplatzrechner unmittelbar Anfragen an Aktenführung und Stammdatenverwaltung sowie an Buchhaltung, Finanzwesen und Honorarabrechnung formuliert werden. Erst „danach" folgen Tätigkeiten des Redigierens von Schriftsätzen und Korrespondenz. Deutlich geringere Bedeutung als dieses Bearbeiten vorliegender Texte hat das (alleinige und selbständige) Erstellen von Schriftsätzen und Korrespondenz. Offensichtlich wird hier eine Arbeitsteilung mit den Sekretariaten bevorzugt, bei der Sekretariats-Mitarbeiter aus Diktaten Schriftsätze erstellen, und dann die Berufsträger – zumindest teilweise – die Überarbeitung der vorliegenden Texte übernehmen. Ein Vergleich mit Studien aus den USA zeigt ein ähnliches Bild für dortige Verhältnisse.[27]

133

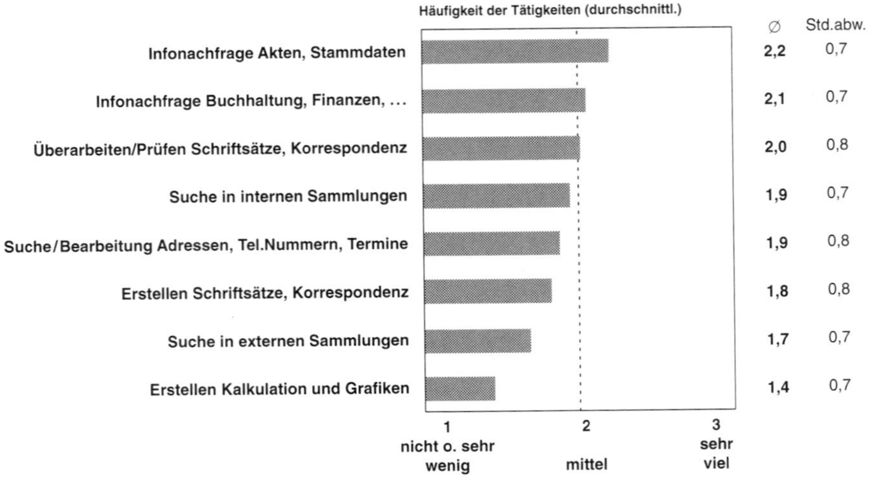

Abbildung 8: Von Berufträgern am Arbeitsplatzrechner durchgeführte Tätigkeiten
Quelle: Disterer 1998.

[27] Vgl. *Leibowitz*, National Law Journal 1996.

Nach diesen Untersuchungen hat in Anwaltskanzleien der Einsatz von **Arbeitsplatzrechner** nicht nur im Sekretariat große Bedeutung. Auch die unmittelbare Nutzung durch Berufsträger ist mittlerweile in großen Sozietäten durchgängig bekannt und wird von der überwiegenden Mehrheit der Berufsträger ausgeübt. Wenn in Zukunft andere Informationstechniken wie Internet und Elektronische Post die anwaltliche Arbeit unmittelbar unterstützen, wird mit einer weiteren Zunahme der direkten Nutzung von Arbeitsplatzrechnern durch Berufsträger zu rechnen sein. 134

6. Telekommunikation

Viele Techniken der **Telekommunikation** können heute als traditionell angesehen und als bekannt vorausgesetzt werden. Funktionen von Telefon und Telefax werden seit langem zur Kommunikation in jeder Anwaltskanzlei genutzt, erweiterte Funktionen wie Mobiltelefonie, Voicemail, Bildtelefon, Video Conferencing werden zunehmend eingesetzt. Als ein bestimmender Trend kann die Entwicklung identifiziert werden, daß Funktionen von Telefonanlage und Computer zusammenwachsen und so eine **zunehmende Integration von Sprach- und Datenverarbeitung** geschieht. Insbesondere die Entwicklung und Verbreitung von **ISDN** stellt eine flächendeckende und leistungsfähige Infrastruktur zur Übertragung umfangreicher Daten zur Verfügung.[28] Auf die Bedeutung der Kommunikationsfunktionen für Anwaltskanzleien ist in Abschnitt C. VII hingewiesen. Telekommunikation in Form von Telefon und Telefax stellt heute die weitaus dominante Kommunikationsfunktion dar, deren Bedeutung für eine Anwaltskanzlei vergleichbar ist mit der von Rückgrat und Nervensträngen für einen Menschen. Aus Platzgründen muß hier anstatt einer ausführlichen Diskussion auf die zitierte Literatur verwiesen werden. 135

Besonders hervorzuheben ist die Telekommunikationsform der **Elektronischen Post**, die in den vergangenen Jahren bei der stark zunehmenden Verbreitung des Internet große Beachtung und stark zunehmende Nutzung gefunden hat zur Versendung briefähnlicher Nachrichten über elektronische Übertragungsmedien.[29] Elektronische Post wird in der High-Tech-Industrie und im Wissenschaftsbetrieb mittlerweile als eine Standardform der Kommunikation angesehen, die schnelle weitere Verbreitung wird erwartet.[30] In Abgrenzung zu herkömmlichen Kommunikationsformen im Geschäftsverkehr wie Gespräch, Telefonat, Brief, Telefax u. a. sind für Elektronische Post folgende Merkmale kennzeichnend:[31] 136

- textliche Darstellung der Nachricht, schriftgebundene Kommunikation zwischen Sender und Empfänger;
- schnelle Übertragung vom Sender an den Empfänger (weltweit innerhalb weniger Minuten);
- Möglichkeit zur Übertragung von Textdokumenten in digitaler Form, die vom Empfänger unmittelbar weiter verarbeitet werden können;
- Empfänger muß nicht „am Platz" anwesend sein, Elektronische Post gelangt in „elektronischen Briefkasten";
- keine tradierten und akzeptierten Methoden zur Sicherstellung von Vertraulichkeit und Integrität (Authentizität, Originalität, Verbindlichkeit)
- keine unmittelbare Interaktion zwischen Sender und Empfänger
- keine nonverbale Kommunikation (Mimik, Gestik, Stimme etc.)

Die sinnvolle Nutzung dieser Eigenschaften der **Elektronischen Post** kann sicherlich in vielen Situationen Vorteile gegenüber tradierten Formen für Anwälte bieten, die naturge- 137

---

[28] Vgl. *Pribilla/Reichwald/Goecke* 1996; *Horner*, AnwBl. 1997, 119; *Disterer*, Wirtschaftsinformatik 1995; *Latzer* 1997; *Luckenbach/Messer* 1991.

[29] Siehe etwa *Disterer*, BRAK-Mitt. 1997, 226 und 293; *ders.*, WPK-Mitteilungen 1997, 293; *ders.*, 1998; *Meyer*, ABA Journal 1993; *Blacksberg*, New York Law Journal 1996; *Litsey/Weinstein* 1997; *Leibowitz* 1997; *Lapp*, BRAK-Mitt. 1998, 134; *Mense*, DB 1998, 532.

[30] Vgl. *Berghel*, CACM 1997, 11.

[31] Vgl. *Disterer*, BRAK-Mitt 1997, 226; *ders.*, WPK-Mitteilungen 1997, 293; *ders.*, 1998; *Meyer*, ABA Journal 1993; *Lapp*, BRAK-Mitt. 1998, 134; *Mense*, DB 1998, 532.

mäß einen hohen Kommunikationsbedarf untereinander und mit Mandanten sowie anderen Beteiligten haben. Bill Gates, Chairman von Microsoft und durch familiäre Beziehungen und eigenes Jura-(Teil-)Studium an juristischen Fragestellungen und Vorgehensweisen interessiert, sagte 1993 in einem Interview für eine Fachzeitschrift voraus: „Lawyers are great candidates for e-mail for a number of reasons“,[32] konzediert allerdings auch für diesen Zeitpunkt einen noch geringen Einsatz von Elektronischer Post bei Anwälten.

138 Bestätigt werden diese Einschätzungen für die USA durch Ergebnisse aus 1992. Bei offener Fragestellung („... welche neue Software/Anwendungen werden eingesetzt ...“) wurden von nur 3% der befragten Kanzleien Software für **Elektronische Post** genannt.[33] In einer Folgeerhebung in 1995 wurde Software für Elektronische Post in geschlossener Fragestellung zur Auswahl neben anderen vermeintlich gängigen Programmen angeboten; 95,8% der befragten Sozietäten gab an, Software zur Elektronischen Post einzusetzen.[34] Andere Quellen bezeichnen für USA die Nutzung Elektronischer Post für 1996 als „well established for internal communications at most law firms 3...“ und „Email finally seems ready to become a standard resource.“[35] Innerhalb weniger Jahre konnte Elektronische Post so zu einer wichtigen Komponente in der DV-Unterstützung amerikanischer Anwälte werden. Daher kann für die folgenden Jahre erwartet werden, daß elektronische Post bald auch in deutschen Anwaltskanzleien eine sehr wichtige Rolle spielen wird. Dies wird auch durch neuere empirische Daten untermauert. Danach wird deutlich, daß sich in 1997 immerhin über die Hälfte der Sozietäten planerisch mit dem Einsatz von Elektronischer Post beschäftigen,[36] in weiteren 35% der Kanzleien wird Elektronische Post eingesetzt. Da der Einsatz aber von eher schwacher Intensität ist, wird erst einmal nur die deutliche Aufmerksamkeit für diese Kommunikationsform offenkundig, denn immerhin 66% der Sozietäten befinden sich bei der Elektronischer Post in den Stadien von Planung, Probe/Test und Ersteinsatz. Erwartet wird, daß der Einsatz von **Elektronischer Post** in deutschen Kanzleien in naher Zukunft sehr stark ansteigen wird. Die empirische Absicherung dieser Erwartung ist in nachfolgender Abbildung abzulesen, nach der für die nähere Zukunft (2 Jahre) eine deutlich höhere Einsatzintensität erwartet wird: 73% der Kanzleien rechnen zukünftig mit mittlerer bis sehr hoher Nutzung.[37]

139

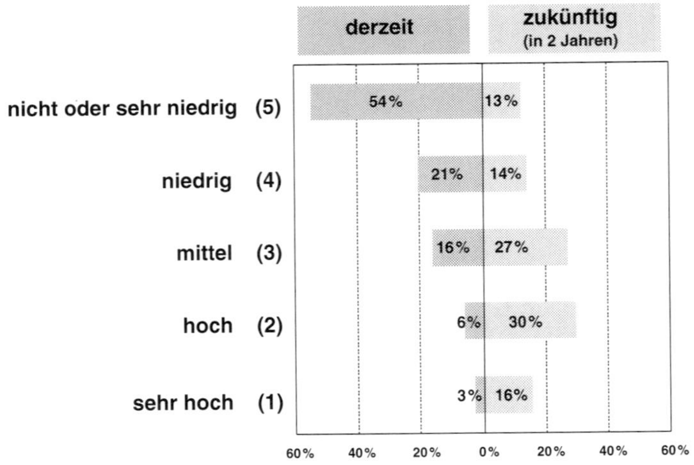

Abbildung 9: Empirische Ergebnisse zur Einsatzintensität Elektronischer Post
Quelle: Disterer 1998, 48

[32] Vgl. *Meyer*, ABA Journal 1993, 57.
[33] Vgl. *Staudt/Shiels* 1993, 155.
[34] Vgl. *Shiels* 1996, 79.
[35] Beide Zitate: *Blacksberg*, New York Law Journal 1996.
[36] Vgl. *Disterer* 1998, 43.
[37] Vgl. *Disterer* 1998, 43.

Dabei werden dem **Einsatz Elektronischer Post** einige wichtige Vorteile zugeschrieben: schnellerer Informationsfluß sowie einfache und komfortable Nutzung und Handhabung bei niedrigem Verwaltungsaufwand. Als Beispiel mag folgende einfache Szene gelten: ein Treffen zwischen Kollegen aus einem oder mehreren Büros muß abgesagt werden. Zur Elektronischen Post alternative Kommunikationsformen sind für diese alltägliche Situation zu umständlich (Brief, Telefax) oder möglicherweise unkomfortabel, wenn beim Versuch per Telefon der Kollege nicht erreichbar ist (abwesend oder besetzt). Ähnliche einfache Szenen des Alltags sind in großer Menge denkbar, bei denen „kleine" Nachrichten schnell und sicher ausgetauscht werden können. **140**

Diesen Vorteilen gegenüber werden allerdings mangelnde Vorkehrungen zu Datenschutz und Datensicherheit hohe Bedeutung zugesprochen. Dies zeigt eine deutliche **Akzeptanzhürde** für den Einsatz Elektronischer Post. Die hohe Sensibilität von Anwälten bezüglich der von ihnen zu wahrenden Vertraulichkeit und Integrität läßt die Kanzleien bezüglich Elektronischer Post vorsichtig sein. Sicherungsmechanismen werden in zunehmenden Maß eingesetzt werden.[38] Die Befunde erhärten damit die These, daß in naher Zukunft der Einsatz von Elektronischer Post sehr deutlich zunehmen wird. Die Bedenken wegen Mängeln bei Datenschutz und Datensicherheit müssen allerdings beachtet werden; hier herrscht große Unsicherheit. Sollten diese Bedenken erfolgreich adressiert werden, ist ein ähnlicher starker Anstieg bei der Nutzung Elektronischer Post zu erwarten, wie er vor 3 bis 4 Jahren in USA zu beobachten war. Hält man die Vergleiche mit den USA für plausibel, muß sogar davon ausgegangen werden, das die Mandanten schon bald die Kommunikation via **Elektronischer Post** von ihren Anwälten einfordern werden.[39] Somit wird dann der Einsatz von Elektronischer Post zu einem wichtigen Wettbewerbsfaktor. **141**

II. Standardsoftware vs. Individualsoftware

Bei Beschaffung und Einsatz von Software ist grundsätzlich zu entscheiden, ob ein spezifisches, auf die Belange einer Kanzlei **genau abgestimmtes** Anwendungssystem entwickelt und eingesetzt werden soll. Alternativ gibt es für viele Funktionen und Aufgabenstellungen heute **Standardsoftware**, die von Systemanbietern (Softwarehäuser) entwickelt werden und standardisierte Lösungen für **generelle Aufgabenstellungen** einer Branche oder einer anderen Gruppierung von Unternehmen darstellen. Im strengen Wortsinn handelt es sich somit um Branchensoftware, die für eine Branche typische Aufgabenstellungen standardmäßig löst. Standardsoftware in diesem strengen Sinn umfaßt generische Programmsysteme wie Textverarbeitung, Tabellenkalkulation, Präsentationsgrafik, Terminplaner, Datenbanksystem u. a. Branchensoftware ist dann als Mittelweg zwischen den Extremformen Standardsoftware und Individualsoftware anzusehen. **142**

Zwischen **individueller und standardmäßiger** Unterstützung einer betrieblichen Aufgabe kann nur nach sorgfältiger Analyse des Einsatzgebietes und -umfeldes sowie des Marktes für **Standardsoftware** entschieden werden. Dies entspricht der klassischen Entscheidung der Betriebswirtschaftslehre zwischen „Make or Buy". Dabei müssen die betrieblichen Anforderungen an das Anwendungssystem genau identifiziert werden. **143**

Heute kann davon ausgegangen werden, daß die Belange einer „normalen" Kanzlei vollständig durch (eine Kombination von) **Standardsoftware** abgedeckt werden können. Nur in Bereichen, in denen sich Kanzleien deutlich unterscheiden, sollte die Programmierung einer **Individuallösung** in Erwägung gezogen werden. So ist beispielsweise derzeit in Deutschland für die wenigen sehr großen überörtlichen Sozietäten keine Standardsoftware bekannt, die deren Anforderungen in den Bereichen Aktenberarbeitung und verwal- **144**

---

[38] Vgl. *Disterer* 1998, 48. Vgl. zu Fragen von Datenschutz und Datensicherheit bei Elektronischer Post *Lapp*, BRAK-Mitt 1998, 134; *Schneier* 1995; *Ross* 1998; *Mense*, DB 1998, 532.

[39] Vgl. *Leibowitz* 1997.

tung, Finanz- und Rechnungswesen sowie Leistungserfassung und -berechnung ausreichend erfüllt.

145 Trotz aller Bemühungen im Fachgebiet Software Engineering, das Methoden und Vorgehensweisen zur professionellen Entwicklung von Software umfaßt, ist der Prozeß der Anwendungsentwicklung (noch immer) ein schwieriger, aufwendiger und fehlerträchtiger Vorgang; man sollte diesen Prozeß tunlichst vermeiden. Bei der Beschaffung von Standardsoftware wird sich der Programmieraufwand auf **Anpassungen** der Standardlösung an individuelle betriebliche Gegebenheiten beschränken lassen („customizing"). Bei diesen Anpassungen ist darauf zu achten, daß bei neuen Versionen (Releases) der Standardsoftware, die im Abstand von einem bis drei Jahren einzuführen sind, die Anpassungsaufwendungen nicht verloren gehen.

146 Eine Entscheidung für eine Standardsoftware setzt voraus, daß eine „passende" Lösung am Markt gefunden wird. In die **Entscheidung Standard- vs. Individualsoftware** sind eine Reihe von Aspekten einzubeziehen, die in nachfolgender Tabelle skizziert sind.[40]

147

	Standardsoftware	Individualsoftware
Ansatz	vorgefertigte Software; mehrmalige Installation in vielen Unternehmen	einmalige Installation; spezifisch entwickelt für ein Unternehmen
Funktionsumfang	große Abdeckung der funktionalen Anforderungen angestrebt, jedoch i. d. R. Verzicht und Ergänzungen nötig	vollständige Abdeckung aller funktionalen Anforderungen
Nutzungsgrad	generelle, allgemeine Lösung	spezifische, individuelle Lösung
Beschaffung	... durch Bestellung, Kauf; Probeinstallation, Test	... durch Entwicklungsauftrag
Beschaffungskosten	Kauf u. Anpassung von Standard geringer, da Entwicklungskosten auf mehrere Unternehmen umgelegt werden	individuelle Entwicklung einer spezifischen Lösung höher
Einführungsdauer	Bestellung, Lieferung, Anpassung, Einführung geringer	Entwurf, Realisierung, Einführung höher
Schulung der Benutzer	... kann durch Externe erfolgen (z. B. Softwareanbieter)	... muß intern erfolgen
Erfolgsmaßstab	Umsatz, Marktanteil, Image	Akzeptanz/Zufriedenheit d. Benutzer
Entwicklung der Software	Entwicklung i. d. R. durch Externe (Systemhaus, Softwareanbieter)	Entwicklung intern im Unternehmen o. extern durch Entwicklungsauftrag
Entwickler und Benutzer	... kennen sich nicht, Benutzer ist unbekannter Kunde; spezifische Anforderungen sind unbekannt	... kennen sich, sind Kollegen, kooperieren bei Entwicklung; spezifische Anforderungen sind bekannt
Entwicklungskapazitäten	... Nutzung externer Kapazitäten	... Belastung interner Kapazitäten
Know-how zur Entwicklung	... bleibt beim Softwareanbieter, Abhängigkeit möglich	... bleibt/kommt ins Unternehmen
Reifegrad der Software	geringere Fehlerquote, da mehrfach im Einsatz; Bewährung in anderen Unternehmen erhöht Qualität	höhere Fehlerquote, da Ersteinsatz

[40] Vgl. *Stahlknecht/Hasenkamp* 1997, 321; *Mertens/Bodendorf/König/Picot/Schumann* 1998, 167; *Biethahn/Muksch/Ruf* 1994, 138; *Abts/Mülder* 1996, 76.

III. Vorgehensweise bei der Auswahl von Standardsoftware

Zur Reduktion der Komplexität erfolgt die Auswahl von Standardsoftware in mehreren aufeinanderfolgenden Schritten; Vorgehensmodelle für derartiges sukzessives Handeln werden **Phasenmodelle** genannt.[41] Diese Vorgehensmodelle zeigen sicherlich ein idealtypisches Vorgehen und reklamieren eine gewisse allgemeine Gültigkeit, um universell anwendbar zu sein. Daher sind im Einzelfall aber auch immer Anpassungen und Änderungen der Vorgehensweise notwendig. Der vermeintliche Formalismus sollte jedoch nicht täuschen: eine systematische Vorgehensweise ist dringend zur Fundierung einer so weitreichenden Entscheidung wie der Beschaffung einer Standardsoftware notwendig. Zudem nützt die sorgfältige Vorgehensweise durchaus, um den Vorsprung an Expertise zu kompensieren, den Händler und Vertreiber von Standardsoftware häufig während ihrer vertriebsorientierten Überzeugungsarbeit suggerieren. Ein Vorgehensmodell zur Auswahl von Standardsoftware zeigt die Abbildung. 148

149

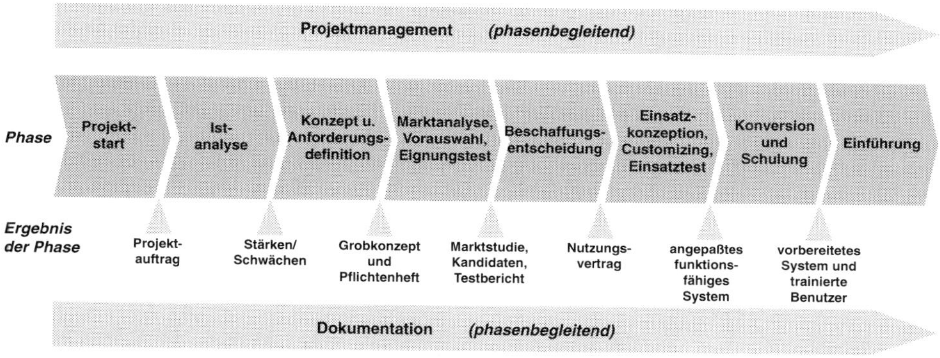

Abbildung 10: Phasenmodell zur Auswahl von Standardsoftware

Projektstart: Während des Projektstarts werden der Funktionsumfang der Software grob festgelegt und die Ziele des Einsatzes bestimmt. Zudem werden im Rahmen der Startaktivitäten eine (grobe) Aufwandsschätzung durchgeführt, um abzuschätzen, ob bei einer späteren und detaillierteren Wirtschaftlichkeitsuntersuchung überhaupt eine positive Kosten-Nutzen-Relation resultieren kann. Für die Projektorganisation wird die Terminplanung für den Auswahl- und Beschaffungsprozeß vorgenommen und Arbeitskapazitäten, Zuständigkeiten und Kompetenzen festgelegt. 150

Istanalyse: Die betroffenen Arbeitsabläufe und Aufgaben, die damit verflochtenen Informationsflüsse (Benachrichtigungen, Schreiben, Formulare, Belege, Berichte etc.) und die ausführenden Mitarbeiter werden analysiert. Dabei entdeckte Fehler, Mängel oder Schwächen, die es zu beseitigen gilt, werden ebenso dokumentiert wie die Vorteile und Stärken der aktuellen Vorgehensweise, die es zu erhalten gilt. Zudem werden Verbesserungsvorschläge der Mitarbeiter gesammelt und bewertet. 151

Konzept und Anforderungsdefinition: Die Teilschritte sind gegebenenfalls in Grob- und Feinkonzept zu unterteilen, funktionale und technische Aspekte werden oft unter Fachkonzept und DV-Konzept subsumiert. Erstellt wird ein Katalog von Anforderungen, der sowohl aufgabenbezogene Anforderungen als auch individuelle Anforderungen der Benutzer enthält. Das Fachkonzept beschreibt u. a. die relevanten Geschäftsprozesse und Funktionen (z. B. Anlage einer neuen Akte, Fakturierung, Mahnung, ...) und deren geforderte DV-Unterstützung. Insoweit beschreibt das Fachkonzept zukünftige Abläufe. 152

[41] Vgl. zur Auswahl von Standardsoftware *Abts/Mülder* 1996, 78; *Mertens/Bodendorf/König/Picot/Schumann* 1998, 168; *Stahlknecht/Hasenkamp* 1997, 325.

Das DV-Konzept beschreibt u. a. ein Datenmodell, das alle notwendigen Daten (z. B. Mandantenname, Adresse, Bankverbindung, ...) und deren Beziehungen beschreibt. Ebenso werden die technischen Rahmenbedingungen beschrieben, die sich etwa aus der bestehenden DV-Umgebung ergeben.

153 Die Definition aller Anforderungen hat das **Pflichtenheft** zum Ergebnis, das eine Beschreibung aller funktionalen (betriebswirtschaftlichen) und technischen Anforderungen an die Standardsoftware enthält. Dieser im Pflichtenheft dokumentierte Katalog an Anforderungen stellt den konkreten Bedarf dar, der durch die Standardsoftware befriedigt werden soll. Von daher hat dieser Katalog in späteren Phasen große Bedeutung, da dieser Katalog Kriterium und Bewertungsmaßstab zur Messung des Eignungsgrads verschiedener Angebote von Standardsoftware darstellt. Bei der letztendlichen Beschaffung einer Software sollte das Pflichtenheft Vertragsbestandteil werden mit der Zusicherung durch den Anbieter der Software, daß die enthaltenen Anforderungen erfüllt werden. Ein Beispiel für Gliederung und Inhalt eines Pflichtenhefts enthält nachfolgende Tabelle.[42]

154 **Gliederung eines Pflichtenhefts zur Auswahl von Standardsoftware (Beispiel)**

1	Beschreibung des Unternehmens Ansprechpartner, Art/Größe des Unternehmens, Struktur, Aufbau, Betätigungsfelder, Kundenstruktur, ...
2	Ausgangssituation Anwendungsbereiche (Abteilungen, Orte, Aufgabenbereiche) der auszuwählenden Software, betroffene Anwender, zukünftige Arbeitsabläufe, derzeitige Organisation und DV-Unterstützung; derzeitige Schwächen und Probleme
3	Ziele des Einsatzes der Standardsoftware Ziele, die erfüllt werden müssen (K. O.-Kriterien), und Ziele, deren Erfüllung wünschenswert ist (nice-to-have)
4	Technische Anforderungen Hardware- und Softwareumgebung, in der die Standardsoftware lauffähig sein soll; vorgesehene Hard- und Software-Architektur
5	Fachliche Anforderungen Funktionsumfang der Software, Liste aller Einzelfunktionen, Integrationsgrad der Einzelfunktionen, Integration/Schnittstellen mit anderen DV-Anwendungen, Anforderungen an Benutzeroberfläche, Hilfesystem, Dokumentation
6	Anwendungsbeispiele und Testdaten
7	Randbedingungen Mengengerüst, gesetzliche Vorschriften, geforderte Antwortzeiten
8	Vorgaben aus der Projektplanung Termine, finanzieller Rahmen, Anforderungen an Gewährleistung, Anforderung an Unterstützung bei Konversion, Schulung und Einführung
9	Anforderungen an den Softwareanbieter Größe, Seriosität, regionale Vertretungen, Jahr der Erstinstallation, Anzahl Installationen, Referenzkunden

155 **Marktanalyse, Vorauswahl, Eignungstest**: Die Anzahl der derzeit in Deutschland vertriebenen Standardsoftware für Anwälte (Branchensoftware) beträgt etwa 40, sofern nur Programme berücksichtigt werden, die nicht nur Einzelfunktionen wie Notariat, Warenzeichenverwaltung, Abrechnung nach BRAGO und Mahnwesen unterstützen, sondern umfassende DV-Unterstützung für Anwälte versprechen. Übersichten der gängigsten Angebote an Standardsoftware für Anwälte werden unregelmäßig veröffentlicht.[43] Sofern diese Übersichten Vergleiche bzw. Bewertungen der Angebote an Standardsoftware enthalten, sei jedoch zu Vorsicht geraten: die Listen sollten besser nur als Übersicht über existierende Software benutzt werden, Bewertungen sollten eigenständig durchgeführt

[42] Vgl. *Abts/Mülder* 1996, 82; *Stahlknecht/Hasenkamp* 1997, 326.

[43] Siehe etwa *Disterer* 1998; *Streitz*, NJW-CoR 1998, 94; *Benten* 1997; *Kilian/Funkat*, BRAK-Mitt. 1996, 179; *Neske/Veth*, NJW-CoR 1996, 26.

werden. Hierbei stellen vor allem Fachkollegen, die eine bestimmte Standardsoftware einsetzen, eine besonders wertvolle Informationsquelle dar. Ebenso kann der Besuch von einschlägigen Messen und Kongressen oder von Informationsveranstaltungen der Softwareanbieter Marktüberblick und erste Detailkenntnisse verschaffen. Weitere mögliche Informationsquellen sind in der folgenden Tabelle zusammengestellt.

Informationsquellen zu Standardsoftware **156**

Informationen von Herstellern	Anzeigen, Werbebroschüren, Beiträge in Zeitschriften, Herstellerseminare, Informationsveranstaltungen, Messen, Vorführungen, Software-Demonstrationen, Schulung, Handbücher, Dokumentation
Informationen von Anwendern	direkte Gespräche und Besuche, veröffentlichte Interviews, Teilnahme an Umfragen, Vorträge, Fachbeiträge in Zeitschriften, User Groups, Erfahrungsaustausch
Neutrale Informationen	Seminare von Schulungsunternehmen u. a., Software-Kataloge und Verzeichnisse, Hochschulen, Berater, Marktbeobachter, Institute, Verbände, Vereine, Berufsvereinigungen und -vertretungen, unabhängige Produktvergleiche

Auch läßt sich die Anzahl der in Frage kommenden Programme allein dadurch sehr **157**
schnell auf weit weniger als die Hälfte reduzieren, daß der aktuelle technische und funktionale State-of-the-Art (s. o.) als K. O.-Kriterium angewandt wird und ein Mindestmaß für die Anzahl nachgewiesener Installationen der Standardsoftware gesetzt wird. Nach diesen Selektionen werden i. d. R. noch 2 bis 5 Angebote an Standardsoftware als Kandidaten verbleiben.

In der Regel wird diesen verbleibenden Anbietern das Pflichtenheft mit der Bitte **158**
zugestellt, ein Angebot für die Beschaffung der Standardsoftware abzugeben. Die daraufhin eingehenden Rückläufe sollten vollständig und überzeugend alle Fragen und Probleme adressieren und technische und wirtschaftliche Details der Softwarebeschaffung aufdekken. Zu manchen Aufgabenbereichen sollten spezielle Unterlagen vom Anbieter eingefordert werden; so ist für Standardsoftware im Finanzwesen das Testat eines Wirtschaftsprüfers über die ordnungsgemäße Rechnungslegung und Buchführung nach den einschlägigen Gesetzen zu fordern.

Bei der detaillierten Interpretation der Angebote sowie deren Bewertung muß aller- **159**
dings oftmals auf qualifizierte Hilfe von DV-Experten zurückgegriffen werden, da der Funktionsumfang gängiger Standardsoftware von erheblicher Komplexität und eine große Anzahl technischer Implikationen zu beachten ist.

Letztendlich muß dann geprüft werden, in welchem Ausmaß eine Standardsoftware die **160**
technischen und funktionalen Anforderungen erfüllt (Gliederungspunkte 3 und 4 im o. g. Pflichtenheft). Zu dieser Prüfung werden die Unterlagen der Anbieter herangezogen und die Programme dann einem konkreten Test unterzogen. Vor der konkreten Bewertung der einzelnen Programme sollten auch Ausschlußkriterien (K. O.-Kriterien) entwickelt werden zu den Fragen:

- Welche Anforderungen an Seriosität, Sicherheit und Paßgenauigkeit des Anbieters werden gestellt? Wie viele Mitarbeiter sollte der Softwareanbieter beschäftigen? Welche Regionen sollten durch dortige Büros des Softwareanbieters einfach betreut werden können? Wie viele Referenzkunden und welcher Art sollten sie sein? Zwei überzeichnete Beispiele zur Verdeutlichung: Als überörtliche Sozietät mit 8 Büros in Deutschland und 3 im Ausland wird man keine Standardsoftware in der Buchhaltung einsetzen wollen, die von einem Anbieter aus Neustadt mit insgesamt 3 Mitarbeitern stammt. Und: Für einen Einzelanwalt in Sachsen werden Referenzen über Installationen in belgischen Großsozietäten nur von minderer Ausdruckskraft sein.
- In welcher Phase des Produktlebenszyklus befindet sich die Standardsoftware? Wann war die Erstinstallation, wie viele Installationen wurden bisher insgesamt durchgeführt? Welche Verbesserungen/Erweiterungen/Umstellungen sind angekündigt?

161 Zusätzlich muß Standardsoftware einem differenzierten Kanon von **Standardanforderungen** entsprechen, die an jede moderne Software zu stellen ist. Diese Standardanforderungen umfassen etwa:

- zeitgemäße, modulare Struktur der Software
- Flexibilität gegenüber Anpassungen an Betriebsspezifika
- Jahr 2000- und EURO-Fähigkeit
- Benutzerfreundlichkeit (graphische Benutzeroberfläche nach aktuellem Standard, intuitive Benutzerführung, Online-Hilfesystem, Benutzerhandbuch)
- Plausibilitätsprüfungen, Validierung von Benutzereingaben
- zufriedenstellende Antwortzeiten
- Zugriffsschutz, Berechtigungsprofile
- Unabhängigkeit von spezieller Hardware oder Systemsoftware
- Stabilität und Sicherheit
- Portabilität (Lauffähigkeit in verschiedenen Systemumgebungen)

162 Der Beschaffung einer Standardsoftware geht eine **Testphase** voraus, bei der alle nach der Vorauswahl noch zur Wahl stehenden Programme vergleichend genutzt werden. Diese Phase dient der Überprüfung der Software und soll klären, ob die Anforderungen aus dem Pflichtenheft erfüllt werden. Dazu sind vor allem im voraus definierte Anwendungsbeispiele mit Testdaten hilfreich, die das gewünschte und erwartete Systemverhalten widerspiegeln. Auch sollten die zukünftigen Benutzer der Standardsoftware (anwaltliche Mitarbeiter/innen Anwälte, Sekretariatsmitarbeiter/innen, Buchhaltungskräfte, Notariatskräfte etc.) während der Testphase dringend unmittelbar mit der Standardsoftware testweise arbeiten. Nicht nur die Beobachtungen und Hinweise dieser in ihrem Arbeitsgebiet fachkundigen Mitarbeiter/innen sind für die Testphase von hohem Wert. Die Beteiligung der Benutzer an dem Auswahlprozeß trägt auch entscheidend zur späteren Akzeptanz der ausgewählten Standardsoftware durch die Mitarbeiter/innen im täglichen Einsatz bei.

163 Umfang und Intensität des Eignungstests kann variieren in Abhängigkeit von dem Umfang und der Komplexität der geforderten Funktionen sowie vom Ausmaß der speziellen Sonderwünsche, die an die Standardsoftware gestellt werden. In den Test einbezogen werden müssen alle im Pflichtenheft dokumentierten Anforderungen an die Standardsoftware. Für einen späteren Vergleich müssen die Testergebnisse systematisch erfaßt und im Testbericht dokumentiert werden. Aus diesen Unterlagen sind gegebenenfalls bei der Einführung der Anwendungssoftware der Anpassungsbedarf und damit der Umfang der notwendigen Anpassungsarbeiten (customizing) abzulesen.

164 **Beschaffungsentscheidung**: Für die verbleibenden Programme sollten dann vergleichende Kosten-Nutzen-Analysen durchgeführt werden. Sollten die Funktionsumfänge und Einsatzarten unterschiedlicher Kandidaten von Standardsoftware weitestgehend identisch sein, so kann daraus geschlossen werden, daß die Nutzenunterschiede der Programme vernachlässigbar sind. Dann kann der Vergleich auf die Kostenseite beschränkt werden. Hierbei sind laufende Kosten (Wartung, Betreuung, Datenübertragung, Ausbildung neuer Mitarbeiter/innen etc.) von einmaligen Kosten der Beschaffung (Anschaffung, Installation, erstmalige Schulung und Ausbildung aller Benutzer, Unterstützung und Betreuung bei der Systemeinführung, Stammdatenerfassung/-übernahme, Programmierung von Anpassungen etc.) abzugrenzen.

165 Nach Umlage der einmaligen Kosten auf die Nutzungsdauer der Standardsoftware (kalkulatorisch nicht über 5 Jahre) ergibt sich für die Kostenseite zum Vergleich verschiedener Programme die Kenngröße „Kosten pro Jahr“. In einer Gesamtsicht zur Ermittlung aller Kosten der Einführung sind auch Aufwendungen für die Analyse und Auswahl der Standardsoftware zu betrachten. Diese Arbeiten gehen bei Durchführung durch eigene Mitarbeiter mit einem kalkulatorischen Kostensatz (Kostensatz pro Personentag), bei Inanspruchnahme von Externen mit deren Aufwandsschätzungen und Kostensätzen ein.

Sollte Funktionsumfang und Einsatzart der verbliebenen Kandidaten nicht identisch sein, so muß für einen Vergleich der von den Programmen generierten Nutzeneffekte eine **Nutzwertanalyse**[44] durchgeführt werden. Hierfür werden die Anforderungen aus dem Pflichtenheft nach ihrer Bedeutung für die jeweilige Kanzlei detailliert gewichtet. Die Summe über alle Gewichte sollte 100 ergeben. Danach wird der Erfüllungsgrad der Programme für die einzelnen Anforderungen ermittelt und mit Punkten bewertet (etwa: 0 Punkte für „Anforderung nicht erfüllt“, 5 Punkte für „Anforderung vollständig erfüllt“). Die Punktwerte werden anschließend addiert: 166

Bedeutung in % * Zielerfüllung in Punkten.

Die Summe über diese gewichteten Punktwerte ergibt für jedes Programm einen Nutzwert, der zu Vergleichen herangezogen wird.

Da die Bestimmung sowohl der Bedeutung der einzelnen Anforderungen als auch der Zielerfüllung der einzelnen Programme nicht frei von subjektiven Einflüssen ist und methodische Probleme bei der Skalierung auftreten können, sollten die ermittelten Nutzwerte dringend Plausibilitätsprüfungen sowie einer **Sensitivitätsanalyse** unterzogen werden, bei der die Stabilität der Ergebnisse gegenüber Änderungen bei den Bedeutungen oder bei den Erfüllungsgraden ermittelt wird.[45] 167

Nach Ermittlung und Entscheidung über die am besten geeignete Standardsoftware wird mit dem Anbieter ein Nutzungsvertrag abgeschlossen, der oftmals auch Unterstützungsleistungen bei Installation und Einführung der Software sowie Wartungsleistungen bei Betrieb der Software umfaßt. Zudem sind Fragen der Gewährleistung und Haftung zu klären. 168

Einsatzkonzeption, Customizing, Einsatztest: Die beschaffte Standardsoftware muß auf dem DV-System (Hardware, Systemsoftware) installiert werden, das für den Systembetrieb vorgesehen ist. Daneben ist der zukünftige betriebliche Einsatz zu planen und vorzubereiten bezüglich Aufbau- und Ablauforganisation. Die Übernahme der Daten aus Altsystemen, sowie die Information und Schulung der künftigen Benutzer der Software muß geplant werden. 169

Zudem findet die Anpassung (customizing) von Standardsoftware an individuelle Gegebenheiten der Kanzlei statt. Durch diese Anpassungen werden manche Nachteile einer Standardlösung gemildert, so daß nicht eine allgemeine Softwarelösung eingesetzt wird, sondern eine gewisse Anpassung an individuelle Gegebenheiten der Kanzlei vorgenommen wird. Allerdings besteht damit das Risiko des Verlustes einiger signifikanter Vorteile von Standardsoftware, nämlich der Ausgereiftheit und Stabilität durch mehrfachen Einsatzes sowie der Möglichkeit zur friktionsfreien Übernahme von Weiterentwicklungen der Standardsoftware. Daher ist eine Änderung des Programmcodes der Standardsoftware zu vermeiden, da damit die Verantwortung und ggf. Haftung des Anbieters für die Funktionsfähigkeit der Software eingeschränkt wird und Änderungen bei jedem Releasewechsel der Software nachvollzogen werden müssen. Hierbei sollte Unterstützung vom Anbieter eingefordert werden, da nur in seltenen Fällen die Installation einschließlich der Einstellung wichtiger Systemparameter sowie das Customizing auf Anhieb und ohne Detailkenntnisse der Software gelingt. 170

Die Installations- und Anpassungsarbeiten werden abgeschlossen von Tests zur Sicherung der vollständigen und fehlerfreien Funktionsfähigkeit der Standardsoftware, der Installation und der Anpassung. Dafür muß (wiederum) ein detaillierter Satz von Testdaten und der erwarteten Verarbeitungsergebnisse eingesetzt werden, um den bevorstehenden Einsatz der Standardsoftware vorzubereiten. 171

Konversion und Schulung: Stammdaten müssen angelegt bzw. aus Altsystemen übernommen werden. Dies betrifft zum Beispiel bei Buchhaltungssystemen die Anlage von Kontenrahmen, oder die Übernahme von Stammdaten der Mandanten (Adressen, 172

[44] Vgl. *Biethahn/Mucksch/Ruf* 1994, 348; *Abts/Mülder* 1996, 89; *Stahlknecht/Hasenkamp* 1997, 330.
[45] Vgl. *Mertens/Knolmayer* 1998, 41; *Biethahn/Mucksch/Ruf* 1994, 353.

Konten etc.) oder Akten (Name, Bezeichnung, Rubrum etc.). Häufig sind die Daten aus Altsystemen dabei in das Datenformat zu konvertieren, mit dem die neue Standardsoftware arbeitet. Die Aufwendungen für diese Konversion von Altdaten können erheblich sein; zudem handelt es sich meist um fehlerträchtige und mühsame Arbeit.

173 Die ausreichende Schulung der Benutzer im Umgang mit der neuen Standardsoftware ist von großer Bedeutung für den Einsatzerfolg der Software. Der notwendige Umfang der Schulung hängt von den Kenntnissen der zukünftigen Anwender und dem Neuigkeitsgrad ab, den das Arbeiten mit der neuen Software für die Anwender bedeutet. Zur Abschätzung des Schulungsaufwands sollte der Anbieter der Standardsoftware Angaben liefern können; zudem können wichtige Hinweise hierzu von Fachkollegen eingeholt werden, die die fragliche Standardsoftware schon einsetzen (Referenzkunden). Inhalt und Ablauf der Schulungen ist in vielerlei Hinsicht diskussionswürdig, z. B.

- Sind Schulungen in der Kanzlei durchzuführen? Dort kann zwar in realistischer Arbeitsumgebung geübt werden, allerdings ist auch mit Störungen durch den Tagesbetrieb zu rechnen.
- Kleine Gruppen erhöhen den Schulungs- und Übungseffekt erheblich, verlängern und verteuern jedoch die Schulung.
- Wer sollte die Schulung vornehmen? Ein externer (spezialisierter) Trainer kann oftmals bessere Kenntnisse der Standardsoftware und gewisses pädagogisches Geschick vorweisen. Wenn jedoch erst einmal ein Mitarbeiter/eine Mitarbeiterin der Kanzlei in Benutzung der neuen Software geschult wird und dann die Schulung der restlichen Mitarbeiter/innen übernimmt, können die Übungsfälle und Anwendungsbeispiele in der Schulung wesentlich besser auf die Belange der Kanzlei zugeschnitten sein. Zudem kann diese Fachkraft während und nach der Einführungsphase wichtige Betreuungsfunktionen übernehmen und kompetenter Ansprechpartner für die anderen Benutzer/innen der Software sein.
- Können für einen Teil der Schulung Selbstlernprogramme eingesetzt werden? Der Einsatz derartiger Tutorials ist sehr effizient, jedoch nicht für alle Einsatzsituationen geeignet.

174 **Einführung**: Letztlich wird dann zu einem Termin die neue Software in der Kanzlei eingeführt und ab diesem Stichtag eingesetzt. Bei kritischen Systemen (Buchhaltung, Aktenverwaltung, Verwaltung von Terminen und Fristen etc.) sollten die ehemalig eingesetzten Systeme – seien sie manuell oder DV-gestützt – nicht sofort ab diesem Stichtag ausgesetzt werden. Vielmehr empfiehlt sich zur Sicherheit ein Parallelbetrieb des neuen und des alten Systems – bzw. der alten Vorgehensweise – bis der Sicherheit und Stabilität der neuen Software vertraut werden kann.

F. Neuere DV-Entwicklungen

175 Im folgenden seien einige neuere Komponenten der Informationstechnik, ihre Eigenschaften und mögliche Auswirkungen auf die DV-Unterstützung von Anwaltskanzleien diskutiert. Die Reihenfolge der Diskussion folgt dabei keiner klaren inhaltlichen Maßgabe, sondern ist eher angelehnt an die Nähe, die der Einsatz dieser Komponenten zum derzeitigen Einsatz in Anwaltskanzleien hat.

I. Kombinationsgeräte

176 Eine relativ einfache Weiterentwicklung bekannter Geräte und Techniken stellen im Funktionsbereich der Dokumentation Kombinationsgeräte dar, die Funktionen von unterschiedlichen Geräten wie Drucker, Faxgerät, Kopierer und Scanner in ein Gerät vereinen. Technisch ist diese Integration naheliegend und birgt kaum Risiken, da Laserdruck und Kopieren auf gleicher Technologie basieren, die zudem relativ ausgereift erscheint. Die Funktionen von Faxgerät und Scanner sind ebenfalls artverwandt. Der Beschaffungspreis der Kombinationsgeräte liegt deutlich unter der Summe der Beschaffungspreise der Einzelgeräte, und es wird eine geringere Stellfläche benötigt. Nachteilig kann es wirken, wenn bei einem Ausfall nur einer der Grundfunktionen (z. B. Scannen)

alle Gerätefunktionen ausfallen. Von daher können diese Geräte nicht alleine eingesetzt werden und eignen sich eher zur Ergänzung und Erweiterung.

II. Automatische Diktiersysteme

Automatische Diktiersysteme sollen die traditionelle Erfassung von Schriftgut ablösen, 177
bei der ein Text auf ein Diktiergerät gesprochen wird und anschließend von einer anderer Person abgehört und in ein Textverarbeitungssystem erfaßt wird. Dagegen wird beim Einsatz Automatischer Diktiersysteme der Text in ein Mikrofon gesprochen, das an einen Rechner am Arbeitsplatz des Sprechenden angeschlossen ist. Auf diesem Rechner läuft während des Diktats ein Spracherkennungssystem, das die gesprochenen Worte erkennt, automatisch und direkt in ein Textverarbeitungssystem umsetzt und am Bildschirm anzeigt. Die Systeme zur Spracherkennung und -umsetzung werden mittlerweile zu Preisen angeboten, die denen gängiger Softwarepakete ähnelt, Anpassungen des zu verarbeitenden Wortschatzes etwa an juristisches Fachvokabular sind vorhanden.[46] Bei der hohen Bedeutung, die Anwälte der Erstellung von Schriftgut beimessen müssen, wirkt die teilweise Automatisierung dieser Vorgänge außerordentlich attraktiv. Insbesondere die starke Verbreitung von Arbeitsplatzrechnern bei Anwälten (s. Abschnitt E. I. 5) vermag diese Attraktivität zu steigern, da die technischen Voraussetzungen und Grundkenntnisse in der Nutzung von Arbeitsplatzrechnern bei Anwälten damit grundsätzlich vorliegen.

Allerdings wird mit dem Einsatz Automatischer Diktiersysteme auch die traditionelle 178
Arbeitsteilung zwischen Anwalt und Sekretariat in Frage gestellt, bei der Sekretariats-Mitarbeiter aus herkömmlichen Diktaten auf Magnetkassetten Schriftsätze erstellen, und dann die Berufsträger die Überarbeitung der vorliegenden Texte auf Papier übernehmen. Diese Vorgehensweise der Zusammenarbeit ist geprägt durch den Austausch von Diktierkassetten und Ausdrucken erfaßter Texte. Die Austauschprozesse werden häufig als mühsam, aufwendig und langsam empfunden. Trotzdem kann diese Vorgehensweise für Anwälte als die überwiegende, „klassische" Vorgehensweise zur Erstellung von Schriftgut angesehen werden. Mit Automatischen Diktiersystemen wird diese Arbeitsteilung aufgebrochen: Der Text wird vom Diktierenden unmittelbar in das Textverarbeitungssystem eingegeben und kann so während des Diktats sofort am Bildschirm gelesen und gegebenenfalls korrigiert oder ergänzt werden. Insbesondere die Erkennung und die Verarbeitung von individuellen Sprechgewohnheiten (Sprechgeschwindigkeit, Dialekt ...) erfordern dazu gewisse „Trainingszeiten" zur Anpassung der Automatiken zur Spracherkennung.

Der Einsatz derartiger Automatischer Diktiersysteme wird schon seit einigen Jahren 179
propagiert, ohne daß jedoch bisher umfangreiche Einsätze beobachtet werden oder Einsatzerfahrungen in breiterem Rahmen vorlägen. Derzeit ist davon auszugehen, daß die Systeme zwar ein hohes Nutzenpotential versprechen, jedoch nicht in signifikantem Umfang akzeptiert und eingesetzt werden. Dies zeigen auch vorliegende empirische Daten, nach denen 77% der Kanzleien Automatische Diktiersysteme derzeit nicht einsetzen. Lediglich in 23% der Kanzlei werden Automatische Diktiersysteme ausprobiert oder von Einzelnen eingesetzt, ein intensiverer Einsatz findet derzeit nicht statt.[47]

So scheint also ein gewisser Bedarf („Lösungsdruck") hoch zu sein, durch eine umfas- 180
sendere DV-Unterstützung die Erstellung von Schriftgut in Kanzleien effizienter zu gestalten. Die Erwartungen bleiben jedoch hinter der Bereitschaft zurück, sich mit dem Einsatz planerisch und experimentell zu beschäftigen. Nur von wenigen Anwälten wird in den folgenden Jahren ein großer Zuwachs erwartet, da die Systeme in der Handhabung

---

[46] Vgl. zu Automatischen Diktiersystemen etwa *Disterer* 1998; *Schuster*, ct 1993; *Storm*, ct 1993; *Badura*, BRAK-Mitt. 1998, 113; *Weiss*, NJW-CoR 1997, 273; *Weiss/Riehm*, NJW-CoR 1998, 210; *Rose*, FAZ 1998.

[47] Vgl. *Disterer* 1998, 74.

und in den Rahmenbedingungen ihres Einsatzes noch nicht ausgereift erscheinen. Einige Vorteile sind sicherlich von Bedeutung, wie die Möglichkeit der Verringerung von Personal- und Sachaufwand sowie die Vereinfachung der Arbeitsabläufe. Diese Vorteile entstammen den drastischen Veränderungen der Arbeitsteilung zwischen Anwälten und Sekretariaten, die bei einem Einsatz Automatischer Diktiersysteme zu erwarten sind. Allerdings stehen diesen Vorteilen relativ hohe Kosten für Einführung und Einsatz entgegen und Erfahrungen aus Experimenten mit Automatischen Diktiersystemen weisen auf mangelnde Reife der Systeme und auf Akzeptanzprobleme hin. Bei anwaltlichen Mitarbeitern könnte eine Einstellung vorherrschen, die von einer Überqualifizierung anwaltlicher Mitarbeiter für Tätigkeiten der Texterfassung ausgeht. Diese Einstellung wird vermutlich in mittlerer Zukunft weniger bedeutend, da zunehmend schon während der juristischen Ausbildung Textverarbeitungssysteme eingesetzt werden und die Nutzung somit bald zum „Handwerkszeug" von Anwälten gehören wird. Auf der Seite der Sekretariats-Mitarbeiter dürften Akzeptanzprobleme aus Sorge um den Arbeitsplatz entstehen, wenn die Erfassung und Bearbeitung von Texten einen großen Umfang der Tätigkeiten ausmachen. Automatische Diktiersysteme werden also in naher Zukunft voraussichtlich nicht in umfangreichen Maß eingesetzt werden.[48]

III. Internet, Intranet, Extranet

181 Internet, Intranet und Extranet sind derzeit Vokabeln, die in jedem Gespräch über den DV-Einsatz in der Anwaltskanzlei vorkommen (müssen). In § 43 des Handbuchs sind technische Grundlagen des Internet kurz beschrieben. Der Begriff Internet wird auch als Sammelbegriff für alle auf dieser technischen Grundlage basierenden Netze verstanden, im Unterschied zu Intranet und Extranet bezeichnet Internet das öffentliche, jedermann mittels einfacher technischer Geräte zugängliche Netz. Unter Intranet wird ein technisch nahezu identisches Netz verstanden, daß allerdings ausschließlich für die interne Kommunikation innerhalb eines Unternehmens eingesetzt wird und dessen Zugang Externen daher versperrt ist. Ein Extranet bezeichnet ein Netz, das einem Unternehmen und einigen, ausgesuchten Kooperationsunternehmen zur zwischenbetrieblichen Kommunikation zur Verfügung gestellt wird, also etwa einer Anwaltskanzlei und einigen ihrer Stammmandanten. Gemeinsam ist allen drei Netztypen die technische Basis bestehend aus den Übertragungsprotokollen HTTP (HyperText Transfer Protocol) und TCP/IP (Transmission Control Protocol/Internet Protocol), der Beschreibungssprache HTML (HyperText Markup Language) und der Zugriff mit Browser-Software. Einziger wesentlicher Unterschied ist die Gruppe der jeweils zugriffsberechtigten Personen und damit der Einsatzzweck der Netze.[49]

182 Das öffentlich zugängliche Internet wird im wesentlichen zwei Funktionen in Anwaltskanzleien übernehmen: Informationsbeschaffung im Rahmen der juristischen Arbeit und Informationsbereitstellung im Rahmen des Anwaltsmarketing.[50] Ein Intranet kann innerhalb einer größeren Kanzlei – insbesondere bei überörtlichen oder internationalen Sozietäten – eine wichtige Funktion der internen Kommunikation übernehmen.[51] Anwendungsbeispiele aus anderen Unternehmen und Branchen mögen die vielfältigen Möglichkeiten des Einsatzes von Intranets verdeutlichen.[52] Ein Großteil der internen Kommunikation ei-

[48] Vgl. *Disterer* 1998, 74.

[49] Für mehr Informationen zum Internet siehe etwa: *Alpar* 1996; *Comer* 1998; *Werner/Stephan* 1997; *Höller/Pils/Zlabinger* 1998; *Emery* 1996

[50] Siehe dazu unter § 43.

[51] Vgl. hierzu detaillierter *Mocker/Mocker* 1997; *Hallfell/Stammwitz*, Management und Computer 1997; *Bichler* 1997; *Hoppe/Kracke*, Zfbf 1998; *Janssen*, IT Management 1998; *Höller/Pils/Zlabinger* 1998; *Jaros-Sturhahn/Hießl*, Information Management & Consulting 1998.

[52] Vgl. etwa *Altmann*, Personalführung 1997; *Hermann*, Computer Zeitung 1997; *Höller/Pils/Zlabinger* 1998; *Tillack*, Computer Zeitung 1997; *Waesche/Guntrum*, Industrie Management 1996; *Rein*, CACM 1997.

ner Kanzlei, der heute über papierene Umläufe, Rundschreiben, Anschlägen und Aushängen abläuft, kann über dieses Kommunikationsmedium schnell und effizient zu den Adressaten gelangen. So können etwa juristische Fachinformationen aktuell und schnell allen Berufsträgern zur Verfügung gestellt werden. Oder wenn z. B. im Zuge von Haftungsfragen und Qualitätsmanagement das Vorhalten umfangreicher, detaillierter und stets aktueller Dokumentation an jedem Arbeitsplatz gefordert ist, so kann ein Intranet hierfür gute Voraussetzungen bieten. Für größere Kanzleien wird die interne Kommunikation via Intranet sehr bald eine hohe Bedeutung einnehmen,[53] so daß nach oben gebrauchtem Vergleich Telefon und Telefax für die interne Kommunikation ihre überragende Bedeutung einbüßen werden zugunsten eines Intranet, dessen Bedeutung für die interne Kommunikation dann vergleichbar ist mit der von Rückgrat und Nervensträngen für einen Menschen.

G. Schlußbetrachtung

Zweifellos wird die Bedeutung eines umfassenden, effizienten und sicheren DV- 183
Einsatzes in der Anwaltskanzlei steigen. Marktentwicklung, Wettbewerbsdruck und steigende Erwartungshaltung der Mandanten werden einen zunehmenden und professionelleren DV-Einsatz fordern. Im Bereich der Kommunikation mit Mandanten und potentiellen Mandanten werden Anwaltskanzleien entweder aktiv neue Informations- und Kommunikationstechniken suchen und einsetzen, oder auf entsprechend deutliche Impulse ihrer Mandanten bezüglich der bevorzugten Kommunikationswege reagieren müssen; zunehmend wird dann die Überschrift wahr werden: „Clients Force Tech on Firms: Corporate Counsel Tell Lawyers to Use E-mail, Intranets, etc. . . .“[54]

Bei Konzentration auf die Aktenbearbeitung als den Kernprozeß in einer Anwaltskanz- 184
lei wurde in diesem Beitrag der funktionale wie technische Rahmen dafür abgesteckt sowie Hinweise zur Vorgehensweise ausgesprochen.

Darüber hinaus existieren weitere viele interessante und attraktive Einsatzgebiete für 185
DV-Unterstützung für andere Prozesse einer Anwaltskanzlei. Ohne Anspruch auf Vollständigkeit seien einige Beispiele genannt: Verfahren und Methoden des Wissensmanagement werden Unterstützung für den Transfer von Fachwissen innerhalb einer Kanzlei bieten. Die Digitale Unterschrift wird dazu führen, daß elektronischen Mitteilungen im Geschäftsverkehr ähnliche rechtliche Qualität beigemessen werden kann wie herkömmlichen Briefen oder Telefaxe. Die Möglichkeiten der Telekommunikation werden zwischen Anwalt und Mandant zu wesentlich engeren Kooperationsformen wie heute bekannt und vorstellbar führen.

Die rasante Entwicklung der Informationstechnik wird so nicht vor den Türen von 186
Anwaltskanzleien stoppen. Bei sorgfältigem Abwägen von Chancen und Risiken und professionellem Vorgehen wird dies zu einem erstrebenswertem Wandel der Vorgehensweisen und Prozesse in Anwaltskanzleien führen.

---

[53] Vgl. *N.N.*, FAZ 1998.

[54] *Leibowitz* 1997.

§ 33 Zeitmanagement

Dr. Dr. Joachim Häcker★

Übersicht

Schrifttum: *Bamberg/Coenenberg*, Betriebswirtschaftliche Entscheidungslehre, 7. Aufl., 1992; *Bea*, Entscheidungen des Unternehmens, in: Allgemeine Betriebswirtschaftslehre, Bd. 1, Grundfragen, 7. Auflage, 1997, S. 377–507; *Mackenzie*, 1991, Die Zeitfalle, 10. Auflage; *Schweitzer,* Planung und Steuerung, in: Allgemeine Betriebswirtschaftslehre, Bd. 2, Führung, 7. Auflage, 1997, S. 21–131; *Ott*, Grundzüge der Preistheorie, 3., überarbeitete Auflage, 1987; *Saliger*, Betriebswirtschaftliche Entscheidungstheorie, 4., durchgesehene Auflage, 1998; *Seiwert,* Mehr Zeit für das Wesentliche, 3. Auflage, 1997.

A. Warum Zeitmanagement für Rechtsanwälte?

Wie kann ich als Rechtsanwalt meinen beruflichen Erfolg optimieren? Je nach Blickwinkel ergeben sich auf diese Fragestellung mehrere Antworten. Ein Partner einer Rechtsanwaltskanzlei untersucht z. B., wie er das Betriebsergebnis der Kanzlei maximieren kann, um dadurch die Kanzlei gegenüber der Konkurrenz besser zu positionieren. Ein angestellter Rechtsanwalt fragt sich z. B., wie er seine eigene Leistung steigern kann, um so möglichst schnell Partner zu werden, oder ob er sich selbständig machen sollte. 1

Unabhängig davon, welches Ziel dem jeweiligen Rechtsanwalt den höchsten Nutzen verspricht, wird er als homo oeconomicus darauf bedacht sein, seinen beruflichen Erfolg zu maximieren. Dabei kann er sich der in §§ 1–47 dargestellten Instrumente bedienen. Ziel dieser Analyse ist es, aufzuzeigen, welchen Beitrag das Zeitmanagement zur Nutzenmaximierung des Rechtsanwalts leisten kann. 2

B. Der Zeitmanagementprozeß

In einigen Rechtsanwaltskanzleien ist der Zeitmanagementprozeß nicht optimal gestaltet. Dies wird z. B. dadurch deutlich, daß der Arbeitsplatz unorganisiert ist, Konferenzen, Besprechungen und Vergleichsverhandlungen unrationell durchgeführt werden, Akten falsch geordnet sind, der Aktenumlauf nicht optimal geplant ist, die Postbearbeitung ineffizient erfolgt, auf organisatorische Hilfsmittel, wie z. B. ein Zeitplanbuch, verzichtet wird sowie Aufgaben nicht im notwendigen Rahmen an einzelne Mitarbeiter delegiert werden. Um diese Ineffizienzen im Zeitmanagementprozeß zu verbessern, gilt es für 3

★ Dipl.-Kfm. in Köln.

Rechtsanwälte, die drei Stufen **Planung, Durchführung** und **Kontrolle** zu optimieren. Unter Anlehnung an *Bea*, *Schweitzer* und *Seiwert* wird hier folgendes Zeitmanagementprozeßmodell vorgeschlagen:

4

1. STUFE:	PLANUNG • Zielsetzung • Zeitplanung • Bewertung • Entscheidung
2. STUFE:	DURCHFÜHRUNG • Tagesbeginn • Tagesverlauf • Tagesschluß
3. STUFE:	KONTROLLE • Sollanalyse • Istanalyse • Soll-Ist-Vergleich

Abbildung 1: Der Zeitmanagementprozeß

I. Planung

5 Die erste Stufe der Planung gliedert sich in die Phasen Zielsetzung, Zeitplanung, Bewertung und Entscheidung.

1. Zielsetzung

6 **a) Begriffsbestimmung.** „Ziele stellen Aussagen über erwünschte Zustände dar, die als Ergebnisse von Entscheidungen eintreten sollen."[1] Bei den Zielen lassen sich kurz- und langfristige Ziele unterscheiden. Für die Planung des Berufsweges wird empfohlen, die Ziele entsprechend ihrer Fristigkeit in fünf Kategorien einzuteilen:

– Lebensziele
– 5-Jahresziele
– 1-Jahresziele
– Quartalsziele
– Tagesziele.

7 Bei der eigenen Zielanalyse ist die Priorität von langfristigen gegenüber kurzfristigen Zielen zu beachten. In der Wirtschaftspraxis zeigt sich des öfteren, daß sehr viele Rechtsanwälte zwar am Abend zuvor ihren kommenden Tagesablauf planen, aber oftmals die Frage außer acht bleibt, ob das, was sie morgen zu tun gedenken, sie auch ihrem Lebensziel näher bringt. Um diese Frage beantworten zu können, empfiehlt es sich für den einzelnen Rechtsanwalt, sich den bisherigen und den prognostizierten zukünftigen Lebenslauf zu vergegenwärtigen und zu bewerten (Rdn. 21 ff.).

8 **b) Beispiel einer Zielanalyse.** Der Lebenslauf eines Rechtsanwalts könnte exemplarisch wie folgt aussehen:

– Im Jahr 1987: Abitur
– Im Jahr 1991: Erstes Staatsexamen mit vollbefriedigend abgeschlossen und mit einer Promotion begonnen

[1] Vgl. *Bea*, 1997, 383.

- Im Jahr 1994: Volljurist und Dr. iur. mit der Note: gut
- Im Jahr 1998: Fachanwalt
- Im Jahr 1999: Fünf Jahre in einer mittelgroßen Kanzlei in Deutschland gearbeitet.

Nach der Vergegenwärtigung des eigenen Lebensverlaufs gilt es, sich die Zukunft vorzustellen und obige Aufzählung ab der Jahreszeile 1999 fortzuführen. Ausgehend von der Prämisse, daß der Rechtsanwalt ca. 80 Jahre alt wird, sollte er folgende Frage beantworten: „Was sind die wichtigsten Ziele bis zum Jahre 2047, die ich noch erreichen möchte?" 9

Wurde als das berufliche **Lebensziel** gewählt, Partner bei einer der international renommierten Top-Anwaltskanzleien zu werden, so gilt es im zweiten Schritt zu überlegen, welche Karriereziele in fünf Jahren, d. h. bis zum Jahre 2004, zu erreichen sind, um dieses Lebensziel zu erreichen. Um Partner bei einer der international renommierten Top-Anwaltskanzleien zu werden, fehlt dem Rechtsanwalt noch die notwendige internationale Erfahrung. Deshalb entschließt er sich z. B., bis spätestens in fünf Jahren in New York in einer der renommierten Kanzleien Berufserfahrung gesammelt zu haben. Dieses **5-Jahresziel** wird wiederum in Jahresziele heruntergebrochen. 10

Um die Erfolgsaussichten seiner Bewerbung zu erhöhen, nimmt er sich vor, bis zum Ende des Jahres 2000 einen LL. M.-Abschluß in Harvard zu erwerben **(1-Jahresziel)**. Dieses Ziel wird wiederum in einzelne **Quartalsziele** aufgeteilt (z. B. erfolgreiche Bewerbung, Bestehen verschiedener Prüfungen etc.). Als letztes ist zu eruieren, was am nächsten Tag zu unternehmen ist, um die gesteckten Ziele zu erreichen. **Tagesziel** für den nächsten Tag kann in diesem Falle z. B. sein, Bewerbungsmaterial für die Harvard Law School anzufordern. 11

Dieser idealtypische Lebenslauf ist nicht als starres Planungsschema zu interpretieren. Um auf geänderte Umweltbedingungen rasch zu reagieren, sollten nicht nur die möglichen Ziele vergegenwärtigt werden, sondern auch mögliche Probleme, die auftauchen können, antizipiert werden. Eine Erhöhung der geforderten Mindestpunktzahl für die Eingangstests (z. B. TOEFL etc.) durch Harvard, die der Rechtsanwalt leider nicht erzielen kann, ist nicht als Mißerfolg zu interpretieren. Es ist aber im Rahmen einer **flexiblen Planung** zu überlegen, an welcher anderen amerikanischen Universität die erzielte Punktzahl den Rechtsanwalt zu einer Teilnahme am LL. M.-Programm qualifiziert. 12

c) Ziele und Zeitpunkte. Anhand des obigen Beispiels wird deutlich, daß Ziele immer mit den entsprechenden Zeitpunkten in Verbindung zu setzen sind, da ihre Durchführung sonst nicht kontrollierbar ist. Beispielsweise ist es für einen Partner nicht optimal, sich als Ziel vorzunehmen, einen besseren persönlichen Kontakt mit seinen Angestellten aufzubauen. Besser ist, er nimmt sich für das nächste Quartal gezielt vor, wöchentlich zu einer bestimmten Zeit mit jedem seiner Mitarbeiter 15 Minuten über die ihn betreffenden fachlichen Themen zu diskutieren und wenn möglich auch private Themen anzusprechen. Nur ein derartiges Ziel läßt sich durchführen (Stufe 2) und kontrollieren (Stufe 3). 13

2. Zeitplanung

Auf die Frage, ob sie genug Zeit hätten, antworten mehr als 90 % aller Berufstätigen mit „Nein".[2] Damit wird deutlich, daß die Zeit als knappes Gut zu betrachten ist. Deshalb sind die Ziele entsprechend ihrer Fristigkeit in Lebensziele, 5-Jahresziele, 1-Jahresziele, Quartalsziele und Tagesziele einzuordnen. Daraufhin ist zur Realisierung dieser Ziele die zur Verfügung stehende Zeit zu planen. 14

a) Planungsdauer. Als Planungszeit erweist sich maximal **1 % des Planungshorizonts** als optimal.[3] Die Planungszeit von ca. 5 Minuten für einen Tagesplan ist somit ideal. Ausgehend von der Prämisse, daß der oben beschriebene Rechtsanwalt seinen Lebensplan 15

[2] Vgl. *Mackenzie*, 1991, 11.
[3] Vgl. *Seiwert*, 1997, 88.

bis zum Jahre 2047 erstellen möchte, folgt, daß für ihn insgesamt ein knappes halbes Jahr Planungszeit optimal ist. Auf diese Implikation der 1%-Regel wird in der Zeitmanagementliteratur nicht eingegangen. Deshalb wird an dieser Stelle hervorgehoben, daß insbesondere an Wochenenden und an anderen freien Tagen genügend Zeit eingeplant werden sollte, um zu hinterfragen, welche Lebensziele dem eigenen Leben zugrunde liegen und ob die gegenwärtigen Aktivitäten dazu dienen, diese zu verwirklichen.

16 Bei der Planung der Ziele ist zu beachten, daß schon die Erfüllung der Tagesziele zur Erfüllung der Lebensziele beiträgt. Dementsprechend wird im folgenden näher auf die Planung, Durchführung und Kontrolle der Tagesziele eingegangen. Die Vorgehensweise läßt sich analog auf die längerfristigen Ziele übertragen.

17 **b) Das Zeitplanbuch.** Nachdem erörtert wurde, wieviel Zeit für die Zeitplanung aufgewendet werden sollte, stellt sich nun die Frage, mit welchen Instrumenten die Zeitplanung durchzuführen ist. Am besten eignet sich hierfür ein Zeitplanbuch.[4] Ein Zeitplanbuch besteht im allgemeinen aus vier Teilen.

18 Im ersten Abschnitt, dem Kalenderteil, können zum Jahreskalender die ausgefüllten Monats-, Wochen- und Tagespläne hinzugefügt werden. Insbesondere beim Tagesplan ist zu berücksichtigen, daß pro Tag immer exakt ein Blatt verwendet wird. Im zweiten Teil, dem beruflichen und persönlichen Teil, können die wichtigsten aktuellen Daten niedergelegt werden. Auf entsprechenden Notiz- und Formblättern lassen sich die wichtigsten Informationen zu den gegenwärtig durchgeführten Projekten vermerken. Das Adressen- und Telefonregister macht den dritten Teil des Zeitplanbuchs aus. Im vierten Teil, dem allgemeinen Teil, befinden sich Klarsichthüllen und Klemmtaschen. Dort lassen sich persönlichen Gegenstände wie Ausweise, Geldscheine, Briefmarken und Kredit- sowie andere Plastikkarten unterbringen.

19 **c) Persönliche digitale Assistenten.** In den letzten Jahren werden die Zeitplanbücher des öfteren durch „Persönliche digitale Assistenten" ersetzt. Dabei wird nicht mehr mit einem Bleistift auf Papier, sondern mit einem Spezialstift direkt auf den Bildschirm geschrieben. In Verbindung mit einem Mobiltelefonanschluß kann mit derartigen Instrumenten im Internet recherchiert, können E-Mails verschickt und kann auf NetNews zugegriffen werden. Zusätzlich ist auch die Versendung von Faxen möglich. Insbesondere international tätigen Rechtsanwälten ist die Anschaffung eines Persönlichen digitalen Assistenten zu empfehlen, da unter Hinzuziehung eines guten Mobiltelefons ein virtuelles Büro geschaffen werden kann. Alle Informationen lassen sich unabhängig vom jeweiligen Standort zentral bündeln, und es kann zeitnah auf alle Aktionen reagiert werden.

20 Im Unterschied zu einem Terminkalender werden in einem Persönlichen digitalen Assistenten nicht nur die durchzuführenden Aktivitäten inklusive ihrer Terminsetzung aufgeführt, sondern es werden die Zeitdauer der Aktivitäten angegeben, zusammenliegende Arbeitsblöcke gebildet, die Aktivitäten klar definiert, Pufferzeiten für vorhergesehene Tätigkeiten gebildet und eine Prioritätensetzung der Aktivitäten vorgenommen. Letzteres ist Gegenstand des folgenden Abschnitts.

3. Bewertung

21 Bevor zu entscheiden ist, welche Aktivitäten wann durchzuführen sind, ist gemäß der Entscheidungstheorie[5] eine Bewertung der Aktivitäten vorzunehmen. Unter einer Bewertung ist die „... Zuordnung einer Zielwirkung zu einer Alternative"[6] zu verstehen. Im Rahmen dieser Untersuchung ist darunter der Vorgang des Priorisierens von Aktivitäten zu verstehen. Welche Möglichkeiten besitzen Rechtsanwälte, ihre zukünftig durchzuführenden Aktivitäten zu priorisieren? In der Wirtschaftspraxis erweist sich hier die ABC-Analyse als besonders effizient.

---

[4] Vgl. *Seiwert*, 1997, 118ff.
[5] Vgl. *Bamberg, Coenenberg*, 1992; *Saliger*, 1998.
[6] Vgl. *Schweitzer*, 1997, 71.

a) Darstellung der ABC-Analyse. Am Abend eines langen Tags stehen Rechtsanwälte des öfteren folgendem Problem gegenüber: Auf die Frage, was sie heute eigentlich getan und erreicht haben, müssen sie sich eingestehen, daß sie wenig wichtige Ergebnisse erzielen konnten, die sie näher an ihr Ziel/Lebensziel bringen. Die Ursache ist darin zu sehen, daß die langfristigen Aufgaben, die eigentlich wichtig sind, liegengeblieben sind. Im Zuge des Tagesgeschäfts ist viel „angebrannt", die Rechtsanwälte haben viele dringende Anrufe beantwortet, die wiederum Folgeaktivitäten ausgelöst haben. Dadurch waren sie primär mit dem Vorgang des „Löschens" beschäftigt. Abhilfe schafft hier die ABC-Analyse. 22

Bei der ABC-Analyse werden die durchzuführenden Aktivitäten je nach ihrer **Wichtigkeit** und **Dringlichkeit** angeordnet. Anhand dieser zwei Merkmalsausprägungen lassen sich die Aktivitäten in die Kategorien A, B, C und D einordnen. 23

A-Aktivitäten sind sowohl sehr dringend als auch sehr wichtig. Deshalb sollten sie von dem Rechtsanwalt selbst sofort erledigt werden. 24

B-Aktivitäten sind sehr wichtige, aber weniger dringliche Aufgaben. Dementsprechend sollten sie nicht sofort durchgeführt, sondern terminiert und strategisch geplant werden. Bei diesen Aufgaben ist zu beachten, daß ihre Bearbeitung nicht gänzlich unterbleibt und sie nicht aufgeschoben werden. Ansonsten werden sie sehr bald doch dringlich und müssen innerhalb kürzester Zeit erledigt werden. 25

C-Aktivitäten sind zwar dringend, aber weniger wichtig. Eben beschriebener Rechtsanwalt, der viel Zeit mit dem „Löschen" verbracht hat, hat sich zuviel den C-Aktivitäten gewidmet. Eine Lösung bietet hier die Reduzierung dieser Tätigkeiten und insbesondere die Delegation derselben. Als delegierbare Aktivitäten sind insbesondere vorbereitende Tätigkeiten, Spezialistentätigkeiten und Routinearbeiten hervorzuheben. Nicht delegierbar sind jedoch A-Aktivitäten wie die strategische Ausrichtung der Anwaltskanzlei (vgl. § 2), die Führung, Beurteilung und Motivation von Mitarbeitern sowie sehr risikoreiche Aktivitäten. 26

D-Aktivitäten sind wenig wichtig und wenig dringlich. Oftmals tendieren Rechtsanwälte dazu, derartige Aktivitäten auf den sowieso überfüllten Schreibtisch zu legen, wo sie sehr bald im unteren Teil eines großen Papierstapels verschwinden. Das entsprechende Papier wird im Laufe der Zeit mehrmals in die Hand genommen und wandert dann über den Schreibtisch von Papierstapel zu Papierstapel, bis es letztlich im Papierkorb landet. Abhilfe kann die Einhaltung von zwei Merkregeln schaffen. Erstens sollte jedes Blatt Papier nur einmal in die Hand genommen werden und danach eine Entscheidung getroffen werden, was damit zu tun ist. Handelt es sich um eine D-Aktivität, so ist zweitens die Frage zu stellen, ob es schwerwiegende Folgen haben könnte, wenn das Blatt Papier in den Papierkorb geworfen wird. Wenn dies – wie häufig – nicht der Fall ist, sollte es auch diesen Weg gehen. 27

b) Aufteilung der A-, B- und C-Aktivitäten. Wieviel Prozent der Tätigkeiten machen A-, B-, bzw. C-Aktivitäten in der Praxis aus? Die prozentuelle Aufteilung der Aktivitäten ergibt sich wie folgt:[7] A-Aktivitäten machen ca. 15%, B-Aktivitäten ca. 20% und C-Aktivitäten ca. 65% aus. Die jeweiligen Aktivitäten tragen dagegen wie folgt zur generellen Zielerreichung bei: A-Aktivitäten leisten einen Zielerreichungsbeitrag von ca. 65%, B-Aktivitäten von ca. 20% und C-Aktivitäten von ca. 15%. Damit ergibt sich ein umgekehrtes Verhältnis zwischen der prozentuellen Aufteilung der Aktivitäten und dem erzielbaren Zielerreichungsbeitrag. 28

c) Die zwei Gossenschen Gesetze. Wissenschaftlich wird das umgekehrte Verhältnis der prozentuellen Aufteilung der Aktivitäten und dem erzielbaren Zielerreichungsbeitrag durch das erste und zweite Gossensche Gesetz fundiert: 29

[7] Vgl. *Seiwert*, 1997, 133ff.

30 1. Gossensches Gesetz: „Der Grenznutzen eines Gutes nimmt mit zunehmender zur Verfügung stehender bzw. konsumierter Menge des Gutes ständig ab."[8]

31 2. Gossensches Gesetz: „Das Nutzenmaximum eines Haushalts ist erreicht, wenn die Grenznutzen der zuletzt beschafften Gütereinheiten gleich sind."[9]

32 Ein Beispiel für die Gültigkeit des ersten Gossenschen Gesetzes stellt die Teilnahme an juristischen Tagungen dar. Am Vormittag wird zumeist ein kurzer Überblick über die behandelten neuen Rechtsaspekte (wie z. B. Cyber-Recht) gegeben. Der Nutzenzuwachs für den Anwalt, der in dieser Rechtsmaterie noch über keinerlei Kenntnisse verfügt, ist groß. Je mehr die Tagung voranschreitet, desto geringer ist das stündlich gewonnene neue Wissen und damit der Grenznutzen für den Rechtsanwalt.

33 Als Beispiel für das zweite Gossensche Gesetz kann der Fall herangezogen werden, daß ein Rechtsanwalt als Tagesziel die Bearbeitung zweier Fälle A und B hat (wobei der Fall A einen höheren Nutzen als der Fall B verspricht). Gemäß der ABC-Analyse wird der Rechtsanwalt erst die wichtigsten Arbeitsschritte für Fall A erledigen (sehr hoher Grenznutzen). Danach wird er so lange mit der Bearbeitung der weniger wichtigen Arbeitsschritte für Fall A fortfahren, bis deren Bearbeitung den gleichen Grenznutzen wie die Bearbeitung von sehr wichtigen Aktivitäten für Fall B erbringt usw.

34 Aus dem ersten und zweiten Gossenschen Gesetz folgt, daß der Rechtsanwalt seine Projekte in der Reihenfolge ihres Grenznutzens abarbeiten sollte. Für die Praxis ergibt sich daraus als Regel, daß bereits mit den ersten 20% der aufgewendeten Zeit ein Anteil von 80% der Leistungsergebnisse erbracht werden kann. Die restlichen 80% der aufgewandten Zeit tragen lediglich noch zu 20% der Gesamtleistung bei (auch 80/20-Regel genannt). Auf den vorliegenden Fall angewendet wird die 80/20-Regel dahingehend modifiziert, daß mit 35% (15% + 20%) der aufgewandten Zeit ein Zielerreichungsgrad von 85% (65% + 20%) erzielt werden kann (Bearbeitung der A- und B-Aktivitäten).

4. Entscheidung

35 **a) Begriffsbestimmung.** „Eine Entscheidung ist die Wahl einer optimalen Alternative bei gegebener Zielvorstellung unter Nebenbedingungen."[10]

36 Gemäß obigem Beispiel sei die Zielvorstellung eines Rechtsanwalts, Partner einer international renommierten Kanzlei zu werden. Als Nebenbedingungen fungieren Prämissen, wie z. B. eine tägliche Arbeitszeit von 10 Stunden. Der Alternativenraum besteht aus den verschiedenen durchzuführenden Aktivitäten, aus denen der Entscheidungsträger die optimale Aktivität zu wählen hat. Gemäß der ABC-Analyse kann der einzelne Rechtsanwalt somit zwischen den Aktivitäten A, B und C wählen. Da der Ertrag der Aktivitäten von A zu C hin abnimmt, bedeutet dies für den einzelnen Rechtsanwalt, daß er am Tagesanfang zunächst mit dem Abarbeiten der A-Aktivitäten beginnen sollte. Die spätere Inangriffnahme der B-Aktivitäten ergibt nur noch einen degressiven Ertragszuwachs. Noch degressiver steigt der Ertrag mit der Bearbeitung der C-Aktivitäten. Damit stellt bei der Priorisierung gemäß der ABC-Analyse der **Ertrag von Aktivitäten** eine **Wurzelfunktion des Aufwands von Aktivitäten** dar.

37 **b) Aufteilung des Zeitbudgets.** Unter der Prämisse, daß ca. **60% der Zeit verplant** werden und **40% der Zeit als Puffer** für spontane und unerwartete Aufgaben reserviert bleiben sollten, sowie ausgehend von einem 10-Stunden-Tag, ergibt sich daraufhin folgende optimale Aufteilung des Zeitbudgets in Rechtsanwaltskanzleien (orientiert am Zielerreichungsbeitrag):
– Knappe vier Stunden (234 Minuten/65%) sollten für A-Aktivitäten verplant werden.
– Eine gute Stunde (72 Minuten/20%) sollte für B-Aktivitäten eingeplant werden.

---

[8] Vgl. *Ott*, 1987, 71.
[9] Vgl. *Ott*, 1987, 73.
[10] Vgl. *Schweitzer*, 1997, 71.

– Eine knappe Stunde (54 Minuten/15%) sollte für die Bearbeitung von C-Aktivitäten eingeplant werden.

II. Durchführung

Gegenstand der zweiten Stufe ist die Durchführung der geplanten Aktivitäten. Selbst der beste im Rahmen der ersten Stufe erarbeitete Plan trägt nicht zu einer Nutzensteigerung bei, wenn er nicht oder nur in unzureichendem Maße umgesetzt wird. Damit das bisher Gelesene nicht lediglich als Denkanstoß fungiert, sondern auch im täglichen Arbeitsablauf umgesetzt wird, wird hier ganz bewußt auf eine abstrakte Darstellung dieser Phase verzichtet. Ziel ist es vielmehr, einfache Merksätze abzuleiten, welche die Umsetzung der in der ersten Phase erarbeiteten Vorsätze erleichtern. Oberster Merksatz ist, daß noch heute damit angefangen werden sollte, die in Stufe 1 dargestellte Planung zu erstellen. Daraufhin sollten die geplanten Aktivitäten realisiert werden. Dabei kann auf folgende Punkte zurückgegriffen werden, die eingeteilt in die Kategorien Tagesbeginn, Tagesablauf und Tagesschluß als Merksätze fungieren können:[11] **38**

1. Tagesbeginn

– Mit positiver Einstellung den Tag beginnen. **39**
– Ohne Hast in die Kanzlei gehen. In diesem Zusammenhang sollte der Rechtsanwalt überdenken, ob er nah genug am Arbeitsplatz wohnt und das geeignete Verkehrsmittel wählt.
– Der Arbeitsbeginn sollte möglichst zu konstanten Zeiten erfolgen.
– Der am Abend zuvor erstellte Zeitplan sollte noch einmal durchgegangen werden und notwendige Korrekturen vorgenommen werden.
– Danach sollte der Zeitplan mit der Sekretärin abgestimmt werden.
– Die A-Aktivitäten sollten am Morgen in Angriff genommen werden.

2. Tagesverlauf

– Es sollte versucht werden, festgesetzte Termine, die nicht in den Zeitplan passen, zu verlegen. Insbesondere gilt dies für regelmäßige Treffen. **40**
– Es ist darauf zu achten, daß aus einmaligen Terminen nicht weitere Verpflichtungen entstehen, die eine Reihe von Folgeaktivitäten nach sich ziehen. Insbesondere sollten solche Termine konsequent abgesagt werden, die nicht zur Erfüllung der eigenen Zielsetzung beitragen. **41**

3. Tagesschluß

42 – Unerledigte C-Aktivitäten, wie z. B. die Bearbeitung der Post, das Diktieren von Briefen oder das Verfassen von Gesprächsnotizen sollte nicht auf den nächsten Tag verschoben werden. Am Folgetag wird dieser Arbeitsposten wahrscheinlich auf das doppelte Quantum angestiegen sein. Unerledigte C-Aktivitäten bewirken nur, daß das Zeitbudget eines Rechtsanwalts für die wichtigen A- und B-Aktivitäten reduziert wird. Ferner steigt durch das erneute Einlesen in die Vorgänge des Vortags die Zeit überproportional, die für das Abarbeiten der Routinegänge benötigt wird. Deshalb sollten die C-Aktivitäten am Tagesende zügig bearbeitet werden. **42**
– Auf der Heimfahrt kurz die positiven Aspekte des Tages Revue passieren lassen. **43**
– Regelmäßige sportliche Betätigung verbessert die physische und psychische Leistungsfähigkeit und beugt Krankheiten vor. Auch hier gilt: Lieber regelmäßig Sport in kleinen Einheiten betreiben (ca. 15 Minuten täglich), als ab und zu die sportliche Betätigung zu übertreiben. **44**
– Die Zielerreichung und eventuelle Abweichungen kontrollieren. **45**

[11] Diese Darstellung lehnt sich an *Seiwert*, 1997, 161ff an.

III. Kontrolle

46 „Kontrolle ist ein geordneter, laufender, informationsverarbeitender Prozeß zur Ermittlung und Analyse von Abweichungen zwischen Plangrößen (Prognose- und Vorgabegrößen) und Vergleichsgrößen."[12]

47 Jeder Rechtsanwalt sollte insbesondere am Ende eines Tages, Quartals und Jahres ein Resümee über die vergangene Zeit ziehen. Dabei sind folgende Fragen zu beantworten: Waren die Ziele für diesen Zeitabschnitt realistisch gesetzt? Konnten die Ziele erreicht werden? Welche Faktoren haben einer Zielerfüllung entgegengewirkt? Um diese Fragen beantworten zu können, bedarf es der Durchführung der drei Schritte Sollanalyse, Istanalyse und Soll-Ist-Vergleich.

1. Sollanalyse

48 Im Rahmen der Sollanalyse ist die in Rdn. 6ff. beschriebene Phase der Zielsetzung heranzuziehen. Je nachdem, zu welchem Zeitpunkt die Kontrolle durchgeführt wird, ist zu untersuchen, welche 1-Jahresziele, Quartalsziele bzw. Tagesziele zugrunde lagen und wie diese quantifiziert wurden. Auf der Stufe der Kontrolle wird deutlich, wie wichtig es ist, die Ziele operationalisierbar zu machen. Die Erfüllung des Ziels, die Mandantenbeziehungen besser zu pflegen, ist beispielsweise nicht kontrollierbar. Die Erreichung des Ziels, jeden wichtigen Mandanten monatlich mindestens einmal persönlich oder telefonisch zu sprechen, ist hingegen sehr genau meßbar.

2. Istanalyse

49 Hauptbestandteil der Istanalyse ist, die wöchentlich und täglich wiederkehrenden Tätigkeiten in einer Liste aufzuführen und jeder Tätigkeit die wöchentliche bzw. tägliche Ist-Zeit zuzuordnen. Danach sind die Tätigkeiten den 1-Jahreszielen, Quartalszielen bzw. Tageszielen zuzuordnen. Lassen sich einzelne Tätigkeiten keinen Zielen zuordnen, so sind die Tätigkeiten in Zukunft nicht mehr durchzuführen. Dadurch wird vermieden, daß der einzelne Rechtsanwalt nach einer gewissen Zeit feststellen muß, daß er dem, was er bisher im Leben erreichen wollte, kaum näher gekommen ist, obwohl er sehr hart gearbeitet hat.

3. Soll-Ist-Vergleich

50 Im Rahmen des Soll-Ist-Vergleichs ist die Ist-Zeitbelastung mit der geplanten Soll-Zeitbelastung bezogen auf die einzelnen Aktivitäten abzugleichen. In diesem Zusammenhang ist zu untersuchen, was passiert, wenn die aufgelistete Tätigkeit ersatzlos gestrichen, delegiert oder innerhalb einer kürzeren Zeitspanne durchgeführt wird. Wenn die Änderung keine gravierende Auswirkung auf die Tätigkeit hat, so ist die Tätigkeit entsprechend zu streichen, delegieren oder in kürzerer Zeit zu erledigen. Danach ist zu untersuchen, wie die gewonnene Zeit unter Prioritätsaspekten sinnvoll verwendet werden kann.

51 Bei der Planung des Zeitmanagementprozesses ist darauf zu achten, daß die Stufe **„Kontrolle" frühzeitig durchgeführt** wird. Liegt beispielsweise ein Jahresplan vor, so sollten mindestens am Quartalsende Kontrollprozesse in Gang gesetzt werden, um noch rechtzeitig notwendige Korrektur- und Steuerungsmaßnahmen einleiten zu können.

52 Am Ende des Soll-Ist-Vergleichs kann eine Bewertung des Tages, Quartals oder Jahres vorgenommen werden, indem eine Punktzahl zwischen 1 und 10 zugeordnet wird. Die Ziffer 1 bedeutet, daß in dem Zeitabschnitt Mißerfolg, Ärger und Fehlleistungen dominierten. Demgegenüber drückt die Ziffer 10 aus, daß der Rechtsanwalt in dem bewerteten Zeitabschnitt sehr erfolgreich war und alle gesteckten Ziele erreichen konnte.

---

[12] Vgl. *Schweitzer*, 1997, 99.

C. Ergebnisse

Ziel dieses Beitrags ist es, dem Rechtsanwalt ein Instrumentarium zur Verfügung zu stellen, wie er durch Zeitmanagement seinen Nutzen maximieren kann, um dadurch sein Berufsleben effizienter und erfolgreicher gestalten zu können. Sicherlich ist für ein erfolgreiches Berufsleben eine Reihe von Instrumenten notwendig. Ein zentraler Punkt stellt allerdings das konsequente Management der täglich zur Verfügung stehenden 24 Stunden dar. 53

Der hier vorgestellte Zeitmanagementprozeß gliedert sich in die drei Schritte Planung, Durchführung und Kontrolle. 54

Im Rahmen der **Planung** nehmen die Analyse der eigenen Ziele und ihrer Ausprägungen eine zentrale Stellung ein. Dabei ist die Priorität von langfristigen gegenüber kurzfristigen Zielen zu beachten. Zuerst ist das eigene Lebensziel zu analysieren und danach, ob und inwieweit die Tages-, Quartals-, Jahres- oder 5-Jahresziele zu dessen Realisierung beitragen. 55

Bei der **Durchführung** ist darauf zu achten, daß A-Aktivitäten (dringende und wichtige Tätigkeiten) als erstes am Morgen bearbeitet werden. Danach sollten die B-Aktivitäten (wichtige, aber weniger dringende Tätigkeiten) und anschließend die C-Aktivitäten (zwar dringende, aber weniger wichtige Tätigkeiten) durchgeführt werden. 56

Eine **Kontrolle** sollte nicht nur nach der Beendigung der Durchführung in den Zeitplanungsprozeß eingebaut werden. Insbesondere bei langfristigen Zielen sind nach dem Abarbeiten aller wichtiger Meilensteine die erzielten Ergebnisse zu kontrollieren. 57

§ 34 Fristenmanagement

Dr. Brigitte Borgmann★

Übersicht

Schrifttum: *Borgmann/Haug,* Anwaltshaftung, C. H. Beck, 3. Aufl. 1995; *Borgmann,* Der Anwalt und sein Büro, lfd. Mitteilungen in Mitteilungen der Bundesrechtsanwaltskammer seit Heft 1/98; *dies.,* Beck'sches Rechtsanwaltshandbuch 1999/2000, Kap. K 2; *Büttner,* Wiedereinsetzung in den vorigen Stand, Deutscher Anwaltsverlag, 1996; *Hartung/Holl,* Anwaltliche Berufsordnung, 1997; *Müller,* Die Rechtsprechung des BGH zur Wiedereinsetzung in den vorigen Stand, NJW 1993, 681 ff.; NJW 1995, 3224 ff.; NJW 1998, 497 ff.

★ Rechtsanwältin in München, über 30 Jahre lang leitend in der Abteilung Berufshaftpflichtversicherung der Rechtsanwälte und Notare bei der Allianz Versicherungs AG in München tätig.

A. Grundsätze und Hilfsmittel

I. Hilfsmittel

1. Fristenkontrolle als anwaltliche Aufgabe

1 Die Schaffung und Aufrechterhaltung eines Systems zur Erfassung und Wahrung von Fristen, also das **Fristenmanagement**, ist eine **originär anwaltliche Aufgabe**. Die ständige Rechtsprechung des BGH zur Wiedereinsetzung in den vorigen Stand belegt dies deutlich.[1] Überwiegend werden Wiedereinsetzungsanträge abgewiesen, weil für die Fristversäumung nicht nur ein Ausführungsfehler des Personals, sondern auch ein anwaltlicher Organisationsmangel ursächlich war.[2] Dieser wird der Partei nach § 85 Abs. 2 ZPO zugerechnet. In zahlreichen Gerichtsbeschlüssen werden Verstöße gegen die Organisationspflicht des Anwalts jeweils akribisch aufgelistet. Sie sind nur schwer zu einer einigermaßen vollständigen Büroordnung zusammenzufügen; gleichwohl ist es für die Anwaltschaft zwingend, diese Vorgaben der Rechtsprechung zu beachten.

2 Immer wieder wird der Grundsatz erwähnt, der Anwalt müsse **alles ihm Zumutbare** unternehmen, damit Fristen gewahrt werden.[3] In früheren Jahren befand der BGH, das vernünftigerweise zuzumutende Maß an Vorsicht und Sorgfalt verlange „mehr als eine Tätigkeit, die nur darauf abzielt und gerade ausreicht, bei regel- und ordnungsmäßigem Gang der Dinge die Notfrist noch zu wahren."[4] Gerade der Anwalt müsse damit rechnen, „in seinem Büro könnten an einem Tag einmal so vielerlei Dinge zusammenkommen, daß die Arbeit nicht an dem betreffenden Tage mehr erledigt werden könne" – wie außergewöhnlich lange Termine oder unaufschiebbare Besprechungen. Der BGH argumentiert damit für die Notwendigkeit, eine Vorfrist im Kalender einzutragen.

3 Wenn auch das Wiedereinsetzungsrecht seit dem 1. 7. 1977[5] nicht mehr nur bei unabwendbarem Zufall, sondern schon bei fehlendem Verschulden des Anwalts Wiedereinsetzung gewährt, so sind doch die Anforderungen an die anwaltliche Büroorganisation kaum gelockert worden. Die äußerste Sorgfalt kann zwar nicht mehr verlangt werden,[6] es reicht jetzt aus, wenn ein Anwalt die übliche, von einem ordentlichen Anwalt zu fordernde Sorgfalt bei der Behandlung von Fristen oder generell bei der Organisation seines Büros anwendet.[7] Doch ist dies kaum weniger, als vor dem 1. 7. 1977 gefordert wurde. Die Formel ist ausfüllungsbedürftig und läßt viel Wertungsspielraum.

4 Dem Mandanten gegenüber fällt die Kontrolle und Wahrung der Fristen in den **ureigenen Aufgabenbereich des Anwalts.**[8] Er hat dafür zu sorgen, daß die Rechte des Mandanten

---

[1] S. dazu *Borgmann/Haug*, Anwaltshaftung, Rz. XIII 13ff.; *Müller G.*, NJW 1993, 681ff. u. explizit BGH, NJW 1988, 2804.

[2] Z. B. BGH, VersR 1980, 871: In der Kanzlei des Prozeßbevollmächtigten war weder ein Postausgangsbuch geführt, noch Abgang von Schreiben in der Handakte vermerkt... Der Postabgang wurde meist von Auszubildenden ohne ständige Aufsicht erledigt. Darin sieht das Berufungsgericht zu Recht einen schuldhaften Organisationsmangel in der Anwaltskanzlei der Prozeßbevollmächtigten, den diese sich zurechnen lassen müssen..; oder: BGH, VersR 1975, 1005: Wenn der Anwalt sein Büro nicht, was ihm freisteht, so organisiert, daß er von seinem Personal auf den drohenden Fristablauf rechtzeitig aufmerksam gemacht werden kann, dann wahrt er die vom Gesetz verlangte Sorgfalt nur, wenn er den Fristablauf von vornherein so aktenkundig macht, daß er – oder im Fall einer unvorhergesehenen Abwesenheit sein Vertreter – ihn im Fristenkalender und auf den Handakten ohne weiteres vermerkt findet.

[3] Z. B. nur BGH, NJW-RR 1998, 786 bezüglich der Feststellung des Zustellungsdatums.

[4] BGH, LM 1952, Nr. 12 zu § 233 ZPO.

[5] BGBl. 1976 I, 3281 (Vereinfachungsnovelle).

[6] BGH, VersR 1979, 159; VersR 1982, 495.

[7] BGH, std. Rspr. seit BGH, VersR 1979, 960; VersR 1982, 495; vgl. dazu *Vollkommer*, FS *Ostler*, 97ff.

[8] BGH, NJW 1992, 820.

gegen Verfristung jeder Art gesichert werden. Dazu gehören nicht nur die wiedereinsetzungsfähigen Prozeßfristen, sondern auch die durch Wiedereinsetzung in den vorigen Stand nicht zu rettenden Verjährungs- und Ausschlußfristen. Selbst wenn der Mandant ein Wirtschaftsunternehmen oder eine öffentlich-rechtliche Körperschaft mit eigener Rechtsabteilung ist und in der Lage gewesen wäre, den Fall selbst unter Kontrolle zu halten, kann der Anwalt sich in der Regel nicht einmal auf deren Mitverschulden berufen.[9] Fristenwahrung und die entsprechende Organisation hierzu gehört zu seinen Pflichten aus dem Mandat.

2. Prioritäten

Der vom BGH dem Anwalt stets angesonnene **sicherste Weg**[10] läßt ihm wenig Spielraum, soweit es um Fristen geht. Das geräumige Einhalten der kürzest denkbaren Frist verdient immer den Vorzug vor einer Ausschöpfung längerer Fristen, etwa der Regelverjährung des § 195 BGB. Es sei nur daran gedacht, wie unübersichtlich die Rechtsprechung zur Verjährung von Ansprüchen aus positiver Vertragsverletzung sich wegen deren Abgrenzung zur Sachmängelhaftung des BGB gestaltet: nur in seltenen Fällen kann auf die Regelverjährung zurückgegriffen werden.[11] Es gilt also, die kurze Verjährung zu erkennen, büroorganisationsmäßig festzuhalten und zu wahren. Dies ist auch deshalb wichtig, weil der Anwalt gehalten ist, dem Gericht vermeidbare Verjährungsfragen fernzuhalten, wenn er nicht für dessen eventuellen Irrtum über den Fristablauf haften will.[12] 5

Vorkehrungen für eine **sichere Fristwahrung gehen** deshalb allen anderen Kanzleizielen **vor**: Kostengünstigkeit und Rationalisierung gehen nach. Vereinfachung von Weisungen unter Inkaufnahme einer gewissen Fehlerquote kommt für den Anwalt, der seine beruflichen Pflichten so ernst nimmt, wie § 43 BRAO es postuliert, nicht in Frage. Wer sich an die Vorgaben der Wiedereinsetzungsrechtsprechung hält, muß etwas umständlich, aber im Interesse der Sicherheit planen und organisieren.[13] Das kann im Endeffekt sogar kostengünstiger sein, wenn er sich langwierige Wiedereinsetzungsverfahren oder eigene Regreßgefahren und Haftung spart. Rechtzeitige Fristenplanung erleichtert auch ein funktionierendes Zeitmanagement – und umgekehrt.[14] 6

Wo die Grenze zur **Überorganisation** zu ziehen wäre, ist schwer vorherzusagen. An mögliche Unregelmäßigkeiten und Zwischenfälle muß der Anwalt denken. Sichert er alles mehrfach ab, so könnte dies in überobligatorischer Weise sorgfältig sein. Es verschärft, wenn alle getroffenen Sicherheitsregeln versagen, die geforderte übliche Sorgfalt nicht. Wiedereinsetzung wird bei besonders hoher Sorgfalt nicht erschwert.[15] Andererseits haftet der Anwalt in allen Fällen, die sich durch Wiedereinsetzung nicht wieder gut machen lassen, natürlich gemäß § 278 BGB auch für Fehler seines Personals. Hier hilft ihm die überobligatorische Sorgfalt sicherlich besser zur Einhaltung der geforderten Standards. 7

---

[9] BGH, NJW 1992, 820.

[10] S. dazu *Borgmann/Haug*, Anwaltshaftung Rz. IV 113ff.

[11] BGH, NJW 1992, 1754: 30jährige Verjährung bei arbeitsteiliger Herstellung und mangelhafter Kontrolle; NJW 1989, 2118 wegen pVV bei Verwechslung von Normal- und Superbenzin; jedoch BGH, NJW 1986, 2307 für pVV bei fehlerhaftem Ölwechsel.

[12] In der Entscheidung BGH, NJW 1996, 48 haftete der Anwalt für den Irrtum des OLG über die sog. Sekundärverjährung (§ 51 b BRAO) gegenüber einem anderen Anwalt. Es sei – so der BGH – seine Pflicht gewesen, die Regreßklage innerhalb der Primärverjährung einzureichen, um einem Irrtum des Gerichts über die Sekundärverjährung vorzubeugen.

[13] Besonders akribisch soll die Weisung zur Anbringung eines Erledigungsvermerks für Fristeintragungen sein: der Anwalt muß anweisen, *zuerst* die Frist im Kalender einzutragen und dann erst den Erledigungsvermerk auf dem Schriftsatz, als ob das nicht der Sache nach schon selbstverständlich wäre. Aber nur dann kann er sich auf die Fristnotierung unbesehen verlassen, BGH, NJW-RR 1992, 826.

[14] S. dazu unter § 33.

[15] BGH, NJW 1992, 1047; NJW 1998, 2676, dazu *Borgmann*, BRAK-Mitt. 1998, 171. Der Anwalt hatte sich sechsfach abgesichert.

3. Wege und Mittel zur Organisation der Fristsachen

8 **a) Eigene Aufmerksamkeit gegenüber Fristen.** Es gibt – auch wenn man sich zum Ziel der Kanzlei macht, Prozeßmandate nicht zu führen – in jedem Mandat Fristen, über deren Lauf man sich von Anfang an, evtl. schon vor Mandatsannahme, klar werden sollte. Das Recht, von einem anderen ein Tun oder Unterlassen zu verlangen, unterliegt nun einmal – § 194 BGB – der Verjährung. Hierbei sind Gesetz und Rechtsprechung zu beachten,[16] auch Übergangsrecht kann beachtlich sein, ebenso das europäische Recht.[17] Auch an Verwirkungstatbestände ist zu denken.

9 Droht bei Mandatsannahme **baldiger Fristablauf**, so ist der Anwalt gehalten, besonders schnell zu agieren. Er darf sich, wenn es sich um eine bereits laufende erkennbar kurze Prozeßfrist handelt, auf die Angaben des Mandanten auch nicht sicher verlassen, sollte vielmehr sofort unmittelbar bei Gericht anfragen.[18]

10 Die errechnete **Frist** sollte **in der Handakte** an immer gleicher Stelle **eingetragen** werden.[19] Das verschafft dem Anwalt die Möglichkeit, sich über drohenden Fristablauf schnell informieren zu können, wenn er die Akte in die Hand nimmt. Die Frist sollte – z. B. bei Verjährungsfristen oder nach Klageerhebung und Verfahrensstillstand (§ 211 Abs. 2 BGB) – weitergeführt werden. In den Kalender gehört die Frist mit einer ihrer Art entsprechenden Vorfrist.

11 **b) Einsatz von Organisationsmitteln und Personal.** Laufende Fristen kann und soll der Anwalt nicht im Kopf behalten.[20] Hierfür ist der **Kalender** da; die **Handakte** soll zumindest alle erhaltenen Aufträge enthalten.[21] Beides sind **Organisationsmittel**, die in jeder Anwaltskanzlei unentbehrlich sind; die tägliche Kontrolle des Fristenkalenders wird von der Rechtsprechung des BGH vorgeschrieben.[22]

12 Zusammen mit dem Personal, den Organisationsmitteln, seiner eigenen Arbeitskraft und evtl. der seiner Sozien und den Kommunikationsmitteln wie Telefon, Telefax, der Post-AG mit ihren Diensten sowie weiteren Hilfsmitteln, wie dem Personalcomputer (PC) samt Zubehör muß ein **funktionierender Organismus** geschaffen werden, der sinnvolle Arbeitsabläufe erlaubt. Der Einsatz von Mitteln und Personal wird vom Anwalt gesteuert. Dies geschieht durch Weisungen.[23] Sie können mündlich oder schriftlich, generell oder individuell konkret ergehen.

II. Mittel der Büroorganisation

1. Die Handakte

13 **a) Sammler von Vorgängen.** Das gebräuchlichste Arbeitsinstrument und gleichzeitig Organisationsmittel des Anwalts ist die Handakte. Sie ist ein Konglomerat, ein Behältnis für Unterlagen, ein Mittel, sich zu erinnern, eine systematische Sammlung von Vorgän-

---

[16] Nach der Rechtsprechung richtet sich bei Kaufverträgen über Grundstücke mit neuer Bebauung, auch wenn das Haus schon fertiggestellt ist, die Gewährleistung für Baumängel nicht nach Kaufrecht, sondern nach Werkvertragsrecht mit entsprechender fünfjähriger Verjährung, BGH, NJW 1984, 2573 u. a.

[17] Vgl. BGH, NJW 1998, 1860.

[18] So, wenn gegen den Mandanten schon ein Versäumnisurteil ergangen ist: der Anwalt darf sich dabei nicht einmal auf einen aus dem Gedächtnis mitgeteilten Zustellungszeitpunkt verlassen, BGH, NJW-RR 1995, 825; Anfrage wegen Zustellung bei Gericht verlangt auch BGH, NJW-RR 1998, 786.

[19] Auch bei elektronisch geführten Akten besteht diese Möglichkeit und sollte genutzt werden.

[20] S. dazu u. Rdn. 27. Der Anwalt darf sein Gedächtnis entlasten, BGH VersR 1971, 131; auch das seiner Mitarbeiter, BGH, VersR 1979, 961; über mehrere Tage muß der Anwalt einen Vorgang nicht im Gedächtnis behalten, BGH, NJW-RR 1993, 1213 (1215).

[21] Eingeheftet, nicht auf losen Zetteln, BGH, VersR 1978, 1116; VersR 1978, 841.

[22] BGH, NJW-RR 1992, 1277; NJW 1996, 1540.

[23] S. dazu unten Rdn. 71 ff. u. Rdn. 135 ff.

gen, eine Unterlage für Abrechnungen, eine Kontrollmöglichkeit für das Finanzamt. § 50 Abs. 1 BRAO stellt in der seit 2. 9. 1994 geltenden Fassung[24] die Anforderung an den Anwalt, er müsse durch Anlegung von Handakten ein geordnetes Bild über die von ihm entfaltete Tätigkeit geben können.[25] In den übrigen Absätzen definiert § 50 BRAO die Handakte vor allem unter dem Aspekt der Herausgabepflicht deutlich anders als vorn in Abs. 1. § 50 Abs. 4 BRAO entspricht eher der Eigentumslage.

Die Rechtsprechung verlangt, daß alle für das Mandat wichtigen Vermerke in der Akte eingeheftet werden. Das ist für die eigene Gedächtnisstütze und zur Substantiierung der eingehaltenen Mandatspflichten unentbehrlich.[26] Es gibt allerdings keine Rechtspflicht, über ein Gespräch mit dem Mandanten einen Vermerk anzufertigen, wenn es sich nicht um einen weiterführenden Auftrag handelt. Er wäre deshalb auch nicht herausgabepflichtig nach § 50 Abs. 4 BRAO.[27] Für den Anwalt ist er jedoch nicht nur bei Regreßansprüchen, sondern auch bei der Mandatsweiterführung wertvoll und sollte gemacht werden. 14

In der Literatur gibt es Stimmen, nach denen die Akte auch *paginiert* werden müsse.[28] Das ist sicher übertrieben, aber eine zeitliche Abfolge scheint zweckmäßig, auch für die Nachweisfunktion. 15

Schließlich speichert die Akte auch noch die im Mandat wesentlichen – zustellungsfähigen – Adressen des Mandanten, des Gegners und seines anwaltlichen Vertreters und der jeweils zutreffenden Gesellschaftsform. Dieser Teil kann auch per PC gesondert gespeichert werden; er erfordert in jedem Fall selbständige Pflege und Berücksichtigung von Veränderungen. Nur so ist im Fall einer unmittelbar ablaufenden Frist gewährleistet, daß die richtigen Parteien in eine Klage einbezogen werden und die Zustellung demnächst (§ 270 Abs. 3 ZPO) gelingt. 16

b) Mittel zur Steuerung von Abläufen. Im Zusammenhang mit der Büroorganisation interessieren weniger die Eigentumsverhältnisse an der Handakte als die Möglichkeiten der Lenkung und Steuerung von Abläufen, die von der Handakte geboten werden. 17

Es sind zunächst die **Wiedervorlagen**, die mittels Fristreitern direkt bewerkstelligt werden können. Sie werden an üblicher Stelle, meist auf dem Deckblatt, verfügt. Es gibt unterschiedliche Möglichkeiten auf dem Markt hierfür. 18

Die vorgelegte Akte erfordert **Fristprüfung**, und zwar sofort.[29] Damit wird also die Tätigkeit des Anwalts angesteuert.[30] 19

Mit der Verfügung des Anwalts gelangt die Akte ins Büro und steuert dort weitere Vorgänge an. Sie sollte von da aus so schnell wie möglich an ihren Platz im Schrank zurückgelangen, damit sie für weitere Vorgänge verfügbar ist und nicht zeitintensiv gesucht werden muß. 20

Die Akte enthält auch **Fristen**: Der Frist**anfang** nach Zustellung gegen Empfangsbekenntnis gehört hinein,[31] auch das errechnete Frist**ende**. Das ermöglicht dem Anwalt die erforderliche Prüfung, ob die Frist, die er wahren muß, überhaupt noch offen ist. 21

Zweckmäßigerweise enthält die Akte an stets gleicher Stelle immer die aktuelle einzuhaltende materiell-rechtliche oder/und prozessuale Frist. Es gibt dabei Verjährungs- und Ausschlußfristen, Rechtsmittelfristen, Schriftsatzfristen und manches andere. Auch dies ermöglicht dem Anwalt schnelle Orientierung, wieviel Zeit er maximal zur Verfügung hat, wenn er die Akte erhält. Über die einzuhaltenden Fristen sollte sich der Anwalt unverzüglich nach Mandatsannahme orientieren. 22

---

[24] BGBl. 1994 I, 2278.

[25] Dabei bleibt allerdings zweifelhaft, wem diese Rechenschaft zu geben ist: wohl nur der Rechtsanwaltskammer gem. § 56 BRAO.

[26] BGH, VersR 1978, 841.

[27] *Borgmann*, AnwBl. 1998, 95 f.

[28] *Henssler/Prütting/Schaich*, BRAO, § 50 Rz. 7; a. A. richtig *Hartung/Holl-Nerlich*, Vor § 17 Rdn. 54.

[29] BGH, std. Rspr., NJW 1992, 851; NJW 1997, 1311.

[30] S. dazu unten Rdn. 125 ff.

[31] S. dazu unten Rdn. 103.

23 c) **Mittelpunkt eines Vorlagesystems.** Wer es komfortabel haben möchte, kann die Handakte zum Mittelpunkt eines Vorlagesystems machen. Er läßt Wiedervorlagen, Posteingänge und Fristsachen in drei gesonderten Ablagen vorlegen. Dabei gibt es eine Reihenfolge der Wichtigkeit, die eingehalten werden muß. Am wichtigsten sind Fristsachen, danach kommen Posteingänge, Wiedervorlagen erst zum Schluß. Wiedervorlagen mit Posteingängen werden bei den Posteingängen vorgelegt, Fristsachen mit Posteingängen gehören zu den Fristsachen. Dies muß möglichst genau verfügt werden.

24 Die getrennte Vorlage ermöglicht dem Anwalt, die Fristsachen zuerst abzuarbeiten und für die Wiedervorlagen kurze Zwischenzeiten zu nutzen. Erfolgt der Ausgang der Akten ebenso getrennt nach Wiedervorlagen/Post/Fristsachen, erleichtert dies die Arbeit für das Personal und beschleunigt den Aktendurchlauf.

25 Der Anwalt kann bei konsequenter Durchführung seinen Arbeitstisch für die einzige gerade bearbeitete Akte freihalten. Er braucht allerdings eine **gesonderte Ablage** für Akten, über die er **nachdenken** will und muß darauf achten, daß keine eiligen Sachen darunter sind.

2. Der Fristenkalender

26 a) **Gedächtnisfunktion.** Ebenso wie die Handakte ist der **Fristenkalender** für alle Anwälte **unabdingbar**. Er dient der Kontrolle aller an einem Tag ablaufenden Fristen,[32] ohne daß man die Akten durchzuprüfen braucht. Er ersetzt insoweit auch das Gedächtnis des Anwaltes und das seiner Mitarbeiter.[33] Mit dem Fristenkalender werden die Vorgänge zeitlich so gesteuert, daß sie rechtzeitig erledigt werden können. Er sichert die Zuverlässigkeit der anwaltlichen Arbeit.

27 b) **Inhalt und Form.** Eine Form für den Kalender ist nicht direkt vorgeschrieben. Es müssen in ihm jedoch alle Fristen so eingetragen sein, daß sich **wichtige** von **unwichtigen** unterscheiden. Dies, um die Aufmerksamkeit für wirklich wichtige Fristen zu schärfen.[34]

28 **Vorfristen** allein reichen nicht.[35] Es muß stets die **Endfrist** für den Ablaufstag eingetragen sein,[36] nicht der Samstag oder Sonntag davor,[37] auch wenn die Frist dann rechnerisch enden würde. Der **Fristanfang** gehört hingegen **nicht** in den Kalender. Zusätzliche Vorfristen sind immer erforderlich, wenn für die Tätigkeit, die entfaltet werden muß, ein längerer Zeitbedarf besteht, z. B. für Rechtsmittelbegründungen oder Schriftsätze.[38]

29 Der **Fristeintrag** im Kalender ist spätestens immer dann nötig, wenn der Anwalt die Sache an das Personal zur Bearbeitung gibt, weil ihm sonst die Kontrolle über die Frist entgleiten würde.[39]

30 Der Kalender muß **täglich** darauf **kontrolliert** werden, ob alle eingetragenen Fristen erledigt sind.[40]

3. PC-Kalender

31 Auch ein EDV-gestützter Fristenkalender wird inzwischen von der Rechtsprechung anerkannt, ohne daß daneben noch ein herkömmlicher Papierkalender geführt werden muß. Allerdings gibt es **Vorbehalte**. Für die tägliche Fristenkontrolle ist der Papierkalender einfacher zu handhaben; die Benutzerführung ist im EDV-gestützten Kalender möglicherweise komfortabler. Voraussetzung für die Anwendung ist:

---

32 BGH, VersR 1977, 670.
33 BGH, VersR 1979, 961.
34 BGH, VersR 1983, 777.
35 BGH, VersR 1975, 1005.
36 BGH, VersR 1989, 104.
37 BGH, VersR 1986, 891; NJW-RR 1987, 900.
38 BGH, NJW 1994, 2551.
39 BGH, VersR 1979, 961.
40 BGH, NJW-RR 1992, 1277; NJW 1996, 1540; NJW-RR 1998, 1604.

- Kontrolle der erfolgten Eingaben über den Drucker, zumindest ein
- Fehlerprotokoll bei nicht angenommenen Eingaben.[41]
- Sicherstellung, daß, wenn die notierten und zu erledigenden Fristen nur einmal pro Woche ausgedruckt dem Anwalt vorgelegt werden, neue Fristen zusätzlich aufgenommen werden.[42]
- Insgesamt darf der elektronische Fristenkalender jedenfalls keine geringere Überprüfungssicherheit bieten als diejenige eines herkömmlichen Kalenders.[43]
- Vertragliche Regelungen mit einem Software-Spezialisten, der ggf. bei Störungen sofort eingreifen kann. Um dies zu veranlassen, muß der Anwalt für potentielle Störfälle Vorlage der Akte an sich verfügen.

In jedem Fall ist der Anwalt verpflichtet, das Programm zu prüfen und die Eingaben stets 32
ausreichend zu sichern. Zumindest muß die Möglichkeit bestehen, allabendlich zu prüfen, ob alle für diesen Tag notierten Fristen erledigt sind. Nicht alle Systeme haben das dafür erforderliche Fristentableau. Ersetzt man es durch **handschriftliche Erledigtvermerke** auf den ausgedruckten Fristenlisten, so hat man eine **Loseblattsammlung**, die jedenfalls früher von der Rechtsprechung nicht geduldet wurde, weil die einzelnen Blätter auch verloren gehen konnten.[44] Diese Fehlerquelle wurde bisher in der Rechtsprechung nicht angesprochen, der in Fußnote 43 genannte BGH-Beschluß spricht eher gegen eine bedenkenlose Verwendung eines PC-Programms. Welche Vorgaben die Rechtsprechung in Zukunft noch machen wird, ist bisher nicht vorhersehbar.

4. Das Telefax

a) Verwendbarkeit. Das Fax ist eine Möglichkeit zu schneller Kommunikation und hat 33
sich im Anwaltsbüro völlig durchgesetzt. Es ist vielseitig brauchbar und zur Verwendung von Schriftsätzen an Gerichte von Anfang an zugelassen. Das ist deshalb nicht selbstverständlich, weil die bei Gericht ankommenden Schriftsätze keine Originale, sondern Kopien sind, also auch nur kopierte Unterschriften aufweisen. Die Rechtsprechung aller Gerichtszweige hat aber die Faxübermittlung bestimmender Schriftsätze zugelassen, Gerichte und Behörden haben sich technisch inzwischen darauf eingerichtet.[45]

In anderen Fällen, in denen Schriftlichkeit vorgeschrieben ist, kann das Fax nicht 34
verwendet werden.

Unwirksam ist beispielsweise
- die Erteilung einer Bürgschaft per Fax;[46]
- der Schuldbeitritt eines Verbrauchers zu einem Finanzierungs-Leasingvertrag, Schriftform nach § 1 I 1 VerbrKrG;[47]
- die Vorlage einer Vollmacht im Prozeß;[48]
- die Abgabe formulargebundener Erklärungen, z. B. eines Mahnbescheids.[49]

Wirksam, aber **angreifbar** ist 35
- eine Kündigung mit gefaxter Vollmacht, wenn der Gegner sich unverzüglich darauf beruft (§ 174 BGB);[50]
- die Abgabe einer wettbewerbsrechtlichen Unterlassungserklärung. Der Wille zur Un-

[41] BGH, NJW 1995, 1756; NJW 1997, 327; NJW-RR 1997, 698; NJW 1999, 582.
[42] Ggf. handschriftlich: BGH, VersR 1996, 387.
[43] BGH, NJW 1999, 582; *Borgmann*, BRAK-Mitt. 1998, 10.
[44] BGH, VersR 1985, 766; VersR 1985, 1184.
[45] BGH, NJW 1986, 1759; BAG, NJW 1987, 341; BVerfG, NJW 1987, 2067.
[46] BGH, NJW 1993, 1126.
[47] BGH, NJW 1997, 3169.
[48] BGH, NJW 1994, 2298; BFH, NJW 1996, 871.
[49] LG Hagen, NJW 1992, 2036.
[50] OLG Hamm, NJW 1991, 1185.

terwerfung muß auf Verlangen des Gläubigers schriftlich bestätigt werden, sonst verliert die Faxerklärung ihre Wirkung.[51]
- Zustellungen per Fax durch Behörden und Gerichte dürften noch selten sein. Sie setzen voraus, daß der Empfänger an einen echten Zustellungswillen zweifelsfrei glauben konnte.[52]

36 Bei einem **persönlichen Mandat** eines Mandanten, dessen Faxgerät in der Firma steht, ist im übrigen die **Vertraulichkeit** zu beachten. Ein vorheriger persönlicher Anruf und Einverständnis des Mandanten mit der Faxübermittlung sind die – auch berufsrechtlichen – Voraussetzungen dieser Übermittlungsform.

37 **b) Eingangsquelle für Informationen.** Fax und oft auch e-mail haben Briefträger und Postfach schon weitgehend abgelöst. Die Büroorganisation muß darauf eingerichtet werden, daß unter viel zu zahlreichen Eingängen jederzeit eilige Eingänge sein können. Sofern noch ein Anwalt in der Kanzlei anwesend ist, sollten ihm Faxeingänge vorgelegt werden, damit zumindest die **Eilbedürftigkeit geprüft** werden kann. Die Ablage ins Postkörbchen für den nächsten Tag ist bei Eilsachen immer verkehrt. Da das Faxgerät im Empfangsbereich der Anwaltskanzlei ist, liegt Rechtsprechung nahe, die ihn selbst zur Überprüfung des Geräts verpflichtet.

38 Der VGH München hat verlangt,[53] daß eine Kanzlei mit vier Anwälten auch Mittwoch nachmittags zu gewöhnlichen Bürozeiten besetzt sein und ein um 15 Uhr eingegangenes Fax als **zugegangen** gelten müsse. Für gewöhnliche Bürozeiten können Anwälte mit derartiger Rechtsprechung auch dann rechnen, wenn sie weniger sind.

39 Man kann sich praktisch nur schützen, indem man das Gerät abschaltet, beispielsweise nachts. Rechtsprechung dazu, wie lange man als Anwalt auf Faxnachrichten außerhalb normaler Bürozeiten eingehen müsse, fehlt bisher. Der Faxteilnehmer, der keine Verbindung erhält, weiß immerhin, daß er es auf anderem Weg versuchen muß. Seine Verspätung ist sein eigenes Risiko. Das Fax ist andererseits, wenn man es abschaltet, auch für zeitversetztes Senden gesperrt.

40 **c) Postausgang per Fax.** Fristwahrende Schriftsätze an das Gericht bedürfen der Unterschrift in **handschriftlichem Duktus.**[54] Lange galt nur die Originalunterschrift als faxfähig; davon hat der BGH gelegentlich Abstand genommen. Auch ein angekommenes Fax kann wirksam weitergefaxt werden.[55] Das BSG ließ bei Übermittlung per PC-Faxmodem auch die bloße Namensangabe des Absenders der Kanzlei genügen;[56] dem OLG Karlsruhe genügt das nicht. Der BGH, selbst derselben Ansicht, stellt diese Frage in weiterer Instanz zur Entscheidung des gemeinsamen Senats der obersten Gerichtshöfe des Bundes.[57]

41 Fristwahrender Eingang bei Gericht ist im Normalfall erst **mit Ausdruck** erfolgt.[58] Nur wenn es hieran technisch hapert, genügt evtl. die Speicherung.[59] Um 0.02 Uhr ist es zu spät für die um 24 Uhr des Vortags ablaufende Frist.[60] Ist es wirklich allerletzter Moment, empfiehlt es sich, jede Seite zu unterschreiben und zu hoffen, daß sie eine noch gerade ausreichende Prozeßerklärung auch ohne die letzte Seite abgibt. Für ein **funktionierendes Gerät** ist die Behörde verantwortlich.[61] Während der BGH zunächst vom Anwalt

---

51 BGH, NJW 1990, 3147.
52 OVG Hamburg, NJW 1997, 2616; BFH, BB 1999, 303.
53 VGH München, NJW 1993, 1731.
54 BGH, NJW 1990, 188 u. std. Rspr. aller Gerichte.
55 BGH, NJW 1998, 762.
56 BSG, NJW 1997, 1254.
57 BGH, NJW 1998, 3649, Revisionsentscheidung zu OLG Karlsruhe, NJW 1998, 1650.
58 BGH, NJW 1994, 2097.
59 BGH, NJW 1994, 1881.
60 KG, NJW 1997, 1864.
61 BGH, NJW 1992, 244; NJW-RR 1997, 250.

verlangte, denkbare andere Übermittlungsmöglichkeiten zu suchen, wenn das Fax im Gericht nicht funktionierte: u. a. Telegramm mit Botenzustellung, Auftrag an ortsansässigen Kollegen, hat das Bundesverfassungsgericht solche Aktivitäten für nicht erforderlich erklärt.[62] Der vom Gericht eröffnete Zugang per Fax muß ohne Umweg gewährleistet sein und Anwälte, die für eine andere Übersendungsart noch Zeit haben, dürfen nicht schlechter behandelt werden als solche, die den ebenso zulässigen allerletzten Moment wählen. Eine andere Übermittlungsart ist also nur noch dann notwendig, wenn das eigene Faxgerät nicht funktioniert.

d) Weisungen für die Versendung von Schriftsätzen per Fax. Die Handhabung des Faxgerätes durch Bürokräfte erfordert detaillierte Anordnungen, die vor allem die Sicherung und Nachweisbarkeit des Postausgangs betreffen. Die Absendung kann durch zuverlässiges Personal erfolgen.[63] Der Anwalt sollte jedoch unbedingt die Weisung treffen, daß die Faxnummern **amtlichen Verzeichnissen zu entnehmen** sind.[64] Sie dürfen nicht bei der Auskunft erfragt werden, weil Verwechslungsgefahr besteht.[65] Das Ortsverzeichnis des DAV gilt als zuverlässige Quelle.[66] 42

In jedem Fall muß ein **Einzelsendebericht** abgewartet und verglichen werden.[67] Zu prüfen sind: 43

- ok-Vermerk
- Faxnummer[68]
- Seitenzahl
- eventuelle Fehlermeldungen.

Stimmt eines dieser Merkmale nicht, ist der gesamte Sendevorgang zu wiederholen. Besonders gefährlich können eingespeicherte Faxnummern sein. Das Personal sollte hier zu besonders sorgfältiger Prüfung angehalten werden, insbesondere zu einer **Plausibilitätskontrolle** bekannter Faxnummern des Gerichts. Gleichzeitig sollte das Personal angewiesen werden, auf die Unterschrift des Anwalts zu achten.

Friststreichung darf bei Faxversendung erst erfolgen, wenn das Fax versandt und der Sendebericht mit ok-Vermerk da ist.[69] Da bei besetzten Nummern meist nur drei Wahlwiederholungen erfolgen und das Fax dann auf dem Gerät vergessen werden kann, ist jede andere Handhabung viel zu gefährlich.[70]

5. Das Telefon

a) Sicheres Telefonieren. Noch gebräuchlicher als das Faxgerät ist die Kommunikation per Telefon, da vor allem private Mandanten eher mit Telefon als mit Fax ausgestattet sind. Auch dieses Gerät bedarf **organisatorischer Einbindung**. Es wird ganz typischerweise in allen Stadien eines Anwaltsmandates verwendet: bei der Mandatsanbahnung, bei Verhandlungen im Rahmen des Mandats, bei Beratung und auch bei ergänzenden Auskünften. Geregelt werden muß deshalb, wer welche (!) Auskünfte geben darf, wie dies zu notieren ist, wie ggf. **sicher telefoniert** werden muß und wie telefonische Nachrichten an den Anwalt selbst gelangen. 44

---

62 BVerfG, NJW 1996, 2857.

63 BGH, NJW 1994, 329; BVerwG, NJW 1998, 398.

64 BGH, NJW 1994, 1660 u. NJW 1994, 2300.

65 LG Hamburg, NJW 1997, 2188.

66 BGH, NJW-RR 1997, 952.

67 Er ist allerdings kein Beweis, nicht einmal ein Anscheinsbeweis, weil er leicht zu fälschen ist, BGH, NJW 1995, 665; BFH, BB 1999, 303.

68 Die Nummernüberprüfung muß angeordnet sein, selbst prüfen muß der Anwalt nicht, BGH, NJW 1995, 2105; VersR 1996, 778; anders BAG, NJW 1995, 2742. Er sollte aufmerksam werden, wenn er mit der auf dem Schriftsatz notierten Faxnummer niemals durchkommt und prüfen (lassen), BGH, NJW 1999, 583.

69 BGH, st. Rspr. seit NJW 1990, 187.

70 BGH, BRAK-Mitt. 1998, 71.

45 **b) Auftragsvergabe per Telefon.** Die Rechtsprechung verlangt bei **telefonischer Auftragserteilung**, z. B. eines Prozeßmandats, exakte Anweisungen an das Personal. Es muß sich vergewissern, daß der Auftrag richtig verstanden wurde. Die mitgeteilten Daten sollen daher zumindest vom Empfänger am Telefon wiederholt und auch notiert werden.[71] Gut ist es auch zu wissen und aufzuschreiben, mit wem man gerade telefoniert hat.

46 Am Telefon kann nur der **Anwalt selbst** einen **Auftrag annehmen.**[72] Für den Fall, daß er nicht erreicht werden kann, muß er anordnen, solche Aufträge möglichst wörtlich zu notieren und ihm gleich nach Rückkehr vorzulegen.[73] Von ihm selbst ist auch zu klären, wie schnell ein Gesprächstermin bei Mandatsannahme vergeben werden muß, um laufende Fristen zu wahren. Entsteht für den Mandanten zeitliche Bedrängnis, weil die Mandatsannahme hinausgeschoben wurde, könnte der Anwalt an der Mandatsablehnung evtl. durch cic gehindert sein.

47 Der beauftragende Anwalt soll sich selbst durch ein **persönlich geführtes Gespräch** überzeugen, ob der Auftrag angenommen wurde.[74] Davon kann er nur absehen, wenn er vor Fristablauf eine schriftliche Mitteilung hierüber erhält. Auch der Auftraggeber muß schreiben, trotz des Telefonats.[75] Zur Aufnahme in die Akten gehört eine entsprechende schriftliche Notiz. Die Notizzettel hierfür können formalisiert werden. Das gilt auch für Notizen im PC.

48 Ein gebundenes Buch, in das alle **ankommenden Anrufe** eingetragen werden, kann unter Umständen ein wichtiges Kontrollmittel für den Anwalt sein, um sich zeitnah immer zu unterrichten. Auch läßt sich damit nachweisen, daß und wann ein Mandant angerufen hat, oder, daß er es entgegen seinen Behauptungen nicht getan hat. Zum Nachweis geführter Gespräche kann auch die Aktendokumentation samt Zuordnung der Telefonrechnungen führen, die bei vereinbartem Zeithonorar ohnehin unerläßlich ist und deshalb keinen Mehraufwand darstellt.

49 Eine Enthaftung des Anwalts für fehlerhaft erteilte telefonische Auskünfte scheitert an § 51a BRAO und am AGB-Gesetz, die beide einen **Haftungsausschluß** nicht zulassen.[76] Telefonische Auskünfte bergen Gefahren, wenn sie ohne Akteneinsicht und ohne nähere Prüfung gegeben werden. Betreffen sie wichtige Fragen, empfiehlt sich jedenfalls schriftliche Bestätigung, um den Vertrauensschutz des Mandanten bezüglich eines möglicherweise ungenauen Telefonats zu zerstören.

50 **c) Eignung des Personals.** Es muß noch erwähnt werden, daß der BGH nicht alle Mitarbeiter des Anwalts für eine dauerhafte Bedienung des Telefons über längere Zeiträume akzeptiert. Über etwa 1 ½ Stunden Mittagspause sollte der Telefondienst nicht den Auszubildenden allein übertragen werden, ohne daß eine ausgebildete Bürokraft oder ein Anwalt anwesend sind.[77]

B. Verwaltung von Fristen

I. Organisation der Fristenverwaltung

1. Personaleinsatz Aufbauorganisation

51 Die Aufgaben in einer Anwaltskanzlei lassen sich vielfältig ordnen. Eine Analyse nach sorgfältiger Auflistung ergibt, welche Aufgaben wem zugeteilt werden können. Dabei

[71] BGH, VersR 1981, 959; NJW-RR 1991, 91; NJW 1991, 1892.
[72] BGH, VersR 1984, 166.
[73] BGH, VersR 1992, 819.
[74] BGH, VersR 1985, 962; VersR 1987, 589.
[75] BGH, NJW-RR 1991, 91.
[76] S. dazu *Borgmann/Haug*, Anwaltshaftung, Rdnr. VIII 40; *von Westphalen/Schäfer*, Vertragsrecht und AGB-Klauselwerk, Faszikel Rechtsanwälte, Rz. 80.
[77] BGH, VersR 1986, 1024; *Borgmann*, AnwBl. 1989, 85.

gibt es eine **Hierarchie der Zuständigkeit.** Die Aufbauorganisation legt fest, wer welche Aufgaben mit welchen technischen Mitteln zu lösen hat und wer wem gegenüber verantwortlich ist. Dies läßt sich graphisch in einem Funktionsdiagramm gut darstellen.

52 Es gibt Aufgaben, die nur der **Anwalt selbst** wahrnehmen kann. Das ist vor allem die **Rechtsberatung.** Er darf nicht dulden, daß sein nichtjuristisches Personal, etwa am Telefon, Rechtsauskünfte erteilt.[78] In Sozietäten oder anderen Anwaltsgesellschaften können und müssen die Zuständigkeiten für die Beratung auf gleicher Ebene untereinander verteilt werden. Das kann auch gestuft geschehen, etwa mit Teams, die bei großen Mandaten ad hoc gebildet werden und einen Teamführer haben, dem die anderen zuarbeiten.

53 Dem Anwalt selbst oder einem von ihnen obliegt auch die **Leitung der Kanzlei**, die Formulierung von Kanzleizielen, die Wahl der Organisationsform, der Grad organisationsmäßiger Strukturierung und all das, wovon in diesem Buch vielfach die Rede ist, z. B. auch die Akquisition von Mandaten. Hier ist bei sehr großen Anwaltsgesellschaften die Abgabe an einen Ausschuß oder sonstige Aufgabenteilung möglich.

54 Grob schematisch läßt sich die Aufgabenhierarchie so darstellen:

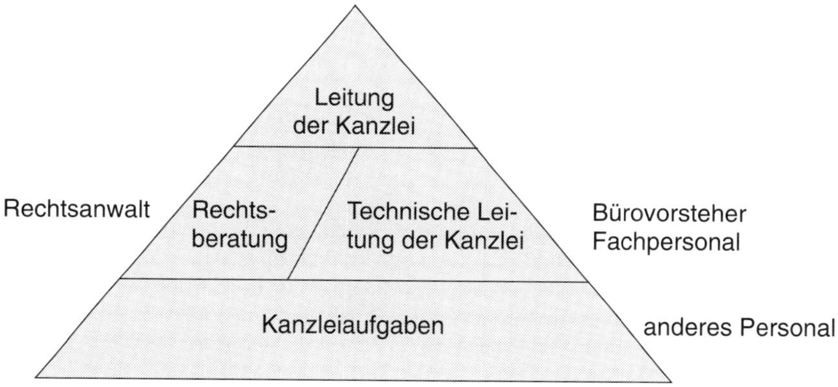

Abbildung 1: Aufgabenhierarchie

55 Auch die **Kanzleiaufgaben** sind nach ihrer Bedeutung und Schwierigkeit **gestuft**. So gibt es einfache Aufgaben wie Postabholung oder Botendienste, die auch zuverlässigen Auszubildenden übertragen werden dürfen. Es gibt schwierige, wie Fristberechnung, die nur hochqualifizierte Fachangestellte selbständig machen dürfen.[79] Es versteht sich, daß ein Stelleninhaber verschiedene Aufgaben übernehmen muß. Eine Stellenbeschreibung für jeden Mitarbeiter, die aus der Aufzählung all seiner Aufgaben besteht, ist zweckmäßig.[80] Sie kann immer fortgeschrieben werden.

56 Sie erleichtert auch die **Stellvertretung**, die ein Muß für eine geordnete Aufbauorganisation ist. Stehen nicht genügend qualifizierte Stellvertreter zur Verfügung, so fällt die entsprechende Aufgabe auf den übergeordneten Stellenträger zurück, ggf. also sogar auf den Anwalt.

2. Personaleinordnung Ablauforganisation

57 Die in der Aufbauorganisation festgestellten und zugeteilten Aufgaben werden zeitlich nacheinander bewältigt. Mit einer **Ablauforganisation**, die das zeitlich-räumliche Verhältnis ordnet, können Freiräume und Sicherheit der Aufgabenerledigung gewährleistet werden.

58 Oft finden wir nur eine **rudimentäre Strukturierung** vor. Gleichwohl ist eine Zeitpla-

---

[78] BGH, NJW 1981, 2741.
[79] S. dazu unten Rdn. 61.
[80] Eine gute erste Anleitung gibt *Tiling* in AnwBl. 1978, 85.

nung meist schon durch äußere Geschehnisse vorgegeben. Posteingang, Gerichtstermine und der abendliche Abschluß der Kanzleitätigkeit mit Vorlage zur Unterschrift, Unterschrift, Unterschriftskontrolle, Postausgang und Fristsreichung, bilden einen nicht umkehrbaren Tagesablauf. Es gilt, für jede Tätigkeit die richtige Zeitplanung aufzustellen, um reibungslosen Ablauf zu gewährleisten und Fristen wahren zu können. Nach Möglichkeit sollte die Zeitplanung für den einzelnen Aufgabenträger einen Freiraum von etwa 40% enthalten, der für Unvorhergesehenes in der Regel gebraucht wird.

3. Eignung des Personals

59 Schon öfter war hier von der Eignung des Personals die Rede.[81] Die erste, grundsätzlich an alle Mitarbeiter einer Anwaltskanzlei gestellte Anforderung ist **Zuverlässigkeit**. Sie wird immer verlangt, wenn Aufgaben zur selbständigen Erledigung übertragen werden.[82] Hiervon muß sich der Anwalt überzeugen. Wer infolge seines jugendlichen Alters noch nicht die erforderliche charakterliche Reife hat oder sich in der Vergangenheit als unzuverlässig erwiesen hat, kann nicht ohne weiteres als zuverlässig gelten.[83] Kennt der Anwalt die Zuverlässigkeit eines Angestellten nicht, so darf er ihm noch nicht einmal die Absendung eines Schriftsatzes per Fax[84] oder einen Botengang zu Gericht anvertrauen, ohne sich nachher nach der Erledigung zu erkundigen.[85]

60 Die Frage, ob eine Bürokraft, die zur Hilfeleistung beim Fristenwesen erforderliche **Qualifikation** besitzt, kann **nicht abstrakt** beantwortet werden. Es kommt – so der BGH –[86] jeweils auf die Art der Tätigkeit an.

61 Die höchsten Anforderungen stellt die **Berechnung der Fristen**. Erst seit der Entscheidung des Großen Zivilsenats des BGH[87] darf der Anwalt sie für Fristen, die in der Kanzlei häufig vorkommen, zuverlässigen, langjährig tätigen, gut ausgebildeten und sorgfältig überwachten Fachangestellten anvertrauen.

62 Die **Fristennotierung** und Kontrolle im Kalender stellt auch noch hohe, aber nicht ganz so strenge Anforderungen.[88] Die Fachkraft braucht nicht ganz so langjährig tätig zu sein. Auszubildende kommen jedoch für diese Tätigkeit nicht in Frage.[89]

63 **Einfache Hilfstätigkeiten** können auch Auszubildenden übertragen werden, besonders beim Postausgang sind sie einsetzbar. Immer wieder wird verlangt, sie tunlichst zu überwachen, obwohl dies eigentlich nicht nötig wäre.[90] Über die Bedeutung von Fristen und deren Einhaltung sollten sie vorher unterrichtet werden.[91] Botengänge können schließlich auch fachfremdem Personal übertragen werden,[92] sofern es zuverlässig ist. Handelt es sich um bürofremde Boten, so kann der Anwalt naturgemäß deren Zuverlässigkeit nicht kennen.[93] Es wird deshalb Nachfrage nach der Erledigung verlangt.[94]

64 Da das Fristenwesen die gesamte Tätigkeit in der Anwaltskanzlei durchdringen kann, ohne daß **organisationsmäßig Grenzlinien** gezogen werden können, haben Anwälte, die nur Auszubildende oder nur fachfremdes Personal beschäftigen, Probleme mit Übertra-

---

[81] S. oben Rdn. 50, 56

[82] BGH, NJW 1988, 2045; VersR 1987, 769.

[83] BGH, NJW 1988, 2045.

[84] BGH, VersR 1995, 317.

[85] BGH, NJW 1996, 319, zu streng.

[86] BGH, NJW 1988, 2045; dazu *Borgmann*, AnwBl. 1989, 95.

[87] BGHZ 43, 148 = NJW 1965, 1021.

[88] BGH, NJW 1988, 2045.

[89] BGH, AnwBl. 1989, 99.

[90] BAG, NJW 1990, 2707. BGH, NJW-RR 1998, 1140 hält Nachfrage ohne besonderen Nachdruck zumindest für ausreichend; BGH, NJW 1996, 319 fordert Nachfrage.

[91] BGH, VersR 1977, 1099; nicht jeder BGH-Beschluß hält dies unbedingt für nötig.

[92] BGH, NJW-RR 1992, 1278; BVerwG, NJW 1992, 63.

[93] Auch bei einer Rechtsreferendarin, BGH, MDR 1998, 1443.

[94] Wenn er sie kennt, ist Nachfrage nicht unbedingt nötig: Jurastudent, Sohn des Anwaltes: BGH, NJW 1991, 1179; Prokurist a. D., BGH, VersR 1985, 455.

gung von Kanzleiaufgaben. Die zunehmende internationale Verflechtung und globale Orientierung mittlerer und größerer Kanzleien erfordert Sprachkenntnisse des Personals, die anwaltliche Fachangestellte in der Regel nicht oder nicht in genügender Perfektion mitbringen. Der Anwalt muß wissen, daß er, wenn er aus naheliegenden Gründen mehr Wert auf Sprachkenntnisse oder Umgangsformen als auf die Fachgehilfenausbildung legt, sich stärker selbst in die Organisation einbinden muß als im Rahmen eines funktionalen Arbeitsablaufs wünschenswert ist.

Denkbar sind **Kombinationsmodelle**, etwa eine zentrale Fristennotierung und -kontrolle durch Fachkräfte und Besetzung der einzelnen Anwaltssekretariate durch Personal, das den dortigen Anforderungen entspricht. Die Fristenkontrolle einschließlich Friststreichung muß dann jedoch bei dieser zentralen Stelle verbleiben und darf nicht an die nach Auffassung des BGH fachlich unzureichend besetzten Einzelsekretariate ohne Endkontrolle abgegeben werden. 65

II. Delegation

1. Richtige Delegation

Richtige Delegation ist die Übertragung der Aufgabe zur selbständigen Bearbeitung mit der gleichzeitigen Übertragung der Verantwortung dafür an einen Beauftragten. Natürlich besteht die Verantwortung des Beauftragten nicht gegenüber dem Mandanten. Dessen Vertragspartner ist der Anwalt, der für Fehler seiner Angestellten nach § 278 BGB haftet. Die **Verantwortung** für die Ausführung der übertragenen Aufgabe erhält der Beauftragte nur im Rahmen der kanzleiinternen Aufgabenhierarchie gegenüber seinem **Auftraggeber**. Das wird meist der Anwalt sein. Es kann aber auch der Bürovorsteher sein, der im Rahmen seiner ihm durch die Aufbauorganisation übertragenen Aufgabe Tätigkeiten auf die übrigen Angestellten nach Maßgabe ihrer Stellenbeschreibung verteilt. 66

Bei der **Weitergabe erteilter Aufträge** ist Vorsicht geboten. Grundsätzlich behält derjenige, der von der oberen Hierarchieebene der Kanzlei aus einen Auftrag erhält, die **Verantwortung** für dessen Ausführung und kann sich dabei allenfalls helfen lassen. Das impliziert genau genommen eine Nachfragepflicht, ob die übertragene Tätigkeit erledigt wurde. Ihr entgeht, wer bereits in der Aufbauorganisation gestufte Verantwortungsbereiche und -hierarchien schafft. Nachfragen sind dann nur noch bei den noch nicht als völlig zuverlässig geltenden Kräften notwendig und erfolgen durch die direkt übergeordnete Hierarchieebene. Ansonsten gilt auch bei gestufter Verantwortung, daß man sich auf die Erledigung erteilter Weisungen verlassen kann,[95] selbst wenn es hektisch zugeht und das Personal überlastet ist.[96] Je konkreter die Anweisung ist, um so eher kann sich der Anwalt auf ihre Befolgung verlassen.[97] 67

Die Weisung darf nur **einer bestimmten Person** erteilt werden. Sie kann auch durch die Aufbauorganisation bestimmt sein. Wer Aufgaben an Gruppenmitglieder, etwa die Auszubildenden erteilt, macht etwas falsch. Auch bei einfachen Weisungen, wie der täglichen Postabholung aus dem Postfach, muß der einzelne Beauftragte angesprochen werden.[98] Nur so kann er in die Verantwortung genommen werden. 68

Die Weisungen müssen den **Empfänger sicher** und rechtzeitig **erreichen**. Das ist bei der generellen Büroorganisation nicht schwierig. Ist sie schriftlich vorhanden, so kann und muß der Weisungsempfänger davon Kenntnis nehmen. Schriftliche Einzelweisungen sollten ihm über das Postkörbchen, den PC oder direkt zugehen. Mündliche Weisungen setzen Anwesenheit des Empfängers voraus, ggf. auch am Telefon. 69

Unbedingt notwendig ist eine **Abwesenheitsvertretung**. Jeder muß anhand der Auf- 70

[95] BGH, std.Rspr., z. B. NJW 1991, 1179.
[96] BGH, VersR 1976, 343; VersR 1986, 166.
[97] BGH, NJW-RR 1998, 932; NJW-RR 1998, 787.
[98] BGH, VersR 1978, 92.

bauorganisation wissen und nachvollziehen können, wer für wen als Abwesenheitsvertreter eingesetzt ist. Er hat die entsprechenden Aufgaben des Vertretenen auch ohne eigens erteilte Weisung zu erledigen. Das entbindet den Anwalt nicht davon, zumindest zu prüfen, ob das Personal seine Urlaubsabwesenheit untereinander geregelt hat und für alle Tage alle Positionen besetzt sind.[99] Ist dies nicht der Fall, muß er, falls für wichtige Tätigkeiten kein geeignetes Personal zur Verfügung steht, selbst einspringen; ggf. mit verstärkter Kontrolle.[100]

2. Einzelweisungen

71 Sind allzuviele Einzelweisungen nötig, ist das Büro wahrscheinlich ungenügend durchstrukturiert. Sie kosten Zeit, erfordern aufmerksame Nervenanspannung des Anwalts und sind dennoch kaum geeignet, einer wirklich sicheren Fristwahrung zu dienen. Weichen sie von einem vorgezeichneten Ablaufschema ab, so kommt es darauf an, ob sie geeignet waren, für sich allein die Fristwahrung zu gewährleisten.[101] Sie können auch die getroffene Fristenorganisation ergänzen. Weisungen müssen mit genügender Klarheit erkennen lassen, was der Empfänger zu tun hat. Ungenügend befand der BGH den Hinweis „Fristeintragung falls noch nicht geschehen".[102] Eine mündliche Anweisung, die nicht direkt ausgeführt werden soll, sondern erst vier Tage später, läuft Gefahr, vergessen zu werden.[103]

72 In **außergewöhnlichen Fällen** braucht man sie, beispielsweise, wenn die zuständige, den Kalender führende Person nicht da ist,[104] oder wenn die Frist noch am selben Tag zu wahren, der normal geregelte Büroalltag aber schon vorüber ist.[105] Ohne konkrete Einzelweisungen geht es auch dann nicht, wenn das Personal für die selbständige Erledigung fristwahrender Aufgaben nicht oder, kurz nach Einstellung, *noch* nicht geeignet ist. Fehlerkorrekturen bei der Fristwahrung beruhen stets auf konkreter Einzelweisung.

3. Generelle Weisungen

73 Weisungen, die einen ganzen oder einen Teilkomplex von Abläufen zusammenfassend regeln, sind generelle. Sie können **mündlich oder schriftlich** gegeben werden. In beiden Formen haben sie Vor- und Nachteile: Die mündliche generelle Weisung besteht oft in der Gewohnheit, wie eine Sache seit unvordenklicher Zeit erledigt wird. Oft funktioniert die Fristwahrung damit aufgrund der praktischen Erfahrung des Personals. Andererseits ist diese Übung schlecht nachzuvollziehen, schlecht an neues Personal zu vermitteln und entspricht auch bei Hinzukommen neuer Anwälte nicht der Anforderung an ein allen bekanntes Ablaufschema.[106] Zwischen den Anwälten einer Kanzlei darf es keine Unklarheiten über einen eventuellen Fristlauf geben.

74 **Schriftliche generelle Regelungen** verdienen demgegenüber den Vorzug, sind aber oft so umständlich, daß niemand sie – vor allem aus dicken Handbüchern – richtig kennenlernen will. Bei Beginn sollten sie sich deshalb zunächst am Ist-Zustand orientieren und dann, nach eventueller Prüfung der Rechtsprechung, einem Soll-Zustand angepaßt werden. Dabei können die Erfahrungen des Personals helfen, Arbeitsabläufe richtig einzuschätzen und optimal zu regeln. Hier besteht sicherlich Diskussionsbedarf innerhalb der Kanzlei. Hier sind auch Ansatzpunkte für ständige Verbesserungen im Sinne eines **Qualitätsmanagements** zu finden.

---

99 BGH, VersR 1987, 617.
100 BGH, VersR 1985, 574; NJW 1989, 1157.
101 BGH, NJW-RR 1998, 1360.
102 BGH, VersR 1998, 1570.
103 BGH, NJW 199, 429.
104 BGH, VersR 1985, 574; NJW 1989, 1157.
105 Korrekturen im letzten Moment, Botengänge nach Büroschluß, vgl. BGH, VersR 1979, 823.
106 BGH, NJW-RR 1993, 892.

Oft ist es der richtige Ansatzpunkt, zunächst ein **einzelnes Gebiet** eingehend schriftlich zu regeln, z. B. den überaus wichtigen und anfälligen Postausgang, den Posteingang, die Vorlage von Akten und die Fristnotierung bei Zustellungen. 75

4. Form und Übermittlung der Weisungen

Neben den schriftlichen Weisungen für Arbeitsabläufe, die auch formularmäßig erfaßt oder durch Zeichnungen dargestellt werden können,[107] gibt es die Möglichkeit, **allgemeine Prinzipien** festzulegen. Dazu kann beispielsweise der Grundsatz gehören, eine Frist vor endgültiger Erledigung nur dann zu löschen, wenn vorher eine neue Frist eingetragen worden ist.[108] Ein weiteres Prinzip kann sein, Fristsachen immer vorrangig vor anderen Angelegenheiten zu erledigen[109] oder einen Erledigungsvermerk über eine Eintragung im Kalender niemals vorweg in der Akte anzubringen.[110] 76

Schriftliche **Weisungen** sollten leserlich und **auffindbar** sein. Unleserliche, handschriftliche Notizen, etwa auf einem aus Sparsamkeit wiederverwendeten Zettel, finden keine richterliche Gnade.[111] Mit Büroklammern an die Akte angeheftete Fristhinweise sind zumindest bei Aktenvorlage im Stapel bedenklich, weil sie sich lösen und unten an die darüberliegende Akte anklammern können, was dann unbemerkt bleibt.[112] Mitten auf den vollen Schreibtisch seiner Sekretärin sollte der Anwalt auch keine dringliche Weisung legen. Es besteht die Gefahr, daß die überlastete Sekretärin sie gar nicht wahrnimmt,[113] weil jemand etwas darauf legt oder weil sie nicht bis zum Grund ihres Schreibtisches vorstößt. Auch der durchaus übliche gelbe Klebezettel bietet nicht die erforderliche Sicherheit.[114] 77

Zu erledigende **Fristen** werden besser nicht nur mündlich, sondern zur Sicherheit auch **schriftlich** angegeben.[115] Geschieht es nur mündlich, sollte der Anwalt sich davon überzeugen, daß sie verstanden wurden.[116] Er sollte verhindern, daß sie nur in einem Stenoblock oder auf lose Zettel aufgenommen werden, sie gehören zur Akte.[117] Fristenangaben auf Tonträgern werden im Zusammenhang mit dem Diktat neuerdings für zulässig gehalten;[118] früher nicht.[119] Da sie nicht zu sehen sind, muß zusätzlich anderweitig sichergestellt werden, daß das Band sofort oder zumindest rechtzeitig geschrieben wird. Die Tonbandansage ist dann allerdings eine eindeutige, weil wiederholt abhörbare Weisung. 78

5. Kontrollen

a) Grundsatz. Grundsätzlich muß jeder, der delegiert, zumindest gelegentlich **kontrollieren,** ob seine Weisungen auch ausgeführt wurden. Das ist ein allgemeines, von der Rechtsprechung immer wieder bestätigtes **Organisationsprinzip.**[120] Nur so kann sich der Anwalt von der Zuverlässigkeit seines Personals überzeugen. 79

---

[107] S. unten Rdn. 139ff.

[108] Wichtig bei Fristverlängerungsanträgen: mindestens die beantragte Frist ist einzutragen, BGH, NJW 1996, 1350.

[109] BGH, NJW 1995, 1682; BAG, MDR 1995, 965.

[110] BGH, NJW-RR 1992, 826.

[111] BGH, VersR 1980, 746.

[112] BGH, NJW-RR 1989, 125.

[113] BGH, NJW 1988, 2804.

[114] Er kann abgehen, bevor die darauf stehende Weisung ausgeführt wurde, vgl. BGH, BB 1999, 499 (L).

[115] Obwohl die konkrete mündliche Fristangabe schon genügt hat, aber oft mit Vorbehalten, BGH, NJW 1992, 574; BAG, MDR 1995, 965.

[116] BGH, VersR 1983, 660.

[117] BGH, VersR 1978, 1116.

[118] Bei einfachen Weisungen: BGH, NJW-RR 1998, 1139.

[119] BGH, VersR 1982, 1192; VersR 1978, 537.

[120] BGH, VersR 1967, 1204; VersR 1981, 857.

80 Gut eingearbeitetes, zuverlässiges Personal braucht der Anwalt nur in Abständen von etwa zwei Monaten **stichprobenartig zu überwachen.**[121] Nur ganz ausnahmsweise hat der BGH dem Anwalt solche Kontrollen grundsätzlich erlassen;[122] er sollte darauf lieber nicht vertrauen. Die Kontrolle erfolgt anhand von Fristenkalender *und* Akte, es genügt nicht, nur eines der beiden Organisationsmittel zu überprüfen.

81 **b) Einzelfälle.** In Einzelfällen muß der Anwalt genauer prüfen. Das gilt besonders für junge und neu eingestellte Kräfte.[123] Im Arbeitsleben ist es üblich, neu eingestelltes Personal genauer zu überwachen als eingearbeitete Kräfte. Das gebietet schon die Fürsorgepflicht des Arbeitgebers. Der BGH verlangt es auch.[124] Solange der Anwalt nicht davon ausgehen kann, daß die neue Kraft imstande ist, die ihr übertragene Arbeit zu verrichten, muß er dies selbst, und zwar in Form der Überwachung tun.[125]

82 Oft kann der Anwalt nicht vermeiden, **nicht völlig geeignetes Personal** einzustellen. Selbst der BGH erkennt, daß ein gewisser Mangel an qualifiziertem Personal gegeben ist.[126] In solchen Fällen wird, ebenso wie bei neuem, sehr jungem oder fachlich unausgebildetem[127] Personal die Entlastung des Anwalts erst praktisch, wenn die Kraft sich als zuverlässig und gut eingearbeitet erwiesen hat. Dann muß auch eine junge Kraft nicht ständig, sondern nur noch – etwas verstärkt gegenüber Altgedienten – stichprobenartig überwacht werden.[128] Vorsicht ist geboten, wenn der Anwalt *trotz* der gegebenen Qualifikation von der Zuverlässigkeit einer Bürokraft nicht ganz überzeugt ist. Dann muß er ständig überwachen.[129]

83 Bemerkt der Anwalt **Fehler** oder kommen sie sogar gehäuft vor, so muß er **dagegen einschreiten.**[130] Fehlerquellen sollten in Zusammenarbeit aller Beteiligten beseitigt werden. Möglicherweise sind unvollständige oder nicht nachvollziehbare Weisungen des Anwalts die Ursache.[131] Das Personal muß ggf. genauer geschult werden.

84 Besondere Kontrollen sind auch in **Sonderfällen**, etwa vor oder nach einem Urlaub des Anwalts, angebracht. Eine allgemeine Weisung, ihm nach Urlaubsantritt alle Akten vorzulegen, ist nicht immer ausreichend. Er kann unter Umständen gehalten sein, hier genauer zu kontrollieren. Fristverlängerungsanträge sollten z. B. schon vor Urlaubsantritt geschrieben sein.[132]

85 Immer gehört zu einer geordneten Organisation die Weisung, daß der **Anwalt verständigt** werden muß, wenn eine erteilte Aufgabe nicht gelöst werden kann. Der Anwalt muß entscheiden, wann und wie eilig er die Service-Firma heranruft, wenn der PC die Fristen nicht auswirft.[133] Er muß wissen, daß Akten nicht gefunden werden, weil er unter Umständen Suchaktionen starten muß.[134] Kurzum: da er der eigentliche Verantwortungsträger ist, muß er davon unterrichtet werden, wenn die getroffenen Weisungen nicht ausreichen. Dies muß jedem in der Kanzlei klar sein.

---

121 BGH, VersR 1981, 857; VersR 1967, 1204.
122 BGH, VersR 1988, 1141.
123 BGH, VersR 1978, 139.
124 BGH, VersR 1976, 494.
125 BGH, VersR 1976, 494.
126 BGH, VersR 1972, 557.
127 BGH, VersR 1981, 853; NJW 1996, 319.
128 In casu: eine 19jährige, BGH, VersR 1988, 157.
129 BGH, VersR 1976, 442.
130 BGH, VersR 1985, 270; VersR 1971, 1148.
131 BGH, FamRZ 1996, 1469 stellt mangelnde Vorkehrungen für den Fall der Unauffindbarkeit einer Handakte fest.
132 BGH, VersR 1993, 1548.
133 BGH, NJW 1997, 327.
134 BGH, FamRZ 1996, 1469.

III. Die Fristwahrung

1. Wahrnehmung von Fristen

An erster Stelle ist es Sache des Anwalts selbst, Fristen überhaupt wahrzunehmen. Die **kürzest mögliche Verjährungsfrist** einzuhalten, sollte ihm Richtschnur seines Handelns sein.[135] Er muß sich besonders bei ungeklärter Rechtslage darauf einstellen, daß das zuständige Gericht seiner Auffassung nicht folgt und dies dem Mandanten schädlich werden könnte.[136] An **Ausschlußfristen** ist zu denken.[137] Die Fristprüfung gehört zur anwaltlichen Rechtsprüfungspflicht und ist eine **Hauptpflicht** aus dem Mandat. Sie hat nach Gesetz, Rechtsprechung und ggf. Literatur zu erfolgen. Bei den Gesetzen sind Übergangsvorschriften oft besonders haftungsträchtig.[138] Schließlich gehören auch europäische Richtlinien samt mehr oder weniger auslegungsbedürftigen nationalen Umsetzungsvorschriften in den anwaltlichen Gesichtskreis. 86

Ist die **kürzeste Frist** bei Mandatsannahme schon **abgelaufen**, so ist in dem Mandat ein **zusätzliches Risiko** gegeben. Kann der Anwalt nach Rechtsprechung und Schrifttum eine Auffassung vertretbar finden, nach welcher eine längere Frist zum Zuge kommt, so kann er auch diese nutzen, sofern der Mandant es (nach Belehrung) billigt. 87

Prozeßfristen werden von geschultem Personal oft schon bemerkt und notiert. Der Anwalt ist jedoch gehalten, hier jedenfalls aufmerksam zu prüfen. Ungewöhnliche Fristen erkennt das auch gut geschulte Personal oft nicht. Beispielsweise, daß ein im Verbund gegen eine anwaltlich nicht vertretene Partei ergangenes Unterhaltsurteil immer nur ein Versäumnisurteil sein kann und dagegen nicht Berufung, sondern nur der Einspruch gegeben ist.[139] Sobald ein Anwalt mit einer Sache befaßt ist, hat er jedenfalls laufende Prozeßfristen zu prüfen.[140] 88

2. Fristberechnung

Wahrnehmung der Frist und Berechnung sind nicht dasselbe. Ist der **Fristbeginn unklar**, so gilt es zunächst, insoweit den **Sachverhalt aufzuklären**, z. B. wie lange der Mandant nach einem Straßenverkehrsunfall handlungsunfähig war, wann er frühestens die für den Verjährungsbeginn erforderliche Kenntnis von Schaden und Schädiger haben konnte. Bei Werkverträgen kann die Abnahme maßgeblich sein; bei Regreßansprüchen gegen Rechtsanwälte nach der 1. Alternative des § 51 b BRAO die Schadensentstehung.[141] Sie liegt grundsätzlich in der Verschlechterung der Vermögenslage des Mandanten, wobei genügt, daß sein Anspruch nun, wegen Verjährung, nicht mehr gerichtlich durchsetzbar ist.[142] 89

Für die **Fristberechnung** ist grundsätzlich der **Anwalt** zuständig. Kann er, wie der Große Zivilsenat des BGH entschieden hat,[143] in einfachen, in der Kanzlei häufig vorkommenden Routinesachen die Berechnung der Prozeßfristen auch seinem besonders qualifizierten Personal überlassen, so entbindet ihn dies dennoch nicht von der Pflicht, während 90

[135] S. oben Rdn. 5; er haftet sonst unter Umständen für Fehler des Gerichts, das sich – menschlich – über die Verjährungsfrist irren kann, wenn es sich nach Ablauf der kürzesten Frist mit der Sache befassen muß, BGH, NJW 1996, 48; BGH, NJW 1993, 734.

[136] BGH, NJW 1988, 1079; NJW 1993, 734.

[137] Besonders im Arbeitsrecht sind sie häufig, sogar gelegentlich unbekannt, BGH, NJW 1983, 1665.

[138] BGH, NJW 1998, 1860; s. o. Rdn. 8; BGH, NJW 1979, 877; zum Thema *Borgmann/Haug*, Anwaltshaftung, Rdn. IV 43ff.

[139] Das Urteil braucht nicht einmal als Versäumnisurteil bezeichnet zu sein, BGH, FamRZ 1995, 257.

[140] BGH, FamRZ 1996, 934; NJW-RR 1995, 825.

[141] Hierzu gibt es umfangreiche Rechtsprechung des BGH, vgl. *Borgmann/Haug,* Anwaltshaftung, Rdn. X 14ff und danach BGH, NJW-RR 1998, 742, besprochen von *Borgmann,* BRAK-Mitt. 1998, 124.

[142] BGH, NJW 1996, 48.

[143] BGHZ 43, 148.

der laufenden Bearbeitung mindestens **einmal nachzurechnen.**[144] Das muß er spätestens dann tun, wenn ihm die Akte zur fristwahrenden Bearbeitung vorgelegt wird. Sicherheitshalber tut er es lieber gleich, er kann es vermerken, um nicht immer wieder rechnen zu müssen.

3. Fristnotierung

91 Zur Fristnotierung in Kalender und Handakte ist oben[145] schon das Notwendige gesagt worden. Technisch gehören über das Jahresende hinausreichende Fristen in den **Übertragsteil des Kalenders** und müssen von dort aus jedes Jahr umgetragen werden. Bei Nutzung eines PCs ist dies dann nicht erforderlich, wenn gewährleistet ist, daß notierte Fristen jedem up-date standhalten und die eingesetzte Software mit allen Eingaben die Fristen für genügend lange Zeiten bewahrt.

92 In den **Fristenkalender** gehören die Fristen am Ablaufstag. Sie müssen deutlich als **wichtige Fristen** gekennzeichnet sein und sich von anderen Fristen abheben, um die Aufmerksamkeit für erste zu schärfen.[146] Herkömmliche Papierkalender erlauben das ohne Mühe, weil man die Art der Fristkennzeichnung verabreden kann. Im PC kann dies eher schwierig sein, weil Programmierer manchmal nur das Wort Frist kennen, aber nicht wissen, daß es Fristen verschiedener Qualität gibt. Die bezeichneten Akten müssen identifizierbar sein, insbesondere sollten sich Akten mit ähnlichem Rubrum auf Anhieb unterscheiden lassen.[147]

93 Manche Fristen können nicht sofort notiert werden. Es wäre fehlerhaft, die **Berufungsbegründungsfrist in Zivilsachen** zugleich mit der Rechtsmittelfrist zu notieren,[148] da sie erst von der Rechtsmitteleinlegung an läuft. Sie kann daher frühestens beim Ausgang der Rechtsmittelschrift notiert werden, muß es dann aber auch.[149] Anhand der Eingangsmitteilung des Berufungsgerichts ist die eingetragene Begründungsfrist zu kontrollieren.[150]

94 **Vorfristen** sind einzutragen, wenn eine etwas länger dauernde Tätigkeit entfaltet werden muß, z. B. eine Rechtsmittelbegründung.[151] Sie kann vom Anwalt nach Bedarf gelöscht und neu zur Eintragung verfügt werden, wenn er nur sicherstellt, daß er bis zum Fristablauf die Sache erledigen kann.[152]

95 Sehr lange Vorfristen – mehrere Monate – sollten bei **Verjährungsfristen** eingetragen werden. Es kann erforderlich sein, die Entscheidung des Mandanten, ob er klagen will, nach nochmaliger Beratung einzuholen. Fristsetzungen mit Ablehnungsandrohung oder Vorbereitung eines PKH-Gesuchs kosten Zeit.

96 **Wiedervorlagen** können im Fristenkalender notiert werden, müssen es aber nicht. Man kann sie mit Fristreitern auf den Akten kennzeichnen oder mit separaten Wiedervorlagekalendern. Nachteil des direkt mit der Akte verbundenen Vorlagesystems: geht sie selbst verloren, ist es nicht aktiv. Schon deshalb ist wenigstens ein Kalendereintrag (spätestens am Ablaufstag) vonnöten. Anhand der Wiedervorlagen organisiert der Anwalt den Fortgang der Sache. Er mahnt Antworten an, er prüft, ob seine eigenen Schreiben ein Echo gefunden haben, kurzum: er behält die Angelegenheit im Griff und fördert sie.

---

[144] BGH, VersR 1976, 962 hält die Nachprüfung der Frist nicht mehr für eine routinemäßige Büroarbeit, von der sich der Anwalt im Interesse seiner eigentlichen Aufgaben freimachen dürfe.

[145] S. o. Rdn. 13ff.

[146] BGH, VersR 1989, 104.

[147] BGH, NJW 1995, 2562.

[148] BGH, VersR 1996, 1561.

[149] BGH, NJW 1996, 2514.

[150] Mit Akte und Datumsvergleich, Delegation ist möglich, BGH, NJW 1994, 458; BGH, NJW 1992, 2098.

[151] BGH, NJW 1994, 2831; NJW 1994, 2551; BSG, MDR 1995, 964.

[152] BGH, NJW 1997, 3243; NJW 1997, 2825.

4. Zustellung gegen Empfangsbekenntnis

a) Vereinfachte Zustellung. Die in § 212a ZPO beschriebene vereinfachte Zustellung wird, da sie Fristen auslöst, in der Rechtsprechung häufig behandelt und soll deshalb hier ausführlich dargestellt werden. Nach § 212a ZPO genügt ... bei Zustellung an einen Rechtsanwalt ... zum Nachweis der Zustellung das mit Datum und Unterschrift versehene schriftliche Empfangsbekenntnis des Anwalts. Diese Zustellungsform ist in der Anwaltskanzlei vorherrschend. Der Anwalt ist berufsrechtlich als **Organ der Rechtspflege** gehalten, das Empfangsbekenntnis unverzüglich zurückzugeben. Tut er es nicht, riskiert er eine **Rüge** seines Kammervorstandes, was die Zustellung allerdings nicht wirksam macht. 97

b) Empfangsbekenntnis. Die **Zustellung** gegen Empfangsbekenntnis ist erst **bewirkt**, wenn der Anwalt das zugestellte Schriftstück mit dem Willen entgegennimmt, es als zugestellt gegen sich gelten zu lassen und wenn er dies durch Unterzeichnung eines Empfangsbekenntnisses beurkundet.[153] Das Empfangsbekenntnis dient nicht nur dem Nachweis der Zustellung, es ist Wirksamkeitsvoraussetzung. Ein Formular muß nicht benutzt werden, das datierte Empfangsbekenntnis kann auch nachgeholt werden, z. B. durch Angaben in der Berufungsschrift des mit dem Zustellungsempfänger identischen Anwalts.[154] Es wirkt dann auf den Zeitpunkt der Entgegennahme zurück. Dasselbe gilt für die Antwort auf eine Anfrage des Gerichts.[155] Nimmt der Anwalt das Urteil aber nicht zur Kenntnis, obwohl es schon seit Tagen in seiner Kanzlei eingegangen ist, so ist die Zustellung noch nicht bewirkt, selbst wenn er darüber ein falsch auf den Eingangstag datiertes Empfangsbekenntnis abgibt.[156] Welcher Zustellungstag dann nachgewiesen werden kann, ist eine andere Frage. 98

Die Zustellung ist nur wirksam, wenn das Empfangsbekenntnis eine **Unterschrift** trägt, keine Paraphe. An die Unterschrift unter ein Empfangsbekenntnis werden die gleichen Anforderungen gestellt wie an die Unterschrift unter bestimmende Schriftsätze.[157] Das Schriftbild muß individuellen Charakter aufweisen, leserlich sein muß es nicht, aber doch erkennen lassen, daß es sich aus Buchstaben einer gängigen Schrift zusammensetzt. Eine Wellenlinie genügt nicht.[158] Darauf, daß man selbst die Unwirksamkeit einer Zustellung durch eine wellenförmige und lediglich unterschriftsähnliche Paraphe bewirkt hat, darf man sich notfalls berufen. Die Gegenseite genießt keinen Vertrauensschutz auf eine wirksame Zustellung.[159] 99

Weist das Empfangsbekenntnis ein **unrichtiges Datum** auf, so ist es nicht wirkungslos, das Datum kann korrigiert werden. Es gilt jedoch, eine Urkunde zu entkräften. Deshalb muß Beweis angetreten werden, an ihn werden in der Regel hohe Anforderungen gestellt.[160] Die Beweiswirkung des Empfangsbekenntnisses muß vollständig entkräftet sein, daß Zweifel bestehen, reicht nicht aus.[161] Die Beweislast hat derjenige, der sich darauf beruft, also in der Regel der Anwalt, der geltend macht, ein nach dem Datum des Empfangsbekenntnisses verspätetes Rechtsmittel sei doch rechtzeitig eingelegt. 100

c) Eingangsstempel. Der Eingangsstempel einer Kanzlei ist mit dem Zeitpunkt der tatsächlichen Zustellung nicht immer identisch. Um nachhaltige Diskussionen mit dem Gericht darüber, ob man vielleicht doch oder nicht und wenn nein, warum nicht das 101

---

[153] BGH, VersR 1995, 142, std. Rspr. u. a. FamRZ 1995, 799; BAG, NJW 1995, 1916.
[154] BGH, NJW-RR 1992, 1151.
[155] BGH, VersR 1986, 371.
[156] BGH, NJW 1979, 2566.
[157] BGH, NJW 1989, 838; NJW-RR 1992, 1150.
[158] BGH, NJW-RR 1992, 1150.
[159] BGH, NJW 1995, 533.
[160] BGH, Rechtspfleger 1991, 27; NJW 1987, 325.
[161] BGH, NJW 1990, 2125.

Urteil schon am Tag des Stempelaufdrucks entgegengenommen hat, empfiehlt es sich, Empfangsbekenntnisse überhaupt nicht zu stempeln, sondern nur handschriftlich zu datieren und sich des Datums dabei nochmals zu vergewissern. Wird ein Stempel überschrieben und das Empfangsdatum dadurch unleserlich und nicht mehr feststellbar, kann die Zustellung sogar unheilbar unwirksam sein.[162]

102 Büroorganisationsmäßig sollte als Maßgabe gelten: Der **Eingangsstempel** allein wird für die **Fristberechnung niemals** benutzt. Liegen weitere Erkenntnisse für den Fristanfang nicht vor, muß bei Gericht nachgefragt werden, wann zugestellt wurde. Dies gilt vor allem, wenn der Anwalt den Auftrag bekommt, Rechtsmittel einzulegen, selbst aber in der ersten Instanz nicht tätig war. Der erstinstanzliche Anwalt, ggf. der Verkehrsanwalt, ist zwar gehalten, ihn hier mit den notwendigen Kenntnissen zur sicheren Wahrung der Frist auszustatten. Erkennt er aber, daß er nur ein Urteil mit Eingangsstempel und keinen weiteren Fristvermerk erhalten hat, so sollte ihm dies schon ein Alarmzeichen sein, welches weitere Nachfragen nach dem Fristbeginn auslöst. Nur nach dem Fristbeginn sollte er sich übrigens bei Gericht erkundigen, rechnen muß er selbst.[163]

103 **d) Fristanfang.** Damit die Fristberechnung immer wieder nachvollzogen werden kann, gilt der Grundsatz: **Der Fristanfang** muß aus der anwaltlichen **Akte ersichtlich** sein und bleiben.[164] Sind die Empfangsbekenntnisse so geschaffen, daß ein Teil davon zurückbleibt, so sollte dieser mit dem Urteil verbunden und aufbewahrt werden. Wird das Urteil dem Mandanten geschickt, so ist zumindest der Zustellungsnachweis aufzuheben, ggf. als Kopie. Muß das Empfangsbekenntnis im ganzen zurückgeschickt werden, so gibt es nur die Möglichkeit, den Fristanfang auf dem zugestellten Urteilsexemplar zu vermerken. Das kann mit dem Stempel *Zustellung* geschehen, sollte aber vom Anwalt jedenfalls handschriftlich bestätigt werden und zwar so, daß das Zustellungsdatum erkennbar wird. Entspricht es dem auf dem Urteil angebrachten Eingangsstempel, so genügt ein Handvermerk neben diesem. Wenn nicht, sollte das Zustellungsdatum vermerkt werden. Hierzu ist der Anwalt die geeignete Person, weil nur er wissen kann, ob und wann diese Art der Zustellung bewirkt ist. Es versteht sich, daß alle Anwälte der Kanzlei und das Personal über die Bedeutung dieses Handvermerks informiert sein sollten.

104 **e) Kalendereintragung.** Von der Schwierigkeit, ein gültiges Empfangsbekenntnis herzustellen, ist die weitere Schwierigkeit zu unterscheiden, die dadurch begonnene Frist in den **Kalender** zu bringen.

- Sie muß erst **errechnet** werden, und dies ist wiederum dem Büropersonal nur dann erlaubt, wenn es zuverlässig, gut ausgebildet, sorgfältig überwacht und langjährig tätig ist und es sich um Routinefristen handelt, die in der Anwaltskanzlei häufig vorkommen.[165] Also müßte der Anwalt doch erst selbst rechnen und dann schauen, daß die Frist in den Kalender kommt?
- Der **umgekehrte Weg** ist zweckmäßiger. In der Regel *kann* ausgebildetes Personal erkennen, welche Rechtsmittel in Frage kommen und die entsprechenden Fristen richtig berechnen. Es empfiehlt sich daher, dies anzuordnen.
- Die errechnete **Frist** sollte dabei auf dem Urteil der **Art nach bezeichnet** werden (Berufung, sofortige Beschwerde, Einspruch), was auch mit Hilfe von Stempeln geschehen kann.
- Das **errechnete Fristende** sollte **vermerkt** werden.
- In der weiteren Reihenfolge kommt dann die **Eintragung im Fristenkalender** und erst
- danach der **Erledigungsvermerk**. Dieser sollte mit Handzeichen gekennzeichnet sein. Es ist unumgänglich, hier diese Reihenfolge vorzuschreiben, weil der BGH dem

162 BGH, NJW 1994, 526.
163 BGH, VersR 1998, 1046.
164 BGH, NJW 1992, 574; NJW 1980, 2198; VersR 1986, 1192.
165 BGHZ 43, 148, s. o. Rdn. 61, 90.

Anwalt nur dann gestattet, sich anhand des Erledigungsvermerks auf die **erfolgte Kalendereintragung** zu verlassen.[166]
- Erhält der Anwalt den so behandelten Eingang, so muß er den Erledigungsvermerk kontrollieren, die festgestellte Art der Frist überprüfen und **nachrechnen**, ob sie richtig errechnet ist. Dann kann er den Fristanfang bestätigen und das Empfangsbekenntnis beruhigt unterschreiben.
- Stimmen die Daten nicht, so kann und muß er sich korrigieren und entsprechende Weisung zur Eintragung der korrigierten Frist geben. Dies sollte als direkte und möglichst **persönliche Einzelweisung** geschehen.
- **Zuverlässiges Personal** braucht er danach nicht nochmals eigens zu kontrollieren.

Diese Art der Fristnotierung fand der BGH schon vor Jahrzehnten praktikabel.[167] Er hat **105** aber nicht vorgeschrieben, wie und wann und unter welchen Vorkehrungen das Empfangsbekenntnis unterschrieben werden darf. Dafür gelten folgende Gesichtspunkte:
- **Hilfsanweisungen** schaffen das Risiko nicht weg, das der Anwalt durch Empfangsbekenntnisunterzeichnung vor Kalendereintragung geschaffen hat.[168]
- Unterschreibt er vor Kalendereintragung, so hat er selbst für Vorlage der Handakten und Eintragung der Frist im Fristenkalender zu sorgen.[169] Eine dabei erteilte **mündliche Weisung** genügt nur, wenn die betreffende Kraft angewiesen war, die Eintragung sofort zu erledigen.[170] Diese Methode ist eine rechte Zitterpartie, von der man nicht von vornherein weiß, ob sie gelingt.[171]

Daß Empfangsbekenntnisse und zugestellte Schriftstücke, vor allem Urteile, **nicht getrennt** werden sollten, bevor die Frist im Kalender notiert ist und der Anwalt das **106** Empfangsbekenntnis unterschrieben hat, versteht sich eigentlich von selbst. Es wäre für den Anwalt ein **Organisationsfehler,** wenn er nicht selbst überprüfen könnte, welchen Eingang er mit seiner Unterschrift bestätigt. Besonders wenn er damit eine Frist in Lauf setzt, ist er zur Sorgfalt angehalten.[172]

Er sollte sich an folgende **Merksätze der Rechtsprechung** halten: **107**
- Der Rechtsanwalt muß das **Zustellungsdatum** eines Urteils in einer jeden Zweifel aussschließenden Weise ermitteln und so zuverlässig notieren, daß die Rechtsmittelfrist gewahrt werden kann.[173]
- Der Rechtsanwalt darf das **Empfangsbekenntnis** über eine Urteilszustellung erst unterschreiben und zurückgeben, wenn in den Handakten die Rechtsmittelfrist festgehalten und vermerkt worden ist, daß die Frist im Fristenkalender notiert wurde.[174]

5. Ausführung von Weisungen zur Fristwahrung

a) Wiedervorlagen. Sie können dem Anwalt per Handakten ins Zimmer gelegt werden. **108** Sie können innerhalb eines geordneten Vorlagesystems auch an bestimmter Stelle vorgelegt werden und vom Anwalt dann auf demselben Weg schnell – als sog. Kurzläufer – mit einer Weiterverfügung wieder zurück in den Schrank gelangen.[175] Der Anwalt kann sie aber auch am Schrank abarbeiten, so wird der Umweg in sein Zimmer für alle diejenigen Akten gespart, in denen er nur Kenntnis vom Fortgang einer Sache nehmen, selbst aber nicht aktiv eingreifen will. Eine neue Wiedervorlage empfiehlt sich für den Zeitpunkt, in welchem der Anwalt in der betreffenden Sache eine Aktivität entfalten will.

---

[166] BGH, NJW-RR 1992, 826.
[167] BGH, VersR 1978, 255.
[168] BGH, VersR 1985, 168.
[169] BGH, VersR 1981, 136.
[170] BGH, NJW 1995, 1682.
[171] BGH, FamRZ 1996, 1004.
[172] BGH, VersR 1985, 147; VersR 1980, 730.
[173] BGH, NJW 1996, 1968.
[174] BGH, NJW 1996, 1900.
[175] S. o. Rdn. 23ff.

109 **b) Vorfristvorlagen.** Sie dienen dazu, eine etwas länger dauernde Fristbearbeitung vorzunehmen. In der Regel werden sie mit einem der Form nach in der Kanzlei verabredeten **Fristenzettel** vorgelegt. Ist dies geschehen, kann die notierte Vorfrist gestrichen werden, denn ihr Zweck ist erfüllt. Es ist dann Sache des Anwalts, die auf seinem Schreibtisch liegende Sache zu erledigen.[176] Natürlich sind Erinnerungen durch das Personal an die Erledigung der Sache hilfreich, sie exculpieren den Anwalt jedoch nicht, wenn er die Akte trotzdem liegen läßt. Stellt er fest, daß er an einem anderen Tag innerhalb der laufenden Frist die erforderliche Zeit besser freihalten kann, so kann er die Akte mit der **konkreten Einzelweisung,** eine neue Vorfrist auf einen bestimmten Termin einzutragen, an eine zuverlässige Bürokraft geben.[177] Der BGH verlangt sorgfältige Prüfung der noch zur Verfügung stehenden Zeit, mindestens für einen Verlängerungsantrag muß sie reichen. Auf Wiedervorlage spätestens zum Ablauf der Endfrist kann er sich verlassen.[178] Die Endfrist muß stets auch noch eingetragen bleiben.

110 Wird ihm die Akte im Zusammenhang mit einer fristwahrenden Tätigkeit vorgelegt, so ist der Anwalt zu einer **beiläufigen Fristprüfung** verpflichtet.[179] Er muß dann mindestens auch nachrechnen, ob die Frist, die er mit seiner Bearbeitung wahren will, überhaupt noch offen ist,[180] sofern er das nicht schon vorher getan und in der Akte notiert hat. Diese Pflicht besteht auch, wenn der Fristenzettel der Akte nicht beigefügt war.

111 **c) Vorlage bei Fristende.** Die Aktenvorlage am Fristablaufstag erfordert in der Regel sofortiges Tätigwerden. Auch hier ist ein Fristenzettel und/oder eine gesonderte Ablage an vorbestimmtem Fristenplatz nützlich. Die Endfrist darf bei Vorlage noch nicht gestrichen werden, denn sie ist dazu da, auch die endgültige Wahrung der Frist zu kontrollieren.[181]

112 Liegen die Akten auf oder neben dem Schreibtisch des Anwalts, so ist er gehalten, die Frist selbst zu kontrollieren. Auf Erinnerung durch sein Personal darf er sich dann nicht mehr verlassen. Auch von einem vielbeschäftigten Anwalt verlangt der BGH, daß er die ihm vorgelegte Sache **fristgerecht** bearbeitet.[182] Es kann trotzdem hilfreich sein, wenn die Kalenderführerin beim Anwalt nachfragt, wo der fristwahrende Schriftsatz bleibt und darauf insistiert.

113 Ist der **Anwalt** am Fristablaufstag nicht oder **nicht** den ganzen Tag **erreichbar,** so trifft er zweckmäßigerweise Vorkehrungen dagegen, daß die Akte – mit oder ohne unterschriftsreif gefertigtem Schriftsatz – auf dem Schreibtisch liegen bleibt.[183] Das ist besonders wichtig, wenn er sein Büro allein und ohne ständiges, zum selbständigen Handeln befähigtes Personal betreibt.[184] Für den Fall seiner Abwesenheit sollte er Anweisung an sein Personal geben, wem fristwahrende Schriftsätze zur Unterschrift vorgelegt werden und das auch mit den betreffenden Kollegen absprechen. Diese Verfügung ist selbst dann, wenn es Sozien in der Kanzlei gibt, zweckmäßig. Nicht immer denken die Bürokräfte weit genug.[185] Unter Umständen kann es zweckmäßig sein, einen Schriftsatz sofort zu unterschreiben, obwohl Korrekturen nötig sind, die spätere Unterschrift aber nicht mehr sichergestellt werden kann. Da es sich dabei grundsätzlich um eine zumindest partielle

---

176 BGH, NJW 1961, 1812 (Grundsatzentscheidung).

177 BGH, NJW 1997, 2825.

178 BGH, NJW 1997, 3243.

179 BGH, std. Rspr., z. B. VersR 1980, 976, s. dazu u. Rdn. 125.

180 BGH, VersR 1976, 962 (Grundsatzentscheidung).

181 BGH, NJW 1993, 3333.

182 BGH, NJW 1961, 1812. Diese Grundsatzentscheidung wird regelmäßig immer noch zitiert, vgl. BGH, NJW 1992, 841.

183 Für Vertretung muß er sorgen, selbst bei einem Nervenzusammenbruch, BGH, VersR 1978, 667.

184 BGH, VersR 1990, 1026.

185 Wichtige Richtlinien gibt BGH, NJW 1996, 1540.

Blanko-Unterschrift handelt, muß der Anwalt zusätzlich zu der Korrekturanweisung verfügen, daß ihm die Akte am nächsten Tag wieder vorgelegt werden muß.[186]

Auf angeordnete **Aktenvorlage** kann sich der Anwalt in der Regel, selbst bei überlastetem Personal, verlassen,[187] weil es sich um eine einfache Tätigkeit handelt. 114

6. Postausgang und Friststreichung

Die besten Schriftsätze nützen nichts, wenn sie erst nach Fristablauf bei Gericht 115 eingehen. Der rechtzeitige und gesicherte, unter Umständen sogar nachweisbare Postausgang kann für den Erfolg eines Mandats der entscheidende Faktor sein. Nicht umsonst verlangt der BGH immer wieder: die **Postausgangskontrolle muß wirksam sein.**[188] Auf einen irgendwie normalen Arbeitsablauf in seiner Kanzlei kann der Anwalt sich nicht ohne weiteres verlassen.

a) Personalzuständigkeit. Zunächst muß festgelegt werden, **wer** für den Postausgang 116 zu sorgen hat. Dazu gehören komplexe Tätigkeiten. Erst die letzte ist das Wegbringen der Post

- zu Gericht (Geschäftsstelle oder Nachtbriefkasten)
- zum Postbriefkasten
- oder das Absenden als Fax,

was im allgemeinen von Auszubildenden erledigt wird.[189]
Vorher müssen die Fachangestellen viel organisieren:

- Post an den Anwalt **zur Unterschrift vorlegen,** ggf. sogar mit Akte, z. B. bei Fristmitteilungen an den Rechtsmittelanwalt.[190]
- Prüfen, ob die **Anwaltsunterschrift** auf dem Schriftsatz ist. Bei fehlender Unterschrift gibt es Wiedereinsetzung nur dann, wenn dies angeordnet war.[191] Allgemeine Anordnung reicht.[192]
- Dabei mitprüfen, ob **Anwalt postulationsfähig** ist, z. B. OLG-Zulassung hat,[193] bei Vertreterbestellung durch OLG, ob Zusatz *OLG-bestellter Vertreter* vorhanden.
- Prüfen, ob alle Kopien und Anlagen vorhanden und vollzählig sind.

Postfertig ist eine Sendung erst mit Kuvertierung und Frankierung, wenn sie denn mit der Post geschickt werden soll.[194]

b) Friststreichung nach Zweck. Sind Fristen eingetragen, so dürfen sie erst gestrichen 117 werden, wenn ihr Zweck erfüllt ist.

- Nur bei Wiedervorlagen und Vorfristen ist der Zweck mit Vorlage an den Anwalt erfüllt.
- Bei den Endfristen ist der Zweck der endgültige **Ausgang**, der gesichert werden muß.
- Die kuvertierte und frankierte **Post**sendung muß für die Kontrolle, ob der richtige Schriftsatz im Kuvert ist, noch offen sein.[195]
- Die Friststreichung kann erfolgen, wenn sichergestellt ist, daß ein **Bote** die Sache

---

[186] BGH, VersR 1982, 769; VersR 1982, 471; VersR 1996, 779; BAG, NJW 1983, 1447; etwas großzügiger BFH, DB 1988, 684.

[187] BGH, VersR 1976, 1130; NJW 1997, 3243.

[188] BGH, NJW 1991, 1178; NJW 1993, 3333.

[189] S. o. Rdn. 63.

[190] BGH, NJW 1985, 1709.

[191] BGH, VersR 1986, 1211.

[192] BVerfG, NJW 1996, 309.

[193] Zu Unrecht will der BGH dies dem Personal nicht überlassen, BGH, NJW 1992, 1241. Es ist natürlich in erster Linie Sache des Anwalts, Schriftsätze an ein Gericht nur zu unterschreiben, wenn er dort zugelassen ist. Den Zusatz OLG (oder RAK)-bestellter Vertreter muß dieser verwenden, BGH, NJW 1999, 365.

[194] BGH, VersR 1980, 554.

[195] BGH, VersR 1974, 884.

wegbringt. Dieser muß bestimmt und hierfür an- und eingewiesen sein. Er muß zuverlässig sein.[196] Bei einem Auszubildenden im ersten Lehrjahr muß man evtl. nochmals nachfragen.[197]

- Die Sendung muß dem Boten direkt übergeben werden (Einzelweisung) oder an einem bestimmten Platz auf ihn warten.

118 Ein **besonderes Ausgangsfach** im Regal empfiehlt sich für die eiligen Ausgänge zum Gericht.[198] Zweckmäßig wird unterteilt in Normalpost und Eilausgänge, die am selben Tag zu Gericht müssen. Es sollte durch Verfügung sichergestellt werden, daß aus dem Ausgangsfach die Ausgangspost nur vom Boten direkt weggenommen und weggebracht werden darf. Andere als der Bote dürfen zu anderen Zwecken nur etwas entnehmen, wenn die erfolgte Friststreichung vorher rückgängig gemacht wird.[199]

119 **c) Friststreichung nach Rückkehr des Boten.** Sie ist nicht unbedingt der sicherere Weg. Der Bote müßte jedenfalls nach Posteinwurf in die Kanzlei zurückkehren und das ihm mitgegebene und bei Gericht abgestempelte Doppel abgeben oder die Einlieferung bestätigen, weil sonst der Kalender bei der abendlichen Kontrolle eine offene Frist ausweisen würde.[200] Es handelt sich um eine indirekte Kontrolle anhand eines Rücklaufs. Die aktive Kontrolle anhand des auslaufenden Schriftsatzes hat demgegenüber greifbare Vorteile.

120 **d) Postausgangsbuch.** Führt der Anwalt ein Postausgangsbuch, so dienen die dortigen Eintragungen nur dann auch der **Postausgangskontrolle**, wenn auf Übereinstimmung dieser Eintragungen mit denen im Fristenkalender geachtet wird.[201] Sie müßten parallel und unmittelbar durch dieselbe Kraft erfolgen und dürfen nicht aus dem Gedächtnis heraus ergänzt werden. Für eine Friststreichung ist es zu früh, wenn die Schreiben noch in der Postmappe liegen, auch hier ist der letzte Moment vor dem Wegbringen abzuwarten.[202]

Das **Postausgangsbuch,** ein veraltetes Mittel der Portokostenerfassung, wird von der Rechtsprechung nicht mehr unbedingt gefordert.[203] Es hilft aber, wenn es richtig geführt wird, auch den Ausgang von Schreiben nachzuweisen, die nicht im Fristenkalender erfaßt waren.

121 **e) Ab-Vermerk.** Dazu kann sonst nur noch ein Ab-Vermerk verhelfen. Es ist viel zu wenig bekannt, daß Gerichte ihn immer wieder verlangt haben, z. B. für den Nachweis, daß ein Urteil samt Mitteilung von Zustellung und Rechtsmittelfrist an die Partei herausgegangen ist.[204] Wiedereinsetzung wird sie mit der Behauptung, den Brief nicht erhalten zu haben, nur dann bekommen, wenn der Anwalt den Ausgang aus seiner Kanzlei belegen kann. Ohne *signierten* Ab-Vermerk wird sich später daran niemand erinnern. Der Ab-Vermerk wird zweckmäßig auf dem in der Akte verbleibenden Doppel angebracht und zwar von demjenigen, der die Post schließlich weggebracht hat.

122 **f) Tägliche Kalenderkontrolle.** Sie ist unerläßlich.[205] Sie kann auf für die Kalenderführung qualifiziertes Personal delegiert werden. Am Abend eines jeden Tages muß kontrolliert werden, ob alle für diesen Tag eingetragenen Fristen erledigt sind. Findet sich eine offene Frist, so darf sie nicht nach der Erinnerung, das sei ja kürzlich erledigt worden, gestrichen werden, sondern immer nur anhand der Akte, die den Ausgang ergeben sollte. Zu leicht könnten sonst Verwechslungen mit Akten ähnlichen Rubrums vorkommen.

---

196 BGH, VersR 1985, 668.
197 BGH, NJW-RR 1998, 1140.
198 BGH, NJW-RR 1995, 824.
199 BGH, NJW 1997, 3446.
200 BGH, NJW-RR 1991, 511.
201 BGH, VersR 1985, 145.
202 BGH, VersR 1974, 884.
203 BGH, VersR 1980, 973.
204 BGH, VersR 1980, 871; NJW-RR 1991, 1150.
205 BGH, NJW-RR 1992, 1277; NJW 1996, 1540; s. dazu o. Rdn. 30.

g) Postlauf. Auf den regelmäßigen Postlauf kann sich der Anwalt verlassen,[206] sofern nicht ein Poststreik angekündigt ist.[207] Päckchen und Briefe werden dabei gleich behandelt.[208] Das verhilft allerdings allenfalls zur Wiedereinsetzung in den vorigen Stand, wenn die Post doch unpünktlich arbeitet. Müssen Verjährungsfristen gewahrt werden oder sind andere, nicht wiedereinsetzungsfähige Fristen (z. B.: eine Kündigungsfrist) betroffen, so ist der Anwalt gehalten, für nachweisbaren fristwahrenden Eingang zu sorgen.[209] Im übrigen wird Nachfrage bei der Post nach der üblichen Beförderungsdauer vorausgesetzt. 123

IV. Tätigkeiten des Anwalts im Rahmen der Fristenorganisation

1. Verantwortlichkeit für die Büroorganisation

Auch der Anwalt, der sein Büro **nicht organisiert**, sondern die Bürokräfte schalten und walten läßt, ist für die Einhaltung aller Fristen verantwortlich.[210] Dasselbe gilt, wenn er die geschaffene Organisation verläßt, etwa indem er eine Akte an sich nimmt, um sie weiter zu bearbeiten.[211] Auch er ist in die Organisation eingebunden, die nur funktionieren kann, wenn er sich selbst, wie alle anderen, daran hält. Nicht umsonst hat der BGH die Friststreichung in einer Konstellation für verfrüht erachtet, als die Akte sich zwar in der richtigen Ablage befand, wo der im voraus bestimmte Bote sie abholen sollte, der Anwalt aber dort Zugriff nehmen konnte, die Akte auf seinen Schreibtisch holte und sie dort vergaß.[212] Natürlich kann niemand den Anwalt hindern, Akten auf seinen Schreibtisch zu häufen. Er muß aber wissen, daß er damit gegen von ihm selbst aufgestellte Organisationsanweisungen handelt und dadurch gezwungen ist, eine Sonderorganisation für den Einzelfall durchzuführen. Sind solche Einzelfallweisungen zur sach- und fristgemäßen Erledigung geeignet, und werden sie lediglich vom Weisungsempfänger nicht befolgt, so kommt es hingegen nicht darauf an, ob es generelle Organisationsmängel anderer Art gab, weil diese nicht kausal wurden.[213] 124

2. Beiläufige Fristenprüfung

Wird dem Anwalt eine Akte im Zusammenhang mit einer **fristgebundenen Handlung** vorgelegt, so ist er zu einer von der Rechtsprechung so bezeichneten beiläufigen Fristenprüfung verpflichtet.[214] Mit der Vorlage entsteht eine Prüfungspflicht, und zwar unabhängig davon, ob er sich zur sofortigen Bearbeitung entschließt. Er kann sich – wie stets bei Aktenvorlage an ihn –[215] von dieser Prüfungspflicht nicht befreien, indem er sein Personal anweist, ihn täglich an noch unerledigte Fristsachen zu erinnern. 125

Die Pflicht zur beiläufigen Fristenprüfung **entsteht nicht**, wenn die Akten ihm aus anderem Anlaß vorgelegt werden, der mit einer **Frist nicht in Verbindung** steht.[216] Aber auch dann muß er sich innerhalb angemessener Zeit durch einen Blick in die Akten wenigstens überzeugen, was zu tun ist und wie lange er sich mit der Bearbeitung Zeit 126

[206] BVerfG, NJW 1979, 641; NJW 1980, 769; BGH, VersR 1981, 1160 u. a.; BAG, NJW 1995, 2575.

[207] BGH, NJW 1993, 1332 u. 1333; BVerfG, NJW 1995, 1210. Anders, wenn Poststreik schon beendet, BVerfG, NJW 1994, 244.

[208] BAG, DB 1991, 176.

[209] BGH, NJW 1995, 521.

[210] S. o. Rdn. 1, 71.

[211] BGH, VersR 1973, 715, dazu o. Rdn. 71.

[212] BGH, NJW 1997, 3446.

[213] BGH, NJW-RR 1998, 1360; NJW-RR 1998, 269; NJW-RR 1997, 1289; BGH, Beschl. v. 25.03.98, IV ZB 1/98; BGH, VersR 1996, 348.

[214] BGH, st. Rspr., VersR 1980, 976; NJW-RR 1991, 827; NJW 1992, 841; NJW 1992, 1632; NJW 1994, 2831; NJW 1997, 1311.

[215] S. o. Rdn. 112.

[216] BGH, NJW-RR 1998, 1526; NJW-RR 1999, 429; BGH, NJW 1998, 1498 hält amtlich bestellten Vertreter nicht für verpflichtet, die ihm vorgelegten Gerichtsakten auf Fristen durchzusehen.

lassen kann.[217] Der BGH hat zwar gemeint, bei Fertigung der Berufungsbegründung müsse der Anwalt nicht beiläufig prüfen, ob seine konkrete Weisung, den unterschriebenen Verlängerungsantrag an das Gericht zu faxen, befolgt worden sei.[218] Das ist jedoch schon anders gesehen worden, wenn kein Sendeprotokoll gefunden wurde.[219]

127 Von dem oft **hypothetischen Zeitpunkt** der beiläufigen Fristenprüfung an, zu dem der Anwalt eine Fristversäumung hätte feststellen können, läuft die 14tägige Wiedereinsetzungsfrist des § 234 ZPO. Die Mitteilung des Gerichts von der versäumten Frist ist in solchen Fällen für den Beginn der Wiedereinsetzungsfrist nicht maßgebend. Der Anwalt sollte daher gerade dieser Pflicht akribisch nachkommen, und auch dann täglich alle ihm vorgelegten Akten auf Fristen prüfen, wenn versehentlich keine Fristzettel daran zu finden sind.

3. Anwaltstätigkeit bei Zustellungen

128 Zu den Zustellungen gegen Empfangsbekenntnis ist oben schon das Notwendige gesagt worden.[220] Für den Anwalt selbst ist wichtig, darauf zu achten, Empfangsbekenntnisse erst zu unterschreiben, wenn er geprüft hat, ob die richtige Frist erkannt und errechnet wurde und wenn ihm der Erledigungsvermerk auf dem zugestellten Schriftstück sagt, daß seine Verfügungen ausgeführt wurden. Nach dem Erledigungsvermerk muß er suchen. Fehlt er, so besteht Anlaß zu der Befürchtung, die Frist sei im Kalender nicht notiert. Er muß dann umgehend für Kalendereintragung sorgen.

129 Auch **Zustellungen anderer Art** – so direkt an den Mandanten erfolgende Zustellung durch die Post[221] oder die Zustellung an Mandanten im Ausland durch Aufgabe zur Post[222] – erfordern Regelungen, meist konkrete Weisungen aufgrund der Feststellungen des Anwalts. Selbst die von den Finanzbehörden nach § 122 AO praktizierte Versendung mit einfachem Brief und folgender **Zugangsfiktion**[223] verlangt vom Anwalt, den evtl. späteren Zugang beweiskräftig festzuhalten (mit Eingangsstempel).[224]

4. Kontrollen

130 Daß und in welchen Abständen der Anwalt sein Personal kontrollieren muß, wurde bereits dargestellt.[225] Für zuverlässiges, gut ausgebildetes und langjährig tätiges Personal genügen Stichprobenkontrollen in etwa zweimonatigen Abständen. Neu eingestelltes, noch nicht erprobtes oder jugendliches Personal ist dauerhafter zu überwachen.

131 Der Anwalt muß jedoch nicht nur Personen, sondern auch **Vorgänge eigenverantwortlich prüfen**, die er stets delegiert, für die ihm aber die Rechtsprechung eigene Verantwortung auferlegt. Es handelt sich dabei um die Fertigung von Rechtsmittelschriften. Der Anwalt muß sie nicht selbst schreiben. Er ist jedoch in der Regel nicht entschuldigt, wenn Partei- oder Gerichtsbezeichnungen fehlerhaft sind.[226]

132 Er muß deshalb prüfen:
- die **Zuständigkeit** des Gerichts (Achtung: Übergangsrecht bei verfahrensrechtlichen Änderungen!),[227]
- **Anschrift und Bezeichnung** des Gerichts – und zwar wenn vorhanden, dann der vollen Postanschrift,[228]

---

[217] BGH, NJW 1998, 460.
[218] BGH, NJW-RR 1998, 932.
[219] BGH, NJW 1998, 907.
[220] S. oben Rdn. 97–107.
[221] §§ 211, 195 ZPO.
[222] §§ 175, 213 ZPO.
[223] § 4 VwZG.
[224] BGH, ZIP 1992, 544 m. Anm. v. *Borgmann*, EWiR 1992, 559.
[225] S. o. Rdn. 79–85.
[226] BGH, std. Rspr., VersR 1974, 435 u. a.; NJW-RR 1990, 1149.
[227] BGH, NJW 1981, 1007.
[228] BGH, VersR 1994, 75; NJW 1995, 1499; NJW 1998, 908.

- das BAG verlangt immer die **volle Postanschrift** und deren anwaltliche Prüfung,[229]
- auch auf dem Kuvert muß die richtige Anschrift stehen, deshalb besser **Fensterkuverts.**[230]
- Bezeichnung der Parteien. Auch der Einsatz eines PC macht die Prüfung nicht überflüssig, weil der Ausdruck fehlerhaft, insbesondere inkomplett sein kann.[231]
- **Richtigkeit und Vollständigkeit** der Anträge,
- eigene **Postulationsfähigkeit**,
- eigene **Unterschrift,** vor allem: keine Paraphe.[232]

5. Behebung unerwarteter Hindernisse

Der Anwalt ist der trouble-shooter vom Dienst. Was alles nicht funktioniert, muß ihm zugetragen werden, damit er helfend und heilend eingreifen kann. Das muß zumindest angeordnet sein. Ob eine Bürokraft mit wichtigen Funktionen fehlt, ob der PC keine Fristen ausdruckt oder das Fax nicht sendet: Selbst wenn der Anwalt technisch nicht selbst in der Lage wäre, einzugreifen, muß er doch für den Fall, daß die getroffenen Vorkehrungen versagen, mindestens **Vorsorge** dafür getroffen haben, daß er selbst neue Weisungen erteilen kann.[233] **133**

Das **unerwartete Hindernis** kann allerdings auch darin bestehen, daß er **selbst fehlt.** Für seine eigene Abwesenheit – geplant oder überraschend – muß der Anwalt vorsorgen. Das gilt für längere Termine ebenso wie für Krankheit. Nur bei plötzlicher, unvorhergesehener Krankheit ist ein Anwalt unter Umständen entschuldigt,[234] bei rezidivierenden Leiden darf er Fristen nicht bis zuletzt ausnutzen.[235] Er sollte sein Personal niemals ohne Weisungen in bezug auf das, was bei seiner eigenen Abwesenheit zu unternehmen ist, lassen. Selbst die einfache Aufgabe, die Unterschriftsmappe nicht auf dem verwaisten Schreibtisch liegen zu lassen, sondern sie einem Sozius vorzulegen, muß zum Plan gehören, um vor Unzuträglichkeiten gesichert zu sein. **134**

C. Ansatzpunkte für die Organisationsplanung

I. Der Ist-Zustand

1. Einzelne Ablaufschritte

Schriftliche generelle Weisungen setzen voraus, daß der Anwalt zunächst den Ablauf durchdacht hat, und zwar den des Mandats als wichtigstem fristrelevanten Ablauf. Dies geschieht zweckmäßig zunächst für einzelne Ablaufschritte und sollte als Grobstruktur festgehalten und bei Bedarf verfeinert werden. Sensible Bereiche sind vor allem der Posteingang mit der Errechnung und Eintragung von Fristen und der Postausgang mit Friststreichung sowie die Empfangnahme von Zustellungen. **135**

---

[229] BAG, DB 1988, 56; NJW 1991, 1078.

[230] BGH, NJW 1994, 1354. Wiedereinsetzung möglich, wenn Personal falsches Kuvert nimmt.

[231] BGH, NJW 1995, 1499.

[232] BGH, NJW 1994, 55. Bei erstmaliger Beanstandung der Unterschrift ist Wiedereinsetzung möglich, BGH, EWiR 1998, 1151.

[233] Z. B.: ein Fax im ganzen neu zu versenden oder andere Maßnahmen zu ergreifen, BGH, NJW-RR 1998, 1361. Den PC behandeln: BGH, NJW 1997, 327.

[234] Ein Einzelanwalt eher als ein in Sozietät arbeitender Anwalt, BGH, VersR 1973, 317; VersR 1987, 785; VersR 1990, 1026.

[235] BGH, Beschl. v. 10. 12. 1992 – V ZB 36/92.

2. Erfassung des Ist-Zustandes mit Formularen

136 In bereits tätigen Kanzleien gibt es einen **Ist-Zustand**. Einmal festgehalten, kann ihm ein erstrebenswertes **Soll** gegenübergestellt werden. Wer, mit wessen Hilfe, und/oder unter wessen Aufsicht dann die gestellte Aufgabe erledigen soll, läßt sich danach mühelos zuordnen. **Formulare** sind dabei hilfreich und werden von externen Büroorganisatoren auch benutzt. Ohne Mitarbeit des Personals wird der Ist-Zustand kaum festgestellt werden können.

Die vorhandenen Personalkapazitäten werden den erreichbaren **Soll-Zustand** weitgehend beeinflussen.

137 Das in die gesamte tägliche Arbeit eingebundene und sie bestimmende **Fristenmanagement** definiert sich als Zusammenspiel der verfügbaren personellen und sachlichen Kräfte innerhalb zeitlich weitgehend vorgegebener **Abläufe**.

Formulare könnten etwa so gestaltet werden: 138

Ablauf: Eingangspost beim Postamt abholen

Was ist zu beachten	Nr.	Ablaufschritt	Wer tut es?	Was folgt? Tätigkeit/Entscheidung	
Eingangs-post beim Postamt	1	Abholen	Azubi A		
	2	Geschlossene Postkuverts sortieren	Azubi A		
	3	Sind erkennbar private Briefe dabei	Azubi A	ja weiter mit Nr. 4	nein weiter mit Nr. 5
	4	Privatpost un-geöffnet dem Rechtsanwalt vorlegen			
	5	Umschläge öffnen	Reno		
	6	Eingänge stempeln	Azubi		
	7	Sind Frist-sachen dabei?	Reno	ja weiter mit Nr. 8	nein weiter mit Nr. 9
	8	Fristsachen aussortieren	Reno	Und nach Ablauf Frist-berechnung und Notierung weiterbearbeiten	
	9	Kann Eingang einer Akte zugeordnet werden?	Reno	ja weiter mit Nr. 10	nein weiter mit Nr. 11
	10	Akte heraus-suchen und mit Eingang dem Anwalt vorlegen	Azubi		
	11	Eingang dem Anwalt vor-legen			

Abbildung 2: Formulargestaltung

139 Abläufe kann man auch graphisch darstellen:[236]

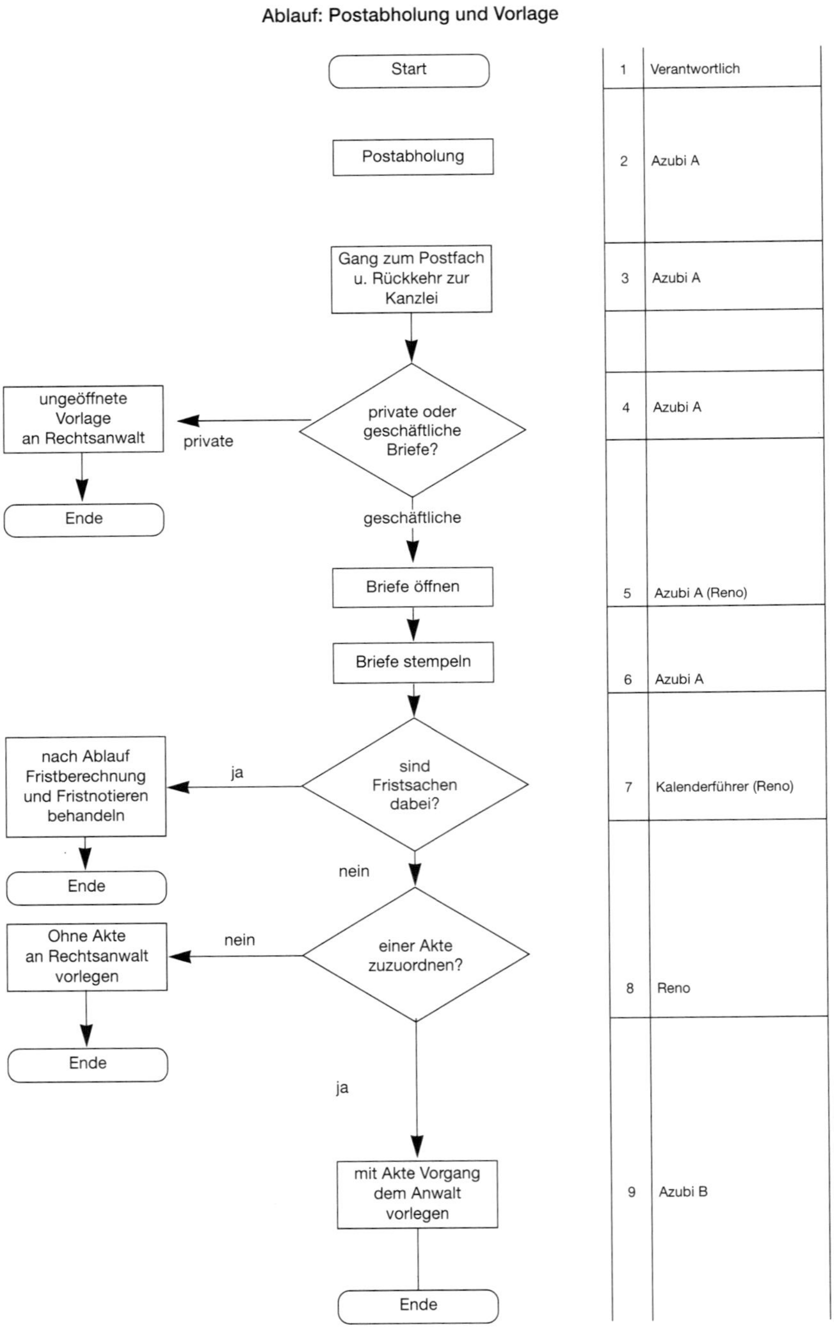

Abbildung 3: Graphische Darstellung von Abläufen

[236] Die Zeichen sind üblich. Ich folge insoweit *Streck*, AnwBl. 1997, 203ff.

3. Der Routinetageslauf

Die täglichen Abläufe reichen vom Posteingang bis zum Postausgang, mit einer Reihe nicht umkehrbarer Tätigkeiten dazwischen.[237] Sie sind in diesem Artikel im einzelnen behandelt worden und sollen deshalb nur kurz tabellarisch dargestellt werden.[238] Mit MA I ist ein zuverlässiger, gut ausgebildeter, sorgfältig überwachter und langjährig tätiger Anwaltsfachgehilfe gemeint,[239] mit MA II ein ebensolcher, nicht ganz so langjährig tätiger.[240] MA meint sonstige Angestellte, auch Schreibkräfte. 140

Routinetageslauf in der Anwaltskanzlei 141

Aufgabe	Tätigkeiten	Zuordnung an
1. Posteingang	Abholung vom Postfach Abholung vom Gericht Briefkastenleerung Faxgerätüberprüfung	Azubi A) Azubi B) (o. RA nach Abstmg.) Azubi A) Azubi B)
2. Weiterbehandlung der Eingangspost	Öffnen Stempeln Zuordnen – zu Akten – zu Sachbearbeitern Erkennen und Aussondern – von Fristsachen und – Terminsachen Notierung von Terminen Berechnung von Fristen Notieren von Fristen im Kalender Erledigungsvermerk mit Handzeichen	Rechtsanwalt (MA I, II) Azubi A) Azubi B) Rechtsanwalt MA I MA II MA I MA II MA II
3. Vorlage der Eingangspost an Rechtsanwalt	Vorlegung Prüfung auf notwendige Anwaltsaktivitäten Fristnachprüfung Verfügung zur Weiterbehandlung	Azubi A) Rechtsanwalt Rechtsanwalt Rechtsanwalt
4. Erledigung der Verfügung des Anwalts	Akten anlegen Register anlegen (Mandant u. Gegner) Buchführungsunterlagen anlegen Sonstige Schreibarbeiten ausführen Eingänge abheften	Azubi A) u. Azubi B) Azubi A) u. Azubi B) MA MA Azubi A)
5. Wiedervorlage an Rechtsanwalt mit Akte	Vorlegung der Akte Fristprüfung Mandanten- u. Gegnerprüfung Bearbeitung	Azubi A) Rechtsanwalt Rechtsanwalt Rechtsanwalt

(Fortsetzung nächste Seite)

[237] Im einzelnen *Borgmann,* Beck'sches Rechtsanwaltshandbuch, K. 2 Rdnr. 13–41.
[238] Aus *Borgmann/Haug,* Anwaltshaftung, 3. Aufl., S. 423/424.
[239] BGH, NJW 1988, 2045; s. o. Rdn. 61.
[240] BGH, NJW 1988, 2045; s. o. Rdn. 62.

6. Schreib- und Kanzleiarbeiten	Schreiben absendefertig machen (Anlagen kopieren, Umschläge schreiben und frankieren)	MA MA Azubi A) nach Weisung MA
7. Mandantengespräche	Gespräch mit Notizen Gespräch mit Diktat	Rechtsanwalt Rechtsanwalt
8. Wiedervorlage an Rechtsanwalt zur Unterschrift	Wiedervorlegung Kontrolle – eigene Unterschrift des Anwalts – eigene Postulationsfähigkeit – Adresse des Empfängers – mitgeteilte Daten – mitgeteilte Zustellungsdaten – Unterschrift	MA Rechtsanwalt Rechtsanwalt Rechtsanwalt Rechtsanwalt Rechtsanwalt Rechtsanwalt Rechtsanwalt
9. Postauslauf	Kontrolle generell Abendkontrolle – ob Unterschrift vorhanden – ob Rechtsanwalt postulationsfähig – ob Adresse stimmt – ob Sachzugehörigkeit stimmt – ob genügend Durchschläge Frankierung Bestimmung von Boten für Beförderung Ab-Vermerk Friststreichung im Kalender Eintragung neuer Fristsachen, die von der Erledigung dieser Frist an laufen, z.B. Begründungsfristen	 MA II MA II MA II MA II MA II MA II MA II Azubi (Bote) MA II MA II
10. Kontrollen	abendliche Fristenkontrolle im Kalender Stichproben, unregelmäßig	1. MA I 2. Rechtsanwalt Rechtsanwalt

Abbildung 4: Tagesablauf in einer Anwaltskanzlei

II. Organisationsansatz: Das einzelne Mandat

142 Schließlich kann es auch Erkenntnisse bringen, was alles zu regeln ist, wenn man den Gang eines einzelnen Mandats mit allen Eventualitäten aufzeichnet. Die zeichnerische Erfassung macht, in Verbindung mit den sonstigen Regelungen für den Routinetageslauf deutlich, an welchen Stellen eines jeweiligen Mandats Handlungs- und Regelungsbedarf besteht. Der Anwalt kann selbst überprüfen, ob er den gesamten Mandatsfortgang wirklich im Griff hat.

143

Abbildung 5: Entwerfen eines Organisationsplans[241]

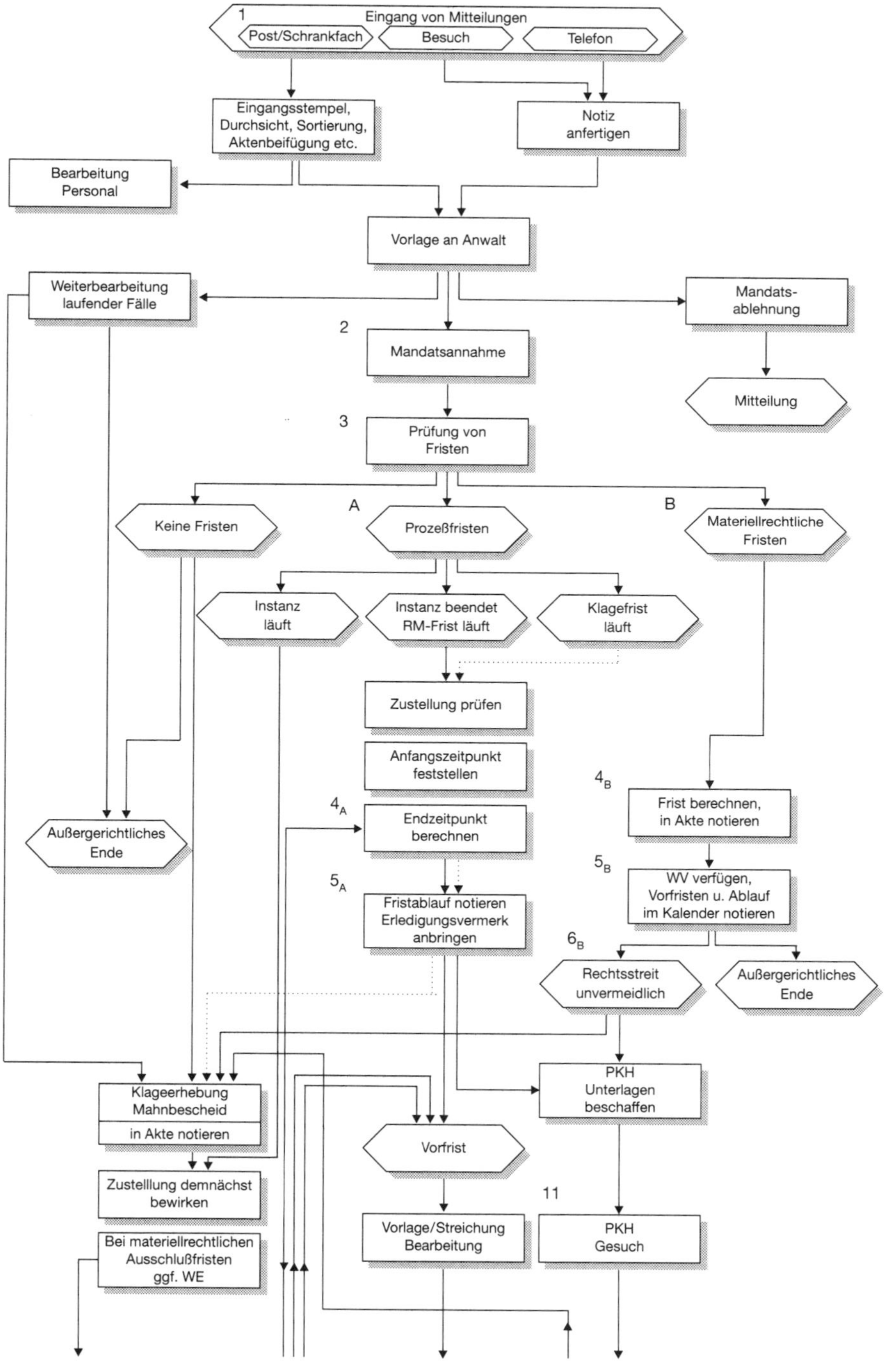

(Fortsetzung nächste Seite)

[241] Der Plan wurde zunächst veröffentlicht in der Kurseinheit Büroorganisation des Rechtsanwaltes zur Wahrung von Fristen der Fernuniversität Hagen.

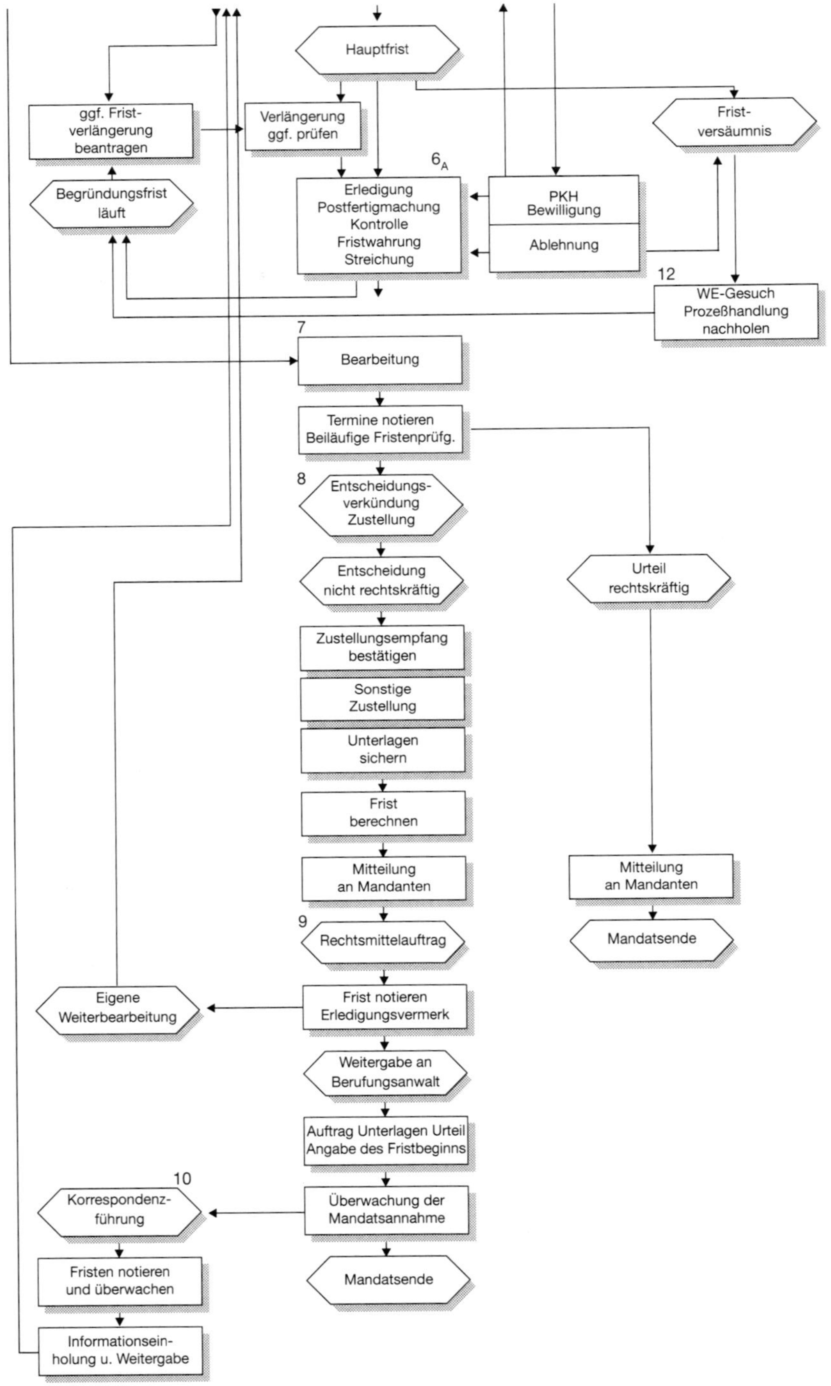
Hauptfrist
ggf. Frist-verlängerung beantragen
Verlängerung ggf. prüfen
Frist-versäumnis
6A
Begründungsfrist läuft
Erledigung Postfertigmachung Kontrolle Fristwahrung Streichung
PKH Bewilligung
Ablehnung
12
WE-Gesuch Prozeßhandlung nachholen
7
Bearbeitung
Termine notieren Beiläufige Fristenprüfg.
8
Entscheidungs-verkündung Zustellung
Entscheidung nicht rechtskräftig
Urteil rechtskräftig
Zustellungsempfang bestätigen
Sonstige Zustellung
Unterlagen sichern
Frist berechnen
Mitteilung an Mandanten
Mitteilung an Mandanten
9
Rechtsmittelauftrag
Mandatsende
Eigene Weiterbearbeitung
Frist notieren Erledigungsvermerk
Weitergabe an Berufungsanwalt
Auftrag Unterlagen Urteil Angabe des Fristbeginns
10
Korrespondenz-führung
Überwachung der Mandatsannahme
Fristen notieren und überwachen
Mandatsende
Informationsein-holung u. Weitergabe

Die einzelnen hier zusammengefaßten und mit den Ziffern 1–12 versehenen Vorgänge entsprechen den im Text gründlich behandelten Stationen der Arbeit an einem Mandat in der Anwaltskanzlei. Es handelt sich um: 144

1. Posteingang (bis Vorlage an den Anwalt)
2. Mandatsannahme/-ablehnung
3. Fristprüfung
   Prozeßfristen/materiell-rechtliche Fristen
4. Fristberechnung
   Prozeßfristen/materiell-rechtliche Fristen
5. Fristnotierung
6. Fristvorlagen bis Fristsreichung nach Klageerhebung, Mahnbescheid
   Entstehung neuer Fristen (Begründungsfristen)
7. Weiterbearbeitung in der Instanz
8. Entscheidungsverkündung
   Zustellung, Fristenberechnung und -sicherung/Rechtskraft
   Mitteilung an Mandanten
9. Rechtsmittelauftrag
   Fristnotierung
   Weitergabe an RM-Anwalt
10. Fortführung des Mandats als Korrespondenzanwalt
11. Prozeßkostenhilfe in Einzelschritten
    für Klage/für Rechtsmittel
12. Wiedereinsetzung in den vorigen Stand.

Zu sehen ist, daß sich einzelne Vorgänge wiederholen und deshalb in der Verfügung auch einheitlich behandelt werden können.

5. Kapitel. Auftreten der Anwaltskanzlei nach außen

§ 35 Einführung und Übersicht

*Rachelle Römermann**

Übersicht

Schrifttum: *Dehr/Biermann,* Marketing-Management, 1998; *Gabler* Wirtschaftslexikon, 12. Aufl. 1988; *Hartung/Holl* (Hrsg.), Anwaltliche Berufsordnung, 1997; *Kleine-Cosack*, Werbeverbotslockerung für Rechtsanwälte, ZIP 1990, 1534; *Köhle/Hilke*, Werbung oder Werbeverbot für Rechtsanwälte und Steuerberater?, in: Hilke (Hrsg.), Dienstleistungsmarketing, 1989, S. 79; *Kotler u. a.,* Grundlagen des Marketing, 2. Aufl. 1999; *Lutz,* Marketing für Steuerkanzleien, 1995; *Mauer/Krämer,* Marketingstrategien für Rechtsanwälte, 1996; *Meffert,* Marketingmanagement, 1995; *Meffert/Bruhn,* Dienstleistungsmarketing, 1995; *Meyer, A.* (Hrsg.), Handbuch Dienstleistungs-Marketing, 1998; *Scheuch,* Marketing für Dienstleistungen, AnwBl. 1998, 342; *Schiefer/Hocke,* Marketing für Rechtsanwälte, 2. Aufl. 1996; *Unger/Wolf,* Erfolgreiches Anwaltsmarketing, 1993. *Zuck*, Anwaltswerbung zwischen zulässiger Informations- und unzulässiger Mandatswerbung, NJW 1988, 528ff.

Im vorherigen Kapitel (4) ging es um den wichtigen Themenkomplex der Organisation der Kanzlei, das heißt um das Management der Kanzleitätigkeiten im Innenverhältnis. Mindestens genauso wichtig ist die Gestaltung des Auftretens der Anwaltskanzlei nach außen. Dies ist das Anliegen der Ausführungen im Rahmen des abschließenden Kapitels 5. 1

A. Marketing: Kerninstrument des Auftretens der Kanzlei nach außen

I. Marketing ist nicht gleich Werbung

Dem Leser, der über betriebswirtschaftliche Grundkenntnisse verfügt oder der sich 2 bereits mit dem Thema Marketing beschäftigt hat, mag die nachfolgende **Begriffsunterscheidung** nicht neu sein. Angesichts der bei zahlreichen Berufsträgern und manchmal sogar in der juristischen Fachliteratur (noch) häufig anzutreffenden Begriffsverwirrungen

* Diplom-Betriebswirtin, leitet das Kanzleimanagement der Anwaltskanzlei Dr. Römermann, Schwab & Coll. in Hannover.

zwischen Marketing und Werbung erscheint es dennoch sinnvoll, im Vorfeld auf diese zwei Begriffe kurz einzugehen, um die Beziehung zwischen beiden klarzustellen.

3 Marketing und Werbung stehen in einer engen Verbindung zueinander, bewegen sich aber auf zwei ganz **unterschiedlichen Ebenen**. **Werbung** ist neben der Öffentlichkeitsarbeit (engl. Public Relations) eines der Instrumente der Kommunikationspolitik. Diese wiederum ist Bestandteil des Marketingplans (dazu unten Abbildung 1). Dagegen fungiert **Marketing** als umfassende wissenschaftliche Disziplin der Betriebswirtschaftslehre und kann in der Unternehmenspraxis als Führungskonzept[1] und Unternehmensphilosophie eingesetzt werden. Die nachstehende Abbildung, die sich in ihrer Grundgestaltung an ein Baukastensystem anlehnt, dient dazu, die Bedeutung der jeweiligen Begriffe und die Stellung der Werbung in dem weiten Feld des Marketings zu verdeutlichen.

4

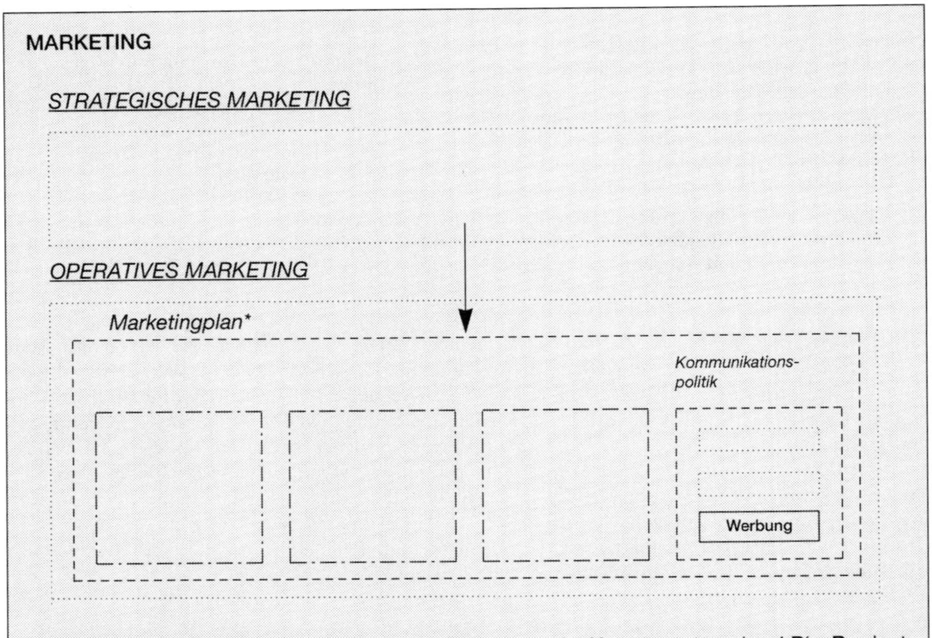

* Der **Marketingplan** besteht im klassischen Ansatz aus vier Komponenten, den 4 P's: **Product** (Produktpolitik = Leistungspolitik im Dienstleistungsbereich), **Price** (Preispolitik = Honorarpolitik für die Anwaltskanzlei), **Place** (Distributionspolitik), **Promotion** (Kommunikationspolitik). Im Dienstleistungsbereich wird dem Marketingplan eine 5. Komponente hinzugefügt: Das interne Marketing.

Abbildung 1: Marketing und Werbung, zwei unterschiedliche Ebenen

II. Marketing, eine bewährte Disziplin des Management

5 Marketing darf ebenso wie Werbung nicht als modisches Schlagwort mißverstanden werden. Marketing ist eine **wissenschaftliche Disziplin**, deren Benennung ihren Ursprung im angelsächsischen Sprachraum findet. In der deutschen Anwaltschaft hat sich das Interesse an Marketing erst in den letzten fünfzehn Jahren entwickelt. In der Unternehmenspraxis werden die Erkenntnisse des Marketing allerdings schon seit den

[1] Zum Marketing und zur marktorientierten Unternehmensführung näher *Scheuch*, AnwBl. 1988, 342; *Unger/Wolf*, Erfolgreiches Anwaltsmarketing, 1993, S. 21.

50er Jahren – zunächst in den USA, später weltweit – mit Erfolg angewendet. In seinen Entstehungszeiten wurde Marketing jahrzehntelang im Konsumgüterbereich und in der Industrie eingesetzt und weiterentwickelt, bevor der **Dienstleistungsbereich** (am Anfang insbesondere die Kredit- und Versicherungsbranchen) es – endlich – für sich entdeckte.

Die Aufnahme des Marketing ist der deutschen Anwaltschaft nicht leicht gefallen. Sie erfolgte schrittweise im Zuge der Diskussion über das Werbeverbot und anschließend über die Werbung. Im Mittelpunkt stand in den 80er Jahren bis zu den Entscheidungen des Bundesverfassungsgerichts im Jahre 1987 das **Werbeverbot.**[2] Die für die deutsche Anwaltschaft und die Entwicklung ihres Berufsrechts historischen Entscheidungen des Bundesverfassungsgerichts wirkten langsam[3] aber sicher befreiend auf die Erweiterung des Diskussionsfeldes. Der in die Diskussion eingeführte Begriff der **Werbung** tat sich allerdings in seiner fundierten betriebswirtschaftlichen Dimension schwer, die Akzeptanz der Anwaltschaft zu gewinnen. Jahrelang wurde die Werbung zu Unrecht mit „reklamehafter Selbstanpreisung" gleichgesetzt. Schließlich erweiterte sich der Blick von dem engen Bereich der Werbung auf das umfassende Konzept des **Marketing.** Die häufige Verwechselung von Marketing und Werbung dürfte in der Anwaltschaft zum Teil historisch bedingt sein und auf die späte Entdeckung des Marketing vom Ausgangspunkt der Werbung aus zurückzuführen sein. 6

III. Merkmale des Marketingansatzes

Der Marketing-Ansatz ersetzte in Deutschland denjenigen der **Absatzwirtschaft.** Während es in der traditionellen Absatzpolitik darum ging, die dem Absatzbereich weitgehend vorgegebenen Leistungen der Unternehmung unter Einsatz des absatzpolitischen Instrumentariums gewinnmaximierend zu verkaufen, werden in dem **Marketing-Ansatz** die Entscheidungen der Unternehmung von vornherein stärker auf die Bedürfnisse und Wünsche der Nachfrager ausgerichtet.[4] Betrachtet man bildlich die Beziehung am Markt zwischen Anbieter und Abnehmer, so wird ersichtlich, daß der Ansatz der Absatzwirtschaft eher einseitig ist (eine Richtung: Unternehmen → Markt). Dagegen setzt der Marketing-Ansatz auf einen ständigen **Dialog** zwischen Anbieter und Abnehmer. Auf diese Weise soll das Unternehmen sein Produkt oder seine Leistung an dem **Bedarf der Nachfrage** am Markt orientieren. Ziel der nachstehenden Abbildung ist es, diesen Grundsatz des Marketing-Ansatzes herauszustellen. 7

---

[2] BVerfG NJW 1988, 191 und 194; dazu näher *Hartung/Holl-Hartung,* BerufsO, Einf. Rdn. 7ff.

[3] Noch Jahre nach den Entscheidungen des BVerfG ging es u. a. in der Anwaltschaft (das gleiche gilt bei Steuerberatern) ausschließlich um das Werbeverbot und die Abgrenzung der zulässigen von der unzulässigen Anwaltswerbung, während betriebswirtschaftliche Aspekte des Anwaltsmarketing völlig ausgeklammert wurden. Siehe z. B. *Kleine-Cosack,* ZIP 1990, 1534ff.; *Köhle/Hilke,* Werbung oder Werbeverbot für Rechtsanwälte und Steuerberater?, in: Hilke (Hrsg.), Dienstleistungsmarketing, 1989; *Zuck,* NJW 1988, 528ff.

[4] *Gabler* Wirtschaftslexikon, 12. Aufl. 1988, Band 4, S. 275 und 276.

8
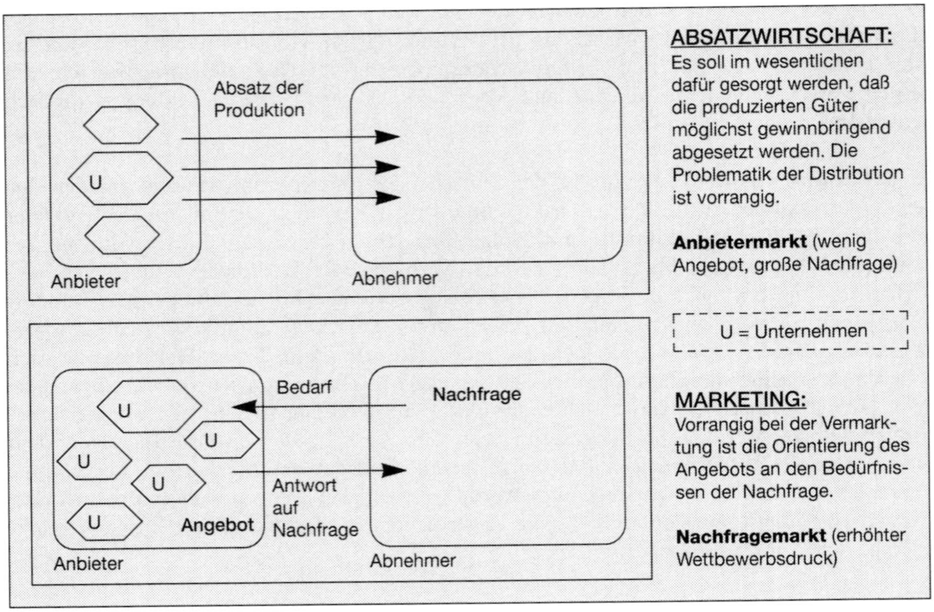

Abbildung 2: Vergleichende Darstellung der Ansätze der Absatzwirtschaft und des Marketing

IV. Nachholbedarf der Anwaltschaft hinsichtlich des Marketing

9 Nachdem der Marketingansatz sich im Konsumgüterbereich bewährt hat, ist er dabei, den **Dienstleistungsbereich** zu erobern. Seine Notwendigkeit haben nicht nur Banken und Versicherungen erkannt, sondern mittlerweile ebenso die überwiegende Mehrheit der Dienstleistungsbetriebe. Beobachtet man allerdings kritisch den **Rechtsberatungsmarkt** hierzulande, so stellt man fest, daß er aus Sicht der Anbieter erst dabei ist, mühsam die Ära der Absatzwirtschaft zu verlassen, um sich der Erkenntnisse der Marketingwissenschaft zu bedienen.[5]

10 Die Anbieterseite – also die Anwaltschaft – ist in ihrer Mentalität zumeist noch der Einstellung der Absatzwirtschaft verhaftet: Nicht selten wird angenommen, die Mandanten müßten sich einfach mit der Leistung zufriedengeben, wie die Kanzlei sie ihnen liefert. Den **Bedürfnissen** und **Erwartungen** der Abnehmer der anwaltlichen Leistung wird noch zu wenig Aufmerksamkeit geschenkt. Stichwörter in diesem Zusammenhang sind etwa: Schnelligkeit, Erreichbarkeit, Öffnungszeiten, Transparenz des Angebotes, Transparenz des Preises, Behandlung von Beschwerden.[6] Bei all diesen Punkten und vielen anderen weist das Berufsverständnis der Anwaltschaft Defizite auf, ohne daß die zahlreichen betroffenen Berufsträger einen gravierenden Mangel in ihrem Verhalten und in der von ihrer Kanzlei geleisteten Tätigkeit bemerken. Die Anwaltschaft läßt somit einen erheblichen Nachholbedarf hinsichtlich einer Selbstverständlichkeit des Marketingansatzes erkennen: der **Mandantenorientierung**.[7]

11 Erschwerend kommt folgende Beobachtung hinzu: Während das Verhalten vieler Berufsträger noch der Ära der Absatzwirtschaft entspricht, entwickelt sich das Verhalten

[5] Vgl. *Mauer/Krämer*, Marketing-Strategien für Rechtsanwälte, 1996, Rdn. 8.

[6] Zum Thema Preistransparenz siehe unter § 36; die Behandlung von Beschwerden ist Gegenstand des § 47.

[7] Ausführlich zu diesem bedeutenden Thema unter § 22.

der Abnehmer der anwaltlichen Dienstleistung mit einer erstaunlichen Geschwindigkeit fort. Im wesentlichen unter dem Einfluß der Medien und nicht zuletzt angesichts des ersichtlich erhöhten Wettbewerbsdrucks zwischen Anwälten (Anwaltsschwemme) werden Rechtsuchende hinsichtlich der anwaltlichen Leistung **kritischer und anspruchsvoller**. Es besteht folglich ein Kontrast zwischen den zunehmend höheren und differenzierten Erwartungen des rechtsuchenden Publikums einerseits und der Einstellung vieler Berufsträger, die sich auf den Lorbeeren der Vergangenheit auszuruhen versuchen, andererseits. Aus dieser unausgeglichenen Situation gibt es nur einen Ausweg, zumal die Abnehmer der anwaltlichen Dienstleistung schon den Schritt nach vorne gemacht haben: Für die deutsche Anwaltschaft besteht die Herausforderung, eine Umstellung zugunsten einer erhöhten **Marktorientierung** vorzunehmen. Vor dem Hintergrund eines zunehmenden Wettbewerbsdrucks, der durch die Öffnung des Rechtsberatungsmarktes für weitere Anbieter auf der deutschen Anwaltschaft lastet, wird diese Herausforderung bei genauer Betrachtung zum Zwang.

V. Was bedeutet der Grundsatz der Marktorientierung für die Kanzlei?

Erstes Merkmal des Marketingansatzes ist die Orientierung am Markt. Sie bedeutet 12
zunächst Orientierung an der **Nachfrage**. Ergänzend muß auch Rücksicht darauf genommen werden, wie die anderen Mitbewerber am Markt auftreten, um in der Lage zu sein, das eigene Angebot von dem der Mitbewerber zu **differenzieren** (das heißt, etwas anderes und/oder Besseres anbieten zu können).[8] Die ergänzende Berücksichtigung der Anbieterseite erfolgt mittels einer ständigen Beobachtung des Wettbewerbs. Die **Wettbewerbsbeobachtung** stellt somit einen wichtigen Bereich der Marktbeobachtung dar.

Die **Orientierung an der Nachfrage** setzt einige Etappen voraus, die der strategischen 13
Marketingplanung zuzuordnen sind. Zwei Etappen gehören zu der strategischen Analyse:
- Die Untersuchung und Wahrnehmung der **Bedürfnisse und Erwartungen** des rechtsuchenden Publikums;
- die **Marktsegmentierung** (Untergliederung des Marktes in einheitliche Abnehmergruppen).

Drei weitere Etappen stellen Grundsatzentscheidungen für die Kanzlei dar: 14
- Die Wahl der **Zielgruppe**(n) der Kanzlei (das heißt, die Festlegung der Kategorien von Rechtsuchenden, die die Kanzlei ansprechen will).
- Die **Positionierung** der Kanzlei auf dem Markt.[9]
- Die an dem Bedarf der Zielgruppe(n) orientierte **Gestaltung des Dienstleistungsangebots** der Kanzlei.[10]

Das Dienstleistungsangebot hat sich demnach stets an die Entwicklung des Marktes 15
anzupassen. Dies setzt eine ständige **Beobachtung der Nachfrage** voraus, ein weiterer Aufgabenbereich der Marktbeobachtung.

VI. Einsatz des Marketing zur Optimierung des Auftretens der Kanzlei am Markt

Marketing umfaßt in einer vereinfachten Darstellung alle Bemühungen des Unterneh- 16
mens zur **Vermarktung** seiner Leistung. Dabei geht es darum, die Kanzlei und ihr Dienstleistungsangebot an dem Markt zu orientieren und so ins rechte Licht zu setzen, daß

---

[8] Zum Thema Differenzierung siehe § 4.
[9] Näheres zum Thema Positionierung bei § 4.
[10] Zu diesem Thema § 5.

sie für potentielle Mandanten möglichst attraktiv sind. Handwerkszeug des Marketing im operativen Bereich ist der **Marketingplan**, der nach dem klassischen Ansatz aus der Produkt-, der Preis-, der Distributions- sowie der Kommunikationspolitik besteht (siehe oben Abbildung 1 – Rdn. 4 sowie unten Abbildung 4 – Rdn. 41).[11] Neben der **Positionierung** im strategischen Bereich spielt im operativen Bereich die **Kommunikationspolitik** eine entscheidende Rolle für das erfolgreiche Auftreten der Kanzlei am Markt.

17 Im Ergebnis ist Marketing eine Hauptfunktion jedes professionell geführten Unternehmens. Dies gilt auch für das Dienstleistungsunternehmen Anwaltskanzlei. Es kann der Kanzlei, die sich in Zukunft in einem zunehmenden Wettbewerb auf dem Rechtsberatungsmarkt behaupten will, nur nahegelegt werden, das Marketing in den **Aufgabenbereich der Kanzleiführung** zu integrieren. Darüber hinaus verspricht eine Aneignung des Marketing als **Kanzleiphilosophie** erhebliche Vorteile für die Optimierung des Auftretens der Kanzlei nach außen und demzufolge für den Aufbau und die Entwicklung des Rufes der Kanzlei.[12]

B. Auftreten nach außen und Identifizierung der entscheidenden Kommunikationsfaktoren und -partner

I. Identifizierung der entscheidenden internen Faktoren

18 Das Auftreten der Anwaltskanzlei nach außen beruht auf kanzleiinternen Faktoren, die es zunächst zu identifizieren gilt. Das Verhalten und der Umgang von **Kanzleimitarbeitern** mit Anrufern sowie mit Besuchern bestimmen zum großen Teil das Erscheinungsbild der Kanzlei. So wird häufig und zu Recht gesagt, daß das **Telefon** die Visitenkarte der Kanzlei ist. Folglich ist jede Sekretärin am Telefon Chance und Risiko für den Ruf der Kanzlei.[13]

19 Erfahrungsgemäß sind Freundlichkeit, Höflichkeit, Zuverlässigkeit und Hilfsbereitschaft des Personals in den Augen der Mandanten mindestens genauso wichtig wie eine juristisch gute Arbeit. Denn die Mandanten, die Zugang zu der komplexen Rechtsmaterie haben und demzufolge in der Lage sind, die objektive Qualität der juristischen Leistung zu beurteilen, sind selten. Um so entscheidender wird der **persönliche und freundliche Umgang** der Kanzleimitarbeiter mit den Mandanten für den Aufbau einer Vertrauensbasis und nicht zuletzt für die Mandantenzufriedenheit.

20 In diesem Zusammenhang spielt verständlicherweise die Auswahl und die Förderung von **qualifizierten und motivierten Mitarbeitern** eine herausragende Rolle. Daraus resultiert die Bedeutung von Themen wie „Personalmanagement“ und „internes Marketing“ für das Auftreten der Rechtsanwaltskanzlei nach außen. Eine ausführliche Darstellung dieser Themen findet sich bei § 28 (Personalmanagement) und § 23 (Internes Marketing).

21 Neben dem Verhalten und der Qualifikation des Personals stellt die **Organisation** der Kanzlei einen wichtigen internen Faktor für das Auftreten der Kanzlei nach außen dar. Inadäquate Ausstattung, ineffiziente Abläufe, organisatorische Pannen dürfen hinsichtlich ihrer Aussagekraft für den Mandanten über die durch ihn empfundene Qualität der Leistung der Kanzlei nicht unterschätzt werden. Zudem werden die Beziehungen zwischen den Kanzleimitgliedern und im allgemeinen die **Arbeitsatmosphäre**, die in der Kanzlei herrscht, unvermeidbar durch die Mandanten gespürt.

22 Das Bürogebäude, die Inneneinrichtung der Kanzlei, die sichtbare Ausstattung (Bibliothek, technische Geräte usw.) vermitteln den Mandanten und sonstigen Besuchern

---

[11] Siehe z. B. *Dehr/Biermann*, Marketing-Management, 1998, S. 11.

[12] Zum Marketing als Unternehmensphilosophie siehe *Meffert*, Marketing-Management, 1994, S. 5.

[13] *Schiefer/Hocke*, Marketing für Rechtsanwälte, 1996, S. 75.

stillschweigend, aber unter Umständen äußerst wirkungsvoll Botschaften über die Kanzlei. Deshalb ist größter Wert darauf zu legen, daß alles, was unter den Oberbegriff **physisches Umfeld** der Kanzlei fällt, sowohl auf die Kanzleimitglieder als auch auf die Zielmandanten (also die anvisierte Klientel) zugeschnitten ist.[14] Eine systematische Darstellung dieses Ansatzes bietet *Stauss* in § 46 dieses Kapitels.

Im Ergebnis ist festzuhalten: Die Schwierigkeit für den Mandanten, die Qualität der juristischen Leistung zu beurteilen, und die Tatsache, daß die anwaltliche Leistung zu einem großen Teil auf der Kommunikation zwischen Menschen beruht, führen dazu, daß Mandanten zahlreiche interne Faktoren als **Ersatzindikatoren** der Qualität nutzen. Das Erscheinungsbild der Kanzlei und das damit verbundene Vertrauenspotential hängen somit im wesentlichen von Faktoren wie der internen Kanzleiorganisation, der Arbeitsatmosphäre, dem Empfang am Telefon und in den Kanzleiräumen, der Einrichtung und Ausstattung der Kanzlei und nicht zuletzt von der Qualifikation und dem Verhalten des Personals ab. Die Gestaltung eines optimalen Auftretens der Kanzlei nach außen fängt folglich mit einem kritischen Blick in die Kanzlei an und setzt sich in Form entsprechender Maßnahmen zur Verbesserung der für das Erscheinungsbild der Kanzlei entscheidenden internen Faktoren fort. 23

II. Identifizierung der Interessengruppen (Stakeholders)

Scheuch[15] gibt folgende Definition des anwaltlichen Marketings: 24

> Anwaltliches Marketing umfaßt alle Entscheidungen und Maßnahmen, die in irgendeiner Form auf die Gestaltung von Beziehungen **zu Mandanten und zu anderen Interessenkreisen** wirken.

Diese umfassende Definition des Marketing entspricht dem modernen Fachverständnis, das im Marketing ein **marktorientiertes Führungskonzept** sieht.[16] Eine marktorientierte Unternehmensführung erfaßt alle Entscheidungen und Maßnahmen, die direkt oder indirekt marktwirksam sind. Zum Aufgabenbereich von Marketing gehört somit die Gestaltung der Austauschbeziehungen nicht nur zu aktuellen, früheren und potentiellen Mandanten, sondern auch zu anderen Interessengruppen, die direkt oder indirekt Einfluß auf die Entscheidungen und die Entwicklung der Kanzlei nehmen.[17] 25

Die besagten **Interessengruppen** – sog. „stakeholders groups" – sind einerseits Personen, die der Kanzlei angehören, wie z. B. die Mitarbeiter („internal stakeholders"), anderseits Personen oder Organisationen im externen Umfeld der Kanzlei, die in irgendeiner Weise auf die anwaltliche Tätigkeit Einfluß haben („external stakeholders"), auch wenn die hier relevanten Austauschbeziehungen nicht zwingend einem Angebot von Dienstleistungen gegen Entgelt entsprechen.[18] Zu dieser Kategorie gehören neben den Mandanten Medien, Berufsorganisationen, Gerichte, Behörden, Verbände, Vereine, Bürgerinitiativen, Ausbildungsinstitutionen, politische Gruppierungen usw. Abbildung 3 gibt einen Überblick über übliche Interessengruppen einer Anwaltskanzlei. 26

---

[14] Vgl. *Schiefer/Hocke*, Marketing für Rechtsanwälte, 1996, S. 73.

[15] *Scheuch*, AnwBl. 1988, 342.

[16] *Meffert*, Marketing-Management, 1994, S. 4.

[17] Vgl. *Scheuch*, AnwBl. 1988, 342 sowie *Schiefer/Hocke*, Marketing für Rechtsanwälte, 1996, S. 15f.

[18] Vgl. *Johnson/Scholes*, Exploring Corporate Strategy, S. 171; *Scheuch*, AnwBl. 1988, 342.

27

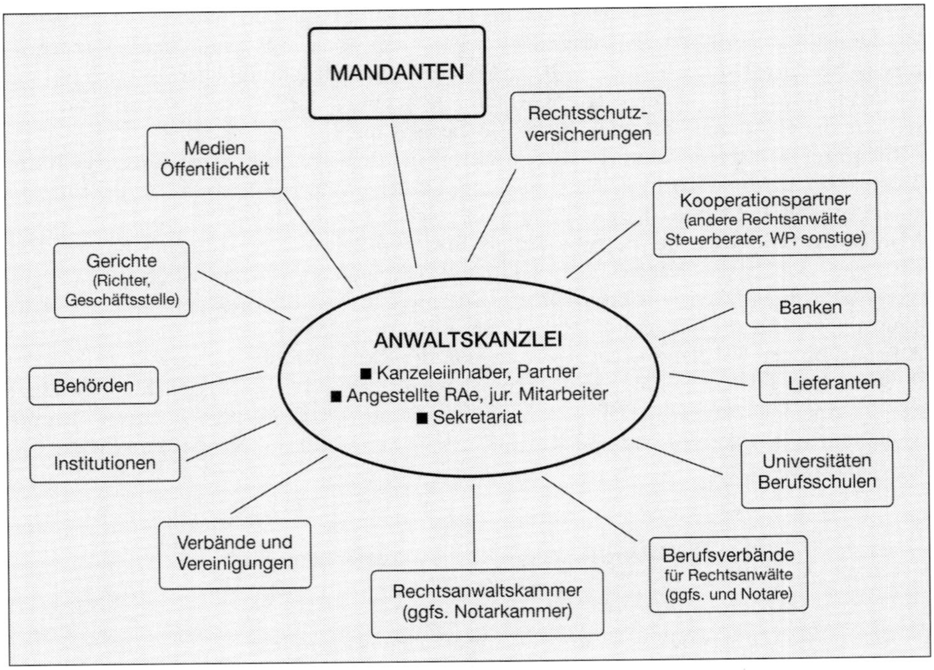

Abbildung 3: Auftreten der Kanzlei nach außen:
Austauschbeziehungen der Anwaltskanzlei mit externen Interessengruppen

28 Welche Interessengruppen für eine Anwaltskanzlei im Einzelfall beachtenswert sind, hängt von der **strategischen Ausrichtung** der Kanzlei ab, insbesondere von der Fachrichtung (Spezialgebiete) sowie der anvisierten Klientel (Zielmandanten).

29 So kommen als bedeutende Interessengruppen für eine im **Arbeitsrecht** spezialisierte Anwaltskanzlei entweder Arbeitgeberverbände in Frage, wenn ihre Zielgruppe bei Unternehmern liegt, oder Gewerkschaften, wenn sie überwiegend Arbeitnehmer vertreten möchte. Für **Strafverteidiger** empfiehlt sich die Pflege von guten Kontakten zu Strafrichtern und Staatsanwälten, zumal in den letzten Jahren auch im Strafprozeß immer häufiger informelle Absprachen zwischen den Verfahrensbeteiligten festzustellen sind, durch die im Einzelfall ein für den Mandanten positives Ergebnis erreicht werden kann (sog. „deal“ im Strafprozeß). Für die im Schwerpunktgebiet **Verwaltungsrecht** tätige Kanzlei empfehlen sich besonders intensive Kontakte zu den Amtsträgern in Behörden und Ministerien.[19]

30 Jede Rechtsanwaltskanzlei, die ihr Auftreten nach außen erfolgreich und zukunftsträchtig gestalten will, sollte im Vorfeld von Entscheidungen über Marketingmaßnahmen im operativen Bereich (zum Beispiel Festlegung der Werbemaßnahmen und der Aktionen im Bereich der Öffentlichkeitsarbeit) zunächst auf der strategischen Ebene die für sie entscheidenden Interessengruppen identifizieren und analysieren („stakeholders analysis“). Zweck einer solchen **Analyse der Interessengruppen** ist die professionelle und optimale Gestaltung der Beziehungen zu denjenigen Interessengruppen, die für die Anwaltskanzlei im Einzelfall von Bedeutung sind. So können die Ressourcen der Kanzlei (insbesondere Zeitaufwand und finanzielle Investitionen) überlegt anstatt willkürlich oder opportunistisch eingesetzt werden.

31 Auch wenn es manchen Rechtsanwälten – sei es durch Intuition, sei es durch Opportunitäten oder Zufall – gelingt, die „richtigen“ Kontakte zu knüpfen und hierdurch die

[19] Vgl. *Schiefer/Hocke*, Marketing für Rechtsanwälte, 1996, S. 18.

Außenbeziehungen der Kanzlei erfolgreich zu gestalten, liegt es auf der Hand, daß eine systematische Vorgehensweise den sichersten und **effizientesten Weg** darstellt. Eine rechtzeitige und sorgfältige Analyse der Interessengruppe kann Zeit und Geld ersparen, die sonst unrentabel in Tätigkeiten und Aktionen investiert worden wären. Die hierdurch gewonnene Zeit und das gesparte Geld können wiederum in sinnvolle Beziehungen mit noch nicht wahrgenommenen Interessengruppen investiert werden.

III. Identifizierung der Multiplikatoren

Unter den Angehörigen der oben angeführten Interessengruppen gibt es einige, die sich für die Tätigkeit der Kanzlei als besonders förderlich erweisen. Dazu können insbesondere die **vorhandenen Mandanten** gehören. Zufriedene Mandanten empfehlen bekanntlich die Kanzlei weiter. Dies entspricht dem für Anwaltskanzleien äußerst wichtigen Phänomen der **Mund-zu-Mund-Propaganda**. 32

Insbesondere in Mandanten, die ihrerseits zahlreiche Beziehungen unterhalten, steckt ein interessantes Potential für die Erhöhung des Bekanntheitsgrades und nicht zuletzt für den Ruf der Kanzlei. Daraus folgt die Möglichkeit, die **Entwicklung des Mandantenstammes** zu beschleunigen und vor allem in Richtung der Zielmandanten zu lenken. Strebt die Kanzlei die Akquisition von Firmenmandanten an, ist Mandanten, die viele Kontakte zu anderen Geschäftspartnern (Kunden, Lieferanten usw.) haben, große Beachtung zu schenken. Richtet die Kanzlei ihr Dienstleistungsangebot eher an Privatklientel, gilt es, diejenigen Mandanten zu erkennen, die gesellschaftlich aktiv sind oder viele Bekannte und Freunde haben, die für die Kanzlei potentielle Mandanten darstellen. 33

Es geht also darum, besonderes Augenmerk auf Mandanten zu richten, die als **Multiplikatoren** für die Kanzlei wirken. Multiplikatoren sind aber nicht nur in der bestehenden Mandantschaft zu finden. Kooperationspartner (andere Kollegen, Notare, Steuerberater usw.), Verbände und Vereinigungen (Berufsverbände, Verbraucherzentrale), sogar Gerichte (Richter) tragen zum Aufbau des Rufs der Kanzlei bei bzw. empfehlen sie weiter. Es gilt folglich auch in diesen Interessengruppen diejenigen zu identifizieren, die für die Kanzlei Multiplikatoren sind. Eine erfolgreiche Gestaltung des Auftretens der Kanzlei nach außen erfordert somit die **Pflege der Beziehungen** zu Multiplikatoren. 34

C. Zur Struktur und zum Inhalt des Kapitels 5

I. Überblick über das Kapitel 5

Leitthema des Kapitels 5 ist das Auftreten der Kanzlei nach außen. Wie oben ausgeführt, stellt das Marketing den professionellen Weg zum Aufbau eines erfolgreichen Auftretens der Kanzlei am Markt dar. Anliegen dieses Kapitels ist es, die **Einsatzmöglichkeiten** des Marketings zur Optimierung des Auftretens der Kanzlei am Markt aufzuzeigen. Das Kapitel bietet somit einen weit gefaßten Blick über die Instrumente des **operativen Marketing**, die für das Auftreten der Kanzlei nach außen von Bedeutung sind. 35

Die ersten drei Beiträge dienen dazu, den Einstieg in die **betriebswirtschaftlichen Grundlagen** zu erleichtern. Sie bieten wertvolle Überlegungen zu den Anwendungsmöglichkeiten der Instrumente des operativen Marketing in der Rechtsanwaltskanzlei. Es geht dabei um die Honorarpolitik (§ 36), die Distributionspolitik (§ 37) und die Kommunikationspolitik (§ 38). 36

Die zwei folgenden Beiträge bereichern die betriebswirtschaftliche Sicht durch die **juristischen Aspekte** des Auftretens des Rechtsanwalts und der Anwaltskanzlei nach außen. Stichwörter sind Spezialisierungshinweise und Fachanwaltsbezeichnungen (§ 39) sowie der rechtliche Rahmen der anwaltlichen Werbung (§ 40). 37

Wie bereits angedeutet, spielt die **Kommunikationspolitik** für das Auftreten der Kanzlei nach außen eine entscheidende Rolle. Zweck der vier weiteren Beiträge ist es, 38 ergänzend zu § 38 wichtige **Aspekte und Zukunftsthemen** der Kommunikationspolitik der Anwaltskanzlei zu beleuchten. Behandelt werden die Werbe- und Direktmarketingmaßnahmen (§ 41), die institutionelle Anwaltssuche (§ 42), die Werbung im Internet (§ 43) und die Öffentlichkeitsarbeit (§ 44).

39 Die drei zum Abschluß behandelten Themen stehen in einem engen Zusammenhang mit dem Themenkomplex der Kommunikationspolitik und runden die Ausführungen der §§ 41 bis 44 insoweit ab. Die anwaltliche Etikette vor Gericht (§ 45), das physische Umfeld der Kanzlei (§ 46) und das Beschwerdemanagement (§ 47) sind die Aspekte, die für diesen Ausblick über die klassische Kommunikationspolitik hinaus gewählt wurden.

II. Zuordnung der Beiträge zum Marketingplan und systematische Betrachtung des Marketingmixes

40 Um das Verständnis der Beziehungen zwischen den verschiedenen Themen des Kapitels zu erleichtern, werden die im Kapitel 5 behandelten Themen in der nachstehenden Abbildung 4 bildlich dargestellt. Wie ersichtlich, sind sämtliche Themen dem **Marketingplan** zuzuordnen. Sie bilden somit Entscheidungsfelder für die Kanzlei im Bereich des operativen Marketing.

41

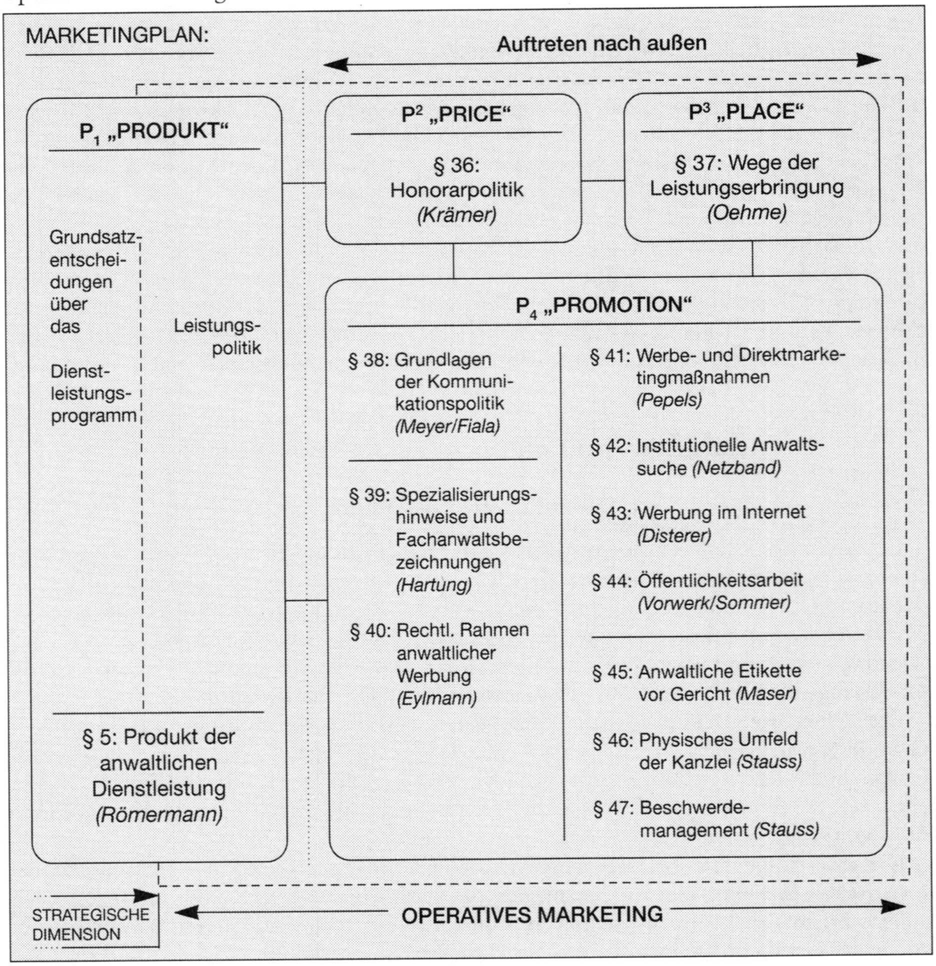

Abbildung 4: Zuordnung der Beiträge zu den Komponenten des Marketingplans

Die vier klassischen Elemente des Marketingplans (auch als **Marketing-Mix** bezeichnet) stehen in enger Beziehung zueinander. Eine gelungene Marketingplanung erfordert eine sorgfältige **Koordination** aller Maßnahmen der vier Ps. Das heißt z. B., daß die Maßnahmen im Rahmen der Kommunikationspolitik sich an den Entscheidungen der Leistungspolitik, der Honorarpolitik und der Distributionspolitik zu orientieren haben und mit ihnen abzustimmen sind. **42**

Angesichts seiner grundlegenden Bedeutung für die strategische Ausrichtung der Kanzlei wurde das erste Element des Marketingplans, das Produkt bzw. die Leistungspolitik, bereits im Rahmen des Kapitels 1 behandelt. Wie abgebildet, weist der Themenkomplex **„Produkt" zwei Dimensionen** auf: Die erste, **strategische** Dimension führt auf die Grundsatzentscheidungen zurück, die hinsichtlich des Dienstleistungsprogrammes im Rahmen der strategischen Planung getroffen werden. Das sind beispielsweise die Entscheidungen hinsichtlich des Spezialisierungsgrades der Kanzlei und ihrer Fachrichtung (Wahl der abzudeckenden Rechtsgebiete) oder im Hinblick auf die Positionierung und Differenzierung des Dienstleistungsangebots der Kanzlei auf dem Markt. Die zweite Dimension des Themenkomplexes „Produkt" befindet sich in dem Bereich des **operativen** Marketing: Im Dienstleistungsmarketing wird sie „Leistungspolitik" genannt und entspricht der Produktpolitik im Konsumgüterbereich. Die Entscheidungen der Leistungspolitik sind die direkte Folge der Grundsatzentscheidungen über das Dienstleistungsprogramm und wurden vor diesem Hintergrund im Rahmen der Produktentscheidungen bei § 5 untersucht. **43**

Wie die Leistungspolitik hat das Thema **„Internes Marketing"** (§ 23)[20] nur indirekte Auswirkungen auf das Auftreten der Kanzlei nach außen und wurde daher im Rahmen des Kapitels 4 (Interne Organisation der Kanzlei) behandelt. Der Aufgabenbereich dieses – im Dienstleistungsbereich – fünften Elements des Marketingmixes liegt im wesentlichen in Maßnahmen zur **Motivation des Personals**. Nach dem Grundsatz des internen Marketings sollen die Kanzleimitarbeiter als (interne) Mandanten behandelt und deren höhere Zufriedenheit – ebenso wie die der (externen) Mandanten – angestrebt werden. Ausgangspunkt des Konzepts des internen Marketing ist die Beobachtung, daß die Motivation und das daraus folgende Verhalten der Mitarbeiter – an erster Stelle derjenigen, die in den direkten Kontakt mit den Mandanten treten – eine ausschlaggebende Rolle für das **Erscheinungsbild** der Kanzlei spielen. Das interne Marketing kann folglich im Hinblick auf die Gestaltung des Auftretens der Kanzlei nach außen mit dem Zweck eingesetzt werden, das Erscheinungsbild der Kanzlei positiv zu beeinflussen. **44**

III. Einleitung zu den Beiträgen des Kapitels 5

In dem ersten Beitrag (§ 36) befaßt sich *Krämer* mit der **Honorarpolitik** und insbesondere mit deren **spezifischen Aspekten** im anwaltlichen Bereich. Darüber hinaus schildert der Autor wichtige Ansätze zur Bestimmung des optimalen Honorars und wirft einen differenzierten Blick auf die unterschiedlichen, auf Honorarvereinbarungen basierenden **Vergütungsmethoden**, die dem Rechtsanwalt neben der klassischen Abrechnung nach der Bundesrechtsanwaltsgebührenordnung (BRAGO) zur Verfügung stehen (z. B. Stundenhonorar) bzw. theoretisch stehen könnten (Stichwort Erfolgshonorar). Zum Abschluß gibt der Autor praktische Hinweise für die **Umsetzung** von Pricing-Strategien. **45**

In dem unter dem Titel **„Wege der Leistungserbringung"** stehenden § 37 beleuchtet *Oehme* die Möglichkeiten der Leistungsübermittlung für die Anwaltskanzlei. Dieser Beitrag ist der Distributionspolitik zuzuordnen. **46**

Gegenstand des nächsten Beitrages (§ 38) ist die **Kommunikationspolitik**. Über die Grundlagen der Kommunikationspolitik hinaus untersuchen *Meyer* und *Fiala* die kommunikationsrelevanten Besonderheiten der anwaltlichen Dienstleistung und leiten daraus **47**

[20] Oben (Abbildung 4) nicht abgebildet.

Konsequenzen für die **Gestaltung** der Kommunikationspolitik des Dienstleistungsunternehmens Anwaltskanzlei ab.

48 Nach einer einleitenden Schilderung der Themen der Werbung durch Leistung und der Werbung durch Anpreisung vertieft *Hartung* in § 39 die Möglichkeiten der Werbung mit **Spezialisierungshinweisen** und **Fachanwaltsbezeichnungen**. Die Ausführungen unter diesen zwei Leitthemen sollen dem Leser helfen, sich in den seit dem Inkrafttreten der Berufsordnung (BerufsO) und der Fachanwaltsordnung geltenden Regelungen zurecht zu finden. So findet sich beispielsweise unter der Überschrift „Spezialisierungshinweise" eine eingehende Behandlung der durch § 7 BerufsO eröffneten Möglichkeiten der Werbung mit **Interessen- und Tätigkeitsschwerpunkten**. Für die Mandantenakquisition kann im übrigen eine Fachanwaltsbezeichnung – als höchste Stufe anwaltlicher Spezialisierung – von großer Hilfe sein. Vor diesem Hintergrund werden die zu erfüllenden Voraussetzungen für den **Erwerb** einer Fachanwaltsbezeichnung ausführlich dargestellt. Es versteht sich von selbst, daß dieser neu definierte berufsrechtliche Rahmen für die Planung der Werbungspolitik und im allgemeinen für die Gestaltung des Auftretens der Kanzlei nach außen ausschlaggebend ist.

49 Ergänzend zu § 39 findet der Leser bei § 40 eine umfassende Darstellung des **rechtlichen Rahmens anwaltlicher Werbung**. Im Anschluß an eine Auslegung der für die anwaltliche Werbung zentralen Bestimmungen der §§ 43 b BRAO und 6 bis 10 BerufsO schildert *Eylmann* die durch die Rechtsprechung angewendeten Kriterien zur Beurteilung, welche Werbemaßnahmen nach dem aktuellen Stand zur erlaubten Werbung und welche zur verbotenen Werbung gezählt werden müssen. Zu diesem Zweck werden die Voraussetzungen des § 43 b BRAO für die Zulässigkeit anwaltlicher Werbung anhand praktischer Beispiele erläutert. Zum Schluß weist der Autor auf die Problematik der Dritt- und der Kollektivwerbung hin.

50 Nun aus der betriebswirtschaftlichen Sicht beleuchtet *Pepels* in dem nachfolgenden § 41 das Thema **Werbe- und Direktmarketingmaßnahmen**. Zunächst geht der Autor auf die strategische Konzeption von Werbemaßnahmen ein. In diesem Zusammenhang werden die Grundlagen der Kommunikationswissenschaft, die für die Konzeption der Werbung ausschlaggebend sind, wiedergegeben. Anschließend beschreibt *Pepels* die Methoden der taktischen Planung von Werbemaßnahmen. Zur Förderung der Kreativität findet sich ein Katalog der für die Anwaltskanzlei denkbaren Werbemittel von der klassischen Anzeige in Pressemedien bis hin zu Werbeartikeln und Postwurfsendungen. Zum Schluß richtet der Autor sein besonderes Augenmerk auf die Problematik der operativen Umsetzung von Werbemaßnahmen.

51 Unter der Überschrift „**institutionelle Anwaltssuche**" (§ 42) befaßt sich *Netzband* mit den Möglichkeiten, die Rechtsuchenden zur Verfügung stehen, um einen Rechtsanwalt bzw. den für ihr Rechtsproblem geeigneten Anwalt über eine Institution zu finden. Diese Möglichkeiten können übrigens ebenso durch Rechtsanwälte, die einen Korrespondenzanwalt oder einen spezialisierten Kollegen suchen, benutzt werden. Aus der Perspektive der Anwaltskanzlei geht es bei § 42 um eine Betrachtung der anwendbaren Wege zu potentiellen Mandanten mittels der **Zwischenschaltung einer Institution**. Diese Möglichkeit wird als eine in mehrerlei Hinsicht vorteilhafte Alternative zu üblichen Werbemaßnahmen, in deren Rahmen der akquisitionswillige Rechtsanwalt selbst aktiv werden muß, dargestellt. In diesem Zusammenhang werden beispielsweise **Anwaltsverzeichnisse** (erhältlich in gedruckter Form, auf CD-ROM oder online) und nicht zuletzt die durch Spezialanbieter, Softwarehäuser, Rechtsanwaltskammern und Anwaltsvereine angebotenen **telefonischen** und **online-Anwaltsvermittlungsdienste** behandelt.

52 In § 43 widmet sich *Disterer* einem Thema, das – auch in der Anwaltschaft – zunehmend an Bedeutung gewinnt: dem **Marketing im Internet**. Zunächst werden die Grundlagen des Internet (u. a. das Client/Server-Prinzip) erörtert und dessen bekannteste Dienste World Wide Web (WWW) und Electronic Mail (e-Mail) dargestellt. Anschließend schildert der Autor die für die Anwaltskanzlei sinnvollen Kommunikationsziele sowie alternative

Möglichkeiten von **Marketing-Aktivitäten** durch die Schaffung eines Informationsangebotes im WWW (sog. „WWW-Präsenz"). Als Adressaten für solche Informationsangebote kommen etwa Kollegen, Mandanten sowie die allgemeine „interessierte Öffentlichkeit" (Unternehmen, Bewerber, Vereine usw.) in Betracht. Die praktische Dimension kommt bei § 43 auf keinen Fall zu kurz: Für die optimale Gestaltung eines Internet-Auftritts werden konkrete **Hinweise** und **Beispiele** gegeben und um **empirische Ergebnisse** ergänzt.

Nachdem bei § 41 die Werbe- und Direktmarketingmaßnahmen behandelt wurden, ist **53**
es das Anliegen der Ausführungen in § 44, die **Öffentlichkeitsarbeit** (engl. Public Relations) als weiteres Instrument der Kommunikationspolitik vorzustellen. In ihrer Darstellung befassen sich *Vorwerk* und *Sommer* nicht nur mit der Definition sowie den Aufgaben der Öffentlichkeitsarbeit und ihrer Abgrenzung u. a. zur Werbung. Sie erläutern auch die **Schritte**, die für die Entwicklung und die Umsetzung einer Öffentlichkeitsarbeit vorzunehmen sind. Die Autoren unterscheiden zwischen der internen Öffentlichkeitsarbeit, deren Maßnahmen sich an Mitglieder der Kanzlei richten, und der externen Öffentlichkeitsarbeit, deren Maßnahmen sich an externe Zielgruppen richten. Der Leser findet einen umfassenden **Katalog der Instrumente**, die in diesen zwei Bereichen der Öffentlichkeitsarbeit eingesetzt werden können. Daraufhin widmen sich die Autoren den Fragen der Durchführung von Öffentlichkeitsarbeit und werfen zu diesem Zweck einen Blick in die Welt der PR-Agenturen. Zum Schluß betonen sie die Notwendigkeit der Durchführung einer Wirtschaftlichkeits- und Effizienzkontrolle der Öffentlichkeitsarbeit im Rahmen des Controlling.

Bei § 45, der unter dem Titel **„Anwaltliche Etikette vor Gericht"** steht, untersucht **54**
Maser in einer praxisnahen und lebendigen Darstellung das Verhalten des Anwalts gegenüber dem Gericht in seinen marketing-relevanten Auswirkungen. Dazu zählt eine mögliche **Weiterempfehlung** durch den Mandanten oder aber eine „negative Propaganda". In diesem Zusammenhang wirft der Autor einen kritischen Blick auf – aus Marketing-Gesichtspunkten – unglückliche anwaltliche Verhaltensweisen, die in der forensischen Praxis beispielsweise bei Stempel- und Kartellanwälten anzutreffen sind. Betont wird ebenso aus Marketing-Gesichtspunkten die Bedeutung der **Robe** als psychologischer Faktor des äußeren Erscheinungsbilds des Rechtsanwalts beim Gericht. Auch das Verhalten gegenüber dem **Richter** und seiner Geschäftsstelle dürfen in ihren Marketing-Auswirkungen nicht unterschätzt werden. Die Darstellung wird abgerundet durch konkrete Empfehlungen für die forensische Praxis.

Wie das Verhalten bei und gegenüber dem Gericht, so wird auch das **physische Umfeld** **55**
der Kanzlei in der Anwaltspraxis allzu oft hinsichtlich seiner Marketing-Auswirkungen unterschätzt. Vor diesem Hintergrund macht es sich *Stauss* im vorletzten Beitrag dieses Kapitels (§ 46) zur Aufgabe, die Bedeutung des physischen Umfeldes als **Marketing-Instrument** für die Anwaltskanzlei aufzuzeigen. Unter dem „physischen Umfeld" sind im wesentlichen bzw. im engeren Sinne die Räumlichkeiten der Kanzlei in ihrer Außen- und Innengestaltung zu verstehen. Anliegen der Ausführungen ist es, die räumliche Gestaltung der Kanzlei im Hinblick auf ihre Wirkungen bei Mandanten zu untersuchen. Herausgearbeitet werden die mandantenorientierten Funktionen des physischen Umfeldes. Hierzu zählt beispielsweise ihre Rolle als Indikator für die Dienstleistungsqualität der Kanzlei. Zum besseren Verständnis der Wirkungen von Einzelfaktoren des physischen Umfeldes legt der Autor psychologische Ansätze zugrunde und schlägt ein umweltpsychologisches Konzept für die Anwaltskanzlei vor. Unter den Meßmethoden, die in der Anwaltskanzlei eingesetzt werden könnten, stellt sich die Befragung als der Weg, der den größten Erfolg verspricht, heraus und wird dementsprechend eingehend gewürdigt. Der Autor plädiert im Ergebnis für eine auf die Strategie der Kanzlei ausgerichtete räumliche Gestaltung der Kanzlei. Dabei sollen insbesondere die definierten Zielmandanten und die angestrebte Positionierung der Kanzlei berücksichtigt werden. Von entscheidender Bedeutung ist zudem eine ständige Überprüfung der Räume aus der Perspektive der Mandanten.

56 Gegenstand des das Kapitel 5 und zugleich dieses Handbuch abschließenden Beitrages ist das **Beschwerdemanagement** (§ 47 – *Stauss*). Der Umgang mit Beschwerden stellt ein Thema dar, dem in der Praxis noch zu wenig Betrachtung geschenkt wird. Dies gilt insbesondere für Anwaltskanzleien. Auch wenn es noch in den Anfängen steckt, gewinnt das Beschwerdemanagement vor dem Hintergrund einer zunehmenden Wettbewerbsintensität unvermeidbar an Bedeutung, denn wo eine Akquisition neuer Mandanten schwieriger wird, stellt sich die **Mandantenbindung** in ihren Auswirkungen auf den wirtschaftlichen Erfolg der Kanzlei als um so wichtiger dar. In einem professionell betriebenen Beschwerdemanagement verbirgt sich ein großes Potential für die Umwandlung von Mandantenunzufriedenheit in Mandantenzufriedenheit und somit ein effizienter Weg zur Erhöhung der Mandantenloyalität. § 47 bietet eine klare Schilderung der **Ziele** und **Aufgaben** des Beschwerdemanagements. Empirische Ergebnisse, grafische Darstellungen und Beispiele aus der Praxis machen aus den Ausführungen von *Stauss* eine für die Kanzleipraxis gut einsetzbare Zusammenstellung der Grundlagen und der Vorteile des Beschwerdemanagement. In diesem Sinne finden sich etwa **Handlungsempfehlungen** für den Umgang mit unzufriedenen Mandanten (§ 47 Rdn. 32). Der Rechtsanwalt, der verstanden hat, daß seine Kanzlei ein Dienstleistungsunternehmen ist, sollte sich die Chancen, die ihm das Beschwerdemanagement für die Mandantenbindung und zur Verbesserung seiner Dienstleistung bietet, nicht entgehen lassen. Dabei sollte nicht unbeachtet bleiben, daß eine mandantenorientierte Kanzleiphilosophie die Voraussetzung für ein erfolgreiches Beschwerdemanagement bildet.

§ 36 Honorarpolitik

Dr. Andreas Krämer★

Übersicht

Schrifttum: *Althaus*, Unternehmensberatung – Gestaltungsvorschläge zur Steigerung der Effizienz des Beratungsprozesses, Diss., 1994; *Balzer/Jensen*, Anwälte – Mandate, Macht und Mammon, manager magazin 10/96, 76–97; *BDU* (Hrsg.): Erfolgreiche Zusammenarbeit mit Unternehmensberatern, 1992; *Berry/Yadav*, Oft falsch berechnet und verwirrend – die Preise für Dienstleistungen, Harvard Business Manager, Heft 1/1997, 57–67; *Bierach,/Kersting*, Die Unbekannte Elite, Wirtschaftswoche, vom 19. 9. 1996, 130–136; *Bischoff*, Zukunftsmodell „Freier Beruf" – Qualifikation in Erfolg umsetzen, 1995; *BRAGO PROFESSIONELL*, Wirtschaftliche Kanzleiführung: Was kostet eine Anwaltsstunde? 6/1995, 1; *Clancy/Shulman*, Marketing Myths that are Killing Business, 1995; *Disterer*, Einkünfte von freiberuflich Tätigen im Vergleich, AnwBl. 1996, 614–617; *Dolan*, Der richtige Preis ewig das Problem? Harvard Business Manager 1/1996, 115–123; *Dolan/Simon*, Power Pricing – How Managing Price Transforms the Bottom Line, 1996; *Ebel/Simon*, Erfolgreiches Preismanagement, Signale, Heft 1/1996, 15–24; *Fedtke*, Wirtschaftsunternehmen Anwalts- und Notarkanzlei, 1993; *Feuerich/Braun*, BRAO, 3. Aufl. 1995; *Franzen*, Prozeßaufwand bei Gericht und Anwalt – betriebswirtschaftlich und anschaulich – mit Folgerungen, NJW 1993, 438; *Gerold/Schmidt/v. Eicken/Madert*, BRAGO, 14. Aufl. 1999; *Hansens*, BRAGO, 8. Aufl. 1995; *Hartung/Holl*, Anwaltliche Berufsordnung, 1997; *Heussen*, Umgang mit Anwälten, 1995; *Knief*, Das Preis-/Leistungsverhältnis der anwaltlichen Dienstleistungen – Eine Auseinandersetzung mit der Zeitgebühr, AnwBl. 1989; *Koch*, Anwaltswerbung mit dem Honorar, AnwBl. 1996, 264; *Koch*, Werbung mit dem Preis und in den Medien, AnwBl. 1997, 421; *Krämer*, Akzeptanz unterschiedlicher Honorargestaltungen bei Rechtsanwälten, AnwBl. 1998, 371–375; *ders.*, Beschwerdemanagement in Anwaltskanzleien, AnwBl. 1999, 70–76; *Krämer/Lehnhof*, Pricing für Anwälte. AnwBl. 1997, 306–313; *Krämer/Mauer*, Die strategische Bedeutung der Klientenzufriedenheit für den Rechtsanwalt, BRAK-Mitt. 1996, 22–26; *dies.*, Mandantenbindung und Unternehmenserfolg in Anwaltskanzleien. ZAP, Nr. 3 v. 11. 2. 1998, 141–152; *Krämer/Mauer/Braun*, Erfolgreiche Anwaltswerbung in der Praxis, 1999; *Laker*, Wie Sie für jede Leistung den richtigen Preis finden. Versicherungskaufmann, 3/1996, 24 f.; *Larew/Deprosse*, Erfolgshonorare für Berater? Harvard Business Manager, Heft 1/1997, 107–113; *Madert*, Attraktive Möglichkeiten der BRAGO, AnwBl. 1998, 436–441; *Malarkey*, Outsourcing der rechtlichen Beratung, Blick durch die Wirtschaft am 23. 12. 96; *Mauer/Krämer*, Marketingstrategien für Rechtsanwälte, 1996; *Mauer/Krämer/Becker*, Unternehmensführung für rechts- und wirtschaftsberatende Berufe, 1997;

★ Consultant bei der Unternehmensberatung Roland Berger & Partner, Frankfurt/Main.

McRae, The Law Firm of the Future, Law Practice Management, Vol. 22 (1996), October, 20–29; *Meyer* (Hrsg.), Handbuch Dienstleistungsmarketing, 1998; *Michalski/ Römermann*, Preiswettbewerb unter Rechtsanwälten, AnwBl. 1996, 241–246; *MIL Marketing Informationen*, Die Potentiale für anwaltliche Leistungen in der Bundesrepublik Deutschland. BRAK-Mitt. 3/1994, 147–151; *Morris*, Five Questions to Ask Yourself Between Crises, The American Lawyer, June 1996, 7–9 und 50–51; *Morris*, The New Sellers Market, The American Lawyer, October 1996, 7–9 und 59; *Morris*, Two Pioneers Make Their Fixed-Fee Deal Work, The American Lawyer, Dezember 1993, 5; *N. N.*, Wie können Sie die Rentabilität eines von einem Mitarbeiter erledigten Auftrages errechnen? *BRAGO PROFESSIONELL*, 6/97, 4–6; *Passenberger*, STAR: Einkommenssituation deutscher Rechtsanwälte 1994, BRAK-Mitt. 1996, 174–179; *Reed*, Billing Innovations – New Win-Win Ways to End Hourly Billing, American Bar Association, Chicago 1996; *Reed*, The Fixed Fee: The Favorite Alternative Billing Method, Law Practice Management, Vol. 22 (1996), May/June, 22–27; *Risch*, Auszug aus dem Olymp, manager magazin 2/97, 133–1996; *Rosen*, How Can Lawyers Improve Their Image? Altman Weil Pensa Report to Legal Management, Vol. 18 (1992), August, 9–12; *Schaaff*, Das Conditional Fee – Einführung des Erfolgshonorars in das englische Prozeßrecht, AnwBl. 1997, 169–171; *Scharf*, Probleme der geltenden BRAGO – Reformansätze, AnwBl. 1998, 434–435; *Schiefer/Hocke*, Marketing für Rechtsanwälte, 1996; *Schmidt*, Pricing and Billing Techniques, In: American Bar Association (Ed.), Marketing the Law Firm, 1995, 11A1–11A15; *Scully*, Contingency Fees: Another Name for Chamberty, The Wall Street Journal Europe v. 11. 11. 1997, 10; *Simon/Butscher*, Automatisierung von Dienstleistungen – Ein gefährlicher Spagat, Absatzwirtschaft, Heft 2/1997, 46–48; *Simon*, Preismanagement – Analyse – Strategie – Umsetzung, 1992; *Simon*, Preismanagement Kompakt – Probleme und Methoden des modernen Pricing, 1995, 184; *Simon*, Preispolitik. In: Tietz, B. (Hrsg.), Handwörterbuch des Marketing, 1995, S. 2068–2085; *Simon/Tacke*, Mit nichtlinearer Preisbildung zu höherem Gewinn. Harvard Business Manager, Heft 4/1992, 56ff.; *Stevens/Loudon*, Fee Strategies for Legal Service Marketing. In: Winston, W. J. (Ed.), Marketing for Attorneys and Law Firms, New York, London, Norwood 1993, 69–78; *Tacke*, Pricing von Dienstleistungen, Vortrag im Rahmen des Management Circle am 20. und 21. November 1996; *Teubel*, Gebührenmanagement in der Anwaltskanzlei, 1996; *Undritz*, Advocatus Calculat – Erfolgshonorar und Wettbewerb, AnwBl. 1996, 113–124; *ders.*, Anwaltsgebühren – Tradition und Wettbewerb, Schriftenreihe des Instituts für Anwaltsrecht, Bonn 1994; *Wasilewski/Passenberger/Reith*, STAR: Einkommen der Anwaltschaft, BRAK-Mitt. 1996, 15–17; *Wasilewski/Reith*, Qualitätssicherung in Freien Berufen, 1988; *Weiber/Adler*, Positionierung von Kaufprozessen im informationsökonomischen Dreieck: Operationalisierung und verhaltenswissenschaftliche Prüfung, zfbf, Jg. 47 (1995), Heft 2, 99–123; *Weißbrodt/Wirtz*, Ist Ihr Steuerberater sein Geld wert? Impulse 10/98, 182–194; *Weitbrecht*, Anwalts-Leistungen sollten sorgfältig ausgeschrieben werden. Blick durch die Wirtschaft, vom 11. 8. 1994; *Weklar*, Legal Shock: Impact of Industry Trends on Marketing, Marketing Management Newsletter, Summer 1992, 6–8; *Winters*, Der Rechtsanwaltsmarkt, 1990; *Schiefer/Hocke*, Marketing für Rechtsanwälte, 1996, 55, 56; *Wittmann*, Kennzahlen für Unternehmen von Steuerberatern und Steuerbevollmächtigten DStR, 1/1996; *Zuck*, Gehört die Zukunft der Anwalts-GmbH?, ZRP, 1995, 69.

A. Einleitung – Aktive Preispolitik als Herausforderung[1]

1 Durch die Änderung der BRAGO und die damit eingetretene Flexibilisierung der Anwaltsgebühren ist auch von berufsrechtlicher Seite eine Anpassung an die Anforderungen der praktischen Beratung erfolgt. Besonders wirtschaftsberatende Anwälte haben heute vielfältige und auf das konkrete Mandat bezogene Möglichkeiten der **Preisgestaltung** (engl.: Pricing) und des **Preismanagements**. Auf konkrete Honorarvereinbarungen und eventuelle Formerfordernisse soll nachfolgend nicht eingegangen werden. Im Vordergrund stehen betriebswirtschaftliche und strategische Überlegungen zur Preisgestaltung. Ungünstig ist, daß Reportagen in den Elitemedien der Wirtschaft über die Akquisitions- und Abrechnungsmethoden überörtlicher deutscher Großkanzleien sich auf die

[1] Diese Ausführungen basieren auf zwei Beiträgen der Autoren *Krämer/Lehnhof*, Pricing für Anwälte, AnwBl. 1997, 306–313. – *Krämer*, Akzeptanz unterschiedlicher Honorargestaltungen bei Rechtsanwälten, AnwBl. 1998, 371–375.

gesamte Anwaltschaft auswirken.[2] Selbst das Fernsehen widmet sich immer öfter dem Thema „Anwälte“.[3]

Der zunehmende nationale und internationale Wettbewerb – insbesondere mit den ganz offensiv in Europa tätigen amerikanischen Law Firms – hat zu einem **Anpassungsdruck bei der Preisgestaltung** geführt. Für öffentliche Aufträge ist seit 1997 die VOF (Verdingungsordnung für freiberufliche Leistungen) in Kraft. Darunter fallen auch alle Leistungen von Rechtsanwälten. Auftragswerte ab ca. 390000 DM werden im Amtsblatt der Europäischen Union ausgeschrieben. Besonders im Bereich der größeren internationalen Rechtsgutachten bedeutet das zukünftig noch mehr Konkurrenz und Preiswettbewerb mit ausländischen Kanzleien, die ihre Dienstleistung flexibler anbieten können.[4] 2

Diese neue **Wettbewerbsintensität** hat in Deutschland, vor allem ausgelöst durch die „Anwaltsschwemme“, die **Honorarpolitik** in vielen Kanzleien stark beeinflußt.[5] Zum Teil wird experimentiert. Etablierte Wirtschaftskanzleien fragen sich, ob sie ihre Stundensätze anheben oder senken müssen, um Mandate zu behalten. Berufsanfänger wissen nicht, ob sie überhaupt Mandate bekommen, wenn sie auf Stundenbasis abrechnen, und falls ja, wie hoch ihr Stundensatz überhaupt sein darf. 3

Dabei handelt es sich keinesfalls um ein anwaltsspezifisches Phänomen. Andere Berater betrifft die Problematik gleichermaßen. So sind beispielsweise laut einer Befragung durch das Institut Forsa ca. 37% der deutschen Unternehmen der Meinung, die Steuerberatergebühren seien zu hoch.[6] 4

Unklar ist bisher, welche Konsequenzen sich für den Berufsstand ergeben werden. Ist die flexible Preisgestaltung als Chance oder eher als Risiko für unternehmerisch handelnde Anwälte zu bewerten? Es darf vorangestellt werden, daß der Preis als **Marketinginstrument** bisher einer mehr oder weniger starken **Tabuisierung** unterworfen war.[7] Dies lag u. a. daran, daß Angaben zum Preis im Rahmen anwaltlicher Werbung lange Zeit nicht erlaubt waren und auch heute noch umstritten sind. Bleibt die Preiswerbung im Rahmen von § 3 Abs. 5 BRAGO und verstößt sie nicht gegen § 43b BRAO, ist sie auf jeden Fall zulässig. Das gilt auch für den Hinweis auf Stundensätze.[8] *Undritz* führt aus: 5

„Merkwürdigerweise führt das Gebührenrecht der Rechtsanwälte – obwohl es für alle Beteiligten von existentieller Bedeutung ist – weiterhin ein Schattendasein.“[9]

Madert geht noch einen Schritt weiter. Er stellt fest, daß eine Ausschöpfung der BRAGO eine fundierte Kenntnis des Gebührenrechts voraussetzt, und kommt zum Ergebnis: 6

„Nehmen Sie es mir bitte ab, diese Kenntnisse sind bei den meisten Anwälten kümmerlich. Das zeigen mir auch schriftliche und telefonische Fragen von Kolleginnen und Kollegen, die ich täglich bekomme.“[10]

Anwälte sprechen nach wie vor nicht gern über ihre tatsächlichen Abrechnungsmethoden, Umsätze und Gewinne. Insofern gibt es bisher nur vereinzelt öffentlichen Aussagen von Kanzleien – z. B. in Form von Kanzleibroschüren oder Internet Homepages – zu ihren Stundensätzen bzw. Preisen. 7

---

[2] *Balzer/Jensen*, Anwälte – Mandate, Macht und Mammon, manager magazin 10/96, 76–97.

[3] Beispielsweise wurde am 18. 11. 96 von RTL eine Talk Show mit Ilona Christen ausgestrahlt, die dort mit sog. Opfern von angeblich betrügerischen Rechtsanwälten sprach. Thema: „Anwälte ... zu faul und zu teuer“.

[4] Die neuen Regeln für Freiberufler, Impulse, 3/97, 48–49.

[5] Zum Zusammenhang zwischen verfehlter Gebührenpolitik und dem verstärkten Wettbewerb auf dem deutschen Rechtsberatungsmarkt vgl. *Mauer/Krämer*, Marketing-Strategien für Rechtsanwälte, 167; s. a. *Risch*, Auszug aus dem Olymp, manager magazin 2/97, 133 – 1996: 80000 zugelassene Rechtsanwälte, über 100000 im Jahr 2000. Zu den Zulassungszahlen per 1. 1. 99 s. Einleitung, Rdn. 2.

[6] *Weißbrodt/Wirtz*, Ist Ihr Steuerberater sein Geld wert? Impulse 10/98, 182–194.

[7] *Winters*, Der Rechtsanwaltsmarkt, S. 221; *Schiefer/Hocke*, Marketing für Rechtsanwälte, 55, 56.

[8] *Koch*, AnwBl. 1996, 264–265; *Zuck, R.*, ZRP 1995, 69.

[9] *Undritz*, AnwBl. 1996, 113–124.

[10] *Madert*, AnwBl. 1998, 436–441.

8 Die Herausforderungen, denen sich die Anwälte in puncto Honorar stellen müssen, bringt *Zuck* auf den Punkt:

„Es muß in der Anwaltschaft neben dem Leistungswettbewerb auch mehr Preiswettbewerb geben. Ich verkenne dabei nicht, daß der Preiswettbewerb eigentlich die unglücklichste Form des Wettbewerbs ist. Aber einen Gebührenschutzzaun wird die Anwaltschaft auf Dauer nicht beanspruchen können."[11]

B. Grundlagen des Preismanagements

I. Besonderheit der Preispolitik im anwaltlichen Bereich

9 Nachfolgend sollen kurz die besonderen Produkteigenschaften einer anwaltlichen Beratungsdienstleistung dargestellt werden. Diese bestimmen in entscheidender Weise, wie das Thema Preis und Honorar als Marketinginstrument von Anwälten genutzt werden kann. Folgende Charakteristika sind von Bedeutung:

- Intangibilität der Beratungsleistung
- Geringe Standardisierbarkeit aufgrund des hohen Interaktionsgrades
- Probleme der Kapazitätsauslastung und -steuerung
- Berufsrechtliche Regelungen zum Preis.

1. Intangibilität der Beratungsleistung

10 Unter dem Begriff Intangibilität ist die Immaterialität bzw. die **Nichtgreifbarkeit des erzeugten Produktes** zu verstehen. Anders als bei industriellen Fertigungsgütern ist die erstellte Dienstleistung für den Konsumenten nur sehr schwer faßbar. Für ihn ergeben sich insbesondere Schwierigkeiten bei der Beurteilung der gelieferten Qualität, und dies gleichsam auf verschiedenen Ebenen.

11 – In der Phase vor der Beratung fehlen dem potentiellen Mandanten häufig Informationen darüber, welcher Berater für eine gegebene Fragestellung am besten geeignet erscheint. Da der Beratungsmarkt durch eine erhebliche Intransparenz gekennzeichnet ist, kommt der **Mundpropaganda** eine besondere Bedeutung zu.[12]

12 – Bei einer Beratungsleistung wird der Nachfrager mehr oder weniger in den Prozeß der Leistungserstellung involviert. Man spricht in diesem Zusammenhang auch von (High) Involvement-Gütern. Der Klient ist selber **Teil des Leistungserstellungsprozesses**. Die Einbeziehung des Kunden in den Prozeß der Leistungserstellung – der Klient wird sozusagen zum „Prosumer" – hat zur Folge, daß dieser nicht mehr die Möglichkeit einer distanzierten, objektiven Beurteilung der Beratungsqualität hat.

13 – Selbst nach der Beratung ist eine Qualitätsbeurteilung durch den Kunden nur sehr schwer oder gar nicht möglich. Zieht man gar die Rechtsberatung im außergerichtlichen Fall als Beispiel heran, so entzieht sich hier die **Kernleistung** häufig gänzlich der Beurteilbarkeit durch den Mandanten. Dieser ist vielmehr darauf angewiesen, zu glauben, er habe den für ihn optimalen Rat erhalten. Daher spricht man insbesondere auch von der Beratungsdienstleistung von einem Vertrauensgut (in Abgrenzung von Such- oder Erfahrungsgütern), das sich deutlich von anderen Leistungsangeboten unterscheidet.[13]

---

[11] *Zuck*, ZRP 1995, 70.

[12] *MIL Marketing Informationen*, Die Potentiale für anwaltliche Leistungen in der Bundesrepublik Deutschland. BRAK-Mitt. 3/1994, 147–151. Als weitere Bezugsquellen wurden ermittelt: Anwalt ist mein persönlicher Freund (11%), Branchentelefonbuch (7%), Rechtsschutzversicherung (6%) und räumliche Nähe zum Anwalt (5%).

[13] *Weiber* und *Adler* ermittelten als typische Vertrauenskäufe die Rechtsberatung, den Kauf von Medikamenten, den Arztbesuch und die Inanspruchnahme eines Wohnungsmaklers. Vgl. *Weiber/Adler*, Positionierung von Kaufprozessen im informationsökonomischen Dreieck: Operationalisierung und verhaltenswissenschaftliche Prüfung, zfbf, Jg. 47 (1995), Heft 2, 99–123.

Diese **Intransparenz** versuchen viele Klienten durch das Heranziehen von Ersatzindikatoren zu umgehen. Dies geschieht zum Beispiel durch die Bewertung der Freundlichkeit des Personals, oder aber durch Nutzung des öffentlichen Ansehens des Beraters (Frage an Bekannte oder Geschäftsfreunde: „Sag doch mal ... Du gehst doch auch zu Rechtsanwalt X – wie bist Du denn mit dem ausgekommen?"). 14

Ein Focus-Bericht über Anwaltshonorare brachte erstmals zutage, was vielen Rechtssuchenden schon klar geworden war, nämlich äußerst stark divergierende Beratungshonorare bis zu 1500 DM/Stunde. Das Institut für Freie Berufe in Nürnberg ermittelte für 1993 persönliche Überschüsse von durchschnittlich etwa 57 DM/Stunde. Bei differenzierter Betrachtung ergab sich für Einzelkanzleien ein Wert von lediglich 38 DM/Stunde, für überörtliche Sozietäten dagegen von 128 DM. Hier lag also ein beachtlicher Unterschied um den Faktor drei vor.[14] 15

Auf dem Rechtsberatungsmarkt besteht demnach eine erhebliche Intransparenz, die sich nicht nur für Mandanten, sondern auch für die Rechtsanwälte selbst ungünstig auswirkt. Die zunehmende Abkehr von den BRAGO-Sätzen führt zu einer verstärkten Unsicherheit, nach welchen Prinzipien denn jetzt die Preisfestsetzung zu tätigen ist. Damit nimmt der Preis zukünftig bei Rechtsanwälten eine zentrale Position ein, wie in allen anderen Wirtschaftszweigen auch.[15] Andererseits zählt der Bereich der Rechtsberatung zu den Dienstleistungssektoren, die durch eine besonders geringe Nutzentransparenz gekennzeichnet sind. Diese besondere Situation verdeutlicht Abbildung 1: 16

		Preistransparenz	
		Niedrig	Hoch
Nutzen-transparenz	Niedrig	• Rechtsberatung • Unternehmens-beratung	• Chemische Reinigung • Telekommunikations-dienste
	Hoch	• Hotels • Gesundheitsbereich	• Autowäsche • Luftverkehr

Abbildung 1: Preis- und Nutzentransparenz bei Dienstleistungen[16]

2. Geringe Standardisierbarkeit aufgrund des hohen Interaktionsgrades

Der vergleichsweise hohe Grad der Interaktion setzt den Möglichkeiten, **Rationalisierungsmaßnahmen** im Unternehmen durchsetzen zu können, eindeutige Schranken. Erforderlich sind solche Maßnahmen ohne Zweifel in allen Bereichen, in denen es darum geht, relativ einfache, sich ständig wiederholende Prozesse zu homogenisieren (beispielsweise Anweisungen für das Erstellen eines Abschlußberichtes in dokumentierter Form zu fixieren). Dies erspart unbestreitbar viel Mühe beim späteren Korrigieren von Schriftstükken. Problematisch wird es dann, wenn die Schematisierung von Prozessen für den Klienten direkt erkennbar ist und möglicherweise dann auch als **„Verlust von Beratungs-** 17

[14] Vgl. *Wasilewski/Passenberger/Reith*, STAR: Einkommen der Anwaltschaft, BRAK-Mitt. 1996, 15–17. Wie zu erwarten war, ergaben sich auch deutliche Differenzen in Hinblick auf das Alter der Anwälte sowie das Geschlecht.

[15] Nach einer Befragung von Managern in Deutschland und den USA, die von Simon, Kucher und Partners 1995 durchgeführt wurde, nimmt der Faktor Preis eine Spitzenposition auf der Sorgenskala bei Managern ein. Vgl. *Ebel/Simon*, Erfolgreiches Preismanagement, Signale, Heft 1/1996, 15–24.

[16] Darstellung in Anlehnung an *Tacke*, Pricing von Dienstleistungen, Vortrag im Rahmen des Management Circle am 20. und 21. November 1996.

qualität" empfunden wird („Offensichtlich ist es dem Anwalt nicht möglich oder er vermeidet es ganz bewußt, auf meine individuellen Bedürfnisse einzugehen.").[17]

18 Trotzdem können Beispiele genannt werden, bei denen Beratungsleistungen standardisiert werden. Seit Beginn der 70er Jahre existieren in den USA als **„Legal clinics"** bezeichnete Anwaltskanzleien, die mit der Zielsetzung arbeiten, ihren Klienten einfache Rechtsberatung in standardisierter Form anzubieten, und zwar zu äußerst günstigen Preisen. Natürlich müssen sich die Klienten darüber im klaren sein, daß sie bei gegebenem Preisniveau keine individuelle Rechtsberatung erhalten können. Eine weitere Form standardisierter Beratung wird in sogenannten **Law Stores** angeboten. Dabei handelt es sich um nach dem Franchise-Prinzip aufgebaute „Rechtsketten".

19 Für Deutschland sind solche Angebotsformen unter Rechtsanwälten noch weitestgehender Tabuisierung unterworfen, auch wenn die rechtlichen Voraussetzungen dafür durch die Reform der BRAO 1994 geschaffen wurden; zumindest in der außergerichtlichen Beratung. Ein Schritt in die Richtung Standardberatung haben auch bereits einige Rechtsanwälte getan, die versucht haben, **Kurzberatungen für eine Niedriggebühr** über das Internet anzubieten, was ihnen jedoch sehr bald untersagt wurde. In diesem Zusammenhang darf nicht übersehen werden, daß eine Standardisierung in anwaltlichen Teilbereichen sehr wohl in starkem Maße Akzeptanz gefunden hat (z. B. Nutzung von Textbausteinen), dies gilt aber nicht bezogen auf die Gesamtaktivitäten der Beratung.

20 So weist *Althaus* auf die Bedeutung von Standardisierungen im Ablauf von Beratungsprozessen hin, weil „die Automatisierung ... ein wichtiger Faktor bei der Erfüllung des Grundprinzips der Vermeidung von Verschwendung ist". Darüber hinaus resultiert aus der Standardisierung die Möglichkeit, die Beratung flexibler zu gestalten. Allerdings ergeben sich nach Ansicht des Autors auch Grenzen der Standardisierung, weil diese nur so lange Vorteile mit sich bringt, als auf die situativ vorliegende Problemstellung noch ausreichend individuell eingegangen werden kann.[18]

3. Probleme der Kapazitätsauslastung und -steuerung

21 Eine besonderes Problem ergibt sich für Beratungsberufe durch die **Nichtlagerfähigkeit des Produktes**. Das Angebot muß sich vollständig an die Nachfrage anpassen. Schwierigkeiten treten dann auf, wenn saisonale oder andere zeitliche Schwankungen beim Beratungsbedarf bestehen. Andererseits müssen die Kapazitäten entsprechend dem zeitlichen Spitzenbedarf ausgelegt werden. Für ein Beratungsunternehmen ist es ungünstig, einen potentiellen Klienten mit der Begründung mangelnder momentaner Ressourcen abzulehnen und ihn um eine nochmalige Anfrage in drei Monaten zu bitten.

22 Die scheinbar einfachste Vermeidung von Kapazitätsproblemen besteht in einer **exakten Kapazitätssteuerung**. Dieser Ansatz als generelle Problemlösung ist jedoch illusorisch, weil auch bei genauer Marktkenntnis keine exakte Prognose des zukünftigen Nachfragebedarfes möglich ist. Da in der Regel die Kostenkomponente „Personal" für die Liquidität der Unternehmen von entscheidender Bedeutung ist, erscheint die **Nutzung von Zeitarbeitskräften** ein angemessenes Instrument, in Zeiten schwacher Nachfrage eine kostenmäßige Anpassung zu erzielen. Dieser Maßnahme steht jedoch entgegen, daß die Erstellung einer qualitativ hochwertigen Dienstleistung motivierte und bestausgebildete Mitarbeiter erfordert. Eine vermehrte Einstellung von Zeitangestellten kann diesem Anspruch eventuell nicht gerecht werden.

23 Die besondere Relevanz einer gezielten Kapazitätssteuerung für Dienstleistungsunternehmen macht *Simon* anhand eines einfachen Beispiels klar, das einen Vergleich zwischen einer Dienstleistung und einer industriellen Fertigung umfaßt (vgl. die folgende

[17] Siehe zu diesem Zusammenhang insbesondere *Simon/Butscher*, Automatisierung von Dienstleistungen – Ein gefährlicher Spagat, Absatzwirtschaft, Heft 2/1997, 46–48.

[18] *Althaus*, Unternehmensberatung – Gestaltungsvorschläge zur Steigerung der Effizienz des Beratungsprozesses, Diss., St. Gallen 1994, 164f.

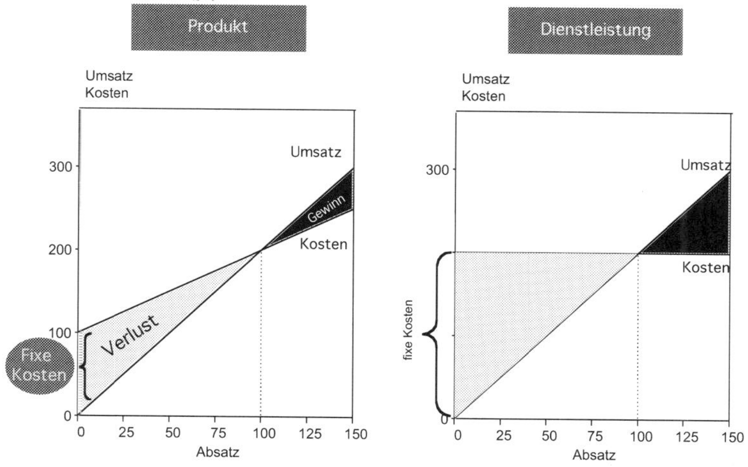

Abbildung 2: Kapazitätsprobleme bei Dienstleistern

Abbildung).[19] Im linken Abbildungsteil betragen die fixen Kosten 100 und die variablen Stückkosten 1 (industrielle Situation). Dagegen liegen die fixen Kosten im rechten Abbildungsteil bei 200. Variable Stückkosten fallen hier nicht an. Anders ausgedrückt entsprechen die Grenzkosten dem Wert Null.

Diese Situation repräsentiert das Dienstleistungsgewerbe, aber insbesondere die Beratungsbranche, bei der die variablen Stückkosten tatsächlich nahe Null liegen.[20] Beispielsweise kann man bei einer Anwaltskanzlei mit einem festen Stamm von Anwälten davon ausgehen, daß die Beratung eines weiteren Mandanten bei bestehenden Humanressourcen zu zusätzlichen Kosten von Null zu erbringen ist (Annahme einer Auslastung von unter 100% sowie fester Entlohnung). Falls in unserem Beispiel ein Preis von 2 zu erzielen ist, verfügen beide Unternehmen über eine Break-Even-Menge von 200. Trotzdem ergeben sich deutliche Gewinnänderungen, wenn es zu Abweichungen von diesem Punkt kommt. Liegt diese Abweichung bei minus 25%, so kommt es für den industriellen Hersteller zu entsprechenden Gewinnsenkungen von 25%, beim Dienstleister allerdings zu einem Verlust von 50%.[21] Folglich ist für den Dienstleister die Erreichung einer hohen Kapazitätsauslastung besonders wichtig. Im Falle der Grenzkosten von Null ist die Zielfunktion hier eindeutig die Maximierung des Absatzes. 24

4. Berufsrechtliche Regelungen zum Preis

Im außergerichtlichen Bereich war es schon vor der letzten BRAGO-Novelle zulässig, eine höhere als die gesetzlich bestimmte Gebühr zu verlangen. Seit 2. September 1994 gibt es ein **gesetzliches Gebührenunterbietungsverbot**, das jedoch nur das **gerichtliche** Verfahren betrifft.[22] Im **außergerichtlichen Bereich** gilt seit der Einführung des § 3 Abs. 5 BRAGO die Bindung an die BRAGO nicht mehr. Es dürfen **Pauschal- und Zeitvergütungen** vereinbart werden, die niedriger sind als die gesetzlichen Gebühren. Gestattet ist die Vereinbarung von Fall-, Wochen- oder Monatspauschalen oder die Abrechnung nach 25

[19] *Simon*, Preismanagement Kompakt – Probleme und Methoden des modernen Pricing, Wiesbaden 1995, 184ff.

[20] Vgl. dazu beispielsweise für den Bereich der Steuerberater die Darstellung bei *Wittmann*, Kennzahlen für Unternehmen von Steuerberatern und Steuerbevollmächtigten. DStR, 1/1996, 31–36. Bei Steuerberatungsgesellschaften liegt der Anteil der Einnahmen, die auf Personalkosten entfallen, in Abhängigkeit von der Unternehmensgröße bei 49 bis 62%.

[21] Im ersten Fall ist die Elastizität des Gewinns bezüglich der Kapazitätsauslastung gleich 1, im zweiten Fall gleich 2.

[22] *Feuerich/Braun*, BRAO, § 49b Rdn. 13.

Stundensätzen, was jeweils frei bestimmbar ist.[23] In größeren deutschen Wirtschaftskanzleien wird das ohnehin seit jeher praktiziert. Dort werden neben den anfallenden anwaltlichen und juristischen Tätigkeiten generell auch die des nicht-juristischen Personals in Rechnung gestellt.

26 Die **Werbung mit dem Preis** war in der Anwaltschaft immer als **standeswidrig** angesehen worden, darüber hinaus aber war diese auch nach herrschender Meinung zumindest bis zum 14. 7. 1987 **wettbewerbswidrig**, da bei Werbung mit Angabe der Gebühren der BRAGO mit Selbstverständlichkeiten geworben wurde. Jeder Anwalt rechnete, wenn er ausdrücklich nichts anderes vereinbart hatte, nach der BRAGO ab. Durch die Öffnung in § 3 Abs. 5 BRAGO, der es nunmehr gestattet, im außergerichtlichen Bereich das Honorar frei zu vereinbaren, hat sich die rechtliche Situation erheblich geändert. Folgende Werbeaussagen von Anwälten sind demnach keine Seltenheit mehr:[24]

- „Erste Beratung bei Gegenstandswert bis 600,– DM 29,50 DM."
- „Stundenhonorar bei Streitwert bis 10000,– DM 150,– DM, bei höheren Streitwerten 250,– DM."
- „Terminvertretung bei AG Berlin-Charlottenburg 20,– DM, mit Beweisaufnahme 40,– DM."

27 Werbung mit dem Anwaltshonorar ist **heute** als **zulässig** anzusehen.[25] Zwar hat sich die Satzungsversammlung mit dieser Problematik ausweislich der Protokolle der Satzungsversammlung nicht ausdrücklich beschäftigt, jedoch hat der Gesetzgeber bei Verabschiedung des Gesetzes zur Neuordnung des anwaltlichen Berufsrechtes[26] sich dazu ausdrücklich in den Materialien geäußert. In den Gesetzesmaterialien heißt es nämlich: „Das Interesse potentieller Mandanten geht dahin zu erfahren, wie sie für ihr Rechtsproblem einen Spezialisten finden und was dieser kostet."[27] Da im außergerichtlichen Bereich eine Bindung an die Gebühren der BRAGO aufgrund der Einführung des § 3 Abs. 5 BRAGO entfallen ist, folgt daraus, daß eine Werbung mit dem Preis möglich ist. Daraus ergibt sich des weiteren, daß in einem Rundschreiben mit einer Erstberatungsgebühr von 29,50 DM – im übrigen ist dies genau ein 5/10 Gebühr nach § 20 BRAGO – ebenso geworben werden kann wie mit der Angabe eines Stundenhonorars für die außergerichtliche Beratung und Vertretung. Die Schranke der Angemessenheit in § 3 Abs. 5 letzter Satz BRAGO hindert derartige Vereinbarungen nicht. Nach diesem Satz muß die Vergütungsvereinbarung „in angemessenem Verhältnis zu Leistung, Verantwortung und Haftungsrisiko des Anwalts stehen".

II. Honorarpolitik als Bestandteil des anwaltlichen Marketing

28 Die Aspekte des Marketing sind einerseits strategischer Natur. Hier stellt sich die Frage nach den Zielen und Visionen der Kanzlei („Was wollen wir erreichen?" und „Wo wollen wir in 5–10 Jahren stehen?"). Ist dies beantwortet, muß konkretisiert werden, wie andererseits der Marketingplan umzusetzen ist. Hierbei spricht man i. d. R. von den Marketing-Instrumenten Preis, Produkt, Distribution und Kommunikation:

---

[23] *Hansens*, BRAGO, § 3 Rdnr. 8.

[24] Zu einer detaillierten Darstellung der Möglichkeiten und Restriktionen von Preiswerbung im anwaltlichen Bereich siehe *Krämer/Mauer/Braun*, Erfolgreiche Anwaltswerbung in der Praxis, Köln 1998.

[25] *Feuerich/Braun*, § 43b, Rdnr. 63.

[26] BGBl. 1994 I, 2278.

[27] BT-Drucks. 12/4993, 28.

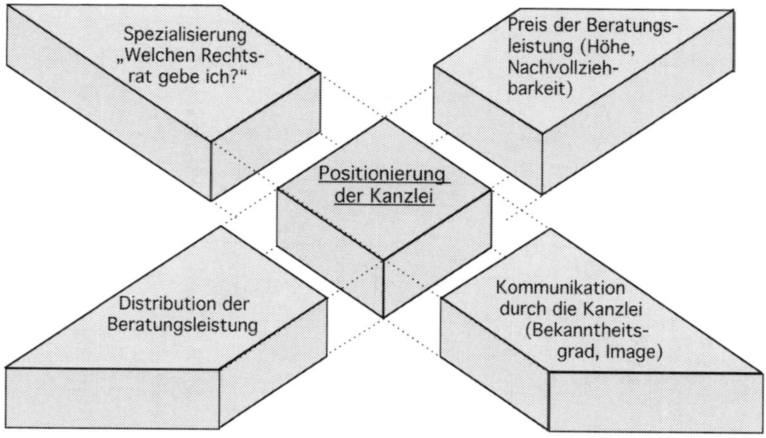

Abbildung 3: Einflußfaktoren auf die Marktpositionierung von Anwaltskanzleien

Aus diesen Elementen ergibt sich die Positionierung der Kanzlei im Rechtberatungsmarkt. Im Sinne eines **integrierten Marketingkonzeptes** müssen alle Instrumente in Einklang gebracht werden, um ein eindeutiges Bild nach außen abzugeben. Daher sollte der Preis niemals isoliert betrachtet werden. So führt *Simon* aus:[28] 29

„Wenn Unternehmen ein Preisproblem diagnostizieren, so liegt dessen Ursache zumeist nicht im Preis, sondern in Schwächen bei den nichtpreislichen Wettbewerbparametern. Der Preis ist letzlich nur der Reflektor der Produktleistung, der Kommunikation, der Position im Distributionskanal etc.“

Eine der zentralen Zielsetzungen der anwaltlichen Tätigkeit besteht im Erzielen einer hohen **Mandantenzufriedenheit**. In diesem Zusammenhang kommt dem Honorar eine entscheidende Bedeutung zu. Verschiedene Indikatoren deuten darauf hin, daß insbesondere dieses Thema aus Sicht potentieller Mandanten sehr kritisch beurteilt wird: 30

- Ein vernünftiges **Preis/Leistungsverhältnis** ist ein typisches „Must-Be-Kriterium“, d. h., es wird einfach vom Mandanten erwartet. Während nur ein Prozent der zufriedenen Mandanten diesen Faktor als wesentlich für die Zufriedenheit mit dem Anwalt ansehen, sind dies bei der Negativselektion 10% („Ich bin mit der Rechtsberatung unzufrieden, weil vor allen Dingen das Honorar nicht stimmte“). Das heißt, der Faktor Preis/Leistungsverhältnis birgt in starkem Maße ein **Gefahrenpotential** für Unzufriedenheit beim Mandanten, kaum für Zufriedenheit.[29] 31
- Bei einer Untersuchung der Ursachen von Beschwerden über Anwälte auf der Basis einer schriftlichen und mündlichen Befragung der regionalen Rechtsanwaltskammern war festzustellen, daß das Thema Preis zu den wesentlichen Motiven zu zählen ist. Hierbei geht es weniger um die Abrechnung an sich, sondern vielmehr um die von den als zu hoch empfundenen Honorarhöhe. 32
- Bereits in der Untersuchung von Prognos/Infratest aus dem Jahr 1987 wird die Höhe des Anwaltshonorars als Hindernis erkannt, das den Zugang der Rechtsuchenden zur Anwaltschaft erschwert. 33

Die Zielsetzung eines effizienten Pricing muß also darin bestehen, in der Wahrnehmung des Mandanten eine **Balance von Leistung** des Anwalts (= Nutzen des Mandanten) und dem **Honorar** (= Opfer für den Mandanten) zu erzeugen (vgl. Abbildung 4): 34

[28] *Simon*, Preismanagement – Analyse – Strategie – Umsetzung, Wiesbaden 1992, 4.
[29] Vgl. dazu *Krämer/Mauer*, ZAP 1998, 141–152. Zur Bedeutung der Klientenbindung für den wirtschaftlichen Erfolg der Rechtsanwaltskanzlei vgl. *Krämer/Mauer*, BRAK-Mitt. 1996, 22–26.

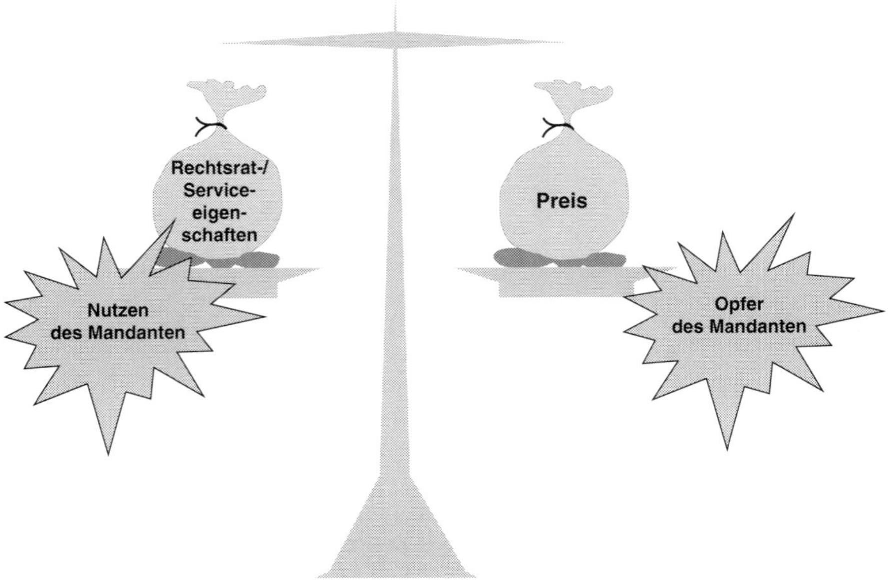

Abbildung 4: Ausgewogenheit von Leistungsbündel und Honorar

35 Ist diese Situation gegeben, so spricht man von einer sogenannten **Win-Win-Situation**, d. h., Anwalt und Mandant profitieren von der Beratung. Dies ist von den meisten Anwälten heute erkannt worden.

36 So stellt *Scharf* an eine effiziente Nutzung der BRAGO zwei Anforderungen: (1) die BRAGO soll für den Anwender leicht nutzbar sein und (2) müssen Anwälte und Mandanten die in Rechnung gestellte Gebühr als angemessen akzeptieren. Er kommt zum Ergebnis, daß „die geltende BRAGO die erste Forderung weitgehend, ... die zweite Voraussetzung aber nur bedingt erfüllt".[30]

C. Ansätze zur Bestimmung des optimalen Honorars

37 Zunächst sind die entscheidenden Eckpunkte zu definieren, die für die Preisgestaltung maßgeblich sind. Dabei handelt es sich um die eigene Kanzlei, die Konkurrenzunternehmen und die Mandanten. Diese Positionen bilden das **„Strategische Dreieck"** (vgl. die Abbildung 5 auf S. 797). Bevor konkrete Pricing-Ansätze dargestellt werden, ist danach zu fragen, welche Möglichkeiten zur Bestimmung des eigenen Preises überhaupt bestehen. Als systematische Ansätze sind dabei zu nennen: (1) Kosten-, (2) Konkurrenz- und (3) Mandantenorientierung.

I. Orientierung an den eigenen Kosten der Leistungserstellung

38 Bei dieser Vorgehensweise handelt es sich wahrscheinlich um die **verbreitetste Art der Preisfindung**.[31] Ausgehend von den berechneten Vollkosten je eingesetzte Stunde wird der Stundensatz so festgelegt, daß er einen bestimmten Prozentsatz höherliegt und somit

[30] *Scharf*, AnwBl. 1998, 434–435.

[31] Eine Reihe von praktischen Beispielen aus dem nicht-anwaltlichen Bereich findet sich bei *Dolan/Simon*, Power Pricing – How Managing Price Transforms the Bottom Line, New York 1996, 36ff.

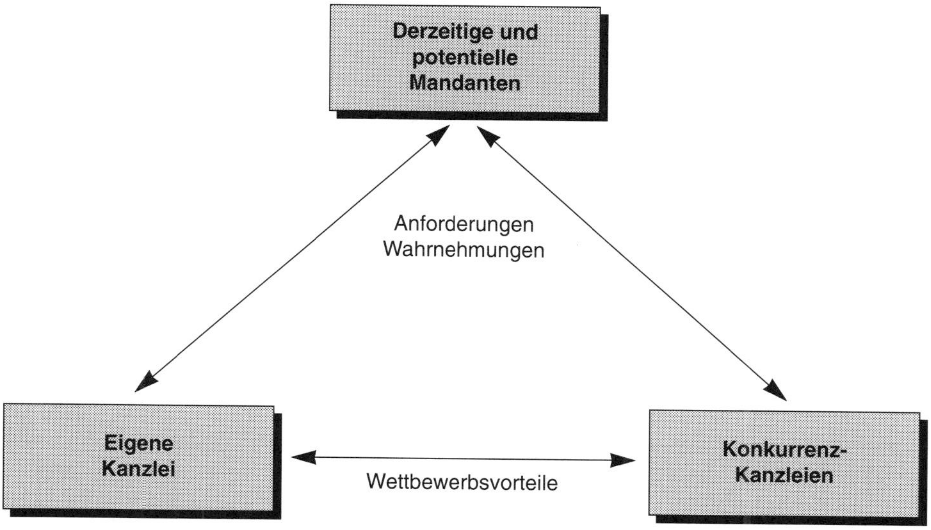

Abbildung 5: Das „Strategische Dreieck" von Rechtsanwaltskanzleien

ein festes Einkommen für den Anwalt sichert. Die Schwierigkeit besteht hierbei in der Notwendigkeit der Kenntnis dieser Kosten. Eine auf den ersten Blick trivial erscheinende Grundvoraussetzung, die in der Praxis in den wenigsten Fällen gegeben ist.[32]

Stevens und *Loudon* stellen eine einfache Kalkulation vor, die bereits ausreichende Informationen liefert. Die Kosten der Beschäftigung eines Anwalts belaufen sich z. B. auf etwa 78000 US-$. Leistet dieser Anwalt die von ihm erwartete durchschnittliche Rate von 1760 anrechenbaren Stunden (billable hours) p. a., betragen die Kosten je Stunde etwa 44 US-$. Hierbei handelt es sich um den gewinnneutralen Stundensatz.[33] Die größte Schwäche dieses Vorgehens dürfte in der Unbestimmbarkeit der tatsächlichen Zahlungsbereitschaft der Mandanten liegen. Selbst wenn 1760 Stunden angesetzt werden können, heißt das noch nicht, daß die Mandanten die Stundenanzahl akzeptieren. **39**

Der erforderliche Stundensatz eines Anwalts hängt von mehreren Faktoren ab und läßt sich anhand folgender Formel bestimmen:[34] **40**

$$\text{Leistungsstunde des Mitarbeiters} = \frac{\text{Personalkosten + anteilige Gemeinkosten}}{\text{Arbeitstage} \times \text{Leistungsstunden pro Tag}}$$

Anhand einer Beispielrechnung läßt sich aufzeigen, wie die erforderlichen Informationen zur Kalkulation aufbereitet werden müssen. Zur Vereinfachung gehen wir nachfolgend von einem angestellten Mitarbeiter aus: **41**

- **Personaleinzelkosten.** Diese setzten sich aus dem Bruttogehalt des Mitarbeiters zuzüglich des Arbeitgeberanteils zur Sozialversicherung und den Beiträgen zur Berufsgenossenschaft zusammen. **42**
- Unter **Gemeinkosten** sind allen Kosten zu verstehen, die zur Herstellung der Leistungsbereitschaft der Kanzlei erforderlich sind und unabhängig vom einzelnen Mandat **43**

[32] Zur Stundensatzberechnung vgl. *Knief*, AnwBl. 1989, 258–269; *Fedtke*, Wirtschaftsunternehmen Anwalts- und Notarkanzlei, 1993, 31 ff.

[33] *Stevens/Loudon*, Fee Strategies for Legal Service Marketing. In: *Winston, W. J.* (Ed.), Marketing for Attorneys and Law Firms, New York, London, Norwood 1993, 69–78.

[34] Siehe hierzu auch *N.N.*, Wie können Sie die Rentabilität eines von einem Mitarbeiter erledigten Auftrages errechnen? BRAGO professionell, 6/97, 4–6.

anfallen. Einbezogen werden müssen Positionen wie Raumkosten, Kfz-Kosten, Mieten für Geräte sowie deren Abschreibungen und natürlich die Gehälter von Mitarbeitern (Sekretärin, Rezeptionistin usw.). Mittels eines Zurechenfaktors werden diese Gemeinkosten auf den einzelnen Mitarbeiter umgerechnet. Beträgt beispielsweise die Position der Gemeinkosten insgesamt 100000 DM, die Summe der gesamten Personalkosten 200000 DM (hier ist ein kalkulatorischer Unternehmerlohn des Anwalts eingerechnet) und die Einzelpersonalkosten für den Mitarbeiter 50000 DM, dann ergibt sich ein Zuordnungsfaktor von 0,5 (100000 DM/200000 DM) und es folgen daraus anteilige Gemeinkosten von 25000 DM (50000 DM × 0,5).

44 – **Arbeitstage.** Von den kalendermäßigen Werktagen eines Jahres sind Feiertage, die Urlaubstage und die Fehlzeiten aufgrund von Krankheit abzuziehen. In der Regel können etwa 200 verrechenbare Arbeitstage als Annäherungswert unseres Beispiels in die Berechnung einfließen.

45 – **Leistungsstunden pro Tag.** Hier sind nicht die laut Arbeitsvertrag vereinbarten Stunden pro Tag in Ansatz zu bringen, sondern diese sind um einen Korrekturfaktor zu verringern, in Abhängigkeit von der Auslastung der Kanzlei, des Umfangs von Mitarbeiterfortbildungen, Beschäftigungen mit internen Kanzleiaufgaben und Zeitverschwendung aufgrund mangelhafter Kanzleiorganisation. Dieser Korrekturfaktor kann zwischen 0,5 und 0,9 variieren. In unserer Beispielrechnung sei von einem Faktor von 0,8 ausgegangen.

$$\text{Stundensatz Mitarbeiter} = \frac{50000\ \text{DM} + 25000\ \text{DM}}{2200\ \text{Arbeitsstunden p. a.} \times 0{,}8} = 43\ \text{DM}$$

46 Gleichermaßen lassen sich auch die erforderlichen **Stundensätze eines Anwalts** berechnen, der selbständig tätig ist:

$$\text{Leistungsstunde des Anwalts} = \frac{\text{Personalkosten} + \text{Sachkosten} + \text{Unternehmerlohn}}{\text{Arbeitstage} \times \text{Leistungsstunden pro Tag}}$$

Unter der Annahme einer Einzelkanzlei mit Personalkosten von 150000 DM, Sachkosten in Höhe von 50000 DM, einem anvisierten Gewinn von 150000 DM, 220 Arbeitstagen und 10 Stunden Arbeit täglich ergibt sich bei einem Zeitfaktor von 0,6 ein Stundensatz von:

$$\text{Stundensatz des Anwalts} = \frac{150000\,\text{DM} + 50000\,\text{DM} + 150000\,\text{DM}}{2200\ \text{Arbeitsstunden p. a.} \times 0{,}6} = 265\ \text{DM}$$

47 Aus deutschen Großkanzleien ist bekannt, daß Mandanten zunehmend die hohe Anzahl der in Rechnung gestellten Stunden reklamieren. Sozien mit „billing authority" kürzen nachträglich regelmäßig Stundenzahlen, um Mandanten nicht zu verärgern und an die Konkurrenz zu verlieren. Die Kanzlei zahlt drauf. Wie leicht erkennbar ist, wird der maximale Gewinn bei dieser Methode nur durch Zufall erreicht,[35] weil der Preis aus rein internen Gesichtspunkten heraus festgelegt wird.

II. Orientierung an der Konkurrenz

48 Ein grundsätzlich besonders einfaches Vorgehen besteht in der **Nutzung branchenüblicher Honorarstandards** als Orientierungshilfe für die Ermittlung des eigenen Preises.[36] Die Intransparenz auf dem Rechtsberatungsmarkt erschwert dies jedoch. Im Gegensatz zum US-amerikanischen Markt, auf dem die Anwälte weniger Geheimnisse um ihre Honorare machen, erfordert es hierzulande einige Mühe, sich Informationen über mögliche Stundensätze zu verschaffen, wenn man nicht über Insiderwissen verfügt. Eine besondere Form der konkurrenzorientierten Preisfestlegung besteht darin, die besonders

[35] *Simon*, Preispolitik. In: *Tietz, B.* (Hrsg.), Handwörterbuch des Marketing, Stuttgart 1995, S. 2068–2085.

[36] Es handelt sich um einen weitverbreiteten Marketing-Mythos anzunehmen, daß ein Unternehmen einen bestehenden Marktpreis zu akzeptieren hat, also ein Opfer der Preispolitik der Wettbewerber ist. *Clancy/Shulman*, Marketing Myths that are Killing Business, New York 1995, 214.

hohe Beratungsqualität der eigenen Leistung durch einen entsprechend hohen Preis zum Ausdruck zu bringen. Ausgewiesene Spezialisten im Arbeits-, Steuer- oder EDV-Recht nehmen nach eigenen Angaben manchmal Stundensätze bis zu 1500 DM.

Diese Preisfindung hat den entscheidenden **Nachteil**, daß sie immer reaktiv bleibt. Die 49
Kanzlei ist immer darauf angewiesen, möglichst schnell auf ein verändertes Marktgeschehen zu antworten, ohne selbst die Entwicklung zu bestimmen.

III. Orientierung am Wert für den Mandanten

Danach soll das Honorar dem Wert entsprechen, den die Beratung für den Klienten hat. 50
Der Preis für die anwaltliche Beratung bemißt sich dann nach **Zahlungsbereitschaft und -vermögen** des Mandanten. Diese Methode stellt zweifelsohne die höchsten Ansprüche an das anwaltliche Pricing, garantiert auf der anderen Seite aber die Ausschöpfung von Einkommensreserven. Hohe Zahlungsbereitschaften bestehen i. d. R. dann, wenn die Beratung für den Mandanten besonders dringlich ist. Hierzu ein Beispiel: Dienstag nachmittags ruft der Verleger Meier bei „seinem" Anwalt an und verlangt einen verlagsrechtlichen Rat, und zwar „noch heute, das Buch soll morgen bereits in Druck gehen". In diesem Fall wird vermutlich die Zahlungsbereitschaft von Herrn Meier höher sein als das sonst übliche Zeithonorar. Ähnliche Konstellationen sind auch beispielsweise im Steuerrecht denkbar.

Nachteile ergeben sich bei diesem Ansatz dann, wenn unterschiedliche Stundenhono- 51
rare gegenüber Mandanten publik werden und dies eine Rechtfertigung erfordert. Die grundsätzlich positive Wirkung einer Preisdifferenzierung ist in Abbildung 6 dargestellt. Ausgangspunkt ist eine Situation, bei der eine Kanzlei zu einem undifferenzierten Preis (z. B. einem festen Stundensatz) eine Beratungleistung anbietet. Damit verzichtet die Kanzlei jedoch auf die Ausschöpfung von Gewinnpotential.[37] Würden Leistungen zu unterschiedlichen Preisen angeboten, ließe sich der Gewinn erhöhen.[38]

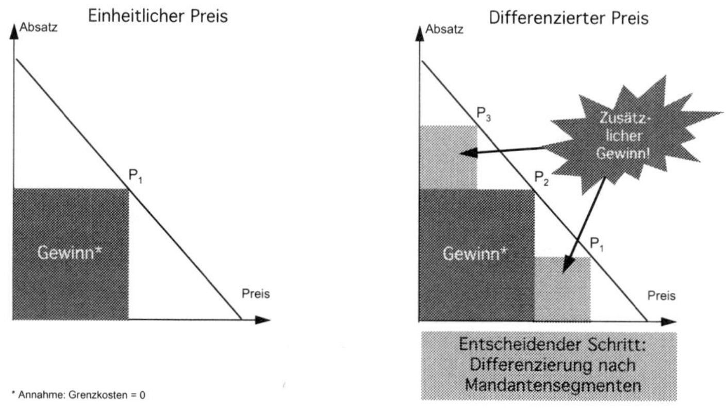

Abbildung 6: Wirkung einer Preisdifferenzierung

[37] Die in Abbildung 6 gezeigte Preis-Absatz-Funktion zeigt die maximale Zahlungsbereitschaft potentieller Kunden. Die Mandanten nehmen theoretisch (bei rationalem Verhalten) eine Beratung in Anspruch, wenn der Nettonutzen, d. h. die Differenz zwischen Nutzen und Preis für sie positiv ist. Falls die Zahlungsbereitschaft eines Mandanten höher liegt als der Preis, kommt diesem eine sogenannte „Konsumentenrente" zu, falls die Zahlungsbereitschaft allerdings geringer ist, wird der Mandant von einer Consultation absehen und sich an eine andere Kanzlei wenden.

[38] Vgl. Zur Preisdifferenzierung u. a. *Tacke*, Pricing ..., a.a.O. – *Laker*, Wie Sie für jede Leistung den richtigen Preis finden. Versicherungskaufmann, 3/1996, 24f.

52 Einige Kanzleien tun dies bereits: Wird auf der Basis von Stundenhonoraren abgerechnet, so läßt sich beispielsweise eine personenabhängige Preisdifferenzierung durchführen. Hierzu ein Beispiel:

- Anwalt im ersten Jahr: 350 DM/Stunde
- Junior-Partner: 400 DM/Stunde
- Senior Partner: 500 DM/Stunde

53 Eine **Preisdifferenzierung in zeitlicher Hinsicht** birgt erhebliche Probleme, weil von den Klienten daraus eine Qualitätssenkung abgeleitet werden könnte. Damit verbunden wäre die Gefahr eines Imageverlustes. Maßnahmen zur Förderung der Nachfrage in Zeiten geringen Beratungsbedarfes stehen nur selten zur Verfügung. Ein direktes Herantreten an einen Klienten kann bei diesem Erstaunen und Skepsis hervorrufen, solange ein derartiges Vorgehen als branchenunüblich angesehen wird.

54 Im Endeffekt muß klar sein: Das Pricing muß unter Berücksichtigung des „Strategischen Dreiecks" stattfinden, wenn es effizient sein soll. Jede isolierte Vorgehensweise ist zum Scheitern verurteilt, weil sie andere maßgebliche Marktfaktoren außer acht läßt. Erst die **„Individualisierung der Honorarforderung"** ermöglicht es dem Anwalt, gewinnbringend zu arbeiten und zugleich dem Mandanten den Eindruck zu vermitteln, daß er „den richtigen Betrag für die in Anspruch genommene Leistung zahlt".[39] Es gibt bereits Kanzleien, die das erkannt haben und beispielsweise **„Schnupperpreise"** für Neumandanten oder **„Einstiegspreise"** für Firmen- und Existenzgründer anbieten. Natürlich erfordert diese Vorgehensweise auch eine Prognose im Hinblick auf die wirtschaftliche Zukunft des Mandanten. Der Anwalt muß sich dementsprechend mit Branchen- und Wirtschaftsinformationen beschäftigen.

D. Nutzung unterschiedlicher Honorarvereinbarungen?

55 In Unternehmen, die regelmäßig Bedarf an Rechtsberatung haben, sind die Preise der in Frage kommenden externen Berater bekannt und können sogar der einschlägigen Wirtschaftspresse entnommen werden, die sich neben den zu erwartenden Honorarforderungen auch mit der fachlichen Kompetenz von Kanzleien befaßt.[40]

56 Praktische Tips für Unternehmen, die Anwaltsleistungen ausschreiben wollen, waren bereits 1994 im „Blick durch die Wirtschaft" nachzulesen.[41] Danach lohnt sich eine Ausschreibung für ein Unternehmen ab einem Rechtsberatungsvolumen von 100000 DM. Hier wird empfohlen: Wer 3 Anwaltskanzleien sucht, sollte 10–12 Kanzleien in die Ausschreibung einbeziehen. In der Praxis stoßen die Gebührenregelungen nach der BRAGO also teilweise schon länger auf geringere Akzeptanz, so daß sich vor allem im Bereich der Wirtschaftsberatung längst feststehende Stundensätze etabliert haben. Zur Gebührenpraxis heißt es in dem bereits zitierten Artikel im manager-magazin: „Die angestaubte Bundesrechtsanwaltsgebührenordnung, kurz BRAGO, hat als Vergütungsmaßstab für diese Anwaltsspezies (gemeint sind die Wirtschaftsanwälte; Anm. der Verf.) weitgehend ausgedient."[42]

---

[39] *Bischoff*, Zukunftsmodell „Freier Beruf" – Qualifikation in Erfolg umsetzen. Stuttgart 1995, 100.

[40] Die Intransparenz auf dem Rechtsanwaltsmarkt, übrigens kein rein deutsches Phänomen, machen sich einige Beratungsunternehmen zunutze, indem sie versuchen, auf der Basis von Expertenurteilen und sonstigen Insider-Informationen für Europa Kanzleiranglisten – sog. Rankings – im Wirtschaftsrecht aufzustellen. Dabei handelt es sich u. a. um „Euromoney" und „Legalease". Zu einer vergleichenden Darstellung beider Listen für Deutschland siehe z. B. *Bierach/Kersting,* Die Unbekannte Elite. Wirtschaftswoche, vom 19. 9. 1996, 130–136; ein anderes Ranking ist dem manager magazin zu entnehmen, a.a.O.

[41] *Weitbrecht*, Anwalts-Leistungen sollten sorgfältig ausgeschrieben werden. Blick durch die Wirtschaft, vom 11. 8. 1994.

[42] *Balzer/Jensen*, Mandate, Macht und Mammon, manager magazin, 10/96, 76–97.

Allerdings stellt die Abrechnung auf Stundenbasis nicht die einzige Alternative zur BRAGO dar. Nachfolgend sollen die wichtigsten Pricing-Methoden aufgelistet werden.[43] 57

I. Abrechnung nach der BRAGO

Durch die BRAGO wurde den deutschen Rechtsanwälten ein detailliertes Gebührengesetz an die Hand gegeben, bei dem sich das Honorar für die anwaltliche Tätigkeit in Abhängigkeit von Gegenstands- oder Streitwerten bemessen läßt – unabhängig von der eingebrachten Zeit. Von konservativen Standesvertretern werden vor allem folgende Argumente angeführt, um einen Preiswettbewerb unter Rechtsanwälten durch eine weitere Liberalisierung des Gebührenrechts zu verhindern:[44] 58

- **Einkommenssicherung des Berufsstandes:** Die Befürworter einer Preisfixierung führen vor allem die Notwendigkeit an, die Würde des Anwaltstandes zu wahren. Dies soll dadurch geschehen, daß eine Kommerzialisierung des Berufsstandes verhindert wird. Theoretisch soll sich annähernd ein gleiches Durchschnittseinkommen ergeben, wenn sich im Mittel die niedrigen und hohen Gegenstands- bzw. Streitwerte ausgleichen.[45] In Zeiten einer fortschreitenden Spezialisierung greift dieses Argument nicht mehr. Außerdem wird nach wie vor bewußt in Kauf genommen, daß anwaltliche Leistungen mit vergleichbarem zeitlichen Aufwand extrem unterschiedlich entgolten werden. Für den Antrag auf Erlaß eines Mahnbescheides errechnet sich beispielsweise bei einem Gegenstandswert von 500 DM eine Gebühr von 50 DM, während diese bei einem Gegenstandswert von 1 Mio. DM 6215 DM beträgt.[46] Insbesondere aufgrund des fehlenden Zusammenhangs zwischen der Höhe des Honorars und der vom Anwalt eingebrachten Zeit bestehen bestimmte Mandantengruppen auf die Vereinbarung alternativer Honorarsysteme. 59
- **Soziale Querfinanzierung:** Früher wurde davon ausgegangen, daß ein Rechtsanwalt typischerweise lukrative und weniger lukrative Mandate bearbeitet. Durch das gewinnbringende Mandat würde danach also indirekt das wenig ertragreiche mitfinanziert. In der Praxis greift dieser Mechanismus jedoch nur noch unvollkommen.[47] Große oder besonders spezialisierte Kanzleien sind eher in der Lage, lukrative Mandate an sich zu binden, wodurch Wirtschaftsanwälte und Spezialisten tatsächlich auch über erheblich höhere Einkommen als andere Anwälte verfügen.[48] Etablierte Anwälte suchen sich ihre Mandate generell auf der Basis von Gewinnüberlegungen aus. Im übrigen wird es kaum einen Mandanten geben, der es aus sozialen Gründen einsieht, daß er seinen Anwalt oder andere Rechtsuchende, die dieser betreut, durch ein höheres Honorarvolumen subventionieren soll. 60
- **Qualitätssicherung der anwaltlichen Rechtsberatung:** Es wird verschiedentlich unterstellt, eine Senkung der Anwaltshonorare hätte auch einen Qualitätsverlust in der Beratungsleistung zur Folge und würde letztendlich dem Mandanten schaden. Hierbei ist zunächst anzumerken, daß eine Preisfixierung nicht in der Lage ist, die Qualität der Beratungsdienstleistung zu garantieren. Der Preis kann lediglich ein Anhaltspunkt für 61

---

[43] Zu einer allgemeinen Einführung vgl. *Simon*, Preismanagement kompakt. Wiesbaden 1995, 125.

[44] Zu einer aktuellen, detaillierten und weitergehenden Darstellung der Argumente sowie der Kritik an der gegenwärtigen Gebührenordnung wird verwiesen auf *Michalski/Römermann*, AnwBl. 1996, 241–246.

[45] Vgl. *Undritz*, a.a.O. (Fn. 9), 115.

[46] So BRAGO PROFESSIONELL, 8/1998, 12.

[47] *Heussen*, Umgang mit Anwälten, München 1995, 99: „Tatsächlich geht die Theorie des Gesetzgebers, daß die kleinen sich mit den großen Streitwerten mischen werden, in der Praxis nicht ganz auf." Kritisch auch *Rick*, Die verfassungsrechtliche Stellung des Rechtsanwalts, 1998, S. 207.

[48] Empirische Hinweise darauf gibt nicht nur die Einkommensteuerstatistik des Statistischen Bundesamtes, sondern auch das STAR-System des Instituts für Freie Berufe in Nürnberg. Aus beiden Erhebungen wird eine sehr starke Streuung der Anwaltsumsätze ersichtlich, wie sie generell bei Freiberuflern üblich ist, vgl. *Passenberger*, BRAK-Mitt. 1996, 174–179; zu Freiberuflern allgemein s. a. *Disterer*, Einkünfte von freiberuflich Tätigen im Vergleich, AnwBl. 1996, 614–617.

die Qualität der anwaltlichen Leistung sein. Eine Studie von *Wasilewski* und *Reith* aus dem Jahr 1988, in der auch ein Zusammenhang zwischen dem Vergütungssystem und der Qualität der Rechtsberatung untersucht wurde, kam zu dem Ergebnis, daß „die Gebührenordnung unter Qualitätsgesichtspunkten sicherlich noch verbesserungsfähig und -bedürftig ist". Die Kritik der Experten betraf u. a. die geringe Differenzierung in Abhängigkeit von der eingebrachten Zeit.[49] In jedem Fall ist der Anwalt dazu verpflichtet, unabhängig davon, ob er z. B. nach Gegenstandswert oder auf Stundensatzbasis abrechnet, seinen beruflichen Grundpflichten aus § 43a BRAO nachzukommen. Dazu gehören alle Sorgfaltspflichten im Zusammenhang mit seiner Honorarpolitik, der Preisgestaltung und dem Rechnungsmanagement.[50] Es ist bekannt, daß gebührenrechtliche Verstöße gemäß § 113 BRAO geahndet werden können. Das unangemessene Erzeugen von „billable hours" stellt grundsätzlich einen Pflichtverstoß dar. In Wirtschaftskanzleien werden deshalb sog. Timesheets von den Anwälten ausgefüllt, die gegenüber dem Mandanten als Nachweis dienen.

62 • **Erleichterung für den Mandanten:** Unbestreitbar hat die Honorarbestimmung nach der BRAGO-Tabelle den Vorteil, die Kosten einer Beratung besser berechenbar zu machen. In einem freien Markt wäre es Aufgabe des Mandanten, sich über den Marktpreis für bestimmte Dienstleistungen zu informieren, um dann in Preisverhandlungen mit dem Anwalt treten zu können. Diese infolge mangelnder Markttransparenz manchmal exorbitant hohen Transaktionskosten werden durch das Vorhandensein einer Gebührenordnung vermieden. Für den Fall, daß die Honorarforderungen von Anwälten in Zukunft für den Verbraucher überschaubarer werden – und das ist bei vielen Wirtschaftsmandanten bereits der Fall –, entfällt dieser sog. Vorteil der BRAGO bereits.

II. Vereinbarung eines Festhonorars

63 Grundsätzlich handelt es sich bei der Abrechnung nach der BRAGO, bei der sich das Anwaltshonorar in einer relativ stark festgelegten Form eines Prozentsatzes vom Gegenstands- oder Streitwert bemißt, um ein Festhonorar. Allerdings ist es denkbar, daß auch andere Bemessungsgrundlagen für die Preisfestlegung herangezogen werden. Wichtig ist, daß ein **Komplettpreis** fixiert wird, zu dem sich die Kanzlei zur Erbringung der geforderten Leistung verpflichtet (vgl. die Abbildung 7 auf Seite 804). Es wird also ein **Service-Paket** für den Mandanten geschnürt. Folgende Konsequenzen ergeben sich daraus für den Anwalt:[51]

64 – Das **Pricing des Leistungspaketes** erfordert nicht nur die exakte Bestimmung der Vollkosten je Stunde, sondern es sind auch Erfahrungs- und/oder Schätzwerte hinsichtlich des erwarteten zeitlichen Inputs notwendig. Erfolgt diese Kalkulation ungenau, kann die Beratungsdienstleistung leicht zum Verlustgeschäft werden, weil nachträgliche Honorarforderungen kaum zu realisieren sind. In der Praxis ist das leider häufiger der Fall.

65 – Das System stiftet einen großen Anreiz, die Beratung möglichst effizient zu gestalten. Wenn der Umsatz eines Projektes bekannt ist, gilt es, unter dem Gesichtspunkt der Gewinnmaximierung die Kosten zu senken. Allerdings nicht, ohne eine Mindestqualität der Leistung zu gewährleisten. Diese Form der Honorargestaltung bietet sich insbesondere dann an, wenn die Beratungsleistungen überschaubar und zusätzlich leicht standardisierbar sind. Es liegt auf der Hand, daß Spezialisten und erfahrene Berater Preis(gestaltungs)vorteile gegenüber anderen Anwälten haben.

66 Falls die **absolute Höhe des Honorars** für den Mandanten ein entscheidendes Kriterium der Kanzleiwahl darstellt, können hier Wettbewerbsvorteile gegenüber anderen Kanzleien

---

[49] *Wasilewski/Reith*, Qualitätssicherung in Freien Berufen, Köln 1988, 286 ff.

[50] S. a. *Feuerich/Braun*, a.a.O., § 43a, Rdnr. 42 ff.

[51] Vgl. Dazu insbesondere *Reed*, The Fixed Fee: The Favorite Alternative Billing Method, Law Practice Management, Vol. 22 (1996), May/June, 22–27.

mit abweichenden Honorarsystemen erzielt werden („Wir machen das für 50000 DM!"). Andererseits ist dann für den potentiellen Mandanten eine Vergleichbarkeit der Kanzleien hinsichtlich des Honorarvolumens gegeben. Aus einer ausgewählten Zahl in Frage kommender Kanzleien wird möglicherweise die günstigste ausgewählt.

Um eine spezielle **Form des Festhonorars** handelt es sich bei einem sogenannten **67** **Retainer**. Dem Mandanten wird dabei pro Zeiteinheit (z. B. Monat) ein festgelegtes Honorar (z. B. 2000 DM) berechnet. Dafür kann jeder Berechtigte die Kanzlei um einen Rechtsrat fragen, solange die Beratung eine bestimmte Dauer (z. B. 3 Std.) nicht überschreitet. Diese Preisbestimmungsmethode ermöglicht eine verbesserte Geschäftsbeziehung zu den Klienten. Voraussetzung für einen störungsfreien Ablauf ist aber auf jeden Fall eine detaillierte schriftliche Fixierung, welche Beratungsleistungen im Vertrag enthalten sind, damit es nicht zu unnötigen Diskussionen kommt.[52] Die Vorteile dieser Methode bestehen in der Festlegung eines Mindestumsatzes (Verringerung von Liquiditätsschwankungen) sowie in einer möglicherweise engeren Mandantenbindung.[53]

Eine erste aufsehenerregende Pauschalvereinbarung schloß die New Yorker Anwalts- **68** kanzlei LeBoeuf, Greene, Leiby & McRae mit Alcoa im Jahr 1993. Die Kanzlei erhielt den Zuschlag für einen Drei-Jahres-Vertrag mit einem jährlichen Volumen von 7 Mio. DM. Dafür wurde Rechtsbeistand in über 500 Fällen geleistet. Hierbei spielte als auslösendes Moment von seiten der Anwaltskanzlei auch das Ziel der verstärkten Mandantenbindung eine Rolle. Dieses Ziel wurde erreicht.[54]

III. Vereinbarung fester Stundenhonorare

Für Mandanten, die kontinuierlich mit hohen Streitwerten zu tun haben, erscheint es in **69** Deutschland lukrativer, mit Anwaltskanzleien auf der Basis fester Stundensätze abzurechnen. Damit nähert sich die **deutsche Gebührenpraxis** dem amerikanischen System längst an. Dort fand bereits Anfang der 80er Jahre eine Umstellung des Gebührensystems auf Stundenhonorare statt. Der Grund dafür lag weniger in einer Anpassung an die Bedürfnisse der Klienten, als in der Zielsetzung der Anwälte, das finanzielle Risiko einer Beratung auf die Mandanten überzuwälzen. Die damalige Marktsituation, gekennzeichnet durch einen starken Nachfrageüberhang, ließ dies zu.[55] Derzeit werden außergerichtliche Beratungen in den USA größtenteils auf der Basis von festen Stundenhonoraren abgerechnet (siehe hierzu die Abbildung 7 auf Seite 804, Fall B).[56]

---

[52] *Schmidt* führt aus, daß Retainer in den USA bisher von den Klienten eher abgelehnt wurden. Trotzdem erfreut sich diese Pricing-Methode mittlerweile stärkerer Akzeptanz. *Schmidt*, Pricing and Billing Techniques, a.a.O., 11A8.

[53] Sicherlich ist für einige Mandanten, die auf die Beratung durch einen bestimmten Anwalt oder eine bestimmte Kanzlei festgelegt sind, wichtig und gleichzeitig wertvoll zu wissen, daß der spezielle Berater im Bedarfsfall ihnen auch tatsächlich zur Verfügung steht (und nicht etwa der Konkurrenz).

[54] *Morris*, Two Pioneers Make Their Fixed-Fee Deal Work, The American Lawyer, Dezember 1993, 5.

[55] Die Reaktion einiger großer Unternehmen bestand darin, daß die einst loyalen Klienten ihre langjährigen Beziehungen mit Anwaltskanzleien beendeten und eigene Rechtsabteilungen verstärkten, von denen man erwartete, sie könnten Standardprozesse effizienter verrichten. *McRae*, The Law Firm of the Future, Law Practice Management, Vol. 22 (1996), October, 20–29; in deutschen Unternehmen wird derzeit diskutiert, ob und wann es sich lohnt, Rechtsberatung outzusourcen, dazu *Malarkey*, Outsourcing der rechtlichen Beratung, Blick durch die Wirtschaft am 23. 12. 1996 – „Ein erfolgreiches Outsourcing fordert von der Seite der externen Anwälte ein qualifiziertes und auf den individuellen Bedarf des Unternehmens ausgerichtetes Leistungsangebot."

[56] Mündliche Auskunft vom 11. 10. 1996 durch Mrs. Sally Schmidt, Präsidentin von Schmidt Marketing, einer in Wisconsin ansässigen Beratungsfirma, die ausschließlich auf Anwaltskanzleien ausgerichtet ist.

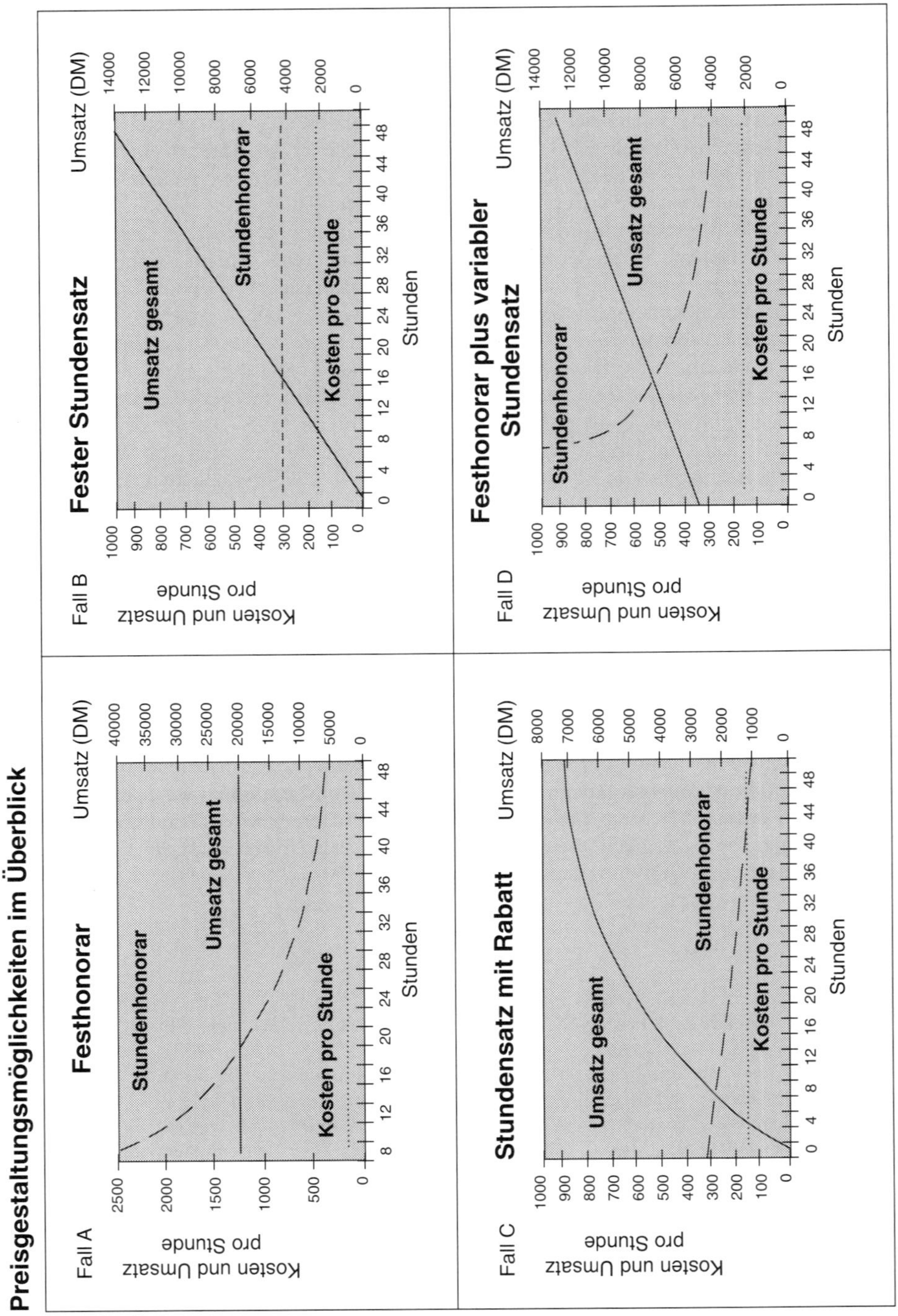

Abbildung 7: Wirkung unterschiedlicher Preisgestaltungsmethoden (beispielhaft)

Das Beispiel USA verdeutlicht, daß ein **System fester Stundensätze** nicht das Nonplusultra sein muß. Obwohl sich dieses System relativ fest etabliert hat, ist der **Anpassungsdruck** dort unübersehbar. Dies verdeutlichen folgende Punkte: 70

- Vor allem Unternehmen, planen für Rechtsangelegenheiten feste Budgets ein. Für die Klienten wird es daher zunehmend wichtiger, den Gesamtaufwand für eine rechtsanwaltliche Beratung bzw. Vertretung zu kennen. In diesem Zusammenhang ist zu berücksichtigen, daß große amerikanische Unternehmen aus Kostengründen ihre eigenen Rechtsabteilungen zunehmend outsourcen und/oder die Anzahl der vertraglich gebundenen Kanzleien reduzieren, was auch in deutschen Unternehmen der Fall ist.[57] 71
- Stundensätze geben keine Anreize für die Kanzleien, den Beratungsaufwand zu minimieren, sondern verleiten ganz im Gegenteil zur überzogenen Einbringung von **„billable hours"**, wodurch im übrigen auch der Leistungsdruck in den Kanzleien unnötig erhöht wird, was sich auf die gesamte Dienstleistung einer Kanzlei negativ auswirkt. *Morris* führt an, die amerikanischen Kanzleien hätten keine Chance, die offiziellen Stundensätze anzuheben. Um bei steigenden Kosten den Gewinn gleich zu halten, sind sie gezwungen, die anrechenbaren Stunden zu erhöhen.[58] 72
- Zusätzlich hat sich in der Praxis durchgesetzt, daß die Stundensätze nicht mehr die gesamten Kosten abdecken, d. h., Kostenpositionen wie **Postgebühren** oder **Faxsendungen** und **Kopien** werden den offiziellen Stundensätzen aufgeschlagen.[59] Dies hat nicht zuletzt zu einem Imageverlust der Anwaltschaft geführt, ein Sachverhalt, der heute von amerikanischen Juristen offen angesprochen wird.[60,61] 73
- Die **Marktmacht der Nachfrageseite** ist durch den gegenwärtigen Angebotsüberhang stärker geworden. Anforderungen der Mandanten sind demnach zunehmend **wettbewerbsbestimmend**.[62] Da bei Stundensätzen kein Zusammenhang zwischen dem Preis und dem Wert der Beratung besteht, werden verstärkt alternative **„billing-methods"** gewünscht. Nach Untersuchungen der amerikanischen Beratungsfirma *Altmann Weil Pensa* ist das **Festhonorar** in den USA die am stärksten genutzte Alternative zum Stundenhonorar.[63] Andere empirische Untersuchungen zeigen, daß diejenigen Kanzleien, die derzeit noch an festen Stundensätzen festhalten, sich durchaus der Nachteile des Systems bewußt sind und mittelfristig Bereitschaft zeigen, ihre Preisgestaltungswege zu differenzieren. 74

---

[57] *Morris*, Five Questions to Ask Yourself between Crises, The American Lawyer, June 1996, 7–9 und 50–51.

[58] *Morris*, The New Sellers Market, The American Lawyer, October 1996, 7–9 und 59.

[59] Siehe zum Gesamten: *Schmidt*, Pricing and Billing Techniques, In: American Bar Association (Ed.), Marketing the Law Firm, Chicago 1995, 11A1–11A15. Ausdruck des Mißtrauens gegenüber den Anwaltsrechnungen ist, daß meist größere Unternehmen sich den Luxus erlauben, spezielle Institute zu engagieren, die die Rechnungen überprüfen.

[60] Siehe nur: *McRae*, a.a.O., 23: „The public also feels that it has been victimized by lawyers and has even less ability than major corporations to do anything about it" und an anderer Stelle: „Until we take a more realistic look at why we have an image problem, the public will (and should) continue to distrust us and view us as adversaries."

[61] Imageumfragen haben gezeigt, daß weniger als 20% der Amerikaner Vertrauen zu Anwälten haben. Die Kritik betrifft dabei häufig die überzogenen Honorarforderungen. Vgl. *Rosen*, How Can Lawyers Improve Their Image? Altman Weil Pensa Report to Legal Management, Vol. 18 (1992), August, 9–12.

[62] Unterstützt wird dies auch durch die verstärkte Inanspruchnahme von Beratungsleistungen, die von Nichtjuristen gegeben werden. Vgl. dazu *Weklar*, Legal Shock: Impact of Industry Trends on Marketing, Marketing Management Newsletter, Summer 1992, 6–8.

[63] *Reed*, The Fixed Fee: The Favorite Alternative Billing Method, a.a.O. 22.

75 Als Variationen des Systems fester Stundensätze sind **zwei Modelle** nennenswert, die sich beide positiv auf die **Klientenbindung** auswirken können:[64]

76 • **Mengenrabatt:** Mit zunehmender Anzahl der eingebrachten Stunden nimmt der Stundensatz ab, beispielsweise um eine bestimmte Discount-Rate von 5%. Für den Klienten kann das reizvoll sein, wenn er die Zahl der ihn beratenden Kanzleien reduziert und den Löwenanteil seines Beratungspotentials nur noch an eine Kanzlei vergibt (vgl. Abb. 7, Fall C).

77 • **Zwei-Block-Tarife:** Hierbei wird nach zwei verschiedenen Stundensätzen abgerechnet, einem höheren und einem niedrigeren. Bis zu einer Minimalanzahl von Stunden wird der höhere Stundensatz, darüber hinaus der niedrigere zugrunde gelegt.[65]

78 Zur Höhe der vereinbarten Stundensätze liegen keine empirisch verifizierten Daten vor. Eine **Analyse von veröffentlichten Zeithonoraren** zeigt folgende Bandbreite auf:

79 Das untere Ende dürfte im Rahmen von **Telefonberatungen** zu erreichen sein. So ergibt sich bei einem Minutenhonorar von 2,40 DM ein Stundensatz von 144 DM. Hierbei wird ein völlig anderes Mandantensegment angesprochen, als dies bei einer höherpreisigen Beratung der Fall ist.

80 *Franzen* errechnete für eine **mittlere Zivilpraxis** (zwei Anwaltsgehilfinnen, zwei Lehrlinge, ein Referendar) für den Zeitraum 1991/92 einen Stundensatz von etwa 300 DM, wenn der Rechtsanwalt wirtschaftlich einem Richter am Landgericht gleichstehen will.[66] Diese Berechnung basiert allerdings auf der Annahme, daß 8 Arbeitsstunden etwa 7 Leistungsstunden (reine Fallarbeit) entsprechen. In der Praxis dürfte dieses Verhältnis allerdings deutlich ungünstiger sein, d. h., das erforderliche Stundenhonorar wird weit mehr als 300 DM/Stunde betragen.

81 Im Falle einer **persönlichen Beratung** in der Kanzlei fallen Honorare zwischen 300 DM und 1200 DM an. Die Varianz bei den Honoraren ergibt sich im wesentlichen aus zwei Gründen: Erstens aus den Kosten der Leistungserbringung und zweitens aus der Qualität der Beratung und damit der Zahlungsfähigkeit des Mandanten.

82 Verfügt der Anwalt oder die Kanzlei über **spezifisches Know-how**, welches stark nachgefragt wird, „sind Stundensätze zwischen 500 und 1000 DM üblich und können als angemessen gelten".[67]

IV. Vereinbarung eines Erfolgshonorars

83 Erfolgshonorare sowie die Beteiligung am Erfolg der anwaltlichen Bemühungen (quota litis) sind in der BRD gemäß § 49b Abs. 2 BRAO ausdrücklich verboten.[68]

84 Bei einem reinen Erfolgshonorar (engl. contingency fee) erhält der Anwalt einen bestimmten, vorher festgelegten Betrag, oder aber einen bestimmten Prozentsatz des Gewinns, den der Mandant aus der Beratung zieht. Für den Anwalt bedeutet das im Extremfall ein „Alles-oder-Nichts-Spiel". In einer detaillierten Analyse der unterschiedlichen Varianten von Erfolgshonoraren stellt *Undritz* folgende Systematik auf. Er unterscheidet:[69]

---

[64] Zur Bedeutung der Klientenbindung für den wirtschaftlichen Erfolg der Rechtsanwaltskanzlei vgl. *Krämer/Mauer*, BRAK-Mitt. 1996, 22–26.

[65] Beispielsweise beträgt das eingesetzte Stundenhonorar 400 DM bis zu einer Gesamtstundenzahl von 200, ab der 201. Stunde beläuft sich das Honorar dann auf 300 DM. Dieses Modell wird in der Praxis häufig von Energieunternehmen realisiert.

[66] *Franzen*, NJW 1993, 438–439.

[67] BRAGO PROFESSIONELL, Wirtschaftliche Kanzleiführung: Was kostet eine Anwaltsstunde? 6/1995, 1. Aus der Wirtschaftspresse ist zu entnehmen: 600–800 DM beim Seniorchef einer größeren Wirtschaftskanzlei; zu Höhe von Stundensätzen s. a. *Gerold/Schmidt/v. Eicken/Madert*, BRAGO, § 3 Rdn. 9 – „In Anwaltskreisen wird über Stundensätze zwischen 200 DM und 500 DM gesprochen."

[68] *Teubel*, Gebührenmanagement in der Anwaltskanzlei, Neuwied 1996, 74; *Hansens*, a.a.O., § 3 Rn. 30.

[69] *Undritz*, Anwaltsgebühren – Tradition und Wettbewerb, Schriftenreihe des Instituts für Anwaltsrecht, Bonn 1994, 132ff.

– Je nach Ausgang der Sache erhält der Anwalt eine **bestimmte Summe**. Diese Form schließt den „Alles-oder-Nichts-Fall" ebenso ein wie die Zahlung eines Teilhonorars im Falle eines Teilerfolgs. 85
– **Quota litis-Vereinbarungen.** Der Anwalt erhält einen **prozentualen Anteil** des Gegenstands- oder Streitwertes. 86
– Der Rechtsanwalt erhält die gesetzlichen Gebühren – und kann im Erfolgsfall darüber hinaus ein **zusätzliches Honorar** beanspruchen, das sog. **Palmarium**. Diese Form der Honorarvereinbarung stellt nach unserem Schema eine Mischung aus den Pricing-Methoden Festpreis und Erfolgshonorar dar. 87

Als **Preisbestimmungsmethode** hat das ergebnisorientierte Vorgehen Vorteile, da eine recht einfache Bestimmung des Honorars möglich ist. In amerikanischen Kanzleien, die sich der eigenen Qualität und der Nutzenstiftung sicher sind, findet sie ebenso Akzeptanz wie in den Fällen, in denen aufgrund von Liquiditätsproblemen die Mandanten nur so in der Lage sind, sich einen Anwalt zu leisten.[70] In den USA findet das Erfolgshonorar vor allem im Bereich des Haftungsrechts Anwendung.[71] In Deutschland sind Erfolgshonorare bei Anwälten offiziell tabu, werden jedoch in der Praxis durch die Hintertür eingeführt.[72] Dem Mandanten ist es stets unbenommen, seinem Anwalt freiwillig einen **„Nachschlag"** zu bezahlen. Das **Verbot** des Erfolgshonorars ist in jüngster Zeit **starker Kritik** ausgesetzt. Gefordert wird, daß die als anachronistisch eingestufte Regelung ebenso aufgehoben wird wie das ursprünglich sehr rigorose Werbeverbot.[73] 88

In diesem Zusammenhang sind **vier Grundvoraussetzungen** für den effizienten Einsatz von Erfolgshonoraren zu nennen.[74] Dazu gehören (1) die objektive Meßbarkeit der Zielerreichung, (2) die Verhinderung von Zielkonflikten, (3) die Zielerreichung im Einflußbereich des Anwalts und (4) die Abgrenzbarkeit des vom Anwalt geleisteten Beitrags von externen Einflüssen. 89

Insgesamt wird deutlich, daß es sich beim Erfolgshonorar offensichtlich um eine unsichere und umstrittene Pricing-Methode handelt. Aus den USA ist außerdem bekannt, daß Anwälte eher mit unzulässigen Methoden arbeiten, wenn ein Erfolgshonorar vereinbart worden ist.[75] 90

In der Praxis kommt es auch in Deutschland trotzdem relativ häufig zu einer erfolgsabhängigen Vergütung des Anwaltes. Wurde keine schriftliche Honorarvereinbarung abgeschlossen und liegt ein positives Ergebnis der Beratungsdienstleistung vor, so kann der Mandant im nachhinein zur Zahlung eines Aufschlages überzeugt werden. Um diese Möglichkeit effektiv nutzen zu können, sind aber zwei Grundvoraussetzungen erforderlich: Erstens muß ein sehr gutes Verhältnis zwischen Anwalt und Mandant vorliegen, und zweitens benötigt der Anwalt gute Argumente. Eine Stundenaufzeichnung kann hierbei sehr überzeugend wirken. 91

---

[70] Dem interessierten Leser mit Zugang zum Internet sei das Beispiel Wayne Wright empfohlen. Dessen Angebot: Es fallen keine Gebühren an, wenn der Fall nicht gewonnen wurde und 24-h-Telefonbetreuung über das Telefon, Termine am Wochenende sind möglich. Siehe: www.waynewright.com.

[71] Dabei insbesondere bei Anwälten, die sich auf die Durchsetzung privater Schadensersatzansprüche spezialisiert haben. Bei einem positiven Ausgang des Verfahrens beanspruchen die Rechtsvertreter dann zwischen 30 und 50% der zuerkannten Schadensersatzsumme.

[72] S. a. *Zuck*, a.a.O., S. 70.

[73] Vgl. hierzu vor allem zwei aktuelle Beiträge: *Undritz*, a.a.O. (Fn. 9, 69); *Michalski/Römermann*, a.a.O. (Fn. 44).

[74] Allgemein für den Beratungssektor dargestellt bei *Larew/Deprosse*, Erfolgshonorare für Berater? Harvard Business Manager, Heft 1/1997, 107–113. Wie im Bereich der Rechtsberatung beziehen auch im verwandten Bereich der Unternehmensberatung die meisten Berater eine ablehnende Haltung gegenüber dem Erfolgshonorar. Vgl. dazu auch *BDU* (Hrsg.), Erfolgreiche Zusammenarbeit mit Unternehmensberatern. Bonn 1992, 11: „Erfolgshonorare oder gar Erfolgsprovisionen sind bei seriösen Beratern durchaus unüblich. Es handelt sich hier oft um Lockvogel-Angebote oder der vermeintliche Berater möchte sich auf geschickte Weise zum nichthaftenden Mitgesellschafter des Unternehmens machen."

[75] *Schonbrun*, a.a.O., 459.

92 Um ein Erfolgshonorar im eigentlichen Sinne handelt es sich auch bei der Dienstleistung der **FORIS Beteiligungs AG** – allerdings erhält der Anwalt hierbei keine Erfolgsbeteiligung, sondern die FORIS. Dieses innovative Modell basiert auf folgender Regelung. „FORIS finanziert Prozesse und übernimmt dabei das Risiko ... FORIS trägt das ganze Risiko und erhält im Erfolgsfall die Hälfte.“[76]

V. Gemischte Honorarformen

93 Neben der Verwendung der bisher aufgezeigten Preisberechnungsmethoden ist grundsätzlich eine Vielzahl von Möglichkeiten denkbar, bei denen eine Kombination von verschiedenen Pricing-Ansätzen erfolgt. Dazu nur einige Beispiele:

94 • **Kombination von Festbetrag und Stundensatz:** Denkbar ist beispielsweise ein Vertrag, bei dem eine Kanzlei sich gegen Zahlung von 5000 DM bereit erklärt, einen Mandanten zu beraten, wobei die einzelnen anfallenden Stunden mit einem relativ niedrigen Stundensatz berechnet werden (vgl. dazu die Abbildung 7 auf Seite 804, Fall D). Für die Anwaltskanzlei besteht dabei der Vorteil, daß sich Liquiditätsschwankungen ausgleichen lassen. Schließlich fällt die Zahlung der „Grundgebühr“ unabhängig davon an, ob eine Leistung erbracht wird oder nicht. Es ist leicht ersichtlich, daß diese Vorgehensweise besonders hohe Anforderungen an die Vertragsgestaltung zwischen Anwalt und Mandant stellt.[77] In anderen Wirtschaftsbereichen sind Systeme, die eine fixe und variable Komponente verbinden, recht häufig anzutreffen. Als Beispiel seien nur Mietwagen (Tagesmietpreis plus Preis je gefahrene km) oder Telefonnutzung (Grundgebühr plus Gebühr je Einheit) zu nennen.

95 • **Blocktarif:** Dieser liegt vor, wenn der Kunde unter verschiedenen zweiteiligen Tarifen wählen kann. Dies wird in der Rechtsberatung häufiger angewandt als der vorherige Fall. Der Mandant hat beispielsweise die Wahl, entweder einen relativ hohen Stundensatz zu bezahlen (z. B. 800 DM) oder alternativ eine Vereinbarung einzugehen, bei der eine Kombination aus Fixbetrag (z. B. 5000 DM pro Jahr) und variabler Komponente (z. B. reduzierter Stundensatz von 400 DM) besteht.[78]

96 • **Kombination eines Stundenhonorars mit einem Erfolgsbonus:** In diesem Fall muß die Anwaltskanzlei i. d. R. einen Rabatt bei dem Stundensatz geben. Dieser wird aber durch den Bonus kompensiert, der im Falle einer erfolgreichen Beratung gezahlt wird.

E. Akzeptanz von Honorarvereinbarungen bei Anwälten

97 Grundlage der nachfolgenden Untersuchungsergebnisse ist eine schriftliche Befragung von 150 Anwälten im gesamten Bundesgebiet. Im Rahmen eines DAI-Seminars (Mai bis Dezember 1997) wurde an die Teilnehmer ein Fragebogen ausgegeben, der vielfältige Marketingthemen zum Inhalt hatte. Die Beteiligung lag bei etwa 30%. In bezug auf die Altersstruktur der Befragten, ihre regionale Verteilung sowie der Besetzung unterschiedlicher Kanzleigrößenklassen liegt eine homogene Struktur vor, die auf eine hohe Repräsentativität der Ergebnisse schließen läßt.[79] Hinsichtlich der Fragetechnik ist auf den hohen

[76] www.snafu.de/foris-ag/partner.

[77] Fällt der Stundensatz zu niedrig und die Basisgebühr zu hoch aus, besteht für den Mandanten ein zu großer Anreiz, die Kanzlei auch in belanglosen Fragen zu kontaktieren, deren Lösung im Normalfall als zu aufwendig gesehen würde. Auf der anderen Seite hat der Mandant wenig Nutzen, wenn sowohl die Basisgebühr als auch der Stundensatz zu hoch ausfallen.

[78] Ein einprägsames Beispiel für diese Methode ist die BahnCard. Sie kostet 240 DM (1998) für Fahrer der 2. Klasse und beinhaltet die Halbierung des Fahrpreises. Während diese besonders für Vielnutzer lukrativ ist, können Wenigfahrer auf die Bahncard verzichten und den normalen Tarif bezahlen. Vgl. dazu insbesondere *Simon/Tacke*, Mit nichtlinearer Preisbildung zu höherem Gewinn. Harvard Business Manager, Heft 4/1992, 56ff.

[79] *Krämer*, AnwBl. 1998, 371–375.

qualitativen Gehalt des Konzeptes hinzuweisen. Zielsetzung war weniger, ein Maximum an Daten zu erhalten, sondern vielmehr die Einstellungen der Befragungsteilnehmer zu bestimmen. Dabei wurden die Befragten gebeten, ihre Zustimmung/Akzeptanz zu bestimmten Fragestellungen auf einer 5er-Skala auszudrücken (1 = keine Akzeptanz bis 5 = volle Akzeptanz, mit entsprechenden Abstufungen). Einbezogen waren 7 unterschiedliche Honorarsysteme. Die wesentlichen Ergebnisse können wie folgt zusammengefaßt werden (Abbildung 8 stellt die Ergebnisse graphisch dar. Hierbei sind für die alternativen Honorarsysteme jeweils zwei Informationen enthalten: (1) die mittleren Akzeptanzwerte und (2) der Anteil der Befragten, die diese Alternative ablehnen):

I. BRAGO

Bei der BRAGO handelt es sich derzeit um die am **stärksten akzeptierte Preisgestaltungsmethode**. Diese erreicht mit 4,4 einen deutlich höheren durchschnittlichen Akzeptanzwert als die anderen betrachteten Konzepte. Nur etwa 5% der befragten Anwälte waren der Meinung, die Abrechnung nach der BRAGO sei nicht bzw. kaum akzeptabel. **98**

II. Feste Stundensätze

Dies ist eine Preisgestaltungsmethode, die zunehmend an Bedeutung gewinnt. Gerade größere, auf Wirtschaftsrecht spezialisierte Kanzleien geben gerne ihre Stundenhonorare preis, weil sich darin auch ein **gewisser Imageeffekt** widerspiegelt (möglicherweise wird unterstellt, die Mandanten sehen eine Preis-Qualitäts-Zusammenhang nach dem Motto „Der Anwalt mit dem Stundensatz von 1000 DM muß doch besser sein als der mit 350 DM“). Zwar lehnen etwa 26% der Anwälte die Abrechnung nach festen Stundensätzen ab, im Mittel ist die Akzeptanz mit 3,2 jedoch relativ hoch. **99**

III. Festhonorare

Ähnliches gilt auch für die Verwendung von Festhonoraren, die besonders in den USA als die wichtigste Alternative zur herkömmlichen Stundenhonorarabrechnung betrachtet werden.[80] Hierunter fallen sowohl Pauschalen pro Zeiteinheit (z. B. Monat, Jahr) als auch fest definierte „Pakete von Beratungsleistungen“. Nach einer Studie, die im Californian Lawyer im Juli 1993 veröffentlicht wurde, rechneten etwa 90% der US-amerikanischen Rechtsanwälte nach Stundensätzen ab, 47% nutzten Festhonorare und 26% richteten ihre Honorarforderungen am Wert für den Mandanten aus. Tatsächlich lehnen nur etwa 30% der deutschen Anwälte Pauschalhonorare ab. **100**

IV. Erfolgshonorare

Bei einem reinen Erfolgshonorar (engl. contingency fee) erhält der Anwalt einen bestimmten, vorher festgelegten Betrag, oder aber einen bestimmten Prozentsatz des Gewinns, den der Mandant aus der Beratung zieht. Vor allem *Michalski* und *Römermann* haben die **Kritik am Verbot** von Erfolgshonoraren angeführt.[81] Es deutet vieles darauf hin, daß die Autoren die Meinung eines großen Teils des Berufsstandes abbilden. So ergibt die empirische Analyse, daß etwa 53% der deutschen Anwälte Erfolgshonoraren negativ gegenüberstehen. Im Umkehrschluß muß aber auch festgestellt werden, daß etwa 47% diese Honorarform akzeptieren. **101**

---

[80] Vgl. dazu insbesondere *Reed*, The Fixed Fee: The Favorite Alternative Billing Method, Law Practice Management, Vol. 22 (1996), May/June, 22–27.

[81] *Michalski/Römermann*, AnwBl. 1996, 241–246.

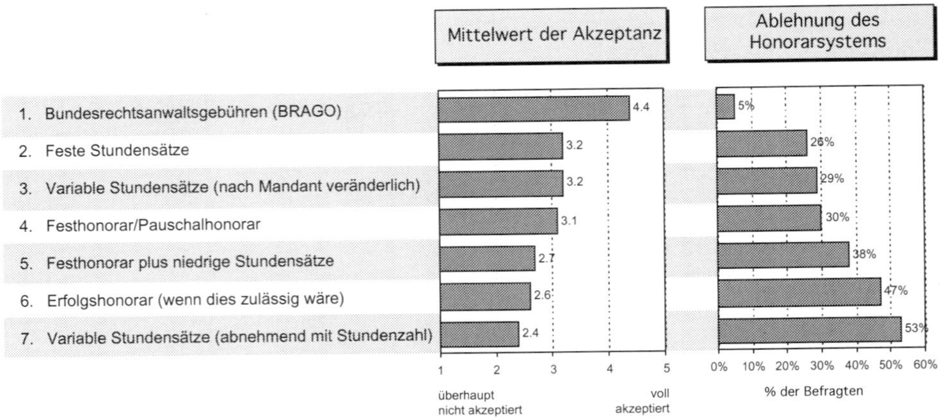

Frage: *„Kommen folgende Preisgestaltungsmöglichkeiten Ihrer Einschätzung nach derzeit bzw. mittelfristig in Ihrer Kanzlei in Frage?"* (1 überhaupt nicht akzeptiert bis 5 voll akzeptiert)

Abbildung 8: Akzeptanz unterschiedlicher Honorarsysteme in der deutschen Anwaltschaft (n = 150)

102 Ein **Blick über die nationalen Grenzen** zeigt, daß nicht überall in Europa eine durchweg ablehnende Haltung gegenüber Erfolgshonoraren besteht. So wurde im englischen Recht durch die Zulassung eines Erfolgshonorars vor drei Jahren eine Neuerung eingeführt.[82] Von Interesse dürften in diesem Zusammenhang die Ausführungen von *Schaaff* sein, die insbesondere auf die positive Resonanz in der englischen Bevölkerung hinweist.[83] Unbestreitbar bringt die Zulässigkeit von Erfolgshonoraren auch besonders spektakuläre Beispiele mit sich. So erhalten die US-amerikanischen Anwälte *Stanley und Susan Rosenblatt* innerhalb einer Klage gegen die Tabakindustrie in Florida ein Honorar in Höhe von 49 Mio. US-$ bei einem Streitwert von 5 Mrd. US-$. Teilweise versucht hier der US-amerikanische Gesetzgeber diesen Auswüchsen einen Riegel vorzuschieben.[84]

103 Insgesamt fällt auf, daß der Abstand der **Akzeptanzwerte** zwischen der traditionellen Methode nach Maßgabe der BRAGO und alternativen Honorargestaltungsansätzen verhältnismäßig gering ist. Als besonders wichtig gilt festzuhalten, daß schätzungsweise etwa ein Viertel der deutschen Anwälte überwiegend nicht nach der BRAGO abrechnet.[85] In diesem Fall hat die BRAGO ihre traditionell starke Bedeutung eingebüßt. Bei dieser Gruppe besteht eine hohe Präferenz für Stundenhonorare, wie Abbildung 9 zeigt. Die Abrechnung nach festen Stundenhonoraren erreicht hierbei die höchsten Akzeptanzwerte (3,7). Mit Ausnahme des Erfolgshonorars liegt in dieser Gruppe offenbar eine größere Offenheit und Flexibilität in puncto aktiver Preispolitik vor. In der Graphik sind die vormals dargestellten mittleren Akzeptanzwerte nach zwei Gruppen von Anwälten differenziert, und zwar danach, ob die BRAGO bei der Honorararfestlegung dominiert oder nicht.

---

[82] Conditional Fee Agreement Order 1995 vom 4. 7. 1995.

[83] *Schaaff*, AnwBl. 1997, 169–171.

[84] *Scully*, Contingency Fees: Another Name for Chamberty, The Wall Street Journal Europe v. 11. 11. 1997, 10.

[85] Auf die Frage „Wonach richten Sie sich bei der Festsetzung der Honorare am meisten?" gaben etwa 75 % der Befragten an, dies sei die BRAGO. Andere Orientierungspunkte waren die eigenen Kosten, die Zahlungsbereitschaft des Mandanten und die Preisgestaltungen der wichtigsten Konkurrenten.

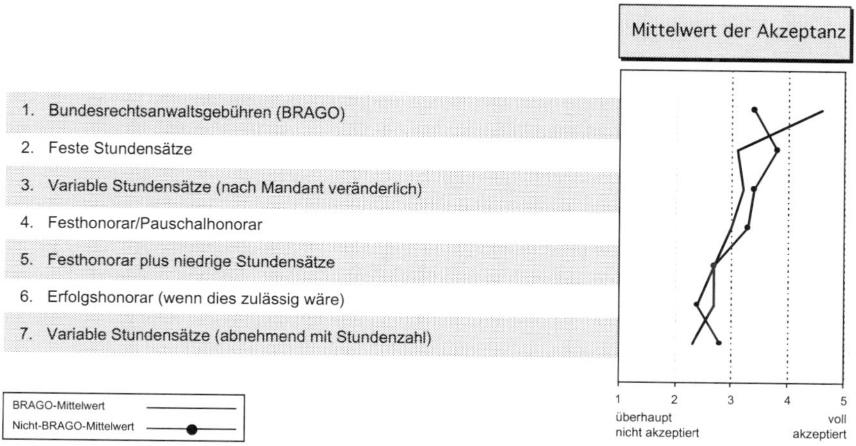

Frage: *„Kommen folgende Preisgestaltungsmöglichkeiten Ihrer Einschätzung nach derzeit bzw. mittelfristig in Ihrer Kanzlei in Frage?“* (1 überhaupt nicht akzeptiert bis 5 voll akzeptiert)

Abbildung 9: Akzeptanz unterschiedlicher Honorarsysteme in Abhängigkeit von dem dominierenden Honorarsystem in der Kanzlei

Es darf vermutet werden, daß die **Akzeptanz unterschiedlicher Honorarsysteme** insbesondere von der Kanzleigröße beinflußt wird. Um diese Hypothese zu überprüfen, wurden drei Gruppen von Befragten gebildet, und zwar kleine Kanzleien (bis 2 Rechtsanwälte), mittlere Kanzleien (3–5 Rechtsanwälte) und größere Kanzleien (6 und mehr Rechtsanwälte).[86] Für diese Gruppen werden in Abbildung 10 jeweils zwei Werte ausgewiesen: 1. die gemittelten Akzeptanzwerte und 2. der Anteil der Anwälte, die die Honorarform nicht oder nur in geringem Maße akzeptieren. Folgende interessante Zusammenhänge sind dabei herauszustellen: 104

105

	Kanzleigröße ...					
	klein (1–2 Anwälte)		mittel (3–5 Anwälte)		groß (>5 Anwälte)	
Honorargestaltungsmethoden ...	Mittelwerte*	% geringe Akzeptanz	Mittelwerte*	% geringe Akzeptanz	Mittelwerte*	% geringe Akzeptanz
Abrechnung nach der BRAGO	4,5	2	4,3	4	4,1	13
Feste Stundensätze (undifferenziert)	3,0	29	3,4	27	3,7	13
Variable Sätze nach Mandant	3,2	24	3,2	29	3,5	35
Festhonorar/Pauschalhonorar	3,1	28	3,0	35	3,2	22
Kombination Festhonorar mit St.sätzen	2,7	39	2,6	40	2,9	30
Erfolgshonorar (wenn zulässig)	2,9	41	2,6	46	2,3	64
Variable Sätze (abnehmend mit St.zahl)	2,3	51	2,3	60	2,8	44

* Skala 1 = nicht akzeptiert bis 5 = voll akzeptiert.

Abbildung 10: Abhängigkeit der Akzeptanzwerte von der Kanzleigröße

[86] Gruppengrößen: 67 kleine Kanzleien (45%), 57 mittlere Kanzleien (38%) und 26 größere Kanzleien (17%).

106 – Deutlich sinkt zunächst tendenziell die Akzeptanz der BRAGO mit der **Kanzleigröße**. Gerade bei kleineren Kanzleien ist der Anteil der Befragten, die sich von der BRAGO abwenden, vernachlässigbar gering (2%).

107 – Offensichtlich läßt sich auch die weitläufig publizierte Meinung verifizieren, daß die „bei uns in Mode gekommene Abrechnung nach festen Stundensätzen" eher von größeren Kanzleien praktiziert wird. So lehnen knapp 30% der Anwälte in kleineren Kanzleien dieses Honorarsystem ab, während es bei größeren Kanzleien nur 13% sind. In gleicher Richtung verändern sich dementsprechend die mittleren Akzeptanzwerte. Damit bestätigt die eigene Untersuchung frühere qualitative Feststellungen, wie beispielsweise im Manager-Magazin: „Beim Geld ist inzwischen alles möglich. Die Sozietäten rechnen zunehmend nach dem Zeithonorar ab, kaum noch nach dem Gegenstandswert . . ."[87]

108 – Weniger deutliche oder keine signifikanten Zusammenhänge sind bei den Honorarformen „Variabler Stundensatz je Mandant", „Fest- bzw. Pauschalhonorar" und „Kombination aus einem Festhonorar und relativ geringen Stundensätzen" zu erkennen.

109 – Obwohl das Erfolgshonorar insgesamt ein im Verhältnis zu den anderen Pricing-Methoden moderates Akzeptanzniveau erreicht, so wird dies tendenziell eher von kleineren Kanzleien favorisiert (41% Ablehnungsquote gegenüber knapp 64% bei Großkanzleien). Es darf vermutet werden, daß größere Kanzleien aufgrund einer relativ guten Marktposition Honorarsysteme bevorzugen, die wenig Risikoelemente für die Kanzlei beinhalten.

F. Umsetzung von Pricing-Strategien

110 Zurückkommend auf den Ausgangspunkt der Preisentscheidung, nämlich die Berücksichtigung des **„Strategischen Dreiecks"**, lassen sich folgende Schlußfolgerungen ziehen: Unabhängig von der Pricing-Methode bildet die detaillierte Kostenanalyse die Basis einer effizienten Honorarfestlegung. Anwälten, denen die eigenen Kosten noch nicht oder nur ungenau bewußt sind, kann nur empfohlen werden, bei der Abrechnung weiterhin nach der BRAGO vorzugehen, um sich nicht wirtschaftlich zu verzetteln. Langfristig ist dieser Weg jedoch nicht erfolgversprechend, da es in verschiedenen anwaltlichen Fachgebieten bereits einen eindeutigen Trend zum Preiswettbewerb gibt. In großen wirtschaftsberatenden Sozietäten ist das längst bekannt.

111 Erfolgreiches Marketing muß zum Ziel haben, dem Mandanten durch die Erstellung eines Leistungsbündels einen bestimmten Wert zu geben. Das Honorar sollte diesen Nutzen ausdrücken. Da der wahrgenommene Wert von Klient zu Klient unterschiedlich ist, werden hohe Ansprüche an die Preispolitik gestellt. Die Erfahrungen aus den USA lehren uns, daß ein Festhalten an einem bestimmten Honorarsystem, das eher den Ansprüchen der Anwälte als denen der Mandanten genügt, nicht nachhaltig erfolgreich sein kann. Von daher ist eine noch stärkere Orientierung an dem amerikanischen Honorarsystem kein maßgeblicher Anhaltspunkt für deutsche Anwälte.

112 Optimales Pricing hängt letztendlich davon ab, welche individuelle Strategie eine Kanzlei verfolgt. Dazu kann z. B. gehören:[88]

113 – **Erzielen von Marktanteilsgewinnen.** Dabei können beispielsweise besonders niedrige Stundensätze angeboten werden, um Mandanten „anzulocken".

114 – **Intensivierung des Beziehungsmarketings.** Mit zunehmnender Geschäftsbeziehung

[87] *Balzer/Jensen*, Anwälte – Mandate, Macht und Mammon, manager magazin 10/96, S. 86.

[88] *Berry/Yadav*, Oft falsch berechnet und verwirrend – die Preise für Dienstleistungen, Harvard Business Manager, Heft 1/1997, 57–67.

werden Klienten für die Kanzlei interessanter, weil diese Mandate rentabler sind. Dies spricht für einen „Mengenrabatt“.[89]

– **Effizienzsteigerung in der Kanzlei.** Hierbei sind insbesondere Festhonorare, aber auch Erfolgshonorare angesprochen. 115

Welche Veränderungen in den nächsten Jahren auf die deutschen Anwälte zukommen, läßt sich aus einem Zitat von *Richard C. Reed* erahnen. In seinem neuen Buch zu den Preisgestaltungsmöglichkeiten US-amerikanischer Rechtsanwälte führt er aus:[90] 116

„Traditionell haben die Anwälte gedacht, daß Mandanten zu ihnen kommen würden, wenn sie nur ihre Arbeit gut erledigten. Dies war in einer gewissen Weise auch richtig, solange ethische Restriktionen eine Werbung verhinderten. Heute trifft dies aber nicht mehr zu. Ein Überangebot an Rechtsanwälten, fehlendes Wirtschaftswachstum, verstärkter Wettbewerb und höhere Ansprüche der Klienten führen dazu, daß Marketing (und damit auch aktive Preispolitik) essentiell ist.“

Aus den Ergebnissen der eigenen Befragung lassen sich einige Konsequenzen für die Honorarfestlegung in der Praxis ableiten: 117

I. Informationen der potentiellen Mandanten zur Preisgestaltung

Es darf vorangestellt werden, daß der **Preis als Marketinginstrument** bisher einer mehr oder weniger starken Tabuisierung unterworfen war.[91] Dies lag u. a. daran, daß Angaben zum Preis im Rahmen anwaltlicher Werbung lange Zeit nicht erlaubt waren und auch heute noch umstritten sind. 118

Bleibt die Preiswerbung im Rahmen von § 3 Abs. 5 BRAGO und verstößt sie nicht gegen § 43b BRAO, ist sie auf jeden Fall zulässig. Das gilt auch für den Hinweis auf Stundensätze.[92] Hierzu *Koch*: „Es kann auch keinem Zweifel unterliegen, daß die werbliche Bekanntmachung von Gebührensätzen für bestimmte Beratungs- und Vertretungsleistungen, insbesondere auch von Stundensätzen, dem Begriff der numehr für zulässig erklärten Informationswerbung unterfällt.“[93] Pricing kann schon heute im berufs- und gebührenrechtlich zulässigen Rahmen als **strategisches Instrument der Kanzleiführung** eingesetzt werden. Das Honorar gehört zum täglichen Anwaltsgeschäft und ist überlebenswichtig. In der neuen Berufsordnung gibt es keine Regelung, die sich gegen einen Preiswettbewerb richtet. Vielmehr läßt § 6 BerufsO unausgesprochen auch die Möglichkeit zu, über den Preis als Bestandteil der angebotenen Dienstleistung zu informieren.[94] 119

In Zeiten eines drastisch verschärften Wettbewerbs zwischen den Anwälten heißt das Schlüsselwort **„Vertrauen schaffen“**. Dies erreicht man vor allem durch Ehrlichkeit dem Mandanten gegenüber. Hierzu ein Beispiel: Teilweise stellt man in Diskussionen mit Anwälten fest, daß das Thema Honorargestaltung beim ersten Gespräch mit dem Mandanten bewußt nicht offen angesprochen wird. Man befürchtet möglicherweise, bei einer zu frühen Nennung des Preises könne der Mandant ja „noch abspringen“. Hier gilt: Auch 120

[89] *Teubel* hat hierzu eine interessante Systematik verfaßt, um Entscheidungsregeln für die Anwendung von unterschiedlichen Honorarsystemen vorzugeben. Diese Aussagen können von der Tendenz her richtig sein – d. h., sie sind insbesondere für den unerfahrenen Junganwalt hilfreich. Trotzdem ist eine Entscheidung immer im Einzelfall erforderlich. Vgl. *Teubel*, Gebührenmanagement in der Anwaltskanzlei, Neuwied 1996, 114.

[90] *Reed*, Billing Innovations – New Win-Win Ways to End Hourly Billing, American Bar Association, Chicago 1996, 205.

[91] *Winters*, Der Rechtsanwaltsmarkt, 1990, 221; *Schiefer/Hocke*, Marketing für Rechtsanwälte, 1996, 55, 56.

[92] *Koch*, AnwBl. 1996, 264–265; *Zuck*, ZRP 1995, 69. So auch *Römermann*: „Die Frage hingegen, ob der Rechtsanwalt über seine Preispolitik und die konkrete Gebühr für einzelne Leistungen informieren darf, beantwortet sich durch § 6 Abs. 1 BerufsO: Die Gebührenhöhe ist eine sachliche Information, deren Mitteilung durch den Anwalt nicht versagt werden darf.“ Vgl. *Hartung/Holl*, Anwaltliche Berufsordnung, Anh. § 10 Stichwort „Preiswerbung“.

[93] *Koch*, Werbung mit dem Preis und in den Medien, AnwBl. 1997, 421.

[94] Siehe Amtliche Bekanntmachung der neuen Berufsordnung, BRAK-Mitt. 1996, 241–244.

heikle Punkte offen ansprechen. Oder noch besser, dem potentiellen Mandanten bereits vor dem ersten Kontakt die Chance geben, sich über mögliche Honorarformen zu informieren. Dies kann einerseits durch das Auslegen von Informationsmaterial im Wartebereich der Kanzlei erfolgen oder natürlich auch auf der Webseite. So führt beispielsweise *Pluta* aus: „Außerdem möchte er (der Kunde) möglichst genau wissen, mit welchem Preis er für die Tätigkeit zu rechnen hat. Diesen Bereich muß der Anwalt sehr offen ansprechen ...“[95] Dies kann im Extremfall bis zur Preiswerbung reichen.

II. Flexibilität in der Preisgestaltung

121 Trotz der Unterschiede zwischen dem deutschen und amerikanischen Rechtssystem gelten hinsichtlich der Entwicklung auf dem Rechtsberatungsmarkt starke Parallelen. Die **Marktmacht der Nachfrageseite** ist durch den gegenwärtigen Angebotsüberhang stärker geworden. Anforderungen der Mandanten sind demnach zunehmend wettbewerbsbestimmend.[96] Wenn also traditionelle Honorarmodelle aus Mandantensicht stärker hinterfragt werden, so muß sich die Kanzlei entscheiden, wie sie darauf reagiert.

122 Ein lobenswertes Beispiel für einen gelungenen Internetauftritt, der vor allem auch mögliche Honorarsysteme in den Vordergrund stellt, ist in diesem Zusammenhang die Homepage der amerikanischen Kanzlei *Greber & Simms*[97] (vgl. dazu Abbildung 11 auf Seite 815). Ein kurzer Blick auf die dargelegten Information, oder aber den gut gemachten Aufbau der Internet-Präsenz lohnt sich: Ausgehend von der in der Berufsordnung der ABA festgelegten Formulierung „A Lawyers Fee Shall Be Reasonable“ werden mögliche Honorarmodelle vorgestellt. Beispielsweise wird für Stundenhonorare angegeben, das Honorar betrage für einen Principal 300 $/h. Damit sind zunächst einmal klare Verhältnisse geschaffen. Wer die Kanzlei jetzt kontaktiert, weiß, was finanziell auf ihn zukommt.

123 Dies bedeutet, daß für jeden Mandanten und für spezielle Anforderungen eine optimale Honorarform gefunden werden kann. Ausdrücklich muß darauf hingewiesen werden, daß sich hier positive Effekte nur erreichen lassen, wenn Mandanten tatsächlich Alternativen in der Preisbestimmung fordern.

[95] *Pluta*, Marketing für Rechtsanwälte – Ein Pionier berichtet, in: *Meyer* (Hrsg.), Handbuch Dienstleistungsmarketing, Stuttgart 1998, 1849.

[96] Unterstützt wird dies in den USA wie in Deutschland duch durch die verstärkte Inanspruchnahme von Beratungsleistungen, die von Nichtjuristen gegeben wird. Vgl. dazu *Weklar*, Legal Shock: Impact of Industry Trends on Marketing, Marketing Management Newsletter, Summer 1992, 6–8.

[97] http://www.gslaw.com./billing_policies.htm.

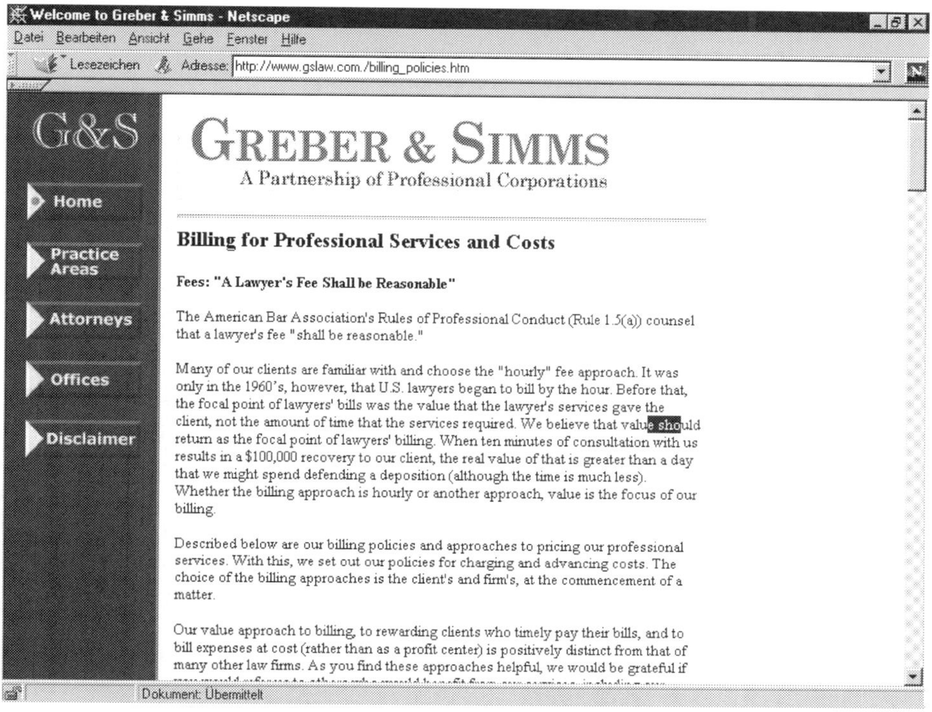

Abbildung 11: Der Preis als wichtiger Faktor beim Internetauftritt

III. Schaffung von Kostentransparenz

Leider ist es mit einem reinen **Wandel in der Einstellung** der Anwälte zu modernen Pricing-Methoden nicht getan. Ein effizienter Einsatz solcher Instrumente ist nur möglich, wenn auch die Kostenseite in die Betrachtung mit aufgenommen wird. Bei der Abrechnung nach Stundensätzen – aber auch bei anderen Methoden – kommt es darauf an, die **Vollkosten je abrechenbare Stunde** zu kennen. Auf keinen Fall sollte man sich auf branchenübliche Schätzwerte verlassen („Das dürften bei uns etwa 250 DM pro Stunde sein – auf jeden Fall habe ich das einmal gehört"). Konsequenterweise bedeutet die Abkehr von der BRAGO somit auch, daß langfristig kein Weg am (unbeliebten) Ausfüllen von „Timesheets" vorbeigeht.[98] Hierbei muß ein anderer Aspekt hinzugezogen werden: Die Kenntnis der potentiellen Honorarforderung ist Voraussetzung dafür, daß der Anwalt seinem Klienten seinen Zeitaufwand sowie den übrigen Aufwand der Rechtsberatung klarmachen und somit auch im vorhinein rechtfertigen kann.[99] 124

IV. Mandantenbindung durch Preisehrlichkeit

In puncto Honorarvereinbarung führt *Heussen* aus, daß „Auseinandersetzungen häufig vorkommen, wenn im außergerichtlichen Bereich aufgrund hoher Streitwerte Honorare abgerechnet werden, bei denen der Anwalt nur wenig Zeit für die Problemlösung hat aufwenden müssen".[100] 125

Auch andere Untersuchungen bestätigen: Ein **vernünftiges Preis/Leistungsverhältnis** 126

[98] Vgl. hierzu umfassend: *Mauer/Krämer/Becker*, Unternehmensführung für rechts- und wirtschaftsberatende Berufe, München 1997; *Krämer/Lehnhof*, Pricing für Anwälte, AnwBl. 1997, 306–313.

[99] Vgl. auch *Mauer/Krämer*, Marketingstrategien für Rechtsanwälte, München 1996, Rz. 320 ff.

[100] *Heussen*, Umgang mit Anwälten, München 1995, 131.

ist ein typisches **„Must-Be-Kriterium"**, d. h., es wird einfach vom Mandanten erwartet. Der Faktor Preis/Leistungsverhältnis birgt in starkem Maße ein **Gefahrenpotential für Unzufriedenheit** beim Mandanten, kaum für Zufriedenheit.[101]

127 Zu gleichen Ergebnissen kommt man bei der Untersuchung des Beschwerdemanagements von Anwaltskanzleien. Von einigen Experten wurden im Rahmen einer Befragung der regionalen Rechtsanwaltskammern angegeben, Beschwerden bezüglich der Anwaltskosten machten etwa die Hälfte aller schriftlich eingegangen Beschwerden bei den Kammern aus. Auch dies zeigt, daß hier ein erhebliches Verbesserungspotential besteht.

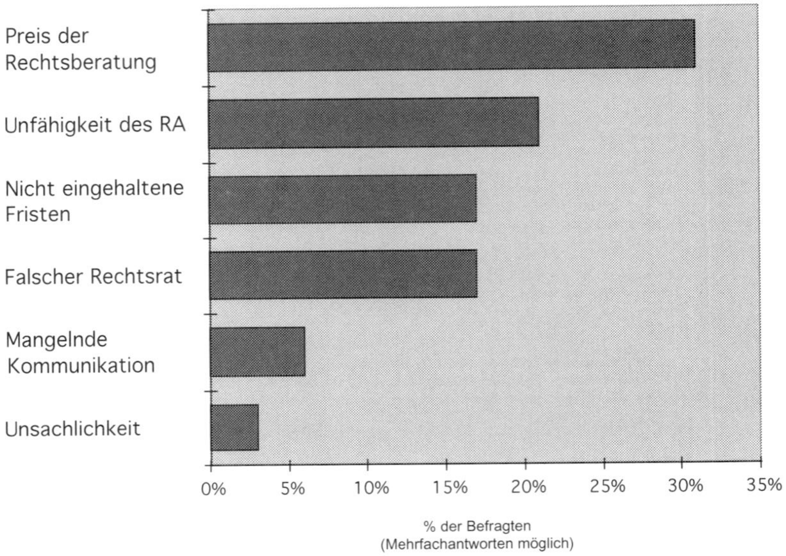

Abbildung 12: Gründe für Beschwerdefälle gegen Rechtsanwälte (Nennungen in %)[102]

128 Jede Anwaltskanzlei, die entsprechende Beschwerdefälle erkennt, sollte diese sehr ernst nehmen. Hierzu führt der Pricing-Spezialist *Dolan* aus: „Falls die Käufer zu der Ansicht kommen, das Produkt oder der Service eines Unternehmens sei überteuert (selbst wenn der Preis tatsächlich nur geringfügig über den Gestehungskosten liegt), so kann sich dieses negative Signal, das auch anderen potentiellen Käufern weitervermittelt wird, auf das Geschäft verheerend auswirken . . . Das Problem liegt in der Kommunikation!"[103]

G. Zusammenfassung

129 Zusammenfassend läßt sich sagen, daß die Festsetzung der **Anwaltshonorare nach der BRAGO** auf der einen Seite nicht immer den Erfordernissen der Mandanten gerecht wird und auf der anderen Seite für die Kanzlei nicht immer betriebswirtschaftlich sinnvoll ist. Infolgedessen wird der Druck auf die Anwaltschaft größer, **alternative Preisgestaltungen** zu konzipieren und anzubieten. Ein System von festen Stundensätzen scheint aus den oben

[101] Vgl. dazu *Krämer/Mauer*, ZAP 1998, 141–152. Zur Bedeutung der Klientenbindung für den wirtschaftlichen Erfolg der Rechtsanwaltskanzlei vgl. *Krämer/Mauer*, BRAK-Mitt. 1996, 22–26.

[102] Angabe einer halboffener Frage (Antwortvorgaben waren teilweise vorgegeben). Frage „Was sind die wesentliche Gründe für die aufgetretener Beschwerden? Geben Sie bitte die wichtigsten an (maximal 3)". Vgl. *Krämer*, AnwBl. 1999, 70–76.

[103] *Dolan*, Der richtige Preis ewig das Problem? Harvard Business Manager 1/1996, 115–123.

beschriebenen Gründen auf den ersten Blick immer besonders lukrativ. Es ist äußerst verbreitet und erfordert kaum Rechenarbeit. Die Entwicklungen in den USA deuten aber bei genauerem Hinsehen darauf hin, daß die Stundenabrechnungen kein genereller Problemlöser sind. Vielmehr sollte in das Zentrum der Betrachtung rücken, welchen Wert der Anwalt seinem Mandanten geben will und welche Pricing-Methode der Mandant am ehesten akzeptieren kann.

Eine solche Orientierung verspricht langfristig den größten Erfolg, setzt sie doch auf **130** Kundenzufriedenheit und -bindung. Diese Kriterien bestimmen bei verstärkter Konkurrenz in entscheidender Weise die Position der Kanzlei am Markt.

Gefordert ist heute eine stärkere Flexibilität der Anwälte bei der Preisgestaltung. Es **131** sollte deutlich geworden sein, daß es für den Rechtsberatungsmarkt keine einheitliche Patentlösung bei der Preisgestaltung geben kann. Dies betrifft die BRAGO-Abrechnung genauso wie die vielfach favorisierte Abrechnung nach Stundensätzen.

Demnach ist die Anwaltschaft aufgerufen, sich intensiver mit diesem Thema zu **132** beschäftigen. Natürlich erfordert dies von jedem Anwalt ein stärkeres wirtschaftliches Gefühl für mögliche Gewinnpotentiale. Wer allerdings frühzeitig dieses Thema angeht, kann hier auch Chancen nutzen. Schließlich ist ein wesentliches Merkmal der Mandantenorientierung die Flexibilität und das Eingehen auf individuelle Bedürfnisse. Die Forderung heißt von daher nicht, „handeln Sie mit jedem Mandanten auf Teufel komm heraus eine individuelle Honorarform aus". Der zentrale Ansatz muß vielmehr sein, auf mögliche Wünsche der Ratsuchenden eine passende Antwort zu haben.

§ 37 Wege des Leistungstransfers

Dr. Wolfgang Oehme★

Übersicht

Schrifttum: *Correl*, Motivation und Überzeugung in Führung und Verkauf, 9. Aufl., 1997; *Dichtl*, Der Weg zum Käufer, 1987; *Oehme*, Handels-Marketing, 2. Aufl., 1992; *Oehme/Oehme*, Marketing für niedergelassene Ärzte, 1995; *Scheuch*, Dienstleistungsmarketing, 1992.

A. Das Problem – die Wahl der effektivsten Medien

Jeder Unternehmer, der wirtschaftliche Güter erstellt, ganz gleich, ob es sich um materielle Produkte oder immaterielle Dienstleistungen handelt, muß, wenn er Erfolg haben will, auf zwei Fragen eine Antwort finden. 1

- Gibt es für die Produkte oder Dienstleistungen einen Markt – sind sie gefragt und damit verkäuflich – und wie ist dieser Markt beschaffen?[1]
- Auf welche Weise und mit Hilfe welcher Medien kann man den Verbrauchern – die man als Kunden, Mandanten oder Patienten gewinnen will – mitteilen, welche Güter oder Dienstleistungen man anbietet. Da andere Unternehmer das gleiche tun, also Wettbewerb herrscht, müssen die zukünftigen Kunden, Mandanten oder Patienten zusätzlich davon überzeugt werden, daß man besser als die Wettbewerber ist.

Alles **unternehmerische Handeln** mündet letztlich in die Kommunikationsaufgabe ein. 2
Um diese Aufgabe geht es im folgenden Beitrag. Das Kommunikationsproblem stellt sich auch allen Anwälten, die eine Kanzlei betreiben. Sie erbringen zwar zweifellos eine qualitativ hochwertige Dienstleistung sui generis, sind streng betriebswirtschaftlich gesehen aber Unternehmer wie der Vorstand eines Industrieunternehmens, einer Handelsgruppe oder wie ein niedergelassener Arzt. Sie bauen unter Einsatz der Betriebsfaktoren – Büroräume, Mitarbeiter und sachliche Ausstattung, wie Möbel und Bürogeräte – eine **Leistungskapazität** auf. Der Aufbau dieser Leistungskapazität und das daran anschließende Vorhalten eines Leistungsangebotes verursachen Kosten. Die Kosten können nur gedeckt und für den Anwalt ein angemessener Reingewinn erwirtschaftet werden,

★ Dozent im Handelsmarketing bei Industrie- und Handelskammern sowie Akademien; langjährige Geschäftsführertätigkeit im Handel.

[1] Vgl. dazu § 3.

wenn **Umsatz** erwirtschaftet wird. Umsatz wird sich einstellen, wenn eine einwandfreie Dienstleistung angeboten wird und das Kommunikationsproblem gelöst wurde.

3 Der **Kommunikation** stellen sich auf dem Gebiet der juristischen Dienstleistungen **zwei Hindernisse** in den Weg.

- Die Kommunikation mit den zukünftigen Mandanten muß nicht nur die eigene Leistungsfähigkeit überzeugend darstellen. Sie muß auch bei den potentiellen Mandanten eine gewisse **psychologische Hemmschwelle** überwinden. „Ein ordentlicher und ehrbarer Mensch hat nie etwas mit einem Gericht zu tun", lautet so eine alte, im Unterbewußtsein vieler Menschen verankerte Wertvorstellung. Sie verzichten lieber auf ihr gutes Recht, als es mit Hilfe eines Anwalts bei Gericht zu erstreiten.
- Anwälte dürfen nach § 6 der Bundesrechtsanwaltsordnung nur eingeschränkt werben. Sie dürfen nur über ihre Dienstleistungen und ihre Person informieren. Angaben von Erfolgs- und Umsatzzahlen sind unzulässig. Und das Honorar scheidet wegen der überwiegend nicht kosten- und leistungsorientierten Gebührenordnung sowieso als Werbeinhalt aus. Diese **Einschränkungen der Werbung** behindern die Kommunikation. Die Anwälte sind in besonderer Weise darauf angewiesen, daß ihre begrenzte Werbung durch Empfehlungen von Mandanten, die mit den Leistungen eines Anwalts zufrieden waren, also durch die sogenannte **„Mundpropaganda"**, ergänzt werden. Eigentlich richten sich die Einschränkungen der Werbung gegen die zukünftigen Mandanten. Sie erschweren ihnen den Überblick über den Markt für juristische Dienstleistungen und die auf diesem Markt tätigen Anbieter solcher Dienstleistungen. Unter Umständen wird dann im Ernstfall die Wahl eines Anwalts zum Lotteriespiel. Daß Anwälte nicht wie Markenartikler oder Handelsunternehmen werben können, steht außer Zweifel. Bei der den Anwälten gestatteten Werbung könnte man fragen, ob sie nicht zu stark begrenzt wird. Wenn man aber nur „informative Werbung" zuläßt, was im Grundsatz sicher richtig ist, gibt es kaum Möglichkeiten, den Spielraum der Werbung zu erweitern.

4 Neue und noch gar nicht abzuschätzende Möglichkeiten bieten der Kommunikation und damit auch der Werbung der Anwaltskanzleien die neuen elektronischen Medien. Die Anwaltssuchdienste und das Internet können dazu beitragen, die Transparenz des Marktes für juristische Dienstleistungen wesentlich zu verbessern. Potentielle Mandanten greifen immer häufiger zum Telefon und lassen sich von den Suchdiensten Anwälte empfehlen. Sie wollen damit das Risiko, das immer mit der ersten Wahl eines Anwalts verbunden ist, vermindern. Sicher ist auch bei der Inanspruchnahme eines Suchdienstes die psychologische Hemmschwelle niedriger als beim Anruf bei einem Anwalt. Man erhält eine unverbindliche Auskunft, die zu nichts verpflichtet und die dem Anrufer keine sofortige Entscheidung abverlangt. Die Anwaltskanzleien können von den Suchdiensten sehr viel profitieren, müssen ihnen aber auch die erforderlichen Informationen zur Verfügung stellen. Die Möglichkeiten, die das Internet bietet, sind sicher beeindruckend, sollten zur Zeit aber nicht überschätzt werden. Die Voraussetzung für eine Kommunikation zwischen Anwalt und potentiellem Mandanten ist ja, daß der potentielle Mandant einen Zugang zum Internet hat. Die Zahl der Teilnehmer am Internet hält sich zur Zeit aber noch in Grenzen. Ende 1995 gab es in Deutschland 1,6 Millionen Internet-Teilnehmer.[2] Zur gleichen Zeit gab es in Deutschland rund 37 Millionen Haushalte (Statistisches Jahrbuch 1997 für die Bundesrepublik Deutschland, Wiesbaden 1997, S. 65). Nur 4,3% der Haushalte waren also Ende 1995 Internet-Teilnehmer. Wahrscheinlich waren es beträchtlich weniger, da viele Internetanschlüsse Firmenanschlüsse sind. Deshalb ist es nicht verwunderlich, daß gegenwärtig – Ende 1998 – erst 600 Anwaltskanzleien mit einer eigenen Homepage im Internet vertreten sind. Sowohl die Zahl der Internetanschlüsse als

[2] *Kinnebrock*, Internet und Online-Dienste, in: Marketing, hrsg. von Gerhard Fischer, Landsberg/Lech, ab 1992, Teil E, I. 2.5.

auch die Zahl der Anwaltskanzleien mit eigener Homepage werden sich in naher Zukunft rasch erhöhen. Man schätzt die Steigerungsrate bei den Internetanschlüssen auf 15% monatlich.[3]

B. Die Arten anwaltlicher Dienstleistungen

Die Dienstleistungen, die eine Anwaltskanzlei erbringt, sind keineswegs homogen. Sie sind vielmehr recht unterschiedlich. Die Dienstleistungen müssen deshalb sorgfältig analysiert und systematisiert werden. Daran anschließend muß geprüft werden, welches Medium oder welche Medien für den Tranfer einer bestimmten Dienstleistung am besten geeignet sind. Für den Erfolg einer Anwaltskanzlei ist es von großer Bedeutung, den einzelnen Arten von Dienstleistungen die richtigen Medien zuzuordnen. 5

Die Gliederung der Dienstleistungen ist aber auch für die betriebswirtschaftliche Führung einer Anwaltskanzlei, für das Kosten- und Ertrags-Management, wichtig. Dienstleistungen haben, betriebswirtschaftlich gesehen, die unangenehme Eigenschaft, daß sie zum überwiegenden und eigentlich entscheidenden Teil erst dann produziert werden können, wenn im Falle einer Anwaltskanzlei der Mandant präsent ist.[4] Man kann anwaltliche Beratungen **nicht auf Vorrat** produzieren, wie etwa ein Automobilhersteller „auf Halde" produziert, wenn die Nachfrage zeitweise kleiner als die Produktion ist. Das hat zur Folge, daß Schwankungen in der Mandantenfrequenz unmittelbar eine **schwankende Kapazitätsauslastung** eines Teils der Kanzlei zur Folge haben. Die nicht in Anspruch genommene Kapazität, die aus vorgehaltener und jederzeit abrufbarer Dienstleistung besteht, verursacht aber Kosten, denen dann kein Umsatz gegenübersteht. Andererseits hat das – von *Scheuch* so genannte – **„Präsenzkriterium"** vom Standpunkt des Marketing her gesehen den unschätzbaren Vorteil, daß ein unmittelbarer Kontakt zu den Mandanten entsteht, der ein Feedback ermöglicht. Im Einzelhandel z. B. ist nach Einführung der Selbstbedienung, die betriebswirtschaftlich viele Vorteile hat, ein erhebches „Feedback-Defizit" entstanden, das durch aufwendige und intensivierte Verkaufsförderung und Marktforschung zum Teil ausgeglichen werden mußte. 6

I. Mandantenabhängige Dienstleistungen des Anwalts

Der Mandant, der eine anwaltliche Dienstleistung nachfragt, muß dem Anwalt zunächst einmal sein Problem darstellen. Genauso wie ein Patient dem Arzt seine Beschwerden schildern muß, sofern nicht allein das Krankheitsbild schon optisch an seinem körperlichen Zustand abzulesen ist. Der Mandant trägt sein Problem – meist natürlich subjektiv – als „juristischer Laie" vor. Er ist in der Regel fest überzeugt davon, daß er Recht bekommt, weil er Recht hat, und weiß nicht, daß nur der Recht bekommt, der sein Recht beweist. Der Anwalt als „juristischer Fachmann" muß dann im Gespräch mit dem Mandanten die aus seiner Sicht juristisch relevanten Fakten erfragen. Dieses Feedback ist für eine erfolgreiche Beratung und evtl. Vertretung des Mandanten unverzichtbar. Diese Art von Dienstleistung kann ein Anwalt nicht delegieren, es sei denn, er beschäftigt angestellte Anwälte oder er hat mit Kollegen eine Sozietät gegründet. Dann kann er einen Fall delegieren, u. U. an einen Kollegen, der auf ein bestimmtes Rechtsgebiet spezialisiert ist. 7

[3] Vergl. dazu: N. N., Anwälten fehlt das richtige Gefühl für ihren Marketingauftritt, in: Frankfurter Allgemeine Zeitung, Montag, 30. 11. 1998, Nr. 278, S. 31.

[4] Vgl. dazu *Scheuch*, S. 67 ff.

II. Gerichtsabhängige Dienstleistungen des Anwalts

8 Diese Kategorie von Dienstleistungen ist typisch für eine Anwaltskanzlei und die in ihr arbeitenden Rechtsanwälte. Sie ergibt sich aus ihrer Vermittlerfunktion zwischen den Staatsbürgern – ihren Mandanten – und dem Staat – als Gesetzgeber und Herr der Gerichtsbarkeit. Die **Adressaten** eines wesentlichen Teils der Dienstleistungen, die Anwälte für ihre Mandanten erbringen, sind nicht die Mandanten selbst, sondern die Gerichte und die Staatsanwaltschaften. Da Richter und Staatsanwälte wie die Rechtsanwälte Juristen sind, findet hier eine Kommunikation zwischen Fachleuten statt. Die Anwälte brauchen zum Erbringen ihrer Dienstleistung die Präsenz des Gerichts und u. U. auch des Staatsanwalts. Nur gehen in diesem Fall die Anwälte zum Gericht, das Gericht kommt nicht zu ihnen. Die Mandanten dagegen gehen in der Regel zum Anwalt. *Scheuch* führt für diese Variante von Präsenz als Beispiel einen Opernsänger an, der seine Dienstleistung erst dann erbringen kann, wenn er sich in ein Opernhaus begibt, dessen Zuschauerraum für die betreffende Vorstellung gut besucht oder gar ausverkauft ist. Die erforderliche Präsenz wird also geschaffen, indem entweder die Dienstleistungsempfänger – die Mandanten – zum Dienstleistungserbringer – Rechtsanwalt – oder die Dienstleistungserbringer – Rechtsanwälte – zum Dienstleistungsempfänger – Gericht – gehen.

9 Die Schwankungen in der Mandantenfrequenz wirken sich unmittelbar auf die Häufigkeit der bei Gericht wahrzunehmenden Termine aus. Die Termine setzen in der Regel die Gerichte fest. Sie sind also für den Anwalt ein Datum und erfordern eine **organisatorische Anpassung**. Auch die gerichtsabhängigen anwaltlichen Dienstleistungen können nicht delegiert werden.

III. Mandanten- und gerichtsabhängige Dienstleistungen der Mitarbeiter

10 Diese Dienstleistungen spielen, was die Menge angeht, eigentlich nur eine marginale Rolle. Trotzdem soll auf eine einzelne dieser Dienstleistungen hingewiesen werden. Das ist der Telefondienst. Die **Telefonzentrale** ist die **Visitenkarte jedes Unternehmens**, auch einer Anwaltskanzlei. Wie ein Telefongespräch angenommen, wie der Anrufer „empfangen" wird – freundlich, hilfsbereit und kompetent – das kann den Grundstein legen für Mandantenzufriedenheit und u. U. eine lange Zeit anhaltende Mandantenbindung. An dem Problem, den Telefondienst der Verbesserung des Unternehmensimages nutzbar zu machen, haben in den letzten Jahren viele Unternehmen gearbeitet. Es ist im Vergleich zu noch gar nicht so lange zurückliegenden Zeiten erstaunlich, wie freundlich und Sympathie vermittelnd man heute bei vielen Unternehmen als Anrufer empfangen wird.

IV. Mandanten- und gerichtsunabhängige Dienstleistungen

11 Bei diesen Dienstleistungen ist die Präsenz des Mandanten beim Anwalt oder die Präsenz des Anwalts beim Gericht nicht erforderlich. Sie lassen sich deshalb gut als **kontinuierlicher Leistungsprozeß** organisieren und vor allem auch rationalisieren. Es können Büromaschinen und die EDV – u. U. in Verbindung mit externen Datenbänken – eingesetzt werden. Die Personaleinsatzplanung kann systematisch aufgebaut werden. Diese Dienstleistungen werden zwar hinsichtlich ihres Umfangs oder ihrer Menge von der Mandantenfrequenz beinflußt, nicht aber im Hinblick auf die Zeit, zu der sie erbracht werden müssen.

1. Mandanten- und gerichtsunabhängige Dienstleistungen der Anwälte

12 Zu dieser Art von Dienstleistungen gehören das **Bearbeiten eines Falles** unter Hinzuziehung von Gesetzestexten, Kommentaren, der Rechtsprechung und externen Datenbanken und das Diktieren von Schriftsätzen. Empfänger solcher Dienstleistungen sind sowohl Mandanten als auch Gerichte.

2. Mandanten- und gerichtsunabhängige Dienstleistungen der Mitarbeiter

Dazu zählen das Schreiben von Schriftsätzen und aller andere Schriftverkehr, die Organisation der Termine und das Führen des Terminkalenders, die Ablage und die gesamte **Verwaltung einer Kanzlei**. Dieser Bereich der zu erbringenden Dienstleistungen kann schon in einer größeren Kanzlei oder mittleren Sozietät einen beträchtlichen Umfang annehmen. Er muß sorgfältig organisiert und ständig auf seine Effizienz und seine Kosten hin überprüft werden. 13

Für die Organisation einer Anwaltskanzlei könnte man folgenden **Grundsatz** formulieren: 14

- Je höher der Anteil der mandanten- und gerichtsunabhängigen Dienstleistungen an der Gesamtheit der Dienstleistungen ist, desto kontinuierlicher und kostengünstiger läßt sich der Leistungsprozeß der Kanzlei organisieren.
- Da Anwaltskanzleien aber sehr stark mandanten- und gerichtsorientiert sind, sind der Umwandlung mandanten- und gerichtsabhängiger Dienstleistungen in mandanten- und gerichtsunabhängige Dienstleistungen sehr enge Grenzen gezogen.

C. Die Kommunikation der erbrachten Dienstleistungen – die Auswahl der Medien

Im Vordergrund der Überlegungen dieses Abschnitts steht die Kommunikation der erbrachten Dienstleistungen zum Mandanten und zum Gericht hin. Man könnte von **externer Kommunikation** sprechen. Es gibt auch noch eine Kommunikation innerhalb einer Anwaltskanzlei, eine interne Kommunikation. Sofern diese Kommunikation das Verhältnis des Anwalts zu seinen angestellten Anwälten oder des Anwalts und der angestellten Anwälte zu den nichtjuristischen Mitarbeitern betrifft, ist sie ein Problem der **Mitarbeiterführung**. Die Bedeutung dieser Kommunikation sollte aber nicht unterschätzt werden. Sie beeinflußt die Motivation der Mitarbeiter und das **Kanzleiklima**. Da die angestellten Anwälte und auch fast alle nichtjuristischen Mitarbeiter Kontakt zu den Mandanten und den Gerichten haben, werden diese sehr schnell spüren, wie es um die Motivation der Mitarbeiter und das Kanzleiklima steht. Das hat Auswirkungen auf das Image einer Anwaltskanzlei und kann die Mandantenzufriedenheit und eine Mandantenbindung fördern oder schädigen. 15

I. Der Anwalt als Medium

Für den überwiegenden Teil der für Mandanten erbrachten Dienstleistungen und einen großen Teil der an die Gerichte gerichteten Dienstleistungen kommt als Medium vorrangig der Mensch in Frage, also die Anwälte selbst, gleich ob es der Chef einer Kanzlei, die Anwälte einer Sozietät oder angestellte Anwälte sind. Der Mensch ist zwar ein sehr teures Medium. Eine Feststellung, die besonders für die hochqualifizierten Anwälte zutrifft. Der Mensch ist in diesem Fall aber das am besten geeignete Medium. Denn ein sehr wesentlicher Teil der anwaltlichen Kommunikation, sowohl im Gespräch mit dem Mandanten als auch bei der Verhandlung vor Gericht, ist keine Einbahnstraße. Jede Seite braucht immer wieder das Feedback von der anderen Seite. Daß gerade das teure Medium Mensch von den Schwankungen in der Mandanten- und Terminfrequenz bei Gerichten beeinflußt wird und es dadurch zur unvollständigen Kapazitätsauslastung kommt, muß in Kauf genommen werden. 16

Der Erfolg anwaltlicher Dienstleistungen hängt nicht nur davon ab, daß die Bearbeitung eines Falles juristisch einwandfrei, kreativ und brillant erfolgt, sondern daß das 17

Ergebnis auch überzeugend vorgetragen wird. Anwälte müssen bei ihrer Kommunikation überzeugen können. Das setzt voraus, daß sie die Grundsätze einer psychologischen Gesprächsführung kennen, beherrschen und auch anzuwenden verstehen. Diese psychologische Gesprächsführung ist eine Kombination von dominantem und integrativem Verhalten. Der Anteil der integrativen Bestandteile eines Gesprächs sollte etwa doppelt so groß sein wie der Anteil der dominativen Bestandteile.[5]

18 Die Kommunikation zwischen Anwalt und Mandant oder Anwalt und Gericht kann auch telefonisch erfolgen. Sofern sich die beiden Gesprächspartner nicht bereits gut kennen, ist das Telefongespräch sicher kein vollwertiger Ersatz für das Gespräch, bei dem sich beide Partner gegenübersitzen. Es fehlt das optische Element. Weder Mimik noch Körpersprache können wahrgenommen werden. Und diese beiden Elemente der Kommunikation können manchmal mehr und wahrheitsgetreuer aussagen als das gesprochene Wort. Der nonverbale Anteil der Kommunikation dürfte weitaus größer sein als der verbale Anteil, der gelegentlich als Spitze des Kommunikationseisberges bezeichnet wird.

II. Die Mitarbeiter als Medium

19 Die Mitarbeiter einer Anwaltskanzlei haben vielfältige Kontakte mit Mandanten und Gerichten. Sie empfangen Mandanten, die die Kanzlei zu einem Gespräch aufsuchen. Sie führen Telefongespräche, erteilen Auskünfte und vereinbaren Termine. Entscheidend ist, wie sie sich bei diesen Kontakten und dieser Kommunikation verhalten. Ihr Verhalten muß **mandantenorientiert** sein und zu einem guten Image der Kanzlei beitragen. Die Mitarbeiter sind, von diesem Standpunkt aus gesehen, ein wichtiger Marketingfaktor. Sie müssen nicht nur fachlich kompetent sein, sondern sich auch gewandt ausdrücken können und sorgfältig auf ihr Äußeres – Kleidung, Frisur und bei Damen Make-up – achten. Es sollte ständig kontrolliert werden, ob die Mitarbeiterinnen und Mitarbeiter diesen Forderungen entsprechen. Und bei Besprechungen mit ihnen sollte auch regelmäßig auf diese Dinge hingewiesen werden.

20 Bei ihren zahlreichen Kontakten mit der Außenwelt erhalten die Mitarbeiterinnen und Mitarbeiter einer Kanzlei sehr oft ein Feedback. Es sollte organisatorisch sichergestellt werden, daß dieses Feedback ausgewertet und der Kanzlei nutzbar gemacht wird. Man kann die Mitarbeiter anweisen, während eines Telefongesprächs auf einem vorbereiteten Formular – in das auch der Name des Gesprächspartners mit seiner Telefonnummer und Datum und Zeit eingetragen werden – Notizen zu machen, die dann gelegentlich einer Mitarbeiterbesprechung ausgewertet werden.

21 Der Mensch als Medium, ganz gleich ob es der Anwalt ist oder die Mitarbeiter sind, hat einige charakteristische Eigenheiten, die bei seinem Einsatz beachtet werden müssen.

- Zu dem Zeitpunkt, da ein Anwalt ein Gespräch mit einem Mandanten führt oder in einer Verhandlung dem Gericht gegenübersteht, ist er der **einsamste Mensch** auf der Welt. Er muß die Argumente der Gegenseite aufgreifen, die eigenen Argumente ergänzen oder variieren und ohne zu zögern Entscheidungen treffen. Wenn hierbei Fehler unterlaufen, werden sie vom Gegenüber sofort wahrgenommen und sind nicht mehr zu korrigieren. Fehler kann nur der Anwalt vermeiden, der über eine hohe fachliche Kompetenz verfügt und überzeugend auftreten kann. In abgeschwächter Form und mehr auf das Verhalten bezogen, gilt dies auch für die Mitarbeiter einer Kanzlei.
- Eine **ständige Weiterbildung** des Anwalts und seiner Mitarbeiter kann die Gefahr, Fehler zu machen, wirksam vermindern. Berufliches Wissen veraltet heute so schnell, daß eine ständige Weiterbildung zwingend notwendig ist. Diese Weiterbildung kostet Geld, u. U. sehr viel Geld. Der große Nachteil von Weiterbildung und ständig aktuali-

[5] Vgl. dazu *Correll*, Motivation und Überzeugung in Führung und Verkauf, der die Grundlagen der Motivationspsychologie vollständig und leicht verständlich darstellt.

sierter und ergänzter fachlicher Qualifikation ist, daß sie an die Person des Mitarbeiters gebunden sind. Verläßt eine Mitarbeiterin oder ein Mitarbeiter die Kanzlei, dann nimmt er u. U. erhebliche **Bildungsinvestitionen** mit. Sie kommen dann dem neuen Arbeitgeber zugute. Der Gefahr, daß man Bildungsinvestitionen verliert, kann man nur durch eine gute Mitarbeiterführung begegnen, die die Mitarbeiterfluktuation niedrig hält.[6]

– Alle Kommunikation, bei der der Mensch als Medium fungiert, ist flüchtig. Und sie erfolgt zum Teil auch spontan und emotional, worunter die präzise Formulierung leiden kann. Gerade auf dem Gebiet der anwaltlichen Dienstleistungen kommt es aber auf präzise Formulierungen und ein Festhalten des Gesprächsinhalts an. Kommunikation durch das Medium Mensch muß also dokumentiert werden. Bei den Ärzten ist die Dokumentation von Diagnose und Therapie schon seit jeher eine Selbstverständlichkeit. Manche Anwälte scheinen hier noch einen Nachholbedarf zu haben. In einem Interview mit der Frankfurter Allgemeinen Zeitung äußerte der Leiter der Schadenabteilung für die Berufshaftpflicht der freien Berufe im Gerling-Konzern, die „oft mangelhafte Dokumentation der anwaltlichen Beratung“ bereite den Versicherungen Sorge.[7] Auch die in diesem Interview hervorgehobenen Fristenversäumnisse können durch eine mangelhafte Dokumentation von Gesprächen, aber auch durch eine mangelhafte Organisation des Leistungsprozesses einer Kanzlei verursacht werden.

III. Printmedien

Die Werbung begrenzt den Begriff Printmedien auf das gedruckte Wort. Zu den Printmedien gehören Zeitungen – Tages- und Wochenzeitungen –, Zeitschriften – Publikums- und Fachzeitschriften –, Bücher und sonstige Druckerzeugnisse – Kataloge und Prospekte –. Hier soll der Begriff Printmedien weiter gefaßt werden und auch das geschriebene Wort umfassen. 22

Da den Rechtsanwälten Werbung nur in einem begrenzten Rahmen gestattet ist, spielt das gedruckte Wort in der Kommunikation nach außen nicht die dominierende Rolle wie in der Werbung von Industrie und Handel. Um so mehr kommt es darauf an, die Möglichkeiten des § 6 Abs. 2 BerufsO zu nutzen und die zulässigen Praxisbroschüren, Rundschreiben und andere vergleichbare Informationsmittel einzusetzen, wie es die Ärzte schon seit geraumer Zeit tun. In vielen Arztpraxen liegen heute Faltprospekte, auf denen die Patienten, vor allem die Patienten, die die Praxis das erste Mal aufsuchen, Informationen über den Arzt oder die Ärzte, die Fachrichtung oder die Fachrichtungen und deren Fachschwerpunkte entnehmen können. Weiterhin sind in dieses Faltblatt die Anschrift der Praxis, die Telefonnummer, die Erreichbarkeit des Arztes außerhalb der Sprechstunde, die Telefonnummer des Notarztes, die nächst gelegene Haltestelle öffentlicher Verkehrsmittel und die Taxi-Telefonnummer aufgenommen. Weiterhin geben die Ärzte ihren Patienten Informationsbroschüren in die Hand, die über weitverbreitete Krankheiten – Diabetes, Rückenschmerzen, Früherkennung bestimmter Krebsarten oder Ernährungsstörungen – unterrichten und den Patienten Hinweise geben, was sie selbst zur Erkennung oder Behandlung einer Krankheit tun können. Diese Broschüren werden oft von der pharmazeutischen Industrie zur Verfügung gestellt. In gleicher Weise könnten Rechtsanwälte ihre Mandanten, besonders wenn sie die Kanzlei das erste Mal aufsuchen, über die Kanzlei, den Anwalt oder die Anwälte mit Hinweisen zu Fachrichtungen und vielleicht auch Alter und beruflichen Werdegang und die Gerichte, für die eine Zulassung vorliegt, informieren. Desgleichen wären gedruckte Informationen denkbar über die Aufgaben eines Notars, die gebräuchlichsten juristischen Termini, wichtige Fragen des Kauf-, Miet- und Erbrechts 23

[6] Auch zur Mitarbeiterführung vgl. *Correll*, Motivieren und Überzeugen in Führung und Verkauf, a.a.O.

[7] Versäumte Fristen als häufigste Ursache für die Anwaltshaftung, in: Frankfurter Allgemeine Zeitung, 9. 10. 1998, Nr. 234, S. 29.

und eine Übersicht über die Gebührenordnung. Informationen über die Möglichkeiten der telefonischen Rechtsberatung wären sicher auch sinnvoll. Solche Informationen sollten auch nachdrücklich darauf hinweisen, wann es ratsam ist, die Hilfe eines Anwaltes in Anspruch zu nehmen. Dieses Beratungsgeschäft läuft heute zum Teil an den Anwaltskanzleien vorbei und wird z. B. von den Verbraucherberatungen, Mietervereinen, Kammern oder Verbänden wahrgenommen. Mit Hilfe solcher gedruckter Informationen könnte sicher die Hemmschwelle, die viele juristischen Rat Suchende vor jeder Anwaltskanzlei sehen, wirksam abgebaut werden. Das Dienstleistungsangebot der Anwälte und ihre Kanzleien würde transparenter.

24 Im **Mittelpunkt der Kommunikation** einer Anwaltskanzlei steht das **geschriebene Wort**. Einmal ist es denkbar – und kommt in der Praxis sicher auch öfter vor –, daß ein Mandant sein Problem dem Anwalt schriftlich vorträgt und von diesem auch schriftlich beraten wird. Das in diesem Fall fehlende Feedback muß gegebenenfalls entweder durch schriftliche oder telefonische Rückfragen ersetzt werden. Die Regel wird sein, daß nach einem Gespräch der Anwalt einen Fall bearbeitet und dann das Ergebnis seiner Überlegungen dem Mandanten schriftlich mitteilt. Oder er arbeitet einen Schriftsatz aus, der im Auftrag des Mandanten dem Gericht zugeleitet wird und von dem der Mandant dann eine Kopie erhält. Soweit das geschriebene Wort der Kommunikation mit den Mandanten dient, muß auf eine klare, auch dem juristischen Laien verständliche Sprache geachtet werden. Termini müssen u. U. erklärt werden. Wenn ein entsprechendes gedrucktes Informationsblatt existiert, kann es dem Schreiben beigefügt werden. Erfolgt die schriftliche Kommunikation von Juristen zu Juristen – vom Anwalt zu Anwälten in den Rechtsabteilungen von Unternehmen oder zu Richtern und Staatsanwälten –, kann natürlich die juristische Fachsprache gebraucht werden. Aber auch da könnte es angebracht sein, wenn ab und zu über die Qualität des Sprachgebrauchs nachgedacht würde. Das **Behörden- und Juristendeutsch** hat ja auch immer wieder abenteuerliche Sprachschöpfungen hervorgebracht und ist deshalb zu Recht kritisiert worden. Nicht nur die Inhalte der Kommunikation, sondern vielmehr noch die Art und Weise, wie Kommunikation durchgeführt wird, können das Image einer Anwaltskanzlei und darüber hinaus des gesamten Berufsstandes wirksam beeinflussen.

IV. Die telefonische Rechtsberatung

25 Für das Medium Telefon entwickelt sich eine rege Nachfrage. Für den Griff zum Telefonhörer ist die psychologische Hemmschwelle offensichtlich weniger hoch als für den Gang zu einer Anwaltskanzlei. Es werden Zahlen genannt, die von 10 000 Anrufen im Monat bis zu täglich 800 Anfragen zu durchschnittlich je 6 Minuten – das wären rund 16 000 im Monat – reichen. Die Telekom berechnet pro Minute 3,63 DM, von denen 2,48 DM an Dienstleister und Anwalt gehen. Anhand dieser Zahlen kann man den Jahresumsatz auf etwa 4 bis 6 Millionen DM schätzen. Die Anbieter dieser Dienstleistung stehen untereinander und mit den Anwälten, die die telefonische Rechtsberatung für unzulässig halten, in einem harten Wettbewerb.

26 Beim Absatz von Gütern und Dienstleistungen und auch in der Marktforschung wird das Telefon schon seit langer Zeit als Medium eingesetzt. Das Telefon-Marketing entwikkelte sich als eine eigenständige Variante des Marketing. Und im Handel werden vor allem leicht verderbliche Güter per Telefon angeboten und verkauft. Der Einsatz des Telefons auf dem Gebiet der juristischen Dienstleistungen stellt allerdings einige Fragen, die beantwortet werden müssen.

1. Die telefonische Rechtsberatung als Kommunikationsproblem

27 Problematisch können folgende Punkte sein.

– Die telefonische Rechtsberatung ist kein Problem, wenn sich die Gesprächspartner kennen. Das dürfte so gut wie immer nicht der Fall sein. Kennen sich der ratsuchende

Anrufer und der ratgebende Anwalt nicht, so ist das Telefongespräch sicher kein vollwertiger Ersatz für ein Gespräch, bei dem sich beide Partner gegenüber sitzen. Es fehlt das visuelle Element. Weder Mimik noch Körpersprache können wahrgenommen werden. Und diese beiden Elemente der Kommunikation können oft mehr und wahrheitsgetreuer aussagen, als das gesprochene Wort es kann. Der nonverbale Teil der Kommunikation ist weitaus größer als der verbale Anteil, der gelegentlich als Spitze des Kommunikationseisberges bezeichnet wird.

- Die „Qualität" der Anfrage spielt eine wesentliche Rolle. Relativ einfache Rechtsfragen aus dem täglichen Leben, wie nach Kündigungsfristen, Unterhaltsfragen, Mietfragen, dürften für die telefonische Rechtsberatung geeignet sein, die in der Regel den Charakter einer Vorabinformation haben wird.
- Die telefonische Rechtsberatung ist „flüchtig", es gibt keine schriftliche Dokumentation des Gesprächs. Der Ratsuchende hat nichts in der Hand, was ihm u. U. die Beweislast erleichtern würde. Und es kann durchaus möglich sein, daß er nicht einmal mehr den Anwalt, der ihn beraten hat, ausfindig machen kann. In diesem Zusammenhang stellt sich auch die Frage nach der Haftung des auskunftgebenden Anwalts.
- Die telefonische Rechtsberatung steht in der Regel unter Zeitdruck. Der auskunftgebende Anwalt kann in eine Streßsituation wie bei einem Examen kommen. Das kann die Qualität der Auskunft vermindern. Zeigt sich, daß die erwünschte Auskunft nur dann zu erteilen ist, wenn Einblick in die Rechtsprechung genommen werden muß oder wenn den Fall betreffende Dokumente vorliegen müssen, dann kann nur der Raterteilt werden, einen Anwalt in seiner Kanzlei aufzusuchen und alle vorhandenen Akten mitzubringen.

2. Die telefonische Rechtsberatung als Gebührenproblem

Die rege Nachfrage nach telefonischer Rechtsberatung dürfte nicht zuletzt auch darauf 28
zurückzuführen sein, daß eine zeitbezogene Gebühr berechnet wird. Der Anrufer weiß im vorhinein genau, wenn er zehn Minuten mit dem Anwalt spricht, dann werden ihm 36,30 DM Gebühren berechnet. Nach der 1994 erfolgten Änderung des Gebührenrechts kann der Anwalt bei außergerichtlicher Berarung das Honorar mit seinem Mandanten frei vereinbaren. Mit dem Urteil vom 5. 11. 1998 hat das OLG Frankfurt/Main[8] allerdings eine andere Meinung vertreten und diese Freiheit eingeschränkt, weil eine pauschale Zeitvergütung im Einzelfall die vorgeschriebene Gebühr unangemessen unterschreiten könne. Die Gebühr könne aber auch höher liegen. Nur wenn der Anrufer wisse, daß die zeitbezogene Gebühr über der vorgeschriebenen Gebühr liege, könne von einer freien Vereinbarung die Rede sein. Die telefonische Rechtsberatung offenbart die Problematik einer am Streitwert orientierten Gebührenordnung. Sie müßte für bestimmte Dienstleistungen, wie eben die telefonische Rechtsberatung, um zeitbezogene Gebühren ergänzt werden.

3. Die telefonische Rechtsberatung als Organisationsproblem

Die telefonische Rechtsberatung wird meist von einem eigenständigen Unternehmen, 29
dem Anbieter, organisiert. Dieses Unternehmen sorgt für die technischen Voraussetzungen, sucht die beratenden Anwälte und nimmt sie unter Vertrag, nimmt die Anrufe entgegen und leitet sie an einen seiner Anwälte, der für die gestellte Frage zuständig sein könnte, weiter. An dieser Organisationsform haben bisher Gerichte noch keinen Anstoß genommen. Sie dürfte die beste Organisationsform sein. Denn bei der fortgeschrittenen Spezialisierung der Anwälte muß der Zugang zur Beratung über eine Art Pförtner erfolgen, der den Anrufer an den geeignetsten Anwalt weiterleitet. Nur so kann ein reibungsloser und mandantenfreundlicher Ablauf der telefonischen Rechtsberatung gesichert werden. Große Anwaltskanzleien oder Anwaltssozietäten können sicher die Organisation der telefonischen Rechtsberatung in eigener Regie durchführen.

---

[8] NJW 1999, 152f.; a. A. OLG München NJW 1999, 150ff.

30 Die telefonische Rechtsberatung wird die Anwaltskanzlei nie ersetzen können. Sie sollte es auch nicht. Deshalb sollte sie auch nicht als Gefahr gesehen und bekämpft werden. Vielmehr kann sie eine Ergänzung im Leistungsangebot der Anwaltskanzleien sein. Und vor allem sollte sie als Vorstufe zum Aufsuchen einer Anwaltskanzlei betrachtet werden, als Chance zur Kontaktaufnahme mit potentiellen Mandanten und zum Abbau von vorhandenen Hemmschwellen.[9] Sieht man in der telefonischen Rechtsberatung die Chance zur Kontaktaufnahme, dann spricht viel dafür, daß die Anwaltskanzleien sie selbst organisieren und sie sich nicht von externen Anbietern aus der Hand nehmen lassen.

D. Auswirkungen der Kommunikation auf Organisation und Marketing

31 Die Kommunikation beeinflußt einerseits sehr stark die Organisation einer Anwaltskanzlei. Hier geht es um die Kommunikation als zentrale Aufgabe im Leistungsprozeß einer Anwaltskanzlei, um die Kommunikation als Sache. Sie ist andererseits aber auch ein wesentlicher Bestandteil des Marketing. Hier geht es darum, wie die Kommunikation die Inhalte übermittelt, um ihre Qualität.

I. Kommunikation und Organisation

32 Wenn eine Anwaltskanzlei eine stark schwankende Mandanten- und damit Auftragsfrequenz hat, so wirken sich solche Schwankungen unmittelbar auf die Kommunikation aus. Der **Einsatz der Medien**, vor allem des sehr teuren Mediums Mensch, muß organisatorisch den Schwankungen angepaßt werden. Wird zuviel Leistungsbereitschaft vorgehalten und dann zeitweise nur unvollständig genutzt, treibt das die Kosten in die Höhe. Alte und gut eingeführte Kanzleien werden wahrscheinlich dieses Problem kaum haben. Aber junge Kanzleien, die sich erst einen Platz am Markt für juristische Dienstleistungen erobern wollen, werden mit diesem Problem zu kämpfen haben. Gerade sie sind aber auf eine hohe Kapazitätsauslastung angewiesen. Hier sei noch einmal darauf hingewiesen, daß man die negativen Folgen einer schwankenden Mandantenfrequenz vermindern kann, wenn es gelingt, mandanten- und gerichtsabhängige in mandanten- und gerichtsunabhängige Dienstleistungen und damit auch Kommunikation umzuwandeln. Diesem Vorgehen sind aber bei einer Anwaltskanzlei als Dienstleistungsunternehmen sehr enge Grenzen gezogen. Der harte Kern der Arbeit einer Kanzlei besteht nun einmal aus durch das Medium Mensch kommunizierten Dienstleistungen. Die lassen sich nicht umwandeln und rationalisieren.

33 Die Organisation muß sicherstellen, daß Kommunikation nicht unterbleibt oder nach hoffnungsvollen Ansätzen versandet. Kommunikation muß, wo das erforderlich und möglich ist, **institutionalisiert** werden. Das gilt sowohl für die externe als auch für die interne Kommunikation. Es darf nicht vorkommen, daß Fristen versäumt und Termine übersehen werden. Und die Mandanten-Datei muß richtig – z. B. Namen und Titel richtig schreiben –, und vollständig sein – z. B. Adresse, Telefonnummer, Mobilfunknummer und Faxnummer enthalten – und immer wieder aktualisiert werden. Die interne Kommunikation muß durch Aktennotizen und regelmäßige Besprechungen sicherstellen, daß die Linke weiß, was die Rechte tut. Die Kommunikation innerhalb einer Kanzlei ist auch Bestandteil der Mitarbeiterführung und beeinflußt die Motivation der Mitarbeiter, auf die ein Dienstleister in besonderer Weise angewiesen ist. Denn die Mitarbeiter sind unbestreitbar ein Marketingfaktor. Die hohe Leistungsbereitschaft motivierter Mitarbeiter kann aber auch die Personalkosten sehr nachhaltig positiv beeinflussen.

34 Es mag vielleicht überraschen, daß in diesem Beitrag immer wieder auf die Kosten

[9] Vergl. dazu: N. N., Die Auseinandersetzung um telefonische Rechtsberatung geht weiter, in: Frankfurter Allgemeine Zeitung, Mittwoch, 18. 11. 1998, Nr. 268, S. 20; *Huff*, Rechtsberatung über die Hotline, in: Frankfurter Allgemeine Zeitung, Dienstag, 22. 12. 1998, Nr. 297, S. 17.

hingewiesen wird. Denn es ist einem Anwalt ja verwehrt, die durch **Kostensenkungen** gewonnenen finanziellen Spielräume auf dem Wege ermäßigter Honorare an die Mandanten weiterzugeben und auf diese Weise Wettbewerbsvorteile zu erringen. Diese finanziellen Spielräume können aber auch auf andere Art und Weise genutzt werden:

- Einmal verbessern sie das **Einkommen des Kanzleiinhabers** und, wenn vorhanden, seiner Partner.
- Sie können aber auch dazu verwendet werden, den Mitarbeitern **leistungsabhängige Prämien** zu zahlen, was motivierend wirkt.
- Schließlich könnte mit ihnen ein **zusätzlicher Service** für die Mandanten finanziert werden. So könnte für die Stamm-Mandanten ein Informationsdienst eingerichtet werden, der sie z. B. über Gesetzesänderungen oder exemplarische Fälle aus der Rechtsprechung unterrichtet. Gerade zum Jahreswechsel können solche Informationen für die Mandanten sehr wertvoll sein. Steuerberatungsgesellschaften und Fachverlage für wirtschaftswissenschaftliche und juristische Literatur bieten einen solchen Service schon seit langem. Hier führt der kurze Exkurs über die Kosten wieder zurück zur Kommunikation und auch zum Marketing.

II. Kommunikation und Marketing

Die Honorarpolitik als Marketinginstrument einzusetzen, ist den Anwälten noch fremd.[10] Eine Änderung dieses Zustandes und eine Überprüfung der Gebührenordnung unter absatzpolitischen Gesichtspunkten kann nicht von einer einzelnen Anwaltskanzlei ausgehen. Das kann nur Aufgabe der Standesvertretung sein. Die Ärzte, besonders die Kassenärztlichen Vereinigungen, denken schon seit einiger Zeit intensiv darüber nach, wie sie ihre **Gebührenordnung transparenter** und patientenfreundlicher gestalten könnten. Die in ihrer Gebührenordnung aufgeführte extrem hohe Anzahl von Einzelleistungen dient weder dem Marketing der Ärzte noch dem Image des gesamten Standes der niedergelassenen Ärzte. Solange das Honorar der Anwälte als Marketinginstrument ungenutzt bleibt, sind die Qualität der Leistung und der Kommunikation von großer Bedeutung. Nur mit Hilfe dieser Faktoren können Mandantenzufriedenheit und Mandantenbindung gefördert und die Stellung am Markt gefestigt werden. 35

Das **Deutsche Kundenbarometer** – herausgegeben von der Deutschen Marketingvereinigung (heute Deutscher Marketing Verband) und der Deutschen Post AG – hat in den Jahren 1992 und 1993 die Rechtanwälte in seine Untersuchungen einbezogen. Es wurden 1993 2140 Personen über 16 Jahre befragt. Bewertet wurde nach einer Skala von 1 – vollkommen zufrieden – bis 5 – unzufrieden –. In der Reihenfolge der 38 untersuchten Branchen bzw. Berufe lagen die **Rechtsanwälte** mit einem Mittelwert von 2,44 **an 27. Stelle**. Das ist kein zufriedenstellendes Ergebnis. An der Spitze standen die Urlaubsregionen mit einem Mittelwert von 2,02, das Schlußlicht war das Duale System Deutschland mit 3,34 Punkten vor dem Fernsehen mit 3,30 Punkten. Die Apotheken – vielleicht noch am ehesten mit den Rechtsanwälten vergleichbar – lagen mit einem Mittelwert von 2,21 an vierter Stelle. Sie konnten ihre fachliche Kompetenz offensichtlich durch eine überzeugende Kommunikation ihren Kunden sehr gut vermitteln.[11] Für die Anwälte besteht dagegen Anlaß, über Marketing und Kommunikation nachzudenken. Das ist um so wichtiger, als ja die Neugewinnung von Mandanten ungemein schwierig ist. Die Zielgruppe privater potentieller Mandanten kann nicht beschrieben und abgegrenzt werden. Juristische Dienstleistungen werden ja nicht regelmäßig nachgefragt – abgesehen von mittleren und großen Unternehmen, die diese Dienstleistungen sehr oft regelmäßig in Anspruch nehmen –, sondern immer erst dann, wenn ein bestimmter Anlaß eingetreten ist, der ein Rechtsproblem entstehen läßt. 36

Die Erhebungen zum Kundenbarometer 1992 ergaben, daß von den befragten Personen 37

[10] Vgl. dazu § 36.

[11] Deutsches Kundenbarometer 1993, Düsseldorf 1993, S. 18.

seit Anfang 1991 nur 16% einen Anwalt in Anspruch nahmen. Die Untersuchung erfolgte Mitte 1992. Nur ein geringer Teil der Bevölkerung fragt also juristische Dienstleistungen nach. Deshalb müssen alle Mandanten, die eine Kanzlei aufsuchen, so zufriedengestellt werden, daß sie wiederkommen und auch die Kanzlei weiterempfehlen. Das Kundenbarometer 1993 stellte fest, daß von den befragten Personen, die einen Anwalt aufsuchten, 53% wieder und 24% wahrscheinlich wieder zu dem gleichen Anwalt gehen würden. Aber 4% würden dies wahrscheinlich nicht, und 11% bestimmt nicht tun. Bei der Bereitschaft, den in Anspruch genommenen Anwalt weiterzuempfehlen, ergab sich ein ähnliches Bild. Bestimmt weiterempfehlen würden 46% der befragten Personen, wahrscheinlich weiterempfehlen würden 26%. Aber 5% sagten wahrscheinlich nicht, 11% bestimmt nicht.[12] Zum Vergleich die Zahlen der Apotheker. Bestimmt oder wahrscheinlich würden 95% wieder bei der gleichen Apotheke kaufen, wahrscheinlich nicht nur 1%. 81% der Kunden würden ihre Apotheke bestimmt oder wahrscheinlich weiterempfehlen, nur 6% wahrscheinlich oder bestimmt nicht. Die Anwälte haben zukünftige Honorarumsätze wahrscheinlich weniger wegen schlechter Leistungen, sondern eher wegen **mangelhafter Kommunikation** verschenkt. Was Kommunikation wert ist und ob die Kommunikation auch beherrscht wird, das zeigt sich sicher besonders dann, wenn einem Mandanten die Aussichtslosigkeit des von ihm gewünschten Prozesses oder die Gründe für einen verlorenen Prozeß überzeugend erklärt werden müssen.

---

[12] Das Deutsche Kundenbarometer 1993, herausgegeben von der Deutschen Marketing-Vereinigung und der Deutschen Bundespost Postdienst, Düsseldorf 1993, S. 33 und 37.

§ 38 Kommunikationspolitik

Prof. Dr. Anton Meyer/Dipl.-Kauffr. Brigitte Fiala***

Übersicht

Schrifttum: *Bell* (1981), Tactical Service Marketing and a process of remixing, in: Marketing of Services, Proceeding Series of the Special Conference on Services Marketing of the American Marketing Association, hrsg. v. J. H. Donnelly, W. R. George, 1981, S. 163–167; *Berry/Parasuraman* (1991), Marketing Services, Competing Through Quality, 1991; *Bruhn* (1991), Sicherstellung der Dienstleistungsqualität durch integrierte Kommunikation, in: Dienstleistungsqualität, Konzepte – Methoden – Erfahrungen, hrsg. v. M. Bruhn/B. Stauss, 1991, S. 137–163; *Corsten* (1984), Die Leistungsbereitschaft in der Dienstleistungsproduktion – Entwurf eines Maßnahmekataloges zur Reduktion von Beschäftigungsschwankungen, in: Jahrbuch der Absatz- und Verbrauchsforschung, 4/1984, S. 361–380; *ders.* (1986), Zur Diskussion der Dienstleistungsbesonderheiten und ihre ökonomischen Auswirkungen, in: Jahrbuch der Absatz- und Verbrauchsforschung, 1/1986, S. 16–41; *Demuth* (1989), Corporate Communications, in: Handbuch des Marketing, Anforderungen an Marketingkonzeptionen aus Wissenschaft und Praxis, hrsg. v. M. Bruhn, 1989, S. 433–451; *Dotzler/Schick* (1991), Systematische Mitarbeiter-Kommunikation als Instrument der Qualitätssicherung, in: Dienstleistungsqualität, Konzepte – Methoden – Erfahrungen, hrsg. v. M. Bruhn/B. Stauss, 1991, S. 267–281; *Duhme* (1986), Die Förderung bildender Kunst durch Unternehmen in der Bundesrepublik Deutschland, 1986; *Eylmann (1996):* Reglementierung der Werbung in der Berufsordnung – sinnvoll, überflüssig oder unzulässig, AnwBl. 1996, S. 481; *Fiala* (1998), Prozeßorientierte Kundengewinnung bei Dienstleistungsanbietern, in: Handbuch Dienstleistungs-Marketing, hrsg. v. Meyer, A., 1998, S. 1126–1151; *George/Berry* (1981), Guidelines for the Advertising of Services, in: BUSINESS HORIZONS, 4/1981, S. 52–56; *dies.* (1989), Guidelines for the Advertising of Services, in: Managing Services Marketing, hrsg. v. J. E. G. Bateson, S. 394–415; *Grönroos* (1990), Service Management and Marketing, Managing the Moments of Truth in: Service Competition, Lexington et al. 1990; *Hansen/Jeschke* (1991), Beschwerdemanagement für Dienstleistungsunternehmen: Beispiel des Kfz-Handels, in: Dienstleistungsqualität, Konzepte – Methoden – Erfahrungen, hrsg. v. M. Bruhn/B. Stauss, 1991, S. 199–227; *Hermsen* (1997), Kunstförderung zwischen Passion und Kommerz, 1997, S. 156; *Hocke* (1989), Werbung für anwaltliche Dienstleistungen, 1989; *Kaas/Schade* (1995), Unternehmensberater im Wettbewerb. Eine empirische Untersuchung aus der Perspektive der Neuen Institutionenlehre, in: ZfB, 10/1995, S. 1067–1091; *Köhler* (1988), Das Werbeverbot für Rechtsanwälte und Steuerberater. Eine kritische Analyse aus betriebswirtschaftlicher Sicht, 1988; *Kotler/Bliemel* (1995), Marketing-Management, 8. Aufl., 1995; *Legg/Baker* (1987), Advertising Strategies for Service Firms, in: Add Value to your Service – The Key to success, hrsg. v. C. Surprenant, 1987, S. 163–167; *Mauer/Krämer/Becker* (1997), Unternehmensführung für rechts- und wirtschaftsberatende Berufe, 1997; *Meyer* (1983), Dienstleistungs-Marketing, Erkenntnisse und praktische Beispiele, 1. A., 1983; *ders.* (1988), Anwaltswerbung und Öffentlichkeitsarbeit in Deutschland – Möglichkeiten und Grenzen im Rahmen des Marketing von Anwälten, AnwBl. 1988, S. 347–351; *ders.* (1989), Freie Berufe und Betriebswirtschaft, Probleme, Lösungsansätze, empirische Ergebnisse, 1989; *ders.* (1991), Freie Berufe und Werbung, Eine kritische Analyse des Werbeverbotes für Rechtsanwälte in der

* Inhaber des Lehrstuhls für Betriebswirtschaftslehre und Marketing sowie Vorstand des Instituts für Marketing an der Universität München.
** Wissenschaftliche Assistentin ebenda.

Bundesrepublik Deutschland, 1991; *ders.* (1997), Qualität anwaltlicher Dienstleistungen, AnwBl. 1997, S. 431–435; *ders.* (1998), Kommunikationspolitik von Dienstleistungs-Anbietern. Bedeutung und Gestaltungsbereiche, in: Meyer, A.: Handbuch Dienstleistungsmarketing, Stuttgart 1998; *Meyer/Westerbarkey* (1991), Bedeutung der Kundenbeteiligung für die Qualitätspolitik von Dienstleistungsunternehmen, in: Dienstleistungsqualität, Konzepte – Methoden – Erfahrungen, hrsg. v. M. Bruhn/B. Stauss, 1991, S. 83–103; *Meyer/Meyer* (1990), Marketing-Systeme, Grundlagen des institutionalen Marketing, 1990; *Murray* (1991), A Test of Services Marketing Theory: Consumer Information Acquisition Activities, in: Journal of Marketing, 1/1991, S. 10–25; *Nieschlag/Dichtl/Hörschgen* (1988), Marketing, 15. Aufl., Berlin 1988; *Pluta* (1998), Marketing für Rechtsanwälte, in: Handbuch Dienstleistungsmarketing, hrsg. v. Meyer, A., 1998, S. 1847–1852; *Prinz* (1986), Anwaltswerbung, 1986; *Risch,* (1997), Auszug aus dem Olymp, in: Manager Magazin 2/1997, S. 128–136; *Römermann* (1997), Besondere Berufspflichten in Zusammenhang mit der Werbung, in: Hartung, W./Holl, T.: Anwaltliche Berufsordnung, 1997, S. 186–360; *Sasser/Arbeit* (1976), Selling Jobs in the Service Sector, in: BUSINESS HORIZONS, 1976, S. 64; *Schiefer/Hocke* (1996), Marketing für Rechtsanwälte, 2. Aufl., 1996; *Schineis* (1992), Absatzwerbung und Öffentlichkeitsarbeit, in: Integrierte Marketing-Funktionenen, hrsg. v. Meyer, P. W., 3. Aufl., 1992, S. 108–141; *Schüring* (1991), Database Marketing. Einsatz von Datenbanken für Direktmarketing, Verkauf und Werbung, 1991; *Stauss* (1989), Beschwerdepolitik als Instrument des Dienstleistungsmarketing, in: Jahrbuch der Absatz- und Verbrauchsforschung, 1/1989, S. 41–62; *ders.* (1991), „Augenblicke der Wahrheit" in der Dienstleistungserstellung: Ihre Relevanz und ihre Messung mit Hilfe der Kontaktpunkt-Analyse, in: Dienstleistungsqualität, Konzepte – Methoden – Erfahrungen, hrsg. v. M. Bruhn/B. Stauss, 1991, S. 345–365; *Winters* (1990), Der Rechtsanwaltsmarkt: Chancen, Risiken und zukünftige Entwicklungen, 1990; *Zwanziger* (1998), Erfolgreich als Anwalt praktizieren, 2. Aufl., 1998.

A. Allgemeine Problematik der Kommunikationspolitik bei anwaltlichen Dienstleistungen

1 In Zeiten eines harten intra-, inter- und extraprofessionellen Wettbewerbs mit zunehmender Konkurrenz durch in- und ausländische Anwälte sowie durch andere professionelle Dienstleister wie Unternehmensberater oder Verbraucherverbände bedeuten **überzeugte Mandanten** einen wesentlichen **Erfolgsfaktor** für Anwaltskanzleien. Zufriedene Mandanten kommen bei Bedarf wieder, weisen eine höhere Bereitschaft auf, für Zusatzleistungen Geld auszugeben, und sind bereit, höhere Honorare zu akzeptieren. Sie gewähren eine aktive, kostenlose Weiterempfehlung und nehmen aufgrund des bestehenden Vertrauensverhältnisses **weniger Betreuungszeit** in Anspruch.[1] Um die Qualität anwaltlicher Dienstleistungen sicherzustellen und die Ziele der Klienten zu erreichen, spielen Fragen der Kommunikation mit Kunden, Nicht-Kunden, Justizinstanzen, Anwaltskollegen und Mitarbeitern eine entscheidende Rolle. Ergebnisse zur **Mandantenzufriedenheit** bestätigen, daß den Klienten vor allem die Kommunikation mit ihren Rechtsberatern und -vertretern wichtig erscheint.[2]

I. Begriff der Kommunikationspolitik

2 Die Kommunikationspolitik stellt bekanntlich einen wesentlichen Teilbereich des klassischen Marketing dar und umfaßt dabei verschiedenste Maßnahmen, die dazu dienen, über eine Einzelwirtschaft und die von ihr angebotenen Leistungen zu informieren, um damit schließlich den Absatz der angebotenen Leistungen zu fördern. Nach der klassischen Marketingliteratur bezieht sich die Kommunikationspolitik dabei i. d. R. auf die Kernbereiche **Werbung**, **Verkaufsförderung** und **Öffentlichkeitsarbeit**.[3]

3 Der sich mittlerweile vollziehende **Wechsel** von einer stark instrumentell geprägten Marketing-Denkweise hin zu einem umfassenden und integrativen Marketing-Ansatz führt nun auch dazu, den Begriff der Kommunikationspolitik weiter zu fassen. Jede Einzelwirtschaft ist in einer arbeitsteiligen Gesellschaft nur durch ein umfassendes **Netz von Beziehungen** überlebensfähig. Zur Anbahnung, Pflege und zum Ausbau dieser

---

1 Vgl. hierzu auch: *Meyer* (1997), S. 431.

2 Vgl. z. B. *Mauer/Krämer/Becker* (1997), S. 252f.

3 Vgl. z. B. *Nieschlag/Dichtl/Hörschgen* (1988), S. 440 oder *Kotler/Bliemel* (1995), S. 908; anwaltsspezifischer auch bei *Schiefer/Hocke* (1996), S. 56f.

Beziehungen auf Absatz- und Beschaffungsmärkten sowie zur gesamten gesellschaftlichen, politischen und kulturellen Umwelt muß nun laufend Kommunikation betrieben werden.[4] Geschieht dies absichtlich und gezielt zur Unterstützung einzelwirtschaftlicher Funktionen, können diese kommunikativen Aktivitäten unter den Begriff der Kommunikationspolitik subsumiert werden. Fragen der Kommunikationspolitik beziehen sich damit sowohl auf gezielte Formen der **externen Kommunikation** (wie beispielsweise Werbung und PR) als auch auf Fragen der **unternehmensinternen** sowie der **interaktiven Kommunikation** im Rahmen eines Leistungserstellungsprozesses und sollten gerade nicht auf eine isolierte Unternehmens- bzw. Kanzleidarstellung nach außen reduziert werden. Kommunikationspolitische Überlegungen sind nicht nur in der Phase der Einleitung und Intensivierung von Geschäftsbeziehungen relevant, sondern betreffen vielmehr sämtliche Phasen von der Vorbereitung und Anbahnung über den Abschluß bis hin zur Realisierung von Geschäftsbeziehungen. Nicht zu vergessen ist schließlich die Kommunikation im Rahmen der **Nachbetreuung** von Kunden und Klienten.[5] Eine solch umfassende und weite Begriffsauslegung wird den folgenden Ausführungen zugrunde gelegt.

Obwohl gerade die spezifischen **Informationsbedürfnisse von Nachfragern** anwalt- 4
licher Dienstleistungen und die damit zusammenhängenden **Informationsbeschaffungsprozesse** außerordentlich interessant erscheinen, wurden kommunikationspolitische Überlegungen für anwaltliche Leistungsangebote bislang nur am Rande diskutiert. In Zusammenhang mit der leidenschaftlich geführten Kontroverse zum Anwalts-Werbeverbot hat allenfalls der Themenbereich **„klassische Anwaltswerbung“** verstärkte Aufmerksamkeit erfahren. Dies liegt nicht zuletzt in einer gewissen Skepsis des Berufsstandes gegenüber den Marketing-Instrumentarien im allgemeinen und den z. T. stark „ergebnis- bzw. verkaufsorientierten“ Maßnahmen der Marketing-Kommunikation im speziellen begründet.

II. Anwaltliche Dienstleistungen und Marketing

Die Wurzeln der Skepsis vieler Anwälte gegenüber den Möglichkeiten des Marketing 5
und die vielfach noch vorherrschende **Angst vor einer „Kommerzialisierung“** des Berufsstandes liegen tief. Eine berufsrechtliche Entscheidung aus dem Jahre 1923 macht dies besonders deutlich:

„Der Inhalt und eigentliche Zweck seiner Tätigkeit [der des Anwalts, Anm. d. Verf.] ist nicht die Erzielung wirtschaftlicher Werte, sondern die von hohem Idealismus getragene Erfüllung seines Berufes. Diese dem Stande vom Gesetz gegebene Sonderstellung legt ihm auch besondere Pflichten auf... Dies gilt insbesondere für jede Reklame, reklamehafte Werbung um Praxis, Ankündigung besonderer Fähigkeiten, Kenntnisse, Leistungen, Kundbarmachung des von ihm sonderlich betriebenen Spezialgebietes. Das mag allen Ständen und Berufen gestattet sein, deren Hauptzweck die Erzielung wirtschaftlicher Erfolge ist; einen Stand, der die gezeichnete Bedeutung und Sonderstellung hat wie der Anwaltsstand, würde derartige Handhabungen in der Achtung und Wertschätzung, ja in der Ehre heruntersetzen.“[6]

Diese aus heutiger Sicht doch etwas lebensfremde Einschätzung des Anwaltsberufes kann als wesentlicher Ursprung späterer Rechtsprechung zu den „verbotenen Methoden“ der gewerblichen Wirtschaft gewertet werden.[7]

Jeder Rechtsanwalt betreibt im Grunde immer auch in gewissem Umfang **Marketing.** 6
Dadurch nämlich, daß er mit seinen Klienten kommuniziert, seine Leistungen in bestimmter Art und Weise anbietet, seine Kanzleistandorte wählt oder seine Honorare festlegt und den Mandanten mitteilt. Allerdings geschieht dies im Anwaltsbereich immer noch zu selten im Rahmen einer bewußten und zielgerichteten marktorientierten Kanzlei-

[4] Vgl. *Schineis* (1992), S. 108.
[5] Vgl. *Fiala* (1998), S. 1134.
[6] EGH, Urt. v. 24. 2. 1923, EGH XVIII, 89 (92f.).
[7] Vgl. z. B. *Hartung/Holl-Römermann*, Vor § 6 BerufsO Rdn. 38ff. oder auch *Pluta* (1998), S. 1847f.

führung. Meist bedienen sich Anwälte eher **zufällig und intuitiv** gewisser Marketing-Maßnahmen und -Methoden, ohne daß sie sich selber darüber bewußt sind.

7 Obwohl die Gesamtnachfrage nach qualifizierter Rechtsberatung weiterhin wächst, nimmt der **Wettbewerbsdruck** aufgrund der überproportional steigenden Anbieterzahl laufend zu. Der Konkurrenzdruck für Anwälte steigt unter anderem deshalb an, da neben Rechtsanwälten auch andere Berufsgruppen wie Wirtschaftsprüfer, Verbraucherverbände, Steuerberater uvm. immer mehr dazu in der Lage sind, auch eine qualifizierte Rechtsberatung anzubieten.

8 Es wird für Anwälte also in Zukunft nicht mehr ausreichen, gute Beratungsarbeit zu erbringen. Vielmehr gilt es verstärkt, diese **Arbeit** auch für die Nachfrager am Markt **transparent** und **erkennbar** bekanntzumachen, zu kommunizieren. In der Konsequenz heißt dies schließlich auch für Anwälte ein aktives Marketing zu betreiben, sei es bei der Leistungserbringung selbst, über den Verkauf der Leistungen und über die Gestaltung des Preisgefüges hin bis zur Anbahnung und Pflege der Beziehungen im Rahmen des Marktes und des Marktumfeldes. Es gilt, die vielfach vorhandene **betriebswirtschaftliche Ignoranz** zahlreicher Anwälte zu überwinden und Defizite bei der Kenntnis und Anwendung unterschiedlichster Marketing-Maßnahmen zu beseitigen.

„Die Erkenntnis, daß die Rechtsanwaltschaft nur durch die eigene Beherrschung derartiger Methoden in Verbindung mit dem Angebot hochqualifizierter Beratung eine aktive und gewinnende Rolle am Markt spielen wird, nicht aber, indem sie sich hinter einer Paragraphenmauer aus Furcht vor der viel beschworenen Kommerzialisierung und der Übernahme durch große internationale Anwalts- oder Wirtschaftsprüfungsunternehmen zu verschanzen versucht, gewinnt in den letzten Jahren schrittweise an Boden.“[8]

Vor allem im Bereich der Anwaltswerbung, einem Spezialbereich der gesamten Kommunikationspolitik, hat sich in den letzten Jahren schon viel bewegt.

III. Anwaltliche Werbung und Kommunikation

9 Besonders deutlich wird die Skepsis vieler Anwälte gegenüber den Möglichkeiten des modernen Marketing und der marktorientierten Kommunikation anhand der leidenschaftlichen und emotionsgeladenen Diskussion zur **Zulässigkeit von anwaltlicher Werbung**, einem Spezialbereich anwaltlicher Kommunikation.

10 Als Advokaten im 17. und 18. Jahrhundert ihren Tiefstand im gesellschaftlichen Ansehen erlebten, sahen sich manche Landesfürsten zum Schutz ihrer Untertanen vor dem leichtfertigen Führen von Prozessen dazu gezwungen, entsprechende Gegenmaßnahmen zu ergreifen. Vielzitiert ist in diesem Zusammenhang die Fuldische Advocatenordnung von 1775, in der es Anwälten untersagt wurde „... auf dem Lande herumzuziehen, Prozesse zu werben, die Bauern aufzutrieben und bei ihnen zu zechen.“ Im 19. Jahrhundert finden sich dann Überlegungen, die das Werbeverbot nicht länger mit dem Schutz der potentiellen Mandanten, sondern mit der **Würde der Anwaltschaft** in Verbindung bringen.[9] Diese Auffassung durchzieht Gesetze und Rechtsprechung bis in die heutigen Tage. Betrachtet man die Entwicklung des anwaltlichen Werbeverbots in jüngerer Zeit genauer, wird jedoch rasch deutlich, daß in Wahrheit hinter der Betonung der Standeswürde häufig Bestrebungen eingesessener Anwälte stehen, sich vor neuen Anwälten zu schützen. Das Bekanntwerden neuer, jüngerer Anwälte, die Information über deren Qualifikation und Leistungen bedeutet also im Grunde **unliebsame Konkurrenz**.[10]

11 Großes Aufsehen erregte die Beurteilung der Standesrichtlinien zur Auslegung der Generalklausel des § 43 BRAO über die anwaltlichen Berufspflichten durch das Bundesverfassungsgericht in seinen Beschlüssen vom 14. Juli 1987. Die Einschätzung der

[8] *Hartung/Holl-Römermann*, Vor § 6 BerufsO Rdn. 52.

[9] Vgl. *Prinz* (1986), S. 87.

[10] Vgl. *Eylmann*, AnwBl. 1996, 481; *Rick*, Die verfassungsrechtliche Stellung des Rechtsanwalts, 1998, S. 160 m.w.N.

Richtlinien als rechtserhebliches Hilfsmittel wurde dort ausdrücklich aufgegeben und damit dem bislang geltenden, rigiden Werbeverbot der Boden entzogen. Es ist abzusehen, daß verstärkte Werbung zu mehr **aktivem Wettbewerbsverhalten** der Anwälte gegenüber anderen Anbietern auf dem Beratungsmarkt führen wird, und auch der Wettbewerb zwischen den Rechtsanwälten wird zunehmen. Dadurch kommt es zu einer verbesserten Anpassung an die **Bedürfnisse der Mandantenschaft** sowie zu einer zwangsläufigen **Erhöhung des Qualitätsniveaus** anwaltlicher Leistungen. Werbung erhöht die Transparenz auf dem Markt, da Qualifikationen und Leistungen durch gezielte Bekanntmachung auf das Marktgeschehen Einfluß nehmen. Die Furcht vor irreführender Werbung und Klientenfang scheint schon allein durch die Existenz der §§ 1,3 UWG und ihre weitgehende Auslegung durch die Rechtsprechung unbegründet.[11] Die BRAO enthält dennoch eine Bestimmung, die zwei weitere Bedingungen für die anwaltliche Werbung aufstellt, und verweist zur näheren Bestimmung der beruflichen und rechtlichen Pflichten auf die Berufsordnung.

Anhand des Spezialfalls Werbung wird also bereits eine Entwicklung hin zu mehr marktwirtschaftlichem Verhalten, zu mehr Wettbewerb und Mandantenorientierung deutlich. Es ist zu erwarten, daß diese Tendenz langfristig auch zu einer eher professionellen Gestaltung der gesamten anwaltlichen Kommunikationspolitik führen wird. 12

Im folgenden soll nun, ohne detailliert auf Kommunikationsmittel und -träger einzugehen, gezeigt werden, welche Bereiche neben der klassischen Werbung für eine erfolgreiche Kommunikation von Anwälten besonders entscheidend sind und wie sie unter Berücksichtigung zahlreicher gesellschaftlicher und berufsständischer Einschränkungen sinnvoll und zielorientiert gestaltbar sind. Vor allem der **interaktiven Kommunikation** im Rahmen der Dienstleistungserstellung kommt dabei eine entscheidende Bedeutung zu. Es wird deutlich werden, daß Kommunikation zur ‚Bekanntmachung und Vermarktung von Leistungsversprechen' nicht isoliert von einer möglichen Einhaltung und Erfüllung dieser Leistungsversprechen betrachtet werden sollte. Kommunikation eines Dienstleistungsanbieters und damit auch eines Anwalts ist nicht lediglich ein kundengerichteter Prozeß des externen Marketing, sondern weist deutliche Bezüge zu programmatischen Aspekten des Internen Marketing auf. 13

B. Betriebswirtschaftliche Besonderheiten anwaltlicher Dienstleistungen und Implikationen für die Kommunikationspolitik

I. Spezifika anwaltlicher Dienstleistungen

Dienstleistungen sind „angebotene Leistungsfähigkeiten, die direkt an externen Faktoren (Menschen oder deren Objekte) mit dem Ziel erbracht werden, an ihnen gewollte Wirkungen (Veränderungen oder Erhaltung bestehender Zustände) zu erreichen".[12] Auf eine detaillierte Auseinandersetzung und Abgrenzung dieses Dienstleistungsbegriffes mit anderen Auffassungen wird hier verzichtet.[13] Diese Definition beinhaltet **drei Elemente**, die jede Dienstleistung konstituieren und sie gleichzeitig von allen anderen wirtschaftlichen Versorgungsobjekten oder Wirtschaftsgütern abgrenzen: 14

1. **Direktes Angebot von Potentialen in Form von Leistungsfähigkeiten**
2. **Immaterialität der Dienstleistung in der Angebots- und in der Wirkungsphase**
3. **Integration von externen Faktoren in der Prozeßphase.**

[11] Vgl. z. B. *Hartung/Holl-Römermann*, Vor § 6 BerufsO Rdn. 60.
[12] *Meyer* (1990), S. 179.
[13] Dazu *Meyer* (1990), S. 179ff. und *ders.* (1983), S. 5ff. u. S. 59ff.

15 Obwohl das Dienstleistungsangebot von verschiedensten Anwälten sehr differenziert ausfallen kann und sich beispielsweise die Tätigkeitsbereiche von Scheidungsanwälten, Insolvenzverwaltern, Patentanwälten oder Strafverteidigern deutlich unterscheiden, besteht die Anwaltsaufgabe im **Kern** dennoch darin, zur **Entscheidungsfindung eines Klienten** durch rechtliche Beratung beizutragen und diesen bzw. dessen Interessen zu vertreten, d. h. für den Mandanten und im Rahmen von dessen Willen zu handeln.[14] Die anwaltliche Leistung ist damit im Kern eine **spezielle Dienstleistung**, der eine etwas eigentümliche **Nutzenstiftung** zugrunde liegt. Diese besteht im Regelfall in der Beseitigung oder Vermeidung einer Beeinträchtigung von Rechtswerten. Im Grunde läuft damit die Nutzenstiftung auf eine Befreiung von potentiellen oder aktuellen Nutzenbeeinträchtigungen anderer Art hinaus. Aus **Mandantensicht** ist damit das Ergebnis der Anwaltsleistung häufig eine Art **Fehlerkorrektur** oder **Rückkehr zur eigentlichen Normalität**. Für das Nachfragerverhalten bedeutet dies, daß sich ein Bedürfnis nach Anwaltsleistungen oft erst dann einstellt, wenn rechtliche Probleme offensichtlich, also bewußt geworden sind.[15]

16 Wie für alle Dienstleistungen gilt in besonderer Weise für anwaltliche Dienstleistungen eine **eingeschränkte Reversibilität** möglicher Fehlwirkungen. Diese Folgewirkung kann für den Klienten von erheblicher Bedeutung sein. Typisch für anwaltliche Dienstleistungen ist somit häufig eine hohe persönliche Betroffenheit und ein vergleichbar hohes Risiko. Damit sind anwaltliche Leistungen i. d. R. durch ein hohes persönliches Involvement geprägt.[16]

17 *Meyer* weist im Zusammenhang mit anwaltlichen Leistungen vor allem auf die Dominanz eines spezifisch **personengebundenen Produktionsfaktors** sowie auf den hohen Komplexitäts- und Divergenzgrad der Leistung hin:

18 Die anwaltliche Dienstleistung wird wesentlich geprägt durch das fachliche Wissen und Können der leistungserbringenden Personen, also der Anwälte. Die personengebundene erfahrungs- und wissensbasierende **Leistungsfähigkeit des Anwalts** ist damit der **Schlüsselfaktor** der gesamten Faktorenkombination. Die Besonderheit dieses adjunktiven, immateriellen Produktionsfaktors im Vergleich zu anderen adjunktiven, immateriellen **Produktionsfaktoren** wie Standort oder Kundenstamm liegt nun darin, daß er rein personengebunden ist, d. h., sein Wert „haftet" am Anwalt selbst.[17] Die Qualität dieses prägenden **Produktionsfaktors** ist damit stark abhängig von der ursprünglichen Ausgangsqualifikation sowie von der Entwicklungs- bzw. Diffusionsgeschwindigkeit neuen Wissens. Der Produktionsfaktor hat damit nur eine begrenzte Haltbarkeit, unterliegt der laufenden Obsoleszenz und bedarf einer **permanenten Aktualisierung**.[18]

19 Juristische Beratungstätigkeiten sind darüber hinaus typische **Glaubens- bzw. Vertrauensgüter**. Diese Güterart ist vom Nachfrager aufgrund ihrer Komplexität und meist mangelnder Fachkenntnisse schwer zu beurteilen und ruft daher verständlicherweise nicht selten ein Gefühl der Unsicherheit hervor. Nachfrager versuchen in diesem Fall zur Unsicherheitsreduktion von äußerlich sichtbaren Informationssignalen auf die Qualität der eigentlichen Leistung zurückzuschließen.[19]

20 Zusammenfassend läßt sich aus der besonderen Natur der anwaltlichen Leistung und vor allem auch aufgrund des immanenten, hohen Komplexitäts- und Divergenzgrades ein **hoher Informationsbedarf der Nachfrager** ableiten. Aufgrund des besonderen Vertrauenscharakters und den hohen Anforderungen an Wahrheitsgehalt und Klarheit von leistungsbezogenen Informationen ergeben sich besondere Konsequenzen für die Kommunikationspolitik, die nachfolgend näher betrachtet werden sollen.

---

[14] *Zwanziger* (1998), S. 26.
[15] Zusammenfassend vgl. z. B. *Hocke* (1989), S. 161.
[16] Vgl. *Meyer* (1989), S. 239f.
[17] Vgl. *Meyer* (1989), S. 148.
[18] Vgl. *Meyer* (1989), S. 156f.
[19] Vgl. *Meyer* (1989), S. 164f.

II. Konsequenzen für die Kommunikation

21 Wie bereits angedeutet, ist eine **asymmetrische Informationsverteilung** aufgrund der Wissensdistanz zwischen Anwalt und Nachfrager eine wesentliche Ursache für Unsicherheiten über Qualität und Angemessenheit der versprochenen Leistung sowie ihres Preises auf seiten des Nachfragers. Die Anwaltsleistungen sind geprägt durch einen hohen Vertrauens- und Glaubenscharakter; es fehlt ihnen ein **eigentlicher Besitzwert**. Damit fehlt ihnen auch ein eigener werblicher Aufforderungscharakter, d. h., sie werben nicht durch sich allein, vielmehr begründen sie einen abgeleiteten Wert (Folgenutzen) in Form ihrer Folgewirkung. Da nicht nur Dienstleistungen selbst, sondern auch wesentliche Leistungsbestandteile der Dienstleistung (Leistungsfähigkeits- und Bereitschaftskomponenten, z. B. Wissen, Erfahrung und Einsatzwillen des Dienstleisters) immateriell und damit für den Nachfrager nicht greifbar sind, zeichnet Dienstleistungen und anwaltliche Leistungen im speziellen eine große **Kommunikationsarmut** bei gleichzeitig bereits festgestelltem, hohem **Informationsinteresse der Nachfrager** aus.

22 Um fehlendes Sachwissen beim Nachfrager und die große Wissensdistanz zum Leistungsanbieter auszugleichen, empfiehlt sich daher im Rahmen der anwaltlichen Kommunikation ein deutliches **„Signaling" der Leistungskompetenz**. Aus der Qualitätsforschung im Dienstleistungsbereich ist bekannt, daß Nachfrager die technische Qualität („fachmännische Erstellung") von Dienstleistungen mit zunehmender Komplexität und damit zunehmender Intransparenz dieser Leistungen immer weniger beurteilen können (z. B. Ingenieurdienstleistungen, Anwaltsleistungen; im Gegensatz zu weniger komplexen Diensten wie Transportdienste) und daß dementsprechend zur Qualitätseinschätzung **Ersatzindikatoren** herangezogen werden. Diese **Ersatzindikatoren** werden durch Klienten als Information von und über Dienstleistungsanbieter gewertet; übernehmen also mehr oder weniger unfreiwillig Kommunikationsfunktionen. Wesentlich wird damit die Gestaltung dieser Ersatzindikatoren bzw. dieser **Qualitätssignale**. Klienten benutzen alles Sichtbare, Hörbare, Fühlbare etc. als Indikatoren für die schwer beurteilbare Anwaltsleistung. Bereits die Zeitschriftenauswahl im Wartezimmer zeigt an, ob man den Klienten beispielsweise auch hier ein „Mehr" an Service bieten möchte. Das „... Gesamturteil über Anwalt, Kanzlei und Anwaltsleistung ist eine subjektive Zusammenfassung von Einzelbeurteilungen in Form von Einzelbildern, -eindrücken und -erlebnissen".[20]

23 *Meyer* führt folgende typische Ersatzindikatoren auf:[21]

- **Individuelle und vertrauensbildende Kommunikation des Anwalts gegenüber dem Mandanten,**
- **freundliche und verbindliche Kommunikation der Mitarbeiter,**
- **gut organisierter Kanzleiablauf,**
- **ansprechend gestaltetes Kanzleiumfeld,**
- **klientenfreundliche Atmosphäre,**
- **klientengerechte mündliche und schriftliche Information.**

24 In der Wahrnehmung und Einschätzung der Bedeutung dieser Qualitätssignale besteht allerdings häufig ein eklatanter Unterschied zwischen den Nachfragern, den Klienten als fachlichen Laien und den Anbietern solcher Leistungen: Erstere überschätzen oft die Bedeutung von **Touch-Quality-Faktoren**, letztere unterschätzen oft ihre Bedeutung und überschätzen dafür **Tech-Quality-Faktoren**. In diesem Zusammenhang kann deshalb nicht nur von einer Informationsasymetrie, sondern auch von einer **Wahrnehmungsasymetrie** wesentlicher Qualitätsfaktoren gesprochen werden.[22]

[20] *Meyer* (1989), S. 242.
[21] Vgl. *Meyer* (1989), S. 242.
[22] Vgl. *Meyer* (1998), S. 1069.

25 Einige Beispiele für Indikatoren der Dienstleistungs- und im speziellen der anwaltlichen Dienstleistungsqualität sind in nachfolgender Abbildung dargestellt:

Qualitätsfaktoren als Ansatzpunkte zur Beeinflussung der Kundenzufriedenheit

Qualitätsdimension: Teilqualitäten:	Tech-Dimension	Touch-Dimension
Potentialqualität (Erwartete Qualität)	• Markenbezug (Leistungsspektrum), • Fachkompetenz (Ausbildung), • Technische Ausstattung (Arbeitsmittel), • Gütezeichen, • Tech-Servicestandards (hard factors) (hard factors) etc.	• Bekanntheitsgrad, Erscheinungsbild, • Gestaltung der Gebäude, • Persönlichkeit, Auftreten und Aussehen des Personals, • Referenzen und Auszeichnungen, • Touch-Servicestandards (soft factors) etc.
Prozeßqualität (Erfahrene Qualität)	• Technische Fertigkeiten, • Formaler Leistungsablauf, • Zeitdauer etc.	• Erreichbarkeit, • Einstellung und Verhalten des Personals (Dienstleistungskultur), • Atmosphäre, Betriebsklima etc.
Ergebnis- und Wirkungsqualität (Erhaltene Qualität)	• Funktion/Ergebnisse, • Dauerhaftigkeit, Nachhaltigkeit, • Folge, Folgeleistungen etc.	• Erklärung der Leistung, • Kommunikative Nachbetreuung, • Beschwerdeverhalten etc.

Abbildung 1: Beispiele für Indikatoren der Dienstleistungsqualität

26 Im Sinne einer mandantengerichteten Kommunikationspolitik sollte die Gestaltung dieser „Qualitätsfaktoren" berücksichtigt werden. Verstöße gegen das UWG, BRAO oder die BerufsO sind nach sorgfältiger Prüfung kaum zu erwarten.

27 Interessant ist in diesem Zusammenhang, daß eine Reihe **gesetzlich garantierter „Qualitätsfaktoren"** vielen Mandanten gar nicht bekannt und bewußt sind. So zählen zu den gesetzlichen Vorgaben beispielsweise:[23]
- Anwaltliche Unabhängigkeit und Objektivität,
- Verschwiegenheitspflicht,
- Verbot der Wahrnehmung widerstreitender Interessen,
- Risikoabsicherung der Mandanten durch Berufshaftpflicht und Berufshaftpflichtversicherung,
- Sicherungsinstrumente gegen Veruntreuung von Fremdgeldern,
- Zeugnisverweigerungsrecht und Beschlagnahmefreiheit von Unterlagen im Mandanteninteresse,
- Berufs- und Standespflichten,
- Gebührenordnung.

28 Die institutionellen Rahmenbedingungen sind also für Mandanten vielfach positiv, ohne daß dies der Öffentlichkeit allgemein bewußt ist. Die Qualitätssiegel anwaltlicher Arbeit werden kaum und viel zu selten offensiv herausgestellt. Dabei ist das Vertrauen, die Qualität, Seriosität und Unabhängigkeit der anwaltlichen Leistung die unverzichtbare Grundlage und der Kern des anwaltlichen Dienstleistungsangebots.[24]

29 Es kann also festgehalten werden, daß sämtliche Äußerungen und Verhaltensweisen des Anwaltes kommunikative und auch **werbliche Wirkungen** entfalten. Gespräche mit Mitarbeitern, Kanzleiausstattung, Briefbögen, sprachliche Formulierungen in schriftlicher und mündlicher Form, die Art der Kunden, aber auch die Betätigung des Anwalts in Vereinen, Bürgerinitiativen und sonstige Auftritte in der Öffentlichkeit werden von (potentiellen) Mandanten und Klienten wahrgenommen und laufend interpretiert.

[23] Vgl. *Winters* (1990), S. 96.
[24] Vgl. *Winters* (1990), S. 96.

Als generelle **Qualitätseinschätzungskriterien** kommen dem **Preis** und dem Anbieter- bzw. **Kanzleiimage**[25] als Leit- bzw. Schlüsselfaktoren zur Erwartungsbildung und Verhaltensbeeinflussung eine noch deutlich **stärkere Bedeutung** zu als im Konsumgütermarketing.[26] Dies sollte im Rahmen der Kommunikationspolitik für Anwälte natürlich berücksichtigt werden. So ist ein Rückzug auf gesetzlich festgelegte Gebühren im Grunde ein Scheinargument. Auch hier besteht trotz Einschränkungen immer Spielraum für Marketingmaßnahmen, z. B. Vereinbarung von Pauschalhonoraren, Sonderhonoraren oder günstigen Zahlungskonditionen, Abgabe von Kostenvoranschlägen, Vereinbarung von Zeithonoraren, Budgetvereinbarungen, Bekanntgabe von Gebührenaufstellungen uvm. Wesentlich ist schließlich auch die Frage, wie dem Klienten die Honorarforderung kommuniziert und begründet wird: Er soll das Honorar nicht nur bezahlen, sondern es vor allem auch als angemessen empfinden und akzeptieren.[27] 30

Neben Preisinformationen sollten auch **Informationen über berufliche Qualifikationen**, Erfahrungen, Sonderkenntnisse (z. B. Fremdsprachen), Spezialisierungen, Kanzleistrukturen, Kooperationen, uvm. kommuniziert werden. Daneben ist das Informationsangebot über technischen Angaben und Service-Leistungen, wie z. B. Öffnungszeiten, Urlaubsabwesenheiten, Parkmöglichkeiten, Telefonhotline oder etwaige Kinderbetreuungsmöglichkeit, nicht zu vergessen. 31

Grundsätzlich konnte *Köhler* bereits vor über zehn Jahren zeigen, daß für Angebote mit, wie oben bereits dargestellt, hohem Involvement vor allem ein informativer Werbe- und Kommunikationsapproach erfolgversprechend scheint.[28] 32

Neben den aufgezeigten inhaltlichen Schwerpunkten der Kommunikationspolitik ergeben sich auch eine Reihe formaler Konsequenzen, die vornehmlich Fragen des zeitlichen und örtlichen **Einsatzes von Kommunikation** betreffen. 33

Aus den Besonderheiten bei der Dienstleistungserstellung ergibt sich beispielsweise, daß Dienstleister aufgrund fehlender Möglichkeit zur **Vorratsproduktion** nur die Wahl zwischen dem Angebot von leistungsbereiten internen Faktoren oder dem Wartenlassen bzw. der „Vorratslagerung" von integrationsbereiten externen Faktoren haben. Das Wartenlassen der Klienten bedeutet aber für die Nachfrager stets keine sofortige Bedürfnisbefriedigung und ist mit einer zeitlichen Überlassung von sich selbst verbunden. Diese Zeit kann nun gerade auch von Anwälten auf vielfältige Weise kommunikativ genutzt werden, z. B. für Werbe- bzw. Informationszwecke während des Aufenthalts im Wartezimmer eines Anwalts. Die Überbrückung der Wartezeit kann natürlich auch für unterhaltende Kommunikation zur Verkürzung der Wartezeit (z. B. Musikeinspielungen) genutzt werden. 34

Die Leistungen einer Anwaltskanzlei können i. d. R. nicht auf Vorrat erstellt werden. Bei Unterauslastung der Kanzlei entstehen betriebswirtschaftliche Leerkosten, bei einer Überauslastung negative Auswirkungen auf die Klienten. Der Kommunikation kommt damit die Aufgabe zu, eine zeitliche, quantitative und sachliche **Nachfragesteuerung** nach Möglichkeit zu unterstützen.[29] Angebotsbezogene bzw. nachfragebezogene Maßnahmen zur Reduktion von Beschäftigungsschwankungen sind zur Vermeidung von Leerkosten bzw. optimalen Potentialausschöpfung für Dienstleister und auch für Anwälte von großer Bedeutung. *Corsten* legt hierzu umfangreiche Maßnahmenkataloge vor.[30] Die Berücksichtigung der Zeitkomponente ist somit ein wesentlicher Faktor im Rahmen von Kommunikationsmaßnahmen für Dienstleistungen. Auch die Standortwahl und Ausgestaltung der Kanzlei sind aufgrund der Immobilität der Dienstleistung von hoher Bedeutung.[31] Zur 35

---

[25] Welches oft mit dem persönlichen Image einer einzelnen dienstleistenden Person identisch ist.
[26] *Stauss* (1989), S. 49.
[27] Vgl. *Winters* (1990), S. 221.
[28] Vgl. *Köhler* (1988), S. 190.
[29] Vgl. *Meyer* (1988), S. 348.
[30] *Corsten* (1984), S. 365 ff.
[31] Vgl. *Meyer* (1989), S. 242.

Überbrückung von Distanzen und zur Mobilisierung der Mandanten können gelungene kommunikative Maßnahmen, z. B. via Internet, ebenfalls wichtige Beiträge leisten.

36 Insgesamt bietet eine an den Erfordernissen der Kanzlei und der (potentiellen) Mandanten ausgerichtete Kommunikationspolitik eine Reihe von Vorteilen. Umfassende, problembezogene Information ermöglicht eine **bessere Selektion von Nachfragern** entsprechend den Fähigkeiten und Möglichkeiten des Anbieters. Auch kann, wie angedeutet, durch Kommunikation in gewisser Weise eine zeitliche, quantitative und sachliche Nachfragesteuerung unterstützt werden. Über- und Unterauslastung können auf diese Weise eher vermieden werden. Nicht zuletzt ermöglicht eine gelungene Kommunikationspolitik eine bessere Integration und Mitarbeit der Klienten. Vertrauensbildende und qualitätsdemonstrierende Maßnahmen gegenüber den Mandanten werden dadurch vielfach erst möglich.[32]

37 Schließlich gilt es zu bedenken: Die wichtigsten Multiplikatoren und Informationsträger von Anwälten sind ihre **Mandanten** selbst. Ihre **Funktion als Multiplikatoren** können sie jedoch nur erfüllen, wenn sie vollständig über das Dienstleistungsangebot der Kanzlei informiert sind. Damit sind Praxisbroschüren, Mandanten-Mailings und Mandanten-Veranstaltungen (wie z. B. Vernissagen) nicht nur Maßnahmen der Kundenbindung, sondern auch Mittel zur indirekt-mittelbaren Kommunikation mit neuen potentiellen Klienten.[33]

38 Zusammenfassend ergeben sich aus den **betriebswirtschaftlichen Besonderheiten** der anwaltlichen Leistungen vor allem folgende Implikationen:[34]

- Die Kommunikation über die anwaltliche Dienstleistung beeinflußt die Qualität bzw. Qualitätswahrnehmung der Leistung.
- Die Kommunikation über anwaltliche Leistungen dient der passenden Anwaltswahl, der optimalen Einordnung des Klienten in den Kanzleiablauf, der Bestätigung der passenden Anwaltswahl, der besseren Identifizierung mit der Kanzlei sowie der Steigerung des Vertrauens in den gewählten Anwalt und die entsprechende Kanzlei.
- Die anwaltliche Leistung ist immateriell und in hohem Maße für den Klienten intransparent. Die Kommunikation über die Leistung reduziert sich damit auf verbale Qualitätsversprechen, das Arbeiten mit Assoziationen und die Wirkung von Ersatzqualitätsindikatoren.
- Die Kommunikation über anwaltliche Leistungen erhöht die Chancengleichheit zwischen sozial höher und niedriger stehenden potentiellen Nachfragern. Auch erhöht sich die Chancengleichheit zwischen Anwälten und sonstigen Anbietern von rechtsberatenden Dienstleistungen (Beratungskonkurrenz erfordert Kommunikationskonkurrenz!).
- Anwaltliche Kommunikationspolitik sollte neben der Ansprache von bestehenden Klienten auch Kommunikation mit Nichtkunden und die Kommunikation mit ehemaligen Klienten umfassen. Zudem sollten auch die Möglichkeiten von kollektiver Kommunikation (z. B. im Rahmen von Anwaltsvereinigungen) berücksichtigt werden.

III. Empirische Ergebnisse

39 Die vorliegenden empirischen Ergebnisse stützen die oben genannten theoretisch abgeleiteten Implikationen. Beispielsweise *Murray* hat die Ergebnisse unterschiedlicher Untersuchungen zur Informationsbeschaffung von Dienstleistungs-Nachfragern zusammengefaßt und überprüft: Auf der Basis von 256 auswertbaren Experimentalsituationen, in welchen für je drei Objekte mit unterschiedlich hohem Dienstleistungsanteil Nachfragesituationen untersucht wurden, kommt *Murray* im Vergleich zur Sachgüternachfrage hinsichtlich des Informationsverhaltens bzw. der Informationsbedürfnisse von Dienstleistungs-Nachfragern zu folgenden Ergebnissen:[35]

---

[32] Vgl. *Meyer* (1989), S. 240ff.
[33] Vgl. *Winters* (1990), S. 223.
[34] Vgl. *Meyer* (1991), S. 12f.
[35] *Murray* (1991), S. 10ff.

- Vergleichsweise ausführlicherer Informationsbeschaffungsprozeß vor der Nachfrageentscheidung für Dienstleistungen als für Sachgüter.
- Höhere Präferenz für persönliche Informationen durch Mitarbeiter von Dienstleistungs-Unternehmen als für unpersönlich vermittelte Informationen.
- Bevorzugung und größeres Vertrauen sowie höhere Wirkung von persönlichen, vom Anbieter unabhängigen Informationen, z. B. durch Meinungsführer und Referenzgruppen.
- Vergleichsweise geringe Bedeutung von Beobachtungen oder Tests von Dienstleistungen als Strategien zur Risikominderung bei der Nachfrageentscheidung.
- Erfahrene Dienstleistungsnachfrager vertrauen vergleichsweise mehr auf innere Informationsquellen (z. B. Erfahrung, Wissen) als Produktnachfrager.

Zu sehr ähnlichen Ergebnissen kommen die empirischen Untersuchungen zur Kommuni- 40
kation von professionellen Dienstleistungen bzw. Anwaltsleistungen in der Bundesrepublik Deutschland.[36] Diese ergeben darüber hinaus aufgrund der standesrechtlichen Werbeeinschränkungen und zögerlichen Werbeverhaltens noch sehr hohen **ungedeckten Informationsbedarf der Nachfrager** bei gleichzeitig geringer Einschätzung der Bedeutung der Kommunikation durch die Anbieter dieser Dienstleistungen. Zudem sind häufig noch die vielzitierten negativen Einstellungen der Freiberufler selbst gegenüber Werbemaßnahmen von Berufsangehörigen empirisch nachweisbar.

Eine empirische Untersuchung von *Kaas* und *Schade* liefert speziell für die Unterneh- 41
menskommunikation von **Unternehmensberatungen** interessante Ergebnisse, die sich mit entsprechenden Einschränkungen auch auf Anwaltsleistungen übertragen lassen. Die Auswertung von 195 Fragebögen mit einer fünfstufigen Ratingskala, beantwortet von Beratern der Geschäftsführungsebene und Klienten (ebenfalls aus der oberen Managementebene), zeigt folgendes Bild: Für Klienten stellt der **gute Ruf**, den ein Unternehmensberater für bestimmte Funktionsbereiche aufgebaut hat, das wichtigste Kriterium für eine Kontaktaufnahme dar, gefolgt von dessen **Branchenreputation** und dem **Beratungsangebot**. Wichtig ist zudem die **persönliche Bekanntschaft**, **Empfehlung** durch Geschäftsfreunde und die **Unabhängigkeit** des Beraters. An siebter Stelle von insgesamt 14 vorgegebenen Kategorien steht die Empfehlung von anderen Unternehmen. Die Unternehmensberater selbst schätzen die Situation ähnlich ein und stufen dieselben Kriterien als relevant ein, allerdings in einer etwas anderen Reihenfolge.[37]

Für Anwälte können aufgrund der teilweise ähnlich gelagerten Dienstleistung entspre- 42
chende Ergebnisse erwartet werden. Empirische Untersuchungen scheinen damit die oben dargestellten Zusammenhänge weiter zu stützen.

IV. Allgemeine Regeln für die Kommunikationspolitik

Auf Basis der Besonderheiten für die Kommunikation von Dienstleistungen können 43
einige, nachfolgend erläuterte, **zentrale Richtlinien für die Kommunikationspolitik** von Dienstleistungs-Anbietern formuliert werden:[38]

- **Beachtung der internen Wirkungen der Absatzkommunikation.**
- **Initiierung und Nutzbarmachung von Weiterempfehlungen.**
- **Greifbare und sichtbare Leistungsbeweise bieten, überprüfbare und erfüllbare Leistungsversprechen kommunizieren.**
- **Fehlstreuungen und Streuverluste in der Kommunikation vermeiden. Sie beeinträchtigen das Dienstleistungserlebnis.**
- **Verständlichmachung der Dienstleistung.**
- **Image- und Markenbildung durch kommunikative Konstanz.**

[36] *Meyer* (1989), S. 265ff. oder auch *Köhler* (1988).
[37] *Kaas/Schade* (1995), S. 1075.
[38] *George/Berry* (1981), S. 52ff.; *Grönroos* (1990), S. 166ff. und *Meyer* (1983), S. 100ff.

44 **Interne Wirkung der Absatzkommunikation:** Alle nach außen gerichteten Massenkommunikations- und viele andere Kommunikationsmaßnahmen haben neben den beabsichtigten primären Wirkungen bei den externen Zielgruppen (potentielle und tatsächliche Klienten) auch **Ausstrahlungseffekte** auf die Mitarbeiter im Kunden- bzw. Klientenkontakt und können deshalb auch dazu dienen, Mitarbeiter für eine bessere Erbringung ihrer Dienstleistung zu motivieren. Beispielsweise können Veranstaltungen mit intendierter externer Kommunikationswirkung, wie Vernissagen oder das Sponsoring von Kunstveranstaltungen durch Anwälte, auch positive Wirkungen (wie Stolz, Stärkung der Identifikation, Spaß) bei den Kanzleimitarbeitern hervorrufen.[39]

45 **Initiierung und Nutzbarmachung von Weiterempfehlungen:** Die Glaubwürdigkeit und die Bedeutung von Mund-zu-Mund-Werbung ist im Dienstleistungsbereich – wie bereits ausgeführt – für unerfahrene Nachfrager besonders groß. *Grönroos* gibt als Richtgröße auf Basis nicht zitierter Quellen an, daß schlechte Erfahrungen mit Dienstleistungen bzw. Dienstleistungsanbietern von einem Nachfrager an rund 12 andere Personen weiterkommuniziert werden, während positive Erfahrungen bzw. Erlebnisse etwas weniger häufig weiterkommuniziert werden.[40] Da ähnliche Zahlen auch für den Anwaltsbereich angenommen werden können, sollte die **Mund-zu-Mund-Werbung** sehr ernst genommen und vor allem durch geeignete Maßnahmen unterstützt werden. Dazu können Werbematerialien wie Informationsschriften, gezielte Meinungsführer- und Referenzgruppen-Maßnahmen, gezielte Förderung der Mund-zu-Mund-Werbung durch Incentives, aber auch die Kommunikation mit Referenzen oder Testimonials eingesetzt werden.

46 **Greifbare und sichtbare Leistungsbeweise bieten, überprüfbare und erfüllbare Leistungsversprechen kommunizieren:** Wie festgestellt, nutzen Dienstleistungsnachfrager alles, was sie vor, während und nach der Dienstleistung hören, riechen, fühlen, sehen und schmecken können, als Signale zur Konkretisierung von Dienstleistungen. Diese Signale sollten bewußt in der Kommunikation genutzt werden. Sie können als demonstrative Leistungs- und Qualitätsbeweise für die Dienstleistung dienen. Die Möglichkeiten, derart Qualität zu demonstrieren, sind, wie gesehen, auch im Anwaltsbereich zahlreich.

47 Besonders interessant ist in diesem Zusammenhang die Aufstellung und Kommunikation von sogenannten **„Service-Standards"**, deren Erfüllung sowohl der Kunde als auch das Management der Mitarbeiter im Kundenkontakt überprüfen können. Für Anwälte denkbar wären hier u. U. „garantiert kurze Wartezeiten".

48 Erhebliche Diskrepanzen zwischen erwarteter Dienstleistungsqualität und erfahrener Dienstleistungsqualität führen zu Unzufriedenheit bei Kunden oder Klienten und können in der Folge auch in Beschwerden münden. Gerade die **negative Mundwerbung** unzufriedener Beschwerdeführer kann dabei dem Geschäfts- bzw. Kanzleiimage erheblichen Schaden zufügen.[41] Bei Zufriedenheit nach servicebezogenen Beschwerden sprechen sie durchschnittlich mit 10 Personen über ihr positives Erlebnis; Unzufriedenheit nach servicebezogenen Beschwerden führt zum Weitererzählen dieses negativen Erlebnisses an ca. 17 Personen.

49 Für die Kommunikationspolitik bedeutet dies eine **aktive Beschwerdestimulierung**. Da die Mandantenzufriedenheit im Anwaltsbereich sehr stark vom Ausgang möglicher Prozesse abhängt, erscheint das Thema Beschwerdemanagement hier ein wenig ungewohnt. Dennoch ist die Qualitätswahrnehmung von einer Vielzahl von Faktoren abhängig, und nur durch den laufenden Dialog mit z. T. sicherlich auch unzufriedenen Mandanten sind mögliche Schwachstellen aufzudecken.

---

[39] Vgl. z. B. *Hermsen* (1997), S. 156 oder *Duhme* (1986), S. 35.

[40] Vgl. *Grönroos* (1990), S. 160.

[41] Vgl. *Hansen/Jeschke* (1991), S. 211.

Fehlstreuungen und Streuverluste in der Kommunikation beeinträchtigen das Dienstleistungserlebnis: Fehlstreuungen in der Kommunikation erhöhen die Gefahr von Unzufriedenheiten mit der Dienstleistung sowohl bei der anvisierten Zielgruppe als auch bei den durch die Fehlstreuung erreichten anderen Marktsegmenten. Unzulänglichkeiten bei der Zielgruppenbestimmung, der Mediaplanung für die Kommunikation etc. können bei Dienstleistungen dazu führen, daß nicht nur die „richtigen", sondern auch „falsche" Kunden angesprochen werden und sich für die Nachfrage der angeboten Dienstleistung entscheiden.[42] 50

Verständlichmachung der Dienstleistung: Wie oben erwähnt, erschwert die Abstraktheit und Komplexität ihre exakte Definition. Nicht nur greifbare und sichtbare Leistungsbeweise, sondern überprüfbare und erfüllbare Leistungsversprechen können hier eine Verbesserung darstellen, vor allem aber auch die Verständlichmachung der Dienstleistung durch möglichst konkrete Bilder und eine bildhafte Sprache. *Legg/Baker* sprechen in diesem Zusammenhang von der **Strategie der kommunikativen „Lebendigmachung"** („Vividness") bzw. „Dramatisierung" („Dramatizing") von Dienstleistungen.[43] Gerade das komplexe Prozeß- und Verhandlungsgeschehen dürfte nach einer ausführlichen und verständlichen Darstellung verlangen. 51

Image- und Markenbildung durch kommunikative Konstanz: Die fehlende eigenständige raum-zeitliche Existenz von Dienstleistungen und die erläuterte besondere Bedeutung von vertrauensbildenden Maßnahmen durch Kommunikation für Dienstleistungen führen zu einer besonderen Betonung von Fragen der Image- und Markenbildung im Dienstleistungsbereich. 52

Wegen der Immaterialität ist eine **Markierung** (Anbringung eines Markenzeichens) der Dienstleistung selbst nicht möglich. Ersatzweise bieten sich als **Markenzeichenträger** alle materiellen internen Kontaktsubjekte (z. B. Kleidung der Mitarbeiter) und -objekte (z. B. Gebäude, Werkzeuge, Fahrzeuge, Einrichtungsgegenstände, Schulungsunterlagen) sowie in manchen Bereichen sogar die Kunden selbst (man denke z. B. an Cluburlauber mit T-Shirts) bzw. deren Objekte (wie Skier nach einer Skireparatur), an. Im Falle der Anwaltsleistung sind hier selbstverständlich die Einschränkungen der Berufsordnung zu berücksichtigen. 53

Da eine markentypische, gleichbleibende oder verbesserte Qualität von Markenleistungen wegen der leistungsinhärenten Qualitätsschwankungen und Standardisierungsprobleme sowie der Qualitätsmitbeeinflussung durch die Nachfrager und andere Beteiligte nicht 100%ig garantierbar ist, sind die Anforderungen an die Markenkommunikation von Dienstleistungs-Unternehmen besonders hoch. Der Schwerpunkt der Kommunikation muß in erster Linie auf der **Herausstellung der besonderen Leistungsfähigkeiten**, der hohen Qualifikation, der großen Zuverlässigkeit und Erfahrung der internen Faktoren zur Herausbildung eines Vertrauensverhältnisses bei den Dienstleistungsnachfragern liegen. Der fehlende markenprägende Charakter eines standardisierbaren und markierbaren Produktes bedeutet für die Kommunikation von Dienstleistungs-Unternehmen **Visualisierung** und **Penetration des Markenzeichens** und -bildes („Namhaftmachung") und insbesondere Konstanz und Koordination aller markenprägender Kommunikationsmaßnahmen.[44] Angesichts der Vergänglichkeit von Dienstleistungen, ist dabei die Konstanz der Kommunikation im Zeitablauf (Kontinuität) von besonders herausragender Relevanz.[45] 54

---

[42] Vgl. *Meyer* (1983), S. 89f.
[43] Vgl. *Legg/Baker* (1987), S. 163.
[44] Vgl *Meyer* (1983), S. 97ff.
[45] Vgl. *George/Berry* (1981), S. 55ff.

C. Ausgewählte Gestaltungsaspekte einer umfassenden Kommunikationspolitik für anwaltliche Dienstleistungen

I. Vorbemerkungen

55 Ein Großteil der Tätigkeit eines Anwalts bezieht sich auf persönliche Kommunikation.[46] Dabei geht es im Kern der Anwaltstätigkeit darum, die Probleme der Mandanten oder Klienten im Gespräch zu erfassen und gemeinsam Lösungen zu finden, mit Gerichtsinstanzen zu kommunizieren oder Konflikte im Vergleichswege zu lösen. „Grabenkämpfe, Unzufriedenheiten, Motivations- und Integrationsprobleme sind tägliche Problemstellungen . . .",[47] denen sich Anwälte stellen müssen. Gleichwohl wird Kommunikationsfähigkeit und Konfliktlösungskompetenz im Rahmen der juristischen Ausbildung i. d. R. nicht oder kaum geschult,[48] und auch in der anwaltsspezifischen Marketingliteratur sind qualifizierte Auseinandersetzungen mit wichtigen Bereichen der persönlichen Kommunikation noch stark unterrepräsentiert. Im folgenden sollen die auch für anwaltliche Dienstleistungen wesentlichen Bereiche der Mitarbeiter- und Interaktiven Kommunikation näher betrachtet werden:

II. Interaktive Kommunikation

56 Damit Anwälte ihr Verhältnis zu und damit den Umgang und die Kommunikation mit Mandanten und Klienten bestimmen können, ist ein **geklärtes Berufsverständnis** notwendig. Nach §§ 1 und 3 Abs. 1 BRAO ist ein Anwalt ein unabhängiges Organ der Rechtspflege und der berufene unabhängige Berater und Vertreter in allen Rechtsangelegenheiten. Daraus folgt, daß der Anwalt in gewisser Weise unabhängig von offiziellen Stellen, Gerichten und Organen der Rechtspflege, in bestimmtem Umfang aber auch unabhängig vom Mandanten ist. Seine Tätigkeit hat sich also zunächst am **Funktionieren der Rechtspflege** auszurichten.[49]

57 Auf der anderen Seite ist der Anwalt immer **Berater und Vertreter** des Mandanten und nicht dessen Vormund. Der Anwalt muß zur Entscheidungsfindung des Mandanten durch Beratung beitragen und diesen vertreten, d. h. für den Mandanten und im Rahmen von dessen Willen handeln. Damit dient die Anwaltstätigkeit den Interessen und Vorstellungen des Mandanten und nicht denen des Anwalts. „Der Anwalt ist also verpflichtet, die grundsätzlichen Fragen und Probleme seinem Mandanten zu erläutern und ihn in die Lage zu versetzen, die damit zusammenhängenden Entscheidungen selbst und in Kenntnis aller einschlägigen rechtlichen und tatsächlichen Gesichtspunkte zu treffen."[50] Damit diese Aufgabe erfüllt werden kann, muß der Mandant seinem Anwalt vertrauen können, und dieses wiederum setzt die Möglichkeit voraus, offen zu sprechen. U. a. deshalb ist der Anwalt verpflichtet, über das, was ihm sein Mandant anvertraut, Stillschweigen zu bewahren.[51]

58 Das Ziel anwaltlicher Tätigkeit ist die **Verwirklichung der Mandanteninteressen**; damit kommt dem Mandantengespräch eine wesentliche Schlüsselrolle zu. Im Rahmen der kommunikativen Auseinandersetzung zwischen Anwalt und Mandant lassen sich verschiedenen Phasen unterscheiden. So beispielsweise eine erste **Informationssammelphase**, unterteilbar in eine Erzählphase und eine Nachfragephase, des weiteren eine **Beratungsphase**, eine **Entscheidungsphase** und schließlich eine Ausführungsphase.[52]

[46] Vgl. *Mauer/Krämer/Becker* (1997), S. 252 f.
[47] *Mauer/Krämer/Becker* (1997), S. 253.
[48] Vgl. zu den Schwächen der Juristenausbildung *Risch* (1997), S. 128–136.
[49] Vgl. z. B. *Zwanziger* (1998), S. 24.
[50] *Zwanziger* (1998), S. 26.
[51] § 203 StGB, § 43 a Abs. 3 BRAO und § 3 BerufsO; dazu eingehend *Rick,* Die verfassungsrechtliche Stellung des Rechtsanwalts, 1998, S. 125 ff.
[52] Vgl. z. B. *Zwanziger* (1998), S. 29.

Während oder im Gespräch mit den Mandanten wird also eine Problemlösung erarbeitet und eine Beratungsleistung erbracht. Die Anwaltsleistung ist damit eine **Gemeinschaftsleistung** aus Anwalts-, Mitarbeiter- und Kundenbeitrag sowie aus sachlichen und informatorischen Kanzleifaktoren.[53]

Diese konstitutive Integration von externen Faktoren in den Dienstleistungserstellungsprozeß hat zur Folge, daß während der Erstellung gleichzeitig Leistungs- als auch Marketingfunktionen bzw. -interaktionen erfolgen. Deshalb sollten nicht nur die Leistungsinteraktionen, sondern auch die Marketinginteraktionen während der Leistungserstellung systematisch nach Managementgesichtspunkten konzipiert, geplant, durchgeführt und kontrolliert werden. Die **Marketingeffekte der Leistungserstellungsfunktion** werden oft nicht erkannt bzw. unterschätzt. 59

Ein Großteil dieser Marketingfunktionen während der Leistungserstellung ist kommunikativer Natur. Ein kontinuierliches Feedback in allen Phasen der Leistungserstellung scheint aus diesem Grund sinnvoll und notwendig.[54] 60

Wie bereits weiter oben erwähnt, kann diese Kommunikation als interaktive Kommunikation charakterisiert werden: „For service firms it is necessary to broaden this element to include two other channels of communication: service providers and the physical environment. Both the service providers and the physical environment can be viewed as parts of the operations system. Each has a dual role, however, since each can also be used as a communications channel for the firm. For example, in addition to taking orders, the providers can also be called upon to sell. Posters, leaflets, and other means of information dissemination built into the physical environment can be used to communicate with customers directly. Moreover, the environment itself, its layout and design, can be used to communicate desired behavior as well as facilitate the operations system."[55] 61

Die daraus entstehenden **Konflikte** machen wiederum *George/Berry* deutlich: Der „service provider is not simply a salesperson; he or she is an integral part of the operations process and a part of the experience purchased by the customer". [56] Als integratives Mittel zur Lösung dieses Konflikts bietet sich die Definition von anzustrebenden Qualitätsstandards an. Die interaktive Kommunikation hat dabei die Aufgabe, die Wahrnehmung der erbrachten Dienstleistungsqualität beim Kunden zu gewährleisten und die Erreichung der gesetzten Qualitätsstandards zu jedem Interaktionszeitpunkt festzustellen und ggf. in einem quasi infinitesimalen situativen Anpassungsprozeß nachzubessern.[57] 62

Aufbauend auf einer ausführlichen Analyse der Dienstleistungserstellung als Marketingfunktion[58] können folgende **vier Marketingdimensionen der Dienstleistungserstellung** abgeleitet werden, die ebenfalls für den Anwaltsbereich Gültigkeit beanspruchen: 63

- Spezifizierung/Individualisierung der internen Faktorkombination **(Variabilitätsmarketing)**
- Marketingorientierte Ausrichtung der internen Kontaktfaktoren **(Kontaktmarketing)**
- Integration der externen Faktoren **(Integrationsmarketing)**
- Interaktivität der externen Faktoren **(Interaktivitätsmarketing)**

Im Rahmen der Gestaltung dieser vier Marketingdimensionen der Dienstleistungserstellung ergeben sich spezifische Kommunikationsaufgaben:

---

[53] Vgl. *Meyer* (1988), S. 348.
[54] Vgl. *Meyer* (1989), S. 173.
[55] *George/Berry* (1989), S. 395.
[56] *George/Berry* (1989), S. 400.
[57] Vgl. *Bell* (1981), S. 165.
[58] Vgl. *Meyer* (1983), S. 69 ff.

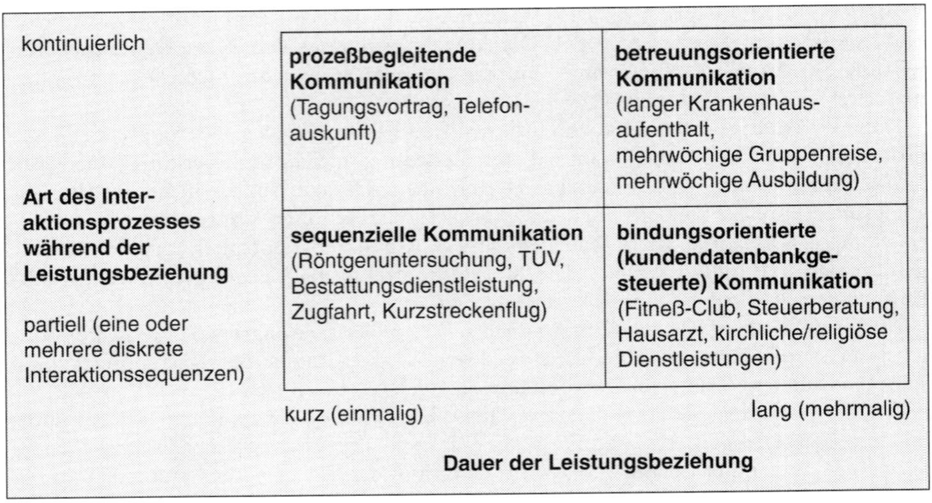

Abbildung 2: Spezifische Konzeptualisierung der interaktiven Kommunikation durch die Dimensionen ‚Art der Interaktion während der Leistungsbeziehung' und ‚Dauer der Leistungsbeziehung'

1. Variabilität der Erstellungsprozesse

64 Abhängig von der Prägung der Leistungserstellungsprozesse[59] durch unterschiedliche Kriterien wie Individualität, Spezifizierung, Variabilität, Bindungsintensität und Bindungsdauer, Art der Leistungserstellungsinteraktionen, Integrationstiefe u. a., ergibt sich eine **spezifische Konzeptualisierung** der interaktiven Kommunikation. Beispielhaft soll dies hinsichtlich der beiden Dimensionen Bindungsintensität des Kunden und Art der Leistungsinteraktionen in Abbildung 2 verdeutlicht werden.

65 Je nach Art der vom Mandanten bzw. Klienten übertragenen Anwaltsaufgabe sind hier auch für anwaltliche Dienstleistungen unterschiedliche Ausprägungen der Kommunikationsbeziehung möglich. Wie vielfältig hier die Möglichkeiten sind, wird spätestens dann deutlich, wenn man sich die unterschiedlichsten Aufgabenbereiche von Strafverteidigern, Scheidungsanwälten, Insolvenzverwaltern, Wirtschaftsanwälten oder Steueranwälten vor Augen führt.

2. Marketingorientierte Ausrichtung interner Kontaktfaktoren

66 Die marketingorientierte Ausrichtung der internen Kontaktfaktoren bedingt deren Steuerung und Gestaltung unter Kommunikationsgesichtspunkten. Die internen Kontaktfaktoren können ebenso wie die externen Faktoren in **Kontaktsubjekte** und Kontaktobjekte unterschieden werden.[60] In bezug auf die Kontaktsubjekte, als Gesamtheit aller Mitarbeiter eines Dienstleistungs-Unternehmens mit Kundenkontakt, ergeben sich folgende kommunikationsspezifischen Aufgaben:

- Bestimmung der internen Kontaktsubjekte (Kontaktsubjekt-Definition)
- Analyse der spezifischen Kommunikationsfunktionen jedes internen Kontaktsubjektes und Identifikation des jeweiligen Kommunikationstyps
- Festlegung von Kommunikationsstandards für die jeweiligen Kommunikationstypen und dementsprechende Information und Einweisung der Kontaktsubjekte
- Ausbildung und Training der Kontaktsubjekte hinsichtlich dieser spezifischen Kommunikationsanforderungen (verbal und nonverbal)

[59] Vgl. *Meyer* (1983), S. 77 ff.
[60] Vgl. *Meyer* (1983), S. 82 ff.

67

Kommunikationstyp	Typ I	Typ II	Typ III
Tätigkeitskurz-charakteristik:	• beantwortet Fragen • gibt kurze, standardisierte Informationen • baut eine Beziehung zwischen den potentiellen Mandanten und der Dienstleistungseinzelwirtschaft auf • führt begrenzte Mandantenwünsche aus **Konsequenz:** Mitarbeiter/Dienstleister sind leicht austausch- und ersetzbar	• beantwortet Fragen • hört konzentriert und genau zu • überzeugt die Mandanten • erklärt relativ komplexe Zusammenhänge moderat • baut fortlaufende, aber begrenzte zwischenmenschliche Beziehungen auf **Konsequenz:** Mitarbeiter/Dienstleister sind schwieriger austauschbar	• beantwortet Fragen • drückt Gefühle aus • erklärt komplexe Zusammenhänge genau • überzeugt einzelne Mandanten und ganze Kundengruppen sowie eigene Mitarbeiter • arbeitet kreativ mit den Mandanten zusammen zur Lösung von Problemen • baut zwischenmenschliche Beziehungen durch mehrmaligen Mandantenkontakt über längere Zeit auf **Konsequenz:** Mitarbeiter/Dienstleister sind schwer austauschbar
Anforderungsprofil:	muß: • mit vielen verschiedenen Arten von Mandanten zurechtkommen u. schnell seine Aufgaben erledigen können • begrenzte Arten von geeigneten Antworten auf Mandantenfragen geben können • den Mandanten trotzdem als Mensch behandeln und auch selbst menschlich auftreten • klare, knappe Anweisungen erteilen können • schnell die Fragen erfassen können • Ärgernisse zerstreuen können • sehr schnell begrenzten Kontakt zu den Mandanten bekommen können	muß: • Vertrauen erwecken und geben können • klare Anweisungen erteilen können • Informationen interpretieren können • selbst Entscheidungen treffen können • potentielle Mandanten überzeugen können	muß: • intensiv und wiederholt mit den gleichen Mandanten in Kontakt treten und deshalb ein gutes Gedächtnis oder Organisationssystem haben • präzise zuhören können und komplizierte Vorgänge verständlich erklären können • treffende Fragen stellen können • kreative Ideen erzeugen können, insbesondere auch situativ im Kundenkontakt schnell Entscheidungen treffen können • mit Gruppen umgehen können und effizient kommunizieren können
Beispiele:	Empfang	Rechtsgehilfe	Rechtsanwalt

Abbildung 3: Drei denkbare Kommunikationstypen

- Kommunikationsorientierte Gestaltung der internen Kontaktsubjekte (z. B. Namensschilder, einheitliche Kleidung, Ausstattung mit kommunikationsfördernden und -unterstützenden Hilfsmitteln und Geräten)
- Kontrolle der Kommunikationsleistung der internen Kontaktsubjekte durch Methoden der quantitativen und qualitativen Kontaktpunktanalyse.[61]

68 **Kontaktobjekte** können alle **materiellen Objekte** (Gebäude, Räume, Möblierung, Maschinen, Geräte, Transportmittel, Hilfsmittel, schriftliche Anweisungen, Hinweisschilder, Prospekte, Berichtsbänder, Visitenkarten, „Service-Related-Products") und immateriellen, aber sinnlich wahrnehmbaren Zustände (Klimatisierung, Beheizung, Beleuchtung, Geruch) sein, mit denen der Klient während der Dienstleistungserstellung in Kontakt kommt. Nicht dazu gehören alle Kontaktobjekte, die hinter der Wahrnehmbarkeitsschwelle („visible line") liegen.

69 Vielfach müssen diese Kontaktobjekte in erster Linie Leistungsfunktionen im technischen Sinne erfüllen (z. B. Empfangstheke). Über diese Leistungsfunktion hinaus haben sie aber auch eine Kontaktfunktion. Dementsprechend folgt daraus die kontaktgerechte Gestaltung (z. B. Form, Funktion, Farbe), Markierung und Anordnung dieser internen Kontaktsubjekte im Sinne ihrer marketingorientierten Aufforderungs- oder Kommunikationswirkung auf den Kunden.

3. Integrationsgrad der externen Faktoren

70 Die Integration der Kunden in Form ihrer **Selbstintegration** oder Objektintegration in die Endphase der Dienstleistungserstellung kann positive, neutrale oder negative Wirkungen auf die Prozeß- und Ergebnisqualität von Dienstleistungen haben. So können beispielsweise eine richtige und ausführliche Schilderung eines Unfalls oder Rechtsstreits, einschließlich der Begleitumstände, beteiligten Personen und Ausmaß der Schädigungen zu einem positiven, unrichtige Angaben oder keine Angaben hingegen zu eher negativen bzw. neutralen Wirkungen auf das Prozeßergebnis führen.

71 „Die Integration des externen Faktors im Transduktionsprozeß kann dabei in Form psychischer, intellektueller oder emotioneller Beteiligung jeweils in allen Intensitätsstufen erfolgen. Die Integrationsform, -wirkung und -intensität des externen Faktors hängt einerseits von der Gestaltung und Steuerung des Transduktionsprozesses durch den Dienstleister und andererseits von den Erwartungen und Verhaltensweisen des Nachfragers ab".[62]

72 Aufbauend auf der Definition der gewünschten Integrationsform, -wirkung und -intensität der externen Faktoren im Transduktionsprozeß gilt es dementsprechend, durch gezielte Kommunikationsmaßnahmen die Integration der externen Faktoren zu steuern und zu kontrollieren. Eine wesentliche Aufgabe besteht dabei in der Motivation des Kunden zur produktiven Mitwirkung und der Information/Erklärung der Interaktionsprozesse.

4. Interaktivitätsgrad zwischen den externen Faktoren

73 Bei kollektiven Dienstleistungen erfolgen vielfach Wechselwirkungen zwischen den Nachfragern während des Erstellungsprozesses (z. B. Konzertveranstaltung, Bus- oder Zugfahrt, u. U. aber auch Sammelklagen). Bei individuellen Dienstleistungen entstehen solche **Wechselwirkungen** häufig vor oder nach dem Erstellungsprozeß (z. B. im Wartezimmer der Anwaltskanzlei). **Positive Interaktivitäten** sind gleichbedeutend mit der gegenseitigen Stimulation der Kunden oder Klienten; **negative Interaktivitäten** bewirken eine gegenseitige Störung der Klienten und damit einen Qualitätsverlust. Vergleichbar mit der Integration sind wiederum die Dimensionen der Form, Wirkung und Intensität der

[61] Vgl. *Stauss* (1991), S. 347 ff.
[62] *Meyer* (1983), S. 86.

Interaktivität zwischen den externen Faktoren festzulegen und durch Kommunikationsmaßnahmen zu beeinflussen.

Sowohl die Effekte des Integrations- als auch des Interaktionsprozesses können durch Verfahren der quantitativen und qualitativen Kontaktpunktanalyse kontrolliert und auf deren Ergebnissen aufbauend beeinflußt werden. 74

III. Mitarbeiterkommunikation

Neben den Anwaltspartnern wird die Bedeutung von ‚Angestellten' der Sozietät bzw. auch von rein administrativem Personal, d. h. von nicht-anwaltlichen Mitarbeitern oft unterschätzt. Nicht selten richtet sich die Auswahl dieser Mitarbeiter mehr nach dem **Gehaltsniveau** als nach ihrer **Qualifikation.**[63] Für das Image und Erscheinungsbild einer Anwaltskanzlei spielen sämtliche Mitarbeiter jedoch eine ausschlaggebende Rolle.[64] Durch ihren passenden Umgang mit Klienten kann viel Vertrauenskapital aufgebaut werden. Jeder Mitarbeiter ist damit Chance, aber auch Risiko für eine Kanzlei. 75

Ist beispielsweise intendiert, als Profilierungsmerkmal besonders gut für Klienten erreichbar zu sein, funktioniert dies nur durch Unterstützung des Sekretariats im Rahmen einer gewissenhaften, klar artikulierten und dennoch genauen Entgegennahme und Weiterleitung von Telefonanfragen.[65] 76

Auch die Realisierung der in der Marketingstrategie von Dienstleistungs-Unternehmen festgelegten Leistungsstandards hängt vom Verhalten der Mitarbeiter im Erstellungsprozeß ab. Sie entscheiden z. T. in hohem Maße, ob die Erwartungen der Nachfrager erfüllt oder – noch besser – übererfüllt werden. Damit werden die Mitarbeiter, das Personal, zu einer wesentlichen **internen Zielgruppe** qualitätsorientierten Marketingdenkens und -handelns in Dienstleistungs-Unternehmen. Für die Charakterisierung von Strategien und Instrumenten zur Gestaltung der innerbetrieblichen Austauschbeziehungen setzt sich zunehmend der Begriff **„Internes Marketing"** durch.[66] In der Literatur wird dieser nicht unkritische Begriff vielschichtig verwendet.[67] Hier soll unter internem Marketing ein Konzept zur auf die internen Faktoren bezogenen (vor allem personalbezogenen) Absicherung einer externen Marketingstrategie verstanden werden. 77

In letzter Konsequenz bedeutet dies die Betrachtung und Behandlung interner Leistungsempfänger ebenfalls als Kunden. Eine damit entstehende durchgängige Kundenorientierung hat weitreichende Konsequenzen auf **Kommunikationskultur** und **Kommunikationsinfrastruktur** bei einem Dienstleistungs-Anbieter bzw. Anwalt. Informierte Mitarbeiter können auch Klienteninformationen schneller aufnehmen und besser verwerten.[68] Im Konsumgüterbereich ist eine Trennung von interner Unternehmenskultur und Kundenkultur durchaus noch verbreitet. Schnittstellen ergeben sich dann häufig nur im Absatzbereich. Die dienstleistungsinhärente Integration von externen Faktoren in den Erstellungsprozeß und umgekehrt die Einbeziehung der internen „Produktionsfaktoren" in den Verwendungsprozeß der Leistungen (Inanspruchnahme der Dienstleistungen) bedeutet eine weitreichende Verschiebung dieser Schnittstellen auf Anbieter- als auch auf Nachfragerseite. Die Folge ist eine starke **Symbiose** von Unternehmens- und Kundenkultur. Besonders deutlich wird dies am sehr speziellen Beispiel eines Cluburlaubs (z. B. Club Méditerranée oder Robinson-Club), aber auch bei kleinen Kanzleien kann dies sehr ausgeprägt sein. 78

Zudem sind Mitarbeiter wichtige Informationslieferanten für praktizierende Anwälte. Sie verfügen über eine Fülle von Erfahrungen und Daten, die im Rahmen einer anwalts- 79

[63] Vgl. *Winters* (1990), S. 220.
[64] Vgl. *Schiefer/Hocke* (1996), S. 75.
[65] Vgl. *Schiefer/Hocke* (1996), S. 69f.
[66] Vgl. *Stauss* (1991), S. 229.
[67] Vgl. *Stauss* (1991), S. 231.
[68] Vgl. *Schiefer/Hocke* (1996), S. 77.

spezifischen Marktforschung gerade auch innerhalb der Kanzlei gesammelt und ausgewertet werden können. Aufmerksame Mitarbeiter wissen, was an der Kanzleileistung oft kritisiert wird, weshalb bestimmte Mandanten nicht mehr wiederkommen oder welche Fragen häufig gestellt werden. Die **Mitarbeiterkommunikation** im Sinne eines laufenden und aktiven Informationsausstausches wird damit zu einem **zentralen Erfolgsfaktor** im Rahmen der Marketingstrategie von Anwälten bzw. Kanzleien oder Sozietäten. Um das Personal als Partner und Überzeugungsstütze aktivieren zu können, müssen im Grunde alle Kanzleimitarbeiter lernen, kundenorientiert zu denken.

80 Ob eine Leistung schließlich kundenorientiert erbracht wird, hängt bekanntlich von drei Faktoren ab: Der Leistungsfähigkeit, der Leistungsbereitschaft und der situativen Ermöglichung.[69] Oben wurde bereits der Problembereich der situativen Ermöglichung angesprochen. Zentral dabei: Ausreichende Informiertheit der Mitarbeiter ist entscheidend, um überhaupt im Sinne der Kanzlei agieren zu können.

81 Bei der Leistungsfähigkeit spielen neben ursprünglicher Veranlagung und Ausbildung vor allem **Trainingsmaßnahmen** eine wesentliche Rolle, um die Anforderungen unterschiedlicher Kundenkontaktsituationen erfolgreich bewältigen zu können. Neben der Einübung von Standardverhaltensweisen der Mitarbeiter (wie schnelle Situationserfassung, Freundlichkeitsgesten und positive Kommunikationsformen) sollten sie allerdings auch die Fähigkeit vermitteln, auf Ausnahmesituationen im Sinne von kritischen Kontaktereignissen angemessen zu reagieren.[70] Zumindest bei großen Unternehmen bzw. Kanzleien ergibt sich daraus die Forderung nach einer Institutionalisierung der internen Kommunikation und deren Integration und organisatorische Verankerung in einem umfassenden **Kommunikationsmanagement** unter dem Dach der gesamten Unternehmens- bzw. Kanzleikommunikation.[71]

82 Die Leistungsbereitschaft schließlich ergibt sich insbesondere aus der intrinsischen und extrinsischen **Motivation der Mitarbeiter**. Aus der Fülle von Motivationstheorien[72] läßt sich allgemein der Schluß ziehen, ein der Vielschichtigkeit des Menschen entsprechendes Anreizsystem zu installieren. Wesentlich ist dabei stets die Koppelung der materiellen und immateriellen Anreize an bestimmte Verhaltens- oder Qualifikationsziele. Sinnvoll ist dies nur, sofern die Mitarbeiter den Zielerreichungsgrad beeinflussen und in gewissen Maßen kontrollieren können. Will man nun besonders klientenorientiertes Verhalten fördern, so können, aufbauend auf einer kontinuierlichen Messung der Qualität und Zufriedenheit, Klientenurteile über konkrete Dienstleistungsinteraktionen in einem kontinuierlichen **Feed-Back-Prozeß** (Rückkoppelungsprozeß) genutzt werden, um die Mitarbeiter zu motivieren, ihnen die notwendigen Informationen und Maßnahmen für eine Qualitätsverbesserung zur Verfügung zu stellen und sie zu einer verstärkten Kundenorientierung anzuhalten.[73] Die Installation solcher Feedbacksysteme wie etwa eines laufenden Zufriedenheitsbarometers erscheint deshalb auch für Anwälte in gewissen Grenzen praktikabel und erfolgversprechend.[74]

---

[69] Vgl. z. B. *Mauer/Krämer/Becker* (1997), S. 299.

[70] Vgl. *Stauss* (1991), S. 238.

[71] Vgl. z. B. *Dotzler/Schick* (1991), S. 274 ff.

[72] Eine übersichtliche Zusammenfassung dieser Theorien findet sich z. B. bei *Mauer/Krämer/Becker* (1997), S. 303 ff.

[73] Vgl. *Meyer/Westerbarkey* (1991), S. 98 f.

[74] Vgl. z. B. *Meyer/Westerbarkey* (1991), S. 98.

D. Zusammenfassung

Aus den aufgeführten Zusammenhängen ergibt sich somit: 83

- Die direkte Erbringung von Dienstleistungen, deren Immaterialität in der Angebots- (Potentialphase) sowie sehr häufig auch in der Ergebnisphase, bedingen, aufgrund der daraus resultierenden leistungsinhärenten Informationsarmut, Darstellungs- und Erklärungsprobleme der Leistung im Absatzprozeß sowie ein hohes Informationsinteresse der Nachfrager. Dieses bezieht sich sehr häufig auch auf die kommunikative Nachbetreuung. Zur Erfüllung dieses Informationsinteresses hat die Marktkommunikation vor der Dienstleistungserstellung eine vertrauens- und sicherheitsspendende Aufgabe zur Reduzierung des wahrgenommenen Nachfragerrisikos.
- Aus der Integration der externen Faktoren im Rahmen der Dienstleistungserstellung folgt ihre interaktive Funktion mit den internen Faktoren. Damit sind Marketing und Kommunikation bei Dienstleistungen nicht nur Bestandteil des Leistungsabsatzes, sondern auch Bestandteil der Leistungserstellung. Die daraus resultierende Aufgabe der Kommunikation soll als interaktive Kommunikation bezeichnet werden.
- Daraus resultiert unmittelbar eine Doppelwirkung der Kommunikation: Die durch die Kommunikation vor Inanspruchnahme von Dienstleistungen bei den Nachfragern ausgelösten Erwartungen und Ansprüche sollten zur Erzielung einer hohen Kunden- bzw. Mandantenzufriedenheit im Rahmen der Dienstleistungserstellung zumindest erfüllt werden (Kongruenz von erwarteter und erhaltener/erlebter Leistungsqualität). Dabei spielen auch die Mitarbeiter im Erstellungsprozeß (Partner und „Angestellte" der Sozietät, aber auch administratives Personal) eine wesentliche Rolle. Deshalb sollte die marktgerichtete Kommunikation auch an die Mitarbeiter, die im Erstellungsprozeß tätig sind oder diesen unterstützen, gerichtet werden. Gleichzeitig sollten auch im Sinne einer Aufwärtskommunikation Feedbackprozesse der Mitarbeiter in interaktiven Funktionen über konkrete Interaktionserfahrungen, Probleme, Erlebnisse, Nichterfüllbarkeit von geweckten Klientenerwartungen gewährleistet werden. Damit erhält die Mitarbeiter-Kommunikation als Funktion des Internen Marketing im Rahmen der Dienstleistungs-Erstellung auch für Anwälte eine wichtige Bedeutung.

Obige Ausführungen legen den Schluß nahe, daß gerade für Dienstleistungs-Unterneh- 84
men die **synergetischen Wirkungen** aller Kommunikationsmaßnahmen einschließlich der passiven Kommunikation (unterlassene Informationen), interaktiven Kommunikation und Mitarbeiterkommunikation besonders bedeutsam sind. Die Koordination (Bündelung und gemeinsame Ausrichtung) aller Kommunikationsmaßnahmen durch **Corporate Communications**[75] und Abstimmung mit dem tatsächlichen Leistungsangebot ist deshalb zwingend und von entscheidender Bedeutung.[76]

Die wesentlichen Erkenntnisse dieses Beitrags verdeutlicht nachfolgende Abbildung 85
nochmals im Überblick:

[75] Vgl. z. B. *Demuth* (1989), S. 439.
[76] Vgl. *Bruhn* (1991), S. 139ff.

Kommunikationsrelevante Besonderheiten von Anwaltsleistungen:	**Mögliche Arten der Kommunikation:**
• Bedeutung der Zeitkomponente • Kommunikationsarmut der Leistung • Hoher Glaubens- und Vertrauenswert • Hohes wahrgenommenes Risiko/Unsicherheit • Ausführlicher Informationsbeschaffungsprozeß • Bevorzugung anbieterunabhängiger und persönlicher Informationsquellen • Asymmetrische Informationsverteilung • Heterogenität des Angebots • Interaktive Kommunikation als Nebenfunktion der Dienstleistungsdarstellung • Interne Wirkung der marktgerichteten Kommunikation	– Massenkommunikation – Direktkommunikation – Persönliche Kommunikation – Interaktive Kommunikation – Passive Kommunikation **Generelle Richtlinien für die Kommunikationspolitik:** – Beachtung interner Wirkungen der Absatzkommunikation – Initiierung und Nutzbarmachung von Weiterempfehlungen – Greifbare und sichtbare Leistungsversprechen kommunizieren – Überprüfbare und erfüllbare Leistungsversprechen kommunizieren – Fehlstreuungen u. Streuverluste vermeiden – Verständlichmachung der Dienstleistung – Kommunikative Konstanz als Kern der Imageprofilierung **Interaktive Kommunikation während der Dienstleistungserstellung und -inanspruchnahme:** – Interaktive Kommunikation zur Steigerung der von den Kunden wahrgenommenen Dienstleistungsqualität – Steuerung der Kommunikation interner Kontaktfaktoren – Steuerung der Kundenintegration durch Kommunikation – Steuerung der Kundeninteraktivität durch Kommunikation **Mitarbeiterkommunikation als Funktion des internen Marketing** – Interne Leistungsempfänger als Kunden (Kommunikationskultur) – Interne Kommunikationsinfrastruktur und -instrumente – Internes Kommunikationstraining – Interner Einsatz marktgerichteter Kommunikation – Institutionalisierung der internen Kommunikation – Feed-back-Systeme

Abbildung 4: Kommunikationsrelevante Besonderheiten von anwaltlichen Leistungen und Folgerungen für die Kommunikationspolitik

§ 39 Spezialisierungshinweise und Fachanwaltsbezeichnungen

Dr. Wolfgang Hartung★

Übersicht

Schrifttum: *Becker*, Fachanwaltschaften und Interessenschwerpunkte, AnwBl. 1995, 434; *Eylmann*, Reglementierung der Werbung in der Berufsordnung – sinnvoll, überflüssig oder unzulässig?, AnwBl. 1996, 481; *Freitag*, Anwaltswerbung in Zeitungsanzeigen, AfP 1996, 346; *Hartung/Holl*, Anwaltliche Berufsordnung, 1997; *Streck*, Anwaltliche Werbung, AnwBl. 1995, 64.

A. Einführung

I. Werbung durch Leistung

Im Jahre 1956 schrieb *Kalsbach* in seinem damals hoch angesehenen Werk über das **„Standesrecht des Rechtsanwalts“**: 1

„Mit der Pflicht zur Wahrung der Würde und der Unabhängigkeit hängt eng das Verbot der Werbung zusammen. Der Beruf des Rechtsanwalts ist ein Beruf der Leistung. Die Leistung bestimmt seine Stellung im freien Wettbewerb der Standesgenossen. Wer mehr leistet, soll auch größeren wirtschaftlichen Erfolg haben. Wer weniger leistet, darf nicht berechtigt sein, den Vorsprung der echten Leistung des Kollegen dadurch wettzumachen, daß er es versteht, die Rechtssuchenden anzulocken und ihre Aufmerksamkeit auf sich zu lenken. Das wäre ebenso unwürdig, wie es geeignet ist, Abhängigkeit zu schaffen.“[1]

Im Jahre 1976 schrieb *Isele* in seinem **Kommentar zur Bundesrechtsanwaltsordnung:**[2] 2

„Sobald das Stichwort ‚Werben um Praxis‘ fällt, reagieren selbst Anwälte, die als konservativ gelten, geradezu allergisch, und man hört immer wieder die bösen Worte über die Kammervorstände und Ehrengerichte, die sich mit besseren und wichtigeren Dingen beschäftigen sollten, als auszumessen, ob das Praxisschild des einen Rechtsanwalts zwei Zentimeter breiter und höher sei als das eines oder mehrerer anderer Rechtsanwälte“

★ Rechtsanwalt und Fachanwalt für Familienrecht in Mönchengladbach, Sozietät Gerats, Hartung & Partner; Vizepräsident der Rechtsanwaltskammer Düsseldorf.

[1] *Kalsbach*, Standesrecht des Rechtsanwalts, S. 62; *ders.*, Bundesrechtsanwaltsordnung, S. 404.

[2] *Isele,* Anhang zu § 43, Stichwort Werbung (S. 802).

und weiter:

„Das Werbeverbot hat auch eine Schutzfunktion. Es schafft gleiche Berufsbedingungen für alle Angehörigen des Standes. Es gibt dem neu zugelassenen Rechtsanwalt die gleiche Chance wie dem alteingesessenen. Der erstere verdient sich die Sporen durch seine Leistung, der sog. arrivierte Anwalt kann seinen Ruf nur durch die Beibehaltung seiner seitherigen Leistung behalten."

3 Zwischen beiden Äußerungen lagen 20 Jahre. In diesem fast eine Generation umfassenden Zeitraum blieb das anwaltliche Werbeverbot nahezu unumstritten. Allenfalls spricht es für ein gewisses **Unbehagen**, wenn *Isele* von bösen Worten selbst konservativer Rechtsanwälte in bezug auf die von den Kammervorständen und Ehrengerichten damals verlangte Größe eines Praxisschildes berichtete. An dem strikten Werbeverbot änderte solches Unbehagen allerdings nichts. So war es reiner **Zufall** und nicht das Ergebnis einer **Auflehnung der Anwaltschaft** gegen das Werbeverbot, daß das Bundesverfassungsgericht im Jahre 1987 über eine Verfassungsbeschwerde zu entscheiden hatte, deren Gegenstand eine Rüge der Rechtsanwaltskammer Stuttgart war. Von ihr war ein Rechtsanwalt betroffen, der Selbstanzeige wegen Verletzung des Berufsgeheimnisses und gegen einen Beamten des Landeskriminalamtes Strafanzeige wegen Nötigung im Amt erstattet und Kopien dieser Strafanzeigen kommentarlos an die örtlichen Presseorgane sowie an den Süddeutschen Rundfunk gesandt hatte. Damit hatte der betroffene Rechtsanwalt nach Meinung der Rechtsanwaltskammer Stuttgart gegen das Werbungsverbot verstoßen. Dieser aus heutiger Sicht an sich belanglose Tatbestand führte zur Aufhebung nicht nur des anwaltlichen Werbeverbots, sondern zur **Kassation der Grundsätze anwaltlichen Standesrechts** insgesamt.[3]

4 Die Entscheidung des Bundesverfassungsgerichts zwang den Gesetzgeber zum Handeln. Dennoch dauerte es sieben Jahre, bis mit dem **Gesetz zur Neuordnung des Berufsrechts der Rechtsanwälte und der Patentanwälte** vom 2. September 1994[4] der § 43b in die Bundesrechtsanwaltsordnung eingeführt wurde. Er erlaubt anwaltliche Werbung, soweit sie über die berufliche Tätigkeit in Form und Inhalt sachlich unterrichtet und nicht auf die Erteilung eines Auftrags im Einzelfall gerichtet ist. Diese gesetzliche Regelung anwaltlicher Werbung wurde anschließend durch die von der **Satzungsversammlung** (§§ 191 a ff. BRAO) im Jahr 1996 beschlossene **Berufsordnung** durch die Vorschriften der §§ 6–10 BerufsO konkretisiert. Damit war der Weg frei, außer durch **Leistung** auch durch **Anpreisung** zu werben. Ob das für den anwaltlichen Berufsstand ein Gewinn ist, darüber läßt sich kräftig streiten. In keinem Fall sollte in Vergessenheit geraten, daß die beste Werbung unverändert die eigene Leistung ist.

II. Werbung durch Anpreisung

5 Die Anpreisung anwaltlicher Dienstleistungen – auch ohne besonderen Anlaß – findet in der Anwaltschaft ein durchaus **unterschiedliches Echo**.

6 Die **Mehrheit der Rechtsanwälte** verhält sich abwartend und steht den neuen Werbemöglichkeiten **skeptisch**, vielfach sogar ablehnend gegenüber. Ein nicht unwesentlicher Grund ist, daß die Anpreisung anwaltlicher Dienstleistungen auch zu negativen Eindrükken führen kann. So entwerten Rechtsanwälte den Berufsstand, wenn sie mit Preisen für eine Erstberatung werben, zu denen Handwerk und Industrie ihre Dienste nicht einmal mit einem ungelernten Hilfsarbeiter anbieten.

7 Eine **Minderheit** nutzt die neuen Werbemöglichkeiten. Teilweise geschieht das so exzessiv, daß Rechtsanwaltskammern sich veranlaßt sehen, gegen ihre Mitglieder mit einstweiligen Verfügungen vorzugehen.[5] Dabei ist festzustellen, daß sowohl die Vorstände der Rechtsanwaltskammern als auch die mit Fragen anwaltlicher Werbung befaßten Gerichte zu sehr unterschiedlichen Ergebnissen kommen. Hier ist vieles noch im Fluß,

[3] BVerfGE 76, 196 ff. = NJW 1988, 193.
[4] BGBl. I 2278.
[5] So vor allem einige süddeutsche Kammern.

was dazu führt, daß es derzeit keine auch nur einigermaßen einheitliche Beurteilung der verschiedenen Werbemöglichkeiten gibt.

Die schon bei den Abstimmungen in der Satzungsversammlung erkennbar gewordene **Spaltung der Anwaltschaft** in zwei Lager hat mehrere Gründe. Ein Grund ist, daß die Anwaltschaft durchweg von einer **konservativen Grundeinstellung** geprägt ist. Deshalb steht sie Neuerungen eher ablehnend gegenüber. Diese Grundeinstellung ist auch die Ursache dafür, daß das anwaltliche Berufsrecht bis zu den Entscheidungen des Bundesverfassungsgerichts vom 14. Juli 1987[6] über Jahrzehnte hinweg nahezu **statisch** war und erst im Anschluß an diese Entscheidungen eine zuvor nicht gekannte **Dynamik** entwickelt hat. Es ist für die Anwaltschaft kein Ruhmesblatt, daß nicht sie, sondern das Bundesverfassungsgericht es war, das mit seinen Entscheidungen den **Wandel des anwaltlichen Berufsrechts** einleitete. 8

Ein weiterer Grund ist, daß Werbung **Geld** kostet. Wer die Einkommenssituation der Rechtsanwälte studiert, muß feststellen, daß die Einkünfte es kaum erlauben, die ohnehin hohen Kosten mit Ausgaben für Werbung zusätzlich zu belasten. Zudem sehen viele Rechtsanwälte auch nicht ein, daß sie für Werbung Geld ausgeben sollen, solange sie auch ohne Werbung noch genug zu tun haben. Aus diesen – nur beispielhaft – genannten Gründen findet sich anwaltliche Werbung in **Presse**, **Rundfunk** und **Fernsehen** so gut wie (noch) nicht. 9

Schon eher ist anwaltliche Werbung anzutreffen, wenn sie nichts kostet oder die Kosten sich in engen Grenzen halten. Der zur Zeit wohl **meistgenutzte Werbeträger** ist das **Briefpapier** des Rechtsanwalts. Auf ihm wird mehr und mehr mit Spezialisierungshinweisen geworben. Daneben sind **Praxisbroschüren**, **Telefonbücher** und **Branchenverzeichnisse** zu nennen. Praxisbroschüren lassen sich mit relativ geringem Kostenaufwand erstellen. Die Werbung mit Spezialisierungshinweisen in Telefonbüchern und Branchenverzeichnissen ist nicht gerade billig, wird aber in zunehmendem Maße genutzt, weil sie sich anders als eine Werbung in Presse, Rundfunk und Fernsehen an ein Publikum wendet, das **konkreten Beratungsbedarf** hat und deshalb in örtlichen Telefonbüchern oder Branchenverzeichnissen einen Rechtsanwalt sucht. Das gilt insbesondere, seitdem die Verlage dazu übergegangen sind, die Rechtsanwälte eines Bezirks nicht nur namentlich in alphabetischer Reihenfolge aufzuführen, sondern sie auch unter Interessen- und Tätigkeitsschwerpunkten und unter Fachanwaltsbezeichnungen gesondert zu präsentieren, so daß der Leser gezielt den für seinen Fall geeigneten Rechtsanwalt finden kann. 10

III. Werbung mit Spezialisierungshinweisen und Fachanwaltsbezeichnungen

Für das **rechtsuchende Publikum** sind Spezialisierungshinweise und Fachanwaltsbezeichnungen besonders **informativ**. Ähnlich den Facharztbezeichnungen signalisieren sie für die einschlägige Rechtsmaterie Kompetenz und besondere Sachkunde. Unter der Geltung des ehemaligen Werbeverbots war der rechtsuchende Bürger darauf angewiesen, entweder einer Empfehlung zu folgen oder blind darauf zu vertrauen, daß der von ihm beauftragte Rechtsanwalt für seinen Fall die notwendige Sachkunde besaß. Das ist heute anders. Die durch § 43 b BRAO erlaubte Werbung mit Spezialisierungshinweisen und Fachanwaltsbezeichnungen ermöglicht es dem rechtsuchenden Bürger, den für seinen Fall **„richtigen Anwalt"** zu finden. Ob es wirklich immer **der** richtige Anwalt ist, hängt davon ab, ob die Werbung des Rechtsanwalts richtig verstanden wird. 11

Bei einer Werbung mit einer **Fachanwaltsbezeichnung** kann der rechtsuchende Bürger sicher sein, daß der Rechtsanwalt für sein Fachanwaltsgebiet kompetent ist. Die Fachanwaltsordnung läßt die Verleihung von Fachanwaltsbezeichnungen nur zu, wenn der Rechtsanwalt durch eine bestimmte Zahl bearbeiteter Fälle seine besonderen praktischen Erfahrungen und durch Teilnahme an Lehrgängen mit Leistungskontrollen auch die besonderen theoretischen Kenntnisse nachgewiesen hat. 12

[6] BVerfGE 76, 171 = NJW 1988, 191; 76, 196 = NJW 1988, 193.

13 Schwieriger ist die Suche nach einem geeigneten Rechtsanwalt bei einer Werbung mit Interessen- und Tätigkeitsschwerpunkten. Die Benennung von **Interessenschwerpunkten** ist vor allem dem jungen Rechtsanwalt vorbehalten. Sie soll verdeutlichen, daß der Rechtsanwalt auf dem Gebiet seines Interessenschwerpunktes tätig sein möchte, dieses Gebiet seinen Neigungen entspricht, er jedoch weder über besondere theoretische Kenntnisse noch über besondere praktische Erfahrungen verfügt. Demgegenüber darf **Tätigkeitsschwerpunkte** nur benennen, wer nach seiner Zulassung zur Rechtsanwaltschaft mindestens zwei Jahre auf dem benannten Gebiet nachhaltig tätig geworden ist (§ 7 Abs. 2 BerufsO).

14 Der rechtsuchende Bürger wird den **feinsinnigen Unterschied** zwischen einem Interessen- und einem Tätigkeitsschwerpunkt kaum erkennen können. Deshalb läuft er Gefahr, einen mit einem Interessenschwerpunkt werbenden Rechtsanwalt in der irrigen Annahme zu beauftragen, dieser sei auf dem Gebiet seines Interessenschwerpunktes theoretisch und praktisch besonders erfahren. Eine solche **Fehleinschätzung** kann für den rechtsuchenden Bürger mit erheblichen Nachteilen verbunden sein. Deshalb ist die von der Berufsordnung in § 7 vorgenommene Unterscheidung zwischen Interessen- und Tätigkeitsschwerpunkt äußerst fragwürdig.

B. Spezialisierungshinweise

I. Werbung mit Interessen- und Tätigkeitsschwerpunkten

15 Werbung mit Spezialisierungshinweisen ist Werbung mit Teilbereichen anwaltlicher Berufstätigkeit im Sinne von § 7 BerufsO. Nach dieser Vorschrift dürfen unabhängig von der Angabe von Fachanwaltsbezeichnungen als Teilbereiche der Berufstätigkeit nur Interessen- und/oder Tätigkeitsschwerpunkte benannt werden. Insgesamt sind nicht mehr als **fünf Benennungen** zulässig, davon **höchstens drei Tätigkeitsschwerpunkte**. Interessen- und Tätigkeitsschwerpunkte sind jeweils als solche zu bezeichnen. Übt der Rechtsanwalt seinen Beruf in einer Sozietät oder in einer anderen Organisationsform gemeinsam mit anderen Rechtsanwälten aus, müssen die Interessen- und Tätigkeitsschwerpunkte jedem Partner **gesondert zugeordnet** werden. Die Sozietät selbst darf ebenso wie andere Formen beruflicher Zusammenschlüsse (Partnerschaftsgesellschaft, Anwalt-GmbH) eigene Interessen- und Tätigkeitsschwerpunkte nicht führen.[7]

1. Interessenschwerpunkte

16 Werbung mit Interessenschwerpunkten ist jedem Rechtsanwalt erlaubt. Sowohl der **junge Rechtsanwalt** am Beginn seiner beruflichen Laufbahn als auch der erfahrene Rechtsanwalt, der sich neue Rechtsgebiete erschließen will, darf mit Interessenschwerpunkten werben. Erlaubt sind insgesamt **fünf** Interessenschwerpunkte (§ 7 Abs. 1 Satz 2 BerufsO).

17 Interessenschwerpunkte setzen keine **besondere Qualifikation** des Rechtsanwalts voraus. Vom Tage seiner Zulassung an kann jeder Rechtsanwalt fünf Interessenschwerpunkte nennen, auch wenn er nur ungenügende theoretische Kenntnisse besitzt oder keine praktischen Erfahrungen hat. Deshalb ist Werbung mit Interessenschwerpunkten **nicht ungefährlich**. Der Rechtsanwalt, der mit Interessenschwerpunkten wirbt, erweckt den Eindruck besonderer Kompetenz und Sachkunde. Der rechtsuchende Bürger kann nicht erkennen, daß die Nennung von Interessenschwerpunkten nur auf besondere Neigungen und nicht auf besondere Sachkunde hindeutet. Wird er falsch beraten, kann er sich darauf berufen, daß der von ihm beauftragte Rechtsanwalt ihn gerade für das Rechtsgebiet seines Interessenschwerpunkts umworben habe. Das kann sogar zu einer **verschärften Haftung** führen. Wer von sich behauptet, ein bestimmtes Rechtsgebiet werde von ihm favorisiert,

[7] *Hartung/Holl-Römermann*, § 7 Rdn. 75.

kann sich im Regreßfall nicht damit entlasten, er sei für das betreffende Rechtsgebiet unerfahren und habe das durch die Bezeichnung „Interessengebiet" deutlich gemacht.

2. Tätigkeitsschwerpunkte

Werbung mit Tätigkeitsschwerpunkten ist gemäß § 7 Abs. 2 BerufsO nur erlaubt, wenn der Rechtsanwalt nach seiner Zulassung auf dem benannten Gebiet mindestens zwei Jahre **nachhaltig tätig** gewesen ist. Anders als die Benennung eines Interessenschwerpunktes soll die Werbung mit Tätigkeitsschwerpunkten dem rechtsuchenden Publikum die Information vermitteln, der betreffende Rechtsanwalt verfüge auf dem Rechtsgebiet, das er als Tätigkeitsschwerpunkt benennt, über besondere Kenntnisse und Erfahrungen. So wollte jedenfalls die Satzungsversammlung den Unterschied zwischen Interessenschwerpunkt und Tätigkeitsschwerpunkt verstanden wissen. Ob freilich der rechtsuchende Bürger in der Lage ist, den Unterschied zwischen beiden Schwerpunktbenennungen zu erkennen, ist fraglich. 18

Die **Zahl der Tätigkeitsschwerpunkte** wird von § 7 Abs. 1 Satz 2 BerufsO auf **drei** begrenzt. Daneben dürfen höchstens noch zwei Interessenschwerpunkte benannt werden. Der einzelne Tätigkeitsschwerpunkt darf auch Gebiete betreffen, für die es Fachanwaltsbezeichnungen gibt.[8] Die **Wirksamkeit dieser Regelung** ist umstritten.[9] Solange es an Rechtsprechung hierzu fehlt, muß davon ausgegangen werden, daß die Regelung des § 7 BerufsO zu beachten ist. 19

Noch mehr als durch die Benennung von Interessenschwerpunkten schafft der Rechtsanwalt mit der Angabe von Tätigkeitsschwerpunkten einen **Vertrauenstatbestand**, der haftungsrechtlich nachteilig sein kann. Die Rechtsprechung zur Haftung des Rechtsanwalts ist ohnehin sehr anwaltsfeindlich und überzieht die Anforderungen oft in unerträglicher Weise, wenn sie den Rechtsanwalt selbst für Fehler des Gerichts haften läßt.[10] Aber gerade deswegen muß jeder Rechtsanwalt, der mit Tätigkeitsschwerpunkten wirbt, damit rechnen, daß die Gerichte im Regreßfall diese Werbung zum willkommenen Anlaß nehmen werden, ihm ein **gesteigertes Haftungsrisiko** aufzubürden. 20

3. Einzelfragen

Die Regelung des § 7 BerufsO gestattet insgesamt nicht mehr als **fünf Benennungen**, davon dürfen höchstens drei Tätigkeitsschwerpunkte betreffen. In der Praxis führt die Umsetzung dieser an sich einfachen Vorschrift gelegentlich zu Schwierigkeiten. Das gilt vor allem für die Beschreibung der Teilbereiche anwaltlicher Berufstätigkeit, für die der Rechtsanwalt mit Interessen- und Tätigkeitsschwerpunkten werben darf. 21

Der **Begriff des Teilbereichs** der anwaltlichen Berufstätigkeit wird von § 7 BerufsO nicht definiert. Nach Wortlaut und Sinn und Zweck der Vorschrift bezieht sich der Begriff „Teil" nicht auf ein Rechtsgebiet, sondern auf die Berufstätigkeit des Rechtsanwalts. Deshalb dürfen sowohl komplexe Bereiche wie Zivilrecht, Strafrecht oder Verwaltungsrecht als auch Einzelbereiche wie Mietrecht, Sachenrecht, Familienrecht oder Erbrecht benannt werden.[11] 22

Schwierigkeiten können auftreten, wenn **mehrere Rechtsgebiete** als **ein** Interessen- oder Tätigkeitsschwerpunkt benannt werden. Mancher Rechtsanwalt will durch eine **Mehrfachbenennung** die zahlenmäßige Begrenzung, die § 7 Abs. 1 Satz 2 BerufsO vorschreibt, umgehen. Als Beispiele aus der Praxis sind zu nennen Ehe- und Familienrecht, Handels- und Gesellschaftsrecht, Verkehrsstrafrecht und allgemeines Strafrecht, Privates Bau- und Architektenrecht. Von Fall zu Fall ist zu prüfen, ob hierin eine **Umgehung** der in § 7 Abs. 1 Satz 2 BerufsO enthaltenen Beschränkung liegt, die nicht 23

[8] *Hartung/Holl-Römermann*, § 7 Rdn. 16.
[9] Vgl. *Hartung/Holl-Römermann*, § 7 Rdn. 34–55.
[10] Vgl. dazu *Borgmann* BRAK-Mitt. 1998, 169.
[11] *Hartung/Holl-Römermann*, § 7 BerufsO Rdn. 58.

zulässig und damit berufswidrig ist, oder ob die Mehrfachbenennung ausnahmsweise hingenommen werden kann. Grundsätzlich ist jedes Rechtsgebiet **ein** Interessen- oder Tätigkeitsschwerpunkt. Nur wenn die Mehrfachbenennung sich wegen großer **sachlicher Nähe** der Einzelgebiete als ein Schwerpunkt verstehen läßt, sind Ausnahmen denkbar. Als Beispiele sind anzuführen Ehe- und Familienrecht oder Miet- und Pachtrecht. Ist solche sachliche Nähe der doppelt benannten Rechtsgebiete nicht feststellbar – ein Beispiel hierfür ist die Benennung „Privates Bau- und Architektenrecht" –, sind sie einzeln zu zählen. Auch bei der Mehrfachbenennung „Handels- und Gesellschaftsrecht" dürfte es an der erforderlichen Sachnähe fehlen.

24 Die zahlenmäßige Beschränkung auf höchstens fünf Benennungen zwingt zu **Vergröberungen des Rechtsgebiets**, das Gegenstand eines Interessen- oder Tätigkeitsschwerpunkts sein soll. So wird die wenig aussagekräftige Benennung des Rechtsgebiets „Wirtschaftsrecht" oft einer Benennung einzelner Rechtsgebiete vorgezogen werden, um daneben andere Rechtsbereiche benennen zu können. Auch aus wettbewerbsrechtlichen Gründen kann es angezeigt sein, die Schwerpunktbenennung möglichst vage vorzunehmen.[12]

25 Die **bloße Benennung** von Interessen- und Tätigkeitsschwerpunkten wirkt oft sehr nüchtern. Viel werbewirksamer ist es, wenn für das Rechtsgebiet Strafrecht mit dem Begriff „Strafverteidiger" oder für das Rechtsgebiet Erbrecht als „Spezialist für Erbrecht" geworben werden darf. Insoweit sind noch viele Fragen offen. Schon vor dem Inkrafttreten der Berufsordnung war Werbung mit dem Begriff **„Strafverteidigungen"** für zulässig gehalten worden,[13] ebenso mit der Bezeichnung **„Strafverteidiger"**.[14] Allerdings muß nunmehr § 7 BerufsO beachtet werden. Wer sich „Strafverteidiger" nennt, bringt damit zum Ausdruck, daß er auf dem Gebiet des Strafrechts ständig tätig ist. Es handelt sich deshalb um eine Werbung mit einem Tätigkeitsschwerpunkt, so daß sich Strafverteidiger nur nennen darf, wer auf dem Gebiet des Strafrechts mindestens zwei Jahre nachhaltig tätig ist. Zulässig ist es nach dem Wortlaut des § 7 Abs. 1 Satz 1 BerufsO auch, sich **„Scheidungsanwalt"** zu nennen. Die Vorschrift stellt ausdrücklich nicht auf einzelne Rechtsgebiete, sondern auf Teilbereiche der anwaltlichen Berufstätigkeit ab. Allerdings ist es auch in diesem Fall notwendig, die Bezeichnung als Tätigkeitsschwerpunkt zu definieren, z. B. **„Tätigkeitsschwerpunkt: Scheidungsanwalt"**.

4. Besonderheiten für Praxisbroschüren, Rundschreiben und andere vergleichbare Informationsmittel

26 Gemäß § 6 Abs. 2 Satz 2 BerufsO dürfen in Praxisbroschüren, Rundschreiben und anderen vergleichbaren Informationsmitteln weitere als die nach § 7 BerufsO erlaubten Hinweise gegeben werden. Das bezieht sich einmal auf die zahlenmäßige Beschränkung auf maximal fünf Benennungen. In den genannten Werbeträgern dürfen also Teilbereiche anwaltlicher Berufstätigkeit auch **ohne zahlenmäßige Beschränkung** benannt werden. Zum anderen darf die Unterscheidung in Interessen- und Tätigkeitsschwerpunkte entfallen.[15]

27 Praxisbroschüren, Rundschreiben und andere vergleichbare Informationsmittel können **irreführend** sein, ohne daß eine solche Irreführung berufsrechtliche Sanktionen auslöst. Ein außerhalb des Berufsrechts mögliches Regulativ ist die wettbewerbsrechtliche Korrektur durch Berufskollegen. Sie können, wenn sie sich durch irreführende Werbung in Praxisbroschüren, Rundschreiben und anderen vergleichbaren Informationsmitteln benachteiligt fühlen, wegen Verstoßes gegen § 3 UWG eine einstweilige Verfügung erwirken oder eine Unterlassungsklage erheben.

---

[12] Dazu ausführlich *Hartung/Holl-Römermann*, § 7 BerufsO Rdn. 60.
[13] So BGH NJW 1994, 2284.
[14] OLG Stuttgart NJW-RR 1990, 430.
[15] *Hartung/Holl-Römermann*, § 6 BerufsO Rdn. 127ff.

II. Werbung mit sonstigen Hinweisen

Werbung mit Hinweisen nicht auf Interessen- und Tätigkeitsschwerpunkte, sondern auf andere Dienstleistungen ist in vielerlei Hinsicht denkbar. Sie kann darin bestehen, besondere anwaltliche Dienstleistungen (Beratung auch zur Nachtzeit) oder nichtanwaltliche Dienstleistungen anzubieten, die ein Rechtsanwalt in einem Zweitberuf erbringt. 28

1. Berufsbezogene Spezialisierungshinweise

Anwaltliche Werbung muß **berufsbezogen** sein. Das ergibt sich aus § 43 b BRAO. Diese Vorschrift erlaubt dem Rechtsanwalt Werbung über seine berufliche Tätigkeit. § 6 Abs. 1 BerufsO konkretisiert die gesetzliche Regelung und erlaubt Informationen nicht nur über die **Dienstleistung** des Rechtsanwalts, sondern auch über seine **Person**. 29

a) Berufsbezogene Werbung mit Hinweisen auf die Person des Rechtsanwalts. Berufsbezogen im Sinne von § 43b BRAO und § 6 BerufsO ist eine Werbung – vor allem im Hinblick darauf, daß der Rechtsanwalt gemäß § 6 Abs. 1 BerufsO auch über seine Person informieren darf – auch dann, wenn der Rechtsanwalt **Ehrenämter** oder frühere **nichtanwaltliche Berufstätigkeiten** werblich ausnutzt. So darf ein ehemaliger Regierungspräsident auf dem Briefkopf seiner Praxis diese Berufsbezeichnung mit dem Hinweis, daß er ausgeschieden ist, nennen.[16] Ein Syndikusanwalt darf damit werben, daß er Syndikusanwalt eines bestimmten Unternehmens ist. Für das rechtsuchende Publikum sind solche Informationen von Wert. 30

b) Berufsbezogene Werbung mit allgemeinen Hinweisen. Anwaltliche Werbung muß nach Form und Inhalt sachlich sein (§ 43b BRAO). Wann sie im Einzelfall unsachlich ist, läßt sich abstrakt nicht festlegen. Unsachlich ist sie jedenfalls nicht, wenn der Rechtsanwalt durch – anlaßlose – Anzeigen im **redaktionellen Teil** von Zeitungen oder durch **Hinzufügung** von leicht verständlichen und **werbewirksamen Zusätzen**, beispielsweise „Ihr Recht in guten Händen“ oder „Recht haben und Recht bekommen ist nicht dasselbe“ oder „Wenn Sie zu Ihrem Recht kommen wollen…“ oder ähnlichen Zusätzen wirbt. Zulässig ist es auch, in Anzeigen über einzelne Rechtsgebiete zu **informieren**, zum Beispiel über Mietrecht oder über das zweckmäßige Verhalten nach einem Verkehrsunfall. 31

Berufsbezogene Werbung darf **nicht irreführend** sein. Irreführend ist es zum Beispiel, wenn Rechtsanwälte, die weniger als zwei Jahre zugelassen sind, mit einem „Strafrechtlichen Notdienst“ werben. Selbst bei längerer Zulassung dürfte eine solche Werbung unzulässig sein, weil der Begriff des anwaltlichen Notdienstes von den Anwaltsvereinen belegt und institutionalisiert ist. 32

2. Nichtanwaltliche Spezialisierungshinweise

Rechtsanwälte üben gelegentlich nicht nur den Beruf des Rechtsanwalts aus, sondern sind auch noch in einem **Zweitberuf** tätig. Werbung mit Hinweisen hierauf ist nicht berufbezogen und deshalb nicht erlaubt. Auch gemäß § 6 Abs. 1 BerufsO, der eine Information über die Person des Rechtsanwalts erlaubt, ist solche Werbung nicht zu rechtfertigen, weil sie eine Tätigkeit in einem anderen Beruf betrifft. Unabhängig von der berufsrechtlichen Unzulässigkeit ist sie auch aus **steuerrechtlichen Gründen** gefährlich. Nach der im Steuerrecht geltenden **Abfärbetheorie** kann auch das Einkommen aus anwaltlicher Tätigkeit gewerbesteuerpflichtig werden.[17] 33

---

16 OLG Karlsruhe GRUR 1992, 180.

17 Vgl. *Korn* DStR 1995, 1250; *Hartung/Holl*, Berufsrechts-ABC, Stichwort „Zweitberuf“.

C. Fachanwaltsbezeichnungen

I. Bedeutung der Fachanwaltsbezeichnung

34 Fachanwaltsbezeichnungen gibt es für Arbeitsrecht, Familienrecht, Sozialrecht, Strafrecht, Steuerrecht und Verwaltungsrecht. Neuerdings kommt der Fachanwalt für Insolvenzrecht hinzu. Die Fachanwaltsbezeichnung ist innerhalb der Qualitätsleiter Interessensschwerpunkt – Tätigkeitsschwerpunkt – Fachanwalt die **höchste Stufe** anwaltlicher Spezialisierung. Sie haben innerhalb weniger Jahre erheblich an Bedeutung gewonnen. Am 1. 1. 1998 hatten 7567 Rechtsanwälte eine Fachanwaltsbezeichnung erworben, davon 2487 für Arbeitsrecht, 1160 für Familienrecht, 409 für Sozialrecht, 194 für Strafrecht, 2674 für Steuerrecht und 643 für Verwaltungsrecht.[18] Das sind noch nicht einmal 10% aller zugelassenen Rechtsanwälte, doch die Zahl der Fachanwälte wird kontinuierlich zunehmen.

35 Untersuchungen des **Instituts für Freie Berufe an der Universität Nürnberg** zur Einkommenssituation deutscher Rechtsanwälte[19] haben ergeben, daß der Jahresgewinn eines Fachanwalts deutlich über dem eines Allgemeinanwalts liegt. Ob diese Tendenz sich auch in Zukunft fortsetzen wird, ist fraglich. Zu Recht weist *Holl*[20] darauf hin, daß das rechtsuchende Publikum möglicherweise nicht in der Lage ist, das Niveaugefälle zwischen einem Fachanwalt und einem Rechtsanwalt mit Tätigkeitsschwerpunkt zu erkennen. Die Satzungsversammlung wollte den Rechtsanwälten ohne Fachanwaltsbezeichnung nicht die Möglichkeit nehmen, mit dem Rechtsgebiet eines Fachanwalts als Tätigkeits- oder Interessenschwerpunkt zu werben. Die Werbewirksamkeit der Fachanwaltsbezeichnung wird deutlich **verwässert**.

II. Erwerb einer Fachanwaltsbezeichnung

36 Den Erwerb einer Fachanwaltsbezeichnung regelt die **Fachanwaltsordnung**. Danach können Fachanwaltsbezeichnungen für Arbeitsrecht, Familienrecht, Sozialrecht, Steuerrecht, Strafrecht und Verwaltungsrecht verliehen werden.[21] Die Fachanwaltsordnung unterscheidet zwischen **Anforderungen an die anwaltliche Tätigkeit** (§ 3 FAO) und **allgemeinen Anforderungen** an Kenntnisse und Erfahrungen (§ 2 FAO). Gemäß § 3 FAO muß der Rechtsanwalt unmittelbar vor Antragstellung eine **mindestens dreijährige ununterbrochene Zulassung** und Tätigkeit belegen. Dazu genügt in der Regel die Vorlage der Zulassungsurkunde. Weitere Nachweise sind nur erforderlich, wenn sich berechtigte Zweifel an einer dreijährigen ununterbrochenen Tätigkeit ergeben. Dabei sollte das Merkmal „ununterbrochen" nicht zu engherzig verstanden werden.

37 Die in § 2 FAO verlangten Anforderungen an die besonderen theoretischen Kenntnisse und an die besonderen praktischen Erfahrungen müssen **erheblich** das Maß dessen übersteigen, das üblicherweise durch die berufliche Ausbildung und praktische Erfahrung im Beruf vermittelt wird. Das Nähere regeln § 5 FAO für die praktischen Erfahrungen und die §§ 8–13 FAO für die besonderen theoretischen Kenntnisse, die gemäß § 2 Abs. 3 FAO die **verfassungs- und europarechtlichen Bezüge** des jeweiligen Fachgebiets umfassen müssen.

---

[18] BRAK-Mitt. 1998, 86.

[19] BRAK-Mitt. 1996, 174.

[20] *Hartung/Holl*, Einf. FAO Rdn. 44.

[21] Im November 1998 hat die Satzungsversammlung beschlossen, zusätzlich eine Fachanwaltsbezeichnung für Insolvenzrecht einzuführen. Die Voraussetzungen hierfür sind in § 14 FAO n. F. geregelt (vgl. **Anhang 3**). Diese Vorschrift war bei Redaktionsschluß noch nicht in Kraft getreten.

1. Besondere praktische Erfahrungen

Besondere praktische Erfahrungen lassen sich durch Prüfungen nicht ermitteln. Die FAO knüpft deshalb an sog. **Fallzahlen** an. § 5 FAO geht davon aus, daß der Erwerb besonderer praktischer Erfahrungen in der Regel als nachgewiesen gilt, wenn der Bewerber innerhalb der letzten **drei Jahre** (Zeit-, nicht Kalenderjahre) vor der Antragstellung im Fachgebiet, für das die Verleihung beantragt wird, die dafür vorgeschriebenen Fälle selbständig bearbeitet hat, nämlich:[22] 38

(a) **Verwaltungsrecht** 80 Fälle, davon mindestens 30 gerichtliche Verfahren. Von den 80 Fällen müssen sich mindestens 60 auf drei verschiedene Bereiche des besonderen Verwaltungsrechts beziehen, von denen einer zu den in § 8 Abs. 2 FAO aufgeführten Bereichen gehören muß.

(b) **Steuerrecht** 50 Fälle aus allen in § 9 FAO genannten Gebieten. Dabei müssen mindestens drei der in § 9 Ziffer 3 FAO genannten Steuerarten erfaßt sein. Mindestens 10 Fälle müssen rechtsförmliche Verfahren (Einspruchs- oder Klageverfahren) sein.

(c) **Arbeitsrecht** 100 Fälle aus den in § 10 Ziffer 1 und 2 FAO bestimmten Bereichen, davon die Hälfte gerichts- oder rechtsförmliche Verfahren. Als Fälle des kollektiven Arbeitsrechts gelten auch solche des Individualrechts, in denen kollektives Arbeitsrecht eine nicht unerhebliche Rolle spielt. Beschlußverfahren sind nicht erforderlich.

(d) **Sozialrecht** 60 Fälle aus mindestens drei der in § 11 Abs. 2 FAO bestimmten Bereiche, davon mindestens ⅓ gerichtliche Verfahren.

(e) **Familienrecht** 120 Fälle. Mindestens die Hälfte der Fälle müssen gerichtliche Verfahren sein; dabei zählen gewillkürte Verbundverfahren sowie Verfahren des notwendigen Verbundes mit einstweiligen Anordnungen doppelt.

(f) **Strafrecht** 60 Fälle, davon 40 Hauptverhandlungstage vor dem Schöffengericht oder einem übergeordneten Gericht.

Die in § 5 Satz 1 FAO genannten Fallzahlen sind das **Regel-Erfordernis**. § 5 Satz 2 FAO erlaubt eine **andere Gewichtung**, wenn Bedeutung, Umfang und Schwierigkeit einzelner Fälle sie rechtfertigen. Eine andere Gewichtung kann nur zugunsten des Bewerbers, nicht jedoch zu seinem Nachteil in Betracht kommen. 39

2. Besondere theoretische Kenntnisse

a) Lehrgang. Die besonderen theoretischen Kenntnisse müssen in der Regel durch die Teilnahme an einem auf den Erwerb der jeweiligen Fachanwaltsbezeichnung vorbereitenden anwaltsspezifischen Lehrgang erworben werden, der alle relevanten Bereiche des Fachgebiets umfaßt. Die **Gesamtdauer** des Lehrgangs muß, Leistungskontrollen nicht eingerechnet, mindestens 120 Zeitstunden betragen. Im Fachgebiet Steuerrecht kommen für Buchhaltung und Bilanzwesen 40 Zeitstunden hinzu (§ 4 Abs. 1 FAO). 40

Der **Lehrgangsbeginn** soll nicht länger als vier Jahre vor der Antragstellung liegen. Liegt er länger als vier Jahre zurück, ist eine zwischenzeitliche Fortbildung – in der Regel durch Teilnahme an Fortbildungskursen – nachzuweisen (§ 4 Abs. 1 FAO). Damit sind Fortbildungsveranstaltungen im Sinne des § 14 FAO gemeint, die eine Gesamtdauer von zehn Zeitstunden nicht unterschreiten dürfen.[23] 41

Außerhalb eines Lehrgangs erworbene Kenntnisse genügen nur ausnahmsweise. Sie müssen dem im jeweiligen Fachlehrgang zu vermittelnden Wissen entsprechen (§ 4 Abs. 3 FAO). In Betracht kommen eine Lehr- oder Prüfertätigkeit oder wissenschaftliche Arbeiten oder auch ständige Veröffentlichungen von wissenschaftlichen Beiträgen aus dem Fachanwaltsgebiet. Bei einer verfassungskonformen Auslegung des § 4 Abs. 3 FAO hat ein Bewerber, der behauptet, gleichwertiges Wissen zu haben, Anspruch auf ein **Fachgespräch** (§ 7 FAO). 42

---

[22] Für die gerade neu eingeführte Fachanwaltsbezeichnung für das Insolvenzrecht hat die Satzungsversammlung die Voraussetzungen für den Erwerb dieser Fachanwaltsbezeichnung in § 14 FAO n. F. geregelt (vgl. **Anhang 3**).

[23] *Hartung/Holl-Holl*, § 4 BerufsO Rdn. 21.

43 **b) Einzelne Fachgebiete.** Die für die einzelnen Fachgebiete nachzuweisenden besonderen theoretischen Kenntnisse sind in den §§ 8–13 FAO geregelt.

44 • Für das **Verwaltungsrecht** verlangt § 8 Nr. 1 FAO den Nachweis besonderer theoretischer Kenntnisse in den Bereichen

(a) allgemeines Verwaltungsrecht,
(b) Verfahrensrecht,
(c) Recht der öffentlich-rechtlichen Ersatzleistung

und besondere Kenntnisse in zwei Bereichen des besonderen Verwaltungsrechts, von denen einer aus folgenden Gebieten gewählt sein muß (§ 8 Nr. 2 FAO):

(a) öffentliches Baurecht,
(b) Abgabenrecht, soweit die Zuständigkeit der Verwaltungsgerichte gegeben ist,
(c) Wirtschaftsverwaltungsrecht (Gewerberecht, Handwerksrecht, Wirtschaftsförderungsrecht, Gaststättenrecht, Berg- und Energierecht),
(d) Umweltrecht (Immissionsschutzrecht, Abfallrecht, Wasserrecht, Natur- und Landschaftsschutzrecht),
(e) öffentliches Dienstrecht.

45 • Für das **Steuerrecht** verlangt § 9 FAO den Nachweis besonderer theoretischer Kenntnisse in den Bereichen

(a) Buchführung und Bilanzwesen einschließlich des Rechts der Buchführung und des Jahresabschlusses,
(b) Allgemeines Abgabenrecht einschließlich Bewertungs- und Verfahrensrecht,
(c) Besonderes Steuer- und Abgabenrecht in den Bereichen:
  (aa) Einkommen-, Körperschaft- und Gewerbesteuerrecht,
  (bb) Vermögenssteuerrecht,
  (cc) Umsatzsteuer- und Grunderwerbsteuerrecht,
  (dd) Erbschafts- und Schenkungssteuerrecht,
(d) Grundzüge des Verbrauchssteuer-, Außensteuer- und des Steuerstrafrechts.

46 • Für das Fachgebiet **Arbeitsrecht** verlangt § 10 FAO den Nachweis besonderer theoretischer Kenntnisse in den Bereichen

(a) Individualarbeitsrecht (Abschluß und Änderung des Arbeits- und Berufsbildungsvertrages, Inhalt und Beendigung des Arbeits- und Berufsbildungsverhältnisses einschließlich Kündigungsschutz, Grundzüge der betrieblichen Altersversorgung, Schutz besonderer Personengruppen, insbesondere der Schwangeren und Mütter, der Schwerbehinderten und Jugendlichen, Grundzüge des Arbeitsförderungsgesetzes und des Sozialversicherungsrechts),
(b) Kollektives Arbeitsrecht (Tarifvertrags-, Personalvertretungs- und Betriebsverfassungsrecht, Grundzüge des Arbeitskampf- und Mitbestimmungsrechts),
(c) Verfahrensrecht.

47 • Für das Fachgebiet **Sozialrecht** verlangt § 11 FAO den Nachweis besonderer theoretischer Kenntnisse in den Bereichen

(a) allgemeines Sozialrecht einschließlich Verfahrensrecht,
(b) Arbeitsförderungs- und Sozialversicherungsrecht (Krankenversicherung, Unfallversicherung, Rentenversicherung, Pflegeversicherung); Recht der sozialen Entschädigung bei Gesundheitsschäden und Recht des Familienlastenausgleichs, Recht der Eingliederung Behinderter, Sozialhilferecht, Ausbildungsförderungsrecht.

48 • Für das Fachgebiet **Familienrecht** verlangt § 12 den Nachweis besonderer theoretischer Kenntnisse in den Bereichen

(a) materielles Ehe-, Familien- und Kindschaftsrecht unter Einschluß familienrechtlicher Bezüge zum Erb-, Gesellschafts-, Sozial- und Steuerrecht,
(b) familienrechtliches Verfahrens- und Kostenrecht,
(c) Internationales Privatrecht im Familienrecht,
(d) Theorie und Praxis familienrechtlicher Mandatsbearbeitung und Vertragsgestaltung.

- Für das Fachgebiet **Strafrecht** verlangt § 13 FAO den Nachweis besonderer theoretischer Kenntnisse in den Bereichen 49

(a) Methodik und Recht der Strafverteidigung und Grundzüge der maßgeblichen Hilfswissenschaften,
(b) materielles Strafrecht einschließlich Jugend-, Betäubungsmittel-, Verkehrs-, Wirtschafts- und Steuerstrafrecht,
(c) Strafverfahrensrecht einschließlich Jugendstraf- und Ordnungswidrigkeitenverfahren sowie Strafvollstreckungs- und Strafvollzugsrecht.

3. Nachweise

Dem Antrag auf Verleihung einer Fachanwaltsbezeichnung müssen **Unterlagen** beigefügt werden, die belegen, daß der Antragsteller die besonderen theoretischen Kenntnisse und die besonderen praktischen Erfahrungen besitzt. Geregelt sind die Anforderungen in § 6 Abs. 2 FAO für die besonderen theoretischen Kenntnisse und in § 6 Abs. 3 FAO für die besonderen praktischen Erfahrungen. Der Nachweis der besonderen theoretischen Kenntnisse ist durch Vorlage von **Zeugnissen des Lehrgangsveranstalters** und von mindestens drei **schriftlichen Leistungskontrollen** (Aufsichtsarbeiten) zu führen. Zum Nachweis der besonderen praktischen Erfahrungen sind Fallisten und auf Verlagen auch **anonymisierte Arbeitsproben** vorzulegen. Lassen diese Unterlagen keine abschließende Beurteilung zu, kann der Bewerber zu einem **Fachgespräch** geladen werden (§ 7 FAO). 50

4. Verfahren

Eine Fachanwaltsbezeichnung wird nur auf **Antrag** verliehen (§ 22 FAO). Mit ihm befaßt sich zunächst ein vom Vorstand der zuständigen Rechtsanwaltskammer oder auch von mehreren Rechtsanwaltskammern gemeinsam gebildeter **Ausschuß** (§§ 17–21 FAO). Das Verfahren regelt § 24 FAO. Die Tätigkeit des Ausschusses endet mit einer abschließenden Stellungnahme, die er dem Vorstand der zuständigen Rechtsanwaltskammer vorlegt. Dieser entscheidet alsdann, ob dem Antrag auf Verleihung einer Fachanwaltsbezeichnung stattzugeben oder ob er zurückzuweisen ist. 51

Gegen einen **ablehnenden Bescheid** steht dem Antragsteller der Antrag auf gerichtliche Entscheidung beim zuständigen Anwaltsgerichtshof gemäß § 223 BRAO zu. Dessen Entscheidung ist eine **Prüfungsentscheidung**, auf die die Grundsätze der Rechtsprechung des Bundesverfassungsgerichts und des Bundesverwaltungsgerichts zur Anfechtbarkeit von Prüfungsentscheidungen anzuwenden sind.[24] Die Kontrolle durch den Anwaltsgerichtshof muß sich deshalb auf die Feststellung wesentlicher Verfahrensfehler, fehlerhafter Sachverhaltsermittlung, der Berücksichtigung sachfremder Erwägungen sowie die Verkennung allgemeingültiger Bewertungsmaßstäbe bzw. des anwendbaren Rechts beschränken. Gegen eine ablehnende Entscheidung des Anwaltsgerichtshof kann bei Fragen von grundsätzlicher Bedeutung (§ 223 Abs. 3 und 4 BRAO) nach Zulassung innerhalb von zwei Wochen **sofortige Beschwerde** zum Bundesgerichtshof eingelegt werden. 52

III. Fortbildung

Jeder Fachanwalt muß sich auf dem Gebiet seiner Fachanwaltsbezeichnung fortbilden (§ 14 FAO). Das ist eine **Berufspflicht**, deren Verletzung gemäß § 43 c Abs. 4 BRAO in Verbindung mit § 25 BerufsO den **Widerruf der Erlaubnis** zum Führen einer Fachanwaltsbezeichnung nach sich ziehen kann. 53

Der Fachanwalt erfüllt die Pflicht zur Fortbildung durch jährliche Teilnahme an mindestens einer Fortbildungsveranstaltung seines Fachgebiets. Das kann als **Hörer** oder als **Dozent** geschehen (§ 14 Satz 1 BerufsO). Die Gesamtdauer der jährlichen Fortbildung darf **zehn Zeitstunden** nicht unterschreiten. Der zuständigen Rechtsanwaltskammer ist dies unaufgefordert nachzuweisen. 54

---

[24] Dazu *Henssler/Prütting-Henssler*, § 43 c BRAO Rdn. 15; BVerfG NJW 1991, 2005 (2008); BVerwG NVwZ 1993, 681.

55 Die Regelung des § 14 FAO erweist sich bei näherem Zusehen als **zu starr**. Der Vorstand der Rechtsanwaltskammer sollte zumindest ein gewisses **Ermessen** bei der Beurteilung der Frage haben, welche **sonstige Tätigkeit** als nur die hörende oder dozierende Teilnahme an einer Fortbildungsveranstaltung geeignet sein kann, den für den Fortbestand der Erlaubnis notwendigen Nachweis einer gleichwertigen Fortbildung zu führen. Wer auf seinem Fachgebiet einschlägige **Beiträge in juristischen Fachzeitschriften** veröffentlicht, deren Erstellung meist viel zeitaufwendiger als die Teilnahme an einer Fortbildungsveranstaltung ist und die zudem zu einer wesentlich vertieften Befassung mit einzelnen Problemfeldern führt, sollte den Nachweis der Fortbildung auch durch Vorlage seiner Veröffentlichungen erbringen können. Dasselbe gilt für eine ständige **Prüfertätigkeit** im zweiten Staatsexamen. Hier kann nur eine durch § 43c Abs. 4 BRAO durchaus erlaubte großzügige Handhabung der Vorschrift durch die Kammervorstände helfen.

56 Als zu starr erweist sich § 14 FAO auch deswegen, weil sie dem Kammervorstand jedes Ermessen nimmt, im Einzelfall eine wegen **Krankheit** oder aus **anderen Gründen** unterlassene Fortbildung sanktionslos hinzunehmen. Der Kammervorstand sollte auch insoweit auf die gesetzliche Regelung des § 43c Abs. 4 BRAO zurückgreifen und Ermessen ausüben. Diese als **Kannvorschrift** ausgebildete Norm wird zwar teilweise als Mußvorschrift verstanden.[25] Diese Auffassung ist jedoch nicht haltbar. Das Bundesverfassungsgericht verlangt, daß statt des Widerrufs der Zulassung zur Anwaltschaft zunächst **weniger belastende Mittel** einzusetzen sind.[26] Dasselbe muß für einen Widerruf der Erlaubnis zur Führung einer Fachanwaltsbezeichnung gelten. Die Regelung des § 14 FAO ist deshalb verfassungsrechtlich nur haltbar, wenn die Kammervorstände sie behutsam anwenden und für ihre Entscheidungen einen gewissen Ermessensspielraum in Anspruch nehmen. § 43c Abs. 4 BRAO gibt ihnen hierzu die Möglichkeit.

IV. Verlust der Fachanwaltsbezeichnung

57 Die Erlaubnis zum Führen einer Fachanwaltsbezeichnung kann gemäß § 43c Abs. 4 BRAO und § 25 FAO zurückgenommen bzw. widerrufen werden. Zuständig ist der Vorstand der Rechtsanwaltskammer, der der Rechtsanwalt im Zeitpunkt der Entscheidung angehört (§ 25 Abs. 1 FAO). Die **Rücknahme** kann erfolgen, wenn Tatsachen nachträglich bekannt werden, bei deren Kenntnis die Erlaubnis hätte versagt werden müssen. Der zuständige Kammervorstand muß die Rücknahme allerdings innerhalb eines Jahres seit Kenntnis von den sie rechtfertigenden Tatsachen verfügen, andernfalls sie unzulässig ist (§ 25 Abs. 2 FAO). Der **Widerruf** ist möglich, wenn der Fachanwalt die vorgeschriebene Fortbildung (§ 14 FAO) unterläßt.

58 Gegen den Rücknahme- oder Widerrufsbescheid steht dem Rechtsanwalt innerhalb eines Monats seit Zustellung der **Antrag auf gerichtliche Entscheidung** durch den Anwaltsgerichtshof zu (§ 223 BRAO).

V. Werbung mit Fachanwaltsbezeichnungen

59 Wer eine Fachanwaltsbezeichnung erwerben will, muß sich gut überlegen, was ihm die Führung einer solchen Bezeichnung in der eigenen konkreten Situation bringt. Ein Einzelanwalt wird andere Überlegungen anstellen als ein in einer Sozietät oder einer anderen Organisationsform gemeinsamer Berufsausübung tätiger Rechtsanwalt.

60 Der **Einzelanwalt** muß dem rechtsuchenden Publikum ein möglichst breites Spektrum anwaltlicher Dienstleistung anbieten. Wirbt er mit einer Fachanwaltsbezeichnung, engt er sein Dienstleistungsangebot ein. Wer einen Rechtsanwalt für seine Ehescheidung sucht, wird sich nicht an einen Fachanwalt für Arbeitsrecht wenden, vielleicht selbst dann nicht, wenn der Rechtsanwalt nicht nur die Fachanwaltsbezeichnung führt, sondern gleichzeitig

[25] So *Henssler/Prütting-Henssler*, § 43c BRAO Rdn. 16.
[26] BVerfG NJW 1993, 317; NJW 1995, 951.

mit dem Tätigkeitsschwerpunkt Familienrecht oder Scheidungsrecht wirbt. Deshalb wird der Einzelanwalt sich mit dem Problem auseinandersetzen müssen, daß die Führung einer Fachanwaltsbezeichnung auch **wettbewerbshindernd** wirkt. Hat er auf einem einer Fachanwaltsbezeichnung zugänglichen Rechtsgebiet ohnehin schon eine **starke Marktposition**, wird er sich für den Erwerb der Fachanwaltsbezeichnung entscheiden. Ist die Struktur der bisher bearbeiteten Rechtsgebiete **breit gefächert** und hat sich noch kein Tätigkeitsschwerpunkt gebildet, wird der Einzelanwalt eher vom Erwerb einer Fachanwaltsbezeichnung absehen und es vorziehen, mit Interessen- und Tätigkeitsschwerpunkten zu werben.

Bei **gemeinsamer Berufsausübung** mit anderen Rechtsanwälten ist die Entscheidung **61**
für den Erwerb einer Fachanwaltsbezeichnung leichter. Je mehr Fachanwaltsbezeichnungen die zur gemeinsamen Berufsausübung verbundenen Rechtsanwälte abdecken, um so größer ist ihr Dienstleistungsangebot. Die **Akzeptanz einer Sozietät** ist um so höher, je mehr Fachanwälte ihr angehören. Mit einer solchen Sozietät können der Einzelanwalt oder kleine Sozietäten kaum konkurrieren.

Bei einer **Großsozietät** treffen diese Überlegungen nicht oder allenfalls abgeschwächt **62**
zu. Auch wenn zu einer Großsozietät Sozien mit Fachanwaltsbezeichnungen gehören, die meist das Arbeitsrecht, das Steuerrecht und das Verwaltungsrecht abdecken, ist für sie die Werbung mit Fachanwaltsbezeichnungen von untergeordneter Bedeutung. Sie umwerben mit einer Vielzahl von Rechtsanwälten, die auf sehr unterschiedlichen Rechtsgebieten arbeiten, einen nationalen und **internationalen Beratungsmarkt**, der allen anderen Rechtsanwälten in kleineren oder mittleren Sozietäten gänzlich verschlossen bleibt. Diesen Beratungsmarkt umwerben sie inzwischen mit Werbemitteln, die für die Mehrheit der Rechtsanwälte kaum vorstellbar sind. So druckt eine große Kölner Sozietät ihr Label auf Regenschirmen. Eine andere überörtliche Sozietät verheißt auf T-Shirts „You never walk alone ...“ und nahezu jede Großsozietät wirbt mit einer aufwendigen Praxisbroschüre.[27] Schließlich sind es die Großsozietäten längst gewohnt, an sog. **Beauty Contests** teilzunehmen, in denen sie vor der Vergabe eines großen Mandats zusammen mit anderen Kanzleien ihr Leistungsspektrum, ihr Team und ihre Strategien zur Lösung der anstehenden Rechtsprobleme sowie den Honorarrahmen (durchweg mit Stundensätzen) vorstellen.

[27] *Todtmann*, Wirtschaftswoche v. 15. 10. 1998.

§ 40 Der rechtliche Rahmen anwaltlicher Werbung

Horst Eylmann★

Übersicht

Schrifttum: *Becker,* Fachanwaltschaften und Interessenschwerpunkte, AnwBl. 1995, 434; *Bornkamm,* Die Grenzen anwaltlicher Werbung, WRP 1993, 643; *Breuer,* Anwaltliche Werbung – Inhalt und Grenzen, Diss. Köln 1995; *Büttner,* Anwaltswerbung zwischen Berufsrecht und Wettbewerbsrecht, in: Festschrift für Vieregge, 1995, S. 99; *Ebbing,* Virtuelle Rechtsberatung und das anwaltliche Werbeverbot, NJW-CoR 1996, 242; *Eylmann,* Reglementierung der Werbung in der Berufsordnung – sinnvoll, überflüssig oder unzulässig?, AnwBl. 1996, 481; *v. Falkenhausen,* Einzelfragen zur Anwaltswerbung, AnwBl. 1994, 513; *ders.*, Die Werbung des Rechtsanwalts nach der Berufsrechtsnovelle, in: Liber amicorum für Rabe, 1995, S. 14; *Freitag,* Anwaltswerbung in Zeitungsanzeigen, AfP 1996, 346; *Hans,* RAK, Einzelfragen zur Anwaltswerbung, AnwBl. 1995, 89; *Hartung/Holl,* Anwaltliche Berufsordnung, 1997; *Henssler/Prütting,* Bundesrechtsanwaltsordnung, 1997; *Kleine-Cosack,* Berufs- und Fachanwaltsordnung für Rechtsanwälte, NJW 1997, 1257; *ders.*, Das Werberecht der rechts- und steuerberatenden Berufe, 1999; *Ludwig Koch,* Konkrete Beispiele für zulässige Anwaltswerbung, AnwBl. 1995, 473; *ders.*, Anwaltswerbung mit dem Honorar, AnwBl. 1996, 264; *Krämer/Mauer/Braun,* Erfolgreiche Anwaltswerbung, 1999; *Lutz/App,* Vorteile und zweckmäßige Gestaltung einer Kanzlei-Broschüre, BRAK-Mitt. 1995, 146; *dies.*, Strategische Planung des Anwaltmarketings, MDR 1998, 332; *Mälzer,* Werbemöglichkeiten für Rechtsanwälte in der Europäischen Union, Diss. Köln 1995; *Mauer/Krämer,* ISO 9000 für Rechtsanwälte?, AnwBl. 1996, 73; *Mayen,* Die verfassungsrechtliche Stellung des Rechtsanwalts, NJW 1995, 2317; *Michalski/Römermann,* Werbeverbot für Notare?, ZIP 1997, 315; *dies.*, Interprofessionelle Zusammenarbeit von Rechtsanwälten, NJW 1996, 3233; *dies.*, Das europäische Kartellrecht der Freien Berufe – Auswirkungen auf die künftige anwaltliche Berufsordnung –, AnwBl. 1996, 191; *Redeker,* Bild und Selbstverständnis des Anwalts heute, AnwBl. 1996, 503; *Remmertz,* Anwaltliche Werbung durch Zeitungsanzeigen, NJW 1997, 2785; *Rick,* Die verfassungsrechtliche Stellung des Rechtsanwalts, Diss. Köln 1998; *Ring,* Anwaltliche Werbung von A-Z, 1997; *Römermann,* Entwicklung und Tendenzen bei Anwaltsgesellschaften, 1995; *Scheuerl,* Anwaltswerbung im Internet, NJW 1997, 1291; *ders.*, Werbung für Rechtsanwälte, NJW 1997, 3219; *Schiefer/Hocke,* Marketing für Rechtsanwälte, 2. Aufl. 1996; *Schopen/Gumpp/Schopen,* Präsenz einer deutschen Anwaltskanzlei im Internet – (k)ein Verstoß gegen § 43 b BRAO?, NJW-CoR 1996, 112; *Streck,* Anwaltliche Werbung, AnwBl. 1995, 64; *Westerwelle,* Werbemöglichkeiten für Anwälte im Internet, WiB 1997, 297; *Winters,* Der Rechtsanwaltsmarkt, 1990; *Zuck,* Berufs- und standesrechtliche Rahmenbedingungen der künftigen Formen anwaltlicher Zusammenarbeit und anwaltlicher Werbung, AnwBl. 1988, 351; *ders.*, Anwaltswerbung zwischen zulässiger Informations- und unzulässiger Mandatswerbung, NJW 1988, 528.

★ Rechtsanwalt und Notar in Stade; ehemaliger Vorsitzender des Rechtsausschusses des Deutschen Bundestages.

A. Rechtsquellen

I. § 43b BRAO – berufsrechtliche Grundnorm

1. Entstehungsgeschichte

1 Die Anwaltschaft war bis in die 80er Jahre dieses Jahrhunderts einem **strikten Werbeverbot** unterworfen. Solange die Anwälte unter staatlicher Aufsicht standen, lag der Grund in dem Bemühen der Landesherren, das Volk ruhig zu halten, es vor aufwieglerischer Tätigkeit der Advokaten zu schützen und Gerichte vor vermehrter Inanspruchnahme zu bewahren.[1] Nachdem im 19. Jahrhundert der Prozeß der anwaltlichen Emanzipation von staatlicher Bevormundung mit der Rechtsanwaltsordnung von 1878 sein vorläufiges Ende erreicht hatte, entdeckten die Honoratioren unter den Anwälten die **Standeswürde** als ein probates Mittel, den endlich erreichten gesellschaftlichen Status des eigenen Standes zu erhöhen und zugleich die Konkurrenz in Schranken zu halten. Waren es zunächst die **Ehrengerichte**, die meinten, Werbung sei mit der Würde des Standes unvereinbar,[2] „kodifizierten" seit 1929 die **Standesrichtlinien** die ehrengerichtliche Rechtsprechung mit einer steigenden Fülle von Detailregelungen; noch in § 2 der Richtlinien von 1973 wurde das Werbeverbot in den Rang einer anwaltlichen Grundpflicht gehoben. Diese in Jahrhunderten gewachsene Tradition wirkt bis heute nach. Im kollektiven Bewußtsein der Mehrheit der deutschen Anwälte gilt Werbung nach wie vor als anrüchig. Nur eine Minderheit macht von den inzwischen geschaffenen Werbemöglichkeiten Gebrauch.

2 Dem **Bundesverfassungsgericht** (und nicht dem Gesetzgeber oder der Berufsvertretung der Anwälte) gebührt das Verdienst, mit seinen Beschlüssen vom 14. Juli 1987[3] die Standesrichtlinien kassiert und dem Werbeverbot Grenzen gesetzt zu haben. Der Gesetzgeber war gezwungen zu handeln, wartete zunächst die Ergebnisse des innerhalb der Anwaltschaft anlaufenden Diskussionsprozesses ab und regelte sodann mit der **Berufsrechtsnovelle 1994**[4] die Werbung in dem neu in die BRAO eingefügten § 43b. Hatte es im Gesetzesentwurf[5] noch geheißen, anwaltliche Werbung dürfe nicht „reklamehaft" sein, strich der Rechtsausschuß des Bundestages diese Vokabel, weil sie ihm zu ungenau und konturlos erschien, und wählte stattdessen die jetzige Fassung, die dem Rechtsanwalt Werbung erlaubt, „soweit sie über die berufliche Tätigkeit in Form und Inhalt sachlich unterrichtet und nicht auf die Erteilung eines Auftrags im Einzelfall gerichtet ist."[6] Bedauerlicherweise weicht die Rechtsprechung dennoch immer wieder auf den Begriff des „Reklamehaften" aus und erspart sich auf diese Weise eine stringente Auslegung des Gesetzeswortlauts, vgl. dazu unten Rdn. 48.

2. Verfassungsmäßigkeit

3 § 43b BRAO geht in seiner Formulierung, insoweit noch der berufsrechtlichen Tradition folgend, von einem **grundsätzlichen Werbeverbot** aus, von dem Ausnahmen zugelassen werden. Diese Fassung verdunkelt, daß **freie Meinungsäußerung** und **Berufsausübung** die grundgesetzlich verbürgte Regel ist. Die Ausnahmen von dieser Regel bedürfen einer Begründung, deren Verfassungsrelevanz sich aus dem mit der Einschränkung verfolgten Zweck ergeben muß. Die Gesetzesmaterialien geben in dieser Frage nur dürftigen Aufschluß.[7] Das BVerfG hat auf das **Berufsbild** der Anwälte und der anderen

---

[1] *Henssler/Prütting – Eylmann*, § 43b Rdn. 1.
[2] EGH 1, 28; 3, 87; 4, 187; vgl. zur Geschichte des Werbeverbots auch BGHSt. 26, 131 (133f.).
[3] BVerfGE 76, 171 = NJW 1988, 191 = AnwBl. 1987, 598.
[4] BGBl. I, 2278.
[5] BT-Drucks. 12, 4993 S. 5.
[6] BT-Drucks. 12/7656 S. 8, 48.
[7] BT-Drucks. 12/4993 S. 28.

freien Berufe abgehoben, aus dem sich das Verbot einer irreführenden oder auf Praxis zielenden Werbung ergebe.[8] Abgesehen davon, daß Berufsbilder wenig präzise sind und sich im Laufe der Zeit verändern können, müssen aus ihnen gezogene freiheitsbeschränkende Folgerungen auf ihre **Sachgerechtigkeit** überprüft werden.[9] Entscheidend kann nur sein, ob eine völlige Freigabe der Werbung die **Funktion der Anwaltschaft** im System der Rechtspflege beeinträchtigen würde. Das ist zu bejahen, denn eine berufsrechtlich nicht eingeschränkte Werbung würde dem Anwalt die häufig mit maßlosen Übertreibungen arbeitende **Selbstanpreisung** gestatten, wie sie in der Wirtschaft weitgehend üblich ist. Ferner wären auch alle Formen der Werbung erlaubt bis hin zu suggestiven Fernsehspots und großflächigen Leuchtreklamen. Außerdem könnte der Anwaltschaft dann auch die gezielte Werbung um das einzelne Mandat nicht untersagt werden, wobei zwar die Vorschriften des UWG Auswüchse verhindern, aber wohl auf Dauer nicht einmal die vergleichende Werbung unter Anwälten unterbinden würden. Die Gleichstellung der Anwaltschaft in der Werbung mit der gewerblichen Wirtschaft hätte eine Gleichstellung auch in anderen Bereichen der Berufsausübung zur Folge und würde die mit der Ausübung eines freien Berufs verbundenen besonderen Rechte und Pflichten aushöhlen. Die Anwaltschaft würde ihre unverzichtbare Rolle eines **unabhängigen Mediators** zwischen Bürger- und Staatsinteressen in einer immer komplizierter werdenden demokratischen Bürgergesellschaft verlieren. Dieses **Gemeinwohlinteresse** rechtfertigt die in § 43 b BRAO enthaltenen Werbeschranken, die allerdings in Zweifels- und Grenzfällen **in dubio pro libertate** auszulegen sind. Es gibt denn auch keinerlei Anzeichen dafür, daß das Bundesverfassungsgericht diese Norm ganz oder teilweise für verfassungswidrig halten könnte. Die zivil- und berufsrechtliche Judikatur steht allerdings vor der noch keineswegs bewältigten Aufgabe, sich von überholten Denkmustern zu lösen und bei der Abgrenzung zulässiger Werbung zu Ergebnissen zu kommen, die der mit § 43b BRAO verfolgten Intention des Gesetzgebers entsprechen.

II. §§ 6–10 BerufsO – satzungsrechtliche Konkretisierung

1. Entstehungsgeschichte

Die BRAO-Novelle 1994 hat die Satzungsversammlung ermächtigt, das „Nähere zu den beruflichen Rechten und Pflichten durch Satzung in einer **Berufsordnung**" zu bestimmen, die u. a. „die besonderen Berufspflichten im Zusammenhang mit der Werbung und Angaben über selbst benannte Interessenschwerpunkte" näher regeln kann, § 59b Abs. 1, Abs. 2 Nr. 3 BRAO. Die Satzungsversammlung hat von dieser Ermächtigung in ihrer Berufsordnung vom 11. März 1997 Gebrauch gemacht: die §§ 6–10 im Zweiten Abschnitt befassen sich mit der Werbung. Vorangegangen war eine Grundsatzdiskussion darüber, ob überhaupt werbungsrechtliche Vorschriften in die Satzung aufgenommen werden sollten. Dies wurde schließlich mit Mehrheit bejaht.[10] Das Bundesjustizministerium hat bei der Ausübung seiner Prüfungskompetenz gemäß § 191 e BRAO die Regelungen über die Werbung unangetastet gelassen und damit zu erkennen gegeben, daß nach seiner Meinung die Satzungsversammlung sich insoweit im Rahmen der Ermächtigungsnorm gehalten und mit den getroffenen Regelungen nicht gegen höherrangiges (nationales oder europäisches) Recht verstoßen hat. 4

2. Einzelbewertung

a) § 6 BerufsO. Die Norm enthält in ihren Absätzen 1, 2 und 4 Regelungen, die sich unmittelbar aus § 43b BRAO ableiten lassen. Ihre Aufnahme in die Satzung läßt sich nur 5

[8] BVerfGE 33, 125 (170); 60, 215 (232); ebenso BGH NJW 1984, 2705 u. BRAK-Mitt. 1985, 171.
[9] *Rupp* AöR 92 (1967), 212 (221f.) u. NJW 1965, 993; *Hesse* AöR 95 (1970), 449 (459ff.).
[10] Zur Diskussion in der Satzungsversammlung vgl. *Hartung/Holl – Römermann*, § 6 Rdn. 23ff. und 63ff.

mit der Überlegung rechtfertigen, es sei nützlich und schade jedenfalls nicht, die Gesetzesnorm zu verdeutlichen.

6 § 6 Abs. 3 BerufsO ist dagegen eine echte Konkretisierung der Grundnorm: Die sachliche Bekanntgabe von **Erfolgszahlen**, z. B. der Steigerung der Mandanten- oder Fallzahlen in einem bestimmten Zeitraum, wird ebenso untersagt wie die Darstellung der **Umsatzentwicklung.**[11] Ob diese Informationen immer zu einer Irreführung der potentiellen Klientel führen würden, ist nicht in jedem Fall sicher, wenngleich wegen der Schwierigkeit, die Tätigkeit eines Anwalts anhand solcher Kriterien zuverlässig zu bewerten, die Gefahr falscher Vorstellungen groß ist. Die Satzungsversammlung dürfte sich deshalb im Rahmen der ihr erteilten Ermächtigung gehalten haben, wenn sie sich in diesem Grenzfall für ein Verbot entschied.[12]

7 Daß die **Nennung** von **Mandaten** und **Mandanten** eine Entbindung von der Schweigepflicht voraussetzt, folgt aus § 43a Abs. 2 BRAO. Insoweit wiederholt § 6 Abs. 3 S. 2 BerufsO die gesetzliche Regelung. Sinnvoll ist die Forderung, daß die Zustimmung ausdrücklich (mündlich oder schriftlich) erklärt sein muß und konkludentes Handeln nicht ausreicht; sie beugt einem laxen Umgang mit der anwaltlichen Schweigepflicht vor.

Die Beschränkung der Bekanntgabe auf **bestimmte Werbemittel**, von der wiederum für den Fall einer Informationsnachfrage eine Ausnahme gemacht wird, kollidiert mit § 43b BRAO, denn dort ist kein Werbemittel von vornherein ausgeschlossen.[13]

8 **b) § 7 BerufsO.** Diese Vorschrift regelt die Werbung mit **Interessen-** und **Tätigkeitsschwerpunkten**. Der Gesetzgeber hielt die Angabe von Tätigkeitsschwerpunkten mit nicht überzeugender Begründung für unzulässig.[14] Die Rechtsprechung hat sich dadurch nicht gehindert gesehen, schon vor Jahren sowohl Tätigkeits- als auch Interessenschwerpunkte in anwaltlichen Werbeaussagen zuzulassen.[15] Die Satzungsversammlung ist dem gefolgt. Zwischen beiden Schwerpunkten unterscheiden zu wollen, ist verfehlt, da die potentielle Klientel dies auch nicht zu tun pflegt. Schon die Differenz zwischen Schwerpunkt und Fachanwaltschaft wird vom Publikum kaum zutreffend erkannt und gewürdigt. Die in § 7 Abs. 2 BerufsO genannte Voraussetzung für die Angabe von Tätigkeitsschwerpunkten ist in der Rechtswirklichkeit nicht zu kontrollieren und deshalb totes Satzungsrecht.[16] Die Werbung mit Interessen- und Tätigkeitsschwerpunkten wird eingehend in § 39 behandelt.

9 **c) §§ 8–10 BerufsO.** Mit den in den §§ 8–10 BerufsO enthaltenen detaillierten Regelungen über die **Kundgabe beruflicher Zusammenarbeit** und die **Gestaltung der Briefbögen** kodifizierte die Satzungsversammlung im wesentlichen die bis dahin vorliegende Rechtsprechung. Es handelt sich um eine Konkretisierung des sich aus § 43b BRAO und § 3 UWG ergebenden Verbots, mit irreführenden Angaben zu werben. Wegen des engen Bezugs zur Werbung sind die Regelungen durch die Ermächtigung in § 59b Abs. 2 Nr. 3 BRAO gedeckt und deshalb auch richtig im Zweiten Abschnitt der Berufsordnung plaziert.[17] Verstöße gegen höherrangiges Recht liegen bei verfassungskonformer Auslegung nicht vor.

10 § 8 BerufsO erlaubt eine Offenlegung von **Kooperationen** nur unter der Voraussetzung, daß diese auf Dauer angelegt und durch tatsächliche Ausübung verfestigt sind. Daraus läßt sich jedoch nicht schließen, daß die gemeinsame Bearbeitung eines konkreten

---

[11] Kritisch *Kleine-Cosack*, § 43b Rdn. 27 unter Hinweis auf die Bekanntmachungsverpflichtung der Anwalts-GmbH gem. § 324 Abs. 1 S. 2 HGB.

[12] *Hartung/Holl – Römermann*, § 6 Rdn. 133ff.

[13] *Hartung/Holl – Römermann*, § 6 Rdn. 141ff.

[14] BT-Drucks. 12/4993 S. 28.

[15] BVerfG AnwBl. 1992, 1613 u. NJW-RR 1994, 1480; BGH NJW 1994, 2035 u. AnwBl. 1996, 233; a. A. OLG Celle NJW 1993, 3273.

[16] *Eylmann* AnwBl. 1996, 481 (484).

[17] A. A. *Hartung/Holl – Römermann*, Vor § 6 Rdn. 70.

Mandats nicht erwähnt werden darf, wenn sie wahrheitsgemäß als punktuelle Zusammenarbeit im Einzelfall dargestellt wird;[18] damit würde allerdings ein Werbeeffekt kaum noch vorhanden sein, so daß die praktische Relevanz gering ist.

Daß § 9 Abs. 1 BerufsO die **EWIV** nicht erwähnt, diese also keine Kurzbezeichnung führen darf, kollidiert mit ihrem europäischen Firmenrecht,[19] dürfte sich aber im Wege verfassungskonformer Auslegung korrigieren lassen. Aus § 9 Abs. 3 BerufsO ist zu schließen, daß über die Erwähnung gemeinschaftlicher Berufsausübung hinaus **Sachfirmen** ohne Namenszusatz ausgeschlossen sind; dies ist im Hinblick auf die personale Verantwortlichkeit des freiberuflich tätigen Anwalts gerechtfertigt. Die Zusätze „und Partner" und „Partnerschaft" sind gem. §§ 2, 11 PartGG für **Partnerschaften** reserviert.[20] Die zulässige Firmierung einer **Anwalts-GmbH** ist in § 59 k BRAO geregelt; auch hier ist eine Sachfirma ausgeschlossen.[21] 11

Für überregionale Sozietäten, an denen **Anwaltsnotare** beteiligt sind, enthält der durch die Notariatsnovelle 1998[22] neu in die Bundesnotarordnung eingeführte § 29 BNotO in Absatz 3 eine Sonderregelung: Der Anwalt darf seine Amtsbezeichnung als Notar auf Drucksachen und anderen Geschäftspapieren nur angeben, wenn sie von seiner Geschäftsstelle aus versandt werden. Das zwingt diese Sozietäten zur Verwendung unterschiedlicher Briefköpfe. Auch darf nur das Praxisschild seine Amtsbezeichnung als Notar enthalten, das an seinem Amtssitz angebracht ist. In überörtlich verwendeten Verzeichnissen ist der Angabe der Amtsbezeichnung ein Hinweis auf den Amtssitz hinzuzufügen. 12

III. Kartellrecht

Anwälte sind **Unternehmer** i. S. des Wettbewerbsrechts. Einschränkungen der anwaltlichen Werbung haben eine **wettbewerbsbeschränkende Wirkung**, auch wenn sie die Funktion der Anwälte im Rechtspflegesystem schützen sollen. Berufsrecht geht aber dem nationalen Kartellrecht vor. Das gilt auch für berufliches Satzungsrecht, solange es sich im Rahmen der Ermächtigung hält.[23] 13

Auch das in **Art. 85 EGV** enthaltene Kartellverbot ist nicht anwendbar, wenn – wie in § 43b BRAO geschehen – der Staat selbst Wettbewerbsbeschränkungen anordnet. Da die Satzungsversammlung in der Berufsordnung die Wettbewerbsbeschränkungen nicht erweitert, sondern nur konkretisiert hat, sind auch die §§ 6–10 BerufsO einer kartellrechtlichen Überprüfung auf europäischer Ebene entzogen.[24] 14

IV. Wettbewerbsrecht

Anwälte sind wie die anderen Freiberufler zu Erwerbszwecken mit Gewinnerzielungsabsicht tätig und deshalb **Gewerbetreibende** i. S. des UWG. Enthält anwaltliche Werbung irreführende Angaben, sind diese schon nach § 3 UWG verboten, ohne daß auf das anwaltliche Berufsrecht zurückgegriffen zu werden braucht. Verstöße gegen die §§ 1, 3 UWG sind aber auch in jedem Fall eine **unsachliche Werbung** i. S. von § 43b BRAO.[25] 15

Umgekehrt **indiziert** ein Verstoß gegen § 43b BRAO auch ein **wettbewerbswidriges Verhalten** mit der Folge, daß Berufskollegen, Anwaltsvereine und Anwaltskammern[26] 16

[18] Ähnlich *Hartung/Holl – Römermann*, § 8 Rdn. 22.

[19] *Hartung/Holl – Römermann*, § 9 Rdn. 24 unter Hinweis auf Art. 5 lit. a EWIV-VO.

[20] BGHZ 135, 257 = NJW 1997, 1854 = BRAK-Mitt. 1997, 179.

[21] Zu Einzelfragen vergl. *Kempter/Kopp*, BRAK-Mitt. 1998, 254.

[22] BGBl. I 2585.

[23] *Kleine-Cosack*, Einl. Rdn. 6 u. § 59b Rdn. 2; *Hartung/Holl*, Einf. Rdn. 83ff.

[24] *Hartung/Holl*, Einf. Rdn. 87ff.; teilweise a. A. *Hartung/Holl – Römermann*, Vor § 6 Rdn. 120ff.; ausführlich *Michalski/Römermann*, AnwBl. 1996, 191, *Römermann* MDR 1998, 1149.

[25] *Bornkamm* WRP 1993, 643 (645); *Büttner*, FS Vieregge, S. 107.

[26] Der BGH hält in ständiger Rechtsprechung die Anwaltskammern für klagebefugte Verbände i. S. des § 13 Abs. 2 Nr. 2 UWG, so zuletzt in BRAK-Mitt. 1998, 204; a. A. *Redeker* NJW 1980, 187 (188) u. NJW 1982, 1266 (1268); *Büttner*, FS Vieregge S. 118ff.

den berufsrechtswidrig werbenden Anwalt auf Unterlassung vor den Zivilgerichten in Anspruch nehmen können. Zwar bezweckt der Gesetzgeber mit § 43b BRAO nicht den Schutz der Anwälte vor unlauterem Wettbewerb, sondern die Sicherung der Funktionsfähigkeit der Rechtspflege.[27] Die Verletzung berufsrechtlicher Normen ist aber grundsätzlich ein Verstoß gegen die guten Sitten i. S. von § 1 UWG.[28] Der Anwalt, der gegen Werbebeschränkungen des Berufsrechts verstößt, tut dies auch in aller Regel, um sich im Wettbewerb einen Vorteil zu verschaffen.[29]

17 Wettbewerbsrechtliche Klagen haben in den letzten Jahren stark zugenommen und die berufsrechtlichen Verfahren in den Hintergrund gedrängt. Das hat die bedauerliche Folge, daß sich die Anwaltschaft die Kontrolle anwaltlicher Werbung von den ordentlichen Gerichten, insbesondere von den Wettbewerbssenaten der Obergerichte aus der Hand nehmen läßt. Es würde dem Selbstverständnis eines Freien Berufs entsprechen, sich in Zukunft wieder in stärkerem Maße auf das berufsrechtliche Instrumentarium der Anwaltskammern und der Berufsgerichte zu besinnen.[30]

B. Grenzen anwaltlicher Werbung

I. Begriff der Werbung

18 Werbung ist eine Tätigkeit, die unter planmäßiger Anwendung beeinflussender Mittel darauf angelegt ist, andere dafür zu gewinnen, die Leistungen desjenigen, für den geworben wird, in Anspruch zu nehmen.[31] Ob eine solche Tätigkeit vorliegt, ist nach objektiven Kriterien zu ermitteln. Es kommt nicht darauf an, wie der handelnde Anwalt sein Verhalten aufgefaßt wissen möchte. Maßgebend ist vielmehr, welchen Eindruck das **Publikum** aus seinem Verhalten gewinnt.[32] Werbung liegt noch nicht vor, wenn ein Verhalten lediglich die Wirkung hat, daß der Leistungserbringer und seine Leistungen beim Publikum bekannt werden und sich dies für ihn umsatzfördernd auswirkt. Entscheidend ist vielmehr, ob das Verhalten bei der gebotenen Gesamtbetrachtung aller Umstände vom Publikum so bewertet wird, daß es gerade diese Wirkung gezielt erreichen will. Dabei braucht die Umsatzförderung nicht der einzige Zweck der werbenden Tätigkeit zu sein.[33]

19 Werbung ist ein Instrument des **Marketing**, das eine unternehmerische Konzeption bezeichnet, die alle betrieblichen Aktivitäten auf den Markt, beim Anwalt auf die potentielle Klientel ausrichtet.

20 Zur Werbung im weiteren Sinne gehört auch die mittels einer aktiven **Öffentlichkeitsarbeit** betriebene **Vertrauens-** und **Sympathiewerbung**. Dieser weite Begriff der Werbung liegt § 43b BRAO zu Grunde; es sollen alle Handlungsweisen erfaßt werden, die darauf abzielen, Mandanten zu gewinnen. Der Aufbau einer **Corporate-Identity** mittels eines Logos und anderer gestalterischer Elemente kann ebenso Teil einer Werbestrategie sein wie die Durchführung von Veranstaltungen, die kostenlose Bewirtung von Gästen und die Verteilung von Werbegeschenken. Die daran geübte Kritik[34] übersieht, daß die bei solchen Aktionen vermißte Botschaft an die potentielle Klientel auch darin bestehen kann, den so werbenden Anwalt **bekanntzumachen** und ihm ein **positives Image** zu verleihen.

[27] BVerfG NJW 1996, 3067 (3069); AGH Baden-Württemberg BB 1996, 2539.

[28] *Baumbach/Hefermehl*, § 1 UWG Rdn. 678.

[29] A. A. *Hartung/Holl – Römermann*, Vor § 6 Rdn. 135, der aber ratio legis und Handlungsmotivation vermengt.

[30] *Hartung/Holl – Römermann*, Vor § 6 Rdn. 130.

[31] BGH NJW 1992, 45.

[32] BVerfGE 76, 196.

[33] *Feuerich/Braun*, § 43b Rdn. 4.

[34] *Hartung/Holl – Römermann*, § 6 Rdn. 39ff.

Auch das sog. **Direktmarketing**, die unmittelbare schriftliche oder mündliche Ansprache des potentiellen Mandanten gehört zur Werbung i. S. des § 43b BRAO. Das folgt schon daraus, daß ein Fall dieser **direkten Werbung**, nämlich das Bemühen um die Erteilung eines einzelnen Mandats, in dieser Vorschrift untersagt worden ist. 21

Handlungsweisen, die vom Publikum nicht als planmäßiges Vorgehen mit dem Ziel der Vergrößerung der eigenen Klientel gewertet werden, sind keine Werbung. Dazu gehören das normale Kanzleischild, zu dessen Anbringung der Anwalt ohnehin verpflichtet ist,[35] die nicht hervorgehobene Eintragung in Telefon- und Faxverzeichnissen,[36] die Stellenanzeige,[37] die Bekanntgabe der Urlaubsabwesenheit,[38] die Publikation in Fachzeitschriften und andere berufsadäquate Manifestationen anwaltlicher Tätigkeit. Wenn der Anwalt in der Öffentlichkeit unter seiner Berufsbezeichnung auftritt, wirbt er damit noch nicht, denn er braucht wie jeder andere seinen Beruf nicht zu verschweigen. Wer einem langjährigen Mandanten zum runden Geburtstag ein angemessenes Geschenk überreicht oder Weihnachtsgrüße versendet, wirbt ebenfalls nicht, sondern hält sich im Rahmen üblicher zwischenmenschlicher Konventionen. Das schließt nicht aus, daß durch diese Handlungsweisen die Grenzen zur Werbung überschritten werden können, wenn sie als Teil einer planvollen **Werbestrategie** eingesetzt und aufgrund ihrer Gestaltung oder Ausführung vom Publikum auch so verstanden werden.[39] 22

II. Kriterien erlaubter Werbung

1. Vorbemerkung

Bei der Abgrenzung der erlaubten von der verbotenen Anwaltswerbung wird immer noch mit Begriffen operiert, die nicht der gesetzlichen Regelung entsprechen. Das Bundesverfassungsgericht hielt eine **„gezielte Werbung um Praxis"** für unzulässig.[40] Diese Formulierung sollte der Vergangenheit angehören, denn jede Werbung hat das Ziel, die eigene Klientel zu vergrößern.[41] Verfehlt ist es auch, einer zulässigen **Informationswerbung** eine unzulässige **Mandatswerbung** gegenüberzustellen,[42] denn der mit jeder Werbung angestrebte Erfolg ist die Übertragung weiterer Mandate.[43] Zulässige Anwaltswerbung als **Informationswerbung** zu bezeichnen, ist dagegen sinnvoll, weil dies dem Gesetzeswortlaut entspricht, der dem Anwalt erlaubt, über seine berufliche Tätigkeit zu **unterrichten**.[44] Werbung enthält in der Regel eine Mischung aus **informativen** und **suggestiven** Elementen. Die anwaltliche Werbung hat sich auf die Information über die angebotene Dienstleistung zu beschränken. Nach der aristotelischen Rhetorik kann sich der Versuch der Beeinflussung eines Menschen auf sein Ethos, sein Pathos und auf den Logos richten;[45] nur der letztgenannte Ansatz ist dem Anwalt gestattet: die **rationale Argumentation** durch Bekanntgabe der Fakten, die für seine berufliche Leistungsfähigkeit von Bedeutung sind. Daß eine reinliche Scheidung zwischen informativer und suggestiver Werbung in der Regel ebensowenig erreichbar ist wie im Journalismus die strikte Abgrenzung zwischen Nachricht und Meinung, ändert nichts an der Verbindlichkeit des vom Gesetzgeber aufgestellten **idealtypischen Leitbildes**, dem die anwaltliche Werbung in ihrer Tendenz zu entsprechen hat. 23

[35] BVerfGE 72, 26 = AnwBl. 1986, 202.
[36] BGHSt 35,1 = NJW 1987, 3270.
[37] BVerfG AnwBl. 1996, 232.
[38] OLG Karlsruhe NJW 1992, 2835 = AnwBl. 1992, 492.
[39] *Feuerich/Braun*, § 43b Rdn. 5 unter Hinweis auf BGHZ 106, 212 (216).
[40] BVerfGE 76, 196 (205).
[41] *Hartung/Holl – Römermann* Vor § 6 Rdn. 83; *Kleine-Cosack*, Werberecht, Rdn. 194ff.
[42] Zuck NJW 1988, 180.
[43] *Kleine-Cosack*, § 43b Rdn. 36.
[44] A. A. *Hartung/Holl – Römermann*, § 6 Rdn. 30.
[45] Zitiert nach *Schweiger/Schrattenecker*, Werbung, 4. Aufl. 1995, S. 185.

24 § 43b BRAO macht die Zulässigkeit anwaltlicher Werbung von vier Voraussetzungen abhängig:
- Sie muß über die berufliche Tätigkeit informieren;
- diese Information muß ihrem Inhalt nach sachlich sein;
- sie muß auch in ihrer Form sachlich bleiben;
- die Information darf nicht auf die Erteilung eines Einzelmandats abzielen.

Die Nichteinhaltung auch nur einer dieser Voraussetzungen (die durch die Berufsordnung nicht erweitert, sondern allenfalls eingeschränkt werden) macht anwaltliche Werbung berufswidrig. Die Subsumtion anwaltlicher Werbemaßnahmen unter die genannten vier Tatbestandsmerkmale bereitet graduell unterschiedliche Schwierigkeiten.

2. Unterrichtung über anwaltliche Tätigkeit

25 Die **Berufsbezogenheit** der Werbeaussage ist relativ einfach festzustellen, wenn man als Maßstab nimmt, an welchen Informationen ein potentieller Mandant ein **sachbezogenes Interesse** haben kann. Dieses Informationsinteresse darf der Anwalt erfüllen. Es kommt nicht darauf an, ob die gemachten Angaben notwendig oder nur für eine Minderheit potentieller Klienten interessant sind. Gesichtspunkte des **Konkurrenzschutzes** dürfen keine Rolle spielen.

26 Gemäß § 49b Abs. 1 Satz 1 BRAO i. V. m. § 3 Abs. 5 BRAGO ist dem Anwalt gestattet, in **außergerichtlichen** Angelegenheiten **Pauschal-** und **Zeitvergütungen** zu vereinbaren, die niedriger als die gesetzlichen Gebühren sind. Für den potentiellen Mandanten ist es interessant zu erfahren, ob und ggf. in welcher Höhe der in Aussicht genommene Anwalt zu Pauschal- und Zeitvergütungen bereit ist.[46] Infolgedessen darf der Anwalt in allen Werbemedien über seine Pauschal- und Zeithonorare unterrichten.[47]

27 Die **Korrespondenzgebühr** gem. § 52 BRAGO ist keine Gebühr, die in außergerichtlichen Angelegenheiten entsteht. Deshalb kann sie weder durch eine Pausch- oder Zeitvergütung ersetzt werden noch ist ein völliger Verzicht zulässig.[48] Geworben werden darf nur mit Kundgabe der grundsätzlichen Bereitschaft, mit dem Korrespondenzanwalt die Gebühren gem. § 49b Abs. 3 Satz 2, 3 i. Verb. m. § 22 BerufsO zu teilen. Einer Werbung mit der Aussage, sich regelmäßig mit weniger als der Hälfte der aller anfallenden Gebühren zu begnügen, würde § 22 BerufsO entgegenstehen.

28 § 6 Abs. 3 Satz 1 BerufsO verbietet die Angabe von **Erfolgs-** und **Umsatzzahlen**. Zur Vereinbarkeit dieser Satzungsbestimmung mit dem höherrangigen Gesetzesrecht in § 43b BRAO vergl. oben Rdn. 6.

29 Hinweise auf **Mandate** und **Mandanten** sind gem. § 6 Abs. 3 Satz 2 BerufsO nur unter den dort genannten Einschränkungen zulässig. Die Beschränkung auf bestimmte Werbemedien ist im Hinblick auf § 43 b BRAO bedenklich, vergl. oben Rdn. 7. Die Praxisrelevanz dieser Streitfrage wird dadurch entschärft, daß § 6 Abs. 2 Satz 1 BerufsO mit der Erwähnung „vergleichbarer Informationsmittel" die Möglichkeit gewährt, auch Homepage und Handzettel wie Praxisbroschüren und Rundschreiben zu behandeln. Eine **Plakatwerbung** unter Nennung des Mandats könnte allerdings in den Fällen interessant sein, in denen im Zuge des Outsourcing die öffentlich- und privatrechtliche Betreuung größerer Bauvorhaben Anwälten übertragen ist. Es ist nicht einzusehen, daß in solchen Fällen der Anwalt auf dieses Mandat zwar in Rundschreiben hinweisen darf, nicht aber auf dem Bauschild, wo auch andere Freiberufler wie Architekten, Statiker und Geologen genannt sind.

30 Angaben über die **Person** des Anwalts sind (nicht nur in Praxisbroschüren und den anderen in § 6 Abs. 2 BerufsO genannten Werbemitteln) zulässig, sofern und soweit sie für

---

[46] BT-Drucks. 12/4993 S. 28.

[47] *Kleine-Cosack*, § 43b Rdn. 26; *Koch* AnwBl. 1996, 264 u. 1997, 421; *Falkenhausen* AnwBl. 1996, 486.

[48] *Netzband* AnwBl. 1998, 148; *Flögel* AnwBl. 1998, 148; *Praefke* AnwBl. 1998, 149; LG Halle BRAK-Mitt. 1998, 99; a. M. *Kaiser* AnwBl. 1997, 619; *Feuerich/Braun*, § 43b Rdn. 158.

die berufliche Tätigkeit von Bedeutung sein können. Im In- und Ausland erworbene akademische Titel können selbstverständlich angegeben werden,[49] ebenso juristische Lehr- und Prüfungstätigkeiten sowie wissenschaftliche Veröffentlichungen.

31 Die **Mitgliedschaft** in juristischen Vereinigungen und Organisationen aller Arten kann als Indiz berufsspezifischen Engagements für die potentielle Klientel von Interesse sein und darf deshalb verlautbart werden. Das gilt auch für die Mitgliedschaft in einer Arbeitsgemeinschaft des DAV.[50] Die Berufung in Fachgremien deutet auf eine überdurchschnittlicher Erfahrung und Kompetenz in bestimmten Rechtsgebieten hin; man braucht sie deshalb nicht zu verschweigen.

32 Das gilt auch für **Ehrenämter**, Funktionen und empfangene Auszeichnungen in berufsrechtlichen Organisationen. Daß Übertreibungen auf diesem Gebiet im Hinblick auf den angestrebten Werbeeffekt eine kontraproduktive Wirkung haben können, berührt die grundsätzliche Zulässigkeit solcher Angaben nicht.

33 Übt der Anwalt einen nach § 7 Nr. 8 BRAO zulässigen **Nebenberuf** aus, darf er ihn auch angeben.[51] Daß im Nebenberuf erworbene Fachkenntnisse für den potentiellen Mandanten von Ineresse sein können, liegt auf der Hand. **Qualifikationen** in außerjuristischen Berufen wie Diplome oder nautische Patente dürfen erwähnt werden,[52] ebenso **Sprachkenntnisse**, auch wenn sie nicht durch Prüfungszeugnisse belegt sind.

34 Über **früher** ausgeübte **Funktionen** und **Berufe** darf der Anwalt informieren, wenn die dort erworbenen Kenntnisse und Erfahrungen für die anwaltliche Berufsausübung von Bedeutung sein können. Das ist für Tätigkeiten als Richter oder Beamter grundsätzlich zu bejahen.[53] Die bei manchen potentiellen Mandanten bestehende Vermutung, eine ehemaliger Richter verfüge noch über nützliche Beziehungen zu seinen früheren Kollegen, reicht nicht aus, um eine Irreführung des Publikums anzunehmen.

35 § 9 Abs. 2 BerufsO zählt die Angabe der Namen früherer **Kanzleiinhaber**, Gesellschafter, Angestellter oder freier Mitarbeiter zu den berufsbezogenen Informationen. Auf diese Weise soll ermöglicht werden, den Goodwill zu nutzen, der von dem in der Kanzlei tätig gewesenen Anwalt aufgebaut worden ist. Voraussetzung sind die Kontinuität der Kanzlei, die bei Auflösung und Neugruppierung verlorengehen kann,[54] und außerdem die namensrechtliche Zustimmung des ausgeschiedenen Kollegen oder seiner Erben.

36 Um das Publikum **nicht irrezuführen**, muß gem. § 10 Abs. 4 BerufsO das Ausscheiden des Kollegen kenntlich gemacht werden. Ist der Name in der Kurzbezeichnung enthalten, bleibt diese unverändert; auf das Ausscheiden wird durch einen Zusatz beim Namen des Ausgeschiedenen in der Randleiste hingewiesen. Wird der Name dort weggelassen, verdeutlich auch dies, daß die betreffende Person nicht mehr in der Kanzlei tätig ist.[55] Dies gilt entsprechend für Kanzleischilder und Visitenkarten, es sei denn, dort ist nur die Kurzbezeichnung aufgeführt oder bei Visitenkarten neben der Kurzbezeichnung der Name des Verwenders.[56] Ist der ausgeschiedene Anwalt in einer anderen Kanzlei tätig, darf zur Vermeidung einer Irreführung des Publikums sein Name in der Kurzbezeichnung der alten Kanzlei nicht mehr geführt werden.[57]

37 Der Anwalt darf als Angestellte oder freie Mitarbeiter nicht nur sozietätsfähige Personen im Sinne des § 59a BRAO beschäftigen, sondern auch **Angehörige anderer Berufe**, z. B. Bauingenieure, Ärzte oder Psychologen. Für den potentiellen Mandanten, der einen Bauprozeß führen will, ist es interessant zu erfahren, ob dem in Aussicht genommenen

---

49 Einschränkend für ausländische Professorentitel OLG München NJW-RR 1989, 1439.
50 *Plaas* AnwBl. 1997, 578 (582); *Koch* AnwBl. 1998, 632; a. A. *Finzel* AnwBl. 1998, 455.
51 BVerfGE 82, 18 = NJW 1990, 2122 für den Architekten; BGH NJW 1986, 3150 für den Dipl.Ing.
52 *Kleine-Cosack*, § 43b Rdn. 50.
53 BGH NJW 1993, 1331; OLG Hamm NJW 1993, 1338.
54 OLG Hamm BRAK-Mitt. 1998, 247.
55 *Hartung/Holl – Römermann*, § 10 Rdn. 62.
56 A. A. *Krämer/Mauer/Braun* S. 70, die immer einen Hinweis auf das Ausscheiden verlangen.
57 BGH NJW 1997, 3238.

Anwalt in der eigenen Kanzlei baufachlicher Sachverstand zur Verfügung steht. Wäre der Rechtsanwalt selbst Dipl.-Ing. im Baufach, dürfte er dies erwähnen. § 8 BerufsO verbietet aber in Konsequenz der enumerativen Aufzählung der sozietätsfähigen Berufe in § 59a BRAO die Kundgabe einer gemeinschaftlichen Berufsausübung mit Angehörigen nicht sozietätsfähiger Berufe.[58] Dahinter steht die Erwägung, daß sonst die Einhaltung der anwaltlichen Berufspflichten, insbesondere der Schweigepflicht nicht gewahrt wäre.[59] Diese Erwägungen gelten aber nicht für die **Kooperation** mit Angehörigen anderer Berufe, die zulässig ist und deshalb auch unter den in § 8 Satz 1 BerufsO genannten Voraussetzungen kundgetan werden darf.[60] Darüber hinaus erfordert eine verfassungskonforme Auslegung der §§ 59a BRAO, 8 BerufsO, daß unter den Begriff der gemeinschaftlichen Berufsausübung nicht eine Zusammenarbeit subsumiert wird, in der der Angehörige eines nicht sozietätsfähigen Berufs für den Anwalt **fachliche Hilfsdienste** erbringt. Dies muß der Anwalt bekanntgeben dürfen.

38 Unzulässig sind Angaben, denen jeglicher Bezug zur **anwaltlichen Berufstätigkeit** fehlt. Die Kundgabe von Konfessions- und Parteizugehörigkeit ist ebensowenig eine Unterrichtung über die anwaltliche Berufstätigkeit wie die Angabe politischer Mandate, gewerblicher Beteiligungen, sportlicher Qualifikationen oder sexueller Orientierung. Vor allem in Praxisbroschüren verbietet sich aber ein allzu kleinlicher Maßstab; z. B. sollte eine Fachanwältin für Familienrecht Ehe und Kinderzahl erwähnen dürfen, und ob die Angabe eines Hobbys überhaupt zu Werbezwecken erfolgt, ist häufig zweifelhaft.

3. Sachlicher Inhalt der Unterrichtung

39 Mit dem Gebot, daß die Information über die berufliche Tätigkeit einen **sachlichen Inhalt** haben müsse, hat der Gesetzgeber sich gegen die mit Wertungen verbundene **Qualitätswerbung** ausgesprochen. Der Anwalt muß sich in seiner Werbung auf die Wiedergabe von **Tatsachen** beschränken, die im Gegensatz zu Wertungen eines Beweises zugänglich sind.

40 Hält man sich an die Unterscheidung von Tatsachendarstellung und Wertung, bereitet es in der Regel keine Schwierigkeiten, den unsachlichen Inhalt einer Werbeaussage festzustellen. Alle wertenden Hinweise auf Erfahrung, Kompetenz, Sachkunde, Solidität, Seriosität oder Renommee eines Anwalts sind unzulässig.[61] Obwohl das Verbot positiver Selbstbewertung völlig unbestritten ist, zeigt die Judikatur, daß dagegen immer wieder verstoßen wird. Dies hängt augenscheinlich damit zusammen, daß man die Selbstanpreisung weithin als einen integrierenden Bestandteil jeder Werbung ansieht.

41 Grenzfälle können dort auftreten, wo **Fakten prägnant zusammengefaßt** oder **verkürzt** dargestellt sind. Der BGH hat die Aussage eines vor allem im Wirtschafts- und Zivilrecht tätigen Fachanwalts für Steuerrecht, er biete erbrechtliche und erbschaftssteuerliche Beratung „aus einer Hand", beanstandet, weil der Anwalt („wenn auch in dezenter Form") seine eigenen Fähigkeiten gegenüber anderen Kollegen besonders herausgestellt habe.[62] Die Schlußfolgerung, in zwei Rechtsgebieten Beratung „aus einer Hand" leisten zu können, ist aber eine Tatsachenbehauptung, die nichts über die Qualität der Beratung aussagt. Das Argument des BGH, bei Adressaten werde durch diese Aussage die Vorstellung hervorgerufen, er werde vom Anwalt „besonders gut und umfassend" beraten, ist gewagt. Ob die Beratung durch einen Anwalt oder durch zwei jeweils auf ein Rechtsgebiet spezialisierte Anwälte besser ist, bleibt der Entscheidung des potentiellen Klienten überlassen. Grenzfälle sind auch der Hinweis auf den Einsatz

---

58 OLG Düsseldorf BRAK-Mitt. 1996, 172 zur Zusammenarbeit mit einem Unternehmensberater.

59 *Henssler/Prütting – Hartung*, § 59a Rdn. 72; *Kleine-Cosack*, § 59a Rdn. 10.

60 *Hartung/Holl – Römermann*, § 8 Rdn. 66f.

61 *Hartung/Holl – Römermann*, § 6 Rdn. 56.

62 BGH NJW 1997, 2522 = BRAK-Mitt. 1997, 172 = AnwBl. 1997, 562.

„modernster Technik" in der Kanzlei[63] oder die Behauptung, man sei eine „größere" Sozietät.[64]

Die **Bewertung juristischer Kenntnisse** und **Leistungen** kann auch zu nachprüfbaren Fakten führen, deren Kundgabe zu Werbezwecken zulässig ist. Typische Beispiele sind die Verleihung der Fachanwaltschaft, aber auch die Examensnote, die insbesondere ein junger Anwalt für Werbezwecke einsetzen darf,[65] wenngleich dies bislang verpönt ist. Auch die **ISO 9000-Zertifizierung** ist eine auf Bewertungen beruhende Tatsache. Zweifel an der Zulässigkeit, sie als Werbeelement zu verwenden, könnten sich nur aus der Gefahr ergeben, bei potentiellen Mandanten irrige Vorstellungen hervorzurufen; vergl. zum Meinungsstand § 26 Rdn. 28 ff. Diese Bedenken haben umso weniger Gewicht, je mehr die Kenntnis über die Normenreihe ISO 9000 ff. zunimmt. Wird verdeutlicht, daß nicht die Qualität des Anwalts zertifiziert wird, sondern das Qualitätsmanagement der Kanzlei, kann die Zertifizierung ohne Bedenken kundgetan werden. Man sollte nicht übersehen, daß das Publikum auch kaum in der Lage sein dürfte, die gemäß § 7 BerufsO zulässigen Schwerpunktangaben richtig zu bewerten, insbesondere in ihrem Verhältnis zur Fachanwaltschaft. Dennoch sind diese Angaben zulässig. 42

Die inhaltliche Sachlichkeit der Werbung leidet nicht, wenn die Unterrichtung über die anwaltliche Tätigkeit durch zutreffende **rechtliche Informationen** oder allgemeine Hinweise auf die Notwendigkeit oder Zweckmäßgkeit rechtlicher Beratung angereichert wird. So darf ein Anwalt unter Nennung der Kanzlei **juristische Ratschläge** im redaktionellen Teil von Presseorganen geben, auch wenn er dafür zahlt.[66] Unsachlich werden solche Hinweise erst dann, wenn sie mit einer wertenden Anpreisung der eigenen Kanzlei enden („solide Beratung durch ..."). Der schlichte Hinweis des werbenden Anwalts, er stehe für eine entsprechende Beratung zur Verfügung, ist nicht zu beanstanden. 43

Falsche oder **irreführende** Tatsachenbehauptungen sind immer ihrem Inhalt nach unsachlich. Platte Lügen sind selten.[67] Eher geraten Kollegen in die Versuchung, das Publikum durch Halb- oder Viertelwahrheiten in die Irre zu führen oder großzügig mit der Wahrheit umzugehen, wenn sie schwer feststellbar ist. 44

Tätigkeitsschwerpunkte darf gemäß § 7 Abs. 2 BerufsO nur benennen, wer nach der Zulassung mindestens zwei Jahre auf dem benannten Gebiet **nachhaltig tätig** gewesen ist. Eine Überprüfung dieser nachhaltigen Tätigkeit dürfte allerdings selten erfolgen.[68] 45

In den §§ 8–10 BerufsO hat die Satzungsversammlung für den besonders „gefahrgeneigten" Bereich der Bekanntgabe beruflicher Zusammenarbeit konkrete Regeln aufgestellt. Was diese Regeln erlauben, ist nicht irreführend i. S. des § 3 UWG. Mußte nach früherer Rechtsprechung klargestellt werden, daß im Briefkopf genannte Angestellte oder als freie Mitarbeiter beschäftigte Anwälte nicht Mitglieder der Sozietät sind,[69] ist dies nunmehr gem. §§ 8, 9 BerufsO entbehrlich mit der Folge, daß damit die **Scheinsozietät** berufsrechtlich anerkannt ist.[70] 46

Die Berufsordnung regelt diesen Bereich allerdings nicht erschöpfend. Von ihr nicht erfaßte Fälle sind nach den für die irreführende Werbung entwickelten Grundsätzen zu beurteilen. So leuchtet es z. B. ohne weiteres ein, daß die Bezeichnung „internationale Sozietät von Rechtsanwälten und attorneys at law" irreführend ist, wenn der Sozietät mit 47

---

[63] OLG Dresden DStR 1995, 1567 hält dies für unzulässig.

[64] Dies wurde vom OLG Dresden DStR 1995, 1567 in einer Stellenanzeige toleriert.

[65] A. A. noch *Henssler/Prütting – Eylmann*, § 43 b BRAO Rdn. 33.

[66] EGH Stuttgart NJW 1997, 1315 = AnwBl. 1996, 539 = BB 1996, 2539.

[67] Immerhin hat es schon den Fall des „Fachanwalts" kraft Selbsteinschätzung gegeben, vgl. BVerfG NJW 1992, 816.

[68] *Eylmann* AnwBl. 1996, 481 (484).

[69] BGH MDR 1996, 966; OLG München NJW-RR 1996, 1149; OLG Düsseldorf WRP 1995, 119.

[70] A. A. immer noch *Feuerich/Braun*, § 43 b BRAO Rdn. 22; vgl. dazu *Hartung/Holl – Römermann*, § 8 BerufsO Rdn. 31 ff.

den ausländischen Rechtsberatern nur ein Mitglied der inländischen Kanzlei angehört.[71]

4. Sachliche Form der Unterrichtung

48 Die Forderung des Gesetzgebers, anwaltliche Werbung dürfe auch in ihrer **Form**, also in der **Art der Präsentation** ihres sachlichen Informationsgehalts nicht unsachlich sein, stellt Anwaltschaft und Rechtsprechung vor schwierige Abgrenzungsprobleme, die bislang noch nicht befriedigend gelöst sind. Die Rechtsprechung und teilweise auch die Literatur flüchtet sich bis in die jüngste Zeit in die Feststellung, anwaltliche Werbung dürfe nicht **„reklamehaft"** sein.[72] Reklame ist ein aus dem Französischen stammendes Wort, das sich im 19. Jahrhundert bei uns eingebürgert hat und nichts anderes bedeutet als das modernere Wort Werbung. Die Kombination „reklamehafte Werbung" ist im Grunde eine Tautologie. Selbst wenn man darunter eine aufdringliche oder übertriebene Werbung versteht, trägt dieser Topos nichts zur Klärung der Frage bei, durch welche Kriterien das Abgleiten der Werbung ins „Reklamehafte" gekennzeichnet ist.[73] Nicht von ungefähr hat der Rechtsausschuß im Zuge des Gesetzgebungsverfahrens das Adjektiv „reklamehaft" in § 43b BRAO gestrichen; es war ihm zu vage und konturlos.[74] Um so verwunderlich ist die Hartnäckigkeit, mit der die Judikatur an diesem unbrauchbaren Begriff festhält.

49 Daß anwaltliche Werbung auch in ihrer Form sachlich bleiben muß, kann nur bedeuten, daß die Form die Sache nicht in den **Hintergrund drängen**, **überwuchern** und zu einer **Nebensache degradieren** darf. Die Sache, um die es geht, ist die in ihrem Wahrheitsgehalt nachprüfbare, aus Tatsachenbehauptungen bestehende Information der potentiellen Klientel über die angebotene juristische Dienstleistung, also eine Unterrichtung, die, wenn auch nicht ausschließlich, so doch in erster Linie die **Ratio**, den Logos im aristotelischen Sinne anspricht und nicht das **Gefühl**. Es gibt eine Fülle von Erkenntnissen der Werbepsychologie über die Wirkung von Werbemitteln und -botschaften, die für die Abgrenzung **rationaler** und **suggestiver** Werbung nutzbar gemacht werden können. Daß vom Fernsehen und Rundfunk ausgestrahlte Werbebotschaften emotionaler wirken als gedruckte, ist z. B. ebenso bekannt wie die stimulierende Wirkung starker Farben, ausdrucksvoller Abbildungen oder erotischer Darstellungen.[75]

50 Die Anwendung dieser Grundsätze auf die bei der anwaltlichen Werbung im Vordergrund stehenden **Printmedien** führt zur Unzulässigkeit aller **Anzeigen**, deren **Größe**, **Farbe** und **grafische Gestaltung** die darin enthaltenen Sachinformationen weitgehend in den Hintergrund treten lassen. Dazu gehören die ganzseitige Zeitungsanzeige, die Hervorhebung eines Inserats auf einer sonst schwarz/weiß gehaltenen Zeitungsseite mit starken Farben und das die Information in den Hintergrund drängende Großfoto. Andererseits braucht der werbende Anwalt nicht auf jedes Mittel verzichten, das die Aufmerksamkeit auf seine Aussage lenkt. Im Telefon- und Branchenverzeichnis darf er seine Eintragung in Fettdruck oder mit einer größeren Schrifttype vornehmen, sein Kanzleischild beleuchten und seinen Briefbogen mit einem – auch farbigen – Logo versehen. Anzeigen und Plakate von Werbegrafikern entwerfen zu lassen, ist nicht nur erlaubt,[76] sondern auch dringend zu empfehlen, um trotz der vom Gesetz verlangten Zurückhaltung bei der Wahl der gestalterischen Mittel durch deren Qualität ein Optimum an Aufmerksamkeit zu errei-

---

[71] BGH NJW 1996, 2308 = AnwBl. 1996, 471.

[72] Nur als Beispiele BGH BRAK-Mitt. 1998, 98; OLG Hamm AnwBl. 1996, 470; OLG München BRAK-Mitt. 1998, 206; OLG Dresden BRAK-Mitt. 1998, 239; LG Bückeburg NJW-RR 1998, 1340; LG Nürnberg-Fürth BRAK-Mitt. 1998, 246; *Feuerich/Braun*, § 43b BRAO Rdn. 3; *Krämer/Mauer/Braun* S. 29.

[73] Zum mißglückten Versuch einer Legaldefinition in § 34 der Wirtschaftsprüfer-Satzung vgl. *Hartung/Holl – Römermann*, § 6 BerufsO Rdn. 68 ff.

[74] *Eylmann* AnwBl. 1996, 481 (483).

[75] *Schweiger/Schrattenecker*, Werbung, 4. Aufl., S. 192 ff.

[76] A. A. OLG Nürnberg AnwBl. 1998, 534.

chen. Auch ist es dem Anwalt nicht verwehrt, die Anzeige dort zu plazieren, wo sie eher auffällt, also auch im redaktionellen Teil einer Zeitung.[77]

Das **Umfeld** einer im übrigen nach Inhalt und Form sachlichen Werbung vermag nicht, 51
dieser den Stempel der formalen Unsachlichkeit aufzudrücken. Wenn der Anwalt seine Anzeige inmitten von Geschäftsinseraten erscheinen läßt, sind ihre Botschaft und Gestaltung **unabhängig** von den benachbarten Inseraten zu bewerten.[78] Die gewerbliche Werbung überwiegt ohnehin in den Printmedien, und die Anwaltsanzeige paßt dorthin auch besser als zu den Familienanzeigen. Der Anwalt darf deshalb auch auf einer Messe mit Informationsstand, Plakaten und Handzetteln werben, solange und soweit er sich auf eine sachliche Informationswerbung im Sinne des § 43b BRAO beschränkt.[79] Schließlich trifft man auf solchen Messen häufig auch Informationsstände staatlicher oder wohltätiger Institutionen (Polizei, Feuerwehr, DRK usw.), ohne daß sie in ihrem Ansehen unter dieser Nachbarschaft leiden oder dem gewerblichen Bereich zugerechnet werden. Es kommt nicht darauf an, **wo** der Anwalt wirbt, sondern **wie** er wirbt.

Eine anwaltliche Werbung wird auch nicht von vornherein dadurch in ihrer Form 52
unsachlich, daß sie im **Rundfunk**, im **Fernsehen** oder im **Kino** erfolgt.[80] Die besondere Eignung dieser Medien für emotional wirkende Botschaften erfordert allerdings eine besondere Sorgfalt bei der Wahl der Werbeelemente, mit denen die Aufmerksamkeit des Hörers oder Zuschauers auf die Werbeaussage gelenkt werden soll. Dies darf jedoch nicht dazu führen, daß dem Anwalt jegliche für diese Medien typischen Mittel, für seine Werbung ein Mindestmaß an Aufmerksamkeit zu erregen, abgeschnitten wird. Das LG München hat deshalb bei einer Rundfunkwerbung zu Recht eine vorsichtige und zurückhaltende Verwendung von Geräuschen und musikalischer Untermalung zugelassen.[81] Die Entscheidung ist leider vom OLG München aufgehoben worden, das sich wiederum mit dem Topos der „reklamehaften" Anpreisung begnügt und verkannt hat, daß trotz der rundfunküblichen Geräuschuntermalung die Sachinformation im Vordergrund stand.[82]

Nicht mehr strittig ist inzwischen, daß der Anwalt **ohne besonderen Anlaß** werben 53
darf.[83] Noch weitgehend ungeklärt ist dagegen die Frage, ob und unter welchen Voraussetzungen eine **zeitliche Häufung** von Werbeaktivitäten die anwaltliche Werbung unzulässig macht. Werbebotschaften sind zweifellos wirksamer, wenn sie wiederholt werden. Das gilt im Grundsatz nicht nur für die mit suggestiven Elementen operierende Waschmittelwerbung, sondern auch für die Informationswerbung des Anwalts. Der potentielle Mandant überliest vielleicht die erste Anzeige, und erst die zweite oder dritte fällt ihm auf. Diese wird nicht dadurch der Form nach unsachlich, daß sie wiederholt wird. Dem Anwalt muß deshalb gestattet sein, auch mehrere Anzeigen in regelmäßigen oder unregelmäßigen Abständen, also z. B. alle zwei oder vier Wochen zu schalten. Die Wahl eines Anwalts erfolgt in der Regel aufgrund kognitiver Orientierung, d. h. der potentielle Klient erinnert sich an bestimmte rationale Informationen und trifft danach seine Entscheidung. Wenn die Werbung diese Ebene der Ansprache verläßt und darauf abzielt, im Rahmen einer Werbekampagne durch die zeitliche Dichte der Wiederholungen die Botschaft, sich eines bestimmten Anwalts zu bedienen, gleichsam mit der suggestiven Kraft eines Basso continuo dem Publikum einzuhämmern, wird die Schwelle zur Unsachlichkeit überschritten. Wegen der größeren emotionalen Wirkung des gesprochenen Wortes und des Bildes wird dies bei der Rundfunk- und Fernsehwerbung schneller der Fall sein als

---

[77] AGH Baden-Württemberg BB 1996, 2539; a. A. mit abwegiger Begründung OLG Frankfurt AnwBl. 1996, 234; AnwG Frankfurt BRAK-Mitt. 1996, 211.

[78] BGH BRAK-Mitt. 1998, 98; a. A. OLG Celle BRAK-Mitt. 1996.

[79] A. A. OLG Celle DStR 1996, 1223.

[80] OLG München AnwBl. 1998, 478 für die Rundfunkwerbung; *Eylmann* AnwBl. 1996, 481 (483).

[81] NJ 1998, 279 = EwiR 1998, 364 m. zust. Anm. *Henssler*.

[82] AnwBl. 1998, 478 = BRAK-Mitt. 1998, 206 = ZUM 1998, 573 m. abl. Anm. *Bornemann*.

[83] BGH AnwBl. 1997, 495; OLG Hamm AnwBl. 1996, 470; OLG Nürnberg AnwBl. 1995, 265; OLG Dresden EwiR 1995, 911.

bei der Werbung in den Printmedien. Hier wie dort kann der Gefahr, durch Wiederholungen suggestive Wirkungen zu erzeugen, dadurch begegnet werden, daß die Werbeaussage variiert wird und so durch die größere Vielfalt der Information diese wieder in den Vordergrund tritt.

54 Werbung auf **Plakaten** ist grundsätzlich nicht der Form nach unsachlich. In der Satzungsversammlung war zunächst erwogen worden, in § 6 BerufsO bezahlte Werbung auf öffentlichen Reklameflächen zu untersagen. Diese Absicht wurde dann aber fallengelassen. Ob anwaltliche Plakatwerbung empfohlen werden kann, ist eine andere Frage. Plakate dürften nicht gerade zum seriösen Erscheinungsbild einer Kanzlei beitragen; vergl. dazu § 41 Rdn. 43 ff. Außerdem besteht die Gefahr, daß die für eine wirksame Plakatwerbung wichtigen Gestaltungselemente wie Größe und Farbe leicht die Sachaussage in den Hintergrund drängen und die Werbung in der Form unsachlich machen können. Großflächige Plakatwände und Bandenwerbung dürften unzulässig sein.[84]

55 Plakate und Aufschriften auf **mobilen Trägern**, z. B. Taxen, Bussen oder Tragetaschen werden von der Rechtsprechung bislang für unzulässig gehalten mit der angesichts der Entstehungsgeschichte des § 6 BerufsO sehr fragwürdigen Begründung, es komme nicht nur auf Form und Inhalt des verwendeten Textes an, sondern auch auf die Art des eingesetzten Mediums.[85] Der Versuch, zwischen gewollter und aufgedrängter Information zu unterscheiden, ist verfehlt. Beim morgendlichen Lesen der Zeitung wird man auf die Anzeige eines Anwalts ebenso ungewollt aufmerksam wie auf die Aufschrift am Taxi. Sicherlich kann die auf diese Weise verbreitete Werbebotschaft nur kurz sein. Die simpelste und zugleich häufigste Form der Informationswerbung besteht aber gerade darin, der Öffentlichkeit den Namen eines Anwalts und seine Kanzleianschrift mitzuteilen. Diese inhaltlich sachliche Kurzinformation kann auch auf mobilen Trägern zur potentiellen Klientel transportiert werden.[86]

56 Werbung kann auch dadurch betrieben werden, daß man zur Imagepflege ständigen Mandanten oder Gästen **Geschenke** zukommen läßt.[87] Sie sind keine für den Anwalt zulässigen Werbemittel, da mit ihnen keine sachlichen Informationen erteilt werden.[88] Sind solche mit ihnen verbunden, wie z. B. der Name des Anwalts auf dem Kugelschreiber, die Kanzleiadresse auf der Tragetasche oder die Kanzleiinformation im Taschenkalender, werden sie durch das Geschenk nicht in der Form unsachlich, solange sie – wie bei den obigen Beispielen – nur einen geringen Wert haben und in erster Linie dem Zweck dienen, die Sachinformation so zum Adressaten zu bringen, daß er sie auch wiederholt zur Kenntnis nimmt. Anstandsgeschenke, wie sie z. B. bei der Geburtstags- oder Jubiläumsfeier eines Mandanten überreicht werden, zählen nicht zur Werbung.

57 Entsprechend sind **Bewirtungen** zu bewerten. Sie sind in der Regel die Begleitung einer Informationsveranstaltung und machen diese nicht der Form nach unsachlich, solange das Kulinarische untergeordnetes Beiwerk des Informatorischen ist.[89]

58 **Ausstellungen**, **Vernissagen**, **Hauskonzerte** und ähnliche Veranstaltungen in Kanzleiräumen sind keine sachliche Information über anwaltliche Tätigkeit. Werden sie als Teil einer Werbestrategie zur Imagepflege eingesetzt, verstoßen sie gegen § 43 b BRAO.[90] Sind sie nur die Begleitung einer Informationsveranstaltung über die Kanzlei, etwa bei einer

[84] A. A. *Feuerich/Braun*, § 43 b Rdn. 154.

[85] LG Nürnberg-Fürth BRAK-Mitt. 1998, 246.

[86] *Feuerich/Braun*, § 43 b Rdn. 153.

[87] A. A. *Hartung/Holl – Römermann*, § 6 Rdn. 41 wegen eines zu engen Werbebegriffs; ebenso *Kleine-Cosack*, Werberecht, Rdn. 630.

[88] OLG Koblenz NJW 1987, 3269 = BRAK-Mitt. 1988, 64; OLG Düsseldorf AnwBl. 1992, 542; *Kleine-Cosack*, § 43 b Rdn. 82.

[89] Dies traf sicherlich in dem vom OLG Brandenburg NJW 1998, 2061 = AnwBl. 1998, 157 entschiedenen Fall zu; vergl. die berechtigte Kritik von *Kleine-Cosack* NJ 1998, 224 und *Creutz* MDR 1998, 311.

[90] *Kleine-Cosack*, § 43 b Rdn. 81.

Praxiseröffnung oder beim Eintritt eines neuen Sozius, verletzen sie nicht das Sachlichkeitsgebot. In den meisten Fällen werden sie eher Ausdruck außerberuflicher Neigungen und Interessen des Anwalts sein und sind dann nicht der Werbung zuzurechnen.

5. Bewerbung um ein Einzelmandat

Betrafen die bisher behandelten Werbebeschränkungen **Inhalt** und **Form** von Werbeaktivitäten, grenzt die letzte Werbeschranke das mit jeder Werbung verfolgte **Ziel** ein: Untersagt ist jede wie auch immer geartete Werbung um ein **konkretes Mandat**. Mißverständlich wäre es, ein solches Bemühen um den Einzelauftrag als „gezielte" Werbung zu bezeichnen, weil dies ein für die inzwischen zulässige „Werbung um Praxis" verwendeter Begriff ist, vergl. dazu oben Rdn. 23. In der Sprache der Werbebranche handelt es sich um eine Form des **Direktmarketing**, das sich durch unmittelbare mündliche oder schriftliche Ansprache eines bestimmten Kunden von anderen Werbeformen unterscheidet. 59

Es wird immer noch verkannt, daß dem Anwalt eine solche Direktwerbung **nicht schlechthin** verboten ist.[91] Der Anwalt darf durchaus eine einzelne Person, die er als Mandanten gewinnen möchte, über seine anwaltliche Tätigkeit informieren, solange es nicht um ein konkretes Einzelmandat geht.[92] Die gem. § 6 Abs. 2 BerufsO zulässigen Rundschreiben können ohnehin so abgefaßt und versandt werden, daß für den Empfänger nicht ersichtlich ist, ob er allein oder ein größerer Personenkreis angesprochen wird. Die Unterscheidung zwischen Mandats- und Mandantenwerbung findet ihre Rechtfertigung darin, daß die Gefahr, der potentielle Mandant könnte überrumpelt oder bedrängt werden, in einer Situation geringer ist, in der noch völlig ungewiß bleibt, ob und ggf. wann der Angesprochene eine anwaltliche Vertretung oder Beratung benötigt. 60

In der Rechtsprechung ist leider die Neigung festzustellen, auf § 2 Abs. 2 BRAO zurückzugreifen und daraus zu folgern, der Anwalt dürfe sich nicht der im **gewerblichen Bereich** üblichen Werbeformen bedienen.[93] Welche Werbung die Funktion der Anwaltschaft in der Rechtspflege nicht beeinträchtigt, hat der Gesetzgeber in § 43 b BRAO festgelegt. Der Gesetzeswortlaut ist eindeutig; man kann dem Gesetzgeber unterstellen, daß ihm der Unterschied zwischen Einzelauftrag und Mandant bekannt war. Auch aus der Gesetzesbegründung ergibt sich nicht der geringste Hinweis, daß die sachliche Information eines einzelnen potentiellen Mandanten unzulässig sein solle. Diese gesetzgeberische Richtschnur ist für die Judikatur verbindlich. 61

Der im Gesetzeswortlaut zum Ausdruck gekommene Wille des Gesetzgebers sollte auch dort ernst genommen werden, wo es um die Abgrenzung der **Direktwerbung** um ein **Einzelmandat** von der Werbung um eine **Vielzahl noch nicht konretisierter Mandate** geht. Weitgehende Einigkeit besteht inzwischen darüber, daß der Anwalt mit **Zeitungsanzeigen** Informationswerbung betreiben darf. Dies ist auch dann keine Werbung um ein Einzelmandat, wenn – z. B. durch ein Inserat in einer Fachzeitschrift – nur ein bestimmter Personenkreis angesprochen wird. **Rundschreiben** werden aber von der Rechtsprechung immer noch unterschiedlich beurteilt, obwohl sie in § 6 Abs. 2 BerufsO ausdrücklich als zulässig bezeichnet worden sind. Während das OLG Stuttgart das unaufgeforderte Zusenden von Rundschreiben an potentielle Mandanten für zulässig hält,[94] sieht das OLG Dresden darin einen Verstoß gegen § 43 b BRAO mit der Begründung, darin sei nicht hinreichend deutlich zum Ausdruck gebracht worden, daß „unaufgefordertes Werben um Praxis" zulässig sein solle.[95] Somit sei durch die Berufsrechtsnovelle 1994 keine Änderung 62

---

[91] So z. B. *Krämer/Mauer/Braun*, S. 7.

[92] *Hartung/Holl – Römermann*, § 6 Rdn. 94 ff; *Henssler/Prütting – Eylmann*, § 43 b Rdn. 45; *Löwe* AnwBl. 1988, 545 (552).

[93] Kritisch dazu *Hartung/Holl – Römermann*, Vor § 6 Rdn. 44.

[94] NJW 1997, 2529 = BRAK-Mitt. 1997, 213; ebenso *Kleine-Cosack*, § 43 b Rdn. 60; *Feuerich/Braun*, § 43 b BRAO Rdn. 60; *Hartung/Holl – Römermann*, § 6 Rdn. 120, 126.

[95] BRAK-Mitt. 1998, 239; auch BVerfG NJW 1992, 1614 (durch die BRAO-Novelle 1994 überholt); OLG Brandenburg AnwBl. 1998, 157.

gegenüber den schon vorher von der Rechtsprechung entwickelten Grundsätzen eingetreten. Abgesehen davon, daß diese Argumentation angesichts des Gesetzeswortlauts schwer nachzuvollziehen ist, enthüllt sie ein bedenkliches Verhältnis zu den grundgesetzlich verbürgten Rechten auf freie Meinungsäußerung und Berufsausübung. Die Ausübung dieser Rechte ist erlaubt, soweit sie nicht eindeutig eingeschränkt sind; in dubio pro libertate. Mißlungen ist auch der in der Urteilsbegründung unternommene Versuch, plausible Gründe für eine unterschiedliche Bewertung von Zeitungsinseraten und Rundbriefen aufzuzeigen. Ob der Anwalt, der Ärzte über seine Tätigkeitsschwerpunkte unterrichten will, in einer Ärztezeitschrift inseriert, dieser Zeitschrift eine Einlage beifügen läßt oder ein Rundschreiben an die Ärzte versendet, wird von den Adressaten der Werbebotschaft kaum unterschiedlich bewertet. Zuzustimmen ist der Entscheidung nur insoweit, als in dem Rundbrief Selbstbewertungen („... kompetente Hilfe ... sachkundige Ansprechpartner ...") beanstandet werden. Sollte sich die Auffassung durchsetzen, daß anwaltliche Werbung mit Rundbriefen an potentielle Mandanten nicht zulässig ist, würde damit der Anwaltschaft auf dem Weg zu einer verbesserten Information über das Angebot anwaltlicher Leistungen ein vom Gesetzgeber und von der Satzungsversammlung nicht gewolltes Hindernis bereitet. Diese Information im Interesse des Publikums zu verbessern, ist gerade der wesentliche Zweck des § 43b BRAO.[96]

63 Daß das **Internet** kein von vornherein für die anwaltliche Werbung unzulässiges Medium ist, sollte selbstverständlich sein. Es kommt wie immer auf Form und Inhalt der per Internet transportierten Werbebotschaft an. Wie bei der Werbung im Rundfunk und im Fernsehen muß eine zurückhaltende Nutzung der für die elektronische Kommunikation typischen Darstellungsmöglichkeiten möglich sein.[97] In der Rechtsprechung ist aber noch nicht abschließend geklärt, ob und unter welchen Voraussetzungen eine Werbung um ein **Einzelmandat** vorliegen könnte. Betrachtet man die Homepage als eine **elektronische Praxisbroschüre**, könnte ihre Einrichtung als ein unaufgefordertes Herantreten an potentielle Mandanten gewertet werden mit der Folge, daß auch die Homepage von dem oben unter Rdn. 62 dargestellten Meinungsstreit betroffen wäre. Indessen ist hier zu berücksichtigen, daß anders als beim unaufgefordert zugesandten Rundbrief die Kenntnisnahme der Homepage durch den Internetnutzer davon abhängt, daß dieser selbst aktiv wird und den Kontakt herstellt.[98] Die Einrichtung einer Homepage ist also auf jeden Fall zulässig.[99]

64 Als problematisch muß dagegen die Einrichtung eines mit der Homepage verbundenen sog. **„Gästebuchs"** beurteilt werden, in das sich Interessenten eintragen können. Zum einen kollidiert die Möglichkeit, daß jeder Internetnutzer die Eintragungen zur Kenntnis nehmen kann, mit der Verschwiegenheitspflicht des Anwalts. Ob ein bloßer Hinweis, mit der Eintragung sei ein Verzicht auf die Einhaltung der Verschwiegenheitspflicht verbunden, deren Bedeutung gerecht wird, ist zu bezweifeln.[100] Zum andern kann der Anwalt die Eintragung nicht daraufhin kontrollieren, ob sie unzulässige Wertungen zu seinen Gunsten enthalten.[101] Daß die Veranstaltung von Gewinnspielen per Internet keine sachliche Werbung darstellt, bedarf keiner weiteren Begründung.[102]

65 Direktmarketing per **Telefon, E-Mail** oder **Fax** ist nicht grundsätzlich verboten, sofern nicht auf diesem Wege versucht wird, ein konretes Einzelmandat zu erhalten. Die praktische Bedeutung dieser Form von Direktwerbung wird aber gering bleiben, weil die wettbewerbsrechtliche Judikatur die vorherige Zustimmung des privaten oder gewerb-

[96] BT-Drucks. 12/4993 S. 28.

[97] *Kleine-Cosack*, § 43b Rdn. 72; *Ring* ZIP 1997, 381.

[98] *Kleine-Cosack*, § 43b Rdn. 73; *Schopen/Gumpp/Schopen* NJW-CoR 1996, 112; *Scheuerl* NJW 1997, 1292.

[99] OLG Koblenz ZIP 1997, 377; LG Nürnberg-Fürth Stbg 1997, 223; *Feuerich/Braun*, § 43b Rdn. 138 m. w. Nachw.

[100] Ähnlich *Krämer/Mauer/Braun* S. 160.

[101] LG Nürnberg-Fürth AnwBl. 1998, 534.

[102] OLG Koblenz NJW 1997, 1931 für den Zahnarzt.

lichen Anschlußnehmers verlangt. Anderenfalls liegt wegen der belästigenden Wirkung solcher Akquisition ein Verstoß gegen § 1 UWG vor.[103]

In der Beteiligung an einem **Mandatswettbewerb** ist kein Verstoß gegen das Verbot der mandatsbezogenen Direktwerbung zu erblicken, weil hier die Initiative nicht vom Anwalt, sondern von dem Unternehmen ausgeht, das ein – meist sehr umfangreiches – außerprozessuales Mandat zu vergeben hat. Bei einer verfassungskonformen Auslegung des § 43b BRAO düften auch keine Bedenken bestehen, einer nicht zur Teilnahme am Wettbewerb aufgeforderten Kanzlei die Abgabe eines Angebots zu gestatten,[104] jedenfalls dann nicht, wenn vorher die Zustimmung des Angebotsempfängers eingeholt wurde. **66**

C. Dritt- und Kollektivwerbung

I. Drittwerbung

1. Mitwirkung des Anwalts

§ 6 Abs. 4 BerufsO, wonach der Rechtsanwalt nicht daran mitwirken darf, daß **Dritte** für ihn Werbung betreiben, die ihm selbst verboten ist, wiederholt nur, was sich ohnehin aus § 43 b BRAO ergibt. Der Umgehung der darin statuierten Werbebeschränkungen wäre Tür und Tor geöffnet, wenn der Anwalt durch berufsfremde Personen, die diesen Beschränkungen nicht unterliegen, für sich werben lassen könnte. Er darf an solchen Werbeaktivitäten in keiner Weise, etwa durch Erteilung von Informationen oder Überlassung von Vollmachten, Fotos oder Visitenkarten mitwirken, es sei denn, die Werbung hält sich in den durch §§ 43b BRAO, 6–10 BerufsO gezogenen Grenzen. **67**

2. Drittwerbung und Pressefreiheit

Schwieriger ist die Rechtslage zu beurteilen, wenn von den **Medien** unter Verwendung erhaltener Informationen Werbung für einen Anwalt betrieben wird, die, wäre sie vom Anwalt selbst initiiert, berufswidrig wäre. Die früher vertretene Auffassung, der Anwalt müsse grundsätzlich dagegen einschreiten, ist nicht mehr haltbar, weil dadurch die Pressefreiheit beeinträchtigt würde. Vom Anwalt kann nur dann verlangt werden, Vorsorge gegen eine Verletzung des anwaltlichen Werberechts durch entsprechende vertragliche Abreden zu treffen, wenn er weiß oder hinreichende Anhaltspunkte dafür hat, daß seine Presseinformationen dazu benutzt werden sollen, unzulässige Werbung für ihn zu betreiben.[105] **68**

3. Werbung durch Berufsfremde

Dritte, die für Anwälte werben, unterliegen nicht den Beschränkungen des anwaltlichen Berufsrechts, sondern nur dem **UWG**.[106] Das gilt auch für Anwälte, die nicht für sich, sondern für andere Anwälte werben.[107] **69**

II. Kollektivwerbung

Innerhalb der vom Berufsrecht gezogenen Grenzen können Anwälte auch **gemeinsam** werben. Neben der Gemeinschaftswerbung des gesamten Berufsstandes, die vom DAV in den örtlichen Anwaltsvereinen getragen wird, ist auch eine **Sammelwerbung** von An- **70**

---

[103] BGH GRUR 1995, 200; BGH NJW 1996, 660; zum Meinungsstand bei unaufgeforderter E-Mail-Werbung vgl. *Kleine-Cosack*, Werberecht, Rdn. 338ff.

[104] *Kleine-Cosack*, § 43b Rdn. 41.

[105] Vgl. dazu BVerfG NJW 1994, 123; OVG Münster NJW 1995, 2432; *Hartung* ZAP Fach 23, S. 381ff.

[106] BGH NJW 1997, 2681 zur sittenwidrigen Förderung anwaltlichen Wettbewerbs („Die besten 500 Anwälte").

[107] *Hartung/Holl*, § 6 Rdn. 152.

waltsgruppen zulässig. So können sich die Fachanwälte einer Region in Gemeinschaftsanzeigen dem Publikum vorstellen. Größere Bedeutung haben die von verschiedenen öffentlich- und privatrechtlichen Institutionen getragenen Anwaltssuchdienste gewon nen, deren Zulässigkeit inzwischen unumstritten ist.[108] Insoweit wird auf § 42 dieses Handbuchs verwiesen.

[108] BVerfG NJW 1992, 1613 = BRAK-Mitt. 1992, 61.

§ 41 Werbe- und Direktmarketingmaßnahmen

Prof. Werner Pepels⋆

Übersicht

Schrifttum: *Berne*, A layman's guide to psychiatry and psychoanalysis, 3rd edition, New York 1971; *Bruhn*, Sponsoring. Unternehmen als Mäzene und Sponsoren, 2. Auflage, Frankfurt a. M. 1991; *ders.*, Kommunikationspolitik, München 1997; *Gottschling/Rechenauer,* Direktmarketing, München 1994; *Hartung/Holl* (Hrsg.), Anwaltliche Berufsordnung, München 1997; *Kloss*, Werbung, München-Wien 1998; *Pepels*, Kommunikationsmanagement, 2. Auflage, Stuttgart 1996 a; *ders.*, Werbeeffizienzmessung, Stuttgart 1996 b; *ders.*, Einführung in die Kommunikationspolitik, Stuttgart 1997; *ders.*, Werner: Produktmanagement, München-Wien 1998; *Pflaum/Linxweiler*, Public Relations der Unternehmung, Landsberg/Lech 1998; *Römermann*, Besondere Berufspflichten in Zusammenhang mit der Werbung, in: Hartung/Holl, Anwaltliche Berufsordnung, München 1997, S. 186–362; *Schloßbauer* (Hrsg.), Handbuch der Außenwerbung, Frankfurt a. M. 1997; *Schweiger/Schrattenecker*, Werbung, 3. Auflage, Stuttgart 1992; *Spiegel*, Werbepsychologische Untersuchungsmethoden, Berlin 1970; *Unger/Dögl*, Taschenbuch Werbepraxis, Heidelberg 1995; *Watzlawick/Beavin/Jackson*, Menschliche Kommunikation. Formen, Störungen, Paradoxien, 8. Auflage, Bern 1990; *ZAW*: Werbung in Deutschland 1998, S. 119–121.

⋆ Professor für Marketing und Werbung an der Fachhochschule Gelsenkirchen; ehemaliger Marketingberater und geschäftsführender Gesellschafter einer großen Werbeagentur.

A. Das Umfeld der Werbemaßnahmen für Kanzleien

1 Die Werbung für freie Berufe befindet sich im Umbruch. Vor allem die Novellierung der Bundesrechtsanwaltsordnung (1994) und die neue anwaltliche Berufsordnung (1997) schafften erheblich vereinfachte Werberegelungen. Einzelkanzleien und kleinere Sozietäten nutzen diese Möglichkeiten bereits vor allem in lokalen Printmedien. Überregional streuende oder gar elektronische Medien werden derzeit jedoch nicht genutzt.

2 Rechtsanwälten ist nunmehr die Vermittlung sachlich berufsbezogener Informationen auch ohne besonderen Anlaß erlaubt. Das bezieht sich vor allem auf die Angabe ausgewählter Interessen- und Tätigkeitsschwerpunkte (§ 7 BerufsO). Unzulässig ist jedoch weiterhin jede Form der gezielten Werbung, die auf die Erteilung eines Auftrags im Einzelfall gerichtet ist. Die Berufsordnung enthält keinerlei Beschränkung der Medien, derer sich Anwälte zur Verbreitung ihrer Informationen bedienen können. D. h. auch Fernsehen, Hörfunk, Plakate, Zeitschriften, Kino, Internet etc. sind grundsätzlich nutzbar.

3 Damit wird das Thema Werbung für die Rechtsanwaltschaft liberaler gesehen als für andere freie Berufe, für die unverändert ein umfassendes Werbeverbot gilt. Notare dürfen allenfalls berufsbezogene Werbung, konkret Briefbogengestaltung, vornehmen. Ärzten und Zahnärzten ist jegliche Werbung untersagt. Dies bezieht sich auch auf den Abruf von Internet-Informationen. Wirtschaftsprüfer dürfen zwar grundsätzlich werben, jedoch ist jegliche bezahlte Darstellung des Dienstleistungsangebots unabhängig vom vermittelnden Medium unzulässig. Insofern ist konkret nur die Angabe von Tätigkeits- und Interessenschwerpunkten möglich.

4 Steuerberater dürfen auch ohne besonderen Anlaß über ihre Dienstleistungen und Person werblich informieren. Es darf jedoch nicht auf die Erteilung eines konkreten Mandats abgezielt werden. Auch sind Hörfunk und Fernsehen als Werbeträger ausdrücklich ausgeschlossen. Apotheker dürfen hinsichtlich apothekenfreier Arzneimittel und Waren des Randsortiments (wie Kosmetika) unter angemessener Berücksichtigung der besonderen öffentlichen Aufgaben ihres Berufsstands werben. Dies darf auch durch Berufsordnungen nicht eingeschränkt werden. Allerdings ist weitgehend unklar, welche Form und Inhalte der Werbung nun adäquat sind und welche nicht.[1]

5 Einlassungen zum Thema Werbemaßnahmen für Freiberufler, insb. für Rechtsanwälte bzw. Anwaltskanzleien, leiden an **zwei Grunddefekten** der Änderung der anwaltlichen Berufsordnung in bezug auf Werbung. Es wird dort nämlich sehr praxisfern nur die sachliche (berufsbezogene) Unterrichtung von Zielpersonen (§ 6 BerufsO) erlaubt. Dem liegt implizit die Vorstellung zugrunde, daß es eine **objektive Informationswerbung** gibt, eben eine solche, die sachliche Unterrichtung beinhaltet und damit mit der selbstverstandenen Seriosität des Berufsstands vereinbar ist, und andere **suggestive Werbung**, über die von vornherein ein **Unwerturteil** besteht (wahrscheinlich, weil sie mit Konsumgüterauftritten assoziiert und demgegenüber der Rechtspflege eine höhere Wertigkeit zugeordnet wird). Folglich wird Rechtsanwälten nur erstere, die Informationswerbung, erlaubt, weil letztere, die Suggestivwerbung, geeignet sein kann, das Ansehen des Berufsstands zu mindern.[2]

6 Tatsache aber bleibt, daß **jegliche Kommunikation suggestiv**, d. h. zweckorientiert, ist. Objektive, sachorientierte Kommunikation ist allein schon deshalb nicht möglich, weil Kommunikation immer einen Zweck verfolgt, ansonsten würde sie ja, da kostenbelastet, vom Absender unter hier interessierenden wirtschaftlichen Gesichtspunkten nicht betrieben werden. Auch scheinbar objektive Information, prototypisch die Tagesschau-Nachrichten der ARD, ist subjektiv verzerrt, nämlich durch die Intention der nachrichtenbearbeitenden Redakteure. Das macht schon ein simpler Vergleich der Inhalte, Tonalität, Gewichtung von Nachrichten verschiedener Sender am selben Tag deutlich. Im übrigen

---

[1] *ZAW* 1998, S. 119–121.

[2] Siehe hierzu *Hartung/Holl – Römermann,* § 6 Rdn. 28 ff.

gibt es in der Kommunikation auch keine Wahrheit, weil die Interpretation der erhaltenen Information immer nur vor dem subjektiven Erfahrungshintergrund des Empfängers erfolgt. D. h. selbst „richtige“ Information kann zu „falscher“ Wahrnehmung führen.

Diese sinnwidrige Trennung führt in ihren Auswirkungen zu recht merkwürdigen 7
Ergebnissen. So sind Botschaften, die sehr eindeutig suggestiv wirken, wie **Logo, Layout, Hausfarbe** etc., zulässig, weil sie Information darstellen, obgleich sie viel wichtiger als eine vordergründige, formalistische Betrachtung die Assoziationen sind, die durch diese Botschaften evoziert werden sollen. Andererseits sind Botschaften, die eindeutig sachlich ausgerichtet und zudem für die Entscheidung für oder gegen eine bestimmte Anwaltsleistung auch relevant sind, wie **Umsatz- oder Erfolgszahlen**, unzulässig, wohl weil sie geeignet sein sollen, so etwas wie Wettbewerb unter den Anbietern zu schüren.

Außerdem sind eindeutig als Werbung zu qualifizierende „tatsächliche Handlungen“ 8
wie Veranstaltungen von Empfängen, Vernissagen, Kanzleieröffnung, Messeteilnahmen etc., im Marketing bezeichnet man dies zutreffend als **Event-Marketing**, nicht als Werbung anzusehen und unterfallen damit auch nicht den Bestimmungen von § 6 BerufsO, sind also zulässig, obgleich zweifellos, und dies ist ja gerade ihr Zweck, suggestive Informationen vom Veranstalter ausgesendet werden sollen.

Auch ist es scheinheilig, anzunehmen, daß Werbung zur Anzeige von Umzug oder 9
Urlaub nur der Verbreitung der reinen Sachinformation dient. Sie wurde auch schon in der Vergangenheit, also vor Änderung der BerufsO, von aktiven Anwälten genutzt, um Präsenz in der Zielgruppe zu erreichen und damit die Chancen auf eine konkrete Beauftragung zu vergrößern. Dies war und ist im Rahmen der Angemessenheit auch unstreitig, zweifellos aber ein „Trojanisches Pferd“.

Die **andere Grundproblematik** steckt im Verbot der Werbung um einen **Auftrag im** 10
Einzelfall. Werbung zielt, wenn sie systematisch angelegt ist, naturgemäß immer darauf ab, Werbeziele zu erreichen. Und diese Werbeziele sind bei erwerbswirtschaftlichen Betrieben, und um solche handelt es sich bei Anwaltskanzleien zweifelsfrei, immer wirtschaftliche (also Umsatz, Gewinn, Einkommen etc.). In der Natur der Sache liegt es, daß eine Anwaltskanzlei diese wirtschaftlichen Ziele nur über die einzelfallbezogene Tätigkeit für Mandanten realisieren kann. Planmäßige Werbung ist also über den Aufbau, Ausbau, die Pflege und Wiederherstellung von Beziehungen zu Mandaten auf die Erreichung dieser ökonomischen Werbeziele ausgerichtet. Eine **bloße Auslobung** zur allgemeinen Beauftragung ist viel zu unspezifisch und reicht damit unter Effektivitätsgesichtspunkten, denen sich ein betriebswirtschaftliches Instrument wie die Werbung unterwerfen muß, mitnichten aus. Denn eine Kanzlei lebt nicht von allgemeiner Bekanntheit, sondern nur von solchen Beauftragungen im Einzelfall (so hatte die Firma Porsche Anfang der 90er Jahre zweifelsfrei einen überragenden Bekanntheitsgrad, die Krux lag nur darin, daß sie dabei zuwenig Autos verkaufte und nur knapp am Konkurs vorbeischrammte). Maßnahmen, die diese kommerzielle Zielrichtung nicht haben oder haben dürfen, sind damit keine Werbung, sondern allenfalls Öffentlichkeitsarbeit.

Zu unterstellen, Werbung ziele nicht auf die Beauftragung im Einzelfall ab, hebt auf ein 11
altruistisches Verhalten ab, wie es allenfalls sozialen Einrichtungen zu eigen ist, nicht aber einem Wirtschaftsbetrieb wie der Anwaltskanzlei. Die zu recht unerwünschte werbliche „**Überrumpelung**“ von potentiellen Mandanten im Einzelfall ist ohnehin durch die bestehenden Gesetze (namentlich das UWG) erfaßt und scheidet damit als Grund für eine solche Ausgestaltung im Rahmen der BerufsO aus. Daraus ergibt sich eine gravierende **Zwickmühle**. Denn Anwälten wird zugemutet, in ihrer Werbung so zu tun, als ob es ihnen nicht um die Beauftragung im Einzelfall ginge, obwohl sie als Wirtschaftsbetrieb gerade auf diese Mandate angewiesen sind und aus eben diesem Grunde auch kostenbewehrte Werbung einsetzen. Die Investitionen für Werbung machen aber nur in dem Maße Sinn, wie davon auszugehen ist, daß sie über Einnahmen aus Mandaten mehr als wieder eingespielt werden können.

Aus diesen (und anderen) Ungereimtheiten resultieren eine Reihe von **Unstimmigkeiten** 12
in der Werbekonzeption. Dem könnte man nur entgehen, wenn die Rechtsprechung

akzeptieren würde, daß es sich bei Anwaltskanzleien um Wirtschaftsbetriebe handelt. Es tut zwar sicherlich weh, nach Jahrzehnten, Jahrhunderten der Selbsteinschätzung, etwas Besonderes, Besseres zu sein, zu akzeptieren, daß zwischen der Bearbeitung von Rechtsfällen und etwa der Unternehmensberatung oder dem Headhunting nur graduelle Unterschiede bestehen. Wenn letztere aber zweifelsfrei den „vollwertigen" Wirtschaftsbetrieben zugerechnet werden, deren Werbung keinerlei gesonderten, außer den allgemein rechtlichen Beschränkungen unterliegt, dann ist es angesichts rapider sozio-ökonomischer Fortschritte anachronistisch, Anwälten Fesseln zuzumuten, die praxisfern sind. Und wenn man die **Anwaltskanzlei als Dienstleistungsbetrieb** versteht, dann ist auch der Abstand zum Autohändler oder Heimwerkerfachmarkt gar nicht mehr so groß. Für Dienstleistungsbetriebe ist die Werbung aber anerkanntermaßen, wegen der Intangibilität ihrer Produktion (Credence Good), ein ganz wesentliches Marketinginstrument. Beschränkungen in der Werbung fördern also nicht den Markterfolg von Anwaltskanzleien (durch Wettbewerbsberuhigung), sondern mindern die Erfolgschancen der aktiven, innovativen und unternehmerisch denkenden Anbieter der Branche. Da der Wohlstand einer Volkswirtschaft aber eben nur von diesem **(Schumpeter'schen) Unternehmertyp** abhängt, haben unzeitgemäße Beschränkungen der Werbefreiheit nachteilige Auswirkungen für alle Beteiligten insgesamt.

B. Die strategische Konzeption der Werbemaßnahmen

I. Wie funktioniert werbliche Kommunikation?

13 Bevor man sich mit den operativen Techniken der Werbung beschäftigen kann, ist es zunächst erforderlich, sich zu vergegenwärtigen, daß Kommunikation eine äußerst komplexe und komplizierte Angelegenheit ist, die vielfältigen Erschwernissen unterliegt.

Man kann nicht nicht kommunizieren.

14 Denn das größte Problem der Kommunikation ist, daß man nicht nicht kommunizieren kann (*Watzlawick*). Somit gibt es also nicht die Wahl zwischen Kommunikation oder Nicht-Kommunikation, denn auch **Nicht-Kommunikation kommuniziert**. Man kann sich also nicht vor der Werbung als zweckbezogener Information drücken, indem man nicht kommuniziert, sondern aus der Tatsache, daß jemand keine Nachrichten über sich bzw. sein Angebot verbreitet, beschließt der Markt, bestimmte Informationen zu ziehen, ohne daß man dies verhindern könnte. Außer man setzt eigene Werbung dagegen, um falsche Einschätzungen zu korrigieren oder gar nicht erst aufkommen zu lassen.

1. Kommunikationsebenen

15 Jede Kommunikation findet auf vier Ebenen statt:

Auf der **Sachinhaltsebene** geht es um die objektive Darstellung der Fakten gegenüber dem Adressaten.
Auf der **Selbstdarstellungsebene** trifft der Absender durch die kommunizierten Inhalte eine Aussage über sich selbst.
Auf der **Fremdeinschätzungsebene** gibt er seine Sichtweise des Adressaten wieder.
Auf der **Appellationsebene** offenbart er seine eigentliche Kommunikationsabsicht.

16 Je nachdem, wie eine Aussage vom Adressaten nun verstanden wird, führt sie zu unterschiedlichen Reaktionen. Diese kann wiederum auf einer der vier Ebenen stattfinden. Wird dabei eine Ebene der Reaktion gewählt, die der Aktion nicht entspricht, entsteht beinahe zwangsläufig **Fehlkommunikation**. Dies führt zu Frustration, Ineffizienz, Konflikt, eine durchaus häufige Erfahrung im Dienstleistungsalltag.

Dazu ein Beispiel. 17
- **Sachaussage** (d. h. das, worüber man informieren will):
  Anwalt zum Mandanten: „Ich habe schon fünfmal bei Ihnen angerufen."
- **Selbstoffenbarung** (d. h. das, was man über sich aussagt):
  Denkbar sind etwa folgende Interpretationen: „Ich bin sehr engagiert für Sie tätig.", „Mir war wichtig, Ihnen etwas mitzuteilen.", „Ich bin jemand, der sich nicht so leicht abschütteln läßt."
- **Beziehungsaussage** (d. h. das, was man über die Beziehung zum anderen aussagt):
  Denkbar sind etwa folgende Interpretationen: „Ihre Meinung ist mir wichtig.", „Ich möchte unbedingt weiter mit Ihnen zusammenarbeiten.", „Ich will in Kontakt mit Ihnen treten."
- **Appellaussage** (d. h. das, wozu man den anderen veranlassen will):
  Denkbar sind etwa folgende Interpretationen: „Rufen Sie mich doch auch mal an.", „Haben Sie jetzt gefälligst ein schlechtes Gewissen.", „Sorgen Sie dafür, daß Sie besser erreichbar sind."

Man sieht daraus, jedwede Aussage, die man als Absender trifft, wirkt nicht nur auf diesen 18 **vier** Ebenen gleichzeitig, sondern unterliegt auf jeder Ebene auch immer der **Interpretation des Adressaten**. Und da diese von dessen subjektivem Erfahrungshintergrund und situativen Umständen abhängt, ist die Wirkung einer Botschaft durchaus spekulativ.

Gemessen an dieser Komplexität der Kommunikation ist unser Umgang mit ihr 19 ausgesprochen **leichtfertig**. Wir machen uns gemeinhin viel zu wenig Gedanken darüber, wie kompliziert Kommunikation tatsächlich ist, weil wir unablässig kommunizieren und daher meinen, sie zu beherrschen. Tatsächlich aber führt **unreflektierte Kommunikation** geradewegs in die **Katastrophe**, seien es die kleinen Katastrophen des Alltags, wie den letzten Streit mit dem Lebensgefährten (wenn man einmal nachdenkt, worum es dabei in der Sache ging, war diese meist vernachlässigbar, aber ein Wort gab das andere und der Streit war ausgebrochen), den Rechtsstreit (der willkommenerweise allerdings zur Wohlstandsmehrung des Stands beiträgt) oder die großen Katastrophen (die meisten Kriege sind durch Fehlkommunikation verursacht, die Sache war die Opfer letztlich keinesfalls Wert).

2. Kommunikationsstrukturen

Watzlawick behauptet noch weitere Axiome der Kommunikation,[3] auf die hier nicht 20 näher eingegangen wird. Die Untersuchung von Kommunikationsbeziehungen gemäß dem ersten Axiom erfolgt verbreitet im Rahmen der, davon unabhängigen, Transaktionsanalyse.[4] Dafür gibt es verschiedene Unteransätze.

Die **Strukturanalyse** unterstellt drei Kategorien von Ich-Zuständen: 21
- Ich-Zustände, die dem Ich-Zustand einer elternähnlichen, elternhaft handelnden Person entsprechen und Unterstützung oder Strukturierung bieten, dies ist das **Eltern-Ich** (EL). Es enthält alle gespeicherten, unüberprüft übernommenen Normen, Ge- und Verbote, Prinzipien und Maximen sowie die damit zusammenhängenden Erfahrungen. Der Eltern-Ich-Zustand entspricht also in den Verhaltensweisen den Einstellungen und der Art, auf andere einzugehen, wie wir es als Kind bei den elterlichen Vorbildern erlebt und dann übernommen haben, etwa kritisch, fürsorglich, strafend, belehrend.
- Ich-Zustände, in denen sich das Individuum mit der Realität seiner Umwelt objektiv auseinandersetzt, bedacht und sachlich überlegt entscheidet, dies ist das **Erwachsenen-Ich** (ER). Es dient der Realitätsüberprüfung, der Wahrscheinlichkeitsabschätzung und der objektivierten Informationssammlung, ist an der Realität ausgerichtet, geordnet, intelligent und anpassungsfähig. Der Erwachsenen-Ich-Zustand entspricht also dem Erleben der Diskrepanz zwischen den Aussagen der Eltern und den eigenen Gegebenheiten der Wirklichkeit. Dies ist eine eher objektive Sichtweise, sachlich und rational.

---

[3] Näher dazu *Watzlawick/Beavin/Jackson* 1990.
[4] Dazu *Berne* 1971.

– Ich-Zustände, die regressiv sind und Gemeinsamkeiten mit dem Verhalten von Kindern verschiedener Altersstufen aufweisen, dies ist das **Kindheits-Ich** (KI). Es enthält alle Impulse, die während der Kindheit angelegt worden sind, ist natürlich, entweder intuitiv angepaßt oder rebellisch ausgelegt. Der Kindheits-Ich-Zustand verkörpert also diejenige Gefühlslage, in der sich all das manifestiert, was uns an Spontaneität und Stimmung mitgegeben ist, wir fühlen uns wie einst als Kinder, spontan, emotional, unkontrolliert, unüberlegt, verspielt, wütend.

22 Jeder dieser Ich-Zustände bildet eine geschlossene Einheit. Sie differenzieren sich durch Mimik, Gestik, Artikulation, Vokabular etc. Nun besteht die Möglichkeit, in Transaktionen aus den verschiedenen Ich-Zuständen heraus mit einer anderen Person in kommunikative Beziehung zu treten. Diese andere Person wiederum kann aus den verschiedenen Ich-Zuständen heraus reagieren. Dabei unterscheidet man im wesentlichen drei Transaktionstypen:

23 • Bei **Komplementärtransaktionen** laufen Stimulus (Reiz) und Response (Reaktion) parallel zwischen den Ich-Zuständen ab. Diese Art der Interaktion ist problemlos, allerdings leider relativ selten gegeben (1. Kommunikationsregel). Beispiel:
Kanzleichef zum Mitarbeiter: „Warum haben Sie die Akte des Mandanten Müller nicht auch bearbeitet? Sie vernachlässigen den offensichtlich." (EL an KI),
Mitarbeiter zum Kanzleichef: „Es tut mir leid, das habe ich ganz vergessen. Ich werde das schnellstmöglich in Ordnung bringen." (KI an EL).
Kanzleichef an Mitarbeiter: „Wann bearbeiten Sie den Vorgang des Mandanten Müller?" (ER an ER),
Mitarbeiter zum Chef: „Ich habe mich für nächsten Mittwoch bei ihm zum Gespräch angemeldet." (ER an ER).

24 • Bei **Überkreuztransaktionen** verläuft der Stimulus auf einer anderen Ebene als die Reaktion, die Reaktion erfolgt also nicht aus dem vom Absender intendierten Ich-Zustand heraus, sondern aus einem anderen. Dies resultiert in gefährlichen Kommunikationsstörungen, wenn nicht sogar in Zusammenbruch der Kommunikation (2. Kommunikationsregel). Beispiel:
Kanzleichefin an Mitarbeiter: „Ich brauche dieses Schreiben bis heute 16.00 Uhr. Können Sie das für mich vorbereiten?" (ER an ER),
Mitarbeiter zur Kanzleichefin: „Sie haben wirklich Glück, daß ich mich immer so für Sie einsetze." (KI an EL).

25 • Bei **verdeckten Transaktionen** bestehen parallele Austauschbeziehungen zeitgleich auf zwei Ebenen und dienen dazu, latente Konflikte auf einer anderen Ebene auszutragen und derart zu gewinnen, daß der Transaktionspartner sich schlecht fühlt oder psychisch verletzt wird. Es sind also immer zwei Ich-Zustände zugleich betroffen. Die Transaktionen, die auf der verdeckten Beziehungsebene ablaufen, sind zentral für den Ausgang der Interaktion, dazu gehören vor allem psychologische Spiele, deren Gewinn (Pay Off) darin besteht, daß der andere sich schlecht fühlt. Ein Ausweg besteht in der Vermeidung oder der Unterbrechung solcher Spiele. Verdeckte Transaktionen finden also immer auf einer „offiziellen" und einer „verdeckten" Ebene statt. Beispiel:
Kanzleichef an Mitarbeiterin: „Darf ich Sie noch auf ein Glas Wein einladen?" (ER an ER). Die Mitarbeiterin weiß, daß damit eigentlich etwas ganz anderes gemeint ist (KI an KI).
Verkäufer an Rechtsanwalt: „Das ist ein wirklich professioneller Fotokopierer. Aber vielleicht wollen Sie ja gar nicht so ein leistungsfähiges Gerät?" (ER an ER und verdeckt ER an KI).
Rechtsanwalt zum Verkäufer entweder: „Ja, wann braucht man diese Kopierkapazität heute schon noch?" (ER an ER) oder „Doch, doch, das ist schon genau der richtige für mich." (KI an ER).

26 Die Transaktionsanalyse kommt naturgemäß noch zu wesentlich differenzierteren Aussagen, die aber hier nicht näher dargestellt werden sollen. Tatsächlich ist werbliche Kommunikation nur der Spezialfall dieser allgemeinen Kommunikationsbeziehungen.

3. Werbliche Prinzipien

Unter Werbung versteht man die „bewußte Beeinflussung von marktwirksamen Meinungen mittels Instrumentaleinsatz und mit der Absicht, die Meinungsrealität im Markt den eigenen Zielvorstellungen darüber anzupassen."[5] 27

Darin stecken **mehrere Erklärungselemente:** Zunächst geht es um die bewußte Beeinflussung als strategisch so gewollte Einflußnahme ohne Rücksicht auf deren Wirksamkeit sowie permanent stattfindende zufällige Einflußnahmen. Werbung betrifft eine intellektuelle, freie Beeinflussung hinsichtlich Faktoren, die für Marktwirkungen entscheidend sind (wie Einstellung, Verhalten etc.). Sie ist zudem als gestalterische, politische Maßnahme zu verstehen, die korrigierend und dynamisch eingreift. Und sie zielt auf eine aktive Beeinflussung statt nur passiver Übernahme der Marktgegebenheiten zur Durchsetzung der eigenen Realität im Markt ab. Dies über die Instrumente des Kommunikations-Mix im Marketing. 28

Für diese Werbung sind weiterhin folgende **Erfahrungstatbestände** von höchster Bedeutung. 29

Nicht die Realität ist die Realität im Markt, sondern die Vorstellungen der Zielpersonen über diese Realität.

Kommunikation vollzieht sich auf einer **Meta-Ebene**, welche die darunterliegende Real-Ebene mehr oder minder überlagert.[6] Beide Ebenen können, auch dauerhaft, voneinander abweichen. Dies wird einsehbar, wenn man sich vergegenwärtigt, daß die Realität der weit überwiegenden Mehrzahl der Marktangebote mehr oder minder langweilig ist, und diese Angebote sich zudem häufig zum Verwechseln ähneln (Me too), so daß die Real-Ebene keine Wettbewerbsvorteile zeitigt. Falls Unterschiede tatsächlich gegeben sind, sind diese erst im nachhinein durch Nachfrager zu beurteilen (Erfahrungseigenschaften) oder aber gar nicht (mangels Beurteilungsfähigkeit). Dann bleibt nur ein Ausweichen auf die Meta-Ebene, weil der Bezug auf die Real-Ebene völlig unergiebig ist. 30

Der Wurm muß dem Fisch schmecken und nicht dem Angler.

Bedeutsam ist weiterhin, immer zu bedenken, daß der „Wurm dem Fisch schmecken muß und nicht dem Angler". D. h., der Wert einer Botschaft bemißt sich allein aus der Sicht deren **Adressaten**. Es zählt also nicht das Bedürfnis des Absenders, das mitzuteilen, was er loswerden will, sondern nur das Bedürfnis des Adressaten nach Problemlösung durch ein materielles oder ideelles Nutzenangebot. Adressaten wollen nur solche Nutzen erwerben, die sie höher einschätzen als das dafür zu erbringende Geldopfer. Argumentiert der Absender nun aus seiner Sicht heraus, trifft er nicht die Aufmerksamkeit und das Interesse seiner Zielpersonen, diese erkennen den darin veranlagten Nutzen nicht. Für eine erfolgreiche Kommunikation bedarf es vielmehr der Zurückstellung eigener Bedürfnisse zugunsten der Bedarfe anderer, nämlich der potentiellen Kunden. Obgleich also Kommunikation das eigene Geld kostet, darf man damit nicht den eigenen, sondern muß fremden Interessen dienen. 31

Werbung verkauft nicht, sondern Werbung hilft verkaufen.

Schließlich ist noch zu beachten, daß „Werbung nicht verkauft, sondern nur verkaufen hilft". Naturgemäß ist die Erwartungshaltung aller Werbungtreibenden die, für ihr gutes Geld konkret meßbare Verkaufsergebnisse zu erhalten, wie das auch betriebswirtschaftlich verständlich ist. Nur, die Beauftragung oder Nichtbeauftragung ist letztlich von einer 32

[5] *Pepels* 1996b, S. 92.
[6] Dazu näher *Spiegel* 1970.

Vielzahl von Umständen abhängig, einer davon ist die Werbung. Welcher Anteil des Entscheids nun auf diese Werbung entfällt, und wieviel auf andere Faktoren, ist jedoch nicht herauszufiltern. Damit aber bleibt auch der Anteil der Werbung am Auftrag oder Nichtauftrag im Dunkeln. Es ist daher nur zulässig zu behaupten, daß Werbung, in Zusammenhang mit vielfältigen anderen Umständen, die Auftragsentscheidung beeinflußt, also verkaufen hilft, aber selbst nicht verkauft. Dies ist zugegebenermaßen unbefriedigend, aber bis heute nicht hinreichend anders zu lösen.

II. Die Prozesse der werblichen Kommunikation

33 Damit Kommunikation überhaupt erfolgversprechend zustande kommen kann, bedarf es des Zusammenwirkens verschiedener Elemente. Immer kommt es zu einem **Austausch von Signalen** (wahrnehmbaren Reizen der Umwelt). Sofern ihnen Bedeutungsinhalt zukommt, handelt es sich um Zeichen, werden diese miteinander verknüpft, entsteht eine **Nachricht**. Ist diese darüber hinaus neu für den Adressaten, handelt es sich um **Information**.

1. Kommunikationsvoraussetzungen

34 Als Voraussetzungen für Kommunikationsprozesse sind vor allem folgende zu nennen:[7]

35 – Es muß ein **einheitlicher Code** zwischen den Kommunikationspartnern vereinbart werden. Dies scheint bei der Maschine-zu-Maschine-Kommunikation selbstverständlich, bei Menschen ist die Sache jedoch erheblich diffiziler. Denn statt der verbalen hat die nonverbale Kommunikation, persönlich durch Mimik, Gestik, Kleidung etc., oder sachlich, durch Architektur, Einrichtung, Arbeitsmittel, den weitaus größeren Informationsumfang.

36 – Es muß eine Übereinstimmung und genügende Größe des **Zeichenrepertoires** gegeben sein. Ersteres setzt einen gemeinsamen kulturellen Hintergrund voraus, letzteres eine große Varietät, um differenzierte Inhalte artikulieren zu können. Hierbei sind Anwälte ihren (privaten) Mandanten nicht selten überlegen. Jedoch gibt der restringiertere Partner das Volumen eines möglichen Signalaustauschs vor (Engpaßorientierung).

37 – Es muß Einigkeit über die **Bedeutung und Verwendung** dieser Zeichen bestehen. Dies ist etwa bei Verwendung von Fachsprache in der Werbung nicht ohne weiteres vorauszusetzen. Dies gilt gerade für die Fachsprache der Jurisprudenz, derer sich Anwälte aus ihrer Sicht ganz selbstverständlich bedienen, die juristischen Laien jedoch Rätsel aufgibt. Rätsel, die sie nicht geneigt sind, zu lösen, sondern sich statt dessen einen Partner aussuchen, den sie besser verstehen.

38 – Es muß eine **zielgerechte Auslegung** vor dem subjektiven Erfahrungshintergrund potentieller und aktueller Mandanten möglich sein. Dies setzt meist eine Marktsegmentierung zur Erreichung hinlänglich homogener Zielgruppen voraus. Als Hilfsmittel dazu dienen vor allem die zulässigen Angaben zu Tätigkeits- und Interessenschwerpunkten von Anwälten bzw. Kanzleien.

39 – Es müssen **assoziative Gemeinsamkeiten** zwischen Sender und Empfänger gegeben sein. Ansonsten ist die Effektivität der Kommunikation fraglich. Dazu muß sich der Absender in Richtung des Adressaten begeben. D. h., man muß die Partner dort abholen, wo sie sich befinden. Ansonsten ist die emotionale Distanz zwischen Sender und Empfänger zu groß, als daß sie durch Kommunikation überbrückt werden kann. Es gibt durchaus genügend Fälle, wo fehlende Gemeinsamkeiten einer Zusammenarbeit entgegenstehen (die „Chemie" nicht stimmt).

40 – Es muß **Beachtung und Relevanz** für eine Nachricht gegeben sein, da sie ansonsten den Filter selektiver Wahrnehmung nicht überwinden kann. Insofern ist Aufmerksamkeit unerläßliche Voraussetzung jeder Kommunikation. Dem liegt die unbestreitbare Tatsache zugrunde, daß eine enorme Informationsüberlast besteht, d. h. es strömen weitaus

[7] *Pepels* 1996 b, S. 17.

mehr Informationen auf einen Adressaten ein, als dieser kognitiv verarbeiten kann (das gilt ja durchaus auch für die Fachliteratur, dieses Handbuch trägt insofern zur weiteren Steigerung der Überlastung bei). Das „Grundrauschen" der Kommunikation ist so groß, daß nur noch herausgehobene Botschaften und Auftritte in der Lage sind, diese Aufmerksamkeit zu generieren.

- Es muß sich um **lernbare Inhalte** handeln, damit die übermittelte Botschaft zu einem späteren Zeitpunkt (der Kaufentscheidung) wieder abgerufen werden kann. Lernfähig sind nicht nur Fakten, sondern auch Emotionen. D. h., im Zweifel geht der Bauch dem Kopfe vor. Nur sind wir meist so sozialisiert, nicht zuzugeben, daß man sich in seinen Entscheidungen von Gefühlen mehr leiten läßt als vom Verstand. Die Ratio kommt aber regelmäßig nur als Rechtfertigung einer emotional getroffenen Entscheidung hinzu. Insofern sollte Kommunikation primär an Gefühle appellieren. Dagegen spricht allerdings die Pflicht zu informativer Werbung, also eben rationaler Argumentation. 41

2. Kommunikationskette

Bei genauerer Betrachtung ergibt sich für erfolgversprechende Kommunikation zudem eine Kette: 42

- Zunächst gibt es einen **Sender**, der Werbungtreibende, der eine intendierte Botschaft verbreiten will. Dabei kann es sich z. B. um die Bekanntmachung eines Beratungsangebots handeln.
- Damit aus den Gedanken in seinem Kopf Kommunikation entstehen kann, müssen sie zu wahrnehmbaren Signalen umgewandelt werden. Eine solche Materialisierung (**Encodierung**) erfolgt in Worten, Bildern, Texten, Graphiken, Tönen, Farben, Formen etc.
- Damit sie von anderen, den **Rezipienten** (Zielpersonen), wahrgenommen werden kann, bedarf sie eines Sendegeräts, das diese Signale nach außen abgibt. Das sind die Werbemittel, also Anzeigen, Spots, Plakate etc.
- Zur Verbreitung ist dann ein materielles **Transportmittel** erforderlich, das die Raum- und Zeitdifferenz zwischen Sender und Empfänger überbrückt. Dies sind Werbeträger, also etwa Printtitel, Elektroniksender, Plakatwände o.ä.
- Auf der Empfängerseite ist entsprechend ein **Empfangsgerät** erforderlich, das die gesendeten Signale aufnehmen kann. Dabei handelt es sich um die Sinnesorgane des Menschen.
- Daran schließt sich die Verarbeitung (**Decodierung**) dieser Signale an, um zu deren Verständnis zu gelangen, freilich nur, wenn die Sinnesorgane „auf Empfang geschaltet" sind.
- Damit ist man beim **Empfänger der Botschaft** angelangt, der Zielperson (ansonsten Fehlstreuung), die diese Botschaft **abspeichert** und zur gegebenen Situation, nämlich im Auftragsentscheidungszeitpunkt, wieder aktiviert.

3. Kommunikationsstörungen

Nur wenn alle Stufen aufeinanderfolgend ohne Störung durchlaufen werden, kann Kommunikation überhaupt erfolgreich zustande kommen. Dabei lauern jedoch vielfältige Störquellen: 43

- **Fehler in der Zielsetzung** bestehen, wenn ein gegebenes Problem nicht durch Kommunikation adäquat zu lösen ist. Qualitätsmängel etwa können auch durch werbliche Maßnahmen nicht kompensiert werden.
- **Fehler in der Beschaffenheit** bedeuten, daß unbewußt relevante Informationen in der Botschaft verfälscht übergebracht werden oder fehlen. Denn Kommunikation ist ein komplizierter und komplexer Vorgang, der eine exakte Auslobung erfordert.
- **Fehler in der Umsetzung** liegen vor, wenn Nachrichten so verschlüsselt worden sind, daß der Empfänger sie nicht oder anders als beabsichtigt versteht. Kreative Ideen dürfen nicht dazu führen, daß die Botschaft unverständlich wird. Denn Zielpersonen setzen sich mit Werbung meist nicht bewußt auseinander.

- **Fehler in der Übermittlung** sind gegeben, wenn der gewählte Kommunikationskanal Eignungsmängel aufweist. „The medium is the message.", die Medienwahl will dennoch gut überlegt sein.
- **Fehler in der Kontaktierung** infolge unzweckmäßiger Werbeträgerwahl verhindern, daß Empfänger überhaupt ausreichend mit der Botschaft in Berührung kommen. Professionelle Werbeberatung hinsichtlich der Werbeträgerauswahl zahlt sich daher immer aus.
- **Fehler in der Verarbeitung** sind darauf zurückzuführen, daß Empfänger die Nachricht falsch entschlüsseln oder gar nicht erst richtig aufnehmen. Informationsüberschuß (Redundanz) ist daher sinnvoll, etwa durch Wiederholung der gleichen Botschaft in regelmäßigen Zeitabständen.
- **Fehler in der Verwertung** bedeuten, daß die angebotene Information nicht oder nur unzureichend genutzt wird, so daß ihre wahre Bedeutung verborgen bleibt. Werbung wird meist nicht konzentriert, sondern eher beiläufig wahrgenommen (Low Involvement), sie muß daher Aufmerksamkeitsanker enthalten.
- **Fehler in der Speicherung** entstehen durch falsches Verständnis, unzutreffende Abspeicherung oder Vergessen der Information. Werbliche Botschaften müssen daher nicht nur verstehbar, sondern auch gut lernbar angelegt sein.

III. Die Konzeptdefinitionen

44 Exakte Kommunikation im o. g. Sinne hat bei näherem Hinsehen recht wenig mit wilder kreativer Spinnerei zu tun, dafür aber um so mehr mit konzeptioneller Arbeit. Dafür ist es zunächst wichtig, eine klare Zielvorstellung für sich selbst zu erreichen. Denn wenn das eigene Selbstverständnis schon nicht klar formuliert ist, wie soll dann eine planmäßige Kommunikation fokussiert werden? Im Marketing wird dabei zumeist eine Alleinstellung (USP/UAP) angestrebt. Dieses unverwechselbare Angebot wird im Rahmen der Konzeptdefinitionen bestimmt. Diese bestehen aus zwei Elementen, der Copy-Strategie und dem Kommuniqué.[8]

1. Copy-Strategie

45 Die Copy-Strategie (auch Positioning Statement genannt) ist zentraler Bestandteil jedes Kommunikationskonzepts. Die ausformulierte Positionierung soll vor allem zwei Anforderungen genügen. Sie soll **präzise** sein, d. h., die Formulierung ist wie ein Gesetzestext zu handhaben. Es kommt auf jede Nuance an, die exakt den beabsichtigten Inhalt wiedergeben muß. Zugleich ist diese Fassung verbindlich für die spätere Beurteilung des inhaltlichen Outputs der Werbung. Und sie soll **kurz** sein, d. h., gelingt es nicht, sie in einen Satz zu fassen, wird es auch kaum gelingen, sie den Zielpersonen zutreffend zu vermitteln.

46 Die Copy-Strategie basiert ihrerseits auf zwei Definitionen, dem Angebotsanspruch (Claim) und der Anspruchsbegründung (Reason Why). Der **Angebotsanspruch** ist die Umschreibung der faktischen (leistungsbezogenen, objektiven) Basis (der Unique Selling Proposition/USP) bzw. der werblichen (emotionalen, subjektiven) Basis (der Unique Advertising Proposition/UAP). Bei deren Formulierung handelt es sich jedoch noch nicht um Werbetext, sondern nur um Konzeptdefinitionen, die erst durch eine spätere kreative Umsetzung zu Werbung werden. Insofern sind hier auch Alleinstellungen und Vergleiche erlaubt, die so später in der Werbung verboten sind. Der Angebotsanspruch formuliert somit, was ein Angebot behauptet, besser zu können als jedes andere am Markt. Denn warum sollte man ansonsten als potentieller Mandant eine Kanzlei allen anderen vorziehen?

47 Die **Anspruchsbegründung** formuliert, wie diese Behauptung untermauert wird. Denn werblichen Aussagen wird meist nicht ohne weiteres geglaubt. Für die Argumentation bieten sich drei Aspekte an:

---

[8] *Pepels* 1996a, S. 252ff.

- Die **Inputfaktoren** der Angebotsleistung, also Ausstattung, Personal und Qualifikation. Hier können etwa modernstes Equipment, besondere Sorgfalt und Auswahl der Mitarbeiter oder einschlägige besondere Ausbildung angeführt werden.
- Die **Prozeßfaktoren** der Angebotsleistung, also Verfahren, Technik und Know-how. Hier kann auf Modernität und Fortschrittlichkeit der Arbeit abgehoben werden, auf clevere Taktik oder intensive Erfahrung mit einer bestimmten Branche oder Problemstellung.
- Die **Outputfaktoren** der Angebotsleistung, also Wirkung, Komposition und Effekt. Hier wird vor allem über die Leistungsfähigkeit argumentiert, also erfolgreiche Mandate (nur eingeschränkt zulässig), Kooperationsbeziehungen oder Rechtsmanagement für Kunden.

2. Kommuniqué

Beim Kommuniqué handelt es sich um den konkretisierten, kundenwahrnehmbaren 48
Teil der Konzeption. Entscheidend ist, daß dabei ein konsequenter Wechsel der Perspektive vorgenommen wird. Waren die bisherigen Überlegungen zwar schon adressatenorientiert, doch noch aus Absendersicht betrachtet (Inside out), so wird ab sofort die Sichtweise der potentiellen Nachfrager zwingend (Outside in). Denn sie können die Konzeptdefinitionen naturgemäß nicht erkennen, sondern nehmen nur deren Codierung in Bildern, Worten, Schriften, Zeichen, Farben und Bewegungen wahr. Entscheidend ist dabei, daß eine Rückübersetzung (Decodierung) dieser Signale exakt die Konzeptdefinitionen bei Zielpersonen präsent werden läßt, die der Absender beabsichtigt. Es geht also marketingtechnisch um einen **Transfer von Produktvorteilen** (Anbietersicht) **in Kundennutzen** (Nachfragersicht).

Das **Nutzenversprechen** (Benefit) betrifft die Vorteilswirkung aus der Inanspruchnahme 49
eines Angebots und ist von zentraler Bedeutung, weil es das Äquivalent für den einzusetzenden Geldbetrag beim Kauf der Leistung ist. Die einzelnen Benefits lassen sich nach dem Laddering-Modell (sog. Mean-Ends-Chain-Ansatz) auf wenige Endbenefits reduzieren:

- Leistungsnutzen als Gebrauchseignung und Genuß eines Angebots, der auf die Sicherheit und Qualität einer Leistung abstellt.
- Kennernutzen als Wissen, worauf es ankommt, gepaart mit dem Understatement unter Insidern.
- Trendnutzen als Zugehörigkeit und Anerkennung innerhalb der Bezugsgruppe.
- Geltungsnutzen als Profilierung und Prestige im sozialen Umfeld, dies ist die überkommene Form des Habenmaterialismus.

Die **Besonderheit der Anwaltswerbung** gegenüber anderen Bereichen der Wirtschafts- 50
werbung liegt nun darin, daß diese Nutzen nicht oder nur sehr zurückhaltend in der Umsetzung stattfinden dürfen, wohingegen sie ansonsten das zentrale Element jeder Umsetzung darstellen.

Der **Benefit** ist deshalb von zentraler Bedeutung, weil er allein das vordergründige 51
Äquivalent für den zu opfernden Geldbetrag bei der Beauftragung darstellt, wobei nachrangige Botschaften keine Chance haben, aufgenommen zu werden, wenn es beim Benefit bereits hapert. Bei der hochstehenden generellen Qualität des Marktangebots kommen zudem nur Zusatznutzen als relevant in Betracht, denn Grundnutzen werden von immer anspruchsvolleren Nachfragern ohnehin als durchgängig erfüllt vorausgesetzt. Gute Werbung zeichnet sich daher dadurch aus, daß sie immer jenen Benefit in den Mittelpunkt stellt und ebenso ausdrucksvoll wie impressiv umsetzt. Schlechte Werbung hingegen läßt den Stolz ihrer Macher auf die Leistung (Angebotsanspruch) in der Umsetzung spüren und wirkt damit deutlich an der Nutzenorientierung der Zielpersonen vorbei.

Der **Nutzenbeweis** (Proof) ist die Dramatisierung des Nutzenversprechens durch 52
unterstützende Überzeugung. Er macht werbliche Aussagen zwar spektakulärer, ist angesichts der immer noch restriktiven Bestimmungen der BerufsO jedoch kaum durchsetzbar und muß, zumindest vorläufig, entfallen.

53 Die **Stilkomponente** betrifft die eigentliche kreative Gestaltung. Als Gestaltungsmittel werden regelmäßig folgende Elemente eingesetzt:

– **Tonalität** ist der Stil der Ansprache der Zielpersonen im Selbstverständnis des Kommunikators. Diese reicht von kumpelhaft bis autoritär, von zotig bis getragen. Manche Werbungtreibende duzen ihre Zielpersonen, andere stellen sich sehr distanziert dar, manche argumentieren verklausuliert, andere bemühen sich, allgemein verständlich zu bleiben. Wie auch immer, der Tone of Voice ist ein eminent wichtiges Signal, dessen Nutzung sehr gut überlegt sein will.
– **Visualität** schafft die Kernbilder zur Veranschaulichung der Leistung. Solche Abbildungen sind besonders merkfähig (Imagery-Theorie). Grundsätzlich ist es empfehlenswert, nach einem Kernbild (sog. Big Picture) zu suchen, das besonders merkfähig ist. Genügende Penetration dieses Kernbildes vorausgesetzt, bleibt es in Erinnerung und transportiert die Werbebotschaft konzentriert als Schlüsselbild (Information Chunk). Einschränkend muß dabei allerdings immer der Informationsgehalt der Bilder gewährleistet bleiben.
– **Corporate Design-Elemente** betreffen folgende:

Zunächst ist an das **Layoutraster** zu denken, das ein graphisches Ordnungsmuster für den Auftritt schaffen soll. Hierbei geht es vor allem um eine zweckmäßige Seitenaufteilung. Dies unterstützt die Wiedererkennbarkeit eines werblichen Auftritts. Es empfiehlt sich, dazu ein CI-Booklet (das eigentlich CD-Booklet für Corporate Design statt Corporate Identity heißen müßte) anzulegen und für alle an der Werbung Beteiligten als verbindlich zu erklären.

Die **Typographie** ist in Auswahl und Anordnung (Zeichensatz, Stil, Punktgröße etc.) aussagefähig. Spätestens seit Verbreitung von DTP-Programmen in Büros und Haushalten ist jedermann bewußt, daß es eine ganze Reihe verschiedener Zeichensätze, dies zudem noch in verschiedenen Stilen und Größen, gibt. Ebenso geht es um die Textanordnung. Diese Elemente sollen mit Bedacht und Stringenz ausgewählt und eingesetzt werden.

Die **Farbstimmung** ist durch die Hausfarbe bestimmt. Diese Farbe wird zumeist nach HKS- oder Pantone-Farbskalen verbindlich vorgegeben. Dabei ist die unterschiedliche Bedeutung der Farben zu berücksichtigen. Bereits Nuancenverschiebungen können hier zu erheblichen Irritationen führen.

Das **Logo/Signet** ist das merkfähige Zeichen der Absendersignalisation des Werbungtreibenden. Es kann sich um ein Wort-, Zahlen-, Bild- oder kombiniertes Zeichen handeln. Seine Verwendung hat auch konkrete rechtliche Konsequenzen (Markenschutz).

Der **Slogan** faßt die Kernaussage zum Absender zusammen. Er ist meist räumlich dem Logo/Signet zugeordnet, weil beide gemeinsam die kommunikative Verdichtung von Werbebotschaft und Absender darstellen. Einprägsame, stimmige Slogans sind zwar extrem schwierig zu finden, gehen dann aber sogar nicht selten in den Alltagssprachgebrauch über. Für Rechtsanwälte ist jedoch der Einsatz von Slogans, vor allem wenn sie Selbstverständlichkeiten oder qualitative Selbsteinschätzungen enthalten, problematisch.

54 Es hat sich als empfehlenswert erwiesen, solche einheitlichen Gestaltungselemente einmal gut zu durchdenken und angemessen zu planen, um sie dann langfristig unverändert beizubehalten. Falls dennoch Änderungen erforderlich sind, sollen diese in kleinen, vorsichtigen Schritten vorgenommen werden, die für Zielpersonen beinahe unmerklich bleiben.

IV. Die Leitlinien der Gestaltung

55 „Gute" Werbung ist in keiner Weise standardisierbar. Jede werbliche Aussage muß vielmehr von neuem originär entwickelt werden. Deshalb führen auch alle Patentrezepte in die Irre. Und Kreativitätsregeln sind „Krücken für lahme Kreative". Dennoch gibt es einige Anhaltspunkte, die zumindest grobe Fehler vermeiden helfen:[9]

[9] Zum folgenden siehe *Pepels* 1997, S. 100ff.

- Gute Werbung funktioniert immer über die **Verfremdung** normaler Situationen. Denn das Alltägliche ist langweilig, erst das Überraschende schafft Aufmerksamkeit.
- Gute Werbung ist immer **reduziert**, also im Signalumfang so weit eingedampft, bis nichts mehr weggelassen werden kann, ohne daß der Botschaftstransport darunter leidet. Gerade gering involvierte Zielpersonen sind durch hoch informationsgeladene Botschaften leicht überfordert.
- Die beste Werbung ist diejenige, die nicht alles als Botschaft vorgibt, sondern den Rezipienten die Gelegenheit läßt, fehlende Teile der Botschaft **selbst zu ergänzen.** Dadurch sind weitaus nachhaltigere Lern- und Gedächtnisleistungen erreichbar.
- Gute Werbung ist oberflächlich nett anzusehen, aber im Kern kämpferisch. Unterhaltung ist daher **keinesfalls Selbstzweck**, sondern immer Mittel zum Zweck, Informationseinheiten, die ansonsten nicht wirksam überzubringen sind, geschickt zu verpacken.

Notwendige, wenngleich nicht hinreichende Bedingungen für erfolgreiche Werbung sind die im folgenden genannten: 56

- Werbung muß **eigenständig und unverwechselbar** sein, um das eigene Angebot vom relevanten Mitbewerb positiv zu differenzieren. Jede Verwechslungsfähigkeit muß weitestgehend ausgeschlossen sein. Ansonsten bedeutet Werbung bestenfalls unproduktive Mittelverwendung, schlechtestenfalls sogar Unterstützung des Mitbewerbs. Eine positive Differenzierung wird aber nur durch die Eigenständigkeit des werblichen Auftritts erreicht.
- Werbung muß **kontinuierlich angelegt** sein, da nur stete, konsistente Einwirkung Lernergebnisse zeitigt. Denn nur „steter Tropfen höhlt den Stein". Leider verhindert dies nicht selten die Ungeduld der Entscheider. Es braucht eine gehörige Zeit, bis ein Werbungtreibender sein Profil aufgebaut und durchgesetzt hat. Dies erfordert eine einmalige gründliche Entscheidung über die kommunikative Ausrichtung sowie eine dauernde inhaltliche Verfeinerung und formale Intensivierung dieses Eindrucks.
- Werbung muß **Inhalte vermitteln**, die plausibel und interpersonell argumentierbar sind. Dazu reichen bloße Formalästhetik oder Gagreichtum nicht aus. Denn auf Dauer vermögen nur Inhalte zu fesseln. Es kommt nicht auf aufwendige Effekte an, die sich nur die „Großen" der Branche leisten können, sondern vielmehr auf eine originäre Kommunikationsidee, die nicht einmal diese „Großen" immer haben.
- Werbung muß vor allem **Sicherheit** als Äquivalent zum zu zahlenden Geldbetrag **erzeugen**. Dies wird nur erreicht, wenn keinerlei Zweifel daran entstehen, daß das Beratungsangebot die ausgelobten und gewünschten Eigenschaften hat. Durch Vermeidung von Irritationen entsteht somit Vertrauen, das so weit gehen kann, daß Menschen den Anfechtungen konkurrierender, partiell oder total überlegener Angebote widerstehen und „ihrem" Anbieter die Treue halten.
- Werbung muß **flexibel angelegt** sein, um auf aktuelle Marktströmungen und Nachfragetrends eingehen zu können. Dies setzt freilich ein schrittweises, beinahe unmerkliches Vorgehen voraus, ohne die Zielgruppe zu irritieren. Starrheit im Auftritt führt hingegen zur raschen emotionalen Veralterung. Insofern steht taktische (kurzfristige) Flexibilität nicht in Widerspruch zu strategischer (langfristiger) Kontinuität.
- Werbung muß sich auf eine **zentrale Aussage** konzentrieren, die in der Lage ist, die typprägenden Eigenschaften eines Angebots bei der Zielgruppe zu verfestigen, nachvollziehbar und erinnerbar zu machen. Diese Kernaussage ist das Konzentrat aller kommunikativen Bemühungen mit dem Ziel, die charakterisierenden Merkmalseigenschaften eines Angebots im Kundenbewußtsein zu verankern.
- Werbung soll möglichst die Kernaussage auch **beweisen**, weil man geneigt ist, werblichen Aussagen zunächst nicht zu glauben. Daher ist es hilfreich, wenn Beweise umfassend und abwechslungsreich sind. Der Beweis muß zudem glaubhaft und stimmig geführt werden.
- Werbung muß eine **Begründung** für die Angebotswahl **liefern**, die überzeugend ist. Damit wird diese interpersonell kommunizierbar, weil nunmehr „harte" Argumente an

die Stelle schwer vermittelbarer Gefühle treten. Somit können von Mandanten rationalisierte Argumente, die einleuchtend und nachvollziehbar sind, genannt werden, selbst wenn ihre Auftragsentscheidung emotional basiert ist, was regelmäßig anzunehmen ist.
- Werbung muß den **Angebotsnutzen erlebbar** machen, denn nur dies reizt potentielle Mandanten zur Auseinandersetzung mit dem Angebot. Je unmittelbarer und einleuchtender der Nutzen wirkt, desto positiver fällt ihre persönliche Preis-Leistungs-Rechnung zugunsten eines Angebots aus.
- Werbung muß den **Absender** als Marke **deutlich machen**, um die Zuwendung auf das richtige Angebot zu kanalisieren. Alle zugeschriebenen positiven Eigenschaften müssen eindeutig auf den Namen des Absenders zurückgeführt werden. Werbegestalter versuchen oft, die Absenderkennzeichnung (Logo) in den Hintergrund zu drängen, weil sie einlassen.
- Und Werbung muß **auffallen**, denn das ist notwendige Voraussetzung für jedwede erfolgreiche Werbung. Erst dann kann es zur nachhaltigen Verarbeitung der kommunikativen Kernaussage kommen. Alle Bemühungen bleiben unergiebig, wenn es nicht gelingt, mit der Botschaft in das Bewußtsein der Zielpersonen vorzudringen.

V. Gebräuchliche Kreativitätstechniken

57 Für die kreative Umsetzung der Werbung empfiehlt es sich immer, Experten einzuschalten (ganz so, wie es sich bei der Bearbeitung rechtlicher Fragen empfiehlt, einen Anwalt einzuschalten). Dennoch gibt es weitverbreitet einen verhängnisvollen Drang, selbst kreativ werden zu wollen. Um wenigstens auf eine gewisse Quantität von Ideen zu kommen, welche die Chance auf eine Mindestqualität vermutlich steigen läßt, bietet sich der Einsatz von Kreativitätstechniken an. Man unterscheidet dabei intuitiv-laterale, logisch-diskursive und systematische Verfahren.[10]

58 Am bekanntesten ist sicherlich das **Brainstorming**. Es kennt vier Grundregeln: Quantität vor Qualität, d. h. es sollen möglichst viele Ideen erzeugt werden, es kommt zunächst nicht auf die Brillanz dieser Ideen an. Freie Assoziation, d. h. die Gruppenteilnehmer sollen ihrer Phantasie freien Lauf lassen. Kein Urheberrecht, d. h. die Ideen anderer sind frei, um sie aufzunehmen und weiterzuspinnen. Keine Kritik und Wertung, d. h., das Brainstorming ist in der Kreativitätsphase neutral, eine Beurteilung der Ideen erfolgt erst nachher. Die optimale Teilnehmerzahl liegt bei fünf bis acht Personen, die Gruppenzusammensetzung soll möglichst heterogen sein, die Sitzungsdauer 20–40 Minuten betragen, während deren ein Moderator die Kreativgruppe anleitet.

59 Als schriftliche Abwandlung des Brainstorming ist das **Brainwriting** anzusehen (Methode 6 – 3 – 5). Dabei trägt jedes von sechs Gruppenmitgliedern drei Lösungsvorschläge zu einem vorgegebenen Werbeproblem in ein Formular ein und reicht dieses nach fünf Minuten an seinen Nachbar weiter, der seinerseits drei weiterentwickelte oder neue Vorschläge aufschreibt und dieses wiederum weitergibt. Das ganze fünfmal (daher der Name: 6 Gruppenmitglieder schreiben je 3 Lösungsvorschläge auf und geben das Formular insgesamt 5mal weiter). Am Ende kommen 108 Vorschläge zusammen, die dann wieder selektiert und bewertet werden.

60 Die **Synektik** hat die gesteuerte Verfremdung durch Bildung natürlicher, persönlicher, symbolischer, direkter Analogieketten für Lösungsvorschläge sowie deren erzwungenen Rückbezug auf das Ausgangsproblem zum Inhalt. Dies ist zwar ausgesprochen erfolgversprechend, bedarf jedoch eines intensiven, speziellen Trainings. Zudem ist es eher für die Lösung von Produktproblemen geeignet als für Werbeprobleme.

61 Der **morphologische Kasten** hat die systematische Aufgliederung eines Problems hinsichtlich aller Parameter und die Suche nach neuen Kombinationen zum Inhalt. Dazu wird eine Matrix mit allen relevant erscheinenden Lösungsparametern in der Kopfspalte und allen denkbaren Ausprägungen dieser Parameter in den Folgespalten aufgemacht.

[10] Dazu näher *Pepels* 1998, S. 11 ff.

Diese Ausprägungen können dann über alle Parameter hinweg zu neuen Ideen kombiniert (graphisch verbunden) werden. Die einzelnen Phasen sind die folgenden: Genaue Beschreibung und Definition des Problems unter zweckmäßiger Verallgemeinerung, Ermittlung der relevanten Parameter des Problems, Aufstellung des morphologischen Kastens mit Eintrag aller denkbaren Lösungsvorschläge für jeden Problemparameter, Zusammenstellung und Bewertung aller möglichen Lösungskombinationen auf Basis eines Kriterienkatalogs sowie Auswahl und Realisierung der besten Lösung.

Bei der **Funktionsanalyse** wird gleichermaßen vorgegangen, jedoch bilden dabei nicht die Parameter, sondern die Einzelfunktionen den Ausgangspunkt, die nach alternativen Funktionserfüllungen „durchdekliniert" werden. 62

Die **Eigenschaftsliste** besteht aus der gezielten Modifikation bekannter Problemlösungen. Dazu werden zu jeder bestehenden Teillösung denkbare Alternativen aufgelistet und anschließend sukzessiv beliebig mit dem Ziel der Leistungsverbesserung kombiniert. Ein Vorteil liegt somit in der Vielzahl möglicher Ideenansätze. 63

Der **Fragenkatalog** schließlich stellt eine Checklist dar, die Ansatzpunkte zur gedanklichen Verfremdung einer bekannten Problemlösung bietet. Solche Kriterien sind etwa Vergrößern, Verkleinern, Verändern, Anders verwenden, Adaptieren, Ersetzen, Kombinieren, Umkehren, Neu anordnen etc. 64

Wichtig ist dabei, daß bei allen Verfahren die Phase der Ideengenerierung von der der Ergebnisbeurteilung getrennt ist. Nur dadurch kann man vorurteilsfrei und im positiven Sinne naiv an eine Problemlösung herangehen. Zunächst erfolgt daher eine Ideensichtung (**Screening**) zur Vorauswahl. Die danach verbleibenden Ansätze werden einer Ideenbewertung (**Scoring**) unterzogen. 65

C. Die taktische Planung der Werbemaßnahmen

I. Die klassische Werbung

1. Geprintete Werbemittel

a) Übersicht. Anzeigen in Pressemedien (Zeitungen, Zeitschriften, sonstige Printtitel) sind Anwälten jederzeit erlaubt, sofern sie in Form und Inhalt sachlich unterrichten und nicht auf die Erteilung eines Mandats im Einzelfall ausgerichtet sind.[11] 66

aa) Zeitung als Werbeträger. Die Zeitung stellt traditionell die bei weitem größte Mediagattung in Deutschland dar. Man unterscheidet im wesentlichen Tages- und Wochenzeitungen, Kaufzeitungen und Abonnementzeitungen sowie lokale und überregionale Zeitungen. Sie erscheinen überwiegend im Nordischen, Rheinischen oder Berliner Format. Die Spaltenbreite beträgt einheitlich 45 mm (im Anzeigenteil) bzw. 52–70 mm (im Textteil). Nach dem Inhalt handelt es sich zumeist um politisch-kulturelle Zeitungen, aber auch um Unterformen wie Heimatzeitungen, Kirchenzeitungen etc. Die Zeitung wird meist in drei „Produkte" unterteilt, das 1. Produkt für die überregionale Redaktion, das 2. Produkt mit lokaler Redaktion und das 3. Produkt mit Anzeigen. Für das 1. und 2. Produkt werden für gewöhnlich Mindestformate für Anzeigen vorgegeben, außerdem sind mehr als einseitig textanschließende Anzeigen dort erheblich teurer, profitieren aber dafür auch von der höheren Aufmerksamkeit des Umfelds. Lokale Inserenten und solche, die ohne Werbungsmittler (Werbeagentur) arbeiten, zahlen generell einen um die (AE-)Mittlerprovision ermäßigten Ortstarif. 67

Normalerweise ist die für den Druck nutzbare Blattfläche der Zeitung rundum durch den Satzspiegel begrenzt. Er bleibt als blattweißer Rand an allen vier Seiten stehen (Steg). Häufig kann der Mittelsteg zwischen zwei Seiten jedoch durchgehend bedruckt werden (Panoramaanzeige). Die Leserschaft von Tageszeitungen, der häufigsten Form der Zei- 68

[11] *Hartung/Holl – Römermann* Anh. § 10, Stichwort „Anzeige".

tung, ist in allen wesentlichen Merkmalen strukturidentisch mit der Wohnbevölkerung am Ort. Über 70% der Haushalte werden durchschnittlich erreicht, an die 90% des Inhalts werden bewußt genutzt, die Lesedauer beträgt an die 40 Min. pro Ausgabe. Gesamtausgaben von Zeitungen lassen sich in ihrer Belegung zumeist auf Bezirks- oder Lokalausgaben begrenzen. Eine solche Teilbelegung ist allerdings überproportional teuer.

69 *bb) Zeitschrift als Werbeträger.* Die Zeitschrift unterscheidet sich von der Zeitung dadurch, daß sie mindestens im Wochenturnus, in gebundener, gehefteter oder geklammerter Verarbeitung, mit eigenständigem Cover, höherer Seitenzahl, bei kleinerem Format (meist DIN A 4) mit großem Vierfarbteil, auf besserem Papier und zu höherem Preis erscheint. Man unterscheidet nach der Funktion **General Interest**-Titel mit großer Themenvielfalt und breiter Zielgruppe, **Special Segment**-Titel mit großer Themenvielfalt und einer Zielgruppe, **Special Interest**-Titel mit einem Thema und breiter Zielgruppe sowie **Professional Interest**-Titel mit einem Thema und einer Zielgruppe (Fachwerbung). Deutschland gilt international als das klassische Zeitschriftenland schlechthin, was dadurch zu erklären ist, daß die an sich für Werbung präferierten elektronischen Medien jahrzehntelang engen hoheitlichen Beschränkungen unterlagen, so daß Werbevolumen notgedrungen auf Zeitschriften ausweichen mußte, was zu einer Erhöhung der Titelvielfalt führte (da der Werbeanteil am Heftumfang jeweils 50% nicht wesentlich überschreiten sollte). Nunmehr wird deren Funktion zunehmend durch Privat-TV und -Radio übernommen. Davon ausgenommen sind nur Special Interest-Titel, welche die immer größere (freiwillige oder unfreiwillige) Freizeit der Bevölkerung mit Informationen über Hobbies zu füllen helfen. Zeitschriften bauen ihre Verbreitung eher langsam auf, bieten eine hohe Wiedergabequalität, sind recht gut auf Zielgruppen steuerbar, haben allerdings lange Buchungsfristen. Der Werbemittelkontakt ist beliebig wiederholbar, daher eignen sie sich vor allem für imageaufbauende und lernfähige Botschaftsinhalte.

70 *cc) Sonstige Printtitel als Werbeträger.* Neben Zeitungen und Zeitschriften gibt es vielfältige sonstige Printtitel:

- **Supplements** sind regelmäßig erscheinende, thematisch bestimmte, illustrierte Beilagen zu mindestens einem Trägerobjekt als Ergänzung mit zusätzlichen redaktionellen Schwerpunkten, die dort nicht oder nicht ausführlich behandelt werden (z. B. Programm, Entertainment, Fachwissen). Sie sind kostenlos.
- **Lesezirkelmappen** bieten festen Abonnenten meist wöchentlich Mappen, die aus 6–10 Exemplaren von Zeitschriften nach individueller Zusammenstellung des Inhalts der Mappe bestehen. Der Preis ist von Titelselektion und Aktualitätsgrad abhängig. Es gibt eigenständige Werbemöglichkeiten durch Aufkleber, Beileger etc.
- **Anzeigenblätter** finanzieren sich ausschließlich aus Anzeigen und werden kostenlos an die Leser/Haushalte abgegeben. Die Verteilergebiete sind stark lokal begrenzt (bis hin zu Stadtteilen). Dadurch ist eine intensive Durchdringung des Gebiets möglich. Allerdings ist die tatsächliche Nutzung von Anzeigenblättern umstritten. Auch ist die (mangelnde) Wertanmutung des Umfelds ein Störfaktor.
- **Offertenblätter** verzichten völlig auf einen redaktionellen Teil und bieten Privatpersonen die Möglichkeit zur kostenlosen Insertion. Die Finanzierung erfolgt über den Verkaufspreis, außer bei Anzeigen von Gewerbetreibenden. Auch hier ist die Wertanmutung des Umfelds fraglich.
- **Stadtillustrierte** kombinieren Zeitschriften- und Zeitungscharakter. Der redaktionelle Inhalt besteht überwiegend aus lokaler Berichterstattung, Besprechung von Filmen, Ankündigung von Veranstaltungen, Büchern etc., die für junge Zielgruppen von Relevanz sind. Dadurch ist eine sehr zielgenaue Werbung möglich.
- **Kundenhefte** werden von Kundendienstlern/Händlern gegen Entgelt bezogen und als Service kostenlos (als erlaubte Zugabe) an Kunden weitergegeben. Sie haben meist Ratgeber-Funktion und weisen eine enorme Verbreitung auf. Die Nutzung scheint hinreichend abgesichert.

Weitere besondere Titelgruppen betreffen die konfessionelle Presse, IHK-Blätter und Gastarbeiter-Blätter. Informationen über gewünschte Printwerbeträger werden von jedem betreffenden Verlag in Form seines Tarifs zur Verfügung gestellt. Dort können alle relevanten Daten von A wie Anschnittformat bis Z wie Zahlungsbedingungen abgelesen werden. 71

Einträge in **Branchenverzeichnisse** und **amtliche Verzeichnisse** sind Anwälten/Kanzleien jederzeit möglich, auch hervorgehoben. Als solche **Einträge** sind vor allem über den Mindesteintrag hinausgehende Einträge in Einwohner-Adreßbüchern, amtlichen und örtlichen Telefonbüchern, Branchen-Telefonbüchern etc. zu nennen. Werbung ist dort auf Umschlagseiten und durch Hervorhebungen im Verzeichnis möglich. Auch können zusätzliche Informationen geboten werden (z. B. Leisten 3sp./5sp.). Aus der Augenfälligkeit des Eintrags wird von Interessenten oft auf die Marktbedeutung des dahinterstehenden Anbieters geschlossen. Daher lohnt sich meist ein größerer Eintrag trotz der erheblich höheren Kosten. Weitere Werbung erfolgt auf dem Rückenteil der Bücher, im Register, beim Suchworteintrag, in Buchstabenkästchen, in Suchhilfekästchen, auf der Seitenrandleiste etc. 72

Neben Anzeigen sind auch andere Formen der Printwerbung möglich. Die **Beilage** ist lose einem Trägerobjekt beigefügt. Dabei sind Format- und Gewichtsbegrenzungen zu beachten. Außerdem fallen höhere Postgebühren für den Abonnement-Auflagenanteil an. Es gibt redaktionelle Beilagen für mehrere Werbungtreibende und exklusiv für einen Werbungtreibenden vorgefertigte Beilagen. 73

Der **Beikleber** ist auf eine Anzeigenseite so aufgeklebt, daß er von Interessenten abgelöst und (zur Anforderung von Leistungen oder Informationen) verwendet werden kann. Die Klebung kann paßgenau (Tipp in) oder auch nicht (Tipp on) erfolgen. 74

Der **Beihefter** ist fest mit dem Trägerobjekt verbunden und dem Verlag fertig anzuliefern. Wird dabei ein redaktioneller Eindruck erreicht, ist zur Vermeidung der Verwechslungsgefahr der Zusatz „Anzeige“ erforderlich. 75

Außerdem sind auch **Sonderwerbeformen** für Anzeigen nutzbar. Sonderformate sind nicht rechteckig, sondern anderweitig geometrisch geformt (z. B. L-förmig). Denkbar sind auch zwei oder mehr Anzeigen auf einer Seite für eine höhere Aufmerksamkeit. Sonderplazierungen haben eine herausgehobene Aufmerksamkeit, z. B. auf der Frontseite (Titelkuller) oder im Titelkopf, innen rundum von Text umschlossen oder als Eckfeld. Sonderfarben sind solche außerhalb des Vierfarbsatzes, die als echte Farben gedruckt werden (nicht als Zusatzfarben zusätzlich zu s/w innerhalb des Vierfarbsatzes).[12] 76

b) Beurteilung. Anzeigen in lokalen Zeitungen sind für Kanzleien mit Mandantenschwerpunkt im privaten Sektor allgemein wenig sinnvoll. Es ist zu bezweifeln, daß Leser Anwaltsinformationen quasi auf Vorrat vormerken, zumal wenn es sich um ein solch emotional belastendes Thema wie Rechtsstreitigkeiten handelt. Insofern erreicht man durch eine Anzeige nur solche Leser, die ein aktuelles, ungelöstes Rechtsproblem haben. Diese stellen aber nur eine kleine Minderheit der gesamten Leserschaft dar, so daß jeder Werbekontakt einen hohen Geldaufwand erfordert. Gegen eine solche Vormerkung des Informationsinhalts steht auch der meist „sperrige“ Inhalt der Anzeigen. Im Unterschied zur Markenartikelwerbung handelt es sich bei den Absendern um meist zungenbrecherische Namen, in Bandwurmwörtern zusammengesetzt. Die textlastige Aufmachung behindert zudem die Lernfähigkeit der Inhalte. 77

Auch dürften Aspekte der räumlichen Nähe (Adresse) für die Anwaltswahl für Nachfrager sekundär sein. Allenfalls bei ausgefallenen Tätigkeits- oder Interessenschwerpunkten könnte es sein, daß latent Betroffene sich den Absender vormerken. Ein Blick in die Realität der Anzeigenwerbung für Anwälte zeigt im übrigen, daß von einer Adressatenorientierung in der Kommunikation weitgehend keine Rede sein kann. Oft erinnert ein schwarzer Rahmen auch fatal an Todesanzeigen. 78

[12] Nähere Erläuterungen dazu bei *Kloss* 1998, S. 168 ff., *Pepels* 1996 a, S. 322 ff.

79 Etwas anders ist die Sachlage einzuschätzen, wenn lokale Zeitungen ein Special über Rechtsfragen, erst recht bezogen auf ein Rechtsgebiet (z. B. Kfz), vorsehen. Dann kann die räumlich unmittelbar benachbarte Schaltung einer Anzeige durchaus sinnvoll sein.

80 Eine sinnvolle Werbeinvestition stellen auch Kleinanzeigen im Fließtextteil der Zeitungen dar. Dabei ist an Insertionen innerhalb der Rubriken, die den Tätigkeits- bzw. Interessenschwerpunkten der Kanzlei entsprechen, zu denken, also z. B. unter Vermietungen bei Mietrecht, unter Stellenangeboten/-gesuchen bei Arbeitsrecht oder Gebrauchtwagen bei Verkehrsrecht. Bei einer entsprechend eigenständigen Gestaltung oder mehreren Kleinanzeigen in einer Ausgabe kann ein hoher Aufmerksamkeitsgrad bei begrenztem Budgeteinsatz erzielt werden.

81 Anzeigen in überregionalen, nationalen Zeitungen sind nur für Kanzleien mit Mandantenschwerpunkt im gewerblichen Sektor empfehlenswert. Dennoch ist hier von einer ähnlichen Interessen- bzw. Desinteressenlage der Leser auszugehen. Analoges gilt auch für Anzeigen in sonstigen Printtiteln sowie anderen Formen der Printwerbung außer Anzeigen.

82 Anzeigen in Zeitschriften, sofern es sich um Publikumszeitschriften handelt, sind wenig sinnvoll. Zumal man sich dort als Inserent einem gewaltig erschlagenden Umfeld aus Werbung und Redaktion gegenübersieht, gegen das sich durchzusetzen, eher unwahrscheinlich ist.

83 Anzeigen in Fachzeitschriften (s. u.) sind unbedingt sinnvoll, wenn ein Tätigkeits- bzw. Interesseschwerpunkt der werbenden Kanzlei mit dem redaktionellen Schwerpunkt dieser Fachzeitschriften übereinstimmt. Dies gilt vor allem für professionell genutzte Fachzeitschriften. Hier kann auch ein weitaus höheres Interesse der Leser an berufsbedingter Information vorausgesetzt werden.

84 Einträge sind Pflichtbestandteil werblicher Aktivitäten jeder Kanzlei. Denn zumeist wird erst in der konkreten Bedarfssituation eine Sichtung der Anbieter stattfinden. Dazu wird man sich der üblichen Verzeichnisse bedienen, in erster Linie der **Telefonanschluß- und Branchentelefonbücher**. Oft wird aus der Größe des Eintrags auf den Erfolg der dort werbenden Kanzlei geschlossen (allerdings ist es auch möglich, daß Größe als teuer interpretiert wird). Wichtig sind Einträge an allen in Frage kommenden Stellen, also unter Re wie Rechtsanwalt, An wie Anwalt, Ju wie Jurist, Ka wie Kanzlei etc. Solche Mehrfacheintragungen sind problemlos möglich. Denkbar sind auch Einträge unter den Anfangsbuchstaben der Tätigkeits- bzw. Interessenschwerpunkte, also Ve wie Verkehrsrecht, Er wie Erbrecht, St wie Steuerrecht etc. Überlegenswert ist auch der Eintrag in Sonderplazierungen (s. o.). Weiterhin ist unbedingt ein Ausweis unter der entsprechenden Rubrik des Tätigkeits- bzw. Interessenschwerpunkts in den Gelben Seiten sinnvoll. Dort wird sicherlich häufigst von potentiellen Klienten nach Fachkompetenz gesucht. Telefonbuchwerbung ist unstreitig jederzeit zulässig, auch in mehreren Rubriken parallel. Auskunft geben die Deutsche Telekom Medien GmbH, Frankfurt bzw. deren regionaler Anzeigenpartner.

2. Elektronische Werbemittel

85 **a) Übersicht.** Spots in elektronischen Werbemitteln (Fernsehen, Hörfunk, Filmtheater) sind Anwälten erlaubt, da die BerufsO keine Beschränkung hinsichtlich der Medien vorsieht, die für Werbung eingesetzt werden können.[13]

86 *aa) Fernsehen als Werbeträger.* Fernsehspots sind in Sendern mit öffentlich-rechtlicher Trägerschaft (innerhalb staatsvertraglich limitierter Werbezeiten, wie 20 Minuten/Tag, zwischen 18 und 20 Uhr, werktags) oder privat-wirtschaftlicher Trägerschaft (12 Minuten/Stunde) möglich. Die Buchung soll bis zum 30. 9. eines Jahres für das gesamte Folgejahr erfolgen (zumindest als Rahmenbuchung). Daraus ergibt sich die Verteilung von Werbezeiten. Eine Umbuchung ist im Rahmen freier Kapazitäten kurzfristig möglich, Plazierungswünsche werden dabei berücksichtigt. Die Einschaltkosten steigen jedoch erheblich, wobei der relative Marktanteil der einzelnen Sender zugleich beständig sinkt. Redaktion

[13] *Hartung/Holl – Römermann*, Anh. § 10 Stichwort „Fernsehspot".

und Werbung müssen durch optische und akustische Zeichen getrennt werden. Fernsehwerbung darf nur im Block plaziert werden. Die Ratingwerte der Zuschauerforschung weisen am der Ausstrahlung folgenden Tag die absolute und relative Seherzahl aus. Deutschland ist aufgrund der jahrzehntelangen Dominanz öffentlich-rechtlicher Sender und der dadurch bedingten begrenzten Bedeutung der Fernsehwerbung immer noch Fernsehwerbungs-Entwicklungsland.

Der Vorteil der ARD liegt in der Regionalisierung der elf Programme, die durch lokale **87** Fenster der Privatsender und Ballungsraum-TV nur unvollkommen ausgeglichen werden kann. Nachteilig ist jedoch der hohe Anteil nachfrageinaktiver Zuschauer. Abends, wenn wichtige berufstätige Zielgruppen fernsehen, ist Werbung derzeit nur auf privatwirtschaftlichen Sendern möglich. Das kann durch vielfältige Formen des Programm-Sponsoring in ARD/ZDF nur unvollkommen ausgeglichen werden.

Durch die wachsende Zahl der Programme (z. B. digitales Pay-TV) verteilt sich die im **88** wesentlichen konstante Fernsehnutzung auf immer mehr Stationen, wodurch die Chance des Werbekontakts verringert und die Dosis der Botschaften erheblich erhöht werden muß. Dies führt nicht nur rasch an finanzielle Grenzen, sondern auch zur Reaktanz (Abwehrreaktion) der Zuschauer gegenüber übermäßiger werblicher Beeinflussung (z. B. durch Zapping). Insofern ist eine weitere Penetrationssteigerung weder finanzierbar noch ratsam. Um dennoch eine für erforderlich erachtete Aufmerksamkeit zu erreichen, kommt nur noch eine impactstärkere Gestaltung in Betracht.

Dabei bietet die Fernsehwerbung durch die Kopplung bewegter Bilder mit Tonunter- **89** malung ausgezeichnete Voraussetzungen für die Anmutung, deren Grenzen wohl hierzulande bei weitem noch nicht erreicht sind. Jedoch führt das Blockgebot zur gegenseitigen Überlagerung der Werbebotschaften (Interferenz) und die Transitorik des Mediums zur Zeitraumgebundenheit. Zukünftig wird verstärkt lokales Fernsehen (Ballungsraum-TV) angeboten werden.

bb) Hörfunk als Werbeträger. Für Hörfunk gelten im wesentlichen die gleichen Erwägun- **90** gen wie für Fernsehen als Werbemedium. Auch der Hörfunk war jahrzehntelang durch öffentlich-rechtliche Trägerschaft als völlig werbefreie Sender gekennzeichnet. Erst mit Beginn der 80er Jahre kamen privatwirtschaftliche Träger zum Zuge. Auch hier ist der Entwicklungsstand der werblichen Umsetzung eher rudimentär. Hörfunk ist als Basismedium für Werbung nur begrenzt geeignet, da die Optik fehlt. Sinnvoll sind aber stimmungs- und schwungvolle, einfache, appellierende Darbietungen.

Die Reichweite schwankt nach Tageszeit und Wochentag erheblich. Vornehmlich **91** werden morgens Familien beim Frühstück und Autofahrer auf dem Weg zur Arbeit erreicht, vormittags Hausfrauen bei der Hausarbeit, mittags auch Berufstätige bei der Mittagspause, nachmittags Schüler bei ihren Hausaufgaben und früh abends wieder Autofahrer auf dem Weg nach Hause. Abends ist die Reichweite äußerst gering. Folglich schwanken die Tarifpreise nach belegter Uhrzeit, nach Wochentag und Jahreszeit.

Die Sender haben sich auf verschiedene Klangfarben kapriziert. Daraus lassen sich gute **92** Anhaltspunkte auf die typischen Hörer ziehen. Entsprechende Informationen ergeben sich aus den Tarifunterlagen der Sendeanstalten.

Es gibt in Fernsehen und Hörfunk zahlreiche **Sonderwerbeformen.** Beim Patronat **93** trägt ein Werbungtreibender erkennbar die Sendung durch Hinweis zu Beginn und am Ende (Intro/Outtro). Bei der Sponsorsendung stellt der Sender dem Werbungtreibenden Sendezeit zur eigenständigen Gestaltung in enger Abstimmung mit dem redaktionellen Konzept zur Verfügung. Der Tandemspot kombiniert zwei separate Werbeausstrahlungen, um dadurch eine höhere Aufmerksamkeit zu erreichen. Der Dialogspot ist eine Kombination aus vorproduziertem Inhalt und Liveansage. Beim anmoderierten Spot gibt es eine einleitende Ansage zur Werbung. Oftmals können auch redaktionelle Inhalte, wie Zeitansage, Wetterbericht, Verkehrsnachrichten etc., mit einer Werbedurchsage kombiniert werden. Bei der Live-Werbung gibt der Moderator den Werbetext live im Studio durch. Denkbar ist auch eine Einbindung in Telefonpromotion (Zuhöreranrufe) und Promotionspiel (mobil vor Ort).

94 *cc) Filmtheater als Werbeträger.* Filmtheater werden vorwiegend von jüngeren Leuten besucht. Die Wahrnehmungsbedingungen für Werbung sind wegen der konzentrierten überdimensionalen Wiedergabe ohne Umgebungshelligkeit und weitgehend ohne Ablenkung hervorragend. Für die Belegung sind verschiedene zielgruppenspezifische Rubriken zu unterscheiden: Familienkinos, Actionkinos, Studiokinos, Filmkunstkinos, Programmkinos, Sexkinos, Pornokinos. Zusätzlich gibt es Autokinos, Verzehrkinos, Raucherkinos, Truppenkinos, Wanderlichtspiele, Multiplexe etc. Als Werbeformen kommen Werbefilme und Diawerbung (mit oder ohne Ton) in Betracht.[14]

95 **b) Beurteilung.** Fernsehspots sind wenig sinnvoll einzusetzen, allein schon deshalb, weil die Produktionskosten zur Erstellung eines sendefähigen Magnetbandes immens viel Geld verschlingen, ohne daß auch nur ein Werbeanstoß im Markt sichtbar geworden wäre. Von Formen der Präsentationswerbung oder Spots bei Kleinsendern ist derzeit ebenso strikt abzuraten. Hinzu kommt, daß Kanzleien, die als erste in diesem „neuen" Medium auftreten, Pionierarbeit für andere zu leisten haben, wobei die Kosten nur ihnen selbst zufallen, die Nutzen aber auch diesen anderen. Es steht jedoch zu vermuten, daß Seher derzeit, wie bei allem Neuen, ungeachtet der Erfüllung der Forderung nach informativer Werbung, starke Vorbehalte gegen Fernsehwerbung für Anwaltsdienstleistungen haben. Das ändert sich vielleicht mit Verbreitung digitaler Sender, die eine nur lokale Streuung ermöglichen (Stadtfernsehen) bzw. interaktiv ausgelegt sind (Rückkanal).

96 Gleichfalls ist von Hörfunkspots strikt abzuraten. Hier kommt erschwerend hinzu, daß die wichtige Modalität Bild fehlt und sachbezogene Information nur mit Hilfe der Modalität Ton allein kaum angemessen transportiert werden kann. Überlegenswert scheint allenfalls der Einsatz von Spots im Lokalfunk, wenngleich es dabei sehr auf die Klangfarbe, d. h. die Programminhalte (meist Musik), des betreffenden Senders ankommt, woraus auf die typische Hörerschaft geschlossen werden kann und davon wiederum auf die Übereinstimmung mit der intendierten Zielgruppe.

97 Werbefilme und -dias in Filmtheatern sind zwar objektiv aufgrund ihres Medienprofils für Anwaltswerbung geeignet, jedoch läßt die subjektive Erwartungshaltung der Seher diesen Anschein ins Gegenteil verkehren. Kinobesucher kommen wegen der zu erwartenden Unterhaltung, und nicht, um sachliche Informationen aufzunehmen (abgesehen davon, daß das Notieren von Namen, Tel.-Nr. etc. unter diesen Umständen wohl kaum möglich ist). Auch sind junge Leute bei Kinobesuchern stark überrepräsentiert. Bei Werbefilmen stellt sich wieder das Problem der Produktionskosten für die Vorlagen, Stand- oder Bewegtdias (Dia auf Film) haben bereits nach kurzer Laufzeit meist eine eher grausliche Reproduktionsqualität.

3. Außenwerbemittel

98 **a) Übersicht.** Plakatwerbung für Anwaltsleistungen ist, sofern die allgemeinen Bestimmungen der BerufsO eingehalten werden, zulässig.

99 Bei der **Plakatwerbung** ist nach stationären und mobilen Formen zu unterscheiden. Zunächst zu den **stationären**. **Großflächen** sind Plakattafeln im 18/1-Bogen-Format, die auf privatem Grund angebracht sind und durch Pachtunternehmen an Werbungtreibende vermittelt werden. Die Anschlagdauer beträgt eine Dekade (10 bzw. 11 Tage), die Dekaden laufen in versetzten Blöcken, pro Jahr gibt es 32 Dekaden. Als sehr gute Ausdeckung gilt eine Relation von einer Stelle auf 3000 Einwohner, die Mindestausdeckung sollte nicht unter 1:4500 betragen. Die Plakatflächen sind einzeln bei Pachtunternehmen zu buchen, die besten Stellen sind im Rahmen von Netzen dauervermittelt. Das Superposter (40/1-Bogen-Format) ist formatproportional zur Großfläche und drei Meter über dem Erdboden, quer zur Fahrbahn und sehr gut einsehbar angebracht.

---

[14] Nähere Erläuterungen dazu in *Unger/Dögl* 1995, S. 51–59, *Pepels* 1996a, S. 332ff.

Ganzstellen befinden sich auf öffentlichem Grund und haben meist die Form von Litfaßsäulen. Sie werden rundum von einem Werbungtreibenden belegt. Die Vermittlung ist von der Gemeinde wiederum an Pächter abgetreten. Es sind jeweils alle Stellen am Ort zu belegen (in Großstädten jedoch auch Halb-, Drittel- oder Viertelbelegung). **Allgemeinstellen** sind Säulen und Tafeln auf öffentlichem Grund, die von mehreren Werbungtreibenden gemeinsam belegt werden, indem jeder von ihnen Plakate in größenanteiligem Format anbringt. **Kleintafeln** sind Anschlagstellen im 4/1- oder 6/1-Bogen-Format. Sie stehen oft in der Nähe von Einkaufszonen, vor Häusergiebeln und an Verkehrsknotenpunkten. **Spezialstellen** sind weitere, nicht näher kategorisierbare Formen an Bauzäunen, auf Messegeländen, an Aufstellreitern, auf Spannbändern und als 3-D-Stellen (davon abzugrenzen ist die nicht erlaubte wilde Plakatierung). 100

Es wird davon ausgegangen, daß 90% der erwachsenen Bevölkerung innerhalb einer Dekade mindestens einmal Kontakt mit einer Plakatfläche haben. 101

Bei **mobiler** Außenwerbung handelt es sich um **Verkehrsmittelwerbung** auf Straßen-, U-, S-Bahnen und Omnibussen. Dazu werden Flächen an den Außenseiten, etwa am Rumpf des Fahrzeugs, an den Stirnseiten oder auf dem Dach, sowie innen, etwa an den Seitenwänden, den Scheiben oder der Decke, für Werbung bereitgestellt. Es ist auch eine Ganzbemalung möglich. Die Verkehrsmittelwerbung wird breit akzeptiert und erreicht eher mobile, aktive, konsumorientierte Personen. Sie bietet dort eine hohe Reichweite und Kontaktfrequenz sowie eine gute raum-zeitliche Steuerbarkeit. 102

Zu den **Sonderformen** der Außenwerbung gehören verschiedene Formen. Abribus-Stellen sind beleuchtete, hinter Glas geschützte Flächen an den Haltestellen der öffentlichen Nahverkehrsmittel (4/1-Bogen-Format), die sowohl von der Haltestelle selbst aus als auch vom vorüberfahrenden Straßenverkehr gut einsehbar sind. Deshalb sind diese Stellen auch extrem teuer und auf lange Sicht ausgebucht. City Light Poster sind vergleichbar ausgestattete Stellen an öffentlichen Plätzen, Stadtinformationsanlagen, Bahnhöfen etc. Shopping Center Stellen sind Plakatflächen (Großflächen oder Superposter) auf den Parkplätzen von Einkaufszentren und Verbrauchermärkten. 103

Als **Dauerwerbung** bezeichnet man Fassaden-, Dach- und Giebelwerbung sowie sonstige Schilderwerbung. Dies dient meist der Kennzeichnung des Geschäftsorts oder der Erinnerungswerbung. Als **Werbetechnik** bezeichnet man Luft- (z. B. Banner, Spruchbänder, Himmelsschreiber), Licht- (z. B. Leuchtreklame) und Laufwerbung (z. B. Textdisplays), Werbung auf Uhrensäulen, Wetteranzeigen, in Vitrinen, Videosäulen etc. Je einfacher und prägnanter dabei die Werbeaussage gehalten ist, desto höher ist ihre Durchsetzungschance. 104

Insgesamt sind folgende **Gestaltungshinweise** zu beachten: 105

- Plakate werden ganzheitlich wahrgenommen, dies erfordert eine Reduzierung der einzelnen Elemente.
- Plakate werden nicht gelesen, sondern nur kurz gesehen, sie müssen also klar in der Aussage sein.
- Plakate müssen plakativ sein, damit ihnen Signalwirkung im Informationsumfeld zukommt.
- Wichtige Elemente sollen möglichst weit oben plaziert sein, damit sie gut sichtbar sind.

Der Textinhalt folgt diesen Erkenntnissen in seinen wesentlichen Anforderungen: 106

- Komprimierung der Botschaft auf die wichtigsten Aussagen,
- starke Bevorzugung des Bildes als Kommunikationselement,
- besonders kurze und klar verständliche Headline im oberen Bereich des Plakatformats,
- konstant eingesetzter Absender mit evtl. zugehörigem Slogan,
- Verzicht auf Lauftexte (größere Mengen kleintypographierten Textes),
- Vermeidung von wichtigen Gestaltungselementen, die über die Ansatzstellen der Plakatklebebogen laufen.[15]

---

[15] Nähere Erläuterungen dazu in *Pepels* 1996a, S. 352ff.

107 Informationen zu Außenwerbemitteln/-medien sind bei den Plakatpachtunternehmen (Adressen beim Fachverband Außenwerbung, Frankfurt) anzufordern.[16]

108 **b) Beurteilung.** Plakatwerbung in jeder Form, gleich ob stationär (auf Tafeln) oder mobil (Verkehrsmitteln) oder in Sonderformen ist nicht empfehlenswert. Zum einen fallen vor der Plakatierung, gerade bei kleinen Auflagen, erhebliche Produktionskosten pro Exemplar an, zum anderen ist Außenwerbung in ihrer Anmutung stark gefährdet (Witterungseinflüsse, Vandalismus etc.). Vor allem aber sind Plakate jeder Form nur für die flüchtige Betrachtung geeignet, d. h. es sind ausschließlich schnell konsumierbare, nicht oder wenig erklärungsbedürftige Botschaften rezipierbar. Daher kommt ihnen, auch wegen der hohen Kontaktdichte, eine hervorragende Bedeutung als Erinnerungswerbung für Markenartikler zu, deren Inhalte auf anderen Kanälen bereits differenziert an die Zielpersonen herangetragen worden sind. Eine solche mehrkanalige Ansprache aber ist für Kanzleiwerbung unrealistisch.

109 Der Einsatz von Werbetechnik dürfte nicht zum seriösen Erscheinungsbild der Kanzlei beitragen. Überlegenswert ist hingegen der Einsatz von Dauerwerbung, freilich nur, sofern der Kanzleibetrieb nicht kurzfristigen Änderungen unterliegt (anderer Standort, andere Kollegen etc.). Dabei ist jedoch die Qualität der Dauerwerbestelle von ausschlaggebender Bedeutung (Einsehbarkeit, Umfeld, Abendbeleuchtung etc.). Wenn die Wahrnehmungsbedingungen hochgeeignet sind, kann hier bei begrenztem Kosteneinsatz eine nennenswerte Werbeleistung erreicht werden.

II. Fachwerbung

110 Anzeigen in Fachzeitschriften der Zielgruppe bleiben ein wichtiges Werbemittel für die Erreichung gewerblicher Klientel. Doch das Fachwerbebudget reicht regelmäßig nicht aus, eine Belegung aller Titel einer Branche zu finanzieren. Insofern ist ein Vergleich der einzelnen Werbeträger untereinander erforderlich (**Intramediavergleich**). Anders als im Publikumsbereich liegen dafür jedoch zumeist keine aussagefähigen Markt-Media-Analysen vor. Dafür gibt es aber werbeträgereigene Daten, die, mit entsprechender Vorsicht betrachtet, dennoch aufschlußreiche Erkenntnisse geben.

111 Ein wichtiger Ansatzpunkt ist, mangels anderweitiger Erhebung der Reichweite, die **Auflagenzahl**. Falls diese IVW-geprüft ist, ist sie sogar hinlänglich verläßlich (IVW steht für Informationsgemeinschaft zur Feststellung der Verbreitung von Werbeträgern, deren Zeichen als eine Art Gütesiegel für die Richtigkeit der gemeldeten Angaben gilt). Verlagseigene Zahlen hingegen unterliegen mehr oder minder großen Unwägbarkeiten.

112 Anhand der bekannten Auflage kann man verschiedene Werbeträger über deren 1000-**Auflagen-Preise** miteinander vergleichen, d. h. man errechnet, wieviel 1000 Exemplare eines Fachtitels kosten. Der niedrigste 1000-Auflagen-Preis steht für das beste Preis-Leistungs-Verhältnis. Die Auflagenzahl sagt allerdings nichts über die Anzahl der Leser aus. Denn hochwahrscheinlich wird jedes Exemplar eines Fachtitels von mehr als einer Person genutzt (z. B. über Verteiler im Unternehmen). Gerade auf die Anzahl dieser Nutzer (die sog. Reichweite) käme es aber zur Beurteilung des Preis-Leistungs-Verhältnisses eigentlich an. Denn ein Fachtitel, der bei gleichem Tarifpreis von mehreren Personen genutzt wird, arbeitet effizienter als ein solcher, der von weniger Personen genutzt wird.

113 Doch es kommt nicht nur darauf an, wie viele Personen durch einen Werbeträger erreicht werden, sondern vor allem auch, welche. Dazu ist eine Information über die Nutzerschaft erforderlich. Und zwar nach Branche, Hierarchiestufe und Funktion getrennt. Daraus ergeben sich Anhaltspunkte darüber, ob die intendierte Zielgruppe, also die Personen, die man als Empfänger der Werbung vor Augen hat, auch erreicht wird. Genauer müßte es heißen, ob sie eine Chance hat, durch Werbung in einem Fachtitel erreicht zu werden, denn die bloße Anwesenheit von Werbung in einem Werbeträger sagt

[16] Weitere Informationen in *Schloßbauer* 1997.

mitnichten etwas darüber aus, daß diese Nutzer die Werbung auch wirklich gewahr werden. Sie haben vielmehr nur die Chance dazu (Opportunity to see/OTS).

Meist gibt es auch je Branche einen oder mehrere sog. **Pflichttitel**, der/die von praktisch allen relevanten Entscheidern gelesen wird/werden. Dabei ergibt sich allerdings das Problem der Bestimmung von Entscheidungsträgern im Rahmen multipersonaler Kaufprozesse. Fachtitel sind wegen ihres arbeitsspezifischen Inhalts meist Pflichtlektüre für Berufsverantwortliche. Sie helfen ihnen, Markttrends zu erkennen, Neuheiten gewahr zu werden, Brancheninteressen zu erfassen, ihre Qualifikation zu steigern etc. Dementsprechend besitzt die Werbung darin dann ihrerseits höhere Chancen der Beachtung als im Publikum. Insofern wird oft vereinfachend Werbeträgerkontakt mit Werbemittelkontakt gleichgesetzt. 114

Oft verfügen Verlage auch über Ergebnisse von **Nutzerbefragungen**. Diese erheben im Rahmen der laufenden Marktforschung zur Optimierung der redaktionellen Inhalte deren Akzeptanz. Im Zuge dieser ohnehin stattfindenden Erhebungen werden dann auch Fragen zur Beachtung, zum Interesse und zur Überzeugung von Werbung erhoben (sog. Copy-Test). Verlage veröffentlichen diese Daten gelegentlich, woraus sich Anhaltspunkte über die tatsächliche Werbemittelkontaktchance ergeben. 115

Entscheidenden Aufschluß gibt auch die Durchsicht von **Musterexemplaren** der Fachtitel. Daraus sind dann Parameter wie Papier- und Reproduktionsqualität, Seitenumfang, Anzeigenanteil, redaktioneller Stil etc. ersichtlich. Daher sollten unbedingt solche Ansichtsexemplare vom Verlag angefordert werden, besser noch ist eine zeitlich begrenzte Freieinweisung, um sich aus erster Hand einen Eindruck über den Charakter des Mediums bilden zu können. Entsprechende Anfragen sind an die jeweilige Anzeigenverwaltung zu stellen. 116

Viele Fachtitel bieten auch einen **Kennzifferndienst** an, d. h. sie versehen jede Werbung mit einer Laufnummer, unter der Interessenten, meist mit Hilfe einer eingehefteten Antwortkarte, Informationsanfragen an den Verlag schicken können. Dieser sammelt alle eingehenden Anfragen und ordnet sie den Werbungtreibenden zu, die dann ihrerseits direkt Kontakt mit den Interessenten aufnehmen können. Aus der Anzahl der Rückläufer kann ebenfalls auf die Werberesonanz geschlossen werden. 117

Schließlich sind auch die **Tarifpreise** zur Entscheidung über die Werbeeinschaltung bedeutsam. Allerdings ist dabei zu berücksichtigen, daß diese Einschaltkosten nicht die Kosten der Vorlagenerstellung beinhalten. Denn damit etwa eine Anzeige in einer Fachzeitschrift erscheinen kann, sind umfangreiche Vorarbeiten erforderlich. Die Anzeigeninhalte sind zu konzipieren, die Gestaltung ist zu konkretisieren, die einzelnen Gestaltungselemente sind umzusetzen (z. B. Fotografie) und druckreif aufzubereiten (z. B. Lithographie). Da die entstehende Anzeige neben ihrer reinen Sachbotschaft immer auch etwas über das Selbstverständnis des Absenders aussagt (Beziehungsebene), muß man sich hüten, dabei am falschen Ende zu sparen. Insofern laufen leicht Kosten von mehreren tausend Mark pro Motiv auf. Dagegen sind die Schaltkosten mancher Fachzeitschriften dann wieder vergleichsweise niedrig. 118

Informationen über die Fachzeitschriften der einzelnen Branchen erhält man aus dem Band Media-Daten (Verlag Media-Daten, Wiesbaden). 119

III. Öffentlichkeitsarbeit

1. Übersicht

Öffentlichkeitsarbeit wird auch Public Relations (PR) genannt und bezieht sich allgemein auf die Gewinnung öffentlichen Vertrauens zum Absender. Man unterscheidet häufig traditionelle Formen der PR (Öffentlichkeitsarbeit i. e. S.) und neue Formen der PR.[17] Zunächst zu den traditionellen Formen. 120

[17] Näheres dazu bei *Pflaum/Linxweiler* 1998.

121 Zum Bereich der Öffentlichkeitsarbeit an Personen/Institutionen außerhalb des Betriebs (externe PR) gehören alle Maßnahmen, die sich auf solche Märkte richten, mit denen ein Anbieter in geschäftlichem Kontakt steht.

122 Es lassen sich Akteure auf dem Beschaffungsmarkt (Zulieferer, Kapital-/Kreditgeber, Arbeitnehmervertreter etc.), Akteure auf dem Absatzmarkt (Kunden, Interessengruppen etc.) und Akteure im Umfeld der Vermarktung unterscheiden (Lobbies, öffentliche Verwaltung, Sozialgruppen, Nachwuchskräfte etc.).

123 Öffentlichkeitswirksame externe Maßnahmen sind im allgemeinen zulässig. So sind Einladungen (Events) etwa tatsächliche Handlungen und keine Information, somit also auch keine Werbung i. S. d. BerufsO.[18] Auch die Einweihung neuer Büroräume ist eine tatsächliche Handlung und keine Information (anders als die Werbung zur Einweihung, die wiederum informativ sein muß). Ebenso ist die Organisation einer Kunstausstellung in den Kanzleiräumen eine tatsächliche Handlung, aber keine Werbung. Dies gilt auch für einen Empfang (s. u.).

124 Zum Bereich der Öffentlichkeitsarbeit an Personen/Institutionen innerhalb des Betriebs (Interne PR) gehören alle Maßnahmen, die sich an Besucher, Fachöffentlichkeit, Belegschaft und Führungskräfte richten (siehe entsprechenden Beitrag in diesem Handbuch).

125 Zum Bereich der Öffentlichkeitsarbeit an professionelle Meinungsbeeinflusser (Multiplikatoren-PR) gehören alle Maßnahmen, die sich an Journalisten, Prominente, Lehrende o. ä. wenden. Zur Presse werden Kontakte zur Anbahnung und Stabilisierung von Beziehungen sowie zur Beeinflussung der Berichterstattung gepflegt. Zu weiteren Meinungsbildnern wird durch spezielle Veranstaltungen und redaktionelle Stellungnahme sowie Selbstdarstellung Kontakt gehalten.

126 **Sponsoring** umfaßt die Planung, Organisation, Durchführung und Kontrolle aller Maßnahmen zur Bereitstellung von Geld- und/oder Sachmitteln durch Sponsoringgeber für Personen/Personengruppen/Organisationen im sportlichen, kulturellen und sozialen Bereich zur Erreichung der eigenen Marketing-Kommunikationsziele durch Gegenleistung des Sponsoringnehmers.[19] Der Sponsor leiht sich also fremde Leistungsvorteile durch Hingabe von Ressourcen (Unterschied zum Mäzenatentum). Der Sponsor kann exklusiv oder kooperativ auftreten. Neben dem Gesponsorten sind die durch ihn erreichten Personen die eigentliche Zielgruppe. Sinnvollerweise ist das Sponsoring im Kommunikationskonzept des Sponsors (und des Gesponsorten) verzahnt integriert, was im Zweifel höhere Aufwendungen impliziert als der Sponsoringbetrag selbst.

127 Das **Sportsponsoring** basiert auf der wirtschaftlichen Abhängigkeit des Sports, vor allem im Spitzenbereich, und ist historisch gesehen die älteste Form des Sponsoring. Gegenstand des Sponsoring können hier Sportarten, Sportveranstaltungen, Leistungsebenen und einzelne Personen sein. **Kultursponsoring** betrifft etwa die Bildende Kunst, Bühnenkunst, Musik, Literatur, Denkmalpflege etc. und richtet sich auf Einzelpersonen, Kulturgruppen, Kulturorganisationen und Kulturveranstaltungen. **Soziosponsoring** findet in den Bereichen Gesundheit, Wissenschaft, Ausbildung etc. statt. Verselbständigt hat sich in letzter Zeit daraus der Bereich des **Ökosponsoring** in bezug auf Natur- und Landschafts-, Tier- und Artenschutz, Forschung, Umwelterziehung, Informationsdienste etc. Die allgemeine Begeisterung über Sponsoring ist zwischenzeitlich einer gewissen Ernüchterung angesichts immenser Kosten und mangelhafter Erfolgskontrolle gewichen.

128 Unter **Schauwerbung** faßt man Repräsentationsveranstaltungen zusammen. Dazu gehören vor allem Messen und Ausstellungen. Im Vordergrund stehen hier die Vorführung und Darbietung der Dienstleistung und der sie erbringenden Organisation/Kanzlei. Dadurch sollen das Wissen, das Vorstellungsbild und die Aktionsbereitschaft der Besucher verbessert werden. Dies kann auch in den Räumlichkeiten des Anwaltsbüros geschehen, dort steht die Identifizierung, Information und Auslobung der an sich intangiblen Kun-

[18] *Hartung/Holl – Römermann*, Anh. § 10 Stichwort „Einladung".
[19] *Bruhn* 1991, S. 21.

dendienste im Vordergrund. Die Messeteilnahme ist eine tatsächliche Handlung und keine Information (im Unterschied zur Werbung auf der Messe).

Denkbar sind aber auch eigenarrangierte **Events**, deren wesentliche Kriterien ihre Einmaligkeit, Erlebnisorientierung, Mobilisierung, Interaktion, Unterhaltung, Aktivierung und Internalisierung sind. Von den Formen der arbeitsorientierten (z. B. Vortrag, Seminar, vor allem im gewerblichen Bereich) oder freizeitorientierten Events (z. B. Vernissage, Tag der offenen Tür) sind erstere zu bevorzugen, empfehlenswert sind auch Mischformen aus Arbeits- und Freizeitorientierung (Infotainment). Solche Events können anlaßbezogen oder fallweise durchgeführt werden. Sie helfen potentiellen Mandanten, Schwellenängste zu überwinden, und ermöglichen ein unverbindliches Kennenlernen. Unmittelbar an Meinungsbildner wenden sich Pressegespräche, wobei allerdings ein für die Presse relevanter Vorgang zugrunde liegen muß. Ansonsten fühlen sich die Pressevertreter instrumentalisiert und reagieren abweisend. 129

2. Beurteilung

Die Tatsache, daß konstitutive Elemente der Werbung, namentlich die emotionale Auslobung konkreter, angebotsbezogener Inhalte, für anwaltliche Werbung nicht zulässig sind, läßt ohnehin eher von einer Zulässigkeit von Öffentlichkeitsarbeit durch die BerufsO ausgehen, die dort allerdings unzutreffend Werbung genannt wird. Insofern kommt Maßnahmen der Öffentlichkeitsarbeit eine große Bedeutung für die Praxis zu. Im Rahmen der „klassischen" Öffentlichkeitsarbeit ist dabei vor allem von der Nutzung von Multiplikatoren zu eigenen Gunsten auszugehen. Dabei ist an solche Personen/Institutionen zu denken, die als Verteiler von Werbemitteln in Betracht kommen, weil sie mit potentiellen Mandanten in Kontakt kommen, bevor diese Kontakt zu einem Anwalt aufnehmen (z. B. Versicherungsagenten, Schiedsmänner, Familienberatungs-, Mieterberatungs-, Rentenberatungsstellen, Gewerkschaftsbüros), je nach Tätigkeits- bzw. Interessenschwerpunkt. Bei Werbemitteln ist an (aussagefähige) Visitenkarten und Prospekte o.ä. zu denken. Dabei muß man individuell überlegen, worin der Nutzen der Verteiler für diese Handreichung liegen kann, und ihnen einen solchen Nutzen bieten. 130

Im Bereich des Sponsoring ist vor allem an das, quantitativ mit Abstand bedeutendste, Sportsponsoring zu denken. So bietet sich etwa die **Bandenwerbung** in Stadien lokaler Sportvereine an, da die lange Betrachtungsdauer und der meist regelmäßige Kontakt zu einer besseren Wahrnehmung der Botschaft dort führen. Wünschenswert ist auch eine Verzahnung mit anderen sportnahen Werbemitteln, wie Programmheft, Eintrittskarte etc. Da es sich überwiegend um männliche Besucher handelt, dürfte hier auch der Anteil an Entscheidern in Rechtsangelegenheiten hoch liegen, wenn man sich an Privatmandanten wendet (und von einem traditionellen Rollenbild ausgeht). 131

Im gewerblichen Mandatsbereich bietet sich vor allem die Präsenz auf **Fachmessen/-ausstellungen** an, also nicht solche, die publikumszugänglich sind, wobei die Auswahl der Veranstaltungen naturgemäß vom Tätigkeits- bzw. Interessenschwerpunkt abhängig ist. Der Vorteil liegt vor allem in geringer Fehlstreuung dieser Maßnahmen. Gleiches gilt für Veranstaltungen in den Kanzleiräumen, zu denen gezielt eingeladen wird. Man sollte jedoch den Aufwand für eine perfekte Abwicklung des Events, und nur eine solche wirkt akquisitorisch, nicht unterschätzen und sich der Hilfe professioneller Dienstleister bedienen. Ansonsten besteht die gute Chance, sich auf der ganzen Linie zu blamieren. 132

IV. Die Dokumentation

1. Übersicht

a) Inhalt. Der Rechtsanwalt darf über seine Dienstleistung und seine Person informieren, soweit die Angaben sachlich unterrichten und berufsbezogen sind, **Praxisbroschüren**, **Rundschreiben** und andere vergleichbare Informationsmittel sind zulässig. Die Angabe von Erfolgs- und Umsatzzahlen ist unzulässig, es sei denn, dies geschieht mit Einwilligung der Mandanten (§ 6 BerufsO). 133

134 Als Dokumentation werden alle Anmutungs-, Anwendungs-, Überzeugungs- und Bestätigungsinformationen, meist in gedruckter Form, zunehmend auch auf Datenträger (Offline) oder in Übertragungsnetzen (Online), verstanden (siehe dazu die entsprechenden Beiträge in diesem Band).

135 Die Dokumentation dient der vertieften, aussagefähigen Erläuterung eines Dienstleistungsangebots. Sie realisiert dabei eine Informationsfülle, wie sie in anderen Medien nicht überzubringen ist. Oft wird sogar eine ganze Serie von Broschüren, Prospekten, Folders etc. aufgelegt, die von der Gesamtübersicht gestaffelt bis zum Detaileinblick reichen. Dies bietet sich für Leistungen an, die extensiven (geplanten) Kaufentscheidungen unterliegen, also komplex und erklärungsbedürftig sind. Solche Literaturstücke sind meist ausführlich betextet und reich bebildert, enthalten technische Angaben, Einsatzbeispiele etc. Sie liegen in der Kanzlei aus (und helfen auf diese Weise, etwaige Wartezeiten zu überbrücken), werden von Multiplikatoren überreicht oder gezielt versendet und helfen, einerseits den Kontakt zum Anwalt herzustellen und andererseits vorhandene Mandanten zu binden.

136 Die wichtigste Seite einer Dokumentation ist naturgemäß die **Titelseite**. Sie muß genutzt werden, um die Motivation zum Einstieg in den Inhalt zu schaffen. Außerdem muß sie den Absender deutlich hervorheben, um so für Multiplikation zu sorgen. Ebenso ist die **Rückseite** (4. Umschlagseite) wichtig. Sie bietet ebenfalls die Chance zur Plazierung hervorzuhebender Auslobungen, zumal das Druckwerk oft von hinten nach vorn durchgeblättert wird bzw. mit dem Rückcover nach oben aufliegt. Dann ist die 3. Umschlagseite (letzte Innenseite) von Bedeutung, um Serviceleistungen darzustellen, Kontaktpersonen zu nennen oder besser noch, zu zeigen, Niederlassungen aufzuführen, Adressen für Besucher und die unvermeidlichen Auftragsbedingungen zu nennen. Der 2. Umschlagseite (Innencover) kommt als Einstieg in den Inhalt besondere Bedeutung zu.

137 Als empfehlenswerte **Inhalte** einer wie auch immer gearteten Dokumentation sind folgende anzusehen. Unerläßlich ist die Vorstellung der Kanzleikollegen mit kurzem Werdegang und möglichst Foto (ohne „szenische Positur"), das eine emotionale Bindung schafft, die gerade im „People Business" Rechtsberatung von kaum zu überschätzender Bedeutung ist. Bei Bedarf können Angaben über Jahrgang, Mitgliedschaften, Lehr- oder Veröffentlichungstätigkeiten, Sprachkenntnisse etc. hinzugenommen werden. Allerdings sollte nicht verkannt werden, daß dies auf potentielle Mandanten auch einschüchternd und „teuer" wirken kann.

138 Außerdem gehört die **Angabe von Tätigkeits- und Interessenschwerpunkten** hierzu. Dabei sind unbedingt die einschlägigen differenzierten Bestimmungen der BerufsO zu beachten. Auch Referenzhinweise auf frühere Mandate sind nur mit Einwilligung der Betroffenen zulässig. Qualitätshinweise, etwa durch Zertifizierungsnachweis, sind für gewöhnlich gegenüber privaten Adressaten als irreführend anzusehen, nicht jedoch gegenüber gewerblichen.

139 Weiterhin kann um Verständnis für die nicht jederzeitige **Erreichbarkeit der Kanzleimitglieder** geworben werden (die Argumentation kann etwa darauf hinauslaufen, daß konzentrierte Arbeit notwendig ist oder Beratungsgespräche keine Störung erlauben, so wie man selbst als Mandant während eines Beratungsgesprächs nicht unterbrochen werden möchte). Mit den gleichen Argumenten kann um Verständnis für evtl. kleinere Wartezeiten (selbst bei Terminvereinbarung) geworben werden.

140 Bei Arbeitsteilung in Kanzleien ist zudem die Notwendigkeit der Spezialisierung herauszustellen (etwa mit den Vorteilen höherer Beratungsqualität), so daß nicht jeder Anwalt jedem Mandanten nach Belieben zur Verfügung steht.

141 Denkbar ist auch eine Übersicht über mögliche **Kosten für eine Erstberatung** (etwa durch Vorgabe einer Kostenobergrenze, was vor allem für nicht rechtsschutzversicherte Personen von Bedeutung ist).

142 Umstritten ist, ob **Beschwerdemöglichkeiten** aufgezeigt werden sollen. Einerseits ist dies eine souveräne Auslobung jeder Kanzlei, andererseits werden damit unnötigerweise kognitive Dissonanzen bei allen denjenigen Personen geschürt, welche die Möglichkeit

einer Beschwerde aus eigenem Antrieb gar nicht in Erwägung gezogen hätten bzw. aus der Angabe schließen, daß sie wohl nötig ist, Beschwerden also häufig vorkommen.

Schließlich kann auch mit einem **Schaubild** der Ablauforganisation eine gewisse Transparenz für die in der Kanzlei vorzunehmenden (und kostenrelevanten) Arbeitsschritte geschaffen werden. 143

Hinzu kommen ggf. **technische Informationen** wie Anfahrtskizze, Bankverbindung, Telefon-, Telefax-, Homepage-, E-mail-Anschlüsse sowie internationale Korrespondenzadressen. 144

b) Form. Für die eigentliche **Textgestaltung** sind folgende Anforderungen zu berücksichtigen (Hamburger Verständlichkeitskonzept): 145

Es ist ein klarer, didaktischer Aufbau erforderlich, der dem Leser logische Lernschritte und somit Erfolgserlebnisse ermöglicht. Eine Ausgewogenheit des Inhalts ist durch Unterteilung der Information in etwa gleichlange Kapitel herzustellen. Sätze sind knapp zu formulieren, d. h. nicht mehr als 20 bis 25 Worte und zwei Prädispositionen pro Satz. Ein gewisses Maß an Redundanz ist hilfreich, z. B. durch Zusammenfassungen, Merksätze, Übersichten. Das Arbeiten mit Farben nutzt deren psychologische Wirkung und kennzeichnet wichtige Textpassagen. Handlungsabläufe werden am besten tabellarisch dargestellt, so entsteht eine größere Transparenz, die selektives Lesen, leichte Orientierung und das Erkennen von Zusammenhängen ermöglicht. Es sollte eine Tonalität verwendet werden, die keine autoritäre Einstellung signalisiert, sondern kooperativ klingt. Fachwörter sind zu vermeiden, sie wirken nicht beeindruckend, sondern eher verwirrend. Unvermeidbare Fachwörter sind bei erstmaliger Verwendung zu erklären. Für gleiche Dinge oder Tätigkeiten sind stets gleiche Begriffe zu verwenden. Für eine optimale Korrelation zwischen Text und Bild ist zu sorgen. Bilder/Graphiken lockern den Lesefluß auf. Abkürzungen sollen vermieden oder zu Beginn zumindest erklärt werden.

Für das **Format** sollte bedacht werden, daß das Druckwerk im Zweifel einfach/kostengünstig zu verschicken ist. Dazu bietet sich eher ein Lang-DIN-Format an als ein DIN A4-Format (wegen der Portokosten). Nicht DIN-konforme Formate sind mit Vorsicht zu betrachten, da sie nicht nur als „Störer" wirken, sondern auch Störer (etwa in der Ablage) sind. Beim Gewicht des Druckwerks ist auf die einschlägigen Portogrenzen zu achten (20 gr./50 gr.). Das Gewicht des Poststücks ergibt sich aber nicht nur aus dem Druckwerk selbst, sondern hinzugerechnet werden muß vielmehr auch ein Anschreiben (kein Mailing ohne Anschreiben), der Briefumschlag, ein Reaktionswerbemittel (Postkarte/Coupon o.ä.) und die Briefmarke (möglichst keinen Freistempler benutzen, am besten Sonderbriefmarke aufkleben). Als Einflußgröße für das Gewicht des Druckwerks selbst spielt die Papierstärke eine große Rolle (wird in Gramm pro Quadratmeter angegeben). 80 gr/qm-Papier sollte dabei die Untergrenze darstellen (das entspricht Fotokopierpapierstärke), besser sind 120 gr/qm oder mehr. Bei mehrseitigen (gelumbeckten, gehefteten, heißgeklebten) Druckwerken kann evtl. ein stärkeres Papier nur für die Umschlagseiten verwendet werden. Überlegenswert ist auch eine Lackierung der Umschlagseiten, die sie schmutzabweisend macht. Damit ist vor allem bei häufigerem Gebrauch ein besserer Dauereindruck gewährleistet. Denkbar sind bei aufwendigerer Gestaltung auch ein- (Gatefold) oder zweiseitig ausklappbare Seiten (Frenchdoor) sowie Ausstanzungen oder Pergamentpapier als Trennseiten. 146

Es empfiehlt sich, Druckwerke, trotz der erheblichen Kostendegression bei höheren Auflagen, dennoch nur in kleinen Auflagen (Reichweite: ca. sechs Monate) aufzulegen, damit sie regelmäßig aktualisiert werden können. 147

Empfehlenswert ist auch die **Anlage von zwei Dokumentationen**, eine Kurzversion als „Streuartikel" und eine Langversion für die ausführliche Darstellung. Eine geschickte Konzeption läuft darauf hinaus, daß sich die Kurzversion aus der Langversion als „Abfallprodukt" ergibt. Für die Aufteilung der Inhalte ist ein Aufriß der Seitenabfolge, 148 besser noch ein Handmuster 1:1, hilfreich. Hilfreich ist auch, die im Rohkonzept entstehende Dokumentation mit Mandanten, zu denen ein besonderes Vertrauensverhältnis besteht, auf Verbesserungsvorschläge hin zu diskutieren.

149 Eine weitere Möglichkeit ist eine themenspezifische **Auslegung mehrerer Dokumentationen** (etwa nach Tätigkeits- oder Interessengebieten). Als Aufhänger können gesetzliche Änderungen oder Inhalte aktueller Diskussion dienen. Aber auch häufig vorkommende Rechtsfragen (z. B. Erbschaftsrecht, Prozeßkostenhilfe). Dabei ist immer auf eine enge Kopplung dieser Fachinformationen mit der Kanzlei als Absender zu achten. Praktisch können dazu entsprechende Seiten in den Ablauf einer Rahmenbroschüre integriert werden, was natürlich im Konzept bereits so vorgesehen sein muß. Auf diese Weise ist auch eine leichte Aktualisierung durch Austausch von Seiten möglich. Das Druckwerk wird dann einzeln geklammert oder spiraleffekt-geheftet bzw. zur Verarbeitung an einen Druckshop gegeben.

150 Verbreitet, vor allem im gewerblichen Bereich, sind bereits auch Präsentationen auf **Datenträgern**, sei es als Diskette (über Laptop oder Beamer) oder CD-ROM. Abgesehen von der recht aufwendigen Erstellung solcher Präsentationen wohnt ihnen immer auch eine gewisse Inflexibilität und emotionale Kälte inne, was problematisch ist, da Dienstleistungen von der Beziehung der Menschen zueinander leben.

2. Beurteilung

151 Die Dokumentation ist wohl eines der wichtigsten Werbemittel der Kanzlei. Entscheidend ist dabei aber immer, sich aus der Perspektive des Absenders einer Botschaft zu lösen und die Position des Empfängers der Botschaft einzunehmen. Außerdem darf ein solches Werk kein Ad-hoc-Vorhaben sein, das man neben den vielen wichtigen anderen Dingen des Tages auch noch so durchzieht. Vielmehr ist es ein Projekt in eigener Sache, das den gleichen Stellenwert hat wie Mandantenangelegenheiten. Wichtig ist, das Arbeitsergebnis, bevor es in Druck geht, beiseite zu legen und einige Zeit später wieder hervorzuholen. Wenn es dann immer noch stimmig scheint, kann man guten Gewissens an die Umsetzung gehen. Ansonsten ist es immer noch möglich, von neuem anzufangen.

V. Arbeitsmittel/Geschäftsausstattung

1. Übersicht

152 Hier wird speziell auf Briefbögen, Visitenkarten und Praxisschilder Bezug genommen. Die Angaben auf **Briefbögen** unterliegen besonderen Bestimmungen (§ 10 BerufsO). Hier ist deutlich zwischen dem Briefbogen als Arbeits- und dem Briefbogen als Werbemittel zu unterscheiden. Briefbogen als Anschreiben zu Direct Mailings o.ä. sollten von allen Angaben entrümpelt werden, die nicht zwingend sind. Dazu gehören die Bank-, Sparkassen-, Postbank-Verbindungen und Bezugszeichen (Unser Zeichen, Ihr Zeichen, Ihr Schreiben, Abteilung o.ä.). Wichtig ist jedoch die Absenderzeile im Fenster bei Fensterbriefumschlägen, die eine postalisch ansonsten erforderliche, gesonderte Absenderangabe erübrigt. Für das Fenster und die Absenderzeile sind postalische Standvorgaben einzuhalten (sind bei jedem Postamt erhältlich).

153 **Visitenkarten** dürfen jederzeit, auch durch Dritte, verteilt werden, soweit keine anderen gesetzlichen Verbote dagegenstehen (insb. § 1 UWG). Die Visitenkarte ist ein ganz wesentliches Werbemittel. Es bietet zudem die Chance, sich schon rein formal positiv abzuheben. Vielfältige Anregungen dazu erhält man bei Durchsicht gesammelter Visitenkarten. So kann durch die Farbe (Schmuckfarbe/Farbverlauf) oder Hochformat vom üblichen abgewichen werden. Nicht empfehlenswert ist eine Abweichung im Format, da dann die Visitenkarte nicht in die üblichen Sammelfolder für Visitenkarten paßt oder zu klein wirkt. Wertig in der Aufmachung wirken Prägungen bzw. strukturierte Papiere. Überlegenswert ist etwa eine Klappkarte (Doppel-DIN A 8). Wünschenswerte Inhalte der Visitenkarte sind neben den üblichen Angaben auch Tätigkeits- und Interessenschwer-

punkte, Privatadresse bzw. Handy-Nummer (zur Erreichung in dringenden Fällen) sowie Post- und Gerichtsfach. Sofern Geschäftszeiten vorgegeben sind, sollten diese hier auch genannt werden. Prüfenswert sind auch rein praktische Angaben, wie Parkmöglichkeit, Verkehrsanbindung, Angaben zur Bürolage (anhand bekannter Gebäude, Plätze etc.). Im Zweifel ist aber weniger mehr, d. h. im Vordergrund sollte die Zweckmäßigkeit der Visitenkarte als Träger wichtiger Informationen stehen.

Ein **Praxisschild** ist zulässig, sofern es sachliche Information enthält. Allerdings ist die **154**
Verwendung „plakativer" Elemente strittig. Der Zweck des Praxisschilds ist jedoch gerade der eines kleinen Plakats, unauffällige Praxisschilder könnte man auch gleich weglassen, dann reicht das Klingelschild. Die Auffälligkeit kann durch Format, Material, Farbigkeit und Anbringung erreicht werden. Hinsichtlich des Formats ergeben sich Begrenzungen meist durch Praktikabilität und Bestimmungen des Hauseigentümers. Beim Material gibt es neben dem weitverbreiteten Messing eine Reihe anderer Materialien, die strapazierfähig und ansehnlich sind, zu denken ist etwa an Plexiglas, Prägungen, auch beleuchtet, oder gebürstetes Metall. Der Einsatz von Farbe unterstützt die Signalwirkung. In vielen Fällen ist zudem eine hervorgehobene Anbringung, etwa quer zur Straße, wegen der besseren Einsehbarkeit, darstellbar. Für Kollegenkanzleien bieten sich Säulen (Pylone) an, die nachts beleuchtet sein können. Zu den Inhalten bieten sich neben den Standardangaben auch Öffnungs-/Sprechzeiten und Hinweise auf Parkplatzmöglichkeiten sowie Telekommunikationsanschlüsse an.

In diesem Zusammenhang ist auch an weitere Mittel der Geschäftsausstattung zu **155**
denken. Weitverbreitet sind hier **Schreibblöcke** in der Kanzlei-Identity und **Bleistifte** oder **Büroklammern**. Diese Artikel sind preisgünstig zu beziehen und können als Multiplikatoren dienen, wenn sie das Büro verlassen. Zu denken ist auch an Heftdeckel oder Schnellhefter für Verfahrensunterlagen in der Kanzlei-Identity sowie Klarsichthüllen mit Aufdruck. Diese können auch als „Verpackung" individuell erstellter Materialien (Exposé) dienen.

Waren- und Ausführungsmuster stellt jede leistungsfähige Druckerei (Gelbe Seiten) kosten- **156**
los zur Verfügung. Ansonsten reicht ein Gang durch den nächstgelegenen Büro-Fachmarkt.

Das **Logo** ist ein zentrales Element aller Werbemaßnahmen. Es verknappt die Inhalte **157**
zum Absender auf eine Schlüsselinformation. Wichtig ist dabei, daß das Logo charakteristisch für den es repräsentierenden Absender ist, es sollte daher auch ohne zusätzliche Angaben aussagefähig sein. Auf hintergründige Interpretationen des Logos sollte man verzichten, da diese im Markt ohnehin kaum jemand nachvollziehen kann oder will. Hilfreich ist es, wenn das Logo ohne Halbtöne auskommt (sog. Strichabbildung), das erleichtert in vielen Fällen die technische Reproduktion. Falls Halbtöne (Grauwert) vorgesehen sind, sollte unbedingt eine Strichumsetzung davon angelegt werden, die verwendet wird, wenn eine Halbtonwiedergabe kritisch ist (z. B. geringe Auflösung wie bei Freistemplern oder schlechtes Papier wie bei Zeitungsanzeigen). Wichtig ist auch, daß das Logo stark verkleinert werden kann, ohne an Erkennbarkeit zu verlieren, weiterhin sollte es auch negativ (Schwarz-Weiß-Umkehr) druckbar sein. Die Notwendigkeit eines farbigen Logos verteuert die Umsetzung erheblich.

2. Beurteilung

Für die genannten Arbeitsmittel und Geschäftsausstattungen gilt jeweils, daß sie nur bei **158**
integrativer Gestaltung im Rahmen der Kanzlei-Identity sinnvoll sind. Dann sind sie unbedingt empfehlenswert, ja sogar erforderlich. Im weitesten Sinne kann dieser Auftritt auch auf die Büroausstattung (Möblierung, Wand- und Bodendesign) bezogen werden. Davon gehen unverkennbare Signale über die „Bürokultur" auf Besucher und Mandanten aus. Zumal, wenn diese während etwaiger Wartezeiten Muße haben, diese Signale auf sich einwirken zu lassen. In den USA oder Japan reicht der Auftritt sogar bis zur Bürokleidung als (geschriebene oder ungeschriebene) Norm (Corporate Fashion). Soweit braucht man sicherlich nicht zu gehen, aber über die reine Zweckmäßigkeit der Arbeitsmittel und

Geschäftsausstattungen der meisten Kanzleien hinaus, die unbedingt erhalten bleiben muß, sollte schon Wert auf einen stimmigen Auftritt gelegt werden.

VI. Die Dialogwerbe-Maßnahmen

159 Unter Dialogwerbung (auch Direktwerbung, Direktmarketing, Direktansprache o.ä.) versteht man alle Aktivitäten, die sich an individuelle Adressaten richten bzw. bei disperser Kontaktaufnahme eine Reaktion gegenüber dem Botschaftsabsender mit Hilfe eines Reaktionsmittels oder auf andere definierte Art erreichen sollen. Direktwerbung ist nicht an bestimmte Medien gebunden, häufig sind jedoch adressierte postalische Aussendungen (Direct Mailing), nicht-adressierte postalische Zustellungen (Postwurfsendung) und nicht-adressierte nicht-postalische Verteilungen (Haushaltsverteilung).

160 Dialogwerbemaßnahmen sind generell medienübergreifend einsetzbar, so durch:

- **Geprintete Medien** (Mailmarketing) als
  - Pressemarketing (Massenmedien über Anzeigen, Spots, Plakate), mit Reaktionsaufforderung (schreiben, anrufen, vorbeikommen, mit Adreßangabe/Telefonnummer etc.) oder mit Reaktionselement (Coupon, Antwortpostkarte, Gutschein etc.),
  - (adressierte, postalische) Aussendung, z. B. Brief, Prospekt, Faltblatt,
  - (nicht-adressierte, postalische) Zustellung (Postwurfsendung),
  - (nicht-adressierte, private) Zustellung (Haushalts-/Straßenverteilung),
  - Dokumentation als häufigste Sonderform.
- **Gegenständliche Medien**, z. B. Werbegeschenke, Aufkleber, Gadgets (s. u.).
- **Elektronische Medien**, etwa über Netzmedien wie Telex, Teletex, Telefax, Mailbox etc. oder audio-visuelle Medien wie Internet (siehe den entsprechenden Beitrag in diesem Handbuch),
- **Fernmündliche Medien**. Dies ist aktiv, d. h. mit Kontaktaufnahme durch Anbieter, oder passiv, d. h. mit Kontaktaufnahme durch Nachfrager, möglich.
- **Persönliche Medien**, und zwar aktiv (im Domizilprinzip, also bei Mandanten), interaktiv (im Treffprinzip an drittem Ort) oder passiv (im Residenzprinzip, also in der Anwaltskanzlei).

1. Direct Mailing

161 **a) Übersicht.** Rundschreiben (Direct Mailings) sind zulässig, da sie keine Werbung um die Mandatserteilung im Einzelfall darstellen, auch persönlich adressierte Rundschreiben sind ausdrücklich zulässig, da keine Werbung um ein Mandat im Einzelfall, sondern um einen Mandanten generell erfolgt. Dabei ist eine unaufgeforderte Ansprache, sofern sie nicht anderen gesetzlichen Verboten unterfällt, z. B. unlauterem Wettbewerb, jederzeit möglich. Mailings sind jederzeit auch an Nichtmandanten zulässig.

162 Das Direct Mailing ist eine anlaßbezogene Aussendung von Werbemitteln auf dem Postweg an Adressaten, die vorher anhand von Auswahlkriterien als erfolgversprechend (i. S. d. Werbeziels) selektiert wurden. Entsprechende Adressen sind extern über Adreßverlag und Fremdadreß-Vermieter zu beschaffen (einmalige Nutzung ca. 30 Dpf./Adresse), entstammen aber vor allem einer internen Datenbank mit Mandanten. Die Eigenadressen bedürfen der ständigen Pflege, d. h. Aktualisierung, Korrektur und Ergänzung. Dies ist allerdings ausgesprochen handling- und damit kostenaufwendig. Das Mailing unterliegt vielfältigen Gewichts-, Format- und Anordnungsbegrenzungen der Poststücke, die bei geschickter Nutzung zur Portooptimierung führen. Ein Mailing besteht meist aus mehreren Direktwerbestücken, wobei moderne Druck- und Verarbeitungstechniken erstaunliche Umsetzungsmöglichkeiten bieten. Die Abfolge ist oft in mehrere Phasen unterteilt (Teaser, Roll Out, Reminder). Die Reaktionsquote soll durch Aktivierungselemente erhöht werden. Im Rahmen von Kunden-Kontakt-Programmen (KKP's) wird zudem systematische Mandantenbetreuung gewährt, im Rahmen von Interessenten-Kontakt-Programmen (IKP's) solche von Interessenten.

Mailings sind also Aussendungen, deren Aufgaben vor allem in folgenden Punkten liegen: 163
- Beauftragung von bestehenden Mandanten, Gewinnung neuer Mandanten, Mandantenpflege und -bindung, Sammlung von Mandantendaten, Bekanntheitsgrad-/Imageverbesserung, Mandanteninformation, Test von Serviceangeboten, Einladung zu bestimmten Anlässen, Interessentengewinnung.

Wesentliche **systembedingte Vorteile** sind dabei die folgenden: 164
- Ruhe bei der Durchsicht von Informationen, Neuheiten/neue Angebote kennenlernen, deutliche Adreßangabe des Absenders, Information kann man aufheben und darauf jederzeit zurückgreifen, das Angebot kann anderen gezeigt und mit ihnen diskutiert werden, bequeme Reaktionsmöglichkeit, ausführliche Beschreibung der Angebotsvorteile, persönliche Adressierung bzw. Ansprache mit mutmaßlich höherer Beeindrukkungswirkung als anonyme Massenansprache, farbige Abbildungen, übersichtliche Gestaltung, interessanter Text, hochwertige Gestaltung, größeres Format.

Hinzu kommen zahlreiche **weitere Vorteile:** 165
- Es ist eine genaue Zielung an definierte Zielpersonen möglich, die Streuverluste potentiell gering hält. Es ist frei verfügbarer Raum zur Gestaltung von Inhalten und Botschaften vorhanden, der prinzipiell keinen, außer den selbstgesetzten, Beschränkungen unterliegt. Auch die Aufmachung kann individuell gewählt werden, so daß, abgesehen von technischen Beschränkungen, die beabsichtigte Anmutung voll eingelöst werden kann. Die Direktwerbestücke haben die ungeteilte Aufmerksamkeit des Empfängers und stehen vor allem nicht in Konkurrenz zu einem redaktionellen Umfeld. Gegenüber der Konkurrenz ist eine bessere Geheimhaltung von Leistungen möglich als bei den meisten anderen Medien. Es bestehen zudem ausgiebige Test- und Kontrollmöglichkeiten mit beliebiger Fallzahl, so daß Ineffizienzen frühzeitig erkannt werden können. Es ist eine hohe Kostengünstigkeit gegeben, vor allem wenn kleinere Zielgruppen erreicht werden sollen. Es besteht die Chance zur spontanen Reaktion auf Angebote, wodurch Kontakte und Käufe provoziert werden. Das Timing des Einsatzes ist frei wählbar und nicht von anderweitig beeinflußten Terminen abhängig.

Voraussetzung für Mailings ist ein Datenbestand, an dem Werbeerfolg erzielt werden soll. 166
Dieser wird zweckmäßigerweise in einer Datenbank verwaltet. Die **Database** bei **Business-Beziehungen** (B-t-B) enthält zumeist folgende Angaben:
- Namensblock mit Name, Titel, Anredeart, Position im Unternehmen, erreichbar in Niederlassung, Potential-Code („Mandantenwertigkeit"), Entscheidungsbefugnis, Tätigkeitsbereich, Verweildauer in Funktion,
- Adreßblock mit Unternehmensfirmierung, Straße, Postfach, Postleitzahl, Ort, Zweigniederlassung, Datum der letzten Modifikation,
- Allgemeine Information (Telefonnummer, Telexnummer, Telefaxnummer, E-Mail-Adresse, Homepage-Adresse, Mobilfunknummer, Beschäftigtenzahl, Branchenschlüssel, Bonitätsdaten),
- Interaktionsblock (bestehende Korrespondenz, Kontaktanlaß, Datum des Erstkontakts, Anfrage, Beschwerde, Werbemittelkontakt, Honorarumsatz kumuliert/einzeln, Betreuer, Besuchszeiten).

Die Database bei **Consumer-Beziehungen** (B-t-C) enthält folgende Angaben: 167
- Namensblock mit Nachname, Vorname, Titel, Anredeart,
- Adreßdaten mit Straße, Postleitzahl, Ort, Datum der letzten Modifikation,
- Allgemeine Information (Interessen-Kennziffer/Fachgebiet, Geschlecht, Alter, Beruf, Familiengröße, Bonitätsbeurteilung, Telefonnummer, E-Mail-Adresse, Verweildauer unter Anschrift, Banktyp, Kreditkarte, Regional-Typ),
- Interaktionsdaten wie Werbeart, Kontaktzahl, Zeitpunkt der letzten Beauftragung, Honorarumsatz kumuliert/einzeln, Zahlungsart, Mahndaten, Mandanten-„Wertigkeit".

168 Die **Adreßauswahl** für Direct Mailings kann dann nach verschiedenen Kriterien erfolgen, so durch
- strukturelle Selektion nach Branche, Betriebsgröße etc.,
- regionale Selektion nach Postleitzahlgebiet, Nielsengebiet/Bundesland, Nation etc.,
- geschäftsbezogene Selektion nach Mandantengröße, Auftragsumfang etc.,
- personelle Selektion nach Entscheider, Position etc.

169 Zur Auswahl stehen dafür eigene Adressen, vorwiegend von Mandanten und Interessenten, sowie Fremdadressen aus unterschiedlichen **Quellen**. Zu denken ist dabei etwa an: amtliche Adreßbücher, Telefonbücher/Gelbe Seiten, Innendienst-Notizen/Sekretariat, Anfragen aus Presseveröffentlichungen, Telex-Verzeichnisse, IHK-Verzeichnisse, Handwerkskammer-Verzeichnisse, Botschaften/Konsulate bei Auslandsadressen, Messekataloge/Ausstellerverzeichnisse, Teilnehmerverzeichnisse von Seminaren/Tagungen, Handelsregistereintragungen, Adreßtausch mit nichtkonkurrierenden Kanzleien, Adreßkauf von Brokern, Adreßmiete von Adreßverlagen, Ausschnittdienste, Empfehlung, öffentliche Bekanntmachung.

170 Der Wert dieser Leads ist jedoch zweifelhaft, so daß es angezeigt erscheint, mehr auf die Qualität der Adressen als auf die reine Quantität zu achten. Zudem handelt es sich nicht selten um veraltete Adressen.[20]

171 Bevor die eigentliche Aussendung gestartet wird, ist ein Test der Erfolgsträchtigkeit dieser Maßnahme sinnvoll. Dieser Test kann sich auf die Adreßqualität beziehen, aber auch auf den Mailinginhalt, also die Gestaltung, und wird in kleiner Stückzahl gefahren.

172 Ein **Mailing Package** besteht dann im allgemeinen aus folgenden Elementen:
- Kuvert: Gestaltungselemente sind hier das Format, die Papierqualität, die Art der Frankierung, die Adressierung, Umschlag mit oder ohne Fenster, Absender, Bedrukkung/Farbigkeit.
- Anschreiben: Gestaltungselemente sind hier die Druckqualität (Originalbrief, Fill-in-Brief, Offsetdruck-Brief), der Briefkopf/Logo, die Headline, die Anrede, der Textinhalt und die Textlänge, die Typographie, Absätze, Hervorhebungen (wie Unterstreichung, Fettung, Anmerkung am Rand), Abbildungen, Unterschrift (eigenhändig, farbig gedruckt, s/w-vorgedruckt), P. S. (Post Scriptum).
- Werbemittel (Dokumentation).
- Informations- und Reaktionselement: Dabei kann es sich um Antwortschein/-kuvert, Coupon, Telekommunikationsanschluß etc. handeln.

173 Das **Anschreiben** soll in seinem Aufbau folgenden Anforderungen genügen:
- Wegwerfstopper, um die Lesechance zu erhöhen oder diese auch überhaupt erst zu schaffen, und einen Spannungsbogen aufzubauen,
- Opener, d. h. eine kurze Einstimmung auf das bevorstehende Thema,
- Ausrichtung auf die Ansprüche der Zielpersonen, keinesfalls die Eigenbetrachtung in den Vordergrund stellen (Sie-Argumentation),
- positive Verstärker, also der Nutzen des Lesers aus der Wahrnehmung der vorgelegten Information,
- Beweis als kurze Argumentation, weil Leser in sensiblen Sachverhalten immer nach Sicherheit suchen,
- gezielte Führung des Auges durch Schlagzeilen und Bilder bzw. Hervorhebungen.
- Vorwegnahme von Einwänden des Adressaten im Text,
- Reaktionselement, das einfach zu handhaben ist, z. B. Info-Scheck, Reservierungskarte, Einladung,
- P. S. mit dem wichtigsten Argument und einem Appell zum Handeln.
- Berücksichtigung der Lesekurve/des Blickverlaufs des Lesers, von oben rechts nach links herüber, dann z-förmig über den gesamten Text, dann zum Textanfang zurück, vom Briefkopf zur Anrede zum P. S.

---

[20] S. dazu *Gottschling/Rechenauer* 1994, S. 39 ff.

Für die **graphische Gestaltung** von Direktwerbemitteln können allgemein geltende Maßgaben ausgemacht werden: 174
(Sachbezogene) Bilder wirken besser als Texte, große (nicht reklamige) Bilder wirken besser als kleine Bilder, farbige (nicht reklamige) Bilder wirken besser als schwarzweiße, warme Farbtöne sind besser als kalte, Bilder von Menschen sind besser als Bilder von Sachen, Dynamik geht vor Statik in der Gestaltung, größere Schriftgrade sind besser lesbar als kleinere (man denke nur an weitverbreitete Sehschwächen), betonte Textstellen arbeiten besser als Normalsatz, kurze Wörter/Sätze wirken besser als lange, kurze Absätze/Texte wirken besser als lange, gerahmte/hervorgehobene Textblöcke wirken eher als nicht gerahmte, Bildausschnitte sind wahrnehmungsstärker als Ganzaufnahmen.

Der Text soll übersichtlich und gut strukturiert gehalten sein (kurze Absätze, Hervorhebungen etc.). Der Absender muß deutlich hervortreten. Ebenso der Grund, warum man sich gerade bzw. gerade jetzt an den Leser wendet. Ausdrücklich sind der Kernvorteil aus der Angebotswahrnehmung zu nennen und die erforderliche Reaktion insofern vorzugeben. 175

Der Schreibstil soll mit „Sie", „Ihr" arbeiten, nicht mit „ich", „wir", also eine adressatenbezogene Form haben. Nichtssagende Anreden sind zu vermeiden. Zur Not sollte man lieber gleich mit dem Text loslegen. Zweiseitige Anschreiben sollen am Ende der ersten Seite mit einem weiterführenden Satz enden, damit auf der zweiten Seite weitergelesen wird. Mehr als zwei Seiten Umfang sind für einen Erstkontakt nicht zumutbar, möglichst sollte eine Seite ausreichen. 176

Außerdem ist ein Reaktionsträger vorzusehen, der es dem Adressaten leichtmacht, aktiv zu werden, also möglichst voradressiert, evtl. auch vorfrankiert. Zusätzliche Codes auf dem Antwortträger sind zur Werbeerfolgskontrolle hilfreich (etwa bei zeitlich gestaffelten Mailings). Evtl. ist auch eine Faxantwort nahezulegen oder zumindest zuzulassen. Die Reaktion darf sich zwar nicht auf eine konkrete Einzelbeauftragung beziehen, dennoch ist unbedingt eine Reaktion zu initiieren, um Interessenten zu Mandanten werden zu lassen, Einzelmandanten zu Dauermandanten und Dauermandanten zu Weiterempfehlern. 177

Will man den Rücklauf auf „harte" Interessenten oder „gute" Mandanten begrenzen, sind Filter zur Qualifizierung hilfreich, z. B. Portofreimachung verlangen, Unterschrift vorsehen, Geburtsdatum/Telefonnummer abfragen. 178

b) Beurteilung. Ob Direct Mailings zweckmäßig sind, darüber gehen die Meinungen weit auseinander. Zum einen gibt es einen immer größeren Berg unverlangt zugestellter Post, die oftmals ungeöffnet im Papierkorb landet (obgleich dies bei einem Brief mit Rechtsanwaltsabsender eher anzuzweifeln ist). Zum anderen gibt es kaum eine bessere Möglichkeit, individuelle Einzelpersonen als potentielle Mandanten zu kontaktieren. Störend wirken eigentlich nur Aussendungen, die dem Adressaten keinen konkreten Nutzen versprechen. Daher ist von pauschaler „Streuwerbung" abzusehen. Sinnvoll ist es aber, von außen erkennbare, konkrete Aufhänger für Aussendungen, etwa Gesetzesänderungen, zu nutzen (dabei sollte die Informationsabsicht im Vordergrund stehen). One-Shot-Mailings sind in ihrer Wirkung allerdings generell zweifelhaft, sinnvoller ist eine Serie von Mailings mit gleicher äußerer Aufmachung. Dabei kann es sich um geschlossene Mailings handeln, z. B. Erstaussendung mit Teaser (zum Neugierigmachen), Hauptaussendung mit ausführlicher Information (evtl. nur nach Reaktion auf Erstaussendung) und Nachfaßaussendung als Reminder (zur Erinnerung), oder um eine Folge selbständiger, offener, Mailings aus gegebenen, allgemeinen Anlässen. 179

Dies ist vor allem auch im gewerblichen Bereich (Business to Business) sinnvoll. Dabei kommt es aber darauf an, den passenden Adressaten ausfindig zu machen. Daher sollten Mailing-Aktionen unbedingt telefonische Recherchen nach den richtigen Ansprechpartnern vorausgehen. Bewährt hat sich dafür der Kontakt von Sekretärin zu Sekretärin (Kollegenhilfe), da ansonsten leicht der Eindruck des Ausfragens entstehen kann. Von Zeit 180 zu Zeit müssen diese Daten aktualisiert werden, denn obsolete Firmierungen, Adressen oder Mitarbeiternamen wirken diskreditierend. Empfehlenswert ist auch eine Differenzierung der Mailings nach Branchen, Unternehmensgrößen, Standorten o.ä., damit nicht der Eindruck unifizierter Massenaussendungen entstehen kann, der eher schädlich wirkt.

181 Vor allem muß auch das Follow up einer erfolgreichen Mailingaktion bewältigt werden können. Insofern scheint es hilfreich, solche Aktionen über einen mehr oder minder langen Zeitraum zu strecken, um punktuelle Spitzenbelastungen in der Nachbereitung zu vermeiden. Kann nämlich ein Follow up, also weitere Informationserteilung, Zusendung spezifischer Unterlagen, persönliche Terminvereinbarung etc., nicht gewährleistet werden, wirkt die Aktion kontraproduktiv und das Mandantenpotential ist „verbrannt".

2. Postwurfsendung/Haushaltsverteilung

182 **a) Übersicht.** Bei Postwurfsendungen handelt es sich um Drucksachen oder gegenständliche Werbemittel, die vom Postdienst undifferenziert an alle Haushalte oder an die Abholer von Briefsendungen verteilt werden. Dabei sind allerdings zahlreiche Durchführungsbedingungen zu beachten (Auskunft beim Postamt). Zweifelhaft ist zudem die Wertschätzung dieser Form der Direktwerbung, die anonym und unverlangt ins Haus gelangt.

183 Neuerdings sind auch Postwurfsendungen an alle Bewohner eines bestimmten Hauses als sog. Postwurf Special möglich, so daß die Sendungen auch individuell adressiert werden können. Als Raster für die Belegung der Sendungen kommen durchaus differenzierte Kriterien in Betracht wie Gebäudetyp, Gartenart/-größe, Gebäudealter, Bauweise, Gestaltung des Anwesens, Zustand des Anwesens, Wohnlage des Hauses, Straßentyp, Geschlecht der Bewohner, Alter, Kaufkraft, Gebiet/Region, Intensiv-Konsument, Heimbüro/Freiberufler etc. Von diesen Kriterien kann darauf geschlossen werden, ob die dort lebenden Personen mutmaßlich zur Zielgruppe gehören.

184 Haushaltsverteilungen werden durch private Zustelldienste und Verteilerkolonnen durch Abgabe in Briefkästen im Haus oder an Passanten auf der Straße erledigt. Es handelt sich meist um Warenproben, Werbegeschenke und Streumittel (Gimmicks) sowie Kurzbroschüren (Leaflets) und Angebotsblätter (Flyers). Damit können wahlweise ein Türsignal (Klingeln), Türsignal plus eine persönliche Übergabe oder Türsignal, persönliche Übergabe und eine Erläuterung verbunden sein. Dies bietet sich für die Anwaltswerbung nur bedingt an, zumal auch die Zuverlässigkeit der Verteilung in Frage steht. Eine bloße Handzettelverteilung ist aber unstreitig zulässig.

185 Sofern einer Haushaltsverteilung Erfolge als Reaktionen zugerechnet werden sollen, ist es zumindest erforderlich, diese deutlich gegenüber allen anderen, zeit- und raumgleich eingesetzten Werbemitteln abzutrennen. Ansonsten ist eine verursachungsgerechte Zuweisung nicht möglich.

186 **b) Beurteilung.** Postwurfsendungen in einem limitierten Gebiet und lokal begrenzte Haushaltsverteilungen sind gerade für Kanzleineugründungen/Berufseinsteiger eine kostengünstige und einfach zu handhabende Werbeform. Denn es erscheint logisch, mögliche Klientel zunächst im unmittelbaren Einzugsgebiet des Kanzleistandorts zu suchen. Womöglich kann man die Druckwerke auch selbst nach Feierabend oder am Wochenende einwerfen und sich zugleich etwas Bewegung an der frischen Luft verschaffen.

3. Werbeartikel

187 **a) Übersicht.** Der Einsatz von Werbeartikeln ist jederzeit zulässig, sofern damit Informationen über die Kanzlei verbunden sind, müssen diese sachlich richtig sein. Werbeartikel bieten eine ganze Reihe von Vorteilen:

Bei geschickter Anlage verursachen sie kaum Streuverluste. Sie sind dreidimensional angelegt. Sie stellen eine emotionale Dialogbasis mit dem Adressaten her. Sie können bei Bedarf persönlich übergeben werden. Im günstigen Fall führen sie zu einer physischen Inbesitznahme durch die Zielpersonen. Sie bieten regelmäßig einen praktischen Gebrauchsnutzen. Sie ermöglichen eine individuelle Gestaltung. Ihnen kommt bei der Kontaktierung die alleinige Aufmerksamkeit zu. Bei geeigneter Wahl haben sie eine hohe Originalität. Und sie können zielgruppenspezifisch ausgewählt werden.

Daher stellen langlebige Werbeartikel, die übersandt, überreicht oder überbracht wer- **188** den können, eine sehr gute Werbemöglichkeit für Kanzleien dar, sofern darauf geachtet wird, daß eine ausreichende Möglichkeit zur Übermittlung inhaltlicher Aussagen gewährleistet ist und naturgemäß die rechtlichen und steuerlichen Restriktionen eingehalten werden.

Werbemittelkataloge (z. B. Oppermann) geben vielfache Anregungen für Werbeartikel **189** zu erstaunlich günstigen Preisen. Die Werbeartikel werden durch diese Servicers auch, im Rahmen von Mindestabnahmemengen, individuell aufbereitet. Ständig kommen neue Werbeartikel hinzu, z. B. bedruckte Mouse Pads für den Computerarbeitsplatz. Ideal ist es, wenn eine konzeptionelle Anbindung des Werbeartikels zum Kanzleiprofil hergestellt werden kann. Gern gesehen sind aber auch immer Wand- und Taschenkalender (Kalenderwerbung ist unstreitig zulässig).

b) Beurteilung. Der Werbeartikeleinsatz ist sinnvoll, allerdings nicht ganz billig. Ein **190** vertretbarer Kompromiß kann durch abgestufte Wertigkeiten, etwa für A-Kunden (Dauervertrag, hoher Mandantenwert), B-Kunden (fallweise Mandanten) und potentielle Kunden, geschaffen werden. Dabei ist an interpersonell stark abweichende Geschmäcker zu denken sowie an Modeerscheinungen, die sich rasch totlaufen. Außerdem erfordern manche Werbeartikel einen unverhältnismäßig hohen Handling- und Verpackungsaufwand. Schließlich ist sicherzustellen, daß der Werbeartikel tatsächlich die Zielperson erreicht und nicht bereits vorher von „Sammlern" einkassiert wird.

4. Telefonische Kommunikation

Telefon- und Telefaxwerbung sind nur zulässig gegenüber bestehenden Mandanten im **191** privaten Sektor, bei Nichtmandanten auch, wenn diese vorher ausdrücklich zugestimmt haben, im gewerblichen Sektor zusätzlich auch bei Nichtmandanten, wenn ein Interesse des Angerufenen vermutet werden kann oder der Anruf ein Objekt seines Geschäftsbetriebs betrifft. Gleiches gilt für das Versenden von E-mails. Als Begründung gilt, daß das Interesse von Professionals an der Nutzung ihrer Telekommunikationsanschlüsse Vorrang hat vor Werbung. Dies ergibt sich allerdings nicht aus der BerufsO, sondern aus § 1 UWG.

Man unterscheidet aktive Telefonansprache, d. h. die Kanzlei ruft potentielle Mandan- **192** ten an, und passive Telefonansprache, d. h. die Kanzlei nimmt Anrufe potentieller Mandanten an.

Bei der **passiven** Telefonansprache wird leider weitverbreitet unvorteilhaft telefoniert, **193** denn obwohl sich kaum einer dessen bewußt ist, muß man richtiges Telefonieren lernen. Denn das Telefonverhalten ist die Visitenkarte der Kanzlei. Dies fängt mit der Begrüßung an. Häufig erlebt man hier als Anrufer unqualifizierte Äußerungen wie „Hallo?" oder „Ja, bitte?" oder „Worum geht es?". Eine korrekte Gesprächseröffnung besteht vielmehr aus folgenden Elementen:

- Grußformel (Tageszeit), Nennung des Nachnamens, Nennung des Vornamens und Wiederholung des Nachnamens, Firma (hier reicht die Kurzform) und Ort (zur näheren Orientierung des Angerufenen).

Eine etwas kürzere Form besteht aus den Elementen: **194**

- Vorname, Nachname, Firma, Grußformel, Offene Frage („Womit kann ich Ihnen helfen?").

Für ein mandantenorientiertes Vorgehen sind weiterhin einige Voraussetzungen zu schaf- **195** fen. So ist der Telefonarbeitsplatz stets besetzt zu halten. Eine weitverbreitete Unsitte ist es, Anrufbeantworter aufzuschalten. Hier lautet die Empfehlung, keinen Anrufbeantworter während normaler Geschäftszeiten anzuschließen, dies führt zum Kontaktabbruch wegen Aufsprechhemmung, zumindest aber zu einem schlechten Eindruck über die

Betriebsbereitschaft. Zumal es vielfältige andere Möglichkeiten wie Voice Mail, Anrufweiterschaltung (Gedan) oder Umleitung auf Mobilfunk (der Anrufer zahlt dann allerdings die höheren Mobilfunkgebühren) gibt. Zur Vermeidung von Besetztzeichen beim Anruf empfiehlt es sich, mehrere Leitungen zu schalten (Nebenstellenanlage) oder ISDN-Komfortmerkmale zu nutzen (wie Anklopfen).

196 Eine **„funktionierende" Telefonzentrale** ist hier von hoher Bedeutung. Sie leitet jedes Gespräch nach Zuständigkeit in der Kanzlei weiter. Ist die Zuständigkeit ausnahmsweise unklar oder ist der durchgestellte Telefonplatz nicht erreichbar, muß unbedingt die Telefonnummer des Anrufers notiert und der Rückruf angekündigt (und dieses Versprechen auch eingehalten) werden. Nach Möglichkeit soll eine Notiz als „Gesprächsaufhänger" für den Angerufenen angefertigt werden.

197 Wichtig ist es auch, Anrufer anzuhören, bevor man durchstellt, und dabei mitzuteilen, zu wem man weiterleitet (Name/Funktion) und warum. Es sollte selbstverständlich sein, daß sich Mitarbeiter an Nebenstellen vor Verlassen ihres Platzes an der Zentrale abmelden oder auf einen anderen Platz, an dem sie zu erreichen sind, umstellen.

198 Die in letzter Zeit inflationär verbreiteten **Musikbänder**, die beim Durchstellen endlos doch immer dieselbe Kleine-Nacht-Musik abnudeln, sind umstritten, denn sie stören die Konzentration und wirken leicht nervig. Häufig erlebt man, daß Mitarbeiter während Mandantentelefonaten weiterarbeiten, man erkennt das an Zwischenrufen oder am Klappern der PC-Tastatur. Dies ist selbstverständlich inakzeptabel.

199 Wichtig ist auch, den Anrufer öfter mit Namen anzusprechen (richtige Aussprache vorausgesetzt). Dazu gilt es, sich den oft nicht einfachen Namen des Anrufers zu merken. Eine entsprechende Nachfrage ist zu Beginn des Gesprächs zweckmäßig (allerdings nicht durch „Wer spricht da?").

200 Bei der **aktiven** Telefonansprache sollte man zunächst fragen, ob beim Angerufenen Zeit vorhanden ist („Drei Minuten" dient hier als Anhaltspunkt). Ist dies nicht der Fall, wird alternativ ein neuer Termin für den Anruf vereinbart. Unbedingt soll vor jedem Gespräch ein Ziel definiert und nach dem Gespräch kontrolliert werden, ob es erreicht wurde und warum ggf. nicht. Aus der Analyse der Fehler kann für die weiteren Telefonate gelernt und somit die Erfolgsquote sukzessiv angehoben werden.

201 Viele Chefs haben allerdings immer noch nicht mitbekommen, daß wir im Kommunikationszeitalter leben, und weisen ihre Sekretärinnen an, jeden Anrufer zu „filtern". So ärgerlich das im Einzelfall auch sein mag, sollte man Sekretärinnen nicht übergehen, sondern einbeziehen.

202 Der Gesprächspartner darf nicht unterbrochen werden. Ebenso ist zu vermeiden, ein „muß" zu verwenden, denn der Angerufene muß rein gar nichts. Hilfreich ist zudem, wie immer, eine adressatenbezogene („Sie"-)Argumentation.

203 Hinsichtlich der Terminvereinbarung werden vielfache Fehler gemacht. So finden sich häufig Formulierungen wie „Wann hätten Sie denn Zeit?", „Machen Sie einen Vorschlag, ich richte mich da ganz nach Ihnen.", „Wann paßt es Ihnen am besten?". Das führt geradewegs in schwierigste Verhandlungen. Statt dessen sind Alternativtermine abzufragen, zunächst als Alternativtage, dann als Alternativuhrzeiten. Es hat sich zudem bewährt, Termin und Ort zu wiederholen, um ärgerliche Mißverständnisse zu vermeiden („Dann also bis übermorgen, 16.00 Uhr hier in der Kanzlei."). Hilfreich ist auch eine kleine Motivation zum Abschluß (wie „Ich freue mich darauf, Sie kennenzulernen.").

204 Eine Ablehnung darf am Telefon keinesfalls hingenommen, sondern muß nach Gründen hinterfragt werden („Warum?"). Aus den damit gewonnenen Informationen heraus kann dann erneut argumentiert werden. Wichtig ist dabei zu bedenken, daß am Anfang ohnehin immer die Ablehnung des Angerufenen steht, daher kann das Ergebnis nur besser werden, nicht aber mehr schlechter.

205 Das Sprechtempo sollte eher langsam ausgelegt sein. Auch ist eine normale Lautstärke einzuhalten. Für das Verständnis sind kurze Sätze, keine Fremdwörter und bildhafter Ausdruck hilfreich. Insgesamt gilt es, die Emotionalität zu betonen, die durch die fehlende

Bildkomponente verlorengeht. Zur Kontrolle der freundlichen Stimme stellen Profis sich einen Spiegel neben ihren Telefonplatz. Eine sonore Stimme klingt am Telefon glaubwürdiger als eine schrille.

Außerdem sollte man möglichst im Stehen telefonieren (größeres Atemvolumen) oder 206 zumindest aufrecht sitzen. Zentral ist immer zu berücksichtigen, daß Mandanten nicht bei der Arbeit stören, sondern Mandanten die Arbeit sind.

5. Persönliche Kommunikation

Es gibt keine Patentrezepte für die optimale Führung eines **Beratungsgesprächs**. 207 Vielmehr ist es so, daß jeder Anwalt mit seinem persönlichen Stil, in dem er intuitiv sicher agiert, am besten fährt. Je mehr Kongruenz dabei bzgl. der verbalen und non-verbalen Zeichen zwischen Sender (Anwalt) und Empfänger (Mandant) herrscht, desto eher und besser entsteht Vertrauen. Das Signalrepertoire des Senders ist vielfältig. Dazu gehört sein physisches Erscheinungsbild, aber auch seine Sprache, vor allem in bezug auf die Wahl eines restringierten (vereinfachten) oder elaborierten (differenzierten) Sprachcodes. Dabei kommen zahlreiche Sprachvariablen zum Einsatz (wie Stimmklang, Lautstärke, Pausensetzung, Sprechtempo, Modulation, Aussprache, Wortwahl, Satzbau, Ablauf etc.).

Jeder Mensch fühlt sich beachtet, wenn er mit seinem Namen (richtige Aussprache 208 vorausgesetzt) angeredet wird. Vielen Menschen schmeichelt es, wenn man ihre Titel kennt und diese Kenntnis im Gespräch geschickt durchblicken läßt, sie zumindest aber mit ausgesuchter Höflichkeit anspricht. Vorsicht ist allerdings bei unangenehmen Gesprächen in Gegenwart Dritter geboten. Dann führt die Personifizierung leicht zu einer Verhärtung der Atmosphäre. Das gilt auch für Tabuthemen (wie Politik, Moral, Religion etc.), die auch als Gesprächseinstieg denkbar ungeeignet sind.

Mit dem Entgegenstrecken der Hand zur Begrüßung sollte man warten, bis der andere 209 die Hand reicht (kann sonst aufdringlich wirken), und den Händedruck dabei weder zu lasch noch zu kräftig ausfallen lassen. Ein leichter Diener bei der Begrüßung von Frauen, aber keine Verbeugung, ist angebracht.

Kleine Höflichkeitsbezeugungen (wie Platz anbieten, Türe schließen helfen, Regen- 210 schirm abnehmen etc.) wirken gut. Vermeiden sollte man das Herumstehen und Schwatzen mit Kollegen und das Dreschen von Standardphrasen. Weiterhin sollte man sich mit Namen vorstellen, seine Funktion erläutern, eine positive Ausstrahlung vermitteln und eine aufrechte Körperhaltung einnehmen, alles an sich Selbstverständlichkeiten, aber wenn man sich selbst einmal auf die Einhaltung dieser scheinbaren Selbstverständlichkeiten hin überprüft, werden rasch Nachlässigkeiten klar.

Ein gepflegtes Äußeres fördert das Gesprächsklima. Frauen achten mehr auf zeitgemäße 211 modische Kleidung ihres Gesprächspartners als Männer. Zum guten Aussehen tragen vor allem ein gepflegter Haarschnitt, ein gepflegtes Gesicht und eine gepflegte Kleidung bei. Die Kleidung soll seriös und ordentlich sein, gleichzeitig aber nicht zu auffällig und fein.

Der Augenkontakt zwingt den Gesprächspartner, sich dem Gesprächsthema zuzuwen- 212 den. Ein offener, lebhafter Augenkontakt intensiviert die Wirkung des gesprochenen Worts. Starren hingegen wirkt unangenehm. Ein unsteter, den Augen des Partners ausweichender Blick wird häufig als Unsicherheit gedeutet und führt zu einem Verlust an Wirkungskraft. Störend wirken auch Fingertrommeln, Spielen mit Gegenständen, Floskeln, Dauerreden, sprunghafter Themenwechsel, zu große Nähe, unmotiviertes Anfassen.

Die Mimik des Sprechers unterstützt das gesprochene Wort. Zugleich ist sie verräte- 213 risch, wenn er es nicht ehrlich meint. Die mimische Begleitung ist vom Kulturkreis abhängig, außerdem von Geschlecht, sozialer Schicht und Abstammung.

Gleichermaßen unterstützt die Gestik das gesprochene Wort. Gesprochene Worte unter- 214 liegen Mißverständlichkeiten, wenn ihr Verständnis verschieden ist. Deshalb sind Wörter vorsichtig auszuwählen. Zu große Aufmerksamkeit auf den Sprechakt erschwert allerdings zugleich das Reden.

D. Die operative Umsetzung der Werbemaßnahmen

I. Die Gestaltung von Printwerbemitteln

215 Für die Wahrnehmung von Werbemitteln sind eine ganze Reihe von Anhaltspunkten hilfreich, einzuhalten. Abbildungen sind unproblematisch, sofern sie sachliche Informationen enthalten (z. B. Charts, Tabellen, Graphiken). Wenn sie keine Information enthalten, also nur anmutend wirken, sind sie nur erlaubt, wenn sie nicht dominant eingesetzt werden. Allerdings stellen nur Werbemittel solche Abbildungen dar, nicht jedoch einzelne CI-Elemente, die jederzeit zulässig sind.

1. Bildanteil

216 Bilder gelten bei weitem als reizintensiver als Texte. Eine sachliche Information dürfte immer zu bejahen sein bei Abbildungen, die in unmittelbarem Zusammenhang mit der anwaltlichen Tätigkeit stehen (z. B. Geschäftsräume, technische Ausstattung, Arbeitsmittel, Kollegen). Für Abbildungen, für die dieser enge Zusammenhang nicht unmittelbar erkennbar ist, ist derzeitig anzunehmen, daß sie unzulässig sind. Diese Restriktion engt die Gestaltungsmöglichkeiten immens ein, was allerdings offenläßt, solche Abbildungen informationsergänzend oder zur Auflockerung der Darbietung einzubeziehen.

217 Denn zum Bildanteil ist zu sagen, daß im Rahmen der verbreiteten Imagery-Forschung, die sich mit den Prozessen der nicht-verbalen, gedanklichen Einstellung, Verarbeitung und Speicherung von inneren Bildern beschäftigt, angenommen wird, daß Bilder ganzheitlich verstanden und weitgehend automatisch verarbeitet werden. Dies führt zu einer schnelleren, besseren Aufnahme, Verarbeitung und Speicherung von bildlichen gegenüber textlichen Informationen. Insofern kommunizieren Bilder dann auch präziser und prägnanter als Texte. Dies gilt vor allem für emotionale Sachverhalte und Konsumerlebnisse. Für die Verständlichkeit visueller Kommunikation sind dabei folgende Effekte bedeutsam:[21]

- Der **Reihenfolgeeffekt** besagt, daß Bilder in der Regel vor dem Text betrachtet werden, ihr Inhalt somit zuerst erfaßt, besser gelernt und in Erinnerung behalten wird.
- Der **Aktivierungseffekt** besagt, daß Bilder eine stärkere innere Aktivierung auslösen als Texte und dadurch die Wirkung der jeweiligen Werbung verbessern.
- Der **Gedächtniseffekt** besagt, daß Bilder besser in Erinnerung behalten werden als Worte, das hängt mit der Abspeicherung in den Gehirnhälften zusammen, links sprachlich-logisch, rechts bildlich-emotional.
- Der **Manipulationseffekt** besagt, daß Bilder besser zur Verhaltenssteuerung geeignet sind, weil ihre Wirkung schwerer durchschaubar und kontrollierbar ist.

218 Insofern begibt man sich hier derzeit des stärksten werblichen Gestaltungsmittels. Dennoch können sachlich informierende Abbildungen unter diesen Aspekten eingesetzt werden, deren Anmutungsqualität allerdings die Nutzung professioneller Erfahrung voraussetzt. Der „billige" Hobbyfotograf aus der Bekanntschaft ist ganz sicher nicht in der Lage, solche akquisitorischen Effekte zu erzeugen.

219 Bei Abbildungen ist auch die richtige Wahl des Bildausschnitts bedeutsam. Umfeld ist nur insofern sinnvoll, als es die Botschaft unterstützt (z. B. Ambiente), ansonsten verwirrt es eher. Wichtig ist auch eine kontrastreiche Darstellung, sowohl des Werbeobjekts in seiner Umgebung als auch der Schrift gegenüber dem Bilduntergrund. Warme Töne werden eher als angenehm empfunden. Menschen haben generell eine höhere Aufmerksamkeitswirkung als Sachen, dynamische Motive eine höhere als statische. Bildausschnitte wirken interessanter als Vollprofildarstellungen.

220 **Farben** können gezielt um ihrer psychologischen Wirkung willen eingesetzt werden oder um wichtige Passagen zu kennzeichnen. Dabei ist von folgenden Farbanmutungen bei der Mehrheit der Bevölkerung auszugehen:

[21] *Schweiger/Schrattenecker* 1992, S. 170f.

- Schwarz: vermittelt den Eindruck von Vornehmheit, Würde, Eleganz,
- Weiß: suggeriert Reinheit, ist erfrischend, antiseptisch,
- Grau: wirkt unschlüssig, matt, monoton, in bestimmten Schattierungen aber auch vornehm,
- Grün: die ruhigste aller Farben, neutral, Symbol der Hoffnung,
- Rot: bedeutet Kraft, Dynamik, Leidenschaft, zieht die Blicke auf sich,
- Scharlachrot: wirkt streng, kraftvoll, ist Zeichen der Würde,
- Mittelrot: verkörpert Kraft, Aktivität, Bewegung, hat sinnlichen Charakter,
- Hellrot: bedeutet Lebhaftigkeit, Freude, Energie,
- Rosa: wirkt schüchtern, romantisch, Mangel an Vitalität, feminin, süßlich,
- Braun: wirkt fest, realistisch, verkörpert gesundes Leben,
- Orange: gibt Wärme, bedeutet Großzügigkeit,
- Blau: ruhige, entspannte Atmosphäre, kalt, rational,
- Türkis: ist frisch, kraftvoll,
- Gelb: die heiterste aller Farben, jung, lebhaft, hat Leuchtkraft, leicht,
- Violett: ist geheimnisvoll, melancholisch, würdevoll, Bitteranmutung.

2. Textanteil

Für den **Textteil** sind größere Schriftgrade gegenüber „Brotschriften" (kleine Schrift- **221** grade) zu bevorzugen. Antiquaschriften sind, vor allem bei kleinen Schriftgraden, lesefreundlicher als Groteskschriften (sog. serifenlose Schriften). Fette Schriften sind schlechter lesbar als normal starke Schriften. Schmallaufende Schriften sind schlechter lesbar als Schriften mit normaler Laufweite. Kursive Schriften eignen sich nicht für lange Texte. Falsche Buchstabenabstände (Leerzeichen) schaffen unlogische Wortverbindungen oder zerstören Zusammenhänge. Schlecht gewählte Zeilenabstände ermüden den Leser vorzeitig.

Großbuchstaben (Versalien) werden langsamer gelesen als gemischte Schreibweise, weil **222** die Ober- und Unterlängen fehlen. Gemischte Schriftstile (wie gesperrt, gefettet etc.) vermindern ebenfalls die Lesegeschwindigkeit. Im Fließtext ist mindestens eine Schriftgröße von 8 bis 12 Punkt (gilt nicht für Bücher) einzuhalten, jede Zeile sollte nicht mehr als 40–45 Zeichen haben, denn bei längeren Zeilen verliert der Leser leicht den Überblick, und kürzere Zeilen führen zu ungünstigen Umbrüchen.

Verschiedene Schriftarten bzw. Schriftgrade innerhalb eines Druckwerks verderben die **223** Typographie. Lange, ungegliederte Texte schrecken den Leser ab. Kürzere Absätze sind für den Leser schneller auswertbar als lange. Typographische Spielereien (wie moderne DTP-Programme sie nahelegen) wirken häufig unseriös. Statt dessen ist Reduktion angezeigt.

Die optimale Satzbreite ermöglicht es dem Leser, mühelos vom Ende einer Zeile zum **224** Anfang der nächsten zu gelangen. Negative Schriften sind schlechter lesbar als positive, also schwarze Schrift auf weißem Grund. Texte auf unruhigen Bilduntergründen werden weniger gut wahrgenommen, ebenso haben farbige Schriften schlechtere Lesewerte.

Der Durchschuß betrifft den Abstand zwischen den Zeilen. Dieser sollte 10–20% **225** größer sein als der Schriftgrad. Ein größerer Durchschuß wirkt zerrissen, weil zuviel „Luft" zwischen den Zeilen ist, ein kleinerer Durchschuß erschwert die Lesbarkeit, weil die Zeilen zu eng stehen. Weiterhin ist eine Orientierung am gesprochenen Wort beim Text hilfreich. Die Sätze sollen möglichst aus nicht mehr als 15 Worten bestehen. Jeder neue Gedanke macht dabei einen neuen Satz aus. Eine aktive Wortwahl wirkt allgemein emotionaler als passive Formulierungen. Hilfreich sind auch bildhafte Adjektive, Metaphern und Vergleiche. Abkürzungen (vor allem Zielpersonen nicht vertraute) bremsen den Lesefluß. Der Text soll insgesamt „mühelos" zu lesen sein.

Hervorhebungen kennzeichnen wichtige Passagen. Handlungsabläufe können auch **226** tabellarisch dargestellt werden, so entsteht eine größere Transparenz, die selektives Lesen, leichtes Orientieren und das Erkennen von Zusammenhängen ermöglicht. Es sollte eine Tonalität verwendet werden, die dem Leser keine autoritäre, sondern eine kooperative

Einstellung signalisiert. Auch ist auf eine optimale Korrelation zwischen Text und Bild abzuzielen. Abkürzungen sind zu vermeiden oder zu Beginn des Textes zu erklären. Substantive wirken glaubwürdiger und verknappen Textumfänge, jedoch sind substantivierte Verben zu vermeiden. Ebenso sollen Adjektive als Füllwörter vermieden werden.

227 Bei notgedrungen textlastigen Werbemitteln kommt der Wahl der **Typographie** eine hohe Bedeutung zu. Dabei unterscheidet man verschiedene Schriftklassifikationen:
- Venezianische Renaissance-Antiqua,
- Französische Renaissance-Antiqua, z. B. Garamond/Palatino,
- Barock-Antiqua, z. B. Times, Baskerville,
- Klassische Antiqua, z. B. Bodoni,
- Serifenbetonte Linear-Antiqua, z. B. Lubalin,
- Serifenlose Linear-Antiqua (Groteskschrift), z. B. Avantgarde, Helvetica, Univers,
- Antiquavarianten, z. B. Colossalis,
- Schreibschriften, z. B. Bellevue,
- Handschriftliche Antiqua, z. B. Zapf,
- gebrochene Schriften, z. B. Goudy.

228 Renaissance-Schriften wirken sehr zurückhaltend und harmonisch, Barock-Schriften wirken demgegenüber stärker betont, Klassizistische Schriften sind rational anmutend, Antiqua-Schriften spiegeln eher abstrahierte Formen, Gebrochene Schriften hinterlassen einen kantigen und altmodischen Eindruck.

229 Ebenso werden mehrere unterschiedliche Schriftgrade eingesetzt. Ihre Bemessung erfolgt in Punktgröße (1 Pkt. = 0,376 mm / 1 mm = 2,66 Pkt.). Die Punktgrößen 6, 7 und 8 stellen als Konsultationsgrößen die Untergrenze für normalen Lesetext dar. Die Punktgrößen 9, 10, 11 und 12 werden als Lesegrößen bezeichnet. Die Punktgrößen 14, 16, 20, 24, 36 etc. als Schaugrößen für Headlines (Schlagzeilen).

230 Hinsichtlich der Satzarten werden ebenfalls mehrere Formen unterschieden:
- Beim **Blocksatz** sind alle Zeilen einer Spalte gleich lang, dies wirkt zwar übersichtlich, aber auch etwas statisch.
- Beim **Flattersatz** sind alle Zeilen unterschiedlich lang, es gibt keine Trennungen. Dies wirkt zwar lebhaft, aber gerade bei längeren Texten auch leicht unübersichtlich.
- Beim **Rauhsatz** sind die Zeilen unterschiedlich lang, jedoch dienen Trennungen als Ausgleich. Dies stellt einen guten Kompromiß dar.
- Beim **Formsatz** folgt der Textlauf Figuren (etwa Bildausschnitten). Dies resultiert in schwieriger Lesbarkeit, auch wegen der Trennungen/Wortzwischenräume.
- Beim **Zentralsatz** flattert der Text beidseitig um die Mittelachse. Dies ist dann meist sehr schlecht lesbar und wirkt zu verspielt, um zweckmäßig zu sein.

231 Für den Satzspiegel, also die für die Gestaltung nutzbare Fläche auf einer Seite, gilt meist das Verhältnis des Goldenen Schnitts (8:5, d.h. Relation längere Form zur kürzeren wie längere zu gesamter Form).

II. Die Produktion von Werbemitteln

232 Wichtige Arbeitsschritte, um für Anwaltsleistungen erfolgreich zu werben, sind (am Beispiel von Printwerbemitteln) im einzelnen folgende:
- Am Anfang steht eine möglichst genaue Aufgabenbeschreibung (sog. **Briefing**). Darin wird festgelegt, welches Problem die Werbung lösen soll. Dieses Briefing geht entweder an externe Werbeberater (Werbeagentur) oder an die interne Werbeabteilung/den Werbeauftragten. Je präziser das Problem beschrieben wird und je umfassender die Randbedingungen der Problemstellung erfaßt werden, desto besser. Auf Basis dieser Angaben ist der voraussichtliche Arbeitsumfang bereits grob abschätzbar. Daraus ergibt sich die Planung der Terminierung (Timing). Obgleich dies gerade bei kreativen Tätigkeiten schwierig ist, darf kein Projekt ohne verbindliches Timing begonnen

werden. Dann sind auch die Kosten bereits grob abschätzbar. Diese sollen in einem Kostenvoranschlag (KVA) erfaßt werden. Grundsätzlich sind diese Kosten vom Auftraggeber/Budgetverantwortlichen zunächst freizugeben, bevor mit den eigentlich kostenverursachenden Arbeiten begonnen wird.

- Danach wird das **Kreativkonzept** ausgearbeitet. Es umfaßt die Entwicklung einer Basisidee, deren Verbalisierung in Form von Beschreibungen (sog. Concept Boards) sowie deren erste Visualisierung. Diese geschieht zumeist der Reihenfolge nach als Konzeptzeichnung (sog. Rough), als Skizze (sog. Scribble) und schließlich als ausgearbeiteter Entwurf (sog. Rohlayout). In welchem Stadium die Idee vom Auftraggeber genehmigt wird, hängt im wesentlichen von dessen Abstraktionsvermögen ab. In einigen Fällen ist noch ein sog. Reinlayout erforderlich (d. h. Layout-Illustration bzw. Stock-Foto mit abgesetzter Headline). Der Text einer Anzeige (sog. Body Copy) wird in diesem Stadium nur als Textinhalt beschrieben, allenfalls liegt der Abbinder (Slogan) ausformuliert vor. Nunmehr sollte es möglich sein, die kreative Idee eindeutig zu erkennen und freizugeben (Go), abzulehnen (Drop) oder zu korrigieren (On).
- Für die **Umsetzung** muß, falls Abbildungen vorgesehen sind, die Fotografie oder Illustration eingeleitet werden. Dazu wird der Auftrag an von Erfahrung oder Potential her dafür in Frage kommende Künstler auf Basis einer einheitlichen Aufgabendefinition ausgeschrieben. Aus den eingehenden Angeboten wird das beste ausgewählt (nicht unbedingt das kostengünstigste), nachverhandelt und akzeptiert. Dieser Fotograf/Illustrator erhält eine detaillierte Beschreibung der von ihm erwarteten Leistung. Es hat sich bewährt, daß dabei der oder die Werbeverantwortliche(n) anwesend sind (sog. Pre Production Meeting/PPM).
- Dabei sind oft umfangreiche **organisatorische Hilfen** zu leisten. Im Fotografiebereich betrifft dies etwa die Auswahl von Models (sog. Casting), meist anhand von Arbeitsbeispielen (sog. Set Cards) von den sie vertretenden Agenten. Dann die Auswahl von abzubildenden Accessoires wie Kleidung, Möbelstücke, Requisiten etc. Aber auch die Auswahl des Aufnahmeorts (sog. Location). Dann sind Genehmigungen, etwa von Behörden, Lizenzgebern oder Urhebern, einzuholen. Oft ist die Beibringung fotografierfähigen Materials ein Problem, was gerade bei Dienstleistungen wie Rechtsberatung aufgrund ihrer Immaterialität gilt. Außerdem müssen evtl. zahlreiche Hilfskräfte, etwa Visagisten, Requisiteure, Locations Scouts etc. eingebunden werden. Auch Gegebenheiten wie günstiges Wetter, freie Termine, Transportanbindungen etc. spielen eine große Rolle. Dabei ist nicht einmal an komplizierte Aufnahmen gedacht, so daß es nahe liegt, diese Arbeiten in die Hände ausgewiesener Fachleute (Werbeagenturen/-berater) zu legen.
- Regelmäßig ist im Anschluß daran eine **Überarbeitung** (sog. Post Production) der Werbevorlagen notwendig. Diese erfolgt zumeist durch elektronische Bildverarbeitung (EBV). Die dazu erforderlichen Anlagen, wie leistungsstarker Computer mit großem Bildschirm, Laserdrucker, Tintenstrahldrucker, DTP-Software, Wechselplattenlaufwerk, Farb-Scanner mit Aufsatz für Durchsichtsvorlagen, EBV-Software, Still Video-Kamera und Schnittstellenzubehör, sind bereits für überschaubare Geldbeträge zu beschaffen. Spezialanfertigungen (wie hochauflösende Fotoabzüge oder Filmbelichtungen) können dann immer noch extern zugekauft werden.
- Danach wird meist ein Fotolayout (Farbausdruck/-belichtung) angelegt, das bereits einen naturgetreuen Eindruck des späteren Werbemittels bietet, also mit standgenauen Abbildungen, abgesetzten Texten, Grafiken, Logos etc., anhand dessen die **Freigabe** erfolgen kann. Dann sind allerdings noch reinzeichentechnische Überarbeitungen für Umbrüche, Formatadaptationen etc. notwendig. Danach geht es um die eigentliche Druckvorbereitung und die Abnahme von Andrucken bzw. deren Feinkorrektur als letzter Schritt vor der eigentlichen Reproduktion.

233 Erst die Mühe im Detail macht aus konsequenter Vorarbeit erfolgversprechende Werbung. Dazu ist es erforderlich, sich der Unterstützung gut ausgebildeter Spezialisten zu bedienen. In anderen Lebensbereichen ist dies selbstverständlich, für die Werbung hingegen wird oftmals Herumwurschteln (Muddling through) als ausreichend angesehen, obwohl es doch gerade hier auf Professionalität ankommt.

III. Der operative Werbeeinsatz

1. Abstimmung der Werbemaßnahmen

234 Die Anforderung der integrierten Kommunikation ist unerläßlich. Damit ist gemeint, daß alle Werbemittel eines Absenders inhaltlich, formal, zeitlich und räumlich nur aufeinander abgestimmt eingesetzt werden dürfen. Nur so kann der Eindruck einer **Corporate Identity** im Zielpublikum entstehen.[22]

235 **Inhaltlich** ist eine Integration derart erforderlich, daß die Auslobung sich auf eine zentrale Botschaft konzentriert, die in allen Medien durchgesetzt wird. **Formal** ist eine Integration durch vielfältige Stilelemente möglich. Dazu gehören vor allem Layoutraster, Typographie, Farbstimmung, Logo, Slogan (s. o.).

236 Die Maßnahmen sollen aber auch **zeitlich koordiniert** ablaufen. Dabei kann eine Konzentration auf einen begrenzten Zeitraum erfolgen, der durchsetzungsstark ausgedeckt wird, oder eine Pulsation zwischen Phasen hoher und solchen niedriger Werbeintensität bzw. bei konstanter Werbeintensität, oder eine im Zeitablauf steigende oder fallende Werbeintensität oder ein zeitgleich in verschiedenen Medien startender oder ein sukzessiver Einsatz. Letztlich ist dies eine Frage des Werbebudgets.

237 Außerdem müssen auch die **Einsatzgebiete** der Maßnahmen aufeinander abgestimmt werden. So kann es sinnvoll sein, alle Maßnahmen im gleichen Gebiet einzusetzen oder separate Raum-Maßnahmen-Kombinationen vorzusehen. Denkbar sind dabei etwa ein lokaler, regionaler, nationaler oder internationaler Einsatz der Werbung.

238 Dazu muß man sich vor Augen führen, daß alle Werbemaßnahmen über die intendierte Zielgruppe hinaus zeitlichen und räumlichen Überfüllungen unterliegen. Dabei entstehen erhebliche Verwirrungen, wenn potentielle Mandanten abweichende Auslobungen desselben Absenders gewahr werden. Daher ist es unbedingt erforderlich, bevor der operative Werbeeinsatz durchgeführt wird, zunächst intensiv und nachhaltig die konzeptionellen Grundlagen der Auslobung zu durchdenken und diese dann, nach reiflicher Überlegung, festzuschreiben und nur noch im Rahmen regelmäßiger Reviews auf ihre Stimmigkeit hin zu überprüfen bzw. in Details anzupassen. Nur so können synergetische Effekte der einzelnen Werbemittel entstehen, eine erratische Änderung der Auslobung führt hingegen zu einer mehr oder minder großen Entwertung des aufgebauten Sockels an Bekanntheit und Vertrautheit in der Zielgruppe und zur Notwendigkeit erneuter Anstrengungen von Grund auf.

2. Durchführung der Werbemaßnahmen

239 Neben den konzeptionellen Leitlinien sind auch ganz praktische Arbeitshilfen zur Umsetzung von Werbemaßnahmen hilfreich:

- Wichtige Informationen über Werbeträger finden sich in den **Media-Daten** (Media-Daten-Verlag, Wiesbaden). Dies ist vor allem dann von Relevanz, wenn Fachtitel ausgewählt oder Fachzielgruppen angesprochen werden sollen.
- Die Durchführung der Werbemaßnahmen baut im weiteren auf einem **Mediaplan** auf, der sinnvollerweise Angaben zu Werbeträger, Einschaltungen, Werbemittelausstattungen, Motiven, Sondervereinbarungen und Einschaltkosten enthält.
- Daraus ergibt sich die Notwendigkeit der Bestimmung des zeitlichen Einsatzes. Dies erfolgt in einem **Streuplan**. Dieser ist eine optische Darstellung der zeitlichen Vertei-

[22] Dazu ausführlich *Bruhn* 1997, S. 136 ff.

lung der Einschaltungen in Werbeträgern in Form eines Kalendariums. Die Kennzeichnung der Einschaltungen erfolgt durch Kreuze in der Woche des Erscheinungstermins bzw. Balken für die Dauer der Werbeträgerauflage.
- Als nächste Unterlage ist der **Kostenplan** wichtig. Dieser enthält im einzelnen Angaben zu belegten Werbeträgern, Ausstattungen, Belegungsfrequenz, Einschaltkosten, Rabattierung und Nettopreise verschiedener Grade. Daraus ergibt sich auch die Vorauszahlungsübersicht bei Zusammenarbeit mit einer Werbeagentur/Mediagentur/Werbeberatung.
- Der vierte Plan ist schließlich der **Produktionsplan**. Dabei handelt es sich um eine Übersicht der zu erstellenden Produktionsvorlagen. Im einzelnen sind darin aufgeführt Werbeträger, Ausstattungen, Einschalttermine, Produktionsverfahren, Einschaltvorlagen, Motive, Versandadressen und Deadline zur Vorlageneinreichung.

Alle Kostenbeträge und Produktionsvorlagen für nichtklassische Werbemittel sind in gesonderten Plänen zu erfassen. Dabei geht man am besten mit einer exakten Beschreibung des Werbemittels wie folgt vor (Beispiel Printwerbemittel): 240
- Format,
- Farbigkeit,
- Auflage,
- Anzahl Abbildungen,
- besondere Ausstattungsmerkmale (wie Stanzung, Prägung etc.),
- besondere Verarbeitungsmerkmale (wie Heftung, Falzung etc.),
- Terminierung.

Diese Daten werden zur Ausschreibung an mindestens drei potentielle Lieferanten gegeben. Daraus wird das günstigste, nicht unbedingt billigste, Angebot ausgewählt. Bei Vergabe über eine Werbeagentur/einen Werbeberater kommen zumeist noch 17,65% Service Fee auf diesen Preis hinzu, dafür ist man aber von den fehlerträchtigen Koordinationsarbeiten entlastet, so daß sich dieser Betrag leicht bezahlt machen dürfte, wenn man die ersparte Zeit in Mandanten investiert (von den Nerven ganz zu schweigen). 241

Unbedingt empfehlenswert ist auch die Führung einer **Projektliste.** Diese wird jeweils zum Wochenanfang aktualisiert und gibt Auskunft über den Arbeitsstand jedes Werbeprojekts. Dazu sind folgende Spalten auf einem Arbeitsblatt (Maske/Papier) vorzusehen: 242
- Projekt-Nr. (ist wichtig wegen der Kostenzurechnung jedes Projekts),
- Projekt-Bezeichnung,
- Status des Projekts,
- Nächste Schritte,
- Zuständigkeit (intern oder extern),
- Termin.

Als Hilfen für die **Kostenkalkulation** sind folgende zu nennen: 243
- Etat-Kalkulator (Creativ Collection Freiburg): Dies ist eine integrierte Kalkulationsdrehscheibe mit 10000 Einzeldaten, sie gibt Auskunft über Preise im gesamten Feld der Marketingkommunikation, erscheint zweimal jährlich (Preis: 75 DM).
- BDG-Honorar-Empfehlung (Bund Deutscher Graphik-Designer, Düsseldorf): Sie nennt unverbindliche Honorare und Konditionen für den Designbereich, auch für Texte, Werbekonzeptionen, Beratung.
- FFW-Texte-Honorartabelle (Fachverband Freier Werbetexter): Sie gibt Vergütungen für 50 typische Textleistungen an.
- Geschäftspartner Agentur (Stamm-Verlag, Essen): Dabei handelt es sich um einen Text zu Vergütungsregelungen und Kalkulationsbeispielen.
- Honorarumfrage des BDW (Deutscher Kommunikationsverband, Bonn): Hier sind die Ergebnisse einer Mitgliederbefragung zu Honoraren und Kosten zusammengefaßt.

§ 42 Institutionelle Anwaltssuche

Jürgen W. Netzband★

Übersicht

Schrifttum: *Baumbach/Hefermehl*, Wettbewerbsrecht, 20. Aufl., 1998; *Eylmann*, Reglementierung der Werbung in der Berufsordnung – sinnvoll, überflüssig oder unzulässig?, AnwBl. 1996, 481; *Feuerich/Braun*, Bundesrechtsanwaltsordnung, 4. Aufl., 1999; *Hartung/Holl*, Anwaltliche Berufsordnung, 1997; *Henssler/Prütting*, Bundesrechtsanwaltsordnung, 1997; *Kornblum*, Die anwaltlichen Werbeverbote im Lichte der neuesten Rechtsprechung des BVerfG, AnwBl. 1988, 361; *Netzband*, Angabe von Tätigkeitsschwerpunkten durch Rechtsanwälte – Irreführung der Rechtsuchenden?, NJW 1992, 811.

A. Begriffsbestimmung – Abgrenzung zur allgemeinen anwaltlichen Werbung

Der Begriff Anwaltssuche geht regelmäßig von der Position des Rechtsuchenden aus, der nicht nur das Recht sucht, sondern vor allem denjenigen, der ihm dieses Recht am besten vermittelt. Im Ergebnis sollte es dann der bestgeeignete Rechtsanwalt sein. Rechtsuchende können hierbei nicht nur Privatpersonen sein, sondern auch juristische Personen, also auch Unternehmen, Verbände, Behörden und auch solche Organisationen, die ebenfalls auf ihrem eigenen Tätigkeitsgebiet in zulässiger Weise im rechtlichen Bereich tätig sind. 1

Anwaltssuche kann aber auch vom Anwalt selbst ausgehen, der einen Anwaltskollegen sucht, der entweder bei einem bestimmten Gericht postulationsfähig ist, der wegen zu großer Entfernung einen Termin wahrnehmen soll oder der in einer speziellen Angelegenheit die größere Sachkompetenz hat. 2

Ziel des Rechtsanwaltes ist es, diese Rechtsuchenden und auch suchende Anwaltskollegen in irgendeiner Form zu erreichen bzw. auch auf sich als Anbieter anwaltlicher Dienstleistung aufmerksam zu machen. Diese Aufmerksamkeit kann durch allgemeine Werbung innerhalb der bekannten Grenzen wie folgt erreicht werden: 3
- Weiterempfehlung durch zufriedene Mandanten,
- Veröffentlichung von juristischen Aufsätzen,
- Veranstaltung von Pressekonferenzen,
- Auftreten als Vortragsredner,

★ Rechtsanwalt und Notar in Frankfurt/Main, Sozietät Netzband & Coll.; Mitbegründer des Anwalt-Suchservice.

- Gestaltung und unaufdringliche Verteilung einer Kanzlei-Broschüre,
- Anbieten von Mandantenbriefen,
- Zeitungsanzeigen usw.

Im Folgenden soll der Weg zu möglichen Mandanten über eine Institution beschrieben werden.

B. Mandantenakquisiton: Probleme – zulässige Wege

4 Bei den oben aufgeführten allgemeinen Werbemaßnahmen wird in der Regel der akquirierende Anwalt selbst aktiv, wobei er immer wieder beachten muß, daß er die Zulässigkeitsgrenzen nicht überschreitet.[1] Er darf zwar über sich und seine Arbeit sachlich informieren, also Informationswerbung betreiben, aber hierbei nicht mit Selbstverständlichkeiten, mit einer Alleinstellung oder mit unwahren Angaben werben, was gegen das Gesetz gegen den unlauteren Wettbewerb verstoßen würde.[2]

5 Auch darf er hierbei seine Leistung nicht mit der anderer Kollegen vergleichen und diese hierbei herabsetzen.[3] Auf keinen Fall darf ein Anwalt direkt um Mandate werben, also den Rechtsuchenden zur Auftragserteilung auffordern.[4] Schon gar nicht darf eine „marktschreierische", also unseriöse Werbung betrieben werden.[5]

6 Eine allgemeine Werbung ist also nur mit der gehörigen Zurückhaltung erlaubt. Es ist nur zu verständlich, daß sich ein derart werbender Anwalt immer auf unsicherem Boden bewegt, wobei er noch nicht einmal weiß, ob seine Werbemaßnahmen Erfolg haben werden oder sich gar ins Gegenteil wenden, also zur Negativwerbung werden. Diesen Unwägbarkeiten kann der Anwalt durch Zwischenschaltung einer Institution aus dem Wege gehen.

C. Probleme der Rechtsuchenden

I. Spezialisierung

7 Zunächst soll auf die Probleme der Rechtsuchenden eingegangen werden. An erster Stelle steht hierbei die Kompetenz auf dem gesuchten Rechtsgebiet.

Jeder Rechtsuchende möchte den „besten" Rechtsanwalt auf diesem Gebiet finden. Es soll also ein Spezialist sein. Kein Anwalt darf sich jedoch als Spezialist für ein bestimmtes Rechtsgebiet bezeichnen, wenn er nicht mit dem Gesetz gegen den unlauteren Wettbewerb in Konflikt kommen will.[6]

8 Das anwaltliche Berufsrecht gestattet hierzu nur folgende zusätzliche Werbeangaben:
- Angabe eines Zweitberufs, wie Steuerberater, Wirtschaftsprüfer, vereidigter Sachverständiger für . . . usw.,[7]
- Bezeichnung als Fachanwalt, wenn dies von der zuständigen Anwaltskammer gestattet wurde,[8]
- Angabe von bis zu 3 Tätigkeitsschwerpunkten (nach 2 Jahren Anwaltszulassung),[9]

---

[1] *Hartung/Holl – Römermann*, BerufsO § 6 Rn. 45 ff.
[2] *Henssler/Prütting – Eylmann*, BRAO § 43 b Rn. 22.
[3] *Vogelsang*, WiB 1995, 155 (156).
[4] *Henssler/Prütting – Eylmann*, BRAO § 43 b Rn. 45.
[5] *Eylmann*, AnwBl. 1996, 481 (483).
[6] *Feuerich/Braun*, § 43 b BRAO Rn. 11.
[7] *Kornblum*, AnwBl. 1988, 361 (364).
[8] BVerfG, NJW 1992, 816.
[9] *Netzband*, NJW 1992, 811 ff.

– Angabe von bis zu 5 Interessenschwerpunkten (vom Beginn der Zulassung als Rechtsanwalt). Wenn jedoch bereits Tätigkeitsschwerpunkte genannt werden, dürfen insgesamt nur bis zu 5 Rechtsgebiete genannt werden, auf denen der betreffende Rechtsanwalt tätig ist.[10]

Ein Rechtsanwalt, der solche Angaben veröffentlicht, sollte jedoch immer bedenken, 9
daß er als „Allgemeinanwalt" dann auch andere mögliche Mandate nicht erhält, weil ein Rechtsuchender meint, derartige „Spezialisten" arbeiten nur auf dem von ihnen angegebenen Spezialgebiet.

Wenn ein Rechtsuchender jedoch keinen bestimmten „Haus-Anwalt" hat, wird er in 10
erster Linie darauf aus sein, zumindest einen Kenner auf dem bestimmten Rechtsgebiet zu finden.

II. Örtliche Nähe

Da sich schwierige Sachverhalte am besten mündlich erläutern lassen, soll der in Frage 11
kommende Anwalt nicht allzu weit entfernt sein Büro haben. Bei der Vielfalt der jetzt bestehenden Kommunikations-Möglichkeiten, dürfte dieses Problem zwar nicht unbedingt an erster Stelle stehen, aber es sollte auch nicht unterschätzt werden. Ein Anwalt des Vertrauens sollte auch möglichst bequem zu erreichen sein. Im Zweifel wird der örtlich nähere Anwalt mandatiert.

III. Geringer Aufwand

Neben dem geringeren zeitlichen Aufwand der örtlichen Nähe ist vor allem auch das 12
Problem des finanziellen Aufwandes für den Rechtsuchenden beachtlich. Hierbei steht immer im Vordergrund die Frage: Kann ich mir überhaupt finanziell einen solchen Anwalt leisten. Für den Anwalt hilft hier nur eines: Nämlich die vorweggenommene Kostenberatung und erst danach die Entgegennahme des Auftrags.

IV. Zuverlässigkeit

Der beste „Spezialist" nützt dem Rechtsuchenden nicht viel, wenn er nicht zuverlässig 13
und prompt arbeitet. Hierzu gehört in erster Linie ein durchorganisiertes Büro, über das der Anwalt zu den üblichen Zeiten auch erreicht werden kann.

Es muß hierbei nicht unbedingt ein Büro mit „Total Quality Management" sein; aber es 14
sollte doch gewissen Mindeststandards entsprechen. Auch nutzt der beste Sachkenner auf dem gesuchten Rechtsgebiet nichts, wenn er den Auftrag annimmt, aber letztlich keine Zeit zur sorgfältigen Bearbeitung des Falles hat oder in seiner Zeitorganisation nachlässig arbeitet, so daß letztlich der Mandant unzufrieden wird, weil er z. B. nicht oder nicht ausreichend über den Sachstand informiert wird.

Eine Werbung des Anwalts mit seiner zuverlässigen und prompten Arbeitsweise ist ihm 15
jedoch wettbewerbsrechtlich untersagt, weil dies eine Werbung mit einer Selbstverständlichkeit wäre.[11] Dieses Problem dürfte für den Rechtsuchenden ziemlich unlösbar sein, es sei denn, daß er bereit ist, das Risiko einzugehen, vorher schlechte Erfahrungen zu sammeln.

---

[10] § 7 BerufsO; zu der Verfassungskonformität dieser Vorschrift vgl. *Rick*, Die verfassungsrechtliche Stellung des Rechtsanwalts, 1998, S. 174ff.

[11] *Baumbach/Hefermehl* Wettbewerbsrecht, § 3 UWG Rn. 53ff.

D. Wege für die Anwaltssuche

I. Anwaltsverzeichnisse in Printmedien

16 Wenn ein Rechtsuchender einen Anwalt benötigt und nicht bereits einen Hausanwalt hat, fragt er zunächst in seinem Bekanntenkreis nach. Dieser Weg ist aber sehr bald ohne greifbare Ergebnisse erschöpft. Auch meint der Suchende, daß gerade für seinen speziellen Fall der Allgemeinpraktiker nicht über die ausreichenden Kenntnisse verfügt, so daß er gern einen gerade für seinen Fall spezialisierten Rechtsanwalt dem Allgemeinanwalt vorziehen möchte.

17 Hierbei kommt ihm der Gedanke an gedruckte Verzeichnisse. Allgemeine Spezialisten-Verzeichnisse gibt es aber nicht, denn einmal darf sich ein Anwalt nicht „Spezialist für ..." nennen,[12] und zum anderen sind solche Verzeichnisse meist intern und somit weder interessierten Anwälten noch Rechtsuchenden zugänglich. Zudem mangelt es dann an der Vollständigkeit, da es sich meist nur um einen ausgesuchten Kreis von Anwälten handelt, der in solche, nicht öffentliche, Verzeichnisse aufgenommen ist.

18 Von den vollständigen Verzeichnissen können genannt werden:
- Das Anwaltsverzeichnis für Mitglieder des Deutschen Anwaltvereins,
- Anwalt- und Notarverzeichnis des Verlages Dr. Otto Schmidt, das (Fackler-Verzeichnis) und
- die Gelben Seiten.

Wenn auch die Gelben Seiten gebietsmäßig erscheinen, so kann man aus der Fülle der dort aufgeführten Anwaltsnamen doch nicht den für den speziellen Fall Geeigneten finden, da es einmal für Fachanwälte nur sechs Fachgebiete gibt (Verwaltungsrecht, Steuerrecht, Sozialrecht, Arbeitsrecht, Familienrecht und Strafrecht) und zum anderen es sich hierbei um Namenregister für Rechtsanwälte handelt, die nicht nach ihren Arbeitsschwerpunkten vollständig aufgeführt werden.

II. Anwaltsverzeichnisse auf CD-ROM

19 Bessere Möglichkeiten als die bisher genannten Printmedien bieten Anwaltsverzeichnisse auf CD-ROM, wenn eine Suchmöglichkeit nach Tätigkeitsschwerpunkten besteht. Allerdings hat ein Rechtsuchender nicht immer einen Computer mit CD-ROM-Laufwerk zur Hand. Weiter ist zu berücksichtigen, daß die Angabe von Tätigkeitsschwerpunkten auf einer Selbsteinschätzung beruht und man hierbei nur die Gewißheit hat, daß es sich nicht um einen neuzugelassenen Rechtsanwalt handelt, der lediglich bis zu fünf Interessenschwerpunkte angeben darf.

20 Hinzu kommt, daß auch Anwaltsverzeichnisse auf CD-ROM in gleicher Weise wie gedruckte Verzeichnisse sehr schnell nicht mehr aktuell sind und in der Regel erst käuflich erworben werden müssen. Es fragt sich, ob ein Rechtsuchender bei der Suche nach einem für ihn geeigneten Anwalt sich einem derartigen finanziellen Aufwand unterziehen wird. In jedem Fall wird er nach einem für ihn günstigeren Weg suchen.

III. Anwaltsverzeichnisse in der EDV (on line)

21 Im Gegensatz zur Off-Line-Datenbank der CD-ROM können Anwaltsadressen mit Angabe der Tätigkeitsschwerpunkte oder auch der Interessengebiete über bestehende Anwaltsdatenbanken abgefragt werden. Hierzu ist jedoch nicht nur ein Computer, sondern auch ein Telefonanschluß, ein Modem und die Verbindung mit einem Datenbankbetreiber erforderlich, wobei ein Internet-Anschluß am zweckmäßigsten ist.

---

[12] *Feuerich/Braun*, § 43b BRAO Rn. 11.

Ob ein durchschnittlicher Rechtsuchender über all diese Hilfsmittel verfügt, ist fraglich. Jedenfalls ist der finanzielle und vor allem zeitliche Aufwand hierfür doch sehr groß, wenn auch die in der Datenbank verwalteten Anwaltsadressen aktuell sein dürften. 22

Ein großes Fragezeichen muß jedoch bei der Frage nach der Anzahl oder gar nach der Vollständigkeit der auf der Datenbank gespeicherten Anwälte gesetzt werden. Die Aufnahme eines Anwalts mit seinen Tätigkeitsschwerpunkten und seiner Visitenkarte in einer Datenbank, die on line abgefragt werden kann, setzt einen gewissen finanziellen Aufwand voraus, der regelmäßig entsteht. Hierzu ist eine erhebliche Anzahl von Anwälten nicht bereit, auch weil sie von der Werbewirksamkeit einer solchen Datenbankspeicherung noch nicht überzeugt ist.[13] 23

E. Anwaltssuche über Telefon, Telefax, E-Mail usw.

I. Entstehung

Nachdem das Bundesverfassungsgericht entschieden hatte,[14] daß Rechtsanwälte in ihrer Berufsfreiheit verletzt werden, wenn sie in ihren Werbemöglichkeiten über Gebühr eingeschränkt werden, ergab sich für einige Anwälte die Frage, wie man ein computergestütztes Verzeichnis von Rechtsanwälten mit Verlautbarung ihrer Arbeitsschwerpunkte erstellen kann, das von Rechtsuchenden in möglichst einfacher Weise abgefragt werden kann. Hierbei sollte die Hemmschwelle so niedrig wie möglich sein. 24

Als Zugangsmedium bot sich das Telefon und eine bundesweit einheitliche Servicenummer an, die jeder Rechtsuchende anrufen konnte, um dadurch zu „seinem" Anwalt zu gelangen. Viele Schwierigkeiten waren hierbei zu überwinden, denn nach ersten Presseveröffentlichungen waren die Anfragen von Rechtsuchenden zahlreicher als die zur Verfügung stehenden Anwälte, die bereit waren, sich in ein solches Verzeichnis, das sich im Laufe der Zeit zu einer Datenbank entwickelte, aufnehmen zu lassen. 25

Hierbei war für die Anwälte weniger der finanzielle Aufwand entscheidend, als vielmehr der massive Widerstand der Anwaltskammer, die darin eine grobe Standeswidrigkeit sah. Dieser Widerstand erreichte seinen Höhepunkt damit, daß sich die Initiatoren dieser Anwaltssuche vor dem damaligen Hessischen Anwaltsgerichtshof verantworten mußten; eine Teilnehmerin wurde vom Anwaltsgericht gerügt, wogegen Verfassungsbeschwerde erhoben werden mußte. Es wurde sogar auf Veranlassung der Rechtsanwaltskammer ein Ermittlungsverfahren wegen Verstoßes gegen das Rechtsberatungsmißbrauchsgesetz eingeleitet, das im Instanzenzug bis zur Generalstaatsanwaltschaft ging und von dort erneut eingestellt wurde. 26

Erst die Entscheidung des Bundesverfassungsgerichts brachte den Durchbruch, indem es als zulässig festgestellt wurde, daß sich Rechtsanwälte in abrufbare computergestützte Verzeichnisse mit ihren Arbeitsschwerpunkten speichern lassen können, weil dies die Suche nach einem geeigneten Anwalt für den Rechtsuchenden erleichtert. 27

Das Bundesverfassungsgericht bewertete hierbei das Interesse des Rechtsuchenden, einen geeigneten Rechtsanwalt zu finden, in Zusammenhang mit dem Grundrecht der Berufsfreiheit höher als die Gefahr, daß sich ein Rechtsanwalt durch eine unrichtige Selbsteinschätzung wettbewerbswidrig oder standeswidrig verhält, zumal der einem Anwalt zugeordnete Tätigkeitsschwerpunkt nur auf Anfrage bekanntgegeben wurde.[15] 28

In jener Zeit erfolgten auch erstmalig Anfragen nach Rechtsanwälten zu bestimmten Rechtsgebieten über BTX als Vorgänger zum jetzigen E-Mail. 29

---

[13] Die Internet-Datenbank des Anwalt-Suchservice umfaßt z. Zt. 7500 Rechtsanwälte und wird monatlich von rund 8000 Rechtsuchenden in Anspruch genommen.

[14] BVerfG, BRAK-Mitt. 1988, 54 ff.

[15] BVerfG, NJW 1992, 1613.

II. Funktionsweise

30 Die Zugangsbarriere zum Rechtsanwalt sollte so niedrig wie möglich sein. Das ist sie zwar von Natur aus, denn jeder Rechtsuchende kann sich ohne Schwierigkeiten bei einem in der Nähe gelegenen Anwaltsbüro anmelden und Zugang zu einem Rechtsanwalt bekommen.

31 Die große Frage hierbei ist nur die, ob dieser Anwalt auch der geeignete für das nachgefragte Rechtsproblem ist, denn der so aufgesuchte Anwalt wird im Zweifel einen möglichen Kunden nicht fortschicken wollen, wodurch sein Einkommen nur unnötig geschmälert wird. Nur wenige Anwälte können es sich leisten, ihre Arbeit auf ein einziges Rechtsgebiet zu beschränken.

32 Abgesehen von gedruckten Verzeichnissen oder von Verzeichnissen auf CD-ROM, die erst in aktueller Fassung angeschafft werden müssen, ergab sich die naheliegende Frage, ob nicht das fast immer greifbare Telefon die beste Hilfestellung leisten kann, wenn dem Rechtsuchenden eine möglichst allgemein bekannte Service-Nummer zur Verfügung steht, über die er möglichst kostenlos oder zu nur geringen Telefongebühren einen oder mehrere geeignete Rechtsanwälte auf dem von ihm gewünschten Rechtsgebiet zur Auswahl genannt bekommt.

33 Dies war die vor Jahren von einigen fortschrittlichen Anwälten entwickelte Idee, die auch heute noch so aktuell wie damals ist, nachdem kein Anwalt mehr eine berufsrechtliche oder gar wettbewerbsrechtliche Verfolgung befürchten muß. Durch Verbesserung von Datenbanksystemen, in denen sich Rechtsanwälte mit ihren Tätigkeitsschwerpunkten speichern lassen können, wurde die Idee im Laufe der Jahre optimal in die Tat umgesetzt.

34 In einem solchen System gespeicherte Anwälte müssen auch nicht mehr befürchten, daß bestimmte Anwälte zum gleichen Rechtsgebiet durch Manipulation bevorzugt werden, denn die verwendeten Datenbanksysteme sollen so ausgelegt sein, daß mehrere Anwälte zu einem gleichen Rechtsgebiet in einem bestimmten örtlichen Umkreis (Landgerichts-Bezirk) auch jeweils unter Einhaltung einer bestimmten Reihenfolge benannt werden, so daß ein jeder zu dem bestimmten Rechtsgebiet im System gespeicherte Rechtsanwalt eine reelle Chance hat, dem nachfragenden Rechtsuchenden benannt zu werden. Die Benennung erfolgt also nach dem sogenannten Rotationsprinzip.[16]

35 Wenn in einem solchen System genügend Anwälte mit ihren Tätigkeits- und Interessenschwerpunkten (fünf insgesamt, davon höchstens drei als Tätigkeitsschwerpunkte) gespeichert sind und für die telefonischen Anfragen genügend Telefonleitungen zur Verfügung stehen, die für den Anfragenden so preisgünstig wie nur möglich sind, bedeutet dies einen optimalen Weg vom Rechtsuchenden zu einem geeigneten Rechtsanwalt. Ergänzt wird dieser Weg noch durch die Benutzung von Telefax und E-Mail.

F. Institutionen

I. Spezialanbieter

36 Spezialanbieter sind Firmen – in der Regel Gesellschaften mit beschränkter Haftung –, deren Hauptaufgabe darin besteht, die Kontakte zwischen Rechtsuchenden und Rechtsberatern herzustellen, wobei in der Regel der in der Datenbank mit seinen Rechtsgebieten gespeicherte Rechtsanwalt für seine Bereitstellung einen monatlichen Betrag entrichtet.[17]

---

[16] So z. B. beim Anwalt-Suchservice, Köln.

[17] **Telefonische Suchdienste:** Anwalt-Suchservice GmbH, Unter den Ulmen 96–98, 50968 Köln, Tel. 0221–93738615, Fax: 0221–93738935; Service-Telefon Anwaltssuche: 0180–5254555; RAMICRO Kanzleisoftware AG (vormals Jurasoft GmbH), Breitenbachstr. 10, 13509 Berlin, Tel. 0130–852257, Service-Tel. Anwaltssuche: 0130–852257; Direct Anwaltsdatenbank GmbH, Hauptstrasse 85, 63897 Miltenberg, Tel. 09371–97990, Fax: 09371–979922, Service-Tel. Anwaltssuche:

Dieser Betrag dient in erster Linie zur Deckung der Kosten für die namentliche Benennung der nachgefragten Anwälte sofort am Telefon. Je mehr Abfrageplätze hierfür zur Verfügung stehen, desto effektiver kann mit einem solchen System gearbeitet werden, denn es können dann gleichzeitig mehrere Anfragen erledigt werden und die Anfragenden werden als Kunden zufriedener sein, als wenn sie eine Service-Nummer anrufen, die dauernd besetzt ist. 37

Schließen sich ausreichend viele Anwälte einem solchen System an, kann der betreffende Spezialanbieter nicht nur die anfragenden Kunden besser mit geeigneten Anwaltsanschriften bedienen, sondern es bleiben dann auch noch Mittel für eine Gemeinschaftswerbung für anwaltliche Dienstleistung verfügbar. 38

Gerade diese Möglichkeit macht dies für einen Rechtsanwalt, der mit einem solchen Spezialanbieter zusammenarbeitet bzw. sich seinem System anschließt, so interessant, denn indirekt wird für seine persönliche Dienstleistungsbereitschaft dadurch geworben. 39

Es wird zwar dabei nicht sein Name genannt; aber je bekannter der Name des Spezialanbieters und seine Service-Nummer ist, desto eher besteht für den im System gespeicherten Anwalt die Möglichkeit, Mandate auf seinem Rechtsgebiet zu bekommen. 40

Bei einem solchen Spezialanbieter stimmt auch das Preis-Leistungs-Verhältnis, denn bei entsprechender Werbung ist die Nachfrage nach geeigneten Rechtsanwälten bei dem rechtsuchenden Publikum nahezu unbegrenzt, und wenn ein solcher Spezialanbieter auch die Verbindung zu den Homepages und zu Anfragen über das Internet herstellt, können auch die EDV-Anfragen abgedeckt werden.[18] 41

II. Softwarehäuser

Es handelt sich hierbei um solche Softwarehäuser, die ein EDV-Programm für Anwaltskanzleien vertreiben und bereits einen nennenswerten Kundenstamm von Rechtsanwälten haben. Für diese Kunden besteht die Möglichkeit, sich einer von dem Softwarehaus eingerichtete Anwaltsvermittlung wiederum zu den von den Anwälten gespeicherten Tätigkeitsgebieten anzuschließen. 42

In erster Linie besteht eine solche Vermittlungsmöglichkeit unter den Anwaltskunden bei der Vergabe von Korrespondenz-Mandanten. Wird ein solches Vermittlungssystem allerdings auf den privaten Rechtsuchenden erweitert, kommt eine zusätzliche Belastung für das Softwarehaus hinzu, denn dann muß für die Anwaltskunden gesondert mit einer Service-Telefonnummer geworben werden, und es ist auch nicht damit getan, daß sich vielleicht eine Telefonistin um die eingehenden Anrufe kümmert. 43

Diese zusätzlichen Aufwendungen wird das Softwarehaus dann einsetzen, wenn sie aus den Erlösen der Firma abgezweigt werden können und wenn sie innerhalb des Kunden-Services noch vertretbar sind. In der Regel wird das Softwarehaus für diesen Kundendienst keine zusätzlichen Gebühren erheben. 44

Im Ergebnis bedeutet dies, daß im Unterschied zu den Spezialanbietern ein Softwarehaus eine Anwaltsvermittlung nur als eine Zusatzaufgabe betrachten wird, so daß auch wegen der zahlenmäßig begrenzten Anwaltskunden eine für den Rechtsuchenden optimale Anwaltsvermittlung kaum möglich sein wird. 45

0190–514614 und seit 1. 2. 1999 von DAV die Deutsche Anwalt Auskunft, Adenauerallee 106, 53113 Bonn, Tel. 0228/2607-0, Service-Tel. 01805-181805.

[18] **Internet-Suchdienste:** Anwalt-Suchservice GmbH: http://www.anwalt-suchservice.de; Jurasoft GmbH: http://www.ra-info.de; Deutscher Anwaltverein, Adenauerallee 106, 53113 Bonn, Tel. 0228–26070, Fax: 0228–260746, http://www.marktplatz-recht.de/averz.

III. Rechtsanwaltskammern

46 Auch einige Rechtsanwaltskammern haben sich der Vermittlung anwaltlicher Dienstleistung angenommen, wobei es die Bundesrechtsanwaltskammer vorgezogen hat, diese Tätigkeit einem bundesweit tätigen Spezialanbieter zu übertragen, und zwar unter dem Vorbehalt von gewissen Überwachungs- bzw. Mitwirkungsfunktionen.

47 Auch bei den örtlichen Anwaltskammern handelt es sich bei der Nennung von geeigneten Anwälten per Telefon in der Regel nur um eine Zusatzaufgabe, wobei man sich bei der Installation einer Service-Telefonnummer in der Regel mit einer Telefonistin begnügt, die Anrufe von Rechtsuchenden entgegennimmt.

48 Irgendwelche besonderen Werbemaßnahmen in Funk, Fernsehen oder Publikums-Zeitschriften, die von Anwaltskammern veranlaßt wurden, sind nicht bekannt geworden. Dies hätte auch zur Folge gehabt, daß dann eine einzige Telefonistin für die eingehenden telefonischen Anfragen nicht mehr ausreicht.

49 Wenn auch die im Vermittlungssystem bei den Anwaltskammern angeschlossenen Anwaltsmitglieder in der Regel keinen besonderen Beitrag zahlen müssen, weil dieser Service mit dem Kammerbeitrag abgegolten wird, besteht nur eine begrenzte Effizienz.

50 Letztlich bestehen die Hauptaufgaben der Anwaltskammern auch in anderen Dingen als der Vermittlung von Anwaltsleistungen. Daher haben auch eine Reihe von örtlichen Anwaltskammern die Aufgabe einer Anwaltsvermittlung einem bundesweit tätigen Spezialanbieter übertragen, der bereits mit der Bundesrechtsanwaltskammer zusammenarbeitet.

IV. RA-Vereine – Arbeitsgemeinschaften

Hier sind die örtlichen Anwaltsvereine, der Deutsche Anwalt Verein (DAV) und seine Arbeitsgemeinschaften zu nennen.

51 In der Regel gibt es bei den örtlichen Anwaltsvereinen und auch bei den Arbeitsgemeinschaften kein besonderes Service-Telefon für die Vermittlung von Anwälten. Etwaige telefonische Anfragen von Rechtsuchenden werden von der jeweiligen Geschäftsstelle – soweit vorhanden – beantwortet. Häufig werden solche Aufgaben auch vom Vorsitzenden übernommen, so daß Auskünfte nur aufgrund der vorhandenen Mitgliederliste gegeben werden können, wobei naturgemäß eine objektive Nennung von nachgefragten Anwälten mangels eines bestehenden Rotations-Systems nicht möglich ist.

52 Der DAV hatte bis 1. 2. 1999 noch keine spezielle Anwaltsvermittlung eingerichtet und beschränkte sich auf die Veröffentlichung seines gedruckten Anwaltsverzeichnisses mit CD-ROM. Allerdings wurde von ihm ab 1. 2. 1999 eine Deutsche AnwaltAuskunft unter der bundesweiten Rufnummer 01805-181805 eingerichtet.

Zu wünschen wäre, daß man die hierfür vorgesehenen Mittel irgendwie bündeln könnte, um damit wenigstens bundesweit eine wirksame Gemeinschaftswerbung für anwaltliche Dienstleistungen zu ermöglichen. Hierbei mögen auch die existierenden Service-Telefonnummern veröffentlicht werden. Vielleicht gibt es sogar bald eine Arbeitsgemeinschaft der institutionellen Anwaltssuche.

G. Empfehlungen an den Anwalt – Ausblick

53 Jeder nicht ausgelastete Anwalt sollte den Markt auf dem Gebiet des Rechts genau beobachten und hierbei überlegen, wie er am günstigsten seine Spezialkenntnisse anbieten kann. Diese Spezialkenntnisse sollte er seinem örtlichen Anwaltsverein und seiner Anwaltskammer bekanntgeben.

54 Auch empfiehlt sich der Beitritt in bestehende Arbeitsgemeinschaften, weil dort Mitgliederlisten geführt werden, die bei Anfragen als Grundlage für die Benennung von Anwälten auf dem bestimmten Rechtsgebiet dienen.

Bei der Auswahl eines Spezialanbieters sollte der Anwalt vor allem beachten, ob das Preis-Leistungs-Verhältnis stimmt. Er sollte sich auch nach der Anzahl der bereits dem System angeschlossenen Anwälte und nach der Menge der täglichen Anfragen von Rechtsuchenden erkundigen. Jedenfalls erscheint ein solcher Anschluß effektiver zu sein, als jede andere übliche Werbemaßnahme. Es sind auch Bestrebungen im Gange, die Zugangsschranken zum Anwalt noch niedriger zu halten. 55

So gibt es bereits die telefonische Beratung durch Rechtsanwälte, die in Bereitschaft über eine besondere Service-Nummer zu erreichen sind und die ihr dadurch entstehendes Honorar über die Telefonrechnung und über das vermittelnde Service-Unternehmen verdienen.

Daneben gibt es auch von örtlichen Anwaltsvereinen eingerichtete Notdienste, die Rechtsuchende in Notfällen – besonders in Strafsachen – rund um die Uhr anrufen und sich Rechtsrat erteilen lassen können. Die Verdienstmöglichkeiten über solche Einrichtungen sind nicht gerade gewaltig, aber bei dem bestehenden Überangebot von Anwälten muß jede Umsatzmöglichkeit ins Auge gefaßt werden können. 56

Es bestehen hierbei auch noch Probleme zu Fragen der Haftung des die Auskunft erteilenden Anwalts, zu Fragen der Kollission (Partei-Verrat) und über die Vertraulichkeit sowie der Gebührenabrechnung. Die weitere Entwicklung des Anwaltsmarktes wird sich jedoch deshalb kaum aufhalten lassen. 57

So sind auch bereits rechtliche Auskunftsstellen oder Rechtsberatungsbüros in Kaufhäusern im Bereich von Überlegungen. Diese Stellen müssen naturgemäß von Rechtsanwälten besetzt sein, denn eine weitere Durchbrechung des rechtlichen Beratungs- und Vertretungsmonopols dürfte weder im Sinne des Rechtsuchenden noch der Anwaltschaft sein. 58

Rechtsrat – auf welchem Wege auch immer – sollte nur vom hierfür ausgebildeten Rechtsanwalt, der eine lange Ausbildungszeit hinter sich hat, erteilt werden.

§ 43 Marketing im Internet

*Prof. Dr. Georg Disterer**

Übersicht

Schrifttum: *Albach,* Vertrauen in der ökonomischen Theorie, in: Zeitschrift für die gesamte Staatswissenschaft, 1980, Nr. 1, S. 2–11; *Alpar,* Kommerzielle Nutzung des Internet, 1996; *Alvarez/Curran,* The Secrets of Marketing a Law Firm's Web Site, in: The New York Law Journal, 21. 7. 1997; *Berghel,* Email – The Good, The Bad, and The Ugly, in: Communications of the ACM, Bd. 40, 1997, Nr. 4, S. 11–15; *Bieberstein,* Dienstleistungs-Marketing, 1995; *Comer,* Computernetzwerke und Internet, Prentice Hall: 1998; *Cotts,* Sharp Rise in Web Sites by Largest Firms, in: The National Law Journal, 6. 10. 1997, S. B07; *Cranor/LaMacchia,* Spam!, in: Communications of the ACM, Bd. 41, 1998, Nr. 8, S. 74–83; *Deck,* Spamming lawyer gets disbarred, in: Computerworld, 10. 7. 1997; aus: www.cwlive.cw.com:8080/home/online9697.nsf; Zugriff am 19. 8. 1997; *Disterer,* Die Elementarfunktion Produktion in Dienstleistungsunternehmen, in: Arbeitspapier aus dem Fachbereich Wirtschaft der Fachhochschule Hannover Nr. 13/95, 1995; *ders.,* Internet-Nutzung von Anwaltssozietäten, AnwBl. 1997, S. 634–639; *ders.,* Elektronische Post in Anwaltssozietäten, in: BRAK-Mitteilungen, 1997, Nr. 6, S. 226–230; *ders.,* Informationstechnologien für die Anwaltskanzlei, 1998; *ders.,* Marketingaktivitäten von Anwälten im Internet; 3-teilige Serie in: BRAK-Mitteilungen, Bd. 29, 1998, Nr. 1, S. 27–29; Nr. 2, S. 78–82; Nr. 3, S. 131–133; *ders.,* Internet-Auftritte von Anwälten, in: Wirtschaftsinformatik, Bd. 40, 1998, Nr. 4, S. 344–350; *Emery,* Internet im Unternehmen – Praxis und Strategien, dpunkt: Heidelberg, 1996; *Engelhardt/Reckenfelderbäumer,* Marketing für investive Service-Leistungen, in: Handbuch der modernen Datenverarbeitung HMD, Bd. 32, 1996, Nr. 187, S. 7–23; *Hall,* How to Avoid Unwanted Email, in: Communications of the ACM, Bd. 41, 1998, Nr. 3, S. 88–95; *Hilke,* Grundprobleme und Entwicklungstendenzen des Dienstleistungs-Marketing, in: W. Hilke (Hrsg.), Dienstleistungs-Marketing, 1989, S. 5–44; *Höller/Pils/Zlabinger* (Hrsg.), Internet und Intranet – Betriebliche Anwendungen und Auswirkungen, 1998; *Jaffe* (Hrsg.), Firms Setting Up Sites in Internet, Survey Reports, in: The National Law Journal, 13. 3. 1997, o. S.; aus: Internet www.ljx.com/cgi-bin/f_cat?prod/ljextra/data; Zugriff am 19. 3. 1997, 1997; *Kaas,* Kontraktgütermarketing als Kooperation zwischen Prinzipalen und Agenten, in: Zeitschrift für betriebwirtschaftliche Forschung zfbf, Bd. 44, 1992, Nr. 10, S. 884–901; *Kierzkowski/McQuade/Waitman/Zeisser,* Marketing to the Digital Consumer, in: McKinsey Quarterly, 1996, Nr. 3, S. 5–21; *Lapp,* Sichere e-mail vom Anwalt, in: BRAK-Mitteilungen, Bd. 29, 1998, Nr. 3, S. 134–135; *Meffert/Bruhn,* Dienstleistungsmarketing, 1995; *Meffert,* Marketing-Management, 1994; *Mense,* Sichere Kommunikation per E-Mail – Überlegungen aus Sicht der steuerberatenden Praxis, DB 1998, S. 532–536; *Pils/Kerschbaumer,* Provider für Internet- und Intranet-Lösungen, in: J. Höller, M. Pils, R. Zlabinger (Hrsg.), Internet und Intranet – Betriebliche Anwendungen und Auswirkungen, 1998, S. 35–57; *Pruner,* Legal Websites: Creation, Marketing, Disintermediation and Ethics, aus: www.web-counsel.com/plipaper.htm, 1996, Zugriff am 9. 11. 1997; *Reimers-Mortensen/Disterer,* Strategische Optionen für Direktbanken, in: Die Bank, 1997, Nr. 3, S. 132–139; *Rengelshausen,* Werbung im Internet und in kommerziellen Online-Diensten, in: G. Silberer (Hrsg.), Interaktive Werbung, 1997, S. 101–145; *Schade/Schott,* Kontraktgüter im Marketing, in: Marketing ZFP, 1993, Nr. 1, S. 15–25; *Schrey/Westerwelle,* „Junk-Emails" im Internet, in: Kommunikation & Recht (Beilage zu Betrieb-Berater Heft 48/1997), 1997, S. 17–23; *Werner/Stephan,* Marketing-Instrument Internet, 1997; *Wiebe,* Zur Kennzeichnungsfunktion von Domain Names, in: Computer und Recht, Bd. 14, 1998, Nr. 3, S. 157–165.

---

* Professor für Wirtschaftsinformatik im Fachbereich Wirtschaft der Fachhochschule Hannover; ehemaliger Office-Manager einer großen Anwaltskanzlei in Frankfurt/Main.

A. Internet: Grundlagen

I. Einführung

1 In der Informationstechnik sind derzeit das **Internet** und insbesondere dessen Teilsystem World Wide Web (WWW) in aller Munde als relativ neues, aber schon weitverbreitetes System von Computern, das Millionen von Nutzern weltweit den einfachen Zugriff auf im Netz bereitgestellte Informationen ermöglicht. Das ursprünglich für wissenschaftliche und militärische Nutzungen entwickelte Internet ist mittlerweile mit dem WWW zu einem öffentlichen Raum geworden, der vielfach privat und geschäftlich genutzt wird.

2 Für 1998 werden folgende Eckwerte angenommen: **Zugriffsmöglichkeit** auf das Internet haben 150 Mio. Menschen in 170 Ländern der Erde, 40 Mio. Rechner sind an das Netz angeschlossen, davon 1 Mio. in Deutschland, über 400 Mio. Seiten liegen im Netz zum Abruf bereit. In Deutschland haben ein Drittel aller Unternehmen Zugang zum Internet, unter den Unternehmen mit mehr als 1000 Mitarbeitern liegt die Quote über 80%. Vermutlich haben 10% aller Erwachsenen in Deutschland das WWW schon einmal verwendet. Diese Zahlen können jedoch nur im begrenzten Maß Größe und Volumen des Internets wiedergeben, da seit etwa 4 Jahren dreistellige Wachstumsraten p. a. beobachtet werden und zudem alle Zahlenangaben wegen methodischer Probleme bei der Erhebung schwanken.

II. Technik des Internet

3 Das Internet ist ein weltumspannendes **Netz von Computern**, die technisch so miteinander verbunden sind, daß – zumindest über Umwege – jeder Rechner mit jedem anderen kommunizieren kann. Das Internet stellt den Benutzern mehrere sogenannte Dienste zur Verfügung, die für den Benutzer unterschiedlichen Nutzen bringen können. Die bekanntesten Dienste im Internet sind derzeit: WWW (World Wide Web), E-Mail (Electronic Mail), FTP (File Transfer Protocol), Telnet, Gopher, Usenet/News, IRC (Internet Relay Chat), WAIS (Wide Area Information Servers), Archie, Veronica (Very Easy Rodent-Oriented Net-wide Index to Computerized Archives), WHOIS. Von diesen Diensten sind für Anwälte im Rahmen des **Marketings** lediglich **WWW (World Wide Web) und E-Mail (Electronic Mail)** von Bedeutung, daher wird im folgenden ausschließlich auf diese beiden Internet-Dienste abgehoben.[1]

4 Das WWW basiert auf dem **Client/Server-Prinzip**, das die arbeitsteilige Zusammenarbeit zwischen Rechnern beschreibt. In dieser Zusammenarbeit hat ein Rechner (Client) die Möglichkeit, einen anderen Rechner (Server) mit einer dezidierten Aufgabe zu beauftragen. Der Server erledigt diese Aufgabe und liefert das Ergebnis an den Client zurück. Insbesondere seitdem sich **Personal Computer** als Arbeitsplatzrechner weitgehend durchgesetzt haben, beschreibt das Client/Server-Prinzip die dominierende Architektur von Rechnernetzen, in denen verschiedene Rechner unterschiedliche Aufgaben wahrnehmen (s. die Abbildungen 1 und 2 auf S. 941).

5 Das WWW stellt ein derartiges Rechnernetz nach dem Client/Server-Prinzip dar, in dem **WWW-Server** Informationsangebote bereitstellen. Die Server bearbeiten Anfragen der **WWW-Clients** und senden die Ergebnisse an die Clients zurück. Dabei werden im WWW die Ergebnisse derartiger Anfragen immer in Form von Seiten dargestellt, die im Prinzip vorgefertigt und mit einer Adresse versehen auf den Servern bereitliegen. Die Archivierung und Bereitstellung der WWW-Seiten auf den Servern übernimmt spezielle Server-Software.

---

[1] Für mehr Informationen zu Internet und WWW siehe: *Alpar* 1996; *Comer* 1998; *Werner/Stephan* 1997; *Höller/Pils/Zlabinger* 1998; *Emery* 1996.

6

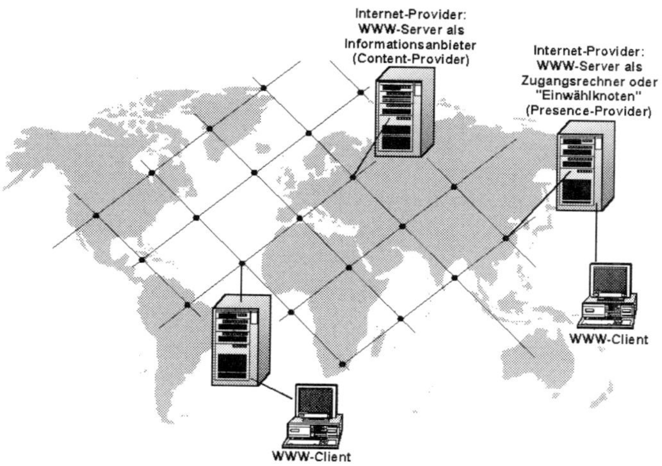

Abbildung 1: WWW als weltweites Computernetz

Die Clients fordern die WWW-Seiten von den Servern an. Dazu wird als Zugang zum WWW spezielle Software eingesetzt, die **Browser** genannt wird. Diese relativ einfache Software ist komfortabel und intuitiv zu bedienen, auch weil ihre Benutzeroberfläche an das heute verbreitete „Look and Feel" von Windows angelehnt ist. Die Abbildung erläutert die prinzipielle Arbeitsweise zwischen Client und Server im WWW: Clients richten Befehle in Form von Adressen der angeforderten WWW-Seiten über das **HTTP-Protokoll** an Server, diese senden **HTML-Seiten** zurück, die dann von der Browser-Software des Clients interpretiert und auf dem Bildschirm dargestellt werden. 7

Elektronische Post (E-Mail) ist über das Internet ebenso einfach möglich. Meist wird – anstatt der Browser-Software im WWW – für elektronische Post spezielle Software eingesetzt. Die gängigen Browser enthalten jedoch auch die notwendigen Funktionalitäten, so daß ein Zugang zum WWW die Möglichkeit zum Empfangen und Versenden elektronischer Post umfaßt.[2] 8

9

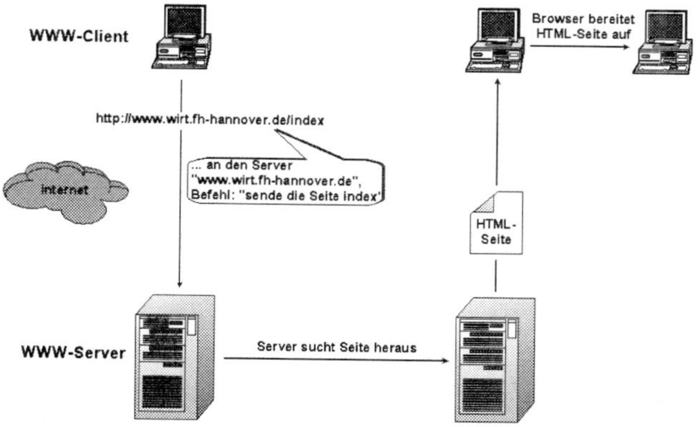

Abbildung 2: Kommunikation und Arbeitsteilung zwischen Client und Server im WWW

[2] Zu elektronischer Post vgl. *Disterer*, BRAK-Mitt. 1997, 226; *ders.* 1998; *Berghel*, CACM 1997; *Lapp*, BRAK-Mitt. 1998, 134; *Mense*, DB 1998, 532.

10 Einige Merkmale des WWW haben zum beschriebenen stürmischen Wachstum und der heutigen Bedeutung stark beigetragen. Die **Programmiersprache HTML (HyperText Markup Language)** zur Darstellung von Informationen im WWW ist einfach zu handhaben und gestattet die Darstellung von Informationen in unterschiedlichen Formaten wie Text, Grafik, Foto, Bewegtbild und Ton. Zudem setzt das Protokoll **HTTP (HyperText Transfer Protocol)** zur Kommunikation zwischen den Rechnern auf die standardisierten und weitverbreiteten **Protokollfamilien TCP/IP (Transmission Control Protocol/Internet Protocol)** auf. Die notwendige Software für Clients und Server ist auf allen gängigen Rechnern funktionsfähig und hat damit schnell weite Verbreitung gefunden. Die Benutzung der Clients ist einfach und intuitiv, da allseits vertrauten Benutzeroberflächen nachempfunden.

III. Zugang zum Internet

11 Bei der Nutzung des Internets und dessen Dienst WWW sind zwei verschiedene Rollen zu unterscheiden. **Informationsnachfrager** benötigen einen Personal Computer aktueller Ausstattung, einen Browser als Bedienungssoftware, ein Modem zur Verbindung zum Zugangsrechner eines **Internet-Providers** und einen Anschluß bei einem Internet-Provider, der einem den Zugang zum WWW gewährt. Die Kosten zur Schaffung dieser Voraussetzungen sind insgesamt relativ gering. Die laufende Nutzung des WWW wird dann meist mit einer monatlichen Grundgebühr sowie nutzungsabhängigen Leistungsgebühren vom Internet-Provider in Rechnung gestellt.

12 Als **Informationsanbieter** im WWW – also etwa als Anwalt, der seine eigene WWW-Seiten in das Netz stellt, um Mandanten zu informieren – muß ein Internet-Provider gesucht werden, der die Seiten in das Netz stellt. Die möglichen technischen Ausprägungen hierfür sind verschieden und verursachen sehr unterschiedliche Kosten. Die Auswahl an Internet-Providern in Deutschland ist mittlerweile beachtlich,[3] aktuelle Informationen zu Internet-Providern und deren aktuellen Preisen sind der Tagespresse, einführender Literatur zu Internet und WWW im Buchhandel oder in Zeitschriften zu entnehmen. Zur Einrichtung und zum Betrieb eines Informationsangebots im Internet sind allerdings erhebliche Fachkenntnisse erforderlich, da die Aufrechterhaltung von **Funktionsfähigkeit** und **Sicherheit** eines Internet-Servers nicht trivial ist. Dienstleistungsunternehmen mit unterschiedlichen Tätigkeitsumfängen bieten Anwälten die notwendige Unterstützung an.

13 Die relativ einfachen **technischen Voraussetzungen** für Informationsnachfrager und -anbieter stellen einen wesentlichen Erfolgsfaktor des WWW dar und haben zu dem Boom der vergangenen Jahre geführt. Fragen der sinnvollerweise anzubietenden und nachzufragenden **Informationsinhalte** und der gezielten Nutzung des Internets als Kommunikationskanal sind jedoch weitestgehend offen, die angebotenen Antworten unterliegen einem raschen Wandel.

IV. Informationsbeschaffung im Internet

14 Für Informationsnachfrager bietet das WWW eine Möglichkeit der anwaltlichen Nutzung im Rahmen der Informationsbeschaffung. Das WWW als **Informationsquelle** stellt dabei eine Ergänzung zu klassischen, tradierten und i. d. R. papiergebundenen Quellen dar, in denen für das Rechtsgeschehen und für Mandate relevante Informationen zu finden sind. Das Internet eröffnet **Recherchemöglichkeiten**, wenn etwa gesucht wird nach Wirtschaftsdaten (Statistiken, Börseninformationen, . . .), aktuellen Nachrichten, tagesaktuellen Hinweisen, Gesetzen, Gerichtsentscheidungen, völkerrechtlichen Verträgen, Kommentaren und Stellungnahmen zu Gesetzen, Entscheidungen, Informationen über Unternehmen und Personen, Informationen über Produkte und Dienstleistungen, Ansprechpartner in Unternehmen, Behörden, Organisationen und deren Adressen u. v. a. m.

---

3 Vgl. *Pils/Kerschbaumer* 1998, 35.

15 Vom WWW wird der Anspruch der schnellen, umfassenden und aktuellen Informationsbereitstellung erhoben. **Recherchequalität** und **-aktualität** werden dabei wesentlich davon beeinflußt, daß die Informationsanbieter ihre Angebote leicht verändern und damit aktuelle Informationen bereitstellen können. Zudem stellt das Internet ein weltweites Netz dar, über das Informationen ebenso einfach z. B. aus Deutschland, Frankreich oder Kanada abgefragt werden können.

Im folgenden sollen in diesem Beitrag alle Aktivitäten im Mittelpunkt stehen, die anwaltliche **Informationsangebote** im WWW umfassen, die also den anwaltlichen Marketingaktivitäten zuzurechnen sind.

B. Marketingaktivitäten im WWW

16 Anwälten bietet das WWW Möglichkeiten der schnellen und flexiblen **Informationsversorgung** von Kollegen und Mandanten sowie der Kommunikation zwischen Anwälten, Mandanten und der allgemeinen „interessierten Öffentlichkeit" wie Unternehmen, Bewerbern, Verbänden und Vereinen. Die Präsenz eines Anwalts im WWW („WWW-Präsenz" oder „WWW-Auftritt") ermöglicht es, Informationen ins Netz einzustellen und direkt mit Kollegen, anderen Anwälten, Mandanten und anderen zu kommunizieren. Mit einer **WWW-Präsenz** kann Kontakt zu diesen Personen aufgenommen und gehalten werden, denen laufend aktuelle Nachrichten zugespielt und Möglichkeiten zur unmittelbaren Kontaktaufnahme für eine Antwort oder Rückfrage geboten werden.

17 Anwaltliche Informationsangebote im WWW sind damit dem **Marketing** zuzurechnen, das alle Aktivitäten der Planung, Umsetzung und Kontrolle umfaßt, die auf aktuelle und potentielle Märkte abheben und dabei die unternehmerischen Ziele des Anwalts unterstützen. Dabei werden im Marketing die klassischen **Instrumente** der Produkt-, Preis-, Distributions- und Kommunikationspolitik unterschieden.[4] Offenbar ist mit einem Informationsangebot im WWW primär die **Kommunikationspolitik** angesprochen. Dabei wird der WWW-Auftritt von Anwälten zuvorderst in Formen der **Öffentlichkeitsarbeit** stattfinden, vergleichbar – aber nicht identisch – mit Broschüren, Präsentationen, Vorträgen, Publikationen u.ä. Werbeaktivitäten sind bei Anwälten nur eingeschränkt möglich bzw. gelten als unüblich. Formen des Direktmarketings finden eher im persönlichen Gespräch und Auftreten Anwendung, Instrumente der Verkaufsförderung verbieten sich aus Gründen anwaltlicher Schicklichkeit und Zurückhaltung.

18

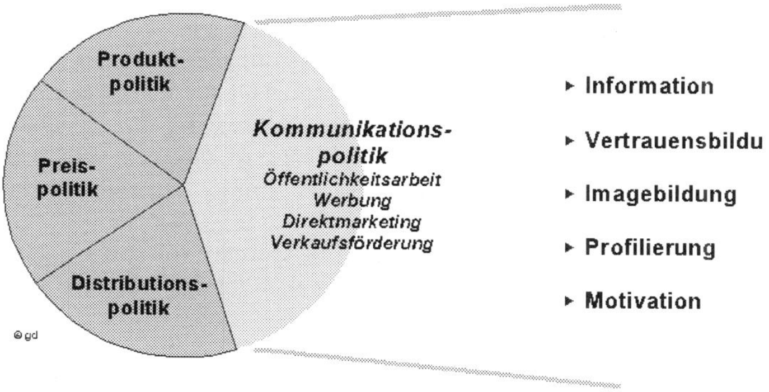

Abbildung 3: Marketing von Anwaltsleistungen

[4] Vgl. *Meffert* 1994, 115; *Bieberstein* 1995, 65.

19 In der Kommunikationspolitik von Dienstleistern werden allgemein die Ziele der Information, Vertrauensbildung, Imagebildung, Profilierung, Motivation verfolgt.[5] Sekundärziele, die zur Erreichung der Primärziele beitragen können, mögen z. B. Unterhaltung und Bildung sein. Für Anwälte sind diese groben Zielformulierungen zu präzisieren, um ein geeignetes Informationsangebot im WWW aufzustellen. Was kann und sollte mit einer WWW-Präsenz eines Anwaltes kommuniziert werden? Welches sind die geeigneten Mittel und Wege, um die Kommunikationsziele zu erreichen?

20 Bei der Kommunikation eines Anwaltes mit potentiellen Mandanten steht primär die **Leistungsbereitschaft** des Anwalts im Mittelpunkt. Das eigentliche Produkt seiner Dienstleistung – der Vertrag, die Vertretung bei Gericht, die Verhandlungsführung etc. – existiert zum Zeitpunkt der Kommunikation noch nicht. Zudem muß bei der Erstellung der anwaltlichen Dienstleistung nach der Mandatierung der Mandant zwingend **mitwirken**. Der Mandant muß etwa bei der Leistungserstellung des Anwalts Informationen einbringen, Prioritäten setzen, Vorentscheidungen treffen.

21 Daher ist von einem **zweistufigen Prozeß** der Leistungserstellung auszugehen,[6] in dessen erster Stufe der Anwalt durch Kombination der internen Produktionsfaktoren wie Qualifikation, Raum, Ausstattung, Technik, ... „nur" seine **Leistungsbereitschaft** erstellt. Diese erste Stufe der Leistungserstellung wird daher als Vorkombination oder als Potentialphase bezeichnet. Die Leistungsbereitschaft bildet das Angebot des Anwalts an potentielle Mandanten in Form eines Leistungsversprechens. Die tatsächliche anwaltliche Dienstleistung existiert erst nach der Mandatierung und der gemeinsamen Endkombination der Dienstleistung mit dem Mandanten.

22 Zum Zeitpunkt der Beauftragung mit dem Mandat existiert die Leistung noch nicht, die Beauftragung umfaßt daher ein **Leistungsversprechen**, bei Anwälten i. d. R. sogar ein individuelles Leistungsversprechen. Anwaltsleistungen sind daher **Erfahrungsgüter**, deren Qualität nicht bei der Beauftragung, sondern erst nach vollständigen Erstellung feststellbar ist.[7] Bei der Beauftragung muß der Mandant also einem Leistungsversprechen vertrauen, er handelt bei Auftragserteilung unter **Unsicherheit**. Diese Unsicherheit kann gegebenenfalls dadurch reduziert werden, daß Mandanten den Anwalt bzw. die Sozietät kennen und so sprichwörtlich „gute Erfahrungen" gemacht haben. Auch glaubhafte Referenzen können eine ähnliche Funktion erfüllen.

23 Da die Qualität der Anwaltsleistung vom Mandanten jedoch selbst nach der Leistungserstellung – nach Abschluß des Mandats – mangels Fachkenntnis oft nicht vollständig und zweifelsfrei beurteilt werden kann, sind Anwaltsleistungen **Vertrauensgüter**, über die beim Mandanten vor und nach der Beratungsleistung Unsicherheit verbleiben. Diese Unsicherheit, das Informationsdefizit über die Leistungsfähigkeit des Anwalts, führt dazu, daß die Beziehung zwischen Anwalt und Mandant nicht wie ein vollkommener Markt funktionieren kann, sondern daß der Mandant schon zum Zeitpunkt der Beauftragung ein hohes Maß an Vertrauen zum Anwalt einbringen muß.[8] Dieses Vertrauen in die Leistungsbereitschaft des Anwalts also muß im Marketing glaubwürdig und überzeugend dargestellt werden, so daß eine Vertrauensbeziehung zum Mandanten aufgebaut wird, die letztlich zur Mandatierung und zur friktionsfreien Zusammenarbeit während des Mandats führt.

24 Wenn im Marketing allgemein das gezielte Übermitteln von Botschaften angestrebt wird, ist dies für Anwälte zu präzisieren als das gezielte Übermitteln **vertrauensbildender**

[5] Vgl. *Bieberstein* 1995, 289.

[6] Zum zweistufigen Prozeß der Leistungserstellung von Dienstleistungen siehe: *Disterer* 1995; *Meffert/Bruhn* 1995, 23; *Hilke* 1989, 10; *Bieberstein* 1995, 36; *Reimers-Mortensen/Disterer*, Die Bank 1997.

[7] Vgl. *Bieberstein* 1995, 53; *Schade/Schott*, Marketing ZFP 1993, 17.

[8] Vgl. *Albach*, Zeitschrift für die gesamte Staatswissenschaft 1980, 3; *Kaas*, Zfbf 1992, 887; *Schade/Schott*, Marketing ZFP 1993, 19; *Engelhardt/Reckenfelderbäumer* 1996, 12.

und -fördernder Botschaften; das Marketing für Vertrauensgüter wie Anwaltsleistungen wird daher auch als **Beziehungsmarketing** bezeichnet.[9]

Zudem weist Rechtsberatung einen hohen **Personalisierungsgrad** auf, da die Akteure identifizierbar und bekannt sind. Anwälte geben daher bei der Mandatsübertragung ein individuelles Leistungsversprechen ab, mit dem sie ihren persönlichen Ruf und ihre berufliche Reputation in der Form von **Vertrauenskapital** in die Waagschale legen. Alle Signale für „guten Ruf" und hohe Reputation (z. B. Referenzen) spielen daher eine hervorragende Rolle im Anwaltsmarketing. 25

In diesem Zusammenhang sind die kommunikationspolitischen Ziele des anwaltlichen Internet-Einsatzes zu sehen. Von überragender Bedeutung ist, Vertrauen des (potentiellen) Mandanten in die Leistungsbereitschaft des Anwalts aufzubauen und zu erhalten. Der Aufbau eines vertrauensvollen und persönlichen Kontakts dient der Anbahnung eines Mandats sowie der Vorbereitung einer friktionsfreien Zusammenarbeit bei der anwaltlichen Beratung. Alle Maßnahmen im Marketing sind auf diese **vertrauensbildenden und -fördernden** Wirkungen auszurichten. 26

C. Typen von Internet-Auftritten

Unter Beachtung der vorgenannten Kommunikationsziele können Anwälte im WWW unterschiedlich aktiv werden und Informationsangebote bereitstellen. Daher sind diese unterschiedlichen Möglichkeiten zu differenzieren, um praktische Hinweise zur Vorgehensweise bei **Konzeption, Gestaltung und Betrieb** eines WWW-Auftritts abzuleiten.[10] Zu unterscheiden sind **drei Ausprägungen von WWW-Auftritten**, deren Zielsetzungen und Wirkungen differieren, die aber auch wesentlich verschiedene Aufwendungen zur Erstellung und zur laufenden Pflege verursachen: **Verzeichniseintrag, Profildarstellung und Informationsservice**. 27

Ein minimales Engagement ist mit dem **Eintrag in einem Anwaltsverzeichnis** im WWW gegeben. Mit einem derartigen Verzeichniseintrag kann innerhalb einer Rubrik wie „Rechtsberatung" oder „Rechtsanwalt" in vorgegebener und starrer Form auf die Existenz eines Anwalts sowie auf **allgemeine Adreßinformationen** hingewiesen werden. Je nach Verzeichnis kommen die Einträge auf verschiedene Weise zustande. Der Deutsche Anwaltverein stellt auf Basis der Daten von Rechtsanwaltskammern und -vereinen Adreßinformationen aller in Deutschland zugelassenen Anwälte zur Verfügung; hier wird der Eintrag also vom Anwaltverein vorgenommen.[11] Bei Anbietern anderer Anwaltsverzeichnisse kann sich jeder Anwalt kostenfrei oder gegen Gebühr eintragen lassen,[12] ebenso für allgemeinere Verzeichnisse.[13] Umfang und Detailgrad der jeweils aufgenommenen Verzeichniseinträge variieren stark und reichen von der bloßen Angabe der Adressdaten und der Adresse der WWW-Präsenz (falls vorhanden) bis zu Vorstellungen der Anwälte mit Tätigkeits- und Interessenschwerpunkten. Daneben werden wohl alle herkömmlichen Anwaltsverzeichnisse ihre Informationen demnächst nicht mehr nur in Buchform oder CD, sondern in allernächster Zukunft auch im WWW anbieten.[14] Für diese einfachste Art des WWW-Auftritts benötigt der Anwalt keinen eigenen WWW-Zugang. 28

Die nächste Stufe eines Informationsangebotes im WWW zeichnet sich durch einen alleinstehenden Auftritt mit eigener WWW-Präsenz aus. In einer solchen **Profildarstel-** 29

---

[9] Vgl. *Kaas*, Zfbf 1992, 898.

[10] Vgl. *Disterer*, AnwBl. 1997, 634; *ders.* 1998; *ders.*, BRAK-Mitt. 1998, 27, 78 und 131; *ders.*, Wirtschaftsinformatik 1998.

[11] www.marktplatz-recht.de/averz.

[12] Z. B. unter jusline.de, recht-online.de, atvocate.de, rechtsberater.de, anwalt-net.de, members.aol.com/WinGbR, e-business.iao.fhg.de.

[13] Z. B. unter www.branchenbuch.de, www.flix.de.

[14] Z. B. www.martindale.com.

lung werden alle Adreßinformationen sowie weitere allgemeine Informationen über das Dienstleistungsangebot eines Anwaltes bereitgestellt. Die Form und den Umfang der WWW-Präsenz, d. h. das äußere Erscheinungsbild bezüglich Layout, Farbe u. a. und den Inhalt (Umfang, Detailgrad, ...) werden vom Anwalt bestimmt. Dabei kann der angebotene **Informationsgehalt** eher gering sein; die übermittelten Informationen sind dann vergleichbar mit jenen, die auf einer Visitenkarte stehen. Umfangreichere Informationen über den Anwalt bzw. die Kanzlei enthalten Profildarstellungen, die z. B. die Berufsträger – teilweise mit Fotos – vorstellen und Fachpublikationen erwähnen oder im Volltext bereitstellen. Im Vordergrund dieser Informationsangebote im WWW steht der Hinweis auf die Existenz des Anwalts, die Angabe von Adreßinformationen sowie Tätigkeitsschwerpunkte und besondere juristische Expertise.

30 Durchaus unterschiedlich ist die Aufmerksamkeit, die **gestalterischen Aspekten** der heutigen WWW-Auftritte beigemessen werden. Das zur Verfügung stehende Repertoire von Layout, Seitenaufteilung, Hintergrund, Schriftart und -größe, Farben, Fotos und Grafiken u. a. wird sehr verschieden eingesetzt. Dies mag kennzeichnend sein für den unterschiedlichen Stellenwert, der dem äußeren Erscheinungsbild eines Anwaltes oder einer Kanzlei beigemessen wird. Bedenkt man jedoch, daß die Darstellung des eigenen Profils im WWW der erste Kontakt mit einem zukünftigen Mandanten sein kann, sollten die positiven und einprägsamen Signale, die von dieser Darstellung ausgehen können, nicht gleichgültig sein, sondern als Marketing-Instrumente verstanden werden. Anderenfalls entstehen schmucklose Informationsangebote, die – im Sinne eines Dienstleistungsmarketings – keinerlei Beitrag zur Bildung und Förderung des Vertrauens in die Leistungsfähigkeit und -bereitschaft des Anwalts leisten.

31 Die dritte Stufe kennzeichnet **Informationsservices** im WWW, die – zusätzlich zu den Inhalten einer Profildarstellung eines Anwaltes oder einer Kanzlei – aktuelle Fachinformationen und juristische Hinweise umfassen. Dem Besucher einer derartigen WWW-Präsenz wird vom Anwalt ein aktueller Informationsservice angeboten, der fachliches Interesse und konkrete Fragestellungen adressiert. Die Aktualität des Informationsangebotes und kompetente Beantwortung dieser Fachfragen durch den Anwalt läßt einen Vertrauens- und Imagetransfer auf zukünftige Dienstleistungen des Anwalts erwarten. Diese Vertrauensbildung und -förderung steht im Vordergrund beim Angebot von Informationsservices, die zunehmend auch von deutschen Anwälten im WWW angeboten werden. Derartige Informationsservices sind aber noch die Domäne amerikanischer Anwälte, die derartige Informationen in großer Anzahl und mit beachtlichem Aufwand im WWW zur Verfügung stellen.[15]

D. Hinweise zum Internet-Auftritt

I. Aufmerksamkeit erregen

32 Grundsätzlich bietet eine WWW-Präsenz Anwälten ähnliche Möglichkeiten zu bereits bekannten Kommunikationskanälen. **Profildarstellungen** ähneln – je nach Umfang – Visitenkarten, Anzeigen in den Gelben Seiten oder Kanzleibroschüren, Verzeichniseinträge im WWW ähneln denen in Büchern und Katalogen. Informationsservices sind vergleichbar zu Mandantenrundschreiben. Verschieden sind die jeweiligen Möglichkeiten, Aussehen und Aufmachung zu beeinflussen und die zur Verfügung stehenden **Darstellungsmittel** wie Text, Grafik, Bild, Bewegtbild, Ton u. a. zu nutzen. Bei Profildarstellungen und Verzeichniseinträgen wird der gestalterische Einfluß des Anwalts eher gering sein, da der Betreiber des Verzeichnisses die Formen festlegt. Die **Gestaltungshinweise** beziehen sich daher also nicht auf diese rudimentären WWW-Auftritte von Anwälten.

[15] Z. B. andersonkill.com, kuesterlaw.com, arentfox.com, hayboo.com, bccb.com, fr.com, cooley.com, venable.com. Für weitere Diskussion s. *Disterer*, BRAK-Mitt. 1998, 27, 78 und 131.

Entscheidend beim Aufbau und der Gestaltung einer WWW-Präsenz ist die Berücksichtigung eines geeigneten **Benutzermodells**, also eines geeigneten Bildes über den zukünftigen Besucher der WWW-Präsenz. Nur selten wird davon ausgegangen werden können, daß ein WWW-Benutzer gerade aktuell einen Anwalt benötigt und nach ihm sucht. Für diesen raren Besuchertyp einer WWW-Präsenz eines Anwalts können Verzeichniseinträge und Profildarstellungen von gutem Nutzen sein, da sie auf einen Anwalt hinweisen und die essentiellen Informationen bieten. 33

In der Regel ist jedoch im WWW ein anderes Benutzermodell von größerer Relevanz. Das WWW bildet einen sogenannten **Pull-Kanal,**[16] über den nur Besucher angesprochen werden können, die schon im Internet aktiv sind und „irgend etwas" suchen. Aufgabe des Informationsanbieters muß es dann sein, die **Aufmerksamkeit** des Suchers auf die eigene Präsenz zu lenken und dort möglichst seine Informationsbedürfnisse zu befriedigen. Vorausgesetzt wird also ein WWW-Benutzer, der aktiv etwas wählt, abruft, ... und somit gewisses Interesse bekundet. Diese Überlegungen stehen im Gegensatz zu sogenannten **Push-Kanälen**, bei denen die Benutzer eher passiv bleiben und vom Informationsanbieter versorgt werden – wie etwa bei Visitenkarten, Kanzleibroschüren u.ä. Der Zugang zu WWW-Präsenzen geschieht vom Besucher i. d. R. **selektiv**, nicht zufällig wie etwa bei Werbebotschaften in Fernsehspots und Zeitungsannoncen. 34

Dieses Benutzermodell widerspricht (bis auf Ausnahmen) der o. g. Szene, daß der WWW-Benutzer gerade einen Anwalt benötigt und daher im Internet danach sucht. Vielmehr ist ein WWW-Benutzer, dessen Aufmerksamkeit es zu wecken gilt, interessiert an irgendeiner juristischen Frage oder an einem Anbieter von anwaltlichen Dienstleistungen mit speziellen Merkmalen (z. B. mit Spezialwissen oder als zukünftigen Arbeitgeber). Daraus ist abzuleiten, daß Informationen im Rahmen einer Profildarstellung im WWW nur bedingt sinnvoll sind, da diese Informationen nur nützlich für jemanden sind, der aktuell einen Rechtsberater sucht. Informationsservices sollen darüber hinaus auch die „typischen" WWW-Benutzer ansprechen, die selektiv nach ihren Interessen und Fachfragen fahnden. 35

Im Sinne eines **Dienstleistungsmarketings** soll über ein relevantes und interessantes Angebot an Fachinformationen eine Beziehung zum WWW-Benutzer aufgebaut werden, die dann unter Umständen und später in ein Mandat mündet, da der WWW-Benutzer von der Leistungsbereitschaft und -fähigkeit des Anwalts überzeugt ist. Daher müssen Informationsservices deutlich „mehr" Fachinformationen enthalten, als typischerweise im Telefonbuch oder im Anwaltsverzeichnis angeboten werden. 36

Das WWW-Angebot muß darüber hinaus selbst vermarktet, sprich bekannt gemacht und verbreitet werden.[17] Der Aufbau einer WWW-Präsenz ohne aktives **Werben** um Besucher ist ähnlich, als wenn man sich ein Telefon installieren läßt, niemandem die Rufnummer mitteilt und dann auf Anrufe wartet. Die notwendige Aufmerksamkeit kann für eine WWW-Präsenz durch eine möglichst breite Aufnahme in gängige Suchmaschinen erzeugt werden, da dort beiläufige Kontakte mit Besuchern erzeugt werden. Auch auf anderen Präsenzen (wie vom Anwaltsverein, Anwaltskammer, Anwaltsverzeichnissen, ...) sollten Verweise auf die eigene WWW-Präsenz lenken. In diesem Sinne können auch Verzeichniseinträge und Links den Bekanntheitsgrad der WWW-Präsenz eines Anwalts steigern. Viele juristische Fakultäten der Universitäten haben mittlerweile umfangreiche WWW-Präsenzen, auf denen auch auf Fachaufsätze u.ä. hingewiesen wird, wenn diese auf der WWW-Präsenz einer Kanzlei bereitliegen. 37

Außerhalb des Internets sollte die **WWW-Adresse** aufgenommen werden in alle standardmäßigen Adressangaben wie in Broschüren der Kanzlei, auf dem Briefkopf, auf 38

---

[16] Vgl. *Disterer* 1998; *ders.*, BRAK-Mitt. 1998, 27, 78 und 131; *Rengelshausen* 1997, 112; *Werner/Stephan* 1997, 101.

[17] Vgl. *Kierzkowski/McQuade/Waitman/Zeisser*, McKinsey Quarterly 1996, 13; *Alvarez/Curran*, New York Law Journal 1997; *Werner/Stephan* 1997, 113.

Visitenkarten, in Zeitungsanzeigen (bei Personalsuche u.ä.) und am Ende von Aufsätzen und Veröffentlichungen.

39 Bei dieser sogenannten „**site-promotion**" hat ein einfacher, kurzer und intuitiver Name für die Adresse der WWW-Präsenz die gleiche Bedeutung wie eine „gute" einprägsame Telefonnummer. Rechtlich scheint die namensmäßige bzw. unternehmenskennzeichnende Funktion der Adresse klar zu sein.[18] Vorzuziehen ist eine Adresse auf der **obersten Hierarchiestufe** der Adressierung im WWW, der sogenannten Top-Level-Domain. Die WWW-Adressen haben auf dieser Stufe die Struktur „www.⟨⟨RA-name⟩⟩.de", auf der zweiten Stufe (Sub-Domain-Level) die Struktur „www.xxx.de/⟨⟨RA-name⟩⟩", wobei xxx ein allgemeiner Sammelbegriff oder der Name des Internet-Providers ist, der den Zugang zum WWW bereitstellt. Am zweiten Fall ist vor allem die schlechtere mnemotechnische **Einprägsamkeit** zu bemängeln und daß manche dieser Adressen den Briefkopf einer Kanzlei nicht unbedingt verschönern. Zudem wird bei derartigen WWW-Adressen eine gewisse **Abhängigkeit** vom Service Provider eingegangen: beim Wechsel des Providers ändert sich die WWW-Adresse der Kanzlei!

40 Gerade für das Gewinnen von **Aufmerksamkeit** für die WWW-Präsenz und die WWW-Adresse haben einige Adressen natürlich besonderen Charme: auffällig sind WWW-Adressen, die eine gewisse Einmaligkeit auszeichnen und die als Angabe im Briefkopf eines Anwalts sicherlich schmücken, wie etwa „anwalt.de", „paragraph.de", „wirtschaftsanwalt.de", „wirtschaftskanzlei.de", „kanzlei.de", „strafrecht.de", „rechtsanwaltskanzlei.de".

II. Interesse wecken

41 Da das WWW im Grundsatz einen Pull-Kanal darstellt (s. o.), muß für den Besucher ein augenfälliger **Nutzen** aus dem Anschauen der WWW-Präsenz resultieren. Andernfalls ist er enttäuscht und wird dieses negative Bild auf den Anbieter der WWW-Präsenz übertragen – offensichtlich nicht im Sinne **vertrauensbildender und -fördernder** Maßnahmen für die anwaltliche Dienstleistung.

42 Das Informationsangebot einer WWW-Präsenz muß also **Nutzerinteressen** befriedigen. Dafür sind unterschiedliche **Zielgruppen** zu analysieren und deren Nutzenprofile zu untersuchen. Als Zielgruppen kommen dabei etwa in Betracht:

- Mandanten,
- potentielle Mandanten,
- Anwälte, die Quellen für Referrals sein können,
- eigene und potentielle Mitarbeiter,
- interessierte Öffentlichkeit wie Verbände, Organisationen u. a.

Für eine WWW-Präsenz sollte feststehen und für die Benutzer erkennbar sein, welche dieser Zielgruppen mit welchen ihrer Interessen angesprochen werden. Entsprechend sind dann die Inhalte der WWW-Präsenz zusammenzustellen und aufzubereiten.

43 Da bei Anwälten ein Großteil neuer Mandate aus der **bestehenden Mandantenschaft** gewonnen wird, wird es immer auch darum gehen, durch den Informationsservice im WWW die Bindung zu den bekannten Mandanten zu halten und zu steigern. Wesentliche Ziele sind die Steigerung des Vertrauens in die Leistungsfähigkeit und -bereitschaft des Anwalts über das einzelne Mandat hinaus und die Förderung des Vertrauens in die Servicebereitschaft durch Bereitstellung von juristischen Informationen und fachlichen Hinweisen. Daß erfolgreich Mandate „über das WWW" gewonnen werden können, wird zunehmend aus den U. S. A. kolportiert.[19] Übertragen auf deutsche Verhältnisse scheinen die Beispiele plausibel und übertragbar, da die Vermittlung von Mandaten über Anwaltsverzeichnisse und -suchservices auch als erfolgreich angesehen wird. In diesem Vergleich stellt das WWW ein Verzeichnis dar, in dem man sich – verglichen mit papierenen Anwaltsverzeichnissen o.ä. – sehr viel individueller und ausführlicher darstellen kann.

[18] Vgl. *Wiebe*, Computer und Recht 1998.

[19] Vgl. etwa *Pruner* 1996.

Das **Interesse** der WWW-Besucher sollte auch dadurch geweckt werden, daß alle **Veröffentlichungen** der Sozietät auf der WWW-Präsenz bereitgestellt werden, die in Fachzeitschriften oder im Rahmen von Veranstaltungen erscheinen. Längere Texte müssen allerdings zur Darstellung im WWW überarbeitet und angepaßt werden, um ein Lesen am Bildschirm zu erleichtern. Dazu müssen lange Textpassagen mit einem Vorspann versehen werden, der ein Inhaltsverzeichnis mit Hyperlinks auf die einzelnen Abschnitte bietet. Dies erlaubt – ähnlich dem schnellen Durchblättern einer Papierversion eines Textes – den schnellen Überblick und die Orientierung. Zudem dürfen die Textabschnitte nicht so lang sein, daß beim Durchblättern am Bildschirm über mehrere Seiten nur eine relativ unübersichtliche Bleiwüste in Sicht ist. Besser ist es vielmehr, die Texte durch relativ viele Zwischenüberschriften in kleinere Abschnitte zu gliedern. 44

III. Wiederkehr forcieren

Die Wiederkehr eines Besuchers zur WWW-Präsenz ist kritisch für den Erfolg des Marketing via Internet, da in einen **kontinuierlichen Dialog** mit den Besuchern eingetreten werden soll. Ein einmaliger Besuch nutzt der Vertrauensbildung und -förderung nur wenig. Der Besucher einer WWW-Präsenz muß daher schon bei seinem ersten Kontakt den Eindruck bekommen, daß eine Wiederkehr lohnt, weil dann andere, z. B. aktuellere Informationen angeboten werden. Dies verbietet wiederum (s. o.), daß Informationsservices den Auftritten im Telefonbuch oder im Anwaltsverzeichnis ähneln, da ein zweiter Besuch dann nur in seltenen Fällen lohnt.[20] Ein Informationsservice im WWW darf daher keinesfalls stabil sein, da dann voraussichtlich keine Besucher wiederkommen werden. 45

Diese Art der Besucher- bzw. **Kundenbindung** gilt zunehmend als zentrales Thema der Informationsservices im WWW. In jüngerer Vergangenheit scheint sich die Beobachtung zu festigen, daß immer weniger Besucher im WWW „wild drauflos surfen" und dabei eher zufällig auf bestimmte WWW-Präsenzen stoßen, sondern daß vielmehr viele Besucher nur die ihnen bekannten WWW-Adressen immer wieder abfragen, die als „Bookmark" wie häufig gewählte Telefonnummern im Rufnummernspeicher von Telefonanlagen gespeichert sind. Daher muß dem Besucher einer WWW-Präsenz schon beim ersten Besuch deutlich werden, daß weitere Besuche lohnen und dann neue Informationen zu finden sind. Zu diesen Informationen können auch relevante und/oder interessante **Verweise (links)** auf andere WWW-Angebote zählen. Ebenso ist ein Diskussionsforum, das zu einem Fachthema initiiert und moderiert wird, eine gute Möglichkeit, Besucher zur (regelmäßigen) Wiederkehr auf der WWW-Präsenz oder gar zur aktiven Teilnahme an der Diskussion zu animieren. 46

Dabei ist auch zu beachten, daß Besucher, die eine WWW-Präsenz mehrfach besucht haben, sich an deren Aussehen und Aufbau gewöhnt haben. Dies führt einerseits dazu, daß sie sich auf anderen Seiten nicht so schnell **orientieren** können und „wohl fühlen", anderseits aber auch dazu, daß bei einer Änderung der gewohnten WWW-Präsenz besonderes Unwohlsein hervorgerufen wird. 47

IV. Kontakt pflegen

Über ein konsumtiv zu erlebendes Informationsangebot im WWW hinaus – und im Gegensatz zu anderen Medien der Öffentlichkeitsarbeit – bietet das WWW die Möglichkeit, daß WWW-Besucher unmittelbar und direkten Kontakt zum Informationsanbieter via E-Mail aufnehmen, etwa durch das Absenden von **Elektronischer Post** direkt an die Kanzlei oder den Anwalt. Die geeignete Reaktion auf diese Kontakte ist der Einstieg in ein **Beziehungsmanagement**. Auch die erwähnte Veranstaltung und Moderation von Diskussionsforen stellt eine Möglichkeit dar, Kontakte zu initiieren und auszubauen. Beim Einsatz Elektronischer Post ist allerdings der Mangel an gängigen Methoden zur Sicher- 48

[20] Vgl. *Werner/Stephan* 1997.

stellung von Vertraulichkeit und Integrität (Authentizität, Originalität, Verbindlichkeit) der Datenübertragung zu beachten.[21] Entsprechend weisen nahezu alle WWW-Präsenzen von Anwälten in Benutzungshinweisen zur Elektronischen Post auf die eingeschränkte Vertraulichkeit der Kommunikation hin. Weitergehende Sicherungsmaßnahmen sind dagegen heute selten erkennbar; die dafür bekannten Sicherungs- und Verschlüsselungsverfahren werden noch nicht in großem Umfang eingesetzt.

49 Darüber hinaus eröffnet Elektronische Post die Möglichkeit, den eigentlichen Pull-Charakter des WWW zu überwinden und Kommunikationsmaßnahmen zu ergreifen, die aktiv auf den Interessenten einwirken, Aufmerksamkeit erregen und Kundenbindung erzeugen.

50 Dem Anbieter einer WWW-Präsenz eröffnet die Kombination aus WWW und Elektronischer Post die Möglichkeit der gezielten Ansprache. So können etwa **E-Mail-Listen** aufgebaut werden, in die Interessenten sich selber eintragen oder nach ihrer Zustimmung eingetragen werden, und über die dann regelmäßig aktuelle Informationen zu juristischen Fragen eines Fachgebietes abgesandt werden. Für die U. S. A. wird z. B. über den **E-Mail-Verteiler** eines Anwaltes berichtet, der darüber monatlich elektronische Bulletins an 10000 Adressen verschickt;[22] Beispiele aus anderen Bereichen: „Die Zeit" verschickt wöchentlich selektierte Stellenanzeigen an 25000 Leser, „The Economist" wöchentlich Nachrichten an 50000 Abonnenten.

51 Dabei gilt allerdings das breitflächige Versenden von Elektronischer Post mit werblichem Charakter (oder von Elektronischer Post, deren Inhalt so verstanden werden kann) ohne vorheriges **Einverständnis** der Empfänger – sogenanntes **„spamming"** – als Verstoß gegen die Netiquette.[23] Beliebtes und in der Fachliteratur oft zitiertes Beispiel liefern ausgerechnet Anwälte: die Kanzlei *Canter & Siegel* (Arizona) hat in 1994 Diskussionsgruppen mit Beratungswerbung per Elektronischer Post überflutet und daraufhin als Antwort eine große Anzahl von Beschwerden und Beschimpfungen aus dem Netz empfangen. Diese Kostprobe für den **Verstoß** gegen die Netiquette und für die durchaus rüden Reaktionen, mit der die Netzgemeinde auf derartige Belästigungen reagiert, ist seither das Standardbeispiel in der populären wie wissenschaftlichen Literatur. Genaueres Hinsehen zeigt, daß die besagte Kanzlei auch schon vorher einige Male unrühmlich aufgefallen ist.[24]

E. Beispiele für WWW-Auftritte von Anwälten

52 Im folgenden soll anhand von Beispielen anwaltlicher WWW-Auftritte einige Einzelaspekte diskutiert sowie auf Unterschiede und Auffälligkeiten hingewiesen werden.

53 Durchaus verschieden sind der **gestalterische Anspruch** und die ästhetische Sorgfalt, mit der WWW-Präsenzen von Anwälten umgesetzt werden. Das Spektrum reicht von relativ einfach gestalteten, fast schmucklosen WWW-Auftritten[25] bis zu aufwendig gestalteten, ansprechenden und repräsentativen WWW-Auftritten.[26]

54 Zunehmend wird versucht, die **persönliche Bindung** zwischen Anwalt und WWW-Besucher aufzubauen bzw. zu steigern. Ein relativ einfaches Hilfsmittel dazu wird sich in Kürze durchsetzen: das Vorstellen anwaltlicher Mitarbeiter mit einigen beschreibenden Eigenschaften und mit einem Foto.[27] Um eine für Anwälte passende Anmutung der

[21] Vgl. *Disterer*, BRAK-Mitt. 1997, 226.
[22] Vgl. *Alvarez/Curran*, New York Law Journal 1997.
[23] Vgl. *Hall*, CACM 1998; *Cranor/LaMacchia*, CACM 1998. Zur Beurteilung aus juristischer Sicht siehe: *Schrey/Westerwelle*, Kommunikation & Recht 1997.
[24] Vgl. *Deck* 1997.
[25] Z. B. anwalt.de, venable.com.
[26] Z. B. puender.de, boesebeck-droste.de, andersonkill.com, bccb.com, cooley.com, shearman.com.
[27] Z. B. germany.net/teilnehmer/100,55655, anwaltsbuero.de, mgovg.com, commlaw.com.

WWW-Präsenz zu erzeugen, werden häufig Symbole aus der Juristerei wie Paragraphen-Zeichen, Justitias Waage u.ä. eingesetzt.[28]

Damit sollen die **Einstimmung** der WWW-Besucher auf die anwaltsspezifischen Themen und deren Aufbereitung unterstützt und Imagekomponenten verstärkt werden. Als besonders hervorstechendes Beispiel für diese anwaltsspezifische Bildsprache sei aus den U. S. A. zitiert: Das Navigationsinstrument von *Saul & Ewing* ist besonders auffällig. Auf der ersten Seite der WWW-Präsenz ist ein stabiler Archivkasten abgebildet, der mehrere Akten in einer Hängeregistratur enthält und auf dessen Frontseite der Name der Sozietät deutlich und auffallend aufgetragen ist (s. Abbildung[29]). Die Intuition und Erwartungshaltung eines Besuchers der WWW-Präsenz, der also bewußt und interessiert die Präsenz eines Anwalts „angesteuert" hat, ist damit hervorragend getroffen. Die symbolische Aktenablage signalisiert alles, was ein Mandant von einem Anwalt zu wissen glaubt bzw. erwartet, etwa 55
- hier werden überwiegend Dokumente gehandhabt
- hier werden Dokumente sorgfältig und systematisch behandelt
- hier wird vielseitig gearbeitet, da unterschiedliche Dokumente durch Reiter oder Trennblätter zu trennen sind.

Abbildung 4: Beispiel für einen WWW-Auftritt

Die treffende **Symbolik** ist jedoch nicht nur Schein, der Archivkasten hat zusätzlich eine Funktion: die Reiter auf den Hängeakten dienen zur Benutzerführung innerhalb der WWW-Präsenz. Sie sind mit „Who We Are", „What We Do", „Our Lawyers", „Where We are" u. a. beschriftet und dienen der Auswahl der verschiedenen Rubriken der Präsenz. Der Besucher wählt also aus dem Informationsangebot durch „anklicken" der Reiter im Archivkasten; im Bild gesprochen: er zieht aus der bereitgestellten Aktensammlung eine für ihn interessante Akte heraus. Die für den Benutzer oft langweilig und/oder unübersichtlich gestaltete Benutzerführung und Auswahl aus Menüs entfällt hier zugunsten einer intelligenten und ansprechenden Auswahl. Zudem ist diese Auswahl dem anwaltlichen Auftreten angepaßt und entsprechend gestaltetet. Insgesamt mag dies als gutes Beispiel für 56

[28] Z. B. barandt.com, home.t-online.de/home/Rae_Posner-Prenzel, kanzlei.de.
[29] Wiedergabe mit freundlicher Genehmigung von Rudolph Garcia, Esq.

den Gebrauch von Grafiken, das Nutzen intuitiver Symbolik, das Ansprechen der Erwartungshaltung von Besuchern einer WWW-Präsenz sowie einer intelligenten Benutzerführung gelten.

57 Gestalterisch mißglückt sind hingegen WWW-Auftritte, bei denen offensichtlich Schreiben auf dem Briefpapier der jeweiligen Kanzleien gescannt und ohne Änderung als Leitseite der WWW-Präsenz eingesetzt werden. Über dem Adressatenfeld des Briefbogens ist dann die Absenderadresse eingeblendet, die bei der Nutzung eines Fensterumschlags in kleiner Schrift im Fenster des Briefumschlags auftaucht, was im WWW deplaziert wirkt. Die Schreiben, die als Leitseite der WWW-Präsenz genutzt werden, sind aber immerhin ordnungsgemäß mit einem Aktenzeichen versehen und weisen die Bankverbindungen aus. Sehr befremdlich auch die Ansprache der Besucher in Briefform mit der Begrüßung „Sehr verehrter User".

58 Der wachsenden **Internationalisierung** vor allem im Wirtschaftsrecht wird häufig begegnet durch das Angebot mehrsprachiger WWW-Präsenzen, bei denen allerdings oftmals lediglich die Leitseiten in verschiedenen Sprachen aufbereitet sind. Auffallend zwei WWW-Auftritte deutscher Anwälte, die vollständig und ausschließlich in englischer Sprache gestaltet sind.[30] Im zunehmenden Wettbewerb um hervorragende Berufsanfänger werden WWW-Präsenzen auch als Instrument des Personal-Marketing eingesetzt, indem ausdrücklich und ausführlich Informationen für Bewerber angeboten werden.[31] Aus U. S. A. ist über ein spezielles, sehr umfangreiches Informationsangebot im Familienrecht zu berichten,[32] das ursprünglich von der Anwältin *Sharyn Sooho* aufgebaut und angeboten wurde. Mittlerweile gilt dieses Informationsangebot landesweit als etablierte Informationsquelle und Kommunikationsbasis, zu der sehr viele Anwälte Beiträge liefern.

59 Aus der Analyse der Beispiele und den vorgenannten Hinweisen zum WWW-Auftritt von Anwälten wird deutlich, daß eine WWW-Präsenz nicht nur einmaligen Aufwand beim Aufbau verursacht, sondern **ständiger Pflege und Betreuung** zur Aktualisierung des Informationsangebotes sowie zur Reaktion auf E-Mail-Anfragen von Besuchern bedarf. Daher ist zu empfehlen, erst einmal eine kleine, aber gut ausbaubare WWW-Präsenz aufzubauen. Zum derzeitigen Zeitpunkt wird ein etwas beschränkter Auftritt noch verziehen, in wenigen Jahren sicherlich nicht mehr. Diese Vorgehensweise bietet die Möglichkeit, jetzt in kleinen Schritten anzufangen und allein durch den (angekündigten) weiteren Aufbau der WWW-Präsenz Neugierde zu wecken und Wiederkehr zu provozieren.

60 Als **Marketinginstrument** kann die WWW-Präsenz helfen, vertrauensbildende und -fördernde Signale zu senden und damit bestehende Mandate zu stärken und neue Kontakte zu gewinnen. Die spezielle Gruppe der WWW-Benutzer muß allerdings verstanden und bei Konzeption und Realisierung der WWW-Präsenz beachtet werden.

F. Empirische Ergebnisse

61 Für die U.S.A. kann die Anzahl anwaltlicher WWW-Präsenzen in 1998 auf deutlich über 3000 geschätzt werden. Von allen amerikanischen Sozietäten mit mehr als 50 Anwälten betrieben Ende 1997 knapp 30% eine WWW-Präsenz, von den größten Sozietäten mit mehr als 500 Anwälten sind es knapp 70%. Die Inhalte dieser WWW-Präsenzen enthalten vor allem Biographien der Anwälte, juristische Informationen sowie E-Mail-Zugang zu den Anwälten, Links zu anderen juristischen Quellen und spezielle Informationen für Bewerber.[33]

---

30 Vgl. boesebeck-droste.de, wirtschaftskanzlei.de.
31 Vgl. puender.de, sullcrom.com.
32 Vgl. divorcenet.com.
33 Vgl. *Jaffe* 1997.

In Deutschland sind Mitte 1998 etwa 300 Anwälte mit eigenen WWW-Präsenzen im Netz vertreten. Die **Nutzungsintensität** kann genauer auf Basis einer **Studie** abgelesen werden,[34] bei der u. a. auf einer Intensitätsskala gemessen wurde, in welchem Ausmaß große deutsche Sozietäten das Internet benutzen. Danach wird das Internet von 64% der Sozietäten derzeit nicht genutzt; allerdings plant die Hälfte von ihnen die Nutzung in naher Zukunft. Ein Probeeinsatz wird in 8% der Sozietäten durchgeführt, 22% kennzeichnen die Nutzung mit „erster Einsatz, von einzelnen, in einzelnen Anwendungsgebieten". Lediglich in 6% der Sozietäten wird das Internet mit mittlerer Intensität genutzt, eine intensive Nutzung ist gar nicht zu verzeichnen (siehe Abbildung). 62

63

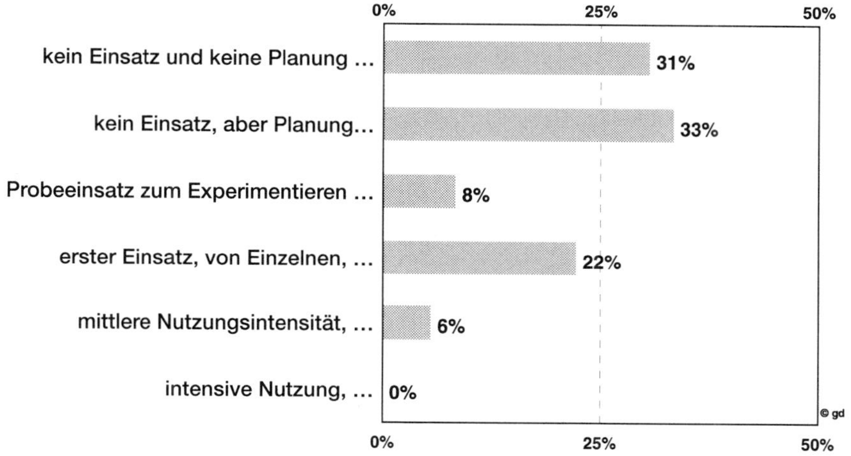

Abbildung 5: Derzeitiger Internet-Einsatz

Derzeit nutzen große Sozietäten das Internet also nur in relativ geringem Umfang. Immerhin **experimentieren** aber einige Sozietäten mit dem Einsatz und weitere 33% beschäftigen sich planerisch mit der Nutzung des Internets. Dieser insgesamt hohe Anteil für die Rubriken „in Planung" und „Probeeinsatz" zeigt, daß das Interesse an einem Internet-Einsatz in den Sozietäten erwacht ist und der Einsatz in naher Zukunft stark ansteigen wird. Zur Prüfung dieser Vermutung wurde separat erhoben, in welcher Intensität die Sozietäten das Internet derzeit nutzen und mit welcher Intensität des Einsatzes sie für die nahe Zukunft (2 Jahre) rechnen. 64

Die Verteilung der Nutzungsintensitäten für die Gegenwart weist eine Häufung unter den Rubriken „nicht oder sehr niedrig" und „niedrig" auf und zeigt für die restlichen Stufen stark abnehmende Tendenz. Nach der Erwartung der Sozietäten werden sich diese Nutzungsintensitäten in **näherer Zukunft** jedoch stark ändern. Der Schwerpunkt wird dann bei der Rubrik mittlerer Nutzungsintensität liegen. Während derzeit über die Hälfte der Sozietäten (57%) das Internet nicht oder sehr wenig nutzen, werden dann über die Hälfte (60%) das Internet mit mittlerer bis sehr hoher Intensität nutzen. Die an der Befragung teilnehmenden Sozietäten erwarten also, daß die Internet-Nutzung in naher Zukunft stark zunehmen wird (s. die Abbildung 6 auf Seite 954.). 65

[34] Für eine detaillierte und vollständige Darstellung siehe *Disterer* 1998.

66

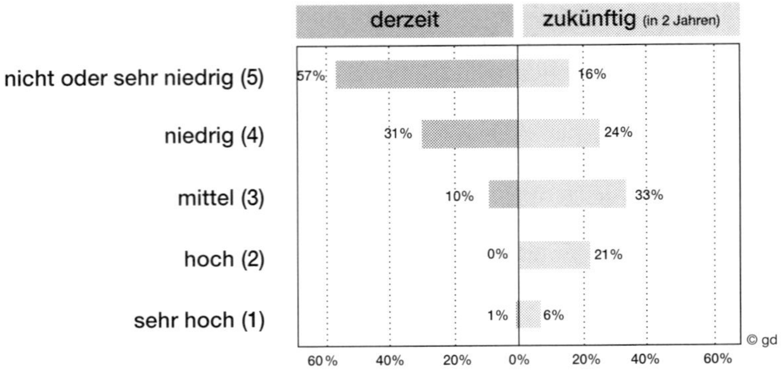

Abbildung 6: Derzeitiger und zukünftiger Internet-Einsatz

G. Schlußbetrachtung

67 Die neuen Möglichkeiten der Kommunikation über das Internet mit Mandanten, potentiellen Mandanten und Mitarbeitern sowie der „allgemeinen Öffentlichkeit" werden derzeit in sehr vielen Anwaltskanzleien entdeckt und ausprobiert. Die bisher gesammelten Erfahrungen sind durchweg positiv,[35] das WWW wird als sinnvolles Marketinginstrument angesehen, da es den für Mandanten so wichtigen Service der Informationsversorgung stark unterstützt. Allerdings ist in den Bereichen Technik, Marketing und Gestaltung erhebliche Sorgfalt notwendig, um die positive Wirkungen zu erzielen; Fachkenntnisse in diesen Gebieten sind unerläßlich.

68 Als Marketinginstrument kann die WWW-Präsenz eines Anwalts helfen, vertrauensbildende und -fördernde Signale auszusenden und damit bestehende Mandate zu stärken und neue Kontakte zu gewinnen. In naher Zukunft wird ein sehr starker Anstieg der Aktivitäten von Anwälten im Internet zu verzeichnen sein, das Internet wird ein wichtiges Marketinginstrument für Anwälte werden.

[35] Vgl. *Disterer* 1998.

§ 44 Öffentlichkeitsarbeit

*Klaus Vorwerk**/*Dr. Michael Sommer***

Übersicht

Schrifttum: *Becker*, Marketing-Konzeption, 6. Aufl., 1998; *Bruhn*, Integrierte Unternehmenskommunikation. Ansatzpunkte für eine strategische und operative Umsetzung integrierter Kommunikationsarbeit, 2. Aufl., 1995; *Esch/Andresen*, Messung des Markenwertes. In: MTB e.V.-Alumni, Erfolgreiches Markenmanagement, 1997; *Gneist*, Freie Advokatur, 1867; *Hartung/Holl*, Anwaltliche Berufsordnung, 1997; *Huff*, Justiz und Öffentlichkeit, 1996; *Kleine-Cosack/Plantholz/Rex-Strater/Wirtz*, Management-Handbuch Rechtsanwaltspraxis, Stand November 1998; *Mauer/Krämer*, Marketing – Strategien für Rechtsanwälte, 1996; *Pflaum/Linxweiler*, Public Relations der Unternehmen, 1998; *Pflaum/Pieper*, Lexikon der Public Relations, 2. Aufl., 1993; *Stadler*, „Corporate Identity“. In: Geisbüsch/Geml/Lauer, Marketing, 2. Aufl., 1991; *Wiedmann*, Markenpolitik und Corporate Identity. In: Bruhn (Hrsg.), Handbuch Markenartikel, Teil-Bd. 2, 1994.

---

* Rechtsanwalt in Hamburg.

** Rechtsanwalt und Steuerberater in München, Kanzlei Wessing & Berenberg-Gossler.

A. Allgemeines

I. Der Begriff der Öffentlichkeitsarbeit

1 Der Begriff der Öffentlichkeitsarbeit erfaßt Vorgänge, die seit einigen Jahrzehnten in der Betriebswirtschaftslehre und in den Kommunikationswissenschaften untersucht und systematisch erfaßt werden, die aber die Lebenswirklichkeit des Menschen seit den Anfängen mitbestimmen. Es geht um die **geplante**, einer **Zieldefinition unterworfene** und **aktiv gestaltete Kommunikation**. Diese Kommunikationsstränge liefen in der Vergangenheit etwa zwischen Herrschern und Beherrschten über die Symbole der Herrschaft wie römische Liktorenbündel, Reichsapfel und Zepter deutscher Kaiser etc. Ein neues Medium fand diese Öffentlichkeitsarbeit seit dem Übergang zur Neuzeit in der **Presse**. Mit der Entwicklung moderner marktwirtschaftlicher Systeme hat die Öffentlichkeitsarbeit dann Eingang in die Kommunikation der Unternehmungen gefunden. Seit einigen Jahren hält sie in dem Umfange Einzug in den Anwaltsmarkt, in dem Anwälte ihre Büros zu Unternehmen ausbauen.

2 Öffentlichkeitsarbeit – für die auch häufig der englische Begriff **Public Relations** oder **Corporate Communication** verwandt wird – ist darauf gerichtet, gegenüber bestimmten Dritten ein vom Unternehmen planvoll entwickeltes Bild dieses Unternehmens wiederzugeben, durch geeignete Maßnahmen dieses Ziel zu penetrieren und zu etablieren. Diese Ziele können **generellen** Charakter haben und damit das Unternehmen insgesamt beschreiben oder **situativ** eingesetzt werden, um bestimmte das Unternehmen betreffende Umstände in der öffentlichen Meinung zu verankern. In beiden Fällen geht es darum, bei den Dritten (den Zielgruppen) Glaubwürdigkeit, Verständnis, Sympathie und Loyalität für das Unternehmen zu entwickeln.[1]

II. Öffentlichkeitsarbeit als Kommunikationsprozeß

3 Öffentlichkeitsarbeit ist dabei ein Kommunikationsprozeß, der Information, Kontakt, Führung, Imagebildung und Harmonisierung erreichen soll.[2]

Die **Informationsfunktion** der Öffentlichkeitsarbeit richtet sich nicht nur an externe Dritte, sondern auch an die Mitarbeiter des Unternehmens. Die **Kontaktfunktion** soll Kontakte zu den für das Unternehmen wichtigen Zielgruppen aufbauen und erhalten. Die **Führungsfunktion** ist darauf gerichtet, durch das öffentliche Erscheinungsbild der das Unternehmen in der Spitze repräsentierenden Personen die positiven Führungseigenschaften auf das Unternehmen zu übertragen. In ihrer **Imagefunktion** sorgt Öffentlichkeitsarbeit dafür, daß die Zielgruppen – sowohl extern als auch intern – ein positives Bild vom Unternehmen erhalten, das das grundsätzliche Ziel von Kommunikation – nämlich Schaffung von Glaubwürdigkeit, Verständnis, Sympathie und Loyalität – im Bewußtsein der Zielgruppen etabliert. Sie wird zur **Harmonisierungsfunktion** für den Fall, daß durch Einzelentwicklungen im und um das Unternehmen aktuelle Krisen entstanden sind, deren beeinträchtigende Wirkung auf das Image des Unternehmens zu beseitigen ist (Krisen-PR).

III. Aufgaben der Öffentlichkeitsarbeit

1. Extern

4 In ihrer externen Wirkung hat Öffentlichkeitsarbeit die Aufgabe, eine **Legitimierung** des Unternehmens zu schaffen. Diese bezieht sich auf das Gesamthandeln des Unternehmens am Markt. In der externen Zielgruppe ist ein Bild des Unternehmens zu etablieren, das eine positive Einstimmung der Mitglieder der Zielgruppe im Hinblick auf Führung

[1] Vgl. *Esch/Andresen*, S. 20.
[2] Vgl. *Pflaum/Linxweiler*, S. 19.

und Mitarbeiter des Unternehmens, Umfang des Angebotes an Produktion oder Dienstleistungen des Unternehmens, Qualität der Leistungen des Unternehmens, des weiteren im Hinblick auf die Beziehung zu Kunden, die Qualität der Arbeit bei der Erbringung der Leistungen und der Nacharbeit, aber auch im Hinblick auf die ethisch-ideellen Grundlagen des Unternehmens schafft.

Dabei ist Öffentlichkeitsarbeit stets darauf gerichtet, generelle Grundüberzeugungen in 5
der Zielgruppe zu schaffen, auszubauen und zu erhalten. Sie erfordert damit insbesondere Kontinuität. Diese erstreckt sich sowohl auf die Kontinuität der **Kommunikationsziele** als auch auf die Kontinuität der **Kommunikationsmaßnahmen**. Nur ein konsistentes Verhalten in der Definition der Kommunikationsinhalte und ihrer angemessenen dauerhaften Penetration kann das Ziel von Öffentlichkeitsarbeit erreichen.

2. Intern

Der gleiche Grundsatz gilt für die Wirkungen der Öffentlichkeitsarbeit nach innen. Hier 6
soll Öffentlichkeitsarbeit die **Identifikation** und damit die **Loyalität** mit dem Unternehmen erhalten und stärken. Die Mitarbeiter sollen sowohl das Gefühl entwickeln, in einem in der öffentlichen Meinung der Zielgruppe positiv besetzten Unternehmen tätig zu sein, als auch die als positiv erkannten Kommunikationsinhalte der Öffentlichkeitsarbeit aufzunehmen und kontinuierlich umzusetzen. Nur wenn diese Wirkung von Öffentlichkeitsarbeit nach innen gelingt, kann die Kommunikation nach außen gegenüber den externen Zielgruppen erfolgreich sein.

Kommunikativer Erfolg setzt voraus, daß eine **Einheit** zwischen den kommunikativen 7
Inhalten eines Unternehmens und dem am Markt präsenten Angebot eines Unternehmens vorhanden ist. Entstehen zwischen dem tatsächlichen Handeln eines Unternehmens – etwa der Qualität seiner Dienstleistungen – und den durch Öffentlichkeitsarbeit vermittelten kommunikativen Inhalten Brüche, werden diese außerhalb und innerhalb des Unternehmens regelmäßig wahrgenommen. Diese Brüche führen zu einem Verlust an Glaubwürdigkeit, Sympathie und Loyalität. Das Verständnis für das Unternehmen kann in Unverständnis umschlagen. Das grundlegende Ziel der Öffentlichkeitsarbeit – Schaffung von Glaubwürdigkeit, Verständnis, Sympathie und Loyalität – wird damit nicht nur verfehlt, der Verlust an Glaubwürdigkeit, Verständnis, Sympathie und Loyalität führt sogar zu einem direkten Schaden für das Unternehmen. Der erstrebte „corporate credit" wird zu einem „corporate damage".

IV. Inhalte der Öffentlichkeitsarbeit

Methodologisch werden Public-Relations-Maßnahmen nach Objekt, Subjekt und In- 8
strument abgegrenzt. Es geht also um Fragen nach dem Inhalt der Kommunikationsmaßnahme (dem **Objekt** der Öffentlichkeitsarbeit), der Zielgruppe der Kommunikation (dem **Subjekt**) und dem Mittel, mit dem das Ziel der Öffentlichkeitsarbeit den Zielgruppen übermittelt wird (dem Instrument). Da Öffentlichkeitsarbeit eine langfristige positive Einstellung der Zielgruppen gegenüber dem Unternehmen etablieren soll, ist das Objekt der Öffentlichkeitsarbeit regelmäßig das Image des Unternehmens. Das **Subjekt** der Öffentlichkeitsarbeit sind die internen und externen Zielgruppen wie aktuelle Abnehmer der Leistungen, potentielle Abnehmer, Subunternehmer, Multiplikatoren (Dritte, die in der Lage sind, die Entscheidung für das Unternehmen zu beeinflussen und zu verstärken sowie Namen und Image des Unternehmens zu verbreiten) sowie die weitere Öffentlichkeit. **Instrumente** der Öffentlichkeitsarbeit sind traditionell vorrangig die Pressearbeit gegenüber allen Medien, aber auch andere Kommunikationsformen wie die Veranstaltung von Events (Informationsveranstaltungen, Kongressen etc.), das Sponsoring, Anzeigen oder marktsegmentstypische Instrumente.

V. Abgrenzung zur Corporate Identity

1. Corporate Identity

9 Der Begriff der Öffentlichkeitsarbeit hat sich in den letzten Jahren immer stärker mit dem Begriff der Corporate Identity (CI) verbunden. Es geht dabei um die kommunikative Technik der Gestaltung und Vermittlung von Unternehmensidentität. Das Unternehmen soll bei den Zielgruppen als eigenständige Unternehmenspersönlichkeit institutionalisiert werden. Im Bewußtsein der Zielgruppen soll die Einzigartigkeit des Unternehmens dargestellt werden, um es klar von Unternehmen des Wettbewerbes abzugrenzen.

10 Über die in der Corporate Identity entwickelten Inhalte sind alle **personellen, sachlichen** und **Leistungselemente** des Unternehmens so aufeinander abzustimmen, daß im Ergebnis den Zielgruppen eine **unverwechselbare Persönlichkeit** gegenübertritt. Zentrales Ziel der Schaffung von Corporate Identity gegenüber den Zielgruppen ist es damit, insbesondere die Einzelpersonen und Einzelleistungen eines Unternehmens im öffentlichen Bewußtsein so miteinander zu verschmelzen, daß diese Unterschiede nicht mehr wahrgenommen werden, sondern das Unternehmen wie eine einheitliche kohärent handelnde Person auftritt und wahrgenommen wird.

11 Da jedes Unternehmen selbst ein Innenleben hat – die Führungspersonen und Mitarbeiter wechseln, die Leistungen verändern sich – und gleichzeitig das Marktumfeld, in dem das Unternehmen tätig ist, nicht stabil bleibt – die Größenrelationen von Unternehmen verändern sich, die Öffentlichkeit nimmt Leistungen mehr oder weniger wahr etc. –, kann Corporate Identity im Markt nicht einmal geschaffen und dann unveränderlich beibehalten werden. Die Entwicklung einer Corporate Identity ist ein **kontinuierlicher gestaltender Prozeß**. Dieser Prozeß ist engstens mit der Definition der kommunikativen Ziele und Inhalte verbunden (vgl. dazu unten Ziff. III).

2. Verschiedene Elemente der Corporate Identity

12 Die auf dieser Grundlage in der Betriebswirtschaftslehre und den Kommunikationswissenschaften entwickelten Elemente der Corporate Identity sind vielfältig und teilweise widersprüchlich. Sie reichen vom **corporate credit**, dem „Unternehmensguthaben" (Goodwill) als Vorsprung des Unternehmens gegenüber Wettbewerbsunternehmen im öffentlichen Bewußtsein, über das **corporate design**, die optische Gestaltung des Unternehmensauftritts in der Öffentlichkeit, bis zu den **corporate values**, den ethisch-moralischen Werten, für die das Unternehmen in der Öffentlichkeit stehen will und die in engem Zusammenhang mit dem **corporate behaviour** stehen – den Verhaltensnormen, die das Unternehmen seiner Führung und seinen Mitarbeitern gibt und die es umsetzt. Die Diskussion um die Einordnung und Funktion der Unterbegriffe der Corporate Identity sind in der Betriebswirtschaftslehre und Kommunikationswissenschaft nicht abgeschlossen.[3]

VI. Integrierte Kommunikation

13 Öffentlichkeitsarbeit ist nur einer der Kommunikationsprozesse eines Unternehmens. Diese Prozesse umfassen sowohl die **individuelle Kommunikation** als auch die **Massenkommunikation**. Sie sind **einseitig** wie etwa eine Anzeige oder ein Vortrag, sie sind **direkt** wie ein Geschäftsessen oder **indirekt** wie eine Multimediapräsentation des Unternehmens, sie sind **verbal** wie eine Pressemeldung oder **bildlich** wie ein Firmenvideo. Direkte verbale Kommunikation wird beeinflußt durch nonverbale Elemente wie das Auftreten und die Gesamterscheinung des Sprechenden oder durch Kommunikationsbarrieren etwa im Bereich der Fremdsprachen.

[3] *Wiedmann*, S. 1033ff., *Stadler*, S. 537ff.

Die Vielzahl dieser Kommunikationsformen führt in vielen Fällen zu Inkonsistenzen in der formalen und inhaltlichen Übermittlung. Die Kommunikationswissenschaft hat daher zur Überwindung dieser Inkonsistenzen Grundlagen in dem Konzept der **integrierten Kommunikation** entwickelt. Integrierte Kommunikation soll die Gemeinsamkeit und Einheitlichkeit der Ziele und des Handelns aller Bereiche der Kommunikation erreichen. Integrierte Kommunikation richtet sich auf die Kooperation aller an der Kommunikation extern und intern Beteiligten, das heißt im Ergebnis aller Mitarbeiter des Unternehmens. Deren kommunikative Prozesse sind zu koordinieren. 14

Die Koordination soll eine gemeinsame Begrifflichkeit und gemeinsame Ziele entwikkeln und etablieren.[4] Operativ ist sodann die integrative Kommunikation inhaltlich, formal und in ihren sachlichen Elementen zu definieren und gegenüber den Unternehmensmitarbeitern durchzusetzen. Dies erfordert inhaltlich den Verweis auf die Leistungen anderer Bereiche des Unternehmens, die Qualifikationen anderer Mitarbeiter etc., formal die Schaffung eines starken „corporate design", aber auch die Definition formaler Kriterien für Auftreten und Verhalten von Mitarbeitern sowie die Abstimmung der kommunikativen Maßnahmen verschiedener Bereiche des Unternehmens. 15

B. Abgrenzung zur Werbung

Öffentlichkeitsarbeit ist ein Teil der Unternehmenskommunikation. Sie steht damit in der Nähe der klassischen Werbung oder von „Below the line"-Aktivitäten der Absatzförderung. Zwischen Werbung, „Below the line"-Aktitiväten und Öffentlichkeitsarbeit bestehen jedoch **signifikante Unterschiede**. Dabei ist die operative Unterscheidung zwischen Public-Relations-Maßnahmen und Werbemaßnahmen in Unternehmen – nämlich ihre unterschiedliche Ansiedlung bei der Unternehmensleitung bzw. der Werbeabteilung – für den Anwaltsmarkt von untergeordneter Bedeutung. Im Gegensatz zu Werbemaßnahmen und einem Großteil der „Below the line"-Aktivitäten richtet sich Öffentlichkeitsarbeit nicht auf den Absatz bestimmter Leistungen. Regelmäßig ist auch die **Wirkdauer** von Öffentlichkeitsarbeit deutlich **länger** als die von Werbemaßnahmen. Da es bei Public-Relations-Maßnahmen darum geht, langfristige Einstellungen von Zielgruppen gegenüber dem Unternehmen zu etablieren, ist Öffentlichkeitsarbeit – soweit es nicht um Krisenintervention geht – von mittelfristig angelegten Absatzmaßnahmen abzugrenzen. 16

Letztlich unterscheiden sich Werbung und Public Relations auch im **Einsatz der Mittel**. Eine Vielzahl von Public-Relations-Maßnahmen wie etwa Pressearbeit, Events, Aktivitäten in Verbänden, insbesondere aber auch die nach innen gerichteten Maßnahmen der Öffentlichkeitsarbeit gehören nicht zum klassischen Instrumentarium der Werbung. 17

Werbung und Absatzförderung werden durchgängig vom **Unternehmen** selbst gesteuert und in ihrem Einsatz bestimmt. Öffentlichkeitsarbeit – insbesondere Pressearbeit – unterliegt oft der Beeinflussung durch **Dritte**.[5] 18

C. Die Entwicklung und Umsetzung von Öffentlichkeitsarbeit

I. Allgemeines

Öffentlichkeitsarbeit erfordert erheblichen Konzeptionsaufwand, dessen strategisches Planungsergebnis mit sachlichen und personellen Mitteln umzusetzen und zu kontrollieren ist. Public-Relations-Arbeit erfordert die Erstellung von **Leitlinien** für die zentralen unternehmerischen Werte, die **Ist-Analyse** von Markt und Unternehmen, die **Bewertung** dieser Analyse, die **Formulierung** eines Zieles aus der Analyse unter Anwendung der 19

[4] *Bruhn*, S. 13ff.
[5] *Pflaum/Pieper*, S. 529ff.

Leitlinien, die Erarbeitung einer Strategie zur Umsetzung dieses Zieles, die **Gestaltung** der Mittel zur Umsetzung der **Strategie**, die **Produktion** der gestalteten Öffentlichkeitsmaßnahmen, die **Durchführung** der Öffentlichkeitsarbeit und die **Ergebniskontrolle**.

20 Nicht behandelt werden soll an dieser Stelle die Festlegung der grundsätzlichen **Leitlinien** des Unternehmens. Es ist jedoch darauf hinzuweisen, daß sie so allgemein gefaßt werden müssen, daß sie nicht bereits die Zielformulierung vorherbestimmen, aber auch an der Wirklichkeit des Unternehmens orientiert sind. Leitlinien, die sich nicht aus der Realität des Gesamtunternehmens oder seinem wirklichen Potential ableiten lassen, werden spätestens in der Phase der Ergebniskontrolle als irrelevant entlarvt.

II. Die Analysephase

21 Die Analysephase hat zunächst das **wirkliche Image** des Unternehmens im Markt festzustellen. Es sind dies die tatsächlichen „inneren Vorstellungsbilder", die die Zielgruppen der Öffentlichkeitsarbeit über das Unternehmen haben. Dazu gehören unter anderem die **Bekanntheit** des Unternehmens, **Vorstellungen** über die Leistungsfähigkeit des Unternehmens, die grundsätzliche Einstellung gegenüber dem Unternehmen im Sinne von **Sympathiewerten**, das Bild von der Dynamik und Strukturiertheit. Diese Ist-Analyse kann in **Einzelgesprächen**, aber auch durch **Fragebogen** umgesetzt werden. Sie darf sich nicht nur auf das externe Bild beziehen, sondern muß das interne Bild einschließen.

22 Der Unternehmensstatus bezieht darüber hinaus die Position des Unternehmens im **Wettbewerb** ein. Auch relevante Wettbewerbsunternehmen sind daher in eine vergleichbare Analyse einzubeziehen. Zu untersuchen ist weiter, welche **Zielgruppen** durch das Unternehmen angesprochen werden und zukünftig angesprochen werden sollen. Im deutlichen Unterschied zur Ist-Analyse bei Werbemaßnahmen gehört zu den Zielgruppenanalysen eines PR-Konzeptes auch die Untersuchung des Bildes des Unternehmens bei den Medien und sonstigen nicht direkt als Abnehmer der Leistungen des Unternehmens in Betracht kommenden Zielgruppenbestandteilen wie etwa der lokalen, regionalen, aber auch nationalen oder internationalen Öffentlichkeit, den Wettbewerbern, Behörden, Verbänden etc.

23 Die Ist-Analyse hat in einem wesentlichen Teil auch zu ermitteln, welche Anforderungen die Zielgruppen generell an die Leistungen in einem bestimmten Markt anbietenden Unternehmen stellen. Damit wird ermittelt, welche **Kriterien** z. B. Kunden, Medien oder Multiplikatoren für besonders wichtig halten und welche Kriterien für das zu schaffende und zu etablierende Image des Unternehmens weniger wichtig sind.

III. Die Bewertungsphase

24 Die Ist-Analyse führt in die Bewertungsphase. In ihr sind die wirklichen Anforderungen der Zielgruppen an vergleichbare Unternehmen gegenüber den Vorstellungen über das Unternehmen und seine Wettbewerber sowie den Unternehmensleitlinien **qualitativ** abzugleichen. Die Bewertungsverfahren, die zur Verfügung stehen, sind vielfältig, und sie sollen hier nicht dargestellt werden.[6]

IV. Die Phase der Zielformulierung

25 Auf die Bewertungsphase der Ist-Analyse folgt die Phase der Zielformulierung. Die Zielformulierungsphase geht einher mit der Positionierung des Unternehmens. Die Positionierung eines Unternehmens definiert sich als Bild des Unternehmens im Markt- und Meinungsumfeld des Wettbewerbs. Es wird festgelegt, wie das Unternehmen in diesem Umfeld wahrgenommen werden soll. Ziele sollten nicht zu speziell formuliert werden. Dies engt in einer Vielzahl von Fällen nicht nur die operativen Mittel zur

---

[6] *Becker*, S. 388 ff.

Umsetzung des Zieles ein. Es macht auch Widersprüche zwischen dem strategischen kommunikativen Ziel und der Wirklichkeit für die Zielgruppen evidenter. So ist beispielsweise nicht auf Pünktlichkeit, sondern auf Verläßlichkeit abzustellen.

Durch die **allgemeine Formulierung der Ziele** wird vermieden, daß bereits durch geringfügige Veränderungen der Vorstellungen der Zielgruppen über die Wertigkeit einzelner Ziele obsolet werdende Ziele zentral verfolgt werden. Darüber ist die Zahl der Ziele zu **begrenzen**. Zum einen machen zu viele Ziele gegenüber den Zielgruppen unglaubwürdig; sie wissen, daß kein Unternehmen in allen Bereichen perfekt ist. Zum anderen ist die Penetration eines Zieles im Bewußtsein der Zielgruppen um so leichter, je geringer der Umfang der Kommunikationsinhalte und je höher die Klarheit dieser Inhalte ist. Es kann nicht genug darauf hingewiesen werden, daß die Qualität der Öffentlichkeitsarbeit zentral von der Qualität der Zielformulierung abhängig ist. 26

V. Die Strategiephase

Aus der Zielformulierungsphase ergibt sich die Strategiephase. Sie beinhaltet zunächst die Erarbeitung der **copy strategy**. In ihr werden die zu vermittelnden **Kommunikationsinhalte** festgelegt. Sie beinhalten die Frage nach dem speziellen Nutzen des Unternehmens für die Zielgruppe, die Begründung, aus der dieser Nutzen heraus glaubwürdig sichergestellt werden kann, sowie die allgemeine formale Definition des Auftritts gegenüber den Zielgruppen mit der Festlegung der **PR-Tonalität** – dem Grundton der Kommunikation wie beispielsweise Seriosität oder Dynamik – und der **PR-Instrumente**, nämlich der Definition, welche PR-Mittel in welcher Kombination für die Zielgruppe adäquat eingesetzt werden können. 27

VI. Die Ergebniskontrolle

Auf der Grundlage dieser PR-Strategie werden PR-Maßnahmen gestaltet und durchgeführt. Schließlich ist der Erfolg der Öffentlichkeitsarbeit zu kontrollieren. Dabei ist darauf hinzuweisen, daß die **Kontrollmechanismen** der Public Relations begrenzt sind. Sie umfassen zum einen rein mechanistische Methoden wie etwa die Feststellung, wie viele Zeitschriften beispielsweise auf eine Pressemitteilung reagiert haben und welche Inhalte diese Reaktionen hatten. Darüber hinaus kann der PR-Erfolg gemessen werden durch vergleichende Analysen, in denen sich Entwicklungen des Images des Unternehmens zwischen erstmaliger Ist-Analyse und der Bewertung nach PR-Maßnahmen erfolgt. Es ist allerdings davor zu warnen, hier zu kurzfristige Erfolge zu erwarten. PR-Maßnahmen zielen auf die langfristige Änderung bzw. Etablierung eines Images hin. Einmalige PR-Maßnahmen führen in der Regel nicht zu signifikanten Änderungen zwischen erster Ist-Analyse und Kontrollanalyse (vgl. auch unten Rdn. 129ff.). 28

D. Der rechtliche Rahmen der Öffentlichkeitsarbeit für Rechtsanwälte

I. Die Berufsordnung

Der Rechtsberatungsmarkt kennt erst seit kurzem die Möglichkeit kommunikativer Maßnahmen mit anpreisendem Charakter. Er war seit Jahrhunderten von einem **grundsätzlichen Werbeverbot** geprägt. Zwar hat dieses Werbeverbot einzelne Rechtsanwälte nicht daran gehindert, die Grenze des Werbeverbotes auszutesten, jede Heraushebung aus dem Verhalten der Kollegen wurde jedoch als „Advokatenmißbrauch“[7] betrachtet. Zu diesen Mißbräuchen zählte teilweise bereits das „Zechen“ mit potentiellen Mandanten. 29

[7] *Gneist*, S. 84.

30 Die Rechtslage hat sich geändert durch die Beschlüsse des Bundesverfassungsgerichtes vom 14. Juli 1987.[8] Das strenge Werbeverbot fiel, da das Bundesverfassungsgericht die Auffassung vertrat, daß die RichtlRA keine hinreichende Grundlage nach Art. 12 Abs. 1 Grundgesetz für jegliche Einschränkung anwaltlicher Werbemaßnahmen darstellen. Über § 43b BRAO haben nunmehr die §§ 6–10 BerufsO Regelungen geschaffen. „Der Rechtsanwalt darf über seine Dienstleistung und seine Person informieren, soweit die Angaben sachlich unterrichten und berufsbezogen sind" (§ 6 Abs. 1 BerufsO). Die Berufsordnung setzt jedoch eine Reihe von Grenzen. Ob und inwieweit diese Grenzen einer rechtlichen Überprüfung standhalten, bleibt offen. Das gilt insbesondere für Vorschriften des Kartellrechtes.[9]

II. Allgemeine Grenzen

31 Anwaltliche Öffentlichkeitsarbeit unterliegt jedoch auch den allgemeinen rechtlichen Grenzen von Öffentlichkeitsarbeit. Dabei sind insbesondere die Vorschriften des **Gesetzes gegen den unlauteren Wettbewerb** – hier die §§ 1 und 3 UWG – von Bedeutung. Der Katalog der unter §§ 1 und 3 UWG fallenden Maßnahmen ist dabei so weit gespannt – beispielsweise Anlocken von Kunden, Ausnutzen von Unerfahrenheit, unentgeltliche Abgabe der Leistung –, daß auf sie hier nicht eingegangen werden soll. Sie gehören im wesentlichen auch nicht zum Bereich der Öffentlichkeitsarbeit, sondern zur konkreten Absatzwerbung.

32 Für die Gestaltung der Öffentlichkeitsarbeit wichtiger ist die Vorschrift des § 3 UWG, der irreführende Angaben verbietet. Es handelt sich dabei um alle Fälle **irreführender Angaben** insbesondere über den Betrieb, die Leistungen, die Inhaber und Mitarbeiter des Öffentlichkeitsarbeit betreibenden Unternehmens. Dabei ist darauf zu achten, daß unvollständige Angaben ebenso irreführend sein können wie wahrheitsgemäße Informationen, soweit sie geeignet sind, irrige Vorstellungen beim Verkehr hervorzurufen.

33 Daneben ist der aus dem Presserecht hergeleitete Grundsatz der Verbote **redaktionell aufgemachter Werbung** zu beachten. Die Zusammenarbeit mit der Presse darf nicht dazu führen, daß bezahlte Texte veröffentlicht werden, die wie redaktionelle Beiträge erscheinen.

E. Instrumente der Öffentlichkeitsarbeit

34 Die nachfolgende Darstellung soll wesentliche Instrumente der Öffentlichkeitsarbeit in ihren Rahmenbedingungen darstellen. Diese Darstellung kann weder nach den Instrumenten der Öffentlichkeitsarbeit noch nach dem Inhalt der einzelnen Instrumente vollständig sein. Öffentlichkeitsarbeit ist **kreatives Gestalten**. Sie ist um so erfolgreicher, je größer der kreative Beitrag der Öffentlichkeitsarbeiter ist. Je größer die Kreativität, desto kleiner die Standardisierung der Nutzung des jeweiligen Instrumentes.

I. Externe Öffentlichkeitsarbeit

35 Das grundsätzlich herausragende Instrument der Öffentlichkeitsarbeit gegenüber externen Zielgruppen ist die **Presse** sowohl in ihrem redaktionellen als auch in ihrem Anzeigenteil. Die Nutzung dieses Instrumentes unterscheidet sich dabei weiterhin nach dem Grad der Interaktivität der Beziehung zur Presse. Er kann einseitig sein wie bei einer Presseerklärung oder mehrseitig wie bei Pressegesprächen. Daneben steht die Nutzung anderer Druckschriften unter anderem auch in sogenannten **Listings**, die Veranstaltung von **Events**, das **Sponsoring** und die **Verbandstätigkeit**. Weitere Instrumente treten mit der Fortentwicklung der Öffentlichkeitsarbeit auf, wie die Nutzung des **Internet**.

---

[8] BVerfG NJW 1988, 191 ff. und 194 ff.

[9] *Hartung/Holl – Römermann*, vor § 6 Rdn. 119 ff.; vgl. auch *Römermann* MDR 1998, 1149.

1. Pressearbeit

a) Allgemeines. Über die grundsätzlichen Bedingungen in der Zusammenarbeit mit der Presse besteht bei vielen, die diese Zusammenarbeit nicht aus langer Erfahrung kennen, ein falsches Bild. Seinen Hauptgrund hat dies in der subjektiven Einordnung des Nachrichtenwertes einer Meldung durch denjenigen, der Öffentlichkeitsarbeit betreiben will, und der Einschätzung durch die für die Presse tätigen Journalisten. Für den Öffentlichkeitsarbeiter steht die **Nachricht**, die er der Presse übermitteln will, im Zentrum seiner Überlegungen. Schließlich hat er, wenn er konzeptionell sauber gearbeitet hat, erheblichen Aufwand in die Konzeption der der Presse übermittelten Nachricht gesteckt. Er übersieht dabei aber, daß in der Regel der Fälle „seine" Nachricht nur **eine** Nachricht in einem Überangebot an Nachrichten ist, die sich an die Presse richten. Die Presse leidet nicht an einem Zuwenig von Nachrichten, sondern an einem Zuviel. Sie muß auswählen und bewerten. Kriterium für Auswahl und Bewertung ist dabei der **Nachrichtenwert**, also das Interesse, das die Nutzer des jeweiligen Mediums der ihnen präsentierten Nachricht entgegenbringen. Der Öffentlichkeitsarbeiter darf daher nie vergessen, daß eine Nachricht für die Presse nur dann von Interesse ist, wenn sie sich „verkaufen" läßt. Denn hiervon ist die Entscheidung des Journalisten, ob, wie und wann die Nachricht verwertet wird, abhängig. 36

Der Öffentlichkeitsarbeiter muß darüber hinaus berücksichtigen, daß zumindest die verantwortliche Presse **Distanz** zu den Nachrichten hält, die sie nicht selbst recherchiert hat. Seriöse Medien werden Informationen, die sie von Unternehmen zur Veröffentlichung erhalten, überprüfen, soweit dies möglich ist. Allerdings sind Zahlenangaben über Anwaltskanzleien nur schwer zu überprüfen und werden in der Regel ohne eigene Recherche von der Presse übernommen. 37

Der Öffentlichkeitsarbeiter – insbesondere der fachlich nicht ausgebildete und unerfahrene Öffentlichkeitsarbeiter – wird in seiner Zusammenarbeit mit der Presse lernen müssen, daß die Wirkung der Pressearbeit in vielen Fällen nur schwer berechenbar ist. Die Nutzung dieses Instrumentes der Öffentlichkeitsarbeit erfordert einen erheblichen Grad von **Erfahrung**, da sich viele Fehler in der Öffentlichkeitsarbeit in einer negativen Pressemeldung niederschlagen und damit einen nur schwer wiedergutzumachenden Schaden entstehen lassen. Im übrigen ist jedes Mitglied der durch die Pressearbeit angesprochenen **Zielgruppe** in seiner Rezeption der Pressemeldung nur schwer berechenbar. Nachrichten lassen in den Empfängern der Nachricht in vielen Fällen Meinungen entstehen, die den sachlichen Gehalt der Nachricht überdecken. Diese Meinungen werden aber nicht nur vom Inhalt der Nachricht, sondern auch aus dem gesamten Erfahrungsbild des Empfängers der Nachricht zusammengesetzt. Auch auf diese Weise mag selbst eine richtig verbreitete Nachricht falsche Wertungen bei den Empfängern der Nachricht entstehen lassen. 38

Insgesamt kann jeder, der nicht bereit ist, die Zusammenarbeit mit der Presse zu erlernen, nur nachhaltig gewarnt werden, **unvorbereitet** Pressearbeit zu betreiben. Die Nutzung der Kenntnisse von Fachleuten mag teuer sein; sie erzielt allerdings regelmäßig vorhersagbarere und bessere Ergebnisse. 39

b) Prinzipien. Für die Öffentlichkeitsarbeit gilt es daher, eine Reihe von Prinzipien zu wahren. Zunächst einmal muß der Öffentlichkeitsarbeiter die von ihm übermittelte Botschaft darauf überprüfen, ob sie für die Presse überhaupt einen relevanten Nachrichtenwert enthält. Ist das nicht der Fall, wird die Zusammenarbeit mit der Presse bereits an dieser Stelle scheitern. Darüber hinaus ist es erforderlich, daß die übermittelte Nachricht **vollständig** und **wahr** ist. Halbwahrheiten tragen die Gefahr in sich, durch Aufdeckung langfristig das Unternehmensimage substantiell zu beschädigen. Letztlich ist es notwendig, den Journalisten als professionell arbeitenden Menschen zu respektieren. Seriöse Journalisten sehen sich nicht als Erfüllungsgehilfen von Privatinteressen. Sie möchten die Möglichkeit haben, unabhängig über die Gestaltung ihrer Zusammenarbeit mit ihrem 40

Informanten zu entscheiden. Druck oder Anbiederung gegenüber Journalisten ist deshalb schädlich. Gegenseitiger Respekt und entsprechende Distanz bauen Vertrauen auf und sorgen für ein produktives Verhältnis zwischen Öffentlichkeitsarbeiter und Journalisten.

41 **c) Überregionale Presse.** Die für Öffentlichkeitsarbeit zur Verfügung stehenden Pressemedien sind außerordentlich vielfältig und nach der Entwicklung des heutigen Pressemarktes sehr stark segmentiert. Es stehen nebeneinander die Printmedien und die elektronischen Medien. Bei den Printmedien sind zunächst die Zeitungen zu nennen. Hier führen die überregionalen, nationalen Objekte der Tagespresse. Es handelt sich um eine Handvoll von Objekten, die die wesentlichen Meinungsmacher in der Bundesrepublik Deutschland erreichen. Sie haben qualifizierte Ressorts für eine Vielzahl von Themen, die auch für die Öffentlichkeitsarbeit des Rechtsanwaltes von Bedeutung sind. In diesem Zusammenhang sind die Seiten „Recht und Steuern" in der FAZ und im Handelsblatt zu erwähnen, eine Pflichtlektüre für jeden Wirtschaftsanwalt. Auf diesen Seiten werden auch Namensbeiträge von Rechtsanwälten veröffentlicht, ein wirksames Instrument der Öffentlichkeitsarbeit, das – noch dazu – außer der Arbeitszeit nichts kostet und andere Kollegen ärgert.

42 Daneben stehen die überregionalen Wochenzeitungen, die ebenfalls in der Regel hochprofessionelle Redaktionen haben, um ein breites Spektrum von Themen abzudecken.

43 **d) Lokal- und Regionalpresse.** Völlig anders geartet ist die Lokal- und Regionalpresse. Sie hat in vielen Fällen eine wesentliche Bedeutung als Instrument der Publikation. Auch Nachrichten, die für viele Medien unwichtig sind, können hier noch einen erheblichen Nachrichtenwert haben. Der Journalist in der Lokal- und Regionalpresse ist in vielen Fällen **freier** in der Bearbeitung seiner Themen als der Journalist der überregionalen und nationalen Presse.

44 **e) Magazine.** Printmedien von enormer Verbreitung sind die Illustrierten und Magazine. Sie sind heute extrem **zielgruppensegmentiert**. Seinen Grund hat das in Forderungen der Werbewirtschaft, die „nutzlose" Aufwendungen für Anzeigen gegenüber Personen, die sich für die beworbenen Leistungen überhaupt nicht interessieren, vermeiden will. Der Bogen der Illustrierten und Magazine reicht von politischen Magazinen wie dem „Spiegel" oder „Focus" über das breite Feld der Fernsehzeitschriften zu „Special interest"-Magazinen für fast jedes Interesse. Abhängig von der Spezialisierung des Rechtsanwaltes können alle diese Printmedien für Öffentlichkeitsarbeit genutzt werden. Wer sich im wesentlichen im Bereich des Wirtschaftsrechtes betätigt, wird die Wirtschaftsmagazine oder die Wirtschaftsteile der politischen Magazine ansprechen wollen, wer sich mit Sportrecht befaßt, die Sportmagazine etc.

45 **f) Fachpresse.** Eine weitere Gruppe der Printmedien ist die Fachpresse. Auch sie ist für die Öffentlichkeitsarbeit von Rechtsanwälten außerordentlich interessant. Das gilt nicht nur für die juristische Fachpresse. Es gilt auch für die **branchenspezifische** Fachpresse, wenn der Rechtsanwalt sich auf die Tätigkeit in einer bestimmten Branche spezialisiert hat. Wer zum Beispiel im wesentlichen mit Werbeagenturen zusammenarbeitet, wird versuchen, die Fachpresse in diesem Bereich anzusprechen.

2. Rundfunk und Fernsehen

46 Neben den Printmedien stehen die elektronischen Medien. Es sind dies Rundfunk und Fernsehen. Auch hier hat in den letzten 10 Jahren eine erhebliche **Segmentierung** eingesetzt. Waren zu Beginn der 80er Jahre die öffentlich-rechtlichen Anstalten im Bereich des Rundfunks und des Fernsehens führend, haben heute die Privatsender in beiden Bereichen erheblichen Raum erobert. Beide Medienbereiche können vom Öffentlichkeitsarbeiter genutzt werden. Für Anwälte haben diese Medien eine große Bedeutung, da Anwälte gerne als Experten für Interviews genutzt werden, wie z. B. Strafverteidiger in großen Strafprozessen.

3. Presse- und Informationsdienste

Im Pressebereich gibt es darüber hinaus eine **Mittlerinstitution** zwischen Öffentlichkeitsarbeiter und der Presse, nämlich die Presse- und Informationsdienste. Sie übermitteln Nachrichten an eine Vielzahl von Presseobjekten. Sie können daher eine erhebliche Multiplikatorfunktion wahrnehmen. Der Kontakt mit ihnen ist für Öffentlichkeitsarbeit von erheblicher Bedeutung. 47

Da Öffentlichkeitsarbeit einen erheblichen zeitlichen und ökonomischen Aufwand erfordert, muß jedes Unternehmen für seine Tätigkeit **Schwerpunkte** bilden. Es muß seine Kontakte für Öffentlichkeitsarbeit mit den Medien aufbauen, die für seine Tätigkeit von besonderer Bedeutung sind. Anwälte in ländlichen Regionen werden daher die lokale und regionale Presse ansprechen, während die national und international tätigen Kanzleien in der Regel die nationale und internationale Tagespresse, Wirtschafts- und Politikmagazine, einen Teil der elektronischen Medien sowie die Presse- und Informationsdienste bevorzugen. Branchenspezialisierte Büros werden Kontakte zu branchenrelevanten Medien aufbauen. Geschieht dies nicht, führt dies zu **Streuverlusten**, das heißt, die Nachricht kommt in einem erheblichen Umfange an Empfänger, die sich für diese Nachricht überhaupt nicht interessieren, oder sie geht schlicht „unter". 48

4. Formen der Zusammenarbeit mit der Presse

Es hat sich ein Katalog klassischer Formen der Zusammenarbeit mit der Presse gebildet. 49

a) Pressenachrichten. Die Grundform jedes Kontaktes zur Presse ist die Pressenachricht. Sie ist im allgemeinen eine kurze, sich ausschließlich auf die Darstellung tatsächlicher Umstände beschränkende Information. Hat sie einen für die Presse hinreichenden Nachrichtenwert, wird sie in vielen Fällen unverändert übernommen. Gelegentlich gibt es in Medien für derartige Pressenachrichten sogar eigene Rubriken wie etwa die Rubrik „Personalien". In der Praxis ist die Abgrenzung zur Presseerklärung unscharf. 50

b) Presseerklärung. Deutlich umfangreicher ist regelmäßig die Presseerklärung. Sie beschränkt sich nicht nur auf die Darstellung reiner Fakten, sondern enthält häufig auch **subjektive Elemente**, wie etwa Bewertungen oder Erwartungen, die mit einer bestimmten in der Presseerklärung wiedergegebenen tatsächlichen Information verbunden werden.[10] Häufig werden Presseerklärungen auch als Instrument genutzt, um Pressemeldungen zu entgegnen. Sie sind damit ergänzendes Element neben der Gegendarstellung nach den Landespressegesetzen. In vielen Fällen kann sich bei einem Gegendarstellungsverlangen nach Landespresserecht der Gegendarstellungsberechtigte mit dem Pressemedium dahingehend einigen, daß eine Gegendarstellung nicht abgedruckt werden muß, dagegen in anderer Form eine Entgegnung abgedruckt wird, wie etwa als Leserbrief. Auch in diesen Fällen nimmt die Darstellung gegenüber der Presse regelmäßig die Form einer Presseerklärung an. 51

c) Pressegespräche. Die Nutzung des Instruments der Presse für die Öffentlichkeitsarbeit ist in einer Reihe von Fällen dann besonders günstig, wenn dem jeweils berichtenden Journalisten die Möglichkeit gewährt wird, Pressegespräche zu führen. Dies gilt insbesondere in Fällen der Krisen-Public-Relations. In einem losen Gespräch, das nicht die strengen formalen Kriterien eines Interviews erfüllt, wird ein Journalist über einen Sachverhalt und seine Hintergründe informiert. Das Pressegespräch ist eines der wichtigsten Mittel der Öffentlichkeitsarbeit und eine wichtige Quelle für Journalisten. 52

d) Pressekonferenzen. Die klassische Form der Öffentlichkeitsarbeit mit Pressemedien ist die Pressekonferenz. Zur Vorstellung einer Presseerklärung und zu anschließenden ergänzenden Informationen – unter Umständen auch schriftlich – lädt der Öffentlichkeitsarbeiter ausgewählte Pressemedien ein. Die Pressekonferenz erfordert **professionelle** 53

[10] Regeln für eine Presseerklärung finden sich bei *Huff,* S. 36.

Vorbereitung und Durchführung.[11] Sie sollte daher in der Regel nur mit Fachberatern gemeinsam durchgeführt werden. Generell läßt sich sagen, daß die Pressekonferenz für die Öffentlichkeitsarbeit von Rechtsanwaltsbüros ein wenig geeignetes Instrument ist. Kaum ein Anwaltsbüro wird Nachrichten über sich selbst verbreiten können, die von hinreichendem Interesse sind, um im Rahmen einer großen formalen Veranstaltung eine Vielzahl von Pressevertretern anzusprechen. Ausnahmen gibt es hier lediglich, wenn – wie gesetzlich geboten nach **Abstimmung** mit dem jeweiligen Mandanten – über Rechtsfälle von öffentlichem Interesse berichtet wird.

54 **e) Veranstaltungen mit Pressevertretern.** Ein nützliches Instrument der Öffentlichkeitsarbeit gegenüber der Presse ist die Einladung von Pressevertretern zu Veranstaltungen. Da derartige Veranstaltungen in vielen Fällen nicht im direkten Bezug zur anwaltlichen Tätigkeit stehen, haben sie häufig erheblichen **Nachrichtenwert** und sind auch für fachlich nicht vorgebildete Journalisten ein optimaler Gegenstand der Berichterstattung. Allerdings ist auch hierbei von entscheidender Bedeutung, daß der Inhalt solcher Events hinreichenden Nachrichtenwert hat und dem Pressevertreter für seine Berichterstattung wesentliches Material schriftlich übermittelt wird.

55 **f) Persönliche Beziehungen zu Pressevertretern.** Eine Vielzahl von Berichterstattungen in Pressemedien über Anwaltsbüros sind auf persönliche Bekanntschaften und die daraus folgende persönliche Vertrautheit zwischen Anwälten und Journalisten zurückzuführen. Es ist nicht zu verkennen, daß erfolgreiche Pressearbeit auch solche persönlichen Kontakte zwischen dem Unternehmen und der Presse erfordert. Persönliche Kontakte zu Journalisten sind wertvoll und sollten gesucht und gepflegt werden.

5. Weitere Formen der Zusammenarbeit mit Pressevertretern

56 Neben der klassischen Pressearbeit stehen weiterentwickelte Formen der Zusammenarbeit mit der Presse.

57 **a) Vertrauliche Informationen.** Anwälte verfügen über eine Reihe von Informationen, die zumindest der Öffentlichkeit regelmäßig nicht zugänglich sind. Dabei handelt es sich zunächst um das genuine eigene Feld juristischer Tätigkeit, nämlich Fragen der Rechtswissenschaft. Viele Journalisten begegnen in ihrer täglichen Arbeit Rechtsfragen, bei deren Beantwortung sie mangels Ausbildung unsicher sind. Der Anwalt kann hier durch qualitativ hochwertige und verläßliche Information des Journalisten im Hintergrund Vertrauen und Kompetenz erwerben. Neben diesen fachlichen Informationen können sachliche Informationen insbesondere über bearbeitete Rechtsfälle oder Verhältnisse bei Mandanten stehen. In vielen Fällen sind Journalisten gerade an diesen Informationen hoch interessiert. Personelle Veränderungen und unternehmerische Planungen im Unternehmen, die zum Mandantenstamm eines Anwaltes gehören, sind abhängig von der Bedeutung dieses Unternehmens für den jeweiligen Markt von großem Nachrichtenwert. Der Anwalt hat hier äußerste Sorgfalt walten zu lassen. Er ist grundsätzlich gehalten, Informationen über Mandanten und Mandat geheimzuhalten. Nur mit ausdrücklicher Zustimmung des Mandanten (vgl. auch § 6 Abs. 4 BerufsO) ist er berechtigt, Informationen an Dritte weiterzugeben. In jedem Falle hat er sich selbst dann, wenn er diese Informationen mit Zustimmung des Mandanten weitergibt, jeweils mit dem Mandanten abzustimmen, ob Form und Inhalt der Information den jeweiligen Interessen des Mandanten entsprechen.

58 **b) Aufsätze in Fachzeitschriften.** Eine der klassischen Formen der Öffentlichkeitsarbeit von Rechtsanwälten, wie sie bereits vor den Entscheidungen des Bundesverfassungsgerichtes aus dem Jahre 1987[12] möglich waren, sind Aufsätze in Fachzeitschriften. Zu den von Anwälten im Rahmen der Öffentlichkeitsarbeit angesprochenen Zielgruppen gehören nämlich nicht nur vorhandene oder potentielle Mandanten – auch sie lesen über Rechtsab-

[11] Siehe hierzu die Checklisten bei *Huff,* S. 33 ff.

[12] BVerfG NJW 1988, 191 ff. und 194 ff.

teilungen juristische Zeitschriften –, sondern auch alle anderen **Multiplikatoren** wie etwa anwaltliche **Kollegen** oder **Steuerberater/Wirtschaftsprüfer**. Die Veröffentlichung fachspezifischer Artikel schafft in der Regel **Kompetenz**. Diese Kompetenz wirkt auf das allgemeine Ansehen (Image) des anwaltlichen Unternehmens. Sie kann je nach Intensität der Veröffentlichung fachspezifischer Aufsätze einen ganz erheblichen Grad annehmen.

Neben derartigen fachspezifischen Aufsätzen stehen Aufsätze in **Publikumsdruckschriften**. Auch sie schaffen Wahrnehmbarkeit und Kompetenz. Die Veröffentlichung derartiger Aufsätze setzt allerdings voraus, daß der Anwalt nicht nur „für ein juristisches Publikum", sondern für die Allgemeinheit auch der Nichtjuristen schreiben kann. Ein gewisses journalistisches Talent gehört dazu. 59

c) Interviews. In einer geringen Zahl von Fällen wird es dem Anwalt möglich sein, mit seiner Öffentlichkeitsarbeit gedruckte oder gesendete **Interviews mit Medien** verbreiten zu lassen. In solchen Fällen muß der **Nachrichtenwert** besonders **hoch** sein, da derartige Medien dem Interviewpartner die Möglichkeit geben, über erheblichen Raum/erhebliche Zeit das Pressemedium zu nutzen; Journalisten schätzen das wenig – sie wollen selbst schreiben/sprechen. 60

6. Listings

Ein immer stärker in den Vordergrund tretender Teil der Öffentlichkeitsarbeit von Anwaltsbüros ist der Kontakt zu Verlagen, die „Listings" von Anwälten verbreiten. Begonnen haben diese Listings mit den **Verzeichnissen** der Rechtsanwälte durch Kammern und Vereine. Fortgesetzt hat sich dies in den inzwischen branchenspezifisch orientierten **Telefonbüchern** („Gelbe Seiten"). Daneben stehen schon seit längerer Zeit Listings bei Verbänden und Organisationen. Schließlich gibt es eine Reihe von privaten Unternehmen, die national und international (etwa Martindale Hubbel) Anwalts-Listings verbreiten und dabei teilweise auch Berufsprofile angeben. Ist auch der Wert für die Öffentlichkeitsarbeit des Anwalts bei diesen Listings beschränkt, so wird doch jeder Anwalt Wert darauf legen, in derartigen Verzeichnissen in hinreichendem Umfang vertreten zu sein, insbesondere wenn es sich um Listings handelt, die fachspezifisch sein Spezialgebiet wiedergeben (Urheberrechtler, Arbeitsrechtler, Verwaltungsrechtler etc.). 61

Bereits ein Teil der vorgenannten Listings wird erwerbswirtschaftlich erarbeitet und vertrieben. Die Möglichkeiten der Erwerbswirtschaft nutzen jedoch in noch stärkerem Maße andere in den letzten Jahren national und international tätige **Verlage**. Sie vertreiben Printobjekte, die in einem erheblichen Textteil den regionalen/nationalen Anwaltsmarkt darstellen und diese Darstellung mit **Ranking-Tabellen** von Anwaltsbüros verbinden. Neben dem redaktionellen Teil steht – und das ist sicherlich nicht ohne ökonomischen Sinn – ein erheblicher **Anzeigenteil**, in dem sich Anwaltsbüros vorstellen können. Diese Printobjekte werden regelmäßig kostenfrei vertrieben. Der Wert der Zusammenarbeit mit derartigen Printobjekten im Rahmen der Öffentlichkeitsarbeit ist nur schwer einzuschätzen. Es ist unverkennbar, daß insbesondere die Ranking-Listen ein starkes Interesse insbesondere von national und international tätigen Anwaltsbüros schaffen, angemessen in diesen Objekten genannt zu sein. Eine Reihe von Anwaltsbüros arbeitet daher in erheblichem Maße mit den Verlagen, die diese Printobjekte produzieren und vertreiben, zusammen, insbesondere auch durch Schaltung von Anzeigen. Eine **Kontrolle** der ökonomischen Effizienz der Zusammenarbeit mit diesen Verlagen ist jedoch nur dann möglich, wenn eine Analyse der Verbreitung und Nutzung der Objekte zur Verfügung steht. Die Zusammenarbeit mit den Objekten ist nämlich offenkundig nutzlos, wenn sie weitgehend im Kreis der Anwaltsbüros vertrieben werden, die an einer Aufnahme in die Ranking-Listen interessiert sind. 62

Daneben muß jedes Anwaltsbüro, das derartige Publikationen nutzt, sich über die **rechtlichen Implikationen** klar werden. Ranking-Listen sind ein rechtstechnisch hochkomplizierter Gegenstand. Die Mitarbeit an solchen Ranking-Listen kann unter Umständen gegen Regeln des Gesetzes gegen unlauteren Wettbewerb verstoßen (§§ 1, 3 UWG). 63

7. PR-Anzeigen

64 Im Anwaltsbereich werden nur in geringem Maße die Möglichkeiten von Anzeigen in Pressemedien für Zwecke der Öffentlichkeitsarbeit genutzt. Auch sie bieten jedoch Möglichkeiten zur Forcierung der Öffentlichkeitsarbeit, wobei allerdings die Schranken des § 43b BRAO einzuhalten sind.

65 Eine Reihe von Anwaltsbüros ist dazu übergegangen, ihren juristischen oder nichtjuristischen Nachwuchs über **Personalsuchanzeigen** zu werben. Diese Anzeigen, die sowohl in der Fachpresse als auch in der allgemeinen Presse abgedruckt werden können, bieten die Möglichkeit, zwanglos das Unternehmen in sachlicher, aber sein Image fördernder Weise darzustellen. Daneben können insbesondere anlaßbezogene PR-Anzeigen stehen. Auch über sie kann das kommunikative Ziel der Öffentlichkeitsarbeit verbreitet werden. In beiden Fällen haben Anzeigen dabei den kommunikativen Vorteil, daß die Meldung in der Presse nicht durch den Filter der Redaktion der Pressemedien geht. Der Öffentlichkeitsarbeiter kann also direkt und unverändert das verbreiten, was er als gestalteten Inhalt seiner Ziele der Öffentlichkeitsarbeit mitteilen will.

66 Insbesondere Imageanzeigen in Pressemedien haben wohl auch deswegen bisher nur geringen Eingang in die Öffentlichkeitsarbeit von Anwaltsbüros gefunden, weil die **Kosten** für derartige Instrumente relativ hoch sind. Sie umfassen nicht nur die Raumkosten in den Pressemedien, sondern auch die Gestaltungskosten für eine professionelle Präsentation nach Inhalt und Form. Auch hier nämlich sollte der Anwalt fachspezifischen Rat etwa von PR-Agenturen einholen, die über geschulte Texter und Grafiker verfügen.

67 In Deutschland hat es bisher keine Beispiele für Anwalts-PR-Anzeigen in elektronischen Medien gegeben. Auch hier sind die Kosten für Gestaltung und Plazierung restriktiv.

8. Kanzleibroschüren

68 Die PR-Arbeit nutzt in vielen Fällen andere Druckschriften als Pressemedien.

69 Eine Vielzahl von Anwaltsbüros nutzt bereits heute die Möglichkeit, sich durch **Broschüren** vorzustellen. Diese Publikationen stellen sowohl die Mitarbeiter des Unternehmens, insbesondere die anwaltlichen Beteiligten, als auch die fachspezifischen Leistungen dar. Sie sind – wie alle selbstgestalteten Instrumente – bereits deshalb von besonderer Bedeutung, weil die in der Phase des kommunikativen Prozesses der Erarbeitung der Inhalte und der Gestaltung der Öffentlichkeitsarbeit gewonnenen Ergebnisse in optimaler Form umgesetzt werden können. Auch hier gilt es, die fachspezifischen Kenntnisse Externer in die Erarbeitung des kommunikativen Ergebnisses aufzunehmen. Seinen Grund hat dies darin, daß die inhaltliche und grafische Gestaltung der eigenen Broschüre angesichts der Vielzahl der im Markt vorhandenen Broschüren nur dann wahrgenommen wird, wenn eine professionelle kommunikative Gestaltung vorliegt.

70 Auch das erfordert den Einsatz **erheblicher Mittel**. Professionell erarbeitete Broschüren für Anwälte können bei den regelmäßig produzierten geringen Druckauflagen (Druckauflagen bis zu 5000 Stück sind üblich) **Konzeptions-, Gestaltungs-** und **Produktionskosten** im Bereich von ca. 100000,00 DM auslösen. Trotz dieser hohen Kosten muß sich der Öffentlichkeitsarbeiter bewußt sein, daß die Broschüre ein klassisches „Me too“-Objekt ist; das bedeutet, daß der Aufmerksamkeitswert einer Broschüre angesichts der Vielzahl von Broschüren des Wettbewerbs häufig nicht sehr hoch ist. Die Stückkosten für Broschüren (zwischen 10,00 DM und 20,00 DM) führen darüber hinaus dazu, daß Broschüren häufig restriktiv verteilt werden. Das aber ist Ressourcenverschwendung; es gibt keine Kommunikation, die den Empfänger nicht erreicht.

9. Mandantenbriefe

71 Die gleichen Grundsätze wie für Broschüren gelten für die bereits heute von vielen Anwaltsbüros verbreiteten Mandantenbriefe. Sie enthalten regelmäßig aktuelle Informationen zu rechtlichen Fragen oder Nachrichten über personelle Entwicklungen im An-

waltsbüro.[13] Auch dieses Instrument kann angesichts der Vielzahl der verbreiteten Mandantenbriefe lediglich dann Wert für die Öffentlichkeitsarbeit erhalten, wenn die in ihnen enthaltenen Nachrichten für den Empfänger der Nachricht von wirklicher **Bedeutung** sind. Die angesprochene **Zielgruppe** und die Inhalte des Mandantenbriefes müssen daher genau aufeinander abgestimmt werden. Die unaufgeforderte Versendung von Mandantenbriefen via E-Mail verstößt gegen § 823 BGB.[14] Darüber hinaus ist es notwendig, zur Etablierung einer hinreichenden Kompetenzvorstellung bei den Empfängern der Mandantenbriefe diese kontinuierlich über einen **längeren Zeitraum** zu verbreiten. Letztlich müssen die Mandantenbriefe gestalterisch ansprechend aufgebaut werden, um bereits dadurch aus der Masse der Wettbewerbsangebote herauszutreten und keinen „Me too"-Charakter zu erhalten.

10. Direct-mailing

Dem Mandantenbrief vergleichbar sind andere Direct-mailing-Aktionen; es handelt 72 sich dabei um Maßnahmen der Öffentlichkeitsarbeit, bei denen **zielgruppenspezifische** Dritte direkt durch Übermittlung von Druckerzeugnissen angesprochen werden. Derartige Direct-mailing-Aktionen können auf Veränderungen im Unternehmen oder auf fachspezifische Fragen bezogen sein. Letzteres gilt insbesondere, wenn eine Vielzahl von Mandanten auf aktuelle Gesetzesänderungen angesprochen werden, die bei ihnen rechtlichen Handlungszwang auslösen. Solche Aktionen sind zulässig, wenn die Werbung nicht unsachlich oder irreführend ist oder einen Beratungsbedarf im Einzelfall betrifft (§ 43b BRAO).

11. Mitarbeit an Kommentaren, Monographien etc.

Bücher sind neben den Druckwerken der Presse ein weiteres Mittel, um über Öffent- 73 lichkeitsarbeit Kompetenz für das eigene Unternehmen zu schaffen. Die Beteiligung an juristischen Kommentaren schafft regelmäßig nicht nur bei Kollegen oder bei (anderen) Multiplikatoren **Kompetenz** und **Vertrauen**; auch Mandanten und die allgemeine Öffentlichkeit weisen den Verfassern gerade in Buchform verbreiteter juristischer Kompetenz einen **hohen Vertrauensvorsprung** zu.

Neben rein fachspezifischen Werken stehen Publikationen, die für bestimmte Branchen 74 außerhalb der Jurisprudenz bestimmt sind. Hier kann **branchenweites** Vertrauen geschaffen werden. Voraussetzung dafür ist allerdings, daß es dem Verfasser gelingt, eine dem Empfänger angemessene Sprache zu finden, die sich regelmäßig von der Sprache juristischer Texte wird unterscheiden müssen. Wird diese angemessene Tonalität nicht erreicht, entsteht Distanz, die den Zugang zu dem Verfasser erschweren kann.

12. Events

Anwaltsbüros nutzen bereits heute in erheblichem Umfange das Instrument der Öffent- 75 lichkeitsarbeit „Event". Es handelt sich dabei um Veranstaltungen, die nach Form und Inhalt die Kommunikationsziele des Unternehmens vermitteln und etablieren sollen. Auch für derartige Events hat sich zwischenzeitlich ein professioneller **Beratermarkt** entwickelt. Diese Berater können für die Optimierung der Gestaltung und Durchführung der Events sinnvoll genutzt werden.

Die in der Vergangenheit veranstalteten Events haben häufig einen **personalen Anlaß** 76 gehabt. So wird es kaum einen Anwalt geben, der nicht persönliche oder berufliche **Jubiläen** auch im Kreise seiner vorhandenen oder potentiellen Mandanten und Multiplikatoren gefeiert hat. Im Rahmen professioneller Öffentlichkeitsarbeit kann es jedoch nicht um derartige nur von der Person des Anwalts getragene Veranstaltungen gehen. Zwar ist unverkennbar, daß die Bindung zwischen Mandanten und Anwalt auch heute selbst bei großen nationalen Büros im wesentlichen persönlich ist; werden derartige Veranstaltun-

[13] Zum zulässigen Inhalt von Mandantenrundschreiben vgl. OLG Stuttgart NJW 1997, 3236.
[14] LG Berlin, BRAK-Mitt. 1999, 45.

gen jedoch nicht mit der Umsetzung der kommunikativen Ziele der Öffentlichkeitsarbeit verbunden, bleibt ein Ereignis, bei dem sich eine Vielzahl von „Leistungsabnehmern und -vermittlern" einfindet, partiell ungenutzt. Es ist daher jede Form eines Events daraufhin zu überprüfen, welche Möglichkeiten vorhanden sind, die kommunikativen Ziele der Öffentlichkeitsarbeit des Unternehmens umzusetzen.

77 Events sind entweder **personenbezogen** (sie haben zu ihrer Grundlage die Darstellung einer bestimmten Person oder einer Gruppe von Personen), **anlaßbezogen** (sie haben zu ihrer Grundlage ein bestimmtes Ereignis, das sich auf das inhaltliche Angebot des Unternehmens bezieht), oder sie sind **inhaltsbezogen** (sie richten sich auf die spezifische oder generelle Präsentation der Leistungen des Unternehmens). In jedem dieser Fälle sind der Veranstaltungsrahmen ebenso wie der andere formale Aspekt der Veranstaltung, der Inhalt der zu transportierenden Kommunikationsinhalte und die Zielgruppe auf das kommunikative Konzept abzustimmen. Das „gesellige Beisammensein" mag ein Wert an sich sein, dieser Wert ist jedoch privater und nicht unternehmerischer Natur. Denn das Unternehmen handelt zielgerichtet wirtschaftlich und richtet seine Handlungen danach aus.

78 Die Art der betrieblichen Events ist zu **komplex**, um im einzelnen erörtert zu werden; beispielhaft seien daher aufgelistet: Empfänge zu persönlichen und beruflichen Ereignissen im Leben der Berufsträger des Anwaltsbüros; Empfänge zur Erweiterung des Leistungspotentials des Büros; Ausstellungen, die thematisch auf die Tätigkeit des Büros bezogen sein können oder bestimmte Zielgruppen besonders ansprechen; Treffen ehemaliger Mitarbeiter, um die langfristige Bindung an das Unternehmen zu erhalten; Informationsveranstaltungen für Multiplikatoren und potentielle Mandanten aus Branchen, für die das Anwaltsbüro schwerpunktmäßig tätig ist; Seminare unter Einbeziehung herausragender Beteiligter aus Rechtswissenschaft oder der Branche, auf die sich die Seminarveranstaltung bezieht; Kamingespräche zur Darstellung von Hintergründen etc.

79 Es sei noch einmal ausdrücklich betont, daß allgemeine gesellschaftliche Veranstaltungen, selbst wenn sie noch so attraktiv sind, regelmäßig nur persönliches Vertrauen zu einzelnen Berufsträgern des Anwaltsbüros schaffen. Sie sind regelmäßig nicht auf das Anwaltsbüro insgesamt bezogen. Der Verlust des Berufsträgers, auf den die persönliche Beziehung bezogen ist, führt regelmäßig auch den Verlust der Mandatsbeziehung nach sich. Nur eine auf das **Unternehmen** gerichtete Etablierung kommunikativer Inhalte kann langfristig die Beziehung zwischen Mandant/potentiellem Mandanten und Anwaltsunternehmen sichern.

13. Sponsoring

80 In der Öffentlichkeitsarbeit von Anwaltsbüros wird nur in geringem Umfang von einem Instrument der Öffentlichkeitsarbeit Gebrauch gemacht, das sich in erheblichem Maße im Kommunikations-Mix durchgesetzt hat – dem Sponsoring.

81 **a) Begriff des Sponsorings.** Sponsoring umfaßt kommunikative Maßnahmen des Unternehmens, bei denen Geld oder Sachmittel bereitgestellt werden, um Personen oder Organisationen im im weitesten Sinne „öffentlichen" Bereich zu fördern und bei denen auch Ziele der Umsetzung der Kommunikationsstrategie erreicht werden. Sponsoring ist in besonderem Maße **geeignet**, kommunikative Ziele der Öffentlichkeitsarbeit zu erreichen, weil es – geschickt eingesetzt – den eigennützigen Charakter der Maßnahme nur indirekt erkennen läßt und damit Vorbehalte gegen die Übermittlung der Kommunikationsinhalte durch die Maßnahme der Öffentlichkeitsarbeit abbaut. Sponsoring ist jedoch nur dann sinnvoll, wenn es nicht ungezielt, sondern wiederum **planvoll** im Kommunikations-Mix eingesetzt wird. Sponsoring muß sich also auf Bereiche beziehen, die eine den Zielgruppen nachvollziehbare Verbindung zum Unternehmen haben. Es darf auch nicht auf einmalige Maßnahmen beschränkt sein, sondern muß **langfristig** eingesetzt werden.

b) Formen des Sponsorings. Für das Sponsoring durch Anwälte bietet sich der **universitäre Bereich** an. Die Kürzung öffentlicher Mittel auch im Bildungsbereich läßt hier eine Vielzahl von Schwierigkeiten im Ausbildungsbetrieb und in der Wissenschaft entstehen. Die Unterstützung wissenschaftlicher Projekte oder die Bereitstellung sachlicher Mittel für den universitären Bereich können die fachliche Kompetenz des Unternehmens stützen. Sie schaffen darüber hinaus einen langfristigen positiv besetzten Eindruck bei den Beteiligten des Wissenschaftsbetriebes von Studenten bis hin zu Professoren. 82

Daneben stehen Sponsoring-Maßnahmen für den juristischen Nachwuchs im Bereich des **Referendariats**. Auch hier sind für die Selbstorganisation erhebliche Mittel notwendig. Sponsoring schafft **Bekanntheit** und **Vertrauen.** 83

Aber auch **Kultur-Sponsoring** kann sinnvoll eingesetzt werden. Der kulturelle Bereich kann – je nach Einsatz der Mittel – wegen der Vielfalt seiner Ausdrucksformen eine Vielzahl von Unternehmenswerten transportieren. Über das Sponsoring kann so zum Beispiel Traditionalität ebenso wie Modernität ausgedrückt werden, Dynamik ebenso wie Ruhe. 84

Selbstverständlich bieten sich im **sozialen Bereich** ebenfalls Möglichkeiten für erfolgreiches Sponsoring. Wiederum ist jedoch darauf zu achten, daß für die Zielgruppen das Sponsoring im Rahmen der kommunikativen Ziele des Unternehmens nachvollziehbar bleiben muß. 85

14. Verbandstätigkeit/Tätigkeit in Organisationen

Eine Vielzahl von Rechtsanwälten hat sich traditionell in Organisationen etabliert, um personale Kontakte zu anderen Mitgliedern dieser Organisationen zu schaffen. Je nach sozialem Umfeld und Schwerpunkttätigkeit reicht das von Schützenvereinen bis zu Golfclubs (wobei offenbar die Zahl der Golf spielenden Rechtsanwälte in deutschen Großkanzleien besonders hoch ist). Die Mitgliedschaft in derartigen Organisationen schafft jedoch in der Regel **nur persönliche Beziehungen** zwischen dem einzelnen Berufsträger und dem sozialen Umfeld in den Organisationen. Kommunikative Unternehmensziele werden regelmäßig nicht transportiert. Diese Kontakte gehören daher nicht zur Öffentlichkeitsarbeit, ist diese doch auf die Etablierung der kommunikativen Unternehmensziele bei den Zielgruppen gerichtet. 86

Im Rahmen der Planung von Maßnahmen der Öffentlichkeitsarbeit sind Verbände und Organisationen daher Instrumente der Öffentlichkeitsarbeit, wenn über die Tätigkeit in ihnen geplante Kommunikationsziele **strategisch vermittelt** werden können. Insoweit bieten sich insbesondere die fachspezifischen Gruppierungen des Anwaltsbereiches (Zusammenschlüsse von Arbeitsrechtlern, Verwaltungsrechtlern, „Grünen", Gesellschaftsrechtlern etc.) für die Tätigkeit an. Gleiches gilt für **branchenspezifische Vereinigungen**, die sich mit Spezialbereichen unternehmerischer anwaltlicher Tätigkeit befassen. 87

Soweit die Mitgliedschaft in solchen Vereinigungen im Rahmen des Konzepts der Öffentlichkeitsarbeit instrumentalisiert wird, verlangt sie jedoch nach **sichtbarer** Tätigkeit in der Vereinigung. Nur über sie kann kommuniziert werden. 88

15. Internet

Das neueste Instrument der Öffentlichkeitsarbeit ist die Informationsverbreitung über das Internet. Es wird in diesem Handbuch bereits an anderer Stelle ausführlich dargestellt.[15] Da es zu den wesentlichen Instrumenten externer Öffentlichkeitsarbeit gehört, soll jedoch auch in diesem Zusammenhang darauf eingegangen werden. Das Internet hat als ein neues und in rapidem Wachstum begriffenes Medium auch für Anwälte gegenüber den klassischen Medien der Öffentlichkeitsarbeit eine Vielzahl von Vorteilen. Hier ist an erster Stelle die – vorbehaltlich der nach wie vor bestehenden Sprachbarrieren – **weltweite Verbreitung** zu nennen. Darüber hinaus ist die Verbreitung von Informationen über das 89

[15] Vgl. § 43, ferner auch § 15.

Internet mit, in Relation zu anderen Maßnahmen gesehen, **geringen Kosten** verbunden. Schließlich ermöglicht das Internet auch aufgrund der technischen Gegebenheiten eine wesentlich effektivere **Erfolgskontrolle**.

90 Am Anfang der Nutzung des Internet als Verbreitungsmedium steht die grundsätzliche Frage, ob eine **eigenständige** Öffentlichkeitsarbeit in diesem Medium vorgenommen oder ob das Internet lediglich als zusätzliche Hinweisfunktion, etwa im Rahmen von Internet-Auftritten **Dritter** wie beispielsweise der bereits dargestellten Listings, genutzt werden soll. Entscheidet die Kanzlei sich für die eigenständige Darstellung, so hat sie die Wahl zwischen der Eigendarstellung im klassischen Sinne, also dem Angebot einer sog. Homepage unter einer eigenen **URL** oder sog. **Domain**, und dem Angebot einer Homepage im Rahmen des Internet-Auftritts eines Dritten, wie beispielsweise dem „Marktplatz Recht" der Hans-Soldan-GmbH.

91 Es finden sich heute bereits eine Vielzahl vom Homepages von kleineren Kanzleien und Einzelanwälten, die die Verbreitungsmöglichkeit des Internet nutzen. Demgegenüber sind – überraschend – im Januar 1999 nur etwa knapp die Hälfte der größeren Sozietäten mit internationalem Anspruch mit einer eigenen Homepage vertreten. Bei der Entscheidung, in welchem Rahmen der eigene Homepage-Auftritt erfolgen soll, ist sicherlich auch größenabhängig die Schaffung und Verstärkung der Corporate Identity der Sozietät durch Verwendung einer eigenen URL zu berücksichtigen. Hierdurch entstehen zwar zusätzliche Kosten im Vergleich zu anderen Anbietern, die teilweise begrenzte Speicherkapazität für die Darstellung von Homepages auch kostenlos zur Verfügung stellen, dafür wird aber der eigene Name nicht mit dem Namen des Internet-Dienst-Anbieters verbunden und vermischt.

92 Entscheidet sich die Sozietät für die eigene Homepage, so bedarf deren Umsetzung der Berücksichtigung der besonderen **technischen Gegebenheiten**. Hierbei ist vor allem Wert zu legen auf die Aspekte Gestaltung, Funktionalität und Inhalt.

93 Zu lösen ist aber auch eine Vielzahl Internet-spezifischer EDV-technischer Fragen, die regelmäßig die Einschaltung eines Spezialisten erfordern. Beispielsweise ist bei der Gestaltung der Homepage zu bedenken, daß die **technischen Gegebenheiten** beim Nutzer sehr unterschiedlich sein können. Die Homepage muß daher in ihrer Gestaltung auf technischer Ebene einen Kompromiß finden, um eine möglichst große Anzahl von potentiellen Nutzern zu erreichen, die mit unterschiedlicher Hardware (IBM-PC oder Mac, unterschiedliche Bildschirmgröße) und Software-Voraussetzungen (Browser, darstellbare Schrifttypen etc.) ausgestattet sind.

94 Schließlich ist der Inhalt der Homepage wie bei jedem Medium der Öffentlichkeitsarbeit auf die potentiellen **Zielgruppen des Anwalts** auszurichten. Denkbar sind hier der juristische Nachwuchs, Mandanten, allgemein Dritte oder potentielle Mandanten.

95 Neben der allgemeinen Vermittlung juristischen Know-hows und der Selbstdarstellung der Kanzlei wird der Anwalt daher überlegen, ob er gezielt auch den juristischen Nachwuchs über die Homepage anspricht (sog. Karriereseiten).

96 Daneben sollte der Anwalt auch an die Bereitstellung von **Zusatzinformationen** denken. So besteht beispielsweise die Möglichkeit, Wegbeschreibungen zum Standort der Kanzlei, verbunden mit sog. Links zu anderen Anbietern (Fahrplanauskunft der Deutschen Bahn AG, Flugpläne, Fremdenverkehrsamt bezüglich Übernachtungsmöglichkeiten etc.), anzubieten.

97 Sinnvoll kann auch die Aufnahme von **Photographien** der einzelnen Anwälte sein, um so dem Mandanten einen optischen Eindruck des zunächst nur vom Telefon her bekannten Anwalts zu ermöglichen.

98 Als weitere Zielgruppe sind schließlich Personen zu nennen, die bisher in keinerlei Verbindung zur Kanzlei stehen. Auch hier bieten die technischen Möglichkeiten des Internet gegenüber der klassischen Ansprache Vorteile. So können beispielsweise auch im Rahmen der Homepage die bereits genannten Mandantenrundbriefe oder regelmäßig erscheinende Darstellungen zu Einzelthemen zum sog. Download angeboten werden. Das

Download sollte im Wege eines weltweit verbreiteten und kostenlos zu erhaltenden Dateiformats (pdf-Datei, Adobe Acrobat Reader®) bereitgestellt werden, das es ermöglicht, etwa den Mandantenrundbrief mit dem Briefkopf der Kanzlei zu verbinden, ohne daß aufgrund der technischen Vorgaben dieses Textverarbeitungssystems der Inhalt ohne weiteres wieder von seiner Herkunft getrennt werden kann. Damit entsteht beim jeweiligen Nutzer, der die Information auf seinen PC heruntergeladen und anschließend ausgedruckt hat, ein Wiederholungs- und Verstärkungseffekt. Dieses Angebot läßt sich mit einem Mailing-Service verknüpfen, bei dem dem Nutzer durch Angabe seiner E-Mail-Adresse die Möglichkeit geboten wird, künftige Mandantenrundbriefe oder Einzeldarstellungen automatisch via E-Mail zu erhalten. Damit ist zum einen eine Akzeptanzkontrolle der angebotenen Inhalte, zum anderen aber auch das Kennenlernen neuer, an den jeweils angebotenen Informationen interessierter potentieller Mandanten möglich.

Beispielsweise kann auch ohne weiteres ein **Archiv** mit zurückliegenden Veröffent- 99
lichungen oder Informationen der Kanzlei zur Verfügung gestellt werden.

Es ist zu berücksichtigen, daß dem grundsätzlichen Vorteil der weltweiten Verbreitung der 100
Nachteil der **Unübersichtlichkeit** im Internet gegenübersteht. Für einen erfolgreichen Internet-Auftritt der Kanzlei ist es daher erforderlich, Aufnahme in sog. Link-Listen, also Verweise auf die eigene Homepage, bei anderen Informationsanbietern zu finden. Während dies bei den sog. Suchmaschinen relativ unproblematisch durch regelmäßige Übermittlung der eigenen URL an die jeweilige Suchmaschine möglich ist, gelingt eine Aufnahme in die Link-Liste von anderen Informationsanbietern, wie etwa der Universitäten, oder der Hinweis auf das Homepage-Angebot in den klassischen Printmedien regelmäßig nur dann, wenn zusätzliche, allgemein verwertbare Informationen angeboten werden.

Auch bezüglich der **Erfolgskontrolle** bietet das Internet aufgrund der technischen 101
Gegebenheiten Vorteile. So ist es je nach Kosteneinsatz möglich, statistische Auswertungen über die Nutzung der eigenen Homepage durch Dritte nach Zahl, aber auch geographischer Herkunft oder anderen Kriterien zu erhalten. Dies gewährleistet eine im Gegensatz zu den klassischen Medien vereinfachte, verbesserte und verbilligte Erfolgskontrolle.

Daneben haben Anwälte die Möglichkeit, Internet-Angebote Dritter zu nutzen. So 102
bietet beispielsweise CompuServe ein sog. Business Center Recht und Steuern, in dem im wöchentlichen Wechsel auf das Medium Internet zugeschnittene Kurzbeiträge zu verschiedenen rechtlichen Themen von Kanzleien angeboten werden.

Zusammenfassend bietet damit das Internet Anwälten gegenüber den herkömmlichen 103
Medien gewichtige Vorteile. Es erfordert allerdings zunächst eine sorgfältige, zielorientierte Analyse bei der Erstellung der Präsentation und im Hinblick auf die Schnelligkeit des Mediums sorgfältige laufende **Pflege**, um nicht negative Effekte zu erzielen. Je nach Umfang und Anspruch wird man bei der Erstellung der Homepage regelmäßig auf die Inanspruchnahme externer Dienstleistungen nicht verzichten können. Unter Umständen empfiehlt es sich auch, die laufende technische Betreuung der Homepage extern zu vergeben.

16. Andere PR-Maßnahmen

Der Katalog der Instrumente der Öffentlichkeitsarbeit ist nicht abgeschlossen. In einem 104
kreativen Prozeß werden ständig **neue Instrumente** entwickelt und erprobt. Ein herausragendes Beispiel ist die Nutzung des **Internet** zur Unternehmenspräsentation über **Homepages** (s. hierzu unter § 43). Ein anderes Beispiel sind **Job-Messen**, die für juristischen Nachwuchs national und international durchgeführt werden und eine herausragende Präsentation des Unternehmens gegenüber künftigen Multiplikatoren und potentiellen Mandanten ermöglichen. Andere Instrumente wie Messen und Ausstellungen, Geschäftsberichte und Licensing haben zwar in der gewerblichen Wirtschaft, nicht jedoch im Anwaltsmarkt Eingang in die Öffentlichkeitsarbeit gefunden. Es ist daher **Aufgabe** des Öffentlichkeitsarbeiters, sowohl die Maßnahmen des Wettbewerbs stets auf die Nutzung

neuer Instrumente der Öffentlichkeitsarbeit zu untersuchen wie die betriebswirtschaftliche und kommunikationswissenschaftliche **Literatur** auf neue Entwicklungen und die Verbesserung vorhandener Instrumente **zu verfolgen**.

II. Interne „Öffentlichkeitsarbeit"

105 Öffentlichkeitsarbeit richtet sich nicht nur an externe Zielgruppen. Neben ihr steht die interne Public Relations. Sie richtet sich in Anwaltsbüros insbesondere an die nicht bei der Erarbeitung und Gestaltung von PR-Maßnahmen einbezogenen **Unternehmensinhaber/Partner** sowie an sämtliche **Mitarbeiter**.

106 Interne Public Relations ist von **eminenter Bedeutung**. „Public relations begin at home" ist ein alter Grundsatz der PR-Branche.[16]

107 Ziel der internen Public Relations ist es, die Mitarbeiter über das Unternehmen, seine Ziele und seine Maßnahmen zu **informieren**. Gleichzeitig sollen die Mitarbeiter diese Ziele internalisieren, akzeptieren und in gemeinsamem Zusammenwirken aller Kräfte umsetzen. Positiv aktivierte Mitarbeiter sollen auf diese Weise in verbessertem Umfang zum Unternehmenserfolg beitragen.

108 Interne Öffentlichkeitsarbeit ist damit ein grundlegender Bestandteil der **Personalführung** als Bestandteil der Unternehmensführung. „82% der Arbeitnehmer, die mit ihrem Job sehr zufrieden sind, ... fühlen sich immer oder fast immer gut informiert. Dagegen wurden 77% derjenigen, die überhaupt nicht mit ihrer Arbeit zufrieden sind, nicht bzw. nicht ausreichend informiert."[17]

109 Die interne Public Relations ist mit der externen Public Relations zu **vernetzen**. Im Sinne einer integrierten Kommunikation sind Inhalte und gestalterische Umsetzung abzugleichen, um einen einheitlichen Unternehmensauftritt in der Öffentlichkeitsarbeit zu erreichen. Wegen dieser Problematik setzen große Unternehmen für die interne Öffentlichkeitsarbeit ebenfalls Fachleute ein. Es handelt sich häufig um qualifizierte Journalisten bzw. PR-Fachleute. Kleinere Unternehmen können diese Leistungen über die Einschaltung von geeigneten PR-Agenturen „hinzukaufen".

110 Für die **Inhalte** der Mitarbeiterinformation ist die Untergliederung in „Muß-Informationen", „Soll-Informationen" und „Wunsch-Informationen" geschaffen worden.[18]

111 Die **Muß-Informationen** beziehen sich auf die durch das Betriebsverfassungsgesetz geschaffenen Informationspflichten für einzelne Mitarbeiter, die Betriebsversammlung, den Betriebsrat und den Wirtschaftsausschuß; auf die gesetzlichen Regelungen des BetrVerfG wird verwiesen.

112 Zu den **Soll-Informationen** gehören alle diejenigen Kenntnisse, die dem Mitarbeiter die Möglichkeit geben, die Situation des Unternehmens am Markt und die innerbetrieblichen Verhältnisse zu erfassen und zutreffend zu beurteilen.

113 Die **Wunsch-Informationen** dürften im Kern unbegrenzt und unüberschaubar sein. Der Öffentlichkeitsarbeiter hat sich hier zwischen dem betrieblichen Interesse an einer hinreichenden Information der Mitarbeiter und den gerechtfertigten Vorbehalten der Unternehmensleitung an der Geheimhaltung vitaler Informationen zu orientieren.

114 Da interne Public Relations ein Instrument der Personalführung wie der Öffentlichkeitsarbeit ist, haben insbesondere die Personalabteilungen der Unternehmen im Zusammenwirken mit den Abteilungen für Öffentlichkeitsarbeit ein vielfältiges **Instrumentarium** für die interne Öffentlichkeitsarbeit entwickelt. Diese Instrumente können im Rahmen dieser Darstellung nur beispielhaft aufgelistet werden. So begann Mitarbeiterinformation in vielen Betrieben mit der Einführung eines Schwarzen Brettes, auf dem Informationen ausgehändigt wurden. Dieses Schwarze Brett ist ersetzt worden durch Rundschreiben, Umläufe sowie Informationspapiere für bestimmte Mitarbeiterbereiche.

---

[16] *Pflaum/Pieper*, S. 326.
[17] *Pflaum/Pieper*, S. 327.
[18] *Pflaum/Linxweiler*, S. 180 ff.

In vielen Unternehmen werden diese Maßnahmen durch Betriebszeitungen ergänzt. Für die Einführung neuer Mitarbeiter in das Unternehmen und für die Standardisierung von Unternehmensabläufen im Rahmen integrierter Kommunikation haben Unternehmen **Einführungsbroschüren und Mitarbeiterhandbücher** entwickelt, die auch Regelungen für kommunikative Bereiche des Unternehmenshandelns enthalten. Derartige Druckschriften erfassen auch Handbücher für Vorgesetzte, die unter anderem die Durchsetzung integrierter Kommunikation zur Erreichung der Kommunikationsziele durchsetzen sollen. Im Zeitalter elektronischer Medien sind die vorgenannten Instrumente teilweise durch elektronische Mittel (E-Mail) ersetzt worden. Hinzu kommen multimediale Formen wie Tonbildschauen und Betriebsvideos. 115

In erheblichem Maße werden Inhalte des kommunikativen Konzeptes des Unternehmens über **Kurse**, **Seminare** und **Vorträge** verbreitet. Neben diesen einseitig vom Sender zum Empfänger laufenden Kommunikationsvorgängen stehen regelmäßige oder aus aktuellem Anlaß angesetzte Mitarbeiterbesprechungen. 116

Soweit das Unternehmen dem **Betriebsverfassungsgesetz** unterliegt, dienen der Öffentlichkeitsarbeit die Betriebsversammlung und die Arbeit in den Betriebsausschüssen und Arbeitsgruppen. 117

F. Fragen der Durchführung von Öffentlichkeitsarbeit

I. Allgemeines

In Unternehmen sind regelmäßig für die Durchführung der Öffentlichkeitsarbeit Public-Relations-Abteilungen zuständig. Als wichtige Stabsabteilungen bestehen sie meist aus mehreren Mitarbeitern. Es ist offensichtlich, daß Rechtsanwaltsbüros – selbst wenn es sich um größere Büros handelt – kaum bereit sein werden, entsprechende Abteilungen einzurichten. Die mit diesen Abteilungen verbundenen Kosten wirken eher restriktiv. Auch eine kleine PR-Abteilung dürfte nämlich bereits Personalkosten in einer Größenordnung von ca. 200000,00 DM auslösen. Hinzu kommen Sachmittel wie Raum, Kommunikationsmittel etc. Da die Bereitschaft zu derartigen Investitionen häufig fehlt, werden viele Anwälte den Versuch unternehmen, Öffentlichkeitsarbeit **selbst** durchzuführen. Es muß jedoch darauf hingewiesen werden, daß dieser unternehmerische Bereich inzwischen in seinen Techniken so hochentwickelt ist, daß die Wahrscheinlichkeit, auf diesem Gebiet **Fehler** zu machen, groß ist. Anwälte, die keine Ausbildung im Bereich der Öffentlichkeitsarbeit haben, können gravierende Fehler oder Ressourcenverschwendungen verursachen. 118

II. PR-Agenturen

Die Durchführung der PR-Tätigkeit eines Anwaltsbüros sollte daher professionellen PR-Beratern überlassen werden. In Deutschland existieren ca. 100 PR-Agenturen. Viele davon sind 1-Mann-Betriebe, die von ehemaligen Journalisten oder Mitarbeitern größerer PR-Agenturen errichtet wurden. Die größten Agenturen haben dagegen Mitarbeiterstärken von 50 Personen aufwärts bis zu deutlich über 100 Mitarbeitern. Sie bestehen darüber hinaus aus nationalen oder internationalen Netzen. Die Zusammenarbeit mit derartigen größeren Unternehmen in der PR-Agenturbranche bietet sich insbesondere für große **überörtliche Sozietäten** an, die starke Auslandskontakte haben. 119

PR-Agenturen unterscheiden sich infolge ihrer unterschiedlichen personellen Stärke insbesondere in ihrem **Leistungskatalog**. Kleinere Agenturen bieten oft ein eingeengteres Leistungsspektrum als Full-Service-Agenturen. Dieser kleinere Leistungsumfang kann jedoch für eine Vielzahl von Anwaltsbüros völlig hinreichend sein. Wichtig ist, daß sich zwischen Anwaltsbüro und dem PR-Berater eine vertrauensvolle und verläßliche Zusammenarbeit entwickelt. 120

121 Grundsätzlich übernehmen PR-Agenturen den **gesamten Bereich** der Erarbeitung und Durchführung von PR-Maßnahmen. Das reicht von der Ist-Analyse und der Erstellung der Konzeption bis zur Gestaltung, Durchführung und Kontrolle der Öffentlichkeitsarbeit. Full-Service-Agenturen verfügen dabei in vielen Fällen über **etablierte Kontakte** im Pressebereich wie im Bereich des Event-Managements. Sie verfügen meist auch über Abteilungen, die die interne PR-Arbeit professionell durchführen können.

III. Agenturverträge

122 Die Zusammenarbeit mit PR-Agenturen sollte nur im Rahmen **schriftlicher** Agenturverträge erfolgen. Diese Verträge umfassen regelmäßig Bestimmungen über die Leistungen der Agentur, nämlich die laufende oder auf den Einzelfall zugeschnittene Beratung des Kunden in Fragen der Öffentlichkeitsarbeit. Soweit dabei spezielle Aufgaben der Öffentlichkeitsarbeit vertraglich vereinbart werden, muß darauf geachtet werden, daß der Rahmen der Aufgabenstellung nicht zu eng gewählt wird. Darüber hinaus gehören die Entwicklung und Vorlage der Konzeption und die Gestaltung von Vorschlägen zu den zu regelnden Leistungen der Agentur. Die Durchführung der Öffentlichkeitsarbeit sollte regelmäßig von **genehmigten Aktionsplänen** abhängen. Diese Aktionspläne enthalten vorzugsweise auch **Kostenkalkulationen**, die – soweit nicht Beratungsverträge über die umfangreiche Dauerberatung eines Kunden geschlossen werden – neben den **Fremdkosten** für die **Gestaltung** (soweit nicht von der Agentur übernommen) die Produktion und die Durchführung der Maßnahme der Öffentlichkeitsarbeit umfassen. Bei Verträgen über die allgemeine Beratung eines Kunden in Fragen der Öffentlichkeitsarbeit wird regelmäßig die Gestaltung – zumindest soweit es sich um Texte handelt – der zu produzierenden PR-Maßnahmen vertraglich mitvereinbart.

123 Verträge mit PR-Agenturen enthalten neben diesen Bestimmungen insbesondere Regelungen über die **Vergütung** der Agentur für eigene und Fremdleistungen, über die **Nutzungsrechte** des Kunden an den Leistungen der Agentur, über die **Haftung** der Agentur für ihre Tätigkeit, über die **Vertragsdauer** und über **Kundenschutz**, durch den verhindert werden soll, daß die Agentur gleichzeitig für Wettbewerbsunternehmen arbeitet.

IV. Kosten von PR-Agenturen

124 Die Kosten einer PR-Agentur sind durchaus beachtlich. Die Agenturvergütung allein – also ohne Fremdkosten – im Rahmen jährlicher Gesamtberatungsverträge kann bereits bei kleinen 1-Mann-Agenturen Beträge von 75 000,00 DM erreichen oder (manchmal auch deutlich) überschreiten. **Pauschalvereinbarungen** mit großen Full-Service-Agenturen sind demgegenüber nicht entscheidend teurer. PR-Agenturen rechnen in einer Reihe von Fällen auch aufgrund eines Honorarsystems nach **Stundensätzen** ab. Qualifizierte PR-Berater verlangen dabei (meist abhängig von der Größe des Unternehmens) Stundensätze zwischen ca. 150,00 DM und über 300,00 DM). Neben dem Berater selbst sind auch Servicebereiche wie Dokumentation regelmäßig zu vergüten.

125 Agenturen bieten ihre Leistungen auch zu **pauschalierten Preisen** für einzelne Aktionen an. Preise für die Erstellung von Konzeptionen variieren dabei ca. zwischen 2000,00 DM und 20 000,00 DM. Die aus der Konzeption folgenden Maßnahmen wie Gestaltung, Produktion und Durchführung sowie Kontrolle sind gesondert zu vergüten.

126 Öffentlichkeitsarbeit kann eine Vielzahl von Formen annehmen. Von dem Charakter dieser Maßnahmen hängen die für Öffentlichkeitsarbeit aufzuwendenden Kosten ab. Dabei erhöhen sich die Kosten, regelmäßig aber auch die Qualität von PR-Maßnahmen durch die Einschaltung **professioneller Berater.**

127 Eine **Evaluierung** der Kosten von Einzelmaßnahmen scheidet im Rahmen dieser Darstellung aus. Zu vielfältig können diese Einzelmaßnahmen gestaltet sein. Es kann daher nur ein genereller Rahmen für sinnvolle Kennzahlen dargestellt werden.

V. Die Höhe des Budgets für Öffentlichkeitsarbeit

128 Ausgangsgröße für die Bestimmung des Kommunikationsbudgets ist regelmäßig der Außenumsatz eines Unternehmens. Ein bestimmter Prozentsatz dieses Außenumsatzes wird branchenweit von erfolgreichen Unternehmen in recht gleichförmiger Höhe aufgewandt. Das beginnt mit der Investitionsgüterbranche, die regelmäßig nur sehr geringe Teile des Umsatzes (bis zu 3%) für Kommunikationsmaßnahmen aufwendet, über den Handelsbereich, der im Schnitt ca. 5% vom Umsatz aufwendet, bis zur Konsumgüterbranche, bei der die Kommunikationsaufwendungen bei bis zu 10% des Umsatzes liegen. Für Dienstleister im Bereich der freien Berufe liegen vergleichbare Zahlen nicht vor. Bei ihnen ist jedoch davon auszugehen, daß der prozentuale Gewinn im Verhältnis zum Umsatz gegenüber den vorgenannten Branchen deutlich höher ist. Die Aufwendungen für Kommunikationsmaßnahmen sollten daher in etwa **3% vom Honorarnettoumsatz** ausmachen. Sie können zu einem erheblichen Teil für Öffentlichkeitsarbeit aufgewandt werden.

G. Die Erfolgskontrolle

129 Eine wirtschaftliche Betriebsführung erfordert angesichts der beträchtlichen absoluten Höhe der Aufwendungen für Öffentlichkeitsarbeit, wie oben unter Rdn. 124ff. dargestellt, eine **Wirtschaftlichkeits- und Effizienzkontrolle**. Sie erfordert darüber hinaus als Controlling-Maßnahme eine ständige Überprüfung der Aufwendungen für die Öffentlichkeitsarbeit, um Abweichungen von den **Planzahlen** zu vermeiden. Diese Abweichungen können bei deutlicher Unterschreitung der Planzahlen dazu führen, daß notwendige Aufwendungen für Öffentlichkeitsarbeit und damit die langfristige Sicherung des Unternehmenserfolges zugunsten kurzfristiger Unternehmensziele verhindert werden. Das Controlling hat allerdings auch die Aufgabe, die deutliche Überschreitung der Planzahlen für die Öffentlichkeitsarbeit zu vermeiden, um nichtgeplante Gewinnschmälerungen zu vermeiden.

130 Für die Effizienzkontrolle der Öffentlichkeitsarbeit haben Betriebswirtschaftslehre und Kommunikationswissenschaften eine Vielzahl von **Modellen** erarbeitet. Da die Öffentlichkeitsarbeit auf die langfristige Änderung oder Etablierung des Unternehmensimages gerichtet ist, können diese Modelle jedoch in keinem Falle quantitativ die Verbesserung des betriebswirtschaftlichen Ergebnisses des Unternehmens in einer bestimmten Zeitperiode messen. Keine Methode gibt mithin an, bei welchem Aufwand für Public-Relations-Maßnahmen mit welchen Public Relations-Instrumenten welcher wirtschaftliche Gewinn zu erwarten ist. Darüber hinaus haben die in der Wissenschaft erarbeiteten Meßmethoden systematische Schwierigkeiten. So ist es in der Regel nicht möglich, den Beitrag einzelner PR-Maßnahmen bei der Erzielung eines Kommunikationserfolges von anderen Kommunikationsmaßnahmen oder auch anderen Mitteln des Marketing-Mix wie Preis-, Produkt- oder Absatzpolitik zu differenzieren. Es gibt bisher auch keine standardisierten Aussagen zur Frage, welche zeitlichen Wirkungskurven bei PR-Maßnahmen anzunehmen sind, welche PR-Maßnahmen also in welchem Zeitraum regelmäßig Veränderungen im Image des Unternehmens ergeben.

131 Die Instrumente zur PR-Effizienzkontrolle sollen daher nur kurz erwähnt werden. In den meisten Fällen der Öffentlichkeitsarbeit in Anwaltsbüros werden diese Instrumente nicht eingesetzt. Jeder, der PR-Arbeiten in Auftrag gibt, sollte aber zumindest wissen, daß es **Kontrollinstrumente** gibt. Diese entsprechen den für den gesamten Kommunikationsbereich entwickelten Standards.

132 **Pretests** zur Auswahl der Maßnahmen: Diese reichen von Focusgroups und Einzelinterviews bis zu quantitativen Konzepttests.

133 **Posttests** zur Evaluierung der Wirkung nach einem oder mehreren festgelegten Zeiträumen bzw. nach Beendigung der Maßnahmen: Dieses sind in der Regel quantitative und

qualitative Testverfahren. Alle diese im Vorfeld oder nachhinein durchgeführten Tests gehören in die Hand von Fachleuten. Entsprechend sind diese Arbeiten auch in den Budgets zu berücksichtigen.

134 Der häufigste Fall der Wirksamkeitskontrolle bei Pressearbeit sind die sogenannten **Clippings**. Über Wirtschaftsdienste erhält man alle zu dem initiierten Thema veröffentlichten Meldungen. In der Regel ist auch eine häufige Präsenz in den Medien schon als Erfolg zu werten. Eine qualitative Auswertung sollte aber unbedingt vorgenommen werden. Bei Anwaltskanzleien wird eine Erfolgskontrolle nur mit viel Phantasie und großer Sorgfalt zu bewerkstelligen sein.

§ 45 Anwaltliche Etikette vor Gericht – auch eine Marketingstrategie?

Dr. Siegfried Maser★

Übersicht

Schrifttum: *Affeldt,* Glosse – Im Anschluß an „Die Anwaltsrobe“, RiStA 1998, Heft 5/31; *Dikaiophilo,* Der juristische Machiavellus Oder: Die Staatsklugheit derer Advocaten, 1725, in: Rechtsanwälte. Vom Sachsenspiegel bis zur Rechtsanwaltsordnung, Düsseldorf, 1979; *Hartung/Holl,* Kommentar zur Anwaltlichen Berufsordnung, 1997; *Hendel,* Strategien des Anwalts beim zivilrichterlichen Vergleich, AnwBl. 1997, 509; *Hummel,* Richtlinien-Dämmerung?, AnwBl. 1962, 105; *Kalsbach,* Standesrechtliche Bemerkungen über das Verhältnis des Rechtsanwalts zum Richter, AnwBl. 1955, 5; *ders.*, Standesrecht des Rechtsanwalts, 1956; *ders.,* Bundesrechtsanwaltsordnung und Richtlinien für die Ausübung des Rechtsanwaltsberufs, 1960; *Koch,* Werbung mit dem Preis und in den Medien, AnwBl. 1997, 421; *Lachenmaier,* Das Marketingkonzept einer Anwaltskanzlei, AnwBl. 1998, 236; *Lingenberg/Hummel/Zuck/Eich,* Kommentar zu den Grundsätzen des anwaltlichen Standesrechts, 2. Auflage 1988; *Neubert,* Neue Richtlinien für die Ausübung des Anwaltsberufs, JW 1934, 1763; *Schmitz,* Noch einmal: Standesrechtliche Bemerkungen über das Verhältnis des Rechtsanwalts zum Richter, AnwBl. 1955, 62; *Schneider,* Richter und Rechtsanwalt in: DAV-Ratgeber, Praktische Hinweise für junge Anwälte, 6. Auflage, 1995.

A. Eine Standortbestimmung: Sachlichkeit, Takt und guter Ton überflüssig?

1 Der Leser mag verwundert sein: Was hat das Thema „Anwaltliche Etikette vor Gericht“ mit anwaltlichem Marketing zu tun? Es geht in diesem Beitrag in der Tat nicht um die Frage: „Wie gewinne ich einen gnädigen Richter?“ oder um den **favor iudicis**. Letzteres seit langem ein Problem auch zwischenmenschlicher Beziehungen im forensischen Bereich, das etwa in dem 1725 erschienenen Werk „Der juristische Machiavellus oder Die Staatsklugheit derer Advocaten“ von Dikaiophilo in der „Regel III“ mit dem Ratschlag gelöst wurde: „Man muß auf alle Art und Weise suchen, den Richter zum Freund und Patron zu haben.“[1]

2 Zu erörtern ist auch nicht, was der sogenannte gute Ton beziehungsweise das Taktgefühl vom Anwalt[2] in seiner Eigenschaft als **Organ der Rechtspflege** fordert. Sowieso

★ Vorsitzender Richter am Landgericht Mönchengladbach.

[1] *Dikaiophilo*, S. 23.

[2] Im Sinne einer sprachlichen Generalisierung ist im folgenden nur noch von der maskulinen Begriffsform die Rede.

kann der Eindruck entstehen, der Frage des sachlichen Auftretens vor Gericht sei heutzutage kein besonderes Gewicht mehr beizumessen. Zu diesem Schluß verleitet jedenfalls ein vergleichender Überblick.[3]

3 Ältere Fassungen der **Richtlinien** beziehungsweise Richtlinien-ähnlichen Texte, beginnend mit dem vom Deutschen Anwaltverein 1929 veröffentlichten sogenannten Vademecum,[4] betonten die Pflicht des Rechtsanwalts zum sachlichen Verhalten noch zweifach: Zum einen sozusagen im Allgemeinen Teil generell als „Pflicht zur Sachlichkeit", und zwar „im gesamten Kreise seiner Berufstätigkeit";[5] zum anderen sozusagen im Besonderen Teil speziell hinsichtlich des Auftretens vor Gericht als Pflicht, die Belange des Mandanten dort sachlich und würdig zu vertreten. Die Richtlinien 1934,[6] 1935 und 1938 verstärkten dies, indem vom Anwalt „strengste Sachlichkeit" gefordert wurde. Die Richtlinien 1949 und 1957 reduzierten diesen Superlativ auf das Gebot zur „strengen Sachlichkeit",[7] es blieb aber bei der Doppelpflicht.[8]

4 Erstmals die Fassung 1963 verzichtete auf die bisherige zweimalige Hervorhebung des Gebotes zur Sachlichkeit (einmal unter den allgemeinen Berufspflichten, ferner zusätzlich hinsichtlich des Verhaltens gegenüber dem Gericht) und beließ es bei der allgemeinen Berufspflicht, die anvertrauten Interessen „sachlich und würdig (zu) vertreten".[9] In den Richtlinien 1973 folgte dann eine weitere Einschränkung; die beiden Worte „und würdig" fielen ersatzlos weg.[10]

5 Zum neuesten Stand: Das Kapitel **„Verhalten gegenüber Gerichten"**[11] ist bekanntlich für die Berufsordnung 1997 überhaupt kein Thema mehr.[12] Ein freundlich gestimmter Kommentator könnte dies darauf zurückführen, daß Selbstverständlichkeiten wie korrektes Auftreten vor Gericht bei der anzustrebenden Kürze des Textes nicht wiedergegeben werden sollten. Wer den ersatzlosen Wegfall des früheren § 9 Abs. 1 Richtlinien dagegen kritisch sieht, mag daraus den Schluß ziehen, Sachlichkeit im Sinne der früheren Rechtsprechung der Anwaltsgerichte sowie gutes Benehmen seien heute in die Beliebigkeit des Anwalts gestellt.[13].

6 Tatsächlich hat der Ausschuß 4 der Satzungsversammlung das Thema **Sachlichkeit** sehr wohl diskutiert und diesen Begriff verstanden als allgemeine Grundpflicht der Berufsausübung im oben angeführten Sinne. Man verzichtete jedoch darauf, eine entsprechende Bestimmung in den Entwurf aufzunehmen. Maßgebend dafür war die Auffassung, da Richterdienstgerichte beleidigende Ausdrücke „durchgehen ließen", solle sich die Anwaltschaft nicht mehr Fesseln anlegen als der Berufsstand der Richter.[14]

7 Wie dem auch sei: Mein Beitrag befaßt sich **nicht** mit der Frage, was **standes- beziehungsweise berufsgemäß** und wie die juristische Grenze zwischen sachlichem und

---

[3] Im Anschluß an *Zuck* in *Lingenberg/Hummel/Zuck/Eich*, § 9 Rdn. 19.

[4] Dazu *Hummel*, AnwBl. 1962,106.

[5] So Richtlinien 1929, Abschnitt A II.

[6] Dazu *Neubert*, JW 1934, 1763.

[7] Ziffer 7 Abs. 2.

[8] Zum Verhältnis des Rechtsanwalts zum Richter im Verständnis der 50er und 60er Jahre u. a.: *Kalsbach*, AnwBl. 1955,5ff.; *ders*, Standesrecht, S. 138ff.; *ders.*, Bundesrechtsanwaltsordnung, § 8 Rdn. 1ff.; *Schmitz*, AnwBl. 1955, 62ff.

[9] § 1 Abs. 1.

[10] Vergleiche § 1 Abs. 1 Satz 2.

[11] So die Überschrift zu § 9 Richtlinien 1973.

[12] Daß die Bundesrechtsanwaltsordnung in § 43a Abs. 3 unsachliches Verhalten verbietet – dazu *Hartung* in *Hartung/Holl*, vor § 2 Rdn. 50ff., sei hier erwähnt; von der durch § 59b Abs. 2 Nr. 1 lit. d eingeräumten Möglichkeit hat die Satzungsversammlung keinen Gebrauch gemacht.

[13] Dazu bereits *Zuck* in *Lingenberg/Hummel/Zuck/Eich*, § 9 Rdn. 18: „Gelegentlich entsteht der Eindruck, daß gutes Benehmen als unzeitgemäß und überholtes Requisit vergangener Zeiten angesehen wird."

[14] *Hartung/Holl*, Vor § 2 Rdn. 68ff.

unsachlichem Verhalten im Sinne des § 43a Abs. 3 BRAO zu ziehen ist.[15] Es geht in diesem Handbuch vielmehr (unter anderem) darum, welche – freiwillig angewandten – **Marketingstrategien** bei der Mandantenwerbung nützlich sind. Nur in diesem Rahmen ist (im forensischen Bereich) die Sekundärfrage zu beantworten, welche Rolle bei dieser Zielrichtung das Verhalten des Anwalts gegenüber dem Gericht spielt. Wenn im folgenden einiges angesprochen wird, was mancher als Platitüde betrachten mag, so kann der Autor dem nicht uneingeschränkt widersprechen. Die tägliche forensische Praxis läßt aber den Schluß zu, daß auch banale, eigentlich selbstverständliche Überlegungen insbesondere von jungen Anwälten vielfach nicht angestellt werden.

B. Zum Marketing-Instrument Mandantenwerbung: Einige Vorbemerkungen

Was Marketing im wissenschaftlichen Verständnis ist oder sein soll, braucht nicht Gegenstand dieser Abhandlung zu sein. Es handelt sich im Grunde um einen einfachen Sachverhalt. Wer den **Anwaltsberuf** ergreift, mag damit hehre Ziele verfolgen. In gleicher Weise wichtig ist aber der Wunsch nach der Sicherung eines angemessenen Einkommens sowie nach hohem Ansehen, beides gestützt auf erfolgreiche berufliche Tätigkeit. Das hat *Koch*,[16] wenn auch überzeichnend, zum Ausdruck gebracht: „Anwälte, die sich nicht vom Streben nach Gewinn bei ihrer Berufsausübung leiten lassen, sind ungeeignet zur Berufsausübung und eine Gefahr für die ihnen anvertrauten Klienten, wobei natürlich nicht der Einzelfall als gewinnbringend im Blick ist, sondern das Unternehmen Anwaltskanzlei." 8

Zu den Marketinginstrumenten gehört, solange nicht ein bestimmter finanzieller und gesellschaftlicher Sättigungsgrad erreicht ist, die **Werbung**. Auch das ist jetzt selbstverständlich, die Zulässigkeit in § 43b BRAO und in § 6 BerufsO unter exakt dieser Überschrift („Werbung") berufsrechtlich geregelt worden. Objekt einer Werbestrategie ist der Mandant, und zwar zum einen so verstanden, daß die bereits vorhandene Klientel der Anwaltspraxis treu bleibt im Sinne der Wahrnehmung eines künftigen Beratungsbedarfs, zum anderen aber – mindestens genauso wichtig – das Bemühen, diese Mandanten als Referenz-Multiplikatoren zu nutzen mit dem Ziel, neue Mandanten zu gewinnen. „Ansatzpunkt jeder anwaltlichen Werbung muß der vorhandene Mandant, dessen zukünftiger rechtlicher Beratungsbedarf sowie dessen Umfeld sein."[17] *Lachenmaier*[18] summiert insoweit die Prognos-Studie[19] dahingehend, daß nur 20% der Mandate „zufällig" zustandegekommen, ungefähr die Hälfte auf Empfehlungen zurückzuführen sind und bei etwa 30% der Anwalt schon bekannt war. Die erhebliche Bedeutung des Gesprächs etwa im Verwandten- und Freundeskreis, am Stammtisch, im Vereinsleben, wird wohl jeder bestätigen können. 9

Was läßt nun im Sinne erfolgreicher Werbung den Mandanten die Treue halten? Was veranlaßt ihn, „seinen" Anwalt weiterzuempfehlen? Äußere Umstände, wie der freundliche Umgangston in der Kanzlei, die gute Serviceleistung, das vertrauenerweckende Ambiente sind gewiß nicht zu vernachlässigen. Entscheidender Gesichtspunkt ist aber der **Erfolg**, insbesondere im forensischen Bereich das (vielleicht zunächst zweifelhaft gewesene) Obsiegen im Rechtsstreit, das Zustandekommen eines vorteilhaften Prozeßvergleichs, das freisprechende Urteil im Strafverfahren. Damit wirken die zufriedenen **Mandanten als Werbeträger** gegenüber Dritten – auch ohne besonderes Zutun des Anwalts. 10

[15] Dazu *Hartung/Holl*, Vor § 2 Rdn. 50ff.
[16] AnwBl. 1997, 422.
[17] *Lachenmaier*, AnwBl. 1998, 239.
[18] AnwBl. 1998, 239.
[19] AnwBl. 1987, Sonderheft März.

11 Sehen wir aber auch die andere Seite: Es ist klar, daß etwa im Zivilprozeß normalerweise eine Partei unterliegen muß. Der Mandant wird sich mit dem **Prozeßverlust** schwerlich abfinden. Er wird geneigt sein, dies seinem Anwalt anzulasten mit der Folge, daß er im Freundes- und Verwandtenkreis eher **Gegenpropaganda** machen wird. Im Strafprozeß wird der Angeklagte dann von seinem Verteidiger begeistert sein und ihn weiterempfehlen, wenn er freigesprochen wurde. Der Hinweis, auf hoher See und bei Gericht sei man in Gottes Hand, wird dem verurteilten Mandanten wenig Trost bringen. Wesentlich ist daher, daß ihm schon während des Prozesses deutlich wurde, sein Anwalt hat sich für ihn eingesetzt, die „Niederlage" beruht nicht auf dessen Unwissenheit, falsch gesetzten Akzenten oder Schlamperei. Kann der Anwalt dies begründet vermitteln, wächst auch die Chance, daß der Mandant sich nicht enttäuscht abwendet, der Praxis weiterhin **Vertrauen schenkt** und den Anwalt weiterempfiehlt. Dies alles ist anwaltliches Marketing im Verhältnis zum Mandanten vor dem Hintergrund des Prozeßerfolges oder -verlustes.

C. Anwaltliches Verhalten gegenüber dem Gericht: Auch ein Faktor der Mandantenwerbung?

12 Welche Bedeutung kommt nun in diesem Zusammenhang **anwaltlicher Marketingstrategie** beim Kampf um das Recht zu? Das eine sollte klar sein: Der Anwalt mag dem Richter überaus angenehm, sein Auftreten liebenswürdig sein – hier kann das Stichwort „favor judicis" fallen, der Mandant wird den Prozeß nicht aus diesem Grunde gewinnen. Ich sehe kein Marketingverhalten, das den Richter in die Versuchung führen könnte, entgegen seiner Überzeugung dem Prozeßvertreter zuliebe zu entscheiden.

13 Aber die **Urteilsgründe** können durchaus Akzente setzen, können in ihren sprachlichen Wendungen, in der kurzen oder ausführlichen Abhandlung der anwaltlichen Argumente, der Wertung des Prozeßvorbringens und Verhaltens auch dem juristischen Laien klarmachen, daß z. B. dem Anwalt Nachlässigkeit vorgeworfen wird. Ich denke etwa an die Klageabweisung wegen Unschlüssigkeit, wegen nicht erkannter Verjährung, an § 296 ZPO, ferner an fehlendes Eingehen auf Hinweise sowie an das Negieren gerichtlicher Auflagen betreffend mangelnde Substantiierung. Die Urteilsgründe werden auf diesem Hintergrund vielfach incidenter ein (zutreffendes oder unzutreffendes) **negatives Werturteil** über die Qualität der anwaltlichen Arbeit sein. Positiv gesehen: Der Richter kann und wird, indem er sich zum Beispiel mit dem qualifizierten anwaltlichen Vortrag eingehend auseinandersetzt, deutlich machen, daß dieses Vorbringen auch eine andere Entscheidung nahelegen konnte, daß bedenkenswerte Zweifelsfragen aufgeworfen wurden, daß der Anwalt zu Recht auf diesen oder jenen Gesichtspunkt hingewiesen hat.

14 Zusammengefaßt: Der Mandant wird je nach Sachlage aus den Urteilsgründen in bestimmten Fällen herauslesen können, ob sein Anwalt „gut" oder „schlecht" war. Er selbst kann vielfach die anstehenden Rechtsfragen und die Erfolgsaussicht nicht bewerten. Zu beurteilen aber vermag er beispielsweise, ob im **Verhandlungstermin**, wenn er anwesend ist, sein Anwalt den Sachverhalt mangels hinreichender Vorbereitung falsch oder unzulänglich vorträgt. Folge des Unmuts der Partei kann sein, daß diese sich zu Wort meldet und korrigierend eingreift.

15 Ein anderes Beispiel: In einem Zivilprozeß, in dem auswärtige Anwälte als **Korrespondenzanwälte** tätig sind, tritt in der mündlichen Verhandlung der beim Landgericht zugelassene Anwalt auf. Gebeten, dem Gericht seinen Standpunkt darzulegen, erklärt er in Gegenwart der angereisten Partei, er könne zu dem Sachverhalt nichts sagen, er sei nur **Stempelanwalt**. Eine Katastrophe, auch für den abwesenden Korrespondenzanwalt (häufig der Hausanwalt), dem der Mandant die Verantwortung für den Fehlgriff bei der Auswahl des örtlichen Anwalts zumessen dürfte.

In diesem Zusammenhang: Die Fälle sind hinreichend bekannt, in denen die unterlegene Prozeßpartei vom Verhalten des gegnerischen Anwalts in der Verhandlung so positiv beeindruckt wurde, daß sie für künftige Verfahren zu ihm überwechselt. 16

Sofern die Partei an der Verhandlung teilnimmt, bildet sie sich ihr Urteil über die Qualität des Anwalts maßgeblich auch an dessen **Auftreten**. Der Richter wird nicht selten sozusagen privat im Freundes-, Verwandten- oder Bekanntenkreis von Menschen angesprochen, die einen Prozeß verloren haben. Geklagt wird selbstverständlich über den amtierenden Richter und sein Fehlurteil. Geklagt wird aber auch über den Anwalt. Er habe an der Sache überhaupt kein Interesse gezeigt (mag auch diese Bewertung in der Wirklichkeit gar nicht zutreffen). Er habe sich trotz rechtzeitiger Verabredung zur Terminstunde verspätet oder habe sich herablassend verhalten. Er habe dagesessen, ohne den eigenen Standpunkt deutlich zu vertreten. 17

Ein weiterer **kritischer** Punkt: Wie instruiert der Anwalt seinen Mandanten vor der mündlichen Verhandlung? Er wird ihm in Einzelfällen einschärfen, ja nicht zuviel zu fragen oder zu erklären, überhaupt sich möglichst passiv zu verhalten. Das kann einen guten Grund haben. Der Rechtsanwalt will verhindern, daß der Mandant sich um Kopf und Kragen redet. 18

Dies kann aber auch anders motiviert sein. Der Anwalt befürchtet, der Richter könnte ärgerlich werden, wenn nicht alles schön glatt läuft. Nun mag es in der Tat Richter geben, die bei der Verhandlungsleitung sehr eigen sind und Impulsivität der Partei oder beispielsweise bohrendes Nachfragen bei der Zeugenvernehmung wenig schätzen, weil sie etwa schon einen bestimmten Standpunkt gewonnen haben. Der Anwalt, der sich darauf einläßt in der Annahme, wer das Gericht verärgere, bekomme es demnächst in einer anderen Sache zu spüren, darf sich nicht beklagen, wenn der Mandant ihn nach verlorenem Prozeß gleichsam als **Versager** betrachtet. Wenn er dem Mandanten zur Zurückhaltung rät, sollte er dies jedenfalls vor der Verhandlung dem Mandanten gegenüber begründen, um in ihm Verständnis für diese Taktik zu wecken. Tut er das nicht, wird der Mandant die erzwungene eigene Passivität und die seines Anwalts möglicherweise zum Anlaß nehmen, sich über dessen Qualifikation Gedanken zu machen. 19

Ein weiterer Sachverhalt bei Gerichten, die das sog. **Anwaltskartell im Sammeltermin**[20] pflegen: Der Rechtsstreit wird aufgerufen, Kartellanwälte nehmen die Anträge, die Sache geht zum Spruch. Unglücklicherweise ist eine oder sind beide Prozeßparteien trotz Abratens – „Sie brauchen zum Termin nicht zu kommen" – erschienen. Auf Befragen stellt sich heraus, daß die Partei vom Kartelldienst überhaupt nichts wußte, ihr Anwalt sie also nicht aufgeklärt hatte und sie deshalb mit steigender Verzweiflung vergeblich auf das Erscheinen ihres Anwalts gewartet hat. Entsprechende Unmutsäußerungen im Gerichtssaal beweisen auch hier einen groben Verstoß gegen anwaltliches Marketing, aus dem der Mandant im Freundes- und Verwandtenkreis keinen Hehl machen wird. Da kann das Gericht versuchen, die versäumte Aufklärung nachzuholen, es bleibt bei der Partei ein fader Geschmack. 20

D. Zur anwaltlichen Berufskleidung

Ein wesentlicher Punkt ist das **äußere Erscheinungsbild** des Anwalts in der mündlichen Verhandlung. § 20 Satz 2 BerufsO statuiert, daß eine Berufspflicht zum Erscheinen in **Robe** beim Amtsgericht in Zivilsachen nicht besteht. Der Gegenschluß ist erlaubt: Im übrigen soll der Anwalt in Robe auftreten. Dem Anwalt, dem am Marketingverhalten gelegen ist, ist dringend zu raten, auch im amtsgerichtlichen Zivilprozeß in Robe zu erscheinen. 21

Ein Beispiel: Als vor etwa 25 Jahren der Robenstreit hin- und herwogte, erschien in einer

[20] Dazu *Hartung/Holl-Nerlich*, Berufsrechts-ABC, Stichwort „Gebührenteilung".

Verhandlung ein Anwalt mit, der andere ohne Robe. Im Anschluß an die Sitzung bat die Partei des robenlosen Anwalts den Richter um eine Rücksprache. Sie wollte wissen, ob ihr Vertreter wirklich Rechtsanwalt sei.[21]

22 Machen wir uns nichts vor. Der Anwalt in **Robe** hebt auch das **Selbstbewußtsein** der eigenen Partei. Der Mandant hat Anspruch darauf, daß der von ihm bezahlte Anwalt im Termin als solcher für jedermann erkennbar ist. Marketing ist auch ein **Stück Psychologie**. Leicht könnte beim Mandanten der Verdacht entstehen, das Nichttragen der Robe beruhe auf Schlampigkeit oder der Auffassung, das Mitführen der Robe lohne sich für diesen Prozeß nicht.

23 Wenn Marketing in dem hier erörterten Zusammenhang bedeutet, im Hinblick auf künftige Fälle den Mandanten zu halten und ihn als Multiplikator wirken zu lassen, dann wird mancher es wenig schätzen, daß sein Anwalt ihm wohlwollend herablassend auf die Schulter klopft. Dieser Anwalt mag es auch für opportun halten, in der Verhandlung etwa mit offenem Hemdkragen aufzutreten. Vorsichtig formuliert ist es aber kein Fehler, wenn der Anwalt eine weiße Krawatte, möglicherweise sogar ein weißes Hemd trägt. Bezeichnend, daß insbesondere Anwälte aus angesehenen Praxen so verfahren. Sicher nicht ohne Grund. Das Tragen von weißem Hemd und Langbinder kostet den Anwalt praktisch nichts. Das althergekommene Sprichwort **„Kleider machen Leute“** hat auch hier seine Bedeutung.[22] Von einem Overdressing kann jedenfalls keine Rede sein.

24 Mancher Leser wird meinen, der Verfasser habe die Zeichen der Zeit nicht erkannt und überschätze Äußerlichkeiten. Aber man mag sich immer wieder vor Augen halten: Niemand wird ja genötigt. Hier geht es **allein** um **Marketingstrategien**, nicht um Berufspflichten.

E. Kleiner Exkurs zum Verhältnis Anwaltschaft/Justiz

25 Wenden wir uns nun einem anderen Aspekt in der Beziehung Anwaltschaft-Marketing-Justiz zu, nämlich der Frage des unmittelbaren **Verhältnisses Anwalt/Gericht**. Dieses Thema ist besonders heikel, da es in mißverständlicher Weise auf den bereits erwähnten „favor judicis“ zu zielen scheint. Zunächst drei Allgemeinsätze:

- Richter sind auch nur Menschen mit allen typischen Fehlern und Schwächen.
- Richter sind für Eindrücke empfänglich, seien sie angenehmer, seien sie unangenehmer Art.
- Anwaltschaft und Justiz sind grundsätzlich auf ein vernünftiges Miteinander angewiesen, was im Einzelfall Kontroversen nicht ausschließt.

---

[21] Diese persönliche Erfahrung ist offenbar kein Einzelfall, wie der Hinweis von *Holl* in: *Hartung/Holl*, § 20 Rdn. 18 zeigt. Dazu auch die treffliche Glosse von *Affeldt*, RiStA 1998, Heft 5, S. 31: „Mehr denn je stellt sich doch die Schwierigkeit, den Anwalt und seinen Mandanten zu unterscheiden. Es gibt keine gültigen Abgrenzungskriterien mehr.
Das Alter? Die Spanne der im Rechtswesen Tätigen reicht von gerade Mitte 20 bis zum rüstigen Greis.
Die Kleidung? Jeans und Sporthemd sind Attribute des modernen dynamischen Advokaten, Krawatten schon lange kein „Muß“ mehr (war es wirklich mal üblich, einen weißen Langbinder zu tragen?).
Das Auftreten? Minimale Höflichkeitsformen und einfache Benimmregeln zum Umgang mit dem Gericht werden demnächst Prüfungsstoff im juristischen Staatsexamen werden.
Das Gesetzbuch unter dem Arm? Heute steht in jeder Wohnung der „Kleine Hausanwalt“ im Bücherregal und die aktuelle Rechtsprechung kennt jeder, denn „das stand so in der Zeitung!“.
Was bleibt also als Unterschiedsmerkmal zwischen Anwalt und gemeinem Mann?
Der Kittel! Darum die dringende Empfehlung an den Anwalt, der sich auch als solcher zu erkennen geben möchte – vor Gericht doch schon im eigenen Interesse nicht darauf zu verzichten!“ Zum sog. Braunschweiger Robenstreit vgl. OLG Braunschweig AnwBl. 1995, 371; *Holl* in: *Hartung/Holl*, § 20 Rdn. 29.

[22] In diesem Sinne auch *Schneider* in: DAV-Ratgeber 1995, S. 32.

In der Beziehung Anwaltschaft/Justiz wird viel gesündigt, auf beiden Seiten jeweils „intra et extra muros". Es ist zu begrüßen, wenn dem Richter ein Spiegel vorgehalten und dargestellt wird, welche Unzulänglichkeit oder sogar Arroganz aufscheint.[23] Der vorliegende Beitrag dient jedoch nicht diesem Zweck. Er ist also **bewußt einseitig** aus der **Sicht der Richterbank**. **26**

Auch die rechtsprechende Gewalt will den **dienstlichen Verkehr** mit den Anwälten in kollegialer Weise abwickeln. Ein Richter wäre töricht, wenn er es darauf anlegte, sich mit Anwälten des Bezirks zu streiten. Leider gibt es solche Richter, wenn auch nur in einer kleinen Minderheit. Andererseits ist nicht zu übersehen, daß mancher Richter unbewußt zu Widersprüchen herausfordert, aber dies nicht erkennt. Eine Einstellung, die das Amtieren nicht erleichtert, gibt es doch prozessuale Möglichkeiten, diesem Richter das Leben schwerzumachen. Ist die Atmosphäre permanent gespannt, kann das auch Ursachen haben, die den Beteiligten nicht anzulasten sind, z. B. Überarbeitung, ein unglückseliger Zusammenstoß, fehlende Wertschätzung. In diesen Fällen ist vielleicht ein klärendes Wort des Anwalts angesagt. Warum soll er nicht dazu beitragen, daß sich ein gutes Verhältnis – nicht gleichzusetzen mit Klüngelei – entwickelt. Manchmal bedarf es dazu nur einer Geste. **27**

F. Einige Empfehlungen

I. Die Visitenkarte

Machen Sie sich den Richtern bekannt. Stellen Sie sich und Ihre Interessenschwerpunkte bei gleichzeitiger Übergabe einer Visitenkarte vor. Bei kleinen Gerichten sollte dies in der Form möglich sein, daß man alle Richter aufsucht. Übrigens: Früher beschränkte sich dieses Vorstellen beim Landgericht auf die Vorsitzenden. Angesichts des extensiven Einsatzes von Einzelrichtern empfiehlt es sich, sich auch den Beisitzern bekannt zu machen. **28**

Bei Amts- oder Landgerichten mit einer Vielzahl von Richtern wird eine solche Kontaktaufnahme manchmal auch bei mehrfachen Versuchen an fehlender Präsenz des Richters scheitern. Hinterlassen Sie in diesen Fällen Ihre **Visitenkarte** auf den Geschäftsstellen in einem adressierten Umschlag mit einer entsprechenden Anmerkung auf der Rückseite. Es soll gar nicht bestritten werden, daß sie im Papierkorb landen kann. Gehen Sie aber getrost davon aus, daß die Visitenkarte vom Richter zur Kenntnis genommen und in einer Schreibtischschublade aufbewahrt wird. Es werden immer wieder Anwälte benötigt, die von Amts wegen beigeordnet werden, z. B. nach § 140 StPO oder nach § 121 ZPO. Soweit der Betroffene ihn nicht bereits selbst benennt, wird mancher Richter geneigt sein, jungen Anwälten eine Chance zu geben. Dazu wird er kaum das Anwaltsverzeichnis durchforsten. Er wird sich aber vielleicht an eine persönliche Vorstellung sowie an die Visitenkarte erinnern und darauf zurückgreifen. **29**

Es ist offenkundig, daß dieses Vorstellen seit Jahren **aus der Mode** gekommen ist. Aber es ist nochmals zu wiederholen, daß dazu ja auch niemand verpflichtet ist. Ich halte die Unterlassung jedenfalls für einen **Fehler in der Marketingstrategie**, der insbesondere zu Beginn der Berufsausübung einen weiteren Effekt haben kann. **30**

Gemeint ist die Situation, daß der Anwalt den Sitzungssaal betritt, sich einem ihm fremden Richter (oder Staatsanwalt) gegenübersieht, gleichwohl ohne jede Äußerung seinen Platz einnimmt. Mögliche Reaktionen des Richters können von der mild-ironischen Frage an den Anwalt reichen, wer er denn sei und für wen er komme, bis zu „Erziehungsversuchen" derart, daß der Vorsitzende den Anwalt „übersieht", die Sache aufruft und in einem Zuge zu Protokoll gibt, für die betreffende Partei sei niemand erschienen. Im übrigen ist es bestimmt kein Fehler, sich auch dem Anwalt des Gegners **31**

[23] Dazu z. B. *Schneider* in: DAV-Ratgeber 1995, S. 31 ff.

vorzustellen, wird dieser damit doch gleichsam in die moralische Pflicht genommen, mit Höflichkeit zu reagieren. Hatte der Anwalt sich bereits früher **bekannt gemacht**, kann das dem Richter/Staatsanwalt entfallen sein, ein dezenter Hinweis des Anwalts darauf wird dankbar entgegengenommen. Hat er das nicht getan, dann wäre jedenfalls jetzt der Zeitpunkt gekommen, dies nachzuholen, möglichst mit Visitenkarte.

32 Das alles ist zum Teil eine Frage der Höflichkeit (der Name des amtierenden Richters ist für den Anwalt aus der Terminsrolle ersichtlich). Darüber hinaus ist es aber ein **Segment der Marketingstrategie**. Der Richter muß ja in der Sitzungsniederschrift festhalten, welcher Anwalt erschienen ist. Ist nun der Anwalt Einzelkämpfer, mag dem Richter beim tiefen Schweigen des Anwalts ein Blick auf den Briefkopf des Schriftsatzes weiterhelfen, aber auch nur dann, wenn der Prozeßbevollmächtigte sich nicht durch einen dem Richter möglicherweise ebenfalls unbekannten Kollegen vertreten läßt. Schwierig ist es bei der wachsenden Zahl von Sozietäten. Der Richter ist dann gezwungen, erst einmal abzuklären, wer denn als Anwalt für die Partei erschienen ist. Das ist für ihn zwar keine Zumutung, fördert aber nicht gerade das wünschenswerte, gedeihliche Verhandlungsklima.

33 Richter und Staatsanwälte wissen, daß sie im Anwaltskreis beurteilt und begutachtet werden, daß über sie in freundlicher oder unfreundlicher Art gesprochen wird. Der anwaltliche Berufsanfänger darf es aber getrost glauben: Auch die Richter sprechen unter sich darüber, wie der einzelne Anwalt in der Verhandlung auftritt. Zu den **Negativpunkten** gehört das oben beschriebene passive Verhalten, das man getrost auch als Unhöflichkeit bezeichnen kann.

34 Eine Ergänzung: Dem anwesenden Mandanten mag es in der Verhandlung wenig gefallen, wenn er merkt, daß der Richter seinen Anwalt offenbar noch gar nicht kennt. Er wird daraus vielleicht seine Schlüsse ziehen.[24]

II. Streitkultur im Verhandlungstermin

35 Zum anwaltlichen Marketing gegenüber dem Gericht gehört auch die **Streitkultur**. Es ist ausgeschlossen, dazu im Rahmen eines solchen Beitrages den Versuch grundsätzlicher Aussagen zu machen. Hier nur soviel: Das Auftreten in der Verhandlung wirkt in verschiedene Richtungen: Gericht/eigener Mandant/Gegner/Prozeßvertreter des Gegners. Wie der Anwalt sich in der Sitzung verhält, ist selbstverständlich eine Sache des Temperaments und des Naturells, möglicherweise auch der Kinderstube.[25]

36 Hohe Lautstärke, eventuell unterstrichen durch entsprechendes Klopfen auf den Tisch, überdeutliche Ausdrucksweise und Ruppigkeiten mögen bestimmte Mandanten und Zuhörer beeindrucken. Zielt der Anwalt darauf ab, dann muß man sein Verhalten als Marketingstrategie, bezogen jedoch auf eine **bestimmte Klientel**, goutieren. Von Ausnahmen abgesehen, wird dieser Anwalt beim Richter möglicherweise zum Nachteil der Sache eher eine gewisse Zurückhaltung bewirken und den Verdacht erregen, hier sollten fehlende Argumente durch aggressives, konfliktträchtiges Auftreten ersetzt werden.

---

[24] Die angesprochene Situation wird sich noch häufiger ergeben, wenn demnächst das Lokalisierungsgebot entfällt.

[25] *Hendel*, AnwBl. 1997, 515, spricht von einem wettbewerblichen Gegeneinander der Anwälte: „Insbesondere zu Beginn der mündlichen Verhandlung zeigen viele Anwälte Verhaltensauffälligkeiten, die zumeist einen strategischen Kern haben: Man versucht im ‚Kampf um die Hackordnung' die Position des Alpha-Rüden zu gewinnen. Zu den Verhaltensauffälligkeiten: Es wird vehement das Wort ergriffen; dem Vorsitzenden wird ins Wort gefallen; es werden Schriftsätze mit ausholender Gestik überreicht; es werden Anträge gestellt, die zu diesem Zeitpunkt in sachlicher Hinsicht nicht unbedingt notwendig wären."

Unliebsam wird es auch auf die anderen Verfahrensbeteiligten wirken, wenn der Anwalt in der **Beweisaufnahme** gegenüber dem Zeugen ausfallend wird und wiederholt einzelne Punkte anspricht, die längst beantwortet wurden, natürlich in der Hoffnung, der Zeuge könne dadurch verunsichert werden. Eine falsche Marketingstrategie. Möglicherweise veranlassen gerade solche Verhaltensweisen das Gericht, in sich zu gehen und zu prüfen, ob eine bisher noch nicht erkannte ungünstige Position des Mandanten zu bedenken ist. Marketing im Bezug auf das Gericht ist dies jedenfalls nicht. **37**

Damit nun kein Mißverständnis entsteht: Keiner erwartet und wünscht den angepaßten oder kleinlauten Anwalt, der sich vielleicht sogar ängstlich bemüht, dem Standpunkt des hohen Gerichts im voraus Beifall zu zollen, oder der wider besseres Wissen schweigt. Aber es bleibt wahr: Die Beachtung des Satzes **„suaviter in modo, fortiter in re"** wird dem Anwalt und seiner Sache gewiß nicht zum Nachteil gereichen. **38**

III. „Minima": Rubrum der Klageschrift; Überreichung von Anlagen; Telefonate; Zitate im Schriftsatz

Wie schon erwähnt, kann es nicht Inhalt dieses Kurzbeitrages sein, das gesamte Gebiet der Beziehung Anwaltschaft/Justiz zu durchwandern. Hunderte von **Kleinigkeiten** können das Klima noch angenehmer machen, z. B. **39**

- Die **namentliche Anführung der gesetzlichen Vertreter** schon in der Klageschrift. Ärgerlich ist, wenn der Richter das persönliche Erscheinen verfügen will, aber es nicht kann, weil diese Angabe fehlt.
- **Eintüten von Originalunterlagen** als Anlagen zu einem Schriftsatz. Sie können bei einer späteren Verhandlung leicht entnommen und mit den Verhandlungsbeteiligten besprochen werden. Die Rückgabe nach Prozeßbeendigung macht aktentechnisch keine Schwierigkeit.

Ein **Ärgernis**, das sich zunehmend ausweitet: Es wird immer schwieriger, Anwälte telefonisch zu erreichen. Das fängt häufig damit an, daß in der Kanzlei zunächst gar nicht abgehoben wird. Wenn dies dann geschieht und der Wunsch geäußert wird, Frau Rechtsanwältin oder Herrn Rechtsanwalt X zu sprechen, kommt der Hinweis, man wisse nicht, ob der Betreffende im Hause sei; dann hört man längere Zeit Musik und sonst gar nichts. Der Richter ist, wenn man ihn so mehrfach hat „hängenlassen", geneigt, von **telefonischen Kontaktversuchen** Abstand zu nehmen und die an sich unliebsame und arbeitsaufwendige Schriftform zu wählen. Ärgerlich für beide Teile, wenn z. B. bei der vom Anwalt erbetenen Terminsverlegung es deshalb zu keiner sofortigen Abstimmung hinsichtlich eines neuen Termins kommt. Dem Anwalt, der kollegial telefonisch z. B. um alsbaldige Einreichung von Unterlagen gebeten werden sollte, muß nunmehr dazu schriftlich eine Frist gesetzt werden. Kann die Telefonistin hier nicht doch besser instruiert werden? **40**

Warum ärgert der Anwalt – sicher unbewußt – den Amts- oder Landrichter, indem er **Fundstellen** von Entscheidungen oder Aufsätzen zitiert, von denen er mit an Sicherheit grenzender Wahrscheinlichkeit annehmen muß, daß sie im Hinblick auf den Bestand der Gerichtsbibliothek gar nicht überprüfbar sind?[26] Gut wäre es in solchen Fällen, wenn dem Schriftsatz eine Fotokopie der Fundstelle beigefügt würde. Das räumt auch Zweifel aus, ob die zitierte Quelle dem Schriftsatzverfasser wirklich zur Verfügung gestanden hat. **41**

IV. Der Stempelanwalt

Eine unbehagliche Situation entsteht häufig in der bereits angesprochenen **Beziehung Korrespondenzanwalt-Prozeßanwalt**. Der Korrespondenzanwalt unterläßt es manchmal, alle relevanten Unterlagen, jedenfalls in Fotokopie, zur Verfügung zu stellen. Typische Situation: Mahnbescheid durch „auswärtigen" Anwalt erwirkt – Widerspruch – Abgabe – Klagebegründung – Terminierung. Beim Vergleich der Anspruchshöhe Mahn- **42**

[26] In diesem Sinne auch *Schneider* in: DAV-Ratgeber 1995, S. 40.

bescheid/Klageantrag stellt der Richter fest, daß die Mahnbescheidsforderung teilweise gar nicht mehr geltend gemacht wird. Befragt kann sich der Prozeßbevollmächtigte dazu nicht erklären; seine Handakte beginnt erst mit der Klagebegründungsschrift. Es muß in der Verhandlung zunächst offenbleiben, ob eine Teilrücknahme, eine Teilerledigung oder was immer sonst vorliegt. Eine Situation, die den Richter nicht gerade froh stimmt.[27]

V. Richterablehnung

43 Ein anderes Stichwort: Ablehnung des Richters. Dies ist möglicherweise das genaue **Gegenteil von Marketing** gegenüber dem Gericht. Sie kann aus der Sicht des Anwalts erforderlich sein, dann soll der Antrag auch gestellt werden. Aber Vorsicht in den Strafkammern und der Kammer für Handelssachen. Beispielhaft eine Situation: Der Vorsitzende oder der beisitzende Berufsrichter äußert eine Auffassung, die ihn aus anwaltlicher Sicht als befangen erscheinen läßt. Das Ablehnungsgesuch wird angebracht, aber nicht nur betreffend denjenigen, der diese Äußerung getan hat, sondern betreffend alle auf der Richterbank Mitwirkenden. Es besteht die Gefahr, daß die Schöffen oder Handelsrichter sich über diesen Anwalt empören, haben sie doch bis dahin überhaupt nichts gesagt; das werden sie natürlich in der Verhandlung nicht zum Ausdruck bringen. Der Berufsrichter muß dann Sorge tragen, daß ein so ungeschicktes anwaltliches Verhalten nicht zum Nachteil der Partei ausschlägt. Ein Punkt, in dem auch erfahrene Anwälte marktstrategisch versagen.

VI. Mandantenaufklärung hinsichtlich Vergleichskosten

44 Dringend ist zu empfehlen, mit dem Mandanten vor Abschluß eines Prozeßvergleiches **abzuklären**, welche **Gebührenlast** bei der vorgesehenen Quotierung auf ihn zukommt, z. B. drei oder vier Gebühren nach einem Streitwert X, wobei der Gegenstandswert des Vergleichs unter Umständen erheblich höher sein kann. Die Praxis zeigt, daß Prozeßparteien sich nachträglich darüber beklagen, sie seien beim Vergleichsabschluß von ihrem Anwalt nicht hinreichend informiert worden.

45 Um diesen Ärger zu vermeiden, sollte jedenfalls der Richter auf diesen Punkt bereits vor endgültigem Abschluß des Vergleiches eingehen, auch wenn er dazu keineswegs verpflichtet ist. Eine Fall-Lage nach Abschluß eines Prozeßvergleichs, z. B. mit Kostenquotierung ¼–¾: Der Anwalt schickt seinem Mandanten alsbald eine Kostennote, mit der er zunächst seine gesamten Gebühren und Auslagen in Rechnung stellt. Der Mandant beschwert sich nachhaltig darüber, da doch eine Quotierung vereinbart worden sei. Er macht deutlich, er werde diese Anwaltspraxis nie mehr beauftragen. Wäre es hier marketingmäßig nicht geschickter gewesen, mit der Abrechnung bis zur Kostenfestsetzung zuzuwarten oder den Mandanten darüber aufzuklären, daß er die Überzahlung zurückerhält, wenn es demnächst gelingt, vom Gegner mit Hilfe des Kostenfestsetzungsbeschlusses Erstattung zu erlangen.

VII. Rechtspfleger, Geschäftsstelle und Wachtmeisterei

46 Manches von dem, was hier dargelegt ist, gilt mutatis mutandis auch für das Verhältnis des Anwalts zum **Rechtspfleger**, etwa im Bereich der Kostenfestsetzung und der freiwilligen Gerichtsbarkeit. Ein weiter Entscheidungsbereich, der früher dem Richter vorbehalten war, ist im Laufe der Jahre auf den Rechtspfleger übertragen worden. Diese Tendenz wird sich im Sinne einer weiteren Aufgabenverlagerung demnächst fortsetzen.

47 Nicht zu vergessen: Die **Geschäftsstelle**. Viele Anwälte werden es nicht wissen, vielleicht aber vermuten: Dort werden Abläufe gesteuert, die manchmal auch der Richter wegen Nichteinsehbarkeit kaum beeinflussen kann und die er nicht einmal kennt. Mit Nachdruck ist zu empfehlen, auch hier Marketingstrategie zu betreiben. Dies auf ganz

[27] Zum unwissenden Stempelanwalt siehe auch oben Rdn. 15.

einfache, natürliche Weise, z. B. durch ein nettes Wort, wenn es sich ergibt; einen kleinen Plausch; die Nachfrage, ob irgendwo in der Beziehung Anwaltsbüro-Geschäftsstelle Störfaktoren vorhanden sind.

Nicht nur der Richter, auch der Rechtsanwalt wird auf die **willige Mithilfe der** 48
Geschäftsstelle im Einzelfall angewiesen sein. Zu denken ist zum Beispiel an die dringend benötigte Urteilsausfertigung im Hinblick auf drohenden Vermögensverfall des verurteilten Beklagten. Es soll nicht alles das geschildert werden, was verantwortlich in den Händen der Geschäftsstelle liegt. Mancher Anwalt würde jedenfalls erstaunt sein, wenn er dieses – oft aus Kleinigkeiten bestehende – Spektrum überschauen könnte. Und was den Einfluß der Geschäftsstelle betrifft, gibt es den vorgeschriebenen Dienstweg, aber auch legale Möglichkeiten, die Behandlung von Anträgen und Schriftsätzen in geeigneten Fällen zu beschleunigen.

Es kommt hinzu: In krassen Fällen arroganten Auftretens eines Anwalts, etwa gelegent- 49
lich der Nachfrage nach dem Prozeßstand, der Abgabe eines Schriftsatzes, wird sich die **Geschäftsstellenkraft** möglicherweise bei „ihrem" Richter beklagen. Was der Geschäftsstelle unnötig Arbeit macht und leicht zur Verstimmung führt: Im Anwaltsprozeß negieren viele Praxen die Bitte des Gerichts, die Abschriften nicht zustellungsbedürftiger Schriftsätze doch dem Gegenanwalt unmittelbar zukommen zu lassen. Ein anderes Beispiel: Das Telefon wird an Sitzungstagen mit Spruchterminen fortgesetzt blockiert durch Anfragen der Anwaltskanzleien, was „herausgekommen" sei.

Marketing auch im Bereich der **Wachtmeister**? – Ja. 50

Der Beamte kann dem Anwalt in mancherlei Weise behilflich sein, ohne daß er dazu verpflichtet wäre. Dazu bedarf es keiner hochprozentigen Jahresgabe, wie dies früher durchaus üblich war. Auch hier wird ein nettes Wort, ein freundlicher Gruß, dankend akzeptiert.

VIII. Speziell: Die Kammer für Handelssachen

Ein besonderer Hinweis gilt der Kammer für Handelssachen. Der zivilrechtlich tätige 51
Anwalt wird es auch mit der Kammer für Handelssachen zu tun haben. Im Zusammenhang mit der Frage „Marketing gegenüber dem Gericht?" werden hier nur die Sitzungen der Vollkammer angesprochen. Zum einen gilt in besonderer Weise das, was über das Auftreten des Anwalts gesagt wurde. Es mag Handelsrichter geben (die ja Robe, weißes Hemd und weiße Krawatte tragen), die ein wenig indigniert sind, wenn der Anwalt in allzu salopper Kleidung auftritt und/oder im Vortrag oder in der Erörterung mangelhafte Sachkenntnis offenbart und/oder einen etwas burschikosen Sprachstil pflegt. Nochmals aber ganz deutlich: Es ist die ureigene Entscheidung des Anwalts, wie er es damit hält.

Dem Anwalt, der Marketing bewußt betreiben will, ist jedenfalls dringend nahezule- 52
gen, neben seinem Klienten auch die **Handelsrichter** als Ansprechpartner anwaltlicher Werbung zu sehen. Durchweg handelt es sich dabei um potentielle Mandanten, die sowohl für die Beratungs- als auch für die forensische Tätigkeit von hohem Interesse sind. Hier sind die Konstellationen wieder vielfältig. Vielleicht ist das Unternehmen des Handelsrichters bereits Mandant der Praxis des auftretenden Anwalts. In diesem Fall kommt es darauf an, dem Handelsrichter zu bestätigen, daß er von kompetenten, selbstbewußten und sachkundigen Anwälten mit kultivierten Umgangsformen betreut wird.

Die **erlebte Praxis** erlaubt aber auch den Hinweis, daß Handelsrichter aufgrund der in 53
der Sitzung gewonnenen Erfahrung das Mandat für die bisher für ihr Unternehmen tätigen Anwälte beendet haben und übergewechselt sind. Das ist nämlich der zweite, sozusagen positive Aspekt: Werbung zu treiben durch angemessenes Auftreten und den Handelsrichter dadurch für die eigene Praxis zu interessieren. Es ist kein Geheimnis, daß in der Beratung manches „Urteil" auch gefällt wird über die auftretenden Anwälte. Deshalb: Marketing gegenüber den Handelsrichtern ist besonders wichtig. Sie sind Multiplikatoren, sei es beim Golfen, sei es im Kreise von Geschäftsfreunden.

G. Schlußwort

54 Wenn diese Ausführungen ein Zuviel an Selbstverständlichkeiten und pädagogisch Altbackenem, an Zweifelhaftem und Bedenklichem enthalten, so ist das eingangs Gesagte zu wiederholen.

55 Alles in allem: Marketingstrategie im Verhältnis zur Justiz kann der unbegründeten Rechtssache nicht zum Sieg verhelfen. Sie kann aber unter anderem dazu beitragen, daß auch beim Unterliegen der Mandant nicht den Eindruck gewinnt, dies beruhe nur oder auch auf einem gestörten Verhältnis seines Anwalts zum Richter; es sei daher besser, demnächst eine andere Praxis zu mandatieren, vielleicht sogar den Gegenanwalt. Die vernünftige, vom good will getragene Beziehung Anwaltschaft/Justiz dient nicht nur der Arbeitserleichterung aller Beteiligten, sondern auch den Interessen des Mandanten. Eingefordert wird nichts. Ob die Wahrung der Etikette aber nicht empfehlenswert ist, muß jeder Anwalt, der sich über Marketingstrategien Gedanken macht, selbst entscheiden.

§ 46 Physisches Umfeld der Kanzlei

Prof. Dr. Bernd Stauss★

Übersicht

Schrifttum: *Bähring/Roschmann/Schäffner*, Das Mandantengespräch, 1989; *Bitner*, Evaluating Service Encounters: The Effects of Physical Surroundings and Employee Responses, Journal of Marketing 4/1990, S. 69ff.; *Bitner*, Servicescapes: The impact of physical surroundings on customers and employees, Journal of Marketing 4/1992, S. 57ff.; *Bitner*, Managing the Evidence of Service, in: Scheuing/Christopher (Hrsg.) The Service Quality Handbook, 1993, S. 358ff.; *Bost*, Ladenatmosphäre und Konsumverhalten, 1987; *Boze*, Selection of Legal Services: An Investigation of Perceived Risk, Journal of Professional Services Marketing, 1/2/1987, S. 287ff.; *Crane*, Choice Criteria and Cue Usage in Selecting Lawyers, Journal of Professional Services Marketing 1/1989, S. 113ff.; *Diller/Kusterer*, Erlebnisbetonte Ladengestaltung im Einzelhandel – eine empirische Studie, in: Trommsdorff (Hrsg.) Handelsforschung 1986, Bd. 1, 1986, S. 105ff.; *Donevan/Rossiter*, Store Atmosphere. An Environmental Psychology Approach, Journal of Retailing 1/1982, S. 34ff.; *Fitzsimmons/Fitzsimmons*, Service Management for Competitive Advantage, 1994; *Gummesson/Kingman-Brundage*, Service Design and Quality: Applying Service Blueprinting and Service Mapping to Railroad Services, in: Kunst/Lemmink (Hrsg.) Quality Management in Services, 1992, S. 101ff.; *Kingman-Brundage*, The ABC's of Service System Blueprinting, in: Bitner/Crosby (Hrsg.) Designing a Winning Service Strategy, 1989, S. 30ff.; *Kroeber-Riel/Weinberg*, Konsumentenverhalten, 6. Aufl. 1996; *Mauer/Krämer*, Braucht eine Kanzlei Ziele?, AnwBl. 1998, S. 113ff.; *Mehrabian*, Räume des Alltags oder wie die Umwelt unser Verhalten bestimmt, 1978; *Mehrabian/Russel*, An Approach to Environmental Psychology, 1974.; *Meyer*, Qualität anwaltlicher Leistungen – Mandantensicht, Instrumentarien, in: AnwBl. 1997, S. 431ff.; *Nerdinger*, Zur Psychologie der Dienstleistung, 1994; *Plymire*, How to Stop Firing Your Customers, Journal of Services Marketing, Spring 1990, S. 49ff.; *Shostack*, Planning the Service Encounter, in: Czepiel/Solomon/Surprenant (Hrsg.) The Service Encounter, 1985, S. 243ff.; *Shostack*, Service Positioning Through Structural Change, Journal of Marketing 1/1987, S. 34ff.; *Stauss/Weinlich*, Die Sequentielle Ereignismethode – ein Instrument der prozeßorientierten Messung von Dienstleistungsqualität, der markt 1/1996, S. 49ff.; *Warren/Loudon/Stevens*, Understanding the nature of the legal services act: Key to effective marketing, Journal of Professional Services Marketing 1/1989, S. 123ff.; *Weinberg*, Erlebnismarketing, 1992; *Wener*, The environmental psychology of service encounters, in: Czepiel/Solomon/Surprenant (Hrsg.) The service encounter, 1985, S. 101ff.; *Wilson*, The Use of Mystery Shopping in the Measurement of Service Delivery, The Service Industries Journal 3/1998, S. 148ff.; *Zeithaml*, How Consumer Evaluation Processes differ between goods and services, in: Donelly/George (Hrsg.) Marketing of Services, 1981, S. 186ff.; *Zeithaml/Bitner*, Services Marketing, 1996.

★ Inhaber des Lehrstuhls für Dienstleistungsmanagement der katholischen Universität Eichstädt.

A. Problemstellung

1 Viele Mandanten suchen die Anwaltskanzlei auf und werden dabei mit den Räumlichkeiten und ihrer Gestaltung konfrontiert. Insbesondere für neue Mandanten vermittelt dieses physische Umfeld der Leistungserstellung meist den ersten Eindruck vom Leistungsniveau des Anwalts und stellt einen zentralen Anhaltspunkt für die Beurteilung der zu erwartenden Leistungsqualität dar. Das physische Umfeld dient dem Mandanten aber nicht nur als Qualitätsindikator, sondern es beeinflußt auch sein emotionales und physisches Wohlbefinden sowie sein Interaktionsverhalten. Insofern ist es auch ein wichtiger Bestimmungsfaktor für die Zufriedenheit und Loyalität des Mandanten. Um die gewünschten positiven Effekte auf Kognitionen, Emotionen und Verhalten des Mandanten zu erreichen und Fehlwirkungen zu vermeiden, müssen Anwälte erkennen, daß es sich bei dem physischen Umfeld um ein eigenständiges und komplexes Marketinginstrument handelt, dessen Einsatz zielorientiert auf der Basis umweltpsychologischer Erkenntnisse einzusetzen ist. Im folgenden wird zunächst die Relevanz des physischen Umfeldes für die Anwaltskanzlei als Dienstleistungsunternehmen herausgearbeitet (s. Rdn. 2ff.). Anschließend erfolgt die Präsentation eines umweltpsychologisch fundierten Modells der Anwaltskanzlei, anhand dessen gezeigt wird, wie die räumliche Gestaltung der Anwaltskanzlei das Mandantenverhalten beeinflußt (s. Rdn. 12ff.). Zusätzlich wird dargestellt, mit welchen Meßinstrumenten die Wirkungen der räumlichen Gestaltung auf das Mandantenverhalten ermittelt werden können (s. Rdn. 28ff.). Der Beitrag endet mit einer Zusammenfassung der Ergebnisse und daraus abzuleitenden Schlußfolgerungen für die Gestaltung des physischen Umfeldes einer Anwaltskanzlei (s. Rdn. 39ff.).

B. Zur Relevanz des physischen Umfeldes als Marketinginstrument einer Anwaltskanzlei

I. Definition und Elemente des physischen Umfeldes

2 Im üblichen Marketing-Mix des Konsumgütermarketing (Kommunikations-, Preis-, Produkt- und Distributionspolitik) wird das physische Umfeld als Instrumentalbereich nicht erwähnt, weil die Konsumgüter entweder im häuslichen Umfeld des Kunden oder aber in öffentlichen Bereichen genutzt werden, die dem Anbieter nicht zuzurechnen sind. Schon im Handelsmarketing liegt eine veränderte Situation vor. Beim stationären Einzelhandel sucht der Käufer das Handelsgeschäft auf, und die Ladengestaltung wird zu einem wichtigen zusätzlichen Marketinginstrument. Es bietet dem Händler die Möglichkeit, der Einkaufsstätte ein individuelles Profil zu verschaffen und sich damit vom Wettbewerber abzuheben. Zudem kann es dazu eingesetzt werden, der Kunden-Zielgruppe das angestrebte Preis-Leistungs-Image zu verdeutlichen und Einfluß auf das Kaufverhalten zu nehmen. Insofern gehört die Ladengestaltung auch zu den seit langem stark beachteten Instrumenten des Handelsmarketing.[1] In vielen Dienstleistungsbranchen liegt eine dem Handel vergleichbare, wenn auch nicht identische Situation vor. Dienstleistungskunden müssen häufig am Ort der Leistungserstellung anwesend sein. Damit stellt das physische Umfeld zum einen eine Art nonverbaler Kommunikation über Dienstleistungsunternehmen und -angebot dar, zum anderen erleichtert oder hemmt es die Dienstleistungserstellung selbst. Insofern geht von jedem physischen Element, mit dem ein Dienstleistungskunde in Kontakt kommt, eine Wirkung aus, und es ist nur konsequent, im Dienstleistungsmarketing das physische Umfeld als neues Marketinginstrument zu integrieren.[2]

[1] Vgl. u. a. *Diller/Kusterer*, in: Trommsdorff, Handelsforschung 1986 1986; *Bost*, Ladenatmosphäre und Konsumentenverhalten 1987.

[2] *Bitner*, Journal of Marketing 1990, 70.

Der **Begriff „physisches Umfeld“** kann in einem weiteren oder in einem engeren Sinne verstanden werden. Im **weiteren Sinne** umfaßt das physische Umfeld sämtliche tangiblen bzw. materiellen Elemente, die ein Dienstleistungskunde vor, während oder nach der Dienstleistungserstellung wahrnimmt. Dazu gehören neben den Räumen am Ort der Leistungserstellung zum Beispiel Kanzleibroschüren und Visitenkarten, Briefe, Berichte und Rechnungen sowie die Kleidung der Anwälte und Mitarbeiter im Kundenkontakt. Im **engeren Sinne** umfaßt das physische Umfeld allein die materiellen Elemente am Ort, an dem die Dienstleistung erbracht wird und es daher zu einem direkten Kontakt zwischen Dienstleister und Kunde kommt. In unserem Fall bezeichnet das physische Umfeld im engeren Sinne die Räumlichkeiten der Anwaltskanzlei. Die physischen Elemente, die vom Mandanten erlebt werden und vom Dienstleister aktiv gestaltet werden können, lassen sich grob der Außenraumgestaltung (exterior design) und der Innenraumgestaltung (interior design) zuordnen. Zum **exterior design** gehören zum Beispiel das äußere Erscheinungsbild des Gebäudes, das Grundstück, die Parkplätze, die Treppenhäuser, Lifte und Gänge auf dem Weg im Gebäude zur Kanzlei sowie die Ausschilderung außerhalb und innerhalb des Gebäudes. Das **interior design** betrifft die Raumaufteilung, Raumanordnung und Möblierung der Kanzlei, die Boden-, Wand- und Deckengestaltung, den Einsatz von Beleuchtung, Raumklima und Hintergrundmusik sowie die Verwendung von Zeichen und Symbolen.[3] Abbildung 1 faßt die Begriffsverständnisse und die ihnen zuzuordnenden Elemente noch einmal zusammen. 3

Physisches Umfeld im weiteren Sinne Räumliches Umfeld der Leistungserstellung plus alle materiellen Elemente, mit denen der Dienstleistungskunde in Kontakt kommt	
Physisches Umfeld im engeren Sinne Räumliches Umfeld der Leistungserstellung (Kanzlei)	**Weitere materiellen Elemente**
Außenraumgestaltung (exterior design) • Gebäude • Grundstück • Parkplätze • Treppenhäuser, Lifte, Gänge • Ausschilderung außerhalb und innerhalb des Gebäudes **Innenraumgestaltung (interior design)** • Raumaufteilung und -anordnung • Möblierung • Boden-, Wand- und Deckengestaltung • Beleuchtung • Raumklima • Hintergrundmusik • Zeichen	• Kanzleibroschüren • Visitenkarten • Briefe, Berichte und Rechnungen • Kleidung der Anwälte und Mitarbeiter im Kundenkontakt

Abbildung 1: Physisches Umfeld im weiteren und engeren Sinne
(Quelle: in Anlehnung an Zeithaml/Bitner, Services Marketing 1996, 520)

[3] *Zeithaml/Bitner*, Services Marketing 1996, 520.

4 Im folgenden erfolgt eine Einschränkung der Betrachtung in zweierlei Hinsicht. Erstens werden nur die Effekte der räumlichen Gestaltung der Anwaltskanzlei betrachtet, also das engere Verständnis des Begriffs „physisches Umfeld" zugrunde gelegt. Zweitens werden die Wirkungen der räumlichen Gestaltung nur in bezug auf die Mandanten, nicht aber in bezug auf Mitarbeiter und Anwälte untersucht. Diese Einschränkung dient allein der thematischen Konzentration und erfolgt durchaus im Bewußtsein, daß zum einen die Gestaltungen des Raumes und der sonstigen materiellen Elemente innerhalb eines konsistenten Corporate Identity-Konzeptes aufeinander abzustimmen sind und daß zum anderen die räumlichen Elemente nicht nur im Hinblick auf die Wirkungen bei Mandanten, sondern auch hinsichtlich der Wirkungen auf Anwälte und weitere Mitarbeiter gestaltet werden müssen.[4]

II. Bedeutung und Funktionen des physischen Umfeldes in der Anwaltskanzlei

5 Das physische Umfeld erfüllt vor allem vier mandantenorientierte Funktionen: Es dient dem Mandanten erstens als Schlüsselindikator zur Einschätzung der Dienstleistungsqualität, zweitens zur Erleichterung der Dienstleistungs-Inanspruchnahme, drittens zur Information über die ihm zugedachte soziale Rolle im Dienstleistungsprozeß und viertens zur Differenzierung des Dienstleisters von Wettbewerbern.[5] Die außerordentlich große Bedeutung dieser Funktionen für den Mandanten und damit auch für den Anwalt ergibt sich aus den charakteristischen Merkmalen von Dienstleistungen, die bei anwaltlichen Leistungen besonders ausgeprägt sind.

1. Schlüsselindikator für die Dienstleistungsqualität der Anwaltskanzlei

6 Rechtsanwaltsleistungen gehören zu den Dienstleistungen mit einem hohen Intangibilitätsgrad; sie sind somit – im Gegensatz zu Sachgütern – nicht physisch präsent. Dementsprechend weisen sie nur einen geringen Anteil an **„search qualities"** („Suchqualitäten") auf, d. h. an Qualitätsmerkmalen, die der Mandant vor der Inanspruchnahme überprüfen kann. Demgegenüber ist der Anteil an **„experience qualities"** („Erfahrungsqualitäten") groß, die der Kunde erst während des Dienstleistungsprozesses erfahren kann. Ein Mandant nimmt die Kompetenz, das Einfühlungsvermögen und die Verläßlichkeit des Anwalts eben erst im Laufe der Gespräche und weiterer Kontakte wahr. Ebenfalls vergleichsweise hoch ist der Anteil von sogenannten **„credence qualities"** („Glaubensqualitäten"), d. h. von Merkmalen, die der Mandant selbst nach Abschluß der Dienstleistung nicht wirklich beurteilen kann und auf deren Güte er grundsätzlich vertrauen muß.[6] Selbst nach einem Rat oder einem geführten Prozeß kann der Mandant vielfach nicht sicher einschätzen, ob der Rechtsrat völlig zutreffend oder ob die Prozeßstrategie die bestmögliche gewesen ist.

7 Angesichts dieser Beurteilungsschwierigkeiten empfindet der Mandant zum einen ein hohes Maß an Unsicherheit und Risiko bei der Anwaltswahl,[7] zum anderen sucht er nach **Surrogaten für die Qualitätsbeurteilung**. Dabei orientiert er sich vor allem an Empfehlungen aus seinem persönlichen Bekanntenkreis, aber auch an erkennbaren Aspekten des physischen Umfeldes. Diese nutzt er im Sinne von Schlüsselinformationen als Indikatoren der Qualität,[8] d. h., daß er in Anwendung einfacher Denkschablonen von solchen Einzeleindrücken Rückschlüsse auf die Gesamtqualität der Rechtsberatung zieht.[9] So zeigen empirische Untersuchungen, daß Mandanten von der Einrichtung im Rechts-

[4] *Bitner*, Journal of Marketing 1990.
[5] *Zeithaml/Bitner*, Services Marketing 1996, 524ff.
[6] *Zeithaml*, in: Donelly/George, Marketing of Services 1981.
[7] *Boze*, Journal of Professional Services Marketing 1988.
[8] *Warren/Loudon/Stevens*, Journal of Professional Services Marketing 1989; *Meyer*, AnwBl. 1997, 432.
[9] *Kroeber-Riel/Weinberg*, Konsumentenverhalten 1996, 298.

anwaltsbüro auf die Leistungsqualität des Anwalts und von dem Durcheinander auf dem Schreibtisch auf mangelnde Verläßlichkeit der Beratung schließen.[10] In gleicher Weise sind die Ergebnisse einer kanadischen Studie zu den Kriterien, die Mandanten bei der Wahl ihres Anwaltes heranziehen, zu interpretieren. Auf die Frage nach den ausschlaggebenden Qualitätsmerkmalen nennen die Befragten vor allem Kompetenz, Glaubwürdigkeit und Höflichkeit. Die Frage, was sie denn als Anhaltspunkte für die Abschätzung heranziehen, ob diese Kriterien auch erfüllt sind, ergibt ein Bild, das die hohe Relevanz tangibler Elemente unterstreicht (in Prozent der Nennungen): Persönliche Empfehlung 81%, Persönlichkeit des Anwalts 72%, Erscheinungsbild der Kanzlei 66%, Begrüßung am Telefon 61%, Standort 55%, Preis 46% und Kleidung des Anwalts 32%.[11]

2. Erleichterung der Dienstleistungs-Inanspruchnahme

Die Gestaltung des physischen Umfeldes beeinflußt die Möglichkeit des Mandanten, 8
die Dienstleistung effizient in Anspruch zu nehmen. Die Einrichtung von Parkplätzen verbessert die Erreichbarkeit. Gut erkennbare Hinweisschilder auf dem Parkplatz und innerhalb des Gebäudes sowie „strategisch" plazierte Pflanzen oder Kunstwerke erleichtern die schnelle Orientierung.[12] Die räumliche Anordnung von Empfangstheke, Garderobe, Besprechungszimmern, Anwaltszimmern und kundenfernem „backstage"-Bereich (wie Bibliothek, Archiv, Kopierer) bestimmt den innerbetrieblichen „Mandantenstrom", determiniert den Grad erreichbarer Diskretion und beeinflußt die Effizienz der unterstützenden Funktionen. Die Innenraumgestaltung von Besprechungs-, Anwalts- und Wartezimmern hat Wirkungen auf das emotionale und physische Wohlbefinden des Mandanten, das wiederum Folgen für die Qualität der Interaktion mit dem Anwalt und die Mandantenzufriedenheit hat.

3. Information über das Rollenverhältnis

Das Anwalt-Mandanten-Verhältnis ist eine soziale Beziehung, in der den Interaktions- 9
partnern Rollen zugewiesen werden, die durch relativ klar definierte Verhaltenserwartungen bestimmt sind. Über die Gestaltung des physischen Umfeldes kann die Anwaltskanzlei dem Mandaten die ihm zugeordneten **Rollenerwartungen** verdeutlichen. So macht ihm die Innenraumgestaltung klar, in welchen Bereichen sein Aufenthalt (nicht) erwünscht ist, welche Verhaltensweisen (nicht) zugelassen sind und welche Interaktionsformen angestrebt werden. In Analysen des Rechtsanwalts-Mandanten-Verhältnisses wird wiederholt darauf hingewiesen, daß es sich in der Regel nicht um eine gleichberechtigte Beziehung handelt, sondern daß sich der Mandant in einer abhängigen, machtunterlegenen Situation befindet.[13] Dies kann durch eine stark auf Autoritätsbeweis und Distanz ausgerichtete Möblierung, Symbolverwendung sowie Anordnung der Gesprächsplätze noch unterstrichen werden. Genauso ist es aber möglich, eine symmetrischere Rollenbeziehung anzustreben und dies auch durch eine stärker funktional orientierte und auf eine gleichberechtigte Gesprächssituation abzielende Raumgestaltung zu demonstrieren.

4. Differenzierung von Wettbewerbern

Aufgrund der Intangibilität von Dienstleistungen haben Kunden nicht nur große 10
Schwierigkeiten, die Qualität der Dienstleistung eines bestimmten Anbieters zu beurteilen, sie verfügen auch über keine Qualitätstransparenz im Wettbewerb. Sie sind häufig auch nicht in der Lage festzustellen, ob sie als Zielgruppe überhaupt angespro-

[10] *Bitner*, Journal of Marketing 1990.
[11] *Crane*, Journal of Professional Services Marketing 1989, 118.
[12] *Fitzsimmons/Fitzsimmons*, Services Management for Competitive Advantage 1994, 122; *Wener*, in: Czepiel/Solomon/Surprenant, The service encounter 1985.
[13] *Bähring/Roschmann/Schäffner*, Das Mandantengespräch 1989, 30ff.

chen sind und ob das von ihnen gewünschte Preis-Leistungsspektrum angeboten wird. Hier bietet das physische Umfeld eine wesentliche Orientierungsinformation. Dies gilt nicht nur für Restaurants, Hotels oder Handelsgeschäfte, sondern auch für Anwaltskanzleien. Das phyische Umfeld „of a store-front legal services clinic located in a strip development differentiates it from corporate law firms located in downtown high rises".[14]

11 Für eine Anwaltskanzlei kommt es darauf an, daß das physische Umfeld die Funktionen für den Mandanten in einer Weise erfüllt, die die Erreichung der Kanzleiziele optimal ermöglicht. Dazu bedarf es des planvollen Einsatzes dieses Marketinginstrumentes auf der Basis umweltpsychologischer Kenntnisse.

C. Umweltpsychologische Grundlagen

12 Seit den 70er Jahren hat sich mit der Umweltpsychologie ein Forschungsbereich entwickelt, der die Wechselbeziehungen zwischen Mensch und physischer (materieller) Umwelt betrachtet.[15] Dabei dominieren Ansätze, in denen untersucht wird, wie die physische Umwelt aufgrund bestimmter Reizattribute (z. B. Farbe oder Beleuchtung) und ihrer symbolischen Bedeutung auf das menschliche Verhalten wirkt. Prinzipiell wird hierbei davon ausgegangen, daß die menschliche Reaktion auf Umweltstimuli vorwiegend erlernt ist, teilweise auf ererbte Prädispositionen zurückgeht, in jedem Fall aber von der subjektiven Wahrnehmung des Individuums abhängt. Insofern sind bei der Betrachtung der Beziehungen zwischen physischem Umfeld und Dienstleistungskunde nicht nur Merkmale der Umfeldsituation, sondern auch persönliche Merkmale des Kunden in die Betrachtung einzubeziehen.[16]

13 In Anwendung auf das physische Umfeld „Anwaltskanzlei" erfolgt dies auf der Basis eines umweltpsychologischen Konzeptes von *Bitner*,[17] das aber für den konkreten Zweck modifiziert, konkretisiert und vereinfacht wird. Abbildung 2 auf Seite 997 gibt einen Überblick über die Grundstruktur des Modells. Ausgangspunkt sind die Umfeldstimuli einer Anwaltskanzlei. Sie stellen als Einzelelemente des exerior design oder interior design und als Gesamteindruck Reize dar, die beim Mandanten zunächst einmal interne Wirkungen auslösen. Diese Wirkungen können kognitiver (z. B. Qualitätseindruck), emotionaler (z. B. Stimmung) und phyischer Art (z. B. physisches Wohlbefinden) sein. Die internen Effekte haben schon während des Dienstleistungsprozesses Konsequenzen für das Verhalten des Mandanten, und zwar hinsichtlich seiner Fähigkeiten, sich schnell räumlich zu orientieren, die ihm zugewiesene Rolle einzunehmen und effizient mit dem Anwalt zu interagieren. Zusammen mit weiteren Faktoren der Qualitätsbeurteilung tragen die internen Wirkungen sowie das daraus resultierende Verhalten zur Mandantenzufriedenheit bei und bestimmen in der Folge das Ausmaß an Kundenloyalität sowie Art und Umfang der persönlichen Kommunikation des Mandanten in seiner sozialen Umwelt. Die Qualität und Intensität der Effekte ist allerdings nicht bei allen Mandanten gleich, sondern variiert in Abhängigkeit von Persönlichkeitsfaktoren des Mandanten, z. B. von dessen Rollenverständnis und Vorerfahrungen mit diesem Anwalt oder anderen Kanzleien. Im folgenden werden die Modell-Elemente im einzelnen genauer betrachtet.

---

[14] *Zeithaml/Bitner*, Services Marketing 1996, 526.

[15] *Weinberg*, Erlebnismarketing 1992, 125; *Nerdinger*, Zur Psychologie der Dienstleistung 1994, 221 ff.; *Kroeber-Riel/Weinberg*, Konsumentenverhalten 1996, 413 ff.

[16] *Kroeber-Riel/Weinberg*, Konsumentenverhalten 1996, 414.

[17] *Bitner*, Journal of Marketing 1992.

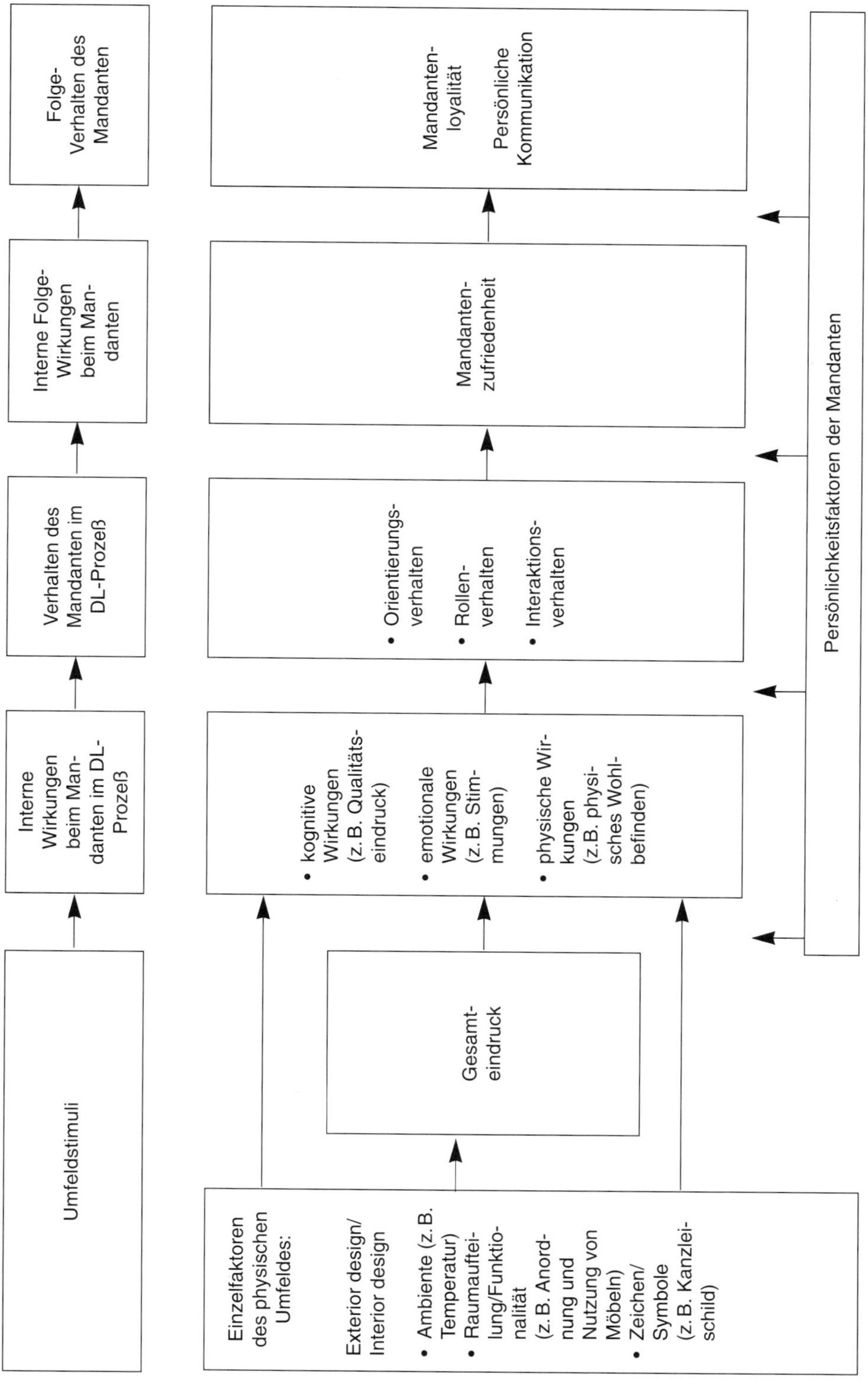

Abbildung 2: Umweltpsychologisches Konzept für Anwaltskanzleien

I. Einzelfaktoren des physischen Umfeldes

14 Einzelfaktoren des physischen Umfeldes einer Kanzlei wurden bereits erwähnt. Sie reichen von der Außenansicht des Gebäudes über die Raumaufteilung, Wandgestaltung und Möblierung der Kanzlei bis zur Beleuchtung und der Verwendung von Zeichen. Dabei lassen sich die jeweils genannten Faktoren weiter konkretisieren, etwa indem hinsichtlich der Wandgestaltung die Qualität der Tapete, Dekor und Farbe betrachtet wird. Insofern steht eine Fülle potentieller Einzelfaktoren des physischen Umfeldes zur Verfügung, die man laut *Bitner*[18] den drei Gruppen Ambiente, Raumaufteilung/Funktionalität sowie Zeichen/Symbole zuordnen kann. Dabei darf allerdings nicht übersehen werden, daß sich bestimmte Einzelfaktoren – wie etwa Einrichtungsgegenstände – nicht zwingend nur einer dieser Dimensionen zuweisen lassen, weil sie zugleich zum Ambiente und zur Funktionserfüllung beitragen können und zudem – z. B. durch das gewählte Design – als Symbole wirken.

15 Zum **Ambiente** gehören alle Elemente des physischen Umfeldes, die von den Sinnesorganen wahrgenommen werden, z. B. Temperatur, Licht, Geräusche, Farben, Musik, Geruch. Die Wirkungen dieser Faktoren auf das menschliche Verhalten wurde zunächst in der Arbeitswissenschaft untersucht, die auf eine Fülle empirischer Erkenntnisse z. B. zum Einfluß von Temperatur, Farben, Beleuchtung oder Musik auf Leistung und Zufriedenheit der Mitarbeiter verweisen kann. Inzwischen hat die umweltspsychologisch orientierte Konsumforschung aber auch entsprechende Effekte im Hinblick auf Kunden untersucht. So weiß man beispielsweise, daß Farben um so angenehmer erlebt werden, je leuchtkräftiger und gesättigter sie sind. Auch ist es möglich, Farben hinsichtlich Qualität und Intensität ihrer Wirkungen in Rangordnungen zu bringen. Zudem sind Farben in der Lage, die Wirkung anderer Reize zu verstärken bzw. zu modifizieren. Sie können etwa einen Raum enger oder weiter erscheinen lassen oder den Eindruck von Wärme oder Kälte vermitteln.[19] Ebenso liegen Erkenntnisse hinsichtlich der Wirkung von Beleuchtung, Musik oder Duftstoffen vor, und zwar nicht nur in bezug auf isolierte Effekte, sondern auch hinsichtlich der Frage, wie durch den abgestimmten Einsatz dieser Faktoren in der Ladengestaltung des Einzelhandels einkaufsfördernde Aktivierungswirkungen erzielt werden können.[20]

16 Innerhalb der Kanzlei ist eine Reihe von Dienstleistungsprozessen zu erfüllen, und der räumlichen Gestaltung kommt hier eine wesentliche unterstützende Rolle zu, die mit Raumaufteilung/Funktionalität umschrieben ist. Die **Raumaufteilung** bezieht sich auf die Art, wie die Gesamtfläche auf verschiedene Funktionen aufgeteilt ist und wie Möbel und Büromaschinen und andere Einrichtungsgegenstände im Raum angeordnet sind. Die **Funktionalität** betrifft die Möglichkeit, die Gegenstände und Materialien für eine kundengerechte und effiziente Dienstleistungserstellung zu nutzen.[21] Außerdem bestimmt sie die Art der Kommunikation zwischen Dienstleister und Kunde, was sich etwa am Beispiel des Abbaus von „Schaltern" und ihrem Ersatz durch „Counter" oder „Beratungsinseln" in Banken oder Reisebüros zeigen läßt. In einer Kanzlei wird durch Anordnung und Abfolge von Räumen der „Mandantenstrom" und das Ausmaß an Diskretion der Kontakte bestimmt; und durch Distanz und Anordnung der Sitzgelegenheiten im Anwaltszimmer nimmt man Einfluß auf die Interaktionen zwischen Anwalt und Mandant.

17 Viele Dinge im physischen Umfeld dienen als Signale, die explizite oder implizite Hinweise für den Mandanten enthalten (Zeichen/Symbole). Als **Zeichen** werden hier explizite verbale oder zeichnerische Elemente (Piktogramme) verstanden, die den Mandanten über das Unternehmen und seine Struktur informieren (Kanzleischild), ihm

---

[18] *Bitner*, Journal of Marketing 1992.

[19] *Kroeber-Riel/Weinberg*, Konsumentenverhalten 1996, 422.

[20] *Bost*, Ladenatmosphäre und Konsumentenverhalten 1987; *Weinberg*, Erlebnismarketing 1992; *Weinberg/Kroeber-Riel*, Konsumentenverhalten 1996, 94f.

[21] *Zeithaml/Bitner*, Services Marketing 1996, 535.

räumliche Orientierung bieten („Ausgang") oder Verhaltensregeln aufstellen („Bitte nicht rauchen").[22] Andere Elemente enthalten keine offenen Botschaften, geben aber implizit Informationen über die Kanzlei und ihr Dienstleistungsverständnis, die Person des Anwalts oder die vom Mandanten einzuhaltenden Normen. Hier spielt insbesondere die ästhetische Gestaltung der Räume eine zentrale Rolle. Die Qualität der gewählten Materialien, der Stil der Möbel, die Farbzusammenstellung, die an den Wänden und im Raum sichtbaren Kunstwerke usw. stellen **Symbole** dar. Sie demonstrieren über die Ästhetik so verschiedene Aspekte wie den Qualitätsanspruch der Kanzlei, die angestrebte Zielgruppe, die Zugehörigkeit der Anwälte zu einer bestimmten sozialen Schicht und die Prosperität der Kanzlei. Darüber hinaus haben auch die Einrichtungsgegenstände im Anwaltsbüro von den sichtbaren Büchern und Diplomen bis zu Aspekten der Sauberkeit und Ordnung eine symbolhafte Dimension, die von den Mandanten zur Bewertung von Anwalt und Kanzlei – beispielsweise zur Abschätzung von Seriosität und Fachkompetenz – heranzogen werden. Selbst das Familienfoto auf dem Schreibtisch dient dem Mandanten für Rückschlüsse, z. B. hinsichtlich des vertrauenswürdigen Charakters des Anwaltes.[23] Dazu kommen Symbole, die vor allem den „Dienstleistungscharakter" demonstrieren[24] (etwa komfortable Sitzgelegenheiten und zielgruppengerechte Zeitschriften in der Wartezone). Solche Symbole sind vor allem für diejenigen Mandanten von Relevanz, die in ihrer Situation als Neukunden nach Indikatoren für die zu erwartende Leistungsqualität suchen.[25]

II. Gesamteindruck der Kanzlei

Manche Einzelelemente werden isoliert wahrgenommen und führen zu spezifischen Wirkungen, etwa wenn zu hohe Raumtemperaturen oder verbrauchte Luft ein physisches Unwohlsein hervorrufen. Doch insgesamt führt die Fülle der mehr oder weniger bewußt wahrgenommenen physischen Reize zu einem Gesamteindruck der Kanzlei. Neben den möglichen Effekten einzelner Faktoren ist es dieser holistische Eindruck vom physischen Umfeld, der interne Wirkungen und damit weitergehende Verhaltensweisen auslöst. 18

III. Interne Wirkungen beim Mandanten

Die Mandanten reagieren auf die Einzelreize des physischen Umfeldes bzw. auf den Gesamteindruck der Kanzlei in dreierlei Hinsicht: kognitiv, emotional und physiologisch. Der Einfluß der Umweltstimuli auf **Kognitionen** betrifft die Vorstellungen des Mandanten über das Unternehmen sowie die Anwälte und Mitarbeiter, die für diese Kanzlei arbeiten. In diesem Sinne ist das physische Umfeld eine Art nonverbaler Kommunikation, das Bedeutung durch eine Art „Objektsprache" ausdrückt. So hat es sich gezeigt, daß die Möbel im Rechtsanwaltsbüro und die Kleidung des Rechtsanwalts die Vorstellung potentieller Mandanten darüber beeinflussen, ob sie es mit einem erfolgreichen oder erfolglosen, teuren oder billigen, vertrauenswürdigen oder wenig vertrauenswürdigen Anwalt zu tun haben. Insofern bestimmt die Wahrnehmung des physischen Umfeldes nicht nur die Mandantenbeurteilung dieser materiellen Elemente, sondern auch weitere, damit nicht unmittelbar in Zusammenhang stehende Qualitätsdimensionen.[26] 19

Zu den kognitiven Wirkungen gehört es auch, wenn das physische Umfeld es dem Mandanten erlaubt, Leistungsspektrum oder Preis-Leistungsniveau der Kanzlei schnell zu identifizieren und dieses von denen anderer Anbieter zu differenzieren. In solchen Fällen kann er sich durch diese Art der nonverbalen Kommunikation unmittelbar ein Bild davon 20

[22] *Zeithaml/Bitner*, Services Marketing 1996, 536.
[23] *Nerdinger*, Zur Psychologie der Dienstleistung 1994, 228.
[24] *Nerdinger*, Zur Psychologie der Dienstleistung 1994, 227.
[25] *Bitner*, Journal of Marketing 1992, 67.
[26] *Bitner*, Journal of Marketing 1992, 62.

machen, ob er zur anvisierten Zielgruppe gehört, und die Wahrscheinlichkeit abschätzen, ob er eine angemessene Bedürfnisbefriedigung erwarten kann.

21 Zusätzlich zu den Effekten auf der kognitiven Ebene kann das physische Umfeld auch **emotionale** Wirkungen hervorrufen. Ohne daß sich die Kunden dessen bewußt sein müssen, haben Umfeldreize wie Farben und Muster, Licht- und Luftverhältnisse, Geräusche und Gerüche Einfluß auf ihre Gefühle und Stimmungen.

22 Hier ist insbesondere auf die umweltpsychologischen Arbeiten von *Mehrabian* bzw. *Mehrabian/Russel* hinzuweisen.[27] Sie zeigen, daß sich die durch Umfeldreize ausgelösten Emotionen vor allem zwei grundlegenden Dimensionen zuordnen lassen, nämlich den Dimensionen „Erregung–Nichterregung“ sowie „Angenehm –Nichtangenehm“. Erstere bezieht sich auf die Stärke der emotionalen Reaktion, letztere auf deren positive oder negative Qualität. In bezug auf die Ladengestaltung im stationären Einzelhandel wird vor allem versucht, ein erlebnisbetontes Umfeld zu schaffen, das sowohl in hohem Maße erregend und angenehm empfunden wird. Denn diese Kombination von Umfeldwirkungen, die sie mit dem Begriff „exciting“ (aufregend) kennzeichnen, erweist sich besonders förderlich für die Bereitschaft der Kunden, sich länger in der Geschäftsstätte aufzuhalten und mehr Geld auszugeben.[28] Für eine Anwaltskanzlei angebrachter erscheint eine Umfeldwirkungs-Kombination, die eine hohe Ausprägung auf der „Angenehm“-Dimension mit einer hohen Ausprägung auf der „Nichterregungs“-Dimension verbindet, eine Kombination, die die Autoren mit „relaxing“ (entspannt) kennzeichnen. Dies spricht u. a. für eine Verwendung von Farben mit hohem Annehmlichkeits-, aber geringen Erregungswerten, für einheitliche und konsistente Gestaltungsprinzipien bei dem Einsatz von Farben und Formen, gut – möglichst mit Tageslicht – beleuchtete Räume, die Verwendung natürlicher Materialien, eine regelmäßige Belüftung usw.

23 Das physische Umfeld kann Menschen auch unmittelbar **physiologisch** beeinflussen. Bewußt wird dies den Kunden vor allem in den mit unangenehmen Empfindungen verbundenen Fällen, daß eine bestimmte Reizstärke überschritten wird. Beispielsweise können zu laute Geräusche, zu hohe oder zu niedrige Temperaturen, zu schummriges oder zu blendendes Licht ein physiologisches Unbehagen auslösen. Dieses Unbehagen oder ein – meist weniger bewußtes – physisches Wohlbefinden haben nicht nur Folgen für das Verhalten der Kunden im Dienstleistungsprozeß, sondern beeinflussen auch deren Emotionen und Kognitionen, also die Gefühle und Vorstellungen, die die Kunden gegenüber der Kanzlei und den dort arbeitenden Anwälten und Mitarbeitern entwickeln.

IV. Verhalten des Mandanten im Dienstleistungsprozeß

24 Auf die durch das physische Umfeld ausgelösten kognitiven, emotionalen und physischen Effekte reagieren Menschen, und zwar bei positiven internen Reaktionen mit einem Annäherungsverhalten, bei negativen internen Reaktionen mit einem Vermeidungsverhalten.[29] Unter Annäherungsverhalten wird alles verstanden, was sich als Ausdruck des Wunsches, am Ort zu bleiben, interpretieren läßt.[30] Es zeigt sich u. a. in der Bereitschaft, das physische Umfeld näher zu erkunden, sich am Ort länger aufzuhalten oder mit anderen zu kommunizieren. Das Vermeidungsverhalten drückt sich in dem Bestreben aus, den Ort möglichst bald zu verlassen und sich weder auf das physische Umfeld noch auf Interaktionen einzulassen. Als Beispiel für Vermeidungsverhalten verweist *Nerdinger* auf die „Schwellenangst“ bzw. den „Marmorkomplex“ als Umschreibungen für die Wirkung, die (früher) von klassizistisch-pompösen Bankgebäuden ausgegangen ist: Während die

[27] *Mehrabian*, Räume des Alltags oder wie die Umwelt unser Verhalten bestimmt 1978 bzw. *Mehrabian/Russel*, An Approach to Environmental Psychology 1974.

[28] *Donevan/Rossiter*, Journal of Retailing 1982.

[29] *Mehrabian/Russel*, An Approach to Environmental Psychology 1974.

[30] *Nerdinger*, Zur Psychologie der Dienstleistung 1994, 226.

vornehme Raumgestaltung einerseits den Eindruck von Sicherheit, Vertrauenswürdigkeit und Beständigkeit vermitteln sollte, führte sie bei bestimmten Bevölkerungsgruppen zum Vermeidungsverhalten.[31] Für eine Anwaltskanzlei ist es zumindest aus zweierlei Gründen von Bedeutung, Annäherungsverhalten zu erreichen und Vermeidungsverhalten zu verhindern. Zum einen muß bei neuen Mandanten nicht nur der angestrebte Qualitätseindruck erreicht werden, sondern auch eine emotional positive Stimmung, Sicherheit und physisches Wohlbefinden, um einen sofortigen oder späteren Abbruch der Geschäftsbeziehung zu vermeiden und gute Voraussetzungen für das Gespräch zu schaffen. Zum zweiten drückt sich das Annäherungsverhalten in der Bereitschaft aus, sich auf die Situation wirklich einzulassen und offen zu kommunizieren. Insofern ist das physische Umfeld über die internen Reaktionen mitverantwortlich für das **Interaktionsverhalten** des Mandanten und damit für die Qualität der Anwalts-Mandanten-Interaktionen.

Darüber hinaus bestimmt das physische Umfeld auch das **Orientierungs- und Rollenverhalten** des Mandanten. Denn insbesondere über die kognitiv verarbeiteten Informationen, Zeichen und Symbole bestimmt es die Leichtigkeit, mit der sich Mandanten räumlich orientieren, und die Wahrscheinlichkeit, daß sie das von ihnen erwartete Rollenverhalten realisieren. Da mit dem rollenadäquaten Verhalten Irritationen in der Anwalt-Mandanten-Kommunikation vermieden werden, trägt dies ebenfalls zur Verbesserung der Interaktionsqualität bei. 25

Wenn beim Mandanten durch das physische Umfeld negative kognitive, emotionale oder physische interne Reaktionen ausgelöst werden, sei es, daß er aufgrund des ungepflegten Zustands des Mobiliars auf schlechte Dienstleistungsqualität schließt oder er aufgrund von Raumaufteilung, Farb- und Stilwahl in eine emotional bedrückte Stimmung gerät, dann ist nicht nur zu erwarten, daß dies negative Auswirkungen auf sein Verhalten innerhalb des Dienstleistungsprozesses hat. Es ist auch in hohem Maße wahrscheinlich, daß der Mandant Unzufriedenheit empfindet, die noch dadurch verstärkt werden kann, daß die Interaktion mit dem Anwalt aufgrund der internen Wirkungen beeinträchtigt wird. Diese Unzufriedenheit verstärkt das zukünftige Vermeidungsverhalten in dem Sinne, daß die Mandanten den Anwalt wechseln und gegenüber ihren privaten und beruflichen Gesprächspartnern negative Mundkommunikation betreiben. Demgegenüber ist von den durch das physische Umfeld bewirkten positiven internen Reaktionen und den durch sie geförderten Verhaltensweisen im Dienstleistungsprozeß ein wesentlicher Beitrag zur **Mandantenzufriedenheit**, **Mandantenloyalität** und **positiver persönlicher Kommunikation** zu erwarten. 26

Grundsätzlich gilt die genannte Wirkungskette für alle Mandanten. Menschen reagieren auf das physische Umfeld kognitiv, emotional und physisch, und diese Wirkungen bestimmen ihr unmittelbares Verhalten, ihre Zufriedenheit und ihr Folgeverhalten. Doch die Stärke der Beziehung wird durch **Persönlichkeitsvariablen** moderiert. *Mehrabian/Russel* zeigen, daß Persönlichkeitsunterschiede dazu führen, daß verschiedene Menschen auf die gleichen Umweltbedingungen unterschiedlich reagieren.[32] Besonders beachtlich ist dabei die persönliche Prädisposition, sich mehr oder weniger gegen erregende Reize abzuschirmen. Allerdings sollte man sich nicht darauf verlassen, daß der Anteil derer, die auf Reize des physischen Umfeldes nur wenig reagieren, innerhalb des Mandantenkreises überwiegt. Um aber über die Verbreitung der „physischen Sensibilität" und vor allem über die relevanten physischen Reize und ihre Wirkungen Erkenntnisse zu gewinnen, bedarf es des Einsatzes von Meßverfahren. 27

[31] *Nerdinger*, Zur Psychologie der Dienstleistung 1994, 226.
[32] *Mehrabian/Russel*, An Approach to Environmental Psychology 1974.

D. Instrumente zur Messung von Wirkungen der räumlichen Gestaltung

28 Die Umweltpsychologie hat immer wieder bestätigt, daß das physische Umfeld das menschliche Verhalten auf verschiedene Arten beeinflussen kann. Aber die Art der Wirkung ist nicht zwingend in einer Richtung festgelegt und kann bei verschiedenen Zielgruppen unterschiedlich ausfallen. So ist es möglich, daß eine konsequent funktional-moderne Einrichtung unter Verwendung glatter Materialien (Glas, Chrom) von Mitgliedern der einen Mandantengruppe als konsequenter Ausdruck von Professionalität positiv, von anderen vornehmlich als Ausdruck von Kälte negativ empfunden wird. Deshalb ist es für eine Kanzlei erforderlich, Genaueres über die tatsächlichen Reaktionen und Verhaltensweisen bei den aktuellen und potentiellen Mandanten bzw. über Unterschiede bei verschiedenen Teilgruppen zu erfahren.

29 Hierfür steht eine Reihe von Meßmethoden zur Verfügung, die sich den Erhebungskategorien Beobachtung oder Befragung zuordnen lassen.[33] Wie im folgenden gezeigt wird, kommen für den praktischen Einsatz in einer Anwaltskanzlei vor allem Befragungen, insbesondere mittels der Sequentiellen Ereignismethode in Frage.

30 Eine vielfach zur Ermittlung von Wirkungen des physischen Umfeldes auf das Kundenverhalten eingesetzte Methode ist die **Beobachtung**. Sie wird vor allem im stationären Einzelhandel angewendet, wo geschulte Beobachter systematisch erfassen, wie Kunden auf zentrale Aspekte des Ladenlayouts mit Mimik und Gestik reagieren und welche Konsequenzen sich beispielsweise für Verweildauer und Anzahl der Produktkontakte ergeben.[34] Darüber hinaus werden als spezielle Beobachtungsform in vielen Dienstleistungsbereichen „Silent Shoppers" eingesetzt, d. h. Beobachter, die in der Rolle als Dienstleistungskunden auftreten. Solche Scheinkunden sind mit einem klar definierten Rollenskript versehen und halten eine vorher definierte Zahl von Aspekten des physischen Umfeldes und des Interaktionsverhaltens der Mitarbeiter fest.[35] Der Einsatz dieser Verfahren erscheint für die Zwecke der Untersuchung von Wirkungen des physischen Umfeldes im Anwaltsbereich wenig geeignet. Direkte Beobachtungen von Mandanten sind aufgrund faktischer Schwierigkeiten und Gründen der Gewährleistung von Vertraulichkeit prinzipiell nur eingeschränkt möglich. Zudem wird der Informationsnutzen gering sein, weil sich die kognitiven, emotionalen und physischen Wirkungen bei Mandanten nur begrenzt in beobachtbarem Verhalten (Mimik/Gestik) ausdrücken. Scheinkunden können zwar anhand definierter Checklisten gravierende Mängel erkennen und ihre Eindrücke schildern, es ist aber fraglich, ob Wahrnehmungen und Empfindungen professioneller Beobachter denen realer Mandanten entsprechen.[36]

31 Wesentlich erfolgversprechender ist es, die Mandanten selbst hinsichtlich ihrer Eindrücke zu befragen, auch wenn man mit Hilfe von **Befragungen** (fast) nur Wirkungen des physischen Umfeldes ermitteln kann, die dem Mandanten bewußt sind oder in der Erhebungssituation bewußt werden. Als sinnvolle Varianten sind vor allem die Befragung zu Einzelelementen, das Semantische Differential und die Sequentielle Ereignismethode zu nennen.

I. Befragung zu den Einzelelementen

32 Ein erster Ansatz besteht darin, in einem Fragebogen die wesentlichen Einzelfaktoren aufzulisten und die Mandanten zu bitten, ihre Einschätzung dieser Faktoren auf einer Skala (z. B. einer Notenskala) zu bewerten. Als Ergebnis erhält man wichtige Informationen darüber, wie wesentliche Aspekte des physischen Umfeldes bewertet werden, und es lassen sich auch Bewertungsunterschiede zwischen verschiedenen Mandantengruppen

[33] *Zeithaml/Bitner*, Services Marketing 1996, 537 ff.
[34] *Weinberg*, Erlebnismarketing 1992, 128.
[35] *Wilson*, The Service Industries Journal 1998.
[36] *Plymire*, Journal of Services Marketing 1990, 51.

herausfinden. Allerdings werden beim Einsatz dieser Methode die internen Wirkungen und Verhaltenskonsequenzen nicht erfaßt.

II. Semantisches Differential

Der Gesamteindruck des physischen Umfeldes kann mit Hilfe eines Semantischen 33
Differentials gemessen werden. Zu diesem Zweck werden bipolare Ratingskalen vorgegeben und die Mandanten gebeten, ihre Eindrücke für jedes Item anzukreuzen. Auch wenn das Semantische Differential traditionell eingesetzt wird, um die emotionale Befindlichkeit von Probanden zu messen, so können doch auch die kognitiven Wirkungen in den Adjektiven der Skalen berücksichtigt werden (siehe Abbildung 3). Der Einsatz des Semantischen Differentials hat den Vorteil, daß der verhaltensrelevante holistische Eindruck ermittelt und dieser zugleich in der Form kognitiver und emotionaler Wirkungen erfaßt wird. Jedoch bleibt offen, welche Einzelfaktoren für diese Art der Mandanteneinschätzung verantwortlich sind.

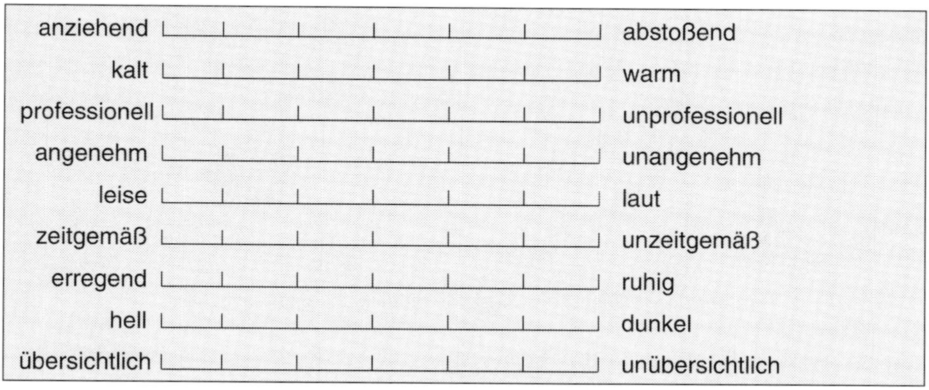

Abbildung 3: Ausschnitt aus einem Semantischen Differential für die Messung des Gesamteindrucks der Räumlichkeiten einer Kanzlei

III. Sequentielle Ereignismethode

Die Sequentielle Ereignismethode beinhaltet grundsätzlich die Ermittlung von positi- 34
ven und negativen Ereignissen im Qualitätserleben von Dienstleistungskunden auf der Basis eines visualisierten Kundenpfades in mündlichen Interviews.[37] Üblicherweise wird sie nicht ausschließlich auf das Erleben des physischen Umfeldes angewendet, so daß die Methodik hier in einer modifizierten und angepaßten Form vorgestellt wird.

Grundlage dieses Verfahrens ist die Überlegung, daß Kunden während des Dienstlei- 35
stungskonsums einen Prozeß durchlaufen, der aus verschiedenen Phasen besteht und daß sie an jedem dieser Phasen oder **Kontaktpunkte** Qualitätserlebnisse haben, die ihren Gesamtqualitätseindruck und ihre Zufriedenheit bestimmen. Deshalb gilt es, den Kundenpfad als den vom Kunden erlebten Prozeß des Dienstleistungserlebens in all seinen Kontaktpunkten zu erfassen. Auf der Grundlage dieser Informationen kann dann eine Visualisierung des Kundenpfades erfolgen, die als Basis für die Kundenbefragung dient.

Zur Ermittlung und Visualisierung des Mandantenpfades sind eine Reihe von Instru- 36
menten entwickelt worden („blueprinting" oder „service mapping"), deren Gemeinsamkeit darin besteht, daß sie Varianten von Ablaufdiagrammen darstellen.[38] Es handelt sich

[37] *Stauss/Weinlich*, der markt 1996.

[38] *Shostack*, Journal of Marketing 1985, 1987; *Kingman-Brundage*, in: Bitner/Crosby, Designing a Winning Service Strategie 1989; *Gummesson/Kingman-Brundage*, in: Kunst/Lemmink, Quality Management in Services 1992.

dabei jeweils um die Zerlegung des Dienstleistungsprozesses in Teilphasen und deren systematische Analyse auf der Grundlage eines graphischen Flußdiagramms. Dabei wird mittels einer „line of visibility" kenntlich gemacht, welche Bereiche des Leistungserstellungssystems für den Kunden sichtbar sind („onstage actions") und welche sich „backstage" abspielen. Zugleich werden auch die Kontaktpunkte, an denen Interaktionen zwischen Dienstleister und Kunde auftreten, identifiziert.

37 Zudem ist für jede Phase des Kundenpfades anzugeben, mit welchen Aspekten des physischen Umfeldes der Kunde an jedem Kontaktpunkt in Berührung kommt.[39] Für einen Anwaltsbesuch eines neuen Klienten wird eine vereinfachte **„Dienstleistungskarte"** in Abbildung 4 wiedergegeben. Sie macht den Kundenpfad eines neues Mandanten von der Anfahrt bis zum Beratungsgespräch beim Anwalt deutlich und ordnet beispielhaft relevante Elemente des physischen Umfeldes zu.

Abbildung 4: Dienstleistungskarte eines Mandantenbesuchs

38 In Anwendung der Sequentiellen Ereignismethode bildet diese Darstellung des Kundenpfades die Basis für die Kundenbefragung. Den Mandanten wird eine Abbildung des Kundenpfades vorgelegt, wobei die Kontaktpunkte in ihrem typischen Ablauf meist verbal beschrieben werden, aber auch durch Symbole oder Fotos illustriert sein können. Auf dieser Grundlage werden die Befragten gebeten, den Ablauf ihres Dienstleistungserlebens noch einmal gedanklich-emotional durchzugehen und das Erleben des physischen Umfeldes an den einzelnen Kontaktpunkten ausführlich zu schildern. Mit Hilfe offener strukturierter Fragen kann zudem für jeden Kontaktpunkt nach den kognitiven und emotionalen Assoziationen gefragt werden, die der Mandant mit Einzelfaktoren des physischen Umfeldes verbindet. Zudem sind die Befragten aufzufordern, die jeweiligen Kontaktpunkte und den Gesamteindruck auf einer Bewertungsskala (z. B. Notenskala) zu beurteilen. Auf diese Weise erhält man differenzierte, kontaktpunktspezifische Informationen darüber, wie die Mandanten das physische Umfeld wahrnehmen, welche kognitiven und emotionalen Wirkungen daraus resultieren und welche Relevanz die jeweiligen Wahrnehmungen für den Gesamteindruck haben.

E. Zusammenfassung und Konsequenzen für die Gestaltung des physischen Umfeldes

39 Aufgrund des hohen Intangibilitätsgrades von Rechtsanwaltsleistungen sind potentielle Mandanten nicht in der Lage, die Qualität der Leistung vor der Inanspruchnahme einzuschätzen. Sie suchen daher nach Surrogaten für die Qualitätsbeurteilung und verwenden insbesondere die wahrnehmbaren Aspekte des physischen Umfeldes als **Indikato-**

[39] *Bitner* 1993, in: Scheuing/Christopher, The Service Quality Handbook, 363f.

ren für die Beurteilung der Gesamtqualität. Darüber hinaus beeinflußt das physische Umfeld die Möglichkeit des Mandanten, die Dienstleistung effizient in Anspruch zu nehmen, es informiert ihn über das von ihm erwartete Rollenverhalten und gibt ihm Anhaltspunkte dafür, das Unternehmen von Wettbewerbern zu differenzieren. Aus diesen Gründen wird das physische Umfeld zu einem wichtigen Aktionsfeld des anwaltlichen Dienstleistungsmarketing.

Diese Aussage wird durch **umweltpsychologische Erkenntnisse** gestützt. Sie belegen, 40
daß Einzelfaktoren und Gesamteindruck des physischen Umfeldes beim Mandanten interne kognitive, emotionale und phyische Reaktionen hervorrufen, die Konsequenzen für das Verhalten des Mandanten während des Dienstleistungsprozesses, für seine Zufriedenheit und seine Bereitschaft zu Loyalität und positiver Mundkommunikation haben.

Angesichts der Tatsache, daß das physische Umfeld eine zentrale Rolle spielt für die 41
Differenzierung und Profilierung im Wettbewerb, die Vermittlung von Vorstellungen über die Leistungsqualität sowie für Mandantenzufriedenheit und -bindung, muß es konsequent auf die **Anwaltsziele** und die beabsichtigte strategische Positionierung ausgerichtet sein. Das heißt, die Planung und Gestaltung ist im Hinblick auf die derzeitigen und zumindest mittelfristig angestrebten grundlegenden Ziele, Normen, Aktivitätsbereiche und Zielgruppen vorzunehmen.[40] Zudem muß im Zeitablauf eine ständige Überprüfung erfolgen, inwieweit die derzeitige Gestaltung noch strategie- und zielgruppenadäquat ist.[41]

Für diese Überprüfung und die Analyse von Wirkungen des physischen Umfeldes auf 42
das Mandantenverhalten ist es notwendig, den **Dienstleistungsprozeß aus Kundenperspektive** zu verstehen. Dazu dient vor allem die Entwicklung einer „Mandantenkarte", die den typischen Ablauf eines Mandantenbesuches in seinen Einzelphasen abbildet und den jeweiligen Kontaktpunkten die dort wahrgenommenen Einzelfaktoren des physischen Umfeldes zuordnet. Diese Karte kann nicht nur zur Selbstevaluation herangezogen werden, sondern auch die Grundlage für eine entsprechende Befragung der Mandanten (mit Hilfe der Sequentiellen Ereignismethode) bilden. Auf der Basis der Befragungsergebnisse sind die Chancen zur Veränderung des physischen Umfeldes, zur Vermeidung eines ungewünschten Qualitätseindrucks oder zur Verbesserung des emotionalen und physischen Wohlbefindens des Mandanten zu identifizieren und umzusetzen. Dabei muß diese mandantenorientierte Betrachtung durch eine anwalt- und mitarbeiterorientierte Analyse ergänzt werden. Da Anwälte und Mitarbeiter während ihrer gesamten Arbeitszeit dem physischen Umfeld ausgesetzt sind, sind selbstverständlich auch besonders die kognitiven, emotionalen und physischen Wirkungen im Hinblick auf diese internen Zielgruppen zu ermitteln und die Folgen auf Arbeitsverhalten und Mitarbeiterzufriedenheit abzuschätzen. Im Kern kommt es dann darauf an, ein physisches Umweltkonzept für die Kanzlei zu entwickeln, das möglichst weitgehend den Bedürfnissen und Einschätzungen sowohl von Mandanten und Anwälten/Mitarbeitern entspricht bzw. die ermittelten Diskrepanzen verringert.[42]

---

[40] Vgl. zu den Zielen einer Kanzlei: *Mauer/Krämer* 1998.
[41] *Zeithaml/Bitner*, Services Marketing 1996, 544.
[42] *Nerdinger*, Zur Psychologie der Dienstleistung 1994, 232.

§ 47 Beschwerdemanagement

Prof. Dr. Bernd Stauss★

Übersicht

Schrifttum: *Adams,* Qualitätsmanagement im Anwaltsbüro: TQM, AnwBl. 1997, S. 436 ff.; *Bähring/Roschmann/Schäffner,* Das Mandantengespräch, 1989); *Bearden/Mason,* An Investigation of Influences on Consumer Complaint Reports, in: Kinnear (Hrsg.) Advances in Consumer Research, 11/1984, S. 490 ff.; *Bitner/Hubbert,* Encounter Satisfaction versus Overall Satisfaction versus Quality. The Customer's Voice, in: Rust/Oliver (Hrsg.) Service Quality. New Directions in Theory and Practice, 1994, S. 72 ff.; *Blodgett,* Law Firm Pioneers Explore New Territory, Quality Process August/1996, S. 90 ff.; *Blodgett,* Lawyers Find a Partner in Quality, Quality Progress May/1998, S. 83 ff.; *Borgmann,* Qualitätsmanagement aus Sicht des Versicherers, AnwBl. 1997, S. 441 ff.; *Bunk,* Das Geschäft mit dem Ärger, Absatzwirtschaft 9/1993, S. 65 ff.; *Cadotte/Woodruff/Jenkins,* Expectations and norms in models of consumer satisfaction, Journal of Marketing Research 8/1987, S. 305 ff.; *FAWCETT & PATTNI,* Complaints, Internet-Firmeninformation, elektronisch veröffentlicht unter dem URL http://home.clara.net/fawcetts/-guidetext.html#Complaints, Zugriff am 21. 12. 1998; *Hansen,* Verbraucherabteilungen als Frühwarnsysteme, ZfB Ergänzungsheft 2/1979, S. 120 ff.; *Hansen/Jeschke,* Beschwerdemanagement für Dienstleistungsunternehmen – Beispiel des Kfz-Handels, in: Bruhn/Stauss (Hrsg.): Dienstleistungsqualität, 2. Aufl. 1995, S. 525 ff. *Hansen/Jeschke/Schöber,* Beschwerdemanagement – Die Karriere einer kundenorientierten Unternehmensstrategie im Konsumgütersektor, Marketing-ZFP 2/1995, S. 77 ff.; *Jacoby/Jaccard,* The Sources, Meaning and Validity of Consumer Complaining Behaviour: A Psychological Analysis, Journal of Retailing 81/1981, S. 4 ff.; *Krämer,* Beschwerdemanagement in Anwaltskanzleien, AnwBl. 1999, S. 70 ff.; *Leicher/Kierig,* In Reklamationen stecken Chancen, 1993; *Mauer/Krämer,* Braucht eine Kanzlei Ziele?, AnwBl. 1998, S. 113 ff.; *Liljander/Strandvik,* Different comparison standards as determinants of service quality, Dienstleistungsmarketing 1993, S. 127 ff.; *Meffert/Bruhn,* Beschwerdeverhalten und Zufriedenheit von Konsumenten, Die Betriebswirtschaft, 4/1981, S. 597 ff.; *Meyer,* Qualität anwaltlicher Leistungen – Mandatensicht, Instrumentarien, AnwBl. 1997, S. 431 ff.; *Meyer/Dornach,* Das Deutsche Kundenbarometer – Qualität und Zufriedenheit, 1993; *Meyer/Dornach,* Nutzungspotentiale des Deutschen Kundenbarometers für das Dienstleistungsmanagement, in: Bruhn/Meffert (Hrsg.) Handbuch Dienstleistungsmanagement 1998, S. 287 ff.; *Oliver,* Satisfaction. A behavioral perspective on the consumer, 1996; *Reichheld/Sasser,* Zero Defections: Quality Comes to Services, Harvard Business Review 4/1996, S. 105 ff.; *Richins,* Negative Word-of-Mouth by Dissatisfied Consumers: A Pilot Study, Journal of Marketing 4/1983, S. 68 ff.; *Ross/Oliver,* The Accuracy of Unsolicited Consumer Communications as Indicators of „True" Consumer Satisfaction/Dissatisfaction, in: Kinnear (Hrsg.) Advances in Consumer Research, 11/1984, S. 504 ff.; *Schimmel/Davis,* Implementing Strategic Marketing Programs in Law Firms, Journal of Professional Services Marketing 2/1995, S. 75 ff.; *Sherr/Moorhead/Paterson,* Lawyers – The Quality Agenda Volume One, 1994; *Schütze,* Kundenzufriedenheit, 1992; *Stauss,* Beschwerdepolitik als Instrument des Dienstleistungsmarketing, Jahrbuch der Absatz- und Verbrauchsforschung, 1/1989, S. 41 ff.; *Stauss/Seidel,* Beschwerdemanagement. Fehler vermeiden – Leistung verbessern – Kunden binden, 2. Aufl. 1998; *Thomas/Vorbrugg,* Total Quality Management, AnwBl. 1995, S. 273 ff.; *Zeithaml/Berry/Parasuraman,* The nature and determinants of customer expectations of service, Journal of the Academy of Marketing Science, 1/1993, S. 1 ff.

★ Inhaber des Lehrstuhls für Dienstleistungsmanagement der katholischen Universität Eichstädt.

A. Problemstellung

1 Was Unternehmen in vielen Konsumgüter- und Dienstleistungsbranchen seit Jahren kennen, gilt mehr und mehr auch für Anwaltskanzleien: Die Wettbewerbsintensität nimmt zu, und die Kunden werden anspruchsvoller und kritischer. In dieser Situation gilt es, **„Kundenorientierung"** als wesentliche strategische Maxime und **„Kundenzufriedenheit"** als zentrales Unternehmensziel zu akzeptieren.[1] Insbesondere für Kanzleien, die nicht nur Mandanten haben, die in wenigen Ausnahmesituationen ihre Dienstleistungen in Anspruch nehmen, sondern im Rahmen von Betreuungsverhältnissen wiederholt oder ständig mit der Wahrung der Rechtsinteressen ihrer Firmenkunden betraut sind, können „nicht länger die Augen vor der Tatsache verschließen, daß auch für sie immer mehr die Marktgesetze gelten und Kundenzufriedenheit und -bindung Schlüsselfaktoren für einen langfristigen Kanzleierfolg sind".[2]

2 Inzwischen setzt sich dieses Verständnis auch verstärkt durch, es mehren sich entsprechende Festlegungen kundenbezogener Zielsetzungen in Anwaltskanzleien,[3] und auch der Einsatz von **Kundenzufriedenheitsbefragungen** nimmt zu.[4] Doch solche Zielformulierungen bleiben ein Lippenbekenntnis und Befragungen eine Alibi-Aktivität, sofern sie keine Auswirkungen auf die Erfahrungen unzufriedener Kunden haben. Wird Mandantenzufriedenheit angestrebt, dann gilt es nicht nur, Unzufriedenheit möglichst zu vermeiden, sondern es müssen auch ernsthafte Abhilfemaßnahmen ergriffen werden, wenn Unzufriedenheit eingetreten und in Beschwerden artikuliert wird. Denn diese Unzufriedenheit ist häufig dafür verantwortlich, daß Kunden ihre Beziehung zur Anwaltskanzlei aufkündigen und für Angebote des Wettbewerbers empfänglich werden.

3 Gelingt es dagegen, Zufriedenheit wiederherzustellen und Kunden zu halten, sind erhebliche **ökonomische Vorteile** zu realisieren. *Reichheld/Sasser*[5] berichten, daß Unternehmen ihre Gewinne um 100% steigern konnten, indem sie die Abwanderungsquote ihrer Kunden um 5% senkten. Insofern kommt es darauf an, ein professionelles Beschwerdemanagement zu installieren, mit dessen Hilfe Kundenunzufriedenheit entdeckt, analysiert und mittels gezielter Maßnahmen wieder in Zufriedenheit umgewandelt werden kann.

B. Mandantenunzufriedenheit und Beschwerdeverhalten

4 Kundenzufriedenheit bzw. -unzufriedenheit ist ein hypothetisches Konstrukt, über dessen Definition und Operationalisierung in der wissenschaftlichen Diskussion zumindest ein Kern an Übereinstimmung besteht.[6] Danach handelt es sich bei der Zufriedenheit eines Kunden mit einem Angebot um ein Nachkaufphänomen, in dem sich widerspiegelt, wie der Kunde Produkte oder Dienstleistungen beurteilt, mit denen er zuvor Erfahrungen gesammelt hat. Insofern ist Zufriedenheit das Ergebnis einer **ex-post-Beurteilung** und setzt ein **konkretes, selbsterfahrenes Konsumerlebnis** voraus.

5 Hinsichtlich des Beurteilungsprozesses folgen die meisten Forscher dem „disconfirmation paradigm",[7] nach dem Zufriedenheit bzw. Unzufriedenheit als Folge einer wahrgenommenen Diskrepanz zwischen erwarteter und erlebter Leistung entsteht. Kunden

---

[1] *Adams*, AnwBl. 1997, 437.

[2] *Meyer*, AnwBl. 1997, 431.

[3] *Mauer/Krämer*, AnwBl. 1998, 116f.

[4] Vgl. *Sherr/Moorhead/Paterson*, Lawyers – The Quality Agenda Volume One 1994; *Schimmel/Davis*, Journal of Professional Services Marketing 1995; *Blodgett*, Quality Process 1998.

[5] *Reichheld/Sasser*, Harvard Business Review 1990, 105.

[6] *Schütze*, Kundenzufriedenheit 1992; *Liljander/Strandvik*, Dienstleistungsmarketing 1993; *Zeithaml/Berry/Parasuraman*, Journal of the Academy of Marketing Science 1993; *Bitner/Hubbert*, in: Rust/Oliver, Service Quality 1994.

[7] *Oliver*, Satisfaction 1996; *Cadotte/Woodruff/Jenkins*, Journal of Marketing Research 1987.

treten mit mehr oder weniger konkreten **Erwartungen** in den Prozeß der Dienstleistungsnutzung ein und vergleichen dann die wahrgenommene Leistung mit ihren Erwartungen. Sie empfinden Zufriedenheit, wenn ihre Erwartungen wesentlich überschritten werden, und Unzufriedenheit tritt ein, wenn die Leistung erheblich unter den Erwartungen liegt.

Hinsichtlich der Zufriedenheit von Mandanten mit ihren Rechtsanwälten liegen nur 6 vergleichsweise spärliche veröffentlichte Informationen vor. Immerhin sprechen einige Indizien dafür, daß hier ein nicht unbeträchtliches Unzufriedenheitspotential besteht, selbst wenn man die Unzufriedenheit über verlorene Prozesse unberücksichtigt läßt. Als im Jahre 1993 zum letzten Mal die Zufriedenheit der Kunden mit Rechtsanwälten im Rahmen dieser bundesweiten Erhebung des Deutschen Kundenbarometers abgefragt wurde, erreichten die Rechtsanwälte auf einer Zufriedenheitsskala von 1 (sehr zufrieden) bis 5 (unzufrieden) mit der Note 2,44 einen Platz im unteren Mittelfeld aller Branchen. Nur die knappe Hälfte der Befragten wollte bei Bedarf den gleichen Rechtsanwalt wieder aufsuchen, und nur 46% waren bereit, ihren Rechtsanwalt mit Sicherheit weiterzuempfehlen.[8]

Ein Teil der Unzufriedenheit äußert sich in Beschwerden gegenüber dem Anwalt oder 7 Drittinstitutionen wie den Anwaltskammern. Über die **inhaltlichen Schwerpunkte** der Beschwerden auf Kanzleiebene liegen keine verläßlichen Daten vor. Die bei den Drittinstitutionen vorgenommenen Auswertungen sind – sofern sie überhaupt vorliegen – wenig repräsentativ, weil nur ein kleiner Teil der Beschwerdeführer diesen Weg einschreitet, weitgehende Unkenntnis über diesen Beschwerdeweg besteht und der selbstgewählte Zuständigkeitsbereich begrenzt ist. Im Jahresbericht des britischen Solicitors Complaints Bureau Anfang der 90er Jahre standen Fristüberschreitungen (mit 26%) weit an der Spitze aller Kundenbeschwerden.[9] In amerikanischen Kammerbefragungen machten Honorarhöhe, Pünktlichkeit, Schnelligkeit, Verfügbarkeit und vor allem Kommunikation und Information die Kernbereiche der Beschwerden aus.[10] In einer aktuellen Befragung unter den Geschäftsführern deutscher regionaler Anwaltskammern werden als Gründe vor allem der Preis der Rechtsberatung, Unfähigkeit des Rechtsanwalts, nicht eingehaltene Fristen und falscher Rechtsrat genannt.[11] Mit Bezug auf den Spezialfall der Berufshaftpflichtfälle gibt *Borgmann*[12] Fristversäumnisse als dominierende Kategorie aller gemeldeten anwaltlichen Fehler an.

Es gibt wichtige Hinweise darauf, daß die **Zahl der Beschwerden gegenüber Rechtsanwälten wächst**, und zwar nicht nur im Ausland (vgl. für die USA *Blodgett* 1996), 8 sondern auch in Deutschland. So stieg die Zahl der jährlich bei der Rechtsanwaltskammer Stuttgart eingehenden Beschwerden im letzten Fünfjahreszeitraum von 1000 auf 2000.[13]

Dennoch ist für die einzelne Anwaltskanzlei die Zahl der eingehenden Beschwerden so 9 gering, daß sie meinen, dies sei ein für sie zu vernachlässigendes Problem. Sie werden darin durch Berechnungen bestärkt, in denen die geschätzte Zahl der bei Rechtsanwälten und Rechtsanwaltskammern oder vergleichbaren Instanzen eingehenden Beschwerden mit der Zahl der Rechtsfälle in Relation gesetzt wird, wobei man zu Beschwerdezahlen im Promillebereich kommt.[14] Die aus solchen Argumenten und Berechnungen gezogene Schlußfolgerung, geringe Beschwerdezahlen belegten hohe Kundenzufriedenheit, ist allerdings falsch. In vielen Fällen wandern Kunden gleich ab, weil sie die Auseinandersetzung mit dem Unternehmen als zeitaufwendig, belastend und/oder vergeblich ansehen.

---

[8] *Meyer/Dornach*, Das Deutsche Kundenbarometer 1993, S. 33, 37.
[9] *Sherr/Moorhead/Paterson*, Lawyers – The Quality Agenda Volume One 1994, S. 97.
[10] *Thomas/Vorbrugg*, AnwBl. 1995, 275f.
[11] *Krämer* 1999 S. 72.
[12] *Borgmann*, AnwBl. 1997, 442.
[13] *Krämer* 1999 S. 71.
[14] *Sherr/Moorhead/Paterson*, Lawyers – The Quality Agenda Volume One 1994, 98.

Generell ist bekannt, daß sich nur eine **Minderheit unzufriedener Kunden beschwert.**[15] In bezug auf Rechtsanwaltsleistungen spricht viel dafür, daß diese Minderheit besonders klein ausfällt. Einen Hinweis darauf geben bereits empirische Schätzungen. So geht die American Bar Association davon aus, daß auf eine ausdrückliche Beschwerde 17 stillschweigende, also nicht der Kanzlei mitgeteilte Beschwerden kommen.[16] Die Annahme einer geringen Beschwerdeartikulation durch unzufriedene Mandanten wird auch dadurch gestützt, daß wichtige Determinanten des Beschwerdeverhaltens – Beschwerdekosten, wahrgenommene Erfolgswahrscheinlichkeit und Problemmerkmale – hier eine spezifische Ausprägung erfahren.

I. Beschwerdekosten

10 Kunden nehmen eine interne Kosten-Nutzen-Abschätzung vor, von deren Ergebnis sie es abhängig machen, ob sie sich beschweren oder nicht. Im Rahmen dieser kalkulatorischen Überlegungen spielen auch die Kosten der Beschwerde selbst eine große Rolle.[17] Beschwerden sind für den Kunden jeweils mit Zeitaufwand, materiellen und psychischen Kosten verbunden. Je höher die wahrgenommenen Beschwerdekosten sind, desto weniger wird die Handlungsalternative „Beschwerde" gewählt.

11 In bezug auf Rechtsanwälte bestehen vor allem psychische Kosten. Im Gegensatz zu vielen anderen Dienstleistern fordern Rechtsanwälte die Mandanten nicht auf, sich auch mit Kritik an sie zu wenden. Sie fragen kaum aktiv nach Zufriedenheit und führen nur selten Befragungen durch. Damit zeigen sie, daß für sie die Artikulation von Beschwerden nicht zu dem von ihnen erwarteten Mandantenverhalten gehört. Die Rechtsanwalts-Mandaten-Beziehung ist in der Regel nicht gleichberechtigt, sondern der Mandant befindet sich in der **abhängigen, machtunterlegenen Situation.**[18] Er ist auf die Hilfe des Anwalts zum Teil dringlich angewiesen und will dessen Einsatz nicht durch Kritik gefährden. Insofern neigt er dazu, auf eine direkte Artikulation von Unzufriedenheit zu verzichten und statt dessen eher „schweigend zu leiden", aber später Konsequenzen zu ziehen.[19]

II. Wahrgenommene Erfolgswahrscheinlichkeit

12 Die aufzuwendenden Kosten werden dem Nutzen der Beschwerde gegenübergestellt. Dieser ist in erster Linie abhängig vom subjektiven Wert der Problemlösung, die der Kunde vom Anbieter erwartet. Der Wert wird allerdings mit der angenommenen Erfolgswahrscheinlichkeit der Beschwerde gewichtet.[20] Die meisten Kunden beschweren sich nur, wenn sie eine Chance sehen, daß das Unternehmen zur Wiedergutmachung oder einer Änderung des Verhaltens bereit sein könnte. Wer keine Hoffnung auf eine positive Reaktion hat oder sich bewußt ist, daß eine nachträgliche Problemlösung nicht mehr möglich ist, unterläßt häufig diese Aktivität. Diese Bedingungen liegen aus Perspektive der Mandanten häufig vor. Zum einen hegen sie aufgrund der Rollenunterlegenheit von vornherein Zweifel, ob sie bei den expertenmächtigen Anwälten Gehör finden. Zum zweiten sind viele Probleme, die zur Verärgerung führen (z. B. Unpünktlichkeiten, lange Wartezeiten, mangelndes Engagement) nachträglich nicht mehr rückgängig zu machen.

---

[15] *Meffert/Bruhn*, Beschwerdeverhalten und Zufriedenheit von Kunden 1981.

[16] *Thomas/Vorbrugg*, AnwBl. 1995, 275.

[17] *Bearden/Mason*, in: Kinnear, Advances in Consumer Research 1984; *Ross/Oliver*, in: Kinnear, Advances in Consumer Research 1984.

[18] *Bähring/Roschmann/Schäffner*, Das Mandantengespräch 1989, 30ff.

[19] *Stauss*, Jahrbuch der Absatz- und Verbrauchsforschung 1989, 53.

[20] *Jacoby/Jaccard*, Journal of Retailing 1981; *Richins*, Journal of Marketing 1983.

III. Problemmerkmale

Auch spezifische Aspekte des zugrundeliegenden Problems bestimmen das Beschwerdeverhalten, vor allem die Nachweisbarkeit des Problems und die Eindeutigkeit der Ursachenattribuierung. Nicht alle Kundenprobleme, die Kunden wahrnehmen, machen sie auch in gleichem Maße zum Gegenstand von Beschwerden. Am ehesten wählen sie diesen Weg, wenn es sich um eindeutig beschreibbare Probleme mit geringem subjektiven Ermessens- und Bewertungsspielraum handelt. Ist der Sachverhalt aber nicht zu beweisen oder kann der Vorfall von verschiedenen Personen unterschiedlich interpretiert werden, gehen Kunden seltener das Wagnis einer (vor allem schriftlichen) Beschwerde ein.[21] So werden beispielsweise Qualitätsmerkmale, die stark einer subjektiven Einschätzung unterliegen (z. B. mangelndes Verständnis für die Situation des Mandanten) oder die nicht belegbar sind (z. B. fehlende Kompetenz), wesentlich weniger zum Gegenstand von Beschwerden gemacht als eindeutige Sachverhalte (z. B. Fristversäumnis), selbst wenn die Unzufriedenheit hoch ist. 13

Als Problemmerkmal spielt auch die **Eindeutigkeit der Ursachenattribuierung** eine große Rolle. Beschwerden kommen als Reaktionsweise unzufriedener Kunden um so mehr in Betracht, je eindeutiger die Ursache der Unzufriedenheit dem Anbieter zugeschrieben wird. Ist der Kunde fest davon überzeugt, daß nur der Anbieter die „Schuld" für das aufgetretene Problem hat, beschwert er sich eher als im Falle einer wahrgenommenen Mitschuld.[22] Da der Mandant aber weiß, daß der Rechtsanwalt seine Vorgehensweise wesentlich auf die von ihm gelieferten Informationen stützt, kann er im Einzelfall meinen, sich nicht klar genug ausgedrückt zu haben, so daß er von einer Beschwerde absieht.[23] 14

Betrachtet man diese Sachverhalte, dann ist es wahrscheinlich, daß wegen der besonderen Bedingungen der Anwalt-Mandantenbeziehungen gerade die Kunden von Rechtsanwälten eine vergleichsweise **geringe Beschwerdeneigung** aufweisen. Das belegt die besondere Gefahr der Fehleinschätzung, wenn Anwälte aus einer geringen Beschwerdezahl auf die Zufriedenheit ihrer Mandanten schließen. 15

Beschwert sich ein unzufriedener Mandant trotz aller Barrieren, so hat er wiederum bestimmte Erwartungen in bezug auf die Antwort der Kanzlei. Diese Beschwerdeerwartung ist nun der Standard, an dem er seine tatsächliche Erfahrung mit der unternehmerischen Reaktion vergleicht. Werden die Erwartungen erheblich übertroffen, tritt **Beschwerdezufriedenheit** ein, bei deutlicher Unterschreitung Beschwerdeunzufriedenheit. Diese Beschwerde(un)zufriedenheit hat einen außerordentlich großen Einfluß auf Einschätzungen und Verhalten, insbesondere auf die Bereitschaft des Kunden, an der Geschäftsbeziehung festzuhalten. Daraus resultiert die Relevanz des Beschwerdemanagements. 16

C. Ziele des Beschwerdemanagements

Beschwerdemanagement umfaßt die Planung, Durchführung und Kontrolle aller Maßnahmen, die ein Unternehmen im Zusammenhang mit Kundenbeschwerden ergreift. Die **generellen Ziele** des Beschwerdemanagements liegen darin, Kundenzufriedenheit wiederherzustellen, die negativen Auswirkungen von Kundenunzufriedenheit zu minimieren und die in Beschwerden enthaltenen Hinweise auf betriebliche Schwächen und marktliche Chancen zu nutzen. Daraus ergeben sich mehrere Teilziele:[24] 17

---

[21] *Hansen* ZfB 1979, 126.

[22] *Richins*, Journal of Marketing 1983.

[23] *Stauss*, Jahrbuch der Absatz- und Verbrauchsforschung 1989, 52 ff.

[24] *Stauss/Seidel*, Beschwerdemanagement 1998; *Hansen/Jeschke/Schöber*, Marketing ZFP 1995.

18 Von besonderer Bedeutung ist das Ziel der **Herstellung von (Beschwerde-)Zufriedenheit**, die als wesentliche Grundlage für Kundenbindung und Kanzleiloyalität anzusehen ist. So zeigen z. B. Ergebnisse des Deutschen Kundenbarometers, daß Beschwerdeführer, die durch das Unternehmen vollkommen zufriedengestellt wurden, insgesamt sogar zufriedener sind als Kunden, die überhaupt kein Problem erfahren hatten (siehe Abbildung 1).[25] Auch belegt eine Reihe empirischer Studien den Tatbestand, daß zufriedengestellte Beschwerdeführer eine ausgeprägt hohe Unternehmensbindung aufweisen.[26]

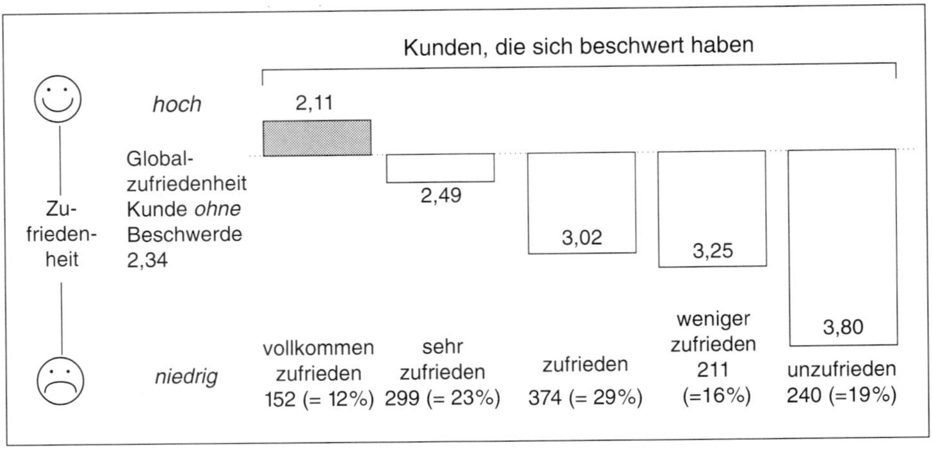

Abbildung 1: Zusammenhang von Beschwerden und Globalzufriedenheit
(Quelle: *Meyer/Dornach*, in: Bruhn/Meffert, Handbuch Dienstleistungsmarketing 1998, S. 301.)

19 Durch Beschwerdemanagement sollen auch **Kosten vermieden** werden, die entstehen, wenn unzufriedene Kunden andere Reaktionsformen wählen. Wandern unzufriedene Mandanten gleich ab oder reduzieren sie das Geschäftsvolumen u. a. durch Aufnahme von parallelen Beziehungen zu Wettbewerbern, tritt eine in der Regel dauerhafte Umsatz- und Gewinneinbuße ein. Wenden sich die Kunden nicht direkt an die Kanzlei, sondern wählen den Weg über die Anwaltskammern oder schalten sie gar Medien ein, dann kommen zum Umsatzverlust meist auch noch zusätzliche Kosten für die Abwicklung des Falles sowie nachhaltige Imageeinbußen hinzu. Um dies zu vermeiden, gilt es, durch Beschwerdemanagement dafür zu sorgen, daß sich unzufriedene Kunden unmittelbar an die Kanzlei wenden und diesem damit die Chance zur Abhilfe und Wiedergutmachung einräumen.

20 Beschwerdemanagement kann auch einen wesentlichen Beitrag zur **Sicherung eines kundenorientierten Unternehmensimages** leisten. Wenn Kunden anläßlich einer Beschwerde im konkreten Fall erleben, daß ihre Probleme tatsächlich eine faire und individuelle Lösung erhalten, dann hat dies erhebliche positive Auswirkungen auf ihre Einstellung und schafft Vertrauen.

21 Positive Imagewirkungen ergeben sich zum Teil auch über die **Beeinflussung der Mundkommunikation**. Probleme, die zu Beschwerden führen, sowie positive und negative Beschwerdeerfahrungen werden in großem Umfang weitererzählt und wirken daher weit über den Einzelfall hinaus. Dabei erweist es sich vielfach, daß Vorfälle, die zu Beschwerdeunzufriedenheit führen, wesentlich häufiger kommuniziert werden als positive Erlebnisse. Die Studie von *Hansen/Jeschke*[27] zeigt, daß nicht zufriedengestellte Beschwerdeführer ihre Beschwerde im persönlichen Umfeld mehr als doppelt so häufig

[25] *Meyer/Dornach*, in: Bruhn/Meffert, Handbuch Dienstleistungsmarketing 1998, S. 301.
[26] *Bunk*, Absatzwirtschaft 1993; *Hansen/Jeschke*, in: Bruhn/Stauss, Dienstleistungsqualität 1995.
[27] *Hansen/Jeschke*, in: Bruhn/Stauss, Dienstleistungsqualität 1995, 539.

thematisieren, als dies zufriedengestellte Beschwerdeführer tun. Dabei verbinden sie ihre Problemschilderung häufig mit konkreten Empfehlungen oder Warnungen. Dieser Aspekt ist für Anwälte von besonderer Bedeutung angesichts der Erfahrung, daß durchschnittlich ca. 90% des Mandatsaufkommens einer Kanzlei von vorhandenen Mandanten stammt.[28] Mit Hilfe eines professionellen Beschwerdemanagements kann somit Einfluß auf die für Dienstleistungen besonders wichtige Mundkommunikation und damit auch auf Einstellungen potentieller Kunden genommen werden.

Ein wichtiges Ziel liegt zudem in der **Auswertung und Nutzung der in Beschwerden enthaltenen Informationen** zu Zwecken der kundenorientierten **Qualitätssicherung**. Die in Beschwerden enthaltenen Informationen sind relevant, weil die beschriebenen Probleme von den Kunden als so gravierend betrachtet werden, daß sie den mit einer Beschwerde verbundenen materiellen und psychischen Aufwand aufbringen. Beschwerdeinformationen sind auch eindeutig und aktuell, weil die Beschwerenden die Sachverhalte in der Regel konkret und kurz nach Problemeintritt benennen. Das Unternehmen erhält die Informationen zudem auf kostengünstige Weise, da sie auf Initiative und Kosten der Kunden geliefert werden. Insofern stellen Beschwerden eine bedeutsame Quelle für die Ermittlung der von Kunden wahrgenommenen Probleme dar. Es gilt daher, diese Probleme systematisch zu identifizieren und die Ergebnisse zur Verbesserung von Produkten, Dienstleistungen und Prozessen zu nutzen. Die Relevanz dieser Zielsetzung wächst zudem mit zunehmender Sozietätsgröße. Je mehr Anwälte sich in einer Sozietät zusammengeschlossen haben und je dezentraler die Dienstleistungen an verschiedenen Standorten angeboten werden, um so stärker bedarf es Mechanismen zur kundenbezogenen Steuerung und Integration. 22

Eng damit hängt das Ziel der **Reduzierung interner und externer Fehlerkosten** zusammen. Als Folge der Auswertung von Beschwerdeinformationen können Maßnahmen ergriffen werden, um Falsch- und Doppelarbeit zu vermeiden. Angesichts der Schätzung, daß auch bei Anwälten ein bis zwei Drittel der Arbeitszeit benötigt wird, um die Folgen interner Fehler zu reparieren,[29] bietet sich dem Beschwerdemanagement hier ein erhebliches Verbesserungspotential. Zudem lassen sich Haftungsrisiken reduzieren, was angesichts der ständig steigenden Anforderungen an die anwaltlichen Pflichten ebenfalls ein wichtiges ökonomisches Argument darstellt.[30] 23

D. Aufgaben des Beschwerdemanagements

Die Ziele des Beschwerdemanagements lassen sich nur erreichen, wenn für unzufriedene Kunden leicht zugängliche Beschwerdekanäle geschaffen werden, eine sach- und problemgerechte Beschwerdereaktion und -bearbeitung erfolgt sowie Beschwerden systematisch hinsichtlich ihres informatorischen Gehaltes ausgewertet werden. Dementsprechend liegen die wesentlichen Aufgaben des Beschwerdemanagements in den Bereichen Beschwerdestimulierung, Beschwerdeannahme, Beschwerdebearbeitung und -reaktion sowie in der Beschwerdeauswertung. Zusätzlich ist im Rahmen eines Beschwerdemanagement-Controlling der Zielerreichungsgrad der Aufgabenerfüllung zu überprüfen.[31] Abbildung 2 zeigt die Aufgaben im Überblick und nimmt dabei zugleich eine Zuordnung in einen direkten bzw. indirekten Beschwerdemanagementprozeß vor, wobei der Kunde nur am direkten Beschwerdemanagement-Prozeß unmittelbar beteiligt ist. 24

[28] *Thomas/Vorbrugg*, AnwBl. 1995, 275.
[29] *Thomas/Vorbrugg*, AnwBl. 1995, 274.
[30] *Borgmann*, AnwBl. 1997, 442.
[31] *Stauss/Seidel*, Beschwerdemanagement 1998.

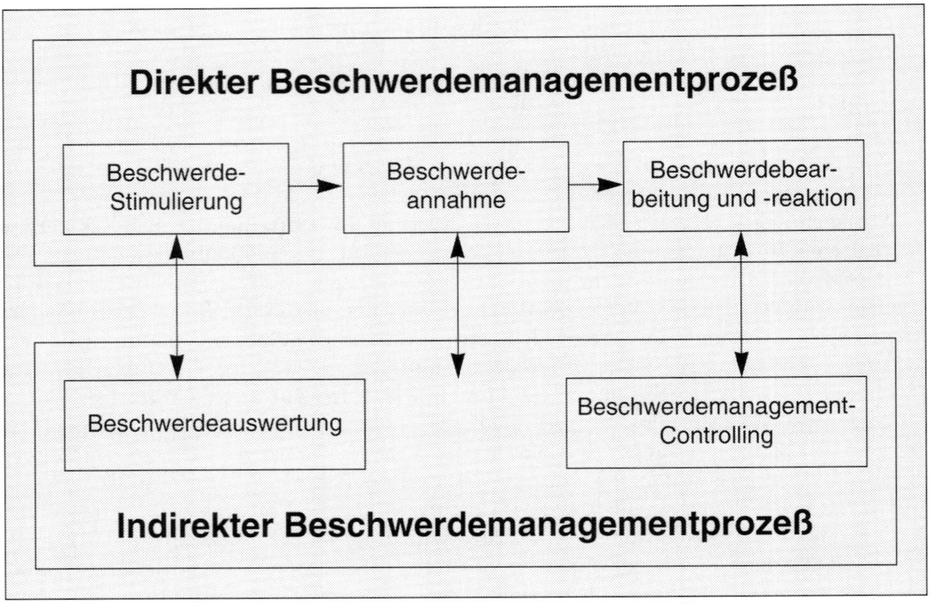

Abbildung 2: Der Beschwerdemanagementprozeß im Überblick
(Quelle: *Stauss/Seidel*, Beschwerdemanagement 1998, S. 66.)

I. Beschwerdestimulierung

25 Viele Unternehmen verfolgen das Ziel, die Zahl der eingehenden Kundenbeschwerden zu minimieren. Dieses Ziel ist aber nur sinnvoll, wenn man davon ausgehen kann, daß sich alle unzufriedenen Kunden beschweren und insofern eine geringe Beschwerdezahl ein eindeutiger Indikator für ein geringes Maß an Kundenunzufriedenheit ist. Diese Annahme ist aber in hohem Maße unzutreffend – generell und, wie oben dargestellt, speziell mit Bezug auf Anwälte. Deshalb kommt es für Kanzleien besonders darauf an, mit Hilfe einer **Beschwerdestimulierung** unzufriedene Mandanten zu veranlassen, die von ihnen wahrgenommenen Probleme gegenüber dem Unternehmen vorzubringen. Nur wenn dies gelingt, gewinnt die Kanzlei ein realistisches Bild über das Ausmaß der Mandantenzufriedenheit und erhält die Chance zur Stabilisierung einer gefährdeten Geschäftsbeziehung.

26 Damit stehen die Kanzleien vor der Aufgabe, alle Barrieren zu beseitigen, die verärgerte Mandanten an einer Beschwerde hindern. Dazu gehören die Reduzierung von materiellen, zeitlichen und psychischen Kosten des Beschwerdeführers sowie die Einrichtung und Kommunikation von geeigneten Beschwerdewegen.

27 Die psychischen Beschwerdekosten werden schon wesentlich dadurch gesenkt, daß die Kanzlei ihre Kunden aktiv und glaubwürdig zur Beschwerde auffordert. In Abbildung 3 wird das Beispiel der britischen Kanzlei *Fawcett & Pattni* gezeigt, in dem dies eindrucksvoll geschieht und eindeutige Aussagen über den Beschwerdeprozeß gemacht werden. Durch die explizite **Aufforderung zur Beschwerde** und die Benennung klarer und einfacher Wege wird auch ein partnerschaftliches Rollenverständnis dokumentiert, das dem Kunden die Äußerung seiner Kritik erheblich erleichtert.

28 Darüber hinaus kann die Beschwerdeartikulation auch durch den **Einsatz von Instrumenten** gefördert werden. Zur Stimulierung des schriftlichen Feedbacks eignet sich der Einsatz von Meinungskarten, die in vielen Dienstleistungsbranchen (Hotels, Restaurants, Banken) Anwendung finden. Auf vorgedruckten Antwortkarten können die Mandanten ihre Zufriedenheit mit wesentlichen Qualitätsmerkmalen (Pünktlichkeit, Wartezeit, Kompetenz, Kommunikation usw.) zum Ausdruck bringen und ihre Beschwerden durch Schilderung konkreter Ereignisse und weitere Kommentare erläutern. Dabei ist es denk-

bar, daß solche Meinungskarten nicht nur im Büro ausgelegt, sondern auch nach dem Besuch in der Kanzlei – z. B. mit einem Gesprächsprotokoll – verschickt werden: „The comment card provides an excellent opportunity to head off any possible misunderstandings or areas of customer dissatisfaction."[32]

In analoger Weise bietet es sich an, im Internet **„elektronische Meinungskarten"** oder 29
„Beschwerdeseiten" einzustellen. Die Mandanten haben dann die Möglichkeit, ihre Zufriedenheit mit relevanten Leistungsmerkmalen anzukreuzen und in Feldern für offene Kommentare konkret ihr Problem zu schildern.

Die zum Zwecke der Beschwerdestimulierung eingerichteten schriftlichen und telefoni- 30
schen **Beschwerdewege** müssen gegenüber dem Mandanten **aktiv kommuniziert** werden. Hierfür eignen sich neben den Websites im Internet auch Informationsblätter, die in der Kanzlei ausliegen, und Kanzleibroschüren, in denen nicht nur die kundenbezogenen Kanzleiziele abgedruckt werden sollten,[33] sondern auch die Aufforderung an die Mandanten, sich mit all ihren kritischen Anliegen an die Kanzlei zu wenden.

FAWCETT & PATTNI
solicitors

Complaints

Our aim is to provide a high quality service with which you will be fully satisfied. But we recognise that mistakes can occur. So it is important for you know that:

we want you to tell us if you are dissatisfied – if something is wrong we want to put it right, if it is a misunderstanding we want to clear it up

we have a complaints procedure to deal with complaints effectively and fairly.

The Complaints Procedure

Step 1: Could the person dealing with your case sort it out? (If not, go to step 2.)

- See the person dealing with your case and explain what you are dissatisfied about.
- It may help to note down beforehand the points you want answered.
- Ask for the information to be confirmed in writing
- If this does not solve the problem go to step 2

Step 2: Contact the complaints partner

That is Neil Fawcett or, if he is the subject of the complaint, Bharti Pattni.

You can write, phone or call at the office. It would be best to make an appointment if you are coming to the office to make sure the person you need to see is available.

The Complaints Partner will:

- confirm in writing that your complaint will be investigated
- offer a meeting with you to clarify the details and discuss possible solutions
- fully investigate the complaint,
- write to you with our preliminary views, including proposals for putting matters right if we feel the complaint is justified.

If you are then satisfied we would proceed as agreed and record the complaint as settled.

If not you could then proceed to step 3.

Step 3: If you remain dissatisfied

The Complaints Partner will:

- offer a further meeting with you to review our preliminary view
- take note of any further representations you wish to make
- make our final decision on the complaint
- and notify you in writing thus completing our internal complaints procedure.

Referral to Office for the Supervision of Solicitors

If you are still not satisfied you can get help from the Office for the Supervision of Solicitors.

Ask us for the leaflet „How Can We Help", which explains how to complain to them, OR phone OSS HELPLINE 01926822007 for advice on whether you have grounds to complain.

Abbildung 3: Die Internet-Beschwerdeseite von FAWCETT & PATTNI
(Quelle: FAWCETT & PATTNI, Complaints 1998.)

[32] *Schimmel/Davis* 1995, 85.
[33] *Mauer/Krämer*, AnwBl. 1998, 119.

II. Beschwerdeannahme

31 Die Phase der Beschwerdeannahme betrifft den Erstkontakt mit dem unzufriedenen Kunden sowie die Erfassung der Beschwerdeinformationen. Mit ihrer unmittelbaren Reaktion auf eine vorgebrachte Beschwerde im **Erstkontakt** bestimmen Unternehmen maßgeblich darüber, ob die Unzufriedenheit des Kunden abgebaut oder gar noch gesteigert wird. Kunden sind sich meist durchaus bewußt, daß Probleme auftreten können. Viele zeigen sogar Verständnis für aufgetretene Irrtümer und Fehler. Doch dies schlägt sehr schnell in Unverständnis und Empörung um, wenn sich ihre Gesprächspartner für unzuständig erklären und keinerlei Bereitschaft zeigen, das Problem zu beseitigen oder den Schaden wiedergutzumachen.

32 Daher kommt es bei der Annahme wesentlich darauf an, daß Anwälte und Mitarbeiter über Beschwerdewege und Bearbeitungsstandards informiert sind sowie über sozialpsychologische Kenntnisse zur Bewältigung der Situation verfügen. Durch Schulungs-, Informations- und Personalentwicklungsmaßnahmen ist nicht nur kundenorientiertes Denken generell zu fördern, sondern auch die Fähigkeit zum Umgang mit Unzufriedenheitsartikulationen zu entwickeln. Alle Mitarbeiter müssen in der Lage sein, Mandanten zur Kritik zu ermuntern, für eine Klärung des Sachverhaltes zu sorgen und eine mandantenorientierte Problemlösung einzuleiten. Abbildung 4 zeigt eine Zusammenstellung von Handlungsempfehlungen für den Umgang mit dem unzufriedenen Kunden.

1. Verstehen Sie Beschwerden als einen normalen Teil ihrer Arbeit und als Chance, Mandantenunzufriedenheit abzubauen und Mandantenbindung zu sichern.
2. Suchen Sie einen ruhigen Ort für das Beschwerdegespräch.
3. Signalisieren Sie Gesprächsbereitschaft. Sprechen Sie Ihr Bedauern aus, daß der Mandant dieses negative Erlebnis hatte.
4. Hören Sie gut zu. Unterbrechen Sie den Beschwerdeführer auch dann nicht, wenn er Unzutreffendes vorbringt.
5. Betrachten Sie den Mandanten als gleichberechtigten Partner, und geben Sie ihm auch das Gefühl, ein solcher zu sein.
6. Wählen Sie eine ruhige und höfliche Gesprächsart. Reagieren Sie gelassen auf Übertreibungen und persönliche Schuldvorwürfe.
7. Stellen Sie inhaltliche Fragen so lange, bis die Situation eindeutig geklärt ist.
8. Versetzen Sie sich in die Lage des Mandanten („Ich kann mir gut vorstellen, daß Sie verärgert sind").
9. Machen Sie sich Notizen. Der Schreibvorgang beweist dem Mandanten, daß Sie die Beschwerde ernst nehmen und veranlaßt ihn zu einer sorgfältigeren Erläuterung des Sachverhalts.
10. Ist tatsächlich ein Fehler passiert, beschuldigen Sie keine Kollegen.
11. Leiten Sie sofort die Bearbeitung der Beschwerde ein.
12. Bieten Sie eine faire Lösung an.
13. Erkundigen Sie sich, ob der Mandant mit der Regulierung einverstanden ist.
14. Ist eine unverzügliche Problemlösung nicht möglich, sagen Sie dem Mandanten eine genaue Prüfung zu und geben Sie an, wie lange es dauern wird.
15. Sind Sie nicht zuständig bzw. können Sie nichts tun, leiten Sie die Beschwerde eigenhändig weiter.
16. Beenden Sie das Gespräch mit einer positiven Formulierung („Ich freue mich, daß wir Sie auf diese Weise zufriedenstellen können").
17. Analysieren Sie den Beschwerdevorgang und ziehen Sie Konsequenzen für die Verbesserung von Prozessen.

Abbildung 4: Empfehlungen zum Umgang mit dem unzufriedenen Kunden
(Quelle: *Leicher/Kierig*, In Reklamationen stecken Chancen 1993, 31.)

In der Phase des Erstkontaktes ist es nicht nur wichtig, sich gegenüber dem unzufriedenen Mandanten situationsgerecht zu verhalten, sondern es müssen auch alle relevanten Informationen über den Beschwerdefall vollständig, schnell und strukturiert erfaßt werden. Die **unmittelbare Informationserfassung** ist vor allem unter zwei Gesichtspunkten erforderlich: Zum einen muß sichergestellt sein, daß auf Basis der erhobenen Daten die Beschwerde sofort und angemessen bearbeitet werden kann; zum anderen ist eine vollständige Aufnahme des Problemfalls Voraussetzung für eine zielgerichtete Auswertung und ein kontinuierliches Controlling, um die in den Beschwerden liegenden Verbesserungspotentiale effektiv nutzen zu können. Auch diesbezüglich scheint in Anwaltskanzleien bisher ein erhebliches Defizit zu bestehen. Nach der Expertenbefragung von *Krämer*[34] dürften schätzungsweise 15% der Beschwerdefälle gar nicht bis zum Anwalt weitergeleitet werden, sondern im Sekretariat „abgefangen" werden, so daß in der Kanzlei häufig ein unvollständiges und unrealistisches Bild hinsichtlich wahrgenommener Qualität und Kundenzufriedenheit besteht. 33

Grundsätzlich kann zwischen Beschwerdeinhalts-Informationen und Beschwerdebearbeitungs-Informationen unterschieden werden. **Beschwerdeinhalts-Informationen** beziehen sich ausschließlich auf die Beschwerdegeschichte des Kunden. Sie geben Auskunft auf die Frage „Welches Problem ist bei wem anläßlich welcher Leistung aufgetreten." Demnach lassen sich diese Beschwerdedaten grob in Informationen über das Beschwerdeproblem, den Beschwerdeführer und das Beschwerdeobjekt unterscheiden. **Beschwerdebearbeitungs-Informationen** beziehen sich nicht auf den in der Beschwerde geschilderten Vorfall, sondern auf den innerbetrieblichen Prozeß des Umgangs mit der Beschwerde. Sie geben Auskunft auf die Frage: „Auf welche Weise wurde die Beschwerde angenommen, bearbeitet und gelöst?" Diese Informationen sind entweder mit Hilfe standardisierter Formblätter oder – bei hohem Beschwerdeaufkommen – mittels PC-gestützter Beschwerdemanagement-Systeme zu erfassen. 34

III. Beschwerdebearbeitung und -reaktion

Im Aufgabenfeld der Beschwerdebearbeitung und -reaktion geht es vor allem um die Gestaltung der internen Bearbeitungsprozesse, die Festlegung von Verantwortlichen, die Definition von Bearbeitungsterminen sowie die Installation von Mechanismen zur Überwachung der Termineinhaltung. 35

In einem ersten Schritt sind die **Beschwerde-Bearbeitungsprozesse** zu definieren und die Prozeßgrenzen eindeutig zu bestimmen. Der Prozeß beginnt bei telefonischen oder mündlichen Beschwerden mit dem Beschwerdekontakt, bei schriftlichen Beschwerden mit deren Eingang im Unternehmen. Dann erfolgen die internen Bearbeitungsschritte bis zur Fall-Lösung, die dem Kunden schriftlich, mündlich oder telefonisch mitgeteilt wird. 36

Die Schnelligkeit, mit der Unternehmen auf eine Beschwerde reagieren, beeinflußt signifikant die Zufriedenheit des Kunden. Deshalb müssen Kanzleien dafür sorgen, daß auf Beschwerden sofort reagiert wird, indem der unmittelbare Kontakt mit dem unzufriedenen Kunden gesucht und sichergestellt wird, daß die Beschwerdebearbeitung innerhalb eines eng gesetzten Zeitraums erfolgt. Dies setzt voraus, daß für alle Beschwerdebearbeitungsprozesse und Bearbeitungsschritte klare Terminvorgaben in Form von **Zeitstandards** existieren (z. B. „Kontaktaufnahme mit dem Beschwerdeführer innerhalb von 48 Stunden"). Um eine termingerechte Abwicklung von Beschwerdefällen gemäß der gesetzten Standards sicherzustellen, ist ein Mahnsystem zu installieren, das bei Abweichungen auf den zeitlichen Verzug aufmerksam macht. Dies kann im Rahmen PC-gestützter Beschwerdemanagementsysteme, in denen die Zeitstandards hinterlegt sind, automatisch erfolgen. 37

[34] *Krämer* 1999 S. 76.

38 Einen wesentlichen Teil des Bearbeitungsprozesses stellt die Entscheidung über die **Fall-Lösung** dar. Da diese unternehmens- und einzelfallspezifisch erfolgen muß, lassen sich hier nur recht grobe Leitlinien für die Entscheidungsfindung aufstellen. Bei der Wahl der geeigneten Reaktionsform – finanzielle Reaktion (wie Geldrückgabe oder Preisnachlaß) oder immaterielle Antwort (wie Erklärung und Entschuldigung) – ist darauf zu achten, ob die angebotene Lösung vom Kunden als angemessen und fair beurteilt wird. Das Ziel einer hohen Beschwerdezufriedenheit ist nur erreichbar, wenn sich aus Kundensicht seine eigene Leistung und die Gegenleistung des Unternehmens im Gleichgewicht befinden. Wichtig für die Beschwerdezufriedenheit des Kunden ist zudem, daß in dem Endbescheid auf die individuellen Umstände des Falles eingegangen wird und daß in den Antworten das Bedauern für die vom Kunden erlebten Unannehmlichkeiten zum Ausdruck gebracht wird.

IV. Beschwerdeauswertung

39 Beschwerden enthalten Hinweise auf Schwächen in der internen Organisation oder im individuellen Verhalten. Daher ist es Aufgabe der **Beschwerdeauswertung,** die in Beschwerden enthaltenen Informationen quantitativ und qualitativ auszuwerten und die Ergebnisse systematisch für strategische und operative Entscheidungen bereitzustellen sowie sie im Rahmen eines kontinuierlichen Verbesserungsprozesses aktiv zu nutzen.

40 Im Rahmen der **quantitativen Beschwerdeauswertung** wird das gesamte Beschwerdeaufkommen mengenmäßig im Hinblick auf wichtige Merkmale analysiert. Dies erfolgt mittels Häufigkeitsverteilungen und Kreuztabellierungen sowie mit Hilfe der Frequenz-Relevanz-Analyse von Beschwerden (FRAB).

41 Als Basisauswertung kann die Ermittlung der Häufigkeitsverteilungen angesehen werden, mit deren Hilfe die mengenmäßige Verteilung des gesamten Beschwerdeaufkommens auf unterschiedliche Kategorien der Beschwerdeinformationen untersucht wird. Ziel der Ermittlung ist es, eine Übersicht zu erhalten, wie sich die Beschwerdeanzahl innerhalb eines Erfassungskriteriums (z. B. Art des Problems, Kundengruppe oder Beschwerdeobjekt) über dessen Ausprägungen (z. B. einzelne Problemkategorien, Kundengruppen, Leistungen) verteilt.

42 Die quantitative prozentuale Verteilung des Beschwerdeaufkommens läßt sich anschaulich in Form von **Pareto-Diagrammen** wiedergeben. Zur Konstruktion des Pareto-Diagramms werden in einem ersten Schritt die relativen Häufigkeiten der einzelnen Problemkategorien in eine Rangordnung gebracht. In der graphischen Aufbereitung werden dann die Problemkategorien auf der horizontalen Achse von links nach rechts in absteigender Reihenfolge abgetragen; die Höhe des jeweiligen Balkens gibt die relative Häufigkeit an. Zusätzlich zeichnet man die kumulierten relativen Häufigkeiten als Liniendiagramm ein. Aus dem Pareto-Diagramm in Abbildung 5 auf Seite 1019 ist unmittelbar ersichtlich, daß die Problemschwerpunkte in den Kategorien „Fristversäumnis“ und „Preis“ liegen, die kumulativ für 80% der Kundenbeschwerden verantwortlich sind.

43 Die Ergebnisse der quantitativen Beschwerdeanalyse müssen in einem nächsten Schritt weitergehend interpretiert werden, da sie zwar innerbetriebliche Schwachstellen offenlegen, aber in der Regel keine eindeutigen Hinweise auf die eigentlichen Mängelursachen geben können. Es bedarf daher einer **qualitativen Beschwerdeanalyse**, deren Zweck darin besteht, die diagnostizierten Probleme im Hinblick auf ihre genauen Ursachen zu analysieren und daraus Maßnahmen zur kontinuierlichen Verbesserung aller betrieblichen Prozesse und zur Entwicklung anspruchsvoller Qualitätsstandards abzuleiten.

44 Eine weitere zentrale Aufgabe im Rahmen der Beschwerdeauswertung liegt im **Beschwerde-Reporting**. Dieses setzt Entscheidungen darüber voraus, für welche Zielgruppen (Partner, Mitarbeiter) welche Auswertungen (quantitativ und qualitativ) in welchen Zeitintervallen (wöchentlich, monatlich usw.) aufbereitet und weitergeleitet werden sollen.

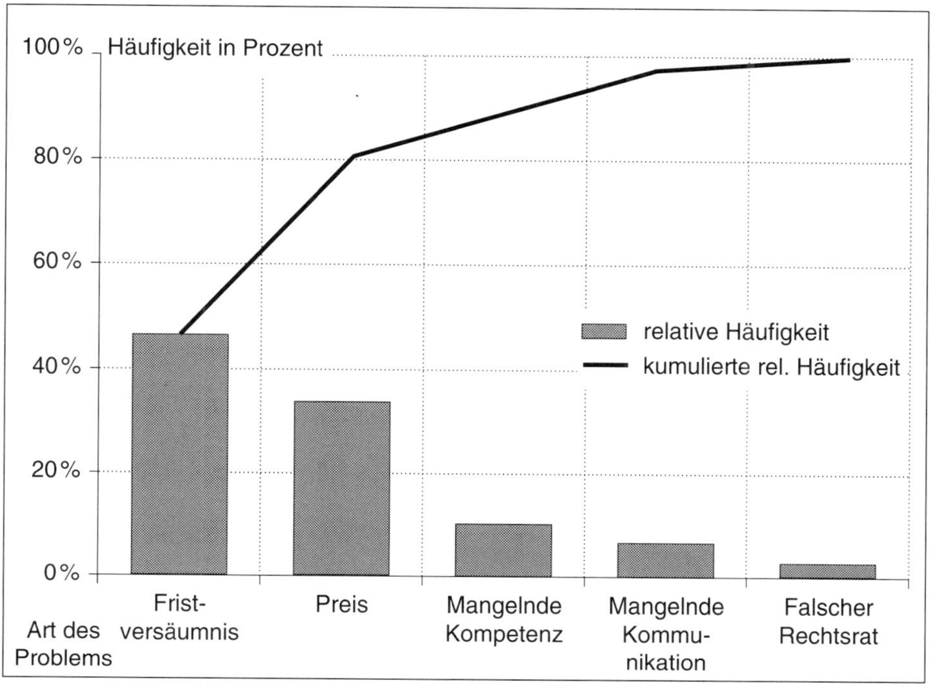

Abbildung 5: Beispiel für ein Pareto-Diagramm (Problemarten)
(Quelle: in Anlehnung an: *Stauss/Seidel*, Beschwerdemanagement 1998, 218.)

V. Beschwerdemanagement-Controlling

Der Aufgabenbereich des **Beschwerdemanagement-Controlling** umfaßt zwei zentrale Teilbereiche: Aufgaben-Controlling und Kosten-Nutzen-Controlling. Im Mittelpunkt des **Aufgaben-Controlling** steht die Formulierung von Leistungsindikatoren und -standards für die Aktivitäten im Rahmen der Beschwerdestimulierung, -annahme, -bearbeitung, -reaktion und -auswertung sowie deren kontinuierliche Steuerung und Überwachung. Hierbei wird zwischen objektivem und subjektivem Aufgaben-Controlling unterschieden. Im Rahmen des **objektiven Aufgaben-Controlling** wird die Einhaltung von Leistungsstandards für alle Aufgabenbereiche des Beschwerdemanagements mittels objektiver Meßgrößen überwacht. Abbildung 6 auf Seite 1020 gibt beispielhaft einen Überblick über objektive Leistungsstandards für die Beschwerdestimulierung. 45

Im Zuge des **subjektiven Aufgaben-Controllings** wird die Zufriedenheit der Beschwerdeführer mit dem direkten Beschwerdemanagementprozeß (Beschwerdezufriedenheit) erfaßt. Zu diesem Zweck werden Beschwerdeführer hinsichtlich ihrer Zufriedenheit mit den wesentlichen Qualitätsdimensionen des Beschwerdemanagements aus Mandantensicht (Zugänglichkeit, Interaktionsqualität, Reaktionsschnelligkeit und Angemessenheit/Fairneß des Ergebnisses) befragt. 46

Im **Kosten-Nutzen-Controlling** geht es um die Ermittlung der Rentabilität von Aktivitäten des Beschwerdemanagements und damit um dessen Beitrag zum Kanzleierfolg. Dazu werden in einem ersten Schritt die Kosten des Beschwerdemanagements (Personalkosten, Verwaltungskosten, Kommunikationskosten und Reaktionskosten) erhoben. In einem zweiten Schritt sind Bemühungen anzustellen, auch den Nutzen des Beschwerdemanagements zu identifizieren und zu quantifizieren. Im Mittelpunkt der Diskussion um die Quantifizierung des Beschwerdenutzens steht die Berechnung des Mandantenbindungsnutzens. Im wesentlichen geht es dabei um den Versuch zu kalkulie- 47 ren, wie hoch die entgangenen Umsätze und Gewinne aufgrund von Mandantenunzufriedenheit sind, und den Nutzen des Beschwerdemanagements daraus zu berechnen, inwieweit es gelingt, die potentiell verlorenen Umsätze und Gewinne zu erhalten.

Telefonische Erreichbarkeitsquote: „Mindestens 90% der anrufenden Kunden sollen beim ersten Versuch durchkommen."
Telefonische Sofortannahmequote: „95% aller Anrufe sollen nach 3maligem Läuten angenommen sein."
Erstkontaktquote: „50% aller Beschwerden, die mündlich oder telefonisch artikuliert werden, sollen im Erstkontakt zur Zufriedenheit des Mandanten gelöst und abgeschlossen sein, so daß keine weiteren Schritte eingeleitet werden müssen."
Liegedauer: „Die maximale Liegezeit einer Beschwerde von einem Tag soll in 90% der Fälle eingehalten werden."

Abbildung 6: Objektive Leistungsstandards für die Beschwerdestimulierung
(Quelle: *Stauss/Seidel*, Beschwerdemanagement 1998, 266ff.)

E. Zusammenfassung und Ausblick

48 Angesichts der Wettbewerbsverhältnisse werden auch für Anwaltskanzleien die Ziele „Kundenzufriedenheit" und „Kundenbindung" immer wichtiger.

Kundenbeschwerden sind Artikulationen von Kundenunzufriedenheit. Ihre Vernachlässigung führt in der Regel zur Beendigung der Geschäftsbeziehung, ihre professionelle Bearbeitung birgt hohe Chancen für eine besonders ausgeprägte Kundenloyalität.

Aufgrund von Besonderheiten der Anwalt-Mandanten-Beziehung ist zu erwarten, daß nur ein Bruchteil der unzufriedenen Mandaten die Handlungsalternative Beschwerde wählt. Insofern können niedrige Beschwerdezahlen nicht als Indikator für Mandantenzufriedenheit angesehen werden.

Ziele des Beschwerdemanagements liegen darin, Mandantenzufriedenheit wiederherzustellen, Abwanderungen und negative Mundkommunikation zu vermeiden und die in Beschwerden enthaltenen Hinweise auf Qualitätsmängel auszuwerten.

Diese Ziele setzen die systematische Durchführung von Beschwerdestimulierung, Beschwerdeannahme, Beschwerdebearbeitung und -reaktion, Beschwerdeauswertung und Beschwerdemanagement-Controlling voraus.

Die Notwendigkeit zum professionellen Managementeinsatz aller Aufgabenbestandteile steigt mit der Größe und Standortvielfalt der Kanzleien. Die Grundsätze und sind jedoch für alle Rechtsanwälte von Bedeutung.

Die Einführung eines Beschwerdemanagement setzt allerdings eine kundenorientierte Unternehmensphilosphie und eine entsprechend ausgerichtete Kanzleistrategie voraus. Nur in diesem Rahmen werden Anwälte und Mitarbeiter erfahren können, daß Kundenzufriedenheit die Voraussetzung für ihren Erfolg ist und daß ein Beschwerdemanagement nicht dazu dient, „Schuldige" zu finden, sondern dazu, mehr Chancen zur Kundenbindung und zur ständigen Verbesserung zu nutzen.

Anhang

1. Berufsordnung

in der Fassung vom 22. 3. 1999[1]

Inhaltsübersicht

Erster Teil. Freiheit der Berufsausübung

§ 1 Freiheit der Advokatur. (1) Der Rechtsanwalt übt seinen Beruf frei, selbstbestimmt und unregelementiert aus, soweit Gesetz oder Berufsordnung ihn nicht besonders verpflichten.

(2) Die Freiheitsrechte des Rechtsanwalts gewährleisten die Teilhabe des Bürgers am Recht. Seine Tätigkeit dient der Verwirklichung des Rechtsstaats.

(3) Als unabhängiger Berater und Vertreter in allen Rechtsangelegenheiten hat der Rechtsanwalt seine Mandanten vor Rechtsverlusten zu schützen, rechtsgestaltend, kon-

[1] Ausgefertigt am 25./26. 3. 1999; zum Zeitpunkt des Inkrafttretens vgl. § 35.

fliktvermeidend und streitschlichtend zu begleiten, vor Fehlentscheidungen durch Gerichte und Behörden zu bewahren und gegen verfassungswidrige Beeinträchtigung und staatliche Machtüberschreitung zu sichern.

Zweiter Teil. Pflichten bei der Berufsausübung

Erster Abschnitt. Allgemeine Berufs- und Grundpflichten

§ 2 Verschwiegenheit. (1) Der Rechtsanwalt ist zur Verschwiegenheit berechtigt und verpflichtet.

(2) Das Recht und die Pflicht zur Verschwiegenheit beziehen sich auf alles, was ihm in Ausübung seines Berufes bekanntgeworden ist, und bestehen nach Beendigung des Mandats fort.

(3) Die Pflicht zur Verschwiegenheit gilt nicht, soweit diese Berufsordnung oder andere Rechtsvorschriften Ausnahmen zulassen oder die Durchsetzung oder Abwehr von Ansprüchen aus dem Mandatsverhältnis oder die Verteidigung des Rechtsanwalts in eigener Sache die Offenbarung erfordern.

(4) Der Rechtsanwalt hat seine Mitarbeiter und alle sonstigen Personen, die bei seiner beruflichen Tätigkeit mitwirken, zur Verschwiegenheit (§ 43a Abs. 2 Bundesrechtsanwaltsordnung) ausdrücklich zu verpflichten und anzuhalten.

§ 3 Widerstreitende Interessen, Versagung der Berufstätigkeit. (1) Der Rechtsanwalt darf nicht tätig werden, wenn er, gleich in welcher Funktion, eine andere Partei in derselben Rechtssache im widerstreitenden Interesse bereits beraten oder vertreten hat oder mit dieser Rechtssache in sonstiger Weise im Sinne der §§ 45, 46 Bundesrechtsanwaltsordnung beruflich befaßt war.

(2) Das Verbot gilt auch, wenn ein anderer Rechtsanwalt oder Angehöriger eines anderen Berufes im Sinne des § 59a Bundesrechtsanwaltsordnung, mit dem der Rechtsanwalt in Sozietät, zur gemeinschaftlichen Berufsausübung in sonstiger Weise (Anstellungsverhältnis, freie Mitarbeit) oder in Bürogemeinschaft verbunden ist oder war, in derselben Rechtssache, gleich in welcher Funktion, im widerstreitenden Interesse berät, vertritt, bereits beraten oder vertreten hat oder mit dieser Rechtssache in sonstiger Weise beruflich befaßt ist oder war.

(3) Die Verbote der Abs. 1 und 2 gelten nicht, wenn eine Verbindung zur gemeinsamen Berufsausübung beendet ist und der Rechtsanwalt während der Zeit gemeinsamer Berufsausübung weder Sozius war noch wie ein solcher nach außen hervorgetreten ist und auch selbst mit der Rechtssache nicht befaßt war.

(4) Wer erkennt, daß er entgegen den Absätzen 1 oder 2 tätig ist, hat unverzüglich davon seinen Mandanten zu unterrichten und alle Mandate in derselben Rechtssache zu beenden.

§ 4 Fremdgelder und andere Vermögenswerte. (1) Zur Verwaltung von Fremdgeldern hat der Rechtsanwalt in Erfüllung der Pflichten aus § 43a Abs. 5 Bundesrechtsanwaltsordnung Anderkonten zu führen.

(2) Fremdgelder und sonstige Vermögenswerte, insbesondere Wertpapiere und andere geldwerte Urkunden, sind unverzüglich an den Berechtigten weiterzuleiten. Solange dies nicht möglich ist, sind Fremdgelder auf Anderkonten zu verwalten; dies sind für ständige Auftraggeber und im übrigen in der Regel Einzelanderkonten. Auf einem Sammelanderkonto dürfen Beträge über 30000,– DM für einen einzelnen Mandanten nicht länger als einen Monat verwaltet werden. Sonstige Vermögenswerte sind gesondert zu verwahren. Das gilt nicht, solange etwas anderes vereinbart ist. Die Pflicht zur Abrechnung nach § 23 bleibt unberührt.

(3) Eigene Forderungen dürfen nicht mit Geldern verrechnet werden, die **zweckgebunden zur Auszahlung an andere als den Mandanten bestimmt sind**.

§ 5 Kanzlei. Der Rechtsanwalt ist verpflichtet, die für seine Berufsausübung erforderlichen sachlichen, personellen und organisatorischen Voraussetzungen vorzuhalten.

Zweiter Abschnitt. Besondere Berufspflichten im Zusammenhang mit der Werbung

§ 6 Werbung. (1) Der Rechtsanwalt darf über seine Dienstleistung und seine Person informieren, soweit die Angaben sachlich unterrichten und berufsbezogen sind.

(2) Praxisbroschüren, Rundschreiben und andere vergleichbare Informationsmittel sind zulässig. In ihnen dürfen weitere als die nach § 7 erlaubten Hinweise gegeben werden.

(3) Die Angabe von Erfolgs- und Umsatzzahlen ist unzulässig. Hinweise auf Mandate und Mandanten sind nur in den in Absatz 2 benannten Informationsmitteln oder auf Anfrage zulässig, soweit der Mandant ausdrücklich eingewilligt hat.

(4) Der Rechtsanwalt darf nicht daran mitwirken, daß Dritte für ihn Werbung betreiben, die ihm selbst verboten ist.

§ 7 Interessen- und Tätigkeitsschwerpunkte. (1) Unabhängig von der Angabe von Fachanwaltsbezeichnungen dürfen als Teilbereiche der Berufstätigkeit nur Interessen- und/oder Tätigkeitsschwerpunkte benannt werden. Insgesamt sind nicht mehr als fünf Benennungen zulässig, davon höchstens drei Tätigkeitsschwerpunkte. Interessen- und Tätigkeitsschwerpunkte sind jeweils als solche zu bezeichnen.

(2) Tätigkeitsschwerpunkte darf nur benennen, wer nach der Zulassung mindestens zwei Jahre auf dem benannten Gebiet nachhaltig tätig gewesen ist.

§ 8 Kundgabe beruflicher Zusammenarbeit. Auf eine gemeinschaftliche Berufsausübung darf nur hingewiesen werden, wenn sie in einer Sozietät, in sonstiger Weise (Anstellungsverhältnis, freie Mitarbeit) mit sozietätsfähigen Personen im Sinne des § 59a Bundesrechtsanwaltsordnung oder in einer auf Dauer angelegten und durch tatsächliche Ausübung verfestigten Kooperation erfolgt. Zulässig ist auch der Hinweis auf die Mitgliedschaft in einer Europäischen Wirtschaftlichen Interessenvereinigung.

§ 9 Kurzbezeichnungen. (1) Bei beruflicher Zusammenarbeit, soweit sie in einer Sozietät, Partnerschaftsgesellschaft oder in sonstiger Weise (Anstellungsverhältnis, freie Mitarbeit) mit sozietätsfähigen Personen im Sinne des § 59a Bundesrechtsanwaltsordnung erfolgt, darf eine Kurzbezeichnung geführt werden. Diese muß bei der Unterhaltung mehrerer Kanzleien einheitlich geführt werden.

(2) Die Namen früherer Kanzleiinhaber, Gesellschafter, Angestellter oder freier Mitarbeiter dürfen in der Kurzbezeichnung weitergeführt werden.

(3) Die Kurzbezeichnung darf im übrigen nur einen auf die gemeinschaftliche Berufsausübung hinweisenden Zusatz enthalten.

§ 10 Briefbögen. (1) Auf Briefbögen müssen auch bei Verwendung einer Kurzbezeichnung die Namen sämtlicher Gesellschafter mit mindestens einem ausgeschriebenen Vornamen aufgeführt werden. Gleiches gilt für Namen anderer Personen, die in einer Kurzbezeichnung gemäß § 9 Abs. 1 enthalten sind. Es muß mindestens eine der Kurzbezeichnung entsprechende Zahl von Gesellschaftern, Angestellten oder freien Mitarbeitern auf den Briefbögen namentlich aufgeführt werden.

(2) Bei beruflicher Zusammenarbeit mit Angehörigen anderer Berufe sind die jeweiligen Berufsbezeichnungen anzugeben.

(3) Werden mehrere Kanzleien unterhalten, so ist für jeden auf den Briefbögen Genannten seine Kanzleianschrift anzugeben.

(4) Ausgeschiedene Kanzleiinhaber, Gesellschafter, Angestellte oder freie Mitarbeiter können auf den Briefbögen nur weitergeführt werden, wenn ihr Ausscheiden kenntlich gemacht wird; § 9 Abs. 2 bleibt unberührt.

Dritter Abschnitt. Besondere Berufspflichten bei der Annahme, Wahrnehmung und Beendigung des Mandats

§ 11 Unterrichtung des Mandanten. (1) Der Mandant ist über alle für den Fortgang der Sache wesentlichen Vorgänge und Maßnahmen unverzüglich zu unterrichten. Ihm ist insbesondere von allen wesentlichen erhaltenen oder versandten Schriftstücken Kenntnis zu geben.

(2) Anfragen des Mandanten sind unverzüglich zu beantworten.

§ 12 Umgehung des Gegenanwalts. (1) Der Rechtsanwalt darf nicht ohne Einwilligung des Rechtsanwalts eines anderen Beteiligten mit diesem unmittelbar Verbindung aufnehmen oder verhandeln.

(2) Dieses Verbot gilt nicht bei Gefahr im Verzuge. Der Rechtsanwalt des anderen Beteiligten ist unverzüglich zu unterrichten; von schriftlichen Mitteilungen ist ihm eine Abschrift unverzüglich zu übersenden.

§ 13 Versäumnisurteil. Der Rechtsanwalt darf bei anwaltlicher Vertretung der Gegenseite ein Versäumnisurteil nur erwirken, wenn er dies zuvor dem Gegenanwalt angekündigt hat; wenn es die Interessen des Mandanten erfordern, darf er den Antrag ohne Ankündigung stellen.

§ 14 Zustellungen. Der Rechtsanwalt hat ordnungsgemäße Zustellungen entgegenzunehmen und das Empfangsbekenntnis mit dem Datum versehen unverzüglich zu erteilen. Wenn der Rechtsanwalt bei einer nicht ordnungsgemäßen Zustellung die Mitwirkung verweigert, muß er dies dem Absender unverzüglich mitteilen.

§ 15 Mandatswechsel. (1) Der Rechtsanwalt, der das einem anderen Rechtsanwalt übertragene Mandat übernimmt, hat sicherzustellen, daß der früher tätige Rechtsanwalt von der Mandatsübernahme unverzüglich benachrichtigt wird.

(2) Der Rechtsanwalt, der neben einem anderen Rechtsanwalt ein Mandat übernimmt, hat diesen unverzüglich über die Mandatsmitübernahme zu unterrichten.

(3) Absätze 1 und 2 gelten nicht, wenn der Rechtsanwalt nur beratend tätig wird.

§ 16 Prozeßkostenhilfe und Beratungshilfe. (1) Der Rechtsanwalt ist verpflichtet, bei begründetem Anlaß auf die Möglichkeiten von Beratungs- und Prozeßkostenhilfe hinzuweisen.

(2) Der Rechtsanwalt darf nach Bewilligung von Prozeßkostenhilfe oder bei Inanspruchnahme von Beratungshilfe von seinem Mandanten oder Dritten Zahlungen oder Leistungen nur annehmen, die freiwillig und in Kenntnis der Tatsache gegeben werden, daß der Mandant oder der Dritte zu einer solchen Leistung nicht verpflichtet ist.

§ 17 Zurückbehaltung von Handakten. Wer die Herausgabe der Handakten (§ 50 Abs. 3 und 4 Bundesrechtsanwaltsordnung) verweigert, kann einem berechtigten Interesse des Mandanten auf Herausgabe dadurch Rechnung tragen, daß er ihm Kopien überläßt, es sei denn, das berechtigte Interesse richtet sich gerade auf die Herausgabe der Originale. In diesem Fall darf der Rechtsanwalt anbieten, die Originale an einen von dem Mandanten zu beauftragenden Rechtsanwalt zu treuen Händen herauszugeben, wenn damit dem berechtigten Interesse des Mandanten Rechnung getragen wird.

§ 18 Vermittelnde, schlichtende oder mediative Tätigkeit. Wird der Rechtsanwalt als Vermittler, Schlichter oder Mediator tätig, so unterliegt er den Regeln des Berufsrechts.

Vierter Abschnitt. Besondere Berufspflichten gegenüber Gerichten und Behörden

§ 19 Akteneinsicht. (1) Wer Originalunterlagen von Gerichten und Behörden zur Einsichtnahme erhält, darf sie nur an Mitarbeiter aushändigen. Dies gilt auch für das Überlassen der Akte im ganzen innerhalb der Kanzlei. Die Unterlagen sind sorgfältig zu verwahren und unverzüglich zurückzugeben. Bei deren Ablichtung oder sonstiger Vervielfältigung ist sicherzustellen, daß Unbefugte keine Kenntnis erhalten.

(2) Ablichtungen und Vervielfältigungen dürfen Mandanten überlassen werden. Soweit jedoch gesetzliche Bestimmungen oder eine zulässigerweise ergangene Anordnung der die Akten aushändigenden Stelle das Akteneinsichtsrecht beschränken, hat der Rechtsanwalt dies auch bei der Vermittlung des Akteninhalts an Mandanten oder andere Personen zu beachten.

§ 20 Berufstracht. Der Rechtsanwalt trägt vor Gericht als Berufstracht die Robe, soweit das üblich ist. Eine Berufspflicht zum Erscheinen in Robe besteht beim Amtsgericht in Zivilsachen nicht.

Fünfter Abschnitt. Besondere Berufspflichten bei Vereinbarung und Abrechnung von Gebühren

§ 21 Honorarvereinbarung. (1) Das Verbot, geringere als die gesetzlichen Gebühren zu fordern oder zu vereinbaren, gilt auch im Verhältnis zu Dritten, die es anstelle des Mandanten oder neben diesem übernehmen, die Gebühren zu bezahlen, oder die sich gegenüber dem Mandanten verpflichten, diesen von anfallenden Gebühren freizustellen.

(2) Die Vereinbarung einer höheren als der gesetzlichen Vergütung verstößt nicht gegen § 49 b Abs. 2 Bundesrechtsanwaltsordnung, wenn sie an erfolgsbezogene Bestimmungen der Bundesrechtsanwaltsgebührenordnung anknüpft.[1]

§ 22 Gebühren- und Honorarteilung. Als eine angemessene Honorierung im Sinne des § 49 b Abs. 3 Satz 2 und 3 Bundesrechtsanwaltsordnung ist in der Regel eine hälftige Teilung aller anfallenden gesetzlichen Gebühren ohne Rücksicht auf deren Erstattungsfähigkeit anzusehen.

§ 23 Abrechnungsverhalten. Spätestens mit Beendigung des Mandats hat der Rechtsanwalt gegenüber dem Mandanten und/oder Gebührenschuldner über Honorarvorschüsse und Fremdgelder unverzüglich abzurechnen.

Sechster Abschnitt. Besondere Berufspflichten gegenüber der Rechtsanwaltskammer, deren Mitgliedern und gegenüber Mitarbeitern

§ 24 Pflichten gegenüber der Rechtsanwaltskammer. (1) Der Rechtsanwalt hat dem Vorstand der Rechtsanwaltskammer unaufgefordert und unverzüglich anzuzeigen:
1. die Änderung des Namens,
2. Begründung und Wechsel der Anschrift von Kanzlei und Wohnung,

[1] Absatz 2 aufgehoben durch Bescheid des Bundesministeriums der Justiz vom 7. 3. 1997.

3. die jeweiligen Telekommunikationsmittel der Kanzlei nebst Nummern,
4. die Eingehung oder Auflösung einer Sozietät, Partnerschaftsgesellschaft oder sonstigen Verbindung zur gemeinschaftlichen Berufsausübung,
5. die Eingehung und Beendigung von Beschäftigungsverhältnissen mit Rechtsanwälten.

(2) Zur Erfüllung der Auskunftspflichten aus § 56 Bundesrechtsanwaltsordnung sind dem Vorstand der Rechtsanwaltskammer Auskünfte vollständig zu erteilen und auf Verlangen Urkunden vorzulegen.

§ 25 Beanstandungen gegenüber Kollegen. Will ein Rechtsanwalt einen anderen Rechtsanwalt darauf hinweisen, daß er gegen Berufspflichten verstoße, so darf dies nur vertraulich geschehen, es sei denn, daß die Interessen des Mandanten oder eigene Interessen eine Reaktion in anderer Weise erfordern.

§ 26 Beschäftigung von Rechtsanwälten und anderen Mitarbeitern. (1) Rechtsanwälte dürfen nur zu angemessenen Bedingungen beschäftigt werden. Angemessen sind Bedingungen, die

a) eine unter Berücksichtigung der Kenntnisse und Erfahrungen des Beschäftigten und des Haftungsrisikos des beschäftigenden Rechtsanwalts sachgerechte Mandatsbearbeitung ermöglichen,

b) eine der Qualifikation, den Leistungen und dem Umfang der Tätigkeit des Beschäftigten und den Vorteilen des beschäftigenden Rechtsanwalts aus dieser Tätigkeit entsprechende Vergütung gewährleisten,

c) dem beschäftigten Rechtsanwalt auf Verlangen angemessene Zeit zur Fortbildung einräumen und

d) bei der Vereinbarung von Wettbewerbsverboten eine angemessene Ausgleichszahlung vorsehen.

(2) Der Rechtsanwalt darf andere Mitarbeiter und Auszubildende nicht zu unangemessenen Bedingungen beschäftigen.

§ 27 Beteiligung Dritter. Am wirtschaftlichen Ergebnis anwaltlicher Tätigkeit dürfen Dritte, die mit dem Rechtsanwalt nicht zur gemeinschaftlichen Berufsausübung verbunden sind, nicht beteiligt sein. Das gilt nicht für Mitarbeitervergütungen, Versorgungsbezüge, Vergütungen für die Übernahme der Kanzlei und Leistungen, die im Zuge einer Auseinandersetzung oder Abwicklung der beruflichen Zusammenarbeit erbracht werden.

§ 28 Ausbildungsverhältnisse. Der Rechtsanwalt hat zu gewährleisten, daß die Tätigkeit eines Auszubildenden in der Kanzlei auf die Erreichung des Ausbildungsziels ausgerichtet ist.

Siebter Abschnitt. Besondere Berufspflichten im grenzüberschreitenden Rechtsverkehr

§ 29 Berufsordnung und CCBE-Standesregeln. (1) Bei grenzüberschreitender Tätigkeit im Sinne von Nr. 1.5 der Standesregeln der Rechtsanwälte der europäischen Gemeinschaft (CCBE) in der Fassung vom 28. Oktober 1988[1] gelten anstelle dieser Berufsordnung jene Standesregeln, soweit nicht europäisches Gemeinschaftsrecht oder deutsches Verfassungs-, Gesetzes- oder Verordnungsrecht Vorrang haben. Sind die Standesregeln der Rechtsanwälte der Europäischen Gemeinschaft anzuwenden, dann hat der Rechtsanwalt den ausländischen Rechtsanwalt unverzüglich auf den Vorrang des europäischen Gemeinschaftsrechts und des deutschen Verfassungs-, Gesetzes- oder Verordnungsrechts hinzuweisen; dies kommt insbesondere bei der Anwendung von Nr. 5.3 jener Standesregeln in Betracht.

[1] Abgedruckt als **Anhang 2.**

(2) Sonstige grenzüberschreitende anwaltliche Tätigkeit unterliegt dieser Berufsordnung.

Achter Abschnitt. Besondere Berufspflichten bei beruflicher Zusammenarbeit

§ 30 Zusammenarbeit mit Angehörigen anderer Berufe. Ein Rechtsanwalt darf sich mit Angehörigen anderer nach § 59a Abs. 1 Bundesrechtsanwaltsordnung sozietätsfähiger Berufe nur dann zu einer gemeinschaftlichen Berufsausübung in einer Sozietät, in sonstiger Weise oder in einer Bürogemeinschaft verbinden, wenn diese bei ihrer Tätigkeit auch das anwaltliche Berufsrecht beachten. Dasselbe gilt für die Verbindung mit Angehörigen anderer nach § 59a Abs. 3 Bundesrechtsanwaltsordnung sozietätsfähiger Berufe, sofern sie in der Bundesrepublik Deutschland tätig werden.

§ 31 Sternsozietät. Ein Rechtsanwalt darf sich mit Angehörigen nach § 59a Abs. 1 Bundesrechtsanwaltsordnung soziotätsfähiger Berufe nur dann zu einer Sozietät, zur gemeinschaftlichen Berufsausübung in sonstiger Weise oder in einer Bürogemeinschaft verbinden, wenn diese nicht daneben einer weiteren Sozietät, Verbindung zur gemeinschaftlichen Berufsausübung in sonstiger Weise oder Bürogemeinschaft angehören. Dasselbe gilt für die Verbindung mit Angehörigen anderer nach § 59a Abs. 3 Bundesrechtsanwaltsordnung sozietätsfähiger Berufe, sofern sie in der Bundesrepublik Deutschland tätig werden.

§ 32 Beendigung einer beruflichen Zusammenarbeit. (1) Bei Auflösung einer Sozietät haben die Sozien mangels anderer vertraglicher Regelung jeden Mandanten darüber zu befragen, wer künftig seine laufenden Sachen bearbeiten soll. Wenn sich die bisherigen Sozien über die Art der Befragung nicht einigen, hat die Befragung in einem gemeinsamen Rundschreiben zu erfolgen. Kommt eine Verständigung der bisherigen Sozien über ein solches Rundschreiben nicht zustande, darf jeder der bisherigen Sozien einseitig die Entscheidung der Mandanten einholen. Der ausscheidende Sozius darf am bisherigen Kanzleisitz einen Hinweis auf seinen Umzug für ein Jahr anbringen. Der verbleibende Sozius hat während dieser Zeit auf Anfrage die neue Kanzleiadresse, Telefon- und Faxnummern des ausgeschiedenen Sozius bekannt zu geben.

(2) Für den Fall des Ausscheidens eines Sozius aus der Sozietät gilt Absatz 1 hinsichtlich derjenigen Auftraggeber, mit deren laufenden Sachen der ausscheidende Sozius zum Zeitpunkt seines Ausscheidens befaßt oder für die er vor seinem Ausscheiden regelmäßig tätig war. Sein Recht, das Ausscheiden aus der Sozietät allen Mandanten bekannt zu geben, bleibt unberührt.

(3) Die Vorschrift des Absatz 2 gilt entsprechend für die Beendigung einer beruflichen Zusammenarbeit in sonstiger Weise, wenn diese nach außen als Sozietät hervorgetreten ist.

§ 33 Geltung der Berufsordnung bei beruflicher Zusammenarbeit. (1) Soweit Vorschriften dieser Berufsordnung Rechte und Pflichten des Rechtsanwalts im Hinblick auf die Sozietät als Form der beruflichen Zusammenarbeit vorsehen, gelten sie sinngemäß für alle anderen Rechtsformen der beruflichen Zusammenarbeit.

(2) Bei beruflicher Zusammenarbeit gleich in welcher Form hat jeder Rechtsanwalt zu gewährleisten, daß die Regeln dieser Berufsordnung auch von der Organisation eingehalten werden.

Neunter Abschnitt. Anwendungsbereich

§ 34 Weitere Mitglieder der Rechtsanwaltskammer. (1) Für Mitglieder einer Rechtsanwaltskammer im Sinne der §§ 206, 207 Bundesrechtsanwaltsordnung gelten hinsichtlich ihrer Tätigkeit in der Bundesrepublik Deutschland die §§ 1 bis 33 sowie die Anlage entsprechend.

(2) Für ausländische Rechtsanwälte, die nach den Vorschriften des Rechtsanwaltsdienstleistungsgesetzes in der Bundesrepublik Deutschland tätig werden, gelten die Vorschriften der §§ 1 bis 33 nach Maßgabe des § 3 Rechtsanwaltsdienstleistungsgesetzes entsprechend.

(3) Für Inhaber einer Erlaubnis nach dem Rechtsberatungsgesetz, die Mitglieder einer Rechtsanwaltskammer sind, gelten die §§ 2 bis 13, 15 bis 19, 21 bis 33 sowie die Anlage entsprechend.

Dritter Teil. Schlußbestimmungen

§ 35 Inkrafttreten und Ausfertigung. (1) Diese Berufsordnung tritt drei Monate nach Übermittlung an das Bundesministerium der Justiz in Kraft, soweit nicht das Bundesministerium der Justiz die Satzung oder Teile derselben aufhebt, frühestens jedoch mit dem ersten Tag des dritten Monats, der auf die Veröffentlichung in den BRAK-Mitteilungen folgt.

(2) Der Zeitpunkt des Inkrafttretens ist in den BRAK-Mitteilungen bekannt zu machen.

(3) Die Berufsordnung ist durch den Vorsitzenden und den Schriftführer der Satzungsversammlung auszufertigen.

2. Standesregeln der Rechtsanwälte der Europäischen Gemeinschaft (CCBE)[1]

Inhaltsübersicht

1. Vorspruch

1.1. Der Rechtsanwalt in der Gesellschaft

In einer auf die Achtung des Rechtes gegründeten Gesellschaft hat der Rechtsanwalt eine besonders wichtige Funktion. Seine Aufgabe beschränkt sich nicht auf die gewissenhafte Ausführung eines Auftrages im Rahmen des Gesetzes. Der Rechtsanwalt ist in einem Rechtsstaat sowohl für die Justiz als auch für den Rechtsuchenden, dessen Rechte und Freiheiten er zu wahren hat, unentbehrlich; der Rechtsanwalt ist nicht nur der Vertreter, sondern auch der Berater seines Mandanten.

Bei der Ausführung seines Auftrages unterliegt der Rechtsanwalt zahlreichen gesetzlichen und standesrechtlichen Pflichten, die zum Teil zueinander in Widerspruch zu stehen scheinen. Es handelt sich dabei um Pflichten gegenüber

- dem Mandanten,
- Gerichten und Behörden, denen gegenüber der Rechtsanwalt seinem Mandanten beisteht und ihn vertritt,
- seinem Berufsstand im allgemeinen und jedem Kollegen im besonderen,
- der Gesellschaft, für die ein freier, unabhängiger und durch sich selbst auferlegte Regeln integerer Berufsstand ein wesentliches Mittel zur Verteidigung der Rechte des einzelnen gegenüber dem Staat und gegenüber Interessengruppen ist.

[1] Zum sachlichen und örtlichen Geltungsbereich vgl. § 29 BerufsO, abgedruckt als **Anhang 1**.

1.2. Gegenstand des Standesrechtes

1.2.1. Die freiwillige Unterwerfung unter die Standesregeln dient dem Zweck, die ordnungsgemäße Wahrnehmung seiner für die Gemeinschaft unerläßlichen Aufgaben durch den Rechtsanwalt sicherzustellen. Beachtet der Rechtsanwalt die Standesregeln nicht, so führt dies schließlich zu einer Disziplinarmaßnahme.

1.2.2. Jede Anwaltschaft hat eigene auf ihrer besonderen Tradition beruhende Regeln. Diese entsprechen der Organisation des Berufsstandes und dem anwaltlichen Tätigkeitsbereich, dem Verfahren vor den Gerichten und Behörden sowie den Gesetzen des betreffenden Mitgliedsstaates. Es ist weder möglich noch wünschenswert, sie aus diesem Zusammenhang herauszureißen oder Regeln zu verallgemeinern, die dafür nicht geeignet sind. Die einzelnen Standesregeln jeder Anwaltschaft beruhen jedoch auf den gleichen Grundwerten und sind ganz überwiegend Ausdruck einer gemeinsamen Grundüberzeugung.

1.3. Ziel und Zweck der Europäischen Standesregeln

1.3.1. Durch die Entwicklung der Europäischen Gemeinschaft und die im Rahmen dieser Gemeinschaft immer stärker werdende grenzüberschreitende Tätigkeit des Rechtsanwaltes ist es im Interesse der Rechtsuchenden notwendig geworden, für diese grenzüberschreitende Tätigkeit einheitliche, auf jeden Rechtsanwalt der Gemeinschaft anwendbare Regeln festzulegen, unabhängig davon, welcher Anwaltschaft der Rechtsanwalt angehört. Die Aufstellung solcher Standesregeln hat insbesondere zum Ziel, die sich aus der konkurrierenden Anwendung mehrere Standesrechte – die in Artikel 4 der Richtlinie Nr. 77/249 vom 22. März 1977 vorgesehen ist – ergebenden Schwierigkeiten zu verringern.

1.3.2. Die im CCBE zusammengeschlossenen, den anwaltlichen Berufsstand repräsentierenden Organisationen sprechen den Wunsch aus, daß die nachstehenden Standesregeln

- bereits jetzt als Ausdruck der gemeinsamen Überzeugung aller Anwaltschaften der Europäischen Gemeinschaft anerkannt werden,
- in kürzester Zeit durch nationales und/oder Gemeinschaftsrecht für die grenzüberschreitende Tätigkeit des Rechtsanwaltes in der Europäischen Gemeinschaft verbindlich erklärt werden,
- bei jeder Reform des nationalen Standesrechtes im Hinblick auf dessen allmähliche Harmonisierung berücksichtigt werden.

Sie verbinden damit weiter den Wunsch, daß die nationalen Standesregeln soweit wie möglich in einer Weise ausgelegt und angewendet werden, die mit den Europäischen Standesregeln in Einklang steht.

Wenn die Europäischen Standesregeln hinsichtlich der grenzüberschreitenden anwaltlichen Tätigkeit verbindlich geworden sind, untersteht der Rechtsanwalt weiter den Standesregeln der Anwaltschaft, der er angehört, soweit diese zu den Europäischen Standesregeln nicht in Widerspruch stehen.

1.4. Persönlicher Anwendungsbereich

Die nachstehenden Standesregeln sind auf alle Rechtsanwälte der Europäischen Gemeinschaft im Sinne der Richtlinie Nr. 77/249 vom 22. März 1977 anwendbar.

1.5. Sachlicher Anwendungsbereich

Unbeschadet des Zieles einer allmählichen Vereinheitlichung des innerstaatlich geltenden Standesrechtes sind die nachstehenden Standesregeln auf die grenzüberschreitende Tätigkeit des Rechtsanwaltes innerhalb der Europäischen Gemeinschaft anwendbar. Als grenzüberschreitende Tätigkeit gilt:

a) jede Tätigkeit gegenüber Rechtsanwälten anderer Mitgliedsstaaten anläßlich anwaltlicher Berufsausübung,

b) die berufliche Tätigkeit eines Rechtsanwaltes in einem anderen Mitgliedsstaat, gleichgültig ob er dort anwesend ist oder nicht.

1.6. Definition

Für die nachstehenden Standesregeln haben folgende Ausdrücke folgende Bedeutung:

„Herkunftsstaat" bezeichnet den Mitgliedsstaat, zu dessen Anwaltschaft der Rechtsanwalt gehört.

„Aufnahmestaat" bezeichnet den Mitgliedsstaat, in dem der Rechtsanwalt eine grenzüberschreitende Tätigkeit verrichtet.

„Zuständige Stelle" bezeichnet die berufsspezifischen Organisationen oder Behörden der Mitgliedsstaaten, die für die Erlassung von Standesregeln und Disziplinaraufsicht zuständig sind.

2. Allgemeine Grundsätze

2.1. Unabhängigkeit

2.1.1. Die Vielfältigkeit der dem Rechtsanwalt obliegenden Pflichten setzt seine Unabhängigkeit von sachfremden Einflüssen voraus; dies gilt insbesondere für die eigenen Interessen des Rechtsanwaltes und die Einflußnahme Dritter. Diese Unabhängigkeit ist für das Vertrauen in die Justiz ebenso wichtig wie die Unparteilichkeit des Richters. Der Rechtsanwalt hat daher Beeinträchtigungen seiner Unabhängigkeit zu vermeiden und darf nicht aus Gefälligkeit gegenüber seinem Mandanten, dem Richter oder einem Dritten das Standesrecht außer acht lassen.

2.1.2. Die Wahrung der Unabhängigkeit ist für die außergerichtliche Tätigkeit ebenso wichtig wie für die Tätigkeit vor Gericht, denn der anwaltliche Rat verliert für den Mandanten an Wert. wenn er aus Gefälligkeit, aus persönlichem Interesse oder unter dem Druck dritter Personen erteilt wird.

2.2. Vertrauen und Würde

Das Vertrauensverhältnis setzt voraus, daß keine Zweifel über die Ehrenhaftigkeit, die Unbescholtenheit und die Rechtschaffenheit des Rechtsanwaltes bestehen. Diese traditionellen Werte des Anwaltsstandes sind für den Rechtsanwalt gleichzeitig Standespflichten.

2.3. Berufsgeheimnis

2.3.1. Es gehört zum Wesen der Berufstätigkeit des Rechtsanwaltes, daß sein Mandant ihm Geheimnisse anvertraut und er sonstige vertrauliche Mitteilungen erhält. Ist die Vertraulichkeit nicht gewährleistet, kann kein Vertrauen entstehen. Aus diesem Grund ist das Berufsgeheimnis gleichzeitig ein Grundrecht und eine Grundpflicht des Rechtsanwaltes von besonderer Bedeutung.

2.3.2. Der Rechtsanwalt hat die Vertraulichkeit aller Informationen zu wahren, die ihm von seinen Mandanten gegeben werden, die sich auf seinen Mandanten beziehen oder die er im Rahmen der Wahrnehmung der Interessen seines Mandanten erhält.

2.3.3. Die Pflicht zur Wahrung des Berufsgeheimnisses ist zeitlich unbegrenzt.

2.3.4. Der Rechtsanwalt achtet auf die Wahrung der Vertraulichkeit durch seine Mitarbeiter und alle Personen, die bei seiner beruflichen Tätigkeit mitwirken.

2.4. Achtung des Standesrechtes anderer Anwaltschaften

Der Rechtsanwalt kann aufgrund Gemeinschaftsrechtes (insbesondere der Richtlinie Nr. 77/249 vom 22. März 1977) verpflichtet sein, das Standesrecht eines Aufnahmestaates zu beachten. Der Rechtsanwalt hat die Pflicht, sich über die bei Ausübung einer bestimmten Tätigkeit anwendbaren standesrechtlichen Regeln zu informieren.

2.5. Unvereinbare Tätigkeiten

2.5.1. Der Beruf des Rechtsanwaltes ist mit bestimmten Berufen und Tätigkeiten unvereinbar, damit die Unabhängigkeit des Rechtsanwaltes und seine Pflicht zur Mitwirkung bei der Rechtspflege nicht beeinträchtigt werden.

2.5.2. Bei der Vertretung oder Verteidigung eines Mandanten vor den Gerichten oder Behörden eines Aufnahmestaates beachtet der Rechtsanwalt die für Rechtsanwälte dieses Staates geltenden Regeln über die Unvereinbarkeit des Berufes des Rechtsanwaltes mit anderen Berufen oder Tätigkeiten.

2.5.3. Beabsichtigt der in einem Aufnahmestaat niedergelassene Rechtsanwalt, dort unmittelbar eine kaufmännische oder sonstige vom Beruf des Rechtsanwaltes verschiedene Tätigkeit auszuüben, so ist er dabei auch verpflichtet, die für die Rechtsanwälte dieses Staates geltenden Regeln über die Unvereinbarkeit des Berufes des Rechtsanwalts mit anderen Berufen oder Tätigkeiten zu beachten.

2.6. Persönliche Werbung

2.6.1. Der Rechtsanwalt darf nicht persönlich werben oder für sich werben lassen, wo dies unzulässig ist. In anderen Fällen darf der Rechtsanwalt nur insoweit persönlich werben oder für sich werben lassen, wie dies durch die Regeln der Standesorganisation, der er angehört, gestattet wird.

2.6.2. Persönliche Werbung, insbesondere Werbung in den Medien, gilt als an einem Ort vorgenommen, wo sie zulässig ist, wenn der Rechtsanwalt nachweist, daß sie mit dem Ziel erfolgte, Mandanten oder potentielle Mandanten an diesem Ort zu erreichen und die Kenntnisnahme an einem anderen Ort unbeabsichtigt erfolgt.

2.7. Interesse der Mandanten

Vorbehaltlich der gesetzlichen und standesrechtlichen Vorschriften ist der Rechtsanwalt verpflichtet, seinen Mandanten in solcher Weise zu vertreten und/oder zu verteidigen, daß das Mandanteninteresse dem Interesse des Rechtsanwaltes, eines Kollegen oder der Kollegenschaft insgesamt vorgeht.

3. Das Verhalten gegenüber den Mandanten

3.1. Beginn und Ende des Mandats

3.1.1. Der Rechtsanwalt darf nur im Auftrag seines Mandanten tätig werden, es sei denn, er wird von einem anderen den Mandanten vertretenden Rechtsanwalt beauftragt oder der Fall wird ihm durch eine sachlich zuständige Stelle übertragen.

3.1.2. Der Rechtsanwalt berät und vertritt seinen Mandanten unverzüglich, gewissenhaft und sorgfältig. Er ist für die Ausführung des ihm erteilten Mandats persönlich verantwortlich. Er unterrichtet seinen Mandanten vom Fortgang der ihm übertragenen Angelegenheit.

3.1.3. Der Rechtsanwalt hat ein Mandat abzulehnen, wenn er weiß oder wissen muß, daß es ihm an den erforderlichen Kenntnissen fehlt, es sei denn, er arbeitet mit einem Rechtsanwalt zusammen, der diese Kenntnisse besitzt. Der Rechtsanwalt darf ein Mandat nur annehmen, wenn er die Sache im Hinblick auf seine sonstigen Verpflichtungen unverzüglich bearbeiten kann.

3.1.4. Der Rechtsanwalt darf sein Recht zur Mandatsniederlegung nur derart ausüben, daß der Mandant in der Lage ist, ohne Schaden den Beistand eines anderen Kollegen in Anspruch zu nehmen.

3.2. Interessenkonflikt

3.2.1. Der Rechtsanwalt darf mehr als einen Mandanten in der gleichen Sache nicht beraten, vertreten oder verteidigen, wenn ein Interessenkonflikt zwischen den Mandanten oder die ernsthafte Gefahr eines solchen Konfliktes besteht.

3.2.2. Der Rechtsanwalt muß das Mandat gegenüber allen betroffenen Mandanten niederlegen, wenn es zu einem Interessenkonflikt kommt, wenn die Gefahr der Verletzung der Berufsverschwiegenheit besteht oder die Unabhängigkeit des Rechtsanwaltes beeinträchtigt zu werden droht.

3.2.3. Der Rechtsanwalt darf ein neues Mandat dann nicht übernehmen, wenn die Gefahr der Verletzung der Verschwiegenheitspflicht bezüglich der von einem früheren Mandanten anvertrauten Information besteht oder die Kenntnis der Angelegenheit eines früheren Mandanten dem neuen Mandanten zu einem ungerechtfertigten Vorteil gereichen würde.

3.2.4. Üben Rechtsanwälte ihren Beruf gemeinsam aus, so sind die Bestimmungen der Artikel 3.2.1. bis 3.2.3. auf die Sozietät und alle ihre Mitglieder anzuwenden.

3.3. Quota-litis-Vereinbarung

3.3.1. Der Rechtsanwalt darf hinsichtlich seines Honorars keine quota-litis-Vereinbarung abschließen.

3.3.2. Quota-litis-Vereinbarung im Sinne dieser Bestimmung ist ein vor Abschuß der Rechtssache geschlossener Vertrag des Anwaltes mit dem Mandanten, in dem der Mandant sich verpflichtet, dem Anwalt einen Teil des Ergebnisses der Angelegenheit zu zahlen, unabhängig davon, ob es sich um einen Geldbetrag oder einen sonstigen Vorteil handelt.

3.3.3. Eine quota-litis-Vereinbarung liegt dann nicht vor, wenn die Vereinbarung die Berechnung des Honorars aufgrund des Streitwertes vorsieht und einem amtlichen oder von der für den Rechtsanwalt zuständigen Stelle genehmigten Tarif entspricht.

3.4. Honorarabrechnung

3.4.1. Der Rechtsanwalt hat seinem Mandanten die Grundlagen seiner gesamten Honorarforderungen offenzulegen; der Betrag des Honorars muß angemessen sein.

3.4.2. Vorbehaltlich einer abweichenden, gesetzlich zulässigen Vereinbarung des Rechtsanwaltes mit seinem Mandanten ist das Honorar entsprechend den Regeln der Standesorganisation zu berechnen, der der Rechtsanwalt angehört. Gehört der Rechtsanwalt mehreren Standesorganisationen an, so sind die Regeln der Standesorganisation maßgebend, mit der das Mandatsverhältnis die engste Verbindung hat.

3.5. Vorschuß auf Honorar und Kosten

Verlangt der Rechtsanwalt einen Vorschuß auf seine Kosten und/oder sein Honorar, darf dieser nicht über einen unter Berücksichtigung der voraussichtlichen Höhe des Honorars und der Kosten angemessenen Betrag hinausgehen. Wird der Vorschuß nicht gezahlt, kann der Rechtsanwalt das Mandat niederlegen oder ablehnen, unbeschadet der Vorschrift des Artikels 3.1.4.

3.6. Honorarteilung mit anderen Personen als Anwälten

3.6.1. Vorbehaltlich der nachstehenden Regel ist es dem Rechtsanwalt verboten, sein Honorar mit einer Person zu teilen, die nicht selbst Rechtsanwalt ist.

3.6.2. Artikel 3.6.1. gilt nicht für Zahlungen oder Leistungen eines Anwaltes an die Erben eines verstorbenen Kollegen oder an einen früheren Rechtsanwalt als Vergütung für die Übernahme einer Praxis.

3.7. Prozeß und Beratungskostenhilfe

Hat der Mandant Anspruch auf Prozeß- oder Beratungskostenhilfe, so hat der Rechtsanwalt ihn darauf hinzuweisen.

3.8. Mandantengelder

3.8.1. Werden dem Rechtsanwalt zu irgendeinem Zeitpunkt Gelder anvertraut, die für seine Mandanten oder Dritte bestimmt sind (nachstehend „Mandantengelder"), so hat er folgende Vorschriften zu beachten:

3.8.1.1. Mandantengelder sollen immer auf ein Konto bei einem Kreditinstitut, das öffentlicher Aufsicht unterliegt, eingezahlt werden. Alle von einem Rechtsanwalt empfangenen Mandantengelder sind auf ein solches Konto einzuzahlen, es sei denn, der Mandant hat ausdrücklich oder stillschweigend eine andere Verwendung genehmigt.

3.8.1.2. Für jedes auf den Namen des Rechtsanwaltes lautende Konto, auf das Mandantengelder eingezahlt wurden, ist durch Kontobezeichnung ersichtlich zu machen, daß es sich bei den eingezahlten Beträgen um Mandantengelder handelt.

3.8.1.3. Die Konten des Rechtsanwaltes, auf die Mandantengelder eingezahlt wurden, müssen immer ein Guthaben ausweisen, das mindestens der Summe der dem Rechtsanwalt anvertrauten Mandantengelder entspricht.

3.8.1.4. Mandantengelder sind an den Mandanten auf erstes Anfordern oder gemäß den Bedingungen auszuzahlen, die mit dem Mandanten vereinbart wurden.

3.8.1.5. Vorbehaltlich entgegenstehender gesetzlicher Vorschriften oder der ausdrücklichen oder stillschweigenden Einwilligung des Mandanten, für den die Zahlung vorgenommen wird, ist die Auszahlung von Mandantengeldern an eine dritte Person unzulässig; dies gilt auch für

a) Zahlungen an einen Mandanten oder für einen Mandanten mit Geldern eines anderen Mandanten;

b) den Ausgleich der Honorarforderungen des Rechtsanwaltes.

3.8.1.6. Der Rechtsanwalt hat über alle die Mandantengelder betreffenden Vorgänge vollständig und genau Buch zu führen, wobei Mandantengelder von sonstigen Guthaben zu trennen sind; der Rechtsanwalt übergibt dem Mandanten auf Ersuchen die Kontoauszüge.

3.8.1.7. Die zuständigen Stellen der Mitgliedsstaaten sind berechtigt, die auf Mandantengelder bezüglichen Unterlagen unter Wahrung der Berufsverschwiegenheit einzusehen und zu überprüfen, um die Einhaltung der von ihnen aufgestellten Regeln zu überwachen und Verstöße zu ahnden.

3.8.2. Vorbehaltlich der nachstehenden Bestimmung und des Artikels 3.8.1. hat der Rechtsanwalt, dem Mandantengelder im Rahmen einer Tätigkeit in einem anderen Mitgliedsstaat anvertraut werden, die auf Mandantengelder anwendbaren Regeln der Standesorganisation zu beachten, der er angehört.

3.8.3. Übt der Rechtsanwalt seine Tätigkeit in einem Aufnahmestaat aus, so kann er mit Genehmigung der zuständigen Stellen des Herkunfts- und des Aufnahmestaates ausschließlich die Regeln des Aufnahmestaates beachten, ohne an die Einhaltung der Regeln des Herkunftsstaates gebunden zu sein. In diesem Fall hat er das Erforderliche zu veranlassen, um seine Mandanten davon zu informieren, daß auf ihn die Regeln des Aufnahmestaates Anwendung finden.

3.9. Berufshaftpflichtversicherung

3.9.1. Der Rechtsanwalt muß gegen Berufshaftpflicht ständig in einer Weise versichert sein, die nach Art und Umfang den durch rechtsanwaltliche Tätigkeit entstehenden Risiken angemessen ist.

3.9.2.1. Vorbehaltlich nachstehender Bestimmungen hat der seine Tätigkeit in einem anderen Mitgliedsstaat ausübende Rechtsanwalt die Vorschriften zu befolgen, die bezüglich der Versicherungspflicht in seinem Herkunftsstaat gelten.

3.9.2.2. Ist der Rechtsanwalt in seinem Herkunftsstaat verpflichtet, eine Berufshaftpflichtversicherung abzuschließen und übt er eine Tätigkeit in einem anderen Mitgliedsstaat aus, so hat er sich um die Ausdehnung des Versicherungsschutzes auf seine Tätigkeit im Aufnahmestaat auf der Basis des Versicherungsschutzes in seinem Herkunftsstaat zu bemühen.

3.9.2.3. Ist der Rechtsanwalt nach den Vorschriften des Herkunftsstaates nicht zum Abschluß einer Berufshaftpflichtversicherung verpflichtet oder ist die in Artikel 3.9.2.2. vorgesehene Ausdehnung des Versicherungsschutzes unmöglich, so ist der Rechtsanwalt dennoch verpflichtet, sich für die in einem Aufnahmestaat zugunsten von Mandanten des Aufnahmestaates erbrachte Tätigkeit zumindest im gleichen Umfang wie die Rechtsanwälte des Aufnahmestaates zu versichern, es sei denn, die Erlangung eines solchen Versicherungsschutzes erweist sich als unmöglich.

3.9.2.4. Ist es dem Rechtsanwalt nicht möglich, einen den vorstehenden Bestimmungen entsprechenden Versicherungsschutz zu erhalten, hat er alle zumutbaren Schritte zu unternehmen, um die Mandanten zu unterrichten, die wegen des fehlenden Versicherungsschutzes Schaden erleiden könnten.

3.9.2.5. Übt der Rechtsanwalt seine Tätigkeit in einem Aufnahmestaat aus, so kann er mit Genehmigung der zuständigen Stellen des Herkunfts- und des Aufnahmestaates ausschließlich die für die Berufshaftpflichtversicherung in dem Aufnahmestaat geltenden Vorschriften beachten. In diesem Fall hat der Rechtsanwalt alle zumutbaren Schritte zu unternehmen, um seine Mandanten davon zu informieren, daß sein Versicherungsschutz den in dem Aufnahmestaat geltenden Regeln entspricht.

4. Das Verhalten gegenüber den Gerichten

4.1. Auf die Prozeßtätigkeit anwendbares Standesrecht

Der vor einem Gericht eines Mitgliedsstaates auftretende oder an einem vor einem solchen Gericht anhängigen Verfahren beteiligte Rechtsanwalt hat die vor diesem Gericht geltenden Standesregeln zu beachten.

4.2. Wahrung der Chancengleichheit im Prozeß

Der Rechtsanwalt hat jederzeit auf eine faire Verfahrensführung zu achten. Er darf unter anderem mit einem Richter in einer Rechtssache keine Verbindung aufnehmen, außer er informiert zuvor den Gegenanwalt, und er darf einem Richter keine Unterlagen, Notizen oder andere Schriftstücke übergeben, außer diese würden rechtzeitig dem Gegenanwalt übermittelt, es sei denn, das Verfahrensrecht gestattet dies.

4.3. Achtung des Gerichtes

Im Rahmen der dem Richteramt gebührenden Achtung und Höflichkeit hat der Rechtsanwalt seinen Mandanten gewissenhaft und unter Beachtung des Gesetzes in der ihm zur Verteidigung der Interessen des Mandanten am zweckmäßigsten erscheinenden Weise zu vertreten.

4.4. Mitteilung falscher und irreführender Tatsachen

Der Rechtsanwalt darf dem Gericht niemals vorsätzlich unwahre oder irreführende Angaben machen.

4.5. Anwendung auf Schiedsrichter und Personen mit ähnlichen Aufgaben

Die Vorschriften über das Verhältnis des Rechtsanwaltes zum Richter gelten auch für sein Verhältnis zu Schiedsrichtern oder sonstigen Personen, die dauernd oder gelegentlich richterliche oder quasi-richterliche Funktionen ausüben.

5. Das Verhalten gegenüber den Kollegen

5.1. Kollegialität

5.1.1. Im Interesse des Mandanten und zur Vermeidung unnötiger Streitigkeiten setzt Kollegialität ein Vertrauensverhältnis und Bereitschaft zur Zusammenarbeit zwischen Rechtsanwälten voraus. Kollegialität darf unter keinen Umständen dazu führen, die Interessen der Anwälte denen der Justiz und der Rechtsuchenden entgegenzustellen.

5.1.2. Jeder Rechtsanwalt hat Rechtsanwälte eines anderen Mitgliedsstaates als Kollegen anzuerkennen und ihnen gegenüber fair und höflich aufzutreten.

5. 2. Zusammenarbeit von Anwälten aus verschiedenen Mitgliedsstaaten

5.2.1. Der Rechtsanwalt, an den sich ein Kollege aus einem anderen Mitgliedsstaat wendet, ist verpflichtet, in einer Sache nicht tätig zu werden, wenn er nicht hinreichend qualifiziert ist; er hat dann seinem Kollegen dabei behilflich zu sein, einen Rechtsanwalt zu finden, der in der Lage ist, die erwartete Leistung zu erbringen.

5.2.2. Arbeiten Rechtsanwälte aus verschiedenen Mitgliedsstaaten zusammen, haben beide die sich möglicherweise aus den verschiedenen Rechtssystemen, Standesorganisationen, Zuständigkeiten und Berufspflichten ergebenden Unterschiede zu berücksichtigen.

5.3. Korrespondenz unter Rechtsanwälten

5.3.1. Der Rechtsanwalt, der an einen Kollegen aus einem anderen Mitgliedsstaat eine Mitteilung sendet, die vertraulich oder „ohne Präjudiz" sein soll, muß diesen seinen Willen bei Absendung der Mitteilung klar zum Ausdruck bringen.

5.3.2. Ist der Empfänger der Mitteilung nicht in der Lage, diese als vertraulich oder „ohne Präjudiz" im vorstehenden Sinne zu behandeln, so hat er diese an den Absender zurückzusenden, ohne ihren Inhalt bekanntzumachen.

5.4. Vermittlungshonorar

5.4.1. Es ist dem Rechtsanwalt untersagt, für die Namhaftmachung oder Empfehlung eines Mandanten von einem anderen Rechtsanwalt oder einem sonstigen Dritten ein Honorar, eine Provision oder jede andere Gegenleistung zu verlangen oder anzunehmen.

5.4.2. Der Rechtsanwalt darf niemand für die Vermittlung eines Mandanten ein Honorar, eine Provision oder eine sonstige Gegenleistung gewähren.

5.5. Umgehung des Gegenanwalts

Es ist dem Rechtsanwalt untersagt, sich bezüglich einer bestimmten Sache mit einer Person in Verbindung zu setzen, von der er weiß, daß sie einen Rechtsanwalt mit ihrer Vertretung beauftragt oder seinen Beistand in Anspruch genommen hat, es sei denn, dieser Rechtsanwalt hat zugestimmt und er hält ihn unterrichtet.

5.6. Anwaltswechsel

5.6.1. Ein Rechtsanwalt darf die Nachfolge eines Kollegen in der Vertretung der Interessen eines Mandanten in einer bestimmten Angelegenheit nur antreten, wenn er den Kollegen davon unterrichtet und sich vergewissert hat, daß Maßnahmen zum Ausgleich des Honorars und der Auslagen dieses Kollegen getroffen wurden, sofern sich aus Artikel 5.6.2. nichts anderes ergibt. Diese Standespflicht führt jedoch nicht zur persönlichen Haftung des Rechtsanwaltes für Honorar und Kosten seines Vorgängers.

5.6.2. Sind eilige Maßnahmen im Interesse des Mandanten zu treffen, bevor die in Artikel 5.6.1. aufgestellten Bedingungen erfüllt werden können, so kann der Rechtsanwalt diese Maßnahmen treffen, wenn er seinen Vorgänger davon sofort unterrichtet.

5.7. Haftung für Honorarforderungen unter Kollegen

Im beruflichen Verkehr zwischen Rechtsanwälten verschiedener Mitgliedsstaaten ist der Rechtsanwalt, der sich nicht darauf beschränkt, seinem Mandanten einen ausländischen Kollegen zu benennen oder das Mandat zu vermitteln, sondern eine Angelegenheit einem ausländischen Kollegen überträgt oder diesen um Rat bittet, persönlich dann zur Zahlung des Honorars, der Kosten und der Auslagen des ausländischen Kollegen verpflichtet, wenn Zahlung von dem Mandanten nicht erlangt werden kann. Die betreffenden Rechtsanwälte können jedoch zu Beginn ihrer Zusammenarbeit anderweitige Vereinbarungen treffen. Der beauftragende Rechtsanwalt kann ferner zu jeder Zeit seine persönliche Verpflichtung auf das Honorar und die Kosten und Auslagen beschränken, die bis zu dem Zeitpunkt angefallen sind, in welchem er seinem ausländischen Kollegen mitteilt, daß er nicht mehr haften werde.

5.8. Ausbildung junger Anwälte

Im wohlverstandenen Interesse der Mandanten sowie zur Verstärkung des Vertrauens und der Zusammenarbeit zwischen den Rechtsanwälten der Mitgliedsstaaten ist es erforderlich, eine bessere Kenntnis der materiellen Gesetze und der Verfahrensgesetze der einzelnen Mitgliedsstaaten zu fördern. Zu diesem Zweck soll der Rechtsanwalt – eingedenk des beruflichen Bedürfnisses zur guten Ausbildung des Nachwuchses – die Notwendigkeit der Ausbildung junger Kollegen aus anderen Mitgliedsstaaten gebührend berücksichtigen.

5.9. Streitschlichtung zwischen Kollegen aus verschiedenen Mitgliedsstaaten

5.9.1. Ist ein Rechtsanwalt der Auffassung, daß ein Kollege aus einem anderen Mitgliedsstaat gegen das Standesrecht verstoßen hat, hat er diesen darauf hinzuweisen.

5.9.2. Kommt es zwischen Rechtsanwälten aus verschiedenen Mitgliedsstaaten zum Streit in Fragen der Berufsausübung, haben sie sich zunächst um eine gütliche Regelung zu bemühen.

5.9.3. Der Rechtsanwalt, der beabsichtigt, gegen einen Kollegen aus einem anderen Mitgliedsstaat wegen Angelegenheiten, auf die Artikel 5.9.1. oder 5.9.2. Bezug nehmen, ein Verfahren einzuleiten, hat davon zuvor seine und seines Kollegen Standesorganisationen zu benachrichtigen, damit diese sich um eine gütliche Regelung bemühen können.

3. Fachanwaltsordnung

in der Fassung vom 22. 3. 1999[1]

Inhaltsübersicht

Erster Teil. Fachanwaltschaft

Erster Abschnitt. Fachgebiete

§ 1 Zugelassene Fachanwaltsbezeichnungen. Fachanwaltsbezeichnungen können gemäß § 43c Abs. 1 Satz 2 Bundesrechtsanwaltsordnung für das Verwaltungsrecht, das Steuerrecht, das Arbeitsrecht und das Sozialrecht verliehen werden. Weitere Fachanwaltsbezeichnungen können für das Familienrecht, das Strafrecht und das Insolvenzrecht verliehen werden.

Zweiter Abschnitt. Voraussetzungen für die Verleihung

§ 2 Anforderungen an Kenntnisse und Erfahrungen. (1) Voraussetzungen für die Verleihung einer Fachanwaltschaftsbezeichnung sind

a) besondere theoretische Kenntnisse und

b) besondere praktische Erfahrungen.

(2) Besondere theoretische Kenntnisse und besondere praktische Erfahrungen liegen vor, wenn diese auf dem Fachgebiet erheblich das Maß dessen übersteigen, das üblicherweise durch die berufliche Ausbildung und praktische Erfahrung im Beruf vermittelt wird.

(3) Die besonderen theoretischen Kenntnisse müssen die verfassungs- und europarechtlichen Bezüge des Fachgebiets umfassen.

[1] Ausgefertigt am 25./26. 3. 1999; zum Zeitpunkt des Inkrafttretens vgl. § 26.

§ 3 Anforderungen an die anwaltliche Tätigkeit. Voraussetzung für die Verleihung einer Fachanwaltsbezeichnung ist eine unmittelbar vor Antragstellung mindestens dreijährige ununterbrochene Zulassung und Tätigkeit als Rechtsanwalt.

§ 4 Erwerb der besonderen theoretischen Kenntnisse. (1) Zum Erwerb der besonderen theoretischen Kenntnisse ist in der Regel die Teilnahme an einem auf den Erwerb der jeweiligen Fachanwaltsbezeichnung vorbereitenden anwaltsspezifischen Lehrgang notwendig, der alle relevanten Bereiche des Fachgebietes umfaßt. Die Gesamtdauer des Lehrgangs muß, Leistungskontrollen nicht eingerechnet, mindestens 120 Zeitstunden betragen. Im Fachgebiet Steuerrecht kommen für Buchhaltung und Bilanzwesen 40 Zeitstunden hinzu. Im Fachgebiet Insolvenzrecht kommen für betriebswirtschaftliche Grundlagen 60 Zeitstunden hinzu.

(2) Der Lehrgangsbeginn soll nicht länger als vier Jahre vor der Antragstellung liegen. Liegt er länger als vier Jahre zurück, ist eine zwischenzeitliche Fortbildung – in der Regel durch Teilnahme an Fortbildungskursen im Umfang des § 15 – nachzuweisen.

(3) Außerhalb eines Lehrgangs erworbene besondere theoretische Kenntnisse müssen dem im jeweiligen Fachlehrgang zu vermittelnden Wissen entsprechen.

§ 5 Erwerb der besonderen praktischen Erfahrungen. Der Erwerb besonderer praktischer Erfahrungen **ist** in der Regel nachgewiesen, wenn der Bewerber innerhalb der letzten drei Jahre vor der Antragstellung im Fachgebiet als Rechtsanwalt selbständig bearbeitet hat:

a) Verwaltungsrecht 80 Fälle, davon mindestens 30 gerichtliche Verfahren. Von den 80 Fällen müssen sich mindestens 60 auf drei verschiedene Bereiche des besonderen Verwaltungsrechts beziehen, von denen einer zu den in § 8 Abs. 2 aufgeführten Bereichen gehören muß.

b) Steuerrecht 50 Fälle aus **den** in § 9 genannten **Bereichen**. Dabei müssen mindestens drei der in § 9 **Nr. 3** genannten Steuerarten erfaßt sein. Mindestens 10 Fälle müssen rechtsförmliche Verfahren (Einspruchs- oder Klageverfahren) sein.

c) Arbeitsrecht 100 Fälle aus den in § 10 **Nr. 1 und 2** bestimmten Bereichen, davon **mindestens** die Hälfte gerichts- oder rechtsförmliche Verfahren. Als Fälle des kollektiven Arbeitsrechts gelten auch solche des Individualarbeitsrechts, in denen kollektives Arbeitsrecht eine nicht unerhebliche Rolle spielt. Beschlußverfahren sind nicht erforderlich.

d) Sozialrecht 60 Fälle aus mindestens drei der in § 11 **Nr. 2** bestimmten Bereiche, davon mindestens ⅓ gerichtliche Verfahren.

e) Familienrecht 120 Fälle. Mindestens die Hälfte der Fälle müssen gerichtliche Verfahren sein; dabei zählen gewillkürte Verbundverfahren sowie Verfahren des notwendigen Verbundes mit einstweiligen Anordnungen doppelt.

f) Strafrecht 60 Fälle, dabei 40 Hauptverhandlungstage vor dem Schöffengericht oder einem übergeordneten Gericht.

g) Insolvenzrecht
1. Mindestens fünf eröffnete Verfahren aus dem ersten bis sechsten Teil der InsO als Insolvenzverwalter; in zwei Verfahren muß der Schuldner bei Eröffnung mehr als fünf Arbeitnehmer beschäftigen;
2. 60 Fälle aus mindestens sieben der in § 14 Nrn. 1 und 2 bestimmten Bereiche.
3. Die in Nr. 1 bezeichneten Verfahren können wie folgt ersetzt werden:
   a) Jedes Verfahren mit mehr als fünf Arbeitnehmern durch drei Verfahren als Sachwalter nach § 270 InsO, als vorläufiger Insolvenzverwalter oder als Vertreter des Schuldners in der Verbraucherinsolvenz bis zum Abschluß des Gerichtsverfahrens.
   b) Jedes andere Verfahren durch zwei der in Buchstabe a) genannten Verfahren.

4. Außerdem sind für jedes zu ersetzende Verfahren weitere acht Fälle aus den in § 14 Nrn. 1 und 2 bestimmten Bereichen nachzuweisen.

Verwalter in Konkurs-, Gesamtvollstreckungs- und Vergleichsverfahren stehen dem Insolvenzverwalter gleich.

Bedeutung, Umfang und Schwierigkeit einzelner Fälle können zu einer anderen Gewichtung führen.

§ 6 Nachweise durch Unterlagen. (1) Zum Nachweis der besonderen theoretischen Kenntnisse und praktischen Erfahrungen sind Zeugnisse, Bescheinigungen oder andere geeignete Unterlagen vorzulegen.

(2) Soweit besondere theoretische Kenntnisse durch eine erfolgreiche Lehrgangsteilnahme (§ 4 Abs. 1) dargelegt werden sollen, hat der Antragsteller Zeugnisse des Lehrgangsveranstalters vorzulegen, die zusammen folgende Nachweise umfassen müssen:

a) daß die Voraussetzungen des § 4 erfüllt sind,

b) daß, wann und von wem im Lehrgang alle das Fachgebiet in § 2 Abs. 3, §§ 8 bis 14 betreffenden Bereiche unterrichtet worden sind,

c) daß der Antragsteller sich mindestens drei schriftlichen Leistungskontrollen (Aufsichtsarbeiten) **aus verschiedenen Bereichen des Lehrgangs erfolgreich** unterzogen hat. Eine Leistungskontrolle muß mindestens eine Zeitstunde ausfüllen und darf fünf Zeitstunden nicht überschreiten. Die Gesamtdauer der **bestandenen** Leistungskontrollen darf fünfzehn Zeitstunden nicht unterschreiten. Alle Aufsichtsarbeiten und ihre Bewertungen sind dem Antrag beizufügen.

(3) Zum Nachweis der besonderen praktischen Erfahrungen nach § 5 sind Fallisten vorzulegen, die regelmäßig folgende Angaben enthalten müssen: Aktenzeichen, Gegenstand, Zeitraum, Art und Umfang der Tätigkeit, Stand des Verfahrens. Ferner sind auf Verlangen des Fachausschusses anonymisierte Arbeitsproben vorzulegen.

§ 7 Fachgespräch. (1) Kann der Ausschuß der Rechtsanwaltskammer seine Stellungnahme gegenüber dem Vorstand hinsichtlich der besonderen theoretischen Kenntnisse oder der besonderen praktischen Erfahrungen nach dem Gesamteindruck der vorgelegten Zeugnisse und schriftlichen Unterlagen nicht abgeben, lädt er zu einem Fachgespräch. Hat der Ausschuß Fälle zuungunsten des Antragstellers gewichtet, besteht ein Anspruch auf das Fachgespräch.

(2) Bei der Ladung zum Fachgespräch sollen Hinweise auf die Bereiche gegeben werden, in denen der Fachausschuß den Nachweis anhand der eingereichten Unterlagen nicht als geführt ansieht. Die Fragen sollen sich an in diesen Bereichen in der Praxis überwiegend vorkommenden Fällen ausrichten. Die auf den einzelnen Antragsteller entfallende Befragungszeit soll nicht weniger als 45 und nicht mehr als 60 Minuten betragen. Über das Fachgespräch ist ein Inhaltsprotokoll zu führen.

§ 8 Nachzuweisende besondere Kenntnisse im Verwaltungsrecht. Für das Fachgebiet Verwaltungsrecht sind nachzuweisen

(1) besondere Kenntnisse in den Bereichen

a) allgemeines Verwaltungsrecht,

b) Verfahrensrecht,

c) Recht der öffentlich-rechtlichen Ersatzleistung.

(2) Besondere Kenntnisse in zwei Bereichen des besonderen Verwaltungsrechts, von denen einer aus folgenden Gebieten gewählt sein muß:

a) öffentliches Baurecht,

b) Abgabenrecht, soweit die Zuständigkeit der Verwaltungsgerichte gegeben ist,

c) Wirtschaftsverwaltungsrecht (Gewerberecht, Handwerksrecht, Wirtschaftsförderungsrecht, Gaststättenrecht, Berg- und Energierecht),

d) Umweltrecht (Immissionsschutzrecht, Abfallrecht, Wasserrecht, Natur- und Landschaftsschutzrecht),

e) öffentliches Dienstrecht.

§ 9 Nachzuweisende besondere Kenntnisse im Steuerrecht. Für das Fachgebiet Steuerrecht sind besondere Kenntnisse nachzuweisen in den Bereichen

1. Buchführung und Bilanzwesen einschließlich des Rechts der Buchführung und des Jahresabschlusses,
2. Allgemeines Abgabenrecht einschließlich Bewertungs- und Verfahrensrecht,
3. Besonderes Steuer- und Abgabenrecht in den Bereichen:
   a) Einkommen-, Körperschaft- und Gewerbesteuer,
   b) Vermögensteuerrecht,
   c) Umsatzsteuer- und Grunderwerbsteuerrecht,
   d) Erbschafts- und Schenkungssteuerrecht,
4. Grundzüge des Verbrauchsteuer-, Außensteuer- und des Steuerstrafrechts.

§ 10 Nachzuweisende besondere Kenntnisse im Arbeitsrecht. Für das Fachgebiet Arbeitsrechts sind besondere Kenntnisse nachzuweisen in den Bereichen

1. Individualarbeitsrecht (Abschluß und Änderung des Arbeits- und Berufsbildungsvertrages, Inhalt und Beendigung des Arbeits- und Berufsbildungsverhältnisses einschließlich Kündigungsschutz, Grundzüge der betrieblichen Altersversorgung, Schutz besonderer Personengruppen, insbesondere der Schwangeren und Mütter, der Schwerbehinderten und Jugendlichen, Grundzüge des Arbeitsförderungsgesetzes und des Sozialversicherungsrechts),
2. Kollektives Arbeitsrecht (Tarifvertrags-, Personalvertretungs- und Betriebsverfassungsrecht, Grundzüge des Arbeitskampf- und Mitbestimmungsrechts),
3. Verfahrensrecht

§ 11 Nachzuweisende besondere Kenntnisse im Sozialrecht. Für das Fachgebiet Sozialrecht sind besondere Kenntnisse nachzuweisen in den Bereichen

1. allgemeines Sozialrecht einschließlich Verfahrensrecht,
2. Arbeitsförderungs- und Sozialversicherungsrecht (Krankenversicherung, Unfallversicherung, Rentenversicherung, Pflegeversicherung); Recht der sozialen Entschädigung bei Gesundheitsschäden und Recht des Familienlastenausgleichs, Recht der Eingliederung Behinderter, Sozialhilferecht, Ausbildungsförderungsrecht.

§ 12 Nachzuweisende besondere Kenntnisse im Familienrecht. Für das Fachgebiet Familienrecht sind nachzuweisen besondere Kenntnisse in den Bereichen

1. materielles Ehe-, Familien- und Kindschaftsrecht unter Einschluß familienrechtlicher Bezüge zum Erb-, Gesellschafts-, Sozial- und Steuerrecht, des Rechts der nichtehelichen Lebensgemeinschaft,
2. familienrechtliches Verfahrens- und Kostenrecht,
3. Internationales Privatrecht im Familienrecht,
4. Theorie und Praxis familienrechtlicher Mandatsbearbeitung und Vertragsgestaltung.

§ 13 Nachzuweisende besondere Kenntnisse im Strafrecht. Für das Fachgebiet Strafrecht sind besondere Kenntnisse nachzuweisen in den Bereichen

1. Methodik und Recht der Strafverteidigung und Grundzüge der maßgeblichen Hilfswissenschaften,

2. materielles Strafrecht einschließlich Jugend-, Betäubungsmittel-, Verkehrs-, Wirtschafts- und Steuerstrafrecht;
3. Strafverfahrensrecht einschließlich Jugendstraf- und Ordnungswidrigkeitenverfahren sowie Strafvollstreckungs- und Strafvollzugsrecht.

§ 14 Nachzuweisende besondere Kenntnisse im Insolvenzrecht. Für das Fachgebiet Insolvenzrecht sind besondere Kenntnisse nachzuweisen in den Bereichen:

1. Materielles Insolvenzrecht
   a) Insolvenzgründe und Wirkungen des Insolvenzantrags
   b) Wirkungen der Verfahrenseröffnung
   c) Das Amt des vorläufigen Insolvenzverwalters oder des Insolvenzverwalters
   d) Sicherung und Verwaltung der Masse
   e) Aussonderung, Absonderung und Aufrechnung im Insolvenzverfahren
   f) Abwicklung der Vertragsverhältnisse
   g) Insolvenzgläubiger
   h) Insolvenzanfechtung
   i) Arbeits- und Sozialrecht in der Insolvenz
   j) Steuerrecht in der Insolvenz
   k) Gesellschaftsrecht in der Insolvenz
   l) Insolvenzstrafrecht
   m) Grundzüge des internationalen Insolvemzrechts
2. Insolvenzverfahrensrecht
   a) Insolvenzeröffnungsverfahren
   b) Regelverfahren
   c) Planverfahren
   d) Verbraucherinsolvenz
   e) Restschuldbefreiungsverfahren
   f) Sonderinsolvenzen
3. Betriebswirtschaftliche Grundlagen
   a) Buchführung, Bilanzierung und Bilanzanalyse
   b) Rechnungslegung in der Insolvenz
   c) Betriebswirtschaftliche Fragen des Insolvenzplans (Sanierung), der übertragenden Sanierung, der Liquidation.

§ 15 Fortbildung. Wer eine Fachanwaltsbezeichnung führt, muß auf diesem Fachgebiet jährlich an mindestens einer Fortbildungsveranstaltung dozierend oder hörend teilnehmen. Die Gesamtdauer der Fortbildung darf zehn Zeitstunden nicht unterschreiten. Dies ist der Rechtsanwaltskammer unaufgefordert nachzuweisen.

§ 16 Übergangsregelung. (1) Anträge auf den Gebieten Steuerrecht, Arbeitsrecht, Verwaltungsrecht und Sozialrecht, die die gesetzlichen Voraussetzungen erfüllen und vor Inkrafttreten der Fachanwaltsordnung gestellt worden sind, sind nach altem Recht zu entscheiden, wenn dieses für den Antragsteller günstiger ist.

(2) Erfüllen ein Fachanwaltslehrgang oder Leistungskontrollen, die vor Inkrafttreten der Fachanwaltsordnung oder der Einführung neuer Fachanwaltsbezeichnungen absolviert worden sind, die Voraussetzungen dieser Fachanwaltsordnung nicht, kann der Nachweis der besonderen theoretischen Kenntnisse durch die erfolgreiche Teilnahme an einem Ergänzungslehrgang mit vergleichbaren Leistungskontrollen oder durch nachträglich geleistete Aufsichtsarbeiten zu den durch Leistungskontrollen nicht belegten Gebieten geführt werden.

Zweiter Teil. Verfahrensordnung

§ 17 Zusammensetzung der Ausschüsse. (1) Der Vorstand der Rechtsanwaltskammer bildet für jedes Fachgebiet mindestens einen Ausschuß und bestellt dessen Mitglieder sowie die stellvertretenden Mitglieder.

(2) Bilden mehrere Rechtsanwaltskammern gemeinsame Ausschüsse, so soll jede Rechtsanwaltskammer in jedem Ausschuß mit mindestens einem Mitglied vertreten sein.

(3) Jeder Ausschuß besteht aus mindestens drei Mitgliedern und höchstens drei stellvertretenden Mitgliedern.

(4) Der Ausschuß wählt aus seinen Mitgliedern den Vorsitzenden, einen stellvertretenden Vorsitzenden und einen Schriftführer.

(5) Der Vorsitzende des Ausschusses stellt den Vertretungsfall fest.

(6) Der Ausschuß gibt sich eine Geschäftsordnung, die insbesondere das Verfahren zur Bestellung von Berichterstattern und das Abstimmungsverfahren regelt.

§ 18 Gemeinsame Ausschüsse. Wollen mehrere Rechtsanwaltskammern gemeinsame Ausschüsse bilden, so ist hierüber eine schriftliche, von den Präsidenten der Kammern zu unterzeichnende Vereinbarung zu treffen. Die Vereinbarung ist nach Maßgabe der Geschäftsordnung der jeweiligen Rechtsanwaltskammer zu veröffentlichen. In der Vereinbarung ist mindestens zu regeln:

a) Die Fachgebiete, für die gemeinsame Ausschüsse gebildet werden.

b) Die Zahl der Mitglieder der Ausschüsse sowie deren Stellvertreter.

c) Die Zuständigkeit für die Bestimmung der Mitglieder, deren Stellvertreter und des Vorsitzenden.

d) Anstelle der gemeinsamen Bestellung der Ausschußmitglieder und der Vorsitzenden kann die Vereinbarung auch einer der vertragsschließenden Kammern die Zuständigkeit für die Bestellung der Mitglieder und des Vorsitzenden in alleiniger Verantwortung zuweisen.

e) Die Bezeichnung derjenigen Kammer, deren Geschäftsstelle die Geschäftsführung des Ausschusses übernimmt.

f) Bestimmungen über die Entschädigung der Ausschußmitglieder, soweit eine von § 103 Abs. 4 Bundesrechtsanwaltsordnung abweichende Regelung vorgesehen wird.

g) Bestimmungen über das Recht, die Vereinbarung zu kündigen.

§ 19 Bestellung der Ausschußmitglieder. (1) Die §§ 65 bis 68 Abs. 1 Bundesrechtsanwaltsordnung gelten entsprechend.

(2) Zum Mitglied oder stellvertretenden Mitglied eines Ausschusses soll in der Regel nur bestellt werden, wer berechtigt ist, die Fachanwaltsbezeichnung für das jeweilige Fachgebiet zu führen.

(3) Scheidet ein Mitglied oder stellvertretendes Mitglied vorzeitig aus, erfolgt eine Neubestellung für die restliche Dauer der Amtszeit des Ausgeschiedenen.

§ 20 Vorzeitiges Ausscheiden aus dem Ausschuß. Ein Mitglied scheidet aus dem Ausschuß aus,

(1) wenn es nicht mehr Mitglied der Kammer ist oder seine Wählbarkeit aus den in § 66 Nr. 1 und 4 Bundesrechtsanwaltsordnung angegebenen Gründen verloren hat;

(2) wenn es das Amt niederlegt;

(3) wenn es vom Vorstand der Kammer, für die es bestellt ist, abberufen wird.

§ 21 Entschädigung. Mitglieder und stellvertretende Mitglieder des Ausschusses können von ihrer Rechtsanwaltskammer eine Aufwandsentschädigung erhalten.

§ 22 Antragstellung. (1) Der Antrag, die Führung einer Fachanwaltsbezeichnung zu gestatten, ist bei der Rechtsanwaltskammer einzureichen, der der Antragsteller angehört.

(2) Dem Antrag sind die nach § 6 erforderlichen Unterlagen beizufügen.

(3) Die Rechtsanwaltskammer hat dem Antragsteller auf Antrag die Zusammensetzung des Ausschusses sowie deren Änderung schriftlich mitzuteilen.

§ 23 Mitwirkungsverbote. (1) Für die Ausschließung und die Ablehnung eines Ausschußmitglieds durch den Antragsteller gelten die §§ 41 Nr. 2 und 3, 42 Abs. 1 und 2 Zivilprozeßordnung entsprechend. Ein Ausschußmitglied ist darüber hinaus von der Mitwirkung ausgeschlossen, wenn es mit dem Antragsteller in Sozietät oder zu gemeinschaftlicher Berufsausübung in sonstiger Weise oder zu einer Bürogemeinschaft verbunden ist oder in den letzten fünf Jahren vor Antragstellung war. Ausgeschlossen ist auch, wer an Bewertungen nach § 6 Abs. 2 Buchstabe c beteiligt war.

(2) Ein Ablehnungsgesuch ist innerhalb zwei Wochen nach Zugang der Mitteilung über die Zusammensetzung des Ausschusses geltend zu machen; im weiteren Verfahren unverzüglich nach Kenntnis des Ablehnungsgrundes.

(3) Der Vorstand der Rechtsanwaltskammer oder die zuständige Abteilung entscheidet über das Ablehnungsgesuch sowie die Berechtigung einer Selbstablehnung nach Anhörung des Ausschußmitgliedes und des Antragstellers. Die Entscheidung ist unanfechtbar.

§ 24 Weiteres Verfahren. (1) Der Vorsitzende prüft die Vollständigkeit der ihm von der Rechtsanwaltskammer zugegangenen Antragsunterlagen.

(2) Im schriftlichen Verfahren gibt der Berichterstatter eine schriftlich begründete Stellungnahme darüber ab, ob der Antragsteller die besonderen theoretischen Kenntnisse und praktischen Erfahrungen nachgewiesen hat, ob er weitere Nachweise oder ob er das Fachgespräch für erforderlich hält. Die Stellungnahme des Berichterstatters ist den anderen Ausschußmitgliedern und anschließend dem Vorsitzenden jeweils zur Abgabe einer schriftlichen Stellungnahme zuzuleiten; Absatz 4 gilt entsprechend.

(3) Bei mündlicher Beratung ist ein Inhaltsprotokoll zu führen, das die Voten der Ausschußmitglieder und deren wesentliche Begründung wiedergibt.

(4) Der Ausschuß kann dem Antragsteller zur ergänzenden Antragsbegründung Auflagen erteilen und zur Erfüllung dieser Auflagen angemessene Ausschlußfristen stellen. Bringt der Antragsteller die geforderten Angaben innerhalb der gesetzten Frist nicht bei, so kann der Ausschuß seine Stellungnahme nach Aktenlage abgeben, wenn der Antragsteller auf diese Rechtsfolge zusammen mit der Fristsetzung hingewiesen worden ist.

(5) Hält der Ausschuß ein Fachgespräch für erforderlich, hat der Vorsitzende den Antragsteller gemäß § 7 Abs. 2 mit einer Frist von mindestens einem Monat zu laden.

(6) Hat der Ausschuß gemäß § 7 Abs. 1 Satz 2 Fälle zuungunsten des Antragstellers gewichtet, hat er dies dem Antragsteller mit dem Hinweis mitzuteilen, daß dieser ein Fachgespräch beantragen kann. Stellt der Antragsteller diesen Antrag binnen eines Monats ab Zugang der Mitteilung nicht, so kann der Ausschuß seine Stellungnahme nach Aktenlage abgeben, wenn er den Antragsteller hierauf in der Mitteilung hingewiesen hat.

(7) Das Fachgespräch ist nicht öffentlich. Mitglieder des Vorstandes der Rechtsanwaltskammer und stellvertretende Ausschußmitglieder können am Fachgespräch und der Beratung als Zuhörer teilnehmen.

(8) Versäumt der Antragsteller zwei Termine für das Fachgespräch, zu dem ordnungsgemäß geladen ist, ohne ausreichende Entschuldigung, entscheidet der Ausschuß nach Lage der Akten.

(9) Der Ausschuß beschließt über seine abschließende Stellungnahme mit der Mehrheit seiner Stimmen. Bei Stimmengleichheit entscheidet die Stimme des Vorsitzenden.

(10) Der Vorsitzende gibt die abschließende Stellungnahme des Ausschusses dem Vorstand der für den Antragsteller zuständigen Rechtsanwaltskammer schriftlich bekannt. Auf Aufforderung des Vorstandes hat der Vorsitzende oder sein Stellvertreter die Stellungnahme mündlich zu erläutern.

(11) Für das Verfahren wird eine Verwaltungsgebühr (§ 89 Abs. 2 Ziffer 2 Bundesrechtsanwaltsordnung) erhoben.

§ 25 Rücknahme und Widerruf. (1) Zuständig für die Rücknahme und den Widerruf der Erlaubnis ist der Vorstand der Rechtsanwaltskammer, welcher der Rechtsanwalt im Zeitpunkt dieser Entscheidung angehört.

(2) Die Rücknahme und der Widerruf sind nur innerhalb eines Jahres seit Kenntnis des Vorstandes der Rechtsanwaltskammer von den sie rechtfertigenden Tatsachen zulässig.

(3) Vor der Entscheidung ist der Rechtsanwalt zu hören. Der Bescheid ist mit Gründen zu versehen. Er ist dem Rechtsanwalt zuzustellen.

Dritter Teil. Schlußbestimmungen

§ 26 Inkrafttreten und Ausfertigung. (1) Diese Fachanwaltsordnung tritt drei Monate nach Übermittlung an das Bundesministerium der Justiz in Kraft, soweit nicht das Bundesministerium der Justiz die Satzung oder Teile derselben aufhebt, frühestens jedoch mit dem ersten Tag des dritten Monats, der auf die Veröffentlichung in den BRAK-Mitteilungen folgt.

(2) Der Zeitpunkt des Inkrafttretens ist in den BRAK-Mitteilungen bekannt zu machen.

(3) Die Fachanwaltsordnung ist durch den Vorsitzenden und den Schriftführer der Satzungsversammlung auszufertigen.

Sachverzeichnis

Die fett gedruckten Zahlen bezeichnen die Paragraphen des Handbuchs, die mageren Zahlen die Randnummern

Sachverzeichnis

Sachverzeichnis

Sachverzeichnis

Sachverzeichnis